Gonglu Gongcheng Gongfa Huibian

公路工程工法汇编

（2013）

上册（路基、路面篇）

中国公路建设行业协会　编

人民交通出版社

内容提要

为提高公路施工水平和工程质量,完善公路工程标准规范体系,中国公路建设行业协会组织编写了《公路工程工法汇编(2013)》。本书收录了208项有关公路路基、路面、桥梁、隧道、交通工程和公路养护的最新施工工艺和施工技术。汇编的工法符合国家公路工程建设的方针、政策和标准,具有先进性、科学性和实用性,对公路工程施工技术人员和管理人员有很好的借鉴指导意义。

本书主要供公路工程施工与管理人员参考。

图书在版编目(CIP)数据

公路工程工法汇编. 2013 / 中国公路建设行业协会编. — 北京 : 人民交通出版社, 2014.3

ISBN 978-7-114-11194-5

Ⅰ. ①公… Ⅱ. ①中… Ⅲ. ①道路工程—工程施工—规范—汇编—中国—2013 Ⅳ. ①U415.6-65

中国版本图书馆CIP数据核字(2014)第030081号

书　　名:公路工程工法汇编(2013)(上册)(路基、路面篇)
著 作 者:中国公路建设行业协会
责任编辑:孙 玺 郑蕉林
出版发行:人民交通出版社
地　　址:(100011)北京市朝阳区安定门外外馆斜街3号
网　　址:http://www.ccpress.com.cn
销售电话:(010)59757973
总 经 销:人民交通出版社发行部
经　　销:各地新华书店
印　　刷:北京市密东印刷有限公司
开　　本:880×1230 1/16
印　　张:28
字　　数:825千
版　　次:2014年3月 第1版
印　　次:2014年3月 第1次印刷
书　　号:ISBN 978-7-114-11194-5
定　　价:360.00元(上、中、下册)

中国公路建设行业协会文件

中路建协[2013]115号

关于公布2013年度公路工程工法的通知

各有关单位:

根据《公路工程工法管理办法》的相关规定,我会组织专家对2013年度公路工程工法申报材料进行了评审,经报交通运输部公路局核备,并在交通运输部及协会网站公示后,审定208项为2013年度公路工程工法,现予以公布。

希望各单位以科学发展观为指导,加强公路工程工法管理工作,以科技创新驱动企业发展,提高企业的自主创新能力与核心竞争力,推动公路行业技术标准体系建设,促进公路工程新技术、新工艺、新材料和新设备的推广和应用,不断提高公路工程施工质量和建设水平。

附件:2013年度公路工程工法名单(略)

中国公路建设行业协会

2013年12月27日

抄送:交通运输部总工办、科技司、质监局,各省、自治区、直辖市、新疆生产建设兵团交通运输厅(局、委),上海市、天津市交通运输和港口管理局,天津市市政公路管理局。

前 言

受交通运输部委托,中国公路建设行业协会组织完成了2013年度公路工程工法管理工作。2013年共审定208项公路工程工法,其中:路基工程31项,路面工程22项,桥涵工程103项,隧道工程35项,交通工程11项,工程养护6项。

公路工程工法是我国公路建设从业单位科技创新成果的具体体现,是广大工程技术人员对先进、创新施工工艺和方法的科学总结。公路工程工法也是公路建设行业技术标准体系的组成部分,是对现有标准规范的延伸和补充,是指导公路工程施工管理的操作细则,对促进公路行业技术标准体系建设有重要作用。加强公路工程新技术、新工艺、新材料和新设备的推广和应用,能够使广大公路工程技术人员及时学习和掌握行业先进技术,并在公路工程建设实践中用新工法、新技术,实现工程技术的再创新和再实践,进而促进企业不断提高施工技术和项目管理水平,增强企业的科技研发能力与核心竞争力,从而推动公路建设行业技术进步和科学发展。为此,我们将评审通过的工法汇编成书,把近些年公路建设中先进的科技创新成果展现给读者,以此激励从业单位和工程技术人员继续坚持科技创新,促进资源节约型和环境友好型交通运输行业健康发展。

本工法汇编,凝结了工法完成单位和工程技术人员的辛勤劳动和汗水,体现了公路建设行业有关专家的集体智慧。周纪昌、单长刚、袁秋红、刘鹏、程树本、葛钢锁、王中文、曹瑞、吴全立、徐国庆和人民交通出版社的同志为本书的汇编和校稿作了大量的工作,在此我们一并表示诚挚的谢意!在汇编过程中,尽管我们做了很大的努力,但由于时间紧迫,水平有限,加之又是一本专业性比较强的书籍,难免会出现一些疏漏或错误之处,敬请广大读者批评指正。

本工法汇编,施工技术含量高、应用广泛、内容翔实、图文并茂,文字表达准确,能指导公路建设工程的施工与管理,是公路建设从业单位工程技术人员必备工具书;同时也可供科研、设计、教学等单位从事土木建筑专业的技术人员学习与参考。

中国公路建设行业协会

二〇一四年三月三日

目 录

上 册

路 基 篇

三向土工格栅处理新旧路基搭接施工工法 …………………… 赵利利 王 辉 武建军 等（3）
中导管注浆处治路基变形施工工法 …………………… 陆宏新 李明俊 杨守平 等(10)
复杂环境微差减振智能爆破施工工法 …………………… 谢 铭 谢广言 王荣全 等(16)
深孔预裂与硐室控制爆破一次成型施工工法 …………………… 罗桂军 刘 君 易石其 等(25)
土质路基柔性桥头搭板施工工法 …………………… 杨金堤 曾作良 黄正帅 等(31)
灰土挤密桩处治湿陷性黄土地区路基施工工法 …………………… 武良缮 任 斌 马东静 等(37)
码头后方堆场珊瑚回填料振动碾压施工工法 …………………… 袁求武 吴 浩 吴文峰 等(45)
井下墩柱法治理采空区施工工法 …………………… 丁国盛 张建国 吴敦彬 等(55)
高速公路低湿水田软基区路基直填施工工法 …………………… 陈常友 王海峰 白 杨 等(59)
高填路堤涵洞减荷技术施工工法 …………………… 孙忠海 王 乔 陈青艳 等(69)
石膏碱渣与废橡胶粉双掺固化轻质土路基施工工法 …………………… 周新国 李 勇 缪克棋 等(75)
Z 形悬臂支架定位导向贝雷栈桥桩基施工工法 …………………… 李 寒 李永明 陈轩区 等(85)
湿陷性黄土振动沉管碎石挤密桩施工工法 …………………… 宋大成 王 栋 王吉强 等(93)
软基路堤薄层轮加填筑施工工法 …………………… 王盛源 徐小庆 刘吉福 等(99)
限高路段砂井接管施工工法 …………………… 刘吉福 魏贤华 谭祥韶 等(107)
软土路基电磁式机械强夯施工工法 …………………… 肖 剑 刘 锋 梁彦伟 等(115)
公路路基膨胀土 PAS 改性层施工工法 …………………… 陈宙翔 陈 建 李志清 等(121)
公路桥梁台背回填泡沫轻质土过渡段施工工法 …………………… 刘元炜 孙贵欣 谢仕良 等(133)
大粒径土石混填路基施工工法 …………………… 沈建成 武良缮 陈 欣 等(139)
多元劲芯桩复合地基加固软基施工工法 …………………… 周建亮 方潇潇 祝健民 等(147)
软土地质条件下的平行顶管施工工法 …………………… 刘永福 朱长亮 宋乃伟 等(156)
公路深基坑复合微钢管止水加固与自进式锚杆土钉墙支护施工工法
…………………… 李昌文 范金虎 王广田 等(167)
膨胀土与冻胀土地区石笼网柔性挡土墙施工工法 …………………… 陈 彬 周广东 朱天明 等(178)

泡沫轻质土加固边坡施工工法 …………………………………… 杨朝辉　何建明　宋伟程　等(182)
生态袋边坡防护施工工法 …………………………………………… 袁继敏　王传高　汤　泉　等(189)
拉压分散型锚索岩质边坡防护施工工法 ………………………… 李柏森　毛根明　吴慧莉　等(198)
混凝土劈离M型砌块复合型挡土墙施工工法 …………………… 沈建浩　陈建平　廖志浩　等(207)
水泥土桩内设置微型钢管桩基坑支护施工工法 ………………… 朱伟人　彭海敏　杨富民　等(216)
改扩建工程高填方旧路边坡上的桥梁施工工法 ………………… 师建博　郝秋生　张良周　等(223)
灌乔木护坡快速施工工法 …………………………………………… 何寿海　程　翔　刘汉龙　等(232)
泥水平衡式大直径顶管施工工法 ………………………………… 崔占奎　李　文　靳志强　等(241)

路　面　篇

旧路无机结合料基层全深式就地冷再生施工工法 ………………… 纪　续　韩作新　林占胜　等(253)
水泥稳定碎石厂拌再生施工工法 ………………………………… 陈　建　陈金彪　郑　涛　等(265)
水泥混凝土路面碎石化及再生利用施工工法 …………………… 朱伟杰　梁夫喜　戚乐方　等(273)
抗滑露石水泥混凝土路面施工工法 ……………………………… 严　军　钱　岚　蔡　斌　等(283)
低噪声多孔水泥混凝土路面施工工法 …………………………… 顾永成　何学进　翟金军　等(290)
水泥混凝土路面上加铺沥青层反射裂缝防治施工工法 ………… 陆宏新　唐双美　莫志凡　等(296)
沥青路面摊铺碾压免直切施工工法 ……………………………… 张志建　陈　刚　熊保恒　等(302)
交织化改性沥青混凝土面层施工工法 …………………………… 蔡献东　郝培文　孟兵宇　等(306)
高寒地区公路大修水泥混凝土路面冲击破碎压实施工工法 …… 刘忠刚　李立歆　彭继光　等(318)
高等级公路沥青混凝土面层铺设高强防裂钢筋网片施工工法 … 崔　剑　孙雪峰　王　刚　等(323)
高寒地区高等级公路基层防反射裂缝抗裂贴施工工法 ………… 宋君威　孙雪峰　王　刚　等(328)
高速公路大宽度抗车辙改性沥青混凝土施工工法 ……………… 李金杰　罗云峰　庞秀春　等(332)
彩色陶瓷颗粒防滑路面施工工法 ………………………………… 王继东　刘松涛　褚英文　等(338)
耐寒抗高温添加剂改性热拌沥青混合料路面施工工法 ………… 王成鑫　吕振国　范永忠　等(343)
SBS改性沥青混凝土路面施工工法 ……………………………… 李　文　王志刚　连佳机　等(354)
树脂沥青组合体系钢桥面铺装施工工法 ………………………… 单光炎　陈正发　张　瑜　等(364)
阻热降温式沥青路面施工工法 …………………………………… 朱伟人　彭海敏　杨富民　等(378)
高模量沥青混凝土桥面铺装施工工法 …………………………… 董光坤　王　林　刘士林　等(386)
沥青路面红外光谱法测定改性沥青中SBS含量施工工法 ……… 王涛利　熊分清　裘秋波　等(399)
混凝土桥面防水卷材连续自动铺设施工工法 …………………… 王晓乾　刘士林　王咏梅　等(406)
多断面中央分隔带与路缘石滑模施工工法 ……………………… 高敏峰　张　丽　张永胜　等(418)
缝隙式路面集水沟施工工法 ……………………………………… 陈宙翔　张　亮　陈　建　等(425)

中　册

桥　梁　篇

桥梁预应力高强混凝土管桩基础施工工法 ………………………… 陈明洋　戴安健　时修彬　等(437)
并排双主(箍)筋钢筋笼滚焊机械化制作施工工法 ………………… 雒建奎　王生辉　陆登柱　等(446)
大直径钻孔灌注桩双钢护筒施工工法 ……………………………… 胡　跃　贾明浩　吴　冬　等(454)
基于"活动"钢护筒冲击钻孔桩施工工法 …………………………… 申屠德进　叶水标　郑竞友　等(458)
深水砂卵石层河床双层轴销式钢护筒钻孔灌注桩成孔施工工法
……………………………………………………………………………… 陈林涛　施全华　陈冠汴　等(467)
嵌入超厚砂层的海上超深嵌岩钻孔灌注桩施工工法 ……………… 周拥军　刘宇峰　叶其奎　等(473)
钢板桩围堰施工无焊接可拼装支撑系统施工工法 ………………… 任钰芳　李元博　张　雷　等(486)
旋挖机组合气举反循环钻机钻孔桩施工工法 ……………………… 郑维武　王　炜　杨小刚　等(493)
深水大型钢吊箱围堰计算机控制同步下放施工工法 ……………… 徐秋红　丁以伟　韦理仁　等(500)
水中承台沉井围堰施工工法 ………………………………………… 田绍义　刘世安　刘玉霖　等(509)
水上桥梁裸岩区"环切法"植入钢管桩施工工法 …………………… 寇海军　王国群　李旭东　等(516)
邻近既有建筑物溶洞桩基旋挖钻施工工法 ………………………… 刘吉福　许永青　李伟根　等(527)
陆上超大沉井全过程施工工法 ……………………………………… 杨志德　王德怀　汪成龙　等(541)
有底钢套箱吸泥下沉施工工法 ……………………………………… 陈超华　孙　琦　穆清君　等(559)
山区深水河流陡峭坚硬裸岩钻孔桩施工工法 ……………………… 陈理平　刘学明　文　献　等(565)
软塑淤泥质土层钻孔桩钢筋骨架砂浆护筒施工工法 ……………… 马召军　刘习生　白　静　等(576)
大直径岩层桩基分级旋挖成孔施工工法 ……………………………………… 朱长亮　李晓雪　等(582)
强潮水域埋置式承台双壁钢围堰下沉施工工法 …………………… 罗超云　谭立心　李嘉明　等(591)
浅水区大型无底钢围堰施工工法 …………………………………… 蔡建军　程建新　盖国晖　等(604)
应用于桩基工程中的自平衡法施工工法 …………………………… 夏孝畬　汪　华　陈国胜　等(614)
薄壁空心高墩模架法钢筋安装施工工法 …………………………… 郑竞友　蔡小明　叶水标　等(620)
宽幅桥梁墩台盖梁分段续接施工工法 ……………………………… 张国森　曹巧芹　熊　军　等(628)
悬索桥软岩地层重力式锚碇施工工法 ……………………………… 王宝善　李小利　李鸿盛　等(636)
悬索桥大直径索塔钢管现场制造与拼接直焊缝施工工法 ………… 黄振燕　阳华国　李鸿盛　等(644)
移动式施工平台辅助墩身施工工法 ………………………………… 李宗平　方成武　郭迎苟　等(653)
跨海大桥混凝土墩柱透水模板布和表面涂装联合防护施工工法
……………………………………………………………………………… 王胜年　邵新鹏　岑文杰　等(665)
墩柱钢筋整体安装及模架一体化施工工法 ………………………… 张雅平　刘跃生　李其洪　等(674)
超高钢筋混凝土索塔环缝切割与梯度养护施工工法 ……………… 殷永高　王德怀　杨　敏　等(685)

拱形钢筋混凝土塔柱变曲率模板施工工法 …………………… 殷永高 吕奖国 王嗣江 等(695)
复杂外形钢壳混凝土索塔施工工法 …………………………… 陈 明 翟洪志 程方宏 等(706)
附着式自爬升钢管桥塔安装施工工法 ………………………… 刘 晟 黄振燕 光 明 等(718)
稀索斜拉桥索塔新型锚固体系施工工法 ……………………… 邵新鹏 欧阳瑰琳 郭保林 等(726)
大型钢箱梁跨越障碍物连续滚装装船施工工法 ……………… 邵新鹏 周汉平 郭保林 等(735)
悬索桥索股双缠包带与新型拽拉器防扭转法架设施工工法 … 殷永高 章 征 欧阳祖亮 等(743)
桥梁高墩柱吊具辅助钢筋对接施工工法 ……………………… 叶锦华 田云涛 高 峰 等(753)
新型桥梁三角钢塔架空中拼接施工工法 ……………………… 郭冬春 叶锦华 叶春琳 等(760)
真空辅助法灌注拱肋钢管混凝土施工工法 …………………… 韩 玉 冯 智 秦大燕 等(771)
提升式摇臂抱杆安装塔架施工工法 …………………………… 秦大燕 冯 智 韩 玉 等(780)
采用预应力反张拉加载预压的施工工法 ……………………… 陈荣凯 王蜀元 沈炳军 等(786)
城市景观桥梁干挂石材施工工法 ……………………………… 刘晓东 崔晓东 毕建伟 等(792)
预制预应力30mT梁封锚端施工工法…………………………… 李东华 潘广学 李广柱 等(797)
悬索桥加劲梁轨索滑移法架设施工工法 ……………………… 张念来 苏巧江 盛 希 等(802)
钢桁腹预应力组合箱梁桥施工工法 …………………………… 管鹤楼 赵秀娟 邵伯贤 等(814)
大节段钢箱梁海上吊装施工工法 ……………………………… 邵新鹏 程建新 郭保林 等(824)
大节段钢箱梁精确调位施工工法 ……………………………… 季 辉 程建新 郭保林 等(833)
高墩大跨径钢混叠合梁悬臂混凝土工程施工工法 …………… 张君瑞 吴旭初 朱培良 等(842)
高墩钢构连续钢箱梁制作安装施工工法 ……………………… 吴旭初 朱培良 张君瑞 等(849)
用环氧砂浆快速精确定位盆式支座施工工法 ………………… 申屠德进 胡兵良 叶水标 等(864)
混凝土防撞墙内置式夹板制缝施工工法 ……………………… 韩小华 徐建国 陈叶刚 等(871)
连续体系斜拉桁架桥上部结构搭支架现浇施工工法 ………… 谢 铭 谢广言 金群纲 等(881)
下承式系杆拱桥节段预制拼装施工工法 ……………………… 潘茂贵 闻爱祥 程华斌 等(891)
跨既有线双幅T构同步平衡转体施工工法 …………………… 邬苏凡 杨 军 黄 平 等(899)
悬索桥超宽加劲钢箱梁分块拼装支架滑移架设施工工法 …… 程方宏 翟洪志 毛家序 等(911)
中承式系杆拱桥两跨端锚整束挤压式柔性系杆施工工法 …… 田 丰 贾志强 李军锋 等(927)
V形峡谷大吨位悬索吊装施工工法 …………………………… 师建军 李玉碧 石 敏 等(933)
曲线形全焊接钢塔制作工法 …………………………………… 常彦虎 王岁利 李栓林 等(948)
预应力混凝土曲线箱梁两点限位顶推施工工法 ……………… 徐升桥 刘永锋 焦亚萌 等(966)
大跨度斜拉桥斜拉索套筒式照明灯具安装及检查维修施工工法
………………………………………………………………………… 徐升桥 刘永锋 焦亚萌 等(975)
独柱柔性墩超宽连续刚构节段预制拼装施工工法 …………… 杨 晖 刘防震 陈剑波 等(983)
悬臂梁无走行轨三角挂篮走行施工工法 ……………………… 刘延坤 周宪东 谢 东 等(1001)
PC梁预应力管道三维一体精确定位施工工法 ………………… 郭 英 张庆华 彭 飞 等(1011)
中承式系杆钢箱拱原位拼装施工工法 ………………………… 田 丰 贾志强 李军锋 等(1020)
PC梁智能测控及反馈施工工法 ……………………………… 张庆华 郭 英 高 华 等(1027)
曲线桥梁混凝土防撞护栏砂浆标高带施工工法 ……………… 汪 华 和郁富 和建华 等(1035)

钢结构制梁台座预制梁施工工法 …………………… 彭文志　张建国　李新波　等(1040)
钢箱梁邻孔梁上拼接喂梁架设施工工法 …………………… 熊　宇　何威特　王　稳　等(1046)
预制梁跨内提梁架设施工工法 …………………… 何威特　熊　宇　王　稳　等(1053)
拱桥钢构件跨墩龙门及少支架法吊装施工工法 …………………… 张　力　李志双　林　江　等(1060)
钢—混叠合梁斜拉桥定时合龙施工工法 …………………… 谢泽福　吴小海　王荣勇　等(1073)
自行式移动模架水上顶推拼装施工工法 …………………… 鞠加元　刘大成　罗　浩　等(1081)
预制小箱梁方钢拼接芯模施工工法 …………………… 薛　江　陶善波　张德祥　等(1092)
大跨钢箱拱桥缆索吊装施工工法 …………………… 陈　鸣　彭　强　刘小勇　等(1097)
整跨(大节段)钢箱梁吊装施工工法 …………………… 宋祥云　吴圣兵　高纪兵　等(1115)
组合拱桥陆上整体接装施工工法 …………………… 周光强　舒大勇　姚　平　等(1133)
桥面吊机安装支架区钢箱梁施工工法 …………………… 唐　衡　何承海　彭琳琳　等(1141)
斜拉桥结合梁钢梁整节段吊装施工工法 …………………… 陈超华　李　鉴　孙晓伟　等(1159)
斜拉桥平行镀锌钢绞线斜拉索安装工法 …………………… 李　鉴　孙晓伟　华　勇　等(1166)
钢槽梁与预制桥面板结合施工工法 …………………… 徐斯林　陈超华　连井龙　等(1176)
U 形箱梁架桥机架设施工工法 …………………… 王玲才　孙九春　何友水　等(1184)
无推力拱肋自平衡竖转提升安装施工工法 …………………… 孙九春　王玲才　何友水　等(1199)
钢混叠合梁悬臂段施工工法 …………………… 张水根　蒋国平　王祥真　等(1214)
非金属材料预应力筋张拉施工工法 …………………… 黄知元　李明根　林春安　等(1221)
大跨度连续刚构桥 0 号段施工工法 …………………… 甘廷华　瞿智超　赵　杰　(1231)
循环托举式多点同步连续顶推施工工法 …………………… 杨卫平　余运良　肖向荣　等(1237)
大跨径钢筋混凝土拱桥超高现浇组合拱架施工工法 …………………… 刘永福　杜佐龙　夏扬帆　等(1247)
基于充盈度的预应力孔道压浆施工工法 …………………… 单光炎　葛黎明　徐向前　等(1256)
桥梁单柱单支座改双柱双支座施工工法 …………………… 王信棠　顾智勇　欧代军　等(1269)
超长桩拉—锚法荷载试验施工工法 …………………… 李红金　王春堂　李锦峰　等(1278)
桥面抛丸拉毛同步碎石防水层施工工法 …………………… 莫志凡　曹剑锋　李英魁　等(1288)
复合浇注式沥青混凝土钢桥面铺装施工工法 …………………… 陈常杰　周　凯　左洪利　等(1295)
水泥混凝土桥面全幅浇筑摊铺施工工法 …………………… 李志刚　徐振海　丁小平　等(1314)
胶粒半刚性混凝土施工工法 …………………… 汪君睿　胡立峰　周玉兵　等(1323)
公路钢桥陶质衬垫 CO_2 气体保护焊施工工法 …………………… 欧代军　王祥真　蒋国平　等(1331)
外挂预制板钢护栏混凝土基座施工工法 …………………… 张海燕　赵鹍鹏　门华建　等(1343)
下穿多股道铁路长箱体框架桥对顶施工工法 …………………… 杨基好　踪高峰　陈亚丽　等(1351)
高水位粉砂土地质下穿多股线路框架桥顶进施工工法 …………………… 杨基好　武尊杨　房瑞泉　等(1361)
山区高速公路预制装配式涵洞施工工法 …………………… 周大庆　徐贵荣　尤　诏　等(1372)
桥梁墙式防撞护栏施工工法 …………………… 李志刚　徐振海　丁小平　等(1380)
基于精铣刨技术的桥面混凝土超强黏结防水层施工工法 …………………… 李国锋　蒋　鹤　李昌洲　等(1389)
沿海桥梁混凝土表面滚涂防腐施工工法 …………………… 叶仁亦　许子彦　黄湖锋　等(1398)
既有线下多孔大跨度框构桥现浇施工工法 …………………… 唐永强　邬苏凡　杨　军　等(1405)

PLC 液压控制桥梁整体同步顶升施工工法 …………… 李君强 辛崇升 王 磊 等(1416)
预应力数控张拉施工工法 …………… 辛崇升 彭红涛 王 鹏 等(1426)

下 册

隧 道 篇

大断面软弱围岩隧道三台阶七步开挖施工工法 …………… 李俊均 罗含友 杨东来 等(1435)
公路隧道初期支护湿喷混凝土施工工法 …………… 张国军 宋建军 刘永超 等(1441)
煤系地层大断面公路隧道铣挖与爆破联合施工工法 …………… 许中彦 胡 涛 张学民 等(1456)
隧道初期支护换拱施工工法 …………… 刘云付 董亚奎 傅立新 等(1463)
邻近建筑物爆破振动控制施工工法 …………… 孙 杰 李伟祯 陈金文 等(1471)
地铁隧道开挖地段顶注结合加固桥基施工工法 …………… 金 宝 王钰博 孙 杰 等(1481)
抗落石冲击明、棚洞洞顶垫层施工工法 …………… 邹善荣 陈祥义 王志义 等(1491)
大跨度浅埋双连拱隧道Ⅴ级围岩三导坑开挖施工工法 …………… 竺 辉 冯鸿登 罗炎波 等(1499)
偏压、浅埋隧道斜交正做套拱进洞施工工法 …………… 钟 祺 黄振燕 光 明 等(1508)
露天深孔蓄势聚能装置爆破施工工法 …………… 白 著 张良荣 程玉泉 等(1521)
流变地层大型地铁车站盖挖法立体平行施工工法 …………… 徐会斌 陈勇书 刘宝许 等(1527)
隧道爆破振动监测与施工工法 …………… 邓家胜 荣劲松 陈光宇 等(1536)
隧道全长黏结型特长锚杆施工工法 …………… 杨家松 刘士恩 沙宗天 等(1549)
锚筋桩控制隧道软岩大变形施工工法 …………… 杨家松 刘士恩 沙宗天 等(1555)
小断面大坡度隧道快速掘进施工工法 …………… 李 江 徐国洪 雷安民 (1561)
穿越滑坡群地段隧道施工工法 …………… 张志军 畅建伟 李彩莲 等(1567)
隧道沉砂池施工工法 …………… 王学军 赵香萍 田晓峰 (1578)
破碎围岩隧道快速支护施工工法 …………… 张庆华 胡晓军 郭 英 等(1585)
公路隧道通风道垂直挑顶施工工法 …………… 吴红军 宋全贵 杨 鑫 等(1594)
浅埋大跨度黄土公路隧道偏心 CD 法施工工法 …………… 余 斌 于 涛 乔红彦 等(1600)
复杂地质大跨度双连拱隧道三导洞并行施工工法 …………… 刘华荣 余 斌 王元清 等(1607)
软岩地层特大断面隧道“中柱岩墙联合支护”施工工法 …………… 李 文 王国喜 靳志强 等(1619)
利用膨润土浆液控制盾构施工土压施工工法 …………… 赖荣辉 薛永利 林 春 等(1628)
超大直径盾构隧道聚丙烯钢筋混凝土管片预制工法 …………… 姚占虎 夏鹏举 张 宇 等(1634)
隧道圆形水沟充气芯模浇筑施工工法 …………… 徐登票 周红星 肖 剑 等(1643)
浅埋湖底隧道变形缝防水施工工法 …………… 冯科军 代贵铸 刘 平 等(1649)
隧道施工排出废水循环再利用快速处理施工工法 …………… 刘录刚 何智钢 林大干 等(1655)

单斜井双正洞隧道通风施工工法 …………………………… 李永生　杨立新　罗占夫　等(1661)
公路隧道聚合物改性水泥混凝土路面施工工法 ………………………… 梁胜国　王　磊(1669)
地铁屏蔽绝缘层施工工法 ……………………………………… 周建云　徐书剑　官承波　等(1676)
公路电缆防盗报警系统设备安装施工工法 ……………………… 陈　建　张星江　董瑞常　等(1681)
隧道全工序平行流水施工工法 …………………………………… 许志忠　李关次　刘　建　等(1689)
复杂环境下地铁深基坑施工工法 ………………………………… 刘文兵　马海贤　匡建国　等(1695)
控制爆破拆除城市深基坑围护支撑结构施工工法 ……………… 李检平　谭志明　姜银归　等(1709)
大坡度斜井有轨运输施工工法 …………………………………………………… 李有兵　白国峰(1718)

交通工程篇

填石路基导孔法护栏立柱施工工法 ……………………………… 储根法　张玉清　王恒福　等(1727)
公路防撞折叠活动护栏施工工法 ………………………………… 杨　晶　马德军　潘　宇　等(1736)
旧波形梁护栏纳米喷塑施工工法 ………………………………… 潘　宇　张明伟　赵　军　等(1740)
钢管桩基混凝土防撞护栏施工工法 ……………………………… 王剑波　陈宏伟　金　尧　等(1744)
AWP 水溶性雨夜反光标线施工工法…………………………………… 江志红　贺海伟　俞良君　等(1752)
公路视错觉立体防滑减速带施工工法 …………………………… 李　旭　吕海东　王根华　等(1757)
预应力防撞活动护栏施工工法 …………………………………… 于群智　魏建国　李华胜　等(1764)
高速公路动态计重系统安装施工工法 …………………………… 马孟黎　周景新　刘中华　等(1769)
公路弯道旋转式弹性柱组复合护栏施工工法 …………………… 李　霞　徐国峰　朱　伟　等(1777)
贵州地区石灰岩质块片石自密实混凝土施工工法 ……………… 母进伟　周大庆　任达成　等(1785)
浮置板预制短板拼装与轨排二次浇筑施工工法 ………………… 谭仕波　盖青山　程万祥　等(1792)

养　护　篇

路瑞达水泥混凝土路面预防性养护施工工法 ……………………… 过晓良　孙忠海　王　乔　等(1807)
隧道路面橡胶颗粒微表处施工工法 ……………………………… 朱小侠　毕智渊　胡　波　等(1814)
纤维同步碎石封层施工工法 ……………………………………… 侯曙光　岳学军　李忠玉　等(1821)
碳纤维筋和碳纤维布联合加固 T 梁施工工法 …………………… 孙建华　边瑞明　胡俊华　等(1834)
大跨径悬索桥缆索系统养护巡检工法 …………………………… 张晓锋　张继东　汤　焕　等(1840)
同步施工沥青混凝土磨耗层施工工法 …………………………… 侯　芸　田丽萍　李秀芳　等(1847)

路 基 篇

三向土工格栅处理新旧路基搭接施工工法

GGG(京)A1001—2013

赵利利　王　辉　武建军　李　岩　王金忠
(北京鑫畅路桥建设有限公司　坦萨土工合成材料(中国)有限公司)

1　前言

近些年来,土工格栅在公路、铁路路基方面的应用越来越多,格栅在加固地基、提高承载力、减小垫层厚度等方面的作用很明显。在我国当前各种现行的设计规范中,对地基加固用土工格栅的选取,还是以抗拉强度作为唯一指标,而未考虑不同生产工艺、不同原材料、不同物料、不同力学性质的土工格栅的不同加筋效果。

坦萨公司的新型三向土工格栅于2007年在欧洲上市,并于2008年1月16日获得了中华人民共和国发明专利,专利号为ZL03154700.1。《坦萨三向土工格栅TX160处理新旧路基搭接施工工法》于2012年5月21日在住建部科技信息研究所完成了查新工作,查新报告编号为JS2012-171a。2012年8月15日,由北京市交通委员会组织召开《三向土工格栅性能及处理新旧路基搭接技术研究》科技成果鉴定会,认为三向土工格栅网孔呈正三角形,具有结构稳定、近似于各向同性的特点;对比试验结果表明,三向格栅加筋性能最优,明显改善了新旧路基的不均匀沉降现象。鉴定委员会认为,研究成果具有推广应用价值,总体上达到了国内领先水平。

在京石高速公路(五环路—赵辛店立交段)改建工程施工过程中,三向土工格栅得到了较好的应用。

2　工法特点

(1)三向土工格栅TX160(聚丙烯原生料)具有拉伸模量高、网孔刚度大、节点有效性强,整体不易变形等特点,其全面与土体接触,土体颗粒嵌在网孔中,大大增加了土体的摩擦,有力约束了土体的侧向位移。

(2)土工格栅网格与粗颗粒填料结合,其最优的嵌锁作用使得格栅与填料形成一个刚度较大的柔性加固层,最大限度地提高了加宽路基的承载能力和稳定性。

(3)在施工过程中,以往的普通双向经编格栅或土工织物需要在铺设时进行初拉伸,往往通过经验判断,不易规范性施工,给工程质量留下隐患。而三向土工格栅在铺设施工时只需简单铺设拉平,不需要初应力拉伸,便于施工操作。

(4)三向土工格栅是一种质轻且有一定柔性的平面网材,易于现场裁剪、连接,也可重叠搭接,便于现场组装成所需的构造及形状。此外,在施工过程中折曲影响小,施工简单,不需要特殊的施工机械和专业技术工人。

3　适用范围

本施工工艺适用于城市道路及各等级公路新、改建施工中新旧路基的搭接施工。

4 工艺原理

4.1 加筋作用

土工格栅(图1)具有很高的低应变下的张拉模量,因此能将荷载和应力均匀地扩散到较大的面积范围内。对于软弱地基而言,可大大减少作用于软基上的荷载压力,防止地基破坏、过大的沉降和不均匀沉降。对于填土边坡而言,可防止边坡表面的滑塌和增加边坡的稳定性。对于沥青结构层而言,可大大减轻沥青结构层产生的徐变作用,最终达到防止沥青路面开裂的目的。同时由于土工格栅对压力具有均匀分散性,也可大大减小沥青面层的车辙深度。

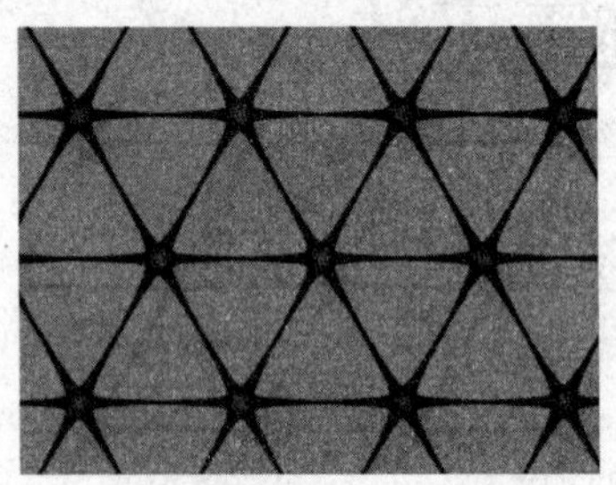

图1 三向土工格栅示意图

4.2 压实作用

由于格栅的刚度大、强度高,其网孔对土颗粒有嵌锁作用,阻止了因压实荷载作用而引起的局部位移变形,从而加强了颗粒材料的压实作用。

4.3 抗变形作用

当非均布的局部外力作用于格栅时,网孔就会相应变形,其约束作用也显现出来,因而土工格栅对非均布荷载的适应性较好,并能将其均布传递。

4.4 排水作用

格栅的主要原料是聚乙烯或聚丙烯,其中加有稳定剂、抗氧化剂、紫外光屏蔽剂等,使土工格栅耐酸、碱、盐等腐蚀,并具有优异的耐候性和长期稳定性。

5 施工工艺流程及操作要点

5.1 工艺流程

施工工艺流程见图2。

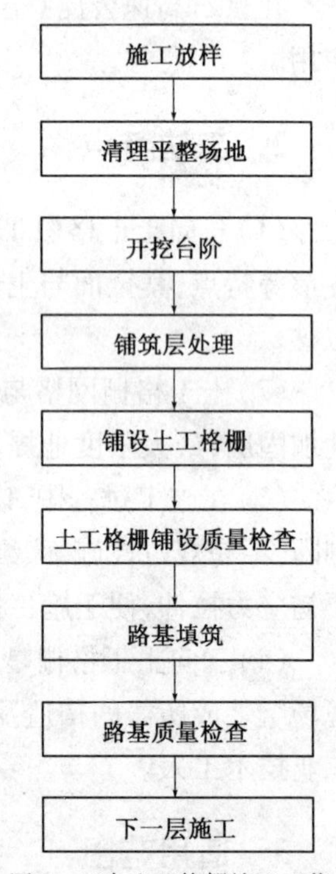

图2 三向土工格栅施工工艺流程图

5.2 操作要点

1)施工放样

测量放线:首先对接收的导线控制点进行复测校核,然后采用全站仪放出路中线和路堑坡顶线、路堤坡脚线位置并进行测量复核,并经监理验收合格。

2)清理平整场地

清理与掘除:将占地线范围内的地表土、树根及不适宜填筑路基的材料清除干净,并运到弃土场。清表深度30cm,清理完的路基由质控员检测含水率,达到最佳含水率±2%时,用平地机配合进行平整,并用振动压路机进行碾压,填前碾压压实度不低于90%,由质控人员现场检测密实度并报监理验收,符合要求后,进行下道工序施工。

3)开挖台阶

为保证新旧填土结合紧密,从现况路边坡起向上设置向内侧倾斜的台阶,从最低一层开始填筑,碾压至设计高程,台阶宽度为1.5m,高为1m。

4)铺筑层处理

确保路基填前平整、呈水平状,同时清除尖刺凸起物,碾压密实,宽度达到设计要求。

5)铺设土工格栅

在新旧路基搭接时,先在旧路基上开1m宽的台阶,台阶向旧路基方向做2% ~4%的横坡。铺设土工格栅的土层表面平整,严禁有碎、块石等坚硬凸出物。土工格栅铺设宽度为2m,在新旧路基的接茬处对称铺设,铺设的格栅每隔1.5 ~2m用U形钉进行固定。土工格栅铺设时应绷紧、拉平,避免折皱、扭曲或坑洼。土工格栅垂直于路线方向顺次铺设,采用缝接法连接,按50cm间隔用铁丝捆扎,接缝宽度不小于5cm,横向搭接宽度不小于50cm,同时采用铁丝间隔50cm捆扎。土工格栅搭接缝应交替错开,错开长度不小于50cm。土工格栅铺筑后,严禁施工机械行走,避免将土工格栅拉起或产生褶皱。

6)土工格栅铺设质量检查

(1)路基纵向填挖交界处的土工格栅沿路基横向铺设,铺设长度为沿路基横断面方向铺至填方边坡外30cm处,待边坡修整时将露出部分剪去。路基横向填挖交界处的土工格栅沿路基纵向铺设,铺设长度为超出半填半挖路基断面30cm处。

(2)土工格栅的性能参数均符合国标的相应要求。

(3)格栅宽度为1.9m。两幅土工格栅之间的搭接宽度为0.95m。搭接部分采用聚乙烯绳呈"之"字形穿绑。并采用U形钉将土工格栅固定在土中并张紧,间距为1.5m×1.5m。

(4)在铺设完成的土工格栅上继续填筑路基,将拌和好的填料推摊时,应先提铲高推将土工格栅全部覆盖后再按松铺厚度推摊,辅以人工捡清硬质块料,以防土工格栅扭曲、移位。在台阶处设置土工格栅提高新旧路基整体性能。格栅宽度为1.9m,每侧搭接0.95m。铺设要平整,无皱折,尽量张紧。

7)土方填筑

(1)土方运输、摊铺。

自卸车运土至路基上,根据自卸车运输能力及土的松铺厚度确定卸车间距,土堆应呈梅花形布置,这样可使推土机推平后松铺厚度大致相同。推土机推平后,必要时进行翻拌晾干或洒水增加含水率,待土的含水率达到最佳含水率的±2%范围内时由推土机进行初平,平地机刮平,最后用压路机碾压密实。在施工中道路两侧设置标志杆,用来控制压实厚度。

(2)碾压。

施工中采用YZ18振动压路机,碾压时第一遍不振动以静力进行碾压,然后先慢后快、由弱振至强振碾压4 ~6遍,最后再以21t光轮静碾碾压2遍,碾压行驶速度控制在4km/h以内,碾压直线段时由两边向中间,曲线段由内侧向外侧,纵向进退式碾压,横向碾压轮迹重叠40 ~50cm,碾压过程中试验员检测密实度,直到达到要求的密实度为止。碾压结束自检合格后,报监理工程师检验。

(3)施工要求。

填筑土质要求:用于路基填筑的土方不得含有树根等易腐朽物质,有机质含量不得大于5%,液限不得大于50%,塑性指数不得大于26,并且土的最小强度和最大粒径应符合表1要求。填方路基必须按路面平行线分层控制填土厚度。为确保路基压实度,填方必须按照横断面全宽分水平层次逐层向上填筑,每层虚摊厚度必须控制在30cm以内。为保证修整路基护坡后的路堤边缘有足够的压实度,每层填土的宽度每侧必须超出路堤的设计宽度30cm以上。土方填筑至路床顶面最后一层的压实层厚度必须大于10cm。

路堤填料最小强度和最大粒径(高速公路、一级公路) 表1

填挖类型		路床表面以下深度(cm)	填料最小强度(CBR)(%)	压实度(主路)(%)	填料最大粒径(mm)
填方路基	上路床	0 ~30	8	≥96	100
	下路床	30 ~80	5	≥96	100
	上路堤	80 ~150	4	≥94	150
	下路堤	150以下	3	≥93	150

续上表

填挖类型	路床表面以下深度(cm)	填料最小强度(CBR)(%)	压实度(主路)(%)	填料最大粒径(mm)
零填及路堑路床	0~30	8	≥96	100
地基表层	30~80	5	≥90	100

8)路基施工质量检查

当格栅铺设定位后,应及时填土覆盖,采取边铺设边回填的流水作业法。先在两端摊铺填料,将格栅固定,再向中部推进。碾压的顺序是先两侧后中间。碾压时压轮不能直接与筋材接触,未压实的加筋体一般不允许车辆在上面行驶,以免筋材错位。分层压实厚度为20~30cm。压实度必须达到设计要求。

6 材料与设备

6.1 材料

土工格栅采用三向土工格栅,每延米纵、横向拉伸屈服≥50(kN/m)。土工格栅在存放以及铺设过程中要避免长时间暴露和曝晒。施工过程中土工格栅不应出现损坏,出现破损时应及时修补或更换,以保证工程质量。表2为三向土工程格栅TX160材料性能表。

三向土工格栅 **TX160** 材料性能表 表2

名称		三向土工格栅 TX160
原材料		聚丙烯原生料
质控拉伸模量(kN/m)@2%	纵向(0°)	245
	横向(90°)	245
	60°方向	245
最小炭黑含量		2%

6.2 设备

表3为机械设备表。

机械设备表 表3

名称	数量	型号	名称	数量	型号
U形钉固定器	若干	32mm	挖掘机	1台	PC300-7
铁锤	5把		压路机	1台	XG6205M
冲击夯	2台	LT5004-3382			

7 质量控制

7.1 应执行的标准规范

(1)《公路工程质量检验评定标准》(JTG F80/1—2004)。

(2)《公路工程施工安全技术规程》(JTJ 076—1995)。

(3)《公路路基施工技术规范》(JTG F10—2006)。

(4)《工程建设标准强制性条文》(公路工程部分)。

7.2 质量检验

质量实测项目见表4,路堤填料最小强度和最大粒径应符合表1的要求。

质 量 实 测 项 目 表4

项 次	检 查 项 目	规定值或允许偏差	检查方法和频率
1	下承层平整度、拱度	符合设计、施工要求	每200m检查4处
2	搭接宽度(mm)	符合设计、施工要求	抽查2%

7.3 一般规定

(1)加强对施工过程的控制,确保各道工序施工在质检人员的监控下进行;每道工序施工前必须进行技术交底,向施工人员明确工序操作规程、质量要求和标准,严把工序质量关。

(2)严格工序交接制度,坚持工序自检、互检、交接检制度,执行技术人员现场值班制度,以便及时解决施工中发生的技术问题。

(3)各施工工序经作业队自检、经理部复检合格后通知监理工程师检查,上道工序未经验收合格不得进行下道工序的施工,隐蔽工程必须经监理工程师签认后再进行下一道工序施工。

(4)关键工序施工时提前制订切实可行的施工方案,对机械设备、施工材料、操作规程、文明施工责任落实到位。上报监理办审批并严格遵照方案执行。

(5)各项关键工序在实施中,操作人员必须经专门培训合格后持证上岗。保证施工机械保持良好运转状态,保证施工材料及时供给。

(6)各项特殊过程和关键工序必须严格执行施工技术措施中的工序控制流程和相关的操作规程。施工过程中做好质量记录和检测记录。

7.4 质量控制要点

(1)路基填土施工,应按设计平整坡度,并保证排水畅通。如果土基条件适宜(CBR>1%),还应进行碾压。

(2)路基填土施工完成后,沿路线将土工格栅铺开。整个过程要尽量轻,不要拖动土工格栅,铺设时尽量展开褶皱,使土工格栅与路基土表面紧密贴实,防止路基土混入基层。

(3)接头处应搭接一定的宽度。

(4)与旧路交汇时,土工格栅应伸入已有道路中。对于已经使用土工格栅的道路,新旧土工织物应搭接或缝合。

(5)土工格栅应按计划分段施工,施工时多层土工格栅应整体铺设,一次完成。

(6)土工格栅施工过程中应随时检查施工质量,应检查土工格栅是否有破损,如有破损,应将修补的材料盖于破损处,并在各个方向超出搭接要求的宽度。

(7)基层材料卸料应倾倒在已铺好的基层上,对于非常软的地基,堆料高度不要超过最大设计厚度。集料的摊铺应注意防止下面的土工格栅形成波浪。第一层集料应铺设30cm厚,不足30cm的按设计厚度摊铺。集料厚度小于20cm时不允许行车。在土基CBR≥3%,基层厚度为15cm时,应减少施工车辆载量。第一层之后每层的松铺厚度不应超过25cm。

(8)第一层集料可以用覆带机械碾压,然后用平板振动器压到最低密度要求。摊铺和碾压集料都应沿平行路中线方向进行。施工车辆速度不应超过5km/h,避免急停、掉头或是拖拉设备。

(9)施工中产生的车辙应用基层填料填平,而不能用平地机刮平。

8 安全措施

(1)认真贯彻执行国家安全生产、劳动保护方面的方针、政策和法规以及北京市有关安全生产的管理规定。

(2)加强职工安全生产教育,提高职工安全意识,牢固树立"安全第一"的思想,坚持"安全生产,预防为主"的方针。

(3)建立健全安全生产保证体系,建立和实施安全生产责任制,明确各级人员的责任,抓好本工程的安全生产工作。

(4)工程实施过程中,严格按照有关单位审定的实施性施工组织设计和安全生产措施的要求施工。

(5)施工前做好详尽的施工管线调查工作,施工时要及时挖探坑、做物探,查清各种地下物的情况。

(6)成立施工现场交通安全领导小组,设专人维护、疏导交通。要与交通导流密切配合,保证车辆畅通,保证行人安全。

(7)施工现场、生活区要制订防火措施,备足防火用具,定期进行防火工作检查。

(8)操作工人必须严守岗位,履行职责,遵守安全生产操作规程。特种作业人员经培训合格后持证上岗。

(9)施工现场设安全施工巡视人员,督促操作工人和指挥人员遵守操作规程,制止违章操作、违章指挥、违章施工。

(10)严格执行交接班制度,坚持班前安全讲话制度,坚持进场教育,营造良好的安全生产环境。

(11)重视个人自我防护,施工现场设防护措施,防止高空坠落。

(12)临时用电必须定期检查现场的线路设施,非电工不得擅自操作,禁止私接电源线。

(13)电工在操作过程中须做好防绝缘措施,戴好绝缘手套,穿绝缘鞋,严格按操作规程作业。

(14)现场材料码放整齐,按施工现场平面图指定位置存放。

(15)施工区域和生活区域应划分责任区,设标志牌,责任到人。

9 环保措施

(1)合理安排施工工序,避免或减少工序间的损害和污染,凡下道工序对上道工序会产生损坏或污染的,先采取有效的成品保护措施,防止发生交叉污染和损坏,否则不许开工。一旦发生成品的损坏或污染,应及时处理或清除。

(2)成品、半成品及原材料严格按施工组织设计中的平面布置划定的位置堆放,确保整齐有序,防护措施良好。

10 资源节约

(1)在施工过程中,以往的普通两向精编格栅或土工织物需要在铺设时进行初拉伸,往往通过经验判断,不易规范性施工,给工程质量留下隐患,而三向土工格栅在铺设施工时只需简单铺设拉平,不需要初应力拉伸,便于施工操作,节省了人力、材料及机械的投入。

(2)提高了填土路基的稳定性及耐久性,有效地克服了由于高填方路基自然下沉引起的道路病害,特别是搭接处的纵、横向裂缝的发生、扩展,从而大大减少道路运营后的维修、保养费用。

11 效益分析

11.1 直接效益

京石高速公路(五环路—赵辛店立交段)改建工程原设计使用精编土工格栅 47 874m^2,单价 18.8 元/m^2,总造价 900 031.2 元;变更改用三向土工格栅共计 22 306.6m^2,单价 21.69 元/m^2,总造价 483 830.2 元,节约 900 031.2 - 483 830.2 = 416 201 元。

11.2 间接效益

三向土工格栅在京石高速公路改造项目的大面积使用,提高了填土路基的稳定性及耐久性,有效地克服了由于高填方路基自然下沉引起的道路病害,特别是搭接处的纵、横向裂缝的发生、发展,从而必将大大减少道路运营后的维修、保养费用。

11.3 社会效益

三向土工格栅在京石高速公路改造项目的大面积使用,有效降低了填方路段特别是新旧路基搭接处的沉降量，提高了杜家坎新建收费广场行车的舒适度，获得了业主单位的高度赞扬，产生了良好的社会效益。

12 应用实例

12.1 工程概况

京石高速公路（五环路—赵辛店立交段）改建工程设计起点为五环立交 A、C 匝道分合流段头处，道路桩号为 K8 +815.5，终点为赵辛店立交出口端头处，道路桩号为 K13 +393.5，路线全长约 4.5km。

本项目开工日期为 2010 年 9 月 10 日，交工日期为 2011 年 9 月 12 日，并于 2011 年 9 月 19 日完成交工验收。

12.2 施工工艺应用情况

京石高速公路在经过多年的使用后，路基沉降基本完成，路基加宽段由于新旧路基的不均匀沉降，必然产生以纵向裂缝为代表的裂缝，从而对公路产生破坏。

以前的旧路标准低，通行能力弱，不能满足区域国民经济的快速发展，路段的交通量迅猛增加，需要进行旧路改造以提高通行能力，但旧路加宽因为要降低造价或使原设计路线较为合理，往往是大多数路线沿着旧路加宽路基，局部路段才进行裁弯取直等改造。路基加宽主要的技术难题是如何减小新老路基之间的差异沉降，并保证新老路基的有效衔接，避免道路通车后路面出现纵、横向裂缝等病害。

本项目路基填方任务较重，实际完成路基填方 125 000m^3，平均填筑高度 10.6m，特别是沿现有京石高速路东侧路基加宽 33.25m，加宽段全部位于大宁水库库区河床内。在施工过程中，我们严格按照上述施工工艺控制路基填方施工，圆满地完成了全部施工任务。

本项目于 2011 年 9 月 19 日完成竣工验收，截至目前，加宽部分的京石高速公路没有发现由于路基沉陷所引发的反射裂缝，获得了较好的施工效果，充分说明了此施工工艺的先进性、实用性和可操作性。

中导管注浆处治路基变形施工工法

GGG(桂)A1002—2013

陆宏新　李明俊　杨守平　梁高荣　凌荣超
(广西路桥建设有限公司　广西建工集团第二建筑工程有限责任公司)

1　前言

广西南宁—友谊关公路是国道主干线衡阳—昆明的支线,是广西壮族自治区“七射一环”公路主骨架的组成部分,是我国通往越南及东南亚地区最便捷的陆路通道。公路全长179km,于2005年年底建成通车。

2006年12月,该路部分路段出现纵向开裂和局部沉陷等路基路面病害现象。经勘察发现,产生这些病害的原因有:①高填方与地基承载力不足;②路基填料质量欠佳;③填土压实度不足;④路堤坡面排水、防渗水、保持水功能不足;⑤运营管理因素。为确保南友路的路用性能,修复路基路面的病害,南友路建设办决定采用路面垂直灌浆、边坡中导管注浆、坡脚设置固脚墙等方案综合处治路基路面病害。其中,采用边坡中导管注浆的方法来处治因路基侧向变形而引起的纵向开裂、局部沉陷等路基路面病害在广西属首例。为保证边坡中导管注浆施工任务按质按量地完成,在施工过程中,施工单位成立了QC小组对边坡中导管注浆过程中的重点、难点进行了技术攻关,并在柳桂路病害处理工程、钦州蓬莱大道南段3标路段路基边坡处理工程等项目推广应用,取得了良好的效益,经总结形成本工法。

2　工法特点

工艺简单、成本低、处治效果好、施工周期短,施工过程中不影响通车,不需进行全封闭施工作业,无需额外征地,病害处治质量有保证。

3　适用范围

本工法适用于路基因受土体剪压力破坏发生侧向变形而引起的路面纵向开裂、边坡失稳等病害的修复工程,亦可用于路堑、防洪堤等各类边坡的加固工程,特别适用于运营中的高速公路。

4　工艺原理

其加固机理为通过按设定的密度和角度在边坡上钻孔,孔内装入带孔的注浆钢管,以较高压力(0.7~1.0MPa)将调配好的水泥浆通过带孔钢管压入土体内,在高压作用下,水泥浆液将钻孔周围的边坡土体劈裂成网状并填充、渗入、挤密土体内裂缝,经过一段时间,灌入的水泥浆液将处治过的土体固结,形成稳定的结石体。注浆结束后留于土中的空心注浆钢管,在水泥浆液的包裹及保护下,与灌浆形成的结石体共同作用形成一个埋于边坡内部的圆柱形刚性挡土墙结构,可长时间地增强处治路段的抗土体剪压力性能,保持填方路段的整体稳定,从而达到约束路基侧向变形的目的。

5　施工工艺流程及操作要点

5.1　工艺流程

边坡中导管注浆工艺流程见图1。

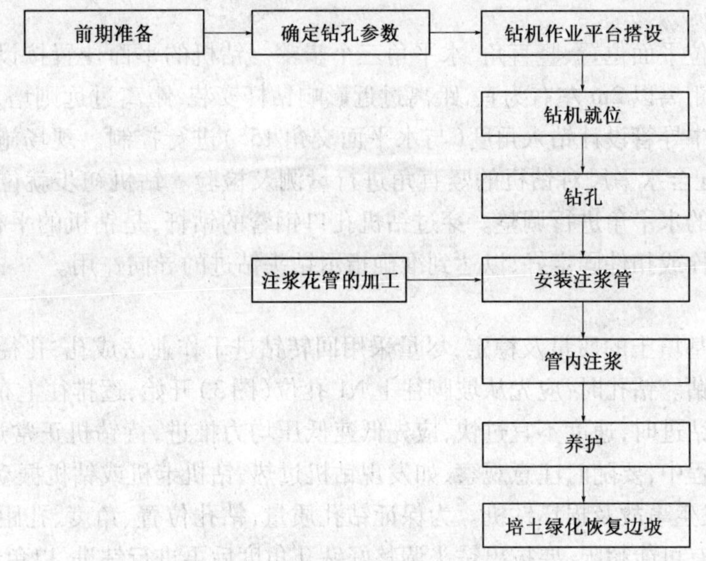

图1 边坡中导管注浆工艺流程图

5.2 操作要点

1)前期准备

由于施工期间要保证道路交通畅通,施工场地的准备应遵循少占地、易清理的原则进行。因此,做好前期的施工准备工作,是保证下一步施工作业安全、快捷开展的前提。为避免污染路面及沿线附属设施,所有预备堆放水泥、钢管、燃油、灌浆设备等施工器材的地点及施工时有可能造成污染的地段,在灌浆正式开始前,均需铺好尼龙布、麻袋等覆盖物。为便于施工,砂浆搅拌机、电焊机、柴油发电机、灌浆机等中小型施工机械可安放在路肩及停车道上;大型空压机等搬运不便的大型机械,在保证施工安全及不影响正常施工的前提下,可安放在载重车上,以便施工结束时加快转场速度。

2)确定钻孔参数

依据各路段侧向变形程度与填高、填筑材料的不同,取合适的孔距及行距。钻孔一般按梅花形排列来布置,其他项目可参照使用。

施工中,依据填方高度及路面受破坏程度的不同取合适的孔深值,但应保证所钻的孔能完全穿过土体被拉裂位置并多预留至少2m的孔深(图2)用来保证安全系数。

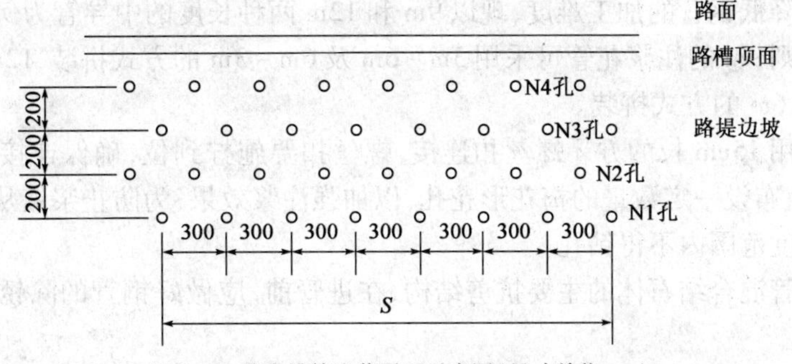

图2 边坡中导管注浆平面示意图(尺寸单位:cm)

钻孔的孔数和行数以处治路段的长度及路段的病害严重程度来控制,中导管注浆所布的孔应完全覆盖土体被拉裂区,以起到足够的抵抗路基侧向变形的作用。

3)钻机作业平台搭设

在需进行注浆的工作面上,用$\phi48$的普通焊接钢管搭设脚手架作为钻机作业平台。作业平台的高度根据中导管所在位置和钻机作业高度两个要求进行调整,搭设好的平台应能提供足够的工作面供安装钻机及人员正常施工时使用。作业平台必须牢固、稳定,以确保钻孔质量及施工安全。

4)钻机就位

钻机就位包括定位平面位置、竖直角、水平角三个步骤。钻机的平面位置按设计值逐孔调整,其安置的位置至工作面的距离以2m左右为宜,距离过近影响钻杆安装,距离过远则增加作业平台的搭设难度。钻机的竖直角按中导管设计钻入角度(与水平面交角15°)进行控制。现场施工时,使用提前加工好的15°木质三角板配合水平尺对钻机的竖直角进行量测及检验。钻机初步就位后,还应按与道路中线垂直的方向对钻杆的水平角进行调整。穿过钻机孔口钢管的钻杆,是钻机的平行线延伸,因此,定位好的钻机需及时用螺栓或扣件固定好,以达到准确指示钻头钻进的导向作用。

5)钻孔

为保证边坡及路基填土的质量及稳定,尽量采用回转钻进干作业法成孔,孔径100mm,钻孔设备可选择风钻或电动螺旋钻。钻孔时,应先从坡脚往上N1孔位(图3)开始,逐排往上布孔,最后施工靠近边坡顶部的孔。刚开始钻进时,速度不宜过快,应先低速低压均力推进,待钻机正常运转后再加速加压直至正常钻进。钻进过程中,要随时注意观察,如发现钻机过热、钻机卡机或钻机振动过大等异常情况,需立即停机检修,以免发生事故及损坏钻机。为保证钻孔质量,钻孔位置、角度、孔距、行距等钻孔参数需严格测定。发现偏斜有可能超限,要拔出钻头调整好钻孔角度后再进行钻进,以免影响注浆花管下管及其他孔位的中导管钻孔工作。雨季到来前,要做好钻孔的密封防水工作,已成孔的应及时下管并封堵管口,未成孔的需做好孔洞的防雨堵水措施。

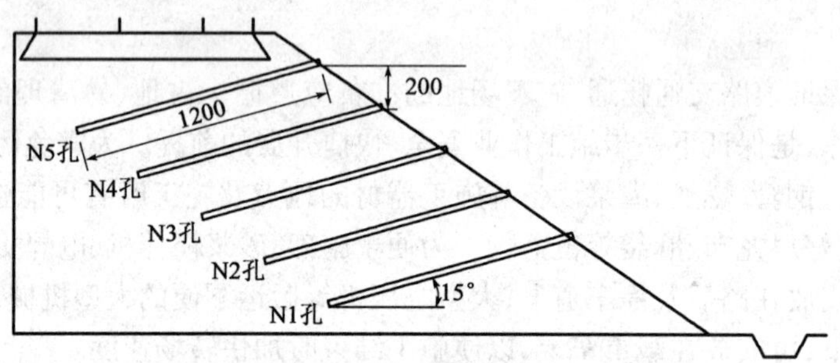

图3 边坡中导管注浆立面示意图(尺寸单位:cm)

6)注浆花管的加工及安装

注浆花管的加工应与钻孔工作同步进行,注浆花管选用ϕ89普通焊接钢管制作。在进行钢管加工时,为避免处于同一平面上的钢管接头过多而受到剪力破坏,需按设计长度对钢管形式进行分组,以保证每一施工面内纵向相同断面的钢管接头数不大于50%,相邻钢管间的接头断面不重复。为在满足实际施工需要的前提下降低钢管的加工难度,现以9m和12m两种长度的中导管为例做一说明:考虑到钢管的出厂长度为6m,则9m的注浆花管可采用3m－6m及6m－3m的方式拼装,12m的注浆花管可采用3m－6m－3m及6m－6m的方式拼装。

注浆管管节间采用15cm长的方牙螺丝扣连接,螺丝扣要施拧到位,确保连接可靠;注浆管管首部位加工成楔形,管壁应布设一定数量的梅花形花孔,以加强注浆效果;为防止浆液从花孔处倒灌,注浆花管尾端占全管1/3长度范围内不得钻孔。

注浆花管是中导管混合结石体的主要抗剪结构,在进管前,应做好钢管的除锈措施,以便延长完工后的中导管使用寿命。

钢管安装,主要靠人工送管,顶进困难时,可用锤击或卡钳扭转,以取得较好的顶进效果。下管要及时、快速,以避免因孔洞坍塌而造成的顶进困难和返工。

7)管内注浆

本次中导管注浆所使用的灌浆液为不掺外加剂的单液水泥浆,采用强度等级42.5的普通硅酸盐水泥配制,水灰比为0.6。拌浆设备选用小型砂浆搅拌机,每小时能加工3.5t合格的水泥净浆,基本满足施工需要。

在连接注浆管路前,需用注浆泵先压水检查管路是否漏水,设备状态是否正常,如有异常现象需及时进行修复。考虑到土层裂隙阻力,依据设计要求和工程实际,注浆压力取0.7~1.0MPa。在水泥净浆送入注浆泵加压注浆前,要在注浆泵的蓄浆池上放置一个过滤钢丝网,防止结块和未能充分搅拌的水泥浆进入灌浆管道,以免堵塞输浆通路。拌制好的灌浆液应在4h内用完。为取得最好的注浆效果,施工中按从坡脚到坡面的顺序进行灌浆。

注浆是整个中导管施工过程中的重点,若注浆液不能充分填满土体中的空隙或不能完全包裹注浆花管,则边坡中导管的加固效果及其使用寿命将会受到很大影响。注浆时,要控制好灌浆压力,压力过大容易导致水泥浆窜浆、冒浆,甚至冲破灌浆口;压力过小则会造成浆液不能满灌,影响灌浆质量。注浆过程中,应按先稀后浓、注浆量先大后小、同排孔间隔灌浆的原则进行灌注,注浆压力按分级升压法控制,最大注浆压力以不超过1.0MPa为宜。单孔灌浆过程应保持连续,若需临时停工时,应采取措施确保每孔灌浆施工的间断时间累计不超过2h,以保证灌浆质量。

灌浆时,在灌浆液的高压作用下,原填方中的孔隙、裂缝容易相互串连形成通路,浆液通过通路从与注浆孔相邻或相近的孔中流出,出现窜浆现象。此时,应先封堵窜浆孔,并降低灌浆压力进行灌注。若窜浆孔具备注浆条件,也可采用同时对窜浆孔和注浆孔进行压浆的方法处理,但应保证一台注浆机注一孔。窜浆的预防措施:①按标准灌浆压力进行灌浆;②适当延长相邻孔间的注浆间隔时间。

在灌浆过程中,亦时常出现水泥浆液从注浆点上部的路肩、土体缝隙等较薄弱位置流出的冒浆现象。冒浆出现时,应暂停灌浆,及时用石棉、麻絮等填充物塞缝冒浆地点,再用速凝水泥、混凝土预制块等材料进行封堵,并适当降低注浆压力和水泥浆液的水灰比进行试灌。若有新的冒浆点出现,则须重复处理过程直到能正常灌浆;若无新的冒浆点,则可正常施工直至灌浆结束。

一般情况下,灌浆量以设计注浆水泥用量100kg/m为准。当灌浆量达到设计量又未灌满注浆花管时,应注满后再停止灌浆,以确保工程质量。浆液注满后,应关闭注浆机并卸下注浆管,及时用管塞封堵注浆花管管口,以防止跑浆。最后用清水清洗注浆泵及输浆管浆液。若需对灌浆设备进行停机维修保养时,也应及时冲洗注浆管路,以免水泥浆液凝结堵塞管道。

8)养护

为保证施工质量,避免载重车辆的动荷载对水泥浆液的终凝及水泥结石体的强度造成影响,在注浆完成后,不能马上开放交通。依据现场取样的试验结果,浆液结石体3d浸水无侧限抗压强度已达到高速公路路用水泥稳定土底基层的抗压强度标准。因此,对已完成注浆的中导管施工点进行3d的半封闭交通管制即可满足施工要求。

9)培土绿化恢复边坡

在中导管施工结束28d后,为确保边坡稳定,需对原边坡进行边坡植被、护坡等的恢复工作。恢复前,要将长度超出边坡过多的中导管外露部分修剪平整;边坡表面若有与溢出的水泥浆液固结的土壤,需用工具翻松并培上新鲜表土;若原边坡的砌体结构破坏严重,在中导管注浆完成后,也应及时安排施工人员进行边坡砌体的修复工作;最后恢复边坡被破坏的植被。

6 材料与设备

每工作面主要材料与设备一览表见表1。

每工作面主要材料与设备一览表 表1

名称	单位	数量	名称	单位	数量
砂浆搅拌机	台	2	风钻	套	3
压力灌浆机	套	3	水车	台	2
35kW柴油发电机	台	3	大型空压机	台	2
电焊机	台	2	其他配套设备	台	根据需要配置
钢筋切削机	台	2			

7 质量控制

(1)进场的水泥需符合《通用硅酸盐水泥》(GB 175—2007)中水泥质量标准,每批次水泥都应有出厂合格证并经项目部试验室检验合格后方可使用。

(2)对进场的水泥做好密封防水措施,以免水泥在存放过程中受潮结块。

(3)施工用水要选用含杂质少的饮用水或河水。

(4)用丝扣连接的注浆花管,应保证牢固、可靠、不易脱落。

(5)在拌制灌浆液时,要保证水泥浆液搅拌均匀,每盘水泥浆的搅拌时间不得少于3min。

(6)灌浆时,要保证平均灌浆压力不小于设计要求,以免灌浆不足影响质量。

(7)养护期内,需做好道路局部封闭措施,以防止载重车辆对路基的扰动影响水泥浆液的终凝及水泥结石体的强度。

8 安全措施

由于是在高速路上半封闭施工,安全防范的重中之重是交通安全。安全工作要按照以下几点措施执行:

(1)现场施工人员在上岗前,都要由专职安全员对其进行安全技术交底并进行安全考核。现场施工人员必须经安全考核合格后方能上岗。

(2)每个施工点在进行现场施工时,除施工人员外,还设有专职安全员负责交通及施工安全的监督管理工作。所有中导管施工点,必须待安全员到达施工现场后才能开工,以保证施工安全。

(3)在施工路段的起终点按《高速公路安全管理手册》的规定设置锥筒、水马、限速指示牌等安全防护设备和安全标志。进入施工现场的人员应按规定正确佩戴反光安全帽,穿戴反光安全服。严禁赤脚或穿硬底鞋、拖鞋进入施工现场。

(4)严禁电力线随地拖拉或置于脚手架等临时装置上;所有电器开关都必须完好无损、接线正确、绝缘良好、标识明确,以确保用电安全;施工现场用电必须设立明显警示标志,电源开关等外露部位配有防雨防触电等保护装置,并按规定设置接地线。

(5)所有施工设备和机具在投入使用前均应由机械技术人员组织进行检查、维修保养。保证机械各制动、保险装置齐全可靠,确保状况良好。专用机械操作人员必须持证上岗,严格按照规程操作,严禁违章作业。

(6)夜间施工时必须设置足够的照明装置,在显眼位置设置防护栏杆并悬挂信号灯和警告标志。

(7)其他安全施工注意事项,遵照现行的《公路工程施工安全技术规程》(JTJ 076—1995)的要求执行。

9 环境保护

(1)施工期间注意避免破坏现场周边植被、土体等环境,如有破坏应给予及时恢复。

(2)施工产生的固体废料、材料等垃圾应统一收集并妥善处理,避免污染环境。

10 资源节约

本工法路基变形处治在原路基边坡上搭设施工平台即可满足施工要求,与土工反压护道施工相比,无需占用边坡以外用地,节约了土地资源。

11 效益分析

11.1 经济效益

处理边坡侧向变形一般有两种施工方法,一种是筑做土工反压护道,一种是边坡中导管注浆。筑做土工反压护道是一种在路基外侧设置的支挡结构体,依靠减少填方所受剪压力而限制路基侧向变形的施工方法。与土工反压护道相比,边坡中导管注浆减少了大量的征地费用和大型土工施工机械的租赁费用,而且工期短,灌浆费用低(200 元/m),施工结束后边坡的原地貌易恢复,是运营中的高等级公路处理类似病害时首选的施工方法。

11.2 社会效益

边坡中导管注浆是一种创新的施工技术。其优点为:

(1)施工进度快,边坡处治效果好。在路基病害处治完成一年多后,边坡稳固,路面再无下沉、开裂现象,使用效果良好。

(2)施工过程对环境的污染小,不需破坏原路的地形地貌,符合国家的节能环保要求。

12 应用实例

12.1 工程实例一

南友路路基路面处治工程项目经理部采用边坡中导管注浆的方法约束路基侧向变形,节省了大量人力、物力、财力,提前一个月完成了南友路路基路面病害处治的施工工作。处治完成的边坡及路面经一年多风雨的考验,工作情况良好,边坡无明显变形及冲刷,路面无下沉、开裂现象发生。此工程的圆满完成,也为其他类似的病害处治工程提供了设计和施工的参考。

12.2 工程实例二

桂林至柳州高速公路采用了边坡中导管注浆处治路基侧向变形施工技术,加快了施工进度、降低了工程成本,减少了土地占用,保证了填方路基的边坡稳定,提高了边坡处治效果。

12.3 工程实例三

钦州蓬莱大道南段 3 标路段,出现多处开裂和沉陷等质量缺陷,局部路缘由于边坡滑移造成塌陷严重,严重影响道路的使用功能。在路况修复及边坡处理的施工中,采用了边坡中导管注浆处治路基侧向变形施工技术,效果显著,提高了填方路基边坡的稳定性,完工近一年来,未出现任何质量问题。

12.4 工程实例四

广西沿海高速公路改扩建一期工程第一合同段采用了中导管注浆处治路基变形施工工法,施工进度快,边坡处治效果好。施工过程对环境的污染小,不需破坏原路的地形地貌,符合国家节能环保的要求。

复杂环境微差减振智能爆破施工工法

GGG(浙)A1003—2013

谢　铭　谢广言　王荣全　李仕龙　黄富智
(浙江正方交通建设有限公司)

1 前言

随着我国交通建设的发展,爆破技术突飞猛进。如何既提高爆破效率,又减轻爆破所引起的振动、空气冲击波等有害效应,一直是爆破技术孜孜不倦的探索课题。浙江省磐安至新昌公路磐安窈川至万苍段改建工程第一合同段公路途经窈川村和西冷村,工程需爆破的石方总数量高达 280 000m^3,沿线有电信、移动、民房、庙宇、通信基站、110V 高压线路、村镇公路、气象塔等重要构筑物和建筑物,距离爆破中心最近距离仅 10m,大多在 50 ~ 100m 以内,爆破环境复杂,如何避免或降低爆破振动,减少建筑物与构筑物拆移量,对加快施工进度、确保合同工期、实现经济效益具有显著的作用。爆破技术人员在总结国内外以往成功爆破经验的基础上,提出合理的爆破参数、利用微差减振起爆技术、改善爆破条件,利用无线网络监控系统实施对爆破全过程远程遥控和即时数据传输与分析,在降低爆破振动和提高爆破效率方面取得了令人满意的效果。形成的复杂环境微差减振智能监控爆破工法对今后类似工程具有参考和借鉴作用。

2 工法特点

本工法采用排与排、孔与孔之间分别微差起爆技术逐孔起爆,加强岩石的碰撞与挤压,获得较好的破碎质量,同时减小爆堆宽度,降低爆破振动冲击波效应。

本工法应用毫秒雷管,实现了雷管发火时刻控制精度高,延期时间可灵活设定的两大技术特点。

设置爆破振动隔离缓冲带,当爆破地震波传递到隔离缓冲带时,大部分振动能量被消耗吸收,隔离带后受保护的区域振动冲击波就会大大减小。

吸收复杂环境深孔爆破、光面爆破,城镇浅孔爆破等工艺技术的优点,利用无线网络测振系统实现了爆破全过程远程遥控和即时数据传输与分析,实现复杂环境下微差减振大规模的爆破施工的安全与高效。

3 适用范围

本工法适用于丘陵地貌,复杂环境(在爆破边缘 100m 范围内有居民集中区或重要设施环境中),减震要求高,爆破规模大的路基、隧道工程。

4 工艺原理

在对国内外已有爆破施工技术进行理论分析的基础上,提出合理的振动控制标准;与无线网络测振系统结合,通过试爆试验,由远程监控系统即时采集爆破技术参数,如爆破振动速度、主振频率、触底时间、触底振动大小、倾倒总时间、爆破效果图等,再进行爆破安全与效率评价,在评价基础上合理调整单孔最大药量、逐孔起爆网络以及爆破振动的隔离缓冲带的钻孔的孔径、孔深和排列形式,多方面入手,综合达到微差减振目的,并通过 PDCA 循环,渐次实现复杂环境下微差减振、大规模高效爆破的目的和安全爆破的效果。

5 施工工艺流程及操作要点

5.1 施工工艺流程图(图1)

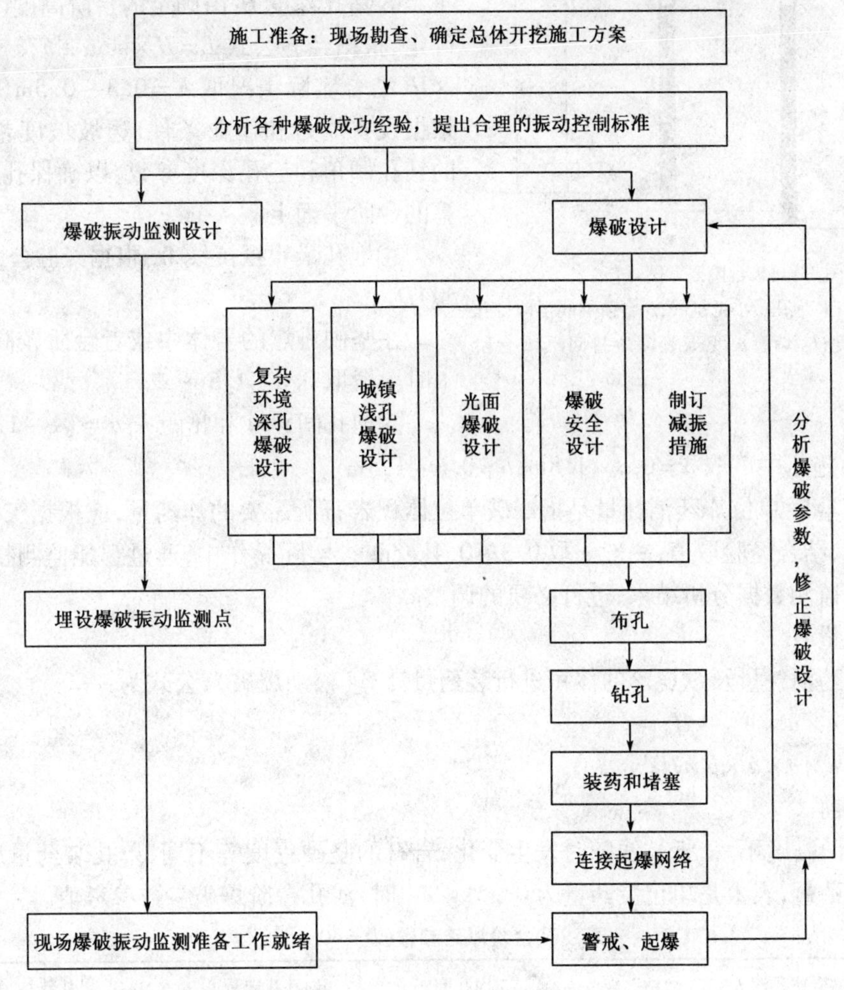

图1 工艺流程图

5.2 爆破设计与施工操作要点

1)城镇浅孔台阶、浅孔爆破设计和施工操作要点

(1)城镇浅孔台阶、浅孔爆破设计。

路基开挖、路堑开挖、路面平整、边坡修整和隧道明洞开挖等采用自上而下的浅孔台阶控制爆破方式,钻孔采用垂直布孔形式,根据地形条件和开挖规模,可分单排孔和多排孔,一次爆破较小时用单排孔,一次爆破量较大时,则布置多排孔。三角形多排炮孔布置图见图2。

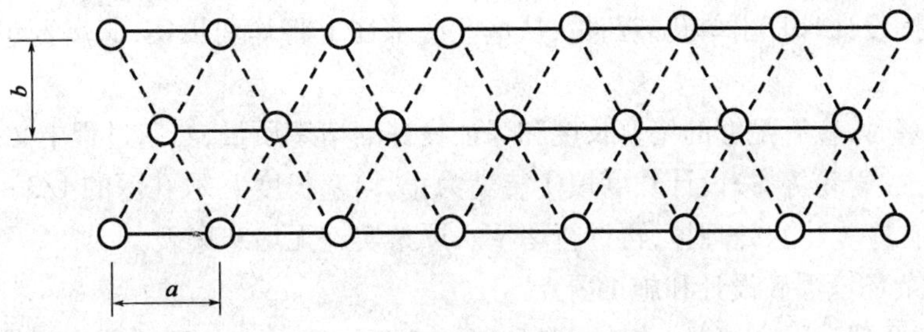

图2 三角形多排炮孔布置图

①台阶高度 H:根据现场开挖高度定,浅孔台阶高度一般取 1 ~ 3m,当台阶高度大于 3m 时应再分台阶开挖。爆破台阶要素见图 3。

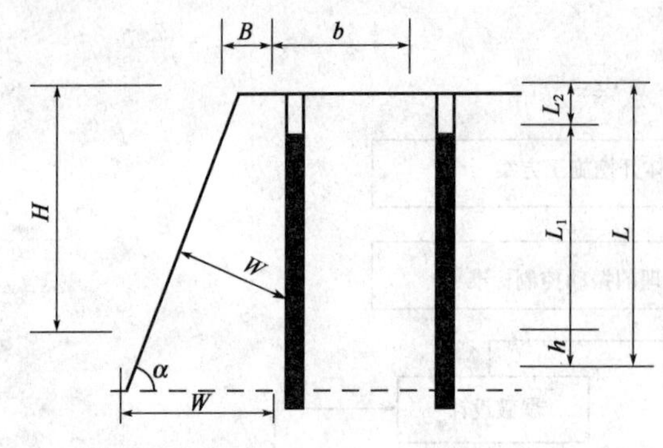

图3 爆破台阶要素图

H-台阶高度;L-孔深;W-炮孔最小抵抗线;B-台阶眉线至前排孔口距离;L_1-装药长度;L_2-堵塞长度;h-超深;b-排间距;α-台阶坡面角

②钻孔直径 D:采用风钻钻孔,目前多采用 40mm,则取孔径的 $D=40$mm。

③钻孔深度 L:由确定的台阶高度(H)和深度(h)确定,根据经验公式 $L=H\times\sin\alpha+h$;$h=(0.1\sim0.15)\times H$,结合实际情况取 $h=0.3\sim0.5$m。实际施工中,根据设备能力和作业条件,边坡坡度要求,选择合适的钻孔倾角和炮孔深度参数,以确保孔底位置位于计算的台阶平面上。

④炮孔最小抵抗线 W:根据经验公式 $W_{底}=(30\sim50)D$。

在坚硬难爆的岩体中或者台阶较高时取大值,施工时一般取 0.8 ~ 1.5m。

⑤炮孔间距 a 和排距 b:$a=(1\sim1.5)\times W_{底}$;$b=(0.8\sim1.1)\times a$;施工中可取 $a=0.8\sim1.8$m;$b=0.6\sim1.5$m。

⑥单位耗药量 q:单位炸药消耗量是指爆破单位体积岩石所需要的炸药量,应根据工程区内岩石性质及构造等因素,结合经验取值,一般 q 取 0.3 ~ 0.4kg/m^3。实际操作中,通过智能监测技术应用,还应根据每一轮爆破监测数据分析结果,进行必要的调整。

⑦单孔装药量 Q。

根据单位炸药消耗量及欲崩落的体积进行装药量计算(松动爆破),公式为:

单排孔:$Q=q\times a\times W_{底}\times H$;

双排孔:$Q=k\times q\times a\times b\times H$;

符号意义同前。

因为开挖台阶高度不一,抵抗线随时发生变化,岩石的坚硬程度等不同,单孔装药量应视现场情况计算出合理的装药量,表 1 是单位装药量为 0.35kg/m^3 时,浅孔台阶爆破参数参考值。

表浅孔台阶爆破参数($D=40$mm) 表 1

台阶高度 H (m)	炮孔孔深 L (m)	钻孔超深 h (m)	炮孔间距 a (m)	炮孔排距 b (m)	单孔装药量 Q(kg)	
					前排	后排
1.0	1.1	0.1	1.0	0.8	0.28	0.30
1.5	1.7	0.2	1.1	1.0	0.58	0.60
2.0	2.2	0.2	1.2	1.1	0.92	0.97
3.0	3.3	0.3	1.3	1.2	1.64	1.72

(2)施工操作要点:

①装药结构:采用连续装药或者分层装药,临近边坡预留层爆破时,采用分层装药,以减少对边坡围岩的破坏;其他炮孔按设计计算出单孔装药量,从炮孔底部往上将炸药填实,起爆药包装在装药长度孔口往下 3/4 位置。

②堵塞:炮孔堵塞时,应有足够的堵塞长度和保证良好的堵塞质量,堵塞过程中必须保护好导爆管。堵塞材料可用沙、黏土、岩粉等,按设计长度填实装满为止,堵塞长度 l_2 取孔深的 1/3 ~ 3/4,并大于最小抵抗线,对有水的炮孔应先将水处理掉,再进行堵塞。严禁实施无堵塞爆破。

2)深孔台阶、复杂环境爆破设计和施工要点

根据岩土体硬度及裂隙发育情况,单耗 q 取 0.35 ~ 0.45kg/m^3,在施工过程中根据试爆以及现场监

测数据,分析后再适当调整。

装药结构:采用柱状连续装药,每个孔装两发同段别导爆雷管,起爆药包分别置于装药部分的1/4、3/4位置处。详见图4。

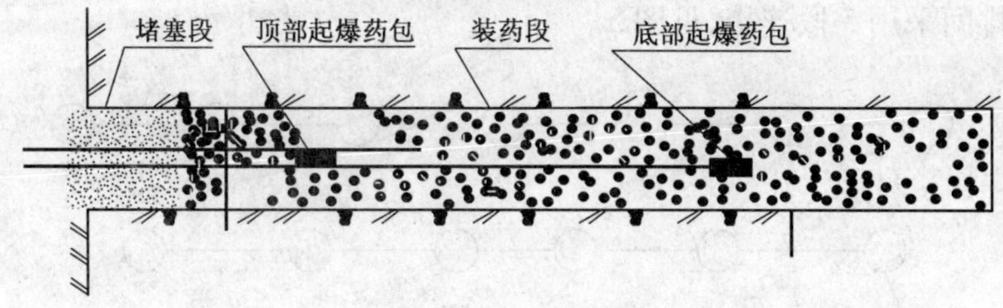

图4 装药结构示意图

操作要点:堵塞长度过长会降低爆破力量,增加钻孔费用,并造成台阶上部岩石破碎不佳,堵塞长度过短,炸药能量损失大,还会产生较强的空气冲击波、噪声和个别飞石危害,并影响钻孔下部破碎效果。因此,操作过程应严格控制堵塞长度,深孔台阶一般为孔径的20~30倍,并根据现场爆破监测数据适时合理调整。

3)光面爆破设计参数(表2)

光面爆破设计参数汇总表 表2

序号	基本参数	单位	数量	备注
1	台阶高度 H	m	8	
2	孔径 D	mm	90	
3	钻孔倾角 α	度	按设计确定	
4	超深 h	m	1.0~1.5	
5	钻孔深度 L	m	$(H+h)/\sin\alpha$	
6	孔距 a	m	1.5	
7	最小抵抗线 W	m	2.0	
8	线装药密度 q	kg/m	0.3~0.4	
9	单孔装药量 Q	kg	$qabL$	

4)隧道开挖爆破参数

Ⅵ类围岩上台阶开挖爆破参数设计见表3。

Ⅵ类围岩上半断面爆破参数表 表3

起爆顺序	雷管段别	爆孔名词	炮孔数(个)	炮孔深度(m)	装药系数(%)	装药量		备注
						单孔装药(kg)	装药量(kg)	
1	1	掏槽孔	2	1.7	60	1.21	2.42	预计进尺1.4m
2	3	掏槽孔	6	1.7	60	1.21	7.26	
3	5	内圈孔	4	1.5	50	0.94	3.76	
4	7	内圈孔	9	1.5	50	0.94	8.48	
5	8	内圈孔	12	1.5	50	0.75	9.00	
6	9	内圈孔	14	1.5	40	0.75	10.50	
7	10	内圈孔	17	1.5	40	0.66	11.22	
8	11	周边孔	35	1.6	15	0.3	10.50	
9	13	底板孔	17	1.6	40	0.75	12.75	
合计			116	180.8			75.89	

5)爆破网络设计与操作要点

复杂环境深孔爆破,采用排与排之间、孔与孔之间分别微差起爆技术,逐孔起爆,加强岩石的碰撞和挤压,以获得较好的爆破质量,同时减小爆堆宽度,降低地震效应。主爆孔内使用10段非电毫秒雷管,孔间采用3段连接,排间采用5段连接,见图5。

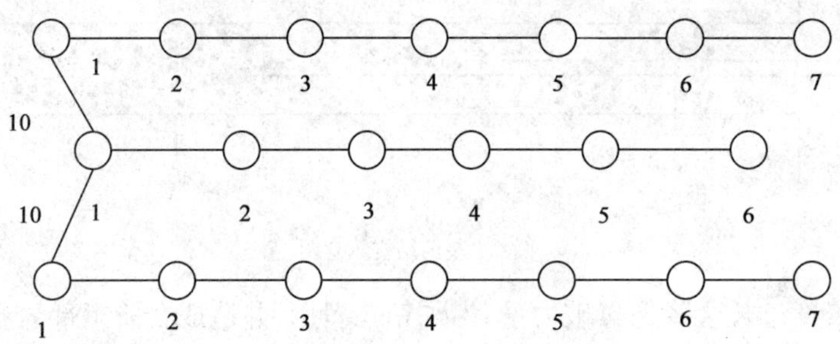

图5 复杂环境深孔爆破起爆网

光面爆破孔内用15段毫秒雷管,排间采用四通、复式网络连接,根据与保护设施的距离,采用6孔一响,3段延期的起爆网络,距离保护设施超过100m时,整排起爆,见图6。

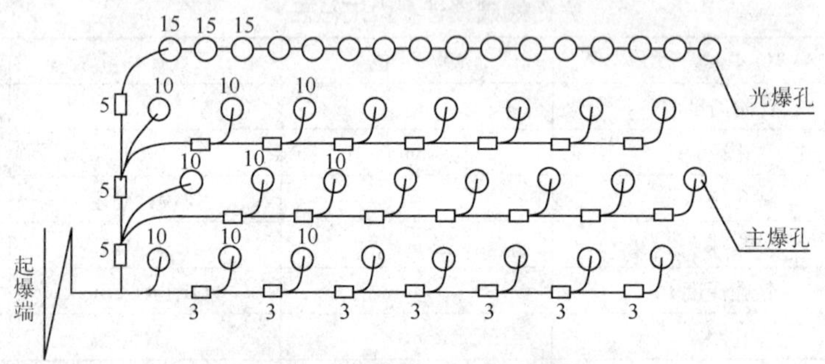

图6 光面爆破起爆网络设计

注:1. 主爆孔内采用10段雷管,光爆孔采用15段毫秒雷管。

2. 孔间传爆采用3段雷管,排间采用5段雷管。

3. 光爆孔之间采用四通连接,整排起爆。

城镇浅孔爆破,采用孔内微差逐孔起爆网络,孔内装1-9段,排间采用10段延期。装药量相对比较少时,可采用5孔捆簇联后用3段延期,排间用5段延期的孔外微差起爆网络。

隧道爆破时,起爆顺序采用排间顺序微差起爆,先起爆掏槽眼,然后依次起爆扩槽眼、内圈眼以及板底眼。网络采用簇联方式,把数根炮孔中延伸出来的导爆管用连通管并在一起。

6)爆破安全设计及防护施工要点

爆破安全距离按 $R_f = (15 \sim 16)D$ 计算,一般达到150m以上,为了确保安全距离内的建筑物、构筑物和机械设备安全,要严格控制抵抗线方向、大小,同时为防止飞散物对居民、厂房和高压电线等的损害,必须采取有效的保护措施。

(1)对于城镇浅孔爆破区,防护措施如下:

①采取防护专用炮被、废旧输送带或者竹篱笆覆盖,覆盖范围比最外缘炮孔长2~3m,然后采用袋装砂土的草袋堆放在输送带上,每个炮眼放一袋,具体质量为30~40kg,输送带用铆钉连接,使之连成整体。

②对民房、高压线等进行迁移,不迁移的通信线、电力线可对其进行包裹防护,如用从中破开的竹子或其他材料,将未迁移的通信光缆、电力线和电杆包裹2~3层,可抵挡较小飞散物的打击。

(2)复杂环境深孔爆破区针对110kV高压线、房屋与重要设施防护措施如下:

①确定合理抵抗线，避开薄弱和裂隙，自由面和炮孔方向与保护设施平行。

②严格执行堵塞防护，控制药量，孔口用4～5袋40kg重的沙袋覆盖。

③布置减振孔吸收爆破动能。一般设置三排，孔径100mm、间距350mm×350mm，深度视爆破强度确定，减振孔内不得安放炸药。

(3)部分紧挨老路，存在滚石危险隐患的路段，具体措施如下：

①跟业主和交管部门协商后，变更通行路线。

②严格执行交通管制。

(4)隧道洞口掘进100m范围内防护措施如下：

爆破前先将地表泥层用机械清理干净，露出要爆破的岩石，再在隧道洞口用双排脚手架和双层脚手片搭建一个紧挨洞口的密封的空间(长15m，高10m)，并设计可开关的门，方便人员、设备进出，爆破时将门关闭，在此密闭空间内进行爆破，可有效防止飞石。

(5)爆破地震波校核。

根据《爆破安全规程》(GB 6722—2003)中的规定：对于深孔爆破10～60Hz；浅孔爆破40～100Hz；一般砖房、非抗震的大型砌块建筑物，安全允许振速2～3cm/s；钢架结构的大型建筑物安全允许振速为3～4cm/s。应按式(1)、式(2)对规定距离内的最大单响药量 Q_{max} 和爆破规模进行控制。

$$v = K(Q^{1/3}/R) \tag{1}$$

$$Q_{max} = R^3(v/K)^{3/\alpha} \tag{2}$$

式中：K、α——与地质地形条件有关衰减系数；

R——爆破振动允许安全距离。

还应按式(3)对空气冲击波安全距离 R_B 进行校核：

$$R_B = K_B Q_0^{1/2} \tag{3}$$

式中：K_B——与装药条件和破坏程度有关的系数；

Q_0——药包总质量。

5.3 爆破震动监测设计与监测

(1)爆破震动监测系统：由TC-485N无线网络测振仪、高精度三向振动速度传感器、专用数据服务器组成，搭载Inter网络，见图7。

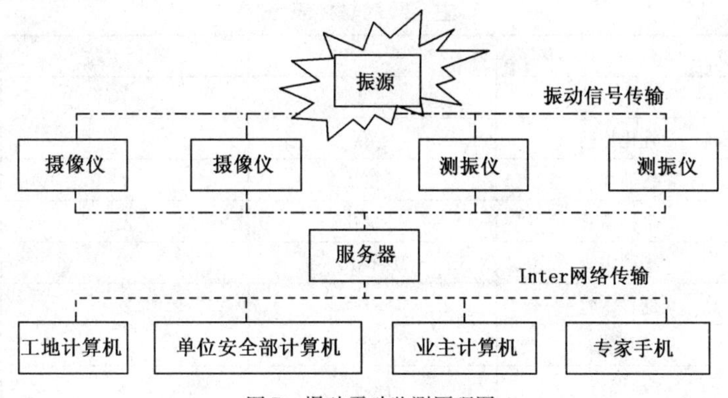

图7 爆破震动监测原理图

注：图中虚线均代表无线网络连接

(2)爆破区和监测点布设图见图8。

根据爆破特点和振动控制的要求，重点布设在爆潜安全风险大的区域以及爆破效果主控区域，每个测点安放1台测振仪，监测参数主要是 xyz 三个方向的爆破震动速度、主振动频率；安装1台高速智能球摄像仪，以获得爆破过程效果图。测振仪传感器用快干石膏固定在地表上，传感器的 x 方向指向爆破区中心。爆破前2h,将所有的测点布设完毕并开机,进入待机监测状态,并将计算机入网,通过验证码可以检查到各台仪器的工作状态。起爆后,震源振动波会自动记录并传输到终端服务器上,通过计算机可以查看到爆破震动数据、波形和效果图,分析爆破效果,适当调整续爆参数,渐次促进爆破精度和效率的提高。

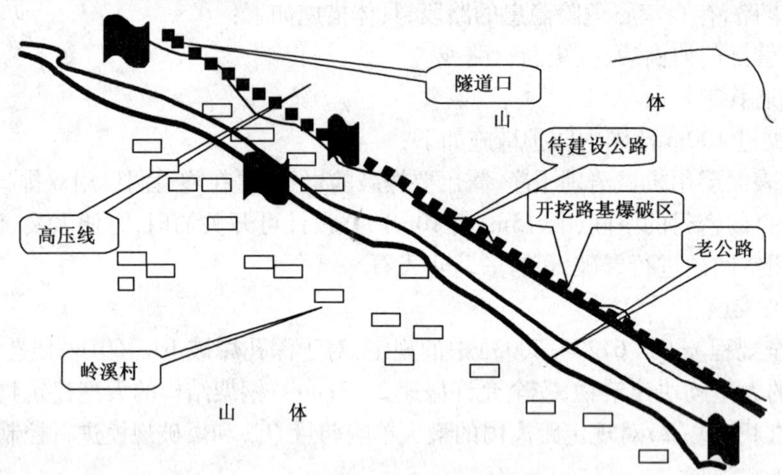

图8 爆破区和监测点布设位置图

4号区各测点的爆破振动监测结果见表4。

4号区各测点的爆破振动监测值 表4

测点号	爆破区水平距离(m)	径向(cm/s)	横向(cm/s)	垂向(cm/s)
1	50	6.31	6.1	10.8
2	77	7.13	4.23	5.88
3	133.5	3.98	4.67	5.22
4	208.3	1.19	1.44	1.39

6 材料与设备

(1)主要耗材(20万m^3)见表5。

主要耗材表 表5

序号	名称	规格	单位	数量
1	乳化炸药	ϕ32	t	200
2	乳化炸药	ϕ70	t	10
3	铵油炸要	颗粒状	t	10
4	毫秒雷管	Ms-11-15	发	20 000
5	毫秒雷管	Ms-6-10	发	20 000
6	毫秒雷管	Ms-1-5	发	15 000
7	导爆索	普通	m	50 000
8	导爆管	普通	m	20 000

(2)主要设备、仪表、仪器见表6。

主要设备、仪表、仪器 表6

序号	名称	规格	单位	数量
1	手持式风钻	YO-18	台	6
2	空压机	CVFV-7/7	台	3

续上表

序号	名称	规格	单位	数量
3	空压机	$12m^3$	台	3
4	潜孔钻机	YKQ100B	台	6
5	变压器	S9-125/10	台	1
6	装载机	ZL-50	台	2
7	挖掘机	履带式	台	4
8	无线网络测振仪	TC-485N	台	4
9	传感器	CD-1	台	16
10	高速智能球摄像仪	DS-2AF7254/7256-A	台	8

7 质量控制

7.1 应执行的标准规范

(1)《土方与爆破工程施工及验收规范》(GB 50201—2012)。

(2)《爆破安全规程》(GB 6722—2011)。

(3)《公路工程质量检验评定标准》(JTG F80/1—2004)。

7.2 主要技术措施

(1)保证钻孔精度符合要求,钻孔深度允许误差为 -2cm ~ +4cm,开孔中心允许误差 $\phi \leq 5$cm。

(2)按照设计安放药包,装药量偏差控制在 ±5% 以内。

(3)加强回填堵塞质量,保证炮孔堵塞长度大于最小抵抗线。

(4)采取合理的起爆、传爆方向,控制单响药量及爆破规模。

(5)施爆前对每一个炮孔进行测量,根据测量数据进行装药设计,如果抵抗线有变化,比设计值大或者小,都必须调整装药量。

(6)监测点布置科学合理,及时收集数据,分析差异,寻找规律,提高爆破质量、爆破安全和爆破效率。

8 安全措施

(1)认真贯彻执行《民用爆破物品安全管理条例》(国发 1985 年 5 月)、《铵油炸药现场粗加工与使用技术安全规定》[公安部(1964)公发(治)830 号]、《建设工程安全生产管理条例》(国务院令第 393 号),《爆破安全规程》(GB 6722—2011)。

(2)爆破特种作业人员必须经培训考试合格并持有爆破上岗证。

(3)按《危险性较大分部分项工程管理办法》[建质(2009)87 号]对爆破安全专项方案组织专家论证,确保方案科学、合理、可靠、安全。

(4)项目部设立爆破安全管理总指挥部,成立安全领导小组,配足专职安全人员、联络员、警戒员以及对讲机、交通工具等安全设备、器材,对爆破全过程的检查、巡视、警戒、疏散、交通管制、起爆及应急事故的紧急报告或处理等工作实行统一领导,统一指挥。

(5)爆破地点环境复杂,民房多,爆破前要提前对当地居民进行爆破安全知识的宣传教育(发传单、挂图)和思想开导工作。特别是警戒范围内房屋里的居民。

(6)严格按爆破技术与安全专项方案规定操作,落实岗位与责任,对参与操作的全体人员做好爆破安全技术交底工作,并有签字记录。

(7)爆破安全技术措施要点:①布孔前要检查待爆体情况,如层理、裂隙等;②钻孔要精确;③炮孔要验收;④装药要选择有经验的作业人员,按照技术交底要求落实;⑤导爆管严禁过度拉伸,接头要对齐;⑥允许采用环形传爆形式;⑦确保堵塞质量,严禁无堵塞爆炸;⑧起爆要统一听从口令;⑨爆破完成后15min后方可进入检查,发现盲炮要报告,并由有经验的爆破工负责处理;⑩遇不良地质出现塌方,应报告,由项目部组织制订专项处理方案;⑪爆破区内不可拆迁的建筑物、结构物,按爆破安全设计方案施加保护;⑫加强监控量测,分析经验与成果,提前反馈,对生产和安全工作给予指导。

9 环保措施

大型爆破造成的污染源,主要包括粉尘、噪声、振动波、冲击波。对于粉尘污染,主要采取湿式钻孔,工地洒水降尘措施。为不影响当地居民休息,夜间禁止放炮。对爆破过程会产生的振动波和冲击波,严格按爆破安全设计方案进行控制,并通过远程监控分析结果不断优化设计参数,不断降低爆破冲击和振动波污染。

10 资源节约

利用废旧输送带、竹篱笆覆盖炮眼,对民房、高压线等进行迁移,不迁移的通信线、电力线用破开的竹子包裹防护,经济适用、节约资源。

利用远程智能技术监控爆破全过程,通过对爆破过程、爆破效果、爆破参数的分析,不断优化爆破参数,提高爆破质量、安全和效率,本身就是一个不断循环前进的实现资源节约的过程。

11 效益分析

以该工法在浙江省磐安至新昌公路岭溪隧道及其出口西下岭隧道进口段路基标段的运用为例,通过复杂环境微差减振智能爆破施工技术,与最初的设计参数计算爆破耗材总量比较,减少钻眼1 380个,节约成本11万元;减少乳化炸药(ϕ32)32t,价值37.23万元;节省毫秒雷管、导爆索、导爆管累计价值2.1万元。在社会效益方面,体现在减少房屋与结构物拆迁方面,原设计需要拆迁五户人家与两处高压电杆,需要补偿费386万元。采用本工法后,民房不需拆迁,只补偿局部加固维修费120万元;高压线迁移一处,另一处支付防护措施费,合计补偿80万元,累计共节约补偿费186万元。在安全方面,实现了无线遥控监测技术,通过互联网,可以轻易将爆破效果和爆破监测参数传输给参建的专家和领导,实现资源共享,信息互通,诊断及时且安全、经济、可靠的目的。与原计划工期比较,提前15d完成了约28万m^3石方爆破量。

12 应用实例

12.1 工程实例一

该工法应用于浙江省磐安至新昌公路磐安窈川至万苍段改建工程第一合同段,该段位于磐安县境内,路线全长4.81km,起终点桩号为K16+600~K11+415,路基始于窑川村至西冷村止,隧道总长2 340m,爆破量约18万m^3,路基爆破石方约10万m^3,总需爆破量28万m^3,合同工期20个月。项目部2011年3月底经批准开始实施爆破施工,2012年12月16日,成功完成爆破任务。爆破效果较好,得到业主和社会的好评。共节省爆破耗材50.33万元,其中减少房屋与结构物拆迁费用186万元。

12.2 工程实例二

浙江省东涌高速公路第三标段,合同造价22 042.85万元,路线全长9.65km,路基开挖量高达101.6万m^3,其中石方开挖90万m^3,部分山体靠民房太近,村民阻工严重,施工异常困难,经调查后,采用了本工法施工,工程进度取得大幅度提升,2010年4月底经批准开始爆破,2012年9月13日成功完成爆破任务,比计划工期提前40d,节约爆破耗材总计58.67万元,减少民房和结构物拆迁节省297.67万元,经验收施工质量符合合同要求。

深孔预裂与硐室控制爆破一次成型施工工法

GGG(中企)A1004—2013

罗桂军　刘　君　易石其　谭　宁　张红卫
(中建五局土木工程有限公司)

1 前言

公路工程石方路堑开挖施工随着钻孔设备和装运机械的不断改进,爆破手段的不断完善,爆破技术得到了巨大提高,深孔预裂、光面及硐室控制爆破技术已在工程爆破中得到了广泛的应用。石方路堑边坡开挖采用光面、深孔预裂爆破技术,不仅改善了爆破效果,而且提高了边坡的质量;采用硐室控制爆破技术进行石方开挖,能够极大地克服地形条件的限制,且所需施工机具简单,准备工作少,施工效率高,施工进度快,可以有效地降低施工成本,但硐室爆破同时也存在着难以解决的边坡损伤问题。因此,依据工程特点、施工现场地形、地质条件及施工技术要求,将各种爆破技术结合起来使用,达到既加快施工进度、减少施工成本,又能保证施工质量要求的新型爆破技术将极大地丰富石方开挖施工的选择。

水绥二级公路工程项目位于金沙江右岸的谷坡上,地势陡峭崎岖,沟谷纵横,悬崖错叠,部分地段施工机械无法到达,施工难度极大,且工期紧。为了保证石方路堑开挖的施工速度和质量,中建五局土木工程有限公司和西南交通大学合作成立了科技攻关小组,经过不断的试验、总结,形成了一套适用于大体积、边坡陡峭、施工机械无法到达的陡崖地段石方路堑开挖的爆破施工技术——深孔预裂与硐室控制爆破一次成型施工技术,该技术在水绥二级公路工程及轿子雪山旅游专线公路工程得到了广泛的应用,后经进一步提炼,形成本工法。

2 工法特点

(1)本工法克服了传统爆破技术对施工机械及场地的要求,可以在大型机械无法到场的石方路堑段进行实施,适应性强。

(2)采用深孔预裂与硐室控制爆破一次成型施工技术爆破施工后,施工机械挖运完土石方,不再需要进行刷坡和清底工作,工序简单,可以一次成型。

(3)通过深孔预裂与硐室控制爆破一次成型施工技术,可以降低施工成本,解决以往硐室爆破难以解决的边坡损伤问题,爆破后边坡稳定、平整、美观,且边坡半孔率达95%以上。

(4)本技术在施工难度大、施工条件差的水绥公路等工程的广泛实施,证实了该项技术的成熟和完善,可以降低施工成本和加快施工进度,增加了石方路堑爆破施工的新途径。

3 适用范围

本工法适用于公路项目、铁路项目石方路堑工程的施工,尤其是对边坡陡峭、施工机械无法到达、大体积的石方路堑段的边坡开挖具有很强的实用性,也可应用于矿山、水利等工程的施工。

4 工艺原理

深孔预裂与硐室控制爆破一次成型施工工法的原理,是在进行石方路堑开挖爆破时,利用深孔预裂爆破与硐室爆破的时间微差,待预裂爆破完成后再进行主体硐室爆破,防止对边坡造成损伤,达到石方路堑开挖一次成型的目的。

5 施工工艺流程及操作要点

5.1 工艺流程

深孔预裂与硐室控制爆破一次成型施工工法工艺流程见图1。

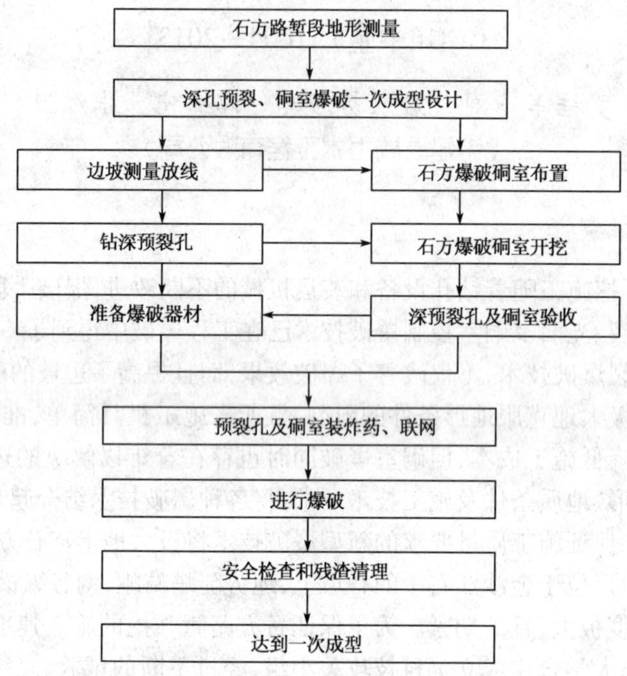

图1 深孔预裂与硐室控制爆破一次成型施工工艺流程图

5.2 施工要点

1)测量放线

深孔预裂与硐室控制爆破一次成型施工的测量放线工作,不允许出现任何差错,否则会造成巨大损失,达不到一次成型的目的。一要保证边桩的准确性;二要确保硐室位置的正确;三要确保硐室药包中心到预裂面的距离准确性。

2)钻机平台的建设

钻机平台是钻孔作业的场所,在钻机移动和架设过程中,保证钻机精度和作业安全是一项重要的工作,钻机平台技术要求是相对平整,其宽度不小于1.5m。

3)钻孔作业

(1)钻机的架设。钻机的架设直接影响钻孔质量,钻机架设三要点为:对位准、方向正、角度精。

(2)钻孔作业基本要求:

①必须熟悉岩石性质,摸清不同岩层的凿岩规律。

②掌握钻孔操作要领:孔口要完整,孔壁要光滑,保证排渣顺利。

③钻孔基本操作方法:软岩慢打,硬岩快打。

4)硐室开挖

(1)主导洞开挖设计。主导洞是连通药室和外界的通道,它既要满足装药与联网的工作需要,又要保证回填堵塞后,各药包爆炸时不漏气,因此不能太大,也不能太小。一般为:顶宽0.8m,底宽1.2m,高1.8m。

(2)药室断面尺寸的确定。药室断面大小由装药量确定,可按下式计算:

$$V = D \cdot Q/(\Delta \times 1\,000) \tag{1}$$

$$S = D \cdot q / (\Delta \times 1\,000) \tag{2}$$

式中：V——集中药包容积(m^3)；

S——条形药包断面面积(m^2)；

Δ——装药密度，按大包散装堆码，取 $\Delta = 0.8 \sim 0.9 t/m^3$；

Q——集中药包装药量(t)；

q——条形药包线装药密度(t/m)；

D——不耦合系数。

(3)硐室开挖。硐室开挖采用手风钻钻孔爆破，开挖中必须遵守《爆破安全规程》(GB 6722—2003)有关规定，做好通风和排烟工作，开挖洞底高程和药室位置必须符合设计需求，应经常检查复核，发现偏差及时调整。

5)装药

(1)预裂爆破装药。用不耦合间隔装药，不耦合系数取 2～5，装药结构形式有两种。用低爆速、小直径专用药卷或现场加工的传爆性能好的细长药卷时采用均布连续装药。用普通 2 号岩石硝铵炸药卷和水胶、乳化炸药卷(常用于有水炮孔中)时采用加导爆索间隔捆绑成药串的间隔装药。

(2)硐室爆破装药。硐室爆破可采用集中药包和条形药包两种形式。

6)起爆网络

(1)电力起爆网络，硐室内用毫秒电雷管进行分段，预裂孔的导爆索网络用瞬发电雷管引爆，超前硐室 100～150ms。

(2)非电毫秒雷管接力网络，即在每个药包内装入高段雷管，然后用低段雷管进行传递接力，达到分段目的，预裂孔超前硐室 100ms 引爆。

(3)混合起爆网络，当电毫秒雷管无法满足爆破要求时，可以在药包内使用非电毫秒雷管和电毫秒雷管进行搭配，达到设计要求。

不管采用何种网络，预裂孔应超前 100～150ms 先于硐室爆破。

7)警戒

(1)爆破现场不准无关人员进入，并严禁烟火。

(2)装药警戒区边界插红旗、树牌子；爆破危险区边界设明显的标志，派专人进行警戒。

8)起爆

(1)待警戒工作及起爆网络完成后，撤出相关工作人员。

(2)按事先规定发出预警信号，再用起爆器进行起爆，待爆炸完成后，先进行排查，再发出解除信号，以红旗和对讲机作为视觉和听觉标志，让附近人员看到与听到。

6 材料与设备

(1)深孔预裂与硐室控制爆破一次成型施工工法所用的主要材料如表 1 所示。

主要施工材料 表 1

序 号	材料名称	材料规格	数 量	单 位	备 注
1	岩石乳化炸药	φ32	据需而定	t	
2	非电毫秒雷管	6 段	30	发	脚线长度均为 10m
3	电雷管	1 段	5	发	
		5 段	10	发	
4	塑料导爆索		500	m	
5	电工胶布		1	卷	
6	编织袋		据需而定	个	

续上表

序　号	材料名称	材料规格	数　量	单　位	备　注
7	警示带		5	卷	
8	高能起爆器		2	个	
9	美工刀		2	把	
10	专用电桥		1	个	
11	起爆线	$2.5mm^2$	1 200	m	黄色、蓝色各600m
12	PVC管	ϕ20	30	m	
13	封口胶布		20	卷	
14	木箱		5	个	

(2)主要设备如表2所示。

主要施工设备　　表2

序　号	设备名称	设备型号	数　量	单　位	备　注
1	潜孔钻	KQ-150	2	台	预裂钻孔
2	空气压缩机	$3m^3$	2	台	
3	钻机	YT24	1	台	硐室钻孔
4	钻杆	1.8m/根	3	根	
5	钻头	一字	5	个	
6	装载机	—	1	台	清渣
7	挖掘机	PC300	2	台	清渣
8	对讲机	—	4	台	
9	全站仪	NTS-325	1	台	测量放线
10	GPS测量仪	Topcon RTK	1	台	测量放线

7　质量控制

(1)通过试爆精选爆破参数,根据每次爆破的特点不断优化,提高爆破效率。

(2)准确布设预裂孔,深孔爆破均采用梅花形布孔,所有孔位准确测定,保证岩石块度的均匀性,保证边坡位置准确。

(3)预裂孔爆破钻孔采用托架支撑潜孔钻,并用测尺测定钻孔角度,保证钻孔定位和钻孔角度准确。

(4)预裂孔采用坡度尺控制钻孔角度及切线法线方向,确保爆后坡面平顺。

(5)预裂孔钻好后用水泥纸或稻草堵住孔口,防止因机械和人员活动导致钻渣落入钻好的预裂内。

(6)起爆网络采用宽孔距爆破技术,即按孔距和排距比为2~5的原则选择起爆联线,以减少爆破大块率。

(7)采用孔底起爆技术,即选择较长的雷管脚线将起爆雷管安放在距孔底较近的位置,减少爆破残药的可能性。

(8)深孔预裂爆破要求:

①预裂缝要贯通且在地表有一定开裂宽度。对于中等坚硬岩石,缝宽不宜小于1.0cm;坚硬岩石缝宽应达到0.5cm左右;但在松软岩石上缝宽达到1.0cm以上时,减振作用并未显著提高,应多做些现场试验,以利总结经验。

②预裂面开挖后的不平整度不宜大于15cm。预裂面不平整度通常是指预裂孔所形成之预裂面的凹凸程度,它是衡量钻孔和爆破参数合理性的重要指标,可依此验证、调整设计数据。

③预裂面上的炮孔痕迹保留率应不低于80%，且炮孔附近岩石不出现严重的爆破裂隙。

(9)深孔预裂爆破主要技术措施如下：

①炮孔直径一般为50～200mm，对深孔宜采用较大的孔径。

②炮孔间距宜为孔径的8～12倍，坚硬岩石取小值。

③不耦合系数(炮孔直径d与药卷直径d_0的比值)建议取2～4，坚硬岩石取小值。

④线装药密度一般取250～400g/m。

⑤药包结构形式，目前较多的是将药卷分散绑扎在传爆线上。分散药卷的相邻间距不宜大于50cm和不大于药卷的殉爆距离。考虑到孔底的夹制作用较大，底部药包应加强，约为线装药密度的2～5倍。

⑥装药时距孔口1m左右的深度内不要装药，可用粗砂填塞，不必捣实。填塞段过短，容易形成漏斗，过长则不能出现裂缝。

8 安全措施

(1)施工前做好班前安全教育和安全技术交底，未经三级教育的操作人员不准上岗。

(2)做好爆破器材的安全储藏、保管、运输工作，爆破作业及爆破器材的运输、加工、管理都要严格遵守《爆破安全规程》(GB 6722—2011)的规定。

(3)爆破作业现场严禁吸烟和禁止一切火源带入现场。

(4)根据爆破现场周边实际情况，做好必要的安全防护，防止飞石、滚石造成危害。

(5)装药施工期间，以爆破中心100m范围内用安全警示带围起来，非工作人员不得入内。

(6)起爆网络必须由专业技术人员进行敷设，网络敷设完毕后，必须用专用电桥对每套网络的电阻进行检测。

(7)硐室爆破每堵塞完一段后必须由专业技术人员用专用电桥对每套网络的电阻进行检测，并与初始值比较，符合要求后方可进行下一道工序。

(8)本次爆破警戒范围为600m，为了确保爆破安全，在爆破前必须对该范围内的人员进行撤离。

(9)只有在各警戒点到位，并反复确认警戒范围内所有人员已撤离至安全地带后方可由总指挥下达起爆命令。

(10)预裂炮孔与硐室装药后要及时施爆。

9 环保措施

(1)加强对管理人员、工人的环保思想教育，集中组织学习有关法律、法规，邀请当地环保部门进行法律知识的培训，提高全员环保意识。

(2)加强对环境保护的宣传，施工过程中，自觉形成环保意识，最大限度地减少施工中产生的噪声和环境污染。

(3)爆破完成后，及时对场地进行清理，清运残渣。

(4)严格遵守当地环保部门的各项规定。

10 资源节约

深孔预裂与硐室控制爆破技术攻克了边坡损伤的难关，保证了边坡岩层的整体稳定，减少了爆破后土石方的挖运量，减少了机械台班，节约了成本，提高了施工效率。

11 效益分析

(1)本工法在水绥二级公路工程等项目的应用，成功解决了硐室爆破难以解决的边坡损伤问题以及大体积、边坡陡峭施工机械无法到达的陡崖地段石方路堑开挖的施工难题，更大地丰富了石方开挖施工时的选择。深孔预裂与硐室控制爆破一次成型施工技术的成功应用，不仅提高了施工效率，加快了施工进度,也节约了施工成本,相对传统的硐室爆破方法,克服了边坡损伤问题,保证了边坡岩层的整体稳定性,同时也改善了边坡开挖后的外观质量。

(2)本工法满足国家关于建筑节能工程的要求,简化了石方路堑的施工程序,节约了机械及劳动力,缩短了施工工期,而且对改善开挖后的边坡外观及保持边坡岩层整体性都有较为明显的效果。

(3)本工法在云南昭通水绥二级公路工程、云南昆明轿子雪山旅游专线公路工程等项目的应用中也取得了良好的经济效益,相比采用传统的爆破方法,节约经费150万元。

12 应用实例

12.1 工程实例一

中建五局云南昭通水富至绥江二级公路工程地处昭通市北部,路线起于昭通市水富县云富镇高滩村(起点K10+800),与国道主干道GZ40(水麻高速公路)的水富立交匝道顺接,沿金沙江南岸逆流而上,经水富县城、绥江县的会仪镇、新滩镇、绥江县城,止于绥江县南岸镇林家坝村(止点K81+470.77),路线全长81.471km,开工日期为2009年12月19日,竣工日期为2011年6月30日。本工程路基沿线地势陡峭崎岖,沟谷纵横,悬崖错叠,土石方开挖工程量大、施工困难、工期紧,全线共有土石方1 039万方,路基长度47.5km,其中悬崖开挖路段22km,部分路基开挖段施工机械甚至无法进场。这些段应用常规的路基土石方开挖技术无法满足施工要求,针对现场实际情况,施工指挥部邀请建设单位和高校的专家教授现场指导、论证、试验,总结出了一套实用、高效的大体积、高边坡陡崖路段石方爆破的综合技术,采用深孔预裂与硐室控制爆破技术进行施工,并在工程全线三个合同段进行推广,满足了施工的要求,确保了路基施工的快速、稳定推进,经济和社会效益显著。

12.2 工程实例二

中建五局云南昆明轿子雪山旅游专线公路第六合同段,起于禄劝县转龙镇(起点K117+100),止于雪山风景区四方井入口K151+921.121,全长34.748km,公路等级为二级,开工日期为2010年4月24日,竣工日期为2011年12月20日。本工程全线地形起伏变化大,地势陡峭崎岖,部分路基石方段开挖采用深孔预裂与硐室控制爆破一次成型施工技术,实现了快速施工,创造了良好的经济效益,且施工质量取得了监理、业主的好评。

土质路基柔性桥头搭板施工工法

GGG(中企)A1005—2013

杨金堤　曾作良　黄正帅　吴要亮
(中铁五局集团路桥工程有限责任公司)

1　前言

路桥过渡段是道路病害的多发地段,是困扰公路建设的难题。桥台与路堤刚度相差悬殊,两种材料在各种内部及外部因素影响下的变形差异不可避免。因此,要达到消除桥头跳车的目的,研究桥台与路堤之间变形的协调和控制是研究处治技术的核心。本工法基于以上理论,应用新型土工合成材料——土工格室,提出了土工格室楔形柔性搭板技术来处治桥头跳车。

楔形柔性搭板是利用土工格室加固层新颖的立体结构和独特的加固机理,形成整体性好、刚度较大的柔性结构层。采用模量渐变原理,同时考虑地基和路基两部分沉降因素,在路桥过渡段设置楔形加固区,柔性结构层一端固定于桥台,另一端与路基相连,实现刚性桥台与柔性路基模量的平稳过渡,消除过大的差异性沉降,形成平缓的沉降过渡段,达到防治桥台跳车之目的。

现场试验和沉降观测结果表明,楔形柔性搭板技术协调桥头差异沉降作用明显,是一种成功的处治桥头跳车病害的方法。该项技术已在贵阳市盐沙线道路工程、贵阳市东站路等公路桥头中得到成功应用。

2　工法特点

(1)土工格室复合体由于具有较大的压拉强度、抗剪强度和较大刚度的特性,更由于其一端固定于桥台,因此有效地阻止了上层土体的向下沉降,从而在复合层下面产生了松动区。同时由于土工格室的多层连续布置,使得路堤的沉降在每一层中都得到消减,并且使桥台与路堤之间的沉降差在较长的范围内得到平缓的过渡。

(2)由于松动区的存在,路基竖向应力明显地减小。桥台附近一定范围内地基的附加应力也得到减小,从而不仅减小了路基的压缩变形,也减小了地基的沉降变形。

(3)土工格室较大的限制侧向变形的能力不仅限制了其中填料的侧胀,同时其构成的复合体与土之间产生的较大摩阻力和黏附力也限制了周围土体的侧向变形,从而减小了路堤本身的变形。

(4)格室变形后产生的"网兜支承效应"使荷载的分布更为均匀。

(5)由土工格室作为载体的楔形柔性搭板既能起到土工格室限制路基填料侧向位移、分散路基应力、减小路基压缩变形的作用,同时利用土工格室与填料组成的复合体具有较大的弯拉刚度、抗剪强度的特性,柔性过渡桥台与路堤的沉降差,从而达到消除桥头跳车的目的。同时,其填料可就地取材,从而节省工期,减小造价。

3　适用范围

土工格室楔形柔性搭板适用于各种大中桥、涵洞、通道台背跳车的处治,对于台背填料,可就地取材,格室内填料为一般黏土、砂土和小粒径碎石土。一般来说,土的液限不宜大于40%,如果液限大于40%,又没有其他材料代替时,可加入6%~8%的石灰改良。填料为砂土时,可直接用作台背填料。若填料为砂砾土或碎石土时,其最大粒径不宜大于5cm。

4 工艺原理

桥头跳车现象产生的根本原因是由于桥台构筑物与路堤刚度的巨大差异所引起的。因此,假若使桥台构筑物与路堤的刚度差在桥头路堤的一定范围内得到渐变,使得变形差在这一范围内渐变,且保证渐变后的任何一点刚度差不致引起跳车,就能达到消除桥头跳车的目的。这种“刚柔过渡”思想是设计楔型柔性搭板的出发点。

楔形柔性搭板是利用土工格室加固层新颖的立体结构和独特的加固机理,形成整体性好、刚度较大的柔性结构层,采用模量渐变原理,同时考虑地基和路基两部分沉降因素,在路桥过渡段设置楔形加固区,柔性结构层一端固定于桥台,另一端与路基相连,实现刚性桥台与柔性路基模量的平稳过渡,消除过大的差异性沉降,形成平缓的沉降过渡段,达到防治桥台跳车之目的。

柔性搭板采用上密下疏,上长下短的楔形布置形式,布置间距为1~2m,结构图示如图1所示。柔性搭板采用特制构件锚固于桥台上,锚固方式如图2所示。

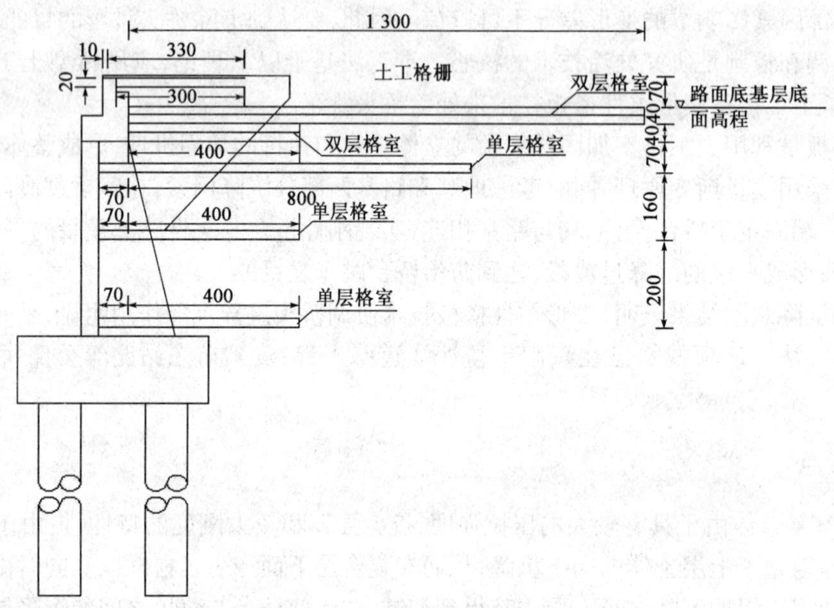

图1 楔形柔性搭板设计结构形式图示(尺寸单位:cm)

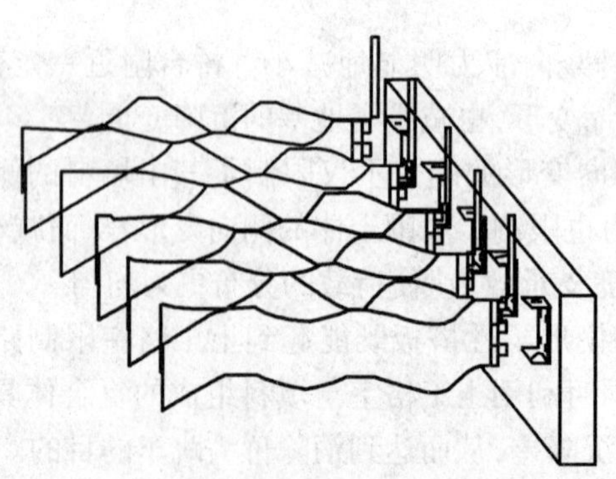

图2 柔性搭板锚固方式图

5 施工工艺流程及操作要点

5.1 柔性搭板施工流程

柔性搭板施工流程如图3所示。

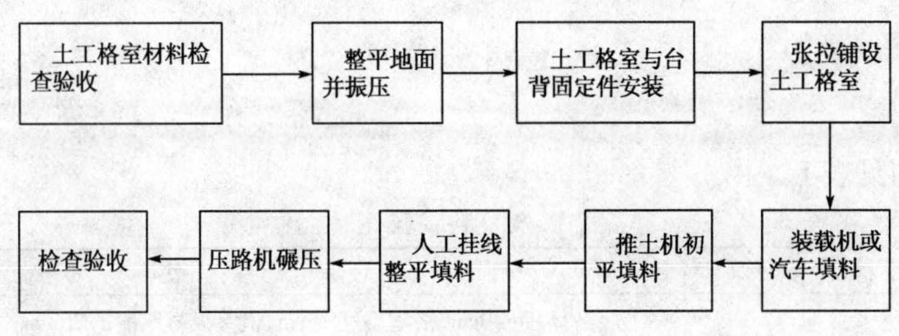

图3 施工流程图

5.2 柔性搭板施工工艺

1)土工格室材料检查验收

施工前必须对购进的土工格室材料进行检查验收,材料必须有出厂合格证和测试报告,每5 000m应随机抽样并测试,结果必须达到设计对材料规格和性能的要求。

2)整平地面并振压

铺设土工格室前,台背的地基应进行整平振压,其压实度要达到施工规范的要求。桥台附近的路基填土稍高于设计高程,防止土工格室固定于桥台后,当发现设计高程不够而加填土或土工格室被浮于土基之上而在土工格室之下形成一层没有压实的虚土而影响土工格室压实效果。为加强格室层间连接,每层格室摊铺前对路基土拉毛处理。

3)固定件安装

土工格室与桥台连接的质量直接影响着土工格室柔性搭板的使用性能。固定件安装前必须精确定位,施工时先用墨汁线按设计高程要求,在桥台上弹出一条水平线,然后用钢卷尺以20cm间距在水平线上画出十字标志点,然后用射钉枪(或电转机)把$\phi10 \sim \phi12$锚钉或同样尺寸的膨胀螺栓打入桥台中,再安装固定件。全部安装完以后,检查安装质量。

在条件容许的情况下,柔性搭板必须固定于桥台上,两者的锚固力大于等于1kN。柔性搭板与桥台的连接方式如图1所示。当柔性搭板无法固定时(桩柱式桥台),须把土工格室伸入桥台里面一定长度,部分起到固定端的作用,如图4所示。

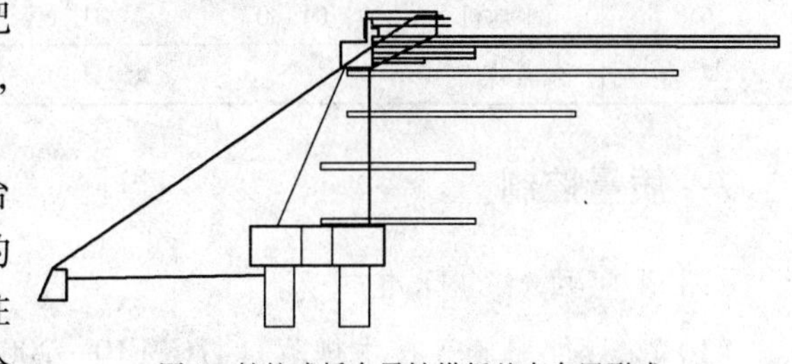

图4 桩柱式桥台柔性搭板基本布置形式

4)张拉并铺设土工格室

铺设土工格室前,应根据布置区域的大小对土工格室的不同规格尺寸进行合理配置。首先,采用$\phi6$的钢纤(须采取一定的防腐防锈措施)或合叶式插销将土工格室连接在固定件上,把土工格室一侧拉到指定尺寸,用钢钎或填料固定,再用力张开整块土工格室,相邻土工格室板块采用合页式插销整体连接。完全张拉开土工格室后,在四周用钢钎或填料固定,否则,严禁进行下一工序施工。

5)格室填料

土工格室柔性搭板按现有路基施工规范施工。首先检查填料,铺料采用人工和机械相结合的方式,用推土机把含水率均匀的填料逐渐填充格室,机械虚填厚度到达25cm左右时,用人工填充桥台附近死角,然后整平。格室未填料前,严禁机械设备在其上行驶。

6)压实

台背路基压实与现行规范要求基本一致;施工中采用振动压路机压实。台背附近,采用小型振动压实机和打夯设备压实,格室层机械压实次数应稍高于其他层1~2遍。检查验收合格,压实度达到95%后,再进行上一层土工格室的施工。

6 材料与设备

6.1 材料

采用的主要材料见表1。

材 料 表 表1

序 号	材料名称	备 注
1	土工格室	①规格:焊距40cm,格室高度15cm,格室板材厚度1.25mm; ②主要技术指标:材料拉伸强度≥20MPa,拉伸模量≥650MPa,常温剥离强度≥100N/cm,低温脆化温度<-23℃,使用寿命大于30年
2	锚钉	ϕ10~ϕ12钢筋或同样尺寸的膨胀螺栓
3	钢筋	ϕ10钢筋
4	固定件	100×60mm钢片,厚度≥2mm

6.2 设备

采用的主要材料见表2。

仪器设备配置表 表2

序号	机械、仪器名称	规格型号	数量(台、套)	序号	机械、仪器名称	规格型号	数量(台、套)
1	推土机	D85	1	8	环刀		1
2	装载机	ZL50	1	9	CBR试验仪		1
3	压路机	YZ18	2	10	全站仪		1
4	自卸车	20T	3	11	水准尺		1
5	洒水车	东风6 000L	1	12	钢尺		2
6	平地机	PY180	1	13	射钉枪		2
7	灌砂仪		1				

7 质量控制

7.1 应执行的标准规范

(1)《公路路基施工技术规范》(JTG F10—2006)。

(2)《公路路基设计规范》(JTG D30—2004)。

(3)《工程测量规范》(GB 50026—2007)。

7.2 土工格室柔性搭板施工质量控制要点

1)施工设备要求

为了保证台背填料的充分压实,施工单位除应准备一般路堤填筑所必需的压实机械外,还应准备足量和性能适宜的小型振动压实设备和打夯设备,以保证边角的压实度达到设计和规范要求。

2)填料要求

台后填料与路基填料一致;施工中,由于填料含水率较低,必须进行洒水处理。洒水量须按计算所需要求严格控制,并洒水均匀,洒水后,经过一段时间放置后才能被用于填充格室和进行压实。填料中应拣去直径大于5cm的颗粒和杂草、树根等。

3)土工格室材料检查验收

施工前必须对购进的土工格室材料进行检查验收,材料必须有出厂合格证和测试报告,每5 000m应随机抽样并测试,结果必须达到设计对材料规格和性能的要求。

4)施工检查验收

(1)桥台柔性搭板以压实度标准进行检查验收,其结构压实度与该部位路基压实度相同。

(2)桥台固定锚钉按锚钉总数的2%进行检查,要求锚钉锚固力大于等于1kN。

(3)配合施工进度,对各桥台进行沉降、回弹模量、变形模量等项目的现场测试,获取必要参数。

8 安全措施

(1)装载机装载作业时,应待汽车停稳后,再进行装料。作业时,如遇较大石块或坚硬物体时,应先清除再继续作业。

(2)卸料时,在不碰击自卸汽车任何部位的情况下,铲斗应尽量降低,并禁止铲斗从汽车驾驶室上越过。

(3)推土机回填土时,禁止推土机铲超出沟槽边缘,可用一铲顶一铲的推土方法填土,并换好倒车挡后,才能提升推土铲进行倒车。在深沟、陡坡的施工现场作业时,应由专人指挥,以确保安全。

(4)压路机作业时,必须在压路机前后、左右无障碍物和人员时才能启动。

(5)变换压路机前进后退方向应待滚轮停止后进行。严禁利用换向离合器作制动用。

(6)压路机靠近路堤边缘作业时,应根据路堤高度留有必要的安全距离。碾压傍山道路时,必须由里侧向外侧碾压。上坡时变速应在制动后进行,下坡时严禁脱挡滑行。

(7)两台以上压路机同时作业,其前后间距不得小于3m;在坡道上纵队行驶时,其间距不得小于20m。

(8)振动压路机换向离合器、起振离合器和制动器的调整,必须在主离合器脱开后进行,不得在急转弯时用快速挡;严禁在尚未起振情况下调节振动频率。

9 环保措施

(1)严格遵照执行《中华人民共和国环境保护法》等各级有关部门颁发的环境保护方面的法律法规,把环境保护相关内容列入施工组织设计范围内,在编制施工组织设计的同时要充分考虑环保内容,做到环境保护有组织管理,有检查落实。

(2)合理安排施工作业时间,控制噪声污染,如周边有村庄,尽量避免夜间施工,夜间停止振动压实施工。特殊情况如需夜间施工的,需采取相应的隔音措施,同时灯光不允许直射民居。

(3)施工中产生的各种工程废弃物及生活垃圾要运到指定地点掩埋或销毁,不得沿路基堆放或在路基附近掩埋。

(4)自卸汽车在运输细料或容易引起扬尘的材料时,要用彩条布或篷布覆盖。施工中易起扬尘的路段要根据实际情况做到定期洒水抑尘。

(5)对全体职工及工人要进行环境保护交底,树立自觉遵守环境的好习惯。

(6)着力提高"人本化"水平,在施工过程中,及时清理回收施工过程中产生的废料,对每道工序科学安排,使工程切实达到生态环保、安全有序、文明施工。

10 资源节约

其填料可就地取材,充分利用当地的资源,从而缩短工期,减小造价。避免了传统混凝土搭板施工,减少了开山取石对于环境的破坏,施工简单,无污染,符合国家节能环保等要求。

11 效益分析

台背采用土工格室楔形柔性搭板方法加固,填料可就地取材,对于缺乏换填料地段的台背处理不仅经济效益显著,其处治效果也能满足要求。由于传统的水凝混凝土刚性搭板方法后期易出现不均匀沉降,土工格室楔形柔性搭板后期养护费用较低。不记后期养护费用,仅工程费用土工格室柔性搭板方法节省工程造价10%~20%。

12 应用实例

12.1 工程实例一

贵阳市盐沙线道路工程小关2号桥。桥位两侧的地基以红黏土为主,且桥头处路堤填土较高(柳沟河一侧最大填土高10.3m,忠和一侧最大填土高9m),故路桥衔接处出现不均匀沉降是不可避免的。由于当地特殊的地质条件,砂石类填料很难就近取到,如果采用换填的方法,一方面将影响施工进度,另一方面,由于材料的价格和运费都较贵,故将大大增加桥头路堤的造价。为此,中铁五局路桥公司成立了课题组,在理论研究和现场试验的基础上,提出了采用楔形柔性搭板方法来处治路桥过渡段的不均匀沉降。并借鉴已有的实践经验,对贵阳市盐沙线道路工程小关2号桥路桥过渡段柔性搭板处治方案进行了优化。该方案节约了工程费用,节省工程投资约40多万元,沿线共计5处路桥过渡段采用该方案共计节省投资220万元。

目前,该路已竣工通车,该处治路段已经过了两个雨季的考验,现场观测数据表明,台背经土工格室柔性搭板加固后,近桥台强度和抗变形能力明显提高,较好地实现了桥台与路堤之间的刚柔过渡,满足公路施工质量要求,并达到了降低工程造价和养护费用的目的。

12.2 工程实例二

贵州省S202从江至贯洞一级公路工程,沿线桥位区地形复杂,地势起伏大,其中多数桥梁台背地基多处于沟谷、梯田地带,桥头处路堤填土较高,平均在10m以上,且地基土层厚度不均匀,故路桥衔接处易出现不均匀沉降。中铁五局路桥公司成立了课题组,在理论研究和现场试验的基础上,提出了采用楔形柔性搭板方法来处治路桥过渡段的不均匀沉降。并借鉴已有的实践经验,对省道202线从江至贯洞公路沿线处理难度大的桥台路桥过渡段采用土工格室柔性搭板进行了处治。

楔形柔性搭板施工过程中,针对柔性搭板加固区开展了路基回弹模量和变形模量试验,路基顶面进行了弯沉试验,所有试验均按照《公路路基路面现场测试规程》(JTG E60—2008)进行。现场试验表明:土工格室柔性搭板层自远处土基至近桥台,回弹模量和变形模量值都呈逐渐增大的趋势,模量提高值在15%~30%。弯沉值也呈相同的变化趋势。这说明了土工格室柔性搭板处理后,台背路基的强度得到提高,从而减弱了台背填土压实不足的影响,减小了路基压缩变形。

沿线共6处路桥过渡段采用该方案共计节省投资260万元。目前,该路已竣工通车,观测表明,采用楔形柔性搭板处治技术很好地协调了路桥过渡段的沉降差,减小了总沉降值,从而消除了桥头跳车病害,达到了处治目的。

灰土挤密桩处治湿陷性黄土地区路基施工工法

GGG(宁)A2006—2013

武良缮　任　斌　马东静　马　霄　周惠平
(宁夏路桥工程股份有限公司)

1　前言

近年来,国内公路的建设者们在实践中逐步积累了一些比较成熟的地基处理设计方法与施工技术,而在宁夏等黄土地区修建各等级公路时,首先要重视的便是黄土的湿陷性,需要解决的主要问题也就是减轻黄土的湿陷性,提高地基强度,或对黄土地基进行整治与加固,这也是黄土地区筑路技术的难点所在。为了提高公路建设质量,把因黄土湿陷而造成的公路病害消除在萌芽阶段,很有必要找出合适的防治对策,以便指导湿陷性黄土地区公路的设计和施工。

2　工法特点

(1)荷载传递。通过静荷载试验及有关有限元数值分析得知,由于桩身具有一定的强度且上下均匀性较好,使得灰土挤密桩传递荷载的能力明显增强。

(2)加固机理。灰土挤密桩加固地基是一种人工复合地基,属于深层加密处理地基的一种方法。其主要作用是提高地基承载力,降低地基压缩性,对湿陷性黄土则有部分或全部消除湿陷性的作用。灰土挤密桩在成孔时,桩孔部位的土被侧向挤出,从而使桩周土得以加密。灰土挤密桩在夯实成桩过程中,一方面使桩身混合料得以夯击密实,另一方面也使得桩间土被挤密实,同时由于石灰的存在,其与周围土之间所产生的一系列物理及化学反应,使得桩与其周围土体结合成整体,进而增加地基强度及承载能力,减小沉降变形。

(3)工艺简单,施工速度快,环境适应能力强。本技术施工快捷,所使用的施工设备简单、拼装方便、进出场自如、施工组织机动灵活,尤其适用于交通不便、施工环境较差的地区。

(4)经济性好。可直接利用挖方利用的黄土拌制灰土,就地取材、降低工程成本,经济效益可观。

(5)发展潜力大。灰土挤密桩地基处理方法,混合料可集中拌和,桩身质量容易控制;可多点同时作业,缩短工期;社会效益、经济效益明显,发展潜力大。

3　适用范围

3.1　适用的土质条件

该工法适用于湿陷性黄土厚度大于3m的路段。

3.2　地基承载力要求

灰土挤密桩处理地基的承载力标准值,依据《建筑地基基础工程施工质量验收规范》(GB 50202—2002)及相关检测的规定,通过原位测试并结合当地试验检测情况确定。无相关试验资料时,对灰土挤密桩地基,不应大于处理前的两倍,并不大于250kPa。在灰土挤密桩成桩14d后,分别选取具有代表性的路段进行复合地基承载力测试。

3.3　处理深度要求

灰土挤密桩成桩时为横向挤密,能达到所要求加密处理后的最大干密度要求,可消除地基的湿陷性,提高承载力,降低压缩性,最大处理深度可达15m。

4 工艺原理

首先,选用黄土与石灰按照一定的比例,采用机械集中拌和均匀,制成灰土混合料。然后,施工车辆运输至施工现场,采用机械成孔,分层向孔内回填,用重锤或者夹杆夯夯实。依靠桩体和桩间土一起形成的复合地基来承担荷载。

由于桩体及桩间土均得到了有效加固,复合黄土地基的整体刚度较均匀。灰土挤密桩是通过以下三个方面作用使地基强度提高的。

(1)改变黄土原有结构,减小地基整体压缩变形。黄土的强结构性及孔隙是产生工后沉降的主要原因。灰土挤密桩技术在施工过程中因冲击振动而对桩身周围土体充分扰动,使大孔隙黄土的原有结构变得紧密,从而大大提高了抵抗湿陷的能力,减少了工后沉降。在成桩过程中,桩间土也受到很大侧向挤压力,同样也被挤密加固,形成了强制挤密区、挤密区以及挤密影响区,提高了桩身周围土体模量,减小地基整体压缩变形。

(2)横向加密,水平挤压。灰土挤密桩是利用打桩机或振动器将钢套管打入地基土层并随之拔出,在土中形成桩孔,然后在桩孔中分层填入灰土夯实而成。与夯实、碾压等竖向加密方法不同,灰土挤密桩是对土横向加密。施工中当套管打入地层时,管周地基受到了较大的水平挤压作用,使管周一定范围内的地基土的物理性质得到改善,其密实度增加、压缩性降低、湿陷性全部或部分消除。试验表明,在相邻桩孔挤密区的交界处挤密效果相互叠加,桩间土中心部位的密实度增大,且桩间土的密度变得均匀。桩距越近,叠加效果越显著。

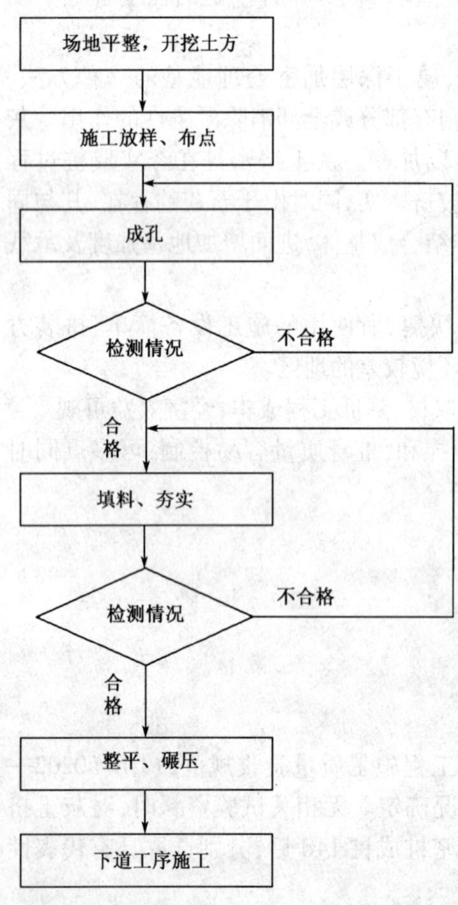

图1 灰土挤密桩施工工艺流程图

(3)发生物理化学反应。灰土夯实后,石灰与一同拌和的黄土间发生一系列的物理化学反应,从而形成具有一定强度和低渗透性的灰土固结体。

5 施工工艺流程及操作要点

5.1 工艺流程(图1)

5.2 操作要点

灰土挤密桩施工时,按设计要求并结合实际情况选用合理的成桩工艺。当采用挤土法成孔工艺时,可选用沉管、冲击等方法。本工法以履带式打桩机沉管成孔为例,结合项目设计文件的有关要求,具体阐述灰土挤密桩的施工操作要点。

1)施工准备

(1)施工前完成清表或将挖方范围内土方挖至灰土桩设计顶高程;现场实现“三通一平”。

(2)技术资料准备:工程地质勘察报告,施工图纸,实施性施工组织设计及施工安全、技术交底。

(3)对设计桩位进行统一编号,根据轴线控制桩及水准点将统一编号的设计桩位进行放样,并用明显标志标识桩位。

(4)在灰土挤密桩大面积施工前,首先进行试验段施工。通过试验段施工来确定成孔、灰土拌和(控制石灰剂量、含水率)以及夯填过程控制(填料分层厚度、夯锤质量及落距、夯击次数、成桩顺序)等施工工艺,并进行桩身及复合地基质量检测(桩体干密度及压实系数检测、桩间土挤密系数检测、桩间土湿陷性检测、单桩复合地基承载力检测等）。试验段经试验检测合格后，编写总结性文件，作为后续大面积施工的指导性文件。

2）测量放样与桩位布设

（1）施工前完成清表或将挖方范围内土方挖至灰土桩设计顶面高程，并用平地机整平后，洒水、碾压。

（2）根据设计文件确定路基边桩、路堤坡脚桩、中桩、四分之一断面桩的具体位置；并在距路线中心一定距离且易于保护的位置处设置路线控制桩。

（3）按照设计图纸要求进行布桩。依据设计图纸，以边长为80cm的正三角形进行桩位平面布置，布桩时可使用白灰做标记，并对桩位按规律编号（图2、图3）。

图2　灰土挤密桩布点图

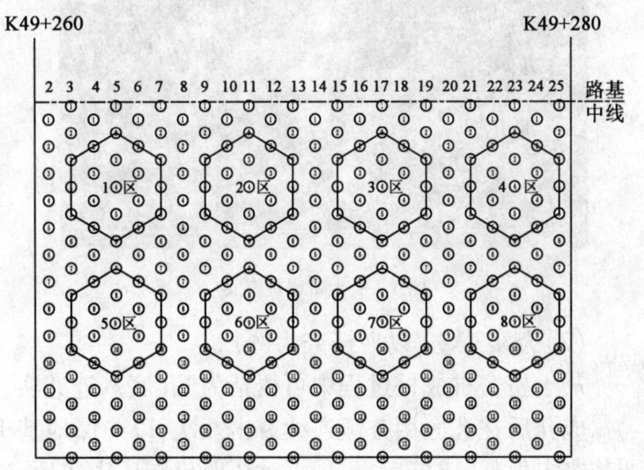

图3　灰土挤密桩桩位布置图

3）成孔

（1）成孔过程及方法。

采用锤头重2.5t的履带式灰土打桩机反复冲击土层成孔（图4、图5），孔深、孔径应符合设计要求。灰土桩施工顺序为先外排后里排，同排内间隔1～2孔进行，以免因振动挤压造成相邻孔缩孔或塌孔。

图4　移动式灰土拌和机

图5　履带式柴油打桩机成孔

（2）桩孔参数控制。

桩孔完成后，立即检查孔位、垂直度、桩径和深度。桩孔中心点的偏差不应超过桩距设计值的5%，且不大于50mm，桩孔垂直度偏差小于1.5%，孔径误差为±50mm，深度误差为－100mm。

4）灰土拌和

灰土拌和宜采用集中厂拌，拌和时须控制石灰剂量及灰土含水率。

5)夯实成桩

(1)夯实设备。

采用夯锤夯实时,夯锤质量一般选用100~300kg,夯锤最大部分的直径应较桩孔直径小10~15cm,夯锤形状下端应为抛物线形椎体或尖锥形椎体,上段呈弧形(图6、图7)。

图6 灰土挤密桩夯实

图7 石灰消解机

(2)夯实工艺(以夹杆夯为例)。

灰土挤密桩成桩过程中可概括为"孔底八连夯实,一填三夯成桩"。

成孔后在孔底用夯锤连续夯击八次,以确保地基土密实;填筑过程中采用"一填三夯"的成桩方法,严禁突击填料;成桩后,采用振动压路机碾压密实后,进行下道工序,如填筑灰土垫层。

6)试验与检测

(1)灰土检测。

灰土拌和宜采用集中厂拌,拌和时应严格控制石灰剂量及灰土含水率。这两项指标每个工作班检测不少于一次;不符合要求时,应及时调整。允许偏差可根据标准试验确定。配合比设计时,应绘制灰土EDTA标准曲线,用于施工生产剂量控制;石灰与土以体积比控制掺配。

(2)桩体质量检测。

成桩后,从设计桩顶起每隔1~1.5m用取芯机分层取出原状土,分层标示。在室内用环刀切去试样,测其压实系数,压实系数≥0.90(重型击实标准)。桩体的压实系数检测不少于桩体数量的1%(图8)。

图8 灰土挤密桩取芯过程及芯样

(3)桩间土压实系数检测。

成桩后,用环刀法进行试验检测。桩头碾压完毕,检测桩间土0~300mm的压实系数≥0.90(重型击实标准)。对已整平压实的路段进行桩间土压实系数检测,检测频次为2点/1 000m^2。

(4)桩间土湿陷系数检测。

湿陷系数$\delta<0.015$,即证明湿陷消除。桩间土湿陷系数按1处/1 000m^2进行检测。与检测桩体压实系数同步取芯,以桩间高度起每隔1~1.5m用取芯机分层取出原状土,分层标示。在室内用薄环刀切去试样,将试样安装到固结仪上进行湿陷系数试验。

(5)竖向静力荷载试验确立复合地基承载力。

灰土挤密桩成桩14d后,选取具有代表性的路段进行复合地基承载力测试。灰土挤密桩处理地基的承载力标准值,应通过原位测试并结合当地试验确定。无相关试验资料时,对灰土挤密桩地基,不应大于处理前的2倍,并不大于250kPa。

5.3 劳动力组织(表1)

劳动力组织 表1

序 号	主要作业人员	施工人数(人)	备 注
1	施工队长	2	施工技术、试验检测及安全人员要求持证上岗;施工机具应由专人操作和维护,操作人员必须执有培训合格证书
2	施工技术人员	4	
3	机械调配人员	2	
4	机械操作手	16	
5	试验检测人员	4	
6	专职安全员	2	
7	其他施工人员	80	

6 材料与设备

6.1 材料要求

1)石灰

石灰用合格的生石灰,石灰中活性CaO + MgO含量不应低于55%,粒径不大于5cm,含石量不大于5%。

2)土料

土的质量应符合设计要求,土采用塑性指数大于4的粉土,且有机质含量不应大于5%。

6.2 主要施工、检测设备(表2、表3)

主要施工机械表 表2

序 号	机械名称	型号规格	单 位	数 量
1	石灰消解机	30T	台	1
2	灰土拌和机	WDT-180A	台	1
3	履带式灰土打桩机	W501	台	2
4	夯实机	150kg	台	6
5	振动压路机	22B	台	1
6	平地机	PY180	台	1
7	洒水车	10t	辆	1
8	自卸汽车	20m^3	辆	2
9	装载机	50型	辆	2
10	移动式汽车钻取芯机	DPP-100	辆	1

主要试验检测仪器 表3

序　号	设备名称	型号规格	生产厂家
1	环刀	—	天津建仪试验仪器厂
2	无机结合料剂量滴定设备	DD-01	天津建仪试验仪器厂
3	鼓风干燥箱	101FA-3	上海树立仪器仪表
4	光电式液塑限测定仪	100 型	天津建仪试验仪器厂
5	土壤自动击实仪及附件	TZJS03-J1	天津建仪试验仪器厂
6	固结仪	GJ1-2A	天津建仪试验仪器厂
7	电子天平、分析天平	LT2002/ESJ200-4B	沈阳龙腾
8	CBR 试验仪	TCBA2-Z1	天津建仪试验仪器厂
9	土壤筛	ϕ30mm	上虞嘉杰

7 质量控制

7.1 材料质量控制

(1)灰土拌和前,应检测土料的实际含水率,实际含水率超出其最佳含水率的 ±3% 时,则要对土料进行晾晒或洒水处理,使其满足要求。同一取土地点、相同性质的土,每 5 000m^3 为一批,不足 5 000m^3 或土质有变化时重新按一批计。

(2)石灰应用合格的生石灰,块径不得大于 5cm,含石量不得大于 5%,石灰中活性 CaO + MgO 含量不应低于 55%。同一厂家、同一产地的石灰,每 200t 为一批,不足 200t 也按一批计。

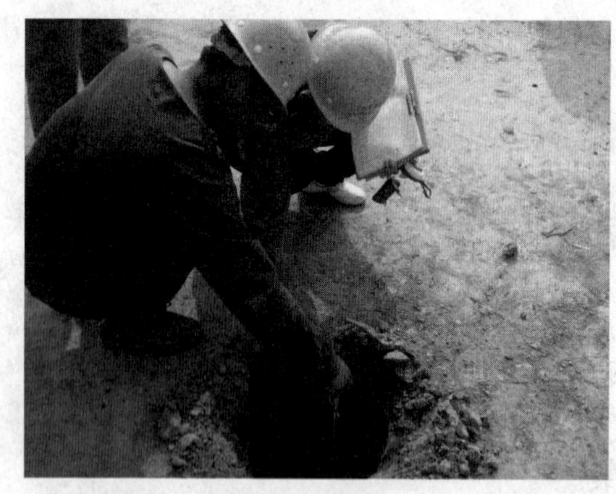

图 9　检测孔深

7.2 灰土混合料质量控制

灰土拌和宜采用集中厂拌,拌和控制石灰剂量及灰土含水率。每个工作班不少一次;不符合要求时,及时调整。允许偏差可根据标准试验确定。灰土拉至现场施工也可用经验法测定,即"手握成团,落地开花"。

7.3 桩径及桩长控制

(1)施工前,检查沉管管径,管径应大于设计孔径。

(2)施工前,用钢尺在沉管上量好长度,并标记。施工时,随机抽取,用钢尺测量孔深(图 9)。

(3)施工后,随机抽取桩体,采用钻芯机钻芯检测桩长。

7.4 夯实及成桩过程质量控制

(1)夯锤形状下端应为抛物线形椎体或尖锥形椎体,上段呈弧形,严格控制夯锤质量及直径。

(2)填料时,每次填入孔内松散混合料不超过一铁锹,铁锹尺寸为:25cm(宽) ×30cm(长)。

7.5 灰土挤密桩数量控制

施工前,严格按照设计图纸布点;施工时,及时核对点位;施工后,用平地机将表面浮土刮开,清点灰土挤密桩数量(图 10)。

图 10　清点灰土桩数量

8 安全保障措施

施工中针对各项安全隐患制订安全保证措施(表4)。

安全保证措施 表4

序号	作业活动	安全隐患	安全保证措施
1	施工及生活用电	人员伤亡、设备损毁	①对全体人员进行安全用电教育,对电工等专业人员进行专门岗前强化培训; ②工地安排专职电工负责用电线路的布设、用电设备及临时工棚内的电路安装; ③全部用电设备实现"一机、一闸、一漏电"保护; ④接线处设置配电箱,配电箱置于安全区域,并用醒目颜色张贴安全标语。配电箱要求上锁保护,并由专人负责管理
2	钻机安拆及移位	人员伤亡、设备损毁	①安装前,要排除施工场地上方安全距离范围内的一切高空线路等障碍物; ②日常维护及作业时必须佩戴安全帽,爬高系好安全带; ③6级及以上大风天气,应暂停施工
3	灰土拌和	人员伤亡、设备损毁	①灰土拌和人员均应佩戴安全帽和防护面罩; ②当拌和机出现故障时,应立即切断电源
4	成孔、成桩	人员伤亡、设备损毁	①施工人员均应佩戴安全帽; ②当机械出现故障时,应立即切断电源

9 环保措施

灰土挤密桩施工时用到大量生石灰,石灰消解时易产生大量灰尘,污染周边环境。施工过程中采取以下保证措施:

(1)购置了1台带有除尘、粉碎、消解等多功能的石灰消解机。石灰消解机从进料、除尘、粉碎、喷淋消解、出料等程序上,解决了石灰消解污染环境的情况。

(2)石灰运输时,表面覆盖帆布或彩条布。

(3)灰土拌和机周围采用彩条布围挡,大风天停止施工作业。

(4)保养及维修设备时,将废弃的油料收集,并到指定地点集中处理。

(5)生活废水由集水沟集中排放至废水池内;生活垃圾集中放入垃圾池内,派专人定期对其进行清理。

10 资源节约

(1)科学组织,合理安排,加快施工进度,最大限度节约资源。

(2)引入循环经济理念,合格的挖方土方用作灰土挤密桩的组分填料。

11 效益分析

11.1 社会效益

采用灰土挤密桩消除黄土湿陷性由于其使用情况的特殊性,在高速公路路基设计中目前较强夯、换填等表层处置方法少见,但作为一种消除厚层(厚度超过3m)黄土湿陷性的方法,能有效消除地基湿陷性,提高承载力,降低压缩性;另外,还具有机具简单、施工方便、功效高,就地取材等优势。

11.2 经济效益

灰土挤密桩用到的黄土为挖方利用,运距短,可以降低工程成本;对盛产生石灰的地区,可以就地取材,充分利用当地资源。

以我公司成功实施的宁夏东毛高速A7合同段的灰土挤密桩为例,同近年宁夏区内处理湿陷性黄土用到的振冲碎石桩进行对比(表5)。

经济效益分析表(处理长度以100m计) 表5

处理方法	工程造价(元/100m)	工程量(100m)	工程造价(元)
灰土挤密桩	2 274	8 068	18 346 632
振冲碎石桩	3 155	8 068	25 454 540

通过表1分析可以看出,在相同的桩径情况下,灰土挤密桩较振冲碎石桩处理方法相比,每100m可以节约工程造价881元。以宁夏东毛高速A7合同段806 864延米的灰土挤密桩为例,则可以节约工程造价710余万元。

11.3 环境效益

灰土挤密桩可多点同时施工,施工速度快,工期短,不受停水停电影响,无泥浆等污染。灰土在拌和过程中,只要采取适当的围挡措施,即可避免扬尘,拌和后的混合料全部用于夯实成桩,不产生任何建筑垃圾,达到工完、料净、场清。能够实现科学施工、绿色施工、文明施工,具有良好的环境效益。

12 应用实例

12.1 工程实例一

宁夏路桥工程股份有限公司承建的青岛至兰州公路(宁夏境)东山坡至毛家沟高速公路第A7合同段(K44+000~K50+170.9)地处宁夏隆德县、西吉县、甘肃静宁县三县交界处,全长6.171km。本路段沿线都为黄土层,土层厚度基本超过50m,属于陇西地区黄土,为马兰黄土、黄土状粉土,以“戴帽黄土”的形式分布于黄土台地及局部山体上部,多为灰黄色原生黄土,厚度较大,胶结压实作用差,具垂直节理,以中等强湿陷性为主,湿陷层厚度可达5~10m,局部可达15m。

本合同段设计采用灰土挤密桩累计为806 864延米。2011年5月至6月完成了施工筹备阶段。2011年6月至2012年10月,为本项目灰土挤密桩的施工阶段。

12.2 工程实例二

宁夏回族自治区黑城子至海原一级公路A6合同段,属路基桥涵带路面工程,起讫桩号K60+474~K65+561.771(含海同连接线),全长6.1km,合同总价1.7亿元,合同工期为2013年4月1日至2014年10月31日。本合同段灰土挤密桩设计累计长度为89 610m。施工计划日期为2013年5月1日至2013年7月31日。

灰土挤密桩消除黄土湿陷性,作为一种消除厚层(厚度超过3m、最大深度15m)黄土湿陷性的方法,通过横向加密、水平挤压,可以改变黄土原有结构,能有效消除地基湿陷性,提高承载力,减小地基整体压缩变形;灰土夯实后,石灰与一同拌和的黄土间发生一系列的物理化学反应,从而形成具有一定强度和低渗透性的灰土固结体。

码头后方堆场珊瑚回填料振动碾压施工工法

GGG(中企)A2007—2013

袁求武 吴 浩 吴文峰 王锐劲 李晓辉
(中交四航局第一工程有限公司 中国港湾工程有限责任公司)

1 前言

目前,国内在南沙、西沙群岛部分工程应用了珊瑚料作为地基填筑材料,而国外在中东、苏丹等地的一些工程采用珊瑚料作为建筑材料。在缺乏常用地基填筑材料的码头、海岸及海上人工岛工程,珊瑚料已成为一种新型的建筑施工用料,正逐步得到应用,但国内外均缺乏相关基础研究,有待人们进一步探索。

2007 年 1 月,中交四航局承建苏丹新集装箱码头项目工程,因当地缺乏砂、石、土等地基回填材料,而疏浚港池、码头基槽珊瑚料资源丰富,项目为此成立"码头后方堆场珊瑚回填料振动碾压施工技术"科研小组,立项进行相关研究。结合室内试验、典型施工及施工实践,形成了码头后方堆场珊瑚回填料振动碾压施工技术,满足了工程所需,经提炼、总结形成了本施工工法,并在工程中得到了成功应用。本工法使疏浚港池、码头基槽珊瑚料废弃物变为可利用材料,经振动碾压处理后,符合设计要求。2010 年 8 月,本工法在苏丹新集装箱码头后方堆场工程中再次得到成功应用,使工法进一步得到完善,取得了良好的经济和社会效益,得到业主及注册咨询工程师的一致好评,具有广阔的推广应用前景。

2013 年 3 月,本工法关键技术"码头后方堆场珊瑚回填料振动碾压施工技术"经中国水运建设行业协会鉴定,该技术成果总体上达到"国际先进"水平。

2 工法特点

(1)环保。利用疏浚港池、码头基槽的珊瑚料作为码头后方堆场回填材料,将废弃物变为可利用材料,节约了资源,减少了施工造成的环境污染。

(2)施工效率高、成本底。选择常规机械施工,压实后各项检测指标符合设计要求,发挥了机械使用效率,就地取材,降低了成本。

(3)施工质量易于控制。通过相应的土工试验等常规检测手段即可进行检测,工程技术人员易掌握。

(4)本工法工艺简练,操作简单,效果显著。

3 适用范围

本工法适用于采用珊瑚料回填形成陆域的码头堆场、海岸工程及海上人工岛填筑工程。

4 工艺原理

振动碾压是指在松填(或松铺)的基础材料上用压实机械施加静力和振动产生的压力在土体内产生压应力和剪应力的结果,振动碾压实时,振动产生的快速连续冲击力作用于土体表面,每冲击一次对土体产生一个压力波,当土体颗粒受外力作用之后,内部应力发生变化,失去原来的平衡状态,颗粒之间克服摩阻力,排出气体和水分,彼此移动,互相填充,出现新的排列,孔隙减小,密度增大,使珊瑚料地基压实度和承载力得到提高。

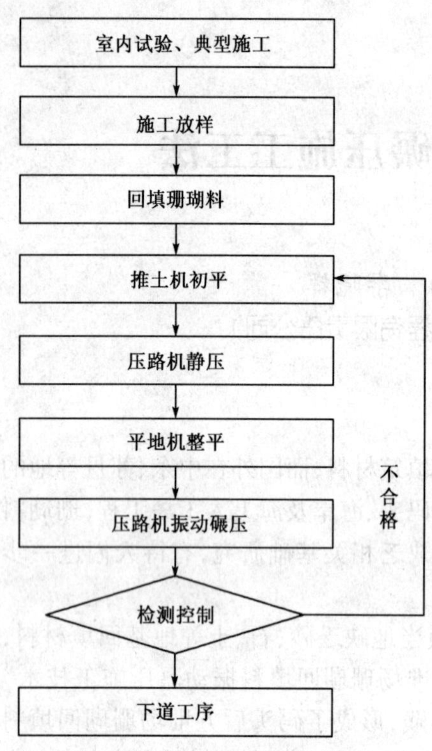

图1　码头后方堆场珊瑚回填料振动碾压施工工艺流程图

5　施工工艺流程及操作要点

5.1　施工工艺流程

码头后方堆场珊瑚回填料振动碾压施工工艺流程详见图1。

5.2　施工操作要点

1)室内试验、典型施工

大面积施工前应进行珊瑚料颗粒分析、击实等试验,确定各种技术参数,并根据地质条件、断面形式选择具有代表性的地段作为试验段,通过典型施工,获得珊瑚料的松铺厚度、碾压遍数、含水率、施工工艺流程等技术参数,为下一步施工做好技术准备。

(1)珊瑚料室内颗粒分析、标准击实试验。

①珊瑚料颗粒分析。现场取样对珊瑚料进行颗粒分析,分析结果详见图2。

②珊瑚料室内标准击实试验。现场取样对珊瑚料进行室内标准击实试验,确定该类填料的参数,指导现场施工。标准击实试验方法借鉴《公路土工试验规程》(JTG E40—2007),选取了8组试样进行标准击实试验。试验结果如表1,图3所示。

根据图2分析可知,珊瑚礁回填料细粒含量(小于0.075 mm)低于10%,土粒密度较大。

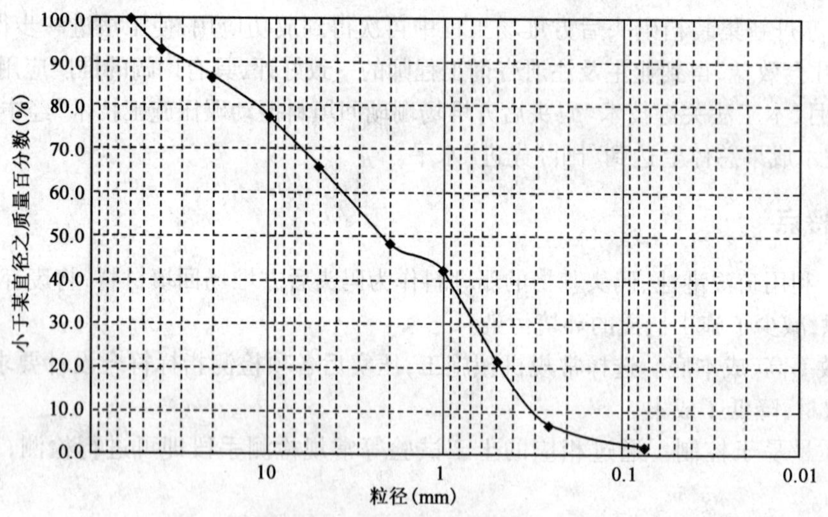

图2　珊瑚料颗粒分析试验曲线

珊瑚料室内击实试验数据表

表1

样品编号	珊瑚礁回填料含水率(%)	湿密度(g/cm³)	干密度(g/cm³)	样品编号	珊瑚礁回填料含水率(%)	湿密度(g/cm³)	干密度(g/cm³)
1	4.8	1.949	1.880	5	11.5	2.208	1.980
2	7.4	2.013	1.874	6	12.5	2.224	1.977
3	9.6	2.104	1.920	7	14.5	2.232	1.949
4	10.6	2.148	1.942	8	15.8	2.197	1.897
编号5为最佳含水率11.5%,最佳干密度1.980g/cm³							

由表1,图3数据分析可知,珊瑚回填料的最佳含水率为11%~13%,最大干密度为1.880~1.980g/cm^3。结合业主和咨工的要求,珊瑚料最大干密度采用1.98g/cm^3。

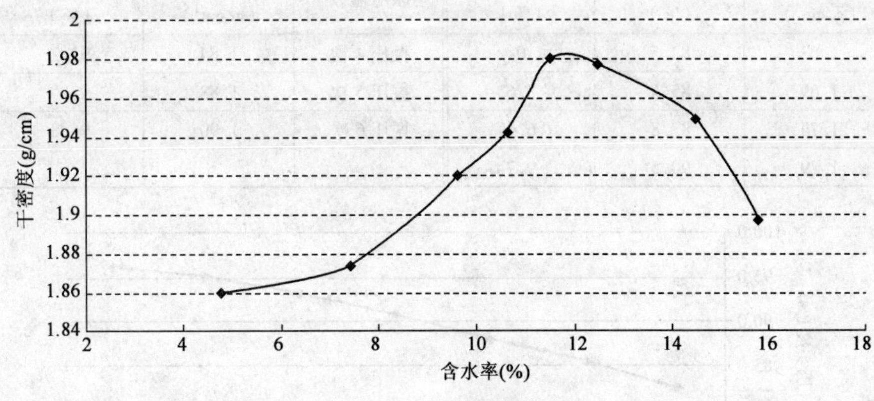

图3 珊瑚料室内击实试验曲线

(2)典型施工,检测分析。

①根据设计要求,码头后方堆场珊瑚回填料地基压实度须大于等于95%,CBR检测大于等于30%。

②为了合理选择机械设备和控制参数,在大面积施工前进行典型施工,选取了900m^{2}堆场区,施工前,将堆场底基层进行振动碾压,沉降稳定后,根据设计给定分层压实厚度40cm回填珊瑚料,采用XS202J型20t压路机,激振力(大/小)为352/245kN,激振频率(低/高)为28/33Hz振动压路机进行压实。

③统计分析不同碾压遍数与地基沉降、干密度及压实度之间关系,检测包括:压实度、回弹模量、现场CBR试验、SPT原位测试、动力触探试验及平板载荷试验等。

a. 测量不同碾压遍数与地基沉降量关系结果,数据如表2及图4所示。

珊瑚料不同碾压遍数与地基沉降量统计表　　表2

碾压遍数	高程(mm)	相对沉降量(mm)	累计沉降量(mm)
静压2次	2.084		
振压1次	2.068	16	16
振压2次	2.056	12	28
振压3次	2.043	13	41
振压4次	2.031	12	53
振压5次	2.023	8	61
振压6次	2.019	4	65

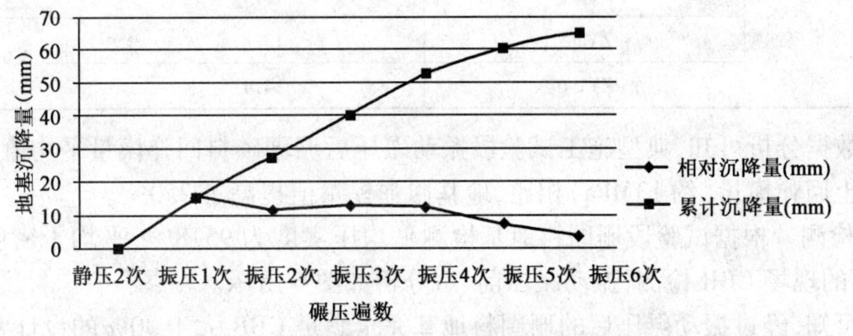

图4 振动碾压遍数与地基沉降量关系曲线

从表2、图4数据分析可知,静压2遍,振动碾压6遍后,珊瑚料相邻两次沉降差小于5mm,现场观测无明显轮迹,压实已达到效果,满足设计要求。统计累计沉降量达65mm。

b. 压实后进行现场取样试验,压实度试验结果如表3及图5所示。

不同碾压遍数与干密度和压实度变化统计表 表3

碾压遍数	干密度 (g/cm³)	压实度 (%)	干密度增长率 (%)	碾压遍数	干密度 (g/cm³)	压实度 (%)	干密度增长率 (%)
静压2次	1.63	82.5	0	振压4次	1.84	93.2	12.9
振压1次	1.69	85.5	3.6	振压5次	1.88	95.0	15.1
振压2次	1.74	87.8	6.4	振压6次	1.90	96.8	16.3
振压3次	1.79	90.5	9.7				

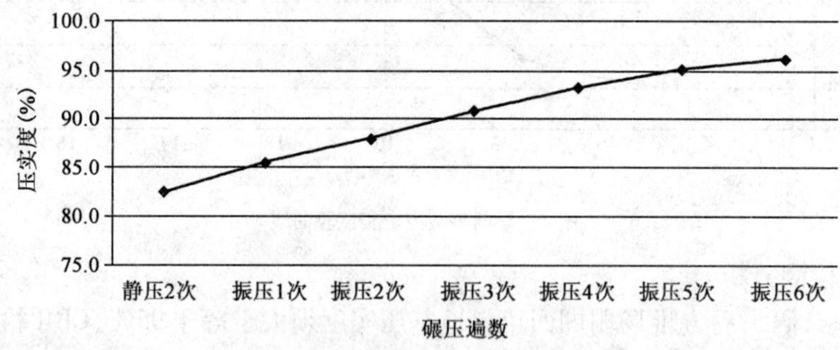

图5 振动碾压遍数与压实度关系曲线

从表3,图5统计分析可知,采用XS202J型20t振动压路机静压2次,振动碾压6次,灌砂法检测压实度达96.8%,珊瑚地基压实度达到大于等于95%的设计要求。

c. 回弹模量测试分析。回弹模量是测量地基抗压强度的指标之一,现场选择便携式落锤弯沉仪(PFWD)进行了珊瑚礁回填料回弹模量快速检测,测试回弹数据如表4所示。

珊瑚料振动碾压前、后回弹模量检测数据 表4

试验区	检测点	振动碾压前回弹模量(MPa)	振动碾压后回弹模量(MPa)
碾压-1	ZY1-1	13.5	32.9
	ZY1-2	13.7	33.0
	ZY1-3	13.4	32.2
	ZY1-4	13.4	32.8
	ZY1-5	13.4	33.5
	ZY1-6	13.4	32.1
碾压-2	ZY2-1	13.6	32.8
	ZY2-2	13.7	31.7
	ZY2-3	13.7	32.2
	ZY2-4	13.9	32.4
	ZY2-5	13.8	32.5
	ZY2-6	14.1	31.6

从表4检测数据分析可知,典型施工试验段振动碾压后珊瑚礁料回弹模量平均值是32.5MPa,与振动碾压前的地基土回弹模量(约13MPa)相比,地基回弹模量值提高了250%。

d. CBR现场检测。根据试验段珊瑚料地基检测平均压实度为95.8%,平均干密度为1.918g/cm³。根据贯入量5mm的现场CBR检测,振动碾压前、后分析如图6所示。

从图6分析可知,经过振动碾压后的珊瑚料地基完全满足CBR大于30%的设计要求。

e. SPT原位测试。SPT是在现场测定地基承载力的一种方法。珊瑚料地基振动碾压前、后分析如图7所示。

从图7曲线分析可知,深度0.5m内,振动碾压前其标贯击数为12~15击,振动碾压后标贯击数42~45击,采用振动碾压法加固珊瑚礁回填料,建议处理深度控制在0.5m以内。

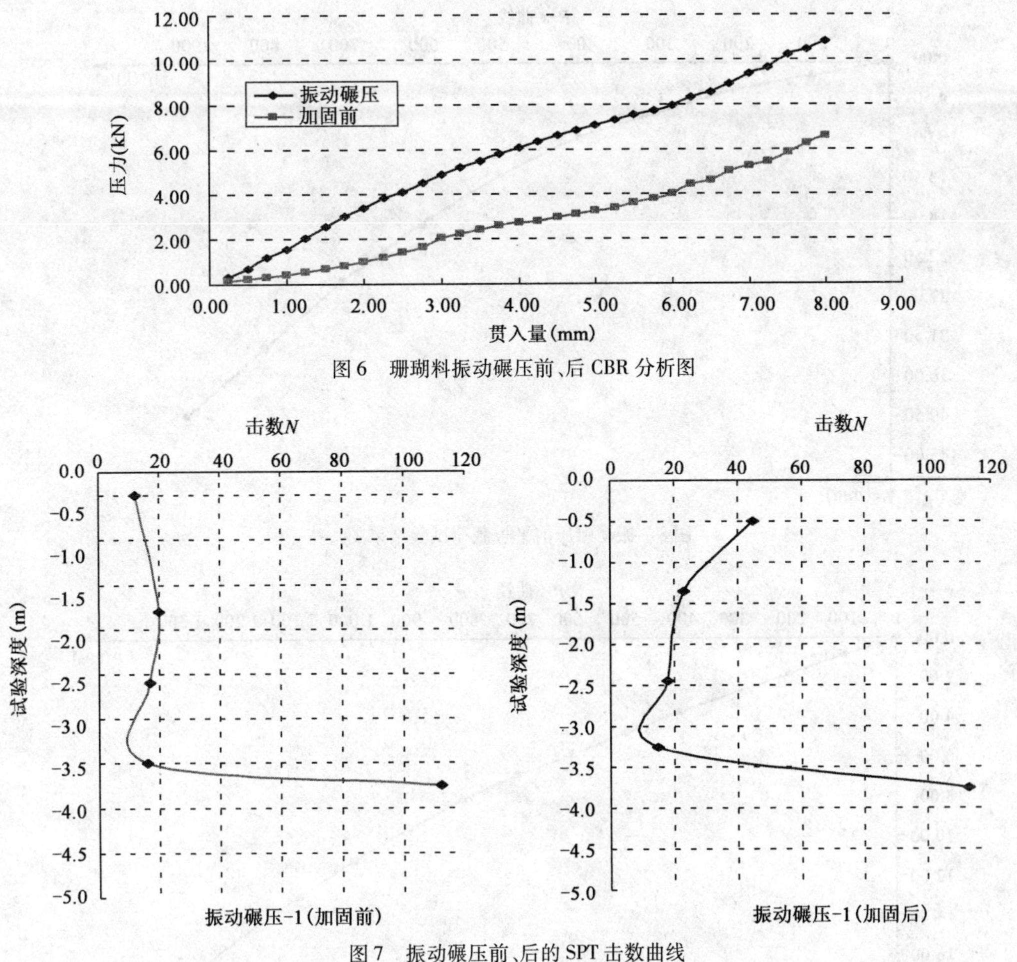

图6 珊瑚料振动碾压前、后CBR分析图

图7 振动碾压前、后的SPT击数曲线

f. 动力触探。珊瑚料回填前，密实程度普遍较低，地基的动贯入阻力为0.6~1.5MPa；振动碾压后，地基的动贯入阻力为1.2~3.3MPa。参考《岩土工程监测手册》密实砂土的计算公式$f_k = q_d/15$进行计算。振动碾压前珊瑚礁回填料地基承载力为30~50kPa，振动碾压后的地基承载力为100~200kPa，振动碾压后地基承载力增长比率为100%~300%。

g. 平板载荷试验。平板载荷试验是确定地基承载力的试验。试验段现场检测载荷板尺寸为0.5m×0.5m，荷载加载根据现场试验情况确定，各级加载是100kPa。当承压板周边的土出现明显侧向挤出，周边岩土出现明显隆起或径向裂缝持续发展，加载终止，停止试验。随后对*P-s*值进行计算总结，绘制*P-s*曲线，平板载荷板试验结果如图8和图9所示。

考虑到珊瑚礁岩土具有内孔隙，在承受高压力作用下其孔隙结构可能破碎坍陷，计算时应该适当提高安全系数。安全折减系数按2.5计算，可以得到珊瑚礁地基在振动碾压前容许承载力为45~60kPa，振动碾压后地基容许承载力为100~200kPa。平板载荷试验结果满足设计要求。

h. 结论：

根据室内试验、典型施工检测分析，珊瑚料最佳含水率为11%~13%，最大干密度为1.98g/cm^3。采用20t振动压路机静压2次，振动碾压6遍后，珊瑚料地基相邻两次沉降差小于5mm，现场实测压实度达95.0%以上。

振动碾压后珊瑚料回弹模量平均值达32.5MPa，CBR检测大于30%，SPT原位测试0.5m范围振动碾压后标贯击数达42~45击，动力触探和平板载荷试验地基承载力达100~200kPa，增长率达100%~300%，满足设计及业主要求。

通过典型施工取得的各种技术参数，为下一步大面积施工提供了指导。

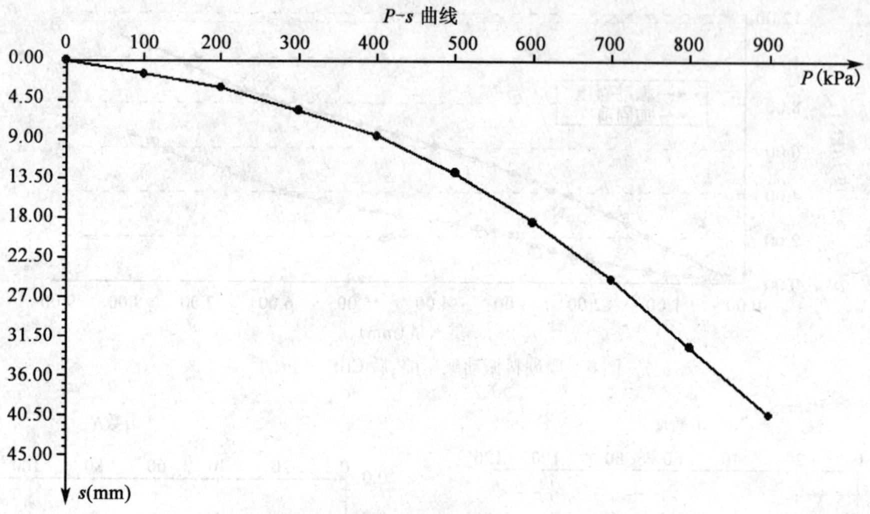

图8　振动碾压前平板载荷试验结果图

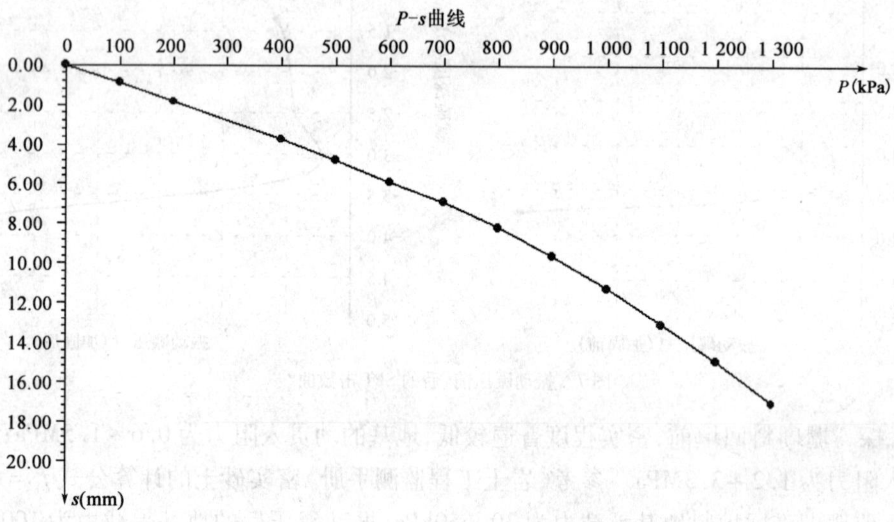

图9　振动碾压后平板载荷试验结果图

2)施工放样

根据设计要求,采用复核后的导线点、水准点,定出堆场填筑施工断面的具体位置,按一次面积 5 000m^2进行分段施工,测量按 20m 一个断面,每个断面测 5 个点布设,并根据现场设置易于保护的控制桩,对施工段用石灰撒线画格,控制每个方格内的送料车数,从而控制松铺厚度。

3)回填珊瑚料

(1)珊瑚料回填采用分层回填摊铺压实,每层压实厚度 40cm,并根据典型施工试验技术参数,预留 65mm 的下沉量。

(2)回填前,先将大颗粒或大块珊瑚料压路机压碎或粒径超过每层摊铺厚度 2/3,即 26.6cm 的珊瑚料剔除出来,确保压实效果。

(3)回填区域做好水平标志,每隔 10m 钉水平控制桩,按施工方案确定填筑顺序和机械车辆行走路线。填筑时自卸车按梅花桩进行均匀卸料。

4)推土机初平

(1)珊瑚料回填后,推土机将施工区域珊瑚料摊铺均匀。

(2)推土机根据控制桩将珊瑚料粗平至高程,平面高差控制在 ±5cm 内。

5)压路机静压

(1)珊瑚料碾压施工时应注意控制好含水率,苏丹港当地炎热干旱少雨,特别是 7 ~ 10 月份白天现场最高气温高达50℃以上。在这种高温环境下,珊瑚料难以达到最佳含水率,需采用人工洒水,待现场珊瑚料含水率达到要求后,及时碾压并尽快进行下一层的珊瑚料的施工,确保珊瑚料不因水分的流失而松散,承载力下降,做到各工序循序渐进,保证珊瑚料的填筑效果。

(2)填料含水率超标时采取翻晒珊瑚料的方法,降低其含水率。待现场珊瑚料含水率达到要求后,及时碾压以保证填筑压实效果。

(3)静压。采用压路机静压2遍,静压宜低速(3~4km/h)。

6)平地机精平

压路机初压完成后,设10m×10m方格网,在各方格点上设控制桩,并标出该点的设计高程。用平地机根据控制桩上的高程整平至设计要求。

7)压路机振动碾压

(1)珊瑚料振动碾压前对填筑层的分层厚度和平整度进行检查,确认层厚和平整度符合要求方再进行碾压,避免填筑超高造成压实厚度过大影响压实效果。

(2)碾压遍数由典型施工所得,振动碾压6遍,碾压时由两侧开始向中心纵向碾压,按照两步骤进行。前四遍振压宜低速(3~4km/h),后两遍振压宜中速(4~5km/h)。压路机按图10所示走行,相邻两行碾压轮迹压半轮,保证不漏压。

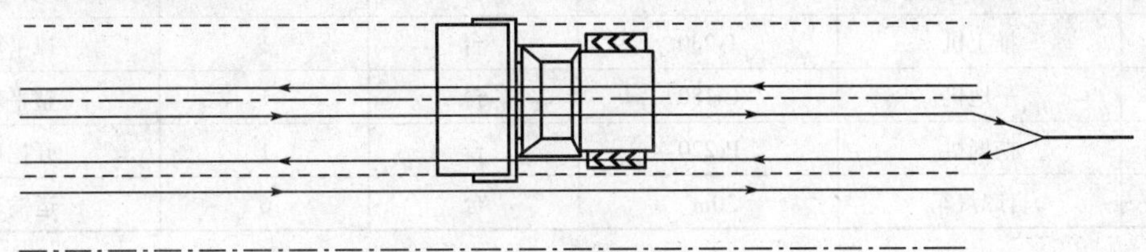

图10 压路机碾压走行路图

8)检测控制

(1)使用珊瑚料填筑码头后方堆场施工过程中最突出的问题是场地平整度及施工质量。施工中应加强珊瑚料平整度及控制振动碾压的施工质量,在施工期间加强监测。

(2)珊瑚料检测项目包括:压实度检测、CBR试验、动力触探、平板载荷试验等。

(3)珊瑚料压实后采用灌砂法进行检测,检测数量按2 000m^2检测1处的频率布设断面和检测点。压实度≥95%满足设计要求。通过大面积施工,压实度共检测40个点,压实度大于95%的有39个点,合格率为97.5%,符合设计要求。珊瑚料采用灌砂法检测压实度时,会出现锯齿状洞壁,对压实度结果准确度会产生一定程度的影响,但总体上还较为准确地反映出实际的压实情况。

(4)现场CBR试验25个点,CBR大于30%的测点达24个点,合格率96%,符合设计要求。

(5)动力触探试验8个点;平板载荷试验5个点,数据计算后地基承载力达100~200kPa,检测全部合格,符合设计及业主要求。

5.3 劳动力组织

以处理5 000m^2珊瑚回填料为例,其劳动力组织情况见表5。

劳动力组织情况表 表5

序 号	单项工程	所需人数	备 注
1	管理人员	1	负责施工指挥,协调各工序间操作联系
2	测量、试验人员	2	负责施工放样
3	推土机操作手	1	负责推土机的操作
4	平地机操作手	1	负责推土机的操作
5	压路机操作手	1	负责压路机的操作

续上表

序　号	单项工程	所需人数	备　注
6	挖掘机操作手	1	负责挖掘机的操作
7	设备维修工	1	负责设备维修保养
8	辅助工	4	服从现场指挥,遵守安全条例
9	汽车驾驶员	6	服从现场交通指挥,遵守安全条例
合　计		18人	

6　材料与设备

本工法不涉及需特别说明的材料,所需的主要施工设备参见表6。

主要施工设备表　　表6

序　号	设备名称	规格型号	单　位	数　量	主要工作内容
1	测量放样设备一套		套	1	现场测量放样
2	土工试验仪器一套		套	1	试验检测使用
3	振动式压路机	XS202J 20t	台	1	码头堆场压实
4	推土机	Ty230	台	1	摊平珊瑚料
5	平地机	Gr180	台	1	整平珊瑚料
6	挖掘机	Pc220	台	1	开挖珊瑚料
7	自卸汽车	$20m^3$	台	6	运输珊瑚料

7　质量控制

7.1　工程质量控制标准

目前,国内外的地基工程勘察、设计及施工规范中,尚未有珊瑚礁类岩土的规范。根据设计、业主及咨工要求,振动碾压工程施工参考《水运工程质量检验标准》(JTS 257—2008),详见表7。

基底层碾压质量控制表　　表7

序　号	项　目		允许偏差(mm)	检验单元和数量	单元测点	检验方法
1	平整度		20	道路每50m一处,堆场每 $100m^2$ 一处	1	用2m靠尺和塞尺测量
2	高程	堆场	+5		1	用水准仪10m方格网测量
		道路	-15		3	测量两边线及中线
3	压实度		≥95%	每2 000 m^2 一处	1	灌砂法

7.2　质量保证措施

(1)施工前应检查施工设备,确保机械设备工作正常。

(2)试验室应对原材料进行室内试验,检测珊瑚料最大干密度和最佳含水率。

(3)大面积施工前应做好典型施工,以检查机械、填料、人员的匹配能力,明确操作要领,确认松铺系数、碾压方法等各项技术参数。

(4)含水率的控制与检测。

振动碾压前应检测珊瑚料天然含水率,含水率不足时应提前洒水,待含水率接近最佳含水率后,进行振动碾压施工,振动碾压过程中如发生表面失水扬尘,应及时补水,含水率超标时可以翻晒珊瑚料待合格后再进行碾压。

(5)振动碾压质量控制。

①施工时严格按典型试验段确定技术参数及进行施工,同时加强检测试验,特别是现场压实度检

测,当检测不合格时应采取补压措施,必要时停机检查机械原因或检测珊瑚料的含水率。

②碾压时必须保证压路机振动频率和振幅,以保证压实效果。

8 安全措施

(1)认真执行《安全生产法》及当地建筑行业有关安全生产的法律法规,制订详细的安全管理体系和制度,确保施工过程的安全。

(2)加强对施工人员进行安全教育,树立安全第一思想,提倡文明施工。

(3)进入施工现场戴好安全帽,夏季高温季节施工,应采取防暑降温措施。

(4)珊瑚料施工作业段必须设置交通警示牌和指示牌,施工现场设专职安全员,指挥现场交通安全工作。

(5)施工机械要经常检查其状况,严格按规定的行走路线行走,严格执行安全操作规程作业。

(6)设专人加强与当地气象部门联系,掌握近期气候变化情况,做好场地防汛工作。

9 环保措施

(1)成立项目施工环保管理机构,严格遵守国家和当地政府下发的有关环境保护法律、法规和规章。

(2)加强对施工燃油、工程材料、设备、废水、生产生活垃圾、废弃物的控制和治理,遵守消防及废弃物处理的规章制度,随时接受相关单位的检查监督。

(3)珊瑚料施工场地应经常洒水,严格控制扬尘和扩散,场地道路进出口设置洗水池,保证环境不受影响。

(4)珊瑚料运输车辆应有覆盖物,防止洒料,污染环境。

10 资源节约

利用疏浚港池、码头基槽的珊瑚料废弃物填筑码头后方堆场,节约了资源,减少了施工造成的环境污染。优化施工工艺后采用常规机械施工,减少大型设备的能源消耗。

11 效益分析

11.1 经济效益

(1)成本、工期、质量优势。

利用疏浚港池、码头基槽的珊瑚料作为码头后方堆场回填材料,就地取材,降低了成本。选择常规机械施工,发挥了机械使用效率,能有效缩短工期。通过相应的土工试验等常规检测手段即可进行检测,工程技术人员易掌握。

(2)本工法工艺简练,操作简单,施工连贯,现场协调难度低,管理简单,具有很强的可操作性和经济效益。

以施工5 000m^2码头后方堆场为例,利用疏浚港池、码头基槽珊瑚料回填与外借砂和外借土回填施工在造价、工期方面的比较如表8所示。

珊瑚回填料与其他填料效益对比表　　表8

序　号	比 较 项 目	珊瑚回填料施工（场内运输）	外借土回填（运距5km）	外借砂回填（运距5km）
1	造价(美元/m^3)	8.91	15.89	16.28
2	工期(d/层)	4	7	13

11.2 社会效益

(1)环保。珊瑚料废弃物变为可利用填料,节约了资源,减少了对环境的污染。

(2)利用疏浚港池、码头基槽的珊瑚料作为码头后方堆场填筑材料,经振动碾压后形成地基基础,整体质量效果良好。

(3)使用珊瑚料填筑地基处理节省了大量的人力、物力和财力,同时,可广泛应用于港口、海岸工程、海上人工岛珊瑚料资源丰富地区工程,具有较大的经济和社会效益。

12 应用实例

12.1 工程实例一

苏丹新集装箱码头项目是沉箱重力式码头工程,项目包括两个7万t级重力式泊位、前沿道路及护岸工程。其中码头前沿道路面积12万m^2基底层材料利用疏浚港池、码头基槽珊瑚料进行回填压实。压实后每层检测压实度达40个点,压实度大于95%的有39个点,合格率为97.5%;现场CBR试验25个点,CBR大于30%的测点24个点,合格率96.%;动力触探试验8个点,施工完后平板载荷试验5个点,地基承载力为100~200kPa,检测全部合格,各项指标均达到设计要求,珊瑚料作为基底层材料应用成功。

苏丹新集装箱码头项目于2007年1月1日开工,2009年12月25日完工。

12.2 工程实例二

苏丹新集装箱码头后方堆场项目港区陆域面积22万m^2,采用疏浚港池、码头基槽珊瑚料回填码头后方堆场,包括道路、集装箱重箱堆场、冷藏箱堆场、空箱堆场、辅建区等。

堆场压实后每层检测压实度达110个点,压实度大于95%的有108个点,合格率为98.2%;现场CBR试验75个点,CBR大于30%的测点有73个点,合格率97.6%;动力触探试验25个点,检测合格;施工完后平板载荷试验12个点,地基承载力为100~200kPa,检测全部合格,符合设计及业主要求。

苏丹堆场于2010年8月开工,2012年3月完工,提前4个月完成施工,达到了优质、高效、安全的总目标,得到了业主、咨工的肯定。

12.3 工程实例三

沙特RSGT集装箱码头项目包括两个10万吨级和一个5万吨集装箱码头。码头结构施工长度为861.84m;后方陆域为航道区域开挖珊瑚礁形成,共计41万m^2。地基采用振动碾压压法施工。

堆场每层压实度检测达205个点,压实度大于95%的有201个点,合格率为98%;现场CBR试验85个点,CBR大于30%的测点达83个点,合格率97.6%;动力触探试验45个点,检测合格;施工完后平板载荷试验21个点,地基承载力达150~200kPa,检测全部合格,符合设计及业主要求。

珊瑚回填料形成的造陆区,采用振动碾压技术,地基强度显著提高,消除了地基沉降隐患,减少工后沉降,同时可缩短建设工期和减少施工难度,具有较好的经济和社会效益。

12.4 施工监控结果与评价

利用疏浚港池、码头基槽珊瑚料作为码头后方堆场回填料具有成本低、工效高、可操作性强等优点,可在港口、海岸工程、海上人工岛等工程地基处理应用,节约了资源,满足设计地基承载力的要求,具有较好的推广应用前景。

井下墩柱法治理采空区施工工法

GGG(中企)A2008—2013

丁国盛 张建国 吴敦彬 周国庆 贾海强
(中铁六局集团有限公司 中铁六局集团太原铁路建设有限公司)

1 前言

由于我国煤矿较多,较多地方存在不同程度的采空区,路基建在采空区上方,对路基的稳定性存在影响。目前全国范围内治理的采空区一般为裂隙地带,均采用注浆法进行治理。本技术考虑到该治理段为全充水采空区且局部存在较大的空腔,采用注浆法治理费用高、速度慢且治理效果不是很好,所以本项目部采用了井下墩柱法治理采空区施工工法对局部存在较大空腔的采空区进行治理施工。

本施工工法既安全可靠、经济合理,又确保采空区影响路段路基及构造物的稳定,做到一次根治、不留后患,保证行车安全、舒适和平稳。

本施工工法的开发,可为其他类似的采空区治理施工提供借鉴,有着很好的推广价值。

2 工法特点

(1)工序简单易操作。通过钻机钻孔时,如发生明显的掉钻,说明该处存在明显的空腔,定为灌注混凝土孔,否则为注浆孔。

(2)如有较大空腔,采用灌注混凝土,因此缩短了施工周期,经济效益显著。

3 适用范围

(1)本方法适用范围:适用于该段采空区为全充水且局部存在较大空腔的情况。

(2)适用地层:地质存在采空区。

4 工艺原理

井下混凝土墩柱法治理主要针对存在较大空腔的采空区,通过钻孔采用泵送或重力作用将混凝土灌注至采空区空腔内,凝固后形成锥形墩柱从而对采空区顶板起到支撑作用,从而保证路基的稳定。

5 施工工艺流程及操作要点

5.1 工艺流程(图1)

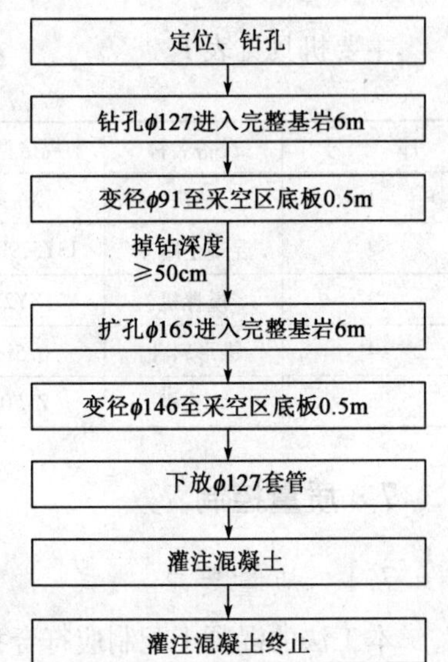

图1 灌注混凝土治理采空区工艺流程图

5.2 主要施工方法

1)定点

灌混凝土孔应用全站仪进行实地测量放样,实际孔位不应偏离设计位置0.05m。因地形影响,钻孔不能放在设计位置时,应先施工其周围可以就位的钻孔,再根据钻探揭露采空区的情况予以调整。

2)成孔及下放套管

开孔孔径 ϕ127 进入完整基岩 6m,变径 ϕ91 至冒落带或采空区底板0.5m,若钻孔过程中发生明显的掉钻,且掉钻深度大于50cm,则该孔定为灌注混凝土孔,灌注混凝土孔一次成孔后,应在$\phi127$变$\phi91$钻孔的基础上扩孔至$\phi165$至$\phi146$,具体方法是:开孔孔径$\phi165$进入完整基岩6m,再变径$\phi146$钻至采空区底板下0.5m,接着下入$\phi127$套管,如图2所示。

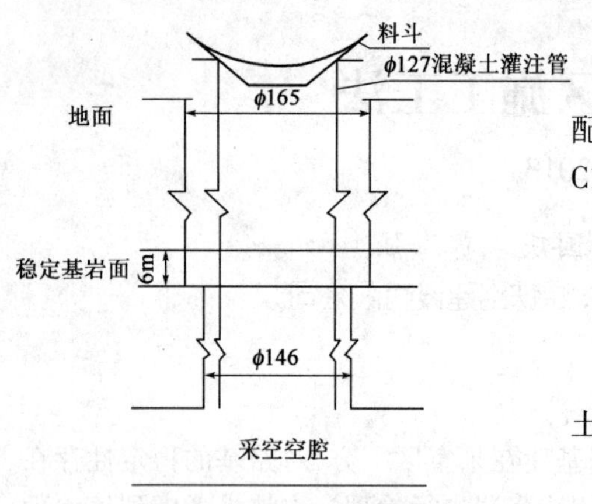

图2　混凝土灌注孔口管示意图

3)灌注混凝土材料的配制

灌注混凝土选用C15细石混凝土,试灌注前须进行室内配合比试验,最少配制坍落度为12cm、15cm、18cm、22cm的C15细石混凝土配合比供试灌注不同阶段使用。

4)灌注混凝土工艺

(1)施工顺序:

钻孔施工顺序为取芯孔──→帷幕孔──→一般孔。

灌注施工顺序为帷幕灌注混凝土孔──→一般灌注混凝土孔。

(2)重力灌注C15混凝土的施工工艺。

①$\phi146$混凝土孔成孔后,下放$\phi127$混凝土输送管(每节4~6m丝扣连接,最下端带活瓣桩尖),下至采空区底板,孔口一端用管节固定且上部相连锥形混凝土料斗。

②将配制好的混凝土倒入料斗内使管内、料斗内填充满待灌注的混凝土,通过地面孔口配备的卷扬机起拔$\phi127$混凝土输送管0.5m,使管内和料斗内混凝土在重力作用下溜入采空区空腔内,再用卷扬机将混凝土输送管放至孔底(混凝土面),再将配制好的混凝土倒入料斗内使管内、料斗内填充满待灌注的混凝土,重复以上操作,直至混凝土面进入孔内。

③在孔内混凝土面接近采空区顶板(初步按50cm控制)时应选用大坍落度混凝土进行灌注,灌注过程中同时提放混凝土输送管,用管底活瓣桩尖反插混凝土面,使得形成的墩柱与采空区顶板有较大的接触面积;并且应连续灌注,严禁间歇灌注。

④当采空区空洞较大(掉钻大于100cm)时可选用小坍落度混凝土进行灌注,适当间歇灌注。

⑤灌注混凝土时孔口应配备带塔架的卷扬机,以方便起拔混凝土输送管,或处理堵管等事故。

⑥灌注过程中使用长度1.5m的$\phi12$的钢筋下放至孔底,边灌注边抽拔,防止堵管。

6　材料与设备

主要机具见表1。

主要机具设备表　　表1

序　号	设备名称	规格型号	数　量	序　号	设备名称	规格型号	数　量
1	钻机	XY-Z	1台	6	发电机	150kW	1台
2	混凝土罐车	ISY5290GJB	3辆	7	全站仪	徕卡	1台
3	搅拌机	ZY25	1台	8	水准仪	DZS3-1	1台
4	锥形料斗	$0.5m^3$	1个	9	5m塔尺		1根
5	装载机	ZL50C	1台	10	坍落度筒	DHF 30cm	1套

7　质量控制

7.1　质量要求

本工法的混凝土配制应符合我国现行有关标准规定。

7.2　质量控制措施

(1)钻孔施工开始后,要求首先施钻取芯孔,取芯钻孔占钻孔总数的3%~5%,均匀分布于施工场地中。取芯孔要求采空区上部覆岩部位岩芯采取率大于60%,采空塌陷区部位岩芯采取率应大于30%。

(2)做好钻探原始记录和岩芯编录工作并准确测量静止水位。

(3)钻孔施工过程中,如发现漏水、掉钻、埋钻等现象要详细记录其深度、层位和耗水量。

(4)本文对钻孔倾斜度不作专门要求,但在钻孔施工中应尽量保持钻孔垂直度,确保成孔后孔壁稳定,孔内通畅。

8 安全措施

(1)施工人员应认真贯彻执行安全生产规程中的各项规定,加强现场安全教育工作。增强职工的安全意识,建立安全生产交底制度,要针对施工内容进行安全交底,并作书面记录。

(2)工程施工中,当班的项目管理人员,各工序责任人,应定期和不定期对施工的机械设备、测量计量仪器具的维护、磨损、连接和状态偏离等状况进行检查和技术复核。及时对机械设备进行保养、维修。

(3)施工机械、各项安全设施、设备使用前,均应按程序进行检查和试运转验收,确认合格后报监理鉴认批准再投入使用。

(4)制订施工现场用电安全措施,安装、维修或拆除临时用电设施必须有证专业电工进行。

9 环保措施

(1)坚持文明施工,促进现场管理和施工作业标准化、规范化的落实,做到施工平面布置合理,施工组织有条不紊,施工操作标准、规范,施工环境、施工作业安全可靠,现场材料管理标准有序。

(2)建立文明施工保证体系,增强文明施工意识,制订文明施工的规章制度并在施工中严格执行,做到现场文明施工。创建文明工地、标准化工地、争取文明标段。

(3)加强对当地生态环境的保护,施工中严禁乱挖、乱弃,避免由于施工方法不当引起环境的破坏,防止污染水源,堵塞河道;施工便道按时平整洒水,消除尘土飞扬,车辆冲刷用水、机械清洗污水、生活污水,不得随意排放。

(4)对工程的材料运输和垃圾外运,严格执行交管、城建、环卫、市政部门的规定和文件,保证施工运输畅通和现场的正常施工。

(5)维护好既有线通信、信号、电力、电气化等运营设备,采取围栏、防撞、挂线隔离等措施,保证施工不影响既有有线运营设备的正常使用。

10 资源节约

在本工法形成过程中,积极贯彻国家、地方节能工程的有关要求,制定了节能措施,并严格按照制定的措施进行施工。在施工过程中禁止随意排放废弃建筑垃圾和生活垃圾,保护生态环境不受污染。采用混凝土填充治理小窑采空区施工工法施工,工艺先进,在规范要求内减少灌注混凝土孔的浇筑数量,有效节约了资源。

11 效益分析

11.1 经济和社会效益

解决了采空区较大空腔治理难度大的问题,由于工艺的改变,采用灌注细石混凝土治理形成柱状支墩来支撑采空区下的空腔工艺,即节约了原材料,又节约了治理时间。霍永高速公路东段三标 AK1 + 680 ~ AK2 + 030 段采空区平均灌注混凝土孔比同样注浆孔可以节约成本 2 万元,需灌注混凝土孔有 32 个,共计节约了 64 万元,同时,每个孔平均可以节约时间 1 天,缩短了施工周期,加快了施工进度。能够保证施工的安全和质量,得到设计、监理和建设单位的好评。

11.2 技术效益

该技术利用重力作用向孔内灌注混凝土,在采空区空腔内形成锥形墩柱,从而达到支撑空腔的作用,解决了常规使用注浆法时,注浆次数多、注浆效果差(空腔积水时)的难题。提高了工效,降低了工程成本。

11.3 节能效益

灌注混凝土孔的浇筑数量减少,有效节约了资源。

本工法内容符合满足国家关于建筑节能工程的有关要求,并有利于推进能源与建筑结合配套技术研发、集成和规模化应用。

12 应用实例

12.1 工程实例一

1)工程概况

岢临高速 LJ3 合同段起点 K17 +600,终点 K25 +240,全长 7.64km。全线共有大桥 12 座,中桥 3 座,由于境内地形川谷交错,沟壑纵横,桥墩均布置在沟崖下部,相对沟底高差较大,墩柱设计为矩形墩,共计 70 个。

2)施工情况

于 2010 年 12 月 29 日开工,2012 年 4 月 28 日前完工,总工期 16 个月,本标段岚漪河特大桥,与省道 218、岢瓦铁路相交,使用本工法进行施工,大大节约了工程成本,并获评 2009 年山西省施工安全文明工地,受到了建设单位等各方的高度评价。

12.2 工程实例二

1)工程概况

霍州南互通 A 匝道 AK1 +680 ~ AK2 +030 段为小窑开采 10 号 +11 号煤形成的采空区,据调查该段共有 4 处竖井窑口(其中一口已经回填),开采时间主要为 2002 ~ 2005 年,局部为古采区。开采方式主要为巷道式(局部为房柱式)。该煤层厚 4 ~ 6m,平均采煤层厚 4.5m,煤层向北侧微倾,倾角为 7°,回采率 35%,埋深为 50 ~ 60m,开采范围主要位于各竖井的北侧,顶板管理方式为自由垮落式,绝大部分采煤巷道未坍塌,采空区内充水,另外在 AK1 +680 ~ AK2 +100 填方段分布有 12 个铁矿洞口,洞身断面一般为 2m × 2m,沿铁铝质泥岩呈近水平分布,均为 20 世纪 50、60 年代当地开挖铁矿形成,洞身局部坍塌,铁矿洞身对相应路基的稳定有较大的影响。

2)施工情况

注浆孔和灌注混凝土孔的分布:灌注混凝土孔和注浆孔,孔距为 15m,排距 12 ~ 15m,共 4 排,呈梅花形布置,根据钻孔情况现场确定该孔是灌注混凝土孔或注浆孔,具体为当钻孔发生明显的掉钻(大于等于 50cm),说明该处存在明显的空腔,则定为灌注混凝土孔,否则为注浆孔。右侧最外排为帷幕孔。其中灌注混凝土孔有 32 个。

3)采空区治理及检测

本工程工期紧,如不能对采空区进行及时治理,直接影响该段路基的填筑。同时,该段采空区地段为全充水且局部存在较大的空腔,如采用常规的注浆法对其进行治理,不仅投入的原材料增加、时间久,且治理效果差,工期难以得到保证,经过方案优化,采用井下墩柱法对该段存在较大空腔的采空区进行治理,经实践证明取得了良好的经济效益和社会效益。从 2012 年 3 月底开工到 2012 年 5 月初,采用本工法顺利完成了采空区的治理,经超声波脉冲检测,全部达到标准。

高速公路低湿水田软基区路基直填施工工法

GGG(黑)A2009—2013

陈常友　王海峰　白　杨　解增海　尹相贵
(黑龙江农垦建工路桥有限公司)

1　前言

低湿水田软基区广泛分布于我们的生活环境中,多年来,此软基区域给我国公路建设也带来了很多麻烦,很容易出现施工进度滞后、工程造价升高及破坏生态环境等弊病。同时此软基区的路基沉降及结构稳定性,是控制工程建设质量的关键问题所在。

水田软基区的传统软基处理办法就是根据其地基结构特点采取掺灰翻拌晾晒、挖除换填、复合地基等传统工艺,这些办法程序繁琐复杂、影响施工进度、造价成本高。近几年,我公司在项目建设指挥部、黑龙江省公路勘察设计院的协助指导下,掌握了一套低湿水田地软基区高速公路施工直接填筑路堤的施工技术。通过近几年的施工经验和考验,本软基处理施工技术具有施工工艺简捷、满足工程质量、加快施工进度、降低建设投资、施工绿色环保等诸多优点。

2　工法特点

(1)施工工艺简单。本水田软基施工处理技术采用常规施工工艺,简单易掌握。

(2)加快施工进度。本技术施工简捷,不需要晾晒或挖除换填处理,而直接在水田地上直接铺筑一层风化碎石,减少诸多施工程序,加快了施工进度。

(3)施工绿色环保。通过此项施工技术,填筑土方量大大减少;同时,施工过程中不换填弃土,减小土地资源的征用,无公害,破坏性差,对国土资源保护和环境生态平衡起了积极的推动作用。

(4)沉降量小,稳定性强。通过铺筑一厚层风化碎石,一方面增大材料承载力接触面,另一方面挤压低湿区表面软土,确保接触区域的软土和风化碎石形成密实、稳定的整体板块;两层钢塑土工格栅的铺设,大大增强了承载能力和路基整体刚度,减小沉降变形,稳定性良好。

(5)经济性能高。与传统的软基处理技术比较,本施工工法简单、便捷,无需大量征地,减少了建设投资,降低了工程成本,经济效益可观。

(6)推广应用范围大。本工法施工工艺简单,便于操作,加快了施工进度,降低了建设投资,满足质量要求,对生态环境也起到积极保护作用,推广应用范围极大。

3　适用范围

适用于公路建设软基区域(如水田地等),特别是饱和软黏土和淤泥质黏土为主的地区。同时也适用于地质条件不良的活动广场、市政道路等建设领域。

适用的土质条件:含水率适中(宜≤40%)且淤泥质黏土深度(宜≤1.5m)较大的施工区域。

4　工艺原理

低湿水田软基区路基直填就是在含水率较高、淤泥质黏土深度较大的区域,直接铺筑一厚层风化碎石,增大路基材料承载力接触面,挤压黏土使其与风化碎石形成密实、稳定的整体板块,风化碎石之间相互咬合,增强承载能力,减小沉降变形,并为后续路基填筑工作奠定基础,消除了质量通病,确保了工程质量。

直铺一层厚风化碎石后,再进行冲击碾压并铺设第一层土工格栅,以增强路基稳定性和整体强度。然后按照常规施工工艺用普通材料进行路基填筑施工,当填筑至距路床顶面下 20cm 时再铺设第二层土工格栅,直至完成路基填筑工程。

5 施工工艺流程及操作要点

5.1 施工工艺流程

施工准备→测量放线→开挖排水沟→铺筑风化碎石→冲击碾压→找平→第一层土工格栅→路基填筑→第二层土工格栅→路基封层(图 1)。

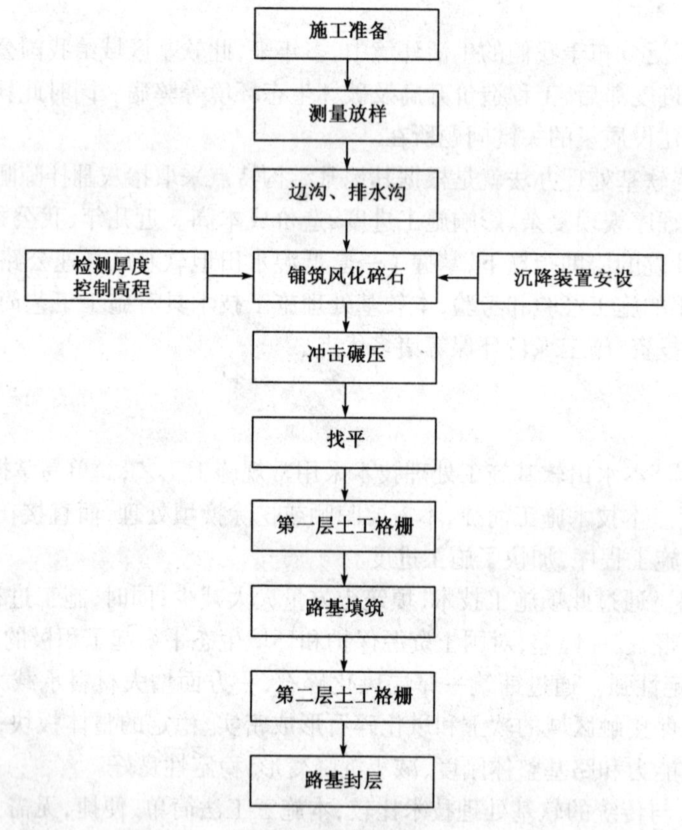

图 1 施工工艺流程图

5.2 操作要点

1)施工准备

(1)整修打通施工便道,确保各类施工车辆畅通无阻。

(2)人员准备:按照施工方案规划要求,组织具有丰富的专业施工经验和管理的人员进行施工。

(3)材料准备:按照图纸设计要求在规定的料场范围内备足风化碎石,以满足施工进度需求的数量和质量为准。制作数量相当的用于观测路基沉降和稳定性用的沉降板装置。

(4)机械设备准备:根据施工条件,每填方作业面配备 2 台推土机、2 台振动压路机、1 台凸轮压路机、1 台平地机、20 台自卸汽车等。另配备 1 台挖掘机开挖排水沟。

(5)技术准备:试验室现场取样进行试验,包括风化碎石含土量、颗粒分析、压碎值等。

(6)试验段铺筑:正式开工前,先进行试验路段的铺筑。通过试验路段,以确定运输、铺筑和碾压等施工机械最佳配合状态,确定施工工序、压实方法、压实系数和碾压遍数等,形成总结性文件,作为后续大规模施工技术指导性文件。

2)测量放线

准备工作结束后,严格按照图纸设计要求精确测量放线,并对测量定位的边桩和中线控制桩等加以标识保护。

直线段每20m两侧各设一个边桩,曲线段每10m两侧各设一个边桩。并用木桩和白灰线标出边沟、排水沟开挖具体位置。

在施工过程中,施工技术人员随时检查复核,发现问题及时整改。

3)边沟、排水沟

根据设计和施工要求,沿施工路线横向开挖排水沟,路线纵向两侧坡脚外开挖边沟,使沿线路基施工区域形成一个完整、通畅的排水体系。一方面降低路基含水率,另一方面可以把渗水及雨雪水排到路基以外,增强路基结构强度和整体稳定性。

(1)风化碎石填筑前,首先按照图纸设计要求在路线坡脚外、占地范围内利用机械和人工配合的办法开挖边沟。边沟尺寸:边沟底宽0.6m,沟深不小于0.6m,边坡坡率1:1。

(2)边沟开挖后,对要进行路基填筑的段落用机械开挖横向矩形排水沟,并延伸到边沟处与边沟相通。横向矩形排水沟间距一般10~20m,沟宽0.6m,沟深0.3m。

4)铺筑风化碎石

(1)风化碎石施工工艺流程:布料→摊铺整平→碾压→质量检测→转入下道工序施工。

(2)主要施工要点:

①布料方法:现场由专人指挥料车在测定的方格网内卸料,采用倒车卸料法。运料自卸汽车不在水田软基上行驶,确保运料车辆的正常行驶。

②摊铺整平:采用T140或T160推土机摊平。推土机随着卸料的速度进展,并依照两侧布设的虚高线进行摊铺整平并排链密实。达到整体基本平整稳定后,再采用20t以上振动压路机进行静压1遍,以暴露潜在的不平整,坑洼处采用机械和人工配合的办法来补料。

③碾压:采用羊角碾振动压路机和光轮振动压路机进行碾压。

碾压程序:先用羊角碾振动压路机静压1遍,使材料初步咬合稳定,然后弱振1遍、强振3遍,保持中速碾压,碾压速度为2~3km/h;之后用光轮振动压路机碾压2遍,以保证表面平整密实。确保表面平整、坚实,无明显孔洞,无明显轮迹等现象。

碾压方式:直线段由两侧向中间,小半径曲线由内侧向外侧,纵向进退式重叠1/2~1/3轮的顺序碾压。进行横向接头时,振动压路机轮迹一般重叠1m以上;确保无漏压、无死角,保证碾压均匀、平整、密实。

④质量检测:主要检查密实度、平整度、高程、宽度、横坡度及表观质量等。

(3)沉降板及位移桩。

铺筑风化碎石前,按照要求布设沉降板及位移桩。

设置方法:沉降观测仪每断面设置3个(路堤左、中、右),沉降板埋设时必须落在路基填料前的原状土面上。位移桩每断面设置4个(在路堤两侧坡角及距两侧坡角3~5m处设置),采用开挖埋设,桩顶露出地面的高度为10cm,桩周围回填密实,回填材料采用素水泥混凝土。具体布置示意图见图2、图3。

5)第一次冲击碾压

风化碎石碾压结束后,对完成路基进行第一次冲击碾压。冲击碾压设备采用三边形双轮冲击式压路设备(图4)。

(1)工作原理。

三边形双轮冲击式压路机牵引力为310马力(1马力=735.499W),冲击轮的质量为6 000~16 000kg。冲击压路机能量大(25kJ),有效影响深度为1.4m左右。

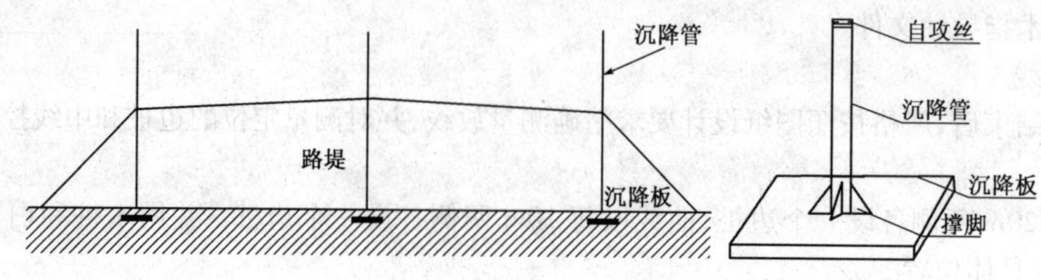

图2　观测沉降仪布置示意图

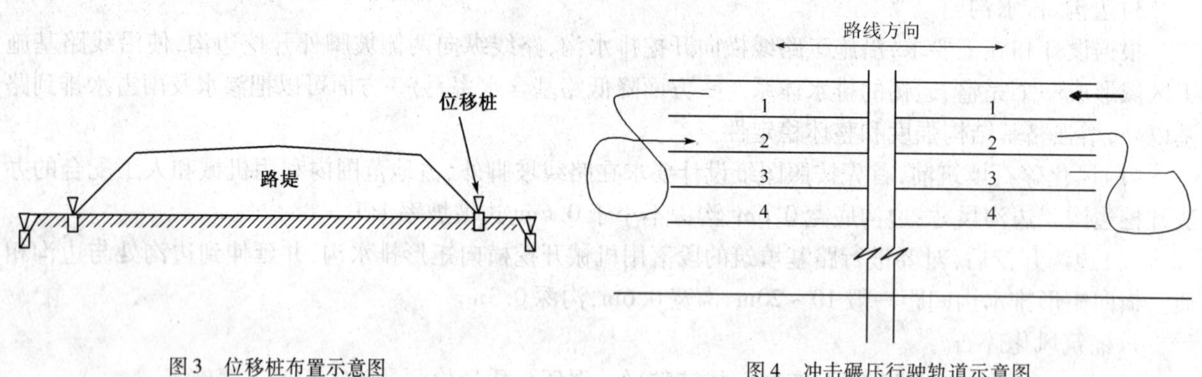

图3　位移桩布置示意图　　　　图4　冲击碾压行驶轨道示意图

冲击压实具有静力、搓揉、振夯、冲击的作用。采用拖车牵引,使非圆柱多边形的压实双轮滚动前进,压实轮凸点与冲击平面产生交替抬升与落下,使压实轮产生势能和动能,对地面产生集中的冲击能量,利用低频大振幅冲击力连续快速地对填料或地面产生夯击作用,对填料产生强烈的冲击波向地基下深层传播,对地下软弱土层,尤其是对非黏性饱和土可大大加速孔隙水的消散,提高土的固结速度。

(2)对路基进行冲击碾压。

①施工前应查明冲压范围内的地下管线,附近各种构造物,并应根据构造物特点设置明显的标记物予以标记。

②涵洞及通道可分别距涵头两侧预留5m的距离,对于桥梁预留5m,对于地下管线应预留5m的距离。

③场地的划分与标线主要是基于冲击压路机特殊的外形尺寸,若不对场地进行必要的划线行驶,则容易漏压或超压,造成压实不均匀。可按图4所示的碾压方式进行划线标志。

④冲击式压路机碾压路基过程中严格按照技术要求、施工标准要求操作,保证冲击压实速度和碾压遍数。采取从路基两侧向中间冲击碾压,防止路基整体发生侧向位移。冲击碾压应尽量直线行驶,从一侧边缘开始碾压,行驶到碾压的路段终点时,再往路中心方向错一个轮宽,按图4所示的轨道行驶。

⑤第三次开始往路中线方向移动4m开始冲压,重复上述过程,冲击碾压采用错轮的方式,轮迹之间不必重叠,纵向每遍应错1/6周长,这样每次冲击工作面波峰,有利于冲击点的满布、均匀,增强冲击整体效果。整个场地压实一次算一遍。第三遍的冲压路线与第一遍完全一致,第四遍与第二遍一致,以此类推,直至完成8~10遍的碾压遍数。

⑥冲击式压路机工作时冲击能量大,压实外缘应与路肩外缘保持1.5m的安全间距,以免损坏路肩。冲击碾压必须按规定的走向和排列模式进行,冲击压路机的压实行驶速度应为10~12km/h,压实效果最佳。

⑦冲击碾压施工过程中,施工及监理现场专人负责记录压实遍数、压实桩号、碾压宽度、行驶速度、工作时间等施工过程,记录资料备案。

6)找平层

风化碎石铺筑并冲击碾压完毕、铺设第一层钢塑土工格栅之前,在施工段落用备用的路基填料对风化碎石表面罩铺一层10cm厚的找平层,找平层填料必须和路基填料是同一种材料。找平层的主要作用:一是填塞空隙、整平表面,为土工格栅施工提供良好的工作面;二是对风化碎石层起密封作用,在路基填料前阻止雨水浸入路基内,保证路基工程施工质量。

7)第一层土工格栅

土工格栅为钢塑性格栅,其施工工艺是:检测、清理下承层→人工铺设土工格栅→搭接、绑扎、固定→质量检验→进入下道工序。其施工要点是:

(1)铺设钢塑格栅的路基表面应平整(≤15mm),表面严禁有碎块石等硬凸出物。在距钢塑格栅层8cm以内的路基填料,其最大粒径不得大于6cm。

(2)钢塑格栅的铺设应用人工绷紧、拉挺,不允许有褶皱、扭曲及坑洼现象,并采用插钉等措施固定于承层表面,间距宜为1.5m×1.5m。

(3)钢塑格栅之间的连接应牢固。在受力方向连接处的强度不低于材料设计抗拉强度,横向搭接长度不小于30cm,纵向搭接长度不小于50cm。

(4)钢塑格栅铺设以后及时填筑填料,以避免其受到阳光过长时间的直接暴晒,一般间隔时间不超过48h。

(5)钢塑格栅的第一层填土摊铺宜采用轻型推土机或前置式装载机,铺筑厚度控制在20~30cm。一切车辆、施工机械只允许沿路堤的轴线方向行驶。

8)路基填筑

土工格栅上第一层填土后,按照路基工程试验段的技术指标参数进行路基填筑工作。

路基填筑施工工艺是:施工准备→摊铺→平整→碾压→检验签证→进入下一层。

(1)填方作业实行"划格上土,挂线施工,机群作业,小段快速成型"的方法,根据试验段填土松铺厚度,确定每车摊铺面积,用白灰线打出方格控制卸土范围。

(2)填筑时由路中间向路边、纵向逐渐推进,并保持有2%~4%的路拱和纵坡,随时防止雨水聚积,影响填方质量。

(3)压路机碾压路基时,遵循先轻后重、先稳后振、先低后高、先慢后快以及轮迹重叠的原则。

(4)对于高填方路基,每1.5m填高按照5)中要求实施冲击压实一次。

(5)当路基填高距路床顶面20cm时,按照5)中的施工方法对路基封层前进行一次冲击碾压。

9)第二层土工格栅

路基填筑至最后一次冲击碾压工序结束,按照设计图纸及7)中的要求,铺设第二层土工格栅。

土工格栅插钉间距为1.0m×1.0m。

10)路基封层

路基封层主要施工方法同"8)路基填筑"。但是施工时主要加强一下几个施工环节:

(1)施工时增设控制桩,直线段每10m曲线段每5m为一个断面,每个断面的左、中、右处布设三根钢钎,按照松铺厚度挂线。

(2)封层材料保证粒径偏小、合格,料源丰富。

(3)平地机整平后,人工挂"米"格线进行精平。

(4)碾压速度控制在2~3km/h。

(5)封层填料与底层土的含水率误差控制在±2%以内。当底层土表面失水严重时,封层前应适当洒水湿润。

11)质量检测

施工过程中的质量检测主要有风化碎石、土工格栅、冲击碾压及路基填筑等的质量监测控制。

风化碎石主要检测密实度、平整度、高程、宽度、横坡度及表观质量等。

冲击碾压主要控制其压实遍数、行走路径、压实桩位、碾压宽度、行驶速度、工作时间等。

土工格栅主要控制其搭接长度、插钉质量、平铺张拉坚挺绷紧度等。

5.3 劳动力组织(表1)

劳动力组织一览表

表1

序号	工种	人数	工作内容
1	管理人员	2	施工组织与现场管理
2	专业技术人员	2	质量、安全技术现场指导
3	特种车驾驶员	11	挖沟、摊铺、整平、碾压等
4	运输车驾驶员	25	路基填料运输(人员适时调整)
5	测量班组	3	测量放样及沉降观测等
6	试验检测员	2	填料检测、质量检查
7	现场临时工	15	铺设土工格栅、修整边坡、划格线等
8	其他	2	指挥卸料等
9	合计	62	

6 材料与设备

6.1 材料

本工法需要的主要材料有风化碎石、土工格栅等。

(1)风化碎石:采用天然风化碎石,技术指标要求见表2。

风化碎石技术指标

表2

压碎值(%)	最大粒径(cm)	含土量(%)	强度(MPa)
≤25%	≤15	≤5%	>15

(2)土工格栅:采用双向拉伸钢塑复合土工格栅(GSZ50-50),技术参数见表3。

钢塑复合土工格栅技术参数

表3

指标		技术参数
标称 GSZ		50-50
每延米极限抗拉强度(kN/m)	纵向	50
	横向	50
每延米断裂伸长率(%)	纵向	≤3
	横向	≤3
粘焊点极限剥离力(N)		≥30
抗冻指标(℃)		-35
单位质量(g/m²)		900

注:抗冻指标要求为低于-35℃时,经不少于40次冻融循环后,强度和伸长率满足表中指标要求。

6.2 设备

每班组(一个作业面)采用的主要机具设备见表4。

主要机具设备表

表4

序号	设备名称	规格型号	单位	数量	用途
1	挖掘机	200型	台	1	挖排水沟、边沟等
2	推土机	T160	台	2	摊铺平整填料
3	平地机	GR180	台	1	精平填料
4	羊足碾振动压	SD175F	台	1	碾压路基

续上表

序 号	设备名称	规格型号	单 位	数 量	用 途
5	光轮振动压	YZ20	台	1	碾压路基
6	冲击碾	YCT25	台	2	冲击碾压路基
7	装载机	ZL50	台	1	移运材料、零活
8	洒水车	6000L	台	1	路基洒水
9	牵引车	310 马力	台	2	牵引冲击碾

7 质量控制

7.1 应执行的标准规范

工程施工质量执行国家行业标准，按施工技术规范和操作规程实施各项作业任务。

(1)《公路路基施工技术规范》(JTG F10—2006)。

(2)《公路土工试验规程》(JTG E40—2007)。

(3)《公路工程集料试验规程》(JTG E42—2005)。

(4)《公路路基路面现场测试规程》(JTG E60—2008)。

(5)《公路土工合成材料应用技术规范》(JTG/T D32—2012)。

(6)《公路工程施工安全技术规程》(JTJ 076—1995)。

(7)《公路工程质量检验评定标准》(JTG F80/1—2004)。

7.2 具体实测项目

路基填土、风化碎石、土工格栅等实测项目见表5、表6、表7。

路基填料实测项目 表5

项 次	检查项目				规定值或允许偏差 高速公路、一级公路	检查方法和频率
1	压实度(%)	填方(m)	上路堤	0~0.80	≥96	按《公路工程质量检验评定标准》(JTG F80/1—2004)附录B检查密度法:每200m每压实层测4处
				0.80~1.50	≥94	
			下路堤	>1.50	≥93	
2	弯沉(0.01mm)				不大于设计要求值	按附录I检查
3	纵断高程(mm)				+10,-15	水准仪:每200m测4个断面
4	中线偏位(mm)				50	经纬仪:第200mm测4点,弯道加HY、YH两点
5	宽度(mm)				不小于设计值	米尺:每200m测4处
6	平整度(mm)				15	3m直尺:每200测2处×10尺
7	横坡(%)				±0.3	水准仪:每200m测4个断面
8	边坡				不陡于设计值	尺量:每200m测4处

风化碎石实测项目 表6

项 次	检查项目	规定值或允许偏差 高速公路、一级公路	检查方法和频率
1	压实度	20t压路机振压最后两遍之前与振压之后高程差不大于2mm	水准仪:每40m测1个断面,每个断面测5~9点
2	纵断高程(mm)	+10,-20	水准仪:每200m测4个断面

续上表

项　次	检 查 项 目	规定值或允许偏差	检查方法和频率
		高速公路、一级公路	
3	中线偏位(mm)	50	经纬仪:每 200mm 测 4 点,弯道加 HY、YH 两点
4	宽度(mm)	不小于设计值	米尺:每 200m 测 4 处
5	平整度(mm)	20	3m 直尺:每 200 测 2 处 ×10 尺
6	横坡(%)	±0.3	水准仪:每 200m 测 4 个断面
7	边坡	不陡于设计值	每 200m 抽查 4 处

土工格栅实测项目　表 7

项　次	检 查 项 目	规定值或允许偏差	检查方法和频率
1	下承层平整度	符合设计、施工要求	每 200m 检查 4 处
2	下承层拱度	符合设计、施工要求	每 200m 检查 4 处
3	搭接宽度(mm)	横向≥50,纵向≥150	抽查 5%
4	搭接缝错开距离	符合设计要求	抽查 5%

7.3　沉降及位移观测

(1)填方路段。路基施工过程中,按设计要求进行沉降和稳定的跟踪观测,观测频率保持与沉降、稳定的变形速率相适应,每填一层观测一次,如果两次填筑间隔时间较长,每 3d 至少观测一次,如地基稳定出现异常,立即停止填筑并采取措施处理,待路堤恢复稳定后方可继续填筑。路基填筑完成后,堆载预压期间定期观测视地基稳定情况而定,第一个月每 3d 观测一次,第二、三个月每 7d 观测一次,从第四个月起每 15d 观测一次,直至路基沉降稳定后方可铺设路面。

(2)位移观测采用全站仪前方交会法,精度要达到 0.1mm。为减少观测误差,沉降与水平位移的观测做到:

①采用相同的观测线路和观测方法;

②使用同一台仪器和设备;

③固定观测人员;

④在相同的的环境和条件下工作,观测数据保证记录清晰,不得修改,每次观测的数据及时妥善保管,不得拖沓。

7.4　质量保证措施

(1)强化质量意识,认真贯彻落实"质量第一"的方针。建立健全全面质量管理体系,做好施工技术交底工作,制订专项施工方案,科学管理,规范施工。

(2)按规范要求的检测频率及方法做好填筑材料和土工格栅的试验检测。

(3)做好填筑前的施工放样、边沟和排水沟的开挖,合理布设沉降位移观测装置,施工过程中加强动态监测工作,及时发现问题,以便尽快采取措施处理。

(4)按照试验段组织施工生产,加强过程监控。特别是控制好风化碎石的虚铺厚度、碾压遍数,切实监管好冲击碾的行走路线和冲击遍数。

8　安全措施

(1)在施工过程中,深化安全教育,强化安全意识。工作人员上岗前必须进行工种技术培训和安全教育,牢记"安全第一,预防为主"的方针。

(2)特种作业人员必须持证上岗,严禁无证上岗操作。

(3)加强施工现场标准化管理,增强项目部全员标准化管理意识,提高企业管理水平,促进安全生产管理的规范化。

(4)加强安全技术交底工作,使安全技术保障措施切实传达到施工人员心中去。

(5)施工现场要完善各种安全警示标识。

(6)严格执行监督检查制度。在施工过程中,专职安全员随时到施工现场监督、检查安全工作,发现问题及时解决,把安全事故消灭在萌芽当中。

9 环保措施

(1)项目部根据三位一体管理体系要求,成立生态环保管理机构,在工程施工过程中严格遵守国家和地方政府下发的有关环境保护的法律、法规和规章,加强对施工燃油、工程材料、设备、废水、生产生活垃圾、弃渣的控制和治理,遵守防火及废弃物处理的规章制度。

(2)将施工场地和作业限制在工程建设允许的范围内,合理布置、规范围挡,做到标牌清楚、齐全,各种标识醒目,施工场地整洁文明。

(3)对施工中可能影响到的各种公共设施制定可靠的防止损坏和移位的实施措施,加强实施中的监测、应对和验证。同时,将相关方案和要求向全体施工人员详细交底。

(4)设立专用排水沟、集水坑,对废浆、污水进行集中,认真做好无害化处理,从根本上防止施工污水随意排放。

(5)优先选用先进的环保机械。采取设立隔音墙、隔音罩等消音措施降低施工噪声到允许值以下。

(6)对施工场地道路进行硬化,并在晴天经常对施工通行道路进行洒水,防止尘土飞扬,污染周围环境。

10 资源节约

(1)成立资源节约领导小组,制定节约资源规章制度,在日常施工过程中进行宣传教育,提高资源节约力度。

(2)科学组织施工生产,严格按照施工技术交底进行各项活动,最大限度提高劳动生产率,降低人工、机械设备等各项能源消耗。

(3)低湿水田地软基区路基直填工法,减小土地征用面积,大大降低材料需用量,节约大量资源。

11 效益分析

11.1 社会效益

采用此项施工技术处理低湿性水田地的路基施工,操作简单易掌握,保证施工质量,满足工程建设质量要求;同时节约公路建设资金。同时,此工法施工环保、文明,较换填法、搅拌桩法等软基处理技术可节约资金,提高工程建设速度,极大地提高了企业的发展速度和市场竞争力,社会效益不可估量。

11.2 经济效益

通过本施工工法的运用,施工劳动量减少,减少了土地征用资金,降低了路基借方数量,避免了弃方占用植被空间,加快了工程进展速度,产生了较好的经济效益。

11.3 环保效益

该工法不用挖除换填或复合处理,减少噪声排放,减少土地征用数量,减少灰尘污染程度,减少对植被的破坏,真正做到科学施工、绿色施工、文明施工,对环境保护起到积极作用。

12 应用实例

12.1 工程实例一

建三江至虎林高速公路是黑龙江省三年公路决战项目之一,是黑龙江垦区第一条高速公路建设项目。我公司承建的建虎高速路基工程 A1 标段路线起点位于富锦市二龙山镇西侧,以枢纽互通与哈同高速相连接,起点桩号 K0 + 000,终点桩号 K205 + 282(即虎鸡高速 K2 + 500),路线全长 205.588km。路线采用双向四车道高速公路标准,路基宽度 24.5m;其中行车道 4 × 3.75m,中央分隔带 2.0m。公路设计时速 80km/h。其中水田直填段 100km,风化碎石直填量近 207 万 m^3。

本路基工程项目于 2009 年 9 月开工,2010 年 8 月结束。通过实践证明,该工法对确保工程质量、加快建设进程、节约建设投资、增强环保质量等方面较传统软基处理方法具有很大的优越性。

目前建虎高速公路已运行两年,状态良好。

12.2 工程实例二

建三江至抚远高速公路是黑龙江省垦区第二条高速公路,我公司承建路基工程 A1/A2 两个标段,路线全长 166.502km。路线采用双向四车道高速公路标准,路基宽度 24.5m;其中行车道 4 × 3.75m,中央分隔带 2.0m。公路设计时速 80km/h。其中水田直填段 114km,风化碎石直填量近 235 万 m^3。

本直填风化碎石项目于 2012 年 9 月开工,2013 年 7 月结束。在施工过程中,借鉴建虎高速公路的施工经验和技术控制指标,项目部施工组织得当,施工技术可靠,施工工艺成熟,圆满完成了两个标段内的低湿水田地特殊路基处理项目,施工质量符合要求,为日后的路面工程建设打下了良好的基础。

通过实践证明,该工法在工程质量、建设进程、节约建设投资、增强环保质量等方面有较大的推广价值。

高填路堤涵洞减荷技术施工工法

GGG(苏)A2010—2013

孙忠海　王　乔　陈青艳　韦宝成　过晓良

(无锡大诚建设有限公司)

1　前言

据有关文献统计,在中国平均每公里长的公路线上有3~4个涵洞,可见涵洞工程应用之广泛。但是涵洞工程属小型工程构筑物,公路规范将其设计安全等级确定为三级,因此在勘察设计和施工中又往往不被重视。在公路项目建设过程中,高填方路堤下设置涵洞工程的情况越来越多,相继出现已完工的圆管涵工程在道路未通车之前就出现开裂、受挤压变形等现象。涵洞破坏的主要原因是由土压力集中引起的纵向结构破坏、由沉降不均匀引起的横向结构破坏,或由这两个原因共同引起的结构斜向破坏。这些现象严重影响到了高速公路的正常运营和人们对高等级公路的综合评价。

国内外有些学者提出了高填涵洞的减荷理论,为探索合理的涵洞减荷技术施工工法,我公司成立了课题组,经过多个工程的实践研究表明,高填土涵洞顶部和两侧铺设柔性材料EPS板对减小洞顶和洞侧的土压力效果十分显著,同时还能解决涵洞在填土中引起的路面沉降不均,改善涵洞纵向垂直土压力与沉降的分布不均。该项技术已在江苏省三沙公路和惠南公路高填涵洞工程中得到了成功应用。

对于高填路堤涵洞减荷施工技术,目前国内还没有完善的工程质量检验及评定标准,也无成文的施工规范。因此高填路堤涵洞减荷施工技术对防止和减少涵洞破坏有重要意义,亟需推广应用。

2　工法特点

(1)EPS减荷施工技术能有效减小洞顶和洞侧的土压力,同时还能解决涵洞在填土中引起的路面不均匀沉降,防止和减少涵洞破坏,节省了工程养护费用。

(2)聚苯乙烯泡沫是一种性能优良的路基轻质填料,具有轻质、高强、较强的化学稳定性和水稳定性、良好的力学性能且施工方便简单等优点,EPS减荷施工技术便于施工单位掌握,易推广。

(3)用EPS轻质混合料作为公路路基填料,实现了废物利用,节省了工程的投资成本,实现了废物再生利用。

(4)效益显著。既可节约路基土方的购置运输费用,又可节约废弃土方的土地占用费和废弃EPS处理费用,社会经济和环保综合效益显著。

3　适用范围

本工法适用于各种类型的土质高填路堤涵洞施工,如水泥混凝土圆管涵、盖板涵、拱涵和箱涵,也适用于下埋于高填路堤的通道、倒吸虹管、输油管道等。

4　工艺原理

采用填土法修建涵洞,由于地面以上都是新填土,在自重及外荷载作用下,都要产生沉降。但管道直径以外的填土厚度大于管顶填土厚度,且涵管填土的压缩性又较刚性管本身的压缩性大得多,因而使得直接位于涵管上部土柱的沉降量小于涵管以外土柱的沉降量。因此竖直土压力 σ_z 将大于管上回填土柱的重量,即 σ_z 大于 γ_H,对于高填涵洞,如竖向压力过大将导致涵洞的破坏。

高填路堤涵洞的减荷措施即指在人为作用下,一定程度上减小涵洞顶部填土沉陷量,甚至完全改变填土土体沉陷变形特性,使涵洞范围内填土土层沉降量大于涵洞两侧填土土层沉降量,外土柱(涵洞外土体)产生相对于内土柱(涵洞顶端土体)向上的滑动趋势,即外土柱施加给内土柱一个向上的摩擦力,此时,涵顶所受土压力将会小于其上填土自重,从而达到减荷的目的。本工法采取的减荷方法就是借助EPS泡沫板这种柔性填料来提高涵顶沉降变形性能,从而人为营造土拱作用效应,借此达到减荷目的。

对于高填涵洞,理论与试验研究表明:当涵顶上埋土层达到一定高度的时候(一般为涵洞宽度的2~3倍),涵洞顶部土体达到足够密实,会产生土拱效应,δ_1 与 δ_2 趋于一致,也即路基顶部沉降趋于一致,EPS泡沫板产生的沉降差就会消化掉。本技术在实践应用中技术稳定,性能良好,能满足公路工程施工规范要求。

图1及图2分别为采用常规施工方法与EPS板减荷施工技术土体的变形情况。

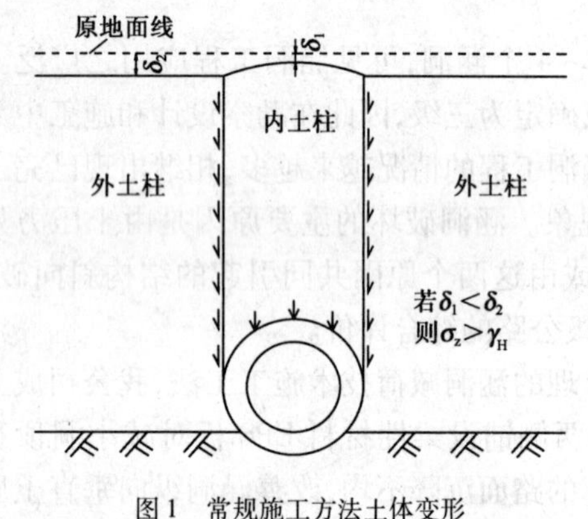

图1 常规施工方法土体变形

图2 EPS板减荷土体变形及涵顶

5 施工工艺流程及操作要点

5.1 主要施工工艺流程(图3)

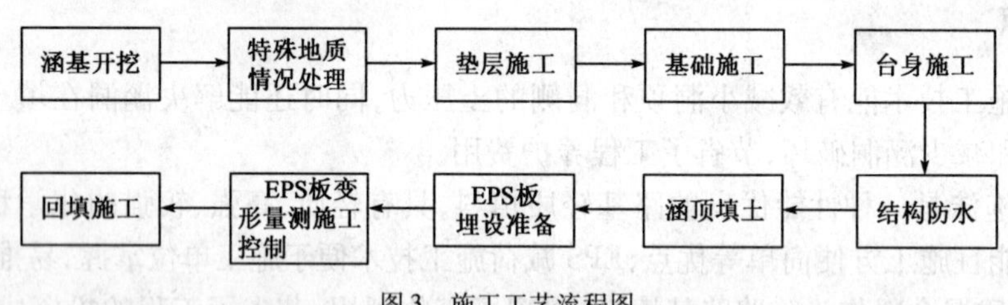

图3 施工工艺流程图

5.2 施工工艺

1)涵基开挖

基坑开挖前,首先在开挖现场定出基础轴线、边线位置及各部分高程,并根据水文地质资料及施工条件决定坑壁的开挖边坡或支护方案,基础面积大小应满足施工要求。可采用人工配合机械进行开挖,预留20cm人工清槽。

2)特殊地质情况处理

由于涵洞基础多建于地面水或地下水位之下,在基坑开挖和施工过程中往往需要进行施工排水。施工前了解修建涵洞地点的水文地质情况,必要时应做抽水试验,以便为选定排水方法、排水布置和计算提供依据。在基坑开挖过程中,经常会遇到淤泥、流砂或坚硬土层,往往对施工造成较大困难,处理不好还将影响施工质量,给工程造成隐患。在遇到开挖困难时,可根据土质不同采取相应的处理措施。当开挖遇到淤泥时,淤泥不深则应清除,当难以人工清除时,可采用投石挤淤的处理方法。开挖时遇到流砂会使基坑挖不成形,处理流砂主要是采用排水措施,即在流砂区四周设排水沟或采用沉箱法排水。

3)垫层施工

涵基钎探后,根据设计要求,满铺20cm厚级配碎石进行垫层施工,采用[20加ϕ18钢筋进行模板支护,采用振动平夯进行压实处理。

4)基础施工

在浇筑第一层基础混凝土前,应对地基进行处理,防止混凝土水分被基底吸收或因基底水分渗入而降低混凝土强度等级。当基底为干土或非黏性土时,应将其湿润;当基底过湿时,应在基底以下填以石料,进行夯实,或灌注较低强度等级的混凝土垫层;当地基面为岩石时,灌注前应清洗干净并加以湿润,再铺筑2~3cm水泥砂浆,在砂浆未开始凝固时浇筑混凝土。浇筑混凝土时,应采用振捣器振捣或人工振捣。混凝土浇筑应连续进行,因故中断超过规定时间,应对原先浇筑的混凝土进行凿毛处理。混凝土浇筑完成后,用草、席等铺盖,7~10d内进行洒水养护。

5)台身施工

涵洞基础及涵台混凝土的浇筑完成后,开始涵洞承重主体的施工。当其主体承重结构为现浇混凝土时,其施工过程一般分为放样、立模、扎筋、浇捣、养护等工程。在完成放样与立模后,进行扎筋工序,事先按照设计图纸配好钢筋并弯曲成型,清除钢筋表面的锈蚀与污染,钢筋位置按图纸安放正确,用细铅丝绑扎结实,在浇筑混凝土时不致移动,钢筋保护层应用垫块保持固定。混凝土浇筑过程中,采用振捣器振捣或人工振捣,不能有蜂窝麻面。涵洞浇好后应洒水养护,拆模后,如发现质量事故应及时修补。

6)结构防水

涵洞洞身分段施工时,要留施工缝或伸缩缝,各段混凝土的浇筑应尽量连续浇完。洞身间的缝隙可以适应不均匀沉降,也便于各洞段的收缩与膨胀,但必须进行防渗水的处理,要涂刷3层防水涂料。

7)涵洞顶部填土

紧邻涵顶第一层填土不允许碾压,以保护涵洞结构的安全性,并建议在涵顶一定范围一定厚度的填土可适当放宽其压实度,起到减小作用在涵顶上的垂直土压力的作用,且涵顶路堤的填土过程不宜过快。

8)EPS板埋设准备

现场试验表明,在涵顶以上1.0~2.0m范围内是最佳埋置位置。如设计中EPS板的埋设高程选在涵顶以上0.6m处,EPS厚度为1.0m,为了便于施工并保证测试工作的有效性,进行如下操作:首先进行正常作业施工,当填土高度达到涵顶以上1.6m时,暂停施工;在EPS板埋设位置处用机械开槽,槽的长、宽尺寸略大于设计尺寸,深度为1.0m。然后用水准仪抄平,人工进行修整。

9)EPS板变形量测及施工控制

为掌握EPS板的变形,控制机械碾压时机,保证EPS的质量,课题组设计了EPS板变形量测方法,如图4所示:首先应用全站仪打点找出事先在涵洞顶上预留钢管孔的位置;在各预留孔处固定一带铁块的钢丝;再把与每个预留孔对应的钢板安放在相应位置的EPS板上并将其与先前预留的钢丝连接、卡紧,同样也要吊铁块并作好标记。这样只要用标尺量出填土前后上、下铁块的位移变化值δ_1、δ_2,两者之差$\delta_2-\delta_1$即为EPS的变形量。最后人工进行回填,在此过程中不允许机械碾压,当EPS板顶填土高度超过0.6m时,可允许机械静压,并随时观测EPS的变化量,在不超过其厚度的1%时,即可开始正常碾压。

10)回填施工

EPS板施工完成后,进行正常路堤填土工程。涵洞台身两侧填土应尽可能分层夯实,可选用砂砾石作为填料。施工时两侧填土尽量同时填筑,否则易引起涵洞受力不均匀,出现偏压现象,导致涵洞偏移甚至出现破坏。

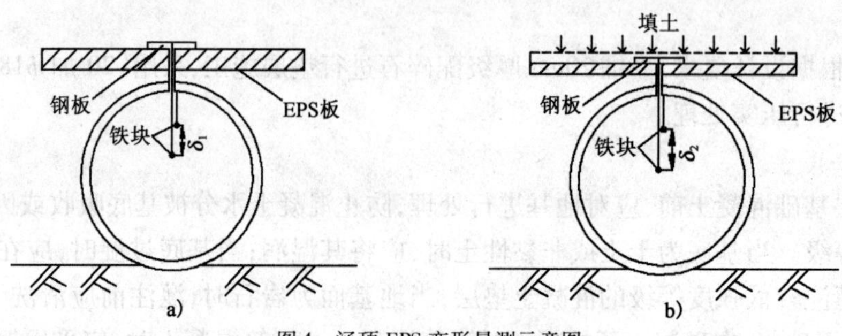

图4　涵顶EPS变形量测示意图

a)变形前;b)变形后

6　材料与设备

6.1　材料

采用的主要材料见表1。

材　料　表　　表1

序　号	材料名称	备　注
1	EPS	厚度0.5~1.5m(根据填土高度确定),密度20kg/m^3
2	钢模板	1.2m×1.5m
3	支架钢管	ϕ48
4	钢筋	ϕ12,ϕ20

6.2　设备

采用的主要材料见表2。

仪器设备配置表　　表2

序　号	机械、仪器名称	规格型号	数量(台、套)	序　号	机械、仪器名称	规格型号	数量(台、套)
1	推土机	D85	1	6	钢筋弯曲机	GW40	1
2	装载机	ZL50	1	7	钢筋切断机	GQ40-2	1
3	压路机	YZ18	2	8	电焊机	ZX7-500CEL	2
4	自卸车	20T	3	9	混凝土运输罐车	5m^3	2
5	洒水车	东风6 000L	1	10	水准尺		1

7　质量控制

7.1　质量措施

(1)成立以项目经理为组长的质量保证体系。

(2)加强工程施工所需原材料的控制,所有进场材料“三证”齐全。

(3)钢筋的加工、焊接及安装控制。

钢筋按设计尺寸和形状全部采用机械加工弯制。加工前定好钢筋下料尺寸,需要进行焊接的钢筋严格按照搭接长度焊接,保证焊接质量。

(4)模板工程控制。

模板采用组合钢模板,使用前对模板表面进行除锈打磨,并涂刷脱模剂。模板安装平整牢固,接缝采用1cm厚海绵条。

(5)混凝土工程控制。

浇筑前,试验员抽检混凝土坍落度。浇筑时派专人观测模板、钢筋有无位移变形,混凝土垫块有无脱落,发现问题立即处理。

混凝土浇筑完毕,及时用土工布覆盖保水养生。待混凝土强度达到设计强度要求的70%后方可拆模,拆模后继续养生不少于7d。

(6)填土压实控制。

严格控制EPS板上部土体的压实荷载,当EPS的变化量不超过其厚度的1%时,才允许开始正常碾压。

7.2 质量标准

(1)洞身顺直,进出口、洞身、沟槽等衔接平顺,无阻水现象。

(2)一字墙或八字墙等应平直,与路线边坡线性匹配,棱角分明。

(3)涵洞处路面平顺,无跳车现象,外露混凝土表面平整,色泽一致。

(4)预制盖板混凝土表面平整,棱线顺直,无严重啃边、掉角。

(5)EPS板模量、厚度均匀,无空隙、气泡、裂缝,尺寸符合设计要求。

8 安全措施

(1)建立安全保证体系。项目经理部成立安全工作领导小组,配专职安全员。

(2)所有机械设备定期检查,不得带病工作;严格按安全技术操作规程作业,杜绝违章作业;严禁酒后操作机械设备。

(3)吊装作业时,设专人指挥,遇大风停止施工作业。

(4)现场设置照明灯具、护栏、围栏、安全警示标牌,并经常维护。

(5)施工现场所需临电设备必须由专职电工进行统一管理。

(6)施工便道定期洒水,确保不扬尘。

9 环保措施

(1)严格执行国家及地方环境管理制度,加强环保宣传,建立完善的环保施工制度,提高工人的环保意识和自觉性。

(2)控制噪声污染,如周边有村庄,尽量避免夜间施工,夜间停止振动压实施工。特殊情况如需夜间施工的,需采取相应的隔音措施,同时不允许灯光直射民居。

(3)施工中产生的各种工程废弃物及生活垃圾要运到指定地点掩埋或销毁,不得沿路基堆放或在路基附近掩埋。

(4)自卸汽车在运输细料或容易引起扬尘的材料运输时,要用彩条布或篷布覆盖。施工中易起扬尘的路段要根据实际情况做到定期洒水抑尘。

10 资源节约

用EPS轻质材料,可以实现废物利用,节省工程投资,实现废物再生和循环利用。节约废弃土方的土地占用费和废弃EPS处理费用,社会经济和环保综合效益显著。

11 效益分析

今后几十年我国还将重点建设相当里程的山区公路,山区公路中高填涵洞所占比例高,合理的涵洞设计可以以涵代桥,并相应减少病害处治和维修费用。因此,若能推广应用该涵洞减荷技术,解决高填方涵洞存在的问题,其社会效益和经济效益巨大。

12 应用实例

12.1 工程实例一

三沙公路是江苏省一条东西向主要公路,公路等级为一级。涵洞所处路段位于东涡河Ⅳ级阶地冲沟底部,由于地势低洼,因上游排放污水和大气降水,形成一个水池,水深3m左右。据此段钻探资料表明,该处分布岩性上部为长期积水造成的软土层,多呈软塑—流塑状,层厚8.5~9.4m,土质不均,以新进堆积黏土为主,夹有少量圆砾、卵石和岩块。以下则为紫红色泥岩,为良好的地基持力层。K5+536涵洞为钢筋混凝土拱涵,全长84.5m,涵顶填土高度为18.6m。按照常规施工方法,该涵洞易出现质量问题。为保证该高填涵洞的施工质量,无锡大诚建设有限公司成立了课题组,在理论研究和现场试验的基础上,课题组提出了采用EPS板技术进行涵顶减荷,并借鉴已有的实践经验,对三沙公路高填涵洞填筑施工方案进行了优化。工程应用表明,该方案节省后期涵洞的维修与养护费用,沿线共计9处高填涵洞采用该方案,平均每年节省维修养护费用80余万元。

目前,该路已竣工通车,该处治涵洞已经过了3个雨季的考验,现场观测数据表明所采用的减荷措施效果良好,合理调整了高填路堤涵洞(管)的受力及沉降变形,避免了涵洞病害的产生,大量节省了后期涵洞的维修与养护费用。

12.2 工程实例二

惠南路(西环路—惠澄大道)位于无锡市惠山区南部,是惠山区内部一条东西向的城市主干道,是连接惠山经济开发区与城际铁路惠山站的主要交通通道。沿线有多处河道和阶地冲沟,设计为高填钢筋混凝土拱涵,涵洞埋深13~17m。课题组采用EPS板技术进行涵顶减荷,并借鉴已有的实践经验,对惠南路高填涵洞填筑施工方案进行了优化。工程应用表明,该方案节省后期涵洞的维修与养护费用,沿线共计6处高填涵洞采用该方案,平均每年节省维修养护费用70余万元。

目前,该路已竣工通车,现场观测数据表明所采用的减荷措施效果良好,合理调整了高填路堤涵洞(管)的受力及沉降变形,避免了涵洞病害的产生,节省了大量后期涵洞的维修与养护费用。

石膏碱渣与废橡胶粉双掺固化轻质土路基施工工法

GGG(浙)A2011—2013

周新国　李　勇　缪克棋　周吉平
(路港集团有限公司)

1　前言

随着我国国民经济持续快速发展,生产、生活中产生了大量固体废弃物。例如,在内河航道和海岸工程清淤整治过程中产生了大量的疏浚淤泥;而废旧轮胎是轮胎磨损、更换弃置的产物,随着我国汽车总量不断攀升而迅速增长;磷石膏则是磷铵生产过程中产生的工业废料,我国是世界排名第3的磷石膏排出国;碱渣是制碱企业利用氨碱法生产纯碱过程中产生的固体废料,我国每生产1t纯碱要向外排放0.3t碱渣。

这些废弃物不仅占用大量土地资源,而且污染环境、破坏生态,制约社会可持续发展。另一方面,随着我国公路和城市道路的大批新建、改建或扩建,天然土石方的大量开挖造成了建材短缺和环境破坏。为满足道路建设中的土石方需求并有效减缓固体废弃物激增趋势,许多发达国家都将固体废弃物视为"可再生资源"加以开发和利用,以实现废物再生和工程应用的有机结合,同时满足当前提出的生态环境保护和可持续发展要求。

路港集团有限公司以雁楠公路第六标段龙湾潭支线和诸永高速公路LM-9合同段路基工程项目为背景,本着"以废治废"理念,对高含水率疏浚淤泥掺入磷石膏废碱渣(简称"石膏碱渣")和废弃轮胎橡胶粉等工业废弃物进行联合固化,从废弃物再生工艺、固化轻质土配合比设计以及相关路基施工工艺等多角度开展了技术研发,形成了疏浚淤泥与橡胶颗粒混合轻质土路基施工新技术新工艺,经总结形成了本工法。本工法可有效解决废弃物再生利用问题,减少了天然土石方用量,产生了资源节约和环境保护等多重功效。

2　工法特点

(1)技术先进。与常用淤泥固化技术相比,该工艺联合物理、化学方法,淤泥固化和改良效果更优,可有效缩短淤泥固化时间,减轻固化土体自重,改善固化土回弹特性和提高其承载力,从而保持路基的持久稳定。

(2)以废治废。本工法可大量处理内河航道等处的疏浚淤泥和多种工业废弃物(例如废弃轮胎、磷石膏和废弃碱渣等),并用以配制轻质土和铺筑工程性质良好的道路路基,从而实现废物再生和循环利用。

(3)有利环保。本工法可避免疏浚淤泥堆填占地和多种工业废弃物(例如废弃轮胎和磷石膏、碱渣等)污染环境,以及由于大量借土换土而造成的生态与环境破坏问题,从而有利于城镇及其周边环境保护。

(4)效益显著。无需借土、换土,加快了施工进度,节约了运输成本。同时,采用废弃物代替水泥、石灰等工业产品,降低了原材料购置成本,并大大减少了废弃物的土地占用空间,产生了显著的经济、社会和环保综合效益。

3 适用范围

本工法适用于各级公路与城市道路的路基填筑和底基层施工。

4 工艺原理

4.1 石膏碱渣化学固化

工业废弃物(磷石膏、废碱渣)的主要化学成分:二水硫酸钙($CaSO_4 \cdot 2H_2O$),含量一般可达70%~90%。疏浚淤泥中黏粒含量减少,砂(或粉)粒含量增加,土的工程性质趋同于胶结粉土。在此过程中,石膏碱渣与疏浚淤泥发生以下作用:

(1)阳离子交换作用:磷石膏中的Ca^{2+}与土颗粒表面的阳离子(如Na^+,K^+,H^+)发生交换作用,使疏浚淤泥黏土颗粒表面双电层中的扩散层变薄,黏土颗粒相互作用减弱、吸引成团。疏浚淤泥的分散性、坍塌性和亲水性降低,塑性指数下降。疏浚淤泥易稳定成型,形成早期强度,工程性质发生改变。

(2)胶凝作用:离子交换作用后,疏浚淤泥中硅胶、铝胶与磷石膏进一步反应,形成含水硅酸钙、铝酸钙等水化产物。在水环境下发生硬化,凝胶在土颗粒外围形成黏结力较强的网状保护膜,促使固化淤泥的强度增长并保持长期稳定。同时,保护膜还可隔离水分使固化淤泥获得水稳定性。

(3)碳酸化作用:磷石膏渗入疏浚淤泥中后,部分还会与空气中CO_2发生化学反应生成碳酸钙($CaCO_3$)晶体。而碳酸钙具有较高的强度和水稳定性,对减小疏浚淤泥的触变性和流变性起主要作用。此外,碳酸钙的胶结作用使疏浚淤泥形成石灰类稳定土,具有长期稳定的后期强度。

4.2 废橡胶粉物理改良

废旧轮胎橡胶粉具有自重轻、高弹性、理化性质稳定等特性。比重瓶法测得橡胶颗粒相对密度为1.25,约为土颗粒相对密度的1/2。因此,用废橡胶粉部分替代原料土,可配制橡胶颗粒轻质土,达到减轻路基自重的重要作用。

常温条件下橡胶粉理化性质稳定,而且具有高弹性、高韧性和抗冲击性等特点。通过路拌或厂拌处理,废橡胶粉和固化淤泥的黏土基团均匀混合,使得固化淤泥的液限降低,塑限增加,塑性指数大幅减小,水稳定性显著增强。

从微观上讲,废橡胶粉比表面积越大,与基团接触面积越大,接触面上摩阻力越大,其中所含约3%的纤维具有较大的表面粗糙度,增大了胶粉与基团的界面摩擦效应,从而能够有效抑制疏浚淤泥的流变变形。此外,废橡胶粉可充分填充充填孔隙,具有增强土的回弹特性和抗剪强度以及大大减小自重的作用。

5 施工工艺流程及操作要点

5.1 施工工艺流程

石膏碱渣与废橡胶粉双掺固化轻质土路基施工工法工艺流程见图1。

5.2 操作要点

1)施工准备

(1)清理地基。

①清除表面浮土、薄层"贴皮"及各类杂物,保证地表干净平整。如遇局部软土,应予挖除,与暗槽孔穴一并用同类材料填实补平。

②采用中型压路机碾压地基2~3遍,辅以小型打夯机夯实加固。如遇"弹簧"土,则应及时挖除换填,再次碾压密实,为路基施工提供承载平台。

③设置防水垫层,同时做好排疏地表(下)水的工作。

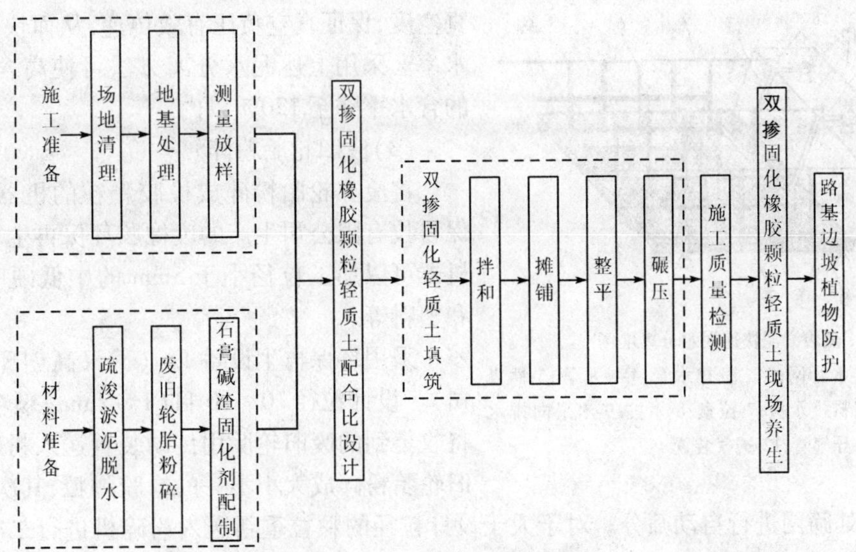

图1　石膏碱渣与废橡胶粉双掺固化轻质土路基施工工艺流程

(2)测量放样。

根据路基设计图纸,定出测量基准点,以便施工中进行观测修正。在验收合格地基上恢复中线,直线段按照每10~15m设一桩,平曲线段按照每5~10m设一桩,并在两侧路肩边缘外设指示桩,然后进行水准测量,在两侧指示桩上用标记标出固化基层边缘设计高程。

2)废弃物再生

(1)废弃物运输。

除就地再生填筑路基或铺筑底基层外,对于疏浚淤泥,于清淤现场泵送入封闭式槽车,运输至施工现场,通过输泥管道吹入小型堆场。对于废碱渣和磷石膏以及废旧轮胎,可于相关企业收购后,用自卸车运输至施工现场存放。对于颗粒状工业废弃物,在运输过程中采用篷布铺盖,封闭表面以免被风吹散。

(2)快速泥水分离。

①测试装置:如图2所示为双阀门透气真空试验装置,可有效控制气流和真空度,具有操作简单、稳定性高和适应性强等优点。测试表明:该装置能够实现快速泥水分离,并克服淤堵问题,可大幅降低淤泥含水率和缩小淤泥体积。

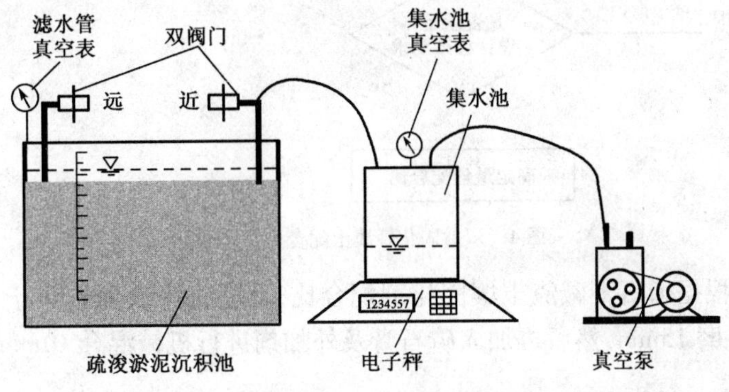

图2　双阀门透气真空泥水分离装置

②堆场建设(图3):首先,于施工现场选址砌筑矩形水槽;其次,底部布设水平排水通道,然后于水平通道上架设竖向排水通道;最后,设置抽真空装置和透气装置。由此形成相互连通的透气真空排水体系。

③泥水分离:在吹填疏浚淤泥过程中,先完全开启透气装置。在抽真空过程中,通过透气装置调节

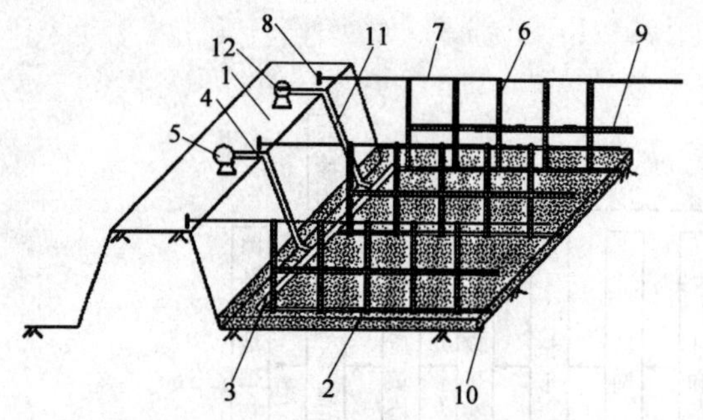

图3　疏浚淤泥快速泥水分离堆场

1-围堰;2-级滤、排水管网;3-二级排水管;4-导水管;5-抽真空装置;6-竖向塑料排水板;7-拉索;8-木桩;9-水平向排水板;10-砂垫层;11-导气管;12-透气装置

真空度,保证真空负压有效传递,从而快速排水、降低含水率。采用上述泥水分离方法可使高含水率疏浚淤泥的含水率降至120%以内。

(3)废旧轮胎粉碎。

将废弃轮胎粉碎成橡胶颗粒的机器为武汉高创环保科技有限公司生产的废橡胶环保再生设备(FSJ500),机器可以加工粒径小于5mm的中低硬度材料,如橡胶和塑料等。

采用环保再生设备FSJ(武汉高创环保科技有限公司)。设计粒径10~20目(1~2mm)颗粒产出率75%。将收集到的废旧轮胎用传动装置送入粉碎机,首先将废旧轮胎粉碎成大小不一的橡胶颗粒,其次由风机将粉碎颗粒吸至出口处筛网进行自动筛分。对于大于设计粒径的颗粒重新送入粉碎机进行二次粉碎,而小于设计粒径颗粒筛分析出,进行重塑后再次粉碎。

粉碎所得橡胶颗粒粒径1~2mm,外形为带有棱角的不规则形状,理化性质均匀稳定。适用于现场大规模施工应用。用比重瓶法测得橡胶颗粒的比重为1.25。不去除废弃轮胎中的纤维和钢丝,直接粉碎后用作轻质混合土中的添加物,能提高轻质土的强度。

3)配合比设计

双掺固化轻质土配合比是指其中的脱水疏浚淤泥、橡胶颗粒、石膏碱渣固化剂和水所占的比例,要根据强度、重重和流动性等要求进行选择。如图4所示,依据公路与城市道路路基设计要求,总结室内试验和现场测试成果,确定双掺固化轻质土的设计指标、标准以及最佳配合比。

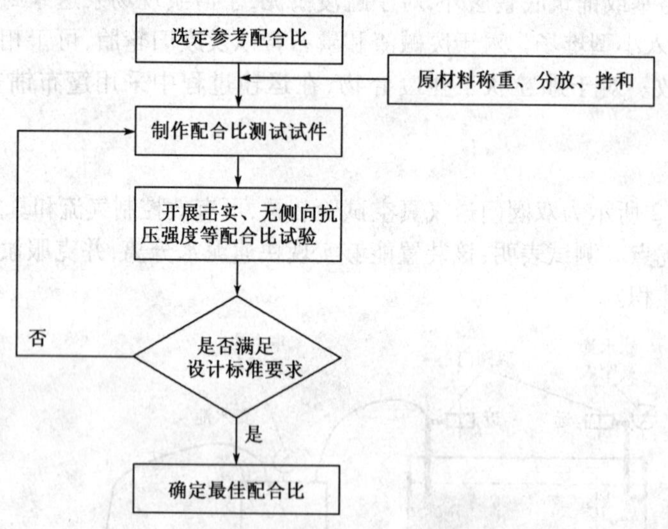

图4　双掺固化轻质土配合比设计流程

(1)固化剂配制:根据磷石膏碱渣土壤固化剂配合比,首先将比表面积大于450m^2/kg的碱渣与矿渣微粉、粉煤灰进行混磨15min,然后再加入磷石膏及外加剂进行机械混合10min,即得到磷石膏碱渣土壤固化剂。

根据磷石膏和碱渣的各自特点(磷石膏对矿渣、粉煤灰具有硫铝酸盐激发作用,碱渣对矿渣、粉煤灰具有碱激发作用),对两者进行复合使用,研制一种以磷石膏、碱渣、矿渣、粉煤灰等为原材料的新型固化剂。

(2)在配合比设计过程中,橡胶颗粒与脱水疏浚淤泥按体积比进行配合,此处体积是指堆积体体积。而石膏碱渣固化剂与双掺固化轻质土(即橡胶颗粒与脱水疏浚淤泥)按质量比进行配合。

石膏碱渣固化剂用量 = 石膏碱渣固化剂质量/(石膏碱渣固化剂质量 + 双掺固化轻质土质量)。双掺固化轻质土试验参照《公路工程无机结合料稳定材料试验规程》(JTG E51—2009)执行。相关的最大干密度和最佳含水率由重型击实试验确定。

(3)最佳含水率和最大干密度测试。根据原材料密度以及轻质材料设计要求,初选脱水疏浚淤泥与橡胶颗粒掺入比(范围介于80:20~60:40之间);依据技术经济原则,推荐石膏碱渣固化剂掺量变化范围4%~6%。依据不同配合比制作室内测试试样,进行重型击实试验,用以测定不同配比条件下轻质土的最佳含水率和最大干密度变化规律。

(4)无侧限抗压强度测试。按照压实度标准,计算不同固化剂掺量下双掺固化轻质土干密度;制作室内测试试件,在20℃±2℃温度下保湿养生6d并浸水24h后,测试7d和28d无侧限抗压强度。

(5)双掺固化轻质土推荐技术要求:废橡胶颗粒掺入比(废橡胶粉堆积密度与原料土的体积比)一般为80:20、70:30、60:40,石膏碱渣固化剂掺量为4%、5%和6%。设计要求固化该轻质土最大干密度 $\rho_{dmax} \leq 1.20g/cm^3$,7d无侧限抗压强度≥0.2MPa,28d无侧限抗压强度≥0.3MPa。废橡胶颗粒掺入比70:30,不同剂量固化剂时轻质土无侧限抗压强度参考值如表1所示。

不同固化剂掺量固化轻质土无侧限抗压强度参考值 表1

编　　号	石膏碱渣固化剂掺量(%)	7d无侧限抗压强度(MPa)	28d无侧限抗压强度(MPa)
①	4	≥0.20	≥0.30
②	5	≥0.30	≥0.45
③	6	≥0.50	≥0.75

(6)通过室内配合比设计试验,确定现场石膏碱渣固化剂的最佳用量,剂量允许误差+0.5%~+1.0%。当不能满足推荐技术要求时,固化剂用量则应以满足现场实际要求为准。

(7)在现场施工过程中,对于疏浚淤泥与橡胶颗粒双掺固化轻质土路基,压实度标准参考《公路路基设计规范》(JTG D30—2004)基本要求。

4)现场拌和

在固化轻质土拌和制备过程中,淤泥、固化剂和橡胶颗粒应该按照合理顺序进行逐步添加搅拌。

若橡胶颗粒先于固化剂添加,则搅拌过程中橡胶颗粒易被淤泥包裹起来;即使后续添加固化剂进行强制搅拌,然而由于脱水疏浚淤泥对橡胶颗粒与固化剂的隔离作用,三者间无法发生应有的凝结硬化反应,导致混合物内部薄弱部位增多强度有所降低。

因此,原材料合理添加顺序:脱水疏浚淤泥→石膏碱渣固化剂→废弃轮胎再生橡胶颗粒。

依据现场路基施工土方用量,决定拌和设备台套数量。通常采用2台强制式JS500型混凝土搅拌机,每台搅拌机料斗容积0.5m³,每台每次搅拌0.3m³混合物。拌和过程中采用电子计量方法准确控制配合比。具体拌和过程描述为:

按照施工配合比要求,以0.3m³/(台/次)为单位,按比例(质量比或体积比)采用电子计量装置称量原材料。

首先,将称好的脱水淤泥和石膏碱渣固化剂加入搅拌机,然后开动搅拌机强制搅拌5min以上,至淤泥和固化剂混合均匀时停机。再次,将称好的废橡胶颗粒加入搅拌机,再次强制搅拌5min以上,直至废橡胶颗粒等三者成为均匀的松散状拌和物为止。

在轻质土混合物拌和过程中,按照以下注意事项和质量控制方法实施:

(1)调试拌和设备确认能够正常工作。

(2)拌和现场须有1名试验人员负责监测拌和时间、固化剂剂量、加水量比,发现异常应及时调整。

(3)拌和过程中,加水量应随蒸发量变化及时调整,可略大于最佳含水率的1%,以便弥补拌和、运输和摊铺过程中的水分散失。

(4)自卸汽车装料时应有规律移动,以使装车时拌和物不产生离析。

(5)固化轻质土应该随拌、随运、随用。

5)摊铺、整平

采用自卸汽车将拌和物运至施工现场。按照分层平铺的方法填筑路基。

通过现场试验确定松铺厚度,松铺厚度 = 压实厚度 × 松铺系数(1.25 ~ 1.35)。通常每层松铺厚度≤25cm,而每层压实厚度≤20cm。

根据松铺系数拉出钢丝基准线用于控制高程,按照每层松铺厚度用推土机将拌和物摊平至设计高程。摊铺过程中,注意跟踪测量高程,并始终按照高程摊平。采用平地机初平,使各处拌和物填料厚度均匀,再用轻型压路机快速静压 1 ~ 2 遍。

摊铺过程中控制拌和物从原材料拌和到摊铺完毕所需时间≤3h。

6)碾压

采用重型振动压路机进行碾压,先静压再振动再静压,从两边往中间,先慢后快。根据《公路路基施工技术规范》(JTG F10—2006),根据不同深度路基压实度标准,施工中适当调整不同深度处路基碾压遍数,直至不同深度处路基压实度满足规范要求。对下路堤、上路堤和路床施工要求分别说明如下。

(1)下路堤。

下路堤压实度标准为 $K \geqslant 93\%$。

采用 CA25D 光轮压路机,松辅厚度为 25cm,静压 2 遍、振动碾压 4 遍、静压 2 遍,压实度可达到 93% 以上。

下路堤填筑时,应从最低处起分层填筑,逐层碾压;当原地面纵坡大于 12% 或横坡陡于 1∶5 时,应按设计要求挖台阶,或设置坡度向内并大于 4%、宽度大于 2m 的台阶。

下路堤填筑时,填方分几个作业段施工时,接头部位如不能交替填筑,则先填路段,应按 1∶1 坡度分层留台阶;如能交替填筑,则应分层相互交替搭接,搭接长度不小于 2m。

(2)上路堤。

与下路堤施工一般要求相同。上路堤压实度标准为 $K \geqslant 94\%$。采用 CA25D 光轮压路机,松辅厚度为 25cm,静压 2 遍、振动碾压 5 遍、静压 2 遍,压实度可达到 94% 以上。

(3)路床。

路床压实度标准为 $K \geqslant 96\%$。

由于路基中路床距离路面最近,且承受较大的车辆荷载附加应力,因此路床施工时每层松铺厚度≤15cm。填筑路床顶部最后一层时,压实厚度≥10cm。

采用 CA25D 光轮压路机,松辅厚度为 15cm,静压 1 遍、振动碾压 3 遍、静压 2 遍,压实度可达到 96% 以上。

7)施工质量检测

根据《公路工程质量检查评定标准》(JTG F80/1—2004)规定土方路基的检测频率为每 200m 每层检测 4 处。为保证工程质量,可适当加大检测频率。可用核子密度仪快速检测,用灌砂法检测结果对比校正,这既可完成较大检测频率作业要求,又可保证检测结果准确性,同时缩短检测时间,加快作业循环和施工进度。

8)轻质土路基养护

(1)每一段碾压完成,并经检查合格后,应立即开始养护;整个养护期间应保持潮湿状态,可用稻草或塑料薄膜覆盖养护,养护期内注意补充洒水。

(2)用洒水车洒水养护时,每天洒水次数视环境温度而定(环境温度 >20℃,洒水次数≥2 次/d);除洒水车外,应封闭交通。

(3)一般情况下,养护时间不宜少于 7d。

9)路基边坡植物防护

(1)当路堤高度≤3m时,采用植草和植矮灌防护。边坡应换填30cm以上的种植土,保证草皮及矮灌的成活率及覆盖率。

(2)边坡高度>3m时,采用拱形或人字形骨架防护,骨架内植草和植矮灌,骨架嵌入坡面的深度≥0.8m。骨架采用M7.5浆砌片石或片石混凝土、素混凝土。骨架施工时每10~15m留沉降缝,沉降缝用沥青麻絮填塞以防水渗入。

(3)路基边坡平台采用浆片或混凝土封闭,考虑到绿化需要平台上面设置种植槽。

6 材料与设备

6.1 材料

(1)固化剂:粉状磷石膏(粒径约0.15mm),主要化学成分为二水硫酸钙($CaSO_4 \cdot 2H_2O$),含量达70%~90%。碱渣为经粉磨,比表面积大于450m^2/kg的碱渣。碱渣中含有大量的$CaCO_3$、CaO和SiO_2等作为固化疏浚淤泥的有效成分。固化剂组分包括磷石膏12%~30%,碱渣20%~50%,矿渣0~30%,外加剂0~5%,粉煤灰0~20%。

(2)脱水疏浚淤泥:内陆湖泊、河道、水塘以及滨海港口、航道、码头清淤整治产生的高含水量淤泥。采用透气真空快速泥水分离处理后,应使高含水量疏浚淤泥变为高液限黏土(含水率降至120%以内)。

(3)废旧轮胎橡胶粉:主要为废旧轮胎经过粉碎处理后所获颗粒,选用10~20目废旧轮胎橡胶粉(粒径约1~2mm),废旧轮胎橡胶粉中约含3%以上的纤维。堆积体密度约为0.5~0.6g/cm^3。

(4)水:pH值大于或等于6的可饮用水。

6.2 主要机具设备(表2)

主要机械设备表 表2

序 号	设备名称	规格型号	单 位	数 量	备 注
1	冲击夯	BS60-4	台	2	地基处理
2	粉碎机	FSJ500	台	2	废旧轮胎粉碎
3	散装水泥罐	100T	只	2	固化剂储存
4	混凝土搅拌机	JS500	台	2	混合料搅拌
5	平地机	PY160A	辆	1	场地整平
6	推土机	D8L	辆	1	填料摊铺
7	振动压路机	CA25D	台	2	路基碾压
8	运输汽车	10t	辆	2	原料运输
9	洒水汽车	8 000L	辆	2	路基养护

7 质量控制

7.1 应执行的标准规范

(1)《公路路基设计规范》(JTG D30—2004)。

(2)《公路路基施工技术规范》(JTG F10—2006)。

(3)《公路工程质量检验评定标准》(JTG F80/1—2004)。

(4)《气泡混合轻质土填筑工程技术规程》(CJJ/T 177—2012)。

(5)《公路工程无机结合料稳定材料试验规程》(JTG E51—2009)。

(6)《公路土工试验规程》(JTG E40—2007)。

7.2 质量控制

(1)地基采用中型压路机和小型打夯机夯实加固,表面设置防水垫层,同时做好排疏地表(下)水工作。

(2)用设计粒径(1~2mm)控制废旧轮胎破碎过程。大于设计粒径颗粒重新送入粉碎机进行二次粉碎,小于设计粒径颗粒筛分析出,进行重塑后再次粉碎。

(3)采用透气真空快速泥水分离处理后,应使高含水率疏浚淤泥变为含水率降至120%以内的脱水淤泥质黏土。

(4)设计要求固化轻质填料最大干密度$\rho_{dmax} \leqslant 1.20g/cm^3$,7d无侧限抗压强度≥0.2MPa,28d无侧限抗压强度≥0.3MPa。

(5)拌和时原材料添加顺序为脱水疏浚淤泥→石膏碱渣固化剂→废弃轮胎再生橡胶颗粒。搅拌机每次强制搅拌时间5min以上。固化轻质土应该随拌、随运、随用,从原材料拌和到摊铺完毕时间≤3h,以防发生离析或硬化影响碾压效果。

(6)在施工过程中,每400t或小于400t的独立批次,按照《公路土工试验规程》(JTG E40—2007),及时进行击实试验和混合物配比设计等试验,以便为现场施工质量控制提供可靠数据。

(7)根据松铺系数拉出钢丝基准线用于控制高程,按照每层松铺厚度用推土机将拌和物摊平至设计高程。

(8)通常固化轻质土路基每层松铺厚度≤25cm,压实厚度≤20cm,而路床施工时每层松铺厚度≤15cm,顶部最后一层压实厚度≥10cm。

(9)为防止废橡胶颗粒发生塑性变形,不可采用夯实机械进行压实。为防止层间形成强度薄弱带,应该碾压后表面拉毛后再铺上一层。

(10)采用重型振动压路机进行碾压,先静压再振动再静压,从两边往中间,先慢后快。

(11)施工过程中,应完整保留试验、检测、施工的原始记录,对检测所得到的数据需要经过统计分析与整理后,再用以评价各项工程施工质量。

(12)参照《公路路基施工技术规范》(JTG F10—2006)中规定的相关标准执行,如表3所示的检测内容。

疏浚淤泥与废橡胶粉双掺固化轻质土路基质量检验标准 表3

项次	项目	单位	质量标准	检查频次		方法
				范围	次数	
1△	压实度	%	≥93,94或96	1 000m²	3	灌砂法
2	中线高程	mm	+5,-20	20m	1	水准仪
3	宽度	mm	不小于设计值	40m	1	尺量
4△	厚度	mm	-20	1000m²	3	尺量
5△	强度	MPa	满足表1规定	400t或2 000m²	1	7d无侧限抗压强度

注:表中△为主要检测项目,必须合格。

8 安全措施

(1)要求各工序、各工点严格按照相应的安全操作规程进行施工。

(2)工程开工前必须进行现场调查,根据施工地段的地形、地质、水文、气象、环境等,制定相应的安全技术和环境保护措施。

(3)施工现场符合防火、防风、防雷、防洪、防触电等安全规定和施工要求,施工作业区有较好的隔离措施,施工现场安全警示标志齐全。

(4)坑槽、沉陷等病害修补不能当天完成的,应按规程规定布置养护维修作业控制区。

(5)推土机、压路机和搅拌机等在工作过程中,除机组人员外,其他人员不得靠近,并设专人负责指挥协调施工机械密切配合作业,以免碰撞。

(6)夜间施工根据需要设置照明设施和明显警戒标志。

(7)雨天施工时现场应备好足够的防雨防滑设施。所有机电设备设有防雨罩,电源开关专人负责。

(8)设备在工作前,要认真检查,保证设备性能良好,安全可靠,当日工作结束后,及时检查保养。交接班时,要相互仔细交接检查,填写交接记录。

9 环保措施

在认真贯彻国家相关环境保护法规的同时,还应该认真做到以下几点:

(1)采用封闭式运输车辆运送废弃物。运输磷石膏、废碱渣时表面铺盖篷布,以免被风吹散污染环境。采用封闭式槽车运送疏浚淤泥,以免淤泥滴漏污染环境。

(2)施工过程中,对车辆行经道路经常洒水灭尘,以保护环境净化空气。

(3)设置临时排水沟渠,以便合理排放雨季或暴雨时雨水径流冲刷形成的污水或泥浆等物质。

(4)采用低噪环保机械设备,材料运输和装卸过程中防止不必要噪声产生,在村庄附近施工时,噪声较大机械应尽量避免夜间施工。

(5)施工完成后及时清除临时工程和设施及建筑垃圾,对弃土场进行挡墙及植被防护,以免水土流失。

10 资源节约

本工法可大量处理疏浚淤泥和多种工业废弃物,实现多种固体废弃物的再生和循环利用,较好解决了多种废弃物占用土地和环境污染等难题。双掺固化轻质土替代天然土石方,扩大了路基填料来源,减小了天然土石方开挖和原有地表及其植被破坏,节约了土地资源、天然建材和地表植被等资源,保护了生态环境。

11 效益分析

(1)本工法可大量处理内河航道疏浚淤泥和多种工业废弃物,并用以配制橡胶颗粒轻质土并填筑工程性质良好路基,实现废弃物的再生和循环利用。

(2)本工法可避免疏浚淤泥和多种工业废弃物的堆填占地和环境污染以及由于大量借土换土而造成的生态、环境破坏问题,减少了废弃物堆填占地面积,从而有利于城镇及其周边环境保护。

(3)本工法可减少天然土方用量,节约了约1/3左右的路基填料成本。例如:对于一条长×宽×高度=10km×12m×2.0m的县乡公路,共需路基填料24万m^3。方案一:采用黏土填筑材料成本约为360万元;方案二:采用疏浚淤泥+废旧轮胎再生以及石膏碱渣固化轻质填料材料成本约为240万元。两个方案差价大约120万元/km,节约了公路路基填料成本约30%左右。

(4)由于废弃物再生处治费用抵消部分再生路基填料节约费用,因此实施单位可以依据相关政策向政府部门申请经费补贴,以便降低施工成本,促进工法实施推广,产生更多综合效益。

12 应用实例

12.1 工程实例一

雁楠公路第六标段龙湾潭支线为二级公路,双向两车道,采用半刚性基层沥青路面。其中K0+000~K4+020标段位于城乡接合部,便于工业废弃物的短距运输和就近再生处理。由于附近天然土方调配困难,而河道疏浚淤泥和工业废弃物磷石膏和废碱渣可大量收集,决定采用疏浚淤泥双掺固化轻质土路基施工工艺,石膏碱渣再生固化剂用量5%。工程于2012年6月13日开工,于2012年12月27日完工。采用双掺固化轻质土填筑路基,大大节省了路基填料购置调配成本,解决了疏浚淤泥和多种废弃物土地占用和环境污染问题,取得了较显著的经济、社会效益。

12.2 工程实例二

诸永高速公路 LM-9 合同段全长 23.438km,起讫桩号为 K177 + 160 ~ K200 + 600。设计采用双向四车道半刚性基层沥青路面。其中 K177 + 160 ~ K182 + 640 标段处于城市边缘,便于各种工业废弃物就近再生利用,因此本工程采用工业废料("石膏碱渣"固化剂含量 4%)固化疏浚淤泥,并用废旧轮胎橡胶分改良固化土,形成废橡胶颗粒混合轻质土填筑路基。于 2008 年 4 月 23 日开工,于 2009 年 5 月 18 日完工。相同条件下,较之调配天然土方施工方案,双掺固化轻质土代替天然土方填筑路基,可节约 30% 左右的施工成本,同时达到废弃物生态处治功效,经济社会、效益较为显著。

Z 形悬臂支架定位导向贝雷栈桥桩基施工工法

GGG(浙)A2012—2013

李　寒　李永明　陈轩区　严开祥　项金耀
(宁波交通建设集团有限公司　浙江大舜公路建设有限公司)

1　前言

贝雷栈桥是桥梁工程施工的重要辅助工程,在桥梁施工建设中发挥了重要作用。贝雷钢架由于可以自由拼装成各种跨径的施工栈桥,广泛应用于桥梁桩基施工、桥梁建设材料、设备运输和人员通行的栈桥。而栈桥桩基施工又是栈桥的第一个工序,桩基定位是关键步骤。现常用贝雷钢栈桥桩基定位方式是由 GPS 测量计算坐标后,陆上由人工辅助、水上打桩船配合辅助定位,一旦陆上逢滩涂、沼泽、崎岖山地或水上遇风浪,陆上人工辅助定位困难很多,水上遇风浪定位更难准确,同时费用高昂、安全性能差。通过工程实践,本公司发明了贝雷栈桥施工桩基 Z 悬臂定位导向支架,该装置构造简单,制作方便,就地取材,可利用废旧钢材和重复使用,资源节约。由 GPS 测量确定桩位数据后,人工辅助定位环境良好,操作安全,有利于提高桩基定位精度,是一种施工方便、进度可控,资源节约、定位精确、经济环保、用途广泛的贝雷钢栈桥桩基定位导向装置及方法。该贝雷栈桥施工桩基悬臂定位导向支架已取得国家专利《一种贝雷钢栈桥桩基施工定位导向架》,专利号:ZL201220345691.5。

2　工法特点

(1)采用 Z 悬臂支架导向定位贝雷栈桥桩基时,在滩涂、沼泽地、崎岖山地施工不受地形影响,水中施工不需要水上打桩船配合或搭设临时水中工作平台;由 GPS 测量确定桩位数据后,在定位导向架的平台上用人工辅助定位准确,精度高。

(2)Z 形悬臂定位导向架制作简单,安装及移动灵活,施工速度快;以悬臂定位导向架作为操作平台,人员操作安全方便。

(3)Z 形悬臂定位导向架底面低于设计桩顶一定的高度,作为工作平台安装栈桥支座、桩顶横梁和有利于控制调整栈桥高程,同时克服了由于地质和打桩机操作原因使得桩基顶高程较难控制的困难,保证导向定位架不被打桩机撞击损坏。

3　适用范围

本工法适用于滩涂、沼泽、崎岖山地或水上等环境的栈桥桩基定位导向施工。

4　工艺原理

利用自行设计发明的 Z 悬臂定位导向架作为贝雷栈桥桩基定位导向和栈桥支座、桩顶横梁的工作平台,将滩涂、沼泽、崎岖山地或水上等困难施工环境转变为安全、便利的施工环境,栈桥桩基导向定位准确,施工方便;同时 Z 形悬臂定位导向架将已搭设的多排贝雷钢架连接在一起,增加施工过程中的横向稳定性。

5 施工工艺流程及操作要点

5.1 Z悬臂支架导向定位栈桥桩基施工工艺流程图(图1)

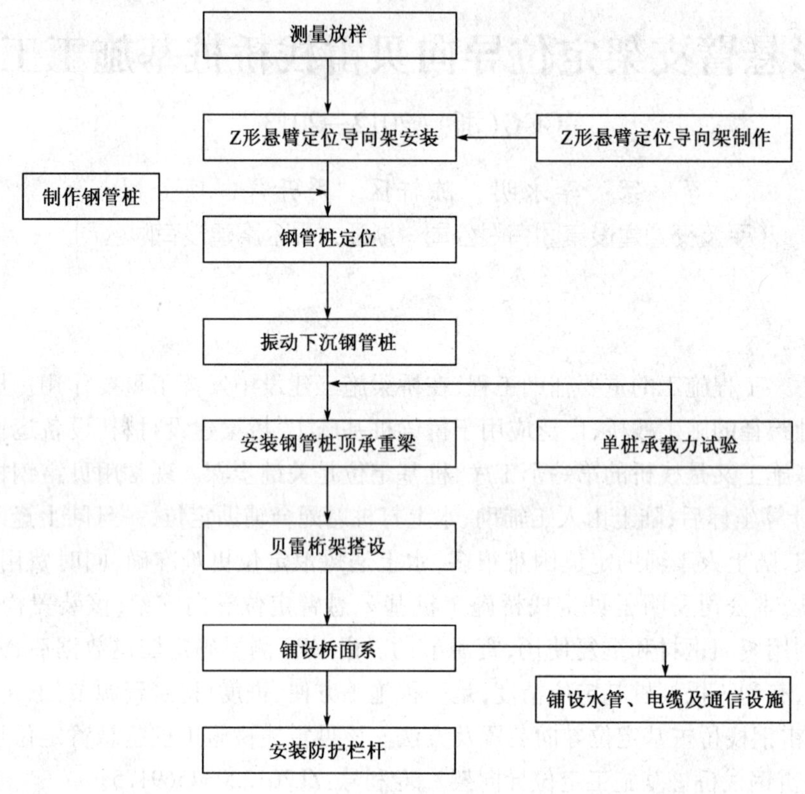

图1 工艺流程图

5.2 操作要点

1)测量放样

(1)在施工测量中,严格遵守测量规范的规定,保证施工测量精度。

(2)做好本工程的施工测量,控制测量采用GPS测量,根据设计提供的控制点和实地情况布设本工程的施工控制网。

(3)建立栈桥的沉降、位移观测台账,并及时记录,一旦发生沉降过快、位移过大情况,立即停止施工,并查明原因,找出解决的办法。

(4)各种测量仪器、量具按计量部门有关规定定期进行计量检定,做好日常保养工作,保证状态良好,建立测量设备台账,准确记载检定维修情况。

2)Z形悬臂定位导向架制作及安装

(1)根据设计确定的Z形悬臂导向定位架的构造尺寸(图2、图3),选择新材料或合适的旧材料电焊制作加工。

(2)外表除锈涂漆新材料。如利用旧材料时应认真检查材料质量完好,满足使用要求。

(3)采用吊机安装就位,拧紧螺栓,确保位置准确、使用安全。

3)钢管桩加工及运输

(1)钢管桩在加工厂按图纸加工成型,在施沉过程中尽量不进行管节接长,钢管桩在加工时应保证直缝错位。成品进场时,生产厂家必须提供卷制钢管桩所用钢材的产品合格证、质量保证书以及钢管桩的出厂产品合格证。钢管桩接长时,采用对接补强连接,每根钢管桩在对接满焊后,沿圆周均匀焊接4块连接钢板,提高连接处的钢管强度。

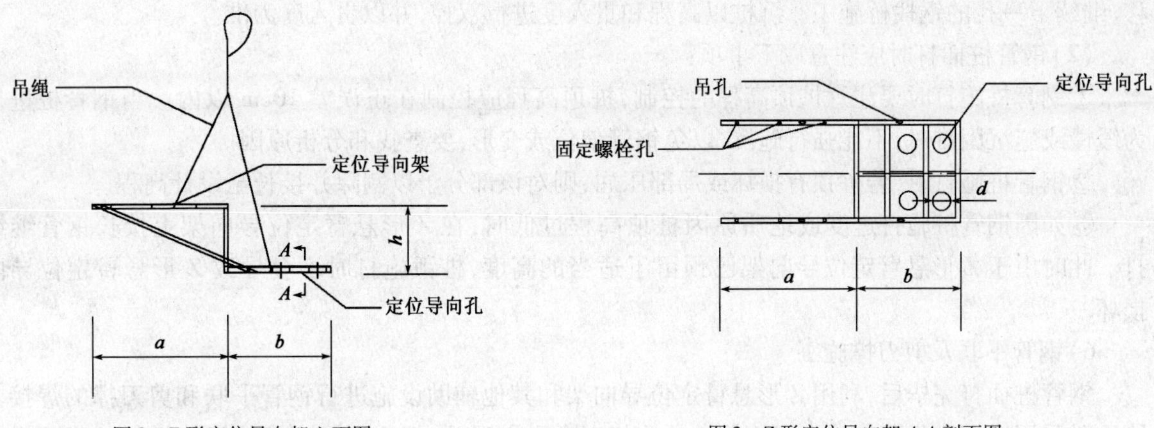

图2 Z形定位导向架立面图　　图3 Z形定位导向架 *A-A* 剖面图

如利用旧钢管，需检查钢管壁厚和顺直度，不合格材料不能使用。

(2)钢管桩的堆放或存放层数应安全可靠，避免产生纵向变形和局部压曲变形(堆放或存放层数尽量不超过两层，超过两层时采用定位架)。钢管桩在起吊、运输和堆存过程中应避免由于碰撞、摩擦等原因造成管端变形和损伤。运输起吊及施打过程中采取多点起吊，避免钢管桩发生弯曲。钢管桩加工好后由专用平板车运输至施工现场。

4)钢管桩定位

(1)首孔1号墩钢管桩定位，如图4所示。

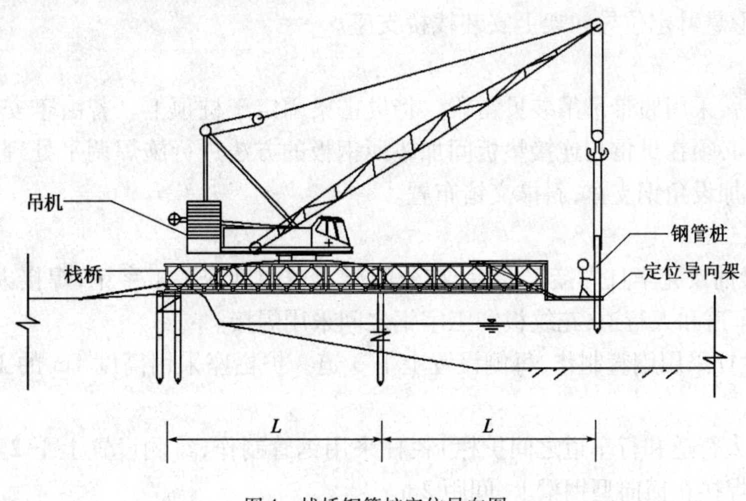

图4 栈桥钢管桩定位导向图

①首孔贝雷钢架采用陆上临时支架搭设，在距离一个Z形悬臂定位导向架长度即Z形悬臂定位导向架的定位导向孔位于桩基孔位时，将Z形悬臂定位导向架支架用吊机起吊安装在贝雷钢架上。

②用GPS放样，人工配合在Z形悬臂定位导向架平台上准确定出桩位，在平台上做上定位标记。

③用吊机起吊钢管桩，专人指挥，接近Z形悬臂定位导向架时，缓慢操作，以免碰伤Z形悬臂定位导向架，在准确位置处将钢管桩插入地基。

(2)其余墩钢管桩定位。

①将贝雷钢架向前悬挑架设到下一个桩位附近，然后在端头安装Z形悬臂导向定位支架。

②用GPS放样，人工配合在Z形悬臂定位导向架平台上准确定出桩位，在平台上做上定位标记。

③用吊机起吊钢管桩，专人指挥，缓慢操作，在准确位置处将钢管桩插入地基。

5)钢管桩打设

(1)采取"钓鱼法"进行钢管桩施工，即在已经修筑好钢栈桥上，将钢管桩吊入定位架内，校准其桩位及垂直度，以履带吊吊挂振动锤逐孔向前打设钢管桩，每孔钢管桩打设完毕铺设上部结构，履带吊前移,继续下一孔的钢栈桥施工。沉桩以高程和贯入度进行双控,并以贯入度为准。

(2)钢管桩插打时应注意以下事项:

①钢管桩施打时要注意桩顶高程的控制,桩顶高程应控制在正误差10cm以内。当钢管桩进尺极为缓慢或施沉困难时,不能强行施沉,以免钢管偏位或变形,要查找和分析原因。

②钢管桩施打时,若桩顶有损坏或局部压屈,则对该部分予以割除并接长至设计高程。

③如因钢管桩施打过度或地质原因桩顶高程过低时,在Z形悬臂定位导向架上接长钢管继续施打。此时由于Z形悬臂定位导向架已预留了适当的高度,桩锤施打时不会导致Z形悬臂定位导向架损坏。

6)钢管平联及剪刀撑施工

钢管桩插打完毕后,利用Z形悬臂定位导向架和其他辅助设施进行钢管平联和剪刀撑的焊接。钢管平联采用槽钢进行联接。由于钢管桩的施打存在一定误差,因此用于连接的钢管下料长度要根据钢管桩间实测长度而定。施焊前应对焊接部位的钢管桩表面进行清理,去除锈皮、黏附的泥土等杂物,并保证表面干燥。焊接完成后,应保证焊缝冷却前不接触到冷水。

7)安装桩顶横梁

桩顶为工字钢,可提前加工,在钢管桩基施工完成后整体吊放,加工时,应注意支点处的加劲立板焊接位置准确。桩顶与牛腿之间采用焊接固定,纵向与横向之间采用焊接连接。操作人员在Z形悬臂定位导向架上操作,安全便利。

8)安装支座

操作人员在Z形悬臂定位导向架上安装栈桥支座。

9)安装贝雷梁

桩顶架设完成后,采用履带吊吊装贝雷梁。将贝雷梁固定于桩顶上。若由于安装误差造成与贝雷间不能紧密接触时,必须在贝雷与连接垫板间加垫薄钢板的方法进行施焊调平处理。两组贝雷梁安装完毕,在组与组之间加设角钢支撑,斜撑交错布置。

10)铺设桥面系

(1)桥面分配梁铺设完毕且焊接牢固后,在分配梁上按图纸安装工字钢,焊接人行道斜撑,然后将花纹板满铺桥面行车道和人行道,花纹板和工字钢之间采用焊接。

(2)栈桥外侧栏杆采用钢管制作,每侧设置上下3道。护栏座采用高度1m的工字钢,焊接在横向型钢梁上,间距2m。

(3)栈桥内侧(人行道和行车道之间护栏)栏杆采用钢管制作,每侧设置上下2道。护栏座采用高度0.5m的工字钢,焊接在横向型钢梁上,间距2m。

6 材料及设备

6.1 主要材料用量(表1)

主要材料用量表　　表1

材料名称	规格型号	单位	数量
Z形悬臂定位导向架	自制	套	1
分配梁	I22×6(9)m	根	若干
护栏钢管	4.8×0.3cm	m	若干
护栏座	I121=1m	根	若干
桥面工字钢	I12.6	根	若干
贝雷片	321型	片	若干
贝雷销(片及杆)		个	若干

续上表

材料名称	规格型号	单位	数量
支撑架	90 型	个	若干
支撑架及斜撑螺栓	M22 × 105	个	若干
工字钢	工 12.6 双肢 × 6m	根	若干
工字钢	工 12.6 双肢 × 3m	根	若干
钢管	ϕ630 × 8 型	根	若干

6.2 机械设备

1)机械设备配置原则

(1)各种设备性能配套齐全,充分发挥成套机械设备的综合施工能力,使施工机械化达到理想的效果。在施工过程中要求各单机尽量机动,便于操作,性能可靠稳定,以保持生产的连续性,

(2)机械运转有整套的安全保证体系,单机配有过载保护和自检装置,对作业人员有安全保障设施。

2)机械设备配置(表2)

机 械 设 备 配 置 表2

机械设备名称	规格型号	单位	数量
履带吊	50t	台	1
振动锤	DZ(60)Y	台	1
汽车吊	QY25D	辆	1
平板运输汽车	CA141	辆	2
交流电焊机	BX1-500	台	2
交流电焊机	BX1-400	台	2
装载机(龙工 30)	LG833	辆	1
氧气乙炔割刀	ZL-30	套	4
250kV 发电机	HLG-250	台	1
50kV 发电机	T/071006	台	2

7 质量控制

(1)执行《钢结构工程施工规范》(GB 50755—2012)、《公路工程技术标准》(JTG B01—2003)、《公路工程质量检验评定标准》(JGG F80/1—2004)、《公路桥涵施工技术规范》(JTG/T F50—2011)等国家和行业技术规范。

(2)严格技术交底,强化全员质量意识,坚持岗前培训制度。加强对原材料的质量检查,做到不合格成品不进场。

(3)Z形悬臂导向定位架和钢管桩加工要经过检查合格后方可运至现场施工。严格控制钢管桩定位精度、振打及焊接质量。

(4)主桁贝雷梁拼装严格检查安装情况,做到螺栓无松动。分配梁与钢管桩可靠连接,主桁现场分组拼装要牢固、可靠,仔细检查固定销子有无遗漏。拼装搭设严格控制轴线两边对称作业。

8 安全措施

(1)严格执行《建筑施工安全检查标准》(JGJ 59—2011)、《公路水运工程安全生产监督管理办法》(交通部令 2007 年第1号)等国家和行业规范。

(2)加强全员安全教育,树立安全第一思想,建立、健全各项安全生产的规章和管理制度。各种机

械设备必须专人专机并持证上岗操作,使用前由专职人员检查、试运转。特殊工种要严格管理,其操作负责人要按规定每周对施工现场的所有机械设备进行检查,发现问题及隐患及时解决处理,确保机械设备的完好,防止机械伤害事故的发生。

(3)做好安全技术交底制度,制定针对性的安全技术方案及措施,并认真进行交底,使施工人员熟悉安全措施以增强自我保护意识。对氧气瓶和乙炔瓶保管、存放、运输和使用严格按照操作规程执行。

(4)现场临时用电必须按安全规定进行布置线路,严禁乱拖乱拉。经常对施工现场的用电设备进行安全检查,定期测试漏电开关及接地电阻,发现问题立即整改。做到三级控制两级保护,电箱为标准电闸箱,并采取防雨、防潮措施。电气设备应根据地区或系统要求,做保护接零或做保护接地,专职电工对现场电气设备每月进行巡查,每月对施工用电系统、漏电保护器进行一次全面系统的检查;配电箱设在干燥通风的场所,周围不得堆放任何妨碍操作、维修的物品,并与被控制的固定设备距离不得超过3m。安装和使用按"一机、一闸、一箱、一漏"的原则,任何场合均不能拖地,线路过道应按规定进行架空或地埋,破皮老化线路不准使用。

(5)钢管桩插打时,一定要严格按照栈桥施工方案所规定的工序和工艺进行,严禁劣质产品进入施工现场;钢管桩插打或者起吊时由专职起重指挥人员指挥吊车作业;作业人员必须严格遵守相关安全操作规程,使用的各种工具、用具应有防护措施,严禁随意抛掷各种工具、物料;栈桥作业时安全设施必须同步进行,每完成一跨,相应的安全防护设施也要马上跟上。钢管桩必须增加剪刀斜撑,确保整体牢固可靠;施工中钢管桩之间以及钢板之间的焊接必须符合规范要求,保证栈桥的整体牢固可靠,

(6)作业人员必须配带安全带、救生衣等防护设施。在打桩架上的作业人员必须系好安全带、穿好救生衣。打桩架四周设围栏、救生圈及长绳。作业前安全管理人员及操作手必须对设备进行检查和空载运行,在确定无故障时方能进行作业。

(7)制订防台风、防潮汛、防龙卷风应急预案。成立突发事故领导小组,在遭遇强台风、大潮汛、龙卷风袭击时,负责组织所有员工进行救助及采取相应的紧急措施,避免和减少损失,确保员工生命安全。

(8)栈桥桥面采取硬隔离措施,人机分离,大型机具、车辆运行时,听从现场指挥人员统一指挥,预防出现安全事故。

(9)通航地段需设置通航标志和灯标,指派专人管理。

9 环保措施

(1)建立环保管理体系,切实贯彻国家及地方环保法规。

(2)成立环境保护领导小组,进行定期检查。对施工人员进行环保法律、法规教育,树立环保意识,自觉地遵守环保规定。施工现场卫生设施齐全、布局合理,并有专人负责管理、清扫。

(3)施工临时道路、运输道路和施工现场经常进行洒水整修,防止扬尘污染农田和环境,因工程施工而堵塞的沟渠、河道予以及时疏浚以防止水土流失和保持流水畅通。

(4)严格遵守《建筑施工场界环境噪声排放标准》(GB 12523—2011)的有关规定,施工前,首先通知施工场地周围的单位和居民,施工作业严格控制在规定的时间内进行。加强机械设备的维修和保养,保证机械设备的正常运转,降低噪声的声级。

(5)水环境保护。

生活污水、机械排放的污水按规定处理达标后排入指定区域。施工废水集中沉淀除油后排放。防止生活污水、施工废水污染水源。

(6)固体及液体废物处理。

加强现场废旧料、报废材料,特别是机械废油的回收和管理,防止废弃物流失,减少污染,保护环境。

10 资源节约

通过本工程实践,本工法采用的贝雷栈桥施工桩基Z悬臂定位导向支架装置,构造简单,制作方

便,就地取材,可利用废旧钢材,安装及移动灵活,可重复使用,施工速度快,较好地节约了资源。

11 效益分析

利用Z悬臂定位导向支架对钢管桩定位导向施工,解决了滩涂和海(江、湖)上快速安全施工的难题,节省施工时间,提高了工效。3座栈桥滩涂临时支架节约30万元,海上(江湖)平台节约260万元;施工工期比计划提前了3.5个月,节约工费90万元,3座栈桥共节约工程费用380万元,且栈桥钢管桩准确率均控制在规范要求之内,施工进度快,工程质量好,安全可靠,得到业主的好评。

12 应用实例

12.1 工程实例一

玉环芦浦特大桥(长2 207m)位于乐清湾玉环一侧海上,起终点与南北侧山麓中的路线相接,为保证该桥施工顺利进行,需要在乐清湾玉环一侧海上芦浦特大桥水中0号台~54号墩左侧设置钢栈桥一座。钢栈桥长度2 133m,钢栈桥桥面设计宽度为8m(6.5m行车道+1.5m人行道)。钢栈桥基础采用直径630mm的钢管桩,梁部采用贝雷梁搭设,承重梁采用I32号工字钢,分配梁采用I22号工字钢,桥面系为I12.6号工字钢与花纹钢钢板组合。栈桥右边缘线距桥梁左边缘线1m。

图5 完成后的玉环芦浦特大桥贝雷栈桥

栈桥工程(图5)由宁波交通工程建设交通有限公司施工,于2011年8月3日开工,2012年7月6日完成。栈桥工程施工中采用Z悬臂定位导向支架对钢管桩定位导向施工,解决了滩涂和海上快速安全施工的难题,节省施工时间和经费,经济效益明显。栈桥工程完成后钢管桩试桩竖向抗压静载荷试验合格,单桩竖向抗压承载力满足设计要求,并已通过监理、业主的验收。工程经实际使用,质量情况良好,满足工程需要。

12.2 工程实例二

曹娥江上浦桥建设工程路线起点位于曹娥江西岸新104国道,南侧跨越曹娥江,终点位于曹娥江东岸梁章线联江埂段,路线全长约1.357km,桥梁长456m、宽13.2m,桥梁下部结构为桩基础、承台、柱式墩、肋式台,上部结构为预制30m小箱梁、现浇悬臂箱梁等结构。

图6 曹娥江上浦桥贝雷栈桥

本工程栈桥(图6)长420m,由浙江大舜公路建设有限公司施工,于2012年7月7日开工,工期22个月。施工中应用Z悬臂定位导向支架对钢管桩定位导向施工,解决了河上栈桥桩基导向定位难题,快速安全施工,节省施工费用时间,提高了工效。贝雷栈桥工程质量良好,为工程主体施工奠定了基础。

12.3 工程实例三

余姚市四明湖浮桥改造工程位于余姚市梁弄镇,建于四明湖水库中,取代原有生锈的浮桥来连接狮山半岛与玉兔岛的交通,桥梁结构形式为11跨钢筋混凝土拱桥,桥梁全长351m,桥梁宽度8.5m。

施工便桥为贝雷栈桥(图7),全长为372m,桥跨布置为12m×5+9m×32+12m×2,共39跨,桥

图7　余姚市四明湖大桥栈桥

宽7.0m,净宽6.8m。便桥轴线距离主桥中心线10.5m(吊装水平距离13.5m,便桥边距承台边1.4m),以满足桥面板吊装的角度及承台工作空间。施工期间水位为6~7m,根据设计资料,为保证便桥的安全施工及工程需要,桥面高程定为17.48m,便桥不考虑通航要求。

本工程由宁波交通工程建设交通有限公司施工,于2011年3月开始栈桥施工,2011年6月栈桥施工完成,采用Z形悬臂支架定位导向架工艺,提高了工程进度,质量可靠,取得了良好的经济效益和社会效益。

湿陷性黄土振动沉管碎石挤密桩施工工法

GGG(中企)A2013—2013

宋大成 王 栋 王吉强 吴文建 肖中和
(中交第四公路工程局有限公司)

1 前言

湿陷性黄土振动沉管碎石挤密是一种高效能的软土地基的处理方法。加固砂土、粉土地基,可以使地基的承载力增加,沉降量减少,防止地震液化的发生,同时亦可用于增大软弱黏性土的整体稳定性。湿陷性黄土振动沉管碎石桩主要用于挤密砂土地基,随着现代研究和实践的深化,特别是高性能的专用施工机具出现后,其使用范围不断得到扩大、推广。近些年来,我国高等级公路应用湿陷性黄土振动沉管碎石桩处治软弱地质构造等不良地基已越来越广泛,实践证明,其效果显著,方法可靠,不失为一种经济、快捷的软弱地基处治办法。此外,碎石挤密桩施工还可以改善施工条件,加快施工进度,降低工程造价,有着广泛的应用前景。

本工法的关键技术"湿陷性黄土振动沉管碎石挤密桩施工技术研究"于 2012 年 6 月 7 日通过了中交第四公路工程局有限公司的技术鉴定,总体达到国内先进水平。

2013 年 7 月 26 日该工法被评审为企业级工法。

2 工法特点

(1)施工机具常规,操作工艺简单,操作者和管理者易于掌握。

(2)场地干净,无污染。对比振冲法施工,湿陷性黄土振动沉管法施工环境整洁,无须考虑泥浆排放和对场地的污染。

(3)造价低。所使用的材料为碎石,可节约水泥、钢材,就地使用廉价地方材料,可降低工程成本。

(4)施工速度快,适用性广。

3 适用范围

本工法适用于松散砂土、粉土、低液限黏土、素填土和杂填土及其他劣质土地质条件下修筑铁路路基、公路路基、房建地基、机场、码头的基础加固。

4 工艺原理

碎石挤密桩是通过成桩过程中对周围砂土、粉土、黏性土层的挤密、振密作用和靠碎石的压入获得加固效果,使砂土、粉土、黏土地基的密实度增加;同时设置的碎石挤密桩增强体,本身又是一个良好的排水通道,它的存在不仅有利于砂土、粉土地基中超孔隙水压力的消散,有效地增强土体的抗液化能力,而且在荷载的作用下,碎石挤密桩增强体又与土体地基共同承担荷载作用,即形成碎石挤密桩复合地基。

4.1 对可液化砂土、粉土的加固机理

碎石挤密桩加固砂土、粉土地基的主要目的是提高地基土承载力,减少变形和增强抗液化性。

1)挤密作用

在成桩过程中桩管对周围砂土、粉土层产生很大的横向挤压力,桩管体积的土挤向桩管周围的土

层,使桩管周围的土层孔隙减小、密实度增大。

2)排水降压作用

碎石挤密桩加固砂土时,桩孔内充填反滤性好的粗颗粒料(碎石、砾石、卵石),在地基中形成渗透性能良好的人工竖向排水降压通道,可有效地消散和防止超孔隙水压力的增高,防止砂土、粉土产生液化,加快地基的排水固结。

3)预振效应

碎石挤密桩在成孔及成桩时,湿陷性黄土振动沉管的强烈湿陷性黄土振动使填入料和地基土在挤密的同时获得强烈的预振效果,对砂土、粉土增强抗液化能力是极为有利的。

4.2 对黏性土的加固机理

碎石挤密桩加固黏性土地基的主要目的是提高地基土承载力、减少地基沉降量、提高土体的抗剪强度、增大土体的抗滑稳定性。

1)置换作用

对黏性土地基,由于土的黏粒含量多,黏粒间结合力强,渗透性低,在湿陷性黄土振动沉管的振动力或挤压力的作用下,土中水不易排走,因此碎石挤密桩的作用不是地基挤密,而是置换。

2)排水作用

碎石挤密桩在黏土中形成一个良好的排水通道,起到了排水砂井的作用,且缩短了孔隙水的水平渗透路径,加速了软土的排水固结。

3)加筋作用

对于浅层软土层,碎石挤密桩可贯穿整个软土层至相对硬层,此时桩体在荷载作用下主要起应力集中作用,使地基承载力提高、压缩性减小。

4)垫层作用

软土层较厚时,碎石挤密桩可不穿过软土层,此时形成的加固复合土层起垫层作用,垫层将荷载扩散,使应力分布趋于均匀,从而达到提高地基承载力和减小沉降量的目的。

5 工艺流程及操作要点

5.1 沉管碎石桩的施工工艺流程(图1)

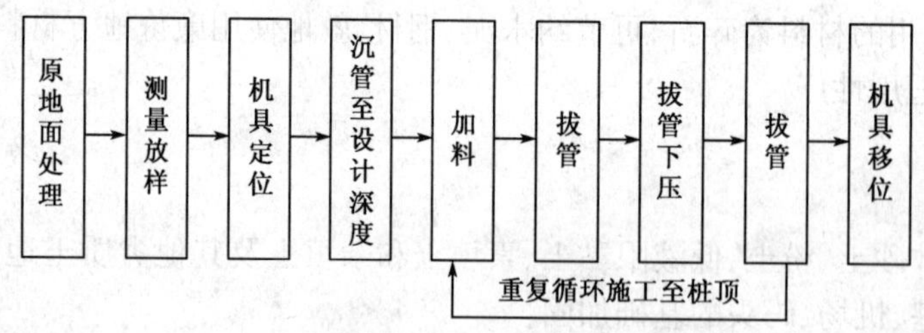

图1 施工工艺流程图

(1)移动湿陷性黄土振动沉管机及导向架,把桩管及桩尖对准桩位,用吊锤吊线检查桩管垂直度。

(2)启动湿陷性黄土振动锤,把桩管下沉到预定的深度。

(3)向桩管投入规定数量的碎石料(由试桩确定)。

(4)把桩管提升一定的高度(不超过2m),提升时桩尖自动打开,桩管内的碎石料流入孔内(提管速度、高度由试桩确定)。

(5)降落桩管,利用湿陷性黄土振动沉管及桩尖的挤压作用使碎石密实(落管高度及留振时间由试桩确定)。

(6)重复(4)、(5)两工序,桩管上下插拔,碎石不断补充,砾(碎)石桩不断增高。桩管提至地面,碎石桩完成。

在碎石桩施工前首先平整场地,局部低洼处可填土或填碎石找平,再进行初压,采用静压压路机碾压,确保桩机走行平稳,其次进行材料准备、测量放线,实地标出打桩范围与桩位,然后才开始碎石桩施工。在以上各施工程序中,关键是施工中对水、电、料的控制,即上流程的下沉挤密过程和投料与提管过程。湿陷性黄土振动挤密过程是保证成桩质量的关键,必须通过试验确定振挤次数、电机的工作电流和留振时间等参数,每次投入碎石量及挤密后提升高度是保证成桩质量的前提,为保证质量,本着"少吃多餐"的原则进行加料,每次提升高度以套管桩尖不离开碎石面为宜,以防塌孔、缩径、断桩的发生,具体参数与地质条件有关,因此必须通过现场试验确定。

5.2 操作要点

(1)正式施工前应进行成桩试验,试验桩一般为7~9根。

(2)正式施工时,要严格按照设计的桩长、桩径、桩间距、碎石灌入量以及试验确定的桩管提升高度和速度、振密挤压次数和留振时间、电机的工作电流等施工参数进行施工,以确保碎石挤密桩桩身的均匀性和连续性。

(3)施工顺序从四周开始向中心进行,相邻两桩必须间隔跳打。

(4)保证起重设备平稳,导向架与地面垂直,垂直偏角不大于1.5%,成孔中心与设计桩位偏差不大于50mm,桩径和桩长容许偏差不小于设计值。

(5)边进行湿陷性黄土振动边下沉,通常每下沉0.5m留振30s。

(6)启动拔管,拔管前留振1min,以后边进行湿陷性黄土振动边拔管,拔管速度需均匀且每拔管1m留振1min。

(7)碎石灌入量不应少于设计值的95%,如不能顺利下料时,可适量往管内加水。

(8)提升和反插速度必须均匀,反插深度由深到浅,每根桩在保证桩长和碎石灌入量的前提下,总反插次数一般不得少于12次。

(9)若地表水丰富或较软弱,可先铺一层碎石垫层,有利于排水,同时提高地基强度,便于机械和施工人员行走。

(10)湿陷性黄土振动沉管成桩至地面时向下复振1m,确保地表不产生缺碎石的凹桩。

6 人员与设备(表1)

劳动力组织 表1

序 号	工 种	人 数	分 工
1	现场负责	1	现场指挥
2	技术员	1	技术指导、记录
3	质检员	3	检测、质检记录
4	安全员	2	安全检查及值班
5	桩机司机	2	操作桩机
6	投料工	4	碎石桩投料
7	机修工	1	设备检修、调试
8	自卸车司机	8	土石方机械操作
合计		22	含材料运输人员

碎石桩施工的机械设备是以湿陷性黄土振动沉管桩机为核心,其他设备与桩机的生产能力相匹配,并满足质量控制和检测的需要,主要设备见表2。

机械设备配置 表2

机具设备名称	数 量	机具设备名称	数 量
DZJ-60履带式沉管桩机	1台	ZL30装载机	2台
110kW发电机组	2台	自制手推车	3台

续上表

机具设备名称	数　量	机具设备名称	数　量
115kW 水泵	1台	重Ⅱ型动力触探仪	1套
25t 自卸车	6台	DTM-402 全站仪	1套
ZY16 压路机	1台	DS3 水准仪	1套

7　质量控制

(1)执行标准:中华人民共和国行业标准《公路软土地基路堤设计与施工技术规范》(JTG/T D31-02—2013)、《公路路基施工技术规范》(JTG F10/1—2006)、《公路工程质量检验评定标准》(JTG F80/1—2004)。

(2)材料:未风化的干净砾石或轧制碎石,粒径宜为19~63mm,含泥量不大于10%。

(3)制桩试验:施工前按规定做成桩试验,严格按试桩结果控制振密电流和沉管的留振时间以及分批加入的碎石量、反插次数、深度,沉管提升高度、速度等,经验证设计参数和施工控制的有关参数作为碎石桩施工的控制指标。

(4)碎石桩实测项目见表3。

碎石桩实测项目　　表3

项　次	检查项目	规定值或允许偏差	检查方法和频率	项　次	检查项目	规定值或允许偏差	检查方法和频率
1	桩距(mm)	±150	抽查2%	4	竖直度(%)	1.5	查施工记录
2	桩径(mm)	不小于设计值	抽查2%	5	灌石量	不小于设计值	查施工记录
3	桩长(m)	不小于设计值	查施工记录				

(5)单桩灌石量(Q)的计算:

$$Q = K \times L \times \pi d^2/4\ (\mathrm{m}^3)$$

式中:d——桩管直径(m);

L——碎石桩长度(m);

K——碎石桩充盈系数,一般为1.15~1.50,视土质由试验确定。

(6)碎石桩密实度检测:检测抽检频率为2%,要求用重Ⅱ型动力触探测试,贯入量10cm时,击数不小于5次。工程实践表明,重Ⅱ型动力触探不仅能检验和评定碎石挤密桩的连续性及其密实程度,而且确定碎石挤密桩单桩承载力也是十分有效的。

8　安全措施

(1)确定安全生产目标,制订安全生产制度,落实安全生产责任制。

(2)加强对施工人员的安全教育,树立安全第一的思想,文明施工。

(3)开工前清除一切施工障碍,清理地表障碍,妥善处理地下管线及空中管线,不留隐患。

(4)机具开工前需进行检测调试,确保安全可靠,施工中随时检查设备的完好率。

(5)施工人员必须戴安全帽,统一指挥,协调作业。

(6)加强用电管理,严格执行用电安全操作规程。

(7)执行安全施工值班制度,认真进行工前检查、工中检查、工后检查。

9　环保措施

(1)认真学习贯彻国家、交通运输部、地方政府有关环保法规及规定,明确环保要求,健全环境保护体系,把环境保护工作作为一项重要施工管理内容,制定和落实环境保护措施,修建环保设施,处理好施工与环保的关系。

(2)实行环保目标责任制。把环保指标以责任书形式层层分解到个人,列入承包合同和岗位责任制,建立环保自我监控体系。

(3)加强检查和监控,加强对施工现场扬尘、噪声、湿陷性黄土振动、废气、强光的监控、监测及检查管理,定期组织有关人员对环保工作进行评定。

(4)采取合理措施,避免因施工方法不当而引起的污染、噪声和其他原因造成对公众财产和居民生活环境的伤害或妨碍。

(5)注意保养机械和正常操作,尽量使机械噪声维持其最低声级水平。采取有效措施防止机械、车辆停放、维修以及油品存放时的油品泄漏。

(6)采取措施,合理安排,减少扬尘等有害气体的排放。

(7)工程施工垃圾、生活垃圾按有关规定排放、处理。

(8)施工人员进入现场后,进行文明施工和环保知识的宣传、教育、并进行考核,树立良好的文明施工及环保意识。

(9)施工现场内及周边要干净清洁,划分责任区设专人清扫,必要时采取洒水降尘措施。

(10)施工收工时,各工种要做到活完场清,应将各种用品和工具放在指定地点,专人保管。

(11)在施工中,设专用垃圾堆放处,并定时清理,运输垃圾时严禁遗撒,现场少量洒水,以减少扬尘。

(12)施工营地、场地、便道在使用完毕后立即恢复。

(13)工程施工完成后,及时进行施工现场清理,拆除废弃临时设施,多余材料及建筑垃圾清运出现场,做到工完场清。

10 资源节约

(1)用湿陷性黄土振动沉管碎石桩加固软土地基,无需养护时间,对周围建筑物影响小,施工方便,安全可靠,无需基坑支护,节约材料,避免大量土方换填,加固费用低,并且大大缩短施工工期,为上部工程施工赢得时间。

(2)沉管碎石桩可充分利用天然材料,就地取材,工程造价低,节约成本。

(3)湿陷性黄土振动沉管法施工环境整洁,场地干净,无污染,社会效益显著。

11 效益分析

西宁南绕城公路 12 标成功应用湿陷性黄土振动沉管碎石挤密桩处理湿陷性黄土地基,不仅为工程进展赢得了宝贵时间,缩短了工期,同时也大大节约了工程成本。经加固处理的地基土的压缩模量、承载力基本值均显著增长,达到了提高地基承载力、减少地基土沉降量和差异沉降量、加速沉降稳定时间的目的,加固效果显著。

采用湿陷性黄土振动沉管碎石桩法,与其他地基处理方法比较,产生较好的经济效益,如表 4 所示。

采用沉管碎石桩与其他地基处理方法的比较 表 4

内 容	材料费用(万元)	机械租赁(包括桩机、配套小型机具和发电机)费用(万元)	施工工期(d)	总成本(万元)
沉管碎石桩	386.1	55	60	441.1
灰土挤密桩	412.8	55	88	467.8
灌注桩、粉喷桩	587.2	72	88	659.2
软土换填砂砾	490.5	10	105	500.5

注:采用灰土桩施工,虽然灰土价格相对其他材料较低,但是其单桩承载力较低,如提高复合地基承载力,需要加密桩距和加大桩径。

沉管碎石桩应用于该项目,共节约成本218万元,节约工期45d。有效保证了该工程项目的施工质量,加快了工程进度,降低了工程成本,取得了良好效果。本工法施工工艺简便,施工效率高,成本低,安全性、稳定性好,可广泛推广应用于软土地基处理施工中,以实现高速公路社会效益、经济效益与环保效益的和谐统一。

12 应用实例

西宁南绕城公路12合同段位于青海省西宁市湟中县境内,属湟水河河谷南部低山丘陵的顶部和Ⅱ~Ⅲ级阶地的上部及部分小面积残余的Ⅵ阶地上部。湿陷性黄土分布广泛,覆盖层黄土以低液限粉质土为主,天然密实度小、孔隙率大、含水率低,土体垂直节理较发育,土质结构松散,在自重或外力与水的侵入作用下极易发生湿陷和陷穴,设计采用了碎石挤密桩加固地基处理。经过处理,复合地基承载力达到180kPa以上,起到了良好的加固效果。同时由于沉管碎石桩施工速度快、造价低、无污染等优点,不仅为工程进展赢得了宝贵时间,同时也大大节约了工程成本,受到业主好评。

软基路堤薄层轮加填筑施工工法

GGG(中企)A2014—2013

王盛源　徐小庆　刘吉福　谭祥韶　刘锦伟
(中国铁建港航局集团有限公司)

1　前言

路堤稳定是软基路堤施工的一大难题。阶段施工或分期施工(staged construction)法是软基路堤常用填筑方法之一。所谓阶段施工法是指将路堤分若干(通常2~4)阶段填筑,每个阶段填筑速率均不能受稳定性控制(图1)。第一阶段通常取天然地基极限填土高度,其他相邻阶段之间的时间间隔通常根据路堤稳定性分析确定,时间间隔通常大于90d。阶段施工法虽然可以较好地解决路堤稳定问题,但是路堤填筑时间较长,在雨季较长的南方更加突出;而且机械投入数量、进退场次数均较多。

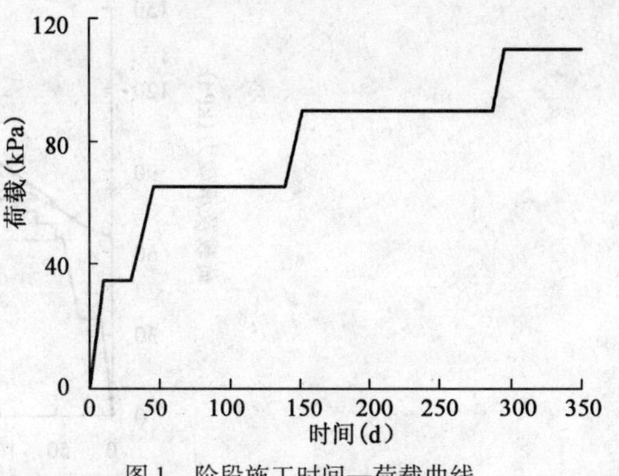

图1　阶段施工时间—荷载曲线

在容许工期日益缩短的情况下,中国铁建港航局集团有限公司致力于研究软基路堤安全快速填筑的方法,进行了大量试验研究,取得了显著成效。2001年、2005年、2006年、2009年交通运输部科技教育司、广东省科技厅、广东省交通厅组织对研究成果进行了鉴定,达到国内领先、国际先进水平。与此同时,形成了软基路堤薄层轮加填筑工法,广东省多条高速公路软基路堤填筑验证了该工法的有效性,不少设计明确采用"薄层轮加"施工方法。

2　工法特点

(1)在路堤加载计划、施工监控指导下,充分利用软土强度增长,短时间间隔地连续填筑,可以有效缩短路堤填筑时间、减少工后沉降。

(2)综合利用表观法、指标法、拐点法等判断路堤稳定性,实现软基路堤安全、快速地填筑。

(3)路堤分成若干区段,各段路堤之间流水填筑作业,减少机械数量和进退场次数。

3　适用范围

本工法适用于路堤填筑速率受排水固结快慢限制的路段。路堤较长时,易于实现流水作业,经济性更好。

4　工艺原理

路堤薄层轮加法是在路堤稳定的前提下、短时间间隔地连续填筑方法。填土高度小于考虑施工扰动影响的极限填土高度时,路堤填筑速率不受路堤稳定性控制。超过考虑施工扰动影响的极限填土高度后,当地基土强度增长满足填筑下一层土时,立即填筑下一层土,以此类推,短时间间隔地、轮番快速填筑路堤,直至填筑完毕。路堤采用薄层轮加法填筑时主要依靠施工监测控制填土速率,路堤稳定时继续填筑下一层,否则预压并继续监测、达到路堤稳定条件后继续填筑。薄层轮加法与阶段施工法的加载曲线、荷载与承载力关系见图2。可见,薄层轮加法充分利用地基的强度增长,路堤填筑时间短,有利于减少工后沉降。

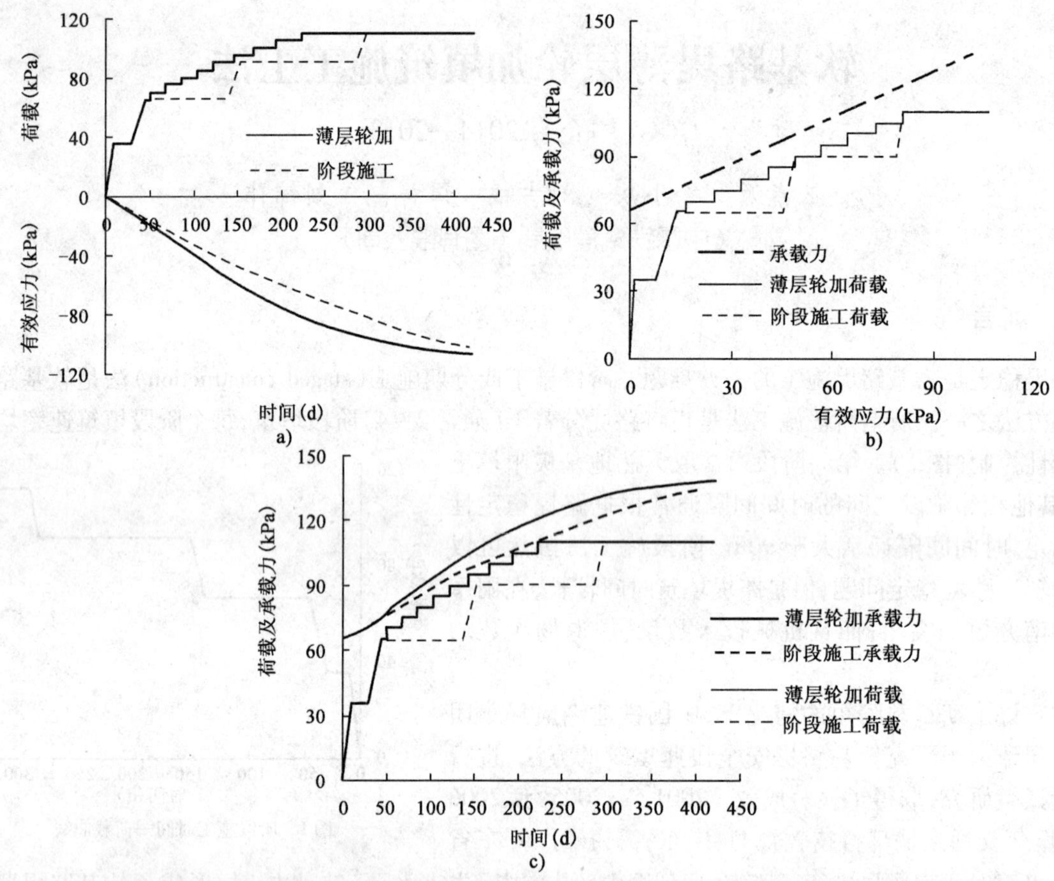

图2 薄层轮加法与阶段施工法的有效应力变化、承载力利用情况对比图

a)两种工法荷载、有效应力随时间的变化;b)两种工法荷载、承载力与有效应力的关系;c)两种工法荷载、承载力随时间的变化

软基路堤较长时,将路堤分为若干区段,在多段路堤之间采用流水填筑作业。存在非软基路堤时,可以与非软基路段之间调配施工机械。因此,通常情况下,采用薄层轮加法不会造成设备窝工,且减少了机械设备的进退场数量。

5 施工工艺流程及操作要点

5.1 施工工艺流程(图3)

5.2 操作要点

1)补充勘察

为了合理地制订路堤填筑计划,采用静力触探、十字板试验进行补充勘察。

2)制订路堤填筑计划

根据勘察资料制订路堤填筑计划,为路堤分段、施工队伍配置、填筑速率控制提供参考。

(1)垫层包括工作垫层和排水垫层,总厚度宜小于2m,当大于天然地基极限填土高度的50%时,应在垫层底部或垫层中加设土工合成材料,使垫层稳定安全系数大于2。天然地基极限填土高度可以采用稳定分析软件计算,均质天然地基极限填土高度可以采用式(1)估算。

$$h_1 = \frac{5.14C_u}{\gamma_f} \tag{1}$$

式中:h_1——天然地基极限填土高度(m);

C_u——天然软土初始不排水抗剪强度(kPa);

γ_f——填土重度(kN/m^3)。

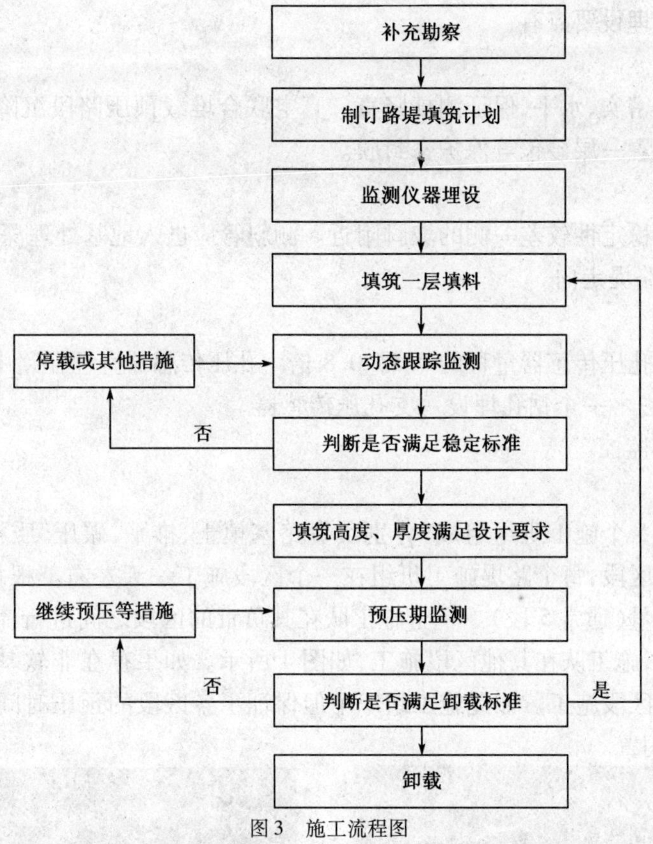

图3　施工流程图

(2)当填筑 n 层土后,第 $n+1$ 层的填筑时间 t 宜采用堤坝稳定分析软件确定,地基土质较均匀时,也可按式(2)估算。

$$\sum_{i=1}^{n+1}\Delta P_i \leqslant \frac{(1+\eta)C_u + \tan\varphi_{cu}\sum_{i=1}^{n}\Delta P_i[1-\alpha e^{-\beta(t-\tau_i)}]}{0.39K} \tag{2}$$

式中:ΔP_i——第 i 层土荷载(kPa);

η——软基处理后软土不排水抗剪强度与原状土不排水抗剪强度的比值;

φ_{cu}——软土固结不排水剪内摩擦角(rad);

α、β——固结参数,按表1计算;

τ_i——第 i 层土加载时间中点(d);

K——安全系数。

不同条件下 α、β 计算公式　　表1

序　号	条　件	α	β	备　注
1	竖向排水固结(当 $\overline{U}_t > 30\%$)	$\frac{8}{\pi^2}$	$\frac{\pi^2 C_v}{4H^2}$	H——竖向排水距离; C_v——竖向固结系数; C_h——水平向固结系数; n——井径比; d_e——等效圆直径; $F(n)=\frac{n^2}{n^2-1}\ln(n)-\frac{3n^2-1}{4n^2}$; Q——砂井长度与压缩层厚度的比值; R——土柱体半径
2	向内径向排水固结	1	$\frac{8C_h}{F(n)d_e^2}$	
3	竖向和向内径向排水固结	$\frac{8}{\pi^2}$	$\frac{8C_h}{F(n)d_e^2}+\frac{\pi^2 C_v}{4H^2}$	
4	砂井未贯穿压缩层	$\frac{8}{\pi^2}Q$	$\frac{8C_h}{F(n)d_e^2}$	

3)埋设监测仪器

按照设计、规范规定设置监测断面和监测项目,地质条件、周围环境差别较大时适当调整监测断面、监测项目等。监测仪器埋设要点有:

(1)表面沉降板。

表面沉降板基底应密实、水平,保证测杆竖直。真空联合堆载预压路段沉降板宜埋在密封膜上侧,沉降板与密封膜之间设置一层砂包等保护密封膜。

(2)测斜管。

测斜管应埋在路堤稳定性较差一侧的坡脚附近。测斜管应进入地基处理深度以下的硬土层不少于1m,并使一对滑槽垂直路堤走向。

(3)孔压传感器。

预计最大孔压宜为孔压传感器量程的0.5~0.8倍。孔压传感器宜埋在路中线附近的软土层中,孔压传感器间距宜3m左右。一个钻孔埋设一支孔压传感器。

4)路堤填筑与施工监控

(1)施工组织。

一个路堤施工队由5个施工班组组成,分别负责路基填土、推平、碾压、质检、监测与测量等工作。将软基路堤分为若干个区段,每个路堤施工班组在一个区段施工一天左右。根据加载计划确定一个路堤施工队负责的区段数量(通常5段)。一个施工队在其负责的区段之间进行流水作业,一个区段等待强度增长的时间间隔内,施工队在其他区段施工,如图4所示。如果存在非软基区段,软基区段设备闲置时可以安排到非软基区段施工。如此施工组织不但保证了各区段的预压时间,而且减少机械投入数量、进退场次数或机械闲置。

a)

b)

c)

图4 各区段之间流水作业示意图

a)第i天;b)第$i+1$天;c)第$i+2$天

(2)每层土的填筑工艺。

每层土的填筑工艺为:测量放线→运土(吹填砂)→粗平→精平→碾压→检测。

采用推土机粗平、平地机精平,压实度检测采用灌砂法。除客观条件限制的垫层外,均须按照规范、设计规定的分层厚度进行填筑。汽车运输填筑松铺厚度不大30cm,水力吹填厚度小于50cm,具体厚度可通过现场碾压试验确定。路堤等载、超载阶段应严格控制分层厚度小于30cm。为避免对软基的施工扰动,路堤高度小于5m时不得采用冲击碾压工艺。

(3)填筑速率。

填筑速率确定以施工监测为主,路堤填筑计划为辅。垫层以上的路堤,每填一层至少监测两次,综合利用以下方法判断路堤稳定性。

①表观法。路堤出现近似圆弧形的裂缝或者路堤附近出现隆起等现象时,排除其他原因后,路堤接近滑塌。

②监控指标法(图5)。软基路堤控制监控指标为:

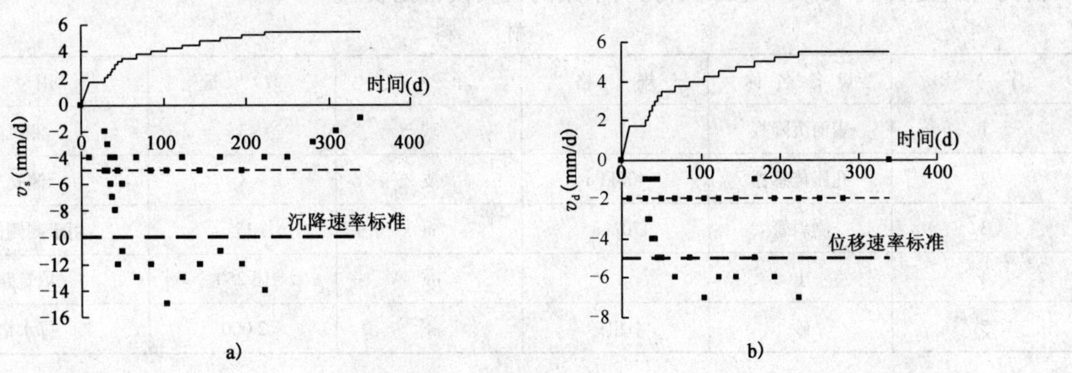

图5 监测指标法

a)沉降速率;b)侧向位移速率

沉降速率 $v_s \leqslant 15$mm/d(真空联合堆载预压除外);

位移速率 $v_d \leqslant 5.0$mm/d。

③拐点法。路堤稳定时,荷载—累计孔压增量曲线(P-$\sum \Delta u$)、荷载—累计侧移速率曲线(P-$\sum v_d$)、荷载—累计最大沉降速率曲线(P-$\sum v_s$)等基本呈线性关系,出现第一个拐点时,往往对应天然地基极限填土高度,如图6中点A,出现第二个拐点时路堤稳定性较差,如图6中点B。采用拐点法时各层土的厚度包括沉降。利用荷载—累计最大沉降速率曲线(P-$\sum v_s$)判断稳定即为AGO法。

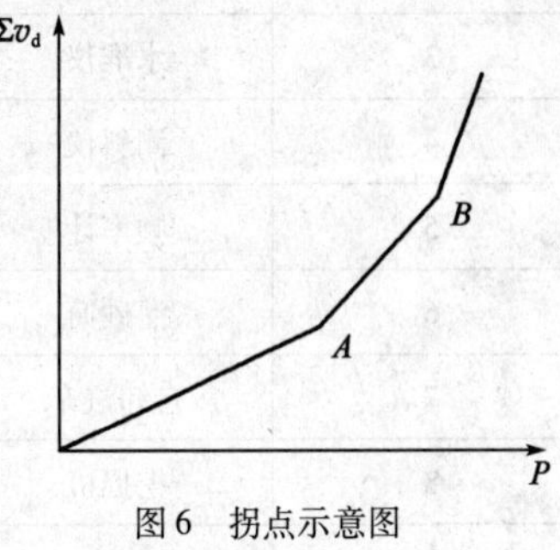

图6 拐点示意图

路堤稳定时,立即填筑下一层,路堤稳定性差时立即采取停载预压、反压、卸载等措施,并继续监测,路堤稳定后继续填筑。

5)预压与监测

路堤稳定报警、停止加载后或者路堤填筑完毕后均需要进行预压、监测。

(1)路堤稳定报警、停止加载后,宜每天观测一次,满足以下条件后可以继续加载:

①沉降速率收敛,且小于5mm/d。

②侧向位移收敛,且小于2mm/d。

(2)路堤填筑完毕后,宜7~15d观测一次,满足卸载条件后卸载。

5.3 劳动力组织

1 000m长的软土路堤,劳动力组织见表2。

劳动力组织 表2

序 号	工 种	人 数	职 责	备 注
1	队长	1	施工管理	
2	司镜	1	测量放线、监测	
3	驾驶员	5	驾驶自卸汽车	
4	机长	4	操作挖掘机、推土机、平地机、压路机	
5	普通工人	2	检测、测量、监测、清除填土中不适宜材料	

6 材料与设备

包括1个监测断面,软基深15m、厚0.5m砂垫层,路堤长100m、高5m、顶宽25m、底宽40m的路段所需的材料见表3。以一个施工队为例,采用的机具设备见表4。

材 料 表3

序 号	设备名称	规 格	单 位	数 量	用 途
1	表面沉降板		块	3	测沉降
2	孔压传感器	400kPa	支	4	测孔压
3	测斜管	70mm	m	17	用于测侧向位移
4	土		m^3	16 250	填筑路堤
5	砂	中粗砂	m^3	2 000	排水垫层

机具设备表 表4

序 号	设备名称	规 格	单 位	数 量	用 途
1	静力触探仪		台	1	测试软土不排水抗剪强度
2	全站仪		台	1	放线、测位移
3	水准仪		台	1	测量沉降、高程
4	测斜仪		支	1	测位移
5	频率计		个	1	测孔压
6	灌砂筒				监测压实度
7	自卸汽车	≥10t	台	5	运土
8	挖掘机		台	1	取土、挖排水沟等
9	推土机		台	1	粗平
10	平地机		台	1	精平
11	压路机	≥18t	台	1	碾压路堤

注:土方运距不同,自卸汽车数量有所增减。

7 质量控制

7.1 应执行的标准规范

(1)《公路路基设计规范》(JTG D30—2004)。

(2)《公路路基施工技术规范》(JTG F10—2006)。

(3)《公路工程质量检验评定标准》(JTG F80/1—2004)。

(4)招标文件或合同。

7.2 质量保证措施

(1)路基填筑施工必须按设计、规范执行,严格控制单层填筑厚度和压实度。

(2)根据施工监测资料确定设计荷载对应的沉降量,路堤填土厚度应等于设计路堤高度和设计荷载对应沉降之和。

(3)等载、超载预压时,宜根据监测资料估算卸载时各个压实度区的高程,确保满足设计要求。

(4)根据施工监测推算卸载时间,推算的工后沉降应满足设计要求。

8 安全措施

8.1 施工安全控制依据

(1)《建筑机械使用安全技术规程》(JGJ 33—2012)。

(2)招标文件或合同。

8.2 具体安全措施

(1)配置专职安全员,贯彻落实安全生产责任制。

(2)对施工人员进行安全教育和安全交底,操作手必须熟练掌握各种机械施工操作规程。

(3)施工场地周边特别是与地方道路交叉口处设置警示标志,严禁闲杂人员进入施工现场。

(4)施工机械和车辆必须检验合格,特种作业人员须持证上岗。

(5)严格根据施工监测结果进行路基填筑。

9 环保措施

9.1 施工环境保护依据

(1)《建筑施工现场环境与卫生标准》(JGJ 146—2004)。

(2)招标文件或合同。

9.2 具体环保措施

(1)路堤两侧设置排水沟并及时清理,防止泥水污染周围水塘、农田等。

(2)妥善保管和使用油料,避免渗漏而造成污染。

(3)选用噪声小的机械,必要时加设隔音罩等措施降低噪声,尽可能避免夜间施工。

(4)经常对施工通行道路进行洒水,防止尘土飞扬污染周围环境。

(5)及时清理生活垃圾、生产垃圾并按照环保部门要求进行处理。

10 资源节约

相对于阶段施工法,薄层轮加法缩短了路堤填筑时间,减少了机械和人员投入、进退场或设备闲置等。

11 效益分析

(1)相对于阶段施工法,薄层轮加法路堤填筑时间缩短20%~40%,减少了工后沉降、降低了施工成本。

以江中高速公路试验段为例,均质软土地基上路堤荷载为110kPa,软土初始不排水抗剪强度为15kPa,软基处理施工扰动导致强度下降30%,$\alpha = 1$,$\beta = 0.01d^{-1}$。薄层轮加法荷载分级为:垫层荷载35kPa施工时间10d,其后袋装砂井施工20d,其余每层荷载均为5kPa;阶段性施工荷载分级为:垫层荷载35kPa施工时间10d,其后软基处理20d,其余荷载为30kPa、25kPa、20kPa。路堤稳定安全系数不小于1.1的情况下,两种工法效果比较见表5。可见,采用薄层轮加法,路堤填筑时间短,从而可以减少工后沉降、降低施工成本。

两种工法对比　　表5

项　目	薄层轮加法	阶段施工法
路堤填筑时间(d)	223	296
420d工期预压时间(d)	197	124
420d时有效应力(kPa)	106	102

(2)薄层轮加法采用流水作业,需要的设备数量较少,减少了设备进退场次数或设备闲置。

(3)根据施工监测成果,利用表观法、监控指标法、拐点法等综合分析路堤稳定性,有利于保证路堤稳定安全,避免路堤滑塌导致的工期延长、费用增加。

12　应用实例

12.1　工程实例一

汕梅高速公路汕头至揭阳段(简称汕揭高速公路)位于粤东潮汕地区,路线全长55.24km,是国家重点规划的汕(头)昆(明)公路粤境汕头至揭阳段,也是广东省高速公路网的重要组成部分。采用四车道标准高速公路,路基宽26.0m,设计速度100km/h,设计荷载:公路-Ⅰ级。路基、桥涵工程分为11个施工段。全线软基分布较多,结构物附近软基、横向软基厚度变化较大的山边路段采用CFG桩或管桩复合地基+袋装砂井处理,其余软基路段采用袋装砂井处理,袋装砂井长度8~18m,全线袋装砂井超过500万m。由于征地问题,汕揭段分3期施工,第7~11标于2005年开工,2007年通车。

由中国铁建港航局集团有限公司施工的汕梅高速公路汕头至揭阳段第7合同段等软基路堤填筑施工采用“软基路堤薄层轮加填筑工法”,实现了软基路堤安全快速地填筑,缩短了路堤填筑时间,增加了预压时间。工后监测表明,工后沉降很小,行车舒适性高。

12.2　工程实例二

江门—中山高速公路起于中山市新隆,与京珠高速广珠东段高速公路相接,终于江门市礼乐镇四村,与江鹤、江珠高速公路相接,全长32.5km,双向四车道,设计车速120km/h。工程于2002年3月开工,2005年10月28日建成通车。江鹤高速公路二期长6.414km,双向四车道,设计车速120km/h,于2002年7月开工,2005年10月28日建成通车。

江中高速公路位于珠江三角洲腹地,沿线软基路段占全长的60%以上,软土性质较差,具有珠江三角洲软黏土的“高含水率、高孔隙比、高压缩性、低强度、低渗透性”的特点。路堤高2~7m,软基路段普遍采用袋装砂井处理,袋装砂井深度10~22m,间距1.2~1.4m。

由中国铁建港航局集团有限公司负责施工的江中高速公路第2合同段、第4合同段、第16合同段软基路堤长约10km,路堤高度3~7m,软基路堤填筑采用“软基路堤薄层轮加填筑工法”,实现了软基路堤安全快速地填筑,有效地保证了路堤稳定性,缩短了路基填筑时间,增加了预压时间,减少了工后沉降,有利于行车舒适和安全。

限高路段砂井接管施工工法

GGG(中企)A2015—2013

刘吉福　魏贤华　谭祥韶　李　翔　刘锦伟

(中国铁建港航局集团有限公司)

1　前言

公路、铁路工程袋装砂井施工中,经常遇到在其上方跨越的高压线、高架桥等结构物。常规袋装砂井机的振动锤与一根通长的砂井管通过法兰盘连接,机架高度通常大于高压线、高架桥(图1),导致常规袋装砂井机无法在这些限高路段施工袋装砂井。在这种情况下通常的做法有:等待高压线迁移或下地、变更为旋喷桩复合地基、采用地质钻机钻孔施工袋桩砂井、变更为轻质土路基等。等待高压线迁移或下地的缺点是:通常造价高、需要等待的时间很长。变更为旋喷桩复合地基的缺点是:造价很高,而且泥浆很多。采用地质钻机钻孔施工袋桩砂井的缺点是:施工速度慢、造价较高、泥浆污染袋装砂井和砂垫层。变更为轻质土路基的缺点是:造价很高,路基高度较大时仍有较大的工后沉降。针对上述难题,原广东省航盛建设集团有限公司(现已并入中国铁建港航局集团有限公司)和中铁二十一局集团有限公司自 2002 年在江(门)—中(山)高速公路第二合同段开始研发接管法施工高压线下袋装砂井技术以来,经过不断完善改进和多个工程的应用,形成了“限高路段袋装砂井接管施工工法”。

图1　常规砂井机

本工法所采用的技术是在目前常规袋装砂井施工技术的基础上创新技术,其关键技术经中国铁道建筑总公司组织专家鉴定,技术水平达到国内领先水平。本工法先后在江中高速公路、江鹤高速公路二期、汕梅高速公路汕头至揭阳段和广州—珠海西线高速公路顺德碧江—中山得到了应用,均取得了较好的处理效果。并且获“限高路段袋装砂井施工方法”发明型专利一项(专利号:ZL200910039946.8)。

2　工法特点

(1)采用分节式砂井管,可以在限高路段安全施工袋装砂井,相对于常规的限高路段软基处理方法如高压旋喷桩、地质钻机施工袋装砂井或迁移电线等方法施工成本低,处理效果有保障。

(2)采用承插式接管法、钢丝绳拔管法,操作简单,施工效率高;且砂井机改装简易。

3　适用范围

适用于高压线高度大于 9m,高架桥高度大于 6m 的路段,必要时可以通过适当开挖、降低地面高程的方法满足上述条件。

4　工艺原理

通过降低常规袋装砂井机的机架,使其满足高压线下安全施工距离或满足高架桥下施工净空的要求,采用承插式套管接、拆技术,利用振动锤和钢丝绳提拔套管的方法改装砂井机套管,实现安全、保质与高效施工袋装砂井,从而解决常规袋装砂井机施工因净空不足部位长条袋装砂井无法施工的难题。工艺原理涉及的设备改装方法如下。

(1)根据限高路段安全施工高度情况,确定机架高度和砂井管长度。每节砂井管长2~4m,砂井管上端焊接一个长约20cm、内径稍大于砂井管外径的套筒,套筒或砂井管上部焊接一对耳环用于吊装和拆卸砂井管。最下面一节砂井管底部设置管靴,套筒或(和)砂井管上部焊接三个耳环(图2),其中两个耳环用于拔管,一个耳环用于安拆管。最上面一节砂井管上部侧面开设窗口用于投放袋装砂井。为减少劳动强度,在砂井机上增设一个副卷扬机用于吊装和拆卸砂井管。

(2)最下面一节砂井管耳环通过钢丝绳夹与两条抗拉安全系数不小于5的钢丝绳连接用于拔管。利用钢丝绳夹在钢丝绳上设置与砂井管数量相同的吊环,最下面一对吊环高于最下面一节砂井管20cm左右(图2、图3),其余相邻吊环之间钢丝绳的长度与砂井管长度相同。

(3)振动锤通过法兰盘连接一根长约15cm的钢管,钢管侧面焊接2个挂钩,钢管下面焊接一个长约10~15cm、上部焊接一个直径大于套筒外径的钢圆环的钢柱(图4),钢柱可以插入砂井管套筒内振动沉管。

图2 最下面一节砂井管的套筒、耳环、钢丝绳

图3 钢丝绳上的吊环

图4 挂钩、钢柱

5 施工工艺流程及操作要点

5.1 施工工艺流程

施工工艺流程见图5。

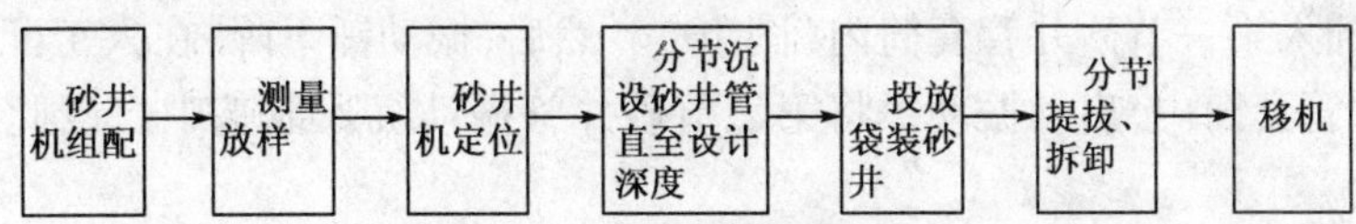

图5　施工工艺流程图

5.2　操作要点

1)砂井机组配

(1)袋装砂井机塔架顶部与高压线竖直距离应满足施工安全要求,袋装砂井机塔架顶部必须设置绝缘板(图6);在高架桥底下施工时,袋装砂井机塔架顶部应低于高架桥0.5m。

(2)袋装砂井机塔架上设置操作平台,用于接管、卸管、振锤与砂井管对接等。操作平台一端架设在砂井塔架上,一端被铰接于砂井机底盘上的钢管支撑。

(3)根据高压线、高架桥等限高物的具体情况确定袋装砂井机塔架高度,选择砂井管长度。

2)测量放样

为避免施工机械对已施工袋装砂井造成破坏,袋装砂井打设采用倒退施工法。因此,利用全站仪等放样仪器在每排袋装砂井两端定出基准桩,施工各排袋装砂井之前在基准桩之间拉紧绳线,利用与袋装砂井间距等长的竹(木)杆或卷尺依次定出袋装砂井位并插设系有红扎绳的竹签进行标志。

图6　接管砂井机

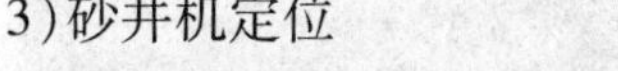

3)砂井机定位

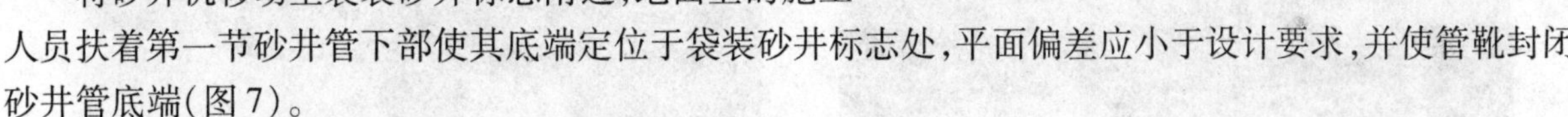

将砂井机移动至袋装砂井标志附近,地面上的施工人员扶着第一节砂井管下部使其底端定位于袋装砂井标志处,平面偏差应小于设计要求,并使管靴封闭砂井管底端(图7)。

操作平台上的施工人员扶着第一节砂井管上部使与振动锤连接的钢柱插入砂井管套筒内(图8),然后移动砂井机使砂井管垂直度小于满足设计要求。

图7　砂井机定位

图8　振动锤下钢柱插入砂井管套筒

4)分节沉设砂井管直至设计深度

砂井机定位完成后,开动振动锤将第一节砂井管振动沉入地基,在沉入砂井管的同时,拴系在第一节砂井管上的钢丝绳被带入地基中(图9)。

当第一节砂井管露出地面0.2cm左右时,停止振动、提升振动锤。利用卷扬机吊起第二节砂井管,在人工配合下,将其插入第一节砂井管套筒内(图10)。然后,振动锤下降,在人工配合下振动锤下面的钢柱插入第二节砂井管套筒内,启动振动锤将第二节砂井管振动沉入地基中。以此类推地将砂井管沉入地基直到设计深度。

5)袋装砂井灌砂、投放袋装砂井

袋装砂井利用灌砂机灌砂、磅秤检查灌砂密实度(图11)。

通过最上面一节砂井管侧面的窗口人工投放袋装砂井(图12),投放时注意防止滑破袋装砂井。

图9 下沉第一节砂井管时将钢丝绳带入地基

图10 上节砂井管插入到下节砂井管套筒内

图11 袋装砂井利用灌砂机灌砂

图12 下放袋装砂井

6)分节提拔、拆卸砂井管

将钢丝绳上面的一对吊环挂在振动锤下面的挂钩上(图13),卷扬机通过提升振动锤提拔砂井管,最上面一节砂井管完全露出地面后,利用卷扬机吊起最上面一节砂井管并存放在砂井管槽内(图14)。

图13 钢丝绳上吊钩挂在振锤下挂钩上

图14 砂井管吊到砂井槽内

振动锤下降,地面上的施工人员将钢丝绳第二个吊环(从下至上数)挂在振动锤下面的挂钩上提拔第二节砂井管。以此类推地将所有砂井管拔出。

7)移机

移机时,振动锤下悬挂着最下面一节砂井管移动。下一根袋装砂井位于同一排时,砂井机沿这排袋装砂井平行移动一个袋装砂井间距。下一根袋装砂井位于下一排时,砂井机后退一个袋装砂井排距。

5.3 劳动力组织(表1)

一套接管法砂井机需要的劳动力 表1

序号	工种	人数	用途	备注
1	组长	1	施工管理,施工记录	
2	电工	1	施工用电,协助测量放线	可兼管多台砂井机
3	机手	1	操作砂井机	
4	普通工人	6	装、卸砂管,灌砂井,搬运、投放砂井	操作平台上2人,机下1人,灌砂3人
5	测量工	2	测量放线、控制垂直度	可兼管多台砂井机

6 材料与设备

6.1 材料

本工法采用的主要材料见表2。

主要材料表 表2

序号	材料名称	规格型号	用途
1	砂井袋	ϕ70mm	制作袋装砂井
2	砂料	中粗砂	灌入砂井袋

6.2 设备

本工法每套机械设备施工效率约为800m/台班,投入机械设备可根据工程量与工期要求调整,对于2万延米工程量的袋装砂井,需要的机具设备见表3。

机具设备表 表3

序号	设备名称	设备型号	单位	数量	用途
1	振动灌砂机	≥5kW	台	1	袋装砂井灌砂
2	接管法砂井机	≥20kW	台	1	施工袋装砂井
3	发电机	≥75kW	台	1	发电供灌砂机、砂井机等
4	磅秤		台	1	检验灌砂量
5	全站仪		台	1	砂井测量放样
6	经纬仪		台	1	抽检砂井施工垂直度
7	卷尺		把	1	砂井测量放样

7 质量控制

7.1 应执行的标准规范

(1)《公路路基设计规范》(JTG D30—2004)。

(2)《公路路基施工技术规范》(JTG F10—2006)。

(3)《公路软土地基路堤设计与施工技术细则》(JTG/T D31-02—2013)。

(4)《公路工程质量检验评定标准》(JTG F80/1—2004)。

(5)招标文件及合同。

7.2 质量要求

按照《公路工程质量检验评定标准》(JTG F80/1—2004),袋装砂井实测项目见表4。

袋装砂井实测项目 表4

项　次	检 查 项 目	规定值或允许偏差	检查方法和频率
1	井(板)间距(mm)	±150	抽查2%
2	井(板)长度	不小于设计	查施工记录
3	竖直度(%)	1.5	查施工记录
4	砂井直径(mm)	+10,0	挖验2%
5	灌砂量(%)	-5	查施工记录

7.3 质量保证措施

(1)砂井袋、中粗砂应检验合格后使用,破损的砂井袋不得使用。

(2)在设计、监理、建设等单位代表监督下,分区试打确定施工深度。试打应在地质勘察孔附近进行。

(3)袋装砂井采用人工配合振动灌砂机灌砂,振动灌砂机高度不得低于砂井长度的0.5倍。采用磅秤检验袋装砂井灌砂量,投放袋装砂井后对袋装砂井上部空井段及时补灌。

(4)宜采用倒退打法,避免施工机械破坏已施工的袋装砂井。

(5)采用全站仪和卷尺测量放线,采用经纬仪或悬锤从两个方向检查第一节套管垂直度。

(6)投放砂井的砂井管窗口应设置滑轮或滑板,不得划破袋装砂井。

(7)袋装砂井回带长度超过0.5m时在旁边补打,必要时向砂井管内灌水,以减少回带现象。

(8)及时清理砂井管带出的泥巴,减少对排水垫层的污染。

(9)认真、如实、及时地填写各项施工原始记录及检查表。

(10)验收合格后将露出排水垫层的袋装砂井头埋入排水垫层内。

8 安全措施

8.1 施工安全控制依据

(1)《施工现场临时用电安全技术规范》(JGJ 46—2005)。

(2)《建设工程施工现场供用电安全规范》(GB 50194—1993)。

(3)《建筑施工高处作业安全技术规范》(JGJ 80—1991)。

(4)《建筑机械使用安全技术规程》(JGJ 33—2012)。

(5)招标文件或合同。

8.2 具体安全措施

(1)配置专职安全员,贯彻落实安全生产责任制。

(2)施工场地周边特别是入口处设置警示标志,严禁闲杂人员进入施工现场。

(3)施工机械必须检验合格,特种作业人员须持证上岗。

(4)定期进行安全检查,对安全隐患及时整改。

(5)应配备持证上岗的电工,编写施工用电专项施组,严格遵守施工用电规范。

(6)操作人员应进行安全交底,使其清楚限高条件下接管法施工的安全注意事项。操作人员要穿绝缘鞋、戴绝缘手套、佩戴安全帽等安全防护用品。

(7)夜间施工应有足够的照明设施,以保证施工人员机施工机械安全。

(8)妥善保管油料等材料,避免发生火灾。

(9)调查清楚上跨高压线电压、距离袋装砂井施工工作面的竖直距离,并据此确定砂井机塔架高度,砂井机塔架顶部与高压线的竖直距离应满足《建设工程施工现场供用电安全规范》(GB 50194—1993)等规范的要求;根据用电安全规范确定采用接管法施工袋装砂井的范围。

(10)在砂井机塔架顶部设置绝缘板并定期检查和更换,防止绝缘板老化或破损。

(11)对提拔力进行估算,确保钢丝绳抗拉安全系数大于5。经常检查钢丝绳,出现断丝等破损现象时及时更换新钢丝绳。

(12)操作平台周边设置高于1.2m的围栏。

(13)雨天及5级风及其以上不得施工。

9 环保措施

9.1 施工环境保护依据

(1)《建筑施工现场环境与卫生标准》(JGJ 146—2004)。

(2)招标文件或合同。

9.2 具体环保措施

(1)施工便道及时进行洒水,减少扬尘。

(2)避免采用滚筒式砂井机,减少油污污染。

(3)尽量避免自行发电,自行发电时采取必要措施降低噪声,妥善保管和使用油料,避免渗漏而造成污染。

(4)采用检验合格的砂井袋,避免污染土壤和地下水。

(5)施工区靠近居住区时,避免夜间施工。

(6)及时清理生活垃圾、废旧砂井袋等生产垃圾,并按照环保部门要求进行处理。

10 效益分析

10.1 经济效益

限高路段各种地基处理方法的经济效益对比见表5。其中高压旋喷桩复合地基桩间距、桩长通常与袋装砂井相同。可见,接管法施工袋装砂井施工效率分别是地质钻成孔法、旋喷桩的3、4倍左右,成本分别为地质钻成孔法、旋喷桩的50%、7%,具有良好的经济效益。

限高路段各种处理方法效益对比 表5

项 目	接 管 法	地质钻机成孔法	旋喷桩复合地基法
施工效率(m/d)	700 ~ 1000	200 ~ 400	150 ~ 300
单价(元/m)	10	20	150
单价比例(%)	100	50	7
适用限高(m)	9	8.5	7.2
环境保护	无泥浆	泥浆较多	泥浆较多

10.2 社会效益

接管法施工袋装砂井技术相对于常规限高路段高压旋喷桩复合地基、地质钻机成孔法施工袋装砂井方法可节约大量水泥,且施工过程中不产生泥浆,具有施工效率高、造价低和环境污染小的特点,社会效益明显。同时,相对拆迁电线的处理方法,接管法施工袋装砂井技术不仅具有明显的经济效益,而且还可以避免施工对邻近居民生活、生产用电的影响,具有良好的社会效益。

11 应用实例

11.1 工程实例一

中山—江门高速公路起于中山市新隆,与京珠高速广珠东段高速公路相接,终于江门市礼乐镇四村,与江鹤、江珠高速公路相接,全长32.5km,双向四车道,设计车速120km/h。工程于2002年3月开工,2005年10月28日建成通车。江鹤高速公路二期长6.414km,双向四车道,设计车速120km/h,于2002年7月开工,2005年10月28日建成通车。

江中高速公路、江鹤高速公路二期位于珠江三角洲腹地,沿线软基路段占全长的60%以上,软土性质较差,具有珠江三角洲软黏土的高含水率、高孔隙比、高压缩性、低强度、低渗透性的特点。路堤高2~7m,软基路段普遍采用袋装砂井处理,袋装砂井深度10~22m,间距1.2~1.4m,袋装砂井数量超过2 000万m。全线遇到大量高压线,受高压线影响的软基路段累计长度超过600m,袋装砂井数量近40万m。其中15万m袋装砂井采用接管法施工,相对地质钻机成孔法节约造价约150万元,相对高压旋喷桩复合地基节省造价约2 100万元。采用接管法施工袋装砂井路段,通车5年内工后沉降仅为16cm左右,满足普通路基工后沉降小于30cm的要求,处理效果较好。

11.2 工程实例二

广东省汕头—梅州高速公路汕头—揭阳段全长55.241km,采用四车道标准高速公路,路基宽26.0m,计算行车速度100km/h,设计荷载:公路-Ⅰ级。路基、桥涵工程分为11个施工段。全线软基分布较多,结构物附近软基、横向软基厚度变化较大的山边路段采用CFG桩或管桩复合地基+袋装砂井处理,其余软基路段采用袋装砂井处理,袋装砂井长度8~18m,全线袋装砂井超过500万m。

由于征地问题,汕揭段分3期施工,第7~11标于2005年开工,2007年通车。第4~6标于2008年开工,2009年5月完成所有袋装砂井施工。第5、6、7、8、10标段均遇到上跨高速公路的高压线,高压线高度10~13m不等,采用接管法施工路段总长约520m,袋装砂井总约20万延米。采用接管法施工袋装砂井确保了工期,保证了预压时间,相对地质钻机成孔法节约造价约200万元,相对高压旋喷桩复合地基节省造价约2 800万元。采用接管法施工袋装砂井路段在通车两年后,路面平顺无病害,表明袋装砂井处理效果较好。

11.3 工程实例三

广东省广州—珠海西线高速公路顺德碧江—中山段长约46km,双向六车道。软基里程超过30%,设计袋装砂井数量超过500万m,袋装砂井深度6~21m。于2007年开工,2008年完成所有软基处理工程。沿线遇到多处高压线、高架桥,其中12处高压线、高架桥下约10万米袋装砂井采用接管法施工,确保了工期,保证了预压时间,减少了工后沉降,相对地质钻机成孔法节约造价约100万元,相对高压旋喷桩复合地基节省造价约1 400万元。该项目于2011年底通车,将近两年内工后沉降仅6cm左右,处理效果较好。

软土路基电磁式机械强夯施工工法

GGG(中企)A2016—2013

肖 剑 刘 锋 梁彦伟 通振远 刘彦军
(中冶交通工程技术有限公司)

1 前言

强夯又称动力固结法,是法国梅那尔公司于20世纪60年代后期创造的一种地基加固方法。它是在重锤夯实基础上发展起来的动力加固地基的新方法。具体地说,它是利用起重设备将几十吨重锤提起,然后人工落锤,从几十米高处自由落下,给土层以强烈的冲击和振动。在强大的冲击能的作用下,地基土体被强制压缩或振密,土体局部液化,夯点周围产生裂隙,形成良好的排水通道,孔隙水溢出,经时效压密,使土体重新固结,从而提高了土的承载力,降低其压缩性。

强夯法以其质量可靠、进度快、节约材料、造价低、经济效益显著等特点,已广泛应用于工业与民用建筑、公路与铁路路基、机场道路及码头仓库等工程的地基加固,强夯能级从1 000kN·m发展到8 000kN·m,成为国内处理地基的一种较好的实用方法。

传统强夯采用人工脱钩的落锤方式,存在以下弊端:存在能量损失,通过测量重锤下落速度,推算其能量损失约15%~35%,且不同设备差异很大,将影响地基处理质量;在重锤落下的瞬间,桁架反馈,容易使吊车后倾,造成安全事故。

图1 电磁式机械强夯施工图

因此,一种比较安全可靠的电磁式强夯施工方法(图1)应运而生。中冶交通工程技术有限公司在传统强夯工艺上加以改进,开发了电磁式机械强夯施工工法。电磁式机械强夯通过电磁铁吸附重锤至预定高度后,将磁极反转,推动重锤向下夯击地面,采用电磁力吸附和释放重锤,减轻了劳动强度,提高了工作效率,达到了安全施工的目的,同时增大了重锤夯击能量,重锤落点准确。通过多个工程检验,证明了该工法在公路工程中具有优良的技术性和经济性,有推广价值。

2 技术特点

(1)采用电磁力吸附和释放重锤,劳动强度低,施工速度快、效率高,施工更安全。

(2)采用电磁力反推重锤,加大夯击能量,同时重锤落点准确,加固效果好。

3 适用范围

可广泛应用于国内各公路工程中多种地质条件下的路基加固处理施工。采用强夯处理路基,需要考虑其振动对附近已有建筑物的影响,必要时应采取隔振、防振措施,在城市和近郊施工时还要考虑对噪声的控制问题。

4 工艺原理

电磁式强夯(图2)以电磁力吸附重锤(10~40t)后,用吊车或门型天车升至高处(15~30m)后,到达顶点时,将磁极反转产生向下的推力(30t,0.12s)后,重锤在重力作用下冲击地面,吊车或门型天车在放下电磁铁吸附重锤后,重复上述动作。该工艺采用电磁力吸附重锤和脱钩,减轻劳动强度,提高工作效率,达到了安全施工的目的;与普通强夯相比,增加了电磁力反转对重锤产生向下的推力,增大了重锤夯击能量,重锤落点准确。

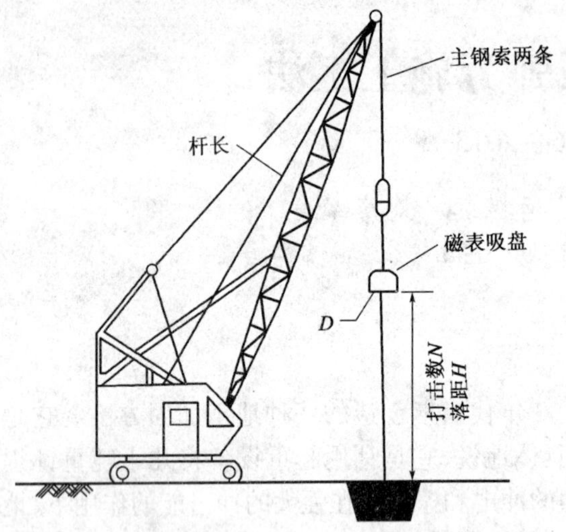

图2 电磁式强夯工作示意图

地基土在强大的冲击能的作用下,土体强制压缩或振密;土体局部液化,夯点周围产生裂隙,形成良好的排水通道,孔隙水溢出,经时效压密,使土体重新固结,从而提高了土的承载力,降低其压缩性。

5 施工工艺流程及操作要点

施工工艺流程见图3。

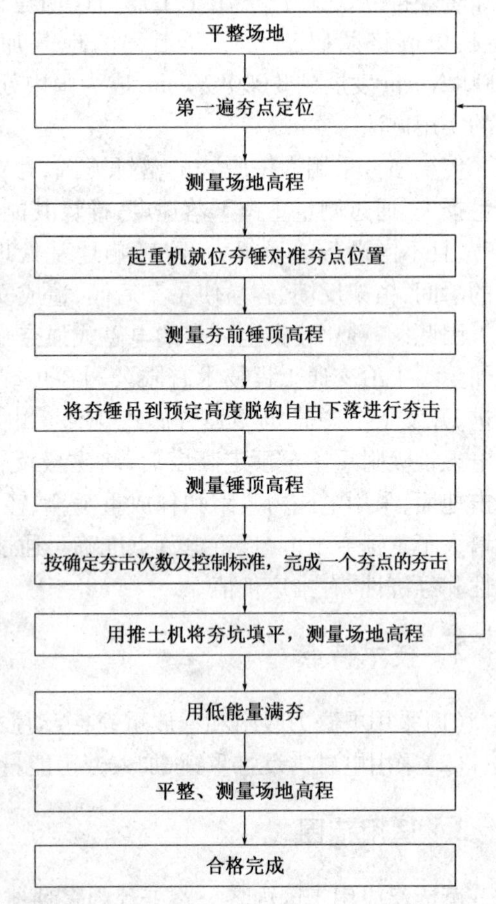

图3 电磁式强夯施工工艺流程

5.1 场地准备要求

清理、排干积水,查明场地范围内的地下构筑物和各种管线位置,修筑施工便道,并开挖减振沟;采用附近石方路基开挖的炮渣石回填至工作面,最大粒径不大于60cm,回填料厚度控制在1m左右并平整;测量场地高程标出第一遍夯点位置。强夯机就位,使夯锤对准夯点位置,并测量夯前锤顶高程。

为便于机械行走和施工,强夯场地整平应大于强夯布点范围,以夯点外边缘向外扩3~5m或以外排基础边扩8~10m。强夯场地的高程,以所夯建筑物的基础底高程,加预留夯沉深度来定。夯沉深度与地质情况、能级等有关。此值可参照已完工程暂定或经过试夯确定。

5.2 夯点间距和阶段要求

强夯工法系以能量应力波传递而改良深层土壤,为避免施工过程中各夯击点所形成的应力波相互干扰,进而影响冲击能量在土层中的传递深度,各夯点间必须有足够的间隔距离,也就是必须将改良区域中所有的夯击点规划成数个施工阶段,以确保各夯点间能有足够的间隔距离。若规划为两个施工阶段的主捣夯实点配置,夯击点在第一、第二阶段施工间距最大,经验显示,以改良深度作为初步夯击点间距是一个合理的设计。图4为夯击点布置示意图。

5.3 试夯

根据勘察报告和设计要求,参照有效影响深度公式、结合实际经验,首先确定试夯能级,然后选择不同的锤底面积、布点间距、施工顺序、夯击遍数、单点夯击数等。经过夯后测试,得出满足设计要求的最佳施工控制参数。为了最有效利用各阶段夯击能量，应在附加空隙水压力消散、土颗粒恢复一定程度的结构性之后进入下一阶段夯击。为能提供各阶段较准确的间隔时间，有条件时可做孔隙水压力消散试验。

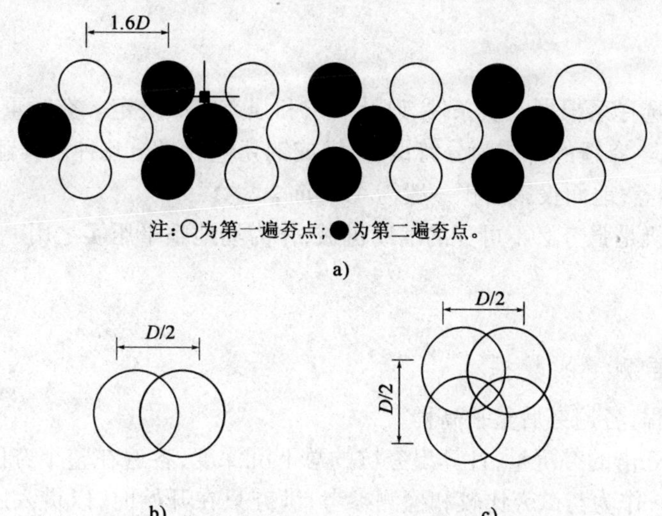

图4 夯击点布置示意图

a)夯点；b)相邻夯点搭接示意图；c)全幅满夯搭接示意图

试夯场地可选在本工程场地内或附近，有经验时也可在工程开始部分安排试夯。

5.4 强夯施工

(1)按试夯确定的施工工艺对作业人员进行安全、技术交底。

(2)先夯击第一遍，记录每一夯点最后两击的沉降差值，在设计规定的限值内即可进行下一夯点的夯击。

(3)按规定间隔一定时间后，进行第二遍夯击，夯击要求同第一次。夯击点要布置在上一遍两相邻夯击点的中间。

(4)满夯(或搭夯)。一般用点夯时30%～50%的夯击能满布夯击，主要为加固表层松散土体，夯锤搭接上次夯击点1/4直径进行下一点的夯击，直至全部夯完为止。

5.5 强夯效果评估

施工时现场效果评估项目如表1所示。

评估项目和标准 表1

序 号	项 目	允许偏差	检验方法
1	强夯点位	±50mm	
2	夯锤落距	±300mm	钢索设标志
3	锤重	±100kg	称重
4	夯点间距	±500mm	用钢尺量测
5	夯击范围	设计要求	用钢尺量测
6	最后两击的平均夯沉量	不大于5cm	用水准仪
7	夯锤倾斜度	不大于30°	
8	夯击遍数及顺序	设计要求	计数法

6 材料与设备

(1)起重设备。起重设备为强夯的主要机械，一般额定起重能力为夯锤重力的1.5～3倍，我国大都用履带式吊车改装。根据工程所采用的夯锤和起重高度来选用起重机的型号。可单机作业，也可主、副机(移锤)联合作业。

(2)门架。门架由横梁和两个支腿组成,支腿的结构形式有格构式或管式。门架上部横梁中心绞接于吊杆顶部。

(3)电磁脱钩装置。

(4)夯锤。夯锤的选择系根据土质条件、设计要求和强夯能级决定。夯锤重一般为80~400kN。设数个上下贯通的通气孔。夯锤的材质为分铸钢、铸铁或钢壳包混凝土几种。其锤底形状多为圆形,锤底面又有平底、锅底、球形等,地面投影面积一般为4~8m²。

(5)推土机。推土机是强夯必不可少的辅助机械,作为场地整平压实之用。

7 质量控制

7.1 强夯中需要测定的数据

(1)夯前的场地高程,各遍夯后整平高程。

(2)各遍夯点最后三击的夯沉量,计算出夯坑的总下沉深度,各遍在整个夯区内均匀地选一定数量的点测每一击的下沉量,作为与试夯比较和检测参考,满夯只在开始时,以贯入度控制,得出锤击数,以后以此数为准施打,不再作测量。

(3)强夯中若发现地面变化较大时,需作隆降观测。

(4)强夯形成的夯坑直径,主要在试夯时测定,作为计算土体压缩及填料量的参考。

(5)对有填料要求的强夯,需记录各夯坑的填料数量。

7.2 施工要求

(1)施工前必须用仪器准确放出夯点中心位置,并划出圆圈,施夯时对点要准。

(2)必须按规定的起锤高度、锤击数和控制指标施工,不得随意改变。

(3)施工中如发现偏锤,应重新对点。

(4)施工中如发现歪锤时,需用填料(或土)将坑底垫平,才能继续施夯。

(5)如遇夯锤的通气孔堵塞,应立即开通。

(6)表层土过干(尤其是满夯)应采取增加含水量的措施。

(7)雨期施工,要防止雨水浸泡现场,夯坑内有积水应及时排出后方可施工。

(8)强夯中的满夯是重要的一环,必须精心施工,否则表层质量不好,将造成建筑物沉降过大和发生不均匀沉降。冬期施工时,不宜进行满夯。

7.3 质量检测

(1)强夯法处理地基后,由检测得出夯后地基土的各项物理力学指标。其指标主要是地基土的承载力,对饱和黏土还要提出压缩模量。对湿陷性黄土,要测出消除湿陷的深度,对于液化地基土应测出消除液化的深度。

(2)检测点布置在夯点上和夯间:强夯过的场地较均匀,可取少量点检测。为使检测结果更可靠,在夯打过程中发现的较软弱区域可多布点。

(3)夯后开始检测的时间,根据土质情况决定。砂质土可在竣工后一周左右或立即检测。含水率在塑限左右的黏性土,可在2~4周或稍长一些时间检测,饱和黏土要视孔隙水消散时间而定,淤泥质土要视孔隙水消散时间及土体恢复而定。后两种土开始检测时间一般较长。

(4)强夯测试手段有静载荷试验、动力触探、标准贯入、静力触探、旁压、土工试验等。可选一种或数种方法检测。

含水率低的地基土、饱和砂类土,可选标准贯入。湿陷性黄土用静探与探井取样做土工试验两手段结合。夯后场地一般不做载荷浸水试验。饱和黏土、淤泥质土应以标准贯入为主,配合静探分析(单独使用静探则结果偏低)、碎石类土用静载荷测试。对各类地基土均可用静载荷试验,但费用高,一般场地不宜采用。

7.4 交工验收

施工完毕,建设单位以施工现场交工资料和检测试验报告进行验收。

交工资料包括:竣工图、施工记录、各种观测数据、各阶段高程数值。

8 安全措施

(1)进入施工现场人员应戴好安全帽,施工操作人员穿戴好必要的劳动防护用品。

(2)凡患有高血压及视力不清等症的人员,不得进行机上作业。

(3)施工现场应全面规划,并有施工现场平面布置图;其现场道路应平坦、坚实、畅通,交叉点及危险地区,应设明显标志。

(4)各种机电设备的操作人员,都必须经过专业培训、考试合格并具有上岗证书,懂得本机械的构造、性能、操作规程,能维护保养和排除一般故障。

(5)驾驶人员及操作者,须领取经有关部门批准的驾驶证或操作证后方准开车。禁止其他人员擅自开车或开机。

(6)粉化石灰、石灰过筛及使用水泥的操作人员,必须配戴口罩、眼镜、手套等。

(7)电气设备的电源,应按有关规定架设安装;电气设备均须有良好的接地接零,接地电阻不大于4Ω,并装有可靠的触电保护装置。

(8)使用夯打操作工艺时,严禁夯击电缆线。

(9)为减少吊锤机械吊臂在夯锤下落时的晃动及反弹,应专门设置吊臂撑杆系统。每天开机前,必须检查吊锤机械各部位是否正常及钢线绳有无磨损等情况,发现问题及时处理。

(10)吊锤机械停稳并对好坑位后方可进行强夯作业,起吊夯锤时速度应均匀,夯锤或挂钩不得碰吊臂,应在适当位置挂废汽车外胎加以保护。

(11)夯锤起吊后,吊臂和夯锤下15m内不得站人。非工作人员应远离夯击点30m以外。

(12)干燥天气作业,可在夯击点附近洒水降尘。吊锤机械驾驶室前面宜在不影响视线的前提下设置防护罩。驾驶人员应戴防护眼镜,预防落锤弹起砂石,击碎驾驶室玻璃伤害驾驶员眼睛。

(13)夯机的作业场地应平整,门架底座与夯机着地部位应保持水平,当下沉超过100mm时,应重新垫高。

(14)强夯机械的门架、横梁、脱钩器等主要结构和部件的材料及制作质量,应经过严格检查,对不符合设计要求的,不得使用。

(15)夯机在工作状态时,起重臂仰角应置于70°。

(16)梯形门架支腿不得前后错位,门架支腿在未支稳垫实前,不得提锤。

(17)变换夯位后,应重新检查门架支腿,确认稳固可靠,然后再将锤提升100~300mm,检查整机的稳定性,确认可靠后,方可作业。

(18)夯锤下落后,在吊钩尚未降至夯锤吊环附近前,操作人员不得提前下坑挂钩。从坑中提锤时,严禁挂钩人员站在锤上随锤提升。

(19)当夯锤留有相应的通气孔在作业中出现堵塞现象时,应随时清理。但严禁在锤下进行清理。

(20)当夯坑内有积水或因黏土产生的锤底吸附力增大时,应采取措施排除,不得强行提锤。

(21)转移夯点时,夯锤应由辅机协助转移,门架随夯机移动前,支腿离地面高度不得超过500mm。

(22)作业后,应将夯锤下降,放实在地面上。在非作业时严禁将锤悬挂在空中。

9 环保措施

(1)在强夯施工区附近有建筑物时,应经常观察振动的影响,对较近的建筑物应挖防振沟,其深度应超过该建筑物的基础深度。

(2)施工现场废弃物要按规定处理。

10 效益分析

电磁式机械强夯施工工艺对地基的处理,具有劳动强度低、效率高、工期短、施工安全等特点。本工艺与普通强夯施工相比,地基加固能力提高 10% ~15%,重锤落点准确,强夯效果显著提高,具有显著的经济效益和社会效益。

电磁式机械强夯施工方法将强夯和电磁自动脱钩结合起来,既提高了工作效率,又提高了重锤的夯击能力,具有广阔的应用前景。

11 应用实例

11.1 工程实例一

天津海景大道南沿线起点位于上高路与海景大道交叉路口(K0 +000),南至规划的北穿港路(K8 +924.191),全长 8 924.191m。由于地基属于软土地区,最后选择采用电磁式强夯施工技术对地基进行处理,节约工程造价 15%,工期缩短 10%,取得了良好的效果。

11.2 工程实例二

宁波市绕城高速公路是宁波市高速公路规划的重要部分,全长约 86km。拟建的国道主干线宁波绕城公里全长约 43.5km。本工程五乡及东钱湖段由于属于软土地区,后采用电磁式强夯施工技术对地基进行处理,工程造价节约了 10%,取得了良好的效果。

公路路基膨胀土 PAS 改性层施工工法

GGG(滇)A2017—2013

陈宙翔　陈　建　李志清　周应新　张文波

（云南云岭高速公路桥梁工程有限公司　中国科学院地质与地球物理研究所）

1　前言

膨胀土是一种典型的特殊土，它具有显著的遇水体积膨胀、失水体积显著收缩等不良工程地质特性。膨胀土在我国有广泛地分布，据现有资料，广西、云南、湖北、安徽、四川、河南、山东等20多个省、市、自治区均有膨胀土。国外也一样，如美国，50个州中有膨胀土分布的占40个州，此外在印度、澳大利亚、南美洲、非洲和中东广大地区，也都有不同程度的分布。

在公路建设过程中，由于膨胀土的存在，不仅会严重影响工程的进度，而且由其构筑的路堤或路堑往往会出现路面严重开裂、路堤或路堑边坡坍塌等不良地质事件，给工程设施安全带来严重危害，如图1和图2所示。因此，工程建设过程中均尽力避开膨胀土路段，以减少不必要的麻烦。但是很多情况下，在填料紧缺或膨胀土分布广泛的情况下，膨胀土不得不加以合理利用。

图1　巨厚挡土墙被剪坏情形

图2　地面干裂

我国不同地区膨胀土的矿物构成成分有所差异，在云南省蒙自地区，膨胀土主要由伊利石和高岭石组成，如表1所示。

我国各地膨胀土的矿物成分　　表1

膨胀土产地	矿物成分	鉴定方法
广西宁明	伊利石58%～61%，高岭石29%～24%，蒙脱石7%～13%	X射线、红外光谱差热、电镜等综合方法
陕西安康	伊利石，蒙脱石	
南阳	伊利石为主，其次蒙脱石	差热化学分析
山东泰安	蛭石、伊利石、蒙脱石、高岭石	
浙江湖州	蒙脱石、水云母	
湖北襄樊	蒙脱石、伊利石、高岭石	X射线分析、X荧光成分分析
云南蒙自	伊利石、高岭石	X射线分析

中国科学院地质与地球物理研究所和蒙新高速公路建设指挥部以蒙新高速公路膨胀土路段为依托工程,开展了膨胀土综合利用研究,该研究课题取得了创新性成果,云南省交通厅于2008年4月26日组织专家鉴定,认为研究成果整体上达到国际先进水平,并一致通过鉴定。同时中国科学院地质与地球物理研究所发明了“一种用于膨胀土治理的化学改良方法”,专利号为ZL200610145828.1。我公司组织相关技术人员进行了推广应用,结合工程实践,有针对性地开展膨胀土路基和边坡施工工法的总结,通过在蒙新高速公路项目,安宁太平集镇主干道二期工程以及S230线六库至曼海桥二级公路K76+300~K76+650段的应用总结,制定了《公路路基膨胀土PAS改性层施工工法》,于2012年11月3日经公司审定,批准为我公司一级工法。

对膨胀土路基采用PAS改性方法处理,能提高公路路基的稳定性,延长膨胀土路基的使用寿命。“山区高速公路膨胀土综合利用研究”获得云南省科学技术进步三等奖,应用工程(安宁太平集镇主干道二期工程)获得2011-2012年度国家优质工程银质奖以及云南省2011年度优质工程一等奖。

2 工法特点

(1)常用的膨胀土改性处理方法为石灰改良,但是污染环境,路基边坡植被恢复困难,施工质量难以控制;本工法采用PAS改性处理,对环境没有污染,植物容易生长,植被容易恢复,质量控制简单,容易操作。

(2)PAS改性液在土体中扩散,使土体胶凝、固化或发生聚合,降低土体渗透系数,具有一定的防水功能,处理后的膨胀土土质可以大大降低膨胀率,能够增强土体结构强度。

(3)传统膨胀土路基换填施工方案,施工成本高,需征占大量土地资源,破坏生态环境;而采用该工法,可降低施工成本,节约土地资源,保护生态环境。

(4)传统的路基边坡施工采用浆砌片石或其他防护形式,与周围的自然环境不易协调;而本工法直接将PAS改性剂喷洒在路基边坡表层,可以确保边坡表层得到彻底改性,防止雨水渗入,操作方便,施工周期短,边坡绿化后与周围的环境容易协调。

3 适用范围

适用于以蒙脱石、伊利石为主要矿物的高塑性黏土,黏粒含量高,一般自由膨胀率大于40%,液限高于40%的公路路基膨胀土施工。

4 工艺原理

(1)工艺原理一:膨胀土的胀缩性能主要与黏土矿物组成、黏土矿物堆聚的微结构等有关,膨胀土中所含蒙脱石和伊利石发生晶层膨胀和黏粒间膨胀是造成膨胀特性的主要原因。基于对膨胀土物理力学性质的认识,研发出一种新型PAS化学改性剂,主要由阳离子无机物和阳离子型高分子有机物组成,不含石灰,避免了对环境的影响,并可以有效降低膨胀土膨胀率,改善其物理力学性质。

PAS改性剂中的阳离子无机物是一种无机类水溶性固化剂,其负离子可以逐步与氢离子结合产生聚合而形成凝胶。反应生成的胶体沉淀在土颗粒表面,使土颗粒表面形成一层薄膜。由于该物质的胶结性,将土颗粒相互胶结起来,并脱水缩聚,由单分子的结构,最后变成空间结构,把分散的颗粒进一步聚裹成一个整体,改性后的膨胀土最佳含水率一般要增大1%~2%左右,达到提高土体强度的作用。

阳离子无机物固化反应式:

$$A_mBO_n + pH^+ = mA^{\frac{p}{m}+} + H_pBO_n\text{(固体凝胶)} \tag{1}$$

$$\frac{2}{p}H_pBO_n \xrightarrow{-H_2O} \frac{2}{p}BO_{n-p/2}\text{(空间网络结构)} \tag{2}$$

阳离子型有机物是一类具有水溶性的有机高分子化合物,对膨胀土具有化学固化和改变土体结构的效能。该有机物不仅改善膨胀土的膨胀性能，而且对土体强度、土的渗入性、水敏性、时效性均有改善作用。阳离子有机物联结有多个 N 原子，带有较强正电荷，利用其高分子效应，它可以和具有很大的阳离子交换容量的蒙脱石、伊利石发生充分的离子交换吸附反应。这种吸附作用力和较强的静电作用削弱了层间负电斥力，阻止了由于外来水浸入导致晶层间距的增大形成膨胀的结果，有时甚至产生收缩，使得试样膨胀土对水不再“敏感”，即蒙脱石、伊利石的亲水性和膨胀特性发生根本性变化，这种性能不会随时间的推移而减弱。离子交换能力与土中胶粒（<0.002mm）含量有关，含量越高颗粒表面电荷所形成的表面能就越大，相应的离子交换作用越强。阳离子交换、联结、包裹示意图见图 3。

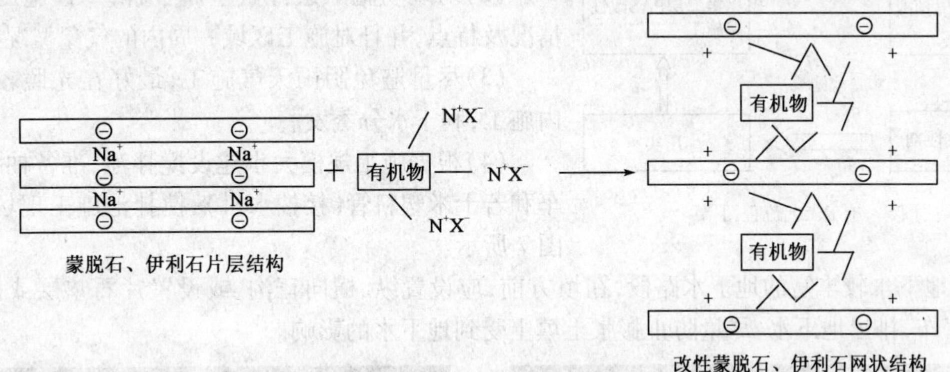

图 3 阳离子交换、联结、包裹示意图

膨胀土和阳离子有机物成分的离子交换反应式：

$$\boxed{\text{膨胀土}} - O^- M^+ + AH_4N^+ X^- \xrightarrow{\text{离子交换}} AH_4N^+ O^- \boxed{\text{膨胀土}} \tag{3}$$

（2）工艺原理二：，将膨胀土路基以及路基边坡表层 30～50cm 采用 PAS 改性，设置改性层（图 4），而其他路基层则无需改性，按规范要求常规处理即可。

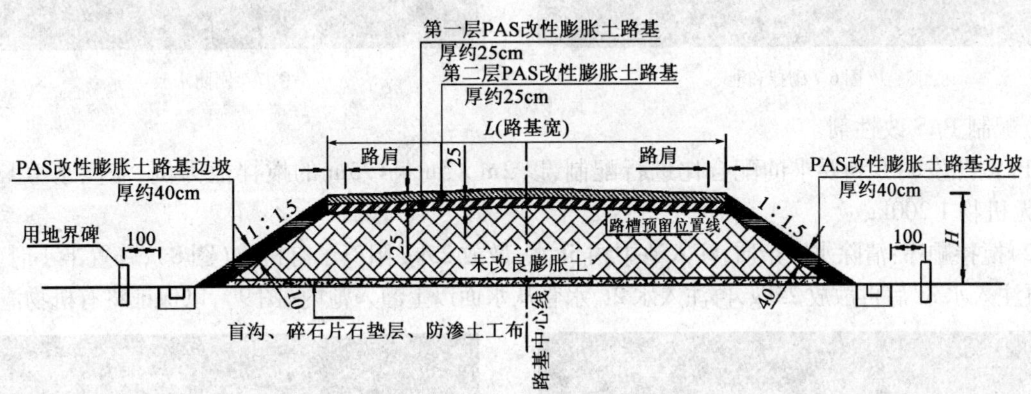

图 4 膨胀土路基 PAS 改性层示意图（尺寸单位：cm）

在施工中，通过原理一配置膨胀土治理改性剂，在路槽下约 50cm 处，铺一层松铺厚度约 30cm 膨胀土，洒 2 次改性剂后压实，再铺设一层松铺厚度约 30cm 膨胀土，再洒 2 次改性剂后压实到标准要求，并对路基边坡表层削坡后，直接喷洒三次改性剂。通过改性处理，工程质量得到保证，工艺流程简化，施工成本下降。

5 施工工艺流程及操作要点

5.1 施工工艺流程

该工法施工工艺流程主要有改性剂配制、松铺土处理、改性剂喷洒、压实以及边坡处理等重要环节，具体施工工艺流程图见图5。

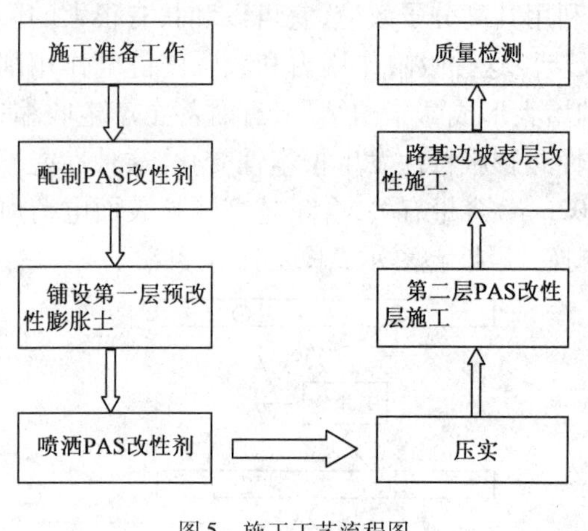

图5　施工工艺流程图

5.2　工法操作要点

1)施工准备工作

施工人员的准备充分与否对施工的质量影响较大,施工前技术人员要做好如下的准备工作:

(1)熟悉设计文件和"工法"施工程序及要求。

(2)对现场施工条件做全面了解,掌握施工现场全面情况及特点,并且对施工区域一周内的气象概况有所了解。

(3)尽量避免阴雨天气施工,最好在光照较强的时间内施工,利于水分蒸发。

(4)根据施工规模大小建设搅拌池、准备抽水机、洒水车和若干米塑料管(接抽水机),搅拌池施工现场由图6和图7所示。

(5)对地下水较丰富的地下水路段,在填方前,应设置纵、横向盲沟,或设置片石垫层或碎石垫层,或防渗土工布,排出地下水,尽量防止膨胀土填土受到地下水的影响。

图6　砌拌和池

图7　刷防水胶

2)配制PAS改性剂

(1)按照发明专利要求的配合比进行配制,以2m×5m×1.5m的搅拌池为例,需注水10t,有机物50kg,无机物1 200kg。

(2)搅拌顺序:清除水中杂质,注入池中约5t水,散放25kg阳离子有机物(图8),静置半小时(不得搅拌);再注入水3t后再散放25kg,再注入水2t,水管从水面以上灌入池内(图9),以保证将有机物淹没。

图8　撒改性剂并注水

图9　搅拌改性剂

(3)静置3h以上,视溶解情况,如果沉积物较多,并有颗粒型物质,则进行人工搅拌,直到全部溶解。

(4)待阳离子较好的溶解后,放入无机物1 200kg,并进行人工搅拌;以2m×5m×1.5m的搅拌池为例的施工流程如图10所示。

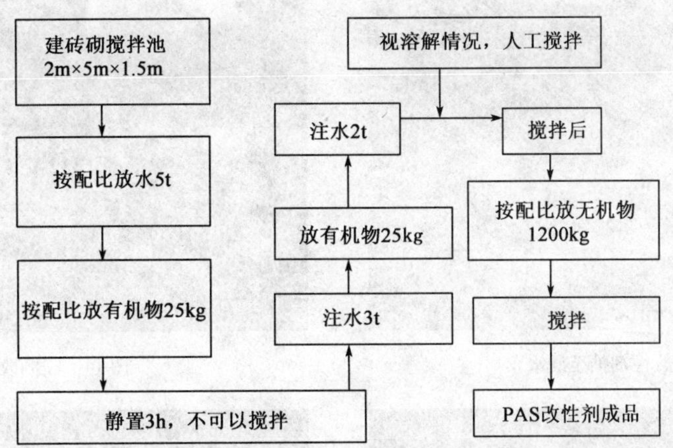

图10 PAS改性剂配制流程图

(5)搅拌配成的液态PAS改性剂,保证在有效期48h之内使用。

(6)10t水、50kg有机物、1 200kg无机物配制的PAS改性剂可用于40m^{3}膨胀土的改性处理(相当于松铺厚度约30cm,面积约130m^{2}膨胀土路基的改性处理)。

3)铺设第一层预改性膨胀土

(1)在路槽下约50cm处做好改性前的路基平整处理工作以及上道工序的检测工作,确保上道工序质量合格。

(2)均匀铺设厚约30cm松铺膨胀土,如图11和图12所示,作为预改性膨胀土,铺设厚度要均匀,表面要平整。

图11 膨胀土运输

图12 预改性土铺设于路堤上

4)喷洒PAS改性剂

(1)将配置好PAS改性剂,用抽水机抽到洒水车,运至施工现场(图13)。

(2)用喷洒水管,将改性剂喷洒在改性路基层(图14)。

(3)单位面积内改性路基层的最佳喷洒次数为两次,第一次喷洒后,晾晒到合适含水率(通过土工击实试验和塑液限指标试验确定),用挖掘机进行搅拌(图15),然后再次喷洒PAS改性剂,再晾晒到合适含水率(通过土工击实试验和塑液限指标试验确定),搅拌均匀,使松铺膨胀土得到均匀改性。

(4)单位面积内PAS改性剂喷洒量严格按照专利要求(10t水,50kg有机物,1 200kg无机物配制的PAS改性剂可用于厚度约30cm,面积约130m^{2}膨胀土的改性)进行控制。

(5)如果天气出现变化,可以采取临时性防水雨布遮盖,如图16所示。

(6)喷洒改性剂后表面比较泥泞,禁止行人以及车辆通行。

图13 将改性剂抽至洒水车

图14 喷洒改性剂

图15 晾晒后进行搅拌

图16 临时性防水遮盖

5)压实

(1)根据不同膨胀土,做好土工击实试验,确定最佳含水率与最大干密度,将喷洒PAS改性剂的松铺层晾晒至试验确定的最佳含水率。

(2)根据施工规范,用压路机重复碾压,如图17所示,直到压实度达到规范要求,如表6所示。并做好路基表层平整工作(图18)。

图17 路基压实

图18 路基平整度处理

6)第二层PAS改性层施工

为确保路基的稳定性与改性的彻底性,进行第一层改性处理后,紧接着做第二层改性处理。

(1)第一层PAS改性处理后,检测合格。

(2)再次铺设厚约30cm预改性膨胀土,喷洒改性剂,碾压至规范要求,具体工艺参照4)节,经过两层施工,能够确保路基的整体稳定性。

7)路基边坡表层施工

(1)对路基上层改性处理后,对路基边坡表层进行削坡处理,使边坡符合设计要求。

(2)将PAS改性剂均匀喷洒到路基表层边坡,每次喷洒后晾晒约1~2d,再次喷洒,循环操作三次,使PAS改性剂可以渗入路基边坡表层30~50cm深,确保边坡表层得到彻底改性,防止雨水渗入路基内部。

(3)按照专利要求(10t水,50kg有机物,1 200kg无机物配制的PAS改性剂可用于路基边坡约130m^{2}膨胀土的改性)进行喷洒,确保喷洒均匀;喷洒时控制喷洒速度,防止对边坡造成冲刷破坏。

(4)路基表层边坡改性处理后,根据设计方案进行绿化处理。

8)质量检测

(1)对压实后的路基各项质量控制指标进行检测,如图19与图20所示,采用公路路基施工常用的压实度检测方法,为下道工序工作做好准备。

图19 检测取样

图20 称量

(2)检测标准严格按照表6所列进行,检测合格后,转入下一道工序施工。

5.3 劳动力组织

该工法在施工中,劳动力的配置应该根据工程量的大小确定,这里以路基宽20m,长200m工程为例,满足需求的劳动力配置情况如表2。

劳动力组织情况表 表2

序 号	作业项目	作业内容	人数(人)
1	PAS改性剂配制	管理人员	1
2		技术人员	1
3		操作员	1
4	路基改性施工人员(5人)	改性剂运输	2
5		铺设改性土层	2
6		改性剂喷洒	2
7		压实	2
8		质量检测	2

6 材料与设备

6.1 原材料

PAS改性剂是经过多次试验研究,形成的发明专利成果,配制材料应满足表3要求。

材 料 要 求 表3

材料	要求	备注
有机物(聚丙烯酰胺)	阳离子高分子离子度大于30%	
	阳离子高分子量低于300万	
无机物(硅酸钠)	阳离子模数在2.5~3.0之间	
水	饮用水	
材料配比比例	按照水10t,有机物(聚丙烯酰胺)50kg,无机物(硅酸钠)1 200kg的掺合比例配制	根据搅拌池的大小,按比例调整每次掺合量

6.2 机械设备

根据施工需要,本工法需配备的主要机械设备见表4。

PAS改性路基施工主要机械设备一览表 表4

序号	设备名称	规格/型号	单位	数量	备注
1	压路机	英格索兰DD-110	台	根据工程量确定	或类似机械设备
2	自卸车	≥8t	辆	根据工程量确定	或类似机械设备
3	洒水车	SE5141GSS	辆	根据工程量确定	或类似机械设备
4	挖掘机	CAT330	辆	根据工程量确定	或类似机械设备
5	水泵	ICB型标准冲压泵	台	根据工程量确定	或类似机械设备

6.3 仪器设备

根据施工需要,本工法需配备的主要仪器设备见表5。

PAS改性路基施工主要仪器设备一览表 表5

序号	设备名称	单位	数量	规格	备注
1	水平仪	台	1~2	EK-155AP\255\455P	或类似仪器设备
2	烘箱	台	1	A201655	或类似仪器设备
3	钢尺	把	1	0~1 200um	或类似仪器设备
4	量砂	个	1	0.3~0.6mm	
5	电子天平	台	1	量程10~15kg,精度0.1g	或类似仪器设备
6	金属标定罐	个	1	$\phi=150$mm	
7	灌砂筒	个	1	$\phi=150$mm	或类似仪器设备

7 质量控制

(1)本工法施工时需满足和符合《公路工程质量检验评定标准》(JTG F80/1—2004)、《公路路基路面现场测试规程》(JTG E60—2008)、《公路路基施工技术规范》(JTG F10—2006)的要求。

(2)按照一定的频率,安排专人对PAS改性路基进行质量检测,保证各项技术指标满足设计及相关要求。

(3)PAS改性路基检测项目、检测指标、检测方法和频率见表6。

PAS改性膨胀土施工质量检测标准 表6

项次	检查项目	规定值或允许偏差			检查方法与频率
		高速公路、一级公路	二级公路	三级、四级公路	
1	压实度	符合规定	符合规定	符合规定	施工记录
2	弯沉	不大于设计值	不大于设计值	不大于设计值	

续上表

项次	检查项目	规定值或允许偏差			检查方法与频率
		高速公路、一级公路	二级公路	三级、四级公路	
3	纵断高程(mm)	+10,-15	+10,-20	+10,-20	每200m测4个断面
4	宽度	不小于设计值	不小于设计值	不小于设计值	每200m测4处
5	平整度(mm)	15	20	20	3m直尺:每200m测两处×10尺
6	横坡(%)	±0.3	±0.5	±0.5	每200米测4个断面
7	边坡坡度	不陡于设计坡度	不陡于设计坡度	不陡于设计坡度	每200m抽查4处
8	松铺厚度	≤30cm	≤30cm	≤30cm	用尺测量:每200m4处
9	改性剂配合比	专利确定配合比	专利确定配合比	专利确定配合比	每池一测:检查称量记录
10	喷洒均匀度	无干土或明显的泥水坑塘	无干土或明显的泥水坑塘	无干土或明显的泥水坑塘	观测:外观均匀一致

8 安全措施

针对本工法施工环境、施工方法、劳动组织、作业方法、使用的机械、动力设备、变配电设施以及各种安全防护设施,在开工前,由项目总工程师牵头,安全部负责编制安全生产技术保证措施,对采用的新技术、新材料、新结构、新工艺、新设备,认真编制安全技术操作规程,并具有针对性地逐级进行安全技术交底,交底后由项目部安全员负责监督检查、落实。施工现场做好安全防护设施,主要包括围挡、防护栏等,各种限制装置配备齐全、有效,并不得擅自拆除或移动,如因施工实际需要移动时,必须经工地负责人同意,并采取相应措施方可施工。保证安全的管理措施。

(1)成立安全生产组织机构,建立健全安全生产责任制度、安全生产教育培训制度及安全生产技术交底制度,制定安全生产规章制度和操作规程,保证安全生产所需资金的投入,定期安全检查,并做好安全检查记录,做好安全事故预案、救援预案。

(2)在施工现场出入口、沿线交叉口、临时用电及柴油罐等危险部位设置明显的安全警示标志或安全防护设施。

(3)施工现场的办公、生活区与作业区分开设置,并保持安全距离;办公、生活区的选址应当符合安全性要求。职工的膳食、饮水、休息场所、医疗求助设施应当符合卫生标准。

(4)施工现场必须有"五牌一图",即施工单位及工地名称牌、安全生产六大纪律宣传牌、防火须知牌、安全无重大事故记数牌、工地主要管理人员名单牌、施工总平面图。

(5)根据工程量的大小配备专职安全生产管理人员。建立、健全各级各部门的安全生产责任制,责任落实到人。

(6)现场施工人员需配备齐全的劳保用品方可入场施工。特种作业人员必须经培训考试合格持证上岗,操作证必须按期复审,不得超期使用。

(7)树立"质量第一、安全第一"的意识,结合本工程特点对员工进行安全教育,严格安全操作规程。

(8)班组"三上岗、一讲评"活动班组在班前须进行上岗交底、上岗检查、上岗记录的"三上岗"和每周一次的"一讲评"安全活动。对班组的安全活动,要有考核措施。

9 环保措施

在施工中严格遵守有关环境保护规定,完善环境保护措施,把施工对周围自然环境的影响减少到最低限度。

(1)项目经理部成立环境保护领导小组,制定环境保护工作的具体措施,实行项目经理部、施工队分级管理,并配专职管理人员,负责检查、监督各项环境保护措施的落实。

(2)建立、健全施工过程中环境保护管理体系和各项管理规章制度。明确各施工阶段须遵循的环保方面的法律、法规和标准要求。

(3)生活区和施工现场设置封闭的垃圾站并及时清理垃圾,将生活区的生活垃圾集中运至当地环境保护部门指定的地点,不准倒入水域内造成水体污染。

10 效益分析

10.1 工法优势

1)工程力学性质分析

PAS改性剂通过高分子效应所产生的吸附和静电作用削弱了层间负电斥力,阻止晶层间距的扩展,从而改善黏土矿物的强亲水性,形成的空间网结构提高黏土颗粒之间的联结强度,使土体具有较高强度和抵抗变形能力。通过蒙新高速公路路段的改性结果分析,采用该工法施工,PAS改性剂不仅可以改变膨胀土的亲水性能,有效地降低膨胀土的胀缩性,而且能使膨胀土的工程力学性质得到了改善。

2)施工便捷性分析

由于PAS改性剂为真溶液,浆液起始黏度低,且保持低黏度的时间可满足充分渗透的工艺要求,可灌性好,渗透能力和流动性好,施工当中只需抽水机将其喷洒到需要作改性处理的路基及边坡上,使其扩散、胶凝、固化或发生聚合,即可改性。

3)绿化环保效应分析

PAS改性剂所选用的水溶性试剂,浆液无公害,施工无污染,真正实现了无毒无害,绿色环保。通过三叶草在改性后的土体上十四周生长,所记录的数据表明植物在改性土中能够存活并自然生长,这表明改性土没有改变原土壤植被培育能力,PAS改性边坡可以结合生态固坡利用植物的根、茎、叶的作用,为发挥植物持续永久的综合生态功能提供了平台。

10.2 经济效益

从以下三个方面看PAS改性与传统换填经济成本对比:

(1)材料费:采用PAS改性处理不需要换土,就地取材,能节约大量的砂石材料,且浆材来源广,造价低,可见从材料上改性处理上能大大降低工程成本。

(2)挖运费:PAS改性处理无需大量挖弃膨胀土,减少了筑路材料搬运消耗,使运费得到节约。

(3)施工费:PAS改性层施工方法与其他施工方法相比,将配好的改性剂利用抽水机喷洒在路面上,机械搅拌后压实,大大降低了施工作业量及工程费用。

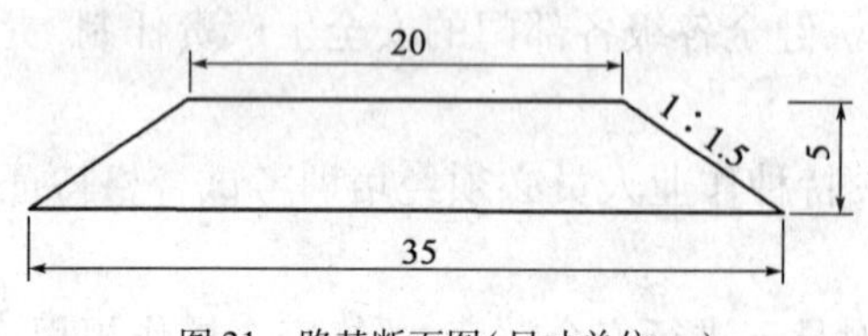

图21 路基断面图(尺寸单位:m)

以实体工程为例(图21),改性路基长100m,路面宽20m,路基填方高5m,坡比1:1.5,根据计算,最底层路基宽为35m,则需要换填的体积 $V=(20+35)\times5\times100/2=13\ 750\text{m}^3$,如果每换填 1m^3 优质渣土,平均成本按100元计算,则换填费用 $M_1=13\ 750\text{m}^3\times100$ 元$/\text{m}^3=1\ 375\ 000$ 元。

而在同样的工程量下,采取PAS改性剂处理,只需改性处理约50cm厚路基层,改性处理的具体成本如表7所示。节省开支 $M=M_1-M_2=1\ 375\ 000-914\ 110=460\ 890$ 元,平均每立方膨胀土路基填方成本节约 $\Delta M=460\ 890$ 元$/13\ 750\text{m}^3=33.5$ 元$/\text{m}^3$。在实际应用中,由于不同路段换填材料的属性以及运距的差异,成本节约额度会有所变化。

10.3 社会效益

改性后的膨胀土的抗剪强度都有明显提高,水理特性更加稳定,这对于路基稳定性、安全性有重要意义,可见PAS改性剂对土的工程性质有很大程度的改善。路堤在满足设计施工要求的情况下,工程造价低于常规方案,有较大的应用价值。由于PAS改性剂起始黏度低,且保持低黏度的时间可满足充分渗透的工艺要求，可灌性好，渗透能力和流动性好，施工当中只需抽水机将其喷洒到需要作改性处理的路基及边坡上，使其扩散、胶凝、固化或发生聚合，工程处理上十分方便。

不同路基处治方案成本分析表 表7

路基换填方法				PAS 改性处理方法			
项目	单价	数量	小计(元)	项目	单价	数量	小计(元)
膨胀土换填	100 元/m^3	13 750m^3	1 375 000	改性剂	106 元/m^3	1 902m^3	201 612
				运费	30 元/m^3	13 750m^3	412 500
				改性池修建	5 万元/个	2	100 000
				喷洒及碾压	20 万元/100m	1	200 000
总计	M_1 = 1 375 000 元			总计	M_2 = 914 110 元		
节省总费用 $M = M_1 - M_2$ = 1 375 000 − 914 110 = 460 890 元				每立方米节省费用 ΔM = 460 890 元/13 750m^3 = 33.5 元/m^3			

采用 PAS 改性剂处理膨胀土路基，减少路基换填处理的工程量，不仅降低了机械施工成本、运输成本，还节省了耕地，减少了生态破坏，保护环境，其社会效益非常明显。

通过实践总结，收效是明显的。可以说，该项目是科研与生产紧密结合的一个成功范例。该施工工法具有很好的推广应用价值。

11 应用实例

11.1 工程实例一

1）工程概况

2005 年 1 月 1 日开工建设的蒙自—新街高速公路位于云南省红河州境内，是国道主干线（GZ40）二连浩特—成都—昆明—河口公路云南省境内昆明—河口公路中的重要一段，是我国外接越南及东南亚的重要国际大通道，也是云南省滇东及滇南的主要经济干线，更是促进红河州经济发展的交通运输枢纽。于 2009 年 8 月 6 日通车试运行。

2）施工情况

蒙新高速公路 K1 + 360 ~ K1 + 860 是膨胀土路段，2007 年 10 月 ~ 12 月采用“公路路基膨胀土 PAS 改性层施工工法”对该路段进行处理。

3）结果评价

通过 PAS 改性处理，填方量达到 66 000m^3，平均每方节约成本 33.5 元，共节省成本约 66 000m^3 × 33.5 元/m^3 = 221.1 万元。而且通过改性处理，蒙新高速公路膨胀土路段的路基质量稳定，施工成本降低。

11.2 工程实例二

1）工程概况

于 2008 年 11 月动工的安宁市太平集镇主干道二期工程，是贯穿太平新区的南北向主要通道，北面起点接一期主干道，南面终点至太平镇清水沟村，为Ⅰ级城市主干道，设计车速 40 ~ 50km/h，双向 6 车道，道路宽度 32 ~ 50m。道路总长 8 427.042m，其中含 260m 连拱隧道一座，箱涵七道，填方总量 65 万 m^3，挖方 63.8 万 m^3。工程总投资 6.8 亿元人民币，由安宁市人民政府委托太平项目开发管理委员会以 BT 方式引入投资人开发建设，云南云岭高速公路桥梁工程有限公司总承包施工，2010 年 6 月竣工验收通车。

2)施工情况

K3 + 110 ~ K3 + 870 段是膨胀土分布区,2009 年 10 月 ~2010 年 1 月对该段路基填方采用“公路路基膨胀土 PAS 改性层施工工法”处理。

3)结果评价

该段采用 PAS 进行改性处理的填方量达到 87 000m^3,平均每方节省施工成本约 25 元,共节省施工成本约 87 000m^3 ×33.5 元/m^3 =291.45 万元。通车以来,路基使用状况良好,未发生路基沉降、开裂等病害,经济和社会效益显著,业主评价非常满意。本工程先后荣获“云南省优质工程一等奖”、“国家优质工程银质奖”等荣誉。

11.3 工程实例三

1)工程概况

云南省首条代建公路项目 S230 线六库至曼海桥二级公路是云南省公路网“8619”规划中第八条纵线德钦至瑞丽公路中的一段,北起怒江洲泸水县上江乡三庙桥,沿怒江西岸布线,经保山市芒宽、潞江镇及怒江流域赛格、石头寨梯级水电站、规划建设点,南至保龙高速公路潞江坝立交连接线,建设里程 88.158km;公路等级二级,沥青路面;路基宽度 8.5(12)m,设计速度 60(40)km/h,设计荷载等级公路-Ⅰ级,验算荷载特 170t。2009 年 9 月 16 日开工建设,2011 年 4 月全线完工通车。

2)施工情况

S230 线六库至曼海桥二级公路 K76 + 300 ~ K76 + 650 段是膨胀土分布区,2010 年 9 月 ~2010 年 12 月,云南云岭高速公路桥梁工程有限公司采用“公路路基膨胀土 PAS 改性层施工工法”对该段路基进行处治。

3)结果评价

在该段施工中,共处理 116 000m^3 填方,平均每方节省施工成本约 32 元,共节省施工成本约 116 000m^3 ×32 元/m^3 =371.2 万元。该项目是云南省第一条公路代建制项目,通车两年来,该路段路基稳定,质量良好。

公路桥梁台背回填泡沫轻质土过渡段施工工法

GGG(中企)A2018—2013

刘元炜　孙贵欣　谢仕良　牛　浩　陈忠平　谢开武
袁丽芳　张　宇　廖纪明　简伟才
（中交第三公路工程局有限公司　广东盛瑞土建科技有限公司
中建五局土木工程有限公司）

1　前言

随着我国高速公路建设事业的迅速发展,人们对行车舒适性和安全性的要求日益提高,缓减和消除高速公路桥头跳车的质量通病提到更高的期望高度。桥头“跳车”是台背填土与桥涵构造物的不均匀沉降导致的(沉降值一般为10~30cm),车辆通过时产生跳跃和冲击,不仅影响汽车行驶的舒适性,还会对桥涵和路面造成附加的冲击荷载,从而影响道路使用期望寿命。桥头跳车问题已成为高速公路的工程质量和造价的重要影响因素,也是工程技术人员面临的难题之一。针对桥头跳车的质量通病,中交第三公路工程局有限公司和广东盛瑞土建科技发展有限公司,以唐津高速扩建工程第二合同段、钱江通道及接线工程为依托,开展了“公路桥涵过渡段回填现浇泡沫轻质土施工关键技术应用研究”,该成果经中国交建组织专家评审,总体水平得到国际先进,该成果关键技术形成了“公路桥梁台背回填泡沫轻质土过渡段施工工法”。中建五局土木工程有限公司也以钦(州)崇(左)高速公路第2合同段、第4合同段工程为依托,开展技术攻关,其成果成功应用于依托工程。利用泡沫轻质土进行台背回填,有效地减少了地基附加应力,减少了工后沉降,从而缓减和消除桥台跳车,对延长桥梁的使用期望寿命、减少台背引道路面维护费用有着重要的意义。

2　工法特点

(1)泡沫轻质土的重度约为普通土的1/3~1/2,可大幅降低填土荷载,减少地基附加应力,有效控制工后沉降,抑制侧向位移,提高路基的稳定性。

(2)泡沫轻质土是水硬材料,有较大的弹性模量,可有效缓减桥涵结构与过渡段的刚柔突变跳车。

(3)桥涵台背沿路基纵向采用填厚渐变的泡沫轻质土过渡段,使桥涵台背与路基的工后沉降曲线变得平缓,再与桥头搭板综合作用,可缓解或消除桥头跳车。

(4)泡沫轻质土采用高压软管泵送施工,自流平,自密实,无需机械碾压和振捣,有效解决了台背填土碾实难等问题。

(5)泡沫轻质土固化后具有自立性,自身无沉降,对桥涵结构物无侧向推挤作用,可节约边坡用地。

(6)施工便捷高效,工期短,安全质量可控,对环境无污染,社会效益好。

3　适用范围

本工法适用于公路工程桥涵台背减荷回填施工,也可推广应用于市政工程桥梁台背减荷回填施工。

4　工艺原理

泡沫轻质土是采用发泡机的发泡系统将掺有泡沫剂的水溶液制备成泡沫,再将泡沫用机械搅拌的方法,混入到预先制备好的水泥净浆中,形成许许多多大小不等的气孔和气孔壁组成的轻质组合,然后经过泵送系统进行现浇施工,经自然养护所形成的一种含有大量封闭气孔的轻型填筑材料,其重度只有普通填土的1/3~1/2。用其进行台背回填,可显著减少基底附加应力,若进行必要深度的还填,甚至可消除附加应力,从而控制工后沉降,抑制侧向位移,提高路基的稳定性。台背回填泡沫轻质土实现桥台与路基的刚柔过渡,缓解刚柔突变跳车。泡沫轻质土进行台背回填时,纵向填厚渐变,呈台阶状排列,使桥涵背与路基的工后沉降曲线变得平缓,再与桥头搭板综合作用,可缓解或消除桥头跳车。

5 施工工艺流程及操作要点

5.1 施工工艺流程

泡沫轻质土台背回填施工工艺流程如图1所示。

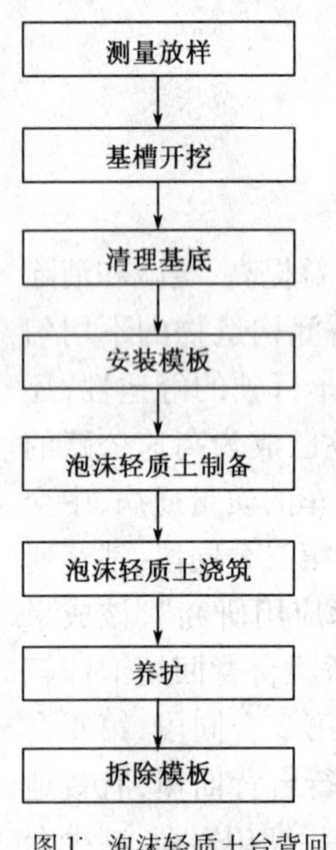

图1 泡沫轻质土台背回填施工工艺流程

5.2 操作要点

(1)测量放样,根据工点设计边界条件,进行分区浇筑的测量放样,同时验证设计图边界的合理性。

(2)基槽开挖,根据实地放样,进行清表和台背回填段基槽开挖,表土可用于种植区,弃土运至指定弃土场。

(3)清理基底,清除浇筑区基底杂物,确保基底无积水、无松软土,按设计和《公路路基施工技术规范》(JTG F10—2006)要求对基底土层应进行必要的碾压处理,并设置排水沟或其他排水设施。

(4)安装模板,根据浇筑区域的规划安装模板,因为泡沫轻质土流动性较好,所以要求分区模板要安装拼合紧密、不漏浆、不变形。

(5)泡沫轻质土制备。

泡沫是由发泡剂稀释后加压缩空气经发泡机生成。在制泡前,应先将发泡剂计量后加入水稀释,制成水稀释液,稀释液浓度由试验确定。原始发泡液不可直接加入发泡机发泡。

水泥浆由拌和站集中供应,严格控制配合比和拌和时间,水泥浆制备应连续,并经过两次混合搅拌,保证其均匀,无沉积,质量稳定,避免轻质土浇筑过程中出现局部消泡、假凝现象,影响整体施工质量。

泡沫轻质土土是将气泡加压与水泥浆混合而成,施工过程中,每次起动机器后,需对生产参数进行调准,以保证轻质土的湿密度与流量满足设计要求。

泡沫轻质土原材料配合比剂量应采用电子计量,计量精度水泥、水、外加剂和外掺料均为±2%。

(6)泡沫轻质土浇筑。

泡沫轻质土应分块浇筑,10~15m设置一道变形缝,一次浇筑的厚度0.3~0.8m,最大厚度不应超过1.0m,最小厚度不应小于0.25m。分块施工缝采用18mm胶合板或20~30mm聚苯乙烯板设置,且可不拆除。

泡沫轻质土宜采用泵送浇筑,一级泵送的最大距离应为500m。当输送距离超过500m时,应设置中级泵送装置。

要沿浇筑区长轴方向自一端向另一端浇筑,如采用两条以上浇筑管浇筑时,则可并排从一端开始浇筑,或采用对角浇筑方式。浇筑过程中,需要移动浇筑管时,应沿浇筑管放置的方向前后移动,而不宜左右移动浇筑管,如确实需要左右移动浇筑管时,则应将浇筑管尽可能提出当前已浇筑轻质土表面后再移动。进行扫平表面时,要使浇筑口保持水平。泡沫轻质土浇筑自流平、自然密实、无需振捣,浇筑过程中应避免泡沫轻质土过度振动。

当遇降雨天气时,未固化的泡沫轻质土表面应采取遮雨措施,防止雨水消泡。不能在已浇筑尚未固化的轻质土上走动,如是施工必需则应铺设木板。

泡沫轻质土单个浇筑区、浇筑层的浇筑时间应控制在水泥浆初凝时间内,上下相邻浇筑层,浇筑间隔不低于150min,且必须终凝。泡沫轻质土浇筑至设计高程后,要覆盖保湿养护,养护龄期不少于7d。

泡沫轻质土路基施工完毕后,同条件养护强度达到设计强度后,方能进行路面结构层施工,并要避免大型机械直接在轻质土顶部行走。

5.3 劳动力组织

本工法一个施工班组所需劳动力组合如表1所示。

泡沫轻质土一个施工班组所需劳动力组合 表1

序号	班组	工作任务	人数
1	技术管理人员	现场施工技术管理	1
2	模板安装与拆除	临时模板安装、拆除	4
3	机械操作	机械操作	3
4	电工	电气维修、现场用电	1
5	泡沫轻质土浇筑	浇筑泡沫轻质土	2
6	成品保护	成品保护	1
合计			12

6 材料与设备

6.1 材料

本工法施工所需主要材料如表2所示。

主要材料表 表2

序号	名称	技术要求
1	水泥	《通用硅酸盐水泥》(GB 175—2007)
2	发泡剂	释放倍率40~60倍;发泡倍率800~1 200,气泡密实度30~50g/L;泡沫泌水率15%
3	水	《混凝土用水标准》(JGJ 63—2006)

6.2 设备

本工法施工所需主要机械设备如表3所示。

主要机械设备表 表3

序号	名称	型号规格	单位	数量
1	行星式水泥浆搅拌站	$60m^3/h$	套	1
2	发泡混合输送站	$90m^3/h$	套	1
3	水泥储存罐	50t	套	1
4	空气压缩机	≥11kW	台	3
5	发电机	200kW	台	1
6	潜水泵	3kW	台	3
7	配电箱	标配	个	5
8	储水池	$30m^3$	个	1
9	泡沫轻质土输送管	3寸	m	1 000
10	输水管	2寸	m	500
11	自动气泡发生器	≥40L/h	台	1

6.3 试验器具

本工法施工所需主要试验器具如表4所示。

试验器具配置计划表 表4

序号	器具名称	规格	单位	数量
1	流值测试仪	—	个	4
2	游标卡尺	≥30cm	把	2
3	电子称	15kg	台	6
4	标准量杯	1L	个	6
5	试模	100×100×100	条	40
6	钢卷尺	5m	把	6
7	钢卷尺	50m	把	1
8	试验桶	≥15L	个	10

7 质量控制

7.1 应执行的标准规范

(1)《公路路基施工技术规范》(JTG F10—2006)。

(2)《公路工程质量检验评定标准》(JTG F80/1—2004)。

(3)《公路软土地基路堤设计与施工技术细则》(JTG/T D31-02—2013)。

(4)《现浇泡沫轻质土技术规程》(CECS 249—2008)。

(5)《气泡混合轻质土填筑工程技术规程》(CJJ/T 177—2012)。

(6)《现浇泡沫轻质土路基设计施工技术规程》(TJGF 10-01—2011)。

7.2 质量控制措施

(1)严格按照质量体系文件要求进行各项质量管理工作,确保施工过程得到有效控制,以确保工程质量目标的实现。

(2)保证设备性能状态良好,配备有足够的易损件。及时标定计量设备,确保配合比准确。

(3)公路工程用泡沫轻质土所用的发泡剂宜采用合成类高分子表面活性剂,外观宜均匀透明,常温条件下,稳定性好,无异物析出或沉淀,发泡过程中无异味或刺激性味,对环境无不良影响,泡沫大小细密且均匀。发泡剂保质期宜大于12个月。

(4)水泥可采用通用硅酸盐水泥或普通硅酸盐水泥,其强度等级应为42.5级及以上;施工用水应符合《混凝土用水标准》(JGJ 63—2006)的规定;外掺剂使用前应进行适应性试验,对泡沫轻质土的质量无不良影响;外掺材料应符合相关标准规范的要求。

(5)应严格根据设计要求,试配泡沫轻质土,确定其水泥、水、发泡剂、外加剂等的掺量,并原材料的计量精度误差不大于±2%。

(6)模板安装时,水平及倾斜误差应逐层调整,同时要求模板光洁、平顺垂直、板缝均匀,线形顺适,断面尺寸符合设计要求。

(7)填筑体长度超过10m时,按10m或断面突变处加设变形缝,变形缝材料可采用20~30mm厚聚苯乙烯板或18mm的胶合板,且模板可不拆除。

(8)为保证浆料混合均匀,应做到及时混合,不得使用超过发泡时间的气泡群。

(9)气泡混合轻质土中气泡在初凝以前是一种不稳定结构,因此浇筑过程中要避免过度振动。填筑气泡混合泡沫轻质土时,由于其自身重力的影响,会压缩气泡和消泡,浇筑厚度一般控制在0.7m,最大不超过1.0m。

(10)采用往后直拉的方式拖移浇筑管,浇筑管出料口应与浇筑面保持水平,扫平表面时,不要用喷射方式浇筑。

(11)由于气泡遇雨会消解,因此要避免在大雨天施工。当遇到大雨或长时间持续的小雨天气时,对未固化的表层应采取遮雨措施,重新浇筑上层前,应对已被雨水浸泡的表层进行铲除清理。

8 安全措施

(1)牢固树立"安全第一,预防为主"的思想,建立健全安全组织保证体系,形成良好的安全氛围,确保安全生产目标的实现。

(2)定期不定期地召开安全生产会议,贯彻国家有关安全生产和劳动保护方面的法律、法规。

(3)施工中遵循《公路工程施工安全技术规程》(JTJ 076—1995),消除事故隐患。

(4)施工现场临时用电应符合《施工现场临时用电安全技术规范》(JGJ 46—2005)的要求,临时用电采用三相五线制接零保护系统,逐级设置漏电保护装置,实行分级保护。

(5)场施工道路的交叉处、过桥处以及道路拐弯处设立安全警告标志。

(6)各专业工种作业人员,必须经专业培训和考试,必须持证上岗,严禁无证上岗。

(7)机械外露传动部位均设置防护装置,操作人员必须懂得本机安全操作规程,熟知本机的安全性能。

(8)施工人员作业人员在浇筑作业时,必须穿工作鞋、戴保护手套、戴安全帽。

(9)泵送管接头应连接牢靠,泵送过程中随时检查,确保泵送工序安全。

9 环保措施

(1)加强学习环保知识、法律法规,开展环保知识宣传,提高全体员工的环保素质,明确环保目标,落实责任,定期组织检查。

(2)保持工地清洁,控制扬尘,杜绝漏洒材料,做到"工完料净场清",不遗留工程垃圾。

(3)加强对机械的经常性保养,尽量使其噪声降低到最低水平。

(4)在制定施工计划、施工方法、除尘措施以及进行施工时,充分考虑防止水泥等粉尘的污染措施。

(5)地面冲洗物包括水泥、水泥浆、机械等清洗污水、发泡液等,经引入污泥井沉淀,集中处理处。

(6)控制固体废弃物,对剩余料具、包装及时回收、清退。

(7)各类垃圾及时清扫,清运到指定的垃圾堆场。

(8)维护工地内的排水系统,防止废水溢流。

(9)建立健全卫生管理和长效保洁制度,做好卫生防病工作。

10 资源节约

本工法采用泡沫轻质土进行台背回填,有效减少或消除了工后沉降,节约了桥头路面维护的找平堆填的沥青混合料;泡沫轻质土固化后具有自立性,不需放坡,可节约用地资源。本工法较桩基处置软基成本低,节约资源。

11 效益分析

本工法可缩短软基处理时间,显著缩短施工工期,工期效益明显;与水泥搅拌桩等方法相比,其施工不是隐蔽施工,质量可靠度高,质量效益明显;气泡轻质土采用管道输送,现场不污染环境,环境效益显著。气泡轻质土单方价格是普通土的3~5倍,但综合考虑软弱土基处理,与排水预压、水泥搅拌桩、预应力管桩等软基处理方法相比,回填气泡轻质土减荷法回填台背可节省工程造价约200~300元/m^2。

12 应用实例

12.1 工程实例一

唐津高速公路(塘承高速—津塘公路)扩建工程第2合同段,现状路为全封闭唐津高速公路,双向四车道,路基宽度26m,设计行车速度120km/h。工程采用"原路两侧直接拼接方案"的方式扩建为双向六车道。扩建后路基宽度为34.5m,设计行车速度120km/h。起始桩号K1 045 +941.277,终止桩号K1 055 +125.465,长度为9 184.188m。主要构筑物为京津互通式立交,北环铁路跨线桥、永定新河大桥、东南环线跨线桥、黑猪河桥、火燎洼桥、通道桥。本标段含大桥4座、中小桥3座,桥梁总长度为4 073m。根据设计要求,永定新河特大桥43号桥台台背、黑猪河桥两端桥台台背、京津互通0号桥台台背、通道桥两端桥台台背、东南环线跨线桥0号桥台台背利用泡沫轻质土进行回填,最大限度减少了工后沉降。在施工完成后经实测,其抗压强度和路床顶面弯沉值均符合规范要求,效果良好。

12.2 工程实例二

钱江通道及接线工程是浙江省公路水路交通建设规划中"两纵两横十八连三绕三通道"高速公路骨架的"一通道",钱江通道及接线工程南接线第九合同段为益农互通立交及高架桥,互通区包括A、B、C、D、E五个匝道,其中互通E匝道为填筑土石方路基工程,路基填筑工程全长675.7m,路基场地平坦,原状貌为农田,底层浅部为灰黄色粉土、粉砂,松散稍密,厚约17.5~21.5m,中部以灰色淤泥质粉质黏土、软塑粉质黏土为主,具层理,夹薄层粉土、粉砂。底部为粉砂、圆砾层,局部为中砂、砾砂,厚度较大。在桥台路段A、B、C、D匝道与E匝道接口处为泡沫轻质土处理。处理后,减轻了对软基的荷载,从而使得路基的工后沉降量大大减少,有效地解决了因桥台路基间差异沉降等引起的桥头跳车问题。

12.3 工程实例三

中建五局土木工程有限公司承建的广西钦崇高速公路第2合同段、第4合同段工程,地理环境复杂,地质条件差。为了解决桥头跳车这一难点问题,结合工期要求,台背采取泡沫轻质土填筑,第2合同段填筑2 800m^3,第4合同段填筑3 349m^3,在施工完成后经实测,软路基台背沉降量显著减少,而且大大缩短了施工工期,取得显著的经济社会效益。

大粒径土石混填路基施工工法

GGG(宁)A2019—2013

沈建成 武良缮 陈 欣 任全生 方达志

(宁夏路桥工程股份有限公司)

1 前言

宁夏贺兰山脚下储藏丰富的砂砾土,粒径30cm以上的卵砾石含量在20%以上,该种材料虽然强度高,可作为优质路基填料,但由于其颗粒粒径大、含水率小、压实质量难以检测,规范中无明确的检测方法。

按传统施工工艺,每层虚铺厚度不宜超过30cm,如填料中超粒径颗粒太多,需要对原材料进行过筛,超粒径料的浪费大且不能有效利用,导致施工费用太高,影响施工进度,因此"大粒径土石混填路基施工技术"是我区公路路基亟待研究解决的课题。现以石银高速公路LJ4、LJ5、LJ6合同段土石路基为研究对象,经过认真总结形成此工法。

2 工法特点

(1)采用合理的机械组合类型及碾压施工工艺,保证土石混填路基的压实质量和稳定性。

(2)采用电子水准仪配备铟钢尺测量埋设钢球的沉降差检查路基压实质量,具有快速、可靠的优点,用挖探坑灌水法检测路基空隙率,以验证压实质量。

(3)每层填筑厚度达45cm,避免料场过筛工序,降低机械费用,减少环境污染,节约土地资源,确保施工进度。

3 适用范围

本工法适用于高速公路、一级公路及其他公路路基施工。

4 工艺原理

(1)土石路基填料由各种不同粒径的颗粒组成,通过重型机械碾压大小颗粒重新排列,相互嵌挤,使空隙率降低,单位体积内固体体积颗粒数量增加。随着含石量的增加,土石混合料由密实—悬浮结构转化为骨架—空隙结构状态。

(2)通过碾压使填料之间相互挤压,小颗粒掉入骨架—空隙结构的空隙中,达到密实目的,增加了颗粒间的接触面积和咬合度,提高抗剪强度和变形模量。碾压使粗集料下沉,细集料上浮,整个填料形成嵌挤骨架,板结成整体,即能保证压实质量,又能确保路基表面平整度。

(3)经过面波仪测量波速、承载板检测强度、贝克曼梁检测路基弯沉值等方法进行检测,所得检测指标相互验证,证明最后两遍的碾压沉降差≤3mm,空隙率<13%时,路基的压实质量和稳定性是合格的。

5 施工工艺流程及操作要点

该工法施工工艺流程图见图1。

5.1 测量放样及布格上土

基底处理检验合格后,放出路基中线及边线,采用打网格或挂线上料摊铺的方法控制松铺厚度(≤45cm)。

5.2 摊铺

自卸汽车卸料后,用推土机(或装载机)初平,对于边坡缺土处用人工补料整修,摊铺过程中对超粒径(粒径超过层厚的2/3)填料,采用人工配合机械予以清除(图2)。

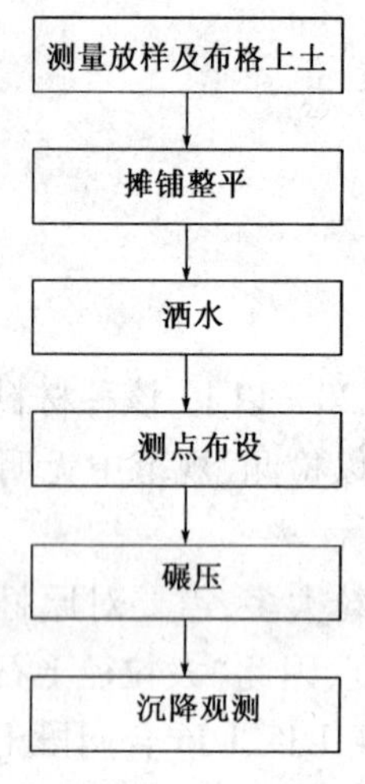

图1 施工工艺流程图

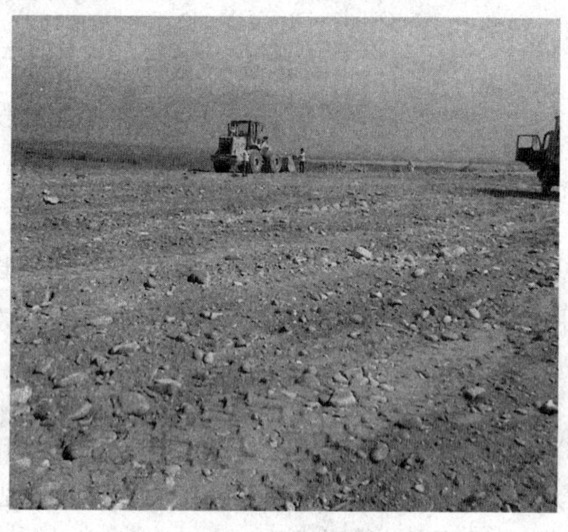

图2 人工配合机械拣除超粒径填料

初平结束后,再用平地机进行精平,使路基表面平整无空洞,边线直顺,曲线圆滑,横坡符合排水要求。

5.3 洒水

碾压时填料最佳含水率宜控制在4%。含水率过小,土颗粒间的摩阻力增大,在相同压实机具作用下,不易将相邻土颗粒挤密,达不到密实目的。含水率过大,土颗粒间的空隙率被水占据,在碾压过程中出现弹簧现象,同样达不到密实目的。

根据填料的天然含水率与试验段得出的最佳含水率进行比较,决定现场施工时是否补充洒水。如含水率过大,则将填料翻晾至最佳含水率。如含水率过小,则需要对填料补充洒水,补水的最佳时间在填料粗平之后,精平之前,这个时段填料表面细集料较少,水容易渗入填料内部,通过补水使填料达到压实所需的最佳含水率。

5.4 测点布设

平地机精平完成后,在初压之前,沿路中桩每40m一个断面布设8个测点,测点采用埋设直径5cm的钢球,钢球周围撒上白灰做标记,方便寻找,埋设后钢球顶面与路基表面齐平以保证压路机碾压后钢球与填料同步下沉。

5.5 碾压

YZ20B振动压路机关闭振动一挡稳压1遍→YZ20B振动压路机一挡强振5遍→3Y18T三轮光轮压路机一挡稳压1遍,消除轮迹。

一挡行驶速度35~40m/min,压路机碾压轮重叠轮宽的1/3~1/4。

图3为碾压遍数与沉降差关系图。

5.6 沉降差观测

当压实遍数达到5~6遍后,且路基表面无明显轮迹时,观测者将电子水准仪架设在不宜受机械影响测量精度的地方固定牢靠,立尺人将带有圆水准气泡的铟钢尺立在钢球顶面,立尺前应将钢球表面的土粒清理干净。

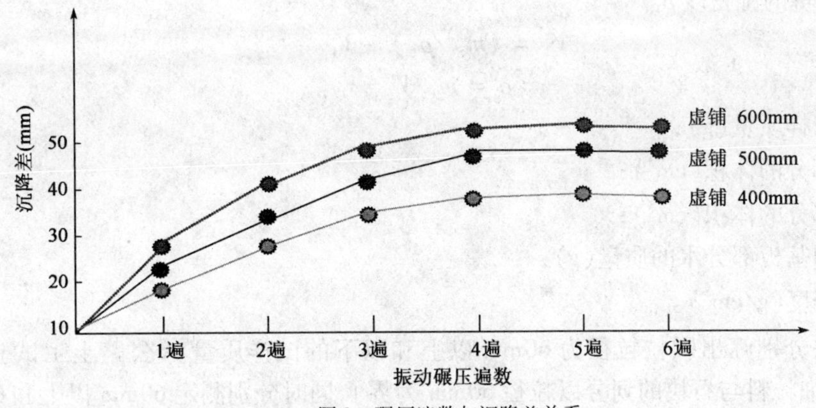

图3 碾压遍数与沉降差关系

测量并记录下每一个钢球表面的相对高程 H_1,然后用 YZ20B 振动压路机开启强振以 1 挡的速度将每个钢球碾压一遍,以同样的方法测量并记录下每一个钢球表面的相对高程 H_2。当 $H_1 - H_2 \leqslant 3$mm,路基压实质量合格,否则对不合格范围增加碾压遍数,直到符合要求(图4)。

5.7 压实效果验证

1)灌水法检测空隙率(图5)

图4 沉降差检测

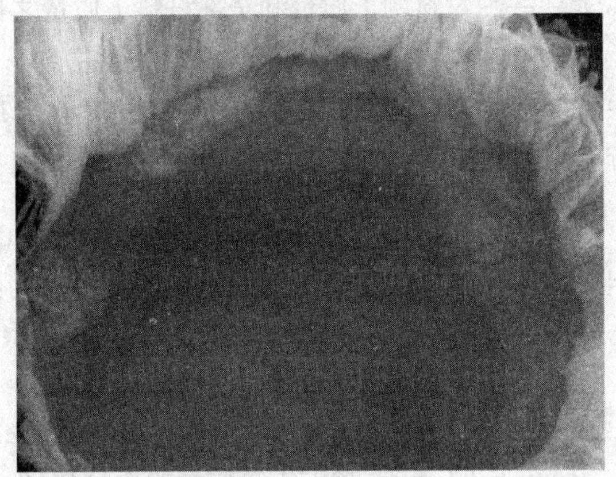

图5 灌水法检测空隙率

(1)根据《公路路基施工技术规范》(JTG F10—2006),在空隙率检测时,应挖大坑(最大粒径的 1.5 ~2 倍)采用水袋法进行。根据石银高速公路土石混填路基最大粒径为 30cm 的要求,水袋法进行空隙率检测的基板采用 60cm 的直径,环套的高度为最大粒径的 5%,即 1.5 ~2cm。

(2)检测时首先将基板固定于平整的地表,将聚乙烯塑料薄膜沿环套内壁及地表紧贴铺好,从环套上方将水缓缓注入,至刚满不外溢为止,然后测量水温和称量加入基板的水的质量,利用式(1)计算基板部分的体积 V_1。

$$V_1 = m_S / \rho_T \tag{1}$$

式中:V_1——基板部分的体积(cm^3);

m_S——基板部分水的质量(g);

ρ_T——水的密度(g/cm^3)。

(3)保持基板原固定位置不变,将薄膜内盛装的水排至对试验不产生影响的场所,然后将薄膜移除。在基板轮廓线内下挖至要求深度(整个碾压层厚度),并沿环套将坑壁修整整齐,同时将挖出的试样装入盛土容器内,并称重 m_P。将聚乙烯塑料薄膜沿坑底、坑壁密贴铺好,再往薄膜形成的袋内注水时,牵住薄膜一边拉松一边注水,使薄膜与坑壁间的空气排出,从而提高薄膜与坑壁的密贴程度。待坑内注水至环套刚满不外溢为止,量测水温和称量加入坑内的水的质量 m_S',利用式(2)、式(3)计算试坑部分的体积 V_2 和试坑的湿密度 ρ。

$$V_2 = (m_S'/\rho_T) - V_1 \tag{2}$$

$$\rho = m_P/V_2 \tag{3}$$

式中:m_P——试坑土样质量(g);

V_2——试坑部分的体积(cm^3);

V_1——基板部分的体积(cm^3);

m_S'——试坑和基板部分水的质量(g);

ρ_T——水的密度(g/cm^3)。

(4)利用筛分法分别筛出颗粒粒径为60mm以上和以下的试样质量[《公路土工试验规程》(JTG E40—2007)中规定细粒料与石块的划分以粒径60mm为界],同时分别测定60mm以上和60mm以下部分的含水率,从而按式(4)求出整体含水率 w。

$$w = w_f p_f + w_c(1 - p_f) \tag{4}$$

式中:w——整体含水率(%),计算精确至0.01;

w_f——细粒土部分的含水率(%);

w_c——石料部分的含水率(%);

p_f——细粒料的干质量和全部材料干质量之比(%)。

(5)利用筛分法分别筛出颗粒粒径5mm以上和以下的试样质量,根据《公路土工试验规程》(JTG E40—2007)中(T 0112—1993)比重瓶法和(T 0113—1993)浮称法分别测定的5mm以下和5mm以上部分的土粒相对密度,按式(5)计算土粒平均比重 G_s。

$$G_s = 1/(P_1/G_{s1} + P_2/G_{s2}) \tag{5}$$

式中:G_s——土粒平均相对密度,计算精确至0.01;

G_{s1}——大于5mm颗粒相对密度;

G_{s2}——小于5mm颗粒相对密度;

P_1——大于5mm颗粒占总质量的百分数(%);

P_2——小于5mm颗粒占总质量的百分数(%)。

(6)最后按式(6)、式(7)求得试样干密度 ρ_d 和空隙率 η。

试样干密度计算公式如下:

$$\rho_d = \rho/(1 + w) \tag{6}$$

式中:ρ_d——填料干密度(g/cm^3);

ρ——填料湿密度(g/cm^3);

w——填料整体含水率(%);

空隙率计算公式如下:

$$\eta = 1 - (\rho_d/G) \tag{7}$$

式中:η——空隙率(%);

ρ_d——填料干密度(g/cm^3);

G——填料视密度(表观密度)(g/cm^3)。

2)荷载板试验(图6)

图6 荷载板试验

荷载板试验是一种直观的试验，它是在一定面积的承载板上向地基土逐渐施加荷载，测求地基土的压力与变形特性的原位测试方法，它反映承载板下 1.5～2.0 倍承载板宽度范围内地基土的强度、变形的综合特性。

本试验采用了简易的荷载板试验装置，选用直径为 30cm 的圆钢板作为承压板，以工地现有的土方运输车（轴重 10t）作为反压装置，用可读数的油压千斤顶进行加压。经过实践和检测数据表明：当沉降差≤3mm 时，土基回填模量 E_0 在 136.69～257.79MPa 之间，能够满足设计及规范要求。

3）弯沉试验

为评定路基整体承载能力，采用贝克曼梁法检测路基的静态回弹弯沉，测试车采用后轴 10t 标准轴载 BZZ-10 的汽车。经过检测数据表明：当沉降差≤3mm 时，路基弯沉代表值在 79.59～86.77（0.01mm）之间，能够满足设计及规范要求。

图7 面波仪试验

4）面波仪试验（图7）

面波仪是利用瑞雷波的运动学和动力学特征，进行工程质量检测，是一种新兴的测试方法。经过实践和检测数据表明：当沉降差≤3mm 时，叠加激发第一层波数 V_S 在 234.7～367.6m/s 之间。

6 材料与设备

6.1 材料（图8）

土石混合填料，以宁夏下庙料场填料筛分结果为例：60mm 以上颗粒占总质量的 26.8%，5mm 以上颗粒占总质量的 65% 以上，2mm 以上颗粒占总质量的 75.7%，0.075 以下颗粒占总质量的 2.1%。

图8 筛分试验

6.2 设备

本工法所使用的主要机械设备见表1（按高速公路 12km 配置）。

主要施工机械设备及仪器表

表1

序号	名称	规格	单位	数量
1	挖掘机	小松 220	台	5
2	装载机	ZL50	台	10
3	自卸车	豪沃	台	100
4	推土机	T220	台	5
5	平地机	PY180	台	5
6	压路机	YZ20B/3Y18T	台	10/5
7	洒水车	解放车 8t	台	10

续上表

序　号	名　称	规　格	单　位	数　量
8	全站仪	徕卡	套	2
9	水准仪	电子苏光 DSE2(铟钢尺 2m)	套	5
10	钢尺	50m	把	5
11	钢球	直径 5cm	个	500

7　质量控制

7.1　应执行的标准规范

(1)《公路路基设计规范》(JTG D30—2004)。

(2)《公路路基施工技术规范》(JTG F10—2006)。

(3)《土的工程分类标准》(GB/T 50145—2007)。

(4)《公路土工试验规程》(JTG E40—2007)。

(5)《公路工程集料试验规程》(JTG E42—2005)。

(6)《公路工程质量检验评定标准》(JFG F80/1—2004)。

7.2　技术措施

(1)在摊铺时,坚持打网格或挂线上料摊铺的程序控制松铺厚度(45cm)。

(2)在 YZ20B 振动压路机碾压到第 3 ~ 4 遍时,路基表面水分蒸发较快,表面易出现松散现象,此时及时进行补水,让水分渗入路基表面 1 ~ 2cm,确保表面湿润,在不粘轮的情况下,继续进行碾压。

(3)在进行半幅填筑施工时,填筑宽度要超过中线 1m 并碾压密实,在进行另半幅施工时,要对施工纵向结合部进行充分压实。另外,纵向施工缝应相互错开 50cm。

(4)路基宜半幅施工,易于现场管理,同时造成路基中部有大粒径集料集中的现象。为了保证路基中部压实质量,在另半幅施工时需用装载机将路基中部大料铲除,均匀摊铺到其他施工区域。

(5)施工中严格控制端头的搭接处理,尽量减少本施工段之间的端头搭接,已存在的端头必须清除松散填料并挖台阶搭接,合同段之间的搭接,后续施工者负责处理,搭接部位的碾压长度,控制在 5m 左右,保证端头部位的压实质量。

(6)测点采用埋设直径 5cm 的钢球,沿路中桩每 40m 一断面布设 8 个测点,并且埋设后钢球表面应与路基表面齐平。

(7)使用电子水准仪配备铟钢尺,铟钢尺具有圆水准气泡。水准仪和标尺使用前须检定合格,仪器 i 角小于 15″。

(8)沉降观测点的最大距离不能超过 80m,水准仪须在观测点的中间,检测最后两遍沉降差时,仪器位置应保持固定位置。

(9)测量沉降差时,应将钢球表面的土粒清理干净,确保测量精度。

(10)台背填土不适宜采用大粒径填料,必须过筛后使用,采用灌砂法检测。

7.3　管理方法

(1)成立以项目经理为组长、项目总工程师、质检负责人、试验室负责人、工区主任为成员的质量领导小组,建立试验、测量、质检三位一体的质量保证体系,落实自检、互检、专检相结合的制度,把质检工作贯穿施工全过程,使质量始终处于受控状态。

(2)为满足工程进度和质量要求,施工尽可能采用大型机械化配套设备辅以小型配套机具施工。

(3)严格执行报检、验收程序,对每板填筑层严格执行逐层验收,层层合格的标准。各项指标自检合格后,将实测的自检资料一并申请报验,经现场抽检合格签认后,方可进入下道工序。

(4)用动态管理方法监控压实质量,每台压路机安装GPS定位仪,实时监控压路机碾压遍数。

(5)台背与路基尽量做到同步施工,否则留有足够的作业空间进行碾压和有效搭接,每层填筑厚度不超过15cm,桥台及耳墙等压路机碾压不到的边角部位,使用小型机具夯实。填筑至桥头搭板底时,用水沉法进行追密。

(6)标段间接头部位、施工便道与路基结合部位、作业段落间结合部位、台背与路基结合部位、填挖结合部位,这“路基五部”必须挖台阶处理。

8 安全措施

(1)健全安全组织机构,加强领导。成立安全管理机构,配备专职安全管理人员,签订安全生产目标责任书,使项目部从上到下形成横向到边、纵向到底、无缝链接的安全生产责任体系。

(2)施工前期做好重大危险源的辨识工作,并采取积极防范措施。

(3)通过创建“平安工地”、施工现场进行“安全标准化建设”、开展“安全生产月”、“安康杯”等形式多样的企业安全文化活动,切实将安全生产法律法规、技术标准落实到施工现场,全面夯实安全工作基础,做到施工现场安全防护标准化、场容场貌规范化、安全管理程序化。

(4)大型机械施工现场严格执行“一机一人”专职防护,做到“五个一”—— 一机、一人、一本、一牌、一证。

(5)施工现场的装载机、压路机、平地机安装安全警示、提示装备,如可视倒车雷达、蜂鸣器等。

(6)施工便道上运输车辆限速为5km/h,钢便桥限载50t,并定期进行维护。

(7)在施工场地狭小或作业繁忙地段,设临时交通指挥员;农民工配合机械捡除超粒径填料时,有兼职安全员现场指挥;压路机在路基边缘施工时,有专人指挥。

(8)挖掘机、装载机、运料车等机械作业范围内,如有高压线、管线要派专人指挥监控作业。

(9)运输车辆不得超速、超载、超限。不得人货混载,自卸式汽车翻斗内严禁载人。

9 环保措施

(1)严格遵守国家及当地政府部门的相关环保政策、规章制度。

(2)根据施工特点,制订切合实际、操作性较强的环保措施。

①取土必须在指定的料场范围内取土,严禁乱挖乱采;取料场的覆盖层必须集中、分类堆放,施工完毕后做好原场地的恢复工作;对路基范围内的清表土层进行临时集中堆放,待用于边坡绿化。

②运输车辆必须覆盖篷布、关紧车门防止砂石料洒落,保持施工便道湿润,避免扬尘,保护周围的植被和庄稼。

③超粒径填料应集中堆放并进行有效处理(如做桥涵台背基地处理用)。

④建筑垃圾和生活垃圾集中堆放并运至业主指定的弃料场。

⑤施工时防止路基填料堵塞涵洞、水渠,造成水路阻塞淹没庄稼农田。

10 资源节约

公路建设是我国重要的基础设施建设,在未来相当长的时间内,都将处于发展阶段,而优质的路基填料越来越少,该工法能充分利用大粒径填料,避免料场过筛工序,降低机械费用,减少环境污染,节约土地资源。

11 效益分析

11.1 经济效益

土石路基混填施工工法,能避免料场过筛工序,节约土地资源和施工成本。料场过筛费按5.5

元/m^3计算,仅石银高速 LJ5 标就节约 550 万元,加上石银高速 LJ4 合同段、LJ6 合同段,节省过筛费超过1 393.15万元。

每层虚铺厚度由原来的 30cm 增大至 45cm,并采用沉降差作为压实质量的检测方法,具有快速、简单的优点,保证了工期。如石银高速 LJ4 合同段、LJ6 合同段前期均进行了路线变更,严重影响了工期,采用土石路基施工技术均按期完成了施工任务。

11.2 社会效益

通过石银高速第 LJ4、LJ5、LJ6 三个合同段土石路基施工证明:土石路基具有工后沉降小,整体稳定好,路基强度高等优点。

石银高速土石混填路基的修建对其他类似工程有参考和指导意义,为我国高速公路土石混填路基设计、施工、检验提供了必要的科学数据和资料。

12 应用实例

12.1 工程实例一

2009 年 3 月 ~6 月,该工法在宁夏路桥工程股份有限公司承建的石嘴山至银川高速公路 LJ5 合同段路基施工过程中总结形成。宁夏交通科研所历时 3 月,通过各种试验方法相互验证,认为我公司总结的“土石混填路基施工工法”可以保证路基压实质量和整体稳定性,能够满足《公路路基施工技术规范》(JTG F10—2006)和石银高速路基设计图纸的要求,该施工技术可以在石银高速推广应用。

12.2 工程实例二

2009 年 6 月 ~2010 年 5 月,该工法在石银高速 LJ4、LJ6 合同段推广应用。石银高速 LJ4、LJ5、LJ6 三个合同段共计 21km,填方 253.3 万 m^3,全线均为农田灌溉区,截止目前石银高速公路已运营 3 年,路基稳定、路面平整,反映路基施工质量良好,并得到山东东泰监理公司、宁夏华吉监理咨询公司、宁夏公路建设管理局及宁夏公路工程质量监督站的认可。

多元劲芯桩复合地基加固软基施工工法

GGG(浙)A4020—2013

周建亮　方潇潇　祝健民　张建伟　沈　斌
(浙江巨圣建设有限公司　嘉兴万虹建设工程有限公司)

1　前言

在公路软土地基处理技术中,提高桩基承载力的方法包括以下三种:

(1)增加桩身刚度,减小压缩变形。

(2)增加桩身直径,增大侧摩阻力。

(3)增加桩端体积,增大受力面积。

这些方法各自具有其局限性,单独使用都会受到各种因素的制约,从而不能最大限度地发挥桩的承载特性。

目前,复合地基成为软基处理技术的主要发展趋势之一。融合现有常用、成熟和互补的软基处理技术,则可形成长、短桩及刚、柔桩多元桩复合地基。例如,多元劲芯桩综合了载体桩、柔性桩和刚性桩三类单元桩的优点,采用该型复合桩处理软土地基则可形成多元桩复合地基,由此大幅度提高地基的均匀性和整体强度,适用于各级公路与城市道路的路基和桥头等路段软土地基加固施工。

为合理、有效地加固公路工程中的大面积软弱地基,本公司以南湖区七星至大桥公路右半幅和桐乡市崇福至练市公路二标的软基处理工程为背景,从多元劲芯桩的材料、结构和组合形式以及多元劲芯桩的工艺流程等多角度开展了多元劲芯桩复合地基加固软基施工工艺研发,并在总结工程实践基础上形成了本工法。

2　工法特点

(1)工艺简单成熟。该工法融入了多项成熟工艺及技术,包括载体桩、散体柔性桩和刚性桩等,充分发挥和协调各项简单工艺的技术优势。

(2)加固优势显著。多元劲芯桩可以通过各种单元桩的工序组合调整单桩承载力,从而调整桩—土荷载分担比例,提高地基承载力,为控制软土地基沉降提供可靠保证,具有加固范围广、效果显著和适用性强等优点。

(3)成本低、效益高。该工法可有效控制软基工后沉降,以相对较小的投入达到较为理想的软基加固效果。施工中振动小、噪声低,充分利用各类废弃物(如建筑垃圾)作为填料,从而取得良好的经济效益与社会效益。

3　适用范围

本工法适用于加固处理公路工程中的淤泥、淤泥质土、粉土、填土、饱和黄土、一般黏性土以及饱和松散砂土等软弱地基。

4　工艺原理

以柔性桩作为加速软基排水固结的主体单元,而以劲芯复合柔性桩后形成的多元劲芯复合桩作为提高承载能力的主要单元,多种类型的桩单元与软土共同作用构成了多元桩复合地基。如图 1 所示,柔性桩的复合类型包括两种,即劲芯复合桩和夯扩载体劲芯复合桩。复合类型选择及桩单元的分布可以根据现场承载力要求决定。

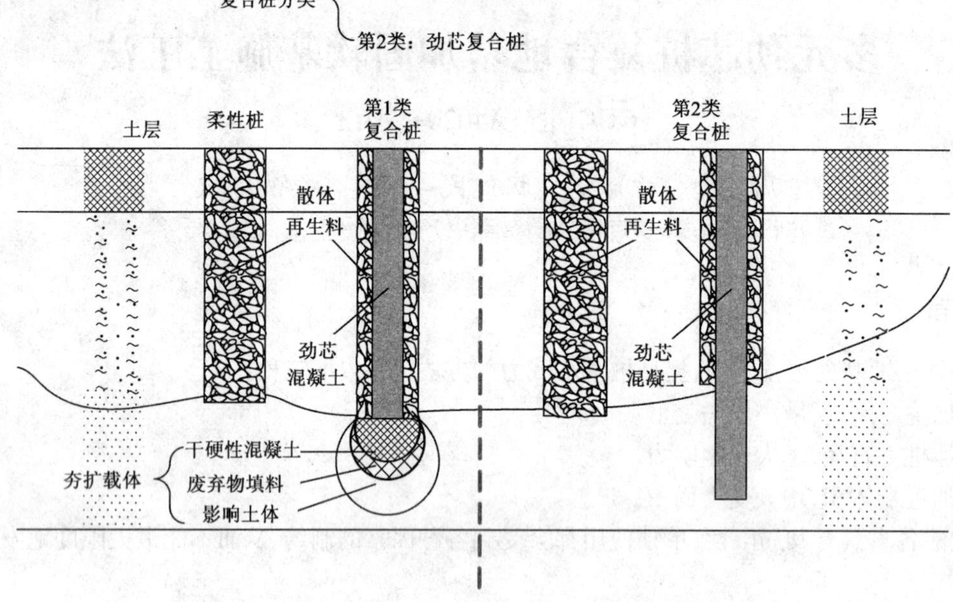

图1 部分柔性桩中打入(夯扩载体)劲芯桩形成多元桩复合地基

多元劲芯桩复合地基的工艺原理可概括为以下三点:

(1)夯扩载体扩大头。柱锤夯击废弃物填料向四周挤压土体,使土体得到最有效的挤密和加固作用,作用范围包括桩端以下深度为3~5m和直径为2~3m(总体积约10m^3)的土体,形成由干硬性混凝土、废弃物填料和挤密土体组合成的扩大头复合载体。

(2)多元桩复合地基。柔性桩(如砂石桩)到达软弱层底(形成短桩),"短而密"的柔性桩使软土排水固结且被振密、挤密;部分柔性桩中心打入刚性桩(如混凝土桩)并进入较硬持力层(形成长桩)。载体—劲芯复合桩与部分柔性短桩以及砂石垫层等形成多元桩复合地基。多元劲芯复合长桩利用散体材料外芯排水、护壁并挤密桩间土,利用刚度和强度较大的劲芯有效提高单桩承载力。

(3)复合地基工作机理。在多元桩复合地基中,多种介质协调匹配,刚柔相济,相互补强,共同提高,集置换、竖向增强、排水、固结、振密和充填作用等于一体。多元劲芯复合桩大幅提高了软土地基的强度和稳定性,降低了压缩性,从而可以适应现场不同土质分布情况,满足上部结构对承载力的多元化要求。

5 施工工艺流程及操作要点

5.1 施工工艺流程

多元劲芯桩复合地基加固软基施工工艺流程见图2。

5.2 操作要点

1)施工准备

(1)清表回填

清除地表杂草、杂物,回填、压实场地低洼地带,满足机械进场施工的承载力要求;修筑简易排水沟渠,防止雨天场地积水;标示场地下埋管线,采取相应保护措施;同时,做好安全和质量管理工作,并做好通水通电等工作。

(2)测量放样

根据业主提供的控制点,由专业测量人员测放出控制桩,并加以妥善保护。按照设计图纸,用全站仪确定各个桩位中心，以中心为圆心，以桩身半径加护壁厚度为半径，画出钻孔圆周，撒石灰线标记。

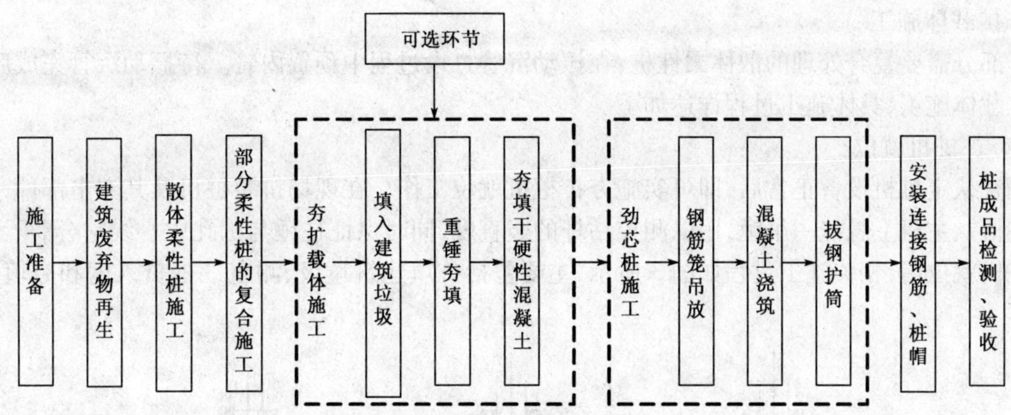

图2 多元劲芯桩复合地基加固软基施工工艺流程

桩位放线完毕后，经相关各方验线合格并经复验，确认无误后方可进行施工。

放线定位严格遵守《工程测量规范》(GB 50026—2007)中有关桩基施工的规定。定位与打桩间隔不超过24h。施工过程中，尤其要注意防止破坏标识引起桩位不准，并随时复核。对因挤土作用引起的桩位偏差，及时调整。

2)建筑废弃物再生

在旧城改造拆迁场地，进行建筑垃圾就地再生，获得成桩主要原材料，包括各级粗集料与细粒土等；旧城改造过程中，采用分选、破碎、筛分等技术环节，对建筑废弃物进行预处理，获得不同粒径范围的各级再生材料。然后，针对多元劲芯桩复合地基不同结构部位用料特点，采用全级配再生料作为柔性桩桩身以及夯扩载体混凝土原材料，而直接采用建筑垃圾作为夯扩载体填充料等。建筑垃圾再生成桩原料技术既能解决天然集料紧缺问题，又能解决建筑废弃物堆放、占地和污染等问题。

3)柔性桩施工

为有效减小软基工后沉降，加速软基排水固结进程，采用振动沉管法在软土地基中首先打入散体桩，桩身材料以再生材料替代传统砂石。

(1)桩机就位：合龙桩尖合瓣，使桩管竖直，桩尖对准桩位标记。

(2)振动沉管：利用锤重和沉管自重，徐徐静压至一定深度后，开启振动锤使桩管振动下沉到设计深度。在此过程中，每下沉0.5m留振30s。

(3)稍微提升桩管使桩尖合瓣彻底打开。

(4)投放集料：在停止振动沉管后，立即将建筑垃圾再生集料由加料口投入桩管内，灌入量按桩身理论方案量值与充盈系数计算。

(5)振动拔管：拔管前先振动1min，以后边振动边拔管。每提升0.5~1.0m使导管反插40cm，留振30~60s。如此反复，直至全管拔出，拔管平均速度为1.2~1.5m/min。

(6)反插密实：根据单桩设计的再生集料用量，确定第一次投料的成桩长度，进行数次反插直至桩管内再生集料密实为止。

(7)二次投料：当桩管提升至一定高度后，停止振动并开启第二投料口，进行第二次投料，直至桩管灌满为止。

(8)拔出地表：继续边拔管边振动，直至拔出地面；将桩管提至高于地面，停止振动，并进行孔口投料(第三次投料)，直至集料灌至与地表齐平为止。

(9)孔口补料：启动反插，并及时进行孔口补料，至设计用量全部投完为止。

(10)孔口加压至前机架抬起，完成1根散体柔性桩的施工。

对于部分需要复合处理的散体柔性桩，在振动沉管打设过程中预置内管。要求：内管直径约等于劲芯桩直径,较之外管直径小100~150mm。待振动沉管完成后,首先进行夯扩载体施工,然后同时在内管灌注混凝土而在内外管空腔内投放再生集料,最后边拔管边振动,直至桩身完成。

4)夯扩载体施工

对于部分需要复合处理的散体柔性桩,在振动沉管打设过程中预置内管。待振动沉管完成后,首先进行夯扩载体施工,具体施工过程详述如下。

(1)夯扩桩机就位

在检查认定桩机设备正常后,即可实施夯扩桩机就位工作。在现场拼装桩机及其夯击部件,并用方木整平桩机。主机上悬挂一吊锤,用以测控钻杆的竖直度,同时保证柱锤与桩孔中心线重合。

在桩机就位后,相关施工过程如图3所示,主要包括夯填建筑垃圾、测定三击贯入度和夯填干硬性混凝土等。

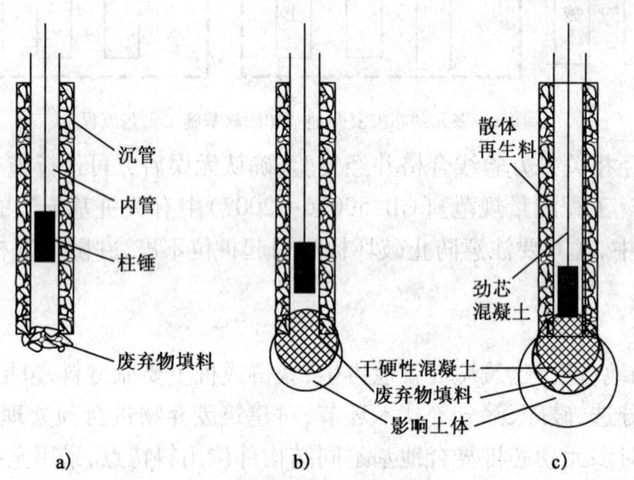

图3 夯扩载体施工过程示意图

a)填入建筑垃圾;b)重锤夯扩;c)夯填干硬性混凝土

(2)夯填建筑废弃物

首先,将柱锤提升至一定高度,以确保填料顺利投放;其次,在护筒底部填入建筑垃圾(即场地拆除建筑废弃物);最后,分次分批填料,并分层锤击夯实。

柱锤锤击可使填料向四周土体挤压,从而获得有效的挤密、加固效果。有效影响范围包括:桩端下深度为3~5m和直径为2~3m(总体积约$10m^3$)的土体。

(3)测定三击贯入度

在填料被夯实且不再填料后,测定三击贯入度,即采用35kN重锤,以落距6m做自由落体运动,连续夯击三次测量贯入度。

三击贯入度应小于10cm或设计要求;否则,应重复实施填料和重锤夯击的施工步骤,直至三击贯入度满足设计要求为止。

(4)夯填干硬性混凝土

通过护筒投料孔,再向孔底分次投入干硬性混凝土,每填$0.01m^3$干硬性混凝土锤击1次,累计填约$0.3m^3$则夯扩载体施工结束。在夯填完毕时,控制锤底高出内管底部3~5cm。

干硬性混凝土与桩身混凝土强度等级一致,同时要求:①水灰比为0.3~0.4;②维勃稠度为16~20s。所用砂、石和水泥按配合比保持不变,主要控制用水量,以使成品达到手攥成团、落地开花的效果。

5)劲芯桩施工

对于部分需要复合处理的散体柔性桩,同时在内管灌注混凝土而在内外管空腔内投放再生集料,最后边拔管边振动,直至桩身完成。其中,散体柔性桩施工过程参照上一步骤进行。劲芯桩施工过程详述如下。

(1)吊放钢筋笼。干硬性混凝土投完后,在内管用柱锤冲出150mm深孔,为后续桩身与载体良好黏结提供条件。清理孔底浮土,然后将钢筋笼吊放入内管,底部坐入150mm深孔底。

(2)浇筑混凝土。钢筋笼放置完成后,向内管中灌入强度等级为C25的混凝土,至设计桩顶高程以上50cm左右。混凝土振捣时要快插慢拔,一次插至桩底并逐渐上拔,振捣时间不少于1.5min。

(3)拔出内外管。混凝土浇筑完毕后,将柴油锤压在管内混凝土之上,之后开始将内外管逐渐拔出。振动拔管施工过程参照以上相关步骤进行。对于内管而言,边拔管边压实形成多元劲芯复合桩。拔管速度应控制在1~2m/min。

6)安装连接钢筋和桩帽

在达到桩帽连接钢筋底部高程时,先安放桩帽连接钢筋,待桩身混凝土强度达到设计值的80%时,绑扎桩帽钢筋并浇筑桩帽混凝土。

7)桩成品检测、验收

由于多元劲芯桩复合地基具有互补增强、协同承载、单桩承载力较高的特性,可在成桩后7~28d进行质量检测试验,包括开挖检测、钻孔检测和载荷试验等。

每个场地工程桩的检测数量不少于总数的0.5%~1.0%,且不应少于3点。为保证工程质量,可适当加大检测频次。

为缩短检测时间,加快作业循环,采用声波透射法快速检测,辅助钻孔取芯法对比校正,既可满足较大频次检测要求,又可保证检测结果的准确性。

6 材料与设备

6.1 材料

1)夯扩载体填料

其填料主要为工地现场建筑物拆除废弃物,由工程渣土、混凝土块、沥青块、碎砖石和金属料等组成;也可用其他合适的工业废渣替代。

2)桩身散体材料

建筑废弃物再生粗集料:各类废弃物中分离出来的再生集料(4.75mm≤粒径≤37.5mm),包括混凝土块、砖块、碎石及其破碎产物。

建筑废弃物再生细集料:各类废弃物中分离出来的细粒土(粒径<4.75mm),只要有机质含量<8%,包括黏土、砂、石屑、石粉、砂砾和开挖弃渣等。

3)水泥

采用P.O 32.5R普通硅酸盐水泥,购买同一厂家相同品牌水泥,运到现场抽检合格后入仓储存,且在有效期内使用。

4)桩身混凝土

劲芯桩选用C25及以上商品混凝土灌注,进行最佳配合比试验,控制质量、标准和检测方法。

5)干硬性混凝土

与桩身混凝土强度等级一致,同时要求水灰比为0.3~0.4,维勃稠度为16~20s。

6.2 主要机具设备(表1)。

主要机械设备表 表1

序 号	设备名称	规格型号	数 量	备 注
1	平地机	PY160A	1台	整平场地
2	冲击夯	BS 60-4	2台	地基夯实
3	液压步履式桩机	HJ350M	1台	钻孔成桩
4	散装水泥罐	200T	2台	储存水泥

续上表

序　号	设备名称	规格型号	数　量	备　注
5	混凝土泵	HBT80C1818D	2台	劲芯混凝土泵送
6	混凝土搅拌机	JS500	2台	劲芯混凝土搅拌
7	电焊机	SX1-500	2台	钢筋笼制作
8	钢筋切断机	GQ40	2台	钢筋笼制作
9	钢筋调直机	GT4-4	2台	钢筋笼制作
10	发电机组	120kV	1台	供电
11	洒水车	8 000L	1辆	供水
12	自卸汽车	15t	2辆	运输材料

7　质量控制

7.1　质量标准

(1)《公路路基施工技术规范》(JTG F10—2006)。

(2)《建筑地基处理技术规范》(JGJ 79—2012)。

(3)《建筑桩基技术规范》(JGJ 94—2008)。

(4)《载体桩设计规程》(JGJ 135—2007)。

(5)《工程测量规范》(GB 50026—2007)。

7.2　质量控制

1)各类桩型适用规范

(1)散体柔性桩施工时,执行《建筑地基处理技术规范》(JGJ 79—2012)的有关规定。

(2)刚性桩采用混凝土预制桩、钢桩、灌注桩及灌注桩后注浆施工时,执行《建筑桩基技术规范》(JGJ 94—2008)的有关规定。

(3)刚性桩采用CFG桩时,执行《建筑地基处理技术规范》(JGJ 79—2012)的有关规定。

2)测量定位

定位主控点误差≤5mm,桩位点误差≤50mm,并做好控制点的保护工作。定位经复核无误后方可进行下一步施工。

3)防止桩位偏差

先在桩位定2个方向控制点。采用十字交叉法对中孔位。在对完孔位后,操作手予以定位。对中孔位后,桩机不得移位。在桩机就位后调平、紧固,用吊线控制护筒或桩管的垂直度偏差＜±1%。

4)散体(柔性)桩质量控制

(1)调整桩机搭架,使沉管与地面垂直。校正桩管垂直度,使其误差≤±1%。校正桩管长度和投料口位置,使其符合设计桩长。

(2)严格控制每根桩的再生集料充盈系数。充盈系数一般控制在0.95~1.05,避免出现先期大而后期小的不良现象,以便满足桩体材料的均匀性要求。

(3)当管内灌入再生集料高度＞1/3桩管长度时,方可开始拔管,应有专人负责再生集料灌入量,以防超灌或少灌。

5)夯扩载体质量控制

(1)细长柱锤提举高度≥6m,并用≥210kN·m的夯击能量夯击填料或干硬性混凝土。

(2)第1次投填料前,柱锤出护筒或内置桩管深度为200~300mm(以地层软硬程度控制),以利夯扩载体的形成,并保证夯扩载体的厚度及横向尺寸。

(3)在正常投放填充料之前,柱锤出护筒深度控制在100~200mm,以防卡锤现象发生。

(4)三击贯入度必须控制在100mm以内。

(5)干硬性混凝土的搅拌以手抓紧成团,而落地则散开为宜。

(6)每填0.01m^{3}干硬性混凝土应锤击1次,累计填约0.3m^3,则夯扩载体施工结束。

6)劲芯桩质量控制

(1)对于搅拌桩身混凝土,素混凝土坍落度宜为6~8cm,配筋混凝土坍落度宜为8~10cm。而对于泵送商品混凝土,坍落度可适当提高。

(2)混凝土应连续灌注,充盈系数≥1.0。

(3)混凝土应适当超灌,一般≥50cm,以便在凿除桩顶浮浆后,桩顶混凝土强度满足设计要求。

(4)桩身混凝土采用振动棒振捣密实,但禁止在某一部位长时间振捣,以防出现混凝土离析现象。

(5)在桩管内灌满混凝土后,先振动5~10s,再开始拔管。边振边拔,每拔0.5~1.0m,停拔并振动5~10s。如此反复,直到桩管全部拔出。

(6)严格控制拔管速度,不得大于1m/min。

7)邻桩保护

(1)采用横移退打方式,自中间向两端对称地进行多元劲芯桩复合地基施工。

(2)根据试桩情况决定连打或跳打。若桩间距小,采取跳打,防止对相邻桩产生不良影响,确保邻桩竖向位移≤20mm。跳打间隔时间大于混凝土终凝时间。跳打过程中避免桩机移位时碾压已打的桩。

8)成桩质量控制标准

(1)成桩施工允许偏差包括:桩径偏差±20mm,垂直度偏差±1%,主控桩位点误差≤±5mm,普通桩位点误差≤±50mm。同时做好控制点的保护工作。

(2)实际孔深不得小于设计孔深,同时不得大于设计孔深20cm。

(3)承载力测试。成桩后14~28d进行静载荷试验,以检验承载力,每个场地检测数量不少于工程中桩基总数的0.5%~1.0%,且不应少于3个点位。

(4)桩身质量要求。以低应变动力测试来判定桩身质量。根据测试曲线的特征,分析桩身是否完整。Ⅱ类桩(轻微缺陷桩)的数量不得大于试验桩数的20%;不允许出现Ⅲ、Ⅳ类桩(严重缺陷桩)。

8　安全措施

严格遵守《中华人民共和国安全生产法》,施工安全参照《公路工程施工安全技术规程》(JTJ 076—95)有关规定执行,并注意如下几点安全事项:

(1)施工前应对施工现场、机具设备及安全防护设施等进行全面检查,确认符合安全要求后方可施工。

(2)对进场施工人员必须进行安全教育,遵守安全操作规程,正确使用安全劳动防护用品。

(3)钻机组装应按说明书进行,竖立与放倒钻架时应有熟练的专业人员进行指挥、操作。

(4)作业后应及时对机械进行清洗和全方位保养。

(5)现场实行封闭式施工,严禁与施工无关的人员进入施工区。

(6)施工机械的防护措施:

①施工中,各种施工机械设专人操作,持证上岗。

②机械设备防护装置一定要齐全有效,不准带病运转,不准超负荷作业,不准在运转中维修保养。

③定期对施工机械进行维修保养,对其状态进行标识、记录。

④施工机械防护设施应设专人管理,发现安全隐患及时消除。

⑤电缆线路必须符合《施工现场临时用电安全技术规范》(GBJ 46—2005)的要求,电气设备必须全部接地接零。

(7)施工后的空桩桩孔要及时回填,确保施工安全。

(8)应采取间隔成孔的方法,错开桩位间隔开钻,随时掌握土体情况,避免坍孔造成事故。

(9)施工人员劳动安全防护措施。

①进入施工现场必须戴好安全帽,不准穿拖鞋、高跟鞋。

②钻机操作人员施工时要戴保护手套、穿绝缘胶鞋,以防触电事故。

9 环保措施

在认真贯彻国家相关环境保护法规的同时,还应该认真做到如下几点:

(1)施工现场制订洒水防尘措施,天气干燥时增加洒水次数,定期整修路面和人工清扫路面。在工地道路上行驶的车辆要限速,易扬尘工序均采用湿法作业。

(2)采用低噪声设备。夜间施工,在限制动力机械设备使用的基础上,对噪声影响作出详细评估,并得到周围居民认可后才能实施。

(3)设置临时排水沟渠,以便合理排放生产污水或雨水径流冲刷形成的污水等。生产污水经过收集、澄清、除油后回用或排放,避免造成水污染。

(4)施工期间产生的污泥经过滤、沉淀后大部分回收利用,小部分废弃残渣留存沉淀池中,待施工结束后,用机械挖运至监理工程师指定的弃土区。

(5)严禁向施工现场及其周围抛掷垃圾。严禁在施工现场焚烧有毒、有害、有恶臭气味的物质。

(6)施工完成后,及时清除临时工程和设施及建筑垃圾,对弃土场进行挡墙及植被防护,以免造成水土流失。

10 资源节约

多元劲芯桩复合地基不仅单桩承载力高,而且还可就地取材或采用建筑垃圾再生材料,大大节约了天然砂石和水泥混凝土等建材。该工法有机整合了柔性桩、载体桩和刚性桩施工工艺,在保证工程质量的同时,实现了较高的机械化施工效率,从而缩短了施工周期,一定程度上节省了人力和物力资源。该工法整体符合国家节能减排和生态环保的基本要求。

11 效益分析

11.1 经济效益

与其他类似的软基处理工艺相比,多元劲芯桩复合地基工艺集成了多种桩型的优点,其中柔性短桩可加速排水固结,而夯扩载体和刚性芯桩则可提高承载力,并将地基工后沉降控制在2~5cm。较之同体积刚性桩,劲芯复合桩承载力与其相当,然而造价约为其1/2(采用建筑垃圾再生材料),在一定范围内可替代造价高、工期长的各种预制桩,由此可产生显著的经济效益。

11.2 环保效益

多元劲芯桩复合地基可消耗大量的建筑垃圾或工业废料,扩大了建筑材料来源,减少了天然建材的消耗或用量和各类废弃物占用土地的面积,保护了生态环境,产生了环保效益。

11.3 社会效益

本工法施工速度快、劳动强度相对较低、施工安全、操作简便,还可缩短施工周期、节约劳动力和工程投资等,产生了社会效益。此外,依照国家《城市建筑垃圾管理规定》,施工单位可向政府部门申请相关支持和经费补贴,以便降低施工成本,促进工法实施推广,产生更多综合效益。

12 应用实例

12.1 南湖区七星至大桥公路右半幅软基处理工程

南湖区七星至大桥公路为一级公路,路基设计宽度27.5m。大桥公路右半幅工程路线全长约4.2km(K4+800~K8+973),路基填筑高度约1.5m,路面结构形式为沥青混凝土路面。该标段施工现场部分路段是由村镇民居旧建筑拆除、清理而来。就地利用了建筑拆除废弃物,并同时满足软基排水固结和挤密置换等地基加固的多项要求,建设单位决定采用多元劲芯桩复合地基新工艺加固软土地基施工。工程于2010年1月10日开工,于2011年9月30日完工。工程实践表明:该施工工法综合了多种桩型优点,桩身造价低廉、强度较高、质量可靠,从而达到了有效控制软基沉降的目的。此外,还可就地处理、利用建筑废弃物,解决相应的土地占用和环境污染问题。采用该工法施工取得了良好的经济、社会和环保效益。

12.2 桐乡市崇福至练市公路二标段软基处理工程

桐乡市崇福至练市公路二标段道路总长约3.6km,路基宽15m;总投资约5 800万元。场地事先进行过建筑物拆除,产生了大量建筑废弃物。为满足部分路段特别是桥头路段不同部位对承载力的多元化要求,并达到软土地基有效加固的目的,建设单位采用多元劲芯桩复合地基新工艺进行软土地基处理施工。工程于2012年6月12日开工,于2013年1月18日完工。工法应用表明:较之各类单元桩,本工法综合形成长、短桩及刚、柔桩复合地基,能显著提高桩间土强度,满足不同设计要求;同时,还能充分利用建筑废弃物,有效降低工程造价。因此,产生了显著的经济和社会效益。该工法具有较大的推广价值。

软土地质条件下的平行顶管施工工法

GGG(中企)A3021—2013

刘永福　朱长亮　丁乃伟　刘　健　李瑞权
(中国建筑土木建设有限公司路桥分公司)

1　前言

随着我国城市化进程的不断加快,基础设施建设的不断发展,市政管道工程施工技术不断涌现;特别是人们对环境保护意识的增强,顶管技术将在我国地下管线的施工中起到越来越重要的作用。

我公司在天津市闸南路改造工程排水管道施工中,研发出一种在海洋滩涂地貌、软土地质条件下的平行顶管施工技术,成功地应用在上海市政工程配套项目,并总结成工法。本工法获2012年度中国建筑第八工程局有限公司局级工法,同时形成《特殊土质(淤泥质)条件下的顶管施工综合技术》,并获得中国建筑第八工程局有限公司2013年科技进步成果奖三等奖,同时获得公司2012年科技进步成果奖一等奖。2013年4月,《特殊土质(淤泥质)条件下的顶管施工综合技术》通过北京市住房和城乡建设委员会鉴定,其技术水平为国际先进水平。

2　工法特点

(1)本工法的平行顶管是在土压平衡顶进施工的基础上同一工作井重复顶进管道的施工方法,为减少顶管设备的转移,对小净距平行管道采用双向、平行及同步顶管顶进的施工方式,大大提高了工作效率。

(2)本工法先行施工顶管工作井和接收井,安装后背墙、导轨,对管道进出洞口加固,然后安装顶管设备,借助主顶油缸及管道间中继间等的推力,把工具管或掘进机从工作井内穿过土层一直推到接收井内吊起,同时把紧随工具管或掘进机后的管道埋设在两井之间,完成管道施工。

(3)平行顶管时,先顶进埋置较深的管道,后顶进埋置相对较浅的管道,顶进完成后及时利用填充物(水泥+粉煤灰浆液)对顶管施工过程中造成的管外壁松动的土和空洞进行填充,以控制工后沉降和管道的下沉,提高顶管施工的质量。

3　适用范围

(1)本工法适用于在黏土、淤泥质黏土、粉质砂土及粉质黏土等软弱地层双排或多排管道土压平衡顶管设备的顶管施工作业。

(2)本工法特别适用于像在天津、上海等沿海地区地质情况复杂、土质承载力较差且管道埋置较深、相邻管道间距小的市政管道工程施工。

4　工艺原理

(1)根据管顶扰动宽度理论获得平行顶管的安全距离,确定工作井尺寸。采用40A工字钢及深基坑拉森钢板桩内支撑体系形成工作井。

(2)采用预制的钢—混凝土组合构件形成后背墙,增加后背墙的强度和刚度,同时增加施工速度和周转次数。

(3)根据平行管道扰动原理确定平行管纵向扰动长度，采用土压平衡顶管机前后错开安全扰动长度同步顶管工艺进行平行顶管作业，先顶进深度较深的管道，再顶进深度相对较浅的管道，注浆加固周围土层防止地层变形。

5 施工工艺流程及操作要点

5.1 施工工艺流程

平行顶管施工工艺流程如图1所示。

施工准备
工作井设计及施工
顶进设备安装 ← 地面设备安装
进出洞口处理
管道顶进 ← 触变泥浆减阻
管道顶进测量
管道顶进纠偏
掘进机及附带设备出洞
顶管施工的土体加固

图1 平行顶管施工工艺流程

5.2 操作要点

1)施工准备

(1)根据设计图纸及地质报告，选择合理的顶管机设备。

(2)根据顶管机设备，购置必要的零件、耗材、辅助设备。

(3)编制专项的施工方案，请专家论证并报批。

(4)测量放线，对管线及工作井、接收井位置进行定位。

2)工作井设计及施工

(1)工作井设计

工作井是顶管掘进机进洞和出洞的基坑，工作井的设计内容包括支护、平面布置、平面形状及尺寸、竖向深度等。

工作井的支护方式根据不同的地质情况及深度选用不同的支护类型。根据天津塘沽地区淤泥质、粉质黏土地质情况及经济效益考虑，选用围堰式40A工字钢(井深7.5m以下)及拉森钢板桩(井深7.5m以上)相接形成的围堰支护坑壁。为减少顶管设备的转移，施工采用双向、多向及平行顶管顶进。

顶管工作井尺寸示意图如图2所示。

双向、多向工作井及接收井的宽度可以通过式(1)求得，多向双排工作井、接收井的宽度可以通过式(2)求得：

$$B = D + 2b + 2c \tag{1}$$

$$B = D_1/2 + D_2/2 + S + 2b + 2c \tag{2}$$

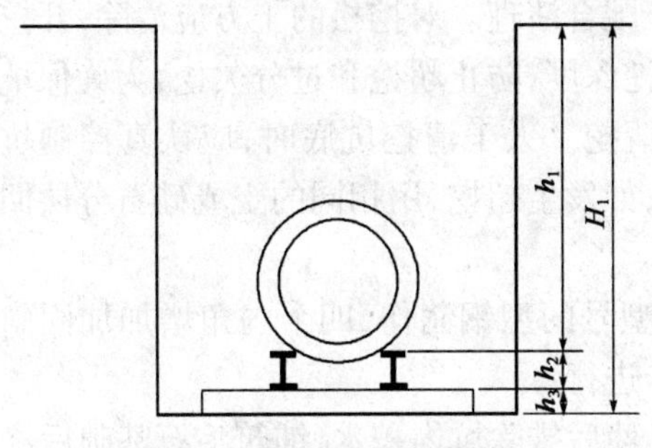

图2 顶进工作坑深度示意图

式中：B——工作坑宽度(m)；

D——单排顶进管节的外径尺寸(m)；

D_1、D_2——分别为双排管节的外径尺寸(m)；

S——双排管节的中心距离，即双排平行顶管顶进的安全距离(m)；

b——工作坑内安好管节后两侧的工作空间(m)；

c——护壁厚度(m)，本工程采用0.4m。

S可以根据中心间距与管顶扰动宽度理论获得：

$$B_e = \frac{D_0[1 + \sin(45° - \varphi/2)]}{\cos(45° - \varphi/2)} \leqslant L \tag{3}$$

式中：B_e——管顶土体扰动宽度(m)；

D_0——机头外径(m)；

φ——土的内摩擦角(°)；

双向、多向、多向双排工作井的长度可以通过式(4)求得：

$$L = L_1 + L_2 + L_3 + L_4 + L_5 + 2C \tag{4}$$

式中:L——工作坑底部开挖长度(m);

L_1——顶管机长度(m);

L_2——管节长度(m);

L_3——运土工作间长度(m),一般为1.0~1.5m;

L_4——千斤顶长度(m),一般为1.5m;

L_5——后背墙的厚度(m);

C——护壁厚度(m),本工程采用0.4m。

顶管工作井竖向深度可以通过式(5)求得:

$$H_1 = h_1 + h_2 + h_3 \tag{5}$$

式中:H_1——顶进工作井的深度(m);

h_1——地面至管底部外缘的深度(m);

h_2——管道外缘底部至导轨底面的高度(m);

h_3——基础厚度(包括垫层)(m)。

工作井尺寸设计见表1。

工作井尺寸设计表 表1

类别	1类	2类	3类	4类	5类	6类	7类	8类
平行顶管	DN800 DN1200	DN800 DN1800	DN800 DN2000	DN800 DN2200	DN1200 DN1800	DN1200 DN2000	DN1200 DN2200	DN1200 DN2600
设计平行管中心水平距(m)	2.5	2.5	2.5	2.5	3	3	3.5	3.5
设计工作井宽(m)	9.1	9.4	9.5	9.6	10.1	10.2	10.8	11
设计工作井长(m)	10.13	10.13	10.3	10.3	10.13	10.3	10.3	10.6

(2)工作井制作安装

根据本地区的地质报告及与各种方案的比对,选用I40a工字钢及拉森钢板桩作为工作井的支护用材。在插打桩前,首先做好顶坑位置的地面排水措施,防止雨水进入基坑。顶坑开挖前,坑口卸载1m左右土方,坡率可根据施工现场地形以及地下管线埋设情况确定。采用液压振动打桩机,沿顶坑四周插打工字钢,对顶坑开挖进行防护。

顶坑采用长臂挖掘机开挖顶坑内的土方,局部角落采用人工配合清理。对挖松的土方应清除,开挖土应随挖随装并外运至指定地点。顶坑开挖过程中随时测量开挖深度,防止超挖和过分欠挖,为确保坑底土结构不被扰动或破坏,距设计坑底高程20cm时,采用人工清挖。人工清挖坑底时,应认真控制坑底高程和宽度,保证坑底平直,确保坑底土结构不被扰动或破坏;如发生超挖,用相同的土或砂石分层回填夯实。

为保证施工安全,工作坑采用工字钢支护,内部支撑用相同型号的型钢制作,四个内角增加加固斜撑,型钢支撑连接方式为焊接。基坑加固应随着顶坑的开挖逐步进行。

工作坑开挖至设计高程后,在井四角设置集水井,井深2m。然后排除坑内积水,铺筑毛石基础后浇筑30cm厚的钢筋混凝土,混凝土内铺设φ14@200mm的单层钢筋网片。由于新浇筑的混凝土底板不能承受地下水压,故在底板浇筑及养护过程中,降水措施不能停。

(3)后背墙设计

①设计原则。

后背墙设计包括后背结构和尺寸,它取决于所顶管径的大小和后背土体的被动土压力,其目的是为了在最大顶力条件下保证后背土体不被破坏,以期在顶进过程中充分利用天然的后背土体。现有的工作坑设计计算方法主要为后背墙土抗力平衡法,后背墙的设计主要考虑井壁与土体之间的直接相互作用，大致基于以下假定：a. 不考虑土体变形影响；b. 不考虑（或考虑）井壁与土体之间的摩阻力；c. 后背墙侧土反力呈线性分布。这里面有些是控制因素，有些是次要因素。后背墙的设计必须有可靠的强度、刚度与稳定性，同时达到经济合理的目标。

结合本工程工作坑较多的实际情况，考虑采用组合式后背墙。

②钢—混凝土后背墙构造。

组合式后背墙由横铁、块件、支架等配件组成。钢—混凝土组合后背墙块件设计图见图3，钢—混凝土组合后背墙用支架设计图见图4。

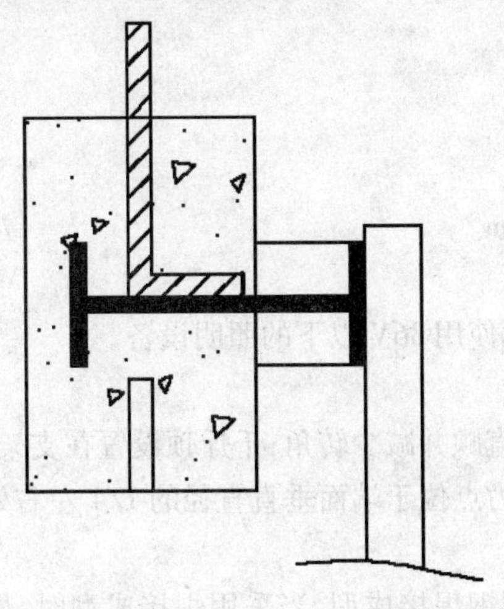

图3 钢—混凝土组合后背墙块件设计图

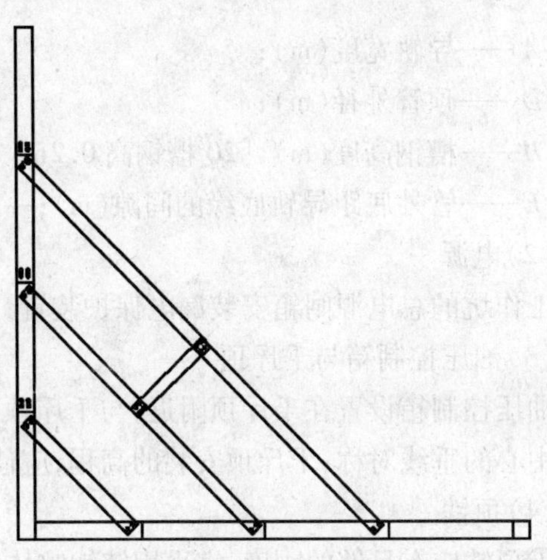

图4 钢—混凝土组合后背墙用支架设计图

其主要构件块件采用C30混凝土和I32a工字钢组合预制而成，块件长3m，高40cm，厚37cm（其中混凝土厚25cm，工字钢伸出12cm）。块件部的连接采用ϕ25mm的锚栓，块件如果横向加长时，则通过块件顶部预埋钢板焊接，单块块件质量约为880kg。

横铁是顶管千斤顶的后座力传递至后背墙的构件，常采用500mm×500mm×60mm的钢板。

支架是钢—混凝土组合后备墙安装时的配件，主要作用是进行限位和防止构件倒伏。支架需用预埋在底板混凝土内的钢筋固定或打钢钎固定。

该装配式后背墙适用于各类土体的顶管作业，其配件均可周转重复使用。

③施工工艺。

钢—混凝土组合后背墙具体施工方法如下：

a. 基坑开挖时按后背墙设计入土深度安装地下预制块件，且保证锚栓露出混凝土顶面；

b. 浇筑底板混凝土时，按支架锚固要求预埋锚固钢筋；

c. 施工后背墙找平砂浆，砂浆可采用M5～M15，厚度不宜小于2cm；

d. 人工在工作坑两侧井壁位置安放支架底座，调整支架与后座围护结间距为块件厚+2cm（约39cm），将支架固定在底板上；

e. 采用起重机汽车起吊安装块件就位，用木楔子将块件与支架挤紧；

f. 不断接长支架，加高后背墙直至设计高度；

g. 安装千斤顶顶架及横铁；

h. 试顶并进行验收。

3）顶进设备安装

（1）导轨选择与安装

导轨是在坑底安装的轨道，本项目采用复合式。管节在顶进前先安放在导轨上。在顶进管道入土前，导轨具有导向功能，以保证管节按设计高程和方向前进。

导轨选用[20槽钢焊接而成，其安装应符合下列规定：

①两导轨应顺直、平行、等高,其坡度应与管道设计坡度一致。当管道坡度>1%时,导轨可按平坡铺设。

②导轨安装的允许偏差应为轴线位置:3mm,顶面高程:0~+3mm,两轨内距:±2mm;安装后的导轨必须稳固,在顶进中承受各种负载时不产生位移、沉降和变形。

③导轨安放前,应先复核管道中心的位置,并应在施工中经常检查校核。

④导轨面高程与管子内管底的高程是相等的,因此两轨道之间的宽度 A 可以根据下式求得:

$$A=(D-H+E)\times(H-E) \tag{6}$$

式中:A——导轨宽度(m);

D——顶管外径(m);

H——槽钢高度(m),[20 槽钢高 0.2m;

E——管外底距导轨底缘的间隙(m);一般选取 0.025m。

(2)电源

工作坑的总电源闸箱安装漏电保护装置,工作坑内一律使用36V以下的照明设备。

(3)油压控制箱与千斤顶

油压控制箱设置在千斤顶附近,与千斤顶配套,油管应直顺并减少转角;千斤顶设置在支架上,并与管道中心的垂线对称;千斤顶安装的高程,应使千斤顶的着力点位于端面垂直直径的1/4左右处。

(4)顶铁

①顶铁应有足够的刚度,宜采用铸钢整体浇铸或采用型钢焊接成型,当采用焊接成型时,焊缝不得高出表面且不得脱焊;顶铁上应有锁定装置,顶铁单块放置时应能保持稳定。

②安装后的顶铁轴线应与管道轴线平行、对称,顶铁与导轨和顶铁之间的接触面不得有泥土、油污;更换顶铁时,应先使用长度大的顶铁,顶铁拼装后应锁定。

③顶铁与管口之间应采用缓冲材料衬垫,当顶力接近管节材料的允许抗压强度时,管端应增加U形或环形顶铁。

(5)土方运输设备安装

①出土运输分为管内运输和场内地面运输两种。管内运输应根据土层的性质、所用掘进机型、管内作业空间、每次顶进的出土量、顶进长度等因素确定。

②管内运输。土压平衡顶管掘进机由螺旋输送机控制出土,然后通过电瓶车、皮带输送机将弃土运输至顶进工作坑,再由垂直运输机械吊至地表。

③场内地面运输。土压平衡根据出土量、运输距离和现场堆土条件,可用人力车、机动翻斗车或自卸汽车将弃土运送至堆土场,然后再用垂直吊机或铲车堆高,做到文明施工。堆土场应具有良好的排水和通行条件。

4)进出洞口处理

在掘进机进出土层的时候,如果进出洞口处理不好,就会使土层中的水分渗漏,造成土层塌方。因此,首先采用劈裂注浆方法,对进出洞周围的土体进行化学固化处理,然后在进洞口(工作井内型钢前)浇筑30cm厚的混凝土墙,混凝土墙大于洞口20cm,预留工具管圆形进洞口,在浇筑时圆形进洞口位置预埋止水装置螺栓,预留的孔中心就是管道的实际中心,把橡胶法兰直接安装在封墙端面的钢法兰盘上,混凝土墙与型钢之间用塑料布隔开,以方便工具管进洞时拔高工作井洞口型钢。出洞口,由于工具管进洞的姿态难以确定,因此不采用止水装置,而是对洞口采用地基加固措施,在基坑底放置大石块,上面铺砖块等并压实,再铺一层碎石,碎石层面比设计管底高程高10mm。在出洞时,只需拔高型钢桩即可,但要保证型钢拔出后立即顶进,尽可能缩短停顿时间。

洞口止水圈一般由四部分组成,如图5所示。

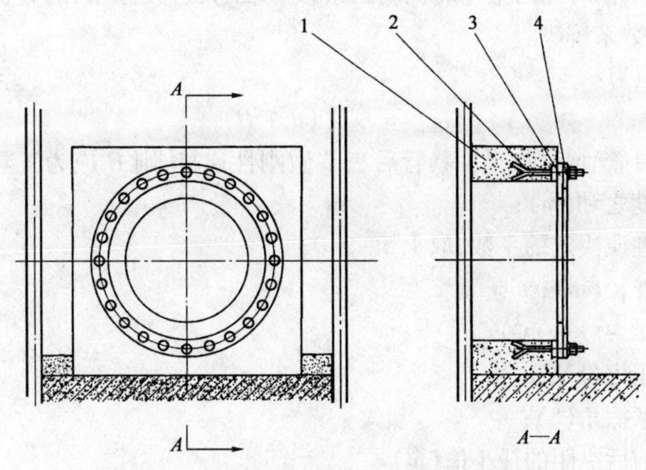

图5　洞口止水圈示意图

1-前止水墙;2-预埋螺栓;3-橡胶止水圈;4-压板

5)管道顶进

(1)顶进施工参数

①因本地区土质主要为灰色淤泥、粉质黏土,此土质变形量大、强度低、极易坍塌,因此进洞前将洞口土向前挖500mm,再将机头徐徐推进洞口里,待刀盘全部进洞,止水圈全部安好后,开动顶管机刀盘旋转,待土压升到0.1MPa时,出土机的土压也上升到约0.07MPa,机器各部正常并按操作规程开始入土,此时只存在轨道对机头的摩擦力,机头转动时机身易偏转,故在入土前2m顶进时,轨道安装机头限位装置,且控制顶进速度在50mm/min以下,以防机头整体旋转。顶进2m以后,在机头不旋转的情况下可逐渐加大顶进速度。机头没完全入土时,土仓压力控制在30~50kPa,待机头全部入土后,下第一节混凝土管做反封闭。

②顶进开始时,缓慢进行,待各接触部位密合后,再按正常顶进速度顶进。顶进时,每顶进一个顶镐间距测量一次中心高程,发现偏差时必须及时纠偏。

(2)两管纵向间距的控制

双排平行前后同步顶进的先进技术,两管前后错位纵距的合理确定,对于减少两管相互干扰和影响以及管间土体的扰动至关重要。

施工前采用以下如图6所示的力学简化模式来估算前后纵距L_{min}。

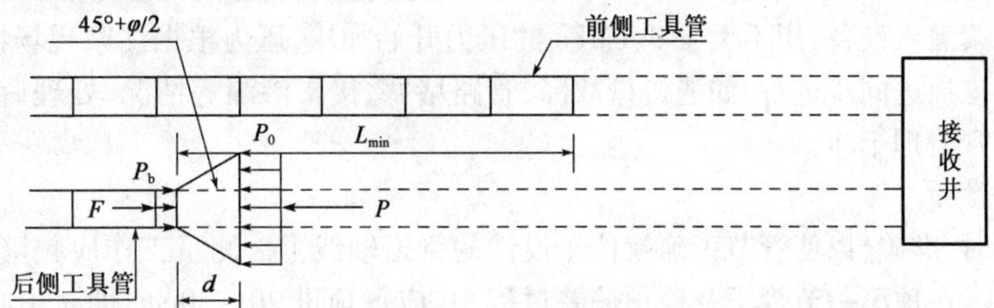

图6　平行顶管纵向间距示意图

在土压平衡式工具管的施工中,其正面对土体的施力状况是按(45°+φ/2)向前方360°扩散,其纵向影响距离推算如下:

$$P = F \tag{7}$$

$$P = P_0\pi[D/2 + d\tan(45° - \varphi/2)]^2 \tag{8}$$

$$F = P_b\pi D^2/4 \tag{9}$$

按施工中控制土压力上限考虑,则:

$$d = D/2 \times [(P_b/P_0)/2] \times \cot(45° + \varphi/2) \tag{10}$$

同时,考虑前方管因纠偏对侧向土体的扰动因素,以及工具管无注浆孔,其侧壁摩擦剪力对侧向土体的扰动因素,引入 γ 系数来解决。

双排管前后最小纵距为:

$$L_{min} = \gamma \times (d + H) \tag{11}$$

以上式中:H——前方工具管管长,如果工具管后三节做刚性连接,则 H 应为工具管管长与后三节混凝土管长度之和(m);

γ——由土质性质决定的系数,取1.5~2.0;

D——工具管外径(m);

P_0——静止土压力(kN/m²);

P_b——被动土压力(kN/m²);

φ——土的内摩擦角(°);

L_{min}——双排管前后纵距的最小值(m)。

(3)顶进施工要点

①随时观测压力表的压力情况。如油路压力突然增大,要停止顶进,检查原因并经处理后方可继续顶进。回镐时,油路压力不得过大,速度不得过快。挖出的土方要及时外运,将顶进压力限制在最小范围之内。

②施工时避免超挖。施工顶进采用触变泥浆处理,施工后做好水泥浆置换加固。

③顶进后接口采用橡胶圈接口,内部使用双组分聚硫密封膏嵌缝。

6)触变泥浆减阻

(1)在顶进过程中,后背的承载能力有限,为减少摩擦阻力,使用触变泥浆溶液,用高压空气将溶液压于管外壁2cm,使之与管外壁及土之间有一层润滑体,并控制顶进挖掘长度不得超挖,防止前方土体因超挖而塌方。制作触变泥浆选用膨润土,其配合比为:膨润土(胶质90~100)100:水614:纯碱(Na_2CO_3)1.5~2。

压浆量的计算(每节管节):为了保证注浆效果,注浆量应取理论值的2~3倍。

$$V = (D_2 - d_2) \times 2 \times 300\% \tag{12}$$

式中:D_2——机头直径;

d_2——管材直径。

(2)填充注浆前,先注清水检查灌浆设备(空气压缩机或泥浆泵)的完好程度,确认设备正常后,将制作好的触变泥浆灌入设备,用不大于0.1MPa的压力开始加压,压力根据注浆现场情况进行调整。管道注浆顺序与管道顶进同步进行,如遇机械故障、管路堵塞、接头渗漏等情况,处理后方可继续进行,顶管完毕后将注浆管清理干净。

7)管道顶进测量

测量工作及时、准确,以使管节正确就位于设计的管道轴线上。测量工作应频繁地进行,以便及早发现管道的偏移。在顶第一节管子及校正偏差过程中,应每顶进20~30cm,即对中心线及高程测量一次,在正常顶进中,应每顶进50~100cm测量一次。每次测量以管子前端位置为准,测量记录应完整清晰,并放于现场以便查阅。

用水准仪进行高程测量,用经纬仪进行轴线测量,用垂球进行转动测量。

一般情况下,顶管施工的允许偏差必须满足表2列出的具体要求。

8)管道顶进纠偏

顶管过程中,如出现偏差,要及时分析原因并选择适当方法纠偏。

(1)纠偏原则

每顶进30cm对中心线及高程测量一次,发现偏差及时纠正,防止误差积累。要遵循“小纠”、“勤测”、“勤纠”的原则。一是每次纠偏量不要过大,而且要注意发展趋势;二是高低与左右均发生偏差时,先纠偏高低,后纠偏左右。

允 许 偏 差 表(mm) 表2

项 目	允许偏差	
轴线位置	$D<1\,500$	<100
	$D\geqslant 1\,500$	<200
相邻管间错口	钢管道	≤2
	钢筋混凝土管道	15%壁厚且不大于20
对顶时两端错口	50	

(2)管道一般纠偏方法

开挖面的一边保留土体,另一边被开挖,顶进时土体正面阻力移向保留土体的一侧,管道向该侧纠偏。

(3)管道顶进中防止偏差方法

为了使顶管质量有所保证,在前三节管的管缝处加钢制内胀圈,使管成为整体。钢胀圈四周必须用木楔子固紧。内涨圈使用 $\delta=10\sim12$mm 厚钢板制作,宽度为 200 ~ 250mm,外径尺寸比顶进管径小40mm 即可。顶管前挖土严格按规定执行,严禁超挖,每顶进一镐校测一次高程和中心,发现问题及时解决。严格交接班制度,记录齐全,交接清楚。

9)掘进机及附带设备出洞

对于本地区淤泥质、粉质黏土来说,洞口土体加固非常重要。在管道顶进的一定范围内,都必须对整个断面进行加固。加固方法:工具管出洞前,选用浆液配合比为水泥: 粉煤灰: 水 = 1: 0.5: 1.5 的水泥粉煤灰浆液,用劈裂注浆的方法对出洞口一定范围进行注浆加固;需要时可掺入 1% ~3% 的水玻璃作为速凝剂,土体达到一定强度后,再实施工具管进出洞口技术。

在接收井内侧工具管出洞四周焊接有槽钢,槽钢的下部、中部、上部都焊接在内侧的工字钢围檩上,出洞口位置的钢板桩不需与围檩焊接,等顶管机推进到距钢封门 50 ~ 100mm 时,把接收井外侧管口位置的钢板桩依次拔高,拔出的钢板桩底脚稍稍高于管口位置,以便掘进机头能顺利通过。为减少钢板桩拔出过程中对顶管机正面土体的扰动,钢板拔出后应立即顶进,缩短停顿时间。

10)顶管施工的土体加固

顶管区段施工完成后,管外壁的土将会松动。顶管施工完毕,应对管外壁立即压入填充物。压入物选定为水泥 + 粉煤灰浆液,其配合比为 1: 10,使用定量水稀释水泥粉煤灰,置入压力罐中,使用高压空气压入,压入口还使用触变泥浆孔管。如在压浆孔加固不方便,采用从地面打孔的方法压浆加固,如图 7 所示。

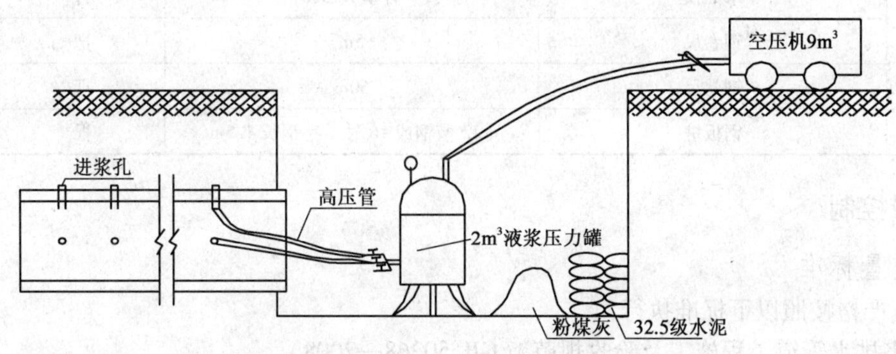

图 7 顶管周围土体注浆加固

6 材料与设备

6.1 材料

顶管施工管材可选用钢筋混凝土管、钢管、预应力钢管混凝土管等,而按管子接口形式分为平口式、企口式、双插口式、钢承口式四种。

6.2 主要机具设备(表3)

主要机具设备一览表 表3

序 号	名 称	规 格、型 号	单 位	数 量
1	泥水平衡顶管机	ϕ800 管道	台	1
2	泥水平衡顶管机	ϕ1 200 管道	台	1
3	土压平衡顶管机	ϕ1 800 管道	台	1
4	土压平衡顶管机	ϕ2 000 管道	台	1
5	土压平衡顶管机	ϕ2 200 管道	台	1
6	土压平衡顶管机	ϕ2 600 管道	台	1
7	顶进系统	与顶管机相应配套	套	6
8	动力装置	与顶管机相应配套	套	6
9	电气控制系统	与顶管机相应配套	套	6
10	监测系统	与顶管机相应配套	套	6
11	拌浆系统	与顶管机相应配套	套	3
12	注浆泵	7.5kW	台	2
13	钢板桩插打机		台	1
14	进排浆管道	与顶管机配套	套	2
15	起重机	25t	台	1
16	泥浆运输车	20t	辆	1
17	污水泵	ϕ200	台	8
18	长臂挖掘机		台	1
19	电焊机	500A	台	1
20	空压机	7.5kW	台	2
21	气焊		套	1
22	经纬仪	苏州 J2-1	台	1
23	水准仪	日本 AL300	台	1
24	钢卷尺	5m	把	6
25	钢卷尺	50m	把	1
26	钢板桩	[22 槽钢或16号工字钢长4.5m	根	60

7 质量控制

7.1 质量标准

本工法应严格按照以下标准执行:

(1)《给水排水管道工程施工及验收规范》(GB 50268—2008)。

(2)《市政排水管道工程及附属设施》(06MS 201—2007)。

(3)《顶管施工技术及验收规范》(试行)。

7.2 质量控制措施

(1)管材进场前,严格检查顶管管材的质量,顶管管材进场保证"三证"齐全,包括产品合格证、抽样化验合格证和供应商资格合格证。所用管材必须满足:能够抵抗管道内外的侵蚀;能够承受一定的静、动荷载;能够承受管道内外部的压力;具有良好的过流性能;较低的成本。另外,管材还应符合:较高的轴向承载能力;紧密的配合尺寸;端部要平整、垂直。所用橡胶圈防水接口须满足:混凝土管节表面应光洁、平整,无砂眼、气泡,接口尺寸符合规定;橡胶圈的外观和断面组织应致密、均匀,无裂缝、孔隙或凹痕等缺陷;安装前应保持清洁,无油污,且不得在阳光下直晒;钢套环接口无疵点,焊接接缝平整,肋部与钢板平面垂直,且应按设计规定进行防腐处理;管道长度方向上应保证平直度。

(2)顶管施工前对管道通过地带的地质情况认真调查。设置测力装置,指导纠偏。纠偏按照勤测量、勤纠偏、小量纠的操作方法进行。

采用同种规格的千斤顶,使其顶力、行程、顶速相一致,保持顶力合力线与管道中心线相重合。

加强顶管后背施工质量的控制,确保后背不发生位移,并使后背平整,以保证顶进设备的安装精度。

顶进过程中随时绘制顶进曲线,以利指导顶进纠偏工作。

8 安全措施

8.1 安全用电

用电机具进场由电工检测其绝缘电阻、各部分电器附件是否完好无损;用电设备必须按一机一闸一漏电开关控制保护的原则安装施工机具,严禁一闸或一漏电开关控制或保护多台用电设备;用电线路必须采取二级保护措施,漏电开关要求第一级 200mA/0.2s、第二级 100mA/0.1s,手持电动工具必须安装独立漏电开关保护,漏电开关要求 30mA/0.1s;做好电气设备的防雨、防霉措施,定期对待保护零线、重复接地的接地电阻进行测试;潮湿管道地下施工时都采用 36V 的安全低压电源,高压线路严禁使用老化、废旧电缆,随时检查电路的安全可靠性;电缆线线路使用街码固定敷设,防止下垂或坠落;电工必须严格按施工用电的有关安全规定操作。

8.2 通风措施

施工人员下井前必须先通风,地下管道内设置良好的通风系统,使管道内保持良好的新鲜空气;周期性对管内的气体进行检测,如遇雨天或对管内的空气质量有怀疑,应增加检测次数。进入管内先利用毒气检测仪检测有害气体。

8.3 周边建筑物的保护

对施工范围内和周边建筑物等要进行施工前鉴定,必要时进行支撑或加固。施工前先摸清周围的层高、结构、地基基础的情况,到房管部门拿取沿线房屋鉴定报告并做好记录,作为采取措施的依据。施工过程中对房屋及时支撑并进行检测。如确系危房,应联系有关房产部门进行有关技术鉴定,同时对住户进行临时搬迁。施工过程中加强测量监控工作,发现问题及时解决。

8.4 安全防护

工作井内,钢板桩内侧焊接长为 300mm,宽为 200mm 用 ϕ16mm 的钢筋焊接钢制作爬梯或用钢管搭设通道,便于工人上下井内作业。并在井边设置两道钢管栏杆,并用防护网掩蔽,以防石子落到井中,砸伤施工人员,危险处夜间应设红色标志灯。

8.5 夜间施工

夜间施工必须有充足的照明设施,照明灯必须满足顶管施工及安全和防水需要。

9 环保措施

(1)噪声保护措施:设置隔声装置,选用噪声小的机械,加强机械维护,持续测定噪声。

(2)振动预防及保护措施:采用振动较小的机械,安装防振装置,适当选择施工机械的布置场所,考虑周边居民的生活习惯,调整作业时间。

(3)地基变形控制措施:做好测量等管理工作,施工中,测定由于顶管施工造成的地面变形,判断顶管施工对邻近结构物的影响程度;施工后,继续进行一定期限的测量和监测。采取措施减小顶管本身的沉降,加强顶管周围的地基,加强原有结构物的承载地基。在顶管与原有结构物之间构筑结构体,以切断因顶管顶进而出现的地基变形。

(4)地下水保护措施:合理处理施工中产生的杂质,施工中及时监测水质的变化情况。排水严格按标准处理。施工中持续监测水压、水位和水质的变化。

(5)建筑废弃物处理:按照建设部门对建筑废弃物的处理规定执行,根据调查情况作出适当处理。

10 资源节约

本工法适用于特殊土质(淤泥质、粉质黏土)条件下的顶管施工,在施工过程中降低了工程成本、保证了质量、有利于安全环保。其中形成了"装配式钢—混凝土组合后背墙"实用型专利一项,施工方便,周转次数多,造价相对便宜。

11 效益分析

(1)本工法利用多向、双向平行顶管施工可缩短施工周期,且所使用的预制钢—混凝土组合构件形成的后背墙不仅能增加后背墙的强度和刚度,而且可多次周转利用,具有很大的推广应用价值,社会效益显箸。

(2)采用钢—混凝土组合装备式后背墙代替原设计中的钢筋混凝土现浇式整体后背墙,且进行小近距平行顶管施工可节省工期,同时节约人工、材料费,降低工程造价,具有明显的经济效益。

12 应用实例

12.1 天津闸南路改造顶管工程

天津闸南路改造顶管工程位于天津市塘沽区的东沽地区,是天津滨海新区东沽还迁房的主要排水通道,此工程于2010年3月开工,2011年10月竣工验收,工程质量优良。

此工程顶管施工雨污水管线6 379m,管径DN800~DN2 600不等,管线埋深5.2~11m,顶管施工主要穿越淤泥质、粉质黏土。使用顶管平行顶进及装配式后背墙技术,不仅节省工期40d,而且还赢得了业主、监理的一致好评,为我单位以后从事类似的顶管施工积累了宝贵的经验。

12.2 上海浦东新区民乐大型居住社区市政配套工程一期

浦东新区民乐大型居住社区市政配套工程一期顶管施工,于2013年5月开工,2013年7月完成,其由4个工作井、4个接收井、DN600管道、窨井组成。

在工期紧、施工环境不良的情况下,项目成功地借鉴了天津闸南路改造工程顶管施工技术,不仅保证了质量,而且工期进度提前了15d,赢得了业主、监理单位的一致好评,对今后在特殊地质(淤泥质、粉质黏土)条件下的非开挖管线施工提供了理论指导和技术支持。

公路深基坑复合微钢管止水加固与自进式锚杆土钉墙支护施工工法

GGG(甘)A4022—2013

李昌文　范金虎　王广田　郑　峰　朱真才
(甘肃路桥建设集团有限公司)

1　前言

因舟曲灾后交通恢复而需要重建的省道 313 线舟(舟曲县城区)峰(峰新区)段二级公路 K18 + 786.768 框架箱涵,东临居民楼、北接白龙江、南邻水电站、西靠锁儿头桥,因水电站通行与公路施工等所建的三条便道交叉穿越该场地,造成施工区域十分狭窄。箱涵基坑地层的地质结构复杂且不连续、不均匀,土体包括回填土、淤泥、饱和粉土、细砂、碎石土、卵石土等,该地层的透水率较大,地下水位高,土体基本饱和,自稳能力差。鉴于狭窄的场地与复杂的地层,其开挖和降水会给临近构造物造成诸多安全隐患,通行车辆又会对已开挖基坑产生同样的影响,这对于深基坑的止水与变形提出了很高的控制要求。同时,由于震后恢复交通的需要,对工期的要求十分紧迫。如何解决这些典型的问题,选择合理、有效的止水与加固措施是极其关键的一环。在箱涵深基坑的开挖中,通过打入微钢管桩并连接提高了整体刚度,通过微钢管对地层进行分层注浆提高了基坑整体稳定性,通过自进式锚杆解决了传统锚杆在该地质条件下难以成孔的缺点,最终以基于桩锚结构的改进土钉墙支护技术为基础的综合手段,解决了上述问题,满足了上述要求,改善了土体的力学性质与透水性,从而提高了支护承载能力与基坑整体稳定性,缩短了施工工期,降低了施工成本。

2　工法特点

(1)以钢管桩为媒介,对周边土体注浆加固,施作简便,止水可靠性高。

(2)改进的支护技术能够有效适应多种复杂地层下基坑支护施作。

(3)对钢管桩进行上部连接、底层嵌固,有效控制坡顶、坡底的位移。

(4)以自进式锚杆、钢筋网、喷射混凝土与钢管桩组成的桩锚支护结构,增强了边坡的整体稳定性,能有效控制沉降变形。

(5)在高地下水位、复杂地形与地质条件下,大型施工设备不能进场时,显示出施工简便、工程造价低、适应性强的优点。

3　适用范围

该技术适用于基坑开挖深度为 15m 以内,地下水位较高,开挖放坡受限的回填土层、淤泥层、饱和粉土层、细砂层、碎石土层和卵石土层等单一地质条件或组合的复杂地质条件下各种深基坑。

4　工艺原理

以钢管桩作为媒介,在渗透性较大的地层中注入水泥浆液,填充其孔洞、孔隙,浆液凝固之后将分散透水的地层颗粒胶结成一个整体,从而起到固化、止水的作用,从根本上稳固边坡和加固地基。

钢管桩的另一个作用是作为桩底嵌固的护坡桩,能有效分散个别土钉失效而产生的集中应力,有效防止边坡局部土体坍塌,使用连接钢筋对其进行连接,整体刚度较大,每层开挖时控制变形能力增强,最终形成整体支护效应。

自进式锚杆将钻进、注浆、锚固功能合为一体,在土钉墙支护技术中代替原有土钉,可以有效解决土钉在风化破碎岩、砂卵石、黏土等复杂地质条件下成孔困难的问题,钻杆与锚杆同一,无须任何套管护壁。自进式锚杆、钢筋网、喷射混凝土与钢管桩组成的桩锚支护结构,将基坑周围土体沿滑裂面加固,形成能提高原状土强度和刚度的复合土体。

5 施工工艺流程及操作要点

5.1 施工工艺流程(图1)

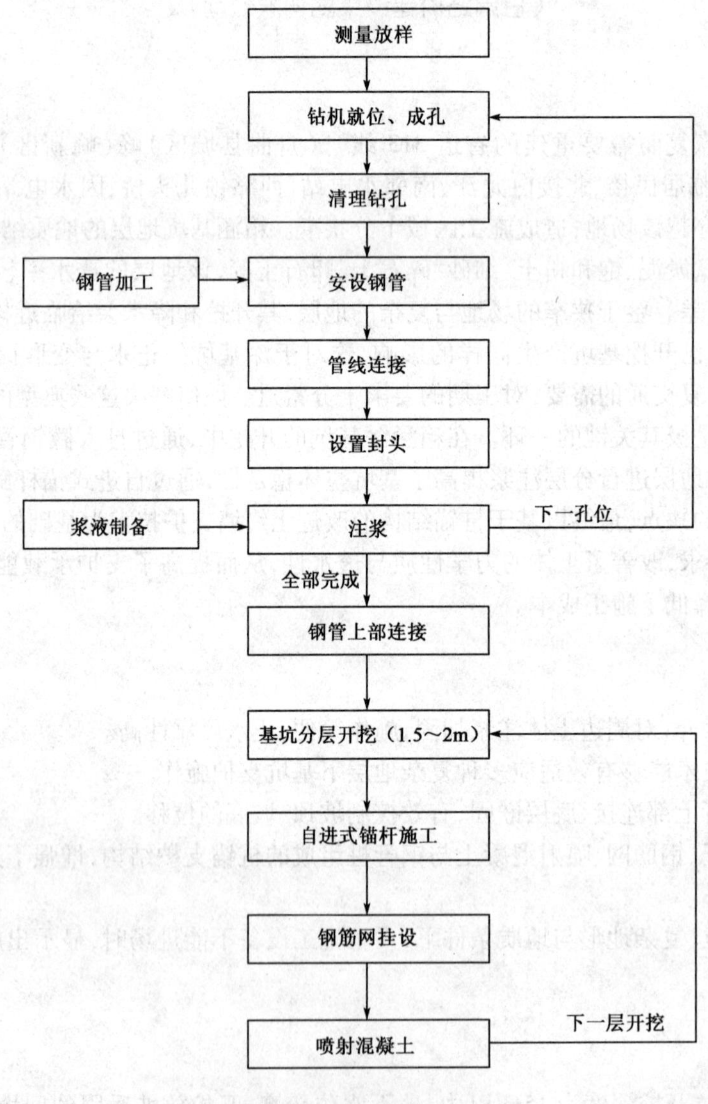

图1 施工工艺流程图

5.2 操作要点

1)作业前准备

根据图纸、规范和以往经验,确定边坡坡度与计算放坡尺寸,确定开挖宽度及注浆范围和深度。依据现场实际情况,划分合理的注浆区域与注浆顺序。在硬化加工场地内精确放出各构件加工大样与拼装大样。对进场的钢材与其他原材料检验合格后方可加工。

2)微钢管制作

微钢管在钢筋构件加工厂制作,采用 ϕ50mm 普通钢管制作,前端做成尖锥形,尾部焊接 ϕ8mm 钢筋加劲箍,尾部 75cm 范围内不钻眼,管壁上每隔 15cm 交错钻眼,眼孔直径为 10mm。钢管接头之间用 4 根 20cm 长的 ϕ12 螺纹钢筋帮焊。钢管加工示意图见图 2。

图 2 钢管加工示意图

3)微钢管桩注浆施作

由于注浆孔数量较多,根据设计注浆区在纸上进行孔位布设并编号(图 3)。

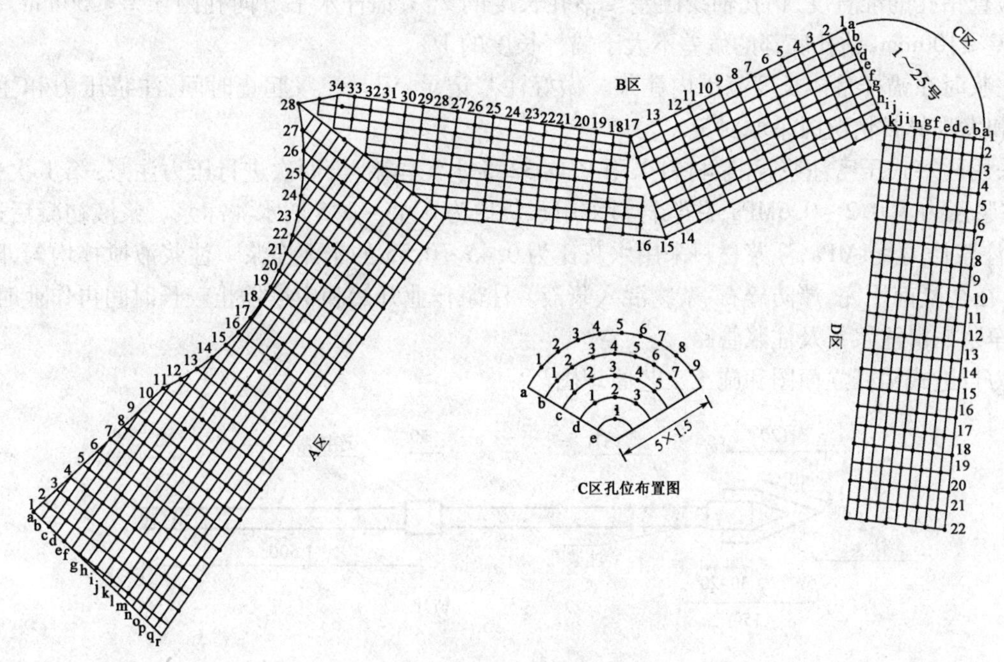

图 3 注浆孔纸上布孔及编号图

(1)测量放样:在钢管桩施工前进行场地平整,平整之后,按照桩位设计要求进行现场测量放样。组织相关人员对孔位进行测量和复核,桩位误差要小于规范值,确认无误后,钻机就位后进行钻孔作业。

(2)钻孔:采用常规地质合金钻头或应用复合片钻头成孔,适用于碎石及卵(圆)砾层;成孔直径为 110mm,钻孔垂直度小于 1.0%,孔位偏差小于 50mm。对于无法正常成孔的特殊地质情况,可采用跟管钻进成孔。

(3)清孔:在已完成的钻孔中用浓泥浆进行清孔,排除粗颗粒渣土。

(4)安设钢管:成孔后安装钢管,钢管接头之间用 4 根 20cm 长的 ϕ12mm 螺纹钢筋帮焊。

(5)封孔:在钢管中安置注浆管,将止浆带安装在钢管顶部,然后封孔。

(6)高压注浆:启动注浆泵,压送清水。在此过程中,压力逐步提高,直到冲开橡胶袖阀,压力回落后,泵送水泥浆液,一直注浆到设计所规定的压力并稳定为止;在此过程中,可视需要或设计规定进行间歇注浆,直到符合设计要求为止。

(7)钢管上部连接:采用 U 形 ϕ12mm 螺纹钢筋进行焊接连接。

4)基坑开挖

钢管桩完成 48h 后可进行基坑开挖,并施作土钉墙支护。在正式施工前,应充分掌握锚固工程范围内地层的种类及土层的物理特性,管道、电缆的分布情况,做到有的放矢,同时检查现场水电量是否满足施工要求。土钉墙支护随基坑分层开挖分层实施,每层开挖深度为 1.5 ~ 2.0m,严格做到开挖一层,支护一层,上层未支护完不得开挖下一层,同时开挖要到位,不得欠挖,严禁超挖。机械开挖后及时进行人工修坡,以利于下道工序施工。

5)自进式锚杆施作要点

(1)根据不同的地层情况,选用不同的自进式锚杆型号和长度,充分利用自进式锚杆与土体摩擦力形成的抗拔力约束加固体发生位移变形。

(2)刚钻进时,为加快施工进度,可先采用螺旋钻,到达软弱土层时改用自进式锚杆。当不易钻进时,可采用水钻法,在钻头上设置注水孔,边钻进边注压力水。

(3)为保证锚杆体周边有均匀厚度的注浆材料,每隔3m左右在杆体上设置一个定位套,保持杆体与钻孔壁有一定的空隙。

(4)检查钻孔的准直度,钻孔轴线误差≤钻孔长度的2‰,锚杆水平方向孔距误差≤50mm,垂直方向孔距误差≤100mm,钻孔底部的偏差不大于锚杆长度的1%。

(5)注浆时在锚杆整体长度范围内注浆。做好注浆记录,记录注浆起止时间,注浆压力和注浆量,便于分析和发现异常情况时采取对策。

(6)采用柱塞式压密注浆,注浆材料采用P.O 32.5水泥净浆,分两次进行压力注浆:第1次采用低到中压,注浆压力为0.2~0.6MPa,注浆材料采用水灰比为0.45~0.5的水泥净浆。浆液初凝后进行第2次注浆,注浆压力≥1MPa,注浆材料采用水灰比为0.45~0.55的水泥净浆。注浆液搅拌均匀,随拌随用,浆液应在初凝前用完,严防碎石、杂物混入浆液。注浆作业开始和中途停止较长时间再作业时,用水或稀水泥净浆润滑注浆泵及注浆管路。

图4为自进式锚杆立面图和施工工艺原理图。

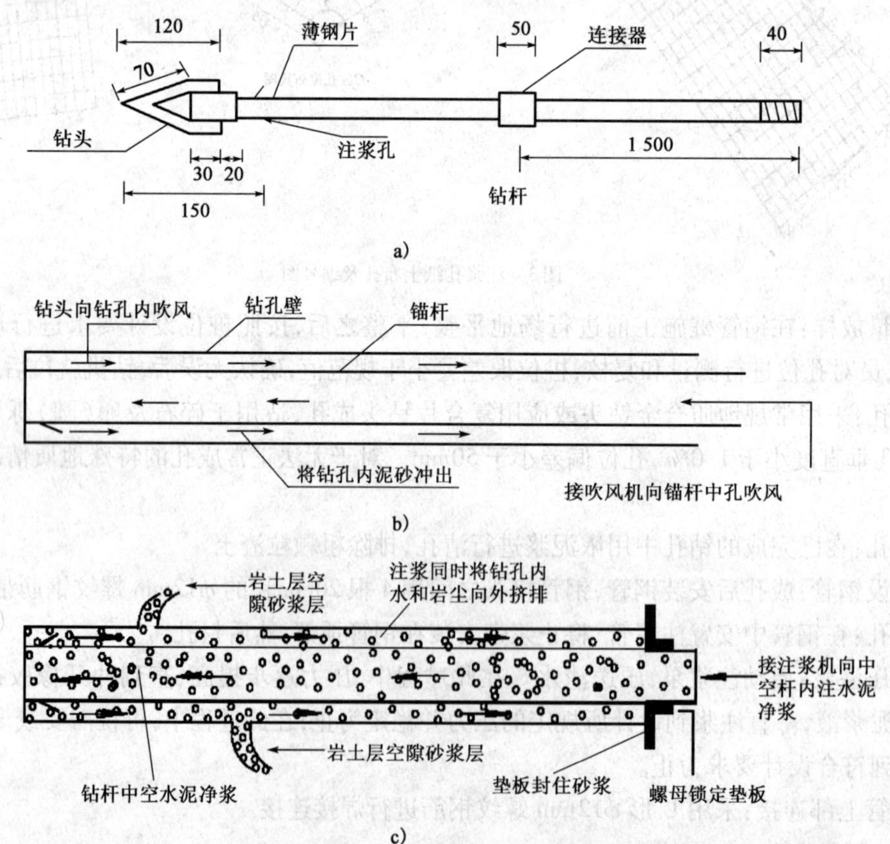

图4 自进式锚杆立面图和施工工艺原理图(尺寸单位:mm)

a)立面;b)钻进同时吹风冲泥沙;c)注浆同时将水和泥沙排出

6)挂网喷混凝土施工要点

(1)钢筋网所用钢筋为ϕ8mm,在铺设前,应调直钢筋,边坡上的钢筋网宜延伸至基坑顶面,长度不小于1.5m,与垂直土钉相连。钢筋网应根据施工作业面分段制作,钢筋网网格为200mm×200mm的正方形，钢筋网之间可采用焊接或绑扎，绑扎搭接长度不小于30d（d为钢筋直径），焊接长度不小于5d，钢筋网宜随壁面铺设。

（2）喷射混凝土施工分三个步骤，即：边坡修整完毕后对软弱土层进行初喷，厚度为2～4cm；铺设钢筋网；钢筋网铺设完毕后，进行复喷，厚度为6～8cm。喷射混凝土时，喷头工作风压为0.10～0.12MPa，喷头与喷面保持垂直，喷头距喷面0.8～1.0m，喷射自上而下进行，喷头运动按螺旋式轨迹，一圈压半圈，缓慢地移动。喷射混凝土接茬宜斜搭接，搭接长度为喷射厚度的2倍以上。混合料应搅拌均匀，颜色一致，随拌随用，掺速凝剂时，存放时间不能超过20min，喷射混凝土终凝后2h即洒水养护。

7）注意事项

（1）施工过程中如发现滞水，可用导管插入坡壁后再进行喷混凝土支护，可以将坡壁内滞水引出。

（2）在基坑四周5.0m范围内不得设置用水点；在场地内的所有用水点，均应设置排水沟，将水引入江内。

（3）在基坑四周边沿设置排水沟（或排水管道），防止雨水或人工用水浸入基坑内部。

8）基坑监控量测

根据基坑周边环境、土体性质及基坑开挖深度和《建筑基坑支护技术规程》（JGJ 120—2012）相关规定制订监控方案。

（1）监测内容

监测内容主要包括：基坑支护结构水平位移（包括基坑顶部的水平位移与垂直沉降），基坑围护结构及周围地表开裂状态（位置、裂宽）的观察，基坑渗、漏水状况及地下水位变化，基坑周边各种管线的变位与破损，基坑周围地面超载状况，自然环境（雨水、气温、泥石流等）。

（2）测点设置

测点位置选在变形最大或局部地质条件最为不利的地段，即每边的中部和端部，且测点间距不大于25m。主要包括基坑边壁顶部的水平位移与垂直沉降监测点和已有的沉降监测点。共布置基坑边壁顶部的水平位移与垂直沉降监测点3个。观测基准点应设在基坑工程影响范围以外，距基坑周边不少于5H（H为基坑深度），且数量不少于2个。具体位置根据现场情况而定。

（3）施工期间地表沉降观测频率

基坑周边注浆期间为1次/2d；基坑开挖、井点降水时及雨季为2次/1d；开挖完成至施工回填完毕为1次/1d。

（4）警戒指标

根据建筑基坑支护有关规范及施工经验，本基坑最大位移：地面最大沉降量控制在≤0.3%H，警戒值为1.5cm；坑壁最大水平位移≤0.4%H，警戒值为2.0cm，并且每天发展不超过5mm。

当发现基坑坑顶位移超标、地面裂缝较大时，土钉墙部分应采用加密土钉或打预应力土钉的方法解决，桩锚支护部分采用补打锚杆的方法补救，严防事态扩大。

9）支护结构验算

本工法采用的微钢管属于土钉墙中的超前支护体系（图5），在设计计算中仍采用复合土钉墙的理论进行计算。

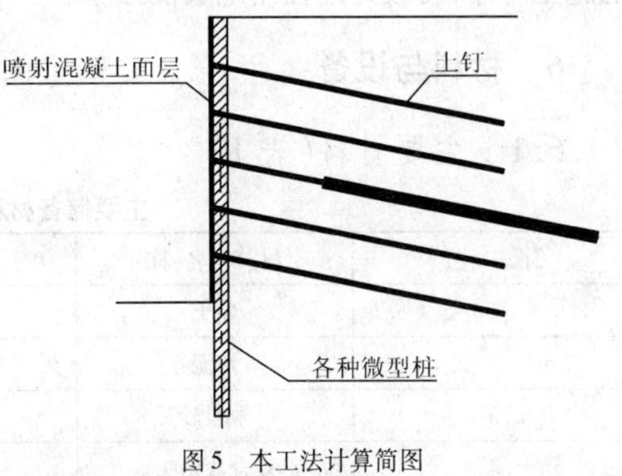

图5 本工法计算简图

复合土钉墙的整体稳定性分析可采用圆弧滑裂面计算，计算中应考虑止水帷幕、微型桩、预应力锚杆等的作用，验算工况与土钉墙要求相同，其计算简图见图6，验算公式如下：

$$K_{\mathrm{p}} = K_{\mathrm{s}} + \frac{\tau_{\mathrm{s}} A_{\mathrm{s}}}{\sum W_i \sin\theta_i S_{\mathrm{L}}} + \frac{\sum P_{\mathrm{Nj}} \cos(\theta_i + \alpha_i) + \eta \sum P_{\mathrm{Nj}} \sin(\theta_i + \alpha_i) \tan\varphi_i}{\sum W_i \sin\theta_i S_{\mathrm{m}}}$$

式中:K_{p}——复合土钉墙整体稳定安全系数;

τ_{s}——搅拌桩、微型桩的抗剪强度设计值(kPa);

A_{s}——搅拌桩、微型桩的面积(m^2);

P_{Nj}——预应力锚杆设计承载力(kN);

S_{L}——搅拌桩、微型桩的间距(m);

S_{m}——预应力锚杆的水平间距(m);

η——折减系数,根据预应力水平在0.5~1.0选取。

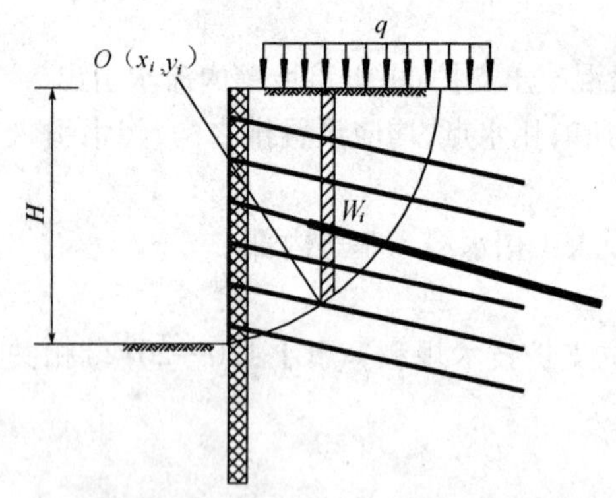

图6 复合土钉墙稳定性分析计算简图

在复合土钉墙设计中应满足:$K_{pmin} > [K_{p}]$。

其中,$[K_{p}]$为容许稳定性安全系数,一级支护结构取1.4,二级支护结构取1.3,三级支护结构取1.2。

在施工阶段验算时,容许安全系数可乘以折减系数0.9。

10)结构变形控制措施

深基坑工程设计不仅要保证支护体系的稳定,而且要满足变形控制的要求。本工法控制基坑变形的措施,既包括设计措施,也包括科学合理的施工措施。

(1)设计措施

微钢管注浆止水体系起到超前支护作用,同时注浆加固改善了边坡土体的力学特性,通过该体系形成的刚度与强度,减少了基坑开挖应力释放引起的位移。在实际操作中,通过改变注浆量、浆液配合比、注浆范围、钢管桩分布,都能够直接或间接控制结构变形。

用自进式锚杆取代土钉,由于自钻式锚杆将钻孔、锚杆安装、注浆、张拉、锚固合为一体,不会引起水土流失,且能很方便地施加预应力,限制基坑沉降和位移;自进式锚杆立面宜布置在边坡中上部,平面上锚杆布置以“长而疏”为原则。

(2)基坑支护动态施工

考虑基坑开挖的空间效应以及软弱饱和地层变形的时间因素,应严格制订分层、分块、对称、限时开挖和及时支护的科学施工程序,尽可能减少基坑暴露时间,要求土方开挖和基坑支护紧密协调,杜绝超挖现象。

根据现场监控反馈信息,合理确定施工进度,调整工序等。在施工中,应根据现场监控量测情况,及时调整修改原设计及施工进度。对于开挖面,需严格分层分段开挖,随挖随支;同一层开挖面的支护施工,可划分为间隔断开的施工段,每两个施工段之间预留平衡土体。结合现场监控措施,建立严格科学的施工程序,可较好地控制地层位移。

6 材料与设备

6.1 主要材料(表1)

主要储备材料名称、规格及主要技术指标 表1

序号	材料名称	单位	数量	规格
1	黏土	m^3	850	
2	水泥	t	1 757	42.5R
3	中粗砂	m^3	50	
4	复合片钻头	个	480	113
5	自进式锚杆	m	1 225	D32
6	钢管	m		$\phi50$

6.2 主要设备(表2)

主要设备名称、规格及主要技术指标 表2

序 号	名 称	型 号	数 量	状 态
1	地质钻机	300	2台	状态良好
2	地质钻机	150	6台	状态良好
3	灰浆搅拌机	200L	2台	3mm厚钢板焊接,含电加热装置
4	注浆泵	BW150	2套	标定合格
5	止浆塞		2个	合格
6	全站仪	徕卡 TCR801	1台	标定合格
7	水准仪	AL322-A	1台	标定合格

7 质量控制

7.1 质量控制标准及规范

(1)《公路工程技术标准》(JTG B01—2003)。

(2)《公路隧道施工技术规范》(JTG F60—2009)。

(3)《混凝土结构工程施工质量验收规范》(GB 50204—2002)。

(4)《公路工程质量检验评定标准》(JTG F80/1—2004)。

(5)《建筑基坑支护技术规程》(JGJ 120—2012)。

(6)《建筑边坡工程技术规程》(GB 50330—2002)。

(7)《基坑工程手册》。

(8)《基坑土钉支护技术规程》(CECS 96:97)。

(9)《S313线舟曲县城至峰迭新区段公路特大山洪泥石流灾后恢复重建工程一阶段施工图设计》(第二册第一分册、第七册)。

7.2 质量控制要点

必须做好微钢管注浆过程控制,每孔检查孔深及清孔情况,合格后进行注浆,注浆过程中做好详细的注浆记录,实行注浆量和注浆压力双控。在开挖过程中,必须分层开挖、分层支护,防止因过深开挖应力集中释放造成不安全事故的发生,监控量测必须紧密配合施工全过程,施工中对以下方面进行重点控制。

1)原材料

原材料质量的优劣,对复合土钉墙质量的影响极大。为了保证原材料的质量合格,对每批进场的原材料(钢筋、水泥、砂、石等),要按规定进行取样检测,检测合格后方可使用。

(1)自进式锚杆和面层钢筋网钢筋

自进式锚杆由钻杆(锚杆)、钻头、定位器、连接器、钢垫板、锚具等6部分组成,钻杆的强度和锚具的质量必须满足要求。为增强自进式锚杆的弹性模量和与土体的摩擦力,可根据监控量测分析结果及时调整锚杆直径和长度,同时必须保证注浆密实,以提高自进式锚杆与水泥浆的握裹力。钢筋网宜采用HPB235级钢筋,钢筋直径为8mm,钢筋网间距宜为200mm。

(2)水泥

水泥品种和强度等级的选择主要应满足工程使用要求。当加入速凝剂时,还应考虑水泥与速凝剂的相容性。喷射混凝土应优先选用强度等级不低于32.5级的硅酸盐水泥或普通硅酸盐水泥,因为这两种水泥的硅酸三钙和铝酸三钙含量较高,同速凝剂的相容性好,能速凝、快硬,后期强度也较高。

微钢管注浆用水泥必须选用42.5R级普通硅酸盐水泥,选用质量稳定的大企业供应水泥,并每批检验厂家的出厂化验单,详细核对生产厂家、品种、强度等级、出厂日期等是否符合要求,并按规定取样送检。施工中均采用袋装水泥,因此应按批分别储存,不得受潮,不得使用规定存储期或质量明显下降的水泥。

(3)砂石材料

采用细度模数不小于2.3的中砂和粒径不大于12mm的细石。砂含泥量不大于3%,石子含泥量不大于2%。石子采用卵石或碎石均可,但以卵石为好。集料级配对喷射混凝土拌和物的可泵性、通过管道的流动性、在喷嘴处的水化和对受喷面的黏附,以及最终产品的表观密度都有重要影响,为取得最大的表观密度,应避免使用间断级配的集料。

(4)外加剂

注浆浆液优先使用高效减水剂,可使浆液在流动性相同的前提下,用水量大幅减小,早期强度显著提高。喷射混凝土支护时选用速凝剂,可提高混凝土初凝时间,减少回弹量。

2)水泥浆液拌和

(1)配合比

施工中必须按照设计要求采用水灰比为1:0.45~1:0.55的水泥浆液。

(2)投料数量控制

根据拌和机标定线每盘添加2袋水泥。

(3)投料顺序

按先加水,再加水泥,最后再加入外加剂的顺序投料。

(4)收尾工作

每盘水泥浆液必须使用完毕,当时使用不完的不得回收,注浆完成后必须及时清理管道。

3)试验检测指标

(1)注浆强度检验

用于注浆的水泥砂浆强度用70.7mm×70.7mm×70.7mm的立方体试件经标准养护后测定。每批至少留取3组(每组3块)试件,检测3d和28d强度。施工完成,按照3/100孔进行钻芯取样检测,对于不合格的孔位应补钻注浆。注浆结石体3d强度达到2MPa,结石率不小于90%,检测样本取注浆孔之间的结石体,不得在注浆孔内取样。

(2)喷射混凝土质量控制

喷射混凝土厚度,可采用凿孔法作为检查依据,也可以用混凝土厚度标志或其他方法检查,有争议时以凿孔法为准。检查数量为每100m取1组,每组不少于3个点,其合格条件可定为:全部检查处厚度平均值应大于设计厚度,最小厚度不应小于设计厚度的80%。喷射混凝土强度可用边长100mm的立方体试块进行测定,制作试块时应将试模底面紧贴边壁,从侧向喷入混凝土,每批至少留取3组(每组3块)试件。

8 安全措施

认真贯彻执行“安全生产,预防为主,综合治理”的方针,严格按操作规程、施工工艺、施工方案进行施工,建立健全各级安全体系,消除不安全因素,坚持做好三级安全教育和安全交底工作,现场安全检查,落实整改措施到位,及时消除安全隐患。

8.1 支护施工安全措施

(1)做好进场人员的安全教育和三级安全交底工作,认真排查施工区域内管道管网,设置标志,向施工人员做好交底工作。

(2)施工机具由专人负责,经培训合格后方可上岗操作。操作时严格执行操作规程。

(3)现场机具、线路规范布设,用电设施由专职电工负责,并经常做好维修检查工作。

(4)施工区域进行安全围护,并设立警示标志,如“非施工人员、车辆严禁入内”、“进入施工现场必须佩戴安全帽”、“施工段落、请勿停留”等。

(5)根据施工现场作业情况每班最少安排2名安全员,夜间施工应加强照明设施,对关键部位严密观察,专职安全员必须每天在现场排查安全隐患,并向安全员交底。

8.2 施工用电安全措施

(1)施工用电设施由专业电工统一布设、统一管理、统一检修。

(2)施工用电一律采用三相五线制,线路架空不小于2.5m。

(3)现场所有用电设备必须全部配置规范配电箱,用电设备做到“一机一闸一保护”,严禁两机一闸或多机一闸。

(4)加强现场用电设备的检查维修,严禁带病工作或用电线路超负荷工作。

9 环保措施

在施工过程中,按照国家、地方的相关法规和行业要求,采取有效措施控制施工现场的粉尘、废水、废气、固体废弃物等对环境的污染和危害,保护和改善施工环境,保证施工人员身体健康,消除外部干扰,保证施工顺利进行。

9.1 管理措施

(1)建立环境保护管理机构,定期进行检查,明确施工人员各自的环保责任,建立健全环境保护奖惩制度,把环境保护同经济利益挂钩。

(2)将环境保护管理方针、管理体系的有关要求、环境知识,通过各种形式传达到每一个施工人员,增强环保意识。

9.2 技术措施

(1)在运输和储存施工材料时,采取覆盖、仓储等措施,防止材料漏失,生活、生产垃圾集中堆放处理。

(2)施工期间,修建足够断面的临时排水设施,不形成淤积和冲刷,做到工完、料尽、场地清。

(3)注浆过程中,加强泥浆循环利用,减少泥浆排放对环境的污染。

10 资源节约

利用公路深基坑复合微钢管止水加固与自进式锚杆土钉墙支护工法,节约了施工临时用地及房屋征迁费用,取消了井点降水,减少了基坑开挖量,提高了工效,缩短了工期。

11 效益分析

11.1 经济效益分析

采用公路深基坑复合微钢管止水加固与自进式锚杆土钉墙支护工法保证了开挖边坡稳定,减少了土石方开挖量23 800m^3,节约了施工临时用地和房屋征迁费用,可节约工程直接成本约169万元;微钢管注浆止水成功将地下水隔离而取消井点降水节约成本了约20万元;同时自进式锚杆替代常规土钉后提高工效约25%,节约成本约60%;总体工期3个月。

11.2 社会效益

施工过程中,按“文明工地”的标准,注重安全生产、文明施工,现场施工安排有序、操作规范、环境整洁,防护设施完善;同时有效地封闭了地下水,维持了地下水位的稳定,保护了自然环境不被破坏,确保了临边建筑安全。施工期间未发生一起责任事故,社会效益显著。

12 应用实例

(1)工程名称:S313线舟曲县城至峰迭新区段公路特大山洪泥石流灾后恢复重建工程ZFSG1合同

段锁儿头框架箱涵。

(2)工程地点:甘肃省舟曲县城关镇江盘乡锁儿头大桥。

(3)工期:2011 年 10 月 1 日开工,2012 年 2 月 29 日完工。

(4)工程造价:1 362.99 万元。

(5)工程概况:S313 线舟曲特大泥石流灾后交通重建工程舟峰一标 K18 +786.768 框架箱涵为甘肃省舟曲县城至峰迭新区灾后恢复重建公路上跨锁儿头水电站尾水渠而设,设计采用两个分离式钢筋混凝土单箱双室异形框架箱涵,平面顺接水渠。

该箱涵基坑开挖为典型的深基坑开挖,最大开挖深度为 14.76m,基底开挖面积为 820m^2,顶部开挖面积为 1 600m^2;箱涵东靠居民楼(按照 1:0.3 坡率放坡,坡口线距居民楼仅 2.2m),北接白龙江(距离白龙江最近距离为 25m,白龙江水位高于基底高程 4.5m),南邻水电站,西面紧靠锁儿头桥,公路和水电站的三条施工便道穿越箱涵施工场地,基坑开挖放坡受地形条件限制,最小坡率为 1:0.3;现场钻芯取样结果表明,该箱涵地质结构复杂,基坑边坡地层岩性主要为回填土、淤泥、饱和粉土、细砂、碎石土、卵石土,漂石含量在 20% 以上,最大孤石直径为 3.52m,孔隙以砂土填充为主,透水率较大,土体含水量饱和,自稳能力差,地下水位高于基底高程 4 ~6m,舟曲端与峰迭端地质情况变化较大,整体施工场地和注浆区域地层不连续、不均匀。

箱涵共用钢筋 614t,浇筑混凝土 4 268m^3,投资 1 362.99 万元,施工工期仅 123d。

综上所述,该箱涵基坑属典型的大型深基坑,基坑支护是深基坑安全施工首先需要考虑的问题。

该工程于 2011 年 10 月 1 日开工,2012 年 2 月 28 日完工。图 7 为箱涵施工现场平面图,图 8 为箱涵施工地质资料剖面图。

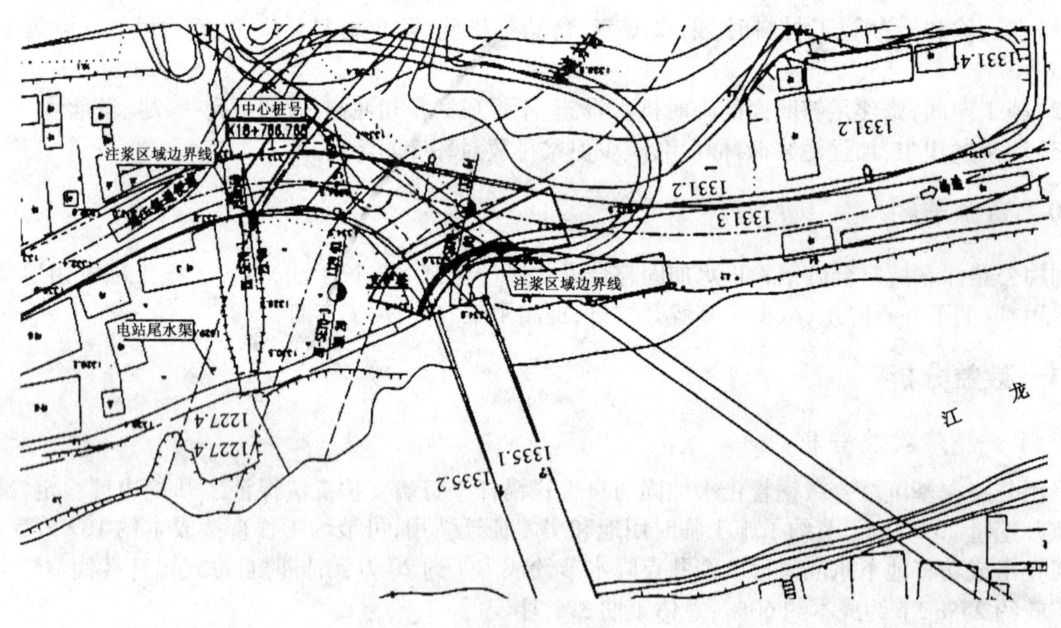

图 7 箱涵施工现场平面图

(6)应用效果:在该箱涵深基坑施工中采用公路深基坑复合微钢管止水加固与自进式锚杆土钉墙支护技术后,整个基础工程施工过程中,经过多次对边坡监测,其结果表明边坡坡顶最大位移值为 20mm,无局部塌陷发生(图 9)。证明该工法能够起到加固土体和封闭地下水的作用,能有效控制地下水位高、复杂地质条件下的坡顶变形,边坡安全稳定。

通过该工法开挖基坑保护了临边建筑物和施工安全,加快了施工进度,降低了施工成本,保证了施工安全,解决了其他复合土钉墙费用高、工期长、安全度低和因降水造成环境破坏等问题。

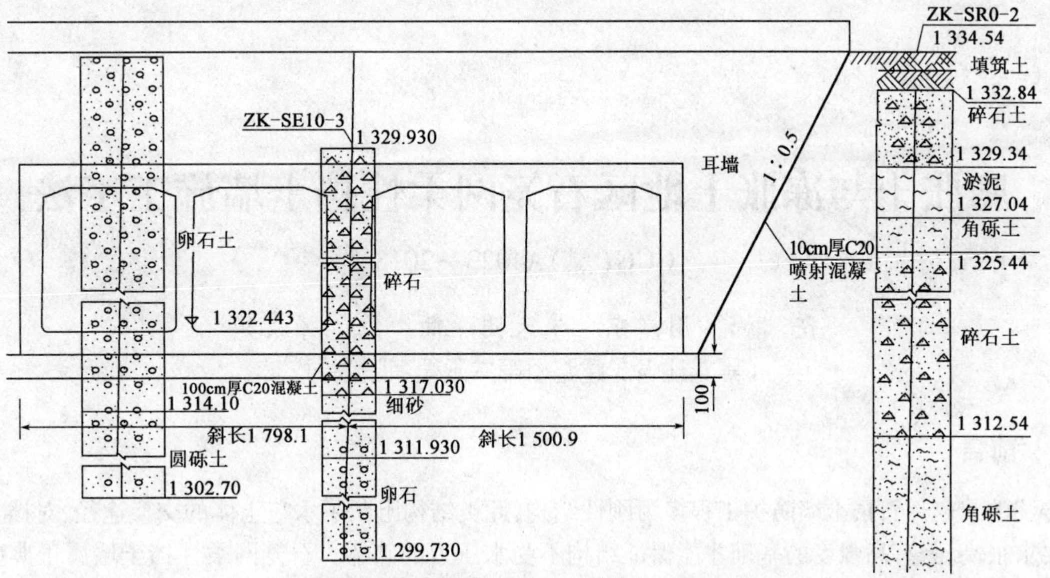

图 8　箱涵施工地质资料剖面图(尺寸单位:mm;高程单位:m)

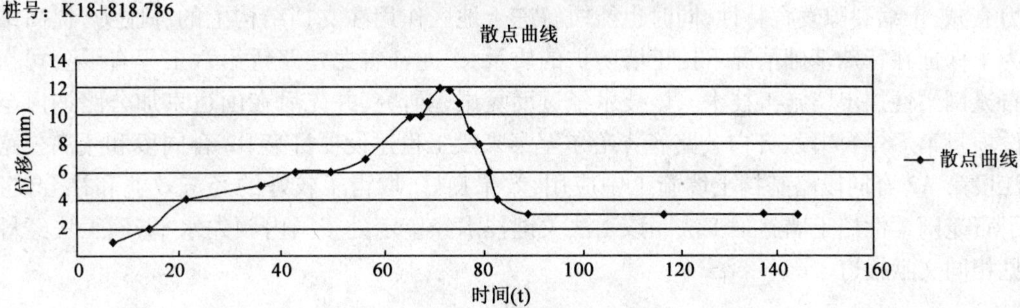

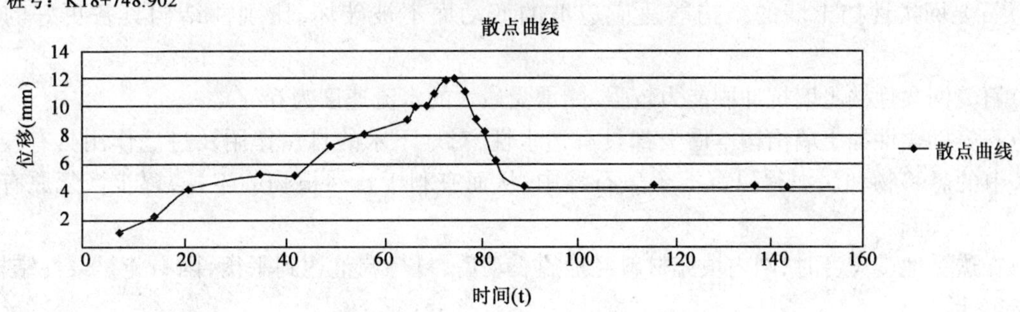

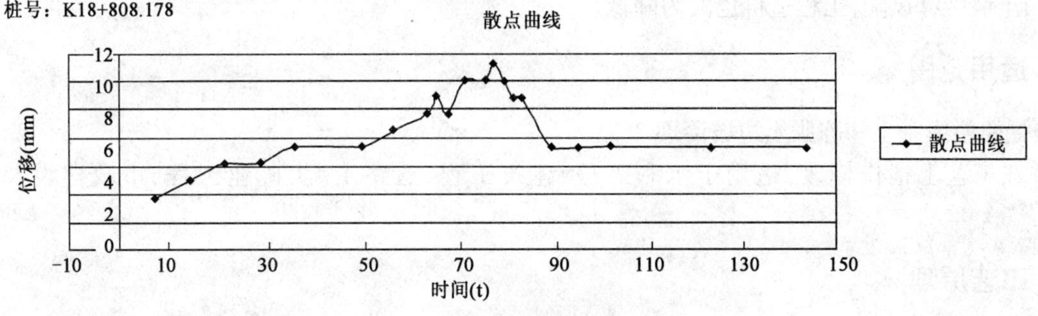

图 9　监控量测位移时间速率曲线图

膨胀土与冻胀土地区石笼网柔性挡土墙施工工法

GGG(黑)A4023—2013

陈　彬　周广东　朱天明　简　红　滕景梅

(黑龙江省龙建路桥第六工程有限公司)

1　前言

传统的浆砌片石挡土墙防护工程多为刚性结构,此类结构阻断了水与土体的交换途径,对挡土墙的基础要求很高,只有高强度的基础才能保证结构不受水压力的破坏。石笼网柔性挡土墙属于典型的重力柔性支挡结构,可以解决传统刚性挡土墙(如浆砌片石挡土墙、钢筋混凝土挡土墙等)不能适应基础不均匀沉降的膨胀土路堑边坡的治理。因膨胀土具有明显的吸水膨胀和失水收缩、反复胀缩变形等浸水承载力衰减、干缩裂隙发育特性,同时也能缓解冻土地区作用在支挡结构上的冻胀力,提高结构的稳定性。为了保证在特殊基础情况下挡土墙防护的质量,黑龙江省龙建路桥第六工程有限公司在施工中提出了石笼网柔性挡土墙施工技术。该技术经过反复试验研究,并先后在国道京加公路讷河至嫩江段工程建设项目第 C6 合同段、齐白公路齐齐哈尔至泰来段工程建设项目第 D2 合同段和绥满公路绥芬河至牡丹江段第 A2 合同段路基挡土墙施工中应用,效果良好,取得了较好的经济效益和社会效益,经总结形成了石笼网柔性挡土墙施工工法。该工法关键技术经鉴定处于国内领先水平,该工法经科技查新国内未见相同文献报道。

2　工法特点

(1)石笼网柔性挡土墙的结构能适应边坡的变动而不被破坏,比刚性结构具备更好的安全稳定性。

(2)石笼网柔性挡土墙抗冲刷能力较强,能承受最大的水流速度为6m/s。

(3)石笼网柔性挡土墙结构本质上都具有透水性,对地下水的自然作用及过滤作用具有较强的包容性,水中的悬移物和淤泥得以沉淀于填石缝中,从而有利于自然植物的生长,逐步恢复原有的生态环境。

(4)在遭受地震灾害时,网内填充材料经地震震动后,自行调整达到平衡,因石笼是柔性结构,它能适应局部变形。

(5)石笼防护工程由钢丝与箱体内片石构成,地基处理要求不高,方便施工且能缩短工期,同时避免刚性挡土墙裂缝风险,工程造价也大为降低。

3　适用范围

(1)低路堑膨胀土和冻胀土边坡治理。

(2)在工艺上稍作修改,适用于水利工程、建筑工程、道路工程、矿业工程、市政建设及铁路工程。

4　工艺原理

石笼网箱挡土墙的构件是在网箱内部填充大小比例相当的石块,这样就有一定的空隙率。由于石块之间的间隙可以排出砌体后面的土和护坡下面土层的水,这样就降低了水位,减小了墙体后和坡下的地表水压力,水及时排出降低了挡土墙被破坏的几率,这样挡土墙的寿命会大大延长。同时墙体网箱是铁丝网制作的笼子,能够产生一定的变形,况且,石块与石块之间也可以滑动,所以挡土墙的变形也能够缓冲突发的外力。

5 施工工艺流程及操作要点

5.1 施工工艺流程图(图1)

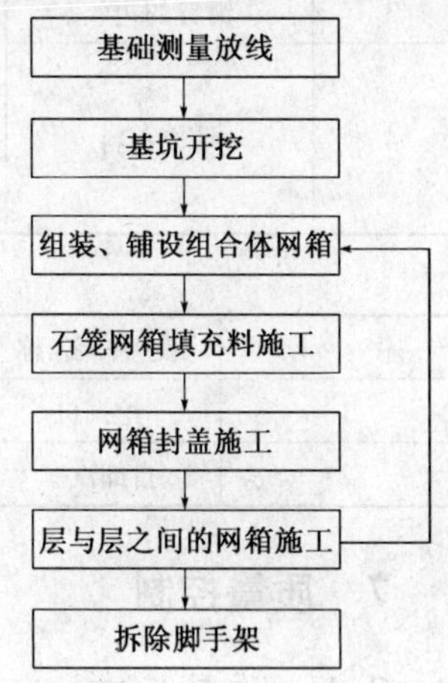

图1 施工工艺流程图

5.2 操作要点

1)基础测量放线

依据设计图纸,用全站仪准确放出基础坐标点位,精确测定出石笼网箱的主(横)轴线和起讫点。用水准仪测量石笼挡土墙各点的原地面高层,用以确定基础的开挖深度,设置施工水准点,在基坑底面弹出轴线及墙身线,将轴线及墙身线引出作业段面之外。

2)基坑开挖

采用挖掘机开挖时严禁超挖,避免扰动基底原状土。挖至设计基底应预留20cm采用人工刷底、修整,确保基底平整,几何尺寸和基底高程符合设计要求。

3)组装、铺设组合体网箱

(1)工厂加工石笼网箱片运送至施工现场。

(2)组合体网箱的间隔网片与网身应呈90°,才可进入绑扎工序。

(3)组装网箱时,绑扎用的组合丝、螺旋固定丝及水平拉力丝必须与组合网箱编织网片用的钢丝同质。

(4)组装网箱时,组合丝绑扎必须双股线并绞紧。

(5)当网箱安装完毕后,应在外侧安装脚手架对其进行固定,以免石笼变形。

(6)网箱裸露部位的网片必须设置水平拉丝,水平及垂直间距为25~35cm,呈8字形向内与边网或临土网片连接并拉紧,拉丝在每次分层填石完成后设置。

4)石笼网箱填充料施工

(1)以机械为主、人工配合,进行分层投放,投料高度不能超过35cm,严禁一次性填满。

(2)投放一层石料后,人工进行捣实调整,确保石笼的密实度和平整度。

(3)投入第二层石料后,跟着夯实,确保石笼的稳定性,夯实要达到设计要求。

(4)在施工完一层石笼后,现场先进行检查,合格后才可进行第二道工序施工。

5)网箱封盖施工

封盖必须在顶部石料砌垒平整的基础上进行,必须先使用封盖夹固定每端相邻结点后,再加以绑扎。封盖与网箱边框相交线每间隔20cm绑扎一道。

6)层与层之间的网箱施工

(1)层与层间的网箱应纵横交替成丁字形,叠砌上下连接,严禁出现“通缝”,严格控制边板线与下层交接处绑扎位置和间距。

(2)多层网箱施工放置、绑扎上方网箱时,必须与下方网箱面盖板绑扎在一起,使整个结构体连接成一体。

7)拆除脚手架

在石笼网箱施工完成后,应对脚手架进行拆除。

6 材料与设备(表1、表2)

主要材料一览表 表1

序号	材料名称	材料规格	主要技术指标
1	镀锌的钢丝网片	ϕ2.7mm	最低镀锌量大于214g/m^2
2	镀锌的绑扎丝	ϕ2.2mm	最低镀锌量大于214g/m^2
3	镀锌的边丝	ϕ3.4mm	最低镀锌量大于259g/m^2
4	填充石料	级配碎石或卵石	填充材料的大小根据石笼的网眼大小决定,直径一般为3~30cm,并且允许超过下限的5%,上限的10%,且填料的最大直径不超过石笼网箱高度的1/3

主要设备一览表 表2

序号	设备名称	型号	单位	数量	用途
1	挖掘机	300	台	1	基坑开挖使用
2	自卸汽车	15t以内	台	2	运输网片、脚手架和填充石料

7 质量控制

7.1 质量标准

(1)《公路工程质量检验评定标准》(JTG F80/1—2004)。

(2)《公路工程集料试验规程》(JTG E42—2005)。

(3)《组合体公路路基防护工程施工及验收规程》(QB 20007)。

7.2 质量控制

(1)填充石料碎石或卵石的粒径必须符合要求,石笼网箱石料粒径在8~25cm的应控在80%以上,其余以良好的级配碎石填满空隙。

(2)考虑工艺和美观要求,石笼单元的暴露面填石应该采用人工完成,保证外观的平整、整齐、密实。

(3)层与层间的网箱应纵横交替成丁形型叠砌上下连接,严禁出现"通缝"。

(4)当进行石笼挡土墙施工时,为防止由于网箱受压变形而出现"鼓肚"现象,需要在网箱内部设置拉筋。

8 安全措施

(1)规范标准:在施工过程中,应严格执行《中华人民共和国建筑法》、《中华人民共和国安全生产法》、《建设工程施工安全管理条例》、《公路工程施工安全技术规程》(JTJ 076—95)等有关法律、法规和标准的规定。

(2)施工现场每个人都要佩戴安全帽,石笼网箱网片和石料在搬运、组装过程中,要注意人身安全。

(3)在石笼网箱石料填充到网箱1/3位置时,要在网箱内增设拉筋,用以防止网箱涨破。

(4)在石笼网箱四周安装脚手架,防止石笼网箱施工过程中网箱出现变形坍塌。

(5)由于施工场地临近公路,施工时必须注意过往车辆及行人,并应设防护人员进行防护,防止滚石及机具侵入公路造成交通事故。

(6)路边施工及穿越公路时,应提高警惕,注意过往车辆,防止事故发生。

9 环保措施

(1)严格按照国家规定的各项环保要求进行施工。

(2)施工过程中挖出的土石方应堆放到指定地点。

(3)脚手架的安装应尽量减少噪声,防止噪声对环境的影响。

(4)石笼网箱石料填充工作完成后,对多余的石料及时清理,保持施工现场的整洁,不乱堆放。

10 资源节约

(1)石笼网挡土墙相对于传统的浆砌片石挡土墙由于施工中不使用水泥和中砂,节省了大量的资源。

(2)石笼网挡土墙相对于传统的浆砌片石挡土墙施工由于施工简单,不需要特殊技术,缩短了工期,节约了大量的人工和机械。

11 效益分析

11.1 经济效益

采用石笼网柔性挡土墙相对于传统的浆砌片石挡土墙其基础的要求比较低,具有更好的安全稳定性,保证了施工质量,在材料使用上杜绝了以往水泥和中砂的使用,节约了资源,降低了成本,简便的施工技术缩短了工期,降低了劳动强度,便于管理,节约了大量人工和机械设备,大大降低了工程成本,取得了良好的经济效益。

11.2 社会效益

石笼网箱挡土墙是我国近几年新兴起来的一种挡土墙施工方法,属于一种新技术、新工艺,它为挡土墙的设计与施工提供了一种新的思路与方法,石笼网柔性挡土墙相对于传统的浆砌片石挡土墙,其稳定性和环保性得到很大的提高,简便的施工方法加快了施工进度,使工程提前竣工通车,社会效益显著。

12 应用实例

12.1 工程实例一

齐白公路齐齐哈尔至泰来(省界)段工程建设项目第 D2 合同段项目,位于齐齐哈尔附近,起讫桩号为 K22 +000 ~ K47 +400,全长 25.4km,其中,路堑挖方挡土墙施工长度为 3.1km,开工时间为 2009 年 5 月,主体竣工时间为 2009 年 9 月,施工过程中使用了石笼网柔性挡土墙技术,经一段时间使用,发现石笼网柔性挡土墙稳定性很高,提高了公路路基防护的使用功能及服务水平,同时可以节省材料、设备成本,降低工程造价,提高工作效率,得到专家的一致好评。

12.2 工程实例二

国道京加公路讷河至嫩江段工程建设项目第 C6 合同段项目,位于讷河附近,起讫桩号为 K127 +300 ~ K144 +000,全长 16.7km,其中,路堑挖方挡土墙施工长度为 2.2km,开工时间为 2009 年 3 月,主体竣工时间为 2010 年 7 月,施工过程中使用了石笼网柔性挡土墙施工技术,保证了施工质量,经一段时间使用,发现在稳定性方面有很好的体现,养护费用大大降低,预计使用寿命将增加 10 年以上,得到业主和社会各界的高度评价。

12.3 工程实例三

绥满公路绥芬河至牡丹江段第 A2 合同段项目,位于距绥芬河市 10km 处,起讫桩号为 K21 +940 ~ K45 +300,全长 23.33km,其中,路堑挖方挡土墙施工长度为 2.6km,开工时间为 2009 年 5 月,主体竣工时间为 2011 年 9 月,该项目挖方多为膨胀土体,原设计为浆砌片石挡土墙,强降雨后出现坍塌,后来采用石笼网柔性挡土墙,效果显著,不仅治理了边坡塌方,而且节省大量的人工、机械、材料费用,加快了工期,取得了良好的社会效益。

泡沫轻质土加固边坡施工工法

GGG(浙)A4024—2013

杨朝辉　何建明　宋伟程　余　华　沈华锋
(浙江交工高等级公路养护有限公司)

1　前言

随着高速公路营运时间的逐年延长,各类边坡等沿线结构物使用年限不断加长,结构物病害发展趋势日益增长,边坡极易出现塌方、滑坡、泥石流、崩塌等地质灾害,对高速公路通行产生较大的影响,根据地质灾害的严重程度,甚至出现中断交通等恶劣影响,采用何种方式进行边坡抢险加固会直接影响高速公路恢复通行的时间。采用泡沫轻质土加固边坡施工技术施工简便、降低了施工强度和劳动强度,不受施工场地限制,同时,施工速度快、体质轻、固化后自立性较好,而且造价相较混凝土低。该技术成功应用于G15甬台温高速公路西坞至新屋段(K1527+650)边坡抢险工程中,在进度、质量、效益作用方面效果明显,技术先进,具有明显的社会效益和经济效益,得到了社会各界的认可和好评,现总结编制成工法。

2　工法特点

(1)施工质量可控。泡沫轻质土在施工过程中质量主要以湿密度和流值作为控制指标,试验操作流程简便,随浇随操作,一旦出现偏差可及时进行调整,便于施工质量的控制。

(2)施工简便。施工占地小,对高速通行影响较小,一般为封闭硬路肩(三类封道)。制作点和浇筑点分离,不需机械碾压,不需振捣,作业面小,最大水平输送距离可达500m(加中继泵可输送更远),最大垂直泵送高度可达30m。

(3)施工设备简单,操作简便,施工进度快,成本较混凝土低,质量好。

3　适用范围

适用于边坡的抢险加固工程,特别是高边坡抢险工程的坍塌区域回填和路基边坡的拓宽加固。

4　工艺原理

图1　水泥浆搅拌

图2　水泥浆与发泡设备混合为泡沫轻质土

利用泡沫轻质土技术,在施工前先对回填区域用模板进行支护,待模板牢固后,进行泡沫轻质土回填,按照单层回填不得大于80cm进行控制,随浇随立模板。泡沫轻质土回填在保证自身强度的同时,减轻了自重,同时,用输送泵软管直接浇筑,避免使用泵车,受边坡高度影响较小。泡沫轻质土施工过程见图1~图6。

图3　立模

图4　浇筑泡沫轻质土

图5　拆模

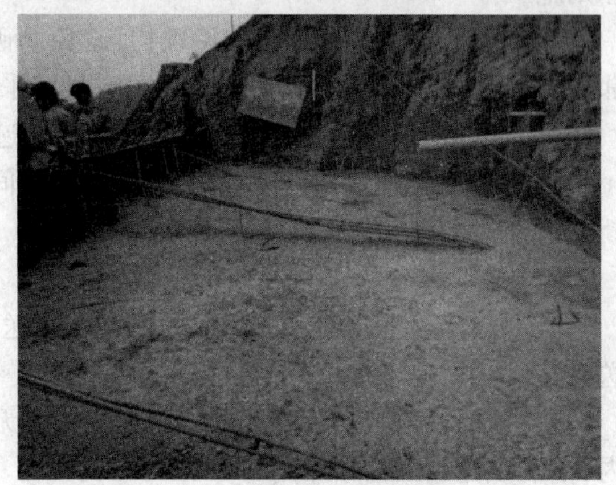

图6　浇筑泡沫轻质土验收

5　施工工艺流程及操作要点

5.1　施工工艺流程

施工工艺流程见图7。

5.2　操作要点

1)施工准备

(1)应详细分析设计图纸,理解设计意图,了解工程规模,掌握工期要求,编制施工组织计划。

(2)应对现场地形、地貌进行踏勘,必要时进行相关工程的测量复核,以检查工程数量、设计图纸是否与实际相吻合。

(3)应确认施工电源、施工用水、施工便道、施工设备及主要材料的准备工作是否就位。

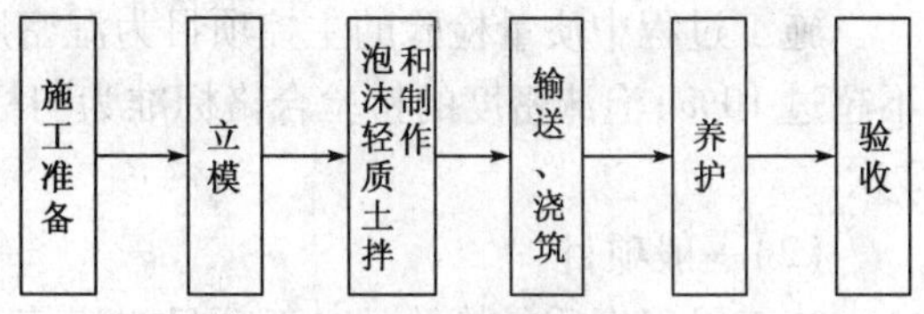

图7　施工工艺流程图

(4)应收集当地历史气候资料及施工期的天气预报,为异常天气的施工提前制订相关预防保证措施。

(5)应结合设备生产能力、工期要求等对设计的浇筑体进行浇筑区和浇筑层的划分,为浇筑施工做好相关规划。

(6)应清除浇筑区基底杂物,尤其应排清基底的积水;在地下水位以下浇筑时,应有降水措施,严禁在基底有水的状态下浇筑施工。

(7)应做好施工废水、工程废料的清运措施,确保整个施工期满足环保要求。

2)泡沫轻质土设备与拌和制作

(1)发泡装置宜采用压缩空气与发泡剂水溶液混合的方式产生泡沫,严禁搅拌发泡生成泡沫,应能设置稳定的发泡倍率,并生成标准泡沫密度的泡沫。

(2)泡沫轻质土制作设备应具有原材料自动化计量功能,在拌和制作泡沫轻质土时,应能调节水泥(砂)浆或泡沫流量。

(3)拌和制作成型过程中,搅拌时间应确保各组分混合均匀。

(4)水泥浆、水泥砂浆、泡沫轻质土在储料装置中的停滞时间均不宜超过2h。

3)辅助材料

(1)钢筋混凝土挡土墙类保护壁,可在泡沫轻质土施工前一次性施工至设计高程,其施工质量控制按普通混凝土工程控制即可。砌块类保护壁,砌筑砂浆应满足M7.5号砂浆的质量要求,砌缝宜采用勾缝,缝宽不超过1cm。施工过程中砌筑高度应超过当前泡沫轻质土浇筑面3层砌块高度,按照随浇随砌的原则施工。

(2)铺设前,应清除下承层的尖锐物,避免刺破,必要时,应先铺设一层无纺针刺土工布作为垫护。相邻幅的土工膜,重叠宽度不宜小于10cm,且应采用胶粘的方式进行搭接。

(3)金属网铺设前,应检查其外观,有明显锈迹的金属网,不应采用。相邻幅的金属网,应重叠铺设5cm~10cm,重叠部位宜用铁丝绑扎,相邻绑扎点间距不应超过10倍网眼边长。在变形缝位置,金属网应断开铺设。

4)输送与浇筑

(1)泡沫轻质土浇筑施工时,宜采用直接泵送或配管泵送方式;当浇筑方量较小时,也可采用车辆运送或其他工具运输的方式进行施工。

(2)浇筑时,出料口宜埋入泡沫轻质土内;当无法满足要求时,出料口离浇筑点的高差宜控制在1m以内(空洞填充类工程除外)。

(3)单个浇筑区内浇筑层的施工时间宜控制在水泥(砂)浆初凝时间内,当浇筑层终凝后方可进行上层的浇筑施工。

(4)当遇大雨、暴雨或持续时间较长的小雨天气,未硬化的泡沫轻质土表面应采取遮雨措施。

5)硬化后整体养护

(1)泡沫轻质土浇筑硬化成型后,在强度未达到设计强度前,不宜直接进入使用状态。

(2)泡沫轻质土浇筑至设计高程后,宜在表面覆盖塑料薄膜进行保湿养护(空洞填充类工程除外)。

6)施工过程质量检验

(1)主控项目

施工过程中质量检验的主控项目为湿密度和泡沫密度。湿密度的检验合格标准为与设计值的偏差不超过10%;泡沫密度的检验合格标准为与标准泡沫密度的偏差值不超过20%;检验频率每一工作日2次。

(2)一般项目

施工过程中质量检验的一般项目为流值。流值检验合格标准为满足170mm±10mm。检验频率为每一工作日2次。

7)硬化后的质量检验

(1)主控项目

硬化后质量检验的主控项目为抗压强度。

除设计另有规定外,抗压强度的龄期取28d。

抗压强度的试件制取及养护应满足①在出料口取样制作;②每3块为1组,每400m^{3}制取1组,当不够400m^{3}时,按400m^{3}考虑;③试件脱模后,应置于密封塑料袋中进行养护,养护环境温度为20~25℃。

单组抗压强度检验合格标准应满足:

$$Q_{nm} \geqslant Q_e \tag{1}$$

式中:Q_{nm}——单组试件3个试块抗压强度平均值或代表值(MPa);

Q_e——抗压强度设计值(MPa)。

(2)一般项目

硬化后质量检验的一般项目为准干密度、顶面高程、平面位置及尺寸(空洞及狭小空间填充类工程除外)。

高程采用水准仪测量,平面位置采用经纬仪进行检验,平面尺寸采用钢卷尺进行量测。

准干密度的检验合格标准应满足:

$$P_n \leqslant P_w \tag{2}$$

式中:P_n——单组试件3个试块准干密度平均值或代表值(kg/m^3);

P_w——湿密度设计值(kg/m^3)。

顶面高程与设计高程的偏差不应超过5cm;平面位置以长轴中线偏差不超过5cm为合格标准;平面尺寸以浇筑边界不小于设计边界为合格标准。

准干密度每400m^{3}检验1组,不足400m^{3}按400m^{3}考虑;顶面高程沿长轴中线每10m检查1处,平面位置沿中轴线每10m检查1处;平面尺寸按长、宽方向各检查1次。

5.3 劳动力组织(表1)

劳动力组织表 表1

序 号	工 程	人 数	责任范围
1	总负责	1人	施工现场总负责
2	技术负责人	1人	施工技术、质量等现场总负责
3	专职质检员	2人	负责现场质量控制检查、施工记录、数据整理等
4	测量员	2人	负责现场施工放样
5	试验员	1人	负责试验及检测工作
6	安全员	1人	负责现场安全管理
7	机料员	1人	负责现场机料管理
8	电工	1人	负责现场用电管理
9	模板工	3人	负责搭设模板工作
10	养护工	5人	负责现场浇筑、搬运等工作

6 材料与设备

6.1 工程材料

主要工程材料见表2。

主要工程材料 表2

序 号	材料名称	规 格
1	水泥	P.O 42.5、P.C 32.5
2	水	自来水
3	发泡剂	WF-600

6.2 工程机械设备

泡沫轻质土施工主要施工机械设备见表3;泡沫轻质土施工主要施工测量、试验设备见表4。

主要施工机械设备 表3

设备名称	单位	型号	数量	设备名称	单位	型号	数量
搅拌缸	台	$30m^3$	1	泥浆搅拌机	台	自制	1
泡沫轻质土车载设备	台	$120m^3$	1	浆料输送管	m	3寸	30
空压机	台	$10m^3$	1	泡沫轻质土输送管	m	2寸	200
发电机	台	200kW	1				
储水桶	台	$2m^3$	2				

主要施工测量、试验设备 表4

设备名称	单位	型号	数量	设备名称	单位	型号	数量
流动测试仪	个	—	1	试模	件	100mm×100mm ×100mm	12
游标卡尺	把	≥30cm	1	水准仪	台	SD3	1
电子秤	台	精度±1g	1	全站仪	台	索佳	1
标准量杯	个	1L	3	钢卷尺	把	50m	1

7 质量控制

7.1 质量控制要求

(1)《公路路基施工技术规范》(JTG F10—2006)。

(2)《普通混凝土力学性能试验方法标准》(GB/T 50081—2002)。

(3)《公路工程质量检验评定标准》(JTG F80/1—2004)。

7.2 质量控制措施

1)设备检查

浇筑泡沫轻质土前,必须检查泡沫轻质土车载设备,调试好发泡剂与水泥浆的用量,达到最佳配合比。

施工过程中,定期对泡沫轻质土车载设备进行维护保养,检查泵送管质量,避免出现堵管、漏浆等现象。

2)泡沫轻质土设备与拌和制作

泡沫轻质土在拌和制作过程中,材料的计量精度应满足表5的要求。

材料及计量精度 表5

材料	计量精度	材料	计量精度
集料、掺和料	±2%	水	±2%
水泥、外加剂	±2%	发泡剂	±5%

3)泵送浇筑质量控制

泡沫轻质土配管泵送距离受配合比及落差影响,无落差水平单级泵送距离宜按表6控制。

泡沫轻质土单层浇筑厚度,除狭小面积可按≤1m控制外,其他按0.3~0.8m控制。

泡沫轻质土单块浇筑面积应根据设备能力、浇筑厚度确定,确保浇筑工作在泡沫轻质土初凝以前完成,上浇筑层浇筑应待下浇筑层终凝后方可进行。

在浇筑完填筑体的顶层时,应及时覆盖塑料薄膜或土工布,养生时间为3d。

无落差水平单级泵送距离　　表6

泵送设备	S/C	泵送距离(m)	泵送设备	S/C	泵送距离(m)
软管泵	0	400	螺杆泵 柱塞泵	0	500
	1			1	
	2	200 ~ 300		2	300 ~ 400
	3			3	
	4	50 ~ 100		4	100 ~ 200
	5			5	

当遇到大雨或长时间持续的小雨天气时,对未固化的表层应采取遮雨措施。重新浇筑上层前,应对已被雨水消泡的表层进行铲除处理。

固化前,应避免对泡沫轻质土的扰动。

加强浇筑过程中湿重度和流动度的检测工作。检测项目及标准见表7。

检测项目及标准　　表7

项次	检测项目	设计指标	规定值或允许偏差	检验方法和频率
1	湿重度	A	$\pm 0.1A$	连续浇筑每100m^3 自检1次
2	流动度	180	±20	连续浇筑每100m^3 自检1次

8　安全措施

(1)开工前,组织专家对方案进行专项安全方案论证,按照论证方案定稿进行施工作业,同时在开工前按照高速公路施工审批程序进行施工审批,并严格按照审批的规范要求进行封道施工作业。

(2)开工前,建立以岗位责任制为中心的安全生产责任制,制度明确,责任到人,奖罚分明。

(3)开工前,对所有参建员工进行上岗前的安全教育,提高员工的安全意识,树立安全第一的思想,培养安全生产所必须具备的操作技能。

(4)施工现场设置安全警示标志,位于高边坡施工作业区域内明显位置设置"危险,防止坠落"的标志。

(5)施工现场用电须有持证的专业电工进行管理,确保各类用电设施完好,使用安全。

(6)施工现场管理人员及现场作业人员在进入施工现场后,均须正确佩戴安全帽,以防高空坠物对人体造成击伤。

(7)关注天气预报,及时了解、掌握气象和水文情况,当遇到暴风雨天气时,禁止施工。

(8)安排专职安全员每天在施工现场进行巡视,对施工中存在的安全隐患及安全问题及时采取措施,确保安全隐患及安全问题及时消除。

(9)严禁酒后、疲劳操作机械和上岗工作。

9　环保措施

(1)设置施工废弃物集中堆放点,对施工中废弃配件、边角料、废混凝土,及时收集清理,并集中堆放,定期外运。

(2)设置机修固定点,对机械设备维修的废油等废弃物及工程废料集中处理。

(3)设置施工现场保洁队伍,负责施工场地的清扫等工作。

10　资源节约

(1)采用该工法,节约了人工、材料、机械设备的投入,节约了经济资源。

(2)采用该工法,减少了因施工导致的封道次数,从而大大减小了封道区域事故的发生概率和车辆拥堵情况,节约了社会公共资源。

11 效益分析

本工法与传统的混凝土施工方法相比,大大缩短了施工时间,经济效益明显,以宁波甬台温高速公路2012年高边坡抢险工程为例,经济效益对比分析见表8和表9。

泡沫轻质土加固边坡工法经济效益分析对比表1

表8

类　型	方量(m^3)	施工时间(d)	单价(元/m^3)	合计(万元)
泡沫轻质土(F1.0)	1 451	15	290	42.07
泵送C25混凝土	1 451	25	380	55.14

泡沫轻质土加固边坡工法经济效益分析对比表2

表9

	项目	传统工艺	本工法	效益对比
K1527+650 边坡抢险工程	人工(小工)	15人	8人	节省了人工工资开支
	材料、设备	振动棒等	无需振捣	保证质量的同时,减少了设备的投入
	车辆	商品混凝土罐车、泵车	无	节省了车辆的投入
	交通封道	一、二类	三类	降低了对通行的影响
	小计	经济	节省13.07万元	
		进度	提前10d	

本工法采用压缩泵接管泵送泡沫轻质土,受高边坡高度影响较小,与泵送混凝土相比,节省了泵送费用,且因泵送混凝土需至少封闭一个车道进行施工,对高速公路通行造成影响,安全风险加大,而用泡沫轻质土至多占用硬路肩,无须封闭车道。

本工法因其材料的轻质性,在高边坡加固抢险中,在进行回填、确保本身强度的同时,减少了材料荷载对高边坡的影响,减轻了自重,有利于边坡的整体稳定性。

本工法可为今后的类似工程施工提供参考依据,既节约了资源,节省了施工费用,社会效益也较为明显。

12 应用实例

12.1 工程实例一

宁波甬台温高速公路西坞至新屋段爬坡车道工程于2011年9月开工,2012年2月完工,主要在K1 527+050~K1 528+240(台向)连续长上坡路段增设一条爬坡车道,从而减少该路段的交通拥堵现象,提升服务水平。该工程在路基拼接填方路段采用泡沫轻质土填筑,共填筑泡沫轻质土3 500m^3,各项指标均符合相关技术标准和规程,且交工验收达到优良。

12.2 工程实例二

宁波甬台温高速公路西坞至新屋段K1 527+650(宁向)边坡于2012年8月8日受11号强台风"海葵"强降雨影响,该边坡二级护面墙发生坍塌,坍塌范围沿高速公路方向长42m,高22m,纵向深度15m,呈下窄上宽倒三角形,采用该工法对坍塌区域用泡沫轻质土进行回填,该运用泡沫轻质土1 451m^3,各项指标均符合相关技术标准和规程,且交工验收达到优良。

生态袋边坡防护施工工法

GGG(浙)A4025—2013

袁继敏　王传高　汤　泉　陈达飞　邓立平　胡志红
李　军　徐　伟　田程峰
(天环建设集团有限公司　浙江奔腾交通工程有限公司)

1　前言

随着人们保护生态环境意识的增强,建立生态公路就成为公路发展的重要课题。因此,实际工程中就需要一些实用性强、耐久性长、经济且具备生态环保功能重任的新技术,而生态袋边坡防护技术正是这种新型技术的杰出代表。采用生态袋护坡技术建设的边坡,既可以大规模减少高耗能、高污染建筑材料的使用,同时又将边坡结构稳定、水土保持与绿化一次性完成,她所展示给人们的是安全的、节能的、生态的、环保的、有生命的、会呼吸的绿色边坡世界。

在浙江省60省道天台西演茅至两亭巷段改建工程、浙江省62省道天台段改建工程第一标段、05省道桐庐段焦山互通B匝道边坡地质灾害治理工程S01标段及开化城关(独山)至江西(白沙关)省际公路改建二期工程公路C2标段等工程中,采用生态袋技术进行边坡防护施工。施工时主要分为两个步骤,填充、堆砌生态袋和喷播绿化、栽植灌木。在这两个步骤都完成后,进行精心的植被养护,就可以形成良好的绿化效果。经检测,全部边坡防护工程指标均满足设计和规范要求,达到优良标准。

生态袋护坡系统具有施工速度快、施工组织设计方便等优点,能有效地提高施工质量与效率,减少养护成本,具有较好的经济效益和社会效益。针对施工中的生态袋堆砌和植被恢复等关键工序及前期准备、过程检测等进行研究总结,形成了本工法。本工法有效地提高了施工质量与效率,从而取得了良好的控制效果,具有推广价值。

2　工法特点

(1)工程效果好

生态袋护坡采用三角内摩擦紧锁结构,使整体边坡受力具有较好的稳定性,对外界冲击力有吸能缓冲作用,抗震性能也是传统护坡无法比拟的。施工中不需要对基础进行复杂的工程处理,对不均匀坡体的适应性也是本系统的特点之一。同时结构不产生温度应力,无须设置温度缝。结构面通过植被发达的根系与坡体结合成一个同质整体,使护坡不易分离、坍塌,随着时间的延续,日趋强壮的根系使边坡结构的稳定性及牢固性更强,工程效果好。

(2)施工简单、便于维修养护

生态袋护坡在施工技术指南和技术人员的指导下,任何人均可参加施工,材料搬运轻便,操作简单。生态袋护坡的建成可大大减少人工养护工作时间。

(3)环境效果好

生态袋护坡施工时不会产生建筑垃圾和施工噪声,选取多种植被,有利于将边坡环境还原到自然状态。不会对周围的居民产生干扰,建成后外观美观,与自然融为一体,不会产生视疲劳,能净化空气,美化环境。

(4)工期短、造价低、节约用地

生态袋护坡施工简单,受条件限制小,工期快,采用生态袋护坡,在路基边坡防护中可同边坡的填筑同时进行,可以说对总工期没有影响。而采用传统护坡施工时必须待路基填筑结束后才能施工,必定会影响总体施工工期。其使用的生态袋填料就地取材,节约了材料费用,降低了造价。施工占用土地面积小,节约工程的土地占用量。

3 适用范围

适用于各类公路工程上的生态型挡土和边坡生态防护,以及水土保持、生态绿化等。

4 工艺原理

生态袋护坡主要组成包括:生态袋、满足多向排水功能与强度要求的网肋型三维排水连接扣、塑料排水管等。生态袋具有抗紫外线、抗老化、抗酸碱盐、抗微生物侵蚀、透水不透土功能。三维排水连接扣其材质及环保性能与生态袋相符,上下面具备倒钩特性的棘爪,用于连接生态袋。生态袋护坡系统通过将装满植物生长基质的生态袋沿边坡表面层层堆叠的方式在边坡表面形成一层适宜植物生长的环境,同时通过连接配件将袋与袋之间、层与层之间、生态袋与边坡表面之间完全紧密地接合起来,达到牢固的护坡作用。生态袋这种三角内摩擦紧锁结构(犹如金字塔结构)如图1所示,这些高强度的单元连接成稳定结构,形成透水不透土、易于植物生长的新型柔性护坡结构。然后在堆叠好的袋面采用绿化手段播种或栽植植物,随着植物在其上的生长,进一步将边坡稳固,形成复合稳定的生态边坡,并达到恢复植被的目的。由于采用生态袋护坡系统所创造的边坡表面生长环境较好(可达到30~40cm厚的土层),草本植物、小型灌木,甚至一些小乔木都可以非常良好地生长,能够形成茂盛的植被效果。

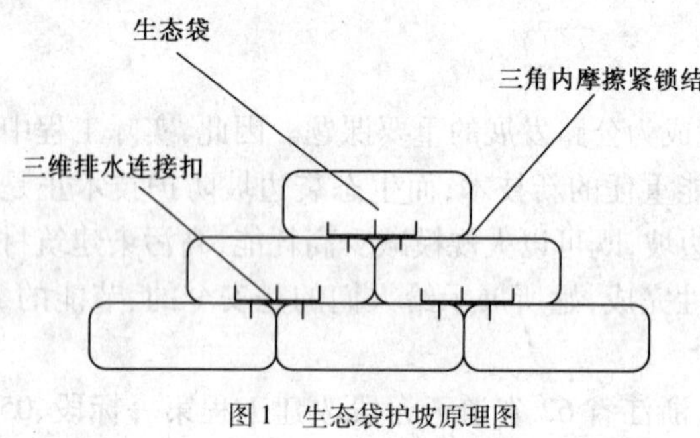

图1 生态袋护坡原理图

5 施工工艺流程及操作要点

5.1 施工工艺流程(图2)

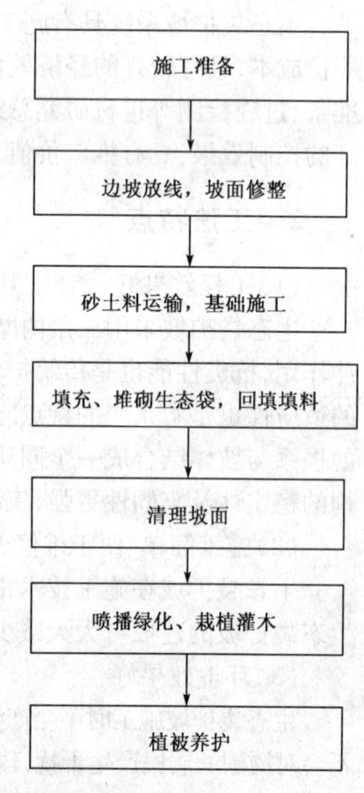

图2 施工工艺流程图

5.2 施工操作要点

1)生态袋堆砌

(1)边坡放线

熟悉图纸,按图纸确定上下边线位置及高程,确定坡比并设置上下边线桩位,按桩位确定坡比线及机械刷坡线,工艺要求为:机械刷坡严禁超挖坡体原基础,尽量减少生态袋垒砌施工回填,以免袋后松散回填土引起坡体沉降过大甚至滑坡。其中,人工刷坡工序在袋体垒砌过程中进行,同层垒砌完成后,进行上层边坡修整。

(2)确定坡体其他相关结构

查看相关施工设计图纸,坡体是否存在纵向排水沟、检查梯及其他预埋管线等,确定施工先后顺序,为坡体施工进行提前预留,避免后期工序对生态护坡的损坏。

(3)坡面修整

坡面修整包括如下内容:清除坡面的垃圾、杂物等,做到坡面整洁;除坡面的松石、浮土层。在机械修坡时,严禁超线修整,避免超挖产生的回填,一般要留有15cm左右厚的基土在垒砌时由人工修整。

(4)基础施工

①基槽开挖截面为 800mm×250mm,浇筑 C20 混凝土做垫底,垫底厚度为 100mm,预埋铁间距为 300mm;挡土墙为 150mm×250mm,三维排水连接扣在混凝土没有完全凝固时须预埋在垫底上面,一字形挨着布置。

②基础施工按混凝土施工规范执行并进行质量控制。混凝土在搅拌站搅拌后用溜槽送至施工现场。采用插入式振捣设备进行振捣。

③如遇基土松散或淤质基础,清除后进行级配碎石换填,分层夯实后再垒砌生态边坡。

(5)装袋

①机械拌料。估算土料方量,按设计配合比要求添加有机肥,再用装载机或挖机拌和均匀。

②装袋要求包括以下几点:一是"满",即袋体填充饱满,这是保证质量的关键,应切实抓实,以袋体外标签为装土标准;二是"实",即装袋填充土料要装得密实,装袋时每装 1/3 要敦实;三是"紧",即扎口要拉紧,确保在现场搬运和垒砌时不松口,扎口后袋口长度为 5~7cm,装好土料并拍打成型的生态袋,外观尺寸要求值为 600mm×300mm×150mm。

③装好的袋尽量当天垒砌完,切勿将装好未垒砌的袋长时间淋雨暴晒,如遇降雨天气应提前遮盖,以便雨后随时开工垒砌。

④袋装好后,要放置稳妥;搬运时,要离地搬运或滚动,不要在地面拖动,防止磨破造成袋体损坏。施工中应尤其注意,不应在 0℃以下施工,防止生态袋中存在冻土,导致生态袋冻土融化后发生局部沉降。

(6)垒砌和沉降

①标线控制:一是纵向拉线,确保每层的平整度和纵向线条;二是坡向拉线,每 50m 长为一段,从坡脚到坡顶拉一根坡比线,确保施工坡比符合设计要求。

垒砌时,袋体内填充土要均匀充满袋体,缝线朝向坡内,同层生态袋扎口摆放方向一致,袋体外边线距纵向标线 2cm,袋体摆放平整,由低到高,层层错缝,袋与袋之间相接紧密。

②连接扣设置:在标准线内侧将连接扣骑缝放置于 2 个袋子之间的接缝上,使每一个三维排水连接扣骑跨 2 个袋子,再用钉锤将三维排水连接扣下侧 6 个棘爪(基础袋下联连接反置)敲击刺穿袋子的中腹正下面。生态边坡施工中,生态袋和三维排水连接扣摆放步骤示意图如图 3 所示。

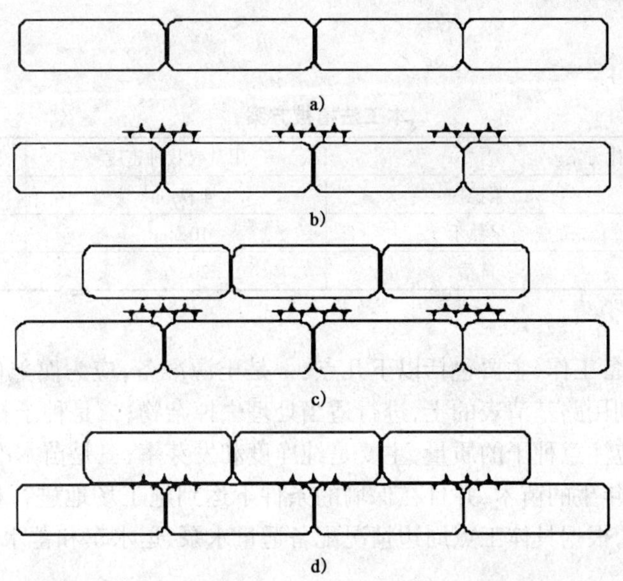

图 3 生态袋和三维排水连接扣摆放步骤示意图

a)将生态袋水平放置;b)将三维排水连接扣骑缝放置;c)上层生态袋叠砌其上;d)将结构压实成整体互锁结构

③袋体夯实整型。每层袋子铺设完成后用铁(木)夯夯实,使用拍板将表面及外侧拍打平整,与标准线同高,且完成后袋底部应与下层袋体接合紧密,无明显缝隙或脱离;检查袋体棱角线是否与标准线相符合,未符合要求部位立即调整。做到"顺直、平整、密实",袋体外露部分不能起皱,相邻袋体无明显高差。

④人工回填和修坡:每做一层生态袋,坡内都会有宽3~20cm、厚15cm的回填土,要求回填料不能有大块土料和大粒卵石,回填部位必须夯密实,回填土面层保持与袋体齐平。回填夯压整平时,同时进行上一层袋的边坡修整,修整宽度要求比成形袋体宽5~10cm,以利于袋体夯实后有充分扩展宽度。

⑤预沉降及压顶:生态袋垒砌每完成垂直高2m时,需对坡体做浇水预沉降。浇水量以袋体填充土料达最佳含水量为宜。坡体完成后,不宜马上压顶,待沉降稳定后统一完成压顶,以避免柔性边坡因沉降与上部其他结构分离;或每做一层时用夯拍密实,在夯实中消除绝大部分预沉降。

(7)排水防水

①PVC排水管:严格按设计要求设置排水管,按照坡面1根/4m^3设置,呈梅花状分布,管内端使用级配石灌填中粗砂作为导滤结构,以利于边坡内部排水。砌筑工程中注意保持坡面的坡率,不得出现反坡现象,在垒砌到顶层时,应对顶层的生态袋缝隙采用黄土灌缝、压实,防止雨水过量渗入边坡缝隙,导致边坡顶部局部开裂、生态袋外张等问题的发生。

②施工中遇雨,要及时覆盖未垒砌的袋体和待装土料,不能垒砌被淋后含水量过大的生态袋,不能装填被淋后含水量过大的土料。

③坡顶设置临时截水沟,防止降雨时积水汇集冲刷坡体。

④坡向长度大、内侧回填较宽的坡体,雨前要对施工口用彩条防雨布遮盖,以防积水对施工口的冲刷;雨后要让施工口晾干到合适程度才能开工,湿散松软土料不能回填。

(8)生态袋垒砌的其他工艺

①沉降观测:施工完成后,在坡体上做好木桩标志,对坡体变形进行动态观察,每20m做1个标志。

②成品保护:上部边坡施工及其他工序施工时,应对成品生态护坡进行切实有效的保护。

2)边坡绿化

主要施工流程为:施工准备→覆土→插栽→撒种→覆盖→初期养护→后期养护。具体的施工工艺操作如下。

(1)植被方案

本工法植被方案见表1。

本工法植被方案 表1

植物配比方案		用量或栽种密度	种植方式
灌木植物	紫穗槐	4株/m^2	插栽
草本植物	早熟禾	10g/m^2	撒种
	苜蓿	20g/m^2	

(2)绿化施工准备

在开工前做好各种准备工作,主要包括以下几点:一是土源准备,应为腐熟的种植土,以壤土为宜,土壤要求细粒,优先考虑利用路基清表的土,进行适当处理去掉杂物;二是种子材料准备,按设计植被种类和配比定购草种,同时应注意种子的质量,主要是纯净度和发芽率;三是苗木准备,提前找好采购苗木的地方,一般选择以1~2年生的苗木,并且在保墒的条件下运到施工场地进行植栽;四是水源准备,选择取水地点和浇水设备等,根据具体工点周边情况配备适量水泵、运水车和蓄水池。

(3)覆土

覆土厚度要求不小于3cm,要求土质较细且肥沃,覆盖均匀。在覆土前对土质进行改良。土质改良根据原有土质的肥力状况,适量掺加有机和无机肥料。

(4)插栽

把苗木用枝剪对根系和枝叶部位进行适当修剪,然后在钻好孔的生态袋上进行插种,栽种要求符合规范。

(5)撒种

把种子按照合适的面积取好分别进行撒播。撒种子时一定注意尽可能使种子撒得均匀,免得发芽后出现疏密不均。

(6)覆盖

撒种完毕后立即进行覆盖。选择无纺布规格应为 12 ~ 15g/m^2,用竹筷或 U 形钉固定,在养护过程中随时检查,如有脱落处及时补固。

(7)初期养护

初期绿化主要是保证必要的水、肥,使种子能正常萌发,并使水肥条件处于较为稳定的状态,满足种子从萌芽、分蘖开始,根茎叶能正常生长且达到预期的密度,达到能自我繁殖并具有充分的适应性和抗逆性。初期养护主要包括以下措施。

①浇水:初期特别是种子萌发期水分至关重要,是种植成败的决定性因素。种植 1 个月以内浇水应"少量多次",保持坪床湿润,防止干枯或地表径流。成坪后"少次多量",适当减少浇水次数,加大浇灌量,做到坪床"见干见湿"。

②施肥:根据植物的生长情况和缺肥症状采取适当的施肥措施,以满足植物所需的营养为宜。一般种植 1 个月左右揭去无纺布后应补施一次复合肥和氮肥,加强根茎的生长。入冬前和初春前宜各施一次肥料,以补充养分,使植被安全越冬。

③病虫害防治:根据病虫害发生的季节性特点,采取"预防为主",做好初期的防治工作,防止病虫害的扩展和蔓延。一般在高温、高湿时,应注意"腐霉枯萎病"和"褐斑病"的发生,采取预防、治疗相结合的方针。虫害应以防治地下害虫如蝼蛄和地老虎为主。

④防杂草:主要是防止一些恶性杂草的侵入,破坏植物群落的结构和稳定性。可采用化学除草或人工除草方法。

⑤补播和缺陷修复:对出现的缺苗和秃斑,应及时进行修补。对死亡的灌木及时进行补栽。撒种 20d 后或草坪生长至 5cm 左右时,及时揭去无纺布。

(8)后期养护

经过一个生长季的生长,已经形成稳定的植物群落,此群落具有较好的适应性、抗逆性和可持续性。此后养护工作大幅减少,主要以适当的补充水肥或巡查为主。一是灌溉,在干旱季节根据植物的生长状况适当补充水分,维护绿化效果;二是施肥,当出现缺肥现象时适量施肥;三是采取巡查措施,防止人为破坏。

6 材料与设备

6.1 主要材料

(1)生态袋

生态袋尺寸为 600mm × 300mm × 150mm,由 PP(聚丙烯)材料加抗紫外线原料经无纺针织单面烧结制作而成。在工程使用中具有透水不透土且适合植被生长的特点,生态袋断裂强力纵向为 5.81kN/m,横向为 7.24kN/m,CBR 顶破强力为 1.49kN。生态袋的缝袋线要求是具有同样抗紫外线破坏的黑色线,生态袋扎口带要求是具有同样抗紫外线破坏的自锁式黑色带。

(2)三维排水连接扣

三维排水连接扣由 PP(聚丙烯)材料制作,必须是有双向通道凹槽和垂直孔洞组合成相互交错的非流线型凸肋结构,连接扣基板的垂直穿孔数不得少于 33 个,通透率为 46%(即三维排水连接扣上垂直穿孔面积占三维排水联结扣面积的百分率),此通透率满足横、纵、竖各向自由排水及植被生长要求。三维排水连接扣棘爪高度为 28mm,上下面棘爪个数均为 6 个,棘爪均不在同一横断面上。采用生态袋与三维排水连接垒筑的直墙体自上而下第四层的连接体最小抗拔力相当于3kN。

(3)生态袋填充料

宜采用砂土,袋内填充料掺入蘑菇肥以利植被生长,蘑菇肥用量为0.5kg/袋。填充土中应无植物根系、树枝、超过50mm直径的石子和其他有毒物质,其中,粒径在20~50mm的土料不能超过30%。

(4)植被

选用早熟禾、苜蓿等或适合当时气候和土质条件的草种。紫穗槐采用插栽,栽种密度为4株/m^2,呈梅花形布置。

(5)泄水孔

生态护坡坡面每隔2~3m,上、下、左、右交错设置泄水孔,泄水孔采用PVC管,孔径为0.1m,壁厚为2mm。

6.2 主要设备

(1)铁(木)夯:型号12或14的槽钢,长30cm,用6分钢管制成T形柄,立柄高75cm,握柄长25~30cm。夯柄下部焊于槽钢正中,前后左右各焊制1根附脚钢筋固定。铁夯使用于袋体夯实及侧边整形,每组2把。需要注意的是,铁夯在焊接完成后,各焊点应磨光,防止使用中刮损袋体,浪费材料。

(2)挖掘机1台,自卸车2辆,主要负责填料的搅拌和材料运输。

(3)铁锹:平锹为宜,用于填装袋体及人工修整边坡使用。

(4)尖镐:袋体施工时,人工修整边坡使用。

(5)铁钉锤:用于连接扣设置。设置连接扣时,必须将连接扣棘爪敲入袋体。

(6)水平管及水平尺:用于抄平袋体层放线。

(7)木拍板:辅助袋体侧边整型使用。

(8)小推车:用于局部转运袋体及其他材料。

(9)电夯:机械刷坡过大,袋体需填方时;或基础密实度不够需换填,进行分层夯实时使用,以保证土体密实。

(10)洒水车1辆,负责植物的养护。

(11)柴油发电机1台,负责施工用电。

7 质量控制

为保证边坡质量达到等级公路使用要求,应严格按照《公路路基施工技术规范》(JTG F10—2006)中的规定进行施工。为了保证质量达到要求,进行施工控制时,应在以下几个方面加强控制力度。

7.1 检查标准

检查标准主要包括以下项目:

(1)生态袋无外露现象,施工质量应符合表2的规定。

生态袋防护施工质量要求 表2

项次		检查项目	规定值或允许偏差	检查方法和频率
原材料	1	生态袋	符合设计要求	每进场批次检验
	2	排水连接扣	符合设计要求	每进场批次检验
	3	扎口带	符合设计要求	每进场批次检验
施工实测项目	4	垒砌、连接	压实度不低于75%	每100m^2抽查10处
	5	生态袋数量	不少于设计数量	每坡面抽查20%
	6	横坡	±0.5%	每坡面抽查20%
	7	排水管间距	±20mm	每100m^2抽查10处
	8	连接扣位置	±20mm	每100m^2抽查10处

(2)边坡植物防护的种类及数量应符合设计要求。

(3)坡面应平整、密实、湿润,铺、种植物后,应加强养护管理,直至植物成长覆盖坡面。

(4)边坡植物防护的防护范围应符合设计要求,并应沿坡面连续覆盖。

(5)边坡植物防护覆盖率、成活率及检验标准应符合表3的规定,其中一条带指边坡上从顶至底带宽为3m的护坡。

植物防护覆盖率、成活率及检验标准 表3

<table>
<tr><th colspan="3">项 目</th><th>覆盖率(%)</th><th>成活率(%)</th><th>检 验 数 量</th><th>检 验 方 法</th></tr>
<tr><td rowspan="4">一般地区</td><td rowspan="2">植草防护</td><td>土质边坡</td><td>85</td><td>—</td><td rowspan="12">每段护坡每100m长抽样检验3条带</td><td>尺量,计面积</td></tr>
<tr><td>石质边坡</td><td>70</td><td>—</td><td>尺量,计面积</td></tr>
<tr><td rowspan="2">种植藤本植物、灌木、乔木防护</td><td>土质边坡</td><td>—</td><td>80</td><td rowspan="2">点数,统计计算</td></tr>
<tr><td>石质边坡</td><td>—</td><td>70</td></tr>
<tr><td rowspan="3">干旱地区</td><td>植草防护</td><td>土质边坡</td><td>65</td><td>—</td><td>点数,统计计算</td></tr>
<tr><td rowspan="2">种植藤本植物、灌木、乔木防护</td><td rowspan="2">土质边坡</td><td rowspan="2">—</td><td rowspan="2">70</td><td>尺量,计面积</td></tr>
<tr><td>点数,统计计算</td></tr>
<tr><td rowspan="4">寒冷地区</td><td rowspan="2">植草防护</td><td>土质边坡</td><td>80</td><td>—</td><td>尺量,计面积</td></tr>
<tr><td>石质边坡</td><td>70</td><td>—</td><td>尺量,计面积</td></tr>
<tr><td rowspan="2">种植藤本植物、灌木、乔木防护</td><td>土质边坡</td><td>—</td><td>75</td><td>点数,统计计算</td></tr>
<tr><td>石质边坡</td><td>—</td><td>70</td><td>点数,统计计算</td></tr>
</table>

7.2 技术措施

技术措施主要包括以下项目:

(1)加强技术交底,通过严格和详细的技术交底使各工种对各自工作都心中有数,使所有施工人员做到施工内容清晰、工艺方法清楚、质量目标清楚、奖惩考核标准清楚。

(2)为保证边坡的稳定,垒砌每层生态袋前必须对基底进行平整夯实,必须保证生态袋与坡面按台阶密贴。

(3)加强坡顶位置截水沟的设置,防止地表汇水冲刷坡面,造成坡面的损坏,雨季施工必须对工作面进行的保护覆盖。

(4)控制施工重点,生态袋填充尺寸符合设计要求,坡面密实且与生态袋按台阶密贴,种子的发芽率达标,肥料的配合比控制到位。

7.3 管理措施

管理措施主要包括以下项目:

(1)正确引导和开展工序前方先行、样板引路、典型示范、整体推进的工程创优活动,严格按照创优规划和措施要求,加强现场技术指导和工序质量预控。

(2)各班组严格"自检、互检、专检"三检制,及时邀请现场监理工程师检查签证,不符合要求的不隐蔽。

(3)按PDCA管理模式对生态护坡的工程质量进行动态管理。

(4)加强测量、试验等基础性技术工作,不合格的产品坚决不能用于工程实体。

8 安全措施

在施工过程中,严格执行有关安全生产管理文件规定,严格遵守投标书承诺,贯彻"安全第一,预防为主"的方针,确保杜绝人身重伤及以上伤亡事故、创建安全质量标准工地的安全目标。

针对边坡防护工程施工特点,确定以机械使用安全、人员坠落伤亡为安全防范控制重点,严格按照

安全管理制度,明确各自责任,确保人身安全,将采取以下措施:

(1)成立安全管理小组,设专职安全员对现场进行检查。

(2)对进场人员进行安全培训,合格后方可上岗。

(3)所有现场施工人员佩戴安全帽,特种作业人员佩戴专门防护用具。

(4)施工现场所有设备、设施、安全装置、工具配件以及个人劳保用品必须经常检查,确保完好和使用安全。

(5)机械车辆操作人员必须带证上岗,不得违章作业。

(6)在现场醒目、合理的位置设置安全警示牌。

9 环保措施

(1)施工废气废水、生活污水排放按有关要求进行处理,不得直接排放。施工机械应防止严重漏油,禁止机械在运转过程中产生的油污水未经处理就直接排放。

(2)运输砂土料的车辆要用布遮盖严密,防止材料散落在道路上。

(3)对有害物质要经过可行措施处理,弃至指定地点进行掩埋,并防止对动植物的伤害。

(4)配备专用洒水车对施工现场和运输道路经常进行洒水湿润,减少扬尘。

(5)施工中废弃的零碎配件、边角料、水泥袋、包装箱等及时收集清理并搞好现场卫生,以保护自然环境与景观不受破坏。

10 资源节约

生态袋护坡施工简单,不会产生建筑垃圾和施工噪声;生态袋填料就地取材,合理利用路基清表种植土,减少了取弃土场的征用,节约了材料费用,造价低廉。施工占用土地面积小,节约工程的土地占用量,减少了对当地的山体开采和环境的破坏,符合国家节能减排、资源节约要求。

11 效益分析

生态袋边坡防护技术性能优良,施工质量保证率高,使用寿命长,与其他防护类型相比,该工法技术经济性明显,具有广阔的应用前景。

11.1 经济效益

该工程施工方法简单易行、施工速度快,机械设备投入少,就地取材,合理利用路基清表土,经济效益优于其他防护类型。

以长 1km 高度为 4m 的边坡防护为例进行简要分析,采用生态袋护坡施工。4 000m^2 坡面需生态袋(815mm × 16cm)306 748 个,每个生态袋及配套三维排水连接扣(1 元/套),材料费共计 30.674 8 万元;以 2 人一天装填砌筑 100 个计,需人工 1 534 个,每个人工均为普工按 100 元 1d 计,人工费共计 15.340 0 万元,挖机设备租赁费为 30 000 元/1 月,总共费用为 49.014 8 万元;如采用浆砌片石护坡,目前市场总包价约为 350 元/m^3,厚度按照 0.4m 算,共计 1 600m^3。总计费用 56.0 万元;如采用钢筋混凝土护坡目前市场总包价约为 580 元/m^3,厚度按照 0.4m 算,共计 1 600m^3。总计费用 92.8 万元。

从上计算可见使用生态袋护坡比浆砌片石护坡可节约 6.985 2 万元,比钢筋混凝土护坡可节约 43.785 2万元;而且加强型生态护坡稳定性更好。

11.2 社会环境效益

柔性的生态袋护坡材料具有耐腐蚀、抗紫外线、不降解、排水性能好、易操作、对植物友善等特点,该工程合理利用路基清表种植土,减少了取弃土场的征用,充分发挥柔性防护和植物根系的固土保水作用,避免了对地方农田和生态环境的破坏。与周边环境形成和谐、有机的整体,同时减少了路基边坡刚性防护对当地的山体开采和环境的破坏,既具有稳固边坡的作用,又减少了对生态的破坏,还充分发挥了美化、绿化环境的功能。

12 工程应用

12.1 浙江省60省道天台西演茅至两亭巷段改建工程

该工程于2008年8月开工，至2010年12月竣工。为加强边坡稳定性及植被恢复，采用生态袋护坡技术进行施工，同时边坡施工对总体工期没有任何影响，随着路基填筑结束而结束。生态袋护坡工法成熟，操作简单，通过施工中严格的质量控制，使最终修建成的边坡边坡牢固，稳定性达到了设计效果，同时节约了工程造价，施工中减少了施工干扰、未影响总体工期，经绿化后的边坡看起来清新、美观、大方，给人以赏心悦目的感觉。

12.2 浙江省62省道天台段改建工程第一标段

该工程于2009年12月开工，至2012年12月竣工。在生态袋护坡施工中，生态袋内采用级配良好的颗粒材料填充，同时加入基肥或者复合肥、土壤的均匀混合物。边坡稳定，没有出现下沉、变形问题，植被长势良好，施工获得了成功。生态袋护坡因其施工简单、结构稳固、造价低廉及美观大方、环保等原因而逐渐得到了重视，相信在不久的将来在边坡防护处理方面将会得到大力的推广和应用，其施工优越性也必将被人们所赞赏。

12.3 浙江省05省道桐庐段焦山互通B匝道边坡地质灾害治理工程S01标段

浙江省05省道桐庐段焦山互通B匝道边坡地质灾害治理工程S01标段位于05省道瑶琳镇焦山与16省道相交处，根据需要设置了焦山互通，共设置4个匝道，其中B匝道上边坡地质灾害是较为严重的一处，全部为山体开挖路段，右侧边坡高约50m。该工程对B匝道右侧边坡进行灾害治理。工程于2010年11月1日开工，于2011年1月31日完工。该工程道路设计技术标准为一级公路，公路路基设计宽度为23m，沥青混凝土路面。其中K0+100~K0+160的右侧路基防护工程采用了生态袋护坡。生态袋护坡可以大规模减少高耗能、高污染材料的使用，同时又将边坡结构稳定、水土保持与绿化一次性完成，具有较高的经济效益和社会效益。

12.4 开化城关(独山)至江西(白沙关)省际公路改建二期工程公路C2标段

开化城关(独山)至江西(白沙关)省际公路改建二期工程公路C2标段起于张湾乡油川村(接一期工程终点K16+750)，经殿前、张家湾至杨林镇下庄村(K30+417接17省道)，路线全长13.67km(K16+750~K30+417)。工程于2010年3月1日开工，于2011年8月31日完工。该工程道路设计技术标准为二级公路，公路路基设计宽度为8.5m。C2标段路线全长5.72km(K24+700~K30+417)，路基填筑高度为2m，路面结构形式为水泥混凝土路面。其中K26+100~K27+230的路基防护工程采用了生态袋护坡。生态袋护坡不会产生建筑垃圾和施工噪声，选取多种植被，有利于将边坡环境还原到自然状态，可以大规模减少高耗能、高污染材料的使用，同时又将边坡结构稳定、水土保持与绿化一次性完成，具有较高的经济效益和社会效益。

拉压分散型锚索岩质边坡防护施工工法

GGG(浙)A4026—2013

李柏森　毛根明　吴慧莉　周灵波　黄　华
(浙江华通路桥工程有限公司)

1　前言

预应力锚索是当今岩质边坡、地下洞室围岩和土石坝坝基防护的主要技术手段,在国内外都有着极为广泛的应用。目前,常用锚索大多为单一型(拉力或压力型)锚索,然而该类锚索存在较多缺陷:①锚固段黏结应力分布极不均匀,产生严重的端部应力集中现象;②应力集中导致锚索—注浆体—围岩体系界面发生渐进破坏;③渐进破坏降低围岩强度利用率,造成锚固段长度浪费,降低锚固系统可靠性、安全性和耐久性。

拉压分散型锚索由同一钻孔中多级几何对称但长度不等的拉力和压力型单元锚索组合而成,通过若干不同承载体分担外部荷载而有效调节锚固段黏结应力分布,并充分发挥锚索—注浆体—围岩体系的整体力学性能。该项技术可克服单一型锚索黏结应力集中导致锚固段砂浆和围岩破坏的缺陷,从而为岩质边坡防护提供技术先进、经济合理和安全可靠的锚固系统。

为有效提高预应力锚索承载力及其岩质边坡防护能力,并具备更为可靠、安全和耐久的工作性能,浙江华通路桥工程有限公司以丽龙高速公路云和段和龙泉段边坡防护(或整治)工程施工为背景,开展了拉压分散型锚索岩质边坡防护新技术实践研究,从拉压分散型单孔复合锚索的组成结构、制作工艺、施工机械和循环张拉工艺等多角度进行研发,通过科技攻关形成了拉压分散型预应力锚索防护新技术、新工艺,经总结形成了本工法。本工法已被浙江省交通建设行业协会批准为2011年度浙江省公路水运工程工法。

2　工法特点

(1)质量更为可靠。在同一钻孔中使用多段锚固技术,能合理有效地调节锚固段黏结应力分布,从而为岩质边坡提供均匀、可靠和更大的锚固力。

(2)效益显著提升。有效克服了单一型锚索缺陷,提高了锚固力,缩短了锚索长度;锚固段防腐性能良好,锚索更为安全、可靠和耐久。

(3)施工要求较高。较之单一型(拉力型或压力型)锚索,拉压分散型锚索的制作、编索和张拉等工艺的施工要求和技术难度相对较高。

3　适用范围

适用于公路、铁路和水利等相关领域岩质(高)边坡防护工程施工。

4　工艺原理

(1)抗压分散型单孔复合镉索如图1所示,拉压分散型锚索由多个拉、压单元组成。拉力单元:承载板下部有黏结钢绞线受拉,并与钢绞线—注浆体间黏结力保持力学平衡[图2a)];压力单元:承载板上部锚固体受压,并与锚固体—围岩间的摩阻力保持力学平衡[图2b)];拉、压单元交错分布,致使拉、压应力相互叠加，并大幅降低应力峰值，使得锚索—注浆体—围岩体系应力分布较为均匀[图2c)]。

(2)由钻孔穿过软弱岩层或滑动面，把一固定端(称内锚头)锚固在坚硬围岩中，然后在另一自由端(称外锚头)进行张拉，从而对围岩施加压力，达到显著增强围岩稳定性和整体性的锚固效应。

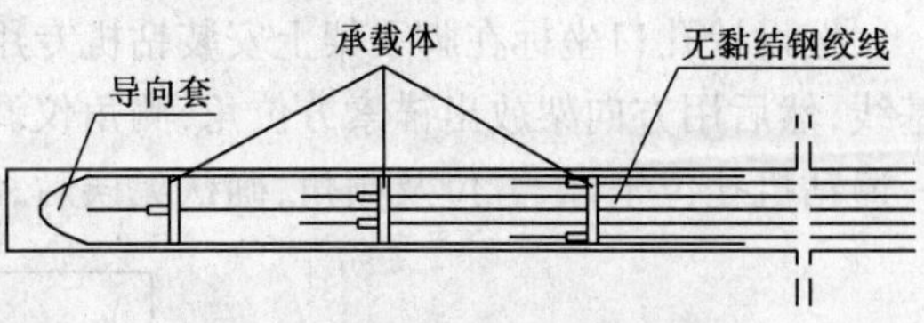

图1 拉压分散型单孔复合锚索

(3)锚索中多个拉力和压力单元共同作用，通过若干不同承载体分担外部荷载，有效调节锚固段黏结应力分布，充分调动天然围岩(土)体抗剪强度。同时将锚固力以拉→压→拉→压交互形式分散作用于不同深度岩体，直接改变滑动面上应力状态和稳定条件，并充分发挥锚索—注浆体—围岩体系的整体力学性能。

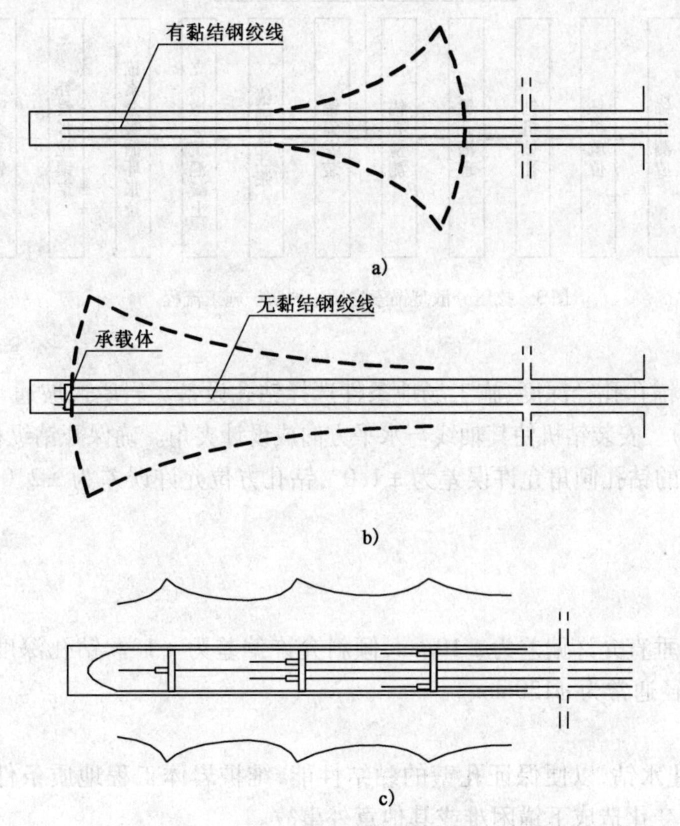

图2 锚固段注浆体与孔壁间黏结应力分布

a)拉力型(图中虚线：黏结应力分布曲线)；b)压力型(图中虚线：黏结应力分布曲线)；c)拉压分散型(图中虚线：黏结应力分布曲线)

5 施工工艺流程和操作要点

5.1 施工工艺流程

施工工艺流程见图3。

5.2 操作要点

1)施工准备

施工前应做好施工组织设计，明确施工方法、工艺和流程，调配人员、设备和材料，做好安全和质量管理工作。整平场地，防止积水，通水通电。整修坡面，吊运(造孔、注浆和张拉)设备至工作平台。

2)锚孔测放

按照设计图纸采用全站仪或经纬仪，将锚孔位置准确测放于边坡坡面，同时在坡面上清晰标记孔位。孔位误差不得超过±10mm。

按设计孔口坐标在脚手架上安装钻机专用钢管,将钻机放在专用钢管上,用经纬仪按边坡方向放出基线,然后用方向架放出锚索方位角,测角仪调整倾角,到满足设计要求为止。将紧固件紧牢后,再核查一遍钻机孔位坐标、方位及倾角,确认无误后,将所有紧固件再紧一遍使其误差不超过设计要求。

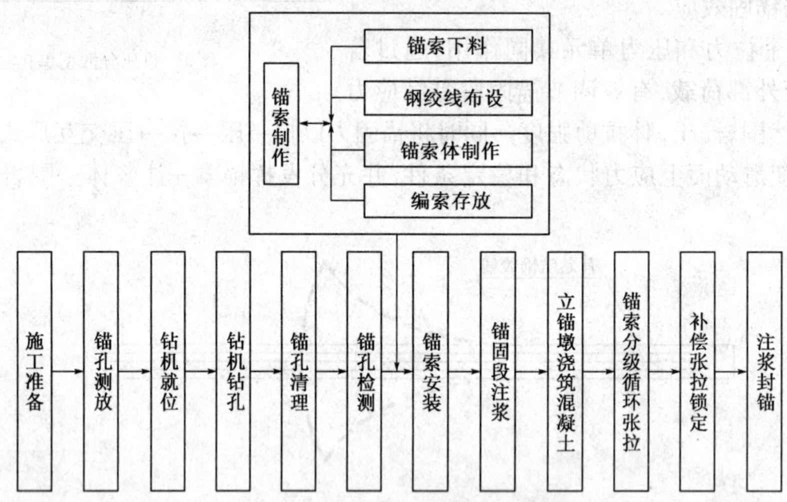

图3　拉压分散型锚索岩质边坡防护施工流程

3)钻机就位

根据锚固地层类别、锚孔孔径深度、施工场地条件选择钻孔设备。岩质边坡通常采用潜孔冲击成孔钻具(潜孔冲击成孔技术)。安装钻机使其轴线与水平方向成设计夹角。确保开钻纵横误差≤±50mm,高程误差≤±100mm;钻机的钻孔倾角允许误差为±1.0°,钻孔方位允许误差为±2.0°。钻机位置符合设计要求后固定钻机。

4)钻机钻孔

(1)准备工作

钻孔过程中,水平和垂直允许偏差为±10mm,倾斜允许偏差为±1°。钻孔深度应超过锚索设计长度0.5~1.0m,而开孔直径通常为ϕ130mm。

(2)钻进方式

钻孔要求干钻而禁止水钻,以便保证孔壁的黏结性能,维护岩体工程地质条件。严格控制钻孔速度,防止钻孔扭曲和孔径变化造成下锚困难或其他意外事故。

(3)钻进过程

钻进时要及时记录钻进过程中地层变化、钻进状态(钻压、钻速)和地下水等情况。如遇塌孔、缩孔等不良钻进现象,立即停钻,及时进行固壁灌浆处理(灌浆压力为0.1~0.2MPa),待水泥砂浆初凝后,重新扫孔钻进。

(4)孔径、孔深

为确保达到设计孔径,钻头直径不得小于设计孔径。为确保达到设计孔深,钻进深度应大于设计深度的0.2m以上。钻进达到设计深度后,要求稳定钻进1~2min,防止孔底尖灭而达不到设计孔径。

5)锚孔清理

清理孔壁沉渣及泥浆,在钻孔完成后,使用高压空气(风压为0.2~0.4MPa)将孔内岩粉、水体和泥浆等全部清除出孔外,以免降低水泥砂浆与孔壁岩体的黏结强度。除非岩体相对完整,不得采用高压水冲洗锚孔。

若遇锚孔有承压水流出,待水压和水量稳定后,方可下锚与注浆,必要时设置排水孔处理。若设计中要求处理锚孔内水体,可采用灌浆封堵和二次钻进等方法处理。

6)锚孔检验

采用预制探孔装置验孔,检验过程中要求:①钻头平顺推进,不产生冲击或抖动;②检测长度满足设计深度,退回钻杆过程顺畅;③采用高压空气吹验,无明显飞溅尘渣及泥浆现象。

7)锚索制作

(1)锚索下料

采用图4所示的OVM15-4锚索体系无黏结低松弛高强度钢绞线。该钢绞线直径为15.24mm,抗拉强度标准值$f_{p,tk}$ = 1 860MPa。采用砂轮切割机切割满足锚索设计和张拉操作要求长度的钢绞线。切割后钢绞线需进行除锈和防腐处理,自由段还需涂抹防护油并外套PVC管,锚固段和自由段交界处采用胶带等止水材料缠封。

(2)钢绞线布设

拉压分散型锚索包括长度不等对称分布的3级(每级2股,共6股)钢绞线(图4)。每级2股无黏

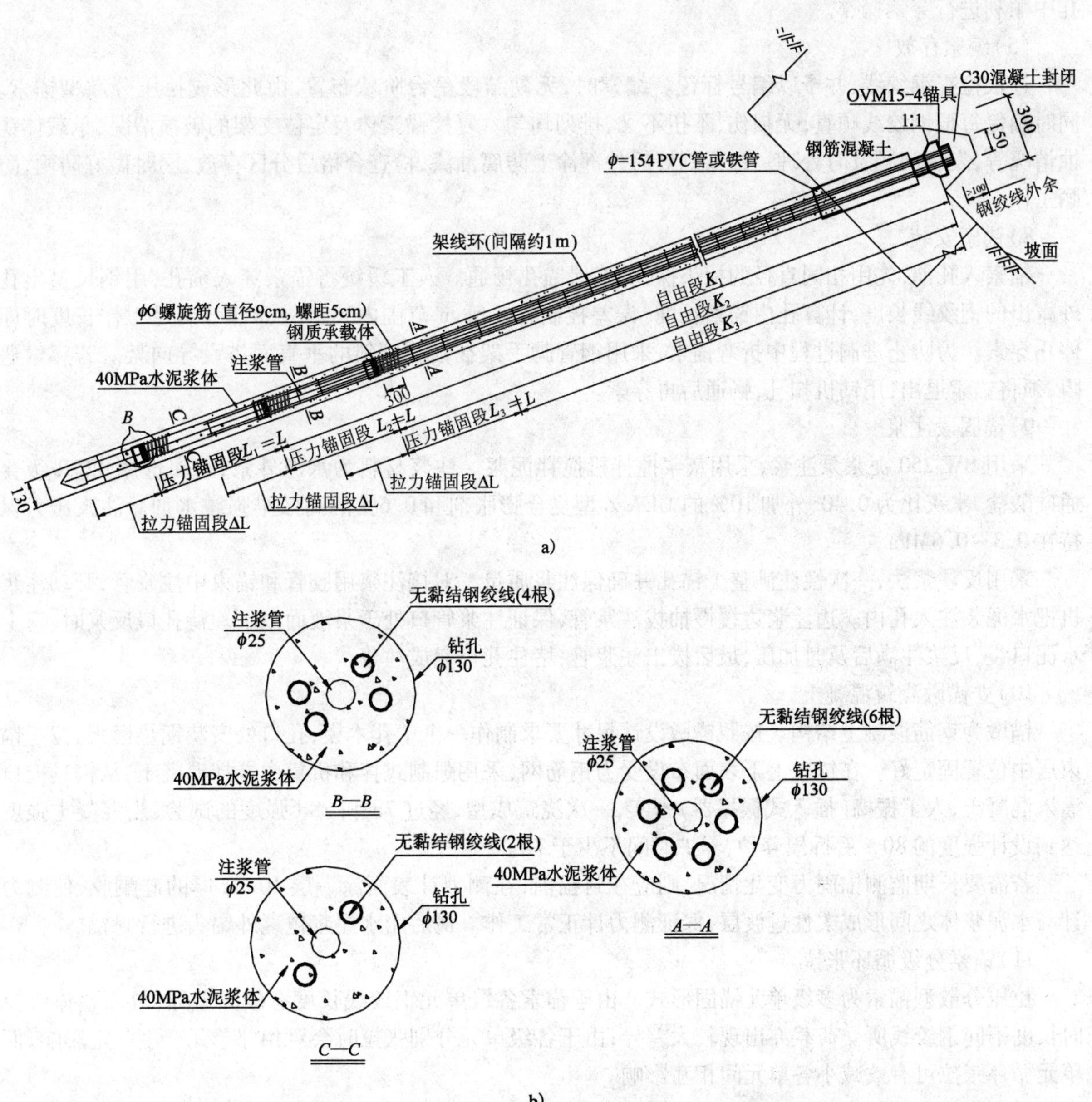

图4　OVM15-4锚索拉压分散型锚索体结构图(尺寸单位:mm)

a)锚索纵断面图;b)锚索横断面图

结钢绞线下部剥除1～3m的PE套管,变成拉力型锚固段;无黏结钢绞线上部安装可移动挤压套和承载板,变成压力型锚固段。3级钢绞线按照长短次序呈台阶状对称布设处理。

(3)锚索体制作

将各级锚固段承载体进行定位处理,用打包机或铁丝捆绑固定钢绞线与承载体。于承载体中心孔内穿1根ϕ25mm的PE塑料注浆管,其长度至距离孔底0.2m处为止。沿锚索体轴线方向,每隔1.5m安装1个聚乙烯定位支架,并用14号铅丝绑扎牢固。于绑扎固定的锚索体顶部安装导向帽,以方便钻孔中顺利进行穿索操作。

(4)锚索体制作

将各级锚固段承载体进行定位处理,用打包机或铁丝捆绑固定钢绞线与承载体。于承载体中心孔内穿1根ϕ25mm的PE塑料注浆管,其长度至距离孔底0.2m处为止。沿锚索体轴线方向,每隔1.5m安装1个聚乙烯定位支架,并用14号铅丝绑扎牢固。于绑扎固定的锚索体顶部安装导向帽,以方便钻孔中顺利进行穿索操作。

(5)编索存放

逐根检查钢绞线,并予以编号标记。编索时,无黏结段呈台阶状布置,由此形成拉压分散型锚索。同时确保每根钢绞线顺直,无损伤,不扭不叉,排列均匀。复检锚索体及定位支架的破损情况,承载体锈蚀情况等,发现问题及时处理。锚索制好后外部涂上防腐油漆,检查合格后分区存放,同时做好防雨、防晒工作。

8)锚索安装

锚索入孔前,先用相同直径的探头探孔,确保锚孔畅通。人工缓缓将锚索穿入锚孔,用钢尺量出孔外露出的钢绞线长度,计算孔内锚索长度(误差控制在±5mm范围内);当外露部分满足工作长度时即停止穿索。为防止进洞过程中折弯锚索,采用钢管脚手架在锚孔倾斜的垂直面搭设导向架。若穿索遇阻,须将锚索退出,用钻机扫孔,畅通后再穿索。

9)锚固段注浆

采用BW-250泥浆泵注浆,采用灰浆搅拌机搅拌泥浆。注浆材料为水泥砂浆,水泥选用425R级普通硅酸盐,水灰比为0.40,外加10%的UEA-Z型复合膨胀剂和0.6%的高效早强减水剂。注浆压力保持在0.3～0.6MPa。

采用反注浆法,一次性注满整个锚孔并确保注浆质量。对接注浆用胶管和锚束中注浆管,开动注浆机把水泥浆注入孔内。边注浆边缓慢抽拔注浆管,保证注浆管口处于浆液面以下。待孔口反浆时,塞上水泥口袋,反浆注满后及时加压,最后拔出注浆管,堵住孔口完成注浆。

10)立锚墩浇筑混凝土

锚墩为钢筋混凝土结构。按照锚墩设计尺寸要求制作一个中孔木模,孔口处安装钢垫模板,位于锚束居中位置固定好。在锚墩上下表面布设受力钢筋网,采用强制式拌和机集中搅拌混凝土,从模具上口灌入混凝土,人工振捣(插入式振捣器)密实,一次浇筑成型,经过7d和28d强度的试验,当混凝土强度达到设计强度的80%后拆模养护,养护时间不少于7d。

若需要长期监测锚固力变化情况,则应在封锚前,在测力计表面涂一层10mm厚的硅酮胶,使测力计与水泥浆体之间形成柔性过渡层,保证测力计正常工作。最后用水泥浆包裹外锚头进行封锚。

11)锚索分级循环张拉

拉压分散型锚索为多级单元锚固形式。由于锚索各级单元钢绞线长度有较大差异,故而整体张拉时长度不同钢绞线所受荷载亦出现较大差异;由于各级单元分别张拉时会对相邻单元产生一定影响,而单元循环张拉可有效减小各单元间相互影响。

循环张拉次数越多,荷载不均匀系数越小,但张拉工作量越大。实践表明,采用2～3次循环张拉可基本达到均匀受力,对锚索正常工作没有太大影响。因此,拉压分散型锚索实施先单元循环张拉后整体补偿张拉的施工方案,可有效消除荷载分布不均和单元相互影响等不利因素。

边坡锚索采用超张拉法施工,即最大张拉力为(1.1~11.2)$Af_{p,tk}$(设计张拉力)。每级张拉荷载下稳定时间为5~10min,记录每级张拉荷载对应锚筋体的伸长量。同一单元体钢绞线同步张拉,确保受力均匀。

(1)预张拉

消除造孔误差引起的钻孔弯曲以及钢绞线进洞弯曲问题。针对每根钢绞线取(0.1~0.2)$Af_{p,tk}$张拉力进行预张拉1~2次,确保锚固体各部分接触密贴,锚索体平直张紧。

(2)单元循环张拉

由于各单元钢绞线长度不等,必须采用小千斤顶对每级钢绞线实施间隔对称分序张拉,确保各级钢绞线平均受力,如此一个张拉循环完毕,继续进行下一循环张拉,直至设计工作荷载。

张拉顺序原则:先张拉锚具中心部位钢绞线;然后张拉锚具周边部位钢绞线,张拉时按照间隔对称分序进行。

单根钢绞线逐次张拉法控制程序:

①组装张拉装置。按照孔壁往外依次为锚墩、钢垫板、工作锚、小型千斤顶的顺序,组装好张拉装置。

②预应力施加。向张拉油缸加油,使油表指针读数升至标定曲线上预应力对应的油表压力值。

③预张拉。为消除造孔误差引起的钻孔弯曲以及钢绞线进洞弯曲问题,用YC20Q小千斤顶,按照承压板由孔底至孔口方向顺序将每根钢绞线预紧至(0.1~0.2)$Af_{p,tk}$,同时顶压锁定,确保锚固体各部分接触密贴,锚索体平直张紧。

④按由内向外的顺序,对每根锚索相同承压板上的钢绞线采用多台小型千斤顶对称张拉。逐级加载,直至设计荷载,顶压锁定(每级加载和卸载稳定5min)。

⑤第1循环张拉:$0.2Af_{p,tk} \to 0.3Af_{p,tk} \to 0.4Af_{p,tk} \to 0.5Af_{p,tk} \to 0.4Af_{p,tk} \to 0.3Af_{p,tk} \to 0.2Af_{p,tk}$(稳定后锁定)。

⑥第2循环张拉:$0.2Af_{p,tk} \to 0.3Af_{p,tk} \to 0.4Af_{p,tk} \to 0.5Af_{p,tk} \to 0.6Af_{p,tk} \to 0.7Af_{p,tk} \to 0.8Af_{p,tk} \to 0.7Af_{p,tk} \to 0.6Af_{p,tk} \to 0.5Af_{p,tk} \to 0.4Af_{p,tk} \to 0.3Af_{p,tk} \to 0.2Af_{p,tk}$(稳定后锁定)。

⑦第3循环张拉:$0.2Af_{p,tk} \to 0.3Af_{p,tk} \to 0.4Af_{p,tk} \to 0.5Af_{p,tk} \to 0.6Af_{p,tk} \to 0.7Af_{p,tk} \to 0.8Af_{p,tk} \to 0.9Af_{p,tk} \to 1.0Af_{p,tk} \to 1.1Af_{p,tk} \to 1.0Af_{p,tk} \to 0.9Af_{p,tk} \to 0.8Af_{p,tk} \to 0.7Af_{p,tk} \to 0.6Af_{p,tk} \to 0.5Af_{p,tk} \to 0.4Af_{p,tk} \to 0.3Af_{p,tk} \to 0.2Af_{p,tk}$(稳定后锁定)。

(3)补偿张拉锁定

锚索第3循环张拉锁定后,由于钢绞线松弛,底层围岩徐变,以及锚固段与锚墩之间的覆盖层发生弹性收缩等因素,导致锚索预应力损失(锁定张拉力低于规定设计值)。

遂对锚索进行整体补偿张拉(张拉力为设计值的20%),从而满足设计永久赋存力的要求。采用同步工作多头千斤顶,同时对若干单元锚索进行张拉,则可有效保证各单元锚索受荷相同,且施工效率高(但对张拉设备要求较高)。

(4)注浆封锚

补偿张拉后,OVM锚具外钢绞线除留存40mm外,多余长度采用砂轮切割机切除。将钢绞线露头、OVM锚具和垫墩表面的水泥浆及锈蚀等清除干净,用水泥净浆注满垫墩和锚头各部分空隙,然后对锚头采用不低于20MPa的水泥混凝土进行封锚,防止锈蚀并兼顾美观。

6 材料与设备

6.1 材料

(1)钢绞线:选用的钢绞线应符合《预应力混凝土用钢绞线》(GB/T 5224-2003)的要求;建议采用无黏结低松弛高强度预应力钢绞线,直径为15.24mm,标准强度为1 860MPa,弹性模量为1.95×

10^5MPa。按照设计技术指标购货并按照国家标准抽检。

(2)锚固体系:采用 OVM15－4 圆形锚具,包括圆锥形的夹片组、锚固承载板和固定端 P 锚,锚固体系垫板采用 20mm 厚钢材。

(3)水泥砂浆:选用 42.5R 级普通硅酸盐水泥,水泥与砂的配合比为 1:1,水灰比为 0.40,依据《混凝土结构工程施工质量验收规范》(GB 50204—2002)规定进行水泥砂浆配合比,浆体强度≥40MPa,外加 10% 的 UEA-Z 型复合膨胀剂和 0.6% 的高效早强减水剂。要求水泥砂浆高强、早强和可灌性强,不含硫化物和氯化物等对钢绞线有害的杂质。

(4)混凝土:选用 C30 号混凝土浇筑锚墩,进行最佳配合比试验,控制质量、标准和检测方法,施工时采用相同厂家相同品牌的水泥。

(5)管材:外接管材选用 ϕ89mm 的注浆钢管,管壁厚度为 5mm,钢管质量满足相关规定要求;内置管材选用 ϕ22mm 的 PVC 管材,管材质量满足国家相关行业标准。

6.2 机具设备(表 1)

主要机具设备 表1

序号	设备名称	规格型号	数量	备注
1	潜孔钻机	YGL-100	2 台	钻孔
2	装载机	ZL30	1 台	
3	空压机	P600	2 台	清理锚孔
4	电焊机	GQM32B	2 台	
5	砂轮切割机	GW40C	2 台	
6	发电机	1 200kW	1 台	
7	泥浆泵	BW-250	2 辆	锚固段注浆
8	张拉千斤顶	YCW150	2 套	
9	制浆机	NJ-600	1 套	
10	高压油泵	A6 400	2 台	锚索张拉
11	高速灰浆搅拌机	100L	2 台	水泥浆搅拌
12	混凝土拌和设备	350L	1 台	

7 质量控制

7.1 质量标准

《岩土锚杆(索)技术规程》(CECS22:2005)。

7.2 质量控制

(1)脚手架上钻机必须固定牢固,避免因钻机固定不牢而导致孔位出现偏差。

(2)锚位点放线,各方向允许误差均为 ±10mm;锚索孔径允许误差为 ±2mm,倾角允许误差为 ±1°。

(3)若遇塌孔,应立即停钻,进行固壁灌浆处理,注浆 24h 后重新扫孔钻进。

(4)锚孔要清洗干净彻底,孔中不得留有岩粉和水。

(5)锚索的编制要确保每一根钢绞线始终均匀排列、平直,不扭不叉,锈、油污要除净,对有死弯、机械损伤及锈蚀者应剔出。

(6)锚索下料长度根据钻孔实际深度确定,允许误差为 ±50mm,并对锚索按锚孔号进行相应编号。

(7)安放锚索时,应保证孔壁有不少于 10mm 的注浆厚度,锚索安放要平直,张拉段要放在锚孔中央。

(8)内锚固段注浆,水泥选用 42.5R 级普通硅酸盐水泥,搅拌水泥砂浆应均匀,使用时不得有沉淀,为保证浆液性能可加入不同用途的外加剂,注浆充盈系数为1.1~1.3。

(9)严格控制加水量和水灰比,灰砂比允许误差为±0.03。

(10)锚墩制作允许偏差各方向均为±30mm,安装时应先安放好孔口定位钢管,以保证锚墩与锚孔垂直。

(11)锚索循环张拉要在注浆体强度设计要求后方可进行。

(12)张拉前必须标定张拉设备,保证各级张拉稳定时间。张拉前张拉设备要标定,重复三次取平均值。各根钢绞线拉力不均匀系数在0.95~1.05,各根钢绞线的拉力差为±5%。张拉到位后,用切割机械切除多余钢绞线,严禁电氧割。

(13)锚索循环张拉顺序原则:①先张拉锚具中心部位钢绞线;②然后张拉锚具周边部位钢绞线,张拉时按照间隔对称分序进行。

(14)在张拉完后约7d,进行补偿张拉,补偿拉力为设计拉力的20%。

(15)张拉段注浆必须待浆液溢出孔口稳定1~2min,方可停止注浆,24h后还需进行补浆,以确保注浆饱满。

8 安全措施

(1)施工前进行安全技术交底,施工过程中要明确分工统一指挥。

(2)各种机具设备应处于完好状态。

(3)上岗前要做好安全培训工作,施工人员进入现场要戴好安全帽,操作人员遵守有关安全操作规程。

(4)脚手架搭设必须稳定,紧固体紧固必须有人复核。

(5)高空作业要设置必要防护措施,作业人员必须佩戴安全带。

(6)切割钢绞线使用的砂轮切割机要设置安全护罩,以防断片伤人。

(7)注浆管路应畅通,不得有堵塞现象,避免浆液突然喷出伤人,注浆管路不使用时要及时注入清水冲洗干净。

(8)张拉机具各部件应牢靠,特别是高压油管的连接点,以避免突然断裂,喷出伤人。在张拉过程中,千斤顶前不得站人,以防锚索断裂造成事故。

(9)夜间施工应有足够的照明。

9 环保措施

(1)设置临时排水通道,以便水流顺利排出作业区域,以免雨水淤积和边坡冲刷,导致施工场地台阶和边坡岩土体滑塌。

(2)设置废方(弃土)堆放场所,及时清理现场废料和杂物,禁止任意倾倒和排放。有条件时应利用废弃土方,以期尽量少占土地资源。

(3)使用机具设备,尽量减少噪声、废气污染,同时遵守相关环保规定。

10 资源节约

该工法减小了土石方开挖量、边坡防护面积和原有地表破坏,同时提高了锚索锚固力,减少了锚孔数量和锚索用量,节约了工程材料、人力资源和地表(植被等)资源。

11 效益分析

(1)较之削坡法放缓边坡传统工艺,该工法可直接用于陡坡防护,从而减小了土石方开挖量、边坡防护面积以及原有地表破坏,节约或保护了地表植被资源。

(2)较之拉力或压力分散型锚索,该工法锚索制作、编索和张拉等工艺施工要求和技术难度相对较高,然而锚索结构更为合理,工作状态最佳,锚固效果更好。如采用长度不等对称分布 3 级钢绞线,锚索锚固力可以提高 1/3 以上,锚孔数量和锚索用量可以减少 1/4 以上,工期可缩短 1/2。同时,该工法克服了单一型锚索重大缺陷,延长了锚固寿命。

(3)综合分析表明,该工法可节约工程材料和人力资源,缩短工期,保护地表植被资源,工程成本较之拉力或压力分散型锚索防护方案总体降低 1/6 以上。

12 应用实例

12.1 丽龙高速公路云和段第十三合同段岩质边坡加固工程

丽龙高速公路云和段第十三合同段中 K73 + 085 ~ K73 + 290 段路基边坡不稳,存在深层滑动面,坡高 60m,边坡治理技术难度和施工难度相当高。根据设计,该边坡防护采用了拉压分散型预应力锚索防护方案。该工程于 2006 年 6 月开工,同年 12 月完工。工程竣工以来,加固边坡运行良好,未发生滑坡事故。应用实例证明:采用该工法施工,可提高锚索锚固力,延长锚索使用寿命,有效保障滑坡稳定性,降低养护维护费用,从而取得较为满意的边坡加固整治效果。

12.2 丽龙高速公路龙泉段岩质边坡加固整治工程

丽龙高速公路龙泉段第五合同段中 K88 + 090 ~ K88 + 310 段路基边坡高 90m,且存在多层滑动面。根据设计,坡面防护采用拉压分散型预应力锚索防护方案。该工程于 2005 年 7 月开工,2006 年 2 月完工。工程竣工以来,锚索加固路段边坡运行良好。工法应用实践证明:拉压分散型锚索结构合理,锚固力高,使用寿命长,实现了岩质边坡有效加固整治;同时,缩短了锚索长度,节省了工程材料,减少了开挖土石方量,降低了工程造价,取得了显著经济效益。

混凝土劈离 M 型砌块复合型挡土墙施工工法

GGG(浙)A4027—2013

沈建浩　陈建平　廖志浩　沈琳慧　高　苗
(浙江巨圣建设有限公司　嘉兴万虹建设工程有限公司)

1　前言

传统挡土结构一般都采用浆砌块石挡土墙结构。但随着经济及社会发展要求的变化,这种结构形式受到了越来越多因素的制约,如石料资源消耗量大影响生态环境,施工工艺落后,效率低,质量控制困难,结构耐久性差,维护成本高,后遗症多。近年来,受不可再生资源开采控制和节能环境保护等因素的制约,交通建设工程中的挡土结构逐步向资源节约、工厂化预制、机械化施工、质量可靠、坚固耐用、外形美观的预制混凝土组合和复合型结构发展。为此,从 2005 年开始,在公路工程中创新研究开发了混凝土劈离 M 型砌块为复合护面材料的挡土墙结构,收到非常好的效果,该技术主要特点为:

(1)混凝土劈离 M 型砌块是针对交通工程挡土墙建设需要创新设计并引进国际先进技术及设备生产的新型工程材料,取材环保,质量可靠,可以解决目前基础工程建设中需要的优质大块石资源不足和环境资源保护问题。

(2)采用电炉渣等废弃物作为部分原材料,既起到增加强度和改善外观原始颗粒效果,又有节能减排的环保效益。

(3)由混凝土劈离 M 型砌块砌筑的挡土墙结构整体性强,结构稳定,抗冻融,耐冲刷,抗撞击性能好,使用寿命长,全寿命周期成本低。

该项技术在国内是首创,具有良好的社会效益和经济效益,目前已经在浙江省公路、城建、桥梁引桥等方面大规模推广应用。其关键技术得到浙江省交通运输厅专家高度评价,在交通运输部全国精品示范工程中获表彰,在嘉于硖线和纵二路特大公路桥中应用后,该项目被评为全优工程,并获南湖杯奖,混凝土劈离砌块已申请专利产品,专利号为 ZL200630105501 4.6。为了使这一新成果得到更好的推广应用,经过进一步的总结和提炼,编制了本工法。

2　工法特点

(1)混凝土劈离 M 型砌块采用全自动控制机械化制作。

(2)现场施工采用半机械流水化作业,简单方便,只要稍加培训,一般工人都能很快掌握。

(3)挡土墙复合护面结构采用具有统一规格混凝土劈离 M 型砌块,无须选材和二次加工,大大简化了砌筑工艺,劳动强度降低,施工效率明显提高。

(4)采用电炉渣等废弃物作为部分原材料,既起到增加强度和改善外观原始颗粒效果,又有节能减排的环保效益。

(5)混凝土劈离 M 型砌块背面留有咬合齿槽,采用灌砌混凝土和振捣法施工,使得结构外部线条整齐划一,美观大方,内部密实坚固。

(6)工程施工管理方便,质量容易控制。

3　适用范围

本工法适用于采用混凝土劈离 M 型砌块作为复合护面的公路挡土墙结构施工。

4 工艺原理

4.1 结构形式

(1)采用高强度干硬性混凝土劈离M型砌块作为挡土墙的护面,并加以劈离工艺,给常规的混凝土结构赋予天然块石的特有效果,增强了工程的景观效果(图1),其规格见表1。

图1 M型混凝土劈离砌块(尺寸单位:mm)

M型混凝土劈离砌块规格表　　表1

名　称	规格(长×宽×厚)(mm)	砌块强度(MU)	公称强度(MPa)	适　用
M型混凝土劈离砌块	480×240×150	20、25	25、30	挡土墙

(2)将护面混凝土劈离M型砌块背面设计成具有卡槽和侧面砂浆槽结构,通过灌浆法施工,使挡土墙形成坚固的护面层,保证了挡土墙的耐久性和结构安全性。

4.2 混凝土劈离M型砌块制作

(1)材料:水泥、中粗砂、碎石、电炉渣、水、无污染色料,采用电炉渣等废弃物作为部分原材料。

(2)成型:采用全过程自动控制机械强振高模压干硬性混凝土成型工艺。

(3)表面:采用机械冲切分离法混凝土劈离工艺形成天然块石的自然效果。

4.3 混凝土劈离M型砌块复合型挡土墙砌筑

(1)基础:采用常规混凝土结构或浆砌块石结构施工工艺,特殊情况可选择桩基加固工艺。

(2)内墙:采用常规混凝土结构或浆砌块石结构施工工艺。

(3)立面:立面采用混凝土劈离M型砌块复合结构奇偶层错位间隔层对应排列砌筑工艺。

(4)面层与内墙连接:采用M型榫槽灌入细石混凝土振捣浇筑工艺。

5 施工工艺流程及操作要点

配料
搅拌
材料试验
水分测控
振压成型
质量监控
养护
劈离
检验
包装出厂

图2 砌块制作工艺流程

5.1 施工工艺流程

1)混凝土劈离M型砌块(以下简称砌块)制作工艺流程(图2)

2)砌块复合型挡土墙砌筑工艺流程(图3)

3)混凝土劈离M型砌块挡土墙施工工艺

混凝土劈离砌块护面施工程序如图4所示。

(1)在已完成的基础底板上设立沉降缝隔板,立尺放样。

(2)先进行底层石块墙身砌筑,再进行第一层护面砌块砌筑。

(3)浇筑第一层砌块后的C20交接混凝土。

(4)分层回填至倒滤层高程,铺设土工布,摊铺碎石倒滤层,同时坐浆安放泄水管,并及时对倒滤层回填覆盖。

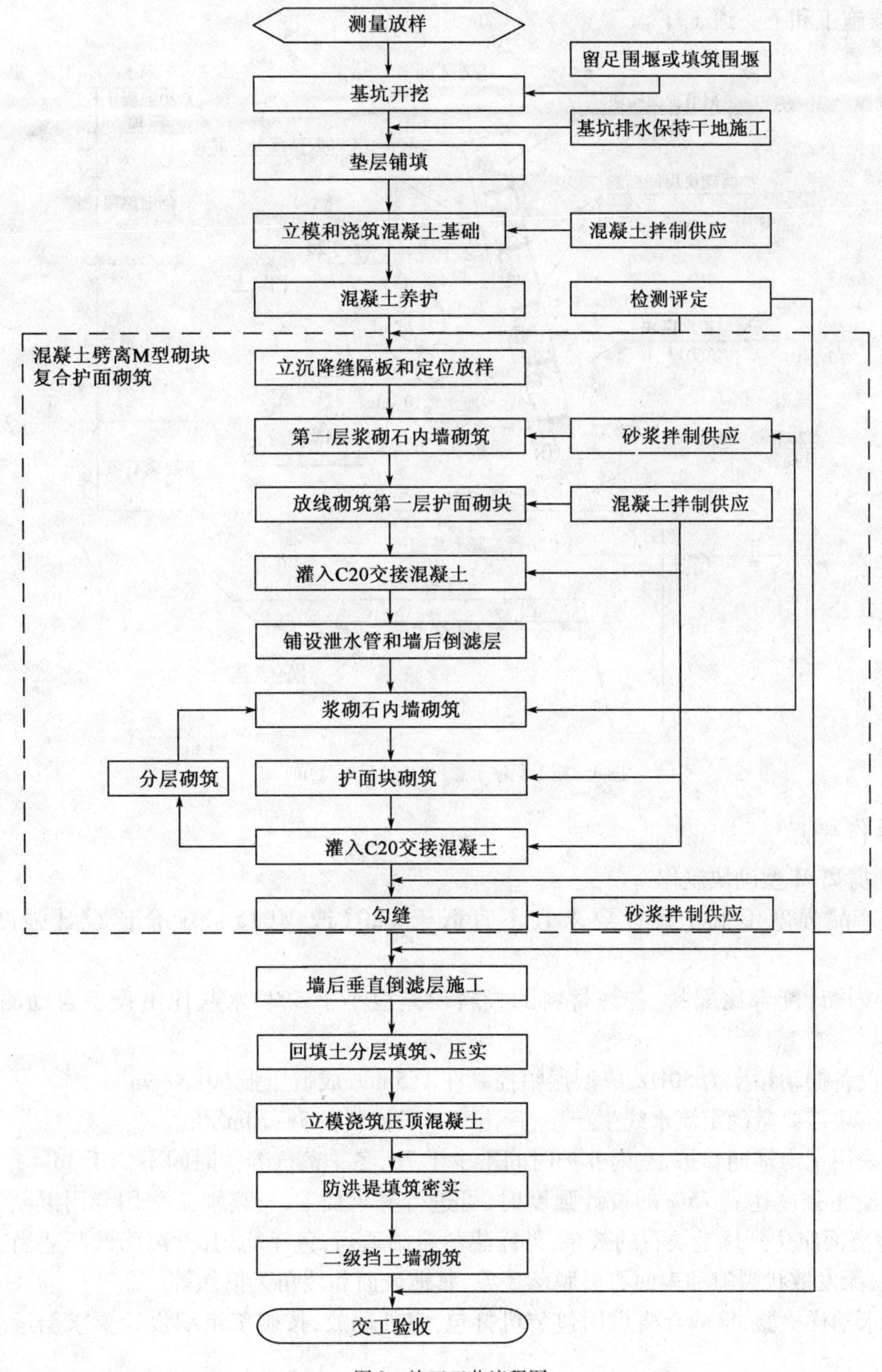

图3 施工工艺流程图

(5)插花砌筑块石墙身到墙身小平台(图中高程为3.20m)。

(6)第②③④层护面混凝土劈离砌块砌筑和灌缝。

(7)浇筑第②③④层混凝土劈离砌块后的C20交接混凝土。

(8)砌筑小平台上部石块墙身至混凝土压顶下。

(9)砌筑第⑤⑥层混凝土劈离砌块。

(10)浇筑第⑤⑥层混凝土劈离砌块内C20交接混凝土。

(11)勾缝和养护。

(12)回填土分层夯实。

(13)压顶施工和下一道工序。

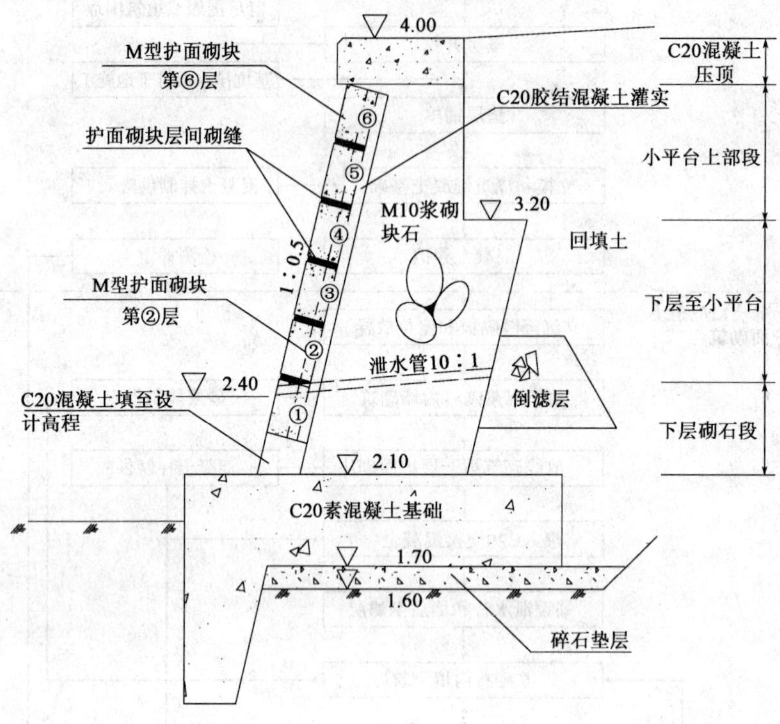

图4　施工程序示意程图(高程单位:m)

5.2　操作要点

1)混凝土劈离M型砌块制作

(1)砌块产品强度不低于设计要求且不宜低于C20(或MU15),配合比设计强度应至少增加10%。

(2)严格按设计配合比配料,各种材料的投料误差应小于5%,水灰比由设备自动测控,误差小于3%。

(3)制作设备振动频率为50Hz,成型振幅控制在1.5mm,成型压强60kN/cm^2。

(4)根据砌块需要量确定流水线生产率,产出率一般控制在5~10m^3/h。

(5)砌块采用室内早期养护,室内养护时间不少于7d,冬季蒸气养护时间不少于3d。

(6)当混凝土强度达到75%的设计强度时,可进行劈离加工,劈离加工采用专用混凝土冲切劈离机。加工后劈离面应达到琢毛块石的效果,外露集料粗细适当,色泽均匀,劈离面凹凸适当,无明显“凸瘤”和“凹坑”,无发散状裂隙和表面石屑脱落现象,其他表面和棱角无损伤等。

(7)按要求抽样检验,检验合格后用包装机打包,室外码放,按施工组织设计要求船运或车运至施工现场。

2)现场施工

(1)放样

①立沉降缝隔板:在已完成养护的挡土墙基础上设立沉降缝隔板,并与基础沉降缝隔板在同一铅垂面上。沉降缝隔板底部先用底层块石墙身抵紧固定,上部用木架支撑固定。用水准仪控制高程和迎水面坡比,用经纬仪或拉线控制纵向位置。

②水平灰缝放样:经测量放样后在板沉降缝隔板上从上而下标注每层护面混凝土劈离砌块的高程(包括水平灰缝)的标志,整个自然段的水平灰缝高程放样必须保持一致,护面混凝土劈离砌块的顶高程必须符合设计要求,并控制在设计高程的0~+20mm。

③竖向灰缝放样:对每一段(20m或设计分段长)的长度进行测量,合理定出每段劈离块的数量,每段的混凝土劈离砌块数应是砌块半块长度(包括灰缝)的整数倍,每条竖缝宽不得超过20mm±2mm。曲线段根据曲率不同,上下竖缝宽有所不同,缝宽以1/2护面高度处为基准,控制在20mm±2mm,顶部和底部按圆锥曲面呈梯形适当缩小和加大。施工完成后的水平与竖直缝效果如图5所示。

(2)施工工艺

①石块砌筑:砌筑砂浆必须符合设计要求。根据石块墙身砌筑有关规范要求砌筑,每层石块墙身高度要求为300~400mm,要丁顺搭接,上下错缝,设拉结石,灌浆密实。根据砌筑需要,石块应适当加工,灰缝宽为15~40mm,两大石块中间的较大空间用合适的中小块石嵌填,缝内均匀灌入砂浆并插振密实。墙背和卸荷小平台要基本平整,墙厚达到设计要求,如图6所示。

图5 水平与竖直缝效果

图6 砌筑施工

②护面混凝土劈离M型砌块砌筑:在砌筑前必须对混凝土劈离砌块进行湿润。底层砌块底部先用混凝土找平。紧靠沉降缝隔板先砌筑端头块,拉出砌筑层的顶面水平线,然后砌筑中间块体。砌块间缝宽应一致,砌块放置端正,线形平顺,可用专用方管控制水平砌缝宽度(25mm±2mm),竖缝宽度可用卡条控制(20mm±2mm)。每层护面混凝土劈离砌块完成后要用拉线和直尺对顺直度和平整度做一次检查,不平整的部位要及时调整,使每层砌块顶面在一条同高程水平直线上,防止累计误差造成前沿线弯曲或波浪起伏。竖缝施工时,要用夹具夹住缝的内外两侧,然后灌入细石混凝土,用小型振捣棒振实。相邻层竖缝对准下层砌块的中间,隔层竖缝必须对直,防止游丁走缝。

③浇灌C20交接混凝土:在砌筑砂浆及竖缝混凝土强度达到2.5MPa后,再浇灌交接混凝土。可用流水作业法铺开工作面来提高工效。交接混凝土浇筑前应先清除交接面上的松散砂浆,并洒水湿润,交接混凝土用振捣棒振实。为了增加挡土墙面层的抗剪能力,每层交接混凝土顶面应比砌块顶面适当低30~50mm,用上层交接混凝土填补密实,如图7所示。

④墙后排水倒滤层铺设:位置必须正确,呈连续带状。土工织物铺设前对基层进行清淤,回填土压实整平,高差±30mm。土工织物的拼幅与接长用尼龙线的强度不得小于150N,搭接长度不小于200mm,倒滤层所用的碎石级配为5~40mm,并及时用土工布包裹覆盖。

⑤安放泄水管:泄水管直径、壁厚必须符合设计要求,安装时,迎水面与护面外侧必须等高齐平,墙背后要伸入倒滤层100~150mm,允许高差30mm,坐浆埋管,泄水管的间距、倾斜坡度符合设计要求。

图7 浇灌C20交接混凝土

⑥勾缝、养护:每段墙身砌筑完毕后,应尽快进行勾缝(图8),勾缝前必须剔缝和清理缝槽,同时用水冲洗,使之充分湿润。勾缝砂浆强度不低于M20,勾成凹缝,凹度控制在3~5mm,表面要平整光滑,

图8　勾缝施工

并防止砂浆污染劈离砌块表面。及时进行浇水养护,养护期不少于7d。

⑦回填:按设计要求回填土料并分层夯实,分层厚度为300mm。底部回填时必须排干积水和清除淤泥,达到倒滤层底面高程时压实和整平,并及时铺设倒滤层。回填达到顶面后应适当高出压顶面50~100mm,并放出2%~5%的纵坡,以利于排干地面水,回填速率保持与外侧水压力平衡,确保墙体稳定。

3)流水作业法施工

为了提高工效,可以同时铺开2~3个施工段用流水作业法施工。其工艺要求见表2。

预制混凝土砌块护面挡土墙流水作业施工法　　表2

时　段	第一挡土墙段	第二挡土墙段	第三挡土墙段	技 术 要 求
1、2	测量放样(1)、基坑开挖(2)			1. 线形顺直或圆顺; 2. 注意边坡安全和及时排水严禁扰动原状土
3	碎石垫层(3)		(2)	
4	立模浇筑基础混凝土(4)	(3)		干法施工、混凝土振捣密实,养护时间不得少于7d
5	基础混凝土拆模及养护(5)	(4)	(3)	
6	立沉降缝隔板、放样(6)	(5)	(4)	相临段横缝高程必须一致
7	底层浆砌石块砌筑至泄水管底(7)	(6)	(5)	1. 坐浆砌筑,丁顺搭配、上下错缝、设拉结石; 2. 找平混凝土应立模浇筑; 3. 砌块浇水湿润,竖缝宽度一致,竖缝用振捣棒振捣,在第一层砌块面放置泄水管; 4. 浇筑C20混凝土前洒水湿润,混凝土必须振捣密实,并覆盖浇水养护(以下同); 5. 确保土工布搭接长度、碎石级配良好。泄水管伸入倒滤层10~15cm,坐浆安放
8	护面砌块下部用混凝土找平(8)	(7)	(6)	
9	第一层护面砌块砌筑和灌竖缝(9)	(8)	(7)	
10	浇筑第一层砌块内C20交接混凝土(10)	(9)	(8)	
11	回填、倒滤层铺设、安放泄水管(11)	(10)	(9)	
12	中层墙身浆砌石块砌筑至平台(12)	(11)	(10)	
13	第二、三、四层护面砌块砌筑(13)	(12)	(11)	
14	浇筑二~四砌块内C20连接混凝土(14)	(13)	(12)	
15	重复(12)~(14)工艺至压顶(15)	(14)	(13)	
16	勾缝和养护(16)	(15)	(14)	1. 勾缝砂浆不得低于M20; 2. 压顶必须采用钢模,振捣密实,线形顺直(或圆顺),养护时间不得少于7d; 3. 回填土不得用淤泥,必须分层夯实
17	墙后回填(17)	(16)	(15)	
18	立模浇筑压顶混凝土(18)	(17)	(16)	
19	拆模养护(19)	(18)	(17)	
20	防洪堤填筑(20)及第二、第三段未完(18)、(19)工序			填土不得用淤泥,分层夯实
21	二级挡土墙(21)			线形顺直或圆顺,高程一致

注:1. 表中第二和第三挡土墙段以小括号中的数字代表第一挡土墙段中相应的工序。
2. 流水作业段不宜少于2段。
3. 浆砌石块内墙身沿高度分层可根据设计断面和石料大小而定。
4. 劈离护面砌块一次砌高的层数不宜超过3层。

6　材料与设备

6.1　材料

(1)石块:石料应质地坚实、无风化和裂纹;石块应呈块状,宽度和厚度不应小于200mm,长度不宜大于厚度的4倍。

(2)水泥:宜采用普通硅酸盐水泥,生产日期不应超过三个月。

(3)黄砂:采用颗粒坚硬、强度高、耐久性好的中粗砂,级配良好,含泥量和杂质含量符合有关规范要求。

(4)石子:采用质地坚硬、耐久性好的碎石,各种杂质含量符合有关规范要求,级配良好,其中,护面砌块灰缝细石混凝土碎石采用5~10mm连续级配,砌块后交接混凝土碎石采用5~25mm连续级配。

(5)砌块:强度达到设计要求,砌块尺寸误差 $\Delta L \leqslant \pm 1.0\% L$,劈离块劈离表面最大凹入≤25mm,最大凸出≤25mm。

(6)沉降缝隔板:优质建筑模板或木板,厚度18~20mm,按设计断面切割加工后用冷底油或柏油浸透。

6.2 施工设备

(1)砌块机:专用混凝土砌块自动流水生产线,冲切式砌块劈离机

(2)搅拌机:普通混凝土采用350自落式采用细石混凝土采用150自落式。

(3)砂浆搅拌机:采用350直立式。

(4)振捣机:基础和压顶采用平板式、50mm插入式,护面砌筑采用30mm插入式。

(5)辅助工具:标准卡缝条、线锤、橡皮锤、泥刀、钢插棒等。

(6)运输设备:工厂至工地砌块运输采用100~200t自航驳船,工地运输采用双胶轮车、溜槽等。

(7)模板设备:钢模、支撑木、钢拉杆等。

7 质量要求及控制

7.1 砌块质量

1)企业生产质量

按《装饰混凝土砌块》(JC 641—2008)、《普通混凝土小型空心砌块》(GB 8239—1997)和批准的企业标准进行控制。

2)砌块出厂和进入工地的质量

按设计要求和执行《装饰混凝土砌块》(JC 641—2008)、《普通混凝土小型空心砌块》(GB 8239—1997)。

3)砌块质量检验方法

(1)砌块外观质量检验方法

外观检测按《普通混凝土小型空心砌块试验方法》(GB/T 4111—1997)执行。

(2)强度试验方法

①设计采用建设部小型砌块标准(强度等级以"MU"等级的)的可直接抽取试件,按《普通混凝土小型空心砌块试验方法》(GB/T 4111—1997)进行试验。

②设计采用常规混凝土强度标准(强度等级标以"C"等级的)的,可以用抽取的试件实体切割成标准试件或取芯法制成标准圆柱形试件,按《水运工程混凝土试验规程》(JTJ 270—1998)进行试验。

根据实践经验,在无特殊要求的情况下,可参考以下公式换算:

$$|C| \approx |MU| + 5$$

式中:|C|——砌块混凝土强度设计值(MPa),可参考《水运工程混凝土试验规程》(JTJ 270—1998);

|MU|——小型混凝土砌块强度等级值(MPa),可参考《普通混凝土小型空心砌块试验方法》(GB/T 4111—1997)。

7.2 混凝土和砂浆砌筑质量

挡土墙工程混凝土和砂浆质量可按《混凝土结构工程施工规范》(GB 50666—2011)、《建筑工程质

量检验评定标准》(GB 50301—2001)进行试验和质量检验。

8 安全措施

(1)认证贯彻“安全第一,预防为主”的方针,根据国家有关规定、条例,结合工程实际情况和具体特点组成专职安全员和班组兼职安全员的安全管理组织机构,执行安全生产责任制,明确各级人员的职责,切实抓好工程施工的安全生产工作。

(2)严格执行国家有关安全生产和劳动保护的法律、法规、规章,严格遵循施工安全操作规程,建立健全安全生产责任制及防范措施,制订安全生产管理目标,将责任分解并定期考核,做到职责明确,责任到人。

(3)实施性施工组织设计中,针对工程特点、施工方法制订相应的安全技术措施,在基础开挖、搭设临时支架、材料运输、吊装等主要工序的施工时将制订详细的安全操作规程及防范措施。

(4)施工期间加强安全生产教育工作,严格实行三级安全教育制度,使全体施工人员熟悉本岗位的安全操作规程;新上岗人员全部进行专门培训。电工、起重工、电焊工、爆破工等特殊工种经专业培训,并持有关主管部门核发的特殊工种上岗证上岗;车船驾驶员持有效证书上岗。

(5)在施工期间认真执行业主部门关于施工路段现场管理的有关规定,在施工现场设置明显的交通安全标志和施工告示牌,夜间悬挂指示灯,确保公路畅通。

(6)机电设备、工具、材料专人负责管理制度,定期检查电力线路、控制设备、用电机具。工地油库、临时变压器、配电房等重要部位按有关规定配备安全围护及醒目标志,临时线路架设、配电箱的配备安装全部按有关规定设置。

9 环保措施

(1)开工前组织全体干部职工进行环境保护学习,增强环保意识,形成良好的环保习惯。

(2)施工区域、砂石料堆场、在施工期间和完工后,应妥善管理,避免对河道和周边环境污染。

(3)劈离砌块应打包运输,现场按需要分段集中堆放,施工完成后及时收集和清理多余砌块,避免浪费。

(4)合理布置施工场地,生产、生活设施、基坑开挖土方等应统一安排,尽量不破坏原有植被,保护自然环境,完工后及时恢复绿化。

10 资源节约

(1)加强技术培训和教育,熟悉施工图和规范,合理安排技术力量和劳动力,提高劳动生产率,降低工具、设备和周转材料的损耗,减少资源投入。

(2)编制合理的施工组织设计,准确计算各种工程材料的用量和存放时间,避免浪费和二次转运。

(3)混凝土和砂浆等材料应按进度需要即拌即用,尽量一次用完,禁止超期和过夜造成浪费和污染。

(4)施工过程中,科学施工用水、施工用电和施工用油,加强设备和材料管理,提高利用率,降低能耗和设备闲置率。

11 效益分析

(1)混凝土劈离砌块是工厂化、机械化生产,生产效率高,质量可控,制作成本低,供应保证和及时,由此可减少窝工损失 5% ~10%。

(2)混凝土劈离砌块具有统一的标准尺度,省掉了需要一定技术水平的选石和面石加工及砌筑工艺,砌筑施工工艺简单方便,施工效率较高。还采用施工效率较高的流水作业方式,从而大大提高了工效,施工效率较浆砌块石施工可提高 30% ~50%。

(3)由于工程质量提高,返工损失减少,施工管理成本降低,管理费成本可降低10%～15%。

(4)新型挡土墙结构整体性好,护面材料具有很好的耐久性,使用寿命延长,运营维护方便,全寿命周期成本将大大降低。

12 应用实例

12.1 嘉兴市纵二路(320)桥

嘉兴市纵二路(320)桥由浙江巨圣建设有限公司承建,工程于2010年12月5日开工,于2011年6月4日完工。采用挡土墙的结构形式为混凝土劈离砌块挡土墙,属创新型结构挡土墙。本工程根据新的挡土墙结构形式,采用新的施工工法,取得了成功的经验。施工实践表明:

(1)引进国际先进技术及设备生产的新型工程材料,取材环保、质量可靠、有利环境资源保护。

(2)机械化加工生产,供应及时快捷,适合大规模工程建设需要。

(3)挡土墙结构整体性强,结构稳定,抗撞击性和耐久性能好,寿命长,全寿命周期成本低。

(4)外形美观大方,景观效果好。

(5)施工简便,高效,进度快、质量好,可以在公路、桥梁、市政等领域全面推广,具有良好社会效益和经济效益。

12.2 嘉兴市三环线一级公路桥

嘉兴市三环线一级公路桥由浙江巨圣建设有限公司承建。工程于2011年8月20日开工,于2011年12月30日完工。混凝土劈离砌块挡土墙对比传统浆砌块石挡土墙结构,可减少大量石材资源消耗,同时具有节能减排和绿化环保概念。本工程根据新的挡土墙结构形式,采用新的施工工法,取得了成功的经验。工法应用表明:混凝土劈离砌块劈离块护面的挡土墙结构具有整体性强、结构稳定、使用寿命长、外形美观大方等特点,具有良好社会效益和经济效益,具有推广应用价值。

水泥土桩内设置微型钢管桩基坑支护施工工法

GGG(浙)A4028—2013

朱伟人　彭海敏　杨富民　刘唯听　张亚宾
(浙江瓯越交通建设有限公司)

1　前言

进入21世纪,我国的经济建设高速发展,国家交通现代化的发展越来越快,用于公路工程建设的土地资源越来越珍贵,在有限的可利用土地资源的情况下,人们对地下空间的利用越来越重视,在公路工程中建造深基坑工程,由于场地狭窄等条件限制,施工技术难度越来越大。传统的基坑支护施工工艺已不能满足狭窄场地的基坑支护施工,水泥土内设置微型钢管桩作为基坑支护的施工方法极大地促进了这一问题的解决。

水泥土桩内设置微型钢管桩基坑支护施工工法是一种水泥土桩内植入微型钢管桩,支护主体主要由水泥浆、钢管组成的基坑复合支护方法。微型钢管桩上常设置冠梁或连梁,将桩连接,设置锚杆或预应力锚杆。该围护结构以薄层的水泥土墙结合钢管注浆等超前支护措施来解决土体的自立性、隔水性问题,以一定的插入深度解决坑底隆起、管涌和渗流等问题。它具有桩身承载力高、耐锤击、接桩牢、桩径小、体积小、质量轻、穿透能力强等特点,为形成的复合支护结构提供了良好的性能。利用该工法支护基坑时,解决了施工场地狭窄的问题,缩短了施工周期,大大提高了施工效率和经济效益,并且可进行超前支护,能够有效保证基坑的稳定,不会形成较大的临空面,是目前研究与工程应用的重点。

我公司在104国道瑞祥大道三期改建工程及56省道文成花园至西坑段改建工程项目中,通过水泥土内设置微型钢管桩基坑支护施工工法,成功完成了这些项目的基坑支护施工任务,使基坑支护具有较高的强度和安全性,且有效地缩短了工期,建成后的基坑得到了各方的一致好评,其应用收到了显著的经济效益与社会效益,经总结,形成此工法。

2　工法特点

(1)以水泥微型钢管复合桩为突破口,在基坑支护施工中发挥其小径高强的特点。

水泥土—微型钢管复合桩承载力高,施工所需的场地狭小,对邻近建筑物的影响小,可进行超前支护,且不会形成较大的临空面,还可约束桩体周围一定范围内土体的变形。当土体开挖时,它可以用作护坡桩,有预裂的作用,承担土压力,起到较好的基坑支护作用。

(2)微型钢管桩钻进成孔的施工工艺,速度快,费用省,无噪声。

微型钢管桩一般采用钻机成孔,成孔尺寸要大于微型钢管桩的直径,不需要采用悬浮泥浆做钻进护壁。其速度快,费用低,成桩质量高,可以减少噪声产生的危害。

(3)微型钢管桩管内高压注浆施工工艺:注浆液一般采用纯水泥浆,水泥浆的水灰比一般为0.45,压力一般控制在2~3MPa,一般采用P.O 32.5的普通硅酸盐水泥。注浆方式通常分为直接注浆和压力注浆两种。灌注水泥浆时,浆体从钢管底部的出浆孔及上部圆形溢浆孔溢出,在钢管与钻孔壁之间形成水泥浆固结体。其主要作用是握裹钢管,防止钢管锈蚀及增强钢管与孔壁土(岩)之间的连接,提高桩的承载力。

3 适用范围

水泥土桩内设置微型钢管桩基坑支护施工工法适用于场地狭窄环境下的基坑支护施工建设。

4 工艺原理

该工艺的主要特点为在水泥土中植入了微型钢管桩。水泥土桩内的微型钢管桩主要承受土压力，是重要的受力构件。微型钢管桩在联合体系中作为超前支护，约束了桩体周围一定范围内土体的变形。当土体开挖时，它可以用作护坡桩，有预裂的作用，承担土压力，起到较好的基坑支护作用。水泥土桩内加入微型钢管桩作为支护桩时，受力荷载由水泥土桩、微型钢管桩与周围土体共同承受。在对微型钢管桩灌浆时，因水泥浆或混凝土被灌入地基中，沿桩周产生桩身摩阻力，使桩获得承载所需的抗压与抗拉力。作用在支护结构上的应力由水泥土桩、微型钢管桩和土体共同承担，在这三部分上应力均有分布，而不是单纯由水泥土桩内的微型钢管桩来承担。微型钢管桩概念的提出者 Fernando Lizzi 博士通过对布置方式不同的桩群模型试验说明，改变微型桩的间距和排列方式能够提高桩的承载能力，受荷后发生的破坏被认为是整个桩—土复合体的破坏。

在水泥土桩内加入微型钢管桩的施工速度比较快，且在地基中的埋深不受地下障碍物的限制。但是，所加入的微型钢管桩埋深过大会导致工程量的增加，埋深不足会引起工程的失败。因此，微型钢管桩的锚固深度应该合理，以桩锚固段传递到滑面下地层的侧向压应力小于地层的容许侧向抗压强度为宜。在实际工程中，由于微型钢管桩的直径小，桩径为 70 ~ 300mm，为了满足工程支护安全的需要，在基坑设计时常设置多道钢管桩。在本工法所依托的实际工程中，水泥土桩内加入的微型钢管桩为前后两排，其结构形式与排桩相似，加固机理也有相同之处，桩位平面布置图和微型钢管桩详图分别见图 1、图 2。

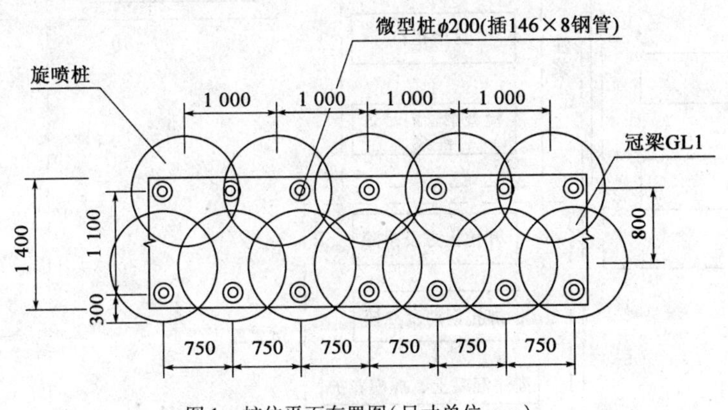

图 1　桩位平面布置图(尺寸单位:mm)

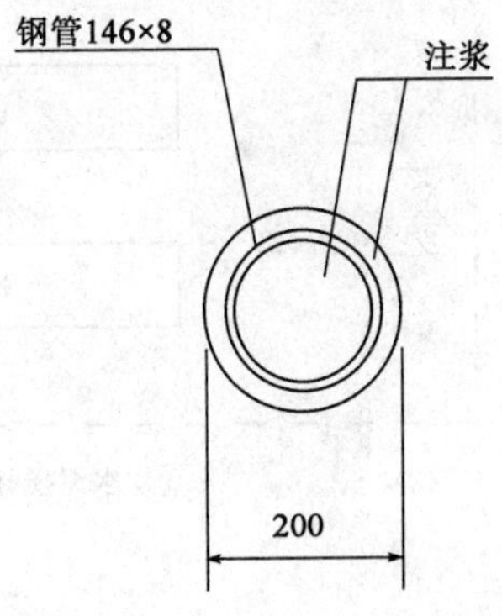

图 2　水泥土内设置的微型钢管桩详图(尺寸单位:mm)

5 施工工艺流程及操作要点

5.1 施工工艺流程

水泥土—微型钢管复合桩基坑支护施工工法主要包括水泥土搅拌桩施工和微型钢管桩施工两部分，具体流程图见 3。

5.2 施工操作要点

1)施工准备

开工前安排好相关的机械、人员，组织施工管理人员熟悉基坑支护设计图纸、微型钢管桩施工方案，做好书面安全、技术交底。清理平整场地，作业范围内的建筑垃圾、石块、老基础应予以清除。同时准备施工用钢管、砂、石、水泥、电焊条等材料，所有材料进场必须复验，合格后报监理审批，经过监理批准的材料才能使用。

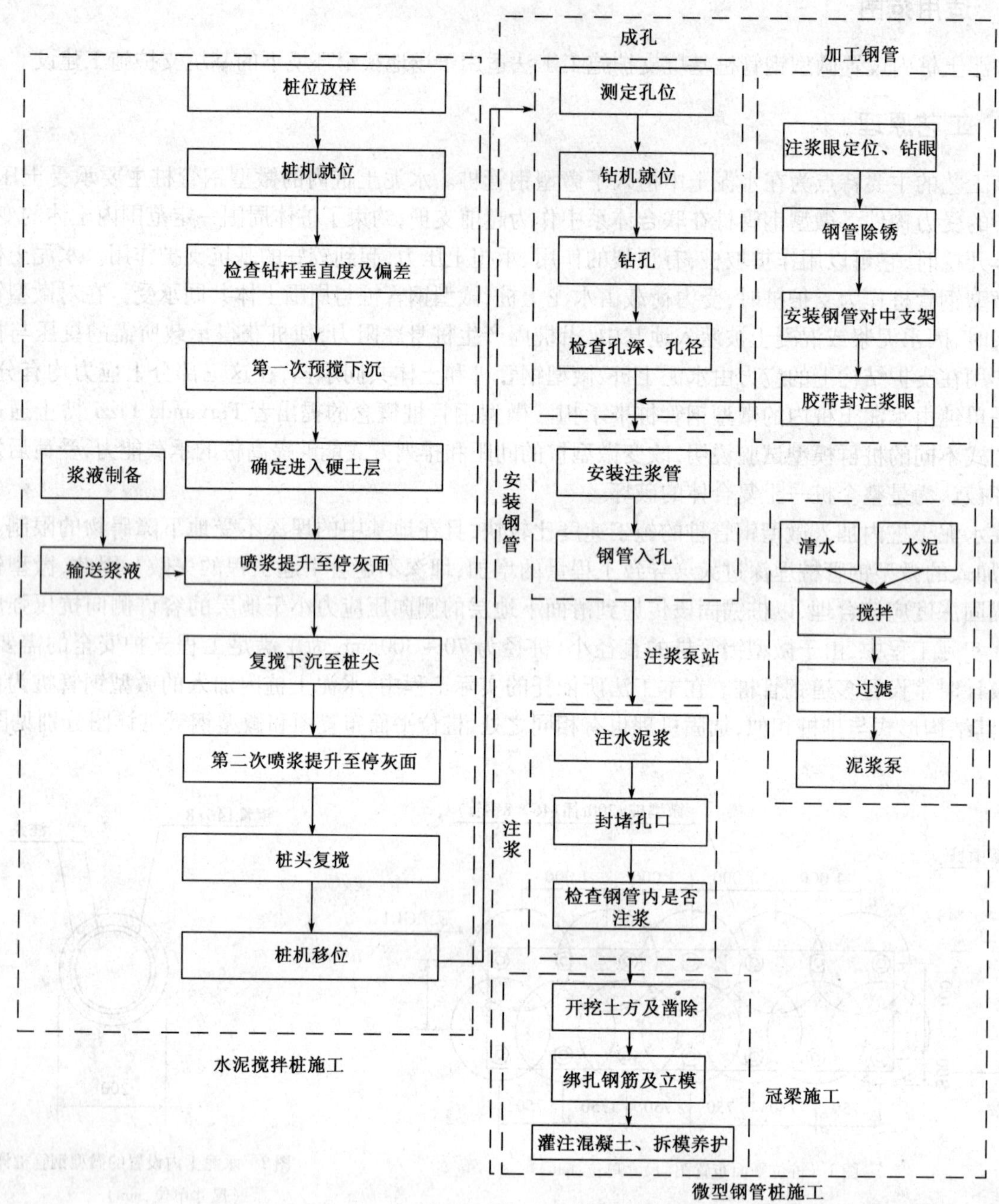

图3　施工工艺流程图

2)水泥搅拌桩施工

水泥搅拌桩施工采用两喷四搅工艺。为避免堵管,第一次下钻可带浆下钻,喷浆量应小于总量的1/2,严禁带水下钻。第一次下钻和提钻采用低挡,复搅时可提高一个挡位。每根桩的成桩时间不少于36min,喷浆压力不小于0.4MPa。每台机械均应配备电脑记录仪,现场应配备水泥浆密度测定仪,控制桩体每米掺和量及水泥浆用量。水泥搅拌桩施工28d后,进行静载和钻芯试验,检验合格后铺设褥垫层,避免施工塑料排水板时损坏水泥搅拌桩。水泥搅拌桩施工的操作要点具体如下。

(1)放样与就位:施工时,根据设计桩位,用全站仪在路基断面内每10m放样每排的中间桩和坡脚桩,作为其他桩的定位控制桩;再用吊车悬吊深层搅拌桩到达指定桩位,使轴管中心对准设计桩位,双向调整桩机垂直度。当地面起伏不平时,应使起吊设备保持水平。

(2)预搅下沉:施工过程中,采用经纬仪或全站仪检查机械垂直度及偏差,及时修正。待深层搅拌机的冷却水循环正常后,启动电动机,放松起重机钢丝绳,使搅拌机沿导向架边搅拌、边切土下沉,下沉速度可由电动机的电流监测表控制,工作电流不应大于额定电流。

(3)制备水泥浆:待深层搅拌机下沉到一定深度后,即开始按确定的配合比拌制水泥浆,待压浆前将水泥浆倒入集料斗中。

(4)喷浆搅拌提升:深层搅拌机下沉到设计深度后,开启灰浆泵将水泥浆压入地基中,并且边喷浆、边旋转搅拌钻头,同时严格按照设计确定的提升速度提升深层搅拌机。

(5)重复搅拌下沉和提升:为使软土和水泥浆搅拌均匀,可再次将搅拌机边旋转、边沉入土中,到设计加固深度后,再将搅拌机提升出地面。

(6)清洗:向集料斗中注入适量的清水,开启灰浆泵,清洗全部管路中残余的水泥浆,直至基本干净,并将黏附在搅拌头上的软土清洗干净。

(7)移位:重复上述步骤,进行下一根桩的施工。搅拌桩搭接包括桩间搭接和接桩搭接。桩间搭接是构成整体支护的各个桩体在不同方向的径向连接;接桩搭接是施工中因故障中断制桩,对桩体本身的连接。接桩要求:上次制桩完毕到下次施工的最大间歇时间为:砂层8h,砂土层12h,黏土层24h。如间歇时间大于以上值时,按以下两种情况处理:①因工序原因必须超时的,可在被搭接桩施工完毕的3~8h,用清水钻清搭接桩位,除去搭接接桩位上的固结料,便于搭接桩的施工;②因其他故障超时的,可在紧贴搭接桩的边缘施工搭接桩,搭接桩施工完毕后3~8小时,在两桩的桩心距中间部位,以ϕ250mm的刮刀钻头钻一个小孔,用水灰比为0.6的水泥自下向上注浆至桩顶,使之胶结连接。

3)微型钢管桩施工

在水泥土桩中微型钢管桩的基坑支护作为超前支护,在未开挖土体之前,在基坑支护的大直径水泥土桩内植入微型钢管桩,并在管内高压注浆,近一步约束土体在开挖过程中的变形量。对支护进行加固,可以将邻近建筑物和微型钢管桩—锚杆支护的水平位移控制在很小的范围内。微型钢管桩的施工要点如下。

(1)标定桩位:在钻机钻孔前,首先进行桩的定位,保证导向管的垂直度和装置的平整度,从而可以保证钢管桩的可靠度。桩位的偏差不得超过50mm。

(2)成孔:一般采用钻机成孔,成孔尺寸要大于微型钢管桩的直径,不需要采用悬浮泥浆做钻进护壁。该工程成孔外直径为146mm,壁厚为8mm,因此钻的孔径为200mm,便于钢管桩的下放。

(3)放置钢管:钢管视桩的设计直径和壁厚而定。为了保证注浆液向周围的土体扩散,需要在钢管壁适量打孔,使浆液和土体结合成一体。

(4)注浆:注浆液一般采用纯水泥浆,水泥浆的水灰比一般为0.45,压力一般控制在2~3MPa,一般采用32.5R普通硅酸盐水泥。注浆方式通常分为直接注浆和压力注浆两种。灌注水泥浆时,浆体从钢管底部的出浆孔及上部圆形溢浆孔溢出,在钢管与钻孔壁之间形成水泥浆固结体。其主要作用是握裹钢管,防止钢管锈蚀及增强钢管与孔壁土(岩)之间的连接,提高桩的承载力。

(5)冠梁施工:冠梁施工时必须凿除桩顶的浮浆等。冠梁的作用,其一是把所有的桩基连到一起,防止基坑(竖井)顶部边缘产生坍塌;其二是通过牛腿承担钢支撑(或钢筋混凝土支撑)的水平挤靠力和竖向剪力。钢筋混凝土冠梁板面层的钢筋点与钢管桩焊接在一起,然后浇筑混凝土,其混凝土强度等级一般为C20。

4)基坑监测

基坑施工过程中做好施工监测。基坑监测要点如下。

(1)监测项目:主要有土体侧向位移,基坑顶面沉降量和水平位移,临近建筑物沉降、倾斜,周边道路沉降和位移,地面沉降以及地下水位监测。

(2)位移监测:基准点须设置在变形区以外的稳定地点,观测点沿基坑周边布置,采用经纬仪观测角度,钢尺测量距离的方法进行支护结构的顶部总位移监测。基坑开挖过程中每天观测一次,测定其垂直偏移量。

(3)沉降监测:基准高程控制点必须设在非沉降影响区,并在沿基坑周边每20m各布置一个沉降观测点,形成一个高程控制观测网,对周边环境进行沉降监测。采用水准仪按水准测量方法施测,用中丝读数进行闭合观测。土方开挖过程中,每天应对各测点进行1~2次沉降观测,观测应在标志稳定的情况下进行。

(4)裂缝监测:施工过程中应密切监测场外地面是否出现裂缝。若发现裂缝,应严格监测其发展变化,并及时用水泥浆封闭裂缝以防地面水渗入。

(5)水位监测:在基坑底和观测井设监测点,每天进行水位监测。基坑变形观测的目的:一是监测地面下沉值,二是监测水平位移值。现场监控测量尤为重要,掌握边坡的稳定安全程度,提供准确数据信息,以便设计和施工方案做出相应调整,达到设计和施工最优化,确保深基坑支护的稳定可靠性。

6 材料与设备

6.1 材料

(1)钢管

采用$\phi146\times8$的无缝钢管。

(2)砂

采用普通中砂,细度模数为2.6,堆积密度为1 450kg/m^3。

(3)水泥浆

水泥搅拌桩选用水泥强度等级为P.O42.5的普通硅酸水泥拌制浆液,水灰比控制在0.45~0.50,注浆采用水泥强度等级为P.O32.5的普通硅酸盐水泥拌制浆液,水灰比一般为0.45。

6.2 施工设备

主要施工设备见表1。

主要施工设备表　　表1

设备名称	型号	数量	设备名称	型号	数量
地质钻机	XY-100	10台	压路机	Y18T	2辆
工程挖机	200	2台	潜水泵	GY65-7-2.2	20台
全站仪	RTS238	1套	水泥罐	HSZ50	2个
水准仪	DS3-D	1台	电焊机	12S1	2台
经纬仪	DJ6-1	3台	注浆泵	ZSY70/80	5台
电脑记录仪	SFT-2	10台	水泥土搅拌机	1.8m	3台

7 质量控制

7.1 质量标准

(1)《公路桥涵施工技术规范》(JTG/T F50—2011)。

(2)《公路工程质量检验评定标准》(JTG F80/1—2004)。

(3)《公路工程技术标准》(JTG B01—2003)。

(4)《混凝土质量控制标准》(GB 50164—2011)。

(5)《工程测量规范》(GB 50026—2007)。

(6)《建筑基坑支护技术规程》(JGJ 120—2012)。

(7)《建筑边坡工程技术规范》(GB 50330—2002)。

7.2 质量控制要点

(1)设专人负责水泥搅拌桩全过程施工,确保人员到位,责任到人。

(2)现场所用水泥按批次检查品种、级别、包装号、袋装质量、出厂日期,检测外观是否受潮、结块,同时检查水泥合格证和出厂检测报告,按规范要求取样送检,检测合格才能使用。

(3)对成型搅拌桩的检查重点是水泥用量、水泥浆拌制罐数、压浆过程中是否有断浆现象、喷浆搅拌提升时间和复搅次数。

(4)每台机械均应配备电脑记录仪。现场配备水泥浆密度测定仪,控制桩体每米掺和量及水泥浆用量。

(5)为保证水泥搅拌桩桩端、桩顶及桩身质量,第一次提钻喷浆时,桩底停留30s进行磨桩端,余浆上提过程中全部喷入桩体,且在桩顶部位进行磨桩头,停留30s。

(6)浆喷桩成桩长度及整桩喷浆量应符合设计要求,质量检验员根据自动记录仪打印记录检查,不合格的坚决返工。

(7)施工中出现喷浆量不足时,应按要求整桩复搅,复喷的喷浆量应不小于设计用量。如喷浆中断,应及时记录中断深度,在12h内采取补喷措施,并将补喷情况写入施工记录。补喷重叠段应大于100cm,超过12h应采取补桩措施。

(8)经常对钻头直径进行检查,必须保证其直径为50cm。如果小于50cm,及时补充钢件,避免出现桩径偏小的状况。

(9)经常测量和校核微型钢管桩平面位置是否符合设计要求。

(10)微型钢管桩钻孔时,严格按控制高程施工,深度必须满足设计要求,不得欠深或超深。

(11)微型钢管桩钻孔完毕后,及时组织验收,做好记录,然后下放钢管,浇筑混凝土。

(12)钢管桩施工允许偏差因无技术标准,开始施工时按照设计要求,垂直度允许偏差为1%;桩位允许偏差为±20mm;实际施工时发现,桩位偏差难以达到要求。在与设计单位沟通后,参考《建筑地基基础工程施工质量验收规范》(GB 50202—2002),在保证基坑支护安全的前提下,将桩位允许偏差调整为1/3D(D为钢管直径),即36mm,基本可以满足要求。

(13)钢管桩直径小,抵抗变形能力差,土方开挖时要注意一次开挖深度不可过深,围檩应及时锁定,围檩和钢管桩之间加混凝土垫块,保证围檩和每一根桩都紧密接触。

(14)作业过程中产生的泥浆较多,应注意泥浆的排放和清理工作。

8 安全措施

(1)做好施工现场安全设施工作,如警戒线标志、航道标志、防护设施及各种警戒信号,设立专职警卫人员,确保自身、建筑物和他人的安全。

(2)进场机械必须具有机械使用合格证,特殊工种必须持证上岗。

(3)现场所用水泥按批次检查品种、级别、包装号、袋装质量、出厂日期,检测外观是否受潮、结块,同时检查水泥合格证和出厂检测报告,按规范要求取样送检,检验合格才能使用。

(4)现场所需配电箱及用电设备处必须设置安全用电醒目标志,配电箱必须稳定安放,避免倾倒或雨淋,配电箱上锁,由专人负责。

(5)机械工作前要调平、垫稳,塔架与底座连接栓要经常检查,发现问题及时处理。

(6)机具操作严格按施工规范进行,机具设备应由专人负责。

(7)严格执行安全操作规程,按作业要求发放劳保用品,进入施工现场必须佩戴安全帽。桩机周围应设置安全标志,严禁违章指挥、违章作业。

(8)贯彻落实《中华人民共和国安全生产法》、《建设工程安全生产管理条例》,遵守《公路工程施工安全技术规程》(JTJ 076—95)的要求。

9 环保措施

(1)工程施工过程中,严格遵守国家和地方政府有关环境保护的法律、法规和规章,加强对施工燃油、工程材料、设备、废水、生产与生活垃圾、弃渣的控制和治理,遵守有关防火及废弃物处理的规章制度,接受相关单位的监督检查。

(2)定期清运污水、污浆等废弃物,制订工程材料运输中散落与防沿途污染措施,废水应按环境卫生指标处理达标,排放到指定地点。

(3)优先选用先进的环境保护机械。采取降噪措施,将施工噪声降到允许值以下,同时尽可能避免夜间施工。

(4)设立专用排水沟、排污坑,对废浆、污水进行集中处理,认真做好无害化处理,防止施工废浆乱流。

(5)要求现场做到“五有、四整齐、三无”以及“四清、四净、四不见”,每月对文明施工进行检查,对各责任人进行评比、奖罚,并张榜公布。

(6)施工中应做好地表的排水工作,通过设置排水沟及积水坑等,防止雨水冲刷施工场地。

10　资源节约

水泥土内设置微型钢管桩,使桩身具有承载力高、耐锤击、接桩牢、桩径小、体积小、质量轻、穿透能力强等特点,使复合支护结构具有良好的性能。减少了基坑过量沉降和不均匀沉降,施工工期短,工沉降量小,稳定性好,而且对环境无污染。该工法绿色环保,经济有效,具有良好的社会和经济效益。

11　效益分析

水泥土内设置微型钢管桩基坑支护施工工法是一种既高效又具有一定经济效益的施工工法。由于该工法创造性地利用微型钢管小径高强的特点,在施工过程中,大大减小了基坑沉降和位移,缩短了工期,保证了工程快速及时的完成,同时减少了机械、人力的费用,具有显著的经济效益。

12　应用实例

12.1　104 国道瑞祥大道三期改建工程

104 国道瑞祥大道三期改建工程由浙江瓯越交通建设有限公司承建,工程于 2010 年 12 月开工,于 2012 年 6 月完工。在桥梁及涵洞工程基础施工时,需要进行基坑支护,以保证基础施工的正常进行。基坑最大开挖深度约为 6m,支护设计采用水泥土内设置微型钢管桩的基坑支护形式。工程采用本工法施工,与一般的基坑支护施工方法相比,大大节省了施工时间与工程费用,且建成后的基坑具有良好的稳定性,得到了各方的一致认可。

12.2　56 省道文成花园至西坑段改建工程

56 省道文成花园至西坑段改建工程由浙江瓯越交通建设有限公司承建,工程于 2011 年 9 月开工,于 2012 年 3 月完工。在桥梁及涵洞工程基础施工时,需要进行基坑支护,以保证基础施工的正常进行。基坑最大开挖深度约为 7m,支护设计采用水泥土内设置微型钢管桩基坑支护形式。利用水泥土微型钢管复合桩对工程中的基坑支护进行施工,优化效果非常显著,不仅该基坑具有更好的承载能力,且从经济效益上看,节约了原材料,减少了后续维护费用等,具有较好的经济效益。

改扩建工程高填方旧路边坡上的桥梁施工工法

GGG(中企)C4029—2013

师建博　郝秋生　张良周　光　明　李　红
(中交一公局第一工程有限公司)

1　前言

随着公路运输行业的迅速发展,近年来,几条交通量大的高速公路逐渐开展改扩建工程。为了减少征地面积和降低高填方路段的后期养护费用,部分扩建项目把原高填方路段的加宽设计为桥梁形式,这样新建桥梁的基桩将位于高填方路基的边坡上。既要保证旧路边坡的稳定和旧路的安全运营,又要在边坡上修筑施工平台,进行钻孔作业,以及成桥后旧路边坡的恢复,这些都是边坡桥梁施工的难点。

中交一公局第一工程有限公司对此施工难点进行课题立项,依托连霍高速公路改扩建工程郑州至洛阳段十里铺高架桥,13~30m 预应力混凝土连续箱梁桥。该桥除 0 号台和 13 号台以外其余全部位于原高速公路高填方路基的边坡上,填高均大于 20m。在填方 9m 处设置宽度为 1.5m 的缓冲平台,上部坡度为 1:1.5,下部坡度为 1:1.75,新加宽桥梁内侧边桩及中桩位于上部边坡,外侧边桩位于下部边坡,见图 1。

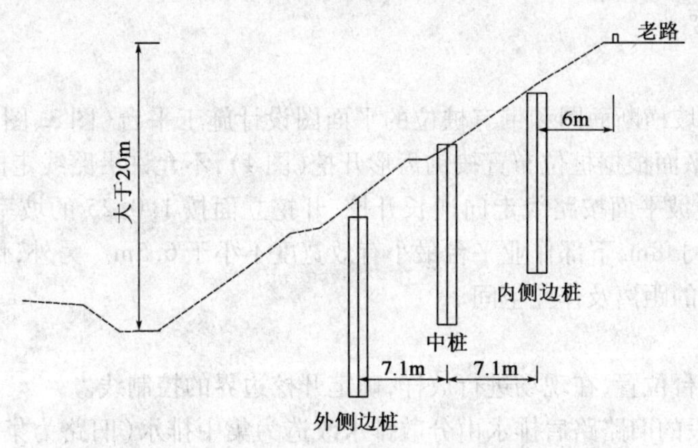

图 1　边坡桥梁桩位布置图

本工法在修筑施工平台上利用锚喷防护和抗滑桩支护,坚持"少开挖、勤防护、早恢复"的原则;在基桩施工时,按照土质不同分别在路基和原状土使用不同的钻孔设备,实行钻机"接力"的流水作业方式。该工法成功地在连霍高速公路改扩建工程的两座桥梁中应用。2012 年在连霍高速公路洛阳至三门峡(豫陕界)段改扩建工程 TJ-19 标中应用,取得了很好的效果。本工法的关键技术在 2012 年被中国公路建设行业协会鉴定为"国内先进"水平。

2　工法特点

2.1　施工过程中不影响旧路的运营

在旧路高填方路基边坡上修筑施工平台。采用小开挖、勤防护(锚喷+抗滑桩)的方式,能保证旧路边坡的稳定。施工过程中,旧路不断行、不减少车流量,对其无影响。

2.2 工期短、成本低

在基桩施工时,采用钻机"接力"的流水作业方式,加快了施工进度,缩短了工期;另外,该方法使不同类型的钻机发挥各自所长,成本低,效益高。

3 适用范围

该工法适用于改扩建工程中旧路为填方路基,新建路为桥梁,且新建桥梁位于旧路路基边坡上的边坡桥梁施工。

4 工艺原理

4.1 利用边坡的自稳性和锚喷支护保持路基的稳定性

施工平台采用锯齿形开挖,在保证作业的情况下,尽量减少开挖量,减少对旧路的扰动。开挖部位利用锚喷防护和抗滑桩保证路基稳定。

4.2 基桩施工钻机"接力"

根据土质的不同,实行钻机"接力"的流水作业方式,使钻机扬长避短,发挥自身优点。

5 施工工艺流程及操作要点

5.1 施工工艺流程

边坡桥梁施工与一般桥梁施工主要有三项不同,即修筑施工平台、基桩施工和旧路边坡恢复。在流程图中主要针对这三项的施工工序流程进行介绍,具体见流程图2。

5.2 施工操作要点

(1)设计施工平台

根据测量的旧路边坡横断面图和带有桩位的平面图设计施工平台(图3、图4),上部作业平台(作业平台Ⅰ)原路基边坡平面根据桩位布置按锯齿形开挖(图4),不允许沿路线走向通挖。下部作业平台(作业平台Ⅱ)原路基边坡平面按路线走向通长开挖,开挖立面按1:0.25的坡率控制。保证上部作业平台最小有效宽带不小于8m,下部作业平台最小有效宽度不小于6.5m。另外,作业平台Ⅱ开挖时要考虑盖梁伸入旧路基边坡的距离及作业空间。

(2)抗滑桩

根据设计的施工平台位置,在现场进行放样,确定开挖边界的控制线。

首先,将边坡桥梁段的旧路路肩排水由分散排水改造为集中排水(旧路为集中排水的,根据施工平台的位置进行改善)。集中排水在旧路路肩外侧设置拦水带,每隔20m左右通过急流槽排到坡脚下的排水沟。

其次,开挖作业平台Ⅰ的锯齿以外部分,形成施工便道,在施工便道上(中桩和内侧边桩之间)设置一排抗滑桩。抗滑桩为钢筋混凝土桩,桩径为50cm,桩长为施工平台至坡脚的垂直距离,桩间距为2m。

抗滑桩成孔采用机械洛阳铲(图5),机械洛阳铲由电动机、变速器、卷扬机、机架、铲具等组成,成孔具有场地要求低、设备轻便、成孔速度高等优点,适用于地下水位以上的黏土、粉质黏土、黄土等无卵石的土层,钻孔直径为30~220cm。

抗滑桩施工要紧随平台开挖之后,开挖过程中注意保护和改善排水设施。现场条件允许时,可以先施工抗滑桩,再开挖平台,桩顶预留至平台顶面。

(3)锚喷防护

抗滑桩施工完成后进行作业平台Ⅰ锯齿部分的开挖,在保证内侧边桩和盖梁施工的情况下,尽量减少开挖量。开挖实行分层开挖,每层开挖高度不超过1.5m,严禁一次开挖到位。每层开挖完成后,立即进行锚喷防护。待防护混凝土达到一定强度后,再继续开挖下一层,直至到作业平台Ⅰ的作业面。

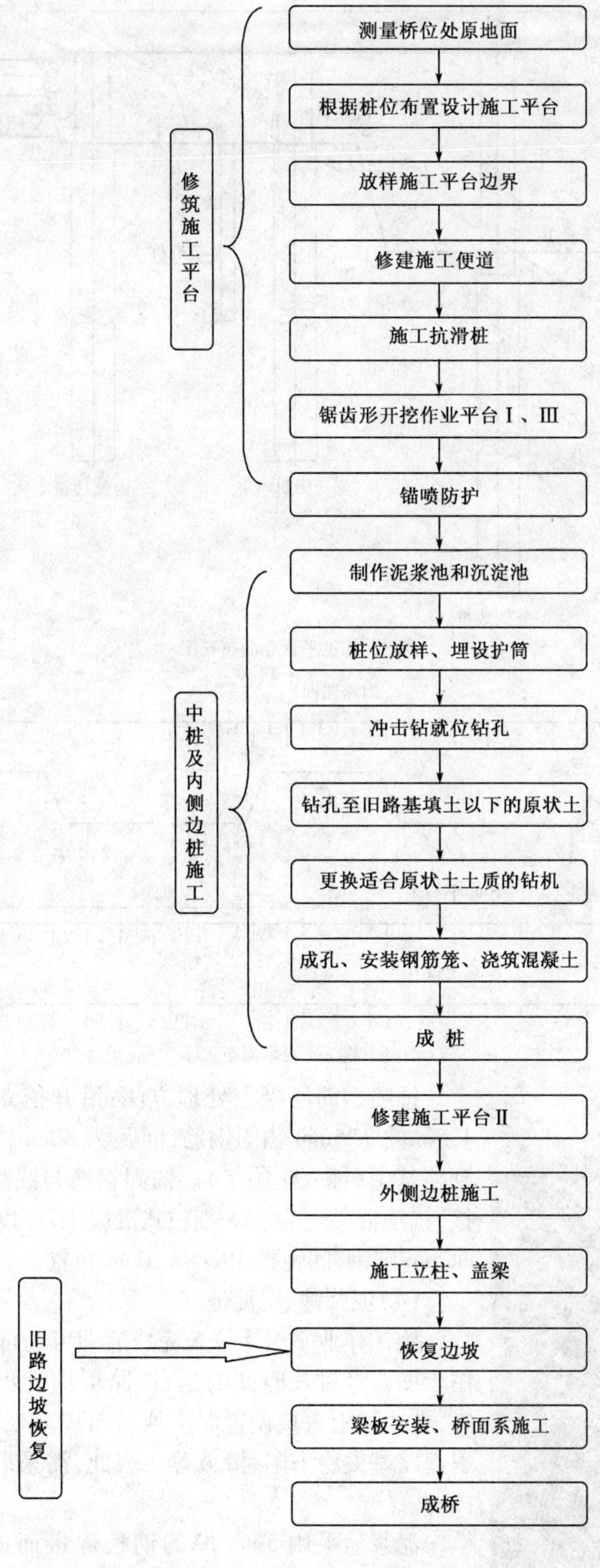

图2 边坡桥梁施工工艺流程图

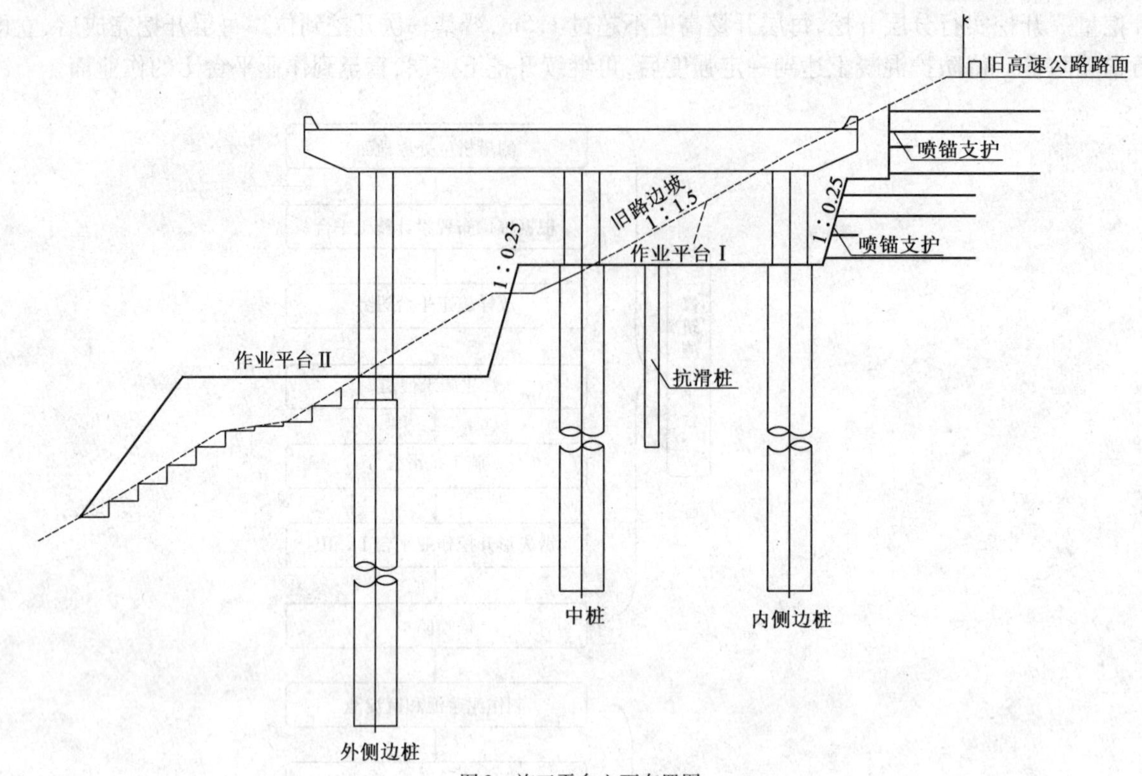

图3　施工平台立面布置图

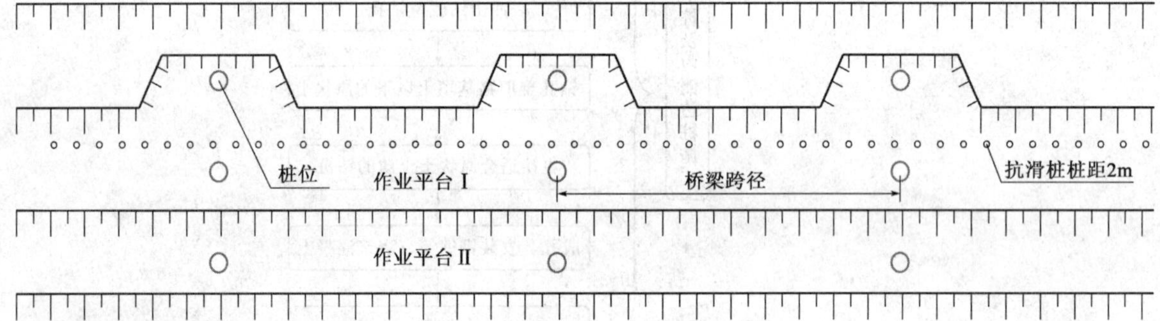

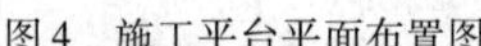
图4　施工平台平面布置图

锚喷钢筋混凝土处理方法:沿开挖立面在原路基内植入长为4.5m的ϕ25mm锚固钢筋,间距为80cm,呈梅花形布置,直接深入到路基中(锤入法施工)。锚固钢筋与锚喷混凝土中的钢筋网片焊接,锚喷混凝土为C25细粒式混凝土,厚度不小于8cm,钢筋网片为ϕ8mm圆钢,间距按10cm×10cm布置。

(4)泥浆池、沉淀池

施工作业平台Ⅰ修筑完成后即可进行中桩和内侧边桩的施工。由于旧路经过长时间的运营,路堤内部出现裂缝、空洞、脱空等病害,在边坡上直接设置泥浆池易出现漏浆,泥浆进入路基内部容易引起路基失稳下陷、滑坡等。因此,需采取措施防止泥浆进入路基内部。

泥浆池采用5mm厚的钢板焊接而成,尺寸大小为长6m、宽5m、高2.5m,露出地面20cm。泥浆跑道以及护筒均采用薄钢板焊接,泥浆池与泥浆跑道、泥浆跑道与护筒之间衔接处要密封,防止漏

图5　机械洛阳铲铲具

浆。当钻孔作业中采用回转钻时,可以将泥浆池分为泥浆池和沉淀池,以提高场地利用率。以反循环回转钻为例,泥浆池设置如图6所示。

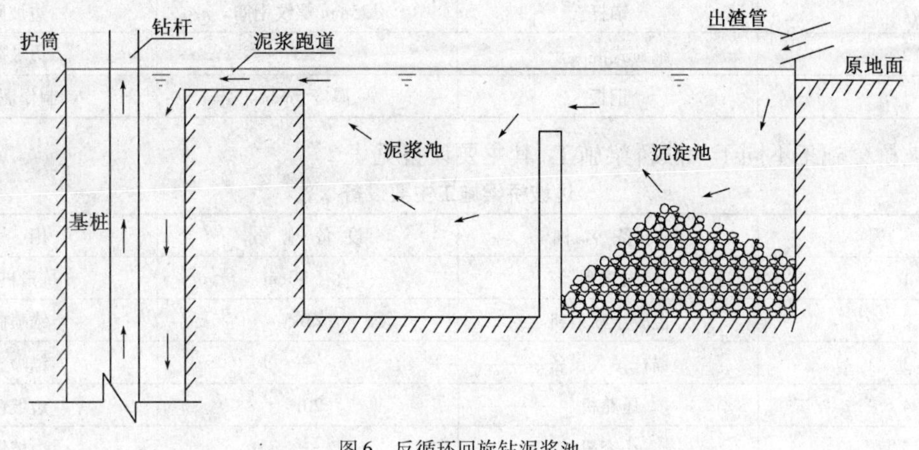

图6 反循环回旋钻泥浆池

(5)钻机"接力"

位于边坡上的基桩,其中桩长的上部位于旧路填筑的路堤中,下部位于原状土中。旧路路堤有裂缝、空洞等病害,并且有的在高填方养护过程中在路堤内压入水泥浆,形成了巨大的水泥块,在钻孔过程中易出现漏浆、塌孔、进尺困难等问题。如果出现塌孔,将严重威胁旧路运营的安全。因此,在旧路路堤中钻孔选择适用于所有土层的实心冲击钻机,该钻机成孔质量高、孔壁坚实、不易塌孔,但是施工速度慢,成本较高。

待冲击钻进尺超过旧路路堤底部,进入原状土以后,根据原状土土质选择适合该土层、施工速度较快、成本较低的旋挖钻或者回转钻等钻机换下冲击钻,继续进尺直至成孔。

(6)旧路边坡恢复

内侧边桩和中桩施工完成后,开挖修筑施工作业平台Ⅱ,按照上述方法施工外侧边桩。立柱盖梁完成后,恢复旧路边坡,见图7。

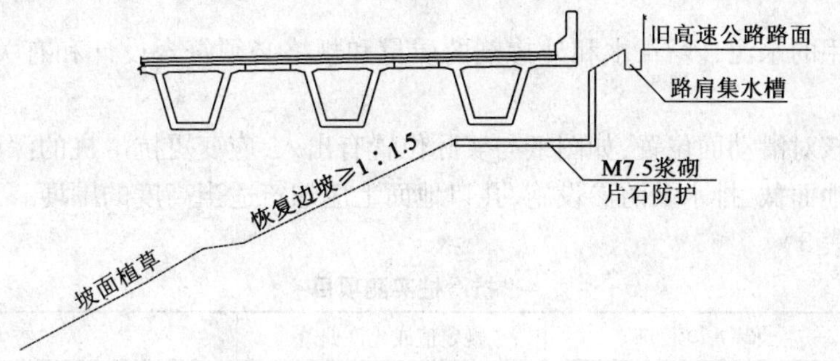

图7 旧路边坡恢复

按照原路基边坡材料进行边坡恢复,锚喷防护应予保留,直接在锚喷外侧进行回填处理,回填高度至箱梁底20cm,回填顶面宽度不小于1.5m,顶面采用M7.5砂浆砌片石。尽可能使用重型压路机碾压,每层回填厚度为15~20cm,压路机不易处理的边角部分,使用小型夯机夯实,回填压实度要求达到90%,路基边坡恢复完成后采取三维网植草防护。

边坡恢复好以后,在旧路路肩修建路肩集水槽,每隔30m设置急流槽,降水引入坡脚排水沟,形成永久排水设施。

6 材料与设备

(1)边坡桥梁施工不同于一般桥梁施工,其主要材料见表1。

边坡桥梁施工主要材料　表1

序　号	材料名称	材料规格	用　途
1	锚杆	ϕ25mm 螺纹钢筋	边坡防护
2	细粒式混凝土	C25	边坡防护
3	钢板	厚度 5mm	制作泥浆池

(2)边坡桥梁施工不同于一般桥梁施工,其主要设备见表2。

边坡桥梁施工主要设备　表2

序　号	设备名称	设备规格	用　途
1	机械洛阳铲	直径 50cm	抗滑桩施工
2	混凝土喷射机	PZB-5	锚喷施工
3	锚杆锤入设备	—	锚喷施工
4	压路机	20t	边坡恢复
5	小夯机	—	边坡恢复

7　质量控制

7.1　本工法采用的标准和规范

(1)《公路路基施工技术规范》(JTG F10—2006)。

(2)《公路桥涵施工技术规范》(JTG/T F50—2011)。

(3)《公路交通安全设施施工技术规范》(JTG F71—2006)。

(4)《公路工程基桩动测技术规程》(JTG/T F81-01—2004)。

(5)《公路工程质量检验评定标准》(JTG F80/1—2004)。

(6)《公路工程施工安全技术规程》(JTJ 076—95)。

7.2　抗滑桩质量控制

1)基本要求

(1)混凝土所用的水泥、砂石、水和外掺剂的质量和规格必须符合设计和有关规范的要求,按规定的配合比施工。

(2)施工中应核对滑动面位置,如图纸与实际位置有出入,应变更抗滑桩的深度。

(3)做好桩区地面截、排水及防渗设施,孔口地面上应加筑适当高度的围埂。

2)实测项目(表3)

抗滑桩实测项目　表3

项　次	检查项目	规定值或允许偏差	检查方法和频率
1	混凝土强度(MPa)	在合格标准内	按《公路工程质量检验评定标准》
2	桩长(m)	不小于设计值	测绳量:每桩测量
3	孔径(mm)	不小于设计值	探孔器:每桩测量
4	桩位(mm)	100	经纬仪:每桩测量桩检查
5	竖直度(mm)	0.5%桩长,且不大于200	吊垂线:每桩检查
6	钢筋骨架底面高程(mm)	±50	水准仪:测每桩骨架顶面高程后反算

7.3　锚喷防护质量控制

1)基本要求

(1)锚杆、钢筋和土工格栅的强度、数量、质量和规格必须符合设计和有关规范的要求。

(2)混凝土及砂浆所用的水泥、砂、石、水和外掺剂必须符合有关规范的要求,按规定的配合比施工。

(3)边坡坡度、坡面应符合设计要求。

(4)钢筋应清除污锈,钢筋网与锚杆或其他锚固装置连接牢固,喷射时钢筋不得晃动。

(5)锚杆插入锚孔深度不得小于设计长度的95%。

2)实测项目(表4)

锚喷防护实测项目　表4

项次	检查项目	规定值或允许偏差	检查方法和频率
1	混凝土强度(MPa)	在合格标准内	按备注办法
2	砂浆强度(MPa)	在合格标准内	按《公路工程质量检验评定标准》
3	锚孔深度(mm)	不小于设计值	尺量:抽查10%
4	锚杆(索)间距(mm)	±100	尺量;抽查10%
5	喷层厚度(mm)	平均厚度≥设计厚度,60%检查点的厚度≥设计厚度,最小厚度≥0.5倍的设计厚度,且不小于设计规定	尺量(凿孔)或雷达断面仪;每10m检查1个断面,每3m检查1点

注:喷射混凝土强度试验,试块在工程施工中抽样制取,在喷射作业面附近,将模具敞开一侧朝下,以80°(与水平面的夹角)左右置于墙脚:先在模具外的边墙上喷射,待设备操作正常后,将喷头移至模具位置,由下而上,逐层向模具内喷满混凝土。将喷满混凝土的模具移至安全处,用三角抹刀刮平混凝土表面。在标准养护条件下养护7d后,将混凝土加工成边长为150mm的正方体试块。继续在标准条件下养护至28d龄期后,进行抗压强度试验。

7.4 边坡恢复质量控制

(1)边坡恢复填料应符合路基填筑规范要求。

(2)边坡恢复需分层压实,尽量采用压路机压实,对压路机不能压实的地方采用小型夯机压实小型夯机压实的压实厚度要通过试验确定。

(3)边坡恢复的压实度不小于92%。

8 安全措施

安全工作是搞好生产的重要因素,关系到国家、企业和职工的切身利益。因此,在施工过程中,必须认真贯彻业主提出的“安全至上,质量第一”的方针政策,严格控制和防止各类伤亡事故的发生。具体措施如下:

(1)加强领导,健全组织。项目经理部、施工队成立安全领导小组,设专职安全员制订严格的安全措施,定期分析解决工作中存在的问题,及时发现和排除不安全隐患。

(2)安全教育要经常化、制度化。开工前进行安全技术交底,开工后做好定期培训。通过安全竞赛、现场安全标语、图片等宣传形式,增强全员安全生产的自觉性,时时处处注意安全,把安全生产工作真正落到实处。

(3)安全监督,完善安全检查制度。各级安全生产领导小组要定期组织检查,各级安全监督人员要经常检查,发现问题及时纠正,真正把事故消灭在萌芽状态。

(4)科学组织施工,严格各工序衔接,严格操作规程,严禁各种违章指挥和违章作业行为的发生。

(5)施工设备和机具在使用前由专职人员负责进行检查、维修、保养,确保状态良好。电工、电焊工等主要工种必须经过培训并经考核取得合格证,方可持证上岗操作,杜绝违法违章作业。

(6)夜间施工要有良好的照明设备,危险地段设标志,配备足够的交通值勤人员,组织好过往行人及车辆,确保人员车辆安全。

(7)在旧路上设置施工提醒标志,并在施工段的旧路路缘设置挡板。

(8)安全用电,严格按有关规定安装线路及设备,用电设备安装地线,不合格的电工器材严禁使用。

9 环保措施

9.1 建立环境保护机构

成立以项目经理为核心的环境保护领导小组,主动与地方环保部门联系,严格执行国家环境保护法律、法规和条例。

9.2 防止水土流失

修建一些有足够泄水断面的临时排水渠道,并与永久性设施相连接,避免淤积和冲刷。

尽量保持现有的水利设施和径流系统,理顺因工程建设而改变的排灌系统,确保水流的畅通,减少水土流失。

9.3 防治扬尘

施工作业的扬尘,除作业人员配备必要的劳保用品外,还要随时洒水,将灰尘公害降至最低程度,并符合当地环保部门的有关规定。

9.4 防治噪声污染

施工的噪声主要来自施工机械、运输车辆和拌和设备,为了保护施工人员和沿线居民的身体健康及工厂、学校等正常生活、学习,应采取以下措施:

(1)对使用的工程机械和运输车辆安装消声器并加强维修保养,降低噪声。机械、车辆途经居住场所时应减速慢行,尽量不鸣笛。

(2)合理安排施工作业时间,尽量降低夜间车辆出入频率,减少夜间施工对附近居民的噪声干扰。除中途不能停止的工序外,其他工序尽量安排在白天施工,避免夜间施工。夏季施工时,根据当地午休的习惯,合理安排工作时间,尽量与他们保持一致。

(3)混凝土拌和站及钢筋加工场地应安排在空旷地带,远离居民区、学校等,减少噪声对居民的影响。

9.5 防治水污染

(1)靠近生活水源的施工,用沟渠或堤坝同生活水源隔开,避免污染生活水源。

(2)清洗机械、施工设备的废水及生活污水,采取必要的措施达到一定卫生标准后才能排放,施工机械应防止严重漏油,禁止机械在运转中产生的油污未经处理就直接排放,或维修机械时油水直接排放。

(3)施工产生的废浆要用专用汽车运至指定地点倾倒,并设渗坑进行处理,不得排放到河流、水沟、灌溉系统里,以免造成河流和水源污染。

10 资源节约

(1)平台开挖前先测量原地面,根据桩位布置情况设计好平台位置,尽量减少开挖,减少防护数量,减少开挖数量。

(2)合理安排好开挖、防护、基桩施工和边坡的恢复等工序的衔接,提高劳动效率,减少设备投入。

(3)施工过程中做好临时排水,防止水毁造成损失。

11 效益分析

11.1 经济效益分析

该桥在边坡上有33根直径为1.5m基桩,长度共1 848m,其中平均每根桩有15m位于旧路边坡路基中,也就是共有495m处于旧路边坡路基中,采用冲击钻成孔,成孔单价为620元/m;其余1 353m采用反循环回转钻机成孔,成孔单价为320元/m。

如采用冲击钻成孔,该桥基桩成孔费用为:1 848m × 620 元/m = 1 145 760 元;采用冲击钻 + 回转钻机“接力”的成孔费用为:495m × 620 元/m + 1 353m × 320 元/m = 739 860 元。节约成本 40.59 万元。

11.2 社会效益分析

采用钻机“接力”的工艺可以缩短工期,冲击钻平均进尺速度为 5m/d,回旋钻进尺平均速度为 11m/d。如采用冲击钻成孔,工期为:1 848m ÷ 5m/d = 369.6d;采用采用冲击钻 + 回转钻机“接力”的成孔方式,工期为 495m ÷ 5m/d + 1 353m ÷ 11m/d = 222d,节约工期 147.6d。

本工法较好地解决了在改扩建工程施工中旧路为高填方路基,新路桥梁位于旧路边坡上的边坡桥梁施工中存在的旧路防护和施工平台等问题,既保证了旧路的安全通行,又为施工提供了安全方便的施工平台,施工过程和施工后均对旧路无影响,实现了较好的社会效益。

12 应用实例

12.1 应用实例一

连霍高速公路改扩建工程郑州至洛阳段十里铺高架桥,该桥结构形式为 13 ~ 30m 的预应力混凝土连续箱梁桥,全长 390m,开工时间为 2009 年 06 月,竣工时间为 2011 年 03 月。全桥 13 跨中有 11 跨位于旧路边坡上,采用边坡桥梁施工工法安全顺利地完成了该桥施工。

12.2 应用实例二

连霍高速公路改扩建工程洛阳至三门峡(豫陕界)段 TJ-19 标弘农涧河特大桥,该桥结构形式为 24 ~ 50m 的预应力混凝土连续 T 梁桥,全长 1 200m,开工时间为 2011 年 07 月,完工时间为 2013 年 06 月。全桥 24 跨中有 3 跨位于旧路边坡上,采用边坡桥梁施工工法安全顺利地完成了该桥施工。

灌乔木护坡快速施工工法

GGG(中企)A5030—2013

何寿海　程　翔　刘汉龙　唐　江　唐丽茹
(中铁二局第一工程有限公司)

1 前言

在工程建设中,因土石方开挖而形成大量裸露路堑边坡,破坏了原有植被,将导致水土流失和生态环境失衡。裸露的边坡若靠自然界自身力量恢复生态平衡需较长时间,甚至基本无法恢复。因此,需要采取工程措施对边坡进行工程防护,加强边坡稳定,防止水土流失,恢复生态环境,快速地在坡面构建一个和谐有序、稳定的植物群落,与周边植被环境协调一致,实现"建设与环境同步进行、人类与自然和谐发展"的工程建设理念。

灌乔木快速护坡施工技术是在坡面挂钢丝网并设植生板,用喷射机将人工土壤和含灌乔木种子的育苗基质喷射到坡面上,然后覆盖无纺布并洒水养生使坡面迅速恢复自然植被的边坡生态治理技术。

中铁二局第一工程有限公司在汕昆高速公路贵州境板坝(桂黔界)至江底(黔滇界)第一合同段施工中,课题小组通过对当地气候、地质情况进行实际调查研究,总结形成灌乔木边坡防护施工技术,运用此技术完成了该项目 31 447m^2 路堑边坡防护施工,防护效果显著,在满足边坡稳固的基础上,迅速恢复自然植被,提高林草植被覆盖率,并于 2011 年通过验收。通过该项目的成功应用,总结形成此工法。

2 工法特点

(1)施工迅速,能快速恢复自然植被。

(2)固坡稳固,适用范围广,植被覆盖率高。

3 适用范围

本工法适用于坡度不小于 1∶0.3,年降雨量大于 800mm 的湿润地区、非高寒地区土质和石质等整体稳定边坡。

4 工艺原理

灌乔木护坡快速施工工法原理为:在坡面上铺设护坡构件(植生板、钢丝网),增强护坡强度;喷植生基质材料(人工土壤和育苗基质)与护坡构件形成加筋植被混合物,作为灌乔木在坡面初期生长的基础,并提供其成长养分;灌乔木长出后覆盖整个坡面,形成具有一定强度的稳定防护层,起到固坡绿化作用。

5 施工工艺流程及操作要点

5.1 施工工艺流程(图 1)

5.2 操作要点

1)清理、平整坡面

采用人工清除坡面杂物、浮石,打掉突出岩石,使坡面尽可能平整;对整齐平滑的岩石坡面进行开凿处理，使其保持坡面粗糙，便于与喷射人工土壤黏结。坡面清理见图2。

对于洞穴部位，采用块石或毛石混凝土等充填补平至现有坡面；较大凹进部位可填入塑料编织袋袋装人工土壤填补。

2）安装植生板

植生板主要是对喷射的人工土壤和育苗基质起稳固作用，使其稳定地附着在坡面上并与坡面连在一起，阻止其向下滑移。

（1）植生板材料组成

植生板由挡条、定位筋、绑和扎丝组成。挡条采用硬质木材，长400～500mm，宽50～70mm、厚10mm；定位筋采用ϕ12mm钢筋，长20～30cm。挡条的长度和宽度、定位筋的长度具体尺寸可根据现场坡面实际情况进行调整；扎丝采用22号铅丝。

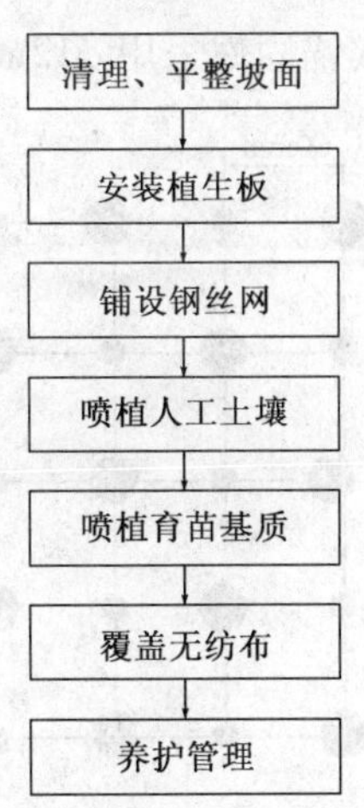

图1 施工工艺流程图

（2）植生板安装

先在坡面上打设定位钢筋，然后在定位钢筋上水平向安放挡条，挡条利用扎丝绑扎固定在定位钢筋上，完成植生板安装。植生板安装见图3。

图2 坡面清理

图3 植生板安装

植生板水平成排布置，挡条较宽一面垂直坡面布置，植生板行间距控制在30～50cm，具体布设间距可根据坡面的坡度大小进行调整；定位钢筋横向间距控制在20cm，打入坡面深度15～20cm，具体深度根据坡面地质情况进行调整（松软地质适当加深），以保证植生板及喷射基材稳固。

植生板与坡面不应有架空现象；植生板的挡条应与定位筋绑扎牢固，不倾翻、不松动。

3）铺设钢丝网

钢丝网置于喷射的基材内，位于植生板顶部位置，其主要作用是增强护坡强度，形成加筋植被混合物。

（1）材料组成

组成材料有钢丝网、锚固件和扎丝。钢丝网采用镀锌钢丝网或不锈钢丝网，规格：50mm×50mm（网格）×5.5mm（丝径）；主锚固件采用ϕ16mm钢筋，坡顶1m范围内长40～80cm，其他位置长30～50cm；

次锚固件采用 ϕ12mm 钢筋,长 20 ~ 30cm;绑扎丝宜采用 22 号铅丝。

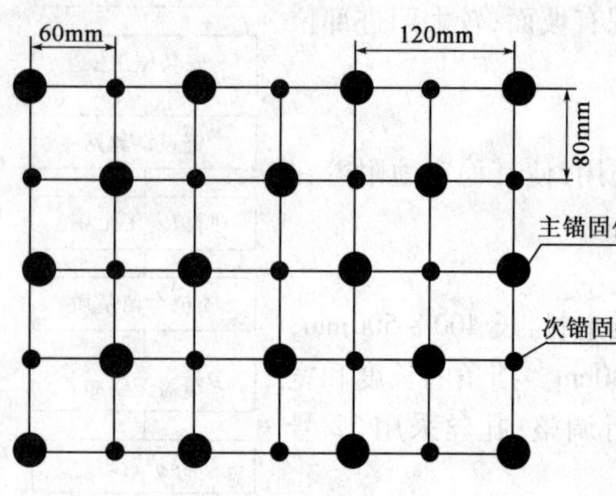

图 4　主次锚固件布置图

(2)铺设钢丝网

先在坡面上打设主锚固件和副锚固件,布置间距见图 4(主锚固件梅花形布置,横向间距 120cm、纵向间距 80cm,副锚固件横向间距 120cm、纵向间距 80cm);然后由坡顶至坡底方向贴近坡面铺挂钢丝网,最后用扎丝将钢丝网牢固绑扎在锚固件上,完成钢丝网安装。钢丝网安装见图 5。

(3)钢丝网安装注意事项

①坡顶部位应预留超过坡顶 80cm 的宽度,钢丝网顶端用主锚固件固定;

②钢丝网搭接长度不小于 10cm,并采用绑扎固结搭接部位;

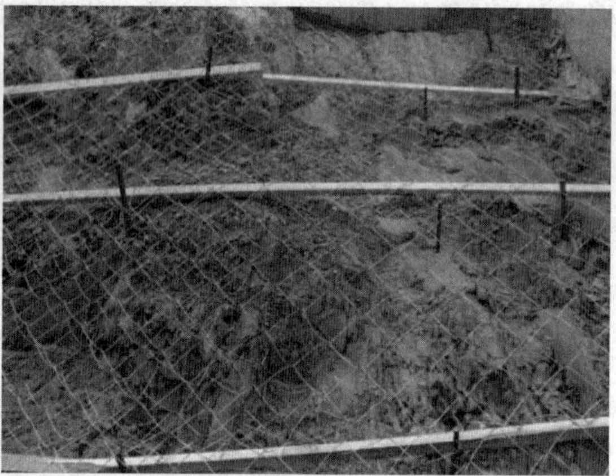
图 5　钢丝网安装

③锚固件植入深度:主锚固件 20 ~ 40cm,次锚固件采用 ϕ12mm 钢筋,次锚固件 10 ~ 20cm;坡面地质松软时适当加深。

④根据坡面岩土结构、坡度大小及平整程度确定锚固件间距,主次锚固件每平方米不应少于 3 个。

⑤坚硬或较硬的岩石应首先钻孔再置入锚固件,软质岩石坡面可以直接用顶端锐化的锚固件直接打入;对于土质松软的地方可采用木质锚固件加固处理,并采用绑扎丝与钢丝网绑扎牢固。

4)喷植人工土壤

(1)人工土壤配置选择

人工土壤的选择需根据工程所在地气候条件进行。本工程位于黔西南地区,降雨量充沛、气候温暖湿润(年平均气温 15 ~ 18℃、年降水量 1 300 ~ 1 600mm),选用的基材具有抗雨水冲刷性能,以保证在植物生长成型前不被雨水冲失;人工土壤必须保证喷射基材混合物团粒结构的形成,团粒结构的土壤能够协调水、肥、气、热等肥力因素,以便适应植物生长,一般采用含砂量稍低的土壤;同时人工土壤需保证植物所需养分的长期有效性,在坡面形成健康稳定的植被群落之前不会出现养分耗尽现象,除加入有机肥料外,将稻草屑、锯木粉、泥炭土等按比例加入。根据以上要求和当地地质、气候等情况,确定人工土壤配合比(表 1)。

人工土壤配合比用量(kg/m³)　　表 1

水	营养土	泥炭土	锯木粉	稻草屑	有机肥	灌乔木护坡添加剂
600	550	58	40	25	5.8	1.9

(2)人工土壤拌制

采用基材搅拌机按照配合比用量拌和;人工土壤配置的投料顺序为:水→营养土→泥炭土→稻草屑→锯木粉→有机肥→添加剂;搅拌时间主要根据材料拌和均匀并达到喷播要求的和易性为准,一般控制在3min左右。

(3)人工土壤喷植

试喷:根据边坡坡度及地质情况,开始喷射时要进行试喷,以调整好喷头与坡面的最佳距离和最佳喷射角度。根据本工程边坡设计(1:0.75~1:1)及地质(弱风化、中风化的泥岩和灰岩)情况,经现场试喷,喷嘴与坡面距离控制在0.9~1.2m内,与坡面垂直,风压在0.1MPa左右。人工土壤喷植见图6。

图6 人工土壤喷植

人工土壤喷植采用喷混凝土机进行;喷射前将坡面洒水湿润;为便于施工安全和操作,由上至下进行喷射;喷播时从正面进行,并按照试喷工艺确定的与坡面的距离和角度进行喷射;喷射人工土壤应覆盖全部种植坡面,喷播完成后在植生板上部堆积的人工土壤平均厚度不应小于50mm,并应覆盖钢丝网80%以上。

喷射厚度控制措施:超过或平齐植生板挡条顶面。

(4)施工注意事项

①人工土壤配置用水与种子发芽和生长有关,水质应无污染。宜采用池塘水、河水(池塘水、河水含有大量有机质和腐殖酸,氯离子含量较低,能够增加土壤肥力,比较适宜种植土壤)。

②人工土壤应严格投料顺序和控制用水量,采用机械搅拌,搅拌充分均匀。

③在出现降雨、暴风、台风来临前,应停止施工。

5)喷植育苗基质

育苗基质即为混合有植物种子的人工土壤,其喷植工艺同人工土壤的喷植。

(1)植物种子的选择

植物种子主要根据气候条件和地质情况进行选择,主要考虑其抗逆性和适应本地区生长的品种。根据现场调查研究,选择适宜当地气候、易于生长、根系发达、固土护坡能力强的灌乔木,品种不少于5类,本项目选择的灌木有胡枝子、多花木兰、猪屎豆、紫穗槐,乔木(小乔木)有刺槐。其配合比见表2。

人工土壤配合比用量(kg/m³) 表2

水	营养土	泥炭土	锯木粉	稻草屑	有机肥	灌乔木护坡添加剂	种子(总量0.25)				
							胡枝子	多花木兰	猪屎豆	刺槐	紫穗槐
600	550	100	30	30	10.5	2.5	0.048	0.058	0.048	0.048	0.048

为提高种子的发芽率,在拌制前需提前对种子进行浸泡发芽处理,具体处理措施见表3。

种子浸泡处理　　表3

种子类别	胡枝子	多花木兰	猪屎豆	刺槐	紫穗槐
处理措施	生活用水浸种10h	生活用水浸种4h	50℃水温浸种4h	50℃水温浸种10h	50℃水温浸种7h

(2)拌制育苗基质

育苗基质配置的投料顺序为:水→营养土→泥炭土→稻草屑→锯木粉→有机肥→灌木护坡专用添加剂→种子。搅拌时间主要根据材料拌和均匀并达到喷播要求的和易性为准,一般控制在3min左右。

人工土壤喷植完成后2h左右可喷植育苗基质(需根据实时气温确定);育苗基质喷播完成后基材(含人工土壤)平均厚度不应小于10cm,并应均匀覆盖全部人工土壤;平均喷射进度达到500m²/d。育苗基质喷见图7。

图7　育苗基质喷植

喷射厚度控制措施:钢丝网锚固件(钢筋)上采取系红布条作为喷射厚度标记,标记点布置间距:横向120cm、纵向160cm。

6)覆盖无纺布

为营造种子快速发芽的环境,育苗基质喷完后覆盖一层12g/m² 无纺布防水保温;无纺布用U形铁丝钉固定,防止刮风脱落。覆盖无纺布见图8。

图8　覆盖无纺布

7)养护管理

当喷射的基材终凝后,开始每天要进行雾状喷水,一天洒水两次;在一周左右基材内植物出苗后在水中可加入适量肥料,直至植物覆盖坡面,植物根系与岩面连接一体时可停止洒水养护,一般2个月时间。洒水养生见图9。经过养护管理,种子一般7d左右发芽,1个月初见长势、达到成坪效果,2个月覆盖率达90%。

夏季养护时间应在早晨10点前完成，下午应在4点后进行；后期养护视干旱情况适时浇水。灌木正常生长一年之内，应进行以下养护：每半年施肥1次；每季度施1次农药预防病虫害或采取其他有效防治措施；防止人为破坏和牲畜践踏、啃咬。

图9 洒水养护

5.3 劳动力组织

本工法需要的劳动力按坡面清理、植生板安装、钢丝网安装、人工土壤喷植、育苗基质、覆盖土工布、养生管理等工序划分，需要劳动力见表4。

劳动力配置表 表4

序 号	工 种	人 数（人）	工 作 内 容	备 注
1	现场负责人	1	现场指挥、协调	
2	技术员	1	施工技术指导	
3	试验员	1	试验检测	
4	安全员	1	现场安全检查	
5	修理工、电工	1	电线路安装、机械修理	
6	喷混凝土工	4	基材喷植	
7	普工	10		
合 计		19		

6 设备与材料

6.1 主要设备

本工法需要的设备主要有：钻孔设备、营养土粉碎设备、基材搅拌和设备、基材喷射设备、洒水设备以及计量设备等。需要设备见表5。

主要设备规格数量表 表5

序 号	设 备 名 称	规 格	单 位	数 量（台）	备 注
1	粉碎机	MQF-420	台	1	营养土粉碎
2	搅拌机	L-300	台	1	
3	空压机	BH-12/7	台	1	
4	喷混凝土机	PZ-5B	台	1	
5	水车	10m^3	台	1	
6	发电机	75kW	台	1	
7	水泵（内燃）	10m^3	台	1	
8	手风钻	YT-28	台	3	
9	台秤	100kg	台	1	

6.2 主要材料

本工法使用的工程材料主要有以下三类。

护坡构件:木材、钢丝网、ϕ16mm 钢筋、ϕ12mm 钢筋及 22 号铅丝。

基层材料:营养土、有机肥料、稻草屑、锯木粉、泥炭土、护坡添加剂及灌乔木种子。

养护材料:12g/m^2 无纺布。

7 质量控制

7.1 质量控制标准

灌乔木边坡防护施工质量执行《喀斯特(KST)地区灌木护坡施工技术规范》(DB52/T 571—2009)相关规定标准。

7.2 质量控制要点

经现场施工总结,灌乔木边坡防护施工质量控制要点有以下几个方面。

(1)植生板安装:定位钢筋打入坡面深度为 15~20cm,坡面地质松软时可适当加深,以保证喷射基材后稳固。

(2)钢丝网安装:锚固件植入深度为主锚固件 20~40cm、次锚固件 10~20cm,坡面地质松软适当加深;主锚固件数量不应少于 1 个/m^2,次锚固件不应少于 3 个/m^2。

(3)人工土壤喷植:严格按配比用量及投料顺序拌和均匀,拌和时间控制在 3min;喷植平均厚度不应小于 5cm,覆盖钢丝网 80% 以上。

(4)育苗基质喷植:严格按配比用量及投料顺序拌和均匀,拌和时间控制在 3min;喷植后基材(含人工土壤)平均厚度不应小于 10cm,并应均匀覆盖全部人工土壤。

(5)验收标准:覆盖率不应小于 85%,苗木的病虫受害发生率不应大于 1%。

8 安全措施

(1)喷射前要检查作业地段坡面岩石,对浮石、危石等必须清理干净。

(2)灌乔木边坡防护施工属高空作业,整个施工过程操作工人仍应按规定要求佩戴安全装备。同时坡顶的挂绳锚杆除满足锚固要求外,挂设完成后需仔细进行检查,确保安全。

(3)施工作业过程中,尤其是护坡构件(植生板、钢丝网)施工过程,易发生高空坠落物,威胁到坡脚有关人员。因此在施工期内,应安排专人提醒坡脚附近不得有任何人员,以免高空落物伤人。

(4)在操作时,操作人员必须把持好喷枪,同时严格控制操作人员连续工作时间不超过 4h。

9 环保措施

(1)营养土等物资在运输过程中采用篷布覆盖严密,并装量适中,不得超限运输,避免物资溢出遗撒在道路上造成污染。

(2)现场堆放的基材配料,采用塑料薄膜或彩条布进行覆盖,避免风吹或淋水后造成环境污染。

(3)人工土壤、育苗基质拌制完成后,对清理出的杂物及遗留的基质材料及时清理干净,避免污染环境。

(4)养护完成后,将覆盖的无纺布集中收集堆放,避免其在坡面随意飘散影响环境。

10 资源节约

通过在岩石坡面上安装植生板、挂网,再喷植基材种植灌乔木方式进行路堑边坡绿化防护,避免了采取坡面刚性防护方式使用大量的片石、水泥、钢材等材料,节约了开采石材占用土地资源和钢材使用量,取得了较好的节地和节材效益。

11 效益分析

11.1 经济效益

根据目前常采用的不同坡面防护方式，对其成本费用及优缺点的对比分析见表6。

成本费用及优缺点比较表 表6

防护类别	坡面防护方法	费用（元/m^2）	优缺点分析	备注
坡面刚性防护	浆砌片石护面墙（按边坡高度30m计算）	100	能护坡，防止水土流失，但施工周期长且不能恢复植被，美化环境	边坡越高相应费用越高
	挂网喷射混凝土	82		
坡面柔性防护	铺草皮或喷洒草种	9	适用于土质、营养丰富边坡，降雨相应充沛地域	
	边坡攀爬植物	16	生长期长，前期固坡效果差	
	拉伸网（三维网）植草	19	固坡构件采用柔性土工织物（老化后易破坏），固坡效果不佳；草本植物根系较短，不能在短期内形成物种多样化，难以形成植物群落的自然演替	
	土工格室植草	65		
	植生袋植草	100		
	灌乔木边坡防护	70	适用范围广，乔灌木根系发达，护坡能力强；施工迅速，能快速恢复植被，具有短期内形成物种多样化、自然演替功能；一般5 000m^2内边坡15d能施工完成（含清理、钻孔、挂钢丝网及喷植），种子7d左右发芽，1个月初见长势、达到成坪效果，经过2个月左右时间洒水养护，灌乔木覆盖坡面（覆盖率达90%），能迅速在坡面形成具有一定强度的稳定防护层，起到固坡绿化作用	

注：以上费用根据本工程所在地材料价格计算。

从表6分析得知，边坡采用灌乔木防护比刚性方式防护节约成本15%～30%，且能恢复植被，美化自然环境；在柔性防护类中，灌乔木防护虽比其他防护方式成本费用高，但适用范围广，灌乔木根系发达，护坡能力强，且施工迅速能快速恢复植被，具有短期内形成物种多样化、自然演替功能，具有短期内在坡面上形成具有一定强度的稳定防护层，起到稳固边坡作用，避免因坡面防护不及时导致坡面损坏或失稳而花费较大的整治费用，造成经济损失。

11.2 社会效益

本工法快速地在坡面构建一个稳定的植物群落，不但能加强边坡稳定，防止水土流失，同时恢复了自然生态环境，提高了林草植被的覆盖率，使高速公路与周边植被环境协调一致，融为一体，营造自然舒适的视觉效果，实现“建设与环境同步进行、人类与自然和谐发展”的工程建设理念。

12 应用实例

汕昆高速公路贵州境板坝（桂黔界）至江底（黔滇界）第一合同段位于贵州省黔西南州册亨县境内，起点里程K1+226.480，终点里程K7+729.218，全长6.453km，工程于2009年5月开工，2011年12月完工。该项目为全立交双向四车道高速公路，路基宽度26m，由桥梁工程、涵洞工程、路基及防护工程组成。其中路基八段，路基长2.14km，挖方89.8万m^3、填方62.1万m^3，涉及需防护路堑边坡31 447m^2；设计最大边坡开挖高40m，坡比1∶0.75～1∶1，地质以弱风化、中风化的泥岩和灰岩为主。

根据现场调查研究，确定路堑稳定岩石边坡采用喷植灌乔木防护技术，防护面积共31 447m^2。该技术绿化基材配方合理,植物生长快、长势旺,植被完全覆盖整个坡面,绿化效果显著;种子搭配合理,抗旱、抗病虫性能良好,种子 7d 左右发芽,1 个月初见长势,达到成坪效果,2 个月覆盖率达 90%,以后不用人工养生,可以自然生长。该技术具有施工迅速、快速恢复自然植被,固坡稳固、植被覆盖率高的特点,并通过在本合同段 K1 + 580 ~ K1 + 700 右侧(3 600m^2)、K3 + 060 ~ K3 + 340 左侧(5 860m^2)、K6 + 829 ~ K6 + 999 左侧(3 570m^2)及 BK0 + 105 ~ BK0 + 340 左侧(4 700m^2)等 8 段路堑边坡的应用,技术成熟,除在本合同段全面推广应用外,已在全线合同段内推广使用。本工法得到贵州省高总司、项目总监办等各级领导的赞扬,建议该施工工法进一步在全省高速公路范围内推广使用。

泥水平衡式大直径顶管施工工法

GGG(中企)A6031—2013

崔占奎 李 文 靳志强 赵振华 孙鹤鹏

(中交第一公路工程局有限公司 中交一公局第三工程有限公司)

1 前言

目前,国内中小管径排水管道不能满足城市排水泄洪的需要,大直径排水基础设施的需求日益凸显。传统开槽施工因损毁道路,影响交通,污染环境等缺点,逐渐被顶管施工取代。目前,国内最大双孔顶管为上海南线污水输送管线平行顶进的两条 DN4000 钢筋混凝土顶管。

该工法被先后成功应用在山西省太原市汾东商务区人民路雨水管道工程、太原市汾东商务区十号线雨水管道工程和太原市长风商务迎泽线路电力管道工程,其中人民路雨水工程原设计为 1 980m 双孔 3.4m×2m 方涵。由于工程所处地质富水性和多变性,若采用明挖施工将导致施工安全风险高、基坑支护难、施工成本高。后经专家评审,变更为双孔 3m 顶管施工。采用此法在山西地区尚属首例,通过该工法的应用,成功完成了大直径双孔管线工程施工任务,取得了显著的经济效益和社会效益。

2 工法特点

与传统明挖施工工艺相比,具有以下特点:

(1)施工时对周围环境影响较小,文明施工程度高,社会效益显著。

(2)施工成本低,减少钢筋混凝土等材料用量,减少机械及人工投入,大大节约成本。

(3)避免大面积基坑开挖和回填施工,土层破坏小,保护了路基,减少了土地资源占用。

(4)连续作业性强,施工进度快,质量易保证。

(5)开挖部分仅仅设工作井和接收井,相对较安全,交通影响小。

3 适用范围

(1)泥水平衡式大直径(2 600 ~ 3 200mm)钢筋混凝土顶管。

(2)地质为富水粉沙、粉土、粉质黏土及三种土的结合。

(3)管顶覆土厚度为 1 ~ 1.5 倍管径。

(4)地表沉降要求不高,最大沉降值在 15cm 以内。

(5)适用于单孔及多孔平行顶管,如采用多孔平行顶管,管之间净距不得小于 0.8 倍管外径。

4 工艺原理

借助主顶油缸顶推掘进机从工作井内切入土层,利用掘进机全断面切削土体,以泥水压力平衡土压力和地下水压力,并以泥水作为介质输送弃土。当油缸活塞伸出足够一个管节的行程后,加装管节,然后继续顶推管节和掘进机。如此循环,直到从接收井内吊出。与此同时,为减小大直径管道与地层的阻力,采用触变泥浆减阻。

5 施工工艺流程及操作要点

5.1 工艺流量(图1)

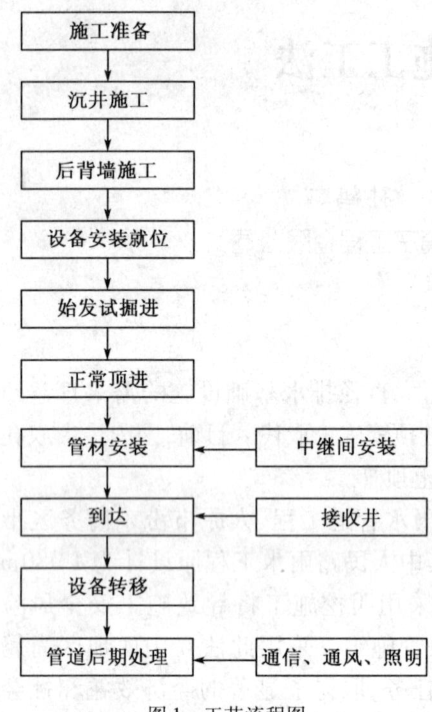

图1 工艺流程图

5.2 施工操作要点

1)施工准备

(1)测量放样,合理布置工作井及接收井位置。

(2)在工作井及接收井施工范围内进行场地平整、围挡、接通水电、临建搭设、地下管线及周边建筑物调查等工作。

(3)在施工前需规划好泥浆池的大小及位置,泥浆体积按掘进体积的3~5倍计算。

(4)根据管材及掘进机重量选用合适的吊装设备。

(5)合理选用顶进管材。

2)沉井施工

顶管施工中的沉井分为工作井和接收井,沉井材料为钢筋混凝土,采用排水法下沉工艺,刃脚高度不小于3.5m,沉井施工前对三维尺寸、结构受力等进行设计。

3)后背墙施工

采用装配式后背墙,材料选用钢筋混凝土,后背墙施工前根据最大顶力进行详细设计,与千斤顶接触面应平整,墙体垂直度小于0.1%H(H为后背墙高度)。

4)设备安装就位

(1)止水密封圈安装

止水密封圈的作用主要是防止掘进机顶进过程中外部泥水涌入工作井,淹埋掘进机,其主要由套筒、橡胶圈、压板组成,套筒在施工沉井时预埋进去,橡胶圈和压板在沉井施工完毕后安装。

①安装密封圈位置预留洞口位置,工作井尺寸 = 管外径 +20cm,接收井尺寸 = 管外径 +40cm。

②橡胶圈厚度采用2cm。

③压板采用厚度1cm的钢板,现场加工,尺寸见图2。

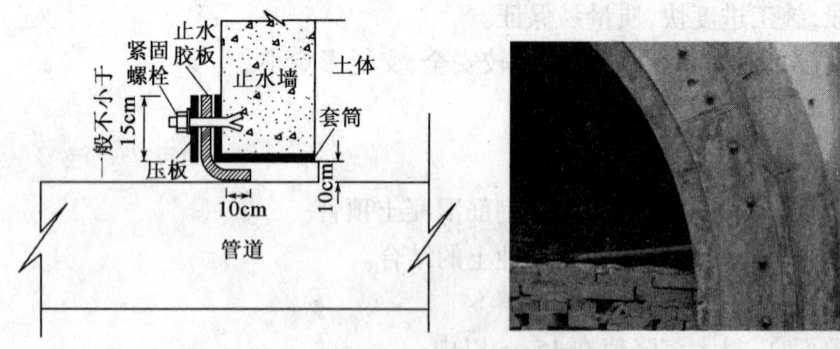

图2 止水密封圈示意图

(2)导轨安装

导轨一般采用装配式,管节在顶进前先安放在导轨上,承担顶进的导向功能。

导轨应选用钢质材料制作,其安装应符合下列规定:

①两导轨应顺直、平行、等高,其坡度应与管道设计坡度一致。

②导轨安装的允许偏差应为:轴线位置,3mm;顶面高程,0~+3mm;两轨内距,±2mm。

③安装后的导轨必须稳固,在顶进中承受各种负载时不产生位移,不沉降、不变形,通常采用螺栓固

定或混凝土浇筑固定。

④导轨安放前,应先复核管道中心位置,并应在施工中经常检查校核。

(3)主顶系统

采用液压千斤顶,单个千斤顶推力不宜小于200t,千斤顶总数量需满足千斤顶理论总推力不得小于实际总推力,且留有备用千斤顶。顶进过程中千斤顶使用数量为偶数,且规格相同,对称布置,确保顶进过程中均匀受力,主顶千斤顶组装在千斤顶架上,以使顶进受力点和后座受力都保持良好状态。主顶系统操作台设在地面控制室内,其布置如图3所示。

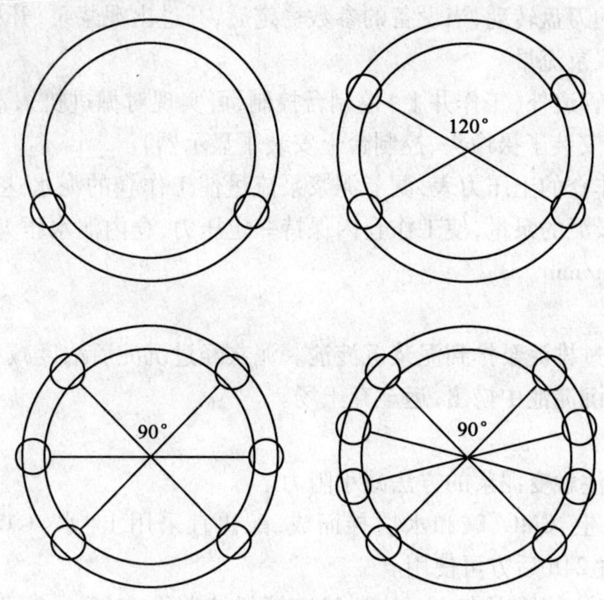

图3 主顶千斤顶布置示意图

(4)掘进机安装

①掘进机顶上有一对吊装孔,吊装时保证平稳、缓慢且由专人指挥。

②掘进机安装在导轨上后,测定前后端中心方向的偏差和相对高差,以作调试。

③对掘进机的电路、水路、油路、泥水管路和操纵设备进行逐一连接,并进行试运转。

(5)出泥系统

铺设ϕ165mm(内径155mm)的排泥管道,采用卡箍连接,由55kW排泥泵输送排入井外的泥浆池内。

(6)测量系统

测量的目的主要是监控掘进机的垂直和水平位置,常用的测量仪器主要是激光经纬仪或全站仪,其安装步骤如下:

①在工作井内进行顶管轴线放样。

②根据放样轴线位置在主顶中间靠近后背墙的合适位置定出仪器中心,立好仪器固定支架。

③水平旋转仪器,使仪器的轴线和顶管轴线重合。

④上下调整仪器,使仪器的坡度同管道顶进坡度相同。

⑤调节仪器的高度,使仪器的显示红点和掘进机前方的光靶中心重合。

⑥激光仪器安装完毕,施工中根据控制器上的显示器观测红点偏位。正常时,红外线点同光靶中心一致。对于长距离曲线顶管,应在管内设置若干测站,用导线法测量。

5)顶管施工

(1)始发试掘进

始发试掘进前检查以下项目:止水密封圈、导轨高程平面位置、各管路连接、其他各设备试运转等;

出洞时主要考虑洞口位置土体坍塌下沉、工作井内人员安全。为防止初始掘进后机头下沉,主要采取以下措施:

①在钢套筒内制作延伸导轨,减少顶管机悬臂长度。

②工作井预留洞口外侧土体加固。

试掘进过程中检查设备运行是否正常。

(2)正常顶进

①启动刀盘

接通电源,将掘进机的刀盘转动,当设备的参数稳定后,开进出泥浆泵,开始泥浆循环。

②顶进、调整进出泥浆泵流量

掘进机的操作全部由管道外(工作井上)控制台控制,可实现对掘进机刀盘转动控制、纠偏控制、压力显示、实时监控(掘进机安装了摄像头、控制台上安装了显示器)。

顶进千斤顶,观察工作仓的土压力表,调节泥浆泵流量使工作仓的泥水达到平衡,当进泥和吸泥泵稳定工作时,调节进泥和吸泥的泵量,使工作仓内保持一定压力,仓内泥水压力应与地下水压力相平衡。顶进速度宜控制在4~8cm/min。

③泥水处理

施工中产生的泥水通过排泥泵排到泥浆沉淀池。泥浆经过沉淀后浓度减小,表层清水可重复使用。泥浆沉淀后将沉淀渣土从沉淀池中捞出,运至弃土场。

④减阻措施

顶进过程中采用管周注触变泥浆的方法减小阻力。

触变泥浆由钠基膨润土、CMC、碱和水搅拌而成,配比宜采用土∶水∶CMC∶碱(质量比)=1∶10∶0.04∶0.04。造浆后应静置24h后方可使用。

每隔5~6m布置带有注浆孔的管材一道,每道管材注浆孔布置5个,注浆压力控制在0.2MPa左右。

⑤掘进机纠偏

使仪器发射的激光沿着顶进方向水平射出,打在掘进机的测量靶位上,通过显示器读出掘进机的偏差。每隔0.5m记录一次(辅以人工测量校对)。

纠偏办法:采用安装在掘进机前面的四个油缸实现纠偏,控制参数见表1。

控制参数 表1

偏差(mm)		顶进速度(cm/min)	力矩(kN·m)	控制油压(MPa)
上偏差 h	$100 \geq h \geq 30$	4~8	200~300	5.5~8.2
	$h \geq 100$	1~4	400~600	11.0~16.5
下偏差 h	$100 \geq h \geq 30$	4~8	250~350	6.9~9.6
	$h \geq 100$	8~12	350~600	9.6~16.5
左右偏差 h	$h \geq 30$	4~8	50~100	1.4~2.7

⑥通信、通风、照明

为了保证顶进施工的正常顺利进行,顶管施工各个工作岗位上必须保持密切的联系。

长度超过300m进人操作的顶管,应配置通风设施。通风的空气质量应符合环保要求,通风量不低于每人每小时30m^3。

道内为潮湿环境,照明采用24V电源供电。

⑦管材安装

顶进一节管材后,用吊车再安放另一节管材,重复施工直至掘进机进洞图4。

⑧中继间

当理论计算总顶力大于管材和工作井允许顶力时，需设置中继间，中继间布置计算参考中国非开挖技术协会行业标准《顶管施工技术及验收规范》和《给水排水工程顶管技术规程》(CECS 246—2008)。

图4　管材安装

(3)到达

①掘进机进洞前10m范围内减慢顶进速度，减小管道正面阻力对接收井的不利影响。

②当掘进机距接收井还有30m左右时，应加强轴线复测力度，将掘进机确切位置测放于接收井内，从而确保安全出洞(图5)。

③当掘进机顶进至距接收井壁10cm处时，缓慢顶进直至穿出封堵洞口砖墙。

④掘进机进洞后及时将与掘进机连接的管材分离；吊起掘进机以后，立即将预留孔和管壁之间的空隙用水泥砂浆填充密实。

⑤接收井洞口外侧土体加固。

(4)设备转移

掘进机出洞后及时将掘进机吊出转移，拆除工作井内设施，转移操作平台等。

(5)管道后期处理

①施工结束后，拆除管道内中继间的千斤顶，用不小于15MPa的混凝土进行填充。

②管节间接口处进行凿毛处理，并用不小于M7.5砂浆进行抹带。成品管道效果见图6。

图5　掘进机出洞

图6　成品管道

6　材料与设备

本工法所用材料与设备见表2。

材 料 与 设 备　　表2

序号	名称	型号及要求	单位	数量	用途
1	掘进机	比管材外径大2cm	台	1	掘土顶进
2	主顶系统	每个千斤顶不宜小于200t	套	1	推动管材与掘进机顶进
3	顶铁	与管材匹配	套	1	均匀传递顶力
4	导轨		套	1	架设管材，使之平稳顶进
5	进水出泥系统	Y180L-4 抽水泵22kW，排泥泵55kW	套	1	进水使土体变成泥浆，出泥即使之排出
6	注浆系统	80PcY14-1B	套	1	向管外壁注浆成泥浆套，减小顶进的摩阻力
7	中继间	30～50t	套	根据需要	分担主顶力

续上表

序号	名称	型号及要求	单位	数量	用途
8	配电箱		个	1	供电
9	顶管操作台		个	1	自动化控制调整顶进状态
10	交流弧焊机	BX1-400	个	1	焊接导轨
11	吊车		台	1	吊装设备、管材

7 材料与设备

使用本工法应严格执行《给水排水工程顶管技术规程》(CECS 246—2008)和《给水排水管道工程施工及验收规范》(GB 50268—2008)相关要求。

7.1 顶管方向控制

(1)有严格的放样复核制度,并做好原始记录。

(2)顶进纠偏应勤测量、多微调。

(3)初始顶进阶段,要减慢主顶推进速度。

(4)开始顶进前需对每一米、每节管的位置、高程进行计算,确保数据正确,以最终符合设计坡度要求和质量标准为原则。

7.2 顶进过程中控制

(1)在顶进初始阶段,设立地面沉降试验段,通过对地面沉降的反复测量、监控,掌握沉降变化规律,以便更好地调整顶进压力、掘进机仓内泥水压力,以控制沉降量以及推进速度。

(2)顶进轴线偏差也会引起较大的地面沉降,故在顶进操纵时,操纵人员要认真仔细分析掘进机偏差量,谨慎纠偏,将管道偏差控制在小的范围内。

7.3 质量验收标准

参照《给水排水管道工程施工及验收规范》(GB 50268—2008)中表6.7.3,顶管施工贯通后管道的允许偏差必须满足表3的要求。

顶管施工贯通后管道的允许偏差 表3

检查项目			允许偏差(mm)	检查数量		检查方法
				范围	点数	
1	直线顶管水平轴线	顶进长度<300m	50	管节	1点	经纬仪测量或挂中线用尺量测
		300m≤顶进长度<1 000m	100			
		顶进长度≥1 000m	L/10			
2	直线顶管内底高程	顶进长度<300m	+40,-50			水准仪或水平仪测量
		300m≤顶进长度<1 000m	+60,-80			水准仪测量
		顶进长度≥1 000m	+80,-100			
3	曲线顶管水平轴线	水平曲线	150			经纬仪测量
		竖曲线	150			
		复合曲线	150			
4	曲线顶管内底高程	水平曲线	+100,-150			水准仪测量
		竖曲线	+100,-150			
		复合曲线	±200			
5	相邻管间错口		15%壁厚,且≤20			钢尺量测
6	曲线顶管相邻管间接口的最大间隙与最小间隙之差		≤ΔS			
7	对顶时两端错口		50			

注:L为顶进长度(m);ΔS为曲线顶管相邻管节接口允许的最大间隙与最小间隙之差(mm)。

8 安全措施

(1)认真贯彻“安全第一,预防为主”的方针,组成由专职安全员、班组兼职安全员以及工地安全用电负责人参加的安全生产管理网络,执行安全生产责任制,明确各级人员的职责,抓好工程的安全生产工作。

(2)建立完善的施工安全保证体系,加强施工作业的安全检查,确保作业标准化、规范化。

(3)顶管施工前应查明沿线地下障碍物及管线情况。

(4)吊装用起重设备、运输车辆、顶管设备必须详细检查其性能和状态,安全装置应符合规定,吊装管材时需专人指挥。

(5)施工现场需挂安全警示牌,工作井周围设置栏杆,作业人员进入施工现场必须佩戴安全帽,沉井施工及顶管施工中上下沉井时应穿好防滑鞋。操作人员不得疲劳作业和带病作业,不得擅自离岗。

(6)严格按照操作规程进行作业,杜绝“三违”作业。

(7)安全用电,施工现场配备标准化电闸箱,并且设置明显的标志,所有使用的电器设备必须符合安全规定。特别是夜间施工照明应良好。

(8)现场用电设备必须实行三级供电,两级保护。

(9)泥浆池周边等危险地带应设危险标志牌、安全防护设施等。

(10)提高消防意识,消除火灾隐患。

9 环保措施

(1)成立对应的施工环保卫生管理机构,在工程施工过程中严格遵守国家和地方政府下发的有关环境保护法律、法规和规章。

(2)将施工场地和作业控制在工程建设允许的范围内,合理布置,规范围挡,做到标牌清楚、齐全,各种标识醒目,施工现场整洁文明,机械设备停放有序。

(3)对施工中可能影响到的各种公共设施制订可靠的防止损坏和移位的实施措施,加强实施中的监测、应对和验证;同时,将相关方案和要求向全体施工人员详细交底。

(4)机械定期维修与保养,严禁使用高音喇叭,尽可能降低噪声,施工期间尽量不扰民。

(5)设置专用泥浆池、垃圾处理坑,在施工结束后立即处理。

10 资源节约

采用本工法与原设计开挖施工管线对比分析,通过改变施工工艺、技术创新,在排水工程中应用本工法有如下资源节约:

(1)顶管的应用将大大减少原基坑开挖作业挖、运土方量及其机械的能耗。

(2)与原设计雨水方涵相比减少了钢筋及混凝土的消耗量。

(3)省去开挖后回填材料消耗量。

(4)较原设计开挖施工管线的人工消耗量大大减少。

(5)加快工期建设,降低整体工程造价。

11 效益分析

11.1 经济效益

(1)根据2011年《山西省建设工程计价依据》市政预算定额及市场实际单价来进行经济效益分析。

(2)本工法应用前为双孔方涵,施工包括降水、基坑开挖、钢板桩支护、基础处理、浇筑混凝土、回填等;本工法应用后为双孔3m顶管,先施工4个工作井、4个接收井,共1 980m管线,施工断面形式如图7和图8所示。

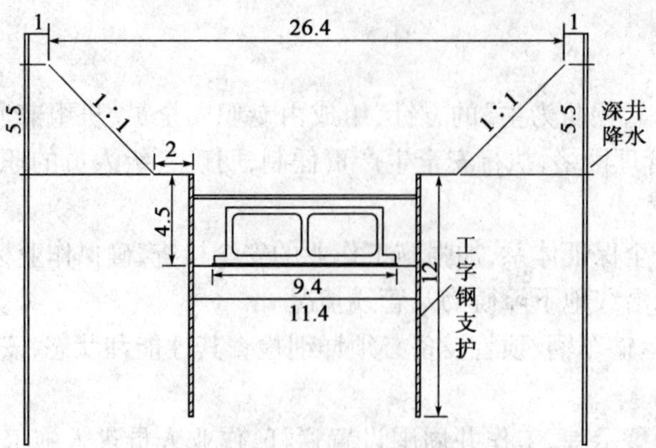

图7　工法应用前(开挖钢板桩支护)(尺寸单位:m)

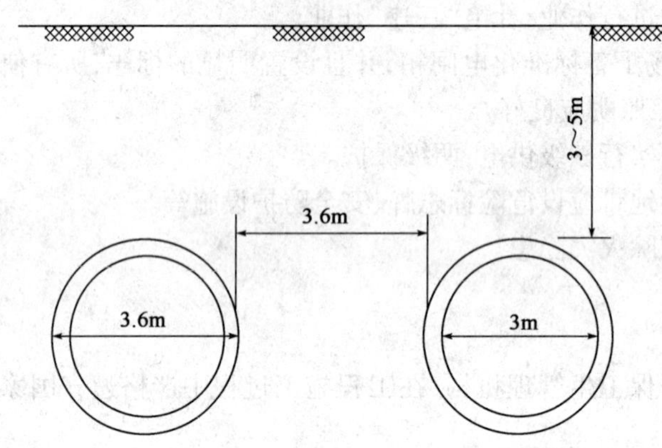

图8　工法应用后(双孔3m顶管)

(3)经济分析。

本工法应用前后,其造价分别为7 445.9万元和6 710.3万元,共计节省了735.6万元,详见表4。

应用前后施工费用对比

表4

方　案	细目名称	数　量	单　位	单　价	金　额(元)	合计费用(万元)
本工法应用前:开挖钢板桩支护	沟槽挖方(深10m内)	327 366	m^3	23.15	7 578 534	7 445.9
	沟槽弃方	292 731	m^3	19	5 561 889	
	沟槽回填土方	278 537	m^3	26	7 241 963	
	涵侧及涵顶50cm回填砂砾	32 806	m^3	115	3 772 690	
	钢板桩租赁	669 088	根·d	12	8 029 056	
	钢板桩打拔	9 484	根	850	8 061 400	
	深井降水打井(每眼20m)	13 880	m	150	2 082 000	
	深井降水抽水	26 760	井·d	150	4 014 000	
	方涵井筒(深6.76m)	60	座	4 229.6	253 776	
	双孔方涵	1 980	m	14 101	27 863 201	
本工法应用后:双孔3m顶管	工作井	4	座	1 460 000	5 840 000	6 710.3
	接收井	3	座	1 100 000	3 300 000	
	检查井	14	座	10 500	147 000	
	顶进施工	3 960	m	6 900	27 324 000	
	管材费用	3 960	m	7 700	30 492 000	

注:合计每米节约费用约1 857.6元。

11.2 社会效益

(1)该段落周围村民及未拆迁建筑物较多,如果采取开挖施工则存在有较大的安全隐患,并且不能保证全线同时开工作业,严重影响工期。

(2)采用顶管施工后可避免以上不利因素,减少工程造价,加快工期,减小对周围环境的影响,避免了深基坑施工的安全隐患和开挖作业的粉尘危害。

(3)经计算,较之前工艺节省674t标准煤,改变施工工艺使用了清洁能源,提高了行业节能减排的意识,促进了行业服务水平。

(4)节省了原材料消耗、节约能源、保护生态环境、降低成本,达到环境与经济的双赢,实现了可持续发展的目标。

12 应用实例

12.1 工程实例一

1)工程概况

太原市汾东商务区人民路雨水工程采用双孔3m顶管,管材内径3m,壁厚30cm,管顶覆土厚度仅为3~5m。长度1 980m,范围内共设置4个工作井和4个接收井,分7段施工,其中最长顶进距离为350m,最短顶进距离为200m,工期为2012年3月~2012年10月。

2)工法应用效果

由于采用了本工法,降低了材料和人工成本,提高了工效,共计节约735.6万元。同时由于加快了施工进度,保证了施工质量和安全,成效显著,社会效益很大,并且为此类工程建设积累了丰富经验,得到了监理和业主的一致好评。

12.2 工程实例二

1)工程概况

太原市汾东商务区十号线雨水工程采用双孔3m顶管,管材内径3m,壁厚30cm,管顶覆土厚度仅为3~5m。长度1 230m,范围内共设置2个工作井和3个接收井,分4段施工,其中最长顶进距离为310m,最短顶进距离为180m,工期为2012年3月~2012年10月。

2)工法应用效果

采用本工法后减少了明挖施工带来了的安全隐患,节约了工程投资,减少了土资源的破坏和浪费,节约工期近一个月,得到了业主和监理单位的认可。

12.3 工程实例三

1)工程概况

太原市长风商务迎泽线路电力管道工程包括电力管道和电力设施安装两部分,全长2.3km,东21号电缆井和25号电缆井之间电力管道采用直径为3m的钢筋混凝土圆管,其余采用单孔3m×2m的电力方涵,工期为2012年10月~2012年11月。

2)工法应用效果

采用本工法施工直径为3m的电力管道,不需要破坏老路,施工过程中及施工后对晋祠路无任何质量、安全影响,节约了工期,社会效益明显,得到了太原市供电公司领导的一致好评,直接经济效益约222万元。

路　面　篇

旧路无机结合料基层全深式就地冷再生施工工法

GGG(鲁)B1032—2013

纪 续 韩作新 林占胜 冉维彬 李竹志

(济南金曰公路工程有限公司)

1 前言

随着车流量等因素的增大,道路的新建、改扩建等工程也在加大,公路与城镇道路的基本建设进程的步伐也随之加快。因此,如何处置每年数千万吨原路面废料将成为必须面对和解决的问题。同时,重新铺筑路面所需的大量地材石料等大宗原材料也将使我们面临巨大的资源压力。

本工法经过在S248盐济路德州界至S316段大中桥路面工程等工程实践中应用,在老路基层的基础上重新回收利用材料,利用全深式就地冷再生通过拌和再生两遍老路基层,添加活性填料作为新的基层,已日趋完善和规范,综合效益良好。

2 工法特点

(1)该工法成本低,可提高旧路等级,不损坏路基,不中断交通,工期短,保护环境节省资源。

(2)该工法还具有施工简便快速、充分利用旧路面层材料、质量可靠、施工进度快、经济效益好等优点。

(3)这种经旧路(剥除沥青面层)无机结合料基层水泥、石灰稳定全深式就地冷再生基层形成的基层具备相当的刚性,既不会产生车辙,又不会像半刚性基层那样容易开裂,有效地避免了反射裂缝的产生。

3 适用范围

全深式无机结合料基层就地冷再生施工工法可用于旧路基层为水泥稳定碎石、二灰碎石、石灰土、二灰土基层(底基层)的农村公路和道路沿线有村庄、城镇的高等级国、省道改建工程。

4 工艺原理

旧路无机结合料基层水泥、石灰稳定全深式就地冷再生基层的工作原理是:将旧路沥青面层剥除、铣刨旧路无机结合料基层后,在旧路无机结合料基层中掺加新的水泥、石灰、粉煤灰,并掺配一定配比的新集料用以改善旧路基层级配,利用就地冷再生设备,在自然常温下,就地连续对旧路无机结合料基层进行铣刨、破碎、摊铺各种混合料,就地冷再生拌和,随后进行找平和碾压,形成一种改良旧路级配的再生道路基层(或底基层)。

5 施工工艺流程及操作要点

5.1 施工工艺流程(图1)

5.2 混合料配合比设计

1)级配组成设计

旧路无机结合料基层水泥、石灰稳定全深式就地冷再生基层混合料的组成应符合表1的要求。

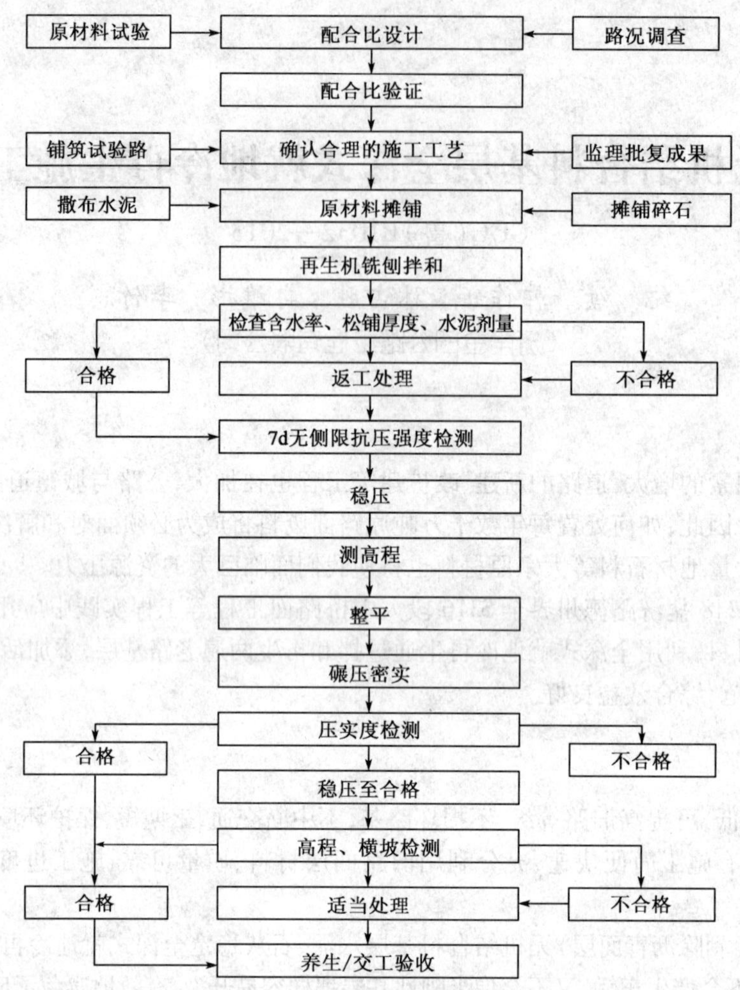

图1　就地冷再生工艺流程图

水泥、石灰稳定全深式就地冷再生基层稳定碎石集料级配(方孔筛) 表1

筛孔(mm)	37.5	31.5	19	9.5	4.75	2.36	0.6
通过质量百分率(%)	100	90~100	67~90	45~68	29~50	18~38	8~22

2)水泥剂量的确定

(1)拟采用一种水泥分别按4%、4.5%、5%、5.5%的剂量进行碎石配置后试验(水泥:集料=4:96、4.5:95.5、5:95、5.5:94.5)。制备不同比例的混合料(每组试件个数为:偏差系数10%~15%时13个,偏差系数15%~20%时15个),用重型击实法确定各组混合料的最佳含水率和最大干密度。

(2)为减少基层裂缝,必须做到三个限制:在满足设计强度(≥2.5MPa)的基础上限制水泥用量;在减少含泥量的同时,限制细集料;根据施工时气候条件限制含水率。具体要求:水泥剂量不应大于6.0%、集料级配中0.075mm以下颗粒含量不宜大于3%,含水率不宜超过最佳含水率的1%。

3)旧料情况

根据现场铣刨旧路基层旧混合料的情况,我们在室内首先进行筛分并合成级配,发现旧面层混合料在现行的《公路路面基层施工技术规范》(JTJ 034—2000)规定的范围之外,粗集料太少,同时又因为现场铣刨的混合料中含灰土比较大,进而确定水泥现场冷再生时需要添加一部分集料来提高其强度。由于现场通过再生机铣刨基层和面层时难免会破碎大颗粒的集料,所以添加的新料粒径不能太小,其级配见图2。

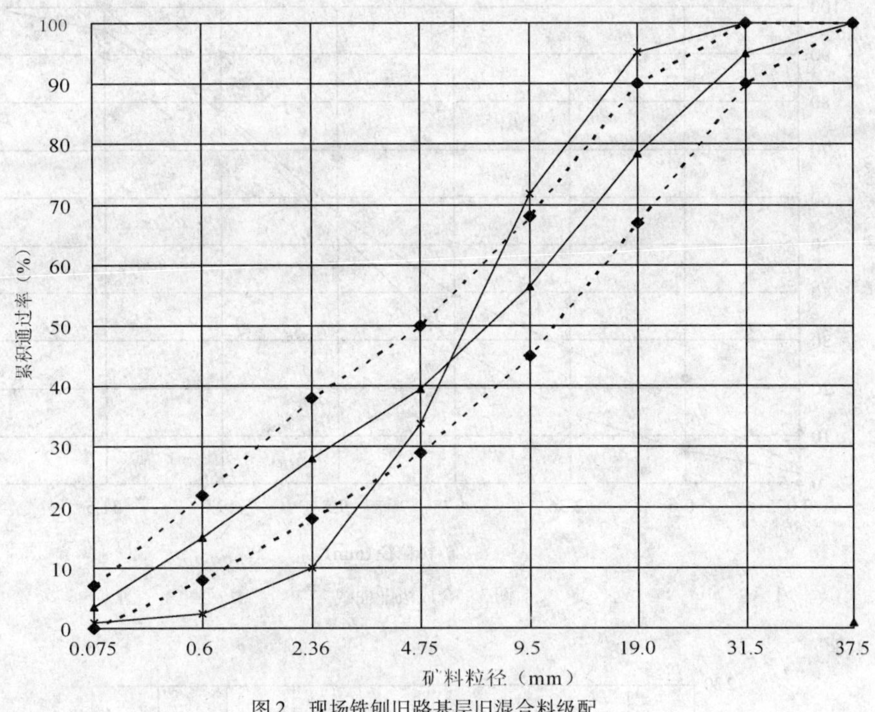

图2 现场铣刨旧路基层旧混合料级配

4）水泥＋石灰＋20%比例的10～20mm新料

通过添加水泥、石灰来改善基层强度，因此添加水泥石灰综合稳定剂和10～20mm的新料进行室内试验。只添加20%新料和石灰来改善灰土基层，当水泥用量在5%时基本能满足规范要求。试验方法采用重型击实法，合成比例如表2所示，合成级配曲线如图3所示。

旧路面混合料水泥冷再生合成比例表 表2

材料			通过以下筛孔(mm)的质量百分率(%)							
			37.5	31.5	19.0	9.5	4.75	2.36	0.6	0.075
原材料级配	二灰基层	100%	100	100.0	85.3	56.8	38.7	28.8	16.6	4.9
	10～30mm	100%	100	100.0	24.0	4.0	0.0	0.0	0.0	0.0
各种矿料在混合料中的级配	二灰基层	35.0%	35	35.0	29.9	19.9	13.5	10.1	5.8	1.7
	10～30mm	20.0%	20	20.0	4.8	0.8	0.0	0.0	0.0	0.0
中值			100.0	95.0	78.5	56.5	39.5	28.0	15.0	3.5
规范要求级配范围	再生基层		100	90	67	45	29	18	8	0
			—	—	—	—	—	—	—	—
			100	100	90	68	50	38	22	7

通过重型击实试验，确定水泥剂量下冷再生混合料的最大干重度和最佳含水率(图4)，水泥的用量为5%，并根据室内确定的最大干重度和最佳含水率静压成型试件，测定其7d无侧限抗压强度(表3)。

7d无侧限抗压强度 表3

水泥用量	R_c(平均值)	C_v	规范值(MPa)
5%	3.103	0.072	≥2.5

根据规范要求，本次设计要求7d无侧限抗压强度≥2.5MPa，而室内试验结果为3.103MPa，达到设计强度，说明级配满足要求。

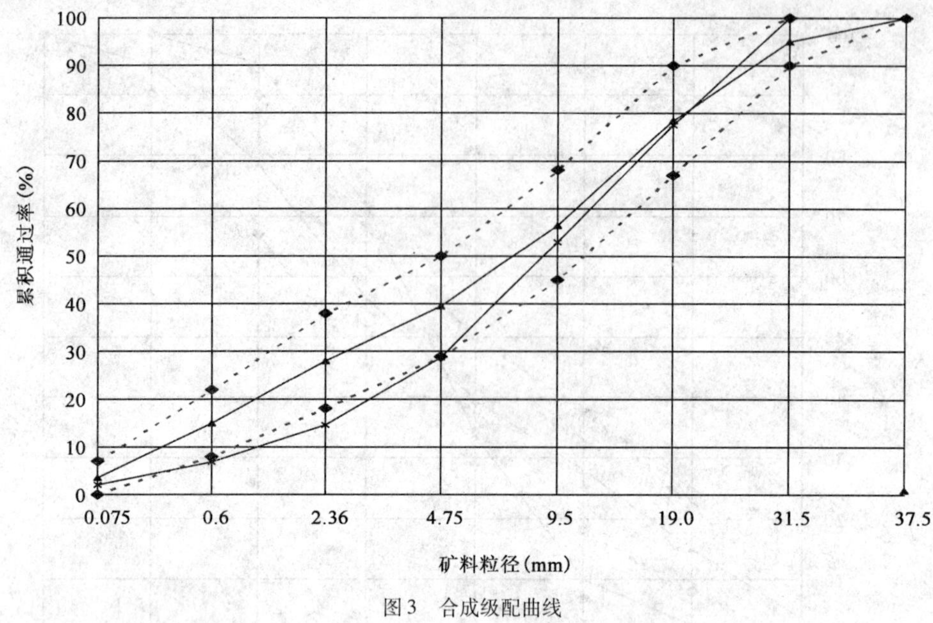

图3　合成级配曲线

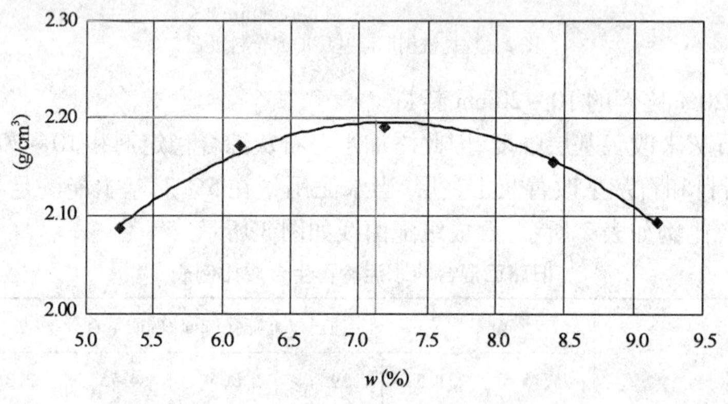

图4　重型击实曲线

5.3　操作要点

1)技术及施工前准备

(1)技术准备

①熟悉设计图纸,掌握施工规范、技术要求、操作要点、检验方法、验收标准。

②积极与监理工程师联系,完成技术交底,编制实施性的施工组织设计及开工报告。

③原材料已按规定项目对其进行了抽样检查,其抽样检查结果合格,并报送监理工程师。

(2)施工前现场准备

在准备施工前,应在再生路段设置标志牌,提醒驾驶员及过往行人。

开始准备原路面时,完全封闭交通,禁止一切车辆通行。

2)再生宽度的计算

为了保证整个路段的再生质量和机械利用率,应根据再生路段的路面宽度计算每一次再生机的工作宽度。

3)再生长度的计算

预布水泥要控制预布长度,以保证拌和机正常工作为宜,一般预布80~150m,边拌和边撒布,防止通行车辆的气流或轮胎带动造成污染并致使水泥剂量不准,以及天气突然变化带来的消耗损失。

根据对机械组合及其他工作时间的观测，调整预布水泥长度，经过循环实施，验证再生机前水泥摊铺长度不宜超过100m；在纵横曲线平缓地段，最大摊铺长度为150m。

5.4 清表、测量放样

(1)清除原沥青路面的垃圾杂物，拆除原路缘石或硬路肩，以确保规定铣刨宽度及深度。在施工起点处将水车与LZS600型冷再生机顺次首尾相接，并连接好相应水管管路。

(2)采用坐标法放出中桩、边桩，直线段每10m设一个控制桩，另在弯道处加密控制桩。测量原地面高程，在中桩和边桩上明显标出冷再生设计高程。

5.5 布方格网并撒布水泥石灰和新集料

1)码方并撒布石灰

根据配合比设计用量，计算出每平方米的石灰用量，并根据尺寸人工码方，码方后打上方格网(图5)，人工均匀用扣锹法撒布石灰(图6)。

图5 布方格网

图6 撒布石灰

2)撒布新集料及水泥

用自卸车将需添加的新集料(10~20cm碎石)卸至已封闭交通的旧路面上，现场用40型装载机按添加的新集料用量及次序，循环堆料(图7)掺配，使其级配良好后，人工利用铁锹及铁耙子配合装载机摊铺至原路面基层。

3)采用袋装水泥施工

将水泥在施工前运到现场并放置利于施工位置，袋装水泥应根据施工路段的使用量随进随用，若有剩余，做好水泥的防潮工作。在拌和完成并稳压后，根据每袋水泥铺洒面积在稳压完成的工作面上打灰格进行铺撒。水泥在摊铺时禁止使用扬撒，利用刮平板将水泥均匀摊开，水泥过分集中的地点使用人工摊开。

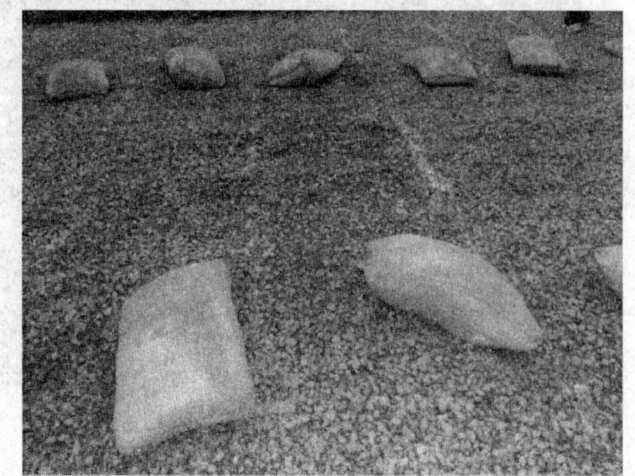

图7 按用量放置水泥

5.6 再生拌和

(1)水泥摊铺好后用冷再生机进行拌和(图8)，设专人跟随，随时检查拌和深度。拌和深度检查与拌和速度同第一次拌和。本次拌和检测含水率、水泥剂量。含水率宜略大于最佳含水率1%~2%，如果含水率不足，用水车采用雾状喷头少量喷洒补水，切不可大量加水。水泥剂量采用EDTA滴定试验检测，根据检测结果调整水泥用量。防止因水泥剂量不足造成再加水泥拌和以及掺水泥过多达不到规定压实度而引起返工。

(2)开始拌和前，再生路段的备料应能满足连续摊铺的需要。再生机行进速度一般为6~12m/min。该机配备微机控制的自加水系统，根据旧路面中的含水率计算出冷再生机需加水量，洒水车为其随时加水。

(3)取首次拌和后的混合料做筛分,检测混合料级配是否合理。如不符合级配要求,及时调整冷再生机行进速度或增减集料添加量。冷再生拌和均匀后应色泽一致(图9),没有灰条、灰团和花面(图10),即无明显粗细料离析现象,且水分合适、均匀。

图8　全深式再生机拌和

图9　再生料色泽一致

(4)在施工过程中,如发现混合料的级配、再生深度、水的喷入量有任何问题时,应立即停止施工,待问题解决后再继续施工。每天开始全深式冷再生混合料前,应检查再生路段旧路面材料的含水率,计算当天的外加水量,拌和含水率应控制在最佳含水率 ±0.5% 以内。

(5)下基层施工时,应保持纵缝与基层纵缝错开0.3~0.5m,第一半幅施工宽度为7.5~8m(或跨过中线0.2~0.3m),另半幅施工时重合0.3~0.5m。施工段横向搭接时重合0.5~1m。

(6)集料摊铺好后,冷再生机以4~10m/min 的速度前进,安排专人在冷再生机后用挖验的方法,检测是否有夹层及漏拌的地方,随时调整再生的深度(图11)。在拌和中,质检人员随时检验其灰剂量、含水率,并根据情况进行调整。对于拌和后的混合料如出现灰条、灰团和花面等情况,则将拌和机调回,进行一次翻拌。铣刨深度的检查以相邻再生或原路面为标准,用钢钎刺入土中,用钢板尺测量其刺入深度,看其深度是否合格,厚度不符时及时调整。

图10　无离析灰条花面

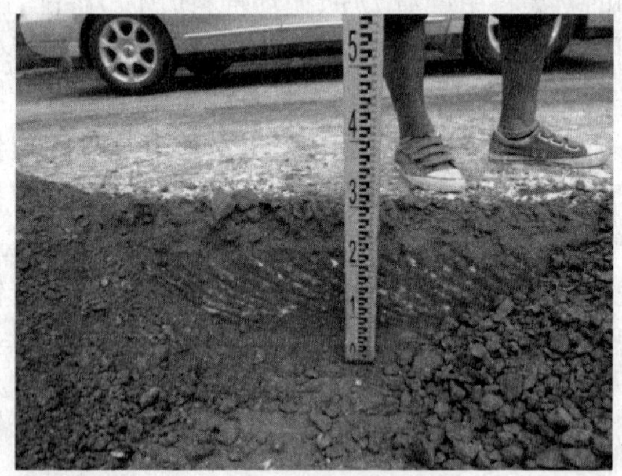

图11　检验再生深度

5.7　稳压和整形

(1)冷再生混合料拌和均匀后,拌和好再生下基层料,用推土机的履带稳压1~2遍(图12),推土机稳压到位,消除潜在的压实不均匀现象(特别是再生机轮胎压过的地方),根据现场含水率情况适当洒水、补水,然后用平地机整形。每次整形都要按照规定的坡度和路拱进行,整形过程中对于局部低洼处,应用人工将其表面5cm以上耙松,并用新拌的混合料找补平整。

①用平地机根据中桩、边桩栓定的设计高程进行初平(图13),大致刮出横坡。在直线段,平地机由

外侧向路中心进行刮平;在平曲线段,平地机由内侧向外侧进行刮平。必要时,应返回刮一遍。

②然后根据中桩、边桩栓定的设计高程和暂定松铺系数的松铺厚度拉绳抄平。低于拉绳面的,在绳下培梗;高于拉绳面的,按绳高剔槽。

(2)再用平地机根据培梗面和剔槽面对冷再生松铺层进行刮平来达到设计松铺高和1.5%的横坡,用平地机根据中桩、边桩栓定的设计高程进行精平,整形时应将高处料直接刮出拌和完毕后的路外,严禁形成薄层贴补层。

图12　稳压

图13　初平

5.8　碾压

(1)碾压应遵循先静力稳压,后振压,再静压的原则压至规定的压实度。混合料经摊铺、整平后,立即在全宽范围内采用压路机进行碾压。用压路机碾压一遍,再用平地机进行整平、整形,经检查达到规定高程后再进行压实。碾压的方向与路中心线平行,碾压时压路机后轮须重叠1/2轮宽,后轮须超过两段的接缝,见图14和图15。

图14　复压

图15　碾压

(2)每一作业段半幅路拌和完成后用20t自行式羊足碾稳压1遍,强振2遍,速度控制在2.5~3km/h。复压采用XG20振动压路机强振2遍,弱振2遍,再用三轮压路机碾压2遍。20t胶轮压路机碾压5~8遍。复压碾压完成后,质检组及时检测密实度,个别达不到要求的地段,及时追压。机械组合及其他工作时间见表4。

机械组合及其他工作时间(路段长100m)　　表4

机械名称	工作时间	工作遍数	备注
WR2500S冷再生拌和机	55min	1遍	包括倒车调整时间
20t自行羊足碾(初压)	35min	3遍	碾压紧随再生机 静压1遍,强振2遍
CAT140平地机		3遍	

续上表

机械名称	工作时间	工作遍数	备注
20t 振动压路机(复压)	30min	4 遍	强振 2 遍,弱振 2 遍
三轮压路机	30	2 遍	
20t 胶轮压路机	30min	5 遍	

注:每 100m 施工时间为 2.5h,再生机前水泥最大摊铺长度为 150m。

6 材料与设备

6.1 材料

1)旧路面无机结合料

(1)在水泥稳定就地冷再生层施工前,在原道路上取有代表性的铣刨料样品严格按照相关规范和规程进行颗粒分析,液限和塑性指数试验,击实试验,有机质含量(必要时做)、硫酸盐含量(必要时做)等试验,有机质含量超过 2% 或硫酸盐含量超过 0.25% 的旧路混合料,不得用于水泥稳定就地冷再生。

(2)对级配不良的铣刨旧料,应通过掺加部分新集料以改善其级配,对新加料应取所定料场中有代表性的样品严格按照相关规范和规程进行颗粒分析,细集料液限和塑性指数试验,相对密度、碎石或砾石的压碎值、有机质含量(必要时做)、硫酸盐含量(必要时做)等试验。

2)碎石

(1)碎石的压碎值应不大于 35%,针片状含量不大于 15%,集料中小于 0.6mm 的颗粒必须做液、塑性指数试验,要求液限小于 28%,塑性指数小于 9.0。碎石要求必须采用二级破碎加工,一级为颚破,二级为反击破;材料加工场各储料仓必须砌墙分隔,分类堆放,严禁混料和混装,除尘口的废料必须及时清理废弃,严禁与细集料混合。

(2)碎石的最大粒径应根据铣刨旧面层和基层料的大小及强度来确定,一般情况下,添加 10 ~ 30mm 的集料所形成的强度最好。

3)水泥

考虑路面基层的设计和施工要求,应该采用早期强度高的普通硅酸盐水泥,其技术指标见表 5。

水泥技术指标 表 5

水泥种类	技术指标		规范要求
42.5 级普通硅酸盐水泥	初凝时间(min)		≥3h
	终凝时间(min)		宜在 6h 以上
	安定性(沸煮法)		<5
	抗压强度(MPa)	3d	≥11.0
		28d	≥32.5
	抗弯拉强度(MPa)	3d	≥2.5
		28d	≥5.5

4)水

全深式路面就地冷再生基层用水和养护用水,一般采用人畜能饮用的水;如不得不采用其他用水时,必须符合下列要求:

(1)硫酸盐含量应不小于 2.7mg/cm^3。

(2)含盐量不得超过 5mg/cm^3。

(3)pH 值不得小于 4。

(4)未经处理的工业废水、污水、沼泽水、酸性水不得使用。

6.2 设备与检测仪器

(1)根据施工任务、合同工期、质量要求,综合生产能力,配置主要机械设备及辅助器具并应满足表

6 和有关招标文件的要求。

水泥就地冷再生施工主要机械设备及辅助器具 表6

工　序	机械设备名称	规格、型号	单　位	数　量	备　注
再生	就地再生机	WR2500S 或 WR2000S	台	1	优先选择 2500S 型
加水	加水车	8t 以上	台	1	新旧程度为 90% 以上
运输	自卸车	15t 以上	台	满足需要	新旧程度为 90% 以上
刮平	平地机	CAT140H 以上	台	满足需要	新旧程度为 90% 以上，自动找平，1 个作业面 2 台
碾压	凸块式振动压路机（羊角碾）	LSS220P	台	1	新旧程度为 90% 以上
	钢轮振动压路机	12～15t 以上	台	1	新旧程度为 90% 以上
	轮胎压路机	26t	台	1	新旧程度为 90% 以上
	小型手扶式振动压路机	1t	台	满足需要	夯实边角
养生	洒水车	8t 以上	台	满足需要	新旧程度为 90% 以上，自动喷洒式
以上的主要机械数量按一个工作面计算					

（2）试验检测仪器必须满足表 7 的要求。

全深式水泥就地冷再生试验检测仪器 表7

序　号	仪器、设备名称	型　号	数　量
1	灌砂法仪器		2 套
2	3 米直尺平整度仪		2 把
3	钢尺	30m、50m	各 2 把
4	烘箱或微波炉		各 1 台
5	自动安平水准仪	DSZ2	1 台
6	击实仪		1 台
7	压力机	50t	1 台
8	取芯机		1 台
9	养生室	不小于 $15m^2$	1 间

（3）主要设备技术要求见表 8。全深式就地冷再生机见图 16。

就地冷再生主要 表8

主要技术参数		主要技术参数	
型号	WR2500S 型	型号	WR2500S 型
铣拌宽度（mm）	2 400	发动机功率（kW）	448
铣拌深度（mm）	0～400	整机质量（t）	30
工作速度（km/h）	0～2.7	外形尺寸（长×宽×高）（mm）	8 400×3 146×3 400
行驶速度（km/h）	0～10		

图 16　全深式就地冷再生机

7 质量控制

7.1 应执行的标准规范

(1)《公路沥青路面再生技术规范》(JTG F41—2008)。

(2)《公路工程质量检验评定标准》(JTG F80—2004)。

(3)《公路路面基层施工技术规范》(JTJ 034—2000)。

7.2 质量控制措施

(1)应根据施工技术规范要求,对原材料进行检测。不得使用不符合要求的原材料,应保证满足7d浸水无侧限抗压强度,代表值R0.90应大于2.5MPa且小于4MPa,压实度要求不小于97%的标准。

(2)施工过程中,要严格控制施工质量,切实做到所有工序都进行质量检测,在上道施工工序未经检测或经检测后其质量不符合要求时,不得进入下道工序的施工。按照《公路沥青路面再生技术规范》(JTGF 41—2008)中规定的相关标准执行表9要求的检测内容。

就地冷再生质量标准和检查方法　表9

项次	检查项目	规定值或允许偏差	检查方法
1	天然含水率	符合室内试验结果	采用烘干法,每500m每车道1点
2	水泥剂量	符合设计要求	路表面已做好标记,直接计算检查水泥的使用量,每200m每车道1点
3	铣刨料的级配	符合设计要求	通过筛分,筛分结果满足设计级配,每500m每车道1点
4	水的添加	符合室内试验结果	采用烘干法,每200m每车道1点
5	拌和深度(mm)	达到设计厚度	尺量,每200m测4处
6	压实度(%)	≥97	按JTG F80/1—2004附录B要求检查,每200m每车道2处
7	平整度(mm)	≤12	3m直尺,每200m测2处×10尺
8	纵断高程(mm)	+5,-15	水准仪,每200m测4个断面
9	宽度(mm)	不小于设计值	尺量,每200m测4处
10	厚度(mm)	-10	按JTG F80/1—2004附录H和JTJ 059—95要求检查,每200m每车道1点
11	横坡(%)	±0.5	水准仪,每200m测4个断面
12	强度(MPa)	≥2.5	按JTG F80/1—2004附录G检查
13	外观	表面平整密实,无浮石、弹簧现象,无明显压路机轮迹	目测

(3)施工过程中应完整保留试验、检测、施工的原始记录。对检测所得到的数据,需经过统计分析与整理后,再用以评价各项工程施工质量。

8 安全措施

(1)要求各工序、各施工班组严格按照相应的安全操作规程进行施工。

(2)夜间施工做好明显警戒标志和设置照明设备;雨天施工时现场做好足够的防雨、防滑设施。

(3)施工机械、车辆,严禁带“病”工作;所有施工机具设备和高空作业的设备应定期检查,并有安全员的签字记录,保证其经常处于完好状态;不合格的机具、设备和劳动保护用品严禁使用。机械设备、油库及材料存放的仓库,采取防雨、防潮、防雷电措施。

(4)制订安全用电和防火措施,并严格执行。对于易燃易爆的材料除应专门保管外,还应配备足够的消防设施,所有施工人员都应熟悉消防设备的性能和使用方法;不得将任何种类的爆炸物以给予、易货或其他方式转让给任何其他人。

(5)各类操作人员持证上岗,必须按规定穿戴防护用品。施工负责人和安全检查人员随时检查防护用品的穿戴情况,不按规定穿戴防护用品的人员不得上岗。

9 环保措施

(1)严格执行《中华人民共和国环境保护法》、《中华人民共和国水污染防治法实施细则》、《中华人民共和国固体废弃物污染环境防治法》、《中华人民共和国环境噪声污染防治法》等国家法律法规及地方关于环保的政策和规定,加强对施工人员的环保意识教育,制订相应的环保措施和制度。

(2)建立废旧物品回收、保留和处理制度,设废物收集区、生活区化粪池、污水沉淀池;对施工垃圾及生活垃圾有专人清理,并在指定地点处理。

(3)保护好公路用地范围以内的法定保护树种,防止对绿化带内植被的破坏;采取保护措施,对已破坏的应及时清理和恢复植被。

(4)施工现场与驻地要设置污水集水池,污水在集水池滤清后再排放;施工区域在施工期间和完工以后要及时处理,防止沉渣进入下水道;冲洗含有沉积物的集料时,要设置沉淀池,做到达标排放。

(5)施工期间,施工物料应堆放整齐,防止雨季或暴雨时,将物料随雨水径流排入地表及附近水域造成污染;施工现场与施工机械经过道路,要随时进行洒水抑尘。废弃料或易于引起粉尘的细料、松散料要予以覆盖,运输过程中车辆的厢顶要进行覆盖。

(6)尽量控制机械作业所产生的噪声、废气等污染;夜间作业在靠近居民处时,尽量不安排有噪声、振动的工序施工,避免干扰居民。

10 资源节约

(1)根据《公路沥青路面再生技术规范》(JTG F41—2008),沥青路面在使用一定时间后,其整体性能将不能满足路用要求,但作为路用材料仍有很高的利用价值。通过路面再生,可以使其重新满足路用性能要求,既可节省大量材料资源和资金,也可避免环境污染,实现循环经济发展模式和可持续发展。

(2)由于直接利用旧路基层、底基层,既减少了挖除和运输旧路废料的费用,也无须花费重新铺筑基层、底基层的费用,全深式水泥就地冷再生后直接罩面即可开放交通,费用节省近40%,其经济性是非常可观的。

(3)旧路无机结合料基层水泥、石灰稳定全深式就地冷再生利用基层(底基层)技术,具有节省原材料、缩短工期、不必中断交通施工、工艺简单等诸多优点。近年来,为适应建设资源节约型、环境友好型社会的要求,该技术在我国公路建设中将会更加广泛地应用。

11 效益分析

11.1 社会效益

(1)充分利用原路面基层的材料,避免废弃料占地,有利于保护生态环境;同时既节约了大量建筑材料,又减少了投资,降低了成本。

(2)解决了直接加铺结构层的高程控制与道路两侧沿线居民与农田排水问题。

(3)施工工艺简单,施工进度快,开放交通早,可以半封闭施工,避免了交通中断,保证了道路的畅通。

(4)再生后可以明显提高路面基层的强度,改善路面的使用性能,使投资效益得以充分发挥。

(5)解决了环境污染问题。避免了废渣清运引起的环境污染,减少了道路施工过程中的扬尘污染和废气排放,极大降低了能源消耗及运输车队给路网带来的损伤,且施工噪声小。

11.2 经济效益

全深式20cm水泥就地冷再生基层比新加铺16cm厚水泥稳定碎石混合料基层成本低近46元/m^2;

使用再生技术这部分费用将大大节约了。

12 应用实例

12.1 工程实例一

S248 盐济路德州界至 S316 段大中桥路面工程是山东省内连接济南市和德州市的重要干线之一,更是商河县南北大通道,直接关系到商河县经济、建设的发展。本合同路线北起 S248 盐济路济南、德州界 K46+760,途径赵奎元、殷巷,南至 K60+720,全长 13.96km。其中,K59+120~K60+720 按一级路标准设计,其余均按二级路设计,路面宽 12~23m,主要施工内容包括全深式就地冷再生基层 122 000m^2,沥青路面面层 180 023.4m^2。在本工程中应用该工法,取得了较好的效果。

12.2 工程实例二

S102 济青路工程是山东省内连接济南市和青州市的重要干线之一,其中章丘城东至淄博界是其重要的一段,连接济南市和淄博市。该路段混合交通量较大,穿村镇路段较多,尤其是普集镇路段街道化严重,故按平原微丘一级公路标准设计,双向六车道。主要工程量包括:K45+250.565~K55+635 穿城镇段,路面结构为 4cm 细粒式沥青混凝土(AC-13)+6cm 中粒式沥青混凝土(AC-20)+16cm 全深式就地冷再生水泥稳定碎石。其中,济南金曰公路工程有限公司所承建的 SG-2 标段,16cm 全深式就地冷再生水泥稳定碎石工程量为 81 500m^2。该工艺经济效益显著,具有施工简单方便、开放交通早、利于废料利用等优点,相比水泥稳定碎石基层强度两者均达到规范要求,施工质量良好。

水泥稳定碎石厂拌再生施工工法

GGG(滇)B1033—2013

陈 建 陈金彪 郑 涛 陈在林 王志清
(云南云岭高速公路桥梁工程有限公司)

1 前言

半刚性基层路面是我国高等级公路最主要的路面结构类型,约占总里程的80%多。我省在20世纪90年代以后陆续建成的高等级公路目前已经进入大、中修期。高等级公路养护施工中每年将有大量的旧路需要翻修,其中很大一部分要求从水泥稳定碎石基层开始大修改建。在翻新养护施工中将产生大量的废旧挖出材料,从而造成养护成本的增加和水环境污染。

2 工法特点

传统的高等级公路路面基层翻修施工方法是将原有的水泥稳定碎石基层挖除外运,运送到路外填埋或弃土场弃置,再用新材料做原料进行水泥稳定碎石拌和,重新铺设路面结构层。由此产生了大量的水泥稳定碎石废弃材料,这不仅会占用大量的堆放土地,造成周边环境和土地的污染,还因为新材料的使用,开采石材,浪费资源,造成水土流失。水泥稳定碎石厂拌再生施工工法主要体现以下特点:

(1)节约宝贵的自然资源,利用回收路面废旧材料,保护生态环境。

(2)比传统施工方法节约能源。

(3)技术难度大、难点多,试验检测频率高。

(4)技术参数满足相关施工技术规范要求,与传统施工方法使用性能一致。

(5)机械化程度高,施工进度快,生产率高。

3 适用范围

(1)本工法适用于碎石原材料紧缺且施工周边对水环保要求较高,土地资源宝贵的路面水泥稳定碎石基层养护施工。

(2)水泥稳定碎石厂拌再生施工工法要求旧路铣刨回收RAP(可再生)料具有一定级配。

(3)适用于运营年限较长导致路面水泥稳定碎石基层损坏和路面养护作业面较大的高等级公路路面基层翻修养护施工。

4 工艺原理

水泥稳定碎石厂拌再生技术是将旧路面水泥稳定基层材料,经过铣刨加工进行重复利用,根据水泥稳定碎石基层的级配要求,适当加入部分粗集料或细集料,并按比例加入一定量的水泥和水,在集中厂拌条件下生成新的水泥稳定碎石混合料,从而进行路面基层施工,重新形成结构层的一种工艺方法。

5 施工工艺流程及操作要点

5.1 工艺流程

水泥稳定厂拌再生的施工工艺流程宜按图1的顺序进行。

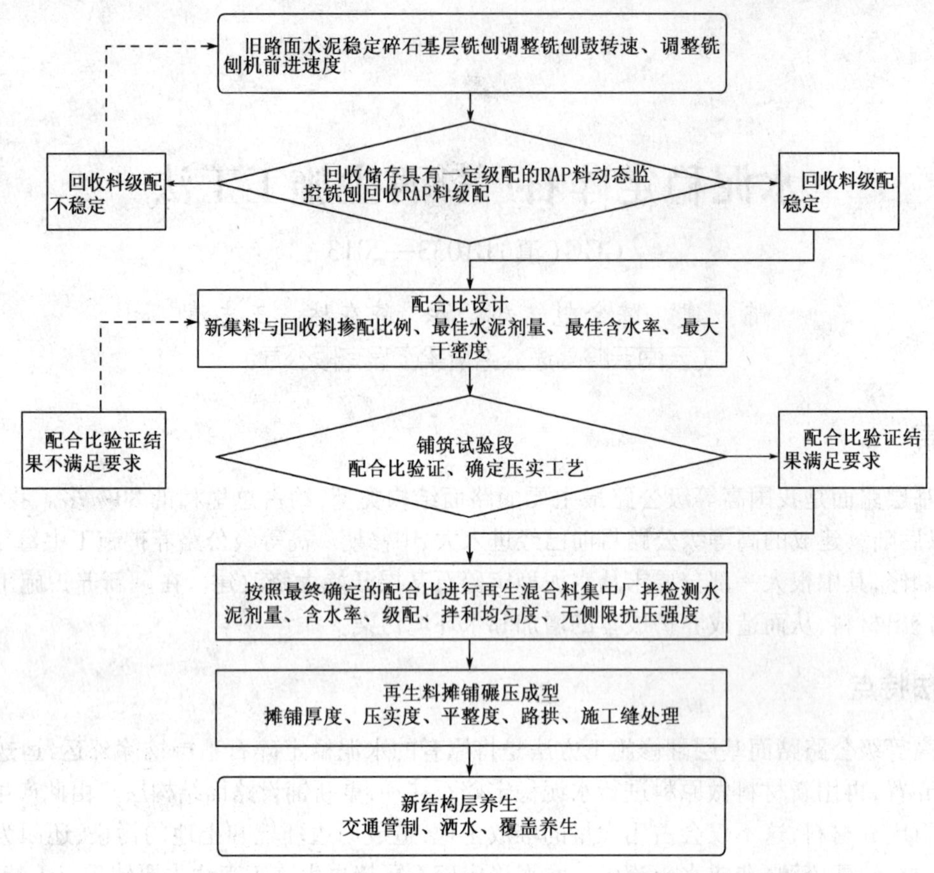

图1　水泥稳定厂拌再生施工工艺流程图

5.2　施工工艺操作及主要控制要点

1)旧路面水泥稳定碎石基层铣刨

根据水泥稳定碎石基层施工经验和试验数据积累,对原有路面水泥稳定碎石基层进行铣刨。试验人员在现场对铣刨料进行级配筛分试验,反复调整铣刨机的前进速度和铣刨鼓的转速,使铣刨料尽量接近目标级配;调整完成后使铣刨机工作运行保持稳定。

2)回收储存具有一定级配的 RAP 料

铣刨回收 RAP 料堆放要求场地平整并硬化,回收料如有少量超粒径,应在堆放现场架设大型振动筛将其筛除。回收料应堆放均匀,避免离析。试验人员在铣刨施工过程中动态地对回收料进行级配检验,如发现级配变化,应及时调整铣刨施工工艺,并及时将数据传到拌和站试验室进行混合料级配调整,尽量保持铣刨回收 RAP 料的级配稳定。

3)水泥稳定碎石厂拌再生混合料配合比设计

(1)取铣刨后具有代表性的 RAP 回收材料送往试验室进行室内筛分试验,确定铣刨料的级配类型,与新加料的级配合成连续级配并确定新集料的掺入量,绘制级配曲线,使设计合成级配在相应的级配范围内,同时要求 4.75mm、0.075mm 的通过量接近级配范围的中值。设计的合成级配宜接近设计文件或规范要求的级配范围中值。

(2)取施工现场使用的水泥,按不同水泥剂量分组试验。一般水泥剂量按 3%、3.5%、4%、4.5%、5%、5.5% 六种比例进行试验。制备不同比例的混合料,用重型击实法(含水率一般以 1% 为间隔)确定各组混合料的最佳含水率和最大干密度。

(3)根据确定的最佳含水率,以六种不同的水泥剂量拌制再生混合料,按要求压实度(重型击实标准 98%)标准,对不同的水泥剂量的再生混合料进行无侧限抗压强度制件(每组 13 个),在标准条件养护 6d,浸水 24h 后取出,按照《公路工程无机结合料稳定材料试验规程》(JTG E51—2009)进行无侧限抗压强度试验,以达到设计要求的无侧限抗压强度值对应的水泥剂量作为最佳水泥剂量。注意控制水泥用量,不宜超过 5.5%。

4)试验路段铺筑

室内混合料配合比设计结束后,应根据道路结构形式和损坏状况选取试验段,使试验段具有代表性。试验段的长度不应短于 200m。施工时应严格控制碾压厚度和压实度,如遇问题应及时解决。通过试验段的铺筑应获得以下资料:

(1)再生材料在铺筑过程中再次检验再生料的级配情况,与试验室设计配合比级配进行对比,看其是否在允许的波动范围内,如级配不能满足要求,需重新进行室内配合比设计和调整。重新调整设计出的再生混合料配合比,需通过监理、业主方验证试验确认后,方可作为施工生产配合比。

(2)确定压实工艺。通过试验路段总结得出施工过程中施工机械的最佳组合及碾压遍数、松铺系数等。

(3)了解养生方法对再生路面的强度影响,从而决定和优化养生方法以达到强度最佳效果。

5)再生混合料集中厂拌和运输

(1)拌和水泥稳定碎石混合料拌制应采用专用稳定土集中厂拌机械拌制。以施工单位、监理单位、业主单位三方验证确认的生产配合比为依据,进行拌和机拌和系统的调试,开始进行再生混合料的拌和。拌和过程中,必须有专人进行管理,管理人员应经过培训,发现集料级配与原室内试验级配偏差超要求时,应重做配比试验。同时要对含水率及水泥剂量进行检验,根据施工现场的环境条件适时调整加水量。

含水率过大,碾压过程中容易产生“弹簧”现象,不但混合料压不实,而且表面会留下很深的轮印,影响平整度,还会使混合料中的水泥浆浮到上层,使碾压表层结合料过多,而下部结合料过少,强度差,基层在使用过程中易破坏。含水率过小,不但现场难于碾压密实,而且直接影响混合料的强度,使混合料在使用过程中容易松散。含水率小的混合料在碾压过程容易起皮,容易产生细短的裂纹。

由于混合料在运输、摊铺、碾压过程中含水率可能会有损失,为了使现场水泥稳定碎石能够在接近最佳含水率下碾压,在拌和过程中的加水量宜高于最佳含水率,高温作业时,早晚与中午所加的含水率要有区别,要按温度变化及时调整。根据天气情况,含水率宜比最佳含水率高 0.5% ~1%。

拌和时,要严格控制水泥剂量,使其误差在施工允许范围内。拌和时根据试验室确定的水泥剂量,计算加入量。水泥加入水中并搅拌均匀,随水一起加入混合料中拌制。拌和必须均匀、色泽一致,没有粗细颗粒离析现象,拌和时间应在 1min 以上。

(2)拌和过程中的检验:正式拌和过程中要进行抽检,检查级配、含水率、水泥剂量、无侧限抗压强度等是否正常以及混合料的均匀性。每天早上及下午应不少于两次,必要时应增加抽检次数。发现异常时,必须及时予以处理。拌和站在停机前应停止粒料的供给,使滚筒空转 3 ~5min,待余料出尽再停机。

(3)运输车辆在每天开工前,要检验其完好状况,装料前应将车厢清洗干净。运输车数量一定要满足拌和出料的需要。从成品仓卸料时,卸料门应迅速开大,不允许让混合料慢慢流出,以免造成离析,装料时车辆应前后移动。在向运输车卸料时,不允许向车槽的中央卸料,应先向车槽前部卸料,再向后部卸料,然后再在中央卸料。混合料的运输应避免车辆的颠簸,以减少混合料的离析。在气温较高、运距较远时,要加盖毡布,以防止水分过分损失。运输时间要限制在 30min 以内。

6)再生混合料的摊铺整形及碾压

(1)再生混合料摊铺整形

①水泥稳定碎石再生料摊铺前要检验其下承层是否符合要求,在合格的下承层上恢复中线,直线段每 15 ~20m 设桩,曲线段每 10m 设桩,路肩两侧设指示桩,并用明显标记标出设计高程。

②水泥稳定碎石再生料摊铺应采用摊铺机一次摊铺碾压成型。

关于摊铺机的摊铺作业宽度,以施工作业面宽度决定摊铺方法,一种是用最大宽度为12~12.5m的摊铺机,全幅一次摊铺成型,这种施工方法的优点是减少了纵向接缝,提高了路面平整度,没有纵缝痕迹,使外观平整,行车平稳舒适,且只用一台摊铺机,降低了施工成本,经济上也是可取的,但必须满足摊铺量的要求,还要有充足的运输车辆。应该说,只要各个环节的能力匹配、协调,这种施工方法是可行的。另一种是采用两台6~8m的摊铺机梯队作业,全幅一次摊铺成型,避免纵向接缝。

(2)再生混合料碾压

①每个工作段摊铺完成之后,立即进行碾压。碾压时分初压、复压和终压三道工序。初压采用静压方式,采用自重不低于16t的压路机静压2遍,及时检查平整度、路拱等,若有局部不平整,采用人工找平,对重新找平地段再静压一变。复压时采用自重32t(击振力81t)的振动压路机振压5~6遍。碾压时,压路机静压1.5~1.7km/h,振压2.0~2.5km/h匀速碾压。最后采用16t压路机静压、收光、找平。碾压时遵循先轻后重、先慢后快的原则,正确掌握碾压顺序和遍数,碾压方向与路中心线平行,直线段由外侧向中心碾压,超高段由内侧向外侧碾压,并且每道碾压与上道碾压纵向重叠40mm轮宽,碾压错台搭接不小于2m。一次连续均匀碾压,压实后表面应平整,无轮迹或隆起,并有符合设计的断面和路拱。碾压过程中保持水稳基层表面始终湿润,在炎热干燥有风的气候条件下,水稳混合料表面的水蒸发很快,为保证碾压过程中含水率处于最佳含水率状态,可补洒少量的水。严禁压路机在已完成或正在碾压的路段上掉头和紧急制动,以保持水稳碎石基层表面不受破坏。外侧碾压时在不碰撞路肩和水沟的情况下尽量靠边,外侧应增加2遍强振。压路机碾压无法到达的位置,采用人工大锤夯实和小型夯机夯实。压路机的启动、停止、变速要平稳,避免速度过高或过低,振压不起浪、不推移。出现个别拥包时,应专派配工人进行铲平处理。压路机每碾压一遍的末尾,应稍稍转向,可将摊铺机后面的轮痕减至最小。

②碾压表面平整度的监测:在终压后,由专人用3m直尺逐尺对基层进行测量。在行车方向上,分内、中、外三条线检测,对不平整段加密测量,测量应有记录,对不平整处在基层做标记,进行修补碾压。对成型基层,及时用连续式路面平整度仪进行检测,分析各桩号段数据,找出存在问题,指导下一步施工,为对路面不平整的处理提供依据。

③碾压密实度的监测:压实度是水稳碎石基层重要检测指标之一,碾压完成后用灌砂法及时进行密实度监测。检测方法应正确,频率满足要求,记录应翔实,检测结果及时反馈给施工人员;对压实度不足路段,采取适当的补救措施,进一步改进碾压工艺。压实度取样后留下的坑洞应用新混合料按5~8cm厚分层人工夯实。

(3)施工接缝处理

用摊铺机摊铺混合料时,不宜中断;如因故中断时间超过2h,应设置横向接缝,摊铺机应驶离混合料末端;人工将末端含水率合适的混合料弄整齐,紧靠混合料放两根方木,方木的高度应与混合料的压实厚度相同,整平紧靠方木的混合料,方木的另一侧用砂砾或碎石回填约3m长,其高度应高出方木几厘米,将混合料碾压密实,在重新开始摊铺混合料之前,将砂砾或碎石和方木除去,并将下承层顶面清扫干净,摊铺机返回到已压实层的末端,重新开始摊铺混合料。如摊铺中断后,未按上述方法处理横向接缝,而中断时间已超过2h,则应将摊铺机附近及其下面未经压实的混合料铲除,并将已碾压密实且高程和平整度符合要求的末端挖成与路中心线垂直并垂直向下的断面,然后再摊铺新的混合料。

应避免纵向接缝。在必须分两幅铺筑时,纵缝必须垂直相接,不应斜接。在前一幅摊铺时,靠后一幅的一侧用方木或钢模板做支撑,方木或钢模板的高度与水泥稳定碎石层的压实厚度相同,在摊铺后一幅之前,将方木或钢模板除去。如在摊铺前一幅时未用方木或钢模板支撑,靠边缘的30cm左右难以压实,而且形成一个斜坡,在摊铺后一幅时,应先将未完全压实部分和不符合路拱要求部分挖松并补充洒水,待后一幅混合料摊铺后一起进行整平碾压。

7)新结构层养生和交通管制

每一段碾压完成并经压实度检查合格后,应立即开始养生。基层施工完毕不能立即铺筑乳化沥青稀浆封层时,宜采用潮湿的草席或塑料薄膜覆盖养生,不得用湿黏性土覆盖。养生结束后,必须将覆盖物清除干净。在养生期间未采用覆盖措施的水泥稳定碎石层上,除洒水车外,应封闭交通。基层养生还可采取在碾压结束后 1 ~3h 开始铺筑乳化沥青稀浆下封层,以防止基层干缩开裂,同时保护基层免遭施工车辆破坏。如铺筑乳化沥青稀浆封层养生,也应到水稳层 7d 以后方能开发交通。

6 材料与设备

6.1 主要机械设备

本工法采用的机具设备见表 1。

机械设备表　　表 1

设备名称	规格型号	功　率	数　量	用　途
铣刨机	W2000DC	433kW/581hp/589ps	1 台	旧路面铣刨
自卸车	东风	15t	15 辆	对铣刨料、新集料、厂拌再生料运输
拌和机	WCB500	130kW	1 台	厂拌再生料拌和
装载机	ZL50B	162/2 200[kW/(r/min)]	5 台	拌和机料仓供料和铣刨料过筛供料
振动筛	筛孔为级配要求的最大粒径	根据需要自行设计组装	1 台	对铣刨料进行过筛,筛除超粒径部分
洒水车	东风	8t	2 辆	新铺路面洒水养生
摊铺机	WTU75D	125kW	2 台	再生料摊铺
振动压路机	YZ18JZ	18t	3 台	再生料压实成型
光轮压路机	3Y18/21	18 ~21t	2 台	再生料压实成型

6.2 材料

水泥稳定碎石厂拌再生料采用的原材料技术指标如表 2 所示。

材料技术指标　　表 2

检查项目	检查频率	指标要求
铣刨回收 RAP 料级配	4 次/工作台班	符合设计和规范要求
混合料颗粒级配	3 次/工作台班	符合设计和规范要求
铣刨回收料、新加集料压碎值	每 2 000m^3	不大于 30%
细集料液限	材料变化时	小于 28%
细集料塑性指数	材料变化时	小于 9

注:集料中小于 0.5mm 的细粒土有塑性指数时,小于 0.075mm 的颗粒含量不应超过 5%;细粒土无塑性指数时,小于 0.075mm 的颗粒含量不应超过 7%。

7 质量控制要求

水泥稳定冷再生施工过程中的质量控制要在总结试验路段的基础上进行,一般以新铺水泥稳定碎石基层的质量控制要求进行,具体要求见表 3。

水泥稳定碎石厂拌再生质量控制的项目、频度和指标　　表 3

检查项目	频　率	指　标
铣刨回收 RAP 料级配	4 次/工作台班	符合设计和规范要求
混合料颗粒级配	3 次/工作台班	符合设计和规范要求
水泥剂量(%)	4 次/工作台班	不小于设计值 -1.0%
含水率(%)	随时	±1%
拌和均匀性	随时	—
压实度(%)	6 点/2 000m^2 或作业段	大于 98%

续上表

检查项目	频率	指标
弯沉值	每公里每车道不少于80个点	小于设计要求
抗压强度(MPa)	13个/工作台班	符合要求
纵段高程(mm)	4处/200m	+5,-10
厚度(mm)	1点/200m×车道	-8,-15
宽度(mm)	4断面/200m	符合要求
横坡(%)	4断面/200m	±0.3
平整度(mm)	3处×10尺/200m	8

注:压实度通常规定,再生层的每一测点的(平均)密度至少应达到击实密度的97%。如果密度呈线性变化,按规定使用"平均"密度。也就是说,层面顶部的密度可能高于底部的密度。因此,通常规定层面底部1/3处的密度最大偏差为2%。即如果平均密度规定为97%,则层面底部的密度不应小于95%。

8 安全措施

在施工过程中要严格遵守高速公路路面养护作业安全保通法规,认真贯彻"安全第一、预防为主"的方针,根据国家有关法律规定、条例,结合施工单位实际情况和工程特点,组成专职安全员和班组兼职安全员以及工地安全保通负责人参加的安全生产管理体系,执行安全生产责任制,明确各级人员的安全职责,抓好施工过程中的安全保通工作。明确领导及各岗位职工的安全生产工作职责,完善安全生产检查制度。

其次是要按照《公路养护安全作业规程》(JTG H30—2004)的要求,合理摆放施工标志等安全设施,杜绝交通事故发生。高速公路专项或大中修工程必须严格按照规定布置养护维修作业控制区,设置警告区、上游过渡区、缓冲区、工作区、下游过渡区及终止区等。

高速公路养护、维修作业时,严格按照规定布置养护维修作业控制区,设置警告区(至少1 600m)、上游过渡区(应使车流变化平缓为宜)、缓冲区(最小长度为50m)、工作区(根据养护维修作业实际需要确定)、下游过渡区(最小长度宜取30m)、终止区(最小长度为30m)等。高速公路养护作业区域的设置及安全设施布置见图2。

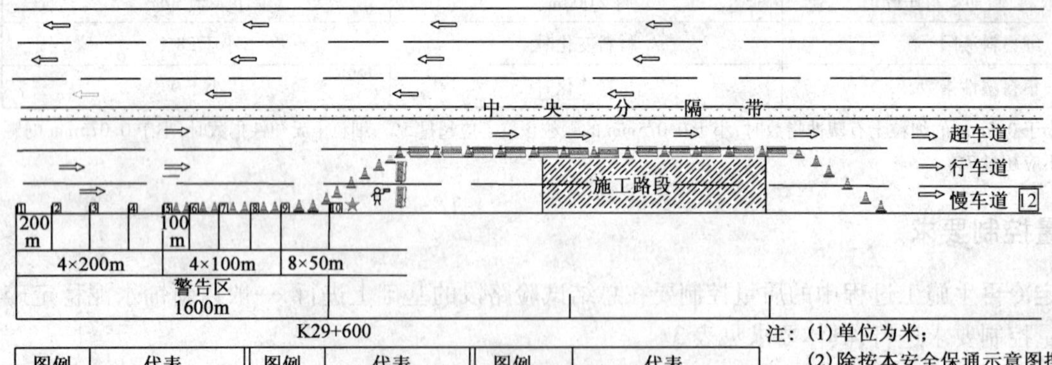

图例	代表	图例	代表	图例	代表
1	前方施工1 600m	6	禁止超车	12	解除限速
2	限速80km/h	7	限速40km/h		橡胶锥筒
3	前方施工1 200m	8	车辆慢行		水码
4	限速60km/h	9	左道封闭	★	太阳能爆闪灯
5	道路变窄	10	导向		保通人员

注:(1)单位为米;
(2)除按本安全保通示意图摆设处,应严格按照《公路养护安全作业规程》(JTG H30—2004)进行布置;
(3)施工现场安全保通的设置应根据实际情况对安全设施酌情增补;
(4)在夜间施工,增加相应的灯光设施。

图2 高速公路养护作业区域的设置及安全设施布置图

夜间施工必须要有齐全、明显的公路(警示)标志。采用频闪灯光、新型LED光源、新型高反光率膜反光等逐步取代老式信号标志和老式安全标志。标志的设计和设置应清晰醒目、科学合理,便于驾驶员识别和遵守。对移动养护维修作业如旧路面铣刨、新料摊铺和新路面成型碾压等,应按规定对设备配备移动性施工标志。

9 环保措施

应成立对应的施工环境卫生管理机构,在工程施工过程中严格遵守国家和地方政府下发的有关环境保护的法律、法规和规章,加强对施工过程中废料运输和废料堆放环节的监控管理,铣刨料运输过程中要防止洒落在路面上造成路面污染。在铣刨施工过程中对铣刨料收集要彻底,严禁在路边随意堆放。

将施工场地和作业范围限制在工程建设允许的范围内,合理布置、规范围挡,做到标牌清除、齐全,各种标识醒目,施工场地整洁文明。在拌和站施工区域周边和生活区合理布置排水沟、集浆坑等排污设施,对有毒有害的废液、污水进行集中处理。在施工范围内做好防止尘土飞扬的措施。

10 效益分析

传统的高等级公路路面基层翻修施工方法是将原有的水泥稳定碎石基层挖除外运,运送到路外填埋弃土场弃置,再用新材料做原料进行水泥稳定碎石拌和,重新铺设道路基层,使得养护成本增加,同时产生的废料造成了水环境污染和土地资源的浪费。运用水泥稳定基层冷再生施工技术,不仅节约了养护成本,同时还解决了废料堆弃场地征用困难的问题。

旧路面铣刨的水泥稳定碎石,根据施工实际情况对铣刨料进行筛分试验,以楚大高速公路路面大修项目施工为例,按照设计文件要求和试验室实际掺配结果,掺入约30%的新集料,从而为水泥稳定碎石基层补强施工节省了约70%的新集料采购成本和约70%的废旧回收料堆弃投入,从而降低工程施工成本。与传统的施工方法对比,施工设备未增加,但总体成本有所降低,从而提高了养护施工工作效率。

对旧路面铣刨料就地利用,节约了施工过程中废料堆弃场地征用的费用。从废料堆弃和节约养护成本以及水环保方面充分考虑,解决了传统施工方法中存在的资源、环境等方面的投入问题。

11 应用实例

11.1 工程实例一

楚大高速公路楚雄段路面大修工程。楚大高速公路东起楚雄,西至大理,全长179.112km,于1998年9月建成通车,是云南第一条高速公路。2008年,楚大高速公路通车使用已将达10年,到了路面设计年限的中后期,并且通车以来,公路超载运输严重,导致楚大高速公路行车道大面积发生了结构性破坏,平整度较差,服务水平已不能满足高速公路的要求。鉴于上述情况,云南省公路开发投资有限责任公司委托设计单位对楚大高速公路的路面使用情况进行全面的调查,提出了基层结构补强措施,提出了运用水泥稳定碎石厂拌再生施工要求。

我公司参与施工的楚大高速公路楚雄段施工运用了水泥稳定碎石厂拌再生施工方法,将旧路面水泥稳定碎石基层铣刨后运回拌和站集中堆放,对铣刨料进行超粒径筛分,并取样进行集料筛分试验和原材料指标试验。经试验,在铣刨料中掺入30%的新集料,以此来调整混合料级配。用水稳拌和机在掺配好的混合料中掺入5%的水泥剂量后加水拌和,形成新拌水泥稳定碎石基层混合料。按照水泥稳定碎石基层的施工方法进行现场质量控制,压实成型后形成新的水泥稳定碎石基层。

11.2 工程实例二

昭待、嵩待待补段高速公路路路面养护专项工程。云南省公路开发投资有限责任公司昭通管理处管辖昭待、嵩待待补段高速公路我公司负责养护路段。2012年我公司承担的昭待高速公路K264+480~K265+481段、嵩待K107+300~K108+400段路面养护专项工程施工中运用了水泥稳定碎石厂拌再生施工工法,将铣刨回收的水泥稳定碎石基层进行再生施工,经现场压实度检测和养生期结束后的钻芯取样检测,新形成的路面基层强度等各项指标均满足设计文件和规范要求,旧料回收利用节约了养护施工成本。

11.3　工程实例三

昆嵩高速公路军马场收费站收费车道及收费广场改造工程。昆嵩高速公路作为通往滇东、滇东北方向的重要通道,交通压力大。2012年,云南省公路开发投资有限责任公司决定对昆嵩高速公路军马场收费站进行改扩建,以改善交通分流条件。我公司承接的昆嵩高速公路军马场收费站收费车道及收费广场改造施工项目运用了水泥稳定碎石厂拌再生施工工法,首先对旧路面水泥稳定碎石基层铣刨,并将回收的RAP料集中储存备用,待路基施工完成后,利用旧路面基层的铣刨回收RAP料进行厂拌再生,形成新的路面结构层。通过现场压实度检测和钻芯取样检测,新结构层各项指标均达到设计及规范要求。另外,通过对原有旧料进行再次利用,不但在确保工期和质量的情况下节约了施工成本,而且降低了对养护施工周边的水土环境污染。

水泥混凝土路面碎石化及再生利用施工工法

GGG(中企)B2034—2013

朱伟杰　梁夫喜　戚乐方　柏义成　许　鹏
(中铁十局集团有限公司)

1　前言

近年来,随着早期修筑的水泥混凝土路面逐渐接近或超过了使用年限,加之随着国家经济的高速发展,车流量和载荷不断增加,早期的混凝土路面已开始出现不同形式、不同程度的损坏,原有水泥混凝土路面的改扩建工程日趋增多。以往的混凝土路面翻修工程,主要采用单锤头将混凝土破碎后挖除外弃,再重新施工道路基层及面层,极大地造成了资源的浪费和环境污染,并且工序较多,既不经济,也不环保。

安徽省 S105 巢湖至乌江段公路改建工程位于巢湖市,由既有 12m 宽二级公路改扩建为宽度 21m 一级公路,标段全长 23.5km,其中既有水泥混凝土路面改建 7.025km,其余新建。改建段原混凝土面板平均厚 28cm,改建后路面结构为 36cm 厚水泥稳定碎石底基层 +18cm 厚水泥稳定碎石基层 +6cm 厚中粒式沥青混凝土 +6cm 厚中粒式改性沥青混凝土 +4cm 厚细粒式沥青混凝土。项目部经过方案论证,采用碎石化技术进行施工,并取得了成功,该方法与传统技术即混凝土破碎后挖除外弃施工方法比较,缩短了工期,实现了资源 100% 再生利用,降低了成本,减少了对环境的污染。经过工程实践后对工艺进行总结,形成此工法。

2　工法特点

(1)施工简便,改造周期短,综合造价低。

(2)就地再生,环保无污染,可将破碎后的路面直接作基层或底基层,再加铺新的面层。

(3)经破碎并压实的混凝土颗粒,为路面结构提供了更高的结构强度,是目前解决反射裂缝问题的有效办法。

(4)破碎的水泥面板就地利用,节约了路基材料及运输成本,加快了工程进度,大大降低了工程总费用,同时也解决了丢弃水泥碎块垃圾的环保问题。

(5)对交通通行影响较小,在施工期间不需全部封闭交通。

3　适用范围

本工法适用于旧水泥混凝土路面改沥青混凝土路面工程。

4　工艺原理

在旧混凝土路面上加铺沥青面层是旧路改造的常见形式,但是旧混凝土路面的接缝与裂缝处无法承受剪应力与拉应力,在温度和车辆荷载的重复作用下,此部位的沥青面层容易受损破坏,产生反射裂纹。碾压级配碎石层属于半刚性基层。半刚性基层整体强度高,抗永久变形、抗行车荷载疲劳破坏能力好。相对于刚性的水泥混凝土基层,大大降低了沥青面层发生反射裂纹的概率。

水泥混凝土路面碎石化及再生利用,是通过多锤头破碎机,将旧水泥混凝土路面板破碎成较小的粒径(底部不超过 37.5cm,中间不超过 22.5cm,表面不超过 7.5cm),碾压后作为新路面结构基层或底基层,然后再加铺新的路面结构。由于破碎后其颗粒粒径小,力学模式更趋向于级配碎石,可以有效地限制反射裂缝发生。

5 施工工艺流程及操作要点

5.1 施工工艺流程图(图1)

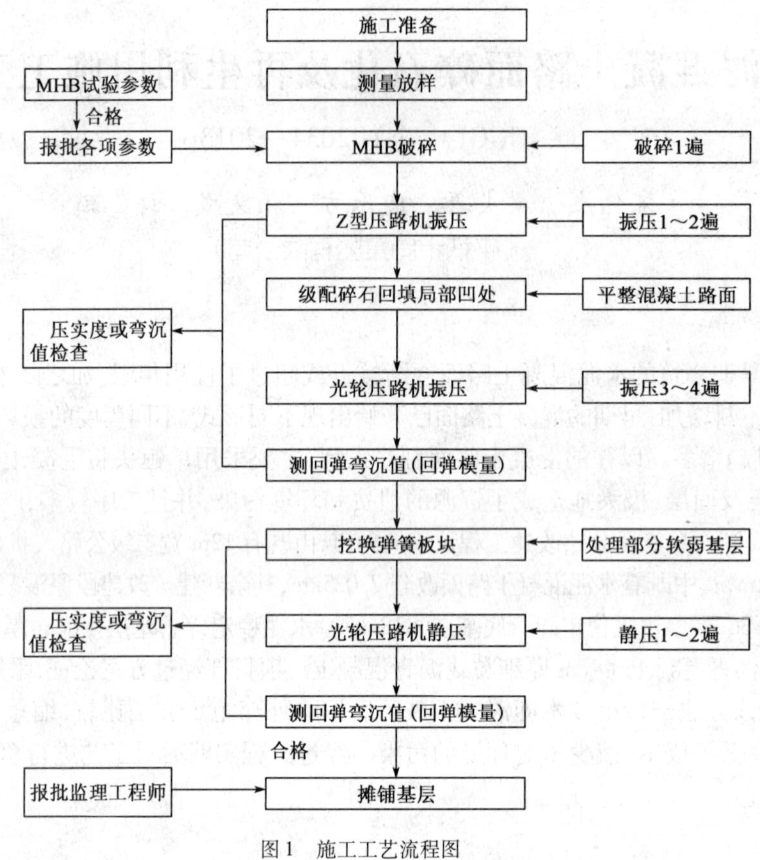

图1 施工工艺流程图

5.2 操作要点

1)施工准备

(1)旧路面路况调查及处理

对既有路面的唧泥、断裂、沉陷等病害进行逐一排查,做好标识,在路面碎石化之前进行修复处理。

①清除既有混凝土路面病害,开挖到基层或路基本体稳定层;

②采用相同材料换填后,进行换板施工,再采用碎石化处理,确保碎石化后结构层的整体强度。

路面病害处理见图2。

图2 路面病害处理

(2)既有道路内构造物调查

重点调查既有构造物上部覆土厚度。覆土厚在1m以上的构造物(或管线),不会因路面碎石化受到破坏,采用正常破碎;覆土厚在0.5~1m的,可采用碎石化施工,但必须降低锤头高度进行轻度打裂;覆土厚在0.5m以内的,禁止破碎,避让范围为结构物端线外侧3m区域。

(3)道路两侧地面建筑物的调查

以距路肩10m线为界进行调查,并做好标识。距路肩10m以外建筑物不会因路面碎石化受到破坏,可正常破碎;对于路肩外5~10m范围有建筑物的路段,施工时应降低锤头高度对路面进行轻度打裂;路肩外5m以内有建筑物的路段,禁止破碎。

(4)先行施工排水系统

为减小碎石化施工对周围房屋的振动影响,碎石化施工前,需先行施工路基两侧排水沟,利用排水沟减弱振动波的传递,避免对周围房屋的振动影响。同时,排水沟的设置增强了排水系统,使破碎后的旧路面面层、基层处于较好的排水状态,保证了施工质量。

(5)清除存在的沥青面层

在碎石化前,清除旧水泥混凝土路面上的沥青修复材料,以保证破碎处理的效果。

(6)进行临时交通管制

既有道路碎石化施工期间,实行半封闭施工,半幅施工,半幅通车,碎石化完毕经碾压密实的基层或底基层,必须养护7d以上方可通行。

2)施工放样

(1)每10m或25m在路中线,左、右幅中线(车道位置),左、右幅边线用线钉标记点位。

(2)测量三点高程,计算设计与原地面高差,作为后期基层调平层施工的参考依据。

3)试验段施工

试验路段应为监理工程师在工程项目范围内确定的位置,尺寸为车道全宽,长度为100m。根据设计和老路拓宽段的位置,施工时选择K32+000~K32+100段作为水泥路面破碎试验路段。根据经验,一般取落锤高度为1.1~1.2m,落锤间距为10cm,逐级调整破碎参数对路面进行破碎,目测破碎效果,当碎石化后的路表呈鳞片状时,表明碎石化的效果能满足规定要求,记录此时采用的破碎参数,如锤头高度和破碎机行驶速度等。

当试验段完成后,为了进一步验证水泥路面被破碎后的具体尺寸,确保路面被破碎符合设计图纸的要求。根据设计要求,在业主、监理现场旁站的前提下,在试验区内随机选取两个独立的位置开挖$1m^2$的试坑(正常施工时也需开挖试坑进行检查),见图3。

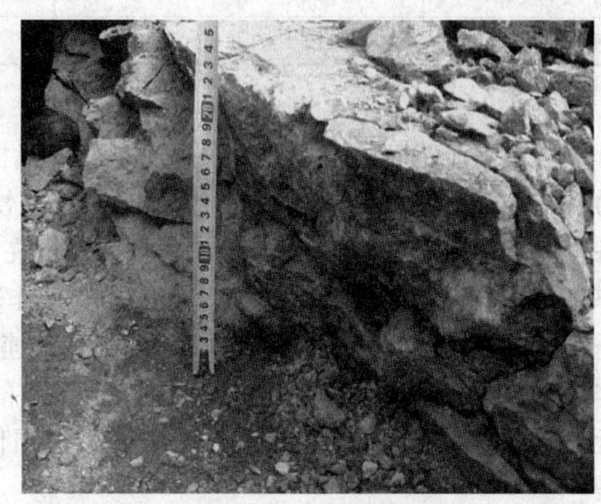

图3 碎石化试验段探坑检查粒径大小

试坑不能选择在有横向接缝或工作缝的位置,试坑应开挖至基层,路面破碎粒径应在全深度内检测。通过试验段破碎,最终确定符合施工要求的破碎参数。如果破碎的混凝土路面粒径没有达到要求,那么破碎程序必须进行相应调整,并相应增加试验区,循环上一过程,保证结果满足要求。最终,符合要求的 MHB 设置应记录备查。而开挖的试坑应用密级配碎料回填并压实至满足要求。

破碎的程序应得到监理工程师和施工单位双方的认可,确定的程序将用于试验区之外的路面破碎。施工时应不断地监控破碎操作,并在施工过程中不断地进行小的调整,以确保破碎结果满足要求,如果未达到要求,MHB 的设置需进行大的调整时,施工现场技术人员应通知监理工程师,调整后破碎粒径符合设计要求,经监理工程师同意后才可进行破碎试验区之外的路面破碎。

试验路段确定的破碎程序将用于本工程。在施工过程中应不断检查破碎作业情况,并根据需要对设备进行细微调整,以确保达到施工质量要求。

4)碎石化施工

(1)旧路面破碎质量要求

要把75%的混凝土路面破碎成表面最大尺寸不超过 7.5cm,中间不超过 22.5cm,底部不超过37.5cm的颗粒。若破碎后的块径超过最大尺寸,应用密级配的破碎粒料替换并压实达到标准。在独立的软土地基区域,破碎难度大,难以达到以上粒径要求的路段,不予破碎处理,采用预裂并压实的工艺进行处理。在任何情况下,表面的最大粒径不超过 30cm 且大部分裂缝应延伸到混凝土路面的全部深度。采用其他破碎方法时,应获得监理工程师的批准。

原来挖补的部分有许多是超厚的,对于这些部分,相应的破碎尺寸可增大到正常厚度的中间层尺寸22.5cm。达到正常厚度板的中间层破碎尺寸要求且裂缝间距小于 45cm 时被认为是合适的。

破碎施工绝不允许因破碎造成隐蔽构造物的损坏,所有设备应严格遵守桥涵的载重限制。

一般情况下,MHB 应先破碎路面两侧的行车道,然后破碎中部的行车道。

在破碎路基时应适当降低外侧锤头高度,减小落锤间距。这样,既可保证破碎效果,又不至于因破碎功过大而造成碎石化过度。

两幅破碎一般要保证 10cm 左右的搭接破碎宽度。

机械施工过程中要灵活调整行进速度、落锤高度、频率等,尽量使破碎均匀。

初始参数见表1。

初步选定的设备控制参数范围 表1

原水泥混凝土下卧层强度状况	强度较高		强度一般		强度较低	
水泥强度等级	32.5	42.5	32.5	42.5	32.5	42.5
下落高度(m)	1.2	1.2	1.1	1.1	1	1
锤迹间距(cm)	8~12	6~10	8~12	6~10	8~12	6~10

(2)MHB 破碎施工

多锤头水泥路面破碎机采用的是山东公路机械厂生产的自行式破碎(MHB)设备,MHB 为自装备动力系统,该设备采用进口液压元件及电器元件,性能稳定。设备后部平均配备两排成对锤头,这样在设备全宽范围内可以连续破碎,锤头的提升高度在油缸行程范围内可独立调节,该破碎机具备一次破碎4m 车道的能力。主要技术参数:型号 PS360,工作速度 120m/h,行驶速度 8km/h,工作锤数量 12 个,侧翼锤数量 4 个;发动机型号:额定功率 268kW,转速 2 100r/min,最大破碎宽度 4m,最小破碎宽度 0.8m,破碎频率 30~35 次/min。施工时装备帷幕,该帷幕为在该设备上落锤部位沿设备装订一周橡胶,防止临近车道的车辆或周边行人及物体被破碎飞屑损伤,同时减少破碎过程中的扬尘,保证空气不被粉尘污染。

较好的碎化效果应该是,碎石化完以后路面整体看上去呈鳞片状。破碎施工顺序:应从外侧车道向内侧车道破碎,在破碎路肩时应适当降低外侧锤头高度,减少落锤间距,既保证破碎效果,又不至于破碎功过大而造成过度破碎。两幅破碎一般保证 10cm 左右的搭接破碎宽度。多锤头破碎机机械施工过程中，应根据旧水泥混凝土路面的强度差异随时优化调整行进速度、落锤高度、频率等破碎参数，尽量使破碎均匀。

(3)预裂要求

在个别路段(如混凝土基层、岩石基层或经过数次改建而基层加厚的段落)，应采用打裂等其他手段进行混凝土路面的预裂，确保碎石化后达到预期效果。预裂后，根据情况进行试验段施工，重新确定碎石化破碎的施工参数。

(4)软弱基层或路基修复

施工过程中，往往发现部分软弱基层或路基有凹坑，需进行修复。

①凹处回填。在压实前发现碎石化表面凹陷在10cm×10cm以内的，应用密级配碎石粒料回填并压实达到设计和规范要求。对于修复处压实后的高程，应修整出好于周围混凝土路面状况的平滑表面。重要的是确定凹陷是否由于路基或底基层的不稳定造成，如果是由于软弱地基造成的，该区域将按前述方案进行处理。

②原有填缝料及外露钢筋清除。在铺筑水泥稳定碎石基层前，所有松散的填缝料、胀缝材料、切割移除暴露的加强钢筋或其他类似物应进行清除，如需要，应填充级配碎石粒料。

(5)破碎后压实施工

压实的主要作用是将表面较长、较宽的颗粒进一步破碎，紧固下层块料以增加结构强度。在潮湿条件下不应进行压实操作，以避免损坏下面底基层。应避免过度压实，特别是在稳定性有问题的地方。

①Z型钢轮压路机(单轮)碾压2遍。该压路机采用的是山东公路机械厂生产的YZ18AZ形轮振动压路机，单压实轮，自装配，自动力，携带Z型钢箍，通过螺栓固定在压实轮表面。碾压时应进行振动压实，它是用于破碎水泥混凝土路面后的表层补充破碎，压实速度不超过5km/h。

②振动钢轮压路机碾压4遍。该压路机采用的是徐工集团生产的XS260单钢轮振动压路机。单振动轮，自装备动力，21t，施工中采用振动压实。该压路机用于摊铺水稳层之前，在Z型压路机之后压实破碎后的混凝土表面，也用于修复破碎后通车的特殊路段。

③破碎混凝土路面的检验性压实。检验性压实，是指在有问题的区域用荷载检验破碎后的混凝土路面和路基基层结合料的稳定性。通常用加载的双轴卡车进行。本过程有利于确定在破碎或压实过程中未发现的薄弱区域，但仅在下道工序操作之前进行，使用方法必须避免过度压实对破碎基层的损坏。

④光轮压路机静压2遍，收光完成碾压。

(6)破碎效果检测

碎石化质量控制的主要指标有破碎率和破碎尺寸两项。

碎石化后混凝土颗粒间应形成紧密嵌挤结构，颗粒应嵌入或紧贴旧路基层，消除脱空板原有间隙。破碎时，与相邻车道衔接宽度应大于15cm。破碎后路面不得开放交通，若通车造成破碎后路面不平整或透层油黏结层损坏，应重新压实。碎石化效果不仅用回弹弯沉或回弹模量作为评价指标，还需结合破碎层的强度变异性进行综合评定。

对局部弹簧板块的挖换，应在旧路面破碎后进行，换挖板块需通过回弹弯沉测试确定。碎石化后沉降量受旧路路况影响较大，不宜作为碎石化技术控制指标。

5)乳化沥青透层

为使表面较松散的粒料有一定的结合力，建议使用慢裂乳化沥青做透层，用量控制在2.5～3kg/m^2，渗入深3cm左右，形成如贯入式沥青碎石层，乳化沥青透层表面撒布适量石屑后进行光轮静压，石屑用量以不黏轮为标准。

6)破碎路段边缘处理

碎石化和非碎石化混凝土路面接缝应考虑相应的过渡措施，在接缝上设置格栅。

如果碎石化路段为老路拓宽段,务必保证先将拓宽段的道路结构层施工至老路面板顶面高程位置,从而确保新老路拼接处的破碎质量,减小老路面板边缘处的破碎粒径,且在接缝处也应设置格栅。

7)注意事项

(1)选择具有代表性路段作为试验段,其长度最小100m,在该试验段中安排不同锤迹间距的小区段,每段长度不少于50m,其分界要标记清楚。

(2)试验段施工结束后,对不同锤迹间距的子区段粒径进行检测,选择对应的设备控制指标。

(3)采用回弹模量进行检测,测试的点位随机选定,并应不少于9个。

(4)大面积施工过程中,单幅路面长度破碎超过1km时,要在破碎粒径发生突变处挖坑抽检,验证粒径是否满足要求,如果不满足要求要作小幅调整。

(5)对粒径确认应通过开挖试坑后用卷尺量结合目测方式进行,试坑面积不小于$1m^2$,深度要达到基层。

5.3 劳动组织

施工人员配置见表2。

施工人员配置表 表2

序号	工种	人数	操作内容
1	多锤头破碎作业队技术员	2人	负责技术指导以及协调生产
2	多锤头破碎机操作手	4人	负责路面破碎
3	其他机械操作手	6人	负责碾压、整体等设备操作
4	技术员	4人	负责测量、质检等技术工作
5	试验人员	2人	负责相关试验工作
6	领工员	2人	负责现在施工安排
7	施工人员	15人	负责软弱路面处理、换填、整平等工序施工
合计		35人	

6 材料与设备

本工法无需特别说明的材料,采用的主要机具设备见表3。

机械设备配备表 表3

序号	机械名称	型号	数量(台)
1	多锤头破碎机	PS360	1
2	Z型振动压路机	XS182J	1
3	振动压力机	CA25D	2
4	装载机	ZL50	2
5	挖掘机	SK430-3	1

7 质量控制

7.1 施工、试验、验收规范标准

本工程使用的相关技术规范如下:

(1)《公路路基施工技术规范》(JTG F10—2006)。

(2)《公路路面基层施工技术规范》(JTG 034—2000)。

(3)《公路水泥混凝土路面施工技术规范》(JTG F30—2003)。

(4)《公路交通安全设施施工技术规范》(JTG F71—2006)。

(5)《公路工程质量检验评定标准》(JTG F80/1—2004)。

(6)《公路路基路面现场测试规程》(JTG E60—2008)。

(7)《公路工程技术标准》(JTG B01—2003)。

(8)《公路工程竣(交)工验收办法(交通部2004年第3号部长令)》。

7.2 质量保证措施

(1)健全质量保证体系,加强质量教育,提高全体职工的质量意识。

(2)做好自检、互检和交接检工作,施工中实施工序交接制度。

(3)加强过程控制,加强对破碎粒径的检测,保证破碎粒径满足设计图纸要求。

(4)对于老路拓宽段,必须先将拓宽段的道路结构层施工至老路面板顶面高程位置,确保新老路拼接处的破碎质量,减小老路面板边缘处的破碎粒径。

(5)碎石化施工前,必须先行施工排水工程,对既有水系进行疏通,并密切关注天气情况,紧密安排各工序的施工。

8 安全措施

(1)建立安全领导小组和安全生产管理网络,建立各项安全生产规章制度和安全操作规程,对施工全过程进行安全监控,及时发现和消除安全隐患,防止各类安全事故的发生。

(2)施工人员必须佩戴安全帽,统一着装,施工现场实施封闭施工,除安全维护人员、施工人员及施工车辆外,其余人员车辆未经允许不能进入。

(3)设置安全标志,在施工现场周围配备、架立安全标牌。

(4)施工机械的安全措施:

①所有施工工具、设备等不得伸出施工安全区域。

②所有施工设备和机具必须设置明显的施工作业标志,使用前必须由专职人员负责进行检查、维修、保养,确保状况良好。

③各种机械操作人员和车辆驾驶员,必须持证上岗,不准操作人员操作与操作证不相符的机械;不准将机械设备交给无操作证的人员操作,对机械操作人员要建立档案,专人管理。

④指挥施工机械的作业人员,必须在操作人员可以看到的安全地点,并用明确规定的指挥联络信号进行指挥,施工中严格检查落实。

⑤定期组织机械设备安全大检查,对检查中发现的安全问题,按照"三不放过"的原则进行调查处理,制定防范措施,防止机械事故的发生。

9 环保措施

坚持国家有关环境保护政策,以预防为主。积极同业主配合,加强本单位的环保选宣传教育,争强施工人员的环保意识。发动群众,调动一切积极因素,切实做好施工期内的环保工作。

(1)遵照国家环境保护政策和本标段环境保护的要求,严格组织施工管理,开展文明施工活动,树立良好形象。

(2)对现场施工机械和施工结构物进行标识,注明机械和结构物的施工参数,施工人员一律挂牌上岗。

(3)对生活垃圾和施工废弃物(污水、废料、废弃油污等)集中堆放,定期清理,不得污染和占用农田、水塘、灌溉渠和河道。

(4)不得随意将水塘、农田灌溉沟渠作为工程水源,应与地方群众协商处理。

(5)始终保持施工道路畅通,注意洒水压尘;保持并完善工地的临时排水设施,并使之与永久性排水设施相结合,不得淤积、冲刷农田。

(6)防止空气污染,严格执行《中华人民共和国空气质量标准》,碎石化后,对旧路面表面易于引起粉尘的细料或散料飞洒,应予以遮挡或适当洒水,部分挖除的混凝土块运输时用帆布、盖套及类似物品遮盖,减少扬尘。禁止在工地燃烧有毒的物品,以免影响周围环境。

(7)防止噪声污染,在距离村庄较近段施工时,应加强对施工噪声的控制。尽量避免在村庄附近进行夜间施工,以免影响群众生活。

(8)在本工程施工中和完工后,对破坏的环境要及时整治,接受各级环保部门对本工程环境保护工作的日常监督管理。

10 资源节约

(1)认真贯彻国家节能工程的有关要求。

(2)研发新设备、新工艺,研发专利设备和施工工艺替代原始施工方法,节约材料,提高工效。

11 效益分析

根据设计图纸,对碎石化路段采用对比法,将水泥混凝土路面碎石化后加铺基层与挖除水泥混凝土路面加铺基层做对比,进行经济分析,选取长度为1 000m,宽度按照10m计算,面积共10 000m²,各工序单价见表4,挖除后直接加铺及碎石化后直接加铺基层费用见表5及表6。

各工序单价 表4

序号	工作内容	单价(元/m²)	序号	工作内容	单价(元/m²)
1	挖除旧混凝土路面	11.26	4	修补混凝土路面	160
2	碎石化旧混凝土	22	5	压浆稳定	12
3	水泥稳定碎石基层18cm	23	6	水泥稳定碎石基层36cm	58

挖除混凝土加铺基层所需费用(每公里) 表5

序号	内容	面积(m²)	单价(元/m²)	总价(元)
1	挖除混凝土路面	10 000	12	120 000
2	水泥稳定碎石基层36cm	10 000	58	560 000
3	合计			680 000

碎石化后直接加铺基层所需费用(每公里) 表6

序号	内容	面积(m²)	单价(元/m²)	总价(元)
1	碎石化旧混凝土路面	10 000	12	120 000
2	水泥稳定碎石基层18cm	10 000	23	230 000
3	修补路面	按照总面积2%考虑	160	32 000
4	压浆稳定	按照总面积2%考虑	12	2 400
5	合计			384 400

注:旧板需要更换修复的数量不大,可以忽略。

通过以上分析,碎石化后加铺的经济效果较为突出,每公里可节约成本:68万元-38.44万元=29.56万元,全线合计节约开支7.025km×29.56万元/km=207.6万元,并且施工工艺简单,方案可行。

12 应用实例

12.1 工程实例一

1)工程概况

S105巢湖至乌江段公路改建工程位于巢湖市,连接巢湖和皖苏省界乌江镇。本标段起点处于含山县未完工市政道K22+400,终点为K44+700,道路全长23.5km,包括断链后长度,其中老路改建段水泥混凝土路面碎石化处理起讫里程为 K31 +600 ~ K38 +625,全长 7.025km。本方案主要项目施工内容包括:旧路面拆除,原水泥混凝土路面碎石化处理。

2)技术标准及要求

改建公路等级:一级公路、双向四车道。

设计行车速度:80km/h。

汽车设计荷载:公路—Ⅰ级。

路基、路面:路基宽 24.5m,路面宽 21m(包括硬路肩部分),路面标准轴载 BZZ-100;路基设计洪水频率 1/100;

3)原有公路状况

K31 +600 ~ K38 +625 段为老路改建段,原路面为水泥混凝土路面,宽为 12m,平均厚度为 28cm,既有道路通行量较大,所经行政区域为和县西埠镇。设计路面结构为:36cm 厚水泥稳定碎石底基层 + 18cm 厚水泥稳定碎石基层 +6cm 厚中粒式沥青混凝土 +6cm 厚中粒式改性沥青混凝土 +4cm 厚细粒式沥青混凝土。

4)施工情况

水泥混凝土路面碎石化于 2010 年 10 月 15 日开始试验段施工,2010 年 10 月 18 日正式全面铺开施工,2011 年 2 月 28 日完成全标段 7.025km 碎石化处理。

5)工程监测与结果评价

采用碎石化施工技术后,破碎后的路面直接作为基层或底基层,再加铺新的面层,不必把破损的混凝土块打碎搬走,节约了路基材料及运输成本,加快了施工进度,大大降低了工程的总费用,同时也解决了丢弃混凝土碎块垃圾造成的环保问题。且破碎后经压实,路面混凝土块形成了内部嵌挤、高密度的紧密结构,为沥青罩面提供了更高的结构强度,是目前解决反射裂缝问题的最有效办法;施工简便,实现了资源的就地再生,环保无污染。施工期间市环保局全程进行了监测,未对周边环境造成粉尘污染、噪声污染、垃圾污染等,破碎时的振动小,未对周围居民的房屋造成影响,受到了业主和监理单位的肯定和好评。将水泥混凝土路面碎石化后加铺基层与挖除水泥混凝土路面加铺基层做对比,每公里可节约成本 29.56 万元,全线合计节约开支 207 万元,取得了良好的经济效益和社会效益。

12.2 工程实例二

1)工程概况

S105 龙塘至巢湖段一级公路所在区域毗邻长三角,总体呈西至东走向,是南京都市圈的组成部分,主要承担合肥市和巢湖市之间以及沿线各乡镇之间的中短途交通,同时也承担着部分合肥、肥东、巢湖往含山、和县方向及通达南京方向的交通出行。

本标段起点处于 S105 与合肥市南环高速交叉的龙塘互通立交东 1km 处(桩号 K0 +000),终点为合肥与巢湖交界处(桩号 K17 +322.9),道路全长 17.5km,位处于肥东县撮镇和桥头集镇。其中老路改建段水泥混凝土路面碎石化处理起讫里程为 K10 +600 ~ K14 +300,全长 3.7km。

2)技术标准及要求

改建公路等级:一级公路、双向四车道。

设计行车速度:80km/h。

汽车设计荷载:公路—Ⅰ级。

路基、路面:路基宽 24.5m,路面宽 21m(包括硬路肩部分),路面标准轴载 BZZ-100;路基设计洪水频率 1/100;

3)原有公路状况

K10 +600 ~ K14 +300 段为老路改建段,原路面为水泥混凝土路面,宽为 14m,平均厚度为 28cm,既有道路通行量较大,所经行政区域为肥东县桥头集镇。设计路面结构为:36cm 厚水泥稳定碎石底基层 +20cm 厚水泥稳定碎石基层 +6cm 厚中粒式沥青混凝土 +6cm 厚中粒式改性沥青混凝土 +4cm 厚细粒式沥青混凝土。

4)施工情况

水泥混凝土路面碎石化于2012年8月28日开始试验段施工,2012年9月15日正式全面铺开施工,2012年11月25日完成全标段碎石化处理。

5)工程监测与结果评价

采用碎石化施工技术后,破碎后的路面直接作为基层或底基层,再加铺新的面层,不必把破损的混凝土块打碎搬走,节约了路基材料及运输成本,加快了施工进度,大大降低了工程的总费用,同时也解决了丢弃混凝土碎块垃圾造成的环保问题。且破碎后经压实,路面混凝土块形成了内部嵌挤、高密度的紧密结构,为沥青罩面提供了更高的结构强度,是目前解决反射裂缝问题的最有效办法;施工简便,实现了资源的就地再生,环保无污染。施工期间市环保局全程进行了监测,未对周边环境造成粉尘污染、噪声污染、垃圾污染等,破碎时的振动小,未对周围居民的房屋造成影响,受到了业主和监理单位的肯定和好评,共节约费用112万元,取得了良好的经济效益和社会效益。

抗滑露石水泥混凝土路面施工工法

GGG(苏)B2035—2013

严 军 钱 岚 蔡 斌 单建国 黄金春
(南通市江海公路工程有限公司)

1 前言

抗滑不足、行车噪声大是水泥混凝土路面的主要问题。长期的工程实践表明,水泥路面拉毛极易磨光,抗滑指标衰减很快,路面压纹、刻槽对抗滑性能提高不显著,且嵌入槽内的石子等坚硬杂物易使混凝土表面破碎,其抗滑性能衰减也较快;铣刨工艺虽可改善混凝土表面宏观构造,但由于其构造深度不均及混凝土厚度损失过大而不能作为提高路面抗滑性能的工艺手段,而且其表面粗糙度不匀,微观构造不足,抗滑性能损失快。因此,采用这些传统方法得到的水泥混凝土路面抗滑性能及其持久性均不理想。

露石水泥混凝土路面(简称EACCP)是一种新型的水泥混凝土路面,它是以适当方式清除水泥混凝土表面砂浆,露出粗集料从而形成优良的宏观与微观构造,得到良好的抗滑表面。露石水泥混凝土路面具有持久的高抗滑性能,其抗滑性能衰减速度很慢,能使路面长期保持优异的抗滑性能;露石水泥混凝土路面还具有良好的降噪性、表面排水性、高耐磨性、防眩光、不扬尘等特点。因此,露石水泥混凝土路面在保持普通水泥混凝土路面优点的同时,克服了抗滑性能的不足,使水泥混凝土路面使用功能得到多方面改善与提高。

南通市江海公路工程有限公司组织开展了"抗滑低噪声露石水泥混凝土路面施工技术"课题研究,并在通州区金通二大道路面和南通市人民路东延通州段工程中进行了成功应用,总结形成了抗滑低噪声露石水泥混凝土路面施工工法。目前上述工程中的水泥混凝土路面使用性能良好,取得了显著的效果。

2 工法特点

(1)有效提高了水泥混凝土路面表面的微观和宏观构造深度,增大了路面的抗滑能力以及持久性,可避免车辆在雨天行驶时产生打滑、漂移等,提高了行车安全性和舒适性。

(2)表面构造深度的增加,能够显著降低水泥混凝土路面车辆行驶时产生的噪声,不仅提高了行车舒适性,而且降低了可能对周边环境造成的噪声污染。

(3)与普通水泥混凝土相比,露石水泥混凝土仅去除表面2~3mm厚的水泥砂浆,因此,在提高表面抗滑能力的同时,包括力学强度在内的其他主要路用性能与普通水泥混凝土相同。

3 适用范围

本工法适用于各等级公路、城市道路、机场道面、陡坡路段、停车场以及收费站等部位的水泥混凝土路面。

4 工艺原理

(1)在新拌面层水泥混凝土拌和物铺筑完成后,喷洒露石剂对混凝土表面进行化学处理,延缓表面

2～3mm 厚水泥砂浆的凝结,但不影响主体混凝土的正常凝结硬化,当主体水泥混凝土达到一定强度后,刷洗其表面,将路表薄层水泥砂浆去除,露出 2mm 左右深、均匀分布的粗集料表面。由于露石水泥混凝土路面去除了表层砂浆,直接露出粗集料,形成了传统水泥混凝土路面不具备的表面微观、宏观构造。

(2)综合考虑影响露石剂喷洒的气温、光照、风速等因素,确定从水泥混凝土抹面之后到混凝土表面水膜消失、混凝土初凝之前的时间,即为露石剂喷洒时间。

(3)通过分析材料因素(水泥品种、标号等)和环境因素(气温、湿度、风力等)对水泥水化速度和凝结时间的影响规律,研究得出了划痕法和试刷法两种确定露石混凝土路面刷洗时间的方法,可以有效指导露石混凝土路面的施工,保证施工质量。

5 施工工艺流程及操作要点

5.1 工艺流程

施工工艺流程见图 1。

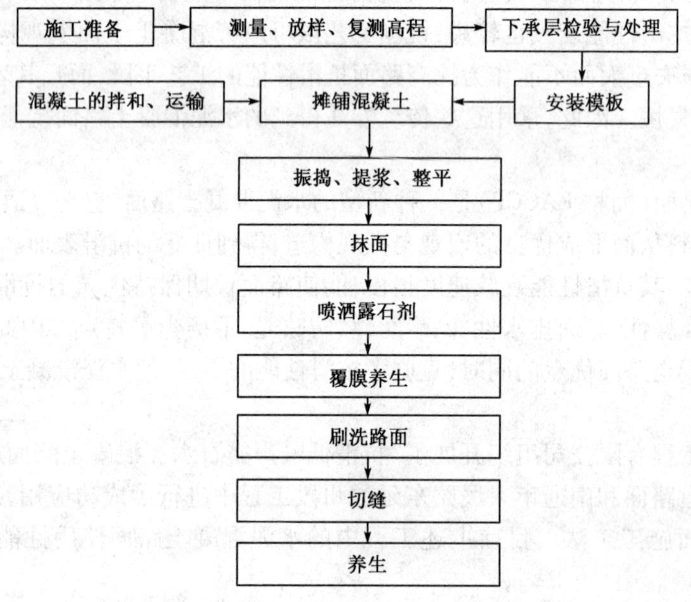

图 1 施工工艺流程图

5.2 操作要点

1)施工准备

主要包括施工人员安排,施工机械、施工材料的准备与性能检验,确定水泥混凝土的配合比。

2)测量、放样及复测高程

(1)在路面基层验收合格后进行施工放样工作,直线段每 20m 一桩,曲线段每 4m 一桩(与模板长度同)。同时要设胀缝、缩缝、锥坡转折点等中心桩,两侧设置边桩。

(2)根据放好的中心线及边桩,现场核对施工图的混凝土分块线。对于曲线段,必须保持横向分块线与路中心线垂直。

(3)测量放样必须经常复核,做到勤测、勤核、勤纠偏。

3)下承层检验与处理

(1)所有挤碎、隆起、空鼓的基层应清除,并使用素混凝土重铺,同时设胀缝板横向隔开。胀缝板应与路面胀缝和缩缝上下对齐。

(2)当基层产生非扩展性温缩、干缩裂缝时,应进行密封防水。

4）安装模板

（1）模板必须具有足够的强度和刚度（模板的高度与混凝土路面等厚），对于变形的模板须纠正后再使用。

（2）模板应安装稳固、顺直、平整、无扭曲，相邻模板连接应紧密平顺，不得有漏浆、前后错茬、高低错台等现象。模板应能保证摊铺、振实、整平设备在行进、冲击和振动时不发生移位。

（3）平曲线路段采用短模板。

（4）内侧固定钢钎和外侧受力钢钎均不得高于模板，以利振动梁通过。

5）摊铺混凝土及振捣、提浆、整平

（1）摊铺厚度要考虑预留高度。拌和物的松铺系数控制在 $K=1.1\sim1.25$，料偏干，取较高值；反之，取较低值。采用人工摊铺，严禁抛掷和耧耙。

（2）对于边角部分，应先用插入式振捣器按顺序振捣，再用平板振捣器纵横交错托振。

（3）振捣器在每一位置振捣的持续时间，以拌和物停止下沉、不再冒气泡并泛出水泥砂浆为准，不宜过振。

（4）振捣时，应辅以人工补料，应随时检查振实效果及模板、拉杆、传力杆和钢筋的位移、变形、松动、漏浆等情况，并及时纠正。

（5）整平时，填补料应选用较细的拌和物，严禁使用纯砂浆填补找平。整平时必须保持模板顶面的整洁。

6）混凝土抹面

在振捣梁振实后，采用圆盘式抹面机往返 2～3 遍压实整平饰面。在抹面机完成作业后，应进行清边整缝，清除黏浆，修补缺边、掉角。使用抹刀人工将抹面机留下的痕迹抹平进行饰面，往返 2～3 遍，直至面板表面无抹面的印痕，致密均匀，平整度应达到规定的要求。

7）喷洒露石剂

（1）喷洒时间

喷洒露石剂并不是在抹面之后立刻进行，而是要间歇一段时间，从抹面后到开始喷洒露石剂所等待的时间就是喷洒时间。原则上，喷洒时间是从水泥混凝土抹面后开始，到混凝土表面水膜消失时所经历的时间。环境气温、湿度、风速是影响喷洒时间的重要因素。气温为 25℃时，推荐值为 40～60min。具体情况需要结合当天的施工条件和外界环境综合考虑。

（2）喷洒方法

液态露石剂是由多种成分和水形成的一种乳液，为了确保喷洒均匀，必须将露石剂雾化。露石剂的喷洒可由喷洒车或人工完成。无论采用哪种方式喷洒，原则上，要使露石剂雾化后，均匀喷洒在新铺筑的混凝土表面，且在混凝土表面不发生流淌。人工喷洒露石剂宜使用高压水枪进行雾化。高压水枪雾化效果好，速度快，可操作性强。

（3）喷洒剂量的标定

露石剂的喷洒量宜控制在 $300\text{g/m}^2 \pm 15\text{g/m}^2$。为了确保露石剂能均匀覆盖在混凝土表面，在大面积喷洒前，应铺筑试验段对喷洒剂量进行标定。标定方法如下；计算 20m^2 露石剂用量，确保露石剂在此面积范围内均匀喷洒完。

8）覆膜养生

喷洒露石剂后，由于环境温度及风速影响，易使混凝土表面水分和露石剂成分挥发，影响露石剂的正常化学作用，从而导致随后的刷洗工艺难以实施。为此，需在喷洒露石剂后，采用塑料薄膜覆盖。

（1）喷洒露石剂后 5～10min，即覆盖塑料膜。如气温高、风大，则喷洒后即刻覆盖塑料薄膜。

（2）一定要使所有的混凝土表面均被塑料膜覆盖，不得有裸露的表面。

（3）不得使塑料膜在洒布露石剂的混凝土表面上拖、拉，以免破坏露石剂在混凝土表面上分布的均匀性。

(4)覆盖塑料膜后,要在塑料膜的边、角处用木块或其他物体压严实,以免塑料膜张开进风。

推荐采用横向滚动覆膜,这种覆膜方式所采用的薄膜厚度较薄,在滚动过程中膜与混凝土表面黏结在一起,达到封闭养生的目的;同时能够减轻自重,以防滚动过程中在混凝土表面产生压痕。

9)刷洗路面

(1)刷洗时间的确定

喷洒露石剂并覆盖塑料膜养生一定时间后,达到适宜的刷洗时间,除去混凝土表面的砂浆、露出集料。露石水泥混凝土路面刷洗时间是指喷洒露石剂后,混凝土表面达到可刷洗状态所经历的时间。对混凝土刷洗时间控制的是否适宜,是露石水泥混凝土路面施工中的关键环节之一。确定刷洗时间的方法可采用划痕试验法和试冲法进行检测。

①划痕试验法。

在一般情况下,混凝土表面在未完全硬结时,尖状物划上去会产生一定深度的刻痕。用小刀在混凝土表面划一痕迹,当划痕很浅,但清晰可见、划痕边缘基本上无破损时,即为合适的刷洗时间;如划痕较深、周边破损较大,则还需等待一定时间再刷洗。

②试冲法。

在室内试验和室外施工中,可以用水直接小面积冲洗水泥混凝土表面,以直观地确定是否达到合适的刷洗时间。刷洗时,当很容易把水泥砂浆冲掉,并伴有集料脱落,用手指感觉刷洗后的水泥混凝土较软,这表明水泥混凝土尚未达到适宜的刷洗时间;当冲掉水泥砂浆的难度适中,且没有集料脱落,刷洗后的水泥混凝土较硬,即可进行露石水泥混凝土的刷洗。

(2)路面刷洗

人工刷洗一般是采用普通供水管流水刷洗并辅以刷子来进行。刷子的种类有扫帚、棕榈刷、金属刷等。其作用是:将未凝结的表面砂浆搓揉、松散成为泥浆,在水流作用下冲走。人工刷洗为最简单、最经济的刷洗工艺,通过严格控制施工质量及加强管理,人工刷洗可获得良好的露石效果。

(3)露石深度检测

露石深度是指集料外露高度,用来评价刷洗质量。露石水泥混凝土路面深度宜控制在2~3mm,表面砂浆被刷洗后,所露出的砂浆表面硬化,用手指甲不易划起。

露石深度的测量主要利用透明圆盘及游标卡尺,具体测试分为如下三个步骤:

(1)先用游标卡尺测试圆盘的厚度,多测几点取平均值。

(2)将透明圆盘放在路面板或EACCP上,按住圆盘不能晃动,确保圆盘水平。分别在测孔中插入游标卡尺,注意游标卡尺的探针应接触砂浆表面,将所得读数减去圆盘厚度即为测试点的露石深度。

(3)每个横断面测试4处,每处测试6个点以上,平均值即为每个断面的露石深度。

10)养生

露石水泥混凝土养生工艺与普通混凝土相同。常用的养生方法包括湿法养生、塑料薄膜养生和喷洒养生剂养生。

在雨季或养生用水充足的情况下,要采用湿法养生,在混凝土表面全面覆盖保湿养生膜、土工毡、土工布、麻袋或草帘等,并每天均匀洒水数次,使覆盖物底部始终保持潮湿状态。

采用覆盖保湿养生膜、塑料薄膜养生时,应在混凝土表面不见浮水,手指压无痕迹时进行。养生期间应保持膜的完整,如有破裂,应立即补盖;薄膜厚度应适度,宽度大于覆盖面约60cm。两条薄膜对接时,重叠厚度小于40cm。养生时间参照相关规范。前7d混凝土强度增长最快,应特别注意加强养生,严禁出现混凝土表面发白的情况。

11)切缝

切缝前应按照缝距先弹出缝线,按设计缝深调整刀片的进深。切缝时用基准指针对准缝线,切进过程中控制好切缝的速度及垂直度,避免切缝烂边和倾斜。

6 材料与设备

6.1 材料性能

(1)水泥

用于拌制普通水泥混凝土的硅酸盐水泥、普通硅酸盐水泥、道路硅酸盐水泥等都可以用于露石水泥混凝土施工。宜选用道路硅酸盐水泥,与同强度等级普通硅酸盐水泥相比,耐磨性好,而且水泥混凝土抗弯拉强度也有所提高,从而可延长道路的使用寿命,提高行车安全性。水泥标号选择应适应路面抗弯拉强度要求,不宜采用早强型水泥。

(2)粗集料

粗集料的选择不仅要符合普通道路混凝土的要求,而且要满足露石混凝土对粗集料的力学性能、技术性能等特殊要求,见表1、表2。

露石水泥混凝土粗集料综合力学要求 表1

力学指标		要求值	力学指标		要求值
集料磨光值(PSV)	≥	45	洛杉矶磨耗率(%)	≤	20
集料压碎值(%)	≤	20	针片状含量(%)	≤	5

碎石单级配要求 表2

方孔筛尺寸(mm)		2.36	4.75	9.5	16	19	26.5
指标		累积筛余(%)					
粒级	9.5~19		100	90~100	40~60	0~10	0
	4.75~9.5	95~100	80~100	0~15	0		

注:两种规格碎石具体掺配比例应根据混凝土技术性能及露石表面冲洗纹理情况确定。

(3)细集料

细集料应质地坚硬、耐久、洁净,符合规定级配,泥土、硫化物和硫酸盐以及有机物的含量应满足《公路水泥混凝土路面设计规范》(JTG D40—2011)对细集料的技术要求。

露石混凝土用砂的级配较普通混凝土路面有更高的要求。一方面因为混凝土振捣时,较小粒径的颗粒易上浮到表面,对于粒径大于2.5mm小于5mm的颗粒,既不易在刷洗时随表面砂浆刷洗走,又与混凝土母体的黏结力不强,在冲洗和使用时极易出现剥落;另一方面砂中大粒径颗粒一般风化严重,强度较低,极易被磨损,从而影响混凝土表面露石的效果。为此,要求砂的级配范围符合表3的要求。

细集料的级配要求 表3

粒度	方孔筛尺寸(mm)					
	0.15	0.30	0.60	1.18	2.36	4.75
	累积筛余(以质量计)(%)					
中砂	90~100	70~92	41~70	10~50	0~5	0~2

(4)露石剂

露石剂是专用于露石混凝土施工的主要材料,可有效地使新铺筑水泥混凝土路面表面水泥砂浆缓凝,但不影响内部早期强度形成。HS-II型露石剂是由多种成分和水形成的一种无腐蚀性乳液,相关技术性能指标见表4。

HS-II型液态露石剂技术性能指标 表4

固体含量(%)	细度(μm)	黏度(s)	密度(g/cm³)	pH值	颜色	容器中存放状态
12	<70	35~50	>1	8	淡蓝	经搅拌无结块、沉淀

露石剂的黏度对温度有一定的敏感性,随着温度的变化其黏度也会发生变化,温度越低,其黏度就越大。在喷洒露石剂时要求将其黏度调到33~40s,这样的喷洒雾化效果最好。

露石剂在使用前,首先要检查露石剂的储量是否充分满足工程要求;其次要检查露石剂的性能指标,保证露石剂的固体含量、细度、黏度等指标符合规定的要求,经搅拌后颜色均匀,无结块、沉淀。

6.2 机械设备

主要机械设备见表5。

主要机械设备表 表5

名　称	型　号	单　位	数　量	备　注
全站仪	拓普康102	台	1	
水准仪	DS3	台	1	
振动梁		台	1	
滚筒		台	1	
吸浆机		台	1	
抹面机		台	1	
抹光机		台	1	
露石剂喷撒机		台	2	
切缝机		台	1	
发电机组	30kW	台	2	
振动棒		台	2	
钢筋切断机			1	
钢筋调直机			1	

7 质量控制

7.1 质量标准

本工法执行《公路水泥混凝土路面施工技术规范》(JTG F30—2003)相关标准。

7.2 质量保证措施

(1)严把材料关,坚持对原材料进行进货检验和进场后的试验,确保使用优质材料。外购材料必须三证(出厂证、合格证、检验证)齐全,确认合格后才能使用。

(2)严格执行签证制度,上一道工序没有通过,下一道工序不得进行。

(3)主要领导跟班作业,及时发现问题并解决问题。专业技术人员深入一线跟班作业了解情况,及时做好技术交底,并做到发现问题及时解决。发挥技术管理的保障作用,细审核、严交底、勤检查、抓落实。

(4)严格奖惩制度,明确质量责任,实行工资、奖金与工程质量挂钩,奖罚分明,并且对严重失职者不仅在经济上进行处罚,而且还要视其情节给予必要的行政处分,以教育本人,警戒大家。

8 安全措施

在加强安全员安全教育、提高安全风险意识和防范意识的同时,拟采取以下的安全措施:

(1)安全员对混凝土运输罐车要勤检查、勤保养,保证行驶和制动系统的完好。加强对车辆抽检,不符合要求的车辆不得上路。

(2)混凝土运输车和机械作业的调度员及安全员要认真指挥、监督,防止机与机、机与人发生碰撞事故。

(3)对施工便道,要经常检查、维护、保养,使其在使用过程中保持完好,避免由于便道或坡道不符合要求,造成溜车、陷车事故。

(4)注意安全用电,采用“三相五线制”,防止违规用电。

9 环保措施

(1)混凝土摊铺尽量避开低温、有风的天气。

(2)采取随时洒水等抑尘措施,减少道路及施工作业产生灰尘。对施工现场地面,定期进行压实或洒水,减少灰尘对周围环境的污染。不在施工现场烧有毒、有害和有恶臭气味的物质。

(3)设备选型优先考虑低噪声产品。采取措施或改进施工方法,使施工噪声、振动达到施工场地环境标准。

(4)施工作业时,使工人每个工作日实际接触噪声的时间符合国家颁发的允许工人日接触噪声时间标准规定。

(5)出入现场的机械、车辆做到不鸣笛,不紧急制动;加强设备维修,定时保养润滑;并对与施工无关的人员和车辆加以控制,以避免或减少噪声。

10 资源节约

进行工艺和设备选型时,优先采用技术成熟、能源消耗低的工艺设备;对设备进行定期维护、保养,保证设备运转正常,降低能源消耗,减少因设备不正常运转造成的能源浪费;施工机械及工地办公室的电器等闲置时关掉电源;安装适当小流量的设备和器具,减少施工期间的用水量。

11 效益分析

(1)露石水泥混凝土路面是一种新型的路面形式,可以大幅度提高水泥混凝土路面的抗滑能力,降低行车噪声,避免眩光等,改善了水泥混凝土路面的行车舒适性和安全性。因此,具有显著的社会效益和环境效益。

(2)相比普通水泥混凝土路面,露石水泥混凝土路面增加成本约为 14 元/m^2。

12 工程实例

(1)通州区金通二大道路面及交通安全设施工程,工程起点为石江公路,向西与南通市钟秀路衔接,道路长 6.5km。

(2)南通市人民路东延通州段工程起于崇川区观音山镇与通州区先锋镇交界处,路线向东延伸,终点与正场大道平交,道路长 0.891km。

由于上述工程处于市区,南通市江海公路工程有限公司成立了课题组,针对普通水泥混凝土路面采用压纹、刻槽等施工工艺面临的抗滑性能不足,行车噪声大的问题,通过室内试验、理论研究和实体工程铺筑等方式,提出和实施了露石水泥混凝土路面,并形成了成熟的工程施工工法。经检测,上述工程项目竣工通车至今,路用性能良好,而且行车噪声低,抗滑能力突出,值得推广。

低噪声多孔水泥混凝土路面施工工法

GGG(浙)B2036—2013

顾永成　何学进　翟金军　吴　进　季香钦
(南通市江海公路工程有限公司)

1　前言

近年来,随着水泥混凝土路面通车里程的不断增加,噪声污染对道路两侧及城市居民生活的影响也愈发严重,通过合理的路面材料组成设计,降低水泥混凝土路面行车噪声变得日益迫切。多孔水泥混凝土路面是由高强度聚合物水泥砂浆体裹覆骨架结构碎石而形成的多孔混凝土结构层,铺筑在水泥混凝土路面表面,可广泛用于隧道路面或城市道路路面等。该路面的类型与排水性沥青路面相似,都具有较大的空隙率,不但能降低噪声,而且还能通过快速排水减少雨天水膜的形成,减少水雾的产生,提高路面的抗滑性能,进而保证行车舒适性与安全性。同时,多孔水泥混凝土路面具有较强的渗透功能,能够缓解城市地下水供给,降低城市"热岛效应",维持城市微生态平衡。多孔水泥混凝土路面能够广泛用于隧道路面及城市道路路面等,降低行车噪声,提高路面的抗滑能力,具有显著的经济效益、社会效益和环境效益。

南通市江海公路工程有限公司在南通市平海大道改扩建工程(一期)和通州区开沙岛区域对外道路路面施工中,组织开展了"低噪声多孔水泥混凝土路面施工技术"课题研究,总结形成了低噪声多孔水泥混凝土路面施工工法,取得了良好的效果。

2　工法特点

(1)多孔水泥混凝土路面采用的粗集料为4.75~9.5mm单粒径矿料,结构层的厚度为5cm,空隙率为15%~25%。

(2)在混凝土拌和过程中,加入了适量的有机高分子聚合物,和水泥一起作为复合胶凝材料,可显著改善混凝土的工作性,大大提高其抗弯拉强度和韧性,并且具有优异的耐久性。

(3)多孔水泥混凝土路面结构层与下层普通水泥混凝土结构层采用"湿—湿"加铺工艺一次成型,在保证成型质量的基础上,加快了施工进度,缩短了施工工期。

(4)相比传统的水泥混凝土路面,多孔水泥混凝土路面结构能够显著降低行车噪声,还可以提高路面的抗滑能力,保证了行车安全。

3　适用范围

本工法适用于公路隧道水泥混凝土路面、机场水泥混凝土道面、各等级公路水泥混凝土路面以及城市道路水泥混凝土路面。

4　工艺原理

(1)优化了胶凝材料体系,掺加适量有机高分子聚合物增强剂,利用颗粒形态效应和微集料密实填充效应以及有机增强剂良好的填充性和黏结力,克服了普通多孔混凝土的固有缺陷,提高了水泥浆体的胶结强度,强化过渡区,极大地改善了新拌多孔混凝土的工作性,显著提高了抗弯拉强度、耐磨性和耐腐蚀性、水泥石胶结层对粗集料颗粒的握裹能力以及刚性材料的断裂韧性，达到多孔水泥混凝土增强、增韧以抵抗车辆往复冲击破坏的目的。

(2)多孔透水式水泥混凝土路面采用复合式面层结构，即上层为多孔材料磨耗层，厚度一般为5~8cm；下层为普通水泥混凝土承力层，厚度为18~25cm。从而扬长避短充分发挥这一新型路面结构在吸声降噪、透水环保等方面的优势。本工法采用的路面结构如图1所示。

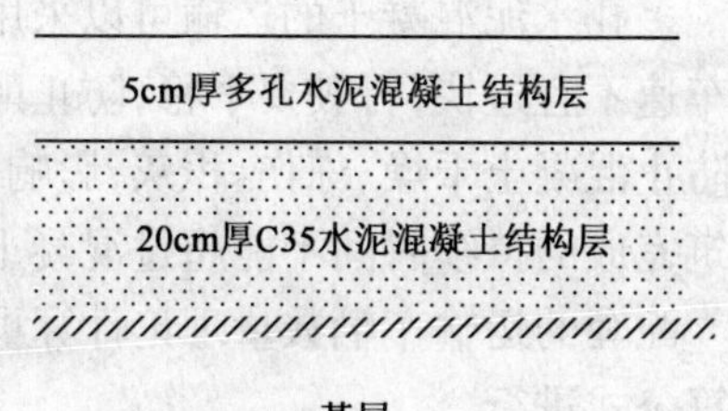

图1　多孔水泥混凝土路面结构图

(3)在实际施工过程中，该路面采用"湿—湿"加铺工艺施工的关键是确定加铺时机。多孔材料不能过早摊铺，否则会引起多孔材料下沉，或在压实多孔材料时，普通水泥混凝土水泥浆堵塞多孔孔隙；太晚加铺则容易引起层间黏结力不足。综合室内试验分析和试验段实际情况，从加水拌和算起，下层普通混凝土"初凝+1h"之后加铺上层多孔混凝土结构层为最优方案。

5　施工工艺流程及操作要点

5.1　工艺流程

施工工艺流程见图2。

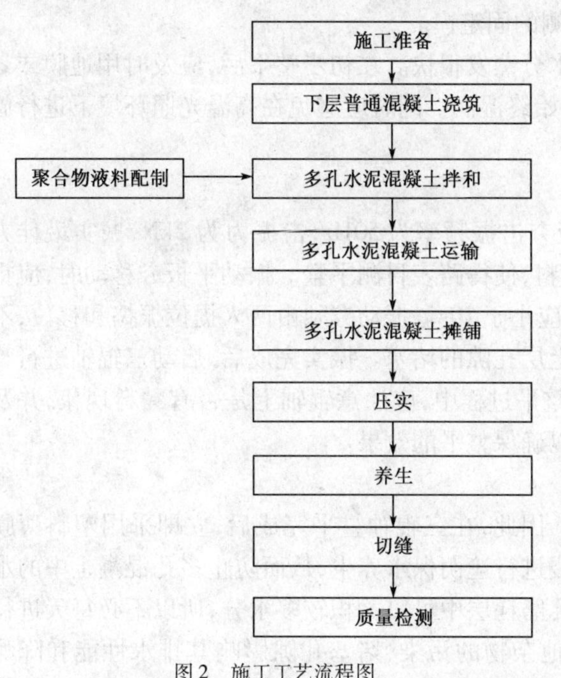

图2　施工工艺流程图

5.2　操作要点

1)施工准备

(1)所有挤碎、隆起、空鼓的基层应清除，并使用素混凝土重铺，同时设胀缝板横向隔开，胀缝板应与路面胀缝和缩缝上下对齐。

(2)当基层产生非扩展性温缩、干缩裂缝时，应进行密封防水。

(3)支立模板前在基层上进行模板安装及摊铺位置的测量放样，按设计规定划分混凝土板块。曲线段分块应使横向分块线与该点法线方向一致。直线段分块线应与面层胀缩缝结合，分块距离宜均匀。分块线距检查井盖的边缘宜大于1m。每10m布设中桩和边桩；每100m布设临时水准点；核对路面高程、面板分块、胀缝和构造物位置。测量放样的质量要求和允许偏差符合相应测量规范的规定，且不超出对模板安装精确度的要求。

(4)立模。多孔水泥混凝土施工的关键在于混凝土的平整度和有效厚度。为保证多孔水泥混凝土路面的施工质量，实际工程中需要立模施工时，普通混凝土结构层和多孔混凝土模板可用高度为25cm的型钢整体制成，但必须保证顶面水平，在压实上层混凝土时，满足平整度要求。

2)下层普通混凝土的浇筑

施工时，先浇筑下层20cm厚普通水泥混凝土，振捣密实，预留5cm高度，混凝土表面不需要抹平，大体平整即可。普通水泥混凝土的施工方法及施工组织与传统水泥混凝土路面完全相同。

3)拌和

聚合物多孔水泥混凝土的拌制与常规水泥混凝土的拌制工艺相同。将聚合物乳液与水在方形铁箱乳液搅拌池中按比例混合并充分搅拌。开始时，将混合好的乳液由计算机自动控制泵泵入水称量系统，乳液计量准确度由搅拌机上的计量装置和可调阀门来控制。

聚合物多孔水泥混凝土搅拌采用双卧轴强制式混凝土搅拌机，各成分添加完成后，搅拌时间控制在30~60s，按照《公路水泥混凝土路面施工技术规范》(JTG F30—2003)要求，最短纯拌和时间不宜少于35s。

4)运输

多孔水泥混凝土的运输可以采用普通自卸车运输,车厢必须清扫干净,运输过程中尽量不停留,同时车速不宜过快,行驶要平稳,防止颠簸使混凝土离析。当运距较长、温度较高、风力较大时,应采取措施防止混凝土干燥、冻伤、积灰,影响其强度和透水性。多孔混凝土在拌和完成、运到施工现场直至施工浇筑完成的持续时间不能超过混凝土的初凝时间,一般不超过40min。

配套的运输车辆数量理论计算可参照《公路水泥混凝土路面施工技术规范》(JTG F30—2003)中的计算公式进行。

5)摊铺

在下层普通水泥混凝土初凝1h后,开始多孔水泥混凝土结构层的铺筑。在下层普通混凝土上可以走人且有黏脚感觉时,可开始铺筑上层多孔混凝土。由于下层普通的多孔混凝土尚未硬化,运料车不能直接开进,宜采用横向布料的形式。在布料过程中,应注意铺料的均匀性与铺料高度的准确性,施工过程中松铺系数控制在1.25,多孔水泥混凝土略高于两侧的固定模。

多孔混凝土水灰比较低且有大量的孔隙,所以其水分蒸发很快。在初步整平后,应及时用地膜或者湿土工布覆盖其表面。保证多孔水泥混凝土路面表层始终湿润。同时应避免在高温光照环境下进行施工,最佳施工温度为环境温度25℃左右。

6)压实

在摊铺完成后,人工用振动平板夯进行振实,平板夯击振频率为50Hz,击振力为2kN,振实最佳方式为纵向一次加横向一次。在振实过程中注意人工补料,使得路表目测平整。振动平板夯移动时,应重叠10~20cm,振动夯在同一个位置的持续振捣时间不应小于10s。振动夯须由两人提位振捣和移位,不得自由放置或长时间持续振动,以防止提浆过度造成上层孔隙的堵塞。振实完成后.启动三辊轴进行整平(前端的振捣棒应抬高,并停止工作)。在三辊轴辊整平过程中,应注意辊轴上是否有黏料现象,并及时进行补料。必要时用喷雾器对驱动轮喷雾状水分,以确保整平的效果。

7)养生

由于路面存在较大的孔隙,施工后失水速率很快。因此,在三辊轴整平完成后,立即采用塑料薄膜包裹整个路面结构,并在塑料薄膜之上覆盖一层湿麻袋进行遮荫保水养生,从而防止多孔混凝土中的水分过快蒸发。在摊铺第二天,进行灌水养生。由于多孔磨耗层中可以蓄积较多水分,所以不必每天进行灌水养生。养生期间严禁其他车辆通行,并且防止其他杂物的污染,堵塞孔隙影响其排水性能和降噪性能。

8)切缝

当多孔混凝土的强度达到25%~35%时即可进行切缝处理。根据现场的经验,切缝时间控制在整平完成后8d左右(根据现场的气候条件向前或者向后推迟半个小时)。本工法采用“湿—湿”法施工,所以多孔混凝土层与下层普通水泥混凝土一起切缝。切割时下刀要慢一些,过快会造成缝的两侧“崩边”。

横向缩缝采用假缝,切缝宽度为5cm,切缝深度为切透多孔水泥混凝土层,并向下层混凝土切入25~35mm。横向缩缝不设传力杆。横向施工缝采用加传力杆的平缝形式,采用ϕ28mm光圆钢筋,长度为400mm,宽度为300mm。纵向采用单车道摊铺,设置纵向施工缝,采用平缝形式,上部锯切槽口,深度为70~80mm,宽度为3~8mm,槽内灌塞填缝料。纵向接缝采用拉杆,拉杆采用螺纹钢筋,设在板厚中央,并对拉杆中部100mm范围内进行防锈处理。拉杆直径为14mm、长度700mm、间距为700mm,同时要稍作调整,以保证最外侧的拉杆距横向接缝的距离不小于100mm。

待养生完毕以后,进行多孔路面灌缝工作,灌缝料采用改性沥青,灌缝前在接缝中塞入圆柱状软性线性聚酯材料,然后在接缝两侧涂黏结剂。填缝料应饱满、均匀地灌入缝内,不得出现填缝料缺失、开裂和渗水等现象。在切缝时出现啃边、掉角或边角不规则的接缝时,必须使用填缝料灌缝。灌缝深度应满足规范要求。在灌缝料养生期内,封闭交通。

9)质量检测

多孔水泥混凝土路面施工、养生、切缝完毕,达到龄期后即可对整个结构层进行质量检测与验收。

6 材料与设备

6.1 材料性能

加强原材料质量控制,严格实行原材料准入制度,各种原材料的技术指标均应满足规范与标准的相关要求。

1)水泥

应使用适合于道路工程使用的水泥,主要包括:硅酸盐水泥、普通硅酸盐水泥、道路硅酸盐水泥等。其质量必须符合《道路硅酸盐水泥》(GB 13693—2005)、《公路工程水泥及水泥混凝土试验规程》(JTG E30—2005)的要求。

2)粗集料

粗集料采用4.75~9.5mm的单粒径集料,公称最大粒径为9.5mm,其质量须满足《公路沥青路面施工技术规范》(JFG F40—2004)中沥青混凝土面层用粗集料质量技术要求。级配范围见表1。

多孔水泥混凝土结构用粗集料级配范围 表1

筛孔尺寸(mm)	9.5	4.75	2.36	1.18
通过率(%)	100	30~50	10~20	0~5

3)有机高分子聚合物

有机高分子聚合物是采用VAE(聚乙烯—乙烯乙酸酯)与丙烯酸乳液共混复合交联技术制备的一种乳白色状液体,主要技术性能见表2。

有机高分子聚合物技术指标 表2

固含量(%)	黏度(MPa·s)(25℃)	pH值	最低成膜温度(℃)	乙烯含量(%)	残留乙烯乙酸酯(%)	稀释稳定性(%)
≥54.5	500~1 000	4.0~6.0	≤0	16±2	≤1.0	≤5

6.2 机械设备(表3)

主 要 机 械 设 备 表3

机械或设备名称	型号规格	单 位	数 量	用 途
锯缝机		台	1	切缝
振动梁		台	1	
滚筒		台	1	
吸浆机		台	1	
抹面机		台	1	
混凝土运输车		辆		运输
应急发电机	30kW	台	1	备用
全站仪	拓普康102	台	1	测量
水准仪	DS3	台	1	测量

7 质量控制

7.1 质量标准

本工法依照《公路路基路面现场测试规程》(JTG E60—2008)进行质量检测,具体质量控制标准见表4。

低噪声多孔水泥混凝土施工质量控制标准　表4

序　号	检验项目	允许值	备　注
1	抗滑摩擦系数	≥42BPN	
2	空隙率	15% ~25%	
3	透水系数	≥0.01cm/s	
4	层间剪切强度(20℃)	≥8MPa	
5	组合试件抗压强度	≥25MPa	
6	组合试件抗弯拉强度	≥4.5MPa	
7	路面/轮胎噪声	降低噪声≥3dB	与普通水泥混凝土路面相比较,相同测试车(70km/h)

7.2　质量控制措施

(1)严把材料关,坚持对原材料进行进货检验和进场后试验,确保使用优质材料。外购材料必须三证(出厂证、合格证、检验证)齐全,确认合格后才能使用。

(2)严格执行签证制度,上一道工序没有通过,下一道工序不得进行。

(3)主要领导跟班作业,及时发现问题并解决问题。专业技术人员深入一线跟班作业了解情况,及时做好技术交底,并做到发现问题及时解决。发挥技术管理的保障作用,细审核、严交底、勤检查、抓落实。

(4)严格奖惩制度,明确质量责任,实行工资、奖金与工程质量挂钩,奖罚分明,并且对严重失职者不仅在经济上进行处罚,而且还要视其情节给予必要的行政处分,以教育本人,警戒大家。

8　安全措施

(1)建立安全生产责任制,认真贯彻执行国家、地方等有关安全防护与文明施工的有关法规和制度,建立以项目经理为首的安全责任制,逐级落实,各负其责,杜绝伤亡事故和火灾事故的发生。

(2)建立安全生产教育、培训和安全交底制度,利用标语、会议等各种形式,经常进行安全宣传教育,形成全员参与安全管理的风气。

(3)所有进入施工作业区的施工队伍,必须严格遵守公司和项目部制订的系列管理制度,服从项目部的统一指挥、统一管理和统一组织协调。

(4)在施工作业区内实行封闭施工,施工人员必须佩证上岗,进入施工现场必须穿着反光背心,禁止穿拖鞋或光脚,闲杂人员不准进入施工现场。

(5)严禁违章操作,在显要位置设置醒目的有关安全文明生产标志牌,各种施工机具派专人管理、检查,非操作人员不得操作。

9　环保措施

(1)项目开工前成立相应的环境卫生监督管理机构,建立健全管理制度,在施工中严格遵守相关的法律、法规。

(2)加强对施工人员的环保教育,强化环保意识,做到环保施工。

(3)现场驻地应合理规划、设计,设立污水、垃圾集中处理区域,驻地保持整洁。

(4)施工机械、材料等应分门别类整理放置及堆放。

(5)生活污水和施工废水等,不能直接排入河流、农田,应按规定处理,并排放至指定地点。

(6)施工完工后,应对现场进行清理,将废弃物送至指定地点处理。

(7)施工机械的废气排放和噪声应符合相关要求,不能超限。

10 资源节约

本工法步骤清楚,易于施工操作,在保证施工质量的基础上,提高了施工安全性,降低了施工成本,并且能够减少人力用工数和机械投入,达到资源节约的目的。

11 效益分析

传统水泥混凝土路面行车噪声比普通沥青路面高3~5dB,其发展受到很大限制,对隧道、城市居民区等噪声敏感地区尤其如此。然而,水泥混凝土路面具有强度大、板块整体性强、耐久性好等特点,仍使其具有很大的技术和性能优势。

(1)多孔水泥混凝土路面与普通水泥混凝土路面相比,能够降低噪声3dB以上,减少了隧道内或城市道路两侧的噪声污染,提高了行车舒适性。

(2)多孔水泥混凝土路面具有较强的透水性能,能够减少雨天水膜的形成,减少水雾的产生,并且还具有较大的表面构造深度,能够提高路面的抗滑性能,进而保证行车舒适性与安全性。

(3)多孔水泥混凝土路面具有较强的渗透功能,能够缓解城市地下水供给,降低城市"热岛效应",维持城市微生态平衡。

因此,多孔水泥混凝土路面具有显著的社会效益和环境效益。

12 应用实例

12.1 工程实例一

南通市平海大道改扩建(一期)工程位于通州区三余镇、五甲镇,起始桩号为K13+900~K28+752,全长14.852km,一级公路标准,路基总宽度为33.5m,工程造价达1.67亿元。

12.2 工程实例二

南通市通州区开沙岛区域对外道路位于通州区五接镇,起点连接如皋已建道路,道路路基宽度17m,路面宽度14m,全长2.235km,由南通市江海公路工程有限公司承建。经检测,上述工程项目通车至今,路用性能良好,而且具有低噪声、抗滑性能突出的特点。

水泥混凝土路面上加铺沥青层反射裂缝防治施工工法

GGG(桂)B3037—2013

陆宏新　唐双美　莫志凡　肖玉明　孙富达
(广西路桥建设有限公司　广西建工集团第一建筑工程有限责任公司)

1　前言

水泥混凝土路面上加铺沥青层反射裂缝防治施工工法采用了对病害水泥混凝土面板及板缝进行处治,然后在旧路面上加铺沥青层的工艺,有效利用了旧水泥混凝土路面,大修造价较低,施工方便,是提升改造路段行车舒适性和承载能力的一项有效措施。但由于旧水泥混凝土路面存在着纵横缝及病害裂缝,若未完全处理就进行罩面施工,当车辆通过时,旧路面原裂缝位置相邻板块间将由于弯沉变化产生竖向位移而出现剪应力,若应力超过罩面层的抗弯拉极限,将引起其底部应力集中部位的开裂,裂缝由下至上缓慢扩展,最终在罩面层上出现反射裂缝;另外,由于路面暴露于大气中,反射裂缝受雨水侵蚀和温度应力差的双重影响,将会进一步扩展,使沥青面层出现反射裂缝,最终导致沥青层出现早期水损坏病害,影响大修工程质量。

为保证水泥混凝土路面高速公路大修改造工程的施工质量,防止沥青层出现早期裂缝而加速大修路面损坏,降低路面大修改造完工后的维护费用,施工单位组建了水泥混凝土路面大修改造反射裂缝防治技术攻关小组,对如何减少和预防沥青罩面改造工程反射裂缝的出现进行技术攻关,并取得一定的研究成果。相关配套技术成功应用在桂柳高速公路路面大修工程 B 标、柳南高速公路加铺沥青混凝土改造工程第 1 合同段、柳州市官塘大道三标段等工程项目。项目竣工通车至今,还未发现有反射裂缝出现,道路运营状况良好。为进一步推广该工艺,经总结形成此工法。

2　工法特点

(1)通过对水泥混凝土面板进行病害处治,可避免沥青层受下卧层病害的直接影响而产生早期结构裂缝病害。

(2)通过在沥青缓冲层上铺设长毛土工布,并在水泥混凝土路面纵缝、横缝的对应合理范围内加铺经编复合增强防裂布、聚酯玻纤布,可有效减缓沥青罩面层反射裂缝的产生和发育扩展。

(3)本工法直接利用旧水泥混凝土路面作为沥青罩面层的下卧层,不需破碎水泥混凝土面板,不需加铺水泥稳定基层,大大节约了资源,降低了大修改造工程造价,且施工方便,可大幅缩短高速公路的交通管制周期,经济效益、环保优势及社会效益明显。

(4)本工法在多个加铺工程中成功应用,裂缝防治效果良好,显著降低此类工程的后期维护费用。为旧水泥混凝土路面加铺沥青层改造方案在广西的全面推广奠定了成功的实践基础,也为其他加铺改造工程提供了极有价值的参考依据。

3　适用范围

本工法适用于存在啃边、脱空、断板、错台、下沉等病害严重,需大修的旧水泥混凝土路面加铺改造工程,以沥青混凝土为面层的其他新建桥面铺装工程,沥青路面裂缝病害处治工程也可借鉴使用。

4　工艺原理

通过对旧水泥混凝土路面进行板底灌浆、更换旧水泥混凝土路面破碎板、增设抗裂补强钢筋、更换填缝料等处治措施,减少其作为新道路下卧结构层时的应力集中状况;在铺筑沥青罩面层前加铺砂粒式沥青混凝土缓冲层、加铺土工布、经编复合增强防裂布和聚酯玻纤布,提高新道路面层的抗变形能力;采用多种处治措施综合防治反射裂缝的形成与扩展,有效增强旧水泥混凝土路面沥青罩面改造完成后路面实体抵抗反射裂缝的能力。

5 施工工艺流程及操作要点

5.1 路面改造结构(图1)

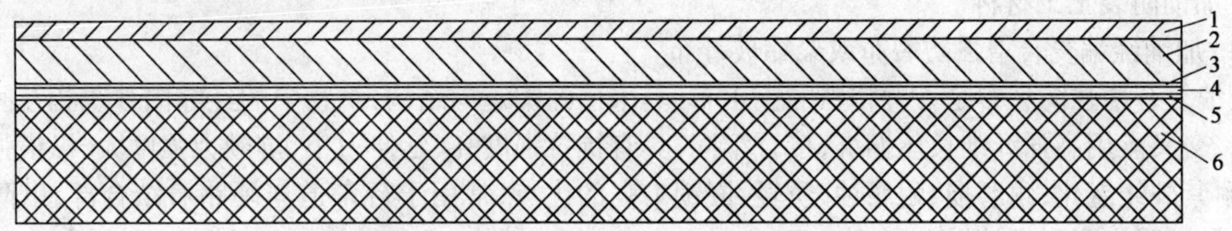

图1 沥青混凝土改造加铺路面结构典型断面图

1-木质素纤维 SMA-13 改性沥青混凝土表面层;2-AC-25(KH-25)改性沥青混凝土中面层;3-长毛土工布+热沥青黏层;4-改性沥青砂粒式缓冲层;5-乳化沥青黏层;6-旧水泥混凝土面层

5.2 工艺流程(图2)

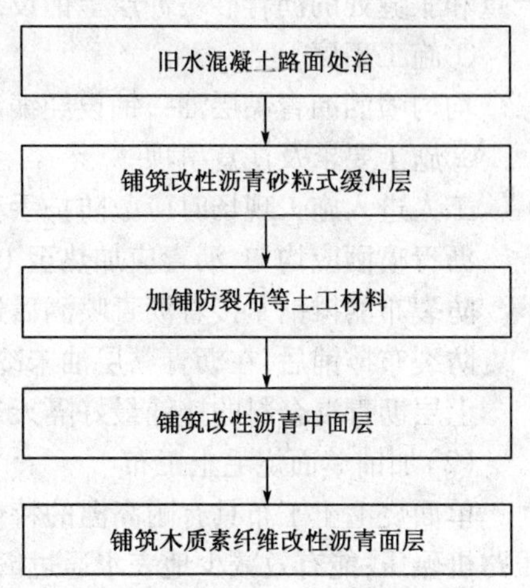

图2 旧水泥混凝土路面改造加铺沥青层反射裂缝防治工艺流程图

5.3 操作要点

1)水泥混凝土路面板处治

对于弯沉测定值大于14的旧路面板,应进行板底灌浆施工。施工前按照规范要求,逐段、逐板进行旧水泥混凝土路面状况调查记录,如一块板内出现两条及两条以上平面贯穿全深度裂缝或一条裂缝断板的,应进行换板。水泥混凝土板面轻微裂缝,可采用环氧树脂砂浆填缝封水处理即可。通过对水泥混凝土路面板的处治,达到维持路面板正常使用状态、保障罩面层使用寿命的作用。

2)AC-5 改性沥青砂粒式调平缓冲层铺筑

由于旧水泥混凝土路面已通车多年,其地基沉降基本结束,旧路面板间由于地基不均匀沉降而出现的板间高差普遍存在,即便通过灌浆等措施修复,其平整度仍然较差,若直接在其上铺筑沥青罩面层,将会对罩面上行驶车辆的行车舒适性和使用寿命有较大影响,因此,需设置 AC-5 改性沥青砂粒式缓冲层作为沥青罩面层与旧水泥混凝土路面层之间的过渡结构层。缓冲层平均厚度为2~3cm,能起到隔水、阻水、调平旧水泥混凝土路面板板间高差、降低应力集中现象出现概率的作用。

在进行缓冲层施工前,应对其下承层质量进行检测。待检验合格并清扫干净,按要求喷洒乳化沥青黏层并完全破乳后,方可进行摊铺作业。

缓冲层的配合比应根据试验确定。标准配合比的矿料合成级配中,至少应包括0.075mm、2.36mm、4.75mm 及公称最大粒径筛孔的通过率接近优选的工程设计级配范围的中值,并避免在0.3~0.6mm 处出现“驼峰”。对确定的标准配合比,需进行车辙试验和水稳定性检验,并验证得出最终施工配合比用以指导施工。

拌和 AC-5 沥青调平层混合料时,沥青加热温度为155~165℃,石料加热温度为170~190℃,混合料出厂温度为155~165℃,并采取措施确保运到施工现场的混合料温度不低于145℃。

摊铺施工开始前,应对摊铺机的熨平板进行预热,确保其施工时的温度不低于100℃。摊铺施工采用两台安装有非接触式平衡梁的摊铺机按测设好的基准线成梯队进行。摊铺机运行时应缓慢、均匀、连续不断,其行进速度控制在2~4m/min,不得随意变换速度或中途停顿,更不许随意调整摊铺厚度,以提高平整度。混合料出现明显的离析、波浪、裂缝、拖痕时,应分析原因,采取措施予以消除。机械摊铺的混合料,不宜采用人工反复修整,尽量减少人在摊铺好的混合料上行走。不得已要由人工进行混合料的局部找补或更换时,需仔细进行,特别严重的缺陷应整层铲除。

缓冲层采用双钢轮压路机静压至密实。AC-5沥青混合料的初压温度不得低于110℃,复压不得低于100℃,终压温度不得低于70℃。摊铺层碾压完毕,完全自然冷却,且其表面温度低于50℃后,方可进行其他后续工序的施工。

3)加铺防裂土工材料

(1)加铺经编复合增强防裂布或聚酯玻纤布

经编复合增强防裂布是一种特殊的土工布,其采用经编定向结构,织物中的经纬向纱线相互间无弯曲状态,交叉点用高强纤维长丝捆绑,接合牢固,具有抗拉强度高、延伸力小、抗撕力强度大、纵横强度差异小、耐紫外线老化、耐磨损、耐腐蚀、质轻、嵌锁力强的优点,常用于行车道与硬路肩结合部,以防止出现不均匀沉降变形引发的纵向裂缝。

聚酯玻纤布是聚酯纤维和玻璃纤维的复合物,这种独特的组成使它具有聚酯纤维的韧性和玻璃纤维的强度。聚酯玻纤布则可在裂缝产生早期就阻止裂缝的进一步发育。一般在水泥混凝土面板错台较严重和胀缝处的沥青砂缓冲层上铺设。聚酯玻纤布铺设时边缘要距裂缝中心0.75m以上。

①施工工序

均匀喷洒沥青黏层油→铺设经编复合增强防裂布或聚酯玻纤布→滚筒碾压。

②施工要求及注意事项

工人进入施工现场时应戴防护手套,以免纤维刺入皮肤。

沥青喷洒应均匀,沥青应加热至160~170℃。

防裂布的摊铺紧接着沥青喷洒后进行。

防裂布摊铺后,在沥青黏层油未冷却至常温以下时,应避免车辆和行人进入。

上层沥青混合料的摊铺最好隔天进行。运输车辆不得在防裂布上紧急制动或转弯。

(2)加铺单面烧毛土工布

单面烧毛土工布具有耐高温的特性,在铺筑沥青罩面层时不会熔化于沥青中或老化变质;能够承受压路机碾压;能有效减少地表水通过旧水泥混凝土板接缝渗入土基,同时也能减少地下水通过旧水泥混凝土板接缝进入加铺层浸湿加铺层结构材料,可延缓沥青面层出现剥落和松散的时间,延长加铺层结构的使用寿命;而且利用其抗变形能力,对消散水平应变、传递竖向荷载有一定作用,有效延缓反射裂缝的产生。

①在改性沥青砂粒式缓冲层高程及平整度等技术指标检测均合格后,方能进行铺设土工布施工。

②在进行土工布铺筑施工前,将改性沥青砂粒式缓冲层清扫干净。

③均匀洒布热沥青。沥青采用AH-70重交通道路沥青,事先加热至155~165℃,用量为1.2~1.4kg/m²,喷洒沥青的横向范围要比土工布宽5~10cm。

④用土工布摊铺机具铺设土工布。土工布采用全幅满铺,单幅横向分三小幅施工,施工不得有空缺,不得有无黏结的土工布搭接,土工布摊铺搭接处(10cm宽)要用人工洒布沥青粘贴好。土工布摊铺好后要及时施工上一层(中面层)沥青结构层,以免雨水淋湿已铺好的土工布。雨天来不及施工的要有防淋措施(用彩条布覆盖)

4)铺筑沥青中层和木质素纤维改性沥青混凝土面层

除了认真处理施工缝和严格控制表面层施工中木质素纤维的掺量外,其余按沥青路面施工技术规范组织正常施工即可。

6 材料与设备

主要材料见表1,主要机械设备见表2。

主要材料一览表　　表1

材料名称	质量要求	检验标准
改性沥青	性能必须满足技术标准的要求	按照《公路沥青路面施工技术规范》(JTG F40—2004)、《公路工程沥青及沥青混合料试验规程》(JTG E20—2011)、《公路公程集料试验规程》(JTG E42—2005)所要求的检查频率和检查方法进行检测
水泥	32.5级以上,性能满足技术标准要求	
粉煤灰	Ⅱ级或Ⅱ级以上粉煤灰	
粗集料	洁净,干燥,表面粗糙,级配良好	
细集料	洁净,干燥,无风化,无杂质,级配良好	
填料	采用石灰岩或岩浆岩中的强基性岩石等憎水性石料经磨细得到的矿粉,干燥,洁净,能自由地从矿粉仓流出	
土工布经编复合防裂布、聚酯玻纤布	干净,无污染,无破损、变形,性能满足技术标准的要求	
木质素纤维	性能满足技术标准的要求	

主要机械设备一览表　　表2

机械设备及材料名称	数量(台、套)	机械设备及材料名称	数量(台、套)
3000型沥青拌和机	1	压力灌浆机	2
ABG摊铺机	2	35kW柴油发电机	2
双钢轮振动压路机	4	电焊机	2
轮胎压路机	2	钢筋切割机	2
小型夯实机	1	风钻	2
沥青混凝土运输车	16	水车	3
路面电动切割机	1	大型空压机	2
砂浆搅拌机	2		

7 质量控制

(1)施工时使用的机械、材料必须符合设计和规范的有关要求。

(2)施工用水要选用含杂质少的饮用水或河水。

(3)进行板底灌浆时,注浆管应确保能到达板底脱空部位,并充分灌浆;同时防止超灌造成混凝土板错台。

(4)在进行灌浆施工时,为避免沉淀和离析,灌浆液应不停地进行搅拌,每盘灌浆液应在初凝前使用完。

(5)必须在松散基层修复及养护完成后,才能进行更换破碎板的混凝土浇筑工作。

(6)在铺筑沥青缓冲层时,应对摊铺施工的高程、厚度和压实度进行严格控制,确保缓冲层成型后的平整度和压实效果。

(7)在加铺土工布施工时,应确保调平层和土工布干燥无积水,铺设土工布时应注意拉紧土工布,以免影响土工布加铺完成后的粘贴及防水效果。

8 安全措施

(1)旧路改造往往是在半开放交通的情况下进行,安全隐患较多,施工前应针对实际进行科学严密的施工组织设计;现场施工人员都要由专职安全员对其进行安全技术交底和安全考核,考核合格后方能上岗。

(2)每个施工点在进行现场施工时,除施工人员外,还设有专职安全员专门负责交通及施工安全的监督管理工作。

(3)在封闭施工路段的起终点应按照《高速公路安全管理手册》的规定,规范设置交通安全警示标志、标牌;进入作业现场的施工人员应按规定穿反光标志服,且不得随意进出施工区域。

(4)施工现场用电必须设立明显警示标志,电源开关等外露部位配有防雨防触电等保护装置,并按规定设置接地线。

(5)所有施工设备和机具在投入使用前均应进行检查、维修、保养,保证机械各制动、保险装置齐全可靠,确保状况良好;专用机械操作人员必须持证上岗,严格按照规程操作,严禁违章作业。

(6)夜间施工时必须设置足够的照明装置,在显眼位置设置防护栏杆并悬挂信号灯和警告标志。

(7)铺设玻纤布时工人必须佩戴防护手套等劳保用品。

(8)其他安全施工注意事项,遵照现行的《公路工程施工安全技术规范》(JTJ D76—1995)的要求执行。

9 环保措施

(1)从工程开工之日始,即开始进行环保宣传教育与动员工作,并将这一工作贯穿于施工全过程,使全体员工自始至终保持高度的环保责任感。

(2)做好废料、弃料及施工垃圾的处理,应设置弃置场定点处理,不得污染当地自然环境。

(3)施工废水、生活污水不得随处排放,采取过滤、沉淀等净化措施,以防污染农田、耕地、江河溪渠、池塘等水源,保持水质。

(4)对于容易飞扬、渗漏、挥发、易燃、易爆、有毒性并可能造成环境污染的沥青、重油等材料,采用密封或增加覆盖的方式专门运输、储存并严格保管。

(5)控制噪声、废气污染。各种临时设施如堆料场、加工场等设在远离居民区的下风处。各种施工机具设备经常清洗、检修,以保证完好率,尽量减少噪声、废气的排放。

(6)施工用的临时设施及施工过程中产生的废弃物,在工程完工时移除、清除干净,防止造成白色或黑色污染。

10 效益分析

反射裂缝防治成套技术的成功,使旧水泥混凝土路面高速公路改造加铺沥青层的设计、施工大修方案得以全面实施,从而使大修工程取得显著的经济效益和社会效益。

10.1 经济效益

(1)直接利用旧水泥混凝土路面作为沥青罩面层的下卧层,不需破碎水泥混凝土面板,不需加铺水泥稳定基层,大大节约了资源,降低了大修改造工程造价。

(2)施工速度快,显著缩短高速公路交通封闭管制时间,可提前开放交通,增加运营收入。

10.2 社会效益

(1)本工法使路面大修节约了资源,环保效益明显。

(2)本工法加快了路面大修施工进度,显著缩短了高速公路交通封闭管制时间,社会效益明显。

(3)本工法为旧水泥混凝土路面加铺沥青层的改造方案在广西的全面推广奠定了成功的实践基础。

(4)通过本工法的实施,广西路桥建设有限公司获得了高速公路旧水泥混凝土路面加铺沥青层的施工经验,为扩大高速公路大修工程市场份额创造了前提条件。

11 应用实例

11.1 工程实例一

桂柳高速公路路面大修工程B标长20km,于2007年动工,同年完工投产。我公司在工程施工中采用了“旧水泥混凝土路面改造加铺沥青层反射裂缝控制施工工法”,成功控制了反射裂缝的早期发生。通车多年来,未发现有反射裂缝。

11.2 工程实例二

柳州市飞鹅路(火车站—鱼峰路口)改造工程,位于柳州市区南部,为市区东西次干道之一,西起南站路相交路口,东至谷埠街相交路口(途中与鹅岗路、鹅山路、飞鹅二路、谷埠路等相交),路线全长 1 920m,道路红线宽度为 40m。该工程仅仅用了 90d 就全部完成并竣工验收通过,取得良好的经济效益和社会效益。

11.3 工程实例三

柳州市官塘大道三标段采用“水泥混凝土路面上加铺沥青层反射裂缝防治施工工法”,成功控制了反射裂缝的早期发生。通车多年来,未发现有反射裂缝。

11.4 工程实例四

柳州至南宁高速公路改扩建工程沥青混凝土路面加铺改造 LNLM1 标采用“水泥混凝土路面上加铺沥青层反射裂缝防治施工工法”,有效控制了反射裂缝的早期发生,2010 ~ 2011 年施工,通车以来,未发现有反射裂缝。

沥青路面摊铺碾压免直切施工工法

GGG(新)B3038—2013

张志建　陈　刚　熊保恒　詹祥慧　邓礼成
(新疆北新路桥集团股份有限公司)

1　前言

目前,在国内沥青混凝土路面公路建设中,为了保证沥青混凝土路面两边、接缝处沥青混凝土的质量,采用超宽摊铺和碾压方法来施工,然后采用直切法来处理沥青混凝土路面结合处和路面两边超宽的沥青混凝土。以四车道沥青混凝土路面为例,以施工1km沥青混凝土路面计算,就要切除80~150m^3的沥青混凝土,造成大量材料、设备浪费,同时,切除的沥青混合料垃圾对周边环境造成极大污染。沥青路面免直切施工工法是我们经过多年沥青路面施工和检测总结出来的,主要是对沥青混凝土摊铺碾压设备进行改进,安装了我公司发明的沥青混凝土摊铺碾压拾边器,在沥青混凝土路面的摊铺和碾压施工中,无须超宽摊铺和碾压,不需要切除沥青混凝土路面结合处和路面两边超宽的沥青混凝土,直接免除了沥青直切这道工序。运用本工法后,可以大大节约沥青混凝土材料,缩短工期,降低成本,降低劳动强度,大大减少沥青混凝土废弃物,保护周边环境。

2　工法特点

(1)沥青路面免直切施工工法,加快了工程施工进度,缩短了施工工期。

(2)施工设备改造简单实用,只需在原有施工机械上添加一些装置。

(3)工艺相对简单,现场操作简便、快捷,对加快施工进度和成本节约有着显著的效果。

(4)减少了沥青混凝土的浪费,节省了沥青路面直切的费用,废弃污染物减少,有利于环保节能。

(5)缩短工期,可以免超宽摊铺和碾压,免直切。

3　适用范围

本工法适用于各种等级沥青混凝土路面施工,只需对摊铺和碾压设备进行一些改进。

4　工艺原理

沥青混凝土路面免直切工法是在沥青混凝土路面传统工艺基础上进行改进的施工工法。该工法主要采用我公司发明的沥青路面摊铺和碾压拾边器,该装置安装在摊铺机和平板碾压设备的侧面,采用螺栓和角钢固定。沥青路面摊铺和碾压拾边器能够防止沥青混凝土在摊铺过程中向两边散落,同时摊铺机在摊铺挤压过程中,防止沥青混凝土被挤散。在平板振动器边缘安装拾边器,可使路面边缘的沥青混凝土量减少,保证路面边缘的沥青混凝土质量。

该工法与传统工艺最显著区别在于:在沥青混凝土路面的摊铺和碾压施工中,无须超宽摊铺和碾压,不需要切除沥青混凝土路面结合处和路两边超宽的沥青混凝土,在路面边缘碾压过程中,采用小型碾压设备进行碾压,保证路面边缘的沥青混凝土质量。因此,全幅摊铺时,减少了两边超宽沥青混凝土的直切工艺;半幅施工时,在沥青混凝土直缝处,无须进行先期沥青混凝土断面的直切和超宽沥青混凝土的直切。采用该工法免除了路面再直切沥青混凝土工序,节约了资源,保护了环境,经济、实用。

5 施工工艺流程及操作要点

5.1 施工工艺流程

施工准备→透层油、黏层油洒铺→沥青混凝土接茬处黏层油的涂刷→沥青混凝土的摊铺和碾压→路面边缘沥青混凝土的碾压→检查和验收。

5.2 施工方法

1)施工准备

(1)沥青混凝土路面的放线。与传统放线比较,路面两边外缘边线,以设计沥青混凝土路面幅宽边线为准,无须进行超宽放线。

(2)场地平整、清洁。

(3)运输设备、摊铺设备、碾压设备等的准备和检查。

(4)拾边器的安装检查。

摊铺机的拾边器安装高度根据施工的沥青混凝土摊铺厚度确定,一般比摊铺厚度少0.5～1cm,碾压设备的拾边器安装高度一般比施工沥青混凝土的设计厚度少0.3～0.5cm,既使摊铺碾压设备能够顺利工作,又能保证阻挡沥青混合料向外侧移动。拾边器的表面应光洁、平整,具有足够的刚度。

(5)沥青拌和站的检查。

2)沥青混凝土的运输

3)沥青混凝土的摊铺和碾压

(1)沥青混凝土路面的处理:当所铺路面和原路面有接缝时,首先对接缝涂刷黏层油。

(2)按摊铺厚度,调整摊铺机拾边器的高度,拾边器高度应低于摊铺厚度1cm。为了摊铺的顺畅,拾边器可以擦拭少量隔离剂。

(3)摊铺应连续稳定地进行,要控制沥青混合料的摊铺温度。对于非改性沥青混凝土或非掺加改性剂的沥青混合料,摊铺温度不低于160℃,对于改性沥青混合料和掺加改性剂的混合料应适当提高5℃。

(4)沥青混凝土摊铺完后应及时碾压。路面边缘沥青混凝土采用安装拾边器的平板振动器碾压,碾压遍数通过试验确定,碾压标准不得低于设计和规范要求。

(5)其余的沥青混凝土摊铺碾压程序和工艺与常规沥青混凝土摊铺碾压工艺相同。

(6)检查验收。

6 材料与设备

采用的机械设备和安全设备配置如下:

(1)沥青混凝土拌和设备一套。

(2)钢筋切割、焊接设备2套。

(3)沥青混凝土运输车满足需要。

(4)摊铺机。

(5)钢轮和轮胎压路机。

(6)摊铺、碾压设备拾边器。

(7)平板振动器。

(8)发电机。

7 质量控制

7.1 工程质量执行标准

(1)合同段招标文件中规定履行的相关标准。

(2)国家、行业颁发的有关文件,设计、施工规范及验收标准。

7.2 质量保证措施

(1)建立质量管理领导小组。质量管理领导小组是整个工程质量管理的最高领导机构,由项目经理、技术负责人、质检科长、试验室主任组成。质检科和试验室专职抓现场质量管理,在施工过程中对各个工序进行检查和检测,尤其要对沥青混凝土路面边缘的沥青混凝土碾压温度和各项指标进行控制,保证满足质量要求。

(2)建立完善的工地试验室,配备满足工作需求的试验工程师,对各种原材料必须进行严格的检验,坚决做到不合格的材料不进场,以确保进场材料满足技术规范的要求。对不合格的产品不得用于下一道工序施工中。

(3)坚持"三检"制度,即自检、互检、交接检。

(4)树立全员质量意识,加强对施工人员全面、系统、全方位的质量教育,使"质量第一,顾客满意"的思想成为广大员工的自觉行为。

8 安全措施

8.1 安全组织保证

(1)为保证工程的顺利进行,抓质量的同时必须抓安全,因此质量要以安全作保证,在质量控制的同时,加强安全控制,工程质量和施工安全并重是工程建设两大永恒主题。为此,项目部成立安全领导小组,确定工程项目安全目标,使整个施工安全都处于受控状态,将安全隐患消除在萌芽之中。

(2)建立由项目经理作为第一安全负责人,由项目副经理、总工程师、施工队长三条线分管共抓的安全管理网络,形成项目安全保证体系。项目副经理分管安全和材料供应科、机械设备科,具体负责安全措施的制订、落实;总工程师分管工程技术科、质检科,从技术角度来制订安全生产措施。项目经理通过设立专、兼职安全员及制订安全责任制度,做到有计划、有组织、有措施,实行工程施工安全一票否决制,将安全生产措施落实到人,确保工程项目安全顺利实施。

8.2 安全制度保证

(1)建立各级人员安全生产责任制度,明确各级人员安全责任,责任落实到人。各施工队有明确的安全考核指标和包括奖惩办法在内的保证措施。

(2)建立定期安全检查制度。有时间、有要求,明确重点部位、危险岗位。安全检查有记录。对查出的隐患及时整改,做到定人、定时间、定措施。

(3)所有工作人员必须进行安全技术培训。工人掌握本工种操作技能,熟悉本工种安全技术操作规程;特种作业人员经培训考试合格持证上岗。

(4)工程施工前进行全面的、有针对性的安全交底,接受交底者履行签字手续;班组在班前进行上岗交底、上岗检查、上岗记录的"三上岗"和每周一次"一讲评"的安全活动。对班组的安全活动有考核措施。

(5)建立事故档案,按调查分析规则、规定进行处理和报告。

(6)施工现场危险场所设有安全警示牌,要有安全防护围挡,避免非工作人员误入引起人身伤害事故。

8.3 施工安全管理措施

(1)项目部、施工队设置的专职安全员对现场进行安全监督、检查,发现有不安全隐患,即时提出整改,有权对违章操作人员行使处罚及下达停工令。班组兼职安全员在每天上班前,对班组全体人员做3~5min 安全教育。

(2)施工现场各工点要有明显的各种提示牌及警示牌,危险部位设栅栏封闭,施工地段必须设置警示牌(灯)和警戒防护设备,以保证来往行人及车辆的安全。

(3)施工安全用电

现场用电按标准规范要求架设和使用,电器设备安装漏电保护器;车流量大的施工地段,架设动力线路采用较大截面的地下电缆通过,保证架设高度满足车辆安全通过。

8.4 各类施工机械设备安全保证措施

(1)项目部机械设备部对工地所有机械统一定期进行安全检查,发现问题及时解决,消除不安全因素。

(2)对各种机械设备均要制订安全技术操作规程,认真检查落实情况,摊铺碾压设备的拾边器定期检查,防止跑位和松动,以免造成局部质量问题。

(3)机械操作人员必须听从施工人员的正确指挥,精心操作。但对施工人员违反操作规程和可能引起危险事故的指挥,操作人员有权拒绝执行,并及时向工地负责人反映。

9 环保措施

(1)成立相应的环境保护组织机构,在施工中严格遵守国家和地方政府下发的有关环境保护的法律、法规和规章制度。加强对各种可能对环境造成污染的因素进行控制和治理。遵守相关的环境保护的规章制度。认真接受各级环保部门的监督检查。

(2)将施工场地和作业限制在工程建设允许的范围内,合理布置、规范围挡,做到标牌清楚、齐全,标识醒目,施工场地文明、整洁。

(3)对施工中可能影响到的各类公共设施,制订可靠的防损坏措施,加强实施过程中的监测、应对、验证。同时将相关方案对全体施工人员进行技术交底。

(4)设立各种废弃物的集中处理设施,做好处置工作,从根本上防止施工对环境造成的污染。

(5)定期清运施工垃圾,做好废弃物在运输过程中的防撒落和防污染措施,废弃物按当地环保部门的要求进行处置。

10 资源节约

使用该工法可避免沥青路面摊铺时的超宽摊铺,免除路面直切工序,实现大量节省沥青混凝土的显著效果,同时能够节省施工工期,减少机械设备的投入。大大减少沥青废料的产生,达到节约资源、保护环境的效果。

11 效益分析

(1)本工法与同类施工方法相比,设备改造简单,经济实用。

(2)施工方便,节约人力和物力,经济效益显著。

(3)资源消耗低,减少了浪费和污染,具有良好的经济效益和社会效益。

12 应用实例

12.1 工程实例一

由新疆北新路桥集团股份有限公司承建的新疆 G219 线新—藏公路第五合同段及岳阳市临湖至湖滨公路建设工程项目,在路面施工中采用路面摊铺碾压免直切施工技术,工艺相对简单,现场操作简便、快捷,对加快施工进度和成本节约有着显著的效果,同时减少沥青混凝土浪费、沥青路面直切的费用和污染物的废弃,避免了超宽摊铺和碾压。

12.2 工程实例二

沥青路面免直切施工工法在阿尔及利亚东西高速公路中西标段 W1 和 W2 标段中使用,W1 和 W2 标段全长 60.48km,沥青路面结构层分上中下 3 层,分 4 层摊铺,摊铺总厚度为 27.5cm(10cm + 9cm + 5cm + 3.5cm),累计节约沥青混凝土 5 000m^3,免去了直切工序,节省了大量人力、物力,大大减少了废弃料,保护了环境。

交织化改性沥青混凝土面层施工工法

GGG(冀)B3039—2013

蔡献东　郝培文　孟兵宇　禹海龙　刘红瑛
(汇通路桥建设集团有限公司　长安大学)

1　前言

近年来,以高速公路为主线的公路网发展迅猛,沥青路面以其表面平整、无接缝、行车舒适、噪声低、施工期短和维修方便等优良特性,在我国公路中得到广泛应用。随着国民经济的高速发展,交通量和车辆荷载急剧增长,对高速公路沥青路面的使用性能提出了越来越高的要求,新建沥青路面运营不久就出现推移、拥包、坑槽、车辙、裂缝、泛油、松散等病害,造成巨大的经济损失,给行车留下了隐患。

沥青作为一种黏弹性材料,其相对分子量较低且分布范围较宽,对温度的敏感性较强。高温时变软发黏,低温时变脆易裂,且耐疲劳性能较差,这在一定程度上制约了沥青及其混合料的发展,虽然沥青厂商不断探索新的生产工艺来改善沥青性能,道路设计部门也采用优质重交通道路沥青,但是效果不理想,因此对沥青进行改性就成为一种行之有效的方法。沥青改性是指在基质沥青或基质沥青混合料中掺加一种或几种改性材料,通过适当的加工工艺,使改性材料熔融、分散在基质沥青或者基质沥青混合料中,形成改性沥青混合料,从而改善或提高沥青混合料的路用性能。目前,大多数沥青改性剂各有优点和不足之处:采用有机改性剂,改性沥青生产工艺比较复杂,需要专用改性设备,增加了成本;采用无机改性剂,优点是施工工艺简单,但是容易受到地域性的限制,不能兼顾改善高温性能和低温抗裂性能,有些外掺材料在改善普通沥青混合料单一方面性能的同时,也会对其他性能带来一定的负面影响。

为综合解决沥青混凝土面层存在的高温稳定性、低温抗裂性以及水稳定性等问题,已研制出能综合改善沥青混凝土路用性能的复合改性添加材料,将三种或四种不同种类的外掺改性材料按照不同比例进行复配,利用其各自的路用性能改善效果侧重点,来对沥青混合料进行综合改性,形成了交织化改性沥青混凝土面层施工工法,经实践检验,改性效果良好,经济效益和社会效益显著。

2　工法特点

(1)交织化复合纤维采用干法添加,外掺的交织化复合纤维是采用干法工艺直接掺加到基质沥青混合料中的,不需要提前与沥青进行拌和制备交织化复合纤维改性沥青,交织化复合纤维在不使用时可以长期储存,不会像聚合物改性沥青那样需要考虑储存稳定性的问题。

(2)避免沥青混合料产生离析。交织化复合纤维的组成原材料中有木质素纤维,而木质素纤维有较高的吸附性,可以吸附稳定沥青,避免拌和好的沥青混合料在运输过程中产生离析,可以较好地保持热拌沥青混合料的均匀性。

(3)综合改善沥青混凝土的高温稳定性和低温抗裂性。交织化复合纤维中包含有聚酯纤维和聚合物复合添加剂,聚酯纤维可以有效地改善沥青混凝土的抗低温开裂性能,聚合物复合添加剂能够明显改善沥青混凝土的抗高温车辙性能,交织化复合纤维综合改性效果显著。

(4)改善路用性能的同时,能明显降低工程造价。向基质沥青混合料中掺加交织化复合纤维之后,其路用性能能够达到SBS改性沥青混合料水平,但是成本低于SBS改性沥青混合料,可有效地降低工程造价。

(5)社会效益显著。可以显著提高沥青混凝土路面的使用性能和使用寿命,减少沥青路面早期病害的产生。

3 适用范围

本工法适用于各种等级公路沥青混凝土路面的面层、桥面铺装和隧道路面铺装。

4 工艺原理

(1)交织化复合纤维由三种原材料组成,分别是木质素纤维、聚酯纤维和聚合物复合添加剂,这三种外掺料对于沥青混凝土路用性能的改善效果各有特点。木质素纤维具有较高的吸油率,能够吸附稳定沥青,将其掺加到沥青混合料中起到吸附稳定的作用,可提高沥青混凝土的耐久性;且木质素纤维的吸附稳定作用还可避免拌和好的沥青混合料在运输过程中产生离析,确保沥青混合料的均匀性。聚酯纤维具有很大的韧性、较高的抗拉强度和断裂延伸率,将其掺加到沥青混合料中起到"加强筋"的作用,使沥青混凝土在昼夜温差产生的热胀冷缩以及外力冲击作用下,可以承受很大的拉伸变形,能够明显改善沥青混凝土的低温抗裂性能。聚合物复合添加剂能提高沥青的黏度,从而改善沥青混凝土的高温性能,增强沥青混凝土路面抵抗高温车辙的能力。

(2)木质素纤维、聚酯纤维、聚合物复合添加剂这三种外掺改性材料对于沥青混凝土路用性能改善各有特点,将这三种原材料按照适宜比例进行复合掺配,制成交织化复合纤维,把单一外掺改性材料对于沥青混凝土路用性能的改善效果延续到复合改性材料中,对沥青混凝土路用性能起到综合改善的作用。

(3)在加入热沥青之前,交织化复合纤维先与集料进行干拌。在干拌过程中,交织化复合纤维中的聚酯纤维和木质素纤维会被集料打散,均匀分散到粗细集料中,而聚合物复合添加剂在应力场和温度场的耦合作用下产生塑性变形,一部分黏附在集料上,一部分被打碎分散。热沥青加入之后,分散在集料中的木质素纤维吸附稳定沥青,聚酯纤维发挥增黏阻裂的作用,聚合物复合添加剂粒子会发生溶胀,从而改变沥青的聚集态结构组成,增大黏度。交织化复合纤维中的三种原材料互为补充,共同作用,共同改善沥青混凝土的路用性能。

5 施工工艺流程及操作要点

5.1 施工工艺流程

交织化改性沥青混凝土面层施工工艺流程见图1。

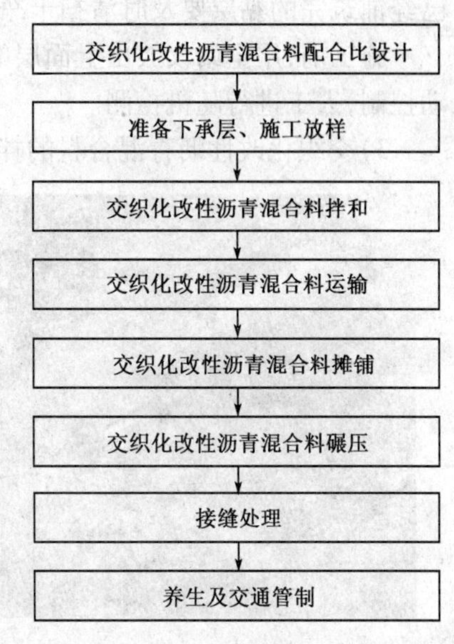

图1 施工工艺流程图

5.2 操作要点

1)交织化改性沥青混合料配合比设计

交织化改性沥青混合料配合比设计包括目标配合比设计阶段、生产配合比设计阶段以及生产配合比验证阶段。交织化复合纤维的掺量为沥青混合料总质量的0.3%。在配合比设计过程中,交织化复合纤维的掺加方式采用"干拌和"工艺,先将交织化复合纤维和集料干拌60s,使其在矿料中分散均匀,然后再加入基质沥青,拌和60s,最后加入矿粉,再拌和60s,总拌和时间为3min。试验过程中"干拌和"工艺的温度控制如表1所示。通过配合比设计决定交织化改性沥青混合料的矿料级配和沥青用量。

(1)目标配合比设计阶段

①选择目标矿料级配。

根据路面设计确定的混合料类型选择目标矿料级配。

交织化改性沥青混合料配合比设计温度控制　表1

配合比设计过程的试验步骤	温度控制标准(℃)	配合比设计过程的试验步骤	温度控制标准(℃)
矿料加热温度	180~190	拌和好的沥青混合料温度	160~170
沥青加热温度	150~160	试件击实温度	165
沥青混合料拌和温度	165~175		

②计算各种矿料的配比。

对碎石和矿料进行筛分试验,并测定各种矿料的相对密度及各种矿料的颗粒组成,确定达到级配曲线要求时各种矿料的配比。

③确定最佳沥青用量。

采用马歇尔试验方法确定交织化改性沥青混合料的最佳沥青用量。以初步拟定的目标沥青用量为中值,以0.5%的配比间隔上下变化沥青用量制备马歇尔试件,试件数不少于5组,在规定的试验温度及试验时间内用马歇尔试验仪测定其稳定度、流值、密度,并计算其空隙率、沥青饱和度以及矿料间隙率。根据试验结果和计算结果分别绘制沥青用量与密度、稳定度、流值、空隙率、沥青饱和度以及矿料间隙率的关系曲线,按照马歇尔试验方法根据关系曲线确定最佳沥青用量,如果不能符合要求,则应该调整级配,重新进行配合比设计并进行马歇尔试验,直至各项指标均能够符合要求为止。

(2)生产配合比设计阶段

根据目标配合比确定的各种矿料的比例,从拌和机二次筛分后进入各热料仓的材料取样进行筛分,确定各热料仓的材料比例,使矿料合成级配接近目标配合比合成级配曲线,同时反复调整冷料仓进料比例,以达到供料均衡,再根据目标配合比确定的最佳沥青用量,以0.3%的配比间隔上下变化沥青用量,确定三个沥青用量进行马歇尔试验,确定生产配合比的最佳油石比。

(3)生产配合比验证

采用生产配合比进行试拌,并用拌和的沥青混合料进行马歇尔试验检验,由此确定生产用的标准配合比。

2)准备下承层和施工放样

交织化复合纤维改性沥青混合料上面层施工之前,利用沥青智能洒布车喷洒SBS改性沥青黏层并同步进行石屑撒布,对已经洒布好的黏层检查合格后进行铺筑交织化复合纤维改性沥青混合料上面层,已经铺筑完的黏层要及时清扫干净。

施工前,用全站仪放出上面层的两边桩位置以控制施工边线,摊铺厚度用悬浮式平衡梁自控系统自动控制,人工进行随机检测。

3)交织化改性沥青混合料的拌和

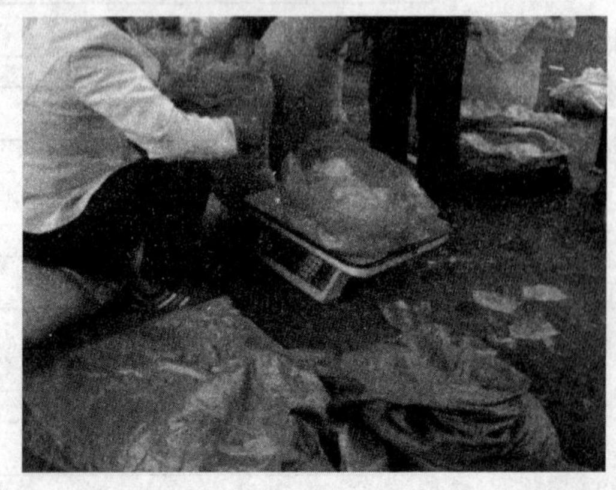

图2　交织化复合纤维的称量

对于交织化改性沥青混合料的拌和,采用"干拌和"工艺来添加交织化复合纤维,拌和中控制要点主要是添加剂投放、拌和时间和拌和温度。

交织化复合纤维的投放,需要用工人在沥青混合料拌和楼热料仓口人工添加,拌和楼开盘前,首先按每盘拌和混合料的数量,准确称量出每盘混合料实际掺加交织化复合纤维的质量,如图2所示。按照交织化复合纤维的掺量为沥青混合料总质量的0.3%,每次向拌锅中投放准确质量的交织化复合纤维。拌和楼开盘后,在集料干拌和开始时,将称量好的交织化复合纤维从热料仓观察口投入拌和楼中,且应在湿拌开始前投入完毕并关闭热料仓观察口的仓门,保证交织化复合纤维充分搅拌、分散,防止沥青和交织化复合纤维从热料仓观察口溢出损失,避免交织化复合纤维未搅拌均匀而与沥青结团,影响沥青混合料的均匀性。

交织化改性沥青混合料的拌和应保证交织化复合纤维的加入与称料仓热集料的注入过程同步,并保证添加剂的分散性与集料均匀混合,干拌和湿拌时间一般都要适当延长。拌和时间的延长取决于所用间歇式装置的构造和模式,以及掺加到混合料中的交织化复合纤维的类型和数量。在一般情况下,干拌时间比平常情况延长5~15s,而湿拌时间应比普通沥青混合料所要求的拌和时间适当延长5~10s。交织化改性沥青混合料总的拌和时间(干拌与湿拌)应不少于60s(具体拌和时间应该由试拌来确定),保证沥青混合料拌和均匀,无花白料。拌和好的交织化复合纤维改性沥青混合料如图3所示。

图3 拌和好的交织化复合纤维改性沥青混合料

拌和过程中的温度控制是使用"干拌和"工艺的关键技术,必须严格把关。拌和过程中的温度控制如表2所示。

交织化改性沥青混合料拌和施工控制温度 表2

拌 和 步 骤	温度控制标准(℃)
矿料加热温度	180~190
沥青混合料拌和温度	160~170
沥青加热温度	150~160

4)交织化改性沥青混合料的运输

掺加交织化复合纤维沥青混合料的运输与普通改性沥青混合料的运输条件基本相同。由于交织化复合纤维的组成原材料中有木质素纤维,而木质素纤维能够较好地吸附稳定沥青,可以避免拌和好的沥青混合料在运输过程中产生离析,可以较好地保持热拌沥青混合料的均匀性,但是由于交织化改性沥青混合料的黏性较大,应该在运输车辆的车厢底面涂刷适量的油水混合物,用来防止混合料与车厢底面产生黏结。运输车辆还必须配备棉被或防水苫布等覆盖物,在沥青混合料的运输过程中可以用来将其充分覆盖,以防止沥青在高温时受到阳光、空气的影响产生氧化及沥青混合料产生温度离析,如图4所示。此外,还应特别注意摊铺机与运料车的衔接,在摊铺过程中避免出现断料的情况,以保证摊铺机均匀作业。运到施工现场的沥青混合料还要检测其温度是否满足相关要求。

图4 运输前对混合料进行覆盖

5)交织化改性沥青混合料的摊铺

(1)开始摊铺时,摊铺机前方要有一定数量的运料车以保证连续摊铺,由专人指挥运料车缓慢倒车,使汽车后轮轻轻靠在摊铺机料斗边部,不得撞击摊铺机,如图5所示。运料车在摊铺机卸料过程中应该挂空挡,靠摊铺机的动力推动前进,以保证摊铺层的平整度。在摊铺机起步后应该马上检测混合料的松铺厚度是否满足要求,合格则继续摊铺,否则要进行调整,尽快达到设计要求。

(2)采用两台摊铺机梯队作业全幅摊铺,两台摊铺机前后相隔间距2~4m,如图6所示。摊铺前摊铺机熨平板加热温度应在100℃以上。摊铺时,摊铺机行走速度应控制在2~3m/min。在摊铺过程中,保持摊铺速度不变,缓慢、均匀、连续不间断地摊铺,不得随意变换速度或中途停顿,以提高平整度和减少混合料离析。

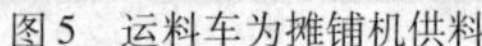

图5　运料车为摊铺机供料

图6　两台摊铺机前后相隔梯队作业

(3)摊铺时,用自行式机械振捣,采用大振幅。为避免摊铺机停机待料,摊铺机前方至少有1～2辆待卸运料车,料斗中还应储备1/3的混合料,避免摊铺时产生离析现象。

(4)曲线路段摊铺时,要使摊铺机匀速前进,中间不能停机,并及时调整摊铺机的行走方向,保证曲线路段的摊铺质量,并随时进行混合料温度检测,以控制碾压温度。

(5)对于路面狭窄、加宽部分及小规模工程等特殊路段,可用人工摊铺,摊铺时要扣锨摊铺,不得扬锨甩料,边摊铺边刮平,且用力一致,往返刮2～3次,避免离析现象的发生,撒料用的铁锨等工具要加热使用,摊铺时要连续进行,不得中途停顿;摊铺好的沥青混合料要紧跟碾压。

(6)在整个摊铺过程中,要控制好摊铺温度,由于掺加交织化复合纤维后沥青混合料的黏度较高,因此对摊铺温度的要求也较高,摊铺温度不宜低于130℃。

在沥青混合料的摊铺作业过程中,应该着重控制摊铺宽度、平整度、摊铺时的温度以及与运料车之间的配合,最大限度地避免小波浪、离析、划痕和平整度超差等缺陷,以提高路面摊铺的质量。

6)交织化改性沥青混合料的碾压

沥青路面最后的平整度和密实度都是通过压路机的碾压来实现,由于沥青混合料中掺加了交织化复合纤维,碾压质量直接影响沥青路面的质量,因此,碾压工艺对平整度和密实度起着决定性作用。碾压按初压、复压、终压三个阶段来进行。

(1)初压

采用12t双钢轮压路机静压一遍,在较高温度下进行,如图7所示。在碾压时,驱动轮面向摊铺机,压路机由外侧向中心、由低处向高处碾压,相邻碾压带重叠1/3～1/2轮宽,碾压带成阶梯状,相邻错开20～30cm长,压实整个摊铺面为一遍。压路机的行走速度应该控制在2～3km/h以内。

初压后应该及时检查平整度和路拱,必要时予以修正,如在碾压时出现堆积,可人工处理后再进行碾压;如果出现横纹,要检查原因并及时采取纠正措施。

(2)复压

复压紧跟初压后面进行,采用四台12t双钢轮振动压路机碾压4～5遍,如图8所示。振动压路机倒车时应该先停振再停车,以免形成鼓包。压路机行走速度宜控制在3～4.5km/h。

(3)终压

终压紧跟在复压后进行,采用12t双钢轮压路机静压赶光收面。利用振动压路机静压,使路面无轮迹。行走速度宜控制在3～6km/h。

在碾压过程中,由于掺加交织化复合纤维后沥青混合料的黏度较高,所以压路机必须紧跟摊铺机进行碾压,以保证混合料在较高温度下完成压实,确保压实质量。初压时碾压温度不宜低于130℃,复压温度不宜低于120℃,碾压终了温度应不低于110℃。压实完成后,应待路面温度降到50℃以下时才可以开放交通。

此外,在碾压过程中要确保滚轮湿润,以免黏附沥青混合料,采用雾状喷水法,防止用水量过大,以免使混合料表面冷却。压路机不得在新铺的路面上转向、掉头、左右移动或紧急制动,尚未冷却的混合料面层上不得停放一切施工设备,以免产生变形,也不得撒落矿料、油料等杂物,待压实完毕的沥青面层完全冷却后才能开放交通。

图7 交织化改性沥青混合料初压

图8 交织化改性沥青混合料复压

7)接缝处理

(1)纵接缝的压实

纵接缝的形成与摊铺工艺有关。纵接缝形成情况不同,采用的碾压方法各异。

①两台以上摊铺机呈梯队进行全幅摊铺时,因相邻摊铺带的沥青混合料温度相近,碾压后纵接缝处无明显界限,此种纵接缝碾压后效果较好。采用两台摊铺机前后保持2~4m的距离连续摊铺,前行摊铺机摊铺厚度为后台摊铺机摊铺基准面,碾压采用整体统一碾压。

②采用一台摊铺机进行摊铺,然后再返回摊铺相邻车道。此种摊铺作业法形成的摊铺带,其内侧无侧向限位,沥青混合料容易在碾压轮挤压下,产生侧向滑移,此时压路机应先从距内侧边缘30~50cm处沿纵接缝线往返各预压一遍,然后掉头至外侧的路缘石或路肩处开始初压,碾压至30~50cm范围时每压实一遍侧移10~15cm,依次压至内侧距内侧边缘5~10cm处为止。相邻摊铺带铺好后,再从已碾压好的原内侧位置开始,依次错轮碾压到越过纵接缝线50~80cm处为止。

这种纵接缝碾压方法,相邻摊铺带温差不宜过大,前后摊铺时间不能过长,根据气候、气温条件其时间间隔灵活把握和控制。

(2)横接缝的压实

前作业段摊铺结束后,在后作业段摊铺之前,应对横接缝进行技术处理。前作业段摊铺结束后,对横接缝附近碾压面进行平整度测量,切割机切垂直缝,并将平整度不满足规范要求的部分铲除。在后作业段施工前,垂直缝处洒黏层沥青,熨平板加热温度在100℃以上时可继续摊铺。选用双钢轮压路机沿横接缝方向进行横向碾压,开始碾压时,碾压轮大部分应压在已压实的路段上,仅留15cm左右轮宽压在新摊铺的混合料上,然后压路机依次向新摊铺路段侧移碾压,每次侧移量为15~20cm,直至完全越过横接缝为止。

8)养生及交通管制

交织化复合纤维改性沥青混合料路面应待摊铺层完全自然冷却后,混合料表面温度低于50℃时,方可开放交通。沥青混合料碾压成型后,要按规范要求检查沥青面层的压实度和压实厚度。

6 材料与设备

6.1 材料

1)沥青

交织化改性沥青混合料中采用70号重交通石油沥青时,技术性能需满足表3的要求。

交织化改性沥青混凝土面层用道路石油沥青技术要求　表3

试验项目		单位	规定值
针入度(25℃,5s,100g)		0.1mm	60~80
针入度指数PI		—	-1.5~+1.0
直线回归相关系数 R		—	≥0.997
当量软化点(公式计算法)		℃	—
当量脆点(公式计算法)		℃	—
延度(5cm/min,15℃)		cm	≥100
延度(5cm/min,10℃)		cm	≥20
软化点(环球法)		℃	≥46
60℃动力黏度		Pa·s	≥180
蜡含量(蒸馏法)		%	≤2.2
闪点(开口杯法)		℃	≥260
溶解度(三氯乙烯)		%	≥99.5
密度(15℃)		g/cm^3	—
薄膜加热试验(163℃,5h)	质量变化　≤	%	±0.8
	残留针入度比(25℃)	%	≥61
	残留延度(15℃)	cm	≥15
	残留延度(10℃)	cm	≥6

2)集料和填料

适用于交织化改性沥青沥青混凝土材料的级配范围见表4。

密级配沥青混合料矿料级配范围　表4

级配类型		通过下列筛孔(mm)的质量百分率(%)												
		31.5	26.5	19	16	13.2	9.5	4.75	2.36	1.18	0.6	0.3	0.15	0.075
中粒式	AC-20		100	90~100	78~92	62~80	50~72	26~56	16~44	12~33	8~24	5~17	4~13	3~7
	AC-16			100	90~100	76~92	60~80	34~62	20~48	13~36	9~26	7~18	5~14	4~8
细粒式	AC-13				100	90~100	68~85	38~68	24~50	15~38	10~28	7~20	5~15	4~8
	AC-10					100	90~100	45~75	30~58	20~44	13~32	9~23	6~16	4~8

交织化改性沥青混合料中所选用的粗集料应该是干燥、洁净、无风化、不含杂质、颗粒形状近似正方体的碎石,并且应该具有坚硬、耐磨、韧性好以及表面粗糙等性质。细集料应该保证干燥、洁净、无风化、无杂质、无泥土,而且应该具有适当的颗粒级配,与沥青具有良好的黏附性,技术性能需满足表5和表6的要求。

交织化改性沥青混凝土面层用粗集料技术要求　表5

试验项目	单位	规定值
石料压碎值	%	≤26
洛杉矶磨耗损失	%	≤28
表观相对密度	—	≥2.6
吸水率	%	≤2.0
与沥青的黏附性	—	≥5级
坚固性	%	≤12

续上表

试验项目		单 位	规定值
针片状颗粒含量	混合料	%	≤15
	粒径大于9.5mm	%	≤12
	粒径小于9.5mm	%	≤18
<0.075mm颗粒含量(水洗法)		%	≤1
软石含量		%	≤3
磨光值		—	≥42
冲击值		%	≤25

交织化改性沥青混凝土面层用细集料技术要求 表6

试验项目	单 位	规定值	试验项目	单 位	规定值
表观相对密度	—	≥2.50	砂当量	%	≥60
坚固性	%	≥12	亚甲蓝值	g/kg	≤25
<0.075mm颗粒含量	%	≤3	棱角性	s	≥30

交织化改性沥青混合料中所选用的矿粉要求洁净、干燥,不能含有泥土等杂质,而且应该能够自由地从矿粉仓中流出,技术性能需满足表7的要求。

交织化改性沥青混凝土面层用矿粉技术要求 表7

试验项目		单 位	规定值
表观密度		t/m^3	≥2.5
含水率		%	≤1
粒度范围(%)	<0.6mm	—	100
	<0.15mm	—	90~100
	<0.075mm	—	75~100
亲水系数		—	<1
塑性指数		%	<4
加热安定性		—	不变色

3)交织化复合纤维

交织化复合纤维由三种原材料组成,分别是木质素纤维、聚酯纤维、聚合物复合添加剂,如图9所示。

图9 制备好的交织化复合纤维

(1)木质素纤维

木质素纤维是一种天然有机聚合物纤维,是天然木材在加工成纸浆和纤维浆的过程中,经过一系列的物理和化学处理,最终将剩余的一部分纤维素经过洗涤、过滤、喷雾、干燥等工艺过程处理后,捣磨拉丝精制而得到的一种浅绿色或灰色的棉絮状的惰性有机纤维,将其掺加到沥青混合料中可以起到吸附稳定的作用。

(2)聚酯纤维

聚酯纤维是由有机二元酸和二元醇缩聚而成的以聚酯为原料经熔体纺丝所制得的一种合成纤维。工业化大量生产的聚酯纤维是以聚对苯二甲酸乙二醇酯为主要原料,添加一定的功能母料,通过熔融、挤出、高速喷丝、高倍率拉伸后,再经特殊表面处理工艺,利用专用切断机切断而成,其外观为多根纤维单丝交聚而成的束状结构,将其掺加到沥青混合料中可以显著改善沥青混凝土路面的低温性能。

(3)聚合物复合添加剂

聚合物复合添加剂是以线性低密度聚乙烯和再生聚乙烯作为主体材料,然后再加入弹性体增黏剂、增溶剂、抗氧化组分和抗剥离组分,经混融后通过双螺杆挤出机生产出来,将其掺加到沥青混合料中可显著改善沥青混凝土路面高温性能。

6.2 设备

4000 型拌和站 1 台,ZL50 型装载机 4 台,20t 以上自卸汽车 13 辆,ABG8820 摊铺机 2 台,双钢轮振动压路机(12t)4 台,洒水车 2 辆。

7 质量控制

7.1 工程质量控制标准

交织化改性沥青混合料面层施工质量执行《公路沥青路面施工技术规范》(JTG F40—2004)。热拌交织化改性沥青混合料的施工温度按照表 8 执行。

热拌交织化改性沥青混合料施工温度 表 8

施 工 工 序			温度控制标准(℃)
沥青加热温度			150 ~ 160
矿料加热温度			180 ~ 190
沥青混合料出料温度			160 ~ 170
运输到现场温度		≥	140
混合料摊铺温度 ≥	正常施工		135
	低温施工		145
开始碾压的混合料内部温度 ≥	正常施工		130
	低温施工		140
碾压终了的表面温度		≥	70
开放交通的路表温度		≤	50

7.2 质量保证措施

(1)拌和生产前对运抵现场的交织化复合纤维应妥善存放,置于仓库内、棚中或是用塑料帆布覆盖,避免被雨水淋湿、受污染后影响交织化复合纤维的技术性能。

(2)交织化改性沥青混合料的拌和时间应保证混合料色泽均匀一致,无花白料、结团成块和严重的粗细料分离现象,所有矿料颗粒要以全部裹覆沥青结合料为宜。

(3)拌和好的交织化改性沥青混合料在运输时应用篷布覆盖,以保温、防雨、防污染,并保证运输能力和运距与摊铺机的摊铺速度相匹配。

(4)测量记录交织化改性沥青混合料的出厂温度及成品混合料运到施工现场的温度。

(5)应取现场摊铺的混合料进行马歇尔试验、油石比试验及抽提后筛分试验,并记录好取样的位置与桩号以及沥青混合料层位。

(6)摊铺交织化改性沥青混合料时,地面温度计最低气温不得低于 10℃,地面有水须清除干净。

(7)随时检查混合料的摊铺温度、碾压温度、碾压终了温度。

(8)尽量减少施工接缝,注意接缝施工质量,使接缝处面层紧密平整、顺直。

(9)热拌交织化改性沥青混合料路面应待摊铺层完全自然冷却后,路表面温度低于 50℃时,方可开放交通。

(10)交织化改性沥青混合料碾压成型后,按规范要求及时检查沥青面层的压实度和压实厚度。

8 安全措施

安全工作是施工管理的重要内容,它直接关系到国家、集体、个人利益,在施工过程中必须贯彻"安全第一,预防为主"的安全生产方针,确保生产质量。

8.1 机械设备安全

(1)施工现场所使用的施工机械和设备等必须事先经专职人员进行检查、维修、保养,确保良好。各技术工种必须经过培训并经考核取得合格证,方可上岗,杜绝违章作业。

(2)各类机械安全装置的防护罩、盖等要安全可靠。

(3)机械与输电线路须按规定保持安全距离。

(4)各类机械配挂技术性能牌和上岗操作人员名单牌。

(5)严格执行定期保养制度,做好操作前、操作中和操作后设备的清洁、润滑、紧固、调整和防腐工作。严禁机械设备超负荷使用、带病运转和在作业运转中进行维修等。

(6)夜间作业须配备充足的照明设备,保证通视良好。

8.2 人员安全

(1)施工前对施工管理人员、机械操作手及施工人员(民工队)进行安全知识、安全技术及社会治安教育,严格执行国家有关安全生产和劳动保护法规,落实安全生产责任制,加强规范管理,坚持安全生产的宣传和教育。

(2)做好安全技术交底,严格执行安全技术操作规程,严禁违章指挥、违章操作。

(3)做好施工现场的安全防护工作,配置必要的安全设施和劳动保护用品,对安全设施要定期检查和维护。

(4)拌和生产交织化复合纤维改性沥青混合料时,拌和楼现场负责投放交织化复合纤维的施工人员应该戴手套、口罩和防护镜等防护用品。

(5)机械操作人员应持证上岗、专人操作、定期保养,防止发生机械事故或对人身安全造成危害。驾驶员严禁酒后操作。

(6)对个人使用的铁锹、振动夯等工具,应经常进行认真检查,以防断裂或掉头伤人;施工作业时互相之间要保持一定的安全距离。工作时间所有施工人员及操作人员严禁赤脚、穿拖鞋。严禁在工地上嬉戏打闹。

(7)建立安全生产检查制度,每次检查都应填写检查记录。对于存在的问题提出改进措施,对于下步工作提出防范措施,确保安全生产。

8.3 健全安全管理制度

(1)成立以项目经理为第一责任人、专职安全员为直接责任人的安全管理体系,各科室成立安全小组。

(2)加强安全教育,提高安全意识。对职工进行定期安全教育,同时在现场设置安全标语,增强安全生产意识。

(3)切实抓好现场管理。建立各级安全管理制度,制定安全操作规程和安全生产守则,定期进行安全检查,时时刻刻抓安全,把事故消灭在萌芽状态。

9 环保措施

(1)为确保施工顺利进行,把环境工作为施工现场组织管理的重要组成部分,并认真贯彻执行施工的全过程。

(2)加强环保教育,组织职工学习环保知识,加强环保意识,使大家认识到环境保护的重要性和必要性。认真贯彻各级政府的有关水土保护、环境保护方针、政策和法令,结合设计文件和工程特点,及时申报安全环境保护设计,切实按批准的文件组织实施。

(3)美化施工场地,场地废料处理,应按设计要求按工程师指定地点处理,防止水土流失。保持排水通道畅通,工地干净卫生。施工中还尽量减少对周围绿化环境的影响和破坏。

(4)水车在工地定时洒水,以防行车和刮风扬尘。

(5)工地材料堆放整齐,并做好设备和材料的标识,尽量远离居民区并覆盖,以防止产生的灰尘、散发的不良气味污染空气,损害人体健康。

(6)各种施工机械的施工噪声应控制在规定分贝之内,防止干扰周边群众。

(7)施工区内保证道路通畅、平坦、整洁,不乱堆乱放,无散落物;构造物周围应保持清洁;场地平整无积水,无散落的杂物及散物;场地排水成系统,并畅通不堵;施工废料集中堆放,及时处理。

(8)施工作业中,应有防止尘土飞扬、混凝土洒漏、车辆沾带泥土运行等措施。

(9)强化环保管理,定期进行环境检查,及时处理违章事宜,主动联系环保机构,请示汇报环保工作,做到文明施工。

(10)消除施工污染,施工废水、生活污水源、耕地、农田、灌溉渠道,要采用渗井或其他措施处理。工地垃圾及时运往指定地点深埋,清洗拌和料机具操作水,采用过滤方法或用沉淀池处理,将生态环境受损减到最低程度。

10 资源节约

该工法研究成果与常规的SBS改性沥青混合料相比,采用70号常规国产重交通沥青,不采用进口沥青或进口改性沥青,明显降低了原材料成本费用。本工法采用干拌和方法,可在拌和机直接加入,不需要提前用沥青拌和设备制备交织化复合纤维改性沥青,节省了拌和机械费用,可节约材料资源和机械设备资源,同时改善沥青混凝土路面的路用性能,减少沥青路面的早期破坏,延长道路使用寿命,降低维修养护材料费用。

11 效益分析

(1)与传统的SBS改性沥青混凝土面层相比,本工法具有较好的施工便利性。拌和楼在拌和制备交织化改性沥青混合料时,交织化复合纤维是作为外掺材料采用干拌和工艺直接掺加到基质沥青混合料中的,不需要提前与沥青进行拌和制备交织化改性沥青,而且交织化复合纤维在不使用时可以长期储存,不用像聚合物改性沥青那样需要考虑储存稳定性的问题。

(2)改善了混合料的运输条件。由于交织化复合纤维中的木质素纤维有较高的吸附性,可以吸附稳定沥青,能够避免拌和好的沥青混合料在运输过程中产生离析,可以较好地保持热拌沥青混合料的均匀性。

(3)有效地改善沥青混凝土路面的路用性能。交织化复合纤维中的聚酯纤维能够有效地改善沥青混凝土路面的抗低温开裂性能,交织化复合纤维中的聚合物复合添加剂能够明显的改善沥青混凝土路面的抗高温车辙性能。因此,交织化复合纤维能够综合改善沥青混凝土路面的路用性能,减少早期病害的产生,延长路面的使用寿命。

(4)节约施工成本。通过向基质沥青混合料中掺加交织化复合纤维,其路用性能能够达到SBS改性沥青混合料的水平,但是成本却要低于SBS改性沥青混合料,可以显著地降低工程造价,其社会经济效益显著。

12 应用实例

河北省承秦高速公路是河北省高速公路网布局规划“五纵、六横、七条线”中的“第一条线”,也是秦皇岛和承德市域路网规划的重要组成部分。本项目的实施对于完善国家及河北省高速公路网布局结构,打通河北北部及内蒙中东部等内陆地区便捷的出海通道,带动秦皇岛、承德地区的经济发展,构建京、承、秦一体化旅游金三角具有重要作用，对积极构筑"东出西联"的互动格局，加快建设沿海经济隆起带，促进实现沿海经济社会发展强省的宏伟目标具有重要意义。

承秦高速公路路线全长196km，总投资150亿元，其中承德段路线全长91.972km，承秦高速承德段起于承德南互通，与京承、承朝高速公路相连，经上板城、承德县、甲山、黄杖子、龙须门、宽城县城东、崖门子、板城，到达承德段终点庙岭并沿抄道沟进入秦皇岛境内。起点至承德县互通段长22.267km，采用双向六车道标准建设，路基宽33.5m；承德县互通至承德段终点采用双向四车道标准建设，路基宽24.5m。

本工法依托承秦高速承德段路面四合同段，起点桩号为K72+100，终点桩号为K93+398，主线全长共21.298km。采用全封闭、四车道高速公路标准，设计行车速度为100km/h，主线整体式路基宽24.5m，分离式路基宽12.25m。主线、互通匝道上面层采用4cm厚细粒式SBS改性沥青混凝土AC-13C，中面层采用6cm厚细粒式SBS改性沥青混凝土AC-20C，下面层采用12cm厚密级配沥青稳定碎石ATB-30，基层采用17cm厚水泥稳定碎石，底基层采用16cm厚水泥稳定碎石。其中，在起点桩号为K79+750，终点桩号为K80+250的路段按照该工法对上面层采用4cm厚交织化改性沥青混凝土AC-13C。交织化改性沥青混凝土路面，不仅节约了施工成本，而且压实度、平整度等各项指标均符合设计要求，通过检测得知交织化复合纤维有效地减少了沥青路面的早期破坏，延长了道路的使用寿命，经济效益和社会效益显著。

高寒地区公路大修水泥混凝土路面冲击破碎压实施工工法

GGG(黑)B3040—2013

刘忠刚　李立歆　彭继光　周剑钊　付轲飞

(黑龙江省龙建路桥第三工程有限公司)

1　前言

随着越来越多的道路升级改造,旧水泥混凝土路面上加铺沥青混凝土面层也越来越多,黑龙江省是全国气温最低的省份,极端最低温度可达到 -40℃,处于东北高寒地区,寒冷冰冻期每年在5个月左右。昼夜温差较大,导致旧水泥混凝土路面板与基层脱空,加铺沥青混凝土路面后易产生裂隙。选择并推行一种适合高寒地区的公路大修项目、能够早期预防沥青混凝土路面裂隙,增强新旧路面结构和整体连续性,能够有效增强沥青混凝土路面使用性能,减少反射裂缝,延长沥青路面使用寿命的施工技术,是整个高寒地区防治沥青混凝土路面裂缝的关键。经在黑龙江省多条高速公路大修施工中采用水泥混凝土路面冲击破碎压实施工工艺,取得了突出的社会效益和经济效益。在此基础上,经过不断研究探索,经验积累,并及时总结完善形成本工法。本工法经科技查新国内未见相同文献报道,其关键技术经黑龙江省交通运输厅组织的专家鉴定认为国内领先。

2　工法特点

本工法采用蓝派冲击压路机,具有影响深度深、运行速度快、施工工序少、施工工期短、应用范围广、施工造价低等优点。

3　适用范围

本工法适用于高寒地区公路大修项目中水泥混凝土路面加铺沥青混凝土面层施工项目。

4　工艺原理

高寒地区公路大修水泥混凝土路面冲击破碎压实施工技术,通过对面板冲击破碎产生均匀裂缝,使温缩应力接近沥青路面,减少加铺沥青混凝土反射裂缝的产生,保证施工质量,加快进度。对面板冲击破碎过程中严格控制冲击碾压的速度和强度,保证破碎后的面板尺寸达到要求。

5　施工工艺及操作要点

5.1　施工工艺流程图(图1)

5.2　操作要点

旧路面板块及基层处理完毕后,进行旧路混凝土板的破碎。破碎方式采用蓝派冲击破碎压实技术。蓝派冲压应用五边形冲击式压实机进行冲击压实,工作时由牵引机拖动非圆形压实轮滚动,压实轮轮廓曲线上的最大半径滚动至最小半径处时随时对地表产生冲击,而后大半径曲线轮廓滚过地表时又对地表施以揉压作用,所以将其应用于旧水泥混凝土路面改造,能集破碎及稳固于一身。根据牛顿碰撞定律,依该机压实轮轴组件和冲击速度计算其冲击力为2 500kN,揉压动能为130~200kJ,完全能达到破碎稳固的要求。

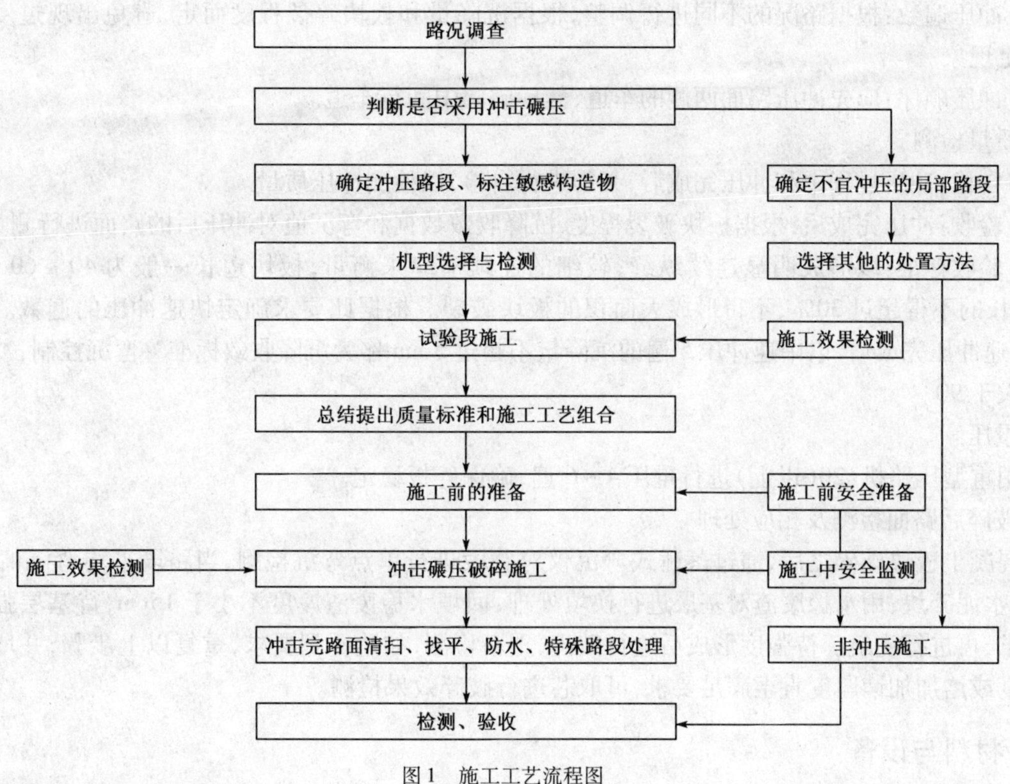

图1 施工工艺流程图

1)前期准备

(1)用钢钩和板刷等工具清除嵌入板缝中的颗粒杂物及浮尘。

(2)用钢钎和手锤等工具凿除因冲击而产生的缝、角处"起层"的水泥混凝土。

(3)用铁锹和喷灯等工具清除原来维修时填补的沥青混合料。

(4)对于水泥混凝土板出现的断板、掉角等破坏,只要没产生明显下沉,裂缝不大于10mm,不做处理。

(5)用鼓风机清洁接缝、裂缝中、掉角及坑槽处的浮土和杂物,清扫至洁净、无浮尘,并立即喷洒改性乳化沥青黏层油。

(6)在整段路面破碎前,应完成更换水泥混凝土面板工作,使用带破碎锤的挖掘机进行旧路水泥混凝土面板拆除前破碎,破碎面板时应控制好击震频率和冲击力,避免损坏旧路基层。对于非整块更换水泥混凝土面板的,必须采用切割机切缝,保持接缝处顺直。在桥、涵构造物两侧水平距离10m处树立醒目标志牌,避免冲击损坏桥、涵构造物。进度应控制在本工序最前方横断面至沥青混凝土铺筑段前2 000m以内,并要做好防雨措施。

2)冲击压实

在进行蓝派冲压的地段,进行现场调查,根据挡土墙、高填方及桥涵分布情况确定施工段落。

(1)段落长度:每次连续施工段落的长度一般不大于500m,特殊地段根据结构物位置情况可适当延长,但不得大于700m。

(2)安全距离:冲压位置距离桥涵最近距离不得小于10m,距离高挡土墙、高填方两端最近距离不得低于15m,另距中央分隔带0.5m及距水泥混凝土路面外边缘1.0m范围为非冲击区。

(3)冲压:施工场地准备完成后对路面进行冲击压实。冲压宽度:道路总宽9m,冲压宽度定为8m,路肩两侧各50cm不冲压。左右路幅交替冲压,但不得同时跨路幅冲压。按照从路边线到路中线的顺序进行冲压。

(4)冲压速度:行驶速度为7~12km/h,转弯半径一般为8m。

(5)冲压遍数:根据路况的不同进行调整,根据沉降量和板块碎裂程度而定,避免出现过度破碎和破碎不足现象。

(6)冲压顺序:应先冲压路面两侧的车道,然后破碎中间行车道。

3)质量检测

(1)自检:冲压过程中和冲压完成后,必须进行自检,以检测冲压质量。

(2)验收:冲压完成后,根据板块破裂程度、沉降收敛数据和弯沉值对冲压后的路面进行测量验收。

(3)验收标准:以形成明显连续纵缝,较细的连续横缝来衡量,板块边长一般为40~60cm,超过60cm边长的不得超过30%,不得形成大面积的板块破裂。根据此要求确定快速冲压的遍数。沉降收敛:在高速冲压完成后,以中速冲压5遍的沉降量不超过5mm作为沉降收敛标准。弯沉控制:冲压弯沉值不得大于90。

4)重压

采用重型压路机(20t以上)进行重压4~6遍,确保碎板稳定。

5)破碎后路面检测及相应处理

原混凝土板块破碎之后,通过落锤式弯沉仪对路段进行单点弯沉检测,当路段平均弯沉值小于90时,挖除水泥碎块,用水稳废渣对基层进行换填处理,回填水稳废渣厚度不小于15cm,待基层强度达到规范要求,再进行浇筑。待强度形成后进行破碎,重新检测,如达不到要求,重复以上步骤,并增加基层处理厚度或增加加铺厚度直至满足要求,可取芯进行破碎效果检测。

6 材料与设备

6.1 主要材料

本工法无需任何材料。

6.2 主要设备

(1)QCY360五边形蓝派冲击压路机。

(2)振动式压路机1台(徐工XSM220)。

7 质量控制

(1)验收标准见表1。

验收标准　　表1

检测项目	自检频率	抽检频率	质量要求
破碎程度	半幅每200m检测1个整板块	作业段半幅检测2个整板块,2板块距离不小于200m	板块边长为40~60cm,超过60cm边长的不超过30%,不得形成大面积板块碎裂
沉降收敛	半幅每20m布设1点	半幅每50m布设1点	以最后2遍的沉降不超过5mm为标准
弯沉	单车道每50m检测1点	单车道每100m检测1点	达到设计要求方可进行下一道工序

(2)验收程序:过程控制→逐段验收→合格签证→进行下道工序施工。

(3)冲击过程中,根据调查旧板情况调整冲击速度。

(4)冲击过程中,对没有达到破碎尺寸的大面积旧板要继续冲击,个别没达到尺寸的旧板要采取其他方式破碎。

(5)检查破碎裂缝要非常仔细,有些裂缝往往用肉眼看不到,需要用振动检测法才能查到。

(6)在对较大的裂缝浇灌填隙料之前,要将裂缝清理干净。

8 安全措施

(1)认真贯彻执行安全生产有关政策、方针及法令法规,建立健全安全组织保证体系,落实各级安全责任制,强化基本知识。

(2)设置专职安全员,坚持经常性的检查,查除各种隐患。

(3)定期对施工现场的各种安全设施和劳动保护器具进行检查和维护,及时消除隐患,保证其安全有效。

(4)设置醒目的安全标志和安全标语牌。

(5)在保通施工路段现场设专职交通安全管理人员,负责现场交通安全工作。

(6)严格管理施工现场的秩序,把安全生产贯彻到施工的全过程中去。

9 环保措施

(1)坚决贯彻环境保护法,成立专门的环境保护领导小组,对施工人员进行环境保护知识的培训,做到人人知道环境保护的重要性。

(2)加强施工机械的维修与保养,要尽量减少漏油、噪声、废气等的污染。

(3)保护周围的自然环境,及时处理施工过程中产生的废弃物和各种垃圾,不污染周围的环境。

(4)及时全面的清理施工现场,并指定地点进行无害化处理。

10 资源节约

(1)利用蓝派冲击压路机打裂旧水泥混凝土路面板作为基层使用,可有效节约砂石及水泥等原材料。

(2)本工法使用机械数量较少,能够大量减少汽、柴油的使用,节省油气资源。

11 效益分析

高寒地区公路大修水泥混凝土路面冲击破碎压实技术一个重要特点是可以在施工时不中断交通。这对于道路修复无疑具有极其重要的社会和经济意义,其要点如下。

11.1 经济效益

高寒地区公路大修项目水泥混凝土路面冲击破碎压实技术的造价仅是传统方法的50%左右。

造价情况比较如表2所示。

造价比较表 表2

工程名称	传统方法破碎起运(元/m²)	冲击压实破碎稳固(元/m²)
鹤大公路七鸡段	24	10
绥满高速牡哈段	30	12
前嫩公路伊嫩段	26	12

11.2 社会效益

(1)施工时,冲击式压路机只行走于宽度大于或等于4m的车道,其他车道交通不断。

(2)破碎稳固后的尚未摊铺的车道可以正常交通。

(3)经过认真组织,由冲击式压路机冲碾过的路面,其断裂形式较以前其他断裂机器的断裂形式更适合行车,可以稍做清扫后直接开放交通。冲击压路机在施工过程中不必担心会有碎块崩溅危及相邻车道上行驶的车辆,从而无需施工方设置挡板。由于冲击式压路机的工作效率高,每个台班可断裂稳固水泥路面8 000m^2,缩短了施工周期,减小了对交通的延误。

12 应用实例

12.1 工程实例一

绥满公路牡丹江至哈尔滨段大修工程起点位于牡丹江大学明珠广场前,与现有城市道路黑白路面交界处,桩号为K165+120,路线经海林市、尚志市、哈尔滨市阿城区等地,终于绥满高速公路哈尔滨收费站,桩号为K431+390.3,路线全长266.27km。黑龙江省龙建路桥第三工程有限公司承建A6合同段,起点桩号K317+000,终点桩号K345+000,全长28km。全部采用“高寒地区公路大修水泥混凝土路面冲击破碎压实施工工法”,总量为291 406m^2,施工质量良好,具有良好的经济效益和社会效益。

12.2 工程实例二

鹤大公路是国家高速公路“7918”网中的9条南北纵线中的第一纵,也是吉林省高速公路网规划的组成部分,是由国务院批准的《东北地区振兴规划》中确定重点建设六大通道之一。黑龙江省龙建路桥第三工程有限公司承建的七台河至鸡西段A2合同段起止桩号K190+000~K225+100,路线长度35.1km。2009年5月1日开工,2010年10月建成通车。黑龙江省龙建路桥第三工程有限公司在施工中采用“高寒地区公路大修水泥混凝土路面冲击破碎压实施工工法”,增强了路面整体质量,节约了工程成本,取得了很好的社会效益和经济效益。

12.3 工程实例三

龙建路桥第三工程有限公司承建的前嫩公路伊春至嫩江段A18合同段,位于五大连池景区,起止桩号为K222+600~K234+529.024,路线全长11.929km,主要为旧路扩建。在路面施工过程中,黑龙江省龙建路桥第三工程有限公司采用“高寒地区公路大修水泥混凝土路面冲击破碎压实施工工法”,有效地增强了路面主要控制指标,节省了工程成本,具有显著的经济效益和社会效益。

高等级公路沥青混凝土面层铺设高强防裂钢筋网片施工工法

GGG(黑)B3041—2013

崔 剑 孙雪峰 王 刚 赵海涛 陈玉波
(黑龙江省龙建路桥第三工程有限公司)

1 前言

按照黑龙江省委省政府做出的加快公路建设的重大战略决策部署,三年来,经过广大公路建设者的辛勤努力,高标准、高质量地完成了建设任务,实现了三年公路建设决战决胜。作为其中的主要参与者,黑龙江省龙建路桥第三工程有限公司对防止基层反射裂缝、沉陷的各种施工工艺进行了反复研究和改进,有效地解决了黑龙江省沥青路面早期破坏严重的状况,形成了适应黑龙江省高寒地区条件的沥青混凝土下面层表面铺设高强防裂钢筋网片施工工法。

黑龙江省处于我国最北部地区,属中温带大陆性季风气候,极端最低气温 -47.3 ~ -35.2℃,极端最高气温 37.4 ~41.6℃。这样的气候特点很容易导致沥青路面和水稳基层的温缩裂缝,同时,黑龙江省工程施工过程中经常会遇到常年冻土和多冰冻土路段,这样的施工环境对公路工程质量是个严峻的考验。为此黑龙江省龙建路桥第三工程有限公司研究开发出在沥青混凝土下面层表面铺设高强防裂钢筋网片的施工工艺,并在施工中总结出一套钢筋网铺设、沥青混合料摊铺、压实的完整施工方法。黑龙江省龙建路桥第三工程有限公司于黑龙江省公路建设三年大干期间在多条高速公路施工中推广应用,取得了突出的社会效益和经济效益。经过不断研究探索,经验积累,并及时总结完善形成本工法。该工法经科技查新国内未见相同文献报道。

2 工法特点

本工法研究总结出一套在沥青混凝土下面层表面铺设钢筋网片的施工技术,该工艺施工简便,易于操作,同时加强了面层沥青结合料抗拉力,使抵抗基层反射裂缝、温缩裂缝等效果更加明显。

3 适用范围

本工法主要适用于防治温差变化大、不良地段、填筑材料不好导致的路面面层、基层开裂工程,通过在沥青面层铺设高强钢筋网片,有效防治路面开裂,减少质量隐患。

4 工艺原理

(1)为防止路面基层裂缝,通常在基层与下面层之间铺设人工绑扎的钢筋网,实践证明,在沥青混凝土面层施工后,仍然会出现低温开裂或是基层反射裂缝导致的面层开裂。黑龙江省龙建路桥第三工程有限公司通过引进高强防裂钢筋网片,并将钢筋网片铺设在沥青混凝土下面层表面,通过搭接尺寸的控制和碾压方式的控制,使压实混合料总体上不仅具有较高的抗拉力,而且具有较高的内摩擦阻力,可以有效抵抗温缩裂缝和基层反射裂缝。

(2)钢筋网片的拉力由经纬绑扎的高强钢筋承担,在应变能力下产生极高的抗拉模量,纵横向钢筋协调作用,充分发挥钢筋网片对路面沥青混凝土面层的嵌锁作用。

(3)钢筋网片的横纵钢筋搭接点采用高强焊接,保证焊接牢固,破坏伸长率低,钢筋网片的受力单元为高强钢筋,蠕变量极低。

(4)碾压是保证路面工程质量的重要一环,是本工法的重要工艺。初压根据混合料生产速度采用1~2台英格索兰DD-130型或同等吨位双钢轮振动压路机,复压采用2台自重30t前6后7轮的轮胎压路机,终压采用1~2台英格索兰DD-110型或同等吨位双钢轮振动压路机。

5 施工工艺流程及操作要点

5.1 施工工艺流程

施工工艺流程见图1。

5.2 操作要点

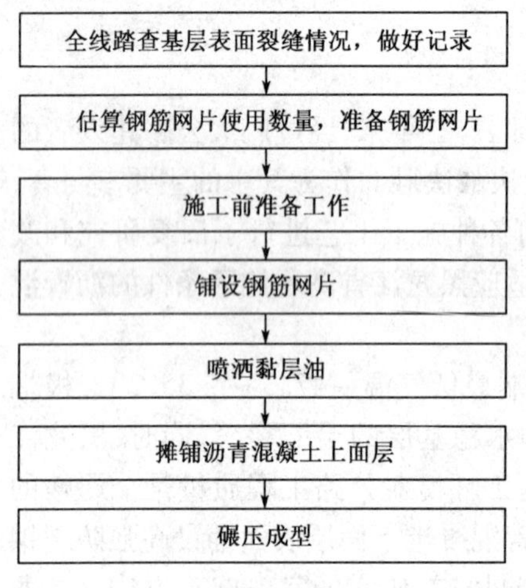

图1 施工工艺流程图

1)裂缝情况踏查

根据项目实际情况,对全线成型的基层段落进行踏查,对存在隐患的部分做好详细记录,在沥青混凝土下面层施工完成后,便于查找钢筋网片铺设部位,同时便于隐患监测。

2)估算钢筋网片使用量

根据实际踏查情况,结合钢筋网片搭接尺寸,估算钢筋网片使用量,提前多购一些,以便备用。

3)施工前准备工作

(1)施工前应对施工人员做技术交底,检查机械设备是否按要求到位且状态良好。

(2)沥青混凝土下面层交验:对已铺筑的沥青混凝土下面层钻芯取样,检测铺筑厚度,并按每10m一断面检测下面层的高程和横坡度,以保证上面层的铺筑厚度和横坡度达到设计、规范要求。

(3)清扫下面层:用人工和空压机清扫,对泥土污染严重的局部用水车高压射水冲洗干净。

4)铺设钢筋网片

(1)根据隐患部位几何尺寸及形状,由于钢筋网下承层是新建沥青混凝土路面,一般比较平整,现场工人可直接将钢筋网片覆盖于裂缝等施工隐患较大部位,若隐患部位较大,可将网片用铁丝进行绑扎,绑扎时相邻两片钢筋网需搭接0.2m,并沿路面横向对钢筋网片搭接部分每隔50cm,用12号铁丝进行穿插连接,保证连接紧密,四角固定牢固。

(2)在铺设防裂钢筋网片的附近设置沉降观测点,动态监测防治效果。

5)喷洒黏层油

根据需要,用沥青洒布车洒黏层油,平均用量按设计要求控制,沥青洒布要均匀成雾状。

6)沥青混凝土上面层摊铺

(1)指挥卸车人员做好翻斗车指挥工作,尽量避免运输车辆碾压钢筋网片,保证钢筋网片摊铺前的完整性。

(2)摊铺应缓慢、均匀、连续不间断地进行,禁止在摊铺钢筋网片路段时摊铺变换速度或中途停顿。

(3)在摊铺钢筋网片路段时,可适当提高夯锤的振捣频率,在摊铺机夯锤振捣与熨平板的共同作用下使压实度达到85%以上。这样,剩余的压实系数极小,所以初压的痕迹也极小,混合料内部温度不易散失,进而保证了路面压实和路面的最终平整度。

7)碾压成型

(1)碾压是保证路面工程质量的重要一环,是本工法的重要工艺。初压根据混合料生产速度采用

1～2台英格索兰DD-130型或同等吨位双钢轮振动压路机，复压采用2台自重30t前6后7轮的轮胎压路机，终压采用1～2台英格索兰DD-110型或同等吨位双钢轮振动压路机。

(2)初压温度160～170℃。用英格索兰DD-130型压路机紧跟摊铺机碾压，采取静压一遍就振压的程序，碾压范围不超出摊铺机后25m。这样做的目的是在混合料处于高温状态下，用大吨位振动使大颗粒集料靠紧，与高强钢筋网形成初步的骨架结构。

(3)复压温度145～160℃。两台胶轮压路机紧跟DD-130进行碾压，碾压范围在摊铺机后15～60m之间。通过轮胎压路机反复碾压的揉搓作用，各种矿料颗粒会按照其形状和大小紧密就位，与高强钢筋网有效结合。

(4)终压温度110～130℃。终压的1～2台英格索兰DD-110型压路机主要起的作用是进行收光，消除轮胎压路机产生的较大轮迹，轻振一遍静压一遍就完成。

6 材料与设备

6.1 主要材料

高强钢筋网的规格10cm×10cm，钢筋直径8mm网片长12.5m，宽4.5m。

6.2 主要设备

1～2台英格索兰DD-130型双钢轮振动压路机，2台自重30t前6后7轮的轮胎压路机，1～2台英格索兰DD-110型双钢轮振动压路机。

7 质量控制

7.1 应执行的标准规范

《公路工程质量检验评定标准》(JTG F80/1—2004)。

7.2 试验路段的质量控制

(1)必须保证钢筋网片自身尺寸满足施工要求。

(2)钢筋网片搭接宽度需严格控制。

(3)必须保证铺设钢筋网片路段的面层压实质量。

(4)通过试铺以全面检查材料及施工质量。

(5)施工中主要控制指标见表1。

主要控制指标及要求 表1

序 号	检 查 项 目	技 术 要 求	备 注
1	钢筋直径	8～10mm	—
2	网片长、宽	长度12.5～13m，宽度不小于1.5m	—
3	相邻两片钢筋网需搭接	0.2～0.3m	—

8 安全措施

(1)施工操作人员必须坚持安全第一、预防为主的方针，遵守国家和企业的安全操作规程。

(2)施工前必须作好安全教育和安全技术交底，建立安全奖罚措施，定期进行安全检查，经常进行安全教育。

(3)施工路段端点设立禁止通行标志、施工车辆绕道通行指示标志。

(4)施工现场设专职安全员。

9 环保措施

(1)严格遵守国家和地方政府下发的有关环境保护的法律法规及相关文件，建立企业内部环境保护体系。

(2)防治因施工对环境的污染,施工组织设计中应有防治扬尘、噪声、固体废物和废水等污染环境的有效措施。

(3)施工现场应建立环境保护管理体系,责任落实到人,并保证有效运行。

(4)定期对职工进行环保法规知识培训考核。

(5)拌和场应远离人口稠密区,场内生活区应与生产区隔离。场内生活区应设在场地上风口位置。

(6)拌和场主要道路必须进行硬化处理。现场应采取覆盖、固化、绿化、洒水等有效措施,做到不泥泞、不扬尘。

(7)施工废弃物应分类堆,放统一处理。

(8)拌和场及运输车辆清洗处应当设置沉淀池,废水不得直排,经二次沉淀后循环使用或用于洒水降尘。

(9)现场存放油料,必须对库房进行防渗漏处理,储存和使用都要采取措施,防止油料泄漏,污染土壤水体。

(10)防治施工噪声污染,施工现场应遵照《中华人民共和国建筑施工场界噪声限值》制订降噪措施。施工现场的大型发电机、大型空气压缩机等强噪声设备应搭设封闭式机棚,并尽可能设置在远离居住区的一侧,以减少噪声污染。

10 资源节约

(1)响应国家的节能降耗政策,利用现有资源能源,减少浪费。

(2)在有条件的地区采用天然气对集料加热,可以极大地节能降耗。

11 效益分析

11.1 经济效益

在黑龙江省前嫩高速公路、黑龙江省哈牡大修、黑龙江省国道 G111 线讷嫩段都使用了本工法,通过实际发生成本比对,如果对基层进行挖除处理,每平方米成本费用约为 20 元,重新铺筑每平方米成本费用约为 60 元,合计每平方米成本费用为 80 元;如果采用高强防裂钢筋网片,每平方米成本费用合计为 55 元,相比较每平方米可以节约施工成本 25 元,此外使用焊接钢筋网,可使工程施工变得快捷。只要将焊接钢筋网按要求铺放好,即可浇筑沥青混凝土,大大加快施工进度,缩短施工周期,为企业创造经济效益,同时还延长了路面首次大修时间,为国家节约了养护资金。

11.2 社会效益

本工法对防治路面基层反射裂缝、低温收缩裂缝效果良好,提高了公路使用年限,社会效益非常显著。

12 应用实例

12.1 工程实例一

前锋农场至嫩江高速公路伊春至北安东段 A6 合同段,位于黑龙江省北安市境内,路线起于通北林业局前进林场林地,止于北安市红星农场境内。起止桩号为 K104 +000 ~ K129 +000,总长 25km,主线需穿越小兴安岭腹地,全部为新建,沿线冻土、鸡爪岗、塔头密集。施工过程发现以下问题:

(1)路基内部渗水,砂性土遇水强度降低,路基整体瘫软沉降,导致沥青混凝土下面层沉陷,如 K111 +485 ~ K111 +530、K113 +645 ~ K113 +660 路段。

(2)竖曲线最低点路基路面积水严重,路基边坡进水在外力荷载作用下导致路基侧移,引起沥青混凝土下面层纵裂,如 K117 +690 ~ K117 +717、K118 +170 ~ K118 +200 路段。

上述段落在 36cm 厚 4.5% 水泥稳定级配碎石基层施工结束后,在表面加铺了人工绑扎钢筋网,但是在下面层施工结束后还是出现了裂缝和沉陷，经过与相关专家的交流与探讨，在上面层施工结束后，根据现场实际情况，铺设了不同尺寸的高强防裂钢筋网片（高强钢筋网片的幅宽均在1.5m以上），保证上面层沥青混凝土与其紧密结合，在两层面层之间形成有力板体，防止基层反射裂缝和沉陷，目前隐患没再蔓延，控制效果良好。

12.2 工程实例二

黑龙江省齐泰高速公路工程建设项目于2008年5月开工，2010年9月交工。施工过程中，部分基层开裂路段采用了高强防裂钢筋网片施工技术，通过在下面层表面铺设高强钢筋网片，提高了沥青混合料抗拉能力，有效防治了基层反射裂缝和温缩裂缝，提高了工程施工质量，同时，节约了隐患处理施工成本，降低了工程造价，减少公路维修运营成本，取得了较好的经济效益和社会效益。

12.3 工程实例三

黑龙江省龙建路桥第三工程有限公司承建的国道G111线讷嫩段KA9合同段为利用在建的二级公路改建为高速公路，里程桩号为K168+000～K190+000，合同段全长22km，路面结构上面层为5cm中粒式改性沥青混凝土（AC-16），下面层为7cm中粒式改性沥青混凝土（AC-20），于2008年9月开工建设，2010年9月20日建成通车。在路面施工过程中，黑龙江省龙建路桥第三工程有限公司采用“沥青混凝土面层铺设高强防裂钢筋网片”施工工艺，有效地增强了路面主要控制指标，节省了工程成本，具有显著的经济效益和社会效益。

高寒地区高等级公路基层防反射裂缝抗裂贴施工工法

GGG(黑)B3042—2013

宋君威　孙雪峰　王　刚　崔　剑　陈玉波
(黑龙江省龙建路桥第三工程有限公司)

1　前言

高寒地区不良土质中所含的水分在负温下结晶,生成各种形状的冰侵入土体而导致土体积的增大。主要表现为土层表面不均匀升高。这就是所谓高寒地区的冻胀,冻胀土与结构物基础之间主要产生冻结力和冻胀力(分为切向冻胀力、法向冻胀力、冻胀反力)。冻胀本身不仅可以引起道路破坏,还可引起桥梁、涵洞基础的冻害。主要表现为道路冻胀隆起,融化下沉,路面在切向冻胀力和法向冻胀力共同作用下出现裂缝。

公路施工中,高寒地区由于路基冻胀产生的基层裂缝非常普遍,形式有横裂、纵裂和网裂。裂缝处理也比较麻烦,一般是挖除基层然后再处理路基再重新做基层。但是,重新做的基层施工中,由于受自然条件和机械设备的制约,无法进行基层的重新填筑而且重新处理的路基也会和没处理的路基产生不均匀沉降,从而产生新的基层裂缝,而且采用挖出基层的施工工艺比较费时间,增加施工工期。而在我国北方高寒地区,常规施工期较短,如黑龙江地区的施工期只有6~7个月。为了加快施工进度,缩短总工期,尽快使投资获得回报,使工程尽快服务社会,创造社会效益,高寒地区高等级公路基层防反射裂缝抗裂贴的施工工法是将抗裂贴铺设在基层和面层层间裂缝表面,有效抵抗裂缝继续蔓延,保证路面使用年限,而且有较大的经济效益。

2　工法特点

本工法研究出一套高寒地区高等级公路基层防反射裂缝的施工新技术,通过采用基层防反射裂缝抗裂贴的施工方法,施工很方便,揭去隔离膜后直接黏结到裂缝部位,采用小型压实设备稳压后,与路面黏结更加牢固,无推移,能够满足上层沥青混合料摊铺施工要求。加快工程的整体工期。

3　适用范围

本工法适用于抵抗高寒地区高等级公路基层防反射裂缝的施工。

4　工艺原理

抗裂贴表面的高强度织物具有较大的抗拉强度,可承受裂缝的全部拉应力,起到明显的加筋作用,提高了路面结构层的抗拉强度;同时,抗裂贴是具有一定延伸性的材料,有较好的低温柔韧性,有效缓解裂缝应力强度;除此之外,抗裂贴还有一定的隔水防渗功能,可防止路面水向路基内渗透。

5　施工工艺流程及操作要点

5.1　施工工艺流程

施工工艺流程见图1。

5.2 操作要点

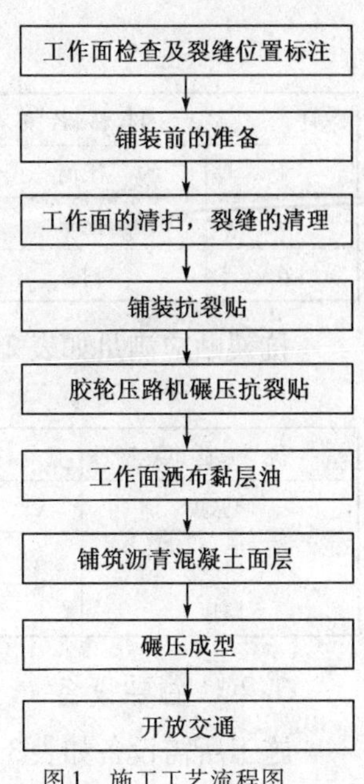

图1 施工工艺流程图

(1)控制要点。

①表面处理。必须清除黏附表面的灰尘和水等杂物,保持路面干燥清洁;宽度在0.5~2cm以上的裂(接)缝,必须将其清理干净,并用密封胶填充;宽度超过2cm裂缝或坑槽要视情况而定是否处理或粘贴抗裂贴,如需粘贴抗裂贴,必须先将其清理干净,然后用胶砂或热沥青混合料填充并压实至现有高度。

②环境状况。应在表层温度大于或等于21℃的条件下使用,如表层温度低于10℃,建议使用温火烤抗裂贴应平整、不起皱、不翘边。在铺设过程中若出现重叠时,重叠长度为5cm。不能超过两层以上的重叠。

③沥青罩面。抗裂贴正确铺设后,应紧密结合上面层的施工,避免受潮和雨淋。

铺设抗裂贴后,可以按热沥青混合料的施工规范,洒布黏层油,为防止车辆或摊铺机黏结抗裂贴,可在抗裂贴上撒些细集料。在抗裂贴上铺设热沥青混合料的厚度应大于40mm。

(2)检查基层裂缝形状并做出标记。

(3)施工准备。根据路面裂(接)缝的宽度选择所用抗裂贴的规格,通常有24cm、32cm和48cm三种(也可根据客户要求定制);5mm以上宽的裂(接)缝选用至少32cm的抗裂贴;5mm以下的裂(接)缝选用至少24cm的抗裂贴;准备胶轮压路机及各种器材。

(4)使用电动刷子、吹风机对选择使用抗裂贴的裂(接)缝进行清洁处理,裂缝表面须平整(宽度大于5mm的裂缝须先灌注高分子密封胶),无大的突起、凹陷、松散、碎石或油痕、油脂及其他污物,如有较大坑槽,必须填补。

(5)将抗裂贴背面的隔离纸张揭去,无黏性物面朝上,以裂(接)缝为中心线将抗裂贴平整地贴在路面上。气温低于0℃时需先刷胶或者火烤,再粘贴。

(6)如遇不规则的裂(接)缝,可用裁纸刀或剪刀将抗裂贴切断,按裂(接)缝的走向跟踪粘贴,但在抗裂贴与抗裂贴的结合处,要形成50~60mm的重叠。

(7)用滚筒用力碾压,将抗裂贴熨贴至地面,以确保抗裂贴同路面结合成为一体,不能有气泡、皱褶。用胶轮压路机碾压一边至平整。

(8)在基层粘抗裂贴的施工完成后,尽量将完工的路面保护起来,避免对抗裂贴表面的污染和破坏。

(9)喷洒黏层油,铺筑面层混合料。在东北、西北寒冷或高寒地区,最好是喷洒过黏层油后(乳化沥青要等破乳后)再粘贴抗裂贴。

(10)碾压成型,开放交通。

6 材料与设备

6.1 主要材料

抗裂贴施工材料清单见表1。

抗裂贴施工材料清单 表1

序 号	材 料 名 称	规 格 型 号	单 位	数 量	备 注
1	优质抗裂贴		m		根据用量
2	铁锹	Dg25 - Pg16	把	2	
3	小刀		把	1/班	

续上表

序号	材料名称	规格型号	单位	数量	备注
4	滚筒		个	1	
5	拖布		个	1	
6	扫帚		个	1	

抗裂贴应满足如表2所示参数。

抗裂贴参数表 表2

抗拉强度	5 500N/cm^2	抗拉强度	5 500N/1.0cm^2
伸张度	(峰值拉力时)10%最低	厚度保护率	负载下保持原厚度的75%
重量	0.23g/cm^2	脆度	合格
厚度	0.2cm^2	软化点	90~110℃

6.2 主要设备

施工所需设备如表3所示。

施工所需设备表 表3

名称	型号	数量	备注
吹风机		1	
小型胶轮压路机		1	

7 质量控制

7.1 应执行的标准规范

《公路工程质量检验评定标准》(JTG F80/1—2004)。

7.2 试验路的质量控制

将裂缝界面清扫干净,将抗裂贴铺于需要处理的部位即可。防止在施工中出现空洞、气泡。

8 安全措施

(1)施工操作人员必须坚持安全第一、预防为主的方针,遵守国家和企业的安全操作规程。

(2)施工前必须作好安全教育和安全技术交底,建立安全奖罚措施,定期进行安全检查,经常进行安全教育。

(3)施工路段端点设立禁止通行标志、施工车辆绕道通行指示标志。

(4)施工现场设专职安全员。

9 环保措施

(1)及时清理施工垃圾,并运到指定地点。

(2)废弃物应集中运往废品收购站,或与砂石等废弃物运往指定的废弃场。

10 资源节约

响应国家的节能降耗政策,利用现有资源能源,减少浪费。

11 效益分析

(1)采用此工法处理基层裂缝,加快施工进度,缩短总工期,尽快使投资获得回报,使工程尽快服务社会,创造了良好的社会效益。

(2)采用此工法处理基层裂缝,不用挖除基层处理路基再重新做基层。节约了大量的人力物力,取得了良好的经济效益。

12 应用实例

12.1 工程实例一

黑龙江省龙建路桥第三工程有限公司承建前锋农场至嫩江公路第六合同段路基路面工程,开工时间2009年9月,竣工时间2012年9月,路面基层裂缝处理过程中采用先进的高寒地区高等级公路基层防反射裂缝抗裂贴施工方法,通过应用此工法进行基层裂缝处理施工作业,改良施工难度,高寒地区高等级公路基层防反射裂缝抗裂贴施工,施工简便,形成的复合基层强度较高,质量可靠。是高寒地区高等级公路基层防反射裂缝处理的理想方法。经过抗裂贴处理的地段,反射裂缝量小,且处理期短,对缩短工期也十分有利。针对不同的路面裂缝种类和裂缝宽度,采用不同的抗裂贴形式,达到既保证基层裂缝处理质量和工程进度,又节约工程造价的目的。

12.2 工程实例二

黑龙江省龙建路桥第三工程有限公司承建黑龙江省漠河机场至北极村段工程建设项目,开工时间2008年9月,竣工时间2010年9月,在路面施工过程中遇到基层裂缝病害,施工过程采用了"高寒地区高等级公路基层防反射裂缝抗裂贴施工工法",基层裂缝得到很好的处理效果,在保证工程质量的同时,加快了整体施工进度。通过实践证明,此工法应用过程中具有可实施性,并得到良好的效果,创造了很好的效益。

12.3 工程实例三

黑龙江省龙建路桥第三工程有限公司承建黑龙江省国道G111线讷河至嫩江段工程建设项目施工,在路面基层裂缝处理施工过程中,采用了"高寒地区高等级公路基层防反射裂缝抗裂贴施工工法",保证了工程质量,在该基层裂缝的处理上优于其他施工工艺。面层病害处理质量得到很大提高,并克服了温度对施工进度的影响。保持了该路面基层裂缝病害处理上的高技术水平,应用切合实际,并得到良好的效果。

高速公路大宽度抗车辙改性沥青混凝土施工工法

GGG(黑)B3043—2013

李金杰　罗云峰　庞秀春　杨向涛　程　庆

(黑龙江省龙建路桥第三工程有限公司)

1　前言

伴随交通量的日益增大和重载车辆大规模使用,交通对路面的破坏日趋严重,沥青路面间断性出现车辙、壅包等病害。同时,高速公路路面宽度日益加宽,这样的形势对沥青路面的使用性能是个严峻考验,既要使沥青路面使用寿命增长,又要减少车辙及适应交通运输量。为此,黑龙江省龙建路桥第三工程有限公司研究开发出高速公路大宽度抗车辙改性沥青混凝土施工技术,并在施工中总结出一套拌和、摊铺、碾压成型的完整施工工艺。该施工技术不同于以往的施工技术,既有混合料添加抗车辙剂时先进的级配技术,又有在大宽度路面全幅摊铺、碾压施工工艺。该技术极大地提高了路面整体稳定性,加强了路面的抗车辙性能,延长了公路寿命及路面首次大修时间。黑龙江省龙建路桥第三工程有限公司于京藏高速公路呼和浩特至包头段改扩建工程、连霍高速公路潼关至西安段改扩建工程、合宁高速公路大蜀山至陇西段改扩建工程施工中推广应用该技术,取得了突出的社会效益和经济效益。经过不断研究探索,经验积累,并及时总结完善形成本工法。该工法经科技查新国内未见相同文献报道,其关键技术经黑龙江省交通运输厅组织的专家鉴定为国内领先。

2　工法特点

本工法研究总结出一套抗车辙剂添加和大宽度沥青路面成型工艺。通过对抗车辙剂添加的温度和用量控制有效发挥出其高温抗车辙性能;通过两台摊铺机阶梯摊铺和严格的碾压温度控制,使大宽度沥青路面整体性加强。

3　适用范围

(1)高速公路及高等级公路,特别适用于高温地区、重交通路段及长大纵坡路段。

(2)市政干道、公交车道等,特别适用于十字路口和公交车站。

(3)机场跑道。

4　工艺原理

(1)该工法通过将规范中的中粒式 AC-20 型级配进行调整,在混合料中添加抗车辙剂,抗车辙剂与高温集料拌和时形成液体填料,最终被拌制成改性沥青混合料。

(2)使用4000 型以上的沥青混凝土拌和站拌和混合料,严格控制拌和各阶段的温度与时间,两台大功率摊铺机阶梯进行全幅摊铺,在较高温度时,用重型双钢轮振动压路机和重型胶轮压路机集中碾压,严格控制各个环节温度,确保添加抗车辙剂后沥青面层压实度。

5　施工工艺流程及操作要点

5.1　高速公路大宽度抗车辙改性沥青混凝土施工工艺流程

施工工艺流程见图1。

5.2 沥青混凝土中面层施工工艺及方法

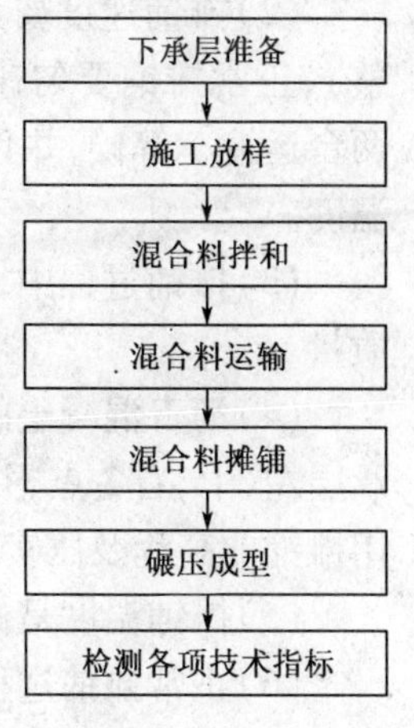

图1 施工工艺流程图

1)下承层准备

(1)沥青混凝土中面层施工前,对下面层高程、宽度、横坡度和平整度逐项进行检查合格。

(2)视下面层表面污染情况用洒水车进行清洗或清扫浮料、用风力鼓风机吹净灰尘,并注意油污的处理。

(3)喷洒黏层:气温低于10℃时或路面潮湿时不得施工黏层油,黏层油在面层施工前2~3d喷洒,在此期间做好交通管制。首先对沥青层清扫、清洗风干后,用智能型沥青洒布车喷洒SBS改性乳化沥青黏层油,喷洒数量纯沥青为0.2~0.3kg/m^2,喷洒的黏层油应成均匀雾状,在路面全宽度内均匀分布成一薄层,不得有漏白或成条状,也不得有堆积。喷洒不足处要补洒,喷洒过量处应予以刮除。喷洒黏层油后,摊铺沥青面层前,严禁非施工车辆通行。

(4)在新旧路搭接部位铺设2m宽的玻纤格栅,玻纤格栅采用绑扎方法,搭接长度不小于20cm,玻纤格栅应铺设平整,尽量张紧,然后固定。

2)沥青混合料的拌和

(1)沥青采用SBS改性沥青,油石比按4.6控制使用。

(2)沥青采用导热油加热,加热温度控制为165~175℃,利用控制柜的小火、大火开关、燃烧器电源开关,报警音响等来控制沥青温度,也可通过自动调节仪达到要求。

(3)矿料经滚筒烘干至190~200℃后,基本稳定为195℃,当各仓材料满足规定比例后,自动进入拌和仓,干拌5~10s后,通过气孔按秒控制抗车辙剂添加数量,与集料继续拌和5s后,加沥青后再拌和10~15s,加入矿粉及水泥后,继续拌和15s左右。拌和仓温度设置为180~190℃,直至拌和均匀,无花白料,无结团块或严重的粗料离析现象,拌和时间控制为35~55s。

(4)沥青混合料的出料温度宜控制在180~185℃之间,185℃效果最佳,高于195℃混合料作废。

3)沥青混合料的运输

(1)运输车在装料前,每天对车辆进行检查和保养,发现故障立即修理,禁止车辆带病作业;保证车辆状况良好;沥青混合料运输车的运量应较拌和能力或摊铺速度有所富余,运输车辆数量按平均每千米往返2辆,摊铺现场卸料1辆,等候卸料4辆,拌和站下装料1辆,等候装料4辆,考虑车辆的完好率,本次试验段暂定50t运输车15辆。

(2)装料前把车厢清扫干净,在车厢板上涂一层隔离剂(油水比1:3的混合液),但不得有余液积聚在车厢底部。雨后开始施工时一定要检查车厢里是否有积水,如有积水必须清理干净

(3)车辆装料过程中要至少前后移动4~6次,将料分层铺满,以减少粗集料的离析(装车时要安排人员对混合料进行温度量测,料温低但还可以用时可以上路,但要通知前台要先卸,快速碾压;料温过低,予以废除)。

(4)运输车辆必须覆盖苫布,并且要覆盖严密,以确保料温和防止污染、雨淋等。

(5)车辆到达摊铺现场,掉头过程中要多调几把舵避免车轮对下承层的损害。

(6)连续摊铺过程中,运料车在摊铺机前10~30cm处停住,不得撞击摊铺机,卸料过程中运输车应挂空挡,靠摊铺机推动前进。

(7)混合料运输到现场温度控制不低于175℃。

4)沥青混合料的摊铺

采用两台摊铺机阶梯摊铺式,前面的一台在中央分隔带一侧,两台摊铺机的距离不宜超过30m,纵缝搭接宽度为30cm左右。

(1)摊铺前要对熨平板进行加热,加热时,最好用喷灯配合摊铺机的预热系统加热,这样可以提高加热速度。加热温度达110℃左右,熨平板底部要清洁,夯锤接缝要严密。

(2)摊铺速度要和拌和站生产能力相匹配(刚起车时一定要慢,便于摊铺机摊铺厚度及拱度调整),正常摊铺要匀速,不间断摊铺,不得任意快速摊铺和停机等料,停人不停机。要求摊铺机前要有两台运输车等候,并且当前一台运输车摊铺一半时再将下一辆车的苫布打开,这样可以保持混合料的温度。

(3)摊铺过程中,前后台要保持经常联系以及防止设备故障和天气影响造成摊铺不连续影响整体质量。

(4)沥青混凝土的厚度是保证质量的一个硬指标,需设专人检测。首先在摊铺前按每 10m 测量下承层左、中、右 3 点,并记录;摊铺后,用钢钎插松铺厚度,并记录;压实后,测左、中、右三点高程,并记录。用摊铺前高程及压实后高程计算厚度,以此来保证施工厚度。

(5)摊铺温度是保证质量的前提,各工序的温度控制,需设专人检测并做好温度记录。

(6)正常摊铺过程中不应该人工反复修整,当出现下列情况时可用人工做局部找补。

①构造物接头部分缺料。

②摊铺带边缘局部缺料。

③表面明显不平整和混合料明显离析。

④摊铺机后有明显拖痕。

(7)摊铺机不得随意收料斗,除特殊情况,尽量减少收斗次数。

(8)摊铺质量的好坏对路面平整度影响非常大,所以要求有专人控制摊铺机的传感器,除了工长其他人轻易不得调整,包括钢丝线和平衡梁,工长随时检查基准线。

(9)摊铺结束后,摊铺机应开到彩条布上进行清理和保养,不得在下承层上进行上述工作,应将夯锤及熨平板上粘的残料清理干净。

(10)摊铺机应经常检查主要部位以确保完好率。

(11)施工过程中摊铺机如需调迁,最好使用拖板车进行,这样可以提高速度和减少机器损耗。

(12)施工中一定注意沾工具用的柴油,确保放至在摊铺机前施工作业面外,防止污染损毁路面。

5)碾压

碾压是一个非常重要的程序,直接影响路面的实体质量,所以对路面的压实度要有专人负责。沥青混合料压实采用胶轮压路机和振动压路机组合方式,总体原则为“高频、低幅、紧跟、慢压”,由低向高碾压,碾压分为初压、复压和终压三个阶段。

(1)初压:摊铺之后立即进行,应尽可能在高的温度下紧跟摊铺机碾压,用 3 台 DD130 双钢轮振动压路机双振 2 遍,每遍错 1/2 轮碾压,初压温度控制在 170 ~ 175℃之间碾压完成,压实时应将驱动轮面向摊铺机,初压后立即检查平整度和路拱,必要时予以修正。

(2)复压:初压后紧接着进行复压,用 3 台 30t 轮胎压路机碾压 3 ~ 4 遍,温度控制在 155 ~ 165℃之间碾压完成。

(3)终压:复压之后紧接进行终压,采用 DD130 双钢轮压路机静压两遍,消除轮迹,要求温度在 150℃以上碾压完成。

(4)沥青混合料按初压、复压、终压三个阶段进行,压路机的碾压速度应符合以下规定:

初压:振动压路机静压速度为 1.5 ~ 2km/h;

复压:轮胎压路机碾压速度为 3 ~ 4km/h,振动压路机振压速度为 2 ~ 4km/h;

终压:振动压路机静压速度为 4 ~ 5km/h。

①沥青混合料的初压符合以下要求:初压应在混合料摊铺后较高温度下进行,一般宜控制在不低于 170℃,不得产生移动、开裂等现象。压路机应从外侧向中心碾压,相邻碾压带应重叠 1/2 轮宽,最后碾压中心部分,压完全幅为一遍。当边缘有路缘石等支挡时,应靠支挡碾压。当边缘无支挡时,可用耙子将边缘的混合料稍稍耙高,然后将压路机外侧轮伸出边缘 10cm 以上碾压。

②驱动轮面向摊铺机,碾压路线及方向不许突然改变,压路机起动或停止必须减速缓慢进行。

③沥青混合料的复压应紧接在初压之后。复压采用重型胶轮压路机。碾压遍数应经试验确定，一般不宜小于3遍，达到要求的密实度且无显著轮迹，其混合料温度控制在155～165℃为宜。

④终压紧跟在复压后进行，选用双钢轮压路机碾压。终压不得小于两遍，碾压终了沥青混合料的温度不低于145℃。

6）检测技术指标

在成型中面层温度降到环境温度时，就可以按质量检测标准对路面进行检测。

7）施工注意事项

(1)混合料添加抗车辙剂级配非常重要，在开始试验段前，拌和站要进行试拌，对于拌料进行筛分检测，合格后加沥青拌和，再检测沥青含量及稳定度的指标是否合格，最后确定生产级配与目标级配一致。

(2)装料前把车厢清扫干净，在车厢板上涂一层隔离剂，运输车辆必须覆盖苫布，并且要覆盖严密，以确保料温和防止污染、雨淋等。

(3)改性剂SBS的存放时间不宜太长，存放时间不超过4h，以防止老化。加工的改性沥青必须不间断地搅拌，以防改性剂离析。

(4)运输过程的保温非常重要。

(5)由于要求高温碾压，压路机间碾压路线经常重叠，要求驾驶员作业时注意力高度集中，相互间要有良好配合。

(6)刚开始碾压时，胶轮压路机的轮胎是凉的，会粘起很多混合料，在碾压前用植物油喷在轮胎上就能减少粘轮。碾压一段时间轮胎热了就不粘了。

(7)其他未提及的施工工艺与正常改性沥青混凝土中面层工艺一样。

6 材料与设备

6.1 材料

(1)沥青：SBS改性沥青，延伸度≥35cm，软化点≥75℃，针入度在60～80(0.1mm)之间。

(2)矿粉：视密度≥2.5t/m^3，含水率≥1%，粒径<0.6mm，通过率100%，粒径<0.15mm，通过率90%～100%，粒径<0.075mm，通过率75%～100%，外观无团粒结块，亲水系数<1，塑性指数<4。

(3)P·O42.5水泥：细度≤10%，安定性必须合格，比表面积≥300m^2/kg，初凝时间≥45min，终凝时间≤600min，28d抗折强度≥6.5MPa，28d抗压强度≥42.5MPa。

(4)抗车辙剂：外观显褐黑色，粒径为3～4mm，密度为0.95～1.05g/cm^3，熔点为152℃，含水率为1.8%，动稳定度≥6 000次/h。

(5)碎石：分4挡料，9.5～26.5mm、4.75～9.5mm、2.36～4.75mm、0～2.36mm机制砂，石料压碎值≤28%，洛杉矶磨耗损失≤30%，视密度≥2.5t/m^3，吸水率≤3.0%，坚固性≤12%，混合料针片状含量18%，水洗法<0.075mm；颗粒含量≤1%，软石含量≤5%，与沥青的黏附性不低于等级3。

6.2 设备

本工法所用机械设备如表1所示。

主要机械设备一览表 表1

序 号	设备名称	设备型号	单 位	数 量	备 注
1	沥青拌和站	西筑4000	座	1	
2	装载机	ZL50	台	4	
3	摊铺机	福格勒2100	台	2	
4	振动压路机	DD130	台	4	

续上表

序号	设备名称	设备型号	单位	数量	备注
5	胶轮压路机	徐工30t	台	3	
6	运输车	$20m^3$	台	15	
7	水车	10t	台	2	

7 质量控制

7.1 工程质量控制标准

高寒地区多年冻土路基施工,工程质量控制标准执行:

(1)《公路沥青路面施工技术规范》(JTG F40—2004)。

(2)《公路沥青路面设计规范》(JTG D50—2006)。

(3)《工程测量规范》(GB 50026—2007)。

7.2 质量保障措施

(1)沥青混合料中抗车辙剂掺加比例控制为0.3%。并增加搅拌时间2~3s。

(2)严格控制好混合料的出厂温度,一般控制在180~190℃之间。运输时做好车辆的保温设施。

(3)控制好级配和沥青用量,做好粒料的除尘,搅拌均匀,无花料,发现有花料及时清除。

(4)摊铺温度不得低于175℃,摊铺速度要和拌和站出料速度相匹配,保持连续匀速摊铺。摊铺时做好表观检查,未压实混合料的表面结构无论纵向或横向都应均匀、平整、无离析、无撕裂、小波浪、拉沟等现象,否则,查明原因,及时处理。

(5)厚度直接影响质量,所以注意控制好摊铺厚度,随时检测摊铺断面的左、右、中三点厚度,并专人看管传感器和钢丝线。

(6)控制好碾压温度,要在高温时碾压成型。所以碾压时压路机要紧跟摊铺机后及时进行碾压。初压温度控制在170~175℃之间,复压温度控制在155~165℃之间,终压温度控制在140~150℃之间。

(7)由专人看管压实设备,控制合理的压实速度与遍数,尽量减少碾压时间,提高作业效率。

8 安全措施

(1)认真贯彻“安全第一,预防为主”的方针,根据《建设工程安全生产管理条例》等国家有关规定、条例,结合施工单位实际情况和工程的具体特点,组成专职安全员和班组兼职安全员的安全生产管理网络,执行安全生产责任制,明确各级人员的职责,抓好工程的安全生产。

(2)施工现场按安全施工要求进行布置,并完善布置各种安全标志。

(3)施工人员必须接受安全教育,熟知并遵守本工种和各项安全技术操作规程,车辆及机械驾驶等特殊工种人员,应经专业培训持证上岗。

(4)重要的安全设施必须执行与主体工程“三同时”的原则,即同时设计、审批,同时施工,同时使用。

(5)建立完善的施工安全保证体系,加强施工作业的安全检查,确保作业标准化、规范化。

(6)严格控制天然气等易燃物品的保管与使用流程,杜绝火灾隐患发生。

(7)施工现场配备专职安全员,拌和站和施工现场设立醒目的安全标志。严格按照施工规范和安全操作规程施工,在作业地点挂警告牌,严禁违章操作野蛮施工。施工路段尘土多处必须及时洒水降尘,保证形成视线清晰进而保证行车的安全。

9 环保措施

(1)成立对应的施工环境卫生管理机构,在工程施工过程中严格遵守《中华人民共和国环境保护法》和地方政府下发的有关环境保护的法律、法规和规章,加强对施工燃油、工程材料、设备、生产生活垃圾、弃渣的控制和治理,遵守有防火剂废弃物处理的规章制度,做好交通环境疏导,充分满足便民要求,随时接受相关单位的监督检查。

(2)必须保证水平运输车辆箱体密封完好,防止关闭不严运输料洒落污染和破坏路面。

(3)施工期间尽量保护公路用地范围之外的现有绿色植被,除了不可避免的工程占地、砍伐以外,不再发生其他形式的人为破坏。

(4)妥善处理废方及施工区和生活区及其附近的施工废弃物,重视弃土堆的复垦、绿化,或整平成为耕地。清除按批准的环境保护措施计划进行植被或土地的有效恢复。

10 效益分析

京藏高速公路呼和浩特至包头段改扩建工程、连霍高速公路潼关至西安段改扩建工程、合宁高速公路大蜀山至陇西段改扩建工程都采用了本工法。通过采用本工法的大宽度添加抗车辙剂改性沥青路面施工,极大地提高了路面整体稳定性,加强了路面的抗车辙性能,延长了公路寿命及路面首次大修时间,节约了养护资金,具有推广价值。

11 应用实例

11.1 工程实例一

京藏高速公路呼和浩特至包头段改扩建工程是高速公路双侧加宽的改扩建项目,起点位于三间房东北(K506 +460),途经兵州亥、毕克奇镇,终点(K556 +924.715),路线全长50.465km。合同段总工程量15.7亿元。路面结构为11cm沥青稳定碎石基层(ATB-30),中面层6cm中粒式改性沥青混凝土AC-20,上面层5cm中粒式改性沥青混凝土AC-16。2010年11月开工,预计2013年9月通车,现已有半幅通车。黑龙江省龙建路桥第三工程有限公司在中面层AC-20路面施工中全线采用高速公路大宽度抗车辙改性沥青混凝土施工方法,极大的提高了完工路面使用性能,产生了可观的经济效益和社会效益。

11.2 工程实例二

合宁高速公路大蜀山至陇西立交段扩建工程是安徽省第一条“四改八”扩建路段。为满足合肥市滨湖新区建设发展需求,扩建中增设和拓宽了徽州大道、包河大道等9处分离式立交,并迁建了包河大道互通。采取“两侧直接拼宽为主,局部分离加宽为辅”的扩建方案,全长42.6km,总投资19亿元。扩建工程技术标准为双向八车道高速公路。扩建工程于2006年9月20日开工,于2009年9月12日全部建成。黑龙江省龙建路桥第三工程有限公司在中面层施工中采用“高速公路大宽度抗车辙改性沥青混凝土施工工法”,增强了路面整体质量,取得了很好的社会效益和经济效益。

11.3 工程实例三

潼西高速公路改扩建项目作为陕西省“十一五”期间重点公路建设项目,是国家高速公路网连云港至霍尔果斯高速公路(G30)陕西境的重要组成部分,也是陕西省高速公路网潼关至宝鸡横向线的重要组成部分,具有承东启西的重要作用。该项目路线起自陕豫交界,自东向西途经潼关、华阴、华县、渭南、临潼至西安绕城方家村枢纽立交,全长130.878km,总投资约72亿元。全线采用双侧对称拼接加宽和整体新建两种方式进行改扩建,潼关至华阴段(K0 +000 ~ K29 +200),设计速度100km/h;华阴至西安段(K29 +200 ~ K130 +098),设计速度120km/h,2008年11月21开工,2010年11月建成通车。黑龙江省龙建路桥第三工程有限公司在中面层施工中采用“高速公路大宽度抗车辙改性沥青混凝土施工工法”,增强了路面整体质量,取得了很好的社会效益和经济效益。

彩色陶瓷颗粒防滑路面施工工法

GGG(黑)B4044—2013

王继东　刘松涛　褚英文　任怀军　杨　琳
(黑龙江省龙建路桥第三工程有限公司)

1　前言

近年来,随着经济的发展和科学技术水平的不断提高,人们对道路与环境的协调性能有了更加深刻的认识,对道路的舒适性和功能性也有了更高的要求。彩色路面作为一种新型的铺面技术,恰恰满足了这些要求,引起了人们的广泛关注。在道路中采用彩色陶瓷颗粒防滑路面铺设,主要具有两大功能:

(1)诱导车流,使交通管理直观化,具体应用于区分不同功能的路段和车道,以提高驾驶员的识别效果,增加道路的通行能力和交通安全。

(2)美化城市、改善道路环境,展示城市风格效果,具体应用于城市街道、广场、风景区、公园和旅游景观道路等地;该工法经科技查新未见相同文献报道。

2　工法特点

本工法主要特点是所用材料易于获取,施工机械简单,施工工艺操作容易,对环境温度等自然条件要求不严,路面成型快速,使用效果达成明显。

3　适用范围

彩色陶瓷颗粒路面适用于各类道路,重交道路,尤其适用于非机动车道,景观道路,公交车道,及市区道路。特别需要防滑处理的道路分隔带,静音降噪路段。回旋处进出口,紧急停车带,停车场,停机坪、机场备用道、辅道、道路减速带等。

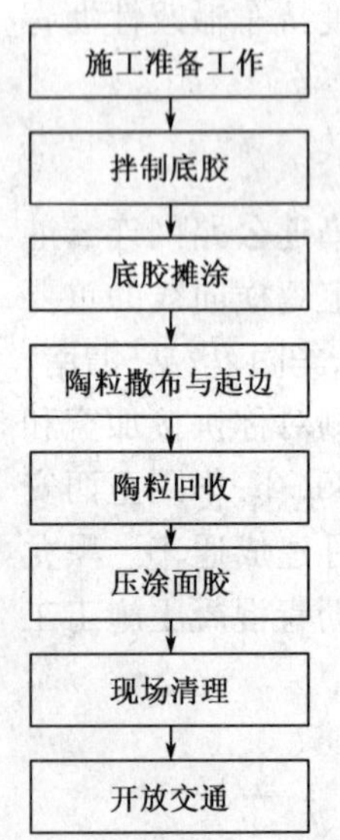

图1　施工工艺流程图

4　工艺原理

在干燥清洁的路面上,摊涂拌制好的胶水,撒布事先烧纸好的陶瓷颗粒,撒布均匀后,利用底胶的黏附性使集料镶嵌紧密,按照工艺要求再压涂面胶,形成了高强度的彩色陶瓷颗粒路面。

5　施工工艺流程(图1)及操作要点

5.1　施工前准备

(1)施工前,首先用反光锥等警示标志把施工路段封闭后,用打磨机打磨要施工的路面,再撒粒径为0.5mm的集料填缝后用扫帚打扫干净。路面有油污,可以用去油污剂或洗洁剂清洗路面,或用钢丝球打磨地面。

(2)使用清洁工具将路面上的杂物清扫干净,再用鼓风机将地面上的灰尘清理干净。在施工过程中,一定要确保路面无任何杂质、水或潮气,因为潮湿会大大地降低黏合剂的对路面的附着力,严重影响黏合质量。

(3)用美纹纸按照施工设计图的要求在路面上贴出设计图形。在此过程中美纹纸必须要贴在图形的外边,不能贴在图形内边,同时一定要贴紧地面。

5.2 拌制底胶(黏合剂搅拌)

首先把胶桶放置在施工车下,从不同的桶内按1:1的比例放出基料和激活剂至胶桶内,混合物为黏合剂。用电动搅拌机上下搅拌黏合剂大约2min,确保所有混合物完全搅拌均匀。

5.3 底胶摊涂

(1)先把毛滚筒泡到黏合剂(聚丙烯酸酯型)里面后拿出,然后逐步把黏合剂倒在要施工的路面上,再用毛滚筒在施工图形内部进行均匀摊涂。摊涂过程中每平方米用量不得低于1.8kg,施工人员应尽量保证黏合剂的厚度一致,确保厚度不低于5mm,特别需要注意的是一桶黏合剂的摊涂时间应尽量控制在5min内,最长不能超过7min,否则会影响摊涂质量。

(2)黏合剂的覆盖率为$(2.0 \pm 0.2)kg/m^2$。

(3)在寒冷的天气条件下施工,黏合剂变得稠结,会导致黏合剂的用量增加。因此,建议气温低于0℃时不施工。

(4)最理想的覆盖情况是有2/3的集料被黏合剂包裹。过薄的黏合剂层,会导致集料脱落;过厚的黏合剂层,浪费材料,增加成本。

5.4 撒布防滑集料与起边

(1)当黏合剂摊涂均匀并自然流平后,马上撒布防滑集料。防滑集料应均匀撒布,以完全覆盖黏合剂为标准。因为各种路面情况不一样,所以防滑集料撒布完成后需要重复检查是否有局部黏合剂上浮到防滑集料上面,如有此情况,需再次撒布防滑集料,进行完全覆盖。一桶黏合剂摊涂结束和防滑集料完成撒布总共所花的时间必须控制在8min内。防滑集料撒布完后,视情况用铁锹在防滑集料上稍作拍打,力量不宜太大。

(2)起边。当防滑集料撒布完成后8min内,必须起边。在施工面积不大的情况下,当防滑集料撒布完成后应马上起边,如果拖延起边时间,会导致留在美纹纸上的黏合剂与图形内的黏合剂一同凝固,连成一体后将难以完全清除,影响美观。

5.5 防滑集料回收

在防滑集料撒布完成约2h后,观测黏合剂凝固情况,一般情况下,底胶(D75双组分树脂)在90~120min内能够达到九成凝固,此时可以进行防滑集料回收操作。

(1)施工完毕后,大约1h,用软性扫帚将表面多余的集料扫起。

(2)在2~3h之后,用硬毛扫帚或真空扫除器将表面多余的集料清除。

(3)集料回收过程中,尽量避免与其他颜色的集料混合,保持集料的干净和纯正。

(4)集料回收后,用筛网将集料重新过筛一遍,把集料黏合在一起的大块筛掉,这样集料方可重新使用。

5.6 压涂面胶

把调制好的面胶(C65双组分树脂)均匀喷洒一层到集料上,然后用滚刷来回滚动压涂面胶,使面胶撒布均匀,养护30min后,用大功率吹风机清除浮砂。

5.7 现场清理

清除现场废弃物,清洁路面。废弃物妥善处理不污染环境。

5.8 开放交通

施工完成4~7h后,开放交通,彩色防滑路面施工完成。

6 材料与设备

6.1 底胶和面胶

1)材料满足环保要求。

(1)铺装材料黏合剂要求黏合能力持久。黏合剂是铺装材料的重要组成部分,黏合剂要求黏合能力持久,能与各种材质的道路路面(沥青、水泥路面)牢固黏合。

(2)苯—甲苯、二甲苯参数要符合《室内装饰装修材料 胶粘剂中有害物质限量》(GB 18583—2008)中的指标要求。

2)集料

(1)为了保证铺装色彩效果,要求采用的石料必须干净无杂物。内外色彩均匀一致,无明显色差。

(2)主要指标:莫氏硬度≥7 级;坚固性≥12%;压碎值≤12%。

(3)彩色陶瓷颗粒防滑路面技术指标:防滑系数≥70;构造深度>1.2mm;厚度>3~5mm;表面平整度≤5mm/m^2。

6.2 主要施工设备

主要施工设备见表1。

主要施工设备 表1

名称	规格	数量	用途
手持式打磨机	1 000W	2	局部凹凸处处理
吹风机	1 000W	2	地面浮尘清理
电动搅拌器	750W	2	材料调配
发电机	2 000W	2	现场供电
工程车		2	运输物品
电子秤		4	称量

7 质量控制

(1)引用标准。

①《公路桥涵施工技术规范》(JTG/T F50—2011)。

②《公路工程质量检验评定标准》(JTG F80/1—2004)。

③《公路沥青路面施工技术规范》(JTG F40—2004)。

④《公路工程沥青及沥青混合料试验规程》(JTG E20—2011)。

⑤《室内装饰装修材料 胶粘剂中有害物质限量》(GB 18583—2008)。

(2)对于路面的清扫环节、放线环节,进行严格的质量检验。

(3)对于固化剂的添加量,误差控制在1g以内。

(4)制订和采用先进合理可靠的施工工艺,全面正确地分析工程特征、技术关键及环境条件等资料,明确质量目标、验收标准、控制重点和难点。

(5)施工前严格检查材料设备性能、标准与设计文件的相符性;材料设备各项技术性能指标、检验测试指标与标准要求的相符性;材料设备进场验收程序及质量文件资料的齐全程度等。贯彻执行单位内部质量程序文件中,有关材料设备在封样、采购、进场检验、抽样检测及质保资料提交等一系列明确规定的控制标准。

(6)施工操作者应具有相应操作技能,特别是重点部位工程及专业性很强的工种,操作者必须具有相应工种岗位的实践技能,做到考核合格持证上岗。

(7)施工操作中,坚持自检、抽检制度;所有工序坚持责任制;牢固树立"上道工序为下道工序服务"和"下道工序就是用户"的思想,坚持做到各工序合格。

(8)整个施工过程中,做到施工操作程序化、标准化、规范化,贯彻工前技术交底、工中检查落实、工后必须验收的操作管理方法,确保施工质量。

8 安全措施

(1)必须坚持“预防为主,安全第一”的原则,制订安全生产责任制。

(2)对施工人员进行安全教育。进入工地时,所有施工人员必须听从指挥。施工作业区设安全标志,防止无关人员、车辆进入施工现场。

(3)对施工人员进行安全技术交底,安排专职安全员,认真开展施工安全教育和检查工作。

(4)遵守林区防火规定,禁止在施工场地吸烟和使用明火。

(5)施工作业时,作业人员应按规定穿戴防护用品。施工负责人和安全检查人员,应随时检查劳动防护用品的穿戴情况,不按规定穿戴防护用品的人员不得上岗。

(6)施工现场备好消防设备,防止意外火灾的发生。

9 环保措施

(1)作业区和生活区污水、垃圾排放应符合排污标准,必须符合当地(国家)有关规定。

(2)对施工现场存放的集料应进行覆盖,防止粉尘污染。

(3)施工现场临近村屯,施工过程要控制噪声污染。

(4)施工所用物品虽然无毒性但有刺激性气味,控制气体排放污染大气环境。

(5)所用材料出厂检验必须合格,满足设计要求。

(6)施工过程中,各项生产活动符合地方(国家)环保部门相关规定。

10 资源节约

(1)响应国家的节能降耗政策,利用现有资源能源,减少浪费。

(2)该施工工法在施工工程中,不需要加热设备,也不需要电力供应,无能源消耗。

11 效益分析

11.1 经济效益

彩色陶瓷颗粒防滑路面,集料为人工烧制陶粒,因此,色彩更为鲜明,永久保持,不褪色。具有很强的耐磨耗性能,对原有路面起到很好的保护作用,从而延长路面使用寿命。彩色陶瓷颗粒防滑路面出现病害情况较少,维护时不需要任何机械设备,只需要简单的专用刮涂工具即可,而且维护方法简单,不影响交通。与彩色陶瓷颗粒防滑路面相比,彩色混凝土路面造价一般为520 000元/万m^2,而彩色陶瓷颗粒防滑路面造价一般为400 000元/万m^2,平均每万平方米节省造价120 000元。加上其本身就对原有沥青路面起到很好的保护作用,不会造成原有沥青路面破坏,具有良好的经济效益。

11.2 社会效益

美化城市、改善道路环境,展示城市风格效果,具体应用于城市街道、广场、风景区、公园和旅游景观道路等地;诱导车流,使交通管理直观化,具体应用于区分不同功能的路段和车道,以提高驾驶员的识别效果,增加道路的通行能力和交通安全,减少交通事故,具有良好地社会效益。

12 应用实例

12.1 工程实例一

国道京加公路(G111)线嫩江至白桦段建设项目A11标段K121+311.3铁路桥位于位于平面$R=500m$的右偏圆曲线上,桥面横坡为单向5%,纵断面位于$R=12\ 000m$的竖曲线上,桥面横坡纵坡都较大,冬季下雪路面较滑,为了保证社会车辆顺利通过,防止交通事故的发生,该项目于 2012 年 9 月在 K121 +311.3 铁路桥桥面采用了彩色陶瓷颗粒桥面施工工艺,全过程处于安全、稳定、快速、优质的可控状态。起到警示和防滑作用,通车以来,没有出现过一起交通事故,社会各方面反应良好,得到了社会各界的好评,具有显著的经济效益和社会效益。

12.2 工程实例二

黑龙江省龙建路桥第三工程有限公司承建的国道黑大公路北安至黑河改扩建工程 A5 合同段的 K119 +020 公铁立交桥桥面,采用了彩色陶瓷颗粒桥面施工工艺,工后路面色彩鲜艳醒目,起到警示作用;而且由于路面防滑系数的提升,缩短制动距离,从而达到了减少交通事故发生的目的,有效预防了交通事故的发生,通车以来,得到一致好评。

12.3 工程实例三

在京加公路齐齐哈尔至泰来段第 5 合同段路面施工中,黑龙江省龙建路桥第三工程有限公司在部分路段采用了彩色陶瓷颗粒防滑路面施工工艺。该路面通过较高的摩擦因数可以大大缩短车辆的制动距离,从而提高行车的安全性,特别在雨天路滑和上下坡道的情况下;较大的构造深度有助于吸收声波噪声;同时还能够降低甚至消除溅水和水雾,增加雨天行车安全性;该路面施工方便快捷,相对于其他彩色路面,大幅度降低了施工成本,延长了路面的使用寿命,减少公路维修运营成本。取得了较好的经济和社会效益。

耐寒抗高温添加剂改性热拌沥青混合料路面施工工法

GGG(内)B4045—2013

王成鑫　吕振国　范永忠　黄　勇　彭麒桦
(内蒙古路桥有限责任公司　深圳市天坤元环保科技有限公司
新疆交通建设(集团)有限责任公司)

1　前言

目前柔性路面(沥青混凝土路面)的改性技术主要分为沥青改性技术和沥青混合料改性技术。两种技术中,沥青改性技术具有生产工艺复杂、生产成本高、消耗能源大、污染严重、改性沥青存储时间有限以及质量不稳定等缺点;而沥青混合料改性技术具有简化工艺、使用简单、降低成本、性能优异、环保节能、资源再生、缩短工期、延长路面使用寿命等优势特点,对提升柔性路面道路性能和服务品质具有巨大的经济效益和社会效益。

为了使沥青混合料改性技术在我国交通行业科学合理的推广应用,研究开发适合我国不同的区域气候特征的沥青混合料改性技术,交通运输部公路科学研究院和深圳天坤元公司借鉴了国内外的先进技术,开发出具有自主产权的沥青混合料改性技术。通过评审,该课题成果达到国际领先水平,并且获得2012年度国家技术发明奖、2013年国家火炬计划项目、2014年863课题项目;并成功申报了行业标准(标准编号:JT2009—36)。

该技术自2009年投入市场以来,已逐步应用于高速公路和市政道路工程中,内蒙古路桥有限责任公司、新疆交通建设集团通过对该技术的应用、总结和完善,在积累了一定经验的基础上,形成了本工法。

2　工法特点

(1)本工法适用于对各种类型的热拌沥青混合料进行改良。经试验检测,沥青混合料的高温稳定性、低温抗裂性等性能均有大幅度提高。对各等级公路采用不同混合料类型的沥青混合料路面均可延长其使用寿命。

(2)本工法工艺操作简便,只需按配合比设计要求,将改性添加剂直接投放至拌和锅内,与集料、沥青一起拌和,按照普通热拌沥青混合料的生产控制方法进行混合料的生产,就能生产出改性后的沥青混合料。无须改变沥青混合料的级配和最佳油石比,方便混合料的质量控制。

(3)沥青混合料改性添加剂具有很强的增黏性和分散性,使改良后的沥青混合料更容易拌和、摊铺和碾压,便于施工。

(4)相对于改性沥青的施工工艺,节省了沥青改性的工序、设备以及存储条件,综合成本可降低5%~15%。

(5)在环保节能方面,本工法简化了工艺、减少了废弃物的排放、降低了能耗、减少了环境污染。

(6)资源再生方面,本工法中沥青混合料改性添加剂,其载体材料部分可采用回收PE废料,解决了部分“白色、黑色”污染,起到了资源再生利用的功效。

3　适用范围

(1)本工法适用于各等级公路不同混合料类型沥青混凝土路面的普通沥青混合料改良。

(2)可不受地域气候差异影响,可取代SBS改性沥青生产工艺。

4 工艺原理

本工法通过在普通沥青混合料中添加一种改性添加剂,该添加剂能够对沥青混合料起到胶结作用、加筋作用、嵌挤作用及弹性恢复作用,从而实现对普通沥青混合料性能进行改良,显著提高改良后的沥青混合料的高温抗车辙和低温抗裂性能,同时也能满足沥青混合料的其他路用性能要求。

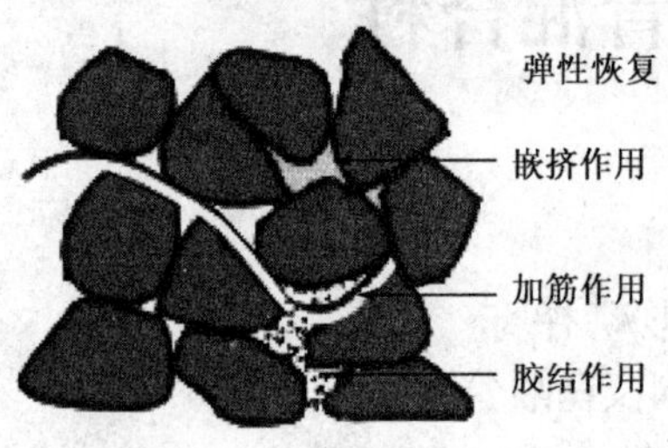

图1 沥青混合料改性添加剂作用机理图

沥青混合料改性添加剂作用机理见图1。

(1)胶结作用机理。沥青混合料改性添加剂在沥青混合料的拌和过程中与基质沥青有极好的相容性和熔融分散性,形成良好的胶结作用,提高沥青与集料的黏附性。

(2)加筋作用机理。沥青混合料改性添加剂具有高分子化合物与合成高聚物两大品种改性剂性能优势,聚合物所形成的微结晶区具有相当的劲度,在拌和过程中部分拉丝成塑料纤维,使集料之间的黏结结构达到最佳力度,提高混合料的抗拉强力。

(3)嵌挤作用机理。沥青混合料改性添加剂在混合料的生产过程中软化均匀分散后,碾压过程中黏附于集料之间填充了集料骨架中的空隙,增加了沥青混合料结构的骨架作用,提高了路面抗渗透性和抗融力度。

(4)弹性恢复作用机理。混合料加入沥青混合料改性添加剂后具有使路面的变形部分弹性恢复的功能,因而降低了沥青路面早期永久变形现象。

5 施工工艺流程及操作要点

5.1 施工工艺流程

改性添加剂法改良热拌沥青混合料路面施工工艺见图2。

5.2 操作要点

1)沥青混合料配合比设计及改性添加剂的掺量确定

(1)根据沥青路面结构设计,按照马歇尔配合比设计方法,进行普通热拌沥青混合料配合比设计工作。并在此基础上,确定集料级配及沥青最佳用量。

(2)在确定的目标级配和油石比的条件下,结合性价比确定改性剂的掺量(改性剂的掺量一般按照混合料质量的0.25%~0.35%掺入)。

(3)进行混合料改良后的性能指标试验,确定混合料最终配比方案。

2)改良热拌沥青混合料生产

(1)根据改良热拌沥青混合料配合比设计,对沥青混合料拌和楼进行调试,确保各种材料能够按照正确的配比进行生产。

(2)施工现场准备。检验下承层各项技术指标,当符合规范要求即可进行改良热拌沥青混合料路面的摊铺施工。

(3)机械、设备准备。对所有施工机械、设备进行施工前的全面清洁、保养、调试、检查和维修,配齐生产施工过程中部分机械、设备的易损备件,保证各类机械运转处于良好状态。

(4)材料准备。对改良热拌沥青混合料所需的各种材料备足一定数量,并经过质量检验、确认合格。

(5)添加改性剂的沥青混合料拌和楼生产工艺。

①集料按沥青混合料的生产要求进行正常烘干,烘干的集料温度不低于185~195℃。

②烘干后的集料进行二次筛分计量后与相应计量的改性添加剂置入拌和锅进行干拌，干拌时间0～5s，拌和温度不低于185℃，然后添加矿粉。

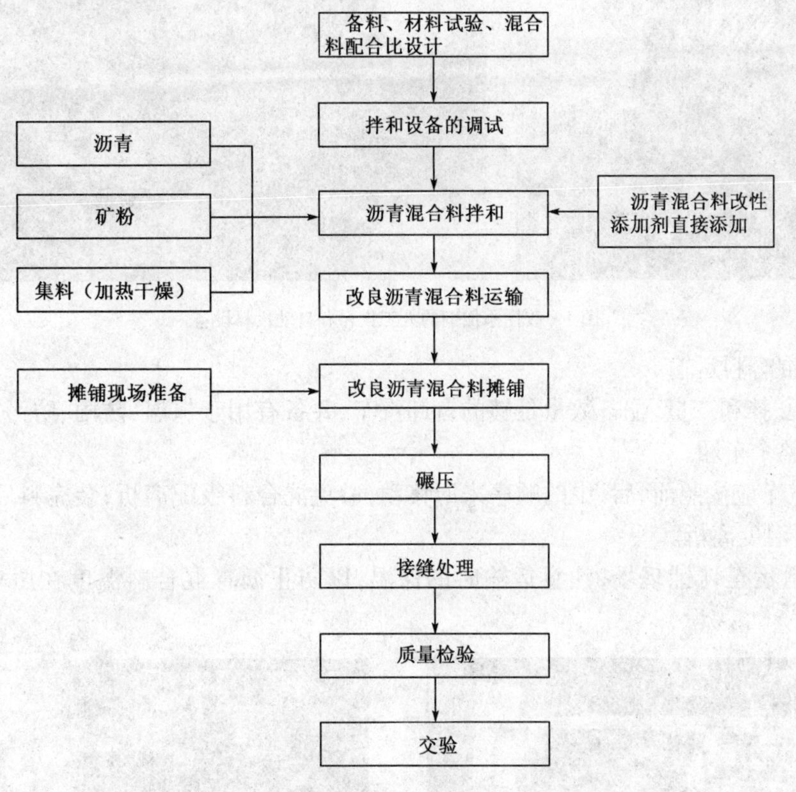

图2　施工工艺流程图

③干拌后喷入基质沥青，沥青的温度150～170℃，正常湿拌30～40s，沥青混合料的出料温度>175℃。

④对每个工作日或台班的集料级配、油石比、拌和温度的平均值、标准差、变异系数等，统计合格率，与试验检测的结果进行对比，评定混合料的质量，同时应对外掺改性剂的用量进行总量检验和控制，实行沥青混合料的质量动态管理。

⑤改性剂的添加视生产规模，可以采用人工投放，也可以采用设备（专用物料投料机）自动添加，详见图3和图4。

图3　沥青混合料拌和楼和沥青混合料改性添加剂

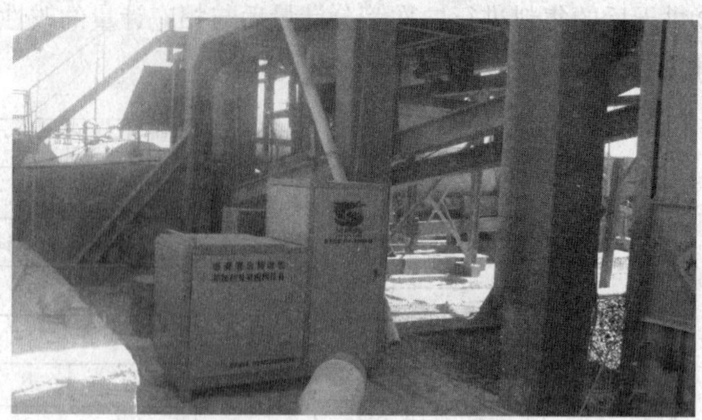

图4　改性添加剂的人工投料和自动投料设备

3)改良沥青混合料运输

(1)根据运距、拌和产量,配备数量足够的自卸汽车,并备有用于保温、防雨、防污染用的毡布,其大小应能完全覆盖整个车厢。

(2)装料时汽车应按照前、后、中的顺序来回移动,避免混合料级配离析,装完料后必须覆盖保温毡布,以防止混合料温度离析。

(3)将混合料运至摊铺现场,注意运输时的保温,以防止沥青混合料温度在压实前过度降低,见图5。

多次装料

覆盖

图5　混合料运输

4)改良沥青混合料摊铺

(1)改良沥青混合料采用履带式摊铺机摊铺施工。每台摊铺机配备两套长度不小于16m的平衡梁和两套自动滑橇。有条件的单位尽可能采用非接触式平衡梁和沥青混合料转运车。

(2)改性添加剂改良沥青混合料路面面层,直接采用双侧平衡梁和滑靴,自动控制平整度和高程。对于匝道等小半径弯道,可采用滑靴自动找平方式控制。在形状不规则地区及次要地区,自控系统不能正常工作时,允许采用人工手控。

(3)摊铺方式。每个作业面根据铺筑宽度选择摊铺机的数量,通常宜采用两台或更多台数的摊铺机前后错开10~20m(为了减少摊铺时的温度损失距离可缩短)。梯形摊铺时,上面层的纵向接缝宜设在行车道的中部,中面层和下面层的纵向接缝应与相邻层错开。

(4)摊铺工艺。

①改良沥青混合料运至摊铺现场后凭运料单接收,并检查拌和质量。不符合温度要求或已经结成团块、已遭雨淋湿的混合料,不得摊铺在道路上,混合料摊铺温度控制在160~170℃之间,摊铺系数一般为1.15。

②施工过程中摊铺机前方有运料车在等候卸料。开始摊铺时在施工现场等候卸料的运料车不宜少

于5辆,以保证连续摊铺。运料汽车应停在摊铺机前10~30cm处,不得撞击摊铺机,卸料过程中运料汽车应挂空挡,靠摊铺机推动前进,以确保摊铺层的平整度。

③参数选择。根据混合料的类型、集料尺寸、厚度等情况选择熨平板的振动频率(一般取高值,约70Hz)、夯锤行程(一般取低值)、夯锤频率(一般取高值,约25Hz),以提高路面的初始压实度。选择螺旋布料器的高度(一般在中心),螺旋布料器与熨平板的间距(一般在中值)。选择熨平板拱度以保证横坡度,选择熨平板的工作仰角等。

④摊铺速度控制在2~3m/min之间,应与拌和机供料速度协调,保持匀速不间断的摊铺,不得中途停机。螺旋布料器应保持稳定、均匀的速度旋转,摊铺料位应大于2/3螺旋位置。

⑤收斗。施工中尽量减少收斗次数,收斗时摊铺机应不等受料斗内的混合料全部用完就折起回收,并立刻准备接受下一台运料车卸料,见图6。

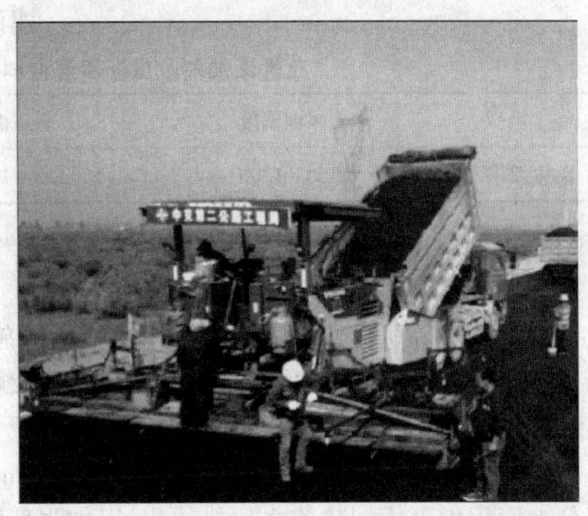

图6 混合料摊铺

5)改良沥青混合料碾压

(1)压实设备组合。选择合理的压路机组合方式及碾压步骤,以达到最佳压实效果。推荐采用1台双钢轮压路机初压,1台轮胎压路机随后复压,1台双钢轮压路机在后面终压收光,1台小型振动压路机碾压左右路缘石或边角等地方。为了保证施工压实度满足要求,中、下面层宜采用25t以上胶轮压路机和钢轮压路机联合作业的方式。压路机宜慢而均匀的速度碾压,压路机的碾压速度宜符合表1的规定。

压路机碾压速度(单位:km/h)　　表1

压路机类型	初压		复压		终压	
	适宜	最大	适宜	最大	适宜	最大
振动压路机	2~3	3	—	—	3~5	5
轮胎压路机	—		3~4	4	—	
方式	振动		—		静压	

(2)碾压工艺。

①改良沥青混合料的压实为前进静压,返回起振。压路机宜紧跟摊铺机进行碾压,做到“紧跟、有序、慢压、高频、低幅”,尽量保证改良沥青混合料在高温条件下完成碾压。碾压速度要均匀,起动、停止必须减速缓慢进行,不得随意调头。

②初压应在155~165℃温度下进行,并不得产生推移、裂缝。压路机从外侧向中心碾压。当边缘有挡板、路缘石、路肩等支挡时,应紧靠支挡碾压。当边缘无支挡时,可用耙子将边缘的混合料稍稍耙高,然后将压路机的外侧轮伸出边缘10cm以上碾压。也可以边缘先空出宽30~40cm,待压完第一遍

图7　碾压

后,将压路机大部分重量位于已压实过的混合料面上,再压边缘,以减少向外推移。

③复压紧接在初压后进行。为防止压路机黏附混合料,应尽可能在高温状态下碾压。采用胶轮加钢轮压路机联合作业时,首先钢轮压路机前进静压后返回起振,复压采用轮胎压路机。

④终压紧接在复压后进行,终压可选用双轮钢筒式压路机或关闭振动的振动压路机碾压,不宜少于两遍,消除轮迹,提高平整度,见图7。

改性添加剂改良沥青混合料路面施工各阶段温度建议范围见表2。

改性添加剂改良沥青混合料路面施工各阶段温度建议范围　　表2

施工操作	摊铺温度	碾压温度	终压温度	环境温度
温度要求	160~170℃	155~165℃	≥110℃	>15℃

6)改良沥青混合料路面接缝处理

(1)纵向接缝部位的施工应符合下列要求。

摊铺时采用梯队作业的纵缝应采用热接缝。施工时,应将已铺混合料部分留下10~20cm宽暂不碾压,作为后摊铺部分的高程基准面,再最后做跨缝碾压以消除缝迹。

(2)横向接缝应符合下列要求。

①相邻两幅及上下层的横向接缝均应错位1m以上。搭接处应清扫干净并洒乳化沥青,可在已压实部分上面用熨平板加热使之预热软化,以加强新旧混合料的黏结。

②接缝处理:在施工结束时,摊铺机在接近端部前约1m处将熨平板稍稍抬起驶离现场,用人工将端部混合料铲齐后再予碾压。然后用3m直尺检查平整度和厚度不足部分。

③接缝碾压:横向接缝的碾压应先用双钢轮振动压路机进行横向静压。碾压带的外侧应放置供压路机停顿的垫木,碾压时压路机应位于已压实的混合料层上,伸入新铺层的宽度为15cm。然后每压一遍向新铺混合料移动15~20cm,直接全部在新铺层上为止,再改为纵向碾压。当相邻摊铺已经成型,同时又有纵缝时,可先用双钢轮压路机沿纵缝静压一遍,碾压宽度15~20cm,然后再沿横缝作横向碾压,最后进行正常的纵向碾压。应特别注意横接缝开始后10m内的平整度。

(3)修边。做完的摊铺层的外露边缘应用凿岩机凿齐或用切割机切割到要求的线位,修边切下的材料及任何其他的废弃沥青混合料均应妥善处理,不得随意丢弃。

7)改良沥青混合料路质量验收与交验

路面沥青混合料摊铺施工完毕后,组织进行分项工程质量验收。当质量满足规范标准要求后,进行交验。

6　材料与设备

6.1　材料

1)沥青混合料改性添加剂

沥青混合料改性添加剂材料技术参数指标见表3,材料外观见图8和图9。

沥青混合料改性添加剂材料技术参数表　　表3

序　号	项　目	单　位	指　标
1	物理性质		黑色、圆柱体颗粒
2	粒径	mm	5~7

续上表

序号	项目	单位	指标
3	密度	g/cm^3	≤1.0
4	吸水率	%	小于1%
5	熔点	℃	100~140
6	聚合物含量	%	≥70

图8 沥青混合料改性添加剂颗粒

图9 放大效果图

2)沥青胶结料

掺入改性添加剂改良沥青混合料的沥青胶结料应满足《公路沥青路面施工技术规范》(JTG F40—2004)中的有关规定。

6.2 机械设备

采用的机具设备见表4。

公路路面改性添加剂改良沥青混合料施工用机械 表4

机械设备名称	规格型号	数量	备注
沥青拌和设备	3000型以上	1套	有温度检测系统,二次除尘装置,5个冷料仓
沥青混合料改性添加剂投料设备	FM-5000风送式	1套	与沥青拌和站联动,根据沥青拌和站容量需求设计自动投料装置和自动计量系统装置
摊铺机	12m	2台	履带式
钢轮压路机	10~12t或相当功率振动压路机	2台	—
胶轮压路机	20t以上	2台	—
装载机	ZL50	3台	—
自卸车	15t以上	10~15辆	数量能满足摊铺机连续作业为原则

7 质量控制

7.1 质量控制依据

(1)《公路工程质量检验评定标准》(JTG F80/1—2012)。

(2)《公路沥青路面施工技术规范》(JTG F40—2004)。

7.2 质量控制标准

1)主控项目

(1)掺加改性添加剂的改良沥青混合料的摊铺温度,碾压温度应符合相关条款要求;检查数量为每工作班检查不少于2次,施工气温低于15℃时,每100m² 检查不少于1次;检查方法为用温度计现场量测。

(2)严格控制沥青混合料的厚度,沥青混合料面层厚度的允许偏差为+10~-5mm。检查数量为每2 000mm² 检查不少于1点;检查方法为钻芯取样,用钢尺量。

(3)面层压实度代表值不得低于96%(实验室标准密度)。检查数量为每结构层,每2 000mm² 检查不少于1组;检查方法为钻芯取样。

2)一般项目

(1)施工中应采用热接缝。缝位、缝型、碾压应符合规定。检查数量为全数检查。检查方法为观察检查。

(2)外观质量要求。用12t以上压路机碾压无明显轮迹,不得有粗细集料、推挤、裂缝、脱落、烂边、油丁等现象。表面应坚实、平整,接茬应紧密、平顺,与其他构筑物衔接应平顺,不得有积水、污染等现象。井框、井盖安装应牢固、平顺、稳定,不得有晃动现象。检查数量为安全检查,检查方法为观察检查。

(3)其他项目应符合表5和表6的规定。

沥青混合料检查项目表 表5

检查项目		检查频度(每一次车行道)	高速公路、一级公路质量要求或允许偏差
外观		随时	表面平整密实,不得有明显轮迹、裂缝、推挤、油丁、油包等缺陷,且无明显离析
面层总厚度	代表值	每1km 5点	设计值的-5%
压实度	代表值	每1km 5点	试验室标准密度的96%
路表平整度	标准差σ	全线连续	1.2mm
	IRI	全线连续	2.0m/km
路表渗水系数,不大于		每1km不少于5点,每点3处取平均值评定	120mL/min
宽度	有侧石	每1km 20个断面	±20mm
	无侧石	每1km 20个断面	不小于设计宽度
纵断面高程		每1km 20个断面	±15mm
中线偏位		每1km 20个断面	±20mm
横坡度		每1km 20个断面	±0.3%
弯沉	回弹弯沉	全线每20m 1点	符合设计对交工验收的要求
	总弯沉	全线每5m 1点	符合设计对交工验收的要求
构造深度		每1km 5点	符合设计对交工验收的要求
摩擦因数摆值		每1km 5点	符合设计对交工验收的要求
横向力系数		全线连续	符合设计对交工验收的要求

沥青混合料配合比设计检验指标 表6

指标		单位	技术要求
马歇尔试验稳定度		kN	≥10
流值		mm	1.5~4.0
残留稳定度	半干区、干旱区	%	≥80
	潮湿区、湿润区		≥85

续上表

<table>
<tr><th colspan="3">指 标</th><th>单 位</th><th>技术要求</th></tr>
<tr><td colspan="2" rowspan="2">冻融劈裂强度比</td><td>半干区、干旱区</td><td rowspan="2">%</td><td>≥75</td></tr>
<tr><td>潮湿区、湿润区</td><td>≥80</td></tr>
<tr><td colspan="2" rowspan="2">低温弯曲破坏应变</td><td>冬冷区、冬温区</td><td rowspan="2">με</td><td>≥2 500</td></tr>
<tr><td>冬严寒区、冬寒区</td><td>≥2 800</td></tr>
<tr><td rowspan="3">车辙试验动稳定度</td><td>标准试验条件
(60℃,0.7MPa)</td><td>0.25% ~0.35% 掺量</td><td rowspan="3">次/mm</td><td>≥3 000
≥6 000</td></tr>
<tr><td colspan="2">模拟高温重载条件(70℃,0.9MPa)</td><td>≥4 500</td></tr>
<tr><td colspan="2">浸水车辙(60℃,0.7MPa)</td><td>≥6 000</td></tr>
<tr><td rowspan="2">动态模量</td><td colspan="2">45℃,10Hz</td><td rowspan="2">MPa</td><td>≥2 000</td></tr>
<tr><td colspan="2">45℃,0.1Hz</td><td>≥500</td></tr>
</table>

注:1. 本表参数适用于各种密级配沥青混合料。

2. 试验采用 A 级 70 号或 90 号沥青。

3. 模拟高温重载条件车辙试验、动态模量试验作为重交通道路选作指标。

4. 浸水车辙试验为南方多雨地区选作指标。

5. 低温弯曲破坏应变试验为北方寒冷地区选作指标。

7.3 质量控制措施

(1)建立项目质量领导小组决策工程的质量问题,并开展经常性的质量教育工作。

(2)严格工艺规程,认真执行招标文件、技术规范及设计要求,做好层层技术交底工作,并做好各种原始资料的填写、收集、整理工作。

(3)按设计及规范要求认真组织施工,从保证每道工序、每个分项工程的施工质量入手,贯彻预防为主的方针,对可能发生质量问题的部位实施监控,做到早发现、早预防、早纠正、早采取措施。

(4)严把材料质量关,各种不合格材料不采购、不进场、不使用。

(5)碾压注意事项。

①碾压遍数应严格按照试验路段确定程序进行碾压,现场设专人指挥碾压,记录碾压次数。

②压实后的沥青混合料应符合压实度及平整度的要求,不可过分追求平整度指标而牺牲压实度要求,也不可过压而使剩余空隙率减少。

③压路机的碾压段长度以摊铺速度平衡为原则选定,并保持大体稳定。压路机每次应由两端折回的位置阶梯形的随摊铺机向前推进,使折回处不在同一横断面上。在摊铺机连续摊铺的过程中,压路机不得随意停顿。压路机碾压的总长度不宜超过 100m。

④压路机碾压过程中胶轮压路机严禁洒水,为了防止粘轮,宜采用植物油与水的混合液(1:1)涂抹;双钢轮压路机应严格控制洒水量,以沥青不粘轮为原则。

⑤在当天碾压的尚未冷却的沥青混合料层面上,不得停放任何机械设备或车辆,不得散落矿料、油料等杂物。

⑥应随时观察路面早期的施工裂缝,发现因过分振动或推移产生的微裂缝,应及时采取措施处理。

8 安全措施

(1)本着“安全第一,预防为主”的原则,提高安全意识,及安全施工现场意外伤害应急预案,认真学习岗位安全职责和安全操作规程,提高业务水平和劳动技能,树立安全生产,标准操作的思想,防患于未然。

(2)确保机械设备安全使用,机械设备操作人员必须遵守设备的操作规程,机械操作人员和机动车驾驶人员必须有特殊机械做作的上岗证,严禁无证操作无证上岗,严禁机械设备违章作业。

9 环保措施

(1)成立对应的施工环境卫生管理机构,在工程施工中严格遵守国家和地方政府下发的有关环境保护的法律、法规和章程。

(2)加强对施工燃油、工程材料、设备、废水、生产生活垃圾、废渣的控制和治理,遵守有防火及废弃物处理的规章制度。

(3)所有人员进入现场前,应进行环保培训,提高人员环保意识。

(4)施工便道及时洒水、避免扬尘。

(5)在选择拌和厂时,使其距离环境敏感区、环境敏感点500m以上,并将拌和厂的位置设于当地主导风向的下风侧,以减少扬尘对周围居民、农田的影响。

(6)施工现场测量标志用的红油漆、墨汁必须妥善保管,避免喷洒在现场。

(7)在沿线指定料场取土,严禁乱采乱挖。清理场地的废方严格按照指定的弃土场。取土坑和弃土场根据规范要求,整修成具有规则外形及平整的底(顶)部和边坡,并设置利于排水的坡度。

10 效益分析

10.1 经济效益

在普通沥青混合料拌和锅中直接掺加沥青混合料改性添加剂与集料、沥青一起拌和,减少沥青改性工序,不需要改变现有拌和技术与设备条件,可以人工投放,也可以设备自动添加,节约了成本,同时使沥青混合料更容易拌和、摊铺和碾压,便于施工,加速了施工速度,节省了工期,具有一定的经济效益。

10.2 社会效益

沥青混合料改性添加剂的使用显著提高了沥青混合料的综合路用性能、改善了沥青混合料的弹性模量,同时具有很强的增黏性和分散性,在任何产量下不改变沥青混合料的级配和最佳油石比,有效保证了沥青混合料施工质量,具有一定的社会效益。

11 资源节约

使用沥青混合料改性添加剂节省工序的同时,能源消耗相应减少,有效缓解环境污染,具有一定的环保效益。例如按厂家提供的数据4000型的拌和楼每加工1t改性沥青混合料大约需要7kg的柴油,每小时拌和楼用电量为1 000~1 300kW·h;通过添加改性剂后每生产1吨沥青混合料需要6.3kg柴油,节约用电300kW·h左右,同时利用废弃高聚物作为生产原料更是资源再生利用的创新之处。

12 应用实例

12.1 工程实例一

由内蒙古路桥有限责任公司承建的呼包高速公路改扩建工程第二合同段,该项目开工日期为2010年10月1日,竣工日期为2013年8月31日,沥青混凝土路面11.48km,该项目路面工程施工中成功运用了本工法。施工中改性添加剂改良沥青混合料的使用,缩短了工期,提高了路面沥青混合料各项指标性能,节省了成本。该项目沥青混合料施工每吨综合成本节省5.97元,共节省施工费用35多万元,取得了较好的经济效益和社会效益,具有一定的推广发展空间。

12.2 工程实例二

由内蒙古路桥有限责任公司承建的国道208赛罕塔拉至白音察干段第TJ-6合同段,该项目开工日期2009年6月10日,竣工日期2011年11月1日,沥青混凝土路面15.9km,该项目路面工程施工中成功运用了本工法。施工中改性添加剂改良沥青混合料的使用,缩短了工期,提高了路面沥青混合料各项指标性能，节省了成本。该项目沥青混合料施工每吨综合成本节省 6.2 元，共节省施工费用 47 多万元。

12.3 工程实例三

由新疆交通建设（集团）有限责任公司承建的 G30 赛里木湖至果子沟口段公路改造工程第十合同段沥青路面项目，地处霍城县果子沟峡谷沿溪段，夏热冬寒，早晚温差大，降水量丰富，平均海拔2 100m，由于该项目具有寒冷冰冻地区和山岭区高速公路的双重典型特点，故工程中采用了双层结构。该项目开工日期 2009 年 6 月，竣工时间 2012 年 8 月，全长 27.481km，工程合同总造价 1.16 亿元。该项目路面工程施工中成功运用了本工法，路面具备良好的抗车辙性能。施工中改性添加剂改良沥青混合料的使用，缩短了工期，降低了施工难度，大幅度提高了沥青路面高低温综合路用性能，降低成本造价的 12%。

SBS 改性沥青混凝土路面施工工法

GGG(中企)B4046—2013

李 文 王志刚 连佳机 靳志强 陈建华
(中交第一公路工程局有限公司 中交一公局第三工程有限公司)

1 前言

1.1 升级理由

(1)该工法是在旧规范《公路沥青路面施工技术规范》(JTJ 032—94)和旧规范《公路改性沥青路面施工技术规范》(JTJ 036—98)的基础编写的。为适应现行《公路沥青路面施工技术规范》(JTG F40—2004)的要求,必须对工法进行相关修改。

(2)工艺改进提高了工程质量。

由于技术进步与发展,设备性能的提高,我局在多个工程项目开展了有关技术课题的研究,取得了可喜的成果。尤其是在改性沥青(沥青)路面的施工工艺上,做了多项工艺改进,提高了施工质量,取得了很好的经济效益和社会效益。主要表现在以下几方面:

①采用"贝雷法"对改性沥青混合料矿料级配优化,补充和完善了沥青混合料配合比设计方法;能有效的检测、验证混合料级配是否是骨架密级配。

②使用大功率摊铺机作业,并在摊铺机布料槽进行了四项处理措施,很好的解决了混合料纵向、横向离析;基本解决了混合料的竖向离析,同时也有效地控制了温度离析。

③通过压实温度的研究,提出了复压完成温度的控制范围,有利提高压实质量。

④通过对低温环境的研究,针对性提出了相适应的施工控制参数,有利指导低温施工。

⑤提出热接缝技术来取代原有的冷接缝施工,提高了接缝处抗渗能力。

1.2 获奖及专利情况

(1)该工法在我单位下属各公司推广使用以来,所建工程较多,工程质量较好,其中,获国家优质工程银奖3项,中国土木工程詹天佑奖2项,交通部优质工程一等奖10项,交通部优质工程二等奖4项。

(2)在施工中获得四项实用型专利,即"新旧沥青路面拼接预热装置"、"沥青拌和站回收粉尘排放装置"、"一种设置在冷料仓下料口处控制冷料供给量的挡板"和"粉煤燃烧系统"。

2 工法特点

在原工法基础上,针对改性沥青混合料施工难点立题研究取得重大突破,本工法最突出特点就是工艺的大改进,控制措施准确、到位,工艺控制参数选择恰当,能成功的解决了摊铺时混合料纵向、横向及竖向离析;同时也将温度离析控制在允许范围。加之,配合比和压实度的有效控制,施工质量大大堤高,施工组织更加科学、合理。

本工法不考虑改性沥青现场加工,而是使用成品 SBS 改性沥青,工法只涉及成品检测、试验与储存保管方法。

3 适用范围

本工法适用于高等级公路的新建、改扩建、城市干道、厂矿道路、机场跑道等热拌 SBS 改性沥青密级配面层的铺筑施工。

4 工艺原理

把粗、细集料经冷料按目标配合比进行配料，通过充分烘干，加热到规定温度，进行二次筛分，存于各热料仓，然后按生产配合比供料，再加热至规定温度和规定比例的SBS改性沥青、一定比例的填料，一并进入搅拌机中强制拌和，搅拌均匀后，运输车运至现场，由具有振动夯、自动找平系统的摊铺机进行摊铺作业，压路机碾压成型，使结构层达到使用功能要求。

5 施工工艺流程及操作要点

5.1 施工工艺流程

热拌SBS改性沥青混合料施工工艺流程见图1。

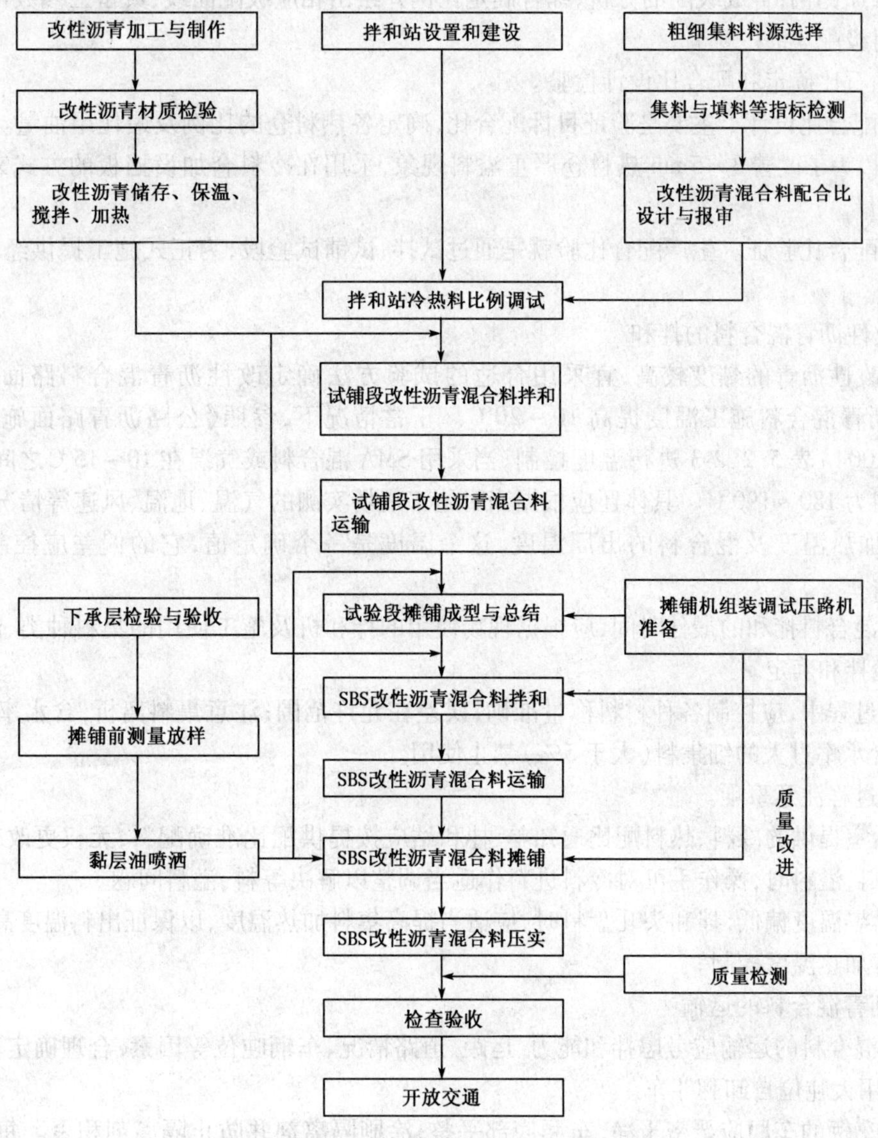

图1 热拌改性沥青混合料路面施工工艺流程

5.2 操作要点

1)拌和站的设置与建设

(1)应根据工程的进度和质量要求，确定拌和设备。一般选用能自动控制的间歇式拌和机，由于改性沥青黏稠度大,拌和效率降低,宜选用产量大的。

(2)SBS改性沥青拌和站选址,宜选在空旷、环境干燥、地势稍高、地下水位低,并具有较好运输条件的地方;材料存放场地应足够大,以能够满足施工工期和组织要求为原则;场地应符合国家有关环保、安全、环境、消防等规定的要求。

2)改性沥青混合料配合比设计

(1)目标配合比设计。SBS改性沥青混合料目标配合比设计,是使现场使用配合比符合路面结构设计要求并确定最佳用油量。该设计一是确定冷料配比,二是为生产配合提出目标。

①矿料级配设计:对现场原材料进行筛分,计算各类矿料用量,使合成矿料级配符合规定范围;对最大公称粒径、4.75mm、2.36mm和0.075mm四个主要关键筛孔通过率要严格控制。

②采用"贝雷法"对矿料级配设计进行检验和优化:采用"最小间隙法"确定粗粒级比例;计算粗粒组最佳状态下合成集料密度、孔隙率;确定细集料比例;计算出初步配合比例;粗、细集料级配调整确定各规格集料掺加比例;合成级配的分析;综合确定比例并绘出相应级配曲线;贝雷三参数符合性比较,选择优化的矿料级配。

③最佳油石比确定和配合比设计检验。

(2)生产配合比设计。主要是验证目标配合比,确定各热料仓的比例及最佳用油量。对于SMA-13及以上混合料,为了改善3~5mm热料仓严重溢料现象,采用在冷料仓加设挡板的方式来控制2.36~4.75mm进料量。

(3)生产配合比验证。生产配合比验就是通过试拌、试铺试验段,为正式施工提供经验与施工控制参数。

3)SBS改性沥青混合料的拌和

(1)SBS改性沥青的黏度较高,宜采用合适的试验方法确定改性沥青混合料路面的施工温度。通常比普通沥青混合料施工温度提高10~20℃。正常情况下,参照《公路沥青路面施工技术规范》(JTG F40—2004)表5.2.2-3进行温度控制;当采用SMA混合料或气温在10~15℃之间时,混合料出厂温度应控制为180~190℃。具体还应根据当时施工规场实测的气温、地温、风速等情况,综合确定改性沥青、集料加热温度及混合料的出厂温度,这个温度是一个确定值,它的偏差应控制在设定温度±3℃内。

(2)改性混合料拌和的最佳时间,应根据现场使用的拌和机及施工使用的集料种类、改性混合料的种类等经试验拌和确定。

(3)拌和过程中,应控制各种材料称量准确,误差在允许范围;注意集料离析,含水率(特别是细集料)的稳定,含水率过大的细集料(大于5%)禁止使用。

(4)拌和过程注意事项。

①由试验室提供的冷料、热料配比通知单,拌和站应按提供配比准确配料,无权更改变动。因冷料变异,造成等料、溢料时,操作手可对冷料进料作适当调整以解决等料、溢料问题。

②对于早晨温度偏低,拌和头几盘料时,应适当提高集料加热温度,以保证出料温度高出正常温度,然后再按正常加热温度控制。

4)改性沥青混合料的运输

(1)沥青混合料的运输应考虑拌和能力、运距、道路情况、车辆吨位等因素,合理确定车辆类型及数量,应尽量使用大吨位自卸翻斗车。

(2)运输车辆的车厢应严密干净,车厢底部平整,涂刷隔离剂并防止隔离剂积聚。每次卸料后,安排专人检查,车厢内必须保证卸料干净,防止剩余的料硬结。

(3)装车时,应尽量缩小混合料的出口与车厢的距离,按前、后、中三次装满,每装一次移动一个位置,以减小离析。

(4)混合料运输应过程中,一般采用双篷布中间夹棉毯覆盖运料车顶部的方式,摊铺过程中,不掀开覆盖,以减少温度损失。当10~15℃低温施工时,需要在运料车车厢两侧采取保温措施。

(5)混合料到达现场等候摊铺时,现场施工人员应检查每车混合料的温度并签收运料单,一般情况下到场温度应不低于165℃,SMA混合料或气温在10~15℃时的混合料应不低于175℃。

(6)运料车在卸料时,将车倒至距离摊铺机前20~30cm处停车,严禁撞击摊铺机,挂空挡轻带刹车靠摊铺机推动前进,等待指挥人员指挥卸料,卸完料后迅速驶离。

5)改性沥青混合料的摊铺

(1)摊铺前准备工作。

①下承层的检查与验收。应对下承层进行检查验收,其各项技术指标均应合格后方可进行摊铺工序;并清扫表面杂物、应提前冲洗灰尘、吹干、吹净。摊铺前,应喷洒黏层油,黏层施工后应封闭交通,以免破坏或污染。

②施工放样。改性沥青结构层多为中、上面层,施工放样只需控制平面轮廓或放出导向线即可。在摊铺面上控制好摊铺厚度和横坡度。

(2)摊铺机使用参数的选择及调整。

①熨平板宽度调整,应结合摊铺宽度进行调整,必须相应调整分料螺旋器和振捣梁,并检查熨平板平直度和整体刚度,不合格应及时更换。注意,调整时摊铺机机身左右对称,保持行走平衡,还应考虑上下层纵缝应错开20cm以上,为便于摊铺机转向,熨平板应与路缘石或边沟之间预留10cm(左右)距离。

②熨平板拱度调整,在宽度调整后进行,使用摊铺机调拱器进行调整。调整后拱度应进行摊铺校验,拱度调整要注意考虑熨平板两端挠度变形。熨平板拱度可按表1调整。

熨平板拱度调整表 表1

单机摊铺宽度(m)	4	6	8	11.5	12
预拱度调整高度(cm)	0.3	0.5	1	1.5	2.7

③摊铺厚度与熨平板初始仰角调整,熨平板厚度位置调妥后,调整初始工作仰角。

④熨平板前缘与分料螺旋距离的调整,主要根据摊铺厚度大小、混合料集料颗粒大小、摊铺密度的高低以及混合料温度等情况确定,以控制下料速度和通过性。

⑤分料螺旋高低的调整,根据摊铺厚度的大小来调整分料螺旋的高低。分料螺旋高度可按表2进行调整(以ABG8820为例)。

分料螺旋高度调整表 表2

摊铺厚度(cm)	调整范围(cm)	螺旋高度(中轴线)(cm)	备 注
小于等于8	0~5	27.5~32.5	摊铺厚度小,取低限,其他型号摊铺机可参照选择
8~15	5~10	32.5~37.5	
大于15	10~15	37.5~42.5	

⑥在摊铺机分料螺旋前方加装弹性橡胶板的前挡板,将离地间隙调为最小,以改善沥青混凝土摊铺的竖向离析;在分料螺旋吊架两侧安装反向叶片,以改善沥青混凝土摊铺的条带离析;局部供料不足或不均匀,可在这些部位适当减少叶片;分料螺旋长度应不小于摊铺宽度的90%。

⑦振捣梁振幅和频率的调整,根据摊铺厚度、摊铺温度、摊铺速度、摊铺矿料粒径等因素设定调整振幅和频率,保证初始压实度在85%。

(3)沥青混合料摊铺。

①缓慢、均匀、连续不间断地摊铺是提高路面平整度的最主要措施。摊铺机的摊铺速度选取应综合考虑拌和站的产量、混合料类型、气候环境条件及碾压设备能力等情况来确定。摊铺速度控制必须考虑与碾压速度匹配,应满足"摊铺用时大于碾压用时"的原则,才能保证碾压作业紧跟摊铺作业。在气温大于20℃时,拌和产量满足要求的条件下SBS改性沥青混合料摊铺速度可控制在2.4m/min,10~20℃气温摊铺速度控制在2~2.2m/min之间为宜。4级风以上时,不宜进行改性沥青施工。

②摊铺机供料要求运输车辆对摊铺机持续不断供料,使摊铺机分料室内的混合料高度保持标准状态,尽力采用闸门自动控制系统操作摊铺,做到缓慢、均匀、不间断地摊铺。

③摊铺的混合料未压实前,施工人员不得进入踩踏。如局部离析,需在现场主管人员指导下,允许用人工找补或更换混合料,缺陷较严重时应予铲除,并调整摊铺机或改进摊铺工艺。

④中、上面层均采用非接触式平衡梁控制方式。当采用两台摊铺机实施摊铺施工时,靠中央分隔带侧摊铺机应在前,两台摊铺机摊铺层的纵向接缝,应采用热接缝,避免出现缝痕。

⑤摊铺机应调整到最佳工作状态,调好螺旋布料器两侧的自动调位器,并使料门开度、链板送料器的速度和螺旋布料器的转速相匹配。螺旋布料器内混合料表面以和螺旋布料器叶片等高为宜,使熨平板的挡板前混合料的高度在全宽范围内保持一致,避免摊铺层出现离析现象。

⑥松铺厚度应及时检测和调整。摊铺前0.5~1h就应对熨平板预热和保温,使温度不低于100℃,但也不应过高。

⑦施工过程中应注意的问题:

a.摊铺机就位时应使熨平板前缘和路面横向接缝对齐,为保证摊铺时初始摊铺温度,开机时应先摊铺第三车或第四车。

b.摊铺机因故障或等料时应将预热器打开,停机超过半小时或料温低于100℃时,应立即提机做横向接缝。

c.SMA混合料或施工气温在10~15℃时,应对摊铺机两侧分料螺旋部位的沥青混合料采取用篷布覆盖等保温措施,以降低温度离析。

6)改性沥青混合料的碾压

混合料碾压成型应根据混合料的类型、粒径、改性沥青黏度、含量、结构层厚度和环境气温等因素来选择压路机种类、型号和数量。在碾压过程中,要严格贯彻"紧跟、慢压、高频、低幅"原则;严格控制碾压速度和碾压遍数,严防过压,造成粗集料棱角的破损。

(1)改性沥青混合料的有效压实效果取决于满足复压结束温度,按照125℃(SMA混合料大于130℃)控制,最低不得低于120℃的要求。

(2)改性沥青混合料碾压组合方式,应按照最不利施工环境气温条件配置,并通过试铺路段验证后,确定压实工艺。

(3)为避免碾压时混合料推挤产生壅包,碾压时应将驱动轮朝向摊铺机;碾压路线及方向不应突然改变;压路机起动、停止必须减速缓行,不准紧急制动。压路机折回不应处在同一横断面上,应成阶梯状。

(4)碾压轮在碾压过程中易发生粘轮现象。对于双钢轮压路机,在轮上喷洒或涂刷含有隔离剂的水溶液,喷洒应呈雾状,数量以不粘轮为度,以防混合料降温过快。对于胶轮压路机,可适当涂刷少量隔离剂或防黏结剂,并先到高温区碾压使胶轮尽快升温。胶轮压路机胶轮外围宜加设围裙保温。

(5)改性沥青混合料碾压按初压、复压、终压三个阶段进行,各阶段应设置明显标志,便于驾驶员辨认。对松铺厚度、碾压顺序、压路机组合、碾压遍数、碾压速度及碾压温度应设专岗管理和检查,使面层做到既不漏压也不超压。对于不同类型的混合料,所采用的碾压方式也不同。

①AC、SUP型改性沥青混合料碾压。

a.初压:初压应在紧跟摊铺机后碾压,并保持较短的初压区长度,以尽快使表面压实,减少热量散失。初压开始温度宜控制在150℃以上,低温环境(10~15℃)下,应在155℃以上。通常采用钢轮压路机前进时关闭振动装置静压,速度控制在2~3km/h,返回时沿前进轮迹开启振动装置振动碾压,速度为2~3km/h,从低侧向高侧碾压,碾压1遍。当采用30t胶轮压路机初压时,应在胶轮上面涂好油,并使胶轮预热好之后再紧跟摊铺机碾压,可解决黏轮问题。

b.复压:复压应紧跟初压,控制好碾压段长度和有效压实时间,尽量在较高温度下进行压实。复压开始温度应控制在140℃以上。通常采用30t以上重型的胶轮压路机进行搓揉碾压,以增加密水性,相邻碾压带应重叠,钢轮为20cm,胶轮为一个轮宽。碾压4~6遍,碾压速度控制在3~5km/h。复压碾压段总长度由试验路确定。

c. 终压:终压是为消除轮迹身陷,保证面层平整度,应紧跟复压后进行,一般采用双钢轮振动压路机,从低侧向高侧碾压,静压1~2遍。终压结束表面温度不应低于100℃。

②SMA改性沥青混合料碾压。

a. 初压:初压开始温度宜控制在155℃以上,低温(10~15℃)施工时,应提高5~10℃。宜用激振力180kN双钢轮、双振动压路机紧跟碾压,前进时关闭振动装置静压,以2~3km/h的速度碾压,返回时沿前进轮迹振动碾压,速度2~3km/h。

b. 复压:宜紧跟初压,与初压交织在一起(无明显界限),在较高温度下进行,利于碾压密实。通常使用双钢轮、双振动压路机碾压,碾压参数参照试铺段结果,通常振动碾压2~3遍,碾压速度可以控制在3~4km/h之间。

c. 终压:紧跟复压之后,一般双钢轮静碾1~2遍,终压结束时表面温度宜不低于100℃。

(6)碾压过程中需注意的问题。

①碾压段落长度选定。应根据混合料类型、压实设备、施工环境和摊铺速度等因素来确定,一般复压长度应控制在15~40m之间,SMA混合料或气温为10~15℃时,复压长度应控制为15m~25m。

②路面边部碾压,当路缘外侧无支撑物时,先预留30~40cm宽不进行碾压,待压完第一道后,使压路机大部分重力位于已压实过的混合料面层上,再压30~40cm宽的边缘。

③桥面铺装施工,宜采用钢轮压路机静压胶轮压路机进行复压、轻型钢轮压路机终压的方式进行,不得采用有可能损坏桥梁的大型振动压路机或重型钢筒式压路机。

7)接缝的处理

(1)纵向接缝。

①采用两台摊铺机成梯队联合摊铺方式的纵向接缝,应采用热接缝。前后两台摊铺机距离应控制为5~10m,尽量缩短间距,减少混合料温度损失。在前部已摊铺混合料部分留下30cm宽暂不碾压,作为后高程基准面,并有5~10cm的摊铺层重叠,进行跨缝碾压。上下层纵缝应错开15cm或20cm以上。

②当纵接缝为冷料时,宜采用预热拼接技术施工。

a. 现场施工准备:预切顶面深度2cm,清扫、冲洗和吹净等清理后,将乳化沥青用毛刷均匀刷在接缝面上。

b. 摊铺机设备改进,安装加热系统,通过预加热喷枪对接缝处的冷缝部位进行均匀的加热。

c. 碾压,初压先采用钢轮在距接缝30cm左右,对新铺面层上进行前静后振一遍,然后再跨缝碾压,其碾压速度为2km/h,复压、终压同初压。

(2)横向接缝。

①表面层应采用垂直平接缝,中面层当条件限制时可采用斜接缝。

②相邻两幅及上下层的横向接缝均应错开2m以上。

③摊铺即将结束时,在预定接缝端部约1m长的摊铺范围,撒一薄层细砂或铺一层牛皮纸或麻布袋片,减少沥青混合料和下承层的黏结力,以便切除。用6m直尺沿沥青混合料纵向,将直尺一端压紧,用塞尺检查间隙,将间隙小于规定值(中下面层间隙小于5mm,上面层间隙小于3mm)的横向线为基准线,将未完全冷却,不符合平整度要求的尾部沥青混合料迅速刨除,清除隔离物。

④接缝前,下承层需清扫干净,保证接缝处干燥。须在接缝处涂抹改性乳化沥青,以增加新旧沥青混合料的黏结力。

⑤宜采用钢轮压路机进行碾压,碾压带的外侧应放置供压路机停顿的木垫。碾压时,可采用先横向静压,每碾压一遍向新铺沥青混合料方向深入20cm,碾压深入新铺沥青混合料的距离为压路机轮宽的2/3即可,再纵向碾压;也可由中间向两边进行打斜扇形碾压,每次错轮20cm,最后正常碾压。在碾压中控制碾压速度,以防止碾压速度过快造成沥青混合料发生推移现象。

8)开放交通

待混合料路面碾压完成并自然冷却,表面温度低于50℃后,方可开交通。特殊情况下,需提前开放交通时,可洒水冷却降低温合料温度。

6 材料与设备

6.1 SBS改性沥青

改性沥青是混合料的胶凝材料,应严格按照设计和《公路沥青路面施工技术规范》(JTG F40—2004)表4.6.2聚合物改性沥青技术要求选择,可以现场加工也可以选用成品改性沥青。

1)现场加工

(1)加工工艺:改性沥青加工设备由搅拌釜、改性剂供料器、储存罐、导热油加热系统和操作控制系统等部分组成,基质沥青加热脱水后将温度为160℃的热沥青用沥青泵送到加工设备的搅拌釜中,用导热油加温系统继续升温,当搅拌釜中的沥青温度升至165~170℃时,用改性剂供料器按掺配比例从搅拌釜的顶部将改性剂送入搅拌釜中,导热油系统对搅拌釜控温,搅拌釜开始工作,直到将改性剂及沥青研磨、剪切成细小的颗粒(粒径小于5um)均匀分布于沥青中而形成改性沥青。搅拌完毕的改性沥青直接输入沥青混合料拌和楼中使用,也可输入储存罐中保温备用。

(2)质量控制:除了对原材料的质量进行控制外,重点对改性沥青的加工质量进行控制。

2)成品改性沥青

沥青进场后,工地试验室宜选对其进行三大指标的检测,待合格后才可以进行卸车,并设置专用留样备检。对于现场存储应符合以下要求:

(1)改性沥青罐必须配备搅拌装置,以防止改性沥青离析。

(2)改性沥青存储尽量采用卧式罐,对于立式罐因罐体过大加热及搅拌均存在较大困难,不建议使用。

(3)改性沥青应根据施工组织及拌和站产量合理安排,要求进场三天内必须使用完。

6.2 黏层乳化沥青

黏层乳化沥青根据设计要求选择,可使用成品乳化沥青,也可自行加工,加工乳化沥青的基质沥青应符合《公路沥青路面施工技术规范》(JTG F40—2004)中4.3.4的要求,乳化沥青技术指标应符合《公路沥青路面施工技术规范》(JTG F40—2004)中表4.3.1、表4.3.2、表4.7.1-1及4.7.1-2的要求。

6.3 粗集料

无论是外购还是自行加工,质量均应符合《公路沥青路面施工技术规范》(JTG F40—2004)中表4.8.2、表4.8.3、表4.8.5及表4.8.7的要求。

6.4 细集料

细集料宜采用坚硬、洁净、干燥、无风化、无杂质并适当颗粒级配的机制砂,应选择优质石灰岩等碱性石,也可适量使用优质天然砂,但不得使用料场下脚料,其技术指标均应符合《公路沥青路面施工技术规范》(JTG F40—2004)中表4.9.2、表4.9.3、表4.9.4的要求。

6.5 填料

宜采用石灰岩或强基性石料经磨细得到的矿粉。矿粉应干燥、洁净,能自由地从矿粉仓流出,其技术指标应符合《公路沥青路面施工技术规范》(JTG F40—2004)中表4.10.1的要求。

6.6 纤维稳定剂

如需加录添加纤维稳定剂,应符合《公路沥青路面施工技术规范》(JTG F40—2004)中4.11.1的要求。

6.7 机具设备

主要施工机具设备配备见表3。

主要施工机具设备配备 表3

序号	名 称	规 格	单 位	数 量	备 注
1	间歇式沥青拌和站	4000 型	台	1	满足生产率要求
2	沥青混合料摊铺机	VOLVO8820	台	2	满足施工要求的不少于两台
3	双钢轮双振动压路机	13t 以上	台	3	激振力大于等于71/35.3kN
4	轮胎压路机	30t 以上	台	3～4	
5	小型压路机	2t	台	1	
6	自卸汽车	30t 以上	台	15～20	根据运距确定
7	装载机	ZL50	台	3～4	
8	乳化沥青生产喷洒设备		套	1	
9	洒水车	5～8t	台	1	
10	加油车	$5m^3$	台	1	
11	切割机		台	1	

6.8 劳动力组织

劳动力组织按照1套4000 型、2 台沥青摊铺机、5～7 台压路机计，其劳动力组织见表4。

劳 动 力 组 织 表4

项 目		所需人数(人)	备注	项 目		所需人数(人)	备注
前台	工区长	1	根据施工安排调整	后台	工长	1	
	技术员	2			机械技术员	1	
	测量组	4			拌和组	7～10	
	运输组	15～20			供料组	7	
	摊铺组	6			供油供电	4	
	碾压组	5～7			机械维保组	3～4	
	辅助工	10			合计	23～27	
	试验和质检	8～10					
	合计	51～60					

7 质量控制

7.1 应执行的标准规范

改性沥青混合料施工阶段质量检查标准见《公路沥青路面施工技术规范》(JTG F40—2004)中表11.4 及表11.5。

7.2 质量保障措施

(1)加强对原材料的源头、进场、堆放和保管等环节的控制。

(2)施工配合比应及时、准确，做到动态管理。

(3)加强对拌和站、摊铺机等关键设备的管理，按时维护，降低设备的故障率。

(4)加强对施工工艺的过程控制，严格按照规范要求施工，发现问题及时处理。

(5)对改性沥青混合料易出现的质量问题，如离析、碾压温度低等，应制订具体的预防措施。

(6)按要求及时进行质量检查，按照动态质量管理办法进行分析、总结和改进。

8 安全措施

(1)应遵照中华人民共和国行业标准现行的《公路工程施工安全技术规程》(JTJ 076—95)的要求执行。

(2)应遵照国家颁发的有关安全技术规程和安全操作规程办理。

(3)路面施工的人员应穿戴劳保防护用品,防止烫伤,夏季高温季节施工,应采取防暑降温措施。

(4)对从事沥青试验检测人员,除做好通常的沥青作业防护以外,还得做好三氯乙烯等有害气体的防护并发放一定的补贴。

(5)改性沥青拌和厂应经常检查导热油,防止泄漏入沥青储存罐中而引发火灾,拌和厂内应采取有效的防火、防爆、防毒措施,场内严禁烟火,设置醒目防火警示牌,并配备一定数量的消防器材。

(6)轮胎压路机上安装倒车雷达,防止对施工人员造成伤害。

9 环保措施

(1)选择改沥青混合料拌和场地时,应远离居民区及村庄,无法避开居民区或村庄时应选在主风向下方。

(2)改性沥青混合料拌和设备必须有良好的二级除尘装置并能有效地进行除尘,使空气质量标准符合当地环保部门的要求。

(3)废弃的粉尘和 SBS 沥青混合料存放在指定地点,粉尘可采用湿排法或采用经常洒水及覆盖等措施,防止粉尘扩散。

(4)拌和楼的矿粉和发电机等设备的噪声,应符合当地环保部门的要求,不符合者应采取有效措施。

(5)运输过程中,对篷布覆盖压实,对车厢帮槽开关处的检查,防治跑冒滴漏。

10 资源节约

(1)沥青拌和站建议采用优质煤粉代替重油进行沥青混合料集料加热,每生产 1t 沥青混合料可节约 10 元以上。

(2)沥青拌和站在条件允许时,可以用天然气代替重油加热沥青、集料,正常情况下,大约每吨料可节省 5 ~6 元,同等条件下由于燃烧充分,残留物比重油少,混合料质量有所提高。碳排量相比之下更少。

11 效益分析

本工法在矿料级配优化、施工温度控制、离析控制和工艺参数选择等方面进行了改进,带了不少经济效益。其中,采用“贝雷法”进行矿料级配的优化,AC 型结构油石比可降低 0.1%,如按一个项目 15 万 t 改性沥青混合料计算,可节省费用:15 ×0.1%/1.04 ×5 500 = 80(万元),即可计算的直接经济效益约 80 万元/项目;不好计算的间接经济效益还是比较大的,主要分四个方面:施工质量得到可控和保障;降低了质量成本和返工率;减少了通车路面早期病害质量风险;为项目部合理施工组织提供了科学的技术指导,有利于施工工期。

通过对交工使用项目调查来看,目前凡采用该工法施工的路面,使用状况良好,返修率极低或没有,未出质量问题,运营单位(或业主)反馈意见良好。因此,可大大降低了后期维护费用,延长了路面的使用寿命,地方业主对施工企业的认可度提高,对国家经济发展、交通安全和节能减排等有着积极的推动作用,为社会带来了较大的经济效益。

12 应用实例

本工法自形成以来,我局已推广和应用有多个工程项目,涉及到SBS改性沥青各种不同类型结构。其中,AC型结构项目有重庆渝湘高速LM1标、甘肃永古高速LM3标、山西大同208国道;SUP结构项目有沪宁高速改扩建工程LM1标(中面层)、南京绕越高速LM22标(中面层)、锡张高速LM1标(中面层);SMA结构有沪宁高速改扩建工程LM1标(上面层)、南京绕越高速LM22标(上面层)、锡张高速LM1标(上面层)等。这些工程均已完成交工或竣工,工程质量等级为优良。运营期间,路面使用性能良好,并得到业主的高度评价,赢得了良好的社会效益。

树脂沥青组合体系钢桥面铺装施工工法

GGG(浙)B4047—2013

单光炎　陈正发　张　瑜　单　岗　卢　亮
(浙江省交通工程建设集团有限公司)

1　前言

钢桥面铺装是一个世界性难题。近年来,国内各相关部门在桥梁建设高峰期投入了大量的人力、物力进行钢桥面铺装研究工作,在钢桥面铺装方面的研究已经取得了不小的成果,形成了以环氧沥青钢桥面铺装、浇注式钢桥面铺装和树脂沥青组合体系钢桥面铺装三种主要技术体系,并在2009年已有关于ERS钢桥面铺装施工工法问世,但是依然没有完全解决钢桥面铺装这一世界性的技术难题。为此,浙江省交通工程建设集团有限公司联合了科研、生产、管理等多家单位开展了《树脂沥青组合体系钢桥面铺装技术研究》,此项目列入2009年交通科学技术项目补充执行计划6项西部交通建设科技计划项目之一(编号为20093180001072012),该项目在2012年经过专家委员会鉴定,其总体研究成果达到国际领先水平。项目研究在原有树脂沥青组合体系钢桥面铺装技术(以下简称ERS钢桥面铺装技术)研究的基础上,更加关注核心技术细节,形成ERS钢桥面铺装力学设计、材料研发及评价、施工和验评成套解决方案,为解决国内钢桥面铺装技术难题提供了一条新的途径。新型施工技术从结构层的处理、工艺改进、材料性能、施工设备等关键核心环节作了深入研究分析,形成了一套更为先进完整的树脂沥青组合体系钢桥面铺装施工技术,并成功应用于杭州之江大桥、嘉兴焦山门大桥等钢桥面铺装工程中,获得了良好的经济和社会效益。同时,该工法涉及的关键技术已获得国家发明专利,专利号:ZL200910152726.6,并编制了详细的施工指南。现将改进后的树脂沥青组合体系钢桥面铺装技术总结编制成工法。

2　工法特点

(1)防水防腐可靠,提高了耐久性。在原工艺上对EBCL与RA05界面进行了涂刷一层RA胶料,防水效果显著提高。利用自主研发的树脂类材料,在常温条件下能有效的与钢板界面固结,且固化时间短、固结强度高,同时具有良好的钢板变形随从性,从而极大提高铺装层使用的耐久性。EBCL + RA05 + SMA构成了组合的防水铺装结构,防水防腐可靠,EBCL和RA均是耐水损的材料,铺装层受水损坏的危险大幅降低,从而提高了耐久性。

(2)质量有保证。优化后的EBCL施工难度低,质量可靠。优化后的结构EBCL只需涂刷一层便能满足质量要求,减少了二次涂刷可能会造成的污染和两层EBCL的层间黏结脱层等质量问题。

(3)降低劳动强度,提高生产效率。自主研发的桁架式自动碎石撒布机代替了原人工手推车碎石撒布,该设备操作简单,工作效率高,碎石撒布均匀性好,撒布量得到精确控制,施工更简便,施工后的EBCL防水抗滑界面更可有型的独立存在,并不混同于其他铺装层,层面受二次污染明显下降。

(4)过程控制可靠。创新的RA05顶面处理科学高效,将“RA顶面洒碎石”改进为“RA顶面不洒碎石直接抛丸”，免除了 RA 顶面抛洒嵌入的碎石对 RA 层的局部扰动和刺破效应，避免了部分无法有效嵌入 RA 层的碎石停留在 RA 表面形成不稳定夹层，同时还规避了 RA 顶面的碎石在抛丸过程中被局部击碎后大量粉尘进入抛丸机堵塞滤网造成的工效降低。

(5)改进碾压工艺，提高 SMA 碾压质量。本工法在 SMA 路面碾压引进了有效压实时间长、平整度高的水平振荡压路机碾压，碾压效果较好。

(6)施工适用性强。ERS 铺装对施工环境条件的要求不高，在温度范围 5～40℃内，湿度不大于 85% 的条件下，均可施工；不需要特殊的施工机具；没有苛刻的工艺要求。

(7)经济效益明显。ERS 属国内自主创新技术，主要原材料均实现了国产化，材料供应可靠，相比其他两种体系，综合成本下降幅度很大，综合造价经济。

(8)社会效益显著。ERS 结构施工及养护时间短，后期维护方便，维护费用低。

3　适用范围

本工法适合用于桥梁钢桥面铺装施工工程。

4　工艺原理

(1)将钢桥面钢板喷砂除锈后，利用改性环氧树脂耐高温、高强度和可追随变形的众多优点，在光滑的钢板上形成一层防水防腐的抗滑层 EBCL，利用 EBCL 凹凸不平的碎石表面与在其上铺装的 RA 层实现咬合，约束铺装层不产生水平滑动位移，实现钢板界面从“光滑”到“粗糙”的完美转变。

(2)利用冷拌环氧树脂沥青混凝土技术，在 EBCL 层面上冷作施工成型一层高强度小孔隙率且耐高温和抗损坏的树脂沥青混凝土（RA05）整体化层，在钢板和沥青混凝土之间形成了一个高弹性模量的中间过渡层，有效地分散集中的车轮荷载，同时通过 RA05 顶面进行抛丸和洒布改性沥青碎石防水层，增强了整体的黏结防水效果。

(3)利用高黏度改性沥青生产的高性能 SMA 沥青混合料作为行车功能层，为桥面铺装提供优良的行车安全舒适性和外观，而且降低整个铺装的造价。以 SMA 作为表面功能层时，该桥面已具有了长寿命路面的设计理念。即一定使用年限后，铣刨去除已损坏的 SMA 上面层，在很短的时间内对 SMA 层进行重置，即可使桥面铺装恢复如新。

(4)在原有的钢桥面典型结构层进行优化，既降低了施工难度，又提高了桥面铺装的质量。优化后的结构层 EBCL 只需涂刷一遍就可达到质量要求，并在 RA05 铺设后，对其顶面进行抛丸、洒布改性沥青碎石防水层，对 RA05 顶面进行处理后，基本不渗水，能更有效的起到防水、防腐作用，使其与 SMA 能更好的吻合，同时层层黏结更为牢固。改进前后的具体结构如图 1 和图 2 所示。

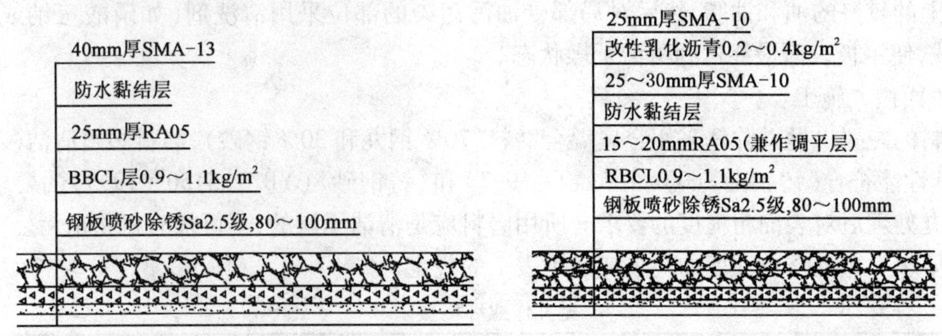

图 1　ERS 钢桥面铺装典型结构图

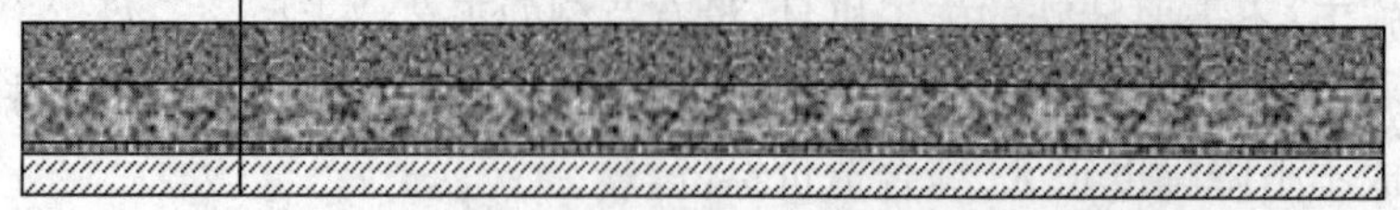

图2 ERS 钢桥面铺装改进型结构图

5 施工工艺流程及操作要点

5.1 施工工艺流程

施工工艺流程如图3所示。

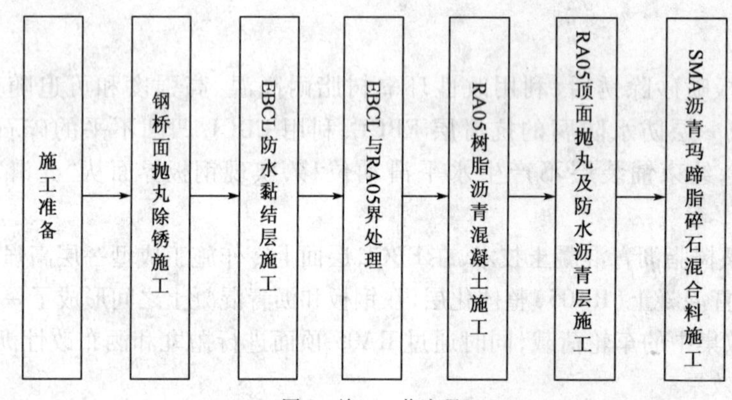

图3 施工工艺流程

5.2 操作要点

1)施工准备

(1)检查机械设备是否就位,现场调试设备运行是否正常,如遇故障应立即排除,保证施工安全有效的进行。

(2)配备好施工中所需的钉鞋、定量杯、刷子、2mm镘刀、鞋套、电动搅拌机等小型工具。

2)钢桥面抛丸除锈施工

(1)钢桥面板清洗施工。先用刚性纤维刷或钢丝刷除掉钢板表层上的松散物,再用小铲刮掉附着在钢板表面上的较厚的油和油脂,然后对局部受油污污染的部位采用清洗剂(如磷酸三钠或甲苯溶剂等)进行清洗,使钢板表面最终达到清洁干燥状态。

(2)钢桥面抛丸施工。

①原材料的配置。抛丸除锈采用金属混合磨料(70%钢丸和30%钢砂),磨料必须清洁(不含油、杂物)、干燥,其性能符合《铸钢丸》(YB/T 5149—1993)和《铸钢砂》(YB/T 5150—1993)的要求,粒度和形状满足抛丸处理后对表面粗糙度的要求。所用磨料应是清洁干燥的,不可被有机物玷污。

②环境要求。抛丸作业环境的要求应满足表1的规定。

抛丸作业环境要求　　表1

项目名称	技术要求	项目名称	技术要求
环境温度	5～40℃	钢板表面温度	≥空气露点温度+3℃
空气相对湿度	≤85%	空气露点	实测

③抛丸施工方法。采用多台抛丸机并行直线连续抛丸的方式，每次行走距离不超过50m，往返多次，直至将整个需除锈范围抛丸完毕；抛丸处应互相搭接3~5cm。在进行最后一遍抛丸除锈时，应换用清洁干燥磨料，禁止使用回收磨料。

抛丸机的行走速度和抛丸作业的遍数应使经抛丸处理后的钢板表面清洁度达到Sa2.5级，粗糙度达到80~120μm。施工现场应配备清洁度对照图谱和粗糙度标仪，以备随时对比检查。

对无法用回收式真空抛丸机抛丸的边角处及桥面的凹坑等部位，应用手提式真空抛丸机进行补充抛丸，以使该部位的清洁度与粗糙度满足设计要求。

对于已经抛丸结束，未喷涂涂料的钢板表面，采用适当的保护措施，尽快报验进入EBCL（油漆喷涂）施工工序。对于在规定的时间内（2h）未进行EBCL（喷涂油漆）的，根据情况予以重新处理，达到规定的要求方能进行EBCL（喷涂）作业。

3）EBCL防水黏结层施工

（1）EBCL胶料涂布面要清洁、干燥、无浮锈、无尘埃。抛丸除锈施工结束后应立即开始EBCL层施工，防止抛丸处理后钢板表面发生锈蚀和二次污染。

（2）EBCL胶料由A、B两组分组成，要严格按照比例进行混合，并用电动搅拌机搅拌均匀。根据当时的钢板温度、大气温度和胶料拌和温度，参照试验室确定的温度时间控制图及时调整施工时间，保证胶料在规定的时间内涂刷完毕。

（3）EBCL采用人工方式涂布，方格网法控制涂布量。EBCL胶料采用一层刮涂方式，涂布量按照0.9~1.1kg/m^{2}控制，然后立即洒布一层3~5mm单粒径碎石，单粒径碎石洒布要求干燥、清洁、均匀、无堆积，石子的撒布量为达到满布面积的80%，使之与EBCL胶料一起固化，形成黏结牢固的EBCL抗滑表层。本工法在EBCL层洒布3~5mm碎石，采用桁架式自动碎石撒布机代替由原来人工小车手推式碎石撒布，在撒布前先对其进行洒布量、洒布速度进行标定，如图4所示。

图4 桁架式自动碎石撒布机

（4）EBCL的碎石洒布量应先做好标准样板，施工时参照标准样板控制验收，碎石洒布要求均匀、满布不重叠、无堆积。

（5）EBCL层施工结束后，要封闭养护，未固化前禁止一切人员和机械进入。

（6）EBCL施工过程中成型EBCL胶料拉剪试件和拉拔试件，与钢桥面板EBCL同等条件养生，检测2d、3d的胶料拉剪强度和拉拔强度。

（7）EBCL的施工安排应严格按照天气预报进行，在胶料初始固化前可能有雨的情况下，不得安排EBCL的施工作业，以免胶料固化前淋雨，影响EBCL层的质量。对于尚未指干被淋雨的EBCL层必须铲除，重新抛丸、刮涂和撒布碎石。

4）EBCL和RA05界面处理施工

EBCL与RA之间的界面处理原来ERS钢桥面铺装中EBCL和RA05之间未做任何防水处置，

为了进一步完善整个铺装体系,在RA05铺装之前在EBCL界面上涂布一层RA胶料,涂布量是0.3~0.5kg/m^2,目的是消除原RA05和EBCL之间可能存在的微小空隙,提高界面的黏结力,见图5和图6。

图5　EBCL界面人工涂刷RA胶料

5)RA05树脂沥青混凝土施工

(1)RA05配合比设计。RA05树脂沥青混合料配合比设计按马歇尔试验方法进行,其技术指标应符合表2和表3的规定。根据实际材料,通过室内试验确定RA05的级配和最佳树脂沥青用量,同时对配合比进行性能试验验证。

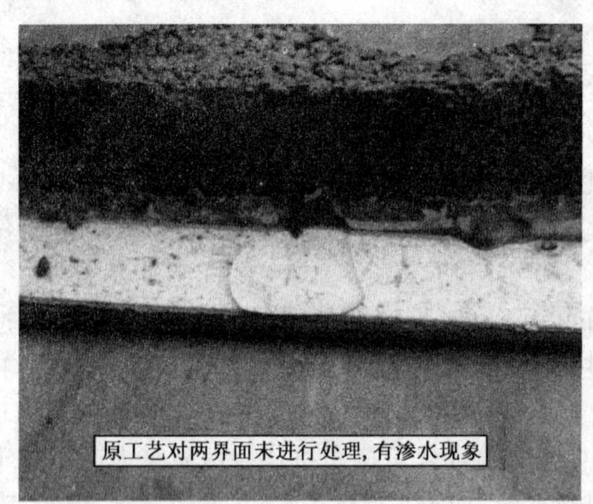

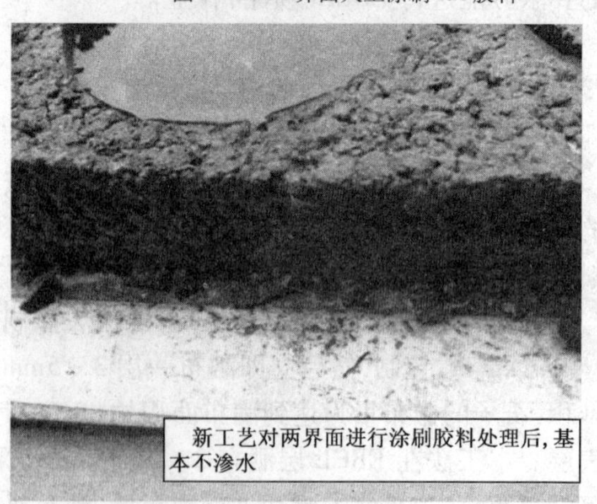

图6　EBCL与RA05界面涂刷RA05胶料前后比对

RA05树脂沥青混合料马歇尔试验配合比设计技术要求　　表2

试验项目	单位	技术要求	试验项目	单位	技术要求
击实次数(双面)	次	50	浸水马歇尔残留稳定度	%	≥90
试件尺寸	mm	ϕ101.6mm ×63.5mm	冻融劈裂强度比	%	≥85
空隙率VV	%	0~2	动稳定度(70℃)	次/mm	≥35 000
马歇尔稳定度,不小于	kN	40.0	-10℃低温弯曲极限应变	$\times10^{-6}$	≥2 800
流值	mm	20~40			

RA-05树脂沥青混合料的设计级配范围级配范围和用油量　　表3

RA-05级配	通过下列筛孔(mm)的质量百分率(%)								油石比(%)	聚酯纤维掺量(%)
	9.5	4.75	2.36	1.18	0.6	0.3	0.15	0.075		
规定范围	100	90~100	55~72	35~55	25~43	16~30	12~22	8~16	8~11	0.1

(2)RA05混合料拌和。

①RA05是冷拌树脂沥青混合料,石料没有加热干燥的过程,因此,石料必须在生产、运输、储存及拌和生产全过程中保持干燥,防止淋雨或受潮。要求石料场应在晴天时,用已轧制好的干燥路用片石、粗集料回轧生产RA05矿料,并要求对刚轧制好的RA05料进行防水包装,置于防潮的仓库内储存备用。

②RA混合料采用树脂沥青混凝土专用拌和机进行拌和,根据配合比分别放料至称量斗进行称量,以保证油石比准确。

③拌和机设置应尽可能在施工现场附近，一般以不超过30min的运输时间为宜，使混合料的运输和摊铺等待时间能符合胶料固化的作业时间要求。

④RA胶料由定量包装的A组分和B组分组成，现将B组分搅拌15s，再将A、B组分按比例倒入拌和桶并加聚酯纤维，用电动搅拌机进行搅拌，混合搅拌时间不少于45s（搅拌时间根据现场温度状况需进行适当调整），然后提升到拌锅平台上，待集料干拌结束后直接倒入拌锅内。

⑤RA混合料干拌时间控制为5～10s，湿拌80～100s，一锅料控制在100s左右，以混合料均匀为准。RA05拌和流程如图7所示。

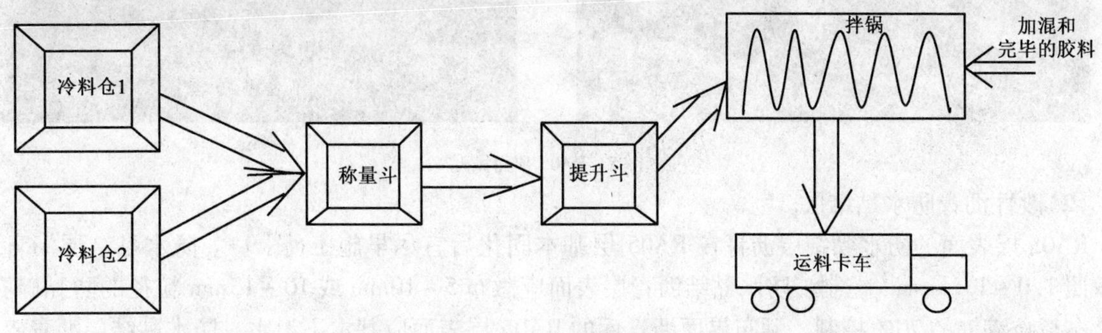

图7 RA05拌和流程图

（3）RA05混合料运输。

①拌和完毕的RA05混合料直接放入运料车，运料车装料先后部再前部，保证摊铺过程中先拌和的混合料先摊铺。

②为保证RA05混合料在规定的时间内施工完毕，需根据现场RA混合料拌和时间、运输时间和摊铺碾压时间确定合理的运料车装料数量，以保证RA05混合料摊铺过程中不等料，每车料在规定的时间内摊铺完毕。

③RA05混合料常温冷拌，运输车辆可不设保温层，但要覆盖篷布。

（4）RA混合料摊铺和碾压。

①钢桥面摊铺采用一台或多台摊铺机全幅施工，摊铺速度控制在2～4m/min之间，RA05摊铺厚度采用走滑靴的方式进行控制，保证RA最小厚度满足设计要求。

②碾压方式为光轮静压+轮胎压路机碾压，初压为钢轮静压1～2遍，复压为轮胎压路机进行复压4～5遍，最后钢轮消除轮迹。

③碾压采用分段控制，碾压长度要与每车料摊铺长度一致。碾压过程中禁止洒水、柴油、废机油及其混合液。为防止黏轮，统一采用植物油涂刷压路机钢轮、轮胎表面。

④摊铺碾压结束后及时清除压路机上黏连的RA05混合料，用专用清洗液清洗摊铺机，避免RA05胶料完全固化后无法清洗。

⑤RA05施工结束后根据气温条件要求封闭养护2～3d，禁止一切车辆通行。

⑥在现场施工过程中，成型马歇尔试件，置于桥上进行同步养生，检测2d、3d的马歇尔稳定度。

⑦RA05施工必须安排在晴天时进行，并且应根据天气预报确定未来2～3d内没有降雨，以保证RA05树脂沥青混合料良好固化。应绝对禁止雨天进行摊铺作业，若施工临时遇雨，应立即停止作业，并清除未压实成型的混合料，遭受雨淋的混合料应予以废弃。已碾压成型但尚未固化的混合料要及时用防雨布进行覆盖，并根据地形做采取防排水措施，保证未完全固化RA05料不受水浸泡。

6）RA05顶面抛丸及防水黏结层的施工

（1）RA05顶面抛丸。

在RA05基本固化后，清理RA05层表面杂物后，在RA05表面进行抛丸采用带吸尘装置的移动式自动真空无尘抛丸机抛丸，每幅抛丸处应相互搭接3～5cm。抛丸机对RA05层进行连续、匀速地抛丸工作，使RA05表面形成凹凸不平、干净的粗糙界面，RA05顶面抛丸见图8。

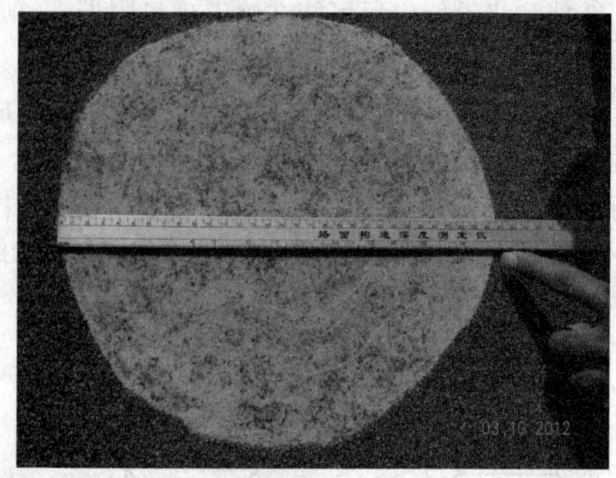

图8　RA05 顶面抛丸

(2)改性沥青防水黏结层。

RA05 层表面的防水黏结层沥青在 RA05 层基本固化后宜尽早施工(图9)。防水黏结层沥青洒布量按照 1.0~1.2kg/m^2 控制。防水黏结沥青层表面应撒布 5~10mm 或 10~13mm 粒径的防黏碎石,碎石撒布量按满铺的70%控制。洒布界面沥青后的 RA05 层表面应基本不渗水。防水黏结层沥青碎石洒布采用同步碎石封层车进行洒布,防水黏结材料施工质量主要由洒布量和洒布均匀性来衡量,洒布量采用单位面积称重法进行检测。防水黏结材料洒布完毕后,应记录洒布工艺参数:行驶速度、洒布宽度、液体流量(排、挡情况)。对于局部未洒到部位,应进行人工补涂防水黏结材料。每次人工刷涂的厚度应尽可能薄,一般不大于 0.4mm,在前一次补涂的防水黏结材料干燥后,方才进行下一次补涂,补涂达到最低厚度要求。

图9　RA05 顶面抛丸后的防水黏结层施工

7)SMA 沥青玛蹄脂碎石混合料施工

(1)SMA 沥青混合料配合比设计。

SMA 沥青混合料配合比设计马歇尔试验方法进行,其技术指标应符合表4 的规定。

SMA 混合料马歇尔试验配合比设计技术要求　表4

试验项目		单位	技术要求
击实次数(双面)		次	75
试件尺寸		mm	ϕ101.6mm×63.5mm
空隙率 VV	SMA10	%	2.5~3.5
	SMA13		3~5
矿料间隙率 VMA		%	≥17.0
粗集料骨架间隙率 VCA_{min},不大于		—	≤VCA_{DRC}

续上表

试 验 项 目	单 位	技 术 要 求
沥青饱和度 VFA	%	75 ~ 85
稳定度 MS,不小于	kN	8.0
流值	0.1mm	20 ~ 50
谢伦堡离沥青析漏试验的结合料损失	%	≤0.1
肯塔堡飞散试验的混合料损失或浸水飞散试验	%	≤15
浸水马歇尔残留稳定度	%	≥85
冻融劈裂强度比	%	≥80
车辙试验动稳定度(60℃)	次/mm	≥6 000
车辙试验动稳定度(70℃)	次/mm	≥3 500
渗水系数	mL/min	≤50
-10℃低温弯曲极限应变	με	≥2 800

根据实际材料,通过室内试验确定 SMA 的目标级配和最佳沥青用量,同时对目标配合比进行性能试验验证,严格按照配合比设计的三个步骤进行设计,检验其沥青混合料的各项性能指标。

(2)SMA 混合料的拌和。

①严格掌握改性沥青和集料的加热温度以及 SMA 混合料的出厂温度,采用高黏度改性沥青拌和可适当提高出厂混合料温度,一般提高 10 ~ 15℃。

②改性沥青 SMA 混合料拌和时间由试拌确定。投料次序为矿料、纤维,干拌约 15s 加沥青,加沥青 5s 左右加入矿粉,湿拌约 50s 出料,总生产时间为 60 ~ 70s,必须使所有集料颗粒全部覆盖沥青胶结料,并以沥青混合料拌和均匀为度。

③混合料生产过程中要检测混合料的均匀性、油石比、矿料级配和改性沥青 SMA 混合料的物理力学性质。

④拌和楼控制室要逐盘打印改性沥青及各种矿料的用量和拌和温度,并定期对拌和楼的计量和测温进行校核;同时根据拌和总量检验各种材料的配合比和油石比的误差。

(3)SMA 混合料的运输。

①运料车的车厢必须涂刷油水混合物的隔离剂,且厢底不得有积液。

②运料车车厢外加装帆布棉被保温层,在运输过程中必须加盖完整无损的双层篷布,卸料过程中继续覆盖,直到卸料结束后取走篷布。

③连续摊铺过程中,卸料过程中运料车应挂空挡,靠摊铺机推动前进。运料车应在摊铺机前 10 ~ 30cm 处停车,做到不撞击摊铺机。

(4)SMA 混合料的摊铺。

①摊铺机前必须有 3 辆以上的运料车辆等候,才可以进行摊铺作业,必须做到有运料车等摊铺机,禁止摊铺机等运料车。

②SMA 混合料黏度较大,摊铺机的运行速度控制在 3m/min 以内。

③SMA 面层采用非接触式平衡梁装置控制摊铺厚度。

(5)SMA 混合料的碾压。

①SMA 面层采用钢轮压路机静压 + 水平振荡压路机复压的方式,用钢轮压路机静压 1 ~ 2 遍,然后用水平振荡压路机复压 3 ~ 5 遍,碾压的温度应有专人控制,不宜过高,防止玛蹄脂上浮,破坏 SMA 骨架结构及表面纹理,最后用钢轮收光。

在 SMA 面层施工中碾压机械设备我们引进了悍马 HD128 水平振荡压路机(图 10),该压路机与传统的钢轮压路机有着有效压实时间长、平整度高等特点,在振荡压实时,对热沥青混合料施加了一个水平剪

图10　水平振荡压路机碾压

切力,钢轮始终不离开被压实材料,而不是通过一上一下的模式压实材料,确保更快速、有效的压实。使用传统压路机,当密实度达到临界值,而材料的温度又低于某特定温度时,如果再继续压实就会破坏集料,而水平振荡压路机则不会。同时,除了能使沥青层在最佳的温度下获得理想的密实度外,还能解决路面平整度问题。

②碾压过程需要时可喷涂清水或含有隔离剂的水溶液,喷水时应成雾状,以不黏轮为度,避免SMA路面降温过快。禁止使用柴油和机油的水混合物喷涂。

③碾压终结温度大于110℃,开放交通温度不高于50℃。

5.3　劳动力组织

劳动力组织见表5。

劳动力组织表　　表5

序　号	单项工程	所需人数(人)	备　注
1	管理人员	4	
2	技术人员	6	
3	钢桥面板除锈施工	12	
4	EBCL界面防水黏结层施工	18	
5	RA05层施工	16	
6	SMA10层施工	24	
合　计		80	

6　材料与设备

6.1　主要材料表

主要材料见表6。

主要材料表　　表6

序号	使用层位	材料名称	规　格	技术要求
1	EBCL防水黏结层	EBCL胶料	—	见表7
		EBCL层碎石	3~5mm碎石	见表8
2	RA胶结料黏结层	RA胶料	A、B胶混合胶料	见表9
3	RA05整体化层	碎石	0~3mm、3~5mm	JTG F40—2004
		矿粉	—	JTG F40—2004表4.10.1
		聚酯纤维	—	见表9
		RA05拌和用胶结料	—	见表9
4	防水黏结层	改性沥青	—	见表11
		碎石	5~10mm或0~13mm	见表10
5	SMA面层	高黏度改性沥青	高黏度	见表12
		碎石	—	JTG F40—2004
		木质纤维	—	JTG F40—2004表4.11.1
		填料	矿粉	JTG F40—2004表4.10.1
6	其他材料	止水带	—	见表14

所用特殊材料性能指标要求见表7~表14，常规材料性能指标要求见《公路沥青路面施工技术规范》(JTG F40—2004)。

EBCL胶料主要性能 表7

检测项目	测试温度	性能要求
拉拔强度(MPa)	25℃	≥10
拉拔强度(MPa)	70℃	≥3
拉剪强度(MPa)	25℃	≥5
拉剪强度(MPa)	70℃	≥1
断裂强度(MPa)	25℃	≥10
断裂伸长率(%)	25℃	≥10
胶料黏度(Pa·s)	25℃	1~2
指干时间(h)	25℃	24≥t≥1
固化时间(h)	25℃	≤72

EBCL层3~5mm碎石的技术要求 表8

指标		单位	标准值
表观相对密度	≥	t/m^3	2.60
坚固性(>0.3mm部分)	≥	%	12
砂当量	≥	%	60
棱角性(流动时间)	≥	S	30
小于0.075mm的含量(水洗法)	≤	%	1
吸水率	≤	%	2.0

集料选用洁净、干燥、坚硬、无风化的辉绿岩或玄武岩石料。

RA05拌和用胶结料主要性能 表9

试验项目	单位	技术要求	试验方法
指干时间(25℃)	h	≥6.0	指干法
固化时间(25℃)	h	≤72	
断裂强度(25℃)	MPa	≥2.0	直接拉伸试验
断裂伸长率(25℃)	%	>30	直接拉伸试验

防水黏结层用粗集料技术要求 表10

指标		单位	标准值
表观相对密度	≥	—	2.60
坚固性(>0.3mm部分)	≥	%	12
砂当量	≥	%	60
棱角性(流动时间)	≥	s	30
小于0.075mm的含量(水洗法)	≤	%	1
吸水率	≤	%	2.0

防水粘结层用改性沥青技术指标 表11

试验项目	单位	技术要求
针入度(25℃,100g,5s)	0.1mm	40~60
延度(5℃,5cm/min)	cm	≥20

续上表

试验项目	单位	技术要求
软化点 $T_{R\&B}$	℃	≥85
闪点	℃	≥260

SMA用高黏改性沥青技术要求 表12

项目		单位	技术要求
针入度(25℃,100g,5s)		0.1mm	30~60
软化点(环球法),≥		℃	85
延度(5℃,5cm/min),≥		cm	20
弹性恢复(25℃),≥		%	90
黏度(60℃),≥		Pa·s	10 000
闪点,≥		℃	230
RTFOT(163℃,5h)	质量损失,≥	%	1.0
	针入度比,≥	%	65
	回弹率,≥	%	85
	延度(5℃,5cm/min),≥	cm	10

聚酯纤维技术要求 表13

试验项目	单位	技术要求
纤维直径	μm	≥15
抗拉强度	MPa	≥500
断裂伸长率	%	≥19
抗老化	—	极高

止水带技术要求 表14

技术指标		要求	试验方法
针入度25℃(0.1mm)		≤90	ASTM D 3583
流动度60℃×5h(mm)		0	ASTM D 3583
弹性恢复率(25℃)(%)		≥60	ASTM D 3583
拉伸率(25℃)(%)		≥250	ASTM D 3583
热空气老化(160℃×168h)	25℃弹性率保持(%)	80	ASTM D 3583
	25℃拉伸率保持(%)	65	ASTM D 3583

6.2 设备

施工前对所用机械必须进行仪器标定,合格后才能使用。主要机械设备见表15。

主要机械设备表 表15

序号	名称	型号	单位	数量
1	抛丸除锈机	Blastrar2-20DS-50cm	台	3
2	桁架式自动碎石撒布机	自制	台	1
3	树脂沥青拌和机	JS750	台	1
4	同步碎石封层洒布车	圣工	台	1
5	沥青混合料搅拌楼	3000型	套	1

续上表

序 号	名 称	型 号	单 位	数 量
6	摊铺机	S1800	台	2
7	皮轮压路机	YL20	台	3
8	双钢轮压路机	BW202	台	2
9	水平振荡压路机	悍马 HD128	台	3
10	自卸车	25t	辆	10
11	装载机	ZL50	辆	2
12	其他小型工具	—	套	1
13	发电机	120kW	台	1

7 质量控制

7.1 应执行的标准规范

(1)《公路桥涵施工技术规范》(JTG/T F50—2011)。

(2)《公路沥青路面施工技术规范》(JTG F40—2004)。

(3)《涂装前钢材表面处理规范》(SY/T 0407—2012)。

(4)《涂覆涂料前钢材表面处理 表面清洁度的目视评定》(GB/T 8923.1—2011)。

(5)《公路钢箱梁桥面铺装设计与施工技术指南》(公交便字[2006]274 号)。

(6)《公路沥青路面设计规范》(JTG D50—2006)。

(7)《公路工程质量检验评定标准》(JTG F80/1—2004)。

7.2 质量控制

(1)钢桥面抛丸除锈。钢桥面除锈施工检验标准如表 16 所示。

钢桥面除锈施工检验标准 表 16

项 次	检 查 项 目	规定值或允许偏差	检查方法和频率
1	光洁度	≥Sa2.5	比照板目测,2 000m^2 检查 8 处
2	粗糙度(μm)	80 ~ 120	粗糙度测定仪,2 000m^2 检查 8 处

(2)EBCL 防水黏结层。

①EBCL 施工过程中要严格控制 EBCL 胶料各组分的比例,对桶装 A、B 的比例和质量应进行抽查,配料过程中要设置专人进行复核。

②EBCL 涂布量采用方格网法进行涂布量控制,即确保每一方格内的计算涂布量(体积法称量)全部均匀涂布于该方格内,并做好记录。

③EBCL 的碎石洒布量应先做标准样板,施工时参照标准样板控制验收,碎石洒布由有经验的操作工人手工完成。

④EBCL 层未固化以前严禁一切人员和机械进入。

⑤EBCL 施工过程中成型 EBCL 胶料拉剪试件和拉拔试件,与桥面板 EBCL 同等条件养生,检测胶料的拉剪和拉拔强度。

EBCL 防水黏结层施工质量控制按照表 17 的要求执行。

EBCL 防水黏结层施工质量控制表 表 17

项 次	检 查 项 目	规定值或允许偏差	检查方法和频率
1	光洁度	≥Sa2.5	比照板,200m^2 检查 3 处
2	粗糙度	80 ~ 120um	粗糙度仪,200m^2 检查 3 处

续上表

项　次	检 查 项 目		规定值或允许偏差	检查方法和频率
3	涂布量(kg/m²)		0.9～1.1	称重法,3点/1 000m²
4	碎石撒布量(%)		满布80%	称重法,3点/1 000m²
5	断裂延伸率(%)		≥10	拉剪仪,每工作日一次4件
6	拉拔强度(MPa)	25℃	≥10	拉拔仪,每工作日一次4件
		70℃	≥3	
7	拉剪强度(MPa)	25℃	≥5	拉剪仪,每工作日一次4件
		70℃	≥1	

(3)RA05树脂沥青混凝土层。RA05树脂沥青混凝土层施工质量控制按照表18执行。

RA05层铺装施工检验标准　　表18

项　次	检 查 项 目	规定值或允许偏差	检查方法和频率
1	马歇尔稳定度	≥40kN(70℃)	2次/台班
2	流值	20～40(0.1mm)	
3	压实度	符合技术要求	按碾压吨位与遍数控制
4	厚度(mm)	±3	插入法,每100m/6点
5	渗水系数	不渗	每200m/1处

(4)SMA沥青路面层施工质量控制按《公路沥青路面施工技术规范》(JTG F40—2004)要求控制。

8　安全措施

(1)严格遵守国家有关安全生产的法律法规、《公路养护安全作业规程》(JTG H30—2004)、《公路工程施工安全技术规则》(JTJ 076—95)和《公路筑养路机械操作规程》(JZ 0030—1995)及有关安全生产的规定,认真执行工程承包合同中的有关安全要求。

(2)EBCL施工时,当使用溶剂(如甲苯)进行清洗时,工作人员必须佩戴安全防护镜、橡皮手套,穿安全防护服,必要时应戴防毒面具。施工现场严禁吸烟和电焊作业,以避免出现安全事故。清洗后的溶剂应集中收集,防止污染环境。

(3)RA树脂沥青胶料及EBCL胶料因固化时间较短,清理过程中需使用二甲苯,均为易爆物品,保存与使用过程中应注意以下事项:

①材料应保存于阴凉处,单独储存,严禁与易燃物堆放在一起。

②使用过程必须迅速,在其未固化结块前将其使用完毕。

③清洗喷涂设备过程中严禁烟火,操作人员必须佩戴橡皮手套和防护眼镜。

④清洗完成后,废液必须由专人回收,存放,确保安全。

(4)沥青混凝土摊铺时,施工人员应正确组织施工车辆的行驶路线,各转弯段设立标示牌。危险地点应悬挂按照《安全色》(GB 2893—2008)和《安全标志及其使用导则》(GB 2894—2008)规定的标牌。现场道路应符合《工厂企业厂内铁路、道路运输安全规程》(GB 4378—2008)的规定,施工现场设置大幅安全宣传标语。

9　环境保护措施

(1)施工材料采用覆盖运输,以防洒漏,污染公路设施。

(2)施工和生活中的污水和废水,经检验符合环保标准后才能排放到河里,废弃矿粉按规定排放到指定地点。

(3)确保设备的除尘系统正常工作,排放指标符合国家规定的排放标准。拌和机等产生噪音的设备布置时离村庄要有一定的距离,以免影响居民休息。

(4)施工中废料统一运输到废料场地。

10 资源节约

采用改进后的钢桥面 ERS 技术处理钢桥面,减少了桥面大中小修频率,提高了桥面使用寿命,节约了巨大的材料资源和人力资源,起到了节能环保作用,值得推广应用。

11 效益分析

11.1 经济效益分析

截至 2011 年年底,全国已建成的钢桥面铺装超过了 100 万 m^2,而且新建的钢桥面铺装以每年 10 万 m^2 的速度在不断增加,部分桥面铺装在 5 年内出现大修或较大面积修补的情况比较多见,估计每年旧桥面维修或翻新的面积超过了 10 万 m^2,而且这一数字随着新建桥面的不断加入还会逐年增加。从已建成的美国环氧沥青铺装的综合造价来看,新建桥面的平均造价为 1 300 ~ 1 400 元/m^2,已建成的 ERS 铺装的综合造价为 800 ~ 900 元/m^2,与美国环氧沥青铺装的造价相差大约 500 元/m^2,若以此为据估算,采用 ERS 铺装技术则可以每年可直接节省工程造价约 5 000 万元。若考虑旧桥的维修,则至少还可另外节省超过 5 000 万元,直接经济效益十分显著。

11.2 社会效益分析

ERS 铺装对社会的影响主要表现在施工期短和施工方便上。ERS 钢桥面铺装施工简单、不需要长期养护,特别是表面功能层 SMA 可以在较短的时间内进行更换,这种特点对运营期大桥的通行保障非常有利,可以降低铺装维修对交通的影响。ERS 钢桥面铺装所有关键材料和设备均为国内研发,ERS 的推广应用可以带动相关产业如材料、机械等相关产业的发展,为社会提供众多的就业岗位和机会。

12 应用实例

12.1 工程实例一

焦山门大桥位于乍王公路嘉兴段,全桥总长 222.3m,主桥上部结构为变截面预应力单悬臂 T 梁桥,桥面净宽 14m,双向 4 车道。钢桥面行车道铺装设计采用树脂沥青组合体系,计 512.4m^2,结构形式为:4cmSMA-13 + 热喷聚合物改性沥青 + 2.0cm 树脂沥青混凝土 RA05 + 环氧黏结碎石抗滑层 EBCL。钢桥面铺装部分由浙江省交通工程建设集团有限公司旗下单位浙江顺畅高等级公路养护有限公司负责具体实施。于 2011 年 8 月 26 日开工,9 月 5 日完工,共计 10 个工作日。经过近两年的通车运营,桥面质量良好,未出现任何病害。

12.2 工程实例二

杭新景高速公路延伸线(之江大桥)工程主桥采用整幅钢箱梁、钢绞线斜拉索、拱形钢索塔。钢桥面行车道铺装设计采用树脂沥青组合体系,计 13 623m^2,结构形式为:4cmSMA-13 + 热喷聚合物改性沥青 + 2.5cm 树脂沥青混凝土 RA05 + 环氧黏结碎石抗滑层 EBCL。杭新景高速公路延伸线(之江大桥)工程钢桥面行车道于 2012 年 9 月 24 日开工,10 月 8 日完工,共 15 个工作日。交工验收质量优良,通车运营大半年,桥面质量情况较好。

阻热降温式沥青路面施工工法

GGG(浙)B4048—2013

朱伟人　彭海敏　杨富民　刘维听　张亚宾
(浙江瓯越交通建设有限公司)

1　前言

车辙成因分析表明,高温是沥青路面车辙产生的最直接诱因。正因为如此,目前在解决沥青路面的车辙问题时,主要采取提高沥青混合料高温稳定性的技术措施。工程实践证明,由于沥青材料对温度敏感本质特性,这些被动式措施仍未能根本解决沥青路面高温车辙问题,沥青路面的热稳性病害依然严重。

我国是世界第一陶瓷生产国,大量陶瓷废弃物的堆积存放,一方面占用大量土地资源,另一方面会造成环境污染。废弃陶瓷一般颜色较浅,可用于铺装路面磨耗层,从而达到隔热降温效果。另外,还可在陶瓷磨耗层表面涂刷或喷涂光热反射型涂层,以提高路表反射率,从而减少路面的热吸收量,降低路面温度,减少车辙病害,使该路面成为一种高抗车辙和耐久性好的光热反射型沥青路面结构,进而保障交通运输安全。

为有效消减沥青路面高温车辙病害,浙江瓯越交通建设有限公司以104国道瑞祥大道三期工程和56省道文成花园至西坑段道路改建工程项目为背景,从废旧陶瓷破碎再生工艺、陶瓷隔热式沥青混合料配合比设计、光热反射涂层材料组成和相关沥青路面施工工艺等多角度开展了技术研发,形成了在陶瓷隔热与光热反射式沥青路面新技术新工艺,经总结形成了本工法。

2　工法特点

(1)技术先进。相较于传统车辙防治方法,该工法联合热反射和热阻两项技术,可显著降低高温季节路表温度,实现车辙病害主动防护,进而保障行车安全。

(2)有利环保。采用再生集料部分替代矿质集料,可大量消耗废弃陶瓷产品,避免大量堆积污染环境,实现废弃物循环利用,有利于生态与环境保护。

(3)效益显著。可有效降低车辙发生几率、频次,延长使用寿命、降低养护费用。同时,再生利用废弃陶瓷,可降低原材料成本,产生显著经济、社会效益。

3　适用范围

本工法适用于各类公路与城市道路抗(高温)车辙结构层施工,尤其适用于重交通或交叉口等车辙病害频发路段沥青路面抗车辙表层的新建或罩面施工。

4　工艺原理

按照分拣、破碎和筛分流程处理废弃陶瓷,获得再生集料并分挡存放备用。基于最大密实级配原理,通过马歇尔试验,确定掺陶瓷废料沥青混凝土磨耗层的设计配合比。

采用热物性参数较小的陶瓷沥青混凝土铺筑磨耗层,可以消减沥青路面热能累积,降低沥青路面路表温度,从而提高沥青路面抗车辙能力。此外,还可推动废弃陶瓷产品的再生利用,减少天然矿质集料的消耗，节约资源、保护环境。

如图1所示，光热反射涂层是一种涂抹于磨耗层表面的功能型材料。材料中的颜填料粒子可将可见光和近红外线反射回邻近路表的大气中去，从而降低沥青路面表面及内部温度。同时，由于太阳热反射涂料以树脂材料为基础，可以对沥青路面兼有补强作用。

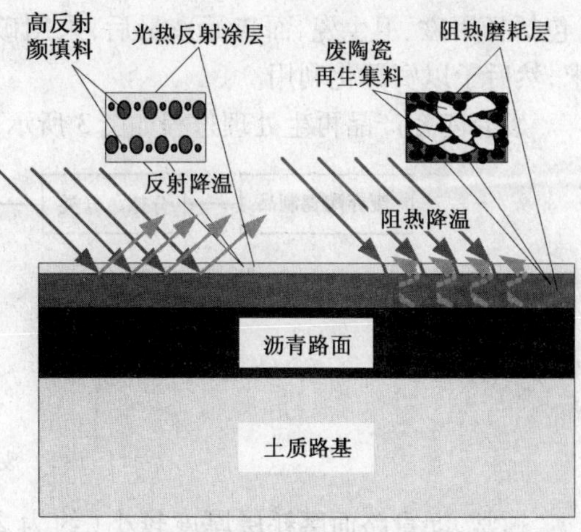

图1 阻热降温式沥青路面工作机理示意图

5 施工工艺流程和操作要点

5.1 施工工艺流程

阻热降温式沥青路面施工工艺流程见图2。

5.2 操作要点

1)施工准备

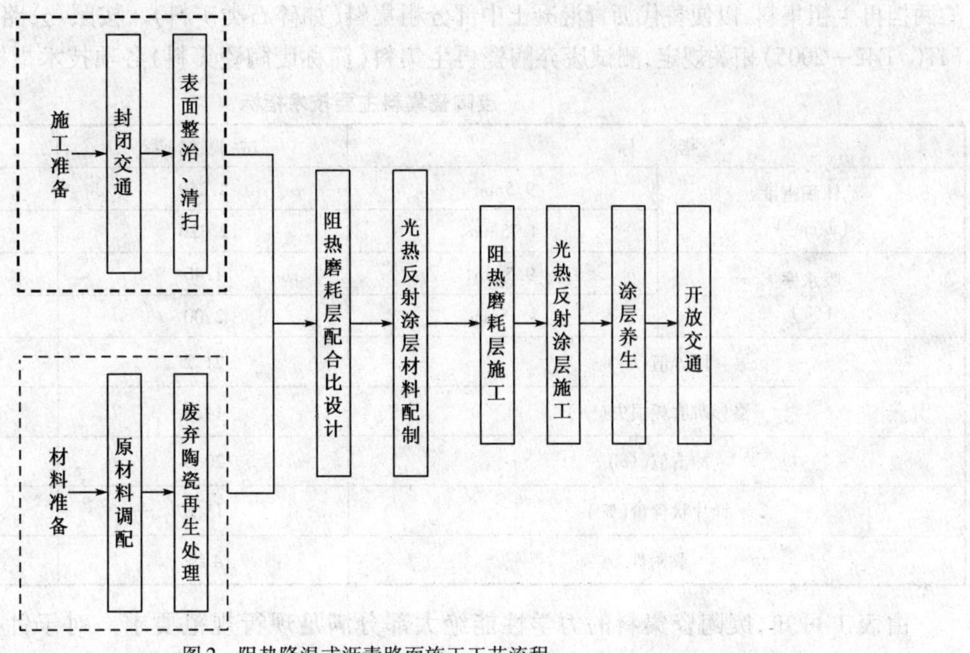

图2 阻热降温式沥青路面施工工艺流程

(1)封闭交通。在已通车道路上施工时，为保障人员安全，需要封闭交通。在施工路段前200m处设立警示标牌。如需夜间摆放，则采用发光警示标牌。每隔10m摆放1个防撞桶，以分离施工路段和通行路段。

(2)表面整治。当该工艺用于旧路改建时，原有旧路必须进行相应处理，如路面结构补强，坑洞、车辙修补，封缝等。同时，针对表面不同瑕疵采用不同方法处理：

①凸起。用打磨机研磨，或用凿石锤整平。

②凹陷。用同强度等级水泥浆填充。对于裂缝，建议先凿成“V”字形，清除杂物后用水泥浆填充。

③浮浆、松散、剥落等。用钢刷、洗刨机或喷砂法清除。

④油污。用苏打水分解清除或者使用氧炔焰枪烧。

(3)清扫路面。根据不同杂物的具体情况，采用人工、机械清扫和清水冲洗等方法，事先清除所有杂草、松动材料、泥块和垃圾以及其他障碍物。如若采用清水冲洗，则应待路面干燥后再进行正式施工。

2)废弃陶瓷再生处理

首先，收集堆场废弃陶瓷或企业废弃次品，并用运输车辆送至施工场地；其次，对废弃陶瓷进行分类

(包括日用磁、卫生瓷、面砖等);最后,采用破碎机和研磨机进行破碎处理,直至满足设计级配尺寸要求,然后予以资源化利用。

废弃陶瓷产品再生处理过程如图3所示。

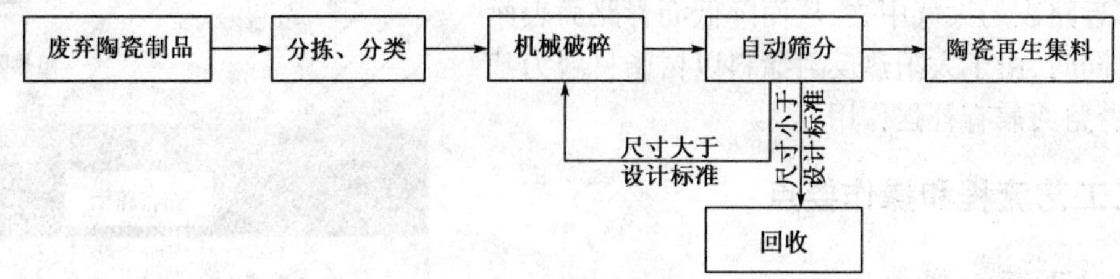

图3 废弃陶瓷制品再生加工工艺

通常,沥青路面磨耗层厚度较小(约为25mm),这决定了集料最大公称粒径,一般为9.5mm(或13.2mm)。为此,选用反击式或锤式破碎机,加工和处理废弃陶瓷产品,获得粒径为4.75mm和9.5mm的两挡再生粗集料,以便替代沥青混凝土中部分粗集料(如碎石类矿料)。按照《公路工程集料试验规程》(JTG E42—2005)相关规定,测试废弃陶瓷再生集料(简称废陶瓷集料)各项技术指标(表1)。

废陶瓷集料主要技术指标 表1

指标		试验结果	规范标准
毛体积密度(g/cm^3)	9.5mm	2.269	
	4.75mm	2.326	
吸水率(%)	9.5mm	1.40	
	4.75mm	2.00	
压碎值(%)		21.2	≤26
洛杉矶磨耗损失(%)		14.5	≤28
冲击值(%)		20.6	—
针片状含量(%)		15.0	≤15
黏附性		4级	≥4级

由表1可知,废陶瓷集料的力学性能绝大部分满足现行规范要求。对于针片状含量较高而黏附性能较低问题,采用消石灰处理增加陶瓷颗粒表面黏附性,同时采用多次破碎方法减少颗粒釉面所占比例,多次破碎也可减少集料中的针片状含量,最终使得废陶瓷集料达到规范标准的(上)下限要求。

3)(掺废陶瓷集料)阻热磨耗层配合比设计

综合考虑各类磨耗层使用情况,同时为了简化程序,选取一个比较成熟的级配类型(如多碎石沥青混凝土SAC-10)作为设计参考。采用等体积废陶瓷集料(粒径为4.75mm和9.5mm两挡集料)取代沥青混合料中的天然矿质集料(主要包括碎石类材料)。

按照等体积取代的方式,选择掺量为20%、40%、60%和80%的4种不同配比,用陶粒代替粒径为4.75mm和9.5mm的天然矿质集料。为表述方便,表2给出了试验所用各种阻热磨耗层材料代号。以空隙率作为设计指标,开展不同配比条件下马歇尔试验研究,确定材料的最佳沥青用量(表3)。

试验用各种阻热磨耗层材料代号 表2

材料	1	2	3	4
	20%	40%	60%	80%
废陶瓷集料	SC1	SC2	SC3	SC4

阻热磨耗层材料最佳沥青用量 表3

材 料	最佳油石比 (%)	毛体积密度 (g/cm^3)	空隙率 (%)	饱和度 (%)	稳定度 (kN)	流值 (0.1mm)
天然集料	4.5	2.489	4.0	73.3	10.60	31.9
SC1	4.8	2.285	4.4	75.8	10.82	27.8
SC2	5.4	2.009	4.3	70.6	12.46	35.6
SC3	6.0	1.767	4.5	69.3	12.36	26.1
SC4	6.6	1.473	6.7	57.9	12.18	28.5

依据阻热磨耗层路用性能试验成果可知:当废陶瓷集料掺量在40% ~60%时,磨耗层材料的水稳定性和高温稳定性等路用性能良好。依据阻热磨耗层热阻性能试验可知:当陶瓷掺量小于80%时,降温作用显著且性能稳定。综合考虑阻热磨耗层路用性能和降温效果,建议在实际工程中陶瓷掺量控制在40% ~60%。

4)光热反射涂层配制

考虑路用光热反射涂层的特殊使用环境,选择适宜的涂料组分材料,通过室内模拟太阳辐射试验系统测试了涂层降温效果,确定了硅丙乳液作为基料的材料配比,即:硅丙乳液38.5%,玻璃微珠9.6%,二氧化钛12.5%,分散剂4.8%,成膜助剂3.8%,纯净水15.4%。测试结果表明:该涂层可使沥青路面路表温度降低约10℃,性能优于国内外类似涂料。

5)阻热式磨耗层施工

对于掺废陶瓷集料的阻热磨耗层,建议采用黏层油洒布与混合料摊铺同步施工方法。该法不仅要求有专用的摊铺机械,也要求采用高黏乳化沥青作为黏层油。阻热磨耗层同步施工方法尤应注意以下几点:

(1)阻热磨耗层应采用专用摊铺机施工,摊铺温度不宜低于160℃。混合料出厂温度控制在170~180℃,乳化沥青或改性沥青喷洒量应为0.6~1.2kg/m^2。

(2)由试验段试铺确定摊铺机作业参数,在施工过程中不得随意调整;摊铺机摊铺速度控制在10~20m/min,摊铺厚度及高程由移动式自动找平基准装置控制。

(3)在同步施工阻热磨耗层过程中,采用10~13t的双钢轮压路机进行碾压,碾压过程中无需进行振动碾压施工。

(4)阻热磨耗层应尽可能在高温度状态下碾压,压路机紧跟摊铺机向前进行碾压,碾压段长度大体相同,每次压到摊铺机跟前后折返碾压,碾压速度≤5km/h。

(5)要求碾压终了温度≥110℃,施工完毕后,罩面温度≤50℃后方可开放交通。

6)光热反射涂层施工

(1)待磨耗层处理完成并形成一定强度后,对施工路段进行路面预处理:采用由里向外的方式,用高压鼓风机将细粒及灰尘吹出路面,用专用胶布粘封路面标线,以免施工时覆盖或污染路面标线。

(2)将调配好的涂料装入洒布车灌装容器,将洒布车开至施工起点并对准控制线。开动发电机为系统供电,依次开启气阀、涂料阀、玻璃微珠阀,至涂料喷枪均匀、持续喷出雾状涂料时,开动洒布车匀速前进。

(3)如图4所示,按照室内试验确定的最佳涂层用量进行涂层的第1层涂布,涂布量为0.4kg/m^2。涂布分为喷涂或滚涂两种方式,小面积施工采用滚刷刷涂方法,而大面积施工采用设备喷洒方法。

(4)确认第1层涂层已硬化、防滑粒料已固定后,按照相同方式进行第2层涂料的涂布和防滑粒料的撒布,第2层涂布量同为0.4kg/m^2,粒料撒布量为0.3kg/m^2。

(5)涂布完毕后,关闭所有阀门,洒布车开离施工地点。将涂料仓内剩余涂料全部倒出,仓内加入清水,打开气阀、料阀,清洗输料管、阀门及喷头,直至喷头喷出的为清水雾为止。

7)光热反射涂层养生

如图5所示,喷涂完成后进行涂层养生,令涂层自然干燥、固化。

图4　涂层洒布

图5　涂层养生

涂层养生时间与当地气温密切相关。依据试验路试验结果分析,确定气温与涂层养生的时间关系,具体可参见表4。

气温与涂层养生的时间关系　　表4

气温(℃)	>20	10~20	<10
养生时间(h)	8~12	18~24	不适宜施工

在开放交通前,禁止一切车辆和行人通行,以防损坏尚未干结的涂层薄膜。

8)开放交通

涂层薄膜养生形成强度后,应尽快开放交通。及时清扫不洁净部位,撤去养生用塑胶膜。若涂料超出范围粘到标线,需用贴片铲等工具刮除、清理干净。

6　材料与设备

6.1　材料

(1)沥青:推荐选用中海AH-70号沥青作为基质沥青,而选用高黏性改性乳化70号沥青作为黏层沥青。

(2)废陶瓷集料:粒径要求为4.75mm和9.5mm两挡,部分代替天然矿料(如碎石类材料)。

(3)粗集料:粗集料采用玄武岩,石质坚硬、清洁、不含风化颗粒、近似立方体颗粒的砂石料,粒径大于4.75mm。

(4)细集料:采用坚硬、洁净、干燥、无风化、无杂质的人工轧制开级配石灰岩细集料,不能采用山场下脚料。

(5)矿粉:采用石灰岩碱性石料磨细所得矿粉相应技术指标参见表5。矿粉必须干燥、清洁。对进场矿粉按频率规定进行检验。

矿粉技术要求　　表5

试验项目		技术要求
表观相对密度		≥2.5
含水率(%)		≤1
粒度范围(%)	<0.6mm	100
	<0.15mm	90~100
	<0.075mm	75~100

续上表

试验项目	技术要求
外观	无团粒结块
亲水系数	≤1
塑性指数	≤4

(6)热反射涂层:基质树脂类材料,相关配比为硅丙乳液38.5%,玻璃微珠9.6%,二氧化钛12.5%,分散剂4.8%,成膜助剂3.8%,纯净水15.4%。

6.2 主要机械设备

主要机械设备见表6。

主要机械设备表 表6

序号	设备名称	规格型号	单位	数量	备注
1	发电机组	STC-15	台	1	施工供电
2	路面清扫机	QS-1	台	1	清扫表面
3	路面吹风机	CF-1	台	1	清除灰尘
4	标线机		台	1	绘制标线
5	间歇式沥青混合料拌和机	TBA320	套	1	拌和混合料
6	摊铺机	ABG525	台	2	磨耗层摊铺
7	双钢轮压路机	DD130	台	2	磨耗层碾压
8	轮胎压路机	XP261	台	2	磨耗层终压
9	破碎机	PEC200	台	2	废陶瓷破碎
10	涂层洒布车		台	1	反射涂层施工
11	钢卷尺	10m	把	2	控制线测量放样
12	水平尺	3m	把	2	找平路表
13	自卸汽车	8t	辆	2	原料运输

7 质量控制

7.1 应执行的标准规范

(1)《公路沥青路面施工技术规范》(JTG F40—2004)。

(2)《公路工程质量检验评定标准》(JTG F80/1—2012)。

(3)《公路工程沥青及沥青混合料试验规程》(JTG E20—2011)。

(4)《公路工程集料试验规程》(JTG E42—2005)。

7.2 质量控制措施

(1)废弃陶瓷再生集料粒径分为4.75mm和9.5mm两挡,按体积替代天然矿料(如碎石类材料)的掺量范围为40%~60%。

(2)涂层洒布车必须匀速缓行,行进车速一般维持在3~4km/h之间,也可视喷涂均匀状况略作调整。

(3)由于气温不同,涂层硬化时间各异,所以必须事先注意施工时大气温度和路面温度,以确定好施工操作时间。通常,操作时间一般为15~40min。

(4)热反射涂料喷涂后的局部缺陷,应及时采用滚涂工艺进行人工补涂。补涂的重点是洒布车没能喷涂的边角部位,横纵向接缝等。

(5)当涂料仓内液面接近出料口时,应及时补充涂料,防止输料管内涂料供应不足混入空气,使喷枪供料间断导致涂层不均匀,玻璃微珠桶也应随时补充。

(6)在喷涂过程中要随时注意喷头出料是否均匀连续,因为涂料黏稠易结块,在发现出料变少时,可用螺丝刀清除喷嘴处结块堵塞物。

(7)在施工间歇停止作业时,应按顺序关闭料阀、气泵电源、玻璃微珠气阀。稍间隔一段时间后,再关闭涂料气阀,以降低输气管内气压,提高设备稳定性。

(8)防滑骨砂应高强、干燥、无杂质。莫氏硬度不小于7,磨光值不小于65,磨耗值低于5,粒径大于3.35mm和小于1.18mm的集料均不多于5%。

8 安全措施

(1)要求各工序、各工点严格按照相应的安全操作规程进行施工。

(2)工程开工前必须进行现场调查,根据施工地段的地形、地质、水文、气象、环境等,制订相应的安全技术和环境保护措施。

(3)施工现场符合防火、防风、防雷、防洪、防触电等安全规定和施工要求;施工作业区有较好的隔离措施,施工现场安全警示标志齐全。

(4)洒布反射涂层时禁止任何车辆通行,施工段落两端放禁止通行警示牌和指路标识,并安排执勤人员。

(5)压路机和搅拌机等在工作过程中,除机组人员外,其他人员不得靠近,并设专人负责指挥协调施工机械密切配合作业,以免碰撞。

(6)掺废弃陶瓷磨耗层可夜间施工,但应根据需要设置照明设施和明显警戒标志。而为保证施工质量,热反射涂层禁止夜间施工。

(7)禁止在低温、降雨和潮湿条件条件下施工。施工过程中,应备足防雨防滑设施,并有防雨相关预案。所有机电设备设有防雨罩,电源开关由专人负责。

(8)设备在工作前,要认真检查,保证设备性能良好,安全可靠,当日工作结束后,及时检查保养。交接班时,要相互仔细交接检查,填写交接记录。

9 环保措施

在认真贯彻国家相关环境保护法规的同时,还应该认真做到以下几点:

(1)易飞扬原材料安排在库内存放或严密遮盖,运输时防止遗撒、飞扬,卸运时应采取有效措施以减少扬尘。

(2)施工过程中,对车辆行经道路经常洒水灭尘,以保护环境净化空气。

(3)设置临时排水沟渠,以便合理排放雨季或暴雨时雨水径流冲刷形成的污水或泥浆等物质。

(4)采用低噪环保机械设备,材料运输和装卸过程中防止不必要噪声产生,在村庄附近施工时,噪声较大机械应尽量避免夜间施工。

(5)尽量保护用地范围内的现有绿色植被,施工所易破损的树木、绿化及建筑物等采取保护措施,进行保护,搞好施工范围内的绿化工作。

(6)施工完成后及时清除临时工程和设施及建筑垃圾,对弃土场进行挡墙及植被防护,以免水土流失。

(7)注意剩余涂料和含有涂料的污水不能随意抛弃,污染道路沿线环境。

10 资源节约

阻热降温式沥青路面兼具阻热磨耗层与热反射涂层的降温优点,可有效防止或大大消减沥青路面高温车辙病害发生频率,减小(重交通或交叉口等车辙病害频发路段)沥青路面大、中、小修频率,提高沥青路面道路的使用寿命,从而可大量节约路面养护、维修成本,同时降低材料消耗、节省人力资源。

11 效益分析

阻热降温式沥青路面技术先进,实现了高温车辙病害主动防护,尤其适用于轻重交通、交叉口、公交站和爬坡道等路段,可以有效消除或减车辙病害。相较于传统车辙防治方法,该路面结构具有较为明显经济、技术优势。

(1)经济效益。工法可以降低造价,降低养护成本,产生显著效益。

采用废陶瓷集料,按照40% ~60%比例部分替代天然矿料(碎石类材料),减少了道路天然矿料用量,节约建材成本约30%。

可以大幅减少高温车辙及其衍生病害,从而延长路面使用寿命,降低后期维修费用或改建成本,因而产生相应经济效益。

(2)节能、环保效益。减少路面车辙病害有利于快捷行车,从而减少尾气排放,因而兼具节能减排效益。还可再生利用废弃陶瓷制品,从而减少矿料开采,节约天然资源,产生环保效益。

(3)社会效益。减少路面车辙病害,有利于保障(城市)道路的行车安全和通行能力,避免由于道路频繁维修而造成交通拥堵,因而具有显著社会效益。

12 应用实例

12.1 工程实例一

104国道瑞祥大道三期为道路拼宽工程,路线全长2.38km,起点桩号K1939 +320,终点桩号为K1941 +700。该道路为一级公路,路基宽度60m(拼宽宽度26.5m),采用半刚性基层沥青路面。考虑到K1939 +320 ~ K1941 +700标段交通量较大,为防治夏季高温车辙病害,决定采用阻热降温式沥青路面加铺改造。工程于2010年12月17日开工,于2012年6月16日完工。现场监测表明:开放交通两年以来,拼宽路段路面无车辙等相关病害发生。工程实践表明,该工法经济和社会效益良好。

12.2 工程实例二

改建工程起点为文成花园(桩号K58 +645),终点为西坑镇(桩号K78 +400),路线全长19.785km。改建道路为二级公路,采用沥青混凝土路面。其中,K58 +645 ~ K62 +480标段属重交通路段,为防止夏季高温车辙及其次生病害,决定改建沥青路面中采用阻热降温磨耗层和热反射涂层施工。工程于2011年9月25日开工,于2012年3月18日完工。现场监测表明:工程竣工1年多以来,新建沥青路面运行良好,未出现车辙等相关病害。工程实践表明该工法具有较大推广价值。

高模量沥青混凝土桥面铺装施工工法

GGG(鲁)B4049—2013

董光坤　王　林　刘士林　盖国晖　付建村

(山东高速青岛公路有限公司　山东鲁桥建设有限公司　山东省交通科学研究所)

1　前言

桥面铺装层的破坏机理与宏观表现与路面区别显著,除环境及荷载外,更受桥型、界面条件、防水体系等因素的影响与制约。铺装层的结构设计应该兼顾力学和功能性要求,桥面的处理方式、细部结构的密水效果、现场作业方式都影响铺装层的最终使用性能。从系统工程的观点出发,结合桥梁所处地区的气候特点及交通荷载特性,将桥面铺装的设计与施工作为一项精细工程研究,无疑对提高桥面铺装的使用年限和服务水平,延长桥梁的整体寿命具有重要意义。

本工法的完成单位依托山东省交通科技创新计划项目与实体工程,在青岛海湾大桥的建设过程中,山东高速青岛公路有限公司、山东鲁桥建设有限公司与山东省交通科学研究所联合开发了高模量沥青混凝土桥面铺装施工工法。首次实现了以高模量沥青混合料为基础设计的桥面铺装组合结构在水泥混凝土桥梁铺装领域的应用,按照"以工艺保质量,以设备保工艺"的作业理念,创新性建立了适应大型水泥混凝土桥梁尤其是在北方海域桥面铺装大规模施工的成套工艺和施工技术,先后在青岛海湾大桥、济南黄河大桥等工程实施,通车运营的结果表明,桥面处理 + 防水黏结层 + 密水型高模量沥青砂多功能层 + 密水型高模量承重层 + 磨耗层的桥面铺装结构组合与配套排水设施经受住了交通荷载与环境的考验,有效克服了层间连接不良、铺装层抗剪切能力不足带来的桥面铺装早期损坏问题,工法提出的全新施工工艺与技术控制指标实现了桥面铺装连续机械化大规模施工的新突破,对提高桥面铺装的整体使用寿命无疑具有重要意义,该工法的关键技术"青岛海湾大桥桥面沥青铺装层的研究",于 2012 年 12 月经山东省科学技术厅组织鉴定,总体水平达到国际先进,现已申报 2013 年度山东省科技进步一等奖。

2　工法特点

(1)本工法依照"层位功能定位""防排结合"及"逐层密水"的组合理念,将桥面铺装分为三个结构层位与两个工艺要求来设计,层间连接性能、高温稳定性能、抗疲劳性能、水稳定性能更优良。

(2)本工法是采用复合改性硬质沥青作为结合料,其与常规沥青结合料相比,复合改性硬质沥青的工作域更宽,黏度更高,同时高温性能、抗疲劳性能更优良,但是对现场的压实及存储稳定性要求更高。

(3)全过程采用全机械化连续施工,提高了施工效率,缩短了施工工期,节约了施工成本,经济性明显。

(4)采用高频振动压路机、水平振荡压路机在桥面铺装施工中进行大规模作业,降低对梁体安全和质量的影响,规定了系列技术和质量控制措施,保证了沥青存储质量稳定性、沥青混合料作业温度、施工压实度与均匀性。

(5)细部构造作业方面,铺装层施工前采用涂刷方式进行封缝防水处理工艺与细致的排水沟设置,保证了铺装层的防水与排水能力,提高了铺装抗水损害能力。

3　适用范围

(1)水泥混凝土桥面高模量沥青混凝土铺装层施工,大型桥梁尤其是长大桥梁桥面铺装的大规模连续施工，气候与环境不佳条件下，施工优势更明显。

(2)水泥混凝土桥沥青混凝土桥面铺装新建或养护工程施工也可借鉴本工法关键工序与施工工艺要求。

(3)工程实施前应完成桥面铺装使用条件调查及铺装层受力分析，并通过防水材料及防水体系性能检验、铺装材料及其混合料性能检验、铺装层结构稳定性检验（主要是层间连接等），确定所用材料和铺装结构对桥梁结构的工程适用性后，方能进入工程应用阶段。

4 工艺原理

与传统的桥面铺装仅有一层或两层的设置不同，该工法涉及桥面铺装结构组合系统考虑了防水、荷载与水侵害三个因素的影响，按照“层位功能定位”“防排结合”及“逐层密水”的组合理念，该工法重视了桥面洁净程度、粗糙度、防水、排水对桥面铺装整体使用性能的影响，水泥混凝土桥桥面板须进行凿毛或者抛丸处理后，在水泥混凝土桥桥面板上方自下而上依次设置防水体系、多功能层、承重层及抗磨耗层，在多功能层与承重层之间、称重层与磨耗层之间均设置有改性乳化沥青黏层，在桥面边侧设置侧向单粒径预拌碎石排水盲沟及直泄式排水孔，边缘带与铺装层的接缝处应采用热熔沥青进行封缝防水处理，对各道施工工序提出了系统的控制要求，施工顺序采取流水作业，保持整体工程有序进行。桥面铺装结构组合见图1。

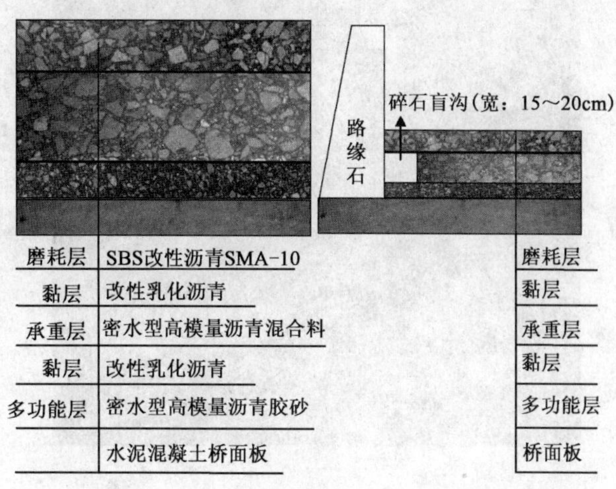

图1 桥面铺装结构组合示意

5 施工工艺流程及操作要点

5.1 施工工艺流程

施工工艺流程见图2。

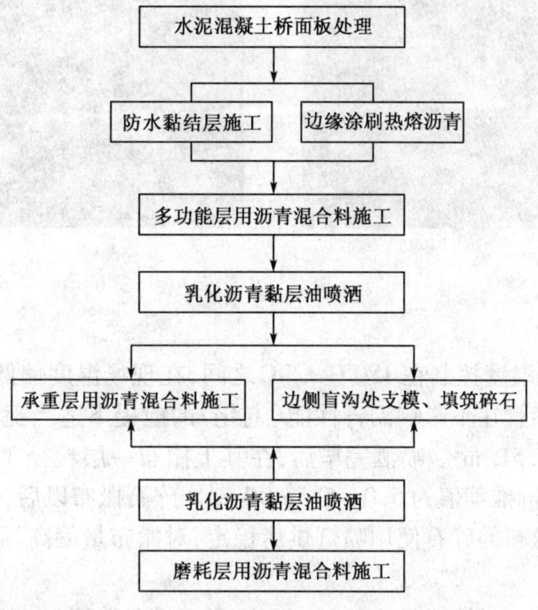

图2 桥面铺装施工工艺流程

5.2 施工具体操作要点

1)桥面处理

桥面处理前,新浇筑的混凝土桥面(含湿接头)需养护28d以上,待处理水泥混凝土桥面要求平整、粗糙,必须具有足够的强度和稳定性。施工前水泥混凝土表面的油脂必须清除干净(推荐用清洗剂进行清洗),不得有浮浆和其他污染物。

在沥青混凝土铺装层施工之前,水泥混凝土桥面板应当采用抛丸处理(图3),使混凝土表面露出新鲜的集料和混凝土层。凿毛处理后要保证任意指定的桥面处理域都有三分之二以上的面积为新鲜茬面。施工前检查混凝土表面外观,应确保桥面无露筋、暴牙等现象,若与之不符,则先应通过机械打磨予以清除,有较大坑洼处采用特制环氧砂浆先修补填平,以确保基面的整体平整度,见图4。

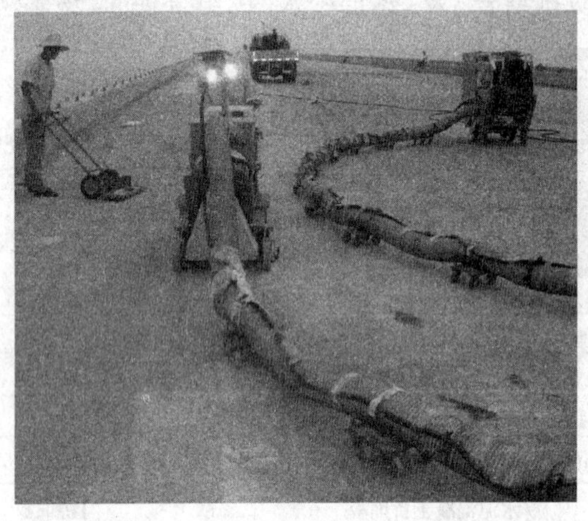

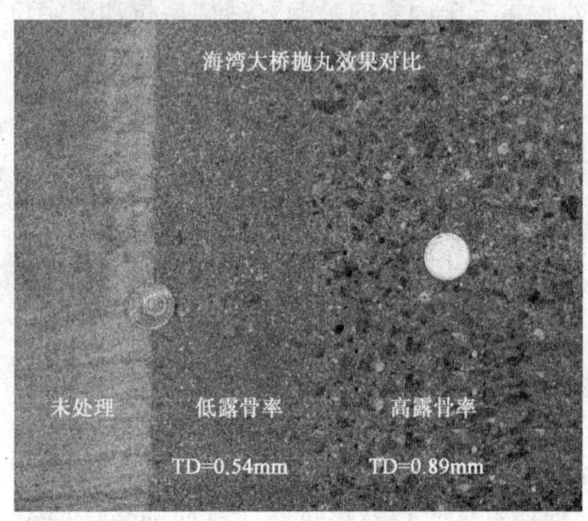

图3 现场桥面抛丸处理及效果对比

图4 局部缺陷修补

2)防水黏结层施工

热SBS改性沥青的洒铺温度控制在180℃±5℃之间,在现场温度偏低的情况下,可在咨询生产商及相关资质的检测部门建议后,在不影响沥青性能(老化)的前提下适当提高温度后喷洒。SBS改性沥青洒布量推荐范围为1.2~1.5L/m^2。喷洒完毕后,在其上撒布一层粒径3~8mm单一尺寸经过3‰~5‰预拌沥青碎石,碎石撒布量推荐值为5.0~5.5m^3/km^2。碎石撒布以后,使用胶轮压路机将碎石碾压稳定。如有必要,可以对所撒布的碎石使用喷灯烘烤稳定,对撒布量偏高,局部碎石重叠的部分,由人工用旧扫帚进行散开处理。

预拌沥青碎石采用5~10mm的硬质碎石与0.3%~0.5%的AH-70号石油沥青在140~160℃温度下拌和而成。预拌碎石质量要求如表1所示。热沥青碎石防水黏结层撒布见图5。

预拌沥青碎石质量要求

表1

指　标	要　求	指　标	要　求
沥青含量(%)	0.3~0.5	拌和后状态	高温及冷却后均不结团
粒径5~10mm含量(%)	>80	集料针片状含量(%)	≤15

图5　热沥青碎石防水黏结层撒布

在沥青洒铺过程中，应注重接头的施工处理，在横向接头的位置，再次施工时既要与前次施工紧密的衔接，同时也要避免与前次施工断面重叠。因此，当每次洒铺前应用油毛毡或铁皮将已洒铺的路段遮挡覆盖，避免再次洒铺时造成沥青的重叠。

3)密水型硬质沥青砂施工

(1)材料要求

改性硬质沥青采用聚合物改性沥青与天然沥青掺配，或采用针入度为20~40的沥青掺入聚合物改性而成，掺配方式及复配比例应该结合硬质沥青的灰分含量确定，各类沥青的技术要求及级配范围见表2~表5。

复合改性硬质沥青技术要求

表2

试验项目	单　位	要求值	试验方法
针入度(25℃)	0.1mm	25~35	T 0604—2000
软化点	℃	≥70	T 0606—2000
延度(10℃,5cm/min),≥	cm	20	T 0605—1993
黏度(175℃)	Pa·s	≤1.0	T 0625—2000
闪点(℃)	℃	≥230	T 0611—1993
弹性恢复(25℃),≥	%	≥90	T 0662—2000
储存稳定性离析(48h软化点差),≤	℃	4.5	T 0661—2000
薄膜烘箱老化后			
质量变化,≤	%	实测	T 0609/0610—1993
针入度比(25℃)	%	≥70	T 0604—2000
延度(10℃)	cm	≥10	T 0605—1993
PG-分级	PG82-22		

注：储存稳定性指标适用于工厂生产的成品复合改性沥青。现场制作的改性沥青对储存稳定性指标可不作要求，须在制作后及时使用。

密水型硬质沥青砂级配范围 表3

筛孔尺寸(mm)	范围要求(%)		筛孔尺寸(mm)	范围要求(%)	
	上限	下限		上限	下限
9.5	100	100	0.6	22	54
4.75	85	100	0.3	14	32
2.36	60	85	0.15	10	22
1.18	38	68	0.075	7	12

密水型高模量沥青混合料 0/10 级配范围 表4

筛孔尺寸(mm)	范围要求(%)		筛孔尺寸(mm)	范围要求(%)	
	上限	下限		上限	下限
13.2	100	100	0.6	16	29
9.5	85	100	0.3	10	22
4.75	50	76	0.15	5	16
2.36	35	54	0.075	3	12
1.18	26	40			

注:1. 级配范围仅作为目标配比选择级配曲线的依据,不作为评定施工级配是否合格的依据。施工控制级配范围根据生产配比调试后成功试验段的标准级配作为施工控制的依据。级配的选择根据原材料的相关性质确定。允许偏差范围以批准配合比设计为标准。

2. 级配范围根据工程实际所采用的矿料可能进行进一步的调整。

密水型高模量沥青混合料技术要求 表5

试 验 项 目	密水型高模量沥青胶砂	密水型高模量沥青混合料 0/10
胶结料类型	复合改性硬质沥青	
空隙率(%)	≤2.5	≤3.5
矿料间隙率(%)	16~20	≥14.5
饱和度(%)	75~95	80~95
冻融劈裂强度比(%)	≥85	≥85
车辙动稳定度(60℃,次/mm)	≥4000	≥6000
-10℃极限弯曲应变(με)	≥2800	≥2500
疲劳寿命(800με,10Hz)	≥400×10^4次	≥20×104 次
渗透系数(水力传导系数)	≤10^{-8}/s	≤10^{-7}/s

注:1. 密水型硬质沥青砂目标配合比阶段,须对体积指标、高温、低温及水稳定性性能指标进行验证,渗透系数与疲劳寿命指标可作为课题研究验证用。

2. 最大理论密度计算以为计算法准,集料密度取值为毛体积密度,应根据原材料的性质试验确定。

3. 矿料间隙率计算应以集料的毛体积密度计算得出。

4. 混合料试件密度测定采用采用饱和面干法(SSD)测定的毛体积密度。

5. 疲劳寿命试件空隙率考虑98%的压实度。

由于青岛海湾大桥施工区域位于海上,海风较大,温度散失较快,所以密水型硬质沥青砂混合料出场温度参照上限控制,见表6。

海域高模量沥青混凝土桥面铺装生产温度参数 表6

集料加热温度	沥青温度	出料温度	干拌时间	湿拌时间
190~220℃	165~175℃	180℃±5℃	15s	45s

注:混合料拌和结束后必须立即清理拌和站拌锅、出料口以及出料小车等位置,并涂刷隔离剂进行隔离保护。

（2）密水型硬质沥青砂的运输

①采用水银温度计检测沥青混合料的出厂温度和运至现场温度。插入深度大于150mm。在运料卡车侧面中部设专用检测孔，孔口距车厢底面约300mm。

②料车加盖厚棉被和厚篷布进行保温覆盖，料车两侧箱板外面再增加一层保温棉被，后挡板的外面用厚篷布沿其钢板外形紧贴裹覆，见图6。

③车厢底板涂刷油水隔离剂。

④运输车辆的数量根据拌和机的产量、摊铺速度、运距、等候卸料时间确定在试验段施工运输料车35台。在施工时，保证摊铺机前面有4～6辆运输车等候卸料。

⑤连续摊铺过程中，运料车在摊铺前10～30cm处停下，不得撞击摊铺机。卸料时运输车挂空挡，靠摊铺机推动前进。

⑥运料车每次使用前后清扫干净，见图7。从拌和机向运料车上装料时，多次挪动车位置，平衡装料，减少混合料的离析。

⑦料车进入工作面后，有专人指挥料车在调头区调头，停至指定位置，路面杂物需要清理干净。

图6 料车保温

图7 料车清洗

（3）密水型硬质沥青砂的摊铺

①摊铺前让专门的技术人员对要施工的工作面进行高程测量，根据试验段测定的松铺系数1.202进行了挂线。直线段每10m一根桩，曲线段每5m一根桩，以保证摊铺层的平整度。挂线时钢丝线应在两端牢固固定，各区间段落应顺利搭接，见图8。线材每段区间长度宜在50～100m之间，一是保证其具备足够的拉力减少挠度变形，二是可以在摊铺后及时分段收走，为压路机压实提供靠近护栏底座的边部压实工作面。由于桥面箱梁张拉后起拱，且拱度不同，桥面整体形成波浪式，为了减轻桥面波浪、保证行车的舒适性，在施工过程采取“一次挂线滤波，二次挂线调坡”的方案，磨耗层SMA-10摊铺采用摊铺机均衡梁自动找平方式进行摊铺施工。

图8 挂线施工

a. 由于梁板张拉后出现离散式起拱，在一片梁板上起拱高点的位置不同，调坡时以梁板实测高点作为控制点，保证桥面铺装层施工符合设计要求，调坡后控制最高点铺装层厚度不小于10.5cm，最低点铺装层厚度不大于18cm。

b. 沥青胶砂一次挂线施工消除碎坡，挂线依据是保证桥面每孔高点沥青胶砂的结构层最小施工厚度（1.5mm），通过实测高程计算出沥青胶砂挂线高程，沥青胶砂在施工过程中起到消除碎坡、找平层作用。

c.再以本段内每联内沥青胶砂结构层最高点高程作为SMA-13结构层高程控制点进行二次挂线,调坡依据是以调整SMA-13结构层厚度在每联内的最高点的施工厚度;通过每一联最高点的高程用内插法向两侧拉坡,原则是保证在拉坡坡长范围内SMA-13结构层最小施工厚度都满足设计结构层最小施工厚度要求。

d.校核并保证桥面铺装距护栏基座顶面距离基本差异不大。

②摊铺前设专人进行工作面的清扫,保证工作面没有杂物,保证工作面符合规定要求,并且对泄水孔、护栏进行遮盖和保护,避免污染或损坏。同时安排一台压路机对要施工的工作面上高差较大的施工面进行垫料处理,保证整个工作面的平整度。

③沥青摊铺前,摊铺机的受料斗上涂刷薄层隔离剂。料斗上始终要保持有1/2的存料,确保路面铺筑的连续性。

④铺筑沥青胶砂时,两台摊铺机的铺筑宽度7.75m,采用两台摊铺机前后错开10~20m,呈梯队方式同步摊铺,运料车升起料斗由摊铺机推动缓缓卸料,现场摊铺温度不低于160℃(图9和图10),并安排专人使用手持式数显红外测温仪检测,摊铺速度为2~3m/min。由于受海上温度低、风力大等因素影响,两幅间应有20~40m宽度的搭接,避免因在摊铺与压实施工间隔时间段内温度损失影响热接缝处的压实度及密实度。

图9 铺装层摊铺作业及摊铺过程中的保温控制

图10 水平振荡压路机与高频振动压路机组合梯队压实

⑤摊铺机开工前,提前0.5~1h用燃气预热熨平板至不低于100℃,熨平板采用中强夯等级,摊铺机采用电子自动找平方式,用挂线方式控制摊铺厚度,用熨平板的横向倾斜角来控制路面横坡。

⑥摊铺机在摊铺时要缓慢、均匀、连续不间断地摊铺,不得随意变换速度或中途停顿,以提高平整度,减少混合料的离析。沥青胶砂摊铺时摊铺机速度宜控制在2~3m/min的范围内,日作业长度1 500m。发现明显的离析、拖痕时,要从混合料温度、摊铺速度、熨平板、振捣装置、螺旋布料器转动速度

及埋深等方面分析原因，采取措施，消除离析。

⑦摊铺后的混合料未压实前，施工人员不得进入踩踏。一般不用人工整修，只有在特殊情况下，如离析或局部缺陷等，才需要人工处理，需在现场监理工程师指导下，用人工找补或更换混合料。

⑧摊铺机的螺旋布料器应相应于摊铺速度调整到保持一个稳定的速度均衡地转动，两侧应保持有不少于送料器的2/3 高度的混合料，以减少在在摊铺过程中混合料的离析。

⑨在沥青胶砂施工时，每台摊铺机两边各设一名专人看电脑，通过走挂好的钢丝线来控制厚度和平整度，摊铺机两侧设专人进行把边处理，使混合料能够铺到边角。

⑩用钢纤和钢板尺随时检测松铺厚度是否符合规定。摊铺时熨平板采用中强夯。

⑪摊铺机行驶时尽可能避免在防水黏结层上转弯，禁止在所新铺筑的铺筑层上急转弯和调头。

前面铺装全幅压实工序见图 11。

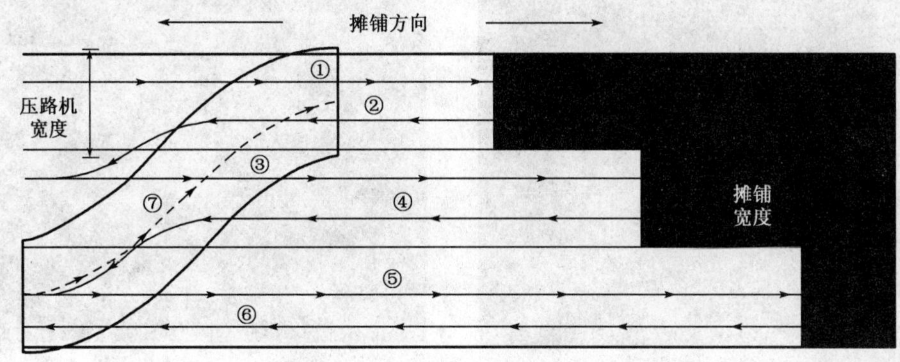

图 11　前面铺装全幅压实工序示意图

(4)压实

根据现行路面施工规范的要求以及近年来对沥青胶砂施工时压实方面的经验，除满足一般沥青路面压实的技术要求外，沥青胶砂的压实还应满足以下要求：

①沥青胶砂混合料的压实温度为：初压温度≥160℃，复压温度≥140℃，终压温度≥125℃。

②在压实设备的选择上，沥青胶砂混合料初始碾压采用两台水平振荡压路机振荡碾压，并使用两台钢轮压路机赶光两遍。用 1 台钢轮压路机静压至无轮迹。压实时两轮要重叠 20cm 进行压实，并且压实的位置不能在同一断面上，要错开，形成台阶式。由于混合料在冷却到 110℃以下用振动方式容易造成集料过度压碎，因此，在 115℃以下不应再用振动碾压。压路机紧跟摊铺机碾压，由专人负责指挥协调各台压路机的碾压路线和碾压遍数，使摊铺面在较短时间内达到规定压实度，且碾压温度符合规定要求。

③压实要求

压实后，经检测的压实度必须达到规范要求，评定后的代表值不小于 98%。

(5)承重层用密水型高模量沥青混合料施工

密水型高模量沥青混合料 0/10 的生产、运输与摊铺过程与多功能层(图 12)用密水型沥青胶砂作业要求同，采用水平振荡压路机与高频振动压路机组合压实。初始碾压采用水平振荡压路机振荡碾压，振荡频率控制在 50 ~ 70Hz 之间，推荐使用频率为 65Hz，速度 4 ~ 5km/h(如人行走速度相当)，高频振动压路机振动频率选用 67Hz，后退时轮迹应与前进时重合，相邻应使轮迹重合 20cm 左右。压路机梯队作业，实行梯队压实，压实过程中遵循“高频、低幅、紧跟、慢压、多压、少洒”的原则。由于混合料在冷却到 110℃以下用振动方式容易造成集料过度压碎，第三遍振动时如果温度降低到 115℃左右时，则不允许继续开振。使用钢轮压路机赶光两遍，即可完成。

(6)排水盲沟设置与施工

在多功能层摊铺碾压后，设置纵向盲沟(图 13)，沟槽宽度为 15 ~ 20cm，并每隔一定长度设置垂直泄水孔，渗水沟填筑采用 S9(10 ~ 20mm)单粒径沥青预拌碎石，沥青含量为 1.5%。

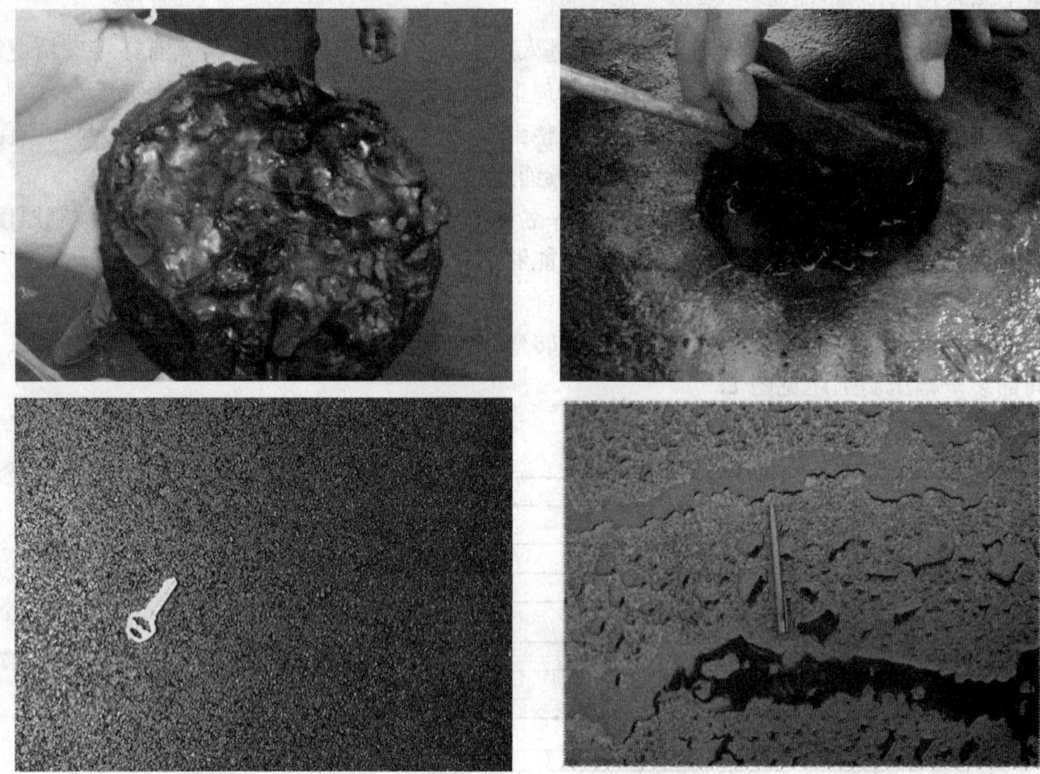

图12　密水型硬质沥青砂多功能层

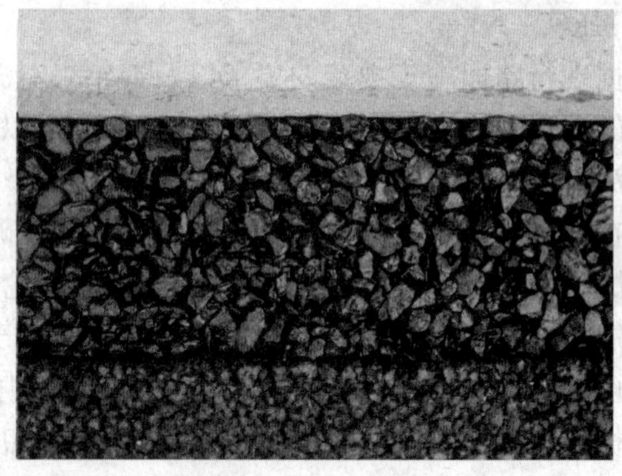

图13　排水盲沟设置

盲沟的设置在 SMA-13 中铺装层摊铺过程中通过预支模隔离留出,碎石填筑后用小型压路机稳压,上铺装层与盲沟处同步进行压实。

(7)上铺装层用 SMA-10 改性沥青混合料施工

称重层用沥青混凝土压实完毕,洒布改性乳化沥青黏层,进行上铺装层 SMA-10 改性沥青混凝土施工作业,生产、运输与摊铺过程与多功能层用 SMA-13 要求一致。

4)施工缝处理

(1)纵向施工缝处理

当采用两台摊铺机成梯队联合摊铺时,纵向接缝应在前部已摊混合料部分留下 100~200mm 宽暂不碾压作为后高程基准面,并有 50~100mm 的摊铺重叠,长度 30m 为宜。以热接缝形式在最后做跨接缝碾压以消除缝迹。为做好纵向接缝的处理,保证接缝紧密、连接平顺,不产生明显的离析,要从混合料的温度、接缝处布料饱满程度、两台摊铺机熨平板横向倾斜角的调平、压实控制上采取措施,保证效果。

(2)横向施工缝处理

横向施工缝应远离桥梁伸缩缝20m以外,不得设在伸缩缝处,以确保伸缩缝两边路面表面的平顺。横向接茬应与路中线垂直,上下层不宜接在同一垂直面上,应错开压路机碾压行走所需的长度做成台阶式。

6 材料与设备

单工作面施工设备配备一览表见表7。

单工作面施工设备配备一览表 表7

序 号	机具名称	型 号	数 量	单 位
1	自动行走式桥面抛丸清理机	抛丸宽度500mm	10	台
2	沥青同步碎石封层洒布车		2	辆
3	沥青洒布车		1	辆
4	沥青混合料拌和楼	DG4000型	1	辆
5	13t以上水平振荡压路机	BW 203 AD-4 AM	2	辆
6	13t以上高频振动压路机	NYNAPAC	2	辆
7	7~11t钢轮压路机		2	辆
8	小型压路机		1	辆
9	摊铺机	NYNAPAC	2	台
10	运料车		13	辆

7 质量控制

7.1 高模量沥青混凝土桥面铺装标准

(1)《公路工程质量检验评定技术标准》(JTG F80/1—2004)。

(2)《公路沥青路面施工技术规范》(JTG F40—2004)。

(3)青岛海湾大桥桥面铺装设计文件及施工技术要求。

(4)《公路桥涵设计通用规范》(JTG D60—2004)。

(5)《公路桥涵施工技术规范》(JTJ 041—2000)。

(6)《公路工程施工安全技术规程》(JTJ 076—95)。

7.2 质量控制措施及标准

1)桥面铺装用沥青混合料施工阶段质量检验要求(表8)

桥面铺装用沥青混合料施工阶段质量检验要求 表8

<table>
<tr><th colspan="2">检查项目</th><th>检查频度</th><th>质量要求或允许偏差</th><th>检验方法</th></tr>
<tr><td colspan="2">外观</td><td>随时</td><td>无油斑、离析、轮迹</td><td>目测</td></tr>
<tr><td colspan="2">接缝</td><td>随时</td><td>紧密、平整、顺直、无跳车</td><td>目测、3m直尺</td></tr>
<tr><td colspan="2">施工温度</td><td>1次/车</td><td>符合本规范及试验路确认的要求</td><td>数显式温度计</td></tr>
<tr><td rowspan="9">矿料级配,与生产设计标准级配的差(%)</td><td>0.075mm</td><td rowspan="3">逐盘在线检测</td><td>±2</td><td rowspan="3">计算机采集数据计算</td></tr>
<tr><td>≤2.36mm</td><td>±4</td></tr>
<tr><td>≥4.75mm</td><td>±5</td></tr>
<tr><td>0.075mm</td><td rowspan="3">逐机检查,每天汇总1次,取平均值评定</td><td>±1</td><td rowspan="3">按规定总量检验</td></tr>
<tr><td>≤2.36mm</td><td>±2</td></tr>
<tr><td>≥4.75mm</td><td>±2</td></tr>
<tr><td>0.075mm</td><td rowspan="3">每台拌和楼每天上、下午各1次</td><td>±2</td><td rowspan="3">拌和厂取样,用抽取后的矿粉筛分</td></tr>
<tr><td>≤2.36mm</td><td>±3</td></tr>
<tr><td>≥4.75mm</td><td>±3</td></tr>
</table>

续上表

<table>
<tr><th colspan="2">检 查 项 目</th><th>检 查 频 度</th><th>质量要求或允许偏差</th><th>检 验 方 法</th></tr>
<tr><td colspan="2" rowspan="3">沥青含量(油石比),与生产设计的差(%)</td><td>逐盘在线检测</td><td>±0.3</td><td>计算机采集数据计算</td></tr>
<tr><td>逐机检查,每天汇总1次,取平均值评定</td><td>±0.1</td><td>按规定总量检验</td></tr>
<tr><td>每日每机上、下午各1次</td><td>-0.1, +0.2</td><td>拌和厂取样,离心法抽提</td></tr>
<tr><td colspan="2">马歇尔试验:稳定度、流值、密度、空隙率</td><td>拌和楼2次/日</td><td>符合设计要求</td><td>拌和厂取样成型试验</td></tr>
<tr><td colspan="2">车辙试验</td><td>必要时</td><td>不小于设计要求</td><td>拌和厂或现场取样成型送试验室进行试验</td></tr>
<tr><td colspan="2" rowspan="2">渗水试验</td><td>随时</td><td>不渗水</td><td>向路面倒水观察</td></tr>
<tr><td>单幅10点/km</td><td>宜不大于50mL/min</td><td>渗水仪</td></tr>
<tr><td colspan="2">压实度</td><td rowspan="2">单幅10点/km</td><td>马氏密度大于98(单点)最大理论密度94~96.5</td><td rowspan="2">钻芯法</td></tr>
<tr><td colspan="2">铺装层空隙率(%)</td><td>3.5~6(密水型沥青砂3~5)</td></tr>
<tr><td rowspan="3">平整度</td><td>σ(mm)</td><td rowspan="3">对每日铺筑的路段全线每车道连续测定,每100m计算IRI和σ</td><td>1.5</td><td rowspan="3">整车式颠簸累积仪或3m连续式平整度仪</td></tr>
<tr><td>IRI(mm)</td><td rowspan="2">2.5</td></tr>
<tr><td></td></tr>
<tr><td colspan="2">摩擦因数</td><td rowspan="2">1处/200m</td><td rowspan="2">符合设计要求</td><td>摆式仪</td></tr>
<tr><td colspan="2">构造深度</td><td>铺砂法</td></tr>
<tr><td colspan="2">厚度(mm)</td><td>每100测5处</td><td>+10, -5</td><td>对比检查桥面铺装前后高程</td></tr>
<tr><td colspan="2">横坡(%)</td><td>每100m检查3个断面</td><td>±0.15</td><td>水准仪</td></tr>
<tr><td colspan="2">排水体系检查</td><td>每个排水孔</td><td>排水孔数量,泄水孔进水口应略低于桥面铺装面层,泄水时不得冲刷墩、台和下穿道路</td><td>目测</td></tr>
</table>

注:本表所列系施工阶段的质量检验标准,检测频率为单幅双车道,交工验收按国家相关标准执行。

施工过程中应对热SBS改性防水黏结层洒布量和洒布均匀性、预拌碎石的撒布量和撒布均匀性进行实施监测,检测采取双控方式同时进行,如表9所示。

施工前原材料质量检测的项目和频度 表9

检 测 项 目	检 测 频 度	试 验 方 法
现场洒布量抽样检测	断面/500m	
工作段平均洒布量	每工作段	$m_A = \sum m / \sum S$

注:1. 现场洒布量抽样检测指在现场洒布过程中,对洒布量和均匀性进行取样检测,检测时每断面取2处,工作段不足500m按500m计。

2. m_A 为工作段平均洒布量,$\sum m$ 为工作段洒布总量,$\sum S$ 为工作段洒布总面积;

2)压实度检查

施工压实度的检查以钻孔法为准,钻孔检测频率单幅双车道5个/km,采用随机取样的方法选定,取样位置尽可能选在标线处。芯样由监理、施工单位、业主单位共用,监理和施工单位分别进行相关试验。当所有钻孔试件检测的压实度持续稳定并符合要求时,钻孔频度可减少至每千米不少于2个孔。检测过程中,必须配合使用无核密度检测作为施工控制标准,当采用无核密度仪进行无损检查时,应预先通过以钻孔密度的标定关系进行换算,标定关系须经监理工程师批准,破损检测频率单幅双车道5个/km。

3)清理方式(表10)及注意事项

渗水系数检测每点3处取平均值,渗水系数合格率宜不小于95%,当合格率小于95%时,应加倍频率检测,如果检测结果仍小于95%,需对该段铺装层进行处理。

清 理 方 式 表10

清理内容	清理方法
杂物、尘土	扫帚、鼓风机等清理
油污、锈迹、脱模剂	清洗剂或溶剂擦洗,去除油污
突起物或不平桥面	机械铣刨或人工凿除

4)粗糙度检测频率及要求

处理后的桥面要求均匀,不破坏原桥面结构和平整度。采用铺砂法测定桥面处理后粗糙度,规定粗糙度合格范围为0.4~0.8mm,检测频率及检测要求如表11和表12所示。

粗糙度检测频率 表11

施工路段长度 L	测量频率	施工路段长度 L	测量频率
$L \leqslant 30m$	每5m	$450m < L \leqslant 1500m$	每30m
$30m < L \leqslant 450m$	每15m	$L > 1500m$	每60m

注:每个断面检测两处。

各工序质量检验要求 表12

序号	工序	检测项目	检测手段	合格标准	检测范围
1	表面清理	脱模剂、杂物等	目测	无可见杂物	全面
		油污	目测或洒水检测或粉笔测试法	彻底去除油污	全面
2	抛丸作业	浮浆及杂质	目测	无附着不牢的浮浆、杂质等	全面
		去除深度	目测	2~3mm	全面
		露骨率	目测	≥20%(视具体情况定)	全面
		粗糙度	铺砂法	0.4~0.8mm,表面均匀	全面

8 劳动组织与安全措施

8.1 劳动组织安全规范

结合本工程的特点,选择相关管理经验丰富的施工管理人员组成,承担施工管理工作,组织现场施工,工程共安排1个放样小组,1个机铺小组和1个压实小组。每个放样小组3人,每个机铺小组6人(2名机械操作手,细节施工辅助人员4人),压实小组4人,加上管理人员共计16人。

工程安全管理体系将依据《职业健康安全管理体系要求》(GB/T 28001—2011)和山东高速物资集团的相关安全管理手册进行建立,它是桥面防水施工现场管理体系的一个组成部分,它包括为制定、实施和保持方针、目标所需的组织机构、活动、职责、过程控制和资源。

8.2 安全措施

(1)防水层应保证涂刷在干燥的基层上,基层潮湿、有积水或12h内预报有雨、雪时不得施工;若施工中途下雨、下雪应做好已铺卷材周边的防护工作。

(2)现场严禁吸烟,材料堆放场地应远离火源,以确保消防安全。

(3)遵守现场各种管理制度,安全、文明、环保施工。

(4)现场物料应分类堆放、远离火源,应设置明显防火标志、防火器材,应设专人保管。

(5)防水材料不得与不相容物质如酸、强有机溶剂和油脂直接接触。

(6)现场应采取必要的消防预防措施,按规定设置消防器材,严禁烟火;施工作业人员进入施工现场应戴安全帽、穿软底鞋、戴手套。

(7)喷枪或喷灯应远离温感材料如导线、塑料等,喷枪或喷灯火焰严禁对着人。

(8)以下情况严禁使用喷枪或喷灯明火烘烤施工:

①刷过基层处理剂的基层未干燥之前。

②在可燃、易燃物质附近。

③在施工机械、机具所需的燃料附近。

(9)施工过程中以及收工离开现场之前应仔细检查是否有着火隐患,如果发现在任何隐患,应及时采取安全措施。

(10)施工完毕,做到"工完、料净、清场"。

9 环保措施

海上施工需保护海域环境,保证海域不受污染,严格按照 ISO14000 标准和环境手册及程序文件执行,施工中,营造绿色建筑,为施工环境管理做出典范。保护和改善生活环境与生态环境,防止由于施工造成的污染和扰民,保障附近居民和施工人员的身体健康,创建绿色环保型施工现场。

(1)抛丸过程做好钢丸及水泥混凝土浆体的回收工作,严禁将处理的水泥混凝土浮浆等洒入大海。

(2)基层处理剂涂敷过程中,做好废液的收集工作,严禁将其倒入大海。

10 资源节约

高模量沥青混合料采用连续机械化施工,在青岛海湾大桥施工环境下(风大,环境温度低,对施工效率和效果要求高),保证施工质量更高、更稳定,施工速度更快、工期更短,使用的摊铺设备可以重复循环利用,工作效率高,折旧率低;考虑到施工不确定因素对施工质量及工程造价的影响,比常规沥青混合料的施工显著节约了人力及工期成本。

11 效益分析

11.1 经济效益

高模量沥青混合料在桥面铺装中的应用及采用连续自动化机械在青岛海洋性季风气候条件下施工,施工效率和施工质量显著提高,节约了人力成本,缩短了施工工期,对降低工程施工费用有利。

11.2 社会效益

(1)高模量沥青混合料采用机械连续铺设,质量均衡性及可靠度显著提高,显著提高了桥面铺装防水体系与铺装层的使用质量,保证桥面铺装较长的使用寿命,减少了运营期间的养护成本,为建设百年大桥提供有利的保障。

(2)桥面铺装整体性能良好,使用寿命延长,提高了海湾大桥的社会影响力,对提高公司实力和形象有重大作用。

12 应用实例

(1)2010 年 10 月开始,青岛海湾大桥李村河互通立交工程全部采用了密水型高模量沥青胶砂多功能层,实践证明防水效果良好。

(2)2010 年 9 月 ~12 月与 2011 年 3 月 ~5 月,青岛海湾大桥主线 K15 +290 ~ K16 +850(右幅)、K17 +210 ~ K19 +610(左幅)、红岛互通立交 D 匝道 K0 +390.9 ~ K1 +75.5 和红岛连接线 K0 +160 ~ K1 +310(左右幅),检测结果表明,铺装层整体运行状态良好,达到了预期目标。

沥青路面红外光谱法测定改性沥青中 SBS 含量施工工法

GGG(浙)B5050—2013

王涛利 熊分清 裘秋波 董海东 刘仙标
（浙江顺畅高等级公路养护有限公司）

1 前言

SBS 改性沥青广泛应用于公路建设及养护工程中，而现行标准中无改性沥青中 SBS 含量检测方法，且 SBS 价格较高，因此，存在供应商生产时以改性沥青的极限指标（现行规范技术指标）作为质量控制的尺度，减少 SBS 用量、添加其他低价代用材料的情况。改性沥青中 SBS 含量的多少直接影响改性沥青的质量，改性沥青质量的好坏又对沥青路面的使用寿命产生决定性影响。2007 年出台的《浙江省高速公路沥青路面规范化施工与质量管理指导意见》明确规定 SBS 改性沥青的质量要求，并要求改性沥青 SBS 的掺量为 5%。因此，建立一种能准确、快捷地测定改性沥青中 SBS 含量的检测方法，有效监控和管理 SBS 改性沥青的质量，完善现行《公路沥青及沥青混合料试验规程》，保障道路使用性能和使用寿命是非常必要的。在此背景下，《红外光谱法快速测定改性沥青中聚合物的含量研究》作为浙江省交通运输厅 2010 年科技计划项目予以立项并实施，并成功应用于杭金衢分公司 2011 年路面罩面工程第二标段（金华段）、杭长高速公路杭州至安城段路面工程 HCLM-01 合同段、杭金衢高速公路 2012 年路面罩面工第二标段（金华段）、金丽温高速公路 2011 ~ 2012 年路面养护专项工程等工程中，取得了良好效果，现总结编制成工法。

该工法涉及的关键技术《红外光谱法快速测定改性沥青中聚合物（SBS）含量的研究》于 2011 年 6 月经浙江省交通运输厅组织专家鉴定，该关键技术成果达国际先进水平，涉及到的红外光谱快速测定改性沥青含量的分析方法已获得国家知识产权局实用新型专利，专利号为：ZL201010231599.1，并编制了《浙江省改性沥青中 SBS 含量的红外光谱分析测试指南》。

2 工法特点

（1）检测结果快速准确。该工法采用的红外光谱检测 SBS 含量速度快、准确度高、重现性好，人为误差较小。

（2）操作简单。制样简单，操作方便，可将成品改性沥青取样直接进行制样检测。

（3）社会经济效益显著。对 SBS 含量进行定量测定，提高 SBS 改性沥青的质量，规范了沥青市场，提高了新建工程和养护工程的质量，降低了养护成本，减少了路面的翻修频率而带来的环境污染，社会经济效益显著。

3 适用范围

本工法适用于测定沥青路改性沥青中 SBS 含量为 1% ~ 10% 的改性沥青。

4 工艺原理

改性沥青中 SBS 含量红外光谱法测定技术是基于以下原理：利用红外透射光谱中检材特征峰面积

(或峰强度)与检材含量成正比的原理,将谱图上归属为 SBS 的 966cm^{-1}处特征峰面积(或峰强度)与归属为基质沥青的 1 377cm^{-1}特征峰面积(或峰强度)进行比较,该比值与改性沥青中 SBS 改性剂的含量相关,红外图谱见图 1。

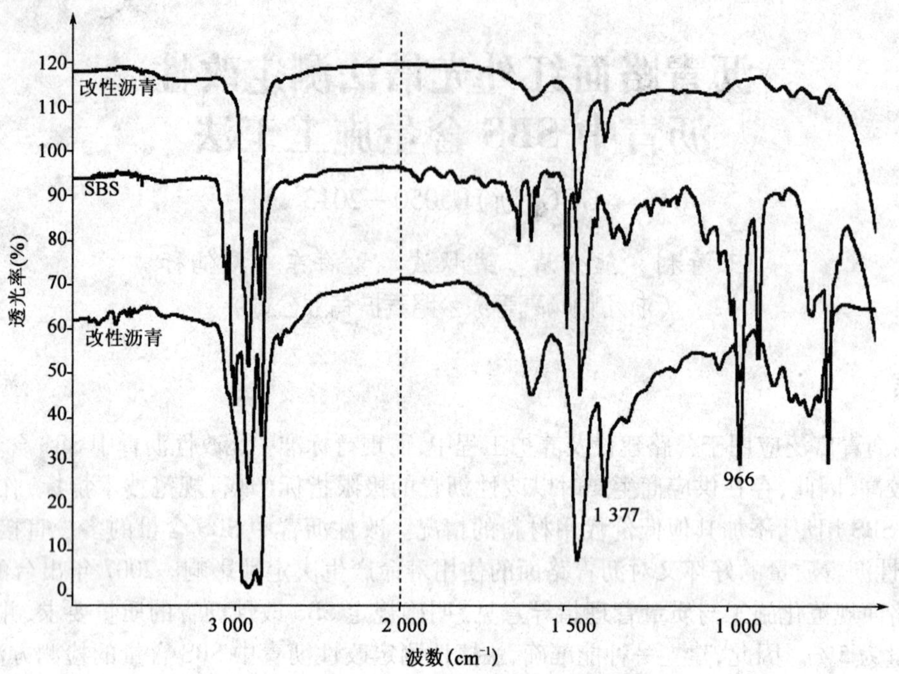

图 1　SBS、基质沥青、SBS 改性沥青三者的红外比较图谱

根据基质沥青及 SBS 原材(注:与检材使用的基质沥青和 SBS 同原材),制备 5% SBS 含量的标样;同时配制已知 SBS 含量为 0.5%、1%、3%、6.5%、8% 的标样,经红外测定各标样的峰面积,计算 A 值,制作标准曲线。标准建立后,所检改性沥青单点比较法和标准曲线法,便能快速准确检测 SBS 改性沥青中 SBS 改性剂的百分含量。

5　施工工艺流程及操作要点

5.1　施工工艺流程

施工工艺流程如图 2 所示。

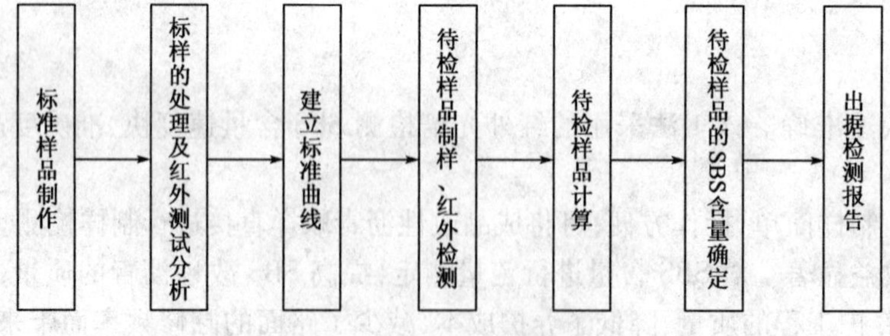

图 2　施工工艺流程图

5.2　操作要点

1)标样制作

(1)标样制作条件的选择依据。

根据送检 SBS 改性沥青样品及其满足的限定条件,可采取表 1 所示方式进行 SBS 改性沥青标样的配制,见图 3。

SBS 改性沥青标样的制作 表 1

送样类型	必选条件	可选条件	标样制作
类型一	一	不满足	试验室制备方法①、②
类型二	二	—	以经过生产单位、工程监理、检测部门共同认可的生产工艺所制备的 SBS 改性沥青样品为标样，应用于单点法测定
类型三	一	满足	试验室制备方法②，采用提供的工艺参数

（2）标样的试验室制作方法。

①试验室制备方法——溶剂中的物理混合。将准确称量的 SBS 与基质沥青（20～30g）共同溶于四氯化碳溶剂中，溶剂体积（mL）为基质沥青质量（g）的十倍，30℃下搅拌 5h。将温度升高至 60℃，搅拌直至溶剂挥发完毕，制备得到 SBS 改性沥青标样。

②试验室制备方法——模拟现场工程施工工艺。准确称量基质沥青约 600g，加温至 180～185℃，采用小型高速剪切设备进行搅拌，剪切速度 4 000～6 000r/min。加入准确称量的 SBS，持续搅拌 30～40min。

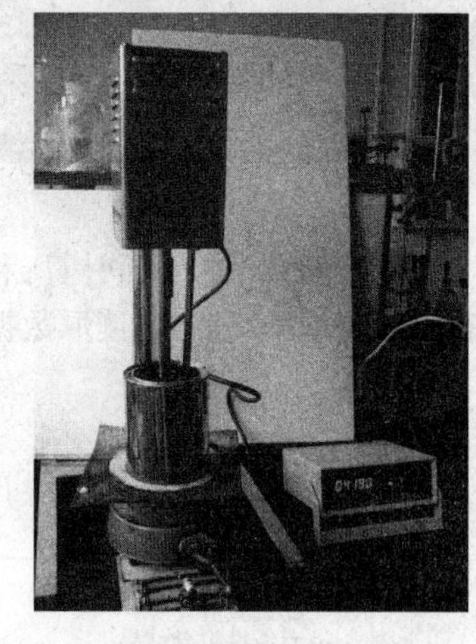

图 3 试验室标准改性沥青标样制作

（3）标样中 SBS 百分含量的计算。

$$SBS_{含量} = \frac{m_1}{m_1 + m_2 + m_3}$$

式中：m_1——SBS 的质量；

m_2——基质沥青的质量；

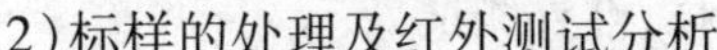

m_3——其他添加剂的质量。

2）标样的处理及红外测试分析

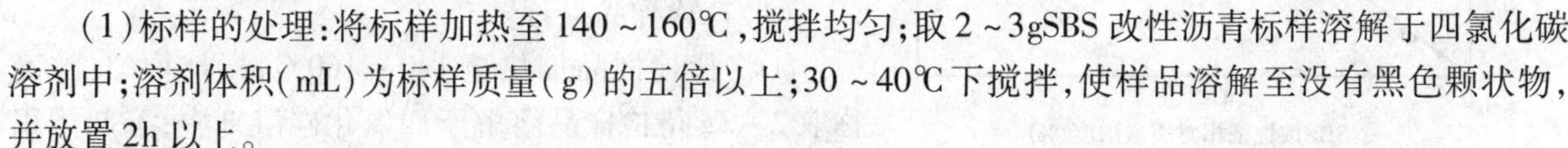

（1）标样的处理：将标样加热至 140～160℃，搅拌均匀；取 2～3gSBS 改性沥青标样溶解于四氯化碳溶剂中；溶剂体积（mL）为标样质量（g）的五倍以上；30～40℃下搅拌，使样品溶解至没有黑色颗状物，并放置 2h 以上。

（2）标样的红外测试与分析。

红外测试制样：取处理好的标样均匀涂覆于盐片表面（盐片 70℃以上烘干，去除溶剂）。

红外测试步骤：将涂有标样的盐片进行红外光谱测试，测定 4 000～400cm^{-1} 范围的红外透射光谱，同一标样经平行测试次数不少于 5 次，见图 4 和图 5。

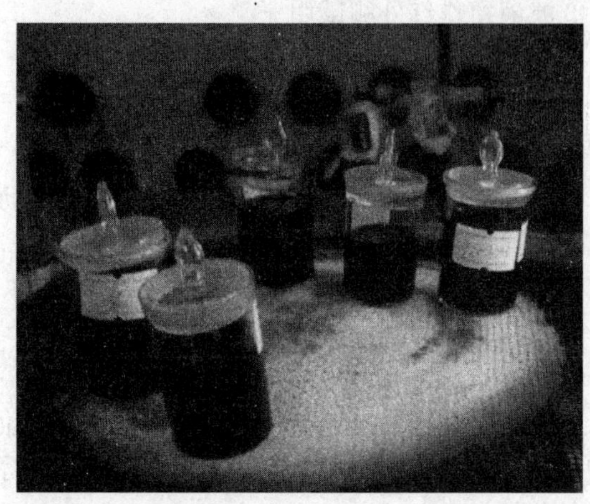

图 4 红外分析样品处理

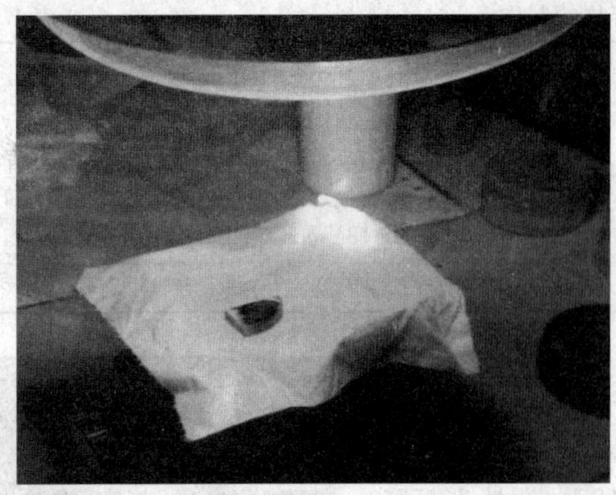

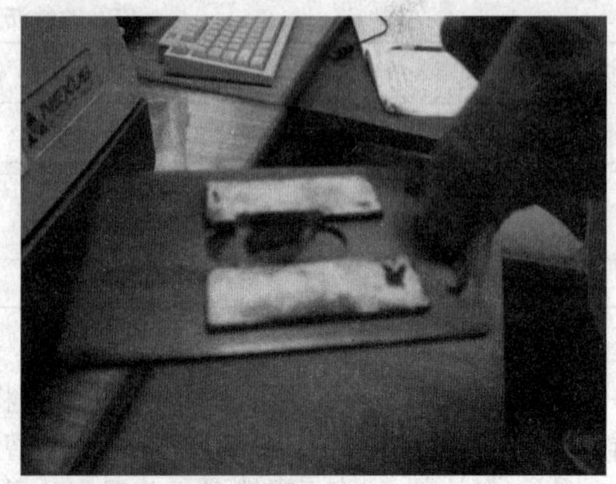

图5　红外分析样品盐片烘干及红外检测

红外测试结果分析计算:利用红外处理软件 Nicolet OMNIC 对位于 1 377cm^{-1} 和 966cm^{-1} 处的峰进行峰面积或峰高测定,读取数据。

$$A=\frac{966cm^{-1}\text{处的峰面积(强度)}}{1\,377cm^{-1}\text{处的峰面积(强度)}}$$

计算各次测定的 A 值,并计算各个标样的平均 A 值,记为标准 A 值。

3)标准曲线制作

做标准 A 值与对应 SBS 改性沥青标样中 SBS 含量的关系曲线,进行线性拟合,得到标准曲线。试验测定值与拟合曲线相关系数大于 0.99 的标准曲线归入标准曲线数据库,如图 6 所示。

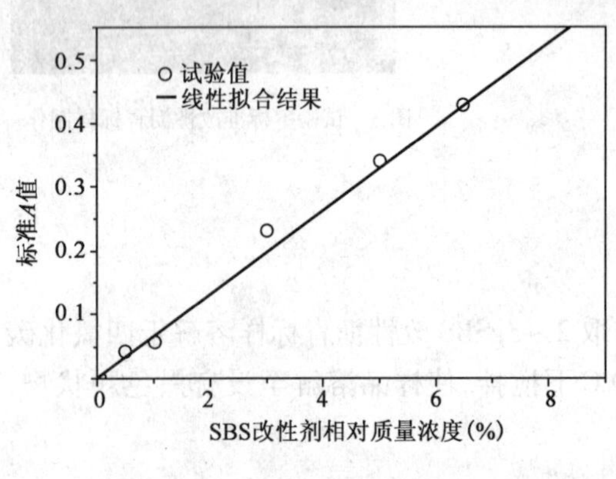

图6　标准曲线(峰面积)

4)待检样品的制样、红外测试

(1)待检样品处理。

①将待检样品加热至 140 ~ 160℃,搅拌均匀;准确称取 2 ~ 3g 待检样品溶解于四氯化碳溶剂中;溶剂体积(mL)为待检样品质量(g)的五倍以上;30 ~ 40℃ 下搅拌,使样品溶解至没有黑色颗状物;将溶解好的样品静置放置 2h 以上。

②将上述溶液过滤,用四氯化碳溶剂充分冲洗;收集不溶物,在 80℃ 下干燥 5h,并准确称重。

③滤液留作红外测试用。

(2)待检样品红外测试。

待检样品测试同标样检测步骤相同。

5)待检样品计算

计算各次测定的 A 值,并计算待检 SBS 改性沥青样品的平均 A 值。

对样品的平均 A 值进行校正:

$$\text{校正}A\text{值}=\left(1-\frac{\text{不溶物质量}}{\text{待测 SBS 改性沥青样品质量}}\right)\times\text{平均}A\text{值}$$

6)待检样品中 SBS 含量的确定

选择与待检样品同原材标样所制定的标准 A 值或标准曲线进行定量分析;送检样品不满足可选条件的(送样类型一),选择同基质沥青和 SBS 原材标样(无其他添加剂)所制定的标准 A 值或标准曲线进行定量分析。

(1)单点比较法。

将待检 SBS 改性沥青样品的校正 A 值与相应标准 A 值进行比对,即可知道待检 SBS 改性沥青样品中 SBS 相对质量百分比含量与标样的差异。

若校正 A 值 < 相应标准 A 值的允许误差范围,则待检样品 SBS 含量小于标样 SBS 含量。

若校正 A 值在相应标准 A 值的允许误差范围内,则待检样品 SBS 含量与标样 SBS 含量相当。

(2)标准曲线法。

根据待检样品所用的基质沥青及 SBS 原材,从标准曲线数据库中选取相关标准曲线,将待检样品的校正 A 值与相应标准曲线进行比对,从曲线上计算待检样品中 SBS 相对质量百分比含量。

7)出具检测报告

试验报告应包括以下内容:试样来源及编号,标样来源,仪器型号及测试参数,SBS 改性剂含量定量结果,测试单位、测试者和测试日期。

5.3 劳动力组织

劳动力组织见表 2。

劳动力组织表 表 2

序号	岗 位	人数(人)	责 任	序号	岗 位	人数(人)	责 任
1	项目负责人	1	总负责	3	检测员	2	现场检测控制
2	技术负责人	1	负责全技术检测过程	4	红外分析员	2	检测结果分析

6 材料与设备

6.1 检测材料

主要检测材料见表 3。

主要检测材料表 表 3

序 号	材料名称	规 格	序 号	材料名称	规 格
1	有机溶剂	四氯化碳	4	温度计	0 ~ 200℃
2	烧杯	50 ~ 500mL 一套	5	滤纸	—
3	量筒	50 ~ 500mL 一套	6	溴化钾盐片	20cm × 20cm

6.2 检测设备

主要检测设备见表 4。

主要检测设备 表 4

设备名称	单 位	规格或精度要求	数 量
傅里叶变换红外光谱仪	台	最低分辨率应优于 $0.5cm^{-1}$	1
小型高速剪切设备	台	上海尚贵 400 型实验乳化机	1
烘箱	台	0 ~ 250℃	1
精密天平	台	1 000g/0.1mg	1
红外干燥灯	台	250W	1
万用电炉	台	1 000kW	1

7 质量控制

7.1 质量控制要求

(1)《公路沥青路面施工技术规范》(JTG F40—2004)。

(2)《公路工程沥青及沥青混合料试验规程》(JTG E20—2011)。

(3)《浙江省改性沥青中 SBS 含量的红外学谱分析测试指南》。

7.2 质量控制措施

(1)建立健全质量保证体系,明确人员的职责,责任到人。

(2)组织检测人员认真学习相关规范、测试指南,研究试验的原理和计算方法。

(3)加强样品制样、检测过程控制,减少人为误差。

(4)加强对异样检测数据的分析及原因查找。

(5)加强对改性沥青 SBS 含量检测分析结果与实际路用性能相结合。

8 安全措施

(1)在小型高速剪切设备时注意仪器的运行情况,安装专门的断电保护,以免高速剪切时发生意外。

(2)在高温、高速等带有一定危险性的仪器处张贴明显安全标志。

(3)对使用的溶剂专人专柜保管。

9 环保措施

(1)建立环境保护检查考核制度,考核结果与经济分配挂钩,奖优罚劣。

(2)设置固定废弃物堆放点,样品检测后多余沥青、溶剂等废料集中处理,确保不污染水环境。

10 资源节约

采用红外光谱检测改性沥青中 SBS 含量施工后的沥青路面质量得到了提高,减少了养护频率,减少了沥青路面的铣刨废料产生,同时减少了沥青路面养护、翻修时的材料耗用,节约了资源。

11 效益分析

11.1 经济效益分析

由于 SBS 的价格比较高,按目前的市场价达 25 000 元/t,沥青供应商存在掺加各种添加剂,减少 SBS 掺量的倾向,这对 SBS 改性沥青路面来说是一种无法治愈的伤害。在国内,沥青路面的早期病害比较普遍,这与 SBS 含量偏少导致改沥青质量下降会有一定的相关性。据统计,浙江省每年投入高速公路的路面养护的经费达 10 亿元,大部用于路面病害处治,目前市场上的改性沥青质量施工的路面寿命一般在 5 年左右,通过对 SBS 含量进行定量测定,提高了 SBS 改性沥青的质量,延长了路面的使用寿命,减少了养护频次,假设路面使用寿命可延长两年,预计可使每年投入到高速公路的养护经费成本节约达 40%,具有明显的经济效益。

11.2 社会效益分析

准确、快捷的对 SBS 改性沥青中 SBS 进行含量测定,可以有效监控和管理 SBS 改性沥青的生产质量,从生产源头上保障 SBS 的含量对改性沥青的长期路用性能的影响;提供了改性沥青的供应的公平竞争平台,用化学技术的方法快速测定 SBS 的含量,是对目前用纯物理的方法测定 SBS 改性沥青的技术指标的一种补充,有望解决长期以来无法对 SBS 定量测定的困扰。这也将填补国内外关于 SBS 在改性沥青中定量检测的空白,对稳定和提高 SBS 改性沥青的质量具有重大的意义,社会效益显著。对 SBS 进行含量测定,保障 SBS 改性沥青的质量,减少了路面的翻修频率以及因铣刨沥青路面而带来的环境污染,是目前实行低碳经济和可持续发展,具有重要的环保意义。

12 应用实例

12.1 工程实例一

2011 年 4 月 15 日 ~ 2011 年 10 月 15 日,浙江顺畅高等级公路养护有限公司在杭金衢高速公路

2011 年路面罩面工程第二标段（金华段）中采用该技术对供应商提供的改性沥青进行了 SBS 含量检测，该方法具有测定快速，测定结果准确、可靠等特点，通过检测后，有效控制了源头改性沥青质量，沥青供应商承认检测数据并按照 SBS 含量为 5% 的要求掺加了 SBS 改性剂，对完善改性沥青质量管理标准体系，规范改性沥青市场，提高改性沥青路面质量具有重要意义，该工程共送 21 样次进行了 SBS 含量检测。

12.2　工程实例二

2011 年 6 月 10 日 ~2011 年 11 月 20 日，对在建的杭长高速公路杭州至安城段路面工程 HCLM-01 合同段采用该技术对供应商提供的改性沥青进行了 SBS 含量检测，监控 SBS 改性沥青质量，确保了 SBS 改性沥青中 SBS 的掺量，保证了改性沥青的质量，该工程共送 19 样次进行了 SBS 含量检测。

12.3　工程实例三

2012 年 3 月 15 日 ~2012 年 11 月 30 日，在杭金衢高速公路 2012 年路面罩面工第二标段（金华段）养护施工过程中，采用红外光谱法测定改性沥青中 SBS 含量的方法对使用的改性沥青进行了 SBS 含量检测，通过检测后，有效控制了源头改性沥青质量，沥青供应商承认检测数据并按照 SBS 含量为 5% 的要求掺加了 SBS 改性剂，对完善改性沥青质量管理标准体系，规范改性沥青市场，提高改性沥青路面质量具有重要意义，共计抽检 27 样次。

12.4　工程实例四

2012 年 4 月 15 日 ~2012 年 10 月 15 日，浙江顺畅高等级公路养护有限公司在金丽温高速公路 2011 ~2012 年路面专项养护工程中采用该技术对供应商提供的改性沥青进行了 SBS 含量检测，测定快速、结果准确、可靠等特点，通过检测后，有效控制了源头改性沥青质量，沥青供应商承认检测数据并按照 SBS 含量为 5% 的要求掺加了 SBS 改性剂，对完善改性沥青质量管理标准体系，规范改性沥青市场，提高改性沥青路面质量具有重要意义，该工程共送 23 样次进行了 SBS 含量检测。

混凝土桥面防水卷材连续自动铺设施工工法

GGG(鲁)B5051—2013

王晓乾　刘士林　王咏梅　王　焱　宋继增
(山东高速青岛公路有限公司　河北广通路桥工程有限公司　山东鲁桥建设有限公司)

1　前言

桥面防水层的设置对保证和提高桥梁的耐久性至关重要,实际工程中出现的桥面渗水、铺装层剥落、钢筋锈蚀等问题,应该从桥面防水的角度去分析并解决。在铺装层与桥面之间设置有效防水层,从根本上避免水的下渗,从而延长桥梁使用寿命。本工法依托青岛海湾大桥实体工程,首次实现了防水卷材在海上混凝土桥面的连续自动化机械施工及大规模应用。实践表明,连续自动化机械施工速度快、效率高、施工质量均衡可靠、适宜北方海域多风、风速高的作业环境。

考虑到海上多风、风速高的特殊条件,为了保证防水卷材的铺设质量和施工速度,在青岛海湾大桥的建设过程中,山东高速青岛公路有限公司、河北广通路桥工程有限公司、山东鲁桥建设有限公司联合开发了混凝土桥面防水卷材连续自动铺设施工工法。该工法在青岛海湾大桥主线工程、红岛互通立交及连接线工程中成功应用,降低了施工风险、保证了施工质量、缩短了施工周期、节约了工程投资,该工法的关键技术"青岛海湾大桥桥面沥青铺装层的研究",于2012年12月经山东省科学技术厅组织鉴定,总体水平达到国际先进,现已申报2013年度山东省科技进步一等奖。

2　工法特点

2.1　材料方面

Antirock防水卷材(图1),采用优质SBS改性沥青和高强胎基布生产,提高了产品的抗穿刺能力、抗老化能力,同时增加了表面页岩来提高防水卷材表面抗穿刺和防止施工车辆破坏的功能,与传统防水卷材相比,大卷卷材规格为1m×200m,使大型自动化机械施工成为可能,另备有小卷卷材便于人工进行细部找补。

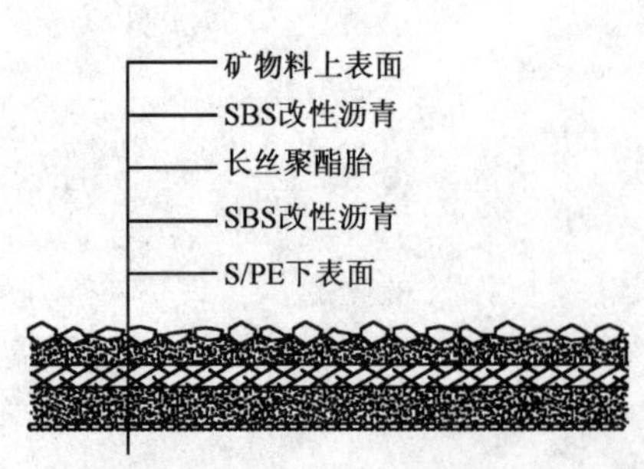

图1　Antirock防水卷材

2.2　施工效率

采用Macaden全自动铺设机(图2)进行长达200m的连续化施工,速度快,效率高,在天气条件允许的情况下,Macaden-20每天可以完成8 000~10 000m^2的工作面,Macaden-10每天可以完成5 000m^2

左右的工作面。

图2 防水卷材连续自动铺设机

1-燃料罐;2-热风系统;3-滚压装置;4-支承轴;5-控制系统;6-速度传感器;7-红外线传感器;8-前轮;9-后轮

2.3 施工安全性

采用全自动密封设备施工,无环境污染不产生废气废液等污染物、加温部件全部密封避免高温外漏对操作人员造成安全隐患。

2.4 施工质量控制

连续铺设设备的自动控制系统对防水卷材的行走速度、加热温度、压实力度都实时监控(图3)。与传统的人工铺设方法相比,机械化施工克服了人工铺设效率低、个人技术依赖性大、质量变异性大的缺陷,保证了施工质量的均衡性。

图3 Macaden 防水卷材连续自动铺设

2.5 施工控制方面

对桥面处理、防水层上下层间连接、细部构造处理提出了相应的技术要求及标准,保证了防水体系在施工期间完整性和运行期间的不透水性,具有良好的使用性能。

3 适用范围

适用于混凝土桥面,尤其是规模较大的混凝土桥面铺装中防水卷材的铺设,气候及环境条件不理想的条件下,连续自动化施工具有明显的经济、技术效益。

4 工艺原理

重视桥面洁净程度、干燥程度、粗糙度、防水层完整性,明确防水体系性能对桥面铺装整体性能的影响,施工工艺流程如图4 所示。

预热路面基层、热熔卷材、黏结、搭接、排气压实过程均为自动完成。具体内容为:

(1)检测基层强度、干燥程度、对混凝土桥面进行抛丸处理,提出了粗糙度控制标准。

(2)在清理干净的混凝土做氯丁胶乳沥青底涂层。

(3)采用 Macaden－10 型铺设装备连续铺设防水卷材(可连续铺设 200m),该设备的行走速度、加热温度、压实力度等关键指标都可以做到实时监控、调节。

(4)对铺设完毕的防水卷材按照规定频率进行黏结强度、剪切强度及剥离检测。

(5)在检测合格的防水卷材上铺筑热拌 SMA-13 沥青混合料。

(6)对桥面铺装层的黏结强度进行检测。

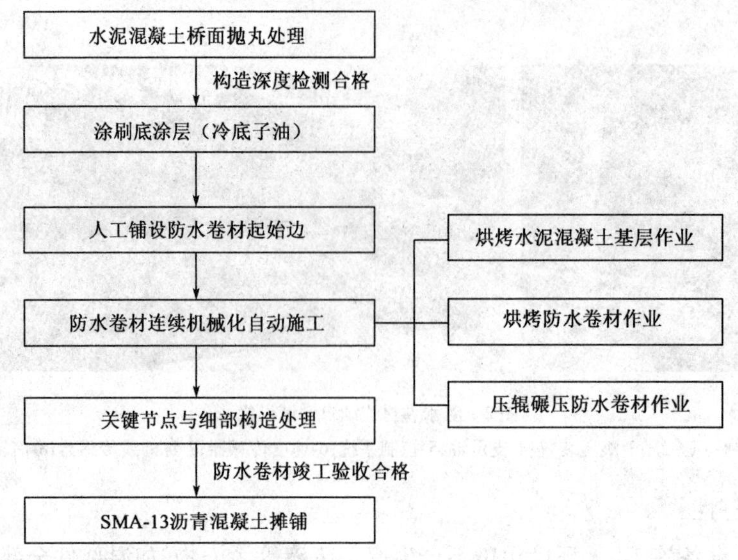

图4　防水卷材铺设施工工艺流程

5　施工工艺流程及操作要点

5.1　桥面处理

采用回弹仪检测混凝土表面强度是否符合规定要求,在基层表面平铺1m^2 卷材,静置1～2h 后掀起观察,基层被卷材覆盖的部位、卷材下表面均未见水印,即视为干燥程度符合要求。

卷材铺设前对试验段水泥混凝土桥面进行抛丸处理(图5),去除表面浮浆,抛丸后采用森林鼓风机进行清理,采用铺砂法测量表面构造深度,要求抛丸处理后粗糙度不小于0.5mm,按照法国Soprema 采用标准比色板对照法,处理程度在SP3－SP8 范围内(图6),桥面重要缺陷(深于10mm 孔洞或面积大于40cm^2 的部位)进行处理(图7)。

图5　混凝土桥面抛丸处理

图6　桥面抛丸处理后

5.2　底涂层施工

底涂层采用氯丁胶乳沥青(图8),通过人工板刷与滚刷配合涂刷的方式进行施工(图9),基层处理剂与水的掺配比例为1:1,由人工掺配搅拌均匀后施工由最外侧开始,用量约为0.2kg/m^2。

5.3　Antirock 卷材铺设

采用Macaden 全自动铺设机按设定路线进行均匀铺设(图10),铺设过程中设备依次完成加热基层(约130℃)、卷材铺贴与搭接、滚动压实过程。第一幅和最后一幅防水卷材由人工加热进行铺设。

卷材施工由最外侧即有排水口一侧开始。第一幅采用1m宽小卷卷材人工铺设(图11与图12),第二幅开始采用200m长大卷卷材机械铺设(图13)。

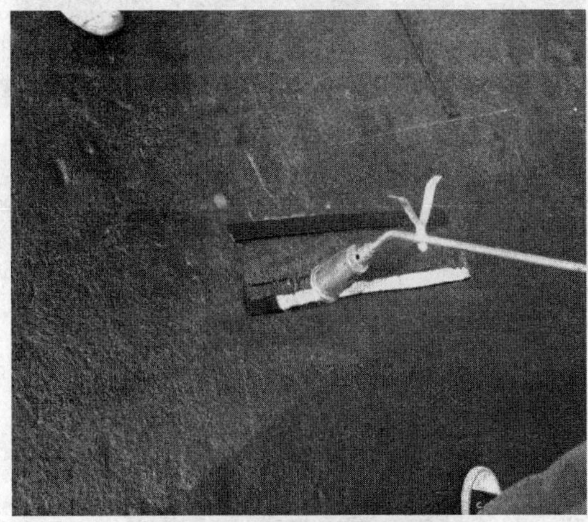

图7 桥面缺陷处理

图8 底涂层材料

图9 涂刷基层处理剂

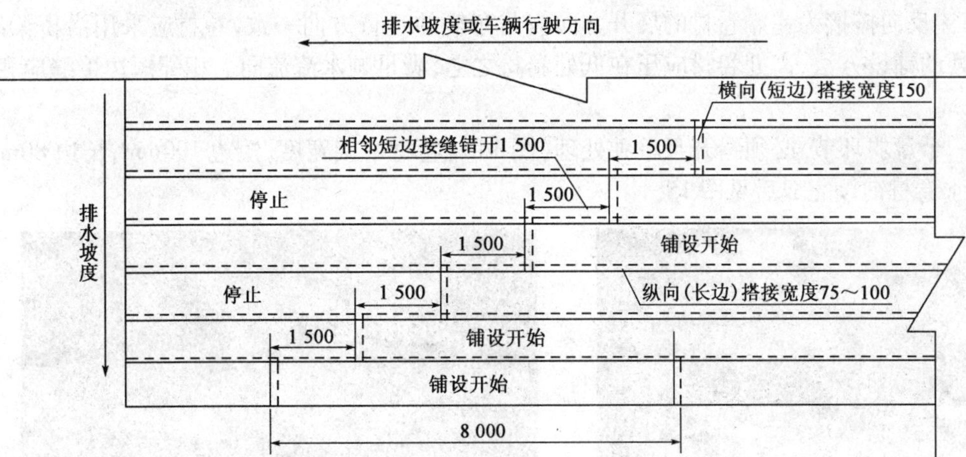

图10 卷材铺设及搭接方向、接缝示意(尺寸单位:mm)

卷材应平行于桥面纵轴方向(即车辆行驶方向)、由低往高处(即由泄水口一侧往另一侧)进行铺设施工。卷材纵向(长边)搭接缝(搭接宽度不小于75~100mm)应顺流水方向,横向(短边)搭接缝(搭接宽度不小于150mm)应顺流水方向(有坡度时)或车辆行驶方向(无坡度时)。相邻两幅卷材的横向(短边)搭接缝应错开至少1.5m。卷材纵向(长边)搭接缝应尽量避开车轮轨迹。

图 11　人工铺设防水卷材

图 12　边缘采用手动压实

图 13　机械化铺设

卷材铺设过程中要求热熔程度足够而不过度,保证卷材下表面改性沥青完全熔融以致流动并通过流动的沥青层将卷材黏在基层上,随即充分压实并排出夹杂的气泡。热熔法施工时,为了使被烘烤的防水卷材受热均匀、烘烤充分,规定应采取措施保证在幅宽内均匀加热防水卷材的下涂盖层。

当局部曲线路半径在 100m 以内及单卷(幅)卷材起始端长度 1m 左右采用人工铺设。搭接宽度长边按材料预留宽度搭接,短边搭接 150mm,允许负偏差 10mm。短边以顺轴向坡度搭接为主,当基本无坡度时,与日后车流反向搭接为主。卷材的展开方向应与车辆的运行方向一致,卷材应采用沿桥梁纵、横坡从低处向高处的铺设方法,高处卷材应压在低处卷材之上,满足顺水流流向。相邻短边接缝应相互错开不小于 300mm。

卷材接头是一个薄弱环节,必须错开且单独处理(图 14),卷材搭接宽度,短边 100mm,长边 80mm,错开 500mm。防水卷材铺设完成后见图 15。

图 14　施工完毕后的试验段

图 15　卷材接缝处施工

5.4 细部构造处理

为保证桥面铺装边缘的防水效果,防水卷材与护栏之间采用SBS改性沥青灌胶处理(图16)。

根据设计意图及实际采用的排水口形式,用高强度等级的砂浆或灌封料修抹平顺,不得有破碎、开裂、起砂等现象。在边缘处要进行特殊处理(图17)。

在安装桥梁伸缩缝时,应在浇注伸缩缝槽内混凝土之前将伸缩缝两侧的防水层端部用防水密封材料进行封闭(图18)。

图16 护栏基座根部处理示意图

1-防水卷材;2-防水密封材料;3-沥青混凝土;4-桥面顶面;5-护栏底座;6-护栏挂板

5.5 防水层现场检测

依据《公路工程质量检验评定标准》(JTG F80/1—2004)8.12.1节桥面系和附属工程中表8.12.1防水层实测项目对施工后的防水卷材进行黏结强度(图19)、剪切强度(图20)、剥离试验(图21),检测发现,防水卷材与混凝土桥面的黏结力高于卷材自身的抗撕裂强度(图22),检测完毕对检测部位进行修补(图23)。

图17 边缘处的灌缝处理

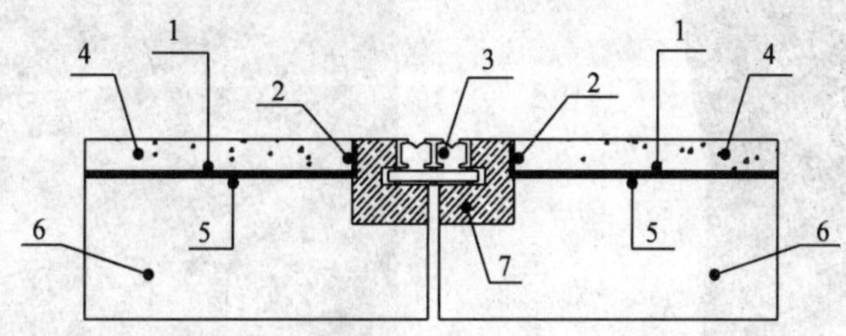

图18 伸缩缝两侧被切断防水层处理

1-防水卷材;2-沥青混凝土切开后用嵌缝止水条封闭防水层端;3-伸缩缝装置;4-桥面沥青混凝土;5-桥面板顶面;6-主梁;7-C50混凝土填满伸缩缝

5.6 热沥青混凝土施工

防水层检测完毕后,在防水卷材层上铺筑8cm厚的SMA-13沥青混凝土(图24),分为两层铺筑每层4cm厚。压实工艺如下:

采用三台11t以上双驱双振压路机振动碾压,压路机紧跟摊铺机呈阶梯形开振碾压至少2~3遍,速度控制在5km/h以内,采用高频低幅的压实方法;终压采用CC21钢轮压路机碾压1遍,最终消除轮迹。施工过程中未出现推移现象(图25)。

图19 黏结力试验仪及黏结力试验破裂面

图20 剪切力试验仪

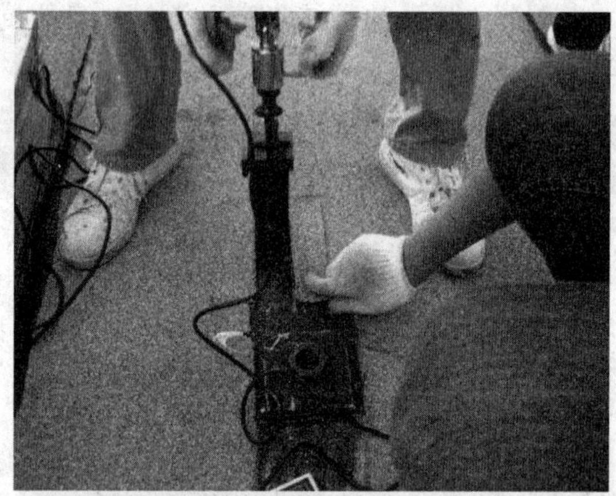

图21 90°剥离试验仪

图22 全部从胎基处剥离

图23 采用卷材进行修补处理

5.7 热沥青混凝土检测

SMA-13 铺筑完毕,对面层进行渗水和压实度检测,检测结果如下:

现场拉拔试验,检测沥青混凝土、防水卷材、桥面基层等各功能层之间的黏结强度,要求桥面铺装在25℃温度下,防水层与沥青层之间或防水层与混凝土板之间抗拔强度应大于0.3MPa。

图24 在防水卷材上摊铺沥青

图25 施工完毕的SMA-13路面

6 材料与设备

6.1 Antirock 防水卷材

试验段使用法国Soprema生产的Antirock防水卷材,该卷材主材为SBS改性沥青,其规格及型号如表1所示。

卷材规格型号简表 表1

规格型号	厚度	每卷尺寸		覆面材料	
		宽度	长度	上表面	下表面
HF3.5	3.5mm	1m	8~200m	矿物粒料	可热熔的PE膜

6.2 基层处理剂

底涂层采用氯丁胶乳沥青,与水的掺配比例为1:1。

6.3 灌缝料

采用SBS改性沥青进行灌缝。

6.4 施工及检测设备

防水卷材连续自动化机械施工及检测设备见表2。

防水卷材连续自动化机械施工及检测设备一览表 表2

序号	机具名称	型号	数量	单位
1	Macaden-10型	Soprema专利	1	台
2	Macaden(mini型)	Soprema专利	1	台
3	叉车	韩国现代	2	台
4	货车	解放	1	台
5	面包车	哈飞	1	台
6	手持焊枪	Soprema专利	2	把
7	底油滚刷		若干	把
8	森林灭火机		2	台
9	钩刀		若干	把
10	红外线测温枪		1	把
11	黏结强度测试仪	上海劳瑞	1	台

续上表

序　号	机具名称	型　号	数　量	单　位
12	剪切强度试验仪	西安亚星	1	台
13	数字回弹仪	道中科技	2	套
14	构造深度测定仪	山东运达	1	套
15	直尺		1	把

7 质量控制

试验及检测依据见表3,防水卷材技术要求见表4,防水卷材现场检测技术要求见表5,防水卷材检测项目见表6,桥面基层处理要求见表7,施工质量控制要点见表8。

试验及检测依据 表3

1	青岛海湾大桥桥面防水工程项目文件	—
2	道桥用改性沥青防水卷材	JC/T 974—2005
3	弹性体改性沥青防水卷材	GB 18242—2008
4	沥青基防水卷材用基层处理剂	JC/T 1069—2008
5	桥面防水工程技术规程	DB 11/T380—2006
6	城市桥梁桥面防水工程技术规程	CJJ 139—2010
7	加拿大 CGSB 标准	—

防水卷材技术要求 表4

检测项目		单　位	技术要求	试验方法
厚度		mm	+0.5 ~ -0.2	JC/T 974—2005
面积*		%	-1%	JC/T 974—2005
下表面沥青涂盖厚度		mm	≥1.5	JC/T 974—2005
可溶物含量		g/m^2	≥2 400	JC/T 974—2005
耐热性		℃	≥115	JC/T 974—2005
低温柔性		℃	-25,无裂纹	JC/T 974—2005
拉力		N/50mm	≥800	JC/T 974—2005
最大拉力时的延伸率		%	≥40	JC/T 974—2005
盐处理	拉力保持率	%	≥90	JC/T 974—2005
	低温柔性	℃	-25,无裂纹	JC/T 974—2005
	质量增加	%	≤1.0	JC/T 974—2005
热老化	拉力保持率	%	≥90	JC/T 974—2005
	延伸率保持率	%	≥90	JC/T 974—2005
	低温柔性	℃	-20,无裂纹	JC/T 974—2005
	尺寸变化率	%	≤0.5	JC/T 974—2005
	质量损失	%	≤1.0	JC/T 974—2005
渗油性		张	≤1.0	JC/T 974—2005
50℃剪切强度		MPa	≥0.12	JC/T 974—2005
50℃黏结强度		MPa	≥0.050	JC/T 974—2005

注:*面积误差不得小于设计面积的1%。

防水卷材现场检测技术要求 表5

检测项目	单位	技术要求	试验方法
耐热性	℃	115	JC/T 974—2005
低温柔性	℃	-25,无裂纹	JC/T 974—2005
拉力	N/50mm	≥800	JC/T 974—2005
最大拉力时的延伸率	%	≥40	JC/T 974—2005
50℃剪切强度	MPa	≥0.12	JC/T 974—2005
50℃黏结强度	MPa	≥0.050	JC/T 974—2005

防水卷材检测项目 表6

<table>
<tr><th colspan="2">检测项目</th><th colspan="2">质量要求</th><th>检测方法</th></tr>
<tr><td colspan="2">外观质量</td><td colspan="2">(1)基层处理剂:涂刷均匀,漏刷面积不超过总面积的1%,并应补刷。
(2)防水层不得有空鼓、翘边、油迹、皱褶。
(3)防水层和雨水口、伸缩缝、缘石衔接处应密封。
(4)搭接缝部位应有宽为20mm左右溢出的改性沥青痕迹。且相互搭接卷材压薄后的总厚度不得超过单片卷材初始厚度的1.5倍</td><td>全桥目测</td></tr>
<tr><td>项次</td><td>检查项目</td><td>规定值或允许偏差</td><td>检测方法和频率</td><td>权值</td></tr>
<tr><td>1</td><td>防水涂膜厚度(mm)</td><td>符合设计规定,设计未规定时,±0.1</td><td>测厚仪:每200m² 测4点或按材料用量推算</td><td>1</td></tr>
<tr><td>2</td><td>黏结强度(MPa)</td><td>不小于设计要求,且≥0.3(常温),≥0.2(气温≥35℃)</td><td>拉拔仪:每200m² 测4点(拉拔速度10mm/min)</td><td>1</td></tr>
<tr><td>3</td><td>抗剪强度(MPa)</td><td>不小于设计要求,且≥0.4(常温),≥0.3(气温≥35℃)</td><td>剪切仪:1组3个(拉拔速度10mm/min)</td><td>1</td></tr>
<tr><td>4</td><td>剥离强度(N/mm)</td><td>不小于设计要求,且≥0.3(常温),≥0.2(气温≥35℃)</td><td>90°剥离仪:1组3个(剥离速度:100mm/min)</td><td>1</td></tr>
</table>

桥面基层处理要求 表7

检验项目	技术要求	检验方法和设备
混凝土强度和龄期	进行防水层施工作业时,防水基层混凝土的龄期不应小于4d、且混凝土强度应达到设计强度的80%以上	回弹仪
基面粗糙度	混凝土防水基层表面的粗糙度不小于1.5mm;法国Soprema采用标准比色板对照法,处理程度在SP3~SP8范围内	直尺、容器、粒径0.2~0.3mm石英砂
含水率	混凝土防水基层的含水率应不大于4%(质量比)	含水率检测仪(或现场卷材覆盖5h)
清洁度	防水基层表面的浮灰应清除干净,并无杂物、油类物质、有机质以及其他一些隔离物质;混凝土基层的结构缝内应清理干净,结构缝内应嵌填密封材料。嵌填的密封材料应黏结牢固、封闭防水,并根据需要使用底涂。	目测

施工质量控制要点 表8

质量控制点	控制内容
底油涂刷	底油涂刷均匀,不堆积、不露白
人工焊接	1.应均匀加热,不得过分加热或烧穿卷材。至卷材底面胶层呈黑色光泽并拌有微泡(不得出现大量气泡)时,及时推滚卷材进行黏铺,后随一人用压辊施行排气压实工序。 2.搭接缝:在搭接部位应充分烘烤搭接边上层卷材底面和下层卷材上表面的沥青涂盖层,至熔融沥青从边端溢出,形成10mm左右的匀质沥青条,以达到封闭接缝口、增加接缝部位的防水安全保险系数的目的
机械摊铺接头	要求满黏,焊接搭接缝形成10mm左右均匀的沥青条
桥面细部构造	达到设计的质量要求
卷材搭接顺序	达到设计的质量要求

8 劳动组织与安全措施

结合本工程的特点,选择相关管理经验丰富的施工管理人员组成,承担施工管理工作,组织现场施工,工程共安排1个机铺小组和1个人工铺边小组。每个机铺小组5人(1名机械操作手、2名防水工、1名叉车驾驶员、1名普工)。人工铺边小组3人,负责卷材起始边和底油的涂刷,加上管理人员共计14人。

工程安全管理体系将依据《职业健康安全管理体系要求》(GB/T 28001—2011)和山东高速物资集团的相关安全管理手册进行建立,它是桥面防水施工现场管理体系的一个组成部分,它包括为制订、实施和保持方针、目标所需的组织机构、活动、职责、过程控制和资源。

(1)涂料应保证涂刷在干燥的基层上,基层潮湿、有积水或12h内预报有雨、雪时不得施工;若施工中途下雨、下雪应做好已铺卷材周边的防护工作。

(2)现场严禁吸烟,材料堆放场地应远离火源,以确保消防安全。

(3)遵守现场各种管理制度,安全、文明、环保施工。

(4)现场物料应分类堆放、远离火源,应设置明显防火标志、防火器材,应设专人保管。

(5)卷材不得与不相容物质如酸、强有机溶剂和油脂直接接触。

(6)现场应采取必要的消防预防措施,按规定设置消防器材,严禁烟火;施工作业人员进入施工现场应戴安全帽、穿软底鞋、戴手套。

(7)喷枪或喷灯应远离温感材料如导线、塑料等,喷枪或喷灯火焰严禁对着人。

(8)以下情况严禁使用喷枪或喷灯明火烘烤施工:

①刷过基层处理剂的基层未干燥之前。

②在可燃、易燃物质附近。

③在施工机械、机具所需的燃料附近。

(9)施工过程中以及收工离开现场之前应仔细检查是否有着火隐患,如果发现在任何隐患,应及时采取安全措施。

(10)施工完毕,做到“工完、料净、清场”。

9 环保措施

海上施工需保护海域环境,保证海域不受污染,严格按照ISO14000标准和环境手册及程序文件执行,施工中,应营造绿色建筑,为施工环境管理做出典范。保护和改善生活环境与生态环境,防止由于施工造成的污染和扰民,保障附近居民和施工人员的身体健康,创建绿色环保型施工现场。

(1)抛丸过程做好钢丸及混凝土浆体的回收工作,严禁将处理的混凝土浮浆等洒入大海。

(2)基层处理剂涂敷过程中,做好废液的收集工作,严禁将其倒入大海。

(3)防水卷材铺设过程中,Macaden 为全自动密封设备,无环境污染不产生废气废液等污染物、加温部件全部密封避免高温外漏对操作人员造成安全隐患。

10 资源节约

防水卷材采用连续机械化施工,在青岛海湾大桥施工环境下(风大,环境温度低,对施工效率和效果要求高)可投入更少的劳动力,保证施工质量更高、更稳定,施工速度更快、工期更短,使用的摊铺设备可以重复循环利用,工作效率高,折旧率低;考虑到施工不确定因素对施工质量及工程造价的影响,比人工铺设防水卷材的施工显著节约了人力及工期成本。

11 效益分析

11.1 经济效益

采用连续自动化机械铺设设备在青岛海洋性季风气候条件下施工,施工效率和施工质量显著提高,节约了人力成本,缩短了施工工期,明显降低了工程成本。

11.2 社会效益

(1)采用机械连续铺设的防水卷材,施工匀质性得到明显提高,防水效果得到的有效保证,可大幅度减少运营期的养护成本。

(2)桥面铺装整体性能良好,使用寿命延长,提高了海湾大桥的社会影响力以及大桥的公众通行服务水平。

12 应用实例

(1)2010 年 9 月 ~2011 年 5 月,青岛海湾大桥主线 K15 +290 ~ K16 +850(右幅)、K17 +210 ~ K19 +610(左幅)的混凝土桥面采用该工法进行了防水卷材的连续自动化铺设,施工面积约 8 万 m^2,经检测质量达到预期目标。

(2)2010 年 8 月 ~2010 年 11 月,青岛海湾大桥红岛互通立交 D 匝道 K0 +390.9 ~ K1 +75.5 和红岛连接线 K0 +160 ~ K1 +310(左右幅)的混凝土桥面采用该工法进行了防水卷材的连续自动化铺设,施工面积约 2 万 m^2,经检测质量达到预期目标。

多断面中央分隔带与路缘石滑模施工工法

GGG(晋)B5052—2013

高敏峰　张　丽　张永胜　赵建军　王东杰
(山西机械化建设集团公司)

1　前言

传统的公路路缘石施工通常是采用先集中预制、再分批运输、最后在现场以人工进行安装、砌筑的方式来完成,存在着费工费料费时、作业效率低、强度不高、色差较大等缺点。随着各项新技术的研发,在道路工程建设中,针对传统的预制安装施工工艺的缺点,引进了具有自行走、传感器自动控制方向与高程的水泥混凝土路缘石滑模施工设备,该项设备的出现,突破了路缘石的传统制作模式,采用带滑动成型模板的水泥混凝土摊铺机就地生产,一次性完成进料、振捣密实、外部成型和表面处理,最后形成无需模板支撑而能保持稳定形状的路缘石。

该项工艺的采用,省去了租用预制场地和大量的前期准备工作,避免了预制过程中的材料浪费以及运输和现场安装中的损耗,可以节省大量的人力投入,有效克服路面工期紧张和场地狭窄所造成的施工困难,而且成型后的路缘石具有整体强度高、防撞击能力强、色泽均匀一致、线形平顺等优点。与预制路缘石块比较,在高速公路运营期间损坏极少,能有效减少公路通车后的养护工作量。因而该项施工技术目前已被山西机械化建设集团公司在许多公路及厂区道路工程建设中得到广泛应用,获得了业主及监理部门的广泛好评,取得了良好地经济效益和社会效益。

路缘石滑模摊铺施工机械共有两种,一种适用于干硬性混凝土摊铺,一种适用于塑性混凝土摊铺,在该施工工法中,主要介绍摊铺塑性混凝土的路缘石摊铺。

2　工法特点

2.1　速度快、效率高

该工法采用路缘石滑模摊铺机一次性完成进料、振捣密实、外部成型和表面处理,最后形成无需模板支撑而能保持稳定形状的路缘石。每天单台设备可生产成型路缘石约 1 500m,作业效率高,施工过程中不影响路面结构层,而且成型后的路缘石会对路面面层的摊铺边缘起到人工模板的作用。

2.2　造价低

滑模式路缘石摊铺机施工所需人工少,每班仅需五人操作,而且一次成型后,路缘石不再需要额外加工。该机的生产省去了传统方法中的预制、运输、现场安装、勾缝修正等工序。采取就地生产,避免了材料浪费以及运输及现场安装过程中的损耗,路缘石摊铺机生产比原传统生产方法具有省人工,省时间以及无需支模板,无需加注钢筋等优点,节省成本造价 35% ~45% 。

2.3　强度高

在滑模机成型模具的上方安装一个高频低幅的振动器,通过振动器使水泥混凝土达到一定的密实度。同时,由于该机生产可以使路缘直接成型浇筑,成型后的路缘具有较高的抗冲击强度和稳定性,其整体强度是远远优于传统方式生产的路缘石。

2.4 线形流畅

由于滑模路缘石摊铺机使用了方向自动控制传感器，使摊铺机沿一条事先测定好的钢丝绳基线向前行驶，无需操作人员驾驶，其灵敏度、精确度极高，且铺砌后的路缘石顺直，线形流畅，从而使路缘石与路面高程达到了设计要求且平整度好。

2.5 适用性强

滑模路缘石摊铺机工作时，可以根据不同的设计及环境，选择制作不同形状的模具，使铺成的路缘石具有线性好、表面光滑、整齐美观等特点。

另外路面工程一般工期较短，传统方法制作路缘石需要提前预制，并大量存放，采用滑模现浇则省去了预制和存放路缘石所占场地，能高效的利用和节省场地，在施工场地受限制的地区具有更好的适应性。

3 适用范围

由于滑模摊铺机现浇路缘石比预制安装路缘石具有明显的效率和经济优势，且不受场地的影响，具有更强的适用性，适用于所有的公路及厂区道路的路缘石施工。

4 工艺原理

路缘石滑模施工在水稳碎石基层施工完成后进行，采用罐车喂料，随时检测混凝土坍落度，控制在50～70mm之间。注意机舱内混凝土高度，操作手密切注意起步时摊铺机速度大小。确保滑模的路缘石成型后平整，直顺。并随时检测滑过的混凝土的厚度及平面位置，发现问题及时调整滑模机液压高度及滑模机与钢丝的宽度。

路缘石混模施工速度以2.5～3m/min控制。

5 施工工艺流程及操作要点

现浇路缘石施工前应认真做好各项准备工作，施工中组织好机械人员，施工后派专人养生和保护好还未形成强度的路缘石。

5.1 施工工艺流程

施工工艺流程见图1。

5.2 操作要点

(1)施工放样。首先对下承基层的各项指标进行检验，并采用先进的全站仪准确放好控制点位置，直线段每隔20m(曲线段每隔10m)精确地放出中桩。施工过程中，需经常复核路面宽度及中线偏位情况。

(2)下承层清理。施工作业前将工作面清扫干净，无泥土杂物，并洒水湿润，以利于与下承层结合，施工中做到清扫一段，湿润一段，施工一段，始终保证作业面干净湿润。

(3)抄平挂线，摊铺机就位。滑模摊铺机有两个测针，一根感应高度，一根感应位置，在每个里程桩位钉一根钢钎，钢钎上安装可调钢丝夹，挂上钢丝，钢丝平面位置按中线或边线位调整一致，钢丝水平位置按各桩位实测高程之差由桩位向上返，调整钢丝，使钢丝平面及水平位置均满足设计要求，由钢丝引导滑模机按设计高程及位置进行滑模施工。

滑模机由人工将其开至或用平板车拖至施工现场。

(4)混凝土拌和。采用1台JS750型强制式搅拌机进行拌和，在拌和前测试碎石、砂的含水率，根据测试结果和天气情况，在监理工程师许可的情况下适当调整用水量，使混凝土的坍落度、水灰比符合设计要求，拌和好的混合料应均匀一致，无生料、干料和离析、成团现象，保证拌料坍落度符合设计及施工要求。

(5)混凝土运输。采用混凝土罐车进行运输,在运输过程中,混凝土罐必须保持均速转动,以防止混凝土发生离析。

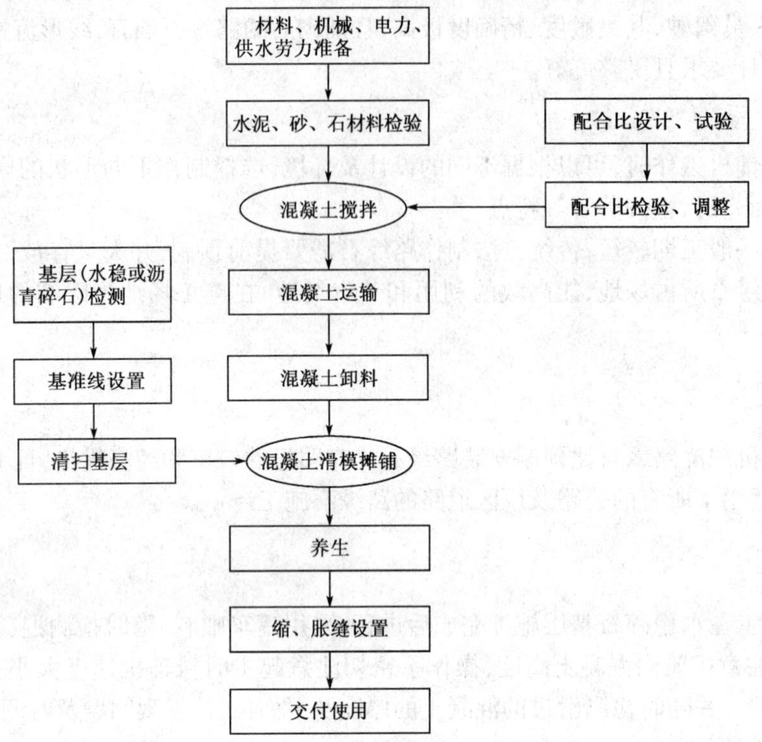

图1 路缘石滑模摊铺施工工艺流程图

(6)路缘石的滑模浇筑。在进行摊铺作业时,要随时注意混凝土坍落度,操作人员要密切注意起步时行驶速度大小与坍落度变化关系,确保接口平整,直顺,并随时检测滑过的混凝土体与钢丝位置高度的偏差,发现问题及时调整测针。

摊铺过程中应随时清理废料,保证路面不被污染。

(7)表面处理。滑模摊铺过程中,采用自动抹平板装置进行抹面,对少量局部麻面和明显缺料部位,由人工用抹子修整,达到光面的目的。

(8)养生。路缘石施工完毕后及时采用塑料薄膜覆盖养生,塑性薄膜两侧用砂土压住,防治水分散失及被风吹起,在风沙大的地区施工,注意压实压紧。空气干燥,天气炎热时,补水洒水养生。

(9)缩、胀缝设置。缩缝按3~5m等长设置,缩缝宽度宜控制在5mm,深度不小于40mm。缩缝切缝由人工用抹刀在浇筑成型后完成。

胀缝每隔150~200m设一个,宽20mm,采用20mm厚的伸缩缝填料填塞。其设置的目的是为了防止温度升高时,路缘石拱起造成破坏。

胀缝切缝采用柴油发动手推式切割机,切割时间不宜过早,避免因过早切割切缝出现毛糙现象。

5.3 施工注意事项

(1)要确保施工完毕后的路面的设计宽度。

(2)工作时成型模应与底面保持5~10mm间隙,并保证不触及地面。

(3)混凝土的运输设备要根据距离的远近适当增减,确保施工现场不得出现中断的现象。

(4)浇筑时坍落度不在规定界限之内的混凝土不得使用,气温低于5℃时不得拌制混凝土。

(5)混凝土运至浇筑地点发生离析、严重泌水或坍落度不符合要求时,应进行第二次搅拌,二次搅拌时不得任意加水,确有必要,可同时用水和水泥保持其原水灰比不变,二次搅拌仍不符合要求时,则不得使用。

(6)缘石顶面的内边缘和外边缘均由路中线控制,特别是边缘线达到棱角分明、曲线圆滑、直线段顺直,需采用挂线或尺板控制抹角,不应有里进外出现象。

(7)控制好水泥混凝土的坍落度及摊铺机的摊铺速度(不要过快,不要超过3m/min),防治出现坍边现象,对已出现的坍边采取延长混凝土的拌和时间,控制混凝土运输过程中罐车的转速,并采用人工配合修补。

(8)每次工作停机后及时用水清洗设备。

6 材料与设备

6.1 原材料及试验控制

滑模路缘机现浇路缘石对混凝土坍落度、和易性要求非常严格。因此,对原材料的控制和检验非常重要,合格后材料使用。

(1)水泥。根据混凝土设计强度优先选择高强度等级水泥,通常情况下一般选用P.O32.5低强度等级的普通硅酸盐水泥、矿渣水泥即可,其强度、收缩性、抗冻性、初终凝时间等应符合规范要求。

(2)粗集料。采用质地坚硬、强度高、耐磨耗、清洁干净的扎制碎石和砾石,针片状颗粒含量不大于10%,碎石压碎值不大于16%,最大粒径不宜超过15mm。

(3)细集料。采用级配良好、颗粒洁净、粒径小于5mm的河沙,河沙中含泥量不得超过3%。

(4)水。使用天然洁净水,含有酸碱度的水必须化验合格后才能使用。

(5)外加剂。在混凝土拌制时添加高效减水剂,常与水泥同时加入。减水剂的比例一般为水泥用量的3‰左右。具体用量根据现场试验配制确定。

6.2 设备控制

拟投入的主要施工机具设备见表1。

拟投入的主要施工机具设备　　表1

序号	名　称	工作能力	台(套)	用　途	说　明
1	HT360/J型路缘机	5~8m^3/h	1台	用于路缘石摊铺	施工时行驶速度一般为2.5~3.0m/min
2	切割机SQ-500型	50Hz/5.5kW	1台	切割各种异型型材	
3	混凝土拌和机JS750	≥35m^3/h	1套	用于路缘石所需混凝土的拌和	依据具体施工速率和混凝土使用速率确定搅拌机参数
4	混凝土运输车	运输量≥6m^3	2台	运送路缘石所需混凝土	
5	发电机	≥50kW	1	用于施工全过程的供电	
6	工具车		1	施工全过程的辅助设备	
7	装载机ZL50	3m^3	1	装载原材料	
8	洒水车		1	基底洒水	

7 质量控制

7.1 质量控制措施

建立工地现场试验室,由专业试验工程师任本工程试验室主任,并配合有经验的试验人员从事现场试验工作。做到材料有试验、配料有选择、施工有控制、检查有试件、试验有报告、资料有分析。

(1)原材料控制。该滑模机对混凝土坍落度、和易性的要求比较严格,因此,对原材料的控制和检验尤为重要,合格后才能使用。混凝土试验全部采用标准条件,以防止和及时发现混凝土弯拉强度不足等问题,有效对质量进行控制,确保施工质量。

(2)控制混凝土配合比。滑模施工混凝土的主要控制指标为坍落度,应控制在50~70mm范围内。砂率建议为50%~55%,水灰比宜在0.48左右。混凝土坍落度和强度应满足设计要求。采用不同砂率试拌混凝土进行试铺,经多次试验比较,采用50%~55%的砂率时,滑模路缘石成品外观质量最好,表面较平整,无蜂窝麻面。

(3)混凝土坍落度控制。坍落度是决定路缘石外观质量的关键因素。混合料坍落度过大,滑出的混凝土变形也大,外观尺寸与形状就达不到设计要求;坍落度过小,导致罐车出料困难且滑出的混凝土不易成型或表面蜂窝麻面严重。

(4)减水剂添加的控制。减水剂的作用是使水泥颗粒分散,改善和易性,降低用水量,从而提高水泥材料的致密性和硬度,增大其流动性。

高效减水剂添加比例一般为水泥用量的3‰。

(5)高程与线形控制。由于滑模摊铺路缘石施工完成后所形成的路缘石是一个整体,不像预制块路缘石铺筑后高程线形还可以调整,所以滑模施工过程中的线形、高程控制就非常重要,否则将与完工后的沥青路面不一致。

线形控制主要靠精确测量放线,施工中遇到桥涵结构物要注意与结构物的顺接。

高程控制首先要采用与沥青面层施工控制高程相一致的控制高程:通常路面基层实测高程与设计高程偏差都比较大,沥青面层施工往往是将摊铺厚度作为第一控制指标,沥青面层成品高程与设计高程往往也存在一定的偏差,为使滑模路缘石成品高程与沥青面层一致,就要求路缘石滑模施工时采用经调整的沥青路面施工控制高程,而不是仅仅简单地采用图纸设计高程。

通常基层施工质量对滑模路缘石的高程与线形影响较大,如基层高程偏差大、平整度差、基层宽度不够、基层边部强度不足等因素都会对滑模路缘石施工质量产生不利影响。

(6)影响路缘石外观的其他因素控制。滑模机的摊铺速度、振捣器的振捣频率、振捣器的安装位置、滑模机模板质量都对模板内的混凝土能否顺利滑出有重要影响,也是影响外观质量的重要因素。

7.2 质量检测标准

(1)基本要求。

①滑模施工路缘石质量应符合设计要求。

②路缘石不得有断裂或弯曲现象。

③路缘石应稳固,顶面平整,线条直顺,曲线圆滑美观。

④路缘石与路面结合良好,勾缝密实均匀,无杂物污染。

⑤路缘石施工对路面和其他构筑物表面无污染,排水通畅,无阻水现象。

(2)实测项目。滑模路缘石实测项目见表2。

滑模路缘石实测项目 表2

检查项目	规定值或允许偏差(mm)	检查方法和频率
混凝土强度(MPa)	符合设计要求	按检评标准JTG F80/1—2004附录D和附录F检查,每工作班2组
直顺度(mm)	10	20m拉线,每200m4处
顶面高程(mm)	±10	水准仪,每200m4处
宽度(mm)	±5	尺量,每200m4处
平面位置	0~15	全站仪,每200m4处

(3)外观鉴定。

①路缘石牢固直顺美观。

②混凝土表面蜂窝面面积不超过该面积的0.5%,深度不超过10mm。

8 安全措施

(1)施工过程中认真贯彻"安全第一,预防为主"的方针,成立以项目经理为第一负责人的安全生产领导小组,严格执行国家,交通部和地方有关安全生产管理规定。

(2)做好交通安全保证工作,施工区域要保证道路畅通,在施工区便道相交处及路况较差地段设置警示标志,加强交通管制,杜绝安全隐患。

(3)与既有道路交叉施工时,对施工场地进行围护,设置夜间警示灯、标志牌、彩旗等,并定期维护,临时使用部分采用活动围栏。

(4)根据滑模摊铺机施工工艺特点,有针对性对施工人员做出安全技术交底,利用各种宣传工具,采取多种形式强化全员安全意识。

(5)施工前,制定混凝土拌和站、运输车辆、滑模摊铺机及其辅助机械设备的安全操作规程,并在施工过程中严格执行。

(6)施工机电设备安排专人负责保养、维修和看管,确保安全生产。施工现场的电线、电缆应尽量放置在无车辆、人、畜通行部位。

(7)滑模摊铺机、拌和站、油料库、发电室、配电室等重要施工设备上应配备消防设施,确保防火安全。

(8)使用切割机切割作业时应戴好防护镜,站在切割机侧面,不要正对切割机,用力不要过大以防切割片断裂飞出。

(9)切割机开关必须完好,工作完毕应立即关闭电源。

(10)工地所有施工设备和机具,在停工或夜间必须有专人值班保卫,严防原材料、机械、机具及零件等丢失。

(11)对特殊机械和特殊工种要采取持证上岗,严禁无证作业的情况发生。

9 环保措施

(1)建立环保体系管理机构。结合工程实际情况,项目部建立以项目经理为首的,各部门参与的环境保证管理机构,结合本项目施工区域的生态环境特点,制订施工期间环境保护措施及有关处理方案,对施工现场的环保工作进行日常的自查、自纠,并且定期或不定期对施工中的环境保护工作进行检查。

(2)原材料在运输过程中,注意苫盖,避免材料遗撒对路面结构层造成的污染,路缘石混凝土浇筑施工完成后,应及时清理干净施工现场。

(3)施工时做到施工器件、材料及产品堆放整齐、设备布置妥当,垃圾及时清理干净。

(4)施工机械的废油废水,采取有效措施加以处理,不超标排放,造成河流和水源污染。

(5)冲洗集料的水或施工废水,经过过滤、沉淀或其他方法处理后才允许排入河道。

(6)施工场地和运输道路经常洒水养护,防止灰尘对生产人员和其他人员造成危害及对农作物的污染。

10 资源节约

(1)省去了租用预制场地和大量地前期准备工作,避免了预制过程中的材料浪费以及运输和现场安装中的损耗。

(2)工序衔接紧密、缩短了工期、降低了成本。

(3)工艺先进、成熟,具有劳动力投入少,设备简单,操作方便、路缘石施工质量高,线形流畅等优点。

11 效益分析

路缘石滑模摊铺施工工艺的特点是:施工简便,可就地生产,工序衔接紧密、工期缩短,造价低,节省成本,同传统的施工方法相比较,节省成本、提高工效近40%以上,具有良好的经济效益和社会效益。

表3为滑模施工与预制安装的费用对比表,通过比较可知,滑模施工费用较预制安装直接成本节省达42.1%,即335元/m³。

施工成本对比(单位:元/m³)　表3

成本项目	预制安装费用	滑模现浇费用	节省成本
材料成本	280	280	0
预制劳务费	200	—	200
运输费	75	40	25
安装/现浇人工	240	60	52
安装/现浇机械	—	80	-80
合计	795	460	335

作为一种新型的机械化、自动化施工工艺和方法,路缘石滑模施工将具有广阔的发展和应用前景。

12　应用实例

12.1　工程实例一

柳林华泰洗煤厂厂区道路工程,其中有路缘石11 500m,合计需要C25混凝土475m³,为保证该道路工程按照合同工期保质保量完成施工任务,向业主交一份满意的答卷,施工过程中采用HT360/J型滑模路缘机进行施工,在不到一个月的时间内即完成了全厂路缘石施工,获得了业主的好评,同时增加了经济效益。

12.2　工程实例二

由山西机械化建设集团公司承揽的"绥化至北安高速公路工程项目土建工程施工"第A6合同段路基、路面工程,位于黑龙江省北安市境内,主线全长32.2km。沿线共分布有箱涵、通道涵38道,挖方422 867m³,填方1 211 453m³,基层1 095 467m²,沥青混凝土面层1 857 002m²。该标段路缘石、侧缘石累计长度达100km,需C25混凝土近8 000m³。为加快工程进度,按时完成工期,工程施工中分别使用了江苏四明SMC-522型路缘机及HT360/J型滑模路缘机滑模现浇路缘石技术,取得了良好好的施工效果。

12.3　工程实例三

由山西机械化建设集团公司承建的"前锋农场至嫩江公路伊春至嫩江段工程建设项目龙镇至嫩江段土建工程"第A9合同段,本合同段路线全长26.124km,其路缘石、侧缘石累计长度达60km,需C25混凝土近4 500m³。为加快工程进度,按期完工,施工过程中采用了路缘机滑模摊铺技术,速度快,总体质量好,获得了业主及监理工程师的一致好评,并且减少了施工成本,提高了施工进度,增加了经济效益。

缝隙式路面集水沟施工工法

GGG(滇)B5053—2013

陈宙翔 张 亮 陈 建 罗 媛 李秀萍
(云南云岭高速公路桥梁工程有限公司)

1 前言

沥青混凝土路面是一种怕水怕灰的工程结构,水是引起沥青混凝土路面各种病害的主要原因。为延长和保证路面质量周期与功能,降低工程建设与养护成本,通常采用孔隙率小于2%的沥青混凝土路面封闭路面水下渗,同时在基层上采取增设封层措施隔断路面下渗水与基层接触,达到保持路面正常使用功能与延长质量周期的目的。在路面封闭大气降水和地表流水的同时,路面可能受排水设施能否快速收集表面水的影响,使路面存有集水,特别在弯道内侧,集水更深,使集水成为路面与车轮之间的第三种介质,减小高速行驶车辆轮胎与路面的纵、横向摩擦力;受路面弯道、平整度和集水深度影响,左右侧车轮碾压水深不同带来阻力差异,瞬间打破车辆受力平衡,从而导致车辆失稳发生交通事故;溅起的水花模糊驾驶员视线,引发驾驶员惊慌,降低车辆控制能力。低等级和非重交通路面有时采用大孔隙材料铺设来保持路面干燥,保证行车安全。所以,快速收集大气降水和地表流至路面水并及时排除,是道路建设和保持公路安全运行功能、延长质量周期、降低成本、杜绝交通事故的关键,也是公路与城市道路亟待解决的问题之一。云南云岭高速公路桥梁工程有限公司依据解决上述问题研发、试铺和申请的专利"缝隙式集水沟"(专利号ZL201220413156.9)得到的"缝隙式路面集水沟施工工法"解决了上述难题。

"缝隙式集水沟"(专利号ZL201220413156.9)专利产品和"缝隙式路面集水沟施工工法"通过云南云岭高速公路桥梁工程有限公司在承担国道主干线GZ65云南保山至龙陵高速公路第十二合同段K576+584~K576+820段、昆明市安宁太平新区主干道(获2011年度云南省优工程一等奖、2012年度国家优质工程银奖及2012年度全国市政工程示范金杯奖)、嵩明县杨林工业园区景观大道二期工程BT项目等项目中推广运用和证明,本工法方法可行、质量得到有效控制,工程成本降低、工期提前,运行效果好,取得了较好的质量与经济、社会效益。

《缝隙式路面集水沟施工工法》已由云南云岭高速公路桥梁工程有限公司公布为本企业一级工法。

2 工法特点

(1)利用缝隙式路面集水沟设置在道路中央分隔带曲线路段外幅内侧、直线段、不设超高曲线段路肩处,快速收集和排除路面水,防止路面积水和下渗,保证行车安全和通过能力,延长道路质量周期,减少维护成本。

(2)缝隙式集水沟采用半干硬性混凝土通过机械压制成型时,由于水灰比小,可以大量节省水泥,降低建设成本,节约能耗。同时,缝隙式集水构件还可以采用普通素混凝土或加筋水泥混凝土预制或天然石材加工成型,或塑料(空心)及其他材料制作。材料多选,灵活适应工程现场状况,有效降低建设成本。

(3)缝隙式集水沟进行工厂化生产,提高了生产高效益和便于质量控制,实现标准化、程序化、规范化生产,利于施工企业的升级换代。

(4)缝隙式集水沟标准件利于现场安装和规范作业,进度快、外观质量得到保证,总体施工效益高。

(5)缝隙式集水沟靠路面侧的顶面须与路面顶或与基层顶高程一致;底面高程可以放置于土基或

级配层或水稳层上或其他位置的高程上。适用各种结构的路面工程。

(6)靠分隔带或路面边缘侧宽度大于拦土石宽度不少于1.0cm。有效抵御侧压力,防止构件变形,保证结构的稳定。

(7)缝隙式集水沟利于检修和修护,不易引起驾驶员视角不利的效应。

(8)缝隙式集水沟存在缝隙,减小了路面构成的实体,且减少沥青路面铺设面积,由于沥青混凝土的造价高于水泥混凝土,节省了工程成本。

3 适用范围

本工法适用于具有中央分隔带曲线路段外幅内侧、直线段、不设超高曲线段路肩处的公路及市政道路路面排水处理施工。

4 工艺原理

(1)通过缝隙式集水沟专利产品,在道路中央分隔带曲线外幅内侧和路肩设置缝隙式路面集水沟,有效收集路面大气降水和地表流入路面集水,排除水对路面工程的隐患,保证路面长期处于良好的使用状态。

(2)应用机械压制技术和半干硬性混凝土工厂化生产缝隙式集水沟,利于标准化和质量控制。

(3)安装在道路中央分隔带曲线外幅内侧的缝隙式集水沟和路肩安装的缝隙式路面集水沟结构稳定,利于中央分隔带绿化与行车安全;保证路肩防撞护栏施工的便利与结构的合理搭配。

(4)缝隙式集水沟现场安装技术控制简单和便利。

5 施工工艺流程及操作要点

5.1 施工工艺流程

缝隙式集水沟预制准备→预制→养生→装运至安装现场→作业控制区安全布控→测量放样→基底处理→安装预制件/砌筑“缝隙式路面集水沟”→湿缝养生→清理验收。

“缝隙式路面集水沟”主要施工工艺流程见图1。

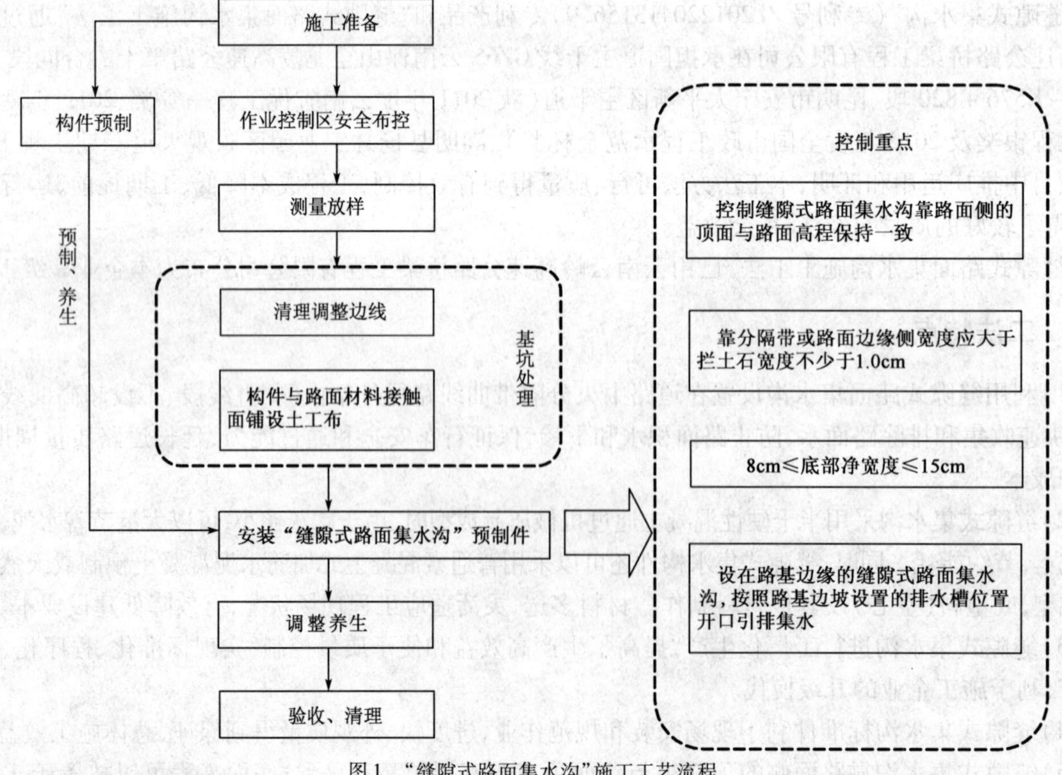

图1 “缝隙式路面集水沟”施工工艺流程

5.2 操作要点

1)缝隙式路面集水沟预制

(1)施工准备。选择合适的场地建立缝隙式路面集水沟预制场,进行场地平整、硬化;选择砂石材料,完成配合比试配与调整;选定机械压制设备,进行模板加工定型、试机和试制。编制施工组织详细设计、组织人员及相应设备设施进场并进行技术交底,对参与人员实施安全、操作、技术、质量标准培训。

(2)缝隙式路面集水沟预制。按缝隙式路面集水沟施工组织详细设计组织流水生产,配备相应的熟练工人和技质量、安全管理人员实施全方位控制。保持使用材料、水泥、配合比不变,以利色泽一致,养生时间不少于14d。

(3)装运至安装现场。缝隙式路面集水沟采用回弹仪测试强度不低于设计强度的85%时,经外观质量检验合格,装运至安装现场。装卸时要轻抬轻放,避免碰撞和边角损伤。

2)缝隙式路面集水沟安装

(1)施工准备。

建立健全缝隙式路面集水沟安装组织机构,明确各项工作责任目标,并根据工程项目规模、工期及自身生产率确定"缝隙式路面集水沟"施工队伍数量。每支施工队伍可进一步分为A、B、C三个施工组,这三个组的施工任务分别是:

①A组:负责施工现场的作业控制区布置,设置专职安全员,在作业控制区两端设置警示标志,确保施工人员和未封闭施工时过往群众的安全,防止失足事故发生。

②B组:负责对水稳层构件预留空间的清理工作,清除多余水稳料、积水以及其他污染物;负责基坑处理工作,铺设防渗土工膜,为确保预制/现筑构件线形顺畅做准备。

③C组:负责现场测量放样、工序间复测、构件安装砌筑、构件与其他构造物连接和整体线形调整。

对施工队伍的要求如下:

①每个施工队伍设施工队长一名,对施工现场全面管理,对施工现场三个施工组的人员、机械和设备的协调工作;每个施工组设组长一人,负责协调本组人员施工。

②所有施工人员进场前必须佩戴反光服、安全帽等劳动保护用品。

③组织相关技术人员进行图纸会审,进场前对施工人员进行技术交底、安全交底,并进行质量、安全及文明施工等方面的教育培训。

④对缝隙式集水沟的预制、加工过程严格进行质量控制和进度控制,确保满足施工质量和施工进度要求。

⑤特种作业人员持证上岗,机械设备符合相关规定要求,否则不予进场施工。

(2)作业控制区安全布置。

在未封闭交通的公路上进行施工时,需要对施工现场进行作业控制区布置。施工人员、机械和设备到达施工现场后,根据路面的宽度、交通量等因素,A组人员按照《公路养护安全作业规程》(JTG H30—2004)要求进行安全布控,严防交通事故发生。作业控制区由警告区、上游过渡区、缓冲区、工作区、下游过渡区及终止区组成。

①警告区的最小长度S(单位:m)应按表1选取。

警告区最小长度选取表 表1

位　置	公路等级/设置位置	设计速度(km/h)	警告区最小长度(m)
路段	一级公路	120,100	1 600
		80,60	1 000
	二、三级公路,城市道路	80	1 000
		60	800
		40	600
		30	400
各类平面交叉口	—		200

②车道封闭上游过渡区的长度按表2选取。

③下游过渡区的最小长度宜取30m。

④缓冲区的最小长度宜取30m。

⑤工作区长度控制在100m以内。

⑥终止区的最小长度不宜小于30m。

车道封闭上游过渡区长度选取表 表2

封闭车道(m) 车道封闭上游过渡区最小长度(m) 限制车速(km/h)	3.0	3.5	3.75
60	70	90	90
40	30	40	40
20	10		

在警告区应设置施工标志、限制速度标志和可变标志牌或线形诱导标等;在上游过渡区起点至下游过渡区终点之间应摆放锥形交通路标;在缓冲区与工作区交界处应布设路栏;控制区内其他交通安全设施可视具体情况而定。工作区内应设置施工车辆专门的进口和出口,出入口应设在顺行车方向的下游过渡区内。作业控制区域的布控应结合具体施工进度逐步向前推进。

(3)测量放样。

①C组根据控制网放出主干管的中线,并在施工管段的起止端设置中桩,便于在施工过程中不断用全站仪进行放样和监控,保证沟槽的顺直。同时根据中线分别设置开砌筑线、高程调整垫层等的边桩,并利用边桩用水准仪分别标记基底、铺砌面、流水等的高程。每一工序完成后应立即通线进行复测,合格后方可进入下一工序。

②由于集水构件位于不同的里程段。所以纵向排水管、集水井施工前要复测上下标段及原有的流水位高程或测量控制点,根据沟槽坡度及长度进行推算的结果与施工图相符后方可施工,否则应立即知修改调整。

③每道工序前,均应复测上一道工序等结构物的高程与平面位置。

④经C组放样后,B组对基坑进行处理,如图2~图4所示。

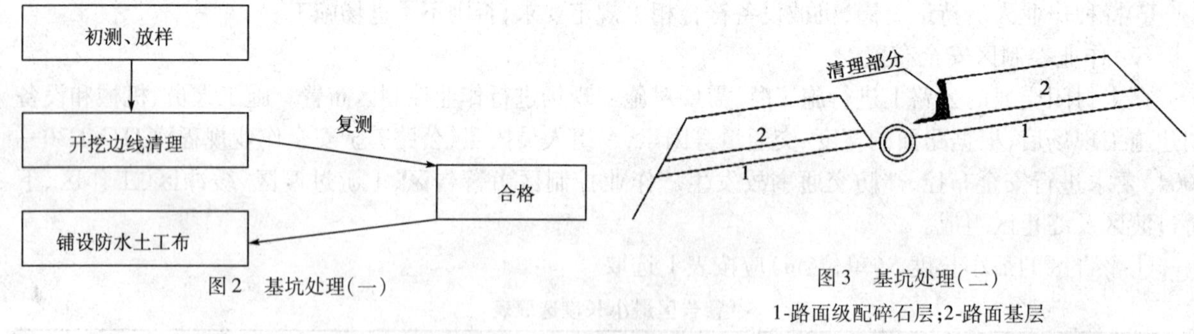

图2 基坑处理(一)

图3 基坑处理(二)

1-路面级配碎石层;2-路面基层

(4)安装/砌筑缝隙式集水沟。

①技术要点。

图5为设有中央分隔带高速公路沥青路面曲线一般横断图,图6为本工法构件断面,图7为构件装配图。

②技术方案。

a.缝隙式路面集水沟靠路面侧(H侧)的顶面须与路面(沥青路面与基层高程一致)顶高程一致,底面高程可以放置于土基或级配层或水稳层上或其他位置的高程上,确定放置位置后,可以得出H的大小。

b.h可为H减沥青层二分之一的厚度,或使$b=H$,或使$H-h\geqslant 0$,并在其上安砌拦土石。

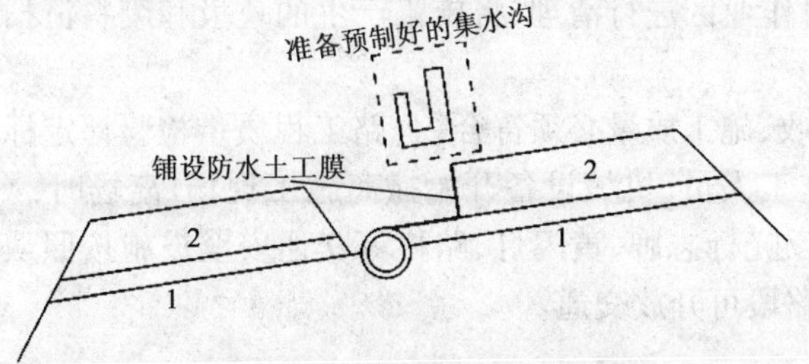

图4 基坑处理(三)

1-路面级配碎石层;2-路面基层

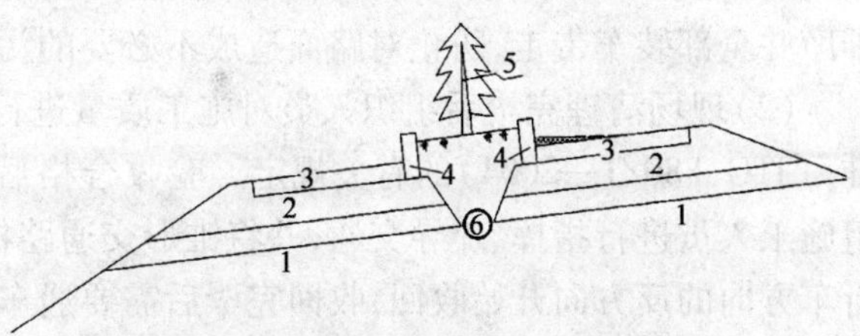

图5 设有中央分隔带高速公路沥青路面曲线一般断面图

1-路面级配碎石层;2-路面基层;3-路面沥青层;4-拦土石;5-中央分隔带种植防眩树

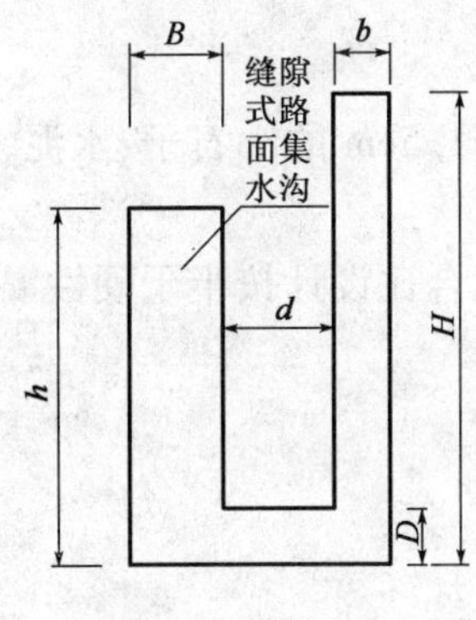

图6 本工法构件断面

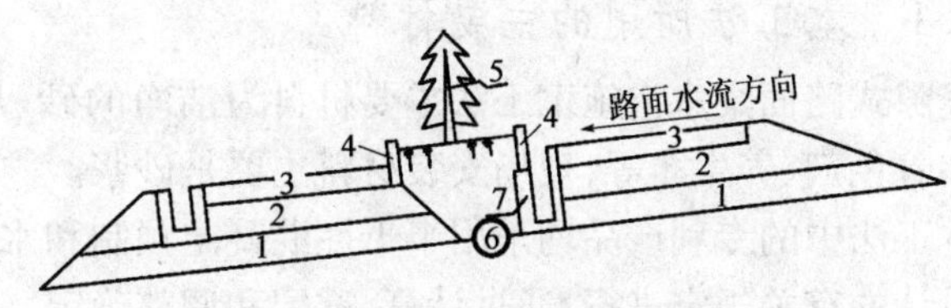

图7 构件装配图

1-路面级配碎石层;2-路面基层;3-路面沥青层;4-拦土石;5-中央分隔带种植防眩树;6-中央分隔带纵向排水管;7-缝隙式路面集水沟

c. b 为缝隙式路面集水沟靠路面侧宽度,当采用素混凝土预制时,$b \geqslant 10$cm,当有加筋时,可依据 $H-D$ 与 b 的比例确定。

d. 靠分隔带或路面边缘侧宽度 B 应大于拦土石宽度,且不少于1.0cm。

e. D 的厚度应依据缝隙式路面集水沟的安砌位置、d 的大小及路面设计排水频率确定,当为素混凝土构件时,$D \geqslant 15$cm;当有加筋时,$D \geqslant 6$cm。

f. $8\text{cm} \leqslant d \leqslant 15\text{cm}$,$d$ 过小时,不利于检修和修护,当 $d > 15$cm 时,车道划分线和路基宽度要考虑 d 的宽度,会引起驾驶员视角不利效应。

g. 曲线段内侧构件长度50~80cm,直线段宜大于100cm,质量可在35~55kg之间。

h. 可采用素混凝土或加筋水泥混凝土预制,也可以用半刚硬性混凝土或加筋混凝土通过机械压制成型;或天然石材加工成型,或塑料(空心)及其他材料制作。

i. 采用加筋半干硬性混凝土机压成型时,按直立(长度方向)方式机压制作。

j. 在路基面沿路线长度一定距离间隔设置横向排水管,此时缝隙式路面集水沟不设底,水直接落入排水管排出。

k. 设在路基边缘的缝隙式路面集水沟,按照路基边坡设置的排水槽位置开口引排集水。

l. 当缝隙式路面集水构件使用在路基边缘时,H、h、B、b、D、d 的尺寸大小可依实际情况调整。

3)调整养生

缝隙式集水构件属混凝土构件,为保证日后长期正常使用,必须空留养生期。具体施工细则如下:

(1)对构件各个接缝处进行抹平密封,防止使用时间长后形成涡流型蜂窝麻面,破坏构件的整体性和功能性。

(2)检查构件的排水功能,如有留水处,用细集料混凝土制造坡度并完成整平效果。

(3)检测集水构件的排水功能。

(4)检测集水构件与纵向排水沟的连接进水口情况。

4)清理、验收

(1)缝隙式集水沟安装完毕后,B组施工人员应对作业区进行清理,将施工产生的垃圾和废料清扫干净并全部装车带走,防止对路面造成不必要的污染。

(2)现场清理完毕后组织人员对施工质量进行验收,施工质量必须符合《公路工程质量检验评定标准》(JTG F80/1—2004)的有关规定。验收合格后,施工人员、机械设备开始撤离施工现场,离场时,A组施工人员进行指挥、疏导交通,并将锥形交通路标、反光标志牌、黄闪灯、路栏等交通安全设施按照从行车方向的反方向开始收回,收回完毕后需要通车的路段可开放交通。

6 材料与设备

本工法中主要构件均采用半干硬性混凝土机压成型或普通混凝土预制、砂浆砌筑,配合比设计按半干硬性混凝土有关规定或《普通混凝土配合比设计规程》(JGJ 55—2011)通过计算、试配和调整确定。

6.1 本工法所用的主要材料

缝隙式路面集水沟施工工法主要材料为洁净的砂、瓜子石或0.5~1.5cm的小石子、水泥、着色用的砂和着色剂、养生布等,现场安装材料主要是砂浆。

本工法中的专利产品均采用半干性混凝土预制和水泥砂浆砌筑,配合比设计按半干硬性混凝土配合比设计的有关规定进行,通过计算、试配和调整确定。

6.2 本工法所用的主要设备

本工法所用的主要设备见表3。

本工法所用的主要设备　　表3

设备名称	数量	设备名称	数量
350型搅拌机	5台	压制设备	1台
风镐	3台	小型振动夯	
油锤	1台	小型挖机	
外接电源或自备15kW发电机	4台	小型翻斗运输车	

提前对所用机械设备进行检修,确保所用机械以良好状态投入施工。

7 质量控制

7.1 质量控制依据

本工法参照《公路工程技术标准》(JTG B01—2003)、《工程测量规范》(GB 50026—2007)、《公路路线设计规范》(JTG D20—2006)、《公路水泥混凝土路面设计规范》(JTG D40—2011)、《公路沥青路面设计规范》(JTG D50—2006)、《公路路面基层施工技术规范》(JTJ 034—2000)、《公路技术状况评定标准》(JTG H20—2007)、《公路工程质量检验评定标准》(JTG F80/1—2004)等相关规范规定进行检查验收。

7.2 施工过程的质量控制

1)集水沟预制过程控制

(1)水泥混凝土、水泥砂浆所用的水泥、砂、石、水以及外掺剂的质量、规格必须符合有关规范的要求,按规定的配合比试制,经过混凝土的正常力学检测,才能批量预制。

(2)用于缝隙式路面集水沟压制的机械严格按要求操作。

(3)预制模板严格按照预制前涂刷滑模剂,并做好防漏浆工作,保证预制构件表面具有实用性光滑,没有蜂窝麻面、多余结块。

2)质量检验标准表格

(1)缝隙式路面集水沟分项工程质量检验评定见表4。

(2)缝隙式路面集水沟铺设分项工程质量检验标准评定见表5。

表 4

缝隙式路面集水沟分项工程质量检验评定表

所属分部工程名称： 工程部位： 里程桩号：

施工单位： 检验表号：

基本要求	1. 所用的水泥、砂、石、水、外掺剂及混合料的质量和规格必须符合有关规范的要求，按规定的配合比施工。 2. 不得出现空洞现象。 3. 机压成型的不要求平整度									
实测项目	项次	检查项目		规定值或允许偏差	检查方法和频率	实测值或实测偏差值	质量评定			
							平均、代表值	合格率(%)	权值	得分
	1	混凝土强度(MPa)		在合格标准内	按 JTG F80/1—2004 附录 D 检查				3	
	2	断面尺寸	≤80	±5	尺量:2 处				2	
	3		>80	±10						
	4	长度(mm)		+5，-10	尺量				1	
	5	平整度(mm)		5	弦线				1	
	合 计								7	

外观要求：1. 构件外形轮廓清晰，线条直顺，不得有翘曲现象。不符合要求时，减 1～3 分。
2. 混凝土表面平整，无蜂窝，颜色一致。不符合要求时，减 1～3 分

自检意见	检查结果：		减分：
	质量保证资料：		减分：
	工程质量等级评定：	得分：	质量等级：

检查人签字： 技术负责人签字： 审核人签字：

检查日期：

表 5

缝隙式路面集水沟铺设分项工程质量检验评定表

所属分部工程名称：　　　　工程部位：　　　　里程桩号：

施工单位：　　　　检验表号：

<table>
<tr><td>基本要求</td><td colspan="10">1. 预制缝隙式路面集水构件的质量应符合设计要求。
2. 安砌稳固，顶面平整，缝宽均匀，勾缝密实，线条直顺，曲线圆滑美观。
3. 槽底基础和后背填料必须夯打密实</td></tr>
<tr><td rowspan="7">实测项目</td><td rowspan="2">项次</td><td colspan="2" rowspan="2">检查项目</td><td rowspan="2">规定值或允许偏差</td><td rowspan="2">检查方法和频率</td><td rowspan="2">实测值或实测偏差值</td><td colspan="4">质量评定</td></tr>
<tr><td>平均、代表值</td><td>合格率(%)</td><td>权值</td><td>得分</td></tr>
<tr><td>1</td><td colspan="2">直顺度(m)</td><td>10</td><td>20m 拉线：每 200m 测 4 处</td><td></td><td></td><td></td><td>3</td><td></td></tr>
<tr><td rowspan="2">2</td><td rowspan="2">预制铺设</td><td>相邻两块高差(mm)</td><td>3</td><td>水平尺：每 200m 测 4 处</td><td></td><td></td><td></td><td>2</td><td></td></tr>
<tr><td>相邻两块缝宽(mm)</td><td>±3</td><td>尺量：每 200m 测 4 处</td><td></td><td></td><td></td><td>1</td><td></td></tr>
<tr><td>3</td><td colspan="2">顶面高程(mm)</td><td>±10</td><td>水准仪：每 200m 测 4 点</td><td></td><td></td><td></td><td>2</td><td></td></tr>
<tr><td colspan="4">合　计</td><td colspan="3"></td><td>10</td><td></td></tr>
<tr><td colspan="11">外观要求：1. 勾缝密实均匀，无杂物污染。不符合要求时，每处减 1～2 分。
2. 构件与路面水平或排水口整齐、通畅，无阻水现象，不符合要求时，每处减 1～2 分</td></tr>
<tr><td rowspan="3">自检意见</td><td colspan="6">检查结果：</td><td colspan="4">减分：</td></tr>
<tr><td colspan="6">质量保证资料：</td><td colspan="4">减分：</td></tr>
<tr><td colspan="4">工程质量等级评定：</td><td colspan="3">得分：</td><td colspan="3">质量等级：</td></tr>
<tr><td colspan="4">检查人签字：</td><td colspan="4">技术负责人签字：</td><td colspan="3">审核人签字：</td></tr>
</table>

检查日期：

8 安全措施

(1)贯彻落实"安全第一、预防为主"的安全工作方针,严格遵守《中华人民共和国安全生产法》,施工时依据《公路养护安全作业规程》(JTG H30—2004)、《公路筑养路机械操作规程》(JZ 0030—1995)严格进行作业。

①建立施工现场安全组织机构,建立健全安全生产责任制,逐级签订安全责任书形成自上而下的安全生产体系。设置专职安全人员,对施工人员做好安全技术交底,监督各项安全规程和制度的执行情况,实施生产全过程的安全管理。

②特殊工种持证上岗率达到100%,开工前对施工机械进行检查,确保机械的正常运转,当天工作任务完成后,对机械进行检查保养,机械操作手交接班做好交接记录。

③严格执行安全督查、安全奖惩、安全教育等各项制度。加强防范,及时消除各类安全隐患,杜绝各类事故发生。

④搞好现场安全标准化作业,挂牌施工。各道口设安全警示牌。料场、施工现场制定防火用电措施并严格执行,灭火器具齐全,用电符合安全规定。

⑤加强施工车辆、施工机械管理,统一指挥、合理调配,杜绝各类交通事故发生。

(2)预制场安全专项措施。

①设置专职安全员2名,24h轮流值班,负责检查梁场安全管理状况,及时发现安全隐患并督促落实整改,项目部安全负责人每日对现场进行巡视检查。

②设备物资部安排专人加强机械设备的检查、维修、保养工作,做到使用前检查,使用中复查,使用后保养,并做好相关记录。

③特种设备运行和指挥人员必须持证上岗,指挥信号明确、设备操作熟练,不得违反安全操作规程和安全禁令。

④临时用电线路的安装、维修、拆除,必须由专业持证电工完成,非专业电工不得进行电气设备运行和检修作业。

⑤变压器必须设接地保护装置,其接地电阻不得大于4ΩV,变压器设置围栏,设门加锁,专人管理,并悬挂"高压危险,切勿靠近"的警示牌。

⑥严禁对运转的机械进行维修、保养、调整作业。

⑦夜间施工时必须保证足够的光照度,确保夜间施工安全。

⑧焊接、切割作业人员必须持证上岗并正确使用劳动防护用品,遵守相关安全生产操作规程。

9 环保措施

(1)严格执行国家的法律、法规,采取技术措施保护环境,做到全面规划、综合管理。

(2)建立健全环保体系,落实环保责任制,确立第一责任人。设置环境保护科或配备专人负责施工期内的环保工作,对施工现场进行检查监督,对发现的环保问题及时进行整改。

(3)积极组织学习环保知识,提高全体人员的环保意识,抓好文明施工,各种原材料运输要防止随地抛撒,各施工班组做到施工过程整洁有序,不乱扔废弃物品。

(4)使用机械设备要防止油料、噪声、废气等的污染,施工时产生的垃圾按指定地点堆放,不得乱扔乱放。

10 效益分析

(1)利用缝隙式路面集水沟设置在道路中央分隔带曲线路段外幅内侧、直线段、不设超高曲线段路肩处,快速收集和排除路面水,防止路面积水和下渗,保证行车安全和通过能力,延长道路质量周期,减下维护成本,社会效益显著。

(2)缝隙式集水沟采用半干硬性混凝土通过机械压制成型时,由于水灰比小,可以大量节省水泥,降低建设成本,节约能耗。同时缝隙式集水构件还可以采用普通素混凝土或加筋水泥混凝土预制或天然石材加工成型,或塑料(空心)及其他材料制作。材料多选,灵活适应工程现场状况,有效降低建设成本。

(3)缝隙式集水沟标准件利于现场安装和规范作业,进度快、外观质量得到保证,总体施工效益高。

(4)缝隙式集水沟存在缝隙,减小了路面构成的实体,且减少沥青路面铺设面积,由于沥青混凝土的造价高于水泥混凝土,节省了工程成本。

11 应用实例

"缝隙式集水沟"(专利号 ZL201220413156.9)专利产品和"缝隙式路面集水沟施工工法"通过云南云岭高速公路桥梁工程有限公司在承担国道主干线 GZ65 云南保山至龙陵高速公路第十二合同段 K576 + 584 ~ K576 + 820 段、昆明市安宁太平新区主干道(获 2011 年度云南省优工程一等奖、2012 年度国家优质工程银奖及 2012 年度全国市政工程示范金杯奖)、保山至腾冲高速公路路面、大理至丽江高速公路等项目中推广运用和证明,本工法方法可行、质量得到有效控制,工程成本降低、工期提前,运行效果好,取得了较好的质量与经济、社会效益。

11.1 工程实例一

本工法在国道主干线 GZ65 云南保山至龙陵高速公路第十二合同段路基路面工程中应用,缝隙式集水沟总长度 2.3km。取得了较好的质量与经济效益。工程于 2007 年 10 月开始施工,2008 年 5 月完工,主要设置于填方斜坡路段,路面状况未见因积水而破坏,与普通埋于中央隔离带下的排水管相比,路面积水排出速度快。工程量小,易于施工和维护。

11.2 工程实例二

本工法在安宁市太平集镇主干道二期工程中应用,缝隙式集水沟总长度 12.8km,取得了较好的质量与经济效益,工程于 2009 年 10 月开始施工,2010 年 5 月完工,路面状况未见因积水而破坏,与普通埋于中央隔离带下的排水管相比,路面积水排出速度快。工程量小,易于施工和维护。

11.3 工程实例三

本工法在嵩明县杨林工业园区景观大道二期工程 BT 项目工程中应用,缝隙式集水沟施工总长度 2.1km,该工程于 2010 年 2 月开始施工,2010 年 5 月工程完工。构件有效并迅速收集了路面积水,路面状况未见因积水而破坏,与普通埋于中央隔离带下的排水管相比,路面积水排出速度快。工程量小,易于施工和维护。

Gonglu Gongcheng Gongfa Huibian

公路工程工法汇编

(2013)

中册(桥梁篇)

中国公路建设行业协会　编

人民交通出版社

内容提要

为提高公路施工水平和工程质量，完善公路工程标准规范体系，中国公路建设行业协会组织编写了《公路工程工法汇编(2013)》。本书收录了208项有关公路路基、路面、桥梁、隧道、交通工程和公路养护的最新施工工艺和施工技术。汇编的工法符合国家公路工程建设的方针、政策和标准，具有先进性、科学性和实用性，对公路工程施工技术人员和管理人员有很好的借鉴指导意义。

本书主要供公路工程施工与管理人员参考。

图书在版编目(CIP)数据

公路工程工法汇编. 2013 / 中国公路建设行业协会编. — 北京 : 人民交通出版社, 2014.3

ISBN 978-7-114-11194-5

Ⅰ. ①公… Ⅱ. ①中… Ⅲ. ①道路工程—工程施工—规范—汇编—中国—2013 Ⅳ. ①U415.6-65

中国版本图书馆CIP数据核字(2014)第030081号

书　　名:公路工程工法汇编(2013)(中册)(桥梁篇)
著 作 者:中国公路建设行业协会
责任编辑:孙　玺　郑蕉林
出版发行:人民交通出版社
地　　址:(100011)北京市朝阳区安定门外外馆斜街3号
网　　址:http://www.ccpress.com.cn
销售电话:(010)59757973
总 经 销:人民交通出版社发行部
经　　销:各地新华书店
印　　刷:北京市密东印刷有限公司
开　　本:880×1230　1/16
印　　张:63.25
字　　数:1903千
版　　次:2014年3月　第1版
印　　次:2014年3月　第1次印刷
书　　号:ISBN 978-7-114-11194-5
定　　价:360.00元(上、中、下册)

中国公路建设行业协会文件

中路建协[2013]115号

关于公布2013年度公路工程工法的通知

各有关单位:

根据《公路工程工法管理办法》的相关规定,我会组织专家对2013年度公路工程工法申报材料进行了评审,经报交通运输部公路局核备,并在交通运输部及协会网站公示后,审定208项为2013年度公路工程工法,现予以公布。

希望各单位以科学发展观为指导,加强公路工程工法管理工作,以科技创新驱动企业发展,提高企业的自主创新能力与核心竞争力,推动公路行业技术标准体系建设,促进公路工程新技术、新工艺、新材料和新设备的推广和应用,不断提高公路工程施工质量和建设水平。

附件:2013年度公路工程工法名单(略)

中国公路建设行业协会

2013年12月27日

抄送:交通运输部总工办、科技司、质监局,各省、自治区、直辖市、新疆生产建设兵团交通运输厅(局、委),上海市、天津市交通运输和港口管理局,天津市市政公路管理局。

前　言

受交通运输部委托，中国公路建设行业协会组织完成了2013年度公路工程工法管理工作。2013年共审定208项公路工程工法，其中：路基工程31项，路面工程22项，桥涵工程103项，隧道工程35项，交通工程11项，工程养护6项。

公路工程工法是我国公路建设从业单位科技创新成果的具体体现，是广大工程技术人员对先进、创新施工工艺和方法的科学总结。公路工程工法也是公路建设行业技术标准体系的组成部分，是对现有标准规范的延伸和补充，是指导公路工程施工管理的操作细则，对促进公路行业技术标准体系建设有重要作用。加强公路工程新技术、新工艺、新材料和新设备的推广和应用，能够使广大公路工程技术人员及时学习和掌握行业先进技术，并在公路工程建设实践中用新工法、新技术，实现工程技术的再创新和再实践，进而促进企业不断提高施工技术和项目管理水平，增强企业的科技研发能力与核心竞争力，从而推动公路建设行业技术进步和科学发展。为此，我们将评审通过的工法汇编成书，把近些年公路建设中先进的科技创新成果展现给读者，以此激励从业单位和工程技术人员继续坚持科技创新，促进资源节约型和环境友好型交通运输行业健康发展。

本工法汇编，凝结了工法完成单位和工程技术人员的辛勤劳动和汗水，体现了公路建设行业有关专家的集体智慧。周纪昌、单长刚、袁秋红、刘鹏、程树本、葛钢锁、王中文、曹瑞、吴全立、徐国庆和人民交通出版社的同志为本书的汇编和校稿作了大量的工作，在此我们一并表示诚挚的谢意！在汇编过程中，尽管我们做了很大的努力，但由于时间紧迫，水平有限，加之又是一本专业性比较强的书籍，难免会出现一些疏漏或错误之处，敬请广大读者批评指正。

本工法汇编，施工技术含量高、应用广泛、内容翔实、图文并茂，文字表达准确，能指导公路建设工程的施工与管理，是公路建设从业单位工程技术人员必备工具书；同时也可供科研、设计、教学等单位从事土木建筑专业的技术人员学习与参考。

中国公路建设行业协会

二〇一四年三月三日

目录

上册

路基篇

三向土工格栅处理新旧路基搭接施工工法 …………………… 赵利利 王 辉 武建军 等(3)
中导管注浆处治路基变形施工工法 …………………… 陆宏新 李明俊 杨守平 等(10)
复杂环境微差减振智能爆破施工工法 …………………… 谢 铭 谢广言 王荣全 等(16)
深孔预裂与硐室控制爆破一次成型施工工法 …………………… 罗桂军 刘 君 易石其 等(25)
土质路基柔性桥头搭板施工工法 …………………… 杨金堤 曾作良 黄正帅 等(31)
灰土挤密桩处治湿陷性黄土地区路基施工工法 …………………… 武良缮 任 斌 马东静 等(37)
码头后方堆场珊瑚回填料振动碾压施工工法 …………………… 袁求武 吴 浩 吴文峰 等(45)
井下墩柱法治理采空区施工工法 …………………… 丁国盛 张建国 吴敦彬 等(55)
高速公路低湿水田软基区路基直填施工工法 …………………… 陈常友 王海峰 白 杨 等(59)
高填路堤涵洞减荷技术施工工法 …………………… 孙忠海 王 乔 陈青艳 等(69)
石膏碱渣与废橡胶粉双掺固化轻质土路基施工工法 …………………… 周新国 李 勇 缪克棋 等(75)
Z形悬臂支架定位导向贝雷栈桥桩基施工工法 …………………… 李 寒 李永明 陈轩区 等(85)
湿陷性黄土振动沉管碎石挤密桩施工工法 …………………… 宋大成 王 栋 王吉强 等(93)
软基路堤薄层轮加填筑施工工法 …………………… 王盛源 徐小庆 刘吉福 等(99)
限高路段砂井接管施工工法 …………………… 刘吉福 魏贤华 谭祥韶 等(107)
软土路基电磁式机械强夯施工工法 …………………… 肖 剑 刘 锋 梁彦伟 等(115)
公路路基膨胀土PAS改性层施工工法 …………………… 陈宙翔 陈 建 李志清 等(121)
公路桥梁台背回填泡沫轻质土过渡段施工工法 …………………… 刘元炜 孙贵欣 谢仕良 等(133)
大粒径土石混填路基施工工法 …………………… 沈建成 武良缮 陈 欣 等(139)
多元劲芯桩复合地基加固软基施工工法 …………………… 周建亮 方潇潇 祝健民 等(147)
软土地质条件下的平行顶管施工工法 …………………… 刘永福 朱长亮 宋乃伟 等(156)
公路深基坑复合微钢管止水加固与自进式锚杆土钉墙支护施工工法
…………………… 李昌文 范金虎 王广田 等(167)
膨胀土与冻胀土地区石笼网柔性挡土墙施工工法 …………………… 陈 彬 周广东 朱天明 等(178)

泡沫轻质土加固边坡施工工法 …………………………… 杨朝辉 何建明 宋伟程 等(182)
生态袋边坡防护施工工法 ………………………………… 袁继敏 王传高 汤 泉 等(189)
拉压分散型锚索岩质边坡防护施工工法 ………………… 李柏森 毛根明 吴慧莉 等(198)
混凝土劈离 M 型砌块复合型挡土墙施工工法 …………… 沈建浩 陈建平 廖志浩 等(207)
水泥土桩内设置微型钢管桩基坑支护施工工法 ………… 朱伟人 彭海敏 杨富民 等(216)
改扩建工程高填方旧路边坡上的桥梁施工工法 ………… 师建博 郝秋生 张良周 等(223)
灌乔木护坡快速施工工法 ………………………………… 何寿海 程 翔 刘汉龙 等(232)
泥水平衡式大直径顶管施工工法 ………………………… 崔占奎 李 文 靳志强 等(241)

路 面 篇

旧路无机结合料基层全深式就地冷再生施工工法 ………… 纪 续 韩作新 林占胜 等(253)
水泥稳定碎石厂拌再生施工工法 ………………………… 陈 建 陈金彪 郑 涛 等(265)
水泥混凝土路面碎石化及再生利用施工工法 …………… 朱伟杰 梁夫喜 戚乐方 等(273)
抗滑露石水泥混凝土路面施工工法 ……………………… 严 军 钱 岚 蔡 斌 等(283)
低噪声多孔水泥混凝土路面施工工法 …………………… 顾永成 何学进 翟金军 等(290)
水泥混凝土路面上加铺沥青层反射裂缝防治施工工法 ………… 陆宏新 唐双美 莫志凡 等(296)
沥青路面摊铺碾压免直切施工工法 ……………………… 张志建 陈 刚 熊保恒 等(302)
交织化改性沥青混凝土面层施工工法 …………………… 蔡献东 郝培文 孟兵宇 等(306)
高寒地区公路大修水泥混凝土路面冲击破碎压实施工工法 …… 刘忠刚 李立歆 彭继光 等(318)
高等级公路沥青混凝土面层铺设高强防裂钢筋网片施工工法 … 崔 剑 孙雪峰 王 刚 等(323)
高寒地区高等级公路基层防反射裂缝抗裂贴施工工法 ………… 宋君威 孙雪峰 王 刚 等(328)
高速公路大宽度抗车辙改性沥青混凝土施工工法 ………… 李金杰 罗云峰 庞秀春 等(332)
彩色陶瓷颗粒防滑路面施工工法 ………………………… 王继东 刘松涛 褚英文 等(338)
耐寒抗高温添加剂改性热拌沥青混合料路面施工工法 …… 王成鑫 吕振国 范永忠 等(343)
SBS 改性沥青混凝土路面施工工法 ……………………… 李 文 王志刚 连佳机 等(354)
树脂沥青组合体系钢桥面铺装施工工法 ………………… 单光炎 陈正发 张 瑜 等(364)
阻热降温式沥青路面施工工法 …………………………… 朱伟人 彭海敏 杨富民 等(378)
高模量沥青混凝土桥面铺装施工工法 …………………… 董光坤 王 林 刘士林 等(386)
沥青路面红外光谱法测定改性沥青中 SBS 含量施工工法 ……… 王涛利 熊分清 裘秋波 等(399)
混凝土桥面防水卷材连续自动铺设施工工法 …………… 王晓乾 刘士林 王咏梅 等(406)
多断面中央分隔带与路缘石滑模施工工法 ……………… 高敏峰 张 丽 张永胜 等(418)
缝隙式路面集水沟施工工法 ……………………………… 陈宙翔 张 亮 陈 建 等(425)

中 册

桥 梁 篇

桥梁预应力高强混凝土管桩基础施工工法 …………………… 陈明洋 戴安健 时修彬 等(437)
并排双主(箍)筋钢筋笼滚焊机械化制作施工工法 …………………… 雒建奎 王生辉 陆登柱 等(446)
大直径钻孔灌注桩双钢护筒施工工法 …………………… 胡 跃 贾明浩 吴 冬 等(454)
基于“活动”钢护筒冲击钻孔桩施工工法 …………………… 申屠德进 叶水标 郑竞友 等(458)
深水砂卵石层河床双层轴销式钢护筒钻孔灌注桩成孔施工工法
…………………… 陈林涛 施全华 陈冠汴 等(467)
嵌入超厚砂层的海上超深嵌岩钻孔灌注桩施工工法 …………………… 周拥军 刘宇峰 叶其奎 等(473)
钢板桩围堰施工无焊接可拼装支撑系统施工工法 …………………… 任钰芳 李元博 张 雷 等(486)
旋挖机组合气举反循环钻机钻孔桩施工工法 …………………… 郑维武 王 炜 杨小刚 等(493)
深水大型钢吊箱围堰计算机控制同步下放施工工法 …………………… 徐秋红 丁以伟 韦理仁 等(500)
水中承台沉井围堰施工工法 …………………… 田绍义 刘世安 刘玉霖 等(509)
水上桥梁裸岩区“环切法”植入钢管桩施工工法 …………………… 寇海军 王国群 李旭东 等(516)
邻近既有建筑物溶洞桩基旋挖钻施工工法 …………………… 刘吉福 许永青 李伟根 等(527)
陆上超大沉井全过程施工工法 …………………… 杨志德 王德怀 汪成龙 等(541)
有底钢套箱吸泥下沉施工工法 …………………… 陈超华 孙 琦 穆清君 等(559)
山区深水河流陡峭坚硬裸岩钻孔桩施工工法 …………………… 陈理平 刘学明 文 献 等(565)
软塑淤泥质土层钻孔桩钢筋骨架砂浆护筒施工工法 …………………… 马召军 刘习生 白 静 等(576)
大直径岩层桩基分级旋挖成孔施工工法 …………………… 朱长亮 李晓雪 等(582)
强潮水域埋置式承台双壁钢围堰下沉施工工法 …………………… 罗超云 谭立心 李嘉明 等(591)
浅水区大型无底钢围堰施工工法 …………………… 蔡建军 程建新 盖国晖 等(604)
应用于桩基工程中的自平衡法施工工法 …………………… 夏孝畬 汪 华 陈国胜 等(614)
薄壁空心高墩模架法钢筋安装施工工法 …………………… 郑竞友 蔡小明 叶水标 等(620)
宽幅桥梁墩台盖梁分段续接施工工法 …………………… 张国森 曹巧芹 熊 军 等(628)
悬索桥软岩地层重力式锚碇施工工法 …………………… 王宝善 李小利 李鸿盛 等(636)
悬索桥大直径索塔钢管现场制造与拼接直焊缝施工工法 …………………… 黄振燕 阳华国 李鸿盛 等(644)
移动式施工平台辅助墩身施工工法 …………………… 李宗平 方成武 郭迎苟 等(653)
跨海大桥混凝土墩柱透水模板布和表面涂装联合防护施工工法
…………………… 王胜年 邵新鹏 岑文杰 等(665)
墩柱钢筋整体安装及模架一体化施工工法 …………………… 张雅平 刘跃生 李其洪 等(674)
超高钢筋混凝土索塔环缝切割与梯度养护施工工法 …………………… 殷永高 王德怀 杨 敏 等(685)

拱形钢筋混凝土塔柱变曲率模板施工工法 …………………… 殷永高 吕奖国 王嗣江 等(695)
复杂外形钢壳混凝土索塔施工工法 …………………… 陈 明 翟洪志 程方宏 等(706)
附着式自爬升钢管桥塔安装施工工法 …………………… 刘 晟 黄振燕 光 明 等(718)
稀索斜拉桥索塔新型锚固体系施工工法 …………………… 邵新鹏 欧阳瑰琳 郭保林 等(726)
大型钢箱梁跨越障碍物连续滚装装船施工工法 …………………… 邵新鹏 周汉平 郭保林 等(735)
悬索桥索股双缠包带与新型拽拉器防扭转法架设施工工法 … 殷永高 章 征 欧阳祖亮 等(743)
桥梁高墩柱吊具辅助钢筋对接施工工法 …………………… 叶锦华 田云涛 高 峰 等(753)
新型桥梁三角钢塔架空中拼接施工工法 …………………… 郭冬春 叶锦华 叶春琳 等(760)
真空辅助法灌注拱肋钢管混凝土施工工法 …………………… 韩 玉 冯 智 秦大燕 等(771)
提升式摇臂抱杆安装塔架施工工法 …………………… 秦大燕 冯 智 韩 玉 等(780)
采用预应力反张拉加载预压的施工工法 …………………… 陈荣凯 王蜀元 沈炳军 等(786)
城市景观桥梁干挂石材施工工法 …………………… 刘晓东 崔晓东 毕建伟 等(792)
预制预应力30mT梁封锚端施工工法 …………………… 李东华 潘广学 李广柱 等(797)
悬索桥加劲梁轨索滑移法架设施工工法 …………………… 张念来 苏巧江 盛 希 等(802)
钢桁腹预应力组合箱梁桥施工工法 …………………… 管鹤楼 赵秀娟 邵伯贤 等(814)
大节段钢箱梁海上吊装施工工法 …………………… 邵新鹏 程建新 郭保林 等(824)
大节段钢箱梁精确调位施工工法 …………………… 季 辉 程建新 郭保林 等(833)
高墩大跨径钢混叠合梁悬臂混凝土工程施工工法 …………………… 张君瑞 吴旭初 朱培良 等(842)
高墩钢构连续钢箱梁制作安装施工工法 …………………… 吴旭初 朱培良 张君瑞 等(849)
用环氧砂浆快速精确定位盆式支座施工工法 …………………… 申屠德进 胡兵良 叶水标 等(864)
混凝土防撞墙内置式夹板制缝施工工法 …………………… 韩小华 徐建国 陈叶刚 等(871)
连续体系斜拉桁架桥上部结构搭支架现浇施工工法 …………………… 谢 铭 谢广言 金群纲 等(881)
下承式系杆拱桥节段预制拼装施工工法 …………………… 潘茂贵 闻爱祥 程华斌 等(891)
跨既有线双幅T构同步平衡转体施工工法 …………………… 邬苏凡 杨 军 黄 平 等(899)
悬索桥超宽加劲钢箱梁分块拼装支架滑移架设施工工法 ……… 程方宏 翟洪志 毛家序 等(911)
中承式系杆拱桥两跨端锚整束挤压式柔性系杆施工工法 ……… 田 丰 贾志强 李军锋 等(927)
V形峡谷大吨位悬索吊装施工工法 …………………… 师建军 李玉碧 石 敏 等(933)
曲线形全焊接钢塔制作工法 …………………… 常彦虎 王岁利 李栓林 等(948)
预应力混凝土曲线箱梁两点限位顶推施工工法 …………………… 徐升桥 刘永锋 焦亚萌 等(966)
大跨度斜拉桥斜拉索套筒式照明灯具安装及检查维修施工工法
…………………… 徐升桥 刘永锋 焦亚萌 等(975)
独柱柔性墩超宽连续刚构节段预制拼装施工工法 …………………… 杨 晖 刘防震 陈剑波 等(983)
悬臂梁无走行轨三角挂篮走行施工工法 …………………… 刘延坤 周宪东 谢 东 等(1001)
PC梁预应力管道三维一体精确定位施工工法 …………………… 郭 英 张庆华 彭 飞 等(1011)
中承式系杆钢箱拱原位拼装施工工法 …………………… 田 丰 贾志强 李军锋 等(1020)
PC梁智能测控及反馈施工工法 …………………… 张庆华 郭 英 高 华 等(1027)
曲线桥梁混凝土防撞护栏砂浆标高带施工工法 …………………… 汪 华 和郁富 和建华 等(1035)

钢结构制梁台座预制梁施工工法 …………………… 彭文志　张建国　李新波　等(1040)
钢箱梁邻孔梁上拼接喂梁架设施工工法 …………………… 熊　宇　何威特　王　稳　等(1046)
预制梁跨内提梁架设施工工法 …………………… 何威特　熊　宇　王　稳　等(1053)
拱桥钢构件跨墩龙门及少支架法吊装施工工法 …………………… 张　力　李志双　林　江　等(1060)
钢—混叠合梁斜拉桥定时合龙施工工法 …………………… 谢泽福　吴小海　王荣勇　等(1073)
自行式移动模架水上顶推拼装施工工法 …………………… 鞠加元　刘大成　罗　浩　等(1081)
预制小箱梁方钢拼接芯模施工工法 …………………… 薛　江　陶善波　张德祥　等(1092)
大跨钢箱拱桥缆索吊装施工工法 …………………… 陈　鸣　彭　强　刘小勇　等(1097)
整跨(大节段)钢箱梁吊装施工工法 …………………… 宋祥云　吴圣兵　高纪兵　等(1115)
组合拱桥陆上整体接装施工工法 …………………… 周光强　舒大勇　姚　平　等(1133)
桥面吊机安装支架区钢箱梁施工工法 …………………… 唐　衡　何承海　彭琳琳　等(1141)
斜拉桥结合梁钢梁整节段吊装施工工法 …………………… 陈超华　李　鉴　孙晓伟　等(1159)
斜拉桥平行镀锌钢绞线斜拉索安装工法 …………………… 李　鉴　孙晓伟　华　勇　等(1166)
钢槽梁与预制桥面板结合施工工法 …………………… 徐斯林　陈超华　连井龙　等(1176)
U 形箱梁架桥机架设施工工法 …………………… 王玲才　孙九春　何友水　等(1184)
无推力拱肋自平衡竖转提升安装施工工法 …………………… 孙九春　王玲才　何友水　等(1199)
钢混叠合梁悬臂段施工工法 …………………… 张水根　蒋国平　王祥真　等(1214)
非金属材料预应力筋张拉施工工法 …………………… 黄知元　李明根　林春安　等(1221)
大跨度连续刚构桥 0 号段施工工法 …………………… 甘廷华　瞿智超　赵　杰　(1231)
循环托举式多点同步连续顶推施工工法 …………………… 杨卫平　余运良　肖向荣　等(1237)
大跨径钢筋混凝土拱桥超高现浇组合拱架施工工法 …………………… 刘永福　杜佐龙　夏扬帆　等(1247)
基于充盈度的预应力孔道压浆施工工法 …………………… 单光炎　葛黎明　徐向前　等(1256)
桥梁单柱单支座改双柱双支座施工工法 …………………… 王信棠　顾智勇　欧代军　等(1269)
超长桩拉—锚法荷载试验施工工法 …………………… 李红金　王春堂　李锦峰　等(1278)
桥面抛丸拉毛同步碎石防水层施工工法 …………………… 莫志凡　曹剑锋　李英魁　等(1288)
复合浇注式沥青混凝土钢桥面铺装施工工法 …………………… 陈常杰　周　凯　左洪利　等(1295)
水泥混凝土桥面全幅浇筑摊铺施工工法 …………………… 李志刚　徐振海　丁小平　等(1314)
胶粒半刚性混凝土施工工法 …………………… 汪君睿　胡立峰　周玉兵　等(1323)
公路钢桥陶质衬垫 CO_2 气体保护焊施工工法 …………………… 欧代军　王祥真　蒋国平　等(1331)
外挂预制板钢护栏混凝土基座施工工法 …………………… 张海燕　赵鹍鹏　门华建　等(1343)
下穿多股道铁路长箱体框架桥对顶施工工法 …………………… 杨基好　踪高峰　陈亚丽　等(1351)
高水位粉砂土地质下穿多股线路框架桥顶进施工工法 …………………… 杨基好　武尊杨　房瑞泉　等(1361)
山区高速公路预制装配式涵洞施工工法 …………………… 周大庆　徐贵荣　尤　诏　等(1372)
桥梁墙式防撞护栏施工工法 …………………… 李志刚　徐振海　丁小平　等(1380)
基于精铣刨技术的桥面混凝土超强黏结防水层施工工法 …………………… 李国锋　蒋　鹤　李昌洲　等(1389)
沿海桥梁混凝土表面滚涂防腐施工工法 …………………… 叶仁亦　许子彦　黄湖锋　等(1398)
既有线下多孔大跨度框构桥现浇施工工法 …………………… 唐永强　邬苏凡　杨　军　等(1405)

PLC液压控制桥梁整体同步顶升施工工法 …………………… 李君强 辛崇升 王 磊 等(1416)
预应力数控张拉施工工法 …………………… 辛崇升 彭红涛 王 鹏 等(1426)

下 册

隧道篇

大断面软弱围岩隧道三台阶七步开挖施工工法 …………………… 李俊均 罗含友 杨东来 等(1435)
公路隧道初期支护湿喷混凝土施工工法 …………………… 张国军 宋建军 刘永超 等(1441)
煤系地层大断面公路隧道铣挖与爆破联合施工工法 …………………… 许中彦 胡 涛 张学民 等(1456)
隧道初期支护换拱施工工法 …………………… 刘云付 董亚奎 傅立新 等(1463)
邻近建筑物爆破振动控制施工工法 …………………… 孙 杰 李伟祯 陈金文 等(1471)
地铁隧道开挖地段顶注结合加固桥基施工工法 …………………… 金 宝 王钰博 孙 杰 等(1481)
抗落石冲击明、棚洞洞顶垫层施工工法 …………………… 邹善荣 陈祥义 王志义 等(1491)
大跨度浅埋双连拱隧道Ⅴ级围岩三导坑开挖施工工法 …………………… 竺 辉 冯鸿登 罗炎波 等(1499)
偏压、浅埋隧道斜交正做套拱进洞施工工法 …………………… 钟 祺 黄振燕 光 明 等(1508)
露天深孔蓄势聚能装置爆破施工工法 …………………… 白 著 张良荣 程玉泉 等(1521)
流变地层大型地铁车站盖挖法立体平行施工工法 …………………… 徐会斌 陈勇书 刘宝许 等(1527)
隧道爆破振动监测与施工工法 …………………… 邓家胜 荣劲松 陈光宇 等(1536)
隧道全长黏结型特长锚杆施工工法 …………………… 杨家松 刘士恩 沙宗天 等(1549)
锚筋桩控制隧道软岩大变形施工工法 …………………… 杨家松 刘士恩 沙宗天 等(1555)
小断面大坡度隧道快速掘进施工工法 …………………… 李 江 徐国洪 雷安民 (1561)
穿越滑坡群地段隧道施工工法 …………………… 张志军 畅建伟 李彩莲 等(1567)
隧道沉砂池施工工法 …………………… 王学军 赵香萍 田晓峰 (1578)
破碎围岩隧道快速支护施工工法 …………………… 张庆华 胡晓军 郭 英 等(1585)
公路隧道通风道垂直挑顶施工工法 …………………… 吴红军 宋全贵 杨 鑫 等(1594)
浅埋大跨度黄土公路隧道偏心CD法施工工法 …………………… 余 斌 于 涛 乔红彦 等(1600)
复杂地质大跨度双连拱隧道三导洞并行施工工法 …………………… 刘华荣 余 斌 王元清 等(1607)
软岩地层特大断面隧道“中柱岩墙联合支护”施工工法 …………………… 李 文 王国喜 靳志强 等(1619)
利用膨润土浆液控制盾构施工土压施工工法 …………………… 赖荣辉 薛永利 林 春 等(1628)
超大直径盾构隧道聚丙烯钢筋混凝土管片预制工法 …………………… 姚占虎 夏鹏举 张 宇 等(1634)
隧道圆形水沟充气芯模浇筑施工工法 …………………… 徐登票 周红星 肖 剑 等(1643)
浅埋湖底隧道变形缝防水施工工法 …………………… 冯科军 代贵铸 刘 平 等(1649)
隧道施工排出废水循环再利用快速处理施工工法 …………………… 刘录刚 何智钢 林大干 等(1655)

单斜井双正洞隧道通风施工工法 …………………………… 李永生　杨立新　罗占夫　等(1661)
公路隧道聚合物改性水泥混凝土路面施工工法 ……………………………… 梁胜国　王　磊(1669)
地铁屏蔽绝缘层施工工法 ………………………………… 周建云　徐书剑　官承波　等(1676)
公路电缆防盗报警系统设备安装施工工法 ………………… 陈　建　张星江　董瑞常　等(1681)
隧道全工序平行流水施工工法 …………………………… 许志忠　李关次　刘　建　等(1689)
复杂环境下地铁深基坑施工工法 ………………………… 刘文兵　马海贤　匡建国　等(1695)
控制爆破拆除城市深基坑围护支撑结构施工工法 ………… 李检平　谭志明　姜银归　等(1709)
大坡度斜井有轨运输施工工法 ………………………………………… 李有兵　白国峰(1718)

交通工程篇

填石路基导孔法护栏立柱施工工法 ………………………… 储根法　张玉清　王恒福　等(1727)
公路防撞折叠活动护栏施工工法 ………………………… 杨　晶　马德军　潘　宇　等(1736)
旧波形梁护栏纳米喷塑施工工法 ………………………… 潘　宇　张明伟　赵　军　等(1740)
钢管桩基混凝土防撞护栏施工工法 ……………………… 王剑波　陈宏伟　金　尧　等(1744)
AWP 水溶性雨夜反光标线施工工法……………………… 江志红　贺海伟　俞良君　等(1752)
公路视错觉立体防滑减速带施工工法 …………………… 李　旭　吕海东　王根华　等(1757)
预应力防撞活动护栏施工工法 …………………………… 于群智　魏建国　李华胜　等(1764)
高速公路动态计重系统安装施工工法 …………………… 马孟黎　周景新　刘中华　等(1769)
公路弯道旋转式弹性柱组复合护栏施工工法 …………… 李　霞　徐国峰　朱　伟　等(1777)
贵州地区石灰岩质块片石自密实混凝土施工工法 ………… 母进伟　周大庆　任达成　等(1785)
浮置板预制短板拼装与轨排二次浇筑施工工法 ………… 谭仕波　盖青山　程万祥　等(1792)

养　护　篇

路瑞达水泥混凝土路面预防性养护施工工法 …………… 过晓良　孙忠海　王　乔　等(1807)
隧道路面橡胶颗粒微表处施工工法 ……………………… 朱小侠　毕智渊　胡　波　等(1814)
纤维同步碎石封层施工工法 ……………………………… 侯曙光　岳学军　李忠玉　等(1821)
碳纤维筋和碳纤维布联合加固 T 梁施工工法 …………… 孙建华　边瑞明　胡俊华　等(1834)
大跨径悬索桥缆索系统养护巡检工法 …………………… 张晓锋　张继东　汤　焕　等(1840)
同步施工沥青混凝土磨耗层施工工法 …………………… 侯　芸　田丽萍　李秀芳　等(1847)

桥　梁　篇

桥梁预应力高强混凝土管桩基础施工工法

GGG(皖)C1054—2013

陈明洋　戴安健　时修彬　胡义平　陈　刚
(安徽省交通建设有限责任公司)

1　前言

在大型桥梁施工中,桥梁基础大部分都是以桩基为主,在传统桩基施工过程中,如何保证桩身质量,一直是施工控制的重点和难点。房建工程及其他工程中大量采用预应力高强混凝土管桩,既保证了桩身质量,又节约了材料。安徽省交通建设有限责任公司结合有关施工经验,将其用于桥梁工程中,通过打桩机将预应力高强混凝土管桩锤击(静压)至设计高程,形成预应力高强混凝土管桩基础,提高了桩基工程质量控制要求,加快了工程施工进度,减少桩基工程对环境的影响,技术先进、可靠、适用,经济合理,本工法现已在泗许高速公路亳州段路基工程与徐明高速路基第05合同段长沟枢纽互通立交桥中推广应用,取得了显著的经济和社会效益。

2　工法特点

(1)采用预制高强混凝土管桩,可有效控制桩身质量。

(2)通过管桩施工工法开发,形成贯入度、高程双控确定桩长的方法。

(3)采用打桩机进行桩基施工,不需拌制大量泥浆,减少桩基工程对环境的影响。

(4)通过本工法的研究,确定桥梁管桩打入顺序,提高工程施工进度、质量。

3　适用范围

本工法适用于地势平坦区域的粉质黏土、黏土、砂性土等地质条件下的大规模摩擦桩施工。

4　工艺原理

采用预制预应力高强混凝土桩身,通过打桩机将预应力高强混凝土管桩锤击(静压)至设计高程,形成预应力高强混凝土管桩基础。

5　施工工艺流程及操作要点

5.1　管桩施工工艺流程

管桩施工工艺流程见图1。

5.2　施工准备

1)打桩顺序确定

预制桩打入土层时,会挤压周围土体,能使土体密实,但在桩距较近时会使相邻桩或构筑物相互影响,造成后沉桩下沉困难或后沉桩挤压先沉桩“上飘”或“偏移”。因此,沉桩顺序应遵循以下原则:

(1)当桩较密,距离周围的构筑物较远时,宜从中间向四周进行沉桩;当桩较密一侧靠近构筑物时,宜从靠近构筑物的一侧开始,由近向远进行。

(2)当同一基础的桩的入土长度不同时,宜先长后短;当桩的规格不同时,宜先大后小;当构筑物存在高层与低层时,宜先高后低。

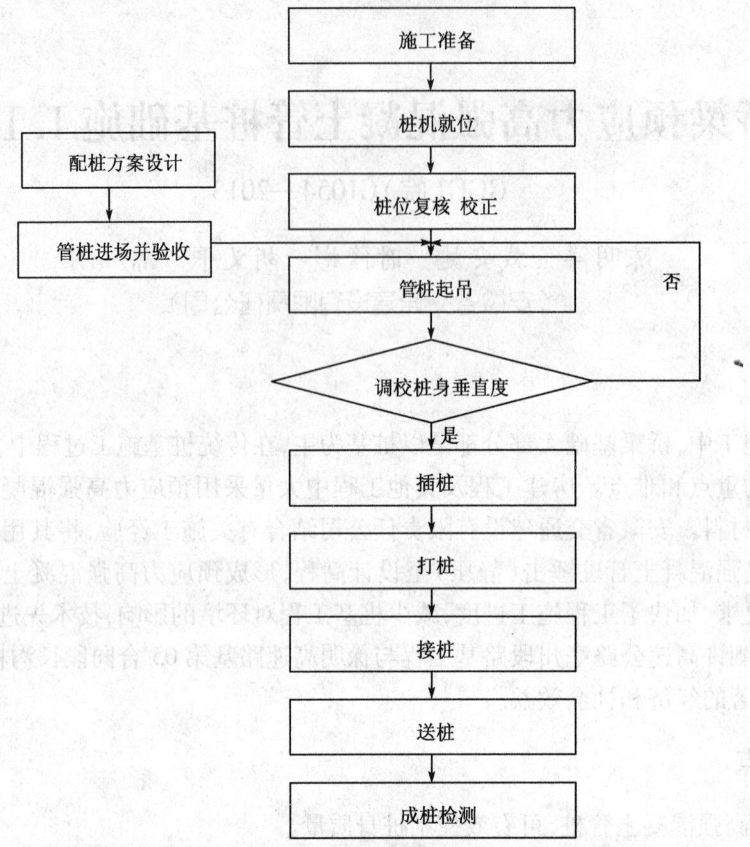

图1 管桩施工工艺流程图

(3)当同一基础所处的地基软硬不同时,宜先硬后软,当基础一侧靠近河岸时,宜先内后岸。

2)沉桩设备的选择

在正式施工前,首先根据周围环境确定采用静压或锤击的方式沉桩,见图2和图3。

图2 静压桩

图3 锤击桩

(1)桩锤的选择。

采用锤击的方式沉桩时,应根据桩的直径、打入深度、工程地质条件、桩的密集程度、单桩竖向承载力等条件选取桩锤。桩锤的夯击能量必须克服桩的贯入阻力,包括克服桩尖阻力、桩侧摩阻力和桩的回弹产生的能量损失等。目前常用的桩锤有柴油锤、液压锤等,见图4和图5。

结合现场实际地质情况确定。根据重锤轻打的原则,结合桩的类型、长度,以及地质条件和以往的施工经验,选择DJ35导杆式桩机,6.3t柴油锤,表1为桩锤选择表。

图4　筒式柴油锤

图5　导杆式柴油锤

锤桩选择表　　　　表1

锤型		柴油锤					
		20	25	35	45	60	72
锤的动力性能	总质量(t)	4.5	6.5	7.2	9.6	15.0	18.0
	冲击力(kN)	2 000	2 000 ~ 2 500	2 500 ~ 4 000	4 000 ~ 5 000	5 000 ~ 7 000	7 000 ~ 10 000
桩的截面尺寸(cm)		30 ~ 40	40 ~ 45	45 ~ 50	50 ~ 55	55 ~ 60	60 以上
持力层或穿透层	比贯入阻力 p_s 平均值/极限值(MPa)	3/10	5/15	7/18	>7/ >18	>7/ >18	>7/ >18
	标准贯入击数 N(未修正)	<15	<20	<30	<40	<50	<50
设计单桩极限承载力(kN)		400 ~ 1 200	900 ~ 1 600	2 500 ~ 4 000	3 000 ~ 5 000	5 000 ~ 7 000	7 000 ~ 10 000

(2)桩架的选择。

桩架的设置、安装和准备工作对打桩效率有很大影响。目前,常用桩架有走管式、履带行走式、步履行走式,见图6 ~ 图8。

走管式对地基要求较低,适用于各种地基条件,但移动不灵活;履带行走式和步履行走式桩架的最大特点是移动灵活,使用方便,对地基要求比较高。因此在桩架选择上应根据施工场地的地基情况确定。

图6　走管式打桩机

图7　步履行走式打桩机

3)测量定位

准确无误地测量放样出建筑物的四个角和各个桩位。

图8　接桩焊接现场图

5.3　桩机就位

夯实场地使打桩机能顺利进入,若地基较软,可在地基上加铺大块钢板或木板,以加大承载力。

5.4　复核桩位

(1)测量人员要对桩位进行复测、校核,其偏差不得大于20mm。

(2)根据施工图绘制桩位编号图,并合理确定配桩方案;同时根据现场的实际情况确定沉桩顺序。

(3)在桩身画上以米为单位的长度标记。同时施工前应再次逐根检查,即检查混凝土桩有无质量问题,对管桩两端应清理干净,施焊面上有油漆杂物污染时,应清刷干净。

5.5　吊装

用一台25t自行式吊车配合打桩机进行吊装,人工配合打桩机准确快速地卡入桩,然后移至桩位,该过程应有专人指挥协调。

5.6　调校桩身垂直度、插桩

一般情况下,插桩入土以30~50cm为宜,然后进行调校。打桩机驾驶员在施工长的组织、指挥下,掌握好双向角度尺,使打桩机纵横方向保持水平,调较垂直度在允许值以内才能沉桩。沉桩过程中,施工员随时观察桩的进尺变化,如遇地质层有障碍物、桩杆偏移时,应分行程逐渐调直。插桩前应注意相邻桩的接头位置错开,同一断面接头不超过25%。

桩打入过程中修正桩的角度较困难,因此,就位时应正确安放。第一节管桩插入地下时,要尽量保持位置方向正确。开始要轻打,认真检查,若有偏差应及时纠正,必要时要拔出重打。校核桩的垂直度可采用垂直角,即用两个方向(互成90°)的经纬仪使导架保持垂直。通过桩机导架的旋转、滑动及停留进行调整。经纬仪应设置在不受打桩影响处,并经常加以调平,使之保持垂直。插好后将桩锤压向桩顶,此时应缓缓地沉入土中,同时,再检查桩锤的桩帽中心是否与中轴一致,并检查桩的方位有无移动,以便进行必要的纠偏,如一切均已妥当,方可开锤施打。

5.7　打桩

管桩初打时下沉量较大,宜采取低提锤,轻打下,随着沉桩加深,沉速减慢,起锤高度可渐增。在整个打桩过程中,要使桩锤、桩帽、桩身尽量保持在同一轴线上。必要时应将桩锤及桩架导杆方向按桩身方向调整。要注意尽量不使管桩受到偏心锤打,以免管桩受弯受拉。打桩较难下沉时,要检查落锤有无倾斜偏心,特别是要检查桩垫桩帽是否合适。每根桩宜连续一次打完,不要中断,以免难以继续打下。打桩时采用桩和锤相适应的桩帽和硬木垫层,并及时更换被打击密实失去弹性的垫层。打桩时详细、准确地填写打桩记录。

5.8　接桩

接桩时,要注意新接桩节与原桩节的轴线一致,两施焊面上的泥土、油污、铁锈等要预先清刷干净。当下节桩的桩头距地面0.5~1.2m时,即可进行焊接接桩。接桩时可在下节桩头上焊接2根钢筋,以便新接桩节的引导就位。上节桩找正方向后,对称点焊4~6点加以固定,然后进行施焊,最后将导向钢筋拆除。管桩焊接施工应由专业焊工按照技术规程的要求认真进行;施焊第一层时,宜适当加大电流,加大熔深。采用手工焊接,要保证焊接质量。焊接完毕应自然冷却,10min后方可再施打。接桩焊接如图8所示。

5.9 送桩

为将管桩打到设计高程，需要送桩，送桩采用送桩器，送桩器用钢管制作，长度一般比原地面至桩顶设计高程的距离长50cm左右。设计送桩器的原则是打入阻力不能太大，容易拔出，能将冲击力有效地传到桩上，并能重复使用。

送桩工具紧接桩顶部分，安放保护桩顶的硬木垫层，安放前，要先将桩顶损伤部分清除并修理平整。桩与送桩工具的纵轴线要尽量保持在同一直线上，送桩必须与打桩一样连续打到规定高程，不得中断。送桩应特别注意最后贯入度，即最后100cm桩长的锤击及桩的贯入度。送桩器如图9所示。

图9 送桩器

5.10 试桩过程中采用贯入度法确定桩长

选用钢桩打桩公式，Hiley公式进行试桩数据的确定，Hiley打桩公式如下：

$$R_u = \frac{e_t \times W_h \times H}{s + K \times 0.5}$$

式中：R_u——桩的贯入阻力(kN)，以承载力代入；

e_t——锤效率，柴油锤取0.7，考虑到恢复系数的影响，一般取0.5；

W_h——柴油锤重力(kN)；

H——锤的落距(cm)，柴油锤取$2H$；

s——桩的贯入度(cm)；

K——回弹量(cm)。

图10 截桩现场图

依据打桩公式计算贯入度需充分考虑各地质条件下的差异性，确定桩长应以高程为主、贯入度为辅的原则，贯入度根据工程施工经验一般为30～50mm。

当预应力高强混凝土管桩由于某种原因无法施打至设计高程时，在征得设计方的同意后，对于高出设计高程的部分进行截除，截除桩头宜用锯桩器截割，严禁用大锤横向敲击或强行扳拉截桩。截桩现场如图10所示。

5.11 劳动力组织

预应力高强度混凝土管桩施工劳动力组织见表2。

预应力高强混凝土管桩施工劳动力组织表 表2

序 号	工 种	人工数	作 业 内 容	备 注
1	指挥员	1	现场指挥，施工负责人	
2	技术员	1	技术指导、质量检测	
3	测工	2	桩位、桩身垂直度测量	
4	打桩机驾驶员	1	打桩机操作	
5	吊车驾驶员	1	吊车操作	
6	焊工	2	接桩位焊接	

续上表

序　号	工　　种	人工数	作业内容	备　注
7	汽车驾驶员	2	管桩运输	(厂家)
8	杂工	3	配合起吊、管桩就位等	

6　材料及机具设备

6.1　材料

预应力高强混凝土管桩施工使用主要材料为工厂预制的预应力成品管桩,管桩采购要选择资质合格的大型预应力构件生产厂。管桩进场必须组织验收,验收内容主要包括出厂合格证,现场检验桩身是否有裂纹,凸缘与混凝土的密贴程度等。管桩的外观质量及管节尺寸允许偏差见表3。

管桩外观质量及管节尺寸允许偏差　　表3

序　号	项　目	内　容
1	黏皮	局部黏皮和麻面累计面积不大于桩总表积的15%,每处黏皮麻面的深度不大于10mm
2	桩身合缝处漏浆	漏浆深度度不大于10mm,每处漏浆长度不大于200mm,累计长度不大于桩身长度的8%
3	局部磕损	磕损深度不大于10mm,每处面积不大于50mm^2
4	内外表面露筋	不允许
5	桩身裂缝	不允许(管内浮浆裂纹不在此限)
6	桩端面平整度	管桩端面混凝土及主筋墩头不得高出端板平面
7	断筋、脱头	不允许
8	桩裙板凹陷	凹陷深度不大于10mm

6.2　机具及设备

PHC管桩施工主要机械设备为打桩机、25t吊车、送桩器、焊接工具等。施工机械配备见表4。

施工机械配备表　　表4

序　号	机械名称	规格型号	额定功率(kW)或容量(m^3)或吨位(t)	数量(台)	备　注
1	柴油打桩机		6.0t、7.2t	1	
2	吊车		25t	1	
3	电焊机	BX3－500	22kW	2	
4	发电机组				现场电源

7　质量控制

(1)质量标准。

①《公路工程质量检验评定标准》(JTG F80/1—2004)。

②《公路桥涵施工技术规范》(JTG/T F50—2011)。

沉桩实测项目见表5。

沉桩实测项目 表5

<table>
<tr><th>项次</th><th colspan="3">检查项目</th><th>规定值或允许偏差</th><th>检查方法和频率</th><th>权值</th></tr>
<tr><td rowspan="4">1</td><td rowspan="4">桩位
(mm)</td><td rowspan="2">群桩</td><td>中间桩</td><td>$d/2$ 且不大于 250</td><td rowspan="4">全站仪或经纬仪:检查 20%</td><td rowspan="4">2</td></tr>
<tr><td>外缘桩</td><td>$d/4$</td></tr>
<tr><td rowspan="2">排架桩</td><td>顺桥方向</td><td>40</td></tr>
<tr><td>垂直桥轴方向</td><td>50</td></tr>
<tr><td rowspan="2">2</td><td colspan="3">桩尖高程(mm)</td><td>不大于设计规定</td><td>水准仪测桩顶面高程后反算:每桩检查</td><td rowspan="2">3</td></tr>
<tr><td colspan="3">贯入度(mm)</td><td>小于设计规定</td><td>与控制贯入度比较:每桩检查</td></tr>
<tr><td rowspan="2">3</td><td colspan="2" rowspan="2">倾斜度</td><td>直桩</td><td>1%</td><td rowspan="2">垂线法:每桩检查</td><td rowspan="2">2</td></tr>
<tr><td>斜桩</td><td>$15\%\tan\theta$</td></tr>
</table>

注:d 为直径;θ 为倾斜角度。

(2)桩身垂直度控制。测量人员应在施工准备、管桩就位、接桩焊接和打桩过程中,跟踪监测桩位和桩身垂直度,确保桩位准确无误。沉桩施工时,当桩身刚插入土时,利用两台经纬仪成90°夹角监测,倾斜度控制在1%之内,否则,通过调整桩机或在桩侧加垫进行调整或拔起重压。

(3)打桩贯入度控制。打桩过程中,应派有专业技术人员记录贯入度,及时了解持力层地质变化情况,必要时更换桩锤以确保打桩质量。当贯入度小,入土深度不足或贯入大,入土超过设计深度时,应及时与设计单位联系解决。在现场施工时宜采取"双控"(即控制贯入度和高程)。

(4)桩顶破损预防。加强管桩装、运和存放管理,确保桩身质量持续满足要求;施工中及时纠正桩位,使锤击力顺桩轴方向施打,防止发生偏心锤击;采用大小合适的桩帽,在地层较硬的地区施工时,宜采用双桩帽,即大帽套小帽。

(5)接桩焊接质量控制。接桩必须保持垂直,桩中心偏差不大于3mm,桩端板应闭合,其缝隙不大于4mm。管桩一般采用法兰焊接,焊缝高12mm。打桩至地面上0.5~1.2m进行接桩。焊接前,清除焊缝上下及法兰端面的泥土、油污杂物。在两法兰间存在缝隙时,则插入备用锲形铁。管桩焊接施工应由有经验的焊工按照技术规程的要求认真进行;施焊第一层时,宜适当加大电流,加大熔深。第二层施焊前必须将第一层清理干净后进行。

(6)焊接完毕应自然冷却,10min后方可再施打。当遇大风及雨雪天气时,则需先采取防风、防雨措施方可焊接。

8 安全措施

(1)针对本工程特点,施工外部和内部环境,以及业主的有关要求,制订各工序具体的安全技术措施、操作规程、安全防护办法,向作业人员作书面安全技术交底,并履行签字手续。下达作业计划时同时下达安全防护措施。对进入施工现场的施工人员进行专门的安全教育。

(2)建立健全安全生产组织管理制度、安全生产责任制度、安全生产例会制度、安全检查制度、安全生产事故应急管理与报告制度。定期或不定期检查安全措施的执行情况和现场存在的安全生产问题,针对发现的问题下达整改通知单,指定专人限期整改,对整改不到位的班组和个人给予罚款或停工整改等处理。

(3)加强现场安全管理。作业现场设施工总指挥一名,主要负责打桩机、吊车、运输车辆调遣、协调工作,对打桩现场施工安全全面负责。施工现场按照安全文明标准工地要求,桩机周围应有明显标志和围栏,严禁闲人进入。作业时,操作人员应在距桩锤中心5m以外监视。

(4)打桩施工现场场地应按坡度不大于3%、地耐力不小于8.5N/cm^2 的要求进行平实,地下不得有障碍物。用桩机吊桩时,必须在桩上拴好围绳。起吊2.5m以外的桩时,应将桩锤落在下部,待桩吊近后,方可提升桩锤。严禁吊桩、吊锤、回转和行走同时进行。桩机在吊有桩的情况下,操作人员不得离开。

(5)当作业中停机时间较长时,应将桩锤落下垫好。桩机不得悬吊桩锤进行修理。遇有大雨、雪、雾和六级以上强风等恶劣气候,应停止作业。当风速超过七级时,应将桩机顺风向停置,并增加缆风绳。雷电天气无避雷装置的桩机应停止作业。高处作业时必须系好安全带,不得穿硬底易滑的鞋。

(6)打桩机架移位的运行道路,必须平坦坚实,畅通无阻。挪移打桩机时,严禁将桩锤悬高。必须将桩锤制动可靠方可走车。机架挪移到桩位上,稳固以后,方可起锤严禁随移位随起锤。桩架就位后应立即制动、固定。操作时桩架不得滑动。挪移打桩机架应距轨道终端2m以内终止,不得超出范围。如受条件限制,必须采取可靠的安全措施。桩机运行道路必须平坦。挪动时有专人指挥,桩架不得倾斜。若遇地基沉陷较大时,必须加铺脚手板或铁板

9 环境保护

(1)施工现场宜采取硬化措施,其中主要道路、料场、生活办公区域必须进行硬化处理,土方应集中堆放。裸露的场地和集中堆放的土方应采取覆盖、固化或绿化等措施。

(2)详细进行现场平面设计,合理布置临时设施,堆放材料,成品半成品和机具设备,不得侵占场内道路及安全防护等设施,保证场内施工流线的畅通、合理及科学。

(3)施工现场出入口处应采取保证车辆清洁的措施。施工现场应设置密闭式垃圾站,施工垃圾、生活垃圾应分类存放,并及时清运出场。

(4)施工现场应设置排水沟及沉淀池,现场废水不得直接排入污水管网和河流。

(5)夜间运输材料的车辆进入施工现场,严禁鸣笛,装卸材料应做到轻拿轻放,对产生噪声和振动的施工机械、机具的使用,应当采取消声、吸声、隔声等措施,有效控制降低噪声。

10 资源节约

桩身混凝土采用预制,减少了钻孔灌注桩中由于扩孔而浪费的混凝土,桩身采用打桩机直接成桩,减少了人员、材料的投入、降低了劳动强度,质量得到有效保障、施工效率高,提高了工业化程度,符合国家节能减排、资源节约的要求。

桩身采用预制,打桩方式采用锤击(静压),打桩过程中不需拌制大量泥浆,减少传统桩基工程大量泥浆池对环境造成的影响。

11 效益分析

11.1 技术效果

桩身混凝土质量控制:由于桩身混凝土采用预制,可有效控制桩身混凝土强度及混凝土浇筑质量

11.2 经济效益

桩身采用打桩机直接成桩,减少了人员、材料的投入,提高桩基工程进度,直接提高桥梁工程进度,该工法施工将带来良好的社会效益和经济效益。

12 应用实例

12.1 工程实例一

安徽省泗许高速公路亳州段路基工程02标工程范围内有大桥1座,K12+715桥13、14、15、17、18号桥墩基础采用预应力高强混凝土管桩102根,桩型:600m×110m(AB),总计桩长约3 366m。该工程应用这一施工技术,保证了施工质量,提高了工作效率,降低了施工人员的劳动强度,成本经济合理,有利于现场的安全管理和文明施工,节省了工期,使得工程的工期、安全、质量、成本等各项指标均圆满实现,树立了良好的企业形象,得到了项目办、总监办、监理组等单位的认可。该工法经济、社会效益显著,应用前景广泛。

12.2 工程实例二

徐明高速路基第05合同段长沟枢纽互通立交桥，桥梁基础原设计为钻孔灌注桩基础，作为试验性桩基础，经设计优化变更为PHC预制管桩基础。共有PHC管桩552根，其中，主线桥432根，匝道桥120根，占互通立交桩基总量的95%以上。桩长设计预估为15～12m，桩身混凝土强度为80MPa，型号为PHC600(130)，桩尖为开口型，由专业厂家规模化使用PHC管桩作为桥梁基础，较原来钻孔灌注桩节省至少1/3的工程投资，同时施工速度快、质量可靠、对环境几乎没有污染，取得了良好的经济和社会效益，对市政桥梁桩基施工也很有借鉴意义。

并排双主(箍)筋钢筋笼滚焊机械化制作施工工法

GGG(甘)C1055—2013

雒建奎　王生辉　陆登柱　郑万鹏　胡立志
(甘肃路桥建设集团有限公司　甘肃路桥第四公路工程有限公司)

1　前言

随着我国经济的快速发展,公路运输车辆发生着日新月异的变化,重载车不断地增加。为了提高桥梁承载能力,越来越多的桥梁桩基及墩柱的钢筋笼被设计为复杂钢筋笼,两根主筋并排作为一束主筋的钢筋笼及两根箍筋并排缠绕的钢筋笼就是常用的复杂钢筋笼形式。此类钢筋笼的传统加工方式为人工加工,生产效率低,不能满足当前机械化钻孔对钢筋笼数量的要求,且产品质量不稳定,生产成本高。如何改善钢筋笼整体质量,缩短施工工期,降低生产成本是此类钢筋笼生产需要解决的技术难题。

甘肃路桥承建的临夏至合作高速公路 LH13 合同段,桩基钢筋笼共 274 个(4584m),主筋设计为两根 ϕ28R335 钢筋并筋作为一束主筋。墩柱钢筋笼的箍筋设计为两根 ϕ12R235 钢筋并排缠绕。根据总体工期要求,桩基施工有效工期仅为两个月。钢筋笼生产以钢筋笼滚焊机作为主要加工机械,并对其进行局部改造,使其满足生产并排双主(箍)筋钢筋笼的要求。生产速度快,产品质量稳定,节约了材料及场地,降低了生产成本,满足了工期要求。

通过对工程应用实践的总结,形成了“并排双主(箍)筋钢筋笼滚焊机械化制作施工工法”。

2　工法特点

(1)对钢筋笼滚焊机主筋模板圆孔进行局部改造,实现了两根主筋并筋作为一束主筋的钢筋笼的生产。

(2)对钢筋笼滚焊机箍筋缠绕设备进行局部改造,实现了两根箍筋并筋缠绕的钢筋笼的生产。

(3)并排双主(箍)筋钢筋笼滚焊加工成型技术,机械化程度高、加工速度快、产品质量稳定、施工成本低廉。

3　适用范围

适用于桩基、墩柱等直径为 ϕ300 ~ 1 500mm,产量为 3 000m/(一套设备 · 月)的并排双主(箍)筋钢筋笼的生产。

4　工艺原理

并排双主(箍)筋钢筋笼滚焊成型工艺以钢筋笼滚焊机作为主要加工机械,将钢筋笼滚焊机主筋模板由可容纳一根主筋的圆孔改装成可容纳两根主筋的椭圆形孔,实现了并排双主筋钢筋笼的生产;将箍筋矫直器进行改装,实现了并排双箍筋钢筋笼的生产。主筋采用滚轧直螺纹机械连接。人工将每束主筋通过固定盘相应椭圆孔穿至移动盘相应椭圆孔中

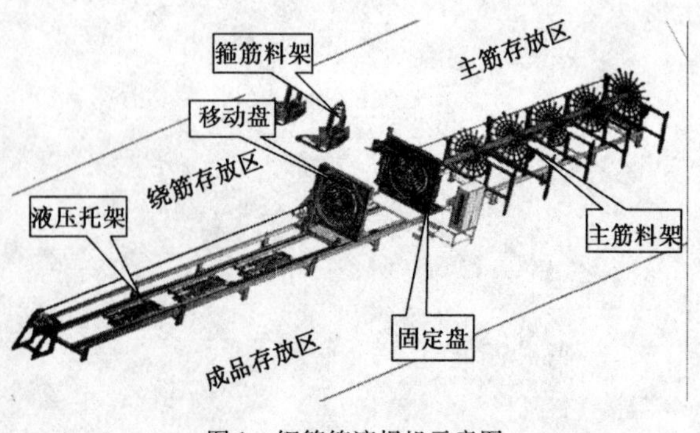

图 1　钢筋笼滚焊机示意图

进行固定。将两根箍筋穿过箍筋矫直器焊接于一束主筋上,然后固定盘与移动盘同步旋转,移动盘同时纵移,采用二氧化碳保护焊将主筋与箍筋点焊连接,形成并排双主(箍)筋钢筋笼。钢筋笼滚焊机见图1。

5 施工工艺流程及操作要点

5.1 施工工艺流程图

施工工艺流程见图2。

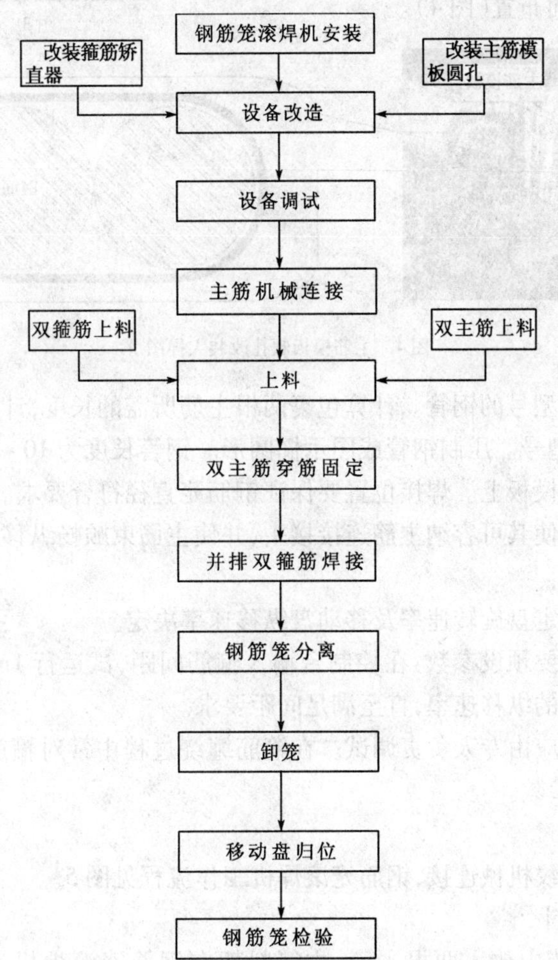

图2 并排双主(箍)筋钢筋笼滚焊机械化制作施工工艺流程图

5.2 操作要点

(1)钢筋笼滚焊机安装

设备安装前应合理地进行场地规划,使施工整洁有序,提高生产效率。箍筋存放区和主筋存放区的宽度应大于3m,并与道路相通,以便钢筋的进场、存放及箍筋料架的放置和操作;成品存放区应考虑起重设备的放置位置和运输机具的位置,宽度应大于9m。加工场地面积约800m^2,加工场地应进行硬化。

箍筋缠绕过程中,钢筋笼滚焊机与箍筋料架之间会产生较大的拉力。设备安装区应设置基础,基础采用C20混凝土,厚度25cm,顶面应水平。两个箍筋料架也应设置基础,基础几何尺寸为2m×2m×0.25m。设备基座应保持水平,并用膨胀螺栓锚固于硬化的混凝土上,保证设备在运转期的水平稳定。

(2)钢筋笼滚焊机改造

①箍筋矫直器的改装:当钢筋笼的箍筋为两根箍筋并排缠绕时,采用改装箍筋矫直器的方法可实现此类钢筋笼的加工(图3)。

在箍筋矫直器上焊接固定两根 50cm 长的钢管,钢管采用两端焊接固定。钢管内径大于箍筋直径 2 ~4mm,钢管壁厚大于 2.5mm。出口处钢管中心间距等于箍筋直径,故采用一高一低的位置焊接。

②主筋模板圆孔的改装:当钢筋笼主筋为两根主筋并排作为一束主筋时,采用改装旋转盘内主筋模板圆孔的方法可实现此类钢筋笼的加工。将目前的圆孔改装成可容纳两根主筋的椭圆形孔,并沿圆周切向布置(图 4)。

图 3　箍筋矫直器改装示意图

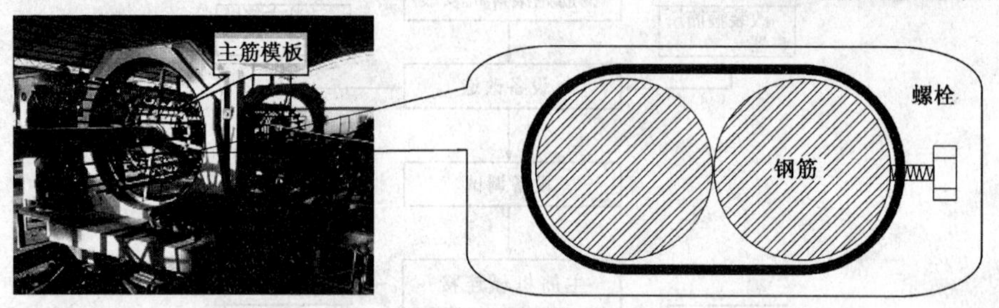

图 4　主筋模板圆孔改装大样图

根据主筋直径选择不同型号的钢管。计算包裹两根主筋所需的长度,计算不同型号钢管周长,两者匹配,以钢管周长选择钢管型号。压制钢管成图示椭圆形。钢管长度为 10 ~15cm。加工螺栓孔。将椭圆钢管沿切向焊接于移动盘模板上。焊接位置要保证钢筋笼直径符合要求。固定盘上的椭圆形孔内径应略大,并在末端设置敞口,使其可容纳主筋连接接头,并使主筋束顺畅纵移通过。

(3)设备调试

箍筋间距由移动盘和固定盘旋转速率及移动盘纵移速率决定。

钢筋笼滚焊机工作前需要预设参数:在控制台输入箍筋间距,试运行 1m 后,检查间距是否满足要求,如有误差,应微调移动盘的纵移速率,直至满足间距要求。

钢筋笼滚焊机数控单元应由专人负责调试。在箍筋缠绕过程中常对箍筋间距进行测量,当发现间距不符合要求时,及时调整参数。

(4)主筋连接

主筋连接采用滚轧直螺纹机械连接,钢筋笼滚焊机工作流程见图 5。

(5)双主筋及双箍筋上料

在主筋料架的每个隔档内放入两根主筋,主筋料架在钢筋笼滚焊机运转过程中起到固定未成形主筋的作用;在两个箍筋料架上各吊装一捆盘筋,将两根盘筋的一端分别穿过改装的箍筋矫直器钢管。

(6)双主筋穿筋、固定

将钢筋笼滚焊机的移动盘纵移至接近固定盘的起始位置(两旋转盘间距 50cm)。操作台和焊接位位于两旋转盘之间。将每束主筋从主筋料架穿过固定盘的模板椭圆孔,穿至移动盘的模板椭圆孔内,用螺栓将主筋束逐个固定于移动盘模板椭圆孔内。两旋转盘之间的主筋束此时间距均匀,钢筋笼直径等于设定直径。

(7)双箍筋焊接

①起始焊接:将两根箍筋穿过改装的箍筋矫直器钢管,拉至与主筋交叉的焊接位置,与主筋束焊接固定。仅启动移动盘的旋转功能,将两根箍筋并排连续绕两圈,并在每束主筋与箍筋的交叉点用二氧化碳保护焊进行点焊,防止加工过程中由于箍筋拉力过大而脱焊。

②正常焊接:启动移动盘的旋转和纵移功能,移动盘和固定盘及主筋料架同步旋转,同时移动盘纵移。此时主筋旋转,并通过固定盘上的圆孔纵移,双箍筋连续在主筋上并排等间距缠绕,使用二氧化碳保护焊对主筋束和箍筋的交叉点进行同步点焊,可采用左右跳焊的方式。每隔1m对主筋束进行点焊。当移动旋转盘纵移经过液压托架位置后,应将托架顶起,防止钢筋笼下挠变形。当成型钢筋笼加工至加强筋位置时应及时焊接加强筋,防止钢筋笼变形。

为防止箍筋料架和钢筋笼滚焊机之间拉力过大,在箍筋料架布置过程中应尽量使两个箍筋料架和箍筋矫直器接近同一条直线,箍筋料架转动装置应经常添加润滑油进行润滑。

③终止焊接:加工至箍筋终止位置时停止移动盘纵移,将双箍筋并排缠绕两圈,并焊接牢固,切断箍筋。

(8)钢筋笼分离

①分离固定盘:仅启动移动盘的纵移功能,移动钢筋笼,使钢筋笼和固定盘分离。

②分离移动盘:卸除固定主筋束的螺栓,向外纵移移动盘,使钢筋笼和移动盘分离。此时,钢筋笼支撑于液压托架上。

(9)卸笼

用起重设备将加工好的钢筋笼移离液压托架,并降下液压托架。

(10)移动盘归位

移动盘归位,准备生产下一个钢筋笼。

(11)钢筋笼检验

并排双主(箍)筋钢筋笼的检验项目包括:

①外观检验:钢筋有无锈蚀;焊渣是否清理干净;受力钢筋是否顺直。

②主筋检验:钢筋笼外径;钢筋笼长度;主筋间距;主筋根数;主筋束的整体性。

③箍筋检验:箍筋间距,同排箍筋的整体性。

钢筋笼滚焊机工作流程见图5。

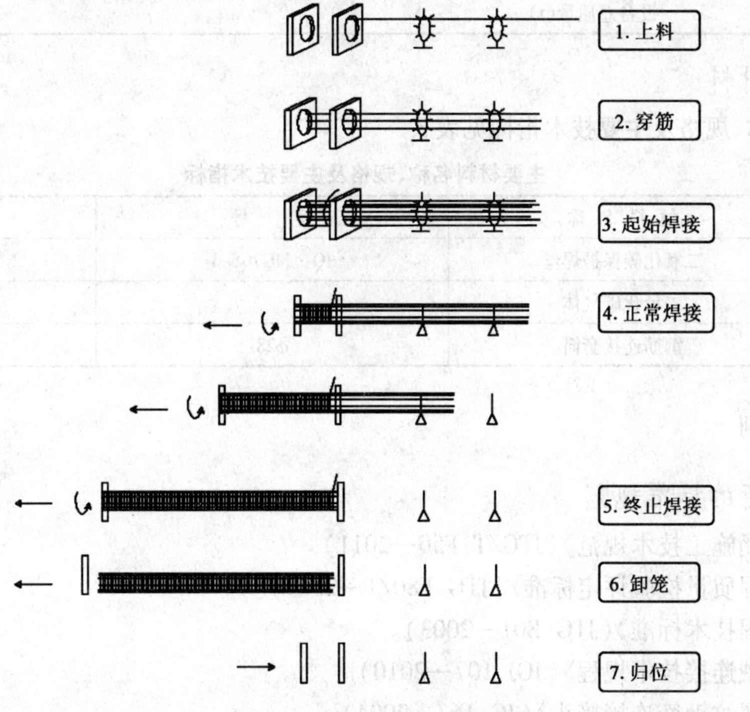

图5　钢筋笼滚焊机工作流程图

6 材料与设备

6.1 主要设备

主要设备名称、规格及主要技术指标见表1,BPM1500-20型钢筋笼滚焊机主要技术指标见表2。

主要设备名称、规格及主要技术指标　　表1

序号	名称	型号	数量	技术指标
1	钢筋笼滚焊机	BPM-1500	1台	见表2
2	二氧化碳保护电焊机	NB350I	1台	状态良好
3	剥肋滚轧直螺纹机床	GZK-40A	1台	标定合格

BPM1500-20型钢筋笼滚焊机主要技术指标　　表2

型号		BPM1500-20
桩径(mm)		300～1 500
最大钢筋笼长度(m)		27
钢筋笼最大质量(kg)		6 500
箍筋直径(mm)		$\phi5\sim\phi16$
箍筋间距(mm)		50～500
主筋直径(mm)		$\phi12\sim\phi40$
液压站压力(MPa)		10
额定总功率(kW)		15
外形尺寸(m)	长	55
	宽	5.5
	高	2.5
设备总质量(t)		20

6.2 主要材料

主要材料名称、规格及主要技术指标见表3。

主要材料名称、规格及主要技术指标　　表3

序号	材料名称	型号	技术指标
1	二氧化碳保护焊丝	JQ·MG70S-6	$\phi10\sim12$mm
2	二氧化碳气体		标定合格
3	钢筋连接套筒	$\phi28$	标定合格

7 质量控制

7.1 应执行的标准规范

(1)《公路桥涵施工技术规范》(JTG/T F50—2011)。

(2)《公路工程质量检验评定标准》(JTG F80/1—2004)。

(3)《公路工程技术标准》(JTG B01—2003)。

(4)《钢筋机械连接技术规程》(JGJ 107—2010)。

(5)《滚轧直螺纹钢筋连接接头》(JG 163—2004)。

(6)《公路土工试验规程》(JTG E40—2007)。

(7)《公路工程施工安全技术规程》(JTJ 076—95)。

(8)《钢筋焊接及验收规程》(JGJ 18—2012)。

(9)《公路钢筋混凝土及预应力混凝土桥涵设计规范》(JTG D62—2004)。

(10)《公路工程基本建设项目概算预算编制办法》(JTG B06—2007)。

(11)《公路工程预算定额》(JTG/T B06-02—2007)。

(12)《公路工程机械台班费用定额》(JTG/T B06-03—2007)。

(13)《公路工程施工定额》(交通部定额站2009版)。

(14)《公路工程施工标准化指南系列 高速公路施工标准化技术指南》。

(15)《两阶段施工图设计》。

7.2 质量控制要点

(1)钢筋笼加工的检查项目见表4。

钢筋笼加工检查项目 表4

项次	检查项目	规定值或允许偏差(mm)	项次	检查项目	规定值或允许偏差(mm)
1	钢筋笼长度	±10	5	柱钢筋笼受力钢筋间距	±20
2	灌注桩钢筋笼主筋间距	±20	6	柱钢筋笼箍筋间距	±10
3	灌注桩钢筋笼箍筋间距	±10	7	柱钢筋笼外径	±5
4	灌注桩钢筋笼外径	±5			

(2)钢筋的保护及储存必须保证其不受机械损伤及由于暴露于大气而产生锈蚀和表面破损。

(3)钢筋机械连接接头应符合《钢筋机械连接技术规程》(JGJ 107—2010)的规定。接头数量应满足《公路桥涵施工技术规范》(JTG/T F50—2011)对接头数量的规定。

(4)滚扎直螺纹套筒连接。

①螺纹丝头的检验。

a. 滚扎机丝头的牙型、螺距、直径必须与套筒一致,并且经配套的量规检验合格。

b. 成型螺纹丝头牙型检验:牙型饱满,表面光洁,无断牙、秃牙缺陷,且与规定的牙型吻合。

c. 剥肋直径和长度应满足相应的套筒规格的要求。

②滚扎直螺纹接头的连接及检验。

a. 钢筋在滚丝一端必须采用砂轮切割,使切面与钢筋轴线垂直。滚丝后将丝头处标记1/2套筒长度。

b. 连接钢筋时,应沿正轴线将钢筋拧入套筒,每端拧至标记处。

c. 接头连接完成后,应使两个丝头在套筒中央位置互相顶紧,套筒每端应有有效螺纹外露,单边外露有效螺纹不得超过2倍螺距。

(5)采用二氧化碳保护焊进行钢筋笼主筋与箍筋的点焊。

a. 二氧化碳保护焊是电弧焊的一种类型,二氧化碳保护焊的原理是利用触点处的高温熔化焊接点的钢筋,用二氧化碳笼罩在焊点周围隔离氧气,降低焊点金属的氧化度。在焊接过程中不产生有毒气体,而且比常规焊接减少了许多氧化物灰尘,更有利于焊工的身体健康。它操作简单,成本低廉(只有焊条电弧焊的40% ~50%),焊接效率高,每分钟可施焊20个焊点(是焊条电弧焊的2 ~4倍),特别适用于箍筋的固定点焊。但焊接时抗风能力差,需要设置围挡遮风设施。

b. 点焊用焊丝直径一般采用1.0 ~1.2mm。焊接电流一般采用170 ~190A。

c. 焊丝的伸出长度一般为焊丝直径10倍,伸出长度过短会造成焊接不牢,过长会烧伤钢筋。点焊的二氧化碳流量一般为10 ~25L/min。

d. 使用防堵剂对焊枪嘴进行保护,防止飞溅物与焊枪嘴的黏连、堵塞,保持气流畅通、焊丝出丝正常,提高焊接效率。

(6)成型钢筋笼应做好储存工作,防水、防锈蚀。以保证成型钢筋笼质量。

8 安全措施

(1)设备操作人员在操作设备前,应进行专业技能培训,充分了解设备性能。

(2)严禁非操作人员擅自操作设备,避免造成人身伤害或设备损坏的安全事故。

(3)在作业前要进行安全预知,对操作过程中可能会出现的危险源进行分析并做好相应对策。

(4)严禁机器运转时,非生产人员靠近设备,要特别注意衣服、手臂被卷入设备中的危险。操作人员不能穿过与肥大、有丝带等易被卷入设备的服装进行生产作业。严禁女性操作人员穿裙子进行设备操作,长发者须把头发盘起并固定在安全帽内。

(5)上料或穿送钢筋须戴保护手套。

(6)严禁用水或压缩空气对电器设备进行冲洗或吹灰。

(7)严禁用湿布或潮湿的刷子对电气柜中的电气器件进行清灰作业。

(8)漏电保护器、接地线要安装正确,确保生产过程中的用电安全。

(9)焊接时产生的火花中含有大量的紫外线,会对人体造成伤害,灼伤表皮,施焊人员要戴防护帽、防护手套,有效保护外露皮肤。

9 环保措施

9.1 管理措施

在施工中严格遵守国家和地方政府下发的有关环境保护的法律、法规和规章制度,加强对施工用油料、工程材料、设备、生产生活垃圾的控制和治理,遵守有关防火及废弃物处理的规章制度。保护和改善施工环境,采取防护措施保证施工人员身体健康。

9.2 技术措施

(1)建立环境保护规章制度,做好设备生产过程中废弃油料、固体废物、生活垃圾的收集和处理。

(2)将施工场地和作业场所限定在工程建设允许的范围内,做到设备材料合理布置、施工场地整洁文明。

(3)针对施工中可能影响到的各种公共设施,制订可靠的防止损坏和移位的实施措施,并将相关方案和要求向全体施工人员详细交底。

10 资源节约

以长20m、直径1.3m钢筋笼为例,钢筋笼滚焊机对场地面积的要求不大,约为800m^2。钢筋笼主筋采用滚轧直螺纹机械连接,节约了搭接焊使用的搭接钢筋约0.8%。采用机械缠绕箍筋,箍筋与主筋密贴,与人工缠绕箍筋相比,节约箍筋约1%。采用二氧化碳保护焊较普通电弧焊节约焊条50%~60%。

11 效益分析

11.1 工期效益

以长20m、直径1.3m的274个钢筋笼为例,4~5名工人以传统方式(主筋焊接、箍筋帮扎)加工:每3d加工2个钢筋笼,需要的工期为:274个钢筋笼÷每天(2÷3)个钢筋笼=411个工日。

本项目有274个桩基钢筋笼,生产工期为2012年10月3日~2012年12月3日,日历天数61d。4~5名工人使用钢筋笼机械加工工艺每天可加工5个钢筋笼。工期节约86%。

11.2 经济效益

钢筋笼滚焊机与传统人工加工钢筋笼成本对比见表5。

钢筋笼滚焊机与传统人工加工钢筋笼成本对比表　　表5

项　目	单　位	传统法使用主筋焊接、箍筋人工绑扎加工钢筋笼	采用机械化制作工艺加工钢筋笼
用电量	元/t	5	20~30
耗材	元/t	35~45(焊条、扎丝)	30~40(焊丝、套筒、CO_2 气体)
人工费	元/t	400	100
设备费	元/t	10	50
合计	元/t	460	220

11.3 社会效益

并排双主(箍)筋钢筋笼滚焊机械化制作工艺改进了传统手工作业方式难以从根本上提高钢筋笼质量的弊端,采用预设参数、机械作业、一次焊接成型。具有机械化程度高、加工速度快、质量稳定可靠、节约材料、成本低廉等特点。

12 应用实例

(1)工程名称:兰州至郎木寺高速公路(S2)临夏至合作段 LH13 合同段。

(2)工程地点:甘肃省甘南州合作市卡加曼乡。

(3)工期:2012 年 1 月 ~2013 年 6 月,共 18 个月。

(4)工程造价:32 898.7 万元。

(5)工程概况:LH13 标项目地处甘肃甘南藏族自治州,属高原型气候,受自然环境因素影响,有效工期仅有 10 个月,按照项目总体进度安排,需在 2 个月内完成本标段 274 根(4 584m)桩基的施工。

(6)应用效果。本项目桩基及墩柱钢筋笼的加工,采用并排双主(箍)筋钢筋笼滚焊机械化制作施工工艺,利用约 800m^2 场地、2 个月工期、4~5 名工人生产了 274 个桩基钢筋笼。生产效率是传统手工加工的 6~7 倍,缩短了施工工期。并排双主(箍)筋钢筋笼滚焊机械化制作施工工艺,从技术层面解决了人工加工钢筋笼易变形、主(箍)筋间距不均匀的质量通病。另外,它降低了生产成本(施工成本仅为传统手工作业的 50%)。应用实践证明,并排双主(箍)筋钢筋笼滚焊机械化制作工艺具有很好的实用性和经济性,社会效益和经济效益显著。可广泛应用于类似工程的施工,具有广阔的推广应用前景。

大直径钻孔灌注桩双钢护筒施工工法

GGG(津)C1056—2013

胡 跃 贾明浩 吴 冬 陈 勇 马辰翔
(天津第三市政公路工程有限公司)

1 前言

目前,沿海地区港口、公路桥梁建设需求日益增加,而这类工程的基础通常采用大直径钻孔灌注桩。沿海地区此类工程通常会遇到呈流塑状高压缩性的淤泥质土层。为防止钻孔经过软弱流塑状土层时造成坍孔、缩颈、桩基移位等病害,现有的大直径钻孔灌注桩施工方法通常采用长护筒法施工。长护筒施工法用钢量大,施工成本极高。本工法相关技术,使长护筒成为可周转重复利用的材料,有效降低了该类工程的建设成本。

本工法关键技术依托于《海相淤泥滩地桥梁施工技术研究》课题。该科研课题在天津市建设和交通委员会立项,2012 年 9 月 6 日通过鉴定,达国内领先水平。工法技术申请了名为"大直径钻孔灌注桩双钢护筒施工工法"(申请号:201210507258.1)的发明专利技术。

2 工法特点

(1)工法在现有施工方法基础上,增加了内护筒的制作、安装、拔出等施工流程。这些施工工艺,均为成熟技术,工程现场设备及人员技术条件即可完成,方法简便、材料造价低廉。

(2)内护筒在桩基混凝土浇筑后即行拔出,不影响桩头混凝土质量。

(3)当灌注桩混凝土强度达到设计强度的 75% ~ 80% 时,拔出外护筒,使长护筒成为周转材料,大量节约钢材用量。

3 适用范围

本工法属于灌注桩施工技术领域,主要适用于软弱流塑状土层上的大直径钻孔灌注桩施工。

4 工艺原理

本工法工艺原理为:在原有的软弱流塑状土层中,钻孔灌注桩长护筒施工方法的基础上,增加了内护筒的制作、安装、拔出等施工流程,提供了一种工艺简单,施工方便,安全可靠,质量稳定,大幅降低成本的软弱流塑状土层中大直径钻孔灌注桩施工方法。主要工艺包括:外护筒打设;内护筒安装;内护筒和外护筒间的空隙回填;钻孔及灌注施工:内护筒拔出:外护筒拔出等。

5 施工工艺流程及操作要点

5.1 施工工艺流程

打设灌注桩外护筒(制作外护筒,并将外护筒打设就位)→安装灌注桩内护筒(制作内护筒,并将内护筒安装在外护筒顶端)→回填(回填内护筒和外护筒间的空隙,防止钻孔时内护筒位移及灌注时有混凝土进入空隙)→钻孔及灌注施工(内外护筒安装完成后,采用常规方式进行钻孔灌注桩施工)→内护筒拔出(钻孔灌注桩混凝土浇筑完成后,在初凝前拔出内护筒)→外护筒拔出(当灌注桩混凝土强度达到设计强度的75% ~80%时，拔出外护筒，完成大直径钻孔灌注桩施工)，施工工艺流程见图1。

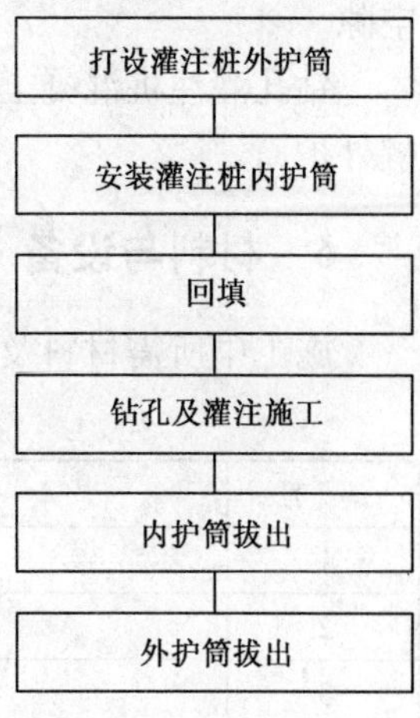

图1　施工工艺流程图

5.2　操作要点

(1)外护筒的制作及打设就位

根据桩基尺寸及地质条件，设计制作圆筒状钢质外护筒。

外护筒应选用热轧卷板卷制而成，所选用的热轧卷板厚度不宜小于10mm，若桩基直径超过2m，护筒长度超过20m，应酌情增加卷板厚度。

外护筒直径应遵照《公路桥涵施工技术规范》(JTG/T F50—2011)有关要求进行设计。外护筒设计长度应满足，护筒打设完成后，护筒底穿过软弱流塑状土层，并深入下部土层1 ~2m的要求。

将制作完成的外护筒利用振动设备，打设就位。

(2)制作、安装内护筒

钢质内护筒应选用热轧卷板卷制而成，所选用的热轧卷板厚度不宜小于10mm，若桩基直径超过2m，应酌情增加卷板厚度。

内护筒长度视外护筒顶与原状地面高差而定，内护筒顶端高出外护筒顶端0.1 ~0.3m，底端深入原地面0.1 ~0.3m。在内护筒外侧距顶端0.1 ~0.3m处焊接限位板，用于搭设在外护筒上。在内护筒底端0.6m范围内，设置两层喇叭口。内护筒结构见图2，大直径钻孔灌注桩双护筒施工方法见图3。

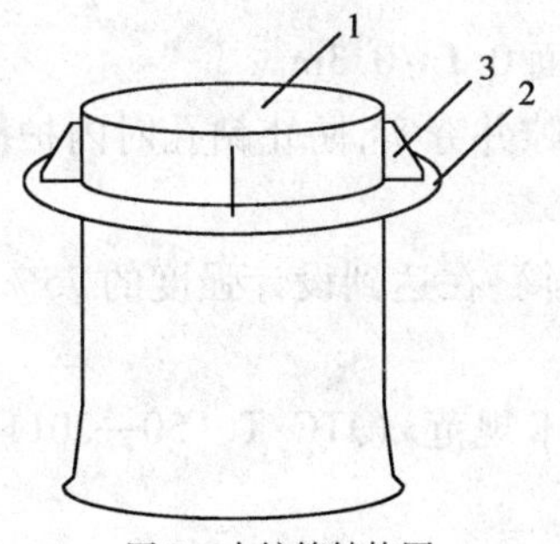

图2　内护筒结构图
1-内护筒；2-内护筒限位板；3-内护筒加劲肋

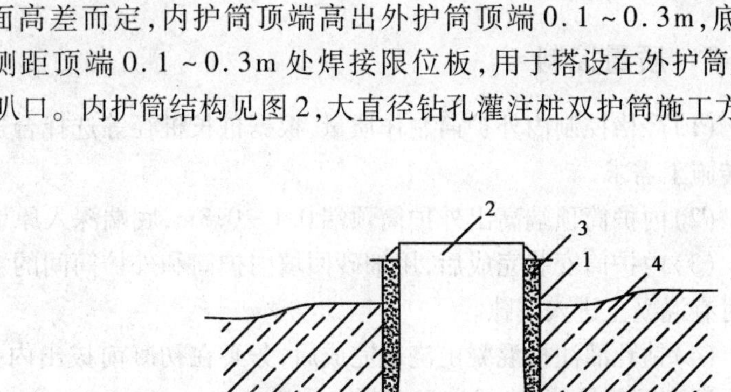

图3　大直径钻孔灌注桩双护筒施工方法示意图
1-外护筒；2-内护筒；3-内外护筒间填充细沙；4-原状地面

(3)回填

用细砂回填内护筒和外护筒间的空隙，防止钻孔时内护筒位移及灌注时有混凝土进入空隙。

(4)钻孔及灌注施工

内外护筒安装完成后，采用常规方式进行钻孔灌注桩施工。

(5)内护筒拔出

钻孔灌注桩混凝土浇筑完成后，在初凝前拔出内护筒。

(6)外护筒拔出

灌注桩混凝土强度达到设计强度的75% ~80%时，拔出外护筒，完成大直径钻孔灌注桩施工。该工艺保证了桩头灌注混凝土与外护筒不直接接触，在不扰动桩身的情况下，使拔出外护筒成为了可能。

(7)注意事项

制作内护筒，其主体部分外径小于配套使用的外护筒内径0.4 ~0.8m。

制作内护筒，在其底部0.6 ~1.0m范围处，设置两层喇叭口。

制作内护筒时，在护筒外侧，距筒顶向下0.1 ~0.3m处焊接用于搭设在外护筒上的限位板。

内护筒顶端高出外护筒顶端0.1 ~0.3m，底端深入原地面0.1 ~0.3m。

内护筒安装完成后，回填内护筒和外护筒间的空隙，防止钻孔时内护筒位移及灌注时有混凝土进入空隙。

钻孔灌注桩混凝土浇筑完成后,在初凝前拔出内护筒,在达到设计强度的75%~80%时,拔出灌注桩外护筒。

6 材料与设备

施工中所需材料及设备应进行统一调度管理,定期检修维护,主要材料设备见表1。

主要材料设备表 表1

编号	名称	单位	数量	用途
1	热轧卷板		根据桩基数量确定	内外护筒制作
2	电焊机	台	同上	内外护筒制作
3	振动打桩设备	台	同上	外护筒下沉
4	吊车	台	同上	钻孔作业配合及内护筒安装等
5	细砂		同上	内外护筒间空隙回填
6	钻孔灌注桩所需的其他常规材料及设备			

7 质量控制

(1)严格控制内外护筒制作质量,根据桩长桩径等选择合适厚度的板材,确保护筒强度及刚度满足周转施工需求。

(2)内护筒顶端高出外护筒顶端0.1~0.3m,底端深入原地面0.1~0.3m。

(3)内护筒安装完成后,用细砂回填内护筒和外护筒间的空隙并夯实,防止钻孔时内护筒位移及灌注时有混凝土进入空隙。

(4)钻孔灌注桩混凝土浇筑完成后,务必在初凝前拔出内护筒,在达到设计强度的75%~80%时,拔出灌注桩外护筒,确保桩身混凝土质量。

(5)钻孔灌注桩基础施工中,应严格按照《公路桥涵施工技术规范》(JTG/T F50—2011)的有关规定控制施工质量。

8 安全措施

(1)打设外护筒及安装内护筒时,应设置明显的警示标志,严格执行《建筑施工起重吊装安全技术规范》(JGJ 276—2012)的有关规定,防止高空坠物伤害。

(2)护筒存放应设专门场地,并摆放整齐牢靠,防止倾倒滚动。

9 环保措施

(1)外护筒拔出后,剔除桩头前,应将回填细砂收集并供下一桩基施工周转使用,不得随意丢弃。

(2)工程结束后,应将废弃内外护筒等周转材料及时清运离场,避免造成环境污染。

10 资源节约

本工法采用的双护筒施工技术,使长护筒由一次性投入的措施材料变为可周转使用的材料,大幅降低了类似基础施工的措施用钢量,节约了资源及资金。

11 效益分析

本工法采用的全新的技术方案,大幅降低了在呈流塑状高压缩性的淤泥质土层上进行大直径钻孔灌注桩施工的措施材料用量。与现有技术相比,节约了大量施工成本。

随着沿海地区开发开放的深入,类似工程日益增多,工法技术有效解决了淤泥质土层上灌注桩施工难题,具有工艺简单,施工方便,安全可靠,质量稳定,适用范围广的特点,可解决同类工程难题,具有较高的社会价值。

12 应用实例

12.1 工程实例一

沿海及江河地区,呈流塑状高压缩性的淤泥质土层上的灌注桩基础,大多需使用长护筒进行施工,由于地质条件差,大多数护筒埋置深度较大,材料用量巨大。

天津集疏港三线立交工程应用本工法在海滩地上施工的桩基有1 000多根,护筒埋置深度在12~26m之间,用钢量巨大,其费用已在桩基施工措施费用中占据较大比例。

在施工初期,天津集疏港三线立交工程进行了长护筒法施工成桩后护筒拔出试验。

打设一根桩径1.8m、桩长20m的试验桩。试验桩使用了一根长为14m的钢质护筒,护筒埋置深度12m。在试验桩浇筑完成后,桩基混凝土初凝前,利用振锤缓慢平衡拔出钢护筒。护筒拔出较为顺利,拔出的护筒完好,可周转使用,但桩基质量出现较大问题,主要体现在:扰动桩身混凝土及钢筋笼偏位、桩头下沉严重等。

通过分析,扰动桩身混凝土及钢筋笼偏位主要是由于混凝土尚未达到初凝,承流动状态的混凝土较容易受到拔出护筒的外力扰动。桩头下沉主要是由于,护筒直径大于桩径,在护筒内壁和桩身混凝土间的淤泥及护壁泥浆层,在利用振锤拔出护筒时,随钢护筒被拔出,随后承流动状态的混凝土下沉,填满了拔出后留下的空隙,造成桩头下沉1.5m。

通过反复试验,护筒拔出的时机应选在混凝土强度达到设计要求的75%~80%时,从而保证不扰动桩身混凝土且不产生桩头下沉。但当桩基强度达到设计强度的75%~80%时,地面以上超灌部分的混凝土就会对钢护筒产生巨大的摩阻力,使护筒无法拔出。

为解决上述问题,通过试制试验,形成了大直径钻孔灌注桩双护筒施工方法,在保证质量稳定和施工安全可靠的前提下,成功拔出外护筒,从而降低建设成本,工法的应用取得了良好的经济效益和社会效益。

12.2 工程实例二

国道112线高速公路天津东段第七合同段工程,为互通式立交桥,现场地处宁河县与汉沽区交界处,地势低洼潮湿,属于退海地,其中,主线2号桥灌注桩位于水中,且淤泥较深。

由于现场地质条件差,灌注桩基础施工难度大。为解决施工难题,降低工程措施费,工程中应用了本工法双护筒施工技术,使水中钻孔灌注桩施工质量得到很好的控制,并对钻孔灌注桩钢护筒进行了回收利用。达到了提高工程质量、节约施工成本、提高施工效率的目的,获得了良好的经济和社会效益。

12.3 工程实例三

天津滨海新区西中环快速永定新河特大桥工程,项目地处天津滨海新区,现场属具有代表性的海相淤泥滩地,大部分桥位需在受潮汐影响的呈流塑状高压缩性的淤泥质土层上进行施工。由于现场地质条件差,灌注桩基础施工难度大。为确保施工顺利进行,工程中应用了本工法双护筒施工技术,确保了灌注桩施工的质量和效益。

基于"活动"钢护筒冲击钻孔桩施工工法

GGG(浙)C1057—2013

申屠德进　叶水标　郑竞友　蔡小明　曾先才
(浙江金筑交通建设有限公司　宁波交通工程建设集团有限公司)

1　前言

高速公路水库区域内的桥梁桩基往往采用先搭设或填筑钻机工作平台,再埋设护筒成孔灌注混凝土方法进行施工。施工过程中,所采用的钢护筒往往为整体封闭式,它的主要作用是为尚未成型的桩基混凝土提供保护,但当桩基混凝土终凝后,混凝土和钢护筒内壁之间的摩擦力增大,较难拔出,从而增加了钢护筒的回收难度,往往造成浪费。为解决这一技术难题,浙江金筑交通建设有限公司和宁波交通工程建设集团有限公司联合研发了基于"活动"钢护筒冲击钻孔桩施工技术,并应用于杭新景高速公路田铺特大桥和渊底枢纽桩基实际施工中,取得了良好效果,现总结编制成工法。工法核心关键技术经浙江省交通运输厅组织的专家委员会鉴定,在中国公路行业属领先水平。工法涉及的成果,已申报国家实用新型和发明专利各一项,分别为《一种活动钢护筒》(专利号:201320313832.X)和《一种活动钢护筒及采用此钢护筒进行灌注桩施工方法》(专利号:201310215575.0)。为提升工法的质量管理水平,积极开展QC攻关活动,取得的成果《活动钢护筒钻孔灌注桩施工新法》,分别荣获了"2013年浙江省工程建设优秀质量管理小组""二O一三年度浙江省优秀质量管理小组成果发布会一等奖"等奖项。

2　工法特点

(1)可提高工程质量。由于采用了"活动"钢护筒冲击钻孔灌注桩施工技术,在混凝土浇筑成型终凝后拔出钢护筒,更好地确保了钢护筒位置内的周边混凝土完整。

(2)操作简便、拆除时间易掌握。拔出钢护筒可在混凝土终凝(达到2.5MPa后)后任何时候进行。拔出时,直接利用卷扬机提升钢丝绳逐个拔出销子,再分别拔出后、前两个半圆形钢护筒。

(3)可降低施工成本。由于工法应用了比桩基直径略大10cm的钢护筒成桩技术,节省了钢护筒位置的桩基混凝土、运输、拌和设备等带来的费用。

3　适用范围

本工法适用于公路桥梁钢护筒埋深小于6m的钻孔灌注桩施工。

4　工艺原理

用钢板和角钢加工制作成比桩基直径大约10cm的两个半圆形钢护筒,两个半圆形钢护筒之间用两排螺栓与销子连接形成整体圆形钢护筒,见图1;每排由数组螺栓和销子组成,见图2;每组由两个螺栓和一个销子组成,见图3;然后将一根钢丝绳逐个穿入销子并用卸扣逐个扣紧后组成一组,见图4;销子与销子间连接的钢丝绳长度应大于两组

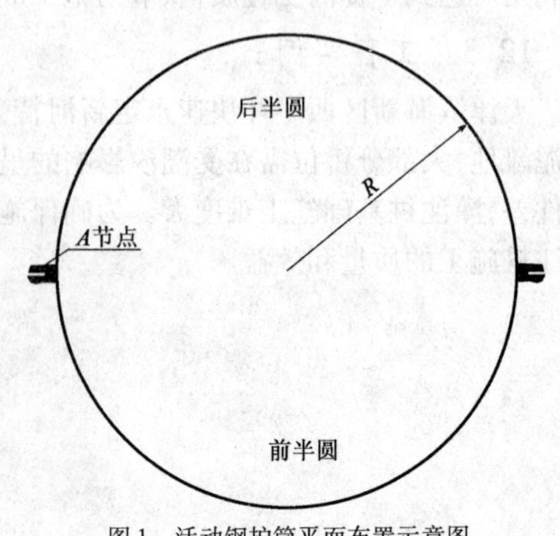

图1　活动钢护筒平面布置示意图

销子之间间距 10cm 以上，并将钢丝绳延伸到护筒顶面，再将钢护筒埋设于桩基位置，在桩基混凝土浇筑成型终凝（达到 2.5MPa）后的任何时间，用卷扬机或机械械提升钢丝绳逐个拔掉销子，再分别拔出后、前两个半圆形钢护筒，确保了钢护筒位置内的桩基混凝土完整无缺。

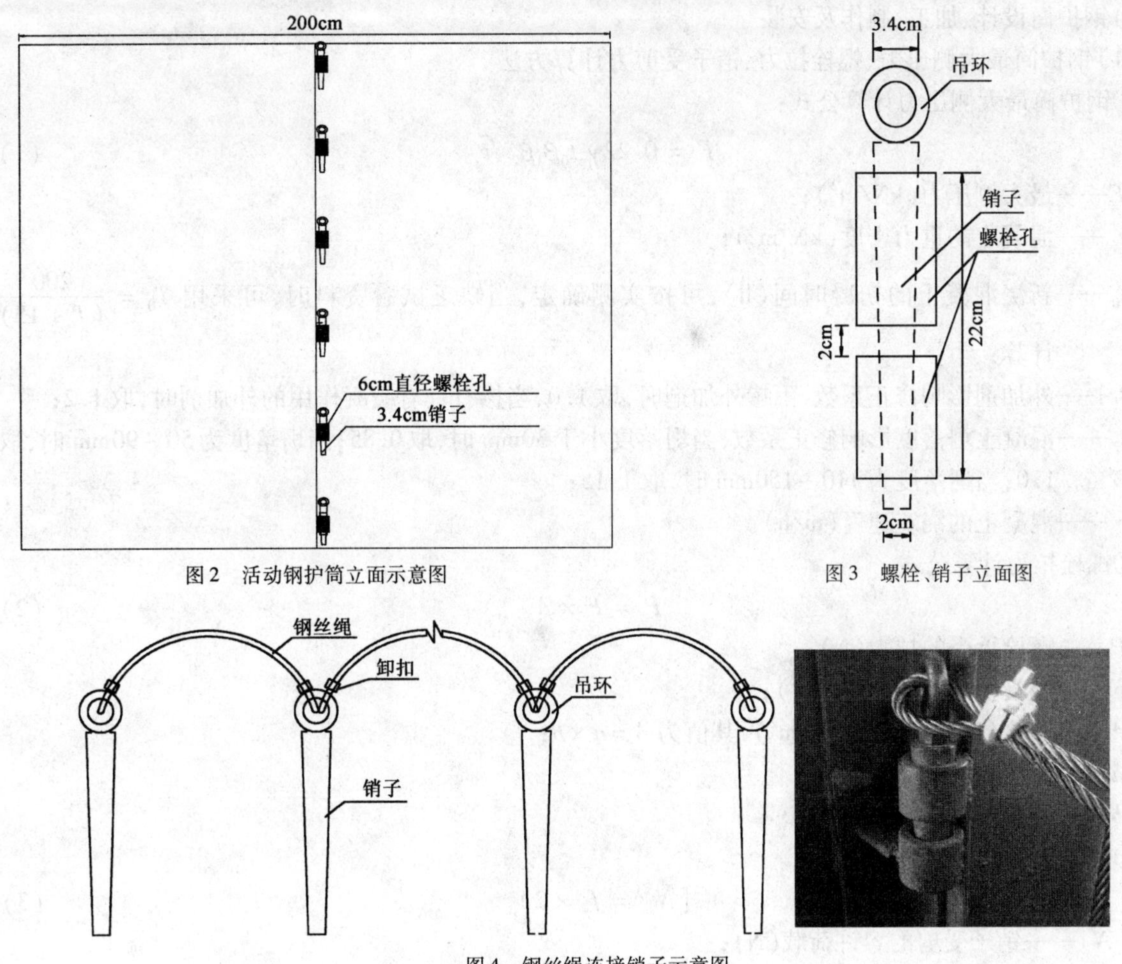

图 2　活动钢护筒立面示意图

图 3　螺栓、销子立面图

图 4　钢丝绳连接销子示意图

5　施工工艺流程及操作要点

5.1　施工工艺流程

施工工艺流程见图 5。

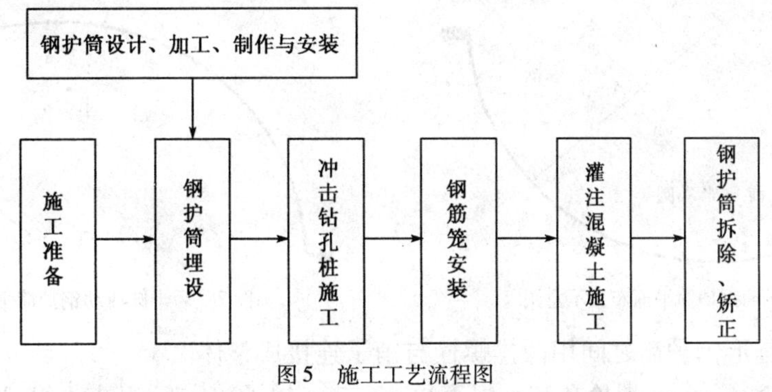

图 5　施工工艺流程图

5.2　操作要点

1）施工准备

（1）根据桩基位置的平面尺寸、钻机基底座的平面尺寸、钻机移位等要求进行填筑桩基施工工作平台,采用较好的填筑料填筑,压实度满足钻机施工要求。

(2)利用极坐标法放出桩位中心桩,且在中心桩附近适当位置的纵、横方向上各设置两个保护桩。

(3)钻机到位,按要求进行组装,并检查各项指标,符合要求后方可开钻。

2)钢护筒设计、加工、制作及安装

(1)钢护筒最大侧压力、螺栓拉力、销子受剪力计算方法

①钢护筒最大侧压力计算公式:

$$F = 0.22\gamma_e t_0 \beta_1 \beta_2 \sqrt{v} \tag{1}$$

式中:F——最大侧压力(kN/m^2);

γ_e——混凝土的重力密度(kN/m^3);

t_0——新浇混凝土的初凝时间(h),可按实测确定,当缺乏试验资料时,可采用 $T_0 = \frac{200}{(T+15)}$ 计算;

β_1——外加剂影响修正系数,不掺外加剂时,取1.0,当掺有具有缓凝作用的外加剂时,取1.2;

β_2——混凝土坍落度影响修正系数,当坍落度小于30mm时,取0.85;当坍落度为50~90mm时,取1.0;当坍落度为110~150mm时,取1.15;

v——混凝土的浇筑速度(m/h)。

②螺栓拉力计算公式:

$$P = F \times A \tag{2}$$

式中:P——螺栓承受的拉力(N);

F——混凝土的侧压力(N/m^2);

A——螺栓分担的受荷面积(m^2),其值为 $A = a \times b$;

a——螺栓的横向间距(m);

b——螺栓的纵向间距(m)。

③销子受剪力计算公式:

$$[N] = f_v \times 2A_c \tag{3}$$

式中:$[N]$——销子受剪的容许荷载(N);

f_v——钢材抗剪强度设计值,取 125×10^6MPa;

A_c——销子截面面积(mm^2)。

(2)钢护筒设计

①经过计算,直径为 ϕ2m、高为3m的活动钢护筒,需用1.2cm厚的钢板和L10角钢制作成直径 ϕ2m的前、后两个半圆形钢护筒,见图6和图7。

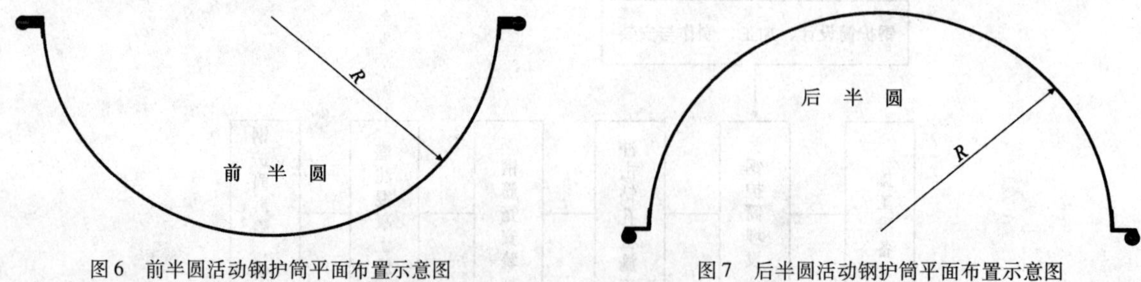

图6 前半圆活动钢护筒平面布置示意图

图7 后半圆活动钢护筒平面布置示意图

②前、后两个半圆形钢护筒之间用两排螺栓与销子连接成整体。

③每排由12只直径 ϕ6cm螺栓孔和6根直径 ϕ3.4cm销子(插销)组成一组,见图8,每组由两个螺栓和一个销子组成。

④再将一根钢丝绳逐个穿入销子并用卸扣扣紧后组成一组,销子与销子间连接的钢丝绳长度必须大于两组销子之间间距10cm以上。

(3)钢护筒加工与制作

①对进场的钢板、角钢等原材料进行验收,合格后使用,严禁使用不合格产品。

②根据钢护筒的设计图纸及钢材下料计算公式计算后精确下料。

③将后半圆 ϕ6cm 的螺栓内孔直径加工成:顶部为 ϕ3.4cm,底部为 ϕ2.8cm;将前半圆 ϕ6cm 的螺栓内孔直径加工成:顶部为 ϕ2.8cm,底部为 ϕ2.1cm。螺栓内孔见图 9。

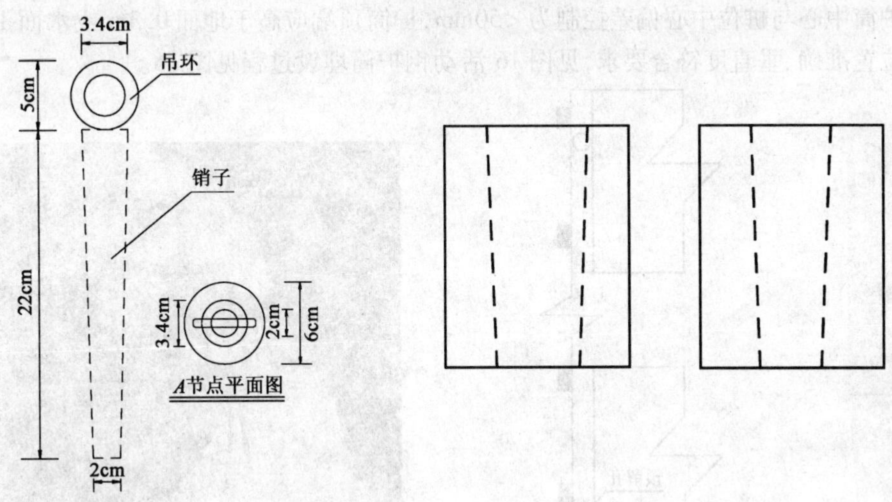

图 8 A 节点平面图和吊环立面图

图 9 螺栓内孔示意图

④将长 3.14m、宽 3m、厚 1.2cm 的钢板折成直径为 ϕ2m 的半圆形,将 4 根长 3m 的∟10 角钢分别焊接于前、后两个半圆形的两侧边。在后半圆角钢上,将第一个和最后一个螺栓焊接于距护筒顶面 20cm、底面 30cm 的角钢外侧边,中间段等间距 50cm 将螺栓焊接于角钢外侧边,在前半圆角钢上,将第一个和最后一个螺栓焊接于距护筒顶面 30cm、底面 20cm 的角钢内侧边,中间段等间距 50cm 将螺栓焊接于角钢内侧边,A 节点后、前半圆连接见图 10。

⑤将销子加工成一端直径 ϕ3.4cm,另一端直径 ϕ2cm,长为 24cm,在大直径顶面焊接直径 ϕ5cm 的吊环,并穿入 ϕ1.2cm 钢丝绳且用卸扣旋紧固定,销子实物见图 11。

图 10 A 节点后、前半圆连接图

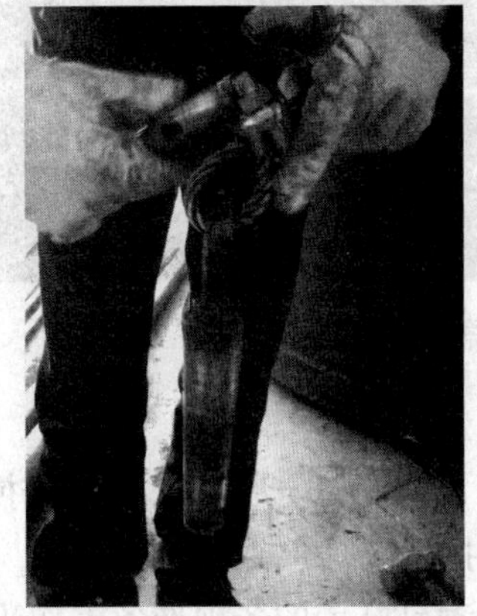

图 11 销子实物图

⑥采用 502 电焊条施焊,焊缝饱满并符合设计与规范要求。

(4)钢护筒安装

①对现场技术人员和施工操作人员进行详细技术交底。

②加工制作一端头大而另一端头小的专用工具(圆钢钎),圆钢钎示意见图 12。

③用 5mm 厚双面胶粘贴于前、后两个半圆钢护筒角钢每边连接口处,再应用专制的安装工具,将两个半圆形钢护筒的护筒顶部和底部预留孔位置临时连接锁定,然后再插入所有连接螺栓销子,并打压紧

固,预留孔侧面示意见图13,活动钢护筒安装过程见图14,活动钢护筒正面示意见图15,并将钢丝绳延伸至护筒顶面。

3)钢护筒埋设

现场测量放样并放好开挖灰线,开挖比护筒直径大约0.3m的圆形基坑,根据桩基中心位置将钢护筒吊装到位,并进行复测,以确保护筒中心与桩位中心相一致,然后在护筒四周边进行分层黏土(黄泥)压实。护筒中心与桩位中心偏差控制为<50mm,护筒顶端应高于地面0.3m或水面1.0m以上,埋设的钢护筒位置准确、垂直度符合要求,见图16活动钢护筒埋设过程见图16。

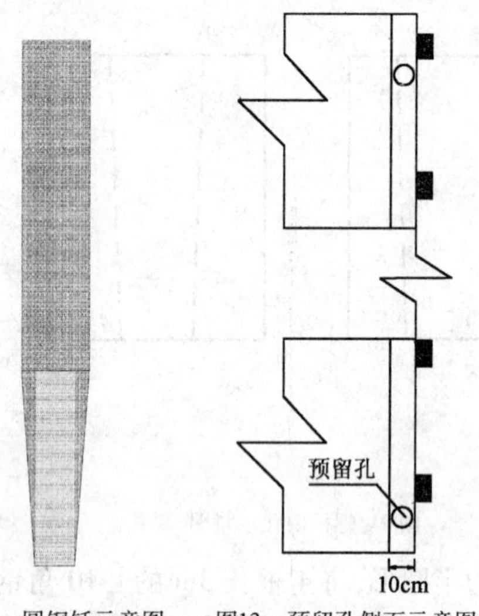

图12 圆钢钎示意图 图13 预留孔侧面示意图

图14 活动钢护筒安装过程图

图15 活动钢护筒正面示意图

图16 活动钢护筒埋设过程图

4)冲击钻孔桩施工

(1)钻孔前,进行泥浆制备。制浆采用钻锥搅拌法,将黏土直接投入钻孔内,利用钻锤冲击制造泥浆。制造的泥浆性能指标应符合要求。

(2)钻机就位前,对钻孔前的各项准备工作进行检查,包括机具设备的检查和维修。

(3)开钻时,根据不同土层采用不同冲程冲击成孔施工(在黏土层中用小冲程、在砂砾层中用中冲程、在岩石层中用大冲程),在护筒底部1m范围内宜慢速冲进。每钻进约1m,采用泵吸反循环清渣,直到终孔。

(4)钻孔完之后,对孔径孔深进行检查,合格之后进行清孔。

5)钢筋笼安装

(1)清孔完毕,经测孔深、孔径和竖直度检查符合要求后,安放钢筋笼。

(2)钢筋笼集中分节预制,标准节每节长度9m。主筋采用机械套筒连接,设专人负责,确保钢筋骨架的几何尺寸和绑扎质量。

(3)为保证在吊装过程中不变形,钢筋笼内用十字支撑加固。钢筋笼用吊机吊入孔内,在孔口连接接长,并保持上下节在一条轴线上。钢筋笼下放到设计高程后,再次复核桩位中心后,用定位钢筋将钢筋笼与护筒焊接定位,保证桩壁混凝土保护层的厚度及钢筋笼高程符合设计要求。并用钢筋将其与护筒或平台连接牢固,防止钢筋笼浮笼,然后进行导管安装。

6)灌注混凝土施工

(1)在混凝土灌注前进行二次清孔,当沉淀厚度满足要求后,立即进行首灌,首灌混凝土量应满足施工要求。

(2)灌注水下混凝土采用直升导管法,隔水采用拔球法。导管在使用前要对其规格、质量和拼接构造进行闭水和承压试验。

(3)混凝土浇灌要连续,在灌注过程中,经常用测绳探测桩孔内的混凝土面位置,及时地调整导管埋置深度,导管埋置深度控制在2~6m之间,并作好现场灌注记录。直到灌注的混凝土顶面至少高出设计桩顶高程50cm,接桩前进行凿桩处理。

7)钢护筒拆除、绞正矫正

(1)钢护筒拆除顺序:提升钢丝绳拉拨销子→拔出后半圆钢护筒→拔出前半圆钢护筒。

(2)向有关人员进行拆除顺序、要求及应注意事项等作详细交底。

(3)应用挖机吊勾直接钩住钢丝绳(千斤束头),向上提拔(必要时,采用上、下拉拔的方法),并逐个拉出销子,然后先拔出后半圆钢护筒,再拔出前半圆钢护筒,拔销子及钢护筒过程见图17。拆除后的钢护筒应清理干净,堆放整齐,若有变形则进行矫正。

图17 拔销子及钢护筒过程图

5.3 劳动力组织

劳动力组织见表1。

劳动力组织表 表1

序号	工种	人数(人)	责任范围
1	技术负责人	1	负责设计图纸、施工技术、质量等
2	质检员	1	负责质量控制、检查、施工记录、数据整理等
3	测量员	2	负责现场测量工作
4	安全员	1	负责现场安全管理
5	操作工	3	负责现场钢护筒安装、拆除工作
6	电焊工	1	负责现场电焊工作
7	驾驶员	1	负责现场护筒埋设、拉拔、吊装等工作
8	电工	1	负责现场电工工作
9	钻机工	9	负责钻孔灌注桩工作

6 材料与设备

6.1 主要工程材料

主要工程材料见表2。

主 要 工 程 材 料 表2

序 号	材料名称	规 格	序 号	材料名称	规 格
1	Q235 钢板	δ12mm	6	碎石	4.75 ~ 31.5mm
2	角钢	∟100mm×100mm×5mm	7	钢筋	ϕ8mm、ϕ12mm、ϕ25mm、ϕ28mm
3	螺栓	ϕ60(内径:34 ~ 28mm、28 ~ 21mm)	8	钢丝绳	ϕ12mm
4	水泥	P·O 42.5	9	吊环	ϕ50mm
5	黄砂	中砂	10	销子	ϕ34(34 ~ 20mm)

6.2 工程机械设备

主要工程机械设备见表3。

主要工程机械设备表 表3

设备名称	型 号	数 量	设备名称	型 号	数 量
钻机	GM50	1台	挖机	PC200	1台
水准仪	DS2	1台	全站仪	TC402	1台
电焊机	BX500	2台	折板机	W11-16×2200	1套
装载机	Z150E	1辆	切断机	J3GC-400	1台
钻机	PGZ50	4台	螺纹套丝机	40型	2台
弯曲机	GZ22	2台	切断机	J3GC-400	2台

7 质量控制

7.1 应执行的标准规范

(1)《公路桥涵施工技术规范》(JTG/T F50—2011)。

(2)《公路工程质量检验评定标准》(JTG F80/1—2004)。

7.2 质量控制措施

(1)钢材应有出厂合格证及质量保证资料,应符合国家有关标准规定,且按要求进行检验,合格后方可使用。

(2)钢护筒按照钢结构要求进行下料制作,焊缝饱满并符合要求。

(3)钻机工作平台填筑应密实,其强度、平整度应符合要求。

(4)护筒埋设的轴线、中心位置、垂直度、高程等控制在设计规范要求内。

(5)制备泥浆应选择水化快,造浆能力强、黏度大、含砂率低的黏土或膨润土。

(6)在钻孔施工过程中,跟踪监测、控制孔内水头差和泥浆性能指标,确保钻孔内水头差和泥浆性能指标符合要求。

(7)严格按设计图纸加工制作钢筋笼,其规格、尺寸、焊接质量、直螺纹套丝质量应控制在施工技术规范要求范围内。

(8)在桩基灌注混凝土过程中,应控制混凝土首灌量、导管埋置深度,混凝土灌注应连续并作好现场灌注记录。待混凝土强度达到2.5MPa后拆除钢护筒,以确保桩顶质量。

8 安全措施

(1)用书面进行全面的、有针对性的进行安全技术交底,并履行签字手续,且配备必要的劳动保护用品;特种作业人员必须持证上岗,无证人员禁止上岗;电焊工焊接时必须戴防护眼罩;电工作业必时必须穿绝缘鞋。

(2)本工法需安、拆、拔钢护筒,特别要注重吊装作业安全,严格按吊装作业操作规程实施。

(3)在钻孔作业中,严格按钻机操作规程进行钻机作业并经常检查设备运行情况,防止钻机作业过程安全事故的发生。

(4)建立可靠的安全设施,施工便道、电路、泥浆池等严格按标准化建设施工要求实施。

(5)在下放钢筋笼时,应统一指挥,严禁在其下方站人或施工作业。

(6)在钻孔桩孔口接长钢筋笼施工时,应做好孔口防滑措施。

9 环保措施

(1)钻孔的泥浆和污水排放至沉淀池沉淀后,再搬运至弃渣场堆放,严禁排入河道中,确保河道水资源不受污染。

(2)钻孔工作平台填筑采用四周草袋围堰中心填筑法施工,并保证不影响泄洪能力;禁止向河道内弃土弃渣。

(3)对施工临时钻用和损坏的河岸防护堤、排灌系统、道路等,在项目施工结束后均予以恢复。

(4)严格控制机械噪声和优选使用施工机械的时间。

(5)减少了混凝土运输灌车的 CO_2 的排放量。

(6)施工便道应采取洒水降尘措施,防止粉尘污染周围环境。

10 资源节约

(1)活动钢护筒冲击钻孔施工方法施工的桩基,减少了约 300m^3 混凝土;节约了水泥、黄砂、碎石等原材料。

(2)增加了钢护筒周转次数,节省了钢材(钢护筒)费用。

(3)节约了混凝土运输费和电费。

(4)节约了拌和楼、灌车等机械设备损耗费。

11 效益分析

11.1 经济效益

本工法与传统钻孔桩施工相比,减少了钢护筒位置桩基混凝土浪费,经济效益显著。以杭新景高速公路第 16 标段田铺特大桥、渊底枢纽互通为例,水库区域内桩基施工,可节约施工成本 23.2 万元,节约成本分析见表 4。

节约成本分析表 表 4

项 目	数 量	“活动”护筒(万元)	钢护筒(万元)	增减费用(万元)	备 注
混凝土	784m	88.9	108.6	-24.3	392 根桩,护筒内桩基平均 2m/根,混凝土单价 400 元/m^3
机械费	784m	11.1	13.6	-9.0	机械租赁费 50 元/m^3
人工费	784m	4.4	5.4	-29.2	人工费 20 元/m^3
合 计		104.4	127.6	-23.2	“活动”护筒直径比传统钢护筒小 20cm

11.2 质量与社会效益

本工法解决了钢护筒位置的桩基四周边混凝土坍塌、下滑而不完整、直径满足不了设计要求,且必须在桩基混凝土初凝前拔出钢护筒的问题,提高了桩基完整度,延长了桥梁使用寿命,有较好的质量、社会效益。

12 应用实例

12.1 工程实例一

杭新景高速公路第16标段田铺特大桥,工程造价为8 000万元,由宁波交通工程建设集团有限公司承建。田铺特大桥桥梁设计类型为分离式,荷载等级:公路—Ⅰ级;下部结构采用钻孔灌注桩、柱式墩、薄壁空心墩、系梁(承台)、U形台及扩大基础,各种不同型号的桩基共计222根,采用冲击钻孔桩施工的桩基共计176根,于2012年5月30日开工,2013年5月30日完工。田铺特大桥的桩基应用"活动"钢护筒冲击钻孔桩施工方法,成功解决了钢护筒位置的桩基四周边混凝土坍塌、下滑而直径满足不了设计要求,且必须在桩基混凝土初凝前拔出钢护筒的问题,具有提高桩基完整度、操作方便、安全可靠、环保节能等优点,具有良好的质量、经济和社会效益。

12.2 工程实例二

杭新景高速公路第16标段渊底枢纽互通,工程造价为18 000万元,由宁波交通工程建设集团有限公司承建。渊底枢纽设计类型为混合式十字枢纽,荷载等级:公路—Ⅰ级;下部结构采用钻孔灌注桩、柱式墩、薄壁空心墩、系梁(承台)、U形台及扩大基础,各种不同型号的桩基共计339根,采用冲击钻孔桩施工的桩基共计216根,于2012年4月30日开工,2013年5月25日完工。渊底枢纽的桩基应用"活动"钢护筒冲击钻孔桩施工方法,成功解决了钢护筒位置的桩基四周边混凝土坍塌、下滑,直径满足不了设计要求,且必须在桩基混凝土初凝前拔出钢护筒的问题,具有提高桩基完整度、操作方便、安全可靠、环保节能等优点,具有良好的质量、经济和社会效益。

深水砂卵石层河床双层轴销式钢护筒钻孔灌注桩成孔施工工法

GGG(浙)C1058—2013

陈林涛　施全华　陈冠汴　张良永　孙　洋

(宏远建设有限公司)

1　前言

在浙江省嵊州市曹娥江三界大桥工程项目中,有5个桥墩共10根ϕ220cm钻孔灌注桩位于曹娥江水中,水深8~18m,河床底有厚2~3mϕ3~20cm中小粒径的砂卵石层,砂卵石层之下是中风化凝灰岩。如果直接在透水的砂卵石层埋设普通的单层钢护筒,则在该水文及地质状况下,将给钻孔灌注桩成孔和水下混凝土灌注带来一系列问题:

(1)容易在钢护筒底部造成成孔时的泥浆和灌注混凝土时的水泥砂浆窜孔,导致桩身混凝土质量缺陷。

(2)需要潜水割除单层钢护筒埋在河床以下的部分,浪费了钢护筒材料且增加了耗费。

(3)本工程所在的曹娥江水很清澈,露在河床以上的(高桩系梁)水中桩部分,其混凝土外观质量要求与墩柱的基本一致,普通单层钢护筒的形状和直径难以满足该要求,而且浪费了混凝土(钢护筒一般比设计桩径大20cm)。

本工程在采取了内外双层轴销式钢护筒实施钻孔灌注桩的成孔和灌注混凝土之后,较为顺利地解决了本工程钻孔灌注桩所面临的容易出现成孔泥浆和灌注混凝土水泥砂浆穿孔,以及要确保河床以上水中桩混凝土外观等难题。

2　工法特点

(1)在河床薄层砂卵石层采用浅埋内外双层钢护筒、在内外护筒之间用麻袋堵塞,使护筒底部密闭不漏浆,能够确保桩身混凝土质量;另外,在护筒内适当降低泥浆高度,使护筒底部的护筒内泥浆和护筒外水压基本平衡,更加保证了钢护筒底部不窜孔漏浆。

(2)用双层钻孔灌注桩钢护筒,将内护筒直径做得跟混凝土墩柱模板一样标准,确保了河床以上外露的桩基混凝土外观能够与墩柱的基本一致,而且没有浪费混凝土方量(常规的单层钢护筒比设计桩径大20cm)。

(3)可以很方便地回收全部的内、外层钢护筒,以重复利用。把常规用水平向法兰螺栓连接的左右两半钢护筒,改为竖向抽拔式圆钢轴销连接,可以很方便地先整体抽拔外护筒,等桩基混凝土具有一定强度之后再抽拔内护筒的轴销,再分两半分别提升抽拔内护筒。不需要人潜到水下拆除钢护筒和割除埋置在河床以下部分的钢护筒。

3　适用范围

本工法适用于水下河床透水性大的砂卵石层层厚较薄、砂卵石直径较小(可以振动下沉钢护筒),易造成钢护筒底部泥浆窜孔渗漏,且对桩径及混凝土外观要求比较严格的水下钻孔灌注桩施工。

4 工艺原理

(1)在成孔期间,测定好泥浆比重,根据$\gamma_{泥浆} h_{泥浆} = \gamma_{水} h_{水深}$公式计算,确定护筒内泥浆面高程与护筒外河水面之间的高差,可以保证在护筒底部位置的护筒内泥浆和护筒外河水的压力相等,使外护筒底位置的泥浆不会内外窜孔。

(2)在内护筒底外侧固定绑扎麻袋,麻袋遇水膨胀,可以将内护筒底和外护筒底之间的空隙堵死,使钻孔桩水下混凝土灌注时,在护筒底部位置不漏水泥浆。

(3)在外钢护筒内再加一个和设计桩径一样大的竖向轴销抽拔式内钢护筒,这样可以保证所灌注的桩径及混凝土外观完全符合要求,并且不需要进行水下切割,可以很方便地在水面栈桥上拆除回收内外钢护筒。

5 施工工艺流程及操作要点

5.1 施工工艺流程

施工工艺流程见图1,施工流程见图2。

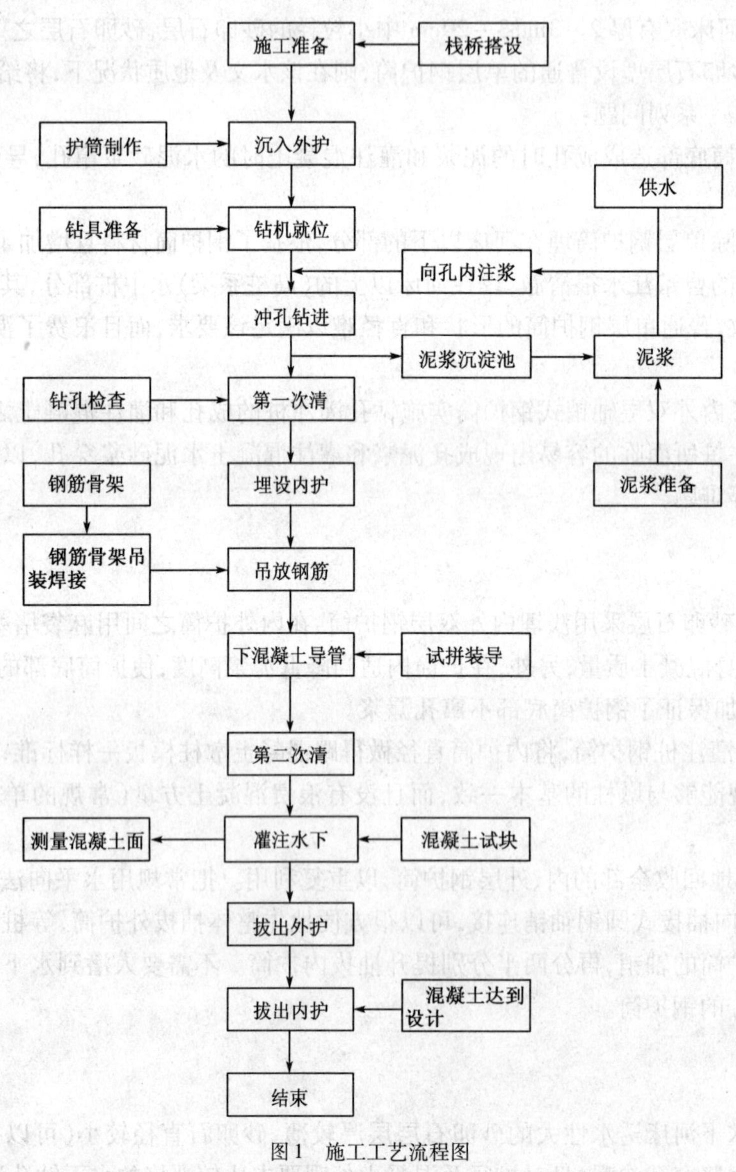

图1 施工工艺流程图

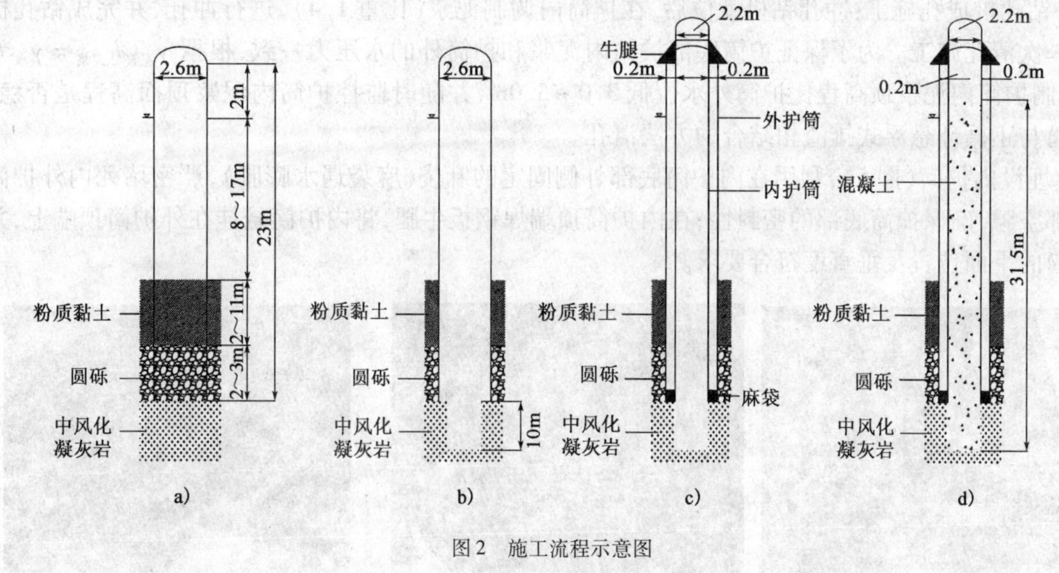

图2　施工流程示意图

5.2　操作步骤及施工要点

(1)内外钢护筒制作:内护筒直径与桥梁设计桩径一样大(等同桥梁墩柱的钢模板),外护筒比内护筒直径大40cm,护筒钢板厚12mm,内外护筒埋设到凝灰岩面层后,顶面高出河水常水位2.0m以上(内护筒比外护筒高一个牛腿高度);外护筒下口做刃脚;内护筒两个半边之间用ϕ32圆钢做竖向串通轴销连接,上下节护筒用普通法兰盘连接;把麻袋(挤压后弹性厚度20～22cm)用钢筋压条固定在内护筒的外侧底部。加工制作抽拔轴销式内钢护筒见图3。

图3　加工制作抽拔轴销式内钢护筒

(2)埋设外护筒:用DZ-60型振动锤将外护筒振动下沉(图4),护筒刃脚穿过粉质黏土和砂卵石层直至凝灰岩面层,不进入凝灰岩层,并利用水上栈桥平台固定外护筒的平面位置及垂直度。

图4　用振动锤振动沉入外护筒

(3)钻孔桩成孔施工:冲孔钻机就位后,在护筒内调制泥浆(比重1.4),进行冲孔,并完成钻孔桩成孔和第一次清孔施工。为了保证护筒底部护筒内泥浆和护筒外的水压力一致,根据$\gamma_{泥浆}h_{泥浆}=\gamma_{水}h_{水深}$计算,控制护筒内泥浆顶高程比护筒外水位低3.0~5.0m,并随时监控护筒内泥浆顶面高程是否稳定。用掏渣筒与正循环悬浮式排渣相结合的方法清孔。

(4)埋设内护筒(图5),利用在内护筒底部外侧固定的麻袋(麻袋遇水膨胀),严密堵死内外护筒之间的底部空隙,确保护筒底部的密封性;在内护筒顶端焊钢板牛腿,将内护筒悬挂在外护筒顶端上,并确保内护筒的平面位置及垂直度符合要求。

图5 内护筒埋设

(5)进行钻孔灌注桩常规的制作钢筋笼、吊装下放并焊接钢筋笼、下混凝土导管、第二次清孔(正循环悬浮式清孔)、灌注水下混凝土等作业工序,见图6。

图6 钻孔灌注桩的钢筋笼和灌注水下混凝土施工

(6)用吊车配振动锤整体起吊提升拆除外护筒。

(7)等灌注桩混凝土有一定强度后,在水面栈桥平台上用葫芦抽拔内护筒ϕ32mm圆钢轴销,再分别用吊车提起拆除两半边内护筒,见图7和图8。

图7 外护筒拆除

图8 内护筒拆除及拆除后桩基混凝土外观

6 材料与设备

除了钻孔灌注桩的钢护筒施工辅助材料有特殊性之外,本工法其余的施工耗材、辅材和施工设备与常规钻孔灌注桩的完全一样，钢护筒施工辅助材料见表1，主要施工机械设备见表2。

钢护筒施工辅助材料　　表1

辅材名称	规格型号	主要技术指标
内护筒	12mmQ235 钢板制作	护筒内直径与设计桩径相同，顶部有悬挂牛腿，左右半幅上下间距35cm设 ϕ33mm 轴销孔连接板
外护筒	12mmQ235 钢板制作	护筒内直径比内护筒大40cm，有刃脚
内护筒轴销	ϕ32mm 圆钢	轴销可以竖向顶紧和抽拔，使左右两半幅内护筒合龙时密闭、抽拔后分离拆除
麻袋		弹性厚度20～22cm，用钢筋条焊接固定在内护筒的外侧面，严密堵塞内外护筒之间的空隙

主要施工机械设备　　表2

编号	机械设备名称	规格型号	单位	数量	备注
1	冲击钻机	CZ－250	台	2	钻孔桩成孔、清孔用
2	吊车	汽吊50t	台	1	起重吊装
3	振动锤	DZ－60	台	1	下沉和抽拔护筒用
4	船舶	50t	艘	2	作为泥浆池
5	钢筋弯曲机	6－40	台	1	弯曲钢筋
6	钢筋切割机	6－40	台	1	切割钢筋
7	电焊机	40型	台	2	钢筋、护筒焊接
8	混凝土导管	ϕ300	延米	60	灌注水下混凝土
9	手动葫芦	10t	只	2	抽内护筒拔轴销用

7　质量控制

(1)建立现场施工质量保证体系并发挥其监督管理的实际作用。

(2)加强材料和钢护筒构配件的质量控制，严把原材质量、数量、品种、规格和加工制作质量的验收关。

(3)对所有施工过程严格按照施工方案和规范认真检查，未达标准要求必须返工，验收合格后才能进入下一道工序。

(4)在成孔过程，按照内外压力平衡的计算值，严格监督护筒内泥浆与河水面的高差，确保成孔过程的泥浆不窜孔。

(5)认真固定内护筒底部外侧的麻袋，保证麻袋的厚度，严密堵塞内外护筒之间的空隙，确保在灌注水下混凝土的过程中不漏浆。

(6)必须在混凝土到设计强度之后，拔除内护筒轴销；用吊车拆除内护筒时，要略微向外提升，以避免内护筒伤到桩基混凝土。

8　安全措施

(1)建立健全现场施工安全保障体系，并发挥其监督管理的实际作用。

(2)加强对现场作业人员的安全意识教育和技能培训，在每道新工序开工前，必须认真作安全技术交底。

(3)在施工过程必须跟踪监督，对重点难点工序和容易出现事故的地方，项目部领导必须在现场。平时重在对事故隐患进行排查，并强制整改。

(4)认真检查水上栈桥和水中施工平台处理的实际效果，在使用期间，对脱焊、结构变形较大或沉降较大等存在安全隐患的部位，要及时维修和加固，确保栈桥、平台等施工临时结构的安全。

(5)在现场作业点、电器、机械、孔洞等危险的地方设安全警示标志。在栈桥两侧和具体施工墩位设置夜间警示灯,防止船只通过时撞击施工设施。

(6)注意高空坠落、落物伤人、起重吊装、施工用电、溺水、临边防护等操作安全。在护筒、钻孔桩等孔洞上口必须设置防护栏杆或牢固的盖板。

9 环保措施

(1)合理布置泥浆循环系统,定期对泥浆池、沉淀池进行清理,避免发生污水漫流现象。

(2)对泥浆池的废水,在排放前进行沉淀过滤,沉淀后的淤泥废渣使用船只应运走,防止遗洒污染河道。

(3)施工污水、废水、废渣排放前必须得到相关部门批准、同意。

(4)机动船舶的舱底废水及废油料禁止排入河道。

10 资源节约

(1)内护筒直径和设计桩径是一样大,与常规方法(按护筒比设计桩径大20cm计算)相比,本工程节约了(实际是没有浪费)155m^3 混凝土材料。

(2)内护筒采用左右两个半边抽拔式轴销连接,可以避免水下切割,便于无损拆除,可以全部回收钢护筒重复利用多次。与常规方法相比较,本工程节约了35.5t的钢护筒材料。

11 效益分析

(1)通过运用本工法,本工程(10根水下钻孔灌注桩)可以节约钢护筒材料35.5t和(不浪费)混凝土材料155m^3,可以缩短工期1个月以上。综合产生了约47.5万元的直接经济效益。

(2)运用本工法,不需要进行水下切割,全部工序是在水面栈桥上作业,提高了施工的安全性。

(3)运用本工法,优化了钻孔灌注桩的整体施工工艺,使水下钻孔桩施工更加简单方便,并节约了可观的社会资源,本工法具有科技创新价值,具有长远的效益。

12 应用实例

由宏远建设有限公司承包建设的“浙江省嵊州市曹娥江三界大桥及接线工程”,全长1.505km,其中主桥长630m,有5个桥墩共10根ϕ2 200的钻孔灌注桩位于曹娥江水中。在2012年10月~2013年5月期间,本公司在该工程钻孔桩施工中成功地使用了“深水砂卵石层河床双层轴销式钢护筒钻孔灌注桩成孔施工工法”,取得了很好的效果。

实践证明,通过应用本工法,顺利解决了钻孔桩水下护筒在桩基成孔和灌注混凝土过程容易出现窜孔的技术难题,确保了桩基施工质量,并确保了河床以上桩径尺寸准确,显著提高了可能外露河面的桩基混凝土的外观质量,在施工过程中也没有发生任何安全和环保问题。而且,通过运用本工法,做到了无损拆除回收全部的内外层钢护筒(不用潜水切割拆除),且内护筒作为桩基模板没有浪费桩基混凝土(常规的钻孔桩钢护筒比设计桩径大),节约了可观的社会资源和施工成本,并缩短了工期。

本工法与普通单层钢护筒方法相比较,其优越性如下:

(1)在内外双层钢护筒之间填塞遇水膨胀的麻袋,使钢护筒底部严密不漏浆,更能够保证桩身混凝土实体结构质量。

(2)内层钢护筒直径与设计桩身一样大,桩身混凝土外观质量更有保证,而且不会浪费混凝土。

(3)采用双层轴销抽拔式钢护筒,能够很容易地在水面栈桥上(不要潜水)用起吊设备无损拆除和回收全部的内外层钢护筒以重复利用,施工更方便,安全更有保障,而且节省了钢护筒材料,更经济。

通过本工程的实践证明,本工法具有明显的创新性,而且其工作原理及解决问题的思路明晰,方法成熟可靠,具有节约成本、施工方便、更加安全等优越性,值得推广使用。

嵌入超厚砂层的海上超深嵌岩钻孔灌注桩施工工法

GGG(中企)C1059—2013

周拥军　刘宇峰　叶其奎　黎　彦　房真如
(中交四航局第一工程有限公司)

1　前言

桩基础是目前深水基础中的主要形式,也是深水基础中最流行和最受欢迎的,而大直径灌注桩具有承载力大、刚度大、施工快、造价低等优点被广泛应用。但其施工条件存在很多未知性和高风险性,使得施工难度加大,对施工技术水平要求也较高,是工程施工的关键。目前,钻孔灌注桩桩径越来越大、桩长越来越长、桩底嵌入岩层越来越深的方向发展,桩的长度和成孔深度不断被刷新,对钻孔灌注桩的施工技术要求也越来越高。

由中交四航局承建马来西亚槟城二桥主桥桩基础,其设计、施工均采用英标 BS 和马来西亚 JKR 标准,施工技术要求高。业主要求桩基的钻孔设备不能采用冲击钻机,也不能使用龙门吊机应用于工程施工,并要求孔底零沉渣。本桥主墩桩径设计为变直径 230~200cm 桩基,桩长为 102.115~126.905m,最大钻孔深度达 133.15m,所有桩基均要求嵌入微风化花岗岩,需采用优质淡水泥浆护壁,钻孔孔壁垂直度必须满足设计及规范要求。据地质资料显示,基岩强度达 35~80MPa,强度高;设计嵌入微风化岩达 2~8m,嵌入岩层深;且覆盖层以砂层及粉砂层为主,砂层厚度达 70~90m;成孔孔壁稳定性差,终孔后清孔难度大,易引起孔底沉渣超标等质量问题。此外桩基混凝土施工要求必须采用海工高性能混凝土,对混凝土生产供应系统及现场灌注工艺要求也较高。

中交四航局第一工程有限公司及中国港湾工程有限责任公司针对以上一系列的难题,通过开展科技创新,开发应用一系列新技术、新工艺,新方法,解决了上述难题。并通过总结该技术的施工工艺及其技术成果,形成了本工法。

依托本工法开发的"一种大型钢筋笼专用吊具系统""一种钢筋笼悬挂装置""海上轻型可调钢护筒定位装置"三项专利技术获国家知识产权局授予"实用新型"专利;"嵌入超厚硬岩的海上超深钻孔灌注桩施工关键技术"获 2012 年度中国水运建设行业协会科技进步奖"三等奖"。

本工法已成功应用于马来西亚槟城二桥主桥、新建贵阳至广州铁路北江特大桥、马来西亚槟城二桥引桥工程钻孔灌注桩基础施工,钻孔灌注桩安全、优质、高效,实现了较高的经济与社会效益。

"嵌入超厚砂层的海上超深嵌岩钻孔灌注桩施工关键技术"于 2012 年 11 月通过由中国公路建设行业协会组织的鉴定,该研究成果总体达到"国内领先"水平。

2　工法特点

(1)直接利用桩基的钢护筒作为钻孔平台的支撑桩,应用本项目开发的"海上轻型可调钢护筒定位装置",成功解决了开阔水域海上钢护筒安装、定位,提高了桩基钢护筒施打的定位精度,保证了钢护筒埋设的垂直度。

(2)掺入 PAC 溶液并反复试验配制出适合超长超大直径钻孔灌注桩的优质高性能膨润土淡水胶质泥浆,成功解决了以砂层及粉砂层地质情况下孔壁稳定性差的问题。

(3)采取"减压悬吊低速钻进"的方法,成功钻至 133.15m 深、强度达 80MPa 硬岩层,且桩孔垂直度控制在小于0.5%倾斜度。

(4)采用“一种大型钢筋笼专用吊具系统”及“一种钢筋笼悬挂装置”专利技术,有效防止超长钢筋笼吊装过程中发生变形、扭曲等问题,提高了钢筋笼吊装的安全性和效率。

3 适用范围

本工法适用于海上超长钻孔灌注桩基础的施工,也可应用于江河、湖泊中深水钻孔灌注桩基础的施工。

4 工艺原理

利用移动式悬臂导向架进行施打海上钻孔灌注桩钢护筒作为承重桩护筒和施工平台,钢护筒施工精度高,而且平台结构安全,用钢料少,进度快。选用大扭矩KP3500型和ZJD300型气举反循环钻机进行钻孔,通过增加配重,采取“减压悬吊低速钻进”法施工,确保桩基成孔速度和质量;利用膨润土和添加剂作为制浆材料,通过反复试验得出最佳泥浆配合比,制配淡水膨润土泥浆,起到良好的护壁效果;采用专用吊具系统进行钢筋笼的安放,有效阻止了钢筋笼在安放过程中对孔壁的破坏;利用海上搅拌站通过泵机供料,大集料斗储混凝土,提高混凝土浇筑效率和质量。保证了桩基的施工质量和工作效率。

5 施工工艺流程及操作要点

5.1 施工工艺流程

钻孔灌注桩基施工总体施工工艺流程见图1。

5.2 操作要点

1)施工准备

(1)导向定位架的设计及加工。

(2)钢护筒的加工制作。

(3)编制施工组织设计,复核设计图纸,建立平面控制网,复核桩位坐标。

(4)根据桩孔设计地质资料,储备足够的泥浆材料,并检查制浆机械设备。

(5)配置满足施工要求的钻头,并对钻机进行认真检查维修与保养。

2)搭设钻桩平台

钢护筒沉放施工是水上钻孔灌注桩施工的一道关键工序,常规的水上钻孔灌注桩施工是先完成钻桩施工平台搭设后,再在平台上设置沉放钢护筒的定位导向支架来沉放钢护筒,见图2。

本工程通过将起始平台钢护筒作为支撑,进行移动式悬臂导向架施打钢护筒的沉放施工。移动式悬臂导向架为钢桁架结构形式。安装时导向架的锚固尾架直接焊于起始平台或已沉放的护筒顶,并压上配重块,形成牢固的支承体系;导向架的悬臂端设有上下龙口,两个龙口间的垂直间隔为7.5m,每个龙口设有4个调整液压千斤顶,便于护筒的定位和纠偏。沉放钢护筒时,调整上下龙口液压千斤顶夹住钢护筒,形成上下两层限位导向装置,能够有效的控制钢护筒沉放过程的平面位移和倾斜度。

3)钻机的选型和就位

钻机的扭矩是影响工程施工进度的关键因素,根据本工程的地层情况和钻孔深度,通过调研的工程实例分析论证,选用4台ZJD300型及2台KP3500型(表1)气举反循环钻机能满足施工需要,并配置大功率气压缩机OG160F(工作压力为1.25MPa)和ZX-200泥浆净化装置(处理能力200m^3/h),钻头选用ϕ2.0m刮刀钻头(覆盖层施工用)、ϕ2.0m滚刀钻头(岩层施工用)、ϕ2.0m牙轮钻头(菠萝钻,能破较硬的岩层)能满足施工的需要。

由于覆盖层地质主要是砂层,钻机在覆盖层钻进时,砂层对钻头的阻力和磨损交大,故ϕ2.0m的刮刀钻头选用防斜梳齿钻头,并通过加厚钻头钢板、增强联系和支撑、增加合金块数量的方法提高钻头的稳定性、刚度和耐磨性能。为有效防止钻孔倾斜,特别将钻头翼板上的合金块加工成与翼板呈75°~80°。

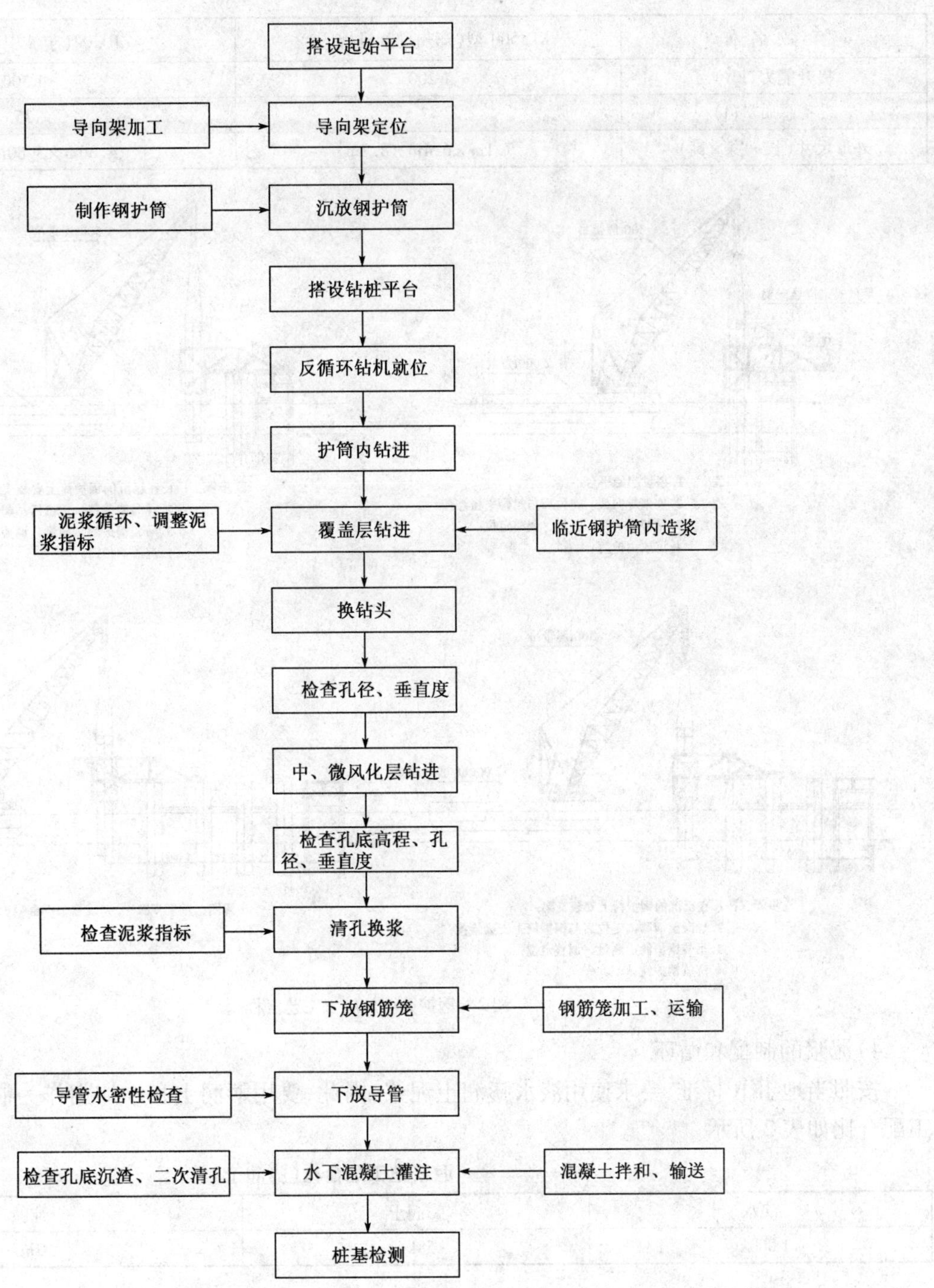

图1　钻孔灌注桩基施工总体施工工艺流程图

ZJD300 和 KP3500 型钻机技术性能　　表1

参 数 名 称	KP3500 型(郑州勘察机械厂)	ZJD300(宁波中坚机械厂)
最大扭矩(kN·m)	210	210
总功率(kW)	210	210
钻杆直径(mm)	275	426
钻孔直径(m)	3.5	4.2
钻孔深度(m)	120	140

续上表

参数名称	KP3500型(郑州勘察机械厂)	ZJD300(宁波中坚机械厂)
提升能力(kN)	1 200	1 500
设备总质量(t)	47	35
外形尺寸(长×宽×高)	7.1m×6.4m×8.7m	4.30m×3.80m×6.0m

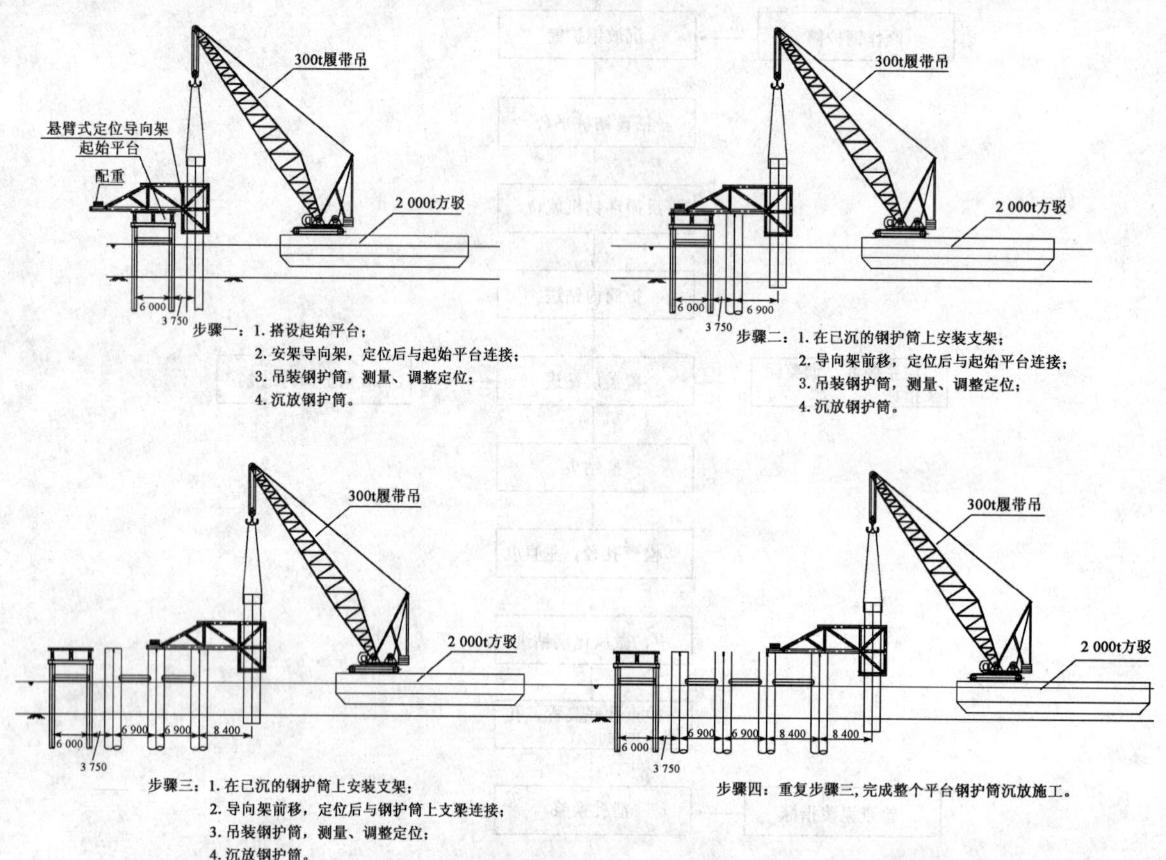

图2　钢护筒沉放施工工艺流程

4)泥浆的制配和循环

按照当地JKR标准，要求使用淡水膨润土泥浆，因此，要用膨润土和添加剂作为制浆材料，泥浆施工配合比如表2所示。

泥浆施工配合比(膨润土)　　表2

淡水	膨润土	纯碱
1 000kg	58kg	2kg

在该配比情况下，测得泥浆性能指标如表3所示。

泥浆性能指标　　表3

密度(g/m^3)	黏度(s)	pH值	含砂率
1.03	42	9	0.5%

通过在泥浆中添加不同的添加剂，提高泥浆的性能，添加剂为聚阴离子纤维素(PAC)。添加PAC后施工采用的泥浆性能指标如表4所示。

泥浆施工配合比(膨润土)(添加添加剂)　　表4

淡水	膨润土	纯碱	PAC
1 000kg	58kg	2kg	0.5

在该配比情况下,测得泥浆性能指标如表5所示。

泥浆性能指标(添加添加剂) 表5

密度(g/m^3)	黏度(s)	pH值	含砂率
1.03	46	9	0.5%

泥浆循环采用气举反循环方式进行。

根据施工现场的实际情况,钻孔施工利用钢护筒形成泥浆循环池,并配备泥浆净化器在钻进过程中进行泥浆的净化及处理。

在钻进过程中,利用钢护筒之间的ϕ500连通管形成泥浆循环系统,用气举反循环钻进,分离出的钻渣排至平台边的运渣船上。其泥浆的净化处理基本原理为:

(1)空压机排气管与钻机的进气管相连接,压缩的空气通过钻进气管通入钻杆底部。

(2)钻杆内腔通过钻渣排出管与泥浆净化装置相连接,钻孔内的泥浆钻渣和空气混合物通过钻杆内腔,经钻渣排水管先流向沉淀箱经预处理后再流向泥浆净化装置。

(3)泥浆净化装置通过泥浆回流管与桩孔钢护筒相连接,钻渣经泥浆净化装置两次净化筛分后,泥浆由净化装置经回流管流回钢护筒内。

(4)钻机和泥浆净化装置通过钻杆内腔、钻渣排出管、泥浆回流管、泥浆沉淀池形成一个泥浆闭合回路。

在泥浆循环过程中,不断补充优质泥浆,并在泥浆中掺入PAC作为增黏剂,改善了泥浆性能,可增强防止钻孔坍塌的作用和起保护凝胶的作用,使之在孔壁上形成较好的泥皮,以保证孔壁免于坍塌,见图3。同时可提高钻孔效率,具有增稠性、保水性、抗盐性及较好的薄膜成形性。

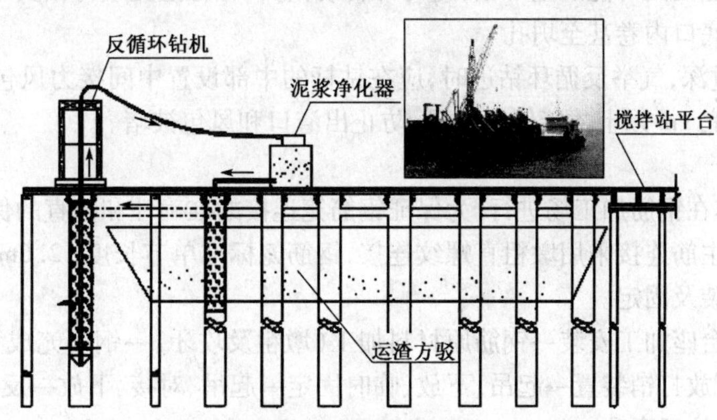

图3 泥浆循环示意图

5)桩基成孔

采用了优质膨润土泥浆及气举反循环,使孔内泥浆指标始终保持合格状态;串联钢护筒进行泥浆循环,增加了水头差泥浆容量,延长了钻进过程中因泥浆损失水头差缩小的时间,有足够的时间进行补浆;钢护筒内采用ϕ2.0m三翼刮刀钻头挡圈外加ϕ30钢丝绳20cm,能确保清除钢护筒壁上的黏土;为有效保证钻孔垂直度、防止钻孔倾斜,同时提高钻进效率,采用加配重块"减压悬吊钻进"的方法,在钻进成孔过程中使钻杆始终保持受拉状态。

钻进与终孔注意事项:

(1)孔内泥浆面任何时候均应高于水面2m以上,也不宜过高,水头应控制在2.0~4.0m范围内,以平衡地层压力,防止塌孔。

(2)进尺速度:同一地层保持同一均匀进尺速度,进入变层时要减慢进尺速度。最大进尺速度大致为:淤泥质土1.0m/h,黏土及粉质黏土1.0~2.0m/h,砂层1.0~1.5m/h。当钻进至接近钢护筒底口位置1m范围内,须采用低钻压、低转速钻进,并控制进尺,以确保护筒底口部位地层的稳定。当钻头钻出护筒底口5m后,再恢复正常钻进状态。

(3)压钻:为了保证钻孔的垂直度,全程实行减压钻进,始终让加在孔底的钻压小于钻具总重量(扣除泥浆浮力)的80%。其中,淤泥、中细砂层取钻具总质量20%~40%作钻进钻压;岩层取钻进总质量的50%~70%作钻进钻压;钻压一旦确定好,就不要轻易改变,以保持均匀进尺,保证孔型和孔的垂直度。

(4)升降钻具应平稳,避免刮到钻孔孔壁。

(5)加接钻杆时,先停止钻进,将钻具提离孔底1.0~1.5m,维持泥浆循环10min以上,以清除孔底沉渣并将管道内的钻渣携出排净,然后再加接钻杆。

(6)接长钻杆时,钻杆连接螺栓应拧紧上牢,并认真检查密封圈,以防钻杆接头漏水漏气,使反循环无法正常工作。

(7)钻进过程中,定期对钻头和钻杆进行检查,防止由于螺栓的脱落或钻头的磨损严重造成钻进过程中的事故。尤其是入岩后要密切观察钻压的变化,当钻压波动大、钻机摆动不正常和进尺突然变慢时,必须提钻检查。

(8)钻进过程中保证孔口的安全,孔内不得掉任何铁件以保证钻孔施工的顺利进行。

(9)钻孔过程应连续操作。详细、真实、准确地填写钻孔原始记录,钻进中发现异常情况及时上报处理。

(10)终孔时先根据拆除的钻杆与钻头累计长度计算孔底高程,经监理工程师确定无误后移机提钻。提钻后二次校核孔深。

(11)提钻时注意操作轻稳,防止钻头拖刮孔壁或护筒刃脚。注意起重压力的变化,当钻头上升到护筒底口,如果负荷加大则可能发生卡钻,此时可转动钻头,轻轻上提或将钻头下放换一方向再上提,不可强拉,以致使护筒底口内卷甚至坍孔。

(12)由于桩孔过深,气举反循环钻进时,应在钻杆的中部设置中间接力风包,以保证排渣顺利。停钻时,钻头须提离孔底1m以上才能停止供风,防止出渣口和风包被堵。

6)钢筋笼施工

钢筋笼加工制作在钢筋加工场进行,为保证钢筋笼连接的准确性和垂直的保证,钢筋笼成型在台座上采用长线法完成,主筋连接采用墩粗直螺纹连接,钢筋笼标准单节长度12.6m,采用300t浮吊起重吊装,利用专用吊具安装及固定。

施工工艺流程:台座加工安装→钢筋原材料加工(墩粗及攻牙)→钢筋笼成型→拆分转堆→转运至现场→安装钢筋笼下放打销装置→起吊、下放、临时固定→起吊、对接、下放→反吊固定笼安装→固定。

工艺操作要点及注意事项:

(1)钢筋笼制作台座加工安装:首先钢筋加工场硬化,台座采用20mm钢板制作,与钢筋接触面制作成弧形(圆弧直径根据钢筋笼主筋外直径而定),按2m一道布置。台座安装必须保证高程一致及轴线在同一直线上。根据主筋间距在弧形钢板上焊接短钢筋,用于支撑和定位主筋。

(2)主筋连接采用镦粗直螺纹套筒连接,镦粗操作方法:先用砂轮机将原材端头变形去除,切面保持平整,并与钢筋轴线垂直,垂直度误差应小于4°;镦头时将钢筋插入镦头体并与镦头杆接触,钢筋纵肋摆成上下方向,以保证钢筋位置准确,开动油泵,夹片收拢夹紧钢筋,接着对钢筋进行镦头,当油压达到额定镦头油压时立即卸压回油,夹片张开后取出钢筋,完成一个镦粗作业。开始正式镦粗前,需要对镦头油压进行调试,以镦出符合标准尺寸的油压为准,钢筋镦粗段不得有横向裂纹。连接套筒采用直通型套筒,先将套筒全部拧入一个被连接钢筋的螺纹内,钢筋对接后反拧套筒到预定位置形成连接,故对接的钢筋1根套全丝,另1根套半丝(全丝为整个套筒长度);套丝机操作方法,调整及锁定刀具,调整螺纹的加工长度,用调节行程限位挡铁的位置,来保证加工长度;将钢筋夹持在定心夹上,使钢筋伸出端面与切削头刀体端面对齐,并夹紧;转动操作手轮,当加工到予调长度后,行程限位挡铁推动切削头上的滑动退刀机构,实现刀具自动张开。丝头加工主要注意:丝头长度、螺纹牙型及直径,操作人员必须加工完一个检查一个,出现不合标准的必须调整刀具。加工完经检查合格的钢筋丝头戴上塑料保护帽。

(3)钢筋笼成型:接头错开60cm,标准节笼长12.6m,底笼根据终孔高程而定。先在台座上铺设钢筋笼下侧整长钢筋,然后按2m一道安装内衬定位箍,定位箍与主筋点焊固定,根据钢筋间距加工定位卡,主筋直接利用定位卡逐根精确固定到定位箍上;T16箍筋钢筋无法直接绑扎,需要先按1.4m直径盘成圆圈,盘圆后经弹性变形,直径能达到2.3m左右,套到主筋外侧利用定位卡将箍筋与主筋密贴固定,箍筋接头采用搭接连接。钢筋笼成型后,在钢筋笼内侧均布4根ϕ100mm钢管作为声测管(并作桩底取芯用),声测管固定采用ϕ钢筋U形箍固定到主筋上,管道的接长采用承插式焊接接头固定,接头管在后场先与管道的一端焊接好,在前场对接好后再与相连接的管道焊接,接头管长10cm,相连的管道各占5cm。单根钢筋笼重达56t,为了保证吊装安全,在钢筋笼上设置吊耳,每节钢筋笼顶口第一个内衬定位箍下方均匀设置4个吊耳,采用20mm厚钢板与主筋双面焊接固定,吊耳高度必须保证50mm。

(4)钢筋拆分和运输:钢筋笼加工制作好之后,进行各节钢筋笼之间连接接头的拆开,按照现场沉放的先后进行顺序进行反向方向拆分,喷涂油漆标示定位钢筋,拆分后的钢筋笼在运输之前,用塑料套筒将直螺纹位置套上,防止在运送过程中破坏丝牙。采用25t汽车吊进行起重吊装,12m长平板车转运至码头,由300t运输船运输至墩位,后场及码头上的起吊不另外设置吊耳,采用四点吊,吊点的位置设置在两头第二道加劲箍和主筋连接位置,为了防止起吊时钢筋笼变形,吊点位置尽量靠近"△"撑位置。起吊时先拴好钢丝绳和卡环,在钢筋笼的一头拴上一根长绳子,绳子的另一头控制在人手里,慢慢吊车起钩,同时控制绳索的人拉住绳子,控制钢筋笼方向,保证钢筋笼不发生旋转,慢慢旋转把杆将钢筋笼安放在运输车辆或运输船舶上指定位置。

(5)钢筋笼起吊安装:钢筋起吊下放采用300t浮吊系统进行起重作业,为保证吊装时钢筋笼顶口不至于受力变形,利用四方吊架进行吊装,浮吊大钩吊起吊架并通过卡环将吊架下的四根钢丝绳用卡环拴在钢筋笼顶口上层的四个吊耳上,浮吊小钩拴扣钢筋笼的底口平吊抬起钢筋笼到一定高度后,浮吊大小钩配合将钢筋笼直立。300t浮吊系统在风浪较大时的晃动造成钢筋笼对接困难,现场采用平台40t吊机进行对接,然后转换成300t浮吊系统进行下放。随着钢筋笼的接长,质量不断增加,而且双笼钢筋间距小,普通的打捎扁担不能满足要求,现场施工加工型钢支架作为特制的打捎装置,将10号槽钢焊接20mm厚加劲板作为插销,通过插拔插销,可安全、方便、快捷地固定和解开钢筋笼。钢筋笼顶离平台面6.245m(边墩4.245m),钢筋笼下放到位后,利用引笼(钢筋笼顶引申到平台固定的钢筋笼)通过钢板勾固定到钢护筒上,引笼由8根T32钢筋做成,通过钢筋套筒连接顶笼,由40mm钢板割成"S"形钢板钩,钢筋笼定位安全、快捷且顶笼高程控制准确。在钢筋笼接长下放下沉过程中,用气割割除内衬"△"撑,每节钢筋笼最顶端的支撑暂不割除,在下节钢筋笼连接完成后再进行割除,在割除支撑时要求用白棕绳绑拴好支撑后再进行割除,严禁掉入孔中。

7)水下混凝土的灌注

混凝土由海上平台拌和站集中拌和,由混凝土输送泵直接泵送至浇筑现场浇筑,见图4。分别在主墩边搭设面积40m×30m水上平台,再在平台上安装2套HZS-100搅拌站($120m^3/h$)的拌和系统,HBT80C-1818DⅢ混凝土输送泵($80m^3/h$)输送到现场。边墩混凝土供应从混凝土拌和平台搭设的与边墩相连2.5m宽栈桥上铺设泵送管输送混凝土。

混凝土浇筑采用搅拌站泵送至需浇筑孔旁的集中料斗($10m^3$),再通过溜槽、小浇筑料斗、导管进行水下混凝土浇筑的方法。混凝土经泵送,不断地通过集料斗、小料斗及导管灌注水下混凝土,直至完成整根桩的灌注。正常灌注阶段导管埋深控制在4~8m,且每15~30min测量一次混凝土面高程,测点为2个,当测点出现较大的高差时,应及时调整导管埋深。

8)桩基检测

本工程根据业主和设计院的要求,桩基检测分别对所有桩基进行了桩身完整性检测和2根桩基的承载力测试。桩基的承载力测试采用自平衡试验(O-cell法)和静动法试验(Statnamic)。

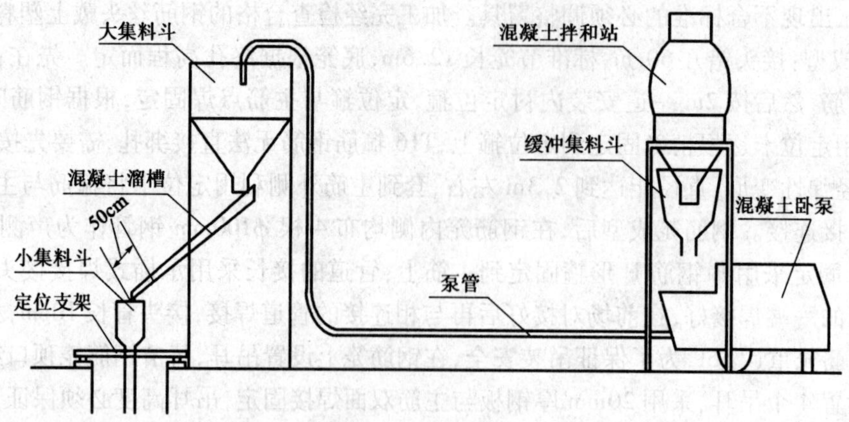

图4 混凝土浇筑示意图

5.3 劳动力组织

以主墩P025、P027墩桩基施工为例工程为例,共33根桩,由4套ZJD300钻机进行成孔,1条钢筋笼生产线,现场成孔分成两个班组进行24h连续作业,钢筋笼加工生产仅白班作业,其劳动力组织情况见表6。

劳动力组织情况表　　表6

序　号	单项工程	所需人数(人)	备　注
1	管理技术人员	4	项目部
2	管理人员	2	
3	技术人员	2	
4	安全管理人员	2	
5	电工	2	
6	钻机工	32	
7	钢筋工	16	负责钢筋加工、安装及桩基混凝土浇注
8	混凝土供应系统	16	
9	吊机操作	3	
10	浮吊系统	10	
11	运输系统	12	平板车驾驶员1名、砂石运输车1名,运输船10名
合　计		101	

混凝土供应操作人员有16名(搅拌系统操作2名、泵机操作2名、上料勾机操作2名、电工1名、调度1名、辅工8名)。

6 材料与设备

6.1 主要施工材料

本工法施工投入的材料主要有钢管、钢护筒、膨润土、纯碱、聚阴离子纤维素(PAC)、钢筋、水泥、砂石料、直螺纹连接套筒等。

6.2 主要机具设备

本工法施工投入的主要机具设备如表7所示。

主要机具设备表 表7

序号	名称	规格型号	数量	用途	附注
1	钻机	ZJD－300	4	钻孔	
2	钻机	KP－3500	2	钻孔	
3	空压机	OG160F	5	钻孔	
4	泥浆净化器	ZX－200	5	钻孔	
5	发电机	500kW	5	钻孔和钢筋笼施工	
6	驳船	2 000t	1	海中起重作业	水上浮吊
7	履带吊机	300t	1		
8	履带吊机	100t	3	平台上起重作业	
9	工作船	200t	2	运输钢筋笼等材料	
10	砂石料船	200t	1	运输砂石料	
11	搅拌站	$100m^3/h$	2	生产混凝土	
12	混凝土地泵	HTB80	2	输送混凝土	
13	泥浆船	500t	3	存放和运输泥浆废渣	
14	锚艇	700HP	1	移动 2 000t 方驳	
15	交通船	30 人座	2	运送作业人员	
16	汽车吊机	35t	2	钢筋加工场用	
17	反铲挖掘机	PC50	5	搅拌平台用	
18	平板车	12m	1	岸上转运钢筋笼材料	
19	车体水泥罐	80t	2	转运水泥	

7 质量控制

7.1 工程质量控制标准

灌注桩施工质量执行本项目技术规格书 JKR 标准(JKR/SPJ/1988,10.5),允许偏差值按表8执行。

允 许 偏 差 表8

项目	允许偏差	项目	允许偏差
钢护筒位置	小于 50mm	孔深	不少于设计孔深
孔径	不小于设计桩径	沉渣	不大于 5mm
倾斜度	不大于桩长的 1/200		

按照马来西亚 JKR 标准,泥浆要求使用淡水膨润土泥浆,中国跨海大桥的海水泥浆制作经验无法得到业主认可。根据国内相关桥梁工程施工经验及主桥地质情况,泥浆性能指标如表9所示。

泥 浆 性 能 指 标 表9

性质	阶段			试验方法
	新制泥浆	循环再生泥浆	清孔泥浆	
密度(g/cm^3)	1.10	≤1.20	≤1.16	1006 型泥浆比重秤
黏度(s)	18～28	18～28	17～20	黏度计
失水量(mL/30min)	<20	<20	<20	失水量仪
泥皮厚(mm)	<3	<3	<3	钢尺
胶体率(%)	≥96	≥90	≥96	量筒
含砂率(%)	<4.0	<4.0	<4.0	含砂率测定仪
pH 值	8～10	8～10	8～10	试纸

7.2 质量保证措施

1)钻孔质量保证措施

(1)钻机底座牢固可靠,钻机不得产生水平位移和沉降;钻进过程中经常进行钻机基座检测调平;采用大配重减压钻进。施钻时,始终采取重锤导向,减压钻进、中低速钻进,严禁大钻压、高速钻进,保证钻孔垂直度;钻进过程根据不同的地层控制钻压和钻进速度,尤其在变土层位置采用低压慢转施工;选用优质泥浆护壁,钻孔施工中选用不分散、低固相、高黏度的优质泥浆进行护壁,同时加强泥浆指标的控制,使泥浆指标始终在容许范围内,控制钻进速度,使孔壁泥皮得以牢靠形成,以保持孔壁的稳定;在施工过程中,根据不同的地层情况,选择合理的钻进参数,同时注意观察潮涨潮落以及孔内泥浆液面的情况,孔内泥浆液面应始终高于海水面 2.0m 左右,并适时往孔内补充泥浆;钢筋笼下放时应对准钻孔中心,垂直放入,减少对孔壁的摩擦。

(2)桩孔缩径现象可能出现在软塑状亚黏土地层中,施工前掌握该土层的位置;使用与钻孔直径相匹配的钻头以气举反循环工艺钻进成孔,采用高黏度泥浆清渣护壁;在软塑状亚黏土层采用小钻压、中等转数钻进成孔,并控制进尺。

(3)开钻前用电磁铁对所有护筒试吸一次;加强现场管理,孔口附近严禁乱放东西;对扳手、套筒及铁锤等工具跟钻机有可靠的连接;滚刀钻头要配有定位螺杆,滚刀外架要加固并保持刀头自由旋转。

(4)在不同土层钻进时控制好进尺和在不同土层选择合同的施工工艺;控制钻进速度,特别是在黏土层应轻压慢进。

(5)钻孔施工时,密切注意泥浆面的变化,一旦发现有漏浆现象,分不同情况及时采取控制措施。

(6)加强接头连接质量检查(所有钻杆螺栓强度在 10.9 级以上并加保险卡);加强钻杆质量检查,对焊接部位进行超声波检测,每使用一次就全面仔细检查一次,避免有裂纹或质量不过关的钻具用于施工中;同时钻进施工时要中低压中低速钻进,严禁大钻压、高速钻进,减小扭矩。

2)钢筋笼施工质量保证措施

(1)钢筋加工严格按照图纸进行加工,发现问题及时解决。

(2)LD1200 镦粗机操作和套丝机操作严格按照操作规程进行,确保钢筋的加工质量。

(3)钢筋笼在起吊和运输过程中要采取必要的措施确保钢筋笼不发生变型,并要加强保护。

(4)钢筋笼竖直后,检查其竖直度,进入孔口时扶正缓慢下放,严禁摆动碰撞孔壁,钢筋笼下放时,用加工好的钢筋笼导向架导向限位。

(5)在钢筋笼接长下放下沉过程中,用气割割除加强箍处的内撑,每节钢筋笼最顶端的支撑暂不割除,在下节钢筋笼连接完成后再进行割除,在割除支撑时,要求用白棕绳绑拴支撑后再进行割除,严禁掉入孔中。

(6)在进行钢筋笼对接沉放施工时应注意:声测管在分节接长时,管道对接要顺直,焊接要牢固可靠,并用铁丝将管道绑扎在钢筋笼相应的位置,绑扎扎丝应不能伸出钢筋笼外。同时需在声测管内注满水(自来水),确保不会漏水,避免混凝土灌注时漏浆,确保施工前后声测管的畅通。

3)混凝土灌注施工质量保证措施

(1)使用前,须做水密、承压、接头抗拉试验和孔深长度导管垂直度的检查。

(2)检查导管的总长、节数。安放时要拧紧接头螺栓,并保证导管底口悬空距离 0.3~0.4m。

(3)灌注前,检查孔底沉渣和泥浆性能指标。

(4)浇筑前,根据配合比和混凝土方量备好充足的砂、石、水泥、外加剂等原材料,保养调试好设备,并在首盘混凝土浇注前对混凝土的工作性能进行检测,必须满足要求后才能进行首盘混凝土浇筑施工。

(5)灌注中,认真监测混凝土柱上升高度,导管埋深,并和已灌入的混凝土数量校核,以便确定扩孔率或混凝土面上升是否正常。

8 安全措施

(1)建立和健全安全生产责任制和安全保障体系,成立安全生产领导机构和三防机构,配备专职安全员。

(2)加强全员安全意识教育,贯彻“安全第一,预防为主”的方针,定期组织职工进行安全学习,定期进行安全大检查。

(3)各分项工程开工前或特殊、关键工序开始前,进行详细的安全技术交底。

(4)施工人员上岗前必须进行安全教育和技术培训,根据各种安全规程,结合自己的实践,编印《安全防护规程袖珍手册》,人手一册,使本项目部有关安全作业内容和知识牢牢印记在施工人员的脑海中,使全体作业人员在施工作业中按规程办事,确保安全。对作业人员要进行安全作业的考核,考核合格的工人才能进入工作面工作。

(5)制订有针对性的专项安全预案。

①钢平台坍塌或被撞击安全预案:

a. 合理规划平台相关材料的堆放,吊机必须在指定位置吊装,避免钢平台超负荷载重。

b. 船舶移船时由船舶调度主管负责统一调度。

c. 船舶移船时要与平台、栈桥保持安全距离。

d. 钢平台周边施打防撞钢管桩。

e. 在主航道四个主墩两侧300m处设置航行警示浮标,并监控警示灯是否有效。

f. 钢平台安装夜间警示灯,并监控警示灯是否有效。

g. 根据地质资料严格控制钻进速度,定期检测泥浆指标,保证水头差1.5m以上,防止桩基塌孔。

②成孔安全预案:

a. 注意定期各阶段泥浆指标,防止泥浆指标超标,达不到护壁效果而导致塌孔。

b. 注意检查孔内外水头差,确保孔内水头高出孔外水头2.0m以上。

c. 钻进至护筒脚时,应该慢速钻进及密切关注钻进压力情况,防止勾挂护筒脚。

③钢筋笼制安安全预案:

a. 钢筋笼转运需要固定牢固,防止钢筋笼从平板车坠落。

b. 钢筋笼吊点的焊接要明确焊接要求,并落实安全技术交底,实施吊装责任制度,吊装前对吊点焊接情况仔细检查;吊具和吊绳的选用严格按照规范要求执行。

c. 钢筋笼起吊前,要仔细检查吊具,司吊要经过培训,起吊时要用麻绳系住钢筋笼进行牵引,防止钢筋在空中来回晃动。

d. 风力在六级以上,停止起吊作业。

9 环保措施

(1)按照当地政府(国家)及业主有关环境保护的法律、法规和制度(AKTAKUALITIALAMSEKELILING1974)的要求编制工程的环保制度与措施,成立环保管理和监督小组,保证环保制度与措施的落实和执行。

(2)实行定期环保卫生检查,并连同当地政府及业主对施工场地进行文明施工检查。

(3)加大环保教育与宣传力度,增强施工人员的环保意识。

(4)对施工场地进行合理的布局,对施工范围进行围闭管理,树立明显的标志、警示标志,场内的材料堆放需按规定分类标志且有序。

(5)对环境会造成污染的设备燃油、废机油、施工与生活污水、成槽泥浆进行统一管理,按照相关规定制度进行处理;施工现场、生活区合理设置污水收集管沟、池,防止污水漫溢,并运输或排放到指定区域,严禁排放到海里或其他受控区域。

(6)定期对现场废弃的材料进行收集、处理;所有的电缆线路规整,并标志清晰。

(7)场内的便道进行硬化处理,干燥天气对道路进行洒水防止扬尘。废泥浆的外运应采用密封的自卸车,防止泥浆外泄;余泥外运车辆车厢必须封闭,严禁超载,避免运输过程中泥块散落。

10 资源节约

(1)针对当地政府的节能降耗要求,根据施工工艺流程,制订合理、有效地节能减耗措施,设置专职小组进行落实、监督。

(2)设置固定钢筋加工场,机具、设备、人员等资源实现集中共享,减少资源闲置,提高施工效率;同时也避免在施工现场设置钢筋场对施工的干扰,节省钢筋场不断迁移的带来的麻烦。采用套筒将2m以上的钢筋下脚料与长钢筋连接使用,提高钢筋使用率;型钢的桁架的使用,减少了钢筋笼措施钢筋的使用。

(3)制订合理施工计划,使工序间衔接合理、紧凑,机械、人员合理配置,减少资源的闲置浪费,避免工序重复。

(4)已浇灌注桩剩余的混凝土用到下一个灌注桩保护层垫块中,减少混凝土的浪费。

(5)钻孔挖出来的适合回填施工的砂性土存放晾干后用于后方地基处理施工,减少了弃土的运距,实现废料的充分利用。

(6)施工现场实行人离机停,除了必要的照明外,下班后现场的设备必须关闭、熄火。

11 效益分析

马来西亚槟城第二跨海大桥项目主桥工程合同总金额为:3.8亿马币,其中,主桥桩基础工程为1.4561亿马币,主桥桩基础工程施工成本为1.2010亿马币,主桥桩基础工程实现利润0.2551亿马币,见表10。

主桥桩基础效益分析表　　表10

序　号	项目名称	金额(万马币)	序　号	项目名称	金额(万马币)
1	桩基础产值	14561	2.5	调遣费	692
2	施工成本	12010	2.6	临设	200
2.1	人工费	583	2.7	其他直接费及间接费	565
2.2	材料费	4984	2.8	管理费及税金	93
2.3	船机费	1655	3	利润	2551
2.4	施工费	3237			

本项目桩基施工的成功,可为国内、外同类型桥梁基础施工提供借鉴,通过应用本工法,可减少施工技术原因造成经济损失,同时提高施工效率,具有良好的经济效益。

12 应用实例

12.1 工程实例一

P024墩桩基工程共12根桩,为嵌岩桩,入岩2m,孔深约125m(从平台至桩底),P025墩桩基工程共21根桩,为嵌岩桩,入岩8m,孔深约130m(从平台至桩底),P026墩桩基工程共21根桩,为嵌岩桩,入岩6m,孔深约130m(从平台至桩底),P027墩桩基工程共12根桩,为嵌岩桩,入岩2m,孔深约110m(从平台至桩底),均采用ZJD300型钻机成孔,采用高性能膨润土泥浆护壁,成孔效果好,成孔后采用JC-1D型灌注桩孔径检测仪进行成孔检测,桩基成孔垂直度、孔径、孔底沉渣均符合规范及图纸要求;采用台座长线法加工钢筋笼,钢筋笼加工精度高,利用特制吊具起吊安装,安装垂直度有保证,没有出现钢筋插入孔壁而无法下放的情况,钢筋下放速度快(约16h),下放后孔底沉渣少;浇筑混凝土采用海上搅拌站供料,大集料斗储料,装拆导管时可以进行泵送混凝土至大集料斗,缩短浇筑时间(单桩浇筑时间约6h),同时泄料时混凝土通过在大集料斗翻滚搅拌,混凝土和易性更佳。

马来西亚槟城二桥主桥 P024～P027 墩桩基工程于 2010 年 2 月开始施工,2011 年 1 月月完工。

应用本工法实施的海上超长超深入岩大直径钻孔灌注桩施工,实现了较高的经济与社会效益;实现了在复杂地质条件下高效、高质、安全完成,并得到当地政府、业主及咨工的认可。

12.2　工程实例二

新建贵阳至广州铁路北江特大桥采用群桩基础,其中,243、244 号主墩,每墩 18 根 ϕ3.0m 基桩,桩长分别为 96.5m、102m(相应的成孔深度分别为 116.5m 和 122m);242、245 号为辅助墩,每墩 18 根 ϕ2.2m 基桩,桩长为分别为 70m、58m;241、246 号为边墩,每墩 18 根 ϕ2.2m 基桩,桩长为分别为 75m、65m。主墩钻孔桩基础施工为北江特大桥的控制工期的关键工序。成孔施工采用了高性能膨润土淡水泥浆护壁和气举反循环的施工工艺,提高了工效;钢筋笼采用长线法制作,有效保证了钢筋笼的对接精度及质量;钢筋笼采用悬挂环法,利用悬挂法将钢筋笼的重量有效分摊在悬挂环,使钢筋笼起吊、安装过程受力均匀,变形少,避免了局部受力不均现象,保证大直径、大质量的钢筋笼安装质量、安全要求。引用了 JJC-1D 型灌注桩孔径检测仪器,一次可同时检验泥浆指标,孔底沉渣,孔径,孔的垂直度等,并能电脑自动绘图,输出检测数据。

北江特大桥主桥桩基工程从 2009 年 3 月份开始施工,于 2010 年 2 月份全部完成。项目得到业主、监理的一致好评。

12.3　工程实例三

马来西亚槟城二桥引桥工程 P283～P292 号墩,桩直径 1.5m,孔深 83～100m 的钻孔桩,共计 80 根。施工从平台顶到桩底的深度达到 100m,实际进尺深度约为 97m;钻进过程中主要穿过淤泥、淤泥质砂粒土层、砂性黏土地层,密实砂层、中、微风化层等地层。

钻孔灌注桩采用钻机成孔;采用高性能膨润土泥浆护壁,成孔效果好;成孔后采用 JC－1D 型灌注桩孔径检测仪进行成孔检测;采用台座长线法加工钢筋笼,钢筋笼加工精度高;利用专用吊具起吊安装,安装垂直度有保证,钢筋下放速度快(约 12h),下放后孔底沉渣少;浇筑混凝土采用岸上搅拌站供料,运输罐车运至现场进行混凝土浇筑施工。

槟城二桥引桥 P283～P292 墩桩基工程于 2010 年 8 月开始施工,2011 年 7 月完工。项目得到业主、监理、中港项目总部的一致好评。

钢板桩围堰施工无焊接可拼装支撑系统施工工法

GGG(中企)C1060—2013

任钰芳　李元博　张　雷　陈　凯　肖军良
(中国路桥工程有限责任公司)

1　前言

水中围堰施工,机械材料投入大,环保要求高,一直以来都是桥梁施工的重点和难点。目前常用的水中围堰施工方法有钢板桩围堰、双壁钢围堰、砂袋围堰等。钢板桩围堰施工方案,能够迅速展开施工,速度快,周期短,不需要大型机械设备,相对节省材料,经济性较好,但钢板桩围堰施工的弊端是支撑系统复杂并且下料难、浪费大。而无焊接可拼装支撑系统工艺省去了焊接过程,节省了人工和材料,油泵可调节支撑长度的工艺解决了下料难的问题,并且组件全部可回收循环利用,实现了工程施工的"工厂化"和"标准化",达到了节能减排和绿色环保的目的。该支撑系统克服了钢板桩围堰施工的弊端,使其有更好的应用前景,并且其他围堰施工和基坑施工均可借鉴和采纳本支撑系统的原理。

钢板桩围堰施工无焊接可拼装支撑系统工艺是中国路桥工程有限责任公司研发的施工工艺成果,并于越南南北高速公路胡志明—龙城1A标段实施,经实际应用并分析总结形成本工法。

2　工法特点

(1)下料简单易行,长度可调节。采用油泵调节支撑钢梁的长度,于实际施工中,克服了传统施工方法下料难的弊端,节省钢材,提高施工效率,实现更好的受力状态,增加安全性。

(2)节省焊接,环保节能。各种组件均做好打孔处理,拼接方式采用螺栓连接,实现了支撑系统无焊接施工,节省了材料,达到节能环保绿色施工的要求。

(3)组件可拼接,并可循环利用。用于支撑系统的不同标准件的预先加工和组合,提高了材料利用率和灵活性,大大提高了流水施工的效率。

(4)效益显著。本工法的推广可减少焊接和材料的浪费,提高工作效率,可节省成本,创造工期效益,并且节能环保。

3　适用范围

(1)此工法可应用于水中承台施工和各种基坑开挖,支撑系统工艺关键技术可广泛借鉴于基坑开挖围堰支撑体系的设计。

(2)最佳应用条件:基坑开挖、水中围堰施工等工程量较大的流水施工。

4　工艺原理

4.1　围堰结构设计

深水基础采用钢板桩围堰进行支护施工,钢板桩采用 W600×180×13.4(81.6kg/m)的成品,并有防水措施。支撑系统分两层支护，围檩采用 H400×400×21×13 型钢，中间横向支撑采用 H400×400×21×13 型钢和斜撑。两个基础围堰统一开挖支护施工。

4.2 支撑系统设置

支撑系统采用 H 型钢梁与斜撑组合的方法，并且主梁可根据围堰、基坑尺寸进行组合，以满足长度要求，对于下料长度的控制，采用油泵对钢梁长度进行最终调节，并且油泵在整个施工过程中参与受力。为了提高施工效率，节省材料，根据内支撑受压的受力特点，各部分组件采用螺栓连接，采用斜撑保证油泵与钢梁端板连接处轴向受力。

5 施工工艺流程及操作要点

5.1 施工工艺流程

1)钢板桩施工工艺流程

钢板桩施工工艺流程见图 1。

2)支撑系统安装流程

支撑系统安装流程见图 2。

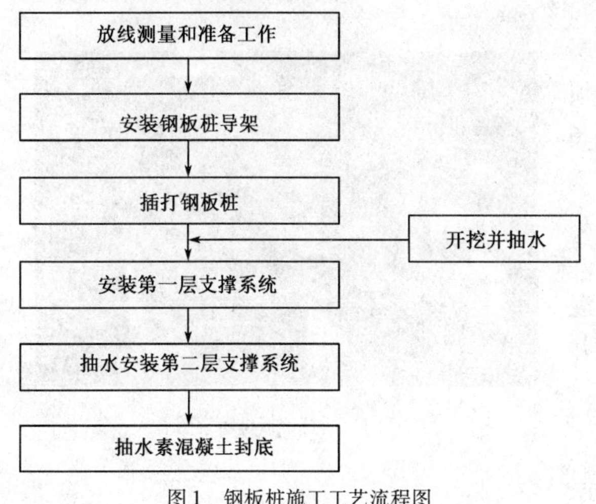

图 1 钢板桩施工工艺流程图

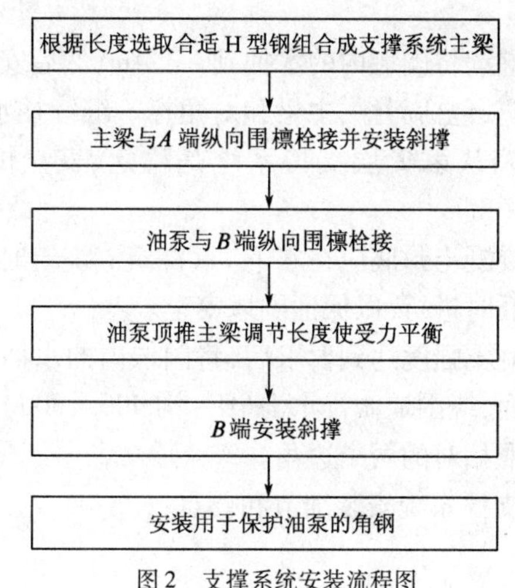

图 2 支撑系统安装流程图

5.2 操作要点

1)准备工作

按照测量放线的位置，通过打入河底稳定土层中的 H 型钢固定临时便桥和驳船，然后对钢板桩围堰施工的导向架进行放线，所有材料设备准备充分。

2)安装钢板桩导架

用履带吊通过振拔锤分别在围堰四角插打竖直 H 型钢，然后安装水平 H 型钢梁。导向架水平 H 型钢梁应固定在竖直 H 型钢梁上，并正确焊接。另外，两个纵向平行的水平 H 型钢梁应垂直于横向水平 H 型钢梁，并焊接好，如图 3 所示。

3)插打钢板桩

通过导向架中的水平平行 H 型钢梁采用振拔锤来插打钢板桩，以此确保钢板桩位置准确，先纵向，后横向，依次插打，横向插打由于距离较短，不需要平行的 H 型钢梁进行约束导向，如图 4 所示。

4)围堰内排水及安装支撑系统

(1)支撑系统平面布置如图 5 所示。

(2)支撑系统安装前，先进行清淤，围堰内的水应先用水泵逐步抽出(按各支撑系统层高程)。

①将围堰的水抽到 0.26m，然后安装第 1 个支持系统层，包括斜撑、主梁及对角撑(为便于安装，将

使用悬梯调整、固定支架)。继续抽水前,必须检查和确认第1层支持系统是稳定、安全的。

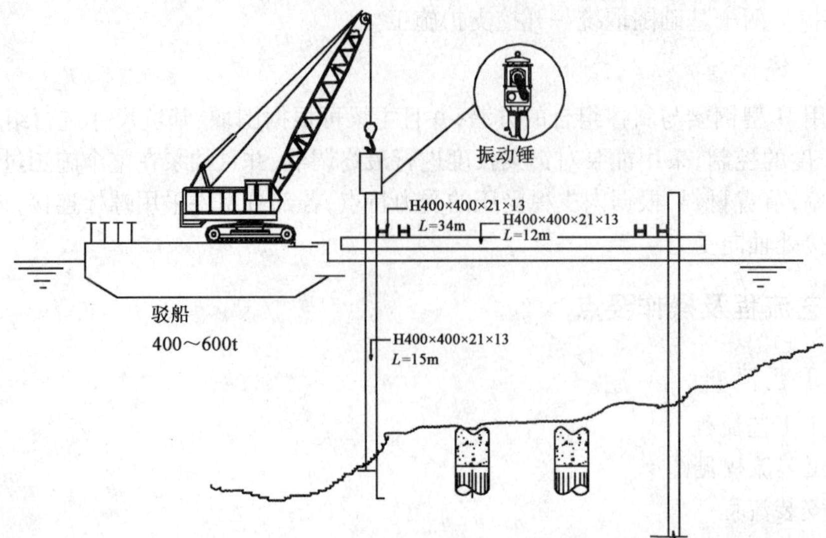

图3 钢板桩导架安装

②继续将围堰内的水抽到-3.4m,然后安装第2层支持系统,包括斜撑、主梁和对角撑。继续抽水前,必须检查和确认第2层支持系统是稳定、安全的,如图6所示。

③混凝土封底应在水下1m浇筑。浇筑时间按河水水位最低时进行,以保证围堰安全。

混凝土强度达到要求后,将围堰内的水抽到封底混凝土表面,绕围堰做排水沟(U-沟400×300)。集水井设在围堰相对的两个边角。

图4 插打钢板桩示意图

5)支撑系统安装细节和要点

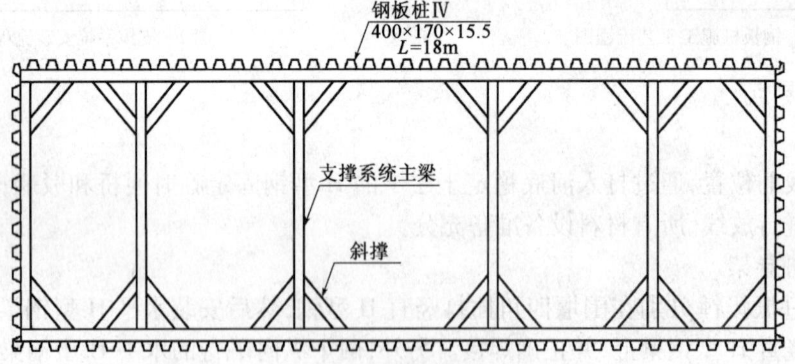

图5 支撑系统平面布置图

(1)用于支撑系统的H型钢梁和围檩需要按合适孔距打孔,孔距较密集为合适,以便跟其他组件进行螺栓对接,如图7所示。

(2)用于主梁的H型钢梁事先加工好不同长度的标准件,以供针对具体尺寸的围堰进行组装选取。

(3)斜撑接头端板亦需做好打孔处理,孔距与H型钢梁匹配。

(4)根据围堰尺寸选取合适长度的H型钢梁进行组合,并用螺栓连接,主梁A端直接与H钢梁进行栓接,并安装斜撑,如图8所示。

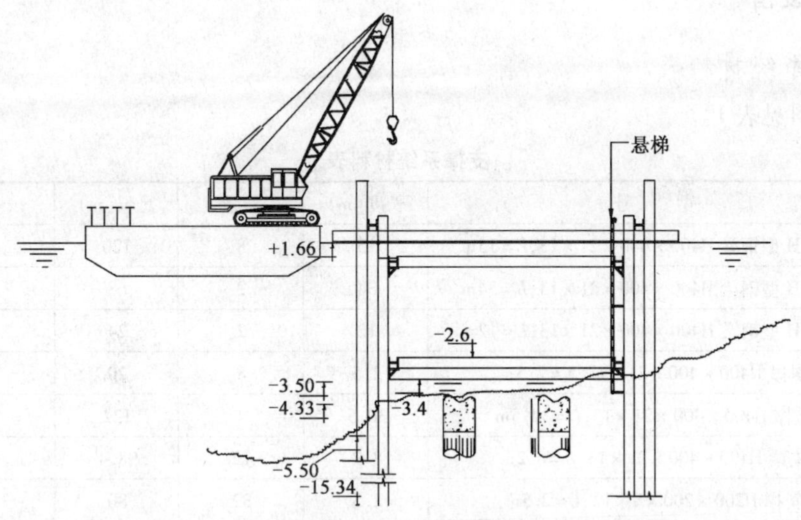

图6 抽水清淤示意图(高程单位:m)

图7 H型钢梁和围檩打孔

图8 主梁A端与H型钢梁的连接示意图

(5)主梁B端将油泵与围檩栓接,然后通过油泵顶推主梁,调整支撑系统的受力状态,以此达到支撑系统的长度和受力均满足要求,之后安装斜撑,最后安装油泵保护套,如图9所示。

图9 主梁B端连接示意图

注:钢结构受力计算可根据实际情况按规范计算,此略

6 材料与设备

6.1 支撑系统材料表

支撑系统材料见表1。

支撑系统材料表 表1

序号	型号	长度(m)	数量	总长(m)	备注
1	垂直H型钢梁 H400×400×21×13,L=15m	15	8	120	用于支架
2	水平H型钢梁 H400×400×21×13,L=34m	34	2	68	用于支架、围檩
3	水平H型钢梁 H400×400×21×13,L=12m	12	2	24	用于围檩
4	斜撑 H400×400×21×13,L=2.5m	2.5	8	20	用于支撑系统
5	横撑 H400×400×21×13,L=30.5m	30.5	4	122	用于支撑系统
6	主梁 H400×400×21×13,L=8.2m	8.2	12	98.4	用于支撑系统
7	斜撑 H200×200×8×12,L=2.5m	2.5	32	80	用于支撑系统
8	钢板桩 W600×180×13.4,81.6kg/m	18	136	2448	
9	等边角钢 100×100×7	0.4	96	38.4	用于支架
10	等边角钢 100×100×7	0.4	40	16	用于H型钢梁

6.2 围堰施工设备

围堰主要施工设备见表2。

主要施工设备 表2

设备	型号	数量	备注
驳船	400~600t	1	用于打钢板桩
履带式吊车(带挖斗)	0.7~1m^3	1	用于打钢板桩
振动锤	10t	1	用于打钢板桩
吊车	15t	1	共用
氧气切割机		1	每2组1台
研磨机	1 200W	1	
电焊机	220V/380V	1	

7 质量控制

质量控制工程师(QC)和现场工程师(SE)应检查所有工作,以确保按工法和图纸施工。试验与检查计划见表3。

试验与检查计划 表3

序号	检查和试验(规范/图纸参照)项目	责任	检查/试验方法	验收标准
1	准备工作	QC/SE	计划和现场	
2	钢板桩插打	QC/SE	测量/设备控制	
3	围堰高程	QC/SE	测量	误差=-50~+10mm
4	围堰尺寸	QC/SE	测量	误差:-10~+50mm
5	围堰中心和四角坐标	QC/SE	测量	误差:±5mm
6	支撑系统尺寸及位置	QC/SE	测量	误差:±10mm
7	稳定度(螺栓、螺帽及拉杆紧密性及位置)	QC/SE	现场监督指导	螺栓连接应稳定

8 安全措施

(1)所有工作均根据本工法及项目管理计划和安全管理计划相关安全程序执行。

(2)起吊前必须检查吊车及挂钩、绳索等,作业时,起吊区不得有无关人员。

(3)为防开挖时出现危险,如有车辆或人员碰撞,从高处跌下,施工队必须安排人员指挥交通。不允许工作人员出现在转运设备附近,深开挖的地方应提供梯子、障碍物和警告标志。

(4)现场设置安全员负责人身安全与环境卫生,在现场巡视检查安全操作,及时制止危险作业行为,维护现场安全秩序。

(5)进入施工现场的人员应满足下列要求:

①佩戴好合适的劳保用品,所有工作人员必须正确佩戴安全帽。

②负责河上施工的人员必须穿救生衣。

③施工现场应至少配备一个全时保安。

④施工现场不得吸烟,醉酒人士不得进入现场。

⑤严格遵守现场规则规定或安全信号人员指令。

⑥未回填基坑周围应设置防护栏及安全警告标志。

⑦每个项目、每步施工,应正确设置信息板系统和信号人员,以确保施工区内人员及车辆安全。

⑧夜间施工,无论何时,都应充分配置照明系统。

(6)设备安全:

①拟用于现场的设备送往现场前应予检查,确保处于安全工作状态。

②设备进入现场前,应购买保险,司机佩戴劳保用品。

③根据工作类型,施工现场人员应与机器设备保持一段安全距离,现场工程师应将这些要求通知所有工作人员,包括操作员。

9 环保措施

环保措施见表4。

环 表 措 施 表4

编 号	项 目	环境问题	控制措施
1	噪声	更高噪声水平	按环保控制体系要求执行
2	振动	更高振动水平	按环保控制体系要求执行
3	空气质量	车辆行驶引起的灰尘	洒水车定时洒水,运输车辆要有遮护网
4	水质	溢油	现场应有吸油材料,油库液压机组应封好
5	废物、废料	施工废料,混凝土废料	现场提供废料箱,并定期清理;为混凝土废料提供地方
6	水环境	水污染	环保机构对水样进行抽样分析

10 效益分析

由于钢板桩围堰施工的支撑系统的特点是需要重复安装和拆卸,尤其是工程量较大的流水施工,整套的钢板桩和支撑系统需要循环利用,因此,支撑系统的容易拆卸组装变得尤为重要。本工法的支撑系统不需要焊接,只要前期做好准备工作,即可进行快速的安装和拆卸,避免了传统施工工艺的下料难、浪费多等弊端,节省了材料和焊工,安全节能环保,缩短工期,具有非常可观的经济效益、工期效益、质量效益、安全效益和环保效益,综合效益很高。

现场组装的工艺有利于推进建筑施工集成和规模化应用,并且极大地提高了工程环保效果,符合国家现行提倡的绿色施工、节能施工的要求,符合国资委关于中央企业节能减排的要求,具有很大的推广价值。

11 应用实例

11.1 工程实例一

越南南北高速公路胡志明—龙城—油曳1A项目位于越南湄公河三角洲地区,主要为高架桥施工,全长3.5km,地质条件为三角洲地区的超深砂层。其中,桥梁部分长度3 278m,共84跨,桥梁左右幅独立施工,基础采用直径1.2m、长度52~88m不等的钻孔灌注桩,超深淤泥层地质条件决定下部结构施工中的陆上下部结构和水中下部结构全部采用钢板桩围堰,围堰施工168个,上部结构采用预应力简支梁架设安装,预制梁从24.3~38.3m长度不等。

钢板桩围堰无焊接可拼装支撑系统工艺,在越南1A项目的应用,提高了材料利用率,在流水施工中极大地提高了施工效率,节省了工期,创造了一定的经济效益,得到了国外业主和监理的一致好评,提高了中国施工企业在海外市场的品牌形象,积累了在越南湄公河三角洲地区围堰施工经验,并且为节能减排和绿色施工创造了良好的典范。

11.2 工程实例二

中国路桥承建的越南河内海防高速公路EX3标段,位于越南兴安省,工程所在地为冲积平原,地质条件为超深淤泥—软弱黏土层—砂层,且地下水位很高。项目全长14km,双向六车道高速公路,包含高速公路和高架桥施工。桥梁左右幅独立施工,基础采用直径1.2~1.5m、长度48~61m不等的钻孔灌注桩,超深淤泥层地质条件决定下部结构施工中的陆上下部结构和水中下部结构全部采用钢板桩围堰,围堰施工82个,上部结构采用预应力简支梁架设安装,预制梁长度为24.3~38.3m不等。

项目也成功采用钢板桩围堰无焊接可拼装支撑系统工艺,大大提高了材料利用率,在流水施工中极大地提高了施工效率,节省了工期,创造了一定的经济效益,得到了国外业主和监理的一致好评。

旋挖机组合气举反循环钻机钻孔桩施工工法

GGG(中企)C1061—2013

郑维武　王　炜　杨小刚　黄　崴　杨林泉
（中国路桥工程有限责任公司）

1　前言

旋挖机组合气举反循环钻机钻孔桩施工是一种将旋挖机进行土层开挖，反循环钻机连续钻岩排渣技术结合在一起的施工工艺。旋挖机组合气举反循环钻机钻孔桩施工工法，是中国路桥工程有限责任公司在澳门轻轨车厂地基建造工程项目施工中研究形成。由于澳门轻轨车厂地基建造项目的施工区域的土层结构为新填海区，自上而下地质情况为：建筑垃圾层，海泥层，黏土层（或砂层），强风化层，花岗岩。桩身设计特殊，按设计，临时护筒需穿过海泥层至少2m，永久护筒底部需穿过 $SPT>40$ 的土层约2m。澳门政府对环保施工的要求很高，政府在施工过程中对噪声、水土废弃物的排放等环保方面的要求非常严格。该项目工期要求紧，仅380d，工程量299根桩，平均桩长约70m，除去前期的准备工作，要求平均一天成桩1根。基于项目的以上特点，考虑各桩工机械的性能和特点，为满足工期和环保方面的要求，成孔的质量和效率的要求，在借鉴香港地区比较先进的施工经验后，确定采用“磨桩机埋设临时护筒，旋挖机取土，RCD钻岩”的施工方法，一举解决了以上施工困难。相比香港地区常见的蚬式抓斗取土，旋挖机具有更好的机动性。由于机上配有电脑监控系统，因此，施工过程更具可控性，相比传统的冲击成孔，施工过程更为环保，成孔效率更高。

该工法在澳门轻轨车厂地基建筑项目中得到成功应用，得到了业主的好评，项目获得澳门政府颁发的“楼宇建造地盘—特别工程项目”和“最佳安全管理制度”两项嘉奖。为了更好地促进该工艺的推广应用，总结各方经验，形成本工法。

2　工法特点

（1）旋挖机进行土层开挖，成孔速度快，斗筒取土及卸土都比较容易，振动与噪声都较低。

（2）气举反循环钻机使用液压装置提引高强度钨金钻头，有利于坚硬岩层的钻进，并减少传统冲击钻成孔的扩孔系数。

（3）采用气举反循环钻机，泥浆上返速度高，排渣能力强，能有效阻止钻渣对孔壁的冲刷。

（4）双层波纹管永久护筒的使用，在灌注混凝土的过程中，减少了因塌孔而造成断桩及混凝土超方现象，并减小了日后土体沉降对桩身的负摩阻力。

（5）采用空压机作为反循环排渣设备，实现了气举反循环连续排渣，钻进效率高，可用于超深孔的钻进施工。

（6）临时护筒埋深穿过软弱地层，减少开挖过程中塌孔的可能性。

3　适用范围

该工法适用于各种地质条件下的大口径、大深度桩基础，尤其是黏土层、淤泥层、砂层较厚的港口、码头、江河湖海中的桥梁桩基础。

4 工艺原理

旋挖机成孔利用带有斗筒式钻头的钻杆旋转及本身的自重,旋挖机配上土层双底捞砂钻头后,对土层和淤泥层开挖效率比较高,且一般能挖至100m左右。气举反循环岩层钻进工作原理,通过钻杆上的附管将压缩空气送至液面以下一定深度,形成相对密度小于泥浆液的气液混合物,从而在钻管内形成压差,在压差的作用下,气液混合物以较高深度向上流动,形成空气、泥浆液、岩屑的三相流,当此三相流流至地面沉淀缸时,空气逸散,钻渣沉淀,泥浆流回钻孔进行循环。

5 施工工艺流程及操作要点

5.1 施工工艺流程

施工工艺流程见图1。

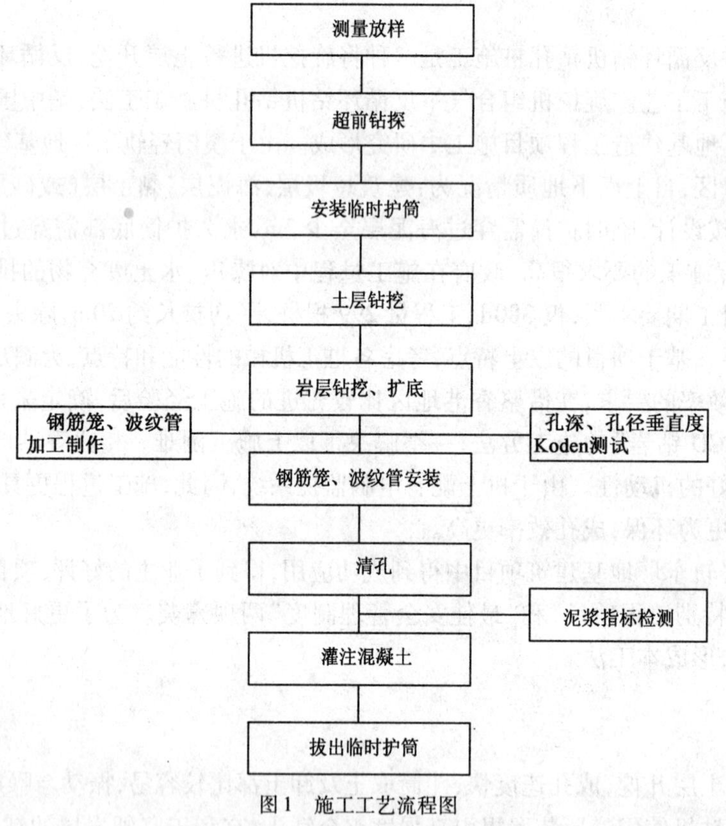

图1 施工工艺流程图

5.2 操作要点

1)测量放样

钻桩等机械就位前,必须先把工作区域之地面进行平整处理,如有需要,则以碎石回填,并且加以压实,避免出现不平稳之情况,如有需要,则需铺设铁垫板。然后再依照设计图测定桩位及地面高程,并依照基桩点位坐标值于现场使用精密量测仪器进行放样,一一测定出基桩位置。桩位放样时,需复测,并将误差控制在5mm以内,将直径约10mm的钢筋打入土中作为桩中心,并用红漆做好记号。

2)超前钻探

按照施工规范的限定,在每个桩基位置进行超前钻探,并借此以了解钻桩位置的地质状况。在勘探工作展开之前,先依照图纸设计及监理工程师的指示于拟定的施工范围内进行放线工作,订出每个钻探孔的位置,并漆上标记,给钻探孔编以号码,以资识别,避免日后施工时有所混淆或出错,并方便日后提交记录之用。

待放线工作完成后，随即把钻孔机移至钻探孔的正确位置。钻孔机就位时，必须安置在牢固的地面或木垫板上，以保证钻孔机平定稳固，转动马达之中心应与钻探孔之中心对准，并随即利用水平尺或角度仪把钻孔机调校至设计要求的90°垂直角度。

待钻孔机完成调校角度之后，随即采用全套管钻孔工法进行钻孔，方法是先以 *H* 尺寸（101mm 外径）的钢套管及合金钻嘴来钻削切土层或孤石层，并辅以稳定压力及适当分量的清水作为开孔之冲刷剂，以利贯穿现有的土层或孤石层。

在土层钻孔期间，每个钻探孔均会于离地面2m 开始，每相隔2m 深度的距离进行一次标准贯入测试（SPT），并把锤击数据清楚记录，与此同时，收取 SPTJar 样本或 Liner 样本并提交报告。

岩石层勘探期间，每个钻孔均以 NX 钻头钻取不少于5m 或2倍桩基础直径的入岩深度，以较深者为准，并以套管在基岩取样，以确定基岩持力层的高程，其钻取的岩石必须为Ⅲ级之微软或更佳的中度风化岩石，岩石取芯率（TCR）不小于95%。

地质勘探完成后，所有岩芯样本均装木箱保存在施工现场，并于3d 之内必需提交一式两份含基岩面高程及其分布情况的详细钻探报告，相关报告交予工程师审阅，以便批示桩基之深度。

通过超前钻探，摸清地质情况，超前钻过程中需记录不同深度的地质变化情况以及岩层的 *RDQ*，并最终形成钻探报告，根据钻探资料确定桩底高程。

3）埋设临时护筒。

埋设护筒前，用十字交叉法将桩中心引出，作4个标记点，直至成孔。埋设护筒时将中心引回，使护筒中心与桩中心重合。使用磨桩机将护筒下沉至穿过软弱土层约2m 处。

以一台150吨级以上的吊机把摇管机（OSCILLATOR）吊放及定位于正确桩位上，在磨桩机就位前，须检查地面是否坚实及适度的水平，避免磨桩机定位及受压后，出现不平均沉降的现象，而致增加调整钢套管垂直的困难度。

机械设定于正确的桩位后，马上利用吊机将装有切削头的第1节钢护筒吊放至摇管机夹具中，进行垂直度检测后，以摇管机下沉护筒，然后吊装第2节护筒，并与第1节护筒烧焊连接（或以螺栓连接），及时再次检测垂直度后继续下沉。之后以同样的工序安装第3节及以后的临时护筒，直至护筒底部钻进至 CDG 层2～5m。

护筒埋设过程中，于地面上 *X*、*Y* 向两侧各置一组三脚架及垂球为辅助，定期以角度仪及测量仪检察桩孔的垂直度，以避免因过大偏差而影响工程质量。护筒埋设的垂直度，出现偏差时及时矫正。

护筒安装的平面位置偏差要求不大于75mm，垂直度偏差要求不大于1:75。

4）土层开挖

采用全液压旋挖钻机钻挖土层及可钻挖的 CDG 层，并配备自卸车及时清走挖出的土。钻挖过程中，应定期记录钻挖深度，填写相关记录。钻挖期间遇到难以掘进的障碍时，若是表层的建筑垃圾，则采用冲击钻击碎，若是深层的散石或夹层，则采用冲击钻击碎或安装 RCD 施工。

现有地质数据显示，预计钻孔平均深度大约72m，总出泥量约55 500m^3，单日出泥量大约200m^3，自卸车运输方量为8～10m^3，每次出泥耗时1h，预计现场至少需要安排3台自卸式汽车出泥。且出泥前需清洗好车轮，做好覆盖措施，防止污染街面。

5）岩层钻进

不同直径的桩，可采用不同规格的护筒夹持器将气举反循环钻机安放在护筒顶部；倾斜钻机桅杆，打开钻机孔口开合装置，用吊机将钻头下放至桩孔中；倾斜动力头安装钻杆；下钻钻进。在钻进过程中，根据孔深的不同可对钻杆进行接长，同时，为保证钻杆钻机的垂直度，钻杆上配有扶正器。钻进过程中，需要保持孔内水位并经常检查泥浆相对密度。针对不同的地层采用不同的泥浆相对密度，以保持孔壁的稳定。一般砂卵石地层泥浆相对密度在1.2左右，岩石层泥浆相对密度在1.05～1.15之间较好。

6）扩底

完成岩层钻挖之后,将钻头取出,换上扩底钻头对桩底进行扩孔,见图2。不同的桩径,扩底直径不同,扩底时,扩底钻的行程也不同。现场根据设计参数选择合适的扩底桩头,并根据操作说明计算扩底行程。

7)清孔

待扩底完成后,利用压缩风或抽排泵进行清孔,见图3。

图2 扩底

图3 清孔示意图

(1)在成孔完毕后立即进行

当扩底完成后,利用RCD机内导管,通过气反循环进行清孔,把孔内泥渣及石碎抽排出桩孔外,并尽量把桩孔底部的沉渣捞清,见图3。

(2)在混凝土浇灌前

待特密管(导管)安装完毕后及灌注混凝土之前,为保证混凝土与基岩面完全接触,须重新检测桩底沉渣。如有必要,会以压缩风或抽排泵进行再次清孔。

待桩孔清洗干净后,向现场业主代表或监理工程师展示其洁净情况及再次量度桩孔的深度,并作出记录。

8)吊装波纹管永久护筒及钢筋笼

桩孔经检查合格后,利用吊机将已加工好的波纹管永久护筒和钢筋笼吊装至孔内。为确保钢筋笼的垂直度及下放的安全性,钢筋笼采用限位架预拼装方式分节制作,主筋采用螺纹接头连接方式。制作好的钢筋笼用平板车运至孔口,利用履带吊吊装,并于孔口连接,下放至设计高程予以固定。

钢筋笼分节进行吊装,吊装时利用主次吊车5点起吊钢筋笼(图4),待钢筋笼离地面一定高度后,次吊停止起吊,利用主吊继续起吊行走至孔口,直至把钢筋笼放入孔内。当钢筋笼吊至孔口时,使钢筋笼中心对准孔位中心,扶正后缓缓匀速下入孔内,严禁摆动碰撞孔壁。当每节钢筋笼入孔下放至每一节的第一道加强箍时,穿入扁担把钢筋笼固定在孔口。用同样方法吊起其上一节钢筋笼,当上下两节笼在同一铅垂线后,转动上节钢筋笼,以使两节钢筋笼的同一主筋、声测管等对正,并保证上下轴线一致。先布置好声测管,再连接主筋直螺纹接头。接好所有接头后,缠绕上螺旋筋。吊起钢筋笼,然后缓缓匀速下入孔内,边下钢筋笼边装上保护块。待钢筋笼吊放至设计位置后,将吊筋牢固地固定在孔口扁担上,防止钢筋笼在灌注混凝土过程中上浮或下沉。

9)安装导管

待钢筋笼吊放完成后,以吊车把一组ϕ300的特密管(导管)吊进至桩孔内,并垂直放至离开基桩底部约300mm的位置,于吊放特密管之前,先对特密管进行详细检查,把破损部修理妥,并确保管内没有阻塞物,见图5。

吊放时注意避免碰撞钢筋笼,待吊放完成后,于特密管的顶部装上一个混凝土漏斗。吊放导管时,应控制好导管垂直度,防止卡挂钢筋笼或撞击孔壁。导管底部距孔底约0.5m。

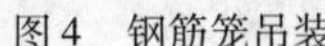

图4　钢筋笼吊装

图5　导管安装示意图

10)灌注水下混凝土

混凝土到达施工现场,需检测其坍落度,最小坍落度不得低于175mm,其初凝时间不应小于18h。

现场使用吊机吊住容积为4m^3的吊斗进行混凝土灌注,漏斗上方设置滤网以过滤未搅拌均匀的集料。混凝土车将混凝土御入料斗后,将料斗吊至与导管相连的混凝土漏斗上方,打开闸门,御出混凝土。与此同时,混凝土车将混凝土御入另一个4m^3吊斗,做好灌注准备。现场有4辆车以上混凝土时,即可开始混凝土的灌注。混凝土浇筑过程中,应保证其灌注的连续性。现场将使用贝雷架搭设的平台作为工人浇筑作业的工作平台。

在水下混凝土浇筑之前,先将一个橡皮碗栓塞(Plunger)置于特密管内,以充当止水栓,防止特密管内的水与混凝土混合。

在浇筑混凝土作业过程中,依规范要求以水下灌注方式(Trimie method)进行灌注,并维持特密管始终埋入混凝土内4m以上,待混凝土灌注至满管,再提升150~200mm,并以漏斗做适度高度调节。

在水下混凝土浇筑过程中,所排出的稳定液应通过泥浆管排回中央稳定液池,以避免护筒中的浆液溢出管外,造成施工现场泥泞。

在整个过程中,应派人不停地检察及记录,以确保施工质量,并在工地现场对每车混凝土进行温度测试、坍落度测试及制作一组150mm×150mm×150mm混凝土试块,共6块,并分别送往试验室进行7d及28d抗压测试。每灌注一批次混凝土都需要测量有关数据:混凝土面高程、导管埋深、护筒埋深等,并做好相关的记录。

按图纸及技术规范要求,需要超灌混凝土至设计高程以上不少于1m。

为确保临时护筒可顺利拔除,在灌注混凝土前,应全面检查磨桩机和吊机,以确保可正常工作,并在磨桩机就位后进行预拔作业,将埋置于土层中的钢护筒预先磨松。另外,为确保护筒不因混凝土坍落度损失过快,在护筒与混凝土间产生较大的摩擦力,从而致使护筒难以拔除,应严格控制混凝土的初凝时间,本工程中混凝土的试拌初凝时间为18h。

避免钢套管因埋入混凝土过久而无法拔除现象,在混凝土灌注过程中及完成混凝土灌注后,将低于混凝土面以下的钢套管以液压静力旋转分段方式逐段拔除,于拔除之前,先以水尺适时检测混凝土上升高度,并检核注入混凝土数量,并作为套管提升高度的依据,当每节钢套管拔除后,下面剩余的底端必须保持在混凝土内4m以上,以避免孔壁土发生崩坍。

6　主要施工机械设备

主要施工机械设备(表1)包括长度能穿过软弱地层的各种直径的钢护筒、磨桩机、旋挖机、空压机、气举反循环钻机及配套的钻具(标准钻头、扩底钻头)、履带吊、波纹管永久护筒生产设备等。

主要施工机械设备 表1

序号	名称	单位	型号规格	数量
1	钻探机	台	Boart Lonyear LY38	6
2	旋挖机	台	YTR260B	2
3	反循环钻机	台	"WIRTH"PBA-818	5
4	磨桩机	台	"SAMBO"SCO250	3
5	空压机	台	"Atlas Copco"XRHS1096	5
6	履带吊	台	SCC100C	5
7	挖掘机	台	Kobalco SK200	2
8	装载机	台	ZL50	1

7 质量控制

7.1 工程质量控制标准

(1)钻机、旋挖机等出厂质量验收标准。

(2)施工时,本工法执行以下质量标准:

①《公路桥涵施工技术规范》(JTG/T F50—2011)。

②《建筑地基与基础工程施工质量验收规范》(GB 50202—2002)。

③《屋宇结构及桥梁之安全及荷载规章》。

④BS 8110:1985:Structural Use of Concrete。

⑤质量控制手册。

⑥施工设计图中的说明与具体要求。

7.2 质量保证措施

(1)桩位放样过程中,应做好复测和护桩工作,确保桩位的准确性。

(2)临时护筒埋设时,需检测埋设过程中护筒的垂直度,并使护筒中心与桩中心重合。

(3)旋挖取土过程中,需确保桩架、钻杆的垂直度,保证成孔不倾斜。

(4)完成成孔后,需确保成孔深度和嵌岩深度,并通过Koden测试检测孔径、孔深、扩底情况。

(5)钢筋笼和波纹管永久护筒,需要按设计规范要求检验直径、数量、规格、数量和制作质量。

(6)灌注混凝土前,需检测泥浆指标,确保清孔质量。灌注混凝土时,加强对混凝土搅拌时间和坍落度的控制。保证导管在混凝土中的埋置深度。

8 安全措施

(1)认真贯彻"安全第一,预防为主"的方针,根据澳门有关法令,结合本单位实际情况和现场具体特点,组成安全生产管理网络,明确安全职责。

(2)机械操作手,应遵守相关的安全操作规程。

(3)钢筋笼、波纹管永久护筒、辅助设备吊装和转运时需遵守安全规范。

9 环保措施

(1)成立应对施工环境的管理部门,在施工过程中严格遵守相关的环境保护法律法规,加强对施工燃油、工程材料、设备、废水的控制和治理。

(2)设置专用排水系统,现场排水必须经过沉淀方可排入市政排水设施,设沉沙池,对沉沙池定期清理。

(3)对旋挖机取出的土,及时清理,安排专门车辆将弃土运至指定地点倾倒,并在运输过程中做好防散落与沿途污染措施。

(4)定期对泥浆沉淀缸进行清理,将沉渣及时清除场地。

10 效益分析

该技术条件成熟、适用范围广。实践证明,采用该套工法进行钻孔施工,经济效益和社会效益显著。

(1)节能环保效益:旋挖取土振动与噪声较低,经现场测量,该工法成孔过程中噪声值仅为冲击钻成孔噪声值的30%,减小了噪声污染。泥浆通过沉淀缸循环,对施工现场污染小,具有显著的环保效益。

(2)经济效益:该工法施工速度快,以桩长70m、入岩5m的桩为例,该工法的成孔工期约4d,而传统冲击成孔法工期约14d,显著节约工期,具有良好的经济效益。

11 应用实例

11.1 工程实例一

澳门轻轨车厂一期C380项目有1.5m桩243根,1.8m桩42根,2.0m桩14根,所有桩均需扩底。原地面高程在+4.5~+5.5m之间,地质岩面高程在-52~-80m之间,桩长60~90m,覆盖层主要为垃圾层、淤泥层、砂质黏土,其中,垃圾层厚2~20m,主要为生活垃圾和建筑垃圾,基岩为等级Ⅲ~Ⅱ的花岗岩,单轴抗压强度30~65MPa。该项目应用本工法,成功解决了新填海区特殊土层问题,以及业主对工期和环保的高要求。通过对现场钻孔记录的统计分析,平均成孔(土层开挖到扩底完成)效率为0.25,即4d完成成孔。

该工法在澳门轻轨车厂一期地基建造工程项目中,取得了较好的施工效果,受到政府和业主的好评。

11.2 工程实例二

路氹汽车检验中心一期由长江建筑有限公司承建,中国路桥工程有限责任公司作为分包单位承担了该工程60根1.8m直径钻孔桩施工。工程桩基础采用旋挖机结合反循环钻机工艺施工,充分发挥了旋挖机开挖土层和反循环钻机钻岩的优势,施工速度快,工艺施工噪声和施工振动小,保证24h作业无环境污染投诉。工程按期完成所有桩基施工,检测质量全部合格。

深水大型钢吊箱围堰计算机控制同步下放施工工法

GGG(中企)C1062—2013

徐秋红　丁以伟　韦理仁　杨新林　周小波
(中国中铁股份有限公司)

1　前言

江顺大桥主墩承台钢吊箱围堰总长75.452m、总宽26.9m、高12.5m,吊箱及附属结构总质量约2 450t,起吊质量达1 240t,属超大型箱形结构。由于西江航道内千吨级浮吊无法进场,无法采用浮吊进行整体吊装下放,而传统的人工控制多台千斤顶下放的工艺同步性较难控制。中国中铁股份有限公司通过开展科技攻关,采用计算机控制液压系统同步下放技术解决了以上难题,安全高效地实现了大吨位、大跨度、大面积的超大型钢吊箱围堰的精确沉放,形成了深水大型钢吊箱围堰计算机控制同步下放施工工法,该工法经济效益和社会效益显著。

2　工法特点

(1)计算机通过液压系统控制4个承重点,简化了下放系统设计和施工。本项目钢吊箱围堰体积大、吨位大,下放系统施工为高空作业,传统的施工工艺由人工控制多台千斤顶下放,下放系统复杂,下放过程中需要倒顶,下放时间长,效率低。本工法运用计算机远程控制4台大吨位连续千斤顶同步提升下放钢围堰,有效简化了围堰下放系统的施工,缩短了施工工期。

(2)计算机控制4点同步下放,下放过程各点位移同步性高。本工法采用计算机系统控制4台对称布置的500t连续液压千斤顶同步下放钢吊箱围堰,由各下放吊点处的位移传感器配合实时通信模块,主控计算机上可以实时分析传感器采集的各点位移数据,并进行相应调整,下放过程各点同步性高,实际位移精度控制达到毫米级。

(3)钢吊箱围堰入水后,采用恒载重力导向,保证下放稳定性。钢吊箱围堰入水后受潮汐影响,稳定性较难控制。本工法采用恒载重力导向,即从钢吊箱围堰底板入水3.2m后,开始向钢吊箱围堰双壁内注水,注水量与钢吊箱围堰下沉时排水量保持一致,使钢吊箱围堰始终保持恒定的压重,提高了钢吊箱围堰下沉过程的稳定性和安全性。

(4)下放过程由钢吊箱围堰侧壁上导向架限位,平面偏差较小。钢吊箱围堰下放过程中平面位置由侧壁上的多个导向架控制,导向架与护筒间隙为1cm,即下放过程中钢吊箱围堰平面位置偏差始终控制在1cm以内。钢吊箱围堰下放到位后,只需进行微调,平面位置和垂直度满足规范要求即可直接锚固锁定,节省了大量的钢吊箱围堰定位时间。

3　适用范围

本工法适用于公路桥梁大型钢吊箱围堰的现场拼装整体下放快速施工,也可推广应用于大型市政工程、铁路工程桥梁钢吊箱围堰的整体下放施工。

4　工艺原理

钻孔桩基础施工平台改制后,作为钢吊箱围堰墩位处拼装平台,钢吊箱围堰分块在后场加工完成,倒运到墩位处由浮吊进行拼装。钢吊箱围堰拼装完成后,接高钢吊箱围堰内对称的4根钢护筒,安装液压下放系统,由计算机控制4台液压连续千斤顶整体提升钢吊箱围堰0.1m,检查钢吊箱围堰及吊装系统结构安全是否满足要求,满足要求后整体提升钢吊箱围堰1.5m,然后迅速拆除拼装平台,开始下放钢吊箱围堰。下放时由计算机控制各吊点同步下放,下放至距离水面1.7m处停止下放,安装钢吊箱围堰吊挂系统下锚点,然后开始第二阶段下放,直至下放到设计高程,调整钢吊箱围堰平面位置及姿态后锚固锁定。

5 施工工艺流程及操作要点

5.1 施工工艺及流程

1)计算机同步控制提升技术特点

计算机控制液压同步提升技术是一项新型的构件提升安装施工技术,它采用柔性钢绞线承重、提升油缸集群、计算机控制、液压同步提升原理,结合现代化施工工艺,可将万吨级的构件在地面拼装后,整体提升或下降到预定位置安装就位,实现大吨位、大跨度、大面积的超大型构件的整体吊装。

计算机控制液压同步提升技术的核心设备采用计算机控制,可以实现全自动完成同步升降、实现力和位移的精确控制、操作锁定、过程实时显示和故障报警等多种功能,是集机、电、液、传感器、计算机和控制技术于一体的现代化先进施工设备。

计算机控制液压同步提升技术主要具有以下特点:

(1)通过提升设备扩展组合,提升质量、跨度、面积不受限制。

(2)采用柔性索具承重,只要有合理的承重吊点,提升高度与提升幅度不受限制。

(3)提升油缸锚具具有逆向运动自锁性,提升过程十分安全,并且构件可在提升过程中的任意位置长期可靠锁定。

(4)提升系统具有毫米级的微调功能,能实现构件空中姿态的精确调控。

(5)设备自动化程度高,操作灵活方便,安全性好,适应面广,通用性强。

计算机控制液压同步提升技术的特点和工程实践表明,它是一项极具应用前景的新技术。

2)计算机同步控制下放原理

(1)同步下放控制原理。主控计算机除了控制所有下放油缸的统一动作之外,还必须保证各个下放吊点的位置同步。在下放体系中,设定一个主令下放吊点,其他下放吊点均以主令吊点的位置作为参考来进行调节。主令下放吊点决定整个下放系统的下放速度,操作人员根据工程实际需求和泵站的流量分配设定下放速度。根据现有的下放系统设计,最大下放速度不大于10m/h。主令下放吊点下放速度通过液压系统中的比例阀设定。

在下放系统中,每个下放吊点下面均布置一台距离传感器。这样,在下放过程中,这些距离传感器可以随时测量当前的构件高度,并通过现场实时网络传送给主控计算机。每个跟随下放吊点与主令下放吊点的跟随情况,可以用距离传感器测量的高度差反映出来。主控计算机可以根据跟随下放吊点当前的高度差,决定相应比例阀的控制量大小,从而实现每一跟随下放吊点与主令下放吊点的位置同步。

(2)下放动作原理。提升油缸数量确定之后,每台提升油缸上安装一套位置传感器,传感器可以反映主油缸的位置情况、上下锚具的松紧情况。通过现场实时网络,主控计算机可以获取所有下放油缸的当前状态。根据下放油缸的当前状态,主控计算机综合现场施工的控制要求,决定下放油缸的下一步动作。计算机同步控制系统布置如图1所示。

3)施工工艺流程图

围堰下放施工工艺流程见图2。

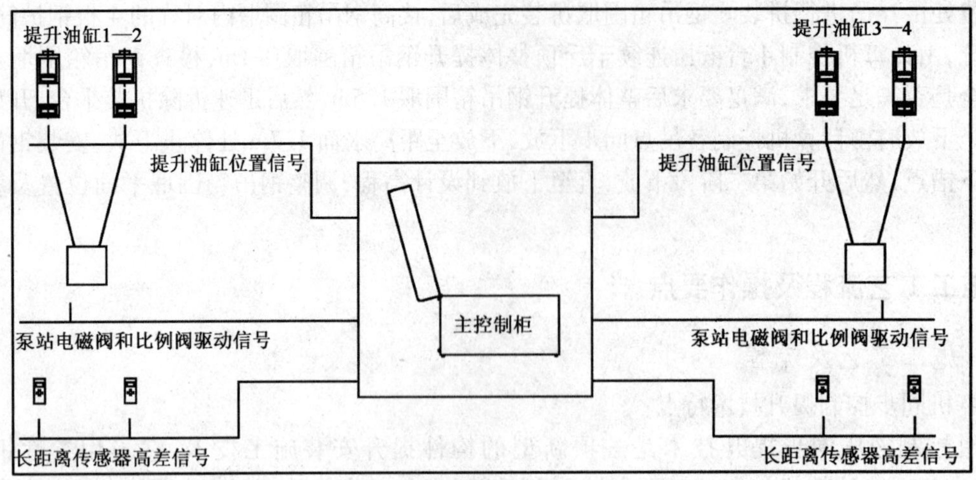

图1 计算机同步控制系统布置图

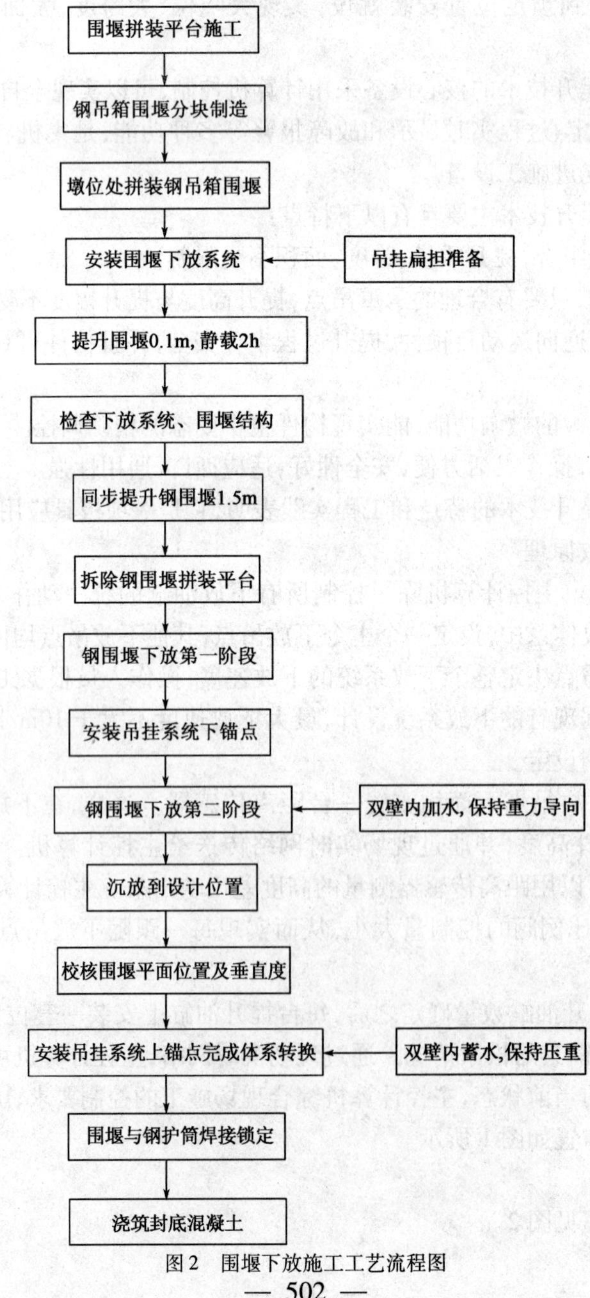

图2 围堰下放施工工艺流程图

5.2 操作要点

1)围堰拼装

吊箱围堰分块在后场加工并进行预拼装,然后由25t平板车倒运至墩位处进行拼装。

围堰拼装时先拼装龙骨,接着在龙骨上铺装底板,然后开始安装侧壁板,侧板总高度12.5m,竖向不分节一次安装到位,侧板与底板安装可同时进行。侧板安装完成后接着安装内支撑、连通管等结构。

围堰主体结构拼装完成后,接高围堰内4根钢护筒,最后在接高的钢护筒上安装围堰下放分配梁及远程控制液压下放系统。江顺大桥Z4号墩吊箱围堰下放立面布置、侧面布置分别如图3和图4所示。

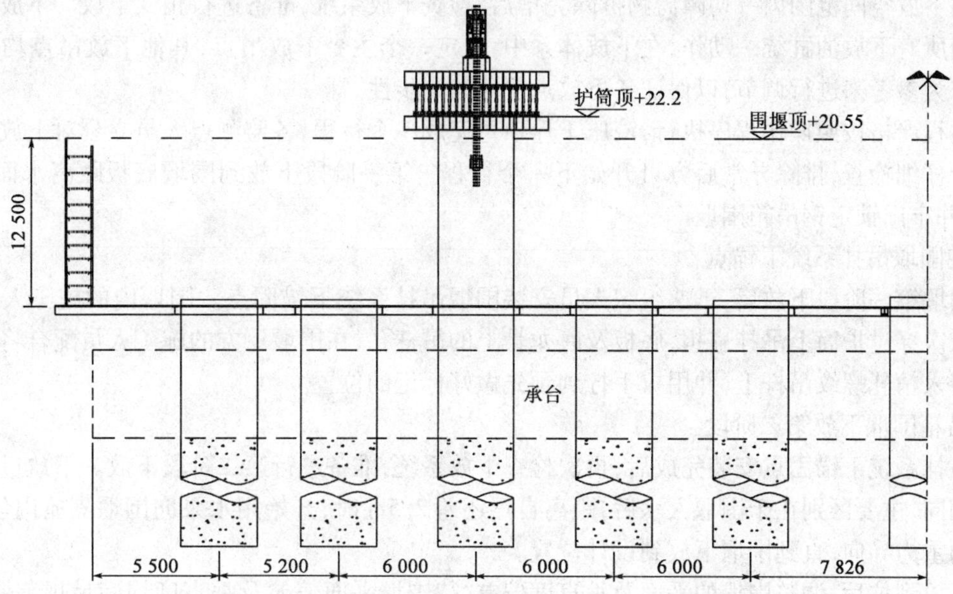

图3 Z4号墩围堰下放1/2立面图(尺寸单位:mm;高程单位:m)

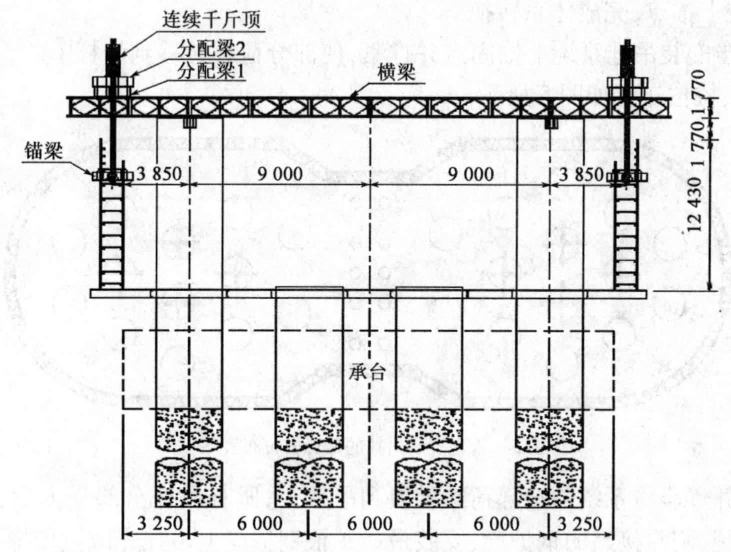

图4 Z4号墩围堰下放侧面图(尺寸单位:mm)

2)钢吊箱围堰提升阶段

计算机同步控制系统安装调试完成后,开始提升钢围堰,提升时按20%、40%、60%、80%、90%、100%分级加载,每次加载,须按下列程序进行,并作好记录。

操作:按要求进行分级加载,使油缸受力达到规定值;

观察:各个观察点及时反映观察情况;

测量:各个测量点应认真做好测量工作,及时反映测量情况;

校核:数据汇交现场总指挥,比较实测数据与理论数据的差异;

分析:若有数据偏差,有关各方应认真分析,找出原因;

决策:认可当前工作状态,并决策下一步操作。

严格按照操作程序加载,提升钢围堰脱离拼装平台至10cm,静载2h,检查下放系统和围堰结构无异常,继续提升钢围堰至1.5m高,锁定钢围堰,然后迅速组织人员拆除围堰拼装平台。

3)钢吊箱围堰下放第一阶段

钢围堰下放空间范围内一切障碍物拆除完毕后,检查下放系统,准备进行正式下放。下放时由主控计算机控制所有下放油缸统一动作,在下放体系中,设定一个主令下放吊点,其他下放吊点均以主令吊点的位置作为参考来进行调节,以保证各下放点位移的同步性。

下放过程严格按照操作程序执行,液压千斤顶每完成一个行程,各监测点人员立刻对下放系统及围堰结构进行仔细检查,排除异常后方可开始下一个行程。第一阶段下放到围堰底板距离水面1.7m时停止下放,并牢固锁定钢吊箱围堰。

4)安装围堰吊挂系统下锚点

完成围堰第一阶段下放后,迅速组织人员安装围堰吊挂系统下锚固点。围堰内的施工人员将精轧螺纹吊杆依次穿过护筒上吊挂扁担、底板及底龙骨上的吊杆孔,在围堰下方的施工人员配合将锚垫片及锚固套筒穿入精轧螺纹吊杆上,并用扳手拧到预先做好标记的位置。

5)钢吊箱围堰下放第二阶段

围堰吊挂系统下锚固点安装完成后,再次检查下放系统,准备进行第二阶段下放。下放过程与第一阶段基本相同,主要区别在于围堰入水后,距离自浮还差2.5m时,开始用水泵向围堰隔舱内匀速加水,保持恒定的重力导向,直到围堰下放到设计位置。

围堰下放到位后,调整围堰的平面及垂直度偏差,待围堰平面偏差及垂直度均满足规范要求后,将围堰导向架与护筒焊接锁定。

6)安装吊挂系统上锚点,完成体系转换

围堰锁定后,逐步安装吊挂系统上锚固点并拧紧,使部分荷载转移到吊杆上。首先安装上下游中间8根桩的吊挂并预拉,桩位布置如图5所示。

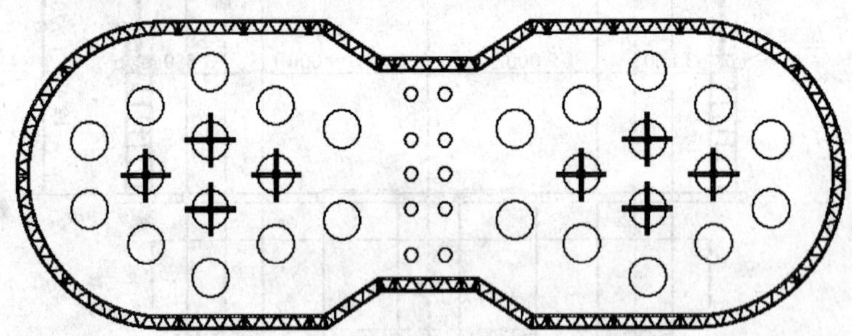

图5 首先安装吊挂的部分桩位布置图

安装剩余吊挂,并逐步将系统的全部荷载转换到吊挂上,所有吊杆全部受力后,控制千斤顶逐步卸载归零,拆除下放系统,割除接高的钢护筒,安装最后4根钢护筒上吊挂完成钢围堰下放。

7)浇筑围堰封底混凝土

围堰下放完成后,准备浇筑围堰封底混凝土,封底分两次浇筑:第一次浇筑2.5m厚混凝土,第二次浇筑剩下4m厚混凝土。

5.3 围堰下放过程关键点控制措施

1)围堰下放同步性控制

常规围堰下放工艺中围堰下放过程中各点同步性较难保证,本工法采用的工艺借助于计算机控制系统和吊放监测系统可以解决这个难题。吊放监测系统主要由位移传感器、压力传感器及相应通信模块组成,其功能是实时将下放过程中钢吊箱的空间位置及各吊点的荷载分配情况反馈给计算机控制系统。计算机系统经过分析之后,根据荷载分配、位置控制等原则对各吊点千斤顶的油压、油缸行进速度进行调整,实现"位移同步性"和"荷载均匀分配"双控,达到安全同步下放钢吊箱的目的。

在实际施工中,江顺大桥采用了以"位移同步性控制"为主,"荷载均匀分配控制"为辅的控制方案。位移同步性控制的实质是控制钢吊箱下放时各吊点的相对高差,它是通过各吊点位移相比较后,计算机控制系统对各点行进速度进行重分配来实现的。采用这种方法首先要解决位移的测量问题。该系统采用了实时性较好的位移传感器来采集各吊点的相对位移值,通过这种方法能实时、准确地反映各吊点的相对高差。

吊放监测系统在每个吊点布置一个压力传感器,中央控制单元通过压力传感器实时采集各个吊点的荷载,了解各吊点的荷载分配,然后根据理想的荷载分配比例进行实时调整,实现荷载的均匀分配。

采用上述技术后,经监测,钢吊箱围堰下放整个过程中 4 个点的位移同步性控制在 2mm 以内,荷载偏差在 ±5% 以内。

2)围堰入水以后垂直度控制

由于下放系统采用柔性钢丝绳承重,围堰入水以后受潮汐影响稳定性差,垂直度较难控制。为了减少潮汐的影响,下放时间选择在涨潮期,围堰入水时水位为 +4.3m。

围堰截面阻水面积:$A = 218\text{m}^2$;

围堰自重约:$m = 1\,240\text{t}$,围堰自重吃水深度:$h = G/218 = 1\,240/218 = 5.7\text{m}$。

围堰入水到距离自浮还差 2.5m 时(即入水 3.2m),开始用水泵向围堰双壁隔舱内匀速注水,注水量与围堰侧壁排水量保持一致,直到围堰下放到设计位置,即围堰下放过程中始终维持 2.5m 的恒定重力导向,有效降低了下放过程中潮汐对围堰垂直度的影响,增强了围堰下放过程的稳定性。

3)围堰平面位置偏差控制

围堰体型巨大,为大跨度箱形结构,下放系统采用柔性钢丝绳承重,平面位置偏差较难控制。本工法具体实践过程中采用了牛腿导向架配合水平千斤顶微调的方法实现了围堰平面位置的精确调控。

导向架为设置在围堰侧壁上的牛腿结构,前端打磨光滑,与钢护筒之间间隙为 1cm,下放过程中通过钢护筒的限位作用,将围堰的平面偏差限制在 1cm 以内。围堰下放到位后,通过设置在导向架上的反力座配合水平千斤顶微调,有效地将围堰的平面偏差和垂直度调整到规范允许的范围内。围堰导向结构平面图如图 6 所示。

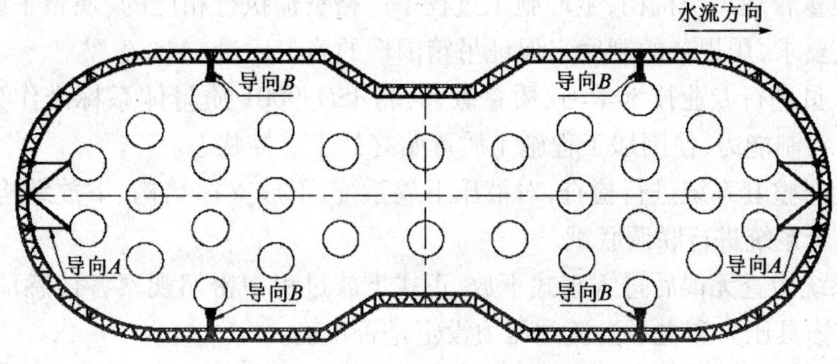

图6 围堰导向架平面布置图

6 材料与设备

6.1 材料

支撑材料:4 根接长的钢护筒,HN800 ×300 柱头分配梁,HN588 ×300 垫梁,安装后质检人员对焊缝质量进行检查,确保结构受力安全。

吊挂材料:贝雷梁组扁担,单侧6组,每组3片,43ϕ15.24 钢绞线4组及配套锚具。

6.2 设备

下放设备:4台500t连续千斤顶作为下放装置,油缸储备为1.6,两台80L/min流量的液压泵站,采用间歇式的作业方式,下放速度最大可达5~6m/h。

控制设备:压力传感器安装在油缸的大腔侧,一个油缸安装一个,共计4个;在每个油缸的上下锚具油缸上各安装1只锚具传感器,共计8个;在主缸上安装1只油缸位置传感器,测量油缸行程,共计4个。以上各种传感器同各自的通信模块连接。

实时网络控制系统:1台计算机控制柜,从计算机控制柜引出比例阀通信线、电磁阀通信线、油缸信号通信线、工作电源线。

其他配套设备:测量仪器(全站仪、水准仪),水泵等围堰注水设备。

安全设备:照明灯、安全帽、救生衣等。

7 质量控制

7.1 质量规范和标准

(1)围堰施工必须遵照《公路桥涵施工技术规范》(JTG/T F50—2011)和《公路工程质量验收评定标准》(JTG F80/1—2004)及其他有关规范、规定和标准。

(2)待围堰下放到设计高程固定后,进行竣工测量,将全站仪架设在观测墩上,采用三维坐标法测量围堰顶口预先布设好的8个特征点的坐标,并用吊线锤测量钢围堰的倾斜度并作相应记录。钢围堰下放质量必须符合表1要求。

钢吊箱围堰安装质量标准 表1

检查项目	单位	规定值或允许偏差	检查方法
中线偏位(纵横向)	mm	1/50 围堰高度	全站仪或经纬仪:测围堰两轴线交点
吊箱底高程	mm	符合设计要求	水准仪:测4~8处顶面高程反算
吊箱最大倾斜度	mm	1/50 围堰高度	吊垂线:检查两轴线1~2处
平面扭转角	°	1	全站仪或经纬仪:检查两轴线

7.2 质量控制措施

(1)建立施工质量管理组织机构,生产施工过程中严格贯彻执行相应的《质量手册》《质量体系程序文件》中的各项规定要求,用规范的制度来保证吊箱围堰的施工质量。

(2)组织有关人员进行专业技术学习、质量教育,将ISO 9001质量体系标准作为围堰施工质量控制的准则,提高质量控制能力,使围堰工程施工质量始终处于受控状态。

(3)围堰下放前对整套系统进行检查,对液压下放系统、下放支撑结构、下放结构进行整体的检查,并进行试下放,对整套系统进行联调联试。

(4)试下放对系统检查无误后进入正式下放,正式下放过程中密切观察各传感信号是否到位,控制系统是否正常,检查锚具压力和主泵溢流阀压力设定是否正确。

(5)围堰正式下放按照操作、观察、测量、校核、分析、决策的程序进行,并做好记录。

(6)围堰下放过程控制系统在自动方式下运行,对下放过程进行全程监控,监视各点的负载、结构的空中姿态以及下放通道是否顺畅,保证围堰同步下放。

8 安全措施

(1)成立安全管理领导小组,配置专职安全员和兼职安全员,切实贯彻安全法规和围堰施工规章制度,扎扎实实地将安全责任和义务落实到人,使围堰施工安全始终处于受控状态。

(2)经常组织有关人员进行安全学习、安全教育,定期督促现场开展安全大检查和安全评比,将《公路工程施工安全技术规程》(JTJ 076—95)作为围堰施工安全控制的准则。

(3)下放控制系统具有发现异常自动停机、断电保护等功能,每个下放油缸上设置液压锁,防止失速下降,保证围堰下放过程设备不出现安全隐患。

(4)围堰下放前划定安全区,排除结构空间内一切障碍物,避免重物坠落,造成人员伤亡;下放过程各点安排技术人员密切观察结构变形情况,发现异常立刻汇报指挥控制中心,排除异常后方可继续下放。

9　环保措施

(1)成立施工环保、水保领导小组,配置环保、水保专职人员,切实贯彻环保法规,各班组派人参加,将环保责任和义务落实到人。

(2)施工和生活中产生的废弃物及时集中处理,运至当地环保部门同意的指定地点弃置,不堵塞河流和污染水源。

(3)施工场地应经常洒水,保持工地清洁,控制扬尘,杜绝漏洒材料。对施工及生活中产生的污水或废水,集中处理,经检验符合《污水综合排放》(GB 8978—1996)环保标准后,才能排放到河流沟渠中。

10　资源节约

(1)钢吊箱围堰计算机控制同步下放,较常规围堰下放节约工期3d。

(2)钢吊箱围堰计算机控制同步下放只需4个吊点,能更好地实现同步性,较常规下放工法减少了很多吊点,达到了节约材料设备投入和人员投入的效果。

11　效益分析

钢吊箱围堰计算机控制同步下放技术与传统的围堰下放技术相比,下放速度快,通过计算机控制可以全自动完成同步下放,解决了常规千斤顶下放需多次倒顶的问题。计算机控制自动下放实现力与位移的实时精确控制,实现围堰同步下放。计算机控制下放点少,解决了常规下放方法下放点多,需要投入的千斤顶多、操作人员多的问题。上述特点均有效地节约了施工成本。

该项技术的应用满足本工程施工工期和施工质量的要求,并得到了业主的肯定。方案的实施为公司大体积深水基础施工积累了宝贵的经验,为公司赢得了良好的声誉,带来很大的社会效益。

12　应用实例

该工法成功应用于广佛江快速通道江顺大桥主桥Z3号、Z4号墩钢吊箱围堰整体吊放施工。江顺大桥为广佛江快速通道上连接江门市蓬江区和佛山市顺德区的交通枢纽,设计为双向6车道,标准断面宽32m,时速80km,一级公路兼城市快速路。主桥为双塔双索面钢混组合梁斜拉桥,跨径布置:(60+176+700+176+60)m,主桥全长1 172m,为广东斜拉桥第一跨。主塔基础采用钻孔桩+圆哑铃形承台基础;主塔为H形塔,空心箱形断面;斜拉索为平行高强钢丝斜拉索,钢锚梁锚固;主梁为钢箱梁,配重梁为混凝土梁;支承体系采用半飘浮体系。按照总工期安排,Z3、Z4号主墩钢吊箱围堰必须在2个月内全部完成,工期非常紧张。

江顺大桥Z3、Z4号主墩钢吊箱围堰为两端圆弧的哑铃形结构,长度为75.452m,宽度为26.9m,双壁厚为1.2m,节高度为12.5m,包含所有附属结构重约2450t。钢吊箱由壁板、龙骨、底板、吊挂系统、底板隔舱板、内支撑等组成。龙骨为格构式结构,顶面布置底板,吊箱外壁板采用双壁结构,内部隔舱板采用单壁结构将围堰分隔为三个舱室,内支撑起吊箱整体支撑的作用,其中,底板质量约182t,壁板质量约

642t,龙骨质量约298t,内支撑质量约110t,导环质量约8t,下放总质量达到1240t,下放总高度为12.25m。工厂加工时根据现场机械吊重能力将围堰侧板分成34块,单块最大吊重不超过25t。钢围堰单元块在钢结构加工厂内制造成型并进行预拼,通过25t平板车倒运至施工现场,在围堰拼装平台上组拼成整体。

受限于西江水域千吨级浮吊无法进场,钢吊箱围堰整体下放主要有常规千斤顶下放和计算机控制同步下放两种工艺。常规千斤顶下放工艺吊点设置在钢吊箱底板上,由大量人工控制多台小型千斤顶分行程下放。由于吊点布置数量较多,所以受力分散,对围堰底板刚度和下放设备的要求较低,但同步性较难控制,吊点临时悬吊处理复杂,整体下放过程耗时较长。计算机控制同步下放将吊点设置在钢吊箱侧壁板上,由计算机集中控制布设在各吊点处的连续千斤顶进行同步下放。这种工艺布置吊点较少,计算机控制同步性高,但对围堰底板刚度要求较高。由于江顺大桥基础施工精度要求很高,且下放时处于季节性洪水期,为保证安全下放,需减少下放时间,最终确定选用计算机控制同步下放施工技术。

通过应用本工法,围堰下放速度大大提高,较常规下放方法缩短了3d时间。该系统仅布置4个下放吊点,相比传统下放工艺吊点数量少,节约了设备和人员的投入,有效解决了工期要求紧、环保要求高等难题,取得了良好的效果,应用前景广阔。

水中承台沉井围堰施工工法

GGG(中企)C1063—2013

田绍义　刘世安　刘玉霖　王孝荣　余　朋

(中铁三局集团有限公司)

1　前言

沉井适用于房建工程的深基础施工,又常用于桥梁工程跨越江河时的水中构筑物,在给排水工程施工中也经常用到。府河黄河大桥位处于陕西省最北端秦、晋、蒙交界处,全桥共16跨,其中6~15号承台全部位于黄河河道内,最大承台尺寸为9.5m×10.5m×3m。该桥桥位段地质情况从上往下依次是砂层—卵石土层—强风化砂岩层—弱风化砂岩层—微风化砂岩层—泥质砂岩层,承台底位于强风化砂岩以上,地下水含水率较小。桩基施工时采用筑岛法施工,平台高度均位于黄河水位以上2.5m左右。承台采用混凝土沉井法施工,壁厚为0.5m。中铁三局第五工程有限公司承担该工程后,针对该桥的主要特点及当地地理、水文、气候条件的影响,为避免黄河水位受汛期变化等对工期安排产生不确定因素的影响,缓解工期压力,节约成本,提出采用不封底沉井法施工河道内承台及墩身,特总结成工法。该工法获得2012年企业级工法,其关键技术于2012年11月通过山西省住房和城乡建设厅组织鉴定,达到国内领先水平。

2　工法特点

(1)沉井施工的工序简单,施工质量可靠;施工中采用原地预制,井内开挖,土方工程中无需放坡,不超挖;地下水采用井内排水,无需井点降水,因此对周围固有土壤、建筑不造成影响,环保效益明显。

(2)由于采用了井内开挖和井内排水施工方法,在施工过程中土方坍塌、水淹等安全隐患小,施工安全系数高。

(3)采用该工法在传统工艺基础上省去封底工序,沉井下沉到位后采用浇筑混凝土垫层代替封底后即可进行承台施工,既节省了封底混凝土,节约了成本,又节约了时间,为下一道工序提供了工期保障。

3　适用范围

主要用于承台尺寸较小、地下水量较小,采用井内排水法施工沉井及无流沙层地区桥梁墩台的基础。

4　工艺原理

沉井施工时,为克服下沉时的土压力和水压力,先制作刃脚,刃脚收阶成井壁,然后利用挖土设备对称均匀挖出井内土层,沉井借助自身的重量来克服井壁与土层之间的摩阻力,不断下沉至设计高程。随沉井的不断下沉,井内地下水由设于井内的潜水泵抽出,最后浇筑垫层混凝土替代传统的沉井封底施工。

5　施工工艺流程及操作要点

5.1　沉井施工工艺流程

沉井施工工艺流程为:平整场地→测量放线→开挖基坑→地基处理→刃脚制作→沉井制作→沉井

下沉→垫层混凝土浇筑。

5.2 沉井制作

1)制作顺序

沉井制作顺序为:场地整平→放线→挖土2m深→夯实基底→抄平放线→铺砂垫层→挖刃脚土模→绑扎钢筋→支刃脚、井身模板→浇筑混凝土→养护、拆模。

2)地基处理(图1)

沉井制作时一般先挖土2m深,以减少下沉工程量,沉井制作前先对下挖土坑进行处理,以防地基不均匀下沉引起井身裂缝。处理方法采用砂、砂砾、碎石垫层。

3)刃脚支设

由于沉井尺寸及下沉高度较小,经计算承载力符合要求,对沉井制作时引起的不均匀沉降无太大影响,所以采用在基坑底夯实地基上直接开挖出刃脚,再绑扎刃脚钢筋及井壁预埋筋,浇筑刃脚混凝土采用土模的方式直接浇筑刃脚,这样既方便施工,又节省了时间。

4)井壁制作

(1)制作方式。

由于沉井为不封底形式,在沉井下沉完毕,垫层混凝土浇筑完成后,沉井内还会出现水流,所以考虑沉井比承台尺寸三面均放大30cm(保证承台尺寸),一面放大1m(承台施工时抽水),沉井制作时中间设排水沟、集水井,使地下水位降至比基坑低约0.5m。此桥最大沉井高度为9m,分两节制作。

(2)钢筋绑扎(图2)。

图1 地基开挖

图2 沉井钢筋

绑扎顺序为:先内后外,先下至上。在预埋筋的基础上接长竖向筋,如沉井分节支座,则接长至比施工缝高出50~100mm,错开接头。水平筋分段绑扎,与前一节井壁连接处伸出的插筋采用焊接连接,接头错开1/4,以保证钢筋位置正确,用水泥砂浆垫块控制混凝土保护层厚度。

(3)模板支设(图3)。

沉井模板采用定型钢模组装而成,每节模板的长度定成5m。采用模板支设时先支井内模,一次支到比施工缝高约500mm处,竖缝处用方木支撑在内部脚手架上;外模也一次支到比施工缝略高500mm处,竖缝用木方或脚手管杆与外脚手架紧固。模板支设时内设钢筋撑子,以保证井壁的厚度,设钢筋对拉片,以使外模稳固,增强模板整体的稳定性。模板支设过程中应进行垂直度、平整度校正。

(4)混凝土浇筑(图4)。

混凝土浇筑采用混凝土储料斗储料,吊车运送混凝土至浇筑口均匀浇筑。

(5)混凝土浇筑的注意事项。

①应将沉井分为若干段同时对称浇筑,每层厚度300mm,以避免造成地基不均匀下沉或倾斜。

②混凝土应一次连续浇筑,第一节混凝土强度达到70%后方可浇筑下一节。

③为使井壁达到抗渗要求,上下水平的接缝应为凸形水平缝,水平缝处冲洗凿毛处理后,再继续浇筑下一节,并在下一节浇筑前先浇一层半石子混凝土。

图3 模板支设

图4 分节浇筑

5.3 沉井下沉(图5、图6)

图5 沉井下沉

图6 下沉到位

沉井下沉应具有一定强度,第一节混凝土达到设计强度的90%,其上一节混凝土达到设计强度的70%后,方可开始下沉。

为遇到障碍物便于处理,下沉过程中便于控制,沉井下沉采用内排水、内开挖施工法。

1)下沉排水方法

为便于施工,节约成本,采用井内设集水井的方法。在集水井内放置潜水泵排水,潜水泵随沉井的下沉而下降,直至沉井下沉至设计高程。

2)下沉挖土方法

采用井内人工挖土,由设于井外的提升设备将土从井内移出。人工挖土的方法随土质情况而定,一般方法如下:由沉井中间开始向四周,每层挖土0.4~0.5m,沿刃脚周围保留0.5~1.5m土堤,然后再沿沉井壁,每2~3m一段向刃脚方向逐层全面、对称、均匀地削薄土层。刃脚下方土方边挖边清理。

5.4 垫层混凝土施工方法

当沉井下沉至比承台设计高程低0.3m时,刃角底部处于强风化岩层,沉井基本趋于稳定。经观测,在8h内累计下沉量不大于10mm时,即可进行混凝土垫层施工(图7)。垫层厚度为0.3m,在放大1m侧开挖比其他处开挖底面低100cm深积水坑,垫层施工前先采用编织袋装入砂土,沿井壁四周至积水坑堆置成排水沟,让井内涌水顺水沟留至集水井,利用水泵将水抽出(图8)。在水沟上放置竹胶板做盖板,然后在竹胶板上浇筑垫层混凝土,积水坑位置不浇筑混凝土,由于集水井比其他地方低,所以地下水始终保持在垫层混凝土以下。待垫层混凝土到达设计强度的70%时,凿出桩头,桩基监测后绑扎承台钢筋及浇筑承台混凝土,最后回填基坑,进行上部结构施工。

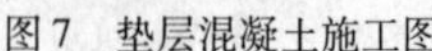

图7 垫层混凝土施工图

图8 排水

5.5 控制与观测

沉井施工中,经常遇到倾斜偏移、容易开裂、下沉过快过慢停沉、超欠下沉等问题,在施工中及时观测,发现沉井偏斜时,立即进行纠正。

1)监测方法

(1)沉井位置与高程的控制:在沉井外部地面及井壁顶部设置纵横十字中心线,并通过全站仪经常测量和复核,控制沉井位置。

(2)沉井高程的控制:在沉井井壁顶面设置水准基点,在下沉前及下沉中随时观测点位高程及相对高差,确保沉井高程控制,并确定是否倾斜。

(3)沉井垂直度的控制:沉井下沉前在井壁内侧用垂球作出垂直轴线的标记,挖土时,应随时采用垂球观测沉井的垂直度,若发现垂球偏离墨线即确定沉井倾斜,应及时采取纠偏措施。

(4)沉井下沉控制:在外侧井壁上的四个侧面用墨线弹出标尺,用水准仪及时观测沉降值。

(5)地质变化时的控制:沉井下沉时,会遇到四周地质不同、承载力不均匀的情况,在施工时先开挖沉井中间部分的土,再分段对称开挖地基承载力较好侧土,并及时用砂砾回填夯实,待岩层部分都开挖完回填后,再整体对称均匀开挖下沉。

2)监测要点

(1)在挖土时,随时观测垂直度,发现倾斜时,立即进行纠正。

(2)沉井下沉时应加强位置、垂直度和高程的观测,每天至少观测两次,并做好记录。

(3)如发现倾斜、位移和扭转时应及时纠正,使偏差控制在允许的范围内。

3)沉井倾斜纠偏措施

(1)偏挖土纠偏法。当沉井入土较浅,纠正倾斜时,可采取在沉井刃脚高的一侧进行挖土,以减少此侧下沉的阻力,使偏差在下沉过程中逐步纠正。

(2)增加偏土压或偏心压重纠偏法。在沉井倾斜低的一侧回填砂或土,使低侧产生的土压力大于高侧的土压力,也可在沉井高侧压重,使该侧刃脚下的应力增大,从而达到纠偏的作用。

(3)沉井位置扭转时的纠正方法。沉井位置如发生扭转,采用对角偏除土,借助于刃脚下不相等的土压力所形成的扭矩,使沉井在下沉过程中逐步纠正其位置。

(4)遇孤石导致倾斜的纠正方法。沉井下沉时,遇到孤石会导致沉井倾斜,应掏空周边土撬出孤石,然后回填砂砾。若撬出较困难时,采用风镐破碎成小块后清除。

5.6 劳力组织

钢筋工:4名;吊车司机:1名;罐车司机:2名;挖掘机司机:1名;脚手架工:4名;模板工:4名;混凝

土工:4 名;杂工:6 名。

6 材料与设备

本工法采用的主要设备及材料见表1、表2。

主要机具设备数量表 表1

序号	名称	单位	数量	用途
1	750 搅拌机	台	2	混凝土施工
2	50 振捣器	台	4	混凝土施工
3	电焊机	台	2	钢筋加工与安装
4	切割机	台	2	钢筋加工与安装
5	刨木机	台	2	模板加工与安装
6	潜污泵	台	10	沉井排水
7	编织袋	个	5 000	围堰与封底施工
8	风镐	台	4	沉井下沉施工
9	铁锹	把	20	沉井下沉施工
10	洋镐	把	20	沉井下沉施工
11	水准仪	套	1	沉井测量定位
12	经纬仪	套	1	沉井测量定位
13	混凝土罐车	台	2	混凝土施工
14	25t 吊车	台	1	混凝土灌注及模板和钢筋安装
15	长臂挖掘机	台	1	沉井下沉施工

主要材料数量表 表2

序号	名称	单位	数量	用途
1	轨道枕木	根	50	沉井预制施工
2	架管	根	300	模板和钢筋安装
3	工具模板	块	800	模板施工
4	60 号焊管	m	30	沉井下沉时防护支撑
5	竹胶板	块	280	模板施工及沉井封底下垫
6	钢板	块	20	沉井内壁预埋与焊管焊接

7 质量控制

沉井施工按照《公路桥涵施工技术规范》(JTG/T F50—2011)执行,通过《公路桥涵施工质量检验评定与验收标准规范》验收标准,沉井基础分阶段施工,每阶段按照要求进行质量检验并填写检查记录,检验标准参考表3。

检 验 标 准 表3

项目		允许偏差
沉井混凝土强度(MPa)		在合格标准内
沉井平面尺寸(mm)	长度、宽度	±0.5%边长,大于24m时±120
	曲线部分的半径	±0.5%半径,大于12m时±60
	两对角线的差异	对角线长度的1%,且不大于180
沉井井壁厚度(mm)	混凝土	+40,-30
	钢壳和钢筋混凝土	±15
沉井刃脚高程(mm)		符合设计要求
中心偏位(纵、横向)(mm)	就地制作下沉	井高的1/100
	水中下沉	井高的1/100,+250
最大倾斜度(纵、横向)		井高的1/100
平面扭转角(°)	就地制作下沉	1
	水中下沉	2

注:1. 对于钢沉井及结构构造、拼装等方面有特殊要求的沉井,其平面尺寸允许偏差值应按照设计要求确定。
2. 井壁表面应平滑、不外凸,且不得向外倾斜。

8 安全措施

(1)挖机操作时,由于存在视线盲区,应有专人指挥。

(2)在沉井下沉时,沉井外的一切设备都要远离井体1m外,防止沉井下沉时侵入界限使平台倒塌和压坏。在井内壁处挂3~4根绳索为安全救护绳,在井内施工必须戴安全帽,在起重和放料斗时起重钩下方不能站人。开挖沉井刃脚,出土要对称,使井体平稳下降。施工人员身体不要贴在井体上,在刃脚施工时不能站在刃脚下施工。刃脚被卡住时用撬杆去撬动,严禁用手伸入刃脚搬移石块。

(3)沉井下降时,发现流沙可先向井底抛掷块石,增大土的压重,减小动水压力,达到减小或阻止流沙的效果,然后立即组织挖抢,挖抢速度大于流沙速度,尽快穿过流沙层,或者停止降水使井内外水面处于同一高度使水压平衡,利用挖土设备进行水底作业挖土。

(4)潜水泵应上挂绳索,对潜水泵移位时拖动绳索移位,严禁拉电缆移动潜水泵,以防电缆破裂漏电。

(5)沉井口要有防护,防止他人误落井内引起安全事故。

9 环保措施

在该工程施工中,环境污染控制有效,土地资源节约利用,工程绿化完整美观,节能节材和水保措施落实到位,努力建成一座一流的资源节约型、环境友好型黄河大桥。

(1)执行国家《中华人民共和国环境保护法》、《中华人民共和国水土保持法》和地方政府有关规定,在施工过程中严格按照国家有关部委批复的环保、水保方案实施,采取各种工程防护措施,减少工程建设对沿线生态环境的破坏和污染。

(2)对不符合尾气排放标准的机械设备,不能使用。

(3)施工作业产生的污水必须经过沉淀池沉淀,并经净化处理,符合要求后排放。

(4)废弃物中不得含有有毒有害物质,避免雨水冲刷后对地表、地下水造成污染。

(5)每个施工作业面配备垃圾箱,生活垃圾、工程垃圾集中处理。

10 资源节约

本工法在应用的过程中,贯彻国家节能工程的有关要求,对周围环境不产生任何污染。沉井底做汇水渠时,可采用废旧编织袋装上河砂作为主要材料,盖板可用工地剩余废旧木板或组合胶合板,完全符合国家所倡导的“工程建设节约环保,减污降耗”的社会要求。

11 效益分析

采用此种沉井施工技术,施工安全、质量可靠、节约工期,经济效益和社会效益明显。

(1)经济效益。

与传统技术相比,该工法处理黄河水中墩水下施工有效地缩短了施工工期,节省了材料及人员和机械设备的投入,同时施工安全系数大大提高,减少安全资金投入,节省成本约33万元。

(2)社会效益。

该工法有效减少了黄河水中施工作业安全事故的发生,抓住黄河有限河道施工期,有效缩短了总工期,实现了工程关键部位的快速施工。在整体工期进展的形势下,避免了凌汛、洪汛对施工的不利影响,为进一步确保工程按期完成赢得了宝贵时间,得到业主、监理单位的好评,提升了企业形象,取得了良好的社会效益。

(3)环保节能效益。

该工法沉井施工作业面比较小,相应地减少了人员、机械设备的投入,围堰土石方填筑方量少,水土流失小,环境污染小,同时更加高效地使用机械设备,节能效益明显。

12 应用实例

府河黄河大桥加宽改造工程6~15号墩均为水中墩,中铁三局五公司在施工中采用了水中承台沉井围堰技术。与传统方法相比,该技术操作简单,安全系数高,在施工过程中节省了人力、机械及材料投入,降低了施工成本,同时加快了施工进度(表4),实现了工程关键部位的快速施工,在整体工期紧张的形势下,避免了凌汛、洪汛对施工的不利影响,确保了工程按期完成。

沉井施工计划与实际工期对照表 表4

施工单元	计划工期(年:月:日)	实际工期(年:月:日)	节省天数(d)
6号墩	2012.06.25~2012.07.25	2012.06.23~2012.07.13	10
7号墩	2012.05.25~2012.06.25	2012.05.20~2012.06.10	10
8号墩	2012.05.25~2012.06.25	2012.05.30~2012.06.17	13
9号墩	2012.06.10~2012.07.10	2012.06.10~2012.07.01	9
10号墩	2012.11.15~2012.12.05	2012.11.17~2012.12.02	5
11号墩	2012.11.20~2012.12.20	2012.11.18~2012.12.06	12
12号墩	2012.12.01~2012.12.30	2012.12.01~2012.12.24	6
13号墩	2012.12.01~2013.01.01	2012.12.05~2012.12.24	12
14号墩	2013.07.25~2013.08.10	2013.07.20~2013.08.01	4
15号墩	2013.06.25~2013.07.10	2013.06.25~2013.06.30	10

水上桥梁裸岩区“环切法”植入钢管桩施工工法

GGG(中企)C1064—2013

寇海军　王国群　李旭东　吴晓峰　宋立峰
(中铁十九局集团有限公司　中铁十九局集团第五工程有限公司)

1　前言

大连市政府为了缓解中山西路的交通压力,投资修建平行于中山路与黄浦路的东西向主干道——南部滨海大道工程。该工程东起金沙滩东侧的金银山,向西跨越星海湾,在高新园区填海区域登陆。东端经隧道连接东北路及规划中的南部快速路;西端通过高新园区的地面道路连通旅顺南路及河革路。该工程建成后,是大连市未来交通网“七纵七横”中的重要一横,也是大连环城快速路南环的重要组成部分,它的建设对完善城市路网结构、改善城市功能、提升城市景观发展和促进大连经济繁荣具有积极的作用。

跨海大桥全长6km,总投资约33亿元。大桥主跨中心位于星海广场的中轴线上,使得游人可以在广场上获得最佳的景观角度,线路距离星海广场百年城雕的距离为1 000m。

跨海大桥东段工程由东连接线、东引桥和东侧大跨径混凝土引桥三部分组成,其中东引桥和东连接线桥位范围内靠岸边一带海床存在较多的水下暗礁,大部均为裸露基岩,无淤泥覆盖层。根据地质勘察资料显示,海床裸露的岩石主要为弱(强)风化石灰岩、石英岩板岩互层、弱(强)风化辉绿岩,地基基本承载力达到1 200kPa,采用普通的振动锤沉桩工艺根本无法进行钢栈桥钢管桩基施工。2012年5月,中铁十九局集团第五工程有限公司第三标段项目部组织成立了科技攻关小组,经过反复试验,最终研发出了领先于国内桥梁施工领域的钢管钻“环切法”植入钢管桩施工工艺,并得以成功应用,彻底、有效地解决了裸岩区钢管桩施工的技术难题,填补了国内桥梁施工在相关技术领域的空白。

经过在跨海大桥三标段、二标段、箱梁二标段的推广使用,总结完善并形成了本工法。

2　工法特点

(1)该工法采用高压射水实现清水排渣,无泥浆排放,节能环保。

(2)研发的关键设备“钢管钻”结构形式简单,易于改装制作,其余均为桥梁施工常用设备。

(3)工效极高,大幅超越其他裸岩区钢管桩的施工方法,且施工成本低,有较大的推广价值。

3　适用范围

本工法适用于水上桥梁,主体结构或临时设施下部结构设计采用钢管桩,且桩位位于裸岩海(河)床段弱(微)风化地质条件下的钢管桩植入施工。

4　工艺原理

本施工方法是以振动锤(拆除夹具,换上可连接钢管钻的法兰板)连接钢管钻,利用履带吊起吊振动锤,将钻头对准需要施工的孔位,然后开启振动锤,振动力通过钢管钻管身传递至钻头高频冲击岩石成孔,钻渣通过高压水泵形成于钢管钻管身内的高压水流被冲至孔外。持续施钻至设计孔底高程后,拔出钢管钻,形成一个环形孔位,最后将钢管桩“植”入孔位形成钢栈桥桩基。施工示意图见图1,成孔效果见图2。

需要注意的是，“环切”钻进的深度需要根据实际地质情况，经过桩基承载力和结构整体稳定性验算得出，本工程取为1.5m深。

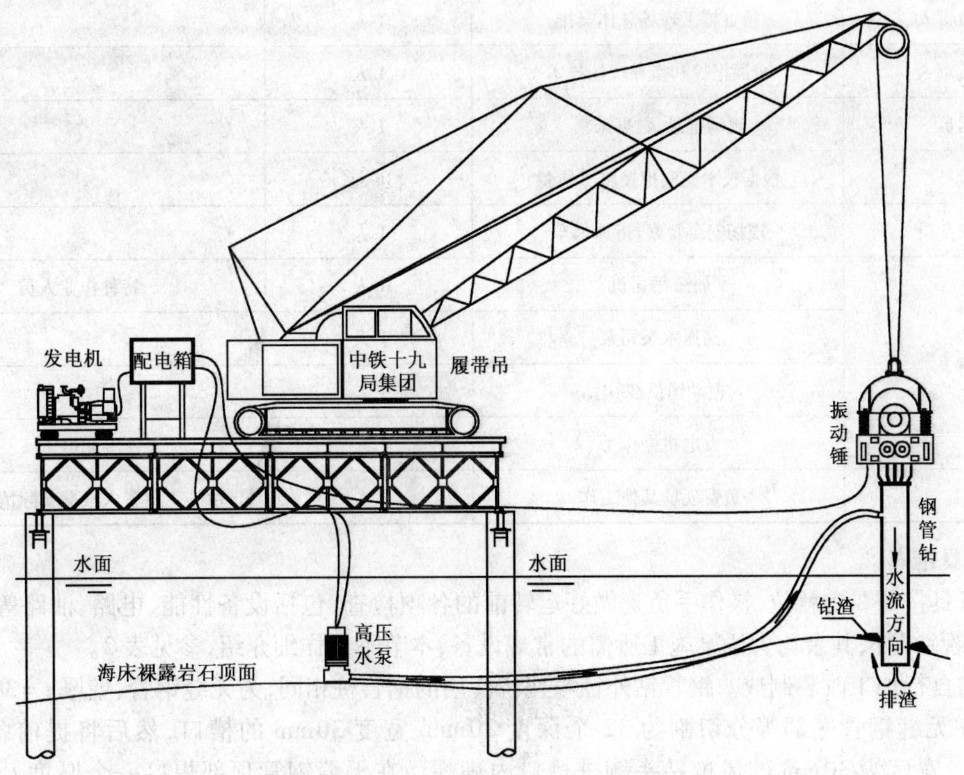

图1 钢管钻“环切法”施工示意图

5 施工工艺流程及操作要点

5.1 施工工艺流程

本施工方法工序较为简单，流程框图见图3。

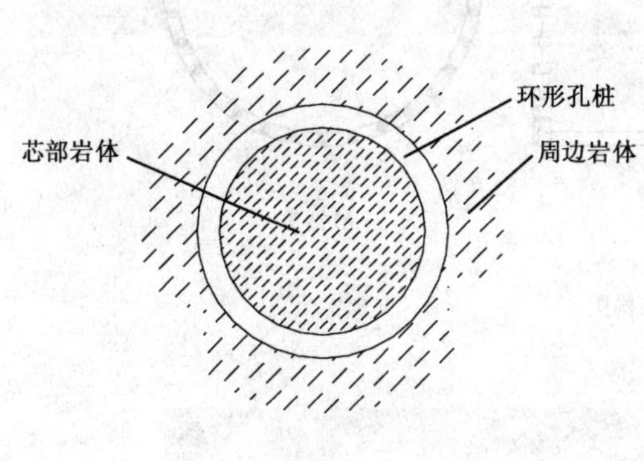

图2 钢管钻“环切法”成孔图

准备工作
↓ 机具安装、桩位对中
环切钻进
↓ 钻进成孔
提移钻具
↓
植入管桩

图3 工艺流程框图

5.2 施工操作要点

1)准备工作

(1)人员准备。

现场作业人员按照预先安排好的分工各自就位，详见表1。

劳动力配置表 表1

职　务	现场职能	人员数量	备　注
施工负责人	负责施工现场总体安排	1人	
技术负责人	全面把控和指导现场技术	1人	
技术员	现场记录,数据采集	1人	
质检员	根据技术交底把控施工质量	1人	
专职安全员	现场安全督察,指挥吊车	1人	
操作手	履带吊司机	1人	特种作业人员
	高压水泵司泵	1人	
	振动锤供/断电	1人	
	发电机操作手	1人	专职电工
杂工	负责现场其他工作	3人	由施工负责人根据实际情况调配

(2)机具准备。

所有机具按照要求就位,操作手负责做好运转前的各项检查,包括设备性能、电路、油路等,确保正常。除“钢管钻”外,其余均为桥梁施工所需的常规设备,本节不予详细介绍,参见表2。

钢管钻自行加工改装制成。钢管钻外径与栈桥使用的钢管桩相同,为无缝钢管,壁厚 $t=30$mm。

首先在无缝钢管底部等分切割为32个深度30mm、宽度30mm的槽口,然后将提前备好的长度为60mm、宽度为30mm的风枪钻头铆进槽口内满焊。在无缝钢管顶部焊接一个厚度 $t=30$mm、直径 $\phi=800$mm 的法兰板。钢管钻的全身长度视实际施工情况而定,可进行焊接或法兰连接,见图4～图8。

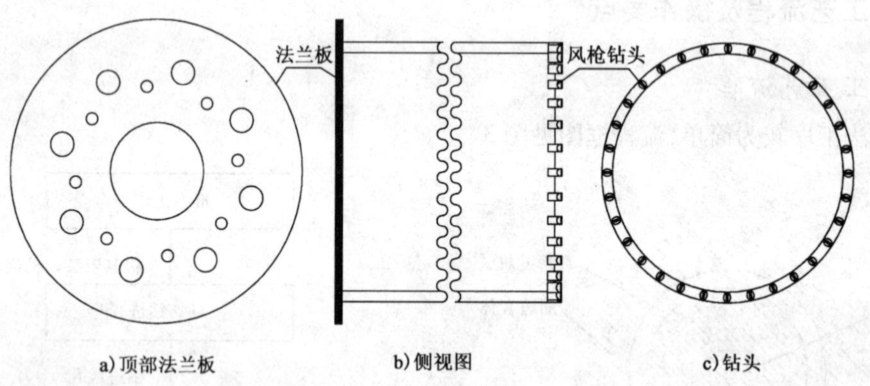

图4　钢管钻结构图

图5　钢管钻管身

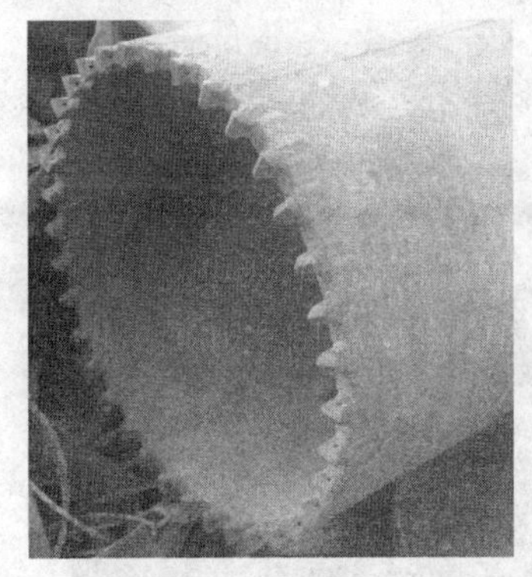
图6 钻头

图7 顶部法兰板

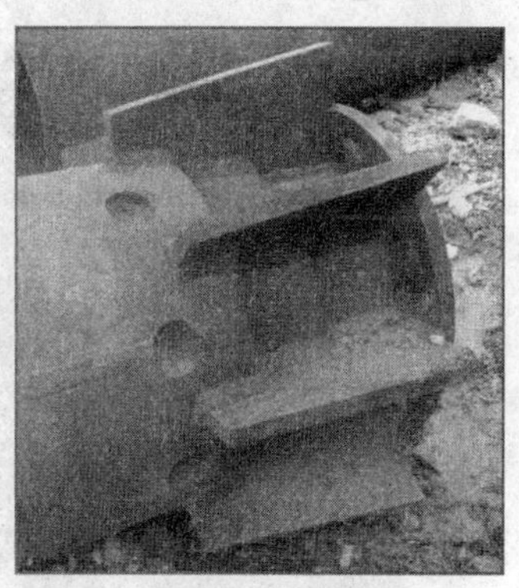
图8 顶部法兰加固

(3)机具安装。

首先将卸去夹具的振动锤与钢管钻通过法兰盘连接好(图9);用水管将高压水泵和钢管钻身预留的进水孔连接(图10、图11)。专职电工将振动锤、水泵的电路与发电机安全连通,现场安全员自检,自检合格后向电气专业监理报验,报验通过方可进行下道工序。

2)桩位对中

在安全员的指挥下,履带吊起吊振动锤。现场测量人员根据GPS定位仪RTK流动站带着履带吊将钢管钻缓慢移位至设计桩位处,然后人工配合对桩位的平面位置(允许误差为±5cm)和管钻的垂直度(允许误差为1%)进行精确调整和校核。

图9 振动锤连接钢管钻

图10 钢管钻身连接水管

3)"环切"钻进

经过精确定位后,在管钻上用醒目的油漆做好刻度标识(图11),并选择刻度参照物,以最终确定实际钻进的深度。启动发电机,开启振动锤和水泵,开始"环切"钻进(图12)。

根据实践经验,如果采用"钓鱼法"施工工艺搭设栈桥,那么采用"环切法"施工浅滩区、裸岩区钢管桩的时候,在已经施工完成的栈桥墩位上"悬挑"出贝雷片,然后在对应桩位上方的贝雷片上横向安装两根型钢,形成一个"#"形临时导向框,钢管钻自"#"框内插入定位,如图13、图14所示。

振动锤开启以后,钻孔进尺通过振动力的大小控制。钢管钻的垂直度通过吊车进行控制,即利用吊车的力量克服钢管钻的自重可能产生的倾斜,以保证垂直钻进。注水的方向为从钢管钻顶部流向孔底,于孔内产生一定的水压力,并通过它与管钻外壁形成的压力差随着钻渣一起被"压"出孔外,实现清水排渣。需要注意的是,在"环切"钻进过程中,如果遇到"斜岩"或者软、硬度不均的岩石,钢管钻仍有出现"偏钻"现象的可能。因此,在钻进过程中,要随时进行管钻的垂直度监测,如遇偏钻,及时"牵引"校正;如果"偏钻"现象太严重,倾斜度超限,则该孔作废,须重新核定孔位,重新开孔钻进。

图11 高压水泵和水管

图12 低潮位时在裸岩区施工

图13 用"#"形临时导向框定位管钻

图14 采用"钓鱼法"环切施工

4)提移钻具

持续"环切"钻进至设计深度后,现场质检人员通过管身标识的刻度参照计算出实际的钻进深度,并向驻现场监理工程师进行终孔报验,然后停止钻进,关闭发电机。

履带吊将振动锤和钢管钻从孔内提出来。如果用履带吊提钻具,不能直接提出,便启动振动锤采用"振动拔桩",拔出之后将钢管钻缓慢平移至不影响后续施工的地方安全放置,将履带吊的挂钩从振动锤上脱钩。

5)"植"入钢管桩

人工配合履带吊起吊钢管桩,并将其"植"入环形孔位中。然后起吊普通振动锤(带夹具),"夹"住钢管桩,启动振动锤适当施振,确保钢管桩被插入至孔底。

6 材料与设备

6.1 主要材料

采用本工法施工,所需材料为无缝钢管、风枪钻头、钢管桩、电焊条。

6.2 主要设备

主要设备详见表2。

机械设备配置表 表2

设备名称	设备型号	设备数量	备　注
履带吊	SANY-QUY50A	1台	
振动锤	DZ90-A	1台	
钢管钻	自制	1个	详见本文4工艺原理
高压水泵	—	1台	
发电机	300kW	1台	
电焊机	—	2台	

7　质量控制

7.1　工程质量控制标准

钢管桩的制作、焊接、吊运、存放和运输均执行交通运输部颁《公路桥涵施工技术规范》(JTG/T F50—2011),沉桩施工质量标准符合表3的规定。

沉桩施工质量标准 表3

检查项目			允许偏差
桩位(mm)	群桩	中间桩	$d/2$,且不大于250
		外缘桩	$d/4$
	单排桩	顺桥方向	40
		垂直桥轴方向	50
倾斜度		直桩	1%
		斜桩	$\pm 0.15\tan\beta$

注:1. d 为桩的直径或短边长度。

2. β 为斜桩轴线与垂线间的夹角。

3. 深水中采用打桩船沉桩时,其允许偏差应符合设计文件或现行行业标准《港口工程桩基规范》(JTJ 254—1998)中的规定。

7.2　工程质量保证措施

(1)在开钻之前需要精确定位桩孔的位置,不得偏离设计过大,控制误差:±5cm。

(2)钢管桩贯入海(河)床岩石的深度必须满足施工要求,需要通过桩基承载力和结构整体稳定性验算得出。经过计算,本工程钢管桩植入深度不得小于1.5m。

(3)在施工过程中,要严格控制成孔的垂直度,控制误差:1%。施工时在垂直于桩位的90°两个方向各架设一台经纬仪观测垂直度。通常比较简便的方法是在垂直于桩位的90°两个方向各站1人,采用吊线垂目测的方法控制。由于钢管桩一般用于临时结构,上述两种方法均可根据实际情况选择使用。

8　安全措施

8.1　执行标准

根据《安全生产法》、《建设工程安全生产管理条例》、《安全许可证条例》等法律、法规执行。

8.2　安全措施

(1)认真贯彻"安全第一,预防为主"的方针,根据国家有关规定、条例,结合施工单位实际情况和工程的具体特点,组成专职安全员和班组兼职安全员以及工地安全用电负责人参加的安全生产管理网络,执行安全生产责任制,明确各级人员的职责,抓好工程的安全生产。

(2)开工前组织所有人员认真学习相关安全规则,专职安检人员和特种作业人员必须持证上岗;进入施工现场的所有人员必须戴安全帽,穿救生衣。严格落实安全交底制度。

(3)项目部要建立定期安全检查制度,规定定期检查日期和参加检查的人员。对检查中发现的安全问题、安全隐患,要建立登记、整改、消项制度。要定人、定措施、定经费、定完成日期,在隐患没有消除前,必须采取可靠的防护措施。如果有危及人身安全的险情应立刻停止施工,处理合格后方可施工。同时要经常检查安全措施的贯彻落实情况,及时纠正违章,使安全措施得到认真贯彻执行,达到既定的施工安全目标。

(4)施工现场按符合防火、防台风、防雷、防洪、防触电等安全规定及安全施工要求进行布置,并完善布置各种安全标识。

(5)在开工之前,所有的电路需经专业电工进行全面检查,连接水泵的电线须作防水处理。

(6)平台上的施工人员务必穿、戴好安全帽和救生衣,着绝缘防滑鞋。如遇紧急情况立即启动相关预案。

(7)吊装作业时,务必有专人指挥。

(8)施工之前,跟气象预报部门落实好当日的详细天气预报,再安排现场施工作业。如遇较恶劣的天气,停止施工。

8.3 现场应急措施

(1)施工现场配备落水紧急抢救的船只和物资,如救援船、救生衣、救生绳、救生圈、打捞钩等。

(2)施工现场配备医疗设施,配备红药水、消毒液、纱布、绷带等医疗用品,达到对轻微伤、轻伤能进行简单处理的要求。

(3)与120、119等急救机构进行紧密联系。如突发较大事故,现场处理不了时,立即启动应急预案,请求120、119等急救机构赶赴现场救援。

9 环保措施

9.1 执行标准

控制污水、噪声、粉尘、废弃物等因素对环境的影响,满足国家及大连市有关标准及法律法规要求;施工现场相关方的环境行为符合管理体系要求,节约能源。对于既有资料,在施工中要坚持做到"少破坏、多保护,少扰动、多防护,少污染、多防治"。

9.2 环保措施

(1)成立施工环境卫生管理机构,在工程施工过程中严格遵守国家、地方政府和海事管理部门下发的有关环境保护的法律、法规和规章,加强对施工燃油、工程材料、设备、废水、生产生活垃圾的控制和治理,随时接受相关单位的监督检查。

(2)使用的振动锤务必为防音降噪型,以降低噪声污染,且"钻进"施工要尽量避开休息时间。

(3)施工机械排泄的废弃燃油等不得直接弃入海中,必须由专业回收单位进行处理。

10 资源节约

10.1 执行标准

在采用"环切法"施工裸岩区钢管桩基础的过程中,各工序实施期间均严格遵守国家和地方的相关法律、法规,主要包括《中华人民共和国节约能源法》、《辽宁省节约能源条例》,以及《大连市资源节约管理规定》。

10.2 控制措施

(1)成立资源节约组织机构,在工程施工过程中对各工序所耗人力资源、机械设备及物资材料资源进行监控,并定期分析研究,及时制订下一步优化措施。

(2)施工现场设兼职材料回收负责人,并严格按照可利用再生和废弃不可再生资源分类处理。

10.3 资源节约成效

“环切法”施工裸岩区钢管桩,为一种创新工艺,所投入的人力资源和机械设备、物资材料资源仅占同类工程不同工艺方法的18% ~40%,大幅节约了社会资源,详见表4。

11 效益分析

11.1 社会效益

星海湾跨海大桥三标段、二标段以及箱梁预制二标段均采用“环切法”施工裸岩区钢管桩基础,上部结构分别为海上钢栈桥和箱梁出港运输重载吊装码头。实践证明,采用该工艺“环切”成孔速度快,植桩效率高,上部结构稳定可靠,受到市质检站、业主、监理单位一致好评,取得了良好的社会效益。

11.2 环保效益

采用“环切”工法施工裸岩区钢管桩,钻进为清水钻,无泥浆排放,不会造成近海水质污染和影响海产品养殖圈,且使用的振动锤为防音降噪型,无噪声污染。

11.3 工期效益

通过调查,裸岩区施工钢管桩还经常采用“扩大基础法”和“预制块安装法”,下面予以简要介绍。

(1)扩大基础法:在设计墩位处抢低潮支立模板,浇筑混凝土扩大基础,在扩大基础顶面设计桩位处预埋钢板(1m×1m)。混凝土达到强度后,将钢管桩底部一周圈与预埋钢板进行焊接成桩,如图15所示。

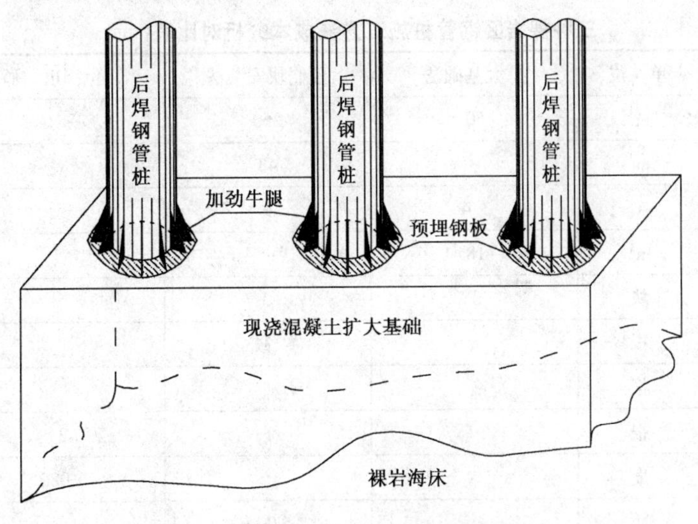

图15 “扩大基础法”完成钢管桩焊接模拟图

(2)预制块安装法:在设计钢管桩桩位处向海底抛填片石,下潜水员将片石基本整平,然后将混凝土预制块(中间预留桩位孔洞)放在片石平面上,最后将钢管桩插入预留的孔洞内成桩,如图16所示。

根据实践经验和调查分析,从施工工效上考虑,得出如下分析结果。

扩大基础法:大连海域低潮位平潮时间很短,不足以完成支立(含加固)模板和混凝土浇筑两个工序,因此需要耗2d才能完成混凝土浇筑。混凝土达7d龄期后,完成拆模,选择低潮位进行钢管底部与钢板的焊接,1d内完成。因此,采用此种施工方法,完成一个墩位3根钢管桩共需80h。

预制块安装法:1个墩位3根钢管桩,抛填片石整平基底至少需要3d,计24h。后场预制块的制作从浇筑混凝土开始,至达到足够的强度(7d),需8个工日,计64h;将成品预制件运至现场并安装好,然后将钢管桩插入成桩需要1d,计8h。因此,采用此种施工方法,完成一个墩位3根钢管桩共需96个工时。

环切法:从“环切”钻进施工开始,至钢管桩沉放完成,单根钢管桩成桩平均耗时约3h。则采用此种施工方法,完成一个墩位3根钢管桩共需9个工时。

综上所述,以完成1个墩位3根钢管桩为例,采用"环切法"施工,比"预制块安装法"节约工时87个,比"扩大基础法"节约工时71个,工期效益十分明显。

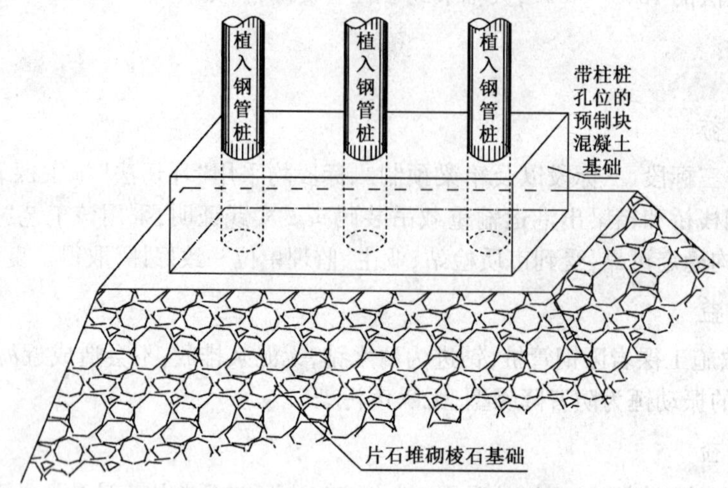

图16 "预制块安装法"植入钢管桩模拟效果图

11.4 经济效益

在此对预制块安装法、扩大基础法和环切法施工裸岩区钢管桩的经济性做如下分析,见表4。

三种裸岩区钢管桩施工方法成本分析对比表(元)

表4

对比项目	单位	扩大基础法	预制块安装法	环切法	备注
抛填片石(整平基底)	m^3	50	260		
C30混凝土预制块	m^3		48		
钢筋	t	3.4	9		
C30现浇混凝土	m^3	18			
铁板	块	3			
钢管桩安装	根		3		
钢管桩焊接	根	3			
钢管桩插打	根			3	
用电量	度			1 080	DZ90-A振动锤
潜水员费用	元		5 000		
其他材料费	元	2 000	2 000	2 000	小型材料费
其他机械费	元	1 500	4 000	3 600	履带吊等
运输及安装费	元		15 000		大型驳船转运
总成本造价	元	31 300	68 600	12 600	

注:此对比表按施工一排三根720钢管桩进行分析(仅供参考)。

通过以上的成本对比分析可见,采用"环切法"施工的经济效益十分明显。

12 应用实例

12.1 工程实例一

大连南部滨海大道工程星海湾跨海大桥三标段东段主栈桥裸岩区所有的钢管桩均采用钢管钻"环切法"进行施工,成桥效果见图17、图18。

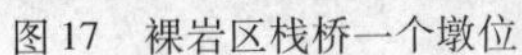

图 17　裸岩区栈桥一个墩位

图 18　施工完成的裸岩区栈桥

1）地质情况

该段落海床无覆盖层，为风化程度不一的辉绿岩全裸岩，海床以下地质分层结构详见表 5。

东段栈桥海床以下地质分层结构统计表（126～129 号墩）　　表 5

栈桥墩号		126、127	128	129	备　注
岩层结构及分层厚	第一层	强风化辉绿岩 14m	强风化辉绿岩 3.5m	强风化辉绿岩 2.2m	地基承载力为 400kPa
	第二层	弱风化辉绿岩 10m	弱风化辉绿岩 10m	弱风化辉绿岩 13m	地基承载力为 1 200kPa

2）施工工效统计

东段钢栈桥自 126～129 号墩共 15 根钢管桩，均采用钢管钻“环切法”进行施工，根据实际统计，成孔 1.8m 的平均施工时间为 3.0h，平均钻进速度为 0.6m/h。表 6 所列为其中 8 个孔的施工时间记录。

东段栈桥部分桩位“环切法”施工成孔统计表（126～129 号墩）　　表 6

桩　号	开 孔 时 间	终 孔 时 间	持续时间（h）	终孔深度（m）	备　注
126－1	15:07	17:37	2.5	1.8	2012－6－03
128－1	09:15	13:02	3.8	1.8	2012－6－15
128－3	10:12	13:30	3.3	1.9	2012－6－16
128－6	08:10	11:00	2.8	1.7	2012－6－21
128－5	07:00	09:30	2.5	1.8	2012－6－22
129－1	09:00	12:20	3.3	1.8	2012－6－23
129－2	09:00	11:40	2.6	1.7	2012－6－24
129－3	11:00	13:40	2.6	1.9	2012－6－25

3）实际应用效果

中铁十九局三标段星海湾跨海大桥东段主栈桥自 126～129 号墩的钢管桩采用钢管钻“环切法”进行施工，实际贯入强风化辉绿岩的平均深度为 1.8m，成桩质量好，栈桥整体结构稳定，满足施工要求。

支线栈桥 1～25 号墩钢管桩采用钢管钻“环切法”进行施工，实际贯入强风化辉绿岩的平均深度为 2.2m，成桩质量良好，栈桥结构稳定，满足施工要求。

12.2　工程实例二

大连南部滨海大道星海湾跨海大桥西引桥由中交第一航务工程局第三工程有限公司第十项目部承建，其主线栈桥施工范围内 60% 均为裸露基岩，无淤泥覆盖层。根据地质勘察资料显示，海床裸露的岩石主要为弱（强）风化石灰岩和石英岩板岩互层，地基基本承载力达到 800kPa。

2012 年 7 月，经业主推广，采用钢管桩“环切法”施工 156～179 号墩钢栈桥，平均 2h 完成 1 根钢管桩,贯入强风化石灰岩的平均深度为2.4m,成桩质量良好,栈桥整体结构稳定。

12.3 工程实例三

中铁十九局五公司大连南部滨海大道箱梁预制二标段负责跨海大桥东引桥、东连接线和东侧大跨径混凝土引桥的箱梁预制工作,场地位于海港旁边,箱梁出港运输需要搭建一个临时吊装码头,其结构形式为钢管桩基础加贝雷主梁结构,上部铺设钢板面板。

由于所处海湾段海床为裸岩区,无淤泥覆盖层,钢管桩施工采用钢管钻"环切法"。整个码头共植入钢管桩36根,单桩平均成桩时间为3.5h,贯入强风化石灰岩的平均深度为1.9m,成桩质量良好,码头整体结构稳定,满足施工要求。

邻近既有建筑物溶洞桩基旋挖钻施工工法

GGG(中企)C1065—2013

刘吉福　许永青　李伟根　王华齐　郭　灿
(中国铁建港航局集团有限公司)

1　前言

我国岩溶现象分布广泛,广西、广东、云南、湖南等地区的岩溶分布多且非常发育,在这些地区进行工程建设经常遇到邻近既有建筑物施工溶洞桩基的情况。大量工程实践表明,采用冲击钻成孔等产生振动的施工方法会诱发地面塌陷等地质灾害,造成巨大的经济损失,部分工程被迫停工和迁址。为保证既有建筑物安全,当满足溶洞顶板岩体完整且厚度较大、溶洞平面尺寸与基础尺寸的比例满足规范要求等条件时,有时会采用摩擦桩组成的群桩基础,但是由于桩承载力低,需要的桩的数量大、承台尺寸大,工程造价较高。

原广东省航盛建设集团有限公司(现已并入中铁建港航局集团有限公司)依托广清高速公路扩建工程新华高架桥桩基工程开展了邻近既有建筑物溶洞桩基旋挖施工技术研究并取得成功,形成了企业级工法,其后在多个工程得到推广应用。

2　工法特点

(1)完全依靠旋挖钻成孔,并对溶洞覆盖层采用工具式套管进行护壁。

(2)钢套管通过液压和旋转沉管,拔管机液压拔管,实现了无振动沉管和拔管。

(3)套管刃脚及溶洞内采用抛填后静力挤扩胶结性混合料的方式形成人工护壁结构。

3　适用范围

邻近既有建筑物、溶洞采用抛填处理的桩基。

4　工艺原理

该工法的主要原理是采用无振动施工,以避免溶洞塌陷,并对溶洞覆盖层采用工具式套管进行护壁。为避免振动,在溶洞覆盖层、溶洞内、基岩中均采用旋挖钻成孔。为避免钻至溶洞时桩孔浆面下降导致的覆盖层塌孔和进一步的地面塌陷,溶洞覆盖层中设置工具式钢套管。工具式钢套管利用旋挖机通过旋转和静压下沉、利用液压拔管机拔管,从而实现工具式钢套管的无振动施工下沉和上拔。为避免钢套管刃脚与溶洞顶板岩面之间的空隙处塌孔,采用静力挤扩胶结性混合料的方式形成筒状人工护壁结构(图1);溶洞内采用静力挤扩胶结性混合料的方式形成人工护壁结构,实现了无振动施工(图2)。

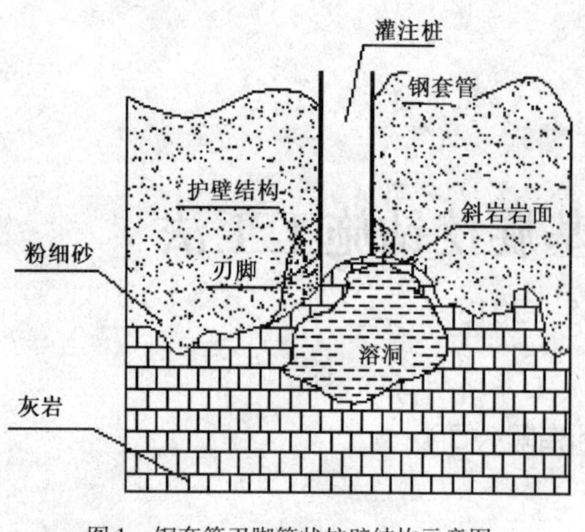

图1　钢套管刃脚筒状护壁结构示意图

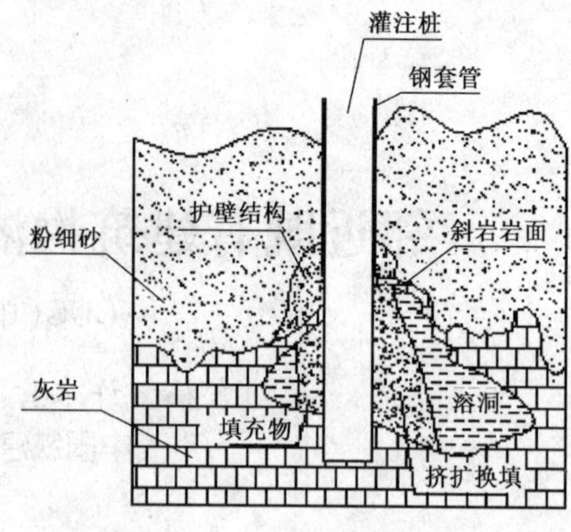

图2　溶洞内人工护壁结构示意图

5　施工工艺流程及操作要点

5.1　施工工艺流程

施工工艺流程如图3所示。

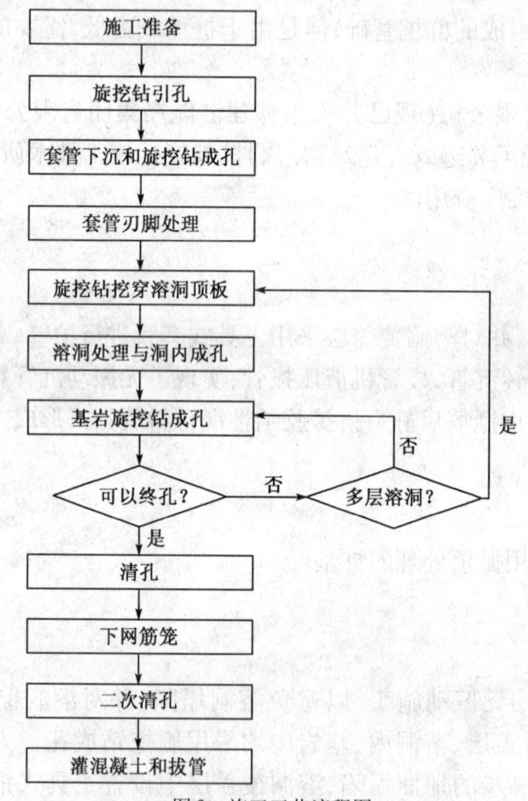

图3　施工工艺流程图

5.2　操作要点

1)施工准备

施工准备包括编制施工方案、技术交底、测量放线、桩位地面平整、泥浆制备等。

应根据详细的勘察资料逐桩编制施工方案。为保证拔管反力和垂直度,桩位地面应平整并夯实或压实,以满足拔管对地基承载力的要求。

2)旋挖钻定位引孔

旋挖机按照测量放样的具体桩位进行就位,并在桩位处引出两条交叉线,在钻进前期还要随时复核对中情况(图4)。

为保证第一节套管下放位置准确，旋挖机先引孔钻进2m左右，钻孔直径稍大于套筒外径(图5)。

图4　采用旋挖定位

图5　采用旋挖钻预引孔

3)套管下沉和旋挖钻成孔

(1)第一节套管沉放。

①旋挖钻机的副卷扬机将第一节套管吊至预引钻孔内。

②人工协助将旋挖钻机动力头上的套管连接器套在第一节套管上，使连接器下端的定位槽卡在第一节套管上端的定位键上。

③安装套筒连接器与第一节套管之间的连接螺栓(图6)。

图6　套管连接器与套管连接

④调整套管平面位置和垂直度(图6)。

⑤边旋转边静压地将套管沉入地基,直至套管上端距地面40cm左右。

图7 套管夹持器防止套管下沉

⑥卸除套筒连接器与第一节套管的螺栓。

(2)第二节套管沉放。

沉放前利用套管夹持器夹牢第一节套管上端,防止套管因自重作用下沉(图7)。第二节套管沉放方法如下。

①副卷扬机将第二节套管吊起,人工协助将第二节套管套在第一节套管上,使第二节套管的定位槽卡在第一节套管上端的定位键上。

②安装第二节套管与第二节套管之间的连接螺栓(图8)。

③人工协助将旋挖钻机动力头上的套管连接器套在第一节套管上,使连接器下端的定位槽卡在第一节套管上端的定位键上。

④安装套筒连接器与第二节套管之间的连接螺栓。

⑤边旋转边静压地将套管沉入地基,直至套管上端距地面40cm左右。

⑥拆卸除连接套筒连接器与第一节套管的螺栓。

图8 套管之间连接

(3)按照以上步骤继续沉放套管。下沉套管阻力较大时,利用旋挖钻具在套管内旋挖成孔(图9)。根据不同地质条件选择不同钻具,利用不同转盘转速和进尺进行控制,在砂层中或进入强风化层后,应选择低挡慢速。套管下沉与旋挖成孔交替循环进行,直至套管接近岩层顶面。在钻进过程中应向套管内灌注泥浆以平衡套管外水压力。

图9 旋挖钻具在套管内旋挖成孔

4)套管刃脚周围土体加固

溶岩区溶洞顶板岩层常呈倾斜状,工具式套管不能嵌岩,因此套管刃脚与倾斜岩面存在间隙。为避免该间隙处出现露砂进入溶洞、覆盖层下陷等现象,需要对刃脚周围土体按以下步骤进行加固:

(1)套管刃脚距离溶洞顶板岩面1~2m时暂时停止下沉,开始加固完刃脚周围土体。加固前套管刃脚与溶洞顶板岩面的距离根据溶洞顶板岩体情况、溶洞覆盖层土层情况确定,溶洞顶板岩面较薄或岩体完整性较差时,应取大值;黏聚力大、强度高、桩孔内浆面下降时不会产生塌孔或流砂的土层可不加固。

(2)利用旋挖钻在套管刃脚以下需要加固的土层范围内钻孔,

(3)向桩孔内依次抛填黄泥(需要提高强度时,还要填碎石)、水泥、水玻璃至套管刃脚以上1~2m。水玻璃:水泥:黄泥:碎石的比例可参照1:10:90:120。黄泥、碎石、水泥可采用挖掘机抛填(图10),水玻璃装在封口的塑料袋中采用人工抛填,水泥采用牛皮纸包装。

图10 挖掘机向桩孔内抛填

(4)用螺旋钻头搅拌抛填物形成胶结型混合料,先下钻至套管刃脚下1m左右慢钻(图11),同时并搅20~30转,钻杆不停地上提下钻和左右摆动,迫使混合料往外侧挤扩,至抛填料基本与套管刃脚持平。

(5)必要时更换地雷型钻头反复多次静力挤压混合料(图12)。

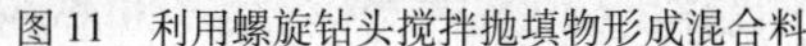

图11 利用螺旋钻头搅拌抛填物形成混合料

图12 利用地雷型钻头挤扩混合料

(6)停止作业2~3h,待孔底下混凝土料和孔壁有一定强度后,继续下套管和成孔至溶洞顶板岩面,套管露出地面的高度应大于1m,以便于拔管。若过程中出现孔内液面下降,则需重复上述过程,重新处理刃脚斜岩,直至孔内液面不再出现变化。

5)旋挖钻挖穿溶洞顶板

旋挖钻接近溶洞顶板时应放缓成孔速度,并根据地质条件选择钻具。岩层破碎或顶板较薄时,可直接用截齿钻钻进,岩层坚硬或厚度较大时可采用牙轮钻筒钻孔,用取芯筒进行岩体取芯(图13、图14)。为避免桩孔在岩面附近倾斜,钻具长度不宜小于桩直径的1.5倍,以利用其增加导向能力。

当钢护筒下至岩顶面后,用夹持器抱住钢护筒;在岩面上钻孔时,应采用无压钻进,当钻具在岩面上磨出导向槽后,再逐渐增大压力钻进。用牙轮钻筒钻岩取岩芯(或截齿钻筒钻捞碎岩),下钻速度宜慢且稳,若钻通岩层顶板后(以浆液流失为判断),岩芯掉于溶洞内,则用牙轮钻筒(或岩芯钻筒)套取或挤动于溶洞桩孔处侧。

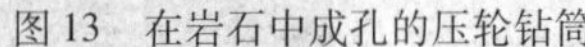

图13　在岩石中成孔的压轮钻筒

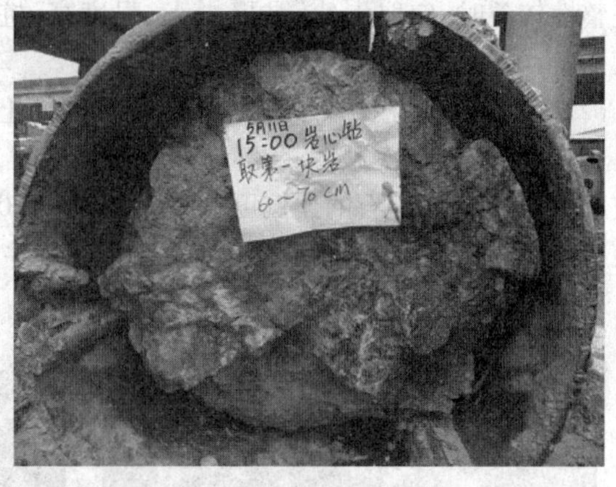

图14　取芯筒取出的岩样

6)溶洞处理与洞内成孔

与套管刃脚处理类似,溶洞采用抛填、搅拌、静力挤扩处理。具体方案应根据溶洞充填情况、充填物的性状及溶洞高度,分别选用不同溶洞抛填处理方案。

(1)溶洞内充填物比较软弱时(图15),直接向桩孔内分批依次抛填黄泥(需要提高强度时,还要填碎石)、水泥、水玻璃,水玻璃:水泥:黄泥:碎石的比例可参照1:10:90:120。每批黄泥宜为2.4~4m^3,每抛一批后,采用螺旋钻头下钻并搅20~30转,钻杆不停地上提下钻和左右摆动,以利于侧挤至孔外,再更换地雷型钻头反复静力挤压混合料,往孔外侧扩挤。根据抛填前后、挤压前后的孔深判断抛填挤压效果,若钻孔内继续漏水,则采用旋挖钻成孔至抛填物底面,按以上顺序及方式继续进行抛填、搅拌、挤扩,静置2~3h,待孔内(2m左右)混合胶结料和孔壁有一定强度后,再进行循环渐进作业施工,反复多次可填封溶洞孔壁;重复以上方法直至孔壁稳定为止,方可钻进下层岩板和溶洞处理。

a)

b)

图15　溶洞内钻取溶洞充填物芯样

(2)溶洞内充填物比较密实时,直接采用旋挖钻成孔至溶洞底,然后分层向孔内抛填、搅拌、挤扩至溶洞顶面以上后,静止2~3h后旋挖钻成孔至孔底。

(3)溶洞内无填充物时,先向桩孔内填中粗砂至溶洞顶面以上,然后按照溶洞内充填物比较软弱的情况进行处理。

7)基岩旋挖成孔

基岩旋挖成孔与5)节类似。但是要根据入岩深度、孔底完整岩层厚度和岩石强度情况判断是否满足终孔条件。

8）清孔

为减少对溶洞内桩孔壁的不利影响，宜采用膨润土泥浆清孔（图 16）。

9）灌混凝土和拔套管

（1）灌注混凝土前安装拔管机（图 17）。整平夯实安装拔管机位置的地面，垫枕木和厚木板，地基软弱时需局部进行换填，并铺设 30mm 厚的环形钢板，保证地基能提供足够反力。将拔管机抱紧油缸松至最大，利用吊车吊起并安装拔管机，使位于地面以上的套管从拔管机圆环中伸出。

图 16 孔内灌注膨润土泥浆封堵岩层裂隙清孔

图 17 套管位于拔管机圆环中

（2）安装拔管机后，安装混凝土导管，检测孔底沉渣厚度，必要时二次清孔，然后安装料斗，灌注混凝土。

（3）混凝土灌至套管刃脚以上 10 ~ 11m 时（视溶洞情况确定）开始拔钢套管。

①用 25t 吊车副钩吊住导管。

②操纵拔管机的锁紧油缸（图 18）使拔管机抱环抱紧套管。

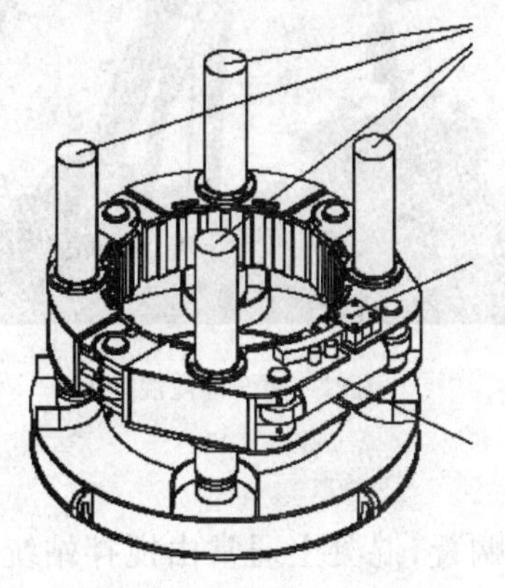

图 18 拔管机的横向锁紧油缸

③操纵竖向油缸进行拔管（图 19）。

④接近竖向油缸行程时，卸压松开锁紧油缸、竖向油缸活塞回缩，抱环下降到位。

⑤重复上述步骤，直至下一节套管顶面高出拔管机 20 ~ 30cm。

⑥采用风炮拆除连接套管的螺栓（图 20）。

⑦利用 25t 吊车吊起上一节套管。

⑧在下一节套管顶面设置 2 根槽钢后，利用导管夹架住导管（图 21）。

⑨解开导管上的钢丝绳。

⑩将套管吊开。

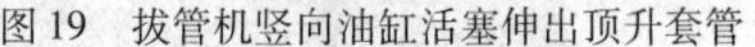
图19　拔管机竖向油缸活塞伸出顶升套管

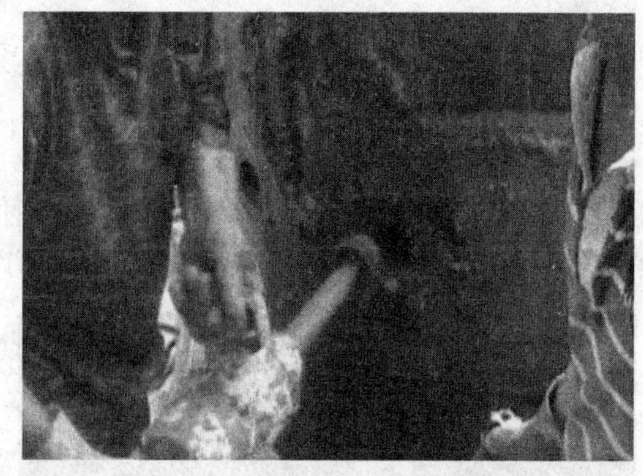

图20　风炮拆除连接套管的螺栓

⑪重复以上步骤直至套管刃脚距离混凝土面2m左右,且导管埋入混凝土的长度不得小于4m。

(4)本桩基施工钢套管上拉拔采用拔管机单独作业的方式。上拔套管应根据混凝土灌注高度决定。第一次上拔套管时,一般混凝土灌注至钢套管底以上10~11m(一般灌注两车混凝土)时开始上拔第一次钢套管,第一次上拔一般为非标准管节,根据实际埋深现场确定拔、拆几节套管。

(5)拆卸完一部分套管后用吊车重新装回料斗继续泵送灌注混凝土(图22),在灌混凝土过程中,吊车上拉下压导管多次挤压混凝土,以利于孔周混凝土密实,以此循环类推直至混凝土灌注完毕;为确保桩头质量,混凝土灌注时,混凝土比原桩顶板高出1m。

图21　导管夹固定导管

图22　泵车灌注混凝土

5.3　劳动力组织

抛填需要的碎石、黄泥、水泥、水玻璃等预先由机材部门购置,混凝土通常由搅拌站统一供应,钢筋笼由钢筋加工场统一加工制作,测量放线及施工监测统一由测量队负责,泵车也由搅拌站统一调配。一个旋挖钻桩队需要的施工设备见表1,如果分两班施工,则人数为表1的两倍。

一个旋挖钻桩队需要的劳动力　　表1

序　号	工　种	人　数	用　途	备　注
1	队长	1	施工管理	
2	安全员	1	安全管理	
3	技术员	2	现场施工记录、技术指挥等	
4	机手	5	操作旋挖机、拔管机、吊机、挖机、运渣车	
5	普通工人	6	安装钻具、套管、下钢筋笼、灌混凝土等	不包括测量放线、钢筋笼制作、混凝土供应等

6 材料与设备

6.1 材料

不考虑混凝土、钢筋笼,旋挖钻施工邻近既有建筑物溶洞桩基需要的材料见表2。

材 料 设 备 表 表2

<table>
<tr><th>序 号</th><th>材料名称</th><th>规格型号</th><th>单位</th><th>数 量</th><th>用 途</th></tr>
<tr><td>1</td><td>膨润土</td><td></td><td>包</td><td></td><td>制浆</td></tr>
<tr><td>2</td><td>自来水</td><td></td><td>t</td><td></td><td>制浆</td></tr>
<tr><td>3</td><td>黄泥</td><td></td><td>m^3</td><td rowspan="4">根据溶洞数量和大小确定</td><td rowspan="4">刃脚和溶洞处理</td></tr>
<tr><td>4</td><td>碎石</td><td>20~80mm</td><td>m^3</td></tr>
<tr><td>5</td><td>水泥</td><td>P. O42.5</td><td>t</td></tr>
<tr><td>6</td><td>水玻璃</td><td>波美度40</td><td>kg</td></tr>
<tr><td>7</td><td>钢套管</td><td>ϕ1270mm 厚4cm</td><td>套</td><td>2(62m)</td><td>护壁,可周转利用</td></tr>
<tr><td>8</td><td>导管</td><td>ϕ300mm</td><td>m</td><td>≥50m</td><td>灌混凝土,可周转利用</td></tr>
<tr><td>9</td><td>料斗</td><td>>$3m^3$</td><td>个</td><td>1</td><td>灌混凝土,可周转利用</td></tr>
<tr><td>10</td><td>焊条</td><td></td><td></td><td>根据需要确定</td><td>焊接钢筋笼、钻具等</td></tr>
<tr><td>11</td><td>探孔器</td><td></td><td>个</td><td>1</td><td>检测桩孔</td></tr>
</table>

6.2 设备

不考虑测量放线、混凝土供应和灌注、钢筋笼制作,一个旋挖钻桩队需要的施工设备见表3。

机 具 设 备 表 表3

序 号	设备名称	设备型号	单位	数量	用 途	备 注
1	旋挖钻机	≥250kN·m	台	1	沉管、成孔、协助拔管	配各式钻具
2	运渣车	≥$10m^3$	辆	1	钻桩渣土运输	
3	拔管机	≥400t	台	2	拔管	需要1台备用
4	吊车	≥25t	台	1	吊拔套管、钢筋笼,配合灌注混凝土	
5	挖机	≥$0.8m^3$	台	1	转移钻具、抛填等	
6	拌浆机	≥$1.0m^3$	台	1	拌制泥浆	
7	泥浆泵	≥$100m^3/h$	台	1	泵浆	
8	空压机	≥$9m^3/min$	台	1	清孔、装拆套筒螺栓	
9	电焊机	≥10kW	台	2	焊接钢筋笼、钻具等	

7 质量控制

7.1 施工质量控制依据

(1)《建筑桩基技术规范》(JGJ 94—2008)。

(2)《公路桥涵施工技术规范》(JTG/T F50—2011)。

(3)《公路工程质量检验评定标准》(JTG F80/1—2004)。

(4)《钢筋机械连接技术规程》(JGJ 107—2010)。

(5)《公路工程水泥及水泥混凝土试验规程》(JTG E30—2005)。

(6)设计文件或合同中有关质量的相关规定。

7.2 质量保证措施

1)钻进成孔

(1)钻孔时,起、落钻头的速度均匀,不得过猛或骤然变速,同时应经常注意检查钻机位置,保持其位置准确和平台稳固。钻斗的升降速度宜控制在0.75~0.8m/s。

(2)钻孔作业宜连续进行,详细填写钻孔施工记录,因故停钻时,将钻头提出孔外,防止埋钻。并随时观察进浆口处泥浆高程,防止漏浆引起塌孔。

(3)钻孔过程中,经常对泥浆进行检测,保证泥浆面始终不低于套管底部500mm以上。保持孔内泥浆稠度,注意地层变化,随时根据地质情况更换不同钻头钻进,调整泥浆相对密度,在地层变化处抽取渣样,判明地层情况并与地质剖面图比较,当钻孔地质与设计明显不同时,必须及时上报。

(4)钻进过程采用旋挖钻进掏土和套管下放交替进行的方式。在钻进过程中必须采用管口夹持器夹牢套管,防止套管自动下沉。

(5)后一节套筒时,应根据地质资料和现场下套筒深度计算需要发放套筒长度,选择合适的非标准套筒下放。

(6)套管刃脚处理措施:根据勘察资料在钢套管下放至岩面上1~2m时停止钻进,需要对钢套管刃脚进行处理,为防止由于刃脚处砂层的流失,从而引起塌孔,钻穿溶洞顶板后要及时观察溶洞是否漏浆,若漏浆应立即抛填挤压处理,保证溶洞护壁效果。

(7)为避免斜孔,根据桩长选择刚度足够的钻杆,岩面上采用无压钻进并采用较长的钻具。

(8)要求每次刃脚或溶洞回填前后,必须对回填物的高程变化进行测量,从而判定处理的效果。若钻孔内漏水,则重复旋挖、抛填、搅拌、挤压,重复以上方法直至孔壁稳定为止,方可钻进下层岩板处理。

(9)每次处理完后,旋挖机须正反转钢套管不少于10转,以防止溶洞处理材料黏结钢套管底部,造成事故。

2)成孔检查

钻孔达到设计深度后即开始清孔,当孔内抽出的泥浆(手摸无2~3mm颗粒,泥浆相对密度范围为1.02~1.1,含砂率小于等于4%,黏度为18~22s)满足要求后,测量孔深(检测方法:用测绳在至少两个不同位置量测,测量值均不小于设计孔深)、泥浆指标合格后,方可提钻;然后用探孔器下放到孔底检测桩径和倾斜度,测锤检测桩底沉淀层厚度不得大于5cm。

3)钢筋笼

钢筋笼必须严格按照设计尺寸制作,宜采用轮式混凝土保护层块,钢筋连接宜采用套筒连接,以利于钢筋安装顺利。在钢套管部分的钢筋笼头三道宜设置直径15cm的滚轮垫块,用以保证桩顶钢筋笼定位准确,以下部分采用直径10cm的滚轮垫块。

4)混凝土灌注

(1)在灌注混凝土前,应确保顶管机基础的稳定及机身的水平度,在确保顶管机能安全可靠操作作业后,才能开始灌注混凝土。

(2)混凝土初凝时间确定,应考虑拔管对混凝土灌注时间的影响。在溶洞中浇筑混凝土时,混凝土的初凝时间不少于7h,坍落度不小于20cm。

(3)套管一次上拔高度应考虑到溶洞影响,应与导管埋深匹配,及时测定孔内混凝土面的高度,保证导管埋入混凝土的长度不少于4m。

7.3 质量控制点与质量检查

1)质量控制点

(1)套管内径、倾斜度、埋置深度以及与地面或水位线高差控制。

(2)泥浆原料选取。

(3)泥浆的性能指标控制。

(4)钻头、钻杆、钢套管中心、桩中心在一条铅垂线上。

(5)孔深、孔径、倾斜度的检查。

(6)钢筋尺寸、焊接情况。

(7)混凝土灌注前,孔底沉渣厚度检查。

(8)混凝土施工配合比。

(9)首批封底混凝土数量。

(10)导管埋入混凝土深度。

2)质量检查

钻孔桩钢筋骨架、钻孔允许偏差分别见表4、表5。

钻孔桩钢筋骨架允许偏差 表4

序号	项目	允许误差(mm)
1	钢筋骨架直径	±5
2	主钢筋间距	±20
3	箍筋间距或螺旋钢筋间距	±10
4	钢筋骨架垂直度	骨架长度0.5%
5	骨架保护层厚度	±10
6	骨架中心平面位置	20
7	骨架顶端高程	±50
8	骨架底面高程	±50

钻孔桩钻孔允许偏差 表5

序号	项目		允许偏差(mm)
1	孔径		不小于设计孔径
2	孔深	嵌岩桩	不小于设计孔深,并进入设计土层内
3	孔位中心偏心(mm)	群(单)桩	100(50)
4	倾斜度		≤1%,且不大于500
5	浇筑混凝土前桩底沉渣厚度	支承桩	不大于5cm

8 安全措施

8.1 施工安全控制依据

(1)《施工现场临时用电安全技术规范》(JGJ 46—2005)。

(2)《建设工程施工现场供用电安全规范》(GB 50194—1993)。

(3)《建筑施工高处作业安全技术规范》(JGJ 80—1991)。

(4)《建筑机械使用安全技术规程》(JGJ 33—2001)。

(5)《公路工程施工安全技术规程》(JTJ 076—1995)。

(6)招标文件或合同中有关安全的相关规定。

8.2 桩基施工风险控制

1)桩基施工风险安全防控对策

桩基施工前,风险防控应重点考虑坍塌事故、机械伤害事故、高处坠落事故以及触电事故类型。表6为桩基施工风险安全防控对策。

桩基施工风险安全防控对策 表6

序号	风险安全防控对策及建议
	旋挖钻机及附属设备
1	进入现场的机械操作人员必须遵守安全操作规程和安全生产十大纪律,并且对钻机进行全面检修;钻机、钻具、拔管机、吊车的钢丝绳等必须符合设计要求
2	在钻孔位置如果土质比较松散,应夯实地面或铺设钢板,保证钻机的稳定和安全,防止地面出现较大沉陷,影响钻机的垂直度;在钻孔过程中,要有专人随时对钻孔机具进行检查维修

续上表

序　号	风险安全防控对策及建议
	旋挖钻机及附属设备
3	作业前,应检查旋挖钻机的卷扬机及机架各部位连接是否牢固,有无松动或磨破、变形,离合器、制动是否灵敏,钢丝绳是否断丝、磨损、扭结、变形达到变形标准;钻机的卷扬机钢丝绳在卷筒上应排列整齐;卷绕钢丝绳时,严禁工作人员在其上跨越;卷扬机卷筒上的钢丝绳不得放完,至少应保留三卷,严禁人拉钢丝绳卷绕;钢丝绳断丝超过5%时,应及时更换
4	在钻孔施工过程中,应紧密结合地质钻探资料,要特别注意防止溶洞、孔壁坍塌;钻孔过程中如出现漏浆,泥浆水位迅速下降,产生大量气泡等现象时,常常是坍塌的前兆,此时应迅速提起钻具,移走钻机,防止大面积坍塌造成钻机倾斜;同时应快速补浆,回填填料,阻止坍塌,待坍塌处理完善,周密方案审查通过后重新钻进
5	在钻孔过程中应随时观察,如果出现偏孔、斜孔,要及时采取措施纠正或回填重钻
6	在向钻好的桩孔内下钢筋笼骨架之前,应注意将各节段间的主钢筋焊接牢固;下入孔内后要加压稳定,防止钢筋骨架在灌注水下混凝土时浮起,造成质量事故
7	检修或加润滑油时,必须切断电源停止运转后进行,在高处作业时,必须先系好安全带
8	进行孔深测量,泥浆取样或循环排渣时,必须停机,防止机械伤人
9	套管中心应对准桩位中心,溢浆口应朝向泥浆池
10	钻破溶洞顶板时,应降低转速,缓慢钻破溶洞顶板,并密切关注泥浆液面
11	对于半填充和无填充溶洞应采用预处理方式,对于全填充溶洞采用抛填处理方式
12	做好台班记录和交接班记录

2)技术措施

通过采取补充钻探、地质CT扫描、溶洞抛填、注浆预处理、止水帷幕、钢套管、套管刃脚处理、旋挖钻、变形沉降监测等措施有效地降低坍塌的风险,从而降低施工风险等级。

(1)根据逐桩详细的地质勘察资料、周边建筑物,对照前后左右桩基地质资料情况,逐桩编制详细可行的施工方案。局部溶岩发育地区,还需对地层进行CT扫描,详细摸清地质情况,使施工方案更具有针对性。

(2)对于桩基周边邻近建筑物采取如下措施:

①施工前,请有资质单位对其进行鉴定,留相关影像资料。

②对地下水丰富、砂层较厚、覆盖层较薄弱的邻近建筑物,且为非常重要的路段,用逐桩、逐墩设置止水帷幕。

③对有溶洞桩基均下钢套管进行护壁,局部很大的未填充溶洞则采取注浆预处理。为减少桩基施工的振动及噪声,采用旋挖钻最大限度减少振动对其所产生的影响。

④对周边建筑物、房屋、路面、老桥等的监测细化,提前预警,采取措施。

⑤补充地质CT勘探,清晰地质构造,为施工明确线索。

⑥制订应急救援预案,做到事后全局控制,减小损失。

⑦应急物资准备:桩基施工前备好黏土、片石等防坍塌物资,配备挖机、铲车等抢险机械。

9　环保措施

9.1　施工环境保护依据

(1)《建筑施工现场环境与卫生标准》(JGJ 146—2004)。

(2)招标文件或合同中有关环保的相关规定。

9.2　具体环保措施

(1)严格按相关规范要求对施工范围及基坑进行有效围闭,在施工的桩基周围往外1.5m建立移动栅栏,实行围蔽施工。施工现场随时有施工员管理,保证道路畅通,排水系统处于良好状态,保持场容场貌整洁,对容易产生灰尘的地方,经常洒水,以免尘土飞扬。在车辆、行人通行的地方,沟井、坎穴必须设置覆盖物的施工标志。

(2)成立文明施工小组,负责现场文明施工。加强对施工机具的维修保养,减少油污污染;施工中产生的废水、泥浆不得随意排放,钻孔使用的泥浆,宜设置泥浆循环净化系统,并注意防止或减少环境污染,及时按照环保部门要求进行处理。施工完成后彻底的清理场地,消除污染。

(3)废弃的砂料及水泥袋等包装物及时清理,不得随处抛撒,施工机具应采取降低噪声措施,减少扰民。对产生噪声的施工机械,采取有效措施,尽量安排在白天施工。

10 资源节约

采用工具式钢套管,每套钢套管可周转利用多次,节约了一次性钢套管使用。溶洞采用抛填胶结性混合料处理,节省了溶洞第2~3层一次性钢套管,减少了溶洞注浆预处理或溶洞帷幕使用范围,节省了大笔溶洞处理费用。

11 效益分析

11.1 经济效益

可以实现无振动施工的其他工法有:摩擦桩群桩基础、预注浆旋挖钻施工、全套管旋挖钻施工。摩擦桩采用旋挖钻施工或回旋钻施工,承台尺寸根据群桩数量确定。多层钢护筒在覆盖层、每层溶洞内设置一层钢护筒,溶洞内钢护筒不能回收利用。

表7为广清高速公路扩建工程一个桥墩基础的造价对比,可见采用本工法经济效益显著。

各种工法效益对比 表7

项目	摩擦桩群桩旋挖钻	全护筒旋挖钻	预注浆旋挖钻	本工法
桩长(m)	25	40	40	40
单桩承载力(kN)	1 500	6 000	6 000	6 000
桩数	4	1	1	1
承台体积(m^3)	20	0	0	0
桩单价(元/m)	1 300	3 500(含护筒)	4 300(含注浆)	2 500
承台单价(元/m^3)	1 300			
造价(万元)	15.6	14	17.2	10
节约(万元)	5.6	4	7.2	
节约率(%)	56	40	72	

11.2 社会效益

本工法针对岩溶区邻近既有建筑物钻孔桩施工中的特点,通过利用旋挖钻孔、松散土层采用工具式钢套管护壁,研究工具式钢套管跟进护壁、洞顶局部加固技术,采用液压拔管机拔管等措施施工邻近既有建筑物的嵌岩溶洞桩基,有效减少了施工振动和底面塌陷孔,解决了松散覆盖层塌孔及地面塌陷等难题,保证了附近既有建筑物的安全和施工安全,且施工工期大大缩短。

本工法利用旋挖机和液压拔管机沉管和拔管,工具式钢套管可周转利用,替代一次性钢护筒,节约了所需的钢材,节省了工程造价。

本工法研制了“地雷型”、“风扇型”专用钻具,结合静力挤扩胶结性混合料,形成溶洞内护壁结构施工技术,保证成孔质量。

本工法无振动、噪声很小、泥浆排放量少(1根直径1.1m、长40m的旋挖钻灌注桩泥浆排量约为$38m^3$,采用回旋钻或冲击钻泥浆排量约为$100m^3$),对邻近建筑物影响最少,是一种安全环保的施工方法。不仅节省了大量的拆迁费用,而且为施工创造了良好的和谐的施工环境。

12 应用实例

12.1 工程实例一

广清高速公路扩建工程新华高架桥属广花盆地北部冲积平原地貌区,地层主要为第四系填土、冲积层和下石炭统石磴子组灰岩。覆盖层主要是砂层,其下岩溶发育强烈,分布有较多溶洞、溶隙,局部规模较大,洞中大部分有水或泥砂填充;另外还发育较多竖向裂隙,有隐伏溶洞、多层或串珠状溶洞存在,相互连通性,且存在较大的储水空间,其水量丰富。溶洞、土洞,其大小、规模不一,形态各异,分布杂乱;揭露最大溶洞高13.2m,最大土洞高12.2m,溶洞顶板普遍较薄,最薄仅0.1m;溶洞见洞率高达50.8%。地层极易因溶洞顶板塌陷造成覆盖砂层流失,形成地陷。勘察钻孔及老桥施工期间,曾多次因溶洞出现套管脱落孔内或引起地表塌陷事故,老桥也因此将大部分桩基变更为扩大基础。新华高架桥地处花都区市区,沿线厂房、民房等建筑物众多,还有省级文物保护资政大夫祠,桥梁中间为107国道,多处上跨地方道路。

2011年5月~2012年5月,广清高速公路扩建工程新华高架桥桩基施工中,采用了“邻近既有建筑物溶洞桩基旋挖钻施工工法”施工218根溶洞桩,有效保护了邻近桥梁等重要建筑物及厂房、住宅、道路。通过该项工法的应用,保证了施工质量、加快了施工进度、降低了工程成本,共节约征地拆迁建筑物费用452万元、一次性钢护筒成本费用1308万元、溶洞预处理费用812万元;共缩短工期90d。

12.2 工程实例二

广贺高速公路大旺互通连接线位于广东省肇庆市高新技术开发区,上跨大旺大道,顺接北江大桥,毗邻北江。为减少互通对开发区交通和规划的影响,连接线以桥梁为主。桥址区位于肇庆大旺高新技术开发区,地势平坦,场区内地层主要为第四系全新统填筑土,第四系更新统冲积层和残积层。场地地质条件复杂,部分松散砂土为液化土层,液化等级严重;有近20m厚淤泥层,呈软塑~流塑状;地下溶洞发育丰富,施工难度大。桥址附近左右两侧各有一栋5层、8层员工宿舍楼,基础为预应力管桩基础。项目也因房屋拆迁问题,工期仅剩6个月时间。

为减少拆迁,加快施工进度,避免噪声及振动扰民,根据现场实际条件及地质特征,采用“邻近既有建筑物溶洞桩基旋挖钻施工工法”,2011年9月~2011年11月顺利完成138根溶洞桩基,确保了周围宿舍楼、大旺大道、北江大堤的安全,经桩基检测一类桩比例达90%。

陆上超大沉井全过程施工工法

GGG(中企)C1066—2013

杨志德　王德怀　汪成龙　汪学进　党彦锋
(中交第二航务工程局有限公司　中交二航局第四工程有限公司)

1　前言

随着经济的发展,我国的桥梁建设事业正飞速发展,特大型陆上沉井在悬索桥基础中得到了日益增多的应用,如江阴长江大桥、润扬大桥、南京四桥、泰州大桥等均采用了沉井基础设计方案。随着悬索桥桥梁跨度的不断增大,沉井基础的几何尺寸也在不断地增大。

大体积沉井基础具有平面尺寸大、重量大的特点,如何保证沉井基础的快速下沉并精确定位,如何保证沉井基础的顺利封底、填芯并尽量减小对沉井姿态的影响是施工的重难点。通过对马鞍山长江公路大桥北锚碇基础沉井施工的技术研究,积累了一套完整的大体积沉井施工技术。

本工法形成过程中获得发明专利一项,实用新型专利一项,同时陆上超大沉井全过程施工工法已经获得中交第二航务工程局有限公司企业工法。

2　工法特点

(1)沉井地基基础采取按沉井大锅底形状,中间高、四周低进行换填,中间分区隔墙采取挖机开挖工艺。

(2)沉井每节混凝土浇筑平面不分块,通过加大设备、人员投入、增加混凝土供应能力、优化工艺,一次性浇筑完成,减少了施工缝、缩短施工工期。

(3)首次降排水下沉采用中间隔仓不开挖,控制整体下沉精度;后续下沉施工沿已经形成的下沉轨道,通过有效监控及纠偏措施,确保了沉井最终的定位精度。

(4)沉井下沉终沉阶段,以空气幕助沉为主要助沉措施。

(5)首次对称浇筑分区隔墙处封底混凝土,使分区隔墙与基底之间的空隙被混凝土填充,形成多个相互独立的封底分区,之后逐次对称浇筑封底混凝土,不均匀沉降控制良好,封底后沉井姿态满足设计要求。

(6)沉井隔仓填芯分组对称进行,最大程度地节省了工期。

(7)混凝土流动性好、施工平台简便,现场操作方便,封底阶段和首次填芯阶段可以利用同一套施工平台。

3　适用范围

本工法适用于平面尺寸大、下沉深度大的陆上沉井施工。

4　工艺原理

(1)尽可能采取机械化作业,减少人工作业量:沉井地基基础采取按沉井大锅底形状,中间高、四周低进行换填,中间分区隔墙采取开挖工艺;较以往沉井地基基础按刃脚底高程换填,内侧采取人工回填工艺;机械化程度高、进度快、地基沉降少、对钢壳拼装成形、混凝土浇筑不均匀沉降有利。

(2)对称施工:沉井接高、下沉务必对称进行,确保沉井下沉和最终的定位精度。

(3)空气幕的使用:沉井下沉终沉阶段,以空气幕助沉为主要助沉措施。空气幕利用高压气体在沉井四周形成空气帷幕,减小了侧壁土体的摩擦力,使沉井下沉加速。通过调节空气幕开关,控制沉井顶面平整度。

(4)封底混凝土方量大,不能在混凝土初凝前一次性完成,采取逐次对称分区进行,及采用水下混凝土封堵隔墙处封底混凝土。

5 施工工艺流程及操作要点

5.1 沉井施工工艺流程

沉井施工工艺流程如图1所示。

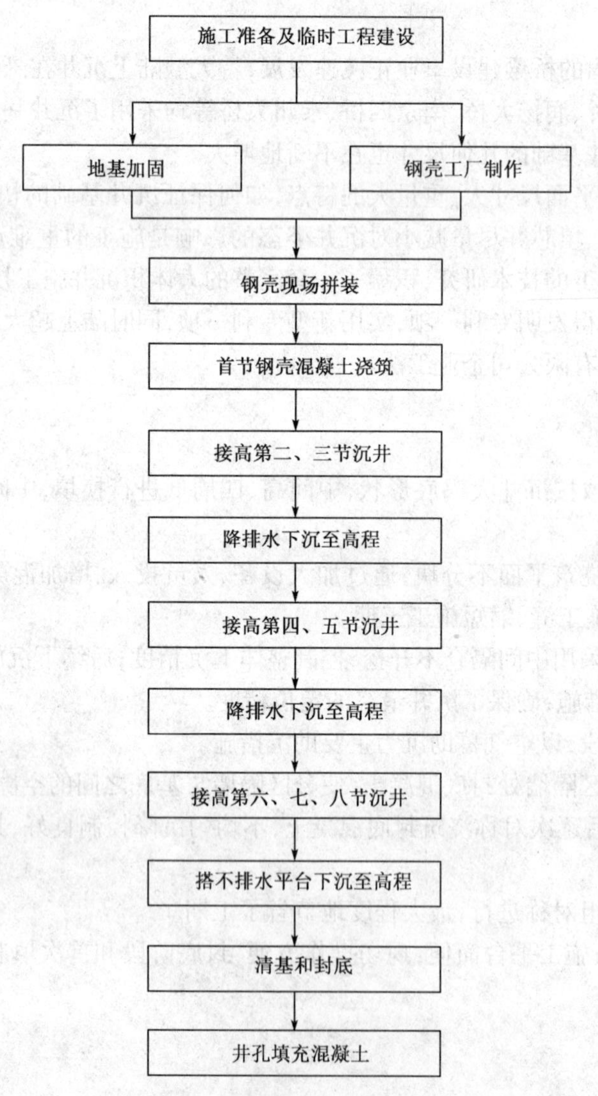

图1 沉井施工工艺流程图

5.2 操作要点

1)地基加固

(1)砂桩施工。

试桩施工:首先进行砂桩机的试桩施工,确定砂桩间距、桩长等工作参数,如图2、图3所示。

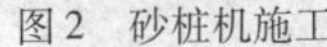
图2 砂桩机施工

图3 砂桩承载力检测

工程桩施工：根据试桩确定的工程参数，做好桩距、桩长、桩径、竖直度、灌砂量等项目的控制工作。

①工程桩的桩底高程 -13.5m，施工控制桩顶高程 +2.5m 以上。

②砂桩施工前，在桩位处铺设 30~50cm 厚的桩体用砂。

③反插次数不小于 5 次，要经常对管内存料进行检查，依据存料确定反插深度。

④保持桩机垂直度，桩管偏差小于桩长的 1%，充盈系数不小于 1.35，且砂密实。

(2)换填层施工。

换填层实验：根据换填层设计材料，选择一小块场地进行换填处理，并进行平板荷载试验，确定换填材料及分层层厚等参数。

换填施工：分层厚度不超过 30cm，使用 16t 振动压路机压实至中密状态。

换填层顶面形状为棱台型，周边高程 +3.5m，中间高程 +5.3m，平面高差控制在 5cm 以内，与沉井隔墙形状贴切，提高换填层整体质量，有效减少沉井沉降，如图4、图5 所示。

图4 换填层施工完成

2)沉井接高

(1)钢壳拼装。

钢壳存放：在钢壳表面清晰标记钢壳标号，使用枕木垫放，叠加高度不超过 2 层。

垫块安放：在后场预制 1.2m×0.6m×0.2m 的混凝土垫块，在换填层对应钢壳位置进行安放，并在垫块表面涂抹砂浆精细调平。调平后垫块顶面四角高程与钢壳底部设计高程误差小于 2mm。

钢壳临时固定：首先吊装第一个节段，进行纵、横、高度方向定位调整，并临时固定，以此节段作为定位基准段拼接其他钢壳，待拼装一定数量节段后统一焊接，如图6 所示。

图5 换填层形状作用

在两块钢壳接缝处底部增设 2cm 厚钢托板,保证钢壳拼接质量。

工地焊接:每条焊缝都分配合格焊工,提高焊工责任心,保证焊缝质量。

砂袋加固:在钢壳拼装成封闭宫格后及时使用砂袋堆填钢壳刃角部位,底部宽度 1.2m,高度 1.5m,扩大受力面积,减少钢壳沉降,如图 7 所示。

图6　钢壳临时固定

图7　钢壳底部设置砂袋加固

(2)钢筋制作与安装

钢筋绑扎:钢筋绑扎利用钢筋骨架进行精确定位,先绑扎沉井隔墙壁体钢筋,形成框架后绑扎隔墙内部钢筋,如图 8 所示。

绑扎时要严格按图施工,严格控制钢筋间距及保护层厚度,如图 9 所示。

图8　钢筋定位绑扎

图9　保护层垫块安装

预埋施工:要认真检查预埋钢筋和沉井监控等其他埋件数量及位置,如图 10、图 11 所示。

图10　沉井隔仓防坠防护

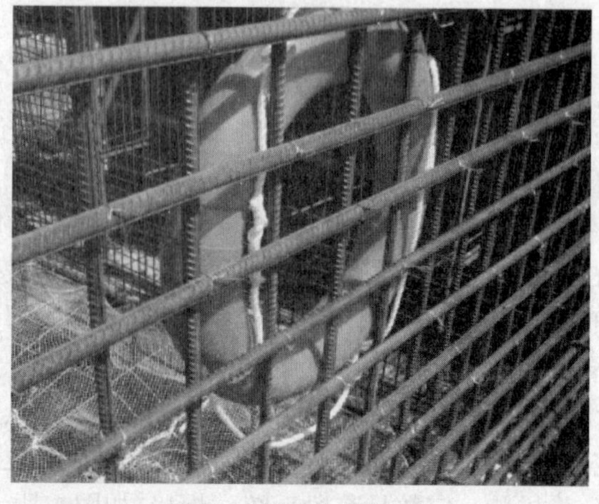

图11　沉井隔仓落水防护

注意事项：钢筋作业为高空作业、临水作业，需要做好安全防护工作。

(3)模板施工。

涂刷脱模剂：均匀涂抹高效优质脱模剂；并做好隔离防护措施，防止雾水、尘埃、蚊虫等污染模板面。

模板安装：模板接缝位置粘贴双面胶带用于防止漏浆，见图12。对拉拉杆顶端使用扎丝绑扎，防止螺母松动，见图13。

图12　模板接缝处理

图13　模板拉杆尾端处理

模板按照先内侧后外侧的顺序安装，安装时测量每个隔仓内模的8个拐点，确保精度符合设计要求。混凝土浇筑时，每2h测量模板一次。

模板拆除后将沉井隔墙上的拉杆孔堵塞。

(4)混凝土浇筑及养护。

混凝土浇筑：使用4台托泵、4台布料机同步对称浇筑，以减少沉井不均匀沉降。

注意事项：沉井单次最大浇筑方量为7 000余方，浇筑跨度时间较长，夜间施工要做好照明作业。除四周照明灯外，另配置30台小型碘钨灯，固定于干燥木条上，手持部分使用绝缘胶带绑扎。

混凝土养护：在混凝土表面达到0.5MPa后及时进行凿毛处理，并覆盖土工布洒水养护，养护标准以土工布湿润为佳。

3)降排水下沉

降水井施工：使用一台SPG-200型钻机施工沉井周边降水井，施工过程中控制钻机垂直度小于1%。

弃土场：将弃土场周围使用土体筑高、压实，形成较原地面高3～4m的土坝，并使用塑料布包裹，防止积水渗透进土坝，使坝体垮塌，见图14。

图14　弃土场土坝包裹塑料布

吸泥施工:普通隔墙刃角下方冲刷吸泥,井壁隔墙刃角处不冲刷,保证井壁隔墙埋深在2m左右,见图15、图16。

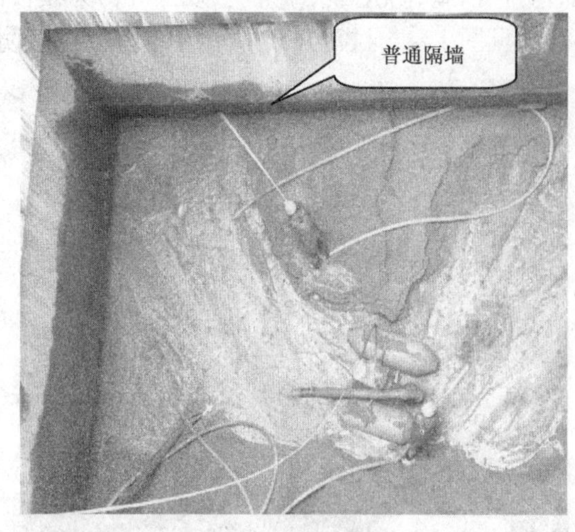

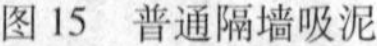
图15 普通隔墙吸泥

图16 井壁隔墙保留土堤

首次降排水下沉施工时,保留中心隔仓不吸泥,用于沉井整体下沉定位,见图17。

注意事项:沉井下沉过程中,会造成周边土体下沉塌陷,提前在井壁周边堆砂,可以大幅减少沉井塌陷影响范围,见图18、图19。

图17 中心隔仓用于下沉定位

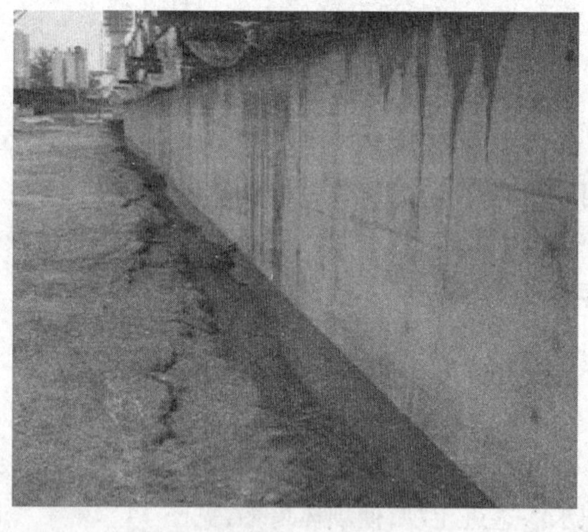
图18 沉井下沉产生的裂隙

在沉井下沉时,将各种沉井危险因素向工作工人传达,并组织演习。

4)不排水下沉(图20)

设备安装:使用塔吊及履带吊安装施工平台、龙门吊、空气吸泥机等设备。

吸泥作业:在保持沉井内部水位比外部水位高2m的前提下,开启空气压缩机吸泥。下沉过程中每2h测量基底泥面一次,确保基底部分不超吸。

空气幕施工:空气幕在第二节沉井接高时安装,竖向风管随沉井向上接高,控制精度在1cm以内,见图21、图22。

空气幕风管使用空气压缩机供气,通过气压分配器进行控制。开启时由上层至下层逐层开启,关闭时由下层至上层逐层关闭。每次开启时间约3~5min,见图23。

图19　裂隙内吹填砂堆高

图20　不排水下沉施工平台

图21　空气幕布置

图22　竖向风管接高

注意事项:下沉过程中注意保持2m的内外水位高差,并及时测量平面姿态、相对高差、基底形状等,用于控制沉井下沉。沉井吸泥补水布置见图24。

图23　空气幕分气闸

图24　沉井吸泥补水布置

当沉井四角平面偏位大于15cm时开始下沉调整;沉井四角高差在接高阶段不大于5cm,下沉阶段不大于15cm,否则启动相应调整预案。

5)下沉监控

监控数据及时反馈至施工现场,根据监控意见进行吸泥调整。下沉阶段采用一天测量两次监控数据,接高阶段采取两天测量一次的监控数据,见图25。

图25 监控仪器布置

6)沉井封底

清基施工:在沉井终沉阶段配合清基施工。基底高程控制标准为(0,-20cm),当基底中心高程达到设计要求时,向四周井壁隔墙方向吸泥。

封地施工顺序:沉井封底分六次进行,首次对9个隔仓靠近分区隔墙处浇筑至-35.8m,使分区隔墙被混凝土包裹0.2m,形成以分区隔墙为可靠挡墙的五个独立分区;第二次对①区域进行封底,隔仓中心处封底厚度不小于8m;第三次对②区域进行封底至-28.5m;第四次对③区域进行封底至-28.5m;第五次对④区域封底至-28.5m;第六次对⑤区域进行封底至-28.5m,见图26~图30。

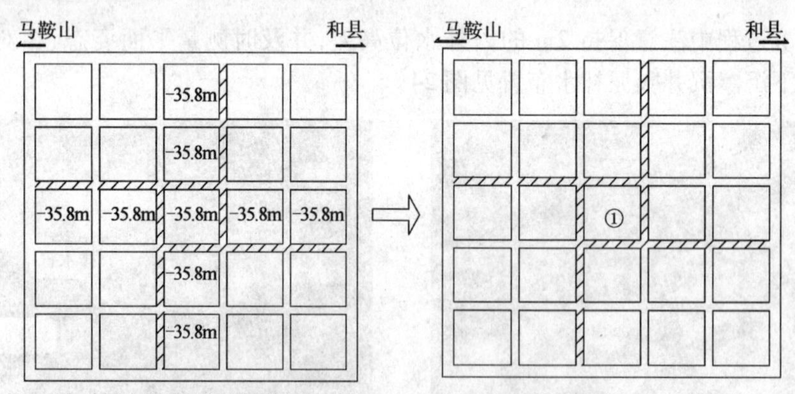

图26 沉井封底施工流程1

封底混凝土浇筑:施工中经常检查导管埋深、混凝土流动性;在首封小料斗的两侧开透气孔防止气堵;在浇筑过程中勤拔管,防止埋管,见图31。

优化混凝土配合比,加大混凝土流动性,使溜槽坡度由传统的1:3降至1:6,降低了施工难度。

7)沉井填仓

混凝土填仓施工:填仓施工采用分层分区域法进行。单个隔仓分三次浇筑,以方便绑扎抗剪钢筋。15个隔仓分区域施工,以提高施工进度。见图32~图34。

(1)钢筋制安。

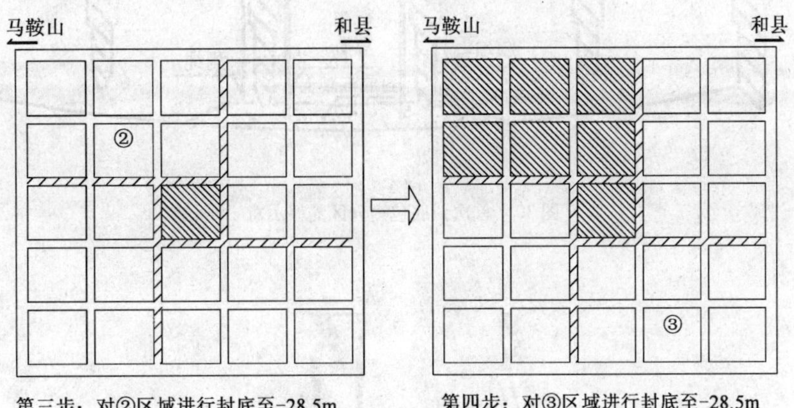

图 27 沉井封底施工流程 2

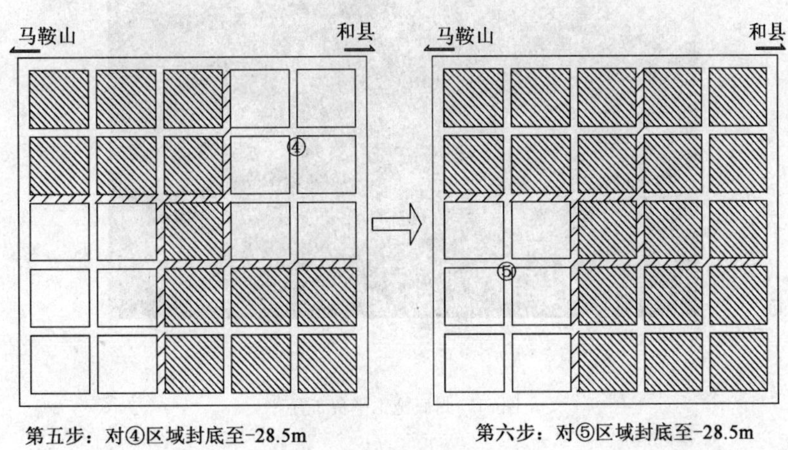

图 28 沉井封底施工流程 3

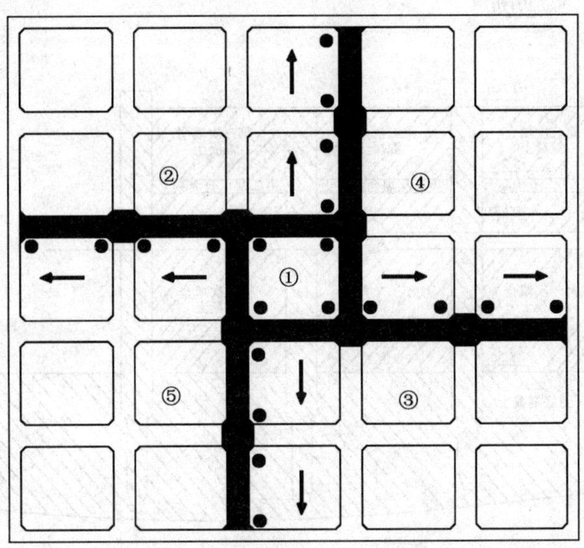

图 29 沉井首次封底顺序

图 30　首次封底包裹分区隔墙示意

图 31　封底施工平台布置

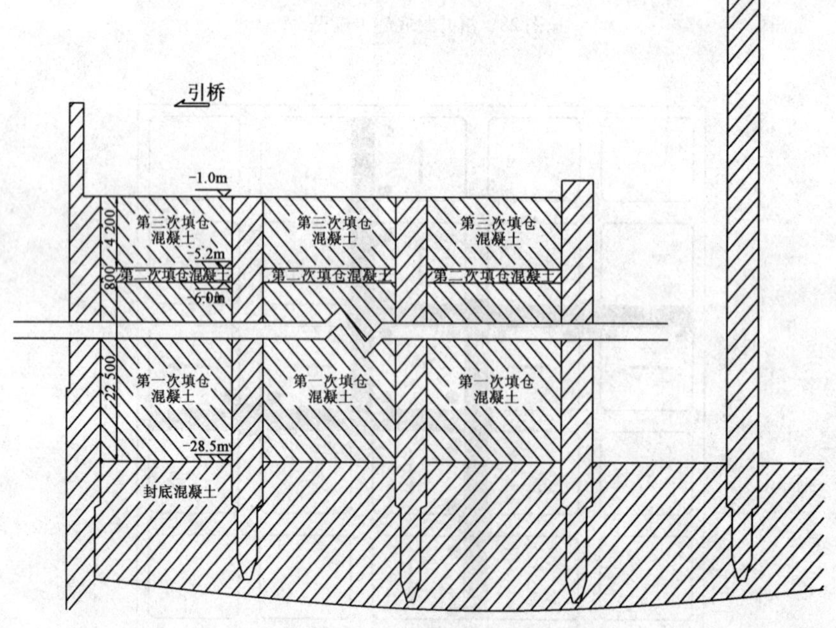

图 32　沉井填芯分层施工

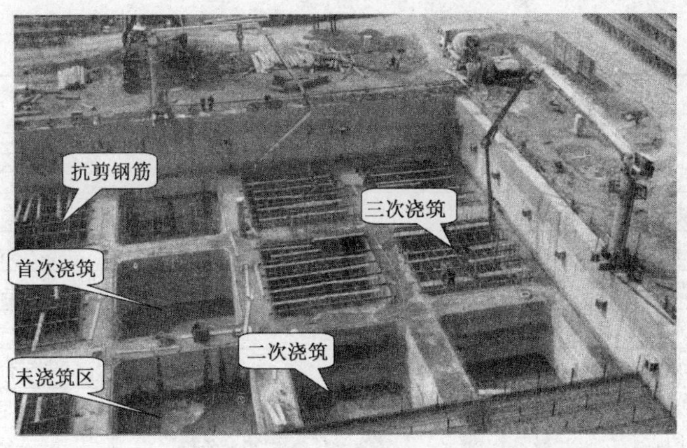

图 33 沉井填芯分组施工

抗剪钢筋在隔仓顶部采用型钢作为基准,钢筋底部使用手工钻钻孔,孔内置定位钢筋,与抗剪钢筋捆绑,钢筋安装精度控制在 1cm 以内,见图 35。

图 34 沉井填芯施工完成

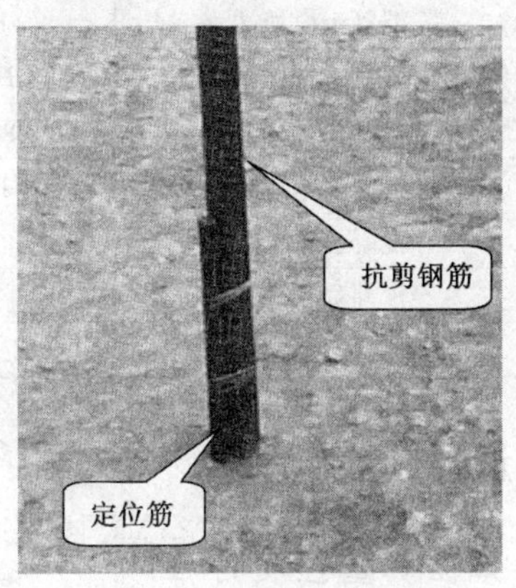

图 35 沉井填芯抗剪钢筋固定

(2)混凝土浇筑及养护。

混凝土浇筑:采用布料杆布料,振捣棒振捣密实。在隔仓内壁做好高程控制点。

混凝土养护:在混凝土强度达到 0.5MPa 后及时进行凿毛,并在混凝土表面覆水养护。

6 材料与设备

本工程所需的主要材料有水泥、碎石、砂、粉煤灰、外加剂、钢筋、钢结构等材料。

本工程所需的主要设备有移动式塔吊、沉管桩机、混凝土搅拌站、混凝土拖式泵、布料杆、吸泥机、潜水泵等设备,如表 1 所示。

主要设备列表 表1

序 号	设备名称	规格型号	生产能力	单 位	数 量
1	沉管桩机(砂桩机)	JGZ-90		台	4
2	压路机	YZ18	18t	台	1
3	推土机	TY220		台	2
4	装载机	ZL50	5t	台	3
5	挖掘机	WY100	$1m^3$	台	4
6	自卸车	CA3160	10t	台	16
7	平板车(挂车)		10t	台	1
8	履带吊	QUY-50	50t	台	2
9	汽车吊	QY-25	25t	台	2
10	龙门吊		10t	台	8

续上表

序　号	设 备 名 称	规 格 型 号	生 产 能 力	单　　位	数　　量
11	龙门吊	QLM20	20t	台	1
12	移动式塔吊	H3/36B	250t · m	台	2
13	振动锤	DZ90		台	1
14	深井潜水泵			台	18
15	泥浆泵(吸泥设备)	NL150 - 16		台	52
16	泥浆净化器	ZX250		台	8
17	高压水泵	125D25		台	13
18	空气吸泥机	D300		套	8
19	空压机		$20m^3/min$	台	8
20	多级离心泵	8DA-8 ×2		台	12
21	低压水泵		$400m^3/h$	台	12
22	钻机设备			套	1
23	混凝土搅拌站	HZS90	$90m^3/h$	套	1
24	混凝土搅拌站	HZS120	$120m^3/h$	套	2
25	布料杆(扒杆长 24m)	$80m^3/h$		台	4
26	混凝土拖式泵	HBT80	$80m^3/h$	台	4
27	混凝土输送车	JC8	$8m^3$	台	6
28	深井降水设备			套	18
29	压浆机			台	3

7　质量控制

7.1　工程质量控制标准

(1)主塔施工质量标准及质量控制依据《公路桥涵施工技术规范》(JTJ 041—2000)。

(2)主塔施工质量检验依据《公路工程质量检验评定标准》(JTG F80/1—2004)。

7.2　工程质量要求(表 2 ~ 表 6)

沉井首节混凝土检验项目　　表 2

项　　次	实 测 项 目	规定值或允许偏差	检查方法和频率
1	混凝土强度(MPa)	在合格标准内	执行 JTG F80/1—2004 附录 D 的要求
2	顶面高程(mm)	±50	全站仪结合钢尺,由顶面高程反算;10 处

沉井分节混凝土检验项目　　表 3

<table>
<tr><th>项　　次</th><th colspan="2">实 测 项 目</th><th colspan="2">规定值或允许偏差</th><th>检查方法和频率</th></tr>
<tr><td>1</td><td colspan="2">各节沉井混凝土强度(MPa)</td><td colspan="2">在合格标准内</td><td>按 JTG F80/1—2004 附录 D 检查</td></tr>
<tr><td rowspan="3">2</td><td rowspan="3">沉井平面尺寸(mm)</td><td>长度</td><td colspan="2">±0.5%边长,大于 24m 时, ±120</td><td rowspan="3">全站仪或钢尺
2 条边</td></tr>
<tr><td>宽度</td><td colspan="2">±0.5%边长,大于 24m 时, ±120</td></tr>
<tr><td>对角线</td><td colspan="2">对角线长度的 ±1/100,且绝对值≤180</td></tr>
<tr><td rowspan="2">3</td><td colspan="2" rowspan="2">顶面高程(mm)</td><td>顶层</td><td>±20</td><td rowspan="2">水准仪;10 点</td></tr>
<tr><td>其他层</td><td>±50</td></tr>
<tr><td>4</td><td colspan="2">井壁厚度(mm)</td><td colspan="2">+20,0</td><td>钢尺;每节段沿周边 4 点</td></tr>
<tr><td>5</td><td colspan="2">隔墙垂直度(mm)</td><td colspan="2" rowspan="2">接高段的 1/100,不得外倾</td><td>吊垂线;抽检 10 处</td></tr>
<tr><td>6</td><td colspan="2">井壁垂直度(mm)</td><td>吊垂线;延沉井周边 8 处</td></tr>
</table>

沉井下沉到位后检测项目　　表4

项　次	实 测 项 目	规定值或允许偏差	检查方法和频率
1	中心偏位(cm)	50	全站仪;沉井两轴线各2点
2	刃脚高程(mm)	不高于设计高程	全站仪或水准仪;顶面高程反算,4~8处
3	最大倾斜度(cm)	H/100	吊垂线;两轴线1~2处
4	平面扭转角(°)	1	全站仪;沉井两轴线各2点

沉井封底混凝土浇筑检测项目　　表5

项　次	实 测 项 目	规定值或允许偏差	检查方法和频率
1	混凝土强度(MPa)	在合格标准内	执行JTG F80/1—2004附录D的要求
2	基底高程(mm)	+0,-200	全站仪结合测绳;由上部高程反算,5~9处或按2m方格检查
3	顶面高程(mm)	±50	

沉井隔仓浇筑混凝土检测项目　　表6

项　次	实 测 项 目	规定值或允许偏差	检查方法和频率
1	混凝土强度(MPa)	在合格标准内	执行JTG F80/1—2004附录D的要求
2	顶面高程(mm)	±50	全站仪结合测绳;10点

7.3　砂桩施工质量控制措施

挤密砂桩施工不当或技术要领把握不住,极易留下质量隐患,严重影响处理效果。本标段拟从以下方面控制砂桩施工质量:

(1)若灌砂量不足,砂的含水率不佳或加水量不足,就会引起成桩桩身密实度不足,造成疏松现象,因此要严格控制投砂量,桩管内的加水量必须充足。

(2)沉桩时桩管竖直度不够,或受邻桩振冲影响,容易引起已成砂桩倾斜,因此成桩时要经常校正桩管竖直度,相邻桩应间隔跳跃施工,避免相互间振动影响。

(3)桩底空松或桩底端料少或无料会引起短桩,沉管时遭遇局部硬土层或孤石,处理不当也会造成桩长不够。拔管前必须灌满砂料,并留振1min。

(4)三次投料不合理,反插深度和次数有误会都会引起砂桩缩径,必须改变投料量比例,改变反插深度和次数以满足要求。

(5)断桩是施工中常见病害,形成原因主要有反插深度有误、塌孔、卡管活页打不开等。要严格按工艺性试桩提供的技术参数控制拔管高度和拔管进度,否则易出现断桩,不能保证桩身的连续性。

(6)卡管为成桩中常见现象,要整修活页,使活页开启灵活打开。

(7)保持桩机垂直度,桩管偏差小于桩长的1%,充盈系数≥1.35,且砂密实。

7.4　换填施工质量控制措施

换填层施工选用碾压法进行。换填材料采用50%中粗砂和50%石屑,用液压挖机搅拌均匀后进行铺设。在施工前进行换填材料的土工试验,通过现场加水或晾晒工艺来达到最佳含水率。

施工时分层铺筑,砂垫层第一次铺设厚度控制在50cm,之后每层的铺设厚度控制在20cm,通过提前埋设的标尺进行控制。使用16t振动式压路机碾压,碾压前进行现场含水率的测定,根据每层铺设所需要的填料量,计算出需要的加水量。下层的碾压密度经检验合格后,再进行上层砂垫层的施工,每层按照8点/1 000m^2 进行干密度检测,砂垫层干密度应达到1.6g/cm^3 以上,砂垫层振实到中密标准或以上。

开挖前,降水井抽水使地下水位低于基坑底高程,减少基坑开挖时地下水的渗透。在换填层四周设置截水和排水沟,排水沟位于沉井外侧9~10m处,深50cm,宽50cm。降水井通过水泵泵水到排水沟,排水沟内水汇流至集水坑,再经过水泵泵送至长江。

7.5 沉井下沉质量控制措施

(1)沉井倾斜及平面偏移的处理措施:设定预警值为平面及高程相对偏位15cm,一旦超过预警值,开始调偏纠偏工作。沉井下沉过程中若向某一方向倾斜或偏移,则停止吸泥机对此方向的冲刷,着重对相对方向进行冲刷吸泥,待沉井水平、拨正后再对称进行施工。

(2)翻砂、涌水处理措施:降排水下沉过程,井壁刃脚部位预留2~3m宽土堤,可以有效预防井外土体翻砂;如出现翻砂、涌水现象,说明地层已经不适合继续降排水下沉施工,应该向沉井内补水,在翻砂涌水结束后,进入下道工序。

不排水下沉阶段,保持沉井内水位比沉井外水位高2m可以较好地控制翻砂、涌砂。如发生此现象,停止空气吸泥机施工,并往井内持续补水至此现象结束,然后根据现场情况,放慢下沉速度,在沉井下沉一定深度,刃脚再次进入原状土后再进行正常的不排水下沉施工。

(3)沉井周边塌陷处理措施:在沉井井壁四周堆砂,高度1m左右,可以有效避免沉井周围大面积塌陷。

7.6 沉井封底、填芯质量控制措施

1)严格进行混凝土质量控制

通过对原材料的质量检验与控制、混凝土配合比的确定与控制、混凝土的生产和施工过程各工序的质量检验与控制,以及合格性检验控制,使混凝土的质量符合规定要求。主要体现在以下几方面:

(1)加强对混凝土组成成分的研究,优化混凝土配合比。

(2)严格控制混凝土原材料质量,保证均满足施工配合比要求,同时加强施工原材料的现场质量管理工作。

(3)在进行混凝土拌制过程要保证计量准确,保证施工配合比的准确性。同时要加强集料含水率的检测工作,并即时进行拌和用水量的调整。

(4)混凝土浇筑连续不间断进行,如因故必须间断,其间断时间必须小于已浇混凝土的初凝时间,并不大于30min。

2)加强现场施工组织管理

(1)在施工过程中应进行质量检测,应用各种质量管理图表,掌握动态信息,控制整个生产和施工期间的混凝土质量,并严格控制隔仓混凝土的浇筑速度及隔仓内水头差,控制各隔仓混凝土顶面高程及水位在合理范围内。

(2)现场施工必须严格按照要求进行组织施工,导管随混凝土面升高而徐徐竖向提升,混凝土浇筑时导管埋入混凝土的深度不小于2m。

(3)在浇筑过程中,井壁处不得出现空洞。

(4)加强混凝土泵送设备及管道的维修与保养,保证混凝土浇筑过程的连续性。

8 安全措施

安全责任重于泰山,在施工过程中,坚决自始至终坚持“安全第一,预防为主,科学管理,狠抓落实”的安全工作方针,并从技术上、制度上、思想上、组织上加强安全管理,制订并落实好安全预控措施,防患于未然。

1)施工人员安全保证措施

(1)对现场施工人员进行“三级”安全教育。

(2)塔吊作业人员,必须严格执行安全操作技术规程,杜绝违章指挥、违章作业、违反劳动纪律的“三违”现象。

(3)做好临边防护,准备好足够的救生圈及救生衣,做好安全预案。

(4)高处作业时,禁止一手携物,一手扶梯上下;使用的工具、拆装的零部件,用吊桶、吊袋装妥后用绳索传递,严禁下掷上抛;作业现场下方一定范围内禁止人员停留。

2)高处作业安全保证措施

(1)从事高处作业的人员必须持证上岗,并认真遵守安全施工规定,衣着要灵活,禁止穿硬底和带钉易滑的鞋。

(2)高处作业要设防护栏杆,支持安全网和安装防护门,操作人员要系安全带。

(3)高处作业物料要堆放平稳,不可放置在临边和洞口附进;凡有坠落可能的,要及时撤出或固定以防坠落伤人。

(4)发现安全设施有缺陷或隐患,及时报告处理,对危及人身安全的,必须停止施工,消险后再进行高处作业。

(5)任何人不允许移动和擅自拆除安全标志,确实因工作需要须经工长批准后移动和拆除,之后重新安装好。

(6)高空上作业安全设施要经常检查,处于良好状态。

(7)梯子不得缺档,不得垫高使用,横档间距以30mm为宜,使用时上端要扎牢,下端采取防滑措施,禁止二人同在梯上作业。如接长使用,应绑扎牢固。在通道处使用梯子,需设置围栏。

3)施工用电安全保证措施

(1)现场电路要有作业设计、平面设计,电器拉线、设闸要规范,按照方案操作。

(2)用电器要有漏电保险装置,一一保险。

(3)大风或雨后启用电器前,要由专业人员检查,电路电闸要严格防潮防雨。

(4)在电器设备处设置标志牌。

(5)在电器设备及线路上进行工作前,均应检查是否有电,设备的所有部分都不带电时,方可工作。

(6)施工现场用电,要做好线路的绝缘,必须做到24h有电工在现场值班,随时掌握施工现场的用电情况。

(7)各类电动工具,要管好、用好、经常清洗、注油,严禁机械带"病"运行,各类防护罩应完整无缺。

4)机械设备安全保证措施

(1)机械设备必须要有出厂合格证,有设备性能、使用、维修、保养、说明书。

(2)设备物资部门将所有机械设备进行的例行检修、运行状态技术资料建立档案。收集好机械设备的年检合格证书。

(3)机械设备的性能满足工程要求,安全装置及安全设施齐全,控制系统灵活可靠。

(4)设备的维护保养和使用定员专人管理,以保持设备处于最佳运行状态。

(5)机械设备(车辆)的操作人员、驾驶员,必须严格执行"安全技术操作规程",不准违章作业,严禁酒后操机作业和驾驶作业。

(6)各特种机设备(车辆)的操作及司驾人员,必须有主管部门核发的安全上岗证(驾驶证),严禁无证上岗作业。

5)大风天气安全保证措施

(1)临时驻地、临时加工场地建设时考虑大风的影响。

(2)工程施工设计时充分考虑大风等工况影响,确保施工期间设施的结构安全性,必要时采取临时加固措施。

(3)大风来临前,合理安排施工生产。

(4)对塔吊、龙门吊等大型设备,大风来临前做好加固等工作。

9 环保措施

在施工期间,施工机械及运输车辆的噪声将影响附近居民生活环境;材料运输及拌和过程可能产生扬尘和粉尘等,造成环境空气污染;施工人员生活污水、垃圾对周围环境的影响;取、弃土造成地表植被的破坏,水土流失等破坏生态环境。

1)水环境污染防治措施

(1)临时施工场地的选择与布置,考虑尽量少占用绿地面积,保护好周围环境,减少对陆域植被生态的破坏。

(2)施工人员生活区远离河道,不向长江排放生活废物和生活污水。施工生产废水不得排入水体,在施工营地附近设化粪池来处理施工废水,使其自然蒸发或由农民清挖施肥,施工结束将化粪池覆土掩埋。

(3)妥善处理废土、弃土避免堵塞河道、改变水流方向和抬高水位而淹没或冲毁农田、房屋。

(4)施工中的废油和其他固体废物不得堆放在水体旁,及时清运至专门的仓库或堆放场所,并应设篷盖,防止雨水冲刷进入水体。

(5)混凝土浇筑施工时,采取防雨水冲刷措施,以防止大量混凝土、水泥浆入江而污染长江水体。

(6)选择合适的施工方案,最大限度地减轻施工噪声和冲击波、振动对环境的影响。

2)大气污染防治措施

(1)采取洒水防尘、夯实或硬化施工便道等办法,控制施工现场及道路扬尘,以减少粉尘污染。

(2)控制搅拌混凝土扬尘及机械噪声,混凝土拌和场所安排在大气敏感目标常年主导风的下风向。

(3)运送散装含尘物料的车辆,要用蓬布遮盖,以防物料飞扬。对运送砂石料的车辆限制超载,不得沿途撒漏。粉状材料罐装或袋装,粉煤灰采用湿袋湿运。土、水泥、石灰等材料运输禁止超载,并盖蓬布。土、砂、石运输不得超出车厢板高度,防止散落。

3)噪声污染防治措施

(1)根据国家和地方有关环保法规,严格控制施工期噪声排放量,施工场界噪声执行《建筑施工场界噪声排放标准》(GB 12523—2011),并遵照《安徽环境噪声管制办法》执行。

(2)施工期间,注意控制施工车辆鸣笛,经过居民区的重型运输或施工机械,注意限速。

(3)合理安排施工活动,减少施工噪声影响时间,避免高噪声施工机械在同一区域内使用。高噪声施工机械运行尽量避开居民休息时间。

(4)施工中注意选用效率高、噪声低的机械设备,并注意维修养护和正确使用,使之保持最佳工作状态和最低声级水平,可视情况给强噪声设备装隔声罩。

(5)加强施工期环境管理,合理安排施工工序,做到文明施工,减少噪声影响。

4)弃渣、施工垃圾和生活垃圾的处理措施

(1)弃渣处理按业主指定地点堆存放,临时用地四周根据地势和周围环境情况,做好防尘和水土保持工作。

(2)施工场地及时收集生产及生活垃圾,统一处置,生活污水处理按要求进行。

10　资源节约

本工法在工期上节约了近 122d 时间,节省了大量的人力、设备资源;在回填层处理上提高了设备的利用率,节省了大量的人工、材料;在下沉中对周围影响小,节省了对周围建筑物、大堤进行加固的材料、人工、时间;在封底填芯过程中充分利用施工平台,节省了平台改造的材料、设备、时间。

11　效益分析

11.1　经济效益分析

优化后的沉井施工较常规施工方法提前了 122d 的工期,其中沉井接高下沉阶段提前了 90d,沉井封底填芯阶段节省了 32d 的工期。

沉井平面不分节接高节省了 6 次计 30d;节省了一次不排水下沉工序转换时间 35d;沉井空气幕助

沉效果明显，较常规助沉方法节省了25d；合计节省90d。

封底施工较常规的砂封堵工艺节省了1次吹填砂过程，约7d时间；3次吸砂清基并验收的过程，约15d；分组填芯阶段较常规单孔填芯阶段节省了约15d；由于增加了分区隔墙封底，较常规工艺多5d；合计节省了32d。

总节省工期为122d，约4个月的工期，直接节约经济费用1 416万元。

11.2 社会效益

通过本科研项目的实施，积累一套完整的超大体积、陆上沉井下沉的施工技术，有利于超大沉井施工技术的推广和应用，对进一步推动国内大型桥梁建设水平的发展具有重要的意义。

11.3 环境效益

通过良好的研究及精心组织施工，节省了土地使用，减少了沉井附近土地及周边环境的污染。获得了由安徽省环境保护产业协会颁发的"安徽省环境保护优秀施工单位"奖励。

12 应用实例

马鞍山长江公路大桥左汊悬索桥北锚碇沉井基础。

12.1 工程概况

马鞍山长江公路大桥位于安徽省东部，起自巢湖市和县姥桥镇省道206，接规划中的马鞍山至合肥高速公路，跨江后进入马鞍山市，止于马鞍山市当涂县牛路口（皖苏界），与规划中的马鞍山至溧水公路（江苏段）相接，路线全长约36.14km。

北锚碇基础采用沉井基础。沉井长和宽分别为60.2m和55.4m（第一节沉井长和宽分别为60.6m和55.8m），沉井高41m，共分八节，第一节为钢壳混凝土沉井，高8m；第二至第八节均为钢筋混凝土沉井，其中二～六节为5m高，第七节为3.5m，第八节为4.5m。沉井中心里程为K6+546.90m，沉井顶面高程为+4.5m，基底高程为-36.5m，基底置于中密的中砂层。

沉井为普通钢筋混凝土结构，共分为25个井孔，第一节钢壳沉井在工厂加工预制，最后在施工现场就位拼装成整体。首节沉井以钢壳体为模板浇筑混凝土，形成钢壳混凝土沉井。第二节到第八节为钢筋混凝土沉井，均为现场浇筑。沉井结构如图36所示。

12.2 施工情况

沉井地基基础按沉井底部刃脚形状，采取中间高、四周低的形状进行整体换填，在前三次沉井接高21 060m^3混凝土后，浇筑沉井四拐点的不均匀沉降在2cm以内。

在沉井下沉到位后，经过实际验收，沉井终沉姿态精度极高，远超过设计与规范要求，见表7。

沉井下沉到位后精度验收对比 表7

检查项目	单位	规范允许值	马桥允许值	实测最大值
中心偏位	mm	820	500	35
最大倾斜度	cm	82	41	17
顶面相对高差	mm	—	—	29
平面扭转角	°	1	1	0.03

注：规范允许值为《公路桥涵施工技术规范》（JTJ 041—2000）；马桥允许值为《马桥悬索桥、斜拉桥专项评定标准》。

沉井封底完成后，经过连续4d的抽水试验，在沉井内部水位低于沉井外部水位5m的情况下，沉井无渗水、漏水现象。

填芯结束后，经过验收沉井姿态，在沉井持力层为中密状的中砂层的情况下，经过封底和填芯约55 000m^3混凝土浇筑后，沉井最大下沉38mm，最小下沉28mm；平面偏位最大偏移15mm，最小偏移4mm。

12.3 施工评价

通过成功运用该项施工工法,沉井下沉到位精度极高,较以往类似沉井施工有极大的功效提高;沉井封底施工效果良好,顺利通过抽水检验。在马鞍山大桥施工中,沉井施工班组的进度和质量优异,始终走在全桥的前列,获得了业主多次的通报表扬,获得2011年度业主颁发的"优秀施工班组"称号,多次接待上级单位领导、同行、专家的参观考察和调研,赢得了良好的社会效益。

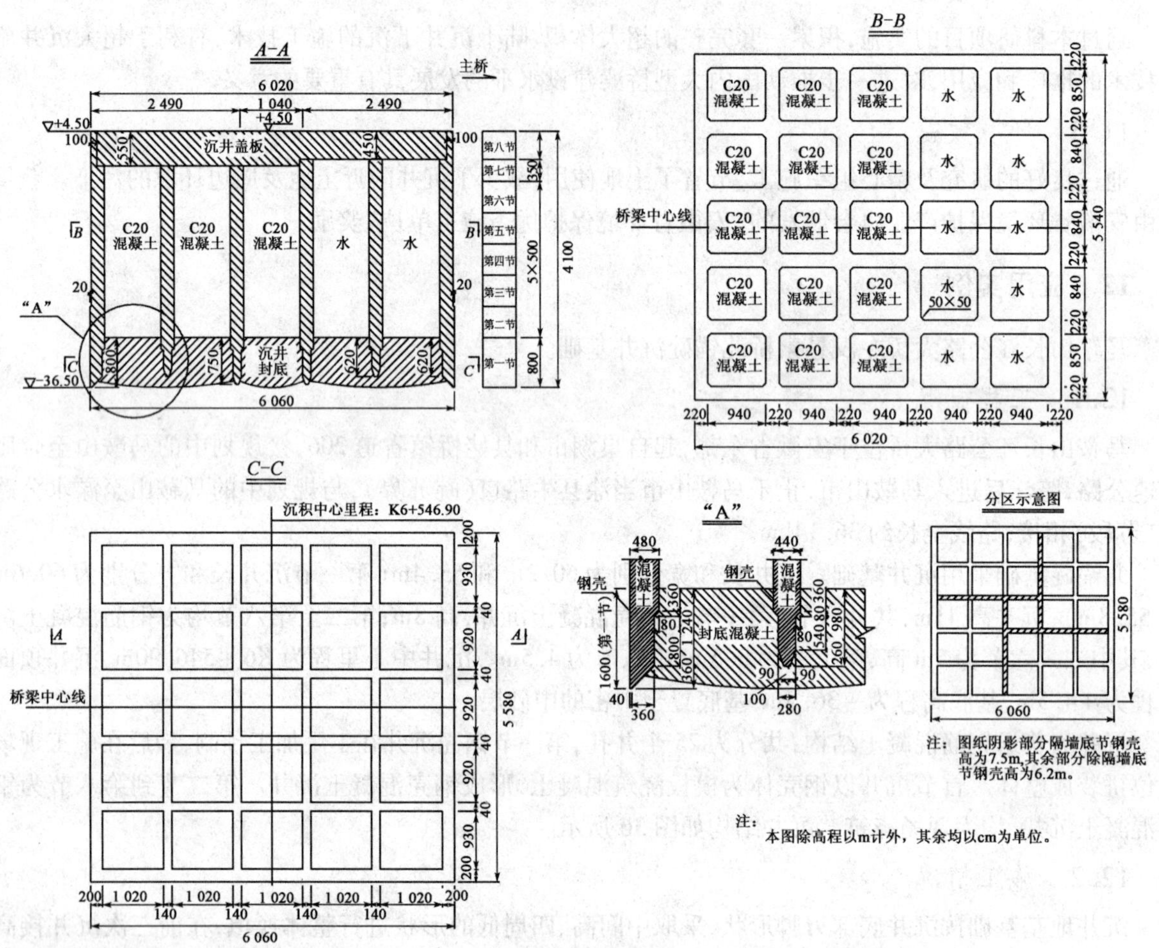

图36 沉井结构示意图

有底钢套箱吸泥下沉施工工法

GGG(中企)C1067—2013

陈超华　孙　琦　穆清君　孙晓伟　陈　亮
(中交第二航务工程局有限公司中交第二航务工程局有限公司第五分公司)

1　前言

深水基础施工一直是每一座跨江河湖海桥梁施工的重中之重,也是工期控制点。自1976年九江长江大桥由陈新院士首创双壁钢围堰施工桥梁深水基础以来,许多跨越江河湖海的深水基础施工都相继采用钢围堰。钢围堰包括无底和有底两种结构形式,一般埋入式或半埋入式承台采用无底钢套箱结构形式,高桩承台采用有底钢套箱结构形式。

中交第二航务工程局有限公司承建的武汉二七长江大桥,3号主墩基础施工过程中,成功采用有底钢套箱施工半埋入式承台,使钢套箱在冲淤河段平稳、快速下沉至河床面以下6.0m,避免了无底钢套箱坐落在河床上边吸泥边下沉过程中容易出现的钢套箱歪斜的风险。以该技术为关键的"大跨度三塔结合梁斜拉桥施工关键技术研究"成果通过专家鉴定总体达到国际先进水平,以该技术为关键的"拉靠墩系统定位大型钢套箱围堰及下沉施工工艺研究"已获得2010年度中交二航局企业级科技进步一等奖、2012年度中国公路学会科技进步三等奖。2011年,本工法评选为企业级工法。

2　工法特点

(1)采用高压射水、吸泥泵、空气吸泥机、绞吸式吸泥船相配合的组合式吸泥方法适合粉土、粉砂土、砂土、碎石土、细砂等多种地质。

(2)通过漂浮式管道将吸出的泥沙输送至下游1 200m以外,不造成回淤,且均匀分散开不影响河道。

(3)千斤顶提升下放系统使钢套箱下放施工不受水位变化影响,适用性强。

(4)采用钢绞线作为下放承重材料,强度高、柔性大,使下放施工更安全、平稳。

3　适用范围

适用于水上基础围堰兼作平台法施工的各种形式围堰下沉施工。

4　工艺原理

4.1　河床吸泥

在套箱底板开孔,通过空气吸泥机及吸沙泵将套箱正下方淤沙排至套箱外侧,再通过吸沙船将套箱周围河床淤沙吸出,排向下游远方。套箱内、外吸沙速度大于上游及两侧河床淤积速度,使套箱附近河床高程持续降低,直至达到预期目标。

4.2　钢套箱下放

通过在已成基桩的钢护筒上布置千斤顶悬挂系统结合钢套箱双层夹壁舱注排水调节,实现了钢套箱上提、下放平稳可控。

5 施工工艺流程及操作要点

5.1 施工流程(图1)

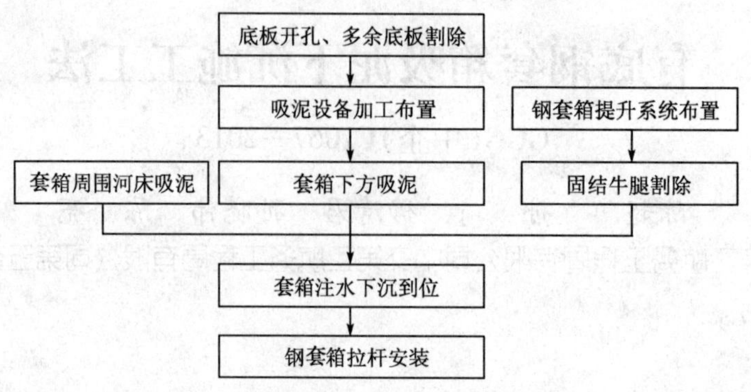

图1 钢套箱吸泥下沉主要施工工艺流程图

5.2 操作要点

1)河床吸泥施工

河床吸泥方法应用时特别强调综合考虑设备选型、地质条件及环境条件等关键因素。对于绞吸式吸沙船,只要满足船舶行驶水深条件即可;对于泵式吸沙船,不仅水深要能满足船舶行驶,而且只能针对粉砂、细砂等松散土质施工;对于空气吸泥机,要求施工水深至少大于5m,方能起到较好吸泥效果,配以高压水枪,基本可完成任何土质覆盖层吸泥施工。

钢套箱为有底结构,底板范围内以高压射水、空气吸泥以及吸砂泵为主,在套箱轮廓线以外以绞吸式挖泥船为主。吸泥施工布置示意及施工图片见图2、图3。

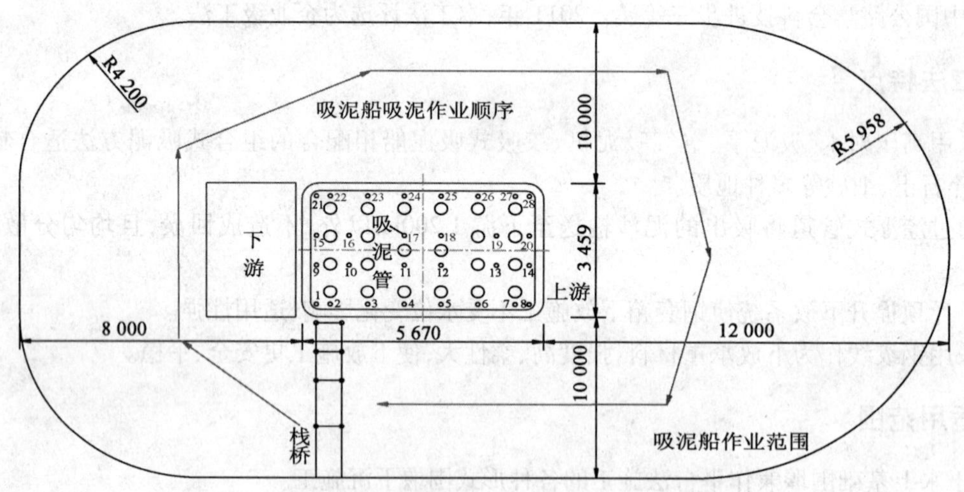

图2 河床吸泥范围及施工布置图(尺寸单位:m)

(1)套箱正下方河床吸泥。

①底板开吸泥孔。将直径1.0m的钢管节段按照开孔位置下放到底板上固定,潜水员沿着定位钢管内壁进行底板切割,确定开孔完成后将割下的底板吊起,按照顺序进行编号,留待套箱下沉到位后底板恢复使用。

②底板下河床吸泥。吸泥管自吸泥孔下放出套箱底板,通过吸泥管将套箱底板下方的泥沙吸出,排到套箱外侧转递给吸泥船。为减小河床回淤影响,自下游侧向上游侧推进式吸泥,所经断面河床均降至目高程程。

(2)墩位周围河床吸泥。

为防止河流冲刷河床回淤,在钢套箱上游120m、下游80m、左右100m范围内采用吸泥船及绞吸式吸泥船进行吸泥,维持套箱边缘河床高程低于目高程程。

吸泥船通过浮管将河沙输送至下游1 000m外,减少墩位下游河床淤积影响,同时减小对航道通航的影响。

图3 吸泥施工

2)钢套箱下沉施工

钢套箱在施工水位工况下自身重量大于所受浮力,需通过提升装置将其提起解除临时固结约束后再进行下放。

千斤顶提升、下放系统应用时需根据套箱尺寸、重量、受力状态进行设备配置、钢绞线配置。

(1)提升下放系统布置。

在钢套箱四角的钢护筒上布置穿心千斤顶,作为钢套箱提升、下放的动力装置。千斤顶配套使用的下放材料有精轧螺纹钢和钢绞线两种:若钢套箱下放过程平稳,可采用精轧螺纹钢作为钢套箱下放材料;若下放过程中钢套箱会发生一定的晃动,由于精轧螺纹钢脆性较大,宜选用柔性较好的钢绞线作为钢套箱下放材料,见图4。

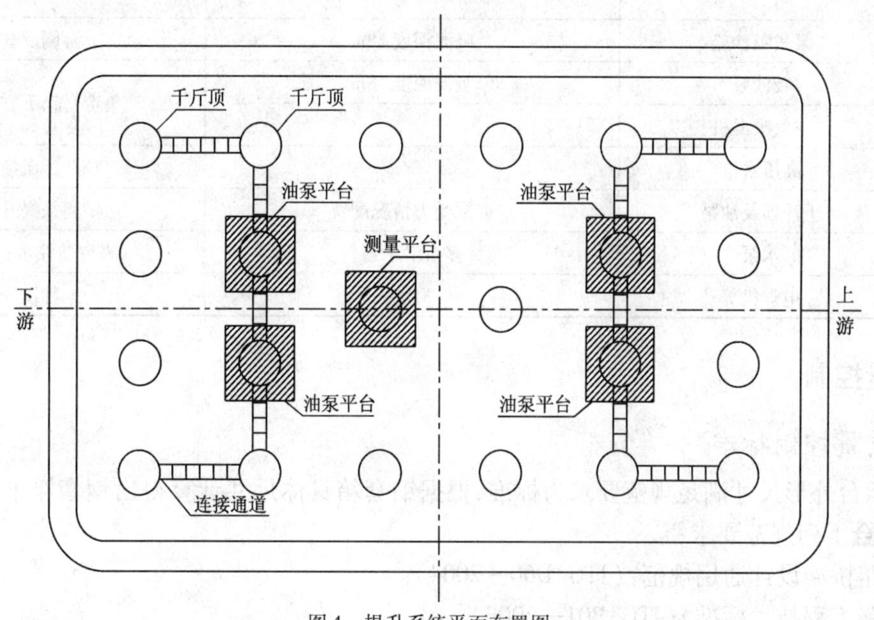

图4 提升系统平面布置图

(2)钢套箱注水下沉。

钢套箱提升前,全面清理检查钢套箱底板,清除杂物,防止卡在钢套箱与钢护筒之间。

启动千斤顶,钢套箱重量全部由提升系统承担时,解除钢套箱临时约束,然后开始分行程下放钢套箱。在钢套箱可以自浮之前,采用潜水泵向钢套箱夹壁结构内进行注水,进入注水下沉阶段,保持千斤顶始终承受竖向拉力,使钢套箱仍然通过千斤顶控制下沉,有利于保证钢套箱下沉过程中的几何形态,确保钢套箱不发生倾斜、与钢护筒卡住或突然下沉等情况。

提升和下放采取荷载和行程双控,以荷载控制为主。当荷载超过设定最大值时,必须查清原因,排除干扰后方可继续施工。下放施工采取小行程控制,每顶升、下放4cm单位行程检查同步性一次,若发生不同步立即调整。

钢套箱下放全过程控制钢套箱垂直度,确保钢套箱底板与钢护筒之间不卡。

6 材料与设备

6.1 材料

用于钢套箱下放施工的主要施工材料见表1。

主要施工材料表 表1

序号	材料名称	规格型号	备注
1	无缝钢管	ϕ273/ϕ108/ϕ89/ϕ60	高压水枪、空气吸泥机等加工材料
2	高、中压橡胶管	ϕ50/ϕ76/ϕ127	
3	钢绞线	ϕ15.4	悬挂千斤顶配套材料
4	锚具	根据受力情况配置	
5	型钢等钢材		悬挂系统大梁

6.2 设备

主要施工设备、机具、仪器等见表2。

主要施工设备、机具、仪器 表2

序号	设备名称	型号/主要性能	备注
1	绞吸式吸沙船	吸泥深度14m;排沙输送距离1 200m;吸沙能力300m³/h	配备输送管;负责下游侧吸泥
2	泵式吸沙船	吸泥深度28m	负责上游侧及套箱两侧吸泥
3	吸沙泵	吸泥深度18m	负责套箱下方河床吸泥
4	空气吸泥机		
5	高压水枪		河床淤沙冲散
6	千斤顶及油泵	根据受力情况配置	套箱提升下放
7	水泵	多台潜水泵	夹壁舱注水;分仓布置
8	电焊机等	X500	辅助作业

7 质量控制

7.1 质量控制标准

以保证承台外形尺寸满足规范要求为标准,根据钢套箱具体尺寸计算得出钢套箱下放后定位精度要求,同时符合下列规范要求:

(1)《公路桥涵设计通用规范》(JTG D60—2004)。

(2)《公路工程技术标准》(JTG B01—2003)。

(3)《公路桥涵施工技术规范》(JTJ 041—2000)。

(4)《公路工程质量检验评定标准》(JTG F80/1—2004)。

7.2 质量控制措施

(1)测量定位。在钢套箱顶口布置轴线、角点观测点,在钢套箱下沉过程中,实时监测,发现偏位及时纠正。

(2)保证河床吸泥质量。确保河床高程降至目标值以下,并保持吸沙施工,防止河床回淤,直至套箱下沉到位。

8 安全措施

(1)认真贯彻"安全第一,预防为主"的方针,根据国家有关规定、条例,结合施工单位实际情况和工程的具体特点,组成专职安全员和班组兼职安全员以及工地安全用电负责人参加的安全生产管理网络,执行安全生产责任制,明确各级人员的职责,抓好工程的安全生产。成立专门的安全管理机构,指派专职安全员负责施工现场的日常安全管理工作。

(2)加强施工过程的安全技术交底,使操作者熟悉、理解施工过程中的危险因素和安全操作规程,提高操作者的安全应变技能;潜水作业应检查装备是否完好。

(3)施工前全面检查千斤顶、油泵等施工设备,发现问题及时解决,检查后进行试运转,严禁带病作业。加强机械维护保养,保证各设备正常使用。

(4)钢套箱提升、下放过程中,各操作点须统一指挥,同步操作,避免不同步造成的受力不均、套箱倾斜等危险状况。

(5)套箱每下放5~6个行程后,进行调平及偏位纠正,确保套箱"竖直"下沉。

(6)对钢套箱各工况受力状态进行严密分析、计算,确保钢套箱全程处于"上提"状态。

(7)与海事和航道部门及时加强联系,由相关部门做出水上施工公告,在施工水域设航行警示灯、警示船等,保障航行安全。

(8)施工现场的临时用电严格执行《施工现场临时用电安全技术规范》(JTG 46—2005)的有关规定。

9 环保措施

(1)成立对应的施工环境卫生管理机构,在工程施工过程中严格遵守国家和地方政府下发的有关环境保护的法律、法规和规章,加强对施工燃油、工程材料、设备、废水、生产生活垃圾、弃渣的控制和治理,遵守有防火及废弃物处理的规章制度。

(2)严格对施工设备进行管理,尤其是对施工设备油料、废弃设备;对油料加强管理,定期进行回收、处理,防止油料泄漏,产生污染。

(3)排沙距离满足河沙冲散条件,确保不影响航道运行。

10 资源节约

采用本工法,减少了大型起重设备投入,节约能源使用。

11 效益分析

11.1 工期效益

该施工方法施工速度快,武汉二七长江大桥3号索塔墩钢套箱下沉仅用了60h。同时该方法受施工条件约束小,在河床冲淤变化大、水位变化大的情况下,依然能够实现钢套箱顺利下沉到位,较常规边吸泥边下沉施工方法至少节约工期1个月,工期效益十分明显。

11.2 经济效益

就武汉二七长江大桥3号索塔墩钢套箱施工而言,处理河床淤积的方法所获得的经济效益是由节约钢套箱下放施工工期效益获得的。

若采用起重船下放如此庞大的有底钢套箱,至少需2艘千吨级起重船抬吊完成。

1)钢套箱下放经济成本计算

(1)两台大型起重船抬吊下放钢套箱。

起重船调遣费:300 000 元/台 ×2 =600 000 元。

起重船台班费:150 000 元/台 ×5(d) ×2 =1 500 000 元。

吊绳吊具费用:500 000 元。

合计施工成本:2 600 000 元。

(2)千斤顶系统下放钢套箱。

承重梁系统施工费用:42t ×4 000 元/t =168 000 元(考虑回收 2 000 元/t)。

钢绞线费用:2.5t ×6 000 元/t =15 000 万元。

设备、人员费用:980 000 元。

合计施工成本:1 163 000 万元。

(3)钢套箱下沉施工节约施工费用。

2 600 000 -1 163 000 =1 437 000 元。

2)工期效益节约的直接施工成本

以千斤顶下放方法,节约工期 1 个月计。

钢套箱下放设备、人员费用:980 000 元 ×1 =980 000 元。

配套船机、设备费用:15 000 元/天 ×30 天 =450 000 元。

3)直接经济成本节约

1 437 000 +980 000 +450 000 =286.7 万元。

11.3 社会效益

本工程将相当于四个篮球场大的有底钢套箱底部采取吸泥方案施工一个深度超过 8m 的基坑,在国内没有先例。由于水流作用,刚刚形成的基坑可能马上就会淤积,基坑施工实际是在跟泥砂淤积赛跑,并且能在短时间内完成,意义深远。

千斤顶下放大型钢套箱,充分利用钢套箱顶部已有的支撑结构,临时工程量小,准备时间短,下放平稳安全,费用低,对类似结构的钢围堰下沉具有借鉴意义。

12 应用实例

武汉二七长江大桥是武汉市二环线东北段重要组成部分,主桥采用三塔斜拉桥,主跨 616m,是世界最大跨度的三塔斜拉桥、结合梁桥。大桥于 2008 年 10 月 1 日开工,2011 年 12 月 31 日通车。

3 号索塔墩钢套箱尺寸为 56.7m ×34.95m ×16.0m,质量为 2 568t。设计总质量 3 066.7t。

12.1 河床吸泥施工

3 号索塔墩位于冲淤河段,受三峡蓄水影响,2009 年 11 月长江水位平均值为 +12.77m,水流流速平均为 0.77m/s,远低于历年平均水位和流速,使河流冲刷效果减弱,导致河床不但没有冲刷,反而出现大幅度淤积(施工区河床高程 +5.0 ~ +12.5m),导致钢套箱下沉到设计高程(-1.0m)十分困难。

应用本工法,吸泥施工在钢套箱下放前一个月开始,一直持续至钢套箱下放到位,保证了钢套箱下沉施工。

12.2 钢套箱下沉施工

钢套箱下放施工期水位下降至 +13.40m,远低于钢套箱自浮所需水位 +16.2m,无法实现钢套箱自浮。采用本工法将钢套箱“先提升后下沉”,即通过布置千斤顶提升系统将钢套箱提起,解除钢套箱与钢护筒之间的牛腿约束,再注水下沉至设计高程。采用千斤顶系统进行钢套箱下沉施工,仅花费了 60h,施工速度快。

山区深水河流陡峭坚硬裸岩钻孔桩施工工法

GGG(中企)C1068—2013

陈理平　刘学明　文　献　孙振华　胡　洋

(中铁上海工程局有限公司)

1　前言

在深水、陡峭或倾斜坚硬裸岩、汛期暴涨河流上施工桥梁水中墩,采用较多的方法有导管架方案、岩面预成孔嵌埋钢管方案、整体板凳式平台方案、浮桥浮式平台方案等。钻孔桩施工难点是陡峭坚硬裸岩地质环境下钢护筒的定位安装以及护筒底口漏浆处理,常采用的方法有水下爆破、人造覆盖层、护筒跟进等。

中铁上海工程局有限公司在山区深水河流陡峭坚硬裸岩钻孔桩施工,采用注浆嵌岩锚杆技术搭设了构架式钻孔平台;用永久防撞桩作为作业及渡汛时的锚桩,解决了构架式平台在湍急深水河流中的稳定问题;应用水下探测技术成功布设大直径钢护筒、水下围堰技术解决了钻孔桩钢护筒底口固定及钻孔时漏浆的技术难题;保证了深水大直径钻孔桩施工的顺利完成。并总结形成了《山区深水河流陡峭坚硬裸岩钻孔桩施工工法》,该工法技术先进,社会效益和经济效益显著。

2　工法特点

(1)在河床为陡峭坚硬裸岩的深水河流上,采用注浆嵌岩锚杆技术在水下坚硬岩层上锚固平台钢管桩,搭设构架式钻孔平台。通过栈桥、构架式钻孔平台,变水上施工为陆地施工,减少水上钻孔桩施工难度,免除大型吊船、运输船作业,节省成本,施工周期短。

(2)采用永久防撞桩作为作业及渡汛时的锚桩,解决构架式平台在湍急深水河流中的稳定问题,节省成本,方便施工。

(3)应用水下探测技术在深水陡峭裸岩上布设大直径护筒,减少了高危险、高强度、专业性强的深潜水作业,减轻了潜水员的劳动强度。

(4)应用水下围堰技术,解决深水陡峭裸岩上钻孔桩钢护筒底口固定、斜面开孔及钻孔时漏浆的技术难题,该方法简便可行,经济高效可靠。

3　适用范围

本工法适用于水深、流速大、汛期暴涨河流、河床为陡峭或倾斜坚硬裸岩水文地质条件下的水中钻孔桩施工。

4　工艺原理

4.1　注浆嵌岩锚杆技术

钢管桩安装在陡峭或倾斜岩面上后,封闭钢管桩底口与河床之间的缝隙,在钢管桩内浇筑水下混凝土,利用地质钻机在钢管桩内钻锚孔,伸入河床基岩,安装锚杆后注浆锚固。依靠水泥浆体与锚杆、桩底混凝土、河床基岩的握裹力,解决钢管桩在陡峭坚硬裸岩上的锚固、抗滑移稳定问题。

4.2 锚桩

在枯水期迅速搭设栈桥、构架式钻孔平台,在平台上游侧先行施工2根永久防撞桩,将防撞桩与构架式平台进行连接,解决构架式平台在湍急深水河流中的稳定问题,确保作业及渡汛施工安全。

4.3 水下探测技术

用水下测深仪测量护筒着岩处河床高差,在平台上提前切割护筒底口代替深潜水切割,使护筒底口着床后与陡峭或倾斜河床基本吻合;在钢护筒安装、水下围堰施工过程中,用水下探测器遥控检查代替深潜水检查。

4.4 水下围堰技术

安装护筒时,在底节护筒底口安装钢围圈,钢围圈与护筒一样,预先根据河床底高差进行切割,随护筒一同安装到位,形成水下围堰,再在围堰内、护筒底口浇筑水下混凝土以锚固钢护筒,解决钻孔桩钢护筒底口固定及钻孔时漏浆的技术难题,同时护筒内混凝土找平陡峭或倾斜河床岩面,便于钻进时斜面开孔。

5 施工工艺流程及操作要点

5.1 施工工艺流程(图1)

5.2 构架式平台施工操作要点

(1)对构架式平台结构强度、刚度、稳定性和支撑桩的承载能力等进行计算,应满足下列要求。

①成孔机具、灌注混凝土及压浆设备等的安置和作业应有足够的场地、空间和高度条件。

②应能承受设备和作业人员等动、静荷载。

③支撑桩不得产生位移、倾斜和沉降,并应有可靠的稳定性。

④不应与承台灌注混凝土模板的支立等工序发生干扰。

⑤应有防浪、防洪、抗台风和保障生产人员及设备等安全设施。

⑥应便于装拆。

(2)锚杆嵌岩桩的锚固结构应符合的规定。

①锚杆构造应满足下列要求:

a. 锚杆材料可采用二级钢筋或精轧螺纹钢筋等。

b. 根据锚杆根数,可做成一束或多束。

c. 锚杆束应设置间距2m左右的定位隔板,锚杆束内各根锚杆的净距不应小于5mm。

②锚孔构造应满足下列要求:

a. 锚孔应沿周长均匀布置,孔的中心距不宜小于4倍锚孔直径,锚孔中心与桩内径边缘的距离不宜小于100mm。

b. 锚孔直径不应小于3倍锚杆直径,当采用锚杆束时,杆束外径与锚孔壁的间距不得小于30mm。

③锚孔灌注水泥浆应满足下列要求:

a. 水泥浆立方体抗压强度标准值不小于35MPa,且应压浆密实,并掺加适量膨胀剂。

b. 水灰比不大于0.4。

c. 流动度控制在16~20s。

d. 在无约束条件下,自由膨胀率控制在5%~10%。

④锚杆在桩芯内的锚固方式:锚杆在桩内伸入桩的下段与桩芯混凝土锚固,锚杆的入岩锚固长度不宜小于3m,岩面以上长度不得小于入岩长度,见图2。

(3)导向架安装。

①通过栈桥贝雷梁、钢管桩设置双层导向架,详见图3、图4。

②使用测深仪沿导向架四周测得钢管桩着床处河床岩面高差。

③根据河床岩面高差,接长钢管桩,将钢管底口切割成与岩面大致吻合形状,做好方向标记,避免钢管桩入水后发生偏转,桩底与陡峭或倾斜河床不吻合。

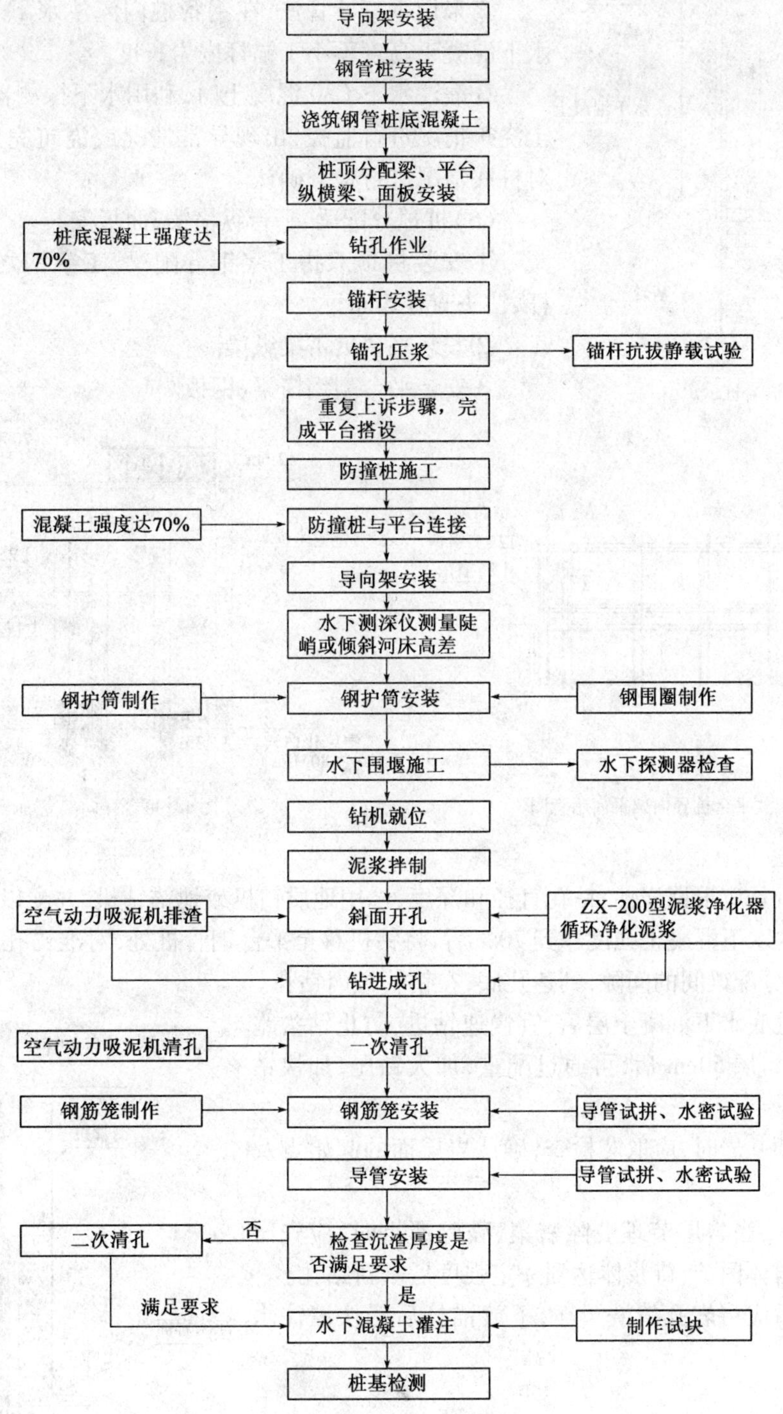

图1 钻孔桩施工工艺流程图

(4)钢管桩安装。

①起重机通过导向架整长吊装第一排定位支撑钢管桩,钢管桩着床后将钢管桩上部临时固定于导向架上,在钢管桩间焊接上下两组剪刀撑,形成整体。

②安装第二排钢管桩或以后各排钢管桩,将钢管桩与导向架临时固定后,迅速焊接相邻两排钢管桩之间顺水流方向剪刀撑以及第二排钢管桩之间剪刀撑,局部形成稳定体系。

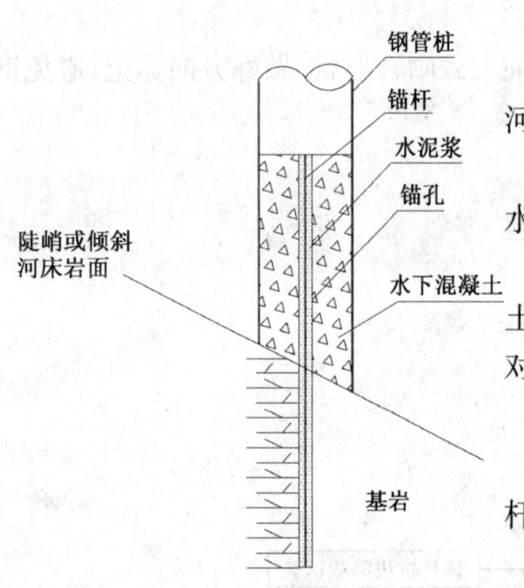

图2　锚杆嵌岩桩示意图

(5)浇筑钢管桩底混凝土。

①潜水员采用干拌混凝土袋封堵钢管桩底口与陡峭或倾斜河床岩面之间的缝隙。

②采用垂直导管法,在钢管桩内灌注水下C30混凝土;桩底水下混凝土高度不小于锚杆嵌岩长度。

③灌注水下C30混凝土时,利用水下探测器对钢管桩内混凝土浇筑情况进行监控,出现异常情况或浇筑完成后,安排潜水员对桩底情况进行检查确认。

(6)桩顶分配梁、平台纵横梁、面板安装。

①安装桩顶双拼工字钢分配梁,工字钢之间距离须大于钻杆、钻头直径5cm。

②安装平台贝雷梁纵梁。

③安装平台型钢横梁、钢板。

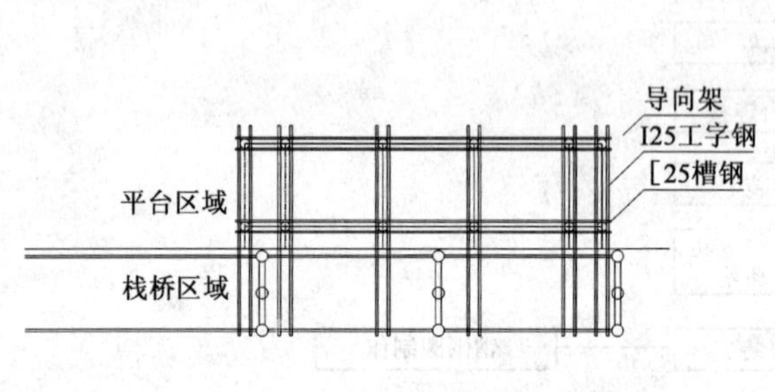

图3　构架式平台桩导向架平面示意图

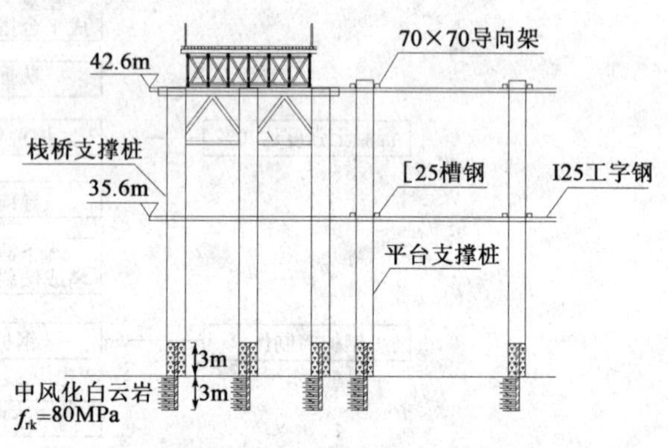

图4　平台导向架立面示意图

(7)钻孔作业。

①基岩成孔机具应根据岩性、钻孔直径和深度,选用地质钻机或地锚钻机,并配以合适的钻头。

②待钢管桩内水下混凝土强度达到70%后,将钻机移至平台钢管桩处,对准锚孔位置,切割平台钢板,钻头通过桩顶分配梁间的间隙,到达孔底,在钢管桩内钻孔。

③钻头通过桩底水下混凝土层后,宜慢速钻进,防止钻头跑偏;钻头进入坚硬岩层50cm后,可通过配重,加大钻压,加快钻进速度。

④在进入坚硬基岩时,应取芯检查,确认岩层面的起始点及深度。

⑤成孔过程中,当岩层节理裂隙密集、破碎严重时,应先压注高强水泥浆使岩体固结,待浆体达到一定强度后重新钻孔。

⑥钻孔结束后应将岩孔清洗干净,下放锚杆后尽快灌注水泥浆。

(8)锚杆安装。

①锚杆制作须满足(2)款第②条规定。

②在锚杆或锚杆束上、中、下位置至少焊接3道定位筋。

③在锚杆束上捆绑耐压塑料压浆管,压浆管底端距锚杆束底端100mm,以防钻孔回淤埋管,顶端留在平台。

④通过钻机钻杆将锚杆安放至锚孔内,详见图5锚杆安装示意图。

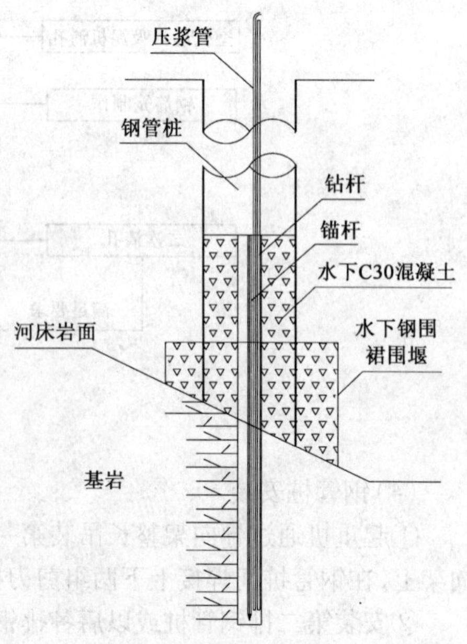

图5　锚杆安装示意图

(9)锚孔压浆。

①锚孔内压浆宜采用立方体抗压强度不小于35MPa的水泥浆。

②压浆前检查压浆机、拌浆机等机械设备,保证设备完好,做好充分的准备工作,保证压浆一次成功。

③压浆开始时,拌制并储备好水泥浆,保证压浆过程的连续性。水泥浆搅拌均匀后,用压浆机从塑料管中向孔底压浆。为满足钻孔锚固段裂隙水泥浆的渗漏和防止顶部水泥浆的水侵,灌注量的大小由现场实验确定。压浆过程中利用水下探测器观察压浆情况,水泥浆压至桩底混凝土面即可。

(10)锚杆抗拔静载试验。

①模拟工程桩水下施工环境,在岸边浅水区域施工两根锚杆锚固嵌岩桩,先后进行验证性和破坏性试验,分别检查锚杆承受设计抗拔力性能和极限抗拔力。试验加载宜采用穿心式油压千斤顶,加载反力系统可利用嵌岩桩桩身,在锚固体抗压强度达到70%标准值时,进行锚杆试验。

②验证性试验中,试验荷载控制在锚杆抗拔力设计值的1.1~1.2倍,最大试验荷载不应超过锚杆截面积与锚杆钢筋屈服极限强度标准值乘积的0.8倍,采用分级加载方式逐级加载。实验结束后,绘制荷载—位移(Q-S)曲线,锚杆的总弹性位移量超过自由段长度理论伸长量的80%,且小于自由段长度与1/2锚固段长度之和的理论伸长量。同时锚杆在最大试验荷载作用下,位移达到稳定状态,判定锚杆验证性试验合格。

③破坏性试验中,采用多循环方式加载,当出现下列条件之一时停止加载:后一级荷载产生的位移增量达到或超过前一级荷载产生的位移增量的2倍;位移量不收敛;总位移量超过设计允许位移值。

④实验结束,据实验数据绘制荷载—位移(Q-S)曲线、荷载—弹性位移(Q-S_e)曲线和荷载—塑性位移(Q-S_p)曲线,当锚杆的总弹性位移量超过自由段长度理论弹性伸长量的80%,且小于自由段长度与1/2锚固段长度之和的理论弹性伸长量时,判定试验结果有效,并取前一级荷载为极限抗拔力。

(11)防撞桩施工。

平台搭设一半或有足够空间后,进行防撞桩施工,详见5.3钻孔桩施工操作要点。

(12)防撞桩与平台连接。

防撞桩混凝土强度达到100%后,采用型钢与构架式平台进行连接。构架式平台平面、立面布置见图6、图7。

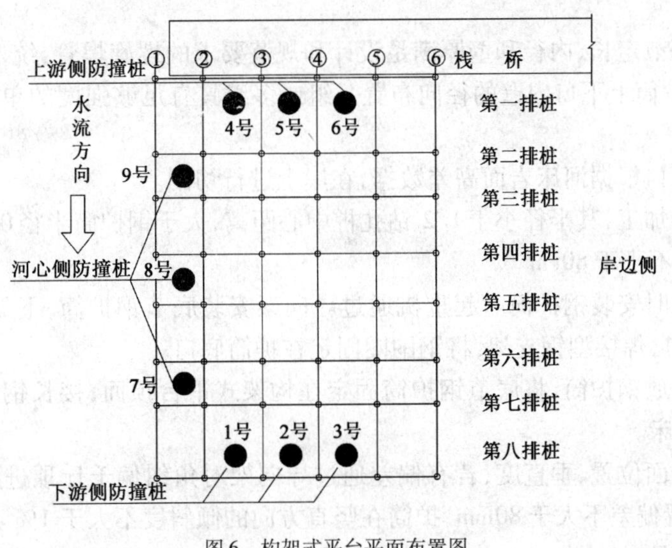

图6 构架式平台平面布置图

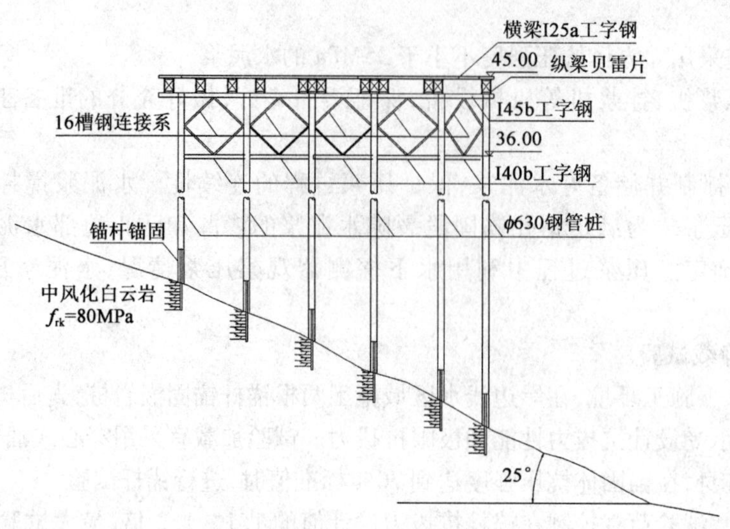

图7　构架式平台立面布置图(尺寸单位:mm)

5.3　钻孔桩施工操作要点

1)导向架安装

(1)导向架根据平台及护筒尺寸设计,设置双层导向架,第一层设置在构架式平台顶面,第二层设置在构架式平台下平联上。导向架对角设置四个螺旋纠偏千斤顶,用来调节钢护筒的平面位置。

(2)测量定位,将定位点引到平台分配梁上,摆放临时导向架。导向架平面图见图8。

图8　导向架平面图

注:数字1-8表示测深仪侧点位置

2)水下测深仪测量陡峭或倾斜河床高差

(1)利用水下测深仪沿导向架四周测量对称等分8点位置水深。

(2)根据8点位置水深计算钢护筒长度、钢护筒底口高差数据。

(3)利用水下探测器观察河床陡峭或倾斜状况,根据河床岩面情况可适当增加或减少测点数量。

3)钢护筒安装

(1)钢护筒选用每节定长、内径和壁厚满足设计和规范要求的螺旋焊管,统一由工厂定制加工。在制作、运输时,每节钢护筒上下口内壁的径向布置一组或多组具有足够强度的单向临时加劲撑架,以防变形。

(2)底节钢护筒底口根据河床岩面高差数据,在岸上进行切割。

(3)钢围圈在现场加工,其半径小于1/2钻孔桩中心距离,大于钢护筒半径0.5~1.5m,根据河床岩层倾斜状况,最小高度不小于80cm。

(4)选择水流平稳时安装钢护筒。起重机通过导向架安装底节钢护筒,下放至水面。小型运输船装载钢围圈至护筒底口,焊接型钢支架,将钢围圈固定在护筒底口。

(5)起重机继续下放钢护筒,将底节钢护筒固定在构架式平台顶面,接长钢护筒。重复上述步骤,直至钢护筒、钢围圈着床。

(6)检查钢护筒平面位置、垂直度,若有偏差通过导向架对角纠偏千斤顶进行调节,直至满足护筒中心与桩中心平面位置偏差不大于80mm,护筒在竖直方向的倾斜度不大于1%。利用水下探测器检查钢护筒、钢围圈着床情况。

4)水下围堰施工(图9)

(1)潜水员利用干拌混凝土袋封堵钢围圈与陡峭或倾斜河床之间的缝隙。

(2)垂直导管法浇筑钢围圈与钢护筒之间、钢护筒内水下C30混凝土。

(3)水下混凝土浇筑过程中利用水下探测器观察混凝土浇筑状况;灌注至钢围圈顶即停止,继续灌注钢护筒内水下混凝土,以利钻进过程中,抵抗陡峭或倾斜岩面。

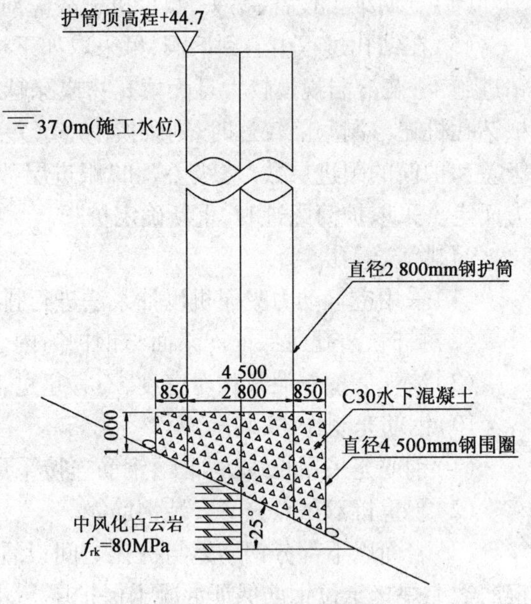

图9 水下围堰(尺寸单位:m)

5)钻机就位

(1)采用冲击式钻机配五翼铸钢钻头,根据钻孔桩直径、岩层坚硬程度,钻头宜选用重锤,有利于加快钻进速度。

(2)钻机安装后,其底座和顶端用平稳,钢丝绳与孔位中心对中。

6)泥浆拌制、循环、净化(图10)

(1)泥浆拌制采用于钢护筒内加入适量黏土,利用钻锥反复冲砸制造泥浆,必要时加入适量烧碱。施工时适当加大泥浆相对密度以增强浮渣效果,泥浆相对密度控制在1.45g/cm^{3}左右。

(2)在构架式平台上布置泥浆循环、净化系统。采用空气动力吸泥机由护筒底抽取泥浆,进入ZX-200型泥浆净化器,钻渣、砂石经分离后,泥浆可继续回送至护筒内,重复使用。

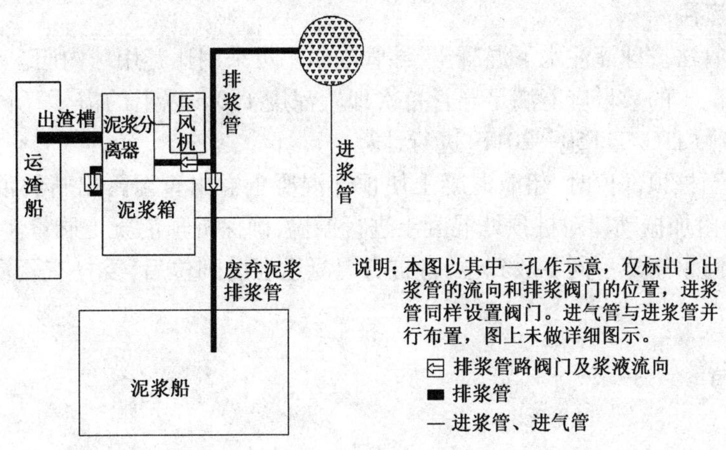

图10 泥浆循环净化示意图

7)斜面开孔

(1)待护筒底部水下混凝土强度达到90%后,开始钻进成孔。

(2)在护筒内投入黏土,投入方量与黏土质量有关,一般按护筒内水体积的1.1倍投入,用钻头高频率低冲程造浆。

(3)钢护筒内钻进宜用低冲程,防止碰破护筒,引起孔底漏浆。冲击钻用冲锤反复低冲程冲击岩面,低冲程切削高出的倾斜岩面,直至全断面进入岩层为止。

(4)钻进过程中如发现孔偏、孔斜,用片石回填至偏、斜上方0.3~0.5m处重新冲砸造孔。

8)钻进成孔

(1)斜面开孔至岩面以下3m后,采用中、高冲程进行钻进施工,冲程不宜超过6m,避免出现卡钻、吸钻、碰撞护筒等现象。

(2)每钻进1m左右,使用空气动力吸泥机排渣一次,以利钻锥始终接触新鲜岩面。

(3)钻进过程中保持钢护筒内泥浆面高于护筒外水位50cm左右,维持护筒内外压力,方便检查溶洞或者漏浆现象。

(4)定期维护设备、钻头,减少机械故障对施工的影响,提高钻进效率。

(5)在钻孔过程中遇到溶洞,可采取如下措施:若溶洞规模较小,可抛片石对空洞进行回填,再正常钻进施工;若溶洞规模较大且无填充物或穿越地下暗河时,可采用钢护筒跟进至溶洞底的方法。若同一根钻孔桩遇溶洞间隔较远时,则改换小一级差的护筒随钻机的钻进而跟进。视溶洞的垂直距离而确定级差和护筒的跟进层数。"级差"和"跟进层数"的确定原则是视底节的变形程度和插打护筒的震动能力而定。采取护筒跟进时,重新确定桩长。

9)排渣、清孔

(1)采用空气动力吸泥机以抽浆法进行排渣、清孔,将泥浆与钻渣一次全部吸除,彻底清孔。

(2)排渣、清孔时保证泥浆面与钢护筒内水位持平,以免将钢护筒压扁。

(3)清孔后检查泥浆相对密度,不宜超过1.15。

10)钢筋笼制作、安装

(1)钢筋笼采用长线法加工,钢筋连接采用直螺纹套筒。

(2)起重机双吊点分节安装钢筋笼。

(3)岩面以下部分钢筋笼与桩孔之间设置垫块来保证混凝土保护层,钢筋笼与钢护筒之间通过在钢筋笼上焊接定位钢筋保证混凝土保护层。

11)导管安装

(1)导管内径宜为200~350mm,导管使用前应进行水密承压和接头抗拉试验。

(2)起重机安装导管。

12)水下混凝土灌注

(1)采用直升导管法拔球灌注水下混凝土,导管隔水塞可采用比赛用球内胆。

(2)首批灌注混凝土的数量应能满足导管首次埋置深度1.0m以上的需要,所需混凝土数量按《公路桥涵施工技术规范》(JTG/T F50—2011)进行计算。

(3)混凝土灌注至桩顶部位时,超灌混凝土使顶部混凝土溢出直至露出新鲜混凝土面或高于桩顶高程不小于50cm,并附加振动棒对桩顶处混凝土进行振捣,确保桩顶混凝土质量。

(4)预埋声测管随钢筋笼一同下放到位,待桩身混凝土强度到位后,委托有资质单位对桩身进行超声波检测。

6 材料与设备

6.1 材料

施工48根ϕ2.5m大直径钻孔桩所需主要材料与设备如表1、表2所示。

主要材料投入一览表

表1

序号	材料名称	规格	数量	主要技术指标
1	钢材	HRB335	212t	
2	钢材	HRB400	774t	
3	混凝土	C40水下	9 533m^3	
4	混凝土	C30水下	2 953m^3	
5	型钢		513t	
6	钢护筒	外径2 800mm	665.4t	壁厚12mm
7	钢护筒	外径630mm	484.4t	壁厚8mm
8	贝雷梁		488组	

6.2 机械设备(表2)

主要设备投入一览表 表2

序 号	设备名称	型 号	数 量	备 注
1	50t 履带吊	QUY50A	2 辆	
2	汽车吊	QY25	2 辆	
3	地质钻机	GSDⅡ	2 台	22kW
4	卷扬机		12 台	
5	10t 锤		16 个	
6	测深仪	HD-360	1 台	测深范围 0.3 ~ 120m,精度为 ±10mm + 0.1%h
7	水下探测器	CR110-7B	1 台	影像显示
8	泥浆运输船		1 艘	
9	混凝土罐车	JCY6	4 辆	
10	泥浆净化器	ZX-200	2 台	
11	空气动力吸泥机		4 套	

7 质量控制

针对山区湍急河流深水无覆盖层陡峭坚硬裸岩钻孔桩施工技术难点与现场施工条件,结合相关规范和施工经验,采取以下质量控制措施:

7.1 应执行的标准规范

构架式钻孔平台设计应符合《公路桥涵设计通用规范》(JTG D60—2004)和《钢结构设计规范》(GB 50017—2003)的规定,施工过程中应严格按《公路桥涵施工技术规范》(JTG/T F50—2011)、《钢结构工程施工质量验收规范》(GB 50205—2001)的要求进行施工。

7.2 质量控制措施。

(1)结合相关国家及行业标准制定各工序质量验收细则;用于工程的原材料、机械设备均有出厂合格证或质量保证书;对特殊工种,必须持证上岗。

(2)模拟工程桩水下施工环境,在岸边浅水区域施工两根锚杆锚固嵌岩桩,先后进行验证性和破坏性试验,分别检查锚杆承受设计抗拔力性能和极限抗拔力。

(3)构架式钻孔平台钢管桩及钢护筒安装时,采用水下探测器、潜水员对钢管桩、钢护筒着床情况、水下围堰施工进行检查、确认。

(4)钻进过程中经常观察钢丝绳是否偏离桩位,定期保养维护设备。

(5)混凝土灌至桩顶时采取超灌的措施,灌至露出新鲜混凝土面,以确保桩头混凝土质量。

8 安全措施

(1)建立健全各级各部门的安全生产责任制,责任落实到人;现场安全工作执行周检、月检制度。

(2)编制并下发平台施工及桩基钻进等相关作业的安全技术交底。

(3)在执行"三级安全教育"的基础上,加强岗前、工序等的培训与教育。

(4)定期开展落水、物体打击、触电等安全事故应急预案的演练。

9 环保措施

(1)严格执行国家及地方政府颁布的有关环境保护、水土保持的法规、方针、政策和法令,生产、生活设施按环保要求进行布置随时准备接受监理工程师、业主的环保人员及政府有关环保机构工作人员的检查,认真按照监理工程师的指令办事。

(2)对施工过程中产生的泥浆采用泥浆净化器经处理后循环使用,对废弃的泥浆采用泥浆船运走,集中处理符合标准后才予以排放。对清除的桩头混凝土碎屑等废弃物,临时堆放在运输船上运走,不得倒入江河中。

(3)选用低噪声的施工机械和工艺,振动较大的固定机械设备应加装减震座,同时加强各类设备的维护和保养,保持其良好的工况,从根本上降低噪声源强度,对距噪声源较近的施工人员,除采取戴保护耳塞或头盔等劳保措施外,还适当缩短其劳动时间。

10 资源节约

(1)在施工过程中,严格贯彻国家节能工程的有关要求,降低能耗。

(2)构架式平台采用钢管支撑桩、型钢、贝雷桁架搭设,便于拆装、重复使用。

(3)本工法通过采用泥浆净化器,循环使用泥浆,节约造浆成本。

(4)在施工过程中,采用测深仪和水下探测器等先进的施工方法和合理的工艺配合施工,提高功效、降低劳动成本、节约劳动力,缩短施工工期,最终实现节能减排目标。

11 效益分析

(1)技术效益:采用栈桥、构架式钻孔平台进行陡峭坚硬裸岩地质条件下钻孔桩施工,变水上施工为陆上施工,降低了施工难度,丰富了该施工领域的内容。

(2)经济效益:采用构架式钻孔平台进行水上钻孔桩施工,是一种安全、高效、不受外界干扰的施工方法。采用该方法施工,比常规方法可节约施工成本153万元,节约施工工期30d。

(3)社会效益:由于该桥为水中大直径桩基础施工,此种施工方法在安全性、工期、钢护筒安装等制约因素均得到了充分保证,在施工中安全可靠、各工序满足规范及设计要求,得到了各界的认可和高度评价。

12 应用实例

桂来高速黔江特大桥——预应力混凝土连续刚构。

12.1 工程概况

黔江特大桥位于广西来宾市武宣县境内,桥位距武宣大桥下游9.2km,在龙从电灌站上游约500m处横跨黔江,桥轴线与河道线成85°交角。桥梁起讫里程LK4+608.217~LK5+357.899,全长749.7m。桥跨组合为2×30+(106+200+106)+9×30m,主桥为106+200+106m三跨预应力混凝土连续刚构,引桥为先简支后连续预应力混凝土T梁。主桥箱梁为整幅式,水中3、4号主墩为双薄壁墩,基础为群桩承台结构。每墩有15根ϕ2.5m钻孔桩,桩基嵌岩10m以上,在承台周边有9根ϕ2.5m永久防撞桩。

桥址属河流侵蚀地貌,河流两侧岸坡地形起伏大。江面宽280~340m,3、4号墩距岸边均为51m左右。3号墩侧岸坡陡峭,近岸处河床岩面倾斜达53°;4号墩侧岸坡较陡,墩位处河床岩面倾斜达25°。河床高低起伏,石笋林立,局部呈断崖式形状,高差达3.6m。黔江属山区河流,流量大,水流急,最大流速3.21m/s。枯水期基础施工期间最大水深达34m,汛期达51m。在4~7月汛期,由于上游泄洪,24h内水位可暴涨12m。桥位处河床无覆盖层,基岩为中风化白云岩,强度达80MPa。

12.2 施工情况

黔江特大桥3、4号主墩钻孔桩施工中,采用该工法,利用注浆嵌岩锚杆技术、锚桩搭设了构架式钻孔平台;利用水下围堰技术、水下探测技术安装ϕ2.8m钢护筒,钻孔过程中孔底未出现漏浆现象。

12.3 工程施工结果评价

黔江特大桥主桥从2011年10月25日施工第一根桩开钻,到2012年4月13日最后一根钻孔桩灌注结束,用时共计141d。经委托湖南省交通建设质量监督试验检测中心对桩身进行超声波检测,检测结果为全部合格。

通过对山区湍急河流深水无覆盖层陡峭坚硬裸岩钻孔桩施工的实施结果可知,钻孔桩采用本工法安全可控,桩身质量能得到有效保证。

软塑淤泥质土层钻孔桩钢筋骨架砂浆护筒施工工法

GGG(中企)C1069—2013

马召军　刘习生　白　静　项　波　周登殿
(中铁上海工程局有限公司)

1　前言

临海地区人工围海冲填新近成陆地层上部多为围海冲填新近成陆层(深度可达 8 ~ 10m),下部为滨海相冲积层地质,地下水位比较高,地表承载力低,土层自稳性差,易滑塌。采用钻孔桩基础时,必须进行护壁防止孔顶坍塌,但传统的钢护筒护壁需要打拔设备安装钢护筒,围海冲填区域设备进出困难,施工成本较大。

为防止钻孔桩孔顶坍塌,中铁上海工程局有限公司依托临海高等级公路工程,如东段施工项目,对软塑淤泥质土层钻孔桩施工钢筋骨架水泥砂浆护筒护壁技术进行研究,总结形成专利和工法,利用该工法施工钻孔桩,操作灵活、施工速度快、成本低,不会影响其他工序,有良好的社会、经济、环保效益。

2　工法特点

(1)砂浆护筒可以现场提前制作,分节预制再焊接接长吊装,对工期无影响。

(2)可取代加长钢护筒,施工时不使用打拔设备,无需进行地表的加固处理,工艺简单。

(3)“外套钢护筒、内深埋钢筋骨架水泥砂浆护筒(以下简称“砂浆护筒”)顶部护壁”内外双护筒更加有效地防止混凝土外溢,避免污染环境。

(4)安装砂浆护筒需用相应直径的大钻头钻进至砂浆护筒埋设深度,再更换正常钻头钻进。

3　适用范围

本工法适用于围海冲填地质及其他表层分布软塑淤泥质土层等易坍塌地层区域的钻孔桩施工,也适用于沟塘、河道等处的钻孔桩施工,充填层或软弱土层深度不超过 10m,应用该工法有较好的控制顶部坍塌效果。

4　工艺原理

(1)利用水泥砂浆耐压、防水、铁丝网片固结砂浆、钢筋骨架整体受力的综合原理,制作应用钢筋骨架水泥砂浆护筒,承受水土产生的圆周向均布侧压力,以保证地质结构的平衡,防止孔顶坍塌。

(2)利用大直径钻头钻进至护筒埋设孔深,吊装砂浆护筒就位,取代加长钢护筒护壁,再更换正常钻头钻孔。

5　施工工艺流程及操作要点

5.1　施工工艺流程(图 1)

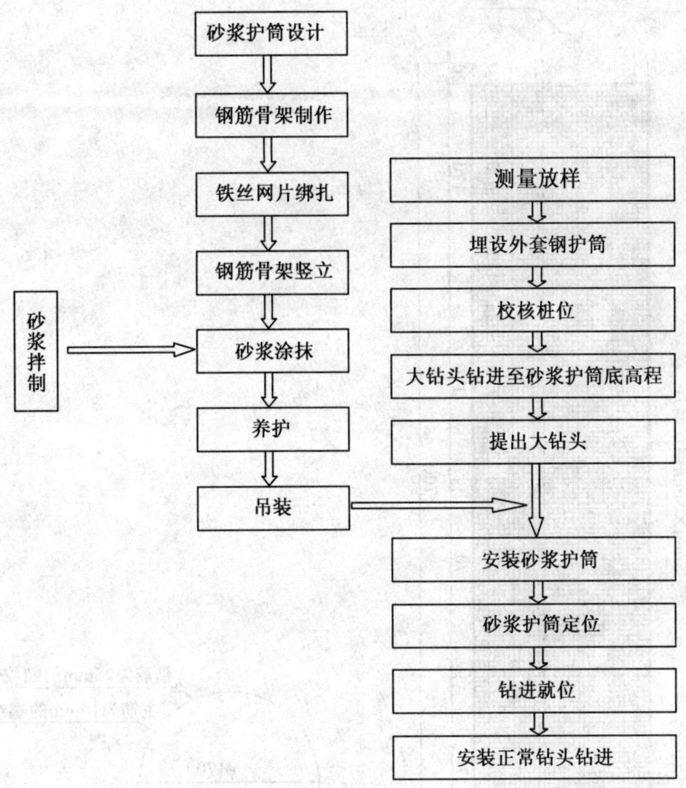

图1 施工工艺流程图

5.2 操作要点

1)砂浆护筒的预制

(1)砂浆护筒设计概念。

从受力角度考虑,在同等受压的情况下,圆形结构的受力效果是最佳的,砂浆护筒形状设计为薄壁圆柱体。设计砂浆护筒长度应大于软弱土层厚度加伸入下层硬土层深度的总和。圆柱体上设若干根等距离排列的纵向骨架筋,纵向骨架筋上设若干根等距离排列的环向骨架筋,纵向骨架筋和环向骨架筋上设内层和外层铁丝网片,铁丝网片上涂抹水泥砂浆。由钢筋骨架铁丝网片固结砂浆,形成薄壁圆柱体护筒,承受钻孔桩孔顶的圆周向侧压力,达到护壁效果。

(2)钢筋骨架制作。

钢筋骨架长度 = 钻孔平台地面高程 - 软弱土层底高程 + 嵌入硬土层厚度,一般设计直径为1.5m的钻孔桩,钢筋骨架中到中直径为1.7m(图2)。

护筒环向骨架筋采用ϕ25螺纹筋,沿护筒长度1.7~2.0m一道布置,采用双面搭接焊,搭接长度不小于规范要求;纵向骨架筋采用16根ϕ16螺纹钢,均布焊接在环向骨架筋外侧,任意直径方向的两根纵向钢筋顶部焊接吊环,吊环采用Q235圆钢制作。护筒深度大于9m时,可分节制作,分节长度不大于9m,上下节预留竖向接长钢筋以备焊接。

(3)铁丝网片绑扎。

铁丝网片网格为5mm×5mm,铁丝网片为两层,分布于骨架内外侧。

钢筋骨架制作完成后,在加工场地进行铁丝网片的绑扎。用常规绑丝穿过网格与纵、环向骨架筋绑扎固定,绑扎间距为10~15cm,绑丝接头弯向内侧。

铁丝网片可在加工场地骨架水平状态下绑扎,也可以将骨架运输到桩孔附近竖立并用缆风绳拉结固定后绑扎。

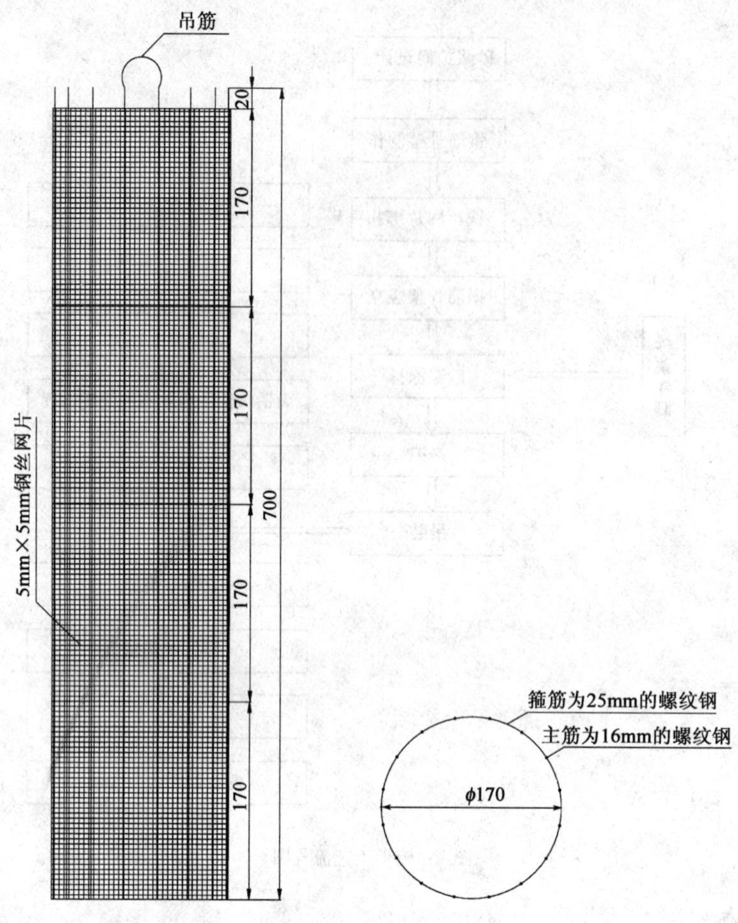

图2　钢筋骨架构造图(尺寸单位:mm)

(4)钢筋骨架的运输与竖立。

将钢筋骨架运到孔位附近,用汽车吊将其吊立于平整压实的地面上,用铁丝作缆风绳将骨架四角拉结,预防砂浆涂抹作业时倾倒。

(5)砂浆拌制与涂抹。

砂浆配比为水泥:砂子=1:6.7,稠度55mm,采用P.O32.5复合硅酸盐水泥,现场拌制,要求最终强度不小于M7.5,内外砂浆涂抹后,厚度不小于40mm。

砂浆涂抹自下而上、先内后外,每两根环向骨架筋之间二分之一范围内为一个封闭区进行。涂抹时,后一批铲顺着前一批铲由下往上先轻后重用力向上提抹,且重复2cm以上,使内侧砂浆形成一个环形整体,做到接缝处无针孔、无断节现象,且内侧砂浆已初凝,方可进行外侧涂抹。内外层砂浆涂抹到一定高度时均需设一梯架供人作业。内侧涂抹结束后,封闭人孔,涂抹人孔内侧,吊出梯架,涂抹人孔外侧。

(6)养护。

砂浆护筒喷水养护达到70%设计强度后可进行吊装。

(7)分节预制护筒的接长。

考虑到单节长度过长给砂浆涂抹作业带来的安全隐患,砂浆护筒在预制时,宜将单节长度控制在7m以内。但个别桩位处根据设计院给出的地质勘查报告或地质补勘情况,软弱土层埋深较厚,需加长砂浆护筒。此时可将砂浆护筒分节预制,预制好的砂浆护筒在桩孔附近进行吊装接长,先将下节护筒垂直竖立,用缆风绳拉结固定住,用吊车吊起上节护筒,用垂球校核前后左右四个方位,确保上下节轴线重合垂直后,利用梯架人工实施竖向钢筋的搭接焊接,焊接后绑扎连接部位铁丝网片,涂抹砂浆,养护到70%以上强度后方可进行吊装。

2)砂浆护筒施工

(1)外套钢护筒埋设。

外套钢护筒的作用是防止大钻头钻进过程中的孔口坍塌,并保证砂浆护筒的精确定位。

先进行测量放样定桩位,然后人工开挖埋设外套钢护筒。钢护筒高度2m,内径大于设计孔径40cm以上。以1.5m桩为例,选用1.9m直径;护筒顶高出地面30cm,底部及护筒外侧与原状土之间用黏土填满、夯实。

(2)开孔时的防塌措施。

工法的施工步骤要求用大钻头钻进至砂浆护筒埋深深度。冲填地质或软弱淤泥质土层黏性土含量极少,在大钻头钻进过程中,孔内的泥浆相对密度低,难以承受孔顶土压力,从而造成塌孔。为解决这一难题,可在开孔前利用外运黏土或膨润土进行孔外造浆,造浆的泥浆相对密度应不小于1.3,保证大钻头在钻进过程中,不至塌孔。且大钻头在穿过软弱土层时,应快速钻进,从开钻到安装好砂浆护筒用时宜控制在2h内。

(3)砂浆护筒的吊装。

利用支架可倾倒的正循环钻机钻孔,钻头直径大于设计孔径20cm,钻进穿过易坍塌的土层进入下部硬土层15~20cm时即可停钻,提钻头,倾倒机架,用汽车吊或钻机自带的卷扬设备吊装砂浆护筒入孔,顶部略低于外护筒约20cm,砂浆护筒埋深要进入硬土层15~20cm,用吊筋将砂浆护筒固定于两根扁担上,进行中心对中并固定后,顶部1m左右范围内用黏性土填塞筒外空隙密实。

施工要点:

①钻架必须能倾倒,若用其他钻机,需钻机移位。

②砂浆护筒达到强度才能起吊,为避免长距离运输,宜在桩位附近涂抹砂浆并养护。

③钻架在倾倒和复位过程中,钻机需保证固定,更换钻头后需进行桩位校正。

④砂浆护筒埋深要进入硬土层。

(4)砂浆护筒的定位。

砂浆护筒的平面位置,即为桩基成型后的平面位置,所以,砂浆护筒安装就位后,需对其进行精确定位。定位方法用线绳拉出砂浆护筒的中心位置,使之与护桩的中心重合。为防止砂浆护筒在钻孔及混凝土浇筑过程中偏移,应在砂浆护筒与孔壁间填塞黏性土并夯实。

(5)安装钻头,正常钻进。

砂浆护筒埋设后,即可恢复桩架,安装正常钻头钻进。

(6)钻机就位。

砂浆护筒埋设完成后,将钻机就位到设计位置,利用十字丝校核。

(7)桩基检测。

桩基混凝土浇筑完成后,混凝土强度至少达到设计强度的70%,且不小于15MPa,开挖破除桩顶浮浆利用低应变法或声波透射法进行检测。

5.3 劳动力组织

以直径1.7m、长7m砂浆护筒为例,一个护筒劳动力需求见表1。

劳动力组织表 表1

序号	工种	人数	合计工日	备注
1	钢筋工	2	1	钢筋下料及绑扎网片
2	电焊工	1	1	焊接骨架
3	瓦工	2	4	涂抹砂浆
4	司索工	1	0.2	挂钩及吊装指挥
5	吊车司机	1	0.2	汽车吊司机
6	普工	2	0.2	护筒埋设

6 材料与设备

6.1 材料(表2)

主要材料数量表 表2

序　号	材料名称	单　位	数　量	备　注
1	铁丝网片	m^2	75	
2	砂浆	m^3	1.5	
3	钢筋	kg	40.66	
4	黏土	t	若干	用于孔外造浆

6.2 机械设备(表3)

主要机具设备表 表3

序　号	机具设备名称	规　格	单　位	数　量	备　注
1	切断机、电焊机	常规	台	各1	骨架制作及焊接
2	梯架	满足骨架高度	个	2	内外各一个
3	简易式运输车	满足骨架长度	台	1	运输骨架
4	吊车	25t	台	1	汽车吊
5	钻机	正循环	台	1	桩架可倾倒
6	钻头	大于桩径20cm	台	1	护筒埋深钻孔用
7	钢护筒	大于桩径40cm,2m长	个	1	外套钢护筒
8	砂浆搅拌机	半吨位	台	1	现场搅拌

7 质量控制

本工法质量控制要点有:

(1)砂浆护筒钢筋骨架焊接、泥浆指标、砂浆指标、护筒埋设平面误差及倾斜度误差应符合《公路桥涵施工技术规范》(JTG/T F50—2011)。

(2)砂浆护筒的长度视地表软弱土层厚度计算确定。

(3)内外铁丝网需绑扎,并与骨架筋绑扎牢固。

(4)护筒需提前制作,吊装前至少要达到设计强度的70%。

(5)砂浆护筒埋设用钻头需大于设计孔径20cm,砂浆护筒需进入硬土层。砂浆护筒安装就位后,其外侧与外套钢护筒间的空隙需用黏土填塞密实。砂浆护筒顶低于外套钢护筒,以保证孔内泥浆能顺利流出并形成循环。

(6)为保证砂浆护筒安装的垂直,可采用经纬仪或全站仪在安装过程中进行检测,其误差不小于1%。

(7)外套钢护筒主要作用是定位和保证大钻头钻进过程中的孔口稳定,其外径大于桩径40cm,平面位置精确。用于确定砂浆护筒及钻孔桩钢筋笼平面位置的护桩在施工过程中应采用砂浆或混凝土进行加固保护。

(8)开孔前应备好足够量的黏土或膨润土进行造浆,防止大钻头在钻进过程中孔顶坍塌。

8 安全措施

(1)钢筋骨架水泥砂浆护筒制作完成后,必须达到强度要求方可吊装,防止吊装过程中损坏而造成次生危害。

(2)骨架竖立后,需设置四个方向的缆风绳,防止骨架倾倒。

(3)宜用叉开式梯架进行砂浆涂抹作业,底部拉结,预防开张造成人员坠落。

(4)确保护筒埋深孔达到硬土层,防止护筒下沉。

(5)护筒的吊环采用 R235 圆钢,吊点需进行设计验算和焊接检查,吊装设备起吊能力、吊杆角度、设备站位进行安全检查确认,起吊过程中司索工指挥作业,确保安全。

(6)工人自身保护意识要加强,人孔封闭后筒内扶梯、人员外出时需增配安全防护用具等。

9 环保措施

(1)钻孔桩在浇筑过程中外溢的废弃泥浆,按标准收集,集中外运处理,严禁随意排放,以减小对周边环境的污染。

(2)外运黏土进场过程中,应对黏土进行覆盖,防止黏土洒落、扬尘。

(3)在距离居民居住点较近的地方施工时,应尽量避免晚上浇筑混凝土,减少晚上的噪声。

10 资源节约

(1)在施工过程中,严格贯彻国家节能工程的有关要求,节约钢材、混凝土,降低能耗。

(2)在施工过程中,采用成熟的施工方法和合理的工艺,提高功效、降低劳动成本、节约劳动力,缩短施工工期,最终实现节能减排目标。

11 效益分析

(1)经济效益:以桩径 1.5m,长度 7m 的护筒为例,护筒的材料费及人工费用在 3 700 元左右,9m 护筒费用不超过 5 000 元;有效控制了桩顶坍塌,降低了混凝土超灌损耗;部分钢筋在桩头开挖时能回收。相对同等长度的钢护筒均摊后的制作费用与打拔费用,本工法投入少,更经济。

(2)进度分析:本工法只需更换一次钻头,护筒可提前制作,护筒埋深钻孔等同正常进尺,对施工进度无影响,相对加长钢护筒,更适宜保证进度。

(3)环境效益:内外双护筒更加有效的防止泥浆外流,特别可以控制混凝土初灌时大量泥浆同时流出而污染施工场地。

(4)社会效益:利用本工法加快了大桥施工进度,大大节约了施工成本,得到了专家的好评。

12 应用实例

临海高等级公路,如东段如泰运河及纳潮河桥、K86 +482 大桥等 5 座桥梁,下部结构桥墩为桩柱式桥墩,基础为钻孔灌注桩,水中墩设有系梁结构,桥台采用肋板式结构。这些桥的地基土含水率大、承载力低、自稳性差,在施工钻孔桩时孔顶容易坍塌,造成塌孔,给施工带来了安全和质量隐患。根据现场施工条件,课题组研发了钢筋骨架水泥砂浆护筒护壁施工工法,并得以成功地运用,如泰运河及纳潮河桥、K86 +482 大桥等 5 座桥梁,钻孔桩 2011 年 6 月 8 日开钻,2012 年 12 月 20 日钻孔桩结束,经检测,112 根均为 I 类桩。

对比钢护筒,用砂浆护筒对钻孔桩施工进行护壁,成本降低幅度较大。钢护筒护壁时,因灌注混凝土黏结而无法拔出的概率比较大。因此,钢筋骨架水泥砂浆护筒在此类工况施工中具有绝对的经济优势。

大直径岩层桩基分级旋挖成孔施工工法

GGG(中企)C1070—2013

朱长亮　李晓雪
(中国建筑土木建设有限公司路桥分公司)

1　前言

近年来,旋挖成孔是钻孔灌注桩施工中一种较先进的施工方法。旋挖钻孔灌注桩采用膨润土静态无循环泥浆护壁,直接旋挖钻斗取土,适用于软土、流泥、流沙和卵砾石等复杂地质条件钻孔桩工程施工。其具有成孔效率高、质量好、速度快、环保无噪声、施工成本低、钻机移位灵活方便、桩孔对位方便准确等优点,在桩基施工中,有着传统钻机无法比拟的技术优势,因而越来越受到施工单位的欢迎。虽然旋挖成孔方法在桩基施工中具有诸多优势,但因其在岩层成孔困难及现今钻机扭矩不足等因素的限制,在岩层的大直径桩基成孔施工中局限明显。我们在旋挖钻机使用中,需要进一步拓展使用空间。

本工法以南京地铁一号线南延线 TA11 标土建工程和南京南站综合枢纽快速环线项目机场高速跨秦淮河大桥的硬质岩层大直径桩基为依托,2007 年进行立项课题"大直径硬质岩层桩基分级旋挖施工技术",2011 年完成成果总结,2011 年提炼成"大直径岩层桩基分级旋挖施工工法",2012 年 11 月被认定为中国建筑第八工程局局级施工工法。2013 年 4 月,"大直径硬质岩层桩基分级旋挖施工技术"通过北京市住房和城乡建设委员会科技鉴定,其技术水平达国内领先水平。

2　工法特点

(1)本工法在旋挖成孔传统工艺上进行拓展,投入使用的设备少,工艺简单,桩基承载力高,施工成本低,泥浆少,绿色环保,经济效益明显。

(2)本工法着重解决了现今市场上旋挖钻机在施工大直径或超大直径岩层桩基时输出扭矩不足问题,使用本工法可有效降低钻头负载,达到降低成孔所需的钻机输出扭矩问题。

(3)本工法通过对地质资料的分析,合理选用钻具、钻杆及合理的施工方法,实现复杂多变及较硬岩层的旋挖孔,效果较好。

(4)本工法需多种形式、多种规格的钻头配合使用,达到大直径或超大直径岩层桩基的成孔目的。

3　适用范围

本工法机械效率明显,工艺简单成熟,施工进度快,环保经济等优点,可广泛用具有较大单轴饱和强度(15~30MPa)的中风化、微风化等坚硬岩层的大直径或超大直径的桩基成孔施工,最大成孔直径可达 3.0m。

4　工艺原理

大直径或超大直径岩层桩基在旋挖成孔过程中,需要钻机提供很大的输出扭矩,而现今市场上旋挖钻机输出扭矩不足以实现大直径或超大直径岩层桩基的一次成孔。本工法工作原理是把大直径或超大直径桩基分两级或多级成孔,即在旋挖钻机输出扭矩允许的情况下,在大直径桩基的中心先采用小直径钻孔,再采用不同直径钻头分级扩孔,降低钻头一次性切削土的面积,有效降低钻头负载,达到降低成孔所需的钻机输出扭矩问题。同时，在中风化、微风化等硬质岩层通过不同的钻头，实现施工效率的最快的成孔目标。

5 施工工艺流程及操作要点

5.1 施工工艺流程图

施工工艺流程如图1所示。

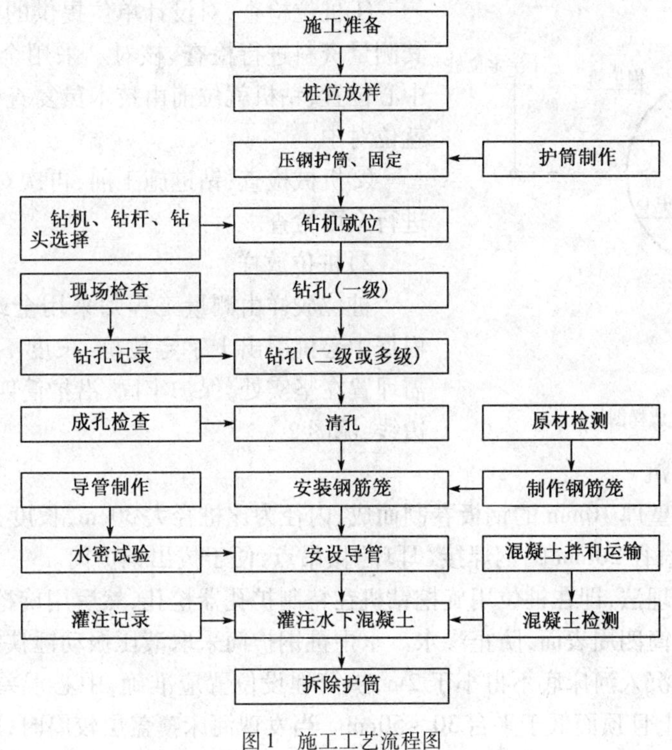

图1 施工工艺流程图

5.2 操作要点

1)施工准备

(1)施工方案和技术交底。

施工前认真分析地质勘探报告，分析岩层强度，形状和成因，岩层发育等情况。编制施工方案，并进行详细的技术交底。

(2)钻机、钻杆及钻头选择。

①旋挖钻机选型：本工法钻机选用三一重工生产的SR360型旋挖钻机，主要参数为：最大成孔直径2 500mm；输出成孔深度90m；最大输出扭矩350kN·m；整机总重95t；正常土层平均进尺5m/h，在软岩中，平均进尺2.0m/h。

②钻杆选择：本工法选用机锁加压式钻杆，在黏土层和岩层钻进时，可稳定地传递大钻压，钻杆本身失稳能力强，可有效地克服钻杆的细长杆效应。

③钻头选型：本工法可根据需要选用不同形式、不同规格钻头，主要选用以下几种形式和规格的钻头：

a. 镶有钨钴硬质合金的双底双门截齿旋挖钻头。

b. 镶有钨钴硬质合金单锥截齿型嵌岩短螺旋钻头。

c. 牙轮筒式钻头。

对钻具来说，关键性的参数是斗齿刃前角，在松软土层时，宜选用45°~65°；在岩层取25°~45°。本工程斗齿刃前角取25°，以保证钻进效率。

(3)泥浆配合比。

本工法按以下表1中数据进行泥浆配比。

泥浆配比表　　表1

序　号	水渗量(L)	膨润土(kg)	CNC羧甲基纤维素(kg)	碳酸钠(kg)	锯末、废纸浆	相对密度
1	100	10	0.8	3	适量	1.15

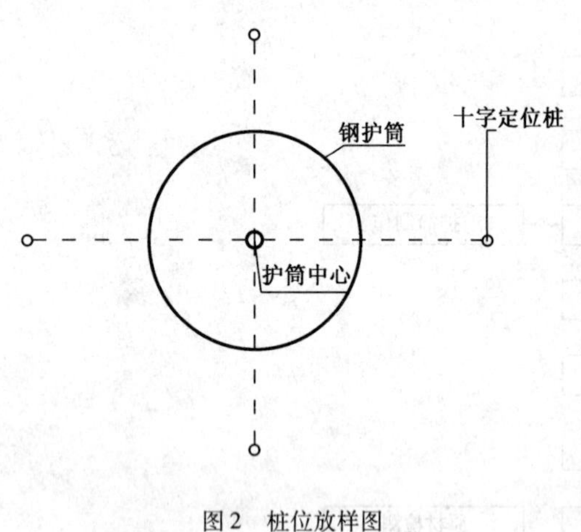

图2　桩位放样图

(4)钻前检查。

①桩位检查,对设计单位提供的坐标基点、水准基点及其测量资料进行检查、核对。采用全站仪定出各钻孔桩的中心位置,钻机就位前由技术员复查桩位,准确无误后方可就位对中。

②机械检查:钻进施工前,再次对钻头、钻杆、钢丝绳等进行全面检查。

2)桩位放样

桩位放样由测量工程师采用全站仪将桩位中心放出,根据中心桩引出十字定位桩,长度不小于3m,十字定位桩需埋置在坚实处,保护牢固,沿护筒四周用石灰粉撒出护筒边线,见图2。

3)钢护筒制作与下沉

钻孔桩钢护筒采用壁厚10mm的钢板卷制而成,内径为比桩径大30cm,长度为视情况分节,钢护筒在距离顶部30cm处用直径20mm圆钢焊接"耳环"做吊点,便于拔出钢护筒。

地面桩护筒采用挖埋法,即在桩位用旋挖钻机在特制扩孔器挖孔,然后用旋挖钻机钻头加力压入钢护筒,填实四周,封闭护筒四周表面,防止渗水。水中桩钢护筒采取液压振动锤挟持护筒,通过高频振动使护筒沉入土中。护筒沉入河床底不得小于2m,护筒埋设位置应准确,中心误差不得超过5cm。护筒顶面高出河面1.5m以上且顶面低于平台30~50cm。当发现河床覆盖层较厚时,应适当加长护筒,防止塌孔。

4)钻孔施工

(1)护筒埋设后,钻机采用钻机自带光学对中仪对中,偏差不大于5cm,然后用大直径钻头钻至强风化岩层底,见图3、图4。

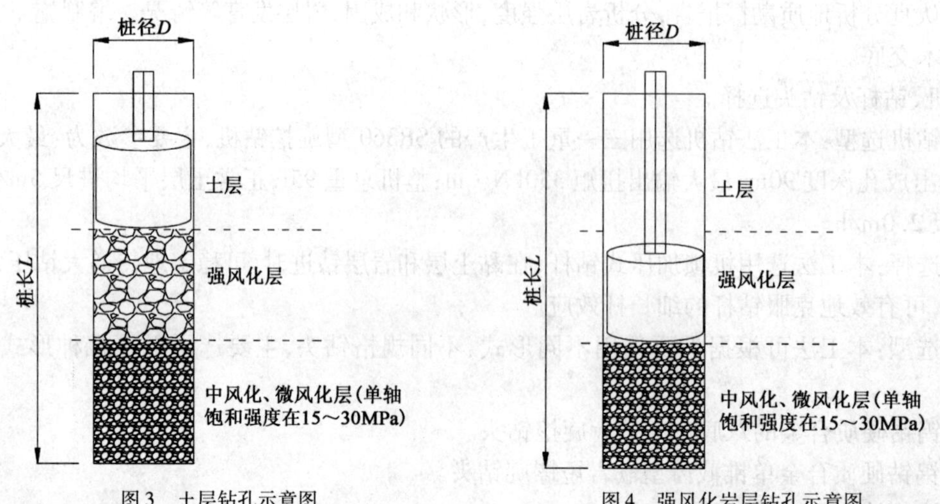

图3　土层钻孔示意图　　图4　强风化岩层钻孔示意图

(2)钻至中风化或微风化顶面时,采用扩孔方案,双底双门截齿旋挖钻头挖孔,桩基视情况分若干段完成。先用小直径($\phi1.2$m)牙轮筒钻松动岩层,钻头直径取桩径$(0.6\sim0.8)D$,且视岩层强度,一般不大于1.2m,分段旋挖深度为1~2m(分段长度不大于钻头长度)。再采用镶有钨钴硬质合金单锥截齿型嵌岩短螺旋钻头破碎岩层,再采用镶有钨钴硬质合金的双底双门截齿旋挖钻头进行捞渣(见图5、图6、图7)。

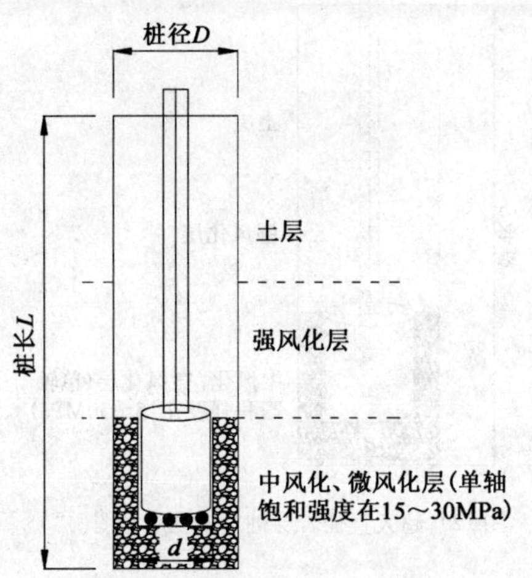

图5 硬岩层筒式钻头松动岩层

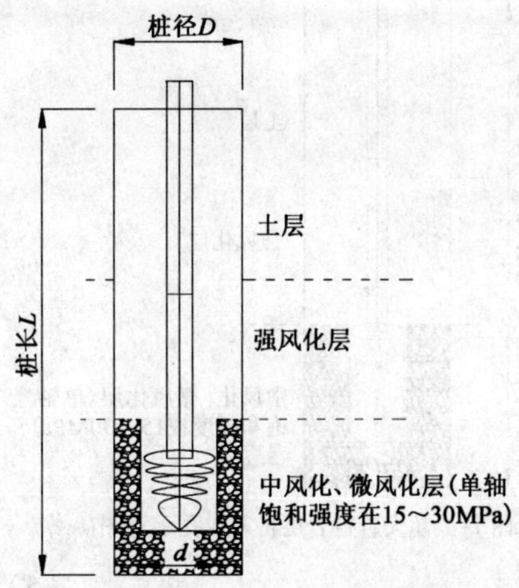

图6 硬岩层端螺旋钻头破碎岩层

(3)小直径钻头钻至深度1~2m时,及时更换大钻头(ϕ2.0m),钻孔步骤,见图8、图9、图10。

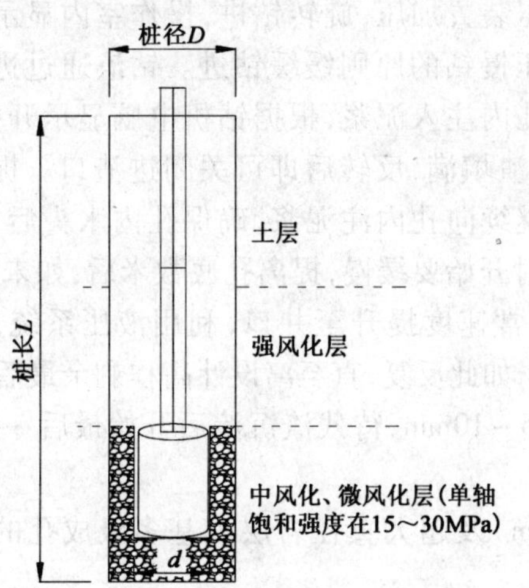

图7 双底双门截齿旋挖钻头捞渣

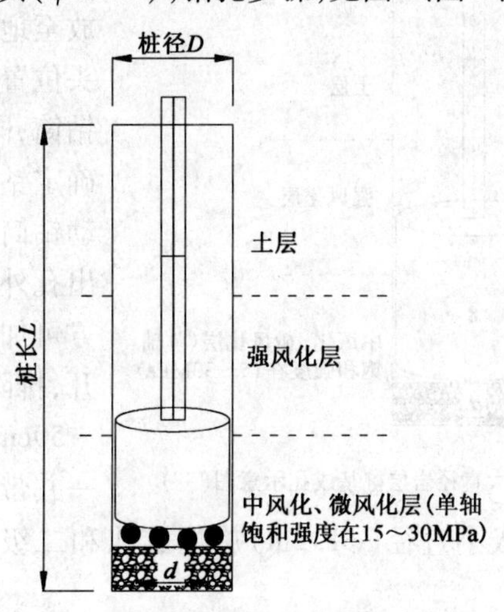

图8 硬岩层筒式钻头松动岩层(大直径)

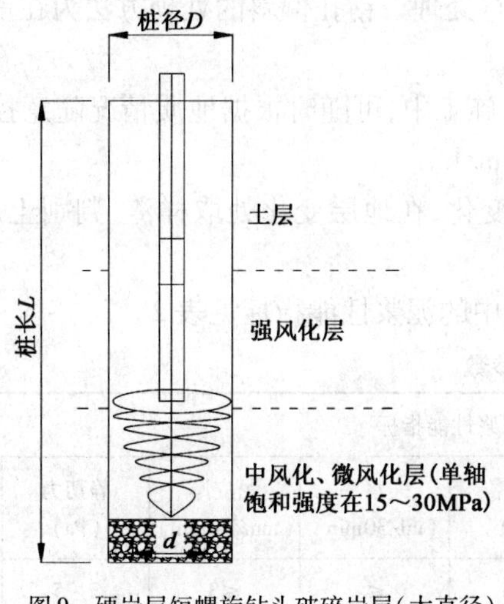

图9 硬岩层短螺旋钻头破碎岩层(大直径)

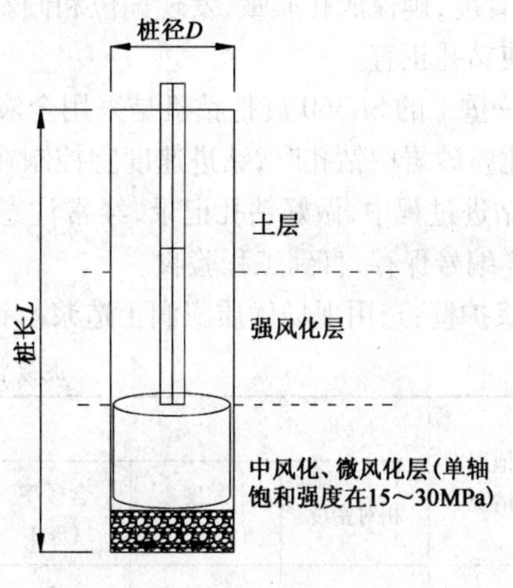

图10 双底双门截齿旋挖钻头捞渣(大直径)

(4)超大直径(ϕ2.2~3.0m)岩层桩基多级旋挖成孔方法(图11~图13)。

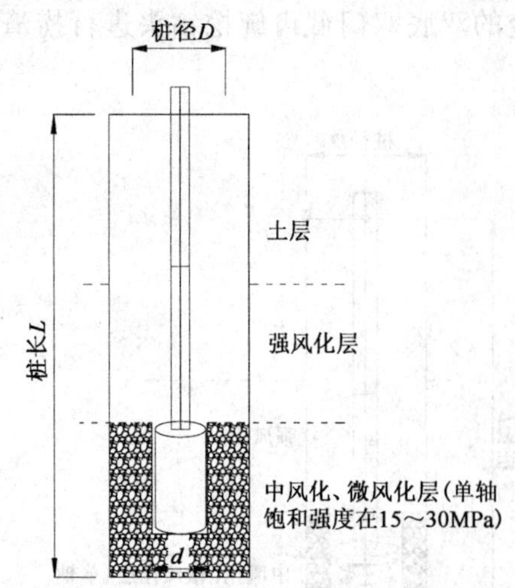

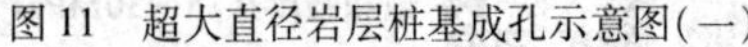

图11 超大直径岩层桩基成孔示意图(一)

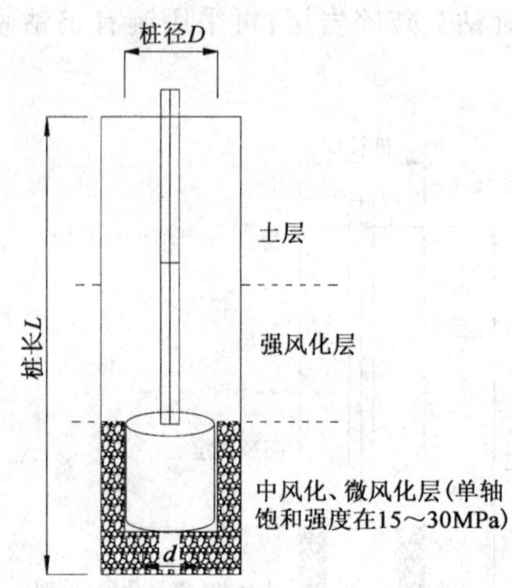

图12 超大直径岩层桩基成孔示意图(二)

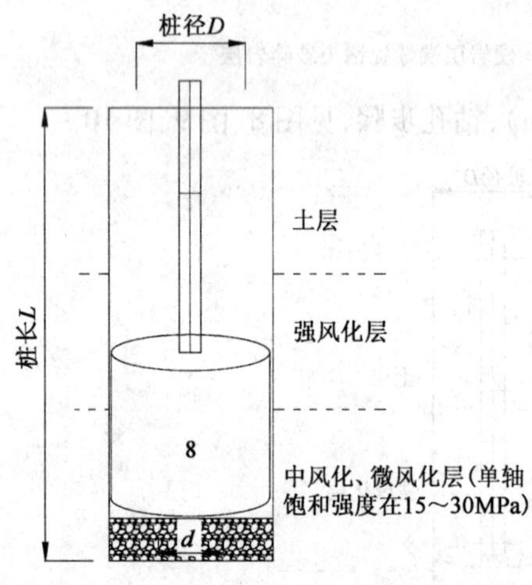

图13 超大直径岩层桩基成孔示意图(三)

5)钻进要求

(1)开始钻进时.开启钻机将钻筒中心对准设计桩位中心。先将钻头垂吊稳定后,再慢慢导正下入井孔,然后匀速下放至地面,液压装置加压,旋转钻进,操作室内显示进尺及钻头位置,按轻压慢钻的原则缓缓钻进。钻渣通过进渣口进入钻筒,同时向孔内注入泥浆,根据钻机电脑显示开挖深度,待确定钻筒内钻渣填满,反转后即可关闭进渣口。提升钻杆带动钻筒,同时继续向孔内注泥浆,确保孔内水头后,将钻筒提出孔外,提钻时开始要缓慢,提离孔底数米后,如未遇到阻力,方可加速按正常速度提升至井口,利用液压系统,将筒门打开,排除钻渣。如此反复,直至离设计高程剩余最后一钻即30~50cm,等待5~10min,待残渣沉淀后开始最后一钻,将残渣一并带出。

(2)一级小直径(ϕ1.2m)旋挖成孔和二级(ϕ2.0m)及超大直径岩层桩基多级成孔的施工工艺相同。

(3)每次钻进深度以不超过0.5m为宜。钻进中应随时通过钻机本身的三向垂直控制系统,反复检查成孔的垂直度,确保成孔质量,发现偏位和倾斜及时进行处理。钻孔偏斜的处理方法为在偏斜处吊住钻头扫孔,使钻孔正直。

(4)三一重工的SR360旋挖钻机是采用全液压系统,施工中,可随时根据地质情况随意控制钻进速度,在中风化粉砂岩中钻孔时,钻进速度宜控制在2~2.5m/h。

(5)在钻进过程中,做好钻孔记录,经常注意土层的变化,在地层变化处取样渣,判别土层,记入记录,每次渣样编号保存,直到工程验收。

(6)泥浆护壁:选用现场优质膨润土造浆。钻孔过程中的泥浆性能指标见表2。

泥浆性能指标参数 表2

钻孔方法	地层情况	泥浆性能指标							
		相对密度	黏度(Pa·s)	含砂率(%)	胶体率(%)	失水率(ml/30min)	泥皮厚(mm/30min)	静切力(Pa)	酸碱度(pH)
冲击	硬岩底层	1.10~1.30	22~30	≤4	≥95	≤	≤3	3~5	8~11

6)成孔验收

开挖成孔后,及时进行清底,并进行成孔检测。采用测绳测孔深和沉渣厚度,用探孔器检测成孔直径,用钻机平台及钻杆控制垂直度。

7)清孔

成孔检查便格后,检测孔底沉渣厚度,沉渣超过规范厚度时,应当进行清孔。清孔采用泥浆泵换浆清孔,将新拌泥浆置换孔内泥浆,使孔内泥浆相对密度、黏度、含砂率等指标满足灌注水下混凝土的需要。钢筋笼安装到位后,须再次检查沉渣和泥浆指标,在灌注混凝土前,泥浆的性能指标必须满足规范要求。

6 材料与设备

6.1 主要材料

(1)泥浆制备原料:水、膨润土或黏土、碳酸钠、CNC 羧甲基纤维素。

(2)水:纯净河水或饮用水。

(3)膨润土或黏土:黏粒含量大于 50%。

(4)碳酸钠:控制泥浆稳定液变质和改善已变质的泥浆性能。

(5)CNC 羧甲基纤维素:增加黏性,防止孔壁剥落。

(6)渗水防止剂:废纸浆、棉子、锯末等。

6.2 主要设备

主要设备见表3。

旋挖钻成孔主要设备表 表3

序 号	设备名称	规格型号	数 量	用 途
1	履带式旋挖钻机	三一重工 SR360	1	旋挖成孔
2	挖掘机	$1m^3$	1	清理场地、挖钻渣
3	装载机	ZL50	1	清理场地、挖钻渣
4	自卸汽车	10t	2	外弃钻渣
5	泥浆泵	22kW,3PNL	2	泥浆循环、排浆
6	发电机	100kW	1	备用
7	吊车	25t	2 台	钢筋笼运输、安装、导管安拆;混凝土灌注
8	电焊机	BX400-1	3 台	钢筋笼焊接
9	混凝土运输车	$1m^3$	5 台	混凝土运输
10	双底双门截齿旋挖钻头(镶钨钻硬质合金)	ϕ1 200mm	1	土层、强风化岩层钻孔、岩层成孔捞渣
		ϕ2 000mm	1	土层、强风化岩层扩孔、岩层桩基捞渣
11	牙轮筒式钻头	ϕ1 200mm	1	硬质岩层岩石松动
		ϕ2 000mm	1	硬质岩层岩石松动
12	单锥截齿型嵌岩短螺旋钻头	ϕ1 200mm	1	硬质岩层破碎
		ϕ2 000mm	1	硬质岩层破碎
13	全站仪	尼康	1 台	桩位放样
14	水准仪	DS3	1 台	高程测量

7 质量控制

7.1 质量控制标准

本工法执行《公路桥涵施工技术规范》(JTG/T F50—2011)和《公路工程质量检验评定标准》

(JTG F80/1—2004),钻孔桩成孔质量标准见表4。

钻孔桩成孔质量标准 表4

项 目	允许偏差
孔的中心位置(mm)	群桩:100;单排桩:50
孔径(mm)	不小于设计桩径
倾斜度	小于1%
孔深	摩擦桩:不小于设计规定;支承桩:比设计深度超深不小于50cm
沉淀厚度(mm)	摩擦桩:符合设计规定,当设计无要求时,对直径小于1.5m的桩,小于300mm;对桩径大于1.5m或桩长超过40m时或土质较差的桩,小于500mm; 支承桩:不大于设计规定
清孔后泥浆性能指标	相对密度:1.03~1.10;黏度:17~20Pa·s;含砂率:小于2%;胶体率:大于98%

7.2 质量控制要点

(1)测量放样:严格控制桩位测量的放样精度,测量后,应采用钢尺复核相邻桩位间的距离。

(2)护筒埋设:

①应严格控制护筒埋设中心是否和桩中心重合,平面误差不得超过5cm。

②应重点检查护筒的垂直度,误差不超过1%,干处进行实测,水中采用导向架定位。

③应控制护筒的埋设高度,应高出地面30cm以上,高出水面1.0~2.0m。

④护筒护筒埋置深度;一般埋置深度为2~4m,特殊情况加深处理;有冲刷线的河床,埋入冲刷线1.0m以上。

⑤护筒周围必须夯填密实,防止渗水。

(3)钻孔质量控制。

①钻机对中应准确,通过钻机的自动对中器进行桩位对中,误差不得超过5cm。

②开钻时,孔口5~8m段要慢速钻进,放斗要稳,提斗要慢,每回进尺控制在60cm左右,通过钻机自动校正器来校正钻孔竖直度,如有偏差,及时调整。

③在钻进过程中,每挖一斗同时向孔内注入泥浆,保持孔内水头,增加压力,保证孔壁稳定。

④在钻孔过程中,应加强泥浆的性能控制,保持泥浆相对密度在1.10~1.30,过大则会堵塞泥浆泵,置换困难;过小,则会引起坍孔。

⑤清孔时,应重点控制泥浆的相对密度、黏度和含砂率,当一次清孔,吊入钢筋笼后,应再次检查泥浆性能,如达不到要求,必须进行二次清孔,符合要求方可灌注混凝土。

8 安全措施

(1)钻机操作工、指挥工、焊工、机修工必须配置齐全设施。所有员工按规定进行岗前培训,持证上岗,严格按操作规程作业,严禁违章指挥、违章作业。

(2)所有员工进场前,必须进行上岗检查,进入现场必须遵守安全操作规程,戴安全帽,穿水胶鞋。

(3)施工场地地基承载力不小于83kPa,现场设置足够的排水设备和沉浆池。泥浆池应进行围挡,以免人员滑落。

(4)安装钻机应放置坚实平稳,钻杆倾覆不得大于钻杆全高的1%。10m以上的钻杆不得在地面上一次吊起安装。

(5)电源线路、电箱接线正确,绝缘可靠,接地牢固,触电保护器灵敏有效。

(6)作业前将操纵杆放在空挡位置,启动后空转试验,检查仪表、制动各项正常后,方可正式作业。

(7)如遇卡钻,立即切断电源,停止下钻,未查明原因排除故障前,不得强行启动。

(8)钻孔过程中,如遇机架摇动、移动、偏移或钻头内发生有节奏的响声时,应立即停钻,查明原因,方可继续钻孔。

(9)钻孔作业时,严格控制泥浆相对密度和孔内水头,防止塌孔。

(10)钻孔时,发现紧固螺栓松动,立即停机,重新紧固后方可继续施工。

(11)成孔后,应尽快浇筑混凝土,如有特殊情况不能立浇筑混凝土或浇筑后,井口应进行围挡和标识,防止人员滑入。

(12)因故停钻时,将钻头角及地面,各部位制动,操纵杆放到空挡,切断电源,锁好开关。

(13)如遇大雨、大雾或6级以上大风时,应停止钻孔。当风力超过6级或有台风警报时,应放倒机架。暴雨后,应对钻机和桩孔周围情况进行一次全面的检查,方可恢复施工。

9 环保措施

(1)重视环境工作,加强环保教育,组织职工学习环保知识,加强环保意识,使每位员工认识到环境保护的重要性和必要性。

(2)施工现场,应经常洒水,严格控制扬尘,保证居民区和附近农作物不受污染。

(3)严格控制机械噪声,确保工地噪声超过相关规范要求。噪声排放达标:白天不大于85dB,夜间不大于55dB。

(4)严格控制污水排放,生产及生活污水排放达标,设置过滤池,污水直接排放率为0%。

(5)钻孔桩产生的钻渣应及时清运至指定地点,并进行覆盖处理;清运途中,应满足城市渣土运输要求,严格封闭运输,禁止跑冒滴露。

(6)机械维修、设备工具产生的废油等有害物质不得直接排放,须统一收集处理,不得污染土地、河流。

10 资源节约

(1)土地资源节约

钻孔桩的泥浆排放需要占用大量的耕地,使用本工法,产生的泥浆量远小于回旋成孔和冲击成孔的泥浆量。一般来说,其产生的泥浆量是冲击成孔和回旋成孔的1/6~1/8,大大减少了泥浆排放占用的土地。

(2)水资源节约

本工法因其产生的泥浆量只是冲击成孔和回旋成孔的1/6~1/8,节约了大量的水资源。

11 效益分析

11.1 经济效益

分级旋挖成孔施工工法施工速度快,质量可靠,节约了大量工期和成本。为能较准确地核算成本,假定在同一种地质中,四种成孔方式每米分析如表5所示。

效益分析对比表 表5

序号	成孔方式	综合优缺点简述	简要效益分析(2m桩径,每米费用;工期费用不计,元)
1	冲击成孔	①工期慢,是旋挖钻的1/3~1/5; ②成本大,混凝土充盈系数1.15左右; 泥浆量是旋挖钻的6倍	①混凝土:3.61×400=1 444; ②泥浆处理:3.61×6×15=325; 合计:1769
2	回旋成孔	①工期慢,是旋挖钻的1/2~1/5; ②成本大,混凝土充盈系数1.10左右; 泥浆量是旋挖钻的6倍	①混凝土:3.45×400=1 382; ②泥浆处理:3.61×6×15=325; 合计:1 707
3	分级旋挖成孔	①工期快,是冲击钻的3~5倍;是回旋钻的2~5倍; ②成本小,混凝土充盈系数1.05以下;泥浆量是回旋钻、冲击钻的1/6	①混凝土:3.30×400=1 320; ②泥浆处理:3.3×1×15=50; ③钻渣外充:3.3×1×10=33; 合计:1 403

通过以上简要比较,2m 桩径的桩基每延米费用,分级旋挖成孔较冲击成孔节约 366 元/m,较回旋钻节约 304 元/m。

因现今市场上,旋挖钻价格较昂贵,施工速度快,旋挖成孔每米单价比回旋钻、冲击钻也较高,平均高约 50~100 元。

综合对比,旋挖分级成孔较冲击、回旋两种成孔方式,每延米仍节约 250 元以上。同时可节约因工期缩短产生的管理费用,同时环保、绿色,符合现在工程施工理念。

11.2 社会效益

(1)该工法工艺简单,技术装备精良,施工快速,质量可靠,工期是冲击成孔和回旋成孔的 1/3~1/5,有效地降低了成本。

(2)分级旋挖成孔方法,较回旋钻和冲击钻成孔,可避免产生大量的泥浆。一般来说,泥浆用量只占上述两种成孔方式的 1/6,且钻渣可直接运输,省却大量的泥浆处理成本。

(3)分级旋挖成孔,能较好的控制成孔孔径,节约不少的混凝土超灌量。一般来说,冲击成孔的混凝土充盈系数为 1.15,回旋成孔为 1.1,而旋挖钻只需 1.05 以下,可节约大量施工成本。

(4)分级旋挖成孔方法,较旋挖一次性成孔,避免了钻机扭矩不足的问题,也同时避免了大扭矩钻机国内较少,因而价格昂贵,台班费用高的现实问题。

12 应用实例

12.1 工程实例一

南京地铁一号线南延线 TA11 标土建工程是城市轨道交通工程,2007 年 9 月开工,2009 年 11 月竣工,合同造价 11 421.62 万元,竣工结算 12 200 万元。整个工程由天印大道站、天印大道站—城东路站区间高架、城东路站、城东路站—经贸学院站区间高架四部分组成,全长 2 860m,所含地基与基础、墩柱、车站主体、车站附属、桥梁上部结构和附属工程。本标段桩共有桩基 326 根,桩径 1.8~2.5m。

南京地铁一号线南延线桩基处于岩石强度相对较高的中风化的粉砂质泥岩上,岩体强度在 20~30MPa 以上,总体水量贫乏,桩基施工难度较大。根据以上特点,结合旋挖钻施工工艺要求,桩基采用分级旋挖干成孔施工工法。

本工程成桩质量经工后小应变、超声波检测,桩基全部达到Ⅰ类桩标准,质量状况良好;同时经桩基承载力试验,承载力明显高于冲击成孔、回旋成孔的桩基承载力。本工法使用的经济效果效果明显,桩基施工节约工期达 170d;节约成本 164.15 万元,经济效果显著。南京地铁一号线 TA11 高程架桥已运营 3 年多,运营状况良好,施工质量得到了业主、质检站及同行业内各单位的高度认可。该工程先后被评为局“十佳工程”和中建总公司“中建杯”。

12.2 工程实例二

南京南站综合枢纽快速环线项目机场高速跨秦淮河大桥东西集散车道桥位于南京市江宁区,2009 年 10 月份开工,2011 年 12 月竣工,合同造价 20195 万元。本工程由引桥和跨秦淮河主桥组成,主桥为挂篮悬浇 54m+92m+54m 单箱单室斜腹板箱形截面,共分为 11 个悬臂浇筑段;墩柱为薄壁空心变截面墩。引桥为现浇单箱多室预应力箱梁;花篮墩。基础为钻孔群桩、承台基础,桩基直径 ϕ2.0m,设计桩长 25~30m。桥梁桩基位于素填土、淤积(Q_4)粉质黏土、更新世冲洪积(Q_{2-3})粉土、含砾中粗砂、强风化粉砂岩、中风化粉砂岩中。其中为强风化粉砂岩、中风化、微风化粉砂岩,岩层单轴抗压强度在 15~30MPa,岩芯呈“短柱”状~“柱”状,局段“碎块”状,发育一~二组闭合裂隙,裂隙倾角 25°、45°坚岩,钻孔桩施工难度大。

根据以上工程特点,结合工程工期、成本分析、方案比选,决定采用分级旋挖干成孔施工工法。施工结果来看,桩基施工质量可靠,桩基经超声波检测全部为Ⅰ类桩,承载力检测结果也满足设计要求,高于其他工艺成孔的同类桩基。使用本工法,桩基施工节约工期达 90d,节约成本 172 万元。本工法在该工程应用时,以速度快、成孔质量高、成本低、环保绿色受到同行业的高度评价。

强潮水域埋置式承台双壁钢围堰下沉施工工法

GGG(粤)C1071—2013

罗超云 谭立心 李嘉明 吴 聪 杨 勇
(广东省长大公路工程有限公司)

1 前言

近年来,随着大跨度桥梁建设的快速发展,越来越多的深水大型桥梁基础采用沉放钢围堰的施工工艺,该工艺在深水基础施工中具有操作简单、受力明确、稳定性好等特点。但在强潮水域,由于水文地质条件复杂,包括涌潮强度大、水流速度急、河床冲刷变化剧烈、各种船舶无法进入施工等因素,对钢围堰沉放施工造成施工效率、安装精度、施工安全等诸多方面的不利影响。针对以上情况,我们通过对钱塘江强涌潮区五个大型双壁钢围堰的成功下放实践,开发了两项专利技术——“双壁钢围堰的下放系统”、“双壁钢围堰的下放控制方法”以指导围堰下放,并在此基础上总结形成了一套强潮水域埋置式承台双壁钢围堰下沉施工工法。

2 工法特点

(1)钢围堰采用现场原位拼装法,通过分块陆运、利用现场施工平台拼装的方法避免安装作业受水文气象的不利影响。

(2)采用单泵站控制多点液压千斤顶整体同步下沉,钢围堰下沉平稳、精确、快速、可靠。

(3)在平台钢护筒及钢围堰内壁间设置导向和限位系统,抵抗水流、涌潮、风、河床砂土等产生的外部荷载,防止钢围堰发生较大偏位。

(4)建立现场实时信息处理系统,对钢围堰下放全过程进行平面位置、垂直度、吊点荷载的实时监控,通过对采集的各项数据进行分析、反馈,指导施工。

3 适用范围

本工法适用范围广,可用于各种水域的大型双壁钢围堰下沉施工。对强潮水域、跨江、跨海等复杂环境下的深埋式双壁钢围堰下沉也适用。

4 工艺原理

本工法原理是采用由计算机控制的多台液压千斤顶同步系统对钢围堰进行下沉施工。着床稳定后由千斤顶承重系统、导向及限位系统、吸泥辅助系统、纠偏系统等协同工作,通过全程信息实时监控及数据分析指导施工,确保钢围堰快速、有效地下沉到位。

5 施工工艺流程及操作要点

5.1 总体施工工艺流程(图1)

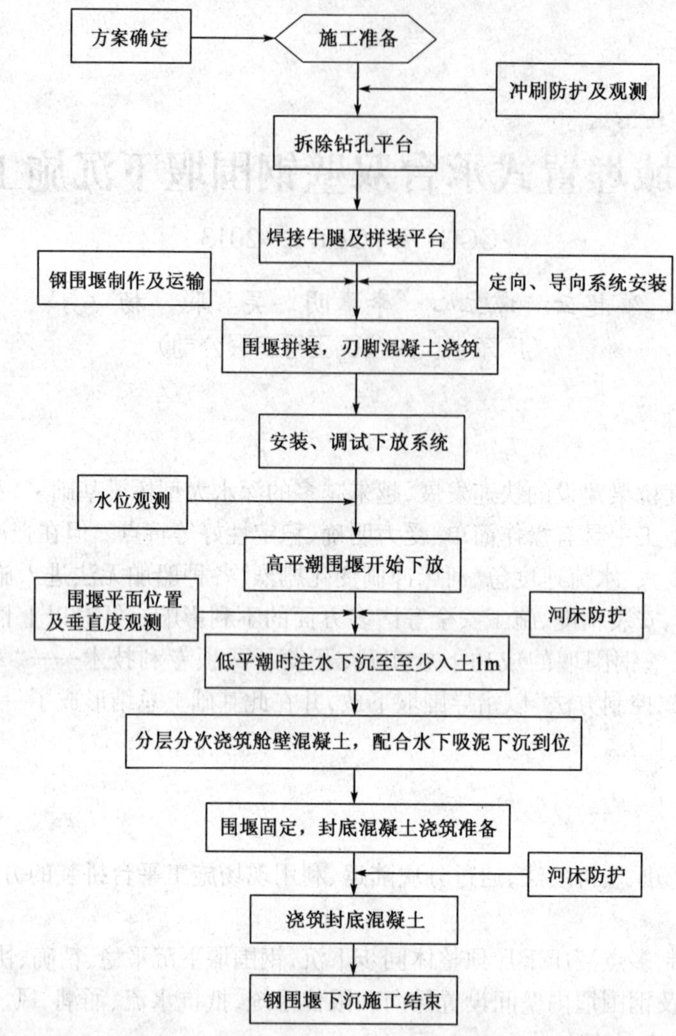

图1　双壁钢围堰下放施工工艺流程图

5.2　施工准备

1)壁体水密性试验

水密性试验在焊缝外观检查和超声波探伤后进行。试验时,气温应高于5℃,采用煤油渗透试验方式检查焊缝抗渗性,首先在需检查的焊缝外涂白垩粉浆或石灰浆,晾干后内刷煤油,经过半小时后检查,无煤油渗漏斑点为合格。不合格时需进行补焊,修补后重新试验。

2)拼装平台的搭设

利用桩基护筒及平台管桩作为围堰拼装的承重结构,在护筒和管桩上焊接牛腿,其上铺设型钢作承重梁。为确保作业时间,拼装平台宜设置在高于最高潮位50cm左右的位置。钢围堰拼装平台及现场拼装如图2所示。

3)导向、限位系统的安装

(1)双壁围堰下沉受潮水及冲刷等因素的影响极大,为了克服流水及涌潮等引起的强大水平力,确保围堰的下沉精度及安全,必须设置导向及限位系统。

(2)导向及限位系统由上导向及下限位两部分组成。

(3)上导向系统固定在相邻的一组钢护筒上,前端弧形的钢板圈梁与围堰内壁体弧度吻合,下限位系统固定在围堰壁体上,前端弧形板与钢护筒弧度吻合。

(4)上导向由钢管、钢板圈梁组焊而成,安装于比拼装平台略高的位置。与护筒正交处由钢管组焊的上下两斜撑组成，其余位置均布平撑，圈梁与围堰内壁弧度吻合，圈梁端部与围堰内壁净距10cm。上导向沿围堰四周均匀布置4个。围堰下放前，需将与上导向对应的钢护筒内填沙，以防止水平力过大将护筒挤压变形。

图2　钢围堰拼装平台及现场拼装图

(5)下限位是由钢板组成的钢箱结构，安装在刃脚以上的围堰壁体上，围堰壁体内相应位置用钢板加强。下限位与钢护筒接触处采用半径与护筒外径一致的弧形钢板，弧形钢板与护筒间净距10cm，弧形钢板外侧用铆钉或短钢筋固定一块3cm厚胶皮，以减缓强大的水平力对护筒及围堰壁体的挤压作用。下限位应与上导向成组对应布置(图3、图4)。

图3　钢围堰上导向系统安装图

图4　钢围堰下限位系统安装图

4)下放承重系统安装

(1)钢围堰下放承重系统由支撑在钢护筒上的悬吊梁和固定在围堰内壁的下锚点两部分组成。

(2)悬吊系统由垫梁和悬吊梁组成。悬吊梁前端支撑在固定于护筒的垫梁上，尾部依靠两块焊接在钢护筒上的厚拉板锚固(图5)。

(3)下锚点为与围堰壁体焊接成整体的双腹板钢箱结构。由于下锚点受力较大，而围堰内壁板为薄板，因此应采取壁体加强措施，确保下锚点与围堰壁体的传力可靠(图6)。

(4)钢围堰下放前，应利用千斤顶进行下放承重系统的分级单点加载试验，确保结构安全。

5)附属设施系统安装

(1)围堰下沉的附属设施主要包括吸泥管定位架、连通管等。

(2)双壁钢围堰下沉着床后，应立即多点同时吸泥，确保围堰在潮水来临前尽可能稳定。吸泥管及定位架沿围堰四周均匀布置，数量经计算确定。吸泥管由ϕ325mm钢管加工而成，同时配备12m^{3}以上的空压机组成供气系统。下沉过程利用小型起重设备配合吸泥(图7、图8)。

图5 上悬吊梁结构布置

图6 下锚点结构及焊缝检测

图7 现场布置的大型空压机

图8 围堰下沉过程中的吸泥作业

(3)钢围堰周边均匀设置4组连通管。设置连通管的目的:一是克服钢围堰下沉过程中的浮力;二是保证吸泥下沉过程中及封底混凝土浇筑后围堰内外水面高程保持一致;三是减少封底混凝土等强后抽水的工作量;四是利用不同舱壁内的水位差进行配重下沉或纠偏。

(4)每组连通器由两种不同类型钢管组成。其中A类连通器连通围堰内、外,与隔舱封闭;B类连通器将围堰内与隔舱连通,与围堰外封闭(图9)。连通管在钢围堰内侧一端焊有法兰盘,并配有钢板盖板,根据工序需要由潜水员开闭。为保证潜水员安全,所有开闭动作全部在围堰内完成。

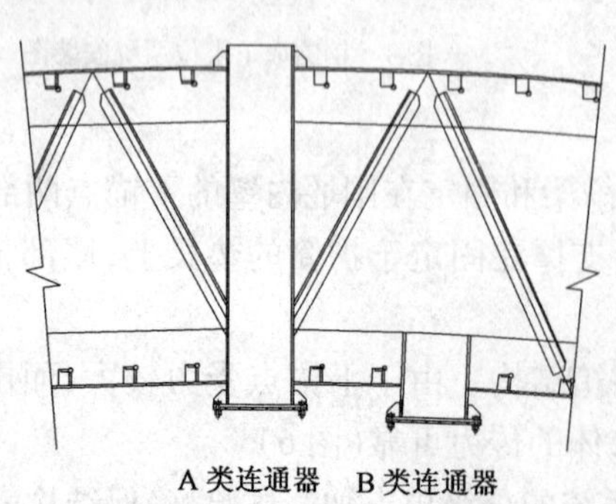

图9 A、B类连通器示意图

(5)围堰入水时,A、B连通器均处于打开状态。

(6)当某组隔舱需注水配重或浇筑舱壁混凝土时,关闭该组B类连通器。当注水后需卸载时,打开B类连通器。A类连通器可一直处于打开状态,直到围堰封底混凝土等强后、抽水前才关闭。

5.3 施工工艺

1)钢围堰下沉施工流程(图10)

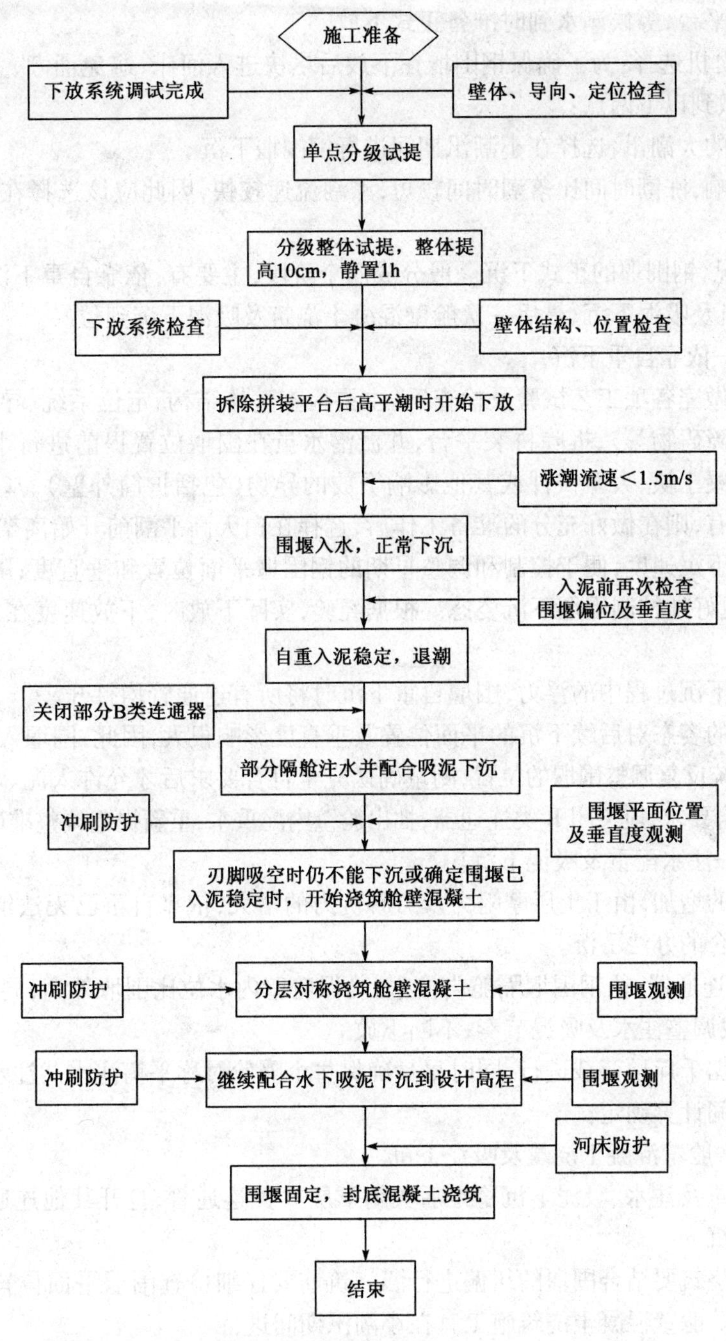

图10 钢围堰下沉施工流程图

2)下沉施工操作要点

(1)单点试提试验:对各个吊点分别进行分级加载,进行钢围堰的单点试提试验。通过单点试提试验,检测钢围堰下放系统的强度和稳定性,同时检查各千斤顶的性能。分级加载的荷载分别为理论计算荷载的40%、60%、80%、100%、120%。每级荷载加载到位后持荷30min。

(2)整体试提试验:单点试提通过后进行整体试提试验。按照理论计算荷载的20%、40%、60%、80%、100%分级对每个吊点同时进行加载,进行钢围堰整体试提试验,以检验钢围堰结构的强度和稳定性,修正围堰的平面位置和垂直度,检查下放的指挥系统,同时检查各千斤顶的同步性能和技术参数,包括位移同步性和荷载同步性,为钢围堰正式下沉提供有效的参考资料和最佳条件。

(3)钢围堰整体提升离开拼装平台10cm后持荷1h,各值班人员检查围堰平面位置、垂直度、壁体结构、悬吊梁、下锚点、千斤顶荷载情况、传感器是否有效,围堰下放区域是否有障碍物等,检查无误后,立即组织人员拆除拼装平台,等候潮水到时准备正式下放。

(4)正式下沉的时机选择:为了确保钢围堰在下放后尽快进入河床,避免涌潮、大冲刷、高流速及恶劣天气的影响,必须做到以下两点:

①应避开每个月的大潮汛,选择在小潮汛期间进行钢围堰下沉。

②受到涨落潮影响,涨潮时间比落潮时间较短,涨潮流速较快,因此应该选择在涨潮后流速减小到1.5m/s后开始入水。

(5)根据实际情况,钢围堰的正式下沉一般分成四个阶段,主要有:依靠自重下沉、注水配重及吸泥下沉、舱壁混凝土浇筑及吸泥下沉、最后一次舱壁混凝土浇筑及吸泥下沉到位。

(6)第一阶段——依靠自重下沉。

①钢围堰提起并做完各项工艺试验及检查后(主要检查壁体结构、定位系统、导向系统、下放系统、护筒与围堰间是否有障碍物等),拆除拼装平台,并派潜水员在围堰位置提前进行水下探摸,确定在围堰位置是否有大块混凝土块、大型铁件或其他影响下放的异物(包括护筒外壁)、基底是否平整等。如有,则必须清除;如没有,则在做好充分的准备工作后,选择在白天高平潮前开始离架正式下沉。

②入水前应控制下沉速度,便于控制和调整早期的钢围堰平面位置和垂直度;随着高平潮的临近,流速越来越缓,可以更好地控制围堰下沉姿态。根据经验,实际下放时,下放速度在3m/h左右,退潮前围堰可以入泥稳定。

③为了克服围堰下沉过程中的浮力,围堰自重下沉时将所有连通管均打开。

④围堰自重入泥的姿态对后续下沉的平面位置及垂直度影响很大,因此,围堰入泥着床前必须要通过定位系统及下放系统反复调整围堰的位置,测量确认完全符合要求后才允许入泥。如入泥后围堰位置尤其是平面位置不符合要求,应关闭B类连通器,抽出舱壁内配重水,重新提起调整准确后再下沉入泥。

(7)第二阶段——注水配重及吸泥下沉。

①随着入泥深度的增加,由于土层摩阻力及刃脚抗力的增大,依靠自重已无法继续下沉,因此采用注水配重和吸泥相结合的办法下沉。

②关闭下层B类连通器,往钢围堰隔舱内注水,确保舱壁内水位比围堰外高,同时在围堰内侧对称吸泥,根据千斤顶荷载调整注水及吸泥节奏,不断下放。

③舱壁注水需根据千斤顶荷载进行,同时尽量确保每个隔舱对称平衡注水。注水设备采用潜水泵,功率根据注水量及时间计算确定。

(8)第三阶段——舱壁混凝土浇筑及吸泥下沉。

①钢围堰依靠自重及注水、吸泥下沉稳定后关闭下层B类连通管,打开其他连通管,开始浇筑舱壁混凝土配重并吸泥下沉。

②舱壁混凝土的浇筑要结合围堰的纠偏进行。浇筑前要仔细检查围堰平面位置和垂直度,并要确定围堰外侧冲刷情况。舱壁混凝土浇筑施工宜在小潮汛期间进行。

③舱壁混凝土采用竖向分层、平面分块的方式浇筑。分层的原则主要考虑围堰壁体的承压能力及下放系统承载能力;分块的原则主要考虑混凝土供应能力、现场施工能力及纠偏影响,尽量做到整体对称、平衡。混凝土采用自流平自密实的普通混凝土。舱壁混凝土浇筑时采用全站仪对钢围堰姿态进行全过程监测,若存在围堰偏位时可通过调整混凝土灌注速度及位置进行调整,直至舱壁混凝土灌注全部完成。

④下层连通管入泥前应确保全部关闭。

⑤配重及吸泥下沉持续时间较长,是围堰下沉最重要的过程,需做好以下工作。

a.河床防护:为防止河床冲刷突然加大,造成围堰局部悬空,发生严重倾斜,钢围堰下放过程中须加强对钢围堰周围、特别是上下游侧的防护工作。防护主要采用抛填大吨位砂袋的形式,利用平潮期根据对河床的监测数据进行。

b. 吸泥、补水:围堰采用不排水吸泥下沉,主要通过设置在围堰四周的空气吸泥机进行吸泥,通过设置在侧壁上的连通管来平衡内外水头差。吸泥工作主要原则是"先四周后中间、对称均匀",使围堰内泥面成倒锅底,围堰均匀下沉。在围堰下沉过程中,每2h应观测一次泥面高程,并绘制出至少3个直径方向的锅底曲线,用于指导吸泥。同时必须根据实际情况计算出各工况下的下沉系数和围堰可能下沉的深度,保证围堰下沉安全。

c. 监控:配重及吸泥下沉过程中必须加强监测工作,主要是对围堰内外河床面高程、流速、潮位、钢围堰的平面位置、垂直度以及下放系统的实际荷载等进行监测,采用信息化施工,以保证钢围堰的顺利下沉。

(9)第四阶段:最后一次舱壁混凝土浇筑及吸泥下沉到位。

①吸泥及配重下沉到离设计高程约1m的高程后,停止吸泥,稳定后浇筑最后一次舱壁混凝土。如舱壁混凝土浇筑完成后还不能下沉到位,则关闭上层B类连通管,在低潮时继续向围堰内注水,同时局部适当吸泥,让围堰缓慢下沉到位,避免下沉过多。

②下沉到位后,将钢围堰侧壁与钢护筒的上定位临时焊接固定,防止钢围堰在流水和涌潮冲击下晃动过大。围堰外持续跟踪监测,如冲刷过大,则继续进行冲刷防护。围堰内泥面偏高部分采用吸泥机继续吸泥,基本平整后由潜水员进行基底局部平整、铺设沙袋及彩条布等工作,准备浇筑封底混凝土。

3)纠偏、定位

(1)钢围堰的配重、吸泥下沉实质上是一个不断纠偏、不断下沉的过程。

(2)钢围堰在下沉过程中可能遇到的孤石或其他物件、围堰内外泥面高程受冲刷影响起伏不平、配重施加不均匀等都可能造成钢围堰难以下沉或偏位,此时钢围堰需进行纠偏。

(3)当通过测量发现围堰有偏位超标迹象时,应停止继续下沉,及时进行纠偏。纠偏的主要方法是依靠围堰的自重和土压力,使得钢围堰向目的方向下沉。当围堰一侧壁体向承台外侧倾斜时,在倾斜一侧的对应侧进行取土或增加配重,反之则就近侧取土或增加配重,直至围堰垂直度、平面位置满足要求后再继续下沉。由于取土及增加配重的延滞效应,一侧调整取土或增加配重不宜过快、过深、过重,以免造成围堰反向倾斜,影响整体下沉工效。

(4)在取土或增加配重纠偏的同时,采用如下措施配合:

①通过在上导向上焊接限位装置顶住钢围堰壁体,防止偏位继续增加。

②在围堰顶部隔舱板位置焊接吊点,利用多个10t手拉葫芦调节。

(5)钢围堰整个下放过程,通过导向、限位系统的平面约束来控制钢围堰的平面位置及垂直度。

①钢围堰自重下沉时,由于小潮汛时流速较小,水平力也较小,因此通过刚度较小的导向系统对钢围堰进行平面定位和垂直度调整。由于导向系统与钢围堰间的净距只有10cm,因此可以较精确的实现水平定位,万一偏位较大时可以提起重新调整围堰姿态。

②钢围堰入泥后因为各种原因发生偏位时,此时水平力较大,靠导向系统已不能满足定位要求,采用如下定位措施:

a. 在上导向系统的水平弧形板上焊接限位装置。

b. 割除影响围堰下放的变形的导向系统。

c. 上导向与下限位刚度较大,与围堰壁体间距均只有10cm,且上、下导向位于不同平面的同条直线上,本身就对围堰具有较强的平面位置及垂直度的控制能力。

③钢围堰下沉到位后,在上导向与围堰壁体间塞进木尖,并在围堰顶部将钢围堰与钢护筒之间采用型钢焊接为一个整体固定。

4)河床防护

(1)由于强涌潮区及跨江、跨海环境下的河床冲刷一般都比较大,为确保围堰下沉到位后的整体稳定性以及确保足够的入土深度,应及时检查围堰外围河床高程,制订专项的防冲刷方案,并及时监控防冲刷效果。

(2)冲刷防护范围:围堰外侧5~6m,高度约1m,重点防护上、下游。

(3)冲刷防护时机:大潮汛来临前2~3d,且围堰刃脚入泥至少2m。选择平潮或流速较小时集中抛填,由潜水员在水下配合堆码、检查。

(4)冲刷防护的实施:砂袋分批提前装好,并放在平台上随时备用。围堰防护抛填施工主要分两次,且抛填工作必须在围堰定位施工完成后进行。第一次抛填为散抛,控制砂袋抛填厚度不超过设计防护厚度,每个抛设点须精确计算并控制砂袋量;第二次为找平补抛。第一次抛设完毕后,对围堰防护区域进行测量,计算补抛所需砂袋量,再对局部厚度不够的位置进行补抛。

5.4 劳动力组织

施工人员配置如表1所示。

施工人员配置(一个围堰下放) 表1

序号	工序	岗位名称	人数	职责范围	备注
1	钢围堰下放	技术员	2	负责施工管理	
2		测量工	2	负责拼装放样及下沉监控	
3		起重工	4	负责拼装及下沉吸泥的起重工作	
4		电焊工	15	负责拼装焊接	
5		起重指挥	2	负责日常吊装指挥	
6		吸泥配合工	20	配合吸泥	
7		潜水员	2	负责连通管的封闭、堰内河床找平、水下切割、探摸等	
8		安全员	2	负责日常安全管理	
9		电工	2	负责日常用电保证	
10		修理工	2	负责机具、机械检修	
11		吊车司机	8	负责拼装及吸泥吊机操作	

6 材料与设备

本工法无特别需要说明的材料,采用的主要机具设备如表2所示。

主要机具设备(一个围堰下放所需) 表2

序号	工序	设备名称	规格	数量	备注
1	钢围堰下放施工	千斤顶	350t	10台	规格、数量按方案定
2		油泵	TX-80-P	2台	控制千斤顶
3		控制监控系统		1套	计算机控制系统
4		潜水设备		2套	水下探摸等
5		测量设备		1套	围堰姿态测量
6		水泵	22kW	5台	补水用
7		空压机	$20m^3$	10台	吸泥用
8		吸泥设备		6套	吸泥用
9		汽车吊	25t	4台	吸泥用
10		履带吊	100t	1台	围堰拼装
11		电焊机		15台	围堰拼装
12		氧割		6套	围堰拼装
13		CO_2气保焊		2套	围堰拼装

7 质量控制

7.1 质量要求

(1)钢围堰的焊接,宜优先选用CO_2自动焊、半自动焊等高效可靠且焊接变形小的焊接方法施焊。钢板的对接焊缝和钢板的拼接焊缝,应采用等强度的原则设计,经焊接工艺评定试验后,应用于双壁钢围堰的制造及拼装。

(2)钢围堰现场组拼完成后,必须进行围堰结构尺寸及定位护筒的平面位置、垂直度检验。设计图纸和铁路桥涵施工及验收规范是检验的依据,检验由测量组实地测量,验收结果必须详细记录。钢围堰的结构尺寸须符合表3及《钢结构工程施工质量验收规范》(GB/T 50205—2001)的要求。

钢围堰主要尺寸允许偏差 表3

编号	项目	允许偏差(mm)	编号	项目	允许偏差(mm)
1	钢围堰内外径 D	$\pm D/500$	4	钢围堰壁体厚度	+15,-0
2	钢围堰外缘长度 A	$\pm A/500$	5	同一平面相互垂直的直径	±20
3	垂直度	$\pm h/1\,000$(h 为节高)			

(3)为了确保钢围堰的正常使用和安全性,施工过程中应严格保证钢围堰各部分的焊接质量,达到《建筑钢结构焊接技术规程》(JGJ 81—2002)要求,对后锚吊点、悬吊梁及钢护筒对接等关键受力焊缝进行超声波探伤和渗透检查,达到二级焊缝标准。

(4)围堰下沉,主要以千斤顶索力和行程作为控制依据,以围堰的平面位置和垂直度,作为控制目标。具体控制指标如下:

①下放过程中,单个千斤顶索力最小不得低于20t,当到20t时,应停止下放,进行吸泥。

②注水配重过程中,单个千斤顶索力在最低潮时最大不能超过150t,如接近,则应停止注水或松开千斤顶。

③下沉过程中,上口中心偏差不得超过10cm,当接近时,应停止下沉,及时吸泥纠偏。

④上口四点中任意两点高差不得超过20cm,如超过,则应吸泥纠偏。

(5)钢围堰下沉到位的控制指标:

①围堰刃脚到达黏土层,围堰全面稳定。

②满足封底混凝土浇筑要求。

③舱壁混凝土与刃脚混凝土浇筑高度达到设计要求。

④连续4d下沉速度小于5cm/d。

7.2 质量保证措施

(1)制订双壁钢围堰加工、拼装、下沉各工序的作业指导书,明确各工序的施工标准和施工要求,责任到人到岗。

(2)后场加工过程中,指定专人检查每块段围堰的加工情况,并向质检部及总工办报检检查无误后,再经总监办检查验收合格后,方能转运堆放。

(3)在各个施工环节中,应采取措施,避免过大的集中荷载直接作用于局部井壁,如不可避免,应视施工需要对钢围堰作局部加强处理。

(4)测量精确放样钢围堰的设计位置,根据拼装精度要求和焊接工艺进行分块段的拼装,并在拼装完成后进行围堰的水密性试验。

(5)钢围堰的下沉施工前做好水文、地质和天气等资料的收集及现场量测。下沉过程主要以千斤顶索力和行程作为控制依据,以围堰的平面位置和垂直度作为控制目标,当围堰姿态超出允许偏差时,必须停止下沉,分析数据指导吸泥作业进行纠偏调整,方能继续下沉。

(6)制定围堰下沉过程中的应急预案,并做好应急措施。需要制订的预案包括围堰下沉时停电、围堰下沉时吸泥效率低、围堰下沉时碰到大块钻桩时的卵石、围堰下沉偏位严重等。

8 安全措施

8.1 安全注意事项

(1)现场临时用电,必须按安全规定进行布置线路,严禁乱拉乱接,对施工现场的空压机等用电设备定期进行检查,定期测试漏电开关及接地电阻。

(2)在进行临水、临边作业时,作业人员必须穿救生衣、佩戴安全带等防护措施;在焊接牛腿、搭设平台、焊接壁体的相关操作人员,必须系好安全带、穿好救生衣、戴好安全帽,围堰与平台底部空隙位置兜设安全网,四周焊接围栏,放置救生圈及抛绳。

(3)各种机械设备,均由专人持证上岗操作,使用前由专职人员检查、试运转;特殊工种要严格管理,必须持证上岗。

(4)钢围堰拼装时,应根据分段围堰重量进行起重作业。下沉过程中应专人密切注意空压机的运行情况,如仪表显示压力过大时,必须停止吸泥作业,分析原因并解决后方能继续吸泥。

(5)在钢围堰下沉过程中,专人操作液压千斤顶系统,根据计算机系统的数据进行千斤顶的升缸和缩缸作业。

(6)钢围堰下沉过程中,应加强对悬吊梁、下锚点、钢绞线等关键部位的检查,发现异常停止下放,及时处理。

(7)制订钱塘江冲刷防护、大型吊装起重作业、防台风、防潮汛等各种应急预案,并在施工前进行应急演练。

(8)加强对现场操作工人的安全技术交底及安全教育培训,提高操作工人的安全意识。

8.2 安全操作措施

1)机械安全操作

(1)各设备操作人员持证上岗,并对机械设备进行日常维修保养。

(2)各种机电设备开动前,必须进行全面检查无异常后方可起动,调试正常后才能进行工作,必须具有可行的防护和接地装置。

2)电气防护

(1)工地接电、用电应由持证人员上岗。

(2)施工现场必须采用三相五线制,并按规范要求使用“一电一闸一漏”制,严禁一闸多机。

(3)施工需用电焊、氧割,必须采取有效防火措施,操作人员必须持证上岗。

9 环保措施

(1)本工法施工前,必须对可能会影响环境的因素进行分析、评价,采取对应的相关措施,明确环境保护的相关责任制,对环保工作实施监控及落实到位。

(2)本工法对环境造成影响的因素,主要是在围堰内河床吸泥作业产生的大量泥沙和砾石。采用在施工平台四周焊接50cm高的钢板挡块,同时挡块上均匀布置数个泄水网,当吸泥管内高压气体将河床里的泥沙吸上平台上时,挡块将泥沙沉淀至平台上,河水从泄水网重新排入河。每天定时利用装载车将泥沙铲进运泥车,运至后场指定地点进行填埋,废物再利用,同时安排专人定时洒水清扫,避免造成扬尘污染,确保现场文明施工。

(3)采用先进合理的施工方法、选用噪声低的施工机具,对振动较大机械设备加装减振消噪设置,建立必要的噪声控制设施,如隔声屏障等从根本上降低噪声强度。

(4)加强对《中华人民共和国保护野生动物法》、《中华人民共和国渔业法》等法律法规的宣传,提高施工人员的生态环境及生物多样性保护的意识,保护野生动物与钱塘江渔类资源,严禁施工人员利用水上作业之便捕捞受保护的渔类特别是珍稀水生保护动物和其他野生动物。

(5)拌和设备应有较好的密封或有防尘设备。施工通道应经常进行洒水处理。吸泥弃渣、水泥等散装物料运输和临时存放,采取防风遮挡措施,以减少起尘量。

(6)做好混凝土拌和与运输时的密封,以减少现场混凝土拌和、运输、浇筑过程中造成的施工废水污染。混凝土配合比设计不得采用有毒害的混凝土添加剂,而采用高效无毒的高分子或无机类添加剂。

(7)所有机械设备(油泵、空压机、起重吊机等)的各类废油料及润滑油,均回收并在指定的位置进行统一存放和处理进入隔油池和沉淀达到合格标准后排放。

10　资源节约

(1)在施工过程中研发了一种双壁钢围堰的下放系统,节约了大量堰体钢材,体现了环保和节约的理念,很好地贯彻了国家节能工程要求。

(2)在施工过程中,采纳超强涌潮水域特殊水动力技术研究成果,优化了设计参数,将局部冲刷深度从河口所模型试验中提出的20m减到10m,将流速从试验得到的9~10m/s减到6.8m/s。仅这一项,为5个钢围堰节省钢材约800t。

11　效益分析

11.1　经济效益分析

(1)本工法通过采用钢围堰分块加工、现场分块拼装、同步控制千斤顶整体下放、多点同步快速吸泥、专用导向、限位系统进行双壁钢围堰下放施工,实现了较好的经济效益。

(2)通过在舱壁内浇注低强度等级隔舱混凝土,加大围堰刚度,减少围堰用钢量的同时兼做配重辅助下沉,加快了围堰下沉速度。

(3)通过采用同步控制系统进行围堰下放,下放速度快,控制精度高,辅助设施少,安全风险低,减少了大型船舶投入。同时,同步控制系统对下沉过程中的纠偏起到了关键作用。

(4)通过对围堰下放的定位系统进行优化,大大减小了强涌潮对钢围堰姿态的影响,确保了钢围堰24h连续不间断下沉的可靠性,缩短了施工工期,节约了机械设备和材料成本以及人工成本。

(5)根据嘉绍大桥现场统计,采用本工法后,围堰单位重量可减少到222kg/m^2,比常规围堰重量指标降低30%。总体来说,5个围堰共节省钢材约1 800t,降低了围堰加工难度,减少了整体下放的重量和风险,节约了围堰下放工期约2个月。

11.2　社会效益分析

嘉绍跨江大桥是继杭州湾跨海大桥后,第一座世界级的横跨钱塘江强涌潮区的特大型六塔独柱斜拉桥,其基础施工难度为目前国内罕见。该项目5个大型双壁钢围堰采用本工法进行施工,仅用4个月就完成5个大型双壁钢围堰的拼装和下放工作,经指挥部测控中心检查,所有钢围堰平面位置和垂直度全部满足设计要求,且在承台施工中未发现任何问题,为大桥早日完工打下了坚实的基础,也为我公司在浙江市场赢得了良好的声誉,创造了良好的社会效益。

12　应用实例

12.1　应用实例一

1)工程概况

嘉绍跨江大桥是我国跨越嘉兴、绍兴两地的便捷通道,大桥北起嘉兴海宁市尖山围垦区,跨越宽阔的钱塘江水域后止于绍兴上虞九六围垦区,全长10.137km。大桥设计速度为100km/h,采用双向八车道标准,总宽度达55.6m,大桥主航道桥为六塔独柱斜拉桥(图11),主桥长度达2 680m,总造价63.5亿元。

图11　嘉绍跨江大桥主航道桥效果图

2)工程进展

(1)本工程双壁钢围堰于2010年5月20日开始下沉,9月30日完成全部5个围堰的下沉施工。围堰下沉施工前,项目部组织技术人员和施工骨干多次研讨该工法在本工程中应用的可行性。

图12　嘉绍跨江大桥主航道桥钢围堰下放施工现场

(2)桥位区浪高、流急、栈桥运输繁忙,施工受风、浪、潮水的影响比较大,针对这些难题结合本工程特点,项目部精心组织施工,制订了一套比较完善的施工组织计划,严格按照本工法施工,最终顺利完成了所有双壁钢围堰的沉放,见图12。

3)工程评价

(1)本施工工法在钱塘江强涌潮区域对双壁钢围堰进行计算机控制整体同步下沉施工,成功解决了强涌潮区域风浪、流水、涌潮影响和船舶无法进入、作业时间短以及冲刷剧烈等难题,顺利完成所有围堰下沉施工。经过实际施工的考验及观测,满足精确、安全、快捷的施工要求。该施工过程通过了嘉绍跨江大桥建设指挥部、武汉桥梁建筑工程监理有限公司、国家测绘局第三大地测量队、浙江省水利河口研究院等单位专家组成的专家组的全面论证及认可。

(2)通过本工程的实际应用,体现了本工法在深水、流急、大冲刷等恶劣自然环境下的钢围堰拼装与下沉施工上优势尤为突出。

(3)本工法适用范围广、定位精确,施工方便,作业效率大大提高、节约了大量成本,钢围堰下放后平面位置及垂直度均满足设计要求,具有很高的经济效益和社会效益,很值得推广应用。

12.2　工程实例二

1)工程概况

(1)大榭对外第二公路通道工程(大榭第二大桥)起自大榭岛环岛西路,沿管廊带空地跨越黄峙江,穿越炮台岗,终点位于老329国道,主线全长5.5km,采用双向四车道一Ⅰ级公路标准。本工程主桥为双塔单索面钢箱梁斜拉桥(图13),跨径布置为(50+158+392+158+50)m,总长808m。主桥总造价为2.78亿元。

(2)为减少阻水面积及利于通航,承台与主塔按斜交10°布置,承台两端为圆端形。套箱采用流线型和折线形外形,以利美观,并可减少浪、流对套箱的冲击力,增加船舶撞击套箱时的接触面积,减少局部破坏。承台采用双壁钢围堰施工。

2)工程进展

(1)本工程双壁钢围堰于2011年2月17日开始下放,到3月份完成主桥两个围堰的沉放施工。围堰下放施工前,项目部组织技术人员和施工骨干多次研讨该工法在本工程中应用的可行性。

图 13　大榭第二大桥主航道桥贯通

(2)桥位区流急、航道运输繁忙，施工受风、浪、潮水的影响比较大，针对这些难题结合本工程特点，项目部精心组织施工，制订了一套比较完善的施工组织计划，严格按照本工法施工，最终顺利完成了主桥两个双壁钢围堰的沉放，见图 14。

图 14　大榭第二大桥主航道桥钢围堰下放施工现场

3)工程评价

大榭第二大桥项目依据强潮水域埋置式承台双壁钢围堰下放施工工法进行承台钢围堰施工，采用现场原位拼装钢围堰，利用单泵站控制多点液压千斤顶进行整体同步下沉，并按照工法方式在平台钢护筒及钢围堰内壁间设置导向和限位系统，防止钢围堰发生较大偏位；建立了现场实时信息处理系统，对钢围堰下放全过程进行平面位置、垂直度、吊点荷载的实时监控，指导施工。成功解决了斜拉桥下部构造施工的一系列难题，满足了施工工艺和工程质量的要求，取得了明显的社会、经济效益，得到业主及监理单位的一致好评，值得推广应用。

浅水区大型无底钢围堰施工工法

GGG(鲁)C1072—2013

蔡建军　程建新　盖国晖　杜　青　张长青
(山东高速青岛公路有限公司　中交第二公路工程局有限公司　山东畅通路桥股份有限公司)

1　前言

跨海大桥的通航孔桥承台在施工期需要设置止水围堰,建成后又需要设置防撞措施,一般采用钢套箱作为防撞措施。止水围堰一般采用传统的钢板桩围堰、单壁围堰等形式,将钢围堰底嵌入河床覆盖或岩面内,依靠钢围堰结构的自重、锚碇系统和钢围堰外覆盖层嵌固等外力稳定钢围堰。当遇到水底地质条件不佳时,围堰会产生不稳定而倾斜,后期纠偏工作复杂缓慢。传统钢板桩围堰有止水效果不好、施工成本较大及施工周期长的缺点,而单壁钢围堰有施工周期长、周转次数少及定位不准确的缺点。

在大沽河航道桥的施工过程中,山东高速青岛公路有限公司、中交第二公路工程局有限公司、山东畅通路桥股份有限公司联合研究,考虑到桥区水位较浅,综合施工期止水,结合运营起防撞的功能要求,利用传统钢围堰和钢板桩围堰的优点,开发出上双壁以防撞,下单壁以容易入泥止水的单双壁结合的钢围堰,并开发了与之相应的分块设计、现场拼装、整体多点群顶同步下放的技术,使得该钢围堰定位控制精确、安全性稳定性好。

该项技术在青岛海湾大桥土建工程第2、6、7合同段中成功应用,降低了施工风险、提高了施工质量、缩短了施工周期、节约了工程投资。该工法的关键技术成果于2011年12月经山东省科学技术厅组织鉴定,总体水平达到国际先进,并获得2012年度山东省科技进步一等奖。

2　工法特点

(1)在海上潮差大、地质情况复杂条件下,开发了兼有防撞与止水双重功能的单双壁结合钢套箱以及多点群顶同步下放技术,实现大体积承台无底钢套箱施工。

(2)钢围堰结构采用单双壁结合的形式,上部为双壁防撞围堰,下部为单壁围堰结构。

(3)钢围堰下放时,利用在壁板内侧与护筒之间设制的定位导向系统进行定位,多点群顶同步下放,施工速度快、安全性高,定位精确。

3　适用范围

适用于水位较浅,流速较低,且地质条件为淤泥、淤泥质黏土、淤泥质亚黏土、泥岩、砂岩等区域的下部结构施工。

4　工艺原理

将钻孔平台改造成钢围堰拼接平台,现场拼装套箱,再将相邻块段焊接为整体。采用上部双壁,下部单壁的结构,在自重及加水等附属作用下,利用悬吊系统、导向系统控制套箱整体下沉到指定高程,安装围堰上牛腿,并与护筒上锁定系统下牛腿进行焊接,将围堰进行锁定,拆除辅助系统后基底处理,封闭连通管,抽水,封底混凝土找平。

5　施工工艺流程及操作要点

5.1　钢围堰施工总体施工流程(图1)

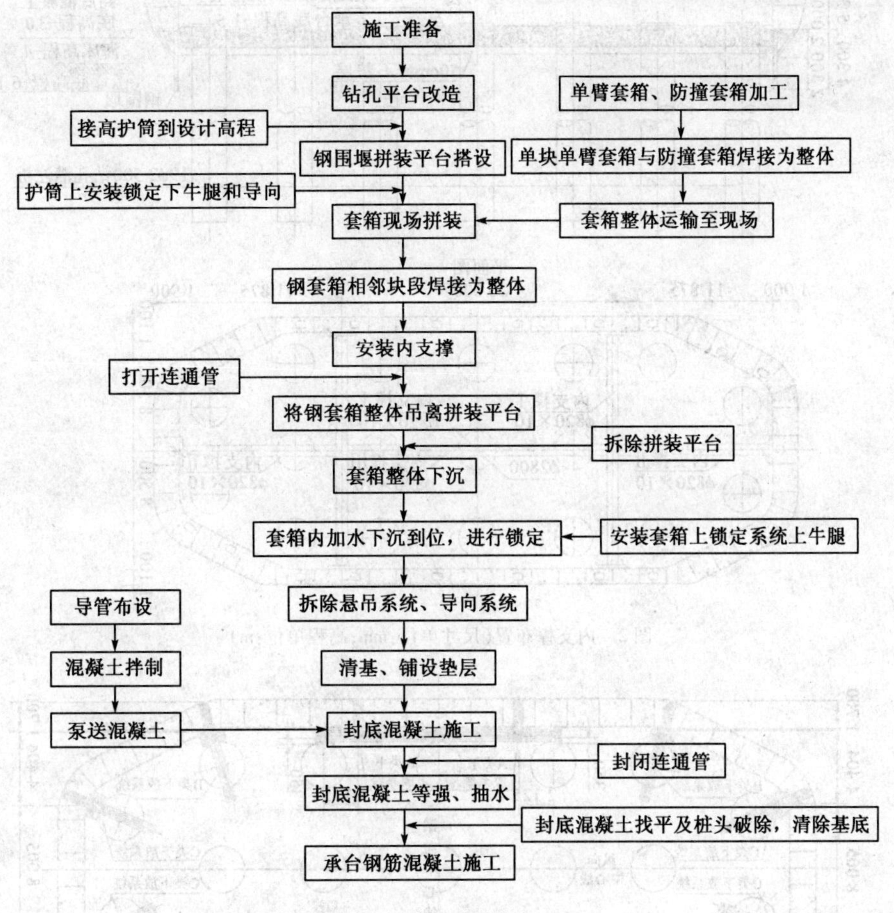

图1　承台施工总体流程

5.2　操作要点

1)钢围堰下放系统组成

(1)内支撑系统。

钢围堰下放时,设置一层内支撑,内支撑采用 $\phi820\times10$ 的钢管,纵桥向布置两道,横桥向布置一道,内支撑中心高程为 +2.1m。承台首层混凝土浇筑完成并达到等强后,拆除内支撑。内支撑结构布置见图2。

(2)悬吊系统。

沿钢围堰周边共设置12个吊点,围堰的悬吊系统采用 $\phi32$ 精扎螺纹钢,穿心千斤顶群顶同步下放至设计高程。悬吊系统总体布置图见图3、图4。

(3)导向系统。

钢围堰下放时,在护筒上安装16个定位件进行导向定位,分上、下两层布置,定位件与钢围堰之间留有50mm空隙。主墩与辅助墩、过渡墩的导向架结构形式相同,高程不同,上层导向架顶高程为 +5.2m,下层导向架顶高程为 +0.0m,见图5。

(4)锁定系统。

围堰共设置12个锁定系统,待围堰下放到设计高程后,钢围堰通过正反牛腿进行锁定,牛腿结构如图6所示。

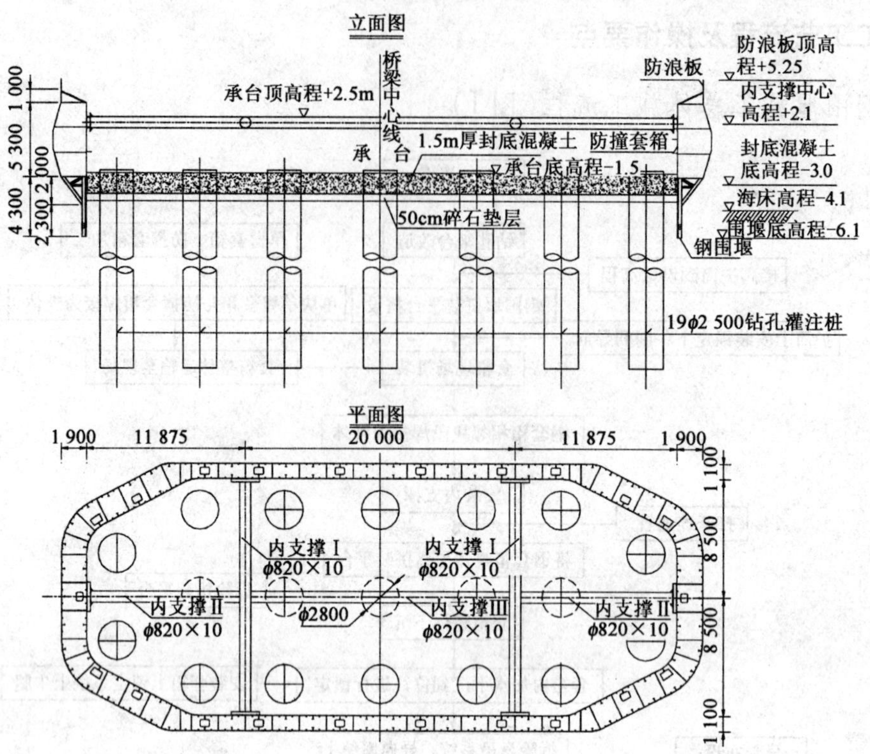

图2 内支撑布置(尺寸单位:mm;高程单位:m)

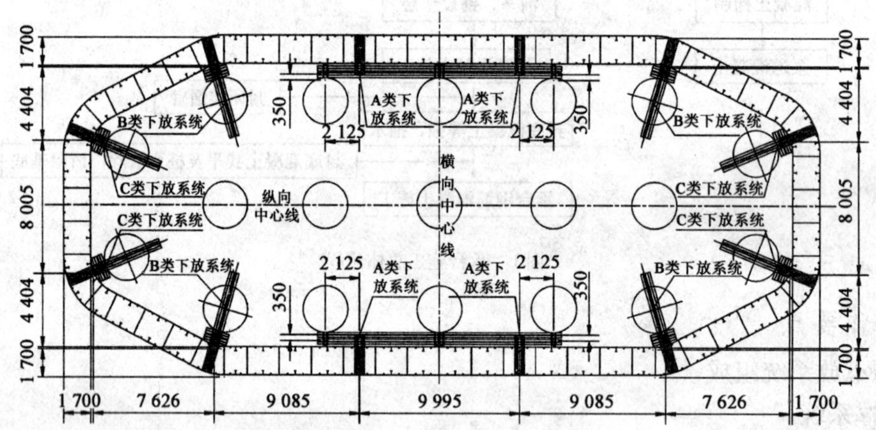

图3 围堰下放系统平面布置(尺寸单位:mm)

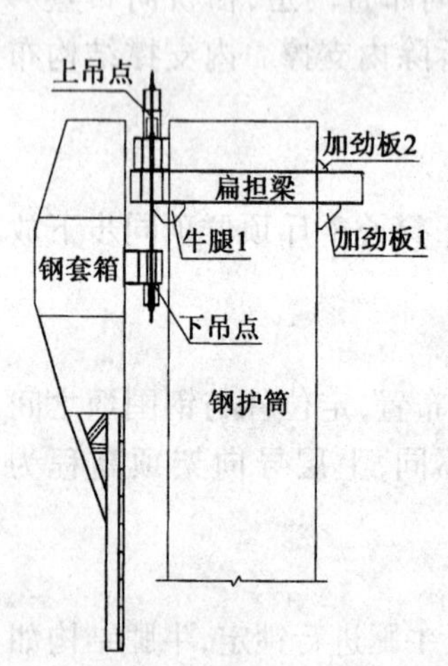

图4 围堰下放立面布置

2)拼装平台的搭设

钢围堰拼装平台根据现有钻孔平台进行改造,拆除围堰范围内的钻孔平台,拼装平台利用在桩基钢护筒与周围钢管桩之间安装平联进行搭设,平联采用HN582×300,并在平联下方设置牛腿加强,主梁采用HW400×400,次梁采用I12.6,与主梁点焊。在次梁上铺设面板(δ10走道板),安放于壁板拼装线以外,并设置护栏,拼装平台顶高程为+1.466m,见图7、图8。

3)围堰拼装

(1)钢围堰分块及拼装顺序(图9)。

(2)围堰分块拼装。

①搭设拼装导向装置。

焊接工25a牛腿,牛腿上搭设型钢HW400×400(高程+7.4),作为围堰拼装导向用,导向型钢紧靠围堰壁板,见图10,图11。

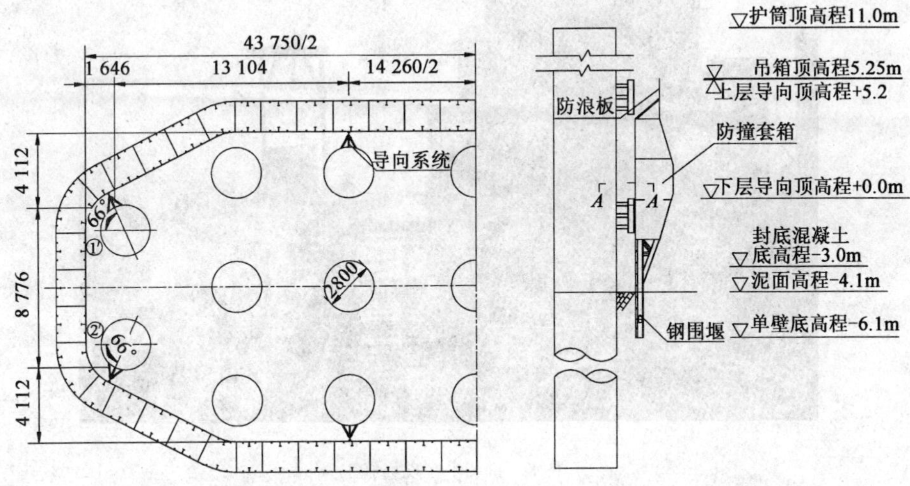

图5 围堰导向系统布置(尺寸单位:mm;高程单位:m)

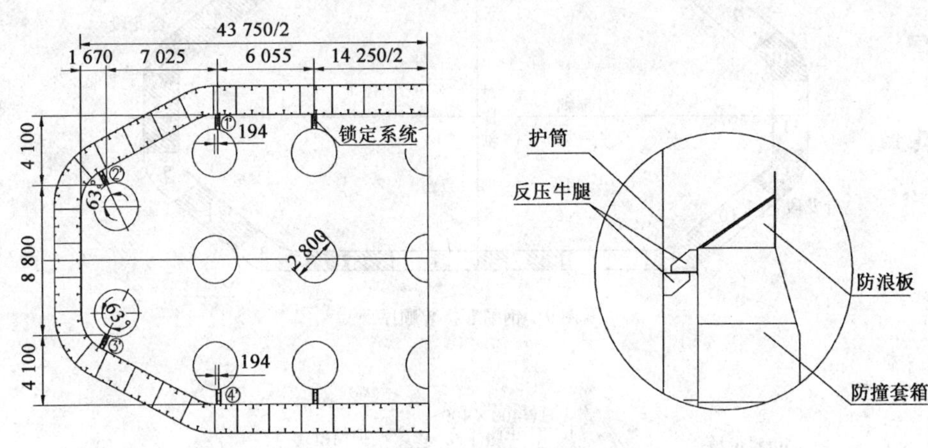

图6 锁定牛腿(尺寸单位:mm)

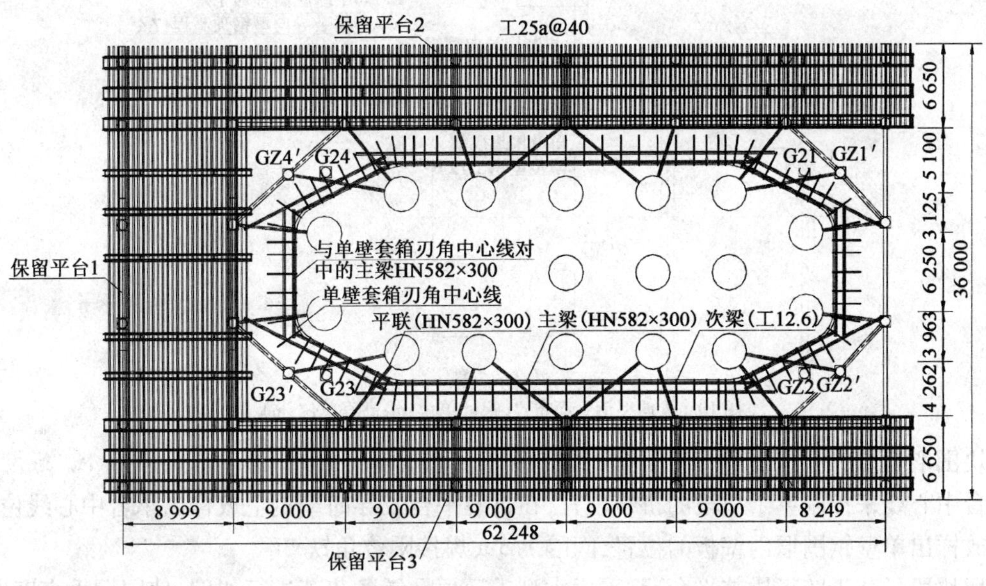

图7 301 号墩拼装平台平面布置(尺寸单位:mm)

图8　拼装平台现场施工

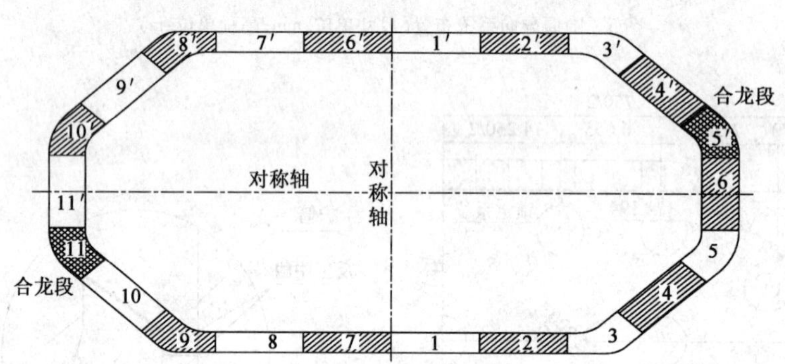

图9　钢围堰拼装顺序

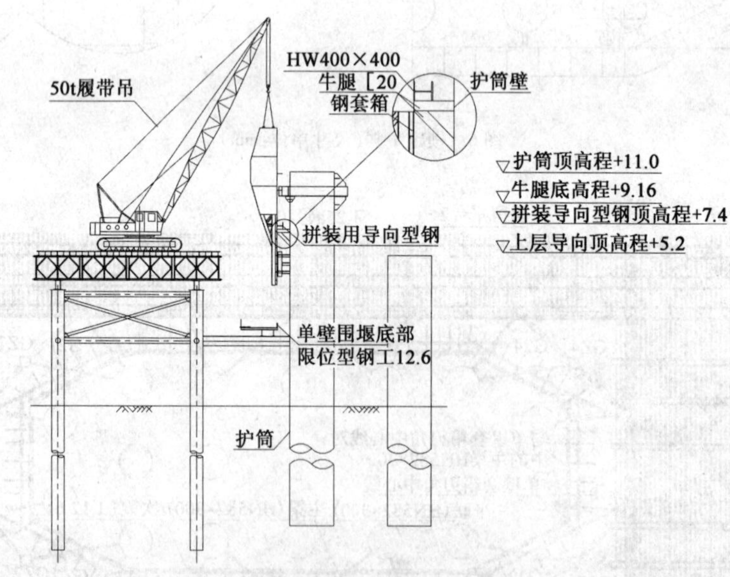

图10　导向型钢立面布置(尺寸单位:m;高程单位:m)

②首块围堰拼装。

以承台中心线来控制单个块段的拼装位置,在拼装平台及导向型钢上放样出承台中心线位置,在拼装平台上放样出单壁钢围堰内壁板的位置,间隔1.5m焊接限位角铁。

将围堰块段吊装于壁板拼装平台后,采用小型千斤顶及链条葫芦进行纠偏,使围堰垂直度误差小于1/1 000,高差小于±5mm。吊装安装就位后,采取临时措施固定。

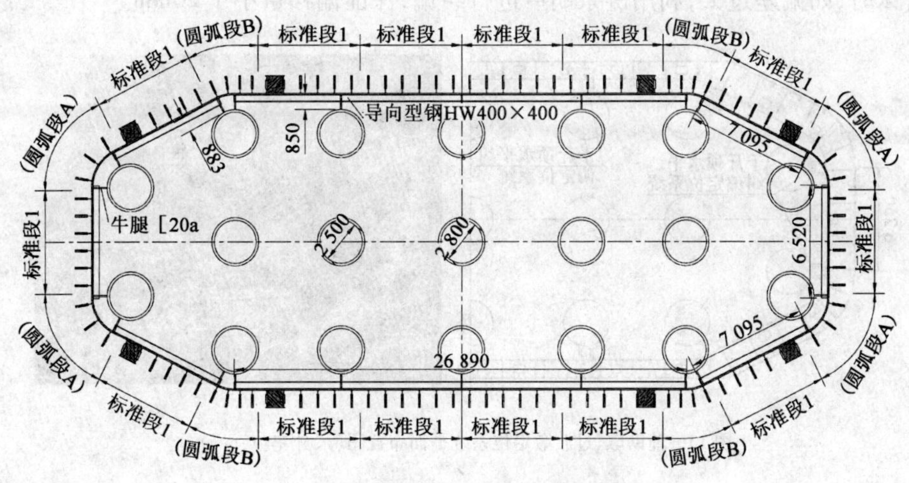

图11 导向型钢平面布置(尺寸单位:mm)

③围堰临时固定措施。

围堰定位完成后,进行临时固定。上口采取在防撞围堰肋板处与拼装导向型钢焊接固定,下部单壁围堰采取支撑措施固定,固定措施见图12。

④其他块段拼装。

首块钢围堰拼装完成,按照以上方法及围堰设计拼装顺序进行拼装,进行下一块段钢围堰的拼装。将吊装就位的壁板与已安装完成的壁板焊接,该部分的连接采用对接焊,待拼装5块之后,进行整体焊接。

⑤合龙段拼装。

在弧形段的合龙段施工时,首先根据测控的实际结果切割其两端的余量,然后进行拼装焊接。

(3)钢围堰整体下放。

钢围堰拼装完成,下放前按设计要求设置一层内支撑,内支撑采用$\phi820\times10$的钢管,横桥向一道,纵桥向两道,中心高程为+2.1m。

4)钢围堰整体下沉

(1)钢围堰自重下沉。

将上悬吊点、下悬吊点,千斤顶及下放导向系统安装完毕后,在钢围堰整体下放前,对围堰进行试提升,检查吊点、钢围堰壁板、精轧螺纹钢、千斤顶均无故障后,方可利用悬吊系统均匀上提钢围堰10cm,拆除底部拼装平台,对有可能阻碍围堰下放的障碍物进行清理,确保围堰顺利下放。

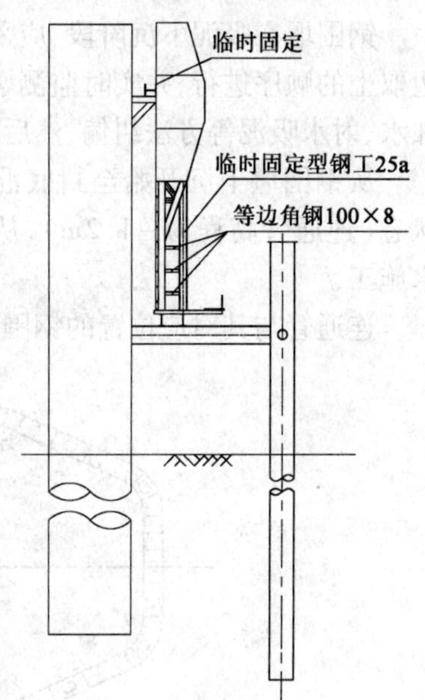

图12 首块围堰固定

利用在壁板内侧与护筒之间设制的定位导向系统进行定位,定位件与钢围堰之间预留50mm间隙,防止围堰在下放过程和入水自浮后产生过大摆动。钢围堰靠自重下沉,下沉过程中统一指挥,保持各吊点同步下沉。

利用落潮时间将围堰下放至海床面位置处时停止下放,对整个钢围堰的垂直度、平面位置进行复测,采用链条葫芦及千斤顶进行纠偏调整后方可继续下沉,以确保钢围堰位置准确。

(2)钢围堰纠偏。

为确保钢围堰的位置准确,钢围堰下放在入土之前,需对围堰的平面位置、倾斜姿态进行纠偏,确保精度。在低潮位时,采用链条葫芦和千斤顶相结合的方式施工,共在承台周边的钢护筒上布置8处千斤顶调位系统,见图13,每处布置50t螺旋式千斤顶1台。

围堰在着床时,如偏差过大,利用链条葫芦进行纠偏,保证偏移量小于20mm。

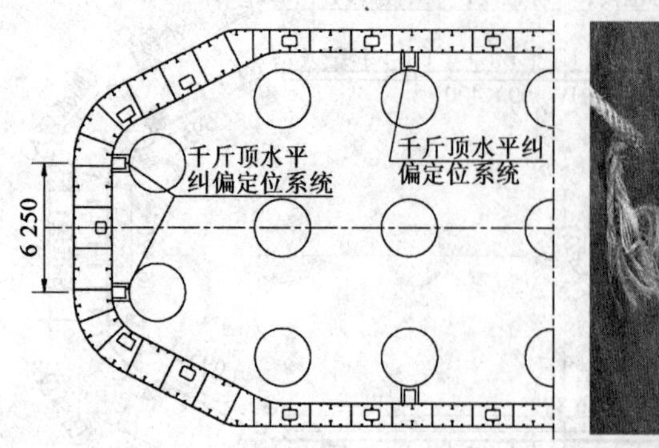

图13　辅助墩、过渡墩定位系统平面布置图(尺寸单位:mm)

(3)钢围堰辅助下沉。

当钢套箱不能依靠自重下沉后,再加水助沉,围堰内加水应按照各隔舱均匀对称的原则进行,避免围堰各方向受力不均。在加水过程中应有专人监控,随时观测加水对围堰的影响,保持围堰平衡性,防止围堰发生倾斜。加水时配备11台水泵,间隔一个舱位布置1台,加水1.0m后停止,换到另一个空舱加水到设计高程,再次换舱加水。

钢围堰在吸泥下沉阶段,应采取高压水枪射水,舱内吸泥等措施辅助下沉。吸泥应按照从中间向两边取土的顺序进行,并实时监测墩位处的海床面高程,当下沉过程中发生不均匀沉降时,采用局部舱内加水、射水吸泥等方法纠偏,然后再整体下沉。

从钢围堰下沉开始至封底混凝土施工完成并达到设计强度前,连通管(图14)应始终处于打开状态(连通管高程为-1.2m),从而使围堰内外水头一致,围堰内部抽水前,封堵连通管,然后开始抽水施工。

连通管与其对应位置的钢围堰面板、面板加劲肋采取满焊,确保不发生漏水。

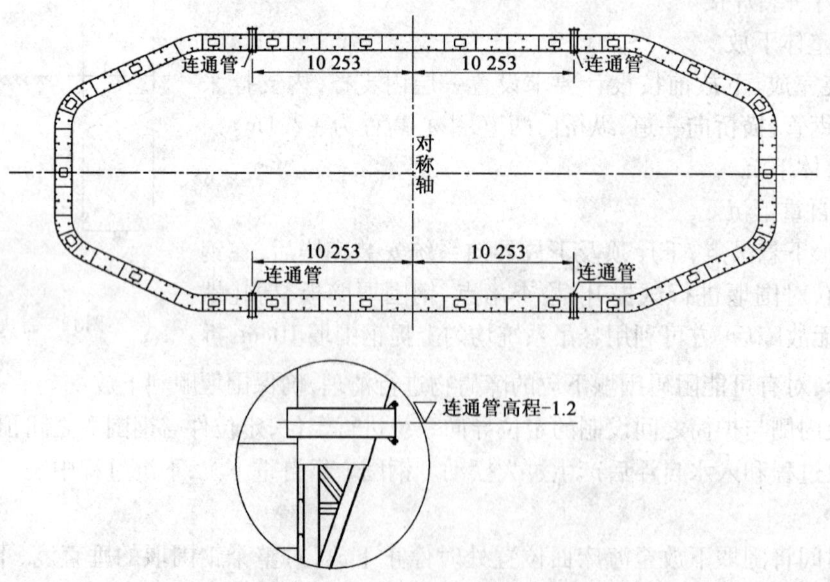

图14　连通管设置平面(尺寸单位:mm;高程单位:m)

(4)钢围堰锁定。

利用落潮时间将钢围堰下沉到设计位置,安装围堰上牛腿,并与护筒上锁定系统下牛腿进行焊接,将围堰进行锁定并实施现场焊接。将围堰与护筒锁定后,拆除悬吊系统和导向系统。

6 材料与设备

6.1 主要施工材料(表1)

主要焊接材料 表1

焊接方法	主材	焊接材料
手工电弧焊	Q235B	焊条:E43系列
埋弧自动焊		焊丝、焊剂:F4A0-H08A
CO_2气体保护焊		焊丝:H08Mn2Si

6.2 主要施工设备(表2)

主要设备表 表2

编号	类型(种类型号)	性能	数量	编号	类型(种类型号)	性能	数量
1	履带吊	50t	2	3	千斤顶	200t	16
2	浮吊	150t	1				

7 质量控制

7.1 质量控制标准及规范

1)质量控制规范

(1)《钢结构设计规范》(GB 50017—2003)。

(2)《水运工程钢结构设计规范》(JTS 283—1999)。

(3)《公路桥涵施工技术规范》(JTJ 041—2000)。

(4)《公路桥涵地基与基础设计规范》(JTG D63—2007)。

(5)《建筑地基基础工程施工质量验收规范》(GB 50202—2002)。

(6)《水工金属结构防腐蚀规范》(SL 105—2007)。

2)质量控制标准

(1)焊缝外观检测标准(表3)。

焊缝外观检测标准 表3

对接焊缝		角焊缝	
检测项目	检测标准	检测项目	检测标准
坡口角度	30° +5°(埋弧自动焊不开坡口)	焊脚尺寸	6~8mm
对接高低差	≤1.5mm	气孔	不允许
焊道及两侧清理	无铁锈、氧化皮、油污、水分,露出金属光泽	咬边	≤0.5mm
气孔	不允许	裂纹	不允许
余高	≤3mm	焊瘤	不允许
咬边、裂纹、焊瘤、夹渣	不允许	夹渣	不允许
未填满弧坑	不允许	未填满弧坑	不允许

(2)围堰防腐标准(表4)。

围堰防腐标准 表4

隔舱内外侧	二次表处喷砂	清洁度 S_a2.5 级、粗糙度 R_z20～40μm	
	环氧富锌底漆	2道	2×40μm
	环氧云铁中间漆	2道	2×40μm
	脂肪族丙烯酸聚氨酯面漆	2道	2×40μm
套箱外侧面	二次表处喷砂	清洁度 S_a2.5 级、粗糙度 R_z20～40μm	
	环氧富锌底漆	2道	2×45μm
	环氧云铁中间漆	2道	2×45μm

(3)拼装质量标准(表5)。

拼装质量标准 表5

项　目		允许偏差(mm)	项　目		允许偏差(mm)
钢围堰外尺寸	外形平面尺寸偏差	0，+50mm	钢围堰内尺寸	内口平面尺寸偏差	0，+50mm
	外形对角线尺寸偏差	0，+70mm		内口对角线尺寸偏差	0，+70mm
	壁板倾斜度	≤H/1 000		壁板面板平整度	≤5mm(3m尺)
	高度偏差	0，-30mm		轴线偏位	10

(4)下放系统的安装精度(表6)。

下放系统的安装精度 表6

项　目		允许偏差(mm)	项　目		允许偏差(mm)
扁担梁	顶面高差	±5mm	上下吊点中心	偏差	5mm
分配梁	顶面高差	±5mm			
	水平偏差	±5mm	精轧螺纹钢	倾斜度	≤H/1 000

7.2 质量控制原则

(1)焊缝坡口切割好后,由专人负责打磨光亮,工具用电动磨光机、电动钢丝刷,使焊缝接口清洁。

(2)焊工在焊条的起弧与收弧时,决不允许在焊缝上发生,以避免发生夹渣现象。

(3)如遇雨天或风速超过五级的天气,应停止施焊,雾天应待焊缝表面无水后方可焊接。

(4)焊工焊接时如有翻浆、冒气泡等现象应立即停止焊接,打磨清理干净后才能施焊。

(5)围堰在下放过程中,根据围堰各点的下放高度,对精轧螺纹钢筋进行标识,确保围堰下放高度始终在控制范围。

(6)利用落潮时间将钢围堰下沉到设计位置,安装围堰上牛腿,并与护筒上锁定系统下牛腿进行焊接,将围堰进行锁定。严格按照设计图纸施工,保证焊缝质量。

8 安全措施

(1)由于大部分施工作业需要在水上进行,施工难度大,安全隐患较多,在施工过程中要严格遵守《中华人民共和国环境保护法》和桥梁安全技术规程。

(2)做好天气预警工作,与当地气象部分取得密切联系,及时预报,建立海湾海洋气候预报网络,根据潮水涨落合理安排施工。

(3)依据各项目要求,编制承台无底套箱施工专项安全施工方案,并对所有参与施工人员进行安全交底。

(4)按照各部结构、重量、角度编制船式起重机起重作业方案和技术保证措施,满足《起重机械安全规程　第1部分:总则》(GB 6067—85)要求,确实执行机关及项目工地两级安全管理体系。

(5)施工船必须持有符合海事局安全要求的各类有效证书,按规定配备齐合格船员、船机、通信、救生、消防、防污等各类设备必须安全有效。

(6)大型施工机械在进场前进行维修保养,做到外观精美,质量好,安全装置齐全有效。

(7)建立健全完善的施工安全保证体系,加强承台套箱施工作业中的安全检查,确保作业的标准化、规范化。

9 环保措施

(1)建立于质量安全保证体系并行的环境保护保证体系,配备相应的环保设施和技术力量,与当地政府和环保部分联合协作,全面控制施工污染,搞好废品的收集处理,将各种污水及噪声污染控制在环境指标限定的范围内,确保施工环境全面达到国家环保标准。

(2)根据工程的具体特点,对重大环境因素进行辨识,建立重大环境因素清单,并制订相应的应急预案,保证环境保护专项费用的投入,确保环保措施落实到位。

(3)把环保作为施工的重要工作来抓,抓措施,抓设施,抓落实,制订施工现场环境保护的目标责任书,定岗定责,责任到人。

(4)工程完成后,拆除一切临时用地范围内的临时设施和临时生活设施,使地方政府、群众及相关其他单位满意。

10 资源节约

利用防撞结构和止水围堰结合的钢套箱及多点群顶同步下放技术,在海上潮差大、地质情况复杂条件下,实现大体积承台无底钢套箱施工。围堰结构采用单双壁结合的形式,上部为双壁防撞围堰,下部为单壁围堰结构,节约了大量的钢材,加快了施工进度,减少支架及其他附属措施,节约了工程投入。

11 效益分析

11.1 经济效益

钢围堰在后场分块加工完成后,运到现场焊接成为整体;采用多点群顶同步下放技术整体下沉,到位后固定整体围堰,实现了海上潮汐大、地质条件复杂环境下的大体积承台无底钢套箱施工,节省了大量的材料和施工费用,加快了施工进度。

无底钢套箱方案采用液压千斤顶群顶下放工艺,节省大型浮吊租用费用50万元,减少疏浚施工等相关费用10万元,充分利用项目现有材料,未新购钢材减少投入30万元,承台提前完工15d,节省费用月10多万元,共节约投入100余万元。

11.2 社会效益

上部双壁防撞、下部单壁阻水的单双壁结合的无底钢套箱结构,是浅水区域大体积承台施工又一创新,可以作为同类承台施工的依据和借鉴。

12 应用实例

(1)青岛海湾大桥土建工程第七合同段自2008年8月到2008年12月,采用该施工工法,完成了大沽河航道桥五座大体积承台套箱的下放施工,套箱下放速度、位置精度等均达到了预期效果。

(2)青岛海湾大桥土建第六合同段自2008年7月到2008年9月,采用该施工工法中的多点群顶同步下放技术,完成了红岛航道桥三座承台钢套箱的下放,套箱下放速度、位置精度等均达到了预期效果。

(3)青岛海湾大桥土建第二合同段自2008年8月到2008年11月,采用该施工工法中的多点群顶同步下放技术,完成了沧口航道桥六座承台套箱的下放,套箱下放速度、位置精度等均达到了预期效果。

应用于桩基工程中的自平衡法施工工法

GGG(中企)C1073—2013

夏孝畲　汪　华　陈国胜　陈志成　汤顺刚

(安通建设有限公司　北京大唐首邑建筑集团有限责任公司)

1　前言

自平衡法是一种基于在桩基内部寻求加载反力的间接的静载荷试验方法,其主要装置是一种特制的荷载箱,它与钢筋笼连接并安置于桩身下部。试验时,从桩顶通过输压管对荷载箱内腔施加压力,箱盖与箱底被推开,从而调动桩周土的摩阻力与端阻力,直至破坏。将桩侧土摩阻力与桩底土阻力叠加而得到单桩抗压承载力。

依托芜湖市 X042 三荻路漳河桥工程,由安通建设有限公司牵头,北京大唐首邑建筑集团有限责任公司等单位参加,对本工法课题开展研究,形成方案,付诸实施。

2　工法特点

(1)装置简单,对场地无特殊要求;试验安全,无污染。

(2)利用桩的侧阻与端阻互为反力,直接测得桩侧阻力与端阻力。

(3)试验后对桩基无破坏,仍可作为工程桩使用。

3　适用范围

本法适用于摩擦桩、端承摩擦桩、摩擦端承桩和抗拔桩。

4　工艺原理

本法是将一种特制的加载设备(荷载箱),与钢筋笼相接,埋入桩的指定位置,由高压油泵向荷载箱充油而加载。荷载箱上部桩身的摩擦力与下部桩身的摩擦力及端阻力相平衡来维持加载。根据 Q-s、s-$\lg t$ 和 s-$\lg Q$ 等曲线确定桩承载力。

5　施工工艺流程及操作要点

本法的主要装置是一种经特别设计可用于加载的荷载箱,它主要由活塞、顶盖、底盖及箱壁四部分组成。顶、底盖的外径略小于桩的外径,在顶、底盖上布置位移棒。将荷载箱与钢筋笼焊接成一体放入桩体后,即可浇捣混凝土成桩。

试验时,在地面上通过油泵加压,随着压力增加,荷载箱将同时向上、向下发生变位,促使桩侧阻力及桩端阻力的发挥。由于加载装置简单,多根桩可同时进行测试。

5.1　施工工艺流程(图1)

5.2　操作要点(图2~图6)

(1)在确定采用本法进行检测时,应防止偏孔、斜孔及孔内沉渣,要及时采用反循环泥沙分离器(即黑旋风或泥沙处理器)清除干净,随后进行下放钢筋笼和荷载箱。

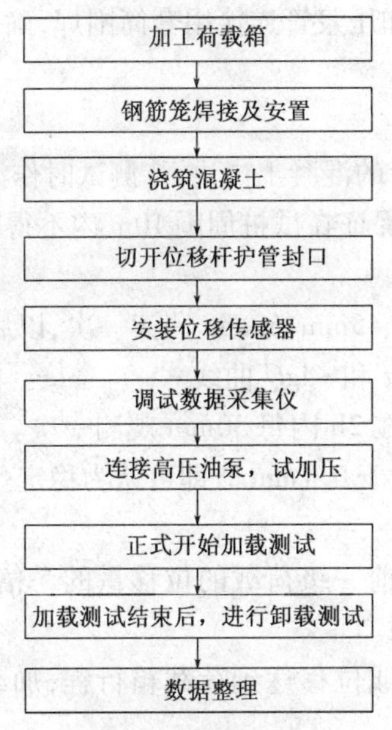

图1　施工工艺流程

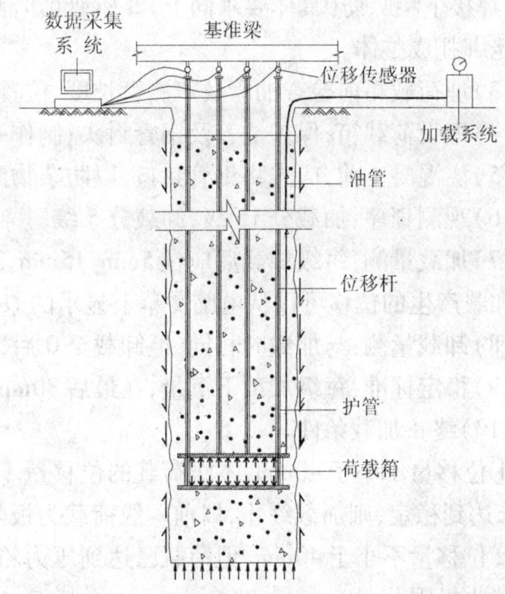

图2　桩承载力自平衡试验示意图

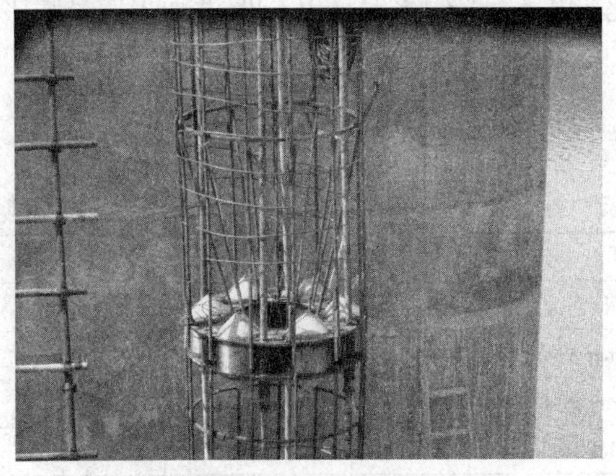

图3　荷载箱吊装

图4　荷载箱焊接

图5　连接荷载箱

图6　过程监控

(2)荷载箱应立放在平整地上，吊车将上节钢筋笼(钢管)吊起与荷载箱上顶板焊接(所有主筋围焊，并确保钢筋笼与荷载箱起吊时不会脱离)保证钢筋笼与荷载箱在同一水平线上，再点焊喇叭筋，喇叭筋上端与主筋，下端与内圆边缘点焊，保证荷载箱水平度小于5‰；然后荷载箱下底板与下节钢筋笼连接,焊接下喇叭筋(具体要求同上)。钢管(声测管)和压浆管连接用套筒围焊,确保钢管不渗泥浆,与钢筋笼绑扎成整体。

(3)埋荷载箱前检查油管及声测管长度、位置。

(4)埋设荷载箱,保护油管及钢管封头;制作一定量的混凝土试块,待测试时作混凝土强度试验。

(5)浇混凝土前,应先将钢管封口,以防杂物漏入,保证在试桩周围10m内不得有较大的振动。

(6)观测程序:加载分15级,卸载分5级。

(7)加载量测:每级加载后应在5min、15min、30min、45min、60min测读一次,以后每隔30min测读一次。加载产生的位移可以从电脑屏幕上显示的Q-s、s-lg$t$和s-lg$Q$曲线。

(8)卸载量测:与加载时相同,但卸载至0后,至少在2h内每30min观测一次。

(9)稳定标准:每级加载下沉量,在最后30min不大于0.1mm时即可认为稳定。

(10)终止加载条件。

①位移量不小于40mm,本级荷载的位移量不小于前一级荷载的位移量的5倍或本级荷载加上后24h未达到稳定,则加载终止,取前一级荷载为极限荷载。

②位移量不小于40mm,但荷载已达到压力箱极限或位移达到荷载箱行程,加载终止,取最大加载值荷载为极限荷载。

(11)压浆:由于测试在荷载箱部位产生缝隙,为确保测试后桩的承载力不受影响,施工单位必须对荷载箱内的缝隙进行压浆处理。压入的水泥浆水灰比为0.5~0.6,水泥采用C40,并加入适量膨胀剂,浆体强度不小于桩体混凝土强度值的1.2倍。

6 材料与设备(表1)

材料与设备 表1

序号	名称	型号	单位	数量
1	基准梁	I30(可调)工字钢	个	1
2	环形加载设备	Tomer通莫	套	1
3	高压油泵	最大量程60MPa,加压精度0.4MPa	个	1
4	笔记本电脑	IBM-T42	台	1
5	电子位移传感器		台	1
6	钢筋应变计及采集仪		台	1

7 质量控制

7.1 质量目标

建立实施并保持质量体系,按国家标准和设计要求进行检验,用严格的质量管理,以精良的测试技术,建优质的工程。以质量宗旨为准则,不负业主重托,严格质量管理,确保每道工序受控,建造业主满意工程。

7.2 质量管理依据

《公路桥涵施工技术规范》(JTG/T F50—2011)等现行规范。

7.3 质量保证措施

始终坚持"百年大计,质量第一"的原则,以工程质量为生命,认真依照文件所明确的设计要点、测试要点、测试技术规范去组织实施。

保证质量体系正常运转的要求,依据分工负责,互相协调的管理原则,层层落实职能、责任、风险和利益,做到各司其职,各负其责,保证在整个工程测试过程中,质量保证体系正常运作和发挥保障作用。

1)加强施工前的质量控制工作

(1)测试前,组织技术人员认真会审招标文件和图纸,切实了解和掌握测试要求和测试技术标准。

(2)测试的要求和特点,组织技术人员编写具体测试组织设计,严格按照质量体系程序的内容要求,编制测试计划,确定适用的实施设备并落实配备,测试过程中着重控制手段、监测设备、辅助装置、资源(包括人力)以达到规定的要求,并根据测试的技术要求,对试桩施工、试验等重要工序,要分部、分项地制订详尽的测试方案,以保证该测试的质量达到要求。

(3)测试前要做好各部位、工序的技术交底工作,使每个测试人员清楚地掌握对将要进行测试工序技术规范要求,对特殊和重点部位要真正做到心中有数,确保测试操作的准确性和规范性。

2)做好测试全过程的质量控制工作

(1)配齐满足测试需要的人力资源,组建高素质的测试队伍。有针对性地组织测试人员学习,进行必要的测试前岗位培训,以保证测试的技术要求,作业人员须持有效上岗操作证,技术人员必须熟悉本工程的技术要求,了解工程的特点和现场情况,以确保测试能正常运转。

(2)配齐满足测试需要的各类设备。设备必须经检修、试机、检验合格后,方能进场测试,保证各类设备在测试中的作用,满足整个测试的需要。

3)加强测试技术管理

4)设备进场前,应出具合格证及标定记录

8　安全措施

在进行本法施工前,施工单位应对现场施工人员进行安全技术交底,并在施工现场搭设防风棚架,尽量减少外部环境(风、温度)的影响。检测、操作人员均经安全培训,持证上岗,并配戴相应的安全防护用具。检测中所用仪器、电气设备均达到国家安全防护标准。现场内各用电设施,尤其是电焊、电热、电动工具,其装设使用均适合规范标准,维修保管有专人负责。设备安装、调试时的照明,用安全电压。

8.1　安全管理目标

杜绝任何死亡事故,消除大、重大事故、交通事故,确保安全测试。

8.2　安全管理依据

依据住房建设部《建筑安全生产监督管理规定》等。

8.3　安全管理措施

安全是搞好测试的重要因素,关系到国家、企业和人员的切身利益,因此,在测试过程中必须认真贯彻“安全第一,预防为主”的方针,广泛应用安全系统工程和事故分析方法,严格控制和防止各类伤亡事故,具体措施如下:

(1)加强领导,健全组织,及时发现和排除安全隐患。

(2)进行全面的、针对性的安全技术交底。

(3)制订有明确安全指标和奖惩办法的保证措施。

(4)严格操作规程,严禁各种违章指挥和违章作业行为发生。

(5)进入施工现场,必须遵章守纪。

(6)抓好现场管理,坚持文明测试,保障人身、机械的安全。

(7)认真做好防火工作。

(8)测试过程中确保用电安全和设备保持良好机械性能及安全使用。

(9)现场人员每人配置通信工具,密切保持联系。

9 环保措施

在施工中,坚持国家有关环境保护政策,以预防为主。积极同当地环保部门配合,加强本单位的环保宣传教育,增强施工人员的环保意识。带动一切积极因素,切实做好施工期内的环保工作。

9.1 环境保护目标

确保违规事件为零。

9.2 生态环境的保护措施

(1)保护植被,对施工界限内、外的植被、树木等尽量维持原状。如确因施工需要砍伐树木和其他经济作物时,应事先征得环境保护和水土保持部门、所有者和业主的批示同意,严禁乱砍乱伐。

(2)对临时用地范围内的裸露地表,植草或种树进行绿化。

(3)对有害物质按规定处理后,运至指定的地点进行掩埋。

(4)营造良好环境,在施工现场和生活区设置足够的临时卫生设施,经常进行卫生清理,同时在生活区周围种植花草、树木,美化生活环境。

(5)运输车辆做好防止漏失措施,以防物料污染道路。

9.3 水资源保护措施

(1)靠近生活水源的施工,用沟壕或堤坝同生活水源隔开,避免污染生活源。

(2)施工产生的废浆用专用汽车拉运至指定的地点倾倒,并设渗坑进行处理,不得排放到河流、水沟、灌溉系统里,以免造成河流和水源污染。

9.4 大气环境保护措施

(1)在设备选型时,选择低污染设备,安装空气污染控制系统。

(2)运输水泥、砂、石、土等如有漏失,及时清扫干净,保持道路整洁。

9.5 水土保护措施

(1)施工区域、沙石料场,在施工期间和完工后,应妥善处理,以减少对沙滩河道的侵蚀,防止沉渣入河道造成对河流的阻塞及污染。

(2)施工期间,施工材料如沥青、水泥、油料、化学品等,都应严格防止外泄,防止随雨水排入地表及附近水域造成污染。

10 资源节约

本着科学、安全、经济、准确、操作简便等原则,选择合适的桩基静载检测方法非常重要。在一定条件下,自平衡法在工程桩基的静载检测方面有其优越性,可检测桩底注浆前后的承载力,具有节约工期、节省测试费用、对施工影响小等特点,符合国家节能工程的有关要求。

11 效益分析

本法与堆载法和锚桩法相比具有以下优势:施工方便、简单、安全,试验时间较短,并且可以同时进行几根桩基的检测,且费用低,既缩短了施工工期又降低了施工成本,具有较好的社会效益和经济效益。

通过对三种承载力检测方法在安全性、经济性、时间、受场地限制程度、最大吨位等方面的对比,得出自平衡较传统静载方法的优势,见表2。

表2

桩 号	最大加载量(kN)	试桩方法	安全性	经济性	所需时间	受场地限制程度	最大吨位
12	13 000	锚桩法	一般	15 万元左右	2.5d	较大	4 000t 左右
25	13 000	自平衡法	良好	8 万元左右	1.5d	很小	30 000t 左右
19	13 000	堆载法	较差	7 万元左右	13d	大	3 500t 左右

12 应用实例

芜湖市 X042 三荻路漳河桥工程全长 1 451m，全桥采用摩擦桩，桩径为 1.5m 和 1.2m，在使用了自平衡法后，无任何不良反应，且大大节约了桩基在检测中的施工工期，降低了检测费用，具有较好的社会效益和经济效益获得了业主、监理单位的一致好评。

在安徽省蚌埠至淮南高速公路工程 1 标段桥梁桩基施工过程中，安通建设有限公司采用了新的静力试桩法——自平衡法。通过介绍该法的测试原理、试验装置、测试步骤及桩极限承载力的确定方法，分析了该法与常规静载试验方法测试原理的不同之处，具有操作简便、试验精度高等特点，提出的处理方法使桩极限承载力的确定更加容易，而且得到的桩极限承载力数值偏于安全，进一步说明了自平衡法具有实用性，并取得了良好的经济和社会效益。

薄壁空心高墩模架法钢筋安装施工工法

GGG(浙)C2074—2013

郑竞友　蔡小明　叶水标　曾先才　姜湘臣
(浙江金筑交通建设有限公司　宁波交通工程建设集团有限公司)

1　前言

随着我国高速公路的快速发展,跨越山川、水库的桥梁墩柱采用薄壁空心高墩结构形式的越来越多。薄壁空心高墩大多采用翻模法进行施工,钢筋安装需每次在模板周围搭设钢管支架,再在支架上安装绑扎钢筋成型。此方法施工中,易造成钢筋保护层合格率偏低、主(箍)筋间距分布不均匀、主筋垂直定位不准确、循环工序次数多、作业人员多、工效低等问题。针对这一技术问题,浙江金筑交通建设有限公司和宁波交通工程建设集团有限公司联合研发了薄壁空心高墩模架法钢筋安装施工技术,应用于杭新景高速公路田铺特大桥和渊底枢纽下部结构实际施工中,取得了良好效果,现总结编制成工法。工法核心关键技术经浙江省交通运输厅组织的专家委员会鉴定,在我国公路行业属领先水平。工法涉及的成果,已申报国家实用新型和发明专利各一项,分别为《一种薄壁空心高墩钢筋支模架》(专利号:201320337756.6)和《一种薄壁空心高墩钢筋支模架及施工方法》(专利号:201310233184.1)。

2　工法特点

(1)可提高工程质量,减少了薄壁空心墩钢筋安装施工与规范要求存在的许多误差,成型的钢筋骨架外观顺直、漂亮,间距均匀,钢筋连接接头质量好。

(2)可降低施工成本,采用模架法钢筋施工无需搭设钢管支架,节省大量钢管支架及安拆费用和劳动力。

(3)可加快施工进度,减少钢管支架多次安装、拆除的循环环节,节约辅助设施施工时间,加快了施工进度。

(4)操作、检查简便,只要对钢筋支模架顶端可调尺寸及垂直度进行检验控制,即可保证薄壁空心墩钢筋骨架成品尺寸完全符合要求,而且钢筋安装施工人员操作方便。

(5)降耗节能效果明显,型钢模架可多个墩周转使用,节约了支架材料费用。

3　适用范围

本工法适用于公路桥梁薄壁空心墩钢筋施工。

4　工艺原理

工法应用型钢支模架,充分利用薄壁空心墩翻模板,结合塔吊、钢丝吊绳等安装工具,将型钢模架吊装至薄壁空心墩翻模板围菱上方,对准翻模板围菱预留孔后下放到位,穿入螺栓进行预连接,再调整型钢模架垂直度后将螺栓拧紧固定,然后沿薄壁空心墩钢筋平面净尺寸垂直方向的型钢模架上,调整纵、横桥向装卸式连接杆并用螺栓连接固定,再进行薄壁空心高墩钢筋安装。钢筋安装完毕并检验合格后,利用塔吊将型钢模架吊移至另外墩进行钢筋安装施工,见图1型钢模架平面布置示意、图2型钢模架侧立面布置示意图、图3型钢模架正立面布置示意图。

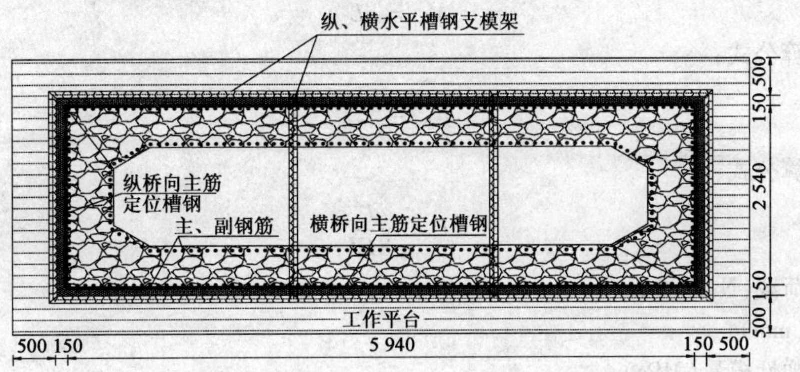

图1 型钢模架平面布置示意图(尺寸单位:mm)

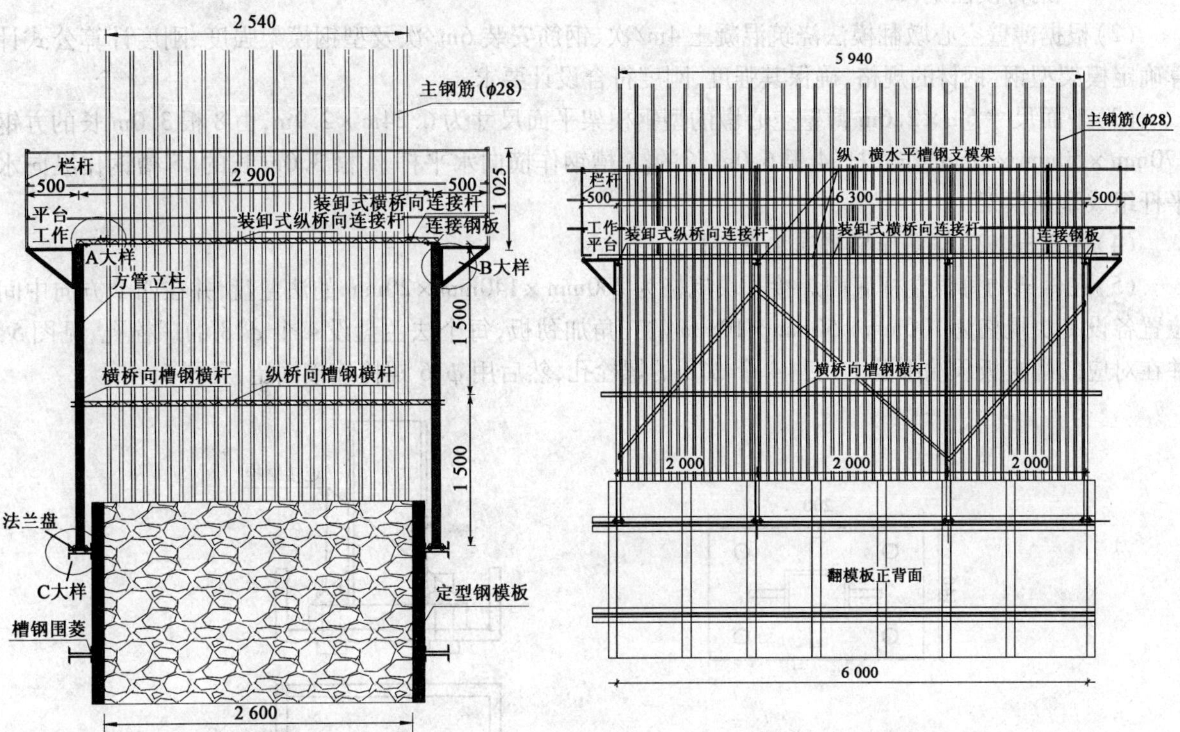

图2 型钢模架侧立面布置示意图(尺寸单位:mm)

图3 型钢模架正立面布置示意图(尺寸单位:mm)

5 施工工艺流程及操作要点

5.1 施工工艺流程(图4)

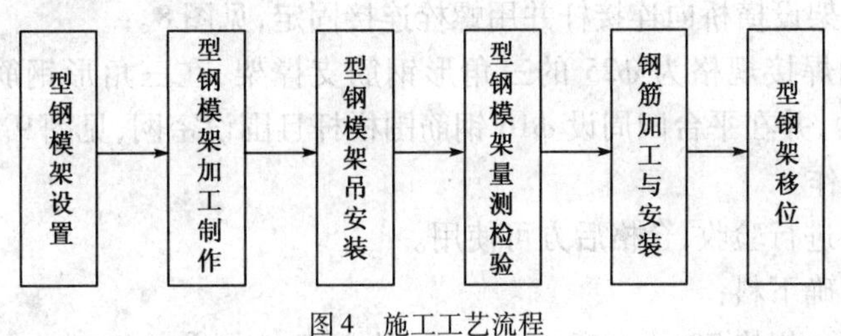

图4 施工工艺流程

5.2 操作要点

1)型钢模架设置

(1)钢筋模架强度、刚度计算方法。

最大剪力计算公式:

$$V_B = qL \tag{1}$$

最大弯矩计算公式:

$$M_B = \frac{qL^2}{2} \tag{2}$$

最大挠度计算公式:

$$f_c = \frac{qL^4}{8EI} \tag{3}$$

式中:q——均布荷载(N/mm);

L——跨径(mm);

E——钢材弹性模量(MPa);

I——钢材惯性矩(m^4)。

(2)根据薄壁空心墩翻模法浇筑混凝土4m/次、钢筋安装6m/次及型钢模架强度、刚度计算公式计算确定模架型钢、钢材的规格,确保其强度、刚度符合设计要求。

(3)平面尺寸6m×2.6m薄壁空心墩的型钢模架平面尺寸为6.24m×2.9m,由8根3.0m长的方钢(70mm×50mm×5mm)作立杆、4根6.0m长的[5槽钢作横向水平杆、4根3.0m长的[5槽钢作纵向水平杆组成型钢模架。

(4)用2根$\phi22$钢筋作横桥向水平斜杆。

(5)在骨架的每根立杆底面焊接一块规格为200mm×140mm×20mm的法兰盘,并在四个方向中间位置各设1块规格为100mm×50mm×10mm的三角加劲板,每个法兰盘设4个$\phi18$的螺栓孔,见图5,并在对应的翻模板顶端围菱上切割4个$\phi18$的螺栓孔,然后用$\phi16$螺栓连接固定,见图6。

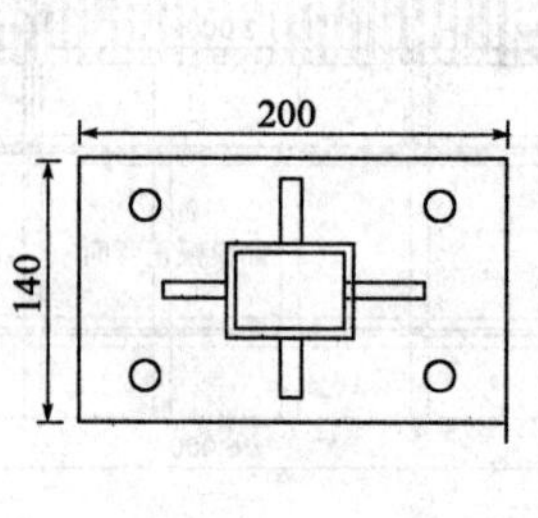

图5　法兰盘平面图(尺寸单位:mm)

连接螺栓

图6　C大样图

(6)在骨架每个立杆顶端焊接上1块规格为150mm×100mm×20mm连接钢板,见图7,并与装卸式纵桥向连接杆用螺栓连接牢固形成整体型钢模架,在装卸式纵桥向连接杆(沿薄壁空心墩钢筋平面净尺寸的垂直方向)位置上架设横桥向连接杆并用螺栓连接固定,见图8。

(7)在每根立杆外侧焊接规格为$\phi25$的三角形钢筋支撑架,在三角形钢筋支撑架上等间距焊接$\phi16$钢筋作施工操作平台,并在平台四周设$\phi16$钢筋围栏杆且围设密网,见图9。

2)型钢模架加工、制作

(1)对进场的原材料进行验收,合格后方可使用。

(2)按照设计图纸精确下料:

①立杆:8根,长3.0m,规格70mm×50mm×5mm的方钢。

②横向水平杆:4根,长6.0m的[5槽钢。

③纵向水平杆:4根,长3.0m的[5槽钢。

④纵向水平斜杆:2根,$\phi22$钢筋。

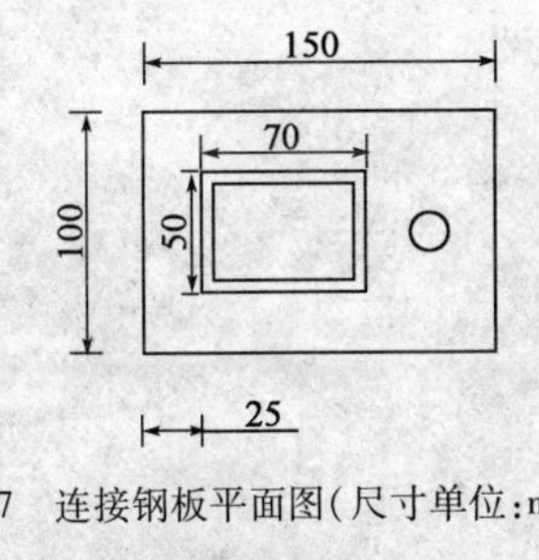

图7 连接钢板平面图(尺寸单位:mm)

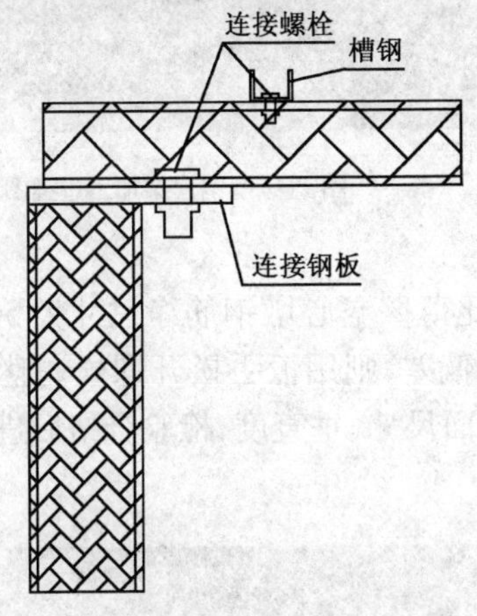

图8 A大样图

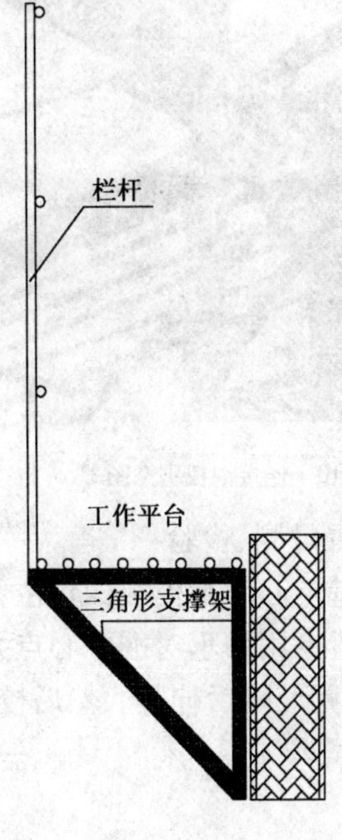

图9 B大样图

⑤连接钢板:16块,规格150mm×100mm×20mm钢板。

⑥法兰盘:8块,规格140mm×140mm×20mm钢板。

⑦法兰盘螺栓:32根、规格$\phi16$。

⑧三角形支撑钢筋:12根,长2.5m,规格$\phi25$。

⑨工作平台护栏柱:12根,长1.15m,规格$\phi16$。

⑩钢筋平台及围栏:36根,长7.3m,规格$\phi16$及36根,长3.9m,规格$\phi16$。

(3)根据薄壁空心墩钢筋平面净尺寸:长5.94m、宽2.54m,在槽钢连接杆件两端中心位置分别切割直径为$\phi18$的长方形螺栓孔(可调节)。

(4)将法兰盘对应的翻模板顶端围菱上分别各切割4个直径$\phi18$的螺栓孔;将长140mm、宽140mm、厚20mm的8块钢板分别各切割4个直径$\phi18$的长方形螺栓孔以形成法兰盘。

(5)将长150cm、宽100cm、厚20cm的16块钢板分别各切割1个直径$\phi18$的螺栓孔以形成连接钢板。

(6)将长1.75m、直径$\phi25$的12根钢筋分别弯折成等腰三角形,并与立柱方钢焊接牢固。

(7)在三角形钢筋支撑架上(纵、横两个断面)分别等间距焊接长为3.9m、7.3m的直径$\phi16$钢筋操作平台(各36根),其中各2根钢筋为围护栏杆。

(8)按照设计尺寸,将方钢立杆分别与底面的法兰盘焊接、顶面的连接钢板焊接牢固,见图10,将各4根方钢立杆和各2根横向水平杆分别焊接形成横桥向的两边型钢模架,再分别焊接斜支撑、三角形钢筋支撑架及工作平台,见图11,然后再通过纵、横向连接杆件的螺栓连接并拧紧后形成整体型钢模架。

(9)型钢模架焊缝必须饱满并符合设计与规范要求。

3)型钢模架吊安装

(1)对塔吊操作工和吊装施工作业人员进行吊装作业技术交底。

(2)用2根$\phi20$钢丝绳在型钢模架四角位置捆绑牢固,通过现场指挥员指挥,将型钢模架吊运至薄壁空心墩翻模板上方位置,慢速下放并对准最顶上一节翻模板围菱上预留螺栓孔,穿入螺栓并进行预拧紧,然后用线垂吊正并用专用钢钎调整型钢模架垂直度后拧紧螺栓。注意:若型钢模架不垂直,则可通过钢垫片调整垂直度,见图12。

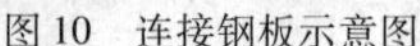
图10　连接钢板示意图

图11　型钢模架加工过程图

4)型钢模架位置量测、检验

用全站仪在薄壁空心墩翻模板四角位置测量定位出比薄壁空心墩钢筋净尺寸大50mm的中心点,在型钢模架四角位置上用吊垂对准中心点并吊垂直,若有偏差,则用扳手松开螺栓调整钢筋模架纵、横向连接杆件,直到位置准确后拧紧。然后校核型钢模架平面尺寸、垂直度,检验合格后进行钢筋安装,见图13。

图12　型钢模架安装示意图

图13　型钢模架安装成品示意图

5)钢筋加工、安装

(1)依据设计施工图纸计算钢筋下料长度和根数,结合翻模法施工钢筋实际标长并用机械连接钢筋接头,且控制同一截面钢筋连接接头的数量不大于50%。在进行首节主筋下接时,应将钢筋有意识地做成长短不一的,再进行9m通长主筋的机械连接,见图14。

(2)钢筋弯曲成型前,按配料单长度要求用切断机分别截断各种不同长度钢筋,并合理搭配、统筹排料,弯曲成型后堆放整齐。

(3)利用塔吊将钢筋吊到薄壁空心墩上方,人工配合塔吊将主钢筋连接形成每段主钢筋,见图15。在每段主钢筋中、顶部与箍筋进行焊接固定,防止在绑扎、浇筑过程中变形,然后绑扎焊接其他部位钢筋直到整段钢筋安装完成,在整个钢筋安装施工过程中,应严格按照有关施工技术规范要求进行。

(4)将箍筋与主筋间断性地焊接牢固,特别是主、副筋拉接筋焊接牢固,形成整体钢筋骨架。

(5)钢筋混凝土保护层采用不小于40MPa的混凝土垫块并梅花形布置,保护层垫块数量以不少于4块/m^2,确保钢筋混凝土保护层厚度的准确性。

6)型钢模架移位

待薄壁空心墩钢筋安装完成验收合格后,拆除法兰盘螺栓,用塔吊将型钢支模架吊移到另外一个薄壁空心墩,依次循环施工。

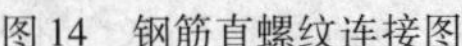

图14 钢筋直螺纹连接图

图15 主钢筋安装示意图

6 材料与设备

6.1 主要工程材料

主要工程材料见表1。

主要工程材料表 表1

序 号	材料名称	规 格	序 号	材料名称	规 格
1	方钢	70mm × 50mm × 5mm	6	钢丝绳	ϕ20mm
2	槽钢	[5	7	螺栓	ϕ16mm
3	钢板	δ20mm	8	直螺纹套筒	6.5mm ~ 7.5mm
4	钢筋	ϕ12 ~ 28mm	9	扎丝	18#、20#
5	电焊条	502 焊条	10	保护层垫块	梅花形

6.2 工程机械设备

主要工程机械设备见表2。

主要工程机械设备表 表2

设备名称	型 号	数 量	设备名称	型 号	数 量
塔吊	QTZ63	1台	全站仪	TC402	1台
水准仪	DS2	1台	螺纹套丝机	40型	1台
电焊机	BX500	2台	切断机	J3GC-400	1套
弯曲机	GZ22	1台	钢钎	ϕ28	2根

7 质量控制

7.1 质量控制标准

(1)工法执行《公路桥涵施工技术规范》(JTG/T F50—2011)。

(2)工法执行《公路工程质量检验评定标准》(JTG F80/1—2004)。

7.2 质量控制措施

(1)钢材应有出厂合格证及质量保证资料,应符合国家有关标准规定,且按要求进行检验,合格后方可使用。

(2)钢筋加工配料时,要准确计算钢筋长度,如有弯钩,应加其长度,并扣除钢筋弯曲成型的延伸量。

(3)钢筋间距、骨架尺寸、弯起钢筋位置、保护层厚度应符合设计规范要求。

(4)钢筋机械接头加工时,端头钢筋不饱满的必须切除,接头铰丝完整后将端口打磨平整,保证两根钢筋连接密实,接头加工完成后取样抽检,进行钢筋机械接头极限抗拉试验,符合要求后方可使用。

(5)钢筋连接接头相互错开布置,错位长度不小于$40d$,且同截面接头总数不大于50%。

(6)施工过程中应对钢筋模架进行定期、不定期检查,防止钢筋模架变形移位,从而影响钢筋骨架整体成形质量。

(7)采用专制的同标号圆型混凝土垫块,梅花型布置于箍筋上,以确保钢筋保护层合格率。

(8)工法钢筋丝头质量检验要求,见表3。

钢筋丝头质量检验要求表 表3

检验项目	检验方法	规定值或容许偏差
外观质量	目测、卡尺	螺纹牙行饱满,牙顶宽超过$0.25p$的秃牙累计长度超过一个螺纹周长
丝头长度	卡尺	应满足设计要求,标准型接头的丝头长度公差为$1p$
螺纹大径	卡尺、专用量规	通端量规通过螺纹大径,止端量规不通过螺纹大径
螺纹中径及小径	环通规、环止规	通端能顺利旋入螺纹并达到旋合长度,止端环规旋入量不超过$3p$

8 安全措施

(1)起重设备必须由专业人员持证上岗操作,定责定岗,严格按起重作业安全操作规程施工。

(2)吊装、移运过程中应由专人指挥,统一指挥信号,型钢模架及钢筋等吊装、运输过程中,严禁下方进行施工作业,确保安全。

(3)型钢模架工作平台上严禁堆放材料,四周护栏必须设置安全防护设施,不得擅自拆除。

(4)施工操作人员必须按规定配置保险绳、保险带等个人劳动保护用品。

(5)施工作业人员上下人行爬梯时必须设置扶手。

(6)安装或拆除型钢模架起吊设备的能力、钢丝绳承载力必须有足够的安全系数。

(7)超过六级以上风力,禁止塔吊吊装施工作业。

9 环保措施

(1)对施工临时的河道内便道、场地等,采用清宕渣填筑、压实,施工结束后,立即清除外运至指定弃土场,严禁长期占用河道,确保河道畅通,并保证不影响泄洪能力,禁止向河道内弃土弃渣。

(2)施工废水按规定达标排放,在施工场地设废水处理池,经沉淀处理达标后排入河道,防止对水资源造成污染。

(3)模板刷油地点应固定,并设好防污措施,防止废油进入土壤或水域。

(4)施工便道应采取洒水降尘措施,防止粉尘污染周围环境。

(5)在施工过程中应对钢材轻拿轻放,减少噪声污染。

10 资源节约

(1)型钢模架所需材料一次采购,加工成型后可一直使用,增加了材料摊销的周转次数,降低了材料在使用中的消耗,提高了材料使用效益。

(2)采用本工法施工,减少了支架搭拆及人工定位安装带来的随意性,有利于推进工艺标准化、规范化,提高了薄壁空心墩钢筋成型质量和效率,从而节约了人工费用。

11 效益分析

11.1 经济效益

本工法与传统搭设钢管支架安装薄壁空心墩钢筋施工相比,可节省钢管支架租赁费用及安、拆费用,经济效益显著。以杭新景高速公路第16标段田铺特大桥、渊底枢纽互通为例,36个薄壁空心墩钢筋安装施工,可节约成本60.7万元,节约成本分析见表4。

节约成本分析表 表4

项 目	数 量	型钢模架(万元)	钢管支架(万元)	增减费用(万元)	备 注
钢管	180t	—	24.3	-24.3	工期10个月,租赁费135元/(t·月)
扣件	20t	—	9.0	-9.0	工期10个月,租赁费450元/(t·月)
安、拆	1 620m	—	29.2	-29.2	单价180元/m
型钢	2.0t	1.1	—	1.1	单价5 500元/t
钢筋	0.6t	0.3	—	0.3	单价5 000元/t
制、安	4个	0.4	—	0.4	单价1 000元/个
合计		1.8	62.5	-60.7	

11.2 质量与社会效益

本工法减少了薄壁空心墩钢筋安装施工与规范要求存在的许多误差,有利于施工工艺的标准化和规范化,减少了工人劳动强度,成型的钢筋骨架间距均匀、外观顺直、漂亮,钢筋连接接头质量好,质量、社会效益显著。

12 应用实例

12.1 工程实例一

杭新景高速公路第16标段田铺特大桥,工程造价为8 000万元,由宁波交通工程建设集团有限公司承建。田铺特大桥桥梁设计类型为分离式,荷载等级:公路—Ⅰ级;下部结构采用钻孔灌注桩、柱式墩、薄壁空心墩、系梁(承台)、U形台及扩大基础,各种不同型号的墩柱有190根,其中有10m×2.6m的薄壁空心墩4个,平均高为45m,采用模架法钢筋安装施工方法,于2012年10月3日开工,2013年8月份完工。

本工程采用薄壁空心高墩模架法钢筋安装施工方法,具有钢筋保护层合格率高、钢筋骨架间距均匀、外观顺直、漂亮、操作方便、安全可靠、环保节能等优点,具有良好的质量、经济和社会效益。

12.2 工程实例二

杭新景高速公路第16标段渊底枢纽互通,工程造价为18 000万元,由宁波交通工程建设集团有限公司承建。渊底枢纽设计类型为混合式十字枢纽,荷载等级:公路—Ⅰ级;下部结构采用钻孔灌注桩、柱式墩、薄壁空心墩、系梁(承台)、U形台及扩大基础,各种不同型号的墩柱有188根,其中有10m×2.6m、6m×2.6m的薄壁空心墩32个,平均高为45m,采用模架法钢筋安装施工方法,于2012年10月3日开工,2013年8月份完工。

本工程采用薄壁空心高墩模架法钢筋安装施工方法,具有钢筋保护层合格率高、骨架间距均匀、外观顺直、漂亮、操作方便、安全可靠、环保节能等优点,具有良好的质量、经济和社会效益。

宽幅桥梁墩台盖梁分段续接施工工法

GGG(浙)C2075—2013

张国森　曹巧芹　熊　军　杨博军　叶　萍
(台州市四方交通建设工程有限公司　浙江隆嘉市政建设有限公司)

1　前言

随着社会经济的高速发展,公路营运车辆不断剧增,原有公路宽度、桥梁承载能力已不适应重载交通流量的要求,各地国、省道、高速公路都在进行拓宽改建。桥梁拓宽改建是公路拓宽改建的重点,改建桥梁施工组织需要解决:一是要保障现有车辆的通行,二是要保证拓宽桥梁的安全、质量和进度。为了满足车辆保通条件,有两个方案可以选择:一是在线外搭建临时便桥引导车辆改线行驶,对原桥进行拆除重建;二是保留原桥通行在原桥两侧或一侧重建新桥,待新桥通车后再拆除原桥重建。方案一是比较简单的施工方案,但需要便桥具有较高的承载能力,且费工费时造价较高,有些工程受地形条件等因素的限制,没有搭设便桥的空间很难满足要求;如保留老桥通行,由于现有地形条件等因素的限制,往往不能保证宽幅桥梁能整幅完整施工,则必须将整幅桥梁分开施工,先施工部分宽度,再施工拼宽续接部分桩基、续接墩台盖梁、安装桥面板和施工桥面系,续接墩台盖梁是本方案的关键技术难点。通过椒江至路桥机场公路改建工程一标段水陡桥、罗家桥、梅家里桥等6座16片盖梁的施工实践,总结出宽幅桥梁墩台盖梁分段续接施工工法,墩台盖梁分段续接质量符合要求,工程运营情况良好。

2　工法特点

(1)保留老桥通行,整幅桥梁分开施工,先施工部分宽度,再施工拼宽续接部分桩基、续接墩台盖梁、安装桥面板和施工桥面系,确保了交通畅通。

(2)选择剪应力较小断面续接盖梁,增加附加剪应力钢筋配置,减低造价,提高了工程安全程度。

(3)续接盖梁断面接缝作凿毛等特殊处理,续接断面邻近处采用微膨胀收缩补偿混凝土,确保了盖梁施工质量。

(4)加强续接盖梁界面混凝土施工过程质量控制,采用超声波检测及地质雷达复检,提高了盖梁质量的可靠度。

3　适用范围

适用于公路桥梁拓宽改建的新建桥梁整幅分部分宽度施工和新老桥梁拼宽改造施工。宽幅桥梁墩台盖梁分段续接施工示意如图1所示。

4　工艺原理

整幅桥梁分开施工,选择剪应力较小断面续接盖梁,增加附加剪应力钢筋配置,续接盖梁断面接缝作凿毛等特殊处理,续接断面邻近处采用微膨胀收缩补偿混凝土,加强施工过程质量控制,续接盖梁界面混凝土质量采用超声波及地质雷达检测,提高盖梁混凝土质量,确保续接盖梁质量安全可靠。

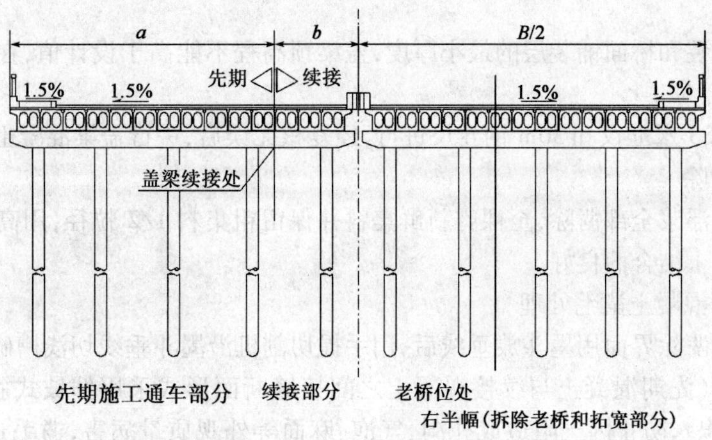

图1 宽幅桥梁墩台盖梁分段续接施工示意

5 施工工艺流程及操作要点

5.1 施工工艺流程(图2)

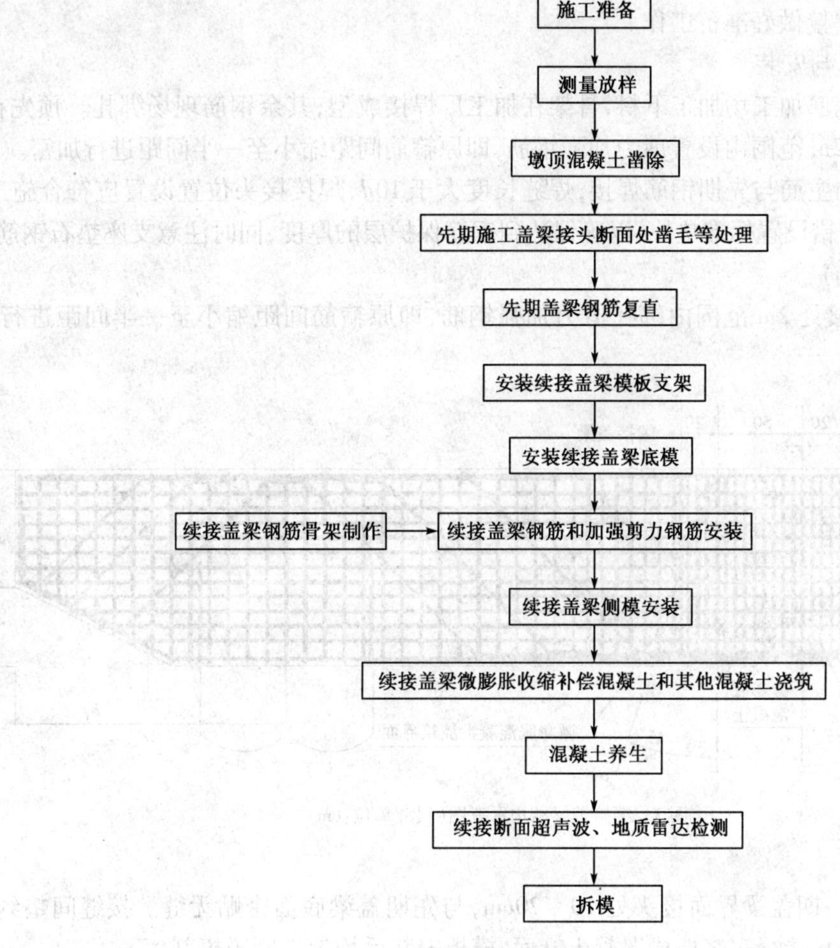

图2 施工工艺流程图

5.2 操作要点

1)准备工作

组织施工人员进行图纸、技术和安全交底,原材料和施工机械准备。

2)测量放样

为了保证梁板安装和桥面铺装层的最小厚度,盖梁顶高程不能高于设计值,在浇筑盖梁混凝土前,复核墩顶高程。

高程复测使用DS3水准仪和30m钢卷尺进行,经复核无误后,进行盖梁混凝土浇筑工序。

3)墩顶混凝土凿除

将墩柱顶混凝土浮浆全部凿除,至裸露新鲜集料并保留粗集料1/2粒径,用高压清水冲刷干净,以保证墩柱与盖梁混凝土结合面良好。

4)先期盖梁界面混凝土凿毛处理

在先期盖梁拟定凿除界面用墨斗放垂线后,用手提切割机沿墨斗垂线切浅槽确定凿除界面,凿毛预留的敞口形企口构造(先期混凝土与续接混凝土之间接缝断面形式采用仰坡式斜面或敞口形企口构造,增大续接断面面积),防止因气阻造成孔洞、气泡、麻面等外观质量病害,凿毛过程中不得伤及切槽外侧混凝土界线。

5)先期盖梁预留钢筋整理

在完成先期盖梁界面混凝土凿毛处理后,开始对先期盖梁原预留的结构钢筋进行整理工作,首先解除先期盖梁原预留结构钢筋的PVC保护管、清除原预留结构钢筋上涂刷的水泥浆防锈保护层、采用钢丝刷对预留结构钢筋进行除锈。在完成钢筋除锈工作后对先期盖梁原预留结构钢筋进行整型调直,为3/4与1/4盖梁钢筋焊接做好准备工作。

6)钢筋制作、绑扎与安装

(1)盖梁钢筋在钢筋加工场加工下料,骨架在加工厂焊接成型,其余钢筋现场绑扎。预先在先期盖梁距续接盖梁相接处2m范围内设置剪力加强钢筋,即原箍筋间距缩小至一半间距进行加密。

(2)续接盖梁纵向主筋与先期钢筋焊接,焊缝长度大于$10d$,焊接接头位置设置应符合施工规范要求。盖梁底面、边侧交错设置标准垫块,以确保达到钢筋保护层的厚度,同时注意支座垫石钢筋的预埋。

7)绑扎剪力加强筋

在与先期盖梁相接处2m范围内绑扎剪力加强钢筋,即原箍筋间距缩小至一半间距进行加密,见图3。

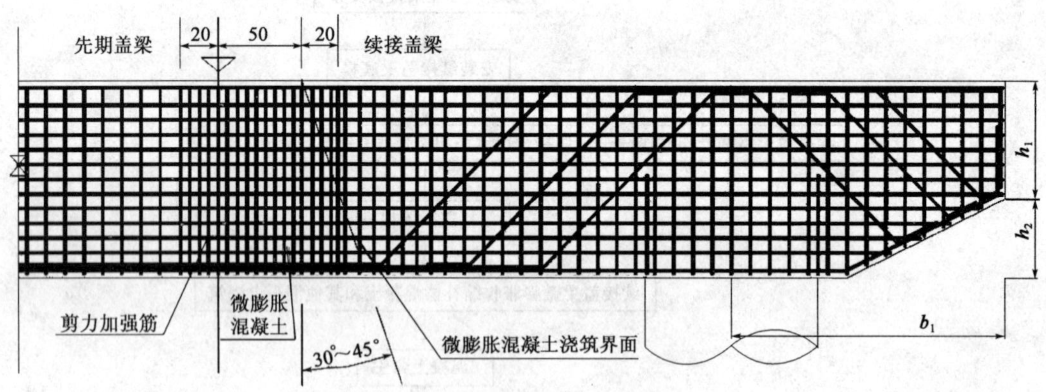

图3 续接盖梁结构示意图(尺寸单位:cm)

8)底模板施工

底模应延伸进入一期盖梁界面接头处10~20cm,与先期盖梁底面密贴无缝。接缝间垫约3mm厚的橡胶条或粘胶带,防止接缝露浆造成混凝土麻面,模板安装后均匀涂刷脱模剂。

9)老盖梁连接处界面处理

为强化新老混凝土的优质连接采用高压清水冲洗老盖梁连接处界面,彻底清除浮尘及松动浮石。待老盖梁连接处界面充分湿润且表面无明水时,将1∶0.5水泥净浆用短毛刷墩刷在老盖梁连接界面处,待第一遍水泥净浆表面微微露白即可墩刷第二遍水泥净浆。对裸露1/2粗集料低洼处要加强水泥净浆的墩刷质量控制,确保不漏刷、不流浆。

10)浇筑微膨胀收缩补偿混凝土

为确保新老盖梁连接处不会出现收缩裂缝病害,配制微膨胀收缩补偿混凝土,该混凝土是在原盖梁混凝土配合比基础上以水泥重为单位加入5% ~8%的HEA低碱膨胀剂配制而成。微膨胀收缩补偿混凝土先期盖梁端部50cm范围内使用,自下而上每30cm一层与盖梁其他混凝土同步浇筑;盖梁其他部分使用原配合比混凝土浇筑。

11)浇筑其他续接盖梁混凝土

(1)严格按照设计配合比调整好施工配比,保证计量准确。

(2)保证拌和时间不得小于3min,浇筑过程中经现场做坍落度试验,如发现不符合设计要求,应及时调整水灰比。

(3)混凝土振捣采用插入式振捣棒,严格执行混凝土浇筑质量规程,切实做到内实外光,杜绝出现蜂窝、麻面、孔洞、缺角、掉边、烂根等质量病害。

12)混凝土养生

盖梁混凝土的洒水养护时间一般为28d,每天洒水次数视环境湿度与温度控制,洒水以能保证混凝土表面经常处于湿润状态为度。拆模后,及时将表面用土工布覆盖,保持混凝土表面湿润。

13)拆模

当盖梁混凝土抗压强度达到4~5MPa时(一般1~2d当地气温高于20℃),可拆除侧模板,此时尚不能拆除底模及支架。拆模时,注意保护盖梁表面及棱角。模板用吊车分片卸下,吊入平整的场地或有楞木搁置的场地上,清除粘在模板上的混凝土,涂刷脱模剂备用。

6 材料与设备

6.1 主要施工材料

主要施工材料有水泥、砂、石子、外加剂、模板和钢筋。

6.2 主要施工设备见表1。

施工机械设备表 表1

项 次	设备名称	数 量	单 位	设备说明
1	混凝土搅拌机	2	台	小型混凝土搅拌机
2	混凝土送输车	2	台	小型混凝土送输车
3	插入式振动器	2	台	型号均为70型,用于混凝土的振捣,其中1台备用
4	电焊机	1	台	钢筋焊接
5	吊车	1	台	5t小型吊车
6	钢筋位置测定仪	1	台	KON-RBL(D+)
7	水泥混凝土超声波检查仪	1	台	ZBL-U5
8	地质雷达仪	1	台	LTD-20000

7 质量控制

7.1 应执行的标准规范

(1)《公路桥涵施工技术规范》(JTG/T F50—2011)。

(2)《公路工程质量检验评定标准 第一部分 土建工程》(JTG F80/1—2004)。

7.2 质量控制措施

(1)严把原材料质量关,进场原材料均进行试验检测,确保原材料质量合格。

(2)测量人员根据设计在底模上将盖梁轴线、界线放样后,施工人员根据盖梁轴线、界线和盖梁高程设置模板,确保线形顺直、几何尺寸准确、梁底、梁顶高程、坡度符合设计要求。

(3)先期盖梁界面混凝土凿毛和钢筋处理。

①重点加强对先期盖梁界面混凝土凿毛处理,要求凿除先期盖梁界面所有不密实混凝土,凿毛后的一期盖梁界面不能有浮石、脱皮现象,应保留一期盖梁界面混凝土集料1/2,形成锚固笋石。高压清水冲洗凿除界面,为盖梁新老混凝土优质连接创造良好的先决条件。

②要求每根钢筋均光亮无锈,特别是先期盖梁界面混凝土凿毛处的钢筋除锈是重点控制部位。

(4)续接盖梁钢筋。

①原材料符合国家有关标准。

②成型钢筋应符合表2要求。

钢筋安装实测项目 表2

项 次	检 查 项 目			规定值或允许偏差	检查方法和频率
1	受力钢筋间距(mm)	两排以上排距		±5	尺量:每构件检查2个断面,用尺量
		同排	墩台、柱	±20	
2	加强筋、横向水平钢筋间距(mm)			±10	尺量:每构件检查5~10个间距
3	钢筋骨架尺寸(mm)		长	±10	尺量:按骨架总数30%抽查
			宽、高或直径	±5	
4	弯起钢筋位置(mm)			±20	尺量:按骨架30%抽查
5	保护层厚度(mm)		墩台	±10	每构件没模板周边检查8处

③钢筋表面应洁净,使用前应将表面油渍、漆皮、鳞锈等清除干净,焊接时存留的焊渣应除去,钢筋表面不得有锈蚀和油渍等。

④安装后的钢筋骨架要求整体线形顺畅,并有足够的刚度和稳定性,以便在浇筑混凝土时不松散、不变形。

⑤应避免在结构的最大应力处设置接头,并应尽可能使接头交错排列,接头间距互错开的距离大于50cm。

(5)模板安装

①采用新模板,质量符合标准要求。

②抱箍安装必须在墩柱混凝土强度达到设计强度的75%以上才能进行,为增加抱箍钢带与墩柱之间的摩擦力,保护墩柱混凝土外观,在抱箍与墩柱间加垫2mm厚橡胶皮。

③浇筑混凝土之前在模板内侧涂刷脱模剂,脱模剂宜采用同一品种,不得使用易黏在混凝土上或使混凝土变色的油料;确保模板与钢筋之间有足够的保护层。

(6)微膨胀混凝土。

①微膨胀剂。

a.技术指标符合我国《混凝土膨胀剂》(GB 23439—2009)中Ⅰ型膨胀剂标准指标。

b.采用能明显改善混凝土的孔结构和孔级配,提高混凝土的抗渗能力(抗渗等级>P10)。

c.混凝土微膨胀剂性能指标见表3。

②微膨胀混凝土。

a.按照《混凝土外加剂应用技术规范》(GB 50119—2003)和《补偿收缩混凝土应用技术规程》(JGJ/T 178—2009)进行施工。

b.经多次试验后确定微膨胀收缩补偿混凝土配制比比例,确保对混凝土收缩起有效的补偿作用。

(7)续接盖梁其他混凝土。

①原材料。

原材料符合《普通混凝土配合比设计规程》(JGJ 55—2011)要求。

混凝土微膨胀剂性能表 表3

检测项目					性能指标	实测结果
化学成分	总碱(%)				—	0.60
	氯离子(%)				—	0.01
	氧化镁(%)			≤	5.0	3.02
物理性能	细度	比表面积(m^2/kg)		≥	200	366
		1.18mm 筛余(%)		≤	0.5	0
	凝结时间	初凝(min)		≥	45	160
		终凝(min)		≤	600	221
	限制膨胀率(%)	水中	7d	≥	0.025	0.029
		空气中	21d	≥	-0.020	-0.006
	抗压强度(MPa)	7d		≥	20.0	29.2
		28d		≥	40.0	48.6

②其他混凝土。

a. 混凝土浇筑必须连续浇筑,间断时间不得超过30min,以防造成施工冷缝;混凝土浇筑时漏斗底口与承接面之间的高度为1~1.5m,以防混凝土离析;盖梁混凝土一次浇筑厚度不能超过30cm,振捣时间,浇筑至盖梁顶部时,应在混凝土初凝前采取复振措施,并采取措施排除混凝土的泌水。

b. 当混凝土表面出现析水时,及时予以清除,但不得扰动已浇筑的混凝土;混凝土的振捣选派有丰富经验有责任心的混凝土工专人负责,振捣程度以混凝土不再有显著沉陷,无气泡冒出,混凝土表面平整,并已泛灰浆为宜,但也应防止振动过量;在混凝土浇筑前,应对全部设备进行全面检查试验,确保施工中运转正常,并经技术负责人、施工负责人及监理工程师共同签认后方可浇筑混凝土。

c. 在浇筑过程中应派专业技术人员检查模板、支架、钢筋等状态,如有变形、移位或沉陷等现象,应立即停止浇筑,待校正处理好后方可继续;浇筑盖梁混凝土时,应采用先浇筑跨中后悬臂,逐渐向支点靠拢的施工程序。同时应特别注意预埋钢筋埋置的深度达到要求。

(8)混凝土养生。

①混凝土浇筑硬化后,使用土工布覆盖洒水养生,保持湿润。实际养护时间根据气温、风力等因素延长或缩短,以混凝土获得正常强度,停止养护后再不产生干缩裂纹为准。

②养护时,注意防止人员触电的安全工作。

(9)盖梁续接混凝土强度和接缝试验检测。

①进行标准试块同条件养护和标准养护作对比试验,确保混凝土质量。

②按《超声法检测混凝土缺陷技术规程》(中国工程建设标准化协会标准 CECS 21:2000)、《超声回弹综合法检测混凝土强度技术规程》(CECS 02:2005)、采用双面斜测法检测盖梁续接断面接缝处的混凝土结合情况(图4)。

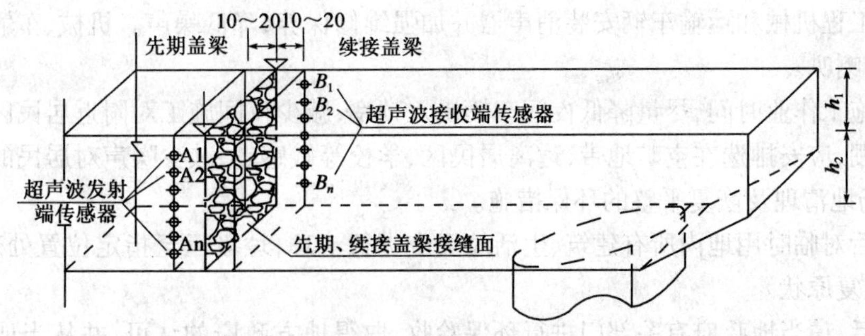

图4 续接盖梁混凝土超声波检查示意图(尺寸单位:mm)

a. 测试面应清洁、平整、干燥,不应有接缝、施工缝、饰面层、浮浆和油垢,并应避开蜂窝、麻面部位。必要时,可用砂轮片清除杂物和磨平不平整处,并擦净残留粉尘。

b. 先期在先期盖梁与续接盖梁两侧接缝处立面反对称画竖直线,竖直线与接缝处距离水平 10 ~ 20cm,在竖直线上画一组水平线,间隔 2 ~ 3cm,其交点作为超声波发射端或接收端的测试点;测试点避开钢筋位置,一侧 A_1、A_2……A_n 作为超声波发射端,另一侧 B_1、B_2……B_n 作为接收端,使超声波能从接缝处穿过。

c. 内业处理检测结果,出具检测报告。

③按《铁路隧道衬砌质量无损检测规程》(TB 10223—2004)采用地质雷达复检混凝土质量。

8 安全措施

(1)认真贯彻"安全第一、预防为主"的方针,根据国家有关规定、条例,结合施工单位实际情况和工程的具体特点,成立安全管理领导小组,建立健全安全岗位责任制,明确各级人员的职责,抓好工程的安全生产。

(2)严格贯彻执行国家颁发的《施工生产安全条例》、《建筑安装安全技术操作规范》、《施工现场临时用电安全技术规范》等有关规定,实行施工现场标准化管理,应重点防止高空坠落、物体打击、倾倒、触电、机械伤害、火灾等事故的发生。

(3)现场电动工具按规定设置保护措施,并必须安装漏电保护器,严防触电事故的发生。

(4)强化落实对高空作业人员的专项安全教育,特殊作业人员应持证上岗,并进行安全交底及必要的体检工作,规范各类警示标志、防护设施。

(5)正确穿戴劳保用品,进入施工现场戴好安全帽、系好下颚带,高空作业挂好安全带。凿除人员必须佩戴护目镜,防止飞石伤人。

(6)高空作业区域,应有相应安全防护措施,搭设操作平台,设置安全护栏,防止高空坠落。

(7)施工区域必须在较醒目位置设置相应的安全警示标识、标牌。

9 环保措施

(1)建立环保管理体系,切实贯彻国家及地方环保法规。加强生态环保宣传,制订奖惩措施,使施工人员自觉参与生态环境保护。

(2)做好施工便道和施工场地的防护工作,保护自然景观,减少水土流失。

(3)实行环保责任制,保持施工区域和生活区域的环境卫生,及时收集各种生活、生产垃圾,按照相应要求进行处理。污水排放应汇入沉淀池,经沉淀后排放清水。

(4)夜间作业必须保证沿途有足够的照明设施,脚手架及工作平台上的铺板,应钉铺结实。

(5)运送砂子、石子的车辆必须有遮盖装置,车轮必须清洗干净。

(6)搅拌机在运行过程中,应防止尘土污染空气,必须遮盖或搭临时棚。

(7)噪声控制按照《建筑施工场界噪声限值》(GB 12523—2011)的规定。

①对使用的工程机械和运输车辆安装消声器并加强维修保养,降低噪声。机械、车辆途经居住场所时减速慢行,不鸣喇叭。

②合理安排施工作业时间,尽量降低夜间车辆出入频率,减少夜间施工对附近居民区的噪声干扰。

③钢筋加工棚,应安排选在空旷地带,远离居民区、学校等敏感点,减少噪声对居民的影响。

(8)完工后场地清理及恢复平整的环保措施。

①工程完工后对临时用地内所有建筑、生活垃圾应进行清理,垃圾运至指定位置处理,场地清理平整合格后,将其恢复原状。

②施工完工后,请当地政府有关部门进行环保验收,取得地方政府的认可,并从当地政府取得环保措施得到实施的证明材料,确保不留环保后患。

10　资源节约

节约临时通车便桥搭设工时和节约材料，减少交通管理人员配备，确保交通安全畅通。

11　效益分析

若按原设计方案，在现有桥梁一侧搭设临时便桥，确保区域内交通顺畅。涉及6座军用钢便桥搭设，每座钢便桥搭设费用为8万元；现变更后采用桥梁墩台分幅施工，节约此项费用48万元；并保证了原有桥梁的能行和现有桥梁的施工，互不干扰。整体工期提前3个月通车，经济效益和社会效益显著。

12　应用实例

椒江至路桥机场路改建二期工程起点为椒江区下陈街道牛轭桥，终点为路桥后洋陈村，与路桥机场迎宾大道相接，路线全长约7.3km，其中椒江段3.747km。项目按照一级公路标准设计，兼具城市道路功能，双向六车道，设计时速为80km/h，路基宽42m，路幅布置为：中央分隔带宽为2m，行车道宽为2×11.25m，左侧路缘带宽为2×0.5m，硬路肩宽为2×2.5m，辅道宽度为2×5.0m，土路肩宽为2×0.75m。路面采用标准轴载双轮组单轴载100kN的沥青混凝土路面，桥涵设计荷载为公路—Ⅰ级。该工程的建设，对形成路桥机场快速通道、完善综合交通体系、促进区域经济发展和城市化进程，都具有重要意义。

本公司施工标段位于温黄滨海淤积平原的软黏土地区，为椒江段第一标段，起点为椒江区下陈街道牛轭桥，桩号K0+000，向南至两爿墩村，桩号K1+900，长1.900km。

本工法应用桥梁3座，即水陡桥跨径为3×10m，罗家桥、梅家里桥跨径均为1×16m，桥梁合计长72.52m，续接盖梁共计16片。桥梁墩台盖梁分段续接处未见20倍放大镜所能观察到的细微裂缝。试块强度符合设计要求，并经超声波和地质雷达抽样检测（图5～图6），混凝土强度符合设计要求、接缝质量完好。本工程自2011年开工，2013年4月完工，采用本工法施工的3座桥梁使用情况良好。

图5　超声波检测

图6　地质雷达检测

悬索桥软岩地层重力式锚碇施工工法

GGG(中企)C2076—2013

王宝善　李小利　李鸿盛　樊兆伟　刘红宇

(中交一公局第一工程有限公司)

1　前言

重力式锚碇因其结构受力明确,过程可控而在悬索桥中大量应用,但是它又包含了深基坑处置、大体积混凝土、预应力锚固系统、混凝土防腐等关键技术而使其质量、安全控制难度大。

中交一公局对刘家峡大桥的重力式锚碇施工技术进行课题立项,通过调查已有重力式锚碇施工技术,对刘家峡大桥锚碇施工技术进行了一系列的研究和应用,解决了大体积混凝土施工、锚碇基岩摩阻系数测定、索股锚固装置定位、混凝土防腐等技术难题,使悬索桥软岩地层重力式锚碇施工工法在刘家峡大桥锚碇中得到成功应用。重力式锚碇基础地基摩阻力试验方法已获得国家实用新型专利(专利号ZL201220532525.6)。本工法的关键技术已经申请中国公路建设行业协会进行科技成果鉴定。

2　工法特点

(1)本工法采用的综合温控措施,操作性强,保证了大体积混凝土施工质量。

(2)采用反力梁法进行地基承载力和摩阻系数的检测,得到地基的真实力学性能。

(3)利用预应力钢桁架定位系统代替整体式锚箱,预应力管道钢桁架定位系统、冷却系统设计构造简单,既节约了大量的钢材,又为预应力管道的准确定位提供了结构性支撑,质量控制效果好。

(4)本工法能够提高整体工效,保证大体积锚碇施工的安全、质量和进度。

(5)本工法使用的机械设备数量少、布局合理、施工成本可控。

3　适用范围

本工法具有施工快捷、便于掌握、直观可控、经济安全等特点,可以广泛应用于大体积混凝土锚碇的施工中,尤其适用于土质或岩石地基承载力较好,且无地下水活动地区明挖法施工的重力式锚碇。通过合理的支护和防排水系统的设计,也可应用到有明显地下水活动地区大体积混凝土施工作业中。

4　工法原理

(1)采用机械开挖与浅孔松动爆破技术相结合的方法,进行基坑分级放坡开挖施工。

(2)基坑底部清理后,采用反力梁法进行地基承载力和摩阻力试验。

(3)采用分层分块、通水冷却的综合方案,进行大体积混凝土施工降温处置,避免了大体积混凝土温度裂缝的出现。冷却水管定位支架兼作混凝土施工平台脚手架,既节约了临时设施材料,又提高了施工的操作性和便利性。

(4)自行设计的由等边角钢焊接而成的钢桁架作为预应力管道定位支撑架,既保证了预应力管道的精确安装,又提高了预应力管道抗施工扰动的性能。

(5)支墩下混凝土封顶后,搭设支架、支立模板、绑扎钢筋,分层浇筑散索鞍支墩混凝土。

(6)施工中采用抗硫混凝土配比进行垫层施工、基坑黏土回填、片石混凝土封顶、设置盲沟等措施进行混凝土防腐处理，提高锚碇混凝土的耐久性。

5 施工工艺流程及操作要点

5.1 施工工艺流程(图1)

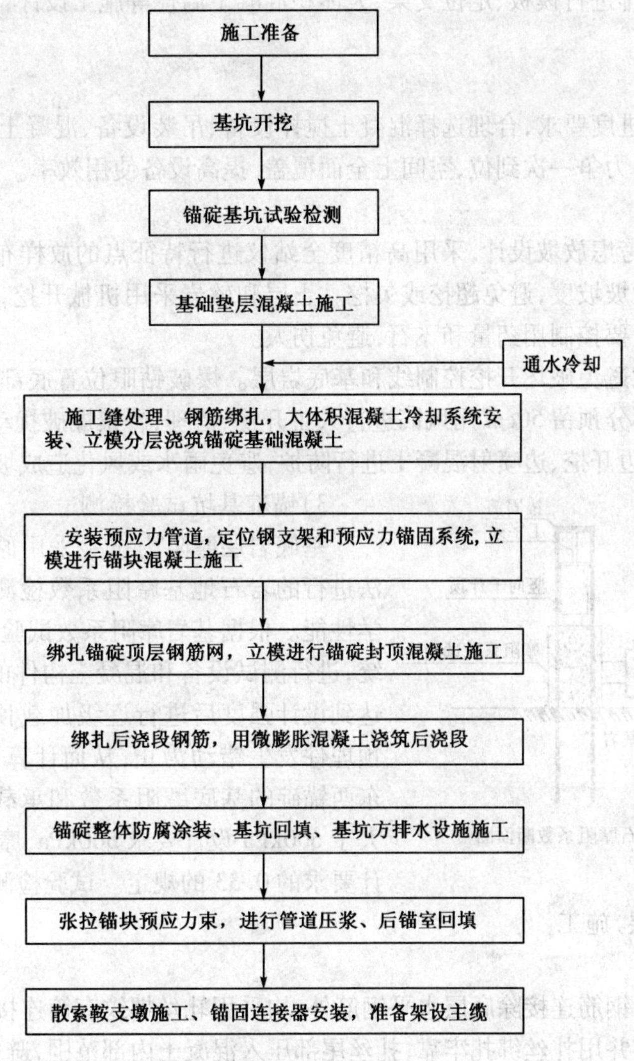

图1 锚碇总体施工工艺流程

5.2 工序操作要点

1)施工准备

(1)控制网布设。

设置独立的锚碇施工控制基准网，并经常与总体控制网进行联测，确保测量控制网的准确。

(2)方案编制和技术交底。

编制深基坑开挖、基坑边坡监控方案、锚碇混凝土施工方案等专项技术和安全方案，并邀请专家进行评审。施工前分别对管理部门、工作班组进行一级和二级技术交底，确保所有参建人员掌握工艺要点。

(3)配合比设计。

根据设计和施工要求，在原材料调查的基础上进行大体积混凝土配合比设计，采取掺加粉煤灰、使用高效减水剂、优化集料级配等方法控制水泥用量，降低混凝土的绝热温升。混凝土配合比设计强度控制指标必须按60d或者更长90d进行控制，如此则单立方水泥用量的减少会大大降低核心混凝土的绝热温升值。配合比设计阶段还要考虑混凝土施工性能的需要、提高和易性、降低水灰比;优选砂石料,水泥用量控制在300kg左右,粉煤灰掺量为水泥的20%~30%,坍落度控制在170mm+20mm,综合施工性能满足泵送混凝土施工需要。

(4)施工设计。

根据施工总体安排进行模板、定位支架、大体积混凝土温控等施工设计,并绘制详细施工图,通过监理工程师审核签认。

(5)设备选型。

根据施工工艺和进度要求,合理选择混凝土搅拌设备、吊装设备、混凝土输送设备、冷却循环设备,并合理规划设备布局,力争一次到位,空间上全面覆盖,提高设备使用效率。

2)锚碇基坑施工

基坑开挖轮廓线考虑放坡设计,采用高精度全站仪进行特征点的放样布设。施工中每完成1m高度开挖后,校核基坑边坡坡度,避免超挖或欠挖。土层和软岩采用机械开挖,坚硬岩层采用浅孔松动爆破,靠近居住区的位置要控制用药量和飞石,避免伤人。

机械开挖时,注意避免破坏开挖控制线和基底岩层。爆破钻眼位置底部和水平位置距离开挖控制线不少于2m。基底部分预留50cm用风镐进行人工开挖、清理,严禁爆破扰动基底岩层。

对基坑四壁采取边开挖、边喷射混凝土进行防护,避免雨水或风化造成坡面岩层剥落或坍塌。

3)锚碇基坑试验检测

基底岩层摩阻力试验采用原位试验方案,利用反力梁法进行的岩石地基摩阻系数检测,准确地反应出地基的力学性能。根据基岩摩阻系数试验原理设计反力梁的锚固系统,进行测试设备和混凝土构件的准备,待测试混凝土强度达到设计强度后进行逐级加载顶推试验,直到顶压混凝土预埋件发生错动为止,从而计算出基岩的摩阻力系数。对东西锚碇的基底摩阻系数和承载力进行检测,地基承载力大于600kPa设计要求500kPa,摩阻系数大于0.37,大于设计要求的0.33的规定。试验检测施工图如图2所示。

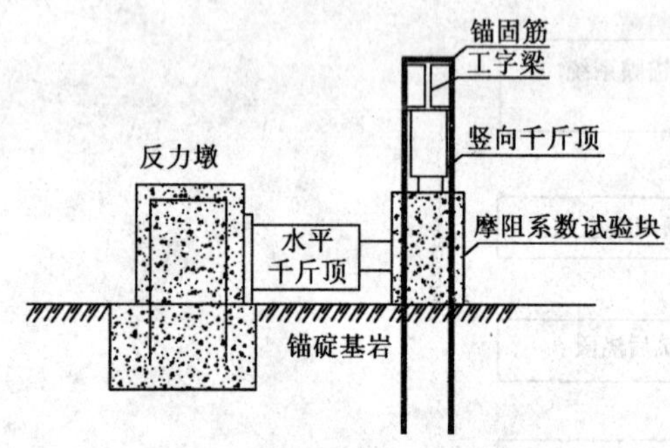

图2 锚碇基坑岩石摩阻系数断面图

4)锚碇基础(垫层)施工

(1)钢筋安装。

为加快工程进度,钢筋连接除底层水平钢筋外,均采用轧丝螺纹套筒连接方法。注意外侧钢筋防裂网要与水平钢筋密贴,并用扎丝绑扎牢靠,扎丝尾部压入混凝土内部范围,避免影响保护层厚度。

(2)冷却系统安装。

冷却水管支架竖向设置立柱,间距2m×2m,在冷却水管布设的位置焊接水平定位螺纹钢筋,上面搭设宽木板作为混凝土的施工平台,在浇筑完下一层混凝土后,将木板拆除并安装到上层施工平台上,同时在本层水平钢筋上安装冷却水管。

冷却水管设置采用回形布置,并且顺结构的长向布置,以减少弯头和接头数目。各层冷却管能独立通水,且能根据测温结果独立调节各管路通水量。转弯和接头部位采用钢丝橡胶管连接,冷却管插入钢丝管不少于25cm,保证每端用铁丝捆绑三道以上,避免混凝土浇筑过程中的冲击造成冷却管道堵塞或断裂漏水。

(3)模板施工。

根据锚碇基础的施工工艺定制钢模板,采用翻模法施工,单片模板加工重量以塔吊的最远起重量控制。为解决因水平拉杆过长和变形量大的问题,采用斜向拉杆进行模板的固定。钢模板外侧设置轻型钢脚手架,作为安装和拆除模板的安全操作平台。

(4)混凝土施工。

垫层采用抗硫混凝土配合比设计,高抗水泥单独进行购置。

锚碇基础混凝土每层浇筑立方量较大,要求在 10 ~ 12h 内完成浇筑。拖式泵车直接安装在拌和站放料斗下,利用泵管将混凝土输送到位。

混凝土采用斜向分层方式成型,分层厚度在 30 ~ 40cm。使用插入式振捣棒进行振捣,为保证上下层混凝土的连接,振捣棒要插入下层混凝土 15cm,同时振捣时注意避免碰撞冷却水管和测温计。

垫层混凝土采用高抗硫水泥进行配制,以避免岩层中的石膏溶解对混凝土的侵蚀损害,注意对基底浮土和灰尘的清理及浇筑混凝土前的洒水湿润,确保混凝土与岩石黏结质量。

(5)温控措施实施。

混凝土的浇筑时间选择在气温较低时施工,以降低入模温度,并在最短的时间内完成混凝土的施工。

混凝土通水时间控制在混凝土终凝后开始,管道的密封性能和强度必须保证不漏水,避免高压水渗漏对新浇混凝土冲刷形成空洞。

成立温度控制监控小组,从冷却系统、循环系统、蓄水管道的维护检测、到定时测量各区域温度。及时通过调整冷却水管的进水温度、通水量以及混凝土的表面覆盖等措施,控制混凝土的内表温差、核心最高温度、进出水温度等满足设计和相关规范要求。同时,根据环境温度的变化,采取覆盖、蓄水等方式调整混凝土表面温度。

加强对浇筑后 30h 内的温度监控,保证大体积混凝土各项温度指标满足温控要求,避免温度裂纹的出现。

5)锚块混凝土施工

(1)预应力管道定位钢桁架施工。

为保证预应力管道的精确定位,锚块区域设置预应力管道钢桁架梁定位系统。此劲性骨架根据锚块内预应力管道空间布置尺寸单独进行结构设计,采用∟ 100 × 100 或∟ 50 × 50 角钢焊接而成。

钢桁架梁的劲性骨架桁片在平整坚实的场地分段制作,组焊为吊装节片,然后利用施工塔吊分节吊装就位,焊接成整体钢桁架体系。施工中注意避免起重作业对已安装劲性钢桁架的碰撞。

(2)预应力管道施工。

定位支架安装完成并经测量复核满足要求后,逐根进行预应力管道的安装(图 3)。

预应力管道按照设计长度,考虑锚垫板及锚箱的长度,进行精确计算、下料。管道加工接长时,采用套管连接以避免出现错台或漏浆现象。

分层安装预应力管道,利用三维坐标将管道两端准确定位后,利用 U 形钢板将管道两端进行焊接固定,最后对管道中间进行焊接定位。

图 3　锚块内预应力管道安装

(3)锚垫板施工。

锚垫板逐个与预应力管道连接,为保证锚垫板位置的准确,锚垫板、固定锚盒先按设计空间位置与已安装预应力管道进行对接并准确定位,再用 50 × 50 角钢沿前锚面对全部锚盒进行整体固定,然后将锚箱逐块与前后锚面模板用螺栓连接。

前锚面施工还要将猫道系统预埋件等提前制作,浇筑前按设计位置预埋。

6)锚碇封顶混凝土施工

锚碇封顶混凝土施工注意预埋件的安装,设立高程控制系统控制混凝土顶部高程,混凝土表面进行二次收浆抹面,混凝土初凝后立即覆盖养生,通水冷却控制内表温差,防止表面开裂。

7)后浇段混凝土施工

后浇段采用微膨胀混凝土,竖向接缝凿毛后清理干净,分层进行微膨胀混凝土的浇筑、振捣。

8)混凝土防排水系统施工

除了基础混凝土采用高抗硫混凝土外,还要有系统的混凝土防腐措施:对锚碇基础四周的混凝土表面涂刷防水涂层,按照基坑分层回填黏性土,表面用片石混凝土封顶,基坑顶部四周设置排水盲沟,以提高锚碇大体积混凝土的耐久性。

9)散索鞍支墩施工

散索鞍倾斜支墩和前锚室底板对称分层浇筑,采用满堂支架工艺,支墩顶部浇筑时,将散索鞍底板预埋件利用劲性钢支架进行准确定位,确保轴线位置、高程、平整度符合散索鞍安装要求后浇筑顶层混凝土,注意避免对预埋件位置的扰动。

10)混凝土施工缝处理

锚碇混凝土施工期间,加强保温、保湿养护,使混凝土表面始终保持潮湿。夏季施工时,混凝土表面采用土工布覆盖,人工洒水,可以采用现场冷却水箱中的水,保温保湿;侧面采用人工洒水,保湿养生。进入冬季施工后,混凝土表面覆盖层由原先的土工布改为塑料薄膜和棉被,为防止内外温差过大,夜间停止洒水。

11)锚块预应力系统施工

锚块混凝土强度达到设计强度值后,安装主缆索股锚固连接器、穿预应力钢束、安装锚具等,采取环向对称分级张拉工艺进行预应力钢束的张拉,采用真空注浆工艺进行预应力管道灌浆处理,锚头外露钢绞线切除后安装锚头防护帽。

12)混凝土防腐处理

以避免岩层中的石膏溶解对混凝土的侵蚀损害,垫层混凝土采用高抗硫水泥进行配制,施工前注意对基底浮土和灰尘的清理及浇筑混凝土前的洒水湿润,确保混凝土与岩石黏结质量。

6 材料与设备

6.1 主要材料性能和要求(表1)

锚碇采用分块浇筑施工工艺,中间设置2m宽后浇段,后浇段采用微膨胀混凝土,因此配合比要考虑混凝土的膨胀系数,微膨胀混凝土配合比的膨胀量可按补偿普通混凝土的收缩量进行控制。

所有混凝土均采用泵送法施工,因此配合比设计过程中,要在保证强度的前提下提高混凝土的施工性能,即可泵性,减少水灰比,控制混凝土初凝时间为12~18h,终凝时间为22~24h,控制坍落度在16~20cm。

材料统计一览表　　表1

序号	名称	规格	用途
1	混凝土	C40	锚块混凝土
2	混凝土	C30	锚室、锚碇基础、散索鞍支墩、侧墙
3	混凝土	C30抗硫	锚碇基础抗硫层
4	混凝土	C30微膨胀	锚碇基础
5	钢筋	R235	锚碇基础、散索鞍支墩、侧墙钢筋
6	钢筋	HRB335	锚碇预埋钢筋
7	钢筋	冷轧带肋钢筋网片	锚碇基础、散索鞍支墩、侧墙
8	钢绞线	$\phi^s 15.2$	锚固体系
9	锚具	M15-16	锚固体系
10	钢材	Q235C	前后锚面、预应力管道、锚垫板
11	钢材	45号	锚固连接器
12	冷却管	$\phi 25 \times 1.2$	每层混凝土中,用于降温

6.2 机械设备汇总(表2)

机械设备一览表(单侧锚碇合计) 表2

序 号	设备/材料名称	规 格	数 量	单 位
1	拌和站	HLS90/HLS50	1/1	套
2	混凝土泵	HTB80/HBT60	1/1	台
3	塔吊	TC6013/TC5610	1/1	台
4	挖掘机	CAT320	2	台
5	装载机	ZL50	2	台
6	水泵	—	4	台
7	运输车	卡玛斯	8	辆
8	振捣棒	ZDN60	20	台
9	套丝机	12～40mm	1	台
10	喷浆机	PZS-6A	1	台
11	汽车吊	QY25V	1	台
12	交通船	—	1	台
13	柴油发电机	120kW	1	台
14	钢板	3mm/12mm	2.45/1.13	t
15	角钢	L50×50×5(mm)	43.6	t
16	模板	定型钢模板	57.3	t
17	冷却水管	ϕ25×1.2mm	18 900	t
18	冷却水管支架钢筋	ϕ20/ϕ12 螺纹钢筋	26.9/8.5	t

7 质量控制

7.1 应执行的标准规范(表3)

本工法执行的标准和规范 表3

标准、规范、规程代码	标准、规范、规程名称
JTG F80/1—2004	《公路工程质量检验评定标准 第一册 土建工程》
JTG/T F50—2011	《公路桥涵施工技术规范》
JGJ 82—2011	《钢结构高强度螺栓连接技术规程》
JTG/T B07-01—2006	《公路工程混凝土结构防腐蚀技术规范》
GB/T 131—2006	《产品几何技术规范(GPS)技术产品文件中表面结构的表示法》
NB/T 47014—2011	《承压设备焊接工艺评定》
JB/T 6402—2006	《大型低合金钢铸件》
YB/T 9256—1996	《钢结构、管道涂装技术规程》
JT/T 722—2008	《公路桥梁钢结构防腐涂装技术条件》
CECS 28:90	《钢管混凝土结构设计与施工规程》
GB/T 700—2006	《碳素结构钢》
GB/T 5117—1995	《碳钢焊条》

7.2 质量控制要求

(1)锚碇基坑开挖禁止大药量爆破,保证基坑开挖尺寸,避免扰动基坑四壁和基底岩层;基坑内排水设施设置完善,基底避免积水浸泡;基础的地基承载力达到500kPa;确保基底抗滑摩阻系数大于0.33。

(2)控制每层混凝土浇筑的轴线偏位、断面尺寸、顶面高程以及各预埋件的位置满足设计要求;锚碇基础混凝土表面平整,颜色一致,不得出现非受力裂缝。

(3)预应力管道单根轴线位置控制准确,预应力管道钢桁架必须安装牢固,在浇筑混凝土时不受扰动、不变位;锚垫板平面与孔道轴线垂直;测量人员必须进行双人、双机复核,对计算数据和测量放样的方式方法进行严格审核,确保准确和精确。

(4)后浇段浇筑采用水平分块方式进行施工,控制微膨胀混凝土的外加剂用量和拌和质量;混凝土浇筑前,竖向接缝必须凿毛。

(5)混凝土的冷却系统,必须设置完善,管道畅通、位置准确,严格按温控要求的频率进行温度监测,并根据实测温度即时调整冷却水管的进水温度、通水量以及混凝土的表面覆盖等。

8 安全措施

(1)制订深基坑开挖、锚碇大体积混凝土施工、测量监控等技术和安全专项方案,并在施工过程中予以实施。

(2)加强对基坑四周的围挡和基坑坑壁的防护,避免冲刷和风化引起局部或大面积塌陷、滑塌。

(3)加强基坑顶部排水设施的施工和保护,确保基坑外水不流入基坑内;同时基坑内部设置集水和排水设施,避免积水浸泡。

(4)出渣通道的坡度控制在合适范围内,提高车辆进出的安全性;通道出口设置警示标识,并设专人指挥车辆,避免交通事故。

(5)加强特种设备和特种作业人员的管理,严格持证上岗;同时加强安全技术交底工作。

(6)塔吊由专业单位安装、检验,并取得检测合格证书;注意对塔吊基础的安全性能设计。

(7)加强爆破安全管理,严格按爆破方案实施,加强对爆破器材和人员的管理、教育和培训。

9 环保措施

(1)保证环境保护费用的投入,确保建筑垃圾和施工污水不随意排放。

(2)加强对弃渣的管理,弃土场合理设计规划,工程防护和植被保护相结合,避免雨水冲刷使弃渣流失,造成水体污染或淤没农田。

(3)混凝土冷却水循环使用,最终沉淀处理后排入河内。

(4)加强对混凝土原材料的管理,注意水泥和粉煤灰的防尘,同时避免水质外加剂遗漏造成水体污染。

(5)对施工管理人员进行环境保护管理教育培训,提高全体参建人员的环保意识,主管部门定期对环境保护实施情况进行检查,发现施工对环境造成影响的立即予以纠正。

10 资源节约

使用本工法,在以下方面节约了资源:

(1)混凝土掺入粉煤灰,减少水泥用量,即节约了成本,又降低了混凝土的绝热温升。

(2)利用长距离泵送混凝土工艺,减少了布料杆或泵车的投入,节约了资源。

(3)利用冷却水蓄热保温,减少覆盖物的投入。

11 效益分析

11.1 经济效益分析

1)材料费

刘家峡大桥锚碇各项材料费用共计3 993 8671元,项目部根据施工图纸对方案进行了优化和对比选择,以此来减少施工成本。

(1)配比设计阶段:大体积混凝土掺加粉煤灰的潜在技术经济优势明显,通过设计配合比优化、利用粉煤灰代替水泥节约水泥5 472t,节约费用140万元。采取60d强度指标作为控制标准,单方水泥用量会降低到330kg,此项措施节约的直接费用达到150万元左右。

(2)临时结构设计方面:对临时支架、预应力锚固系统定位支架结构进行优化设计,节约钢材180t,节约费用98万元。

(3)试验方案选择方面:利用反力梁法进行地基摩阻系数试验代替原位测试方法和堆载检测、节约试验费20万元,加快了施工进度。

(4)施工工艺选择方面:通过对分层分块工艺的优化,加快了施工进度,节约工期两个月;通过对浇筑方案的优化,将浇筑厚度由1m变更为1.5m,则总的施工层数以及冷却管道数量的减少,节约了6层混凝土的浇筑时间以及六层冷却管道,缩短工期2个月,节省钢材40t,节约费用30万元。

2)机械费

设备选择方面:锚碇大体积混凝土施工需要的设备多,起重、混凝土拌和、输送等协调配合要求高,通过方案比选最终采用拖式泵及泵送管道浇筑代替布料杆或汽车泵浇筑,塔吊埋置在锚碇基坑前后轴线位置上进行模板钢筋的安装,节约机械费用80万。

3)工期节约费用

项目部一进场就倒排工期,利用科学的施工方法和工艺进行施工,为锚碇施工节约工期两个月整,减少管理费50万元整。

总计降低施工成本:140 + 150 + 98 + 20 + 30 + 80 + 50 = 568(万元)。

11.2 社会效益分析

在锚碇施工过程中,现场施工技术质量管理多次得到业主和监理的表彰,树立了良好的企业信誉,并取得良好的经济效益。在质监站委托的第四方检测单位对锚碇的全面检测中,未发现贯通性裂缝,质量控制效果良好。

12 应用实例

刘家峡大桥为536m单跨双铰简支钢桁加劲梁悬索桥,跨越刘家峡水库黄河支流,是临夏折桥至兰州达川二级公路的重点工程。东、西两岸锚碇设计均为浅埋重力式锚碇,采用三角框架式混凝土结构,矩形倒坡扩大基础,单体混凝土3.6万m^3。由于东、西两岸锚碇间无便道相通,根据地形条件和工程施工及进度的要求,我们在东、西两岸分别独立设置桥梁施工工区和混凝土拌和站,由两支专业施工队伍平行作业。东锚碇自2011年5月1日开始浇筑兰州测锚碇第一层混凝土,至2012年6月中旬完成临夏侧锚碇封顶作业。通过本工法的应用,总体施工进度满足要求,节约了钢材,实体混凝土密实无贯通裂缝,外观平整,预应力管道定位准确,保证了索股锚固定位精度,各项质量指标检验均合格。

在刘家峡大桥索塔承台施工中也采用类似的施工方案,承台混凝土质量控制达到预期的效果。

悬索桥大直径索塔钢管现场制造与拼接直焊缝施工工法

GGG(中企)C2077——2013

黄振燕　阳华国　李鸿盛　卢界江　薛文明
(中交一公局第一工程有限公司)

1　前言

预制拼装钢结构工程的诸多优点,使这种结构形式在大型桥梁高桥塔工程中广泛应用,而拼接焊缝最少的钢管结构形式的更有优势,以往的桥塔钢管直径不大,制造难度小,而超高桥塔出现必将对钢管的直径和壁厚要求越来越大,对组装和焊接质量提出更高的要求。刘家峡大桥设计首次采用钢管混凝土桥塔结构形式,钢管直径300cm,钢管壁厚5cm。

中交一公局针对此项目施工难点进行课题立项,开展技术攻研究,保证了实体工程的制造质量,为今后类似工程建设提供了宝贵的经验。本工法的关键技术在2013年3月通过中国公路学会科技成果鉴定达到“国际先进”水平。《旋转走行轨道拼装焊接制造大直径特厚钢管的方法及其装置》申报了国家发明专利和实用新型专利,已经被受理。

2　工法特点

(1)旋转走行轨道拼装焊接制造大直径特厚钢管的方法,为钢管对接焊缝同时焊接提供了条件,提高了拼装顺直度和焊缝质量,提高了工效。

(2)本工法能够提高直缝焊接钢管组拼工效,可保证大直径特厚钢管制造的施工的安全、质量和进度。

(3)钢管卷制质量管控点明确,控制方法有效。

3　适用范围

本工法尤其适用于不同管径、不同厚度直缝焊接钢管卷制施工。通过对焊接工艺的设计,能够应用于不同类型的筒状钢结构制造工程。

4　工法原理

本工法是特厚大直径钢管制造的一种有效工艺的方法。其原理是:

(1)采用大型卷管设备进行钢管卷制。

(2)利用拼装轨道进行钢管接长。

(3)利用可调速的旋转滚轮架进行钢管对接环缝焊接。

这一系列专业分工明确、工序划分合理、设备选择可靠的措施,保证了钢管制造的施工质量。

5　施工工艺流程及操作要点

5.1　施工工艺流程

桥塔钢管制造工艺流程如图1所示。

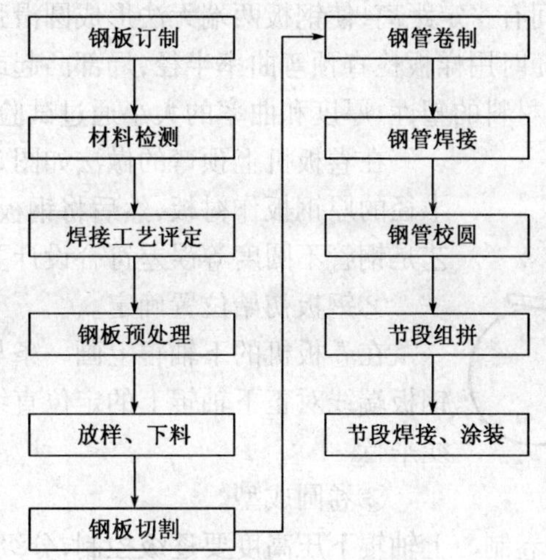

图1 桥塔钢管制造工艺流程

5.2 工序操作要点

1)施工准备

(1)技术准备。

根据桥塔钢管结构特性,合理选择专业制造单位,确定制造工艺,研究施工技术,确定板材制造单位,保证钢管制造质量。

(2)焊接工艺评定。

对特殊板材焊接,根据焊接作业指导书进行焊接工艺评定试验,根据相关规范对焊接试板的规格、破口形式进行确定,在同批钢板原材料上进行试板的切割,坡口制作,在焊接人员对焊接工艺了解和熟悉后开始试板的焊接加工,焊后24h进行超声波和射线检测,并送有资质的试验检测单位进行试板理化、力学性能试验并出具检测报告。据此进行焊接工艺总结,包括焊接方法的确定、焊接材料的选用、焊接接头的形式、坡口角度、组装要求、允许偏差、焊接工艺参数和焊接顺序、焊接变形及焊接应力的清除措施等。

(3)施工设计。

根据施工需要制订桥塔的制造方案及安装方案,绘制塔柱的节段结构图、机加工零件图等施工图,补充注明接头位置、焊接符号、坡口尺寸及制造技术要求等。

(4)设备选型。

根据施工工艺和进度要求,合理选择钢结构加工、焊接设备、防腐涂装设备等,并合理安排施工流程,工序衔接合理,检验检测及时,提高各种设备使用效率。

(5)材料选择。

根据设计要求,定制施工所用材料,如双定尺的Q345钢板、焊剂、焊丝、二氧化碳气体等焊接材料。

2)标准节段钢管卷制

(1)钢板预处理。

钢板在切割前,采用赶板机进行钢板赶平,以消除钢板内应力,防止进厂的钢板因弯曲、翘曲等因素影响切割质量。

(2)钢板下料。

钢管的直径、管端不平度、垂直度等对钢板的定制和下料精度要求非常严格,必须严格控制放样对角误差以及切口端部处理。焊接破口采用自动气割机切割,切割后的钢板清除氧化铁渣。

(3)钢板卷圆。

①预弯处理措施。

由于卷板机两根下轴辊之间有一定距离,使钢板两端无法形成圆滑弧线,因此必须对两端的直边先进行预弯。预弯时钢板预弯段随时用样板检查预弯曲率半径,局部凸起或凹陷的地方,用钢板条作为衬垫来校正。卷板机预弯时,根据材料的塑性、厚度和曲率的大小通过试验确定预弯次数。

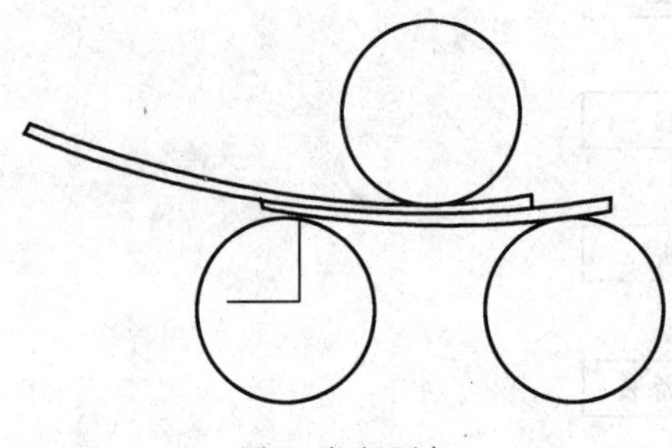
图2　钢板预弯

在卷板机上预弯的做法如图2所示,先将一块弯成所需圆弧半径的厚钢板作衬板,然后将钢板放在上面进行端部预弯。此工艺是钢管不圆度等误差符合设计要求的根本保证。

②钢板初始位置确定。

在卷板机的下轴辊上画一条与轴辊轴线平行的定位直线,用钢板端线对正下轴辊上的定位直线,保证板端线与下轴辊外边缘线平行。

③卷圆成型。

钢板初始位置确定后,开始卷制。上轴辊下压高度要逐级控制,分级下压。施工过程中要经常用圆弧样板(半径为卷管内半径)检查,直至卷到需要的曲率半径为止。卷圆时还要考虑钢板的回弹量。

卷圆完成后在卷板机上进行定位焊,焊点要平整和牢固,定位后开动卷板机对圆筒进行初次矫正滚圆,矫正的重点是纵向接缝位置附近,这是保证标准管节直径和椭圆度的基本环节,需要多次校圆。

(4)钢管直缝焊接。

根据焊接工艺评定确定焊接方法,采用 CO_2 气体保护焊进行打底焊接,然后采用埋弧自动焊对焊缝进行对称焊接成型工艺。

(5)钢管校圆。

对组焊完毕的标准管节,二次将进行校圆。校圆在卷板机上进行,加载遵循渐进模式,不得过校,卸载也要逐渐减小。

由于管节纵缝焊接后,焊缝会收缩,导致管节纵缝处产生内棱角或外棱角。使用专用弧板进行矫圆,即先将专用弧板放于卷板机上,再将管节放于弧板和上辊之间,使管节纵缝位于弧板中间,并使管节和弧板一起在卷板机上来回滚动,直到检查棱角合格为止。当管节纵缝有内棱角时,将管节纵缝放于卷板机上滚轮正下方,上辊向下压,待焊缝两侧产生一定变形后可使管节在焊缝两侧附近来回滚动数次,过大角度,检查棱角合格后即可。校圆后的管节应保证圆度要求,其形成的棱角用弦长等于1/6设计内直径,长不小于300mm的内样板和外样板检查,如图3所示,其棱角值不得大于(δ_n/10+2)mm,并不大于5mm。

为防止棱角的产生,可根据坡口的形式设计防变形的方法(在预弯的弧度上进行控制);可以在焊接时,先焊接收缩量大的焊缝;也可采用双数焊工对称施焊;还可以在保证设计强度的前提下,焊缝的熔焊金属及焊缝的坡口应尽可能取小进行,控制棱角的产生。钢管回圆见图4,纵缝和环境焊接见图5。

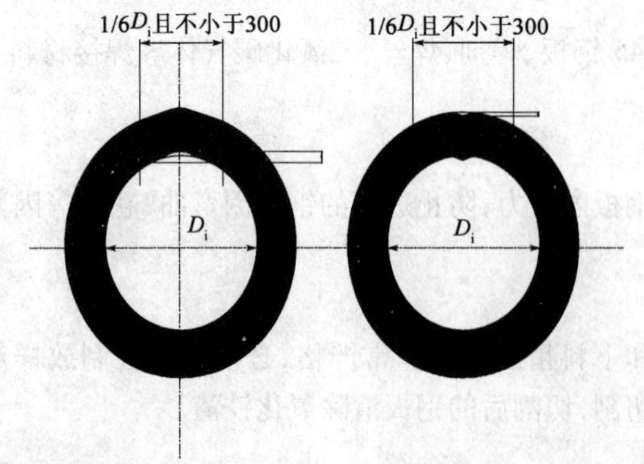

图3　管节纵缝处内、外棱角允许值(尺寸单位:mm)

图4　钢管回圆

图5 纵缝和环缝焊接

3)节段组装

标准节段长度2.8~3.0m,根据运输节段长度进行组拼焊接,节段之间的环缝焊接质量和节段的组装质量要求对拼装和焊接场地进行重点设计。

为保证吊装节段组装尺寸和焊接质量,经过多次论证选择吊装节段轨道式组装胎架进行组装,利用全回转焊接滚动架进行内外环缝的焊接,从而确保吊装节段组装的直线度和旁弯符合要求,通过旋转节段使节段对接环缝焊接位置始终处于平焊位置从而保证焊缝质量。

吊装节段制作工艺流程为:标准节段选配→标准节段逐节吊装上组装胎架→相邻管节调整→相邻管节定位焊接→吊装到回转滚动架→内部环缝焊接→外部环缝焊接。

管节组拼在轨道式组装胎架上完成(图6),拼装场地坚实、地基承载力足够,两根轨道必须矫直,水平平行设置并焊接牢固。控制轨面高程和轨道顺直度,这是保证拼装钢管顺直度的最重要措施。组拼过程中控制管端的缝隙均匀、整体节段顺直、管端错边量不超过设计要求,否则采取措施进行调整、具体根据竖向或横向差值采取倒链或千斤顶进行校准,合格后临时用马板焊接。图7为轨道式组装胎架施工图。

图6 轨道上组装吊装节段

图7 轨道式组装胎架施工

拼装过程中对由于各种因素产生的弹性或塑性变形必须采用技术措施进行调整,使管节对接避免错位、不顺等缺陷。图8为现场采用5t倒链进行缝隙调整,利用30t千斤顶进行管端对接错边量的调整。同时调整过程中需要采取遮阳等措施避免日照温度影响。

临时连接完成的吊装节段利用龙门吊进行起吊,移送到全回转滚动架上进行焊接工序施工。在全回轮焊接滚动架上进行内外双面埋弧焊焊接,见图9。

图8　吊装节段拼装缝隙和错边量微调

图9　组拼接长

6　材料与设备

6.1　材料

1)主要材料性能和要求(表1)

主要材料一览表　　表1

序　号	名　称	规　格	用　途
1	钢材	Q345D	桥塔钢管、桥塔横梁制作
2	钢材	Q235C	钢管加强组件
3	高强螺栓	GB/T 1228 M24×80	横梁、雀替连接
4	高强螺栓	GB/T 1228 M24×80	
5	螺母	GB/T 1229 M24	
6	高强垫圈	GB/T 1230 24	
7	焊钉	M25×300	钢管内部加强钢管与混凝土的黏结
8	焊丝	H08MnA(5.0mm 合金钢焊丝)	钢管的制作焊接
9	焊剂	HJ250(0.3～2)	

(1)桥塔钢管、桥塔横梁采用Q345D钢,化学成分和拉伸试验的性能应符合《低合金高强度结构钢》(GB/T 1591—2008)的要求。

(2)－20℃夏比(V形)冲击试验冲击吸收能量必须大于34J。

(3)由于钢板较厚,要求厚度方向具有良好的抗层状撕裂性能,Z向性能级别采用Z25。

(4)钢的含硫量要求不大于0.007%,断面收缩率Ψ_Z不小于25%,Z向性能试验方法和检验规则需符合《厚度方向性能钢板》(GB 5313—2010)的有关规定。

(5)对于碳当量C_{eq}超过0.44%的钢板,必须通过焊接工艺试验另行选定适当的焊接材料和焊接方法。碳当量可根据出厂证明书记载的化学成分含量或制造厂抽检得到的化学成分含量,用下式计算:

$$C_{eq}(\%) = C + \frac{M_n}{6} + \frac{S_i}{24} + \frac{N_i}{40} + \frac{C_r}{5} + \frac{M_o}{4} + \frac{V}{14}$$

2)焊接材料要求

焊丝采用合金钢焊丝,并根据采用的焊接工艺选择焊丝直径。焊剂的选用原则为:通过适当的焊接工艺,与相应的焊丝相配合,能够得到所需的化学成分和力学性能的焊缝金属和良好的焊缝成形,同时要具有良好的稳弧、造渣、脱渣性,尽量减少焊接过程中生成的有害气体。

(1)焊接材料应根据焊接工艺评定试验结果确定。应采用与母材相匹配的焊条、焊剂和焊丝,且符合相应的国家标准。焊条选配及强度等级符合《建筑钢结构焊接技术规程》(JGJ 81—2002)规定,并与母材相匹配。

(2)由于钢管厚度大焊缝金属冷却时收缩压力大,易产生裂纹,应选用抗裂性能好的焊条。

(3)焊丝、焊剂的选用应符合图纸要求,与焊接工艺相匹配。

6.2 设备

机械设备见表2。

机械设备一览表 表2

序 号	设备名称	规格型号	数 量	单 位
1	龙门吊	2×50t	1	套
2	卷管机	W11S-80×3000	1	台
3	下胎轨道	承受120t	6	条
4	埋弧焊机	ZD5-1250	4	台
5	CO_2 焊机	350KR	4	台
6	气刨机	ZGF-1000	2	台
7	半自动切割机	GC1-30	2	台
8	X光射线仪	XXG2505	1	台
9	超声波探伤仪	CTS-26A	1	台
10	磁粉探伤仪	XJHY-2	1	台
11	数控切割机		1	台
12	干膜测厚仪		2	台
13	英格索兰空压机	XP900E	1	台
14	喷砂机	GPBS-4720	1	台
15	电弧喷涂机	ZPG-400B	2	台
16	焊角尺		3	把
17	钢板校平机		1	台

7 质量控制

7.1 应执行的标准规范(表3)

执行的规范和标准 表3

标准、规范、规程代码	标准、规范、规程名称
JTG F80/1—2004	《公路工程质量检验评定标准 第一册 土建工程》
JTG/T F50—2011	《公路桥涵施工技术规范》

续上表

标准、规范、规程代码	标准、规范、规程名称
TB 10212—2009	《铁路钢桥制造规范》
2010.10	刘家峡大桥施工图设计文件
GB 50205—2001	《钢结构工程施工质量验收规范》
GB/T 1591—2008	《低合金高强度结构》
GB/T 3077—1999	《合金结构钢技术条件》
GB/T 699—1999	《优质碳素结构钢技术条件》
GB/T 7233.1—2009	《铸钢件　超声检测　第1部分:一般用途铸钢件》
GB/T 7233.2—2010	《铸钢件　超声检测　第2部分:高承压铸钢件》
GB/T 131—1993	《机械制图表面粗糙度符号代号及其注法》
NB/T 47014—2011	《承压设备焊接工艺评定》
JB/T 6402—2006	《大型低合金钢铸件》
YB/T 9256—1996	《钢结构、管道涂装技术规范》
JT/T 722—2008	《公路桥梁钢结构防腐涂装技术条件》
GB/T 3632—2008	《钢结构用扭剪型高强度螺栓连接副》
GB/T 700—2006	《碳素结构钢》
GB/T 5117—1995	《碳钢焊条》

7.2　钢管卷制控制圆度

在工厂里进行圆度控制有两种方法:一种是用制定的直尺进行内圆控制,并用直尺进行不同断面的内径控制;另一种是采用钢塔胎膜进行外圆控制,发现不圆处及时进行矫正。

7.3　拼装质量错台、顺直度

钢塔预拼时,如果发现错台,错台超过2mm就要采用千金顶进行顶推。顶推时采用焊接马板进行固定,顶好一处固定一处。校正完以后用十字撑进行固定。

钢塔顺直度检测采用拉线法进行检测,不合格处采用台架进行矫正。

7.4　工厂焊接质量控制

1)焊缝检验要点

(1)所有焊缝在焊缝金属冷却后进行外观检查,并填写检查记录备查。所有焊缝不得有裂纹、未熔合、焊瘤、夹渣、未填满弧坑及漏焊等缺陷。

(2)焊接人员对所施焊的焊缝先进行自检和互检,发现缺陷及时修补,并清理熔渣及飞溅物。对图纸要求打磨的焊缝打磨平顺。

(3)自检、互检合格后,填写施焊记录并在自互检栏内签字或盖章,交专职质检人员检查。质检人员检查合格后,施焊班组填写无损检验委托单等无损检验。

(4)无损检验人员需持有效二级以上合格证件,监理工程师确认后方准上岗操作。

(5)无损检验人员在检测过程中发现超出规范的焊缝缺陷应进行实物标识,由专人进行返修焊。返修焊不得超过两次。返修焊后按上述要求重新进行外观检验和无损检验。

(6)检验合格焊缝由质检人员在施焊记录和无损检验记录上签字盖章方可转序。

2)焊接质量控制要点(图10)

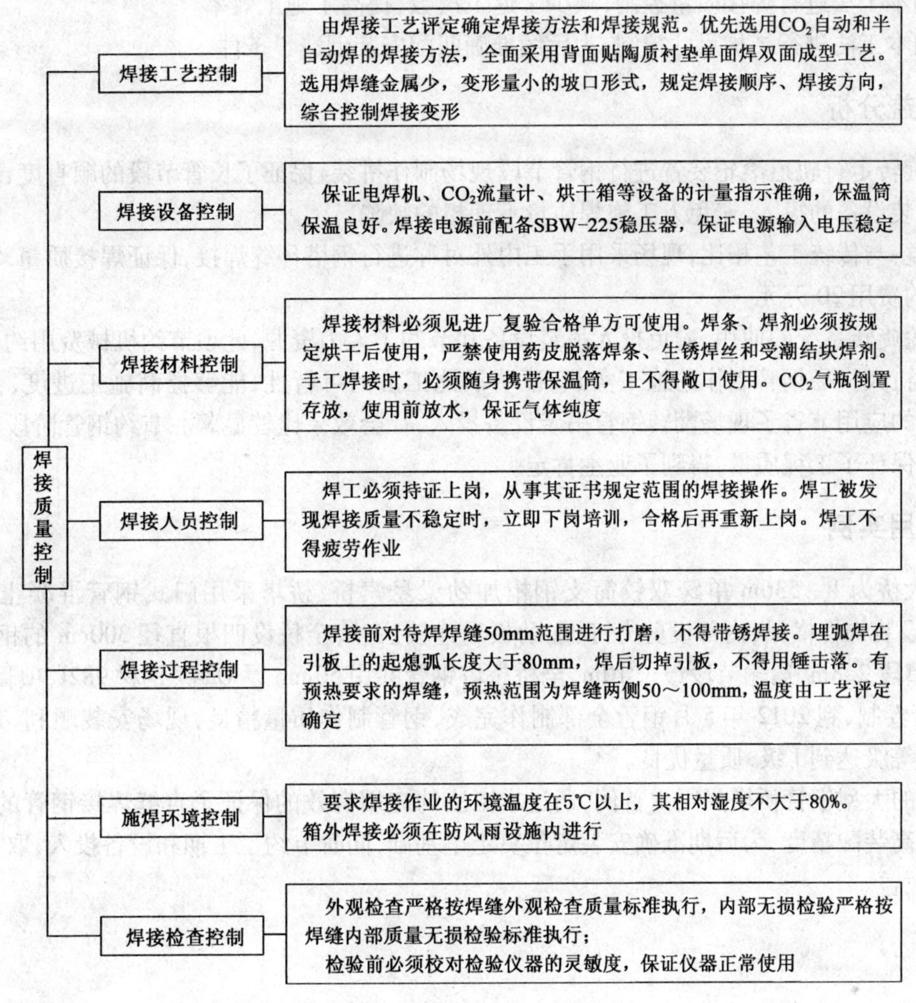

图10 焊接质量

8 安全控制

(1)制订桥塔钢管卷制、组拼、焊接、试验检测等安全技术专项方案，并在施工过程中予以实施。

(2)加强对吊装、组拼设备的检查维修，确保设备正常运转。

(3)加强特种设备和特种作业人员的管理，持证上岗；同时加强安全技术培训和交底工作。

(4)加强对全体参建人员，尤其是现场作业人员的安全教育，要求进入施工现场必须佩戴安全防护用品；电气设备和线路必须绝缘良好，并定期检查。

(5)加强安全管理，确保安全生产条件，严格执行进场检查，杜绝三违作业。

9 环保措施

(1)保证环境保护费用的投入，确保建筑垃圾和施工污水不随意排放。

(2)采取措施避免X射线对相关人员造成辐射伤害。

(3)对施工管理人员进行环境保护管理教育培训，提高全体参建人员的环保意识，主管部门定期对环境保护实施情况进行检查，发现施工对环境造成影响的立即予以纠正。

10 资源节约

使用本工法，在以下方面节约了资源：

(1)利用本工法进行钢塔焊接、拼装,有效保证了钢塔现场制造速度,节约了人力和资源。

(2)利用本工法进行焊接质量控制,减少了返工次数,提高了施工效率。

(3)利用本工法进行结构尺寸控制,为后续准确匹配安装创造了条件。

11 效益分析

采用了旋转走行轨道滚轮装置进行钢管节段现场制作拼装,保证了长管节段的顺直度,创造平焊条件,减少了吊装设备的投入、避免人工施焊质量不理想的缺陷。

经济效益:与传统工艺相比,现场采用手工内外对称进行钢塔环缝焊接,保证焊接质量均达到Ⅰ级,此项成果节约费用20万元。

轨道滚轮旋转系统的使用,避免投入吊装设备和节约了人力资源,此项节约机械费用约30万元。

社会效益:大直径钢管制作的施工实践,证明了此工法的可行性,能够提高施工进度、保证工程质量;发明专利的应用节省了现场翻转钢管吊装设备投入,社会效果比较显著。节约钢管阶段制作拼装工期约1个月,保证了工程质量,得到了业主肯定。

12 应用实例

刘家峡大桥为1~536m单跨双铰简支钢桁加劲梁悬索桥,桥塔采用门式钢管混凝土结构,塔高61.5m,塔顶设装饰性横梁,内部设剪力钉、加劲板和连接法兰,全桥设四根直径300cm的钢管塔柱,钢管制造标准节段2.8m,运输节段最长10m,全桥桥塔钢管共用50mm厚Q345钢材982t,项目从2011年9月开始钢管卷制,到2012年5月钢管全部制作完成,钢管制作质量精良,现场安装顺利,几何尺寸合格,焊接质量等级达到Ⅰ级,质量优良。

3m直径的大型钢管桥塔属国内首例,通过本工法的应用有效的保证了直缝焊接钢管的质量,避免焊缝缺陷,提高装配精度,为后期准确安装定位奠定了基础,同时节约了工期和设备投入,取得了良好的社会和经济效益。

移动式施工平台辅助墩身施工工法

GGG(中企)C2078—2013

李宗平　方成武　郭迎苟　陈　伟　龙凤文
(中交第二航务工程局有限公司　中交二航局第四工程有限公司)

1　前言

随着我国科学技术的发展和交通运输水平的不断提高,桥梁施工技术向机械化、标准化、工厂化等方向发展,各种桥梁专用机械设备不断应用于桥梁施工中。中交二航局在南澳大桥 SG-04 合同段的施工过程中,积极探索出了一种移动式施工平台来进行墩身施工,在国内尚属首创。

由于南澳大桥桥址区位于台湾海峡的南部,该施工区域风浪大,尤其是涌浪对施工船舶影响较大。受涌浪的影响,施工船舶摇摆幅度大,能正常进行起重作业的时间很少。传统的船上吊机由于受风浪影响,难以进行起重作业,因此利用起重船进行现浇墩身施工的工艺在恶劣海况条件下功效低下,难以适应现场施工的需要,故采用移动式施工平台辅助墩身施工方案。移动式平台辅助墩身施工能有效规避风浪对起重作业的影响,提高施工效率,减少船机费用。为了将移动式平台辅助墩身施工的成功经验进行推广,经总结和提炼,制订了本工法,为以后的水上桥梁墩身施工提供借鉴和参考。本工法已申请专利,并申报了安徽省科技进步奖以及中交二航局科技进步一等奖。

2　工法特点

(1)移动平台钢箱梁工厂制作,运输至码头后再进行海上安装,保证了移动平台的加工精度和速度。

(2)动臂式吊机在移动平台上工作,规避了涌浪对起重作业带来的安全风险。

(3)移动式施工平台系统,通过自身移动辅助墩身施工工艺的研究和实施。

(4)移动式施工平台系统海上防台抗风技术的研究。

3　适用范围

移动式施工平台,具有先进性和可行性,可以推广到其他类似强涌浪等恶劣海况对起重作业影响较大条件下的现浇墩身施工中。

4　工艺原理

移动式施工平台主要思路为:起重设备间接安装在已施工的承台上,上一个墩身施工完毕后能自行滑移至下一个墩身。移动式施工平台类似于移动模架,平台主梁依托于已施工的承台上,将两根主梁横向进行联系固定,形成一个施工平台,在移动平台上安装吊机。平台可作为施工生活区,平台上吊机作为墩身施工起重设备。

5　施工工艺流程及操作要点

5.1　移动式平台辅助墩身施工工艺流程

移动式平台辅助墩身施工工艺流程如图 1 所示。

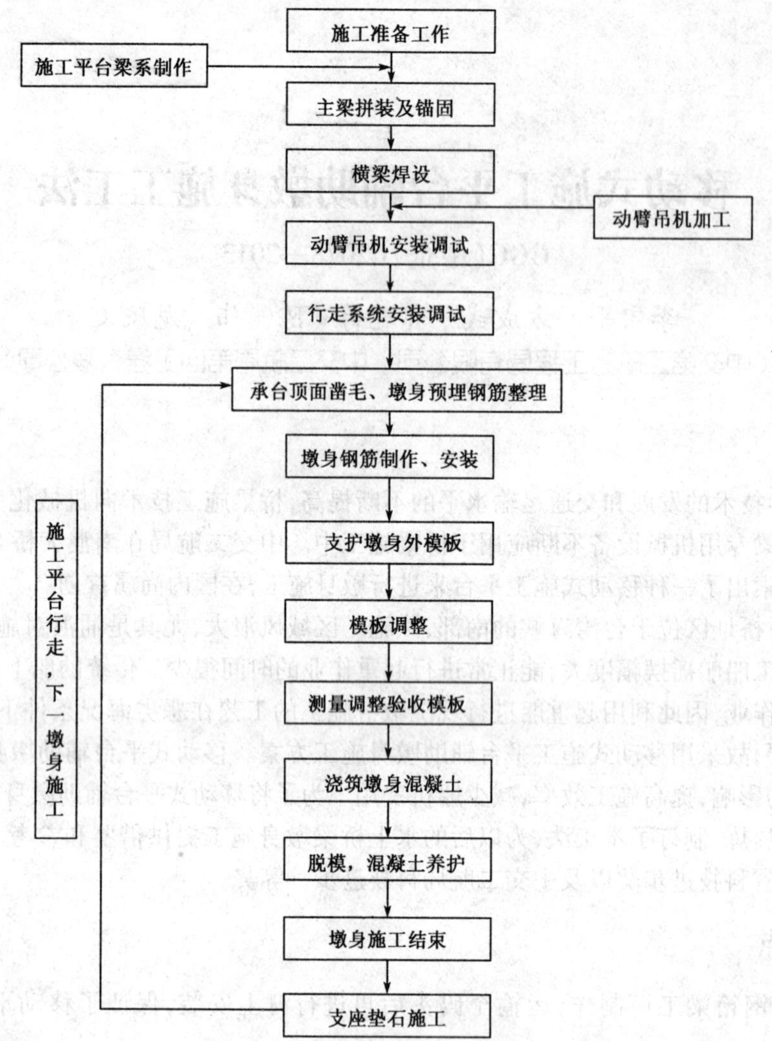

图1 施工工艺流程图

5.2 操作要点

1)移动式施工平台系统钢箱梁加工

考虑施工平台钢结构加工质量要求高,委托具有一级资质的专业钢结构加工厂加工。主梁在厂家分节加工,每节约15m左右,运至施工码头进行拼装成4节50m长主梁,然后船运至施工现场进行拼装;其他构件在车间精加工(图2),然后运至前场用浮吊进行安装。

图2 主梁钢箱梁车间分段加工

每套移动式施工平台在厂内按照要求加工完成后,均应分别在厂内进行预拼装,各部分应分别装配到位并能正常工作。预拼装结果应作好记录、标记并绘制编号图,以便现场安装时作为对照和参考。

2)移动式施工平台的拼装

(1)主梁码头拼装。

主梁(工厂加工每根分为6节,一套分为12节)分节运至施工码头,每3节拼装成一根长约50m的梁,共4根,单根重约50t。

主梁拼装场地选择项目部后场码头加工区,该区域宽55m,长度为86m,为混凝土硬化地面。主梁靠码头前沿拼装,以便于浮吊进行拼装和出运的起吊作业。主梁拼装前,先将该区域杂物清理干净,然后在指定的位置搭设主梁拼装台座。在两片主梁所在的位置预先用短钢护筒或其他材料搭设两个台座,并用测量仪器将其找平,以便于主梁销轴和连接螺栓的安装。具体见图3。

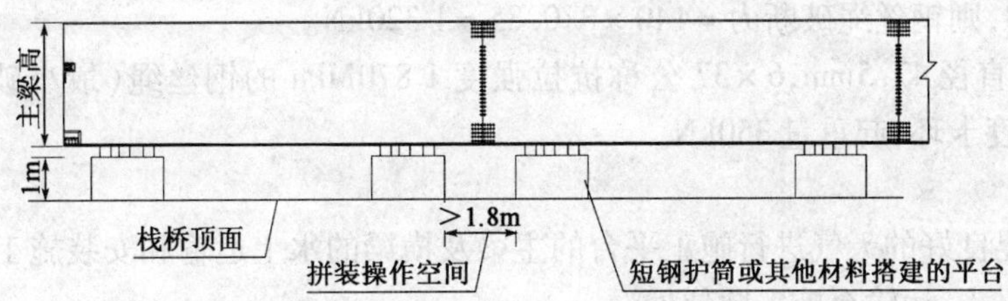

图3　主梁拼装台座简图

利用浮吊从一端依次将单节主梁吊装就位,当两节主梁拼放到一起后,立即对连接板和主梁接触面进行喷砂,保证其接触面的摩擦系数不小于0.5。对接时采用三坐标组合横移镐(图4)进行梁段的精确调整。

图4　HYG-85Ⅲ手压泵式三坐标组合横移镐图

三坐标组合横移镐可以在小范围内快捷、准确地调整主梁三维空间位置。准确对位后,上连接板和高强螺栓。

(2)支座的安放。

在承台垂直于桥轴线的中心线上布置两个支座,支座与承台混凝土通过锚筋和螺栓连接,注意锚筋位置需避开承台主筋。支座安放前,先在承台上放出支座的位置,利用浮吊进行吊装,然后利用葫芦或千斤顶进行精确定位,并与承台的预埋件进行固定。在支座上布置四氟滑板,以及横桥向限位板。另考虑抗风要求,在每个承台上布置4个防风吊耳。承台上的支座位置如图5所示。

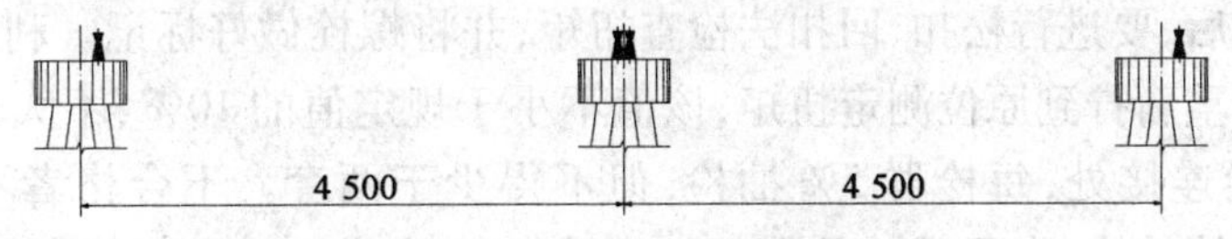

图5　承台支座图(尺寸单位:mm)

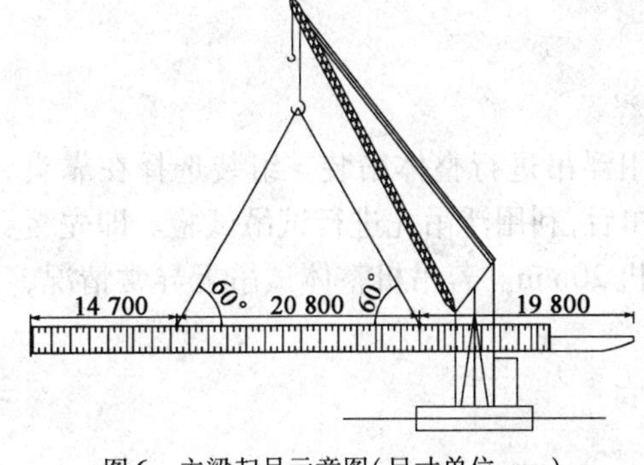

图6　主梁起吊示意图(尺寸单位:mm)

(3)主梁及横梁吊装。

①总体吊装顺序。

先将一侧2根50m主梁用浮吊吊至支座上,并用三坐标组合移动镐进行调位,将一侧的横梁安装好,然后逐根安装好另一侧主梁及横梁。如图6和图7所示。

②起重船。

选择"苏连海起重5号"150t起重船进行主梁及横梁吊装。

③受力计算及钢丝绳、卡环选型。

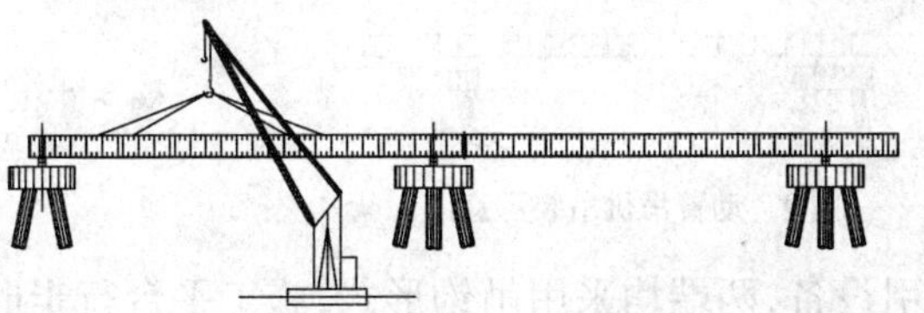

图7　主梁吊装就位示意图

最重主梁节段(后端主梁段,即主梁Ⅳ、Ⅴ、Ⅵ和导梁Ⅱ)重量约为45.5t,加上施工人员及其他辅助材料共2.5t,共计其重量定为48t。依据设计,两吊点间的间距为20.8m,采用4点吊,钢丝绳等长,均匀受力。

取4根长度为21m的钢丝绳,算得每根绳受力$P=140\text{kN}$,钢丝绳与主梁顶面成60°。

取安全系数为8,则钢丝绳破断力$=140\times8/0.85=1\,320\text{kN}$。

根据结果,选用直径47.5mm,6×37公称抗拉强度1 870MPa的钢丝绳(最小破断力为1 320kN)。卡环采用Ω形高强度卡环,起重量350kN。

④起重船驻位。

选择在风浪情况良好的天气进行施工平台的主梁及横梁的水上运输和安装施工。起重船吊起50m节段主梁离开施工码头,运输至施工墩位处。

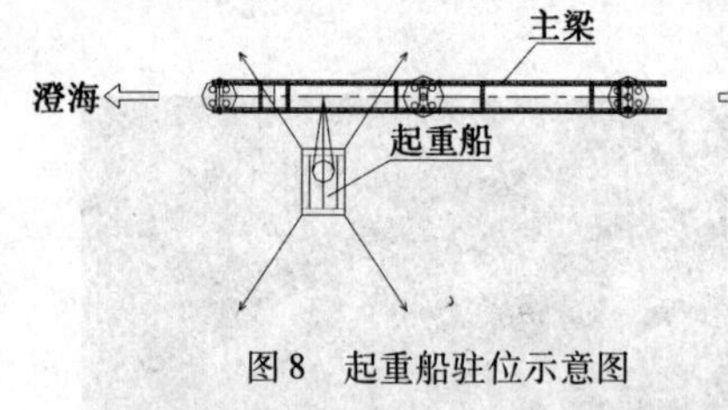

图8 起重船驻位示意图

起重船抛锚就位方向为船体(横桥向)方向与桥轴线(纵桥向)方向相垂直,船艏船尾抛八字锚,如图8所示。锚头钢缆与横桥向方向呈45°,锚头钢缆抛出长度为200m,起重船通过锚机绞锚前进或后退来调整船体位置。为防止起吊过程中,主梁摆幅过大发生碰撞,起吊时将主梁带八字缆固定在起重船的船艏,安装主梁时缓缓松动缆绳来调整主梁位置。

⑤主梁及主梁与横梁的螺栓连接。

为了便于连接,4组主梁之间连接,以及横梁与主梁的连接采用高强螺栓。

由于主梁承受荷载很大,高强螺栓连接也是施工关键点之一,拼接点的连接螺栓数量众多,高强螺栓,应按照从板束刚度大、缝隙大的部位开始,对于大面积节点应由中央向外拧紧,并在同一工作日内终拧完毕。为了减小先拧与后拧螺栓预拉力的区别,施拧高强螺栓必须分为初拧、复拧和终拧,并用不同颜色的记号笔作好记号,以免漏拧或混淆。

初拧只是将两块板完全夹紧密贴,而终拧则是要达到螺栓的预拉力。初拧扭矩应由试验确定,一般为终拧扭矩的50%。主梁采用10.9级M24高强螺栓,其标准预拉力为250kN。

高强螺栓终拧完毕后,要进行松扣、回扣法检查扭矩,并将螺栓做好标记。利用扳手回拧30°,再用标定的扭矩扳手将螺帽重新拧到原位测定扭矩,该值不小于规定值的10%,不大于规定值5%为合格。对于主桁节点及纵横梁连接处,每栓群5%抽检,但不得少于两套。不合格者不得超过抽检总数的20%,如超过次数,应继续抽检,直至累计总数80%的合格率为止。对于欠拧者补拧,超拧者更换新螺栓后,重新补拧。

另外,主梁节段间的销轴也必须敲紧到位。

(4)吊机及牵引设备安装。

动臂式吊机由厂家分节陆运至项目部施工码头上组装,利用浮吊进行整体吊装。组装选择在靠头前沿硬化场地,便于浮吊起吊出运。选择好钢丝绳、卡环,拴好扣后,利用浮吊先进行试吊试验。即先缓缓起吊浮吊大钩,直至动臂吊机整体脱离地面50cm后,观察吊机20min。若吊机整体试吊无异常情况,则整体出运安装。动臂吊机吊装见图9。

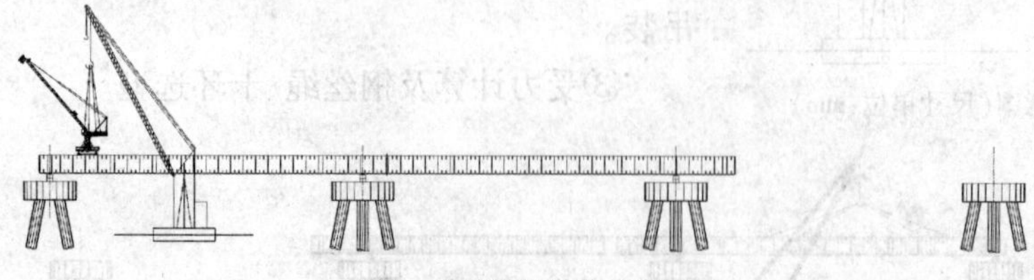
图9 动臂吊机吊装示意图

采用20t环链式电动葫芦作为牵引设备,两端均采用吊钩形式,施工平台行走时将电动葫芦一端拴在平台支座上,另一端拴在卸扣上。行走一段距离后,卸下卸扣,将卸扣安装下一耳板处,如此循环直至箱梁行走到位。卸扣安装的耳板位于主纵梁的内侧。

安装牵引设备时，预先在主梁底部和位于承台支座的耳板上，拴好卸扣（卸扣采用 T(8)-BX20)，用浮吊将 20t 环链式电动葫芦吊至中间墩位的承台上。先将电动葫芦拴在支座端的耳板上，在主梁上拖拽电动葫芦的钩头和链条至主梁底部耳板设计位置，拴好电动葫芦的大钩。待电动葫芦安装就位，接好电源线调试好后便可使用，如图 10 所示。

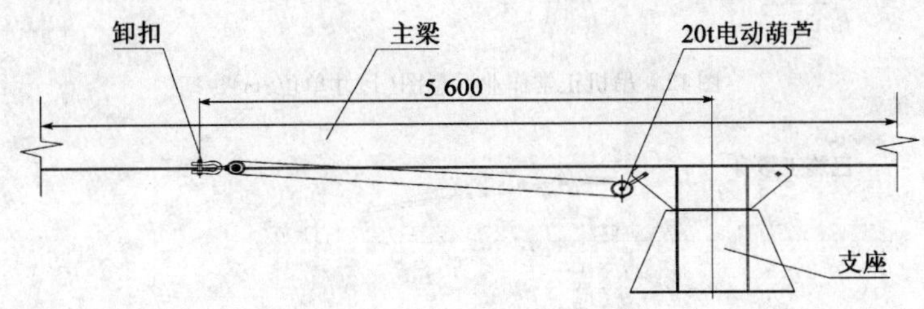

图 10 牵引行走系统示意图（尺寸单位：mm）

(5) 轨道、走道铺设及其他附属设施安装。

主梁单侧轨道总长 90m，采用 P50 型轨道。轨道宜选用标长 10m，共 9 根，轨道接头采用夹板及螺栓连接。轨道压板焊接采用焊条 E5016。缓冲器支座、行程开关的具体安装尺寸需进行现场调整，具体尺寸与吊机大车运行缓冲器相匹配。

在主梁两侧设置人行走道。人行走道预先在后场加工区分节制作，采用∠50×50×6 角钢作为骨架，宽 70cm，走道上铺设钢板网。立柱设置 $\phi32\times2.5$、$\phi27\times2.2$ 的钢管上下各一道作为扶手。走道不考虑大量堆载作用，主要作为人员行走使用。走道分节安装，并将接头处焊接牢固。

完成所有梁系和设备设施安装后，再在主梁上安装其他附属设施。包括施工用电、小型机具设备仓库等。

(6) 施工平台锚固连接。

抗风锚梁系统在台风来临时和施工平台处于闲置状态时使用。该系统用于施工平台处于三个承台中的两个，分别为中间承台和靠近前端导梁的承台上。利用承台上墩身预留钢筋作为锚筋，锚筋有 ϕ32mm、ϕ28mm、ϕ25mm 三种，如图 11 所示。

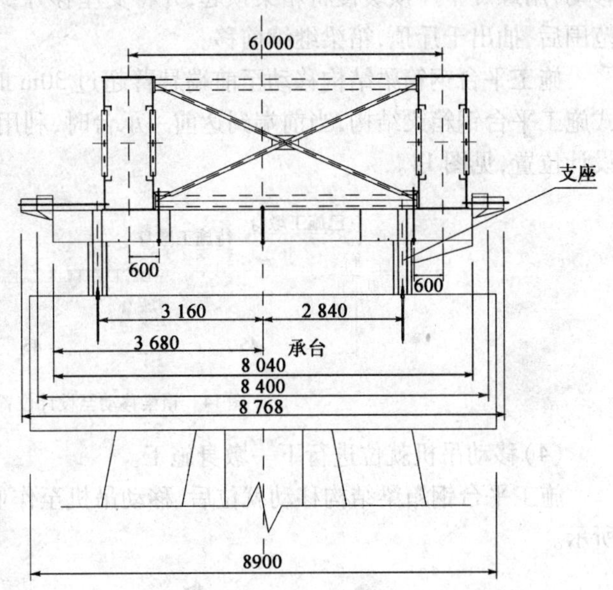

图 11 施工平台锚固连接示意图（尺寸单位：mm）

3) 移动平台使用

待移动式施工平台的所有构件全部安装完成，并对动臂吊机和电动葫芦行走系统进行调试完好后，即可开始现浇墩身施工。

(1) 吊机吊装作业，完成后端墩身施工。

全部安装就位后，将吊机固定在指定位置，准备吊装作业。利用船舶将模板、钢筋等运至准备施工墩身的承台另一侧（靠承台），利用吊机吊装，进行该墩身的施工，如图 12 所示。墩身钢筋、模板及混凝土施工。吊机作业时，风力不得超过 8 级风，风速不得大于 21m/s。

(2) 吊机移动至设计位置。

待后端墩身全部施工完成后，将吊机的吊臂向前趴在箱梁轨道上的搁置梁上，移动吊机至前一个墩身前侧，就位后将吊机以及塔臂前端的搁置梁跟施工平台钢箱梁结构固定在一起，如图 13 所示。

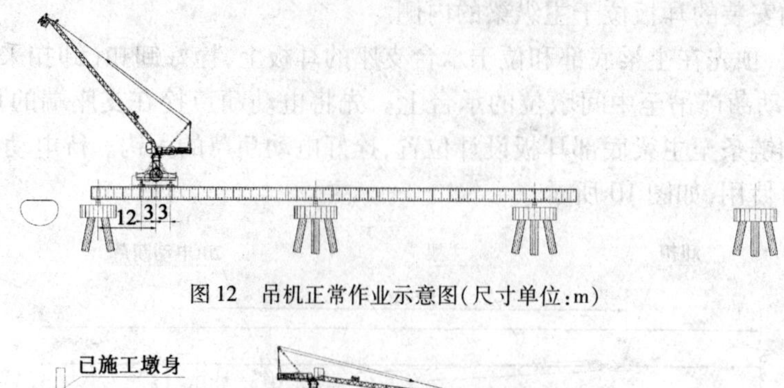

图12　吊机正常作业示意图(尺寸单位:m)

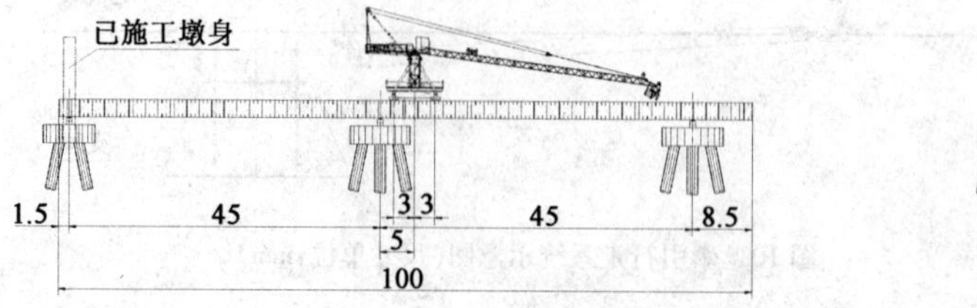

图13　吊机移动至设计位置示意图(尺寸单位:m)

(3)移动箱梁至设计位置。

采用电动葫芦作为牵引系统,移动式施工平台钢箱梁结构,当后端将要脱离后支座时,停止钢箱梁移动,用螺旋千斤顶缓慢将箱梁顶起,并将支座移开;然后,千斤顶缓慢下降,直至箱梁移动至脱离支座范围后,抽出千斤顶,箱梁继续前移。

施工平台钢箱梁结构移动至前端悬臂超过30m时,将吊机的吊臂反转固定在后侧固定,继续移动式施工平台钢箱梁结构,当前端到达前一承台时,利用千斤顶调位,使其搁置至前一支座上,直至移动到设计位置,见图14。

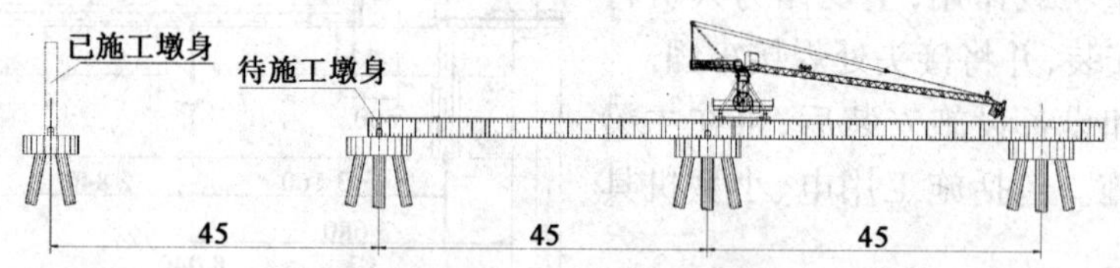

图14　箱梁移动至设计位置示意图(尺寸单位:m)

(4)移动吊机就位进行下一墩身施工。

施工平台钢箱梁结构移动就位后,移动吊机至作业时的设计位置,进行下一个墩身的施工,如图15所示。

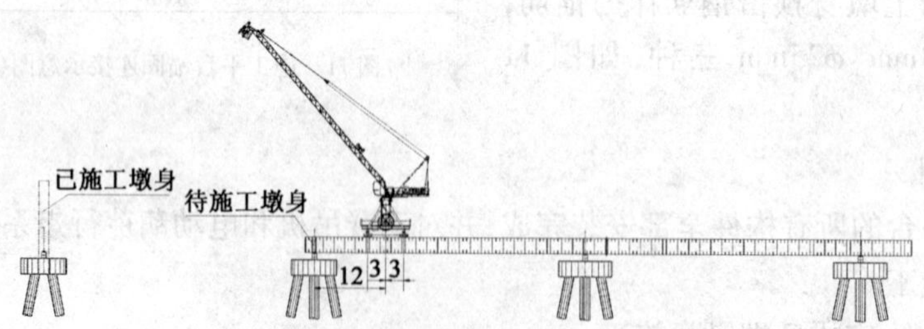

图15　移动吊机就位进行下一墩身施工示意图(尺寸单位:m)

(5)尾跨施工及系统拆除。

在进入最后一跨(3个墩位)墩身施工时,先施工后端墩身,然后吊机行走至前端墩位施工墩身,最后吊机回走至中间墩位施工墩身,如图16所示。

先利用浮吊整体起吊拆除动臂式吊机,再拆除施工平台系统,分2段、共4个50米节段拆除钢箱梁及联系梁。

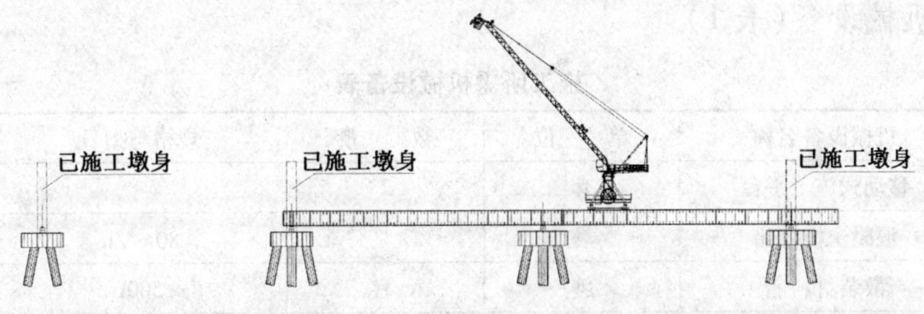

图 16　尾跨施工示意图

(6)曲线段移动平台行走调位。

本工程西引桥 W2-W31 号墩(曲率半径为 1 350m)、东引桥 E10-E30 号墩(曲率半径为 3 000m)位于曲线段,因此施工平台系统行走在位于同一跨的 3 个承台上时,需要预先调整主梁平面位置,才能顺利通过第 3 个承台(即前端承台),如图 17 ~ 图 19 所示。

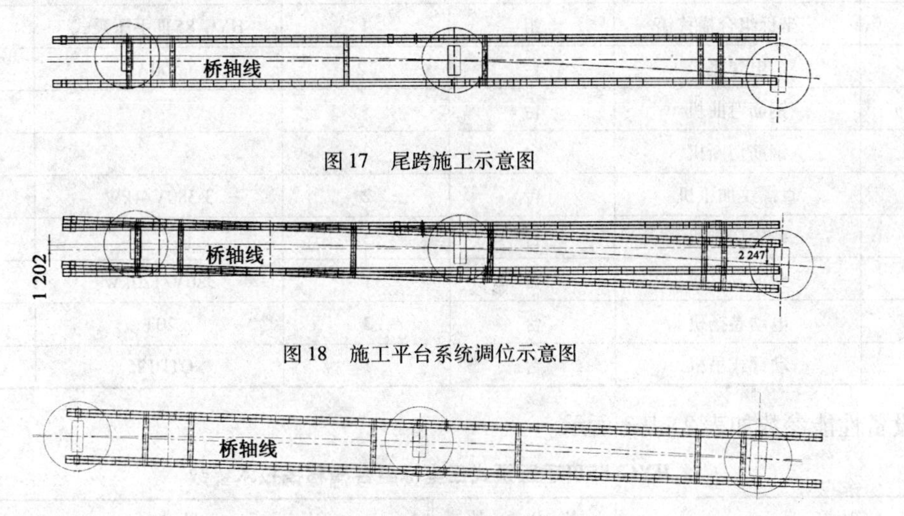

图 17　尾跨施工示意图

图 18　施工平台系统调位示意图

图 19　调整到位示意图

以西引桥 W2-W31 号墩区间段为例,同一跨的 3 个墩位,第 1 个承台与第 2 个承台轴线偏差约为 0.75m。利用葫芦拉拽的方式,将施工平台前端向圆弧内侧拉动约 2 247mm,后端向圆弧外侧拉动约 1 202mm;在第二和第三墩身处采用穿心千斤顶微调的方式,将箱梁调成与第三墩身平行。至此,移动平台的一次行走过程完毕。

4)现浇墩身施工

完成移动式施工平台体系安装调试后,即可进入现浇墩身施工。墩身施工过程以移动平台作为施工平台和起重工具,采用传统的脚手架翻模施工工艺施工,在此不再赘述。盖梁施工时,在墩身混凝土养护的间歇期,将盖梁钢筋骨架在移动平台上整体制作,而后利用平台吊机进行整体起吊安装,可大大提高施工功效,且能提高钢筋施工质量。

5)滑动措施

整套移动平台,包括钢主梁、横联、塔吊、配重、原材料以及各种临时设施后,自重达到了 300 多吨。为了减少钢主梁和钢支座间的摩擦阻力,保证移动平台的顺利移动,在钢主梁的底板下方加焊了通长的不锈钢滑道,并在钢支座上设置四氟滑板。移动平台滑动前,在不锈钢滑道和四氟滑板上均涂抹润滑脂,减少滑动的阻力。

6　材料和设备

6.1　主要材料

移动施工平台的钢结构主要构件均采用 Q345 钢材加工,主梁顶部的吊机钢轨采用 P50 型。

6.2 所需机械设备(表1)

施工所需机械设备表

表1

序　号	机械设备名称	单　位	数　量	规格与型号	备　注
1	移动式施工平台	套	2		
2	混凝土搅拌船	艘	1	$80m^3/h$	
3	散装材料船	艘	1	500t	装粉煤灰、矿粉等
4	普通材料运输船	艘	1		
5	起锚艇	艘	1		
6	拖轮	艘	1		
7	交通船	艘	1		
8	起重船	艘	1	苏连海起重5号	
9	三坐标组合横移镐	组	4	HYG-85Ⅲ手压泵式	
10	电焊机	台	12	500A	
11	钢筋弯曲机	台	3		
12	钢筋切断机	台	3		
13	直螺纹加工机	台	2	3-380V/4kW	
14	砂轮切割机	台	3		
15	柴油发电机	台	1	380V/120kW	
16	电动卷扬机	台	3	20T	一个作横移用
17	动臂式吊机	台	1	QTD125	

主要设备性能参数如表2、表3所示。

HYG-85Ⅲ手压泵式三坐标组合横移镐技术参数

表2

项　目	技术参数	项　目	技术参数
最大移动重量(t)	85	最低外形高度(mm)	215
最大横移距离(mm)	175	单位工作压力(MPa)	63
最大纵移距离(mm)	50	外形尺寸(长×宽×高,无垫块)(mm)	800×500×175
最大顶升高度(mm)	80	横移镐净重(kg)	80
立镐最低高度(mm)	165		

苏连海起重5号性能参数表

表3

起重性能												
吊臂角度(°)		25	30	35	40	45	50	55	60	65	70	75
主钩	作业半径(m)	48.5	46.8	44.6	42	39.2	36	32.6	29	25	21.2	18.8
	起重量(10kN)	50	55	59	65	72	80	94	105	122	143	150
副钩	作业半径(m)	65.2	62	58.8	55	51	46.6	42	37.1	32	26.3	22
	起重量(10kN)	15	20	25	30	41	55	60	60	60	60	60

7 质量控制

7.1 钢箱梁制作质量控制

本施工工法为国内首创,因此,在施工过程中要对移动平台的加工制作采取严格的质量控制措施,保证移动平台拼接平顺以及满足设计受力要求。

1)施工平台钢结构制作要求

(1)南澳大桥墩身移动式施工平台结构主要依据《钢结构设计规范》(GB 50017—2003)进行设计,其制作、安装、检验应符合《钢结构工程施工质量验收规范》(GB 50205—2001)的规定。

(2)移动式施工平台结构构件钢材,应按照设计图纸采用Q345B和40Cr,其机械性能与化学成分应满足《低合金高强度结构用钢》(GB 1591—2008)中的相关要求。

(3)下列部位的对接或T形连接焊缝必须予以焊透,焊缝质量应达到《金属熔化焊接接头射线照相》(GB 3323—2005)中的二级标准。

①所有构件的拼接焊缝。

②所有构件的翼板与腹板的连接焊缝。

③结构其他部位焊缝的焊接质量应达到《钢结构工程施工质量验收规范》(GB 50205—2001)中的二级标准。

(4)所有构件应尽量采用数控切割下料和自动焊接,以保证制作质量。

(5)各构件的制作精度,除应满足其施工图中的技术要求的规定外,还应满足《钢结构工程施工质量验收规范》(GB 50205—2001)中关于焊接实腹梁的各项精度要求,否则应采取适当的工艺措施予以校正。

(6)各构件内表面按《涂装前钢材表面锈蚀等级和除锈等级》(GB 8923—2011)ST2级标准除锈,外表面按ST2.5级标准除锈;内、外表面先后涂一道防锈底漆和一道铁红醇酸底漆,外表面涂两道醇酸磁漆。

(7)各构件的腹板及横隔板均宜采用机械刨边和开坡口,以保证制作精度及焊接质量,其余板件周边应切割整齐并除去毛刺,使外形美观。

(8)所有板件焊缝区30mm范围内应彻底除去钢材表面氧化层。

(9)除施工图中有特别要求外,所有Q345B的构件焊缝采用E5016焊条焊接。

(10)各构件腹板沿梁高方向,翼缘板沿梁宽方向均不宜拼接。

(11)所有构件相邻板件(如腹板与翼板)拼缝间至少应错开300mm;传力隔板要求整块下料,非传力隔板(工艺隔板)的拼接,请参照图20方式进行。

(12)相关构件制作时,应根据结构装配图考虑预留安装工艺余量,以方便安装施工及保证安装精度。

(13)各构件螺栓接头连接板件,宜在各构件预拼定位后套膜加工各孔。

(14)轨道安装符合《桥式和门式起重机制造和轨道安装公差》(GB/T 10183—2005)。

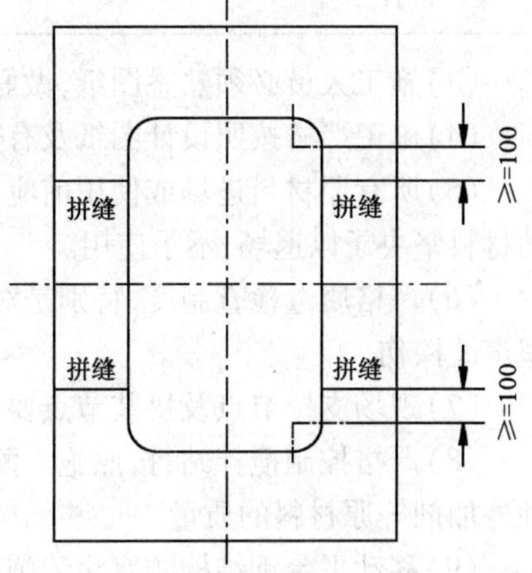

图20 非传力隔板的拼接(尺寸单位:mm)

2)施工平台钢结构质量控制

(1)在移动式施工平台制作与安装过程中,应认真做好自检,各零部件、各道工序均应有自检记录。

(2)使用方应组织人员或委托第三方对移动式施工平台进行验收,并对施工的主要环节如焊缝质量、结构加工与安装精度、重要机加工件等进行复检。

(3)经检验移动式施工平台结构质量必须达到《钢结构工程质量检验评定标准》(GB 50221—2001)中的"合格"标准;外购件及加工件必须满足设计要求方能交付使用,见表4。

7.2 施工质量控制措施

(1)建立完善的质量自检体系,以项目经理作为质量负责的第一责任人,下设技术小组和质量检查小组,由项目总工负责两个小组的工作安排,施工作业班组配备专门的质检人员。

(2)加强技术培训,推行标准化管理,对上岗的班组和关键技术岗位和特种作业人员进行培训,并进行考核,考核合格方能上岗。

焊接实腹式钢箱梁质量检查验收标准(单位:cm) 表4

<table>
<tr><th>序 号</th><th colspan="2">项 目</th><th>允许偏差</th></tr>
<tr><td rowspan="2">1</td><td rowspan="2">梁长度</td><td>端部有凸缘支座板</td><td>0
−5.0</td></tr>
<tr><td>其他形式</td><td>±l/2 500
±10.0</td></tr>
<tr><td rowspan="2">2</td><td rowspan="2">端部高度 h</td><td>h≤2 000</td><td>±2.0</td></tr>
<tr><td>h>2 000</td><td>±3.0</td></tr>
<tr><td rowspan="2">3</td><td rowspan="2">拱度</td><td>设计要求起拱</td><td>±l/5 000</td></tr>
<tr><td>设计未要求起拱</td><td>10.0
−5.0</td></tr>
<tr><td>4</td><td>侧弯矢高</td><td colspan="2">l/2 000,且不应大于10.0</td></tr>
<tr><td>5</td><td>扭曲</td><td colspan="2">h/250,且不应大于10.0</td></tr>
<tr><td>6</td><td colspan="2">翼、腹板局部平面度</td><td>3/1 000</td></tr>
<tr><td>7</td><td>翼缘板对腹板的垂直度</td><td colspan="2">b/1 000,且不应大于3.0</td></tr>
<tr><td>8</td><td colspan="2">箱形截面对角线差</td><td>5.0</td></tr>
<tr><td rowspan="2">9</td><td rowspan="2">箱形截面两腹板至翼板中心线距离 a</td><td>连接处</td><td>1.0</td></tr>
<tr><td>其他处</td><td>1.5</td></tr>
<tr><td>10</td><td colspan="2">梁端板的平面度(只允许凹进)</td><td>h/500,且不应大于2.0</td></tr>
<tr><td>11</td><td colspan="2">梁端板与腹板的垂直度</td><td>h/500,且不应大于2.0</td></tr>
</table>

(3)施工人员必须熟悉图纸,做好图纸会审记录和技术交底记录。

(4)施工严格按照设计图纸及有关国家规范进行。

(5)所有原材料进场或使用前应做严格的检查和实验,并保存材料的质保书和试验资料,对不合格的材料坚决予以退场,不予使用。

(6)严格质量检查制度,特别是对钢结构的焊缝以及销接接头做到百分百检验,对接焊缝全部进行超声波探伤。

(7)现场支撑节点及拼装节点要通过全站仪及水准仪精确测控,保证安装质量。

(8)严格控制搅拌站,按照施工配合比搅拌混凝土,派员专门控制混凝土所用的水泥、砂、碎石、各种外加剂等原材料的质量。

(9)移动平台钢结构防腐涂装施工前对钢材表面进行严格清理、除锈,特别是角焊缝处,严格按照设计涂层、涂装遍数、涂层厚度进行涂装。

8 安全和环保措施

安全责任重于泰山,在施工过程中,坚决自始至终坚持“安全第一,预防为主,科学管理,狠抓落实”的安全工作方针,积极制订和落实各种安全应急预案和施工安全措施,建立安全管理保证体系和组织体系。按照《中华人民共和国环境保护法》以及南澳大桥建设指挥部的要求,环境保护坚持“预防为主、防治结合”的方针,努力实现可持续发展战略。

8.1 移动平台施工安全控制

(1)钢箱梁、动臂式吊机、行走系统,应选择在风浪情况良好的天气出运、安装。

(2)派专人注意定期观察施工平台系统在各种受力工况条件下的受力和变形情况,特别是吊机行走过程中的情况。

(3)定期对行走系统、动臂式吊机进行检修和维护,确保设备正常运转。

(4)台风来临前,应将塔吊锁定在主梁上,主梁利用墩柱预埋钢筋等结构进行固定和加强。

(5)为了防止船舶撞击平台,在主梁上设置警示标志和航标灯。

(6)移动平台拆除作业时,应选择海上风浪较好的天气,起重设备要按照规定进行试吊,并在现场做好警示工作。

(7)移动平台拆除作业时,要随时注意天气状况的变化,现场要根据实际情况,对未拆卸的构件进行加固措施。

8.2 环保措施

1)组织措施

(1)实行环境目标责任制。

(2)加强检查和监控工作。

(3)保护和改善施工现场的环境,进行综合治理。

2)技术措施

(1)柴油机废气的排放按排放标准控制。

(2)水环境保护。

①机械设备、车辆等冲洗产生的含油废水,按照有关要求排放。

②船舶油污水,按船舶检验局对油污水分离装置的技术要求,达到合格标准。

(3)交通环境保护。施工过程中,与海事局保持密切联系,提前通报水上施工安排,争取航运部门的配合支持。设置警示灯标,维护船舶航行安全和施工船舶作业安全。

9 效益分析

9.1 社会效益

通过本施工工法的实施,形成一套完整的施工工艺,避免了海上强涌浪对施工起重作业的影响,国内桥梁施工尚无先例。该工法为今后类似恶劣海况条件下的跨海大桥墩身施工项目的规划、设计与施工提供参照,进一步推动国内跨海大桥建设水平的发展。

9.2 经济效益

实际采用2套移动式施工平台来辅助墩身施工,南澳大桥SG-04合同段墩身工程于2010年7月中旬全部完成。若采用起重船辅助墩身施工方案,则计划于2011年12月底才能完成全桥墩身,相比之下,移动式施工平台方案节省了5.5个月工期。

节省的直接费用计算如下:

1)投入的成本

(1)移动平台摊销费用:211.7万元。

(2)移动平台安装、拆除及移动费用:120万元。

合计投入成本331.7万元。

2)节省的费用

(1)移动平台施工期8个月,减少作业船投入2艘,节省船机租赁费320万元,节省油耗80万元,合计节省400万元。

(2)工期提前5.5个月,减少作业船投入4艘、搅拌船投入1艘、起锚艇投入2艘、交通船投入1艘、拖轮投入1艘,以及减少其他船机设备、人员及的投入。每月减少船机费242万元,每月减少燃油消耗128万元,每月减少人员投入25万元,减少现场管理费63万元,共计减少2 519万元。

(3)减少防台风投入,若不提前完工,需经历台风期,每次防台增加油耗70万元,2011年需增加防台5次,减少防台费用350万元。

累计减少投入3 269万元。

3)总计节省费用:

合计节省为3 269 - 331.7 = 2 937.3万元。

10 应用实例

广东省南澳大桥工程为连接南澳岛与大陆的跨海特大桥工程,全线总长11 080m,其中桥梁全长9 341m,道路全长1739m。南澳大桥SG-04合同段工程,主要施工内容为:深水区引桥下部结构(钢管桩基础、承台及墩身)施工;承台及墩身防腐涂装施工。本合同段共计120个墩身,其中高墩(高度超过15m)共有33个,最大墩身高度为34.63m(E2)。墩身采用实心板式墩结构,四周设有15cm×15cm倒角,东引桥深水区墩身上部设有异形墩帽,西引桥深水区墩身上部为大悬臂盖梁。

由于南澳大桥桥址区位于台湾海峡的南部,该施工区域风浪大,尤其是涌浪对施工船舶影响较大。受涌浪的影响,施工船舶摇摆幅度大,加之吊机起吊高度大,吊钩晃动非常厉害,能正常进行起重作业的时间很少。移动式施工平台辅助墩身施工技术的应用破解了恶劣海况条件下的跨海大桥墩身施工,确保南澳大桥全部墩身工程在2011年台风期来临之前全面顺利完成,保证了工程的进度和质量,并取得了良好的经济效益和社会效益。

跨海大桥混凝土墩柱透水模板布和表面涂装联合防护施工工法

GGG(中企)C2079—2013

王胜年　邵新鹏　岑文杰　郭保林　杨海成
(中交四航工程研究院有限公司　山东高速青岛公路有限公司)

1 前言

青岛海湾大桥是我国北方冰冻地区首座大型跨海交通工程,设计使用寿命为100年。大桥服役环境十分严酷,海水含盐量高且存在较为严重的自然冻融循环等特点,而对处于潮差区和浪溅区的墩柱结构,其耐久性技术要求更为重要。为提高青岛海湾大桥混凝土结构的耐久性,于2008年立项"青岛海湾大桥耐腐蚀混凝土及配套技术研究",开展了透水模板布和表面涂装防护技术对混凝土结构耐久性影响的系统研究。研究发现,通过将透水模板布和表面涂装联合使用对混凝土结构防腐蚀性能有叠加效应和优越性,能够大幅度提高钢筋混凝土结构耐久性,从而形成了海洋环境混凝土构件透水模板布和表面涂装联合防护技术,实现了海洋环境钢筋混凝土防护施工方法创新,2009年经山东省交通科学研究所鉴定,认为该技术总体达国际先进水平。2009年"青岛海湾大桥混凝土构件涂装龄期控制与涂层质量的研究"荣获山东省公路学会科技创新三等奖;2011年"青岛海湾大桥耐腐蚀混凝土及配套技术研究"荣获山东省科学技术奖三等奖。该研究成果总结形成了跨海大桥混凝土墩柱透水模板布和表面涂装联合防护施工工法。

该工法在2010~2012年"深圳港盐田港区西作业区集装箱码头工程CP2A:3号泊位延长段及4号泊位工程"中得到进一步成功推广应用,具有良好的推广价值。

2 工法特点

(1)减少混凝土表观缺陷的形成并提高混凝土表面强度,以及提高混凝土抗氯离子渗透性和抗冻性等耐久性。

(2)提高涂层附着力,增强混凝土表面涂装的防护效果。

(3)结合透水模板布实施表面涂装防护可减少表层混凝土的水灰比,提高早期强度,可缩短表面涂装前混凝土养护龄期。

3 适用范围

本工法适用于海洋环境尤其是浪溅区,混凝土表面施工质量要求高的永久性工程,尤其是跨海大桥混凝土墩柱,也适用于大型桥梁工程、海港码头工程、海底隧道工程以及滨海地区的各类钢筋混凝土构件。

4 工法原理

(1)透水模板布一般为三层结构:底层(黏附层),通过专用黏胶剂,把透水模板布作为衬里黏附在钢模板或木模板上;中间层(渗透层),为亲水性复合纤维,纤维间隙的毛细作用可以吸收并排出表层混凝土渗出的多余水分和空气,降低水灰比,提高表层混凝土强度,防止气泡积累,减少外观缺陷形成。此外,纤维同时具有保水透气性,可以保留适当的水分,形成理想的混凝土早期养护环境,减少干缩裂纹,有利于早期强度增长;表层(过滤层),光洁、致密,具有微细小孔,与混凝土直接接触,亲水透气,可以让水分和空气透过而阻止水泥颗粒通过,对水泥颗粒起到固定作用,防止水泥颗粒随着多余水分流动,表层纤维坚韧,拆模过程中不容易被扯破,因此可以重复利用,见图1。

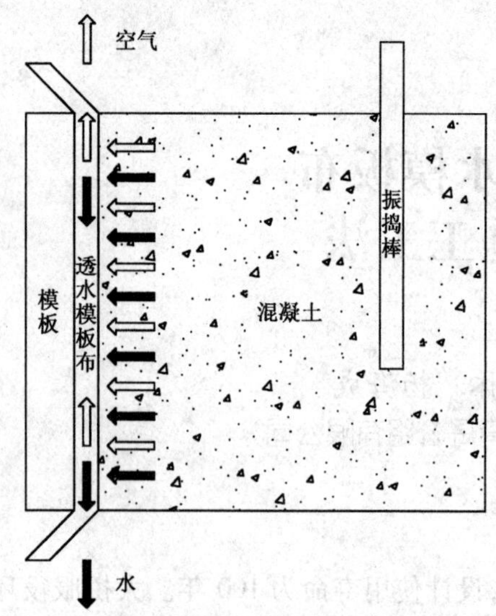

图1 透水模板布模板外振捣施工示意图

(2)混凝土表面涂装是利用成膜涂料或硅烷浸渍材料形成阻隔海水和盐雾等有害介质入侵的物理屏障,从而达到良好的防护效果。混凝土表面涂装结合透水模板布应用,由于透水模板降低了表层混凝土的水灰比,提高表层混凝土强度,从而提高涂层与混凝土表面的附着力,保证涂层的长期防护效果;采用透水模板布后,表层混凝土强度增长快,因此可以适当缩短混凝土表面涂装前养护龄期;同时,混凝土质量表层的提高,减少了外观缺陷的形成,提高了混凝土表面平整度,减少了混凝土外观缺陷修补和清洁的工作量,降低了表面涂装防护材料的损耗,节约工程成本。

5 施工工艺流程及操作要点

5.1 施工工艺流程

施工工艺流程图如图2所示。

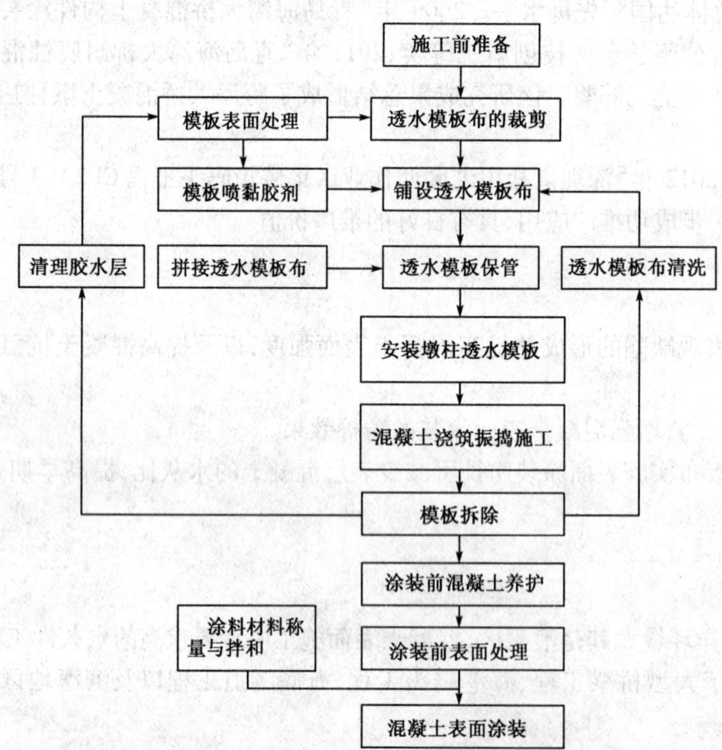

图2 跨海大桥墩柱透水模板布和表面涂装联合防护施工工艺流程

5.2 操作要点

1)施工准备

平整透水模板布施工的场地,施工场地应足够大且要求扬尘少,无积水。挑选符合规范和设计要求的透水模板布，要求透水模板布的保水能力大于 0.25L/m^2，排水能力大于 0.4L/m^2，平均孔径为 20～35μm；选择符合设计要求的表面涂装防护材料，透水模板布和表面涂装防护应放置于仓库，保持干燥、洁净，注意消防安全。

2）模板表面处理

应先对模板表面进行清除油污和浮锈，清理完成后用清水洗干净，用布抹干，并风干表面，以保证透水模板布可靠粘贴到模板上。对于再次使用的模板，应清理胶水层后备用。

3）透水模板布的裁剪

模板布应根据模板形状和大小合理剪裁好透水模板布，同时必须注意透水模板布接头部位应重叠 20mm 左右，模板边沿必须多预留不少于 50mm 透水模板布，作排水用途。

4）模板喷黏胶剂

在模板表面及四周喷上一层薄黏胶，厚度约 50μm，黏胶层要求均匀无流挂，防止粘胶过多将渗透到透水模板布中间层，影响透水模板布的排水透气效果。

5）铺设透水模板布

把透水模板布铺设到喷涂了黏胶的模板上，底层毛面一侧与模板粘贴；表层光面侧作为与混凝土接触。大面积铺设时由多人配合，使模板布中部先粘贴到模板中线上，然后由中心往两边赶，透水模板布必须完全贴紧在模板上，防止折叠或起鼓，透水模板布超出模板边沿不少于 50mm 并固定在模板的侧边上，如果使用木模板，边沿可用气动码钉射钉枪固定透水模板布。特别要注意曲面位置模板布的粘贴，模板布应平顺，无折皱存在，以免影响混凝土外观质量。

6）拼接透水模板布

尽可能采用一整块透水模板布，尽量减少拼接，如模板太大必须拼接透水模板布时，应设计好拼接部位边线的位置，使浇筑后混凝土外观一致、规则整齐，接头部位应重叠 20mm，然后用刀片切去多余的部分。

7）透水模板保管

模板粘贴好后，严禁放在太阳下暴晒，应用雨布覆盖，防止因暴晒而引起模板变形，模板布脱胶鼓起或者起皱；严禁在贴好的模板布表面踩踏。

8）透水模板安装

（1）模板安装前应仔细对模板布的粘贴情况进行检查，发现起皱、脱胶等问题应及时处理。

（2）为防止模板布在安装时被钢筋等硬物挂破、挂皱，模板安装不宜采用整体式安装，应采用现场拼装。

（3）通过预留在模板上的螺栓安装孔，在模板外安装附着式振捣器，约每 2m^2 安装一台附着式振捣器。

9）混凝土浇筑振捣施工

（1）模板布粘贴好后应在 24h 内进行相应的构件浇筑。

（2）采用模板施工时，混凝土坍落度宜大于 160mm。

（3）振捣混凝土时，要求振动棒应避免碰到钢筋和模板，距模板 100～150mm，防止损坏模板布，严格控制插捣时间一般没孔插捣不超过 20s。

（4）对于浇筑高度较小的钢筋混凝土构件，可采用附着式振捣器进行模板外振捣，使模板附近的混凝土能得到充分的振捣排出多余的空气和水分，附着式振捣器逐台开启，严格控制模板外振捣时间，一般不超过 30s。当一个区域振捣完毕后可以把附着式振捣器移装到其他模板区域，为保证施工的连续性，可以一次性安装多台附着式振捣器。

（5）由于采用了模板外振捣，模板需要安装牢固，紧固件宜采用螺栓连接，单次浇筑高度不宜高于 2m。对于模板高度和单次浇筑高度较高的构件，如墩柱模板不宜采用模板外振捣，防止发生胀模。

（6）浇筑混凝土宜在每天最低温度时进行，当气温较高时应用冷水喷洒模板降温，然后再进行混凝土施工。

(7)由于混凝土具有收缩性,模板布具有一定的弹性,构件浇筑成型后,模板和混凝土之间会出现一定的空隙,因此在混凝土构件完成后,若混凝土顶部表面泌水较多时,应及时清理,防止水分从侧面的空隙进入模板内,对混凝土面造成污染。

10)模板拆除

(1)模板布在排出自由水时,大量水泥小颗粒因模板布的过滤作用,几乎全部镶嵌在模板布表面的滤眼上,大大增加了模板布和混凝土的黏结力,因此采用模板布时,拆模时间不宜大于12h,以免增加拆模的难度和造成模板布的损坏。透水模板布剥离混凝土表面以后,可以继续覆盖在混凝土表面对混凝土进行保水养护。

(2)模板布的使用次数可根据透水模板布的表面损坏情况而定,一般可使用3~4次。

(3)对于可以重复使用的透水模板布,在每次混凝土浇筑完毕拆除模板后,要及时清洗模板布。透水模板布清洗时,用工业用清洁剂,利用滚筒或者喷头持续清洗3~5min,再用水喷头清洗模板。

(4)随着模板布的粘贴次数的增加,模板表面会形成一层黄色的胶水层,从而影响模板的平整度,因此在进行下次模板布的粘贴时,应将模板表面胶水层清理干净。

11)涂装前混凝土养护

(1)在模板拆除初期,把透水模板继续覆盖在混凝土构件表面,利用透水模板布的保水透气性能为混凝土继续提供理想的养护环境。

(2)后期采用规范的浇水养护方法,浇水养护7d以上,保持混凝土表面湿润,可以采用覆盖物减少养护水用量。

12)涂装前表面处理

(1)混凝土养护17d后,进行混凝土表面不牢固附着物的清理以及表面处理,由于采用了透水模板布,混凝土外观质量一般较好,无需采用打磨、使用溶剂清洗或对缺陷进行修补等特殊处理,一般只需用饮用淡水和竹扫清洗即可,大大较少了表面处理的工作量。

13)涂料材料称量与拌和

(1)按厂家提供的使用说明用电子磅秤称量各组分材料用量,固化剂添加量应根据施工环境温度在允许范围内适当调整,当气温比较高时,取较小的添加比例;当气温比较低时;取较高的添加比例,以控制涂料的固化时间。

(2)用手持式电动搅拌机进行涂料的拌和,固化剂应在拌和的过程中慢慢添加,直到涂料搅拌均匀且无沉淀为止,一般需要搅拌60s以上。

14)混凝土表面涂装

(1)混凝土养护满18d后,即可进行成膜涂料和硅烷浸渍材料等表面涂装防护材料的涂装作业。海洋环境中的混凝土构件涂装需要及时进行,防止未涂装构件受海水浸泡,可采用滚涂或高压无气喷涂施工,由于混凝土表面平整,可以降低涂料损耗系数,因此采用喷涂施工应根据实际情况相应适当减少单位面积涂料用量,防止流挂。

(2)涂装施工前应根据潮汐情况做好施工计划,涂装施工应预留足够时间等待涂层固化,防止固化前涂层被海水浸泡。

6 材料与设备

(1)本工法所需的材料主要有透水模板布、专用胶黏剂、表面涂装材料,其中透水模板布按周转3次考虑用量,但由于模板形状各异,且不宜出现太多拼接部位,透水模板布的数量应根据设计,在尽可能充分利用的前提下考虑施工损耗。按相关经验,海洋环境混凝土构件透水模板布施工损耗系数约为1.5;喷涂施工涂料损耗系数为1.2。

(2)以青岛海湾大桥,135个墩柱,总面积约为350 000m^2,分4组同时施工,涂层设计为环氧封闭漆

(湿膜厚度 50μm,干膜厚度无要求),环氧中间漆(厚度为 250μm),聚氨酯面漆(90μm)为例,配置的材料和设备如表1所示。

海洋环境混凝土构件透水模板布施工主要材料和设备 表1

序号	材料或设备	型号	单位	数量	备注
1	起重设备	15~50t	台	4	模板安装
2	透水模板布		m^2	180 000	周转3次
3	专用胶黏剂		kg	10 000	
4	稀释剂、清洗剂	与胶黏剂配套	kg	10 000	
5	环氧封闭底漆		kg	37 800	50μm
6	环氧中间漆		kg	189 000	250μm
7	聚氨酯面漆		kg	68 000	90μm
8	环氧稀释剂		kg	18 500	
9	聚氨酯稀释剂		kg	8 200	
10	振捣棒		台	12	
11	电子磅秤		台	4	
12	手持式搅拌机		台	4	
13	空压机	2匹	台	4	
14	高压气管		m	300	
15	高压无气喷涂机	6CP	台	4	
16	喷漆罐		台	4	
17	气动码钉射钉枪		台	4	
18	铲刀		件	50	
19	钢直尺		件	10	
20	剪刀		件	10	
21	扫把		件	50	
22	雨布		件	500	
23	塑料刮板或滚筒		件	400	

7 质量控制

7.1 质量控制标准

(1)透水模板布质量应符合《混凝土工程用透水模板布》(JT/T 736—2009)的要求,如表2、表3所示。

基本项技术要求 表2

序号	项目	技术要求	序号	项目	技术要求
1	名义单位面积质量偏差(10%)	≥-10	6	过滤层平均孔径(μm)	≤40
2	厚度(mm)	≥0.6	7	透气性($m^3/m^2 \cdot s$)	≤4
3	厚度偏差(%)	±15	8	排水能力(L/m^2)	≥0.4
4	幅度偏差(%)	±0.5	9	保水能力(L/m^2)	≥0.25
5	厚度压缩比H(%)	$35 \leqslant H \leqslant 70$	10	梯形撕破强力(N)	纵向≥250,横向≥200

外观要求　　表3

序号	疵点名称	轻缺陷	重缺陷	说明
1	永久性折痕(mm)	长度≤100	>100	
2	杂物(mm)	轻质、粗≤5	硬质;轻质、粗>5	
3	边不良(mm)	≤3 000时,每500计一处	>3 000	
4	破损(mm)	≤5	>5,破洞	以疵点最大长度计

(2)表面涂装材料质量应符合《海港工程混凝土构件防腐蚀技术规范》(JTJ 275—2000)及《混凝土桥梁结构表面涂层防腐技术条件》(JT/T 695—2007)的要求,如表4、表5、表6所示。

涂层性能要求　　表4

项目	试验条件	标准	涂层名称
涂层外观	耐老化试验1 000h	不粉化、不起泡、不龟裂、不剥落	底层+中间层+面层的复合涂层
	耐碱试验30d后	不起泡、不龟裂、不剥落	
	标准养护后	均匀、无流挂、无斑点、不起泡、不龟裂、不剥落等	
抗氯离子渗透性	活动涂层片抗氯离子渗透试验30d后	氯离子穿过涂层片的渗透量在$5.0\times10^{-3}mg/(cm^2\cdot d)$	

某项目涂层设计厚度控制值　　表5

序号	涂层名称	涂料名称	道数	湿膜厚度(μm)	施工方式
1	底漆	环氧封闭漆	1	50+5	刷、辊或喷涂
2	中间漆	环氧中间漆	1	250+30	刷、辊或喷涂
3	面漆	聚氨酯面漆	2	90+10	刷、辊或喷涂
合计			4	390+45	
备注:不同项目涂层厚度设计差异较大,应按实际设计值进行涂层厚度控制;混凝土表面采用封闭漆具有渗透性,一般无干膜厚度要求					

硅烷性能要求　　表6

序号	内容	要求	序号	内容	要求
1	硅烷含量(如异丁烯三乙氧基硅烷)	≥98.9%	5	活性	100%
2	硅氧烷含量	≤0.3%	6	吸水率平均值	$0.01mm/min^{1/2}$
3	可水解的氯化物含量	≤0.01%	7	硅烷浸渍深度	≤C45混凝土:3~4mm; >C45混凝土:2~3mm
4	密度(如异丁烯三乙氧基硅烷)	$0.88g/cm^3$			
备注	不同种类硅烷性能有差异,本表以异丁烯三乙氧基硅烷为例				

7.2 质量控制措施

(1)首先必须选用符合设计和规范要求的透水性模板布和涂料或硅烷浸渍材料。

(2)透水模板布施工时应先对操作人员进行培训,并保持透水模板布施工人员的相对稳定性,增加新员工或换人时,应对新人进行岗前培训,保证透水模板布施工作业的正确性。

(3)在构件进行首次施工时,应在专业技术人员的指导下进行粘贴透水模板布。

(4)透水模板布粘贴完成后应进行验收,主要包括接缝紧密顺直、无空鼓脱胶、无褶皱、模板布粘贴方向、模板布排水通道是否畅通等,验收合格后架空覆盖,并尽快进行模板安装施工。

(5)若透水模板布粘贴后未能及时安装,则在模板安装前应对模板布粘贴质量进行复检,复检合格后方可进行安装。

(6)模板安装时应分块安装,防止因安装不当造成模板布脱胶、起皱、破损等。

(7)模板安装好后应尽早进行构件混凝土施工,防止因模板闲置时间过长,模板布起皱、脱胶等,若因故不能进行施工,应进行覆盖,防止因阳光暴晒或淋雨,而出现脱胶现象,同时在浇筑前对透水模板布粘贴质量进行复查,若发现有脱胶、起皱或破损现象应及时进行处理,处理合格后方可进行混凝土浇筑。

(8)应确保充分振捣,同时不能让振捣棒接触到透水模板布,浇筑高度较小的钢筋混凝土构件模板周围的混凝土通过模板外振捣密实,同时注意控制振捣时间,不能过度振捣导致混凝土发生离析分层现象。

(9)进行涂装施工前做好表面处理工作,清理混凝土表面不牢固附着物,如粘贴在混凝土表面的透水模板布的纤维等。

(10)用淡水冲洗混凝土表面,并等待表面完全干燥后,再进行涂装施工。

(11)涂装施工过程中用湿膜规进行涂层厚度控制,保证涂层厚度不小于设计值,涂层干膜厚度用超声波涂层厚度检测仪进行检测。硅烷浸渍施工通过单位面积材料用量控制施工质量。

7.3 模板布施工产生的外观通病及处理对策

(1)连续浇筑混凝土时,由于顶部混凝土浮浆过多水灰比较大,而侧面混凝土在透水模板布作用下水灰比较小,如果供料时间间隔太长,容易出现接缝处混凝土颜色不一致的假缝,因此浇筑混凝土应连续供料,振捣时,振捣棒必须插入下一层混凝土 10cm,振捣均匀。

(2)透水模板布出现皱褶,容易导致浇筑后的混凝土出现相同形状的皱褶而导致保护层减少,透水模板布与模板粘贴良好,出现扭曲或皱褶后应牵起模板布重新粘贴,不得起鼓。

(3)透水模板布拼接部位容易出现凹槽,由于拼接部位重叠,振捣过程可能使混凝土浆进入两层模板布中间,硬化后,模板布被夹杂在混凝土中,拆模后形成凹槽,因此拼接部位应可以直接对接,如果拼接需保证两层透水模板布粘贴紧密没有空隙。

(4)振捣过程中,振捣棒接触透水模板布,把透水模板布的表层破坏,导致水泥浆渗入中间层,拆模后容易形成小坑,因此振捣时注意保护透水模板布,振捣棒与模板保持距离不要直接接触透水模板布。

(5)模板较高时,混凝土自由下落高度太大容易发生下层混凝土水泥浆飞溅到透水模板布上,形成斑点留在上层混凝土的表面,因此浇筑落差较大的构件时应采用软管浇筑,且分层浇筑时间间隔不宜太长,每层都需要充分振捣。

7.4 混凝土表面涂层施工的外观通病及处理对策

(1)注意控制湿膜厚度,湿膜厚度可以使用湿膜规进行测量,防止因过度涂装而产生流挂,如已产生流挂,用刀片把多余的涂层刮除,再涂一层薄层遮盖。硅烷浸渍施工应通过硅烷单位面积用量来控制施工用量,保证浸渍深度符合规范要求。

(2)当涂料不具备湿固化性能不能在未干燥的构件上进行涂装,如因工程需要,表湿区构件表面无法完全干燥,应采用湿固化的专用涂料进行施工;硅烷浸渍只能在干燥混凝土表面进行。

8 安全措施

(1)施工过程使用起重设备,应按章作业,操作人员持证上岗,遵守起重作业安全规范。

(2)当进行大块模板布粘贴时,模板应平放,安装模板过程中施工人员应站立在安全位置,防止模板发生倒塌造成伤害。

(3)在钢模板上进行模板布粘贴作业时,如果钢模板受太阳照射温度过高,应先进行冷却,待温度降低后操作人员方可进行粘贴作业。

(4)施喷粘胶或涂层过程中应佩戴防毒口罩,根据风向选择合适的喷射方向,防止喷入眼睛,如意外喷入眼睛应立即送往医院进行处理。

(5)进行水上涂装施工,施工人员存在落水危险,应正确穿着救生衣,施工浮排或小船上应配备救生圈等设施。

9 环保措施

(1)彻底贯彻执行《中华人民共和国环境噪声污染防治法》及工程所在地相关的条文规定要求。

(2)执行文明生产管理的相关规定,做到文明施工,打磨设备、原材料等堆放有序,各种废料和废弃的容器应集中堆放,严禁随意倾倒废弃物或焚烧,污染环境。

(3)现场防护材料的堆放按照总平面布置指定的区域范围分类堆放,材料转、运、放有专人管理,专人清理、保持场内整洁。

(4)喷涂黏胶剂和涂料施工所用的黏胶剂、涂料、稀释剂等材料具有一定毒性,储藏和使用过程中将做好劳动保护措施,施工人员应佩戴防毒面具,确保施工人员健康。

(5)利用保水透气的透水模板布作为混凝土早期养护的覆盖物,减少养护用水的消耗。

10 节能措施

(1)坚持科学发展观,将节能减排目标与企业可持续发展有机地结合,通过采取技术改造、自主创新以及引进高新技术等多种措施保证施工过程中能源有效利用。

(2)根据所浇筑混凝土构件的尺寸选择功率合适的振捣设备,严格控制振捣的时间。

(3)涂装施工用高压无气喷涂设备的空压机采用螺杆式空压机,配备合理容量的储气罐以及气压控制自动开关,在保证合理的施工压力条件下减少电能的损耗。

11 效益分析

(1)采用跨海大桥混凝土墩柱透水模板布和表面涂装联合防护施工工法可以有效降低海洋环境混凝土构件物全寿命运营维护成本,运营维护成本分析见表7。

运营维护成本分析表　　表7

对比项目	钢模板	单独采用透水模板布	单独采用表面涂装	透水模板布和表面涂装联合防护
初期投入(元/m²)	10	40	60	80
后期维护费用预算(元/m²) (单次维护费用)	300 维修加固 技术改造	250 维修加固 技术改造	80 缺陷修补 重新涂装	60 表面处理 重新涂装
后期维护次数 (按100年设计使用寿命计算)	5	5	5	4
运营成本估算(元/m²)	1 510	1 290	460	320

(2)采用跨海大桥混凝土墩柱透水模板布和表面涂装联合防护施工工法,能提高施工质量、缩短施工工期以及节约施工成本。

①质量优势。

采用透水模板布可避免气泡、砂线、砂斑的产生;降低表层混凝土水灰比,提高了表层混凝土强度。此外,由于透水模板布能为混凝土水化过程早期提供理想的养护环境,减少干缩裂纹的产生,有利于强度增长,从而使混凝土的表面变得细致、密实,减少表面的砂眼和裂纹;混凝土表面质量的提高可以减少涂装施工的涂料损耗,提高了涂层与混凝土的黏结力,从而提高抵抗外来因素的侵蚀,提高混凝土的耐久性、耐磨性、抗冻性和涂层抗拉拔强度。青岛海湾大桥透水模板布使用效果对比见表8。

②工期优势。

一般普通混凝土要养护28d后才能达到理想的强度,进行表面涂层的涂装施工。采用透水模板布的混凝土由于表层混凝土强度增长快,能提前达到设计强度,其表面涂装前养护龄期可以缩短至18d,

大大缩短了工期。由于可以缩短混凝土表面涂装前的养护时间,流水步距短,作业施工更紧凑,可以有效利用施工资源,从而降低整体施工成本。

青岛海湾大桥透水模板布使用效果对比表　　表8

序　号	比较项目	钢模板	使用透水模板布
1	强度	内部强度远大于表面强度	表面强度接近内部强度
2	外观质量	气泡较多,颜色不一致,局部有收缩裂缝	无明显气泡,颜色均匀,无裂缝产生
3	外观缺陷率	3.20	0.50
4	28d 表面抗压强度(MPa)	47.9	56.4
5	内部抗压强度(MPa)	58.4	58.9
6	涂层滚涂施工损耗系数	1.3	1.2
7	涂层黏结力(MPa)	2.8	4.5
8	氯离子扩散系数室内浸泡试验	$3.5\times10^{-12}m^2/s$	$1.2\times10^{-12}m^2/s$

③成本优势。

可提高了钢筋混凝土构件使用耐久性,降低了结构物运营期维护成本。在相同的外观质量要求前提下,可减少减水剂、消泡剂、脱模剂等外加剂的使用;对模板损伤较小,提高模板的周转次数;由于表面平整,缺陷少,减少了表面处理工作量,涂料损耗系数较低,降低了整体施工成本。

(3)随着人们对跨海大桥使用寿命要求越来越高,采用跨海大桥混凝土墩柱透水模板布和涂层联合防护施工,可明显提高混凝土构件外观质量和使用耐久性,延长结构物使用寿命,可广泛应用于桥梁工程、港口工程、水工构造物等项目中,具有很好的应用前景和巨大的社会经济技术效益。

12　应用实例

12.1　工程实例一

青岛海湾大桥是国家高速公路网青岛到兰州高速公路的起点段,是山东省"五纵四横一环"公路网上框架的重要组成部分,大桥总长 38.266km,其中一期工程全长 28.880km,青岛侧接线长度为 749m,黄岛侧接线长度为 827.021m,红岛连接线长度为 1.3km。主线桥宽 35m,双向六车道,全桥混凝土工程量约 207 万 m^3。为了确保在高盐度和长期冻融循环作用下青岛海湾大桥能满足设计寿命要求,青岛海湾大桥在全线的水位变动区和浪溅区范围内,即全部的墩柱,均采用了透水模板布和表面涂装联合施工工法,施工面积近 35 万 m^2,涂装前养护龄期缩短至 18d,混凝土外观质量优良,涂层黏结强度高达 4.5MPa(远高于规范 1.5MPa 的技术要求),施工质量提高效果显著。

12.2　工程实例二

深圳港盐田港区西作业区集装箱码头工程 CP2A:3 号泊位延长段及 4 号泊位工程的主体结构工程包括 1 个 5 万吨级码头延长段及 1 个 5 万吨级泊位码头,水工结构按靠泊 7 万吨级集装箱船舶设计,为顺岸式钢管桩高桩梁板式结构,其中 3 号泊位延长段为 140m(实际施工长度 83.596m),4 号泊位建设长度为 426.6m。码头钢筋混凝土结构采用 C45 高性能混凝土,为了进一步提高混凝土抗海洋环境氯离子渗透性能,该码头全面采用了透水模板布作为改善混凝土表面质量和结构耐久性的主要技术措施,缩短混凝土表面浸渍硅烷的养护龄期,混凝土表面回弹强度高达 60MPa 以上,浸渍硅烷效果理想,取得了很好的联合防护效果。

墩柱钢筋整体安装及模架一体化施工工法

GGG(中企)C2080—2013

张雅平　刘跃生　李其洪　陈　飞　程桂芝

(中铁上海工程局有限公司)

1　前言

随着社会经济的发展,技术工艺也在不断的创新改进,传统的墩柱施工工艺由于人员、成本投入多、施工周期长、安全风险大、质量不易控制等原因,已亟待创新施工工艺。

中铁上海工程局有限公司组织科技攻关,总结传统的施工经验,进行大胆创新和实践,率先在上海S6公路新建工程5标桥梁墩柱施工中采用钢筋整体安装及模架一体化施工,并总结和形成了墩柱钢筋整体安装及模架一体化施工工法这一国内领先的新成果,于2012年12月23日通过中铁上海工程局有限公司技术委员会专家评审,获得中铁上海工程局“企业级工法”。该工艺技术先进,工艺新颖,相对于传统的墩柱施工工艺减少了劳动力和施工周期,具有明显的社会效益和经济效益。

2　工法特点

(1)利用钢筋胎具加工成型钢筋笼,钢筋工厂化数控集中加工、整体制作、统一配送、整体吊装,加工精度高、施工速度快,受天气影响小、劳动强度低。以成品、半成品领发制,配送到各作业面,减少了不利天气影响,使原材充分利用,降低损耗。

(2)桥梁墩柱钢筋笼整体加工、整体安装,缩短了施工周期,减少了钢筋野外暴露时间,降低了钢筋生锈的程度,减少了人为影响因素,提高了施工速度及外形尺寸精度,从而使保护层厚度得到保证,提高施工质量。

(3)采用模架一体化,将传统的搭设脚手架、立模工序合二为一,立模的同时相当于完成了脚手架搭设,免除了搭设、拆除脚手架的复杂工序,节省人工及脚手架的租赁费用,同时杜绝了脚手架作业的施工风险。

3　适用范围

由于该工法具有施工周期短、节省劳动力、质量安全高、造价低、对周围环境影响小等特点,所以适用于任何适合吊装钢筋笼的墩柱施工,高度小于15m的墩柱施工一次浇筑,大于15m的墩柱需分节施工。

4　工艺原理

该工法打破传统的墩柱钢筋分两部分加工,将承台内预埋钢筋部分和承台以上墩柱钢筋部分合二为一,成为整体,在钢筋集中加工车间利用胎具集中加工整体钢筋笼,运至现场、整体吊装就位。

施工中无需搭设脚手架,采用模架一体化,只需在柱顶搭设操作平台,即可浇筑混凝土。立柱钢筋笼实际安装如图1所示。

图1 立柱钢筋笼实际安装图

5 施工工艺流程及操作要点

5.1 施工工艺流程(图2)

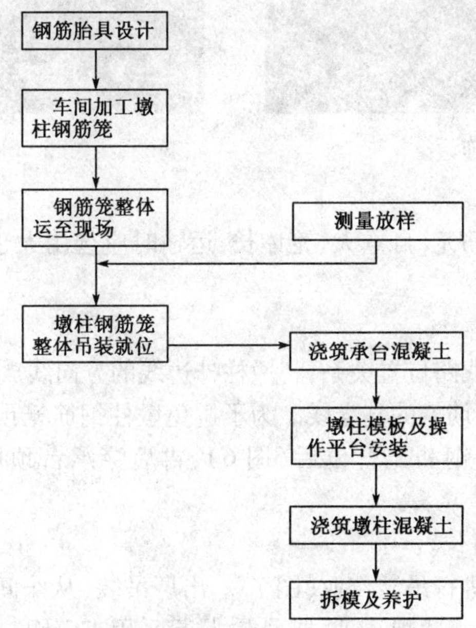

图2 施工工艺流程

5.2 操作要点

1)墩柱钢筋笼制作与安装

(1)钢筋胎具设计。

采用型钢(如角钢、槽钢等)及抽拉杆根据设计的外形尺寸制作钢筋笼加工胎具,底面直接在型钢上等间距开槽,按照各间距最大钢筋直径进行,保证在加工小型号钢筋时,通过调整胎具能达到通用性;侧面根据主筋间距采用抽拉杆等间距布设,胎具的尺寸必须精确,在加工每种钢筋笼前对调整后的胎具进行验收,合格后开始加工钢筋笼,如图3所示。

图3 钢筋笼胎具加工

(2)车间加工墩柱钢筋笼。

在标准化加工车间配置数控弯曲机一台,提高生产效率的同时能准确控制下料精度,且误差一致。所有钢筋笼必须在胎具上进行 CO_2 气体保护焊点焊加工,出厂验收时,需检查钢筋的焊接质量、总体外形尺寸和抗变形能力等。

钢筋笼在车间集中加工成型时,为保证钢筋笼的刚度,使之在运输、吊装过程中不变形,需采取在笼内设钢筋加强箍或用型钢对角加固等可拆卸措施。为了方便后续的模板安装,对钢筋笼制作要求较高,要确保主筋顺直、无变形,箍筋在同一平面上,无翘曲及凸起现象,墩柱主筋与箍筋、拉钩筋全部采用 CO_2 气体保护焊点焊连接。为确保墩柱净保护层偏差控制在 ±5mm 以内,需按照每平方米不少于4个布设强度不小于墩柱混凝土强度的可滚动的圆形混凝土垫块,防止整体套模过程中碰触模板而脱落,如图4、图5所示。

图4 圆形垫块布设

图5 圆垫块大样

(3)钢筋笼整体运至现场。

由于墩柱钢筋为整体式钢筋笼,自重大、笼体长,运输时应选用大于12m的加长运输车,在运输及吊装过程中注意对垫块的保护。

(4)测量放样。

根据墩柱设计结构尺寸与线路位置关系,将墩柱外边线的方向线放样到承台模板上,并用细线拉出墩柱中心轮廓,作为墩柱预埋钢筋笼的基准线。为了避免墩柱钢筋笼预埋过程中与承台顶层钢筋位置冲突,要预留墩柱钢筋位置,待钢筋笼就位后(图6),再后穿承台顶层预留钢筋。定位的允许偏差为10mm。

(5)墩柱钢筋笼整体吊装就位。

钢筋笼采用自制专用吊具进行吊装作业(图7)。出厂吊装(从车间吊至运输车)时,为使笼体受力均匀,防止钢筋笼吊装变形及焊点脱焊,需增加吊点,吊具采用工字钢制作,吊具上对称设置一定间距的吊环,适用于各种断面尺寸的钢筋笼吊装。

图6 墩柱钢筋笼定位

图7 筋笼整体吊装

墩柱钢筋笼在承台钢筋绑扎完毕、模板就位加固之后整体运送至现场安装。根据墩柱的截面尺寸采用工字钢制作成扁担，扁担上对称设置一定间距的吊环，在钢筋笼顶端设置两吊点，作为主吊索，副吊点设在钢筋笼的下部约1/3处。加强箍筋与主筋连接处为吊点，吊环U形扣连接在加强箍筋处主筋外侧，吊索要等长，确保钢筋笼垂直。

钢筋笼插入承台及承台面以上50cm段的对拉钩筋和内箍筋先不安装，待墩柱钢筋笼吊装就位并采取合理措施固定后，绑扎插入承台部分钢筋，承台面以上50cm范围内的墩柱箍筋待承台混凝土面凿毛完成、清理干净后安装。由于整体钢筋笼重量大，若全部作用于承台钢筋网片上，则会使之变形。施工时墩柱主筋需要落地支撑，使主筋直接支撑在承台底垫层上，承台顶层钢筋分别与墩柱主筋点焊固定。

2）墩柱钢模板、操作平台制作与安装

（1）模板制作。

①墩柱采用厂家定制整体钢模，无内拉杆设计。模板为4片式，钢面板背焊两层型钢骨架；在尽可能减少接缝的要求下，根据墩柱高度均匀分层。

②模板设计要充分考虑工人、机具、操作平台等荷载以及混凝土浇筑及振捣时的振动影响和侧压力，来设置面板背钢。操作平台要与钢模同时设计、加工安装，并同时投入使用，出厂的钢模附有相应的受力检算书。为确保模板拼缝严密，防止爆模现象的发生和拉杆拉伸变形及螺纹磨损，采用同等型号的精轧螺纹钢拉杆，确保强度。模板整体应稳定牢固，具有必要的强度、刚度和稳定性。

③由于未搭设脚手架，安装及拆除模板时，需要攀爬至一定高度拆卸螺杆，增加了作业过程中的风险。为确保安全，采用圆钢通长焊接到模板外侧围檩的四角上，涂黄漆加以颜色区别，保证安拆模板时任何一个角点都可以挂双扣安全带，随走随移。

④操作平台与墩柱钢模同设计、同加工、同安装、同拆除。平台螺栓连接在墩柱模板上的围檩型钢上，在墩柱模板每面设置2道支撑，操作平台宽度要考虑到施工操作空间，四周设踢脚板，外围设钢管护栏，刷黄黑漆，同时采用密目网围护。必要时在系梁下和中上节模板间的水平缝向下约1.5m处设置二级平台，宽0.6m，其承载能力考虑不小于100kg/m^2，便于安拆螺栓，这也在设计加工模板时一并考虑。

以本工程A形墩柱为例，具体布置见平台平面图及平台立面图（图8、图9、图10），其他墩柱形式参照执行。

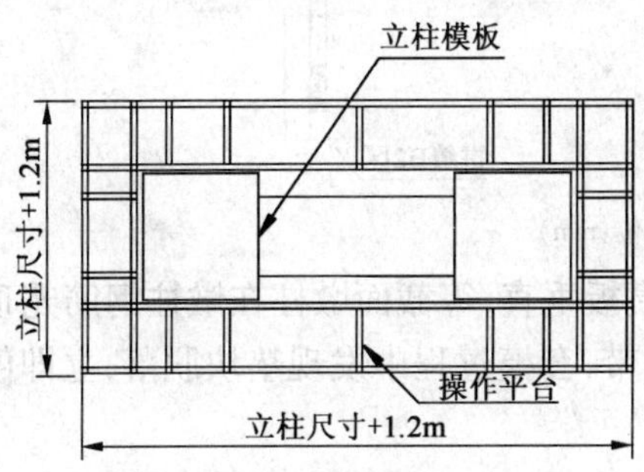

图8 操作平台平面图

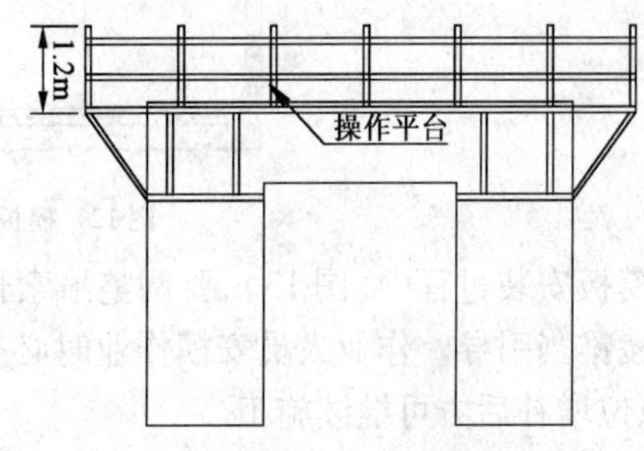

图9 操作平台立面图

（2）墩柱模板及操作平台安装。

①模板进场后，将模板采用精轧螺纹钢连接成一整体，然后分节预拼装钢模板（直墩柱采用吊装整体钢模直接套装；花瓶型墩柱则采用分块拼装的方法），每节对齐后用定位销固定，并检查拼缝及错台情况，发现问题及时整改。

②模板安装采用汽车吊机配合进行，按先下后上顺序依次安装。以最复杂的A型墩柱为例，其他墩柱形式参考本工法执行。首先整体套装下节模板，将下

图10 操作平台实物图

节模板根据承台上的墩模基准线精确定位加固后,方可安装上节模板,上下节水平接缝处用定位销固定牢固,工人可站在二级平台上,安全带挂在上节模板上。待上下节模板安装完毕后,安装带有操作平台的柱帽模板,如图11、图12所示。顺序为:墩顶A1/A2区→系梁整体底模(D1/D2/D3区)→系梁整体侧模(C1/C2/C3区)。安装系梁模板时,操作工人站立在两墩柱之间的二级平台上,并将双扣安全带悬挂在A1/A2区模板上,双重保险,确保万无一失。

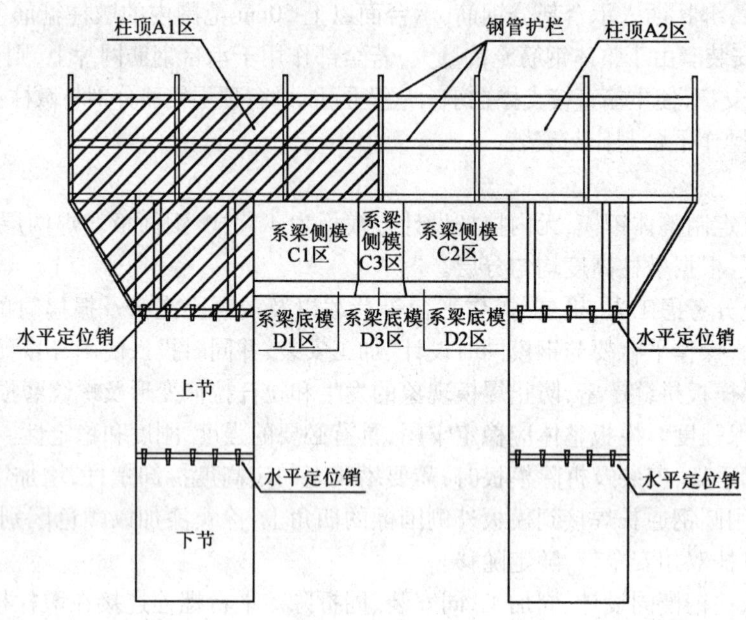

图11　模板安装立面图

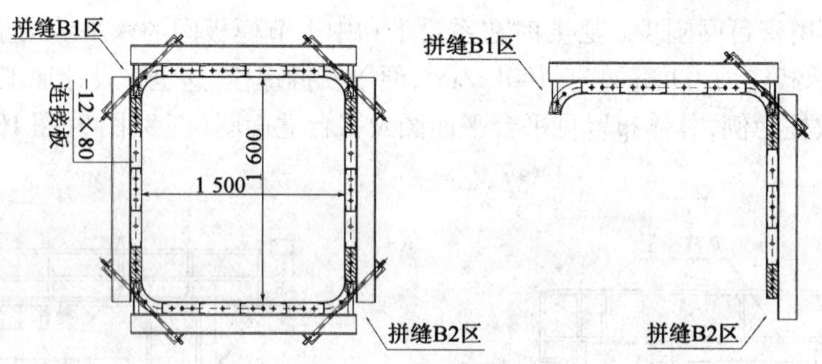

图12　模板安装平面图(尺寸单位:mm)

③模板安装过程中(图13),要调整吊索长度一致,确保模板垂直,等截面墩柱在墩柱钢筋笼顶用钢筋做成棱锥当引导。作业人员安模作业时必须佩戴双扣安全带,套模过程中发现垫块脱落,立即停止作业,在原位增补后方可继续施工。

图13　墩柱模板安装

④模板及平台安装完毕后,为调整墩柱垂直度和防止墩柱倾斜,在墩柱顶部四个方向设缆风绳,地锚必须稳妥,缆风绳采用软钢绳,受拉力满足要求,用紧线器上紧缆风绳(图14)。并对其平面位置、顶部高程、节点联系及纵横向稳定性进行"三检制"检查。模板底部缝隙要有效封堵,防止烂根。为方便作业人员及机具的运送,可通过升降机或梯笼上下作业平台(图15)。

图14 缆风绳加固

图15 登高车

3)浇筑墩柱混凝土

混凝土的浇筑采用常规工艺进行,并用登高车配合施工(图16、图17),要注意混凝土浇筑及振捣时的侧压力和工人、机具的总荷载不得超出模板设计承载力。

图16 登高车

图17 混凝土浇筑

4)拆模及养护

(1)模板拆除。

模板拆除同样采用汽车吊机配合进行。拆模前,必须先将吊机钢丝绳挂好,待拆模板后,才能拆除最上层螺栓,按先上后下的顺序进行。以本工程带有系梁的A型墩柱拆模顺序为例(其他形式参照本工法):柱顶操作平台A1/A2区→系梁侧模C3区→系梁侧模C1/C2区→系梁底模D3区→系梁底模D1/D2区→中下节模板。

拆除A1/A2区时,预留最上层螺栓不动,此时安全带挂在待拆模板上,待吊机钢绳挂好后,拆除最上层螺栓,移除模板前要将安全带挂在系梁侧模C区上。拆系梁处模板时,工人站在两柱间的二级平台上,首先要用吊机钢丝绳的U形卡在系梁两侧对称挂住对应区域模板,防止螺栓全部松开后模板受力脱落,并将安全带悬挂在临近未拆除区域的模板上焊接专用挂安全带的钢筋上,待螺栓及定位销全部拆除后,工人移动到安全侧并将安全带挂在旁边未拆模板上,轻敲(撬)模板,使之拆除;当拆除到最后一区域D1/D2处模板时,要将安全带挂住旁边未拆的上节墩柱模板上,待螺栓及定位销全部拆除后,解除安全带,工人转移到墩柱中下节模板上,将安全带系在 $\phi16$ 圆钢上,轻敲(撬)模板,使之拆除。如此循环进行,将模板全部拆除(图 18)。

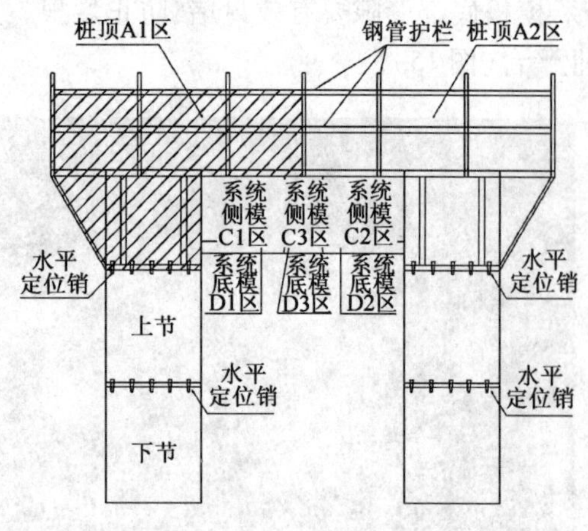

图 18 模板拆除

中下节模板首先将吊机钢绳挂好待拆模板,然后拆除纵向拼缝 B1/B2 区的对拉螺杆及纵向定位销,每块模板都需留下水平法兰盘全部和顶部一颗螺栓不松动,最后依次松掉顶螺栓、水平法兰盘螺栓(此时工人可站在二级平台上)时,工人已移动到未拆模板上并将安全带挂在未拆模板上,确保工人在操作过程中挂安全带的模板没有掉落的危险。所有联结、支撑均应全部解除后方可轻敲模板,使其与混凝土分离然后吊除,切勿损伤混凝土表面及边棱。拆除模板时,严禁抛扔、猛敲和强扭,模板拆除过程必须有专人指挥,吊机作业半径内严禁站人。

图 19 喷养护剂养生

(2)成品养护。

模板拆除完成后,采用混凝土养护硬化剂对墩柱成品养护,养护剂要喷洒均匀、到位(图 19)。

5.3 劳动力组织

墩柱钢筋整体安装及模架一体化施工中所涉及的模板安拆工人必须先经过体检,无恐高症、高血压等症状,且要具备木工和架子工双证;钢筋工要具备熟练操作数控弯曲机的技能并持证上岗;焊工应能掌握 CO_2 气体保护焊的焊接技术并持证上岗,登高车司机证件应满足要求。常规劳动力组织见表 1。

劳动力组织表(一个班组) 表 1

序号	工种	人数	工作内容	备注
1	模板安拆工	6	负责模板安装、拆除	
2	钢筋工	10	操作数控弯曲机	
3	焊工	4	CO_2 气体保护焊焊接钢筋笼	
4	登高车司机	2	负责接送人员、设备上下墩柱	
5	混凝土工	6	负责混凝土浇筑、振捣	

6 材料与设备

墩柱模块化无落地脚手架施工工法中,主要材料、机具见表 2、表 3。

主要材料表 表2

序号	材料名称	规格型号	单位	数量	备注
1	槽钢	[10	m	56	单个平台
2	钢筋	HRB335	t	9.134	10m 高度墩柱
3	钢管	ϕ48×3.5mm	m	21.6	单个平台
4	双扣安全带	FT-ADG-07	个	6	
5	防坠器	WTF-R 型	个	6	
6	精轧螺纹钢对拉螺杆	ϕ25	t	0.2	单个 10m 墩柱
7	混凝土	C40	m^3	30	单个 10m 墩柱
8	钢丝绳	6×19+1	m	60	固定墩柱钢筋、模板

主要机具设备表 表3

序号	材料名称	规格型号	单位	数量	备注
1	数控弯曲机	BX1-315	台	1	钢筋加工
2	CO_2 保护焊机	NB-500	台	2	钢筋笼成型
3	插入式振动棒	ZN50	个	4	长 15m
4	登高车	DN125B	台	1	人员上下
5	泵车	YQ	台	1	浇筑混凝土
6	平板车	15t	辆	1	钢筋笼运输
7	汽车吊	30t	台	1	吊装、拆卸

7 质量控制

7.1 质量控制标准

(1)《公路桥涵施工技术规范》(JTG/T F50—2011)。

(2)《公路工程质量检验评定标准 第一册 土建工程》(JTG F80/1—2004)。

具体检查控制标准见表4、表5。

墩柱钢筋检查控制标准 表4

项次	检验项目		规定值或允许偏差	检验方法和频率
1	受力钢筋间距(mm)	基础、墩台、柱	±20	尺量:每构件检查2个断面
2	箍筋、横向水平钢筋、螺旋筋间距(mm)		±10	尺量:每构件检查5~10个间距
3	钢筋骨架尺寸(mm)	长	±10	尺量:按骨架总数30%抽查
		宽、高或直径	±5	
4	保护层厚度(mm)	柱、梁、拱肋	±5	尺量:每构件沿模板周边检查8处

墩柱成品检查控制标准 表5

项次	检验项目	规定值或允许偏差	检验方法和频率
1	混凝土强度(MPa)	在合格标准内	按 JTG F80/1—2004 附录 D 检查
2	相邻间距(mm)	±20	尺或全站仪测量:检查顶、中、底3处
3	竖直度(mm)	0.3%H 且不大于20	吊垂线或经纬仪:测量2点
4	柱(墩)顶高程(mm)	±10	水准仪:测量3处
5	轴线偏位(mm)	10	全站仪或经纬仪:纵横各测量2点
6	断面尺寸(mm)	±15	尺量:检查3个断面
7	节段间错台(mm)	3	尺量:每节检查2~4处

7.2 质量保证措施

建立健全工程质量保障体系，并使之有效运转。实施过程中采取的具体措施如下：

(1)柱顶操作平台、模板侧压力、[16背肋、对拉精轧螺纹钢螺杆以及操作平台对模板的影响，要经过严格的受力检算，确保各项承载力及拉力满足要求。

(2)要对钢筋笼胎具的加工尺寸、精度及焊接质量等严格检查，保证胎具的质量也就保证了钢筋笼的尺寸精度，一劳永逸，减少了后续每次检查钢筋笼钢筋数量及间距的繁琐工序。

(3)必须配备精轧螺纹钢对拉螺杆，保证拼缝质量，杜绝可能爆模的安全隐患。

(4)坚决使用CO_2气体保护焊焊接钢筋笼，确保焊接质量及钢筋笼整体刚度，避免吊装过程中的变形、开焊等现象发生。

8 安全措施

建立健全现场安全生产保障体系，并使之有效运转。实施过程中采取的具体措施如下：

(1)钢筋笼整体吊装前，应有专人严格检查焊接及焊接情况，保证模块的刚度，保证吊装时不变形。

(2)模板吊装及施工平台吊装前，应有专职安全人员对模板的螺栓情况进行仔细全面检查，保证模板的整体性。

(3)定期组织技术人员、专职安全人员对操作平台、梯笼、现场机具及模板情况进行检查，确保逃生通道，保证安全性。

(4)操作人员要持证上岗，身体素质良好，经体检合格，能进行高空作业。

(5)每次吊装前，都必须检查起重吊装机具、设备是否牢固可靠，合格后方可起重吊装。

(6)安装系梁钢筋时，不得在平台上堆放材料，平台上只能存放浇筑混凝土必要的物品。

(7)拆除模板按规定的程序进行，并设专人指挥，先拴牢吊具挂钩，再拆除模板。模板、材料、工具不得往下扔。施工人员与模板之间，要有一定的安全距离。拆模时，施工人员必须佩戴双扣安全带。

(8)拼装或拆除模板时需要攀爬至一定高度松紧螺杆，增加了作业过程中的风险。为避免安全事故发生，采用ф16圆钢通长焊接到模板围檩的四角上，保证拼装、拆卸模板时任何一个角点都可以双扣安全带，随走随移，所有攀登作业人员必须佩戴安全带双扣(图20、图21)。

(9)登高车需要加强日常维护保养与检查，专人驾驶。场地平整度要满足登高车要求，并与承台墩柱基坑保持安全距离。

图20 ф16圆钢安全扣

图21 双扣安全带

9 环保措施

工程文明施工的好坏直接影响到施工企业的信誉和形象，且良好的施工环境与人民的生活密切相关，在实施过程中采用的环保措施如下：

(1)成立对应的施工环境卫生管理机构，在工程施工过程中严格遵守国家和地方政府下发的有关环境保护的法律、法规和规章，加强对施工燃油、工程材料、设备、废水、生产生活垃圾、弃渣的控制和治理，遵守有防火及废弃物处理的规章制度，做好交通环境疏导，充分满足便民要求，认真接受城市交通管理，随时接受相关单位的监督检查。

(2)组织文明施工督查小组，设专职文明施工员巡回检查。做到工完场清、不留尾巴；保持所有设施完好、整洁；施工人员文明有礼。

(3)优先选用先进的环保机械。采取设立隔声墙、隔声罩等消声措施降低施工噪声到允许值以下，同时尽可能避免夜间施工。因施工安排夜间需要施工的须报地方主管部门批准。

(4)对施工中可能影响到的各种公共设施，应制订可靠的防止损坏和移位的实施措施，加强实施中的监测、应对和验证。同时，将相关方案和要求向全体施工人员详细交底。

(5)加强与当地群众的沟通，自觉维护周边绿化，不随意侵占线外土地。

(6)配备洒水车对施工便道和场地来回洒水，以减少扬尘污染。

(7)做好机械保养工作，防止漏油事件。

10 资源节约

相对传统工艺，墩柱钢筋整体安装及模架一体化施工工法，能大量节省劳动力、缩短施工周期和减少钢管脚手架等材料的使用，钢筋笼胎具及模板可以重复使用，完全符合国家所倡导的“工程建设节约环保、减污降耗”社会要求。

11 效益分析

1)社会效益

该工法施工操作简便，安全可靠，各工序衔接合理，施工周期短，避免了支架施工产生的大量场地占用，消除了对城市交通的严重影响。施工产生的噪声、粉尘等公害也得到了最大限度的降低，总体提升了桥梁施工技术水平和改善现场的安全、文明施工状况。工程建设时，周围的居民及企事业单位能正常生活及工作。新颖的工法技术将促进桥梁墩柱施工技术进步，社会效益和环境效益明显。

2)经济效益

工艺成熟的模块化施工跟以前的墩柱结构施工相比，具有施工周期短、有效节约人力物力的特点，在现今社会劳动力紧缺环境下，减少劳动力，适当增加机械是适应现实社会的一大改革创新，具有与时俱进的意义。同时桥梁墩柱钢筋整体安装及模架一体化的施工工艺也能缩短施工工期、节约劳动力、节省脚手架租赁费用、少占土地、节约成本，为地方和企业带来经济效益。

表6为10m墩柱常规工艺施工与新工艺效益对比，结果显示单个墩柱施工墩柱钢筋整体安装及模架一体化施工能节约5 772.6元成本，工程节约成本共计115万元。

10m墩柱常规工艺施工与新工艺效益对比 表6

序 号	项 目	常规工艺施工（数量×单价）	新工艺施工（数量×单价）	差值（元）	备 注
1	人工费对比	15×180	0	2 700	钢筋加工及安装
2	机械费对比	0	0.3×900	−270	登高车
3	支架租赁费	420×0.014×15+120×0.008×15	0	102.6	
4	搭设支架	18×180	0	3 240	
5	合计			5 772.6	

注：1. 施工所用材料基本相同，不比较。

2. 浇筑混凝土基本一样，不比较。

3. 安拆模板均用机械，方式一样，不比较。

4. 以上比较按单根10m墩柱，10t钢筋计算。

12 应用实例

上海S6公路新建工程5标位于上海市嘉定区,主线高架桥全长1.1km,墩柱199根,自2011年1月7日开始,在本项目中推行此工法。2011年9月13日全部完成,施工中未出现任何质量、安全事故,质量检查合格,墩柱成品内实外美,各项技术指标均满足设计及规范要求。通过本工程施工实践证明:钢筋集中加工、整体吊装、桥梁墩柱无支撑施工具有明显的节能减排、缩短工期、降低风险、减少人工、提高工效等优点,能有效提高桥梁墩柱施工效率,得到了业主和监理单位的高度认可。

该施工工法在桥梁墩柱方面成功实施,安全质量可控、施工进度快,施工投入少,具有较高的推广应用价值。

超高钢筋混凝土索塔环缝切割与梯度养护施工工法

GGG(皖)C3081—2013

殷永高 王德怀 杨 敏 金 松 纪厚强
(安徽省高速公路控股集团有限公司 中交二航局第四工程有限公司
中交二公局第五工程有限公司)

1 前言

索塔是悬索桥或斜拉桥支承主索的塔形构造物,具有结构高和体积大的特点,主要由塔柱、上横梁、下横梁等组成。目前主要有钢结构和钢筋混凝土结构两种形式,其中钢筋混凝土结构受到现场施工工艺、浇筑条件、振捣水平、混凝土质量等多方面影响,通常会出现裂缝、气泡、蜂窝、麻面等现象,而且接头控制不理想,节段间色差明显,保护层合格率低,大大影响了索塔的外观质量。

本工法通过对施工工艺进行改进,通过首节塔柱设置模板槽、节段间接头位置调节模板拉杆位置及接头环缝切割、保护层合格率控制、高空恶劣条件下温湿度控制等措施,形成一整套提高混凝土索塔外观质量及保护层合格率的方法,取得了较好的经济效益和社会效益。

2 工法特点

(1)首节塔柱模板设置模板槽。在首节塔柱施工时,在塔座顶面沿模板位置开槽,将模板置于槽口内,首节混凝土施工完成后,及时脱模,并将槽口补齐,可以确保塔柱与塔座之间的接缝顺直,解决传统的塔柱“烂根”现象。

(2)塔柱环缝切割。塔柱浇筑完成后,根据混凝土顶面的不平顺情况,使用墨线对塔柱施工环缝向下2~3cm进行弹线,使用砂轮机沿墨线切入混凝土2cm,人工凿除墨线以上混凝土,使施工环缝在浇筑完成后顺直,保证接缝处混凝土保护层均匀度和整体质量。

(3)塔柱模板底口拉杆位置调整。塔柱使用液压爬模工艺,将原工艺模板拉杆与施工环缝的距离从20cm调整为10cm,使得模板拉杆在施工环缝处的约束力增大,有效地将塔柱节段间的错台控制在3mm以内,保证了接缝处混凝土保护层均匀度和整体质量。

(4)混凝土保护层合格率控制。选用桥梁专用高强度混凝土保护层垫块,根据结构物构造特点,规范垫块绑扎方法,合理布置垫块密度,并通过钢筋、模板的精确定位,混凝土保护层均匀度良好,合格率达90%以上,有效提升,结构物的耐久性。

(5)高空恶劣条件下混凝土湿度梯度控制。根据高空恶劣环境下不同季节、天气情况采取相应的养护措施,并延长养护时间,保证混凝土表面相对湿度,尽量消除因混凝土湿度梯度等因素影响而产生的收缩变形,避免了早期裂缝的产生。

3 适用范围

本工法适用于各种类型钢筋混凝土索塔施工。

4 工艺原理

本工法应用关键技术的工艺原理如下。

(1)首节塔柱在施工时,模板直接安放在塔座表面,由于塔座顶面不可能完全平齐,会造成模板底口与塔座之间有大小不等的间隙,该间隙在塔柱混凝土浇筑时会被混凝土填充,在拆模后出现塔柱与塔座接缝高低起伏的现象,影响外观质量。通过预开槽口,使模板下口处于槽口内,首节塔柱混凝土与塔座的浇筑接缝会下移至槽口处,后期补齐槽口时,可以人工控制槽口与塔柱的接缝,确保外观平顺。

(2)塔柱浇筑时,模板上口混凝土容易出现松散,在下节混凝土浇筑前,需要将上节混凝土顶面进行凿毛处理,在凿除过程中,容易使外侧混凝土出现裂块,顶面起伏高低不平。如果直接浇筑下节混凝土就会导致接缝不在同一条水平线上,影响外观效果。

(3)塔柱采用液压自爬模工艺施工,下节模板需要包裹上一节混凝土,并利用上一节混凝土施工的拉杆孔固定模板底口,通过调整拉杆孔的位置,增大模板在接缝处的约束力,有效抵抗混凝土浇筑的时的侧压力对模板的作用力。

(4)混凝土保护层能够保护钢筋不受锈蚀或有效延长钢筋开始锈蚀时间,有效提高结构整体抗腐蚀性能。同时,厚度适中的、均匀的保护层对抵抗混凝土早期收缩引起的边缘拉应力有一定积极作用,可以有效减少因温度、湿度梯度差引起的早期收缩裂缝,进一步延长结构件使用寿命。

(5)加强混凝土湿度梯度控制。混凝土早期表面裂缝一般源自于温、湿度的扩散和梯度衰减造成的不均匀收缩。采取合理的养护措施可以有效减少因混凝土湿度差引起的不均匀收缩应力,进而保证混凝土具有抗裂性、体积稳定性、抗渗性,有效提高混凝土的外观质量和使用性能。

5 施工工艺流程及操作要点

5.1 施工准备

(1)塔座施工完成、塔柱模板加工完成、塔柱混凝土配合比试验完成便可以进行塔柱施工。

(2)塔柱施工工艺流程见图1。

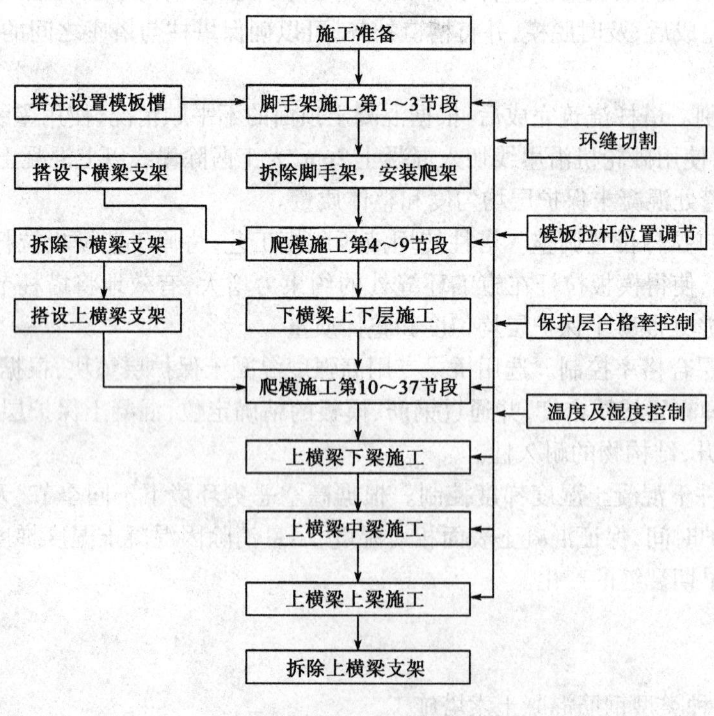

图1 塔柱施工流程

5.2 钢筋绑扎

重视钢筋的绑扎成型工序,钢筋绑扎严格按照设计尺寸进行,保证钢筋骨架各部分尺寸及精度。合理安排各方向的主筋与副筋位置,确保主筋位置的安放准确,避免出现钢筋保护层偏差而使混凝土外观受到影响,见图2、图3。

图2 钢筋精确定位

图3 钢筋绑扎效果

根据钢筋情况布置一定数量的骨架钢筋,确保钢筋间距一致、不得出现钢筋扭转、倒伏、参差不齐等现象,使模板安装后,混凝土保护层垫块具有较好的净间距控制效果。

注意成品保护,加强监管力度,禁止施工人员在已绑扎成型并验收的钢筋上随意乱踏,不得将较重的机械设备器具放在钢筋骨架上,造成保护层垫块倾倒或脱位,使保护层厚度得不到保证。

5.3 模板制作及安装

塔柱采用液压爬架施工,在模板系统的选择上,摒弃了以往的模板背带形式,转而采用了最新型的几字梁加方木的组合。相对于传统塔柱模板系统,该模板系统具有材质轻更,刚度更大,结构受力更合理等特点。

面板采用厚21mmWISA板;横肋为90mm×40mm方木,间距为20cm;竖肋为10cm高的几形钢梁,间距为26.5cm;围檩为双肢[14a,最大竖向间距为100cm。拉杆采用45号钢,经调质处理,丝口为M20,采用ϕ20mm圆钢加工,见图4。

模板设立专门的加工组拼场地,拼装场地按照最大模板面积,每边外扩1m设置。并搭设模板组拼平台,平台高度大于1.8m,以方便工人紧固背面的锚固螺栓。超平支架高程,保证四角高差不大于5mm,从下往上依次拼装模板。模板使用进口维萨板,拼装时要使用紧张器,严格控制模板接缝和表面平整度,相邻面板接缝处错台不大于1mm,相邻面板间缝隙不大于2mm。

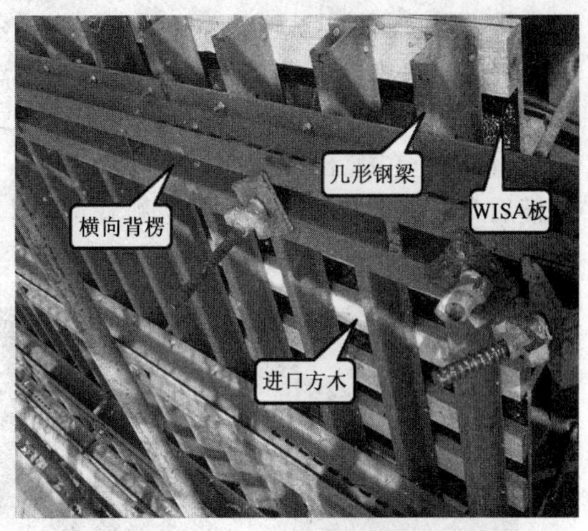

图4 新型模板组合

模板安装使用塔吊配合。先安装角模,就位后利用模板底口拉杆进行固定,底口预埋拉杆距混凝土接触面10cm。后安装四个大面模板,采用大面模板包角模的组合方式。严格控制好大面模板的宽度,每边伸长量要小于20cm,以免影响倒角对穿拉杆的安装。模板都安装就位后,测量进行模板位置调整。(模板轴线偏位:8mm;模板高程:±10mm)。定位完成后,固定好模板上下口,中间进行拉杆对穿工作,拉杆间距以混凝土侧压力计算控制,考虑模板长度和高度综合控制,本工法设置为竖向1.3m,横向1m。

通常采用拉杆模板,由于拉力作用,在拉杆孔周围会造成模板凹陷,从而导致此处混凝土外凸。通过增加锥形螺母与模板接触面积,定制后的锥形螺母可以有效地减少模板凹陷,混凝土外突,见图5。

塔柱混凝土采用分层浇筑,节段间接头错台的控制成为混凝土外观质量的重点。分层浇筑采用液压爬模施工,在上节混凝土顶面四周预留拉杆,收紧模板底部来减小相邻两节混凝土错台。原模板设计拉杆距混凝土顶面20cm,现场发现错台不能满足3mm要求,将拉杆提升10cm(图6),使得模板拉杆在施工环缝处的约束力增大,有效地将塔柱节段间的错台控制在3mm以内。

图5　定制锥形螺母

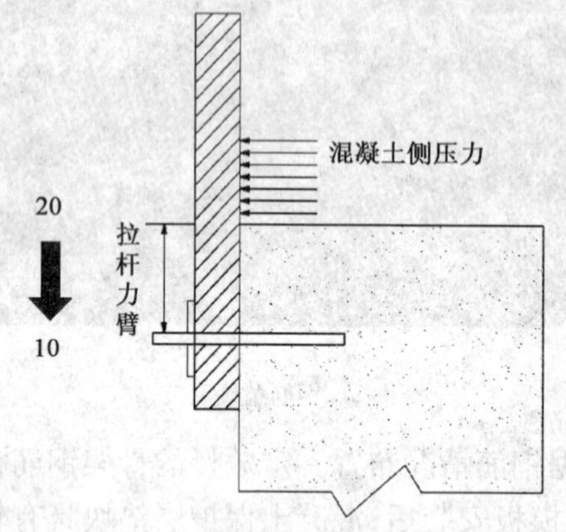

图6　模板底部预留拉杆(尺寸单位:cm)

5.4　保护层垫块安装

在塔柱施工过程中高度重视混凝土保护层质量控制。根据钢筋直径定制选择双扎丝构造保护层垫块(图7),不仅尺寸符合标准,而且要易于绑扎牢固。采用专业桥梁专用的预制高强度垫块,培训工人现场规范绑扎垫块,垫块的凹槽部分与钢筋骨架的外层钢筋贴合紧密,使用扎丝将垫块与钢筋绑扎牢靠。所有垫块绑扎牢靠后方向统一,现场技术人员及时验收,发现垫块绑扎不牢靠、手晃松动现象时,及时安排人员重新绑扎。

混凝土垫块严格按照规范要求进行,5个/m^2成梅花状布置,并且要绑扎牢固,根据混凝土构件形状、模板拉杆位置等条件选择合适的布置方式。在混凝土构件有弯角、转折面处,适当增加保护层垫块数量,防止在施工中碰掉或者偏移。模板上好后进一步检查垫块状态,确保垫块垂直紧贴模板。拆模后24h内对混凝土保护层进行检测(图8),并形成台账,保护层合格率达到90%以上,远大于规范要求。

图7　双扎丝构造保护层垫块

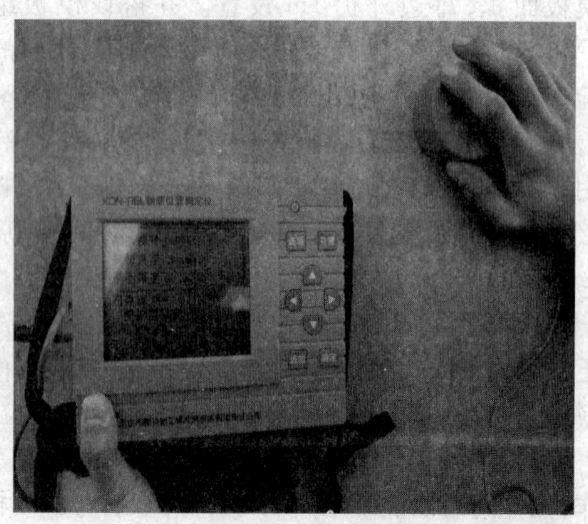

图8　保护层厚度检测

5.5 混凝土浇筑控制

1)混凝土浇筑温度的控制

混凝土的浇筑温度与裂缝控制关系极为紧密,相同混凝土,入模温度高的温升值要比入模温度低的大许多。通过对砂石料设置遮阳棚、冲洗台、拌和水制冷等措施降低混凝土浇筑温度。

2)均匀布料

利用中央集料斗,使各点均匀下料,控制混凝土分层浇筑高度,不大于30cm,见图9。

3)振捣控制

振捣施工采用专人定点控制,振捣过程中技术人员旁站,防止振捣棒在振捣过程中与钢筋发生碰撞,使钢筋保护层发生变化。

混凝土浇筑分层按照温控要求进行控制,浇筑前在钢筋上做好分层高度标记,施工中严格按照标记高度进行控制;施工中布料均匀,严禁采用振动棒驱赶混凝土。混凝土振捣时,振捣棒移动间距不应超过振捣器作用半径的1.5倍,并且与模板保持50~100mm的距离,严禁振捣棒碰撞钢筋、模板。

在浇筑过程中正确控制间歇时间,上层混凝土应在下层混凝土初凝之前浇筑完毕,并在振捣上层混凝土时,振捣棒下插5cm,使上下层混凝土之间更好地结合。为保证插入精度,在振捣棒上捆绑红色皮筋作为深度标记,见图10。

图9 料斗均匀布料图

图10 振捣施工控制

5.6 混凝土养护

混凝土养护包括湿度和温度两个方面,结构表层混凝土的抗裂性和耐久性在很大程度上取决于施工养护过程中的温度和湿度控制。特别针对于高空恶劣环境下,空气湿度较低,为保证养护质量,对混凝土表面进行潮湿养护。

当气温较高时(10℃以上),混凝土浇筑后必须及时在模板外浇水降温,混凝土顶面进行蓄水养护(图11),表面覆盖土工布浇水进行保湿养护。混凝土脱模后立即开启喷淋系统(图12),先期对混凝土进行喷水养护,保持本节混凝土湿润。水养过后,等混凝土温度降低到与环境温度相当时,停止水养,刷专用养护液进行后期养护。

图11 顶面蓄水养护图

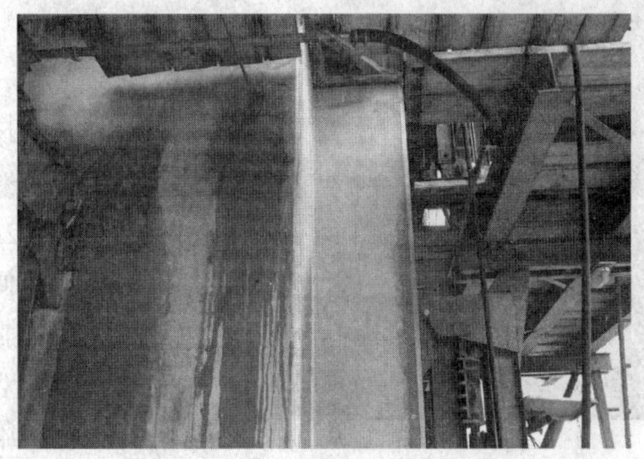

图12 喷淋系统养护

在养护期间,需对蓄水物质定时注水以保证持续湿润状态,养生时间不少于14d,并且尽可能延长养生时间以确保混凝土质量。

当室外日平均气温连续5d稳定低于5℃时即进入冬季施工。冬季天气寒冷干燥,如养护不当,混凝土可能出现裂缝、疏松、凝结时间过长等质量问题。因此,在冬季施工应特别注意混凝土的养护。具体浇筑和养护措施如下:

(1)混凝土浇筑完毕后,混凝土表面立即用塑料薄膜及湿棉被覆盖,进行保温保湿。对边、棱角部位的保温厚度应增大到面部位的2~3倍。当日平均气温低于5℃时,不得浇水养护。

(2)季风季节混凝土拆模前,用普通油布在塔柱迎风面设置挡风设施,形成不透风的围护层;对细薄结构的棱角部分,应加强保温。结构上的孔洞应暂时封堵,见图13。

(3)混凝土浇筑时,应留取足够的同条件养护试件,当试件证明混凝土已达到要求的抗冻强度,且养护结构的模板和保温层在混凝土冷却至5℃以后方可拆模,尽量避免在寒流袭击、气温骤降时拆模。侧模拆除后混凝土要及时涂刷两遍养护剂,覆盖一层塑料布,并在塑料布上覆盖5cm厚特制塔柱专用电热毯一层进行保温,见图14。

图13 季风防风布图

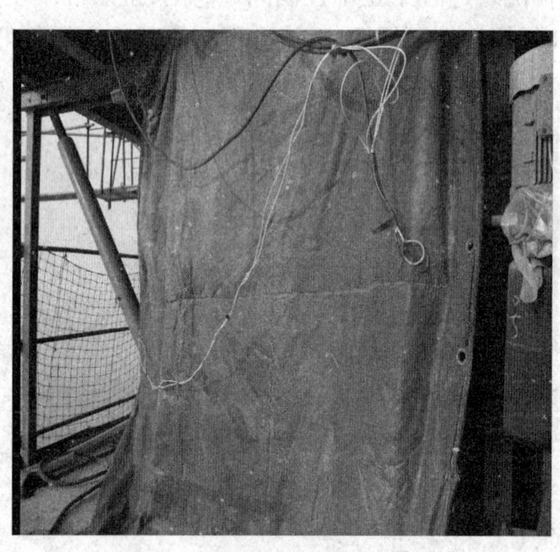

图14 电热毯保温养护图

5.7 混凝土接缝质量控制

1)首节模板开槽口

首节混凝土与塔座混凝土接头位置易出现开裂、错缝:底部漏浆等现象。首层混凝土浇筑时,为保证与井盖板之间接缝线顺畅、避免开裂,在塔座上开出15cm宽、5cm深的槽口,模板置于槽口内部,在模板拆除后,将槽口使用同等级砂浆修复,使混凝土平面与竖向交接位置线条流畅、外观平整,见图15。

图15 塔柱首节接缝

2)中间节段混凝土环缝切割

对于中间节段混凝土,为了保证接头的平顺,现场对混凝土进行接缝处理,首先用墨斗对塔柱施工环缝向下2~3cm进行弹线,然后砂轮机沿线向内切入2cm(图16),最后凿除边缘混凝土。凿除过程中严禁使用凿毛机,人工慢慢将混凝土凿除,防止边角掉块,影响接缝质量。环封切割后,环缝处贴两张离型纸夹双面胶带(图17),使模板紧靠混凝土表面放置漏浆污染下层塔柱。环封切割后相邻两节混凝土笔直顺畅,整体流畅性好。

图 16　环封切割图

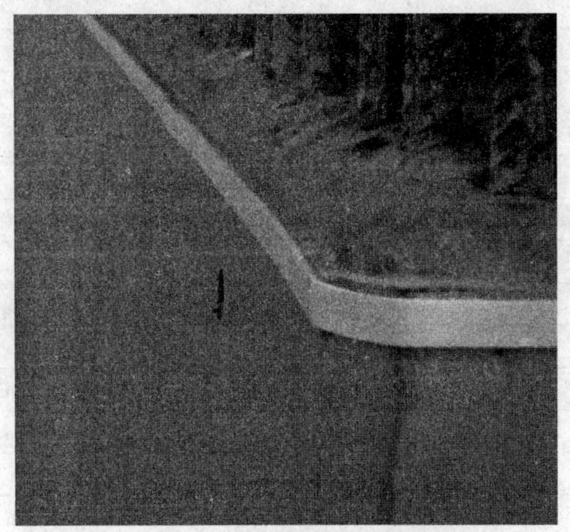

图 17　环缝切割后效果图

6　材料与设备

塔柱施工采用的配套设备如表 1 及表 2 所示。

北边塔主要材料表　　表 1

序　号	材料名称	规　格	单　位	数　量
1	WISA 板	$t = 21$mm	m^2	756
2	几型钢梁	$H = 100$mm, $t = 3$mm	t	3.5
3	双拼[14a	[14a	t	6.49
4	M20 锥形螺母	ϕ20	个	2 072
5	45 号圆钢	ϕ20	t	2.8
6	混凝土	C50	m^3	14 093
7	普通钢材	Q235	t	12
		ϕ32	t	959
		ϕ28	t	245
		ϕ25	t	1
		ϕ20	t	654
		ϕ16	t	821
		ϕ12	t	70
8	劲性骨架	Q235	t	263
9	保护层垫块	$H = 70$mm	个	76 620

塔柱施工机具设备表　　表 2

序　号	名　称	型　号	单　位	数　量	备　注
1	塔吊	250tm	台	1	60m 起重臂
2	塔吊	250tm	台	1	60m 起重臂
3	塔吊	125tm	台	1	
4	倾斜式升降机	SCD100	台	1	
5	普通升降机	SC100	台	1	
6	拖泵	HBT105	台	1	三一重工
7	液压爬模		套	2	

续上表

序　号	名　称	型　号	单　位	数　量	备　注
8	千斤顶	YCW500	套	4	配油泵
9	压浆设备		套	2	配油泵
10	搅拌站	$120m^3/h$	台	2	
11	搅拌站	$75m^3/h$	台	1	
12	输送车	$8m^3$	台	2	
13	装载机	ZL50		2	
14	柴油发电机	400kW	台	2	
15	Trimble 5700GPS	5mm + 1ppm	套	3	
16	徕卡 TCA1201 +	1 + 1.5ppm	套	2	
17	徕卡 NA2 + GPM3	0.3mm/km	套	1	
18	徕卡 720 水准仪	1.2mm/km	套	1	
19	试验设备		套	1	

7　质量控制

(1)主塔施工质量标准及质量控制依据《公路桥涵施工技术规范》(JTG/T F50—2011)。

(2)主塔施工质量检验依据《公路工程质量检验评定标准》(JTG F80/1—2004)。

(3)所有操作人员必须经过培训合格后上岗,定机、定人、定岗,并进行安全及技术交底。

(4)控制混凝土表面平整度、相邻模板错台问题。采用进口 WISA 覆膜板作面板,提高模板的平整度与刚度。由于采用大面模板,可避免出现模板间错台现象。

(5)控制混凝土表面色泽不一致、麻面等缺陷。做好模板表面杂物的清理、脱模剂涂刷及避免模板损伤等工作,以保证混凝土色泽一致、不出现麻面。

(6)控制砂线。各模板拼缝间、已浇塔柱混凝土顶口(模板下口)四周混凝土均粘贴双面胶带,以防因漏浆而出现砂线。在浇筑过程中,及时排除混凝土泌水,以消除表面砂线。

(7)控制混凝土气孔、蜂窝。避免漏振可有效控制蜂窝现象。漏振一般有两种类型:一种是钢筋密集而不利于振捣,另一种是振捣点无规律。前者可采用直径较小的振捣棒实施振捣,后者操作人员需通过均匀布点消除漏振。避免振捣不到位,可确保混凝土内部气泡排除干净。

(8)控制水纹。避免过振造成混凝土离析,可有效控制水纹现象。

(9)控制裂缝。做好混凝土养护,尤其在模板拆除后应及时用雨布包裹,可有效控制裂缝。

(10)要避免拆模过程中损伤混凝土。在脱模前,应将该模板的所有拉杆拧出。为确保所有拉杆能顺利拧出,在浇筑混凝土前应检查每根拉杆的套管是否完好。如套管被破坏需及时更换,以免水泥浆黏结拉杆而影响拧出。

(11)在模板上口切割水平,以确保混凝土接缝平直美观。

(12)预防混凝土表面出现碎混凝土、铁锈等现象。预防污染塔柱表面措施:混凝土泵管质量应有保证,避免出现爆管等现象;在凿毛后,清除碎混凝土时尽量人工清扫而不采用高压水枪冲洗。预防铁锈可将所有埋件表面刷涂油漆或镀锌。

(13)严格控制混凝土的拌制质量,可有效减少混凝土内部气体。

8　安全措施

(1)严格执行各项安全管理制度、规定和要求。

(2)进入施工现场人员必须戴好安全帽,扣好帽带;高空作业时必须佩戴安全带。

(3)严格执行本工种的安全技术规程,特种作业人员必须持证上岗,所有施工人员不得越岗作业或脱岗。

(4)施工机械、设备出入现场,司机要严格执行《施工现场用电安全管理规定》,加强电源管理,防止发生电器火灾或人身伤亡事故。

(5)操作工人进入施工现场必须统一着装,佩戴齐全的安全防护用品,登高作业必须系好安带。

(6)爬模由专业施工队伍使用,做到定人定岗、定责,并落实专人负责、统一指挥。

(7)每次爬升前,经安全、技术和质量等部门检查合格后,由项目经理签发提升令,才可以提升。

(8)爬架外侧及底部全部用双层密目安全网封闭。

(9)架体上的施工集中荷载按承力片架均匀受力布置。同时不允许集中在一个架体上堆载,且不超过设计允许值。

(10)爬架是悬臂结构,承力片架不得作为强行校正外模的支撑点,而是依靠内模进行校正。

(11)爬架在高空解体前,制定了严密的拆除方案。拆除前,首先清除爬架上的杂物。同时,在其下方搭设临时防护托架和围栏,禁止人员进入。

(12)拆除人员持证上岗。严禁高空散件下抛。

9 环保措施

(1)施工现场封闭施工,各作业班组要维护现场的封闭设施。

(2)要维护现场的标牌、标志,不得无故损坏。

(3)现场门卫要肩负起自己的责任。

(4)对交通工具,设专用停车坪,并用栅栏维护,交通车辆不得随意进入现场。

(5)施工所用的钢筋、模板、型材、脚手板等,要归类堆放,做到整齐、有序,现场要定时打扫,做到干净、整洁。

(6)施工便道要派专人定时打扫,定时洒水,做到干净、不扬尘。

(7)塔吊用油要用专用工具盛放,防止抛洒。

(8)电梯所用润滑油,由专人涂刷,防止抛洒。

(9)爬架定期或不定期清理平台上的杂物,做到干净、彻底。

10 资源节约

(1)混凝土振捣、养护措施得当,外观效果极好,节省了后期使用吊篮对主塔涂装的材料用量和用工量。

(2)塔柱混凝土外观效果无修补,加快了整体施工进度,缩短了总工期。

11 效益分析

1)经济效益

(1)有效减少塔柱接缝及错台处理、裂缝处理等工序投入,节省施工工期,节约了塔吊、电梯、履带吊、人工等各种费用,预计单个索塔节约1%施工成本。

(2)有效提高施工质量,保证混凝土耐久性,延长桥梁运营期限,具有巨大的经济效益。

2)工期效益

实现单个塔肢平均每7d爬升一节,节约了塔柱接缝及错台处理、裂缝处理等工序,有效减少了工期,加快了施工进度。

3)社会效益(推广和应用效益)

通过本工法的实施,实现了钢筋混凝土塔柱的施工技术及外观质量控制水平的提升,有效提高了塔柱外观品质和保护层合格率,进而确保了混凝土耐久性,在满足施工安全、施工质量、施工工期的同时,得到了社会各界的一致好评。

12　应用实例

本工法在马鞍山长江公路大桥左汊悬索桥北边塔及南边塔的施工中得以成功应用。

马鞍山大桥南、北边塔结构形式一致,塔身结构设计为门式结构,由(下、中、上)塔柱、下、上横梁及塔顶装饰组成,其中塔柱为钢筋混凝土结构,上、下横梁为预应力混凝土结构,塔高(从塔座顶面算起)为175.8m。

目前,该套塔柱施工控制方法技术,具有节省工程施工成本、节约工期、控制质量易保证、施工安全性好、现代化程度高、环境污染少等显著特点,其应用前景十分广阔,经济效益和社会效益非常好。图18、图19为索塔施工图。

图18　索塔下塔柱施工图

图19　索塔施工完成图

拱形钢筋混凝土塔柱变曲率模板施工工法

GGG(皖)C3082—2013

殷永高 吕奖国 王嗣江 刁先觉 向文凤
(安徽省高速公路控股集团有限公司 中交路桥华南工程有限公司)

1 前言

随着国内外斜拉桥工程在中大型桥梁中的运用,其施工技术已趋于成熟化,随着景观和美观的不断需求,在满足“安全、实用、经济”的前提下,拱形混凝土塔柱这种新形式的桥塔结构逐渐引进在中大型桥梁中。拱形塔柱在给人们带来曲线美感受的同时,以其独特的结构型式给施工提出了较高的施工精度,也带来了极大的难度。在传统施工工艺中,对于拱形塔柱曲线部分,大都采用的是以直代曲,且为钢模的翻模工艺,该种工艺容易使塔在曲线方向存在诸多折线。本工法通过对模板体系的改进,研制出一套变曲率爬模体系施工工艺,该工艺在马鞍山长江公路大桥右汊主桥已成功运用,其大幅度提高拱形塔柱线形质量,受到国内外同行业的一致认可。

2 工法特点

与传统以直代曲的翻模工艺相比,本工法做到拱形塔柱曲面成型,具有施工简单快捷,质量、安全可靠、费用低,线形平滑优美的特点。

(1)采用新型变曲率模板体系,该体系可根据不同节段的不同曲率进行相应调整变换,避免了以直代曲所形成的混凝土折线现象,可有效的提高拱形塔线形施工质量。

(2)变曲率模板操作简单,具有反复周转使用的功能,可减少模板的投入,具有明显的经济效益。

(3)采用变曲率爬模工艺进行混凝土拱形塔的施工,可避免因翻模施工工艺而设置的临时工作平台的搭拆工序,且安全性更好。

3 适用范围

本工法适用于混凝土结构的拱形塔、曲线异形塔的高墩和高塔结构。

4 工艺原理

变曲率爬模系统原理(图1):模板后方设计刚度较大的桁架结构,采用爬模的上架体作为模板调整的基座。模板的曲率通过工木梁与背楞之间的调节螺杆来实现,桥塔各节段曲率可通过计算确定各节点弦弧矢高差,然后利用可调螺杆将面板线形进行预先调整,以达到不同曲率的弧线要求。

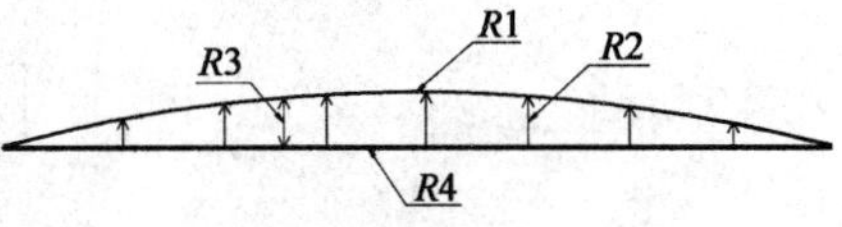

图1 曲率调整示意图

R1-面板;R2-可调节螺杆;R3-矢高值;R4-龙骨

5 施工工艺流程及操作要点

5.1 拱形塔分段

根据变曲率爬模施工技术,将拱形塔分成5个区段:起步段、标准段、曲率变化较大区段、合龙段以及横梁段(图2)。本次工法省略了起步段、曲率变化较大区段、合龙段以及横梁段常规的立模、钢筋绑扎、混凝土浇筑、养生等工序,仅对施工重点措施加以说明,而重点阐述标准段变曲率模板系统,变曲率爬模施工工艺,同时汇总出拱形塔成套施工技术。

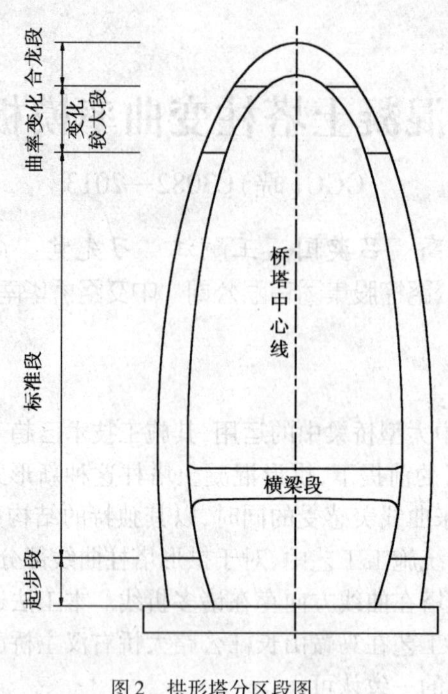

图2　拱形塔分区段图

5.2　拱形塔施工流程(图3)

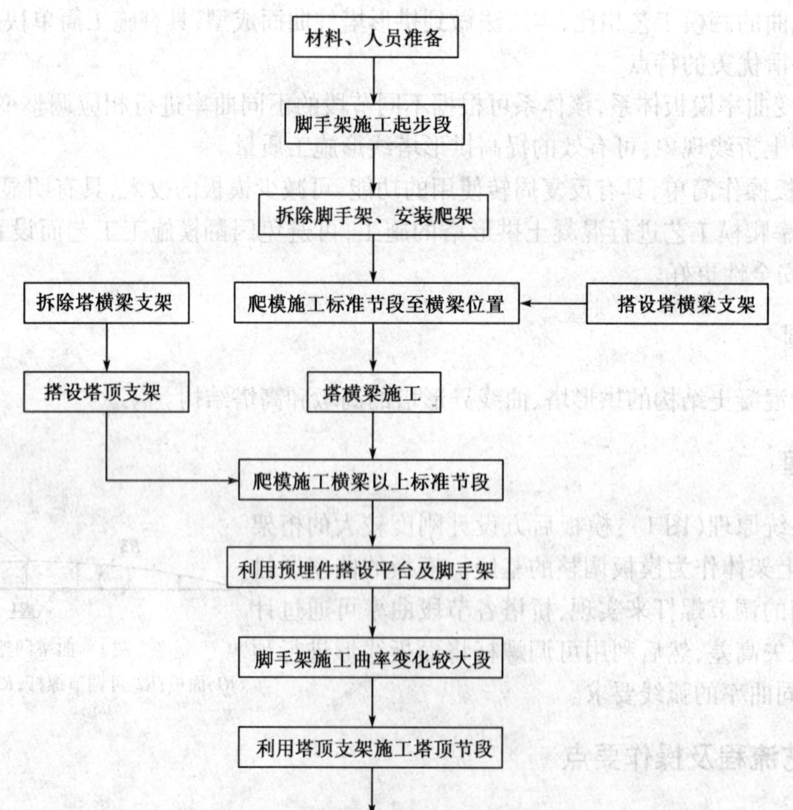

图3　拱形塔施工流程图

5.3 起步段施工

塔柱起步段无法拼装爬模架体，故采用翻模施工。施工前，搭设脚手架作为施工平台。

塔柱前两节施工时采用搭设脚手架施工，脚手架采用 $\phi 48 \times 3.5$mm 钢管沿塔柱外围四周搭设三排支架，支架搭设间距为 90cm × 90cm × 180cm，主要作为简易施工操作平台。塔柱内腔支架采用 $\phi 48 \times 3.5$mm 钢管脚手架施工，除预留模板安拆空间外，尽量满布以确保工程安全。起步段施工如图 4 所示。

图 4 起步段施工

5.4 标准段施工

1）变曲率模板施工工艺及操作要点

（1）变曲率模板的设计。

该模板体系由六部分构成，分别是：木质面板；工木字梁；木梁连接件；可调节螺杆；导向装置；槽钢背楞。

各部分材质、规格及使用原理如图 5、图 6 所示。

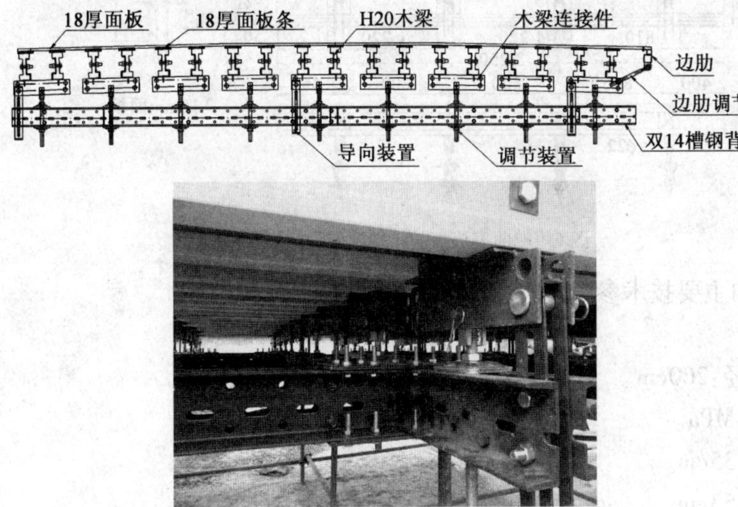

图 5 变曲率模板断面图

①木质面板：进口 WISA 板或竹胶板等木面板，其中 WISA 板折弯性能较好，包裹混凝土使用。

②木工字梁：截面为 80mm × 200mm 工字形木梁，截面惯性矩：4 500cm^4，模板系统第一道支撑梁使用。

③木梁连接件：可调圆弧木工字梁用连接件，8mm 钢板加工件，固定木工字梁为整体单元，并用来连接木工字梁单元与双槽钢主背楞的紧固件。

④可调节螺杆：M24/L = 350mm 高强螺杆，材料为 45 号钢，将木梁单元拉结至双槽钢主背楞上，并使用两侧所配的螺母垫片调节模板曲率。

⑤导向装置：60 × 40 × 3 空心管/L = 400mm，调节好模板的曲率后，用来固定木梁单元与双槽钢背楞的连接件，防止木梁单元与槽钢背楞间发生移位。

⑥槽钢背楞：双 14 号槽钢，是调节模板面板曲率的基准，强度远大于面板才能通过可调节螺杆使面板曲率达到施工要求。

各构件间连接方式：①②间采用自攻钉连接，②③间采用螺栓连接，③⑥间通过④⑤连接。

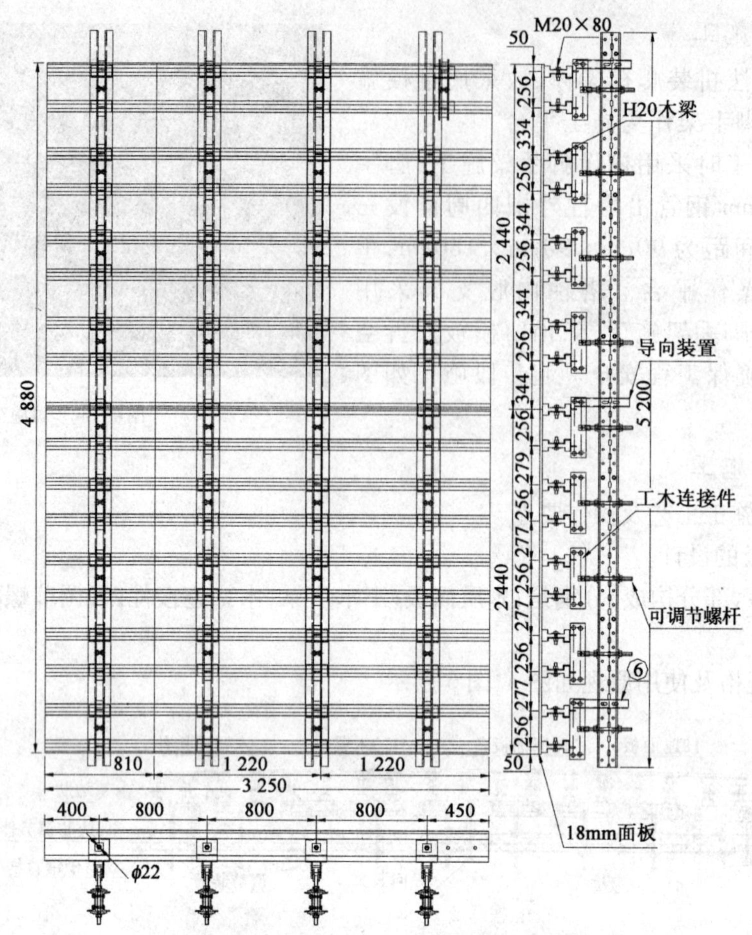

图6 变曲率模板的组拼图(尺寸单位:mm)

(2)变曲率模板的主要技术参数。

面板厚度:18mm。

面板最小弯曲半径:200cm。

面板弯曲强度:34MPa。

工木梁间距:25~35cm。

可调节螺杆间距:53cm。

背楞间距:100cm。

拉杆间距:不大于100cm。

可调节模板曲率:4.5m 高度时为6cm;6m 高度时为10cm。

(3)变曲率模板的施工方法。

①用钢管脚手架搭设模板拼装操作平台。

②按模板拼装图的尺寸在操作平台上放置槽钢背楞。

③将调节系统按尺寸要求放置在槽钢背楞上。

④在每个调节系统边垂直槽钢背楞放置100mm×100mm木方,为下一步拼装用。

⑤在水平场地将木梁连接件通过螺栓与木梁连接,两根木梁组成一小单元。

⑥将木梁单元按尺寸要求放置在槽钢背楞的木方上面。

⑦按直面模板的拼装工艺连接面板和木梁。

⑧通过调节系统(拧动调节系统的螺杆)的相对位置改变,从而带动模板发生弯曲,直至模板的曲率半径达到预期设计值。

⑨模板操作时按以下顺序进行:模板验收→曲面模板安装→拧紧上架体和下架体之间在后移装置处的拉杆→适当拧紧底层拉杆→采用顶托进行加固支撑→曲面模板倒角处安装内顶装置→曲面板最靠近直面板的两列可调螺杆间隙用木楔打紧→曲面模板倒角处利用上架体在外侧进行加固→安装直面模板→紧固螺栓→检查混凝土断面尺寸无误后安装顶口对拉槽钢。

(4)施工操作要点

①曲面模板平顺度控制。

该部分控制主要是为了每节段的圆弧度满足设计要求,控制的方法需要从模板本身进行控制。

模板在安装前先用靠尺对模板的曲率进行检查,不平顺度控制在2mm以内,若有差异可采用模板后方的可调螺杆进行调整。

②接缝错台控制。

该部分主要是为了相邻两节段的线形不出现较大错台而影响结构受力,控制的方法是从模板包边处理的紧密度和拉杆进行控制。

采取拉杆为主,顶托为辅的处理原则。即将爬模上架体和下架体的爬架体系下拉杆拧紧,让模板的受力传到下架体的预埋件处,然后在模板安装后将最底层一道拉杆拧紧,模板底层拉杆距混凝土面的间距调整至5~10cm,最后依靠架体做顶托顶住模板下口,混凝土浇筑到底层拉杆以上20cm左右时,重新拧紧该层拉杆(图7)。顶托间距不大于100cm,距端头不大于30cm。

在每次模板安装后,对于曲面模板采用牵线法检验模板顶口平直度,采用顶口调节杆调节,最大偏差控制在1mm以内。

③倒角线形控制。

该部分主要是针对结构断面的$R=3$cm倒角的顺直度进行控制,其方法以贴倒角条的质量保障为控制。

倒角PVC条必须黏贴牢固,倒角条贴在曲面模板上,模板板块之间的连接缝用2㎜厚、20㎜宽的双面胶带做密封带,以保证模板不漏浆。PVC条安装前须清理模板表面的杂物,黏贴后检查倒角黏贴的紧密度,若容易扳动,则需要补充黏贴或者重新黏贴(图8)。

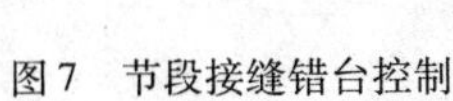
图7 节段接缝错台控制

图8 倒角条黏贴

④模板局部损坏处理。

模板面板难得会遭到振捣棒或者钢筋的破坏,处理方法:先将破损部分表面进行清理,然后采用原子灰补填,待原子灰干硬后采用打磨机打磨平顺,最后涂刷模板漆。

2)变曲率液压爬模系统施工技术及操作要点

(1)变曲率液压爬模系统主要由模板系统、埋件系统、液压系统和架体系统组成。

(2)变曲率液压爬模系统(图9)主要性能及技术参数

①架体系统基本参数。

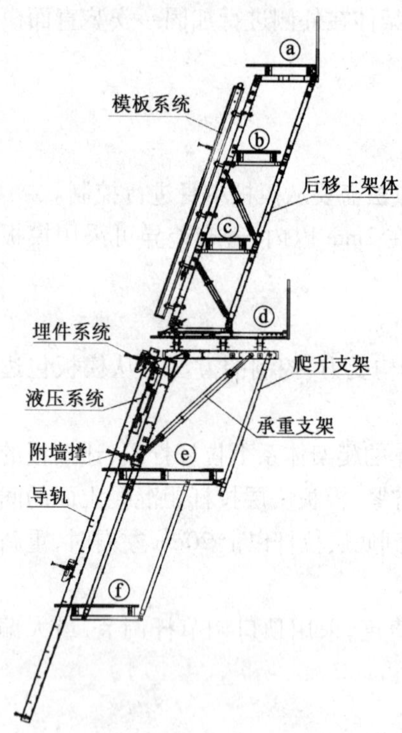

图9 变曲率液压爬模体系图

ⓐ平台:绑扎钢筋、混凝土浇筑平台;ⓑ平台:模板操作辅助平台;ⓒ平台:模板操作辅助平台;ⓓ平台:模板操作主平台;ⓔ平台:液压操作平台;ⓕ平台:埋件拆除、混凝土维护、电梯入口平台

两个架体支承跨度:≤6m(相邻埋件之间距离);

架体高度:15.8m;

单榀机位自重:2.5t;

平台宽度:① =1.5m,②③ =1.2m,④ =3m,⑤ =2.8m,⑥ =2.0m;

平台荷载限定:①≤3kN/m^2,②③≤0.75kN/m^2,④≤1.5kN/m^2,⑤≤1.5kN/m^2,⑥≤0.75kN/m^2;

系统额定压力:16MPa;

油缸行程:400mm;

导轨步距:300mm;

系统流量:50L/min;

伸出速度:约200mm/min;

额定推力:100kN,最大133kN;

双缸同步误差:≤20mm;

爬升速度:3m/hour;

倾斜度:±18°;

浇筑层高:4~6m;

导轨爬升转角:3°。

②平台主要功能。

ⓐ:绑扎钢筋、混凝土浇筑工作平台。

ⓑⓒ:模板操作辅助平台。

ⓓ:模板主操作平台。

ⓔ:液压操作平台。

ⓕ:埋件拆除、混凝土表面修饰、电梯入口平台。

③平台荷载施加状态:

模板后移爬升状态:①+④+⑤(①平台荷载限定≤0.75kN/m^2)。

模板合模非爬升状态:①+②+③+④+⑥(①平台荷载限定≤3kN/m^2)。

(3)爬模施工流程。

混凝土浇筑完成→模板拆模后移→安装附墙装置→提升导轨→爬升架体→绑扎钢筋→模板清理刷脱模剂→预埋件固定在模板上→合模→浇筑混凝土。爬升示意图见图10。

(4)导轨曲线爬升施工要点。

由于曲线的缘故,爬升的轨迹无法直行,采用以直代曲的形式完成轨道的曲线爬升,在相邻两节段的爬模轨道设置一个小角度转角即可完成。

①在设计时将每节段的预埋件位置详细标识出来。

②在模板面板上根据设计位置进行放样。

③将预埋件安装固定在面板上。

④混凝土浇筑后清理预埋件。

⑤安装埋件挂座。

⑥安装导轨,开始爬升。

5.5 横梁段施工

横梁位于标准节段高度范围内,为了使爬模正常施工,避免过程拆卸和第二次安装,采用横梁与索塔异步施工工艺,横梁采用钢管贝雷支架,横梁下倒角的圆弧模板采用整体钢模制作,横梁底板的弧形

采用钢管 + 顶托调整，底板为木模，横梁侧面为大块钢模。横梁段施工见图 11。

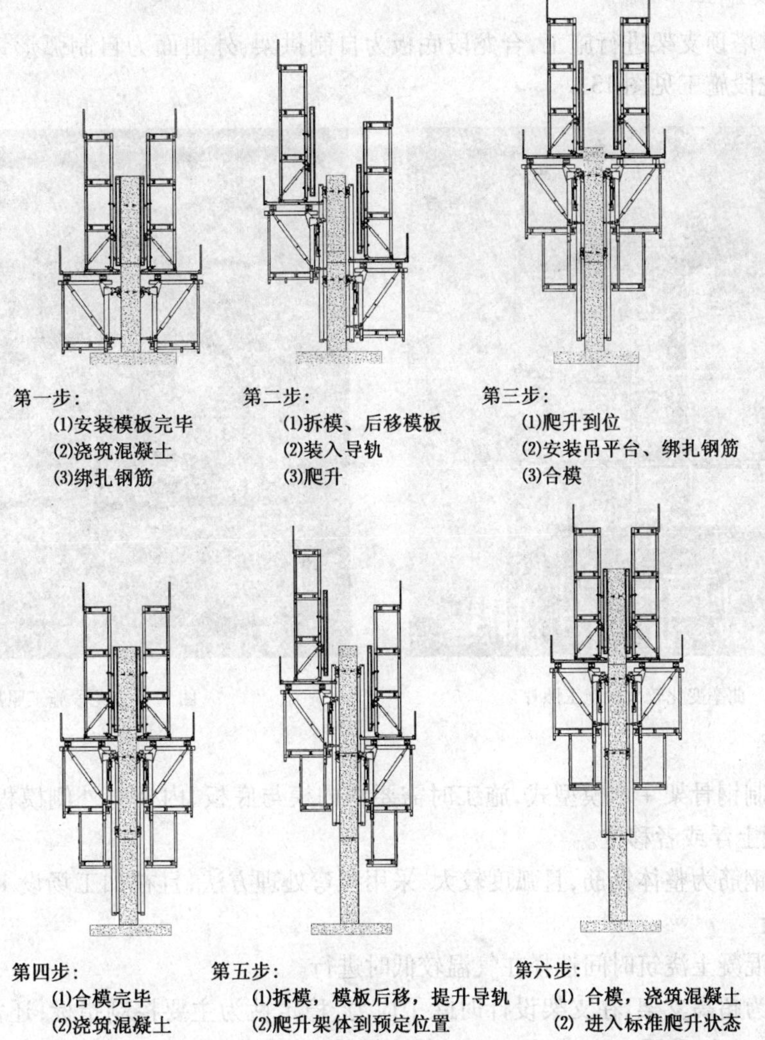

图 10 变曲率爬模操作流程图

操作要点：

(1)塔柱施工时需要在横梁与塔柱包边的部分预埋对拉螺杆，对拉螺杆采用 ϕ32 钢筋 + 套筒预埋，包括侧面和圆弧底板位置。

(2)塔柱施工时注意预埋横梁的预应力管道，预应力管道是预埋接头管，方便后期接长，并安装内衬管保证管道的畅通与圆顺。

(3)塔柱施工时需要预埋横梁钢筋，横梁钢筋包含主筋、箍筋，主筋为套筒预埋法。箍筋为折弯预埋。

图 11 横梁施工照片

5.6 曲率变化较大段施工

在标准节段施工后，内侧爬模因为角度倾斜较大，无法正常使用，需要将内侧模板体系予以改动，处理原理以塔顶支架和索塔预埋牛腿作为基本支撑体系，依靠该体系进行模板的加固。内侧模板仍采用变曲率模板。曲率变化较大段施工见图 12。

操作要点：

(1)合龙前的最后一节索塔两侧必须同时施工，为保证顶口宽度尺寸，在顶口设置 4 道加固型钢。

(2)每节段安装计算好的预偏值进行预偏设置,并做好模板支撑加固。

5.7 合龙段施工

合龙段为依靠塔顶支架进行施工,合龙段底板为自制拱架,外曲面为自制弧形钢模,直面为标准段的直面木模。合龙段施工见图13。

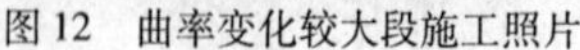

图12 曲率变化较大段施工照片

图13 合龙段施工照片

操作要点:

(1)内模为自制钢骨架+木模型式,施工时需要将内模与底板、内模与外侧模板采用拉杆固定,防止内模和外侧模板上浮或者移位。

(2)合龙段的钢筋为整体钢筋,且弧度较大,采用预弯处理方法,且在加工场设1:1的检验模型,每根钢筋都进行检验。

(3)合龙节段混凝土浇筑时间选择在气温较低时进行。

(4)塔顶支架为超高支架,在支架设计时除了应力、稳定性为主要控制指标,还需要将支架变形沉降纳入关键控制点,立杆采用ϕ900mm×16mm粗大钢管,计算变形控制为15mm。

5.8 索塔拉压支架施工

由于混凝土结构在未合龙前是属于类似悬臂状态,在倾斜度不断变化的情况下,其给桥塔根部带来的弯矩也在不断发生变化,需要设计横撑系统来抵抗弯矩带来的水平分力,使悬臂的桥塔具有较高的竖向刚度。为保证施工线形,需要设计索塔拉压支架,根据计算将水平横撑按15m一道设置,在曲率变化较大段进行加密,横撑采用ϕ630mm×8mm钢管,与塔顶支架的立柱结合使用。立柱节点加强如图14所示。

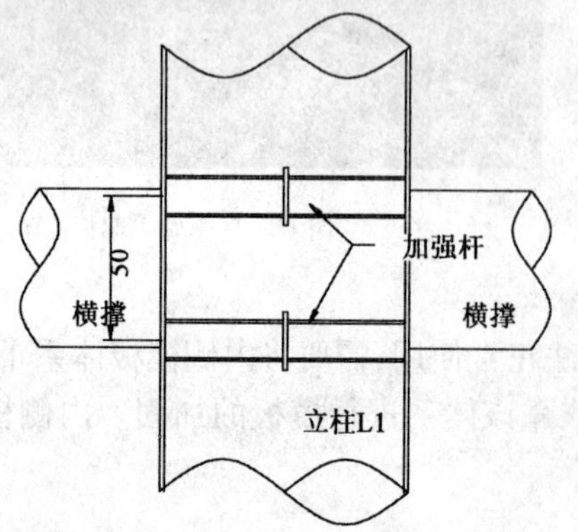

图14 立柱节点加强图

操作要点：

(1)明确各道水平横撑的施工时间节点，经过计算确定索塔预偏值并严格执行横撑的规格以及安装时间点。

(2)因横撑承受了较大的水平推力，对立柱有一定的挤压力，为防止立柱钢管变形，需要对节点位置的立柱进行加强处理。

(3)最顶上两道横撑会因支架的弹性变形而产生较大的弯矩，因此设置为铰接式。

6 材料与设备

本工法所使用的主要材料和设备如表1所示。

材料和设备表 表1

序号	设备名称	型 号	数量	备 注	序号	设备名称	型 号	数量	备 注
1	爬模		6套	作业平台	8	地泵	H80	4台	混凝土泵送
2	变曲率模板		6套	混凝土施工	9	钢管	ϕ630mm×8mm	120t	横梁、塔顶支架
3	塔吊	QTZ315	3台	辅助施工	10	钢管	ϕ900mm×16mm	250t	横梁、塔顶支架
4	施工电梯	SCD200/200VA	3台	通用	11	贝雷		300片	横梁、塔顶支架
5	交通船	30人	1艘	运送作业人员	12	型钢		500t	横梁、塔顶支架
6	驳船	3 000t	1艘	水中材料设备运输	13	钢管	ϕ48mm×3.5mm	60t	作业平台、安全防护
7	全站仪		2套	测量	14	平板车	10t	2台	材料设备转运

7 质量控制

(1)变曲率模板的选材、计算标准和质量控制依据《公路桥涵钢结构及木结构设计规范》(JTJ 025—1986)。

(2)变曲率爬模及支架结构的标准控制及质量控制依据《钢结构设计规范》(GB 50017—2003)。

(3)所有混凝土及外观质量控制依据《公路桥涵施工技术规范》(JTJ 041—2000)。

(4)所有操作人员必须经过培训合格后上岗，定人、定岗、定机，并进行安全及技术交底。

(5)变曲率模板面板采用反面打钉，确保面板正面无螺钉眼。

(6)变曲率模板加固后不宜将拉杆死死拧紧，只需要稍加拧紧，在混凝土浇筑过程中，与浇筑层面逐层拧紧，在拉杆复紧过程中尽量保证同排拉杆松紧程序一致。

(7)在包边混凝土顶面采用环向水平切缝，切缝深度为3cm，保证接缝线整齐顺直。

(8)变曲率模板底口包边的质量好坏直接会影响到整个索塔的线形外观，施工中必须保证下架体拉杆拧紧，且支撑在模板下口包边的顶托全部是顶紧状态，过程中随时检查松动现象，并及时予以纠正。

(9)变曲率模板倒角PVC条必须黏贴牢固，倒角条贴在曲面模板上，模板板块之间的连接缝用2mm厚、20mm宽的双面胶带做密封带，以保证模板不漏浆。PVC条安装前须清理模板表面的杂物，黏贴后检查倒角黏贴的紧密度，若容易扳动，则需要补充黏贴或者重新黏贴。

(10)所有的支架必须保证焊接质量，焊缝厚度不少于8mm，且立杆的垂直度不得大于0.1%。

8 安全措施

(1)建立健全安全组织机构，全面负责整个架设过程中的安全组织管理，在每一个工作小组内设置一名兼职安全员，负责本小组安全监督与管理，每个工作面设一专职安全员，负责整个工作面安全管理，负责每日安全班前会。设安全领导小组对全桥安全统筹管理。

(2)做好上岗前职工安全施工培训工作；特殊工种必须持安全考核证上岗，严禁无证操作及违章作业，违者重罚；进入施工现场的全体员工坚决做到“三不伤害”，施工人员上班时必须配带足够的安全防

护用品;

(3)变曲率爬模爬升前必须检验混凝土强度,不得低于15MPa,且爬模爬升过程中设保险带。

(4)变曲率爬模作业属于高空作业,必须做好临边防护,主平台必须采用木板满铺,防止坠物。

(5)变曲率模板在起吊、拆卸时应避开大风天气,在6级风及以上时停止作业。

(6)定时检查塔吊的吊钩、吊具和工作性能,并做好记录。

(7)建立定期安全检查制度,尤其对特殊作业环境进行全面检查,及时发现安全隐患及时整改。

(8)根据变曲率液压爬模施工操作内容,配置相应的安全防护设置。

9 环保措施

(1)成立环境保护及文明施工管理机构,建立环境保护责任制度,严格有关环境保护的法规,做好废水、粉尘、恶臭气体、噪声、生产生活垃圾的控制和治理。按受监理工程师、业主、及政府有关环保机构的检查,自觉接受社会监督。

(2)严格按照经评审批准的施工平面图,做好供电、给水、排水等系统的设置与场地建设,规范材料堆放、机械停放,做到布局合理,施工场地整洁文明,现场设置平面布置图、工程概况牌、文明施工宣传牌及项目管理人员名单、联系电话,自觉接受社会监督。

(3)扬尘控制:水泥混凝土拌和机站(场)等投料器均设置防尘设备,筑路材料运输覆盖防遗撒,加强便道施工场地的清扫和定时洒水,减少施工作业产生的灰尘,不出现明显的降尘。

(4)控制噪声,施工噪声符合《建筑施工场界环境噪声排放标准》(GB 12523—2011),货场、材料仓库、混凝土拌和和振动设备的位置应远离居民区。

(5)对施工及生活中产生的污水、废水,在排入河流以前应经过过滤、沉淀等无害化处理,禁止油污直接排放。

(6)废物和垃圾:施工和生活中的废物集中放置,并及时处理或运至监理工程师和当地环保部门同意的地点放置。

(7)废气控制:在施工现场焚烧水泥袋等产生有毒、有害烟尘和恶臭气体物质,堆料场、加工场、混凝土拌和站等距居民区不小于300m,而且设于居民区主要风向的下风处。

(8)加强施工人员文明施工教育,提高文明施工意识,施工期间随时做到工完场清。

10 资源节约

(1)采用变曲率液压爬模系统施工拱形塔,其模板体系均为木质结构,减少了钢材的投入,且除面板外的模板体系都设计成标准构件,可周转使用,降低了木质材料的损耗。

(2)爬模系统采用维萨板,其周转次数可达到50次以上,减少了面板的投入和损耗。

(3)该液压爬模系统自带操作平台,不需要外搭工作平台,可大大减少脚手架钢管的投入和使用。

(4)该液压爬模系统具有自爬升功能,每个塔可减少一个塔吊的投入,且减少了塔吊使用频率,降低塔吊磨损,减小安全风险。

11 效益分析

11.1 直接经济效益

以马鞍山大桥右汊主桥为例进行分析:使用变曲率液压爬模系统施工拱形塔(一个塔)可减少一台315塔吊设备投入、临时脚手架钢管2万米投入、减少钢模364t的原材和制作费用,可节省费用139万元,三个塔可节省费用417万元。

计算如下(一个塔):

(1)315塔吊每台租赁费用75 000元/月,节省两个月共计15万元。

(2)20 000m钢管重7.7t,购置单价为5 000元,按一半价格折旧,节省约2万元。

(3)减少曲线部分的钢模,曲面面积 $400m^2$,按 $140kg/m^2$ 计算,重约 364t,原材及加工单价为 7 500 元/t,回收价格为 2 500 元/t,节省费用约 182 万元。

(4)变曲率爬模生产费用 60 万元。

以上四项共计节省费用 139 万元。

对于马鞍山大桥右汊主桥三塔均为拱形塔,可节省费用 417 万元。

11.2　工期效益

使用变曲率液压爬模系统施工拱形塔,单个工序可节省外平台搭设 2d,模板安拆 1d,单节段可节省 3d 时间,以马鞍山右汊主桥拱形塔施工为例,可在标准段施工中节省 51d,工期效益显著。

11.3　社会效益(推广和应用效益)

通过马鞍山大桥右汊主桥拱形塔施工工艺的研究,从模板体系的设计、关键技术的改进、常规工艺的完善等措施使得整个索塔圆顺光滑,无明显错台,在国内外多次受到行内专家的认可和称赞,在 2012 年全国桥梁学术会议上进行经验介绍。

通过对马鞍山大桥右汊主桥拱形塔施工技术的全面总结,为以后类似工程的施工提供参考经验,为国内异形塔施工领域中提出了新型施工工艺,为特大桥建设的技术开发和研究打下了坚实的基础。

12　应用实例

本工法首次在马鞍山长江公路大桥右汊主桥拱形塔施工中得到充分的运用。

马鞍山长江公路大桥右汊主桥跨径布置为(38 + 82 + 2 × 260 + 82 + 38)m,全长 760m,为三塔六跨的双索面半漂浮体系斜拉桥。

主桥顺桥向为三个不等高的拱形主塔,中塔总高 106m,桥面以上高 76m,每个边塔的总高为 88m,桥面以上高 61m。塔柱采用矩形空心截面。塔柱顺桥向采用直线线型,上塔柱顺桥向宽度中、边塔均为 6.5m,下塔柱自横梁开始向塔底按 1:25 逐渐加宽,塔柱横桥向采用曲线变化线形,塔顶加厚块采用悬链线线型。桥塔、横梁均采用 C50 混凝土。

应用介绍:在中塔施工中,将整个索塔按 4.5m/节进行分节,共分 24 节(表 2)。

索塔施工区段划分表　　表 2

部　位	起步段	标准段	塔顶曲率较大区段	合龙段
中塔	1 ~ 2 节段	3 ~ 19 节段	20 ~ 22 节段	23 ~ 24 节段

根据不同的节段类型采用不同的施工工艺,通过在标准段采用的变曲率液压爬模施工技术以及其他成套的施工技术,本工程索塔线形美观、圆顺、无明显错台(图 15、图 16),在质量上赢得国内外专家的一致认可。

本工法具有操作简单、质量控制精度高、安全风险小、经济效益好等诸多优点,应用前景广泛,特别是类似于拱形塔的异性塔或者高墩均可采用,具有良好的参考与借鉴价值。

图 15　索塔线形图

图 16　索塔成型后照片

复杂外形钢壳混凝土索塔施工工法

GGG(中企)C3083—2013

陈　明　翟洪志　程方宏　赵太俊　崔建新

(中国中铁股份有限公司)

1　前言

目前国内大部分悬索桥主塔为混凝土或钢结构形式,采用混凝土外包钢壳的结构形式较少。国内悬索桥主塔为满足造型要求,其结构线形也愈趋复杂,且施工工期也较为紧张。主塔设计中采用钢筋混凝土外包钢壳的结构形式,既能满足主塔造型要求,又能缩短施工周期。火苗状钢筋混凝土外包钢壳索塔,其外包钢壳构造复杂:索塔两肢塔柱间采用六道钢横梁联结,单肢塔柱顺桥向外侧及内侧高度方向轮廓线分别为变半径圆弧,索塔外包钢壳由外包钢板、竖向角钢加劲肋、环向加劲肋及钢壳内角钢拉杆构成。索塔在节段拼装时既要保证相邻节段外包钢板、竖向角钢加劲肋及连接拉杆连接对位准确,又要考虑温度对钢壳变形的影响,索塔拼装精度控制难度高。此外,索塔内部加劲肋及拉杆相连形成网状结构,施工空间狭小,钢筋安装、混凝土浇筑困难。

在沈阳四环快速路高坎浑河独塔自锚式悬索桥火苗状主塔施工过程中,中国中铁股份有限公司开展了科技攻关,解决了上述施工难题,形成了复杂外形钢壳混凝土索塔施工工法,三个月完成了高95.368m、由22个节段组成钢外壳的主塔施工,取得了显著的社会效益和经济效益。

2　工法特点

(1)悬索桥主塔外包钢壳充当混凝土浇筑的模板,减少模板成本投入,减少模板拆除工序,加快施工进度。主塔钢筋按钢壳节段长度分节加工,采用套筒连接,同钢壳节段同步安装,施工方便,节省工时。

(2)主塔施工中钢壳采用分节段吊装,利用焊接平台调整到位,既满足了现有吊装设备吊装能力,又保证了索塔拼装精度,且施工速度较一般钢筋混凝土索塔或钢塔施工速度快。

(3)索塔施工过程中动臂塔吊、悬挂式钢壳环焊平台、整体式横梁预应力张拉平台等临时设施的利用,合龙段预拼、钢壳外贴陶瓷衬垫单面施焊双面成型的施工工艺的运用确保了索塔施工质量,缩短了索塔施工周期。

3　适用范围

本工法适用于公路工程悬索桥塔柱施工,可推广应用于其他钢壳混凝土桥塔柱施工。

4　工艺原理

采用钢壳作为混凝土浇筑的模板,减少索塔模板安装、拆卸工序;采用微膨胀混凝土抵消混凝土收缩变形产生的拉应力,有效地提高了结构的抗裂性,提高了混凝土密实度;根据塔柱空间几何外形、钢壳分节、重量及具体施工内容与部位,遵循方便施工操作的原则,布设适合型号的起重设备、提升式塔壳焊接操作平台、人行爬梯及混凝土输送泵管等大临设施,钢壳采用分节段吊装,利用焊接平台调整到位后采用外贴陶瓷衬垫内侧单面施焊双面成型的施工工艺进行焊接,逐节完成塔柱钢壳的施工;对每个节段索塔应力、温度、位移、倾斜度进行监控，控制索塔整体拼装精度。

5 施工工艺流程及操作要点

5.1 施工工艺流程

塔柱施工工艺流程见图1。

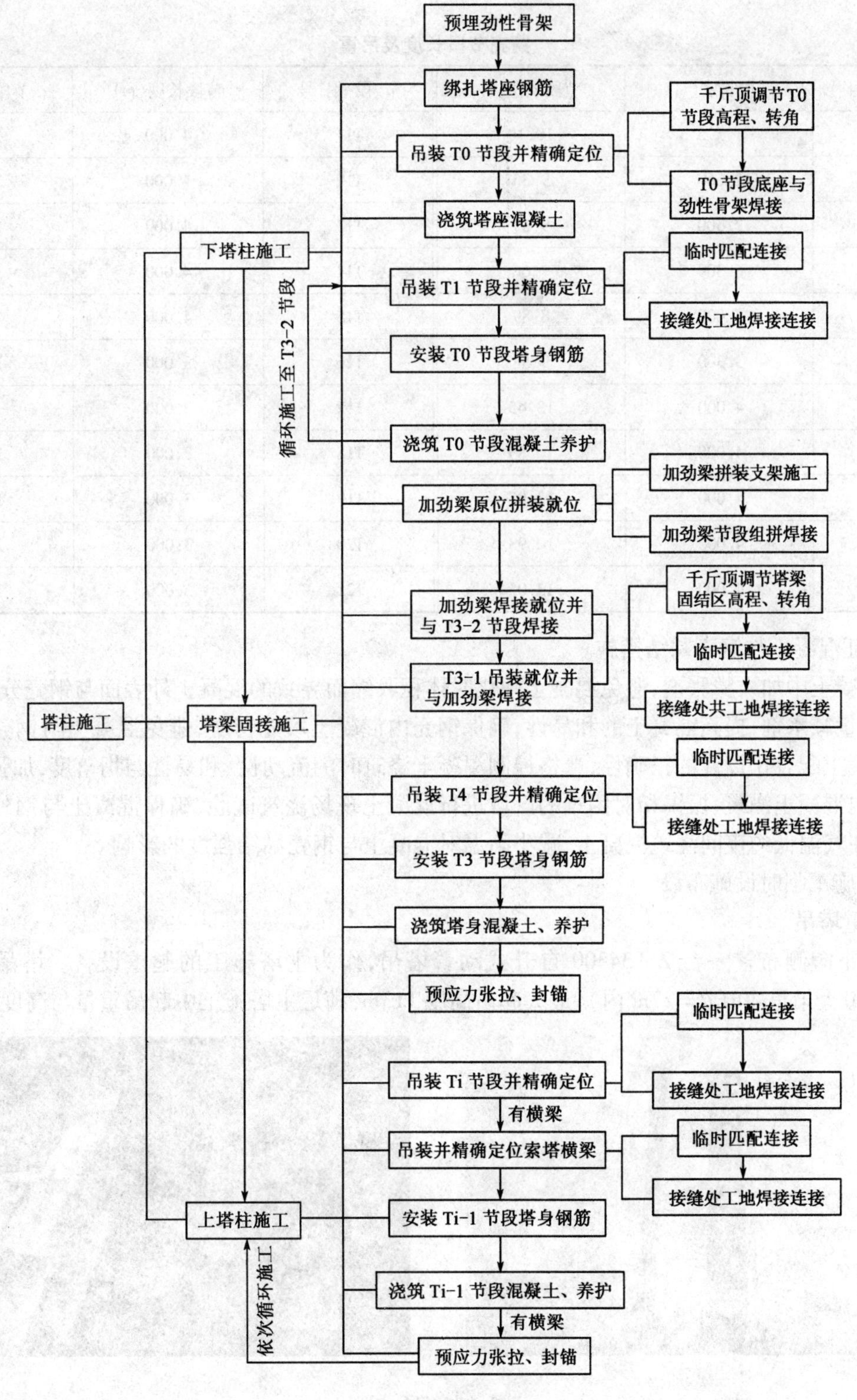

图1 塔柱施工工艺流程图

5.2 操作要点

1)索塔设计与施工相结合

(1)塔壳吊装与分节。

索塔钢壳竖向分节制造,工地现场连接。考虑钢壳节段的制造、运输及吊装等因素,竖向共划分为22个节段(T0~T21节段)。节段长度按照塔柱外侧圆弧上的弧段长度确定。钢壳节段长度及吊重见表1。

钢壳节段长度及吊重　　表1

节段编号	节段长度(m)	节段质量(t)	节段编号	节段长度(m)	节段质量(t)
T0	1.575	10.10	T11	4.000	10.89
T1	2.660	9.35	T12	4.000	13.27
T2	2.500	9.57	T13	4.000	12.16
T3	6.300	7.66	T14	4.000	14.55
T4	3.000	8.89	T15	4.000	12.82
T5	3.300	9.58	T16	3.000	11.70
T6	4.000	13.45	T17	3.000	9.77
T7	4.000	10.83	T18	3.000	10.61
T8	4.000	13.07	T19	3.000	10.92
T9	4.000	10.93	T20	3.000	27.70
T10	4.000	13.05	T21	3.000	20.72

(2)保证混凝土与钢壳黏结措施。

索塔混凝土中加入膨胀剂,避免混凝土硬化时体积收缩而导致的混凝土外表面与钢壳分离;在混凝土中掺入适量减水剂,提高混凝土的和易性,确保钢壳内混凝土填充密实,避免混凝土与钢壳间存在间隙;确保混凝土配合比设计的正确性,严格控制混凝土浇筑时的流动性、和易性与坍落度,加强混凝土振捣,对钢壳内混凝土浇筑、振捣相对困难的区域进行混凝土现场浇筑试验,确保混凝土与钢外壳间无气泡存在;选在气温低的夜间浇筑混凝土,减小高温对混凝土与钢壳黏结强度的影响。

2)塔柱施工临时设施布设

(1)起重塔吊。

在索塔下游侧布置一台ZSL34300自升式动臂塔吊,作为主塔施工的起重设备。塔吊起重能力1 200t·m,最大吊重40t(R=27m内),最大起吊高度113m,满足主塔施工中起吊重量与高度,见图2。

图2　动臂塔吊布置

(2)钢壳环焊缝焊接平台。

主塔钢壳进行环焊缝焊接时需依靠焊接平台进行塔壳位置调整、外贴陶瓷衬垫、焊缝打磨及探伤作业。焊接平台结构形式采用桁架式,利用固定在平台上的钢丝绳将平台悬挂在塔壳焊接部位,方便塔壳施工操作。环焊平台设计综合考虑各节段钢壳的外形尺寸及其所处的空间位置,适合所有节段钢壳的定位、焊接施工。为减少高空作业,环焊平台在梁面与相应节段钢壳组装之后整体吊装。钢壳环焊缝焊接平台见图3。

(3)钢横梁预应力张拉平台。

主塔横梁钢壳吊装前在预应力张拉端提前焊接张拉平台牛腿,横梁张拉处设张拉平台,牛腿与平台采用精轧螺纹钢筋连接,通过连接通道与主塔横梁连接。

横梁张拉平台采用整体吊装,压浆作业时压浆机械和材料堆放在横梁处。横梁预应力张拉平台见图4。

图3 钢壳环焊缝焊接平台

图4 横梁预应力张拉平台

(4)混凝土浇筑泵管。

主塔T6节段以下混凝土浇筑采用汽车泵施工,T6节段及其以上节段塔柱混凝土浇筑采用地泵施工。

(5)人行爬梯。

两肢塔柱内侧均布设人行步梯与钢横梁和施工节段连接,作为人行通道。为减少高空作业,人行爬梯提前焊接在塔壳上同塔壳节段整体吊装。

3)塔壳吊装焊接

(1)钢壳吊装前准备。

钢壳吊装前按设计要求焊接吊耳,吊耳设置除满足强度要求之外,焊接位置需靠近塔壳内侧环向和竖向加劲肋连接处,减少吊装对塔壳产生的变形。

钢壳吊装前提前安装人行爬梯、电梯附臂、塔壳顶围栏、钢壳焊接平台等构件,减少高空作业量。

钢壳吊装前对吊耳焊接质量、起吊钢丝绳、卡环等吊装用具进行检查,明确吊装重量,实行安全检查签证,确保高空吊装安全。

钢壳焊接施工前进行钢壳环焊缝焊接工艺实验,经监理审核后正式施工。

(2)钢壳节段吊装定位。

钢壳吊装采用动臂塔吊吊装,吊装选在风力较小时段进行,吊装时采用缆风绳调整塔壳方向。

钢壳的定位测量选在无日照的白天或日落后4h至日出前这区间进行,减少温差对塔壳位置产生的影响。

钢壳吊装到位后,上下节钢壳外侧焊接L形钢板,采用螺旋千斤顶调整位置。

待位置调整到允许误差范围内后利用码板将相邻塔壳固定,等待焊接。钢壳位置调整见图5,钢壳码板固定见图6。

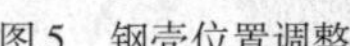
图5　钢壳位置调整

图6　钢壳码板固定

(3)钢壳焊接。

上下节钢壳调整到位并固定后,利用外侧环焊缝焊接平台,采用外贴陶瓷衬垫,塔壳内部单面施焊,双面成型。钢壳焊接先对称间断焊接固定,减少焊缝收缩对钢壳位置的影响。

焊缝施工完毕后,除去药皮与焊渣,进行焊缝探伤。焊缝检测合格后,绑扎塔柱钢筋。

4)下塔柱施工

(1)塔柱T0节段施工。

塔壳T0节段施工包含T0节段预埋板的定位和T0节段塔壳与T0节段预埋板的连接。在塔座钢筋混凝土施工前预埋劲性骨架,根据测量放线复核塔柱的预埋劲性骨架位置,安装塔座钢筋、塔柱预埋筋、塔座冷却水管。利用塔柱劲性骨架与塔柱首节T0预埋板之间的四只千斤顶调整首节钢壳的位置,精确定位后与劲性骨架焊接牢固,浇筑塔座混凝土。经测量定位,将T0节段钢壳与T0节段预埋板用加劲板固定,采用外贴陶瓷衬垫,塔壳内部单面施焊,双面成型的施工工艺进行焊接并探伤。塔柱T0节段施工见图7。

图7　塔柱T0节段施工

(2)塔柱T1~T2节段施工。

塔柱T0节段探伤合格后吊装对位T1节段,码板锁定T0、T1节段钢壳,采用塔壳内部单面施焊,双面成型的施工工艺进行焊接并探伤。探伤合格后安装T0节段索塔钢筋,浇筑T0节段索塔混凝土。按照此程序依次施工索塔至T3-2节段。

5)塔梁固接段施工

(1)塔梁固接段构造

塔梁固接区主要包括索塔 T3 节段及钢箱梁 D 和 E 梁段。塔梁固接区主塔 T3 节段断开为 T3-1 和 T3-2 两个节段,通过外包钢壳外侧的加劲板与加劲箱梁顶板及底板连接。钢箱梁纵腹板与横隔板间与主塔连通,内部为钢筋混凝土,塔柱受力主筋在固接处连续不断开,塔梁之间的钢混连接通过固接区加劲梁顶底板及横隔板上的圆柱头焊钉传力。固接区设置横向 32mm 精轧螺纹钢筋。塔梁固接区构造见图 8。

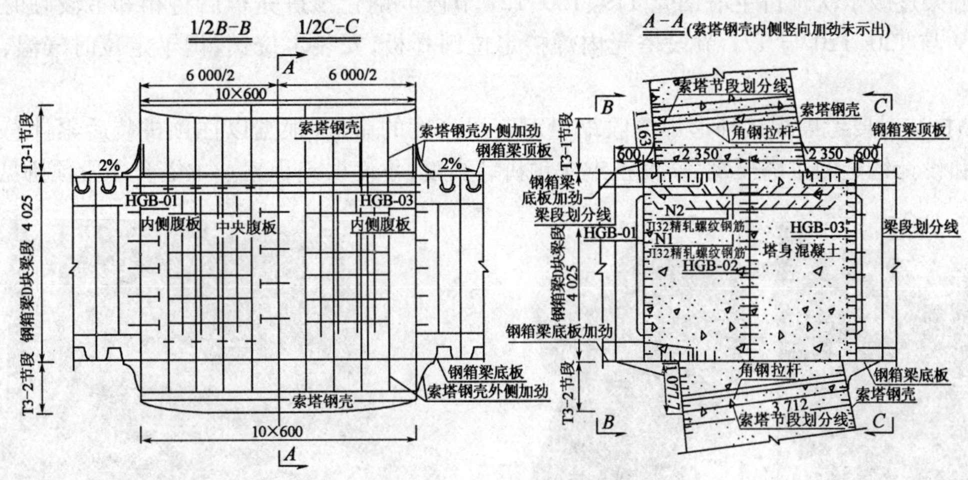

图 8 塔梁固接区构造(尺寸单位:mm)

(2)塔梁固接段施工

钢壳 T3-2 节段安装完毕后,在承台和塔座上搭设塔梁固接段钢箱梁拼装支架,按照由中间向两侧的原则,依次拼装 E、D 类梁段的底板、横隔板、纵腹板、顶板。同时绑扎塔梁固接段钢筋,安装 T3-1 节段和 T4 节段,绑扎 T4 节段塔身钢筋。在 5 ~ 10℃时焊接 D 梁段与 E 梁段的环焊缝,探伤合格后,浇筑塔梁固接段混凝土至 T3 节段顶缘。待混凝土强度达设计强度的 90% 后,张拉固接区段横向预应力并压浆。塔梁固接段施工见图 9。

图 9 塔梁固接段施工

6)上塔柱施工

索塔上塔柱主要包括 T4 ~ T18 节段,上塔柱节段包括普通节段和带横梁节段。

T4 节段钢壳在塔梁固接段施工已经完成,吊装对位 T5 节段钢外壳,焊接探伤合格后安装 T4 节段钢筋,浇筑 T4 节段混凝土。按照此方法依次施工至 T18 节段。

对有横梁的节段,在塔壳焊接完成后吊装焊接横梁,探伤合格后浇筑相应节段混凝土,混凝土强度与周期达到要求后张拉横梁预应力,最后进行孔道压浆及封锚施工。封锚完成后,对塔壳开孔用与塔壳相同规格的钢板焊接封堵,并进行探伤。

7)塔壳合龙段预拼

主塔合龙区段主要包括T20和T21节段。为确保主塔合龙段精度,主塔合龙段正式施工前需根据T18顶口实际位置,将T20合龙段以及与之相连的T19、T21节段在预拼胎架上进行整体预拼,消除制造和安装误差。主塔合龙区段构造见图10。

(1)主塔T18塔壳位置测量时间需选在受温差影响较小的时间区段进行,根据T18实测位置,在桥面上焊接胎架逐级依次预拼主塔钢壳T19、T20、T21节段。钢壳预拼完毕后将相邻节段临时用码板锁定。在T19与T20、T20与T21节段塔壳内焊接定位销耳板,安装定位销,记录定位时气温,指导正式施工。

(2)预拼装时要考虑焊接环形焊缝收缩量对节段高度的影响,根据以往预拼装后累计总长和误差以及监控和设计给定的主塔压缩量,修正本次预拼装高度,不使误差积累。主塔合龙段预拼见图11。

图10 主塔合龙段构造

图11 主塔合龙段钢壳预拼

8)塔柱钢筋混凝土施工

(1)钢筋施工。

①钢筋制造。

主塔主筋采用钢筋在桥址临时钢筋加工场地按主塔塔壳节段高度加工,主筋接长采用特制加厚和加长的直螺纹套筒进行连接。主塔环形箍筋采用分节安装,搭接绑扎连接。

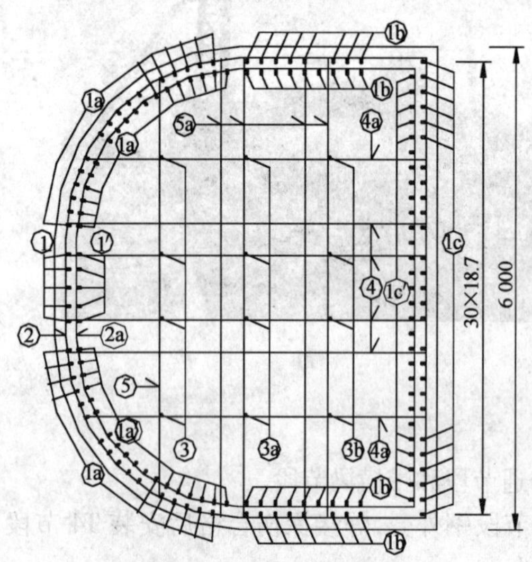

图12 主塔节段截面钢筋布置(尺寸单位:mm)

各规格钢筋加工成半成品,每个批次主筋直螺纹接头取样送检合格后,编号分类堆放备用。

②钢筋安装。

主塔主筋为双肢双层结构,箍筋为内外两层,主塔节段截面钢筋布置图见图12。

主塔钢壳节段运输至桥址后,外层箍筋提前安装在塔壳内,与塔壳整体吊装。塔壳安装完毕后,接长主筋,安装内层箍筋。主筋接长要求同一断面受力钢筋接头数量不超过全断面的50%。箍筋分节长度根据塔壳内部空间确定,绑扎接头相互错开,错开距离不小于35d。

根据防雷接地要求,需选定一定数量的竖向主筋与承台、钻孔桩钢筋电气连通,作为防雷地下引线。选作接地的钢筋延伸至塔顶并用油漆标明。间隔5m将箍筋与主筋电焊固定,并将接地主筋采用圆钢与钢壳连接。每个节段混凝土浇筑前实测接地电阻,要求接地电阻小于1Ω。

(2)混凝土施工。

主塔塔身T6节段以下混凝土采用汽车泵浇筑,T6节段及其以上节段混凝土采用地泵浇筑,浇筑时塔壳内布设串筒,防止混凝土离析。同时配备料斗作为混凝土备用浇筑工具。

①施工准备。

塔柱塔身采用C50微膨胀混凝土。微膨胀混凝土施工按照《混凝土外加剂应用技术规范》(GB 50119—2003)相关规定执行。

主塔混凝土配合比由实验室根据设计图进行配比实验,报监理审批后实施。同时应采取相关措施,改善混凝土各项性能。此外,还应注意施工季节的气温条件、输送过程水分损失及混凝土自身泌水的影响。坍落度按180~220mm控制。

②混凝土施工。

a.索塔混凝土浇筑前按图纸要求对已完成工序进行检查,浇筑时按照混凝土常规操作步骤进行规范操作,浇筑完成后对索塔混凝土进行养护,混凝土配合比由专业试验员控制,并做好相关试验与记录。

b.塔内混凝土浇筑串筒布设水平间距小于3m,悬空高度低于2m,浇筑时每层不得超过30cm,加强主筋与塔壳外壁围合区域施工难度较大处的混凝土振捣。

c.为减少混凝土浇筑侧压力对塔壳位置的影响,混凝土单次浇筑高度不超过塔壳节段高度,横梁处节段混凝土浇筑在横梁焊接完毕后进行,防止塔柱侧向倾斜。

d.混凝土浇筑选在无日照的白天或日落后2h至日出前4h区间内完成,防止混凝土内部因水化热过大而产生裂缝。

6 材料与设备

6.1 材料

塔柱材料:C50微膨胀混凝土、钢筋、板材、精轧螺纹钢、钢绞线等由试验人员按规定进行检验,确保其材料质量符合相应标准。

施工大临设施材料:钢丝绳、焊接结构等吊装及施工平台材料,常规验算满足受力要求。

6.2 设备

塔柱施工时除钢壳、钢筋、混凝土、预应力施工机械设备外,还需1台动臂塔吊配合钢壳及横梁吊装定位、操作平台吊装、钢绞线安装等工作。因塔柱较高,还需1台地泵进行混凝土的浇筑。主要施工机械设备如表2所示。

主塔施工主要机械设备表　　表2

序　号	名称及规格	单　位	数　量	备　注
1	300kW柴油发电机	台	1	备用
2	1000kVA变电站	座	1	高压线通至桥墩
3	HZS120混凝土搅拌站	座	1	
4	8m³混凝土搅拌运输车	辆	3	
5	插入式振动棒70型	根	10	
6	插入式振动棒50型	根	10	
7	通用钢结构加工设备	套	1	
8	交流电焊机	台	10	
9	钢筋弯曲机	台	2	
10	钢筋切断机	台	2	

续上表

序号	名称及规格	单位	数量	备注
11	钢筋车丝机	台	2	
12	160t 汽车吊机	台	1	拼装塔吊
13	25t 汽车吊机	台	1	
14	30t 平板运输车	辆	1	
15	手提式电锯	套	2	
16	ZSL34300 塔吊	台	1	
17	SCD200/200 电梯	台	1	双笼
18	施工临时踏步梯	套	2	电梯未安装前使用
19	水泵	台	8	
20	汽车泵	辆	1	37m 臂长
21	地泵	台	1	150m
22	吊斗	个	2	
23	千斤顶	套	2	200t
24	千斤顶	套	1	80t
25	高压油泵	套	2	配 0.4 级压力表

7 质量控制

7.1 索塔质量控制规范标准

1)质量控制依据

(1)索塔设计图纸。

(2)《公路桥涵施工技术规范》(JTG/T F50—2011)。

(3)《公路工程质量检验评定标准》(JTG F80/1—2004)。

(4)《公路桥涵钢结构及木结构设计规范》(JTJ 025—1986)。

(5)《钢结构工程施工质量验收规范》(GB 50205—2001)。

(6)《公路工程技术标准》(JTG B01—2003)。

2)索塔质量标准

主塔塔柱施工质量标准必须符合表 3 所列要求。

主塔塔柱施工质量标准 表 3

项目	规定值或允许偏差(mm)	项目	规定值或允许偏差(mm)
混凝土强度	在合格标准内	系梁高程	±10
塔柱底水平偏差	10	索鞍底板面高程	+10,0
倾斜度	塔高的 1/3 000,且不大于 30 或设计要求	预埋件位置	符合设计要求
断面尺寸	±20		

7.2 质量控制措施

1)索塔施工测量控制

为确保主塔施工处于可控状态,在施工中需在钢壳安装前及混凝土浇筑前后测量主塔偏位情况。主要注意事项如下:

(1)每次钢壳吊装前需实测钢壳尺寸,根据上一节段钢壳位置对钢壳尺寸和位置进行修正。

(2)为减少日照对主塔变形的影响,主塔各部位和各构件的施工测量和施工放样,应根据多日温度观测记录,选择在不受日照影响和气温变化较小的日出前清晨时间进行。

(3)根据监控单位提供的预偏量,设置主塔节段混凝土浇筑前后、横梁张拉前后主塔位移预偏量及主塔高度压缩量。

2)索塔施工质量控制

主塔为外包钢壳,内部为钢筋混凝土结构,设计中主塔弯矩主要由钢筋承担。施工中主要质量控制要点为:

(1)主塔塔柱为外包钢壳钢筋混凝土结构,混凝土工程属于隐蔽工程,主塔截面较大,属于大体积混凝土。混凝土浇筑过程中严格控制混凝土振捣质量,浇筑后及时通冷却水降低塔柱混凝土内外温差,并采用微膨胀混凝土补偿主塔混凝土收缩量,防止主塔钢壳存在间隙。

(2)为防止混凝土水化热过高造成混凝土产生裂缝,混凝土浇筑选在无日照的白天或日落后2h至日出前4h的区间内完成。

(3)塔柱主筋呈双肢双层布置,在设计中主塔弯矩主要由主筋承受,施工中主筋采用滚轧直螺纹接头,接头连接满足规范要求。施工中主筋尽量靠近塔壳位置,满足设计要求。

(4)主塔施工中钢筋与主塔安装工序衔接对主塔施工进度和塔壳环焊缝焊接质量影响较大。主塔环焊缝焊接采用外贴陶瓷衬垫,内侧单面施焊双面成型工艺。每次钢筋主筋接长不能超过塔壳顶口高度,为施焊留足空间;同时接头位置按照设计规范错开;钢筋高度需超过混凝土浇筑界面约0.5m,方便钢筋接长;此外,外侧箍筋需提前安装在塔壳内,减少施工难度。

8 安全措施

主塔塔柱较高,大部分工作为高空作业,安全监控重点为空中施工大临设施,钢壳吊装施焊,地泵浇筑混凝土等。

8.1 空中施工大临设施

空中施工大临设施主要有塔壳环焊平台、横梁预应力张拉平台、人行爬梯。主要安全措施为:大临设施设计合理,确保受力安全;加工时保证制造质量;安装符合要求;按规定对大临设施进行使用;使用期间做好安全防护措施;对各种大临设施的安拆及使用编制作业指导书,指导操作;设专人对大临设施严格检查;施工人员做好自身安全防护工作。

8.2 钢壳吊装施焊

动臂塔吊严格按设计要求及施工方案进行安装,确保安装牢固可靠;严格按规定的程序进行操作,吊重、环境风力符合作业要求时方可进行吊装作业。

塔壳吊装时与塔吊连接构件受力满足要求。安装就位后,塔壳与相邻节段塔壳锁定方可摘掉塔吊吊钩。

加强对职工进行安全培训,加大检查监督力度,确保施工安全规程在工作中落实,保证吊装作业安全。

8.3 地泵浇筑混凝土

混凝土浇筑前,泵管安装牢固;施工人员在安全部位占位施工;混凝土达到可泵性指标。各个工序由专人检查,合格后方可进行混凝土浇筑施工。

9 环保措施

(1)成立由项目经理任组长的环保领导小组,配置环保专职人员,严格执行国家及地方政府颁布的有关环境保护、水土保持的法规、方针、政策和法令,将环保责任和义务落实到人。

(2)施工和生活中产生的废弃物的处理方式及运输、弃置场地等应提出专门的报告,并及时进行集中处理、运至指定地点弃置,不堵塞河流和污染水源。

(3)施工场地应经常洒水,保持工地清洁,控制扬尘,杜绝漏洒材料。对施工及生活中产生的污水或废水,集中处理,排放到污水排放系统。

(4)张拉时注意对油泵、油管接头处进行防护,以防漏油;塔吊使用过程中注意不得漏油,以防对水域、环境产生影响。

10 资源节约

(1)钢壳环焊平台、横梁预应力张拉平台、混凝土浇注料斗、混凝土浇筑分流器制作原材料来自废弃的支架或钢管桩,充分利用了资源,减少投入。且操作平台设计为爬升式,适合各节段塔壳及横梁的施工操作,节约了材料及平台制作、安拆所需的人力资源,提高了施工效率。

(2)采用动臂塔吊进行钢壳与横梁的安装,大大提升了机械装备水平,提高功效,节约了人力。

(3)采用小节段钢壳在梁面预先拼装焊接工艺,减少了钢塔节段数的吊装施工及高空作业量,节省施工时间。

(4)合拢段钢壳梁面预拼、钢壳环焊平台及人行盘梯与钢壳整体吊装、横梁张拉平台与通道整体吊装均减少了高空作业量,大大提高了工作效率。

11 效益分析

11.1 工期效益

利用钢外壳作为混凝土浇筑模板,有效地节约了模板安装时间。同时,在主塔合龙段进行梁面预拼,小节段钢壳在梁面预先焊接后吊装可有效地减少钢壳焊接对位时间及钢壳吊装节段数,保证了塔壳安装的施工工效。此外,提升式焊接平台、横梁预应力张拉平台的应用及梁面预拼式人行爬梯、环焊平台,整体吊装式横梁张拉平台的施工工艺均减少了高空作业量,节省了人力资源与施工时间,大大地提高了主塔的施工进度。运用此工法进行主塔塔柱的施工,平均3d完成1个节段塔柱的全面施工,在3个月内完成了塔柱22个节段的全部施工,缩短了施工周期,确保了施工进度。

11.2 经济效益

采用钢外壳作为混凝土浇筑模板,节省了模板材料生产机制造的消耗。采用提升式环焊平台及横梁预应力张拉平台,可以重复利用,节省材料投入及制造、安装、拆卸的费用。采用ZSL34300动臂塔吊进行钢壳节段吊装对位,大大减少了吊装工作量,提高了作业效率。在良好组织情况下,实现了标准节段3d施工1节段的目标,节约工期,减少投入。

11.3 社会效益

本工法中采用了ZSL34300动臂塔吊等先进设备,减少了施工人力物力的投入;塔梁固接、主塔合龙等关键技术的攻克、大节段塔柱快速吊装的实现,实现了施工技术水平的提升。该工法在满足施工安全、施工质量、施工工期的同时,得到了监理、业主、交通部有关领导的一致肯定和社会各界的广泛好评。

12 应用实例

沈阳四环快速路新建高坎浑河景观桥位于沈抚新城核心地带,主桥桥型为独塔自锚式钢箱梁悬索桥,跨布置为48m+2×180m+48m,全桥总长456m。主桥上部结构为钢箱梁结构,两主跨为悬吊结构。主桥布置见图13。

主塔顺桥向布置两肢塔柱,呈火苗状,两肢塔柱之间采用6道箱形钢横梁进行连接,各钢横梁高度方向间距为8.00m。主塔塔高95.368m,塔顶高程151.618m。主塔为外包钢壳钢筋混凝土结构,塔柱钢壳内采用 C50 微膨胀混凝土,外包钢壳兼做施工时混凝土外模板。主塔施工见图见图 14。

图 13　主桥布置图图

图 14　主塔施工

通过此工法,每节塔壳及其混凝土施工周期为 3d,本桥主塔塔柱共 22 节,施工完成为 3 个月。

附着式自爬升钢管桥塔安装施工工法

GGG(中企)C3084—2013

刘 晟 黄振燕 光 明 李鸿盛 刘红宇

(中交一公局第一公路工程局有限公司)

1 前言

刘家峡大桥采用门式钢管混凝土桥塔结构形式。桥塔钢管直径3m,塔高61.5m,桥塔采用分段吊装、分段浇筑混凝土工艺,是国内现有钢管混凝土结构中直径最大的钢管。由于地处刘家峡水库库岸,两岸悬崖峭壁,便道蜿蜒曲折,大型设备无法进场;并且大桥所处位置季风较大,大型施工门架安全稳定性较差。因此中交第一公路工程局有限公司对此施工难题进行课题立项研究,课题组根据大桥工程特点和地形条件,自行设计制造了自爬升起重门架,避免了设计制造大型落地龙门吊,解决了大吨位钢塔安装问题并形成了附着在钢管桥塔上的自爬升起重架安装其钢管的施工工法。

本工法通过在刘家峡大桥桥塔安装工程应用证明是可靠和安全的。本工法的关键技术经中国公路学会专家会评审鉴定,总体达到国际先进水平,自行设计的自爬升起重门架申报的发明专利已经受理,实用新型专利已经获得授权通知书。

2 工法特点

(1)本工法根据特殊的施工现场条件,设计爬升门架安装桥塔钢管,使桥塔钢管安装能够安全快速地完成。

(2)本工法所用设备结构的设计合理,利用常规龙门吊起重桁架和起重系统作为吊装机构,起重荷载通过门架支腿的轻型桁架结构配合托盘传递到桥塔实体上,整个系统受力简单明确。

(3)本工法使用的爬升门架提升扁担梁系统,直接支撑于钢管实体上利用门架起重系统完成门架的爬高,利用预埋在桥塔实体上的锚固装置为起重提供足够的支撑力,安全稳定性强,爬升迅速,施工成本可控,桥塔钢管安装以管内混凝土的强度形成为周期,进度可控。

3 适用范围

本工法可以广泛应用于超高大直径钢管混凝土桥塔或钢桥塔施工,尤其适用于安装高度大、场地狭小、大型设备无法进场的区域施工。通过对抗风性能的研究,能够应用于不同高度和环境的钢结构安装工程。

4 工法原理

本工法是悬索桥钢管混凝土桥塔施工的一种有效工艺的方法。其原理是:现场利用附着在桥塔实体上的自爬升起重门架进行桥塔钢管的吊装、焊接;已安装桥塔内混凝土施工完毕后开始自爬升门架的提升、锚固,然后吊装剩余节段。

5 施工工艺流程及操作要点

5.1 桥塔钢管安装施工工艺流程(图1)

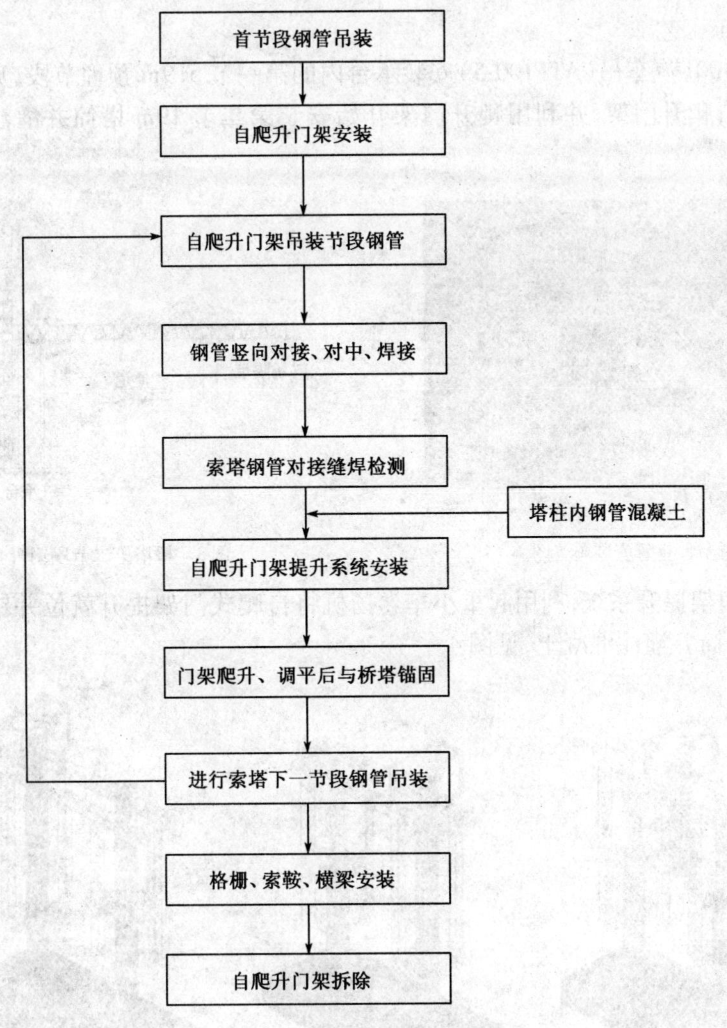

图1 桥塔钢管安装施工工艺流程

5.2 工法操作要点

1)施工准备

(1)控制网布设。

根据全桥控制网,设置相对独立的桥塔施工控制基准网,并经常与总体控制网联合进行复测,确保控制系统的准确。

(2)方案编制和技术交底。

编制自爬升门架安装方案、桥塔钢管安装方案等专项方案,并组织专家进行评审。施工前分别对管理部门、工作班组进行一级和二级技术交底,确保所有参建人员掌握工艺和质量控制要点。

(3)施工设计。

根据施工需要进行桥塔吊装设备、垂直交通设施、安全设备等施工设计,并绘制详细施工图,经过监理工程师审核签认。

(4)设备选型。

根据施工工艺和进度要求,合理选择拌和设备、吊装设备等,并合理安排施工流程,工序衔接合理,检验检测及时,提高各种设备使用效率。

(5)材料选择。

根据设计要求,定制施工所用材料,如焊剂、二氧化碳气体、焊丝等。

2)钢管安装施工

(1)节段吊装施工工艺。

①步骤一:一台100t汽车吊(ATF100-5)安装承台内的第一节5.9m预埋节段,见图2。

②步骤二:安装自爬升门架,并利用爬升门架开始安装第二节19m塔筒并灌注微膨胀混凝土,见图3。

图2 桥塔首节段钢管安装施工图

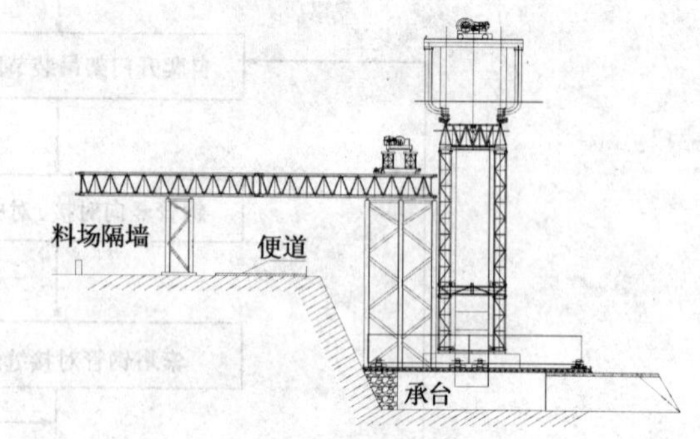

图3 桥塔第二节段钢管安装施工图

③步骤三:安装门架提升系统,利用起重小车卷扬机将自爬式门架提升就位并锚固,利用自爬式门架安装第三节19m塔筒并灌注混凝土,见图4。

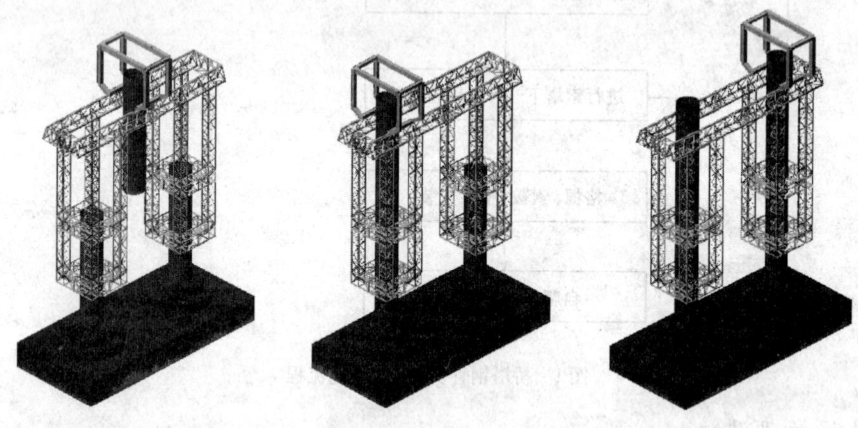

图4 桥塔第三节段钢管安装施工图

④步骤四:爬升门架继续爬高,并安装第四节17.5m塔筒,安装横梁后灌注塔筒内混凝土,见图5。

⑤步骤五:格栅安装,再进行顶部混凝土灌注后安装索鞍。

(2)吊装钢管焊接

①现场焊接工艺评定:对环向立焊焊缝根据现场焊接条件、焊接设备、焊接人员焊接技术熟练程度情况进行焊接工艺评定,编制焊接工艺指导书。施工中严格按工艺评定总结进行施工。焊接安装先内后外、对称焊接的方式进行施焊,以消除焊接热影响造成的桥塔变形。

②现场焊接的温度、湿度、风力情况会影响到焊缝的焊接质量,与环形焊接平台综合考虑设置焊接防风保温棚,风力较大、空气湿度变化较大的情况下,采取棚内焊接的方式保证焊接条件满足要求,见图6。

(3)吊装门架爬升

①门架爬升工艺。

门架爬升利用吊装卷扬机、扁担梁、爬升门架中托盘滑轮协调完成。在桥塔混凝土灌注完毕并形成足够强度过程中,起重小车两台卷扬机钢丝绳下放,人工牵引起重钢丝绳分别与左右塔顶提升扁担梁、吊钩组成滑轮组,然后将滑轮组提升并安装、固定在塔顶钢管上锁定,启动两台起重小车卷扬机,将滑轮组吊钩下放到中托盘位置爬升用吊具处锁定。最后将爬升门架与桥塔的锁定装置解除后，再次启动小车卷扬机，均匀、缓慢提升门架系统，每提升 2m 后检查一次门架系统是否与桥塔发生摩擦，并适时调整两台起重小车的牵引提升高度，保持门架两个支撑桁架水平提升，直至提升到待固定位置，见图 7 和图 8。

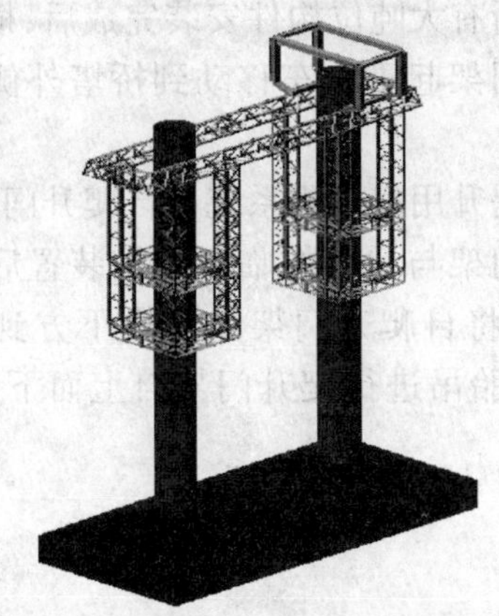

图5　桥塔第四节段钢管安装施工图

图6　现场防风棚内钢塔焊接

图7　扁担梁安装

图8　爬升系统滑车组和中托盘连接

②临时固定装置的设计和安装。

门架临时固定装置作为爬升门架提升就位、起吊钢塔、混凝土浇筑过程中锁闭门架的重要安全和技术设施，它的结构设计、焊接质量、焊接位置的准确程度影响到爬升门架各个工况的安全性能(图 9 和图 10)。

图9　门架准备起吊

图10　门架爬升

因此焊接临时固定钢板必须按照永久工程的要求来完成，控制焊接的位置准确情况下保证焊缝饱满、不损伤桥塔钢管、无漏焊，并利用无损检测设备检验临时固定钢板与桥塔焊接质量。

(4)自爬升门架的拆除

自爬升门架设计阶段要考虑起重门架的拆除,由于横梁安装后桥塔形成门式结构,为了使爬升门架顺利下放到地面,必须将起重小车移到桥塔立柱外侧以便将门架系统整体下放,本桥采用将门架横梁加长的方式予以解决。

桥塔所有大吨位构件安装完成后,横移系统启动将自爬升门架起重小车移动到桥塔外侧门架横梁上进行锁定。

安装提升用扁担梁系统与自爬升门架托盘连接,拆除爬升门架与桥塔的临时固结装置后启动起重卷扬机系统,将自爬升门架沿桥塔下方到桥塔承台顶面,利用轮胎吊进行爬升门架自上而下的逐件拆除,见图11。

图11 钢塔与托盘连接

6 材料与设备

6.1 主要材料汇总(表1)

材料统计一览表 表1

序 号	材料名称	规格型号	用 途
1	三角桁架上弦杆	热轧H型钢,宽300mm,高300mm,腹板厚14mm	主梁
2	三角桁架下弦杆	热轧H型钢,宽300mm,高200mm	主梁
3	三角桁架腹杆	双拼10号槽钢	主梁
4	三角桁架端头横连	28号工字钢	主梁
5	三角桁架下弦杆斜撑	10#槽钢	主梁
6	三角桁架平联	16号槽钢	主梁
7	立柱	120mm×120mm矩形方钢管,壁厚8mm	立柱
8	立柱斜撑及横撑	60mm×60mm矩形方钢管,壁厚5mm	立柱
9	动滑轮托盘横杆	H型钢,宽150mm,高150mm,腹板厚7mm	托盘
10	动滑轮托盘竖杆	H型钢,宽100mm,高100mm,腹板厚6mm	托盘
11	龙门主梁	800mm×500mm箱型梁,	龙门天车
12	龙门前后横梁	500mm×500mm箱型梁,板厚均为10mm	龙门天车
13	龙门下横梁	600mm×500mm箱型梁	龙门天车
14	龙门支腿	600mm×500mm钢箱梁,壁厚均为16mm	龙门天车
15	起重钢丝绳	30-18×7-1 670	龙门天车

6.2 机械设备汇总(表2)

机械设备一览表 表2

序 号	设备/材料名称	规 格	数 量	单 位
1	汽车吊	QY25V	2	台
2	交通船	—	1	台
3	柴油发电机	120KW	2	台
4	自爬升门架	ZPMJ-100	1	套
5	卸车门架	XCMJ-50	1	
6	汽车吊	QY-100	1	
7	焊接设备	二氧化碳气保焊设备	8	套

7　质量控制

7.1　应执行的标准规范(表3)

对公路工程质量检验评定标准中未明确的悬索桥钢桥塔安装质量检验标准以建设单位制定的专用技术条款进行控制,桥塔安装工程主要控制指标包括几何尺寸、对接错边量、桥塔柱垂直度、桥塔中心轴线偏位、塔柱钢管对接焊缝焊接质量等特殊要求,采用全站仪、焊缝质量检测仪、超声波探测仪等特殊检测仪器进行桥塔施工质量的检测与控制,确保工程建设质量符合各项验收规范要求。

本工法执行的标准和规范　　表3

标准、规范、规程代码	标准、规范、规程名称
JTG F80/1—2004	《公路工程质量检验评定标准　第一册　土建工程》
JTG/T D60-01—2004	《公路桥梁抗风设计规范》
JTG/T F50—2011	《公路桥涵施工技术规范》
JGJ 81—2002	《建筑钢结构焊接技术规程》
GB 50205—2001	《钢结构工程施工质量验收规范》
GB 50661—2011	《钢结构焊接规范》
GB 11345—1989	《钢焊缝手工超声波探伤方法和探伤结果分级》
JIS Z3060—2002	《钢焊接部位超声波探伤试验方法》
NB/T 47014—2011	《承压设备焊接工艺评定》
GB 50205—2001	《钢结构工程施工质量及验收规范》
JG J81—2002	《建筑钢结构焊接技术规程》

7.2　桥塔安装竖向拼装错台、顺直度质量控制

钢塔安装时对如果发现错台,错台超过2mm就要采用千斤顶进行顶推,顶推时采用焊接马板进行固定,顶好一处固定一处,校正完以后用十字撑进行固定。

7.3　现场焊接质量控制

(1)钢塔安装就位后,测量队对钢塔垂直度和中线偏位精确测量定位后,用钢板进行固定,然后进行钢塔焊接,焊接时先焊接钢塔内侧,并且要对称焊接,先焊接打底焊再焊接填充焊然后焊接盖面焊。每焊接一层都要进行打磨,把焊渣打磨掉。

(2)钢塔焊接工人要持证上岗,并不定期的对焊工进行培训。

7.4　桥塔垂直度控制

为了使钢管塔的施工状态最大限度的接近设计状态,除设计要求测量的控制方法具备必备的精度外,还要项目部与施工方密切配合,简化测量的控制程序,力求尽可能的缩短其定位的时间,以提高施工的功效,同时项目部及施工方做到相互验证。在钢塔施工过程中测量主要控制平面位置、垂直度以及高程,钢管塔的安装精度要求如表4所示。

钢管塔安装精度要求　　表4

工程部位	精度控制参数		允许偏差
钢管塔	安装高度		±2mm
	垂直率	顺桥向	$H/4\,000$
		横桥向	$H/4\,000$
	对接口错边量		±2mm
	两塔柱中心距		±4mm

为避免日照引起钢管塔的变形,测量时间应选择在日照影响较小的时间段进行,如在早晨或者气温变化较小的时段。

8 安全措施

(1)制订桥塔安装、试验检测等安全技术专项方案,并在施工过程中予以实施。

(2)进行安全风险评估和重大危险源识别,制订危险源控制防范预案。

(3)加强对非标准设备的技术质量鉴定,必要时组织专家召开施工安全风险评估。

(4)加强对吊装设备的检查维修,确保设备正常运转。

(5)加强特种设备和特种作业人员的管理,严格持证上岗;同时加强安全技术交底工作。

(6)加强对全体参建人员,尤其是现场作业人员的安全教育。要求进入施工现场必须佩带安全帽;电气设备和线路必须绝缘良好,并定期检查;夜间混凝土施工、测温、养护必须保证良好的照明条件,以保证安全生产和监测数据读数的准确。

(7)加强安全管理,确保安全生产条件,严格执行进场检查,杜绝三违作业。

9 环保措施

(1)保证环境保护费用的投入,确保建筑垃圾和施工污水不随意排放。

(2)采取措施避免 X 射线对相关人员造成辐射伤害。

(3)对施工管理人员进行环境保护管理教育培训,提高全体参建人员的环保意识,主管部门定期对环境保护实施情况进行检查,发现施工对环境造成影响的立即予以纠正。

10 资源节约

使用本工法,在以下方面节约资源:

(1)利用自爬升门架安装设备,减少了大吨位、高支腿龙门吊加工,节约钢材约一半。

(2)利用本工法进行钢塔吊装焊接、拼装,有效保证了钢塔现场安装速度,节约了人力和资源。

11 效益分析

利用爬升门架,减少了笨重的落地龙门提升设备制造和加工,提高了施工的安全性能和设备的重复利用率,取得了良好的经济和社会效益。

11.1 经济效益分析

(1)材料费。通对钢塔连接方式的优化,总计节约钢材 100t,特种钢材 100t × 5 045 元/t = 50.45 万元,节约成本 50.45 万元。

(2)机械费。通过对落地龙门吊、履带吊、塔吊的设备比选,项目最后选择结构新颖、技术含量高、安全性能强的自提升门架进行钢管的吊装,附着式起重架自重 138t,落地龙门自重 260t,钢材按 4 100 元/t,设备制造加工费 4 100 元/t,本项目采用 2 套,由此计算节约机械费:(260 - 138) t × (0.41 + 0.41) 元/t × 2 = 200 万元。

(3)工期节约费用。

通过利用科学的施工方法和工艺进行施工,为钢塔施工节约工期一个月,减少施工管理成本 60 万元整。

总之,通过方案比选、配比优化、工艺的合理选择等,总计节约资金达 310.45 万元。

11.2 社会效益分析

大直径钢管混凝土桥塔的施工实践,证明了此项工法的可行性,大直径钢管作为桥塔墩,有广泛的社会前景,它充分利用了钢混的力学性能,极大地提高了结构的承重能力和抗弯性能,能够提高施工进度、保证工程质量;利用附着在钢管桥塔上的自爬升起重架安装其钢管的施工方法的成果应用节省了大型安装设备龙门吊的安装,社会效果比较显著。单侧钢塔安装工期约 4 个月,保证了工程质量,得到了业主和社会各方的高度赞誉。

12 应用实例

刘家峡大桥为 536m 单跨双铰简支钢桁加劲梁悬索桥,门式钢管混凝土桥塔高达 61.5m,结构新颖、施工条件差。全桥设四根直径 300cm 的钢管塔柱,钢管运输节段最长 10m,吊装节段最长 19m,安装重量 88t,全桥桥塔钢管共用 50mm 厚 Q345 钢材 982t,项目从 2012 年 3 月开始桥塔钢管安装,到 2012 年 10 月钢管全部安装完成。通过利用附着在桥塔实体上的自爬升门架安装桥塔钢管,大吨位、长节段的钢管现场安装顺利完成,安装完毕后的桥塔经检测几何尺寸合格,轴线位置、倾斜度均符合专用规范要求,现场钢管环缝焊接质量经超声波和射线探伤检测均达到 I 级标准。通过此工法的实施,刘家峡大桥桥塔施工质量、安全进度等管理目标得到很好的实现。

稀索斜拉桥索塔新型锚固体系施工工法

GGG(鲁)C3085—2013

邵新鹏　欧阳瑰琳　郭保林　王咏梅　赵富立

(山东高速青岛公路有限公司　中交路桥华南工程有限公司
河北广通路桥工程有限公司)

1　前言

目前国内斜拉桥索塔主要有交叉锚固、平面预应力钢束锚固、钢锚梁以及钢锚箱四种锚固形式。根据已建成的桥梁经验和理论分析来看,交叉锚固体系易产生附加扭矩,索塔耗材多,经济效益差,适用范围小;环向预应力锚固体系受力复杂,预应力损失大,锚固区易产生裂缝;钢锚梁和钢锚箱锚固体系受力明确,但构造复杂,施工精度要求高。

在工程建设过程中,山东高速青岛公路有限公司、中交路桥华南工程有限公司及河北广通路桥工程有限公司提出了钢锚板式钢-混组合索塔锚固体系(图1),并成功地应用于青岛海湾大桥红岛航道主桥的建设,该项施工工艺日趋成熟,在技术创新方面取得了显著的成绩。首次提出的钢锚板式钢—混组合索塔锚固体系构造简单、受力性能好、制造架设简便、工作可靠、养护管理方便。该成果被以中国工程院王景全院士为组长的技术专家组鉴定为达到了国际领先水平。随着研究的深入,还可以应用于空间索、密索斜拉桥索塔锚固体系,具有极其重要的理论意义、工程实用价值和推广价值。

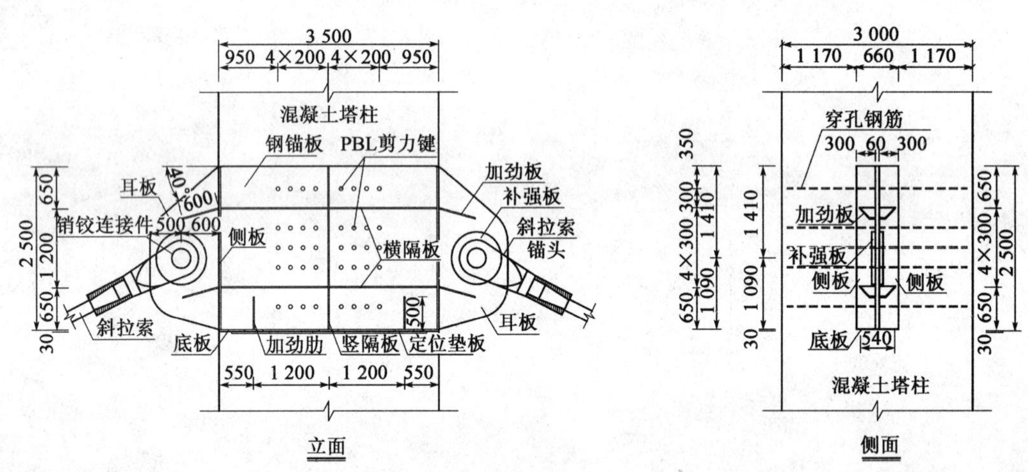

图1　钢锚板式组合索塔锚固体系(尺寸单位:mm)

“斜拉桥索塔斜拉索锚板式锚固”获得国家发明专利(ZL201020232499.6),关键技术“斜拉桥索塔新型锚固体系”获得2012年度中国公路学会科技进步二等奖。

2　工法特点

(1)首次提出了钢—混组合锚固体系,该体系构造简单、受力性能好、传力途径明确,便于索力计算,施工过程索力调整便于控制,可实现一次性索力调整到位。

(2)采用整体式锚固构件,易于运输、吊装,施工更加方便。锚固构件均在工厂内统一加工,避开了这些工序中诸多的质量和安全风险,有利于施工的正常开展和控制,确保质量和工期。常规索导管式锚固区施工的有效施工时间锚固区施工需要 12d,而采用本工法只需要 6d,大大节省了船机费用的投入,特别是在高塔索塔锚固区的施工中有显著优势。

(3)钢锚板可在陆地工厂化加工制作,便于实现工厂化施工和管理,相对于施工现场交叉锚需要进行索塔端斜拉索安装等繁琐工序的方案要简单很多,有利于现场的施工管理,安全、质量控制;钢锚板可批量生产,增加投入以加快施工进度的效果较交叉锚的施工工艺要明显很多。

3 适用范围

适用于索塔采用双索面锚固形式,锚固区索塔为实心混凝土结构的斜拉桥,且现场配备与钢锚板重量相配套的吊装设备,尤其适用于空间索面和稀索体系的钢锚板式索塔锚固结构施工。

4 工艺原理

索塔新型锚固体系主要结构包括:定位垫板及其安装支架、钢锚板、PBL 剪力键、钢筋混凝土塔柱四部分。定位架采用型钢制作,型钢顶部设有带有螺纹套筒的钢筋,用来精确调整预埋定位垫板的高程。定位垫板采用厚度为 30mm 的钢板,其上设有竖向主筋穿过的孔洞、与钢锚板连接用的螺栓孔,用以承受斜拉索传递的竖向分力。通过焊接在定位支架顶部的套筒螺母调节高程以及通过千斤顶和手拉葫芦调整平面位置完成定位垫板的安装。钢锚板内部穿设 PBL 剪力键,上部设置纵横隔板、锚固钢筋等设施并锚固于塔柱混凝土内,与塔柱锚固区混凝土组成钢-混组合受力体系,共同承担斜拉索传递的力。定位垫板通过其上部的钢锚板底板完成与钢锚板的栓接固定。

5 施工工艺流程及操作要点

5.1 施工工艺流程

施工工艺流程见图 2。

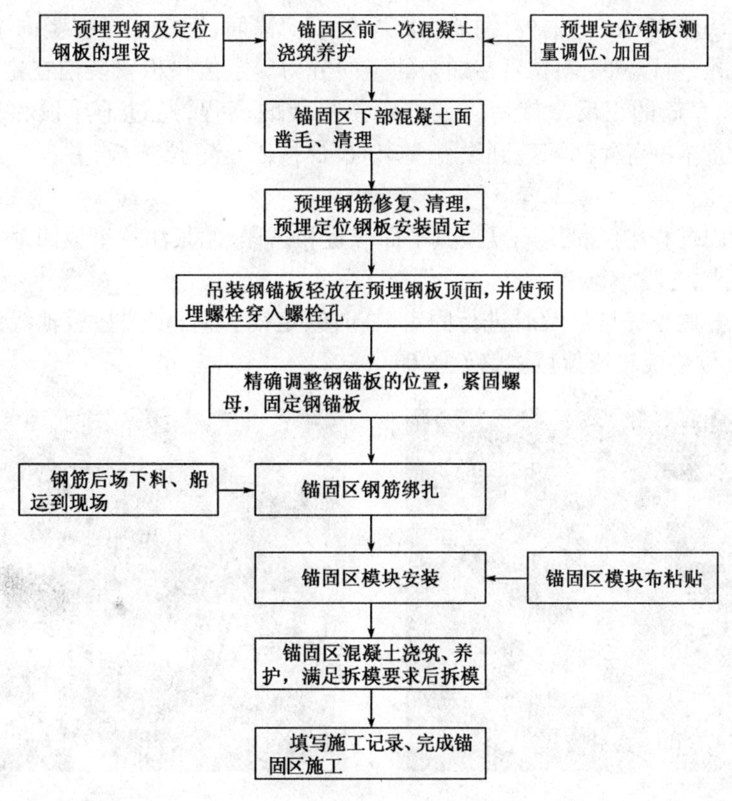

图 2 索塔新型锚固区工艺流程

5.2 操作要点

操作要点主要包括:预埋定位架、定位垫板的安装、钢锚板吊装精确定位和加固、锚固区塔柱钢筋绑扎、模板安装、测量复核、锚固区混凝土浇筑及养护,实时监测钢锚板的位置共八大部分。

1)预埋定位架和定位垫板的制作与安装

(1)定位架的制作和安装。

①根据钢锚板的重量和定位垫板尺寸进行设计定位架,采用型钢和钢板加工制作而成,型钢顶部设置带有螺纹套筒的 $\phi32$ 钢筋,用来精确调整预埋定位垫板的高程。

②严格按照设计图纸进行定位架的预埋,确保定位架的平面位置和高程满足设计要求,偏差在10mm 范围内。

③定位架必须在锚固区前一次浇筑混凝土时预埋,并保证预埋的深度和质量。具体设置见图 3。

图 3 定位架安装

(2)定位垫板的制作与安装。

①定位垫板为一块厚 30mm 的钢板,钢板底部焊有 $\phi16$ 锚筋,钢板上设有竖向主筋穿过的孔洞、与钢锚板连接用的螺栓孔,可以承受斜拉索传递来的竖向分力。定位垫板安装前在定位架顶焊接可调整高度的钢套筒,通过钢套筒的正反微旋精确调整定位垫板的高程,通过千斤顶和手拉葫芦的配合调整平面位置,待平面位置和高程都调整到设计要求时,焊接固定定位垫板,并在定位垫板外缘卡设型钢固定。

②在定位垫板加固过程中测量跟踪复核其平面位置和高程,尤其注意垫板四个角点的高程之差,确保加固后仍然满足要求。

③定位垫板的位置调整完毕后及时进行固定,临时锁定钢套筒;定位垫板轴线偏位调整见图 4,角点高程调整见图 5,定位垫板轴线偏位调整见图 6。

图 4 定位垫板轴线偏位调整

图 5 角点高程调整

2)钢锚板的设计与制作

为有效传递斜拉索索力,索塔斜拉索采用锚板式锚固结构,设置在上塔柱中。锚固区采用钢混结构,钢结构部分由锚板、补强板、底板、侧板、加劲板、竖隔板、横隔板和剪力键组成。除锚板外,其余钢结构埋在混凝土塔柱中。

索塔锚板采用穿过索塔的整体式钢板,板厚为60mm,根据孔壁承压的需要,两侧焊有板厚60mm的补强板;在锚板垂直的方向焊有一道厚度20mm的竖隔板。锚板结构的底板厚30mm,侧板厚30mm,锚固区在高度方向设有二道横隔板,横隔板厚20mm,位置与锚板上加劲板的位置一一对应。为了更好地连接钢结构和混凝土塔柱,传递二者之间的剪力,锚固区布置了一定的剪力键。

图6 定位垫板轴线偏位调整

本桥塔柱每一根有上、中、下三个锚板锚固区,每个锚固区高度2.53m(包括30mm的底板),具体设置如图7所示。

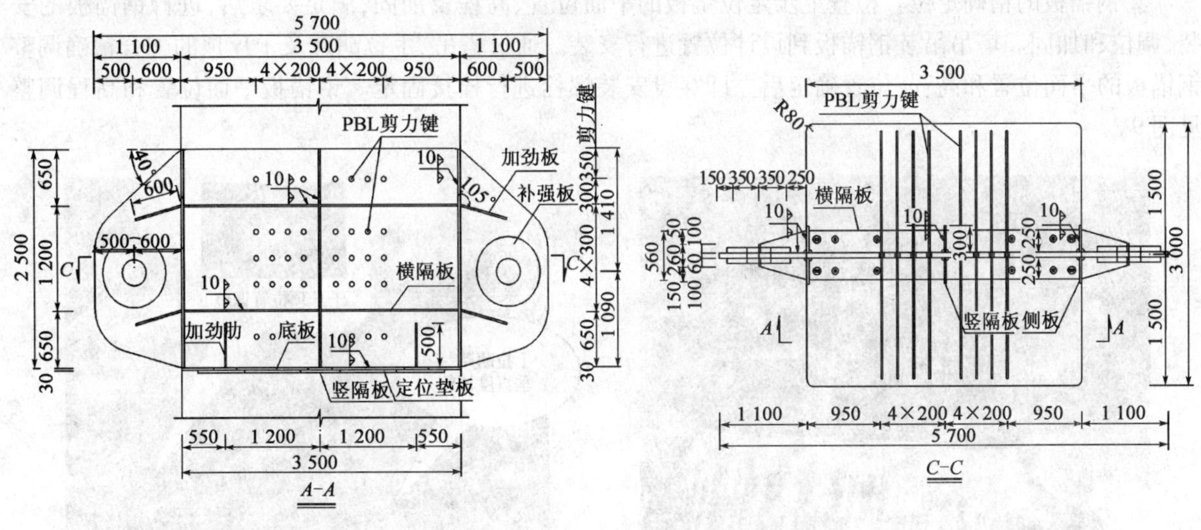

图7 钢锚板结构(尺寸单位:mm)

按照钢箱梁的锚固区制作的技术标准进行钢锚板的制作,根据其本身及应用的特点,需要注意以下几点:

(1)索塔斜拉索锚板采用Q345D钢,其技术指标应符合《低合金高强度结构钢》(GB/T 1591—2008)的要求。

(2)索塔锚固区加工时所有要求熔透焊的贴角焊缝都应熔透,制造过程中,在保证焊接质量的前提下,尽量采用焊接变形小和焊缝收缩小的焊接工艺。

(3)所用熔透角焊缝均为Ⅰ级焊缝,要求进行超声波和X射线探伤,Ⅱ级焊缝要求进行超声波或磁粉探伤。探伤应严格执行国家标准。

(4)防腐涂装是索塔锚固区施工的重要组成部分,对钢结构的维护与使用寿命起着很重要的作用,应进行重点控制。为保证钢板内侧、焊缝、边角及难于喷涂到的部位等处的漆模厚度,应根据钢板焊接顺序,适时将这些部位先行涂装。

(5)严格控制钢锚板锚固板的尺寸,采用焊接变形小和焊缝收缩小的焊接工艺。

3)钢锚板的运输与安装

(1)安装前的准备。

①混凝土顶面要按设计要求进行凿毛和清理,需要提前安装的钢筋和预埋件要安装到位。

②将垫板高程提前调整到设计位置,要求高差在 ±5mm 内。

③先定位四周预埋型钢或钢筋作为加固钢锚板的固定点,以便钢锚板安装完成后进行加固。

④对未来 3 ~ 5d 的海上天气预报进行收集,若有台风或不适于吊装作业的天气,将预定安装时间推后。

⑤将现场安装所需要的钢锚板加固、调位千斤顶、连接钢板、气割焊接等小型操作工具及材料放置在模板内部并做好固定。

(2)钢锚板的运输。

钢锚板可由运输船运输到施工现场,钢锚板吊装、转运、调试过程中注意对防腐涂层的保护,在挂钢绳位置增加橡胶垫片加以保护。在安装的过程中根据实测数据调整吊装钢丝绳的长度,以确保吊架搁放在定位垫板上后,可以满足钢锚板在设计的高程位置。

(3)钢锚板的安装

①钢锚板由运输船或运输车运输现场后利用塔吊或吊车起吊架或锚板上的吊点起吊钢锚板至锚固区顶部后将其下放,如图 8 所示。

②钢锚板的精确定位。检查上步定位垫板的平面位置、高程及加固,满足要求后,进行钢锚板的安装、调位和加固。塔吊吊装钢锚板到设计位置进行安装。通过塔吊、手拉葫芦及千斤顶的配合精确调整钢锚板的平面位置和高程,位置确定后立即穿设安装螺栓进行栓接固定。钢锚板平面位置和高程调整见图 9。

图 8 钢锚板现场吊装

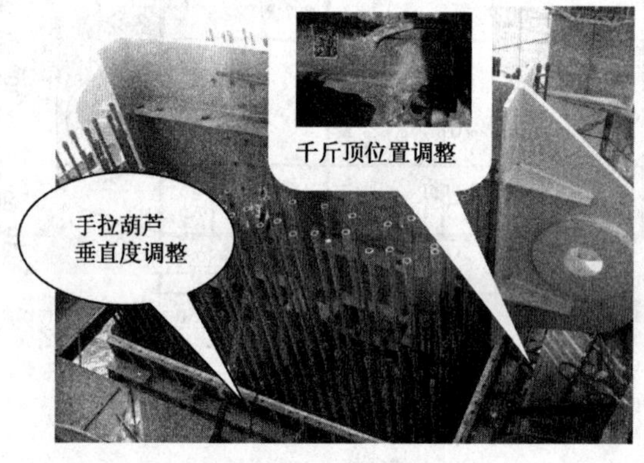

图 9 钢锚板平面位置和高程调整

4)锚固区钢筋施工

钢锚板加固完成后,清理混凝土表面的杂物,修复、清理预埋外露钢筋,然后安装劲性骨架,该劲性骨架是根据锚固区施工特点专门加工的,它下方只有 6 个支腿,可以跨越锚固设施,安装在混凝土顶面上,并且不影响锚固设施的定位加固,锚固区定位钢筋定位见图 10。

劲性骨架安装固定牢固后进行钢筋的定位,安装锚固区浇筑段主筋,主筋接长定位完毕后绑扎外围箍筋,箍筋绑扎完成后就可以安装内部水平钢筋、架力钢筋和剪力键,见图 11。

5)锚固区混凝土施工

锚固区模板的安装及拆卸均由塔吊完成,模板的安装、调整必须编制相应方案,模板固定方式见图 12。

混凝土养护设施准备到位后,进行锚固区混凝土的浇筑,浇筑选择在白天进行,整个浇筑过程中对钢锚板平面位置和高程进行实时测量复核,如发现问题立即停止施工,查找原因,重新调位加固,满足要求后方可继续施工。混凝土浇筑完毕后及时养护。施工过程中要特别注意定位垫板下侧及钢锚板区域的混凝土振捣，为了避免振捣死角必须安排人员深入到定位垫板下方进行振捣，振捣过程中应注意预埋件的保护。

图10 锚固区钢筋定位

图11 锚固区水平钢筋绑扎

图12 锚固区模板安装及固定

6 材料与设备

6.1 主要材料

定位架及高程调节套筒、定位垫板、各种预埋件和连接的钢构件、钢锚板及 PBL 剪力键、钢模板及加固型钢等，具体的型号和用量由实际工程确定，钢锚板的加工可委托专业钢构件加工场进行加工。

6.2 主要设备(表1)

主 要 设 备

表1

编号	机械设备名称	型号	单位	数量	用途
1	混凝土拌和站(船)	120m³/h	套	1	混凝土供应
2	塔吊	295t·m	台	1	锚板安装
3	运输船	800t	艘	2	材料运输
4	多功能作业船	2000t	艘	1	现场施工
5	起锚艇	700HP	艘	2	起抛锚作业
6	交通船	184kW	艘	1	海上交通
7	汽车吊	25t	辆	1	锚板转运
8	平板车	10t	辆	1	锚板转运
9	发电机	300kW	台	2	电能供应
10	手摇千斤顶	10t	个	8	平面位置调整
11	手拉葫芦	5t	个	2	竖直度调整
12	电焊机	50kVA	台	4	连接板焊接
13	插入式振动器	ZN-90	台	6	混凝土振捣

7 质量控制

7.1 应执行的标准规范

(1)《公路桥涵施工技术规范》(JTG/T F50—2011)。

(2)《建筑施工安全检查标准》(JGJ 59—2011)。

(3)《建筑钢结构焊接技术规程》(JGJ 81—2002)。

7.2 质量保证措施

(1)选择具有相当资质的专业厂家,组建加工精度高、技术水平高的工人进行加工制作。

(2)钢锚板结构作为主要传力结构,加工完成后必须经验收合格后方可投入使用,在运输和安装过程中,严禁在钢锚板上打火起弧、施焊、开孔或辅助其他施工,注意缓吊缓放,不可碰撞、损伤钢锚板,组织专人跟踪保护钢锚板。

(3)锚固区钢筋绑扎要把握时机,相关负责人协调安排好垫板及钢锚板的安装、劲性骨架的安装、主筋的接长、箍筋及架立钢筋的绑扎、模板的安装、劲性骨架的拆除等相关工艺顺序,确保锚固区施工正常进行,施工顺序按照附件要求实施。

(4)混凝土浇筑时注意钢锚板四周均匀布料,并加强锚固区混凝土振捣。混凝土浇筑过程中测量组实时对钢锚板的位置、高程及垂直度进行观测监控,如出现意外立即停止浇筑,查明原因解决问题后方可继续浇筑。

(5)塔柱施工结束后及时对其垂直度及高程进行验收,锚固区混凝土施工结束后要及时对锚板的平面位置、高程、垂直度进行验收,验收项目、技术标准及验收方法见表2。

索塔验收项目及技术标准

表2

检查项目	规定值或允许偏差	检查方法
塔柱倾斜度(mm)	≤H/3 000(H为塔高)	垂球或全站仪
轴线偏位(mm)	≤10	全站仪
断面尺寸(mm)	±20	全站仪
塔顶高程(mm)	±10	全站仪
斜拉索锚固点高程(mm)	±10	全站仪

续上表

检 查 项 目	规定值或允许偏差	检 查 方 法
斜拉索锚具轴线(mm)	5	全站仪
定位垫板四角高程相差(mm)	±2	全站仪
锚板垂直度(mm)	±1	垂球或全站仪
锚板轴线偏差(mm)	±2	全站仪

8 安全措施

(1)根据国家有关规定、条例、结合施工单位实际情况和工程的具体特点,组成专职安全员和班组兼职安全员以及工地安全用电负责人参加的安全生产管理网络,执行安全生产责任制,明确各级人员的职责,抓好工程的安全生产。

(2)做好施工天气预警工作,大风(7 级以上)、大雾应停止相应作业,做好防台预案,合理安排生产。

(3)捉住有利施工时机,连续快速施工,确保施工的顺利进行。

(4)在施工过程中对塔柱模板的安装质量、模板加固措施等进行严格的控制,发现隐患及时落实整改措施,确保质量满足现场施工的需要,确保施工安全。

9 环保措施

本工法在实施过程中主要的污染源在于施工垃圾和施工设备的废油。施工时严格执行国家环保有关规定,按环保部门的要求及时清理残土、混凝土废弃物,堆放到指定地点,设备废油设置相应的围堵和收集设施,不得对水体造成污染。

10 资源节约

利用本工法提出的稀索斜拉桥新型锚固体系进行施工,其施工效率较常规的交叉锚高很多,缩短了施工工期,节省了大量的船机租赁费用。

11 效益分析

11.1 经济效益分析

通过理论分析计算和足尺模型试验,在保证钢锚板式索塔锚固体系受力安全的前提下,对锚固结构进行不断的优化,最终取得了良好的效果。各阶段钢锚板式索塔锚固体系施加快工工期如表 3 所示。

各施工阶段缩短工期(d) 表 3

施工工序 / 缩短天数(d)	钢锚板定位	钢筋加工及模板安装	斜拉索安装	累计缩短工期
单个锚固区	2	3	1	6
全桥 12 个锚固区	24	36	12	72

注:根据项目船机部的统计数据,项目每月投入塔柱施工的船机租金费、油料消耗为 53.2 万元,根据合约部的统计数据,项目每月投入塔柱施工的人员工资为 33.5 万,共节约成本:$P = 72 \div 30 \times (53.2 + 33.5) = 208$ 万。

11.2 社会效益分析

(1)该新型锚固体系构造简单、受力性能好、传力途径明确,便于索力计算,可实现索力一次性调整到位。

(2)从桥梁后期维护和检查的角度来看,具有检查、维修、换索方便等优点,从而降低了将来桥梁养护、维修和加固费用,在整个寿命期内的经济性要优于传统的混凝土索塔斜拉桥。

(3)本工法的使用和推广提出了适应空间索面和稀索体系的钢锚板式索塔锚固结构,应用前景广阔,同时完善了桥梁基础施工技术体系,为施工技术选用提供新的思路和供选择方案。

12 应用实例

青岛海湾大桥土建工程第六合同段自2009年4月开始准备,2009年4月~2009年12月短短9个月间安全、优质、高效地完成了红岛航道桥12个锚固区的施工,施工过程中工法的关键技术“斜拉桥索塔新型锚固体系”应用效果好,施工效率高,每个部分均达到良好的效果。本工法安全可行,在保证工程建设质量、运营安全、维护方便的基础上,节约了大量的人力、物力并显著缩短了施工工期。

大型钢箱梁跨越障碍物连续滚装装船施工工法

GGG(鲁)C3086—2013

邵新鹏　周汉平　郭保林　王志强　吴　涛

(山东高速青岛公路有限公司　武船重型工程股份有限公司　山东畅通路桥股份有限公司)

1　前言

近年来在海上及大江大河中建造的钢桥中,采用大节段吊装施工的越来越多,其装船过程也是施工中的一项关键技术。常规条件下的滑移工艺、滚装工艺和浮吊吊装装船工艺,其技术已较为成熟。在使用浮吊装船时,由于吊装周期较长,费用高昂。特别是在浅水域,高潮汐的施工区域采用大型浮吊装船就受到了一定的限制。由于滚装装船成本低,效率高,不受水域条件的限制、不需要大型吊装设备的优点,滚装装船工艺就成了必然的选择。

青岛海湾大桥大沽河航道桥双箱分离式钢箱梁节段在海西湾基地建造,码头区域在海边,属浅水域,高潮位,潮汐水位的变化较大。海西湾基地码头区域的基建尚未完成,码头挡土墙顶面高程6.05m,现有地面高程5m,挡土墙高出现有地面1.05m。由于条件所限,必须选择跨越障碍物连续滚装装船的特殊工艺,对此,山东高速青岛公路有限公司、武船重型工程股份有限公司和山东畅通路桥股份有限公司联合开发了一种钢箱梁长大节段跨越障碍滚装装船的方法,并开发了该套工法。该工法在青岛海湾大桥土建工程第6、7合同段钢箱梁装船中的成功应用,降低了施工风险、缩短了装船周期、节约了工程投资,该工法的关键技术"一种钢箱梁长大节段跨越障碍滚装装船的方法"已经申请了国家发明专利(ZL201110451980.3),成果于2011年12月经山东省科学技术厅组织鉴定,总体水平达到国际先进,并获得2012年度山东省科技进步一等奖。

2　工法特点

(1)运用接力方式解决了钢箱梁跨越障碍滚装装船的技术难题。

(2)设计了运输船舶与码头搭接的联结装置,解决了船舶与码头的驳接难题,保证了钢箱梁从码头向船舶移运时稳定性问题。

(3)超长超重钢箱梁通过液压小车在岸上沿运输船纵向移运,船上液压小车接力过挡。避免了液压小车直接过挡需要钢轨精确对接的难题。

(4)采用配置双向进排潜水泵组用于船舶各压载仓进行船舶适时压载和卸载调节船舶稳态方案,解决了潮汐水位变化以及载荷转移对钢箱梁装船纵、横向稳定性的影响。

(5)通过对潮汐周期水位变化的研究,选择确定了合适的装船潮汐水位时间表,保证了超长超重钢箱梁装船的可靠性及安全性。

3　适用范围

本法适用于超重、超长、超高的大型钢箱梁节段,在浅水域,高潮汐下跨越挡土墙等障碍滚装装船作业。

4　工艺原理

本工法是采用高平潮水位落潮装船。采用固定搭接承力装置将运输船艏部与岸上码头挡土墙垂直纵向驳接,超长超重钢箱梁通过岸上液压小车沿运输船纵向移运,不直接过挡。通过船上液压小车接力转动,使钢箱梁过挡至船舶指定的装载位,并将钢箱梁置于预设钢墩上通过捆扎后完成装船。

装船过程中为平衡钢箱梁对运输船的加载下沉,保护码头挡土墙,采用配置双向进排水潜水泵组,用于船舶各压载仓进行适时配载,调节船舶稳态、补偿潮水下降落差、争取装船作业时间、上浮船舶使其脱离固定搭接承力装置、使船舶甲板保持需要的平稳状态。

5 施工工艺流程及操作要点

5.1 施工工艺流程(图1)

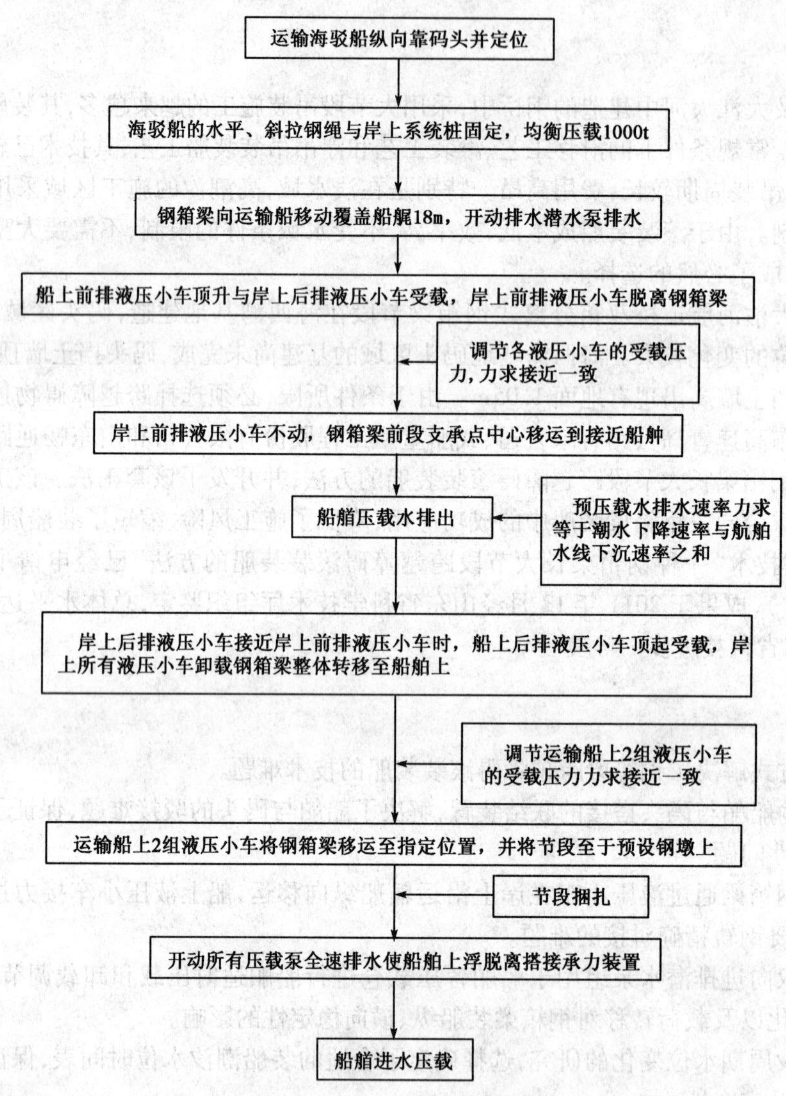

图1 双箱分离式大节段钢箱梁装船施工工艺流程

5.2 操作要点

1)液压下车转运双箱分离式节段形式及要求

双箱分离式吊装节段采用4组(船上岸上各2组)200t液压小车转运(图2),液压小车布置在横隔板或传力纵隔板与横隔板交汇处。对于液压小车转运,需要满足如下要求:基础处理、轨道铺设平直度满足相关要求;液压小车的布置位置必须在梁段结构强度允许的地方,否则应对梁段进行加强。

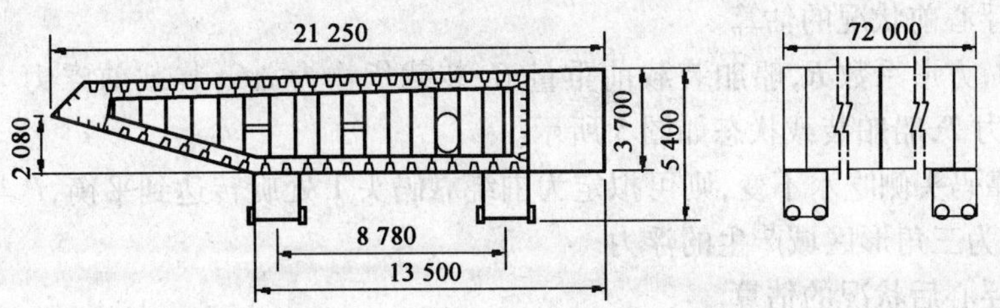

图2　双箱分离式节段转运液压小车(尺寸单位:mm)

2)潮汐水位变化分析

青岛海西湾基地处于胶州湾口,潮汐变化较大,历史记录最大潮高水位达5.4m、最低潮水位达-1.1m,平均高潮水位2.7m,平均低潮水位0.8m。钢箱梁节段要在这种地域和潮汐变化条件下进行装船作业,必须对该地域潮汐变化情况进行认真分析,归纳总结出潮汐变化规律,以便选择和确定装船时机。同时码头的挡土墙(图3)也会对装船带来一定麻烦。

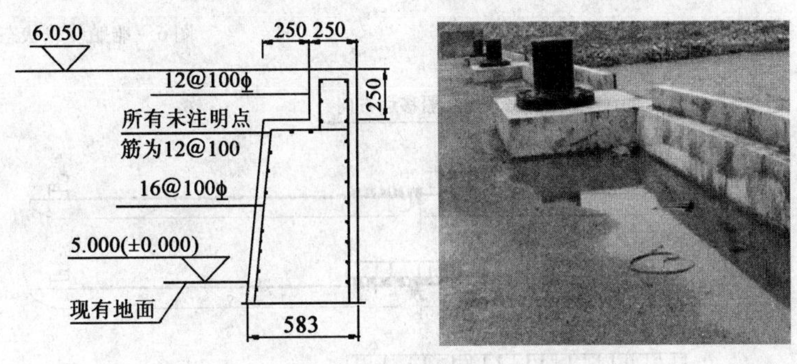

图3　码头挡土墙布置图(尺寸单位:mm)

3)运输船舶的选择

海西湾基地码头挡土墙顶面高程6.05m,现有地面高程5m,挡土墙高于现有地面1.05m,节段运输船舶甲板应与现有地面高程一致。昼间低潮最低水位0.55m,船舶空载吃水约1.1m,若船舶若甲板上轨道基座高0.3m,则船舶空载干舷高应为4.15m(5-0.55-0.3)、型深为5.25m(1.1+4.15);昼间低潮平均水位为1.3m,船舶空载吃水约1.1m,则船舶空载干舷高应为3.4m(5-1.3-0.3),型深为4.5m(1.1+3.4)。根据海西湾基地码头挡土墙顶面高程和地面高程,再结合运输船舶空载吃水和满载吃水情况分析,宜选用主尺度为长82.4m、宽22.8m、深4.5m的5 000t级海驳(或主尺度、吨位相近海驳)。

4)潮汐装船水位的选择

(1)装船时间。按最长钢箱梁计算,从钢箱梁端头到达挡土墙处开始到岸上液压小车全部卸载的时间。装船时间约需72m/(3m/min)+20min(其他时间)+60min(机动时间)=104min。

(2)水位要求。根据船型及船舶甲板上轨座结构、支撑连接装置、挡土墙及现有地面高程,装船时的水位应在2.48~2.48m区间,见图4。

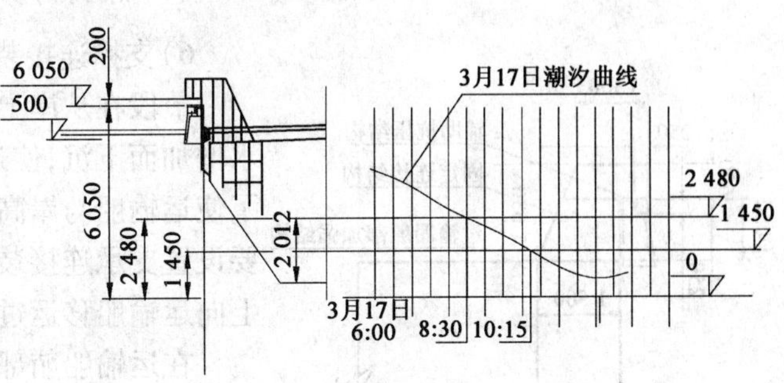

图4　装船时间的确定(尺寸单位:mm)

5)双箱分离式大节段装船过程浮沉分析

根据青岛海湾大桥大沽河航道桥海西湾基地钢箱梁节段上船工艺过程,对上船过程中船舶状态按平潮、涨潮两个状态进行估算。

(1)未过空载浮心前状况的估算。

设船长 L、宽 B,方形系数 R,船舶装载前重量 G,装载货物为 ΔG,装载前浮力 P、装载后浮力变化 ΔP,船靠码头侧受力 T,船舶装载状态如图5所示。

船舶装载时,靠码头侧吃水不变,则可拟定为围绕靠码头T处旋转达到平衡,P 与 G 为相互作用力,弯矩近似相抵,ΔP 为三角形区域产生的浮力。

(2)越过空载浮心后状况的估算。

设船长 L,船宽 B,方形系数 R,船舶装载前重量 G,装载货物为 ΔG,ΔG 纵移 S、则浮心 P 纵移后变至 P_{Δ},正浮状态时吃水 H,纵移后前后吃水分别为 $H1$、$H2$,浮心 P_{Δ} 处吃水 h,船舶装载状态简图见图6。钢箱梁移运方向如图7所示。

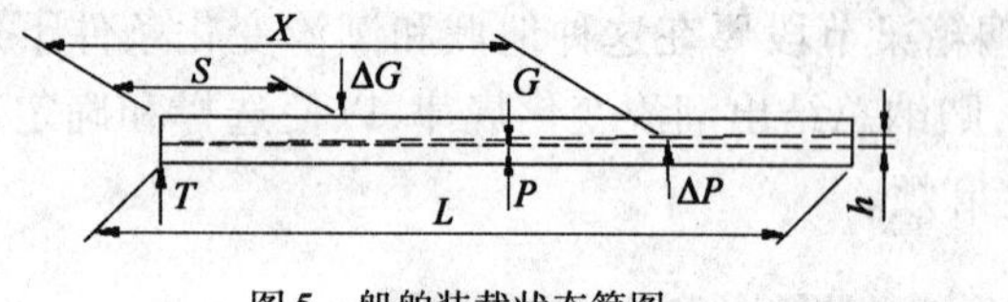

图5　船舶装载状态简图

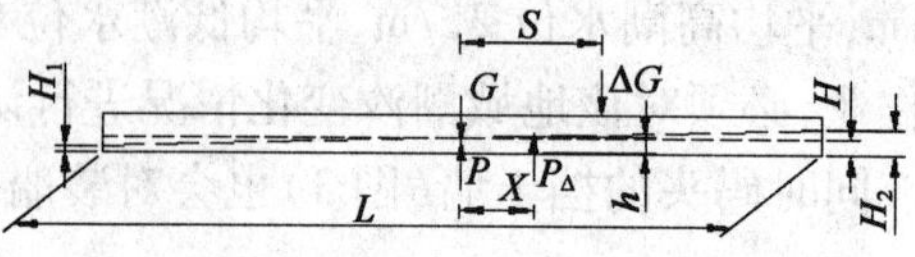

图6　船舶装载状态简图

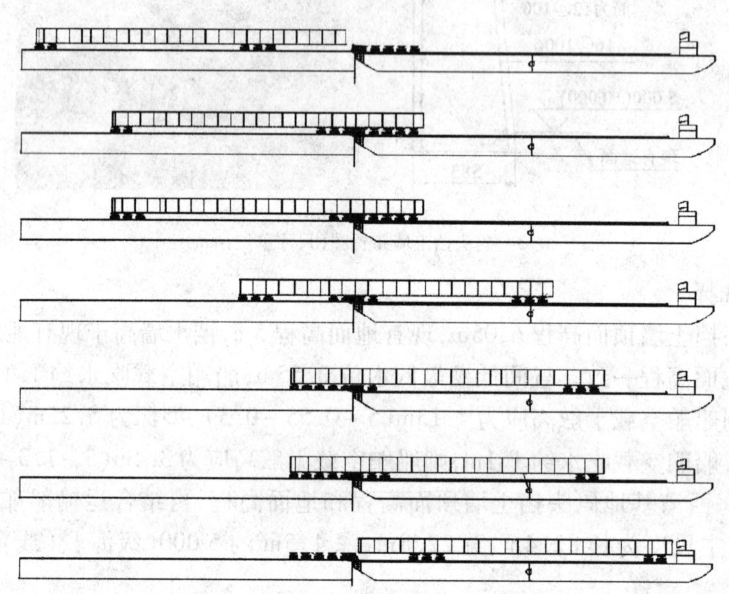

图7　钢箱梁的移运方向

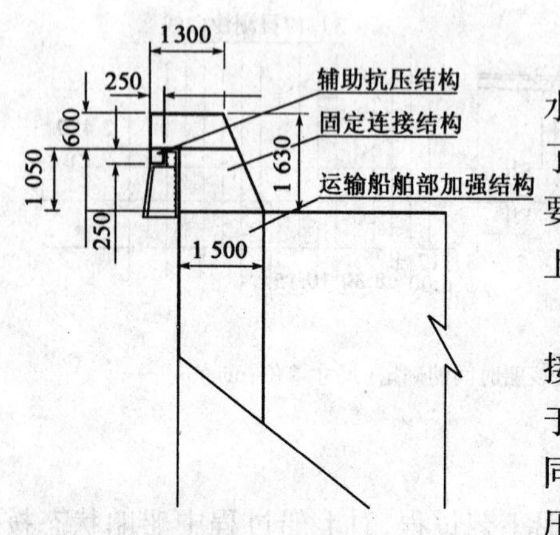

图8　固定搭接承力结构(尺寸单位:mm)

6)支撑连接装置方案分析

节段在从岸上向运输船移运过程中,运输船艏部首先受载吃水增加而下沉,使运输船与岸产生高度差,不利于节段移运。为了使运输船与岸高程保持一致,运输船艏部与岸上码头挡土墙间要设置支承连接装置。此支承连接装置必须能承受节段在从岸上向运输船移运过程中,运输船艏部不超过500t的荷载变化。

在运输船艏部设置固定搭接结构与岸上码头挡土墙结构连接承力,见图8。此方案的优点是实施成本最低,无需动力。在低于低潮水位0.84m以下时,运输船舶不能靠码头进行连接作业,同时在较高潮水位运输船舶与岸上码头连接作业后,须进行加注压载水作业,以使搭接结构与岸上码头挡土墙结构连接承力,当潮汐水位上升的变化速率高时,只能在运输船上增设更多的水泵才可行。固定搭接承力结构如图8所示。

7）双箱分离式大节段装船细节

（1）当落潮时岸边墙顶距海水面2.61m时（潮位3.44m），运输海驳船在码头由横向转位到纵向。船艉纵向靠拢码头并定位，运输船两舷各拉两根水平及斜拉钢绳与岸上系缆桩固定。进行岸上轨道与船上轨道平行度及中心线重合度的检测和调整。

（2）当落潮时岸边墙顶距海水面3.57m时（潮位2.48m），将钢箱梁节段向运输船的方向移动18m，（在钢箱梁节段由岸上2组液压小车作用向运输船的方向移运过程中，开动船艉3、4舱排水潜水泵进行排水，使运输船搭接墩底面距岸上搭接处保持200mm）。使钢箱梁节段第一道横隔板位处于船舶顺向第1组液压小车中心上方。

（3）码头岸上钢箱梁节段尾部1组液压小车和运输船艏部1组液压小车（图9）顶升受载后，岸上前5台液压小车卸载，调节各液压小车的受载压力力求接近一致。将钢箱梁节段移运30m，此时节段前端支承中点已接近船艏。节段继续移运，船艏部吃水将增加（水线下沉），而艉部吃水将减少（水线上升），为平衡船舶纵倾，艏部压载水应适当排出，预压载水排水速率力求等于潮水下降速率与航舶水线下沉速率之和，装船过程见图10。

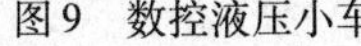

图9　数控液压小车

图10　装船过程

（4）在钢箱梁节段前端已接近船中时，节段自重已有一半压在船上，这一附加的载荷有部分由搭接墩承受，其余由船舶浮力承担，由船舶浮力承担的载荷使船舶吃水将增加（水线下沉）。力求预压载水抽出速率等于潮水下降速率与船舶水线下沉速率之和，钢箱梁节段装船过程中船舶甲板可保持状态稳定。如果预压载水抽出速率小于潮水下降速率与船舶水线下沉速率之和，钢箱梁节段装船过程中船舶甲板向艏部倾斜，节段运行时走下坡，反之则走上坡。在钢箱梁节段装船过程中，钢箱梁节段前端刚接近船艏时，而潮水下降到最低潮位，船舶甲板艏部倾斜最大，如最低潮位为50cm，船舶甲板与水平面倾斜角度达到1.07°，船舶艏部吃水1.78m，船舶艉部仅吃水0.44m，搭接墩将承受约350t荷载。实际装船过程中，当落潮时岸边墙顶距海水面4.60m（潮位1.45m）时，全船按最大排水量全速排出压载水（图11），使船舶上浮脱离搭接承力装置。

图11　船舱排水以保证船体与码头高程匹配

（5）运输船上2组液压小车移运节段至指定位置，液压小车油缸下降将节段置于船舶预设钢墩上。

（6）船舶驶离码头后，为保证稳性需进行加注压载水。

6 材料与设备

6.1 材料

抽水机、抽水软管、钢轨。

6.2 主要设备

主要设备是501驳船,其参数见表1,其平面布置见图12。

501 驳 船 的 参 数 表1

船舶名称	总长	型宽	型深	载重量	结构吃水深度	梁拱	设计吃水深度
501 驳船	82.4m	22.8m	4.5m	5 100kN	3.6m	0.1m	3.6m

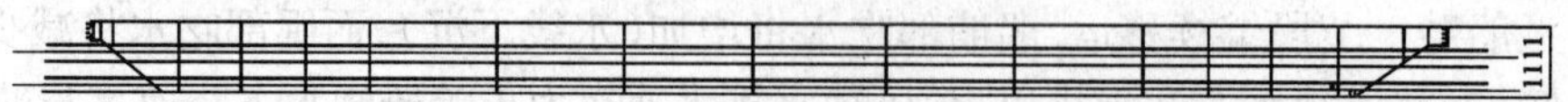

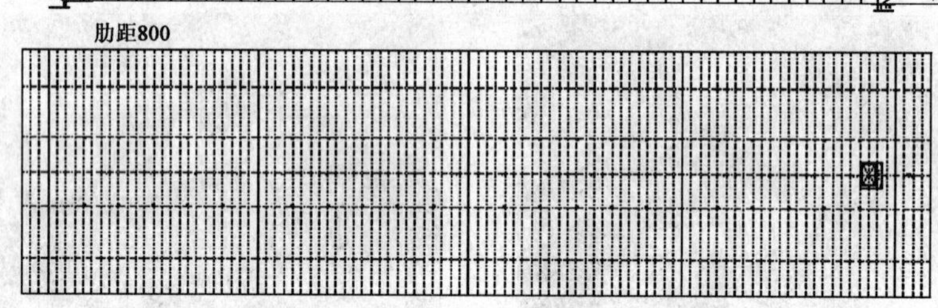

图12 驳船船舶平面布置图

7 质量控制

7.1 应执行的标准规范

《公路桥涵施工技术规范》(JTG/T F50—2011)。

《钢结构设计规范》(GB 50017—2003)。

《港口工程钢结构设计规范》(JTJ 283—99)。

《海港水文规范》(JTJ 213—1998)。

7.2 质量控制的技术措施

海西湾钢箱梁节段上船时,船舶纵倾及风载状态见表2。

海西湾平潮状态节段上船船舶纵倾及风载状态 表2

<table>
<tr><td colspan="3">节段号</td><td>10、10′、11</td><td>9,9′</td><td>8,8′</td></tr>
<tr><td colspan="3">节段质量(t)</td><td>1 100</td><td>1 000</td><td>550</td></tr>
<tr><td colspan="3">节段长度(m)</td><td>72</td><td>68</td><td>50</td></tr>
<tr><td rowspan="7">第一步一半上船</td><td rowspan="2">货物状态</td><td>重量 ΔG(10kN)</td><td>550</td><td>500</td><td>275</td></tr>
<tr><td>最大纵移 S(m)</td><td>62</td><td>58</td><td>40</td></tr>
<tr><td rowspan="2">修正前船舶状态</td><td>纵倾 h(m)</td><td>0.827 600 171</td><td>0.703 824 192</td><td>0.266 967 797</td></tr>
<tr><td>岸侧受力 T(10kN)</td><td>-122.689 971</td><td>-72.082 379 86</td><td>58.003 235 22</td></tr>
<tr><td rowspan="3">船舶状态修正(10m)</td><td>纵倾 h(m)</td><td>0.036 404 7</td><td>0.021 842 82</td><td>0</td></tr>
<tr><td>岸侧受力 T(10kN)</td><td>120.409 532 1</td><td>72.245 719 25</td><td>0</td></tr>
<tr><td>需压载(10kN)</td><td>150</td><td>90</td><td>0</td></tr>
</table>

续上表

<table>
<tr><td colspan="3">节段号</td><td>10、10′、11</td><td>9、9′</td><td>8、8′</td></tr>
<tr><td rowspan="2">第一步一半上船</td><td rowspan="2">修正后船舶状态</td><td>纵倾 h(m)</td><td>0.864 004 87</td><td>0.725 667 012</td><td>0.266 967 797</td></tr>
<tr><td>岸侧受力 T(10kN)</td><td>-2.280 438 73</td><td>0.163 339 383</td><td>58.003 235 22</td></tr>
<tr><td rowspan="9">第二步全部上船</td><td rowspan="2">货物状态</td><td>重量 ΔG(10kN)</td><td>1 100</td><td>1 000</td><td>550</td></tr>
<tr><td>最大纵移 S(m)</td><td>38</td><td>38</td><td>38</td></tr>
<tr><td rowspan="2">修正前船舶状态</td><td>纵倾 h(m)</td><td>1.014 477 629</td><td>0.922 252 39</td><td>0.507 238 814</td></tr>
<tr><td>岸侧受力 T(10kN)</td><td>275.412 293 9</td><td>250.374 812 6</td><td>137.706 146 9</td></tr>
<tr><td rowspan="3">船舶状态修正(10m)</td><td>纵倾 h(m)</td><td>0.036 404 7</td><td>0.021 842 82</td><td>0</td></tr>
<tr><td>岸侧受力 T(10kN)</td><td>120.409 532 1</td><td>72.245 719 25</td><td>0</td></tr>
<tr><td>已压载(10kN)</td><td>150</td><td>90</td><td>0</td></tr>
<tr><td rowspan="2">修正后船舶状态</td><td>纵倾 h(m)</td><td>1.050 882 328</td><td>0.944 095 209</td><td>0.507 238 814</td></tr>
<tr><td>岸侧受力 T(10kN)</td><td>395.821 825 9</td><td>322.620 531 8</td><td>137.706 146 9</td></tr>
</table>

8 安全措施

(1)按照生产必需的安全准则,建立有项目部直接领导的安全小组,建立健全各项安全生产规章制度,项目经理任安全生产领导小组组长,下设安全技术负责、生产调度负责、机械管理负责、消防管理负责、劳务管理负责、财务负责、卫生、行政负责,项目部相关人员、装船施工队负责人任小组成员,配备专职安全员,具体履行监督、检查、管理各专业施工队的安全工作。

(2)加强大型钢箱梁装船的安全管理。为了从被动防范向源头管理转变,对轨道液压小车接力纵向滚装装船的施工方案、试运行报告、监督管理,保证跨越障碍滚装的安全。

(3)制订《钢箱梁跨越障碍物连续滚装装船作业规范》,从司机操作、信号指挥、维修与保养、安全责任制等全方面进行规范,确保液压下车、运输船作业时运行安全。

(4)所有施工人员必须佩戴安全帽进行施工,运输海驳船的专职安全人员在施工现场协调监督装船作业及日常检查工作,并会同机械设备科进行海驳船、液压小车等设备专项安全大检查。

(5)做好安全预警工作,与当地相关气象部门紧密联系,提前做好不良天气的预报,减小气候变化对安全运行和机械的影响,防患于未然。

9 环保措施

(1)成立对应的施工环境卫生管理机构,在工程施工过程中严格遵守国家和地方政府下发的有关环境保护的法律、法规和规章,加强对施工燃油、过程材料、设备、废水、生产生活垃圾、弃渣的控制和治理,遵守防火及废弃物处理的规章制度,做好交通环境疏导,充分满足便民要求,认真接受政府相关部门的管理,随时接受相关单位的监督检查。

(2)将施工现场和作业限制在过程建设允许的范围内,合理布置、规范围挡,做到标牌清楚、齐全,各种标志醒目,施工场地整洁文明。

(3)优先使用先进的环保机械,采取设立隔音罩等消音措施,降低施工噪声到允许值以下,合理安排施工进度,由于潮汐作用,尽量避免夜间施工。

(4)设立污水坑、集水坑、排水沟,认真做好无害化处理,从根本上防止施工废水外流,污染海洋环境。

10 资源节约

(1)青岛海西湾地处胶州湾口,有潮汐变化,对海西湾潮水位变化进行研究分析,为运输船舶进港与码头联结及节段纵向滚装装船过程提供水位变化情报,选择合适时间,避免为平衡水位差,消耗能源。

(2)运输船舶与码头接受力连接结构、节段与船舶的固定搭接承力结构运用在保证施工质量、安全平稳的同时减少专项人力物力的辅助,节约资源。

(3)施工过程中,严格贯彻国家节能工程的有关要求。坚持随用随要,避免储存和运输过程中的消耗。

11 效益分析

11.1 经济效益

本工法钢箱梁装船选择轨道小车接力纵向滚装装船方式,与吊装装船相比,滚装成本低,周期短,效率高,减少运输船舶的使用,节省投入,缩短施工工期;运输船艏部与岸上码头挡土墙的支撑连接装置采用固定搭接结构承力,与液压驱动系统相比,成本低,在海上操作方便耐用,维修简便,加快施工进度,具有很好的经济效益。

11.2 社会效益

青岛海湾大桥大沽航道桥双箱分离式钢箱梁吊装节段成功装船的实践表明,本研究中首次采用的潮汐条件下跨越岸边障碍物滚装装船的技术和工艺安全、经济、可靠,为今后同类问题的解决提供了可靠的参考。

12 应用实例

(1)青岛海湾大桥土建第七合同段自2009年7月至2010年2月期间,采用大型钢箱梁跨越障碍物连续滚装装船施工工法,完成了大沽河航道桥双箱分离式钢箱梁节段装船施工。钢箱梁共划分55段,包含11种类型,其中分幅梁段5种类型,利用该工法成功实现了上述11种类型钢箱梁的安全、快速滚装装船,其中最大梁段重量达到1 050t,最长梁段72m,为当时全国之最。

(2)青岛海湾大桥土建第二合同段自2009年9月至2010年6月期间,采用大型钢箱梁跨越障碍物连续滚装装船施工工法,完成了沧口航道桥双箱分离式钢箱梁节段装船施工。利用该工法成功实现了20个节段的钢箱梁快速滚装装船,其中最大梁段重800t,最长40m。

悬索桥索股双缠包带与新型拽拉器防扭转法架设施工工法

GGG(皖)C3087—2013

殷永高 章 征 欧阳祖亮 党彦锋 朱瑞允
(安徽省高速公路控股集团有限公司 中交二公局第五工程有限公司
中交二航局第四工程有限公司)

1 前言

主缆是悬索桥的主要组成部分,它承担着桥梁上部结构的全面恒载和活载,被称为悬索桥的"生命线",主缆索股架设质量的好坏直接影响悬索桥的成桥精度及使用寿命。单根主缆由多根索股组成,单根索股又由多根高强钢丝组成,每根索股钢丝的线形决定了最终主缆的线形,而索股钢丝线形取决于索股架设的方法。索股架设既要保证单根索股中的的钢丝排列正确、相互平行;又要保证单根索股在主缆排列中的位置正确,索股之间相互平行。

随着悬索桥施工技术的不断发展,主缆索股架设方法渐趋成熟,但是架设过程中往往存在一些常见质量问题不能很好的解决,如扭转、鼓丝、索股受力不均、镀锌层损伤、污染等。通过将索股钢丝改为双缠包带、改进索股锚头连接方式、局部索股支撑结构改为弹性支撑、增加索股入鞍前整形工序等措施,形成了一套独特、完整、科学合理的主缆索股架设施工方法,有效提高了主缆索股架设品质,保证了索股架设安全和进度,取得较好的经济效益和社会效益。

2 工法特点

提升悬索桥索股架设的品质,关键技术创新点是:

(1)采用双缠包带措施,减少索股两端扭转,防止索股架设过程中出现的鼓丝现象。提升架设质量的同时,大大加快了效率施工进度,很好地避免了以往同类型项目索股架设过程中需要人工不间断地进行鼓丝处理现象,经济效益显著。

(2)设计新型索股锚头连接拽拉器,改进索股锚头连接方式,以利于索股端头自由转动,释放索股牵引造成的初始扭转应力,减小索股在架设时的扭转。

(3)在曲线半径较小位置将索股支撑结构托滚支架设计为弹性支撑架形式。使托滚可以适应索股牵引时的线形高度变化,有效防止索股因塔顶曲率变化过大而发生断带现象,利于索股平顺地通过塔顶。同时可以调节托滚支点压力,减小托滚因不平衡力而增大磨损。

(4)增加索股入鞍前整形工序。精确矫正每根钢丝的扭转状态,使得索股在无应力状态下进入索鞍的卡槽内。施工实践表明,此整形工序对于后续的索股调整与锚跨张力调整非常有利,能够大大提高工效,保证全桥荷载在索鞍处应力的均匀分布。

3 适用范围

本工法适用于各种类型、各种跨径悬索桥的主缆索股架设。

4 工艺原理

以往索股均采用单缠包带,索股架设时,水平放索装置牵引出索盘、散索鞍处整形、索股锚固区间索力调整等工序会出现索股严重扭转与鼓丝现象,影响范围在150m以内,采用双缠包带后,有效避免了扭转与鼓丝现象。索股牵引时,为了使索股端头在牵引过程中自由转动、释放初始扭转应力,首次设计并采用新型索股锚头连接拽拉器。索股锚头连接拽拉器的具体参数根据索股锚头大小进行确定。在曲线半径较小位置将索股支撑结构改为弹性支撑架。在支撑架体上部设计弹簧结构,可以使托滚适应索股牵引时的线形高度变化,同时能够调节托滚支点压力,使得索股平顺的通过塔顶,减小托滚磨损。索股入鞍前,增加索股入鞍整形工序,即在距离索鞍前后约3m的地方,分别安装上六边形夹具,解除两夹具间索股缠包带,用钢片梳整理索股断面每根钢丝,保证索股的各根高强钢丝在所有索鞍位置处线形一致。断面由六边形变成四边形,再用专用四边形夹具夹紧。

5 施工工艺流程及操作要点

5.1 索股架设施工工艺流程(图1)

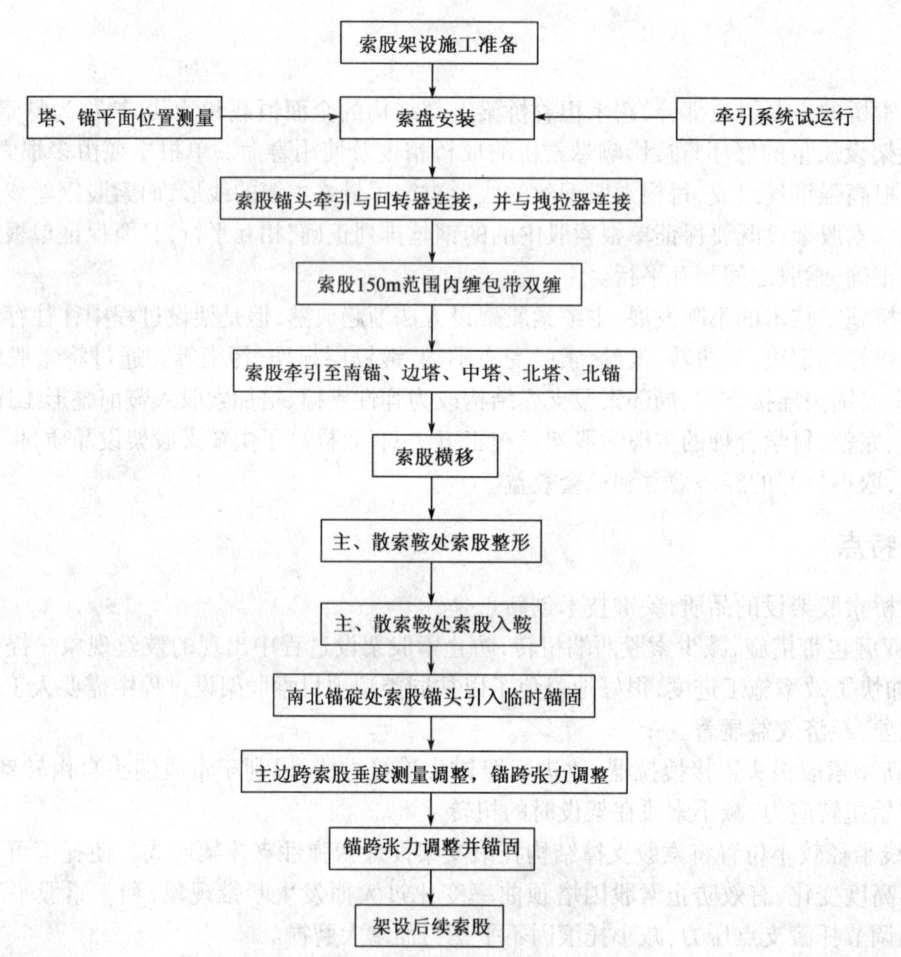

图1 索股架设施工流程图

5.2 施工准备

(1)索鞍安装就位,猫道架设完成、牵引系统形成后,便可以正式开始进行主缆索股架设。

(2)为减少索股两端产生扭转,防止单根索股架设过程中出现鼓丝现象,索股制作时在两端缠包带进行双缠。提升架设质量的同时,大大加快了效率施工进度,很好地避免了以往同类型项目索股架设过程中需要人工不间断地进行鼓丝处理现象,经济效益显著。

索股制作时,在每根索股两端各150m范围内缠包带进行双缠(图2),150m的计算依据:索股架设时,主要由于水平放索装置牵引出索盘、通过散索鞍处整形、索股锚固区间索力调整,造成端部150m范围内的索股严重扭转与鼓丝现象。缠包带规格宽48mm，缠绕索股5圈以上。

5.3　索股架设

索股架设分索股牵引、横移、整形、入鞍、入锚等工序。按设计图要求，准备工作完成后，先架设基准索股，然后根据基准索股架设一般索股。

1）索股牵引

（1）索盘上放索架。

采用水平被动放索装置进行放索（图3），因存在被动反张力，始终使索股保持张紧状态，可有效地防止放索时索股反张力产生的"呼啦圈"、散丝和缠丝现象发生，可保证索股牵引的连续性。水平被动放索装置采用电控刹车系统与手动刹车系统相结合，有效地控制索股出盘速度。

图2　双缠包带应用图

索股架设时，在索盘出盘口前设置了索股高度调整装置，减小索股上锚弯折，防止索股出盘后自由掉落而摩擦断带，能够很好地保证索股架设质量。

（2）索股锚头连接拽拉器。

利用塔吊提升配合人工辅助将锚头牵引至转向支架前端与牵引系统拽拉器（图4）连接。索股锚头与拽拉器之间的连接件设计成360°自由旋转形式（图5），以利于索股端头自由转动，释放索股牵引造成的初始扭转应力，减小索股在架设时的扭转。

图3　被动放索装置

图4　锚头连接拽拉器连接件设计三维图

图5　索股自由转动锚头连接拽拉器应用图

构造包括连接器箱体、转动轴承、顶面反压板、锁定销轴及固定件等，在连接处槽口安装有轴承，便于自由旋转，同时可以防止主缆表面与连接件箱体磨损。

(3)索股上锚。

启动25t主牵引卷扬机,通过牵引索的牵引,经过锚面门架牵引过锚碇锚体。

图6　索股锚头牵引至南锚碇支墩

(4)索股锚头牵引至锚碇支墩(图6)。

在拽拉器牵引下,索股依次通过散索鞍支墩、锚面、散索鞍,进入边跨。

(5)索股锚头牵引过边塔顶。

索股在索股托滚支承下,牵引至边塔顶。在靠近边塔顶索鞍两侧,加密滚轮的布置,并且使滚轮布设成平滑竖向曲线形式。过塔时,索股曲率变化大,适当降低索股的牵引速度。

在曲线半径较小位置将索股支撑结构改为弹性支撑架设计(图7)。弹性支撑架的构造主要包括支架型钢、弹簧、销轴、尼龙托滚、弹簧固定支撑钢板、活动支撑钢板和限位型钢。其形式为型钢支架+支撑弹簧,弹性支撑架利用常规弹簧作为压力平衡构件,架体的规格为1.1m×0.7m×1.2m。

为了便于制造和避免失稳现象出现,合理设置了弹簧的长径比,同时经中交二公局两次施工试验确定,最终确定弹簧直径1cm、长15cm。以后悬索桥索股牵引时可根据受力需要调换不同型号。

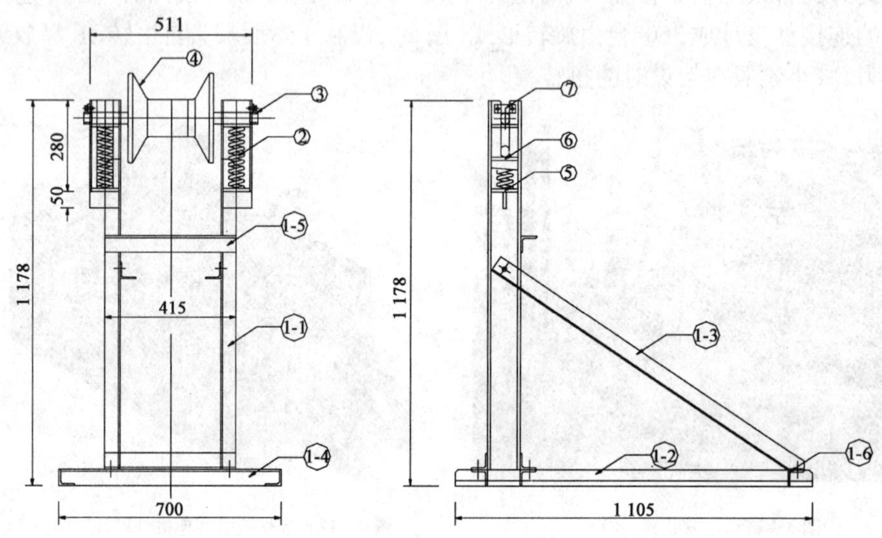

图7　弹性支撑架设计图(尺寸单位:mm)

弹性支撑架使托滚可以适应索股牵引时的线形高度变化,有效防止索股因塔顶曲率变化过大而发生断带现象,利于索股平顺地通过塔顶。同时可以调节托滚支点压力,减小托滚因不平衡力而增大磨损。中塔顶、另一边塔顶两侧同样设置弹性支撑架(图8)。

图8　弹性支撑架应用图

(6)索股锚头依次牵引过中塔顶、另一边塔顶、另一锚碇至锚跨。

锚头进入塔顶门架前降低牵引速度,索股在中塔索鞍两侧同样设置索股托滚支承,牵引进入另一主跨。牵引索股至另一锚碇工作平台上方,当索股前锚头接近前锚室时,将锚头用塔吊提升配合人工辅助从索盘脱出,继续牵引。

中索鞍鞍槽隔墙厚度在出口处逐渐由厚变薄,形成最外侧鞍槽槽宽变大,因此,在最外侧鞍槽内填充楔形锌块,以保证索股在鞍槽内的形状。

锚头自由端在牵引完成后,如出现扭转现象,采用六边形整形钳对其逐根进行纠正的方法,保证索股的各根高强钢丝在所有索鞍位置处线形一致。

2)横移

牵引完成的索股放在猫道托滚上,利用锚碇门架和塔顶门架上的10t卷扬机配合滑车组进行索股的上提、横移作业(图9)。

图9 索股横移施工图

3)整形

整根索股提离猫道托滚,此时主、散索鞍前后两握索器之间的索股呈无应力状态,在此状态下进行整形(图10、图11)。待整形作业结束后方可入鞍。

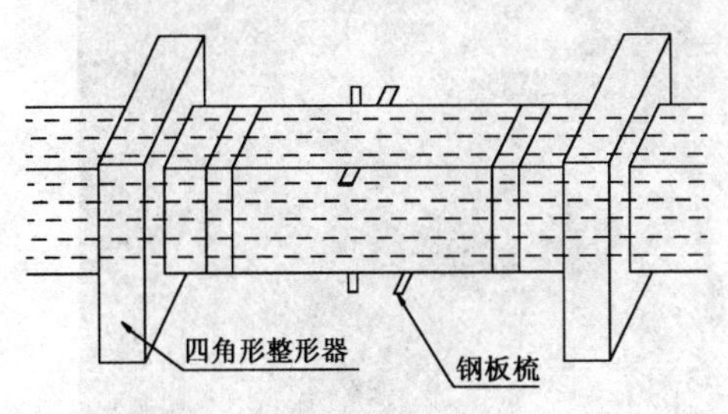

图10 索股整形示意图一

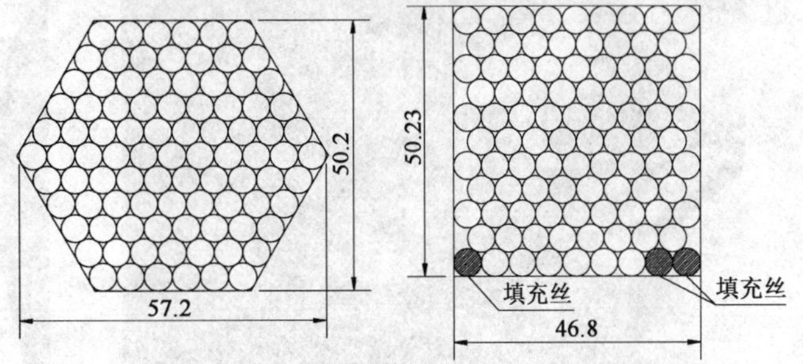

图11 索股整形示意图二(尺寸单位:mm)

整形形状:入鞍前必须将该部分索股断面整理为46.8mm×50.23mm矩形,再放入鞍座内设定位置。

整形方向:在主索鞍处从边跨向主跨方向、在散索鞍处由锚跨向边跨方向进行整形。

整形顺序:首先确定标准丝和标志丝位置,如有扭转应及时校正。整形时,在距离索鞍前后约3m的地方,分别安装上六边形夹具,解除两夹具间索股缠包带,用钢片梳进行索股断面整理,断面由六边形变成四边形,再用专用四边形夹具夹紧。整形过程中人工用木锤敲打索股,确保整形后每根钢丝处于自然状态,并每隔1m左右缠上双缠包带防止变形。

图12 索股整形施工图

根据施工实践表明,此整形(图12)工序对于后序的索股调整与锚跨张力调整非常有利,能够大大提高工效,更能够保证全桥荷载在索鞍处应力的均匀分布。

4)索股入鞍

入鞍前将鞍槽内清理干净,鞍槽清理后,将整形好的索股连同填充丝一同放入鞍槽内并嵌入楔形木块进行临时固定(图13),防止索股在索鞍槽内滑动。索股入鞍时,适当抬高主跨、边跨跨中索股垂度,便于调整索股线形。

图13　索股入鞍及填充丝设置施工图

5)索股入锚

使用10t卷扬机和塔吊下放锚头至对应位置,反拉索股锚头,将索股两端锚头与该索股相应位置的锚固系统通过拉杆相连(图14)。

图14　索股入锚施工图

6　材料与设备

悬索桥索股架设工法采用的配套设备如表1所示。

悬索桥索股架设施工机具设备表　　表1

序　号	设备名称	型　号	数　量	备　注
1	牵引卷扬机	JKB25	2台	双线往复式牵引系统
2	猫道门架导轮组		120套	双线往复式牵引系统
3	锚碇门架导轮组		4套	双线往复式牵引系统
4	塔顶门架导轮组		6套	双线往复式牵引系统
5	索股托滚		668套	架设索股
6	水平长滚筒		6套	放索系统出索股处
7	拽拉器		2套	双线往复式牵引系统

续上表

序 号	设备名称	型 号	数 量	备 注
8	φ36 牵引钢丝绳		3×3500m	双线往复式牵引系统
9	放索机构		1 套	双线往复式牵引系统
10	导轮		6 套	双线往复式牵引系统
11	水平转向装置		1 套	双线往复式牵引系统
12	普通卷扬机	JM10	16 台	辅助牵引、索股横移等/门架顶
13	手拉葫芦	10t/5t	16 个	索股横移入鞍入锚、预紧缆用
14	手拉葫芦	5t	16 个	索股横移入鞍入锚、紧缆辅助用
15	滑车组	50t	16 个	索股横移入鞍
16	滑车	10t	4 个	索股入锚
17	塔吊	QTZ315/JL150	6/2 台	辅助施工
18	施工电梯	SCD200/200VA	3 台	通用
19	放索装置		1 套	主缆索股放索
20	龙门吊	80t	1 台	索盘吊装/存、放索区
21	握索器		8 个	索股提升
22	六角形整形器		30 个	索股整形
23	四边形整形器		30 个	索股整形
24	千斤顶	150t	4 台	索股入锚
25	全站仪		3 套	测量
26	自动安平水准仪		1 套	测量
27	电子水准仪		1 套	测量
28	卡尺		4 把	相对垂度
29	接触式温度计		9 个	测索股温度
30	10t 牵引卷扬机		4 台	牵引用
31	大木锤		8 把	整形用，自制
32	专用卡尺		4 把	测量主缆直径
33	驳船	1 000t	1 艘	水中材料设备运输
34	交通船	30 人	1 艘	运送作业人员
35	吊车	50t	2 台	材料设备转运
36	平板车	10t	4 台	材料设备转运

7 质量控制

(1)主缆索股架设质量标准及质量控制依据《公路桥涵施工技术规范》(JTG F50—2011)。

(2)主缆索股架设质量检验依据《公路工程质量检验评定标准》(JTG F80/1—2004)。

(3)所有操作人员必须经过培训合格后上岗，定机、定人、定岗，并进行安全及技术交底。

(4)索股牵引过程对其施加反拉力。开始几根索股牵引时，对前锚头、猫道滚筒、鞍座、滚筒、塔顶及散索鞍门架导轮组、放索机构等进行重点观测及调试，系统调试完善后，适当提高牵引速度，索股牵引速度一般控制在 15~25m/min(边跨 15~20m/min，主跨 20~25m/min)。

(5)钢绳连接接头和拽拉器连接处严格检查,牵拉过程中随时观察接头状况,及时发现隐患。

(6)牵引过程中,派专人跟踪拽拉器,观察牵引索的运行状况,三个塔顶专人职守,及时处理可能出现的意外情况。

(7)索股两端的锚头引入锚固系统前,须将索股理顺,对鼓丝段进行疏理,不得将其留在锚跨内。

(8)为防止上层索股挤压下层索股,索股入鞍时,中跨跨中预抬高200~300mm,边跨跨中预抬高100~200mm。

(9)一般索股上、下游索股架设数量不超过3根,架设时注意观测塔顶扭转和位移。

8 安全措施

(1)建立健全安全组织机构,全面负责整个架设过程中的安全组织管理,在每一个工作小组内设置一名兼职安全员,负责本小组安全监督与管理,每个工作面设一专职安全员,负责整个工作面安全管理。设安全领导小组对全桥安全统筹管理。

(2)做好上岗前职工安全施工培训工作;特殊工种必须持安全考核证上岗,严禁无证操作及违章作业,违者重罚;进入施工现场的全体员工坚决做到"三不伤害",施工人员上班时必须配带足够的安全防护用品。

(3)整个主缆架设工作,大部分属于超高空作业,在施工过程中尤其注意高空作业的安全保护工作与应急措施。

(4)建立定期安全检查制度,尤其对特殊作业环境进行全面检查,及时发现安全隐患。

(5)根据施工操作内容,配置相应的安全防护设置。

(6)主缆架设工作机械设备较多,为了保证机械设备安全使用,所有操作人员都必须经过培训合格后上岗,定机、定人并进行安全及技术交底。

9 环保措施

(1)项目经理部建立相应机构及规章制度,专人专项随时检查和定期组织大检查,环境保护和文明施工工作与项目经理部及各作业队效益挂钩,奖优罚劣。

(2)加强教育宣传工作,提高一线员工的文明施工和环保意识。

(3)油库、机械设备维修站及生产区,必须加强管理,废水、废油、生活区垃圾、废弃材料等不可随意丢弃,要运送到业主指定地点排放。

(4)施工技术方案及施工工艺涉及环保工作,获得监理工程师批准认可后,才可施工。

(5)当连续干旱时,对施工便道、生产区、生活区、地面洒水养护、防止扬尘污染环境。

10 资源节约

(1)防止索股鼓丝用的缠包带节约了近30%。

(2)索股牵引过程用托滚,由于局部采用了弹性支撑,降低了托滚的磨损程度,能够周转重复使用。

(3)完善的索股入鞍前整形技术,使得后序索股线形调整、锚跨张力调整时间大大节约,所用设备使用率明显降低,对整个工作面的污染减少。

(4)减少了索股四周镀锌层损伤、污染现象,降低二次防腐涂装的材料用量及工日数量。

11 效益分析

11.1 直接经济效益

采用本工法,解决了国内外同类工程索股架设存在的弊端,节省人工、材料和机械设备租赁费近100万元,见表2。

经济效益金额统计列表 表2

序 号	阶段工作节省项目	金额(万元)	时间(年)	备 注
1	索股牵引架设现场实施	15	2012	
2	施工占用设备、材料	49.6	2012	
3	施工组织优化和新材料、新设备优化	23.6	2011~2012	
4	对比节省检验试验费	4.8	2011~2012	
5	节省人工费	7	2012	
合 计		100		

通过对马鞍山大桥及其他悬索桥主缆鼓丝对安全系数的影响进行分析,采用本施工工法,可提高安全系数约为2.2%。对下一步主缆设计具有指导意义,用于设计并施工后,可节约主缆制作成本约440万元。

11.2 工期效益

马鞍山长江公路大桥架设主缆154根,一般索股架设使用60个有效工作日,除去基准索为15d外,一般索股平均每天架设3根,比原计划80d完成一般索股架设节约20d。

11.3 社会效益(推广和应用效益)

通过马鞍山大桥主缆索股架设工艺的研究,从特殊工作装置的设计、关键技术的改进、常规工艺的完善等方面全面总结,为以后类似工程的施工提供参考数据和方法;为马鞍山长江公路上部结构、乃至整个大桥的顺利建设实施打下坚实的基础,同时也进一步增强了我局在特大型桥梁施工的技术水平。

12 应用实例

12.1 工程实例一

该工法在马鞍山长江公路大桥MQ-15标(中交第二公路工程局)左汊悬索桥上游主缆架设施工中得以成功应用。

马鞍山大桥左汊主航道桥为三塔两跨悬索桥,结构成对称布置,悬索桥上部桥跨布置为(360+2×1 080+360)m,索股长3 045.53m。由于主缆索股长、架设工况复杂,需三次跨越塔顶,致使索股易产生断带、鼓丝、扭转和呼啦圈等不良现象,对牵引设备和放索系统提出了更高的要求。

本工法的应用,在有效解决超长索股架设难题的同时,施工速度有所提高,施工质量亦有保证,较大地节约了施工成本,具有广泛的应用前景。

12.2 工程实例二

该工法在马鞍山长江公路大桥MQ-16标(中交第二航务工程局)左汊悬索桥下游主缆架设施工中得以成功应用。

马鞍山大桥左汊主航道桥为三塔两跨悬索桥,桥跨布置为(360+2×1 080+360)m,结构对称布置。主缆索股长3 045.53m,由于主缆索股长、架设工况复杂,致使索股易产生断带、鼓丝、扭转和呼啦圈等不良现象,对牵引设备和放索系统提出了更高的要求。为此,架设施工中,对以往索股架设施工工艺进行了多项改进(图15)。

马鞍山大桥在进行索股架设(图16)时,提出了索股两端各150m范围内缠包带双缠、锚头与拽拉器采用360°全回转可调装置连接、弹性托滚支撑架调节索股压力、水平被动放索等改进措施,有效地解决了索股假设中存在的断带、鼓丝、扭转和呼啦圈等不良现象,而且能最大限度地加快施工进度。

本套工法具有节省工程施工成本、节约工期、安装控制质量易保证、施工安全性好、现代化程度高、环境污染少等显著特点，其应用前景十分广阔，经济效益和社会效益非常好。经多次专家会研讨确认，此成套工法可应用于各种类型、各种跨度悬索桥的主缆索股架设，值得进一步推广应用。

图15 马鞍山大桥索股牵引过程施工图

图16 马鞍山大桥主缆索股架设完成图

桥梁高墩柱吊具辅助钢筋对接施工工法

GGG(京)C3088—2013

叶锦华　田云涛　高　峰　叶春琳　张勇宏

(北京市公路桥梁建设集团有限公司)

1　前言

福建宁武高速A6合同段八浦大桥地处山区,跨越沟谷及河道,墩柱高度为48～55m。该地区施工便道崎岖难行,现场作业场地狭小,大型设备无法进出。针对项目所处的环境,决定采用塔吊翻模施工工艺,但塔吊翻模属于节段浇筑的一种施工方法,施工速度慢,无法满足总体工期的需要。因此,如何改善工艺,提高施工效率成为本项目的难点和关键点。众所周知,影响翻模施工速度最核心的因素有两个:一是每一节段钢筋的安装;二是每一节段混凝土养生所需周期,且养生时间是必须保证的。因此,要想提高施工效率,就必须加快墩柱钢筋的安装。为此,2011年5月北京市公路桥梁建设集团有限公司成立课题小组进行科研攻关,成功探索出适于高墩柱的快速施工技术,形成了一套"桥梁高墩柱吊具辅助钢筋对接施工工法",显著提高了施工速度,取得显著的经济和社会效益。

2011年12月该工法被评为北京公路桥梁建设集团有限公司企业工法;同年,课题组研制的"一种钢筋绑扎就位吊具",用于公路桥梁建设中的桥梁高墩钢筋绑扎就位施工,已获得国家知识产权局实用新型专利权(专利号:201220094015.5)。2012年12月本工法关键技术通过北京市交通委组织的科技成果鉴定会,达到国际先进水平。

2　工法特点

(1)"一种钢筋绑扎就位吊具"由钢筋焊接而成,设置多个吊钩,吊钩间距与墩柱主筋间距相同,实现了一次性完成多根主筋的对接,显著提高了施工效率。

(2)缆绳穿过上部两个吊环,利用塔吊提吊,当达到墩柱顶部上方合适位置时,操作人员可在钢筋接头位置完成钢筋的对接,无需其他辅助定位装置,也极大降低了高空作业的危险。

(3)利用塔吊配合主筋对接,减少了工序步骤。

3　适用范围

本工法适用于公路、铁路高墩柱或高塔柱的钢筋绑扎施工;特别适用于山区桥梁建设,以及对于工期要求较紧,施工场地狭小的特殊环境。

4　工艺原理

"钢筋绑扎就位吊具"运用于桥梁高墩柱纵向钢筋对接中,充分利用塔吊的提升和定位作用,进行桥梁高墩柱钢筋绑扎。该钢筋绑扎就位吊具包括主体和多个吊钩,吊钩沿主体水平方向间隔排列,实现了一次性完成多根主筋的空中对接任务,显著提高了施工效率,降低了高空作业风险,见图1、图2。

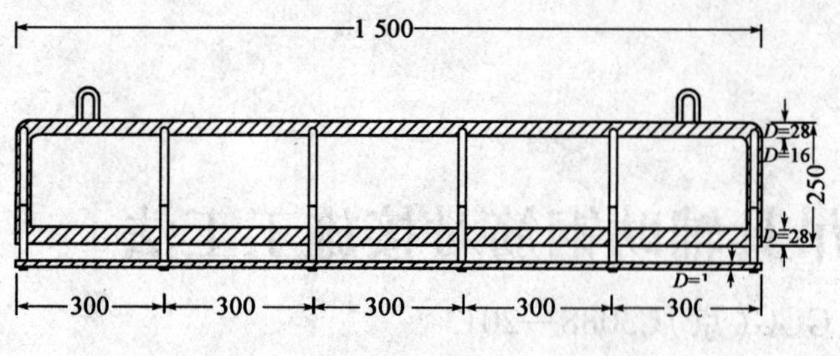

图1 钢筋绑扎就位吊具(尺寸单位:mm)

图2 吊钩示意图

5 施工工艺流程及操作要点

5.1 施工工艺流程(图3)

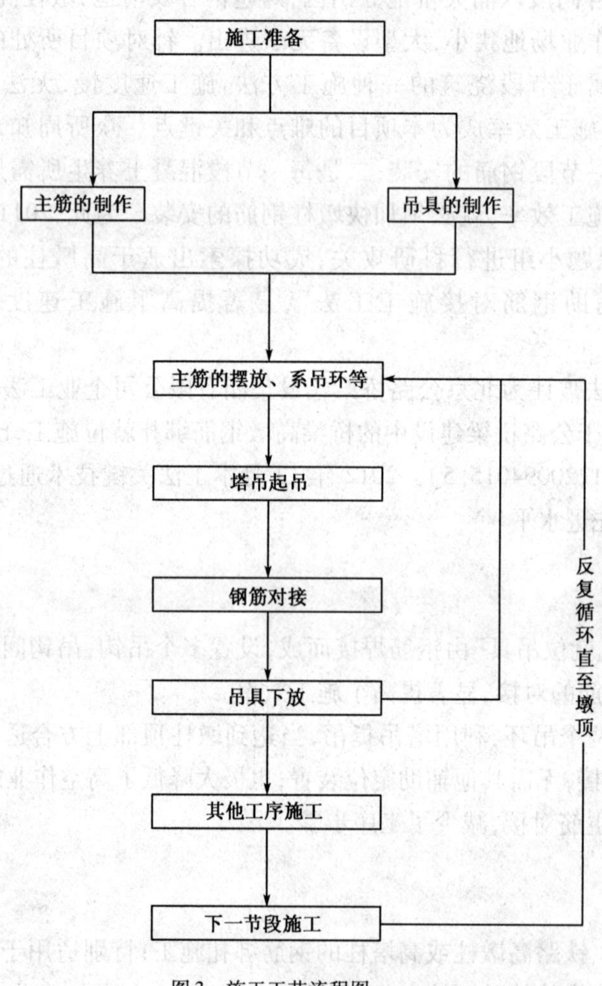

图3 施工工艺流程图

5.2 操作要点

1)施工准备

在高墩柱施工前,应根据现场实际情况选定一种高墩柱的施工工艺,根据结构设计图纸、施工场地和工期等情况对人员、机械和材料等方面进行统筹安排。钢筋对接就位吊具只是高墩柱施工中的一个部分,若要实现各工序的协调作业,还需要做好其他各项工序的准备工作,如临时结构的设计与制作、模板的设计与制作、塔吊的安装、混凝土材料的供应等。

2）主筋的制作

桥梁高墩柱主筋直径较大，采用直螺纹套筒连接。钢筋下料时，切口端面应与钢筋轴线垂直，不得有马蹄形或挠曲，端部不直应调直后下料，不得用热加工方法切断钢筋。丝头加工时，应采用水溶性切削润滑液；当气温低于0℃时，应掺入15%～20%亚硝酸钠，不得用机油作润滑液或不加润滑液套丝，钢筋丝头的螺纹应与连接套筒的螺纹相匹配；在滚扎过程中，每加工10个丝头要检查一次丝头尺寸及丝扣情况，发现偏差必须及时调整滚丝机。钢筋的剥肋过程只允许进行一次，不允许对已加工的丝头进行二次剥肋，不合格的丝头必须切掉重新加工；加工完成后的丝头应按规格分类堆放整齐。

3）吊具制作

钢筋绑扎就位吊具包括主体、吊钩、被起吊部和加强筋4部分。

(1)主体为矩形，由直径为28mm的钢筋加工而成，水平方向的尺寸为1 500mm，竖向的尺寸为250mm。

(2)吊钩由直径为16mm的钢筋制成，用于吊起要绑扎的主筋。吊钩的形状呈从上向下沿至主体下方，然后弯折向上，弯折半径为40mm，吊钩焊接于主体上，沿吊具主体水平方向每隔300mm焊接一个吊钩。

(3)在吊具主体的上部两端分别焊接被起吊部，被起吊部由直径为12mm的钢筋制成，呈开口向下的U形，U形口两端通过焊接的方式与主体连接，与主体形成封闭环状，可供吊绳穿过，用作吊车或塔吊起吊用。

(4)用于吊具的加强筋为一水平钢筋，采用直径为12mm的钢筋制成，焊接于吊钩弯折处，用于提高整体的刚度。

吊具的制作尺寸可根据工程实际情况进行调整，如根据主筋间距适当调整吊钩的间距。

4）主筋的摆放、系吊环等

在平地上间隔一定距离放置两根方木，该距离可根据主筋节段长度而定，然后，根据桥梁高墩柱主筋的间距或吊钩的间距在方木上摆放主筋，将主筋钢筋一端套保护帽，另一端拧上套筒，在套筒端系带铁环的绳套。

5）塔吊起吊

将铁环挂在事先焊接好的钢筋框架吊钩上，准备就绪后就可以起吊了，吊装过程应缓慢、平稳，避免在空中产生较大晃动，利用塔吊将主筋调至高墩柱上方。

6）钢筋对接

连接钢筋时，钢筋规格和连接套筒的规格应一致，并确保钢筋和连接套筒的丝扣干净、完好无损。采用预埋接头时，连接套筒的位置、规格和数量应符合设计要求。带连接套筒的钢筋应固定牢，连接套筒的外露端应有密封盖。钢筋丝头保护帽应在钢筋连接前拧入套筒时逐一取下，不应集中取下多个保护帽。必须用力矩扳手拧紧接头，力矩扳手的精度为±5%，要求每半年用扭力仪检定一次。连接钢筋时，应对正轴线将钢筋拧入连接套筒内，然后用力矩扳手拧紧，接头拧紧值应满足下表规定的力矩值。

7）吊具下放

当主筋与下端钢筋全部安装完毕后，将绳套与钢筋脱钩，完成一组箱墩主筋的对接，可进行下一组主筋对接，下一组钢筋对接过程又从第4步开始，如此循环，直到该节段的主筋对接完毕。

8）其他工序施工

完成一节段的主筋对接后，可进行下一工序的施工。除钢筋对接外，高墩柱每一节段施工还包括承台顶面处理，模板的制作与安装；混凝土浇筑与养生；顶面混凝土凿毛；以及模板的拆除等工序，反复循环向上施工，直至到达墩柱顶部，完成高墩柱施工。

6 材料与设备

6.1 主要材料(表1)

主要材料表

表1

序号	材料名称	规格	用途	序号	材料名称	规格	用途
1	钢模板	6mm	内外模板	5	钢筋就位吊具	钢筋焊接	钢筋对接
2	竖肋	[10	模板支撑	6	PVC管	$\phi32$	套管
3	大横肋	双[16	模板支撑	7	垫块	—	钢筋保护层
4	对拉螺栓	$\phi28$	固定模板				

6.2 主要机具设备(表2)

主要机具设备表

表2

序号	设备名称	设备型号	用途	序号	设备名称	设备型号	用途
1	塔式起重机	TC5610	吊装作业	8	钢筋切断机	GQ40	钢筋切断
2	混凝土搅拌机组	$2m^3/3m^3$	混凝土拌制	9	钢筋调直机	G16-12	钢筋调直
3	运输罐车	$7\sim9m^3$	混凝土运输	10	手动葫芦	5T、3T	模板拆卸
4	钢筋镦粗机	GDCJ40	钢筋墩粗	11	振捣器、振捣棒	50号	混凝土振捣
5	剥肋滚压直螺纹机	SG-40NG	钢筋滚丝	12	全站仪	拓普康332	定位、高程测量
6	电焊机	BX1-500	钢筋焊接	13	激光铅直仪	JGCHZH-1A	垂直度测量
7	钢筋弯曲机	GW40	钢筋弯曲				

7 质量控制

7.1 应执行的标准规范

(1)《公路桥涵施工技术规范》(JTG/T F50—2011)。

(2)《公路工程质量检验评定标准》(JTG F80—2004)。

(3)《钢结构工程施工质量验收规范》(GB 50205—2011)。

(4)《组合钢模板技术规范》(GB 50214—2001)。

7.2 质量控制指标

1)钢筋安装允许偏差及实测项目(表3)

钢筋安装实测项目

表3

项次	检查项目		规定值或允许偏差	检查方法和频率
1	受力钢筋间距(mm)	两排及以上排距	±5	尺量:每构件检查2个断面
		同排墩柱	±20	
2	箍筋、横向水平筋、螺旋筋间距(mm)		±10	尺量:每构件检查5~10个间距
3	钢筋骨架尺寸	长	±10	尺量:按骨架总数30%抽查
		宽、高或直径	±5	
4	弯起钢筋位置(mm)		±20	尺量:每骨架抽30%
5	保护层厚度	墩柱	±5	尺量:每构件沿模板周边检查8处

2)墩柱施工允许偏差及实测项目(表4)

柱或双壁墩身实测项目 表4

项 次	检 查 项 目	规定值或允许偏差	检 验 方 法
1	混凝土抗压强度(MPa)	在合格标准内	按规定检查
2	断面尺寸(mm)	±20	尺量:检查3个断面
3	竖直度或斜度(mm)	0.3H%且不大于20	吊垂线或经纬仪:测量2点
4	顶面高程(mm)	±10	水准仪:测量3处
5	轴线偏位(mm)	10	全站仪或经纬仪:纵、横各测量2点
6	节段间错台(mm)	5	尺量:每节检查4处
7	大面积平整度(mm)	5	2m直尺:检查竖直、水平两个方向,每20m^{2}测1处
8	预埋件位置(mm)	符合设计规定,设计未规定时:10	尺量:每件

7.3 质量控制措施

1)钢筋加工与安装质量控制

根据设计图纸,对钢筋进行下料,墩身主筋采用等强镦粗直螺纹套筒连接。为保证镦粗钢筋的质量,每加工一根镦粗直螺纹钢筋,进行一次检测。钢筋下料时切口端面应与钢筋轴线垂直,不得有马蹄形或挠曲。镦粗头不得有与钢筋轴线相垂直的横向表面裂纹,不合格的镦粗头应切去后重新镦粗,不得对镦粗头进行二次镦粗。已车好丝的螺纹钢筋要用塑料套头保护丝扣。钢筋的绑扎严格按图纸中的位置、间距以及规范中规定的允许误差进行。

2)吊具加工质量控制

吊具采用钢筋现场焊接而成,吊钩焊接于主体吊具上,控制好角度,位置应与墩柱主筋间距相同。

8 安全措施

(1)对从事高空作业人员要进行定期体格体查,凡患有心脏病、高血压和恐高症等疾病者,禁止上岗;患有感冒、发烧等易引起头晕的疾病,在康复前,禁止带病上岗。严禁酒后上岗和疲劳作业。

(2)各上岗人员必须进行岗前安全常识培训和安全操作技能培训,重点进行高空安全常识、吊装技能和吊装安全的培训。

(3)每个墩柱作业要设置封闭作业区,作业场地布置醒目的安全警示牌和安全标语;每日在岗前对各操作人员进行集中安全教育,派专人对作业区的人员进行安全监督。

(4)制定严格的安全工作奖惩制度,并在作业区树立条例标牌。

(5)工地专职安全员每日对墩身模板的内外工作平台、支架和塔吊的爬梯进行检查,重点检查各焊接点的牢固情况,和安全防护网的完整性。

(6)吊装作业时,要有专人指挥,驾驶员要持证上岗,要制订统一的指挥方式。

(7)现场要有设备安全使用操作规程,大型起吊设备要经当地技术监督局标定检测;设备使用前要有安装、调试及各项技术性能指标进行验收并有验收记录。

(8)定期对塔吊和吊装辅助工具进行检查、维护。重点检查的项目有塔吊的附着臂牢固程度、自动报警装置、刹车装置、起吊钢丝绳、吊装辅助钢绳、卸扣、钢绳卡、吊篮等。严禁用塔吊挂吊篮运送人员上下高墩。

(9)高空作业人员必须将安全帽、安全带、防滑鞋等防护用品佩带齐全。安全网、安全带、安全帽等劳保用品必须按国家标准采用合格产品,同时应经常检查,确保其使用安全。作业人员所用的扳手、锤头、等工具必须挂在工具栏内,防止坠落伤人。

(10)遇六级或六级以上的大风等恶劣天气时,应停止露天高空作业,在霜冻或雨雪天气进行露天高空作业时,应采取防滑措施。

9 环境措施

(1)材料按规定场地码放整齐、稳固,并设有明显标志。现场存放油料必须进行防漏处理。

(2)施工期间,成立保洁队,对主要临时路及场地,经常清扫洒水,防止扬尘,并经常进行维修养护。

(3)清理施工垃圾,必须搭设专用垃圾池或者采用容器吊运,高处的垃圾和废料要用专门容器收集后,严禁随意抛撒。建设工程施工现场应当设置密闭式垃圾站用于存放施工垃圾。施工垃圾应当按照规定及时清运消纳。

10 效益分析

10.1 经济效益

在山区高墩塔吊翻模施工技术中,通过塔吊的合理配置及研发一种钢筋绑扎就位吊具,改进高墩主筋钢筋绑扎就位施工工序,在施工中易形成流水作业,减少窝工,加快了施工速度。在宁武高速公路A6合同段八浦大桥工程中,经测算可节省工期90d,按照每个高墩15个工/d,当地平均人工费用150元/工日来计算,则节省人工费用 $=90\times15\times150\times4=810\,000$ 元;塔吊、排架等机械材料租赁费为70 000元/月,则节省机械、材料租赁费用 $=70\,000\times3=210\,000$ 元,共计节省 $810\,000+210\,000=1\,020\,000$ 元。

10.2 社会效益

本工法施工工艺简单,钢筋绑扎就位吊具制作方便,可利用现场剩余的钢筋进行制作。施工过程中,通过塔吊的合理配置,安排好工序中各施工步骤的衔接,杜绝了窝工、返工和浪费,极大提高了施工效率。同时利用塔吊的定位作用,减少了施工平台的搭设,降低了高空作业的危险性。成型后的墩柱线形良好,外观光洁平整,无蜂窝麻面,颜色均匀,尺寸偏差满足规范要求,达到了优质低耗,从而获得了良好社会效益。

11 资源节约

采用钢筋绑扎就位吊具可实现高空墩柱钢筋一次性多根对接,不但加快了施工进度,且极大减少了塔吊反复吊装作业次数,缩短了作业人员在高空平台的等待时间,节约了燃油动力资源和人力物力资源;利用塔吊的定位作用,不用在作业平台上再搭设施工平台,也减少了材料的投入。因此,该工法符合绿色施工、节能环保的要求。

12 应用实例

12.1 工程实例一

宁德至武夷山高速公路宁德段A6合同段八浦大桥是一座左右幅分离式桥梁,每幅桥面净宽11.25m,桥跨布置为1×20m现浇箱梁+4×35m预应力T梁,桥长166m。下部结构为柱式墩、薄壁空心墩、人工挖孔桩基础。桥位区属于低山山间沟谷地貌,地形起伏大,地势陡峭,山谷呈"V"字形,局部地段近于直立,中部为一山间沟谷,现为八浦水库;沟谷河床中及两岸陡壁均为基岩;2号和3号均为薄壁空心墩,高度在50m左右,其中最高墩柱为55m。墩身为6m×2.8m的矩形空心薄壁截面,壁厚为60cm。墩柱底部和顶部分别是3m和2m实心段,空心部分为4.8m×1.6m,在边角处设40cm倒角,实心与空心之间设1.5m高过渡段。

本工程2号和3号薄壁空心墩运用翻模施工技术,配备一台塔吊利用塔吊和钢筋绑扎吊具实现了主筋接长、翻升模板、浇筑混凝土等工序。空心高墩柱自2010年10月开始施工至2011年1月封顶历时三个月完成。

12.2 工程实例二

吕梁环城高速公路路基第十一合同段包含4条匝道桥,其中A匝道24跨;B匝道桥12跨;C匝道桥22跨;D匝道桥17跨,施工工期为2011年9月至2012年8月。4条匝道桥包含桥墩共有93个,墩身的平面尺寸共有四种,即:长×宽=2.5m×2.0m、2.5m×1.8m、5.0m×2.0m、5.0m×1.8m。柱式墩3个,直径1.6m,高30m以上墩身为41座,最高墩身高度为39.431m,考虑工期紧、高墩多,本合同段高墩超过30m计划采用翻模施工工艺,并应用钢筋对接吊具进行钢筋对接。通过在高墩柱中采用桥梁高墩柱吊具辅助钢筋对接施工工法进行施工,显著加快了施工效率。

新型桥梁三角钢塔架空中拼接施工工法

GGG(京)C3089—2013

郭冬春　叶锦华　叶春琳　高　峰　姜俊淦

(北京市公路桥梁建设集团有限公司　中城建第二工程局集团有限公司)

1　前言

北京市房山区五渡桥,位于风景秀丽的十渡镇涞宝路西关上村,桥梁跨越拒马河。该桥主桥桥型为三角形钢塔悬吊连续梁桥,桥梁总体跨径纵向布置为46.5m + 80m + 46.5m,中跨钢箱三角钢塔呈倒V形,塔顶设2对悬吊杆,与主桥中跨箱梁间吊杆横梁连接(图1)。

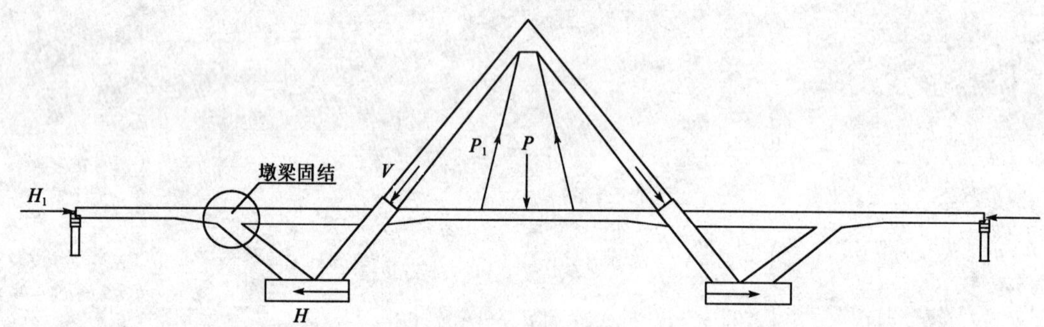

图1　桥梁结构示意图

鉴于该桥的特殊结构形式,由北京市公路桥梁建设集团有限公司、北京市市政工程研究院、北京工业大学、中城建第二工程局集团有限公司等单位联合开展了《三角刚架悬吊连续梁组合桥设计与施工关键技术研究》,该项目于2012年3月6日在建设部科技信息研究所完成了科技查新工作,2013年3月22日在北京市交通委员会完成了科技成果鉴定工作,科技成果总体水平达到国际领先。该科技成果于2012年8月获得了上级单位科技进步一等奖,2013年该科技成果还申报了北京市科委科技进步奖和中国公路学会科技进步奖。

2　工法特点

(1)化整为零,将整体钢塔架依据重量和结构长度特点,通过计算划分为A~F段,共11节(共六类)。其中F段为合龙段,其余5对节段对称于钢塔架轴线。

(2)各节段工厂化加工,现场就位并焊接连接,有效提高了节段加工质量并缩短了整体工程的施工工期。

(3)通过支搭排架,吊车配合空中拼接就位,全站仪精准定位后,焊接连接成一体,有效控制了拼接过程中的不均匀受力和局部应力集中带来的变形问题。

(4)立体拼接有效节约场地资源,分段就位避免投入重型吊装设备。

3　适用范围

(1)本工法适用于同类型或近似类型的公路桥梁中主跨设计为钢塔架结构的拼接安装工程。

(2)适用于山区公路或场地受限条件下的大型钢塔架结构工程施工。

4 工艺原理

通过对桥梁三角钢塔架整体设计结构的分析，建立有限元力学模型。通过受力模拟分析，确定出各节段分段加工几何尺寸，并依据后续吊杆安装要求，确定三角钢塔架架顶为最终合龙位置，钢塔架分段示意图见图2。

采用支搭三角形整体满堂红排架，使各节段在连接成整体前，由排架提供有效支撑，避免三角钢塔架在空中拼接完成前，对钢塔架基座产生局部应力集中现象。

钢塔架在排架上初步定位后，通过砂箱调整各节段的线形位置，然后进行焊接前的临时性固定，待精确测量后进行拼接焊接，整体焊接完毕后拆除排架。

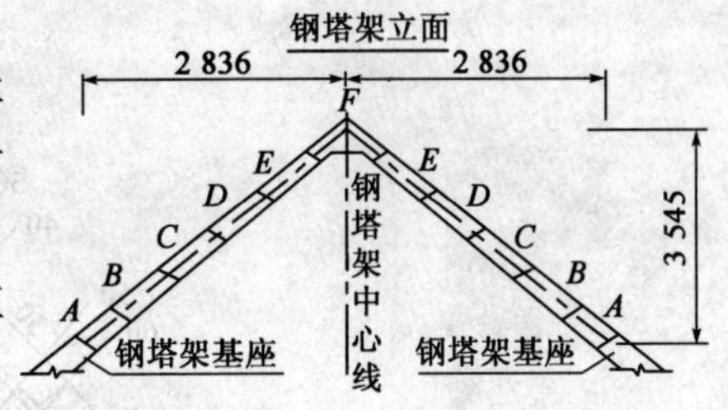

图2 钢塔架分段示意图(单位:mm)

5 施工工艺流程及操作要点

5.1 施工工艺流程

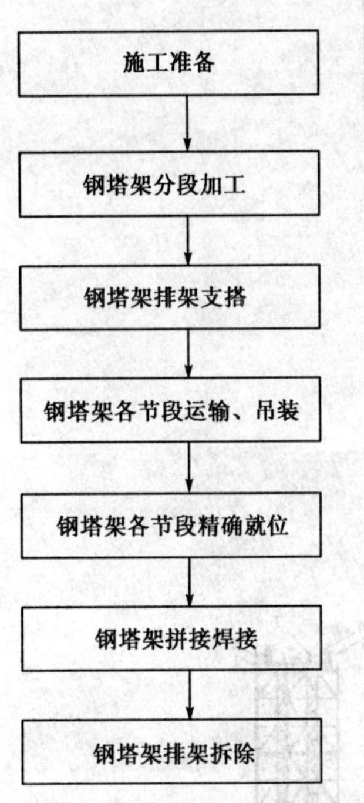

图3 三角钢塔架拼接施工工艺流程图

三角钢塔架拼接施工工艺流程图(图3)。

5.2 操作要点

1)施工准备

(1)依据图纸要求选择有能力、有信誉的钢结构生产厂家，并就钢塔架的各节段预制加工部分，对厂家技术人员进行材料和加工作业技术交底。

(2)编制可行性的施工专项方案，对参与施工的全部技术人员、操作人员、管理人员进行施工过程的全面技术交底。

(3)施工现场准备。包括临时用电、排架地基处理、排架材料进场与验收、施工测量准备等。

(4)施工机械的进场与验收。

(5)编制监控量测方案。

2)钢塔架分段加工

按照图纸要求的节段分段，进行钢塔架各节段加工生产。同时，项目经理部依据制定的定期巡视计划，掌握钢塔架节段加工进度和质量情况。

3)钢塔架排架支搭施工

钢塔架排架支搭质量是钢塔架就位质量的关键环节，它将直接影响到钢塔架线型精度和桥梁建成通车后的钢塔架整体受力与耐久性。

(1)地基处理

将现场钢塔架排架搭设范围回填砂石材料，并分层填筑、分层夯实，确保地基基础能够提供足够的地基承载力。

在填筑的砂石材料上，现场浇注10cm厚C15混凝土并人工进行顶面找平，为排架搭设创造良好的基础面。然后在基础四周开挖排水或截水沟槽，避免基础受到雨水影响。

(2)排架支搭

由于钢塔架高度和重量均较大，因此选用承载能力较强的ADG60系列承重塔架作为主受力架，配合ADG48系列的辅助架组成整体稳定支承结构。

①本工法依托工程的架体搭设最大高度为40m，总宽度为13.4m，其中有效宽度为5.9m。为保证

排架整体的稳定性,整个架体分为三部分进行设计和搭设。第一部分为架体高度 30 ~ 40m 位置,架体宽度为 13.4m,每隔 10 ~ 14m 利用辅助架搭设成三步阶梯,阶梯宽度为 2.5m;第二部分为架体高度 17 ~ 24m位置,架体宽度为 10.9m,每隔 12 ~ 14m 利用辅助架搭设成两步阶梯,阶梯宽度 2.5 米;第三部分为架体高度 9 ~ 14m 位置,架体宽度为 5.9m,不设辅助架(图 4 ~ 图 6)。

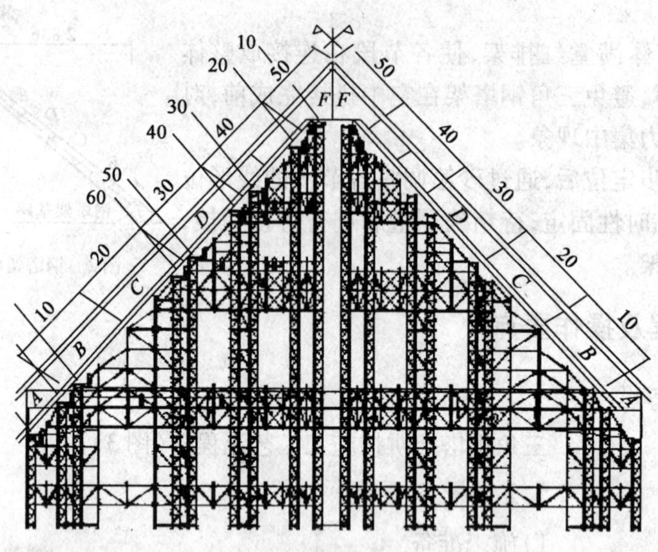

图 4　架体侧立面(尺寸单位:m)

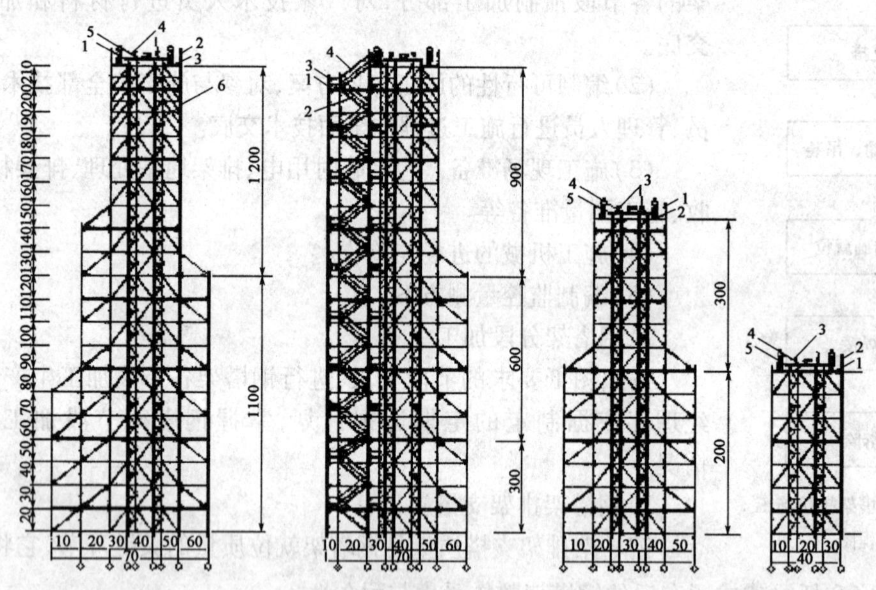

图 5　架体断面(尺寸单位:cm)

②架体顶托上布置两层工字钢,工字钢上铺设 15cm 厚钢板作为支撑平台,将砂箱放置在支撑平台上,通过砂箱将钢塔架的荷载均匀传递到主排架体上(图 7)。

③根据三角钢塔架各节段支撑点位置,架体在搭设时严格定位,控制垂直偏差,确保支撑点的偏移控制在最小的范围。为了保证架体的整体稳定,架体东西纵向采用对称搭设,中部预留一段自由间距,目的是纠正架体搭设和钢塔架安装时出现的偏差,纠偏完成后,采用普通扣件钢管将其连接成整体,以保证其架体的整体性。

④为保证钢塔架各节段焊接时的作业位置,在每节段吊装完毕后在焊接部位四周搭设临时焊接平台,方便作业(图 8)。

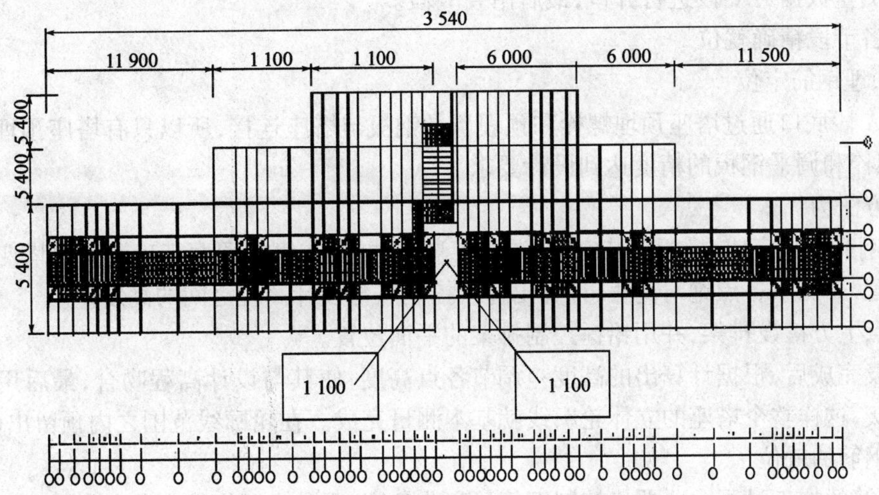

图 6　架体平面(尺寸单位:mm)

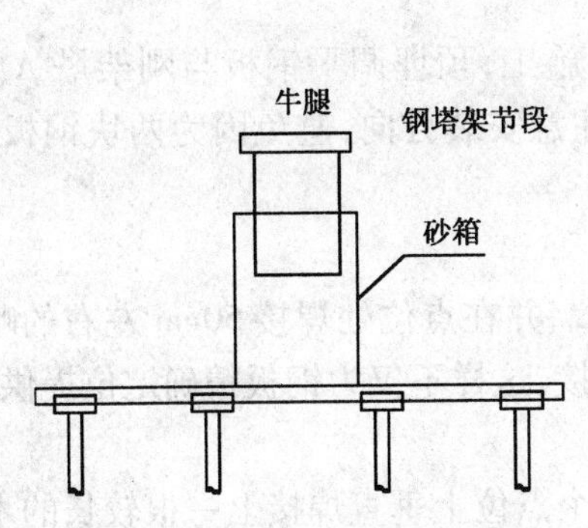

图 7　砂箱部位示意图

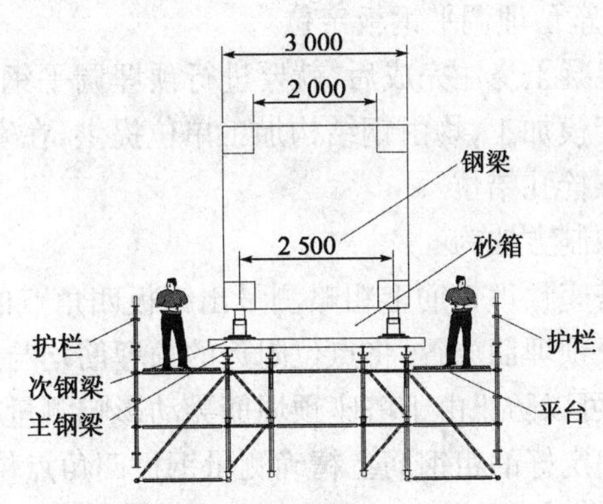

图 8　焊接部位作业平台(尺寸单位:mm)

4)钢塔架各节段运输、吊装

(1)运输线路调查

为保证加工定制的钢塔架节段运输过程的顺利与安全,

运输路线经调查后确定为:钢结构制作厂(燕郊)→白庙收费站→京哈高速→六环路→京石高速→京周路→五渡桥施工现场,运输距离约 157km,运输路程需要时间约 4 ~5h。

(2)运输车辆的选择

依据加工构件的几何尺寸,选择采用半挂车承运钢塔架节段。

(3)运输过程要求

运输时控制车速(控制在 20 ~40km/h)、均匀行驶,严禁拐小弯及死弯。

(4)钢塔架各节段吊装

①吊装设备选择。依据各节段理论重量,本工法选择 100t 液压汽车吊、200t 液压汽车吊、300t 液压汽车吊各一台。

②吊装作业。本工法依托工程中钢塔架节段共 11 节,分三次进行吊装。第一次吊装两个 A 段,第二次吊装 B、C、D、E 段(其中 B、C 段在加工厂内预制成整体便于现场吊装)共六段,第三次吊装 F 段。A 段采用 100t 吊车,B. C 合段、D 段、E 段采用 200t 吊车,F 段采用 300t 吊车。

A 段吊装就位后调整到理论位置,进行混凝土的浇注,浇注过程中实时监控,有问题及时调整。B、C、D、E 段吊装就位调整到理论位置,然后将 E 节段顶部采用工字钢将两个 E 节段水平向支撑住并固定。在吊装 F 节段前,先进行其他节段间的焊接,焊接完成后进行合龙口间距的测量(记录时间和温度),根据现场测量数据对F段进行齐口,最后吊装F段。

5)钢塔架各节段精确就位

(1)塔座预埋钢筋定位

由于钢塔A段底口通过塔座预埋螺栓和预埋调平钢板与塔座连接,所以只有塔座预埋钢筋位置准确,才能保证螺栓和调平钢板的精度达到设计要求。

具体控制方法为:

①在V墩钢筋绑扎完成、模板安装完毕,混凝土浇注之前,在钢筋顶面精确测量出塔座各个主要控制点的平面位置,并测量各点绝对高程,计算出每个控制点与设计高程之间的高度差。

②在控制点上方搭设排架,并用铅锤控制排架的平面位置。

③排架搭设完成后,根据计算出的高度差调节各点高度,使其与设计高程吻合,最后用线绳将各个控制点进行连接,这样整个塔座的立体轮廓线就基本测量完成。在轮廓线范围之内预留出保护层厚度,就可进行预埋钢筋的就位了。

另外,在钢筋的加工过程中要严格控制钢筋的弯曲角度,避免由于钢筋弯曲角度误差过大超出轮廓线范围,影响下一步调平钢板的安装。

(2)塔座预埋调平钢板定位

V墩混凝土浇注完成后,就要进行预埋调平钢板的安装施工,预埋调平钢板与刚架塔A段底口连接钢板为套模加工,均由钢结构加工单位提供,在安装时要注意安装方向,避免因为两块钢板安装方向不同造成螺栓孔错位。

具体控制方法为:

①在塔座预埋钢筋上粗略测量出钢板四角点的平面位置,并在点位处焊接50cm左右的略粗钢筋,钢筋垂直于预埋筋放置,将点位附近的预埋筋均与此钢筋焊接,这样不仅为钢板精确定位提供了一个小平台,而且可以防止由于塔座预埋筋晃动影响测量精度。

②在固定好的粗钢筋上精确测量钢板四角点位置,在每个点位上垂直焊接上一根较长的木钉,并测量木钉顶端坐标,使其上下坐标均与设计坐标吻合。

③木钉位置调整好后,测量出每个木钉的顶端高程,并计算此高程与设计高程的高度差,根据计算出的高度差从木钉顶部向下量取出设计高程位置,并做好标记。

④用线绳将各个控制点进行连接,整个预埋调平钢板的空间位置就基本确定完成。

为防止钢塔架A段底钢板与塔座预埋钢板之间出现缝隙,预埋调平钢板安装时必须保证表面平整。预埋钢板安装完成后,为了避免混凝土浇注时产生变形,需对钢板的内、外侧进行妥善加固,内侧按30cm间距用钢筋支顶,防止钢板向内侧塌陷,外侧按40cm间距用方钢加固,防止混凝土浇注时钢板向外凸起。

(3)吊装过程控制

①钢塔架节段吊装前,沿钢塔架中心线在塔座两侧系梁上分别测量一控制点,两点应由同一基准点测量得出,以确保其水平距离无误。用全站仪在两侧塔座上和后方较远处分别引出两个后视点,必须确保这六个控制点均在一条直线上,这样钢塔架每侧都有三个控制点对其进行控制,可以互相校核(图9)。

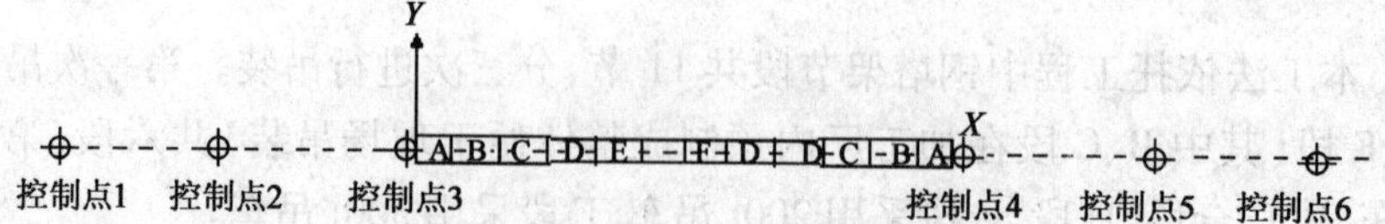

图9 控制点位置示意图

②调整砂箱位置及高程。砂箱顶面高程应高出设计值2~3cm,并确保两侧高度一致,避免钢塔架节段就位后由于砂箱高度不一致向一侧倾斜。

③吊车站位如图10所示,钢塔架节段吊装过程中要随时控制钢塔架方向,使架体中线与控制点连线吻合,吊装完成后临时进行加固固定。

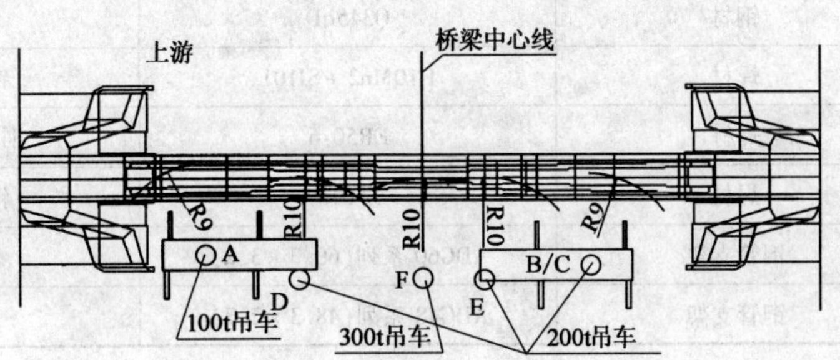

图10 吊装平面示意

④方向调整完成后,测量各节段接口处高程和平面位置,通过调整砂箱高度,使钢塔架的水平角度与设计值吻合,调整砂箱高度时要注意两侧同时进行,并随时测量接口两端高程,保证接口处水平。

⑤钢塔架精确就位后,要对接口处进行焊接,焊接时要尽量保证对称焊接,并随时监控钢塔架的位移变化情况,如果发生变化,要及时调整焊接顺序。

6)钢塔架拼接焊接

(1)焊接工艺

①定位焊缝长50~80㎜,间距300~400mm,定位焊缝的焊脚尺寸不得大于设计焊脚尺寸的一半,且应距设计焊缝端部30mm以上;定位焊焊缝不得有裂纹、夹渣、气孔、焊瘤等缺陷,如有应在正式焊接前彻底清除,定位焊缝开裂应查明原因,重新点焊。

②埋弧自动焊焊接前必须加设150mm×150mm的引弧板、熄弧板,焊接时必须在距焊件端部80mm以外的引弧板、熄弧板上进行起弧、熄弧。焊接后,引弧板、熄弧板或产品试板的去除须采用氧乙炔焰切割,以保证焊缝端部质量,并磨平切口,不得损伤母材。

③埋弧自动焊焊接过程中不应断弧,如有断弧必须将断弧处刨或磨成1:5斜坡后再继续搭接50mm施焊。埋弧自动焊焊剂覆盖厚度不应小于20mm,埋弧自动焊回收焊剂距离不应小于1m,焊后应待焊缝稍冷却后再敲去熔渣。

④焊接时严禁在非焊接部位乱引弧,防止电弧划伤构件表面;多层焊缝层间接头应错开50mm以上,每层焊缝应连续焊完,因故中断再焊接时,检查无裂纹后方可继续施焊。焊接完成后,应将焊缝两侧的熔渣清除干净。内外主角焊缝绝不允许咬边、压痕、锤痕。修磨焊缝时不能伤及母材。

(2)焊接变形控制

①对接焊缝尽量采用X型坡口,双面对称焊接;尽量采用变形较小的CO_2半自动焊、埋弧自动焊。钢板拼接采用适量的预反变形措施,来保证钢板的平面度。

②采用合理的装配焊接顺序,完成各部件的组装焊接后,再进行钢箱的组装焊接,焊接时两名焊工对称分布沿同一方向分段退焊,采用实时监测,防止箱体扭曲。

③对于其他较长焊缝,采用对称焊接和分段退焊的方法进行焊接。

7)钢塔架排架拆除

钢塔架焊接完成后,人工配合机械拆除临时支架,将钢塔架的应力进行转换。

6 材料与设备

6.1 材料

本工法所用材料见表1。

材 料 选 用　　表1

序　号	材料名称	规　格	用　途
1	钢材	Q345qD	钢塔架制作
2	焊材	H10Mn2 + SJ101	钢塔架埋弧自动焊
3	焊材	ER50-6	钢塔架 CO_2 半自动焊
4	焊材	E5015	钢塔架焊条电弧焊
5	钢管支架	ADG60 系列(60.3×3.2)	钢塔架临时排架
6	钢管支架	ADG48 系列(48.3×2.7)	钢塔架临时排架

6.2 设备

本工法所用设备见表2。

设 备 选 用　　表2

序　号	设备名称	规　格	用　途
1	埋弧自动焊机	MZ-1250 型	钢塔架埋弧自动焊
2	CO_2 半自动焊机	NB-500 型	钢塔架 CO_2 半自动焊
3	焊条电弧焊机	ZX7-400S 型	钢塔架焊条电弧焊
4	焊条远红外烘干箱	YHX-80 型	—
5	焊剂烘干机	YJJ-A-100 型	—
6	龙门吊	50t	钢塔架节段加工
7	汽车吊	35t	钢塔架节段装车
8	半挂车	—	钢塔架节段运输
9	液压汽车吊	100t	钢塔架吊装
10	液压汽车吊	200t	钢塔架吊装
11	液压汽车吊	300t	钢塔架吊装

7 质量控制

7.1 技术规范

(1)《公路工程质量检验评定标准》(JTG F80/1—2004)。

(2)《钢结构工程施工质量验收规范》(GB 50205—2001)。

(3)《钢结构焊接规范》(GB 50661—2011)。

(4)《北京市城市桥梁工程施工技术规程》(DBJ 01-46—2001)。

(5)《埋弧焊用低合金钢焊丝和焊剂》(GB/T 12470—2003)。

(6)《气体保护电弧焊用碳钢、低合金钢焊丝》(GB/T 8110—2008)。

(7)《碳钢焊条》(GB/T 5117—2012)。

(8)《低合金钢焊条》(GB/T 5118—2012)。

7.2 质量要求

(1)钢塔架节段部件加工质量指标(表3)。

(2)钢塔架基本尺寸允许偏差(表4)。

(3)钢塔架拼接安装质量指标(表5)。

钢塔架节段部件加工质量指标 表3

项目			允许偏差(mm)
名称	范围		
盖板	周边	长度	+2.0, −1.0
		宽度	+2.0,0
腹板	周边	长度	+2.0, −1.0
		宽度	*
隔板	周边	宽 B	0.5,0
		高 H	0.5, −0.5
		对角线差	<1.0
		垂直度	≤H/2 000
		缺口定位尺寸 b	2
		缺口定位尺寸 h	0
纵肋与横肋	按工艺文件	高 h_1(长 l)	±0.5(0, −2.0)
		缺口定位尺寸 h_2	0,0.2

注:* 腹板宽度必须按盖板厚度及焊接收缩量配制。

钢塔架基本尺寸允许偏差 表4

项目			允许偏差(mm)
名称		检查方法	
梁高 h	h≤2m	测量两端腹板处高度	±2
	h>2m		±4
跨度 L		测两支座中心距离,L 以 m 计	±(5+0.15L)
全长		—	±15
腹板中心距		测两腹板中心距	±3
盖板宽度 b		—	±4
横断面对角线差		测两端断面对角线差	4
旁弯		L 以 m 计	3+0.1L
拱度		—	+10, −5
支点高度差		—	5
腹板平面度		h 为盖板与加劲肋或加劲肋与加劲肋之间的距离	<h/250,且≤8
扭曲		每段以两端隔板处以为准	每米≤1,且每段≤10

钢塔架拼接安装质量指标 表5

项次	检查项目		规定值或允许偏差
1	轴线偏位(mm)	钢梁中线	10
		两孔相邻横梁中线相对偏位	5
2	梁底高程(mm)	墩台处梁底	±10
		两孔相邻横梁相对高差	5
3	连接	焊缝尺寸	符合设计要求
		焊缝探伤	
		高强螺栓扭矩	±10%

7.3 质量控制措施

1)钢塔架预制

(1)采用的钢材和焊接材料的品种、规格、化学成分及力学性能必须符合技术规范的要求,具有完整的出场合格证明,并经制作厂家和监理工程师复检合格后方可使用。

(2)钢塔架节段制作前必须进行焊接工艺评定试验,评定结果应符合技术规范的要求并经监理工程师签字认可,并制定实施性焊接施工工艺。施焊人员必须具有相应的焊接资格证和上岗证。

(3)同一部位的焊缝返修不能超过两次,返修后的焊缝应按原质量标准进行复验,并且合格。

2)钢塔架防腐

(1)防护涂装材料的品种、规格、技术性能指标必须符合技术规范要求,具有完整的出场合格证明书,经防护涂装施工单位和监理工程师复检合格后使用。

(2)施工采用的涂敷系统应进行车间和现场的工艺试验,其结果须得到监理工程师签字认可后正式施工。

(3)涂装过程中的环境条件、每层涂装时间间隔以及使用的机具设备等均应满足涂装施工工艺和涂料说明书的要求。在完成一道涂敷后,其干膜厚度须检验合格后进行下一道涂敷。涂装干膜厚度应达到规定值,检测点的涂膜厚度合格率须符合要求。

(4)由运输等造成的防护涂装损坏必须修复。

3)钢塔架安装

(1)排架及工作平台搭设要牢固,搭设位置、高度须严格控制线形和高程。

(2)用于调整用的砂箱要经过检查,安装位置要准确,固定要牢靠。

(3)由于钢塔架主体角点较多,吊装组合难度较大,应以边线和中线作为控制线,在底钢板上对应主体的底口、底边线位置,焊接两个小 *L* 形钢板作为纵向定位挡块;并在左右位置两侧焊接一小 *L* 形钢板作为横向定位挡块(*L* 形钢板厚度为焊接所需缝宽)。钢塔架主体吊起前,先检查牛腿是否水平,起吊后,检查牛腿与主体倾角是否到位,如不合适,用手动葫芦进行调整,直到满足要求。吊装就位时,主体牛腿和底口分别落在砂箱和纵向定位装置处,横向以单侧横向定位装在控制、就位后,检查底口中线是否满足要求,并复核测量其余断面是否到位,以确保结构整体就位满足要求。如需微调,可根据实际情况在底口插入钢楔进行调整。

(4)钢结构就位后,进行主体与底钢板焊接施工。焊接环境温度必须在 +5℃ 以上、相对湿度在 80% 以下。当环境条件不能满足需要时,可采取局部预热(预热范围为焊缝两侧,宽度为 50~80mm,预热温度为 80~120℃)的方法,创造局部施焊环境。钢板厚度为 25mm 以上时进行定位焊、正式焊接前也应进行预热,预热温度 80~120℃,预热范围为焊缝两侧,宽度 50~80mm。

4)监控量测

为了保证施工过程中钢塔架安装位置的准确,安装过程须全程进行测量监控,并随时进行焊接前纠偏。

8 安全措施

8.1 安全管理法律法规

(1)《中华人民共和国安全生产法》。

(2)《建设工程安全生产管理条例》。

(3)《建筑施工高处作业安全技术规范》(JGJ 80—1991)。

(4)《施工现场临时用电安全技术规程》(JGJ 46—2005)。

(5)《ADG 脚手架安装检查验收和安全使用规定》(ADG-002—2006)。

(6)《建筑施工安全检查标准》(JGJ 59—99)。

8.2 安全管理组织措施

(1)建立完善的安全监督体系,并经常对参与施人员进行安全教育,提高安全意识。

(2)专职安全员认真做好安全监督工作,建立安全台账,对进入施工现场的机械进行安全检查并对操作人员进行安全教育。

(3)工作期间各工种带班负责人必须到施工现场,必须做到工作期间全程在岗。

8.3 安全管理技术措施

(1)严格按照施工规范和安全操作规程施工,在作业地点挂警告牌,严禁违章作业。

(2)认真做好各项安全技术交底工作。

8.4 安全管理保障措施

(1)悬挂警示标志、标识,防止非施工人员进入现场;夜间施工保证现场有足够的照明,确保施工人员的安全。工作期间正确使用劳保用品。

(2)施工前必须搭设好脚手架及作业平台,并在平台外侧设栏杆,加设安全网。

(3)高处作业人员不得穿拖鞋或硬底鞋,力求衣着灵便,所需材料要事先准备齐全,工具应放在工具袋内。所有高处作业人员应挂安全带。从事高空作业人员严禁酒后登高作业。

(4)使用手动电动工具必须戴好绝缘手套,穿绝缘鞋,工具的电源线、插头、插座完好。

(5)建立现场临时用电的检查制度,并将检查检验记录存档备查。配电采用三相五线制的接零保护方式。

(6)现场要有设备安全使用操作规程,大型起吊设备要经当地技术监督局标定检测。设备使用前要有安装、调试及各项技术性能指标进行验收并有验收记录。

(7)吊装作业时,要有专人指挥,驾驶员要持证上岗,要制定统一的指挥方式。

9 环保措施

(1)认真贯彻执行《中华人民共和国环境保护法》等国家和行业有关环境保护、文明施工工作的法规、政策。建立环境保护体系,确立环保责任制,并对现场施工人员进行环境保护教育。

(2)加强现场施工人员的环保意识,避免和消除现场垃圾。加强各工序的管理,工序之间的配合,做到工作面干净整齐。

(3)施工现场设一图四板(即:施工现场平面图、安全生产制度板、文明施工制度板、消防保卫制度板、环境保护制度板)及施工标志牌,严格按照施工平面图布设临建设施,办公区和生活区相对集中统一管理。

(4)施工现场的电锯、砂轮锯、切割机等强噪声设备搭设封闭式机棚,减少噪声污染。

(5)施工机械在清理维修前,应做好清理计划。施工现场要做到人走、脚下清。

(6)现场设置移动卫生间,处理生活垃圾。设置垃圾桶,现场用餐餐具、餐盒和剩饭菜用完扔入垃圾桶内。移动卫生间、垃圾桶每天刷洗。

(7)施工期间,对主要临时路及场地必须进行硬化处理,并经常清扫洒水,防止扬尘。

10 资源节约

(1)采用工厂化加工钢塔架节段方式,有效降低了施工现场的临时占地,同时可以大大提高原材料钢材的使用效率,减少材料浪费。

(2)分段批量运输,有效提高了运输效率。与大型构件运输相比,可以有效利用现有资源条件,减少投入。

(3)使用 ADG 系列钢管支架,与普通碗扣钢管支架相比,在增大了排架承载能力的同时,有效节约了支架杆件的用量,实现了资源节约的目的。

(4)采用钢塔架分段空中拼接工艺,减少了特大型工程吊装设备的投入。

11 效益分析

11.1 经济效益分析

(1)与施工现场加工制造和焊接拼装工艺相比,本工法的应用累计节约工期(日历天)21d。

(2)由于钢塔架采用工厂化加工生产,有效降低了施工现场的人员投入、临时占地投入、临时用电量减少、辅助施工成本投入降低,总体费用经测算有效节约成本35.48万元。

(3)工厂化加工,钢塔架的制造质量得到有效控制和保证,减少了现场施工中的质量返工与修复工作。

11.2 社会效益分析

(1)由于桥型新颖,为十渡风景区又添一景观。

(2)有效改善了现况交通的通行能力,极大缓解了旅游旺季期间社会交通拥堵现象。

(3)大跨度设计降低了河道洪水期间水对桥梁工程带来的破坏风险。

12 应用实例

五渡桥是北京市房山区涞宝路西关上一座新建桥梁,桥梁跨越拒马河,位于十渡风景区内。项目路线设计全长550m,起点桩号K0+000,与现有涞宝路接顺;终点桩号K0+550,与新建四渡桥相接。涞宝路为二级公路,设计速度为40km/h,主桥分为左右幅,桥涵设计荷载采用公路—Ⅰ级,人群荷载为3.5kN/m^2,地震动峰值加速度为0.2g。

单幅桥梁跨径组成为25m(现浇PC连续箱梁)+46.5m+80m+46.5m(三角钢架悬吊连续梁组合桥)+4×30m(现浇PC连续箱梁),主桥主跨80m,边跨46.5m,单幅桥宽9.5m。主结构:单肋三角形钢塔架(主塔)桥在两幅主梁间,钢塔架(主塔)与跨中侧支点墩通过塔座进行固定连接。塔顶设有吊杆,吊杆上端锚固于钢塔架塔顶内侧,下端锚固于联系两幅桥的吊杆横梁底部。桥总体布置见图11。

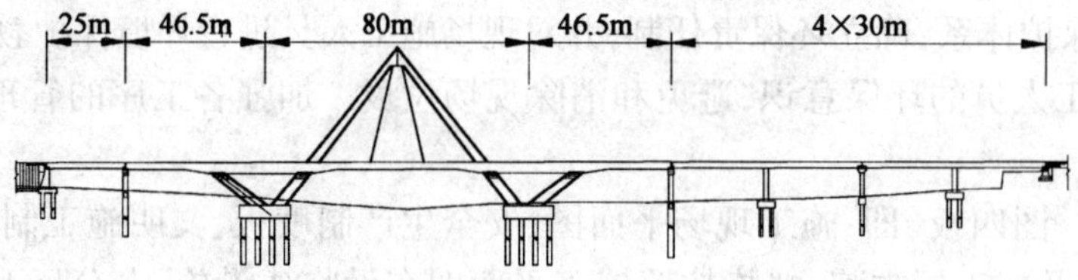

图11 桥梁总体面布置图

主塔钢塔架结构为钢箱,截面为十字形钢箱断面,采用下大上小的变截面设计。钢塔架塔底脚截面高3.4m,宽3.0m,塔顶理论轴线顶点截面高2.4m,宽2.4m。截面变高变宽均采用线性变化。钢塔架正截面均为矩形箱型截面消去四角0.5m×0.5m正方形区域的十字形,面板均为20mm厚钢板。

该桥主塔结构施工中,采用了《新型桥梁三角钢塔架空中拼接施工工法》,根据钢塔架整体重量和结构长度特点,共划分为A~F段,共11节(共六类),其中F段为合龙段,其余5对节段对称于钢塔架轴线。其中A段重24.4t,B段重21.8t,C段重20.6t,D段重19.1t,E段重17.9t,F段重30.7t。

通过本工法的应用与实践,有效总结出了一套同类大型三角钢塔架的施工工艺和技术及质量保证措施,为今后同系列工程项目的施工提供了有价值的参考。

真空辅助法灌注拱肋钢管混凝土施工工法

GGG(桂)C3090—2013

韩 玉 冯 智 秦大燕 王建军 杨占峰

（广西壮族自治区公路桥梁工程总公司）

1 前言

钢管混凝土结构本身的优点、理论研究的完善以及实际应用的日益广泛,极大地促进了钢管混凝土拱桥的发展。在钢管混凝土结构中,混凝土的密实度是影响钢管混凝土结构承载能力的关键,而钢管内壁与混凝土之间的紧密集合又是钢管混凝土结构发挥协调承载作用的关键。但是,通常在钢管混凝土结构管内灌注混凝土施工中,因各种原因造成混凝土内出现气孔以及混凝土与钢管壁出现脱空现象,严重影响了钢管混凝土的密实性,降低了钢管混凝土结构的使用性能。采用本施工工法,能实现拱肋混凝土在真空状态下的快速、连续灌注,提高施工质量和效率,解决大跨度钢管混凝土拱桥施工中的关键难题,促使桥梁施工技术进步。

2 工法特点

(1)在真空状态下对拱肋钢管内混凝土进行连续顶升灌注,钢管内混凝土不留施工缝,施工周期短,能保证管内混凝土的连续性和密实性。

(2)对于大跨径钢管混凝土拱桥拱肋的管内混凝土灌注,可以采取分级泵送顶升灌注方式,每一级的灌注施工都处在规定的真空状态下。

(3)管内混凝土在真空辅助状态下极大地降低管内空气的不利影响,同时依靠顶升压力、自重和混凝土良好的免振、自密性能达到管内混凝土的饱满密实,减少脱空。

(4)在灌注管内混凝土过程中,可根据实际灌注情况、设备能力和设计要求,调整管内真空度以达到方便、快速和高质量施工的目的。

(5)结合钢绞线斜拉扣挂技术,在浇注管内混凝土时,根据拱肋设计加载的要求,通过调整扣索力来进行拱肋应力和变形的调整。

3 适用范围

本工法适用于各种跨径和类型的钢管混凝土拱桥的管内混凝土灌注施工,在大跨径钢管混凝土拱桥灌注施工中效益特别显著。

4 工艺原理

真空辅助法灌注拱肋钢管混凝土施工基本工艺原理是,使用大功率真空泵将即将灌浆的拱肋钢管抽到指定的真空度范围,利用混凝土输送泵将具备低泡、缓凝、早强、免振、自密实、高流动、微膨胀的高性能混凝土从两岸拱脚对称向拱顶连续顶升压注入处于真空状态的拱肋钢管内,依靠顶升压力、混凝土的自重及其良好的自密性能形成钢管混凝土组合结构。通过真空辅助排出钢管内空气,提高整体灌注质量,并显著改善拱肋接头法兰、拱顶等关键部位混凝土灌注的密实性,减少拱顶段混凝土脱空。

5 施工工艺流程及操作要点

5.1 施工工艺流程

施工工艺流程见图1。

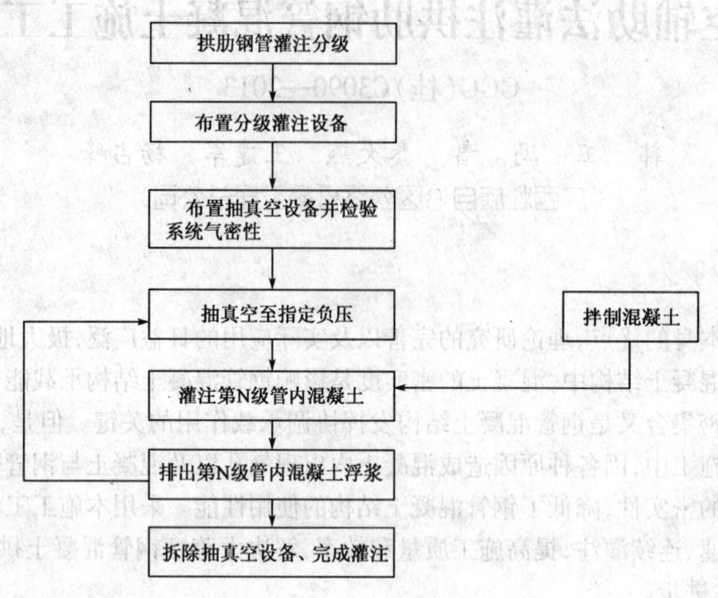

图1 工艺流程图

5.2 操作要点

1)真空辅助泵送顶升压注

真空辅助泵送顶升压注法是在泵送顶升压注法的基础上增设抽真空系统将钢管内空气抽出,除不设置排气孔外,其余的压注口、排浆口、排浆管以及泵送施工的要求等跟泵送顶升压注法的要求一致。

(1)真空泵宜选用水环式真空泵,工作区间为 -0.04 ~ 0.09MPa,其抽气速率应满足在30min内将钢管抽至 -0.08MPa的真空度。

(2)抽真空系统接到拱顶排浆管上,拱顶宜设置容量不小于$3m^3$的储浆桶(管),其位置应高于压注混凝土的钢管,储浆桶(管)与钢管排浆管之间用高压软管连接,以确保混凝土能通过该管泵送至储浆桶(管)。

图2 拱顶处真空表

(3)在拱肋钢管 $L/8$、$L/4$、拱顶处和储浆桶(管)上设置带有气体阀门的真空表,在混凝土泵送前,应进行抽真空试验,检查压注口、排浆口、排浆管等的密封性。

(4)钢管混凝土泵送过程中,应维持钢管内真空度在 -0.08 ~ -0.06MPa范围内,当混凝土泵送至钢管法兰接头附近或拱顶段时,宜维持真空度在 -0.08 ~ -0.07范围内,泵送混凝土面接近真空表时,应及时关闭空气阀门,拆除真空表(图2)。

(5)采用多级接力泵送时,泵送混凝土面接近排浆口时,应使钢管内恢复常压状态后再排浆,待排浆口排出合格混凝土后进行下一级的泵送施工。

(6)钢管混凝土泵送至离压注口长度5m时,开始进行抽真空,以减轻混凝土输送管接头漏气对泵送的影响。

2)钢管混凝土配合比设计、生产及运输

(1)钢管混凝土配合比除满足强度要求外,还要具有低泡、缓凝、早强、免振、自密、高流动、微膨胀等性能,坍落度宜为18~24cm,且混凝土拌好后8h坍落度损失小于4cm,粗集料最大粒径在3cm以内。坍落度检测,如图3所示。

图3 混凝土坍落度检测

(2)钢管混凝土初凝时间,应为施工正常时实际灌注速度下灌注时间的1.5倍以上,一般不小于10h。

(3)钢管混凝土的搅拌及运输应满足《公路桥涵施工技术规范》(JTG/T F50—2011)的要求。长距离运输应使用混凝土搅拌运输车(慢速搅拌)。

3)施工设备配置

设备选用的基本原则和基本要求:

(1)应选用性能好、程度较新、故障率低的设备。

(2)抽真空设备应配备准确、灵敏的真空测量表。

(3)真空泵的工作能力与设定抽真空时间所需的能力相比应有1.5~2.0倍的施工安全系数,真空泵连接管选用能承受设计负压的高压管。

(4)混凝土拌和设备应具有准确的电子称量进料系统。

(5)当条件适宜时,应选择有优良的拌和运输设备和供应能力的商品混凝土站来供应钢管混凝土拌和料。

(6)在对输送泵选型时,其最大泵送压力与计算泵送压力相比应有1.5~2倍的施工安全系数,输送泵导管选用高压管。

(7)须配置备用真空泵、拌和设备、混凝土输送泵和自发电设备等关键设备。

4)混凝土加载原则

(1)具体加载顺序按设计要求进行。

(2)如设计无明确要求,以拱顶为对称线两半跨对称加载,以桥轴线为对称线,桥两侧对称加载。

5)连续顶升灌注的方式

(1)对于矢高不大于60m的桥梁,整根拱肋钢管不分段,由拱脚至拱顶一次顶升完成钢管混凝土的灌注。

(2)对于矢高大于60m的特大跨径桥梁,一次顶升需要泵送压力过大,或一次灌注混凝土方量巨大,灌注时间无法满足要求时,应考虑分段或分级灌注的方案(图4),分段分级灌注方案应遵循以下原则并经过充分的研究计算后制定。

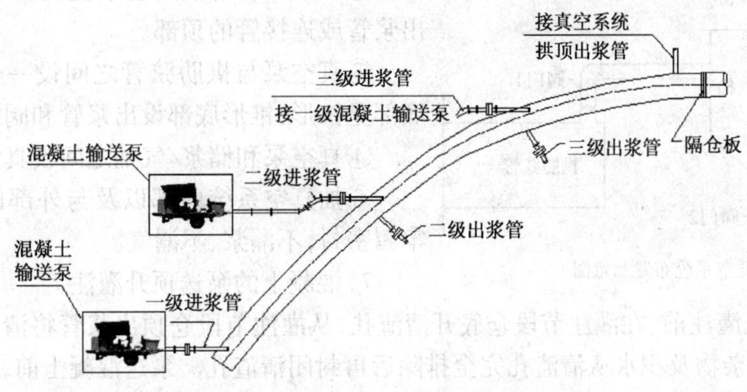

图4 拱肋钢管混凝土真空辅助顶升灌注总体布置示意图

①拱肋各分段的灌注时间大致相等。

②灌注过程中混凝土对结构的造成的局部应力不超过设计值。

③各级输送泵的最大泵送压力不超过施工安全容许值。

④每根弦管灌注的总时间不超过最先进入该管的混凝土的初凝时间。

6)弦管混凝土的进浆管、出浆管、止回阀和抽真空系统

(1)进浆管(图5)

①弦管填芯混凝土灌注的进浆口应尽量靠近拱脚或灌注节段管腔底部。

②进、出浆口边缘与主弦管原有焊缝的距离应满足有关钢结构焊接规范的要求,且与钢管拱肋桁架节点的距离不小于50cm。

③进浆管的方向应顺弦管(往拱顶)走向设置,且与弦管的夹角在45°以内为宜。

④进浆管与弦管相贯口按结构焊缝要求施焊,保证焊缝质量。

⑤进浆管应设置止回阀,止回阀作用是在混凝土灌注完成后及时关闭进浆口,保持管内混凝土的压力,防止管内混凝土回流。

(2)出浆管(图6)

①隔仓板附近50cm处设一个出浆口,并设于管顶正上部位。分级灌注的中间级的出浆管设在主弦管的下方,且在进浆管下方。

②出浆管与弦管应焊接牢固,保证灌满出浆时焊缝处不渗浆,不脱管。

③出浆管的高度要求不小于2m。施工条件允许时,可适当增加出浆管的高度。

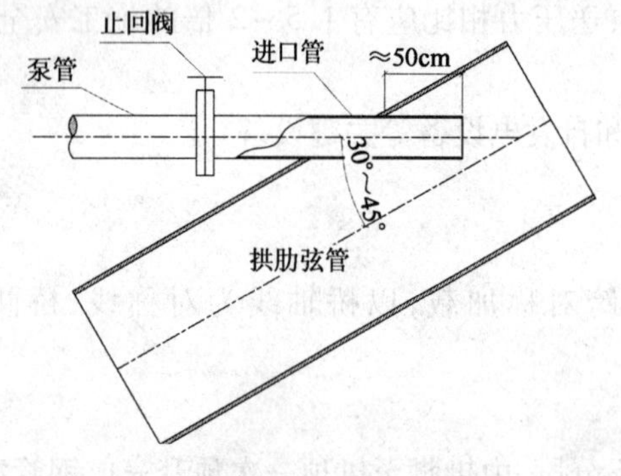

图5　进浆管止回阀设置示意图

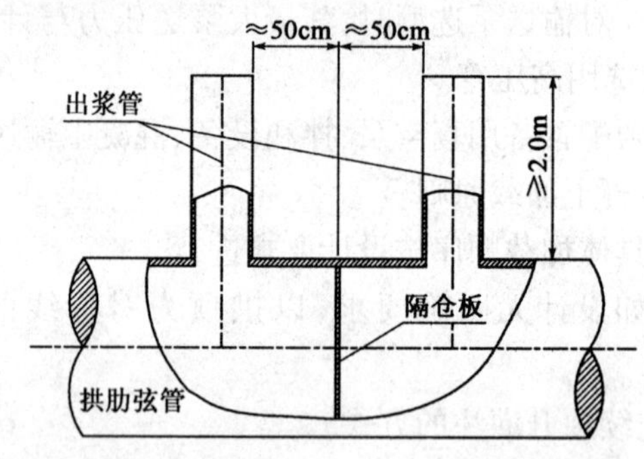

图6　拱顶出浆管设置示意图

(3)抽真空系统(图7)

①抽真空系统与拱肋弦管的可通过出浆管连接,也可设置专门的连接管,连接管的设置要求与出浆管一致。

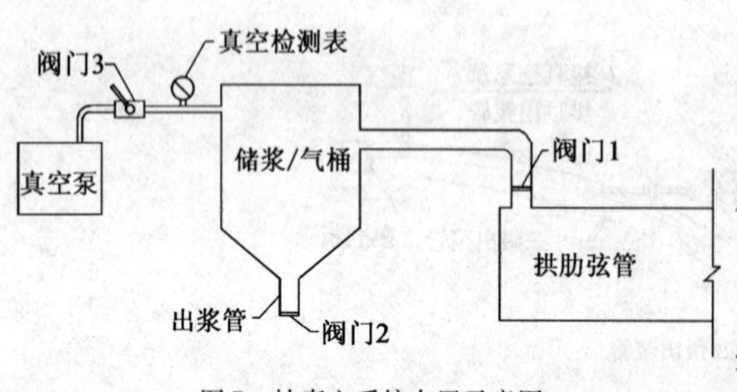

图7　抽真空系统布置示意图

②拱肋弦管与抽真空系统设一个阀门1,阀门设于出浆管或连接管的顶部。

③真空泵与拱肋弦管之间设一个储浆/气桶,桶的底部呈锥形,锥形底部设出浆管和阀门2。

④真空泵和储浆/气桶之间设真空检测表和阀门3。

⑤抽真空系统内部以及与外部的各处连接应保证牢固密封,不漏浆、不漏气。

7)混凝土的泵送顶升灌注

(1)钢管混凝土灌注前,在灌注节段仓底开清渣孔,从灌注节段仓顶出浆管将清水灌入拱肋钢管清洗管内壁(图8),让杂物及积水从清渣孔完全排除后再封闭清渣孔。泵送混凝土前,泵管暂不接通进浆口,先用罐车运水放入泵机内,启动泵机,将水一直泵到管外,使泵管全部湿润;再拌制 $1m^3$ 砂浆,泵入管内,充分润滑管壁,接着泵送混凝土(图8)。当砂浆全部泵出管外、出现合格的混凝土后,暂停泵送,

将泵管接通进浆口,然后开始正常泵送混凝土。

(2)下流段弦管混凝土的灌注。混凝土进入弦管内部后,对下流段混凝土加以振捣。振捣方法为在适当位置焰割开孔采用插入式振捣。弦管内混凝土盖过进浆口后,启动真空泵抽真空,达到指定的真空度要求,在整个混凝土灌注过程中维持该真空度。在下流段混凝土灌满和振捣完成后,采用开孔时割出的孔内部分的原位钢板对振捣孔进行临时封闭,并在混凝土凝固后按焊接要求补焊。

(3)上升段混凝土的灌注。

①下流段灌注完成后,混凝土在上升过程中不再进行振捣,只依靠泵送压力、混凝土自重和混凝土的免振自密性能达到密实。

②在上升段混凝土灌注过程中,应注意控制输送泵较为平稳的灌注速度。特殊情况需要停顿时,停顿时间不宜超过5min。

③混凝土的顶升灌注过程中,应加强对两半跨和前后场施工的统一指挥和沟通协调工作,在确保施工顺利进行的同时,保证两半跨的灌注进度同步。

④当一级的混凝土灌注至出浆口时,停止灌注,释放负压,打开出浆口,排出混凝土内的浮浆(图9),直至出现合格的混凝土。随后,关闭出浆口,立即接通下一级的泵管,泵入适量混凝土密封泵管后抽真空至指定负压,然后继续灌注下一级管内混凝土。

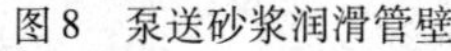
图8 泵送砂浆润滑管壁

图9 排出浮浆

⑤钢管混凝土泵送至拱顶后,应保持连续泵送,将混凝土泵送至储浆桶(管)内至少$1.0m^3$后,缓慢打开空气阀门,待储浆桶(管)内恢复大气压后,停止混凝土泵送,然后,打开拱顶排浆管,继续泵送至合格混凝土排出后停止。

⑥在合格混凝土冒出后,可暂停泵送,并拆除抽真空系统与出浆管的连接,管内混凝土在保持压力的状态下静止一段时间(5~10min),并观察出浆管是否有混凝土回缩情况(特别是注意有无回缩至弦管内的情况),若回缩量大于30cm,应再泵入适量混凝土补充,若无,则正确关闭进浆口止回阀,完成灌注。

(4)小管径管内混凝土灌注。根据施工经验和试验研究可知,小管径(小于ϕ500mm)钢管内混凝土灌注中,其混凝土在管内的运动状态为全断面活塞式前进,混凝土与管壁的摩阻力较大,需要特别注意。其施工时可以采取以下措施:

①润滑管壁,具体做法为在距离进浆口约10m处钢管顶部开一直径为5cm的小孔,当泵入的混凝土接近该小孔时,从小孔往管内灌入约100~300kg纯水泥浆,然后将孔封焊,让水泥浆在混凝土前面润滑管壁。

②适当加大混凝土的坍落度,其坍落度在20~22cm为宜。

8)拱肋应力、变形的监控与调整

(1)在拱肋钢管混凝土的灌注过程中,应同时进行拱肋应力、变形(必要时还包括墩台位移)的监测。

(2)根据监控和设计的要求,可以通过调整拱肋的扣索索力来调整拱肋应力和变形。

9)钢管混凝土的养护

钢管混凝土灌注完成后,应将钢管的所有开孔封闭,防止管内水份蒸发,进行保水养护。

10)管内混凝土的检测

钢管混凝土密实性按以下三种方法检测,三种方法结合进行,以加强判定结果的正确性。

(1)人工敲击听声检测法。通过人工敲击钢管,并通过声响的差异来判别内部混凝土是否有脱空及脱空的范围。

(2)钻孔直接观察法。沿钢管顶部对敲击声异常的部位钻孔(直径为5~10mm,在接近钻穿管壁时小心操作),然后用高压空气吹除孔内尘渣,直接观测管内混凝土是否有脱空情况。

(3)超声检测法。应由专门的检测机构和操作人员来进行,检测内容包括混凝土的脱空及混凝土内部的密实情况,并用钻孔法对其脱空情况的检测结果进行验证。

11)钢管混凝土的缺陷修补

(1)钢管混凝土脱空部位的补强宜采用不低于设计强度的水泥浆,采用适当的压注设备压注补强。

(2)压注可视脱空部位和脱空情况分段进行,压注进浆口位于脱空部位的最低处,出浆口位于最高处(使空气能完全排除)。

6 材料与设备

钢管混凝土拱桥管内混凝土真空辅助连续顶升灌注施工主要机具设备见表1。

主要机具设备表 表1

序号	机具设备表	规格型号	单位	数量	备注
1	混凝土输送泵	性能满足要求	台	4	其中备用2台
2	真空泵	性能满足要求	台	4	其中备用2台
3	混凝土拌和站	性能满足要求	套	4	其中备用2套
4	泵管、变径管、弯管、管扣	与输送泵配套		若干	满足现场布置要求
5	变电站	功率满足要求	套	2	
6	发电机	满足使用要求	台	2	备用
7	电焊机	直流焊机	台	若干	性能满足使用要求
8	氧气切割机		套	若干	
9	插入式振捣器		台	若干	
10	止回阀		个	若干	满足周转使用要求
11	高压水泵		台	若干	满足清洗、养护使用要求

7 质量控制

(1)严格贯彻执行《ISO 9000质量管理体系》,遵照《公路桥涵施工技术规范》(JTG/T F50—2011)、《公路工程质量检验评定标准》(JTG F80/1—2004)的有关规定。

(2)钢管混凝土的良好性能是保证钢管混凝土施工质量的关键,必须深入、仔细研究,配合比不但要满足相关标准和规范的要求,还要结合施工实际和以往的施工经验,尽量优化混凝土配合比设计。

(3)混凝土的原材料,砂、石、水泥质量必须满足设计要求,在施工过程中,必须经常检测其质量。

(4)水泥掺合料、外加剂必须符合国家相关质量标准,并必须要求供货商提供产品的出厂合格证明文件。

(5)混凝土拌和设备在生产前应由相关的法定检测机构对各种施工原材料的自动称量进料系统的准确性和稳定性进行检测标定,并出具检测标定证书。在拌和设备的使用过程中,尚应根据相关施工规范的要求定期进行此类检测标定工作。

(6)抽真空系统必须保证密封、牢固,正式施工前应进行相应的测试,保证施工时能达到并维持指定的真空度要求。

(7)在施工前,做好详细的施工技术交底,施工时严格按照制定的施工方案进行,严格的按照各施工流程的操作要点进行。

(8)在混凝土灌注施工前,必须做好设备的检修和调试工作,保证在浇注过程中设备不出现故障,并且要设置足够数量的备用设备。

(9)成立专门的质量管理小组,实行质量负责制度。

8 安全措施

(1)严格贯彻执行"三标一体化"管理体系,遵照《公路工程施工安全技术规程》(JTJ 076—1995)、《混凝土泵送施工技术规程》(建规[1995]96 号)、《焊接与切割安全》(GB 9448—1999)和《施工现场临时用电安全技术规范》(JGJ 46—2005)等有关规定。

(2)在施工前做好安全技术交底工作,成立安全管理领导小组,实行安全生产责任制度。

(3)编制专项安全保证措施方案和生产安全事故紧急预案。

(4)拱上布置的混凝土输送泵管通道、人行通道和工作平台要安全、牢固,并要挂设安全网。

(5)混凝土输送泵管的连接要牢固可靠,混凝土泵送前必须要对每个接头进行仔细的检查。

(6)施工中,各个工作面要保持通讯通畅,统一协调指挥。

(7)加强施工控制,保证拱肋承载骨架的安全。

9 环保措施

(1)严格贯彻执行"三标一体化"管理体系,遵照《建设工程施工现场管理规定》有关规定。

(2)制定施工期间环境保护措施,做到统筹规划、合理布置、综合治理、化害为利。

(3)生产生活垃圾、废水集中处理,并加强施工人员环保意识培养。

(4)采取有力措施防止施工中的燃料、油、沥青、污水、废料和垃圾等有害物质对植被、河流的污染,防治噪声对环境的污染。

10 效益分析

10.1 技术效益

采用真空辅助法灌注拱肋钢管混凝土施工方法,解决了更大跨径钢管拱桥钢管混凝土灌注密实性的关键技术难题,将大力推动大跨度钢管混凝土拱桥的发展。

10.2 经济效益

该工法应用在合江波司登长江大桥、贵港市环城公路东环郁江特大桥、六钦高速公路江特大桥的钢管混凝土灌注施工中,3 个工程项目的钢管混凝土约 10 680m^3,采用的抽真空设备能周转利用,相较传统的压力顶升灌注工法所增加的费用投入较小,3 个工程项目共投入约 15 万元,每方混凝土的费用增加约为 14.2 元,该工法基本解决了钢管混凝土难以灌注密实的难题,提高了质量,推动钢管混凝土拱桥的发展,具有显著的间接经济效益和社会效益。

10.3 社会效益

该工法成功应用在合江长江一桥的拱肋钢管混凝土灌注中,效果良好,赢得了业界和社会的广泛赞誉,为同类型桥梁的钢管混凝土灌注提供了借鉴,社会综合效益显著。

11 应用实例

11.1 合江长江一桥

泸渝高速公路合江长江一桥为主跨530m的中承式钢管混凝土拱桥(图10),是目前世界上最大跨径的钢管混凝土拱桥。钢管拱肋采用"缆索吊装"、"斜拉扣挂"悬臂安装施工,扣塔采用钢管混凝土格构柱塔式结构。拱肋弦管为8根外径1.32m的钢管,矢高达111.1m,钢管内灌注C60混凝土,上弦管每根灌注的混凝土方量为746m^3,下弦管每根灌注的方量为718m^3,总方量为5 856m^3,分8次灌注,每次灌注1根。该桥的拱肋应用了本工法,共历时33d成功完成所有拱肋混凝土灌注,效果良好。

图10 拱肋灌注混凝土后全桥图

11.2 贵港郁江大桥

贵港市环城公路东环郁江特大桥NO.2合同段郁江大桥为主跨270m的钢管混凝土拱桥(图11),大桥拱圈矢高54.76m,每根钢管内混凝土约230m^3,混凝土泵送高度大、持续时间久、难度大。为提高管内混凝土灌注的密实性,排除管内空气、水蒸气,减少混凝土脱空程度,广西壮族自治区公路桥梁工程总公司在钢管混凝土灌注施工中采用了本工法。大桥8根拱肋钢管,共1 833.6m^3 混凝土,2012年11月26日开始施工,至同年12月12日完成。灌注完成后,通过敲击和超声波检测,拱肋钢管混凝土均灌注密实。

图11 郁江大桥成桥图

11.3 钦江大桥

广西六景至钦州港高速公路钦江特大桥(图12)全长1 086.5m,其中主桥为中承式钢管混凝土拱桥,计算跨径252m,桥长269m。大桥拱圈矢跨比为1/4,矢高63m,拱肋每根主弦管内灌注混凝土约$300m^3$,大桥8根拱肋钢管,共2 450m^3混凝土。该桥的拱肋灌注应用了本工法,2012年9月21日开始施工,至同年10月3日完成。灌注完成后,通过敲击和钻孔灌水检测,拱肋钢管混凝土均灌注密实。

图12 钦江大桥成桥图

提升式摇臂抱杆安装塔架施工工法

GGG(桂)C3091—2013

秦大燕　冯　智　韩　玉　杨占峰　魏　华
(广西壮族自治区公路桥梁工程总公司)

1　前言

塔式结构在桥梁工程中广泛应用,桥梁永久结构如斜拉桥、悬索桥的桥塔,施工临时结构如在桥梁缆索吊装施工中的吊塔、塔架等。桥梁工程中塔式结构的施工多采用行走式起重机或塔式起重机,由于受起重设备能力的影响,其施工高度与拼装方法上往往受到较大的约束,比如,通常需要将塔架分解成较多、较小的构件进行吊装组立,施工工期较长,费用高。采用本施工工法,能实现塔架分节段组立,减少高空作业,提高施工效率,把塔式结构的施工高度提升至新的高度,促使桥梁施工技术进步。

广西壮族自治区公路桥梁工程总公司1992年开始承建当时跨度世界第一的中承式钢管混凝土劲性骨架箱形拱桥——邕宁邕江大桥,并获得国家科技进步二等奖,之后又完成了广西三岸邕江大桥、重庆合川嘉陵江大桥、武汉江汉五桥、广西六景郁江大桥、广西那莫右江大桥、桂林石家渡漓江大桥、杭州钱塘江四桥(复兴大桥)、安徽太平湖大桥以及绍兴曹娥江袍江大桥等多座国内知名特大跨径钢管混凝土拱桥的施工,目前正在修建的合江长江一桥主跨跨径530m,居同类型桥梁世界第一。以上各桥梁在施工过程当中均采用缆索吊装、斜拉扣挂技术,因此在施工时都需要组立塔架和吊塔,其中大部分的塔架都采用万能杆件拼装。合江长江一桥因单跨跨径长、吊重大,对塔架的受力和刚度要求很高,因此塔架形式为钢管混凝土格构式塔架,采用提升式摇臂抱杆进行组立安装。

2　工法特点

(1)塔架分节段在地面焊接组拼,施工方便且精度高。

(2)安装塔架时利用提升式摇臂抱杆较大的起重能力,实现钢管节段整体提升就位,安装效率高,施工周期短。

(3)提升式摇臂抱杆自我调节方便,其起重摇臂的起重力矩通过非工作摇臂的起重滑车组锚固于地面来平衡,可以通过调整锚固的起重滑车组钢丝的松紧来控制立柱的偏位,减小立柱承受的弯矩。

(4)提升式摇臂抱杆具有自爬升功能,其起重摇臂可以沿立柱往上提升或下降,塔架安装一节、将摇臂往上提升一节、进行下一节段的安装,或拆除一节、将摇臂下降一节、进行下一节段的拆除,安装和拆除都很方便。

(5)摇臂立柱通过柔性拉线附着在塔架上,实现塔架与摇臂立柱的结构耦合,塔架刚度大大增强了摇臂系统的稳定性。

3　适用范围

适用于各种高度和吊重的塔架的组立施工,还可应用于斜拉桥主塔、悬索桥主塔等各种桥梁高塔结构,尤其在野外偏远地区重型机具匮乏、运输困难、建设资金紧张情况下的超高塔架安装施工中效益特别显著。

4 工艺原理

采用提升式摇臂抱杆组立塔架的基本工艺原理(图1),是利用位于塔架中心的1根万能杆件立柱作为基本承重结构,立柱顶部的4副起重摇臂作为起重和自锚平衡机构,摇臂通过连接套架可沿立柱上下滑动。随着立柱的安装升高,起重摇臂随之提升,起吊安装相应高度的塔架节段。

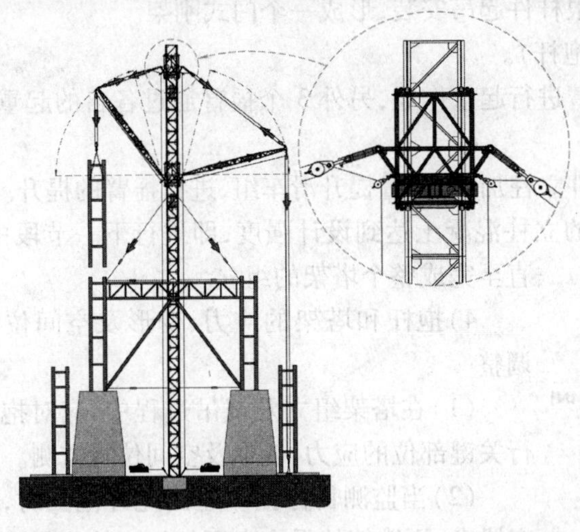
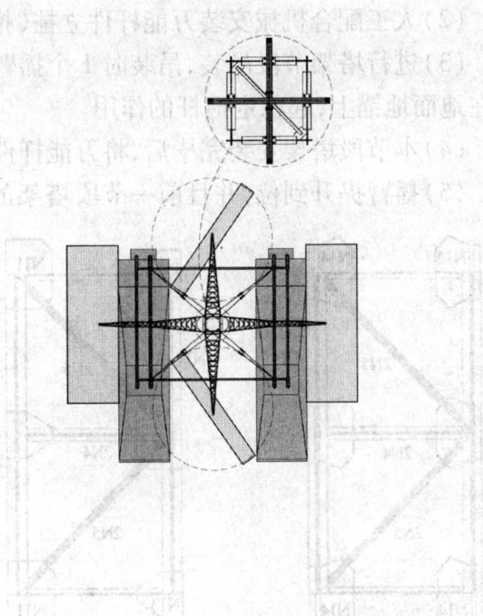

图1 工艺原理

5 施工工艺流程及操作要点

5.1 施工工艺流程

利用提升式摇臂进行塔架安装的施工步骤为:

步骤1:用汽车吊组立塔架的首节,首节高度大于20m。

步骤2:在首节塔架上安装摇臂系统,其安装顺序为,万能杆件立柱和拉线→套架→摇臂→起重、变幅机构。

步骤3:塔架节段与横联在地面用汽车吊组拼,塔架节段在两侧立装,横联在前后卧装,然后用摇臂依次将扣节段与横联起吊至空中进行安装并焊接,然后进行立柱钢管混凝土的灌注(如设计要求)。

步骤4:将万能杆件立柱接高20m,万能杆件立柱拼装采用小拔杆起吊安装。

步骤5:安装摇臂的提升系统,将摇臂提升20m,到位后用"十字"型钢梁将上、下套架与立柱固定。

步骤6:安装顶部斜拉线,按步骤3进行塔架节段的安装,安装完一层后,进行立柱钢管混凝土的灌注,重复步骤4~6直至塔架顶。

施工操作步骤,见图2。

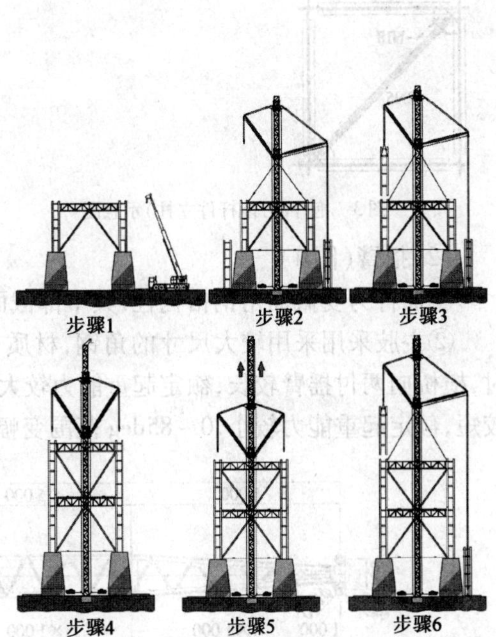

图2 施工操作步骤

5.2 操作要点

1)塔架分解及加工

(1)考虑了节段长度、吊装重量及吊装能力等因素后,进行塔架节段的分段。

(2)塔架在地面分节段立拼,拼装场设置在塔架安装位置的两侧与前后,拼装好后就用摇臂抱杆直接提升、摇臂进行安装。

2)施工设备配置

设备选用的基本原则和基本要求：

(1)应选用性能好、程度较新、故障率低的设备。

(2)混凝土生产、运输设备应能满足立柱钢管混凝土浇注的要求。

3)塔架组立方式

(1)塔架第一段在拱座上,采用吊车单根杆件起吊安装,形成一个门式刚架。

(2)人工配合机械安装万能杆件立柱(抱杆)。

(3)进行塔架节段吊装,吊装时1个摇臂进行起重作业,另外3个摇臂通过各自的起重滑车组吊钩挂在地面地锚上,起稳定抱杆的作用。

(4)本节段塔架安装完毕后,将万能杆件立柱加高,布置提升滑车组,进行摇臂的提升。

(5)摇臂提升到位,并且前一节段塔架的立柱混凝土达到设计强度,即进行下一节段的塔架安装,直至完成整个塔架的组立。

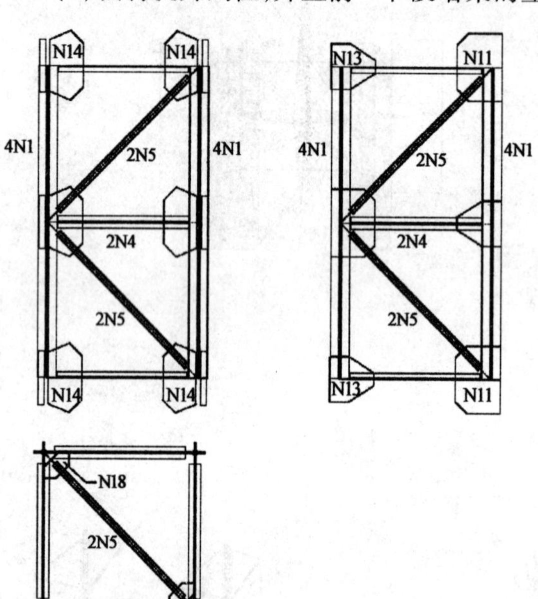

图3　抱杆(万能杆件立柱)示意图

4)抱杆和塔架的应力、变形及空间位置的监控与调整

(1)在塔架组立及试吊过程中,应对抱杆及塔架进行关键部位的应力、变形及空间位置监测。

(2)当监测目标偏差超出允许范围时,可以通过改变锚索、腰缆等的受力来调整相应的监测目标值。

5)万能杆件立柱、摇臂、起升机构和变幅机构、套架、腰缆、平衡锚固措施

(1)万能杆件立柱(抱杆)(图3)

①布置在塔架中心,是摇臂抱杆的结构主体和主要的承重结构。

②采用万能杆件拼装而成2m×2m的柱子。其立杆采用4N1铁,平杆采用2N4铁,斜杆采用2N5铁,平隔采用2N5铁,在支承套架处将平杆2N4铁更换成2C40槽钢,以增强其承载能力。

(2)摇臂(图4)

①摇臂为变截面角钢格构柱,其中部截面较大,端部截面较小。

②主肢采用采用较大尺寸的角钢,材质Q345,副肢采用较小尺寸的角钢,材质Q235。摇臂共有4付,横桥向两付摇臂较长,额定起重能力较大,0~75deg 范围变幅,用于起吊塔架立柱;纵桥向两付摇臂较短,额定起重能力较小,0~85deg 范围变幅,用于起吊塔架横联。

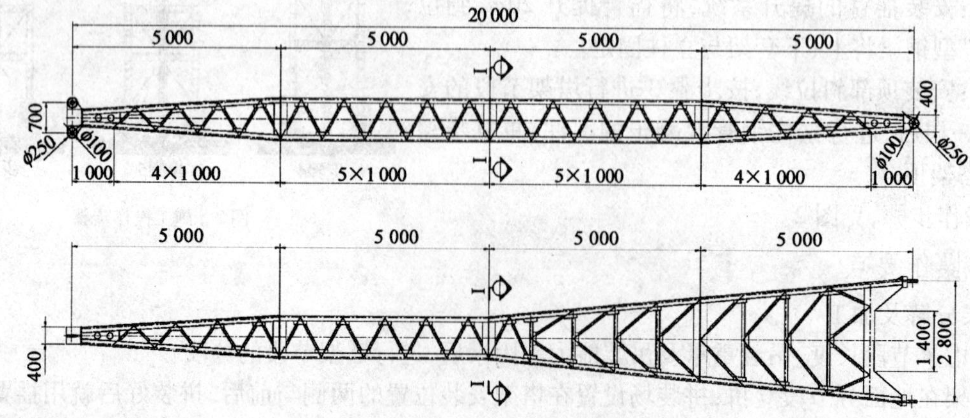

图4　摇臂示意图(尺寸单位:mm)

(3)起升机构和变幅机构

①横桥向起重滑车组采用双联走8线,牵引采用两台较大型卷扬机;变幅滑车组采用双联走12线,牵引卷扬机采用两台卷扬机。钢丝绳采用大直径密封钢丝绳。

②纵桥向起重滑车组采用单联走4线,钢丝绳采用,牵引采用1台较小型卷扬机;变幅滑车组采用单联走6线,钢丝绳采用较小直径的钢丝绳,牵引卷扬机采用1台卷扬机。

(4)套架(提升机构)(图5)

①套架采用H型钢组焊而成的空间框架结构,高度4m,宽度2.8m,能套住万能杆件立柱。

②分上、下两个套架,上套架用于连接变幅滑车组,下套架用于支承摇臂。

③摇臂起吊工作时,用扁担梁将套架支承于万能杆件立柱的加强平杆上,将摇臂或变幅滑车组的受力传递到万能杆件立柱上。

④套架内侧设置有16个滚轮,顶升时滚轮沿万能杆件立柱外侧移动,起导向作用。

⑤在套架上、下横杆对应万能杆件立柱的位置处设置有限位螺杆,共有16个限位螺杆,当套架提升到位后,拧紧限位螺杆,使套架紧密套箍住万能杆件立柱,以使套架所承受的不平衡力矩能传递至万能杆件立柱上。当套架提升时松开限位螺杆,使套架与万能杆件立柱四周有2~3cm间隙,以便套架能顺利提升。

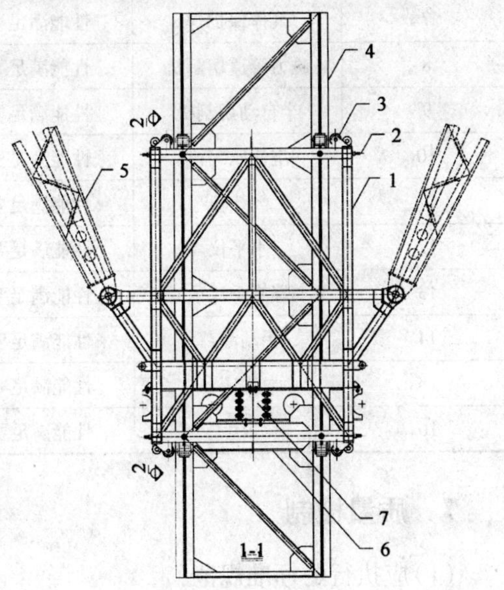

图5 套架示意图

1-套架;2-嵌位螺杆;3-滚轮;4-万能杆件立柱;5-15mm摇臂;6-加强横梁;7-套架支承梁

⑥摇臂的提升通过提升套架来实现的,上、下套架用钢丝绳连接起来,仅提升上套架,以实现上、下套架同时升高。

⑦提升采用两组滑车组来进行,滑车采用2门滑车,滑车组走3线,通过卷扬机牵引,滑车组的上挂点挂在支承在万能杆件上悬出的横梁上,下挂点挂住上套架,两侧对称布置滑车组。

(5)稳定措施(腰缆)

①沿抱杆由上至下每隔一定距离布置一层腰缆拉紧在塔架立柱上,作为抱杆中间支撑点,减小抱杆长细比,增加抱杆稳定性。

②每层腰缆用4条钢丝绳及4副双钩螺旋扣收紧在已安装塔架段的4根立柱上。

③4根腰缆在同一水平面内,受力均衡。

(6)平衡锚固措施

①摇臂抱杆起吊工作时,用其中1副摇臂起吊,另外3副通过起重滑车组吊钩钩在地面锚碇上,并收紧滑车组以平衡稳定抱杆。

②地锚均采用混凝土重力式地锚,地锚重力必须是起吊重量的1.5倍。

6 材料与设备

主要机具设备见表1。

主要机具设备表 表1

序 号	机具设备名称	规格型号	单 位	数 量	备 注
1	提升式摇臂抱杆	性能满足要求	套	1	
2	工程车	性能满足要求	辆	1	
3	汽车吊	性能满足要求	辆	4	根据需要选择吊重能力

续上表

序 号	机具设备名称	规 格 型 号	单 位	数 量	备 注
4	龙门吊	性能满足要求	辆	2	根据需要选择吊重能力
5	平板车	性能满足要求	辆	2	根据需要选择运输能力
6	逆变式焊机	性能满足要求	台	32	
7	气体保护焊	性能满足要求	台	3	
8	磁力管道切割机	性能满足要求	台	4	
9	半自动切割机	性能满足要求	套	4	
10	空气压缩机	性能满足要求	台	6	
11	经纬仪	性能满足要求	台	2	
12	水平仪	性能满足要求	台	2	
13	螺旋千斤顶	性能满足要求	个	12	
14	手动葫芦	性能满足要求	个	20	
15	钻床	性能满足要求	台	2	
16	扳手	性能满足要求	套	32	根据需要选择类型

7 质量控制

(1)应执行的标准规范：

①《ISO 9000质量管理体系》。

②《公路桥涵施工技术规范》(JTG/T F50—2011)。

③《公路工程质量检验评定标准》(JTG F80/1—2004)。

(2)摇臂抱杆的施工精度是保证塔架安装质量的关键,在施工过程中必须结合监测结果进行实时控制。

(3)抱杆所用钢材质量必须满足设计要求。

(4)立柱混凝土所用水泥掺合料、外加剂必须符合国家相关质量标准,并必须要求供货商提供产品的出厂合格证明文件。

(5)测量和加工等各种设备在生产前应由相关的法定检测机构进行检测标定,并出具检测标定证书,并按规范要求定期进行检测标定工作。

(6)在施工前,做好详细的施工技术交底,施工时严格按照制定的施工方案进行,严格的按照各施工流程的操作要点进行。

(7)在塔架安装前,必须做好抱杆和其它设备的检修和调试工作,保证在安装过程中设备不出现危险和故障。并且要设置足够数量的备用设备。

(8)成立专门的质量管理小组,实行质量负责制度。

8 安全措施

(1)严格贯彻执行"三标一体化"管理体系,遵照《公路工程施工安全技术规程》(JTJ 076—1995)、《焊接与切割安全》(GB 9448—1999)和《施工现场临时用电安全技术规范》(JGJ 46—2005)等有关规定。

(2)在施工前做好安全技术交底工作,成立安全管理领导小组,实行安全生产责任制度。

(3)编制专项安全保证措施方案和生产安全事故紧急预案。

(4)临时布置的人行通道和工作平台要安全、牢固,并要挂设安全网。

(5)抱杆和塔架的不同节段之间以及两者相互之间的连接要牢固可靠,起吊前必须进行仔细的检查。

(6)施工中,各个工作面要保持通讯通畅,统一协调指挥。

(7)加强施工控制,保证抱杆和已施工塔架结构的安全。

9 环保措施

(1)严格贯彻执行“三标一体化”管理体系,遵照《建设工程施工现场管理规定》有关规定。

(2)制定施工期间环境保护措施,做到统筹规划、合理布置、综合治理、化害为利。

(3)生产生活垃圾、废水集中处理,并加强施工人员环保意识培养。

(4)采取有力措施防止施工中的燃料、油、沥青、污水、废料和垃圾等有害物质对植被、河流的污染,防治噪声对环境的污染。

10 效益分析

10.1 技术效益

提升式摇臂组塔技术开创了桥梁塔式结构安装的一种新施工方法,提升式摇臂塔架安装系统具有爬升功能和与塔架结构的耦合性,满足不同高度塔架的安装施工,其力矩平衡原理容易实现较大起重量,结构受力合理,能实现分节段组塔安装施工,突破高塔大吊重的安装施工难题。

10.2 经济效益

该工法使用的提升式摇臂抱杆系统结构简单,适应性强,其主要结构部件为标准化通用构件—万能杆件,取材方便,能周转使用,起升、提升机构采用通用建筑卷扬机,勿需专门定制,提高了工地卷扬机的利用率,符合节能环保的要求。塔架大节段组立,施工速度快,减少高空作业,降低了安全风险,提高安装和焊接质量,具有良好的经济和社会效益。

11 应用实例

泸渝高速公路合江长江一桥为主跨530m的中承式钢管混凝土拱桥(图6),是目前世界上最大跨径的钢管混凝土拱桥。钢管拱肋采用“缆索吊装”“斜拉扣挂”悬臂安装施工,扣塔采用钢管混凝土塔式结构。扣塔位于两岸拱座上,塔架底部桁宽24.46m,顶部桁宽8.46m,横向宽31.94m,塔高分别为148.51m(重庆岸)和134.6m(宜宾岸),塔距为554m,采用8根$\phi660\times12$(或16)mm钢管,立柱钢管内灌注C50混凝土,组成钢管混凝土格构柱塔架。

图6 合江长江一桥的应用情况

合江长江一桥的扣塔分20m为一基本节段,在地面进行立装成节段,节段最大重量为340kN,安装一节仅需要1d时间;塔架一层20m有两段基本节段和两片横联桁架,塔架一层的安装时间需要4d时间;再加上塔架节段的加工时间影响以及摇臂提升等,塔架20m高度的施工周期仅为9d时间,其施工效率明显提高。提升式摇臂组塔技术成果保证了合江长江一桥扣塔的顺利建成,和塔式起重机方案相比,节省施工费用约500万元。重庆岸的塔架高148.51m,摇臂立柱的最大高度达到了180m。摇臂塔架安装系统在此高度情况下,经历了两次强对流天气,其最大风速为24m/s,强风未对摇臂塔架安装体系造成任何影响,有效验证了柔性拉线方式的可靠性。

采用预应力反张拉加载预压的施工工法

GGG(新)C3092—2013

陈荣凯　王蜀元　沈炳军　李　强　唐志超
(新疆北新路桥集团股份有限公司)

1　前言

改革开放以来国家在交通基础设施领域的投入逐步加大,公路桥梁的设计施工水平明显提高,一些高墩大跨径桥梁的设计得到普遍推广。桥梁设计越来越复杂,同时也要求公路施工企业不断提升施工技术水平。山区桥梁、跨海和跨河大桥的设计施工得到推广,这些桥梁都具有一个共同特点要求具有较大的跨越能力,如悬索桥梁、拱桥、斜拉桥、现浇连续梁桥、刚构桥等。这些桥梁在上部构造梁板起步段施工时,基本都需要钢结构支撑来完成,预应力反张拉预压工法的出现正是施工企业技术人员结合现场实际解决大吨位结构预压的一种工法。预应力反张拉预压突破常规堆载预压思路,特别适用于大跨径桥梁上部构件支撑体系预压施工,具有操作简易、工时少、无需额外投入任何材料、基本不需投入机械、能够更接近结构实际承载状态、加载精度更精确等特点并具有良好的社会经济效益。

2　工法特点

(1)利用预应力反张拉预压工法对于大跨径、高墩的大型钢构支撑体系压缩工期和降低成本的优势更为突出,取消了庞大的配载并且张拉预压设备材料可回收利用。

(2)工艺相对简单,现场操作简便、快捷,对加快施工进度和成本节约有着显著的改善。

(3)预应力张拉预压工法是将结构线性均布荷载以点荷载形式进行模拟检测,并且在预压部位选择上比较灵活可以对结构受力最不利的部位进行单独检测,因此该工法对于支撑构件的安全性保证更高。

3　适用范围

高墩大跨径桥梁上部构造施工,如连续刚构桥梁起步段、现浇连续梁起步段、悬索桥梁起步段、斜拉桥梁起步段等采用悬臂施工的桥梁,以及采用悬臂结构和简支结构的钢结构支撑杆件的预压检测。

4　工艺原理

本工法工艺原理是利用穿心式液压千斤顶张拉所产生的反向作用力对结构支撑体系进行强度、刚度及稳定性能测试的一种方法。预应力反张预压是由后张预应力施工延伸而来的一种工法,实施方法和预应力施工操作如出一辙,可以说是一种简单易于操作的工法。

该工法实施前应先埋设张拉锚固材料,将千斤顶张拉所产生向上的拉力传递至锚固端。反张预压的千斤顶型号选择不小于1.5倍荷载的穿心式千斤顶,张拉加载位置选择在结构受力最不利位置。锚固端安装完毕后进行钢绞线和千斤顶安装,张拉时根据加载吨位计算油表读数并分级逐步张拉至加载值,观察和测量每一级荷载结构的变形情况,超出规范允许变形范围时应停止加载并对钢结构进行加固处理,张拉完毕后稳压观察结构的稳定性。

5 预应力加载预压托架支撑体系的方法

5.1 施工工艺流程

本工法施工工艺流程见图1。

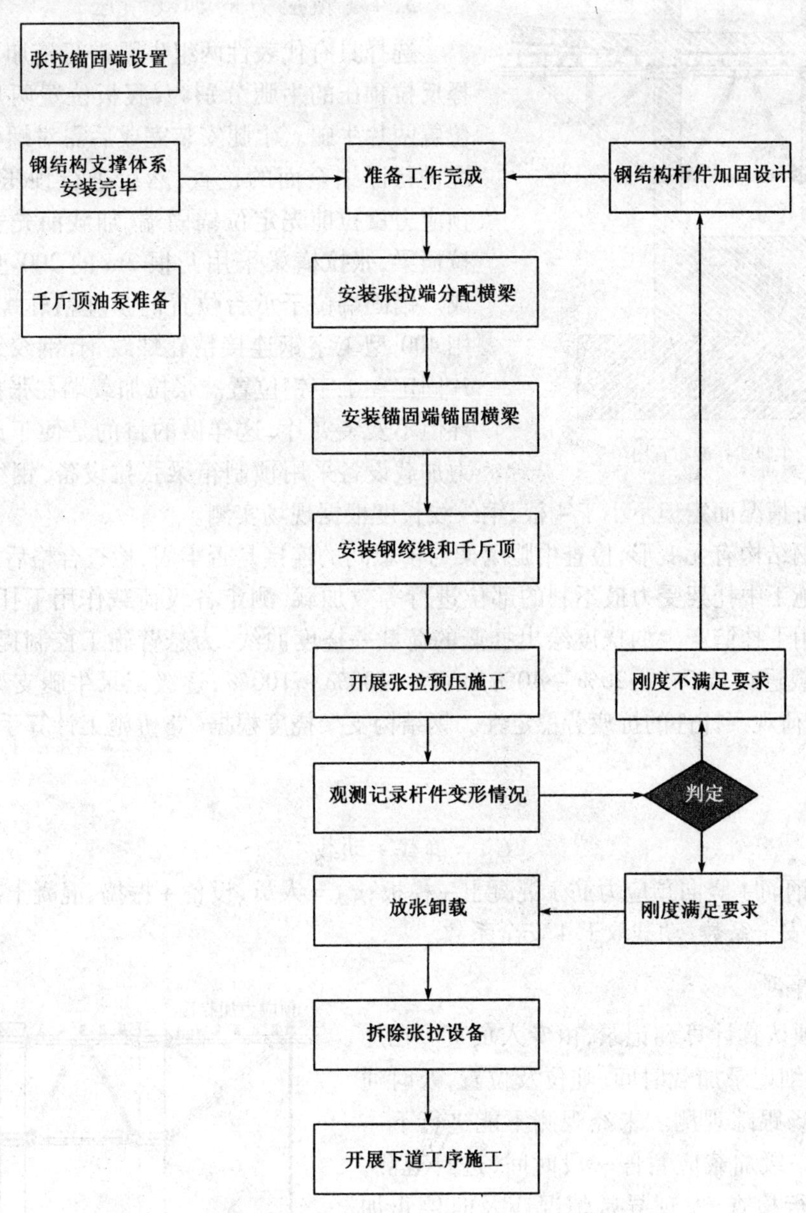

图1 预应力张拉预压工艺流程图

5.2 预压的目的

预压的目的是验证支撑构件的强度、刚度和稳定性，消除非弹性变形、测定弹性变形量为确定立模高程提供参数。预应力加载的方法是模拟托架施工状态下的荷载，采用预应力张拉所产生的反向作用力加载的一种工法。

5.3 托架简介

甘肃雷西高速公路教子川大桥主桥1号块牛腿设计为5片一组的桁架式钢结构，在安装牛腿的墩身位置预埋钢板，每块钢板预留6孔 $\phi32$ 孔洞，(图2)。墩身施工完毕后开始安装牛腿，牛腿弦杆和墩

身的连接采用 $\phi32$ 精轧螺纹钢进行螺栓连接;牛腿上下弦杆连接、牛腿与附壁钢板连接采用 $\phi700$mm16 钢销连接;牛腿腹杆与上下弦杆连接采用螺栓连接。考虑牛腿悬臂端受力薄弱因此在牛腿前端设置斜支撑,上弦杆主要承受弯拉应力因此设置了竖向和斜拉内部腹杆,提高上弦杆悬臂端和跨中刚度。

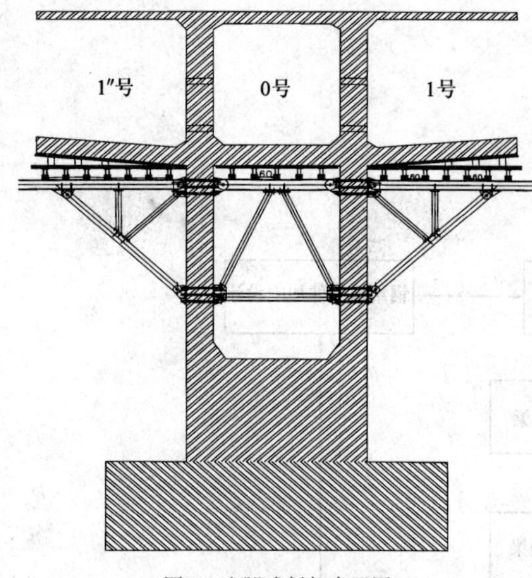

图2　牛腿式托架布置图

5.4　预应力的加载预压

选择具有代表性两组牛腿进行施加预应力反拉。选择反拉预压的牛腿分别为,腹板位置两片牛腿和顶底板位置两片牛腿。牛腿安装完成后需对螺栓和钢销连接情况进行详细全面的检查,然后进行预压设备杆件安装。预应力反拉前先定位锚固端,加载前先安装牛腿位置张拉横梁,张拉横梁采用两根 2m 的 200 型工字钢制做而成。锚固端位于承台位置的预埋精轧螺纹钢,锚固端采用400 型工字钢连接精轧螺纹钢,钢绞线采用锚环和夹片固定在工字钢位置。张拉加载端在张拉横梁上安装锚环但不安装夹片,这样做的目的是便于放张卸载。预应力加载设备采用预制箱梁张拉设备,钢绞线使用数量根据预压荷载和设备情况而定但不小于 4 根,钢绞线长度根据现场实测。

加载前检查钢结构有无变形,检查牛腿鹰架与桥墩间的连接是否牢固,检查合格后方能进行加载工作。荷载试验按施工中托架受力最不利的部位进行等效加载,测定各级荷载作用下托架产生的挠度。根据各级荷载作用下挂篮产生的挠度绘出挂篮的荷载—挠度曲线,为悬臂施工控制提供可靠的依据。加载按照分级加载进行从 0% →20% →40% →60% →80% →100%,逐级记录牛腿支架悬臂端挠度变化,满足要求后持荷观察杆件的抗疲劳稳定性。钢结构支架挠度根据《路桥施工计算手册》查得,$[f] = L/400 = 10.8\text{mm}$。

荷载统计:

$$G_{总} = 静载 + 动载$$

$$g_{静} = 钢筋 + 竖向预应力筋 + 混凝土 + 模板;g_{动} = 人员、设备 + 振捣、混凝土冲击$$

式中:静载取 1.2 安全系数、动载取 1.4 安全系数。

5.5　注意事项

张拉载荷必须认真计算和记录,由专人负责。在加载过程中,要求详细记录加载时间、吨位及位置,及时通知测量组进行现场跟踪观测。未经观测不能进行下一级荷载。每完成一级加载应暂停一段时间,进行观测,并对牛腿鹰架进行检查,发现异常情况应及时停止加载,及时分析,采取相应措施。如果实测值与理论值相差太大应分析原因后再确定下一步方案。

加载的全过程中,要统一组织、统一指挥,要有专业技术人员及负责人在现场协调,每加载一级都要测试所有标记点的数据。如发现局部产生变形时停止加载,对体系进行补强后方可继续加载。卸载时每级的卸载均待观察完成后,做好记录后再卸至下一级荷载,测量记录牛腿的弹性恢复情况。所有测量记录资料要求当天上报试验指导小组,现场发现异常问题要及时汇报(图3)。

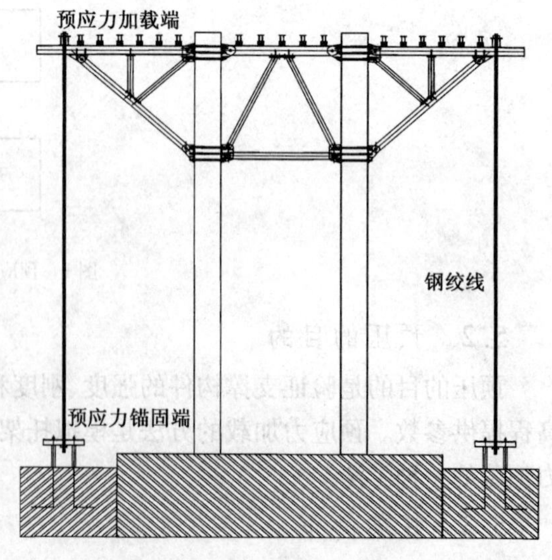

图3　预应力加载预压图

6　材料与设备

采用的机具设备配置如下：

(1)200t 穿心式自锚液压千斤顶两台套。

(2)4 孔工作锚、4 孔工具锚各两套。

(3)20t 螺旋式千金顶 4 件。

(4)锚固端横梁 4×1m200a 工字钢；张拉端横梁 4×2m200a 工字钢。

(5)锚固端预埋 ϕ32 精轧螺纹钢 4×2.5m。

(6)ϕ_s=15.2 低松弛钢绞线。

7　质量控制

7.1　工程质量执行标准

(1)合同段招标文件中规定履行的相关标准。

(2)国家、交通部颁发的有关文件及设计、施工规范及验收标准。

7.2　质量保证措施

(1)建立质量管理领导小组，质量管理领导小组是整个工程质量管理的最高领导机构，由项目经理、技术负责人、质检科长、试验室主任组成。质检科和试验室专职抓现场质量管理，在施工过程中对各个工序进行检查和检测。

(2)建立完善的工地实验室，配备满足适应工作需求的试验工程师，对各种原材料必须进行严格的检验，坚决做到不合格的材料不进场，以确保进场材料满足技术规范的要求。对不合格的产品不得用于下一道工序施工中。

(3)坚持“三检”制度，即自检、互检、交接检。

(4)树立全员质量意识，加强对施工人员全面、系统、全方位的质量教育，使“质量第一，顾客满意”的思想成为广大员工的自觉行为准则。

8　安全措施

8.1　安全施工措施

(1)为保证工程的顺利进行，抓质量的同时必须抓安全，因此质量要以安全作保证，在质量控制的同时，加强安全控制，工程质量和施工安全并重是工程建设两大永恒主题。为此，项目部成立安全领导小组，确定工程项目安全目标，使整个施工安全都处于受控状态，把安全隐患消除在萌芽之中。

(2)建立由项目经理作为第一安全负责人，由项目副经理、总工程师、施工队长三条线分管共抓的安全管理网络，形成项目安全保证体系。项目副经理分管安全和材料供应科、机械设备科，具体负责进行安全措施的制订落实；总工程师分管工程技术科、质检科，从技术方案角度来制定安全生产措施。项目经理通过设立专、兼职安全员及制定安全责任制度，做到有计划、有组织、有措施，实行工程施工安全一票否决制，将安全生产措施落实到人，从而确保工程项目安全顺利实施。

8.2　安全制度保证

(1)建立各级人员安全生产责任制度，明确各级人员安全责任，责任落实到人。各施工队有明确的安全考核指标和包括奖惩办法在内的保证措施。

(2)建立定期安全检查制度。有时间、有要求，明确重点部位、危险岗位。安全检查有记录。对查出的隐患及时整改，做到定人、定时间、定措施。

(3)所有工作人员必须进行安全技术培训。工人掌握本工种操作技能，熟悉本工种安全技术操作规程；特种作业人员经培训考试合格持证上岗。

(4)工程施工前进行全面的、针对性的安全交底,接受交底者履行签字手续;班组在班前进行上岗交底、上岗检查、上岗记录的“三上岗”和每周一次“一讲评”的安全活动。对班组的安全活动有考核措施。

(5)建立事故档案,按调查分析规则、规定进行处理和报告。

(6)施工现场危险场所设有安全警示牌,必要时要有安全防护围挡,避免人员误入引起人身伤害事故。

8.3 施工安全管理保证

(1)项目部、施工队设置的专职安全员对现场进行安全监督、检查,发现有不安全隐患,即可提出整改,并有权对违章操作人员行使处罚及下达停工令。班组兼职安全员在每天上班前,对班组全体人员做3~5min 安全教育,特别对机械操作手要进行安全提醒。

(2)施工现场各工点要有明显的各种提示牌及警示牌,危险部位设栅栏封闭,施工地段设置必须的警示牌(灯)和警戒防护设备以保证来往行人及车辆的安全。在大雾、大雨及夜晚设专人在施工道口警戒和防护。

(3)施工间隙或夜间大型专用设备均集中摆放,各站点设专人看护,做好防盗工作。

(4)施工安全用电。现场用电按标准规范要求架设和使用,电器设备安装漏电保护器;车流量大的施工地段,架设动力线路采用较大截面的地下电缆通过,保证架设高度满足车辆安全通过。

(5)各类施工机械设备安全保证措施

①项目部机械设备部对工地所有机械统一定期进行安全检查,发现问题及时解决,消除不安全的因素。

②各种机械设备均要制定安全技术操作规程,认真检查落实情况。

③机械操作人员必须听从施工人员的正确指挥,精心操作。但对施工人员违反操作规程和可能引起危险事故的指挥,操作人员有权拒绝执行,并及时向工地负责人反映。

9 环保措施

(1)成立相应的环境保护组织机构,在施工中严格遵守国家和地方政府下发的有关环境保护的法律、法规、和规章制度。加强对各种可能对环境造成污染的因素进行控制和治理。遵守相关的环境保护规章制度。认真接受各级环保部门的监督检查。

(2)将施工场地和作业限制在工程建设允许的范围内,合理布置、规范围挡,做到标牌清楚、齐全,标识醒目,施工场地文明、整洁。

(3)对施工中可能影响到各类公共设施制定可靠的防损坏措施,加强实施过程中的监测、应对、验证。同时将相关方案对全体施工人员进行技术交底。

(4)设立各种废弃物的集中处理设施,做好处置,从根本上防止施工对环境造成的污染。

(5)定期清运施工垃圾,做好废弃物在运输过程中的防洒落和防污染措施,废弃物按当地环保部门的要求进行处置。

(6)选用环保的施工机械,将施工造成的噪声降到最低,同时尽可能避免夜间施工。

(7)对施工场地道路进行硬化,并经常对施工便道进行洒水,防止尘土飞扬。

10 资源节约

由于预应力反张拉预压突破常规堆载预压思路,特别适用于大跨径桥梁上部构件支撑体系预压施工,基本不需要投入机械和堆载材料就能够更接近结构实际承载状态,同时加载精度更精确。因为取消了庞大的配载和减少机械投入,并且张拉预压设备材料可回收利用,因此可以节约大量燃油和设备材料。

11 效益分析

该工法有别于以往常规的堆载预压方法,优点比较突出实施简易、工时少、无需额外投入任何材料、基本不需投入机械、能够更接近结构实际承载状态、加载精度更精确等。预应力反张加载预压工法的成功应用功效明显提高,施工期间节省了庞大的堆载材料、人工、工字钢、模板、架杆、起吊设备等,工料机的投入成本明显降低并且工法实施简便易于操作,此工法的适用性、安全性、经济性经工程实践验证可靠。

12 应用实例

本工法经过在甘肃省雷西高速公路 LX12 合同段教子川大桥、LX14 合同段驿马沟大桥施工中的成功应用,获得了甘肃省工程处业主的好评及认可,并在雷西高速公路施工中得到推广,验证了其适用性、安全性并证实该工法成熟可靠。

城市景观桥梁干挂石材施工工法

GGG(黑)C3093—2013

刘晓东　崔晓东　毕建伟　金　毅　简　红
(黑龙江省龙建路桥第六工程有限公司)

1　前言

干挂石材施工技术是近年来在众多装饰工程中较为先进的施工技术,该技术与传统的湿作业技术比较,免除了灌浆工序,可缩短施工周期,减轻建筑物自重,提高抗震性能,更重要的是有效地防止灌浆中的盐碱等色素对石材的渗透污染,提高其装饰质量和观感效果。传统的以灌浆为连接手段的饰面板,由于季节性室外温差变化引起的外饰面胀缩变形,使饰面板可能脱落,对人身安全造成威胁,相比之下,干挂石材的施工工艺可有效预防饰面板脱落伤人事故的发生,因此,它被广泛应用于工民建筑以及大型公共建筑的石材内外饰面板安装工程中,此技术在我国桥梁包括城市景观桥施工中罕有应用。

我公司在鸡西市政工程规划二路景观桥和建工街景观桥施工中,运用该技术,在国内景观桥梁施工中尚属首例,且取得了较好效果,受到当地政府及业主的肯定,并及时总结经验,不断研发总结,逐步完善形成《城市景观桥梁干挂石材施工工法》。本工法是首先在桥梁主体施工时预埋钢板及螺栓,之后直接在石材上打孔,并通过钢骨架与桥梁施工时预埋钢板用焊接和螺丝固定的方式相连接,再用密封胶进行加强固定,从而使分散的石材形成统一美观的整体,达到桥梁整体装饰的效果。该工法经科技查新国内未见相同文献报道。本工法2012年被评为龙建路桥股份有限公司优秀工法。

2　工法特点

(1)该工法操作简单,工艺灵活,易于掌握。
(2)板材之间独立受力,独立安装,独立更换,节点做法灵活。
(3)连接可靠,结实耐用,且石材面板有较高的抗震能力。
(4)可准确控制石材安装,确保墙体表面平整度,保证饰面美观。
(5)工厂化施工,板材上墙后调整工作量少,缩短工期,降低成本。

3　适用范围

本工法适用于城市景观桥石材干挂的各类工程,并可延伸到其他石材装饰工程。

4　工艺原理

城市景观桥梁干挂石材的施工原理是直接在石材上打孔,并通过钢骨架与桥梁施工时预埋钢板用焊接和螺丝固定的方式相连接,再用密封胶进行加强固定,从而使分散的石材形成统一美观的整体,并达到桥梁整体装饰的效果。

5　施工工艺流程及操作要点

5.1　工艺流程图(图1)

5.2 操作要点

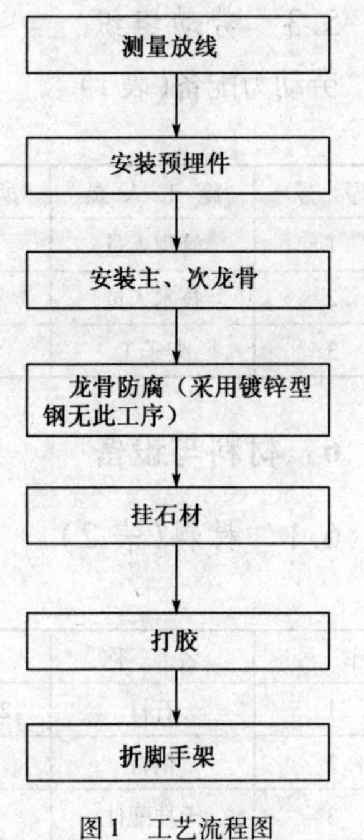

图1 工艺流程图

1)预埋件的安装

(1)预埋件要具有方向性,严格按照图纸尺寸预埋。预埋钢板应与混凝土面平齐,混凝土面不得高于预埋钢板。

(2)混凝土面应水平,螺栓外露部分应与混凝土面垂直,螺栓顶部偏离垂直位置不应大于1mm,螺栓间间距误差为1mm。

(3)预埋件准确定位后,在浇筑混凝土,混凝土施工过程中及施工完毕时,均需不断进行检查和校正。

2)技术准备

(1)依据图纸仔细审图,复核设计院设计计算,确保结构体系能够承受各种荷载(包括地震水平荷载)。

(2)依据工程实际情况进行测量,绘制石材立面分割图,交予石材厂进行加工。

(3)分割图中的石材绝大部分要做到按模数分割,以便施工中发现有石材损坏时能调换。

(4)依据石材施工图(分格图和大样图)进行放线。放线主要依据轴线弹出墙洞口的位置线。外墙 +50 线要预先弹出来。

3)安装焊接主、次龙骨

(1)打膨胀螺栓,焊接主龙骨。主龙骨与连接角钢必须采取三面围焊。主龙骨焊好之后焊次龙骨。

(2)次龙骨的焊接要求水平,而且必须与石材横缝对应。要保证石材挂完之后能够交圈。

(3)次龙骨的焊缝要求要大,因为该处焊受的应力较大。焊脚尺寸宜在8mm以上。

4)龙骨防腐

(1)防锈漆采用红丹防锈漆,石材如果打胶不严将来可能导致漏水,一旦漏水将腐蚀型钢危及结构安全。

(2)刷防锈漆时要去掉焊渣,龙骨表面清理干净。

(3)若用镀锌型钢时,焊点必须刷三道防锈漆防腐处理。

5)石材安装

(1)石材的安装,依据分割图。精心造材。挂时要检测量是否有破损和颜色不一致。坏的石材不能用在工程中。发现有色差,要及时调换。

(2)石材安装自下而上。除特殊部位外,大墙面的干挂件(除连接件外)必须采用"T"形件。

(3)特殊部位的挂件采用L形挂件。挂时要挂小线控制平整和垂直。调节好后拧紧螺栓,螺帽。然后用胶枪将耐候胶嵌入槽内。

(4)石材安装采取由下而上和先大面后特殊的方法。大面指大墙面,特殊部位指一些桥外造型以及挑檐等部位。一般一块石板至少要有四个固定点。

6)打密封胶

(1)在打建筑密封胶前要将石材面清理干净,检测石材的表面平整度、垂直度、接缝大小、接缝高低等。是否存在色差。并应符合设计、规范要求。

(2)打胶前在缝隙两侧贴纸不干胶带。然后嵌入泡沫棒,泡沫棒比缝隙大3~4mm。打胶最薄处必须保证有3mm以上。

(3)缝清理干净,保证石材和胶牢固粘结在一起后将纸带撕掉。保证墙面雨水不渗入结构内。

7)验收

嵌完密封胶,经验收合格后可拆外脚手架。打胶验收包括进行淋水试验。

5.3 劳动组织

劳动力配备(表1)

劳动力配备 表1

序号	施工人员	所需人数	备注	序号	施工人员	所需人数	备注
1	管理人员	2		4	电焊工	5	
2	技术人员	2		5	电工	1	
3	架子工	10		6	普工	10	

6 材料与设备

6.1 材料(表2)

主要材料表 表2

序号	名称	规格	备注	序号	名称	规格	备注
1	石材	2.5cm 以上		4	耐候胶	进口	
2	钢材	镀锌型钢		5	泡沫棒	3~4mm	
3	干挂配件	不锈钢					

6.2 设备(表3)

主要设备、工机具配备表 表3

序号	工机具名称	规格	序号	工机具名称	规格
1	手提石材切割机		13	钢卷尺	2m,15m,50m
2	角磨机		14	开刀	
3	电锤	ZIC-22	15	方尺	
4	手电钻	6~13mm	16	线坠	大
5	手推车		17	托线板	2m
6	铝合金靠尺	2m	18	铝合金刮尺	2.5m
7	水平尺	1m	19	台钻	
8	铅丝	ϕ0.4~ϕ0.8	20	力矩扳手	
9	粉线包		21	开口扳手	
10	墨斗		22	嵌缝枪	
11	小白线		23	钢錾子	
12	无齿切割锯				

7 质量控制

7.1 引用标准

(1)《建筑工程施工质量验收统一标准》(GB 50300—2001)。

(2)《建筑装饰装修工程质量验收规范》(GB 50210—2001)。

(3)《建筑用硅酮结构密封胶》(GB 16776—2005)。

(4)《碳素结构钢》(GB/T 700—2006)。

(5)《金属与石材幕墙工程技术规范》(JGJ 133—2001)。

(6)《建筑材料放射性核素限量》(GB 6566—2001)。

(7)《干挂饰面石材及其金属挂件》(JC 830.1—2005)。

7.2 施工中的质量控制

(1)对于外墙石材干挂饰面,必须要有设计计算书,须经设计院审查合格后方可施工,保证结构的安全。

(2)严控材质质量关。材料员把好材料验收关,特别是石材,颜色不一致不能验收,碰伤、缺棱掉角的板材不能用在工程中。各种材料无合格证及检验报告不予验收。

(3)膨胀螺栓的紧固,要经全面检查验收。当怀疑抗拔力不够时要做抗拔试验。

(4)龙骨的焊接,每一个焊点要做全面检查。主龙骨与连接角钢三面围焊,焊脚大于7mm。次龙骨与主龙骨焊接要保证焊缝长度和焊脚尺寸。

(5)龙骨的防腐处理,要全数检查不得遗漏。

(6)严格控制放线准确,确保石材整体性好,饰面美观。

8 安全措施

(1)施工过程中严格执行国家安全法律法规要求。

(2)作业前检查脚手架、跳板、围栏的稳固性,跳板用铁丝绑扎固定,不得有探头板。

(3)规范地设置平、立安全网,安全网使用经安全认证的产品。

(4)患有高血压、癫痫病、贫血病等不适宜高空作业的人员禁止高处作业。

(5)洞口、电梯井、楼梯间未安栏杆处等危险口,必须设置盖板、围栏、安全网、警示标志等。

(6)夜间现场必须有足够的照明。

(7)上方操作时,下方禁止站人、通行,禁止下、下垂直交叉作业,必须同时作业时应采取封闭隔挡等可靠安全措施。

(8)工人操作应戴安全帽。

(9)严禁向下抛掷工具、物品、废料等。

(10)不使用破损电线,加强线路检查,设备金属外壳可靠接地,按"一机一闸一漏"接用电器具,漏电保护器灵敏有效,每天有专人检测,接电、布线由专业电工完成。

(11)制定操作规程,掌握各种机具的性能及可能产生的危害,高危机具由经过培训的人员专人操作。

9 环保措施

(1)严格遵守国家和地方政府下发的有关环境保护的法律法规及相关文件,建立企业内部环境保护体系。

(2)各项目必须成立专门的环保领导小组,对施工人员进行环境保护知识的培训。

(3)生产、储存场临时占地及时进行复垦,以利于保护农田。

(4)施工废水、废油、废渣、生活污水不得直接排入农田、耕地、灌溉渠和水库,更不得排入饮用水源。要采取集水井,集中外运或者深埋的办法。

(5)施工过程中利用的城镇及乡间道路或施工临时便道,要经常洒水降尘,减少灰尘造成环境的污染。施工车辆在居民区附近禁止鸣喇叭,施工隔离、减弱、分散,在规定时间内作业,防止噪声对环境的影响。

10 资源节约

(1)利用干挂工法施工,避免了传统湿贴工艺对石材的渗透污染,节省了湿贴法中用来贴石材的各种材料。

(2)干挂石材施工无需养生时间,节省养生用材料的同时也提高了工程进度。

(3)合理安排工序衔接,减少各道工序的待工时间,保证工序的连贯性,在减少工期的同时也节省了部分小型机械及油料。

11 效益分析

11.1 经济效益

城市景观桥采用干挂石材法进行外观装饰施工,改变了以往装饰工程使用的灌注砂浆或混凝土等胶凝材料的旧方法。干挂石材工艺利用耐腐蚀的螺栓和柔性连接件,将饰面石材干挂在建筑结构的外表面,石材与结构之间留出 40 ~ 50mm 的空腔,用此工艺做成的饰面,在风力和地震力的作用下允许产生适量的变位,以吸收部分风力和地震张力。有效防止了室外装饰经常出现的暴晒开裂、墙漆脱落等问题,免除了灌浆工序,一定程度上改善了施工人员的劳动条件,减轻了劳动强度,也有助于加快工程进度,缩短施工周期,降低施工成本。

11.2 社会效益

由于干挂工艺让石材与结构之间留有空地,有效地防止灌浆中的盐碱等色素对石材的渗透污染,提高其装饰质量和观感效果。减轻建筑物自重,提高抗震性能,有效避免了石材脱落现象,达到整个墙体的美观效果。装饰后的桥梁景观与周围城市景观完美呼应,成为城市建设中一道靓丽风景线。

12 应用实例

12.1 工程实例一

黑龙江省鸡西市鸡冠新区(西南新区)基础设施建设二标段(规划二路道路及桥梁工程),工程位于鸡冠西南新区鸡兴村,景观桥桥宽 23m,桥梁净长 60m,双向四车道。于 2012 年 4 月开工,于 2013 年 5 月建成通车。

12.2 工程实例二

黑龙江省鸡西市鸡冠新区建工街桥梁工程,工程位于鸡冠新区鸡兴村,景观桥里程桩号 K0 + 897.11,桥宽 50.5m,桥梁净长 60m,双向六车道。于 2012 年 6 月开工,于 2013 年 7 月建成通车。

以上两座景观桥桥梁装饰部分同样采用干挂石材工艺,施工中采用《城市景观桥梁干挂石材施工工法》,经过一年多的使用,桥梁装饰石材无任何松动、脱落现象,墙体洁净、美观,提高了景观桥使用功能及服务水平,提高工作效率,得到鸡西市政府及城市广大居民的一致好评。且该工法应用在施工中,免除了灌浆等常规的繁琐工序,很大程度上改善了施工人员的劳动条件,减轻了劳动强度,加快施工进度,大大的缩短了工期,有效地降低了施工成本,取得了良好的社会效益和经济效益。

预制预应力 30mT 梁封锚端施工工法

GGG(辽)C3094—2013

李东华　潘广学　李广柱　王德龙　蔡　华
（辽宁省路桥建设集团有限公司）

1　前言

预应力 30mT 梁的预制已有一套完整成熟的施工工艺，但对后期的梁端封锚的研究稍有滞后。传统的封锚方法由于使用模板较多、固定困难，导致梁端漏浆涨模现象比较普遍，混凝土难以振捣密实，新旧混凝土接缝处理不好、外观质量差。

为了有效解决 T 梁封锚过程中出现的一系列质量问题，辽宁省路桥建设集团有限公司组成了攻关技术小组，由项目经理组织项目总工、工程管理部、安全质量部、材料设备部等相关人员，经过多次考察借鉴、研究改进从 T 梁预制期间的模板入手，使得 T 梁封锚具有结构简单、施工方便、便于质量控制、外观效果明显等优点。先后在辽宁锦州滨海公路哈大铺大桥、阜新至盘锦高速公路和大凌河特大桥工程施工时均采用此种方法进行 T 梁封锚，经认真总结形成本工法。

2　工法特点

(1)封锚大部分混凝土和 T 梁同时浇筑保证封锚混凝土的整体质量。

(2)在 T 梁预制期间将端模做稍许改动，将端头部位折线形的模板改为直线形中间预留张拉凹槽的整体模板。在梁端顺桥向不存在混凝土接茬，从而大大提高了 T 梁整体外观形象，具体改变之处参见图 1、图 2。

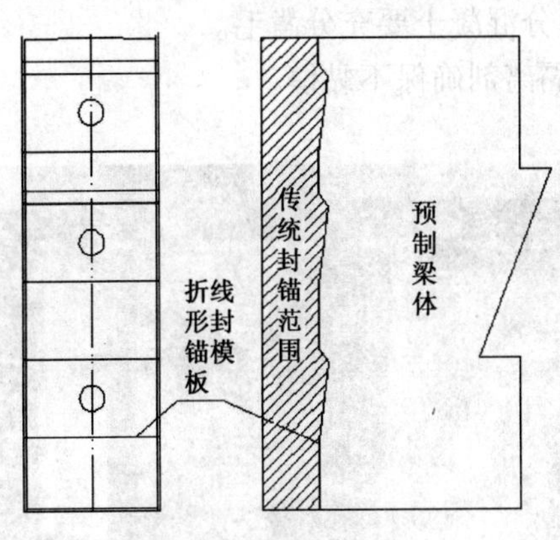

图 1　传统封锚模板示意图

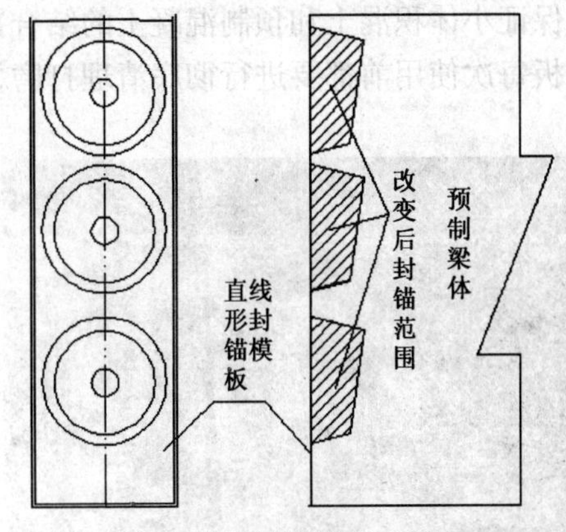

图 2　本工法封锚模板示意图

(3)由于后期只剩下极少部分混凝土的浇筑，从而提高了工作效率。

(4)后期封锚仅使用小面积的平模，也节约了施工成本。

(5)相比传统封锚模板装拆灵活，操作方便，拼拆快速省力，施工速度是传统封锚的 7 ~ 8 倍(传统封锚要支立底模、两侧模和端头模板四块；改变后只支立一块端头模板即可)。

3　适用范围

本工法适用于预应力 T 梁、箱梁的封锚施工。

4 工艺原理

将预应力梁板的大部分封锚混凝土浇筑工作转移到梁体预制期间同时完成。张拉部位预留千斤顶张拉槽,张拉完毕后用极少的混凝土进行局部封堵即可。

5 工艺流程及操作要点

5.1 工艺流程

T梁绑扎腹板钢筋→安放模板→绑扎翼板钢筋→浇筑混凝土→拆除模板→待强→预应力张拉→压浆→待强→安放钢筋网片→安放千斤顶预留位置处小块模板→浇筑小体积混凝土→拆模养生。

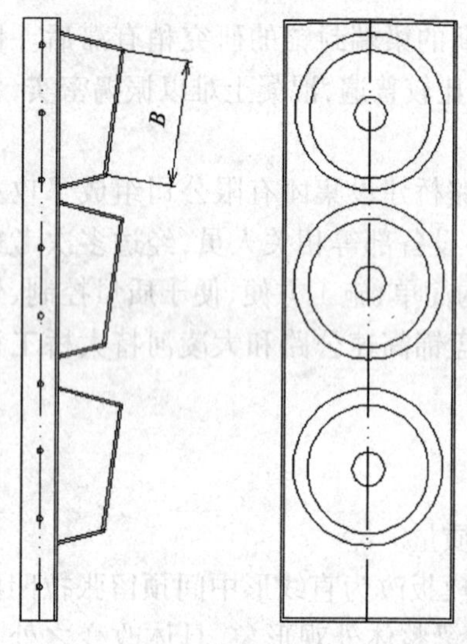

图3 封锚端模制作示意图

5.2 操作要点

(1)模板制作时一定要仔细研究梁板及千斤顶的几何尺寸,尤其是梁板的长度;在支立模板时要将尺寸支准并且要反复校核。确保梁板长度及预留千斤顶槽坑能放进千斤顶(B值大于千斤顶直径)(图3~图5)。

(2)模板要有足够的刚度和强度。

(3)模板制作时要留有足够的外倾角以便于模板的拆卸,确保梁体混凝土完整无破损(图6)。

(4)张拉钢绞线时千斤顶安放要小心谨慎,防止损坏以浇筑完成的混凝土边角(图7)。

(5)支立小体积混凝土模板时,每块小模板上部预留孔要小,以方便浇筑混凝土为宜(图8)。

(6)后期浇筑小体积混凝土时一定要用捣棒捣实,在外侧敲打模板排出气泡,确保后浇筑混凝土密实光滑(图9)。

(7)为保证小体积混土和预制混凝土的结合预制部分混凝土要充分凿毛。

(8)模板每次使用前都要进行彻底清理打磨,涂抹隔离剂确保不黏模。

图4 端头模板

图5 端头模板拆除前

图6　端头模板拆除后

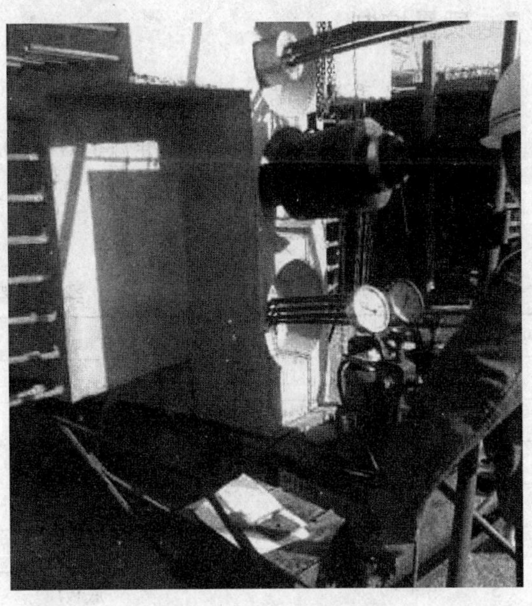

图7　预应力钢绞线张拉

图8　封锚模板支立

图9　封锚后

6　材料与设备(表1)

表1

序　号	设备名称	设备型号	单　位	数　量	用　途
1	端头模板	定制	块	与边跨对应	预制时支立
2	竹木胶板		m^2	若干	封锚时封堵
3	木方	10×10	根	若干	加固模板
4	插钎	自制	个	若干	混凝土振捣时

7 质量控制

7.1 工程质量控制标准

(1)《公路工程质量检验评定标准》(JTG F80/1—2004)。
(2)《公路桥涵施工技术规范》(JTG/T F50—2011)。

7.2 实测项目(表2)

梁板混凝土实测项目　表2

项次	检查项目		规定值或允许偏差	检查方法和频率
1	混凝土强度(MPa)		在合格标准内	
2	梁板长度(mm)		+5, -10	尺量:每梁(板)
3	宽度(mm)		±20	尺量:检查3处
4	高度(mm)		±5	尺量:检查2个断面
5	断面尺寸(mm)	顶板厚	+5, -0	尺量:检查2个断面
		底板厚		
		腹板或梁肋		
6	平整度(mm)		5	2m直尺:每侧面每10m测1处
7	横系梁及预埋件位置(mm)		5	尺量:每件

8 安全措施

(1)现场设立安全操作规程、安全警示标志,使工人了解此项工作的危险性。
(2)对操作工人进行严格的岗前培训、技术交底使其对关键环节熟记于心。
(3)施工时其余人员要远离操作现场,禁止围观、逗留。
(4)定型模板要等经常检验不得出现开焊、松动,局部坑槽变形。
(5)各种线路的连接要由专业电工操作。
(6)操作人员需佩戴安全防护用品。

9 环保措施

(1)梁板的封锚使用混凝土数量极少,注意多余混凝土弃渣的处理,不得随意丢弃。
(2)施工完成后要做到工完、料净、场清。
(3)模板的支立及加固要统一规划,不得随意乱拉乱绑,导致现场混乱。
(4)现场施工人员需统一着装。
(5)按环保要求设立明显警示标示牌。

10 效益分析

(1)此种方法封锚用钢筋工1人,木工3人,混凝土工1人。大大节约了人力,减少了模板的使用数量,缩短了施工时间。

(2)哈达铺大桥共计T梁279片其中边跨144片,由于采用此种封锚施工方案节约人工454(工日)节约人工费54 480元,节约材料费36 000元。

(3)阜新至盘锦高速公路第八合同段共计预制梁板730片其中边跨365片,继续采用此种施工方案经计算节约人工1 151(工日)节约人工费161 140元,节约材料费91 250元。

(4)大凌河特大桥共计T梁846片其中边跨423片,经计算节约人工1 334(工日)节约人工费

200 100 元，节约材料费 105 750 元。

11　应用实例

(1)2008 年 9 月至 2009 年 10 月，辽宁滨海公路哈达铺大桥新建工程施工中采用此工法。

(2)2009 年 10 月至 2010 年 11 月，阜新至盘锦高速公路第八合同段路基桥涵工程施工中采用此工法。

(3)2013 年锦州大凌河特大桥工程项目施工中采用此工法。

(4)以上三个项目由于采取了此种施工方法进行施工，梁板质量得到了很好的保证，也未出现过任何安全事故，节约了大量的人力、物力，取得了较大的经济效益，得到了建设单位、监理单位的一致好评，并多次组织相邻的标段到预制场进行现场参观学习。

悬索桥加劲梁轨索滑移法架设施工工法

GGG(湘)C3095—2013

张念来　苏巧江　盛　希　杨　恒　易继武

(湖南路桥建设集团公司)

1　前言

现代悬索桥加劲梁传统的架设方法主要有三种:桥面吊机悬拼法、缆载吊机法、缆索吊装法,这三种方法会受到运输条件、起吊高度、桥梁跨径、架设工期、用钢量大等条件限制,均有很大的局限性,尤其对于运输条件困难、桥梁净空高、跨径大的山区悬索桥,加劲梁架设成为世界级技术难题。

矮寨大桥为主跨1 176m的钢桁加劲梁单跨悬索桥,跨越德夯大峡谷,桥面离谷底355m。因采用常规运输方式受地形限制,为解决大吨位悬索桥加劲梁架设水平运输的难题,湖南路桥建设集团公司经过3年多的研发,通过技术创新,采用"轨索滑移法"新技术,安全、高效地完成了茶洞岸、吉首岸上部结构共69个节段钢桁加劲梁架设施工任务,成功地解决山区悬索桥加劲梁架设的难题,为悬索桥加劲梁架设提供了一种全新原创的安全、高效、经济效益高的施工技术,经总结形成本工法。本工法关键技术获国家发明专利3项、实用新型专利2项、中国专利优秀奖、湖南省技术发明一等奖。2013年6月,由交通运输部科技司组织的关键技术研究成果鉴定认为,该项目研究成果总体达到国际领先水平,并取得了显著的经济和社会效益,具有广阔的推广应用前景。

2　工法特点

(1)施工成本低,充分将主缆与吊索等永久结构用于施工结构。

(2)结构性能好,工艺可靠,方法新颖。巧妙地利用由主缆、吊索、轨索组成空间索网体系,结构性能稳定,抗风能力强,十分有利于高空吊装作业。

(3)操作简单,安全可靠。仅操控两台智能卷扬机就能完成梁段牵引,大幅度减少加劲梁在空中的拼装工作量,降低施工安全风险。

(4)施工效率高,是传统方法的4~6倍,加劲梁架设速度达到15m/d。

(5)加劲梁用钢量少,降低桥梁造价费用。本工法架设加劲梁阶段内力较小,可减少加劲梁高度,有利于节约加劲梁用钢量,降低桥梁造价费用。

(6)不受运输条件的限制。本工法既适用于没有水运条件的山区峡谷,同样也可运用于跨江海的悬索桥。

(7)跨度不受限制,承载能力大。轨索的跨度由吊索的间距决定,轨索的张力和吊点间的弹性变形不受桥梁主跨径大小的直接影响。

3　适用范围

本工法适用范围广,不仅可用于山区悬索桥加劲梁架设,还适用跨江河悬索桥加劲梁架设与拱桥的主梁安装等领域,亦可用于林业、矿业架空索道运输系统等。

4　工艺原理

本工法工艺原理是:利用悬索桥的永久结构——主缆和吊索,作为承重及传力结构,在吊索下端安装吊鞍与若干根水平钢丝绳索轨，将加劲梁节段通过运梁小车沿索轨从岸侧水平滑移至跨中完成拼装，由跨中逐段向两岸延伸，直至全部主梁贯通。

5 施工工艺流程及操作要点

5.1 施工工艺流程

轨索滑移法加劲梁节段架设总体施工流程见图1，加劲梁架设总体施工部署见图2。

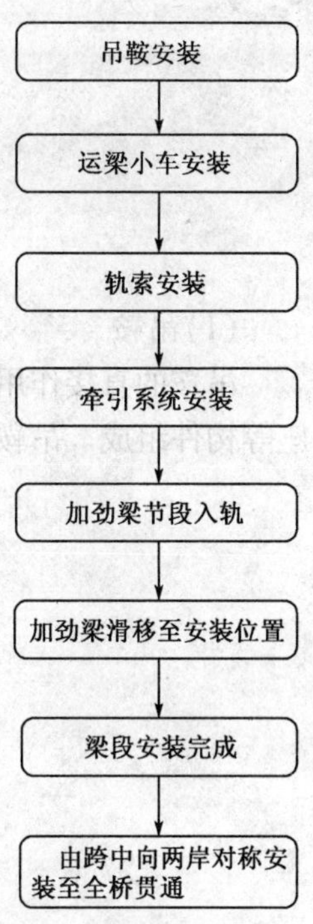

图1 加劲梁节段架设总体施工流程图

5.2 施工操作要点

1)施工场地布置

为满足轨索系统安装与加劲梁拼装施工场地的需要，场地布置应满足以下要求(图3)。

(1)轨索两端锚固于两岸桥台后方，轨索两端的锚固位置与其他设施合理分布，确保结构受力安全。

(2)两岸均设置具备2个标准节段拼装台座的拼梁区。为减小雨季对施工的干扰，在两岸拼梁场上方均设置防雨棚。

(3)每个拼梁场设置一个节段的等待区，等待区设置目的是尽早腾出拼装台座，进行下一轮次节段的拼装，以节约工期。

(4)节段入轨区位于等待区的跨中侧，设置于主缆上的临时吊点的正下方。

2)主要设备与工装介绍

本工法需要使用的主要设备由吊鞍、轨索、运梁小车、跨缆吊机、天顶小车与自升降吊篮、牵引卷扬机等组成。轨索移梁系统整体构造见图4。

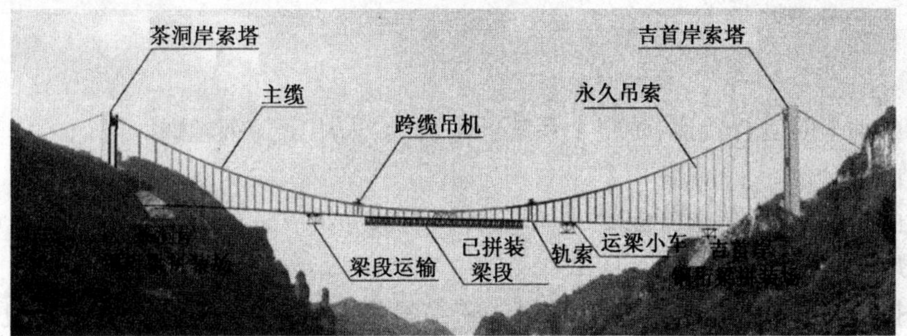

图2 加劲梁架设总体施工部署

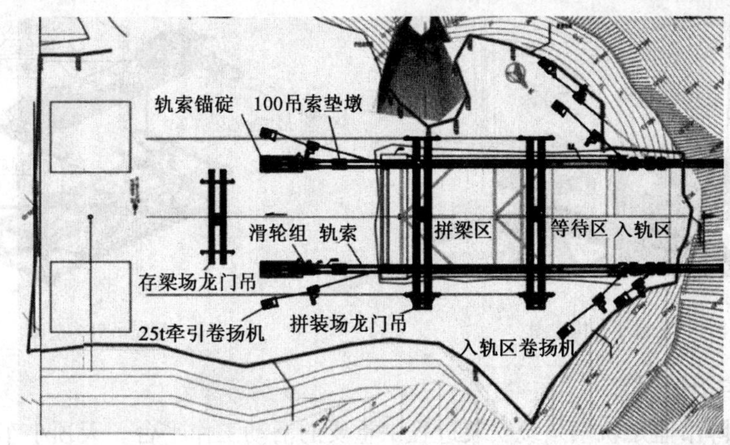

图3 加劲梁拼装场场地布置图

图4　轨索移梁系统整体构造

(1)吊鞍

吊鞍的直接作用是给轨索提供支承,并将轨索的荷载传至吊索和主缆。吊鞍由鞍体、吊耳、轨索鞍座等构件组成。吊鞍一般构造见图5。

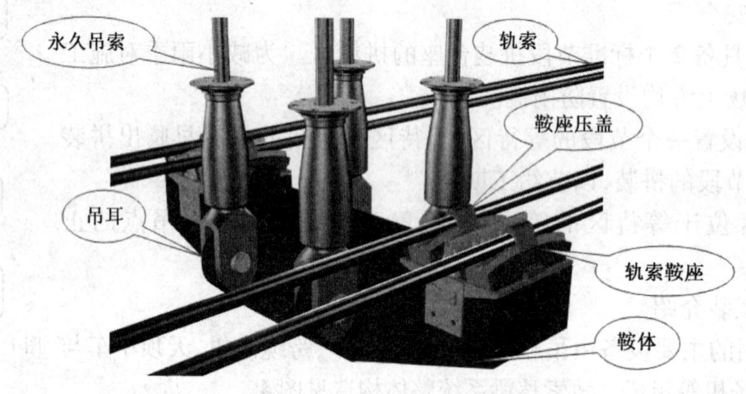

图5　吊鞍一般构造图

(2)轨索

轨索作为运梁小车的运行轨道,是整个系统的生命线,采用密封钢丝绳。

(3)运梁小车

运梁小车是由滑轮组、三角形分配梁、矩形分配梁三部分组成。运梁小车构造见图6。

(4)跨缆吊机

加劲梁垂直提升采用液压提升式跨缆吊机。跨缆吊机由钢主桁梁、步履式行走机构、液压提升设备、吊具扁担梁、发电设备等部分组成。跨缆吊机见图7。

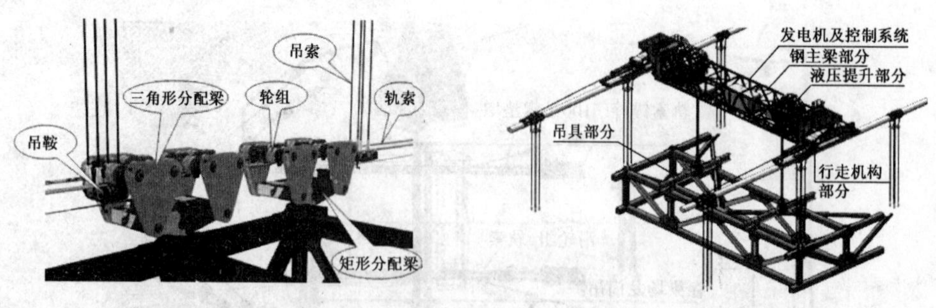

图6　运梁小车构造图　　图7　跨缆吊机构造图

(5)天顶小车与自升降吊篮

天顶小车及自升降吊篮是轨索系统安装过程中重要的活动工作平台。天顶小车与自动升降吊篮示意见图8。

(6)牵引卷扬机

为精确控制运梁小车牵引过程的的同步性,牵引卷扬机采用智能变频调速卷扬机。智能变频调速卷扬机组成见图9。

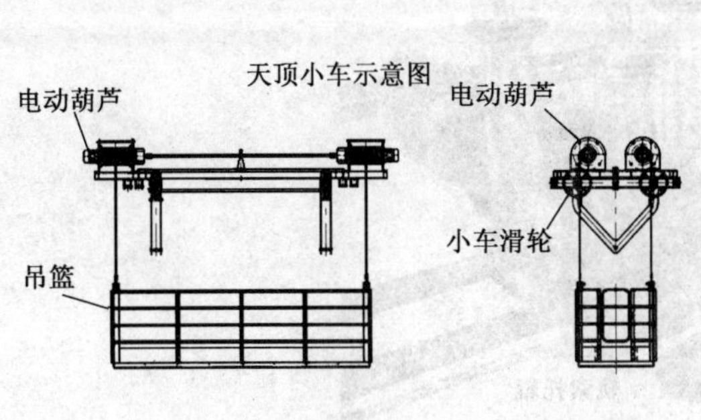

图8 天顶小车与自升降吊篮示意图

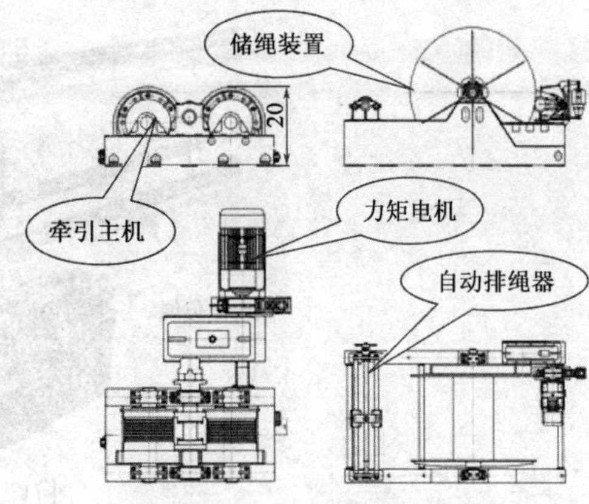

图9 智能变频卷扬机结构总图

3)轨索系统安装

(1)吊鞍安装

首先用天顶小车将吊鞍沿猫道运送至各索夹处,临时悬挂在索夹下方,用手拉葫芦和卷扬机将吊鞍下放至吊索下端,操作人员在天车吊篮内将吊鞍与吊索销接起来,吊鞍安装步骤见图10。

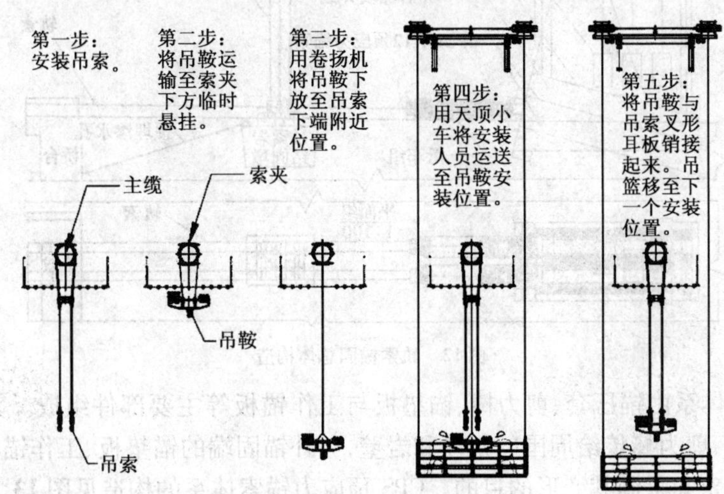

图10 吊鞍安装步骤

吊鞍悬挂于吊索下端,暂时处于自由摆动状态。设置2根通长的钢丝绳作为定位绳,定位绳用卷扬机张紧后,将定位绳与每个吊鞍锁定,以实现对所有吊鞍的纵向约束。

(2)轨索安装

在吊鞍纵向定位绳安装的同时,将牵引索穿于托辊中。牵引绳利用吊鞍上的托辊作为托架(图11),用卷扬机牵引钢丝绳到达对岸。吊鞍与轨索牵引绳安装完成后,正式开始轨索牵引。

轨索尾端从放索架中出来后带尾丝继续往前放,轨索前端在卷扬机的牵引下到达对岸,拆除牵引索与轨索的连接套筒,现场进行锚头锌铜合金浇铸,检验锚头合格后与锚固底座销接,一根轨索牵引即告完成。循环以上步骤,直至所有轨索全部牵引完成。

(3)轨索锚固

为确保轨索锚固牢靠,采用CPS剪力分散型岩锚体系将轨索锚固于岩体中。轨索锚固设计及施工要点如下:

①锚固设计

轨索锚固采用 CPS 预应力岩锚 + 滑轮组连接的方式锚固,滑轮组固定端与轨索锚固底座连接,动滑轮组连接轨索。轨索锚固见图 12。

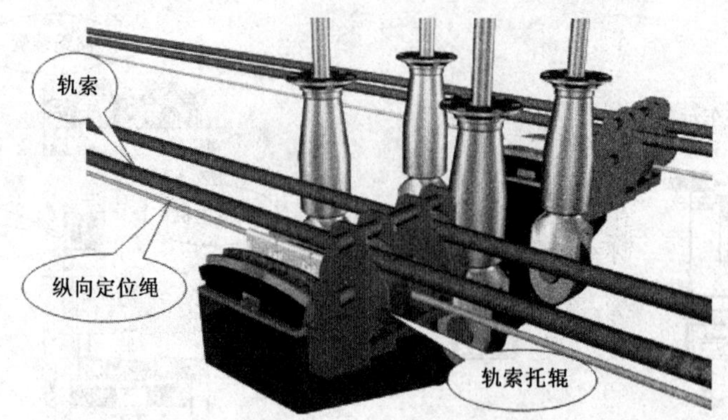

图 11 轨索牵引通过托辊

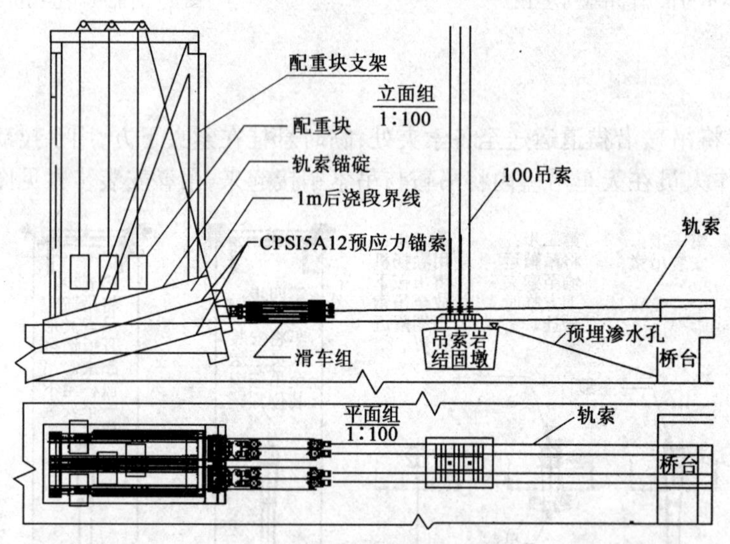

图 12 轨索锚固总体构造

CPS 预应力锚索体系由锚压套、剪力棒、锚垫板与工作锚板等主要部件组成。其受力原理是:钢绞线的拉力通过锚压套、剪力棒传给周围的浆体和岩壁,与外锚固端的锚垫板、工作锚板一起共同作用,从而达到使被加固体稳定和限制其变形的目的。CPS 预应力锚索体系的构造见图 13。

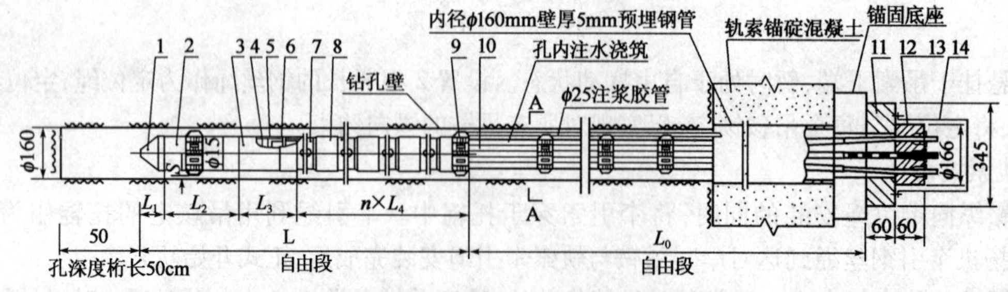

图 13 CPS 预应力锚索构造图

1-导向帽;2-锚压套;3-密封筒;4-钢铰线;5-水泥砂浆;6-注浆管;7-剪力棒;8-承压棒;9-对中架;10-PE 护套;11-垫板;12-工作锚具;13-夹片;14-保护罩

②轨索锚碇施工

轨索锚碇施工的工艺流程是:基坑开挖→钻孔→安装锚索→注浆→锚固底座安装→锚碇混凝土浇筑→锚索张拉→安装保护罩。轨索锚碇施工要点如下:

a. 钻孔。基坑开挖后进行锚索钻孔，锚索钻孔宜采用风洞干钻法施工。钻孔深度的最终值通过钻进过程中对地质岩性的分析判断来决定，必须保证锚索的锚固段处于完整的岩体中，同时受压区岩体不能有溶洞、裂隙、黏土夹层等不良地质。

b. 锚索安装。CPS预应力锚索在在专业厂家制造后打盘运至工地，现场将锚索散盘顺直摆放再插入孔内进行安装。注意对中架的安装，以保持锚索在孔内居中。

c. 锚索压浆。采用从孔底开始向孔口压浆技术，压浆应连续、一次完成，直至孔口出现浓浆为止。确保CPS预应力锚索锚固段注浆饱满，浆体强度应≥40MPa。

d. 锚固底座安装。轨索锚固底座是CPS锚索与轨索之间非常重要的连接构件（构造见图14），锚固底座安装时底板的孔位应与锚索孔位严格对中，误差应小于5mm。

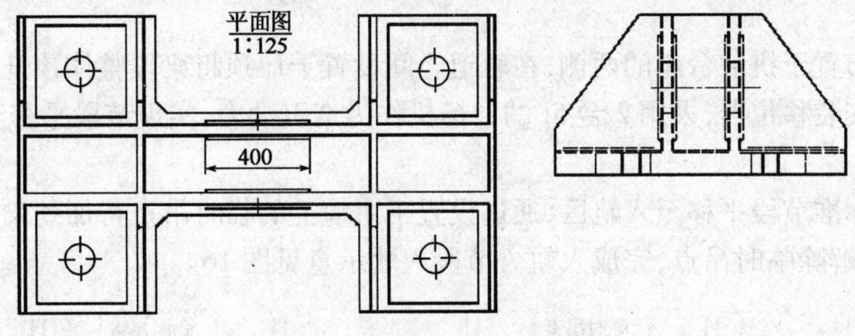

图14 轨索锚固底座结构图

e. 轨索锚碇混凝土浇筑。轨索锚碇按设计与施工规范要求，钢筋绑扎与模板安装经验收合格后进行现场浇注，锚孔周围应仔细振捣，保证混凝土质量。

f. 锚索张拉。张拉前进行张拉设备的配套标定，注浆体强度达到设计强度的100%方可进行张拉。张拉采用锚索预拉力与伸长值双控值校核来综合控制锚索应力。为监测锚索张拉受力后索力变化情况，保证施工安全，张拉前在锚索上安装测力传感器。

③轨索张拉

先将轨索固定端与锚固底座连接，再在活动端通过动滑轮组尾绳与悬挂在支架上的配重块连接，配重块重量乘以动滑轮钢丝绳的组数即为轨索张拉的设计吨位。

4）牵引系统安装

（1）运梁小车安装

运梁小车先在轨索下方装配成整体，用临时吊点将小车悬挂于空中。轨索架设时，需从运梁小车矩形梁顶面穿过，待轨索张拉完成后，再将临时吊点悬挂的运梁小车下放，使运梁小车钩挂到轨索上，运梁小车安装示意图见图15。

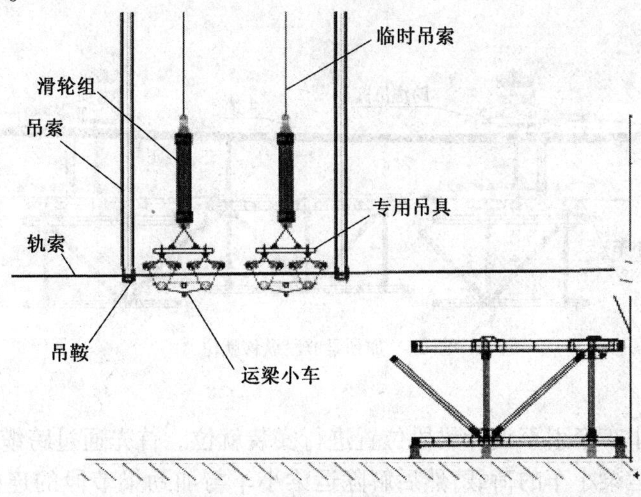

图15 运梁小车安装示意图

(2)牵引系统形成

运梁小车行走采用智能变频卷扬机作为牵引动力。主牵引卷扬机牵引系统采用循环路线:卷扬机前点→吊鞍顶面→跨中转向滑轮→吊鞍底面→运梁小车前点→运梁小车后点→动滑轮张紧轮→卷扬机后点。

5)加劲梁节段拼装及入轨

(1)节段拼装

两岸均设置两个拼装台座同时施工,每轮拼装完成后,靠外侧的梁段进入入轨区,内侧的梁段进入等待区,腾出台座进入下一轮拼装。

(2)节段平移与入轨

①节段平移

节段平移轨道布置于拼装台座的两侧,在轨道之间设置千斤顶将梁段整体顶升5cm,在加劲梁主桁架下弦杆节点下方安装移位器,采用2台5t的卷扬机作为牵引动力,实现节段平移至入轨区。

②节段入轨

将完成拼装的标准节段平移至入轨区,通过设置于主缆上的临时吊点将加劲梁节段起吊,提起加劲梁与运梁小车对接,解除临时吊点,完成入轨。节段入轨示意见图16。

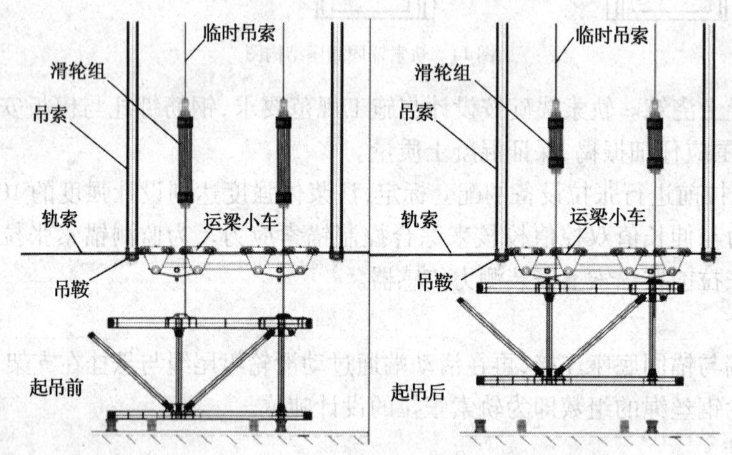

图16 节段入轨示意图

6)加劲梁节段轨索滑移法安装

(1)节段安装顺序

加劲梁安装顺序由跨中向两岸对称逐节段依次架设进行,直至全桥所有节段架设完成。加劲梁节段纵移就位示意见图17。

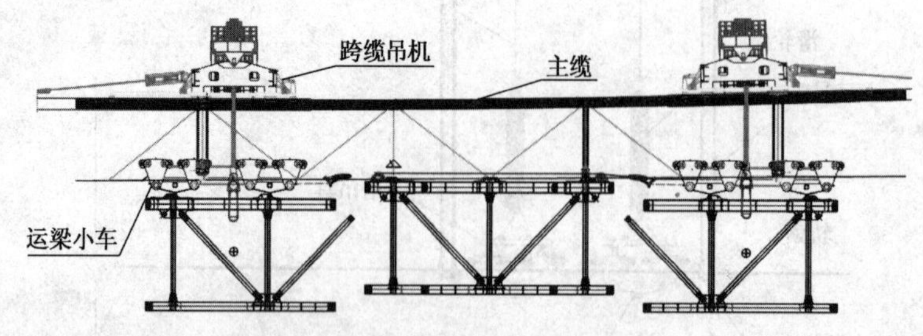

图17 加劲梁节段纵移就位

(2)节段安装

加劲梁节段随运梁小车牵引至设计梁段位置进行安装就位。首先通过跨缆吊机的吊具与加劲梁相连,垂直提升梁体,卸去运梁小车的荷载,然后解除运梁小车与加劲梁节段的连接。加劲梁节段安装吊装见图18。

跨缆吊机继续提升梁体,直至主桁架上弦杆顶面顶住对应的吊鞍,解除吊鞍与永久吊索的销接,将吊鞍移动到该加劲梁节段上弦杆上部固定,恢复对轨索的支承。吊鞍转换至加劲梁顶面固定见图19。利用跨缆吊机完成加劲梁与已安装梁段临时对接。将永久吊索与加劲梁顶面的吊耳进行销接,然后将轨索转移至该节段主桁梁上弦杆顶面的吊鞍,重新固定。

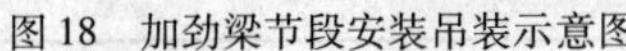

图18 加劲梁节段安装吊装示意图

图19 吊鞍转换至加劲梁顶面固定

6 材料与设备

6.1 材料

本工法本身不涉及原材料的使用,桥梁结构所使用的材料要符合国家规范,各项技术指标按照关规定检验合格后方可使用。

6.2 仪器设备

本工法需使用的主要仪表设备见表1。

主要仪器设备 表1

序 号	设备名称	数 量	规 格	用 途
1	运梁小车	8台	根据加劲梁质量确定运载能力	加劲梁节段运输
2	吊鞍	每组吊索下方布置一个吊鞍		轨索支撑
3	轨索	8根	60-ZZZ-1570 密封钢丝绳	运梁小车轨道
4	跨缆吊机	2台	液压提升步履式行走机构	吊装加劲梁节段
5	天顶小车	4台	负载能力不少于3t	下放施工吊篮
6	卷扬机	4台	25t	主牵引运梁小车
7	卷扬机	4台	10t	天顶小车牵引
8	卷扬机	8台	10t	提升加劲梁节段入轨
9	卷扬机	10台	5t	加劲梁平移,转移吊鞍等
10	龙门吊	4台	起吊能力50t	一端拼梁场配备2台
11	放索架	2台	力矩电机	轨索架设
12	汽车吊	2台	25t	常规吊装
13	汽车吊	1台	50t	重型吊运输
14	平板运输车	2台	40t	大型构件运输

7 质量控制

7.1 质量管理依据

本工法质量控制执行的主要规范、规程、标准:

(1)《公路工程质量检验评定标准》(JTG F80/1—2004)。

(2)《公路悬索桥设计规范》。

(3)《公路工程技术标准》(JTG B01—2003)。

(4)《公路桥涵设计通用规范》(JTG D60—2004)。

(5)《公路桥涵钢结构及木结构设计规范》(JTJ 025—1986)。

(6)《公路桥涵施工技术规范》(JTG/T F50—2011)。

(7)《钢结构设计规范》(GB 50017—2003)。

(8)《土层锚索设计与施工规范》(CECS:2290)。

(9)《无粘结预应力钢绞线》(JG 161—2004)。

(10)《无粘结预应力筋专用防腐润滑脂》(JG 3007—1993)。

7.2 质量控制标准

1)加劲梁拼装质量检查标准(表2)。

加劲梁段拼装检查测项目 表2

项次	检查项目		规定值或允许偏差	检查方法和频率
1	梁段	长度(mm)	±5	钢尺:测量每个2处
		两端面对角线长度(mm)	±5	
2	节间	长度(mm)	±2	钢尺:测量每个节间
		对角线长度(mm)	±3	
3	桁片平面度(mm)		3	拉线检查:每段的纵横桁片
4	吊点中心距(mm)		±2	钢尺:各吊点
5	同一梁段两侧对称吊点处梁顶高差(mm)		±5	水准仪:逐对检查
6	同一梁段两侧对称吊点连接线与桥轴线垂直度(°)		±2	经纬仪:逐对检查
7	高强螺栓扭矩(%)		±10	测力扳手:抽查5%,且每连接点不少于2个

2)加劲梁段吊装的质量检查标准(表3)

加劲梁段吊装质量检查项目 表3

项次	检查项目	规定值或允许偏差	检查方法和频率
1	吊点偏位(mm)	20	全站仪:检查每吊点
2	同一梁段两侧对称吊点处梁顶高差(mm)	30	水准仪:每梁段
3	高强螺栓扭矩(%)	±10	测力扳手:抽查5%,且每连接点不少于2个
4	吊索拉力(kN)	满足设计规定	振动法:每吊索

7.3 质量控制措施

(1)建立质量管理体系与质量保证体系,严格施工中的质量控制,从技术上保证加劲梁架设施工安全高效高质量的完成。

(2)实行三级技术交底制度。交底的内容包括施工方法、施工程序、质量目标、施工期限及安全措施等,并作好书面记录与签字。

(3)施工前对主要设备及工装进行专项检查验收,特殊设备委托有资质的第三方进行检查鉴定,验收与鉴定结果合格后才能投入施工使用。

(4)轨索岩锚索压浆控制好出浆口水泥浆浓度,配置浆体时,各种材料的比例应严格按设计要求掺入并按重量计量,浆液要随拌随用。

(5)密封钢丝绳轨索预张拉要求:预张拉次数不小于3次,预张拉力为公称破断荷载的55%。最后两次预张拉的非弹性变形之差不大于预张拉长度的0.15‰。

(6)严格控制加劲梁节段拼装台座质量,保证拼装节段的精度满足要求。

8 安全措施

8.1 安全管理依据

本工法安全管理执行的主要安全规范有:

(1)《建筑施工安全检查标准》(JGJ 59—2011)。

(2)《建筑施工高处作业安全技术规范》(JGJ 80—1991)。

(3)《建筑机械使用安全技术规程》(JGJ 33—2012)。

(4)《施工现场临时用电安全技术规范》(JGJ 46—2005)。

8.2 安全控制措施

(1)加强安全生产的宣传教育,对新员工进行三级安全教育,特种作业人员必须经相关部门考试合格后,取得特种作业人员操作证后方才上岗。

(2)每个分部分项工程开工前由技术负责人向班组做安全交底,交底要求具体、明确,并要有正式的书面记录和签字。

(3)关键施工结构的安全保障主要从设计安全系数、钢结构制造、施工质量、运行过程中进行验算、检查和监测。

(4)高处作业人员必须身体健康,患有精神病、癫痫病、心脏病等不宜从事高处作业病的人员,不准参加高空作业。高空作业人员必须系好安全带。

(5)天顶小车和吊篮的安全性非常重要。吊篮钢丝绳安全系数不少于15倍,且四根钢丝绳相互独立。天顶小车的操作采用两套系统控制,由吊篮上的操作人员为主控,控制吊篮的升降,猫道上的控制员为辅控,并设定限位传感器,确保吊篮控制的安全性。

(6)严格控制左右幅运梁小车的行走同步性,确保施工安全。

(7)施工现场临时用电必须由持证电工专管,临时用电线路采用三相五线制。三级配电、二级漏电保护。

9 环保措施

9.1 成立环境保护管理机构

成立以项目经理为负责人的环境保护管理机构,工程施工过程中严格遵守国家和地方政府下发的有关环境保护的法律、法规和规章。

9.2 营造良好施工与生活环境

(1)施工现场和生活区设置临时卫生设施,经常进行卫生清理,同时在生活区周围种植花草、树木,美化生活环境。

(2)施工场地合理布置、规范围挡,做到标牌清楚、齐全,各种标识醒目,施工场地整洁文明。

(3)优先选用先进的环保机械,降低施工噪音到允许值以下。

(4)对施工场地道路进行硬化,并在晴天经常对施工通行道路进行洒水,防止尘土飞扬,污染周围环境。

9.3 废弃物处理

加强对施工燃油、工程材料、设备、废水、生产生活垃圾、弃渣的控制和治理,遵守废弃物处理的规章制度。油污与废油应严格执行定期登记检查清理制度,确保废弃机油按规定收集,并转至指定地点。

9.4 优化施工方案保护环境

采用预应力岩锚索,减少大面积开挖破坏环境;牵引采用镀锌钢丝绳,消除普通钢丝绳带来的油污染。

10 资源节约

(1)在桥台设立拼梁场,大幅度减少加劲梁在空中的拼装工作量,降低施工安全风险,大量减少高空作业时间与作业操作人员数量。

(2)加劲梁节段牵引时,运行过程中只需要1名指挥员、2名卷扬机操作手、1名同步性观察员即可,用高科技设备降低劳动力的数量与工作强度。

(3)采用本工法架设加劲梁,工期缩短8个月,全桥两个工区减少钢桁加劲梁永久结构用钢共约2 000t。

11 效益分析

11.1 经济效益

(1)本工法利用了吊鞍与主缆等永久结构件作为施工结构,大幅降低施工成本。

(2)加劲梁用钢量少,降低桥梁造价费用。本工法加劲梁架设阶段梁内力较小,可减少加劲梁高度,节约加劲梁用钢量,降低桥梁造价。以坝陵河大桥为例,采用"桥面吊机悬拼法"其主跨1 088m,梁高达10.8m;采用"轨索滑移法"的矮寨大桥主跨1 176m,梁高仅为7.5m,大大节省钢材费用,减少桥梁造价。

(3)施工效率高,缩短工期。矮寨大桥加劲梁架设采用本工法仅用2个半月,速度较传统方法提高至4~6倍。国内外类似桥梁加劲梁架设工期表见表4。

国内外类似桥梁加劲梁架设工期表　　表4

桥　名	国　家	结构形式	跨径(m)	拼装形式	工期(月)
坝凌河大桥	中国贵州	悬索桥	1 088	桥面吊机	12
四渡河大桥	中国湖北	悬索桥	900	缆索吊	10
金门大桥	美国	悬索桥	1 280	悬拼	24
南备赞	日本	悬索桥	1 100	桥面吊机	18
北备赞	日本	悬索桥	990	桥面吊机	18
矮寨大桥	中国湖南	悬索桥	1 176	轨索滑移法	2.5

本工法架设悬索桥加劲梁同传统施工方法相比较,具有安全高效、操作简单、施工成本低、节约桥梁造价费用、缩短工期等特点,经济效益显著。以矮寨大桥为例,工期缩短8个月,茶洞岸、吉首岸分别减少钢桁加劲梁永久结构用钢约960t、1 040t,共计约2 000t,创造直接经济效益分别为约5 970万元、6 505万元,共计约12 475万元。

11.2 社会效益

本工法成功地解决了传统悬索桥加劲梁架设方法存在劳动强度大、安全风险高、施工周期长、工程造价高、受桥位处运输条件与桥梁跨径大的限制等缺点的难题,为悬索桥加劲梁架设提供了一种安全、高效、经济价值高的施工技术,创造出世界上第四种悬索桥加劲梁架设方法,大大推动了悬索桥加劲梁架设技术的进步。本项技术发明受到郑皆连、王景全、孙钧、范立础等多位工程院院士的高度评价,被认为是中国桥梁领域一项具有重大价值的原创发明技术,并被湖南省人民政府推荐为"湖南省八大世界之最",具有很好的推广前景。

11.3 节能环保效益

采用本工法架设加劲梁，大大缩短工期，节约资源，减少了大量作业人员与机械设备的作业时间，减少对周边环境干扰与污染。轨索滑移法使矮寨大桥突破了峡谷极限跨径，让吉茶高速高线方案成为可能，高空气流减少了汽车废气在峡谷低洼处凝聚，减少了汽车噪声对矮寨社区的干扰。

12 应用实例

12.1 矮寨大桥茶洞岸钢桁加劲梁架设施工中的应用

(1)工程概况

矮寨大桥是长沙至重庆西部大通道湖南省吉首至茶洞高速公路上的一座特大型钢桁加劲梁悬索桥，主缆孔跨布置为242m+1 176m+116m，在跨峡谷的悬索桥中居世界第一。该桥跨越"U"字形的德夯大峡谷，桥面距峡谷底部355m。大桥分茶洞岸、吉首岸两大工区施工，钢桁加劲梁全长1 000.5m，共分为69个节段，每节段长14.5m，宽27m，标准节段重量150t。茶洞岸负责其中的33个节段钢桁加劲梁架设施工，大桥于2007年10月28日开工，2012年3月31日建成通车。矮寨大桥全景效果见图20。

图20 矮寨大桥全景

(2)应用效果

2011年6月至2011年8月，湖南路桥建设集团公司在矮寨大桥茶洞岸施工中，通过技术创新，采用"轨索滑移法"新技术，安全、高效地完成了上部结构33个节段钢桁加劲梁的架设施工任务。整个梁段架设过程安全可靠、操作简便，仅用2个半月就完成架设施工，缩短工期8个月，减少钢桁加劲梁永久性结构用钢量约960t，创造直接经济效益约5 970万元。经检验，矮寨大桥茶洞岸钢桁加劲梁拼装、架设各项质量指标均满足设计要求，螺栓过孔率达100%。

12.2 矮寨大桥吉首岸工区钢桁加劲梁架设施工中的应用

2011年6月至2011年8月，湖南路桥建设集团公司在矮寨大桥吉首岸施工中，通过技术创新，采用"轨索滑移法"新技术，安全、高效地完成了上部结构36个节段钢桁加劲梁的架设施工任务。整个梁段架设过程安全可靠、操作简便，仅用2个半月就完成架设施工，缩短工期8个月，减少钢桁加劲梁永久性结构用钢量约1 040t，创造直接经济效益约6 505万元。经检验，矮寨大桥吉首岸钢桁加劲梁拼装、架设各项质量指标均满足设计要求，螺栓过孔率达100%。

"轨索滑移法"技术发明受到郑皆连、王景全、孙钧、范立础等多位工程院院士的高度评价，认为这是世界桥梁领域一项具有重大价值的发明创造，被湖南省人民政府推荐为"湖南省八大世界之最"，具有很好的推广前景。

2012年，矮寨大桥获得"湖南省建筑业新技术应用示范工程"奖、2013年获得"湖南省优质工程"奖。

本工法有力地保证了吉茶高速公路的早日建成，加强了湖南省与西部地区的沟通联系，对湘西自治州的经济发展、旅游开发和增进民族团结等具有重要的意义，社会效益巨大。

钢桁腹预应力组合箱梁桥施工工法

GGG(苏)C3096—2013

管鹤楼　赵秀娟　邵伯贤　庄晓波　李　顺
(江苏省镇江市路桥工程总公司)

1　前言

钢桁腹预应力组合箱梁桥是一种新型的组合结构桥梁,在构造上采用钢桁式腹杆代替混凝土箱梁中的混凝土腹板,将钢桁腹杆节点直接嵌固在梁体底板、顶板混凝土中,形成由混凝土底、顶板、钢桁腹杆、体内和体外预应力钢束共同工作的组合结构体系。具有“受力明确、自重轻、造型美观、施工方便、节省工期、生态环保”等特点,并可结合腹杆的工厂化制造、节段预制拼装、体外预应力等新技术的运用,取得良好的经济技术效益。

由镇江市路桥工程总公司承建的南京绕越高速东北段江山车行桥在国内首次采用此结构形式,因国内目前还没有相关的施工技术标准,我们成立了技术攻关小组,通过对钢桁腹结构钢管原材料切割加工、施工现场钢管拼装及钢管、钢板节点部位的定位控制、体内体外预应力张拉、转向块、转向器、减震器施工、安装等关键施工技术进行了研究总结,并在施工实践中不断完善,取得了钢桁腹预应力组合箱梁桥施工的成功经验,及时总结形成钢桁腹预应力组合箱梁桥施工工法。通过工程实践的验证,该工法具有先进性和创新性。对今后该种特殊结构桥梁的施工提供指导作用,促进我国桥梁结构多元化发展。

南京市公路处、江苏省交通科学研究院股份有限公司和镇江市路桥工程总公司联合研究的“钢桁腹预应力组合梁桥关键技术研究与应用”于2012年9月在南京通过江苏省交通运输厅组织的鉴定,课题研究总体达到了国际先进水平。

2　工法特点

(1)采用“钢桁腹结构+体内体外预应力相结合的体系”与常规的预应力混凝土箱梁桥相比,以钢桁腹结构代替混凝土结构腹板,减轻了桥梁自重,避免了混凝土在荷载的长期作用下产生徐变而引发的混凝土腹板开裂等质量问题,提高了桥梁使用寿命和工程质量。

(2)采用体外预应力体系,增强了连续状态下桥梁抵抗二期恒载和活载,避免桥梁单一体内预应力体系因压浆不饱满造成钢绞线锈蚀损伤而造成的质量隐患,体外预应力便于后期钢绞线检测、维护与更换。

(3)钢桁腹式构造通透性好,可减少风力作用和提高桥梁结构的抗风性能,它是大跨径桥梁结构理想腹板截面形式。

(4)以钢桁腹结构代替混凝土腹板,缩短施工工期的20%左右,并可降低工程造价,节省大量施工模板及人力物力,适合推广应用于今后大跨径桥梁施工。

(5)桥梁外型美观、质量高、使用寿命长,综合造价低,适合推广应用于城市景观桥梁。

3　适用范围

本工法适用于钢桁腹预应力混凝土组合箱梁桥施工。

4 工艺原理

本工法通过对钢桁腹结构钢管原材料选择及切割加工、施工现场钢管拼装及钢管、钢板节点部位的定位、竖直度的施工工艺和体内体外预应力张拉、转向块、转向器、减震器施工及安装要点质量控制的探索，在施工中制定监控方案，通过对施工中各类结构响应数据（如变形、内力、应力）的分析，对施工误差做出评价，并根据需要制定出精度控制和误差调整的具体措施，确保了钢桁腹预应力组合箱梁桥各类指标均满足了设计和规范要求，为同类桥梁的施工提供了借鉴。

5 施工工艺流程及操作要点

5.1 施工工艺流程（图1）

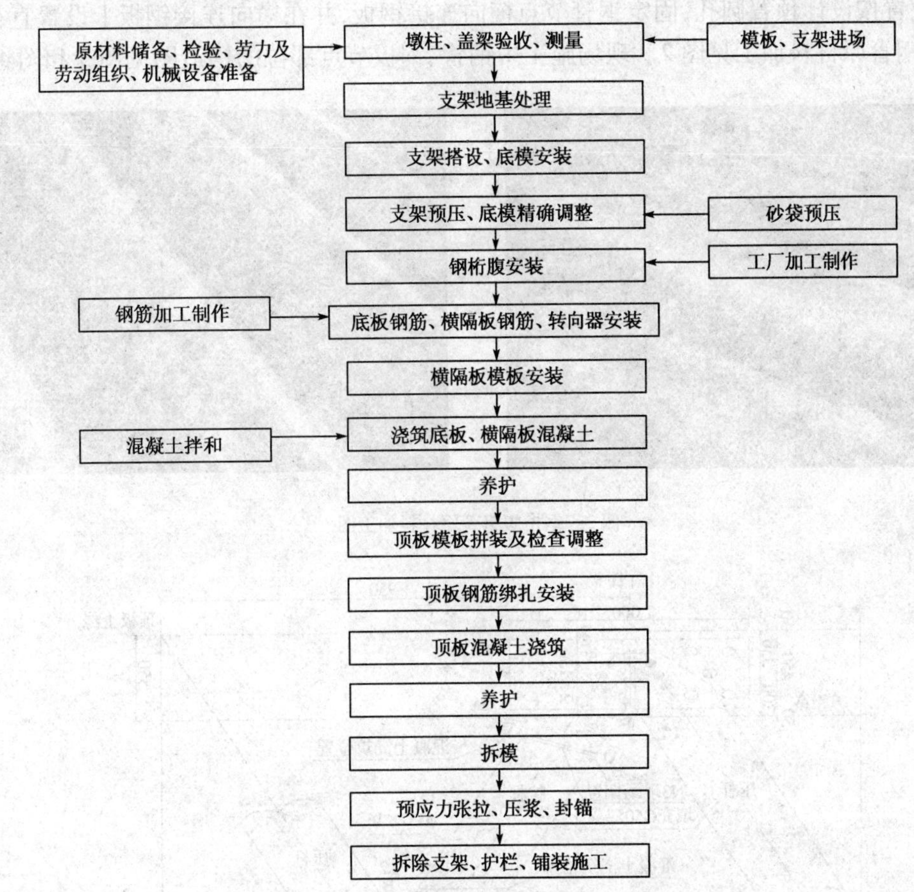

图1 钢桁腹预应力组合箱梁桥施工工艺流程

5.2 操作要点

1）现浇箱梁支架搭设与底模安装

现浇箱梁施工采用满堂支架施工，在桥梁基桩及下部构造施工完毕后，对桥位进行地基处理，搭设满堂支架。支架搭设完毕，铺设底部模板，同时采用砂袋法进行加载预压，砂袋总重量为箱梁重量的120%，待地基沉降和支架变形稳定后，吊离砂袋，按设计高程调整底模。箱梁立模时应考虑支架和模板自身的弹性变形。箱梁断面各细部尺寸应严格控制。模板安装完毕后，应对其平面位置、顶部高程、节点联系及纵横向稳定性进行检查，签认后方可进行下一工序的施工。同时模板与钢筋安装工作应配合进行，妨碍绑扎钢筋的模板应待钢筋安装完毕后安装。

2）钢桁腹原材料制作、加工、运输

根据设计图纸，在工厂进行钢桁腹钢管的制作、加工，具体要求如下：

(1)原材料及加工厂家选择必须满足技术文件要求具备相关资质。江山车行桥钢桁腹钢管采用Q390级镀锌无缝钢管。

(2)钢桁腹钢管加工包括钢管的切割、镀锌防腐涂装、预留穿孔钢筋位置、预留螺栓孔位。每根钢桁腹钢管与顶底板连接节点处的螺栓连接在现场完成。

(3)钢桁腹钢管加工应按《钢结构工程施工及验收规范》(GB 50205—2001)及设计的要求进行。

(4)钢桁腹钢管加工时为确保钢管长度、角度、预留孔位置和所有孔位同轴同心,加工厂在钢管切割前需预先制作胎架,在胎架上进行细致的放样,对每根钢管、每块钢板、每个孔位都进行细致核对,然后进行切割。为确保孔洞周壁光滑、无损伤,所有的预留孔都采用水钻切割法。

(5)根据钢桁腹与顶底板连接节点构造,对钢桁腹节点处钢管端部按设计进行切割,在切口处焊接2cm厚钢板,并在钢板上预先设置直径60mm的圆孔,作为两桁腹钢管节点纵向螺栓连接螺栓孔;然后在钢管端部位置按设计预置圆孔,固定钢管节点横向连接钢板,并在横向连接钢板上设置直径60mm的圆孔,钢桁腹钢管原材料加工见图2。现场施工中钢管、钢板节点部位的构造图见图3和图4。

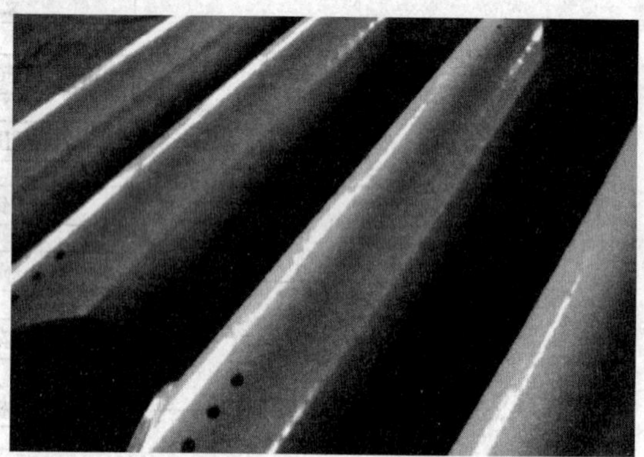

图2 钢桁腹钢管原材料加工图

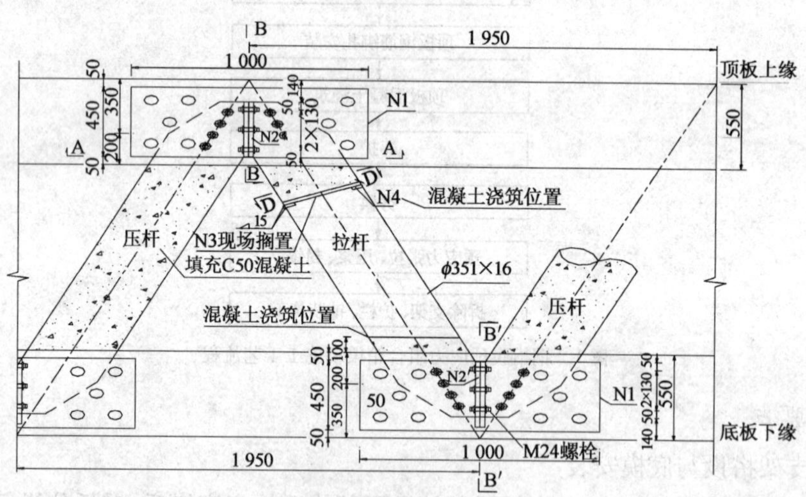

图3 钢桁腹节点构造图(尺寸单位:mm)

(6)单根钢管切割制作完毕后,进行镀锌防腐处理,在钢管表面涂装未完全干透时不得进行搬运。

(7)桁腹钢管在制作运输过程中应注意保护,在运输过程中应对防腐涂装采取保护措施。钢管运输、储存时不可受压,同时在运输及堆放过程中必须对钢管进行裹覆,确保钢管管体完整,防止发生变形和锈蚀。

3)钢桁腹桁架组装、安装

(1)安装准备:安装前应准备好临时支架、支撑、吊装设备等,按照施工图纸核对进场构件、零件的尺寸及质量证明文件。同时做好钢桁腹螺栓连接摩擦面处理、安装放样工作,确认无误后方可进行。

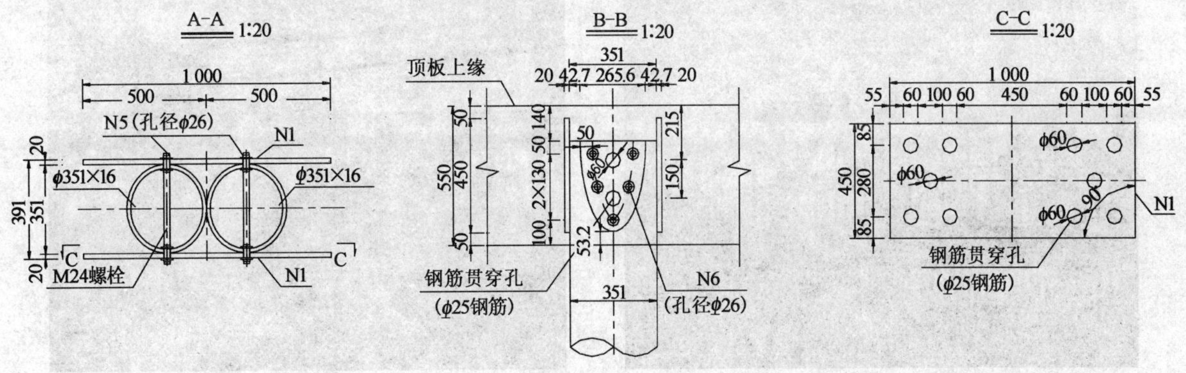

图4 各断面结点构造细部图(尺寸单位:mm)

(2)钢桁腹钢管正式安装之前,需在现场将所有钢管按照编号进行预拼装(图5),防止正式拼装时混淆。两钢桁腹管节点纵向采用高强螺栓连接,节点横向采用两块2cm钢板用高强螺栓连接,通过现场试拼调节螺栓,使钢桁腹钢管的长度和角度达到设计要求。钢桁腹钢管节点连接施工时,注意将顶底板贯穿钢筋穿入预留孔,腹板两侧及翼缘板底部设置支撑,保证钢桁腹钢管的位置准确(图6、图7)。

图5 钢桁腹钢管现场预拼装图

图6 钢桁腹钢管节点连接图

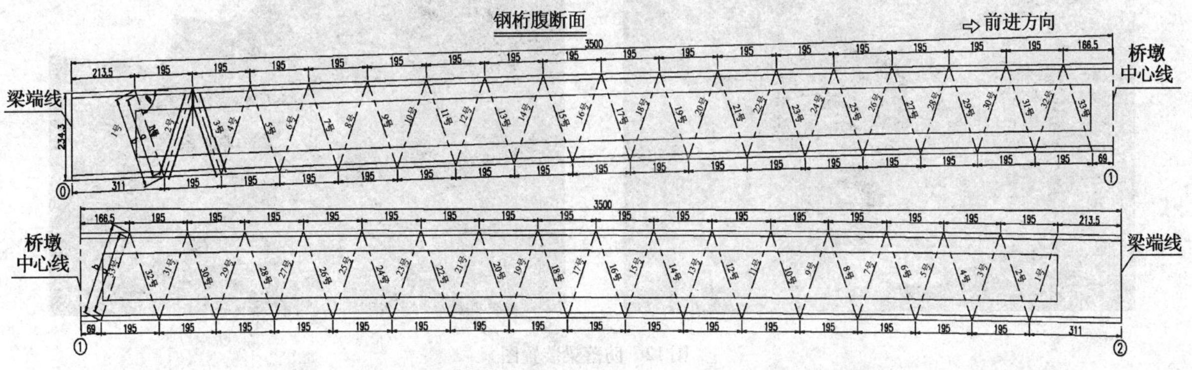

图7 钢桁腹钢管杆件示意图(尺寸单位:mm)

(3)现场试拼完成以后,正式进行吊装。首先在底模上标出钢管及节点部位的纵横向控制轴线,然后用吊车吊装钢管进行现场拼装。钢管现场吊装采用W形分节点吊装方式(图8),从桥台一侧开始向另一侧进行推进,推进过程中,采用对称法施工。采用可调节螺旋钢管对拼装好钢管桁架进行内外临时支撑和微量调节(图9),同时采用铅垂吊线方式控制其竖直度。钢管拼、组装过程中确保节点钢板的孔位与钢管孔位的对位准确,同时确保钢桁腹钢管节点部位连接高强锚栓和贯穿钢筋的拧紧和穿插准确。

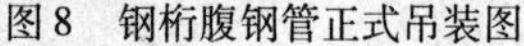

图8　钢桁腹钢管正式吊装图

图9　钢桁腹钢管加固支撑、定位图片

(4)待钢桁腹钢管桁架拼装完毕后,在底模上开始进行绑扎底板、转向块、横梁钢筋及安装体内索波纹管,并对钢管底部节点钢板纵横向钢筋贯穿绑扎。在底板钢筋绑扎同时注意确保预埋体内钢绞线波纹管、转向器、减震器预埋钢板、防落梁及体外索预留孔位置准确。此时即可以进行底部混凝土浇筑(图10~图12)。

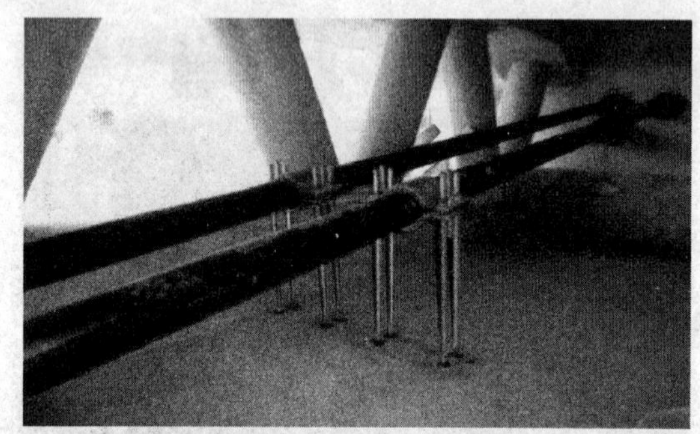

图10　减震器装置图

图11　转向块装置图

图12　防落梁装置图

4)底板、横梁混凝土浇筑

箱梁底板浇筑时横向要两侧对称进行浇筑。纵向从梁跨中向墩顶方向对称浇筑,以防止在浇筑过程中墩顶位置出现裂缝,全部浇筑在混凝土初凝前完成。

底板布料顺序为:①底板②承托③连接部。如图13所示。

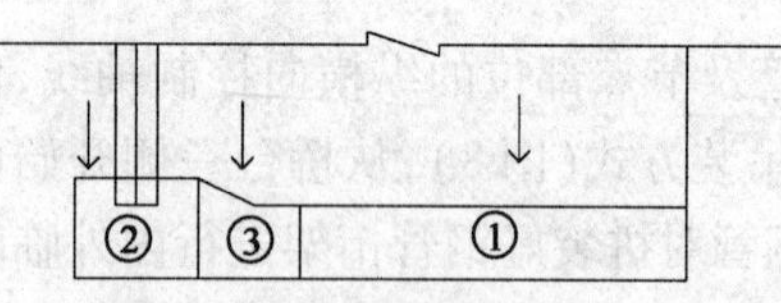

图13　底板的布料顺序示意图

整个浇筑过程应连续进行,此时拼装完毕的钢管桁架已经预埋固定于底板混凝土。待底板混凝土强度达90%后,对所有钢管压杆件内进行混凝土浇筑灌注,浇筑采用小方量漏斗式料斗放料,$\phi 30$振捣棒人工振捣。压杆和拉杆交错布置,跨中两根增为压杆,在施工中为将压杆和拉杆区分,事先在钢管安装完毕后,对所有钢管进行编号,以便区分。

5)顶板混凝土浇筑

(1)首先在底板混凝土上设置临时钢管模架,铺设顶板模板(因钢管自身为圆形,防止顶板混凝土漏浆,在钢管部位模板周围注玻璃胶),绑扎顶板钢筋,并对钢管节点钢板纵横向钢筋贯穿绑扎,最后进行顶板混凝土浇筑。整个箱身混凝土浇筑完成。

(2)浇筑顶板混凝土,混凝土振捣采用插入式振捣器为主,浇筑顶板时辅以平板振捣器。当混凝土浇筑临近结束时,严格控制其顶面的高程。箱梁顶面的混凝土应压实抹平,并在其初凝前进行拉毛处理。

(3)为防止附着在钢板上的水滴(结露)等流入或渗透入钢桁腹板嵌入混凝土底板的接合部位,在底部钢混交接处的混凝土表面均设置2%排水横坡,见图14。

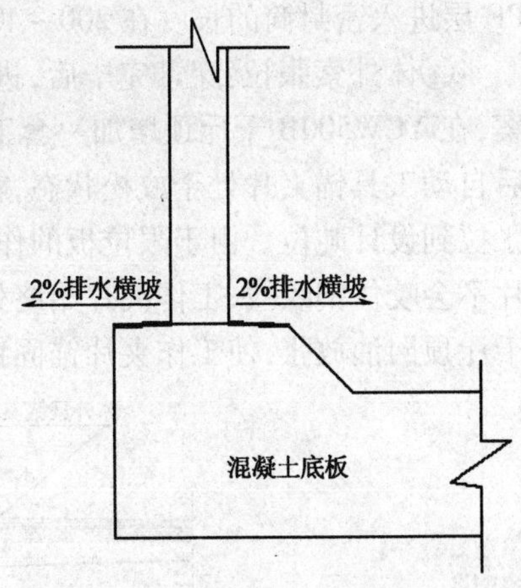

图14　底板排水设置示意图

6)预应力施工

预应力采用体内和体外预应力钢束共同工作的组合结构体系,预应力钢束布置见图15。

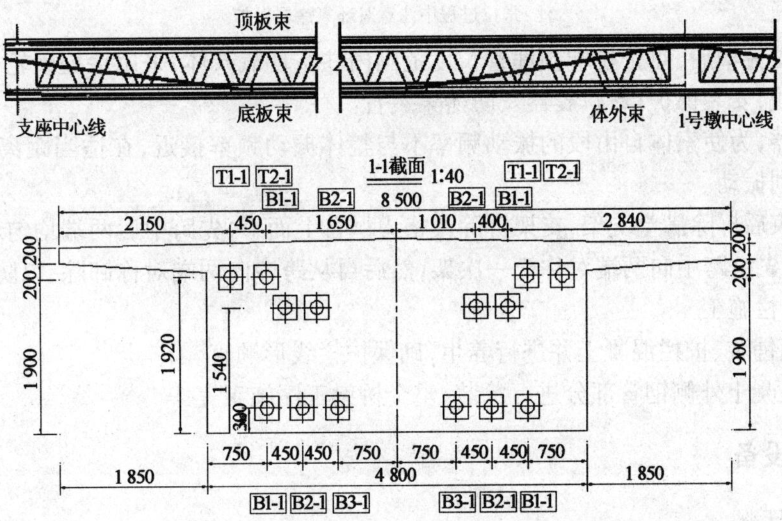

图15　预应力钢束布置示意图(尺寸单位:mm)

(1)体内预应力施工

待整个箱身混凝土强度达到设计强度等级的90%,且梁体养护7d以上,张拉第一次体内索钢铰线,同时进行压浆。然后拆除箱身内临时钢管模架,开始体外索施工。

(2)体外预应力施工

体外索施工流程:施工机具准备→转向器、锚头区锚具定位安装→混凝土浇筑→体外索穿索→待混凝土强度达到90%和体内索张拉完后、张拉体外索(特殊过程)→防腐装置的安装→安装减震器。

①纵向体外预应力钢束采用环氧涂层钢绞线成品索,需要符合国家标准《环氧涂层七丝预应力钢绞线》的规定,外包HDPE护套,HPE管的壁厚不得小于2mm。进场时应分批验收。

②锚具采用可调换式体外束专用夹片式锚具。锚具、夹具进场时,须有出厂合格证和质量证明书核查其锚固性能类别、型号、规格和数量。并进行体外索摩阻测试,以及体外索锚具硬度试验。

③体外索穿索:在工厂内制作完成的成品索卷制成盘运抵工地就位,成品索的端头均设有便于与钢丝绳联接的连接装置——即“牵引头”,在墩端头放置放线架固定索盘,利用5t卷扬机牵引成品索缓慢解盘放索并穿过对应的预留索孔。牵引过程中,采用可靠的保护措施防止索体表面的HDPE护套受到机械损伤。具体的保护措施有:在地面铺垫一定厚度的软垫层,每隔一定距离设置支撑架。在体外索进入锚固端的预埋管之前,根据精确测量的索两端锚固的实际距离,剥除两端PE层,确保在张拉后索的PE层进入密封筒的长度在200~400mm之间。

④体外索张拉:穿索完毕后,进行体外索钢绞线张拉,体外索钢绞线张拉采用“悬浮”张拉施工方案,在YCW500B千斤顶增加一套工具锚及支架,在千斤顶与锚板间设限位板,见图16。在每次张拉时后自动工具锚夹片处于放松状态,在完成一个行程回油时自动工具锚夹片锁紧钢绞线,多次倒顶,直到张拉到设计吨位。由于限位板的作用,在张拉过程中,工作夹片不至于退出锚孔,在回油倒顶时,工作夹片不会咬住钢绞线,工作夹片始终处于“悬浮”状态,在张拉到位后,旋紧定位板的螺母,压紧夹片,随后千斤顶回油放张,使工作夹片锚固钢绞线。

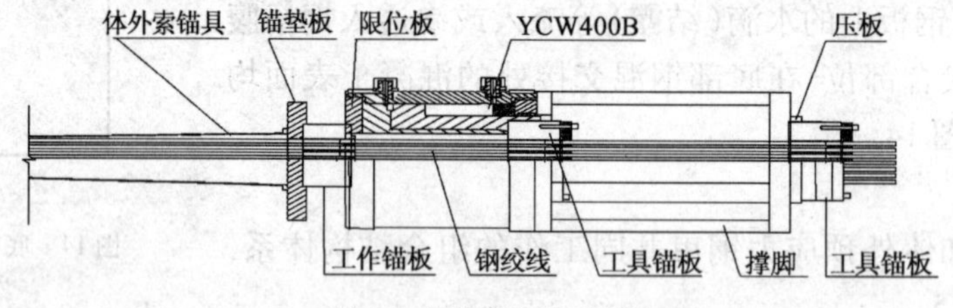

图16　体外索张拉示意图

注:张拉过程中注意对环氧涂层保护。

⑤体外索张拉完毕后,对张拉端预埋管长度范围内注实环氧浆体,采用手提砂轮机平整地切除锚头两端的多余钢绞线,安装保护罩,减震器及防落梁装置。

⑥安装减震器,为使索体自由段的振动频率不与整体振动频率接近,在适当距离安装减震装置,以避免索体产生不利振动。

整个张拉结束后拆除满堂支架,支架拆除严格遵循自上而下、先跨中后两端均匀对称原则。支架拆除宜分两步进行,先由跨中向两端对称松一次架,然后再从跨中向两端对称卸除,以防过大冲击。

7)桥面系、护栏施工

(1)浇筑桥面铺装、护栏混凝土并进行养生,确保护栏线形顺直。

(2)对裸露混凝土外侧钢管部分进行涂装,整个桥梁工序施工完毕。

6　材料与设备

6.1　主要材料

(1)钢桁腹钢管:江山车行天桥钢桁腹钢管采用Q390级镀锌无缝钢管,其桁腹钢管规格为D351×16mm(总计132根,其中压杆68根、拉杆64根)。中节点部位钢板(规格为1 000mm×450mm×20mm):256套,端节点部位钢板(规格为750mm×450mm×20mm):16套。M24高强螺栓:1 696套。

(2)体内、外钢绞线(规格为s15.20)及锚具、转向器、防落梁、减震器等设备,均选用柳州欧维姆公司生产。

(3)混凝土:箱梁梁体混凝土均为C50。

6.2　主要施工设备

主要施工设备:HS120拌和楼1台,混凝土罐车2台、25t吊车2台、装载机1台,YCW500B千斤顶及油泵各4台,支架若干及配套小型发电机1台。

6.3　人力情况

本工法实施一般需要35人的劳动力组合。

7 质量控制

7.1 质量控制依据及关键部位、工序的质量要求

(1)严格按《公路桥涵施工技术规范》(JTG/T F50—2011)和《公路工程质量检验评定标准》(JTG F80/1—2004)执行,并从严控制。

(2)桁腹钢管加工应按《钢结构工程施工及验收规范》(GB 50205—2001)及设计的要求进行。其尺寸、外形、重量应符合《热轧钢板和钢带的尺寸、外形、重量及允许偏差》(GB/T 709—2006)。如制作误差较大应采取适当矫正措施。钢桁腹杆及模板制作允许误差见表1、表2。

钢桁腹杆制作允许误差控制表 表1

钢管外径	±0.5mm	弯曲	$\pm L/1\,000$
最大外径与最小外径偏差	±2mm	间距	±2mm
长度	±2mm	钢板的板厚	负偏差不得大于0.4mm

模板制作允许误差控制表 表2

模板高程	±10mm	模板表面平整度	2mm
模板内部尺寸	+5mm	预埋件中心线位置	3mm
轴线偏位	±10mm	预留孔洞中心线位置	10mm
模板相邻两板面的高低差	2mm		

7.2 基本要求

(1)钢桁腹结构钢管原材料切割加工尺寸精确、施工现场钢管拼装及钢管、钢板节点部位的定位准确。

(2)转向器、减震器、放落梁等设备位置准确,安装到位。

(3)体内、体外预应力张拉采用张拉力和伸长量进行双控。

(4)混凝土表面平整,线条直顺,曲线圆滑美观。

7.3 施工监控

制定施工监控方案,采集数据信息进行分析。通过对施工中各类结构响应数据(如变形、内力、应力)的分析,对施工误差做出评价,并根据需要制定出精度控制和误差调整的具体措施。

(1)通过监测桥梁结构关键截面的应力和变形,对施工荷载进行跟踪调查,发现可能存在的异常情况,及时预警,保障施工安全;

(2)通过调整和控制立模高程,确保全桥成桥线形符合设计要求;

(3)通过对全桥关键截面应力进行控制,确保成桥内力符合设计和规范要求;

(4)对桥梁施工期的外观状态进行跟踪调查,跟踪桥梁建设期全桥的健康状态,一旦发现问题,立即上报有关单位,及时采取措施,避免病害进一步发展。

8 施工安全

(1)编制实施性安全措施方案,并做好安全台账。制定各工种和各种机械的安全操作规程和细则,严格实施,并监督检查落实情况,建立奖罚制度并保证兑现。

(2)建立各种操作安全合格证制度,有关人员必须持证上岗,对新工人或变更工种的工人,都要进行上岗前的集中培训,考试合格后发证上岗。

(3)定期进行全面安全检查,项目部每月组织一次安全检查,下属施工单位每周进行一次自查,安全员负责日常的安全生产检查,查隐患、查执行安全制度的情况,及时总结经验,对存在问题及时整改,对好的经验及时推广。

(4)对施工机械经常维修保养,使其处于良好状态,严禁机驾人员带病上岗,违章操作。

(5)工地用电必须由专职电工负责架设、安装,专人维修,专人管理,不得私拉乱拉电线和乱装电器设备,电箱内安装漏电保护开关,并保证夜间施工的照明。

(6)钢管等施工设备、材料吊装时,应严格按国家有关安全操作规程执行。

9 环保措施

(1)施工废水、生活污水源,要采用渗井或其它措施处理;清洗集料机具或含有沉淀油污的操作水,必须经过污水处理水质达标后,才能排到水道中。

(2)尽量减少生活垃圾,不可避免的生活垃圾应集中存放,经常消毒,及时清运,搞好环境卫生。

(3)禁止非施工性的建设性的植被破坏,严禁乱砍乱伐,爱护植被,美化环境;合理调整施工方案,测量准确,减少不必要的环境破坏,及时恢复植被,防止雨季产生泥流,发生水土流失现象。

(4)遵守《中华人民共和国环境噪声污染防治法》,并根据《工业企业噪声卫生标准》和《建筑施工场界噪声限值》(GB 12523—2011)的规定合理安排施工。

(5)各工序施工排放的污水、泥浆应排入指定排污系统或地点。

10 资源节约

(1)采用"钢桁腹结构+体内体外预应力相结合的体系"与常规预应力混凝土桥梁相比,以钢桁腹结构代替混凝土结构腹板,避免了混凝土在荷载的长期作用下产生徐变而引发的质量隐患,减轻了桥梁自重,缩短工期,节省大量施工模板、材料及人力物力。

(2)桥梁外形美观、质量高、使用寿命长,综合造价低,适合推广应用于大跨径桥梁及城市景观桥梁。

11 效益分析

11.1 社会效益

钢桁腹预应力混凝土组合梁桥为国内第一座,本工法提出了钢桁腹预应力混凝土组合梁桥的施工工艺和质量控制要领,为同类桥梁的施工管理提供借鉴。

11.2 经济效益

本工法为钢桁腹预应力混凝土组合梁桥提供了技术支持,与常规预应力混凝土桥梁相比,降低了劳动强度,达到了缩短工期、美化了环境、节约建设成本的目的。每米人工、材料成本可节约成本 1 850 元(表3)。

钢桁腹预应力组合箱梁桥施工经济效益比较(每延米) 表3

设计方法	工作量(每延米)	制作、材料单价合价(元)	合价(元)	综合评价
钢桁腹结构腹板	1.1t(含钢管、钢板)	15 000 元/t	16 500	节省造价,加快工期、质量好、外形美观
钢筋混凝土结构腹板	3.0t 钢筋、6.7m^3 C50 混凝土	钢筋 5 000 元/t 混凝土 500 元/m^3	18 350	
比较			-1 850	

12 应用实例

长春至深圳国家高速公路南京绕越公路东北段江山车行天桥,桥梁中心桩号 LK0+339.633=K22+578.907,下部结构采用桩柱式独柱墩,墩柱直径 1.5m。桥墩基础为直径 1.5m 的钻孔灌注桩,按摩擦桩设计。桥台采用桩柱式,墩柱及桩基直径为 1.5m,上部结构采用两跨等截面钢桁腹预应力混凝土连续箱梁。桥型布置为 2~35m,起点桩号 LK0+300.633,终点桩号 LK0+378.633,桥梁全长 78m。

在施工过程中从钢桁腹钢管原材料选择及切割加工、施工现场钢管桁架拼装及钢板节点部位的纵横向定位、竖直度的施工工艺控制，体内体外索张拉，转向块、转向器、减震器施工及安装要点质量控制良好，混凝土外观色泽均匀一致，桥梁线形顺直、施工质量优良，取得了良好的社会和经济效益（图 17 ~ 图 19）。

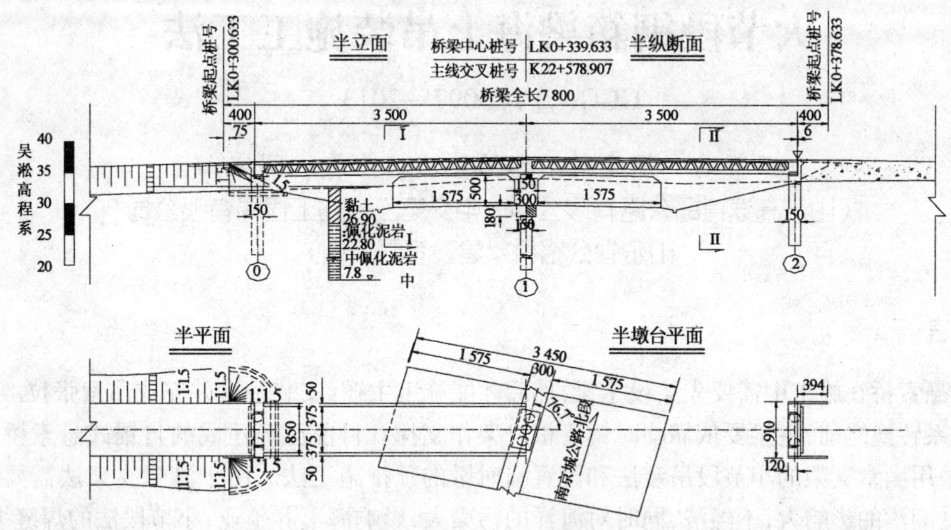

图 17 江山车行天桥桥型布置图（尺寸单位：mm；高程单位：m）

图 18 江山桥成桥立面图

图 19 江山桥成桥立面图

大节段钢箱梁海上吊装施工工法

GGG(鲁)C3097—2013

邵新鹏　程建新　郭保林　杜　青　闫宗山
(山东高速青岛公路有限公司　中交第二公路工程局有限公司
山东省公路桥梁建设有限公司)

1　前言

自锚式悬索桥在施工中需要先架设主梁,然后才能施工主缆、安装吊索并完成吊索张拉。在完成吊索张拉即体系转换之前,主梁要依靠临时钢管桩支架作支撑。目前已经建成的自锚式悬索桥钢主梁的施工,主要采用满堂支架的小节段吊装法和设置临时墩的顶推施工法。由于满堂支架法需要设置较多的临时墩,受潮汐的影响大,不经济,同时对海洋的污染大,影响海上养殖业;小节段法的焊缝多,在海上支架上施工时间长,焊缝质量难以保证且施工风险大;顶推法施工,需要在海上搭设梁段焊接施工平台,工程量大,大量的节段连接焊接作业在海上,施工周期较长。

考虑到航运安全及施工的安全性和经济性,应尽量缩短海上施工作业时间。在青岛海湾大桥的建设过程中,山东高速青岛公路有限公司、中交第二公路工程局有限公司、山东省公路桥梁建设有限公司联合开发了钢箱梁专用吊具并开发了该套工法。该工法在青岛海湾大桥土建工程第2、6、7合同段中的成功应用,降低了施工风险、保证了施工质量、缩短了施工周期、节约了工程投资,该工法的关键技术"钢箱梁吊装专用吊具"获得国家发明专利(ZL201010003055.X),成果于2011年12月经山东省科学技术厅组织鉴定,总体水平达到国际先进,并获得2012年度山东省科技进步一等奖。

2　工法特点

(1)钢箱梁大节段吊装法施工具有工厂化、机械化程度高,海上作业时间短,现场焊缝数量少,桥梁线形容易控制等特点。

(2)具有"四点起吊、三点平衡"特点的吊具,通过梁索结合的方式予以实现,解决了不同规格梁段、有纵横坡度要求的大节段钢箱梁的起吊与安装问题,省去了传统平坡落梁时增减临时垫板工序,提高了大节段钢箱梁吊装施工的安全性。

3　适用范围

(1)桥位处海(江河)床高程和水深应满足大型浮吊的吃水要求,在吃水要求不能满足的区域,应满足疏浚处理条件。

(2)海(江河)上气候条件相对恶劣,从缩短施工工期和降低施工风险的角度考虑,其它施工方法不适宜采用时。

(3)钢箱梁的节段重量、起吊高度和起吊幅度等是大节段吊装施工中的重要参数,应和选定大型浮吊设备的技术参数相适应。

(4)对环境保护有特殊要求或其他施工方案对环境影响较大,不满足特定的环保要求。

总之,海(江河)上自锚式悬索桥、斜拉桥和大跨度钢箱梁梁式桥等桥梁的梁段架设,都可采用大节段吊装法施工。

4 工艺原理

根据设计施工要求将钢箱梁梁段进行划分,在工厂完成钢箱梁的制造,利用大型运输船将大节段运输到梁段架设位置,采用新型"钢箱梁吊装专用吊具",结合"四点起吊、三点平衡"原理,分幅大块梁段吊装时,为使浮吊四主钩均匀受力并增加吊具整体稳定性,采用四钩起吊三点平衡的起吊方式,吊具其中两个吊钩通过吊挂梁与主梁一点连接,另外两个吊钩通过兜底梁形式与主梁两点连接,三点共面,从而实现三点平衡;分幅塔区梁段吊装时,为避免浮吊臂杆与主塔位置冲突,浮吊需布置于顺桥向,单臂杆单吊钩吊装。八点连接主梁,浮吊一钩吊装,避免浮吊臂杆与主塔位置冲突;整幅锚固区梁段吊装时,吊具采用八点吊装及浮吊的二钩吊装的要求,主梁与吊挂梁及扁担梁通过高强螺栓连成整体,通过调整扁担梁在主梁上的固定位置,来满足不同长度梁段的吊装要求。

充分发挥吊机的起吊能力,根据不同的梁段,组合成不同类型的吊具,通过梁索结合,再将梁段直接吊装到要求位置。

5 施工工艺流程与操作要点

5.1 施工工艺流程(图1)

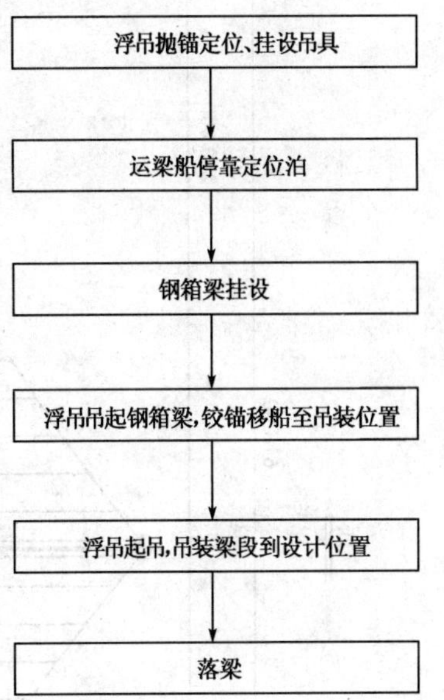

图1 大节段钢箱梁海上吊装施工流程

5.2 操作要点

1)大节段钢箱梁划分(图2)

大节段钢箱梁不同的划分会造成大节段的数量、长度和重量上的差异。节段的划分需要综合考虑吊装和运输的能力、临时施工设施、对制造和安装精度和经济性等方面的影响。根据钢箱梁结构的特点,结合梁段组合情况及浮吊起吊性能等因素,大沽河航道桥钢箱梁划分为24个大节段(N1~N24),其中大节段(分幅梁段)16块,梁段长度28.2~72m,锚固段(整幅梁段)8块(N13~N20),梁段长度8.9~21m,最大节段尺寸为18m×72m,最大起吊重量1 050t。钢箱梁分段如图2所示。

浮吊在外海侧进行钢箱梁吊装作业,吊装顺序:N1~N24,即:主塔区(1号、2号梁段,共2块)、青岛侧(3~12号梁,共10块)、黄岛侧(13~24号梁,共12块)。分离式梁段先吊内海侧再吊外海侧。钢箱梁在吊装N1之前,需先拆除N7、N8段下方100m长范围的栈桥,以便浮吊通过,吊装完成浮吊撤离后恢复栈桥。

2)大节段钢箱梁吊装施工顺序

按照钢箱梁的架设顺序,塔区1号、2号梁段是最先安装的大块梁。1号、2号梁段吊装就位后进行精确调整,精确调整到位后,将1号、2号梁段的纵向与横向分别与塔柱上的阻尼器及抗风支座的预埋件之间采用型钢连接,梁段竖向通过安装永久支座与塔柱三角撑约束,以完成1号、2号梁段的三项固定。然后吊安1号、2号梁段之间的横向连接箱,增强左右幅梁段的整体稳定性。

将固定后的1号、2号梁段作为整桥其他钢箱梁安装定位的基准节,按顺序继续安装其他梁段。其后每期左右分幅梁段精调到位后即开始横向连接箱的施工,这期横向连接箱全部安装完成后进行下一期大块梁段的吊装。

第一步:塔区1号、2号梁段吊装调整就位,并与塔柱及竖向永久支座固结,连接1号、2号梁段之间的横向连接箱;

第二步:按照钢箱梁吊装顺序,吊装3号、4号梁段,进行精确调位后进行环缝焊接,将3号、4号梁段与1号、2号梁段连成整体,然后吊装安装3号、4号梁段之间的横向连接箱;

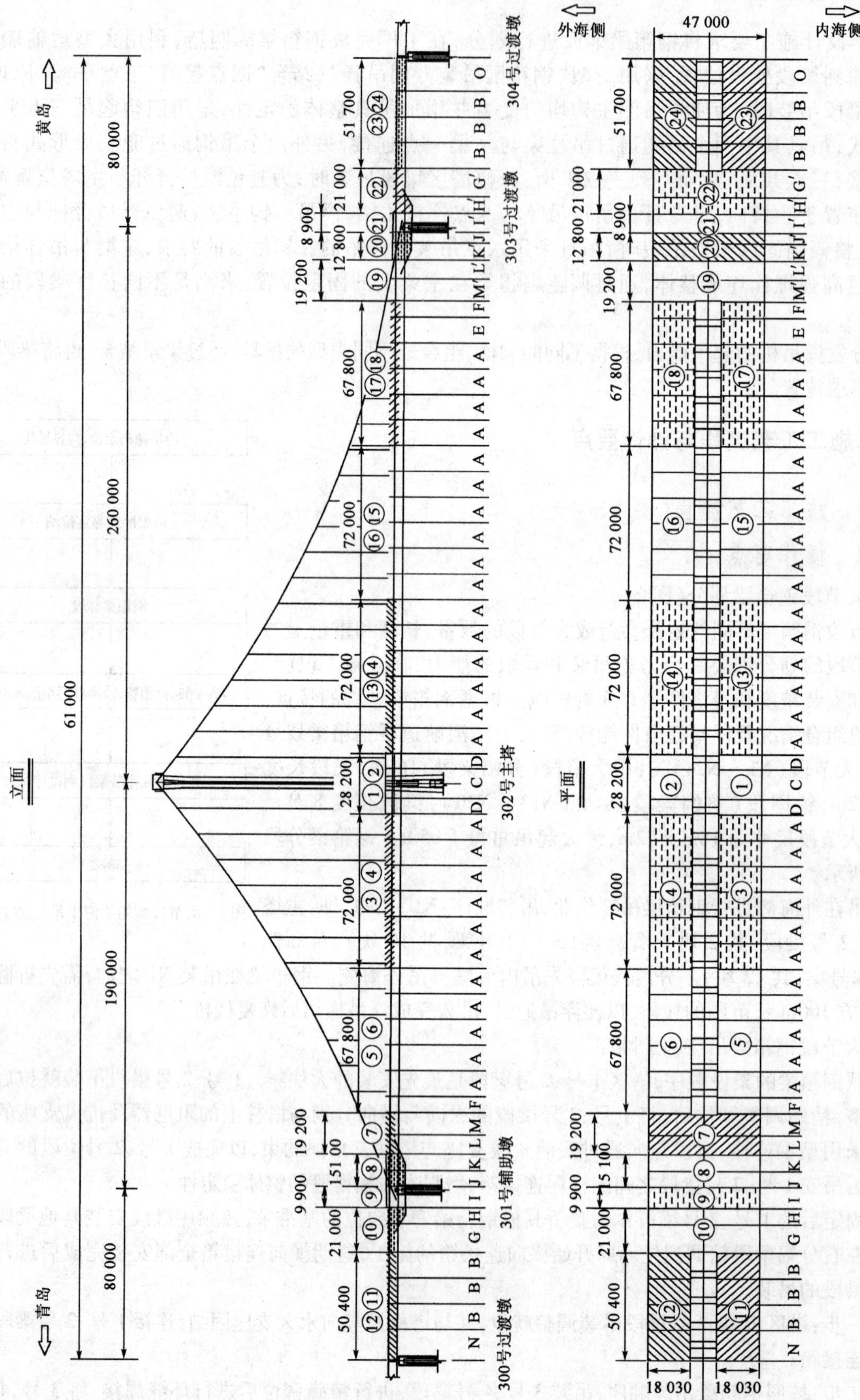

图2 大节段钢箱梁划分(尺寸单位：mm)

第三步:按照以上操作完成所有大块梁段的安装。

大节段钢箱梁施工安装流程见图3。

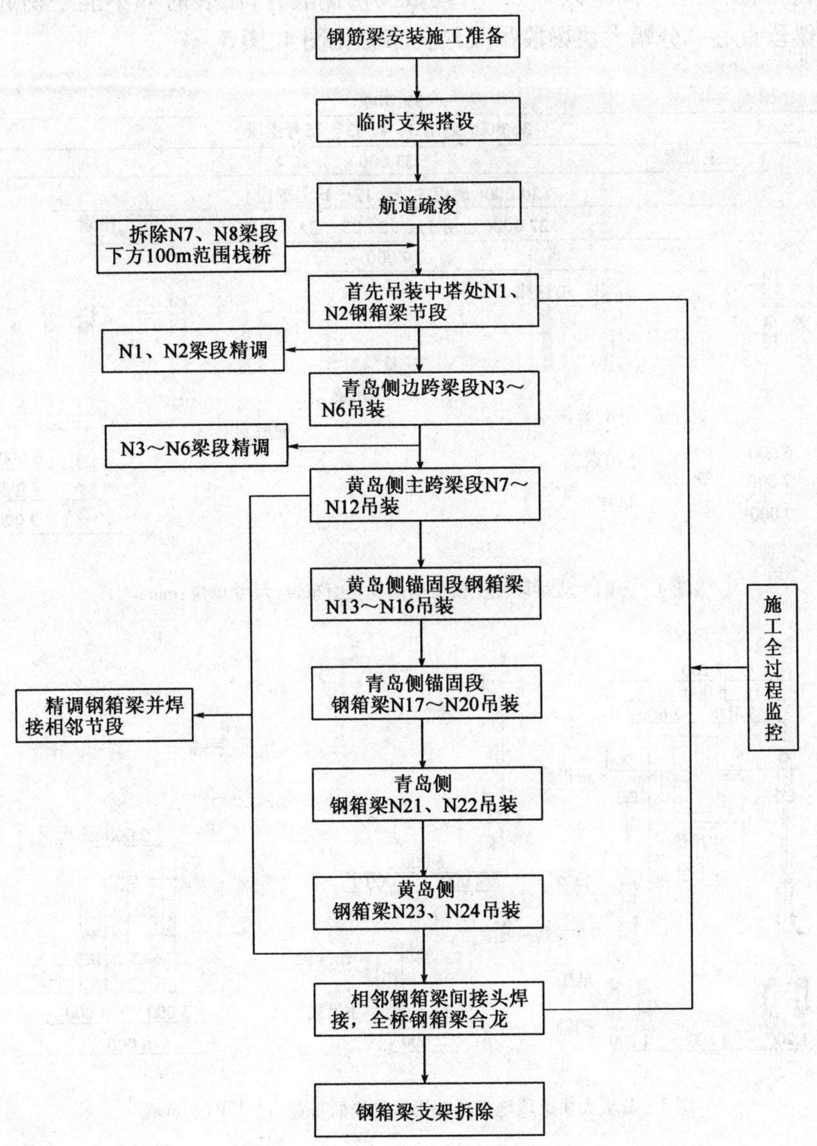

图3 大节段钢箱梁吊装施工顺序

3)大节段钢箱梁实施性架设施工

本工法使用的梁索结合吊具主要由吊挂梁、主吊梁、扁担梁、分配梁、吊索及吊耳板组成。该吊具进一步提高了荷载分配的均匀性以及吊装过程中的稳定性和安全性,能适应多规格、偏心梁段的吊装需要。根据钢箱梁梁段划分、吊装方式及使用吊具的不同,梁段吊装施工按照分幅大块梁段吊装施工、分幅塔区梁段吊装施工、整幅锚固区梁段吊装施工。

(1)分幅大块梁段吊装施工

分幅大块梁段采用四个主钩8点吊装,为适应浮吊主钩间距要求,吊具吊挂梁(兜底梁)间距设置为19m,吊挂梁(兜底梁)两端设销轴,间距6m,采用4根无接头绳圈将吊具与主钩相连。为使浮吊四主钩均匀受力并增加吊具整体稳定性,采用四钩起吊三点平衡的起吊方式,其中两个吊钩通过吊挂梁与主梁一点连接,另外两个吊钩通过兜底梁形式与主梁两点连接,从而实现三点平衡。吊具主梁与扁担梁之间通过法兰连接,在主梁上的不同位置设置相应的法兰结构,通过调整扁担梁的位置,使吊具适应不同长度梁段的吊装要求；扁担梁总长7.2m，下设转向拉板销轴，销轴中心与主梁中心线的距离分别为3.4m和2.6m，通过力矩平衡确保箱梁水平起吊及各吊点受力均衡；为防止梁段横向重心计算位置与实际位置存在偏差，将扁担梁法兰间距以10cm为模数向两侧展开，吊装时如不能平衡起吊，则通过调整扁担梁位置适应梁段重心。分幅大块梁段吊具结构布置见图4、图5。

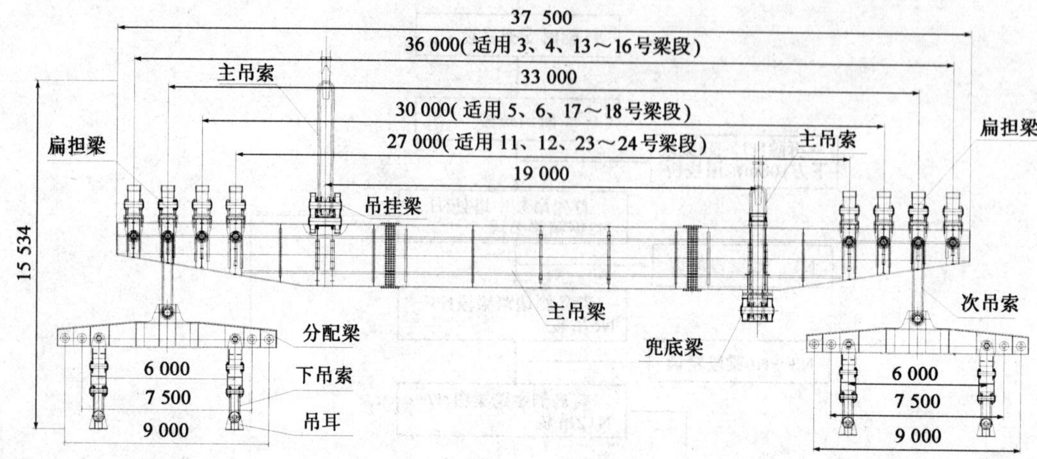

图4 分幅大块梁段施工所使用吊具立面布置(尺寸单位:mm)

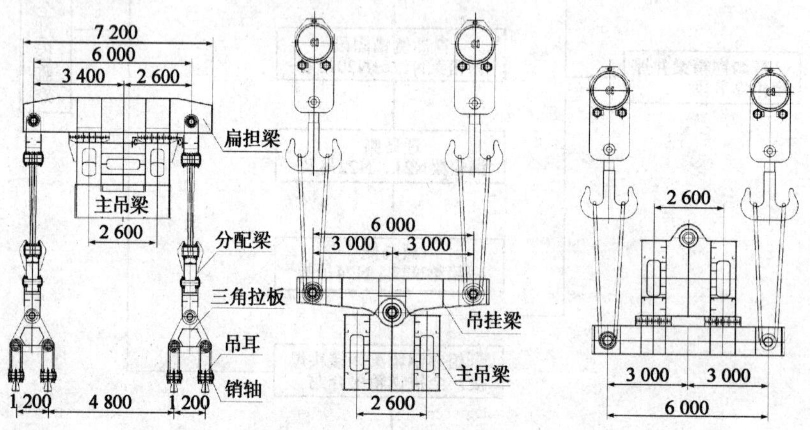

图5 分幅大块梁段施工所使用吊具侧面布置(尺寸单位:mm)

经设计计算，分幅大块梁段吊具总重量约214t，梁体结构采用Q345B型钢材加工，吊具主梁所受应力最大，其综合应力为219.2MPa $< \sigma = 325$MPa，产生的最大挠度为77mm，满足受力及吊装要求。

(2)分幅塔区梁段施工

为避免浮吊臂杆与主塔位置冲突，浮吊需布置于顺桥向，单臂杆单吊钩吊装。分幅大块梁段吊具设计时充分考虑了塔区梁段吊装要求，塔区梁段吊装利用分幅大块梁段吊具原有主吊索、吊挂梁、扁担梁及分配梁部分，在吊挂梁及扁担梁对应位置提前开设销孔，采用钢带及销轴将两者连接，形成塔区梁段吊具，见图6、图7。

(3)整幅锚固区梁段施工

考虑吊幅及吊高要求，整幅梁段采用浮吊两臂杆的两外侧主钩吊装，吊具总体结构需满足整幅梁段采用8点吊装及浮吊的2钩吊装的要求。整幅梁段吊具主要由受弯的主梁、吊挂梁、扁担梁、分配梁、吊索组成。主梁与吊挂梁及扁担梁通过高强螺栓连成整体，通过调整扁担梁在主梁上的固定位置，来满足不同长度梁段的吊装要求。其吊具结构布置如图8、图9所示。

吊具梁体结构采用Q345B型钢材加工，总重量约188t，经过计算，吊具主分配梁所受应力最大，其综合应力为 199MPa $<\sigma=325$MPa,产生的最大挠度为 40mm,满足受力及吊装要求。整幅梁段吊具模拟图,见图 10。

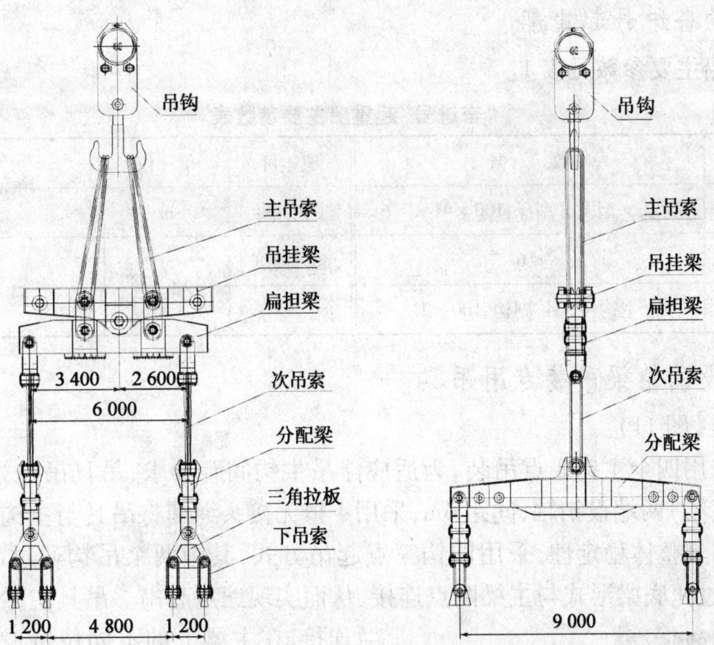

图 6 分幅塔区梁段施工所使用吊具结构(尺寸单位:mm)

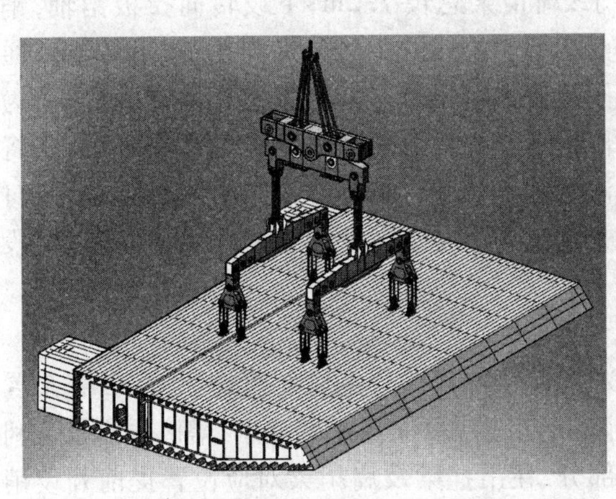

图 7 分幅塔区梁段施工所使用吊具

图 8 整幅梁段施工所使用吊具立面(尺寸单位:mm)

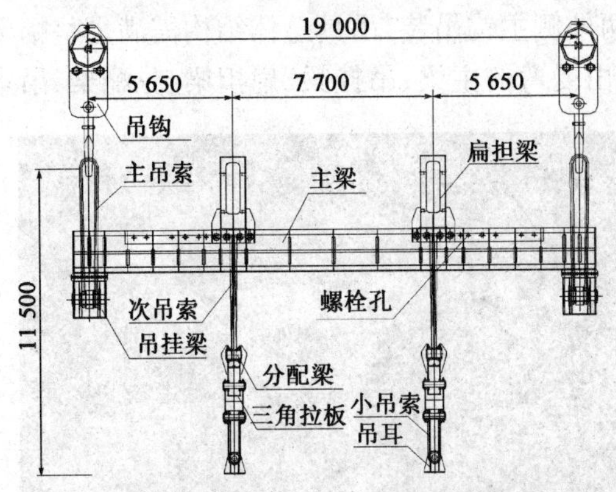

图 9 整幅梁段施工所使用吊具侧面(尺寸单位:mm)

图 10 整幅梁段施工所使用吊具

6 材料与设备

6.1 2 600t 的奋进号起重船

"奋进号"起重船主要参数见表1。

"奋进号"起重船主要参数表

表1

项　目	单　位	数　　据	项　目	单　位	数　　据
主尺寸	m	总长×型宽×型深:100×41×7.6	主钩间距	m	19×6
最大吃水	m	≤6	起升高度	m	主钩:80,副钩:93
起吊重量	t	主钩:6 504,副钩:100×2			

6.2 超大块段钢箱梁吊装专用吊具

1)分幅梁段吊具(图11)

分幅大块梁段采用四个主钩8点吊装,为适应浮吊主钩间距要求,吊具吊挂梁(兜底梁)间距设置为19m,吊挂梁(兜底梁)两端设销轴,间距6m,采用4根无接头绳圈将吊具与主钩相连。为使浮吊四主钩均匀受力并增加吊具整体稳定性,采用四钩三点起吊方式,其中两个吊钩通过吊挂梁与主梁一点连接,另外两个吊钩通过兜底梁形式与主梁两点连接,从而实现三点起吊。吊具主梁与扁担梁之间通过法兰连接,在主梁上的不同位置设置相应的法兰结构,通过调整扁担梁的位置,使吊具适应不同长度梁段的吊装要求;扁担梁总长7.2m,下设转向拉板销轴,销轴中心与主梁中心线的距离分别为3.4m和2.6m,通过力矩平衡确保箱梁水平起吊及各吊点受力均衡;为防止梁段横向重心计算位置与实际位置存在偏差,将扁担梁法兰间距以10cm为模数向两侧展开,吊装时如不能平衡起吊,则通过调整扁担梁位置适应梁段重心。

图11　分幅梁段吊具

2)分幅塔区梁段吊具(图12)

塔区1号、2号梁段长度为28.2m,单块重量420t。为避免浮吊臂杆与主塔位置冲突,浮吊需布置于顺桥向,单臂杆单吊钩吊装。分幅大块梁段吊具设计时充分考虑塔区梁段吊装要求,塔区梁段吊装利用幅大块梁段吊具原有主吊索、吊挂梁、扁担梁及分配梁部分,在吊挂梁及扁担梁对应位置提前开设销孔,采用钢带及销轴将两者连接,形成塔区梁段吊具。

3)整幅梁段吊具(图13)

考虑吊幅及吊高要求,整幅梁段采用浮吊两臂杆的两外侧主钩吊装,吊具总体结构需满足整幅梁段采用8点吊装及浮吊的2钩吊装的要求。整幅梁段吊具由受弯的主梁、吊挂梁、扁担梁、分配梁、吊索组

图12　分幅塔区梁段吊具

图13　整幅梁段吊具

成。主梁与吊挂梁及扁担梁通过高强螺栓连成整体,通过调整扁担梁在主梁上的固定位置,来满足不同长度梁段的吊装要求。

6.3 主要设备(表2)

主要设备表 表2

编号	类型(种类型号)	性 能	数量	编号	类型(种类型号)	性 能	数量
1	浮吊	2 600t	1	6	拖轮 2	2 000PH	1
2	抛锚艇	40t 起锚力	1	7	整幅吊具存放驳船	2×1 000t	1
3	定位驳船	2 000t	1	8	分幅吊具存放驳船	1 000t	1
4	运梁驳船	3 000t	1	9	整幅梁段吊具	1 054t	1
5	拖轮 1	4 000PH	1	10	分幅梁段吊具	957t	1

7 质量控制

(1)吊装大节段钢箱梁应满足以下标准:

①《公路桥涵钢结构及木结构设计规范》(JTJ 025—1986)。

②《公路桥涵施工技术规范》(JTJ 041—2000)。

③《起重机械吊具与索具安全规程》(LD 48—1993)。

④《起重机械安全规程》(GB 6067.1—2010)。

⑤《公路桥涵设计通用规范》(JTG D60—2004)。

⑥《海港水文规范》(JTJ 213—1998)。

(2)施工前由项目技术部向施工作业部队进行交底,对大节段钢箱梁吊装的施工方案、施工工艺、操作规程、技术要求、质量标准等进行交底。

(3)施工期间由项目部派技术人员及专职负责新型吊具研发使用的质量控制人员,对现场进行质量控制,以达到设计要求。

8 安全措施

(1)施工前进行技术交底和安全生产教育,强化全员安全意识,建立健全安全保证体系,使安全制度化,规范化。

(2)新型的梁索结合的吊具安装与使用,必须按照操作说明和技术人员指挥进行,防止不正当的操作造成事故。其他的机械设备的使用、操作,应严格遵守其《安全操作规程》。应对操作人员进行培训,使其能熟知设备使用章程,明白设备的使用注意事项,严禁违章操作。

(3)设备使用前应进行全面检修,确保设备状态良好,满足使用要求,确保施工安全和质量。

(4)施工前应对施工环境进行评估,做好施工天气预警工作,减少台风、雷电及寒冰等恶劣天气影响,确保施工安全。

(5)所有施工船舶必须满足所在作业区的航区安全要求,船舶进入施工区域,要随时做好与其他船联系的准备。

(6)浮吊船新型的梁索结合的吊具的使用,提高了大节段钢箱梁吊装施工的安全性。

9 环保措施

(1)严格执行《中华人名共和国海洋倾废管理条例》、《船舶污染物排放标准》,加工专门收集设备、机具的废油,专门废油储存箱,并按相关规定处理。严禁油污、生活废水、垃圾等杂物排放到海中。

(2)成立相应的施工环境卫生管理机构,在工程施工过程中严格遵守国家和地方政府下发的有关环境保护的法律、法规和规章,加强对施工燃油、工程材料、设备、废水、生产生活垃圾、废渣的控制和治理遵守有关废弃物处理的规章制度,认真接受海洋、海事、渔政等相关单位的管理,随时接受其监督检查。

(3)配有适当的化学消油剂、吸油剂等物资,以防不测发生;防止施工船舶和辅助船舶的海损、溢油事故的发生,一旦发生事故,立即采取措施,收集溢油,缩小溢油污染范围。

10 资源节约

与传统施工工艺满堂支架的小节段吊装法和设置临时墩的顶推施工法相比,本工法减少了临时墩的修建和满堂支架的架设,节省大量的钢管支架等建筑材料;缩短了海上作业时间,节省大量人力资源,积极响应国家提出的建设“资源节约型”社会的号召。

本工法所研发的梁索结合的新型吊具,依据“四点起吊、三点平衡”的机理,平稳安全高效的吊装箱梁,省却了传统平坡落梁时增减临时垫板工序,原有浮吊船吊装使用的附属机械与工具减少,其油耗等工费资源降低。

11 效益分析

11.1 经济效益

大沽河航道桥主梁为四跨连续全焊接扁平流线型双箱断面钢箱梁,主桥钢箱梁共55块,采用分离式双箱断面,主梁大节段有整体箱梁段、分体箱梁段等,节段类型多,规格多。采用本项目研发了四点起吊、三点平衡的索梁组合结构吊具,全面解决了各种规格、有纵横坡度要求的大节段钢箱梁起吊与安装问题。采用该工法较顶推(双幅)方案节省费用2 200余万元,较满堂支架方案节省费用1 430余万元。

11.2 社会效益

青岛海湾大桥大沽河航道桥是国内首次全部采用大节段吊装施工方法安装的特大跨度钢箱梁自锚式悬索桥。该工法还成功应用于另外两座航道桥(沧口航道桥和红岛航道桥)的大节段钢梁吊装施工,节省了大量的吊具加工和吊装不同梁段更换不同吊具的施工费用,提高了施工吊装的安全性,加快了起吊时的连接速度,保证了工程的进度,经济效益和社会效益显著。

12 应用实例

(1)青岛海湾大桥土建第七合同段自2009年8月到2010年3月期间,采用大节段钢箱梁海上吊装施工工法,完成了大沽河航道桥610m长钢箱梁的架设,钢箱梁线性、焊接质量等均达到了预期效果。

(2)青岛海湾大桥土建第二合同段自2009年10月到2010年7月期间,采用大节段钢箱梁海上吊装施工工法,完成了舱口航道600m长钢箱梁的架设,钢箱梁线性、焊接质量等均达到了预期效果。

(3)青岛海湾大桥土建第六合同段自2009年9月到2009年12月期间,采用大节段钢箱梁海上吊装施工工法,完成了红岛航道桥钢240m长箱梁的架设,钢箱梁线性、焊接质量等均达到了预期效果。

大节段钢箱梁精确调位施工工法

GGG(鲁)C3098—2013

季 辉 程建新 郭保林 杜 青 张长青

(山东高速青岛公路有限公司 中交第二公路工程局有限公司 山东畅通路桥股份有限公司)

1 前言

钢箱梁段的快速精确定位是大跨度钢箱梁施工的重点和难点,大块梁段吊装后安置在墩旁支架及墩顶钢梁上的临时支座上,然后进行高程、里程(纵向)及横向调位。大节段钢箱梁吊装后的初步定位、精确定位、设备选用及施工工艺、安全措施等都需要研究,确定钢箱梁调位施工方案。

青岛跨海大桥中的大沽河航道桥、红岛航道桥、沧口航道桥的钢箱梁采用大节段吊装施工。在大节段钢箱梁的调位施工过程中,山东高速青岛公路有限公司、中交第二公路工程局有限公司、山东畅通路桥股份有限公司联合开发了“大节段钢箱梁精确调位施工工法”。该工法在青岛海湾大桥土建工程第2、6、7合同段中的成功应用,降低了施工风险、保证了施工质量、缩短了施工周期、节约了工程投资,该工法的关键技术“大型构件精确调位装置”获得国家发明专利(ZL201020302122.3),成果于2011年12月经山东省科学技术厅组织鉴定,总体水平达到国际先进,并获得2012年度山东省科技进步一等奖。

2 工法特点

(1)开发出多点同步液压调位千斤顶配合临时支座的钢箱梁精确调位系统。

(2)利用梁段初定位系统和精确调位系统,对钢箱梁进行分阶段调位。

(3)将千斤顶及油压泵站在相同荷载的油路上串联储能阀,平衡各千斤顶荷载,通过单次行程及油表读数控制行程及受力同步施工技术。

(4)采用分体式千斤顶调位系统,完成高程及平面位置的三向精确调整。

3 适用范围

适用于钢箱梁段吊装后的现场精确调位,尤其是大阶段钢箱梁吊装后的快速调位作业。

4 工艺原理

在大节段钢箱梁吊装就位后,采用液压调位千斤顶以及临时支座上的钢箱梁精确调位系统,通过微移浮吊安装临时引导设施,偏位调整,平稳落于墩顶支座或临时支座上,将千斤顶及油压泵站在相同荷载的油路上串联储能阀,平衡各千斤顶荷载,通过单次行程及油表读数控制行程及受力同步施工技术。最终采用分体式千斤顶调位系统,完成高程及平面位置的三向精确调整。设置专门用于钢箱梁调整的上部控制网,运用“中点单砧法三角高程测量”控制钢箱梁的高程,再根据钢箱梁的架设长度得出体系转换后的压缩量作为体系转换修正值,然后将此值与温度影响修正值对钢箱梁端的里程桩号和距离轴线的距离进行控制,保证体系转换完成后的钢箱梁架设精度。

5 施工工艺流程与操作要点

5.1 施工工艺流程(图1、图2)

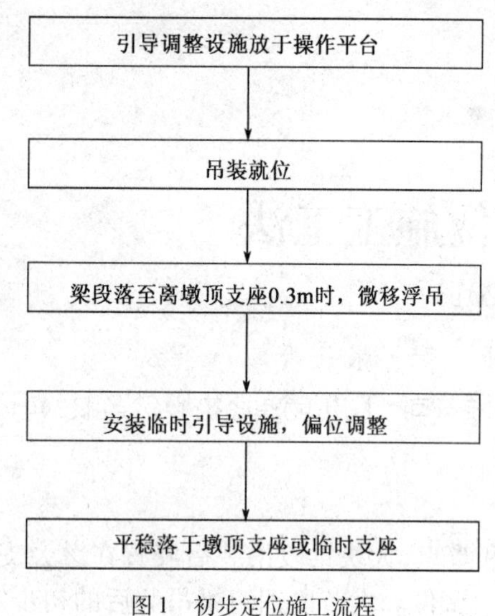

图1　初步定位施工流程

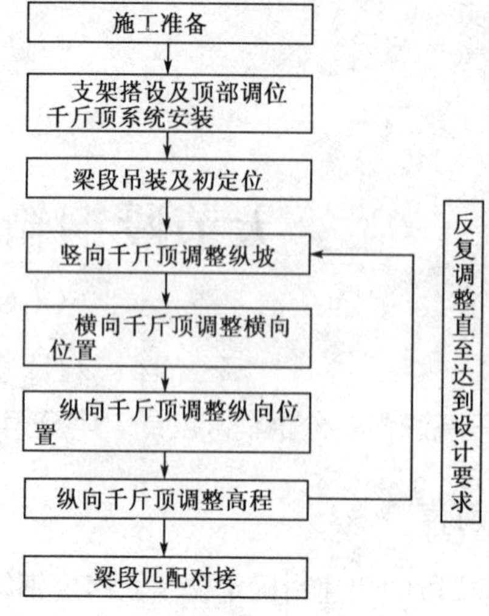

图2　钢箱梁精调工艺流程

5.2　操作要点

1)钢箱梁初步定位

为了减小梁段架设中的难度和提高大节段梁段初步定位的精度,应尽可能选择在风速较小时进行钢箱梁吊装。吊装时通过微移浮吊和梁段底部设置的临时牵引系统两种措施引导梁段就位,并在钢箱梁底部与临时支座对应位置绘制对位十字线,通过目测十字线的对齐情况,确保钢箱梁安装的初步定位精度控制在10cm以内。

(1)设置临时引导设施

为了使大块梁段在吊装时能比较准确地初步定位,减小精确调位的工作量,根据实际施工情况增设临时引导调整设施,主要包括手拉葫芦、卸扣和钢丝绳等。箱梁吊装就位前,将临时引导调整设施放置在支架顶部的操作平台上,以根据钢箱梁架设过程中的初步定位需要随时安装,以确保初定位精度。临时引导调整设施布置如图3所示。

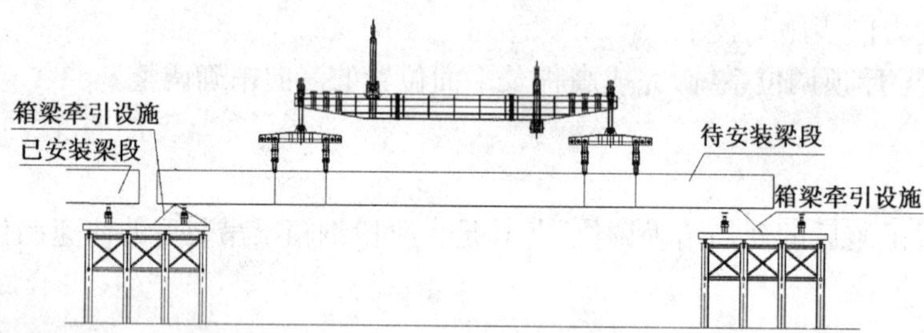

图3　临时引导设施布置

(2)钢箱梁牵引与初步定位

钢箱梁起吊后,浮吊移动到位下放钢箱梁,当梁段落至离墩顶支座0.3m左右时,检查钢箱梁底部的定位十字线与临时支座顶的对位十字线的偏位情况,采用微移浮吊的措施进行偏位调整,若偏位情况不能满足要求则及时安装临时引导设施,进行偏位调整,然后将钢箱梁平稳地落于墩顶支座或临时支座上。临时牵引布置见图4。

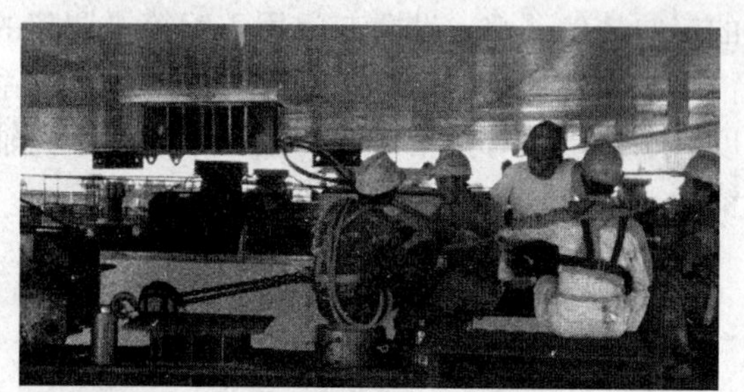

图4　钢箱梁临时牵引

2)钢箱梁吊装精确定位

为实现大块梁段施工的线形控制,大块梁段吊装初步就位后,必须要进行高程、里程(纵向)及横向的三向精确位置调整。由于大块梁段施工期间调位操作空间小,且实现三向精确调位技术本身存在较大的困难,需要对大块梁段的调位系统的操作性、调位系统的同步性、施工安全性等问题进行充分研究。最终采用分体式千斤顶调位系统,调整高程及平面位置。

(1)设计精调系统

钢箱梁调位系统由临时支座、千斤顶系统及钢垫块组成。临时支座分为下部固定底座及上部可移动支座两部分,在上、下部之间设四氟滑板形成滑动面,通过纵向、横向千斤顶顶推临时支座进行梁段平面位置调整,支座顶部可设置钢垫块,通过抽、加垫板方式进行梁段高程调整;另外,可将移动支承设计为砂桶形式,方便落架。千斤顶同步性控制是梁段调位的关键,直接关系到梁段与支架的安全。

①设置临时支座

临时支座起到钢箱梁临时支撑的作用,根据落架方式、纵坡调整高差的不同共设置砂箱型及钢箱型两种临时支座形式,临时支座由固定底座及上部可移动系统组成,布置在支架顶横梁上,支架施工塔吊拆除前吊装就位。临时支座底座下端与墩顶横梁焊接牢固,顶部设有不锈钢板,临时支座上部系统由砂箱(钢箱)、调整钢板、转动铰等组成,其砂箱(钢箱)底部设置四氟滑板,上部砂箱(钢箱)、调整钢板、转动铰采用M16螺栓连成整体。临时支座平面位置需由测量组精确放样并定位,保证各临时支点相对位置及绝对位置与钢箱梁内部加强点一致,安装时需严格按照设计值控制砂箱(钢箱)顶面高程及临时支座顶面高程。临时支座结构布置见图5、图6。

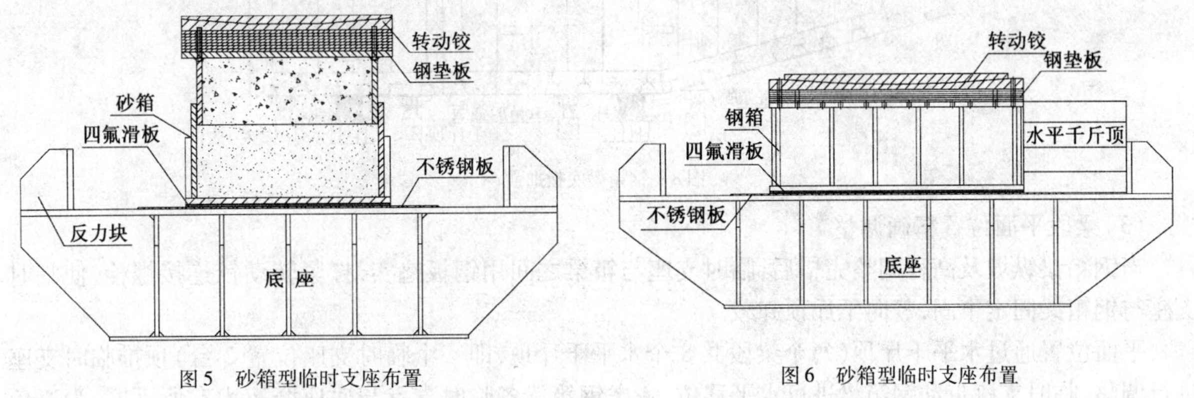

图5 砂箱型临时支座布置

图6 砂箱型临时支座布置

砂箱型支座及钢箱型支座的布置位置见表1。

临时支座类型及对应梁段

表1

序号	支座类型	支座规格(cm)	适应梁段	备 注
1	砂箱型临时支座	65×65×50	1~14号、19~24号梁段近塔侧	适应部分纵坡调整高差较小并有落架要求的梁段
2	钢箱型临时支座	100×100	11~18号、23号、24号梁段远塔侧	适应部分纵坡调整高差较大并无落架要求的梁段

②布设千斤顶

梁段平面位置由布置在临时支座底座上的水平千斤顶进行调整,梁段的高程及纵坡采用布置在临时支座两边的竖向千斤顶调整,千斤顶及临时支座位置如图7所示。

③钢箱梁加强

为改善钢箱梁局部受力,钢箱梁在临时支点及千斤顶位置处进行加强,在钢箱梁底板上采用增加3cm厚的钢板加强,在斜腹板处采用三角板加强,其结构如图8所示。

(2)确定梁段纵坡调整参数及调位顺序

根据钢箱梁架设线形、钢箱梁设计纵坡的大小,钢箱梁架设时的放置状态,计算钢箱梁调整的目标参数。由于采用了索梁组合型吊具,梁段的倾斜纵坡可通过吊点的收放来控制,纵坡的调整仅是微调工作,计算出临时支座出需要的调整量,通过竖向千斤顶起顶、抽或加钢垫板方式调整好纵向坡度和竖向高程。

当每期大块段梁段吊装及初步定位完成后,即开始进行梁段的精确调位,主要包括:纵坡调整(高程调整)、横向调位、纵向调位、梁段匹配等内容。

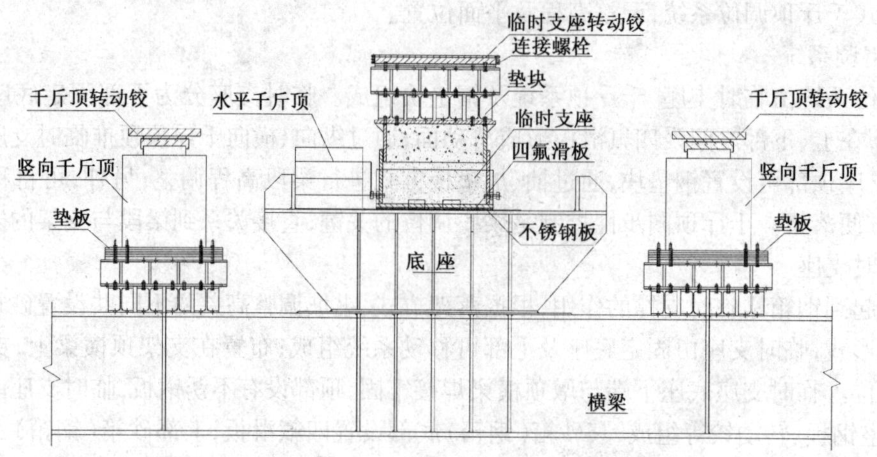

图7　千斤顶及临时支座布置

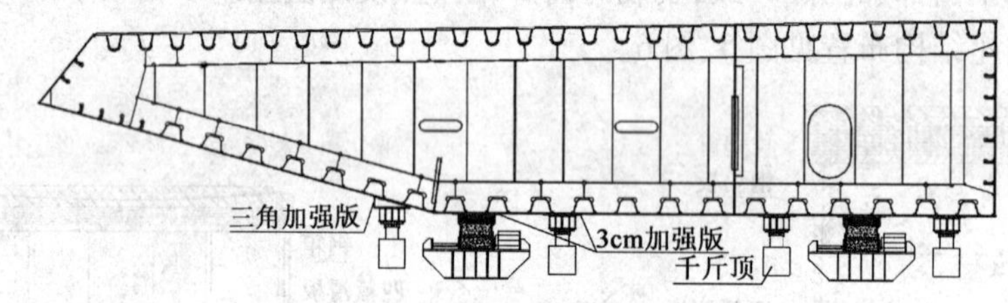

图8　钢箱梁底板加强

(3)梁段平面位置精确调整

当钢箱梁纵坡及高程调整完毕后,临时支座与箱梁之间用钢板垫实,拧紧转动铰连接螺栓,使临时支座与钢箱梁固定牢固,竖向千斤顶卸载。

平面位置通过水平千斤顶(每个梁段共8个水平千斤顶,即一个临时支座位置2台)顶推临时支座进行调整,临时支座带动钢箱梁进行水平移位,考虑钢箱梁各临时支点与底座摩擦力有所不同,为避免在水平调位时顶偏钢箱梁,在临时支座调整方向两侧设置限位钢块,保证箱梁沿预定方向位移。同时,顶推过程中需严格控制梁段两端顶推行程,保证梁段同步移动,如出现单端位移现象,可加大另一端顶推力,否则支架将产生较大的水平力,对结构安全不利。钢箱梁平面调整时临时支座和水平千斤顶布置(图9、图10)。

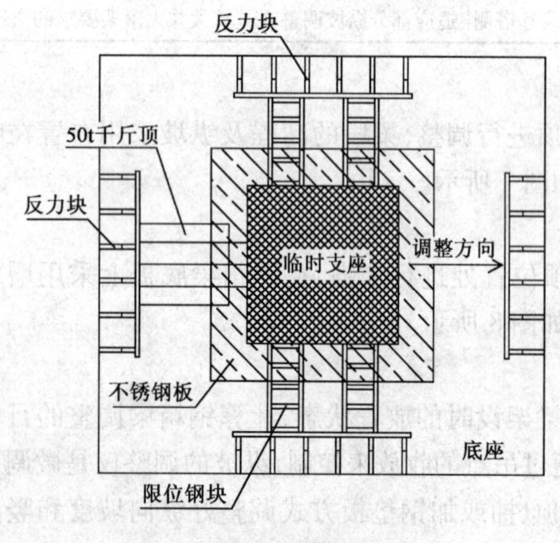

图9　平面调整时的临时支座布置

图10　平面调整时的水平千斤顶布置

因箱梁较高、安装纵坡较大且定位精度要求高，箱梁平面位置调整与高程调整总是相互影响，需反复多次才能使其里程、轴向位置及高程、高差满足要求。

(4)各特征梁段精确调整定位

①塔区1号、2号梁段调整，见图11、图12。对于位于索塔两侧的1号、2号块梁段，在梁段底面中心处设置竖向永久支座，为避免永久支座在钢箱梁吊装就位过程中受到冲击，将预抬高临时支座顶面高程。三角撑永久支座顶高程+55.62m，在永久支座对应梁底位置设置有一块6cm厚加强钢板，即钢箱梁在吊装阶段底板高程需控制在+55.69m以上，将临时支座顶面高程控制在+55.69m，另加临时支点位置处有一块3cm厚加强钢板，即箱梁底高程为+55.72m，满足梁段预抬高要求。1号、2号块梁段临时支座高度较低，可先进行梁段平面位置调整，保证永久支座与箱梁对应位置精确对位，然后调整钢箱梁的高程，通过竖向千斤顶及抽换垫板的方式将钢箱梁调整至设计位置。

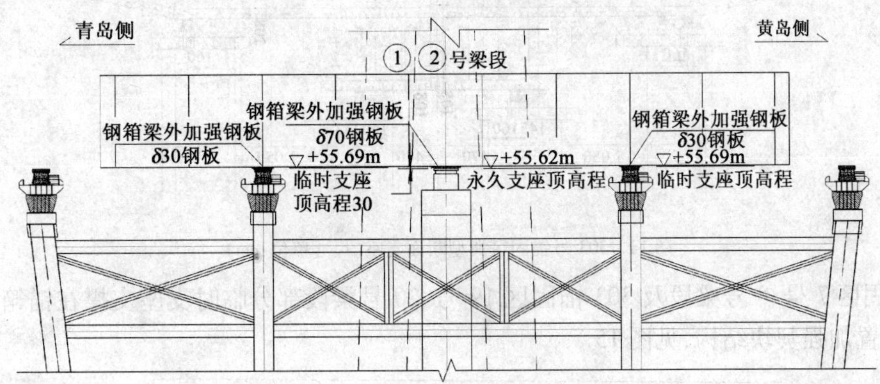

图11 1号、2号梁段吊装高程控制

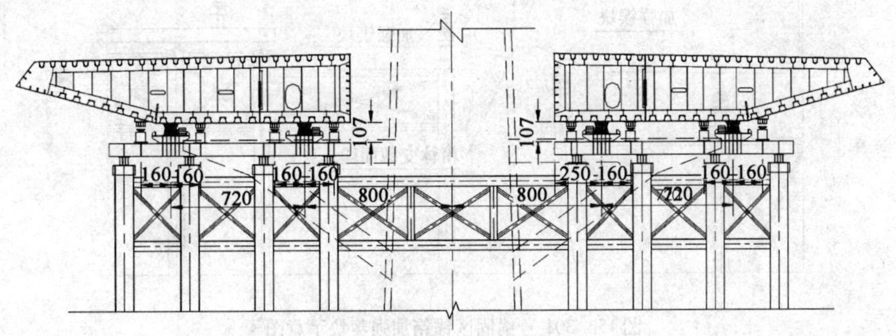

图12 1号、2号梁段临时支点布置(尺寸单位:cm)

②锚固区梁段调整(图13、图14)。锚固区均为整幅梁段，包括边跨301号墩锚固区7号、8号、9号、10号梁段，主跨303号墩锚固区19号、20号、21号、22号梁段，梁段最大尺寸:21m×47m，梁段最大重量:957.4t;考虑落架要求在锚固区均设置砂箱型临时支座;最大纵向荷载143kN;9号、21号梁段底部对应301、303锚固区竖向永久支座，为避免永久支座在钢箱梁吊装就位过程中受到冲击荷载影响，需预抬高临时支座顶面高程，301永久支座顶高程+54.478m，303永久支座顶高程+53.494m，在永久支座对应梁底位置各设置有一块6cm厚加强钢板，另考虑临时支点对应梁段位置处有一块3cm厚加强钢板，则301锚固区9号块对应锚箱部分临时支座顶面高程控制在+50.265，翼缘部分临时支座顶面高程控制在+54.555m，303锚固区21号块对应锚箱部分临时支座顶面高程控制在+49.290，翼缘部分临时支座顶面高程控制在+53.580m，满足梁段预抬高要求。

锚固区梁段精确调位系统采用多支点临时支撑结构，每块梁段设置八点临时支座，由于临时支座及钢箱梁截面刚度均较大，多支点设置对各点相对高差要求较高，因此在钢箱梁吊装前需严格复测各支座顶面高差，在钢箱梁吊装时观察各临时支座与箱梁底板的接触情况，以保证各临时支点共同受力。

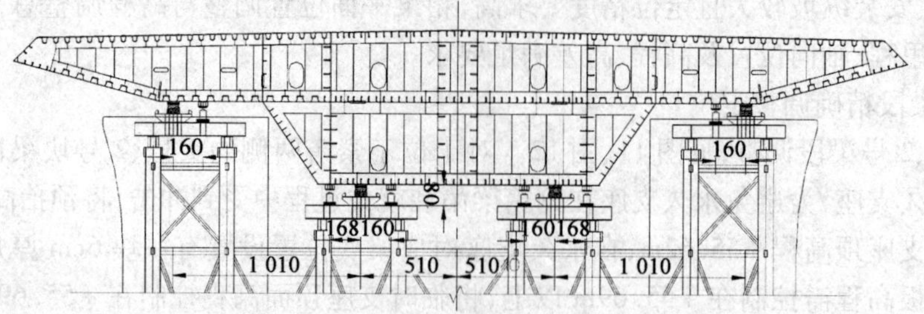

图 13　301 号锚固区典型断面支座(尺寸单位:cm)

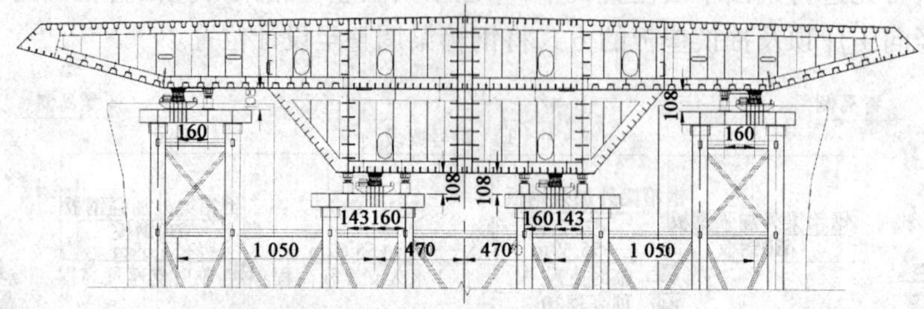

图 14　303 号锚固区典型断面支座(尺寸单位:cm)

301 号锚固区 7 号、8 号梁段及 303 锚固区 19 号、20 号梁段部分临时支座支撑在锚箱变截面段,并在变截面段设置加强契块结构,见图 15。

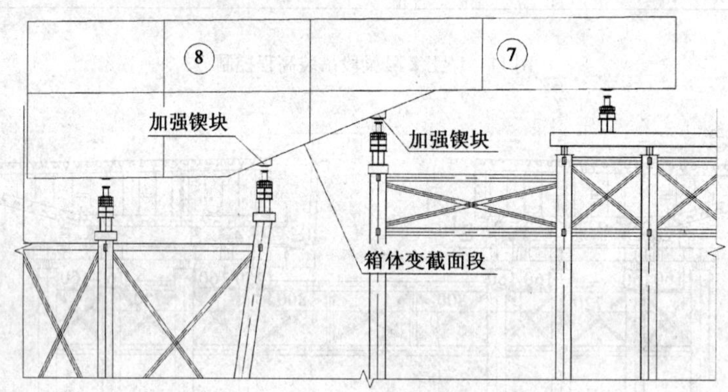

图 15　301 号锚固区锚箱加强契块示意图

③主跨及边跨大块梁段调位。主跨及边跨大块梁段包括 3 ~ 6 号、13 ~ 18 号十块分幅梁段,梁段最大尺寸:72m × 21m,梁段最大重量:1 050t;边跨侧梁段最大纵向滑移力 73kN,主跨侧梁段最大纵向滑移力 112.3kN。

(5)梁段匹配连接

梁段就位后,在合龙段钢箱梁纵向两端,以及合龙口两侧已安装主梁端部设置临时栓接加强件,加强合龙段与两侧钢箱梁的匹配性;而后将两端加劲梁段连接并环缝施焊,完成箱梁的合龙施工,如图 16 所示。

(6)梁段间临时固结

当所有的检测项目均符合设计及监控要求后,将梁段临时固结于支架顶的纵梁上,包括纵、横、竖向三个方向。

在梁段的四个临时支点位置,布置 4 个临时支座,将四组调位千斤顶卸载,两端落位于 4 个临时支座上面,支座和钢箱梁之间垫以钢垫板、橡胶垫块;在临时支撑点附近,利用梁段底板上布置的牛腿及焊接在支架纵梁上的锚固型钢进行纵横向限位。为确保左右幅钢箱梁的整体稳定性,当左右幅箱梁对称调整定位完成后，立即进行中间连接箱的施工，加强左右幅钢箱梁的整体稳定性。

栓件布置

定位钢板布置

图 16　钢箱梁节段定位

(7)大节段调位安全措施

由于梁段自重大，临时支座宽度达到65cm，在调整纵坡过程中，搁置点由面接触转变为线接触，如不采取相应措施，钢箱梁和临时支座可能局部偏心受压变形或屈服，千斤顶则有可能因偏心受压失效，在施工中需要采取相应措施：

①防止偏载。在临时支座及千斤顶顶部设置转动铰，如图 17 所示，保证各支点均匀受力，以适应梁段纵坡调整需要。

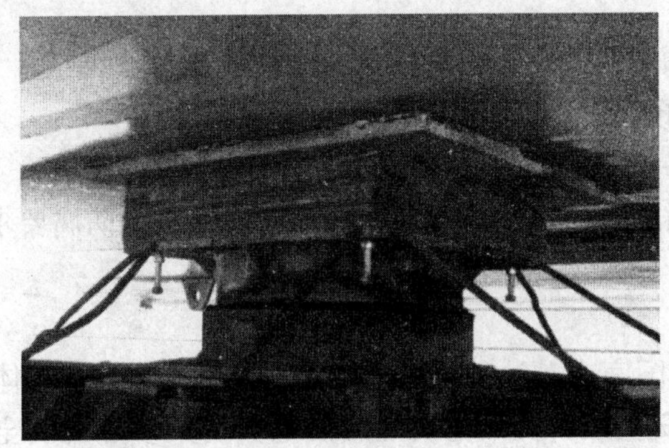

图 17　临时支座及千斤顶转动铰

②同步调位。将千斤顶及油压泵站在相同荷载的油路上串联储能阀装置，如图 18 所示，平衡各千斤顶荷载，通过单次行程及油表读数控制行程及受力同步。

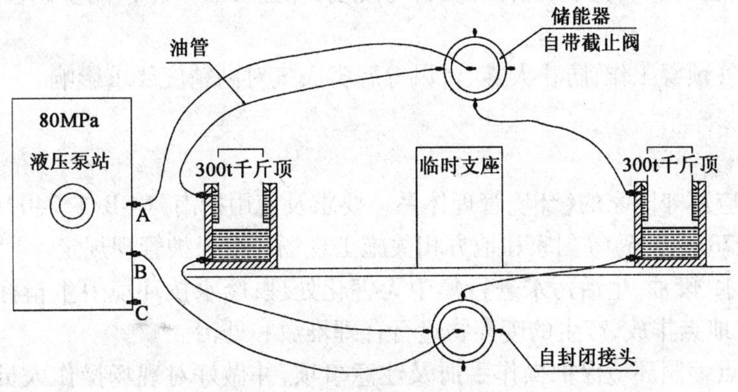

图 18　调位千斤顶调位系统

6　材料与设备

主要设备如表2所示。

主要设备表　　表2

编号	类型(种类型号)	参数指标	数量	编号	类型(种类型号)	参数指标	数量
1	砂箱型临时支座	443t	96	6	钢垫板	10mm厚	560
2	钢箱型临时支座	443t	28	7	钢垫板	2mm厚	430
3	千斤顶	300t	16	8	垫梁	HW150×150	300
4	千斤顶	50t	8	9	聚四氟乙烯板	小于0.1的摩擦系数	124
5	储能阀	60MPa	8	10	转动铰	适用于转动5°	124

7　质量控制

7.1　质量控制标准

大节段钢箱梁海上定位调整与测量应满足以下标准：

(1)《公路桥涵设计通用规范》(JTG D60—2004)。

(2)《海港水文规范》(JTJ 213—1998)。

(3)《公路桥涵施工技术规范》(JTJ 041—2000)。

(4)《液压支架千斤顶技术条件》(MT 97—1992)。

(5)《公路桥涵施工技术规范》(JTJ 041—2000)。

7.2　质量保证措施

(1)建立健全工程质量保证体系,成立体系健全的质量管理组织机构,完善各项质量管理制度。

(2)为保证焊接质量,消除楔形接缝,采取设置全预拱度,调位千斤顶调整等措施。

(3)在临时支座及千斤顶顶部设置转动铰,保证各点受力均匀,以适应纵坡调整需要。

(4)临时支座及千斤顶上的分配梁直接焊接在钢箱梁加强板上,保证钢箱梁整体结构的防腐要求。

8　安全措施

(1)认真贯彻"安全第一,预防为主"的方针,根据国家有关法律法规、条例、规定,结合工程具体特点,建立以项目经理为首,由专职安全人员、班组兼职安全人员及工地安全用油电负责人参加的安全生产管理机构,执行安全生产责任制,明确各级人员的职责,抓好钢箱梁调位期间的安全生产。

(2)在进行初步定位之前,应按规范要求对墩顶支座和临时支座进行详细检查,保证钢箱梁的安全放置。

(3)初步定位系统及精确调位系统合理安排与规划,保证液压千斤顶同步调位,防止千斤顶发生偏心受压而失稳现象。

(4)提前做好天气预警工作,防止大雾、台风等恶劣天气对高精度要求影响。

9　环保措施

(1)施工过程中应遵守国家的《环境管理体系　要求及使用指南》(GB/T 24001—2004)和《污水综合排放标准》(GB 8978—1996)等国家和地方相关施工现场环境保护管理规定。

(2)对于施工废水、废油、生活污水进行集中无害化处理,废水按环境卫生指标进行处理达标并按当地环保要求的指定地点排放,产生的废弃物进行合理堆放和处治。

(3)根据工程特点编制环境保护操作手册及注意事项,并做好对现场操作人员及管理人员的环保措施交底工作。

10 资源节约

(1)施工过程中使用能耗低的施工机械和设备,提高施工设备负荷运转效率,禁止不合格临时设施的使用。

(2)对施工设备进行定期维护保养,保证设备正常运转,降低能源消耗,避免因机械的不正常运转造成能源浪费。

(3)本工法采用液压千斤顶及临时支座实现同步调位,减少了施工人力、物力的投入,节约资源。

11 效益分析

11.1 经济效益

青岛海湾大桥土建工程中的三座通航孔桥包括大沽河航道桥(长610m,55段)、红岛航道桥(长240m,8段)、沧口航道桥(长600m,20段),全部采用钢箱梁结构,用钢管桩做钢箱梁的临时支架,采用了大节段钢箱梁精确调位施工工法,提高了调位精度和速度,缩短了海上作业时间,取得了良好的技术经济效益。

该工法技术可靠,调位效率及安全性高,与常规调位方法相比,三座通航孔桥的钢箱梁调位共节约成本600余万元。

11.2 社会效益

在保证施工质量的同时,加快了钢箱梁现场精确调位的进度,提出的多点同步液压调位千斤顶配合临时支座的钢箱梁精确调位系统,对同类桥梁的架设提供了一定的借鉴。

12 应用实例

(1)青岛海湾大桥土建第七合同段自2009年9月至2010年5月期间,采用大节段钢箱梁精确调位施工工法,完成了大沽河航道桥钢箱梁现场精确定位工作,钢箱梁架设精度、焊接质量等均达到了预期效果。

(2)青岛海湾大桥土建第六合同段自2009年9月至2009年12月期间,采用大节段钢箱梁精确调位施工工法,完成了红岛航道桥钢箱梁精确定位工作,钢箱梁架设精度、焊接质量等均达到了预期效果。

(3)青岛海湾大桥土建第二合同段自2009年10月至2010年7月期间,采用大节段钢箱梁精确调位施工工法,完成了沧口航道桥钢箱梁精确定位工作,钢箱梁架设精度、焊接质量等均达到了预期效果。

高墩大跨径钢混叠合梁悬臂混凝土工程施工工法

GGG(浙)C3099—2013

张君瑞　吴旭初　朱培良　朱慧明　吴江锋
(浙江省宏途交通建设有限公司)

1　前言

钢混叠合梁的结构特点是下边为拼接安装的钢箱梁,面层为两侧悬空的现浇混凝土。由于它受力条件好,具有操作简单,施工速度快的特点,现在越来越多的被运用于施工难度大、跨越幅度大的桥梁或工业厂房等重要部位,但在实际施工当中,由于混凝土与钢材的收缩、膨胀系数不同及施工等原因,混凝土表面极易产生裂缝,针对这一施工难题,浙江省宏途交通建设有限公司研制了高墩大跨径钢混叠合梁悬臂混凝土工程施工工法,并运用于宁波绕城7B标南桥、北桥工程,取得了很好的效果,经总结编制形成本工法。

2　工法特点

(1)操作简单、施工周期短。钢箱梁制作安装后,直接利用钢箱梁为悬臂混凝土支架搭设支点,避免了传统的大范围的满堂支架搭设,施工灵活,受外界干扰小,效率高。

(2)利于环境。该工法避免了大范围的满堂支架搭设,不影响桥下交通及行人通行。

(3)质量控制好。两侧悬空的现浇混凝土,根据整桥的受力特点,有序分节段地进行混凝土的浇筑,有效地控制裂缝的产生。

(4)施工成本少。采用本工法施工制约条件少,不受高度等条件限制,投入设备少,降低了施工成本。

(5)施工安全性好。施工现场简洁,安全易受控。

3　适用范围

适用于大跨径连续钢构和悬臂混凝土相叠合的结构工程施工。

4　工艺原理

本工法利用钢箱梁左右悬臂混凝土翼板对称及受力平衡的原理,在完成钢箱梁安装检测后,在钢箱梁左右边边顶板上安装翼板支架,然后安装钢筋及预应力筋,并根据整桥的受力特点,先浇注固结墩及梁底处混凝土,再浇筑每跨跨中桥面板混凝土(压应力区)最后浇筑墩顶桥面板混凝土(拉应力区),每段并按从中到边顺序对称进行悬臂混凝土施工浇筑,形成钢混叠合梁。

混凝土浇筑顺序见图1。

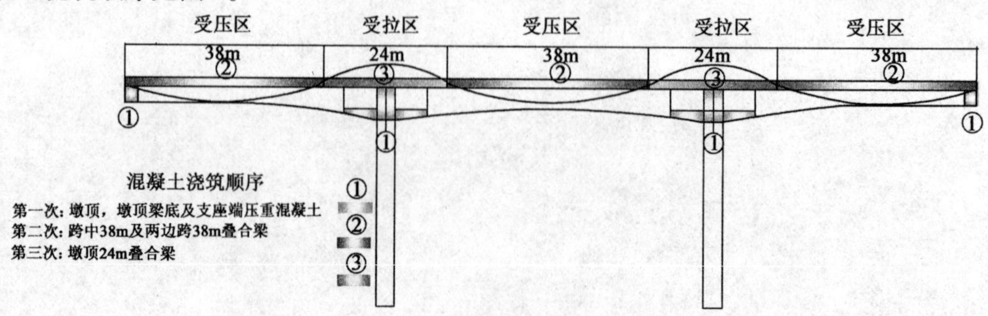

图1　混凝土浇筑顺序

5 施工工艺流程及操作要点

5.1 施工工艺流程

施工工艺流程见图2。

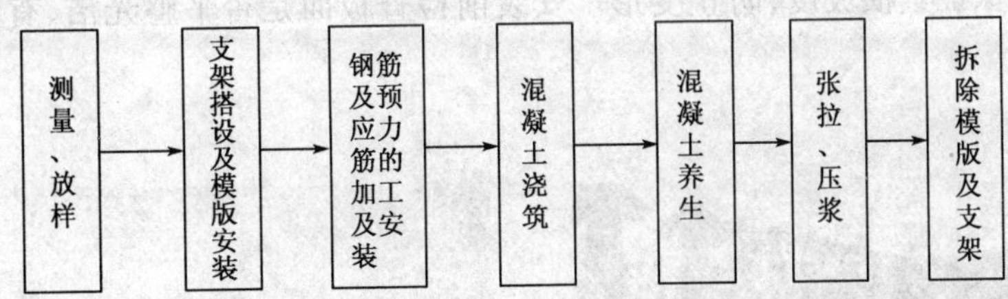

图2 施工工艺流程图

5.2 操作要点

1)测量、放样

在钢箱梁施工、检测完成后按照翼板支架搭设设计方案在钢箱梁边腹板顶板上钻孔,放样位置、取孔应准确,避免因放样位置不准确而影响支架搭设后在混凝土浇筑时受力不均匀而影响整体支架的稳定性。

2)支架搭设及模板安装

(1)支架搭设:支架架搭设前,工程技术负责人应按规程和施工组织设计要求向搭设和使用人员做技术和安全作业要求的交底,保证叠合梁按既定的施工方案施工。

箱室内采用10cm×10cm方木做纵向分配梁及横向分配梁;模板为1.5cm高强度竹胶模板,纵横向分配梁采用焊在钢箱梁翼板上的$\phi10$钢筋拉住固定,$\phi10$钢筋另一头加工成螺纹,采用螺帽固定纵横向分配梁,$\phi10$拉筋布置间距为0.5m,纵横向分配梁底部采用支撑加固在钢箱梁底板上。

翼板支架搭设设计见图3。

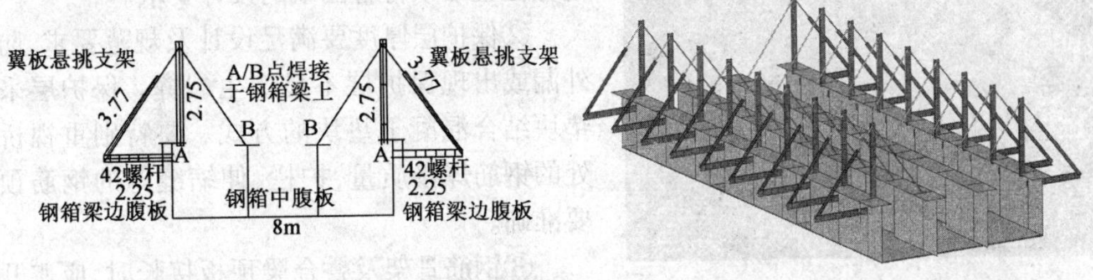

图3 翼板支架搭设设计图(尺寸单位:m)

翼板支架搭设利用现有箱梁,在钢箱梁边顶板上打孔,采用螺栓拉固并用槽钢焊接的方法进行固定。翼板支架搭设见图4。

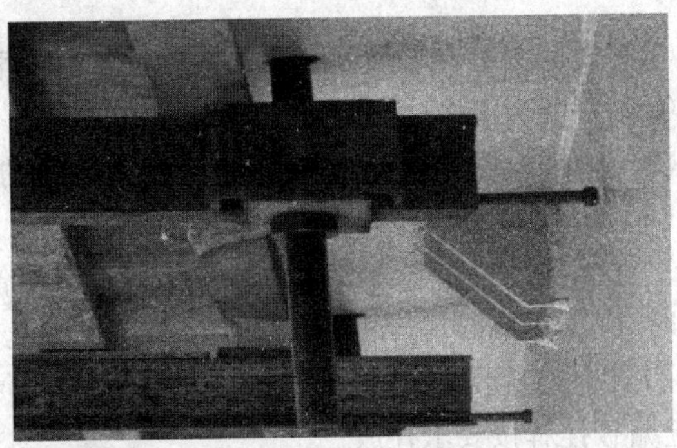

图4 翼板支架搭设图

(2)模板安装:底模在正常使用时,应随时用水准仪检查底板的高程,平整度,不符合规定处应及时整修。及时清除底板表面与橡胶密封处的残余灰浆。在混凝土浇注前应用高压水枪吹净底模上焊渣、杂物等。

底模在安装时根据钢箱梁翼板顶高程控制,钢箱梁安装时已考虑了相应的预拱度。

翼板模板安装应保证其横坡度,防止变形。安装前检查板面是否平整光洁、有无凹凸变形及残余黏浆。

模板安装见图5。

图5 模板安装

3)钢筋及预应力筋的加工及安装

(1)钢筋绑扎及安装(图6)

图6 钢筋绑扎及安装

①箱室顶板底模和悬臂底模安装检查验收合格后,即开始绑扎安装钢筋,现场焊接质量必须严格把关,焊渣及时清除。钢筋的规格、数量及弯起钢筋的起弯位置必须符合图纸的设计要求。

②保护层厚度要满足设计及规范要求,防止钢筋外漏或出现保护层不足产生裂缝。保护层采用塑料垫块结合混凝土垫块的方式。要特别重视桥墩连续处的钢筋焊接质量,护栏、伸缩缝等的钢筋预埋位置要准确。

③钢筋骨架及叠合梁顶板接长时,应避开受力较大处,并按施工技术规范要求接头错开布置。

④钢筋在绑扎时以普通筋让预应力筋为原则,待波纹管安装后,再安装顶板钢筋和预埋件。钢筋的搭接及焊接应按满足规范要求,钢筋绑扎应横平顺直间距均匀,并按设计要求施工,扎丝不得伸入保护层内。

⑤按设计图纸要求预埋附属件包括护栏、伸缩缝等,位置应准确。

⑥钢管混凝土墩梁固结墩处150mm×150mm的$\phi12$钢筋网片达13层,为保证混凝土浇筑质量,采用边浇筑边铺设网片的方法,网片固定在横隔板的剪力钉上。

(2)预应力束制安

①钢绞线下料长度为设计孔道长度+张拉设备工作长度+预留锚外不少于100mm的总长度下料。切割时,应在每端离切口30~50mm处用铁丝绑扎,平放用砂轮锯切割。

②钢绞线编束时须按各束理顺,每隔1~1.5m用铁丝捆扎,铁丝扣应向里面弯折,绑好的绞线钢束,应编号挂牌按要求存放。

③钢绞线应对号穿入波纹管内,同一孔道穿束应整束整穿或用穿索机将钢绞线逐根穿入。孔道内

应畅通,无水和其他杂物。

④预应力筋安装在管道中后,管道端部开口应密封以防止湿气进入。对于露出部分必须采用胶带密封。

⑤任何情况下,当在安装有预应力筋的构件附近进行电焊时,对全部预应力筋和金属件均应进行保护,防止溅上焊渣或造成其他损坏。

4)混凝土浇筑(图7)

根据整桥的受力特点混凝土浇筑顺序采用如下顺序:

先浇筑固结墩底部混凝土→再浇筑受压区跨中混凝土→最后浇筑受拉区墩顶混凝土

图7 混凝土浇筑

①钢管混凝土墩梁固结墩处由于 $\phi12$ 钢筋网片达13层,钢筋密集,为保证混凝土浇筑质量,施工中应加强混凝土振捣,并确保混凝土自由倾落高度控制在2m以内,否则应通过串筒、溜管等设施下落。

②在浇筑顶板混凝土时,由于箱梁顶面为横坡变化,故施工时应设置高程控制标志,采用纵向布设2道[6.3槽钢控制顶面高程、平整度及桥梁横坡,高程应考虑设计预拱度值。在振捣过程中,随时测量,以保证横向线形。由于顶板混凝土施工时受悬臂支架影响,无法采用混凝土整平机施工,实际施工时采用铝合金直尺控制,并采用汽油磨光机抹面。箱梁顶面混凝土初凝后用扫把拉毛,要求线条粗细均匀、顺直。

③浇筑混凝土进行振捣时,应注意不能破坏波纹管,且不允许管道移位,尤其应避免管道上浮,以达到预应力的预期效果,防止破坏性的局部应力产生。为保证各节段新老混凝土的整体性,在浇筑箱梁新混凝土前,将旧混凝土的接触面凿毛、洗净、湿润。

5)混凝土养生

由于叠合梁混凝土强度等级较高,在水化热过程中极易产生裂缝,因此在混凝土浇筑完成后及时的覆盖土工布洒水养护。

6)张拉、压浆

(1)预应力钢束的张拉在混凝土达到设计强度的95%以上方及混凝土龄期达到14d以上方可进行张拉。

(2)所有预应力的张拉均要求锚下张拉力与伸长量双控,以张拉控制为主,伸长量作为校核,实际伸长量与理论值之间的误差应控制在±6%之间,若伸长量误差较大,须通知设计单位核查。

7)拆除模版及支架

模版及支架拆除应在混凝土达到拆模标准后进行,避免因混凝土强度不足拆除支架而因混凝土自重产生受力裂缝,拆除支架时应尽量缓慢,避免鲁莽拆除,碰伤混凝土表面而影响整体外观。

5.3 劳动力组织(表1)

劳动力组织表 表1

序 号	工 程	人 数	责任范围
1	项目经理	1人	施工现场总负责
2	技术负责人	2人	施工技术、质量等现场总负责
3	专职质检员	1人	负责现场质量控制检查、施工记录、数据整理等
4	测量员	3人	负责现场施工放样
5	试验员	2人	负责试验及检测工作

续上表

序　号	工　程	人　数	责 任 范 围
6	安全员	2人	负责现场安全管理
7	电焊工	12人	负责现场钢筋电焊
8	钢筋工	14人	负责钢筋及预应力筋制安的辅助
9	木工	9人	负责模板制安及拆除
10	张拉工	10人	负责张拉及压浆
11	支架按拆工	7人	负责翼板支架的安装及拆除
12	浇捣工	16人	负责混凝土浇捣
13	辅助人员	4人	负责后勤及照明

6 材料与设备

6.1 工程材料

主要工程材料(表2)

主 要 工 程 材 料　　表2

序　号	材 料 名 称	规　格	序　号	材 料 名 称	规　格
1	槽钢	[20,[18	4	法兰	ϕ25mm
2	螺栓	ϕ36mm	5	竹胶板	厚1.5cm
3	方木	10×10 cm			

6.2 工程机械设备

叠合梁主要施工机械设备(表3)

叠合梁主要施工机械设备　　表3

序　号	类　型	设 备 名 称	技 术 参 数	单　位	数　量
1		50t 汽车式吊机	50t	台	2
2		压浆机	D144:15kW	台	2
3		全站仪	TPCON	套	1
4		交流电焊机	BXI-100	台	7
5		钢筋切断机	GJ40	台	2
6		钢筋弯曲机	GJ40	台	2
7		插入式振捣棒	50型	台	10

7 质量控制

7.1 质量控制要求

(1)《公路桥涵施工技术规范》(JTG/T F50—2011)。

(2)《公路桥涵钢结构及木结构设计规范》(JTJ 025—1986)。

(3)《混凝土结构工程施工质量验收规范》(GB 50204—2002)。

(4)《公路工程质量检验评定标准》(JTG F80/1—2004)。

7.2 质量控制措施

(1)支架搭设质量控制措施

箱室及翼板支架搭设前均进行荷载计算,搭设支架时严格按计算尺寸进行施工并考虑支架变形及预留拱度。

(2)模板安装质量控制

模板安装严格按设计纵、横坡安装,破损模板不得使用,模板拼缝用胶液补平。

(3)钢筋安装质量控制

钢筋骨架绑扎焊接牢固,不得松动。绑扎间距严格按照设计要求及施工规范进行绑扎,焊接。

(4)预应力筋质量控制

预应力管道与钢绞线施工时,预应力管道铺设严格按设计给定孔道坐标位置固定,固定波纹管的定位钢筋架,间距不大于50cm,定位筋与桥面钢筋焊牢,管道与定位钢筋绑扎结实,绑扎间距不大于50cm,并防止波纹管上下左右移动。波纹管接头采用套管,内衬海绵,用黏胶带缠紧,为防浇筑混凝土时,管道内漏进水泥浆,管道的波峰出设排气孔。

(5)混凝土养生质量控制措施

因混凝土强度等级较高,水灰比大,易产生裂缝,箱梁混凝土浇筑完毕后,要及时覆盖塑料布或土工布,然后洒水进行养生。

8 安全措施

(1)模板安装操作时,应按工序安装和铺设,支撑不得使用腐蚀、干裂的材料,顶撑要垂直,底端要平整,木楔要钉实,并用横拉杆和剪刀撑拉牢。

(2)拆除模板按试块强度检查、确认混凝土强度已达到拆模强度时,方可拆除,并按结构程序分段实行控制拆模作业,不得将顶撑全部拆除。拆除模板应用长撬棍,不许站在正在拆除的模板上。在拆除箱梁底模板时,要注意防止整块模板掉下,拆模人员应站在合适位置,防止模板全部掉下伤人。高处拆模时,操作人员应带安全带,禁止站在模板的横拉杆上操作,拆下的模板应集中吊运,并加以捆绑,不准随意乱抛,如有预留洞口应随时盖好或设安全网。拆下的模板应随时清理运走,如不能运走时,要集中堆放,防止碰撞钉角伤人。

(3)钢筋焊接严格执行焊工作业的安全技术操作规程。用于焊接钢筋的焊机必须有接地保护,以保护操作人员安全,对于焊接导线的焊钳、接导线处,都应可靠地绝缘。

(4)定期检查吊机、吊具等连接是否符合设计要求,钢丝绳有无断丝现象,是否满足起重能力。

(5)切断机切钢筋时材料最短不得小于1m,一次切断的根数必须符合机械的性能,严禁超量进行切割。切断ϕ12以上钢筋时,须两人配合操作,人与钢筋要保持一定的距离并把稳钢筋,断料时料要握紧,并在活动刀片向后退时将钢筋送进刀牌,以防钢筋末端摆动或钢筋蹦出伤人。

(6)浇捣前检查插头振、电线、开关等是否有效。插入振使用者,在操作时必须戴绝缘手套、穿绝缘鞋,停机后,要切断电源锁好开关箱。

(7)施工现场配备灭火器并保持有效。气割及电焊区域应严格做好防火工作。

9 环保措施

(1)设置固定机修点,防止废料、杂物等污染周边农田及水源。

(2)设置固定废弃物堆放点,工程废料集中堆放,并适时处理。

(3)对产生噪声、震动的施工机械,采取有效控制措施,尽量避免夜间施工,减轻噪声扰民的影响。

10 资源节约

运用本工法有操作简单、施工周期短,直接利用钢箱梁为翼板支架搭设支点,避免了传统的大范围的满堂支架搭设,具有施工灵活、受外界干扰小、效率高的特点。节约了较多的支架搭设材料及人工搭设费用。

11 效益分析

11.1 经济效益分析

本工法与传统的现浇箱梁顶面板混凝土施工相比,加快了施工进度、减少了大规模搭设支架耽误的时间、节约了施工成本。以宁波绕城高速7B标北桥为例,与采用大规模搭设支架方法,节约成本8.2万元,节约成本分析见表4。

节约成本分析表

表4

项目	采用本工法搭设	合计(万元)	采用传统门架搭设法	合计(万元)
材料费	45t×4 000元/t	18(按0.7回收)	60d×4 000片×0.45元/片·d	10.8
人工费	15d×6人×150元/人·d	1.35	20d×10人×150元/人·d	3
机械费	15d×2 300元/台·d	3.45	20d×2 300元/台·d	4.6
合计		10.2		18.4

11.2 质量与社会效益

(1)采用本工法更能保证翼板混凝土浇筑的质量,几乎可以不用考虑支架的下沉量。

(2)采用本工法施工叠合梁混凝土可以避免大规模的搭设翼板支架,较多的节约了矿产及木材等资源,且不影响既有交通,社会效益显著。

12 应用实例

12.1 工程实例一

浙江省宁波绕城东段7B标,好思房互通A匝道南桥由浙江省宏途交通建设有限公司承建,开工于2011年5月10日,完工于2011年10月5日。该南桥全长232m,分四跨,平均高度约为35m,工程质量优良,受到了监理、业主、设计单位的一致好评。

12.2 工程实例二

浙江省宁波绕城东段7B标,好思房互通A匝道北桥由浙江省宏途交通建设有限公司承建,开工于2011年5月10日,完工于2011年9月22日。该北桥全长162m,分三跨,平均高度约为35m,工程质量优良,受到了监理、业主、设计单位的一致好评。

高墩钢构连续钢箱梁制作安装施工工法

GGG(浙)C3100—2013

吴旭初　朱培良　张君瑞　朱慧明　吴江锋
(浙江省宏途交通建设有限公司)

1 前言

随着现代建筑技术的高速发展,高速公路建设也得到了迅猛发展,钢构连续钢箱梁越来越多的运用于公路建设项目中,尤其在结构高度高、跨度大的建设工程项目中得到广泛应用。为了使高墩钢结构连续钢箱梁制作安装快捷、安全、低耗,浙江省宏途交通建设有限公司在宁波绕城高速7B标A匝道南、北高墩钢构连续箱梁制作安装施工过程中,研发了一套有效的制作安装施工工艺,取得了很好的效果,现经总结形成本工法。

2 工法特点

(1)施工工效高:连续钢箱梁分成小节段采用工厂化制作,同时进行临时支墩搭设,小节段钢箱梁制作完成后运至现场吊装,采用简支→连续→刚接的过程来施工,实现连续作业,从而缩短工期。

(2)质量宜控制。本工法制作的构件,线形美观、结构严谨,预拼装后,再整体安装比每节段现场高空拼接,减少了施工误差,质量较好控制。

(3)施工成本低。本工法采用工厂化制作,构件制造不受风雨严寒等气候条件限制,可均衡高效生产,同时节约了临时土地的使用。

(4)有利环保。本工法下料精准,产生废弃物少,对外界环境干扰小。

3 适用范围

适用于连续钢箱梁制作安装工程的施工。

4 工艺原理

制作时将钢箱梁科学合理的划分成各种单元件(如面板、底板、腹板、横隔板等),各自形成专用生产流水线,利用分块组拼的方法,由三个(或五个)小箱室组成一个大箱体,按照设计文件及技术规范的规定完成整体的焊接,待焊缝检测合格后,喷涂底漆、中间漆、面漆等防腐涂料,完成整个制作过程;安装时将连续钢箱梁科学合理地划分成若干吊装段,采用工厂化制作并运至现场,利用大型吊机的节点平衡原理依次将各吊装段起吊至设计位置,并进行临时固定及焊接,此时各吊装段主要由临时支墩承重,待全部吊装段焊接完成后,再与永久墩进行焊接,完成整个体系由:简支→连续→刚接的转化过程。连续钢箱梁制作和安装主要工艺流程分别见图1、图2。

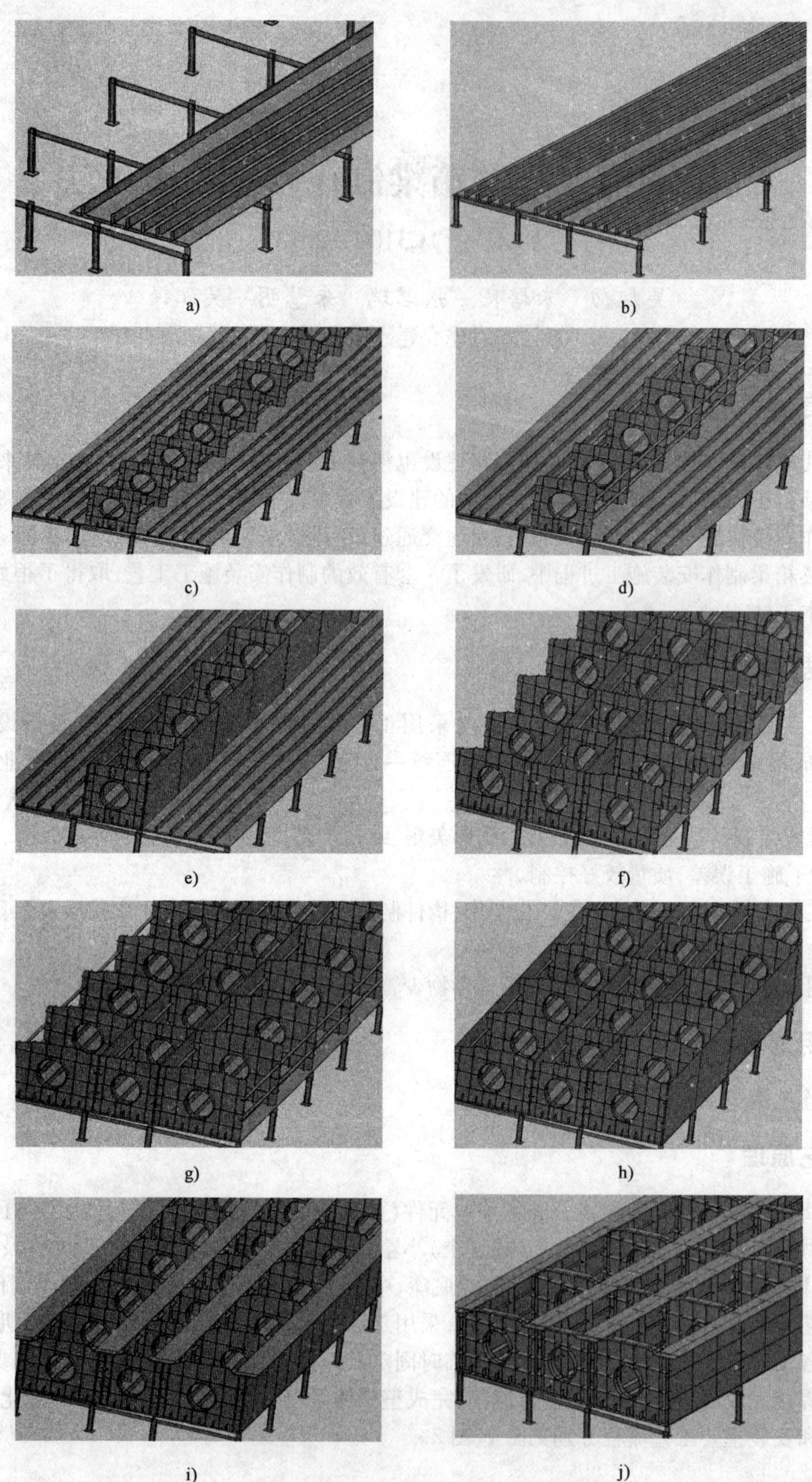

图1　主要工艺流程

a)步骤1:在胎架上按轴线定位单侧底板单元件;b)步骤2:定位整幅底板单元,与胎架固定;c)步骤3:安装中部横隔板单元件,与底板单元点固;d)步骤4:装配隔板两侧水平纵向加劲板;e)步骤5:装配中部纵向腹板;f)步骤6:装配两侧横隔板;g)步骤7:穿入中间及两侧纵向劲板;h)步骤8:装配两侧腹板;i)步骤9:装配顶板并进行焊接;j)步骤10:按平面线形切割顶板

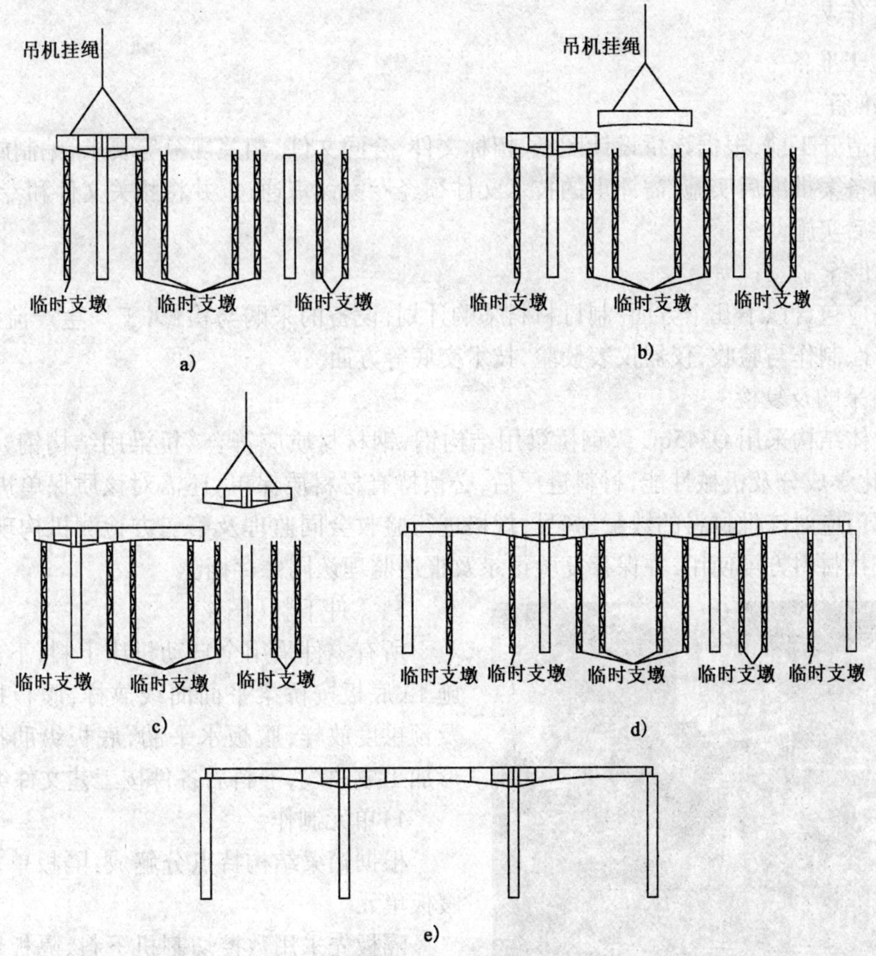

图2 施工工艺原理

a)步骤1:吊装第一节段,并与永久墩进行临时固定,此时主要由临时支墩承重;b)步骤2:吊入第二节段,与第一节段进行临时固定并焊接;c)步骤3:吊入第三节段,与第二节段及永久墩进行临时固定;d)步骤4:依次吊装各节段,并进行焊接,完成从简支→连续→刚接的体系转化;e)步骤5:待混凝土部分施工完成后拆除临时支墩

5 施工工艺流程及操作要点

5.1 施工工艺流程

施工工艺流程见图3。

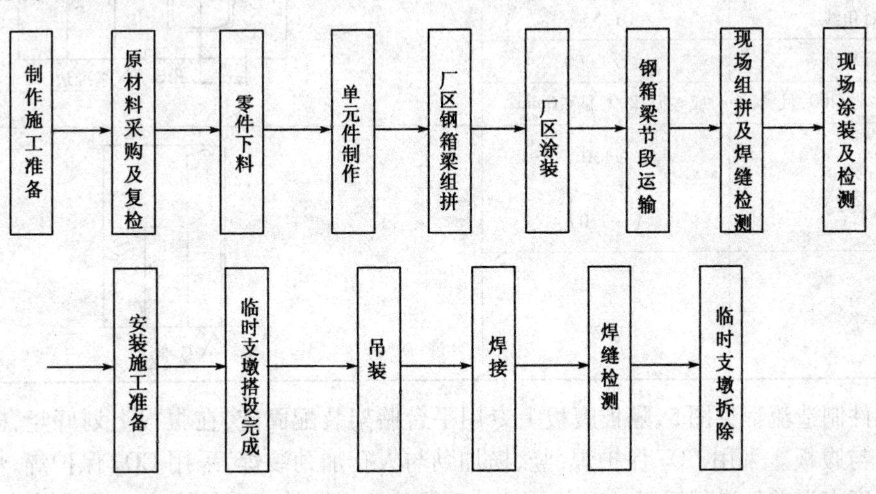

图3 施工工艺流程图

5.2 操作要点

1)制作施工准备

(1)技术准备

在钢梁制造开工前,根据该桥设计图纸、招标文件、合同文件、相关规范等要求,编制施工技术文件,报监理工程师备案批准后实施,需评审的技术文件须经专家评审通过、并将相关文件和专家评审意见报业主审查批准后实施。

(2)生产准备

生产准备应包含以下几个方面:制订材料采购计划,设备的采购与检修,工厂生产流水线清理与布置,胎架的设计、制作与验收,仪器仪表校验,技术交底等方面。

2)原材料采购及复检

钢箱梁主体结构采用 Q345qC 级钢桥梁用结构钢,钢材材质应符合《桥梁用结构钢》(GB/T 714—2008)规定的化学成分及机械性能,材料进厂后,必须持有材料质保单,还需对该质保单进行核对,材料入库前质管部门应对该批材料的数量、牌号、规格进行验收会同监理及第三方检测机构现场取样复验,复验合格后该批材料方可使用,并保存复验记录及报送监理认同并存档。

图4 零件下料

3)零件下料(图4)

所有零件采用全自动机床下料,下料按工艺文件施工,底板按桥梁平面曲线放样,腹板按桥梁竖曲线及预拱度放样,腹板水平肋,底板纵肋按各段对应线形加工成曲线,下料后各件按工艺文件编号标记。

4)单元制作

根据箱梁结构特点分解成:隔板单元,底板单元,腹板单元。

隔板先采用数控切割机下料,隔板切割两端边加放焊接收缩量各 1.5mm,隔板纵肋与横肋加隔板先采用数控切割机下料,隔板切割两端边加放焊接收缩量各 1.5mm,隔板纵肋与横肋加工尺寸允许偏差见表 1,隔板与加劲板连接焊缝采用 CO_2 气体保护焊。

隔板纵肋与横肋加工尺寸允许偏差 表1

<table>
<tr><td>项目</td><td colspan="2">允许偏差(mm)</td><td rowspan="7">h_1 h_2 b_2 b_2 基准边</td></tr>
<tr><td rowspan="5">隔板</td><td>宽 b_1</td><td>±2.0</td></tr>
<tr><td>高 h_1,h_2</td><td>±1.0</td></tr>
<tr><td>对角线</td><td>1.5</td></tr>
<tr><td>垂直度</td><td>≤1/1 000</td></tr>
<tr><td colspan="2">平面度≤h_1/200,且≤6mm,或≤h_2/200,且≤6mm;</td></tr>
<tr><td>纵肋与横肋</td><td>高 h_1
(长 L)</td><td>±1.0
$\binom{0}{-2.0}$</td></tr>
<tr><td>缺口定位尺寸</td><td>h_2</td><td>0
0.2</td><td>h_2 $h_1(L)$ 基准边</td></tr>
</table>

隔板单元件制造流程见图 5,隔板腹板上专用平台胎架装配固定,在腹板上划好竖、横向加劲安装线。装焊翼板与腹板。采用 CO_2 保护焊,竖、横加劲与人孔加劲装焊,采用 CO_2 保护焊,焊接完成后对腹板竖向平面度有误差处进行矫正。对单元件外观尺寸和焊缝外观质量检验。做好标记。隔板与加劲

肋,护筒的焊接均为双面角焊缝,焊脚为 10mm × 10mm。

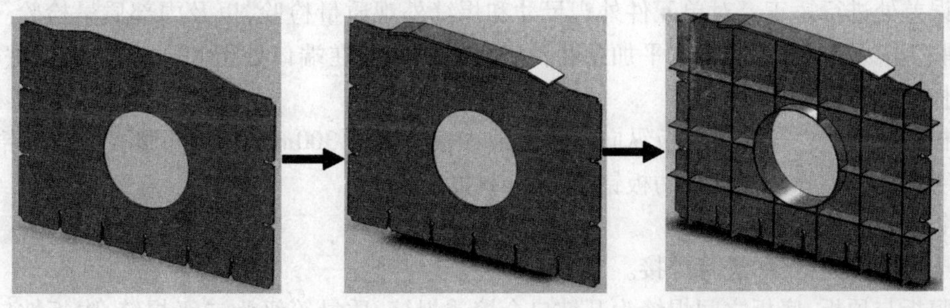

图5 隔板单元制造流程

底板制造,工艺流程见图6。

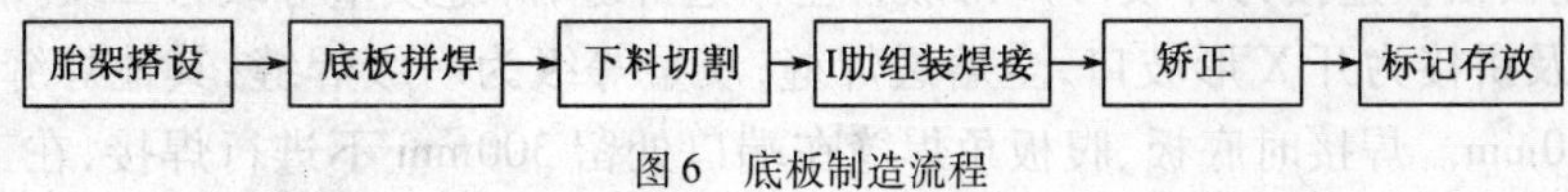

图6 底板制造流程

底板单元制造要求见表2。

底板单元制造要求 表2

项　　目	允许偏差(mm)	示　意　图	说　　明
底板	长度 L: ±1	δ b	W_1、W_2 分别为纵肋和横肋的中心距;L 为板件理论长度,在备料时每端预留 30mm
	宽度 B: ±1		
	对角线相对差: <4		
	平面度: 纵肋: $W_1/300$ 横肋: $W_2/500$		
	角变形: $\delta < b/150$		
	板边直线度: <1		
	竖弯: $L/1\,000$		

底板单元制造直接在胎架上进行,胎架材料采用 H 型钢,H 型钢间距 4000mm,(按箱梁横隔板间距)每间隔 4m 中间加一道横向模板,以防止底板向下弯曲。竖立 H 型钢每排横向放置 8 支。并用膨胀螺栓与地面固定,胎架平面曲线按桥梁线型座标放样,胎架顶面高程按箱梁底面高程。

胎架高度控制在 800 ~ 900mm。各组胎架按设计分段长度搭设,左,右各 3 个单元件节段在同一组胎架上进行装配,底板单元制作见图7。

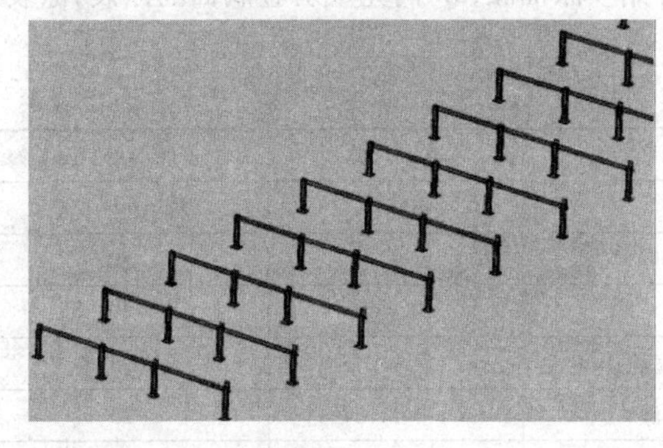

图7 底板单元制作

底板拼焊下料:I 型肋对接焊缝为全熔透焊缝。采用数控切割机进行下料,保证钢板的轧制方向与重要受力方向一致,焊缝按规范进行布置、拼接,对接焊缝为开双面坡口全熔透一级焊缝。上专用胎架装配定位,在底板上划线安装加劲板。条形加劲对接安装,焊接采用 CO_2 气保焊,焊接完成后,对单元件平面度有误差处进行矫正。对单元件外观尺寸和焊缝外观质量检验,以及内部质量检验。对单元件进行完工检验,并做好标记。腹板水平加劲肋及底板纵加劲肋在端口处留 800mm 左右的嵌补段,且在横向相邻肋板前后错开 200mm。

箱梁腹板最大高度约 3.5m,腹板纵向拼接板最小板宽大于 300mm 且相邻腹板间相互错开 200mm 避免产生十字焊缝并与纵向加劲板肋板错开 100mm 以上。

5)厂区钢箱梁组拼

安装完毕,经检验合格后进行焊接。

箱梁的腹板与顶板、底板之间焊缝为开坡口全熔透焊缝,质量等级为二级焊缝,腹板坡口为内侧开坡口,外侧气刨清根处理。

腹板、顶板与隔板顶板连接为开坡口 X 形坡口全熔透焊缝,焊缝质量等级为二级。

所有板材对接及拼接为开 X 形坡口,全熔透焊缝,质量等级为一级焊缝,其他焊缝为双面角焊缝,焊脚高为 10mm × 10mm。焊接时底板、腹板角焊缝在端口处留 300mm 不进行焊接,在工地拼装后再进行焊接。底板、腹板、隔板拼装见图 8。

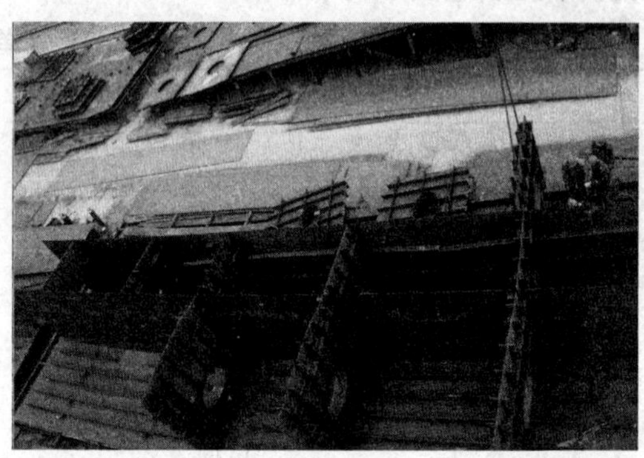

图 8　底板、腹板、隔板拼装

焊接顺序:

(1)焊接采用分室对称焊接。

(2)先进行隔板与腹板立焊焊接,并焊接加劲板的立焊。

(3)再焊接纵向水平加劲肋的平、仰位置焊缝。

(4)最后焊接底板与腹板纵缝角焊缝。

6)厂区涂装

喷砂除锈后清洁金属表面粉尘杂物等并在 4h 内开始喷涂油漆,8h 内完成对金属面的涂装,涂装体系按设计文件要求,应满足表 3 所示。

涂装要求　　表 3

部位	品种	涂料名称	道数	干膜厚度(μm)
钢板表面预处理	喷丸	Sa2.5	粗糙度	$R_z = 60 \sim 100$
	车间底漆	无机硅酸锌底漆	1	30
主体钢结构外表面	喷丸	Sa3.0	粗糙度	$R_z = 50 \sim 80$
	底漆	无机富锌底漆	1	75
	封闭底漆	环氧封闭漆	1	25
	中间漆	环氧云铁中间漆	2	120
	面漆	聚硅氧烷漆	1	50
	面漆	(工地)聚硅氧烷漆	1	50

续上表

部　位	品　种	涂料名称	道　数	干膜厚度(μm)
内表面与混凝土结合面	底漆	环氧富锌底漆	1	80
	中间漆	环氧云铁漆	2	150
	面漆	环氧原浆型漆	1	80
	除锈	不涂装,浇筑混凝土前除浮锈		

下雨、下雪、有雾或大风、太阳暴晒不能进行遮蔽的场所不得涂装,涂装时必须保证要求的漆膜厚度,涂装道数已达到技术要求后,如漆膜厚度仍不够,应加涂道数。

7)钢箱梁节段运输(图9)

钢箱梁小节段在厂区组装完成后,运用半挂车运至施工现场,运输时在箱梁底部及侧面与车身接触位置加垫方木,防止箱梁在运输过程中与车身碰撞而产生损伤及变形。

图9　钢箱梁节段运输

8)现场组装及焊缝检测

(1)现场组装:即在胎架上先组焊第一节段,再以第一节段为基准组焊第二节段。胎架长度宜按钢箱梁全长搭设,如受场地限制则胎架按梁长的1/3分段搭设。如胎架高差超过1.5m则每两个运输段制作一个胎架。胎架上各控制点高程及平面坐标应定期进行检测、调整。

前期预拼装时,梁段间焊接接头不留间隙。整体组焊完成后,安装定位装置,以方便现场吊装,工地现场拼接时间隙拉开6~10mm,保证焊道熔深及熔透,见图10。

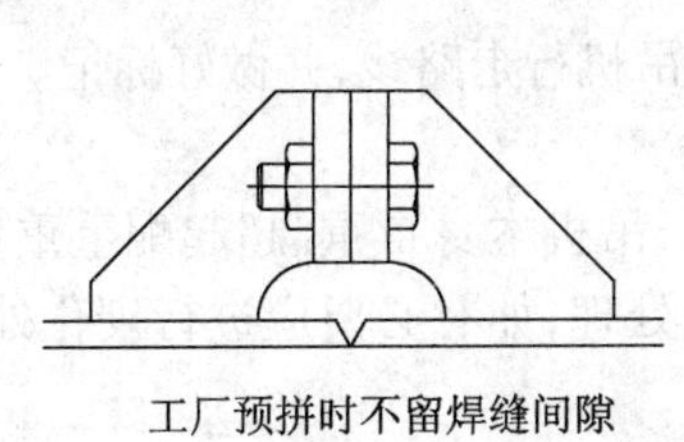

工厂预拼时不留焊缝间隙

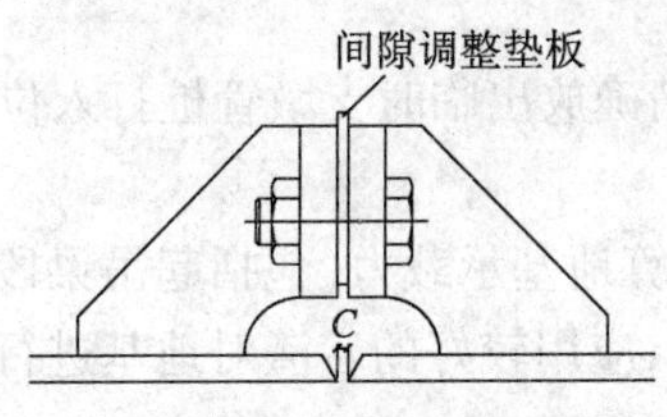

现场安装时设置焊缝间隙C

图10　焊缝间隙控制

(2)焊缝检测

①外观检查:所有焊缝均须进行100%外观检查,不得有裂纹、夹渣、焊瘤、未熔合、未填满弧坑等缺陷,不允许有气孔、咬边等缺陷。所有角焊缝焊脚尺寸均应满足设计要求,开坡口部分熔透或全熔透组合焊缝外部焊脚尺寸为$t/2$(t为腹板板厚)但不大于10mm。

②超声波检查:一级,二级焊缝超声波检查在焊完24h后检查。检查等级符合《钢焊缝手工超声波探伤方法和探伤结果分级》(GB/T 11345—1989)规定的B级要求。

一级焊缝为全长范围对接焊应进行100%超声波探伤,全熔透角焊缝进行100%超声波探伤。其中经检验测认为有疑问之处应进行以X射线拍片进行检测。

③射线探伤检查:射线探伤应符合《金属熔化焊焊接接头射线照像》(GB/T 3323—2005)规定的射线照像质量等级AB级要求。

对超探检测有疑问则进行射线抽样检验。探伤位置为焊缝两端各250~300mm,焊缝长度大于1 200mm时,中间加探250~300mm。

9)现场涂装及检测

(1)现场涂装

①构件在运输以及在安装过程中的漆面碰损部位:对仅表面划伤,底漆完好没有生锈的地方,用细砂布打磨,打磨范围较损伤部位外延50mm,使其形成细微毛面后,再用干净的毛刷除去其粉尘,按设计要求补涂底漆、中间漆、面漆。损伤较严重已露出锈蚀的地方,用砂轮打磨,打磨范围为损伤部位外延30mm,露出金属表面,再用砂布人工打磨,打磨范围在砂轮打磨范围基础上再外延50mm,再用干净的毛刷除去粉尘后,按设计要求补涂底漆、中间漆。

②因安装需要增加的吊耳、码板等构件部位:先将吊耳、码板切除,割缝位置距构件表面3~5mm,再用砂轮机打磨至与构件表面齐平。最后用砂布人工打磨,毛刷清扫,按设计要求补涂各道油漆。砂轮打磨范围为焊缝边缘外延60mm,砂布打磨范围在砂轮打磨范围基础上再外延50mm。

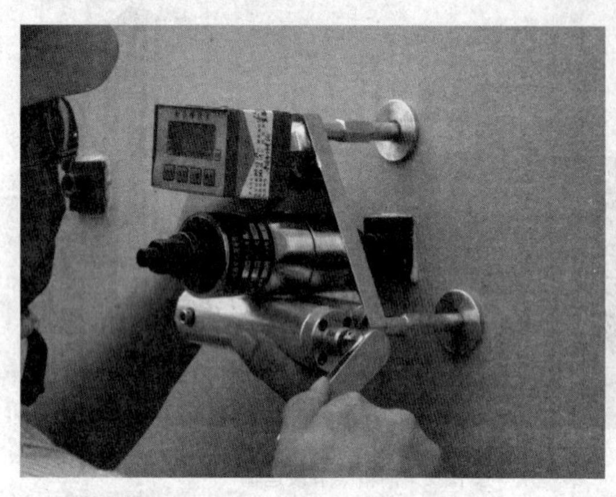

图11　面漆附着力检测

③工地焊缝部位:首先用凿子、砂轮机等工具清理焊接熔渣、焊瘤和飞溅,焊缝检查合格后,才可涂装。砂轮打磨范围为焊缝边缘外延60mm。由于焊接与涂装间隔时间可能较长,涂装前再采用电动刷清理焊接区,清理范围为焊缝边缘外延80mm。最后用砂布人工打磨,毛刷清扫,按设计要求补涂各道油漆。砂布打磨范围在电动刷打磨范围基础上再外延50mm。对阴角部位,蝶形砂轮或电动刷无法到达的位置,用棒型砂轮打磨。

(2)检测

涂装时应对各道工序做粗糙度及漆膜厚度的检查,对达不到要求处应进行补涂,对面漆还应进行附着力检测,见图11。

10)安装前施工准备

(1)测量

根据施工方案,精确放出临时支墩管桩打入位置及吊机行走路线,并做好标记。

(2)地基处理

根据地质情况计算地基承载力(包括起吊梁段重量、吊机本身自重、超起配重重量及部分临时设施重量),如不满足要求,应用较好的宕渣对地基进行换填处理,如有必要应进行硬化处理,直至地基满足吊机吊装要求。

(3)吊机、钢丝绳、吊耳、吊环的选择

根据最大吊装梁段选择吊机,应充分考虑现场场地限制及吊装高度要求,应留足充分余地,同时钢丝绳、吊耳、吊环应根据规范要求进行选择并进行验算,同时焊接完后后应对重要部位进行探伤或着色渗透检测,见图12。

图12　着色渗透检测

11)临时支墩搭设

临时支墩设置应根据安装方案及钢箱梁节段分段进行设置,在制定方案时应对临时支墩承载力进行计算,在搭设过程中应控制好钢管桩平面位置、入土深度及管柱垂直度,设置顶部梁底支撑抵脚时应测量准确,并进行反复校核,见图13。

12)吊装

(1)试吊:用吊机将在现场胎架上待吊的梁段吊起,吊离胎架约10cm后静止5min,观察吊机基础有无沉降、起吊梁段是否平稳，无异常则可进入下个动作，若有异常应立刻查明原因，待问题解决后方可再进行试吊，见图14。

图13　临时支墩搭设及控制

(2)起吊：试吊成功后，进入起吊阶段，此时缓慢起升吊机吊点，起升过程中用缆风绳牵引，防止构件水平转动。到高于桥台高程一米的位置停止动作。待构件静止后，再次观察基础情况，若无异常则进入下部动作，见图15。

图14　试吊

图15　起吊

(3)转体：吊机回转机构缓慢旋转。在旋转过程中保持起升机构不动，并用缆风绳牵引构件，防止构件摇晃。待构件位于桥墩上方时，停止动作，利用缆风绳对构件方向进行初步定位。

(4)落梁：将梁段缓慢放置于墩顶上(包括临时支墩)，在落梁就位时候，用机械式千斤顶辅助梁段精确就位，就位后马上进行临时固定，此时吊机松勾50%，见图16。

(5)松勾：待临时固定稳妥检查无误后，吊机松勾100%，松开钢丝绳与梁段之间的连接卸扣，缓慢起升吊钩，将钢丝绳吊起至垂直状态后，吊车回转。

图16　落梁

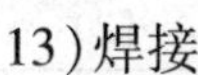

13)焊接

焊接在吊机落梁后的24h内进行，底板、腹板、顶板的对接与拼接为开X坡口全熔透焊缝，质量等级为一级，焊接前将焊接区域的铁锈、氧化皮、污垢、水分等有害物清除干净，使其表面露出金属光泽，焊接时首先采用CO_2气体保护焊进行打底焊和多层多道焊，最后用埋弧焊进行照面焊。

14)焊缝检测

(1)外观检查

所有焊缝均须进行100%外观检查,不得有裂纹、夹渣、焊瘤、未熔合、未填满弧坑等缺陷,不允许有气孔、咬边等缺陷。开坡口部分熔透或全熔透组合焊缝外部焊脚尺寸为 $t/2$(t 为腹板板厚)但不大于10mm。

(2)超声波检查

一级焊缝为全长范围对接焊应进行100%超声波探伤,全熔透角焊缝进行100%超声波探伤。其中经检验测认为有疑问之处应进行以X射线拍片进行检测。

(3)射线检查

射线探伤位置为焊缝两端各250~300mm,焊缝长度大于1200mm时,中间加探250~300mm。

15)临时支墩拆除

临时支墩按设计要求在叠合梁施工全部完成后拆除,拆除时应首先拆除与钢箱梁接触底脚,再用吊机配合切割,吊离时动作应缓慢,以免碰伤钢箱梁。

5.3 劳动力组织(表4)

劳动力组织表 表4

序号	工程	人数	责任范围
1	项目经理	1人	施工现场总负责
2	技术负责人	2人	施工技术、质量等现场总负责
3	专职质检员	5人	负责现场质量控制检查、施工记录、数据整理等
4	测量员	6人	负责现场施工放样
5	试验员	4人	负责试验及检测工作
6	安全员	4人	负责现场安全管理
7	切割工	18人	负责车间下料及现场修整
8	组装工	46人	负责重钢车间及现场的整体放样拼焊
9	起重工	23人	负责现场起重工作
10	电焊工	38人	负责重钢车间及现场电焊工作
11	钻孔工	4人	负责零件制孔
12	探伤工	3人	负责现场焊缝检测
13	油漆工	12人	负责现场涂装
14	辅助人员	12人	配合现场梁段安装

6 材料与设备

6.1 工程材料

主要工程材料见表5。

主要工程材料表 表5

序号	材料名称	规格	序号	材料名称	规格
1	钢管	700mm×10mm	6	剪力钉	ϕ22×180mm
2	钢管	609mm×13mm	7	槽钢	[20
3	型钢	H40	8	钢板	厚25mm
4	钢板	厚18mm	9	钢板	厚20mm
5	钢板	厚12mm	10	剪力钉	ϕ22×80mm

6.2 工程机械设备

钢箱梁制作安装主要施工机械设备见表6。

钢箱梁制作主要施工机械设备表 表6

序 号	机具名称	规格型号	单 位	数 量	备 注
钢材预处理设备					
1	钢材预处理线	QXY3000	套	1	
2	抛丸除锈机		台	2	
3	喷砂设备		套	4	
4	喷砂房除尘设备	PD620	套	2	
校平设备					
5	板料矫平机	WD43M-60X3000	台	2	
6	压力机	Y2109.500 等	台	4	
7	H 型钢矫正机	20mm、40mm、80mm	台	3	
切割下料设备					
8	等离子数控切割机	CNC-CG6000B	台	1	
9	数控火焰切割机	CNC-CG6000A	台	3	
10	多头直条切割机	CG1-3000A	台	2	
11	多头切割机	CG3000	台	5	
12	半自动、仿型切割机等		台	12	
加工设备					
13	万能回转铣床	XQ6225	台	1	
14	20M 四动力头铣边机	YXBJ-20	台	1	
15	16M 铣边机	XBJ-16	台	1	
16	牛头刨床	B6050	台	2	
17	坡口机	GD-20	台	1	
18	数控平面钻床	PD3020	台	1	
19	摇臂钻床	$\phi32 \sim \phi80$	台	12	
焊接设备					
20	悬臂焊接中心		台	10	
21	自动焊接小车		台	20	
22	逆变焊机		台	50	
23	栓钉焊机		台	5	
24	CO_2 气体保护焊机		台	50	
25	交流电焊机		台	50	
涂装设备					
26	含喷丸、喷砂、喷涂、喷铝设备、空压机等		台/套	4	
起重设备					
27	厂房(车间内)桁车	16t	台	8	
28	厂房(车间内)桁车	20t	台	6	
29	厂房(车间内)桁车	32t	台	4	
30	场地用龙门吊机	80t	台	1	

续上表

序号	机具名称	规格型号	单位	数量	备注
31	场地用龙门吊机	40 t	台	1	
32	场地用龙门吊机	20t	台	1	
33	汽车吊	25t	台	2	
移梁运梁设备					
34	运梁台车	180t	台	1	
35	移梁小车	80～100t	台	1	
陆地运输设备					
36	大型平板拖车	100t	台	1	
37	大型平板拖车	60t	台	1	
38	大型平板拖车	40t	台	1	
39	大型平板拖车	10～20t	台	9	
工装胎架					
40	⊥梁组拼焊接胎架		套	4	
41	⊥梁矫正平台		套	4	
42	箱梁组拼焊接胎架		套	5	
43	箱梁划线平台		台	1	
44	板件对接平台		台	1	
45	箱梁矫正平台		台	4	
46	工厂试拼平台		台	4	
钢箱梁施工主要检测设备					
47	焊接用智能温控和应力消除仪、焊条烘箱等)		台	10	
48	探伤检测(超声波、X射线、磁粉、磁力、探伤仪器等)		台	10	
49	涂渡层测厚仪(漆膜测厚仪、强性、附着力、冲击、划痕测试仪器等)		台	4	
50	激光划线检测平台		台	1	
安装设备					
51	履带吊	CC2400-1	台	1	
52	履带吊	SCC 100	台	1	
53	履带吊	SCC 50	台	1	
54	倒链	5t	台	5	
55	倒链	10t	台	10	
56	千斤顶	32t	台	8	
57	千斤顶	64t	台	8	
58	砂轮机	ϕ125	台	16	
59	砂轮机	ϕ150	台	15	
60	电焊机	10kW	台	10	
61	CO_2 气体保护焊机	NB-500K	台	20	

7 质量控制

7.1 质量控制要求

(1)《公路桥涵施工技术规范》(JTG/T F50—2011)。

(2)《建筑施工安全检查标准》(JGJ 59—2011)。

(3)《钢焊缝手工超声波探伤方法和探伤结果分级》(GB/T 11345—1989)。

(4)《钢熔化焊对接接头照像和质量分级》(GB/T 3323—2005)。

(5)《钢结构设计规范》(GB 50017—2003)。

(6)《钢结构工程施工质量验收规范》(GB 50205—2001)。

(7)《电弧螺柱焊用圆柱头焊钉》(GB/T 10433—2002)。

(8)《桥梁用结构钢》(GB/T 714—2008)。

(9)《涂装前刚才表面锈蚀等级和除锈等级》(GB/T 8923—1988)。

(10)《气焊、手工电弧焊及气体保护焊坡口的基本形式和尺寸》(GB/T 985—1988)。

(11)《碳素结构钢》(GB/T 700—2006)。

(12)《焊接用焊丝》(GB/T 14957—1994)。

7.2 质量控制措施

(1)钢箱梁下料质量控制

每道工序开工前进行技术交底,主要零件采用数控切割,减少切割变形,控制马刀弯度,保证切割表面粗糙度,铣边采用大型铣边机加工坡口,提高切割面精度,控制板块几何尺寸。

(2)单元制造质量控制

单元件的组装在专用胎架上进行,严格控制焊接顺序,防止焊接变形,工型杆件采用校正级校正,箱型杆件采用热校,板单元采用 CO_2 焊自动焊机焊接,控制焊接方向、顺序、速度,减少焊接变形;定位标记、标识正确明显。

(3)钢箱梁节段焊接质量控制

单元件的组装在专用胎架上进行,严格控制焊接顺序,防止焊接变形,工型杆件采用校正级校正,箱型杆件采用热校,板单元采用 CO_2 焊自动焊机焊接,控制焊接方向、顺序、速度,减少焊接变形。

(4)钢箱梁拼装质量控制

钢箱梁拼装采用平面碾转式拼装进行,高强度螺栓连接部位的钢板的平整度、连接板密贴度等满足图纸规定,使试装节点板层密贴。

(5)工序间质量控制

生产过程严格执行“三检制”。各工序自检、互检合格后,质检员分别在生产过程单中自检栏和互检栏内签章,证明自检和互检合格。由质检人员负责全面检验,未经检验合格的产品不准流入下道工序。

(6)临时支墩搭设质量控制

临时支墩搭设全过程由专人负责测量工作,包括管桩平面位置、入土深度及管柱的垂直度、高程,同时做好临时支墩的沉降观测及校核。

(7)地基处理质量控制

方案制定后,提前放出吊机停放及行走线路,对该位置用压路机反复压实,若发现软基及弹簧土则马上进行换填处理,处理时用直径 10cm 左右清宕渣分层回填反复压实,并在顶部设置沉降观测桩,条件成熟时吊机配重后提前行走观察。

(8)吊装质量控制

吊装过程各个环节均配有专人负责情况的观察及反馈,并配有对讲机随时勾通,吊装全过程指令由司索、超起指挥一人发出,保证吊装的有序进行。

8 安全措施

(1)运输专责工程师(技术负责人)在运输前应向参加运输的全体人员,认真细致的进行运输措施交底;无措施或未交底时,严禁布置运输作业。

(2)所有参加运输人员,在现场应戴安全帽,穿胶鞋或者布鞋,凡参加运输人员,要明确责任,运输作业严格遵守操作规定。

(3)吊装作业由专人指挥,指挥信号明确、清晰。

(4)定期检查吊机、胎架、吊具等连接是否符合设计要求,钢丝绳有无断丝现象,是否满足起重能力。

(5)按构件尺寸及重量相对应的选择车型进行装载,在构件装车前必须在装载车辆的平板与杆件相接触的位置铺设垫木以防止杆件在运输过程中与车辆平板发生摩擦,防止产生滑移。

(6)施工现场配备灭火器并保持有效。气割及电焊区域应严格做好防火工作。油漆、涂料由专人负责,施工现场及库区严禁烟火。

(7)吊装完成梁段周围设置防护栏杆,施工人员佩戴安全帽、穿平底防滑软底鞋。

(8)加强施工现场管理,吊装现场设置警戒区,派专职安全人员监督、警戒,非作业人员严禁入内。

(9)起重机站位作业和行走、以及平板拖车的行走路线,应按方案的要求进行,起重机履带、支腿下要垫设钢板,吊装作业过程中要密切关注起重机履带、支腿的沉降情况。

(10)与气象部门保持密切联系,及时了解、掌握气象情况,遇有大风天气应检查和加固吊装临时设施,风力大于五级时停止吊装作业。

(11)吊装用工装卡具在使用前必须由专人检查合格,并确认无误后方可使用。

(12)吊装区域内所有电焊把线须有专人检查合格方可投入使用,以免电弧击伤吊装用绳索具影响吊装安全。

9 环保措施

(1)设置固定机修点,确保无废油污染周边农田。

(2)设置固定废弃物堆放点,工程废料集中处理。

(3)合理安排施工,避免夜间作业。

(4)电焊作业时设置防护网,避免焊渣飞溅,影响周围环境。

(5)油漆喷涂采用固定地点,工厂化施工,对周边环境污染少。

10 资源节约

采用本工法可以节约较多的临时租地,保护原有生态环境,且可提高机械使用效率,连续施工可节约资源。

11 效益分析

本功法与传统的梁段安装相比,可以节约施工成本,具体效益分析见表7。

效益分析表

表7

项目	本工法	合计(万元)	传统安装法	合计(万元)
机械	一台400t履带吊	30	两台吊机	40
地基处理		5		7.5
合计		35		47.5

从上表可以看出采用本钢箱梁安装方法比传统的安装方法费用约节省12.5万元,同时能节约土地资源。

钢箱梁在厂区的一体化加工,可持续强,不受天气影响的连续施工,能对施工进度有较好的保障,同时能大大减少因为天气原因而产生的人工及机械设备停滞所产生的大额费用,经济效益十分可观。

由于钢箱梁制作采用厂区的密闭环境施工,对周围产生的环境污染及噪声污染大大降低,扰民事情极少,也取得了较好的社会效益。

12 应用实例

12.1 工程实例一

浙江省宁波绕城东段7B标,好思房互通A匝道南桥由浙江省宏途交通建设有限公司承建,开工于2011年5月10日,完工于2011年10月5日。该南桥全长232m,分四跨,平均高度约为35m,工程质量优良,受到了监理、业主、设计单位的一致好评。

12.2 工程实例二

浙江省宁波绕城东段7B标,好思房互通A匝道北桥由浙江省宏途交通建设有限公司承建,开工于2011年5月10日,完工于2011年9月22日。该北桥全长162m,分三跨,平均高度约为35m,工程质量优良,受到了监理、业主、设计单位的一致好评。

用环氧砂浆快速精确定位盆式支座施工工法

GGG(浙)C3101—2013

申屠德进　胡兵良　叶水标　郑竟友　金　凯
(浙江金筑交通建设有限公司)

1　前言

众所周知,桥梁盆式支座设计施工中,通常采用支座垫石与墩顶盖梁混凝土一次浇筑成形,但成型后支座垫石顶面高程和顶面四角高差较难满足安装盆式支座的质量要求,支座垫石顶高程与盖梁顶高程规范允许偏差存在误差问题,而且桥梁营运后支座松散、脱空现象也越来越严重,针对这一问题,浙江金筑交通建设有限公司研发了用环氧砂浆快速精确定位盆式支座施工技术,并应用于云景高速公路桶背降左、右线桥的工程实践中,取得了良好效果,现总结编制成工法。工法核心关键技术经浙江省交通运输厅组织的专家委员会鉴定,在中国公路行业属领先水平。工法涉及到的成果:实用新型专利《一种顶部安装有盆式橡胶支座的复合支座》(专利号:ZL201220451822.8)、已申报发明专利《用环氧树脂砂浆快速安装盆式橡胶支座的施工方法》(专利号:201210326913.3)。为提升工法的质量管理水平,积极开展了QC攻关活动,取得的成果《应用环氧树脂砂浆快速安装盆式支座》荣获2012年度全国交通行业优秀质量管理小组。

2　工法特点

(1)可提高工程质量。由于采用环氧砂浆快速精确定位盆式支座施工,更易控制支座垫石顶面高程和顶面四角高差,其强度也高于混凝土的支座垫石标号,并且克服了支座垫石顶高程与盖梁顶高程的规范允许偏差存在的误差问题,大大提高了盆式支座安装质量。

(2)可加快施工进度。该工法充分利用环氧树脂砂浆强度来得快的特点,在架桥机过孔后,便可通过选择最佳凝结时间的环氧树脂砂浆配合比,直接拌合环氧树脂砂浆进行盆式支座安装,从而缩短了工期。

(3)可降低施工成本。盆式支座安装数小时后即可安装梁板,减少了安装设备停滞时间,减少了劳动力,降低了施工成本。

3　适用范围

本工法适用于公路桥梁盆式支座安装施工。

4　工艺原理

在公路桥梁盆式支座安装施工中,采用环氧树脂砂浆,将盆式支座进行预安装,根据每批次安装盆式支座所需时间,拌制最佳凝结时间配合比的环氧树脂砂浆,灌注环氧树脂砂浆形成支座垫石后,抽掉三角楔形垫板,在自重及外力作用将盆式支座调至设计高程,其强度数小时便能达到施工要求,即可安装预制梁。其主要施工工艺原理见图1。

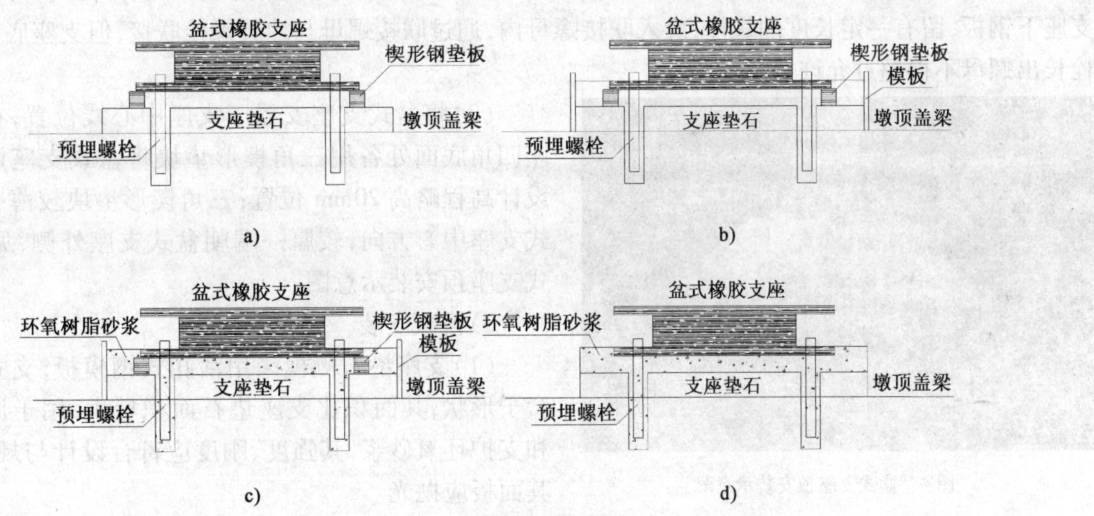

图1　施工工艺原理

a)步骤1:盆式支座进行预安装;b)步骤2:支座垫石立模并加固;c)步骤3:环氧树脂砂浆灌注;d)步骤4:拆模

5　施工工艺流程及操作要点(图2)

5.1　施工工艺流程见图2

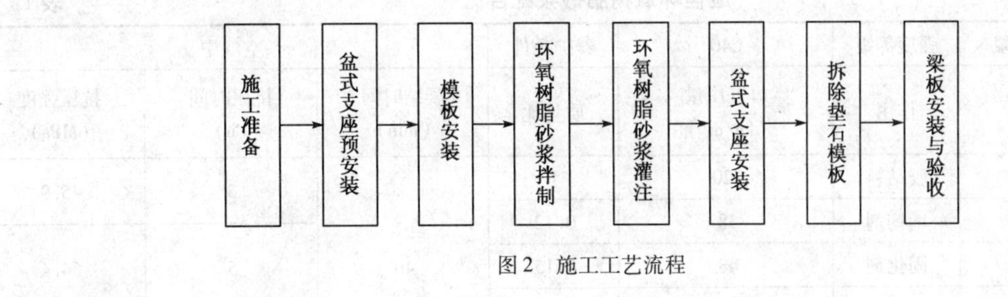

图2　施工工艺流程

5.2　操作要点

1)准备工作

(1)编制施工方案,经审批后,向有关人员进行安装程序、顺序、要求及应注意事项等作详细交底。

(2)支座垫石模板的加工与制作。

(3)支座安装部位的支承垫石表面凿毛,清除留在地脚螺栓孔中的杂物,并用水冲洗(或高压风吹)干净,保证工作面无灰尘,并且干燥。

(4)水泥、黄砂等原材料取样试验工作。

(5)盆式支座进场后进行全面检查并及时送有资质单位进行检验。

(6)在墩台顶盖梁上,用全站仪放出支座中心线及平面位置,用水准仪测量支座垫石的控制高程,还应对两个方向的四角高差进行测量,确定其四角高差值。

(7)根据设计图纸要求,在支座设计位置处划出十字中心线,同时在支座顶板和底板上也标出十字中心线,支座纵桥向中线应与主桥中心线重合或平行,见图3:测量放样图。

图3　测量放样图

2)盆式支座预安装

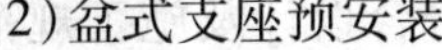

(1)安装前,核实纵、横轴线螺栓预留孔位置及尺寸,无误后将预埋螺栓放入预留孔内,再穿过盆式支座下钢板,留有一定长度的螺栓,旋入联接螺母内,通过联接螺母与地脚螺栓联接,但支座底钢板上螺栓长出螺母不得超过允许值。

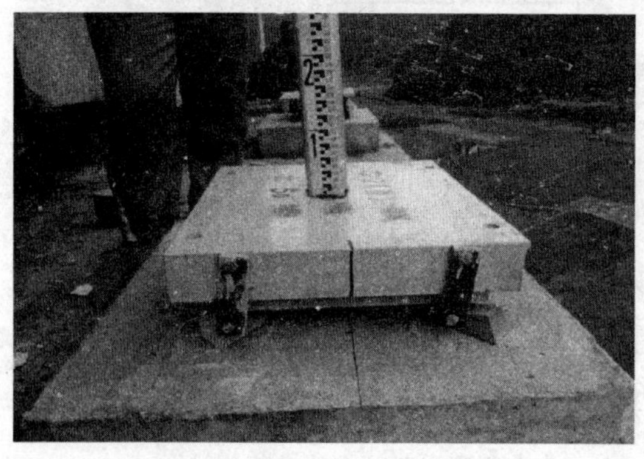

图4　盆式支座预安装示意图

(2)将盆式支座安置于支座中心线位置,在盆式支座四角底面处各用三角楔形垫块将盆式支座调整到比设计高程略高20mm位置;三角楔形垫块较薄一端朝盆式支座中心方向,较厚一端朝盆式支座外侧,见图4:盆式支座预安装示意图。

3)模板安装

(1)支座垫石侧模采用活扣式钢模板,支立成一个盒子形状,其面积比支座垫石面积稍大,用于调整高程和支护环氧砂浆,其强度、刚度应符合设计与规范要求,其面板应抛光。

(2)在支立侧模前,沿支座垫石平面尺寸位置粘贴双面胶,要求平顺而无皱折。

(3)支座垫石的活扣式钢模板采用对拉螺杆及斜支撑加固,拉杆及支撑应牢固。

4)环氧树脂砂浆拌制

(1)查阅资料,试验人员合理进行多次配合比设计比较,确定凝结时间40min为最佳环氧树脂砂浆配合比,见表1。

最佳环氧树脂砂浆配合比　　表1

种类	环氧树脂砂浆	强度等级	C40	养护条件	空气中		
环氧树脂砂浆配合比设计	材料	作用	每方用量(kg/m^3)	质量比	凝结时间(min)	抗压时间(h)	抗压强度(MPa)
	环氧树脂	胶结料	320	1	40	3	45.9
	二丁脂	增韧剂	38	0.12			
	乙二胺	固化剂	48	0.15		5	54.4
	P.O42.5水泥	填料	320	1			
	河砂	集料	1600	5		24	63.3

(2)环氧砂浆的配制严格按配合比进行,强度不低于设计规定,设计无规定时不低于40MPa;

(3)拌制环氧砂浆的砂子必须烘干并用5mm筛过筛。

(4)按最佳凝结时间配合比:把环氧树脂与二丁脂、乙二胺混合充分搅拌成环氧基液,倒入已拌制好的水泥、砂子混合料中,并充分搅拌成粘稠状即可使用。

(5)当树脂稠度较大时,宜加热至40℃左右,然后再加入乙二胺固化剂,充分搅拌,配好的环氧树脂应在最佳凝结时间内用完。

5)环氧树脂砂浆灌注

(1)灌浆前应初步计量所需浆体体积,实际灌注浆料数量不应与计算值产生过大误差,防止中间缺浆。

(2)将环氧树脂砂浆从锚栓孔侧面慢慢地注入锚栓孔及支座垫石中心位置,且灌注至比支座垫石略高20mm的位置上。

6)盆式支座安装

(1)注满后,抽掉三角楔形垫板,在自重及外力作用下将盆式支座调整到设计高程,要求灌注密实,盆式支座底板下不得留有空洞。

(2)检查确认盆式支座的轴线、中心位置、盆式支座顶面高程、四角高差均符合设计及施工规范要求后,拧紧地脚螺栓,盆式支座高程校核示意图见图5。

7)拆除垫石模板

待环氧树脂砂浆达到规定强度后,拆除对拉螺杆和活扣式钢模板,清理后上好脱模油并堆放整齐。

8)梁板安装与验收

(1)待支座垫石模板拆除后,即可进行梁板安装施工,安装的主梁中心线与支座中心线应重合或平行,单向活动支座安装时,上、下导向块必须保持水平,交叉角不得大于5°。

(2)预制T梁安装时在梁端两侧边(端横梁底下)用两个临时支座,以防止预制T梁倾覆,待T梁横隔板、湿接缝浇筑且负弯矩张拉后,方可拆除临时支座。

图5 盆式支座高程校核示意图

(3)预制T梁安装定位后,采用断续跳跃的焊接方法,将梁底预埋件与盆式支座顶钢板焊接在一起,然后逐步焊接周边,焊接时应采取有效措施避免因温度过高烧伤混凝土或橡胶支座。

(4)支座外露部分钢构件应涂红丹漆或灰面漆以防锈蚀。

(5)必须填写梁板安装验收合格记录表并存档,然后才能进入下道工序。

5.3 劳动力组织

劳动力组织见表2。

劳动力组织表 表2

序 号	工 种	人 数	责任范围
1	项目经理	1人	施工现场总负责
2	技术负责人	1人	施工技术、质量等现场总负责
3	质检员	1人	负责现场质量控制检查、施工记录、数据整理等
4	试验员	1人	负责试验及检测工作
5	测量员	1人	负责现场测量工作
6	安全员	1人	负责现场安全管理
7	安装起重工	6人	负责现场起重及支座安装工作
8	电工	1人	负责现场电工工作
9	电焊工	1人	负责现场电焊工作
10	模板工	2人	负责现场模板安装与拆除

6 材料与设备

6.1 主要工程材料

主要工程材料见表3。

主要工程材料表 表3

序 号	材料名称	规 格	序 号	材料名称	规 格
1	环氧树脂	6101号	4	水泥	P042.5
2	二丁脂	增韧剂	5	黄砂	细度模数2.7
3	乙二胺	固化剂	6	盆式支座	GPZ(Ⅱ)

6.2 工程机械设备

主要工程机械设备见表4。

主要工程机械设备表 表4

设备名称	型 号	数 量	设备名称	型 号	数 量
架桥机	JQG2×75t/40m	1台	全站仪	TC402	1台
水准仪	DS2	1台	台称	0~30kg	1台
电焊机	BX500	2台	钢模板	0.5m×0.6m×0.1m	10套
铁铲	—	2把	烘箱	101-2型	1台

7 质量控制

7.1 质量控制标准

(1)《公路桥梁盆式支座》(JT/T 391—2009)。

(2)《公路桥涵施工技术规范》(JTG/T F50—2011)。

(3)《公路工程质量检验评定标准》(JTG F80/1—2004)。

7.2 质量控制措施

(1)配制环氧砂浆材料:二丁酯、乙二胺、环氧树脂、水泥、细砂,除细砂外其他材料应有合格证及使用说明书,细砂品种、质量应符合有关标准规定。

(2)支座进场时,应有装箱清单、产品合格证及支座安装养护细则,规格、质量和有关技术性能指标符合现行公路桥梁支座标准的规定,并满足设计要求,且按要求取样送有资质的检测单位进行检验,合格后方可使用。

(3)施工过程中应对垫石环氧树脂砂浆灌注、盆式支座安装、支座中心位置、高程等全过程进行控制,并作好记录。

(4)环氧树脂砂浆搅拌应均匀,灌注必须密实,严禁出现蜂窝、空洞等。

(5)盆式支座灌注环氧树脂砂浆时,其下钢板应全部密贴,并不得有不均匀受力现象,盆式支座的不锈钢板不得有划痕、碰伤等情况,位置应正确,安装前心须涂上硅酯油。

(6)盆式支座安装上、下钢板时,纵、横向应对中,安装温度与设计要求不符时,活动支座的上、下钢板错开距离应经过计算确定。

(7)落梁位置准确,支座顺桥向的中心线必须与主梁的中心线重合或平行,且支座不得出现偏压、脱空和不均匀支承受力现象。

8 安全措施

(1)配备必要的劳动保护用品,工地现场设置专职安全员,工人进场必须进行安全教育和安全交底,在梁板安装过程中,桥梁下方严禁通行。

(2)在高处作业时,需系好安全带,工作平台的防护栏杆高度应不小于1.2m,人员上下必须设楼梯,并且用密目安全网封闭。

(3)乙二胺挥发性较强且属有毒物质,应选择通风良好的位置进行环氧树脂砂浆拌制。

(4)对使用的机械设备应进行检查,保证处以完好的使用状态。

(5)六级以大风或暴雨应停止作业;高温季节施工,应做好防暑降温措施,调节作息时间。

9 环保措施

(1)支座位置凿毛和清扫时应采取降尘措施,防止粉尘污染周围环境。

(2)每天安排专人清扫施工现场和施工道路,严格控制机械噪音并合理安排机械设备施工时间。

(3)拌制环氧树脂砂浆操作人员应佩戴口罩、眼罩、手套,电焊工焊接时必须戴防护眼罩,电工作业时必须穿绝缘鞋,高空作业应穿防滑鞋。

(4)应及时清理多余环氧树脂砂浆并运送到指定弃土场。

10 资源节能

(1)以环氧树脂砂浆快速安装盆式橡胶支座,不尽具有良好的流动性及粘结性能,而且具有凝结时间短、强度来得快、强度高等功能,可节约水泥用量。

(2)本工法应用环氧树脂砂浆快速安装盆式橡胶支座,节约了机械设备停滞时间,减少了设备租赁费用,同时也缩短了1个月的工期,节约了大量的劳动力资源。

11 效益分析

11.1 经济效益

本工法与常规盆式支座安装施工相比,加快了施工进度、减少了安装设备的停滞时间、减少了劳动力,节约了施工成本,而且还减少了营运后的养护费用,以云景高速公路桶背降左、右线桥为例,安装T梁施工工期提前30d完成,节约成本50.4万元,节约成本分析见表5。

节约成本分析表 表5

项　目	计 算 式	合计(万元)
人工费	30d×32人×150元/人·d	14.4
机械费	30d×80m³/d×150元/m³	36
节约成本费合计		50.4
T梁安装进度		与业主要求时间提前30d

11.2 质量与社会效益

用环氧砂浆快速精确定位盆式支座施工,解决了盖梁与支座垫石规范允许值误差问题,为支座垫石的设计与施工提供了可靠依据,充分发挥了质量效益;大大地提高了支座垫石和盆式支座施工质量,延长了桥梁使用寿命,从而进一步带来了社会效益。

12 应用实例

12.1 工程实例一

云景高速公路二合同段,桶背降左线桥梁工程造价为4 800万元,由浙江金筑交通建设有限公司承建。桶背降左线桥桥梁设计类型为分离式,荷载等级:公路—Ⅰ级;上部结构均采用30m先简支后连续预应力混凝土T梁,单幅桥宽11.75m,每幅桥布置5片T梁。桶背降桥左线桥跨布置为48孔×30m=1 440m。下部结构采用钻孔灌注桩基础、扩大基础,柱式桥墩、U型桥台,墩顶设矩形实心钢筋混凝土盖梁,盖梁上布置5块GPZ(Ⅱ)型盆式橡胶支座。桶背降桥群共布置GPZ(Ⅱ)1.5和GPZ(Ⅱ)2.5盆式橡胶支座245只。桶背降左线桥T梁安装于2010年12月30日开工,2011年5月1日完工。

本工程应用环氧砂浆快速精确定位盆式支座施工,成功解决了座垫石顶高程与盖梁顶高程的规范允许偏差存在的误差问题,大大提高了盆式支座安装质量,得到了业主、监理、业内人员的好评。

12.2 工程实例二

云景高速公路二合同段,桶背降右线桥梁工程造价为2 800万元,由浙江金筑交通建设有限公司承建。桶背降左线桥桥梁设计类型为分离式,荷载等级:公路—I级;上部结构均采用30m先简支后连续预应力混凝土 T 梁,单幅桥宽 11.75m,每幅桥布置 5 片 T 梁。桶背降桥右线桥跨布置为 27 孔 ×30m = 810m。下部结构采用钻孔灌注桩基础、扩大基础,柱式桥墩、U 型桥台,墩顶设矩形实心钢筋混凝土盖梁,盖梁上布置 5 块 GPZ(Ⅱ)型盆式橡胶支座。桶背降桥群共布置 GPZ(Ⅱ)1.5 和 GPZ(Ⅱ)2.5 盆式橡胶支座 150 只。桶背降右线桥 T 梁安装于 2011 年 5 月 16 日开工,2011 年 8 月 15 日完工。

本工程采用环氧砂浆快速精确定位盆式支座施工,成功解决了座垫石顶高程与盖梁顶高程的规范允许偏差存在的误差问题,大大提高了盆式支座的安装质量,得到了业主、监理、业内人员的好评。

混凝土防撞墙内置式夹板制缝施工工法

GGG(浙)C3102—2013

韩小华 徐建国 陈叶刚 徐晓燕 叶仁亦
(浙江交工路桥建设有限公司)

1 前言

混凝土防撞墙是桥梁的一种主要的安全防护设施,因位置的特殊性和功能的重要性,其质量一直深受人们关注。由于混凝土表面出现裂缝而导致钢筋锈蚀的质量通病,严重影响了防撞墙的安全防护性能和使用寿命。另外,防撞墙施工普遍存在的断(假)缝平顺度较差的质量问题,也影响防撞墙的正常使用和人们的视觉感受。浙江交工路桥建设有限公司开发“夹板制缝”的防撞墙创新工法,有效避免拆模前混凝土由于收缩而导致防撞墙表面出现早期裂缝,彻底解决缝宽和缝深不一、缝隙顺直度差、局部小半径弯曲面难以切割等常规方法普遍难以解决的问题,减轻了防撞墙在桥梁运营期间出现裂缝的可能性。

通过黄衢南(浙江段)B6 合同、嘉绍通道北接线八标、甘肃营双 YS6 合同等工程的应用,表明采用该工法施工的工程质量稳定、施工安全可靠、节能环保,具有较高的经济和社会效益。

针对该工法成立的浙江交工路桥建设有限公司诸永 QC 小组的 QC 成果《小半径弯桥防撞墙外观质量的控制》获得了“中国交通行业优秀质量管理小组成果”称号。经过浙江省科技信息研究院查新,结论为目前国内尚无类似工艺的文献或工法等方面的信息,证明该工法具有新颖性。

2 工法特点

(1)施工简便。模板安装时只需夹装类似“垫片”的板材,取消了劳动强度大、专业要求高的混凝土切割作业。

(2)质量良好且稳定。防撞墙混凝土表面裂缝少、钢筋保护效果好;断缝和假缝平顺度、宽度和深度始终一致,不受人工因素影响。

(3)施工效率高。模板安装简单,顶部无需设置内支撑和对拉螺杆。断缝板无需按防撞墙断面严格加工,无需支撑固定。

(4)安全性高。避免防撞墙表面假缝切割过程中切割机械对操作人员或他人的人身伤害,消除其安全隐患。

(5)节能环保。节约施工用水和机械消耗,消除灰尘,杜绝混凝土切割产生的粉尘和噪声污染。

3 适用范围

本工法适用于桥梁或路面工程中混凝土防撞墙的施工。

4 工艺原理

该工法是在传统工艺和执行《高速公路施工标准化技术指南》等规范基础上的改进和提高,重点是对防撞墙断缝和假缝的设置工艺进行创新。

4.1 断缝设置的主要工艺原理

把断缝板按防撞墙端头模板形式加工、夹装在内、外模板拼装节段间,使防撞墙的内、外侧模板与断缝板形成一个独立的空间(俗称“仓”),前后仓以断缝板为分界面。每个仓内浇筑的混凝土被断缝板完全隔开,达到墙身断缝的目的。

工艺原理见图1、图2。

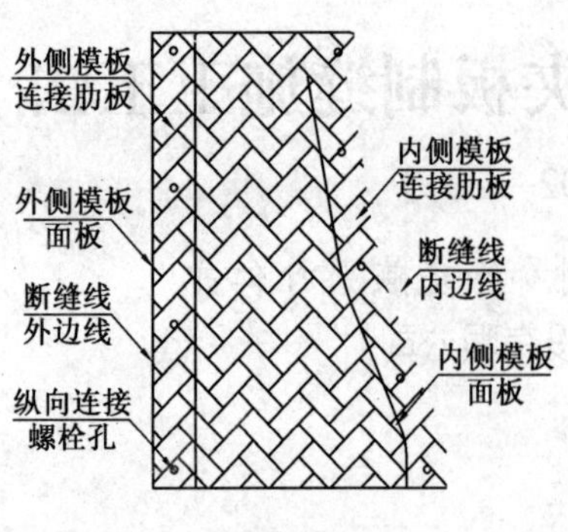

图1 断缝板立面图

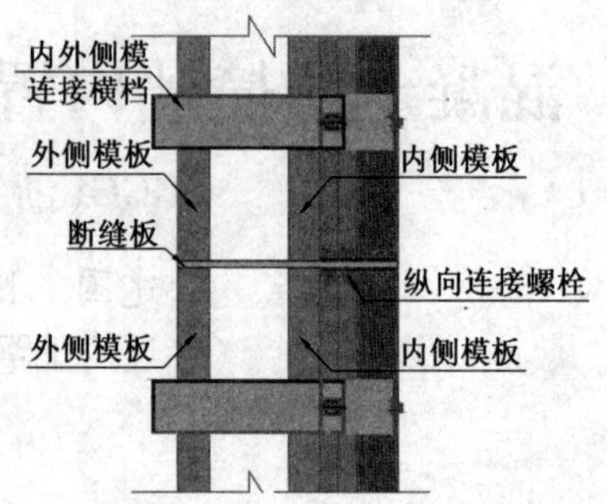

图2 断缝板安装俯视示意图

4.2 假缝设置的主要工艺原理

分别在内、外侧模板拼装节段间夹装厚度5mm、露出模板面板10mm的假缝板,使浇筑的混凝土表面在该模板拼缝位置产生一条宽度5mm、深度10mm的竖向缝隙,即形成假缝。利用假缝板木材“湿涨干缩”的特性,假缝板干燥后自然与混凝土脱裂,可轻松取掉假缝板。

工艺原理见图3、图4。

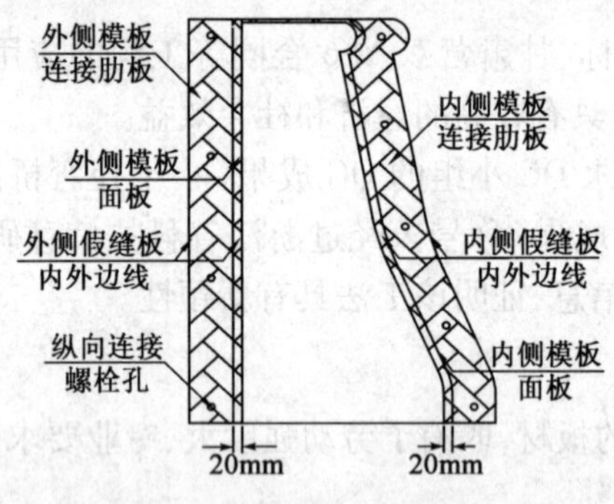

图3 假缝板立面示意图

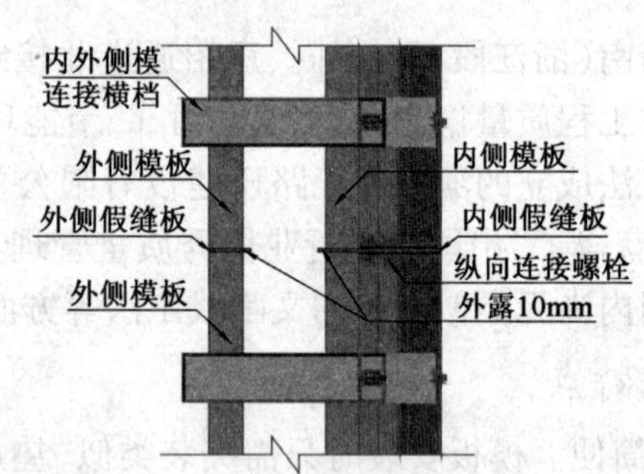

图4 假缝板安装俯视示意图

5 工艺流程及操作要点

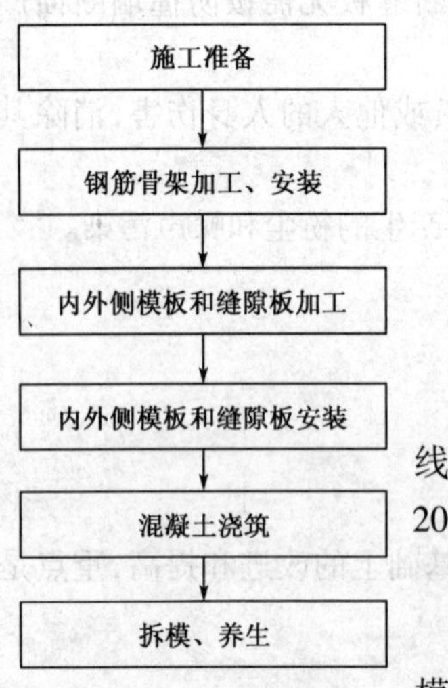

图5 工艺流程图

5.1 工艺流程

该工法工艺流程见图5。

5.2 操作要点

1)施工准备

(1)测量放样

按防撞墙设计线位坐标,测量放出防撞墙的内边线控制点,顺桥向用墨线连接成线,修整局部不圆顺处,确保防撞墙线型流畅。同时,向桥面内移200mm复制该墨线,作为校核内侧模板外露面的基准线。

(2)清理桥面

用剁斧或风镐清除桥面浮浆、松动混凝土、油污并凿毛,填筑湿接缝装卸模板孔和边梁吊装孔,用高压水枪将桥面冲刷干净,确保防撞墙混凝土与下部结构的连接。

2)钢筋骨架加工、安装

(1)钢筋加工

钢筋半成品在钢筋棚内按设计图纸和作业单所示的几何尺寸加工成型,部分竖向钢筋按图纸尺寸组合成片状骨架,以提高现场安装效率。

(2)钢筋安装

根据设计图确定相应断面的高程,在每段防撞墙起点、终点及每隔3m定位点处各电焊安装一片钢筋骨架,并用细钢丝或相应长度的钢管连接起来。其余钢筋骨架片即按标准线轮廓焊接定位,间距应符合设计要求,并应置于垂直状态,下端与梁面预埋钢筋单面电焊连接,焊缝长度不小于10倍钢筋直径。在竖向骨架片焊接完毕,清除电焊渣和垃圾,再按设计位置穿入各横向水平钢筋,可采用20号扎丝绑扎固定,结点呈梅花形、间隔一根钢筋布设,扎丝头应弯向骨架内侧。

钢筋骨架安装流程见图6。

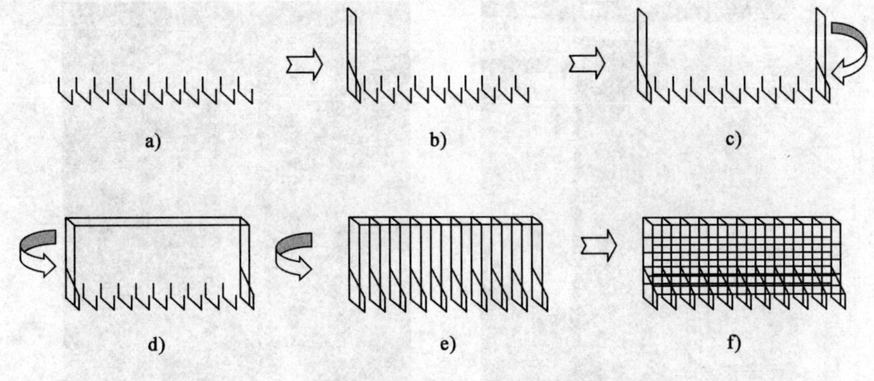

图6　钢筋骨架安装流程图

在钢筋骨架焊渣、垃圾清理完毕,沿线路方向、按内侧墨线,每隔3m悬挂锤球,再次用钢尺检查钢筋保护层厚度,最后安装合适高度的高强度机制垫块,以保证保护层厚度。

3)内外侧模板和缝隙板加工

(1)内外侧模板加工

模板采用定型钢模,面板用$\delta = 5$mm 钢板制作,标准节段长度为1.5或2.0m,模板横向两端加焊$\delta = 8$mm钢板作连接肋板,内、外模分别加工5个和4个ϕ20mm螺栓孔,以方便连接拼装。横向采用3条[6.3槽钢和2条∟63×63×8mm角钢加强,竖向采用2条[6.3槽钢和1条$\delta = 8$mm肋板加强;在外侧模板顶端焊接2条伸向内侧的[6.3槽钢作内外模横向连档,内模顶端对应位置焊接连接块,并设置固定螺杆孔。对应节段长度1.5m、2.0m的模板间距分别为0.75m和1.0m,底部对应横档位置设置ϕ20mm对拉螺栓孔。模板加工见图7,一般委托专业工厂定制加工。

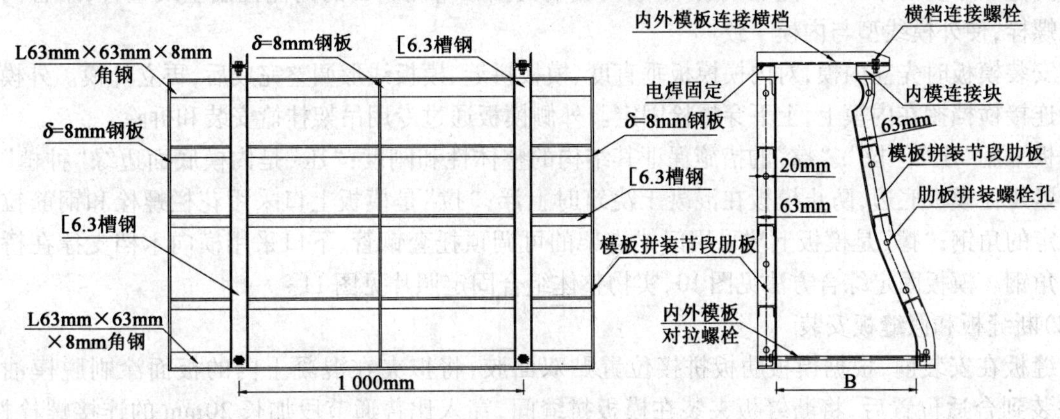

图7　内外侧模板加工示意图

(2)断缝板和假缝板加工

根据断缝设计宽度,一般宽度为20mm,因此可采用两块厚度8mm的钢板夹一块厚度6mm的泡沫板组成钢—泡沫板,压紧厚度20mm;也可选择20mm厚度的木屑板(又称锯末板)直接作断缝板。

断缝板按端模形式加工,宽度为防撞墙和内外侧模板连接肋板相加的厚度,高度与模板等高,并加工与连接肋板对应的安装螺栓孔。只要保证截面不小于内外模安装后的连接肋板相加宽度,断缝板外边形状不作严格要求,可提高断缝板加工速度。

在一个假缝截面中,假缝板对应内、外侧模板分内、外侧两块,内侧均超出模板面板10mm,外侧与模板连接肋板等宽。可先制作相应比肋板宽10mm的钢板材质的样板,放在五合板上,用墙纸刀贴着样板切割,并画出连接螺栓孔位置,再在钻床上打孔,即能加工出质量符合要求的假缝板。见图8、图9。

图8 断缝板成品图

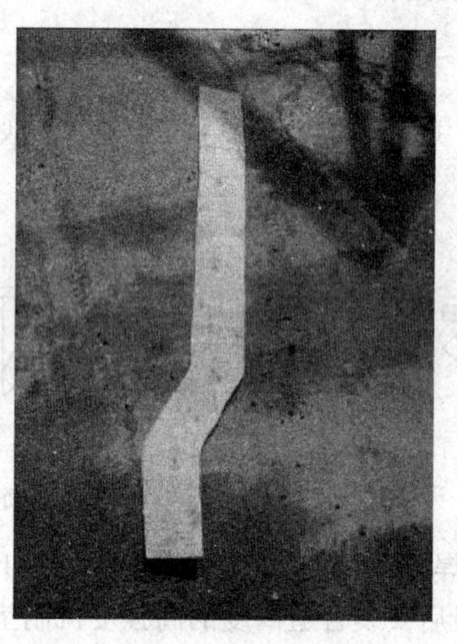

图9 假断缝板成品图

4)内外侧模板和缝隙板安装

(1)内外侧模板安装

钢模板在正式安装使用前应将表面浮锈清除干净,并用优质纯机油将模板表面涂抹均匀。相邻模板采用螺栓连接,内外侧模板用对拉杆固定,模板拼装节段面贴双面海绵胶带,模板与桥面铺装层之间除贴双面胶外,外面再用高标号水泥砂浆封堵。

安装模板前,根据测量放出的防撞墙内控制墨线,对应每块模板的两端和中间位置在钢筋上焊接长度等于防撞墙厚度的ϕ12mm定位钢筋,钢筋内侧端头投影与测放出的内侧控制墨线重合,结合内外模的对拉螺栓,使外模线型与内模一致。

在安装模板时先立内模,对内模模板垂直度、模板拼缝、模板线形调整完成后,再立外模。外模顶部的内外连接横档搁在内模上,上下穿螺栓固定。外侧模板通过专用吊架挂篮安装和拆除。

模板采用“压”、“拉”、“撑”的措施保证其结构的整体性和刚度:“压”是内模底面边缘“种植”膨胀螺栓拧紧压住模板底边,防止模板在混凝土浇筑时上浮;“拉”是模板上口采用花栏螺栓和钢筋拉住桥面上固定的角钢;“撑”是模板上端采用门式支架的可调顶托套钢管、下口采用横向木档支撑在桥面上固定的角钢。模板固定综合方法见图10,实物整体组合固定照片见图11。

(2)断缝板和假缝板安装

断缝板在安装前,根据模板肋板拼接位置贴双面胶,将拟夹在混凝土内的板面涂刷脱模油。在模板拼装到合适位置后,将断缝板夹装在模板拼缝间,穿入比普通节段加长20mm的连接螺栓拧紧、固定。

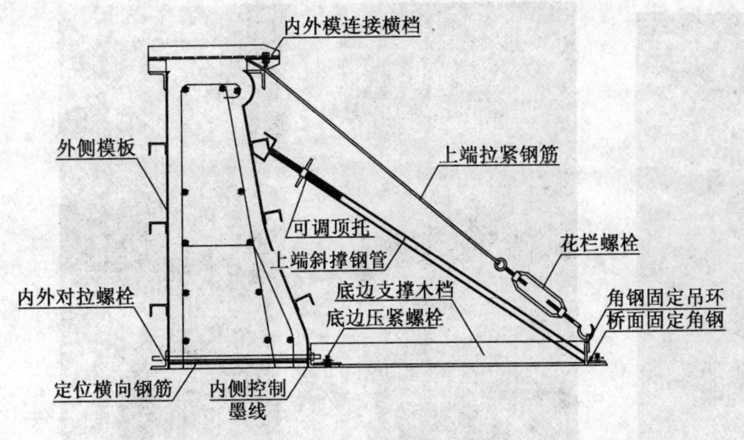

图10 模板固定综合示意图

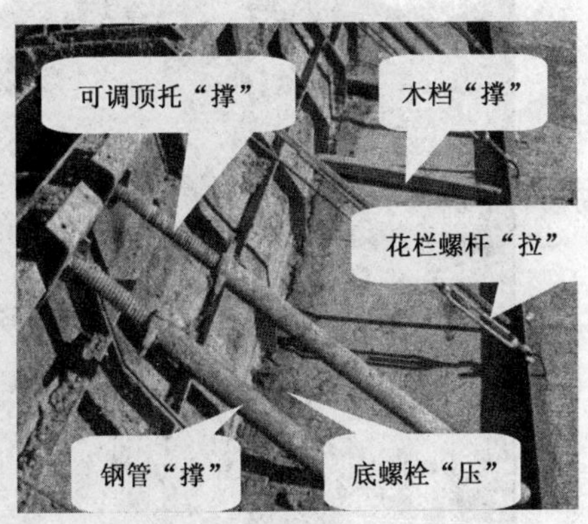

图11 模板固定实物图

假缝板在安装前，也根据模板肋板拼接位置贴双面胶，将拟夹在混凝土内的板面涂刷脱模油。在模板拼装到合适位置后，将假缝板夹装在模板拼缝间，穿入比普通节段加长5mm的连接螺栓拧紧、固定。

安装实物图见图12、图13。

图12 断缝板安装实物图

图13 假缝板安装实物图

5）混凝土浇筑

混凝土由混凝土运输车运至现场，人工铲至模内，混凝土布料要均匀。混凝土振捣由专人负责，采用50型插入式振捣器振捣。严格控制振捣时间，每层混凝土振捣时间不小于1min，不大于1.5min。混凝土浇注时采用分三层的浇注方法，第一层浇注到防撞墙底部斜边下角变点，第二层浇注到斜边上角变点，第三层浇注到顶。

防撞墙混凝土浇注完成后，顶面采用三次收浆。第一次用木抹子抹平，第二次用铁抹子抹平初压光，第三次待混凝土初凝时用轧子用力轧光。最后在混凝土顶面覆盖湿润的土工布保湿养生。

6）拆模、养生

内外侧模板应在混凝土强度能保证其表面及棱角不致因拆模而受损坏时，一般应在混凝土抗压强度达到2.5MPa时方可拆除。对于断缝板和假缝板，应予以保留，见图14、图15，拆模时注意避免拉扯。拆模后，用土工布将防撞墙连外露的断缝板和假缝板一起包裹，洒水保湿养生。一般在14d后，防撞墙混凝土停止养生，撤走土工布。在混凝土和断(假)缝板干燥后，再拉出断缝板和假缝板，并清理混凝土面，见图16、图17

图14 拆模后留下断缝板

图15 拆模后留下假缝板

图16 断缝板清理后

图17 假缝板清理后

5.3 劳动力组织

采用本工法进行防撞墙施工,需组织人员见表1。

主要施工人员配置表

表1

序号	工 种	人 数	序 号	工 种	人 数
1	测量工	2	3	模板工	4
2	钢筋工	7	4	混凝土浇筑工	4

6 材料和设备

6.1 工程材料

模板拼装节段间夹板制缝的防撞墙施工工法所需材料详见表2。

主要工程材料表

表2

序号	材料名称	规格	序号	材料名称	规格
1	水泥	P. O42.5	5	钢筋	Ⅰ、Ⅱ级
2	砂	中粗砂	6	泡沫板	厚度6mm
3	碎石	按混凝土配合比	7	五合板	厚度5mm
4	外加剂	按混凝土配合比	8	双面胶	宽度20mm

6.2 机具设备

防撞墙施工所需主要机械设备见表3。

防撞墙施工主要机具设备表

表3

序号	名称	型号	单位	数量	备注	序号	名称	型号	单位	数量	备注
1	混凝土搅拌站	HZS90	台套	1		5	钢筋弯曲机	QW40	台	2	
2	混凝土罐车	$5m^3$	台	2		6	吊架	自制	台	2	
3	电焊机	BX350	台	4		7	振捣器	ZL50	台	4	
4	钢筋切割机	XD6	台	2		8	钻床	Z5140A	台	1	

7　质量控制

7.1　质量控制要求

本工法按《公路工程质量检验评定标准》(JTG F80/1—2004)相关要求执行。对于外观质量,要求防撞墙断缝和假缝平顺无扭曲,缝隙竖直、宽度一致,缝内不得残留混凝土、石子等硬物。

7.2　质量控制措施

施工质量按《公路桥涵施工技术规范》(JTG/T F50—2011)相关要求严格控制。

8　安全措施

8.1　施工机械安全保证措施

(1)吊装外模的起重机必须和作业吊篮经专项设计、验算、审批,制作质量符合要求。

(2)操作人员按照机械说明规定,严格执行工作前的检查制度和工作中注意观察、工作后的检查保养制度。

(3)严格按《施工现场临时用电安全技术规范标准》用电,实行"一机、一闸、一箱、一漏保、一锁"的原则,禁止使用硬质或破损电线。

8.2　人身安全防护措施

(1)高空作业人员上岗前需全部接受安全教育,特殊作业人员应持证上岗。

(2)施工人员不能赤脚和穿拖鞋施工,应穿防滑胶鞋。吊篮内施工人员必须把安全带系在稳固的地方,戴好安全帽。

(3)在桥面上的人员不能抛掷工具给吊篮内人员,应手送或袋装运送,确保人员的安全。

(4)吊篮移动前,篮内人员必须撤离,不准将人连同吊篮一起移动。

(5)防撞墙在跨越公路施工时必须挂设防护密网,将外模吊装的桥下划为危险区,并悬挂警示标牌、设专人看管。

(6)必须严格按经有关部门审批同意的专项安全施工方案进行作业。

9　环保措施

(1)严格遵守国家有关环境保护方面的法律、法规及有关环境保护的管理规定。

(2)落实环境保洁责任制,所有施工现场以外的公用场地禁止堆放材料、工具、垃圾等杂物。

(3)涂刷脱模油须适量,防止模板搬运或起吊时油料流落。

(4)防撞墙模板安装前,清理附着物,保持施工吊篮底面清洁。

(5)设置挡水带,防止雨水、养护等施工用水漫流而影响桥下通行或冲刷路基边坡。

10　资源节约

该工法取消了传统工艺在断缝板安装时的支撑、固定工序,既提高了施工效率,又节约了支撑钢筋等一次性消耗材料。取消混凝土切割工序,可节约大量冷却水和机械消耗。另外,断缝板和假缝板可采用环保、经济的木屑板,较好地节约了资源,符合国家节能要求。

11 效益分析

按单次连续作业防撞墙施工20m考虑,需设置1道断缝、4道假缝。现分析比较采用本工法与传统工艺的效益情况。

11.1 经济效益

1)人工费比较

根据防撞墙的施工工序,列表计算、比较采用传统工艺和本工法所需的人工数量(表4)。

防撞墙施工人工数量比较表(单位:人)　　表4

序号	主要施工工序	传统工艺	夹板制缝工艺	备注
1	测量放样	1	1	
2	结合面清理	1	1	
3	钢筋加工及安装	7	7	
4	断缝板支撑固定	1.5	0	
5	模板安装	4	4	
6	假缝、断缝板加工、安装	—	1	
7	混凝土浇筑	3	3	
8	拆模	2	2	
9	切割假缝	3	—	
10	拆除断缝板和假缝板	—	0.5	
合计		22.5	19.5	

根据表4可得,在单次连续作业防撞墙施工人工数量方面,与传统方法相比,采用本工法,节约人工3个工日,按目前人工费市场价格100元/工日计,节约人工费300元。设防撞墙施工效率提高率为η,则:

$$\eta = (22.5 - 19.5)/22.5 = 13.3\% \tag{1}$$

2)材料和机械消耗量比较(表5)

(1)每块断缝板在加工时,采用本工法,两边各需加宽10mm,按利用率0.6计,泡沫板数量比传统工艺增加0.5m^2。

(2)按利用率0.7计,采用本工法假缝板需新增木屑板消耗0.7m^2。

(3)传统工艺需采用支撑钢筋以固定断缝板,每块断缝板两边各需焊接ϕ12mm钢筋6m,共12m。

(4)采用传统工艺假缝切割需增加机械3台班。

采用本工法增加或减少的材料和机械消耗量统计表　　表5

序号	主要材料或机械	增加或减少量	市场价格	合价(元)	备注
1	断缝板	+0.5m^2	12元/m^2	+6	泡沫板厚度6mm
2	假缝板	+0.7m^2	1000元/m^3	+4	木屑板厚度5mm
3	断缝板支撑钢筋	-10kg	2元/kg	-20	考虑利用废料
4	切割机械	-3台班	40元/台班	-120	主要考虑切割片损耗、电费
合计				-130	

根据表5,采用本工法浇筑20m防撞墙,可节约材料、机械费130元。

从以上分析可知,与传统工艺相比,采用本工法每20m防撞墙施工人工效率提高13.3%,节约人工费300元、材料和机械费130元,合计可节约430元,即每米节约成本21.5元。仅营双高速公路YS6合同防撞墙已节约6.8万元,在各个项目采用后,综合经济效益十分可观。

11.2 安全效益

对防撞墙的施工安全效益分析采用作业条件危险性评价法,即LEC法,其中L表示事故发生的可能性,E表示人员暴露于危险环境的频繁程度,C表示一旦发生事故可能造成的后果,而D表示作业的危险性。

$$D = L \times E \times C \tag{2}$$

当D值介于20~70时,表示"比较危险,需要注意";D值小于20时,表示"稍有危险,可以接受"。

假缝切割作业工序采用传统方法和本工法作业危险性计算见表6。

防撞墙假缝设置工序LEC法风险估测计算 表6

比较项目	作业内容	事故类型	L	E	C	D
传统工艺	假缝设置	机械伤害	3	6	3	54
本工法			0.5	6	1	3

注:表内数据均按LEC法的量化分值标准取值。

根据表6计算结果,采用本工法后,假缝设置的危险性D值从54分下降到3分,即其危险程度从"比较危险"降低到"稍有危险",施工安全性得到大幅度提高。

11.3 环保效益

传统工艺在切割假缝时,切割机须采用冷却水全过程冲洗,产生大量废水,或采用干切法,产生大量灰尘,处置不当时极易污染桥梁附近区域环境,同时切割产生刺耳的噪声,影响施工人员的健康,并严重干扰附近人们的正常工作和生活,而采用本工法施工,彻底消除了废水和灰尘、噪声,环保效益十分显著。

12 应用实例

12.1 工程实例一

黄(山)衢(州)南(平)高速公路衢州段B6合同段由我浙江交工路桥建设有限公司承建,其中渊底特大桥按分离式线路设计,单幅桥梁两侧均采用钢筋混凝土防撞墙结构,总长4 880m。我项目部于2009年7月5日开始采用《模板拼装节段间夹板制缝的混凝土防撞墙施工工法》组织防撞墙施工,于2009年12月26日施工全部完成。与传统工艺相比,提高效率13%,节省人工费7.3万元、材料和机械费3.2万元。该工程获得"2012年度浙江省建设工程钱江杯(优质工程)",取得了良好的经济效益和社会效益。

12.2 工程实例二

嘉兴至绍兴跨江公路通道(北岸接线)工程第八合同位于浙江省海宁市黄湾新区,设计为双向八车道,由浙江交工路桥建设有限公司承建。合同内尖山高架桥全长2 000.42m,桥面外侧设计为钢筋混凝土防撞墙,于2010年9月开始施工,至2011年5月完工,采用了以"模板间夹装断缝板和假缝板设置断面缝隙"工艺为主的施工工法,共浇筑防撞墙4 000.84m。

与传统工艺相比,提高效率10%,节省人工费6万元、材料和机械费2.6万元,而且成品防撞墙断缝棱角分明、假缝平顺,表面无明显裂缝,外观质量良好,被嘉绍跨江通道北岸接线工程指挥部树立为样板工点,取得了良好的经济效益和社会效益。

12.3 工程实例三

营盘水至双塔高速公路是甘肃省境内首条进入沙漠地带修建的高速公路,其中由我浙江交工路桥建设有限公司承建的YS6合同段起止桩号为K397+000~K411+900,位于古浪县裴家营镇,全合同内有大、中桥梁6座,防撞墙单幅总长2 586m;合同内有路基现浇防撞墙595m。

本工程位于昼夜温差大、风干速度快的沙漠边缘区，对混凝土的表面裂缝控制难度较大。我项目部于2012年4月15日开始采用模板间夹板制缝的混凝土防撞墙施工工法组织防撞墙施工，到2012年10月10日全部完成，防撞墙混凝土的表面裂缝(特别是早期裂缝)得到有效控制，表面无明显裂缝，断缝和假缝线条清晰、顺直，施工质量在全线名列前茅，得到建设单位的高度肯定，评价为工艺先进、实用，于2012年6月12日在我合同段召开现场会在全线范围内予以推广。

连续体系斜拉桁架桥上部结构搭支架现浇施工工法

GGG(浙)C3103—2013

谢 铭 谢广言 金群纲 王荣全 虞森林

(浙江正方交通建设有限公司)

1 前言

斜拉桁架桥不仅具有斜拉桥和桁架梁受力合理的特点,还结合了连续梁、T形刚构、悬臂梁等的特点,国内20世纪80年代初浙江省长兴县港口试验桥建成后,同类型桥梁才开始发展。目前国内已建成的斜拉桁架桥中,上部结构大部分采用悬臂拼装施工方法,如福州洪塘大桥,河南沈丘沙河大桥、湖北秭归卡子湾大桥等,其次是采用悬臂浇筑法,如宜昌小溪塔大桥。而洪溪大桥由于受工程条件限制,设计要求采用搭支架现浇法施工,国内鲜有案例。施工单位根据设计思路,开展技术攻关,形成的"连续体系斜拉桁架桥上部结构支架现浇施工工艺"创新成果,2012年通过中国公路建设行业协会鉴定,达到国内先进水平,总结形成的工法填补了目前国内连续体系斜拉桁架桥上部结构支架现浇法施工空白,对日后同类桥梁施工具有借鉴作用。

2 工法特点

由吊船施打钢管桩与其上焊接的横梁构成临时支墩,与纵桥向贝雷桁架、横桥向槽钢分配梁以及模板组成支架模板体系,施工斜拉桁架上部结构。该工法与悬拼法比较可以节省预制场临时用地和缆索吊装设备,与悬浇法比较,可节省挂篮与缆索吊装设备以及地锚、塔架等占地。

3 适用范围

适用于桥梁建筑高度受限,两岸现状民房、厂房密集,拆迁困难的环境。

4 施工原理

一是采用横向贝雷桁架分配梁辅助预压方法,有效解决下弦杆截面小、计算堆载高度大的难题;二是采用缓凝、早强流动性混凝土,解决超密筋情况下,下弦杆、腹杆、上弦杆、塔头和横梁的混凝土浇筑技术难题;三是采用贝雷桁架纵梁整体组合拼装提高支架稳定性,整体顶推、分段拆分技术,减少拆除风险。

5 工艺流程及操作要点

5.1 工艺流程

(1)在水中和主承台上采用钢管桩设置临时支墩(图1)。

(2)支墩上架设加强型贝雷桁架纵梁,铺设模板,预压并设置施工预拱度(图2)。

(3)绑扎钢筋、安装侧模,浇筑下弦杆、端横梁、塔下横梁、同时浇筑腹杆、上弦杆、塔柱与小弦杆的交界面部分。等混凝土强度达到要求后,对称张拉下弦杆钢束,同时张拉端横梁和塔下横梁钢束(图3)。

(4)在下弦杆上搭设扣件式钢管支架,浇筑斜拉桁架片上弦杆、腹杆及桥塔、风撑混凝土。等混凝土强度达到强度要求后,对称张拉上弦杆钢束和腹杆钢束(图4)。

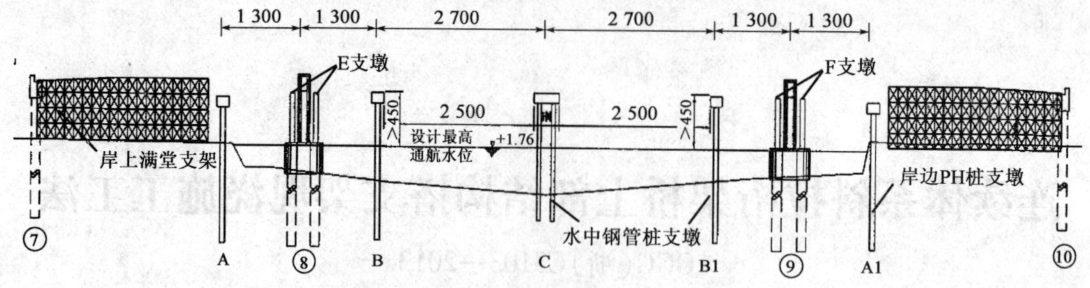

图1　工艺流程1(尺寸单位:cm;高程单位:m)

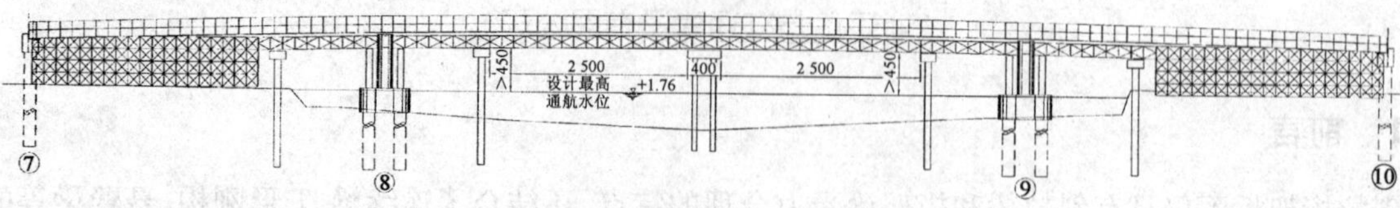

图2　工艺流程2(尺寸单位:cm;高程单位:m)

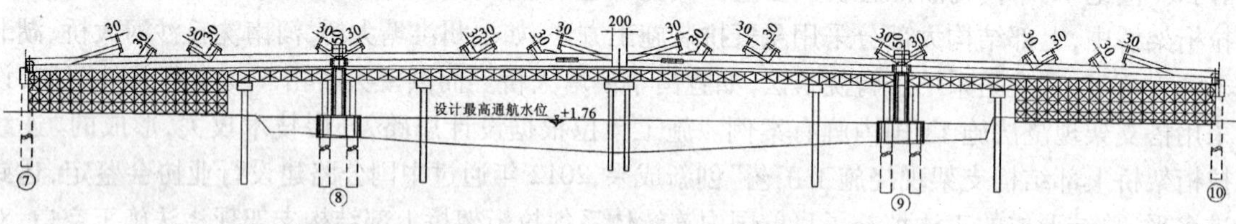

图3　工艺流程3(尺寸单位:cm;高程单位:m)

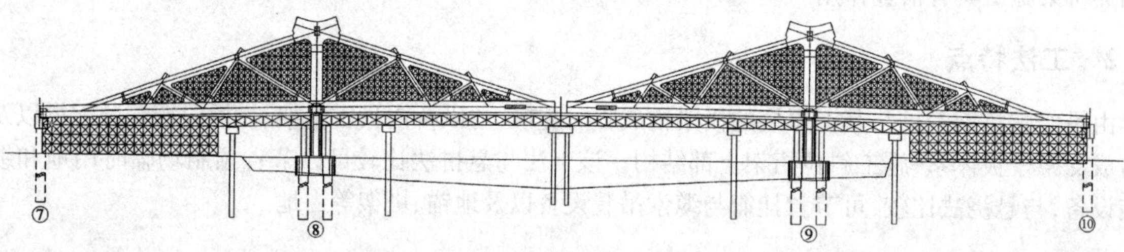

图4　工艺流程4

(5)拆除上弦杆、腹杆、桥塔支架后,浇筑下弦杆剩余的2m合龙段,等混凝土强度达到要求以后,张拉合龙段钢束(图5)。

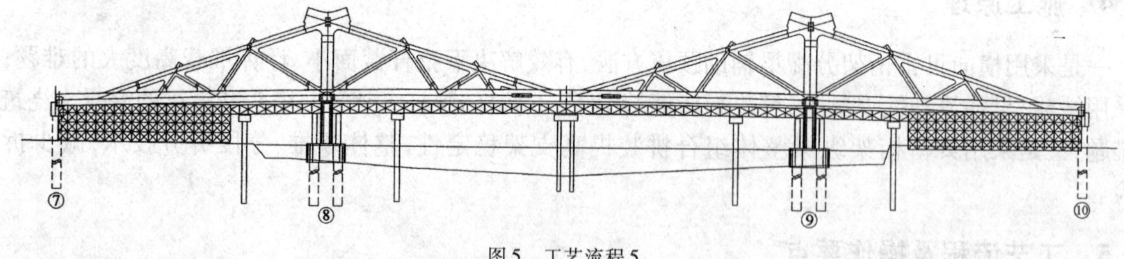

图5　工艺流程5

(6)拆除剩余支架后,分批对称地从桥塔向两侧安装横梁,等混凝土强度达到要求后,张拉横梁钢束。然后安装桥面板,浇筑桥面板湿接头和铰缝,再张拉横梁和斜拉桁架片剩余钢束,现浇桥面板后浇段混凝土。

5.2　操作要点

1)施工放样

(1)严格审核图纸,仔细核对设计坐标和高程,理解清楚结构几何关系。

(2)为确保结构几何关系精确,各控制点应经常复核,每月至少一次,发现控制点被破坏时,立即进行恢复测量,以避免系统误差。

2)下弦杆施工

(1)设置临时支墩

水中临时支墩采用壁厚8mmϕ630螺旋钢管桩打入河床组成群桩基础,所有钢管顶部均焊接50b双拼工字钢做横梁,构成临时支墩。

(2)设置加劲贝雷片桁架纵梁

临时支墩上架设纵梁,统一采用加劲贝雷片桁架,经过计算,每道下弦杆下必须采用八排贝雷片桁架,拼装时每两排为一组,在工场内由吊车配合人工拼装成组,然后再用船吊吊装就位。每道纵梁按各临时支墩跨径长度分段吊装,考虑到中跨长度较大,为了减少中跨挠度,满足支架下通航净空要求,纵梁在各临时支墩上用销子联结上,形成连续梁受力。下弦杆支架横断面见图6。

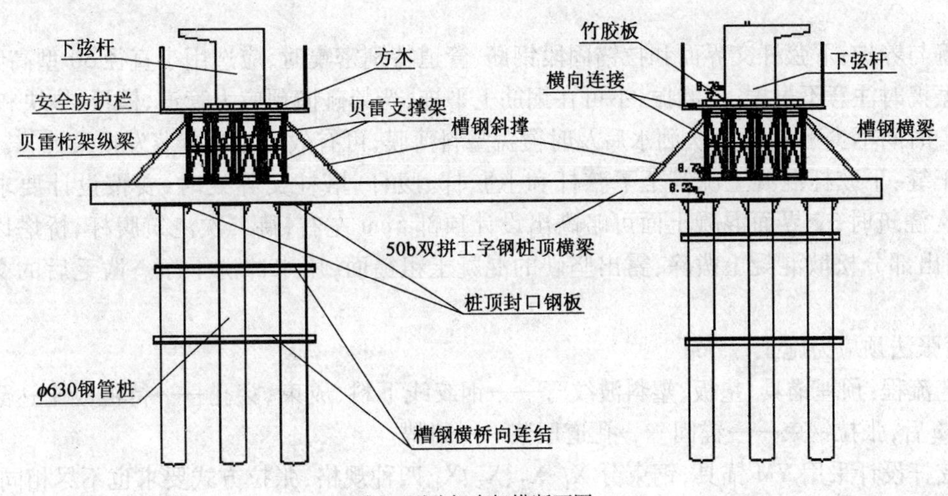

图6 下弦杆支架横断面图

(3)超载预压

①采用用分配梁连接上、下游纵梁整体加载预压的方法,即用多排单排加强型贝雷桁架组成分配梁,横跨在上、下游贝雷桁架纵梁上,其上再铺设槽钢和模板,然后再堆载的方法。

②预压步骤和荷载:洪溪大桥预压分三步进行,第一步预压主跨,第二步预压边跨,第三步预压岸上支架。主跨计算堆载重量时,要扣除已经加载的贝雷桁架横向分配梁、槽钢等重量。采用水袋法堆载,有利就地取材,且经济、环保。

③堆载顺序:主跨堆载由各支墩跨中向支墩方向对称进行。边跨和岸上支架承受荷载小、跨度也小,可等主跨预压结束后,用塔吊转运水袋直接预压。

④监控测量:分级加载(为设计预压荷载的50%和75%时),对贝雷纵梁、横梁、临时支墩的沉降量进行观测,并检查各连接构件的受力情况,做好详细记录。

⑤卸载:卸载是加载的逆过程,卸载时间以沉降停止为准。卸载要依次、均匀进行,防止集中或突然释放荷载可能产生的危险。每级卸载均应待观测完成并做好记录后,方可进行下一级卸载。重点测量支架的弹性恢复情况,作为制定施工预拱度依据。

(4)模板布置

预压卸载后,在贝雷桁架纵梁上用12号槽钢布置横向分配梁,其上再铺设方木、钉模板,模板采用2000mm×1000mm×18mm双面涂塑竹胶面板。为了保证各杆件结合部外观质量,所有腹杆和下弦杆、腹杆和上弦杆、上弦杆和下弦杆的接头部分渐变段模板均采用定型钢模。槽钢分配梁与贝雷桁架纵梁之间设置楔块,作为调整模板标高和拆除模板之用。

(5)钢筋作业

钢筋、钢绞线、波纹管和预埋件统一在加工场内制作后,由汽车运至现场,用塔吊吊上模板安装。钢筋安装次序如下:底、侧板普通钢筋绑扎——→安装纵向预应力钢绞线锚固端——→翼板钢筋和交界面(上弦杆、塔柱、风撑、现浇横梁等)预埋筋的安装,同时安装横向波纹管及预应力筋锚固端——→在施工横梁时,进行普通钢筋的焊接和横向波纹管的接头安装。

(6)混凝土施工

①配合比设计:因桁架结构复杂,钢筋、预埋管道和预埋件多且密,为解决混凝土早强与流动性、缓凝的矛盾,对其工作性能提出特殊要求,试验室利用不同的外加剂,经过多次反复对比试验,最终确定了桁架梁 C50 混凝土配合比为:水泥: 细集料: 粗集料: 水: 外加剂 = 1: 1.37: 2.44: 0.36: 0.007。

②混凝土的浇筑:浇筑前应对支架、模板、钢筋、预埋管道和预埋件等进行认真检查,事先凿除施工缝处松弱层,并清除模板内的积水和杂物,对模板进行湿润。浇筑时纵桥向必须自跨中开始向两端分层、对称浇筑。泵送混凝土浇筑速度快,施工过程要严防因混凝土堆积不均匀产生的偏心力对模板产生不利影响。

③振捣与养护:下弦杆交界面和拉锚固段钢筋、管道特别密集时,应选用小直径 30 型高频的插入式振捣器。振捣时注意不过振、不漏振,不可在钢筋上平拖,严禁碰撞预应力管道、模板、垫块和定位架等;混凝土养护时间不少于 14d,每次洒水后及时覆盖塑料薄膜,可有效防止水分蒸发损失。

④施工缝:下弦杆混凝土浇筑至下弦杆和上弦杆、腹杆、塔柱交界处时,要按设计要求做好施工缝。第一次浇筑时,交界面混凝土面可略高出设计顶部 5cm 左右,待二次浇筑腹杆、桥塔以及上弦杆前,再将高出部分松散混凝土凿除,露出坚硬的混凝土粗糙面,用水冲洗干净。凿毛后的交界面务必平整。

(7)后张法预应力施工

①工艺流程:预埋锚具、垫板、塑料波纹管——→钢绞线下料、成束、穿孔——→待混凝土达到设计要求的强度 90% 后,张拉钢束——→锚固——→孔道压浆——→封锚。

②下弦杆设计采用 YM 锚具,钢束分 X_1、X_2、X_3、X_4 四种规格,张拉方式要求也不尽相同,施工中应根据设计锚具规格选择配套千斤顶,并注意张拉方式和方向。

③孔道:下弦杆钢筋、管道、预埋件密集,施工前应事先反复琢磨好作业顺序,严禁波纹管安装后,还在波纹管附近从事焊接。

(8)压浆与封锚

①准备:预应力筋张拉锚固后,孔道压浆应在 48h 内完成,压浆采用专用浆料,浆液性能指标必须符合规范要求。压浆前备足浆液,检查设备和工具,做好安全措施。

②压浆程序:压浆从孔道最低点的压浆孔压入,上、下分层孔道按先下层后上层的顺序进行。同一管道压浆应缓慢、均匀进行,一次完成不得中断,并应将所有排气孔依次打开和关闭,使孔道内排气通畅。压浆后检查密实情况,不足的及时补压。

(9)盆式橡胶支座安装(图7)

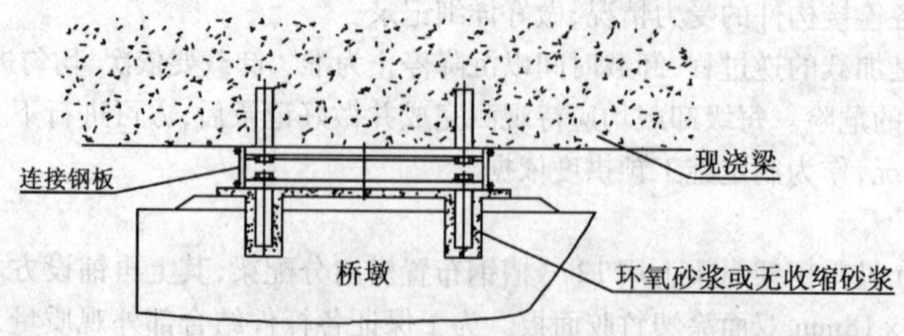

图7 盆式支座安装图

主墩采用 GPZ(Ⅱ)20 盆式支座,边墩采用 GPZ(Ⅱ)2 盆式支座。

安装流程:支座检验——→桥墩支承垫石设置套筒预留孔——→在桥墩支承垫石上按设计图标出支座设计中心线——→整体吊装支座,将螺栓穿过支座底板和顶板的螺栓孔后扭入套筒内——→找好纵、横向设计中心位置就位，使套筒插入垫石预留套筒孔内，用四块钢楔块调整支座水平至设计高程，支座底板高出垫石顶面 20～50mm，并使支座的四角高差不大于 2mm ⟶用环氧砂浆或无收缩砂浆灌注预留套筒孔及支座底板垫层，待砂浆硬化后拆除四块钢锲，并用砂浆填实空隙⟶将支座顶板作为下弦杆模板的一部分进行浇注⟶待现浇下弦杆达到设计强度后，在张拉预应力之前拆除四块连接钢板，以免斜拉桁架连续梁体的正常位移受到约束。

(10)下弦杆施工要注意事项

①临时支墩：沉桩前要根据支架所承受的全部荷载和桩位附近地层的物理力学性状，按经验公式先计算好单桩入土深度，并根据所选定的管桩的规格，估算出全桥钢管使用数量。为了保证技术的可靠性，在正式沉桩之前应安排试桩，试桩目的是根据锤击贯入度计算出桩的承载力，与设计荷载进行比较，并根据计算结果适当调整入土深度。实际施打过程应以贯入度和入土深度双控。第一组支墩钢管桩施打结束后，宜抽取两根安排静载实验，核定成桩效果，以便及时调整方案。

管桩接长到设计标高后，应对该墩的所有管桩加剪刀撑进行整体连接；桩顶高于设计标高的部分割除平整，然后焊接 1cm 厚支承钢板，再在其上架设横梁，统一采用 50b 双拼工字钢。注意：工字钢横梁一定要延伸出下弦杆 1.5m 以上作预留段，因为贝雷片桁架纵梁拆除过程，必须先整体顶出下弦杆，暂时搁置在预留段内。

②加劲贝雷片桁架纵梁：要充分考虑自身所承受的各种荷载，并对其强度、刚度进行验算，使满足规范要求。纵梁每隔 3m 进行横向连接，以增强其稳定性。

③槽钢分配梁和木模：槽钢和贝雷纵梁之间用 U 形卡锁紧。每根槽钢沿横向布置，两端均应延伸出下弦杆外轮廓界限 1m 以上，其上铺设 50mm 厚木板，作为工作平台和临时走道。木模板的次肋的分配方向应与模板长度方向相垂直。

④预应力：要事先考虑好各部件的安装顺序，尽量使一切焊接工作在波纹管安装之前结束。支座、锚固段和交接点处钢筋密布，要仔细核对，避免错放、漏放。当预应力钢束与普通钢筋位置相互干扰时，可适当挪动钢筋位置。波纹管定位钢筋一定要定位准确且牢靠，以保证管道曲线符合设计要求。

3)上弦杆、腹杆、桥塔施工

(1)采用扣件式钢管架搭设满堂支架，见图 8。支架与模板应按设计要求进行验算和预压。立杆稳定性组合要考虑到风荷载的影响。

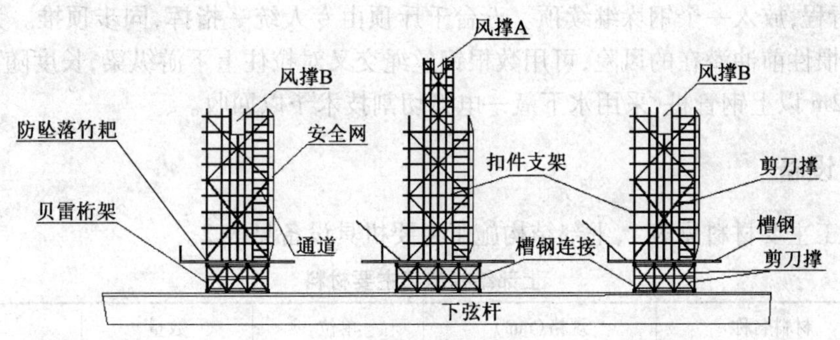

图 8 风撑支架图

(2)放样应严格按照主桥坐标图“整体”放样，同时应精确设置预拱度值。上弦杆、腹杆、桥塔柱可以逐段自下而上进行浇筑，但应注意接头混凝土的质量，质量差的应凿除，做好施工缝。桥塔头应一次性浇筑完成。

(3)预埋管道位置应准确顺畅，在管道和钢筋密集部位要特别注意将混凝土捣实。

(4)构件混凝土强度达到设计强度 90% 以上，方可张拉钢绞线。

(5)上弦杆、腹杆预应力钢束必须按设计图要求分批张拉，不得随意变更张拉程序。张拉、锚固、灌浆和封锚必须符合相关操作规程。选用的千斤顶应与锚具规格配套。

(6)下弦杆合拢段应采用C55混凝土,为防止温差裂缝,宜掺加适量膨胀剂。

4)风撑和横梁施工

(1)风撑安排在下弦杆、上弦杆、腹杆和桥塔完成之后施工。浇筑时先浇主塔(A)风撑,后对称浇筑其它(B)风撑。风撑支架要利用下弦杆,横向架设加强型贝雷桁架做承重主梁,主梁上铺设槽钢分配梁,然后在其上搭设满堂支架,见图8。

(2)全桥横梁分为三部分,一部分是塔下横梁,共两根,塔下横梁的施工时主墩系梁强度已经形成,可直接在系梁顶上安装模板;第二部分为端横梁,共两根,端横梁支架同岸孔下弦杆支架同时搭设、浇筑;第三部分为中横梁,此时支架已经全部拆除,桁架斜拉部分已经受力,可以在上、下游下弦杆上用贝雷桁架作承重梁,采用吊模法进行现浇施工,见图9。

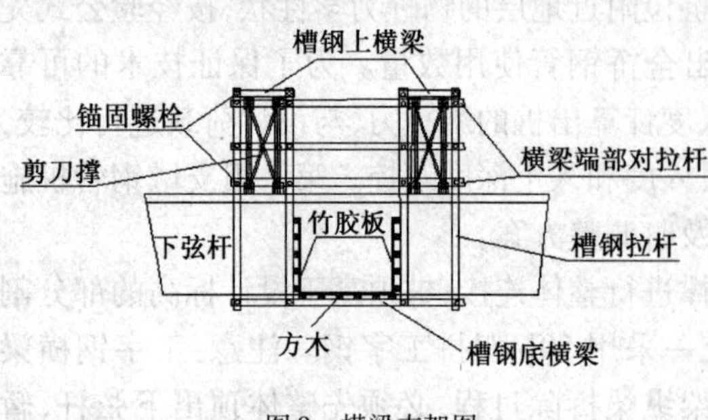

图9 横梁支架图

(3)横梁预应力钢束必须按设计图要求分批张拉,不得随意变更张拉程序。

(4)横梁上部预留后浇段,等预制桥面板安装就位后再浇筑。

5)桥梁板施工

桥面板采用180mm厚预制板与150mm厚现浇结合的组合板。预制板顶做成凹凸面,用砂浆座浆的方法搁置在横梁上,然后通过浇筑横梁后浇段连成连续整体,再在上面浇筑150mm厚现浇桥面板,形成组合板。桥面板采用C40混凝土。

6)支架拆除

(1)满堂支架拆按"先支后拆,后支先拆"的原则,至上而下逐层进行,严禁上下同时作业,严禁抛掷构配件。

(2)贝雷桁架纵梁拆除顺序:通过楔块卸落木模和槽钢分配梁,由塔吊吊运走——→用千斤顶将贝雷桁架纵梁同步、整体对顶出下弦杆底部——→船吊配合拆卸工,将连续贝雷纵梁在各临时支墩上分拆成组(逆安装程序)——→由船吊将贝雷桁架按组吊放到驳船上,由拖轮运送归库。

将贝雷桁架纵梁整体顶推出下弦杆前,应对贝雷桁架与工字钢横梁接触部喷射万能除锈润滑剂,以降低摩擦力。对顶力靠安装在五个支墩上的五台千斤顶提供,槽钢对口焊接成"口"字形,上焊钢板做成撑架,顶一个行程,放入一个钢垛继续顶。五台千斤顶由专人统一指挥,同步顶推。为防止摩擦面应力释放贝雷桁架惯性前冲潜在的风险,可用数根钢丝绳交叉对拉住上下游纵梁,长度随顶推放松。

(3)河床底2m以上钢管桩,采用水下氧—电弧切割技术予以回收。

6 材料与设备

上部结构施工主要材料见表1,上部结构施工主要机具设备见表2。

上部结构施工主要材料 表1

序号	材料名称	规格(mm)	单位	数量	备注
1	钢管桩	ϕ630	m	1348	临时支墩
2	贝雷片	3 000×1 500	片	980	支架纵梁、预压分配梁等
3	加强弦杆	3 000	根	1 800	同上
4	12号槽钢	6 000	根	1 200	支架、分配梁等
5	枕木	2 000×200×200	根	440	满堂支架
6	钢管	ϕ48.3×3.6	t	200	满堂支架
7	涂塑竹胶板	2 000×1 000×18	块	450	模板

上部结构施工主要机具、设备表 表2

序号	机具设备名称	型号	单位	数量	用途
1	汽车吊	25t	台	2	吊装钢筋、支架等
2	浮吊船	65t/35t	艘	各1	水中支架搭、拆
3	可控硅整流焊机	ZX5－630	台	1	水中钢管桩切割
4	轻潜水装置	ZT－300	套	2	水中钢管桩切割
5	拖轮和驳船	300t	艘	1	航运支墩构件、设备
6	锤振动锤	DJPJ120	台	1	施打钢管桩
7	建筑塔吊	QTZ80	座	2	吊运钢筋、混凝土等
8	高压水泵	ISG32－200B	台	2	射水清淤
9	潜水泵	QY40－21－4	台	4	注水堆载预压
10	千斤顶	5t	台	5	拆卸贝雷桁架纵梁
11	千斤顶	YCW 系列(匹配)	台	6	下弦杆等预应力钢筋张拉
12	油泵	ZB4-500	台	4	全桥张拉
13	氧气割	乙炔氧	套	1	钢板、钢构件等切割
14	电焊机	BX1-150/160	台	各2	钢筋作业
15	对焊机	JN1-150	台	1	钢筋作业
16	弯曲机	CW6-40	台	2	钢筋作业
17	切断机	TGQ50B	台	1	钢筋作业
18	搅拌机	$90m^3/h$	套	1	浇筑混凝土
19	混凝土拖泵	HBTS50-13-75	台	1	混凝土浇筑
20	挖掘机	XE230C	台	1	场地平整等
21	压路机	XS182J	台	1	场地压实
22	振捣棒	ZND 系列	台	8	混凝土浇筑
23	全站仪	TCL1201	台	2	测量放样
24	发电机	200KW	台	1	应急用电
25	动静态应变测试系统	DH3817	套	1	监控量测

7 质量控制

7.1 质量控制标准

(1)《工程测量规范》(GB 50026—2007)。

(2)《公路桥涵施工技术规范》(JTJ 041—2000)。

(3)《公路工程质量检验评定标准》(JTG F80/1—2004)。

(4)《普通混凝土配合比设计规程》(JGJ 55—2011)。

7.2 质量控制要点

1)测量放样质量控制

施工前必须通读全图，理解设计思路，理顺几何关系，按严格的几何关系计算放样。临时支墩、下弦杆、上弦杆、腹杆、塔柱等都必须“整体”放样，安装后还要复测。仪器精度和测量精度必须符合测量规范要求。

2)原材料质量控制

所有的材料和设备在进入施工现场使用前，除应由供应商提交相关的合格证、出厂检验报告外，还应按要求抽样检验(即进场检验),检验不合格的不得投入使用。

3)支架、模板质量控制

支架和模板的设计应按充分考虑各项荷载,受载后杆件弹性挠度控制值应不大于计算跨度的1/400。进场材料和设备要严格控制,有变形和缺陷的不得投入使用。

4)钢筋作业质量控制

斜拉桥杆件小,钢筋密、预埋管道和预埋件多且复杂,在作业前,要对安装顺序和空间先做分析,再有条不紊地进入制作和安装阶段。

5)预应力施工质量控制

(1)预埋管与预埋件务必准确定位牢靠,管道要保证圆顺、通畅、无漏洞。

(2)所有预应力钢束必须按设计步骤分批张拉,不得随意改变张拉顺序。

(3)构件混凝土强度达到设计强度90%以上后方可开始张拉。

(4)张拉结束尽早安排压浆,孔道内的结硬浆体应饱满、密实、充盈度应满足要求。

6)混凝土浇筑质量控制

采用缓凝、早强流动性混凝土,其施工配合比要满足浇筑过程工作性能要求,超密钢筋部位浇筑过程宜采用小直径、高频振动棒。

8 安全措施

8.1 安全管理工作所依据的标准和文件

(1)《公路工程施工安全技术规程》(JTJ 076—1995)。

(2)《建筑施工高处作业安全技术规范》(JGJ 80—1991)。

(3)《建筑机械使用安全技术规程》(JGJ 33—2012)。

(4)《施工现场临时用电安全技术规范》(JGJ 46—2005)。

(5)《特种作业人员安全技术培训考核管理规定》(国家安监总局第30号令)。

(6)《安全生产事故应急预案管理办法》(国家安全生产监督管理总局第17号令)。

(7)《生产经营单位安全生产事故应急预案编制导则》(AQ/T 9002—2006)。

8.2 主要措施

(1)做好安全教育与培训工作。所有的工人上岗前均经安全培训;特殊作业人员应经过专业培训、考试合格,持证上岗;从事高空作业的人员还应定期体检。

(2)加强设备验收管理。使用设备实行"三定"(定人、定机、定岗)制度。

(3)项目负责人、技术负责人和专职安全员按分工,负责安全技术交底、过程监督、验收检查和改进等工作;安全技术交底,交底人和被交底人应签字保存记录。

(4)定期召开安全会议,每月进行一次工地安全综合大检查,周进行一次安全专项检查,每天由专、兼职安全管理人员负责现场巡查,发现隐患及时纠正。

(5)属于危险性较大分部分项工程,编制专项安全施工方案,组织专家论证。成立应急救援小组,定期组织培训和演练。

8.3 控制要点

(1)施工前应根据现浇斜拉桁架桥上部结构的特点,制定安全专项方案,方案中应有支架和模板结构安全性验算内容。

(2)作业平台上的脚手板必须铺满、铺稳,作业平台下应设置安全网,防止高处物体坠落造成伤害。支架设置安全梯等登攀设施时,设施应坚固并与支架连接牢靠。

(3)模板、支架拆除作业区,设置警戒线。拆除过程有专人指挥,拆除应从上而下逐层进行,严禁上、下同时作业,严禁抛掷模板、杆件和配件。

(4)通航道设置保护墩,以确保临时支墩不被过往船只撞击或刮擦。保护墩上设置太阳能警示灯和警示标志,对白日和夜间航船起导向作用。

(5)水下切割临时支墩钢管桩时,需要潜水工、电焊工、船工和起重工紧密配合,因此应设专人指挥。下潜前应对焊割设备及工具、潜水装备,供气管和电缆、通讯工具等的绝缘、水密、工艺性能进行检查试验,确保万无一失。

(6)加强与航道管理部门沟通,做好航道往来船只的安全管理工作。

(7)加强与气象预报单位的联系,及时获得准确的天气预报信息,雨雪天、台风天提前做好安全防患措施,禁止雨雪天和台风天人员上支架作业。

9 环保措施

9.1 环境保护管理工作的主要依据

(1)《建筑施工场界噪声限值》(GB 12523—2011)。

(2)《中华人民共和国大气污染防治法》。

(3)《浙江省水污染防治条例》。

(4)《固体废物污染环境防治法》。

9.2 主要措施

(1)噪声污染控制:尽量将噪声扰民严重的项目安排在白昼施工。

(2)大气污染控制:砂石料装车后,洒水湿润,运输过程自卸车顶铺盖篷布,防止运输过程泄漏和飞扬;水泥采用散装水泥,密封罐运输,进场后直接存入密封性能良好的水泥贮存罐中。工地设洒水车,定时对工地洒水降尘。工地大门附近设置洗车池,对出工地车辆进行清洗,防止运输车污染城镇道路。

(3)水污染控制:加强吊船等船舶环保卫生教育和管理,防止垃圾和油污进入甲板,禁止用运河水直接冲洗甲板,应改用拖把。对于临近运河边修建的项目部生产和生活用水所产生的污水,排入事先修建的沉淀池、隔油池中,不直接排入运河。

(4)固体废物污染控制:生活区设置密封式垃圾容器,垃圾实行袋装化。建筑垃圾可利用于填筑路基;水中支墩钢管桩低于河床底2m以上部分采用水下割技术回收,废弃部分用模袋混凝土覆盖后,回填以砂石料。

10 节能措施

(1)节材措施:预压支架采用分配梁和抽水加载法,减少白色污染;根据地方航运发达优势,减少材料库存占地;就近卸载、尽量避免二次搬运;废弃的混凝土等建筑垃圾经功能性再生技术处理,作为路基填筑材料使用。

(2)节水措施:工地绿化、喷洒和养护用河水,不使用市政自来水;采用喷淋措施改善养护工艺,减少无措施浇水养护损失;生活生产用水采用各种节水器具。

(3)节能措施:优先采用节能施工设备(如逆变式电焊机);选择功率和负载相匹配的施工机械设备;改善施工工艺降低能耗。

11 效益分析

洪溪大桥建在湖嘉申线航道上,桥址位于冲湖积平原区,地势平坦,桥梁两侧用地现状以密集厂房和道路为主,河床宽100m,水深4~5m。桥梁建设受三大因数制约:一是大桥两侧密集的厂房和道路;二是大桥两侧原有街道高程;三是三级航道对主跨净空的要求。采用连续体系混凝土斜拉桁架桥现浇法施工上部结构,这些难题迎刃而解。其次,本工法采用的主要材料是贝雷片和浇筑扣件钢管,属于通用型材料,回收率和周转利用率极高。与悬拼法比较,可以节省下缆索吊装设备和预制场设施的投入。

与悬浇法相比,可节省下挂篮和缆索吊装设备的投入。在洪溪大桥工程特定的工程环境条件下,单单省下了预制场和缆索设施临时征用占地费就高达200万元以上,此尚未计入阻断交通、征地拆迁、工期拖延等等间接损失费。

12 工程实例

(1)湖嘉申线(航道)嘉兴段一期工程由浙江省发展和改革委员会浙发改设计(2007)128号文件批准建设,总投资2 133.575 6万元,是交通运输部和浙江省重点建设项目。洪溪大桥属于湖嘉申线(航道)嘉兴段一期工程项目,大桥总长396.06m,主桥为45m+80m+45m预应力混凝土斜拉桁架。由于受桥梁两侧用地现状制约,洪溪大桥上部结构设计要求采用连续体系斜拉桁架结构,其与系杆拱桥、箱形连续梁桥或T形刚构相比,均能减少建筑高度,从而能降低线路高程以改善纵坡,设计要求采用搭设支架现浇施工,特别适合解决周边现状场地厂房密集,拆迁困难的问题。洪溪大桥2009年2月开工,2011年10月竣工,工程竣工验收质量优良。

(2)本工法在浙江金白沙溪大桥得到过实践证明,可提高工程施工质量与安全,并有效节约成本。该大桥主桥长183.32m,上部结构跨径布置为50m+80m+50m,2003年2月开工,2005年10月竣工。

下承式系杆拱桥节段预制拼装施工工法

GGG(浙)C3104—2013

潘茂贵 闻爱祥 程华斌 柳 坤 吴 娟
（湖州市交通工程总公司）

1 前言

下承式系杆拱桥是一种梁拱组合体系，具有外形优美、结构轻巧、无推力和桥梁高度小等特点，适合于不同环境和各种地质条件，特别在地质条件差、平原和城市的桥梁中得到了广泛的应用。目前，下承式系杆拱桥常用的施工方法主要有少支架先梁后拱和无支架先拱后梁两种。这两种方法均需在桥梁墩台施工完成后才能进行上部结构的施工，上下部结构不能平行施工，因而施工工期长。如果拱肋和系杆拱桥都采用现浇施工，则会因混凝土加载龄期短而产生过大的混凝土收缩徐变，导致对结构受力影响比较大。此外，少支架先梁后拱施工法要求纵梁具有强大的刚度，而无支架先拱后梁施工时为减小直接施加在墩台上的水平推力而需要采取临时辅助措施，增加了施工难度。

湖州市交通工程总公司先后承接了安吉县梅溪新大桥和湖薛公路大钱桥两座下承式系杆拱桥的施工任务，针对工程工期紧、技术工艺新、难度大、质量要求高等特点，我单位结合实际情况，积极开展科技创新，总结出了“分节段预制桁架拱片、支架组拼、现场湿接、吊杆和系杆预应力分阶段张拉”的施工技术，成功解决了施工中诸多难题，并取得了良好的经济和社会效益，在此基础上总结形成了下承式系杆拱桥节段预制拼装施工工法。经浙江省交通运输厅专家组鉴定，本工法提出的“拱片节段预制、拼装、吊杆和系杆预应力分阶段张拉”施工技术具有创新性，工法关键技术处于国内先进水平。同时，该工法被评为2012年度浙江省公路水运工程工法。

2 工法特点

(1)化整为零、简化施工、施工质量好。施工时，将上部结构纵向分段，每段为由拱肋、系杆及吊杆组成的桁架拱片，场地预制，构件制作质量高。桁架拱片预制完成后，现场吊装并在临时支架上组拼并湿接，混凝土加载龄期长，收缩徐变效应大大减少。

(2)施工工效高、费用少。与传统施工方法相比较，本工法上下部结构可以平行施工，施工工期可以大大缩短，同时可以节约大量的拱架和临时结构的材料消耗，显著节约施工费用。

3 适用范围

本工法适用于中小跨度下承式预应力混凝土刚性吊杆系杆拱桥的施工。

4 工艺原理

本工法采用预制安装和现浇连接相结合的方法进行下承式系杆拱桥的施工。施工时，将上部结构沿桥纵向划分成为数个桁架拱片，每个桁架拱片由相应位置处的拱肋段、系杆段以及两侧的吊杆组成一框架结构，整体放样，分段预制。桁架拱片预制完成后，运输并吊装到搭设好的支架上进行组拼，并架设横向临时支撑固定桁架拱片。待桁架拱片全部组拼就位后，先施行桁架拱片节段间的湿接，后进行横梁的预制安装并与系杆湿接，同时分批张拉系杆、横梁和吊杆预应力，最后进行桥面系施工。

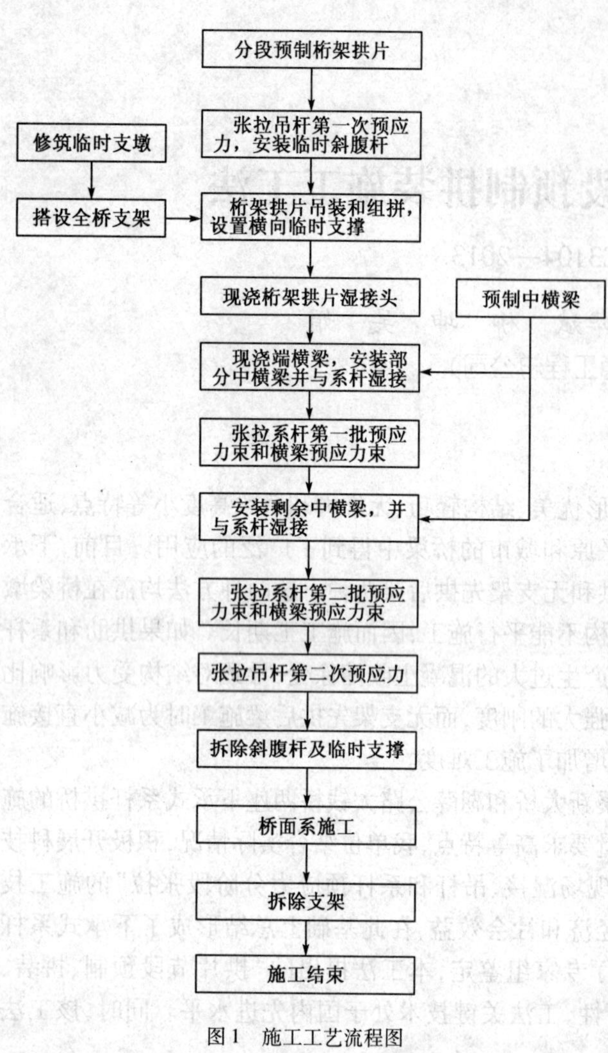

图1 施工工艺流程图

5 施工工艺流程及操作要点

5.1 施工工艺流程(图1)

5.2 操作要点

1)桁架拱片预制

拱肋和系杆采用整体放样，分段预制，以吊杆中线为分界点，由相应拱肋、系杆及两侧吊杆组成一个桁架拱片。以梅溪大桥为例，全桥共分为2×15片桁架拱片，如图2所示。放样前，应整体复核，确认无误后按1:1放样。同时，对预制场地浇筑构件位置的地基应根据土质情况进行适当处理，严防预制场产生不均匀沉降而引起构件开裂。

施工先按拱肋和系杆的尺寸整体放样，严格按照构件的曲线走向，然后按节段立模，浇筑混凝土，两节段之间节点处留出38cm宽作为湿接头，即每片桁架两端各预留出19cm的湿接头和28cm钢筋的焊接长度(钢筋采用双面焊，焊接长度≥6D)。拱肋和系杆采用C50混凝土，水灰比建议不大于0.45，每节段混凝土采用一次浇筑完成，并应注意桥面系横梁、端横梁等预埋钢筋的布设。

如图3所示，吊杆采用两片20号槽钢并侧焊16mm厚Q235钢板形成矩形断面，内置ϕ70mm钢管并内穿JL32精轧螺纹粗钢筋作竖向预应力筋用。焊缝必须经超声波无损探伤检查，焊缝容许拉应力和容许剪应力与Q235钢相同，焊缝等级二类以上。吊杆内采用C50细颗粒混凝土高压充填，钢管内压浆。吊杆与拱肋和系杆采用预埋钢筋连接，钢筋埋入杆内20cm，埋入梁体1/2梁高以上，钢筋与吊杆的连接方式为双面电弧焊接。

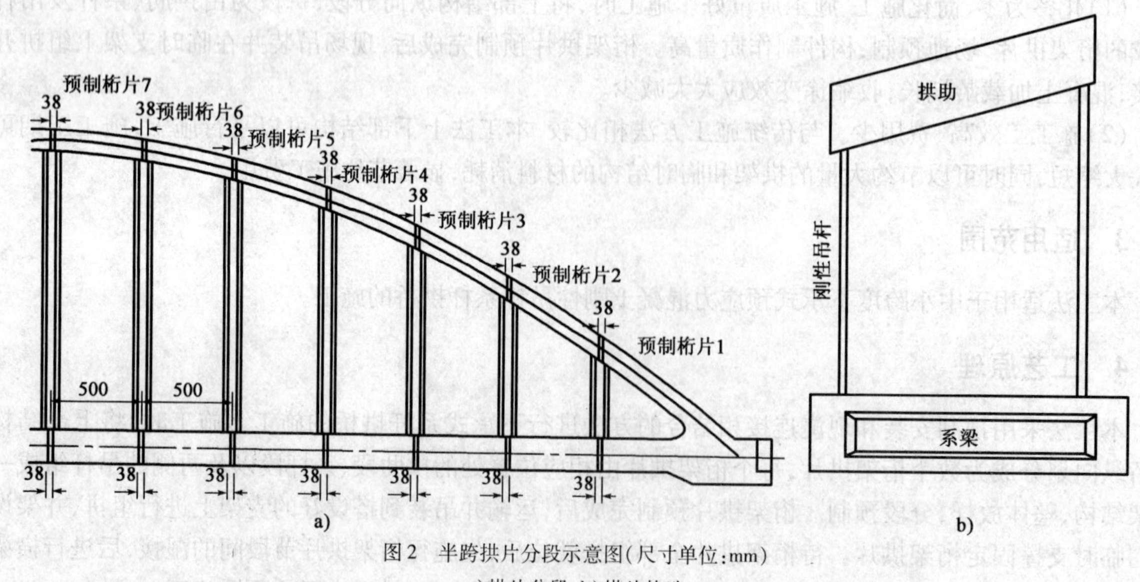

图2 半跨拱片分段示意图(尺寸单位:mm)

a)拱片分段;b)拱片构造

待预制拱肋和系杆混凝土强度达到100%设计强度后,就地先张拉吊杆第一期预应力($0.35f_{pk}$),在拱肋顶部单向张拉。同时,为增强安装桁架拱片的稳定性,在每片桁架拱片内临时设置型钢斜腹板,如图4所示。

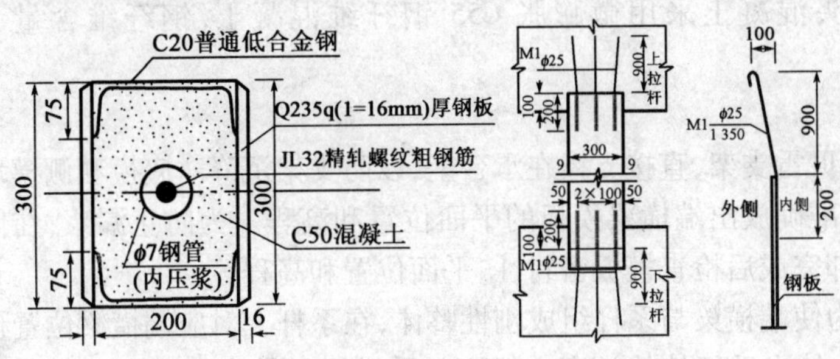

图3 吊杆及其与拱肋和系杆的连接(尺寸单位:mm)

图4 临时斜腹杆设置

2)支架搭设

在拱肋和系杆组成桁架拱片拼装前,在满足航道通航要求的前提下,修筑临时支墩,架设由贝雷架组成的水上施工平台。通过施工验算,确保平台的强度、刚度及稳定性。

为减少施工贝雷支架的受力,在不影响施工通航的条件下,贝雷支架可分跨设置,并设置临时支墩,临时支墩可采用桩柱式墩,墩柱顶部接盖梁,边墩墩柱可支承在主墩承台上,中间支墩支承在钻孔灌注桩基础上。为减轻受力,贝雷支架在临时支墩盖梁上按简支结构设置,跨间纵向贝雷支架根据跨径大小以及所支承的桁架拱片重量由不同排数的单层普通贝雷拼装而成,靠近主墩侧的贝雷支架由于承受自重较大的端横梁则采用井字型贝雷支架。为防止纵向贝雷片横向失稳,单层贝雷片间每间隔3m须用槽钢交叉焊接成剪刀撑。

搭通全桥贝雷支架后进行超载预压,超载系数为1.25。

3)桁架拱片起吊和运输

桁架拱片分段预制后,起吊并运输到桥梁现场进行支架组拼。吊装设备可根据施工单位条件采用人字扒杆或其它吊装设备。起吊时采用两点起吊,将平卧的桁架拱片节段以下弦杆为轴,使之旋转90°竖起,空中翻身就位,吊装至浮运船上临时搭设的平台上,平台用方木和沙袋搭成,在桁架拱片系杆处用橡胶皮垫包住,外围用木条捆绑牢固,以防构件损伤。吊点位置为上弦拱肋与吊杆相交的节点处,吊点形式可根据施工单位方便选择预埋吊环或其它方式。起吊要求保持垂直,两吊点同时并均匀受力,起吊、安装必须缓慢、平稳。

各桁架拱片建议平卧运输,在移运过程中应注意使桁架拱片支点均匀,受力明确。

桁架拱片经浮运船移运至吊装位置后,采用浮吊将桁架拱片在浮运船的翻身平台上垂直吊起翻身。

4)桁架拱片安装

桁架拱片安装由浮吊吊起并移位至构件孔位处,对准拱片安装位置将桁架拱片放置在桥位贝雷支架的临时支承处,就位后用斜撑加以临时固定。斜撑用槽钢拼成,以防止桁架拱片倾覆,随后架立另一侧对应的桁架拱片,并以临时横向剪刀撑及设有法兰螺丝的钢筋在节段的两端临时对角拉紧固定形成框架结构。完成后,拼装相邻节段,以后就位的桁架拱片用槽钢与前片暂联系。桁架拱片的安装顺序为由两侧对称向跨中安装。

桁架拱片安装时,在主墩位置各放置一台水准仪和全站仪随时控制桁架拱片的水平及中心位置。为便于拱片安装时标高调整和精确就位,每节拱片下设钢墩,在钢墩顶设枕木并用千斤顶和硬木楔调整节段标高及桁架片轴线位置。同时,在拱片系杆侧面由法兰螺丝进行横向竖直度微调,使拱片中线和垂直度精确就位。安装的容许误差控制在±3mm以内。

5)现浇桁架拱片湿接头

全桥桁架拱片组拼就位并调整完毕后,浇筑桁架拱片间的湿接头混凝土。两节段之间节点处留出

38cm 宽作为湿接头,即每片桁架两端各预留出 19cm 的湿接头和 28cm 钢筋的焊接长度(钢筋采用双面焊,焊接长度为 10D)。在浇筑湿接头时,务必保证预应力管道的通畅,严防堵塞,同时必须用高压水枪冲洗干净后方可施工。在焊接桁架拱片节段接头钢筋时,要注意防止灼伤混凝土,若施工中混凝土受到损伤,应凿除到新鲜混凝土面。现浇接头混凝土采用微膨胀 C55 钢纤维混凝土,钢纤维含量为 100kg/m^3。

6)端横梁浇筑和中横梁施工

端横梁采用支架现浇施工。支架采用贝雷支架,直接支撑在承台上,以防支架沉降。底模和侧模均采用定型钢模。结合已安装好的桁架拱片准确放出端横梁模板的平面位置和高程。为防止漏浆,在侧模与底模交界处夹海绵条。底模、侧模全部完成后检查模板密封性、平面位置和高程等。

模板立好后,绑扎端横梁钢筋骨架。为使端横梁与系杆组成刚性整体,在系杆上对应端横梁位置预埋连接钢筋,系杆内埋置长度不小于 60cm,伸出系杆外的长度应保证与端横梁钢筋有足够的双面焊接长度(≥5D)。钢筋骨架内外侧及底部用铅丝绑好混凝土垫块,以保证保护层厚度。钢筋绑扎、焊接必须牢固,钢筋分布位置符合设计要求。主筋顺直,焊接接头错开,严格按设计图纸及施工规范要求进行施工。钢筋安装如出现"相互争位"现象,按照构造钢筋让主钢筋、非预应力钢筋让预应力钢筋的原则进行处理,确保预应力钢筋和主钢筋的位置准确。

混凝土按设计要求进行拌制,并采用插入式振捣器振捣。混凝土按 30cm 左右分层浇筑,每层混凝土振捣到表面出现水泥浆,粗集料不下沉为止,不出现漏振或过振现象,保证混凝土外光内实,浇好后表面抹平。待混凝土初凝后,表面用土工布铺盖,洒水养生,养护不少于 14d。

在浇筑端横梁的同时,可以间隔安装中间横梁。为加快施工进度并避免临时支架搭设,中间横梁可采用预制,安装就位后与系杆间现浇混凝土湿接头。系杆内对应中横梁位置预埋连接钢筋,埋置深度不小于 50cm,外露长度与横梁钢筋应保证有足够的搭接长度(≥40D)。预制中横梁安装施工要点及技术措施为:

(1)施工准备:系杆梁与中横梁现浇湿接头混凝土模板加工或修整,清理系杆梁与中横梁上此处的侧面凿毛面和预留钢筋及预应力孔道。

(2)中横梁吊装调整就位,吊挂底模,绑扎湿接头钢筋,安装预应力束孔道定位骨架并续接系杆梁和中横梁预应力孔道及侧模板。波纹管接头应旋紧并缠裹密实,避免漏浆。

(3)浇注混凝土:安装侧模并固定牢固,避免浇注混凝土时变形或移位,影响混凝土质量。经自检、监理验收合格后,浇湿接头混凝土。混凝土浇注前对混凝土接触面应用压力水冲洗干净,使之充分湿润,但底模应不存积水。混凝土振捣采用插入式振捣器,并加强施工接缝处混凝土的振捣,使新旧混凝土紧密结合。

(4)混凝土养护:混凝土终凝后及时覆盖,并加强养护不少于 7d。

7)吊杆和系杆预应力张拉

待端横梁和 1/3 中间横梁湿接头浇筑完成后,待中间横梁湿接头和端横梁混凝土强度达到 90% 以上设计强度时,即可张拉中、端横梁预应力束,并同时对称张拉系杆第一批预应力束,张拉完成后及时进行孔道压浆。预应力张拉要求伸长量和张拉力双控,以张拉力控制为准,实际伸长量与设计伸长量误差超过 6% 时要求寻找原因解决。预应力钢束采用 PE 真空辅助压浆技术,预留管道采用塑料波纹管。

继续对称间隔吊装剩余的 2/3 中横梁,待湿接头混凝土强度达到 90% 以上设计强度后,对称间隔张拉中横梁预应力束,同时张拉系杆纵向第二批预应力束,并完成孔道压浆。此外,由支点向跨中依次对称张拉吊杆的第二期预应力(即剩余 0.45f_{pk}),在拱肋顶部单向张拉,锚固后并及时灌浆封锚。

8)支架拆除

上述工序完成后,即可有秩序地拆除临时桁架拱片内的临时固定斜腹杆,并拆除全桥横向临时支撑,紧接着完成桥面施工,最后拆除贝雷支架及其临时支墩,施工结束。

6 材料与设备

6.1 材料

(1)普通钢筋:HRB335 钢筋和 R235 钢筋。

(2)系杆和横梁预应力筋:符合《预应力混凝土用钢胶线》(GB/T 5224—2003)要求的钢绞线 $\phi^{s}15.2mm$,标准强度 $f_{pk}=1\ 860MPa$,弹性模量 $E_{s}=1.95\times10^{5}MPa$。

(3)竖向预应力钢筋:$\phi32mm$ 精轧螺纹钢筋,抗拉强度标准值 $f_{pk}=930MPa$,弹性模量 $E_{s}=2.0\times10^{5}MPa$。

(4)锚具:符合《预应力筋用锚具、夹具和连接器》(GB/T 14370—2007)中的规定。

(5)钢材:Q235 钢,应符合《桥梁用结构钢》GB/T 714—2008 要求。

(6)混凝土:系杆、拱肋和横梁采用 C50 混凝土,拱肋片湿接头采用微膨胀 C55 钢纤维混凝土。

6.2 施工机具设备(表 1)

施工机具设备一览表

表 1

施工机具	规格型号	台(套)数	备注
吊机	100T	1	吊装桁架拱片
钢筋弯曲机	CW-40	1	钢筋加工
钢筋切割机	CQ-40	1	钢筋下料
插入式振捣器	ST-3	4	混凝土振捣密实
手工电焊机	100kW	4	钢材焊接
CO_2 气体保护焊机	NB-500KB	2	钢材焊接
千斤顶		2	预应力筋张拉
油泵		2	预应力筋张拉
压浆设备		2	孔道灌浆
混凝土搅拌机		1	混凝土拌制
全站仪	莱卡 1201	1	垂直度及轴线监测
水准仪		1	高程监测
超声波探伤检测仪	CTS-3000	1	焊缝检测

7 质量控制

7.1 质量控制标准

严格按照《公路桥涵施工技术规范》(JTG/T F50—2011)及《公路工程质量检验评定标准》(JTG F80/1—2004)的要求进行施工及检验。

7.2 施工质量控制措施

(1)建立完善的质量自检体系,以项目经理作为质量负责的第一责任人,下面设技术小组和质量检查小组,由项目总工负责两小组的工作安排,施工生产班组配备专门的质检人员,做到各负其责,责任到人。

(2)加强技术培训,推行标准化管理,对上岗的班组及关健技术岗位和特种作业人员的职工进行招标文件技术要求的学习,并进行考试,成绩合格方能上岗。

(3)施工人员必须熟悉技术,做好图纸会审记录和技术交底记录。

(4)施工严格按照设计图纸及有关国家规范进行。

(5)所有的材料进场或使用前应作严格的检查和试验,并保存材料的质保书及试验资料,对不合格的材料坚决予以退场,不予使用。

(6)严格质量检查制度,特别是对钢板的对接焊缝,要做到百分之百的超声波探伤检验,必要的时候采取射线探伤检验,对不合格和超标的要及时处理修补,杜绝二次修补现象的发生。

(7)现场支撑节点及拼装节点要通过全站仪及水准仪精确测控,保证安装质量。

(8)严格按照施工配合比搅拌混凝土。应有专人控制混凝土所用的水泥、砂、石子、各种外加剂等原材料的质量,严格按照施工配合比拌制混凝土,保证混凝土的出机质量。

8 安全措施

8.1 施工安全管理措施

(1)建立项目经理、技术主管工程师、施工员、施工队长在内的安全生产责任制。

(2)加强安全教育和培训。项目经理部经常组织职工进行安全思想教育,组织学习安全操作规程等有关内容。对新进场的施工人员进行安全生产的教育和培训,经考核合格后,方准许其进入操作岗位。对起重、焊接和预应力张拉等特殊工种的工人,进行专门的安全操作培训。在采用新工艺、新方法、新设备或调换工作岗位时,对工人进行新操作方法和新岗位的安全教育。

8.2 施工安全技术措施

(1)施工操作人员进入现场时必须佩带安全帽,作业时按规定使用劳保用品,高空作业必须系安全带。所有参加安装的作业人员均需参加安装前的培训,进行技术交底并要求各施工班组之间协调作业。

(2)预应力张拉作业时,对油压设备、锚具、千斤顶认真检校,尤其注意杜绝张拉过程中的脱锚事故,严谨人员站在千斤顶后。

(3)拱片安装及架梁现场严格实行统一指挥,吊装过程中除现场指挥人员外,任何人都不得指挥操作。

(4)吊装作业区严谨非工作人员进入,所有人员均不得在起吊和运行的吊物下站立。

(5)遇到恶劣天气,停止桥上工作。

(6)焊接工作物和金属工作台离开地面应有接地装置,施焊前检查设备和电线是否漏电。

(7)桥上及高空作业时,设置防护设施,放置落空坠落。

(8)作业时遇雷雨闪电时,将金属工具放于地面上,人员到低洼处躲避,但不能躲到大树下和电杆旁。

8.3 施工期航道安全措施

(1)桥梁施工区域上下游各100m处设置符合要求的醒目标志。在安装期间,大桥区域河道上下游各100m内禁止各种船只停泊。

(2)桥梁施工作业区域夜间有充足的照明装置。

(3)为尽量避免过往船只碰撞通航孔临时支墩,在外侧加钢管桩,并向上下游延伸3.5m设钢管防撞墩,桩顶设置醒目标牌为船只导航。

9 环保措施

(1)施工中执行的主要环境保护、法律法规:

①《建筑施工现场噪声排放标准》(GB 12523—2011)。

②《中华人民共和国水污染防治法》。

③《中华人民共和国固体废弃物污染防治法》。

(2)成立对应的施工环境管理机构,在工程施工中严格遵守国家和地方政府下发的有关环境保护的法律、法规和规章,加强对施工燃油、工程材料、设备、废水、生活垃圾和废渣的控制和治理,遵守防火及废弃物处理的规章制度,做好交通疏导,满足便民要求,随时接受相关单位的监督检查。

(3)将施工作业场地和办公生活区合理布置,规范施工围挡,做到各种标牌清楚、齐全,各种标识醒目,施工现场做到整洁文明。

(4)在施工现场设立专用导流沟、沉淀池,对废浆、污水进行集中,认真做好无害化处理,从根本上防止废水乱流;对于废渣定期进行清理,并按照当地环保要求的指定地点排放。

(5)对施工场地道路进行硬化,并在晴天经常对道路进行洒水,防止尘土飞扬,污染环境。

10 资源节约

(1)采用本工法,使用机具设备较为简单常规,这些设备在一般桥梁工地上均会配备,避免了大型机械设备的选用,减少设备的重复投入。

(2)与先梁后拱施工方法相比,省去了拱架搭设,节约了大量的拱架材料。与先拱后梁施工方法相比,省去了临时辅助索的布置,有效节约了工程施工临时结构的材料消耗。

(3)本工法施工中采用的贝雷片支架、钢管、槽钢和钢模板等都可以重复周转使用,节约了大量的钢材消耗。

11 效益分析

(1)与传统施工方法相比较,本工法的上部结构采用分段预制、现场吊装组拼并湿接的方法施工,施工工序少,施工难度小,施工控制简单,施工质量容易保证。

(2)与其他方法相比,本工法的上下部结构可以平行施工,施工工期可以大大缩短,同时可以节约大量的拱架和临时结构的材料消耗,显著节约施工费用。

(3)本工法施工工效高、周期短,工程质量可靠,在工期、质量、安全、造价等方面上有先进性和新颖性,经济和社会综合效益显著。

12 应用实例

12.1 安吉县梅溪新大桥

安吉县梅溪新大桥系老梅溪大桥改建工程,跨西苕溪,大桥全长446m。桥梁整体式宽度12m,桥跨布置为9×20m预应力混凝土空心板梁+81.68m下承式预应力混凝土系杆拱桥+9×20m预应力混凝土空心板梁。桥梁横断面布置为:1.4m(拱肋布置区)+0.5m(防撞护栏)+11m(行车道)+0.5m(防撞护栏)+1.4m(拱肋布置区)。主桥采用81.68m跨径的下承式预应力混凝土系杆拱桥,拱肋轴线为二次抛物线,矢跨比为1/5,拱肋高1.1m,宽1.4m;系杆在吊杆处为1.4×1.7m矩形断面,其余地方为上下翼缘宽1.4m,厚0.28m,腹板厚0.7m的工字型断面,端部为2.3×1.4m矩形断面;吊杆采用每排两根,每根截面为30cm×23.2cm的钢混组合结构。

该桥施工中将桥面两侧两片主拱片分为2×15片桁架拱片预制,现场拼装后现浇接头形成整体,拱片间设横梁,横梁预制拼装后与系杆现浇形成桥面系。梅溪新大桥自2008年11月开工建设,于2010年5月竣工。

12.2 湖薛公路大钱桥改建工程

湖薛公路大钱桥改建工程位于湖州市吴兴区环渚乡大钱村,跨大钱港,大桥全长170.88m,桥跨布置为(2×13+20)m预应力混凝土空心板梁+65.88m下承式预应力混凝土系杆拱+(20+3×13)m预应力混凝土空心板梁,桥梁横断面布置为:1.2m(拱肋布置区)+0.5m(防撞护栏)+8.5m(行车道)+0.5m(防撞护栏)+1.2m(拱肋布置区)。主桥采用65.88m跨径的下承式预应力混凝土系杆拱桥,拱肋轴线为二次抛物线,矢跨比为1/5,拱肋高1.2m,宽0.8m;系杆为矩形断面,中部区域为宽80cm,高

160cm,支点断面宽 100cm,高 210cm;桥面系中横梁采用 T 形结构,腹板中部厚度为 60cm,根部厚度 90cm,高度为 120 ~ 128.5cm,端横梁采用矩形断面,宽 120cm,高度为 150 ~ 158.5cm;吊杆间距 5m,采用 PES(FD)7 - 85 成品吊杆。

该桥施工中将桥面两侧两片主拱片分为 2 × 8 片桁架拱片预制,现场拼装后现浇接头形成整体,拱片间设横梁,横梁预制拼装后与系杆现浇形成桥面系。大钱桥自 2009 年 11 月开工建设,于 2011 年 12 月竣工。

跨既有线双幅T构同步平衡转体施工工法

GGG(中企)C3105—2013

邬苏凡　杨　军　黄　平　孙玉国　李继宏　奚文峰
龚桂林　杨　亮　刘汉兵　刘双合
(中国中铁股份有限公司　中铁六局集团有限公司　中铁六局集团北京铁路建设有限公司)

1　前言

近年来,伴随着国民经济的持续增长以及我国在基础设施建设领域投资的不断增加,我国交通事业发展迅猛,必然存在新线路的修建跨越一些运输任务繁忙的既有线路,此时如果采用常规的施工方法进行施工势必要中断交通、影响车辆的正常通行,而且安全风险很大。在这种情况下桥梁转体施工方法便发挥出其独特的优势,能够产生显著的社会、经济效益。

沈阳四环快速路于K3+667.4处同既有京哈线(秦沈客运专线)K679+420处交叉,交叉角度52°。由于秦沈客运专线为整个东北客运大动脉,为减少上部结构施工对铁路行车安全的影响,该桥跨越铁路部分采用平衡转体的施工方法。即先在既有京哈线铁路两侧浇筑梁体,然后通过转体使主梁就位、调整梁体线形、封固球铰转动体系的上、下盘,最后浇筑合龙段,使全桥贯通。

中国中铁股份有限公司开展了科技攻关,顺利完成了沈阳四环快速路跨秦沈客运专线转体桥施工,形成了跨既有线双幅T构同步平衡转体施工工法,取得了显著的社会效益和经济效益。

2　工法特点

(1)在既有线两侧平行施工成桥,再将双幅桥梁同步平衡转体施工,减少了对被跨越既有线行车交通安全干扰。

(2)转动结构合理,受力明确,力学性能好,工艺简单,操作安全,施工快捷。

(3)转体法能较好地消除被跨越既有线路行车安全隐患,经济效益和社会效益十分显著。

3　适用范围

适用于公路工程跨越既有铁路、公路的T构桥梁施工。可推广应用于铁路工程、市政工程跨越既有线的T构桥梁施工。

4　工艺原理

在既有线路两侧顺既有线路方向现浇施工转体桥,桥体施工完成后,通过平衡体系转动结构,使桥体转到设计位置,固结平衡体系转动结构,浇筑中间合龙段和两边跨现浇段,使全桥贯通,减少对既有道路的通车影响。现浇桥梁在承台部分分开,上承台、平衡体系、墩柱及梁体组成转动结构,下承台、牵引体系与基础工程组成固定结构,在上下承台间、转动结构重心处设置钢球铰。转体结构重量由球铰传至固定结构,钢球铰分上下球铰,中间设置四氟聚乙烯滑块减少转动摩擦力。通过牵引体系克服转动结构摩阻,缓慢转动就位,精确调整后,立即在上下承台间封铰,使转动结构和固定结构成为一个稳定结构,最后浇筑桥梁两端现浇段,使全桥贯通。通过现场监控量测数据,及时修正施工工艺和转体参数,确保各阶段施工安全、快速进行。

5 施工工艺流程及操作要点

5.1 施工工艺流程(图1)

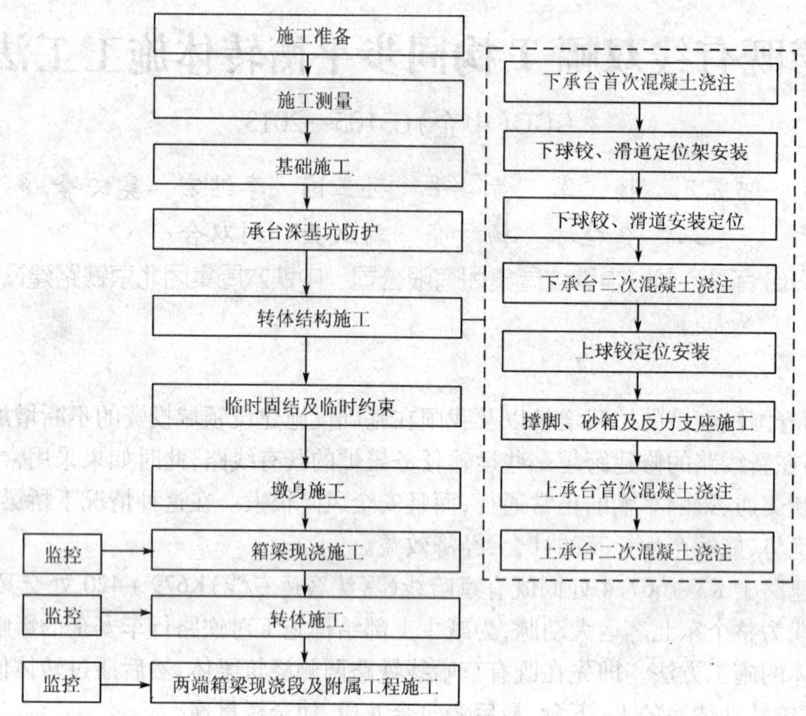

图1 施工工艺流程图

5.2 操作要点

1)施工测量

将结构物平面位置及高程控制在误差允许范围内,对既有线监控点设置精确,监控量测数据精准。沈阳四环快速路跨秦沈客运专线立交桥转体前平面位置如图2所示。

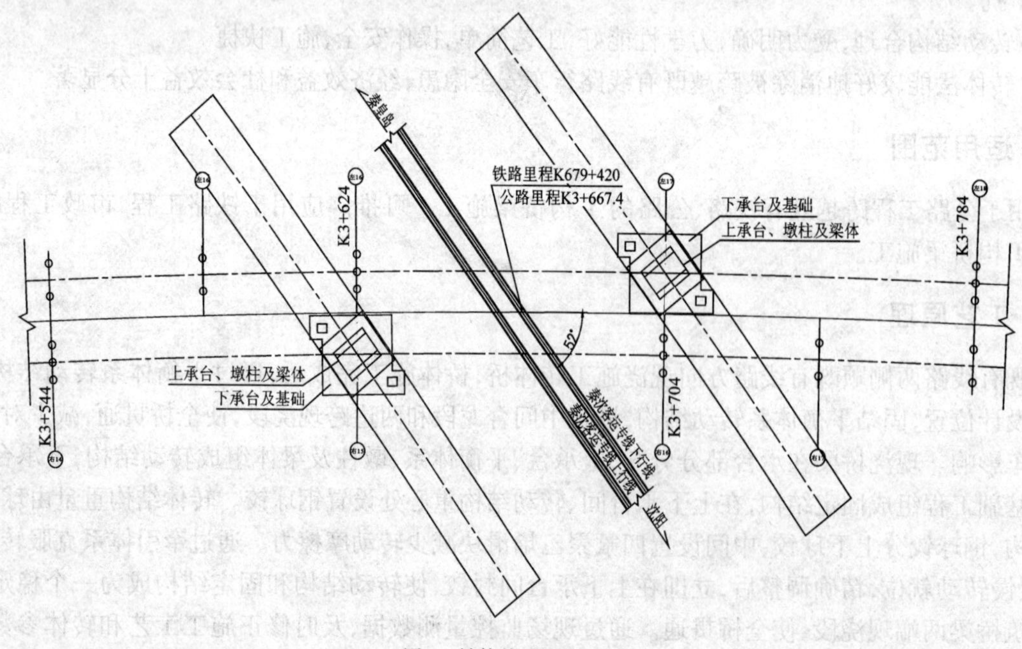

图2 转体前平面位置图

2)基础施工

桥梁基础施工严格按照设计图纸及施工规范组织施工,根据地质情况、施工场地、环保等因素,选用合理的施工工艺。

临近既有线的基础施工,必须根据基础工程与既有线(特别是高速铁路)的平面位置,设置合理的防侵限措施,确保施工过程中既有线运营安全。

3)承台深基坑防护

(1)由于转体桥施工周期较长,转动牵引体系设置在基坑内,基坑防护必须保证基坑边坡的长期稳定性。同时应防止因基坑施工导致地下水位降低,影响既有线(特别是高速铁路)路基或结构物的稳定,确保既有线运营安全。

(2)基坑内有足够的转体牵引体系安装及操作空间。

(3)基坑内牵引体系操作范围内应无积水、整洁,且便于人员进出及设备操作。

(4)现场文明施工符合要求,同时符合安全技术规程标准。

4)转体结构施工

(1)转体结构由下承台、球铰、上承台、转体牵引系统组成。转体结构的施工是转体成功的关键,是整个转体桥施工的核心,必须严格控制施工阶段及施工精度。

(2)球铰的加工、运输、验收

①球铰是平动法施工的转动系统,而转动体系的核心是转动球铰,它是转体施工的关键结构,制作及安装精度要求很高,必须精心制作、精心安装。

②转体球铰采用专用运输托架,专用加宽车辆运到施工现场。

③转体球铰运至施工现场后,组织相关单位进行进场验收,拆除包装后进行外观、局部尺寸等检查,检查结果均应符合设计图纸要求。

(3)下承台施工

①下承台为支承转体结构全部重量的基础,下承台施工时要保证设计尺寸,同时满足转体系统的下球铰、撑脚的环形滑道及转体牵引与助推千斤顶反力座等设施安装精度。

下承台分两次浇筑施工。第一次在绑扎底层钢筋、侧面钢筋、内竖向钢筋、各种预埋钢筋和预埋件后,立模浇筑1.7m高混凝土;第二次在下球铰和滑道安装固定后,绑扎其余钢筋,浇筑第二层1.3m高混凝土及千斤顶反力座。

②定位架安装采用预埋定位钢板、调平垫板和定位型钢相结合的方式。安装时用吊车吊入,然后进行精确对中并调整其顶面高程,同时安装定位型钢,将定位架与其定位钢板、定位型钢焊接牢固。平面位置误差控制在1.5mm内,高程误差控制在1mm内。

③下球铰的现场组装,主要是下球铰的锚固钢筋及调整螺栓的安装;利用固定调整架及调整螺栓将下球铰悬吊,调整中心位置,然后依靠固定调整螺杆上下转动调整标高。安装精度要求:转动中心与设计误差顺桥向±1mm,横桥向±1.5mm,球铰顶面任意两点相对高差不大于1mm。

④先安装滑道定位架,具体施工与下球铰定位架相同,定位架安装完成后,进行滑道安装。滑道现场采取分节段拼装,利用调整螺栓调整固定。转体时保证撑脚可在滑道内滑动,以保持转体结构平稳。要求滑道顶面高出下承台混凝土顶面1cm,且整个滑道面在同一水平面上,其相对高差不大于1mm。

⑤下球铰及滑道安装完成后,安装相应的钢筋和预埋件,进行下转盘混凝土的二次浇注。为防止后期施工过程中水或杂物进入上下球铰之间的空隙,施工时下转盘混凝土顶面比下球铰顶面低2cm。混凝土的浇注关键在于混凝土的密实度、浇注过程中下转盘球铰应不受扰动、混凝土的收缩不至于对转盘产生影响。混凝土施工应先浇注远离球铰部位,最后浇注球铰区域。

(4)上球铰施工

①清理上下球铰球面,球面杂物采用电动钢丝刷进行清扫、打磨,并采用大功率吸尘器清理。清

理完成后采用干净毛巾统一擦拭一遍,擦拭人员必须带鞋套。清理过程中严禁采用铁锤直接敲打球面。

②在中心销轴套管中放入黄油聚四氟乙烯粉,将中心销轴放到套管中,调整好垂直度与周边间隙。

③在下球铰凹球面上按照编号由内到外安装聚四氟乙烯滑动片,各滑动片应位于同一球面,其误差不大于0.2mm。检查合格后,在球面上滑动片间涂抹黄油聚四氟乙烯粉,使黄油聚四氟乙烯粉均匀充满滑动片之间的空间,并略高于滑动片顶面。

④将上球铰吊装到位,套进中心销轴内。用千斤顶微调上球铰位置,使之水平并与下球铰外圈间隙垂直。然后采用人工将上球铰转动2~3圈,再用千斤顶微调上球铰位置。

⑤球铰安装完毕后,对周边进行防护,上下球铰之间用胶带缠绕包裹严密,确保杂质不进入到摩擦面内。

(5)反力座、撑脚及砂箱按设计要求施工。撑脚与滑道之间的空隙设为10mm,为保证空隙,应采用10mm厚木条定制砂箱框,在框内填充石英砂,之后再安放撑脚。为保证卸架时撑脚与滑道不被挤压紧密,在撑脚间均匀布置砂箱。砂箱内设石英砂,石英砂水洗干净并烘干后方可使用,砂箱使用前预压300KN。

(6)上承台分两次浇筑施工。第一次在上球铰安装和钢撑脚完成后,绑扎上球铰钢筋网片及转台钢筋,浇筑转台混凝土1.1m高;第二次在绑扎上承台其他钢筋和墩身预埋筋后,浇筑上承台1.9m高混凝土。施工过程中应确保牵引钢绞线每根索的预埋长度、高度和方向,同一对牵引索的锚固端在同一直线上并对称于转台的圆心。同时对外露钢绞线进行防护措施,防止转体前钢绞线损坏或锈蚀。

(7)混凝土施工应符合规范要求,施工过程应防止对转体结构的精度产生影响。下球铰底部宜采用微膨胀混凝土;为确保封铰混凝土浇筑质量,宜在上承台梅花形布置振捣通气孔(错过墩柱设置,上球铰位置不设置),封铰混凝土施工后将通气孔封闭。

5)临时固结及临时约束

(1)为抵抗主梁两端可能的最大不平衡弯矩(包括梁纵向不平衡弯矩和横向不平衡弯矩)的影响,需要采取有效的临时固结措施。上下转盘采用竖向精轧螺纹临时锁定,下转盘施工时将精轧螺纹钢一端同锚垫板一同预埋在下转盘混凝土内,另一端通过套管穿过上转盘。上转盘施工完成后,立即对竖向精轧螺纹钢进行张拉,一般张拉下锚力为张拉控制应力10%~30%。竖向精轧螺纹钢张拉时必须严格控制张拉顺序,张拉遵循对称张拉原则,两端同时张拉的精轧螺纹钢筋必须位于通过转盘中心的直线上。张拉完成后,由测量组对转体上转盘中心位置进行复核,确保上转盘顶面中心位置偏差在±2mm范围内。

(2)为保证转动结构不发生相对位移和转动。在下承台顶面的撑脚之间安装限位梁,限位梁与支撑脚之间布置钢支撑,并用钢楔子打紧。转体前,打掉钢楔子,以利转体。同时保留部分限位型钢,用作启动助推反力梁。

6)墩身施工

(1)采用大块定型钢模,施工时人工配合汽车吊安装模板;模板安装牢固,确保墩身结构尺寸符合设计及规范要求。

(2)由于墩顶距离地面较高,施工时要在墩身四周搭设支架围栏进行防护,支架外侧用安全网围好,并设置专门的安全梯,供施工用。高空作业人员要佩戴好安全带及其他防护用品。

(3)临近铁路施工时,将墩身接地线与承台连接好,并在靠近线路设置绝缘板,防止发生触电事故。要在铁路有关设备管理单位监控下方可施工,并按规定设专人进行“双防护”。

7)箱梁现浇施工(支架现浇法)

(1)施工工艺流程如图3所示。

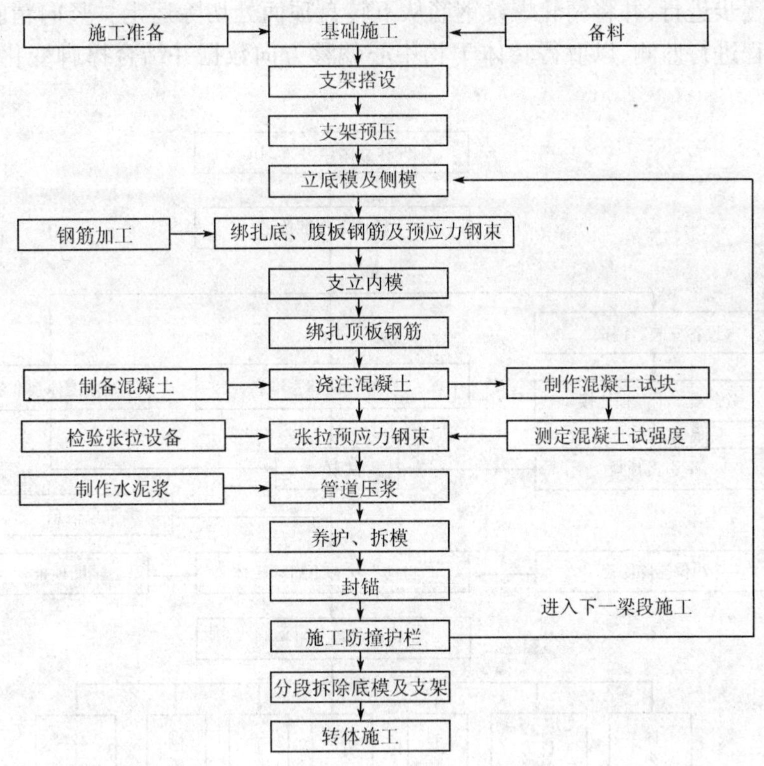

图3 连续梁支架现浇法施工工艺流程图

(2)支架现浇法施工连续梁，首先对现浇梁模板、支架及地基进行设计；然后通过对最不利位置采用最不利荷载进行验算，对设计进行优化，使设计更经济、安全。

(3)现浇梁地基根据梁体施工设计合适的地基处理方式，应符合施工规范要求；施工完成后进行地基承载力检测，确保地基处理符合要求。

(4)现浇梁支架搭设，严格按照设计及支架搭设规范施工；搭设完成后，按照支架预压方案进行预压。

(5)箱梁梁段混凝土浇筑采用水平分层并一次整体浇注成型。浇筑过程中专人检查及观测支架各部位变形沉降情况以及模板加固情况，确保支架及模板结构安全，同时做好项目部内部人员、机械设备调配沟通以及与铁路相关部门的现场协调配合工作，确保安全。

(6)拆模应注意保护梁体混凝土不受碰撞和缺棱掉角。支架应先拆除翼缘板下部分，再拆除腹板部分，最后从梁两端向中间同步对称进行落架。

(7)支架拆除过程中，对梁体结构进行监控量测，并将量测数据与设计值对比。

8)转体施工

转体施工工艺流程如图4所示。

(1)清理转体滑道、撑脚

将转盘内杂物清理清扫干净，相邻撑脚间滑道用砂轮片进行抛光打磨，然后将撑脚下垫石英砂全部清理干净。清理时从箱梁轴线方向向两侧对称逐对进行，每清理完毕一对撑脚，在撑脚底与滑道顶的间隙中垫10~15mm厚MGE滑块，并涂抹黄油以减少摩阻力。在撑脚下布置MGE滑块，现场预备多种厚度滑块。

(2)拆除砂箱

分组对称拆除，每组4个。拆除时从箱梁轴线方向向两侧对称进行。

(3)拆除竖向精轧螺纹钢

桥梁转体称重前，将上下转盘临时固结的竖向精轧螺纹钢筋对称同时解除。解除顺序为沿箱梁轴线方向向两侧对称逐步进行,并将精轧螺纹钢筋从下转盘顶面处切除运走。竖向精轧螺纹钢筋解除前后对箱梁两端部高程进行监测,以取得转体T构中心偏移方向数据并结合撑脚变化,初步分析T构重心偏移方向。

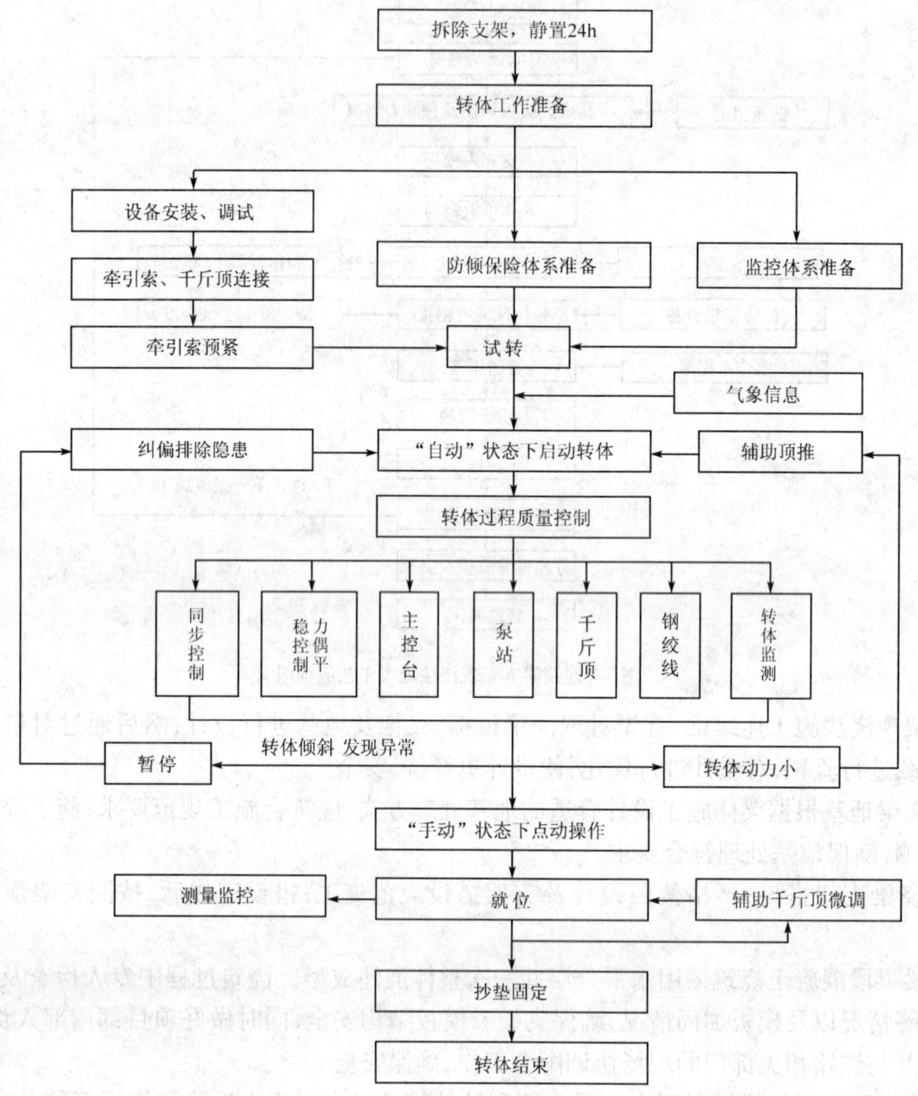

图4　转体施工工艺流程图

(4)转体牵引系统设备安装调试

①牵引系统设备安装

牵引动力系统设备由2台主从随动液压连续千斤顶,2台液压油泵和1台主控台组成,助推系统由4台千斤顶和4台电动油泵组成。两台连续千斤顶分别水平、平行、对称的布置于转盘两侧,千斤顶的中心线必须与上转盘外圆相切,中心线高度与上转盘预埋钢绞线的中心线水平,同时要求两千斤顶到上转盘的距离相等。

转体转盘埋设有两束牵引索,牵引索的另一端设置固定锚具,先期在上转盘浇筑时预埋入上转盘混凝土体内,作为牵引索固定端。

②牵引系统设备调试

转体设备中的液压及电器设备出厂前要进行测试和标定,并在厂内进行试运转;根据千斤顶施力值(启动牵引力按静摩擦因数 $\mu_s=0.1$,转动牵引力,按动摩擦因数 $\mu_d=0.06$ 考虑)反算出各泵站油压值,按此油压值1.2倍调整好泵站的最大允许油压,空载试运行,检查设备运行是否正常,并在不同时间段、不同温度下进行设备的空载运行及流量控制。

(5)称重

①桥梁正式转体前,应进行试转:试转前,需进行称重平衡试验,测试转体部分的不平衡力矩、偏心矩等参数,实现桥梁转体的配重要求。

②称重方法如图5所示:在上下承台间转体结构纵横轴线位置,在一端用千斤顶及压力传感器将转体结构一侧顶起;通过位移百分表监测千斤顶加力过程中的位移变化;加力过程中,当顶力不变但位移持续变化时,记录压力值;通过同样的方法测出其他三端的压力值;然后将对称两端的压力数据进行分析,结合连续刚构梁根部应力,计算出转体结构的不平衡力矩和球铰转动摩阻力。

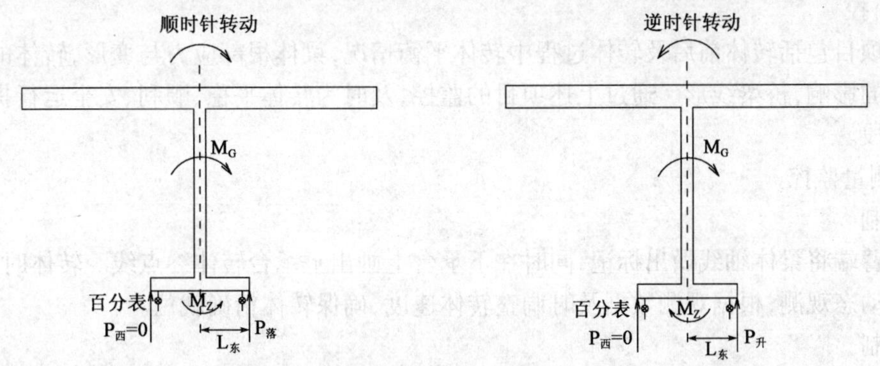

图5 转动体球铰摩阻力矩大于转动体不平衡力矩时称重试验示意图

③当转体结构的不平衡力矩超出允许范围,通过在梁端配重来调整结构不平衡力矩,使转体结构趋于平衡。

(6)试转

①称重配重完成后,将预埋好的钢绞线牵引索顺着牵引方向绕上转盘后穿过ZLD200型连续顶推千斤顶,并用千斤顶的夹紧装置夹持住;先用YDCW150型千斤顶在5~10MPa油压下逐根对钢绞线预紧,再通过顶推千斤顶在2~3MPa油压下对该束钢绞线整体预紧,使两束牵引索各钢绞线持力基本一致。牵引索索道与对应千斤顶轴心线应在同一高程上。

②全面检查一遍牵引动力系统、转体体系、位控体系、防倾保险体系是否状态良好,检测整个系统的安全可靠性。同时由测量和监控人员对转体系统进行各项初始资料的采集,建立主桥墩转动角速度与梁端转动线速度的关系,准备对转体全过程进行跟踪监测,以便在转动过程中把转动速度控制在要求范围内。

③合上主控台及泵站电源,启动泵站,用主控台控制两千斤顶同时施力试转,试转角度一般控制在1°~3°。若不能转动,则施以事先准备好的辅助顶推千斤顶同时出力,以克服超常静摩阻力来启动桥梁转动,若还不能启动,则应停止试转,另行研究处理。

(7)正式转体

①试转结束,分析采集的各项数据,对转体实施方案进行修正,方可进行正式转体。

②转体过程中数据的收集,采用一套严密的监视系统。指挥人员通过监视系统反映的两幅桥的数据资料进行协调指挥,以达到同步的目的。

③设备运行过程中,各岗位人员坚守岗位,时刻注意观察,监控动力设备和转体各部位的运行情况,并作好记录。

④先使千斤顶达到预定吨位,启动动力系统设备,并使其在"自动"状态下运行。单个转体使用的两对称千斤顶的作用力始终保持大小相等、方向相反,避免不平衡力偶产生。

⑤桥梁转体时必须对线路进行封锁施工,必须在无雨雾及风力小于6级的气象条件下进行。

⑥轴线偏差主要采用连续千斤顶点动控制来调整,根据试转结果,确定每次点动千斤顶行程,换算梁端行程。每点动操作一次,测量人员测报轴线走行现状数据一次,反复循环,直至转体轴线精确就位。

(8)封固转盘

经过转体和精确定位阶段并检测平面位置、标高均符合设计要求后,立即在6对撑脚两侧下转盘承台上焊接型钢反力架(事先精确定位预埋钢板),打入钢楔块,并将其临时锁定,保证转体单元不再产生位移。清洗底盘上表面,焊接预留钢筋,立模浇筑封固混凝土(C50微膨胀混凝土),使转动结构和固定结构成为一个稳定结构。

9)两端箱梁现浇段及附属工程施工

浇筑桥梁两端现浇段,使全桥贯通。施工桥梁附属工程,完成转体桥的整体工程。

10)施工监控

主要监控项目包括转体前后及转体过程中转体平衡情况,梁体根部应力与变形,转体的速度及其对转体运行平稳的影响,桥梁线形。通过上述项目的监控,及时为转体平稳、顺利、安全运行提供方案控制依据和保证手段。

(1)转体测量监控

①轴线控制

在梁体悬臂端将梁体轴线做出标记,同时在下承台上画出上承台转体终点线。转体时,用全站仪对梁体轴线进行动态观测,根据观测数据及时调整转体速度,确保转体精确就位。

②高程控制

分别在T构的悬臂端部和墩顶断面上设置高程观测点(图6),并对转体全过程进行监控(悬臂端部观测点高程变化不允许超过14cm,同端部观测点相对高程变化不允许超过1.5cm,超出时,停止转体,查明原因)。转体就位后,根据测量结果,采用千斤顶调整梁端高程,使其符合设计要求。

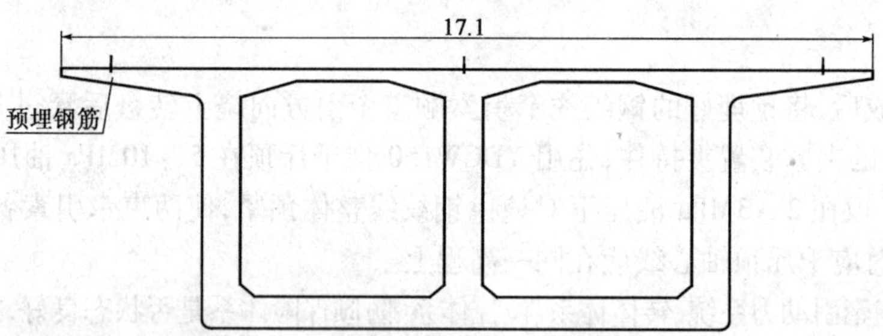

图6　高程观测点布置图(尺寸单位:m)

(2)主梁施工悬臂根部纵向应力监测

主梁施工悬臂根部截面混凝土内纵向应力随着预应力张拉、支架施工或全部脱架后全部处于悬臂状态以及体系转换等各个施工阶段的不同工况随时都在发生变化,由于该截面受力十分复杂,内应力的变化较大,是主梁混凝土内应力的关键控制截面;另外,观测两端悬臂根部截面的纵向应力分布变化也可以推算两端悬臂重量不平衡状况,对整个转体体系旋转前、后的两端平衡控制与调整,都将起到积极主动的实际指导作用。该部位的应力应变观测截面,设在两幅主梁悬臂端与墩身交界的根部位置,两端共预埋振弦应变传感器10个,应变测点位置见图7。

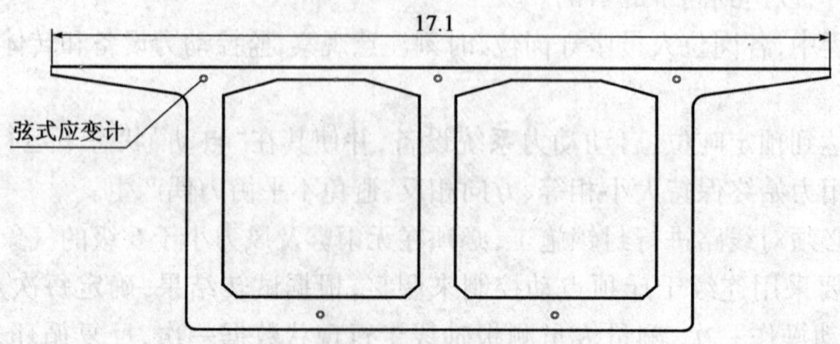

图7　主梁悬臂根部应变测点位置(尺寸单位:m)

每个施工段施工完成后，以及每道关键工序施工前后分别观测1次悬臂根部应力。每次观测在1天中的相同时刻进行。

6 材料与设备

6.1 材料

本工法中材料按设计要求和实际施工情况定，需特别说明的转体结构材料见表1。

转体结构材料表 表1

序号	材料与设备名称	单位	数量	用途	备注
1	球铰	套	2	承重系统	含上下球铰、定位销轴、四氟滑块、
2	球铰定位架	套	2	定位球铰	—
3	滑道及定位架	套	2	顶推牵引系统	—
4	撑脚	个	12	平衡系统	—
5	砂箱	个	36	平衡系统	—
6	四氟乙烯板	m^2	40	顶推牵引系统	可采用二硫化钼油膏代替
7	聚四氟乙烯粉黄油	kg	300	减少球铰摩阻	

6.2 设备

采用的转体施工机具设备见表2。

转体施工机具设备表 表2

序号	设备名称	单位	数量	用途	备注
1	QK-8主控台	台	2	2台千斤顶同步牵引	
2	ZLD200千斤顶	台	5(1台备用)	转体牵引	
3	ZLDB液压泵站	台	4	转体牵引油缸供油	
4	YDCW150千斤顶	台	5(1台备用)	启动助推，备用	
5	ZB4-500型油泵	台	4	启动助推千斤顶供油	
6	测量仪器	套	2	施工测量	
7	监测仪器	套	2	施工监测	
8	反力梁、钢板等	套	2	施工辅助材料	
9	250kW发电机	台	1	备用	

7 质量控制

7.1 质量控制标准

(1)结构施工严格按照《公路桥涵施工技术规范》(JTG/T F50—2011)要求控制。

(2)球铰加工控制标准见表3。

球铰检查验收标准和方法 表3

1	质量证明材料的检查		包括：材质单、终检报告、出厂合格证	出厂检验时查看；现场验收时接收。
2	产品外观检查		焊缝平整饱满；球面板表面光滑、无伤痕、无锈蚀；外表面喷涂良好	目测检查
3	实测项目(主要项)	球面板光洁度	不小于3	用样板和塞尺等检查12处
		滑片顶面偏差	不大于0.2mm	用样板和塞尺沿半径方向检查36处
		边缘各点的高差	不大于1mm	用水准仪和水平尺检查
		椭圆度	不大于1.5mm	用全站仪、垂球、钢板尺检查横、纵向
		曲率半径之差	±0.5mm	用全站仪、垂球、钢板尺检查横、纵向
		上、下球铰的中心轴线	标准是：偏差不大于1mm	用全站仪、垂球、钢板尺检查横、纵向

(3)球铰及滑道安装控制标准

球铰定位架安装标准:平面位置误差控制在1.5mm内,高程误差控制在1mm内。

下球铰安装精度要求:转动中心与设计误差顺桥向±1mm,横桥向±1.5mm,球铰顶面任意两点相对高差不大于1mm。

滑道顶面高出下承台混凝土顶面1cm,整个滑道面在同一水平面上,其相对高差不大于1mm。

7.2 质量控制措施

(1)建立健全质量保证体系。成立以项目经理为组长,总工程师为副组长,各部门负责人参加的创优领导小组,具体领导创优工作,使创优工作有计划、有目标、有组织、有步骤的展开。

(2)各施工队制定工程创优措施和分期实施计划,找准关键,选定课题,成立QC小组,积极开展活动。

(3)提高质量意识,健全落实各项制度。干部、职工中树立"质量是效益,质量是信誉,质量是企业生命线"的观念。

(4)项目经理部建立严密的质量检查组织机构,充分发挥质检机构和专职质量人员的作用。

(5)规范化管理,坚持十二项质量管理制度,即设计文件审核制;开工报告审批制;测量双检复核制;技术交底制;隐蔽工程检查签证制;工程试验制;材料进场质检制;定期质量检查制;变更设计报批制;工程质量评定制;质量事故报告制;验工计价质量审核制。

8 安全措施

(1)建立完善的施工安全保证体系,项目部成立营业线施工安全领导小组,明确安全员、防护员、联络员,履行施工安全管理和日常检查的职责,实行24h安全值班制,加强施工作业中的安全检查,确保作业标准化、规范化。

(2)营业线施工及铁路安全保护区范围内施工必须严格执行有关文件、电报、规定,当施工与营业线行车安全发生矛盾时,要严格遵循"安全第一"的原则,服从行车安全的需要,服从车站调度员、车站安全员的统一指挥。

(3)提高每个施工者的安全意识,加强安全教育,使每个施工者熟悉各项安全施工规定。参与营业线施工的人员必须经过路局建设管理部门组织培训,考试合格后持证(合格证)上岗。

(4)严格按施工组织设计施工。每项工程开工前,制定详细的安全细则,并向施工人员交底。保证工地的安全防护设施要齐全有效,有明显的警示标志。

(5)营业线施工和在铁路安全保护区范围内的机械施工作业必须一机一人防护,要防挖断电缆、防物料侵线、防行车事故,确保铁路行车安全。所有施工设备和机具使用时,均必须由专职人员负责进行检查、试验和维修保养,确保设备状况良好。

(6)吊装作业必须执行规定的统一信号,吊钩、锁具必须符合有关技术规定,并严格执行"十不吊"的规定。

(7)施工现场的临时用电严格按照《施工现场临时用电安全技术规范》的有关规定执行。按规定配备消防器材,并定期检查。

9 环保措施

(1)在开工前完成施工现场平面布置图的设计,施工中按平面布置图实施,现场内所有设施按图定位。根据工程进展,适时对施工现场进行整理和整顿,或进行必要的调整。

(2)创建安全文明标准工地,做到"两通两无五必须",即:施工现场人行道畅通,施工工地沿线单位和居民出入口畅通;施工现场排水畅通无积水,施工工地道路平整无坑塘;施工区域与非施工区域必须严格分隔,施工现场必须挂牌施工,管理人员必须佩戴胸卡上岗,工地现场施工材料必须堆放整齐,工地现场必须开展以创文明工地为主要内容的思想政治工作。

(3)施工组织和实施过程中,严格按照规范、标准、建设单位规定来做,以"临房公寓化、管理现代化、现场工厂化、施工规范化、安全人性化和效益最大化"为目标。

(4)工程施工必须在批准的施工场地内进行。需临时租用施工场地和临时占用道路的,依法办理报批手续,先批后用。

(5)施工现场根据实际需要和环境保护的要求,采取隔离围墙等措施围蔽施工。对施工场地道路进行硬化,并在晴天经常对施工通行道路进行洒水,防止尘土飞扬,污染周围环境。

10　资源节约

(1)跨线梁体在既有线两侧施工,可以选择最经济的施工方法,施工过程中无需对既有线采取棚架防护,能大幅度地节约资源。

(2)通过现场监控量测数据,及时修正施工工艺和转体参数,施工时转体速度达到设计标准2倍,快速、平稳就位,大幅度地节约了营业线运营资源。

11　效益分析

跨越运输任务繁忙的高速铁路、高速公路、城市主干道等既有线路跨线桥梁的施工,采用常规的施工方法势必要中断交通、影响车辆的正常通行,而且安全风险很大。跨线梁体在既有线两侧施工,施工限制少,结构合理,受力明确,力学性能好;通过现场监控量测数据,及时修正施工工艺和转体参数,确保施工安全、快速,对运营线路的施工干扰控制在转体施工的1小时内,消除了被跨越既有线路行车安全隐患,经济效益和社会效益十分显著。

12　应用实例

12.1　沈阳四环快速路跨秦沈客运专线转体桥

沈阳四环快速路于K3 +667.4处同既有京哈线(秦沈客运专线)K679 +420处交叉,交叉角度52°。交叉处京哈线为双线电气化无缝线路,路基填方高度为4.6m。桥位处地基为软土、流沙地质,丰水期存在地表水,枯水期地下水埋深约2m。

为减少上部结构施工对铁路行车安全的影响,该桥跨越铁路部分采用平衡转体的施工方法。即先在既有京哈线铁路两侧浇筑梁体,然后通过转体使主梁就位、调整梁体线形、封固球铰转动体系的上、下盘,最后浇筑合龙段,使全桥贯通。转体部分采用2 -80mT形刚构连续箱梁,转体角度52°,转体重量11 800t。主墩承台为两层结构,中部为球铰,承台总高度为7.7m;球铰分为上、下球铰和销轴三部分,上、下球铰球面半径为8.0m,球铰平面直径均为3.8m,球铰厚度均为40mm,定位中心销轴直径为270mm。下球铰面板上镶嵌731块ϕ6cm的聚四氟乙烯滑动片,上下面板间填充黄油聚四氟乙烯粉。

沈阳四环快速路跨秦沈客运专线T形刚构连续箱梁转体法施工,采用基础施工形成平转法承重、顶推牵引、平衡等三大系统,沿秦沈客专两侧采用满堂支架、型钢结合钢管支架法,在90d内现浇完成T形刚构连续箱梁;再利用秦沈客运专线天窗时间,2012年9月25日仅用48min完成转体施工。该案例的成功实施,为同类工程施工提供了可靠的决策依据和技术指标。

12.2　康祁公路永定河大桥

张涿高速公路卧佛寺连接线(康祁公路)是张家口市境内一条重要的县级干线公路,起于康庄,终于祁家皂。永定河大桥位于官厅水库拦河坝下游永定河峡谷,上跨丰沙铁路,全长308m。全桥采用跨径布置为(58 +93 +97 +58)m的组合刚构,共2个桥台,3个桥墩。1号、2号墩柱高度分别为59m,56m。其中2号墩、3号墩为转体墩,转体高度分别为50.6m和17.6m,转体重量分别为7200t和6100t,

转体角度分别为65°和74°。

康祁公路永定河大桥2号、3号墩T构转体于2012年5月8日一天顺利圆满完成,3号墩T构转体试转与正式转体共用时65min,2号墩T构转体试转与正式转体共用时57min。转体后精调就位,2号墩轴线偏差为0.7cm,高程偏差为0.5cm;3号墩轴线偏差为1.0cm,高程偏差为1.6cm。转体轴线及高程控制均在设计要求范围内,受到建设单位和设计单位的一致好评。

悬索桥超宽加劲钢箱梁分块拼装支架滑移架设施工工法

GGG(中企)C3107—2013

程方宏 翟洪志 毛家序 孙玉国 李继宏

(中国中铁股份有限公司)

1 前言

目前国内大多数悬索桥钢箱梁安装采用支架原位拼装法或顶推法,存在施工成本高、施工速度慢的问题。沈阳四环高坎浑河景观桥主桥桥型为主跨180m的四跨连续独塔自锚式钢箱梁悬索桥,塔梁为固接形式,主塔与主梁在主塔T3节段固接;钢箱梁为整幅等高钢箱梁,箱梁梁宽为42.54m,标准梁高为4m;浑河水浅且河道不通航,建设工期紧、质量要求高。

中国中铁股份有限公司开展了科技攻关,将钢箱梁纵向分成55个施工节段,每个钢箱梁节段横向分成5个施工块段,采用"板单元在拼装场拼装成块段+块段在组拼支架上组拼成节段+钢箱梁节段在滑移支架上拖拉至设计位置焊接"的架设方法,成功的在100天内完成了全桥55个节段1.2万吨钢箱梁的架设任务。经过工程实践总结形成了悬索桥超宽加劲钢箱梁分块拼装支架滑移架设施工工法,该工法施工效率达到了较高水平,创造了良好的经济效益和社会效益。

2 工法特点

(1)钢箱梁标准段分块制造、两次拼装,第一次在场内将板单元拼装成块段,第二次将块段在桥址位置拼装,将大量的焊接工作放在场内进行,既减少了桥上焊接工作量也能保证焊接质量。

(2)将箱梁节段沿横桥向划分成5块段制造,即两侧挑臂梁、两侧钢箱梁、中间箱梁共5个部分,减少了运输和吊装的重量,同时也避免了大型运输设备及吊装设备的投入。

(3)钢箱梁架设过程分"板单元在拼装场内拼装成块段、块段在总拼胎架上组拼成节段、节段在支架上滑移就位、节段精确定位焊接成型"4个阶段,每个阶段的线型及施工精度都可控,保证了钢箱梁整体施工质量可控。

(4)滑移支架为钢管桩+贝雷梁结构。滑道梁为普通工字钢,上铺不锈钢板,滑道梁与钢箱梁之间设置一滑块,滑块与滑道梁接触处设置MGB聚合物高分子材料,此材料的最大特点就是摩擦系数小,强度大;滑块与钢箱梁接触处用钢板及橡胶板衬垫,滑道梁、滑块及钢箱梁之间均为独立的结构,安装及拆卸方便。

(5)滑移施工设备简单,施工平稳、噪声低、工作效率高,既经济又快速,有较强的经济性和技术推广性。

(6)钢箱梁节段拖拉至设计位置后通过三向调整装置进行精确定位,施工速度快、精度高,较好的解决了大吨位钢箱梁水平向调整难度大的问题。

(7)钢箱梁场内组拼、桥址拼装、节段拖拉、精确定位工序等有较稳定的劳动力组合,较准确的作业程序时间,便于组织流水作业施工,大大提高了工作效率,实现了工期可控的目标。

3 适用范围

本工法主要适用于易于搭设支架条件下公路工程悬索桥超宽加劲钢箱梁的架设,可以推广应用于类似条件下的市政工程悬索桥钢箱梁的架设。

4 工艺原理

钢箱梁纵向分55个节段,每个节段横向分5个块段即两侧挑臂梁、两侧钢箱梁、中间箱梁。钢箱梁块段在场内拼装完成后由100吨液压平板车运输至桥位处,再用100t门式吊机将块段吊装至总拼胎架上拼装匹配成型,钢箱梁分块示意见图1。

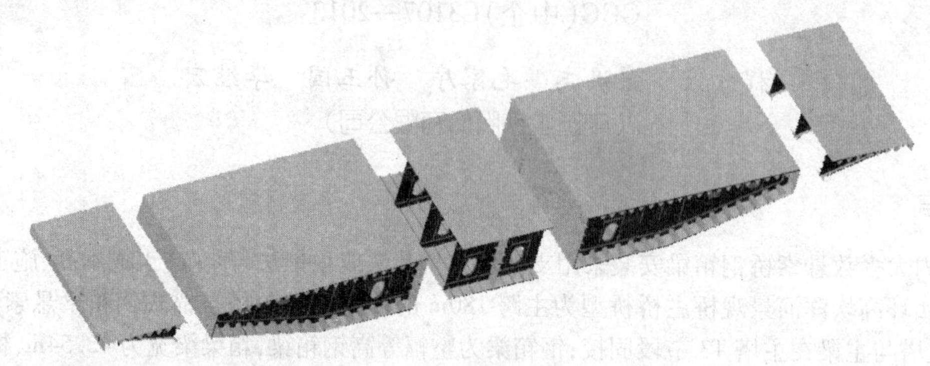

图1 钢箱梁分块示意图

钢箱梁架设在支架上完成,支架分三个部分即塔梁固接段支架、块段总拼装支架、钢箱梁节段拖拉滑移支架。钢箱梁拖拉滑移系统主要由滑道梁、滑块、钢绞线、反力座牵引千斤顶,竖向千斤顶及油泵组成。滑道梁上铺设不锈钢板,滑块安装在钢箱梁底部,在滑块下有摩擦系数很小的MGB聚合物高分子材料,牵引千斤顶为间歇式连续牵引型。钢箱梁通过钢绞线连接在牵引千斤顶上,牵引千斤顶后设置反力座。钢箱梁节段通过滑移装置拖拉至设计位置后,测量位置偏差,采用三向调位装置进行位置调整。钢箱梁精确定位后进行环焊焊接,钢箱梁节段及架设支架纵向布置图见图2。

5 施工工艺流程及操作要点

5.1 施工工艺流程

工艺流程见图3。

5.2 操作要点

1)钢箱梁架设支架

(1)塔梁固接段支架

钢箱梁与主塔在主塔T3节段为塔梁固接结构,塔梁固接段钢箱梁组拼方式为桥址原位组拼,拼装支架采用钢管桩+工字钢分配梁结构,上布桁架式胎模及牙板。钢管桩立柱之间设置纵、横向连接系。钢管桩立柱桩头纵桥向设置桩头分配梁。柱头上纵向用型钢作为纵向分配梁。纵向分配梁上再用型钢作为横向分配梁。横向分配梁上设牙板和散拼胎架。塔梁固结段支架结构如图4所示,塔梁固结段支架图见图5。

(2)拖拉滑移支架

钢箱梁滑移支架为钢管桩+贝雷梁+型钢的组合形式。钢管桩立柱之间设置纵、横向连接系。钢管桩立柱桩头纵桥向设置桩头分配梁。柱头上设置标准贝雷梁,贝雷梁上安装横向分配梁,分配梁顶设置滑道梁。滑移支架两边设置人工操作平台。

滑道梁在构件加工厂分段制作完成,段与段之间用螺栓进行栓接。滑道梁上面铺设不锈钢板,不锈钢板与滑道梁200mm@50mm的间断焊接。不锈钢板之间连接接头处平滑顺直无凸凹。滑道梁施工须精确控制中心线及坡度的偏差。滑移支架结构及施工图见图6、图7。

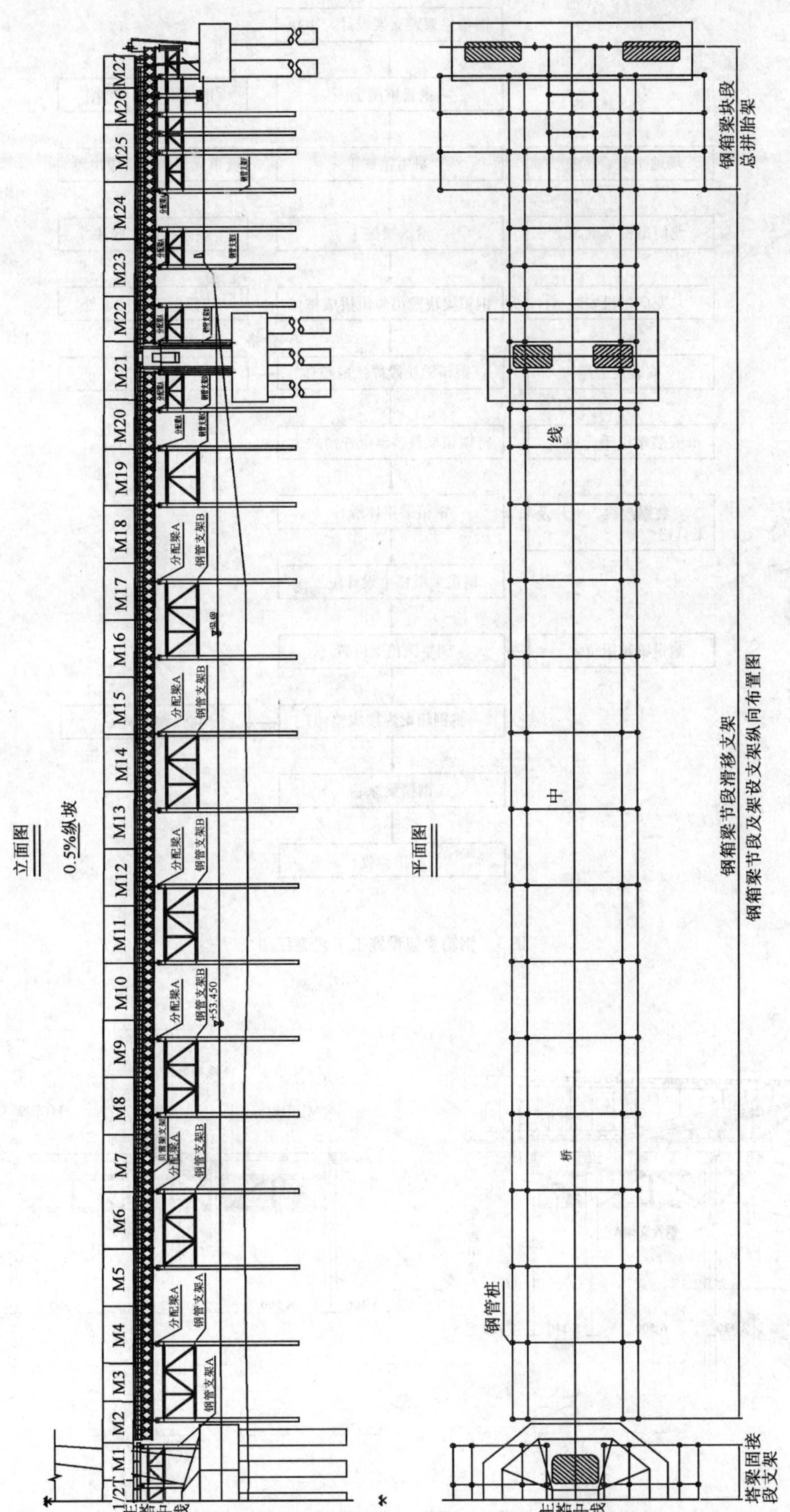

图2 钢箱梁节段及架设支架纵向布置图

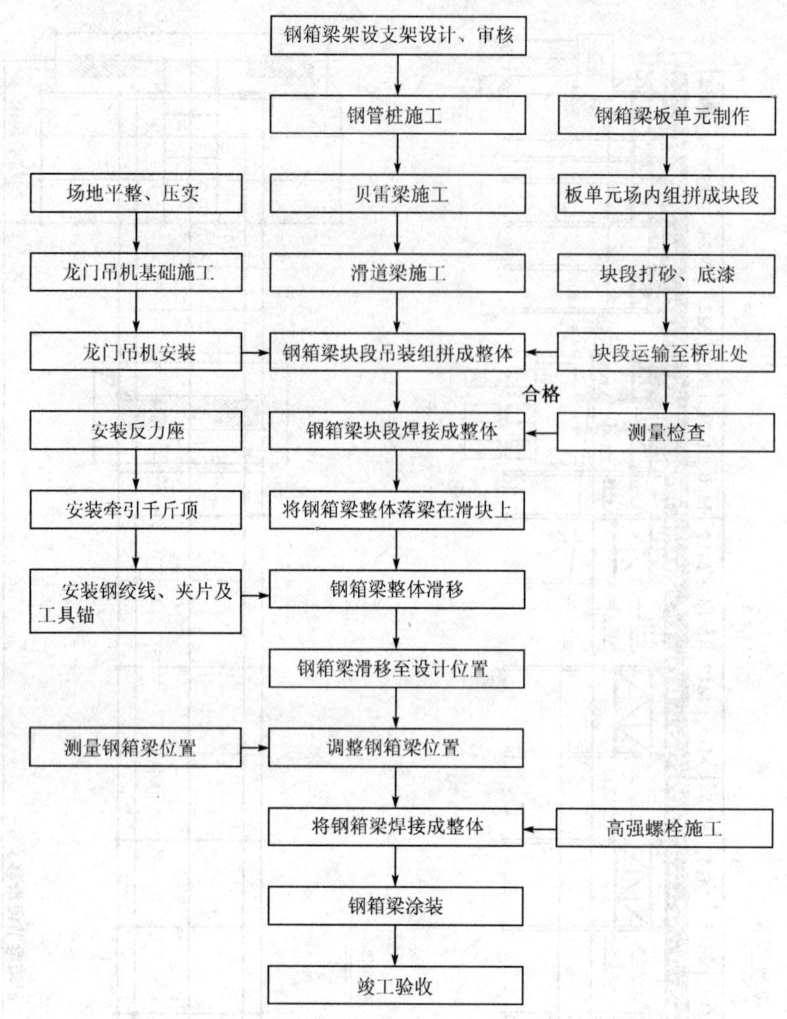

图3　钢箱梁架设施工工艺流程图

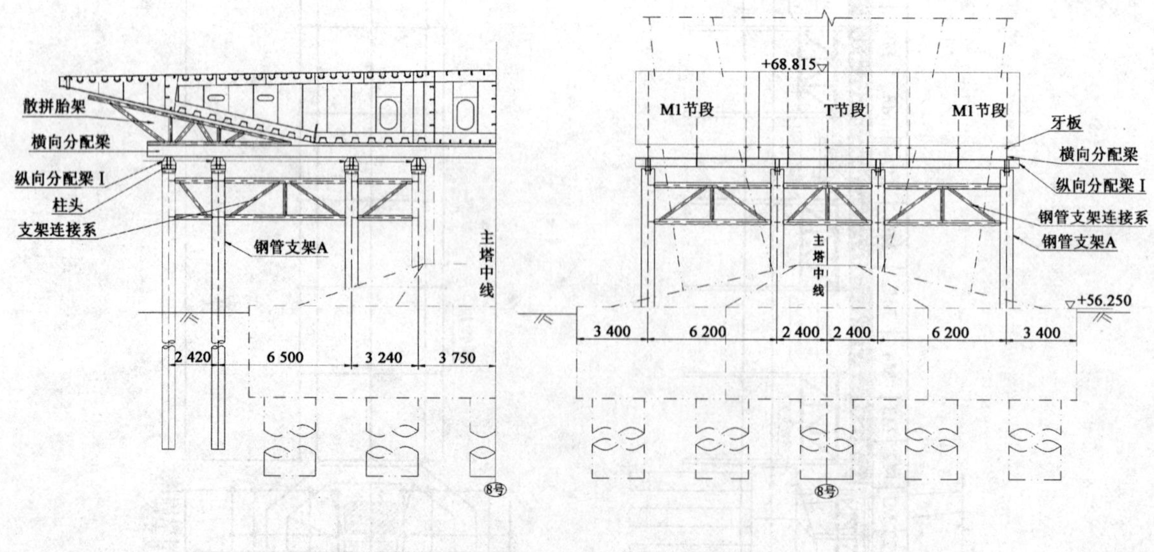

图4　塔梁固接段支架结构图(尺寸单位:mm)

图5 塔梁固接段支架图

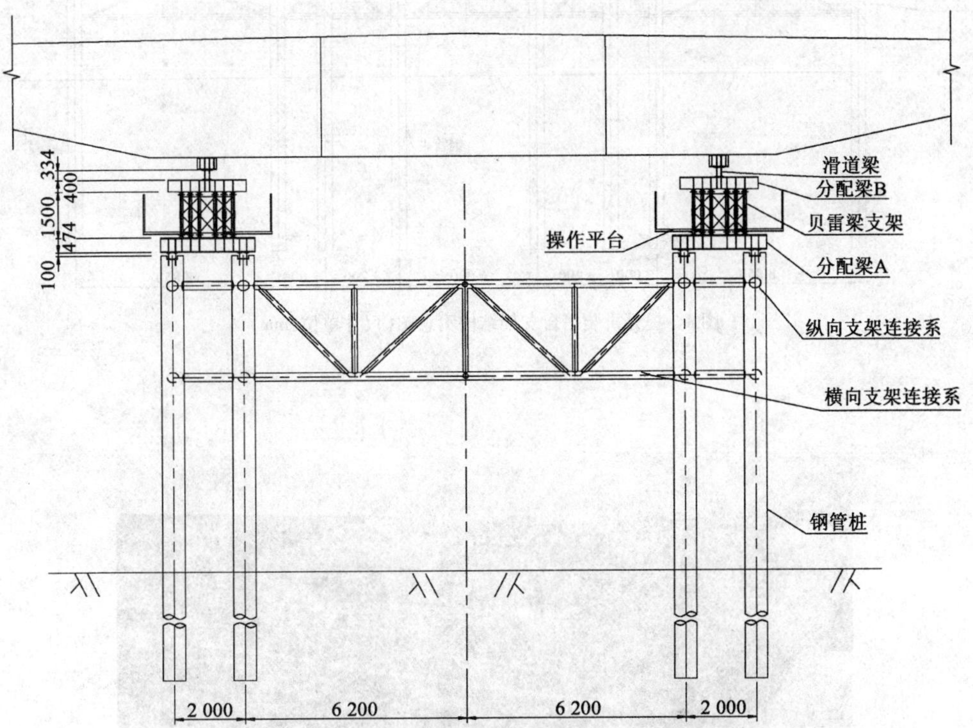

图6 滑移支架横断面结构图(尺寸单位:mm)

图7 滑移支架

(3)提升拼装平台支架

提升拼装平台支架为钢管桩+贝雷梁+型钢+胎架的组合形式,宽度依据钢箱梁宽度而定。钢管桩立柱之间设置纵、横向连接系。钢管桩立柱桩头纵桥向设置桩头分配梁。柱头分配梁上设置横向分配梁,分配梁上设置贝雷梁+胎架结构,胎架及贝雷梁为拼装受力结构,贝雷梁兼做滑移支架受力结构,贝雷梁上安装横向、纵向分配梁,分配梁顶及胎架顶设置调平楔块,贝雷梁支架两边设置人工操作平台。提升拼装平台结构及施工图见图8、图9。

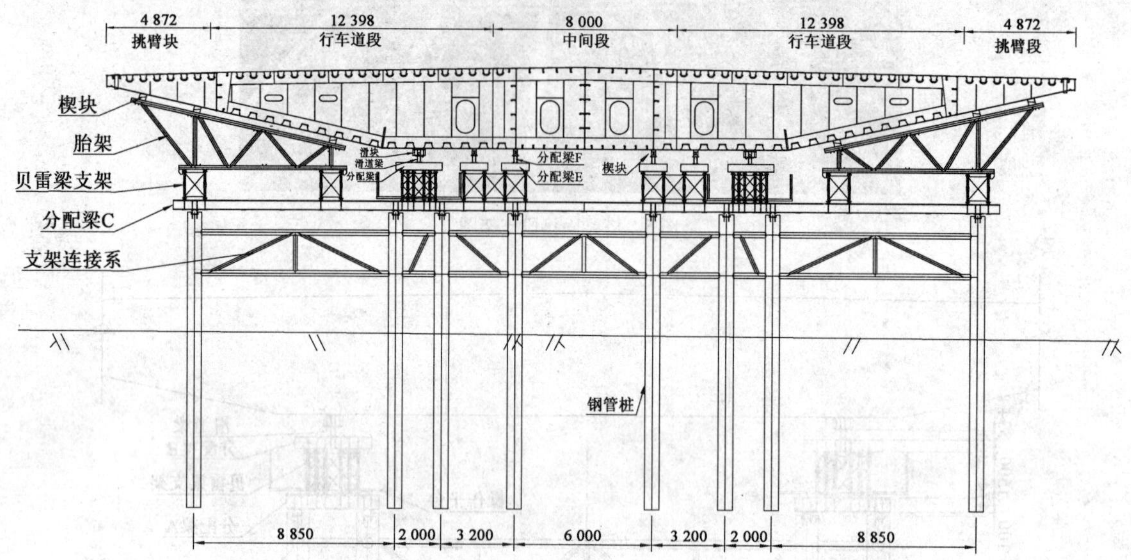

图8　提升拼装平台支架结构示意图(尺寸单位:mm)

图9　钢箱梁块段拼装平台

2)钢箱梁块段制造、运输、二次组拼

根据架设、方案要求及运输条件限制,将梁段沿横桥向划分成5段制造,即两侧挑臂梁、两侧钢箱梁、中间箱梁共5个部分。5个块段在总拼胎架上拼装匹配成型,解体下胎后分别运至拼装平台处,利用100t门式吊机对块段进行吊装安装。5个块段在拼装平台上再组拼装焊成1个梁段,检查合格并转序签证后交由架设单位完成梁段拖拉架设就位。

(1)钢箱梁块段制造、下胎、运输

钢箱梁块段在场内进行组拼,结构尺寸及焊缝质量经检查合格后进行块段的下胎运输工作,运输工具为液压平板车(图10)。

(2)钢箱梁块段吊装

钢箱梁块段吊装设备为100t龙门吊机,吊机自重280t,起升高度为32m,跨度为46m,大车轮距15m,额定载重量为100t。

钢箱梁中间块段及行车道段使用专用吊具吊装。吊具用型钢组焊而成，运用吊具消除了直接吊装过程中对钢箱梁的水平作用力，使钢箱梁在吊装作用下只承受竖向力（图11）。

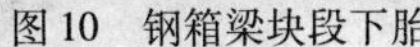

图10　钢箱梁块段下胎

图11　钢箱梁块段吊装

（3）钢箱梁块段二次组拼

钢箱梁吊装定位后，及时检查钢箱梁接缝、平整度、高差、中心线偏差等，合格后报监理检查通过才能进行下道工序的施工。钢箱梁定位时，严格按照监控单位给出的数据进行标高及线型的控制。两个块段之间焊接限位钢板，保证两个块段能顺利、准确的安装（图12）。

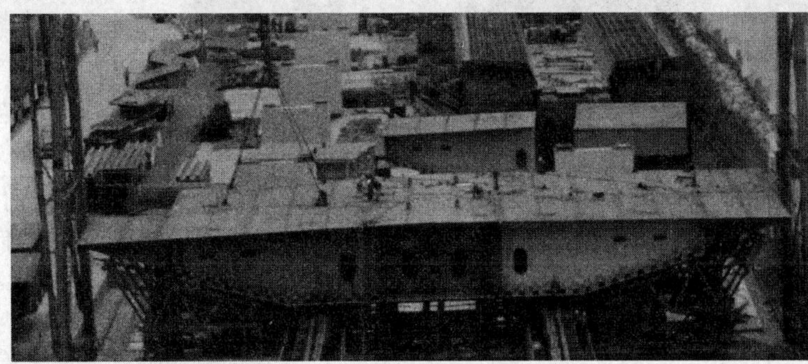

图12　钢箱梁块段组拼

钢箱梁块段拼装技术参数必须满足表1要求。

梁段组拼允许偏差（mm）　　表1

序号	项　目	简　图	允许偏差	备　注
1	板单元拼接对接板错边 Δ	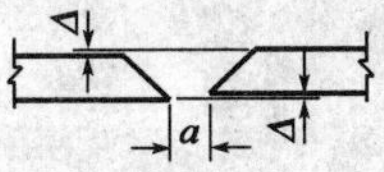	≤0.5	$t \leq 25$
			≤1.0	$t > 25$
2	对接板间隙 a		+6.0 −2.0	
3	梁段长度 L		±3.0	
4	梁段高度 H		+4.0 −1.0	横隔板处
5	梁段横隔板间距	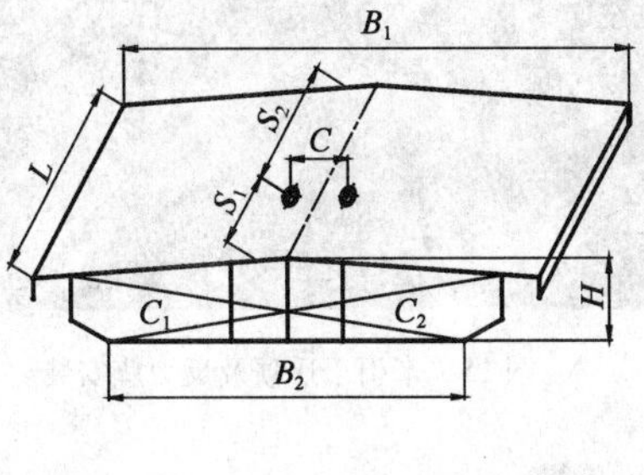	±3.0	
6	梁段横隔板倾斜度		±2.0	
7	梁段腹板间距		±2.0	底板上间距
8	梁段吊点横向间距 C		±2.0	
9	梁段吊点纵向距离 S_1、S_2		±2.0	两吊点处同正负
10	梁段全宽 B_1，B_2		+4.0 −2.0	
11	梁段横断面对角线差		≤4.0	拼接处横断面
12	梁段旁弯		≤5.0	

3)牵引系统

钢箱梁拖拉滑移系统主要由滑道梁、滑块、钢绞线、反力座牵引千斤顶,竖向千斤顶及油泵组成。滑道梁上铺设不锈钢板,滑块安装在钢箱梁底部,在滑块下有摩擦系数很小的 MGB 聚合物高分子材料,牵引千斤顶为间歇式连续牵引型。钢箱梁通过钢绞线连接在牵引千斤顶上,牵引千斤顶后设置反力座(图 13、图 14)。

图 13 滑道梁

图 14 滑块

(1)反力座安装

滑道梁上每隔 6m 距离设置 1 个反力座固定点,即在滑道梁侧面开 ϕ50mm 的孔,在滑道梁两侧开孔处加焊一块外径 ϕ150mm、内径 ϕ52mm 的钢板。反力座用于固定牵引千斤顶,反力座通过一根 ϕ50mm × 396mm 的销轴插入轨道梁两侧开孔处使其与滑道梁固定。

(2)牵引千斤顶安装、调试

牵引千斤顶是使用 ϕ15.24 钢绞线的一种引力装置。可以间歇式的连续牵引较大的重物至设计位置。主要由千斤顶、上锚、下锚、卡销、安装座等零件组成。上锚和下锚由夹片和锚环组成,夹片与锚环有一定的斜角,当夹片受力后夹片内加工齿型与锚环形成机械锁紧,保证钢绞线及构件不下滑。将牵引千斤顶、钢绞线安装好并调试正常运行(图 15)。

图 15 牵引千斤顶及反力座安装

(3)竖向千斤顶安装、调试

竖向千斤顶为举推顶,安装前对千斤顶及油表进行校核,校核合格方可安装调试。将千斤顶、油管、油泵连接调试好。

4)钢箱梁拖拉滑移

(1)滑移前施工准备

①为防止两侧支架上的钢箱梁滑移速度有差别,在滑道梁上用红油漆做标尺。钢箱梁滑移时以滑道梁上的标尺为参照物,观察钢箱梁滑移是否同步。

②钢箱梁滑移前对已建成的墩台顶面中线、高程和跨径进行复测,误差在允许范围内方可进行钢箱梁滑移施工。

③滑移支架结构施工完成,贝雷梁、分配梁、滑道梁以及不锈钢板之间的连接牢固,技术员检查结构焊缝、销轴质量并进行转序签证。

④滑移用钢垫梁及调梁用三向调整装置安装至设计位置。

⑤滑块与钢箱梁接触部分抄垫3cm厚橡胶板,抄垫橡胶板一则是为了在滑移过程中增加滑块与钢箱梁之间的摩擦力,保证钢箱梁与滑块之间不会滑移;二则是在钢箱梁滑移过程中因轨道不平整会导致钢箱梁四点支撑变成三点支撑,一个滑块托空时,利用橡胶板压缩量来微量调整钢箱梁四点之间的高差。

(2)落梁

钢箱梁块段拼装完成后仔细检查钢箱梁节段的长、宽、高,顶板坡度及线型,检查合格后需滑移转序签证后进行落梁施工,落梁利用8个竖向千斤顶操作(图16)。

图16 竖向千斤顶落梁

(3)钢箱梁滑移(图17、图18)

图17 钢箱梁滑移

图 18　滑移过程中专人检查

①牵引千斤顶可连续牵引钢绞线,使钢箱梁能处于不间断的滑动状态,因此必须在轨道梁两侧施工平台上安排专人对钢箱梁下部滑块位置情况进行观察。如果有滑块偏位或者行进速度不一,及时暂停施工,检查原因,待问题解决后才可继续施工。当钢箱梁滑移到距千斤顶一定位置后,千斤顶松开钢绞线,将反力座和千斤顶移至下一个反力座固定处,安装完成后继续牵引钢箱梁滑移。

②牵引过程中注意千斤顶油表读数,严格控制拉力的数值。

③钢箱梁滑移在专人统一指挥下进行,操作人员配备对讲机。两侧同时启动牵引千斤顶进行拖拉。速度可控、施工平稳。

④钢箱梁滑移过程中测量人员对支架的挠度、沉降进行观测,做好记录。

图 19　三向调整装置

5)钢箱梁节段精调、桥位连接

(1)钢箱梁拖拉到位后测量钢箱梁顶面标高情况,利用竖向千斤顶调整钢箱梁标高。三向调整装置由竖向千斤顶、螺旋千斤顶、定位钢盒,移动钢盒及反力钢盒。通过全站仪测出钢箱梁中心线偏差、里程偏差,利用三向调整装置调整钢箱梁 ± X 和 ± Y 方向的偏差。再次测量钢箱梁的标高及中心线的偏差,根据偏差进行下一轮次的调整,直至将钢箱梁调整至设计位置。三向调整装置见图 19。

(2)桥位连接

钢箱梁精确定位后焊上临时定位马板,将梁段静放两天,待支架变形及沉降趋于稳定并复查测量钢箱梁四角点设定位置的高程和轴线,合格后进行桥位连接。钢箱梁精确定位示意图见图 20。

钢箱梁的桥上拼装与焊接系指成品梁段安装就位后,在形成整体钢箱梁过程中完成的焊接及相关作业。主要包括梁段间的焊接、连接件的栓接、桥面附属件的现场安装焊接等。根据钢箱梁吊装计划,配备足够的施工人员和设备以满足工期进度要求。

钢箱梁顶板和底板的环焊采用高温陶瓷垫贴于焊缝底面,用 CO_2 气保焊打底,埋弧自动焊盖面;两腹板采用 CO_2 气体保护焊或手工焊直接焊接成形;焊缝无损检测合格后,将顶板、底板上纵肋处的焊缝磨平,用纵肋将两片钢箱梁的纵肋连接起来;最后焊接腹板上的纵肋、悬臂上的纵肋和护板。顶板、底板、腹板以及纵肋的横向对接焊缝均要达到 Ⅰ 级焊缝标准(图 21、图 22)。

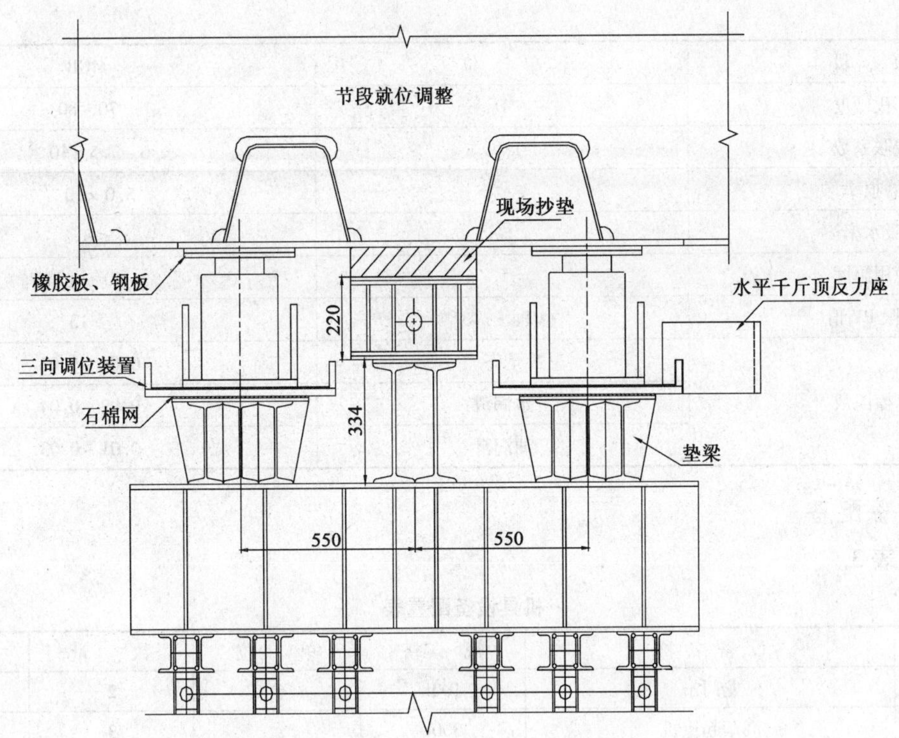

图20 钢箱梁精确定位示意图(尺寸单位:mm)

图21 马板定位

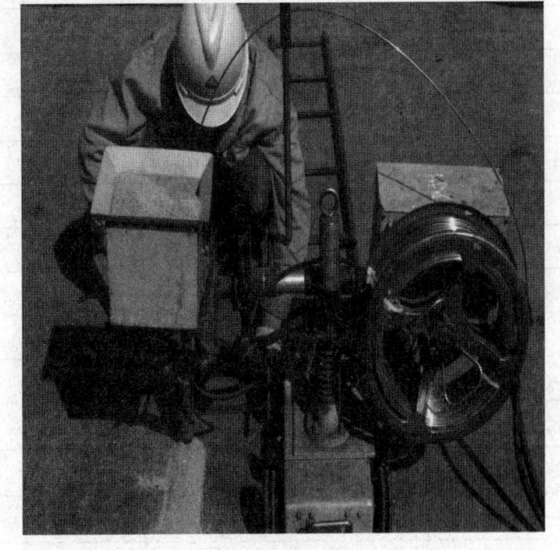

图22 桥位焊接

6 材料与设备

6.1 重要材料及其主要参数(表2)

MGB聚合物高分子材料主要技术参数 表2

项 目	单 位	MGB
密度	g/cm^3	1.14～1.3
拉伸强度	MPa	≥70
冲击强度	KJ/m^2	≥150
压缩强度	MPa	≥145

续上表

项　　目	单　　位	MGB
邵氏硬度	D	70 ~ 80
线联系数	1/℃	$6-7.5\times10^{-5}$
磨损率	mg/m	5.0×10^{-7}
吸水率	%	≤0.6
使用温度	℃	-40 ~ +110
极限 PV 值	MPa · m/s	≥13
摩擦因数	干态	0.04 ~ 0.06
	水润滑	0.02 ~ 0.04
	油润滑	0.01 ~ 0.03

6.2　设备配备

设备配见表3。

机具设备配置表

表3

序　　号	设 备 名 称	规　　格	单　　位	数　　量	备　　注
1	龙门吊	100t	台	2	
2	汽车起重机	300t	台	3	
3	汽车起重机	50t	台	2	
4	汽车起重机	25t	台	2	
5	履带吊机	50t	台	2	
6	振动锤	180	台	1	
7	液压平板车	100t	台	1	
8	液压千斤顶	150t	台	20	
9	牵引千斤顶	30t	台	10	
10	运输车辆	30t	台	2	
11	埋弧焊机		台	4	
12	CO_2 焊机		台	20	
13	交流焊机		台	10	
14	直流焊机		台	4	
15	无气喷涂机		台	2	
16	空压机		台	2	
17	焊条烘箱		台	6	
18	手动导链	10t	台	10	
19	手拉葫芦	5t	台	10	
20	全站仪		台	2	
21	精密水准仪		台	2	
22	X 射线探伤机		台	1	
23	超声波探伤机		台	1	
24	角磨机 $\phi100$、$\phi150$、$\phi180$		台	40	
25	轴流风机		台	10	
26	测厚仪		台	1	
27	发电机	400kW	台	1	

7 质量控制

7.1 质量标准

(1)《公路桥涵施工技术规范》(JTG/T F50—2011)。

(2)《公路工程质量检验评定标准》(JTG F80/1—2004)。

(3)《钢结构工程施工质量验收规范》(GB 50205—2001)。

(4)《涂装前钢材表面的锈蚀等级与除锈等级》(GB 8923.1—2011)

(5)《钢结构焊缝外形尺寸》(JBT 7949—1999)。

(6)《建筑钢结构焊接规程》(JGJ 81—2002)。

(7)《手工电弧焊焊接接头的基本形式与尺寸》(GB 985.1—2008)。

(8)《埋弧自动焊焊接接头的基本形式与尺寸》(GB 986.2—2008)。

7.2 质量控制措施

1)钢箱梁架设线形控制

钢箱梁架设的线形控制主要从以下几个方面来控制:

(1)温度影响

钢箱梁拼装过程中,环境温度的高低及日照温差变化直接影响到钢箱梁的线形及结构体系的内力分布,从而影响到箱梁的架设精度及主梁的线形测量结果。为了消除日照温差的影响,钢箱梁架设对位施工工序只能在夜间温度相对稳定的情况下进行,尤其是线形测量工作选择在温度相对稳定的凌晨(0:00 - 5:00)进行,并实测出测量时的环境温度,对比环境温度与钢箱梁设计下的温度差,对钢箱梁纵向线形进行修正。修正量根据钢材的线膨胀系数 1.2×10^{-2}mm/m · ℃来计算。

(2)架设支架沉降量的调整

钢箱梁拖拉调整就位后,静放 2 ~ 3d,待支架初始沉降稳定后复测钢箱梁的标高及横向、纵向位置,满足设计要求后才进行环焊施工,但支架的沉降过程持续时间比较长,箱梁环焊完成后支架沉降仍在进行,因此,在钢箱梁精确定位时对支架沉降进行预估。

(3)焊缝间隙的控制

钢箱梁节段在桥址精确定位时纵向位置采用的方法为:在上一钢箱梁节段边缘利用全站仪放出本梁段的相对里程线,实量出 U 肋边缘至板单元边缘的距离,考虑顶板 U 肋高强螺栓连接时连接板孔位的精确对位,利用半自动切割机对钢箱梁边缘进行坡口的配切。钢箱梁环焊的施工过程中,由于顶板是先用高强螺栓把 U 形加劲肋连接后施焊,焊接收缩受到限制,而底板是先焊环焊缝后焊接 U 形加劲肋,导致底板的焊接收缩量大于顶板,因此在钢箱梁纵向定位时控制好顶板的环焊缝间隙与底板的环焊缝间隙,依据焊接评定工艺,顶板的焊缝间隙以 6mm 为宜,底板的焊缝间隙以 8mm 为宜。

(4)装配尺寸误差

钢箱梁块段后场组拼时严格控制板单元的线形及位置,其中主要控制钢箱梁块段的中心线偏差、高程偏差、横向坡度偏差、板单元错台等方面。

(5)焊接控制

参与焊接的施工人员必须经过严格的焊接工艺培训并取得资格证书后方可上岗,焊接工作严格执行《焊接工艺规程》,焊接分步进行,遵循先内后外、先下后上、有中间梁两边对称施焊原则,边焊边修,控制好焊接变形及焊缝的平整度。

(6)测量控制

利用全站仪精确定位钢箱梁的中心线,相邻两节段钢箱梁中心线偏差控制在 10mm 以内;用水准仪精确定位钢箱梁节段的高程,相邻节段钢箱梁顶标高偏差控制在 5mm 以内,钢箱梁第一次精确定位后用焊上临时定位马板,静放 2 ~ 3d 后再次测量,对比第一次测量的结果,偏差不超过在 2mm 时满足要求,超过2mm时须再一次进行微调直至满足设计要求。

2)钢箱梁架设精度

(1)钢箱梁架设安装后允许偏差如表4所示。

钢箱梁架设允许偏差　　表4

项　　目		允许偏差(mm)
轴线偏位	钢梁中线	10
	两孔相邻梁中线相对偏差	5
梁底高程	两孔相邻梁相对高差	5
支座偏位	支座纵、横线扭转	1
	活动支座按设计气温定位偏差	3
支座底板四角相对高差		2

(2)钢箱梁架设施工时由独立的监控单位进行施工监控,梁段的架设线形和梁段开口量以施工监控单位发出的指令为准,满足各梁段的长度要求,确保成桥后每根吊杆处于竖直位置,且主梁在缆力作用下压缩后主缆锚固点位置位于设计位置。每一施工阶段都做好永久性的记录。记录包括测量记录、日期、时间和环境温度、桥面实际荷载、桥面线形、桥梁轴线以及施工过程的调整情况。测量工作在气温及梁体温度较为恒定的状态下完成,以尽量减少温度变化对测量结果的影响。

3)测量控制

(1)平面控制

平面临时加密控制:在墩身上布设临时控制点,从而更好地满足施工放样的需要。在钢箱梁架设施工中所需要的控制点,可以利用全站仪通过控制点进行传递加密。

(2)高程控制

高程临时加密控制:如果提供的水准点不能完全满足施工的需要,必须进行高程临时控制点的加密,加密按照水准测量要求进行施测。

8　安全措施

(1)建立安全保证体系,项目经理为现场安全第一责任人,负责落实项目部各项制度及措施。项目部和施工队设专职安全员,具体履行安全管理工作。

(2)认真执行定期安全教育、安全检查制度,充分发挥群众安全人员的作用,对发现事故隐患和危及到工程、人身安全的事项,要作出记录,及时处理,及时改正,责任落实到人。

(3)施工作业人员上岗前要进行安全培训考核,合格后方可操作。施工区域必须按安全规范设置相应安全设施,作业人员按规定配戴安全防护用品,施工现场配备一定数量的救生圈,救生衣等装备。

(4)进行高空作业的各工种和现场管理人员必须切实遵守高空作业的规程。从事高空作业的人员,必须定期进行体检,患有高血压、低血压、严重心脏病、贫血、癫痫等疾病的人员不宜进行高空作业。

(5)高处作业必须使用安全帽、安全带、穿软底鞋。登高前严禁喝酒,并应清除鞋底泥沙、油污。强风或大的雨雪天气,禁止高空作业。当气温在摄氏零度以下时,要做好设备的防冻,确保机械不冻坏,保证施工顺利进行。

9　环保措施

(1)在工地及营地四周设立宣传牌,简要写明以保护自然环境为主体的宣传口号和有关法律法规。

(2)在施工中,严格遵守国家环境保护部门的有关规定,采取有效措施预防和消除因施工造成的环境污染,对工程范围以外的工地及植被注意保护,并严禁乱倒污泥、垃圾等。

(3)施工及生活中产生的污水和废水,集中处理,经检验符合《污水综合排放标准》规定后,方可排放至指定的地区。

(4)施工期间的固体废物按照国家《固体废物污染防治法》和当地有关规定，与当地环保和水保部门协商妥善处理。

10　资源节约

(1)超宽加劲钢箱梁分块拖拉架设施工的牵引系统为一个反力座、一台30t的连续千斤顶、一台油泵及2根钢绞线，设备简单、施工平稳；顶推法施工不管是分联顶推、通联就位还是联在一起顶推施工，需要的顶推力与分块拖拉的拖拉力比较大了很多倍。目前顶推法施工多采用“多点顶推，分级调压，集中控制”的方法进行，跨径以30～50m最为经济，如果跨径较大，需要的顶推设备更多且不易安装，施工进度慢。因此支架分块拖拉架设施工与顶推法施工比较，节约了设备的投入。

(2)支架分块拖拉架设与满堂支架架设施工方法比较，大大的节约了钢材的用量。以沈阳四环高坎大桥为例，采用支架分块拖拉架设的施工方法，全桥架设支架用钢量约为830t、钢箱梁块段场内组拼胎架用钢量约为200t；采用满堂支架原位拼装的施工方法，用钢量约为2 980t。比较二者的用钢量，支架分块拖拉架设施工方法节约钢材1 960t，大大的节约了钢材的使用量。

(3)钢箱梁节段采用场内组拼成块段，桥址处将块段组拼成整体然后拖拉滑移至设计位置的施工方法，将大吨位钢箱梁分成几个吊装部分，既控制了块段的拼装质量也减少了大型吊装设备的投入，以沈阳四环高坎大桥钢箱梁为例，钢箱梁标准节段的重量约为210t，最重吊装块段的重量为64t，100t门式吊机完全满足吊装能力，避免了大型吊装设备的投入，为项目节约了成本。

11　效益分析

11.1　工期效益

钢箱梁支架分块拖拉架设施工工法将钢箱梁架设分为场内板单元组拼、钢箱梁块段组拼成整体、整体拖拉就位三个步骤，使劳动力的组合稳定，有较固定的作业程序，便于组织流水作业施工，加快了施工速度，提高了工作效率，实现工期可控。运用此工法进行的钢箱梁架设施工，平均2d完成一个钢箱梁节段的组拼及安装就位，在100d内完成了全桥55个节段、1.2万吨钢箱梁架设施工。若采用钢箱梁在支架上原位拼装的施工方法完成同吨位钢箱梁架设任务约需160d；若采用顶推的施工方法，完成同吨位钢箱梁架设任务约需140d。

11.2　经济效益

采用超宽加劲钢箱梁支架分块拖拉架设施工工法，牵引设备简单，牵引力较小，施工工艺成熟，施工平稳可控。运用此工法完成的主跨为两个180m、重量为1.2万吨钢箱梁架设施工成本约为248.3万元。如果运用现场满堂支架原位拼装施工方法，施工成本约为370万元。可见，支架分块拖拉架设施工工法有效的节约了成本，创造了极大的经济效益。

11.3　社会效益

超宽加劲钢箱梁支架分块拖拉架设施工，将钢箱梁复杂的加工工序安排在场内进行，简化了现场组拼焊接工作，提高了钢箱梁的精度及焊接质量。且此工法将钢箱梁组拼及滑移架设分开进行，便于组织流水施工，确保施工质量。运用此工法架设的钢箱梁线型良好，焊接质量合格，为工程进度及工程质量提供了坚实的保障，取得了监理、业主、交通部门有关领导的一致肯定及社会各界的广泛好评，具有良好的社会效益。

12　应用实例

沈阳四环快速路高坎浑河景观桥，该桥主桥桥型为主跨180m的四跨连续独塔自锚式钢箱梁悬索桥，跨径布置为48m+2×180m+48m，总长456m，两个主跨为悬吊结构。主梁采用整幅等高度钢箱梁，顶板为正交异性板结构。钢箱梁采用整体式带挑臂扁平箱形断面。箱梁全宽42.54m(外到外),标准梁高4.0m。钢箱梁横向在行车道和中央带范围内为封闭箱结构,在非机动车道范围内为底面敞开的挑臂结构。钢箱梁工地连接采用以焊接为主的栓焊组合形式,顶板、腹板及其加劲肋、底板及其加劲肋均采用焊接,顶板U肋采用高栓连接。钢箱梁纵向分成28种类型55个梁段,梁段长度在5~9.2m,最重梁段I梁段为466.7t,钢箱梁总质量为11 607.4t。

施工中采用“板单元在拼装场拼装成块段+块段在组拼支架上组拼成节段+钢箱梁节段在滑移支架上拖拉至设计位置焊接”的架设方法,该工法使钢箱梁架设分在三个不同的结构功能场施工,施工作业场地比较集中、固定,有稳定的劳动力组合,准确的作业程序时间,便于组织流水作业施工,施工速度快,人员专业化程度高,施工工艺成熟。在100d内完成了钢箱梁架设施工任务,为项目节约了成本,争取了工期的主动,取得了良好的经济效益及社会效益。

中承式系杆拱桥两跨端锚整束挤压式柔性系杆施工工法

GGG(中企)C3107—2013

田 丰 贾志强 李军锋 徐结明 熊 勇
(中铁三局集团有限公司)

1 前言

广雅大桥系杆按设计纵坡及竖向曲线跨两孔沿桥面贯通设置,系杆依靠支撑架设于主纵梁上,便于后期维修及更换。系杆采用纵向系杆分离体系,即将纵向系杆分为中跨系杆(采用环氧喷涂钢绞线成品索作为柔性系杆)与边墩三角刚架段系杆(利用钢箱作为刚性系杆),系杆两端均为张拉端,分别锚固于钢箱拱外侧,形成三部分相对独立的系杆体系。

系杆索是系杆拱桥中抵抗由于恒活载引起的水平推力的关键结构单元,采用37孔可换索式、整束挤压式系杆,单根系杆长度达382m,直径14.5cm,重约20t,每边拱肋共设置4束,共8束,每束由37根$\phi^{j}15.2$mm环氧涂层钢绞线组成,排列成六边形(图1),钢绞线外涂专用防锈油脂,单根高密度聚乙烯管防护,整束缠高强聚酯带在挤包高密度聚乙烯外护套。

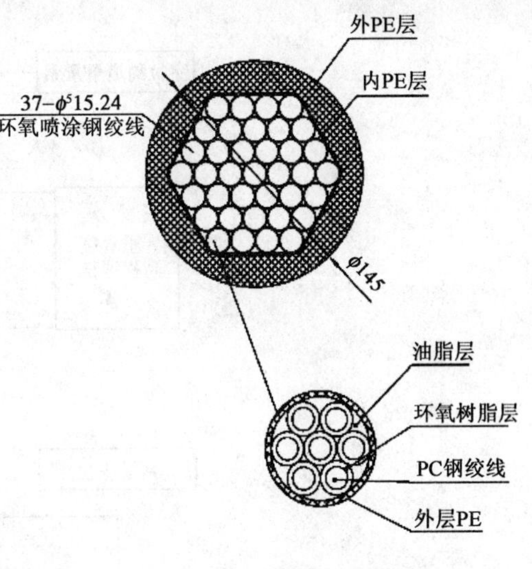

图1 系杆索结构示意图

该工法由中铁三局集团有限公司研究开发,其主要关键技术减小系杆索力瞬间损失的措施来保证索力的精准性和持久性,技术水平已达到国内领先水平,该工法已经获得了2012年度山西省省级工法,适用于公路桥梁建设领域中预应力工程结构施工,尤其是具有一定跨度的系杆拱桥施工更加具有优越性,具有良好的推广前景。

2 工法特点

(1)系杆采用了跨两孔沿桥面通长布置,两端锚固的新颖结构形式,成为拱桥施工中的先例。

(2)系杆借助于猫道进行施工减小了系杆因自重所产生的下挠。

(3)预应力瞬间损失和长久损失是预应力损失的主要原因,更加系统的控制索力瞬间损失会保持索体内预应力的持久性,提供了稳定的水平力。

(4)系杆跨两孔两端锚固有利于端头锚固作用力传递均匀、持久、对称。

(5)增强了主拱圈结构的承压能力,缓解了拱脚水平推力的作用,降低了对桥梁基础的作用力。

(6)系杆施工工艺容易控制,投入设备少,确保主拱的施工质量和安全。

3 适用范围

本工法成功运用于中承式系杆钢箱拱桥的施工,适用于公路桥梁建设领域中预应力工程结构施工,尤其是具有一定跨度的系杆拱桥施工更加具有优越性。

4 工艺原理

4.1 猫道施工

为便于系杆的施工,系杆下方铺设猫道。猫道作为架设系杆的施工便道,需要具有足够的强度、抗风稳定性、防火性能等特性,还具备拆除简便,不对系杆产生附加影响。架设的主要施工流程为:安装索道的调节装置(连接装置)→导向索的安装→架设承重索→猫道面层铺设→调整猫道标高→摆放系杆支撑架。

4.2 整束挤压式柔性系杆施工

(1)用150t浮吊将加工成捆的系杆吊装放置于放索支架上。

(2)在导链及其卷扬机的牵引下穿入系杆索体。

(3)两端对称、同步、分级张拉系杆。

(4)安装系杆支撑架,拆除猫道,对系杆进行防腐处理。

5 施工工艺流程及操作要点

5.1 施工工艺流程(图2)

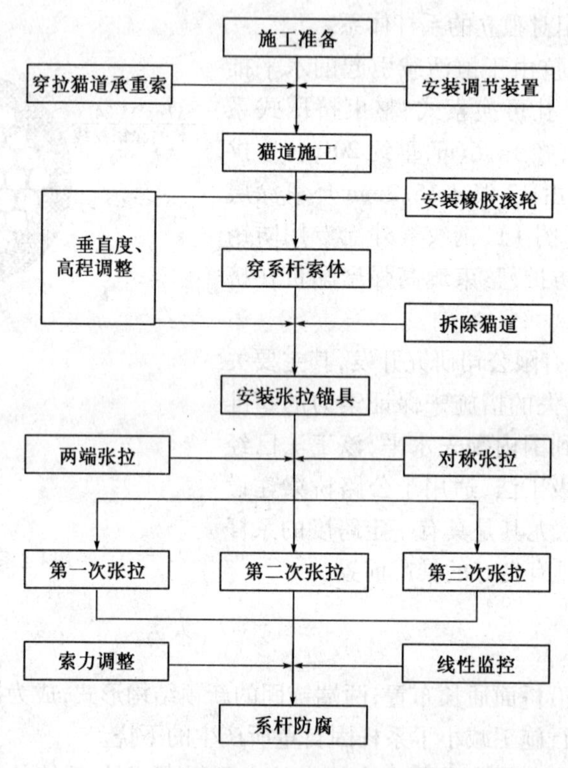

图2 施工工艺流程图

5.2 猫道施工要点

(1)在两跨桥面梁位置处焊接悬挂吊耳,并用加劲板进行补强,增强主焊缝的抗拉能力。

(2)利用浮吊安装自行研制设计的猫道调节装置,用于调整猫道的垂直度。

(3)在卷扬机的牵引作用下将4根ϕ28mm系于猫道调节装置上,由调节装置处千斤顶作用将承重钢丝绳缓慢收紧直至与系杆保持平行。

(4)在猫道上方2m处悬挂ϕ12mm钢丝绳用于寄挂安全带,并安装两侧扶手钢丝绳。

(5)按2.0m间距间隔布置横梁,并用U形螺栓将横梁与承重索加以固定。

(6)用 $\phi5.0$(孔 50mm×50mm)的大方眼焊接钢丝网作为猫道面底层,用 $\phi1.0$(16mm×16mm)的小方眼钢丝网作为猫道面层,在底层和面层两层钢丝网上每隔 0.5m 绑扎固定规格为 100mm×100mm 的防滑木,用钢带条栓连于横槽钢梁上,以利于施工人员行走。

(7)猫道两侧每 2m 设一根栏杆扶手立柱,两侧的栏杆用高 1.2m 的大方眼钢丝网防护,每侧的扶手采用 2 根 $\phi12.5$mm 的钢丝绳。

(8)在猫道面层上每隔 9m 安装一对系杆支撑架,便于索体的前进,同时也为了减小系杆因自身重量而产生的下挠。

(9)用 $\phi20$mm 钢丝绳每间隔 18m 将猫道承重钢丝绳与钢箱拱连接成整体,并将猫道临时与临时支墩承台连接起来,用导链调节钢丝绳来保证猫道的垂直度及其稳定性。

5.3 柔性系杆施工重点

(1)在拱肋梁上选择合理位置对应穿索导向轮处布置一台 5t 卷扬机,放索处设置卷扬机既用于牵引拉索卷扬机钢丝绳又作为索体尾端的安全保护。

(2)利用起重设备吊装放索架放在距进索口后方 10m 处,设置刹车装置,防止索盘放索时过快。

(3)检查穿索孔道,清理孔道内混凝土块、铁屑、垃圾,保证索道通畅,减小系杆穿索过程中的摩擦力。

(4)将锚管口进行打磨,并在锚固口搭设脚手架便于调节锚头自然进入锚管内。

(5)系杆锚头进入锚固管前,在其表面均匀地涂抹 80℃温度下不流淌的防腐油脂,每根用量 2.8kg。

(6)系杆在卷扬机和导链的作用下逐步穿越两孔进行锚固,安装张拉机具及其应力传感器。

5.4 系杆张拉方法

(1)系杆采用两段同步、对称、分级张拉的施工方法。

(2)待 8 根系杆全部安装完成后,系杆按照三次分级张拉和两端同时对称张拉的原则进行张拉,确保系杆张力均匀性,张拉过程中以张拉力控制为主,伸长量为辅,伸长量误差控制在 2%。

(3)在边跨和主拱合龙后进行系杆第一次张拉,张拉力为 750kN,剩余张拉长度为 0.284m;在梁体和吊索安装完成后进行第二次张拉,张拉力为 2 000kN,剩余伸长量为 0.065m;在二期恒载完成后进行第三次张拉,单根索体两端最终张拉力均为 2 450kN。

5.5 猫道拆除及其防腐

(1)在主跨桥面梁安装之前拆除猫道。

(2)系杆索力调整完成后,在钢箱拱锚管口安装减振体、热缩套、防水罩、保护罩。

(3)在系杆锚固端锚箱内注入水泥砂浆,并在锚点区域上方采用有机玻璃进行封盖。

(4)系杆施工完成后对所有外露结构进行防腐处理,在系杆表面包裹钢保护罩避免索体后期被损坏。

5.6 减小系杆索力瞬间损失措施

(1)悬挂钢丝绳于拱顶,通过钢丝绳的松紧作用来提高猫道垂直度,减小系杆自身重力所产生的下挠。

(2)在锚头涂抹防腐油脂来减小系杆张拉过程中与锚管内壁的摩擦力作用。

(3)在锚垫板内侧分别焊接 4 块 30mm 厚加劲板,用于防止锚固端锚垫板在张拉力作用下发生变形。

(4)砂箱内注入 C25 高强砂浆,密实度达到 96%,防止箱体发生变形。

(5)根据预应力损失的大小来计算超张拉和补强张拉所需要的张拉力,超张拉力为 150t,补强张拉力为 100t。

5.7 劳动力组织

劳动力组织见表 1。

人员配置表 表1

序号	岗位	人数	序号	岗位	人数
1	副经理	2	8	安全总监	1
2	船舶操作	6	9	质检员	2
3	监测人员	2	10	电工	2
4	焊工	8	11	技术员	4
5	油漆工	2	12	安全员	2
6	技术工人	12	13	施工员	3
7	普工	15	14	测量人员	5

6 材料与设备

本工法无特殊材料,设备配置表见表2。

主要机械设备表 表2

序号	设备名称	规格	数量	单位	备注
1	浮吊	60t/50t	1	艘	
2	浮吊	150t	1	艘	
3	运输船	500t	1	艘	
4	交通船		1	艘	
5	货车		2	辆	
6	千斤顶	YCW400-200B	8	个	
7	油泵		8	台	
8	交流电焊机	BX-400	2	台	
9	气割		2	套	氧气、乙炔
10	卷扬机	5t	2	台	
11	导链	10t		个	若干
12	千斤顶	150t	4	个	
13	台式切割机	380V	1	台	
14	砂浆注浆泵		1	台	

7 质量控制

建立了完善的质量保证体系和管理机构,配备了高素质的项目管理和质量管理人员,强化“项目管理,以人为本”的指导原则,对系杆施工进行统一管理,并随时受到业主,监理的监督管理,确保施工工程质量。

7.1 质量控制原则与目标

(1)质量控制原则:坚持质量第一,以人为核心,预防为主,坚持质量标准为依据,全面控制。

(2)质量目标:满足设计及桥涵施工规范要求,施工质量达到优良工程等级。

7.2 质量控制步骤

1)施工准备阶段控制

(1)组织技术人员对施工图纸、技术文件进行会审,结合施工实际情况编写详细的施工方案。

(2)组织全体施工人员进行质量教育和培训,并进行质量教育和技术、安全措施考试测试。

2)施工阶段质量控制

(1)组织技术员、班组长、技术工人进行施工图纸交底、施工方案交底、每道施工工序技术措施交底,施工工艺、安全措施、验收规范、质量标准交底。

(2)加强系杆材料、产品的存放和保护,加强对施工材料的检查验收与施工材料的抽样检测。

(3)合理使用机械设备,加强机械设备的维修保养,对张拉和计量设备进行校核。

(4)每道工序设置质量控制工艺、质量控制措施、质量控制点和控制标准,进行班前交底,班后检查。

(5)设置专职质检人员把好质量关,施工期间,质检员不得随意远离施工现场,应及时对各道工序的施工质量按设计要求和规范进行认真、严格检查。

(6)每一道工序结束后,必须经质检员和监理工程师认可后方可进行下一道工序的施工。

7.3 质量保证措施

(1)对于主要材料必须具备材质证明书,出厂合格证以及进场前的性能检测报告。

(2)对于钢绞线还应按规范分批抽样试验和测出极限强度 6_b 值。试验合格后方可允许使用。

(3)对于运至工地的材料、产品与设备应妥善保管,做好材料与产品的防腐、防锈及分类存放等工作。

(4)千斤顶及其配套的油压表要一一对应,且校验期不得超过规定。

8 安全措施

(1)所有进入施工区域的人员必须佩戴安全帽,船上作业人员穿好救生衣,施工现场无关人员不得进入吊装区域。

(2)切割机、角磨机使用前检查电气线路,安全罩是否完好,按使用说明书安全使用,注意磨片角度,使用时要把持稳,不准对着自己和他人,要戴防护镜。

(3)作业人员在作业前,必须对作业工、器具进行检查,禁止使用具有安全隐患的设备。

(4)张拉时千斤顶正后方严禁站人,操作时手脚不能放在物体运行端面,防止压伤手脚。

(5)对起重用具如手拉葫芦、滑车、钢丝绳、吊环、卸扣事前检查,使用要合理。绑扎物体要牢靠、合理,起吊要平稳,要慢起慢落。起重物下方严禁站人,指挥信号要明确。

(6)结构件连接、安装就位等高空作业时,应搭设稳固的临时工作平台。

(7)索盘放索时要用手拉葫芦拉住索头后再放索,防止索头反弹伤人。

(8)索体的保护,在施工时要防止刮伤,有毛刺、尖硬处进行打磨,钢筋等处用麻布或橡胶进行铺垫,靠近动火作业处用防火布或铁皮进行隔离。

(9)雨天施工锚具、索体、机械设备、电器设备用防雨布做好防雨措施,大风、大雨天气暂停施工。

(10)凡患有高血压、心脏病、贫血、癫痫等疾病的人员不得从事高空作业及登高架设作业。所有作业人员必须按规定正确佩戴安全防护用品。

(11)采取有效防暑降温措施,杜绝因中暑而导致的其它安全事故,高处作业人员若出现头晕、恶心现象,应立即撤出工作区休息治疗。

9 环保措施

(1)绝对禁止施工人员直接向江中抛弃垃圾,排放废水、废油和冲洗物,施工过程中所产生的废渣均外运至指定位置,严禁往柳江内排放。

(2)燃料、油和颜料应保存在合适的安全容器中,并放在指定地点,防止向外泄漏进入河中。

(3)生活水拟采取相应措施处理,有毒废水要用专用容器收集,并根据所含毒物的性质进行相应处理。

(4)及时处理、分离施工废物料,并堆放在指定的自埋场和安全的临时储存处,以防雨水造成对水质的污染。

(5)在施工现场严格遵照《中华人民共和国建筑施工场界噪声限制》来控制噪声,选用低噪声设备,采取消音措施降低施工过程中的施工噪声。

10 资源节约

现场利用废旧的型钢自行设计成了猫道调节装置,便于后期控制猫道的垂直度;系杆自身所用的环氧喷涂钢绞线既防止了钢绞线锈蚀和污染,同时也减小了后期钢绞线的更换次数;施工过程中所采用的减小系杆索力的工艺节约了能源,减小了施工成本的投入,该工法在资源节约上效果显著。

11 效益分析

11.1 经济效益

系杆采用了操作性较为简易的施工方法,同时由于施工管理力度的加强,对现场施工材料的严格把关,对施工安全的严密督查,提高了施工生产效率,节约了施工成本,减小了施工机械及其人员的再次投入,严格控制着安全、质量,节省了施工工期,产生直接经济效益5万元,为单位取得了良好的经济效益。

11.2 社会效益

该工法的成功运用,对于广雅大桥后续工序的施工取得了关键性的作用。对该工法主要技术要点的控制保证了施工质量及其施工进度,为广雅大桥节点工期的推进奠定了夯实的基础,并对该施工方法总结出一套具有针对性的技术指导书,并总结出了施工经验,用于指导往后类似条件下的施工。

该工法成功实施广泛吸引了桥梁建设、社会各界的高度关注,起到了督查促进的作用,该桥建设服务性能的透明化管理,深深地让柳州人民明白政府“取之于民,用之于民”的战略性指导方针,赢得了一致好评,更为中铁西南投资有限公司、中铁三局工程质量建设创建了良好品牌效益,为后期类似施工积累了丰富的经验。

11.3 环保、节能效益

本次施工灵活地利用小型设备,减小了大型机械的投入,提高了使用效率,降低了施工成本,节约了能源。与此同时对生活和施工过程中污染物的严格控制减小了对柳州市环境污染的影响,通过机械使用消声装置、减小手工焊接量等措施来降低了对水资源、大气环境、光源等的污染,保证了施工在环保节能方面的优越性。

12 应用实例

广西柳州市广雅大桥工程由中铁三局集团有限公司承建,是中铁西南投资有限公司在柳州市场投资桥梁建设的重点“BT”项目。主桥系杆跨两孔沿桥面通长布置,两端锚固,主要是采用通过架设猫道来安装、张拉系杆的施工方法。

系杆总共为8根,单根长度达到382m,自从2011年11月开始安装猫道直至2012年2月完成系杆施工以来,努力克服了现场诸多不利施工环境的影响,顺利按照节点工期完成了施工。经监理单位和监测单位对系杆整个施工过程的监督和对系杆索力的精确测试,证明了系杆施工达到了施工规范及其设计的要求,保证了系杆施工的完整性。

V 形峡谷大吨位悬索吊装施工工法

GGG(中企)C3108—2013

师建军 李玉碧 石 敏 任 熠 周燕萍

(中铁七局集团第五工程有限公司)

1 前言

两河口水电站交通工程雅砻江1号临时桥位于四川省甘孜州雅江县境内,在雅江县城上游约25km,跨越雅砻江。施工地处V形峡谷,仅左岸存在拱箱预制场地,且场地狭窄;施工桥梁为单跨110m上承式钢筋混凝土箱形拱桥,设计荷载汽车—80级。为增加箱梁刚度,箱体高度达2.3m,单片最重达73.1t。在施工中,因场地狭小无法设置大半径轨道,经过技术经济比较,选择了左岸不设塔架,采用双索吊装,保证了梁体运输中的转体以及吊装中的安全就位,施工监控与观测结果表明,满足设计及规范要求。在施工中完善了《采用V形峡谷大吨位悬索吊装施工技术》技术课题,该课题于2012年7月11日通过中国中铁股份有限公司的技术评审,成果整体达到行业领先水平。通过对关键技术和对施工工艺的总结形成了本工法。

2 工法特点

(1)能适应大自重拱箱、大高度箱体的吊装施工。

(2)采用双组索道吊装方法,有利于梁体运输中的转体以及吊装中的安全就位。

(3)拱箱预制和吊装可交替进行,效率高,进度快,有利于保证施工工期。

(4)节约施工场地,有效减少峡谷地带场地开挖,减少工作量,并有利于环保。

3 适用范围

适用于V形峡谷、跨江、跨铁路、跨公路等施工。

4 工艺原理

4.1 拱箱短距离转体、吊装原理

由于拱箱在左岸引道路基上预制,拱箱台座基本与桥轴线方向垂直,拱箱要进入天线吊装,必须旋转90°。

1)拱箱旋转的原理

在后运输平车上设置可自由旋转的转盘,平车构造如图1所示。

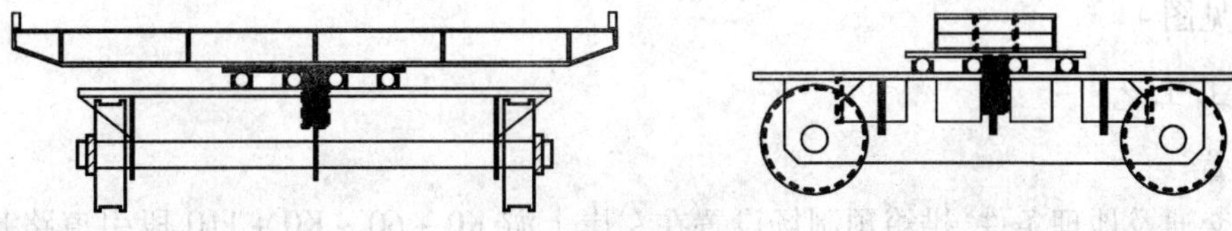

图1 平车构造图

2)拱箱旋转的步骤(图2)。

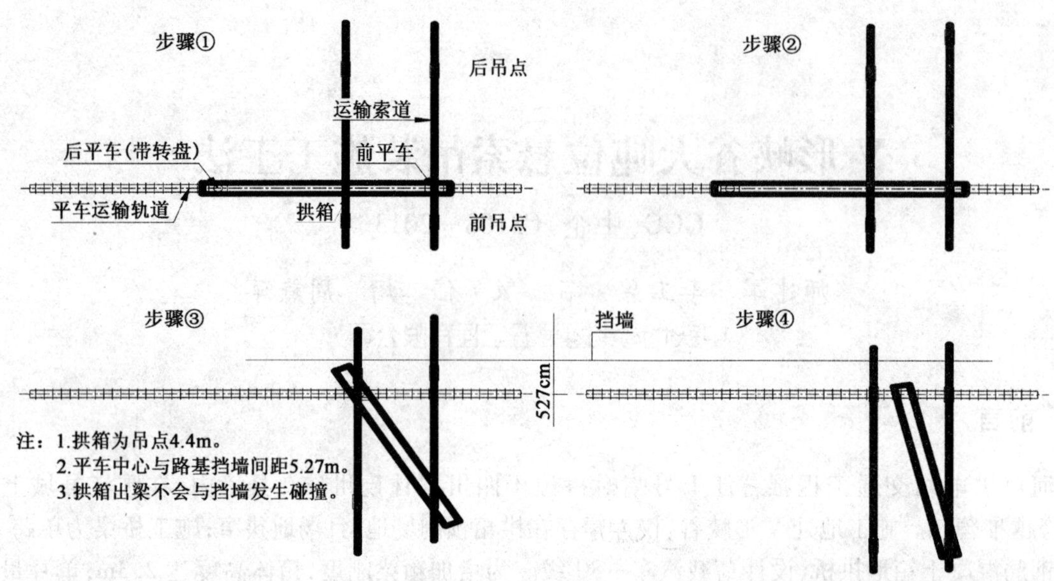

图2 拱箱旋转的步骤示意图

(1)先将预制好的右②移上上游，再安装右①拱箱；这样拱箱出梁就不会与后面的拱箱发生碰撞。

(2)将要安装的右①拱箱通过支点小平车横移至前后轨道平车上，然后通过轨道平车运输，至前平车行走至下游运输天线下放停下。

(3)利用缆索运输系统的下游天线前吊点(缆索运输系统设前后双吊点)提升拱箱前端，使前平车不受力，然后退出前平车。

(4)通过缆索运输系统的前下游天线吊点提升拱箱前端慢慢沿运输天线前行，同时后平车沿轨道慢慢前进，速度保持一致，使拱箱在平面内以后平车转盘为旋转中心慢慢旋转。

(5)当后平车行走到上游运输天线下方，拱箱则完成90°旋转；然后利用缆索运输系统的后吊点提升拱箱后端，使后平车不受力，然后退出后平车，至此拱箱全部重量转移至运输天线上。

4.2 悬索吊装的原理

根据雅砻江1号临时交通桥的实际地形特点，确定吊装索跨为217m+21.8m。左岸考虑到预制场及拱箱出台因素，不设塔架，故设计布置考虑双组缆索。在K0+217处，轴线上下游各5m处设置2根容许抗拉力约1 000t的钢筋混凝土锚洞来进行主索的锚固。左岸一扣扣索过5号墩顶座滑轮锚固于6号桥台根部，二扣扣索直接锚固在左岸锚洞锚梁上。右岸塔架设于0号桥台上，索塔中心桩号为K0-0.2m；在右岸塔后21.8m处的桥轴线上下游5m设置2根容许抗拉力约1 000t的钢筋混凝土锚洞来进行主索、扣索、工作索及塔架后风缆的锚固；右岸后拉索水平夹角约为20°。缆索系统总体布置示意见图3。

5 施工工艺流程及操作要点

5.1 施工流程

施工流程见图4。

5.2 施工工艺

1)场地布置

根据现场交通及地理条件，拱箱预制场设置在左岸上游K0+60～K0+110段引道路基(设计宽度13m)上。

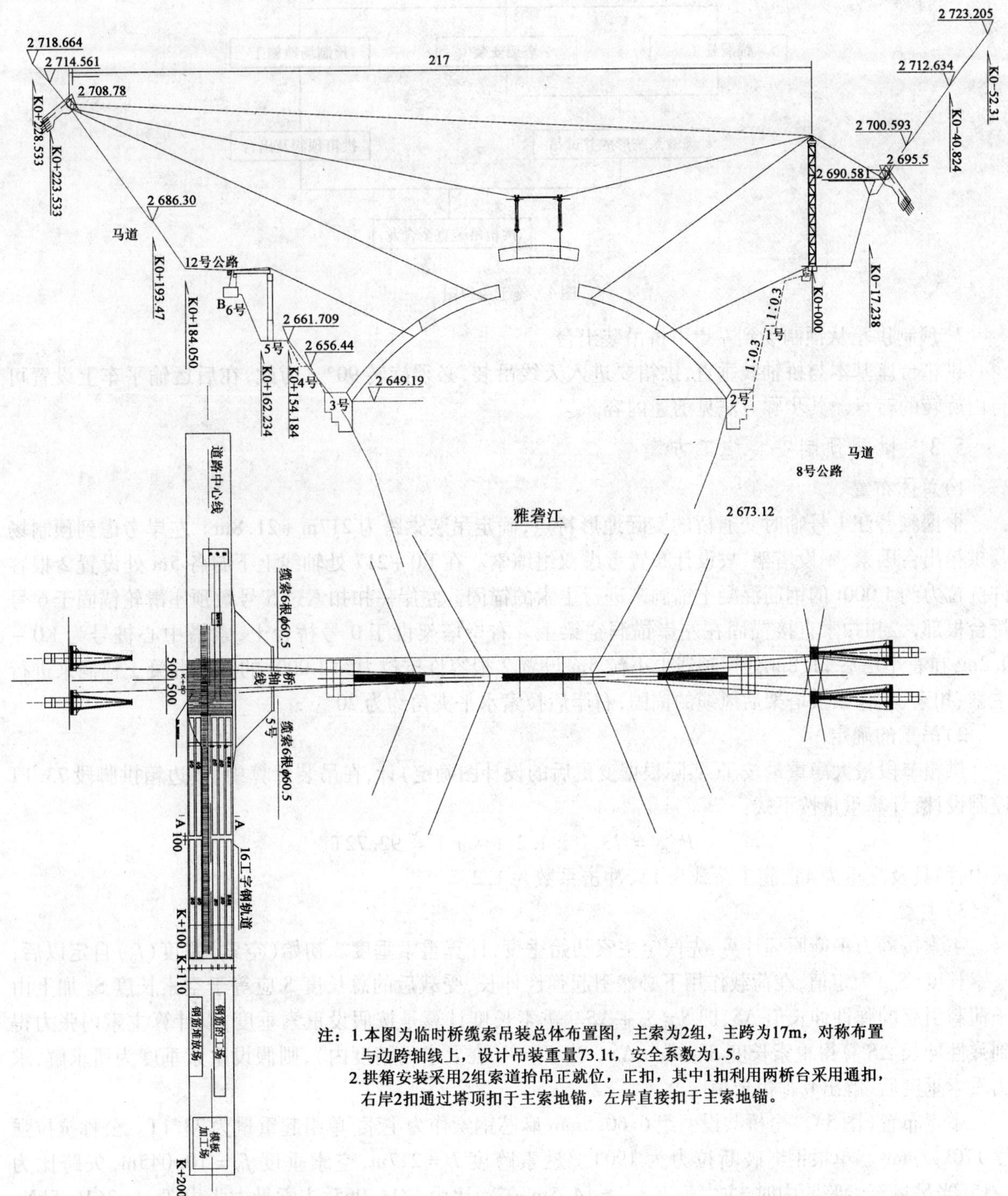

图3　总体布置图(尺寸单位:m,高程单位:m)

预制场内设10个胎座(5段吊装,每段2个胎座),流水作业,15d可进行1个预制周期(每个周期预制5片拱箱),全桥35片拱箱3.5个月可完成。场内设置3t龙门吊机1台,便于拱箱腹板、横隔板安装,混凝土浇筑。

胎座上还可存放10片拱箱,满足拱箱2肋吊装的需要,拱箱安装期间就可进行拱箱预制,因而,预制场面积满足施工工艺需要。

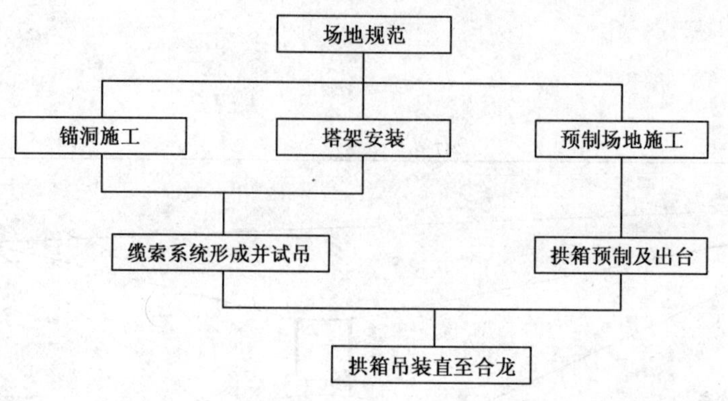

图4　施工流程图

2)预制拱箱从预制场到左岸引桥吊装出台

拱箱台座基本与桥轴线垂直,拱箱要进入天线吊装,必须旋转90°。为此,在后运输平车上设置可自由旋转的转盘。其步骤方法见前述内容。

5.3　拱圈预制安装施工方案

1)总体布置

根据雅砻江1号临时交通桥的实际地形特点,确定吊装索跨为217m+21.8m。左岸考虑到预制场及拱箱出台因素,不设塔架,故设计布置考虑双组缆索。在K0+217处轴线上下游各5m处设置2根容许抗拉力约1 000t的钢筋混凝土锚洞来进行主索的锚固。左岸一扣扣索过5号墩顶座滑轮锚固于6号桥台根部,二扣扣索直接锚固在左岸锚洞锚梁上。右岸塔架设于0号桥台上,索塔中心桩号为K0-0.2m;在右岸塔后21.8m处桥轴线上下游5m设置2根容许抗拉力约1 000t的钢筋混凝土锚洞来进行主索、扣索、工作索及塔架后风缆的锚固;右岸后拉索水平夹角约为20°。

2)吊重的确定

拱箱节段最大净重量按T(实际根据变更后的设计图确定)计,在吊装计算中,按边箱拱脚段73.1T控制设计,计算重量按下式:

$$P_{max} = 73.1 \times 1.2 + 4 + 1 = 92.72\text{T}$$

式中:吊具及配重为4T,施工荷载为1T,冲击系数为1.2。

3)主索

主索按静力平衡原理计算,先假定主索初始垂度,计算重索垂度。初始(空索)垂度(f_0)自定以后,空索长度(S_0)为定值,在荷载作用下必然引起弹性伸长,受载后的总长度S应等于空索长度S_0加上由于荷载引起的弹性伸长值ΔS,即$S=S_0+\Delta S$。重索长度计算是按假设重索垂度,以计算主索内张力得到弹性伸长ΔS算得重索长度$S'=S_0+\Delta S$。当$S\approx S'$(在要求的精度内),则假设重索垂度为所求解,求出重索垂度后,解出其他需要值。

主索布置(图5)。全桥共设两组6ϕ60.5mm麻芯钢索作为主索,单组起重量为73.1T。公称抗拉强度170kg/mm^2。单根钢绳破断拉力为190T。悬索跨度$L=217$m,空索垂度$f_0=10.045$m,矢跨比为1/15,当吊运至索跨跨中时,主索垂度$f_{max}=14.5$m,矢跨比为1/14.965,主索最大张力$T_{max}=3616.5$kN,拉力安全系数$K=3.105>[3]$。主索用量6×300m=1800m。为使悬索受力均匀,主索安装垂度绝对和相对误差皆应≥5cm;可采用通过120t以上大吨位滑轮串联,使张力自动调整均匀。

4)工作索

考虑到吊运扣索、检修滑车及运送小型机具的需要,在塔顶布置了1根ϕ47.5mm工作索,公称抗拉强度为170kg/mm^2,破断拉力为117.5T,工作索安装垂度$f_0=9.0$m,并按张力安全系数不小于3控制最大吊重量。工作索用量300m。

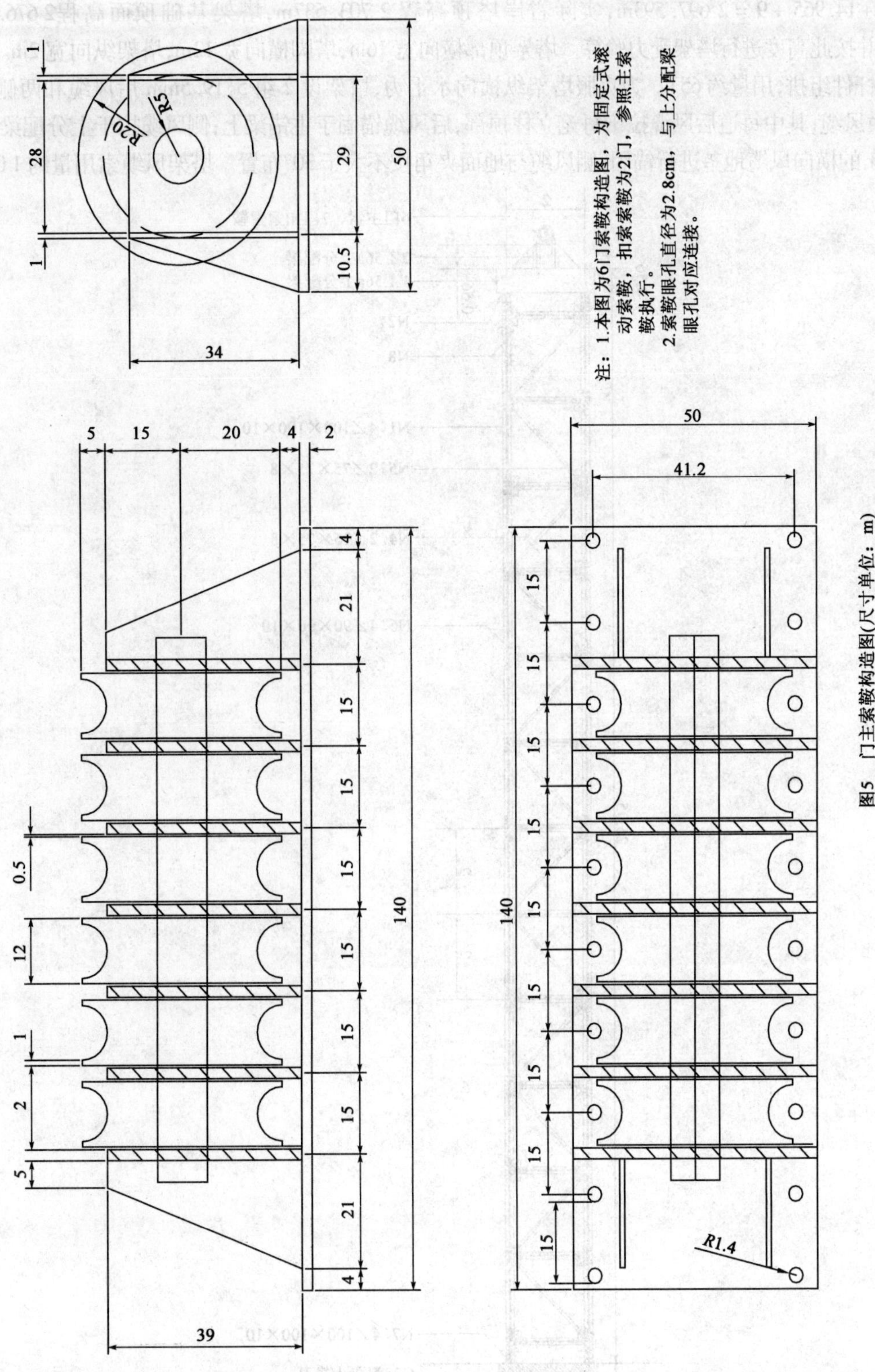

注：1.本图为6门索鞍构造图，为固定式滚动索鞍，扣索索鞍为2门，参照主索鞍执行。
2.索鞍眼孔直径为2.8cm，与上分配梁眼孔对应连接。

图5 门主索鞍构造图(尺寸单位：m)

5)右岸索塔及塔顶分配梁

塔架采用常备构件组拼成门式钢桁架结构(图6)。塔顶设工字钢56上、下分配梁来支承主、扣索及工作索座滑轮,并将悬索系统传递荷载分配到塔顶各节点上。塔顶高程 = 拱顶高程 + f_{max} + 工作高度 = 2 673.628 + 14.965 + 9 = 2 697.593m,实际右岸塔顶高程 2 703.537m,塔架基础顶面高程2 676.33m,塔高27.207m,并按此高度进行塔架受力验算。塔架顶部横向宽16m,塔脚横向宽12m,塔架纵向宽2m。索塔采用M形万能杆件组拼,用量约65T。为克服塔架纵横向水平力,塔架设2组5∮19.5mm后风缆和两侧各一组5∮19.5mm横风缆;其中每道后风缆拉于每笼立柱顶部,后风缆锚固于主锚梁上;侧风缆拉于上分配梁端头位置,并设置30t的横向风缆地垄进行锚固,侧风缆与地面夹角按不大于30°布置。塔架风缆索用量约1 000m。

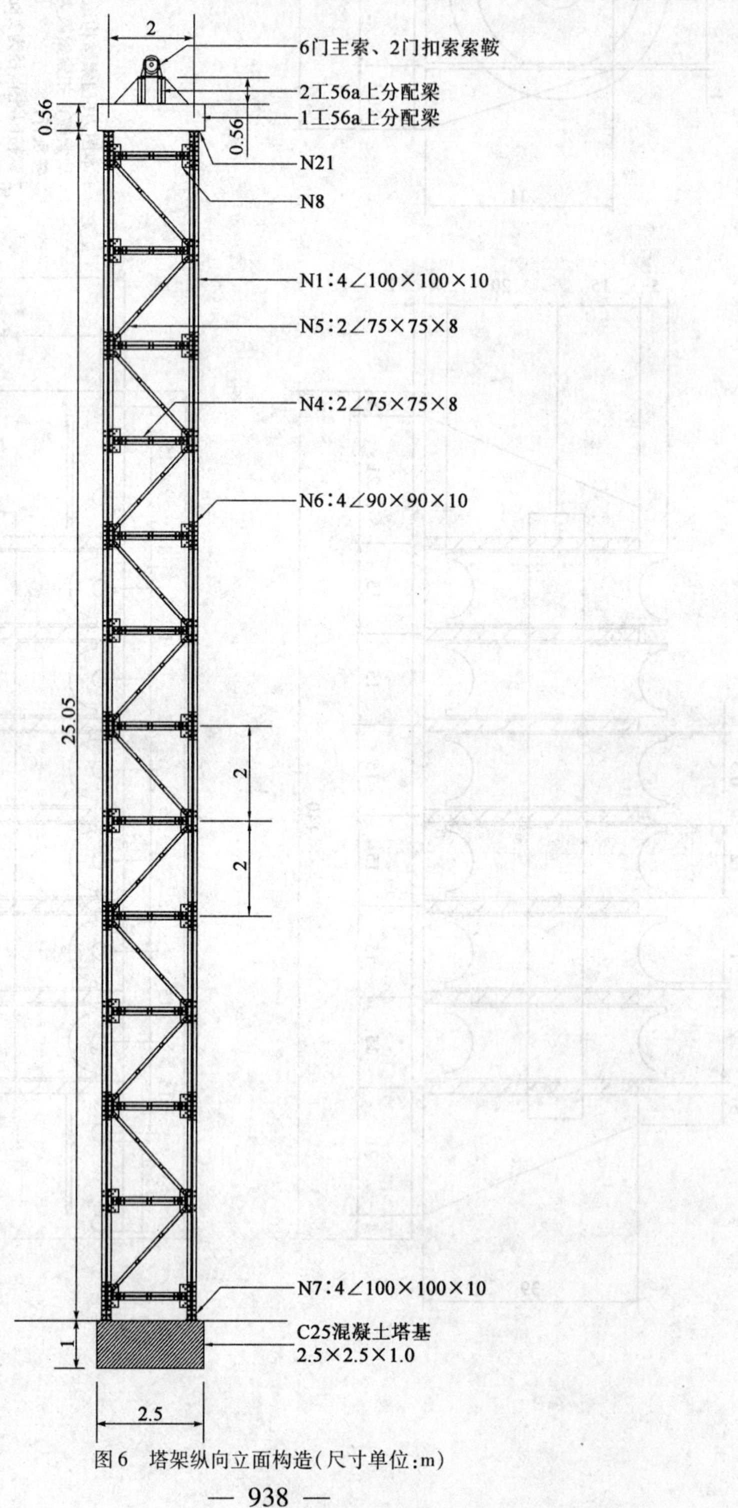

图6 塔架纵向立面构造(尺寸单位:m)

塔架受力按 MIDAS/Civil 2006 进行详细验算，计算结果表明：①各断面类型杆件各方向最大位移量均较接近，没有突变点发生，表明塔架构造合理；②最大水平位移量（$D_X = 18$cm），是由于揽风索及主索水平力差引起，小于 $H/400 = 60$mm（刚接塔架规范容许塔顶位移），说明揽风索初始张力合理。保证所有的杆件及连接皆在规范容许受力范围之内；③各杆件应力计算标明满足使用要求。

6）锚碇

（1）两岸主锚碇采用锚洞锚碇，锚洞后部嵌入基岩 >2m。

（2）根据现有地形和预制场布置的需要，左岸主锚碇设计为锚洞结构，通过锚洞埋设的锚梁。左岸锚碇用于主索锚固，其中重载锚梁 $H_z = 4\,737$kN（→），$V_z = 1\,318$kN（↓），空载锚梁 $H_k = 834$kN（→），$V_k = 130$kN。地质情况为碎石土，最小嵌入深度 7.3m，地锚轴线与水平夹角 30°，地锚宽度 2m，锚梁长度 5m，后部嵌岩深度 >2m。

右岸用于主索及二扣扣索的锚固。其构造与左岸相同（图 7）。

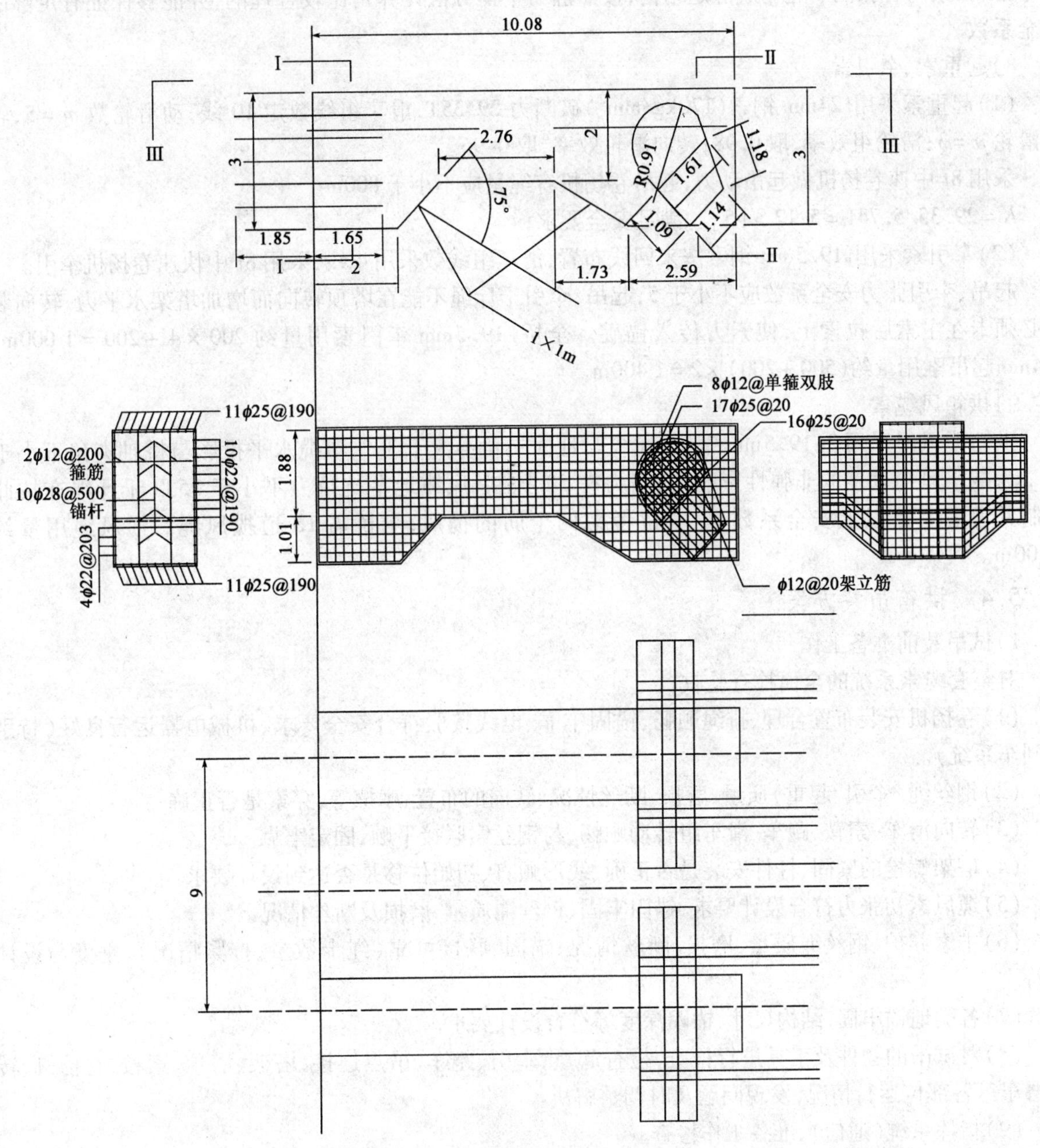

图 7　地锚构造及配筋图（尺寸单位：m）

7)扣索

两岸二扣扣索采用2∮52mm麻芯钢索,公称抗拉强度170kg/mm²,单根破断拉力139.5t。一扣扣索采用2∮43.5mm麻芯钢索,公称抗拉强度170kg/mm²,单根破断拉力97.0T。左岸二扣拉力安全系数3.24>3;一扣拉力安全系数6.16>3;右岸二扣拉力安全系数3.81>3;一扣拉力安全系数4.8>3。

右岸一、二段扣索皆通过塔顶座滑轮锚固于主锚碇上;左岸第一段扣索通过设置于5号墩顶的座滑轮进入6号桥台根部锚固,第二段扣索进入左岸锚洞的锚梁。扣点采用钢索捆绑连接,两岸一扣和右岸二扣通过H板及转向轮与扣索连接,左岸为起吊岸,不设二扣塔架便于后续拱肋从其上吊运通过。考虑单肋合拢解扣,全桥共计4道(8根)扣索,扣索长短采用滑车卷扬机调整。全桥扣索用量:∮43.5mm钢索约350m,∮52mm钢索约550m。

扣索按静力平衡方法计算。因在拱肋合拢及轴线标高调整完成之前,各分段接头是通过接头连接螺栓进行临时连接;在拱肋合拢及轴线标高调整完成之后,才进行接头的焊接;因而各分段点按接头铰接考虑,扣索与各扣段一起构成静定结构,按照静力平衡方法计算是比较合理的,并能够保证有足够的安全系数。

8)起重索、牵引索

(1)起重索采用∮24mm钢索(170kg/mm²)破断力29.35T,滑车组线数走10线;动滑轮数$m=5$,转向滑轮$\mu=3$;滑轮组效率,取0.98;转向滑轮效率,取0.96。

采用8t中速卷扬机做起吊动力,起吊卷扬机容绳量应不小于800m。

$K=29.35/5.741=5.12>[5]$ 满足安全要求;

(2)牵引索采用∮19.5mm钢索按来回线布置,滑车组线数采用4线,采用8t中快速卷扬机牵引。

起吊、牵引张力安全系数应不小于5,起吊、牵引千斤绳不能在塔顶转向而增加塔架水平力,转向装置必须卡在主索后拉索上,使索力传入锚碇。全桥∮19.5mm牵引索用量约200×4+200=1 000m,∮24mm起吊索用量约(500+200)×2=1 400m。

9)拱箱风缆索

拱箱揽风绳采用2∮19.5mm钢索,风缆与地面夹角不大于30°,风缆水平投影与桥轴夹角不小于50°,为减小风缆垂度的非弹性影响,初张力按5T控制,风缆地垄抗拉力不小于15T(千斤绳亦按此控制并考虑8倍以上安全系数)。全桥考虑两个肋的揽风,全桥需16道揽风绳。揽风绳用量约1 800m。

5.4 拱箱吊装方案

1)试吊装前准备工作

对整套缆索系统的全面检查验收。

(1)卷扬机安装布置合理、排绳顺畅、锚固牢靠、电线接驳符合安全要求、机械电器运行良好(特别是刹车系统)。

(2)钢丝绳(牵引、起重)质量、磨损、断丝情况、转向的布置、摩擦等,穿索是否正确。

(3)转向滑车、索鞍、跑车、滑车组转动顺畅,与钢丝索联接平顺、固定牢靠。

(4)塔架螺栓的紧固、杆件安装是否正确、线形顺直、初始位移是否达到设计要求。

(5)缆风索初张力符合设计要求、锚固牢固、钢丝绳质量、磨损及断丝情况。

(6)主索养护、钢丝绳质量、磨损、断丝情况、锚固、联接可靠(绳卡数量、拧紧情况)、垂度与设计相符。

(7)各类地锚牢固,结构尺寸、锚固深度等符合设计要求。

(8)对试吊的物件及工具进行检查,检查起重、牵引、跑车、吊点连接、塔架、塔顶、索鞍、卷扬机、转向滑车等各部位运行情况,发现问题及时调整解决。

(9)指挥系统(通信)、准备工作检查。

(10)缆索系统空载运行试验。

2)试吊方案

试吊时采用预制桥面板作试吊物,为检校缆索系统承载力及协调运作能力,正式吊装前进行试吊。

参照有关规范规定并结合本桥实际,以最大设计吊重 G 为100%试吊重量,按60% G→100% G→120% G 确定。

吊重物分别选用:桥面10.5m空心板边板 n 块+钢材(0.6G)→最大重量拱箱段(G)→最大重量拱箱段+0.2G 钢材(=1.2G)。

检查项目和方法:

(1)主索吊重最大垂度:试吊最大重量节段,跑车运行至跨中,使用全站仪进行悬高测量,参照高程为两岸塔架顶连线高程。

(2)塔架顶位移情况:一是塔架在风缆初张力作用下最大位移情况;二是每次加载后塔架位移情况。两种检查方法:一是从塔架顶两侧边沿横向中轴线放下吊陀,丈量吊陀中心与塔架中心纵、横方向轴线距离,计算出塔架两侧的纵、横方向位移量;二是在塔顶两侧沿桥纵轴方向及上分配梁上沿桥横轴线方向捆绑标尺,用设置于塔架纵横轴线上的经纬仪直接测读塔架位移情况。及时将数据汇报指挥小组并制订出调整措施。

(3)塔架基础沉降量:基础施工完成后测量基础顶面高程,塔架及缆索安装完成后测量一次,再与试吊过程中测量基础高程进行比较,计算出沉降量。

(4)右岸主锚位移量及左岸锚洞变形观测:使用千分表测量,试吊前在地锚的锚桩后侧安装并固定好千分表,千分表顶杆接触地锚后,记录初读数,试吊过程中观测并记录吊运过程中千分表读数。及时向指挥小组反馈变化量。

(5)目测、敲击、辨别异常声音等手段检查塔顶结构、塔架杆件、紧固件的局部变形情况。

(6)目测和计时试运行等手段检查塔架顶座滑轮、横移系统、牵引索、起重索、滑车轮的动作情况,跑车、卷扬机组的行走和运转速度。

(7)通过电表读数和各电路的电压数据检查检查缆索吊装系统设备满负荷运行时,供电系统和用电设备线路能否满足施工要求。

(8)检查通讯设备是否足够,并保持对话清晰。

试吊过程中发现异常,及时停止并分析原因,处理后方能继续进行。

如实填写试吊过程中的各项观测数据,针对性整改可能的不安全因素,确保正式吊装过程中缆索系统的安全。

试吊及首梁吊装工艺流程如图8所示。

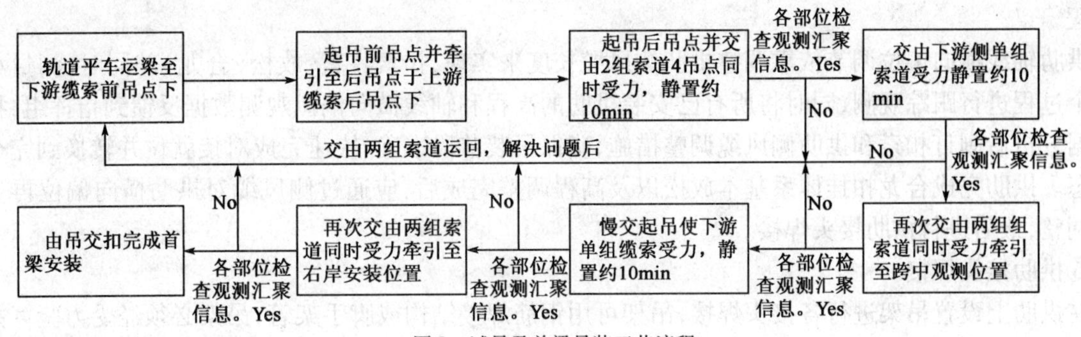

图8　试吊及首梁吊装工艺流程

3)拱肋安装方法

每肋分5段吊装,全桥拱肋共35个吊装节段。

拱箱经检验节段几何参数和质量后,通过轨道平车从储存区运输至主索垂直下方,通过前述方法将拱箱转移至缆索运输系统的前后吊点上(实现拱箱平面旋转90°)。

拱肋吊装利用千斤绳配合吊架捆绑吊装,吊点位置设置在端头第二块横隔板处。扣点采用捆绑连接,扣点设置于端头第二块横隔板处,两岸拱脚段和右岸第二段通过 H 板及转向轮与扣索连接;左岸二扣设置扣架将两根扣索分开,以利于吊装运输。捆绑千斤绳采用∮32 有机芯钢丝绳,安全系数大于 8。同时注意捆绑位置应预留槽口,并垫上橡胶皮,防止捆绑绳滑移及拱箱局部损伤。捆绑梁示意图见图 9。

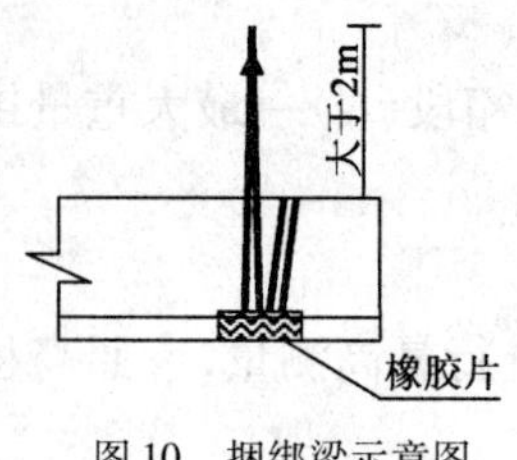

图 10　捆绑梁示意图
(捆 2 吊 4)

(1)拱肋合龙施工工艺

①先吊装两个拱脚段,设置不小于 10cm 的施工预抬高值。

②再安装两个第二段,设置不小于 20cm 的施工预抬高值。

③最后吊运拱顶段至跨中并下放至约高于设计高程,同时两岸对称循环逐渐下放拱脚段扣索、第二段扣索和拱顶段滑车组,使接头慢慢抵紧,尽量避免拱顶段简支搁置冲击第二段。

④合龙松索控制。

当下放至第二段前接头与拱顶段端头高程基本一致时,拱顶段先上好一端接头螺栓,然后观测拱顶及接头高程,若低于设计高程并超过规范容许值,在另一接头处加垫钢板进行调节至设计高程后上好螺栓完成合龙,将加垫钢板点焊于连接角钢上。

扣索及起吊滑车组松索过程中,除应注意同时两岸对称循环逐渐下放拱脚段扣索、第二段扣索和拱顶段滑车组外,拱顶段起吊滑车组及各扣索一次松索长度应尽量小,通过增加循环次数来达到扣索基本放松的目的,以保证施工安全。松索采取定长松索方法进行,一次松索量可采用 2 ~ 3cm,起吊滑车组跑头可采用 30 ~ 40cm,并用粉笔在张拉端钢索及起吊跑头上做好标记;每松一次索(对称),应观测一次各接头及拱顶高程,并据反馈高程数据随时调整松索量。扣索调整利用滑车组和卷扬机。

经过多次松索循环,各扣索及起吊滑车组均基本放松(保持 10% ~30% 左右索力),拱肋高程亦符合设计要求后,再一次精确调整拱肋轴线。

⑤拱肋轴线、高程控制。

拱肋轴线横向偏位、高程是吊装拱肋的控制指标,是一复杂控制过程。在整个吊装过程中,技术人员进行跟踪观测,使用拱肋侧风缆对轴线偏位进行调节。风缆的锚固设置在两岸陆地上。

测量准备工作:①轴线方向先在 0 号桥台和 6 号桥台设置各拱箱中轴线,拱箱安装是用两台 J2 经纬仪各控制两岸拱箱的轴线。②预先在拱箱分段高程范围内,设置好后视点,对后视高程闭合,待拱箱吊装快就位时进行观察控制。拱箱在预制时设置好轴线点和高程控制挂点。

拱肋轴线高程调节依靠调整扣索长度来实现,扣索调节是使拱肋轴线符合设计要求,但在安装过程中频繁调索也会影响施工进度和结构内力,因此需要减少调索次数,为此,安装阶段拱肋需设置一定预抬高量。按照成拱前扣索力状态,以对扣挂体系的模拟计算结果确定每一节段拱肋安装的预抬高程。

拱肋轴线横向偏位调节依靠调整拱肋侧风缆长度来实现,扣索收紧、放松(合龙)的同时,测量小组对整个过程进行跟踪观测,同时将所有已安装拱肋的高程和轴线横向偏位观测数据反馈到指挥组,技术组数据分析后制订扣索和拱肋侧风缆调整措施,确保吊装节段准确、快速完成对接就位并转换到完全扣挂状态。拱肋完成合龙扣挂体系基本放松以及高程调整完成后,应通过侧风缆对拱肋横向偏位再一次精确调整,最后进行拱肋接头焊接。

⑥拱肋接头焊接。

在拱肋上设置吊架进行各接头焊接,吊架可用钢筋焊接结构或脚手架管,吊架必须经受力验算并保证足够安全度,有安全防护措施。吊架上铺设脚手板作操作平台。

⑦单肋合龙稳定性措施。

因拱肋本身横向宽度较小,单肋横向稳定性差,横向稳定系数 10.76 > [4]。拱肋横向稳定主要依靠每吊装段上下游各设一道缆风索来保证,缆风索对拱肋的作用,相当于拱肋在横向的多点弹性支承,减小了拱肋自由长度。设计风缆时,既应考虑强度,也应考虑刚度(风缆截面积),以保证在最大设计风力作用下拱肋的横向位移尽量小。风缆初始张力按在最大设计风力作用下拱肋横向位移较小为计算原则,通过其较大的初张力减小垂度等非线性影响,同时对拱肋产生约束作用。风缆布置尽量上下游对称,满足《公路桥涵施工技术规范》(JTG/T F50—2011)中风缆角度的要求。

(2)拱箱总体吊装顺序

①先吊装轴线上中肋,单肋合拢调整好拱肋轴线和高程后,拧紧接头螺栓,吊、扣索松而不解(保持10% ~30%左右索力),收紧拱肋揽风,并进行拱肋接头焊接。

②再进行下游中肋的吊装,合龙调整好拱肋轴线和高程后,拧紧接头螺栓,吊、扣索松而不解(保持10% ~30%左右索力),收紧拱肋揽风,并进行下游中肋接头及与上游中肋的横向连接接头的焊接。

③双肋合拢,纵横向接头焊接完成后,解除吊、扣索用于后续拱肋安装,但保留两肋风缆索;然后对称安装上游中肋及次边肋,安装时可不设置风缆,利用倒链葫芦和木楔连接于已安装拱肋上来保证横向稳定和调整横轴线(表1)。

拱箱安装顺序 表1

<table>
<tr><td rowspan="7">2号右</td><td>31</td><td>32</td><td>35</td><td>34</td><td>33</td><td rowspan="7">3号左</td></tr>
<tr><td>26</td><td>27</td><td>30</td><td>29</td><td>28</td></tr>
<tr><td>21</td><td>22</td><td>25</td><td>24</td><td>23</td></tr>
<tr><td>1</td><td>2</td><td>5</td><td>4</td><td>3</td></tr>
<tr><td>6</td><td>7</td><td>10</td><td>9</td><td>8</td></tr>
<tr><td>11</td><td>12</td><td>15</td><td>14</td><td>13</td></tr>
<tr><td>16</td><td>17</td><td>20</td><td>19</td><td>18</td></tr>
</table>

同样的方法安装完成下游次边肋和边肋,纵横向焊接全部完成后,解除扣索和全部揽风索,拱肋安装完毕。最后浇注纵横接头及拱背现浇层混凝土,整体化拱圈。

拱肋安装应注意问题:

①在拱肋安装的几个主要受力阶段,对塔架、主索、扣索、锚碇进行张力、应力、垂度和位移观测,并作好记录,以指导确保施工安全。

②各扣段安装应设置一定的施工预抬高值(拱脚段10cm,第二段20cm),以便拱顶段的顺利安装,拱顶段就位合龙时,两岸逐渐对称循环下放拱脚段和第二段扣索,同时缓慢下降拱顶段滑车组,使接头缝慢慢抵紧,尽量避免拱顶段的简支搁置和冲击作用。

③接头焊接应在轴线高程调整完成,松扣(保持10% ~30%扣索力)和接头充分抵紧后进行。

④施工过程中应注意千斤绳的配套使用,千斤绳的安全系数应大于8;各钢绳的索卡数量、间距应满足规范及起重操作手册的要求。

⑤拱肋合龙应选择在较低温状态下进行,合龙时温度最好控制在当地年平均气温值附近。

⑥大风(风力六级以上)及雷雨天气禁止吊装作业。

4)施工观测控制

拱肋安装施工观测主要有:拱肋轴线控制、塔架偏移控制、各阶段拱肋各扣点在高程控制、扣索各阶段索力观测、主缆垂度及索力观测、锚碇位移观测。

(1)拱肋轴线控制

①在两岸的拱肋轴线上适当高程位置(利用两岸地形条件)各设一个拱肋轴线观测站,观测本岸吊装节段上弦顶面拱肋轴线。

②拱肋吊装前,在每节段拱肋轴线上顶面贴上用白漆打底划红漆的三角标志。

拱肋轴线观测需在每段拱肋安装及合龙调整阶段进行。

(2)塔架位移观测控制

塔顶位移过大将使竖直力 V 产生较大的偏心弯矩,对塔架的整体稳定不利。塔架位移通过风缆进行控制和调整。塔架位移通过经纬仪观测。

①在塔架垂直于桥轴线方向设一个测站和一个后视点,在塔架顶面上下游两侧设一个固定标尺。

②吊装中用经纬仪架在测站,对好后视,直接读取固定标尺读数,再与初始读数比较,即可得偏移值。

④测站和后视点设置,要求牢固可靠,标尺编号清楚,便于查找。

(3)各阶段拱肋各扣点高程控制

利用水平仪进行拱肋各接头在各阶段的高程控制测量。

①在合适位置设置4个高级后视水准点(与拱肋测点对应)。

②在拱肋起吊前,将设置好的高程杆挂在接头拱箱侧面。

③通过前后视点高差及后视点高程换算前视点(测点)高程。拱肋标高观测需在每段拱肋安装、调索及合拢索松索过程中进行。

(4)扣索索力观测

扣索力采用频谱分析仪观测。在每段拱肋安装时进行。

(5)主索垂度和张力观测

主索垂度直接影响主索张力,同时影响牵引升角、牵引力及塔架、锚碇受力。必须控制好安装初始垂度,同时监测吊重最大垂度及主索张力,并与理论计算值进行比较。

①起吊前测量空载垂度,起吊后拱肋运至1/2跨时,再测重载最大垂度。在岸坡上适当位置确定一控制点,测出高程及距跨中距离,经纬仪置于控制点,观测主索跑车位置,读出竖直角,即可算得垂度值。

②主缆索力用频谱分析仪测出。

(6)锚碇位移观测

锚碇通过侧壁土抗力来克服钢索拉力,锚碇前缘土体将产生微小压缩,引起锚碇位移,锚碇位移利用千分表进行观测。

6 材料和设备

6.1 主要钢索组成参数表(表2)

主要钢索组成参数表

表2

钢索规格	单位	主、扣索	工作索	扣索	牵引索	起吊索
钢索直径 d	mm	60.5	47.5	43.5	19.5	24
钢丝直径 δ	mm	2.8	2.2	2.0	0.9	1.0
钢索型号		6×37+1	6×37+1	6×37+1	6×37+1	6×37+1
重量	kg/m	12.843	7.943	6.572	1.32	1.99
金属截面积 F_K	mm^2	1 366.28	843.47	697.08	141.16	210.87
弹性模量 E_K	MPa	75 600	75 600	75 600	75 600	75 600
线膨胀系数	1/℃	1.2E-5	1.2E-5	1.2E-5	1.2E-5	1.2E-5
破断拉力 T_P	t	190	117.5	97.15	19.65	29.35
钢丝公称强度	MPa	1 680	1 680	1 680	1 680	1 680
拉力安全系数	应大于	3	3	3	5	5
应力安全系数	应大于	2	2	2	3	3

6.2 机电系统(表3)

机电系统表　　表3

序号	设备名称和型号	单位	数量	设备容量(kW)	合计(kW)
1	起吊卷扬机 8t	台	4	22	88
2	牵引卷扬机 8t	台	2	22	44
3	工作起吊卷扬机 5t	台	1	15	15
4	工作牵引卷扬机 5t	台	1	15	15
5	扣索卷扬机 5t	台	4	15	60
合　计					222

考虑到各用电设备不会同时使用,用电系数需用系数法计算确定。

7　质量控制

缆索吊装系统所有受力结构要求认真进行计算、复核,在技术上确保结构安全。全面检查进场钢丝绳的生产合格证、型号规格和数量、保养情况,必要时进行破断拉力试验;检查机械设备型号规格和数量、保养情况(表4)。

钢丝绳安全检查表　　表4

强度安全系数	钢丝绳的股数及钢丝数			
	6×19=114		6×37=222	
	钢丝绳捻制外形			
	交互捻	同向捻	交互捻	同向捻
	报废钢丝绳的每一节距内的破断钢丝数			
5 以下	12	6	22	11
6~7	14	7	26	13
7 以上	16	8	30	15

塔架基础和地锚混凝土要保证强度达到设计要求。

应建立无支架缆索吊装系统施工监测系统,对塔架基础施工、塔架安装、地锚施工、缆索架设、风缆索设置、临时锚固设施、扣索张拉等进行必要监控和检测。检测和控制塔架稳定、变形、内力等;地锚受力状态下位移;主索垂度、磨损情况;扣索锚固情况等。充分保证整个缆索吊装系统运行期间安全。使整个缆索吊装系统施工过程处于全控状态。测量系统负责测量地锚在试吊阶段的位移,扣索调整时拱肋轴线、标高、变形观测,以及墩台的变形观测,并掌握气候情况(主要是风力、温度、晴雨变化情况等)。

缆索吊装系统安装完成后,要按照试吊程序进行试吊,以检验缆索吊装系统的运行情况和安全性,发现问题及时调整、改正。

钢丝绳合用程度和报废标准见表5。

钢丝绳合用程度和报废标准　　表5

1. 钢丝绳合用程度判断表			
类别	钢丝绳表面现象的检查	合用程度	可用处所
Ⅰ	新钢丝绳或已用过的钢绳,其各股位置未动,磨损轻微并无绳股凸起现象	100%	重要处所
Ⅱ	1. 各股钢丝已有变位、压偏及凸出现象,但未露出绳芯; 2. 钢丝绳个别部位有轻微锈痕; 3. 表面有断头钢丝,每 1m 长度内断头数目不多于钢丝总数的 3%	75%	重要处所

续上表

类别	钢丝绳表面现象的检查	合用程度	可用处所
Ⅲ	1. 每1m钢丝绳长度内断头数目超过钢丝绳总数的3%,但少于10%; 2. 有明显锈痕	50%	次要处所
Ⅳ	1. 绳股有显著扭曲,凸起现象,绳股部分变位; 2. 钢丝绳全部均有锈痕刮去锈痕后,钢丝上留有凹痕; 3. 每1m钢丝绳长度内断数超过10%,但少于钢丝总数的25%	40%	不重要处所 或辅助工作

2. 钢丝绳报废标准

(一个节距内最多断丝根数)

使用钢丝绳采用的安全系数 k	钢丝绳结构类型与钢丝总数					
	6×19=144丝		6×37=222丝		6×61=366丝	
	交互捻	同互捻	交互捻	同互捻	交互捻	同互捻
<6	12	6	22	11	36	18
6~7	14	7	26	13	38	19
>7	16	8	30	15	40	20

3. 钢丝绳报废标准降低率

钢丝表面腐蚀或磨损程度(以每根钢丝绳的直径计)(%)	每一个节距内断丝数应按报废标准所列乘以下列(%)	钢丝绳表面腐蚀或磨损程度(以每根钢丝绳的直径计)(%)	每一个节距内钢丝应按报废标准所列乘以下列(%)
10	85	25	60
15	75	30	50
20	70	40	报废

[例]有一根6×19=144+1交互捻钢丝绳,安全系数为5.2(<6),钢丝绳表面磨损20%,节距内断多少钢丝即应报废。查本表2,当新钢丝绳断丝12根(在一个节距内)应予报废;再查本表3,当磨损20%时百分率为70%,见12×70%=8.4,即断丝8根就应报废

8 安全措施

(1)成立由施工、监理、设计、监控等单位人员组成的吊装领导小组。

(2)项目经理部成立大桥吊装指挥组。设总指挥1人,副指挥1人,成员若干人。

(3)吊装指挥组下设吊装作业班、测量观测组、安全治安组。吊装作业组下设起、吊落位组;扣索作业组;卷扬机组;抗风作业组。

(4)制定作业组"工作范围"及"操作注意事项",明确全体施工人员职责。

(5)建立安全规章、措施。

(6)吊装作业工班设专职巡视检查员1人,负责施工过程中吊装全系统各部的检查。

(7)在吊装现场设置专职警卫人员,禁止非工作人员进入现场,保护吊装设施安全。

(8)吊装作业前,技术负责人向所有参加吊装人员进行全面细致的技术交底,做到人人心中有数。

9 环保措施

环境保护体系:以项目经理为核心,建立环保领导小组,设立专职环保工程师,全面负责环保工作。

(1)为保护施工范围内的环境卫生,施工垃圾,弃运至指定地点,严禁直接倒入江中。

(2)拱上施工垃圾及油污必须统一处理,严禁直接投入江中。

(3)施工现场保持干净整洁,每天余料及时处理或堆放整齐。

(4)施工现场设置必要临时围护,减少和外界相互干扰。

10 效益分析

该工法根据拱桥施工工艺及地形特点只在一岸设置塔架，并利用山体开凿锚洞，可节约材料，缩短工期，降低成本，具有显著经济效益，节约投资约50万元。

该工法可节省占地，有效减少峡谷地带场坪开挖，并且采用一个门式塔架，节约杆件租赁费用及拼装时间，同时自制加工件较少，有效节约了钢材使用量；拱箱预制吊装减少了预压环节，节约人力和物资，减少环境破坏，综合效费比高；提高了工效、缩短了工期、安全可靠。

11 应用实例

两河口水电站交通工程（1号临时桥）位于四川省甘孜州雅江县境内，在雅江县城上游约25km，跨越雅砻江。施工地处V形峡谷，仅左岸存在拱箱预制场地，且场地狭长；设计荷载大，拱箱自重大，国内少见。施工桥梁为单跨110m上承式钢筋混凝土箱型拱桥，设计荷载汽车-80级。为增加箱梁刚度，箱体高度达2.3m，单片最重达73.1t。场地狭小使得大半径轨道设置不切实际，经必选选择了左岸不设塔架，采用双索吊装，有利于梁体运输中的转体以及吊装中的安全就位。目前已成功吊装合拢，施工监控与观测结果表明，满足设计及规范要求。

雅安市石棉县城北至西区大渡河大桥——新月拱桥（也称异形拱桥），设计拱肋由1根主拱和旁侧2根稳定拱组成，大桥全长151.732m，主跨120m，宽25.8m，设计标准宽度为双向四车道，两侧设3.5m人行道。施工中借鉴了雅砻江1#临时桥《V形峡谷大吨位悬索吊装施工工法》的相关工艺，单侧不设塔架，同时设置双组索道以利于主拱及稳定拱的吊装就位。

成功应用此工法，充分利用地形特点，解决场地狭小对主拱安装造成的问题，减少场坪开挖，利于环保，加快了施工进度，同时也便于稳定拱的合拢，取得良好的经济效益和社会效益。

曲线形全焊接钢塔制作工法

GGG(中企)C3109—2013

常彦虎　王岁利　李栓林　冯宗朝　孙　洋
(中铁宝桥集团有限公司　大榭大桥有限公司)

1　前言

目前桥梁建设中大量采用钢塔柱的国家有美国和日本等,特别是日本由于抗震需要和资源储备的原因,在过去50年的桥梁建设中大量采用钢塔柱,但因桥梁钢索塔的制造难度大,我国在本世纪初才开始进行桥梁钢索塔的设计、制造、安装的相关研究。大型桥梁钢塔柱由于其环保、工程周期短、施工安全性高、工程质量易于保证等原因,越来越受到桥梁建设者青睐。目前国内钢塔按连接方式来分,主要分为由金属接触传力为主的栓接钢塔及全焊接钢塔两种,目前国内有南京三桥、泰州长江大桥、马鞍山长江江大桥3座栓接钢塔。全焊接钢塔由于连接无需拼接板和高强螺栓 ,可大大节约材料用量,且线形相对易于控制,便于设计创新,目前已广泛得到应用。

根据景观设计要求,焊接钢塔多为曲线结构,本工法依托工程鄂尔多斯苏扬公路2号桥钢塔钢箱截面为双箱室变截面曲线钢塔,钢塔箱体顺桥向自塔底向上尺寸变小;钢塔箱体横桥向自塔底向上尺寸变大,主塔结构整体线形类似成倒“U”状,钢塔两支均由两段曲线构成,塔顶设有环形孔。大榭第二大桥钢塔轮廓由半径为450m、200m和2m的三段圆弧线连成“帆”形钢塔,其外形为国内首创,由于其塔顶曲率半径很小,精度控制异常困难;钢塔角部设计为不可展开空间曲面结构,制作复杂程度极高;钢混结合段传力通过腹板和焊钉连接件逐步将钢板应力传至混凝土结构,塔段内部隔板、加劲错综复杂,且满布焊钉,组装、焊接顺序设计以及焊接变形控制均非常困难。

针对鄂尔多斯苏扬公路2号桥钢塔和大榭第二大桥钢塔两个工程的结构特点,通过对制作工艺难点进行分析和研究,由中铁宝桥集团有限公司和大榭大桥有限公司共同总结出大型桥梁钢塔不可展曲面结构制作方法、丁形格栅肋钢塔底板焊接变形控制方法、钢塔节段立位划线方法、弧面端头二次切割工艺、多节段水平预拼装及立式验证工艺等为主的先进技术和工艺方法,形成了曲线形全焊接钢塔制作工法,成功解决了鄂尔多斯苏扬公路2号桥钢塔和大榭第二大桥钢塔制作难题,有效保证了钢塔制作精度及整体质量。随着中国桥梁工程的发展,各种造型的焊接钢塔将不断涌现,本工法对保证钢塔制作精度及整体质量方面效果明显,能够适应不同规格、形状钢塔节段制作需要,可广泛用于指导类似工程钢塔施工,具有明显的经济效益和社会效益。

2　工法特点

(1)具有较强适应性

根据桥梁钢塔景观设计和抗风设计需要,焊接钢塔较多采用了弧面或不可展曲面构造,本工法专利技术不可展曲面结构制作方法通过不同工艺方法的组合解决了不同形状和规格不可展曲面结构的制作问题,能够适应各种钢塔不可展曲面结构制作。

(2)有利于保证钢塔节段制作精度和质量

本工法通过对组装工艺和焊接变形研究,较好的保证了钢混结合段主要焊缝和焊钉焊接质量、解决了钢塔底板焊接变形问题,保证了节段箱口尺寸、塔段长度、线形等尺寸精度。

(3)有利于节约施工场地和减少场内周转次数

本工法塔段整体二次切割划线采用立位划线技术,相对横位划线可减少塔段翻身两次,同时立位划线对操作空间要求低,大大节约了施工场地和周转次数。

(4)有利于保证桥位安装精度

本工法通过多节段水平预拼装,有效保证了钢塔整体线形及接口匹配精度,模拟桥位安装进行预拼装立式验证,保证了桥位安装状态塔段匹配效果;通过设计匹配件、导向板等桥位连接工装,保证桥位安装能够复原预拼装状态。

(5)施工速度快

本工法通过技术创新,优化资源,通过工艺顺序优化,流水作业和平行作业统筹并用,大大节约了塔段制作周期。

(6)经济效果好

本工法利用专利技术不可展曲面结构制作方法进行不可展曲面结构制作,无需大型模具,制作成本大大降低,制作过程充分利用场地资源,减少场内周转次数,具有明显的经济效果。

(7)安全效果好

所有的钢塔节段全部工厂化制造,桥位仅吊装和接口连接施工,减少了高空作业内容。通过在塔柱上设置合理的施工平台,很好的控制了作业过程中的危险因素,且不存在交叉作业,施工过程中安全控制效果好。

(8)利于环境保护

相对于混凝土施工,钢结构制造过程中不需要大量的水资源、很少产生烟尘、运输过程不存在洒落现象,所以对施工现场几乎不存在环境污染。所有的钢结构件均可回收利用,不存在建筑垃圾,这对可持续发展是极大的贡献。

3 适用范围

本工法适用于大型桥梁曲线形全焊接钢塔节段制作,也可供类似钢结构件制作参考。

4 工艺原理

4.1 主要工艺原理

(1)不可展曲面结构制作方法

通过对结构模型简化、使用多段分割、solidwork 钣金展开、厚板等间距多道折弯、弧面精度样板控制、火焰修整、实体量配、端部二次精密切割等技术和工艺,既能保证结构材料性能和受力状态不受影响,同时保证了结构制作精度。

(2)满布焊钉钢混结合段组装工艺

钢混结合段内部隔板纵横交错,且满布焊钉,在充分保证焊钉焊接质量的同时,亦须保证主要焊缝质量,因此,组装工艺设计过程中,应充分考虑焊接操作空间,确保焊接质量。

(3)焊接变形控制

通过对钢塔节段构造分析,焊接变形控制主要针对厚板对接、丁形格栅肋底板组焊、锚箱单元组焊、节段箱口尺寸、扭曲、板面平面度等展开。通过设计合理焊缝坡口形式、坡口大小、确定合理的焊接参数、利用自约束与它约束相结合、柔性约束与刚性约束相结合、反向预变形、施焊顺序采取分步组装、分步焊接、分步控制焊接变形等方法综合运用控制焊接变形,并在节段焊接中通过合理的翻身次数使焊接位置最为合理,焊接质量得以保证,焊接变形最小化。

(4)节段立位划线及弧面端头二次切割工艺

节段整体划线一般采用平位划线,本技术利用塔段端部钢丝绷线确定基准,利用全站仪(或经纬仪)和水准仪精确测量立位划线,确定钢塔节段纵横基准线,以钢塔节段纵、横基线为准,精确划出钢塔两端头二次切割线,利用履带式火焰切割机进行弧面端头二次精密切割。

(5)多节段水平预拼装

通过多节段水平预拼装调整钢塔线形、接口错台、接口间隙、塔段长度、相对高差、拉杆连接精度等满足制造规范要求,模拟桥位安装状态进行预拼装立式验证,确保水平预拼装效果;通过设计导向板、匹配件等桥位连接工装,以保证桥位安装能够复原厂内预拼装状态。

4.2 总体工艺方案

钢塔制作在车间完成下料、单元件组装、焊接;在块体及整体组装胎架上完成块体及整体组装、焊接、修整、划线和精切。然后按要求进行预拼装,待涂装作业完成后运至存梁场进行存放,桥位安装需要时水上运输至桥位。

根据结构设计特点,考虑到钢塔结构复杂,焊缝密集,熔透焊缝较多,所产生的焊接变形和残余应力较大,为控制结构焊接变形,保证产品整体质量,加快制造进度,钢塔制造采用"零件→部件→单元→块体→整体→预拼装"方式生产,即将每个钢塔分为内、外壁板单元、侧壁板单元、角壁板单元、腹板单元、锚箱单元、隔板单元等部件制作(图1),然后组焊成节段。两端面采用小车精切余量(或机加工)并开工地焊接坡口,然后进行预拼装,安装临时匹配件。检测合格后对端面进行保护,按要求涂装后运至存梁区。

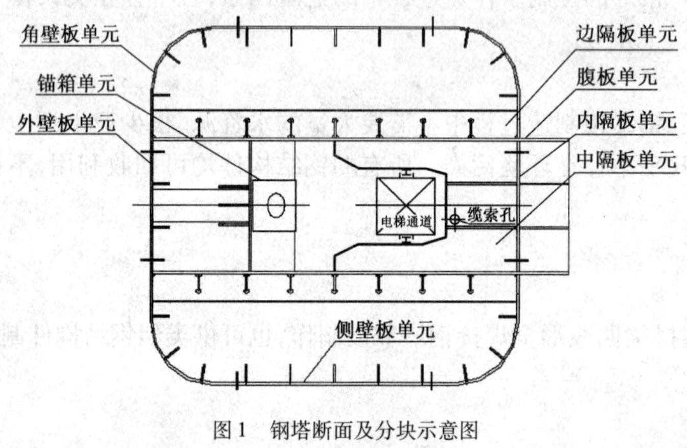

图1 钢塔断面及分块示意图

5 施工工艺流程及操作要点

5.1 施工工艺流程(图2)

5.2 操作要点

1)零件制作工艺要点

(1)板块下料时不仅要留焊接收缩和加工工艺量,同时要根据板厚和切嘴头留割缝量,防止板块切割时的变形和移位,数控下料合理选择切割起点,正确移植炉批号和编打零件号,每一个零件都做到可追溯性,严格执行首件必检制度。

(2)划线时首先检查零件的各项点是否合格,然后找正后划线。

(3)刨边时一定注意区分左右件,坡口方向,加工精度。

(4)用半自动小车切角时一定要注意斜角方向,防止产生蹦坑等缺陷。

2)锚箱单元制作要点

(1)锚腹板必须与锚座板垂直,防止索受力时产生较大次应力。

(2)锚箱构造紧密,操作空间小,组装、焊接难度大,焊接过程中多翻身,保证平位施焊,以保证焊接质量。

(3)整体对锚垫板进行机加工,满足锚头与锚垫板的精密配合。

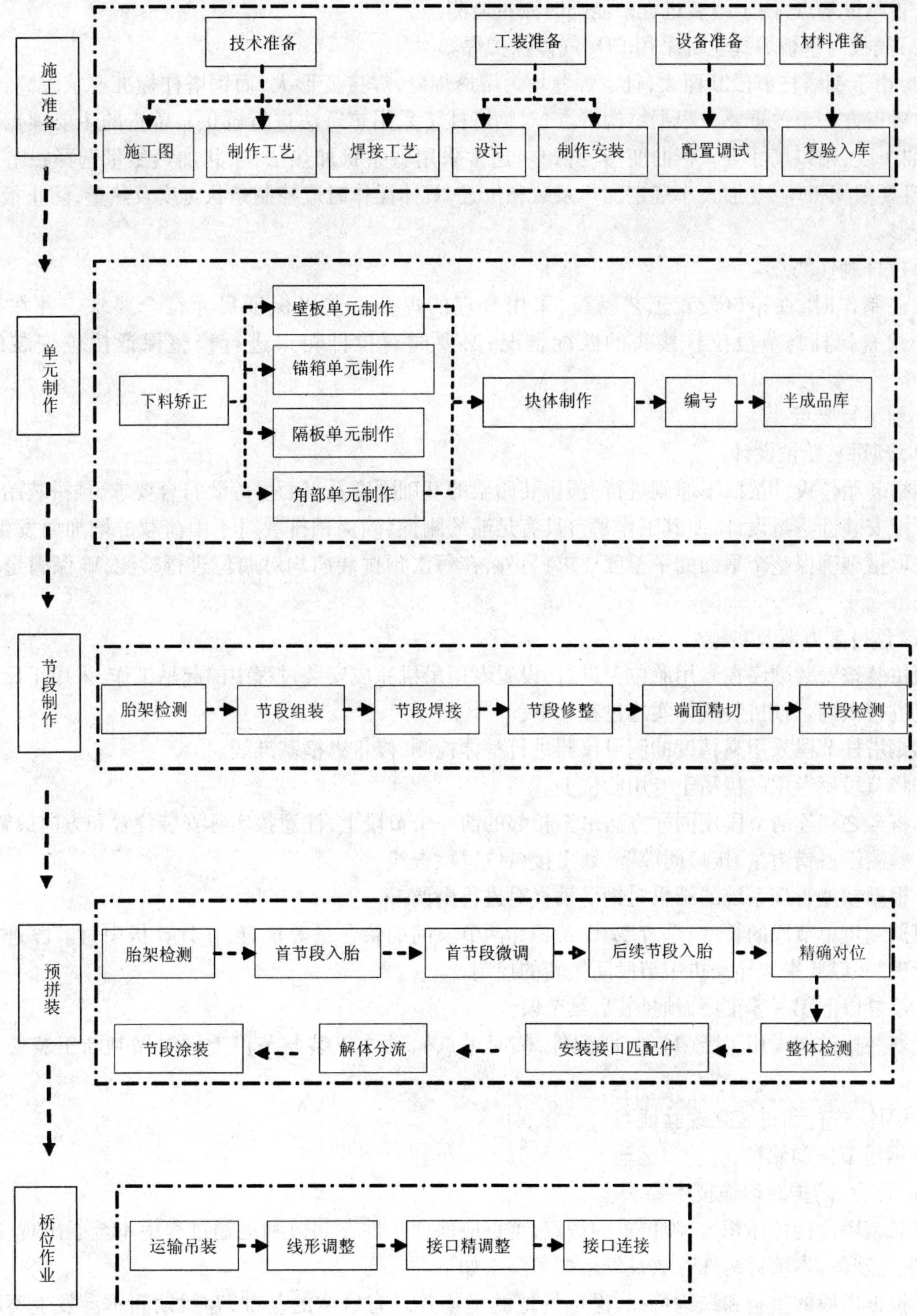

图2　曲线形全焊接钢塔制作工艺流程图

3）节段制作注意事项

（1）组装胎架是保证钢塔柱节段组装质量的关键。在胎架上设置必要的顶具，便于在组装过程中对单元件进行施顶对位，确保块体或节段整体组装精度的实现，并可提高组装效率。胎架基础和胎架刚度按最大节段重量设计，并留一定的安全储备，确保在使用过程中不发生沉降，避免胎架使用过程中发生变形。组装胎架的设计将充分考虑对节段曲线线形的控制，且有利于控制节段的箱口尺寸胎架端部必须设置测量基点,便于组装过程中能随时测量监测。

(2)隔板与壁板焊缝全部采用 CO_2 气体保护焊。

(3)由于钢塔柱节段断面大,且主焊缝均为熔透焊缝,焊接变形大,而钢塔柱标准要求较高,故采用合理的矫正方法至关重要。根据结构特点,对钢塔柱将采用热矫法进行矫正。矫正的主要项点有扭曲变形、曲线度、箱口尺寸等。扭曲变形的修整,通常采用斜条状加热法,条状加热尽量选择在节段隔板处,而且要根据板厚、变形大小确定加热条数和位置,具体操作时应控制条状宽度及热量,防止板面发生凹陷变形。

4)拉杆制作要点

拉杆制作时,在箱口设置工艺隔板,采用合理的焊接工艺以保证尺寸符合要求。并在拉杆预拼装中检查拉杆与节段拉杆接头的匹配情况,必要时对拉杆箱口进行修整保证桥位安装的顺利进行。

5)预拼装要点

(1)预拼装胎位设计

预拼装胎位设计按以下原则进行:预拼装胎架的基础刚度及平面度等要符合要求,预拼装胎位依据最大匹配安装件重量设计,使其工作平台具有足够的刚性,确保预拼装时不因荷载的增加而发生变形,而且采取措施确保整个平面的平整度要求;另外,在每次预拼装前均对胎位进行检测,确保满足要求后再使用。

(2)预拼装方案及实施

预拼装按安装顺序在专用胎位上进行,设置专用吊机完成安装过程中的起吊工作,采用千斤顶对塔段位置进行微调。预拼装具体实施过程如下:

①钢塔柱节段采用高精度的测量仪器进行整体检测,修正纵横基准线。

②将节段用专用吊机吊至专用胎位上。

③将与之相连的节段用同样方法吊至相邻的前一个节段上,注意按实际安装位置和方向放置。

④检测端口错边量、接口间隙等,划出接口位置检查线。

⑤根据精度管理系统的结果对钢塔垂直对进行微调。

根据测量单节段的长度、垂直度、以及相邻两节段间的错台量等信息,在计算机中对节段进行累积精度管理,并以此来指导预拼中节段间扭转的控制。

⑥反复以上①~⑤工序,预拼装后续节段。

⑦安装桥位架设用工装(导向,匹配件,临时吊点),并在工装与节段上同时做判断工装松动的特征线。

⑧解体、进行预拼装立式验证。

6)钢塔节段的储存、防护与运输

(1)储存、防护及运输技术要求

针对钢塔段构件体积大,吨位重的特点,重点应保证构件在存放和运输过程中不至于出现变形、损坏、遗失等现象,本项目构件存放及发运技术要求如下。

①根据塔段的重量和结构特征,保证场地的平整并具有坚实的基础,存梁期间不会发生不均匀沉降。场地上设置混凝土支墩,且具备通风、排水等条件,保证钢塔节段在存储期间的质量和安全,防止倾倒。

②为了避免塔段支撑引起桥位焊接坡口损伤,在塔段存储和运输过程中,支撑点设在匹配件上,塔段运输状态示意如图3所示。

③在塔段运输前应将桥位环缝焊接平台及爬梯安装完毕。

④钢塔段运输采用船装水运,应选择有经验的船运单位承担运输任务,运输前应制定详细的运输方案,确保本项目钢塔段运输全过程安全。

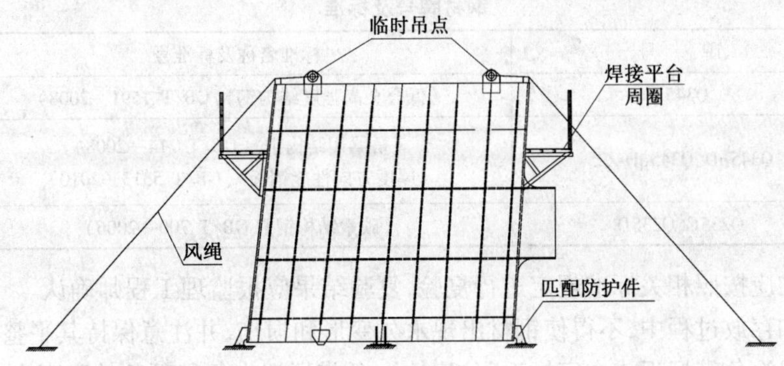

图3 塔段运输状态示意图

(2)运输安全措施

①为确保钢构件运输安全,我公司以"统一指挥、密切联系、谨慎操作、安全运输、万无一失"为宗旨,成立运输领导小组,下设有关人员,负责运输工作中的日常管理工作。

②进行运输安全技术交底,明确运输过程中应注意的安全事项,并制定切实可行的预防措施。

③提前掌握与运输有关的资料,做到心中有数。

④为确保运输安全,安排经验丰富的人员,并进行全程监护,以确保万无一失。

⑤为克服不良气象对运输安全的影响,及时与气象部门联系,提前获知半个月的天气趋势和突发性灾害气象的预报,以保证运输安全。

⑥作好钢构件装船及运输过程中的保护工作,避免损伤涂装面。

7)钢塔安装施工要点

(1)钢塔架设过程中的定位测量在日落4h后至日出前进行。

(2)钢塔的正确定位由节段制作误差及钢混结合段的安装精度决定,其中钢混结合段的制作、安装精度是保证钢拱塔安装精度的关键,为此将采取措施加以保证,即首先对钢混结合段(GT1节段)精心制作,确保加工制作精度要求;其次,积极配合施工单位进行钢混结合段的安装工作。

钢混结合段安装完后,采用高精度的检测仪器进行检验,以确保预埋后的高程偏差要求和横桥向、顺桥向倾斜度要求。

同时,用合理科学的加工制作工艺和严格的过程检查确保每一个节段的制作精度,也是保证钢塔安装精度和线形的关键。

(3)根据钢塔安装的需要架设施工安装平台,安装平台确保稳固牢靠,并设有围挡设施,保证高空作业安全。

(4)钢塔节段安装过程中,需在钢塔节段间设置调整装置,以确保其定位精度。

(5)在钢塔安装过程中,按设计要求及时测量塔柱节段的偏位误差,并将测量结果作为钢塔调整段的纵、横向加工尺寸的依据,达到控制和调整整个索塔的纵、横向偏位。

6 材料与设备

6.1 材料

1)一般规定

(1)所用材料应符合设计文件的要求和现行标准的规定,除必须具有材料供应商提供的材料质量证明证书外,还应进行抽样检验,合格后方可使用。

(2)按照材料管理制度进行存放、使用和回收,保证材料使用的可靠性。

2)钢材

(1)材质及标准。钢塔主体结构及附属结构采用的钢材,应符合设计文件和表1的要求。

钢材牌号及标准　　表1

使用部位	牌　号	标准名称及标准号	备　注
主体结构	Q345D	《低合金高强度结构钢》(GB/T 1591—2008)	
	Q345qD、Q345qD-Z25	《桥梁用结构钢》(GB/T 714—2008) 《厚度方向性能钢板》(GB/T 5313—2010)	
附属结构	Q235C、Q235D	《碳素结构钢》(GB/T 700—2006)	

(2)钢材进场均应按照相关标准规定进行复验,复验结果应报监理工程师确认。

(3)钢材运输和存放过程中,不得使钢材出现永久变形和损伤,并注意保持其平整度。

(4)钢板应采取涂色带标识或文字标识(仿宋体),色带标识中每种颜色的宽度为100mm,标示位置应选择在醒目易观察的一侧,型材刷涂在一侧端面端头上。并实施余料色带转移。文字标识要求字迹清楚,书写工整,内容包括材质、炉批号等。色标规定如下:

①Q345D 钢材:白色 + 黄色。

②Q345qD 钢材:白色 + 黄色 + 右侧加涂一道白色。

③Q345qD-Z25 钢材:白色 + 黄色 + 白色 + 右侧加涂一道黑色。

(5)钢塔壁板、腹板及钢拉杆的盖板、腹板;拉索锚箱的零部件所用材料均需对其材质、炉批号等进行跟踪。

3)焊接材料

焊接材料应采用与母材相匹配的焊丝、焊剂和焊条,焊材选用应符合表2的要求。

焊接材料标准　　表2

焊接材料名称	焊接材料牌号或型号	标 准 名 称	标　准　号
焊条	E5015	《碳钢焊条》	GB/T 5117—2012
气体保护焊实芯焊丝	ER50-6	《气体保护电弧焊用碳钢、低合金钢焊丝》	GB/T 8110—2008
气体保护焊药芯焊丝	E501T-1	《碳钢药芯焊丝》	GB/T 10045—2001
埋弧焊丝	H10Mn2	《埋弧焊用低合金钢焊丝和焊剂》	GB/T 12470—2003
埋弧焊剂	SJ101q		
气体	$CO_2 \geqslant 99.9\%$	《焊接用二氧化碳》	HG/T 2537—1993

4)涂装材料

涂装材料应符合《公路桥梁钢结构防腐涂装技术条件》(JT/T 722—2008)的规定。

5)高强度螺栓连接副标准

高强度螺栓、螺母及垫圈应按批配套供货,且有产品出厂质量证明书,其各项指标应满足表3所列标准要求。

高强度螺栓连接副标准表　　表3

标 准 名 称	标　准　号
钢结构用高强度大六角头螺栓	GB/T 1228—2006
钢结构用高强度大六角螺母	GB/T 1229—2006
钢结构用高强度垫圈	GB/T 1230—2006
钢结构用高强度大六角头螺栓、大六角螺母、垫圈技术条件	GB/T 1231—2006

6.2　设备

钢塔节段制造所需要的设备包括滚板及预处理设备、下料设备、机加工设备、压形矫正设备、焊接设备、起重及运输设备、检测设备共7大类。主要设备见表4。

主要机械设备表　　表4

序 号	名 称	数 量	备 注
滚板及预处理设备			
1	钢板矫正机	1	A93135 第一重机厂 16～60mm×3200mm
2	钢板预处理线	1	XQ6930GI 青岛 3mm×15m
下料及切割设备			
1	数控火焰切割机	2	SKG－1 哈尔滨 4mm×18m
2	门式火焰切割机	2	MKG－1 哈尔滨 7mm×32m
3	半自动火焰切割机	4	
4	履带式火焰切割机	4	
机加工设备			
1	刨边机	1	B8112 济南 80mm×12 000mm
2	双面铣床	1	非标宝鸡桥梁厂 1 200mm×18 000mm
3	数控钻床	1	HDM-33/120G 日本 2.8m×14m
压型矫正设备			
1	摩擦压力机	1	100t 中铁宝桥 100tf
2	顶弯机	1	300t 中铁宝桥 100tf
3	框架液压机	1	XP2FEF-500 徐州锻压 500t
焊接设备			
1	CO_2 气体保护焊机	51	YM-350 松下 350A
2	埋弧自动焊机	15	MZ-1250 成都威达 1 250A
3	逆变手弧焊机	8	ZX7-500S 成都玛瑞 500A
4	焊条烘箱	2	YGCH-X-200 苏州 200kg
5	焊剂烘箱	2	NZH-6-500 苏州 500kg
6	保温筒	20	
起重运输设备			
1	桥式起重机	2	MQ20-40m 中铁宝桥 20t/10t
2	桥式起重机	2	MQ20-36m 中铁宝桥 10t/10t
3	Goldhofer 液压运梁平车	2	300t 德国 300t×2(10 轴,3 000mm×12 000mm)
4	双梁门式起重机	1	中铁宝桥 75t
5	双梁门式起重机	1	中铁宝桥 2×125t
6	双梁门式起重机	1	中铁宝桥 2×300t
检测设备			
1	电子全站仪	2	SET2021 索佳
2	水准仪	2	WILD NA2 瑞士
3	电脑超声波探伤仪	10	CUFD-95 北京 0～5 000mm
4	X 射线探伤机	2	丹东 0～80mm
5	数字式超声波探伤仪	1	CUD2010 汕头 0～1 700mm
6	多功能角焊缝磁粉探伤仪	4	XJHY-Ⅱ无锡
7	TrackerⅢ型精密激光跟踪测量系统	2	测量精度为 ±5ppm(1PPm = 10^{-6})

6.3 主要工装

钢塔断面尺寸大、精度要求高、焊缝密集、制造难度大,为了保证制造质量、确保制造精度,需在编制切实可行的工艺方案的基础上,设计制作必要的工装来进行控制。工艺装备的设计和制作将按照产品的质量特性和工序控制精度进行严格控制,以达到合理、经济、安全、确保工期和质量的目的。钢塔节段制造主要工装明细表见表5。

钢塔节段制造主要工装明细表

表5

序号	名称	功能	数量	备注
1	板块划线平台	板块划线	1组	
2	壁板、腹板板单元拼焊胎型	板单元组焊	6组	
3	板单元翻身吊具	板单元翻身	3组	
4	块体及节段组装用工艺隔板	约束焊接变形	若干	
5	块体组焊胎型	块体组焊	2组	
6	块体移位、翻身吊具	块体出胎、翻身	3组	
7	块体修整平台	块体修整	2组	
8	节段组装胎型	节段组焊	2组	
9	L形节段移位、翻身吊具	节段出胎、翻身	3组	
10	节段修整平台	节段修整	2组	
11	扁担梁	与门吊配套使用	3套	
12	弧面质量检测样板	检测弧面质量	若干	
13	多节段水平预拼装胎型	水平预拼装	1套	

7 质量控制

7.1 钢塔制造检验计划

质量控制应贯穿钢塔制造全过程,从材料进场开始到工地焊接结束,钢塔制造过程的检验工作计划包括:

(1)原材料进厂检验。

(2)板材预处理。

(3)单元件制作检验。

(4)钢塔节段段制作、预拼装检验。

(5)焊接检验。

7.2 原材料进厂检验

所有进厂的钢材、焊接材料、涂装材料和高强度螺栓等,在投入使用前,都将依据招标文件、设计文件、相关标准及经技术部门确认的钢结构制作《进货检验计划》进行检验,并确认其合格。整个检验过程将在监理工程师的监督和控制下进行,且原材料的质量证明书及复验报告均报监理审核。

7.3 预处理

钢材进厂辊平后,其表面采用抛丸除锈,应将表面油污、氧化皮和铁锈以及其他杂物清除干净。除锈等级应达到GB/T 8923.1—2011标准规定的Sa2.5级。钢材表面清理洁净后喷涂无机硅酸锌车间底漆一道,涂装厚度为25μm。

7.4 单元件制作的检验

单元件制作的检验内容包括:

(1)零件下料及加工的检验。

(2)单元件组装的检验。

(3)焊缝的检验。

(4)单元件矫正的检验。

7.5 钢塔节段、预拼装的检验

1)钢塔节段检验要求(表6)

钢塔节段检验要求及方法　表6

项目		允许偏差(mm)	条件	检测工具和方法
节段长度(L)		±2.0		钢卷尺
箱口尺寸	宽度 B	±2.0		钢盘尺、弹簧秤
	高度 H	±2.0		
横断面对角线差		≤3	工地接头处的横断面	钢盘尺
旁弯		≤3	单个节段	紧线器、经纬仪、钢板尺
面板平面度		4mm/4.0m		平尺、钢板尺
扭曲		≤3		垂球、钢卷尺、水准仪
塔轴线与端面倾斜度偏差		≤40″	顺桥向及横桥向	经纬仪、钢板尺

注:表中节段基本尺寸允许公差是指除现场工艺量外的公差。

2)钢塔节段预拼装检验要求(表7)

钢索塔节段试拼装检验要求及方法　表7

项目	允许偏差(mm)	条件	检测工具及方法
试拼装长度	$\pm 2.0\times n$	n-节段数量	钢盘尺
接口错边量	≤2.0	相邻节段壁板错边	钢板尺
旁弯	$2+0.1L$(横桥向)	塔轴线在水平面内的偏差。L(m)-试拼装长度	钢板尺、钢丝线(经纬仪)、紧线器
轴线偏离度(顺桥向)	$\leq 3.0/L$	L(m)-试拼装长度	钢板尺、钢丝线(经纬仪)、紧线器
轴线偏离度(横桥向)	$\leq 2.0/L$	L(m)-试拼装长度	钢板尺、钢丝线(经纬仪)、紧线器
钢索塔节段中心距	+5.0 +1.0	上、下两节段间距	经纬仪、钢盘尺

7.6 焊接检验

1)焊缝的检验

焊缝的检验包括:

(1)焊接过程的监控。

(2)焊缝的外观检验。

(3)焊缝的无损探伤检验。

(4)焊接接头的破坏性试验。

2)焊接过程的监控

焊接过程中,检验人员将监控如下项:

(1)作业现场的环境温度、相对湿度。

(2)施焊的焊工具有相应的资质。

(3)焊接材料是否按规定的要求烘干。

(4)焊缝部位除锈和清理、点固焊长度、间距、引熄弧长度、预热温度等焊接工艺和参数的执行情况。

8 安全措施

8.1 员工安全责任

(1)树立"安全第一,预防为主"的思想,提高自我安全保护意识。

(2)自觉遵守各项安全生产规章制度、安全操作规程,不违章作业、不违章指挥并随时制止他人违章指挥行为。

(3)积极参加安全生产各项活动,主动提出改进安全工作的意见。

(4)加强劳动安全技术学习,提高自我保护能力。

(5)工作前首先穿戴好防护用品,认真检查设备、工具、作业环境,使其保持完好、整洁状态,发现不安全因素及时处理,自己难以处理的要立即报告工班长,严禁冒险操作。

(6)爱护和正确使用设备、工具和防护用品。

(7)及时清理废料,保持良好的作业环境,作到材料、在制品、工作摆放牢固,通道畅通,作业区清洁,定置管理到位。

(8)发生事故及时报告,保护好现场,如实介绍事故经过,按时参加事故分析会。

8.2 施工现场作业安全规定

(1)遵守《安全操作规程》总则及相应作业《安全操作规程》的规定,工作前按规定穿戴好劳动保护用品。

(2)工作前对作业现场环境及所使用的设备、工具、辅具等要认真检查,有无因风、雨、雪造成的设备物料移位坠落及漏电短路等异常现象,发现问题隐患要立即报告排除,确认无危险后再作业。

(3)门吊、运梁平车等专用设备严禁非专业人员动用,操作前要加强检查了望,确认轨道交汇处接轨位置正确,活动范围内无人员、障碍物时再启动。

(4)工作中要加强对作业环境及物料的清理,做到现场物料、工具摆放有序,如遇大雨、大雪、大雾、六级以上强风应立即停止露天作业,并对门式起重机等设备设施采取必要的防护加固措施。

(5)每日工作后对工作场地进行认真清理,尤其是高处散放的工辅具、物料要整理收放在牢靠之处,门式起重机要挂好封绳,上紧夹轨器。

(6)密切注意天气变化,听到或接到台风来临的预报后,全体人员要立即行动,对生产、生活设备设施等采取一定的临时加固措施,门式起重机上紧夹轨器,挂好封车钩并将防风缆索拴挂牢固,力争将风灾降低到最小。

(7)在胎架工作时上下要走登高梯,对人行踏板及登高梯要每天检查是否牢固可靠,有问题要及时处理,门吊轨道内及1.5m范围内严禁人员停留休息及堆放物料。

(8)乘坐轮船出岛及到桥面作业人员要严格遵守《乘坐轮船轮渡安全规定》。

(9)起重、电焊、气焊割、电维修、机动车驾驶等特种作业人员必须持证上岗并严格遵守安全操作规程,尤其是在露天及箱段内作业要特别注意防止漏电和氧气、乙炔泄漏,工作后必须关闭电源和气瓶角阀,并将减压器顶针取下,以防触电和燃爆事故的发生。

(10)外聘工队及协助作业人员要严格遵守《安全操作规程》和项目部的有关安全规定,因违章蛮干等个人原因发生的人身伤害及设备事故,其后果由责任者本人承担,并按有关规定进行处罚。

8.3 桥位施工安全规定

(1)遵守《安全操作规程》总则和相应作业安全操作规程。按规定穿戴好防护用品。

(2)施工及后勤服务人员往返桥位要遵守《乘船须知》和《乘坐轮船轮渡安全规定》,听从船长的指挥,船长对乘坐人员的安全负责。

(3)人员从主塔经过要加强观察,确认无危险后快速通过,防止上方物品掉下伤人。

(4)桥面上行走、作业要在梁段中间,确需在梁段边沿及上部作业的,必须采取可靠的安全防护措施后再进行。如遇强风、大雨、打雷等突发的恶劣天气变化要立即就近躲避到安全之处。

(5)塔上作业禁止往下扔物,环缝焊接时,必须有专人了望正下面的过往船只,特别是油轮的过往,当其通过时应通知焊工停止施焊,防止火花掉到船上引起火灾。不许向海内扔废弃物,垃圾集中回收,统一处理。

(6)塔上作业负责人要与其它单位施工负责人加强联系,了解协商各自的作业安排和作业中可能给对方造成的危害,并及时通知教育本部人员注意防范的事项,工作安排时要杜绝交叉作业。

(7)检查小车的开动及轨道连接穿接螺检作业必须在白天进行,检查小车要严格按照操作规定进行操作,移动到位后要做好制动,严禁超负荷上人载物。

(8)工作前对使用的设备、工辅具、管线带及接头要认真检查,如有漏电、漏气等现象要及时报告处理,严禁冒险违章使用。

(9)工作中各工种之间要相互照顾提醒,密切联系配合,焊接、切割、修磨都要注意火花飞溅方向,防止火灾燃爆事故发生和伤及他人。严禁不顾他人安危的野蛮作业。

(10)严禁将氧气、乙炔气瓶带入梁段内使用。桥面梁段上旋转的所有设备、物品要定位摆放,并有稳妥的防风、防雨措施。大风大雨来临前要全面检查,做到万无一失。

(11)塔上作业的电源、线路铺设及电维修作业由专职电工进行,要设置安全保护装置,使用者和电维修人员要经常检查,确保齐全有效,无漏电等异常情况时再使用。对违章用电,不听劝阻者,电工有权停止供电。

(12)塔段内设置低压(36V)电灯照明,操作人员不得任意拉动电灯位置,照明灯下垂应及时调整。

(13)高空作业要严格遵守《高处作业安全规定》,系好安全带。作业使用的脚手架、木踏板要捆扎牢固,放置稳定。

(14)用风机向塔段内送风和抽风改善通风条件,进仓低压风机要架设好风管,以提高通风效果。

(15)上塔作业要由带班人员统一带领进入;工作后要收放好设备、工辅具;关闭电源、气瓶阀门,并将氧气、乙炔胶管拖出梁段外;作好定置文明生产工作。清点人数到齐后统一返回。

8.4 安全检查制度

1)员工自查

(1)个人防护用品、用具穿戴准备要齐全。

(2)作业场地及工位(工件、零部件、材料、工具)按定置要求摆放和符合安全规范。

(3)工装、工具应符合安全规定。

(4)工艺规定的安全措施已具备生产条件。

(5)设备(设施和装置)各部安全状态确保良好,突出的旋转部位应有防护设施,电气无裸露现象。

2)班组安全检查

(1)每日对班组人员及作业场所至少检查二次。

(2)检查安全规程执行情况,纠正违章作业现象。

(3)检查员工劳动防护用品穿戴情况。

(4)检查工位器具、工具、工件、零件、材料、成品的摆放应符合规定。

(5)检查设备、场所的安全状态。

(6)检查生产区域地点状态与安全道,及时处理事故隐患。

3)安全、消防员检查

(1)每天深入现场检查不得少于一次,每周对危险部位,安全消防重点部位检查不少于一次。

(2)检查各班组、部门安全生产情况。

(3)纠正违章作业,违章指挥行为。

(4)检查劳保用品使用情况和定置管理文明生产秩序。

(5)检查各种设备、电气、工装的安全、消防防护情况。

(6)检查事故隐患整改结果。

4)定期专业性安全检查

(1)生产防火领导小组至少两个月组织一次专业安全大检查。

(2)检查对象:查电气、查机械、查易燃场所、查生活设施、查职工食堂、宿舍、查起重机械和车辆、查消防设施。

5)事故隐患整改

(1)对查出的事故隐患自己能整改的不推给班组,班组能解决的不推给主管部门,主管部门能整改的不推给经理。

(2)生产安全部门和安全领导小组查出的事故隐患,下发整改通知单,提出要求,按期整改。

(3)各部门自行解决有困难的隐患由生产安全部立案,报经理协调解决。

8.5 安全生产险情及紧急情况应急预案

钢塔制造场地、桥位受大风等不利气候因素的影响,同时又有水上运输、高空作业、多单位施工交叉作业等不安全因素,施工过程易发生险情及紧急情况,甚至发生安全事故;为了对可能出现的险情、紧急情况及安全事故迅速作出应急反应、采取有效抢险、救助措施、避免和减少损失,在钢塔制造开工前应制定应急情况预案,以应对险情突发。

9 环保措施

9.1 环境保护的技术组织措施

桥梁钢塔工程施工应遵循“以人为本”的原则,以最大限度地减少施工活动给周围群众造成的不利影响为目的,同时注意保护城市资源和文化遗产。由此确定施工期间的环境保护措施。本工程施工期的重大环境因素主要为:水污染、粉尘和废气污染、噪声污染、固体废物污染。

(1)水污染

污染源:废物丢弃、运输、机械燃油等。

控制措施和要求:严禁在施工现场焚烧任何废弃物和会产生有毒有害气体、烟尘、臭气的物质,熔融沥青等有毒物质要使用封闭和带有烟气处理装置的设备。施工现场场地硬化,经常洒水和浇水,以减少粉尘污染。装卸有粉尘的材料时,应洒水湿润和在仓库内进行。严禁向施工场地附近的水域丢抛建筑、施工垃圾,所有垃圾装袋运出。桥位施工过程中做好防护工作,防止坠物入江。装运施工材料、工程废弃物及生活垃圾的车辆,派专人负责清扫道路及冲洗,保证行驶途中不污染道路和环境。选择合格的运输单位,做到运输过程不散落。施工现场要在施工前做好施工道路的规划和布置,临时施工道路基层在夯实、路面要硬化。

(2)粉尘污染

污染源:涂装作业等。

控制措施和要求:钢塔涂装作业施工应符合《涂装作业安全规程涂漆前处理工艺安全》(GB 7692—2012)的要求。涂装场地及喷丸场地要有遮雨措施,不允许屋顶漏雨、边侧潲雨、地面积水等现象,油漆实干后,方可在露天存放。除锈时产生的粉尘、噪音不能对周围环境产生超过环保规定的污染,否则须有相应的除尘、降音措施。喷砂房内加强灰尘的控制和清除,用轴流风机通过管道抽出厂房内及钢梁节段内空间的灰尘,工件表面的灰尘用高效吸尘设备进行吸尘,灰尘的收集采用集灰箱集中处理。风力超过三级,室外禁止喷涂油漆,以免油漆四处飘散。

(3)固体废弃物

污染源1:施工废弃物等。

控制措施和要求:工程管理部门要做好定制管理。对施工中的焊条头、废弃的边角余料等施工中的废弃物做好分类回收、分类管理、分类处置。建立登记制度,对废弃物进行全程管理。按照法规要求选择有资质的运输、回收单位,及时清运、处理施工废弃物。

污染源2:生活垃圾。

控制措施和要求:教育施工人员养成良好的卫生习惯,不随地乱丢垃圾、杂物,保持工作和生活环境的整洁。严禁乱卸、乱倒垃圾。施工现场设垃圾站,各类生活垃圾按规定集中收集,由专门部门及时清理、清运,一般要求每班清扫,每日清运。

(4)噪声控制措施

钢塔制造、施工中采用低噪声的工艺和施工方法,避免在施工中产生超限的噪声。采用隔声墙、隔声罩等隔音防护措施,减小对周边的影响。施工作业的噪声可能超过施工现场的噪声限值时,在开工前向建设行政主管部门和环保部门申报,核准后方能施工。合理安排施工工序,避免在夜间进行产生高噪声的施工作业。由于施工不能中断的技术原因和其他特殊情况,确需夜间连续施工作业的,需向建设行政主管部门和环保部门申请,取得相应的施工许可证后方可施工。

9.2 文明施工规划及管理制度

(1)大门及围墙

施工现场的围墙和大门是工地的第一道风景线,工地周围设置高于2m的围墙,墙柱间距为3m,围墙上书开发商、设计、监理、施工单位的名称等,工地名称用醒目的字体标示围墙明显处;现场设大门,写明施工单位名称和项目名称,大门外墙挂设施工标牌。

(2)办公区域

现场临时办公室、会议室要求搭建房布置整齐协调,通道畅通,并按施工单位形象标准进行油漆。大门整洁醒目,形象设计有特色,"五牌两图"齐全完整。办公室门口设置绿化地带和图牌栏。办公区公共清洁派专人打扫,各办公室设轮流清洁值班表,并定期检查。施工现场设置一定数量的保温桶或开水供应点。

(3)标志牌

施工现场入口处设立7块的标志牌。分别为"本工程概况牌、项目组织网络牌、安全纪律牌、防火须知牌、文明施工管理牌、施工现场平面布置图、单位简介。现场还将按单位形象标识要求设置多块导向牌,如办公室、卫生间等方位都在导向牌上标明。

全部工人和管理人员均佩带胸卡,出入大门和工作,用不同的颜色的安全帽区分项目经理,管理人员及一、二线工人,并要求分包单位在安全帽上面有明显的标识,以便于统一管理。

9.3 非施工区域的管理

(1)保洁工作

保洁工作是施工现场文明施工的一个重要组成部分,设立专门的保洁队伍,定保洁区域、定责任人员、定工作内容。对卫生间、垃圾站等容易滋生蚊蝇的地方,由保洁人员重点处理,生活垃圾由环卫局天天清运,为施工现场创造一个良好、文明、清洁的环境。

(2)卫生间

卫生间地面铺缸砖,墙面贴2m高白色瓷砖,上部及顶棚用乳胶漆刷白,卫生间内蹲位用砖墙分开,瓷砖贴面,设置自动冲水设备,设置洗手槽,并派专人清洁和定期喷药,以免产生异味。所有污水必须经化粪池沉淀才能排放污水管道。

9.4 现场绿化

为美化环境,陶冶情操,在施工现场办公区域内未做硬化的空余场地进行规划,种植四季常绿花木,绿化带。施工过程实施"工完场清"和文明施工责任区制度。

9.5 职业健康安全

1)编制依据

(1)国家有关安全生产管理的法律、法规。

(2)有关地方政府对安全生产管理的条例、规定。

(3)有关安全生产管理的规范、标准。

(4)企业上级系统有关安全生产管理规定、条例。

(5)《生产安全事故救援应急预案制度》。

(6)《环境与职业健康安全管理手册》。

(7)《环境与职业健康安全程序文件》。

(8)《职业健康安全管理应急预案》。

2)管理方针与目标

(1)环境与职业健康安全管理方针

“营造安全、健康、文明、洁净的人文环境,持续提高施工管理水平”。本着防患于未然的宗旨,施工过程应严格遵守国家和地方的有关法律法规和其他要求,不断改善建筑安装施工生产的职业健康安全管理状况,保证员工及相关人员的安全与健康,消除职业危害。对全体员工进行多层次多形式的职业健康安全培训,努力控制生产经营过程中的职业安全风险,不断规范施工过程中职业健康安全管理行为,减少安全事故的发生,以人为本,文明施工,持续发展。

(2)职业健康安全管理目标

工程项目应努力完成单位年初下达的安全生产指标,争创当地“安全文明样板工地”称号。施工中始终贯彻“安全第一、预防为主”的安全生产方针,认真执行国家及工程所在地关于建筑施工企业安全生产管理的各项规定,重点落实把安全生产工作纳人施工组织设计和施工管理计划,使安全生产工作与生产任务紧密结合,保证员工在生产过程中的安全与健康,严防各类事故发生,以安全促生产。

10 资源节约

(1)本工法通过一整套工艺改进,在弧面和不可展曲面结构结构制作中,避免了大型模具的使用,且由于工艺具有较强适应性,能够满足各种规格和形状类似结构件制作,大大节约了成本。

(2)本工法在塔段断面二次切割划线过程中采用立位划线技术,有效节约了生产场地,较少了场内节段周转次数。

(3)本工法在工装设计过程中,充分考虑以前类似工程工装改造,同时,提高工装对后续工程的适用性,提高工装材料利用效率。

(4)本工法施工技术大量采用自动化生产设备,减小了能耗,降低了劳动强度,如以自动化焊接代替人工手工焊接、采用液压轮式运梁平车转运钢塔节段替代以往轨行台车运输、采用履带式火焰切割机进行弧面端部二次切割。

(5)本工法积极采用新材料、新工艺提高劳动生产率,降低能耗,如焊接和切割过程中利用丙烷气体或天然气代替乙炔气体,有效提高了能源利用率,降低了制造成本。

11 效益分析

11.1 经济效益

(1)本工法通过一整套工艺改进,在弧面和不可展曲面结构结构制作中,避免了大型模具的使用,大大节约了制造成本。

(2)本工法在塔段断面二次切割划线过程中采用立位划线技术,节约了制作场地,每节塔段减少场内周转两次,以大榭第二大桥钢塔为例,全桥塔段共50节,采用300t液压平车,周转两次需要0.5台班,台班费用5 000元/台班,共节省成本为$0.5 \times 5\,000 \times 50 = 125\,000$元。

(3)本工法工艺装备包括单元件组装胎型、块体、箱体组装胎型、水平预拼装胎型等均采用既有工装进行改造,节约钢材约120t,钢材按5 000元/t计算,直接经济效益$120 \times 5\,000 = 600\,000$。

11.2 节能环保效益

本工法在切割及焊接过程中采用丙烷或天然气代替乙炔气体,有效提高了能耗利用效率,各种工艺装备均能做到改进再生利用。在水污染、粉尘和废气污染、噪声污染、固体废物污染等方面均采取有效措施严格控制,节能环保效益明显。

11.3 社会效益

本工法结合已建成的两个全焊接钢塔工程,总结施工实践,将建设中的创新技术汇总,攻克了曲线形全焊接钢塔制造的关键工艺。具有明显的技术先进性和较好的经济效益,为以后同类或类似工程在建提供了一整套借鉴经验,社会效益显著。

12 应用实例

12.1 工程实例一

鄂尔多斯苏扬公路2号桥钢塔,主桥钢塔在主墩以上高68.75m,主塔沿桥梁纵向倾斜15°,主塔双腿沿曲线向上在塔顶部汇聚成整体,沿顺桥向主塔呈"献鱼形"。主塔双腿及顶部均为箱型断面。钢塔底部与主墩固结成整体,主塔上设置20对斜拉索主桥加劲梁连接。

主塔钢箱截面为双箱室变截面曲线钢塔,钢塔箱体顺桥向自塔底向上尺寸变小;钢塔箱体横桥向自塔底向上尺寸变大,主塔结构整体线形类似成倒"U"状,钢塔两支均由两段曲线构成,塔顶设有环形孔。壁板、腹板主要板厚40mm,隔板板厚16mm,加劲肋板厚25mm。

钢塔整体节段划分示意图如图4所示。

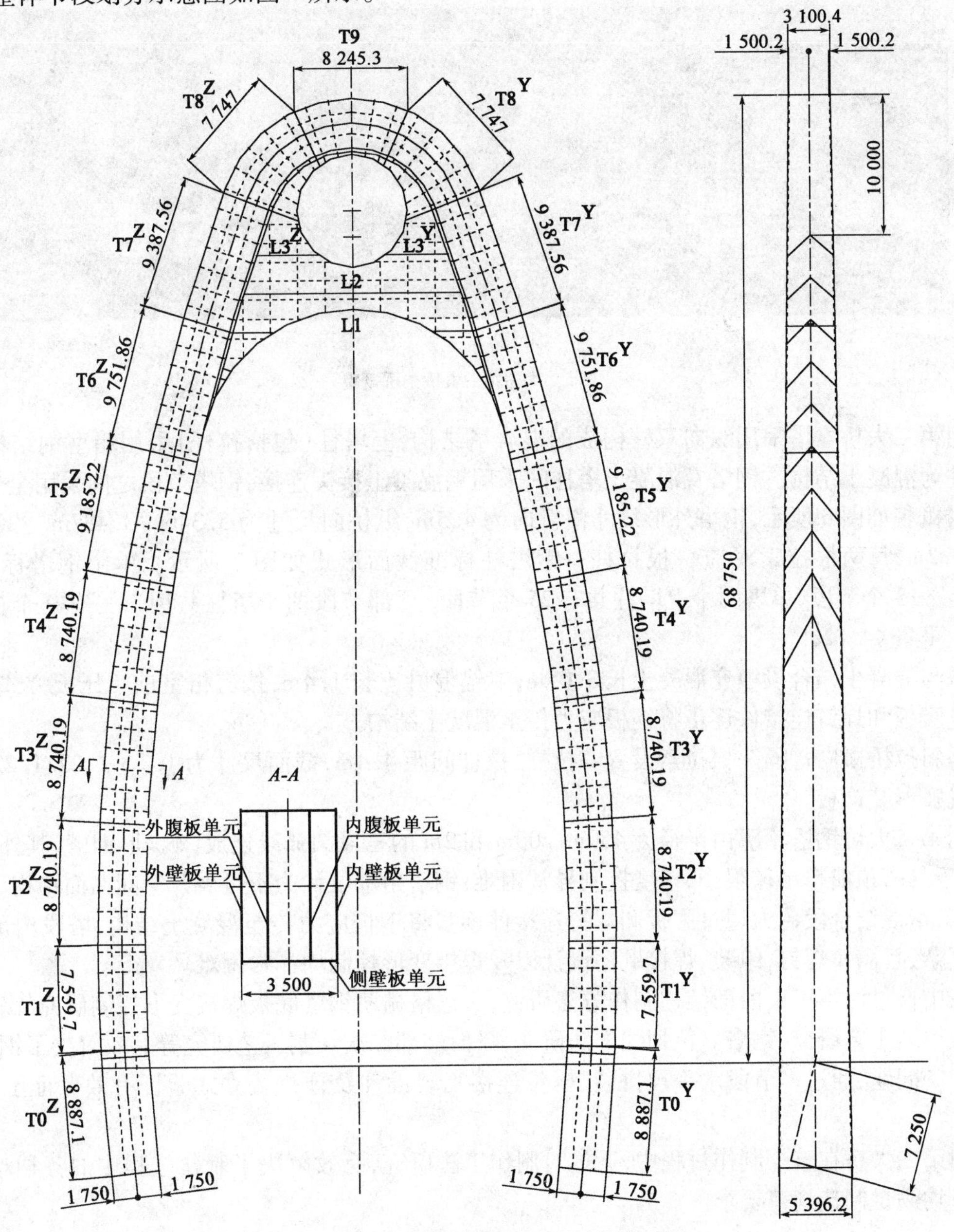

图4 钢塔整体节段划分示意图(尺寸单位:mm)

施工中采用了先进的节段整体组焊工艺,通过弧面结构制作工艺研究,采用工艺隔板、角部约束等变形控制措施,有效保证了钢塔节段制造精度,通过多节段水平预拼装及桥位连接工装设计,有效保证了节段间箱口匹配质量。通过实践总结,形成了一套有效的施工工法,高质量完成了鄂尔多斯苏扬公路2号桥钢塔的制造。

所制造的钢塔节段均满足制造规范要求,钢塔安装结果达到设计标准。鄂尔多斯苏扬公路2号桥于2011年7月通车,目前桥梁整体运行良好。

12.2 工程实例二

大榭第二大桥位于宁波市北仑区与大榭岛之间的黄峙江上,是大榭岛对外的重要交通通道。工程采用双向四车道一级公路标准建设,主线设计行车速度为80km/h。主桥为双塔单索面钢箱梁斜拉桥,桥跨布置为50+158+392+158+50=808m。桥面纵坡设计为3.5%,主桥位于R7 000m的圆弧竖曲线上。大桥概貌如图5所示。

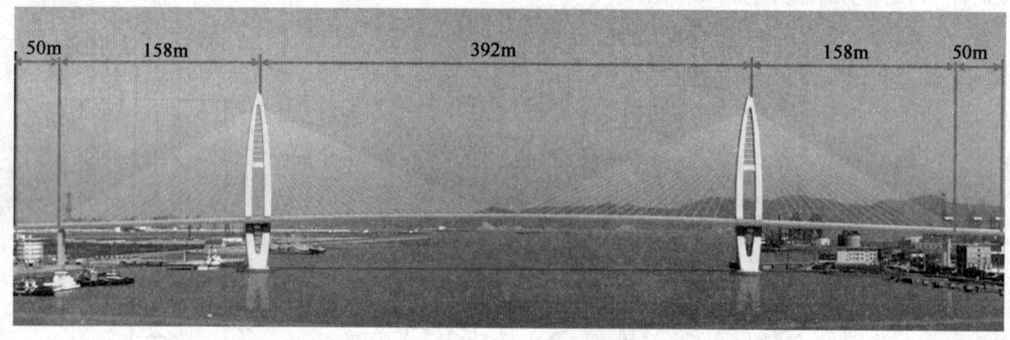

图5 大榭第二大桥主桥概貌

大榭第二大桥索塔采用纵向双柱构成的混合塔结构,上塔柱(包括拉杆)采用箱型钢结构,中塔柱及下塔柱为混凝土结构。钢塔及混凝土塔柱间采用钢混凝土接头连接,钢塔节段之间采用全焊接连接。单个钢塔概貌如图6所示,钢塔外形尺寸横桥向为4.5m,纵桥向尺寸为5.346~3.487m。钢塔斜拉索索距为2.2m,每两根拉索对应一根拉杆。钢塔柱标准截面形式如图7所示。单个钢塔标准节段长4.4m,共分13个节段,单塔两个上塔柱共有25个节段(顶部节段两个塔柱共用),另有9个拉杆节段,节段最大重量44.120t。

钢塔与混凝土结合段填充混凝土长3.05m,封锚混凝土长1.4m,按有格室前承压板方式布置。结合段通过腹板和焊钉连接件逐步将钢板应力传至混凝土结构。

钢塔斜拉桥横向每隔一根拉索设置一拉杆,拉杆间距4.4m,截面尺寸为1.7×1.22/1.225m,拉杆侧面设置弧形装饰板。

大榭第二大桥钢塔轮廓由半径为450m、200m和2m的三段圆弧线连成“帆”形钢塔,其外形为国内首创,由于其塔顶曲率半径很小,精度控制异常困难;钢塔角部设计为不可展开空间曲面结构,制作复杂程度极高;钢混结合段传力通过腹板和焊钉连接件逐步将钢板应力传至混凝土结构,塔段内部隔板、加劲错综复杂,且满布焊钉,组装、焊接顺序设计以及焊接变形控制均非常困难。

施工中通过对不可展曲面结构制作方法研究,丁形格栅肋钢塔底板焊接变形控制研究,满布焊钉钢混结合段组装工艺研究,钢塔立位划线方法研究,弧面端部二次切割工艺研究等有效解决了钢塔节段制作精度控制问题,通过多节段水平预拼装、桥位连接工装设计及预拼装立式验证有效保证了桥位安装精度。

大榭第二大桥在整个制作过程中,通过对制作工法研究,有效解决了制作过程中的各种难题,节段制作质量均满足制造规范要求。

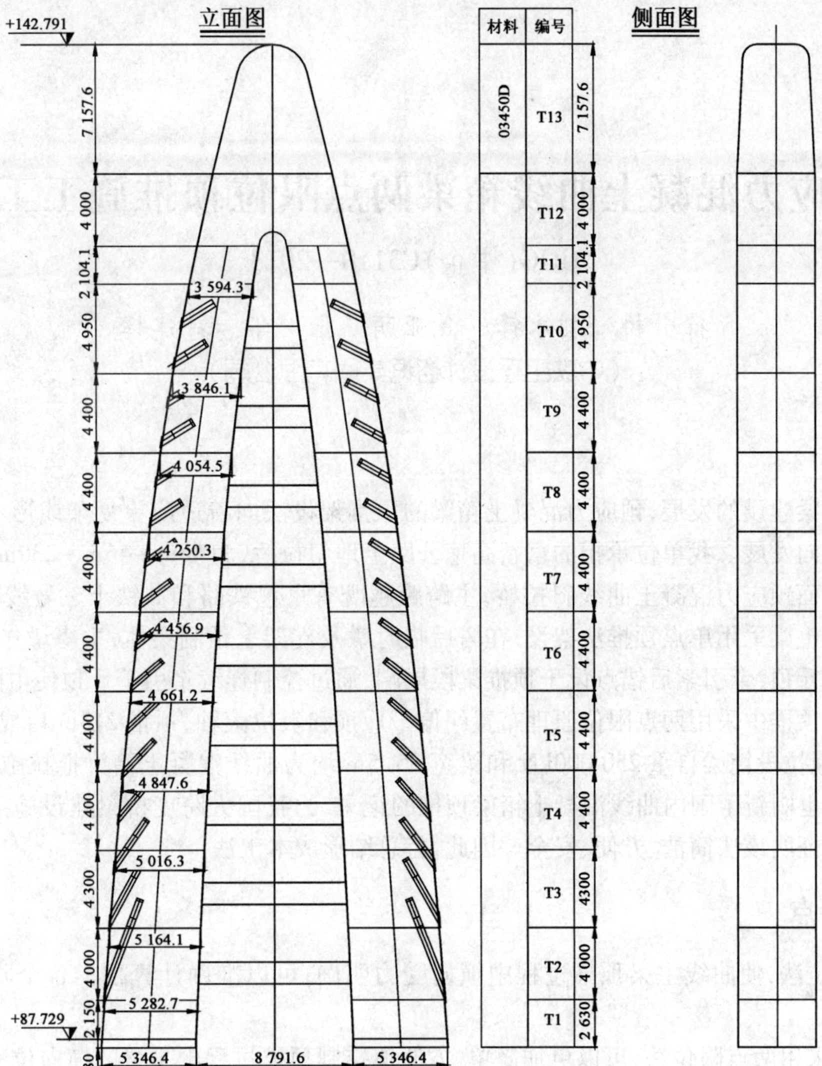

图6 大榭二桥钢塔概貌(尺寸单位:mm;高程单位:m)

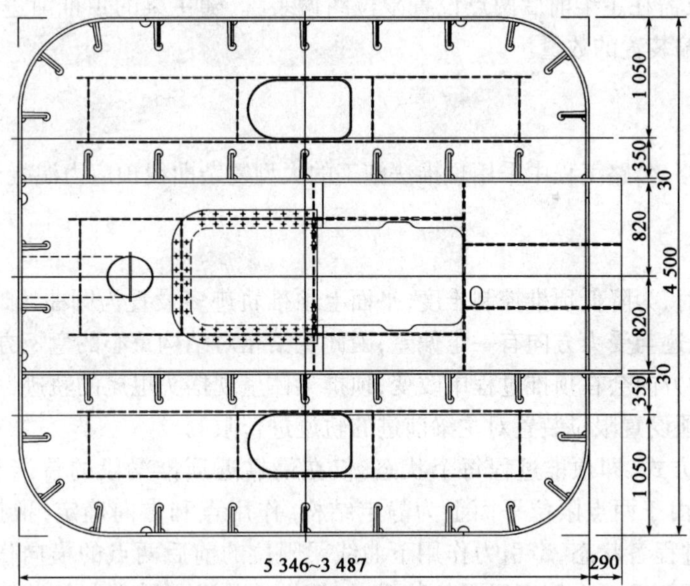

图7 钢塔标准截面形式(尺寸单位:mm)

预应力混凝土曲线箱梁两点限位顶推施工工法

GGG(中企)C3110—2013

徐升桥　刘永锋　焦亚萌　张　华　钟建辉
(中铁工程设计咨询集团有限公司)

1　前言

随着我国桥梁建设的发展,预应力混凝土箱梁的顶推架设法向着适应更复杂线形、更大跨度、更大顶推段长度的方向发展。我单位承担的京新高速公路上地斜拉桥,为46m+46m+230m+98m+90m五跨连续独塔单索面预应力混凝土曲线斜拉桥,主跨跨越既有京包铁路和城铁十三号线部分212m长复杂曲线宽体混凝土梁采用单点顶推法架设,在塔后临时墩及支架上预制梁体,主塔墩作为牵引反力座,设置连续牵引千斤顶,牵引索后锚点设于顶推梁段尾端,通过控制连续牵引千斤顶使主梁按设计曲线轨迹顶推。在连续顶推中采用两点限位原理布置纠偏千斤顶和限位滚轴,顶推213m后成功精确就位,梁体未出现裂纹,拖拉段箱梁自重250 000kN和梁宽35.5m均为曲线混凝土箱梁拖拉施工的世界第一,63m的最大悬臂也刷新了国内曲线混凝土箱梁顶推的记录,为我国大跨度桥梁建设施工开辟了一条新途径。施工实践证明该法简洁、方便、安全。因此,特总结形成本工法。

2　工法特点

(1)两点限位法,使曲线主梁顶推过程中横向受力明确,可以准确计算顶推各个阶段的横向限位力值。

(2)顶推中采用两点限位法,可以更加简单、方便地控制顶推过程中主梁的横向位移。保证主梁最终就位的准确性。

(3)两点限位法仅需在主梁前后两点设置限位纠偏装置,随主梁的顶推前进,倒用限位纠偏装置。减少了施工中限位纠偏装置的数量。

3　适用范围

本工法适用于铁路、公路工程中采用顶推法施工的大型复杂曲线预应力混凝土箱梁。

4　工艺原理

曲线梁顶推施工时,为降低顶推控制难度,平面上顶推轨迹多设置为圆曲线,而牵引力的方向是沿圆弧弦线方向,运动轨迹与受力方向有一定偏差,因此主梁相对结构重心的弯矩方向在顶推过程中是会发生改变的,限位力的方向会在顶推过程中改变,顶推梁体呈现摆头甩尾的轨迹。同时考虑多台千斤顶的同步性的偏差。必须设置限位装置对主梁前进的轨迹进行限制。

采用两点限位的方式,即顶推过程每个状态,仅在最靠近顶推梁段的首端和尾端的支承墩上设置限位及纠偏装置。由于两点限位平面上为静定结构,作用点和方向确定,根据简单的力矩平衡原理,可以计算出顶推过程各状态,牵引力作用下曲线梁限位的前后两点的横向作用力的大小和方向。同一限位点上,主梁两侧受压一侧安置限位装置,使箱梁的前进紧贴着限位装置进行,另一侧安置纠偏装置,以防止拖拉过程中由于顶推力的不均衡性而引起梁体的横向位移,顶推过程中如果梁体偏离限位装置,则采用纠偏装置使梁体返回顶推轨迹线正常运行。拖拉过程中两点限位纠偏布置图及立面布置图见图1。

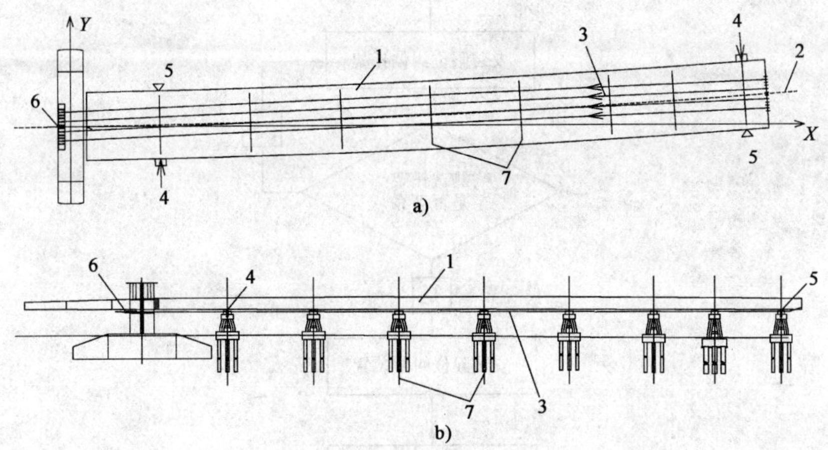

图1 拖拉过程平面与立面布置图

a)拖拉过程中两点限位纠偏装置布置图;b)拖拉过程立面布置图

1-拖拉段梁体;2-拖拉轨迹线;3-拖拉牵引索;4-限位装置;5-纠偏装置;6-牵引索前方千斤顶;7-拖拉各墩轴线

限位装置用外包橡胶限位滚轴,保证限位装置基本和梁体密贴,同时保护混凝土主梁不破损,纠偏装置使用纠偏千斤顶,和梁体预留5cm的间隙,随时可以进行纠偏调整,控制顶推梁体中线在10mm以内。考虑满足两次点内顶推距离布置纠偏限位装置,本次顶推施工完成后向前倒用。

5 施工工艺流程及操作要点

5.1 施工工艺流程

施工准备→安装限位纠偏装置→启动顶推主梁→对梁体动态纠偏→暂停顶推,移动限位纠偏装置→继续顶推→顶推就位结束,详见图2。

5.2 操作要点

1)施工准备

(1)完成顶推范围内永久墩及临时墩施工,4号主塔墩为牵引反力座,应在顶推前完成下塔柱部分施工。临时墩按拖拉轨迹线 R 圆曲线的同心圆曲线对称布置。临时墩施工时注意预埋限位纠偏托架杆件,每个临时墩顶预埋两个[280×84×9.5/12.5槽钢和两个[360×100×13/16槽钢。主塔下塔柱施工时则需要注意限位纠偏基础混凝土块的预埋钢筋。

(2)在临时墩顶铺设滑道、滑块,搭设现浇支架,完成212m顶推段主梁(B段)的施工,顶推段共分为74m(B1段)、72m(B2段)和66m(B3段)的三段梁体,按设计要求先浇筑B2段,再浇筑B1和B3段梁体。浇筑B1段时应预埋钢导梁的预埋段。

(3)安装顶推段与主梁相连的钢导梁。44m长的钢导梁分前、中、后三段,从后往前依次进行吊装、平联等连接杆件的安装,钢导梁拼装完成。

(4)安装顶推用牵引索。牵引索为12根 $19-7\phi5 f_{pk}=1\,860$MPa的钢绞线。

2)安装限位纠偏托架

(1)限位纠偏托架是顶推中的限位纠偏装置的基础,为限位纠偏装置提供反力。临时墩上的限位纠偏托架由型钢杆件组成,具体见图3。主塔处则通过浇筑混凝土块为限位纠偏装置提供反力,成桥后改作防落梁挡块,混凝土块长×宽×高为3.5m×2.5m×1.1m。

(2)在预埋的槽钢之间,安置□450×450×16箱形钢。槽钢与箱形钢之间采用自动焊双面角焊缝,最小焊脚尺寸为8mm。

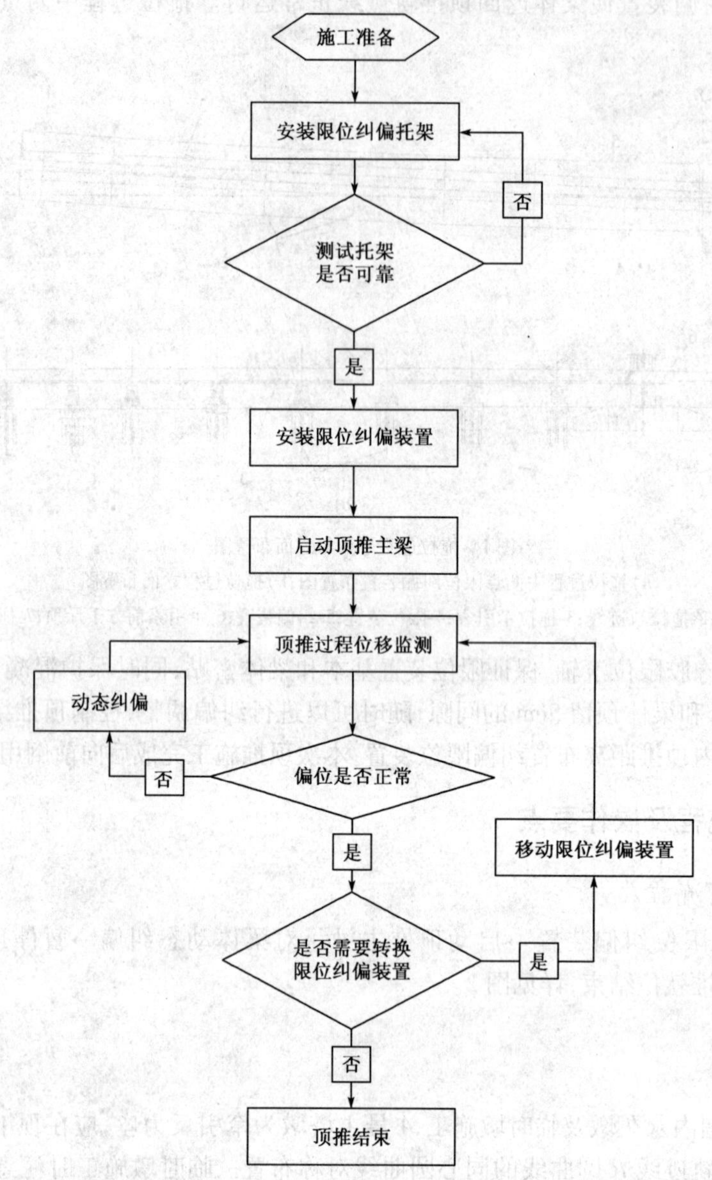

图2　施工工艺流程图

(3)在上层槽钢上面设置一个限位纠偏装置的安放平台。在箱形钢主梁前进方向一面,安置两个[160×65×8.5/10 槽钢,以限制限位纠偏装置的纵向位移。安置的工字钢和槽钢与箱形钢和上层槽钢均采用8mm 的角焊缝焊接固定。

(4)为了顶推的连续性,主梁顶推经过的每个临时墩均需设置限位纠偏托架。

3)限位纠偏托架的测试

为保证限位纠偏托架的可靠性,对限位纠偏托架进行预加荷载。

(1)托架完成后,在箱梁侧面与托架箱形钢之间安置纠偏千斤顶。操作人员调整溢流阀的工作限压,在50%、80%、90%、95%、100%、105%、110%、115%、120%计算最大动态限位纠偏力荷载作用下,检查托架杆件及焊缝的受力变形情况,如有异常立即停止并报告。120%计算最大动态限位纠偏力荷载作用下,持荷5min后,卸载。

(2)托架测试时,同一临时墩位置的箱梁两侧荷载测试应同时进行,使用同一台电动泵站控制两侧的千斤顶,保持同步性。

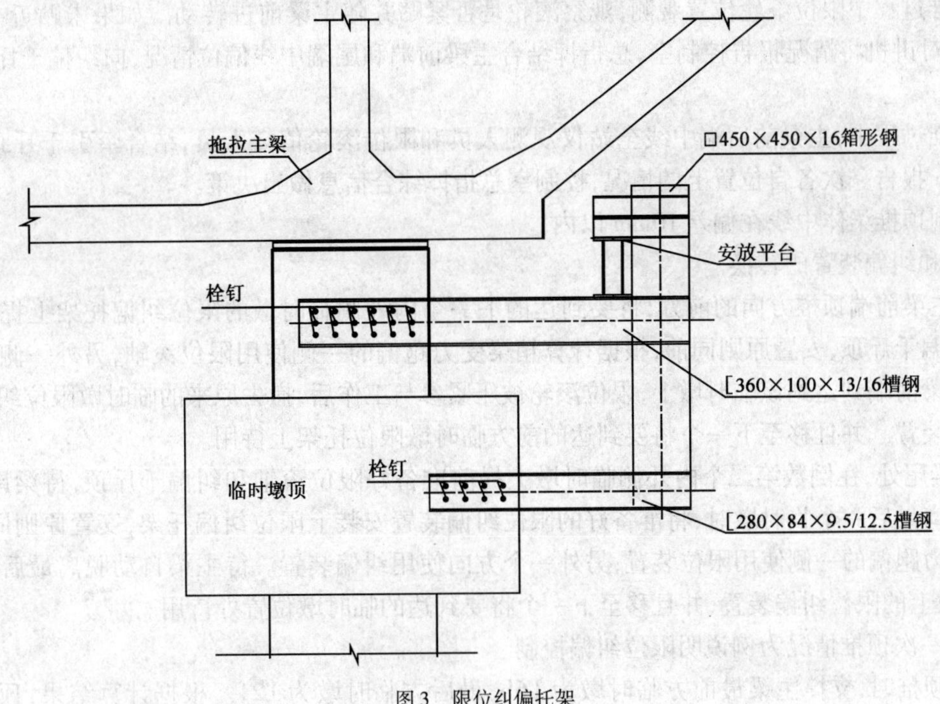

图3 限位纠偏托架

4)安装限位纠偏装置

(1)根据两点限位的原理,顶推梁体呈现摆头甩尾的轨迹,因此在箱梁顶推过程中任一状态下,最前方和最后方的临时墩上的托架安置纠偏限位装置。每一位置上箱梁内外侧分别设置一个限位装置和一个纠偏装置,具体为按照理论计算,箱梁受力跑偏的一侧使用限位装置,另外一个方向使用纠偏装置。

(2)限位装置采用滚轴,限位装置的安置位置要采用全站仪准确定位,保证滚轮外缘和梁体密贴,为直径15cm钢滚轴,为减小对顶推梁体的压强,钢滚轴外包工程硬塑,同时采用2个滚轴为一排并列布置,具体见图4。

(3)纠偏装置为纠偏千斤顶,由千斤顶、钢滑板和MGE滑块组成。最前方MGE滑块面和梁体预留5cm的间隙,随时可以施加力对主梁进行纠偏调整,纠偏时千斤顶紧压钢滑板,滑板紧压滑块,滑块随梁体滑动,交替转换滑块,保证千斤顶与主梁的相对滑动,具体见图5。

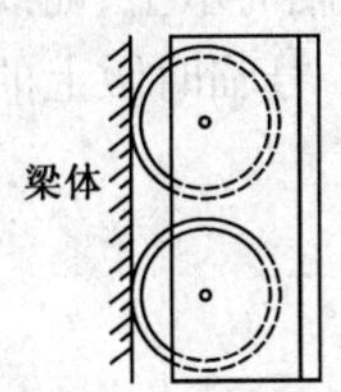

图4 外包橡胶限位钢滚轴平面图

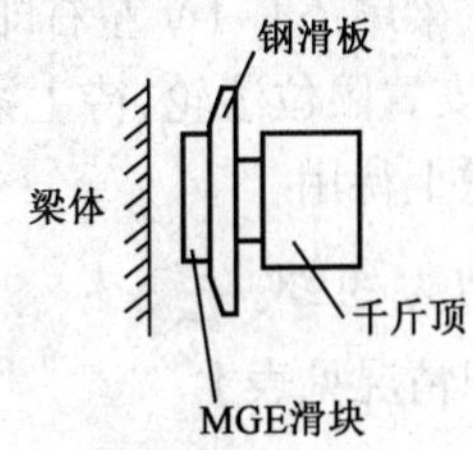

图5 前置滑块的纠偏千斤顶平面布置图

(4)考虑满足连续两次要点顶推的需要,同时在相邻四个临时墩上(顶推前进方向),备用两套限位滚轴和两套纠偏千斤顶。

5)顶推过程中限位和纠偏

(1)手动模式下顶推启动,油泵操作人员调整牵引千斤顶溢流阀的工作限压,在30%、50%、70%、80%、85%、90%、95%、100%最大经验牵引力状态下,检查各限位纠偏装置托架的受力结构变形情况,如有异常立即报告。主梁滑移启动后,转换至自动运行模式,进行主梁的自动连续顶推。

(2)顶推过程的中线控制,包括箱梁前端的中线测量和箱梁尾端中线测量。箱梁前端设点,顶推前进方向设全站仪观测;箱梁尾端设点,尾端设全站仪观测。每前进0.5m向控制室汇报偏位情况。

(3)顶推过程中限位滚轮位置观测,观察滚轮是否紧贴并随主梁前进转动。如果未贴近主梁,则值守人员通过对讲机将情况报告控制室,总指挥结合主梁前端和尾端中线偏位情况,向纠偏千斤顶工位发出纠偏指令。

(4)顶推过程中,主梁前后端中线全站仪观测人员和限位滚轮值守人员,结合牵引千斤顶操作员,每前进0.5m报告一次各自位置上的情况,控制室总指挥综合信息做出决策。

(5)控制顶推梁体中线在偏差10mm以内。

6)限位和纠偏装置的转换

(1)在主梁前端顶推方向的前方,将要到达的下一个内外侧临时墩的限位纠偏托架上提前安置限位滚轴和纠偏千斤顶,安置原则同前,根据计算箱梁受力跑偏的一侧使用限位滚轴,另外一侧使用纠偏千斤顶。主梁前端到达到该临时墩上,限位滚轮被压紧参与工作后,撤去原来的临时墩限位纠偏托架上的限位纠偏装置。并且移至下一个将要到达的前方临时墩限位托架上待用。

(2)在梁尾处,在倒数第二个内外侧临时墩上提前准备好限位滚轴和纠偏千斤顶,待梁尾还有1m左右即将脱离最后一个临时墩时,将准备好的限位纠偏装置安装上限位纠偏托架,安置原则同前,根据计算箱梁受力跑偏的一侧使用限位装置,另外一个方向使用纠偏装置。待主梁自动脱离最后方临时墩后,撤去该墩上的限位纠偏装置,并且移至下一个将要到达的临时墩位置处待用。

7)以第一次顶推情况为例说明限位纠偏控制

第一次顶推时,支撑主梁最前方临时墩为L6b,最后方临时墩为L21。根据计算结果,顶推时L6b限位力指向圆心,L21限位力背离圆心。因此在L6b曲线外侧临时墩限位纠偏托架上安置限位滚轮,L6b曲线内侧临时墩限位纠偏托架上安置纠偏千斤顶。L21曲线内侧临时墩限位纠偏托架上安置限位滚轮,L21曲线外侧临时墩限位纠偏托架上安置纠偏千斤顶。

启动顶推主梁后,密切观测L6b外侧和L21内侧限位滚轴与主梁接触滚动情况,全站仪观测顶推梁前后偏位,如果L6b外侧限位滚轮与主梁产生间隙,并且全站仪监测主梁前端中线偏向曲线内超过10mm,则命令启动L6b内侧的纠偏千斤顶进行纠偏。如果L21外侧限位滚轮与主梁产生间隙,并且全站仪监测主梁尾端中线偏向曲线外侧超过10mm,则命令启动L21外侧纠偏千斤顶进行纠偏。

提前在主梁前方的4号主塔下塔横梁上曲线外侧安置限位滚轮,曲线内侧安置纠偏千斤顶。待主梁到达4号主塔位置后,撤去L6b临时墩上的限位纠偏装置,移至主塔前方的L6a临时墩上的限位纠偏托架上待用。主梁尾还有1m左右即将离开L21号临时墩时,在L20号临时墩上,曲线外侧安置纠偏千斤顶,曲线内侧安置限位滚轮,待主梁尾端脱离L21号临时墩后,将L21号临时墩上的限位纠偏装置移至L19号临时墩上待用。

5.3 劳动力组织

劳动力组织情况见表1。

劳动力组织情况表 表1

项目	分　工	人数	备　注	项目	分　工	人数	备　注
限位纠偏	总指挥	1		限位纠偏	电工	2	
	副总指挥	3			限位	12	每个限位处3人
	技术人员	3			纠偏	12	每个纠偏处3人
	测量工	4			小计	37	

6 材料与设备

本工法采用的机具设备见表2。

机 具 设 备 表 表2

序 号	设备名称	设备型号	单 位	数 量	用 途
1	通信电缆		批	1	限位纠偏
2	高压油管		批	1	限位纠偏
3	控制电缆		批	1	限位纠偏
4	电动油泵	ZB4—500.0	台	1	限位纠偏
5	纠偏千斤顶	100t	台	6	限位纠偏
6	纠偏千斤顶	200t	台	2	限位纠偏
7	限位滚轴		台	6	限位纠偏
8	全站仪	TCA—2003	台	2	施工监测
9	测点棱镜	Leica	个	4	施工监测
10	便携式计算机		台	1	施工监测
11	25t 汽车吊		台	1	吊装托架
12	光纤光栅表面应变计	BGK—FBG—4150	个	44	施工监测
13	光缆		m	4320	施工监测
14	对讲机		台	14	通信

7 质量控制

7.1 一般要求

(1)加强测量的精度控制和复核,确保梁体、限位滚轮的制作及安装尺寸精度满足设计文件要求。

(2)严格执行合同文件有关规定和施工规范要求。

(3)制订相应的施工实施细则指导施工。

(4)严格执行材料、设备进场的复核验收工作程序,确保进场材料、设备合格。

(5)严格执行每一道工序开工前和结束后的检查验收制度;坚持执行班组自检、质检部门检查合格后,报请监理工程师检验的工作程序;重要工序请监理旁站监督检查。

7.2 质量控制标准

根据《公路桥涵施工技术规范》(JTG/T F50—2011)和《公路工程质量检验评定标准》(第一册 土建工程)(JTG F80/1—2004)及其他有关规定,质量标准按表3执行。

顶推施工梁允许偏差表 表3

检查项目	规定值或允许偏差	检查方法和频率
轴线偏位(mm)	10	全站仪:每前进0.5m检查2处

7.3 质量保证措施

(1)临时墩顶的限位纠偏托架必须满足要求的反力,并留有一定的安全储备。

(2)保证限位滚轮和纠偏千斤顶的储备。

(3)箱梁侧面,尤其是与下位纠偏接触的相关部分,必须尽量保证圆柱面一定的平顺,其误差应在规范允许范围之内。

(4)严格控制限位滚轮位置的误差。

(5)顶推开始前设置轴线测点和位移测点等,对顶推过程进行实时监测,保证顶推安全,就位准确。

(6)夜间施工要点顶推,需安装好各个方位的照明设施,确保不留死角。

8 安全措施

(1)针对各种施工工况,采用多种有限元计算程序对各相关结构进行受力和变形计算,确保计算准确与结构受力安全。

(2)严格执行材料出厂证明、进场复检制度,控制原材料质量。

(3)当跨越铁路时,在顶推施工前要向铁路部门办理铁路要点手续。

(4)顶推限位纠偏施工安全保证措施如下。

①认真贯彻执行国家和地区建设施工现场安全防护标准及在既有线上施工的一切规章制度。对所有在岗人员进行安全教育,认真学习相关操作规程,经项目经理部审定合格者方可持证上岗。所有上岗人员始终贯彻落实“安全第一”的原则。

②由于顶推限位纠偏工程难度大、程序复杂,故要求施工前应建立统一的指挥机构,并配备通信联络工具。施工中应听从统一指挥,发现问题或隐患应及时报告,并随时处理。

③跨线作业时,必须提前向铁路行车部门进行申请铁路封闭线路,批准给点后方可作业,施工时还应积极和车站联系,并应派专职防护员进行防护。

④在顶推施工时要设专职防护员,统一着装,持上岗证,所有在岗人员严格遵守《建筑安装工人安全技术操作规程制度》。做好下部防护措施,严防上部施工坠落物件危及行人与施工安全。用对讲机随时汇报防护情况。

⑤在施工中,操作人员应精力高度集中从事本职工作,密切注意情况,遇到异常,立即停工排除。

⑥施工前全面检查所用机具设备及各项安全防护措施。

⑦施工前进行详细的安全交底,做到操作人员人人心中有数。

⑧施工前,成立专门的调度组,由项目经理负责总体调度,加强通信联系,保持与铁路主管部门的实时联系,同时安排驻站员一名,驻站员办理要点,消点工作,并将顶推进展情况及时通报铁路及相关部门。

⑨顶推过程中对梁体轴线和变形等进行实时监控,保证顺利、平稳、安全。

⑩提前与气象部门联系,取得第一手气象资料,保证施工过程中天气良好。如果遇到6级及以上大风停止顶推作业。

⑪为防止动力线路出现故障造成突然停电,在顶推桥附近备用一台300kW的柴油发电机,能为顶推桥施工提供充足的电力保障。

⑫特殊或紧急情况处理措施:

如检测到限位纠偏托架结构应力、应变发生异常。立即检查异常部位的构件是否因材质、制作及安装质量、设计缺陷等原因产生异常。同时确认监测设备是否可靠。找出原因后,采取相应的补救措施。

因为牵引力合力中心和摩阻力合力中心不重合的影响,产生对横向限位装置不利的分力,由于滑道的不均匀沉降和顶推箱梁左右自重差异的影响,当监测显示横向限位受力报警时,对限位钢结构支架进行加强。同时备用2台100t的限位千斤顶,必要时将限位滚轴替换为纠偏千斤顶。

9 环保措施

(1)成立对应的施工环境卫生管理机构,在工程施工过程中严格遵守国家和地方政府下发的有关环境保护的法律、法规和规章,加强对施工燃油、工程材料、设备、废水、生产生活垃圾、弃渣的控制和治理,遵守有防火及废弃物处理的规章制度,做好交通环境疏导,充分满足便民要求,认真接受城市交通管理,随时接受相关单位的监督检查。

(2)将施工场地和作业限制在工程建设允许的范围内,合理布置、规范围挡,做到标牌清楚、齐全,各种标志醒目,施工场地整洁文明。

(3)设立专用排浆沟、集浆坑,对废浆、污水进行集中,认真做好无害化处理,从根本上防止施工废浆乱流。

(4)优先选用先进的环保机械。采取设立隔声墙、隔声罩等消声措施降低施工噪声到允许值以下。

(5)对施工场地道路进行硬化,并在晴天经常对施工通行道路进行洒水,防止尘土飞扬,污染周围环境。

10　资源节约

(1)本工法顶推梁体较长时,减少了限位纠偏装置的使用个数。

(2)本工法对长距离的顶推,可以将限位纠偏托架同样进行倒用,提高了材料的周转次数。

(3)本工法减少了顶推中限位纠偏人员的数量,节约了人力资源。

11　效益分析

(1)顶推二点限位法受力明确,对顶推主梁的横向控制简单有效,从而保证了顶推速度,不出异常的情况下顶推速度可以达到 10~15m/h。以京新上地斜拉桥为例,拖拉距离 212m,由于跨越城铁和国铁,根据要点情况,每天夜间 0:00—3:00 施工,仅 20d 时间就完成了 212m 长 B 段箱梁的顶推架设,共要点 60h。

(2)顶推二点限位法操作简单,可以有效地保证主梁的准确就位,为后续工程创造有利条件,对跨越城铁、铁路运营的影响降到最低。

12　应用实例

12.1　工程概况

应用实例为北京市京新上地斜拉桥主跨 212m 长 B 段主梁顶推(拖拉)施工。京新上地斜拉桥是京新高速公路(五环路—六环路)工程的一部分,为 46m+46m+230m+98m+90m 五跨连续独塔单索面预应力混凝土曲线斜拉桥。桥梁全长 510m,主梁宽 35.5m,主塔高 99m。全桥位于圆曲线(半径 920m)+缓和曲线(A=474.76m)+直线及纵坡(2.0%)+竖曲线(半径 11 000m)+纵坡(-1.478%)上。主跨跨越地铁 13 号线、既有京包铁路及规划京张城际铁路,与既有线路小角度斜交,交角约为 19°。其中主跨 B 段 212m 现浇箱梁,采用塔后预制,拖拉就位。拖拉段箱梁自重 250 000kN 和梁宽 35.5m 均为曲线混凝土箱梁拖拉施工的世界第一,63m 的最大悬臂也刷新了国内曲线混凝土箱梁顶推或拖拉的记录。全桥布置与拖拉段示意见图 6。

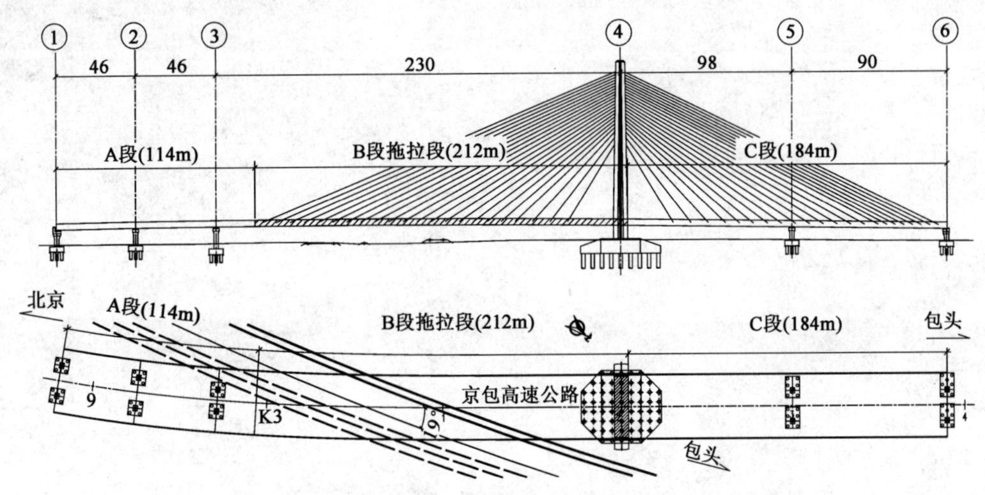

图 6　全桥布置与拖拉段示意图(尺寸单位:m)

12.2　施工情况

施工 4 轴主塔下塔柱作为牵引反力座,施工 L1~L21 临时墩,临时墩沿拖拉轨迹 R=3 500m 平曲线及3.76‰纵曲线延伸布置,钢导梁不能支承于L4的临时墩上,当混凝土梁上L4的最大悬臂达到63m,见图7,在主塔墩及临时墩墩顶布置滑道及横向限位托架,在塔后支架现浇212m长B段主梁,安装44m长钢导梁,脱空支架,根据两点限位工法布置限位纠偏装置,安装牵引千斤顶,安装牵引索,先单根预紧,再整体预紧,调试牵引系统,试顶,正式顶推,顶推过程监测,纠偏或排除异常,分次要点顶推212m就位,在4轴顶落梁,安装永久支座。

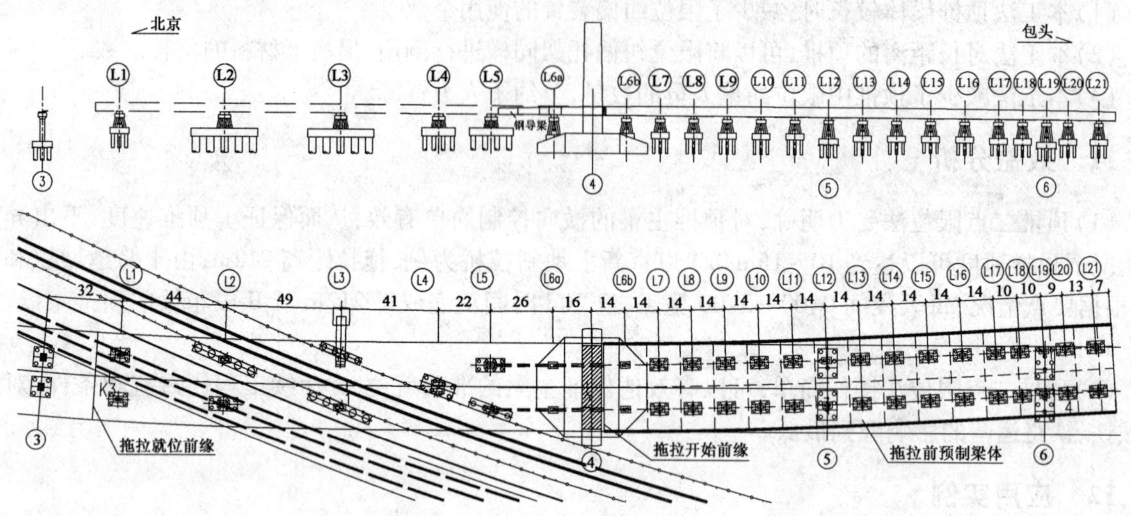

图7　拖拉过程临时墩的平立面布置图(尺寸单位:m)

12.3　施工完成情况评价

由于跨越城铁和国铁,根据要点情况,每天夜间0:00—3:00施工,经过20d连续顶推,于2011年5月7日成功精确就位,前端偏差7mm,尾端偏差4mm,梁体未开裂。整个拖拉施工过程中,根据现场各项监测数据,主梁、各临时墩的应力、变形均与计算结果吻合较好。

大跨度斜拉桥斜拉索套筒式照明灯具安装及检查维修施工工法

GGG(中企)C3111—2013

徐升桥　刘永锋　焦亚萌　张　华　钟建辉
（中铁工程设计咨询集团有限公司）

1　前言

斜拉桥作为一种大跨、经济、美观的桥梁得到越来越广泛的应用。随着社会的发展，现代斜拉桥越来越重视景观环境，尤其是建在城市内的斜拉桥，往往作为标志性的建筑，其景观照明灯具的设置不可或缺。我院承担的京新高速公路上地斜拉桥，为46m+46m+230m+98m+90m五跨连续独塔单索面预应力混凝土曲线斜拉桥，为北京市中关村科技园区的标志性建筑物，根据景观需要进行了夜景照明设计，为了尽量减少照明灯具对拉索抗风性能的不利影响，采用了套筒式灯具，将LED灯具嵌入斜拉索的套筒内，将灯具和线缆安装集于一体。同时为满足斜拉索及其照明灯具日常检查维修的需要，采用了一种新型斜拉索套筒式灯具安装与检查维修系统，不需借助起重机等外部大型起吊设备，对正常交通影响小。施工实践证明该法简洁、方便、高效，因此，特总结形成本工法。

2　工法特点

(1)套筒式灯具的安装简易、维护方便，对斜拉索的抗风性能影响小。

(2)斜拉索灯具的安装与检修不需借助起重机等大型起吊设备，占用场地少，对交通运营影响小。

(3)所采用的检修设备不会对斜拉索造成损伤。

(4)检修设备造价低，养护成本小。

3　适用范围

本工法适用于：

(1)铁路、公路斜拉桥工程中单索面斜拉桥中斜拉索上照明灯具的安装和检修。

(2)车道少，交通量很大，对安装检修占用场地有严格限制的单索面斜拉桥。

4　工艺原理

斜拉索套筒式灯具每段长1m，纵向连接采用企口形式，使得每段连接紧密。灯具横断面见图1，由两个半圆护套和抱箍组成，其中灯具安装在半圆护套的表面，灯具供电的电源线及信号线敷设在护套内。两个护套上拼接处分别设有垂直半径方向和沿半径方向的螺栓套筒，对应的抱箍上也相应开螺栓孔。为确保套筒式灯具的安全，每段套筒外面还设置两道不锈钢的套箍。

安装时，先将设有垂直半径方向螺栓套筒的护套1与抱箍通过螺栓固定在斜拉索上，灯具线路敷设完毕后，再用螺栓将另一半圆护套2固定在抱箍上。最后安装套筒外的两道套箍。即完成了套筒式灯具的安装。检修时，则先拆掉套筒外的两道套箍，再拧去护套2上的螺栓，卸下护套2，即可实现对内部灯具和线路的检查维修。

灯具安装与检修系统主要包含爬升器、爬升器吊绳、作业平台、高空防坠落吊绳等，见图2。

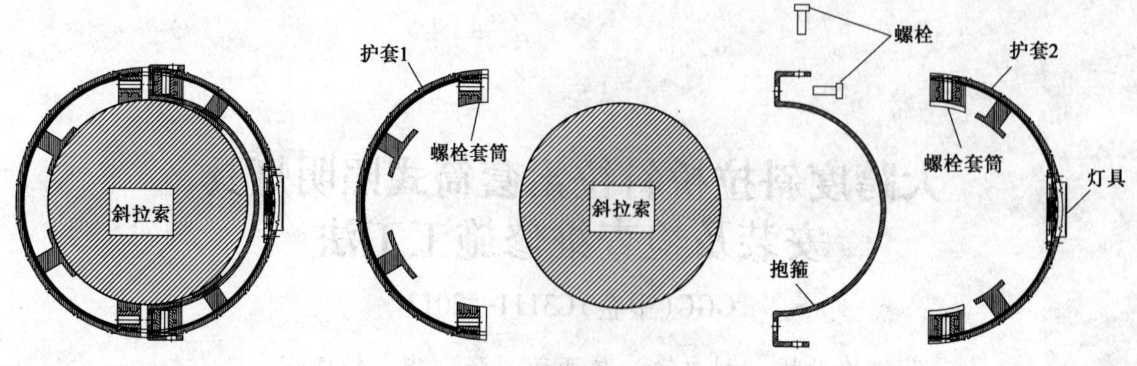

图1 灯具横断面示意图

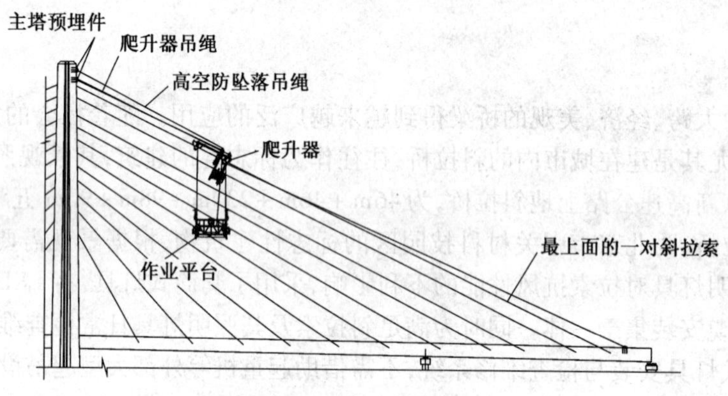

图2 灯具安装与检修系统

爬升器利用斜拉桥最上面的一对斜拉索作为爬升轨道,爬升器上安置带卡槽滚轮,卡在斜拉索最上面一对斜拉索上。卡槽滚轮采用与斜拉索 PE 护套同样材质,保证了爬升器爬升时对斜拉索 PE 护套不会产生损害。爬升器自身携带动力装置,通过爬升器吊绳使爬升器可以沿斜拉索上下爬行。同时,爬升器具备水平自动可调节距离功能,从而实现爬升器的爬行适合在间距变化的斜拉索上爬行。

爬升器吊绳设置在最上面的一对斜拉索的上方,一端通过预埋件固定于主塔上,另一端通过预埋件固定于主梁上。吊绳方向与斜拉索方向接近平行,爬升器爬行时,拉着穿过其内部的爬升机吊绳前进。

作业平台通过吊绳挂在爬升器上,自身携带动力装置,可以在竖直方向上下移动,爬升器和作业平台的操作控制系统均安置在作业平台内,由在作业平台内的安装检修人员直接控制,从而可到达需要安装或者检修的位置。

高空防坠落吊绳,与爬升器吊绳一样,同样设置于最上面一对斜拉索的上方,一端固定于主塔上,另一端固定于主梁上。作为爬升器的安全辅助措施,为保证作业平台内安装检修人员的安全,要求在主塔上的预埋件单独设置,不能与爬升器吊绳共用同一预埋件。在主梁上的预埋件可以与爬升器吊绳共用一个预埋件。

爬升器可以沿斜拉索爬行,爬升器上的作业平台可以上下垂直移动,二者结合,从而实现了作业平台可以到达全部斜拉索的各个位置,从而实现对全部斜拉索上附属灯具的安装和检修功能。

5 施工工艺流程及操作要点

5.1 施工工艺流程

施工准备→安装爬升器吊绳和防坠落吊绳→安装爬升器→安装作业平台→张紧爬升器吊绳和防坠落吊绳机构→控制爬升器与作业平台,到达位置,安装或检修灯具→移动到下一个位置,直至安装或检修完毕→控制爬升器回到地面→放松爬升器吊绳机构→拆去吊绳和防坠落绳→安装或检修施工结束,见图3。

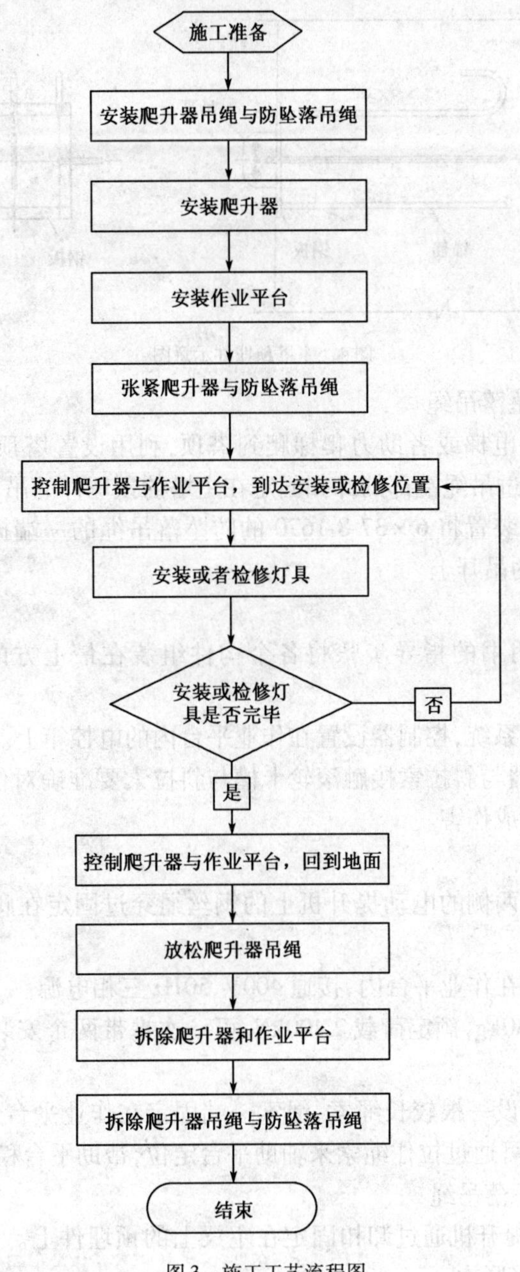

图3 施工工艺流程图

5.2 操作要点

1)施工准备

(1)主塔浇筑时,在最上方斜拉索伸出主塔侧的上方1.2m处设置两个预埋件,作为爬升器吊绳和高空防坠落吊绳的预埋件,预埋件由钢板和锚筋组成,钢板尺寸500mm×500mm×20mm,钢板外面焊接吊耳。通过8根直径25mm,长1m的锚筋锚固在主塔上,见图4。

(2)主梁浇筑时,在最远端斜拉索外5m处设置与主塔顶相同大小的一个预埋件,上面焊接两个吊耳,为爬升器吊绳和防坠落吊绳共用。

(3)预埋构件均采用多元合金共渗+达克罗+封闭层处理。防腐涂层的工艺及检验方法需满足国标及相应规范、规程的要求。

(4)将爬升器和作业平台、吊绳等从库房中运至现场,作业平台放置在最上方斜拉索主梁锚固处备用,将吊绳一端拉至主塔正下方备用。

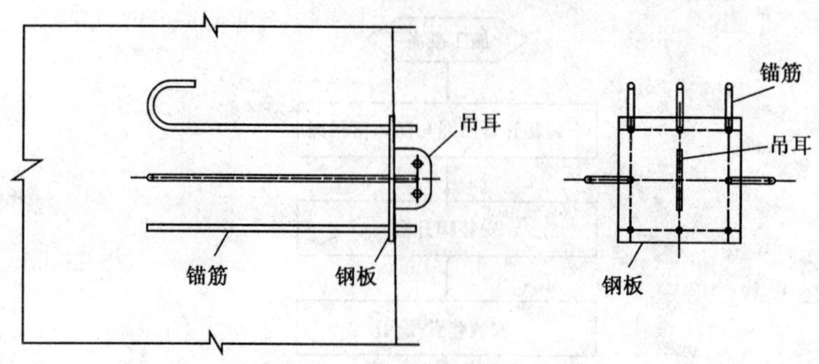

图4　主塔预埋件示意图

2)安装爬升机吊绳和防坠落吊绳。

(1)操作人员通过塔侧的电梯或者助力爬梯爬到塔顶,利用设置塔顶的起吊装置将 6×37-8-1670 的爬升机吊绳的一端提升,通过吊绳端部的卸扣固定在主塔的预埋件的吊耳上。

(2)同样利用塔顶的起吊装置将 6×37-8-1670 的防坠落吊绳的一端提升,通过吊绳端部的卸扣固定在塔顶的另外一个预埋件的吊耳上。

3)安装爬升器

(1)按爬升器的安装说明书的指导步骤将各个构件组装在最上方的斜拉索上。爬升器总质量约 620kg。

(2)爬升器自带爬升动力系统,控制器设置在作业平台内的电控箱上。

(3)安装时应注意,爬升器与斜拉索接触滚轮卡槽与斜拉索要准确对位,防止滚轮外的铝合金构件在运动中对斜拉索 PE 护套造成伤害。

4)安装作业平台

(1)将作业平台上设置在两侧的电动提升机上的钢丝绳穿过固定在爬升器悬梁上的定滑轮,再固定在作业平台上。

(2)爬升器的电控箱设置在作业平台内,接通 400V、50Hz 三相电源。

(3)作业平台的质量为 280kg,额定荷载 2 400kN,可一次携带两个安装检修人员、检修工具和需要安装的套筒式灯具。

(4)作业平台两侧外面各设一根较长绳索,绳索一端固定在作业平台上,另一端自由下垂至桥面。以供将来作业时,桥面的人员可通过拉住绳索来辅助平台定位,帮助平台稳定。

5)张紧爬升器吊绳与防坠落吊绳

(1)将 HSS408 手动吊篮提升机通过卸扣固定在主梁上的预埋件上。在手动吊篮提升机后方安装电子传感器 BSWE-150,监测张紧力。

(2)将爬升器的吊绳穿过爬升器,穿进手动吊篮提升机。

(3)启动手动吊篮提升机,张紧爬升器的吊绳,手动吊篮提升机尾部安置电子传感器,以测试张紧力数值,当张紧力达到 1kN 时,停止张紧吊绳。

(4)与爬升器吊绳相同,防坠落吊绳同样穿过爬升器,张紧防坠落吊绳。

6)控制爬升器与作业平台到达指定位置

(1)安装检修人员进入作业平台内,系好安全带,将安全带另一端系在爬升器上。对设备进行调试运行,测试各个构件之间的联系是否可靠、运行是否稳定。调试时,务必保证作业平台的离地高度小于 2m。保证其上面检修操作人员的安全。

(2)如果安装灯具,则将灯具及电线放入作业平台携带。

(3)作业平台内安装检修人员操作作业平台内的电控箱,分别控制爬升器和作业平台,使作业平台到达安装或检修的灯具位置。爬升器可沿最上面斜拉索爬行,作业平台则在可以在爬升器的下方上下移动,这样两者结合,就可以保证作业平台到达整个斜拉索面上的任何位置。

(4)必要时,可以设专人分别拉住作业平台两侧的绳索,以辅助作业平台的稳定。

7)安装或者检修灯具

(1)安装灯具时,先将设有垂直半径方向的螺栓套筒的护套1与抱箍通过螺栓固定在斜拉索上,灯具线路敷设完毕后,再用螺栓将护套2固定在抱箍上。套筒每1m一节,上一节与下一节通过企口相连。护套安装完毕后,再安装护套外的两道不锈钢套箍,完成灯具安装。当作业平台内携带的灯具装完后,控制作业平台到桥面,补充灯具。

(2)检修灯具时,先卸掉套筒外的两道套箍,拧掉护套2上的螺栓,卸下护套2,即可对灯具及线路进行检修。检修完成后,再将护套2用螺栓安装,套箍。

8)控制爬升器与作业平台回到桥面

安装或检修工作完成后,作业平台内的检修人员控制爬升器和作业平台,回到最上方斜拉索的桥面位置。

9)放松爬升器与防坠落吊绳

卸掉穿过手动吊篮提升机的爬升器和防坠落吊绳的紧绷力,使吊绳处于放松状态。

10)拆除爬升器和作业平台

(1)将作业平台从爬升器上拆离。

(2)将爬升器从斜拉索上拆解卸下。

11)拆除爬升器吊绳和防坠落吊绳

(1)主塔顶的操作人员将爬升机吊绳和防坠落吊绳从塔顶的预埋件的吊耳上卸下,通过塔顶的起吊机将爬升器吊绳和防坠落吊绳从塔顶慢慢下放至桥面。

(2)将爬升器吊绳与防坠落吊绳盘好,与作业平台等设备一起运回库房保存。整个安装检修工作结束。

5.3 劳动力组织

劳动力组织情况见表1。

劳动力组织情况表 表1

项 目	分 工	人 数	备 注
灯具安装与检修	总指挥	1	
	施工人员	2	塔顶安装吊绳
	施工人员	2	吊绳手动绷紧
	灯具安装(检修)人员	2	
	检修装置安装人员	5	兼顾作业平台拉绳
	小计	12	

6 材料与设备

本工法采用的机具设备见表2。

机 具 设 备 表 表2

序 号	设 备 名 称	设 备 型 号	单 位	数 量	用 途
1	爬升器(含卷扬机)		台	1	
2	作业平台(含两台电动提升机)		台	1	
3	钢丝绳	6×37-8-1670	m/根	230/2	
4	钢丝绳		m/根	60/2	
5	手动吊篮提升机	HSS408	台	2	
6	电子传感器	BSWE-150	台	2	
7	对讲机		台	3	通信

7 质量控制

7.1 一般要求

(1)加强爬升器、作业平台尺寸加工精度的控制和复核,特别是与斜拉索接触滚轮的精度,确保各个构件,特别是滚轮的制作及安装尺寸精度满足要求。

(2)严格执行套筒式灯具安装检修工艺的规定和相关规范要求。

(3)制订相应的施工实施细则指导施工。

(4)严格执行安装检修的检查验收制度,坚持执行班组自检,专人复检。

7.2 质量控制标准

正常条件下设备检查每年两次,检查内容包括各元件是否完好,有无过热、松动现象。对损坏的构件,如 LED 灯等,随时发现,随时更换。

7.3 质量保证措施

(1)灯具套筒制造加工工艺必须满足精度要求,以保证后续安装与检修。

(2)套筒螺栓和外套箍必须拧紧,确保套筒和斜拉索的连接。

(3)保证爬升器的吊绳具有一定的安全储备。

(4)爬升器的滚轮采用与斜拉索 PE 护套相同的材质,防止爬升时对斜拉索损伤。

(5)主塔和主梁上预埋构件必须进行可靠的预埋和防锈处理,采用多元合金共渗 + 达克罗 + 封闭层处理,保证预埋构件的安全耐久性。

8 安全措施

(1)针对套筒式灯具安装与检修,制订专门的安全作业操作规程。

(2)进行灯具安装与检修时,对受影响的交通车道,应向市政交通运输主管部门申请封闭车道,按交通运输主管部门批准时间作业,并在检修位置前后安全距离外设置醒目交通导流标志。必要时设置专职的交通导流人员。

(3)套筒式灯具安装与检修施工安全保证措施如下。

①认真贯彻执行国家和地区建设施工现场安全防护标准及在高空作业的一切规章制度。对所有在岗人员进行安全教育,认真学习相关操作规程,经审定合格者方可持证上岗。所有操作人员始终贯彻落实“安全第一”的原则。

②对具体操作人员,必须进行专门的身体检查与专业培训,患有高血压、心脏病等不宜高空作业的人员,不准参加高空作业。凡发现工作人员有饮酒,精神不振者禁止高空作业。

③现场设立专职的安全员,专职安全员必须到现场检查安全情况和落实措施,检查各种工具和防护用具是否安全可靠,发现问题立即调整、更换、停用。专职安全员就是现场安全的第一责任人。安装检修前,应与具体操作人员进行详细的安全交底,做到操作人员人人心中有数。

④在进行安装检修作业前,所用的吊绳、卸扣、爬升器、作业平台、安全带等防护用品必须经检查可靠、有效后,方可使用。

⑤安装检修时,应将手持工具、小型工具等放入材料袋中,严禁将工具、工具袋等高空掉落。

⑥在安装检修中,操作人员应精力高度集中从事本职工作,密切注意情况,遇到异常,立即停工排除。

⑦作业平台高空作业时,下方不得站人,安全员负责监督作业平台下方地面情况,劝离非相关人员,并与作业平台内及时沟通。

⑧安装检修尽量选择在天气良好的情况下进行。如果遇到雨雪天气、光线不足、6 级及以上大风须停止作业。

⑨特殊或紧急情况处理措施：

当作业平台发生倾斜时，平台内作业人员应立即停止作业，停止一切机械运行，切勿盲目跳下。简单检查原因，如不能确定原因则告知地面人员，可通过吊车救援平台上人员，并联系厂家进行维修。

9　环保措施

(1)安装检修场地和作业限制在允许范围内，合理布置空间，设置安全醒目的导流标志，做到标牌清楚、齐全，各种标志醒目。

(2)爬升器和作业平台选取先进的环保机械。其自带动力装置选取低噪声的设备。

(3)安装检修完毕后对场地进行全面清理，不影响交通运营。

10　资源节约

(1)本工法安装检修灯具时，使用设备简易，减少了大型起吊机械的使用。

(2)本工法检修设备简易，维修和养护的成本很低。

11　效益分析

(1)套筒式安装检修工法操作简便，不需要借助大型起吊设备。仅依靠自身爬升器和作业平台即可完成全部斜拉索套筒式灯具的安装和检修工作。以京新上地斜拉桥为例，全桥共44对，88根斜拉索，最长索长222m，除去最上方用作爬升器轨道的四根斜拉索，安装灯具的索长共10 550m。安装时为减少工期；且本道路属新建道路，尚未开通运营，因此采用了该工法与地面吊车两种方法结合的方式进行了灯具安装，该工法大概能够达到每5min完成一节灯具的安装。

(2)套筒式安装检修工法操作简单，不需要借助外部的机械就可以完成对全桥斜拉索的检修，且安装或者检修占用空间很少，对道路运营的影响很小。

12　应用实例

1)工程概况

应用实例为北京市京新上地斜拉桥套筒式灯具的安装与检修。京新上地斜拉桥是京新高速公路(五环路—六环路)工程的一部分，为46m+46m+230m+98m+90m五跨连续独塔单索面预应力混凝土曲线斜拉桥。桥梁全长510m，主梁宽35.5m，主塔高99m。全桥共44对，88根斜拉索，最长索长达222m。除去最上方用作爬升器轨道的四根斜拉索，安装灯具的索长共10 550m。采用套筒式灯具，为适应不同索径，全桥共设置3种不同直径的套筒式灯具。京新上地斜拉桥全桥布置图见图5。

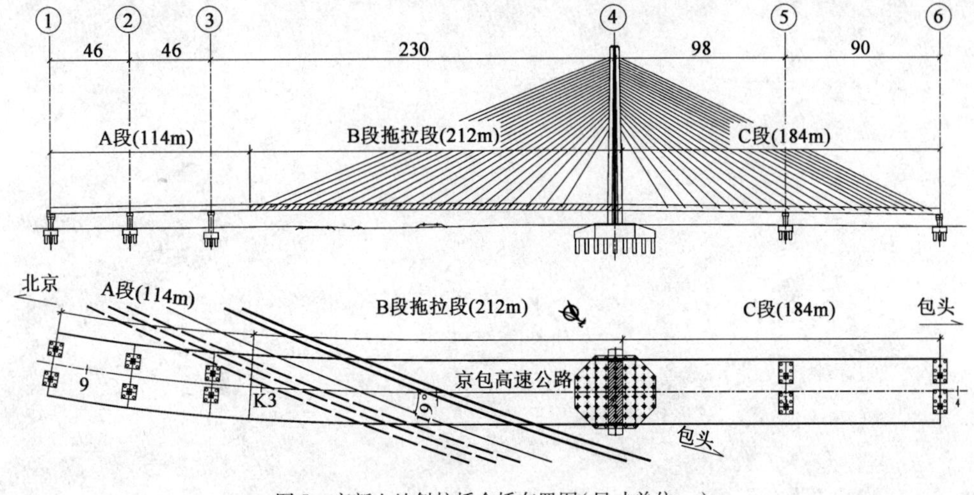

图5　京新上地斜拉桥全桥布置图(尺寸单位：m)

2)施工情况

在京新高速公路开通运营前,对全桥斜拉索的套筒式灯具进行了安装。为节约工期,现场采用了该工法与地面吊车两种方法结合的方式对全桥灯具进行了灯具安装,上部的灯具主要采用该工法进行了安装,大概安装速度能够达到每5min完成一节灯具的安装。

本桥2011年年底通车运营至今,对斜拉索及斜拉索灯具的日常检查维修均采用该工法,检修作业简单,且检修时仅占用靠近斜拉索一侧的最内侧车道,对京新高速公路的运营影响很小。

3)施工完成情况评价

京新高速公路上地斜拉桥采用该工法进行安装和检修,设备简单,便于操作,不需要借助外部的起吊设备,且仅需对最内侧车道进行封闭导流,对京新高速公路的运营影响降到了最低。

独柱柔性墩超宽连续刚构节段预制拼装施工工法

GGG(中企)C3112—2013

杨 晖 刘防震 陈剑波 吴 楠 高 博
(中铁大桥局集团有限公司)

1 前言

连续刚构梁是桥梁上部结构的一种类型,结构截面一般为箱形。嘉绍大桥Ⅶ标北岸水中区引桥上部结构也采用了连续刚构梁,但具有自身特点:桥址位于世界三大强涌潮区之一的钱塘江口,无通航条件,作业施工条件复杂,大型施工船机设备无法进驻施工现场。为适应强涌潮区的自然环境,同时降低施工难度、风险及成本,满足结构受力要求,在国内首次采用单桩独柱墩梁固结的结构形式,墩身刚度小,对架梁线形影响大,墩梁固结工艺复杂、固结质量要求高,在涌潮区无通航的条件下,作业施工条件复杂,对施工组织能力、施工质量控制、安全风险控制均要求极高。鉴于此,中铁大桥局在嘉绍大桥Ⅶ标北岸水中区引桥连续刚构梁施工中采取将主梁进行节段预制、所有梁段均从已架成桥面运送(即梁上运梁)的方式进行拼装架设,利用架桥机在进行“T”构及边跨拼装时,用架桥机同步完成墩顶块(包括中墩顶墩梁固结的0号块、过渡墩顶临时锚固的22号块)的拼装施工。与国内类似桥梁施工比较,该施工方法对现场施工条件依赖性小、环境适应性更强、适用面更广,取得了良好成效,并通过总结形成本工法。

2 工法特点

(1)短线法预制周期短、占地小,节段梁的预制可与下部结构平行作业,大大缩短了建桥工期,但是施工进度要求高,施工要求严。

(2)节段梁短线匹配预制将大规模现场作业转换成工厂化、标准化场内流水作业,速度快,质量可控性强。

(3)预制台座采用先进的移动式钢底模、固定式外侧钢模、液压式内模系统,模板拼装工作量较小,施工速度快。

(4)预制场采用轮胎式搬梁机进行节段梁的转运存放,方便灵活。

(5)节段箱梁架设采用JQJ200架桥机,整机采用先进的机、电、液一体化构造,卷扬机系统中配备有超载保护控制装置,另外还配有大风报警装置及各种限位开关,有效地保证了架桥机的安全、高效。

(6)架梁起始位置设固定式提升站,用于起始段墩顶块架设、架桥机拼装及提升节段梁上桥。

(7)运梁方式:轮胎式运梁台车从梁场运梁至提升站下方,提升站提升节段梁至桥面运梁台车上,桥面运梁台车运梁至架桥机尾部喂梁。

(8)墩顶块采用梁场预制,架桥机架设后,在墩顶二次浇筑。

(9)为不影响施工进度,左右幅墩身先临时锁定,横系梁稍后施工。

3 适用范围

本工法适用于公路及铁路连续梁及连续刚构结构形式的节段梁匹配预制、架桥机悬拼施工。

4 工艺原理

1)节段梁短线匹配预制

将每联箱梁按照"T"构及边跨形式划分成若干短节段,在制梁台座上利用可调整模板系统完成首个节段浇筑后,用台车将其拉至匹配位置作为下一节段的端模(即匹配梁段),然后利用匹配梁段及模板系统完成下一节段的浇筑。如此循环完成整个"T"构及边跨预制。

2)节段梁架设

先利用架桥机进行墩顶块安装→进行墩梁固结施工→同步对称悬拼完成第一个"T"构施工→进行一联首边跨悬挂施工,完成首边跨合龙→架桥机过孔→架设前方墩顶块,完成第二个"T"构悬拼,安装合龙段→循环完成一联所有"T"构施工→最后进行末边跨悬挂施工,完成末边跨合龙,一联施工完成。按此程序循环完成全桥施工。

5 施工工艺流程及操作要点

5.1 节段梁匹配预制

节段梁短线匹配预制,以每两条相邻湿接缝间的所有梁段为一个预制循环单元。一个预制循环单元以0号块梁段预制为起点,向施工桥跨的前进方向进行预制,至相邻的下一道湿接缝时结束。

短线匹配法预制工艺流程见图1。

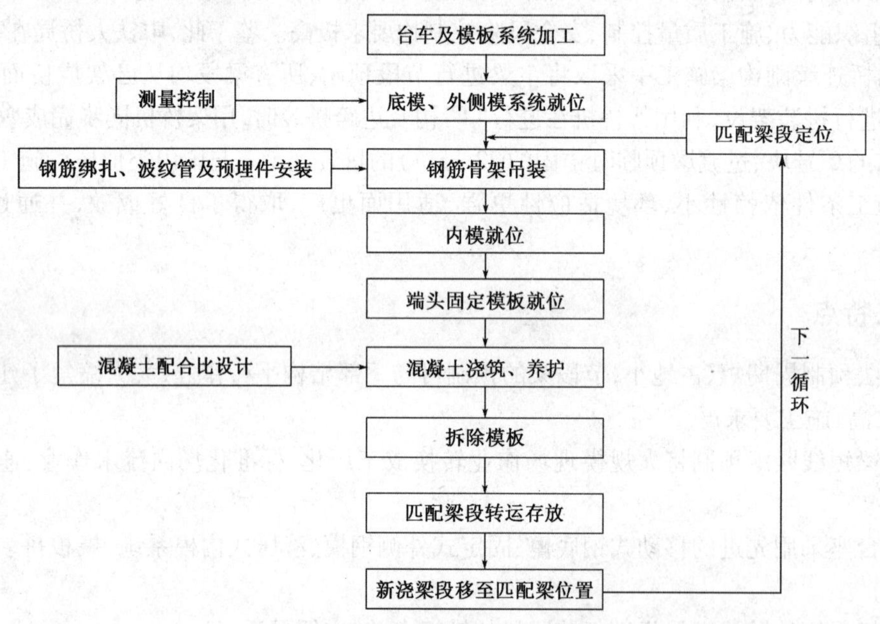

图1 节段梁短线匹配预制工艺流程图

节段预制施工的总体操作程序如下:清理台座、立模、吊装钢筋骨架、浇筑墩顶0号节段→拆除0号节段模板(侧模及内模),将0号节段移出作匹配梁并编号、调位,立模、吊装钢筋骨架、浇筑下一节段(以下称h1节段)混凝土。→拆除h1节段模板,将0号节段与h1节段分离,编号。将0号节段移出制梁台座(待0号节段作匹配梁时再调用)。→将h1节段移至匹配梁位置并调位,安装调整h2梁的模板系统及钢筋骨架,浇筑节段混凝土。→按照h2的预制的程序完成半个"T"的悬臂节段的预制。→将0号节段起吊并移至另一台座(或等半个"T"的悬臂节段完成后就在此台座位匹配)匹配梁的位置,使其另一端作匹配面,按照上述步骤完成另半个"T"悬臂节段的预制。→按以上程序完成所有"T"的节段预制(包括每联边跨非"T"的节段预制)。

1)预制场布置

梁场设预制台座13个,台座地基采用水泥土搅拌桩进行处理,每个预制台座为一个生产车间,每个台座设置养护棚,养护棚为活动式屋架以满足提梁、吊装钢筋骨架的需要。每个制梁台座对应一个钢筋绑扎胎模。匹配梁由梁场内200t轮胎式搬梁机移至整修台座上整修或存梁台座上存放。存梁台座地基采用水泥土搅拌桩处理。

2)模板系统构造及安装

(1)模板系统分为固定端模及支架、活动端模(首节段预制)、外侧模及支架、内模及移动支架、底模及底模台车、液压系统等几部分组成。其总体结构形式见图2。

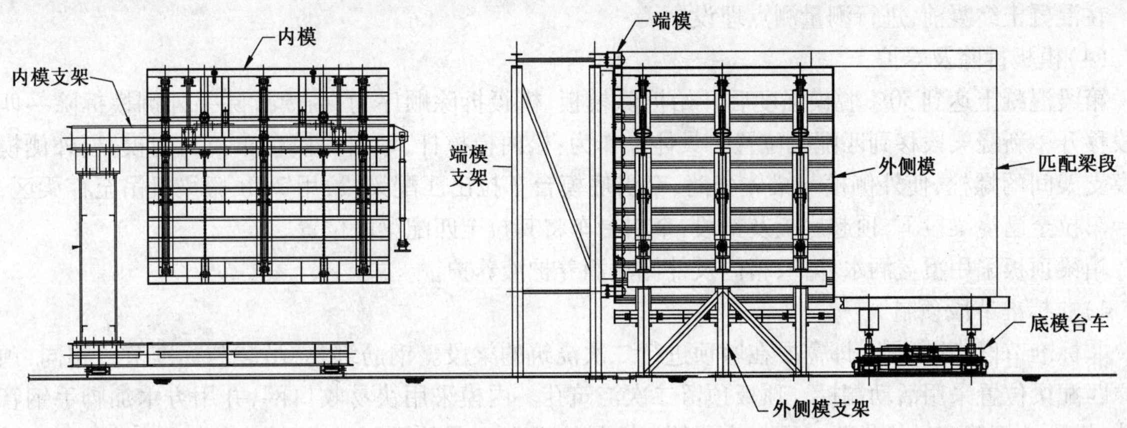

图2　模板系统图

固定端模位于侧模系统的一端,加劲后与固定在地面的支撑锚固支架连接,形成待浇梁段的一个端模。安装时,端模与底模、侧模通过螺栓连成一体。

活动端模用于一个预制循环单元的首个节段梁预制,安装在与固定端模相对的侧模另一端。活动端模通过螺栓和对拉螺杆与侧模和固定端模连接固定。

侧模支撑于支架结构上,支架上设有螺旋调节系统,并可绕底部设置的铰沿轴转动,既确保了侧模与混凝土匹配梁段的紧密结合,又便于模板的安装与拆除。

内模设计成小块组合模板,根据各节段预制需要进行组合。内模主要由顶板底模、腹板内侧模及角模组成,各模板之间采用可调撑杆支撑。整个内模系统固定在滑梁上,可由液压系统完成竖直方向伸缩及横向开启、闭合,并通过专用台车伸进移出。

底模上设有与侧模及固定钢端模联结固定装置。每个台座处(即一个预制点)共有两套底模及支撑平台(分别用于匹配梁段和待浇节段),它们之间相互换位,移出时采用台车,移进时采用龙门吊。底模台车安装有竖、横向各4台液压千斤顶,可用于底模和匹配梁段的三维位置调整。

(2)模板首次安装时按照固定端模系统→底模系统→侧模系统→活动端模系统→内模系统的顺序拼装模板。

3)标准节段预制

(1)外模调整

将新浇梁段拖至匹配位置后,吊入底板,为了加快调梁速度,先将匹配梁拖至理论长度位置,匹配梁匹配端应伸出匹配梁底板不小于5cm,以确保匹配梁顺利调整。

根据监控数据利用底模台车对匹配梁进行精确调整,并检查固定端模。

撑紧外侧模螺栓,打磨匹配面,涂抹隔离剂,清理模板,准备吊装钢筋骨架。

(2)钢筋绑扎

箱梁节段钢筋采取先绑扎成型、再整体吊装入模的方式进行,钢筋绑扎在固定的钢筋绑扎胎模上进行,在钢筋胎模上绑扎钢筋的同时进行体内预应力波纹管(锚垫板)的埋设。进内模后进行其余预埋管件的埋设。同时,将纵向波纹管精确定位,将波纹管一端(带塑料堵头)用螺钉固定于固定端模上,另一端与匹配梁上对应的管道对接;为防止浇筑混凝土过程中管道移位、变形,在匹配梁与纵向波纹管中穿通长芯棒。

(3)混凝土浇筑

混凝土采用吊斗或汽车泵浇筑,浇筑顺序为:底板→腹板→顶板(含翼板)。底板采用在固定端模顶面挂设串筒,并经溜槽输送至底板上进行浇筑,底板与腹板倒角混凝土的布料及振捣采取在内模下方倒角处开设三个约 15cm×15cm 的方孔,通过该处观察混凝土的布料情况并经此处对混凝土振捣密实。腹板采用两边对称下料,每层混凝土浇筑厚度为 30cm。振捣时用插入式振捣棒进行振捣。

在混凝土终凝前,进行测量测点埋设。

(4)模板拆除及养护

箱梁混凝土达到 50% 脱模强度后开始拆除模板,模板拆除顺序为:内模拆除→外侧模拆除→匹配梁段移开→新浇梁段移到匹配梁位置。具体操作为:松内模撑杆,牵引内模台车拉出内模,松外侧模与侧模支架间的螺栓,使外侧模与梁体分离,牵引底模台车拉出匹配梁段,用 200t 搬梁机吊至存梁区,底模台车拉至已浇梁段下,顶起底板及梁段,牵引台车将其拉至匹配梁段位置。

箱梁顶板采用覆盖洒水养护,箱内及外侧喷洒养护液养护。

4)非标准节段预制

非标准节段指墩顶块,即需要在墩顶进行二次浇筑的梁段。钢筋绑扎、吊装与标准节段相同,预制时原匹配梁位置采用活动端模。顶板预留二次浇筑孔。内模采用快易收口网,并用方木加脚手钢管做支撑,横隔墙钢筋穿过快易收口网。为了便于 1 号块匹配,0 号块预制时,两端头往里 10cm 范围内采用钢模作为内模。

5)转向块施工

带转向块梁段,按照标准节段预制方法预制,预制时预留转向块钢筋,腹板采用套筒预留,顶板预留二次浇筑下料孔。

在存梁区绑扎转向块钢筋,安装转向器及模板,进行二次浇筑。

6)节段梁短线预制线形控制

箱梁节段预制阶段线形控制主要集中体现在箱梁模板精度控制和匹配梁段精确定位两个环节,测量精度控制也是确保线形符合设计要求的必要条件。采用几何控制程序,在预制之前,需要准确计算拼装阶段桥梁变形情况,为程序提供预拱度数据。程序包含了桥梁整体线形、分段情况等必要信息,工程测量控制方式是按照程序进行,

程序的基本概念是预制单元现场坐标与预制单元空间坐标的相互转换,几何尺寸误差由程序控制在一定的范围内,并在随后的梁段预制过程进行调整。

(1)短线匹配预制线形控制的实现

短线预制法成功的关键在于匹配梁段位置数据精度控制,当浇筑不同特定几何线形的梁段,其实现方法如下:

①需要浇筑直线梁段时,匹配梁段 $n-1$ 只需要沿直线从浇筑位置移动到匹配位置[图 3a)];

②需要浇筑竖曲线时,必须首先把匹配梁段移动开,然后在立面上转动一定角度 α[图 3b)];

③需要浇筑桥梁平曲线时,必须首先把匹配梁段平移到一定的位置,然后在平面上转动一定的角度 β[图 3c)]。

(2)模板精度控制

模板精度控制主要体现在固定端模的精度控制。固定端模模面须保持竖向垂直并与预制单元中线成 90°,其上缘须保持水平,水平误差和与中线的垂直度误差必须控制在 1mm 之内。

梁段浇筑完成后,下一梁段浇筑前,均需对固定端模精度进行校核。一般情况下固定端模不需移动,但如果过程中发现固定端模位置达不到规定要求时,则必须调校合格后方能进行下一道工序施工。

底模:对于等高箱梁,底模需水平安置并与固定端模下缘良好闭合。底模中线必须在水平与竖向与固定端模面成 90°。

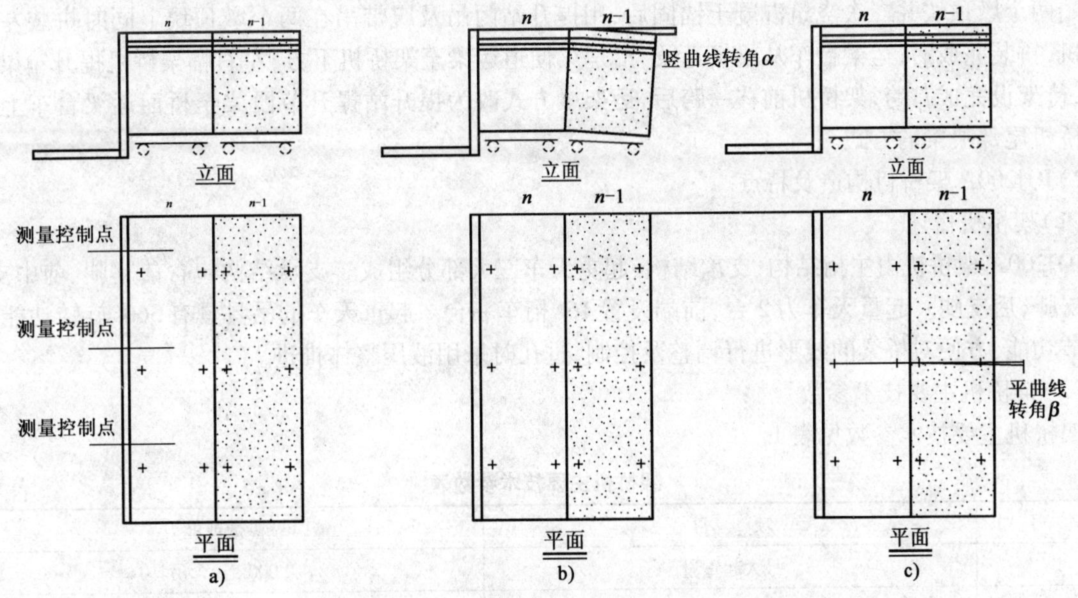

图3 不同线形梁段的浇筑方法

a)浇筑直线梁段;b)浇筑竖曲线梁段;c)浇筑平曲线梁段

外侧模:要检查它和固定端模闭合是否良好。

(3)匹配梁段定位

匹配梁段的定位主要通过6个控制测点来实现,测点布置见图4。

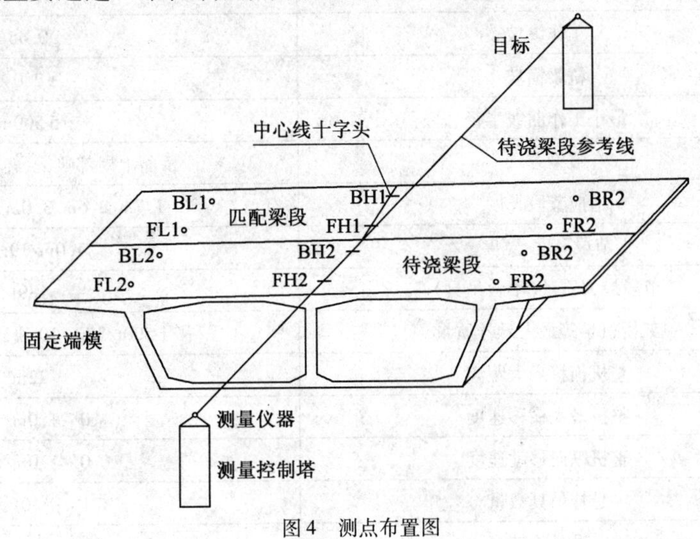

图4 测点布置图

用沿节段中心线的两个测点(FH&BH)来控制平面位置,用沿腹板设置的四个测点(FL,FR,BL&BR)来控制高程。所有控制测点在新浇筑梁段混凝土凝结前安放在梁段顶板上。预埋测点由镀锌十字头螺栓和U形圆钢组成。这些预埋件必须尽量设置在规定的位置,但是并不要求位置绝对正确,因为它们只是相对位置的参考。

匹配梁段精确定位:匹配梁段的精确定位是通过测量仪器观察梁段顶面上的6个控制点,并通过10t手拉葫芦和底模台车上的油压千斤顶进行调整。手拉葫芦主要是精确控制其纵向距离的微调,油压千斤顶主要是精确调整梁段高程和轴线偏角。整个调整过程由专人统一指挥,每一步调整操作均要求缓慢、细致。

5.2 节段箱梁架设

1)箱梁运输

在起始两个墩位处安装一台移动轮轨式或两台固定式提升站,提升站横跨左右幅桥。用提升站安装起始两个墩顶块并二次浇筑混凝土锚固后,用提升站门吊及履带吊在两个墩顶块上同时拼装左右幅架桥机,拼装完成后,运梁台车从梁场运梁,沿运梁便道运梁至架桥机下方,左右幅架桥机提升箱梁同步架设,待架设完成首跨,架桥机前移一跨后,运架梁方式改为提升站提升节段梁至桥面运梁台车上再运至架桥机尾部喂梁的方式。

2)JQJ200A 架桥机构造及特点

(1)架桥机概述

JQJ200A 架桥机由主桁结构、支承结构、起重天车三大部分组成。支承结构包含前支腿、前中支腿、后中支腿,后支腿。起重天车为2台,前端设置16t 桁车一台。起重天车的吊具具有360°旋转功能及三向调节功能,方便对桥梁的线形进行调整及控制,过孔时采用液压整体推进。

(2)架桥机主要技术参数

架桥机主要技术参数见表1。

架桥机主要技术参数表

表1

序　号	项　　目	参数或能力
1	最大起重量	2 000kN(含吊具)
2	起升高度	30m(吊具以下)
3	架设跨度	70m
4	整机工作级别	A3
5	边跨悬挂跨中最大挠度	1/500
6	悬臂过孔最大挠度	1/100
7	工作纵坡	±0.45%
8	桥梁横坡	±2.0%
9	最小工作曲线半径	5 500m
10	喂梁方式	桥面上尾部喂梁、架桥机下方喂梁
11	适应节段长度	1.7m、2.6m、3.0m、3.5m、3.6m
12	节段高度/宽度	4.0m/19.8m
13	节段最大质量(不含吊具)	189t
14	架桥机半跨最大悬挂质量	1 500t/35m(10块)(不含吊具)
15	整机横移最大距离	22m
16	整机最大横移速度	0~1.0m/min
17	整机纵向移动速度	0~1.0m/min
18	悬挂吊具数量	10
19	吊具旋转	360°
	吊具横向调整角度	±4%
	吊具纵向调整角度	±4%
20	起重天车数量	2
	横向调整距离	±0.9m
	横向移动速度	0~1.0m/min
	纵向移动速度	0~15m/min(重载)
21	主梁数量/长度	2/178.51m
22	前支腿数量	1
23	中支腿数量	2
24	后支腿数量	1

续上表

序 号	项 目	参数或能力
25	16t 桁车数量	1
26	张拉作业车	2
27	墩旁托架	2
28	整机工作时外形(长×宽×高)	173.9m×16m×18.5m
29	整机功率	交流/380V/三相五线、约 350kW
30	整机质量	约 1 582t
31	运梁设备限宽	≤6m

3)架桥机拼装及试验

起始两个墩顶块用提升站安装后,架桥机在两个墩顶块上拼装,采用提升站及大型吊机配合,主桁可以分块拼装也可以整体抬吊拼装。

试验分为工厂试验和施工现场试验两部分。工厂试验主要是验证架桥机设计的可安装及可操作性并检查制造和安装中存在的质量缺陷。现场试验主要是验证架桥机现场使用的安全性、合理可靠性及验证各项技术性能参数是否达到合同要求。现场试验分为:起重天车试验、"T"构架设及墩顶块自架试验、首半跨悬挂试验、末半跨悬挂试验、整机过孔试验。试验顺序如下。

(1)空载试验,包括起升机构的空载运转试验、起重天车的大车空车行走试验、起重天车的小车横移试验、起重天车的吊具空运转试验。

(2)额定荷载试验。

(3)动载试验。动载试验按 1.1 倍额定荷载加载。

(4)静载试验。静载试验按 1.25 倍额定荷载加载。

(5)墩顶块自架工况试验,按额定荷载加载。

(6)"T"构架设工况试验。按额定荷载加载,先进行全程负载走行试验(也可在 1 号天车进行额定荷载大车走行试验时完成),再进行"T"构架设工况试验。

(7)边跨悬挂试验。先进行首边跨悬挂试验,再进行末边跨悬挂试验,均按 1.1 倍额定悬挂荷载(1 500t)加载。

(8)架桥机整机过孔试验。

4)节段梁架设总体施工流程

以下以 P*n*~P*n*+5 号墩一联"T"构为例进行叙述。

(1)墩顶块及"T"构悬拼(图 5)

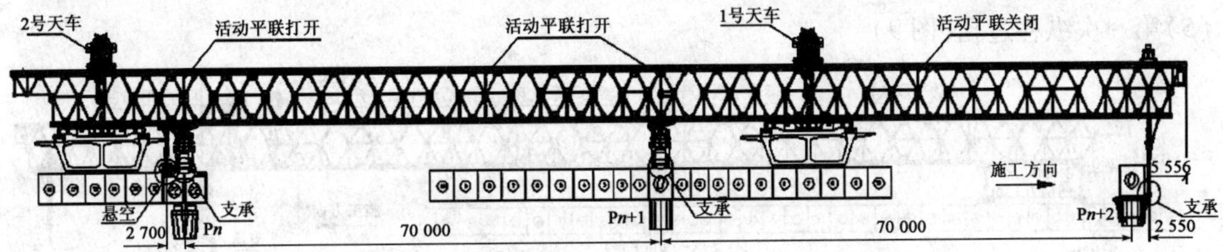

图 5 墩顶块及"T"构悬拼(尺寸单位:mm)

①从架桥机尾部取梁,首先完成前方 P*n*+2 号墩 0 号块的安装,再进行"T"构对称悬臂拼装。

②为减小偏载对墩身的影响,尽量减小前支腿中心到 P*n*+2 墩身中心的距离 L。

(2)首边跨架设(图 6)

①首边跨悬挂时,确保把架桥机纵向站位调整成前支腿中心距离 P*n*+2 墩身中心 $L=2.55$m,在这个状态下受力最大的后中支腿处桁架刚好是一根竖向直腹杆对着后中支腿支承座中心。

②所有梁块在天车与悬挂螺纹钢筋的重力转换时,应用穿心千斤顶张拉 ϕ47 螺纹钢筋均匀而缓慢卸载,避免冲击。每卸载一片梁后,为防止误操作均应立即拆除并转移穿心顶到下一个待架梁块位置。全部悬挂→逐个节段胶拼→两个湿接缝施工→边跨合龙束张拉压浆。

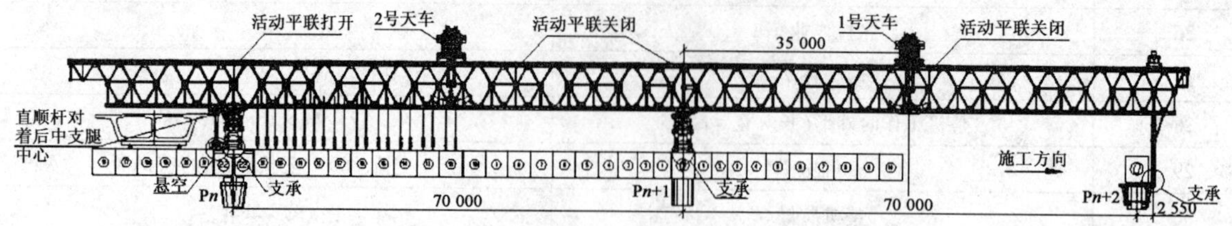

图6　首边跨架设(尺寸单位:mm)

(3)后中支腿前移(图7)

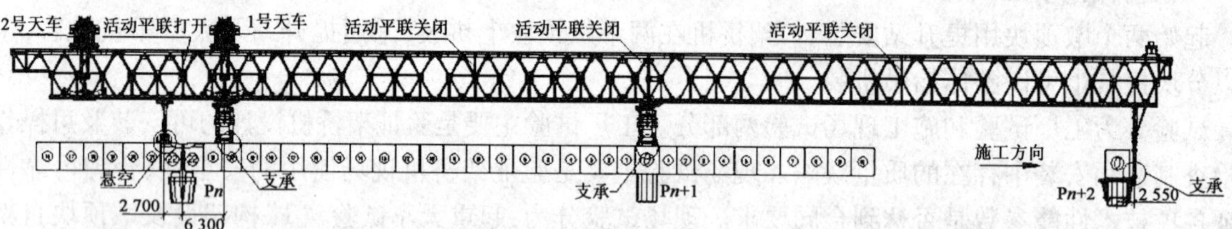

图7　后中支腿前移(尺寸单位:mm)

①首边跨悬挂施工完成后,整机准备纵移过孔。

②后支腿前移,尽量靠近后中支腿。此时,后支腿中心线距离墩中心约 2 700mm。

③顶起后支腿,前移后中支腿 6.3m。

④再次顶起后中支腿,收后支腿。

(4)前移中支腿(图8)

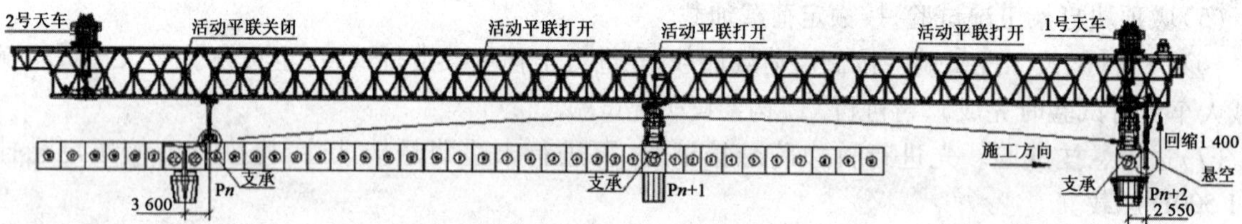

图8　中支腿前移(尺寸单位:mm)

①后支腿向施工方向前进 6.3m 后停止,并支顶。

②天车吊装后中支腿至前方 Pn +2 墩墩顶,转换为前中支腿。

③前中支腿支顶,收起前支腿。

(5)第一次纵移过孔(图9)

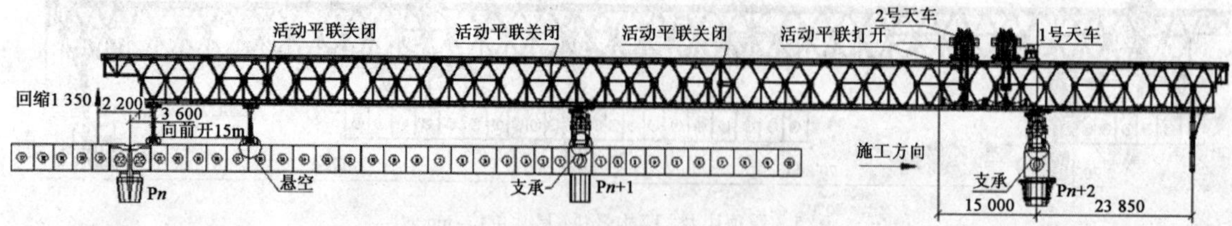

图9　第一次纵移过孔(尺寸单位:mm)

①架桥机主桁在 Pn +1 墩后中支腿油缸作用下前移 21.3m 后暂停。此时后支腿即将脱离主桁架。

②收后支腿,后支腿向前走行 15m。

③为保证过孔时整机的稳定性,同时减小后支腿受力,此次过孔过程中保持两台起重天车始终在前中支腿后 15m 范围内。

(6)第二次纵移过孔(图10)

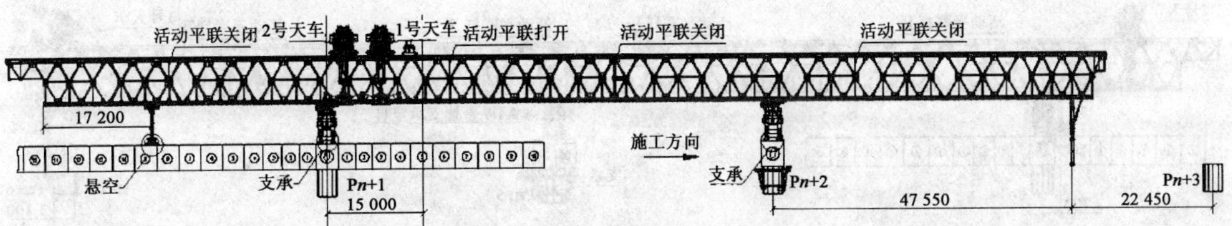

图10 第二次纵移过孔(尺寸单位:mm)

①Pn+1、Pn+2号墩两中支腿共同顶推,使主桁架再次前移26.25m。

②为确保纵移过程整机具有更高的稳定性,两台起重天车及辅助天车在纵移过程中应当逐步向Pn+1墩后中支腿走行靠拢,最终退至距离后中支腿15m范围内。

(7)第三次纵移到位(图11)

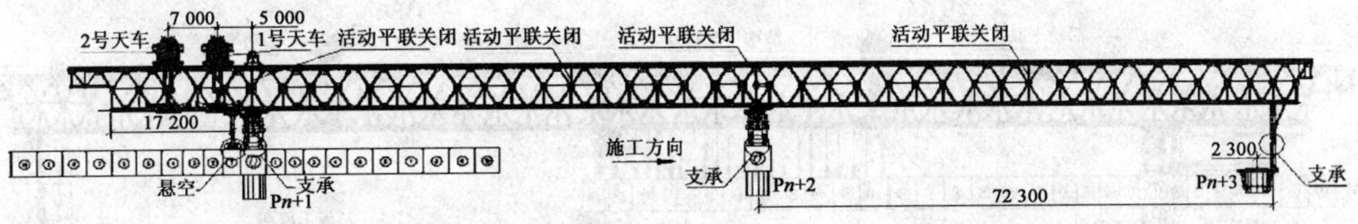

图11 第三次纵移到位(尺寸单位:mm)

①Pn+1、Pn+2号墩两中支腿共同顶推使主桁架再次前移,直至前支腿到达安装位置。

②此次纵移距离应根据Pn+3墩的类型来确定,纵移距离应确保前支腿中心到Pn+3墩身中心的距离L:3.1m主墩,L=2.3m;3.4m主墩,L=2.45m;3.6m主墩,L=2.55m。

③为确保纵移过程整机具有更高的纵向稳定性,各天车在整机继续纵移12m后退至图示位置。

④顶起前支腿。

(8)其他"T"构架设及合龙(图12)

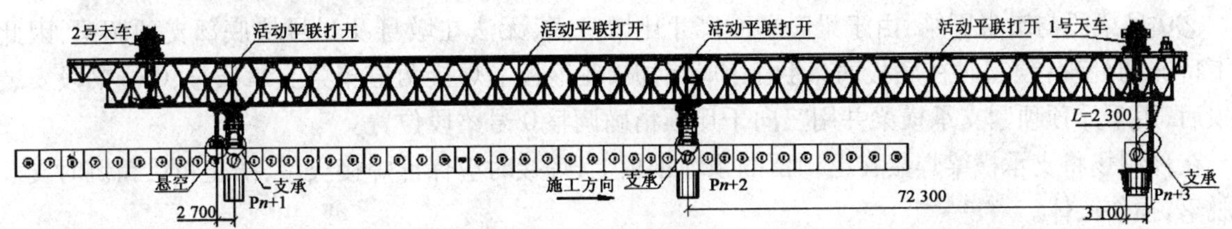

图12 其他"T"构架及合龙段施工(尺寸单位:mm)

整机检查,架设墩顶块,"T"构及合龙段施工。

(9)22号块架设及一联最后一个"T"构架设(图13)

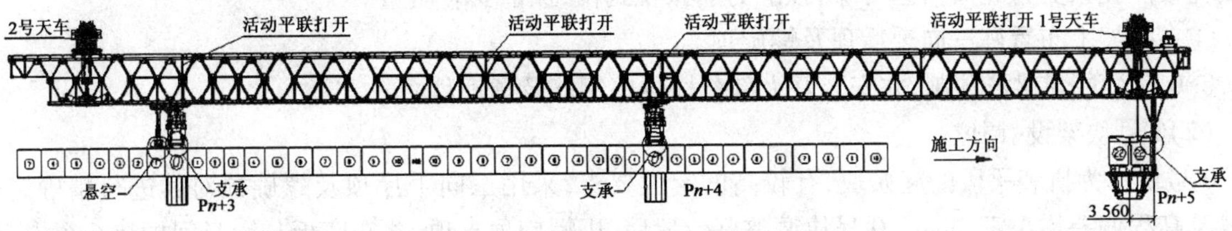

图13 22号块架设及一联最后一个"T"构架设(尺寸单位:mm)

①按上述工法架梁至前支腿支承于Pn+5号过渡墩墩旁托架,过渡墩不论是哪种规格的墩身,前支腿距离墩身中心距离均为3 560mm。

②墩顶两个22号块架设、最后一个"T"构架设及合龙。

(10)末边跨架设准备(图14)

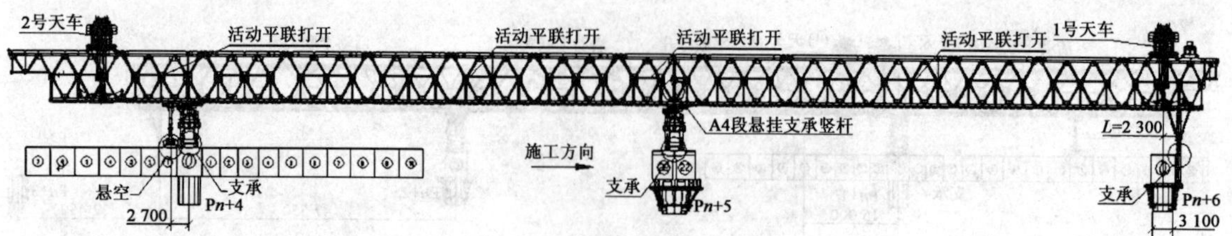

图14 末边跨架设准备(尺寸单位:mm)

①纵移过孔,使前支腿纵移到下一联主墩墩旁托架上。

②整机检查,纵向位置调整,做末边跨悬挂准备。检查A4段悬挂支承竖杆与Pn+5墩中心偏差不超过150mm。如超差需对主桁纵向位置进行调整。

(11)末边跨架设(图15)

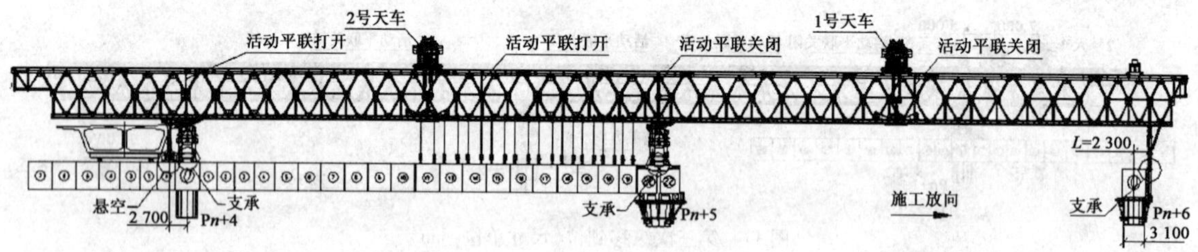

图15 末边跨架设(尺寸单位:mm)

①按首边跨施工方法进行末边跨施工,天车位置如图15所示放置。

②重复上述步骤进行下联施工。

5)主墩墩顶块施工技术操作要点

(1)架设前准备

①墩顶进行凿毛。提前对墩顶进行凿毛处理,调整墩身预埋钢筋,根据墩顶十字线确定0号块与墩顶接触面范围,确保墩顶接触面的高程比设计梁底高程低3~5cm。

②0号梁段与墩身固结,由于梁底平面尺寸比墩身大,无法在墩身及0号块底部支顶调梁,因此采用了特殊的处理:预制时在底板两条肋上预埋钢板,在钢板上焊接两道箱梁支承横梁,0号梁段安装于墩顶后,用千斤顶顶紧支承横梁并用三向千斤顶精确调整0号梁段位置。

在预制场将支承横梁焊接在已预留的预埋钢板上,焊接时应保证焊接质量,防止箱梁精调时支承横梁脱落,损伤梁体。

③下部结构施工时,需在0号块的墩身上预埋剪力槽及孔道。0号块施工前安装墩身托架,墩身托架作为架桥机前支腿支承、0号块支承、0号块二次浇筑底模支承、0号块施工操作平台等,具有多项功能。将墩身上剪力槽内模板及多余混凝土清理干净,复核剪力槽位置是否与设计相符,防止无法安装0号块托架。托架剪力凳需抄垫可靠,预应力筋张拉到位,保证安装质量。

④在托架上布置好三向千斤顶及螺旋顶。

⑤0号梁段在梁场预制,并安装好大部分横隔墙钢筋及预埋件。

(2)0号块架设、调位

0号块作为拼装梁段的起始块,有较高的定位要求,采用三向千斤顶及螺旋顶对其进行精确定位,轴线及高程偏差均小于2mm。0号块调整好位置后,用螺旋顶支顶,并在底板与墩身间抄垫6个点。

(3)0号块底部灌浆及顶板反拉调整

①0号块箱梁与墩身固结,在施工时横系梁底部与墩身间预留3~5cm缝隙,由于二次混凝土浇筑难以密实,所以采用支座灌浆料填充密实。

②由于0号块刚度小,墩顶在支承状态下,翼缘下挠度大,因此在顶面设反调装置调整其状态,确保

能与1号块匹配。

③安装钢筋、体内外预应力管道、模板后进行二次浇筑。

由于箱梁钢筋密集、操作空间有限、振捣盲区较多，因此侧模及顶板须预留足够的振捣孔，人还必须进入箱内进行振捣。

6）过渡墩墩顶块施工技术操作要点

（1）架设前准备

①垫石进行凿毛，支座设预偏量，安装支座（高程比梁底低2～3cm），支座下座板与垫石间灌浆，为抵抗架桥机顶推时的水平力，安装专门设计的锁定结构将支座临时锁定。

②墩顶布置。为保证墩顶块架设后有可靠的竖向支承，在墩顶浇筑混凝土临时支座（高程比梁底低2～3cm），并设置4台手持式三向坐标横移千斤顶（两台置于墩顶，另外两台置于托架上），在每个三向千斤顶旁边配一台100t螺旋顶，用于22号块调位。

③22号块墩旁托架及平台功能、安装与0号块相同。

（2）22号块架设及调位

墩顶块架设落位后，采用三向千斤顶及螺旋顶对其进行精确定位，轴线及高程偏差均小于2mm，调整好位置后用螺旋顶支顶，使之与4台三向调位千斤顶共同承受梁段质量（以螺旋式千斤顶为主）。

（3）支座及混凝土临时支座灌浆

调整到位后，为保证墩顶块与支承结构密贴，对箱梁底部与临时支座和上支座板的空隙进行灌浆处理。

（4）安装钢筋、体内外预应力管道、模板后进行二次浇筑

由于箱梁钢筋密集、操作空间有限、振捣盲区较多，因此侧模及顶板须预留足够的振捣孔，人还必须进入箱内进行振捣。

（5）安装竖向锚固精轧螺纹

架桥机过孔时，为防止22号块移位、倾覆，在墩顶提前预埋精轧螺纹钢筋，将墩顶块用8根精轧螺纹筋张拉锚固于墩顶临时支座及永久支座上。

（6）22号块对拉精轧螺纹钢筋安装

为保证架梁时结构安全，过渡墩顶两相邻22号块采用对拉的措施：先安装22号块件的8个钢支撑，再安装8根对拉ϕ32精轧螺纹筋，每根张拉400kN。

7）“T”构悬挂施工技术操作要点

（1）架设前准备

箱梁出场前对预应力管道用通孔器通孔检查，检查临时预应力孔、匹配面，对发现的问题及时处理，以避免影响箱梁架设。安装临时预应力锚座，安装前检查临时张拉底座密贴面的平整度，表面清理使之无明显高低，采用干水泥抄平的措施保证张拉底座与梁体的摩擦力。

（2）预拼装

架桥机两台起重天车同时起吊第一对梁段至预定位置，同时对“T”构两侧对称节段悬臂拼装。为保证两节段拼接面能够正确匹配，减少涂胶后节段位置调节时间，在胶拼前进行预拼装。预拼应注意以下事项。

①预拼时如发现有剪力键与剪力槽不吻合，用磨光机或电镐清除多余混凝土。

②预拼时根据上下顶板剪力键的公母槽对应的位置可以确定梁体的横向位置。

③根据斜腹板剪力键的公母槽对应的位置可以确定梁体的高程位置，因为天车吊着梁段时中腹板会下挠，所以忽略中腹板剪力键的高程偏差。

④位置预拼好后，用记号笔在梁体内画线做好标记，脱开梁体进行涂胶。

（3）施加环氧胶

涂胶要均匀，用铲子抹平，距离涂胶边1～2cm处增加涂胶厚度，胶体厚度在4～5mm，以张拉后胶

体明显均匀挤压出,拼缝没空洞为准。为避免环氧胶进入孔道影响穿索,并能保持孔道密闭,在孔道口粘贴5~10mm海绵垫圈,垫圈周围1cm范围不需要涂胶,附近胶体厚度在3~5mm。

(4)靠拢定位

起重天车移动,使第一对1号块梁段逐渐靠拢墩顶0号块精确定位。

(5)临时预应力张拉

为保证箱梁匹配面有足够的固结力(接触面压力达到0.3MPa以上),在节段梁精确对位后,立即张拉临时预应力。临时预应力张拉应注意以下事项。

①线形及高程不需要调整的状态下,可根据左右对称、上下同时、由内向外的顺序进行张拉。

②线形及高程需要调整的状态下,可根据先张拉垫块处、后张拉无垫块处的顺序进行张拉。

③张拉时精轧螺纹必须保持水平,严禁精轧螺纹处于斜拉状态。

④张拉完毕后,必须检查精轧螺纹是否处于松弛状态,否则立即进行补拉。

⑤张拉完毕,若拼缝处未挤出胶体,要及时用抹刀进行修补。

⑥张拉前不要清理挤压出来的胶,张拉完毕松掉吊具后,再用抹刀清理桥面及箱室内多余的胶体。

⑦临时预应力张拉应该控制在20min之内完成。

(6)永久预应力张拉、压浆

待黏结剂固化后张拉体内永久预应力束,横向预应力采用单顶单端张拉,纵向预应力采用先顶板预应力后底板预应力,箱梁高低边预应力钢绞线同时、同步对称张拉。节段箱梁在完成永久预应力张拉后7d内应进行真空管道压浆。

张拉后进行竣工测量,将采集的测量控制点数据提交监控单位,监控单位根据采集的数据提交下一个节段拼装监控数据。

(7)其余节段的拼装完成

重复以上流程至一个“T”构所有节段拼装完成。

8)边跨悬挂施工技术操作要点

(1)架桥机调整操作。在标准“T”构架设完成后,为保证边跨悬挂段架设的安全和线形,需对架桥机的位置进行调整。调整架桥机纵向位置,使架桥机主桁的一根竖直腹杆对准后中支腿承座中心,保证箱梁悬挂时架桥机主桁结构安全。

(2)边跨悬挂梁段吊装。边跨箱梁施工时,首先将边跨梁段全部悬挂在架桥机上,消除架桥机的变形,然后再逐个进行调节。

悬挂顺序按照21号→12号块进行,首先用天车将21号块运至悬挂点位置,利用ϕ47或ϕ50精轧螺纹钢筋将其悬挂于主桁上,单根ϕ47或ϕ50精轧螺纹钢筋长度为7m左右,质量较大,不利于操作,将精轧螺纹钢筋切割为3m与4m。

完成精轧螺纹钢筋的转换后即可拆除吊具,操纵天车慢速放松吊具至悬挂吊杆完全受力。吊具拆除,即拆除起重天车与吊挂之间的螺栓连接即可。按照此方法循环施工,直至21~12号节段全部悬挂于主桁上。

(3)架桥机主桁变形监控。为观察因节段箱梁悬挂对架桥机产生的变形影响,以及可对后续箱梁调节提供的数据支持,在每悬挂一片节段箱梁时,对架桥机主桁进行变形监测:在架桥机主桁悬挂区域,且测量仪器能观测到的地方每隔5m做标记,进行测量。

(4)节段梁拼装。21~12号块全部悬挂完成后,根据22号块的实际坐标,计算出21号与22号块之间湿接缝实际宽度,制作钢楔块,顶板、底板各3个,其宽度与湿接缝实际宽度一致,固定在湿接缝处,利用天车上的三向调节装置调节21号块位置,调整完成后安装临时预应力,并张拉。预应力张拉完成后,对21号块坐标重新进行复核。

重新安装ϕ47或ϕ50精轧螺纹钢筋,利用千斤顶张拉,将箱梁荷载由天车转换至架桥机主桁,完成后拆除吊具。

(5)20～12 号节段调节及胶拼步骤。根据 21 号块的竣工数据,计算出 20 号块的坐标数据,安装 20 号块吊具,解除精轧螺纹吊点,利用天车调整 20 号块三向位置,调整到位后,将梁体移开 60cm 涂刷环氧胶,环氧胶涂刷要求与"T"构悬拼相同。张拉临时预应力,重新安装 ϕ47 或 ϕ50 精轧螺纹钢筋,利用千斤顶将荷载转换至架桥机主桁,测量 20 号块竣工数据,拆除吊具。按照此步骤循环完成 19～12 号块拼装。

(6)安装边跨 2 个湿接缝模板并进行混凝土浇筑。

(7)当湿接缝混凝土强度达到设计要求,拆除模板,按顺序张拉永久预应力。

(8)解除吊挂吊具,对体内永久预应力管道压浆完成边跨拼装。在张拉边跨预应力束的过程中,整个梁体会发生起拱,架桥机上的吊杆内力也会发生变化。由于架桥机的主桁架的挠度远大于梁体起拱值,预应力束张拉后,架桥机的吊杆仍对梁体产生向上的拉力,可能会使梁体产生拉应力,因此,在边跨预应力张拉过程中,必须进行卸载控制计算,分析确定卸载步骤,使架桥机吊杆逐渐退出工作。每轮操作按照 3 组 12 台千斤顶同时工作卸载 3 片梁的吊杆,工作时所有千斤顶需严格同步,共 11 个轮次完成所有 10 片梁 40 根吊杆的卸载。

(9)架桥机整机推进过孔准备进行下一孔的拼装。

9)合龙施工技术操作要点

中跨合龙采用预制合龙块 + 双湿接缝形式,如图 16 所示。

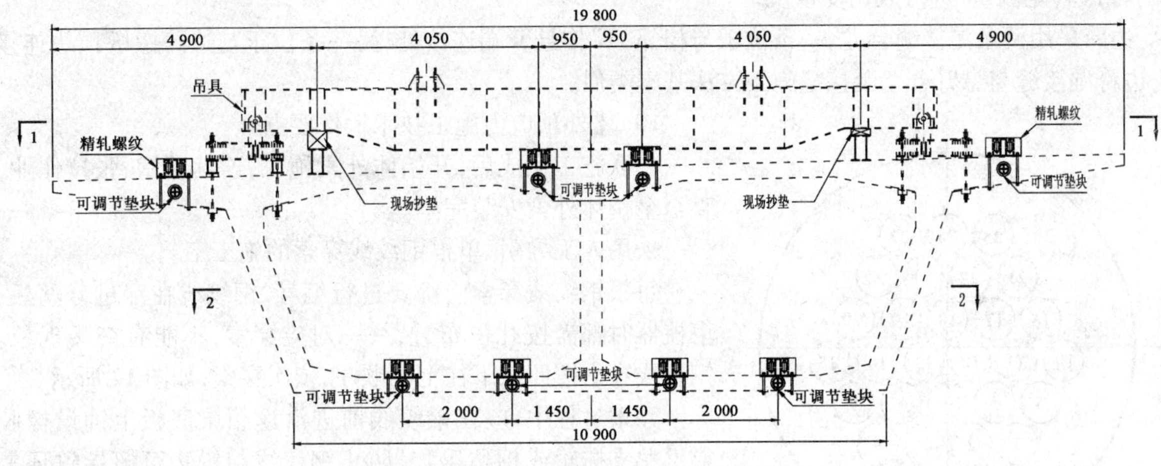

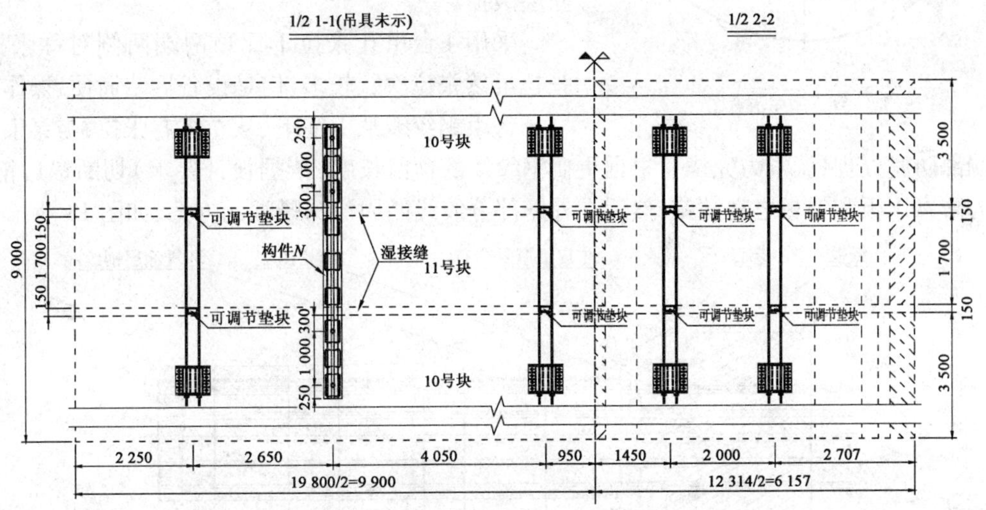

图 16 合龙施工示意图(尺寸单位:mm)

(1)合龙梁段吊装:架桥机起重天车将合龙块吊装到位后,下放至待安装位置。

(2)在湿接缝位置抄垫可调节垫块,使之与箱梁密贴,张拉纵向临时预应力。

(3)安装构件 N,张拉竖向精轧螺纹。

(4)在构件 N 与吊具之间抄垫密实,将合龙段放置于构件 N 上(边跨合龙时箱梁节段悬挂于架桥机主桁上)。

(5)穿预应力钢绞线,连接预应力孔道,保证管道接头处密封可靠。

(6)安装湿接缝外模板,并穿上对拉螺杆,然后安装内模板,用拉杆锁定内、外模,完成模板的安装。架桥机吊具安装时应考虑高度方向有空间以利混凝土表面振捣、收光。

(7)浇筑湿接缝混凝土,人工振捣密实(湿接缝混凝土必须在一天中气温最低时进行,混凝土浇筑完成后,以气温开始上升为宜)。湿接缝采用 C55 早强微膨胀混凝土,坍落度 16cm ± 2cm。湿接缝混凝土按照对称浇筑工艺施工,其浇筑顺序为:底板→腹板→顶板。混凝土浇筑完毕后,洒水覆盖养护。冬季气温过低时,湿接缝混凝土应覆盖电热毯,对其进行保温养护。

(8)湿接头混凝土达到一定强度后,拆除可调节垫块,并灌注可调节垫块处空隙。

(9)当湿接缝混凝土强度满足要求并且临时垫块处修补混凝土达到一定强度后进行合龙预应力的张拉,张拉永久预应力并压浆。

(10)解除临时预应力锁定、拆模。

(11)合龙测量,进行数据复核。

边跨采用两条湿接缝合龙,一条位于与相邻"T"构悬臂端连接处,另一条位于与边跨墩墩顶块连接处;边跨湿接缝与悬臂合龙湿接缝施工方法基本类似。

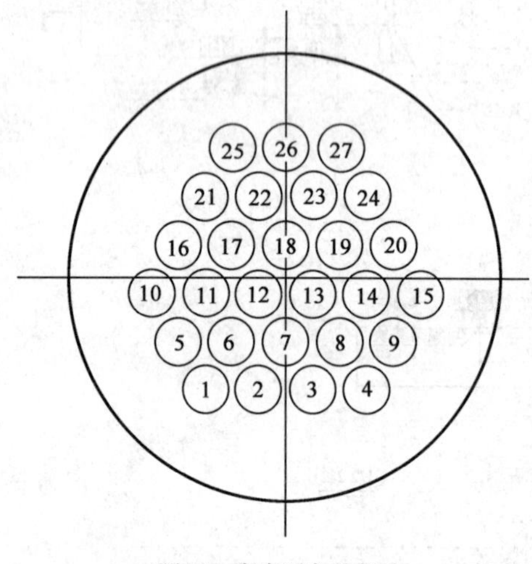

图 17　穿索顺序示意图

10)体外预应力施工技术操作要点

一联施工完成后,开始体外索施工,连续穿索、张拉作业,直至全桥体外索安装完毕。

采用人工导引、单根钢绞线穿索的施工工艺。

每根钢绞线穿索前都要进行编号,钢绞线在穿过分丝板、束梳器时都需按孔位布置,一一对应穿索,不能有交叉现象。钢绞线穿索按照从下往上的顺序,依次穿索,如图 17 所示。

穿索过程中,应在钢绞线前进沿途箱梁底板上铺设橡胶或尼龙支撑轮或棉毡等物,防止钢绞线与锐物摩擦导致环氧涂层破损。

采用 4 台单孔张拉千斤顶两端两侧对称张拉,采用单根张拉虽然张拉次数较多,但是设备拆装简便、操作灵活。

每束钢绞线从上往下、从左往右张拉,与穿束方向相反。

端部防腐处理:调索力完毕后根据更换钢绞线的预留长度(依据设计要求)切断锚后钢绞线。防腐方案为防腐压板和锚板之间灌蜡,然后在外露部分绞线四周涂抹蜡油的方案,如图 18 所示。

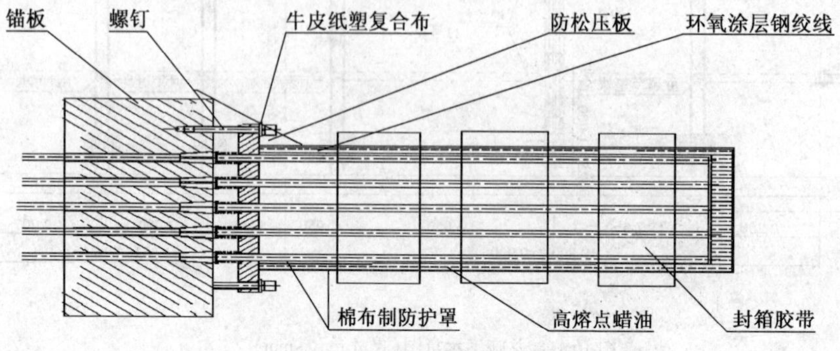

图 18　体外束锚头防腐布置图

环氧层是决定环氧钢绞线使用寿命的重要因素，为了保证本项目体外索的使用寿命，在施工期间必须采取措施保证环氧层不受损伤，在施工过程中，一旦发现钢绞线的环氧涂层有损伤时应立即修补。

5.3 横系梁施工技术操作要点

设计要求横系梁与0号块同步施工，因难以实现采用提前安装临时连接的替代方案。施工步骤如下。

(1)墩旁搭设施工平台，履带吊机安装临时钢管桁架连接。见图19钢管桁架连接。

(2)横系梁滞后架桥机3～4跨后在桥面进行施工。采用钢底模、钢侧模，上翼缘采用木模，桥面采用贝雷架主梁吊挂。横系梁施工见图20。

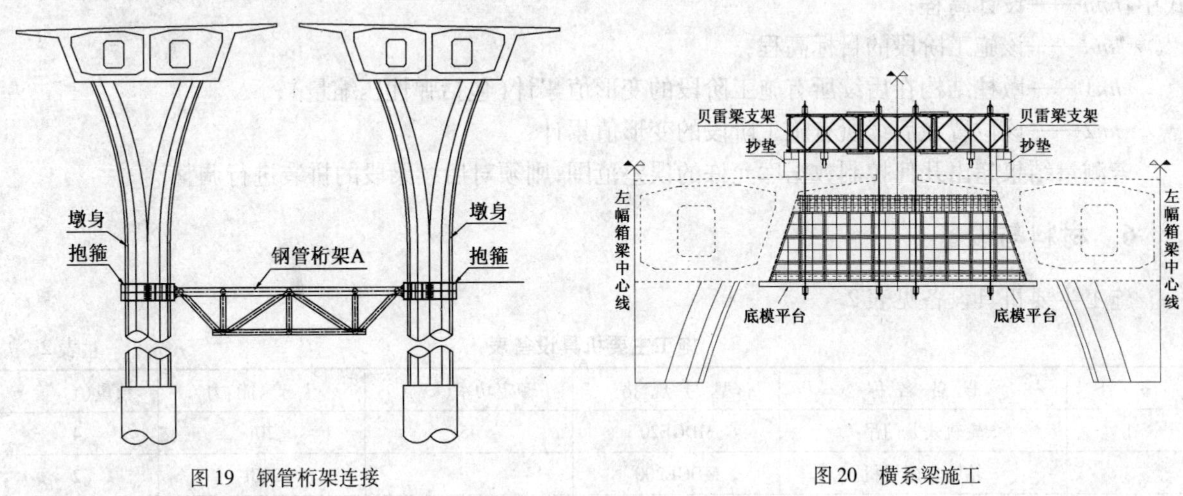

图19 钢管桁架连接 图20 横系梁施工

5.4 架设线形控制技术操作要点

1)线形控制流程

线形控制流程见图21。

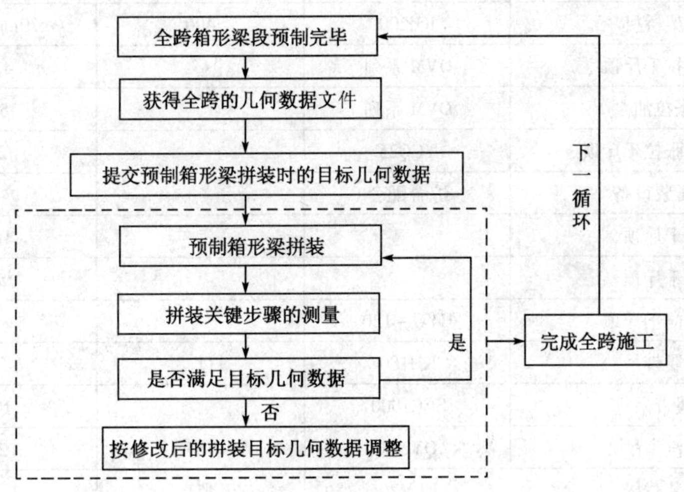

图21 线形控制流程图

2)安装允许误差与验收标准

(1)悬拼阶段误差

竖向高程偏差为±20mm；与箱梁理论中心轴偏差为10mm。

(2)合龙段误差

竖向高程偏差为±25mm；与箱梁理论中心轴偏差为10mm。

3)线形控制调整方法

箱梁拼装阶段上部结构的几何控制数据库考虑以下几个因素。

(1)墩柱结构的弹性压缩量。

(2)墩柱结构分阶段的变形值。

(3)上部桥梁结构的分阶段的变形值。

(4)成型跨度按总体坐标系统的几何竣工数据文件。

某一施工阶段梁段末端对应的目标高程值由如下公式计算:

$$hnn = hnd - hn1 - hn2$$

式中:hnn——设计高程;

hnd——该施工阶段的目标高程;

$hn1$——墩柱结构在后续所有施工阶段的变形值累计(包括弹性压缩量);

$hn2$——该位置在后续所有施工阶段的变形值累计;

若测量结果超出几何控制数据库允许的误差范围,则须对后续梁段的拼装进行调整。

6 材料与设备

施工主要机具设备见表2。

施工主要机具设备表

表2

序　号	设备名称	型号规格	额定功率(kW)	生产能力	数量(台/套)
1	轮轨式龙门吊	MDGE20	45	20t	4
2	轮胎式搬梁机	MDGE200		200t	2
3	龙门桁车		24	10t	1
4	制梁模板台车	—			18
5	轮胎式运梁车	TPBC180		200t	3
6	轮轨式龙门提升站	MG200	140	200t	1
7	架桥机	JQJ200	400	70m/1500t	2
8	张拉千斤顶	OVM 系列		450t	12
9	张拉油泵	OVM 系列		500	12
10	扁锚张拉千斤顶	YCQ25		25t	4
11	压浆设备	综合配套			4
12	千斤顶			100t	4
13	千斤顶			50t	24
14	三向千斤顶	HYG-120			10
15	履带吊	KH180	111.8	50t	1
16	履带吊机	SCC1000		100t	2
17	汽车吊	QY25T	165	25t	2
18	装载机	ELM20	151	$2.5m^3$	2
19	柴油压风机	VHP700E		$20m^3/min$	3
20	变压器	630kVA		630kVA	1
21	变压器	500kVA		500kVA	1
22	变压器	800kVA		800kVA	5
23	变压器	1250kVA		1250kVA	1
24	发电机	V-250GP	400		3

7 质量控制

除按设计图施工,执行现行的《公路桥涵施工技术规范》(JTG/T F50—2011)和《公路工程质量检验评定标准》(第一册 土建工程)(JTG F80/1—2004)及其他有关规定外,应注意以下几点。

(1)对钢筋、水泥、粗细集料、模板预应力筋、锚具等原材料的验收和检验按现行规范和规定执行。

(2)通过试验不断整理,优化梁体混凝土、孔道压浆液配合比,最后锁定最佳配合比,按最佳配合比拌制的混凝土、压浆液工作性能和耐久性都应符合有关要求。

(3)所有用于关键工序检验、测量、试验和生产设备都要在使用前进行鉴定和定期检验,符合要求后才能使用。

(4)节段梁匹配预制及架设的每个工序制订详细的施工工艺及施工作业指导书,绘制详细的施工结构图纸、细节处理图纸,主要在钢筋加工、钢筋绑扎规范性、预应力管道对接、匹配面处理、混凝土保护层保证、混凝土浇注、混凝土养护、张拉压浆、预埋件安装等方面严格施工现场管理。

(5)加强对工序的监测工作,利用检测数据分析研究工序出现异常的原因,利用统计技术方法找出影响工序正常的主要原因,采取对策,消除产生影响工序异常的不确定因素。

(6)深入细致地做好预制、架设线性监控与监测工作,加强测量的真实性、精确性,关键的测量工作由两个小组平行独立完成,相互校核。

(7)预制模板、节段悬拼架桥机是节段梁预制与拼装施工质量的主要控制设备,从设计、制造、试验、安装等环节按设计和工艺要求进行。

8 安全措施

节段梁架设系大型水上高空多工种联合作业,安全工作必须遵照现行《公路工程施工安全技术规程》(JTJ 076—95)外,还应特别注意以下事项。

(1)根据本工程的特点,应针对超重作业、安装作业、水上作业、焊接作业、张拉作业和其他施工作业,分别制订操作细则,重点防止高空坠落、超重伤害、触电电击、机械伤害、火灾事故的发生。

(2)节段梁匹配预制、架设是一个非常复杂的过程,各个工序都很重要,应对从事本工程的施工人员进行安全技术培训、考核上岗。在工作中执行安全岗位责任制,各项安全工作落实到人。

(3)项目经理是本项安全生产第一责任人外,各级施工管理人员既管生产又管安全,树立安全第一、预防为主的思想。严格遵守一切规章制度,严格管理,严守职责,切实抓好安全生产。

(4)材料、机具、设备堆放整齐牢固,场地干净、整洁,人人卫生文明,做到文明施工。进入工地正确佩戴安全帽,高空作业必须戴好安全带,特种作业人员戴好防护用品施工。

(5)对机械设备加强驾驶员负责制,严禁违章私自超负荷运输,定期维修保养,不留隐患。

(6)严格按照架桥机防风措施,确保箱梁架设安全。

9 环保措施

(1)临时施工场地、设施在满足工程需要的前提下不占或少占农田,尽量少占用绿地,保护好周围环境,减少对陆域植被生态的破坏。施工结束后,及时恢复绿化或整理复垦。

(2)施工过程中可能产生的污染物有油品、白色垃圾、施工垃圾等,严禁施工过程中将各类污染物直接向江中排放,环保员加强施工过程中监管。

(3)对粉尘(如粉煤灰)要采取有效固定措施,减少起尘量,保护大气环境。

(4)施工完毕后,根据设计文件和环境保护要求,对施工环境(包括施工现场、临时设施、植被等)采取恢复性措施。

10 资源节约

(1)预制模板采用先进的移动式钢底模、固定式外侧钢模、液压式内模系统,节段箱梁架设采用JQJ200架桥机,整机采用先进的机、电、液一体化构造,设备先进,耗能低。

(2)不断优化施工组织,合理规划、安排施工工序,提高工效,降低能耗。

11 效益分析

节段梁匹配预制、架设,施工周期长、技术含量高,在施工过程中加强管理,不断进行技术革新和技术改造,取得了较好的效益。

(1)0号块、22号块预制采用快易收口网作为内模,较之传统模板,预留钢筋时不需要开孔,施工方便,并且二次浇筑时不需要凿毛,提升了工效,获得了效益。

(2)预制场采用200t轮胎式搬梁机进行箱梁起吊,较之传统的轮轨式龙门吊,方便、灵活,作业范围大,提高了工效。

(3)提前安装临时连接替代横系梁,横系梁滞后3~4跨施工,克服了横系梁同步施工的困难,有效地缩短了"T"构悬拼的时间,加快了拼装进度,取得了工期效益。

12 应用实例

嘉绍大桥Ⅶ标北岸水中区引桥为12联5×70m+1联6×70m墩梁固结的连续刚构形式,同时在中间墩两幅梁之间设置工字形横系梁。上部结构采用单箱双室斜腹板箱梁形式。

梁高为4.0m,箱梁顶板宽19.8m,底板宽10.9m,翼缘悬臂长为3.2m。顶板厚为28cm,从墩顶至跨中,节段底板厚依次为50cm、43cm、37cm、31cm、27cm,两侧腹板厚依次为70cm、63cm、57cm、51cm、45cm。在墩顶设3.6m厚中横梁,梁端设端横梁,其他位置均不设横隔梁。箱梁顶面设有2%横坡,采用箱梁腹板高度变化形成,箱梁底板下缘横向保持水平。

嘉绍大桥北岸水中区引桥连续刚构箱梁按"T"构统计,单幅共有53个标准"T"构,26个边跨,箱梁节段共计2 878节。每个"T"构共有21块预制节段,即0号节段一块,1~10号节段各两块,每联边跨预制段为12~22号梁段,中跨合龙段为11号块。

箱梁节段全部在预制梁场内采用短线法匹配预制、桥位左右幅两台JQJ200型架桥机悬拼法施工。梁场设预制台座13个,每个预制台座为一个生产车间,开启式前门和移动式屋架可满足节段梁预制期保温养护和搬梁机提梁作业;预制台座采用先进的移动式钢底模、固定式外侧钢模、液压式内模系统,钢筋采取整体吊装方法,匹配梁段在相邻箱梁节段拆模后,由梁场内200t轮胎式搬梁机移至整修台座上整修或存梁台座上存放。

存放3个月的节段梁由轮胎式运梁台车运送至提升站,由提升站200t轮轨式龙门吊机提升至桥面的运梁台车上,喂入前方架桥机跨内,本标段在桥上共用200t运梁台车2台、JQJ200型架桥机2台,在两幅桥上从B13号墩往Z1号墩方向进行逐孔悬拼架设。

悬臂梁无走行轨三角挂篮走行施工工法

GGG(中企)C3113—2013

刘延坤　周宪东　谢　东　杨保全　南　勇
(中铁十局集团有限公司)

1　前言

水盘高速公路望龙包特大桥位于贵州六盘水,桥梁全长886m,主桥为85m+160m+85m预应力混凝土箱形连续刚构。中铁十局集团二公司针对该连续梁桥技术复杂、施工难度大的特点,本着科技创新的理念,开展技术攻关,研究形成了一套新的“悬臂梁无走行轨三角挂篮施工技术”。研究过程中开发的发明专利“无走行轨式三角挂篮走行施工方法”(申请号:201210587563.6)已被国家知识产权局受理;新型专利“一种悬浇梁无走行轨挂篮液压千斤顶牵引装置”(授权号:ZL 201320151795.7)已获授权。

与传统无平衡压重挂篮施工技术相比,该施工技术无需走行轨道,省去轨道循环倒运工序,大大减少了材料和人工投入,降低了运输安装成本,提高了施工安全性。该技术与目前应用较多的无轨正扣轮桁架式悬臂挂篮走行技术、可变向挂篮轮式走行技术相比,因桁架式挂篮主桁架距离梁面较近,梁面施工工作面受限,致使此种挂篮对悬臂梁施工有一定的局限性,而且挂篮下部通过垫片支撑挂篮重力,挂篮行走时摩擦力大,垫片易滑动而存在一定的不安全因素;可变向挂篮轮式走行技术虽工艺较先进,但未能脱离走行轨道的束缚,施工投入大,成本较高,而且在可操作性上有待提高。悬臂梁无走行轨三角挂篮走行技术缩短了工期,降低了成本,并有利于环境保护,为连续梁施工发明了一种新的形式。经过实践应用,取得了良好的经济和社会效益,经归纳总结形成本工法。

2　工法特点

(1)悬臂梁无走行轨三角挂篮走行技术,是一种新的挂篮走行形式。施工方便,操作简便,缩短工期,保证工程质量和施工安全。

(2)无走行轨三角挂篮无需专设走行轨道,施工程序简捷,挂篮结构轻便,成本低,经济效益显著。

(3)无走行轨三角挂篮拆除方便快捷,不污染桥面,有利于环境保护。

3　适用范围

本工法适用于大、中、小跨径,直线、曲线悬臂浇筑连续梁与连续刚构梁等悬臂梁施工。

4　工艺原理

无走行轨三角挂篮前、后各一对支座分别通过正、反压轮与三角架纵向杆件连接,挂篮行走时利用千斤顶使支座脱离挂篮,前、后支座交替先行至指定位置后再移动挂篮其他部件来实现挂篮移动。

5　施工工艺流程及操作要点

5.1　施工工艺流程

施工工艺流程见图1。

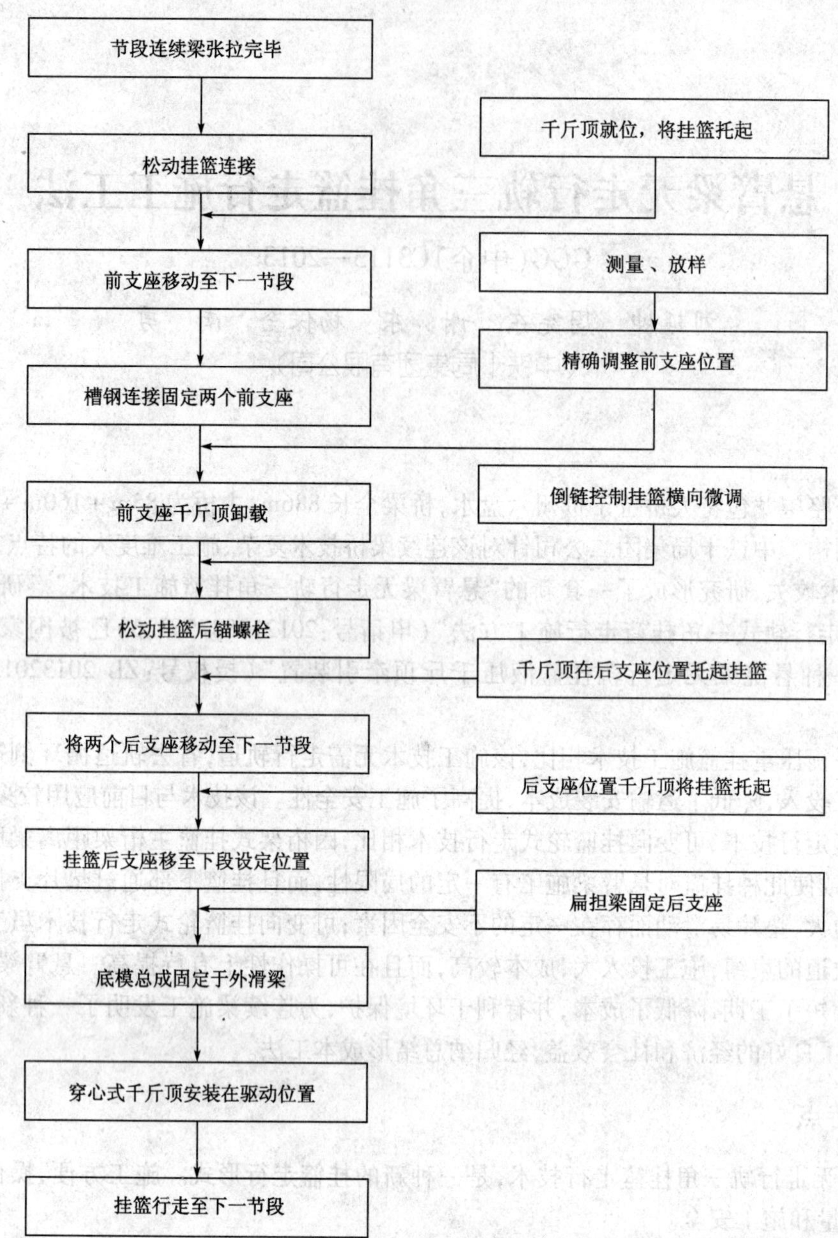

图1　无走行轨三角挂篮走行工艺流程图

5.2　操作要点

1)挂篮系统

挂篮设计中主要采用型钢分部位分别设计出主桁架、横联、门架、走行及锚固系统、外侧模总成、内侧模总成、底模总成、前吊系统、后吊系统。设计时主要考虑：

(1)主桁架三脚架纵向杆件的设计，纵向杆件采用[36b 槽钢组合件，加劲板的设置不能阻碍支座的运行(图2)。

(2)对前、后支座的主要考虑是正、反压轮及支座与挂篮纵向桁架连接部位的设计，以及后支座扁担梁孔的预留设计、前支座挡板设计(图3)。

2)挂篮安装

安装顺序为：挂篮试拼装完成→挂篮部件利用塔吊垂直运输至已施工的0号块梁面上→挂篮两个前支座安放在设定位置→两个后支座安放在设定位置→用扁担梁穿过后支座并将后支座固定在连续梁

上(已预埋精轧螺纹钢筋)→主桁架安放在支座上并经锚固系统将主桁架固定→安装横梁及门架进一步将双侧主桁架连接固定→安装上横梁→通过前吊、后吊系统安装底模总成→安装侧模总成→安装内模板总成。安装完成的挂篮如图4所示。

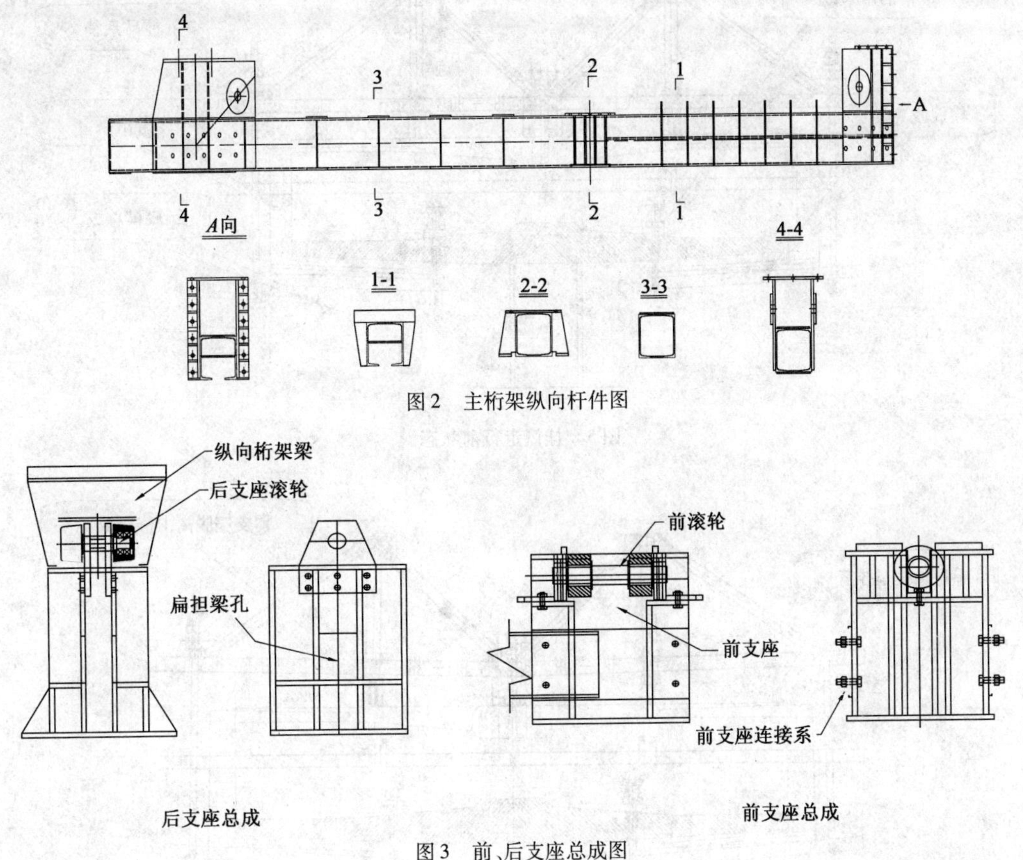

图2 主桁架纵向杆件图

图3 前、后支座总成图

3)挂篮行走

悬臂无走行轨式三角挂篮主要是指通过两个正压轮前支座和两个反压轮后支座、三角挂篮自身杆件和驱动装置构成的走行装置。该悬臂浇筑连续梁挂篮取消了传统挂篮的走行轨道,挂篮行走时利用千斤顶使支座脱离挂篮,采用支座先行移动,后移动挂篮的方法行走。

(1)前一节段连续梁张拉完成,松动后吊系统和前吊系统,松动内外滑梁,使底模总成、侧模总成、内模总成处于可移动状态,如图5所示。

(2)行走前先将挂篮主桁架纵梁前端用两个螺旋千斤顶托起,使前支座脱离主桁架纵梁3cm,如图6所示。

(3)将前支座人工配合塔吊移动至已浇筑的1号梁段。根据2号节段在线路位置以及挂篮安装尺寸图用全站仪定出前支座位置,并做好护桩以便检查,精确放置前支座。梁段位于曲线段时,确定横向偏移量,以便挂篮移动时顺前支座整体微调,如图7所示。

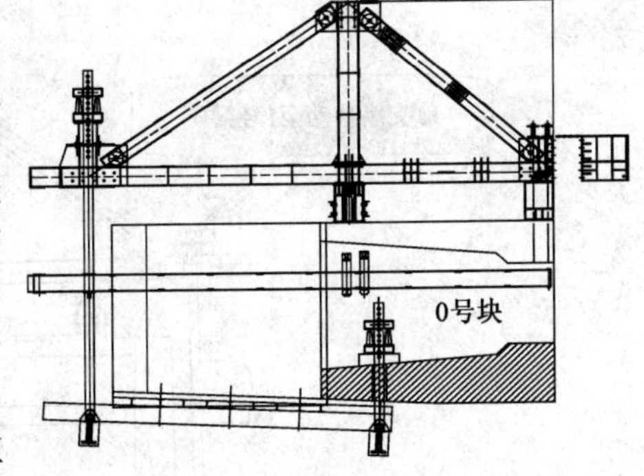

图4 无走行轨挂篮安装示意图

(4)前支座移动到位后将两对前支座用槽钢横向连接固定在一起,稳固前支座。

(5)前支座到位后将托起挂篮的千斤顶缓慢卸载,卸载过程中用2套倒链控制整个挂篮的横向微调,以便使防移挡板卡住主桁架纵梁,如图8所示。

(6)由于前支点的移动致使挂篮重心后移,后支座位置已不再受拉,但为确保安全,依次松动挂篮后锚螺栓3cm距离,2个千斤顶在挂篮后锚位置附近同时顶起挂篮使后支座离开梁面3cm(后支座离开梁面的距离根据后支座移动的距离计算出来,以使后支座方便移动),挂篮尾部形成既拉又顶的稳定状态,如图9所示。

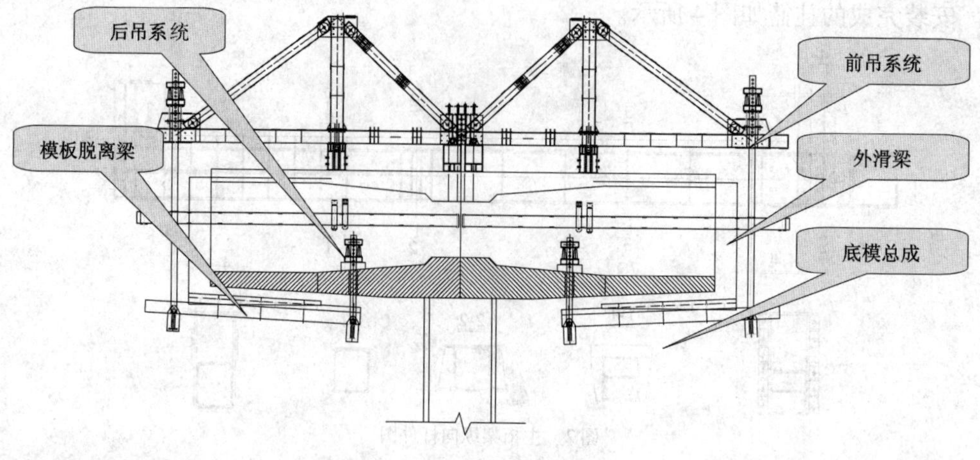

图5 挂篮走行前状态

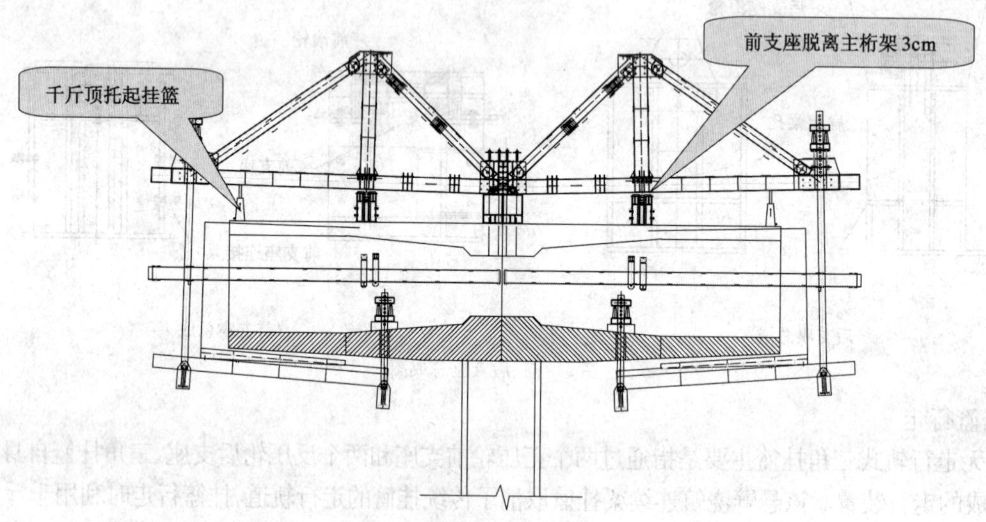

图6 千斤顶托起挂篮

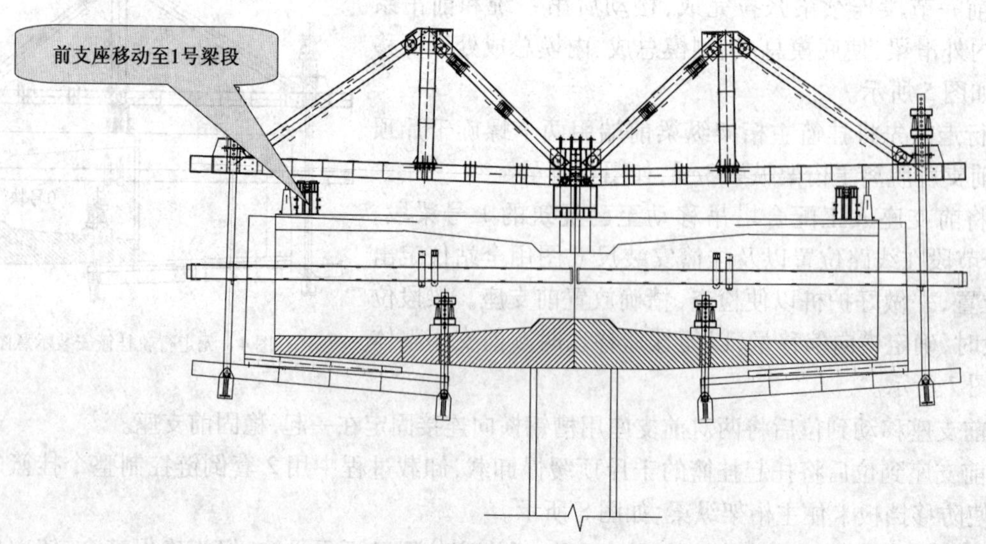

图7 前支座移动至1号梁段

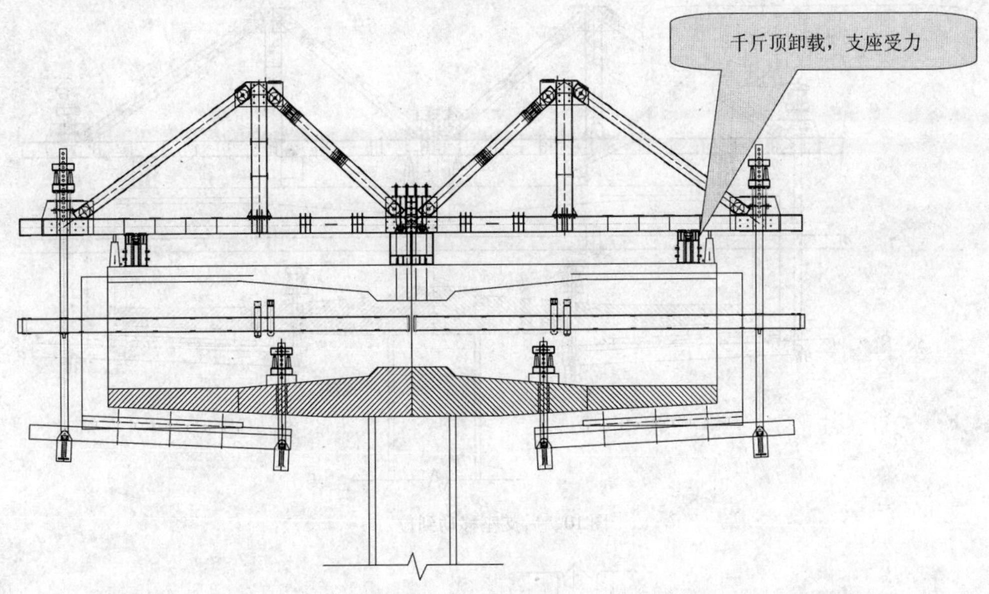

图 8　千斤顶卸载前支座受力

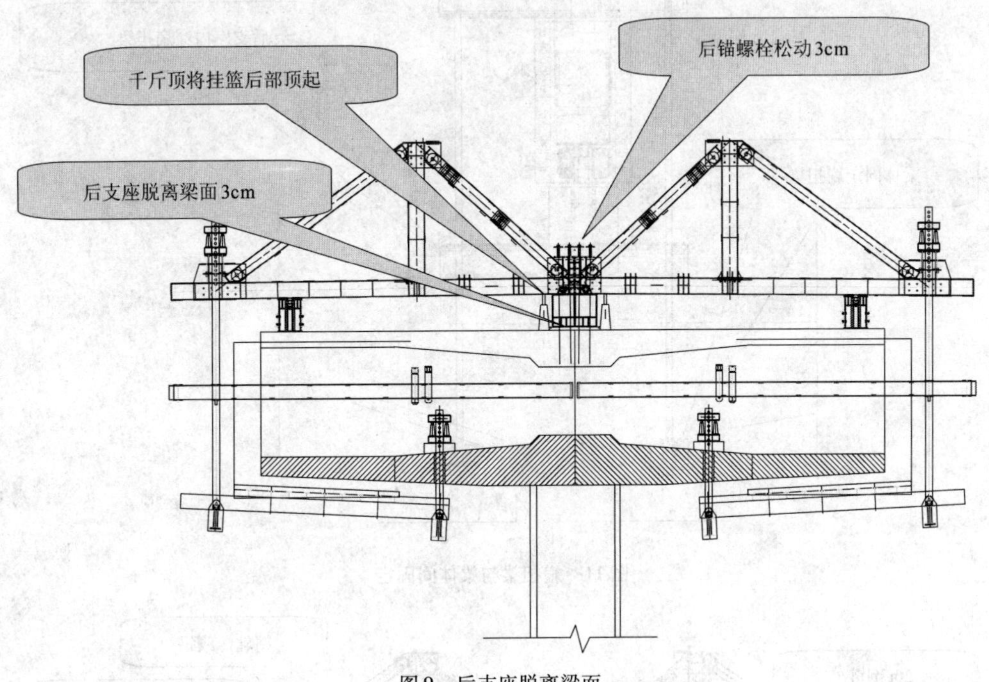

图 9　后支座脱离梁面

(7)依靠后支座反压轮与挂篮主桁架纵梁的连接可用人工方便地将后支座移至下一节段,后支座移动到位后千斤顶卸载,使后支座受力。后支座位置亦根据梁体平面位置图及挂篮安装图用全站仪确定精确位置,如图 10 所示。

(8)后支座移动到位后,用后支座内部穿过的扁担梁将后支座与梁体连接(不影响挂篮移动),以便消除挂篮移动时由于重心的变化对后支座位置产生的拉力影响并防止挂篮左右倾覆,如图 11 所示。

(9)底模总成用 2 个 20t 倒链分别固定在左、右侧外滑梁上,和梁体外侧的两条精轧螺纹吊筋同时受力,拆除通过梁体底板的扁钢吊带,如图 12 所示。

(10)把穿心前卡式千斤顶安装在挂篮牵引装置上,解除后锚与梁体间约束,挂篮移动时挂篮后支座反压轮位置受拉,前支座正压轮位置受压,挂篮移动是主桁架纵梁与前、后支座滚动摩擦,摩擦力大大减少,方便移动,如图 13 所示。

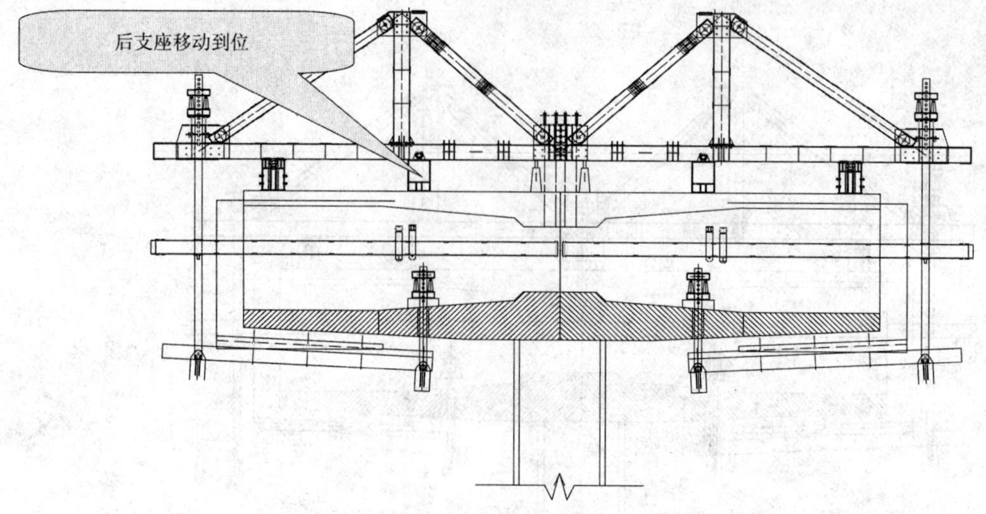

图10　后支座移动到位

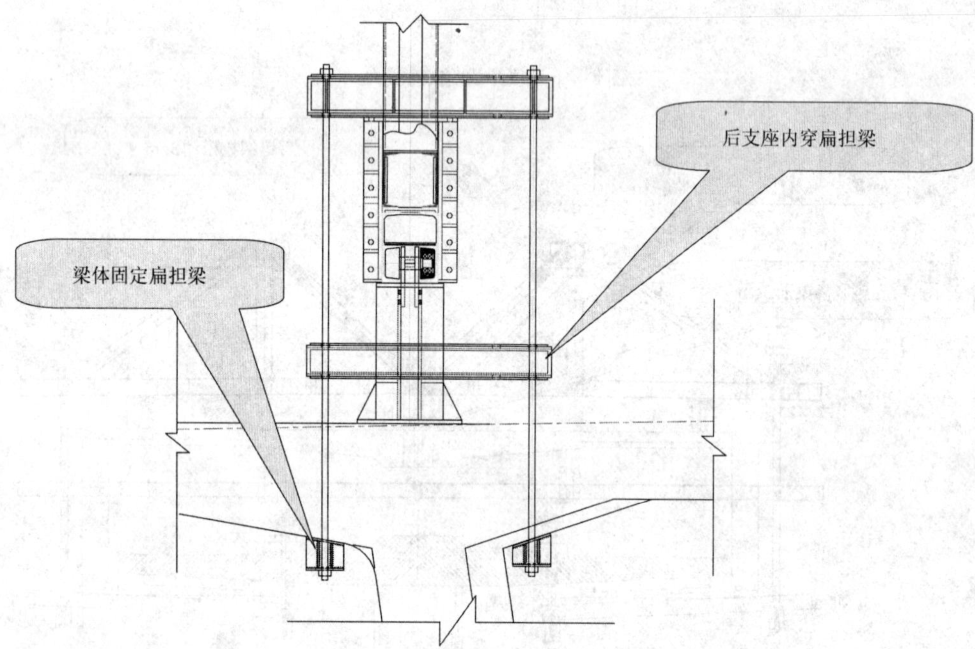

图11　扁担梁与梁体间固定

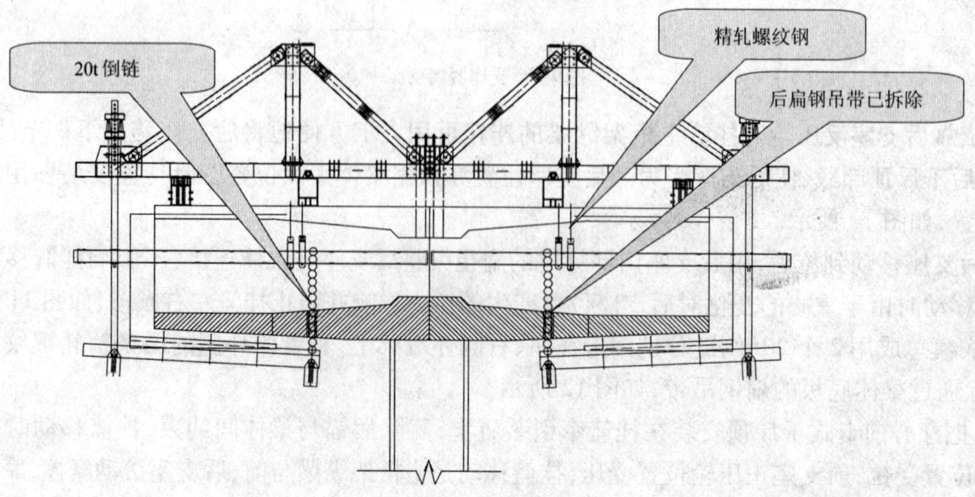

图12　底模总成换成倒链受力

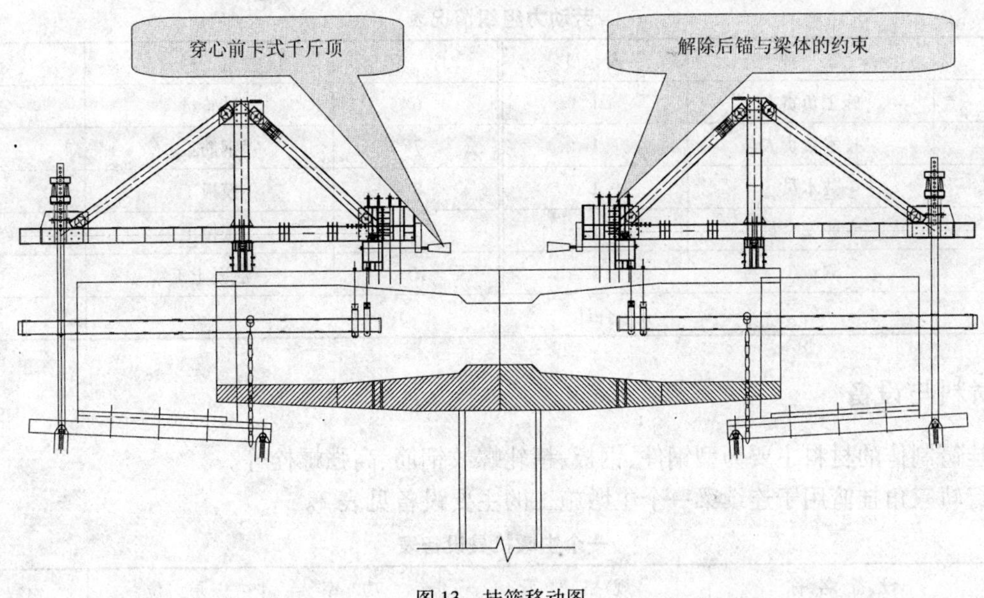

图 13 挂篮移动图

(11)挂篮移动前在主桁架纵梁上每隔 15cm 做标记点,每行走一个标记点进行检查,防止挂篮发生倾覆,并用倒链保险以防倾覆。挂篮移动过程中始终保持对称行走,行走步距要保持一致。同时悬臂两端的挂篮行走要保持一致,最大行走距离差不超过 1.0m。

(12)挂篮移动到位后,锁定后锚,将底模架吊起,安装后吊带,固定底模总成、侧面总成、内模总成,如图 14 所示。

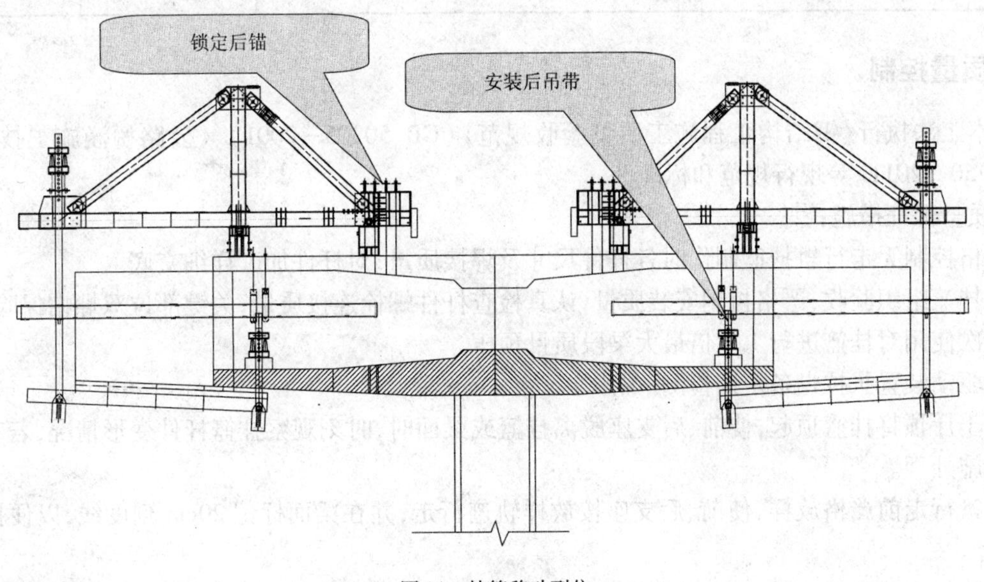

图 14 挂篮移动到位

(13)调整模板高程及平面位置,进行下一梁段施工。

4)挂篮拆除

连续梁中跨合龙完成后,无走行轨挂篮退回 0 号块位置,利用塔吊将侧模总成、底模总成分解,然后利用卷扬机将分解后的挂篮运输至地面。在连续梁施工时注意预埋拆除挂篮所用的预留孔。拆除的原则为:先装后拆,后装先拆。

5.3 劳动组织

劳动力组织情况按照施工一个节段连续梁统计,详见表 1。

劳动力组织情况表 表1

序号	工种	人员	序号	工种	人员
1	施工负责人	1	6	试验员	1
2	技术负责人	1	7	钢筋工	8
3	技术员	1	8	模板工	6
4	专职安全员	1	9	张拉工	4
5	测量工	3	10	混凝土工	8
合计					34

6 材料与设备

用于挂篮制作的材料主要为型钢件、钢板、精轧螺纹钢筋、高强螺栓等。

无走行轨三角挂篮用于连续梁一个主墩施工的主要设备见表2。

一个主墩机具设备表 表2

序号	设备名称	规格型号	功率	单位	数量
1	塔式起重机	TC6024	71.5kW	台	1
2	液压千斤顶	BYT-10		台	4
3	前卡式千斤顶	YQC270		顶	4
4	油泵	ZB2×2/50		台	2
5	手拉葫芦	10t		链	2
6	手拉葫芦	3t		链	8

7 质量控制

(1)本工法执行《钢结构工程施工质量验收规范》(GB 50205—2001)、《公路桥涵施工技术规范》(JTG/T F50—2011)等现行规范和标准。

(2)质量保证措施:

①严格控制无走行轨挂篮制作时各杆件尺寸及焊接质量,对杆件加工详细交底。

②对挂篮组织验收,严格控制安装质量,认真检查杆件螺栓连接质量,关键部位双螺帽保险。

③首次使用对挂篮进行1.3倍最大梁段质量预压。

④对驱动装置张拉设备定期检测。

⑤用千斤顶将挂篮顶起,使前、后支座脱离挂篮或梁面时,时刻观察挂篮杆件变形情况,若有破损及时采取措施处理。

⑥挂篮行走前严格放样,使前、后支座按放样轨迹行走,并在梁面标记20cm刻度线,以便控制走行速度。

⑦挂篮行走时观察前后支座、挂篮纵向杆件受力变形情况。

⑧挂篮行走时双向同步,不允许使连续梁两端不平衡重超过8t,同侧挂篮同时驱动行走,行走速度控制在0.2m/min以内。

8 安全措施

(1)建立完善的施工安全保证体系,加强作业中的安全检查,确保作业标准化、规范化,设专职安全员对无走行轨挂篮安装、预压、行走进行全程监控。执行安全生产责任制,明确各级安全人员的安全职责。在施工中严格执行国家、地方、行业的安全规范、规章、标准和制度。

(2)高空作业人员劳保用品配备齐全,严格按照国家现行有关安全生产的方针、政策、法令和安全生产职责及安全技术操作规程施工。

(3)禁止高空抛物。

(4)挂篮安装时有专人负责指挥,操作人员必须听从指挥,统一协作。

(5)挂篮行走前对杆件连接认真检查,发现影响行走安全的情况要认真整改。

(6)所有特种作业人员持证上岗,非特殊工种不得从事特种作业。

(7)定期检查设备部件润滑油、高压油管路及其连接情况。

(8)施工现场设安全标志,危险作业区悬挂"危险"或者"禁止通行",夜间设红灯示警。

(9)前、后支座移动时后支座锚固不松动,以防向前倾覆。

(10)后支座移动到位后,后支座扁担梁与梁体连接,以便在挂篮行走时约束挂篮整体。

(11)挂篮移动到位后立即连接后锚,连接两个前支座使挂篮连接成整体,防止偏移及倾覆。

9 环保措施

(1)在施工过程中严格遵守国家、地方及建设单位有关环保的法律、法规及规定,贯彻"预防为主、保护优先,开发与保护并重"的原则,做好施工环境保护工作。

(2)项目经理部成立环境保护领导小组,实行项目经理总负责,副经理、总工程师及各部主管分工负责,环保主管工程师具体负责的制度。

(3)含有有害物质的建材不堆放在水体附近,并设篷盖,必要时设围栏,防止被雨水冲入水体。

(4)挂篮前后支座滚轮、支座滑道位置及其他连接部件涂抹黄油防止噪声产生。

(5)挂篮行走时挂篮整体安装防护网、密目网,防止物体高空坠落伤害及产生目眩。

10 资源节约

(1)认真贯彻国家节能工程的有关要求。

(2)研发新设备、新工艺,研发的专利设备和施工工艺替代了传统施工方法,节约了资源、提高了工效。

11 效益分析

(1)悬臂梁无走行轨式三角挂篮脱离了行走轨道及轨道枕,使挂篮总体质量、材料用量大大减少,而且省去了轨道枕循环倒运工序,节省了施工时间。传统三角挂篮行走时每节段连续梁需用1.5d,悬臂梁无走行轨式三角挂篮省去了轨道枕循环倒运工序,在0.5d内可实现挂篮行走到位,每节段挂篮走行时间可节约1d,可节约塔吊配合轨道枕倒运1个台班。

(2)以望龙包特大桥连续刚构悬臂梁无走行轨三角挂篮为例,若采用一套传统三角挂篮成本约70.2万元,一套无走行轨式三角挂篮成本约45.4万,降低成本35%,该处连续刚构梁共配置2套挂篮,仅材料一项便节约成本约49.6万元,取得了良好的经济效益。

(3)该工法的顺利实施,保证了工期要求,节约了物质资源。施工工艺的改进,减少了施工工序,节约了社会资源,满足了施工环保要求,具有良好的社会效益。

12 应用实例

12.1 工程实例一:水盘高速公路望龙包特大桥连续刚构梁

水盘高速公路望龙包特大桥连续梁采用了悬臂无走行轨三角挂篮技术施工。

水盘高速公路望龙包特大桥位于贵州六盘水,桥梁全长886m,主桥为85m+160m+85m预应力混凝土箱形连续刚构,0号块长16m,箱梁节段长度为3.5m、4.0m、4.5m,边、中跨合龙段长2m,边跨现浇段长4m。施工从2011年10月开始,2012年5月完成。

该连续梁施工节约成本60余万元。施工全过程处于安全、稳定、快速、优质的可控状态,受到了业主和监理单位的认可,取得了良好的经济效益和社会效益。

12.2 工程实例二:湖城高速公路上湖特大桥连续梁和桥子头特大桥连续梁

上湖特大桥 40m + 60m + 40m 连续梁和桥子头特大桥 30m + 45m + 30m 连续梁采用了悬臂无走行轨三角挂篮技术施工。

上湖特大桥 40m + 60m + 40m 预应力混凝土连续梁长为 140m,每处连续梁均有 31 个梁段,墩顶 0 号块长度为 10m,圬工量为 161.15m^3,0 号块重 418.99t;悬浇箱梁节段长度为 3.5m、4.0m、4.5m,合龙段长度为 2.0m,边跨直线段及合龙段共长 10.17m,最大悬浇箱梁节段重 116.869t。桥子头特大桥 30m + 45m + 30m 预应力钢筋混凝土连续梁长为 104.90m,采用单箱单室、变高度、变截面结构;中支点截面中心线处梁高为 3.41m,跨中直线段 4m,边跨直线段 9.45m。施工从 2012 年 3 月开始,2012 年 7 月完成。

两处连续梁施工节约成本 40 多万元。施工全过程处于安全、稳定、快速、优质的可控状态,受到了业主和监理单位的认可,取得了良好的经济效益和社会效益。

PC 梁预应力管道三维一体精确定位施工工法

GGG(中企)C3114—2013

郭 英 张庆华 彭 飞 田晋伟 昝世辉
(中铁十二局集团有限公司)

1 前言

预应力混凝土(PC)梁是公路和铁路桥梁中广泛应用的桥梁结构之一,PC 梁承受荷载的大小与梁体有效预应力的大小呈正比关系,而梁体内有效预应力的大小与梁体预制过程中预应力钢绞线管道的坐标和管道顺适度有直接关系。设计文件中一般都给出了预应力管道的坐标,而实际施工中由于 PC 梁管道在不同截面处的位置有所不同,梁体有大量的纵、横向钢筋,预应力管道定位难度大、定位点数多,传统的预应力管道定位方法,基本依靠人工进行管道定位,存在重复性操作多、手工操作误差大、工作效率低等缺点,导致预应力管道定位偏差大、定位后的管道不顺直,钢绞线张拉过程中摩阻力较大,引起梁体内有效预应力损失较大,进而造成梁体存在质量隐患。

由中铁十二局集团有限公司承建的阳泉至左权高速公路 ZB5 标段是山西省高速公路规划网“三纵十一横十一环”东纵天黎高速公路的重要组成部分,共有桥梁 13 座,各种型号 PC 梁 1 126 片,其中 25m 箱梁 136 片、30m 箱梁 208 片、40mT 梁 740 片、50mT 梁 42 片,梁板型号多、工期紧,预应力管道定位工作量大、难度大,采用管道三维一体精确定位技术,管道坐标和管道顺适度有大幅提升,钢绞线张拉伸长量与理论伸长量基本吻合,对保证梁体内的有效预应力起到了积极作用,有效提高了梁板的耐久性使用。通过在阳左高速公路多座桥梁梁板预制施工的成功应用,经总结形成该工法。

“PC 梁有效预应力施工控制与评估技术研究”课题于 2012 年 9 月通过山西省科学技术厅组织的专家鉴定,成果达国际先进水平。研发的“PC 梁预应力管道三维定位仪”发明专利已获得国家知识产权局受理,受理号为 2012090700354460。

2 工法特点

(1)采用自制的 PC 梁管道三维一体精确定位仪具有结构简单、体积小、质量轻、携带方便、可重复利用、管道定位准确、精度高、可同时定位多个管道等优点。

(2)PC 梁管道三维一体精确定位仪所使用零配件均为普通构件,便于购买、现场制作加工,费用低,制作成本小,便于推广。

(3)采用“装、调、校、焊、固”程序化管道定位方法,能够快速、精确定位空间预应力管道的纵、横、竖向位置,对提高预应力管道顺适度和坐标精确度起到了关键作用。

(4)采用该工法定位的 PC 梁预应力管道坐标与设计坐标相比误差小,管道整体圆滑、顺直,预应力筋张拉摩阻小、预应力损失较小,在提高梁体结构耐久性使用方面效果明显。

(5)采用的管道定位方法成熟,定位速度快,质量控制好,工艺简单,便于初学者掌握,预应力的施工质量可以得到显著提高。

3 使用范围

本工法适用于公路、铁路工程预应力混凝土(PC)梁预应力管道定位施工。

4 工艺原理

本工法采用自制的PC梁管道三维一体精确定位仪由底座、竖向标尺、斜撑杆、水平水准泡、横向标尺、滑套、定位标尺和立杆水准泡几部分构成,组装后形成管道精确定位仪,经过组装定位仪、调整定位仪、校正管道、点焊临时固定、最终牢固固定等几道工序对预应力管道进行精确定位,其立面图如图1所示,其工艺原理如下:竖向标尺2固定在底座1(大块圆环形磁铁)上,磁铁平放在制梁台座上,依靠磁铁的吸附作用将竖向标尺2固定起来,磁铁上安装立杆水准泡8,用以控制竖向标尺2与制梁台座保持垂直;安装斜撑杆3和滑套6,用以固定横向标尺5在竖向标尺2之上,将定位标尺7安装在横向标尺5之上,用以定位管道,水平水准泡4永久固定在横向标尺5之上,用以调整横向标尺5的水平,至此定位仪组装完成。

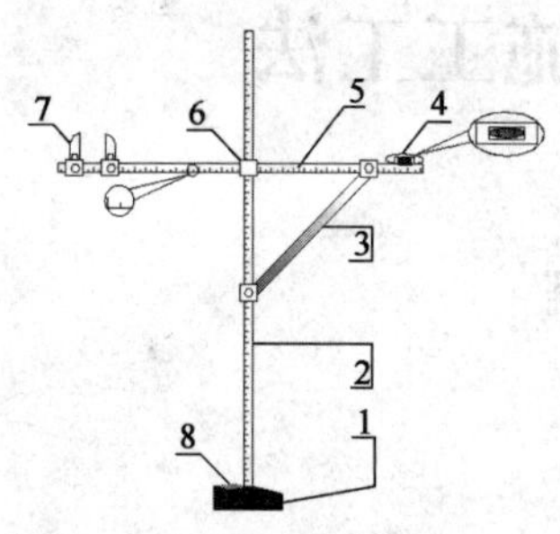

图1 定位仪立面图

1-底座;2-竖向标尺;3-斜撑杆;4-水平水准泡;5-横向标尺;6-滑套;7-定位标尺;8-立杆水准泡

定位仪组装完成后,按照设计文件中给定的管道坐标,先将纵向坐标标示在制梁台座上,再记录对应纵向坐标的竖向和横向坐标,而后开始进行定位操作。将底座1平放在制梁底座上,调整斜撑杆3和滑套6使横向标尺5和定位标尺7位于待定位的管道下方,调整竖向标尺2和斜撑杆3使水平水准泡4和立杆水准泡气泡8居中,此时按照设计文件给定的纵向坐标、竖向坐标和横向坐标调整管道,使管道处于定位标尺7内,点焊定位环钢筋,挪动定位仪开始下一纵向位置的管道定位作业,将刚刚点焊的定位环钢筋补焊牢固,即完成此纵向位置的管道定位作业,按此循环,逐一完成各纵向位置的管道定位即完成整片梁的管道定位操作。

5 施工工艺流程及操作要点

5.1 施工工艺流程

PC梁预应力管道三维一体精确定位施工工艺流程见图2。

5.2 操作要点

1)制作、绑扎梁体骨架钢筋

(1)钢筋制作

按照设计文件要求和规范允许的误差范围,下料制作梁体钢筋。钢筋的表面应洁净、无损伤,使用前应将表面的油渍、漆皮、鳞锈等清除干净,带有颗粒状或片状老锈的钢筋不得使用;当除锈后钢筋表面有严重的麻坑、斑点,已伤蚀截面时,应降级使用或剔除不用。钢筋的形状、尺寸应按照设计的规定进行加工。加工后的钢筋,其表面不应该有削弱钢筋截面的伤痕。受力钢筋的连接接头应设置在应力较小处,并应错开布置。

(2)钢筋绑扎

钢筋的级别、直径、根数、间距等应符合设计的规定。对多层多排钢筋,宜根据安装需要在其间隔处设立一定数量的架立钢筋或短钢筋,但架立钢筋或短钢筋的端头不得伸入混凝土保护层内。当钢筋过密影响到混凝土浇筑质量或影响到预应力筋的布置时,应及时联系设计人员协商解决。

钢筋的交叉点宜采用直径0.7~2.0mm的铁丝扎牢,必要时可采用点焊焊牢。梁体结构拐角处的钢筋交叉点应全部绑扎;中间平直部分的交叉点可交错绑扎,但绑扎的交叉点宜占全部交叉点的40%以上。钢筋与模板之间设置混凝土垫块,垫块应具有足够的强度和密实度。

2)标示管道纵向位置

在预制梁台座混凝土的侧面,从跨中向两侧布设管道纵向位置,用油漆逐一标示管道各纵向位置,注意使用不同的颜色标示不同梁型的管道纵向位置,以防止定位管道坐标时由于梁型不同、坐标不同而出错。

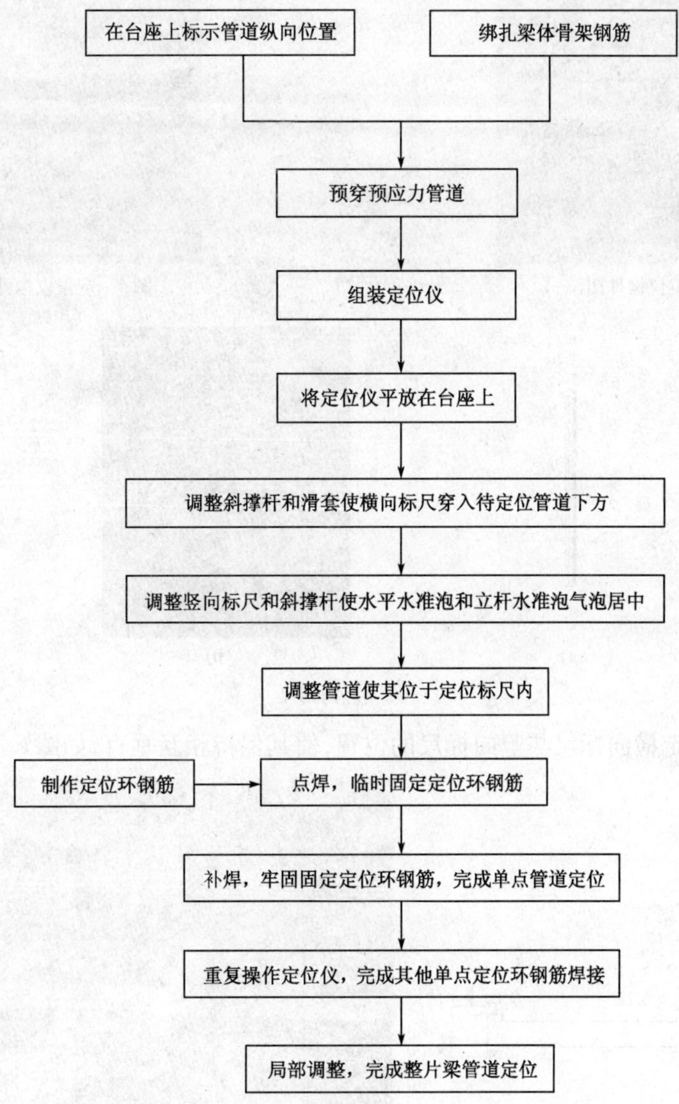

图2 PC梁预应力管道三维一体精确定位施工工艺流程图

3)预穿预应力管道

按照管道的设计长度对管道进行纵向连接,管道接头处使用大一号管道将两根主管道进行纵向套接,套接后使用透明胶带捆扎严实,防止漏浆。管道应不漏浆,且应具有足够的强度和刚度,应能在浇筑混凝土重力的作用下保持原有形状,并能按要求传递黏结应力。当采用金属波纹管管道时,金属波纹管宜采用镀锌钢带制作,壁厚不宜小于0.3mm。

人工将连接好的整根管道预穿入绑扎好的梁体钢筋内部,注意大体控制管道的竖向高度。

4)组装定位仪

(1)定位仪的详细构成及各部件作用

①定位仪的详细构成

定位仪各组成构件的名称为:底座、竖向标尺、斜撑杆、水平水准泡、横向标尺、滑套、定位标尺、立杆水准泡。其实物如图3、图4所示。

②定位仪各部件作用

a.底座:用来固定管道定位仪,防止其发生左右摇摆而影响定位仪器精度。

b.竖向标尺:用来精确定位预应力管道在竖向截面位置的坐标尺,单位mm,如图5所示。

图3 定位仪构件图(一)

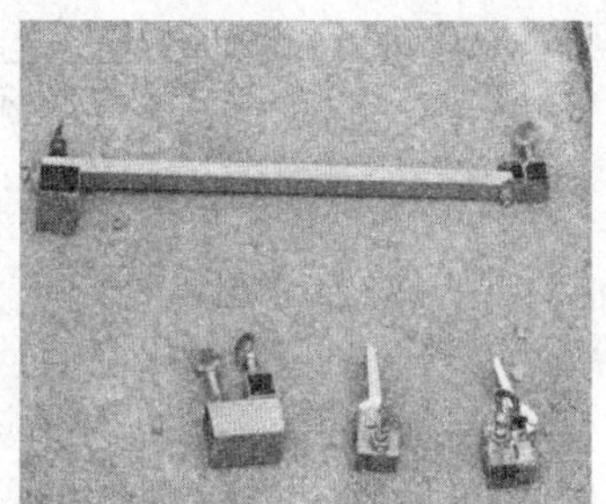

图4 定位仪构件图(二)

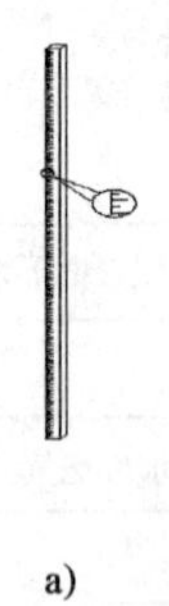

a)

b)

图5 竖向标尺

c. 斜撑杆:用来固定横向标尺与竖向标尺的位置,使其保持相互垂直,如图6所示。

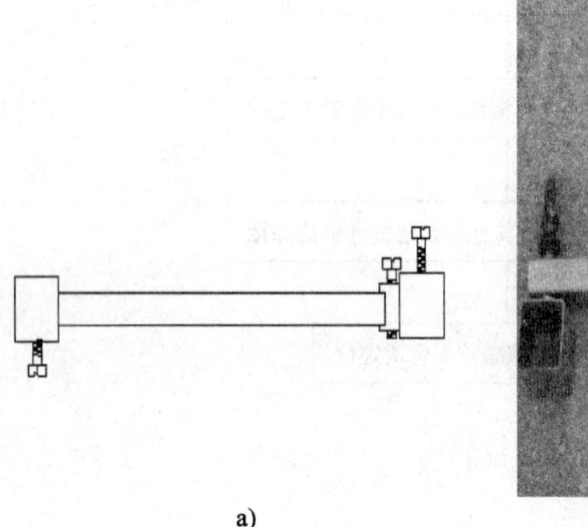

a)

b)

图6 斜撑杆

d. 水平水准泡:用来调节横向标尺,使其保持水平位置,如图7所示。

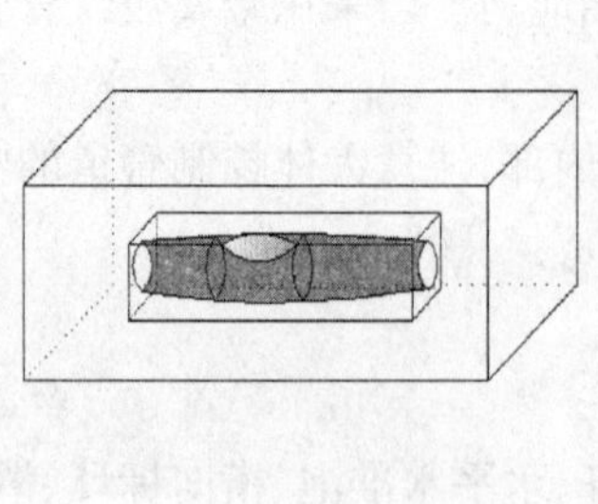

a)

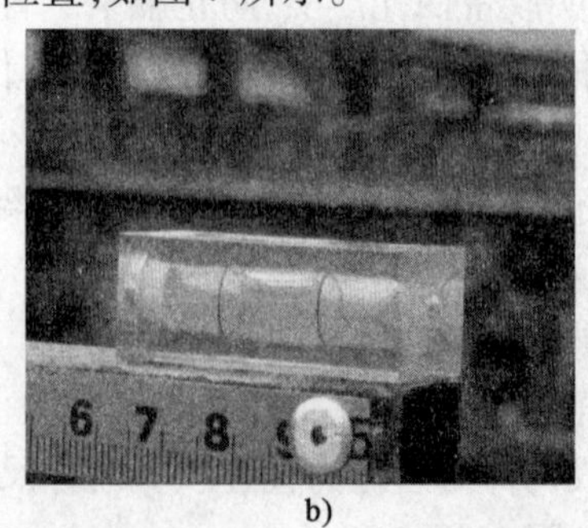

b)

图7 水平水准泡

e. 横向标尺:用来精确定位预应力管道在定位截面横向位置的坐标尺,单位mm,如图8所示。

f. 滑套:使横向标尺和竖向标尺能自由移动,准确定位管道坐标,如图9所示。

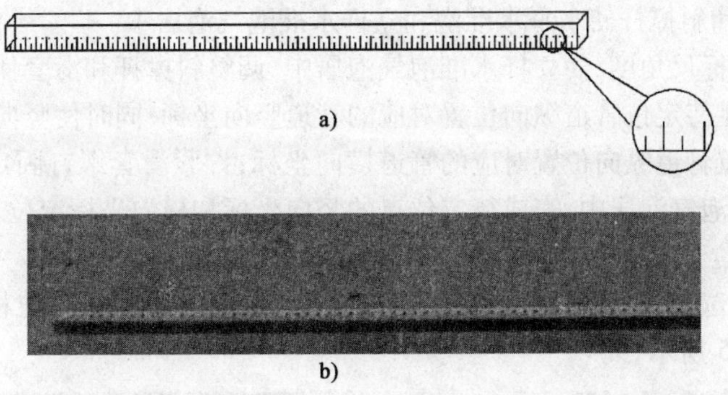

a)

b)

图 8　横向标尺

g. 定位标尺：用来定位管道横向位置两侧的标尺，如图 10 所示。

a)　b)

图 9　滑套

a)　b)

图 10　定位标尺

h. 立杆水准泡：用于确定竖向杆的竖直，如图 11 所示。

(2)定位仪组装

将竖向标尺固定在底座（大块圆环形磁铁）上，磁铁平放在制梁台座上，依靠磁铁的吸附作用将将竖向标尺固定起来，磁铁上安装立杆水准泡，用以控制竖向标尺与制梁台座保持垂直；安装斜撑杆和滑套，用以固定横向标尺在竖向标尺之上，将定位标尺安装在横向标尺之上，用以定位管道，水平水准泡永久固定在横向标尺之上，用以调整横向标尺的水平，至此定位仪组装完成。拼装完成的定位仪如图 12 所示，使用中的定位仪如图 13 所示。

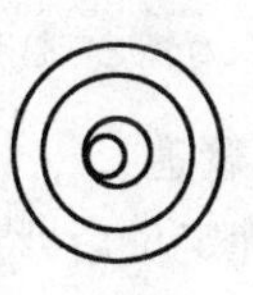

a)

b)

图 11　立杆水准泡

图 12　拼装完成的定位仪

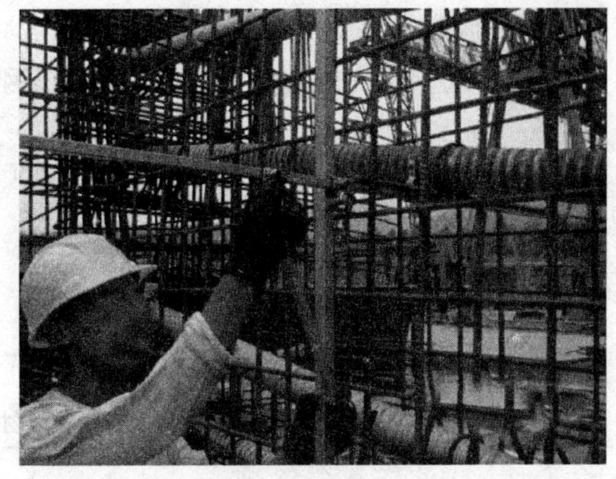

图 13　使用中的定位仪

5）管道定位操作

定位仪组装完成平放至制梁台座上后，即可开始管道定位作业。

(1)横向标尺穿入待定位管道下方

将定位仪竖向标尺的中心与先前标记在制梁台座混凝土侧面的管道纵向位置重合，使定位仪满足待定位管道的纵向坐标，调整斜撑杆和滑套使横向标尺穿入待定位管道下方，紧固滑套和斜撑杆上的螺钉，使其固定在竖向标尺上，完成待定位点的纵向坐标定位。

(2)调整竖向标尺和斜撑杆使水平水准泡和立杆水准泡气泡居中

调整定位仪的竖向标尺角度,使立杆水准泡气泡居中,调整斜撑杆和滑套使横向标尺处于竖向标尺的某一刻度,该刻度满足待定位管道纵向位置对应的管道竖向坐标;同时使竖向标尺位于横向标尺某一刻度,该刻度满足待定位管道纵向位置对应的管道横向坐标;拧紧滑套螺钉固定竖向坐标;再调整斜撑杆使横向标尺水平水准泡气泡居中,完成待定位点的竖向坐标和横向坐标定位。

(3)调整管道使其位于定位标尺内

扳起定位标尺的限位板,手动将管道调整至定位标尺限位板内,扳起限位板,完成管道单点的精确定位工作,如图14、图15所示。

图14 定位仪对管道弯起点定位

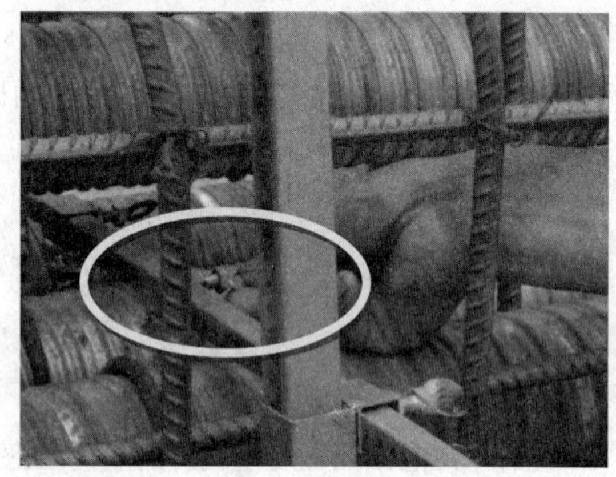
图15 定位仪同时定位两个管道

6)点焊、临时固定管道

完成单点管道精确定位后,将管道定位环钢筋与梁体骨架钢筋点焊连接,临时固定管道,移走定位仪并进行下一单点管道精确定位。

7)补焊、牢固定位管道

对先前点焊的定位环钢筋与梁体骨架钢筋补焊,牢固固定定位环钢筋在梁体骨架钢筋上,最终完成单点管道精确定位。

8)其余单点管道精确定位

重复操作定位仪,完成其他单点管道定位环钢筋牢固焊接。

9)调整、优化

所有单点管道定位完成后,观察管道的整体顺直度,对局部不圆顺的点重新进行定位、调整,直至整片梁管道顺直,无突变点为止。

6 材料与设备

主要材料见表1,主要设备见表2。

主要材料配备表　　表1

序号	材料名称	数量	备注	序号	材料名称	数量	备注
1	4cm方钢	若干	制作定位仪	4	钢尺条	若干	制作定位仪
2	环形磁铁	1块	制作定位仪	5	螺钉	若干	制作定位仪
3	水准气泡	2个	制作定位仪				

主要设备配备表　　表2

设备名称	数量	单位
电焊机	1	台

7 质量控制

7.1 应执行的标准规范

预应力管道定位按现行《公路桥涵施工技术规范》(JTG/T F50—2011)进行质量控制,管道安装允许偏差见表3。

后张预应力管道安装允许偏差 表3

项目		允许偏差(mm)
管道坐标	梁长方向	30
	梁高方向	10
管道间距	同排	10
	上下层	10

7.2 质量保证措施

(1)安装管道前要保证其通畅。管道不通畅,不仅穿筋困难,而且会产生很大的摩阻力,影响张拉力的准确性。应保证管道的线性平顺,接头不漏浆等。

(2)安装管道时,应去掉端头毛刺、卷边和折角。严格保证管道直线平顺、曲线圆滑、管壁无破损、接头密封良好。各断面定位准确、牢固可靠,以保证穿束顺利,压浆通畅不泄漏。

(3)管道安装完毕后,接头之间应用塑料胶布封闭,然后由灌浆孔开始闭水试验,检查管道是否漏水。对漏水处要用塑料胶布封闭,做完闭水试验后,从管道最低的部位开始放干净管道内的水。

(4)管道应按设计规定的坐标位置安装,并应采用定位钢筋固定,使其能牢固地置于模板内的设计位置,且在混凝土浇筑期间不产生位移。定位后的管道应平顺,其端部的中心线应与锚垫板相垂直。

(5)管道接头处的连接管宜采用大一级直径的同类管道,其长度宜为被连接管道内径的5~7倍,连接时不应使接头处产生角度变化及在混凝土浇筑期间发生管道的转动或移位,并应缠裹紧密防止水泥浆的渗入。塑料波纹管应采用专用焊接机进行热熔焊接或采用具有密封性能的塑料结构连接器连接。当采用真空辅助压浆工艺进行孔道压浆时,管道的所有接头应具有可靠的密封性能,并应满足真空度的要求。

(6)管道安装完毕后,其端口应采用可靠措施临时封堵,防止水或其他杂物进入。

8 安全措施

1)常规安全措施

(1)项目经理部设立以项目经理为首的安全领导小组,配备专职安全员,全面负责项目的安全工作,并做到有计划、有组织、有措施。

(2)认真组织施工人员学习有关安全工作的法规、制度及其他有关文件,树立、提高施工人员的安全意识,根据工程的特点,编制详细的各工序的安全操作规程及安全措施,严格按照操作规程标准化、正规化施工。

(3)对新工人或变更工种的工人都要进行上岗前培训,考试合格后发给合格证,必须持证上岗。

(4)在进行技术交底的同时,要进行安全工作交底,并做好技术交底和交接班记录。

(5)设置标准的配电箱和移动电箱,实行三级保护,电缆应架空铺设,夜间各施工场所应有足够的照明,非电工人员不得动用电器设备。非专业人员不得私自违章操作,加强对机械车辆的管理,坚持定机、定员、定责。

(6)做好工地的防火、防电,防止食物中毒事故的发生。

(7)制订安全检查目标奖罚制度,针对工程情况,每天进行自检,项目部不定期检查,并对检查出的问题,限期整改,并与奖罚挂钩。

2)现场安全措施

(1)当定位较高处的管道时,需要两名工人协同操作,一名工人在下面固定竖向标尺,使立杆水平准泡气泡居中;一人在上面操作斜撑杆和横向标尺进行定位,并且要注意上部作业人员的安全,要有可靠的登高设施,防止人员、物品坠落伤及下面的操作人员。

(2)操作定位仪时,需时刻佩戴安全帽,并注意人员面部不被梁体钢筋划伤。

(3)电焊时注意对人员的防护,防止电焊火花伤人。

(4)定位管道时,对于较高的T梁梁体钢筋要有可靠的支撑,防止梁体钢筋骨架倾倒伤人。

(5)金属波纹管端部裸露镀锌钢带较为锋利,连接管道或穿管道时注意避免管道端部划伤人员。

9　环保措施

(1)对职工进行环保知识教育,使人人心中都明确环境保护工作的重大意义,积极主动地参与环保工作,自觉地遵守环保的各种规章制度。

(2)自觉接受环保部门、地方政府对工地环保工作的监督、检查。

(3)使用钢带卷制波纹管管道时,注意对三角料、边料的及时清理,防止污染环境。

(4)注意对波纹管的覆盖,非棚内存放时加强对波纹管防护,防止污染环境。

(5)运送钢带的车辆在工地上行驶通过限速等措施,避免产生灰尘,便道经常洒水减少灰尘的污染,现场易生粉尘的细料存放及运输要加以遮盖。

(6)现场设备、污水、生活区垃圾集中统一处理,禁止在工地焚烧残留的废物,造成空气污染。

(7)自觉接受业主、监理及项目部对工程文明施工进行的监督检查。合理布置施工现场及施工设施的顺序,材料堆放整齐,钢筋按规格分类堆放,施工污水不随意流放,其他废料集中堆放,再进行外运处理。

10　资源节约

本工法在梁板预制预应力波纹管定位施工方面资源节约表现突出,主要体现在以下几方面。

(1)定位仪结构简单、体积小、质量轻、制作耗材少、携带方便、可重复利用、无污染、无粉尘。

(2)可同时定位多排预应力管道,节省人工,节能效果明显。

(3)定位仪加工成型后,通用性较强,各种梁型均可使用,利用率高,节省材料。

(4)人工依靠定位仪即可完成梁板预应力管道定位工作,不需其他设备,与传统定位施工相比能耗少。

11　效益分析

(1)制作定位仪耗用的材料少,且都为常用材料,便于工地购买、加工,成本低。

(2)采用"装、调、校、焊、固"程序化管道定位方法,能够快速、精确定位空间预应力管道的纵、横、竖向位置,程序化操作可节约部分人工,从而节省成本开支。

(3)采用本方法定位的管道坐标与设计坐标相比误差小,管道整体圆滑、顺直,预应力筋张拉摩阻小、预应力损失较小,在提高梁体结构耐久性使用方面效果明显,社会效益明显。

(4)采用本方法定位管道速度快、质量控制好,工艺简单,便于初学者掌握,在提高预应力施工质量的同时降低了施工成本,推广应用前景广阔。

12　应用实例

12.1　工程实例一

该工法在阳泉至左权高速公路ZB5标段13座桥梁1 126片PC梁预制管道定位施工中成功应用,

本标段梁板型号多、工期紧,预应力管道定位工作量大、难度大,采用管道三维一体精确定位技术,管道坐标和管道顺适度有大幅提升,钢绞线张拉伸长量与理论伸长量基本吻合,对保证梁体内的有效预应力起到了积极作用。经测算,采用本工法进行管道定位作业,1 126 片不同型号的 PC 梁共节省施工费用 28.23 万元,经济效益明显。取得了良好的社会经济效益。由于采用本工法定位波纹管管道,管道单点坐标和整体顺适度有了明显提高,总监办多次组织业主及兄弟标段预制梁作业队伍到我工地观摩学习,在省交通运输厅质监站组织的检查中也得到好评,总监办要求各标段进行推广应用,取得了良好的社会效益。

12.2　工程实例二

该工法在和顺至榆社高速公路 LJ1 标段后沟大桥及东沟大桥预制梁管道定位施工中成功应用,两座桥梁共计 310 片 40mT 梁,采用本工法施工,管道整体顺适度和单点坐标均满足规范要求,与设计坐标偏差较小,预应力张拉钢绞线伸长量与理论伸长量吻合,总体施工效果良好,业主多次组织监理及其他施工单位到现场观摩学习,取得了良好的社会效益,经测算,采用本工法施工管道定位节省施工费用 9.3 万元,经济效益明显。

中承式系杆钢箱拱原位拼装施工工法

GGG(中企)C3115—2013

田　丰　贾志强　李军锋　徐结明　熊　勇
(中铁三局集团有限公司)

1　前言

广雅大桥东接广雅大道与市中心相连,西接河西路、磨滩路与西环路相连,全长1 410.487m。引桥均为预应力混凝土连续箱梁,主桥结构形式为一种新型的组合拱桥体系——海鸥双孔中承式系杆拱与三角刚架的组合体系钢箱拱桥(图1)。

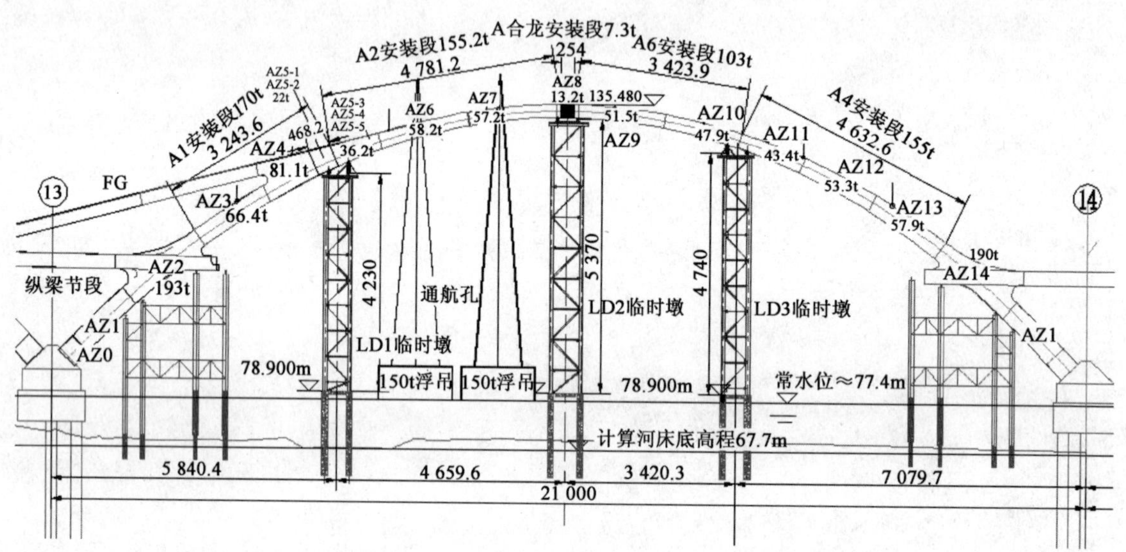

图1　广雅大桥主桥采用中承式系杆钢箱拱原位拼装施工工法示意图(尺寸单位:mm)

主桥为双主跨2×210m的悬链线钢箱拱,横桥向设置两片拱肋,中间无横撑,拱肋间距28m,主拱采用坡拱形式,钢箱拱肋采用等宽变高的单箱单室箱形断面,截面宽度为2.5m,截面高度按照1.5次抛物线的变化规律沿x轴方向从拱脚的4.5m渐变至拱顶的2.5m。

该工法由中铁三局集团有限公司研究开发,主拱圈则采用拱肋分段拼装,高精度合龙控制的施工方法,不仅吊装至劲性骨架上安装钢箱拱大节段的技术已经日趋成熟,而且钢箱拱桥主拱圈的拼装技术也已达到国内施工领先水平,并被评定为2012年度山西省省级工法。

2　工法特点

(1)减小施工因素造成的线形误差,拱肋中心轴线更加基于设计要求下压力线。

(2)充分调节钢箱拱结构合龙后整体受力,合理改善成桥后拱脚在最不利荷载作用下的组合内力。

(3)临时支墩的设计布置减小了因拱肋自重所引起的线形和位移变化。

(4)增加了钢箱拱整体稳定性,提高了抗弯和抗扭刚度。

3 适用范围

本工法已运用于广雅大桥主桥主拱圈钢箱拱精确合龙施工中,适用于具有跨越能力强、结构刚度大、整体稳定性强的桥梁及其他预制梁吊装的公路、铁路等构造物的建设施工。

4 工艺原理

1)临时支墩

(1)测量插打钢护筒,浇筑钢管内混凝土,施工管顶分离式承台。

(2)在项目车间加工临时支墩钢管立柱,装运至码头拼装成单片或整节段钢管。

(3)浮吊吊装临时支墩钢管进行接高,铺设分配梁、钢支撑,搭设操作平台。

(4)配重200%施工荷载对临时支墩进行预压,监控支架的变形。

2)钢箱拱肋

(1)在下游码头采用卧拼方法将单元块拼装成钢箱拱大节段,翻身抬吊放至平板驳船,浮运到墩位安装处。

(2)两台150t大型浮吊对称吊装钢箱节段,测量精确定位、栓接、焊接固定。

(3)合龙前,在边跨压重4 000kN荷载,同时对合龙段钢箱拱进行起顶。

(4)10~15℃温度范围内合龙主拱圈。

5 施工工艺流程及操作要点

5.1 施工工艺流程

临时支墩下部基础施工→临时支架接高→支架预压→钢箱大节段拼装→B拱→A拱→压重、起顶→双跨合龙→拆除钢管支架。

5.2 临时支墩施工要点

(1)为减小对航道的影响,每榀拱肋下设3个临时支墩,由4根ϕ820cm的钢管立柱组成,支墩横断面为6m×6m,测量放样插打钢护筒,焊接牛腿,搭设钻孔平台,采用钻孔灌注桩施工桩基。

(2)承台尺寸为8.4m×1.0m×1.8m,在两根钢管上支立承台模板,凿除桩头,绑扎钢筋,浇筑C30混凝土。

(3)在施工码头浇筑4块位于同一水平面的1m×1.0m×0.5m混凝土平台,预埋2cm厚钢板。

(4)在胎架上将单根钢管组拼成单片钢管支架,用25t起重机吊装,焊接成两节整体钢管支架。

(5)首先用50t船吊将单片钢管支立于承台上,焊接连接系形成整体,再利用150t浮吊在码头将整体支架吊装至安装位置进行接高,钢管间采用突缘连接,焊接加劲板。

(6)用ϕ820cm水平连接钢管将单跨临时支墩连接成刚性整体,在上下游支墩间采用ϕ21.5mm钢丝绳对拉,增强支架稳定性。

(7)实测钢管顶坐标,码头整体拼装分配梁,油漆编号,分配梁中心线与钢管中心位于同一直线上。

(8)搭设预压平台,施加压重荷载,观测支架变形及其位移。

(9)根据横向分配梁里程计算出拱肋底面高程,加工调节钢管及其钢支撑并进行安装,并于调节钢管内浇筑C30混凝土,焊接斜撑及其限位装置。

5.3 大节段拱肋拼装施工要点

(1)平整、硬化拱肋拼装场地,测量定位预埋胎架钢板,浇筑龙门吊条形基础,安装80t龙门吊。

(2)为便于控制钢箱拱拼装精度和减小焊接难度,采用在胎架上卧拼的施工方法,预埋件上焊接型钢立柱,平放双拼25工字钢,由楔形块来调节钢箱拱位置。

(3)将各节段吊装至胎架上,利用全站仪和锤球来确保钢箱的尺寸及其空间位置,对钢箱拱进行配切来达到拼装精度。

(4)精调完成后,固定钢箱拱节段,临时栓接高强螺栓,焊接环焊缝,施拧高强度螺栓。

(5)依据计算焊接吊装吊耳,利用两台150t浮吊将拼装完成的大节段钢箱吊于平板驳船上,运送至墩位处。

5.4 主拱圈安装施工要点

(1)为了保证钢箱拱在吊装过程中的速度和位置,在钢箱拱顶端悬挂锤球,用于控制钢箱拱吊装位置的正确性。

(2)利用两台150t浮吊双抬大节段钢箱拱于劲性支架顶端,测量监控定位后实施焊接及栓接。

(3)对边跨钢箱拱节段进行起顶处理,以钢箱拱三维空间位置为主,起顶作用力为辅进行观测,保证拱肋线形和拱脚受力符合设计要求。

(4)A、B钢箱拱合龙之前,钢箱拱两侧使用限位装置,减小钢箱拱支撑替换时产生的横向位移,利用千斤顶进行钢箱拱合龙口的起顶,同步观测拱肋变化。

(5)在边跨纵梁与钢箱拱异形段分离处各压重450t混凝土块,同时按照监控要求对钢箱拱进行分级起顶,稳定后同时对上下游钢箱拱进行合龙。

5.5 钢箱拱大节段安装施工要点

(1)用砂轮电动机将钢箱坡口及其周边3~5cm区域打磨见金属光泽。

(2)在已定位的钢箱拱肋对接处焊接马板,减小钢箱拱拼装合龙中的误差,防止不利因素导致钢箱拱摆幅过大;初步就位后,利用千斤顶对钢箱进行精调,达到箱形梁组装的技术要求。钢箱拼装允许偏差见表1。

钢箱拼装允许偏差表

表1

序号	项　目	允许误差(mm)	序号	项　目	允许误差(mm)
1	垂直度	1/300高度且≤20	4	两相邻横梁中线相对偏差	5
2	中心线	10	5	对接高低差	10
3	对接缝隙宽度	5~7	6	相邻拱片高差	20

(3)钢箱拼装符合要求后,待拼接板的抗滑移系数符合设计要求用拼接板连接加劲肋,并安装冲钉或临时螺栓进行栓接。

(4)栓接完成后开始实施焊接,工地焊接设立防风措施,遮盖全部焊缝处,主拱肋对接焊缝采用反面贴陶质衬垫,采用CO_2气体保护焊焊接、单面焊双面成型的工艺。

(5)所有对接焊接经检测合格后,连接高强螺栓副M30或M24,采用扭矩法施工,分初拧、复拧、终拧三步,采用的扭矩扳手,在作业前后均应进行校正,其扭矩误差不得超出实用扭矩值的±5%。施拧全部过程需在同一工作日内完成,不得采用冲击拧紧和间断拧紧,高强螺栓的设计预拉力、施加预拉力应符合表2规定。

高强螺栓的预拉力表

表2

螺栓规格	M22	M24	M27	M30
设计预拉力(kN)	190	225	270	335
施工预拉力(kN)	210	250	300	390

5.6 临时结构拆除的施工要点

(1)待主拱圈全部完成合龙后,按照B拱至A拱的顺序进行拆除,利用浮吊将连接钢管、支座、调节钢管等依次拆除。

(2)将临时支墩的连接系进行割除,利用两台浮吊从钢箱拱两侧分两片将钢管立柱吊出至码头进行分解。

(3)利用水下切割设备沿河床面将水下桩基础钢管切割开来，通过水下切割机将其拦腰切断，并运送至弃物堆放处。

5.7 劳动力组织

劳动力组织情况见表3。

劳动力组织情况表 表3

序 号	岗 位	人 数	序 号	岗 位	人 数
1	副经理	2	8	安全总监	1
2	船舶操作人员	12	9	专业指挥	2
3	铆工	10	10	电工	2
4	焊工	20	11	技术员	4
5	油漆工	6	12	安全员	2
6	机械设备部	2	13	施工员	3
7	杂工	8	14	测量人员	5

6 材料与设备

本工法无特殊材料，设备配置见表4。

主要机械设备表 表4

序 号	设备名称	规 格	数 量	单 位	备 注
1	浮吊	60t、50t	2	艘	各1艘
2	浮吊	150t	2	艘	
3	运输船	600t、500t	4	艘	各2艘
4	交通船		1	艘	
5	龙门吊	80t	1	台	
6	平板驳船	500t	1	艘	
7	货车		6	辆	
8	千斤顶	150t/400t	12	个	各6个
9	油泵		12	台	
10	交流电焊机	BX－400	11	台	
11	气割		9	台	氧气、乙炔
12	气体保护焊机	KR500	10	台	
13	碳弧气刨机		4	台	
14	电动扭矩扳手		2	套	
15	水下切割机		1	台	
16	水下切割设备		4	套	

7 质量控制

7.1 质量过程控制

建立"谁管理谁负责，谁操作谁保证"的质量管理原则。通过完善的质量管理体系将质量管理职能分解到每一个部门、每一个岗位。施工经理应按项目部规定的质量方针，满足业主提出的质量目标要求，形成一个完整的质量体系。管理者必须支持该体系，并由技术人员具体负责该体系。

7.2 施工计划控制

(1)由项目经理组织各部门编制、落实、检查和督促日、周、月生产计划及执行情况。

(2)每天召开碰头会,每周召开一次生产会,检查落实施工进度、工程质量、安全生产等工作,协调人、机、物,控制工程形象进度。每月召开一次质量例会,专题研究工程质量情况和改进措施。

7.3 工序控制

施工过程中严格执行三检制度。

(1)自检:每一作业班组设一名兼职质量员,负责对本班组完成的工序按检验评定标准要求进行检查、验收,填写自检卡经施工员签认后交下道工序。

(2)互检:由下道工序班组兼职质量员对上道工序质量进行检查签认。

(3)专检:工序在自检、互检合格的基础上,由专职质量员进行复检并与自检卡核对符合要求后方可转入下道工序施工。

7.4 钢箱拱精度控制

(1)在临时支墩支架一侧焊接限位装置,根据计算制造出楔形支座,预留出拼装空间,用于控制钢箱拱的初步定位,在支座上放样出钢箱拱边线位置,便于施工中对各项指标的复核。

(2)为确保钢箱拱肋空间位置的后期调节,在支座下调节钢管内浇筑 C30 混凝土,同时也确保了钢箱拱支撑体系的稳定性。

(3)因钢箱拱自身重力的作用,在拼装过程中极易产生下挠,为保证拱肋线形,对钢箱拱合龙段进行抛低处理。

(4)在钢箱拱合龙前,将支座替换成起顶装置,分三级于支架上对钢箱拱进行起顶,并暂不安装边跨与三角刚构区域的螺栓,在边跨三角刚构区域内分别压重 450t 混凝土直至钢箱拱合龙,再将其与边跨连接成整体。

(5)按照设计要求,选择 10~15℃的气候条件下进行单侧钢箱拱的同时合龙,保证了钢箱拱受力的平衡性。

(6)合龙口焊接采用焊接余量收缩小、焊缝残余应力低的焊接工艺,减小了因焊接对钢箱拱合龙精度的影响。

8 安全措施

(1)吊装施工前必须对所有电动机、卷扬机、各种安全防护、保险装置进行检查,验收合格后进入现场。

(2)特种作业人员必须持证上岗,且证件必须在有效期内。

(3)吊装前浮吊的吃水深度与河床的深度要复核检查一遍,以免起吊重物后搁浅造成不必要的损失。

(4)配备应急电工,卷扬机与机械发生故障时及时排除。

(5)吊装作业要求严格按批准的吊装作业方案执行,严格执行起重机械“十不吊”的规定。

(6)浮吊定位应确保吊装后能撤离现场,故吊装定位时须明确浮吊的旋转驳运方向。

(7)为便于施工人员操作,设置专用爬梯用于组装、高空焊接工作,采用拱上爬梯、悬挂式钢吊篮。

(8)六级以上大风、大雨、大雪及浓雾等恶劣天气,禁止从事露天高空作业。

(9)不允许雨天进行焊接作业,如必须进行焊接作业,需设置可靠的挡雨、挡风篷,防护后方可作业。

(10)吊装前给全体管理及操作人员召开吊装前专项交底会,对各项工作作出统一部署,分工明确,落实责任。进入现场必须遵守“安全生产六大纪律”。

(11)凡患有高血压、心脏病、贫血、癫痫等疾病的人员不得从事高空作业及登高架设作业。所有作业人员必须按规定正确佩戴安全防护用品。

(12)采取有效防暑降温措施,杜绝因中暑而导致的其他安全事故,高处作业人员若出现头晕、恶心现象,应立即撤出工作区休息治疗。

(13)在浮吊吊装构件时,设派专职人员提醒过往船只减速缓行,避免水波动影响浮吊稳定。

(14)吊装作业不应当超出吊装设备的起吊能力及作业半径。

9 环保措施

(1)绝对禁止施工人员直接向江中抛弃垃圾,排放废水、废油和冲洗物,施工过程中所产生的废渣均外运至指定位置,严禁随意排放。

(2)燃料、油和颜料应保存在合适的安全容器中,并放在指定地点,以免泄漏进入河中。

(3)生活水拟采取相应措施处理,有毒废水要用专用容器收集,并根据所含毒物的性质进行相应处理。

(4)及时处理、分离施工废物料,并堆放在指定的自埋场和安全的临时储存处,以防因雨水造成对水质的污染。

(5)浮吊进场前须进行保养,在进场沿途及进入施工区域严格控制机油不外泄,不清洗装储过油类或有毒有害污染物的容器。

(6)悬挂脚手操作通道和平台下部须全封闭,防止火焰切割和焊接熔渣下落水面。

10 资源节约

主拱圈安装过程中焊接数量庞大,结合现代施工技术的更新步伐,制订了合理的施工工艺,采用了低烟、低毒害的焊接消耗材料,减小了对空气的污染,自动机械化施工尽可能地取代了人工焊接的方法,减小了焊材的浪费;其次通过专家会议评审制定了简单的主拱圈安装方案,节约了近千吨的钢材,合理安排施工工序,提高机械使用效率,减小了机械设备的闲置时间,中铁三局在倡导能源节约的背景下为资源节约做出了不可磨灭的贡献。

11 效益分析

1)经济效益

本次施工方法减小了对柳江航道的影响,对周边自然环境及其水域环境等的影响明显减小了,其次充分利用周转材料,节约了施工成本,对机械设备的有效控制更加提高了自身的使用效率,施工工序的优化及其设计为施工节约了诸多物资、材料,多项工序的交叉作业充分地利用人力资源,更加合理地安排了施工工期,缩短了施工作业时间,减小了资源闲置的时间,钢箱拱的高精度合龙技术避免了施工的反复性,给经济效益带来了无形的好处。此项工法的成功实施为项目经济建设节约成本53万元。

2)社会效益

该施工方法的成功实践保证了主拱圈钢箱拱的合龙精度,确保了后续施工工艺的顺利开展。在该工艺的施工过程中,中铁三局集团有限公司一直以“施工严标准、管理精细化、安全保工期、精品促高产、环保争美誉、文明创和谐”为原则,塑造着“高质量、零事故、无污染”的精品形象工程。现场文明施工更是同区域、同条件环境下施工中的楷模,多次成为诸多施工单位及上级相关部门学习、交流的榜样,得到了市政府和民众的大力支持,成为各大媒体争前恐后报道的热点优秀工程,引起了高度关注,受到其他投资建设公司的青睐。

3)环保、节能效益

面对这座焊接数量多、焊接难度大、焊接方法复杂等诸多难点的桥梁,在钢箱拱施工过程中,采用了合理的焊接工艺,运用了低毒、低烟尘的焊接消耗材料,尽量采用自动焊接代替手工焊接方法,提高了生产效率,避免了浪费废弃的焊条头。通过严格控制焊接参数、焊接方法、焊工技术水平等措施来降低烟尘数量的排放,同时加强通风排烟设备的安装,确保施工环境下空气的流通性。作业人员通过佩戴个人防护用品对光污染和射线污染进行有效的防护,保证了自身健康、安全。通过选用节能型逆变弧焊电源、控制噪声传播途径等措施来控制施工所产生的噪声污染。

12 应用实例

广西柳州市广雅大桥工程由中铁三局集团有限公司承建,是中铁西南投资有限公司在柳州市场投资桥梁建设的重点“BT”项目。主桥结构形式为一种无风撑中承式钢箱拱与系杆组合体系结构,采用了临时支墩与浮吊法相结合的施工方法。

主体结构是该桥施工难度大、技术含量高、高空作业多等复杂性问题存在的重点部位,其临时支墩的高度达55m,大节段质量达到190t,自从三角刚构顺利合龙以来,立马着手于临时支墩结构的优化及其设计,并于下游码头进行钢箱拱大节段的拼装,利用两台浮吊将大节段吊装至临时支墩上进行精确定位,成功地实现了钢箱拱高精度合龙的技术要求,并于2012年4月完成了主拱圈的合龙工作,成功地按照施工计划避免了洪水对临时支墩结构的影响,并为后续系杆及其桥面梁的施工奠定了坚实的基础,离广雅大桥“高质量、零事故、无污染”的施工目标更加靠近了一步。

PC 梁智能测控及反馈施工工法

GGG(中企)C3116—2013

张庆华 郭 英 高 华 彭 飞 田晋伟
（中铁十二局集团第三工程有限公司）

1 前言

后张法预应力混凝土(PC)梁是一种常用的桥梁上部结构,具有结构简单、造价低、通用性强、安装架设方便、施工快捷等优点,被广泛应用在公路、铁路桥梁中,T 梁预应力张拉施工是 T 梁预制施工的关键工序,其质量的好坏决定着 T 梁结构的承载能力和使用耐久性,对于 T 梁预应力张拉工作而言,传统的张拉工作一般存在以下技术问题:张拉力压力表读数不稳定、读数速度慢、控制误差过大,张拉伸长值测量不准确,难以实现张拉力和张拉伸长量的双重同步控制,而现在市场上的智能张拉系统虽然自动化程度较高,技术成熟,但性能并不太稳定,无法获知预应力的损失规律,且价格较为昂贵,推广也有一定难度。由我公司承建的阳泉至左权高速公路 ZB5 标段是山西省高速公路规划网“三纵十一横十一环”东纵天黎高速公路的重要组成部分,共有桥梁 13 座,各种型号的 PC 梁 1 126 片,为解决传统梁体预应力钢束张拉工作中存在的缺点,确保梁体内永存有效预应力满足设计及规范要求,本项目研制了 PC 梁张拉智能测控施工系统,通过在梁体和锚下埋设穿心式传感器,连接综合测试仪,将数据及时输入计算机系统,能够实时测控张拉过程的锚下应力,及时测定千斤顶的行程,通过计算机系统实时分析张拉应力和伸长量之间的关系,实现张拉控制的精确双控,从而保证梁体内的有效预应力值满足设计和规范要求,通过在阳左高速公路 ZB5 标段 PC 梁预应力张拉施工的成功应用,经总结形成本工法,取得了良好的社会、经济效益。

“PC 梁有效预应力施工控制与评估技术研究”课题于 2012 年 9 月通过山西省科学技术厅组织的专家鉴定,成果达国际先进水平。研发的“一种桥梁预应力张拉控制及反馈方法”发明专利已获得国家知识产权局受理,受理号为 201210100080l380。

2 工法特点

(1)采用本工法进行预应力张拉施工可以实时获取梁体锚下有效预应力,在张拉及锚固的整个施工过程中能及时反映预应力的损失规律,进而反馈施工,及时采取措施保证预应力张拉效果。

(2)本工法根据常规张拉机具的特点给出了张拉伸长量的一种辅助计算方法,可现场进行实际伸长量与理论伸长量的对比,真正实现预应力张拉的双控,减少施工过程中人为因素的影响,有助于预制梁施工质量的提升。

(3)本工法提出的张拉施工方法控制精确、稳定、可控、自动、安全,操作方便、维护量少,综合效益高,能够满足桥梁预应力张拉质量要求,适合在建高速铁路和公路桥梁预制场推广使用,便于进行桥梁预应力张拉质量监控和作业量统计等管理工作。

(4)本工法编制的智能张拉应用程序界面简洁、容易操作,数据反馈及时、准确,易推广。

3 使用范围

本工法适用于公路、铁路工程预应力混凝土(PC)梁预应力张拉施工。

4 工艺原理

首先,在锚具与预制梁之间预埋锚下传感器,与传统技术相比,为内置式传感器,可直接采集梁体锚下的真实应力,这是实现预应力张拉控制最关键的前提,其次,系统分阶段张拉(张拉应力的30%、50%、100%、持荷、锚固),通过传感技术(锚下传感器)采集张拉设备(千斤顶)传递给预制梁的工作压力以及千斤顶的行程数据(伸长量),将数据及时输入编制的计算机系统进行张拉力和伸长量的数据预分析,根据计算机系统的计算结果,可以给出各阶段的锚下真实应力,也可以分析张拉过程中预应力的损失规律,不需要单独进行锚圈口损失试验就可以直接得出真实张拉应力。通过梁端锚下传感器的实测张拉应力值与油压表所显示的理论张拉应力值计算误差值,并判断该误差是否在《公路桥涵施工技术规范》(JTG/T F50—2011)规定的误差范围之内,最终给出建议是否进行补张工作,如果该值小于误差范围,通过油压表和千斤顶系统进行二次补张,使其达到规范规定的误差范围,从而提高张拉精确度;如果该值大于误差范围,立即停止张拉,找出张拉过程中可能存在的施工原因,指导后续张拉施工。同时,依据实际的张拉机具在预应力损失方面的特点,通过计算机的分析结果,可以采用不同方法进行计算预应力钢束的实际伸长量,然后计算预应力钢束的实际伸长量与理论伸长量的误差值,采用上述预应力张拉控制方法,可以判断是否需要进行补张或停止张拉,实现精确双控。

5 施工工艺流程及操作要点

5.1 施工工艺流程

PC梁张拉智能测控施工技术工艺流程见图1。

5.2 操作要点

1)安装测试系统

在锚具与预制梁之间预埋锚下传感器及与其连接的综合测试仪,锚下传感器需要与锚垫板对中。PC梁张拉智能测控施工主要由预应力张拉系统(油表、油泵、千斤顶等)、锚下压力传感器、综合测试仪、计算机软件系统等组成。JMZX—3006(六弦)综合测试仪(图2)是一种便携式、多功能、智能读数仪。该系列仪器均能对钢弦传感器、电感调频类传感器、半导体温度传感器进行测量。配接的JMLB—20手动集线箱可组成多点测量系统。该测试仪为多通道综合测试仪,可测量多弦传感器(如压力传感器)。JMZX—3006综合测试仪具有检测速度快、精度高、使用简单方便等特点。仪器体积小、重量轻,采用可充电电池供电,使用携带极为方便。JMZX—3108AT智能弦式数码压力计(图3)是一种穿心式(空心)多弦压力传感器,又称锚索计。适用于各种条件下的索力测量和缆索张拉时的施工控制,也可适用于张拉千斤顶的力值校准,适应长期监测和自动化测量。该款压力传感器为智能温度型,传感器内部记忆了传感器编号、标定值等参数,可直接和快速显示和记录测量力值,并根据测量温度进行校正量力值。

2)安装张拉系统

安装锚具和夹片,安装包含张拉千斤顶、油压表、油泵的预应力张拉系统,并保证两者对中,做好预应力的张拉准备。

安放工作锚圈和夹片,安放工作锚圈前,先将钢绞线束理顺,使每束钢绞线的每根依次穿入工作锚圈的每个孔内,安装夹片,夹片嵌入钢绞线后,用铁管撞击,使其夹紧钢绞线,夹片外露部分的长度应整齐一致。

安装吊架及限位板、千斤顶,注意千斤顶的前端和尾端不要颠倒位置,千斤顶应安放平稳,且千斤顶、限位板及工作锚圈之间要吻合严密。连接油泵和千斤顶,注意油表和千斤顶按照校验报告的对应关系进行安装。

张拉系统安装后的照片如图4所示。

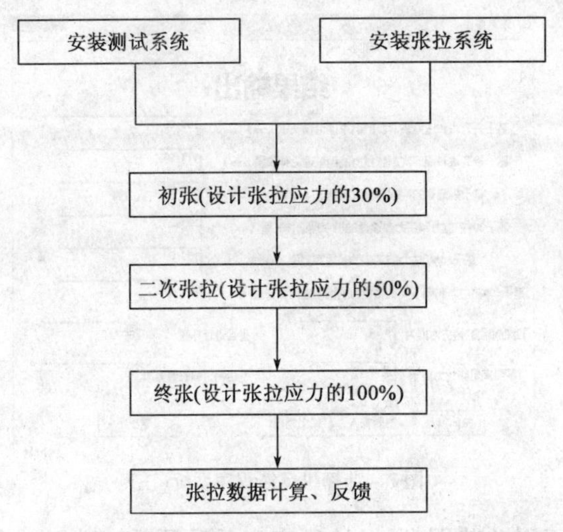

图1　PC梁张拉智能测控施工技术工艺流程图

图2　JMZX—3006(六弦)综合测试仪

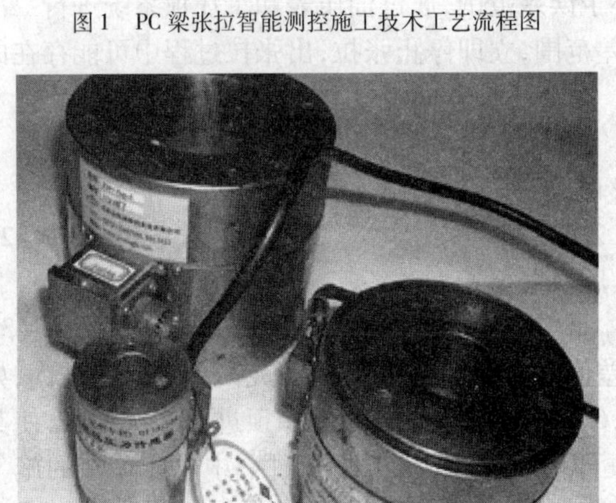

图3　JMZX—3108AT智能弦式数码压力计

图4　张拉系统安装后

3)初张(设计张拉应力的30%)

张拉预应力钢束至设计锚下控制应力的30%,记下油压表的压力值a和千斤顶的伸长量l_3,并及时输入计算机系统;通过综合测试仪测试锚下传感器的压力值b,并及时输入计算机软件系统。

计算机软件系统可采用PLC可编程控制器为核心,PLC可编程控制器HMI人机界面连接,可实时采集油压表的压力值a、锚下传感器的压力值b以及千斤顶的伸长量l_n,并及时对这些数据进行传输、处理、显示、记录及存储(图5~图7)。

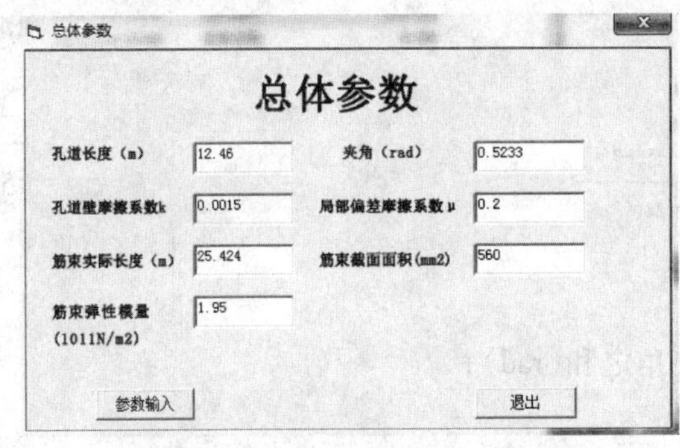

图5　计算机反馈程序系统(一)

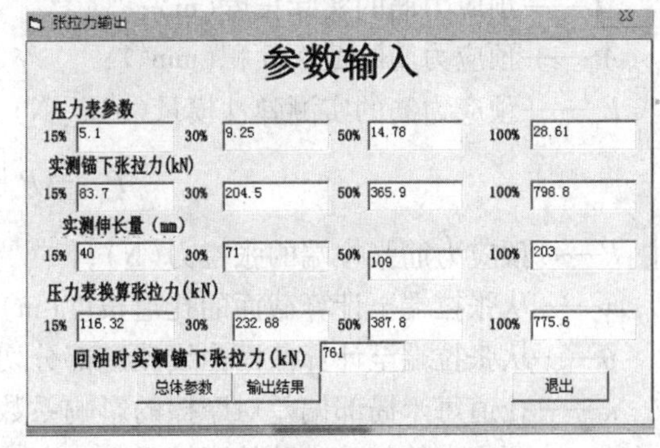

图6　计算机反馈程序系统(二)

4)二次张拉(设计张拉应力的50%)

张拉预应力钢束至设计锚下控制应力的50%,记下油压表的压力值a和千斤顶的伸长量l_2,

并及时输入计算机软件系统;通过综合测试仪测试锚下传感器的压力值 b,并及时输入计算机软件系统。

5)终张(设计张拉应力的100%)

张拉预应力钢束至设计锚下控制应力的100%,记下油压表的压力值 a 和千斤顶的伸长量 l_1,并及时输入计算机系统;通过综合测试仪测试锚下传感器的压力值 b,并及时输入计算机软件系统。

预应力钢束张拉到不同应力等级30%、50%、100%时,计算机软件系统根据下列公式分别计算锚下传感器的压力值与油压表的压力值的误差值:

$$\Delta P = (a - b)/b \tag{1}$$

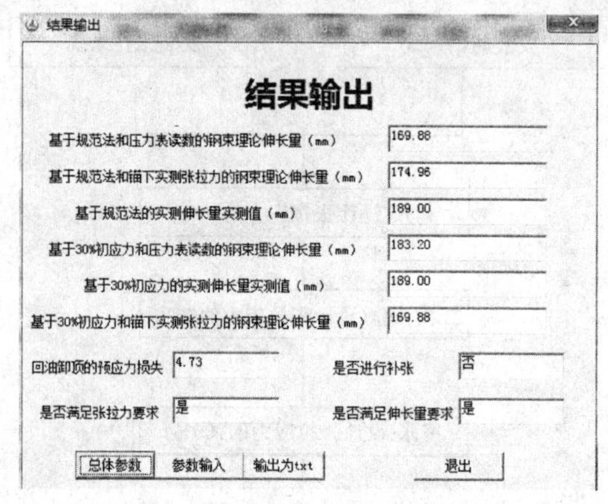

图7 计算机反馈程序系统(三)

判断该值是否在规定的误差范围之内,如果该值小于误差范围,通过油压表和千斤顶系统进行二次补张,使其达到规范规定的误差范围;如果该值大于误差范围,立即停止张拉,出张拉过程中可能存在的施工原因。

6)张拉数据反馈

预应力钢束张拉到不同应力等级30%、50%、100%时,根据下列公式:

$$L_{实测1} = (l_1 - l_2) + 2.5(l_2 - l_3) \tag{2}$$

计算预应力钢束的实际伸长量,计算机软件系统然后根据公式:

$$\Delta L = (L_1 - L_{实测1})/L_1 \tag{3}$$

计算预应力钢束的实际伸长量与理论伸长量的误差值,并判断该值是否在规定的误差范围之内,如果该值小于误差范围(伸长值的允许偏差为设计偏差 ±6%),通过油压表和千斤顶进行二次补张,使其达到规范规定的误差范围;如果该值大于误差范围,立即停止张拉,找出张拉过程中可能存在的施工原因。

为了得出钢束预应力最大张拉控制力值,本工法张拉预应力钢束至设计锚下控制应力的100%,持续稳定张拉应力5min,油压系统回油释放千斤顶压力,通过综合测试仪测试油压表回油前锚下传感器的读数以及油压表回油后锚下传感器的读数,计算机软件系统计算锚圈口的预应力损失量,与规范进行对比后确定是否进行超张拉。

其中预应力钢束理论伸长值 L_1 算法见下:

$$L_1 = P_p \cdot L/(A_p \cdot E_p) \tag{4}$$

式中:P_p——预应力筋理论平均张拉力(N);

L——预应力筋的实际长度(m);

A_p——预应力筋的截面面积(mm^2);

E_p——预应力筋的实测弹性模量(mm^2/N)。

$$P_p = P\frac{\left[1 - e^{-(kx+\mu\theta)}\right]}{\kappa x + \mu\theta} \tag{5}$$

式中:P——预应力筋张拉端的张拉力(N);

x——从张拉端至计算截面的孔道长度(m);

θ——从张拉端至计算截面曲线孔道部分切线的夹角之和(rad);

κ——孔道每米局部偏差对摩擦的影响系数;

μ——预应力筋与孔道壁的摩擦系数。

6 材料与设备

主要材料见表1,主要设备见表2。

主要材料配备表 表1

序号	材料名称	数量	备注
1	工作锚具	若干	实体张拉使用
2	工作夹片	若干	实体张拉使用
3	钢绞线	若干	实体张拉使用
4	工具锚	若干	周转材料
5	工具夹片	若干	周转材料
6	锚下压力传感器	若干	采集数据

主要设备配备表 表2

序号	设备名称	数量	单位	序号	设备名称	数量	部位
1	张拉吊架	2	套	4	电脑及软件系统	1	套
2	张拉油泵	2	台	5	综合测试仪	2	台
3	千斤顶	2	台				

7 质量要求

7.1 工程质量控制标准

PC梁后张法张拉按现行《公路桥涵施工技术规范》(JTG/T F50—2011)进行质量控制,规定值或允许偏差见表3。

后张法预应力筋实测项目 表3

序号	检查项目	规定值或允许偏差
1	夹片式锚具、预应力筋回缩、锚具变形(mm)	6
2	每束钢绞线断丝或滑丝(丝)	1
3	每个断面断丝之和不超过该断面钢丝总数的百分比(%)	1
4	钢绞线计算伸长量与实测伸长量差值(%)	±6
5	张拉控制应力精确度(%)	±1.5
6	预应力筋锚下有效预应力与设计预应力差值(%)	±5

7.2 质量保证措施

(1)严格按照"三标一体化"的标准与要求建立了质量管理体系。

(2)认真编写了T梁张拉方案和作业指导书,严格按照方案、作业指导书、相关标准规范做,使每一个标定环节都有章可循。

(3)压力表、千斤顶必须是经过国家授权的标定部门标定合格且在有效期以内的方可使用。

(4)预应力张拉之前,应对不同类型的孔道进行至少一个孔道的摩阻测试,通过测试所确定的μ值和κ值,宜用于对设计张拉应力的修正。

(5)张拉前要保证穿心式锚下传感器、JMZX—3006(六弦)综合测试仪连接良好,保证数据传输稳定,以获得真实的锚下有效预应力。

(6)张拉时,结构或构件混凝土的强度、弹性模量(或龄期)应符合设计规定,设计未规定时,混凝土的强度应不低于设计强度等级值的80%,弹性模量应不低于混凝土28d弹性模量的80%。

(7)预应力筋的张拉顺序应符合设计规定;设计未规定时,可采取分批、分阶段的方式对称张拉。

(8)张拉时油表读数需按照千斤顶校验报告上的关系式计算读数,进油时指针应缓慢匀速上升,且两端油压表读数应保持大体一致。

(9)张拉至控制应力时,应保证千斤顶具有足够的持荷时间,张拉控制应力的精确度宜为±1.5%。

(10)张拉过程30%张拉力、50%张拉力、100%张拉力的锚下有效应力值和实测伸长量要及时输入计算机系统,以判断应力及伸长量是否满足规范要求。

(11)预应力筋采用控制应力法张拉时,应以伸长值进行校核,实际伸长值与理论伸长值的差值应符合设计规定,设计未规定时,其偏差应控制在±6%以内。

(12)计算机系统的参数,要根据不同梁型、不同钢束、不同地张拉要求及时地输入相关参数,保证计算机系统对每束钢束计算有效。

(13)后张预应力筋的张拉程序应符合设计规定,设计无规定时,对于采用夹片式自锚锚具的"T"梁正弯矩钢绞线,普通松弛预应力钢绞线张拉程序为:0→初应力→$1.03\sigma_{con}$(锚固)、低松弛预应力钢绞线张拉程序为:0→初应力→σ_{con}(持荷5min锚固)。

(14)预应力筋在张拉控制应力达到稳定后方可锚固。对夹片式锚具,锚固后夹片顶面应平齐,其相互间的错位不宜大于2mm,且露出锚具外的高度不应大于4mm。锚固完毕并经检验确认合格后方可切割端头多余的预应力筋,切割时应采用砂轮切割机,严禁采用电弧进行切割,同时不得损伤锚具。

8 安全措施

8.1 常规安全措施

(1)项目经理部设立以项目经理为首的安全领导小组,配备专职安全员,全面负责项目的安全工作,并做到有计划、有组织、有措施。

(2)认真组织施工人员学习有关安全工作的法规、制度及其他有关文件,树立、提高施工人员的安全意识,根据工程的特点,编制详细的各工序的安全操作规程及安全措施,施工生产严格按照操作规程标准化、正规化施工。

(3)对新工人或变更工种的工人都要进行上岗前培训,考试合格后发给合格证,必须持证上岗。

(4)在进行技术交底的同时,要进行安全工作交底,并做好技术交底和交接班记录。

(5)设置标准的配电箱和移动电箱,实行三级保护,电缆应架空铺设,夜间各施工场所应有足够的照明,非电工人员不得动用电器设备。非专业人员不得私自违章操作,加强对机械车辆的管理,坚持定机、定员、定责。

(6)机械设备要严格按操作制度操作,严禁野蛮作业,定期检查设备的可靠性和安全性。

(7)雨季施工时,应注意防滑措施,脚手架的搭设必须牢固可靠,有足够的稳定性。

(8)做好工地的防火、防电,防止食物中毒事故的发生。

(9)制订安全检查目标奖罚制度,针对工程情况,每天进行自检,项目部不定期检查,并对检查出的问题,限期整改,并与奖罚挂钩。

(10)经常检查各种传动、升降、电器、机械系统等关键部位的安全性,牢固性,及时发现隐患,消除危险。

8.2 现场安全措施

(1)施工时注意对数据连接线的保护,防止数据线折断,导致数据传输失败,无法取得锚下真实有效应力数值。

(2)张拉时梁端对面不得站人,防止夹片飞出等突发因素伤人,张拉千斤顶后部需要设置钢板防护。

(3)吊架式张拉作业中张拉吊架要与梁体牢固固定,防止吊架脱落伤人、伤物。

(4)两端对称张拉时要有一人统一指挥,分级张拉时每级张拉油表读数要大体一致,防止单端不对称张拉。

(5)张拉时计算机系统要放置在安全、可靠的地方,防止施工或张拉作业对计算机产生影响。

9 环保措施

(1)对职工进行环保知识教育,使人人心中都明确环境保护工作的重大意义,积极主动地参与环保工作,自觉地遵守环保的各种规章制度。

(2)自觉接受环保部门、地方政府对工地环保工作的监督、检查。

(3)对张拉场地进行统一规划布置,地面干净整洁,无污染物、垃圾等。

(4)对张拉现场环境保护工作要定期进行检查,对存在的问题及时处理。

(5)现场设备、污水、生活区垃圾集中统一处理,禁止在工地焚烧残留的废物,造成空气污染。

(6)自觉接受业主、监理及项目部对工程文明施工进行的监督检查。合理布置施工现场及施工设施的顺序,材料堆放整齐,钢筋按规格分类堆放,施工污水不随意流放,其他废料集中堆放,再进行外运处理。

10 资源节约

本工法在资源节约方面主要体现在以下几点:

(1)该工法工艺简单,施工临时材料耗用少,施工无污染、无粉尘。

(2)通过张拉智能测控和反馈,张拉施工一步到位,节省人工,节能效果明显。

(3)智能张拉测控及反馈全程通过电脑计算、分析,数据储存在电脑中,可实现无纸化监控、反馈,节省部分材料。

(4)通过智能张拉测控及反馈可保证梁体受力性能,提高梁体耐久性使用,提高材料的使用周期,节省能源。

11 效益分析

(1)采用张拉智能测控施工方法进行张拉作业,可以及时反映出梁端锚下有效压应力的真实数值,采用计算机系统分析张拉结果可以直接评判张拉的最终效果,及时发现张拉存在的不足并及时进行修正,杜绝由于张拉力不足或伸长量不足导致的梁体有效预应力不足的问题,保证梁体内的永存有效预应力满足设计及规范要求,从而保证梁体受力及使用耐久性。

(2)采用智能张拉可及时发现张拉中的不足,及时补张,防止返工甚至引起梁体报废。

(3)采用智能张拉及测控技术,可以在达到智能张拉的基础上最大地节约施工成本,减少工程费用的开支。

(4)采用本工法总结的智能张拉技术,可以节约张拉劳力的投入,从而节约一定的施工费用。

12 应用实例

12.1 工程实例一

该工法在阳泉至左权高速公路 ZB5 标段 13 座桥梁 1 126 片 T 梁、箱梁预应力钢绞线张拉施工中应用。预应力张拉具有预制梁型号多、张拉钢束多、施工工期紧,预应力张拉工作量大、难度大等特点,采用 PC 梁张拉智能测控施工技术,在保证梁体内有效预应力大小的基础上,智能测控出钢绞线张拉伸长量与理论伸长量的偏差值,实现应力和伸长量的真正双控,在提高张拉施工工效、节约施工成本的同时大大提高了张拉施工的正确性和可靠性,既降低工程造价又提高工程质量,具有广泛的推广意义。经测算,采用本工法进行钢绞线张拉作业,740 片 40mT 梁、42 片 50mT 梁、344 箱梁共节省施工费用 12.48 万元,经济效益明显。编制的张拉反馈应用程序界面简洁、容易操作,数据反馈及时、准确,总监办多次组织其他标段预制梁张拉人员到现场参观学习并要求全线各梁场推广应用,在取得一定经济效益的同时得到了参建各方的好评,取得了良好的社会效益。

12.2 工程实例二

该工法在和顺至榆社高速公路 LJ1 标段后沟大桥及东沟大桥预制 T 梁钢绞线张拉施工中成功应

用,两座桥梁共计310片40mT梁,采用本工法施工,梁体内的有效预应力均在设计预应力的±5%范围以内,实测张拉伸长量均在计算伸长量的±6%以内,梁体质量得到了有效保证,同时总结的整套张拉作业简单、易操纵,在提高工程质量的基础上降低了工人的劳动强度,节约了部分建设资金,综合施工成本相对降低,总体施工效果良好,业主多次组织监理及其他施工单位到现场观摩学习,取得了良好的社会效益,经测算,采用本工法进行钢绞线智能张拉测控施工,节省施工费用3.72万元,经济效益明显。

曲线桥梁混凝土防撞护栏砂浆标高带施工工法

GGG(中企)C3117—2013

汪 华[1] 和郁富[1] 和建华[1] 王红伟[2] 田青坤[2]
(1 安通建设有限公司 2 北京大唐首邑建筑集团有限责任公司)

1 前言

钢筋混凝土防撞护栏广泛应用于桥梁工程,作为公路上的基本安全措施,对促进公路上的交通安全起着重要作用,对防止行车事故起着重要作用。桥梁防撞护栏是桥梁建成后行车过程中唯一可见、影响造型美观的外露工程,工程质量的好坏和几何尺寸准确与否直接影响工程整体形象,所以不仅在内在质量还是在外观质量上均要求相当高。保证防撞护栏的几何尺寸及美观顺直是施工单位追求的目标,由于防撞护栏形状特点决定了施工技术不易掌控和混凝土护栏外观存在缺陷,其中尤以气泡多、外表线条不顺直最难解决,不易克服。现以曲线桥梁钢筋混凝土防撞护栏具体施工工法“砂浆标高带法”进行论述。

依托本项目,由总承包单位安通建设有限公司牵头,北京大唐首邑建筑集团有限责任公司等单位参加,对本工法课题开展研究,形成方案,付诸实施。

2 工法特点

(1)工法易学、易于操作、实效性强。

(2)工法可应用效果好,提高施工质量。

(3)工法便于推广,提高技术水平。

3 适用范围

“砂浆标高带”工法适用于曲线桥梁钢筋混凝土防撞护栏施工,技术易学,易于掌控,经济合理。

4 工艺原理

在工程施工中,对于曲线桥梁防撞护栏施工,首先,安排测绘员进行了放线测量,在桥面上用全站仪精确测出防撞护栏下口内线每隔1m或2m的点位及其高程,在桥面上,沿所放样的点位弹出平顺的墨线。其次,安排一个技术过硬的施工队伍让其施工人员根据所放样的护栏下口线形(即为所弹的墨线)作出线形平顺、高程准确的砂浆标高带,待砂浆初凝后再进行高程跟踪测量,对未能满足高程要求的段落补平砂浆直至标高带整个线形及高程满足要求,最后采用已制备好的定型钢模进行模板安装,模板安装合格后进行混凝土浇筑,完成护栏混凝土施工。

5 施工工艺流程及操作要点

5.1 工艺流程

施工工艺流程见图1。

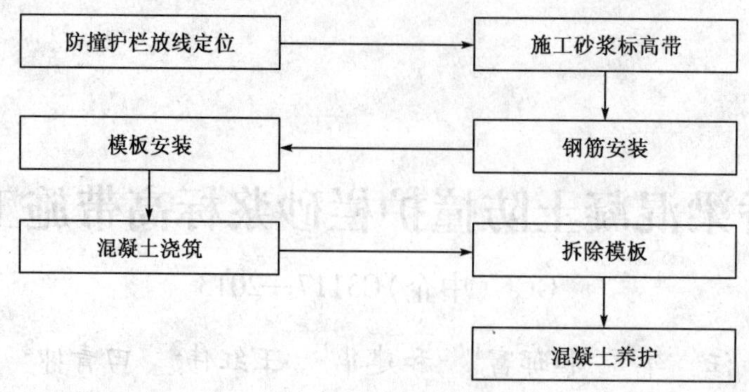

图1　施工工艺流程图

5.2　操作要点

(1)梁板预制或现浇时,应特别注意护栏预埋钢筋的制作尺寸及钢筋安装,严格按照设计及规范要求布设并定位牢固,混凝土浇筑时避免预埋筋的"跑位"及变形。

(2)根据护栏尺寸和外形制作定型钢模,常规用正面4mm的钢模(钢模长2m),要保证钢模的各部分尺寸绝对准确,其边缘顺直,钢板表面有良好的光洁度。其加固带视情况而定,保证模板的装运过程和使用过程无变形。

(3)测绘员进行了放线测量,在桥面上用全站仪精确测出防撞护栏下口内线每隔1m或2m的点位及其高程,用红油漆或钢钉做好标记,测量间距1m或2m等取决于曲线护栏的曲线半径(即为桥梁曲线半径),曲线半径大,测量间距可适当增大;反之,曲线半径小,测量间距应适当减小。在桥面上,沿做好标记的点位弹出平顺的墨线,然后在标记点处做砂浆标高块,待标高块砂浆凝固后,在两标高块间,沿着墨线做出线形(曲线)平顺、高程准确的砂浆标高带(图2),标高带可用6m铝合金靠尺收平,待砂浆初凝后再进行高程跟踪测量,对未能满足高程要求的段落补平砂浆直至标高带整个线形及高程满足要求,这是工程施工关键的一步,因为砂浆标高带的高低平顺程度将直接影响下一步模板安装施工,砂浆标高带线形及高程越精确越好。

(4)护栏钢筋制作尺寸及钢筋安装间距、保护层厚度应符合规范要求,钢筋的线形可参照已做好的标高带进行控制。

(5)模板安装前根据单块模板长度2m,在距离每块模板两端10cm左右,距离下边缘2cm左右的位置,在已安装好的钢筋上焊接定位钢筋(图3),定位钢筋横断面方向水平布置,定位钢筋长度为护栏下口设计宽度。模板底部严格按标高带线形及高程安装,并在模板底部垫厚4cm的海绵,防止浇筑混凝土时漏浆。至于模板上口的线形可以沿模板上口内边缘线用肉眼确定是否平顺,不平顺处用上口对拉螺杆进行适当调整,直至模板线形平顺。待线形调好后还必须保证模板固定牢靠,防止混凝土浇筑时模板整体变形,影响护栏混凝土成型后线形的平顺。

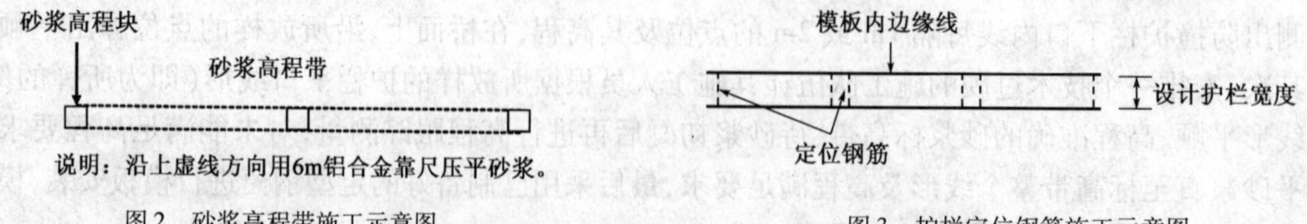

图2　砂浆高程带施工示意图

图3　护栏定位钢筋施工示意图

(6)为了保证护栏混凝土成型后,表面光洁美观,一是采用适宜的混凝土配合比十分重要,二是控制好混凝土坍落度,坍落度过大,易出现泌水现象,表面无光泽,水痕明显;坍落度过小,和易性小,不易振捣密实,蜂窝,气泡较多。混凝土所用原材料要严格符合规范要求。混凝土的拌和要严格控制用水量,拌和时间不少于3min,以保证拌和均匀及坍落度符合要求。混凝土浇筑入模时一般采用三层浇筑方法:第一层浇筑到护栏模板斜边下角变点,第二层浇筑到斜边上角变点,第三层浇筑至模板顶。由混凝土浇筑人员根据振捣速度控制三层混凝土的入模时间及方量。每层振捣时间不低于1min,不高于1.5min。混凝土的收浆时间视现场情况而定,收浆次数不少于3次,收浆要求表面光滑无裂纹。拆模板应根据现场气温而定,一般10~20h可拆模,拆模后应阴干0.5d,用掺加白水泥的水泥浆将局部出现的气泡堵严,掺加白水泥量可视护栏混凝土色泽试配直至颜色一致。养护采用土工布覆盖洒水养生,尤其注意前48h的养生。对完成的防撞护栏混凝土及时检查,发现问题及时分析探讨,及时整改。

施工过程见图4~图6。

图4 成型砂浆标高带

图5 模板安装

a)

b)

图6 成型后防撞护栏

6 材料与设备

本工法的机具设备见表1。

机 具 设 备 表 　　表1

序 号	名 称	数 量	单 位	序 号	名 称	数 量	单 位
1	钢筋加工设备	2	台	6	振捣棒	3	只
2	发电机组	1	台	7	混凝土搅拌站	2	台
3	交流电焊机	2	台	8	混凝土运输罐车	2	台
4	氧气切割机	1	台	9	装载机	1	台
5	潜水泵	2	台				

7 质量控制

符合国家标准《桥涵施工技术规范》(JTG/T F50—2011)、《公路工程质量检验评定标准》(第一册 土建工程)(JTG F80/1—2004),符合合同及设计文件要求。

此外,在施工过程中尤其应控制好砂浆标高带的线形及高程、定位钢筋的准确安装,这样方可控制好曲线护栏的线形平顺、美观。

8 安全措施

生产安全保障是施工的首要目标和提高经济效益的首要条件,必须以科学的施工和管理方法来确保生产的安全。在施工中,要认真贯彻"安全第一,预防为主"的方针。严格遵守国家有关施工安全的一切规定,把确保施工安全放在首位,采取积极的防范措施,预防为主。

(1)电路控制:规范临时用电,安装合格的漏电保护器,有良好的接地保护电器操作人员持证上岗并检查电缆外观情况。

(2)高空作业,防止物体打击,高空坠落,对无关人员不允许进入现场并树立警示标志。

(3)在安装模板时,注意模板定位安全;防止混凝土浇筑时,模板及混凝土整体向护栏外侧倾覆。

(4)现场指挥人员认真负责,防止浇筑混凝土时,机械车辆伤害。

9 环保措施

在施工中,坚持国家有关环境保护政策,以预防为主。积极同当地环保部门配合,加强本单位的环保宣传教育,增强施工人员的环保意识。发动群众,调动一切积极因素,切实做好施工期内的环保工作。

(1)生活污水:集中存放,专人处理。

(2)清理现场垃圾:设置分类垃圾箱,及时清运建筑垃圾。

10 资源节约

曲线桥梁钢筋混凝土防撞护栏施工中,应用"砂浆标高带"工法施工所需要的材料制备简便,施工人员操作方便,效率高,且所需要的施工人员相对较少,具有较好的节能效益,贯彻了国家节能工程的有关要求。

11 效益分析

"砂浆标高带"法施工中各项工序简单,施工方便,提高了防撞护栏的线形美观,加强了内外在质量。

12 应用实例

"砂浆标高带"工法应用于曲线桥梁防撞护栏施工中。安排测绘员进行了放线测量,在桥面上用全站仪精确测出防撞护栏下口内线每隔1m或2m的点位及其高程,在桥面上,沿所放的点位弹出平顺的墨线。其后根据所放的护栏下口线形(即为所弹的墨线)做出线形平顺、高程准确的砂浆标高带(曲线线形),待砂浆初凝后再进行高程跟踪测量,对未能满足高程要求的段落补平砂浆直至标高带整个线形及高程满足要求,最后采用已制备好的定型钢模进行模板安装,模板安装合格后进行混凝土浇筑,完成护栏混凝土施工。

马鞍山长江大桥接线工程MQ—13标段,马鞍山东互通立交CK0+444.415匝道桥、DK0+908匝道桥、K21+038.676车行天桥曲线桥防撞护栏施工。在施工中采用该方法取得了显著效果,受到了业主、监理单位及公司总部的一致好评。

在新疆 G217 线路基工程 8 标路基工程的混凝土防护栏分项工程施工中，通过采用此工艺，制订科学合理的护栏模板施工方案，对混凝土的浇筑质量进行了严格管控，按照规范和实际情况合理设置伸缩缝，保证了决定防撞栏杆质量关键工序的工作质量，其混凝土成型后，曲线平顺、美观，满足了安全、适用的要求，取得了良好的经济效益和社会效益。

钢结构制梁台座预制梁施工工法

GGG(中企)C3118—2013

彭文志　张建国　李新波　陈登志　李新星
(葛洲坝集团第五工程有限公司)

1　前言

目前高速公路建设要求每个标段都建预制梁场或者集中建场,预制梁数量有多有少,产梁周期不均衡,预制梁板尺寸也多样化;而制梁台座属于一次性投入,成本占了很大部分。传统的制梁台座设计,较小空心板、箱梁等一般采用砖砌框架,素混凝土填充;较大的箱梁、T梁等一般采用钢筋混凝土台座。为了满足当前预制梁片规模化、生产系统化及质量需要,通过大量而细致的工作,多功能制梁台座(图1)从研制至投入生产,经过多方测试,不断总结,进而形成本工法。

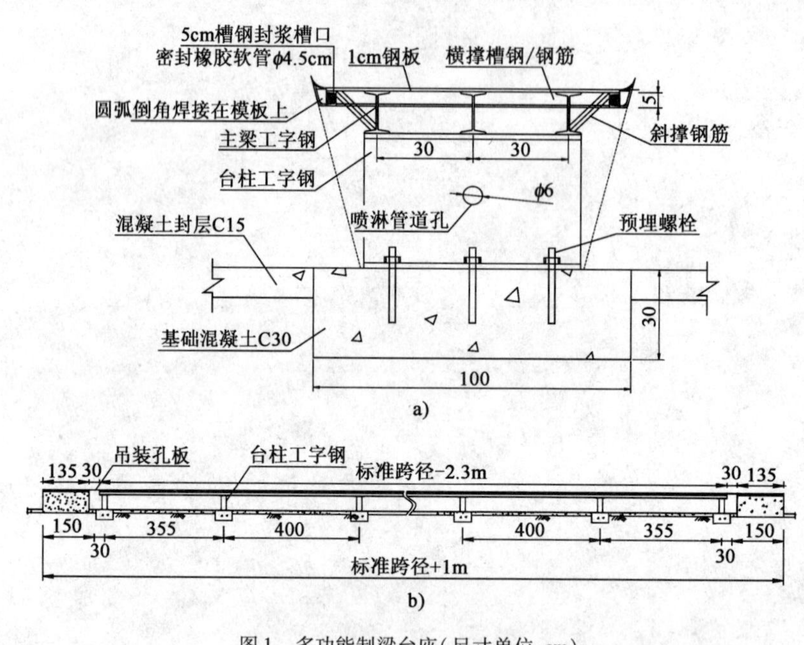

图1　多功能制梁台座(尺寸单位:cm)

a)制梁台座横剖面;b)制梁台座纵剖面

2　工法特点

(1)施工成本低。制梁台座一次性投入成本较高,但周转次数较多,适用性强,使整体成本降低。

(2)适用性强。多功能制梁台座适用于各类预制小箱梁、空心板和T梁等类型,也适用于各种梁长的预制梁,同时也适用于生产周期不均衡梁场,增加或减少台座,改变制梁长度等。

(3)提高预制质量。台座预拱度易于调节。台座面板采用钢结构打平磨光,封浆采用橡胶管密封,保证了预制梁底光滑平整,不缺角密实,棱角顺直。

(4)施工装卸方便。多功能制梁台座全部采用钢结构整体拼装,装卸只需龙门吊或吊车依次装卸。台座钢结构采用工地常用的型钢、钢筋等,制作和安装十分简单。

(5)节能减排。台座钢结构能回收利用,减少临建混凝土的施工和处理。合理利用了钢材,从而节约资源,又达到保护了环境的目的。

3 适用范围

本工法广泛适用于梁场各种类型桥梁(箱梁)、空心板和T梁等预制施工。

4 工法原理

多功能制梁台座采用钢结构制作,使用时根据预制梁长拼装成型,对于预制梁预拱度也能很好调节。

制梁台座采用C30混凝土基础垫层,工字钢作为台柱通过螺栓固定在混凝土基础上,在台柱上沿预制箱梁的长度方向设置工字钢纵梁,相邻的两道工字钢纵梁之间固定连接采用5cm槽钢或者钢筋作为横梁,形成钢桁架结构。斜撑采用ϕ25mm钢筋减少面板翼缘变形。

台座顶面采用10mm厚冷轧钢板作台面,两侧设5cm槽钢包边作为封浆槽口,封浆采用ϕ4.5cm黑塑胶圆管。工字钢作为台座立柱,用螺栓固定在混凝土基础上,垫层基础采用C30混凝土。整个预制梁场需整平碾压达到要求地基承载力300kPa。制梁台座范围外采用C15混凝土封层。

5 施工工艺流程及操作要点

5.1 施工工艺流程

施工工艺流程见图2。

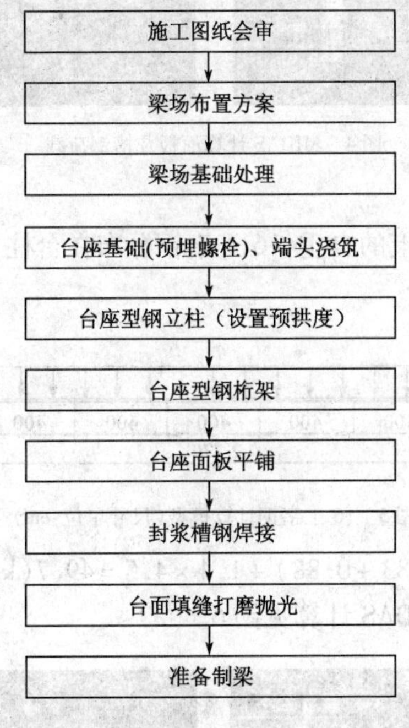

图2 工艺流程图

5.2 设计荷载

以30m小箱梁为例检算(常见小箱梁长有40m、35m、30m、25m、20m等)。

(1)常见箱梁底宽1m,箱梁边跨边梁最大,方量为36.3m^3,箱梁自重$q_1 = 36.3 \times 26/30 = 31.46$(kN/m)。

(2)根据厂家提供内模共重115kN,$q_2 = 115/30 = 3.83$(kN/m)。

(3)台座面板1cm钢板,横梁采用5cm槽钢,斜撑钢筋为ϕ2.5cm钢筋,间距1m。

合计:$q_3=0.785+0.0543+0.0385=0.88(\text{kN/m})$。

(4)16 工字钢。共 3 根,每根长 27.7m,合计:$q_4=3\times 27.7\times 0.205=17.04(\text{kN})$。

(5)施工荷载。小型机具、堆放荷载:2.5kPa,振捣混凝土产生的荷载:2kPa,合计:$q_5=4.5\text{kPa}$。

(6)荷载组合及施工阶段。箱梁自重及支架自重均按恒载考虑组合系数 1.2,施工荷载按活载考虑组合系数 1.4。

5.3 工况一:箱梁浇筑阶段

1)面板及槽钢计算模型

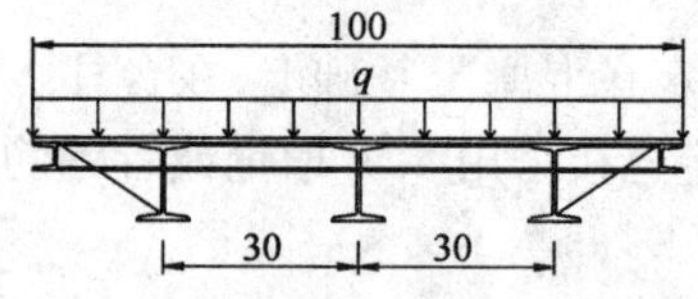

图 3 面板及槽钢计算模型(尺寸单位:cm)

面板直接承受箱梁的自重,槽钢直接焊接在 16 工字钢上,上顶面与 16 工字钢平齐。面板最不利位置为没有槽钢部位。受力模型见图 3。

均布荷载:$q=1.2\times(31.46+3.83)+1.4\times 4.5=48.6(\text{kN/m})$,通过 MIDAS 计算见图 4。

最大应力:$\sigma=24.5\text{MPa}<[\sigma]=215\text{MPa}$(满足要求)。

最大挠度:$f=0.0078\text{cm}<[f]=30/400=0.075(\text{cm})$(满足要求)。

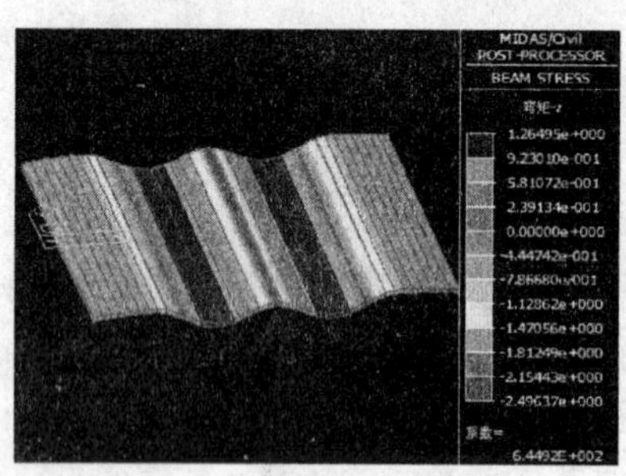

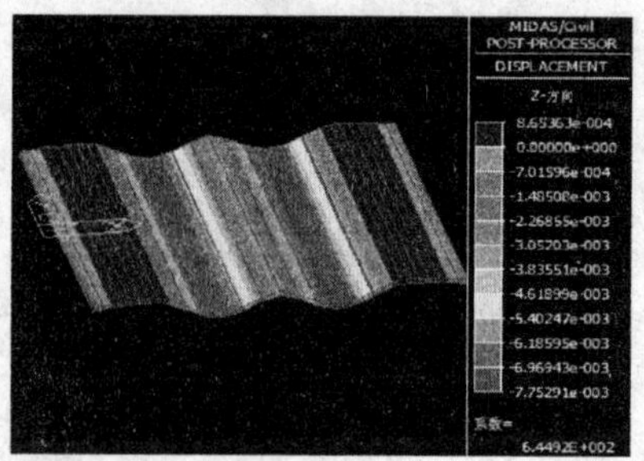

图 4 MIDAS 计算面板及槽钢荷载

2)主梁计算模型

16 工字钢主梁直接承受面板以上的自重,16 工字钢分布在台柱工字钢上,两侧间距为 3.55m,中间间距 4m。

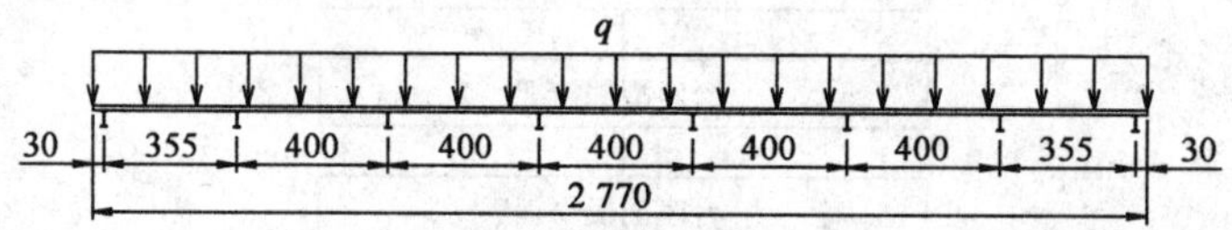

图 5 16 工字钢计算模型(尺寸单位:cm)

均布荷载:$q=1.2\times(31.46+3.83+0.88)+1.4\times 4.5=49.7(\text{kN/m})$,16 工字钢设 3 根,单根承受 $q=49.7/3=16.57(\text{kN/m})$,通过 MIDAS 计算见图 6。

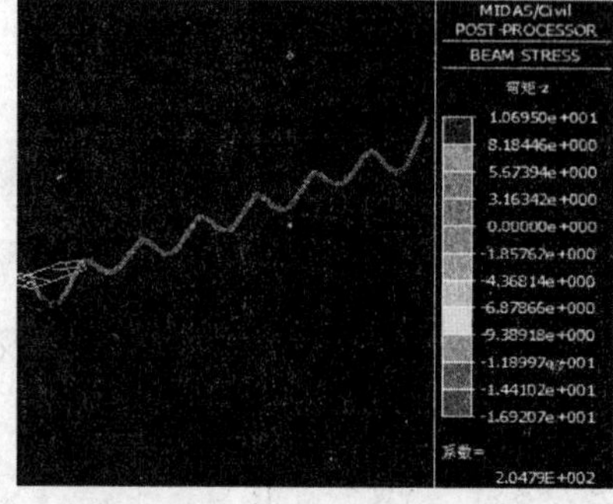

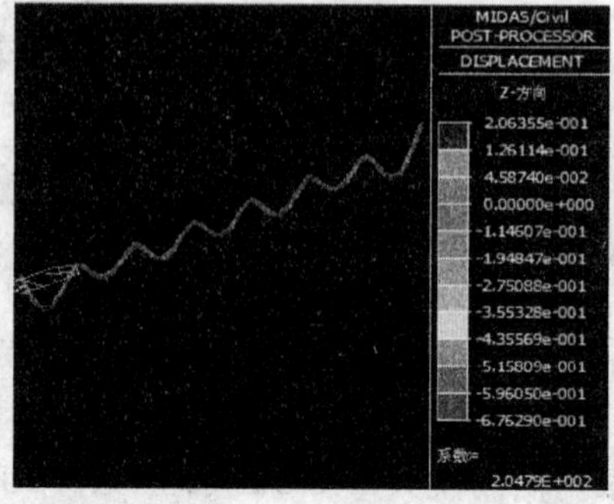

图 6 MIDAS 计算主梁荷载

最大应力：$\sigma = 169\text{MPa} < [\sigma] = 215\text{MPa}$（满足要求）。

最大挠度：$f = 0.676\text{cm} < [f] = 500/400 = 1.25(\text{cm})$（满足要求）。

3）台柱计算模型

16 工字钢主梁直接由 45 工字钢台柱承担，台柱工字钢首尾间距为 3.55m，中间间距 4m，30m 箱梁共有 7 个台柱，台柱受主梁集中荷载。

集中荷载：$F = (49.7 \times 27.7 + 17.04)/7 = 199.1(\text{kN})$。

轴心受压：$\sigma = 199.1 \times 10^3/11100 = 17.9(\text{MPa}) < [\tau] = 205\text{MPa}$（满足要求）。

基础垫层采用 C30 混凝土，基础截面采用 1m×1m，地基承载力不小于 300kPa。

5.4 工况二：张拉完成后阶段

箱梁张拉后，箱梁主要受力为两端混凝土结构，混凝土采用 C30，避免了因钢桁架台座受力过大而引起屈服变形。

5.5 操作要点

（1）先对地面进行平整、夯实，做山皮土或素土压实至 85% 以上，以保证台座所需的承载力。

（2）台座基础下挖 25～30cm 基槽浇筑 C30 混凝土，台座两端配置部分结构浇筑 C30 混凝土，台座顶面采用 1m 宽 10mm 厚的大块钢板平铺，并且与台座钢桁架结构点焊成整体。用 3m 靠尺检测平整度，偏差控制在 2mm 以内，确保钢板接缝严密、光滑平顺。

（3）箱梁未设计吊环，采用兜托梁底法起吊。在梁底台座预留 30cm 穿索孔洞，吊点位置距梁端约 1.1m（边跨扣除封端混凝土约 0.8m）。

（4）为了保证桥梁平顺，在 30m 箱梁台座跨中设向下 1.5cm 的预拱度，从跨中向梁端按抛物线过渡设置。施工时可根据实际情况进行适当调整。

6 材料与设备

每个台座配备物资见表 1。

单个台座配备物资表 表 1

序 号	物资名称	规格及型号	数 量	单 位
1	基础螺栓	直径 25mm	42	套
2	台柱型钢	工字钢 45cm	5.4	m
3	纵梁型钢	工字钢 16cm	83	m
4	面板衬底型钢	槽钢 5cm	15	m
5	钢筋	直径 2.5cm	21	m
6	面板	1m 宽×0.01m 厚	31	m
7	封浆槽钢	槽钢 5cm	62	m
8	封浆黑塑料管	直径 5cm	62	m

7 质量控制

（1）本工法主要保证预制梁板质量符合《公路工程质量检验评定标准》（JTG F80/1—2004）。钢结构施工质量验收符合《钢结构工程施工质量验收规范》（GB 50205—2001）。预制梁板允许偏差见表 2。

预制梁板允许偏差 表 2

序 号	检查项目	允许偏差（mm）	序 号	检查项目	允许偏差（mm）
1	长	±20	4	平面位置	≤10
2	宽	±20	5	平整度	≤5
3	高	±20	6	预拱度	≤2

(2)施工前,总工程师召集制梁人员进行技术交底。

(3)施工过程中,坚持“三控制”、“三检”制度,做到本道工序合格后方可进入下一道工序,指定专人认真填写施工记录,严格交接班制度。

(4)所有施工测量工作,执行复测核对制度,均做好原始记录,妥加保存备查。

(5)各类主要原材料(砂石、水泥、钢材)、半成品构件、器材、设备应有出厂合格证及质保书,并按行业规定经抽样试验鉴定合格后,方可投入使用。

(6)施工后,应及时对各种缺陷进行修整。

(7)质检完及时填写工程质量验收有关资料,存档并报上级主管部门。

8 安全措施

(1)在安装、拆除模板时,防止被预埋在地上或混凝土中的钢筋刺伤;在搬运模板的过程中,注意不被摔倒。

(2)在钢筋、型钢的下料、弯曲过程中,施作人员要站在施工安全距离以外,经常检查机械电路情况,防止发生触电事故;在钢筋、型钢的搬运、绑扎过程中,行走时注意安全,不要摔倒,以防钢筋、型钢扎伤人或造成其他意外事故。

(3)在混凝土施工过程中,施工人员要随时观察施工环境,注意不被碰伤、摔伤,随时检查电器设备情况,防止发生触电事故。

9 环保措施

(1)遵守国家和地方政府下发的有关环境保护的法律、法规和规章。

(2)落实环保责任制,与责任人的经济利益挂钩,形成责、权、利相结合的制约奖惩机制。

(3)按环保体系的要求来管理工地的工程材料、设备、施工废水、生活垃圾。并定期进行检查。

(4)对完成制梁的台座进行周转利用,或回收。

10 效益分析

采用多功能制梁台座在经济上有如下优势:

(1)制作安装比较简单,加快台座施工周期。

(2)预制精度高,保证预制梁质量。

(3)可以多次利用,节省整体成本。

(4)钢结构材料可以利用现场已有材料,减少材料浪费。

11 应用实例

京秦高速公路SG-3、SG-5两个标段梁场成功运用了该施工工法,取得了很好的效果。

1)工程概况

京秦高速公路迁安支线工程SG-3标段总长8.2km,其中20m箱梁80片、30m箱梁122片、35m箱梁166片,现浇箱梁945.5m。

京秦高速公路迁安支线工程SG-5标段总长7.5km,其中20m箱梁24片、30m箱梁248片、40m箱梁120片,现浇箱梁184m。

预制新梁场均位于已筑好的路基上侧,拌和站设置在项目部集中搅拌,在预制梁场设置施工营地一处。两个预制梁场各设置有3排台座,每排4个制梁台座,共计24个台座。

2)施工情况

新梁场台座采用横列式设计,按16条作业线布设,前期12条,预留4条。每片梁制完成周期为8d,则每个台座使用周期为12/8 = 1.5片/d(前期),2片/d(后期)。每条作业线之间距离为5m,台座长度取 31m。

新梁场采用现场现有型钢 45 工字钢和 61 钢管作台柱,采用 16 工字钢作主梁。工字钢和钢管均为现浇段周转材料。从 6 月 15 日至月底完成 12 个台座的安装,从 7 月底到 8 月完成赶工计划 50 片预制梁。新梁场采用的台座见图 7、图 8。

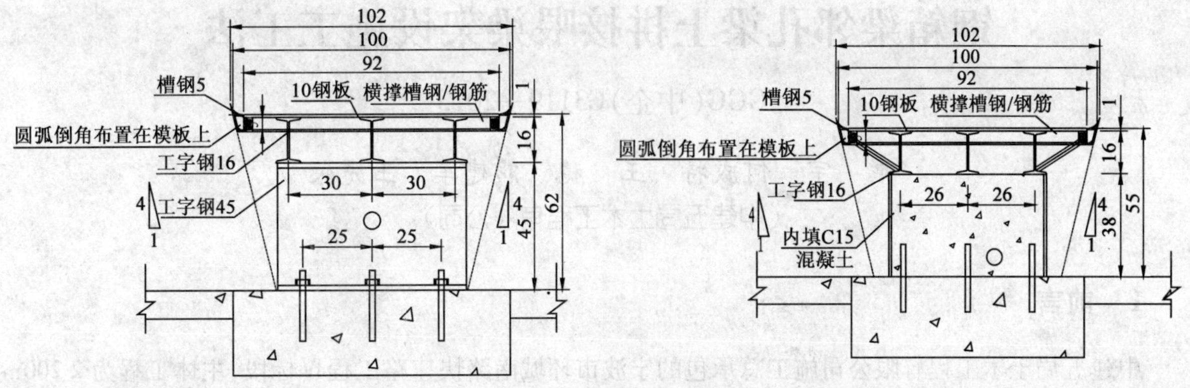

图 7 新梁场制梁台座一(尺寸单位:cm)　　图 8 新梁场制梁台座二(尺寸单位:cm)

在施工过程中,没有出现施工质量问题和施工安全问题。圆满完成生产任务,保证了工期,取得了很好的经济效益和社会效益。

3)结果评价

能够适用于多种预制梁板的制作,能够较快速地加工和安装,形成生产条件,能够保证预制梁板质量,保证工期,节省成本,降低污染,取得了较好的经济效益和社会效益。

钢箱梁邻孔梁上拼接喂梁架设施工工法

GGG(中企)C3119—2013

熊 宇 何威特 王 稳 熊建军 王先荣

(中建五局土木工程有限公司)

1 前言

中建五局土木工程有限公司施工总承包的宁波市环城南路快速路工程Ⅳ标段,主体工程为2 200m长的高架桥。高架桥沿现状环城南路道路中线布置,桥宽25m,平均高度17m,横跨现有福明路高架。横跨段为跨度45m的钢箱梁。钢箱梁施工场地狭窄,地面无法提供钢箱梁节段拼装和履带吊场地。为确保施工期间福明路高架与环城南路正常通行,我公司创造性地提出并采用钢箱梁邻孔梁上拼接喂梁架设施工技术,顺利地完成了该段钢箱梁施工,经过提炼,形成了本工法。

2 工法特点

1)利用穿巷式架桥机作为钢箱梁梁段起重及架设设备

充分利用架桥机横移和纵移的特点,可将钢箱梁节段、横隔梁以及相关的施工设备吊至桥面,并可将在桥面拼装好的钢箱梁架设到位,不需要采用其他起吊设备,可节约大量的起吊机械成本。

2)利用相邻孔已架设好的梁体作为拼装平台

现场地面无拼装场地,利用相邻跨预制箱梁桥面作为钢箱梁拼装场地,在现场施工道路上方预留一片预制箱梁不架设,作为钢箱梁节段和设备起吊至桥面的预留口。

在桥面拼装不需要支架却如同平地,且基础不会有不均匀沉降,能很好地控制施工质量,节约了拼装场地修筑费用。

3)利用桥梁下方便道作为运梁通道

钢箱梁节段通过现场便道可运至预留口下方,然后利用架桥机通过预留口将节段吊至桥面,现场需要提供的场地要求低,不需要特别修筑运梁通道和起吊场地,节约现场用地。

3 适用范围

本工法设备简单成熟,无需使用高大支撑架作为拼装胎架,拼装工作面无沉降,操作安全方便,对于跨越道路、桥梁、河流等障碍以及受场地条件限制的钢箱梁架设施工极为方便,且成本低廉。

4 工艺原理

钢箱梁邻孔梁上拼接喂梁架设施工技术利用架桥机占地面积小、架设跨径大(55m)、起重能力大(200t)、水平及垂直移动梁体方便,精度高的特点,解决了大型履带吊无场地安装的困难,使得架桥机能发挥大吨位吊机的作用,节约了机械成本。并利用预制箱梁的承载力和平整性,将预制箱梁桥面场地作为拼装场地,解决了现场拼装场地条件不足,并消除了钢箱梁节段拼装地基不均匀沉降的风险。钢箱梁节段运至现场预留口下方便可通过架桥机垂直起吊,不占现场通道,保证了现场道路通行。

5 施工工艺流程及操作要点

5.1 施工工艺流程

施工工艺流程图见图1。

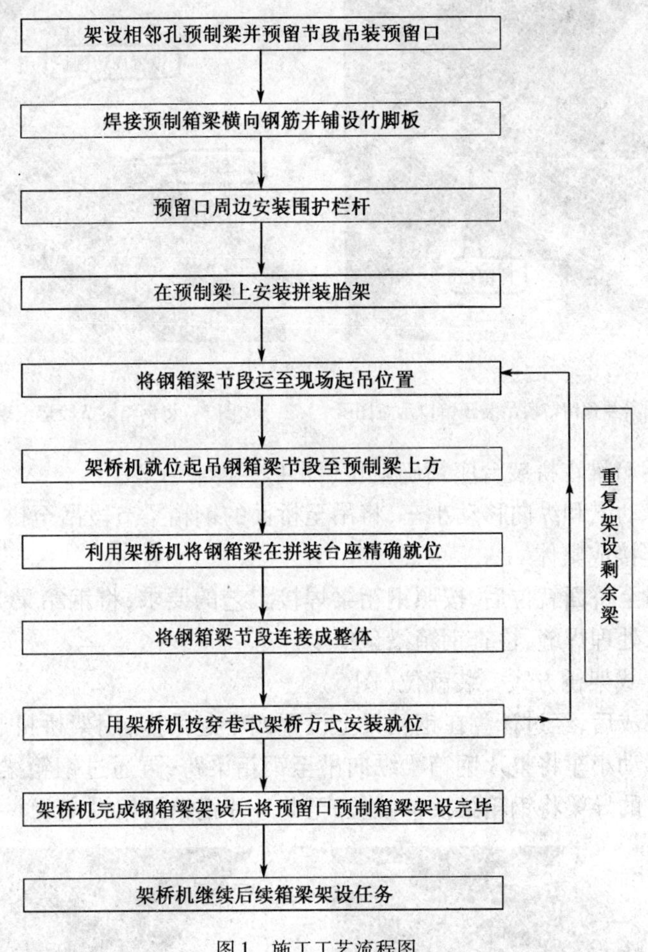

图1 施工工艺流程图

5.2 操作方法与操作要点

1)架设相邻孔预制梁并预留节段吊装预留口(图2)

将计划用于钢箱梁节段拼装场地的相邻预制箱梁用架桥机架设到位,并在地面便道上方预留一片预制箱梁不架设,作为钢箱梁节段吊上桥面的预留口。

2)焊接预制箱梁横向钢筋并铺设竹脚板

预制箱梁架设到位后将横梁和湿接缝钢筋按要求焊接到位,增加预制箱梁的整体稳定性,并在湿接缝和孔洞位置铺设竹脚板,便于钢箱梁拼装人员在预制箱梁上施工操作,并防止施工物品从缝隙掉落导致伤人,确保施工安全。

3)预留口周边安装围护栏杆

将预留未架设的预制箱梁预留口安装围护栏杆,确保施工人员的操作安全。

4)在预制梁上安装拼装胎架

在预制箱梁上采用双拼 I60 工字钢安装钢箱梁拼装胎架,用于钢箱梁节段的焊接拼装。胎架高度应根据钢箱梁的预拱度设置,用水准仪进行复核,采用钢板垫至要求高度。

5)将钢箱梁节段运至现场起吊位置(图3)

由于钢箱梁过长,施工时将一片钢箱梁分成三个段从钢箱梁加工场内运至现场预留口下方。

6)架桥机就位起吊钢箱梁节段至预制梁上方

架桥机在预制箱梁上设置导梁,便于其横向移动,架桥机高度需要高于钢箱梁高度和胎架高度总和。架桥机就位后将其行走至预留口上方将钢箱梁节段起吊至预制箱梁桥面。

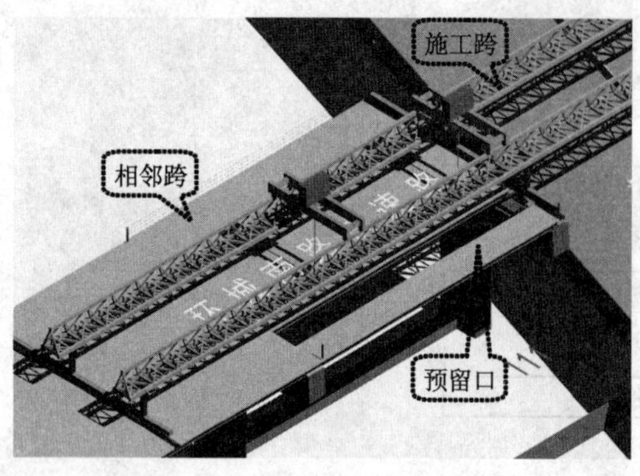

图2 架设相邻孔预制梁并预留节段吊装预留口示意图

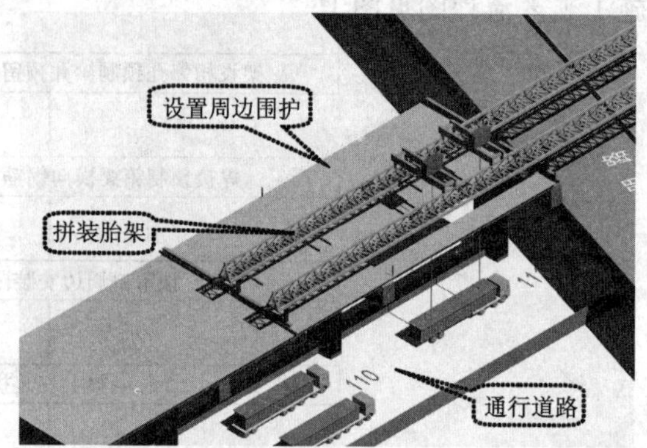

图3 将钢箱梁节段运至现场起吊位置示意图

7)利用架桥机将钢箱梁在拼装台座精确就位(图4)

利用架桥机横向移动梁和纵向移动小车,将吊至桥面的钢箱梁节段吊至拼装胎架上,精确就位。

8)将钢箱梁节段连接成整体

一片钢箱梁节段吊至桥面就位后,按照钢箱梁焊接工艺的要求,将钢箱梁节段焊接拼装成整体,并按钢箱梁施工工艺要求处理焊缝,检查钢箱梁预拱度。

9)用架桥机按穿巷式架桥方式安装就位(图5)

整片钢箱梁拼装完成后,经过计算在钢箱梁上设置四个起吊点,用架桥机起吊起整片钢箱梁,通过架桥机上的两个纵向移动小车将整片钢箱梁纵向吊至钢箱梁跨,再通过钢箱梁跨盖梁上设置的架桥机横移导梁和预制箱梁上的导梁将钢箱梁横移就位,至此一片钢箱梁架设完成。

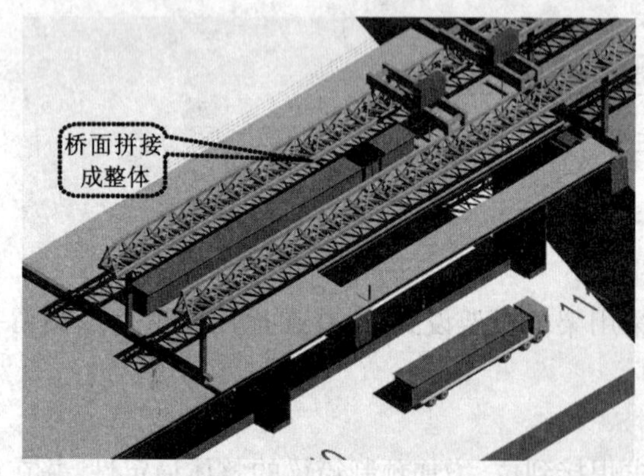

图4 利用架桥机将钢箱梁在拼装台座精确就位示意图

图5 用架桥机按穿巷式架桥方式安装就位示意图

10)重复架设剩余梁

重复5)~9)步骤将整跨钢箱梁分片架设到位。

11)架桥机完成钢箱梁架设后将预留口预制箱梁架设完毕

钢箱梁架设完成后,再利用架桥机将相邻跨预制箱梁预留口预制箱梁架设完成。再通过架桥机自行行走跨过钢箱梁继续后续的施工。

6 材料与设备

1)材料(表1)

采用的主要材料表 表1

序 号	名 称	型 号	数 量	用 途
1	竹脚板	100cm×120cm	150块	预制箱梁缝隙遮挡
2	HRB335钢筋	ϕ20	100m	桥面操作周边围护
3	安全网	密目安全网	100m	桥面操作周边围护
4	钢板	50cm×50cm厚8mm	15块	胎架高度调整
5	工字钢	I60b	20m	钢箱梁拼装胎架
6	贝雷片	321型	6片	架桥机临时支墩

材料的主要技术指标：

钢板材质为Q235钢材。

工字钢抗弯、强度需满足要求，工字钢需平整无弯曲。

采用321贝雷梁，贝雷梁间距及跨度以强度、刚度及稳定性满足钢结构规范要求为准，本工程贝雷为三拼，用90cm三孔支撑片连接。

2）机具设备（表2）

机 具 设 备 表2

序 号	设备名称	设备型号	数 量	用 途
1	架桥机	JQG 200t-55m	1台	钢箱梁及施工构件吊装
2	水准仪	100m	1台	胎架高程控制
3	电焊机	BX-400	3台	钢箱梁拼接
4	氧割枪	25T	1台	钢箱梁拼接
5	二氧化碳焊机	0.1m3	2台	钢箱梁拼接
6	运输车	50t	4台	钢箱梁构件运输
7	液压千斤顶	20t	3台	调整高度用
8	对讲机		4个	吊装作业指挥

JQG 200t—55m型架桥机主要技术性能如下。

外形尺寸：90m×10m×9m

最大起重量：1 600kN

桥梁跨径：≤55m

适用最大纵坡：±6%

适用最大斜桥角度：45°

主梁纵向移动速度：2.78m/min

整机横向移动速度：2～2.5m/min

桁车纵向移动速度：3.5～4.5m/min

起重小车横移速度：2～2.5m/min

小车额定升降速度：0.8～1.2m/min

试验负荷动载起重量：115%

试验负荷静载起重量：125%

架桥机总电容量：115kW

7 质量控制

7.1 架桥机就位质量控制

架桥机导梁设置：导梁必须稳固可靠，且需要保持水平。

位置控制:架桥机主梁到预制梁板净空高度必须大于钢箱梁高度和胎架高度之和,整个架桥机保证水平垂直。

架桥机性能调试检查:架桥机使用前需认真调试机器,检查起吊钢丝绳,确保架桥机运转正常,使用的钢丝绳无破损情况。

7.2 预制箱梁桥面拼装场地质量控制

预制梁场地稳定性控制:在预制箱梁架设到位后,预制箱梁需要承受两片钢箱梁和架桥机的重力,需严格控制好预制梁的稳定性,确保预制梁之间的焊接质量,焊缝质量需达到设计要求。

拼装场地周边防护质量控制:梁与梁之间的空隙采用竹脚板满铺,梁外侧以及预留口周边均设置防护栏杆,并采用防火安全网围护。

7.3 钢箱梁拼装胎架质量控制

拼装胎架采用I60工字钢搭设,工字钢每道长3m,一个胎架共六道,施工时要确保工字钢水平,控制工字钢顶面水平,胎架预拱度按设计设置,采用水准仪控制。

工字钢与预制箱梁确保面接触,防止侧压预制箱梁。在预制箱梁与工字钢有角度接触时,采用钢板垫到位。

7.4 钢箱梁架设质量控制

钢箱梁节段质量:节段进场组织对钢箱梁节段进行验收,检查钢箱梁节段高度、宽度、横向坡度、钢板厚度,确保符合规范要求。

钢箱梁拼装质量:拼接焊缝饱满连续达到设计要求,节段拼装完成后钢箱梁的长度需要和设计一致,偏差范围+5mm,预拱度达到设计要求,用水准仪进行测量,完成后经过验收后才可进行架设安装。

钢箱梁安装质量:严格控制每片梁的平面位置,确保平面位置偏差在2mm之内,整跨宽度误差+10mm。

8 安全措施

(1)项目部建立以项目经理为第一责任人的安全管理保证体系,明确各级人员的安全职责。

(2)现场施工班组有专人负责,统一指挥,杜绝违章作业和违章指挥现象。

(3)人员上下设置专门的人行爬梯,爬梯踏步两边设置1.1m高栏杆并围设钢板网,栏杆涂红白油漆。

(4)钢箱梁节段吊装和钢箱梁架设时,设置专人进行指挥,对作业面下方交通进行临时管制,架设施工时禁止行人和车辆通行。

(5)预制箱梁桥面拼装场地周边设置1.2m高的栏杆,并设置提示牌,确保周边围护安全。

(6)架桥机操作人员在高空作业时,必须佩戴安全带。

(7)施工人员不得带病作业,特殊工种作业人员持证上岗。

(8)施工过程一旦出现安全事故等紧急情况,立即启动项目部安全事故紧急预案,第一时间做好人员救助,现场保护,采取措施减少人员伤亡和财产损失。

9 环保措施

1)大气污染及扬尘控制措施

(1)施工现场应对施工区域实行封闭或隔离,封闭高度应高于施工作业面1.2m以上,同时采取有效防尘措施。

(2)严禁高空抛撒建筑垃圾,防止尘土飞扬,清扫场地必须采用湿法作业。建筑垃圾及时清运,适当洒水减少扬尘,并在指定的垃圾处理场处理;不能及时清运的,应在建设工地设置临时密闭性垃圾堆放场地或垃圾箱进行存放。

(3)严禁在施工现场焚烧废弃物,防止有毒烟尘和恶臭气体产生。

(4)设置专人清运道路垃圾,做好现场文明施工,清扫时做到先洒水,润湿后铲除清扫,将垃圾袋装后及时处理清运,防止粉尘飞扬。

2)废水处理措施

(1)食堂污水的排放控制:施工现场临时食堂,设置简易有效的隔油池,产生的污水经下水管道排放经过隔油池。平时加强管理,定期掏油,防止污染。

(2)施工现场雨水经一次沉淀后排入下水道。

(3)施工中产生的废油液,特别是发电机,设置滤油池,经除油处理后排入污水管道。

(4)现场厕所设立化粪池,定期由环卫单位用粪便车拖走,集中处理。

3)施工噪声控制措施

(1)人为噪声的控制措施。施工现场要文明施工,建立健全控制人为噪声的管理制度。尽量减少人为的大声喧哗,增强全体施工人员防噪声扰民的自觉意识。

(2)强噪声作业时间的控制。凡在居民稠密区进行强噪声作业的,严格控制作业时间,晚间作业不超过22时,早晨作业不早于6时,特殊情况需连续作业(或夜间作业)的,应尽量采取降噪措施,事先做好周围群众的工作后方可施工。

(3)强噪声机械的降噪措施。涉及产生强噪声的成品、半成品加工、制作作业,应尽量放在加工车间完成,减少因施工现场加工制作产生的噪声。尽量选用低噪声或备有消声降噪设备的施工机械。

(4)加强施工现场的噪声监控。加强施工现场环境噪声的长期监测,采取专人监测、专人管理的原则,根据测量结果填写建筑施工现场噪声测量记录表,凡超过《建筑施工场界环境噪声排放标准》(GB 12523—2011)标准的,要及时对施工现场噪声超标的有关因素进行调整,达到施工噪声不扰民的目的。

4)施工现场卫生管理

(1)施工现场职工食堂必须符合《中华人民共和国食品卫生法》的规定,《卫生许可证》和炊事人员《健康证》齐全。

(2)施工现场临时住宅按照干燥通风、采光良好和整洁卫生的原则搭设,现场临时住房要建立卫生责任制度,专人管理。

(3)施工现场必须建有符合卫生标准的水冲式厕所和浴室;设专人管理,保持卫生清洁,并定期施放药物杀灭蚊、蝇,做到无蝇、蛆,基本无臭味。

10 资源节约

(1)本工法充分利用架桥机的功能,架桥机在施工过程中可充当吊机使用,将施工所需的构件起吊至桥面,节约了吊机等大量机械台班。

(2)本工法利用预制箱梁桥面作为钢箱梁拼装场地,减少了地面场地修建与地基硬化处理费用,节约了地面硬化材料,且节省了施工用地。

(3)钢箱梁拼接只需要采用少量工字钢搭设,与搭设大钢管胎架施工相比,节约了大量的胎架搭设材料。

11 效益分析

1)技术效益

由于利用预制箱梁作为拼装场地,极大地消除了胎架不均匀沉降,杜绝了由于不均匀沉降导致钢箱梁预拱度不符合要求的情况出现;架桥机架设钢箱梁施工精度高,保证了钢箱梁的精确就位,施工质量容易控制。

2)经济效益

(1)开发利用预制箱梁架设的架桥机,减少了大型机械进出场费用。

(2)架桥机的费用比起大型的履带吊,施工能耗少,机械台班费用少,箱梁运至现场可直接起吊,减少了卸车的机械台班费用。总体机械台班费用节省约40%。

(3)预制箱梁上作为钢箱梁拼装场地,与地面修建拼装场地整体拼装工艺和修建大钢管支架高空拼装工艺相比,减少了现场地面拼装场地的修筑费用,减少了胎架搭设的人工费和材料费。

3)工期效益

与国内的其他钢箱梁架设施工工艺相比,本工法减少了高空搭设胎架施工,减少了大钢管胎架搭设施工,缩短了施工工期。

12 应用实例

由中建五局土木工程有限公司承建的宁波市环城南路快速路工程Ⅳ标段,开工时间:2011 年 6 月 20 日,竣工时间:2013 年 12 月 30 日,主体工程为高架桥,位于宁波市环城南路东段既有道路上,全长 2 200m,高架桥面宽 25m,高架桥有预制箱梁 41 跨,钢箱梁两跨,预制箱梁 20 跨,均位于原行车道上方。钢箱梁跨横跨福明路立交和沧海路,在横跨福明路立交的 45m 钢箱梁施工中,现场面临着场地条件限制,工期紧张等情况限制,我公司创造性地提出并实施了"钢箱梁邻孔梁上拼接喂梁架设施工工法",解决了现场困难的同时,按时按设计要求完成了此跨钢箱梁架设施工,与常规架设方法相比,取得了良好的经济效益、工期效益。钢箱梁架设于 2013 年 3 月 1 日开始,2013 年 3 月 20 日结束。

预制梁跨内提梁架设施工工法

GGG(中企)C3120—2013

何威特 熊 宇 王 稳 熊建军 罗 涛
(中建五局土木工程有限公司)

1 前言

中建五局土木工程有限公司施工总承包的宁波市环城南路快速路工程Ⅳ标段,主体为2 200m长的城市高架桥,桥宽25m,平均高度17m。高架桥沿现状环城南路道路中线布置,均位于原行车道上方,有预制箱梁41跨,钢箱梁两跨,预制箱梁20跨。中建五局土木公司依托桥下交通便利的有利条件,创造性地提出了预制梁跨内提梁架设施工方法,利用穿巷式架桥机从架设当前跨下直接提梁架设就位,为桥下交通条件较好的施工区域,提供了一种全新的桥梁架设方法,并通过总结提炼形成了施工工法。

2 工法特点

(1)本工法利用穿巷式架桥机作为预制梁起重设备,利用城市桥梁下方便道作为喂梁通道,不需要采用其他设备辅助即可实现预制梁安装。

(2)穿巷式架桥机具有占地面积小、架设跨径长、起重能力大、组装简单、受力明确、过孔简便的特点。

(3)城市桥梁施工场地普遍较为平坦,施工便道建设简单,尤其是部分城市桥梁直接在既有道路上新建,桥下道路路况很好,运梁通道建设成本低,且不占用额外的施工用地。

(4)本工法只需对预制梁吊点位向跨中移动适当距离,为预制梁起吊后纵向移动提供一定的空间以使两端分别避开盖梁,预制梁两端分别绕过盖梁,实现预制梁架设。

(5)跨内提梁工艺的采用,免去了大型提梁站,节约了施工临时用地,有利于节约工程建设成本,减少环境破坏,不需要从已经架设好的桥梁上进行梁上运梁,大大提高了运梁的安全性,同时完全避免了运梁车对经架设好了的梁体的损伤,避免了质量隐患。

(6)采用该工法施工,预制梁进场通道畅通、运输过程无需特殊防护措施且安全高效。该工法施工过程简单、架设效率高,由于运梁速度大大提高,施工过程可达到每天一孔的架设速度。

3 适用范围

本施工技术适用于地面运梁通道能纵向直达桥下的预制梁架设施工。特别是城市双层高架预制梁架设施工,预制梁跨内提梁架设施工工艺能缩短大量工期,并可取得很好的经济效益和社会效益。

4 工艺原理

利用穿巷式架桥机作为吊装起重设备,利用桥位下的地面道路作为预制梁运输并于架设当前跨下直接就位,通过向跨中调整预制梁吊点位置,为吊装过程纵向水平移动提供2~3m空间,使预制梁两端面分别位于盖梁投影位置以外50cm,使预制梁两端依次竖向绕过盖梁,实现预制梁跨内提梁架设就位。

5　施工工艺流程及操作要点

5.1　施工工艺流程

安装穿巷式架桥机→清理桥下通道→将预制梁运输至架设跨下方→预制箱梁起吊安装→架桥机过孔→继续下一跨箱梁架设施工。

5.2　施工操作要点

1)安装穿巷式架桥机

将架桥机的横向移动导梁水平安装在两片盖梁上,安装完成后对架桥机进行行走试验、载重试验,确保架桥机能安全有效运行。

2)清理桥下通道

在预制箱梁投影范围内,清理出一条运梁通道,如现场道路未被破坏,可利用现场道路,如已破坏需压实处理,确保运梁车通行的要求。

3)将预制梁运输至架设跨下方

将预制梁从预制场用运梁车运至现场,运梁时要注意预制梁装车方向,避免到现场掉头。

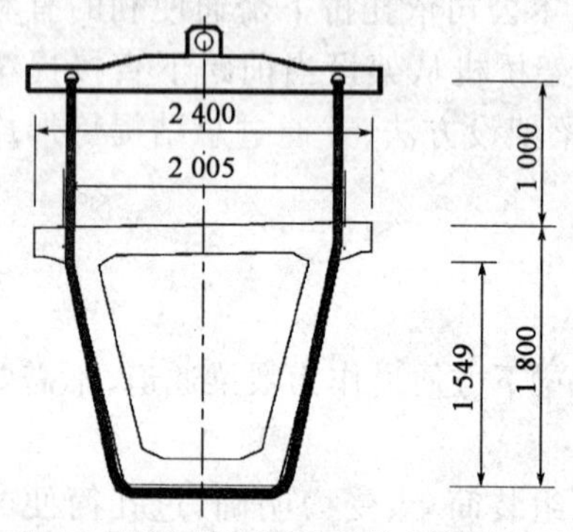

图1　吊具及吊孔设置图(尺寸单位:mm)

4)预制箱梁起吊安装

(1)吊具及吊孔设置

事先根据预制梁受力特性和盖梁尺寸,在预制梁两端距2~3m位置预留吊点位置,小箱梁吊装时,采用顶板预留吊装孔、钢丝绳兜底捆绑的形式,在小箱梁的底板以及预留孔位置的转角处安置护角器、橡胶块,保护梁体边角等应力集中的薄弱部位,同时也保护了钢丝绳,降低了吊装风险。如图1所示。

(2)吊装第一步

将架桥机横移至运量车正上方,下方钢丝绳,捆好钢丝绳,使预制梁前端水平向距离盖梁约20cm,如图2所示。

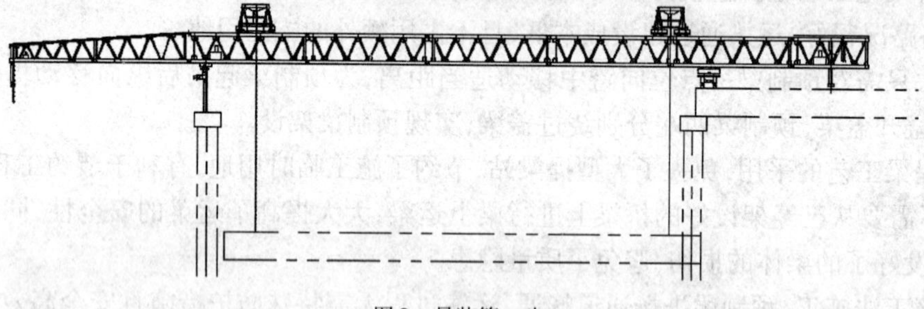

图2　吊装第一步

(3)吊装第二步

使用起重小车卷扬机把预制梁提升到距离盖梁下方30cm处,启动纵移桁车微调预制梁在水平向的位置,确保其前端水平向安全距离盖梁≥20cm,如图3所示。

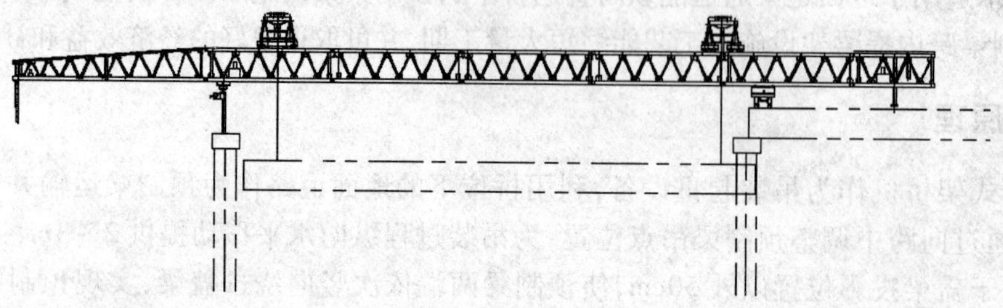

图3　吊装第二步

(4)吊装第三步

启动起重小车卷扬机起升预制梁,使其前端底部高于盖梁40～70cm,启动纵移桁车往前支腿方向移动预制梁,直至预制梁的后端离开盖梁下方,如图4所示。

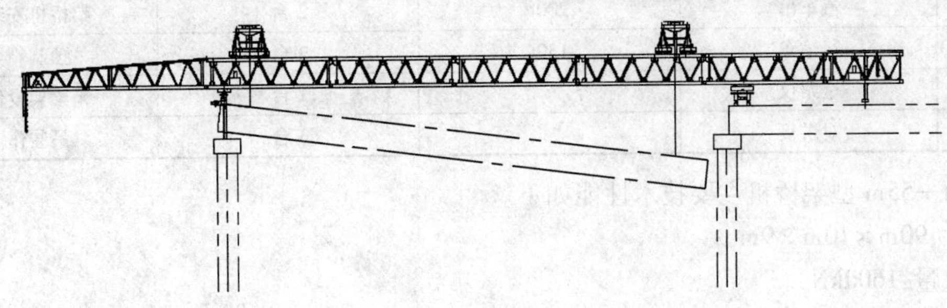

图4 吊装第三步

(5)吊装第四步

启动起重小车卷扬机起升预制梁后端,调整预制梁梁端高差使其水平,启动纵移行车使预制梁就位、落梁安装,严禁在单侧主梁完全受力(梁体重量)的情况下开动整机横移,如图5所示。

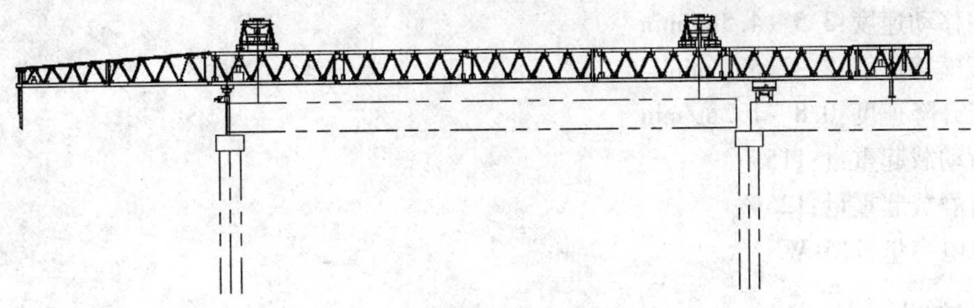

图5 吊装第四步

5)架桥机过孔

一整跨架设完成后,架桥机自行行走至下一跨进行下一跨预制箱梁的架设施工,具体操作步骤如下:

(1)在中支腿往前支腿方向约6m处临时安装尾支腿,利用尾支腿液压顶升使中支腿腾空,并将其从盖梁上移动到靠近尾支腿的桥面上来,然后卸下尾支腿,移到中支腿后的桥面上备用,待架桥机尾部移动至桥面上后安装好尾支腿。

(2)顶升架桥机前支腿,使纵导梁前端略高(控制在1%以内),启动架桥机的起重桁车后退至中支腿后方并逐步往后退,然后启动架桥机的反滚轮来驱动架桥机往前移动(注意:在临时支腿将近前方盖梁前,要求确保2台起重桁车已退至架桥机尾部)。

(3)待临时支腿到达前方盖梁后,顶升尾支腿,移动中支腿到该跨梁端,调整前支腿和尾支腿的高度使临时支腿、中支腿和尾支腿基本水平并落地受力且前支腿腾空,移动前支腿到前方盖梁上。

(4)顶升前支腿使临时支腿腾空,调整尾支腿的高度使之腾空,再驱动架桥机将整个架桥机跨孔到位即可。

6)继续下一跨箱梁架设施工

第一跨架设完成后,架桥机自行过孔至相邻跨,重复3)～5)步骤施工。

6 材料与设备

主要材料与设备表见表1。

主要材料与设备 表1

序号	名称	型号	数量	用途
1	架桥机	JQG 200t—55m	150块	预制箱梁架设
2	汽车吊	200t	2台	架桥机安装与拆除
3	运输车	150t	3台	预制箱梁运输
4	全站仪		1台	箱梁架设位置控制
5	对讲机		3台	吊装作业指挥

JQG 200t—55m型架桥机主要技术性能如下。

外形尺寸:90m×10m×9m

最大起重量:1600kN

桥梁跨径:≤55m

适用最大纵坡:±6%

适用最大斜桥角度:45°

主梁纵向移动速度:2.78m/min

整机横向移动速度:2~2.5m/min

桁车纵向移动速度:3.5~4.5m/min

起重小车横移速度:2~2.5m/min

小车额定升降速度:0.8~1.2m/min

试验负荷动载起重量:115%

试验负荷静载起重量:125%

架桥机总电容量:115kW

7 质量控制

7.1 架桥机就位质量控制

为保证架桥机施工安全与施工质量,需严格控制架桥机的安装质量,质量控制如下。

(1)架桥机导梁设置:导梁必须稳固可靠,且需要保持水平。

(2)架梁前必须进行以下所有试验:

①架桥机性能调试与试验;

②机械、电气设备、液压系统等设备及元器件的检验;

③各油缸支腿伸缩试验;

④导梁纵移试验;

⑤整机横移运行及制动试验;

⑥运梁台车运行试验。

以上试验结果都需符合规范要求,确保架桥机安全可靠。

7.2 预制箱梁质量控制

预制箱梁进场前需严格控制质量,组织项目人员对进场的预制箱梁进行质量验收,验收合格后才允许架设,箱梁质量需符合表2要求。

进场前预制箱梁质量允许偏差和检验方法 表2

序号	项目	允许偏差(mm)	检验方法	序号	项目	允许偏差(mm)	检验方法
1	表面平整度	5	用2m直尺检验	4	高度	±5	用尺量
2	长度	0,-2	用尺量	5	壁厚	+5,0	用尺量
3	宽度	+5,0	用尺量	6	轴线偏移量	5	用全站仪测量

7.3　预制箱梁安装质量控制标准

箱梁架设过程中，严格控制架设安装位置，施工过程中采用水准仪全站仪跟踪控制质量，确保架设的箱梁符合表3要求。

预制箱梁安装质量允许偏差和检验方法表　　表3

序　号	项　目	允许偏差(mm)	检 查 范 围	检 验 方 法
1	轴线偏移量	5	每跨	用全站仪测量
2	支座轴线偏位	5	每个支座	用尺量
3	支座高程	±5	每个支座	用全站仪测量
4	梁端位置偏差	±10	每跨	用尺量

8　安全措施

(1)项目部建立以项目经理为第一责任人的安全管理保证体系，明确各级人员的安全职责。

(2)现场施工班组由专人负责，统一指挥，杜绝违章作业和违章指挥现象。

(3)严格控制运梁车道的质量，确保运梁通道承载力和平整度，运梁车必须有前后两名驾驶员驾驶，前面需配备安全车带领。

(4)预制箱梁架设施工时，设置专人进行指挥，对作业面下方交通进行临时管制，架设施工时禁止行人和车辆通行。

(5)预制箱梁桥面拼装场地周边设置1.2m高的栏杆，并设置提示牌，确保周边围护安全。

(6)架桥机操作人员在高空作业时，必须佩戴安全带。

(7)施工人员不得带病作业，特殊工种作业人员持证上岗。

(8)施工过程一旦出现安全事故等紧急情况，立即启动项目部安全事故紧急预案，第一时间做好人员救助，现场保护，采取措施以减少人员伤亡和财产损失。

9　环保措施

9.1　大气污染及扬尘控制措施

(1)施工现场应对施工区域实行封闭或隔离，封闭高度应高于施工作业面1.2m以上，同时采取有效防尘措施。

(2)严禁高空抛撒建筑垃圾，防止尘土飞扬，清扫场地必须采用湿法作业。建筑垃圾及时清运，适当洒水减少扬尘，并在指定的垃圾处理场处理；不能及时清运的，应在建设工地设置临时密闭性垃圾堆放场地或垃圾箱进行存放。

(3)严禁在施工现场焚烧废弃物，防止有毒烟尘和恶臭气体产生。

(4)设置专人清运道路垃圾，做好现场文明施工，清扫时做到先洒水，润湿后铲除清扫，将垃圾袋装后及时处理清运，防止粉尘飞扬。

9.2　废水处理措施

(1)食堂污水的排放控制：施工现场临时食堂，设置简易有效的隔油池，产生的污水经下水管道排放经过隔油池。平时加强管理，定期掏油，防止污染。

(2)施工现场雨水经一次沉淀后排入下水道。

(3)施工中产生的废油液，特别是发电机，设置滤油池，经除油处理后排入污水管道。

(4)现场厕所设立化粪池，定期由环卫单位用粪便车拖走，集中处理。

9.3　施工噪声控制措施

(1)人为噪声的控制措施。施工现场要文明施工，建立健全控制人为噪声的管理制度。尽量减少人为的大声喧哗,增强全体施工人员防噪声扰民的自觉意识。

(2)强噪声作业时间的控制。凡在居民稠密区进行强噪声作业的,严格控制作业时间,晚间作业不超过22时,早晨作业不早于6时,特殊情况需连续作业(或夜间作业)的,应尽量采取降噪措施,事先做好周围群众的工作后方可施工。

(3)强噪声机械的降噪措施。涉及产生强噪声的成品、半成品加工、制作作业,应尽量放在加工车间完成,减少因施工现场加工制作产生的噪声。尽量选用低噪声或备有消声降噪设备的施工机械。

(4)加强施工现场的噪声监控。加强施工现场环境噪声的长期监测,采取专人监测、专人管理的原则,根据测量结果填写建筑施工现场噪声测量记录表,凡超过《建筑施工场界环境噪声排放标准》(GB 12523—2011)标准的,要及时对施工现场噪声超标的有关因素进行调整,达到施工噪声不扰民的目的。

9.4 施工现场卫生管理

(1)施工现场职工食堂必须符合《中华人民共和国食品卫生法》的规定,《卫生许可证》和炊事人员《健康证》齐全。

(2)施工现场临时住宅按照干燥通风、采光良好和整洁卫生的原则搭设,现场临时住房要建立卫生责任制度,专人管理。

(3)施工现场必须建有符合卫生标准的水冲式厕所和浴室;设专人管理,保持卫生清洁,并定期施放药物杀灭蚊、蝇,做到无蝇、蛆,基本无臭味。

10 资源节约

(1)本工法使用架桥机从地面直接吊梁,不需要修建提梁站,节约了提梁站修建的人工和材料。

(2)本工法与梁上架桥机运梁架设相比,不需要架桥机来回移动,节约了大量能源消耗。

(3)本工法直接利用了老地面道路进行运梁架设,减少了运梁通道修筑等资源。

11 效益分析

11.1 技术效益

技术效果:相对梁上运梁的穿巷式架桥方法,运梁通道位于地面,运梁过程不需要路基板,费用小,更安全快速。

相对跨墩龙门吊架桥,设备更加简单轻便,用地少。

11.2 经济效益

(1)本工法采用架桥机直接从跨下吊梁安装,不需要修建提梁站,节约了提梁站修建费用。

(2)架梁施工时,架桥机每到一跨架设一跨,不需要架桥机在桥面上来回移动,节约了大量的人工和机械费用。

(3)通过采用预制梁跨内提梁架设工法,减少了跨墩龙门吊基础投入4 000m,减少桥梁外侧的运梁便道建设2 000m,节约用地1.4万m^2。

11.3 工期效益

与国内的提梁站架设相比,本工法不需要修建提梁站,也不需要架桥机桥面来回移动架设,缩短了一半以上的工期。

11.4 社会效益

本工法在本标段施工后,取得了很好的效果,该工法通过合理布局,减少了施工用地,并减少了施工临时建筑的修建,建筑节地和建筑节材效果好,得到了业主监理的好评,并陆续在宁波类似工程中得到了推广和应用。

12 应用实例

由建五局土木工程有限公司承建的宁波市环城南路快速路工程Ⅳ标段，开工时间：2011 年 6 月 20 日，竣工时间：2013 年 12 月 30 日，主体工程为城市高架桥，位于宁波市环城南路东段既有道路上，全长 2 200m，高架桥面宽 25m，高架桥有预制箱梁 41 跨，钢箱梁两跨，预制箱梁 20 跨，均位于原行车道上方。本工程原设计采用跨墩龙门吊进行架设，但由于拆迁及征地困难，导致两侧跨墩龙门吊基础用地不够。同时由于无上桥通道，跨墩龙门吊及梁上运梁穿巷式架桥安装方案均无法实施。为解决这一问题，公司组织技术骨干进行技术攻关，并组织专家组进行深入研究，运用预制梁跨内提梁架设施工方法，大大地降低了施工成本，缩短了施工工期，保证了施工安全和质量，顺利地完成了箱梁架设。

拱桥钢构件跨墩龙门及少支架法吊装施工工法

GGG(中企)C3121—2013

张 力 李志双 林 江 刘 挺 张良荣
(中交一公局厦门工程有限公司)

1 前言

钢结构桥梁有着抗拉、抗压、抗剪强度高,易于改造和维修,节能环保以及部件拆除后可回收利用等优点,被越来越广泛用于城市桥梁建设之中。随着新颖桥型的不断出现及桥梁跨径的增加,施工技术也要求越来越高。我部依托泉州市田安大桥主桥钢结构吊装,通过对施工方案的比选、优化、评审后最终确定采用跨墩龙门设备与少支架法进行拱肋构件安装。由于上承式梁拱组合桥结构设计新颖,施工难度大,存在各种技术难题,我部在施工过程中不断地改进施工工艺,逐一克服相关技术难题,总结出一套行之有效的施工方法,确保施工质量。该施工方法为泉州田安大桥主桥顺利合龙提供技术保障,同时可以指导今后类似工程施工,具有显著的经济及社会效益。

2 工法特点

(1)主跨长达160m的上承式钢箱结构梁拱组合桥,采用跨墩龙门及少支架法安装。龙门吊跨度大,行走方便,可同时解决大构件水上吊装和小构件陆上吊装问题,一机多用,且克服了场地狭隘等影响。

(2)少支架提供稳定操作平台,安全可靠、施工工艺所需成本投入少、操作简单、质量容易保障,有利于缩短工期。

(3)拱脚与支座的临时固结不采用在桥体埋设精轧螺纹钢,而且通过用工字钢焊接成矩形抱箍,横向固定于支座垫石,同时设置4道竖向支撑固定于拱脚,即可限制拱脚自由度。

(4)过渡墩旁的梁段内添加铸铁配重块,以避免不对称安装引起上拔力过大,损害支座的现象发生,且便于桥梁维修。

(5)通过两次交替搭设和拆除跨中轨道,实现了大型构件在水中起吊安装的作业方案。

3 适用范围

本施工工法可缩短施工工期,实现跨中支架、轨道与拱肋构件吊装同时施工,成本一次性投入少,特别适用于地势平坦的中小跨径钢结构拱桥。

4 工艺原理

在水中搭设两条轨道,延伸至陆地,轨道间距45m,可覆盖全桥范围吊运作业。两台跨墩龙门进行拱面范围内同步施工。小构件由陆地上起吊,主梁由跨中水上起吊。根据拱肋节段计算出拱肋底板高程,相邻两组拱肋间搭设一组支架平台。将拱肋节段吊装至各个支架平台处,进行微调定位。安装顺序从拱脚向两侧对称进行,为克服拱肋节段预压缩量影响,安装拱脚支座时设置一定量预偏。拱脚处与球形支座固结后,限制拱脚体系的自由度,以免在后续拱肋安装过程中产生整体偏差。通过计算建模与现场数据收集,确定每个节段的预拱度。根据拱肋竖直角变化情况,每个拱肋节段采用4根变截面钢管支撑固定于平台上,继而进行小横梁、竖杆及对应主梁的安装。进入跨中后,在构件安装的最佳位置拆除支架,进行跨中悬臂安装。延长跨中一侧龙门轨道,同时拆除另一侧跨中范围内支架,确保吊装过程运梁船的通行,直至中跨合龙。吊装布置示意图见图1。

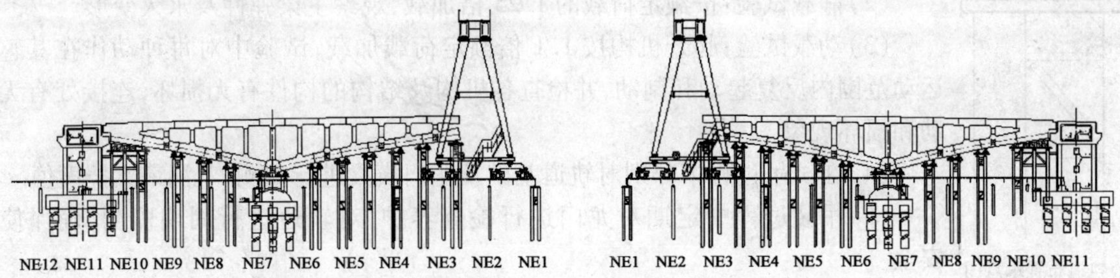

图1 吊装布置示意图

5 施工工艺流程及操作要点

5.1 施工工艺流程

钢构件吊装施工工艺流程见图2。

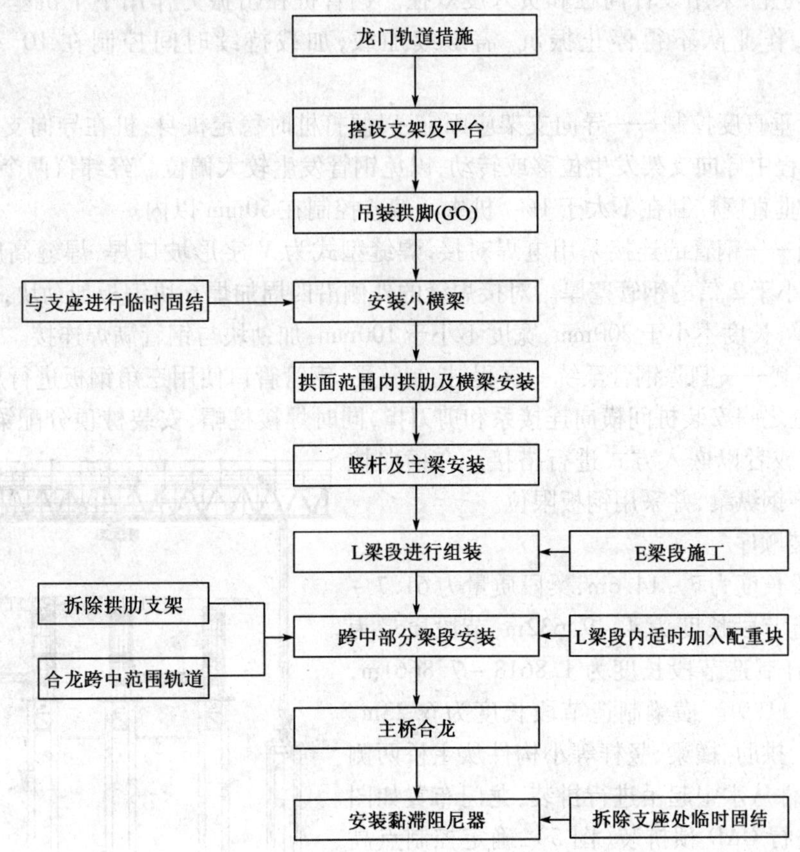

图2 钢构件吊装施工工艺流程图

5.2 操作要点

1)龙门及轨道基础

轨道基础结构设计为钢管桩基础+2I32c工字钢横梁+贝雷梁主纵梁+轨道结构,如图3所示。基础施工要点同平台基础。轨道间距45m,单侧吊轨宽度2m,保证人员检查与行走安全。

龙门吊使用前应进行试吊并进行沉降观测。

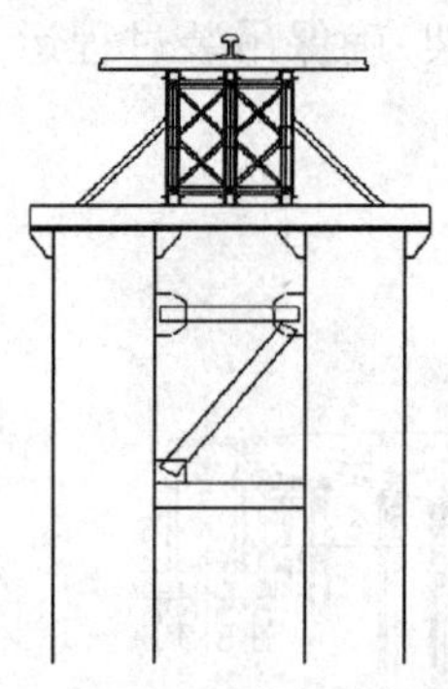
图3 轨道布置示意图

(1)空载试验:使小车、大车沿轨道适当长度往返运行各不少于3次,检查限位开关,缓冲器是否符合要求。

(2)静载试验:按额定荷载的1.25倍加载,观察主梁弹性及永久变形。

(3)动载试验:起升机构按1.1倍额定荷载加载,试验中对每种动作在其整个运动范围内反复起动和制动,并检查各机构及结构的构件有无损坏,连接处有无松动和损坏现象。

(4)在试吊过程中分别对轨道基础及龙门横梁进行观测,观测最大挠度值。

(5)吊装过程中定期对龙门进行检查养护,对轨道进行周期监测,确保使用安全。

2)支架及平台施工要点

每个拱肋焊接处设置一组拱架,由4根610mm×12mm钢管组成,每2m设置相应平联和斜撑,钢管顶部横向及纵向双拼工字钢和1cm厚钢板作为支撑平台。纵向每12m布设一个支墩,全桥共设4排,支墩与支墩之间采用槽钢相连,增加整体稳定性。施工中进行如下控制。

(1)入土深度控制——在水流平缓时,用测绳测量河床深度,振桩开始时,吊装振桩锤和夹具与桩顶连接牢固,先利用桩的自重下沉,然后开动振动锤使桩下沉。当沉桩至设计高程后,复核贯入度与计算值相符后终止,采用设计高程和贯入度双控。钢管桩在击振力作用下下沉基本为零且未达到设计入土深度时,作业队不得停止振沉,需继续加载,加载持续时间控制在10~15min内,不低于10min。

(2)水中钢管垂直度控制——导向支架应固定,以便打桩时稳定桩身;桩在导向支架上不应钳制过死,不允许施打过程中导向支架发生位移或转动,以免钢管发生较大偏位。经纬仪两个垂直方向进行交会观测,钢管桩的垂直度控制在不大于1%,桩中心偏差控制在50mm以内。

(3)焊接控制——钢管的连接采用电焊对接,焊缝型式为V字形坡口焊,焊缝高度应高出钢管面2mm,焊缝宽度不小于2倍的钢管壁厚。对接焊缝的外侧沿四周加焊6块钢板加劲块,加劲块钢板的厚度不小于钢管壁厚,长度不小于200mm,宽度不小于100mm,加劲块与钢管满焊连接。

(4)顶高程控制——割除钢管至统一高程,控制整平,钢管管口使用三角钢板进行加劲。

在每排钢管桩之间安装桩间横向连接系和剪刀撑,同时焊接桩帽,安装桩顶分配梁,桩顶分配梁应与桩帽焊接牢固,或者以嵌入方式进行搭接。在横向枕梁上加密竖向工字钢纵梁,并采用钢板限位。

3)钢结构吊装顺序

主梁制造节段长度为7~14.6m,梁段质量为61.7~206.8t。拱肋制造节段长度为4~9.632m,节段质量为27.1~43.2t。竖杆制造节段长度为1.8618~7.8661m,节段质量为2.5~11.9t。横梁制造节段长度为6.23m,节段质量为5.6t。拱肋、横梁、竖杆等小构件从主桥两侧岸上起吊,主梁构件从水中起吊进行拼装,龙门布置如图4所示。对构件进行CAD预拼装(图5),确定控制点高程与最佳线形。

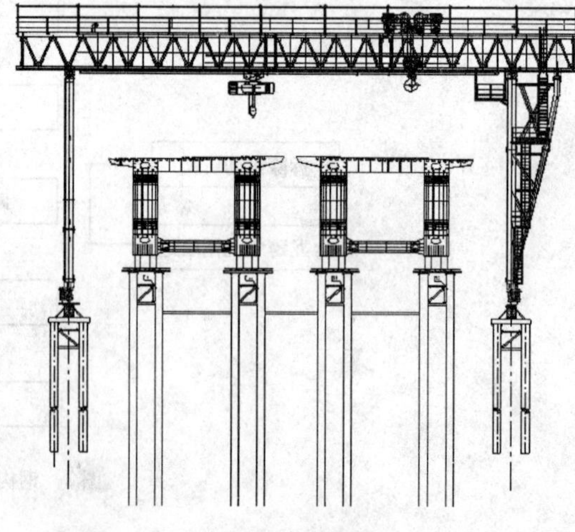
图4 龙门布置

(1)先安装主墩处拱脚(GO)及横梁,再分别同时向跨中GA与过渡墩旁GJ处进行安装,安装竖杆及对应主梁,如图6所示。

(2)过渡墩旁由于L梁段自重过大,采用现场拼装,如图7所示。

(3)拆除平台支架,吊装跨中梁段,同时在L梁段内适时添加配重,与此同时可以进行桥头堡施工,如图8所示。

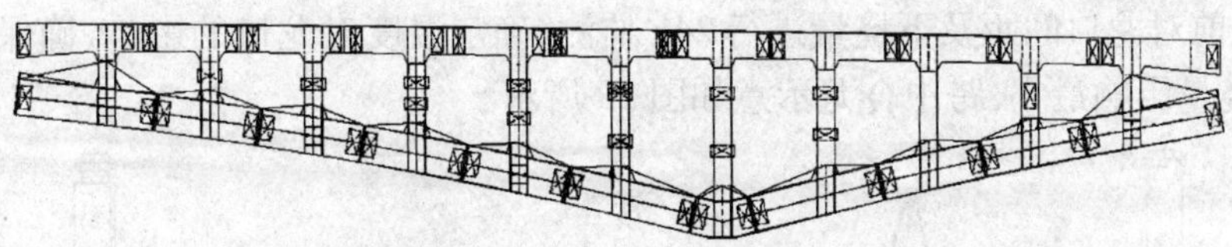

图5 钢构件CAD预拼装

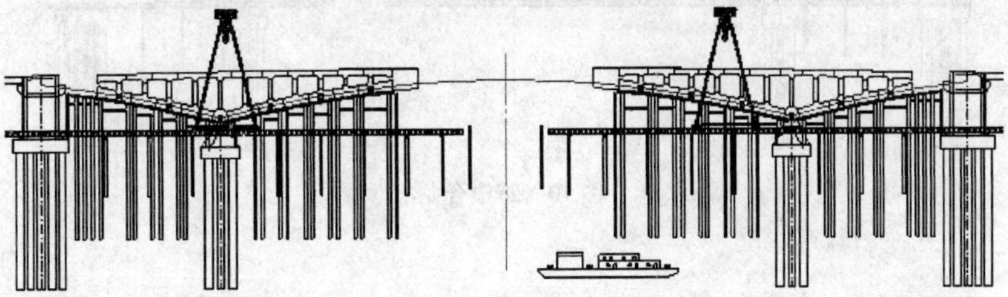

图6 支架法吊装

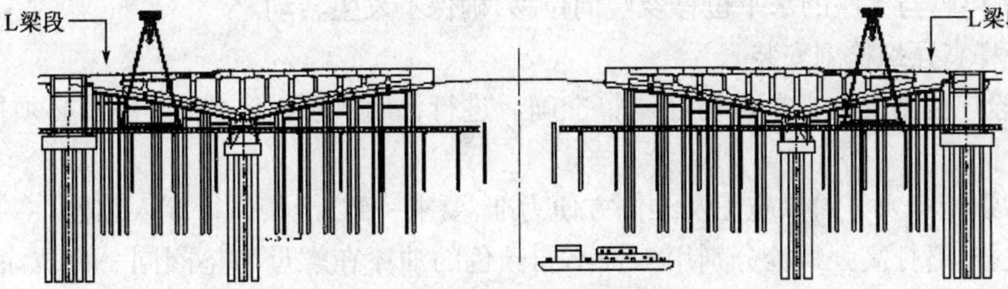

L梁段 L梁段

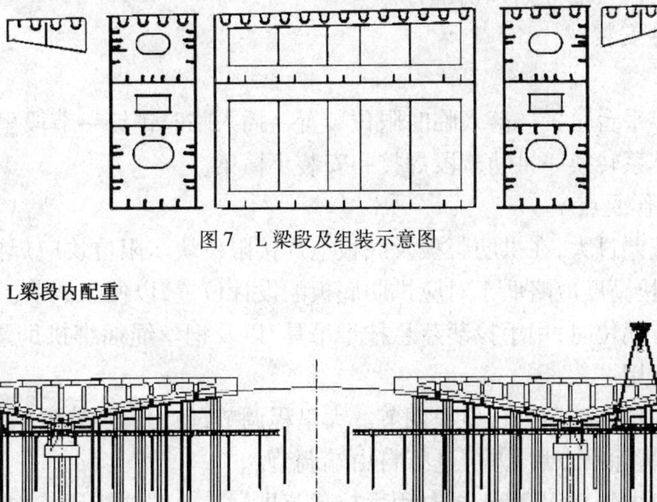

图7 L梁段及组装示意图

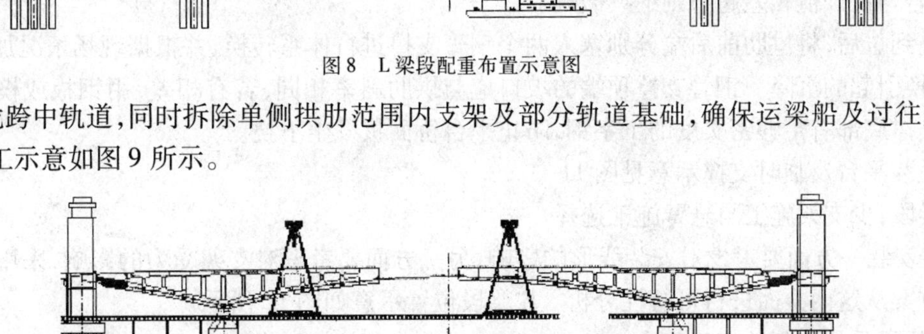

L梁段内配重 桥头堡

图8 L梁段配重布置示意图

(4)合龙跨中轨道,同时拆除单侧拱肋范围内支架及部分轨道基础,确保运梁船及过往船只通行,跨中悬臂施工示意如图9所示。

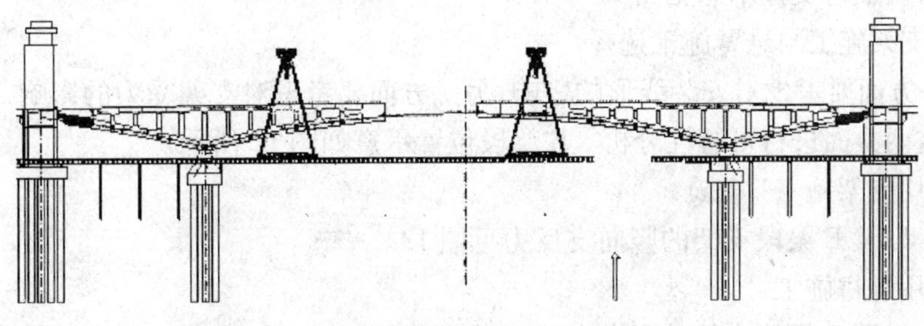

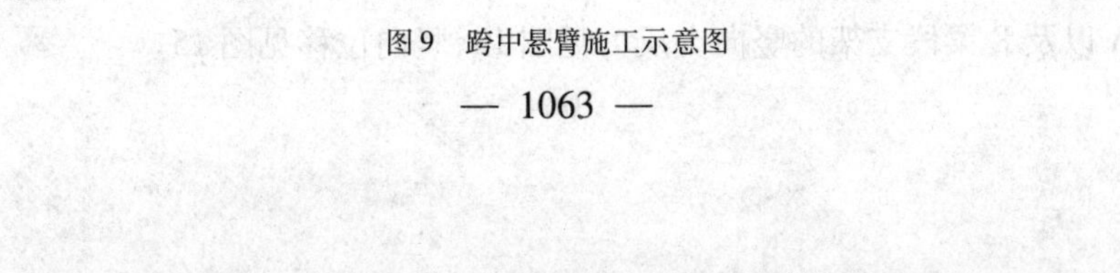

图9 跨中悬臂施工示意图

(5)中跨合龙前对龙口间距及下挠量进行 24h 监测,确定温度对龙口的影响,确保龙口间距变化量达到稳定值及下挠量影响最小,跨中合龙示意如图 10 所示。

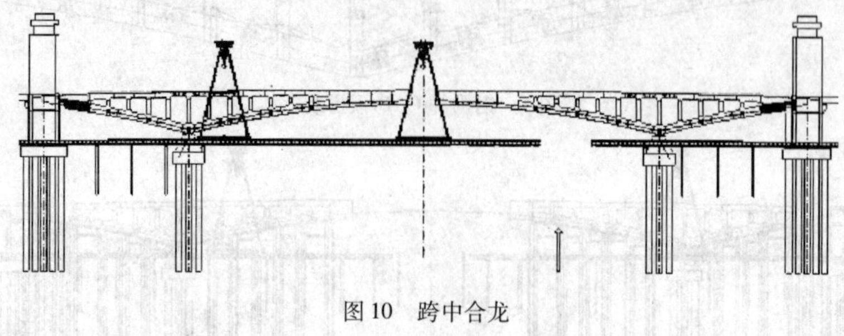

图 10　跨中合龙

4)拱脚 GO 安装

拱脚定位并与支座固结后,需设置临时限位装置,防止随着节段增多后,对支座处扭矩增大,产生位移,所以需要限制拱脚与支座的水平位移及竖向位移,确保不发生转动。

5)横梁及竖杆高强螺栓副安装

(1)高强螺栓连接副安装必须在构件调整准确后进行,高强度螺栓、螺母、垫圈必须按生产厂提供的批号配套使用。

(2)安装时,螺栓穿入方向以施工及维修方便为准,要求一致,严禁强行穿入螺栓。

(3)初拧、复拧、终拧高强螺栓分别用三种不同颜色的油漆在螺母与垫圈同一部位涂上标记(红色—初拧、黄色—复拧、蓝色—终拧),以防漏拧。

6)拱面范围内构件安装

(1)拱肋调节步骤

拱肋吊至对应安装平台位置→落入临时限位装置→插入临时销钉→节段里程调节→自由端横向调节→高程调整→支撑体系转换→拱肋节段焊接→安装小横梁。

(2)调节过程中操作要点

①为防止粗定位偏差过大,在拱肋腹板及底板上焊接限位块。限位块应焊接在加劲位置,防止产生局部变形,且底板限位块高度应略低于对应拱肋底板的设计位置,以便于调节。

②拱肋顶板孔栓有偏位时,用手拉葫芦悬挂于吊具,以及钢丝绳捆绑拱助进行调节,注意不应与上一节段发生横向受力作用。

③临时销钉进行孔位连接后进行里程调节。大里程调节,使用楔形块强制塞入节段对接缝;小里程调节,紧固销钉螺栓。拆除吊点后,方可进行自由端调节。

④利用吊具进行自由端高程微调,同时用手拉葫芦进行自由端轴线调节,并不断地进行节段前中后三点复核,若与设计值相差超限则继续微调。

⑤调整到位后,将拱肋前后端分别塞入两个钢管支撑进行体系转换,并根据现场情况加设一定预拱值,克服转换引起的沉降。钢管支撑顶端的坡口应与拱肋斜率相同,若有相差,用钢板或楔形块进行密实。钢管支撑底部有足够密实度的工字钢,防止平台桥面板发生下挠。

拱助吊装平台及临时支撑示意见图 11。

7)E 梁段,少支架施工与悬臂施工选择

E 梁段安装一方面要考虑对安装线形的影响,另一方面要考虑对支架受力的影响,采用支架施工和悬拼两个方案从这两方面进行可行性分析。E 梁段位置示意如图 12 所示。

(1)E 梁段采用支架施工

拱肋 GF ~ GA 以及 E 梁段支架的竖向支反力见图 13。

(2)E 梁段采用悬拼施工

拱肋 GF ~ GA 以及 E 梁段支架的竖向支反力见图 14,竖向位移见图 15。

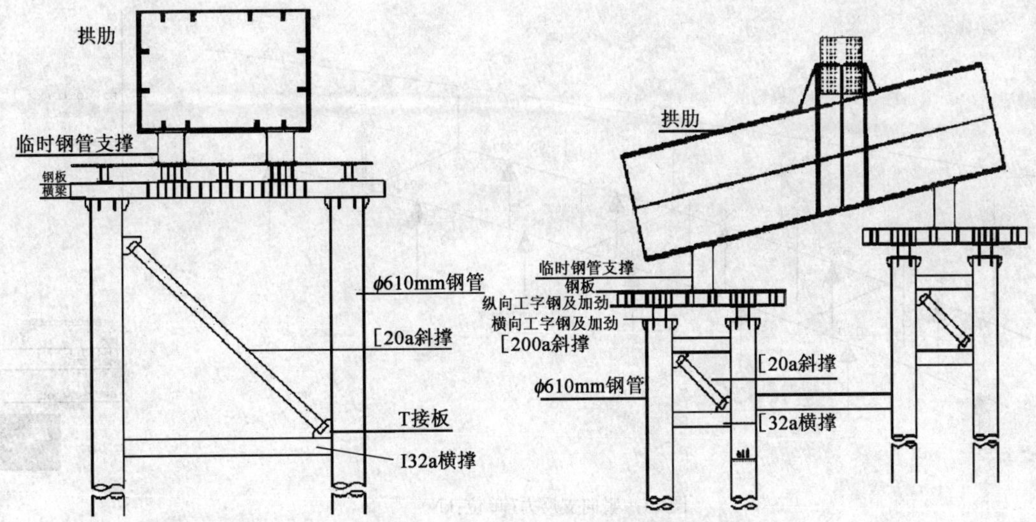

图 11 拱肋吊装平台及临时支撑示意图

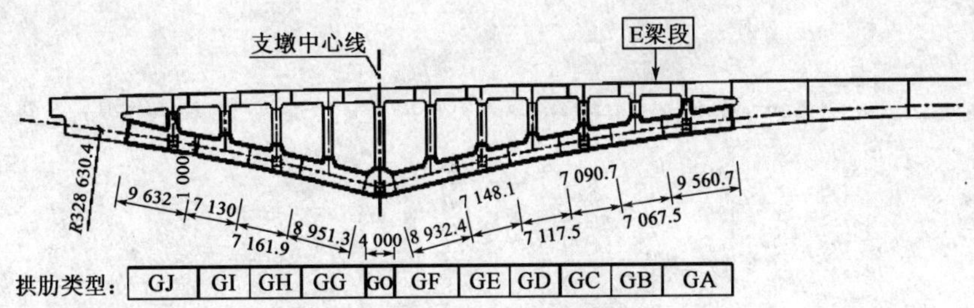

图 12 E 梁段位置示意图(尺寸单位:mm)

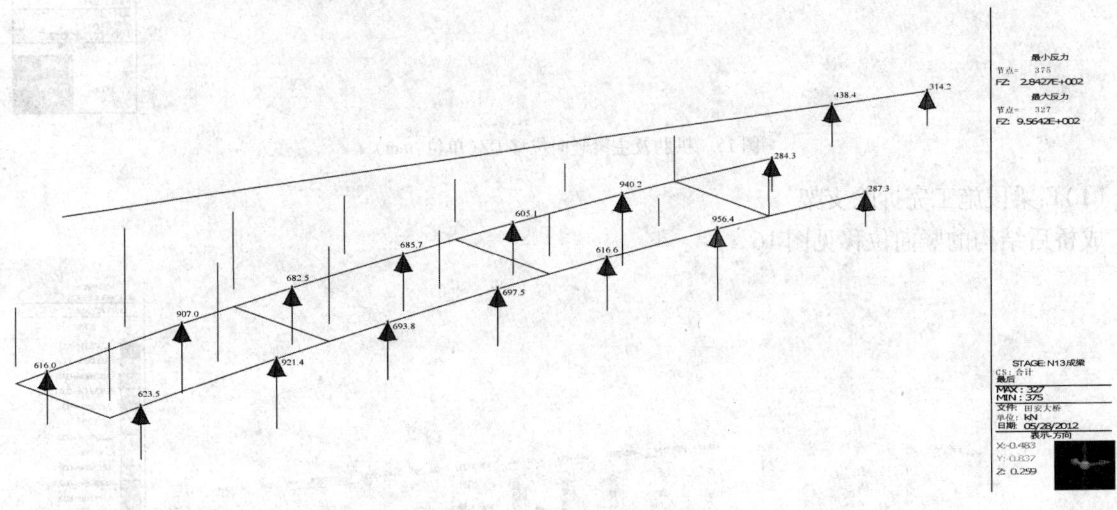

图 13 竖向支反力(单位:kN)

根据极端结果可得出,E 梁段采用悬拼时,拱肋和主梁的位移较小,对于安装线形基本没有影响;但是对于支反力的影响比较明显,拱肋 GA 的支反力增幅较大,方案 1 为 287kN,方案 2 为 750kN;而整个拱肋的最大支反力变化不大,方案 1 为 956kN,方案 2 为 918kN。所以,E 梁段可以采用悬拼,且要在拱肋 GA 与 E 梁段相接的那端增设支撑,以满足该处的受力要求。

8)拱肋支架的拆除

拱肋支架的拆除时机主要考虑到对结构的整体线形影响,原来提供制作线形时的计算是按 E 梁段施工完即拆除支架进行的,如果改变施工方案,在合龙后拆除拱肋支架,最后的成桥线形将会发生变化。

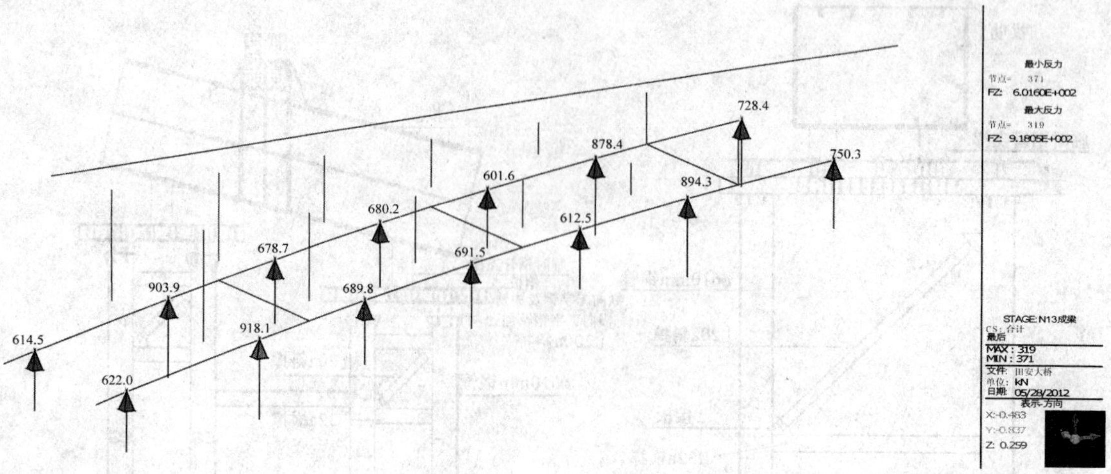

图 14　竖向支反力(单位:kN)

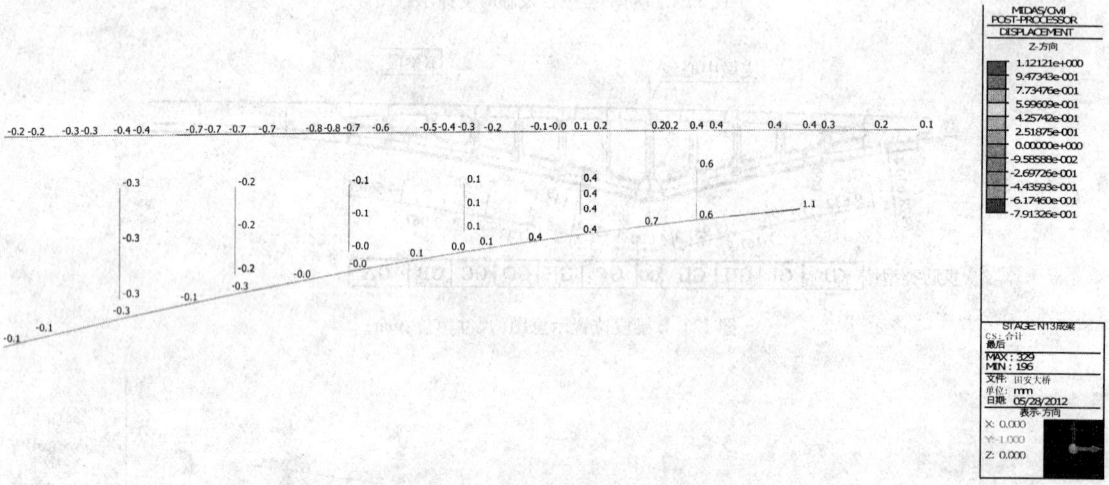

图 15　拱肋及主梁竖向位移 DZ(单位:mm)

(1)E 梁段施工完拆除支架

成桥后结构的竖向位移见图 16。

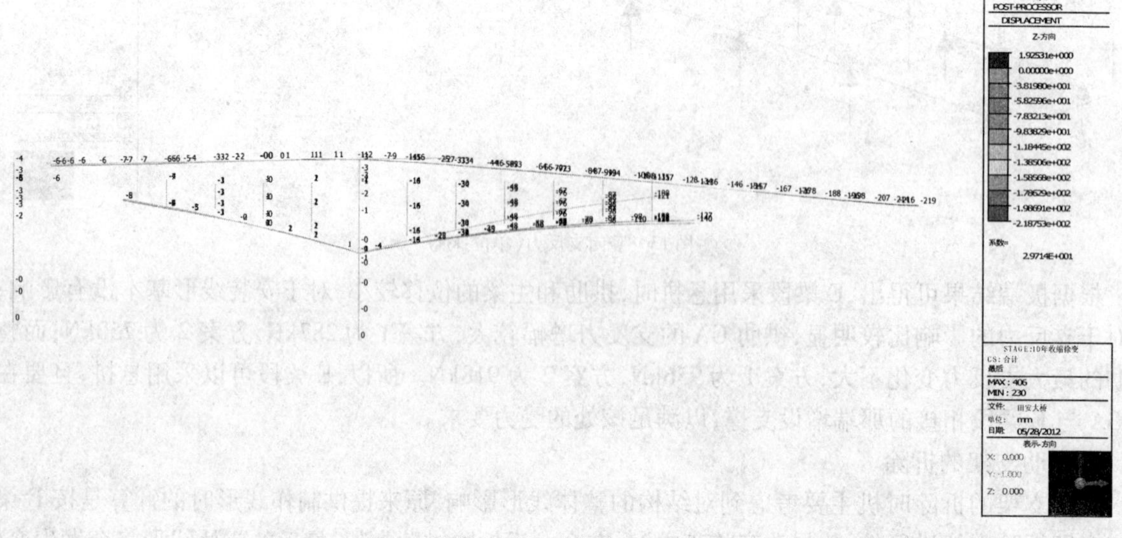

图 16　拱肋及主梁竖向位移 DZ(单位:mm)

(2)中跨合龙后拆除支架

成桥后结构的竖向位移见图17。

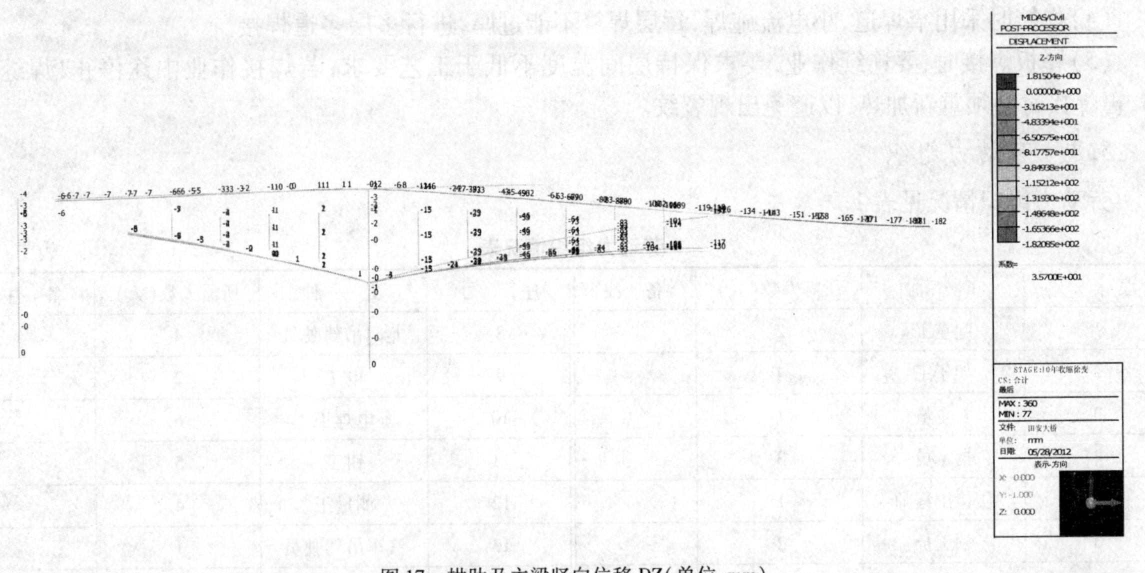

图17 拱肋及主梁竖向位移DZ(单位:mm)

从图17中可以看出方案1跨中最大挠度为218mm,方案2跨中最大挠度为182mm,按照原来的制作线形,拱肋和主梁的预拱度是按218mm考虑,因此若采用方案2,最终的成桥线形将比理论的设计成桥线形高约36mm。鉴于此情况,根据现场情况优先选用方案1,即E梁段施工完拆除拱肋支架。

9)测量监控要点

(1)定期复测控制网,全站仪精度测距1mm+1ppm,测角0.5″,按时校订测量仪器。

(2)每个拱肋节段以4点为控制定位点,定位点1和2(图18)控制梁的轴线、里程和高程,竖杆中线位置进行里程和高程复核,同时可以控制拱肋的扭转。

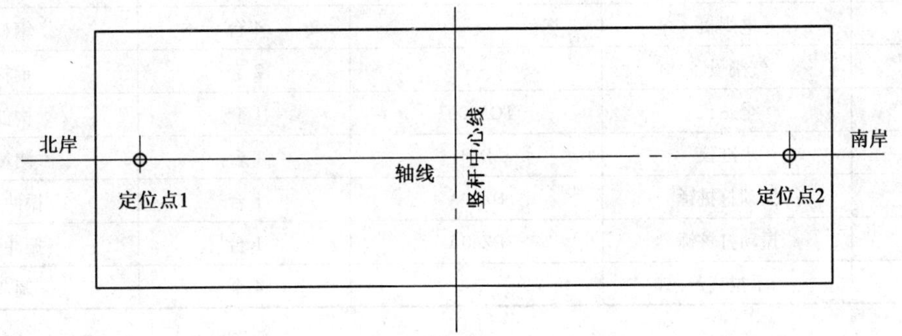

图18 测量控制点位图

(3)定期监测支架平台,并复测已安装拱肋的节段,提供预警机制。

(4)中跨合龙段吊装前,需连续24h测量相邻两侧钢构件,记录钢构件长度随温度变化的函数,最终确定合龙段长度与合龙时间。

10)钢结构焊接操作要点

(1)为减少焊接收缩,在焊缝位置加设定位码;焊缝内坡口提前打磨光洁,包括清除坡口两侧50~80mm范围内氧化皮、锈迹、油污等。

(2)两名焊工同时同方向完成顶板、底板对接,再同时从下向上完成两侧腹板对接。顶板对接采用陶质衬垫、CO_2半自动气保焊打底,埋弧焊填充、盖面。

(3)焊前预热,钢板厚度较厚或环境温度较低时,要对焊接区域进行预热,减少母材与焊缝及热影响区的温差,减轻母材对焊接区域的约束,从而降低焊接接头的应力。

(4)焊接时采用窄焊道,小电流施焊,每层焊缝不能过厚,进行多层多道焊接。

(5)厚板焊接时,要连续作业,要求保持层间温度不低于工艺要求,若焊接作业中途停止,焊缝冷却,再焊接时必须重新加热,以避免出现裂纹。

5.3 劳动力组织

劳动力组织情况见表1。

劳动力组织情况表

表1

序号	工种	所需人数(人)	备注	序号	工种	所需人数(人)	备注
1	起重工	2		8	龙门吊驾驶员	4	
2	架子工	4		9	电工	2	
3	安全员	1		10	电焊工	6	
4	技术员	3		11	钳工	5	
5	质检工程师	1		12	测量工	4	
6	领工员	2		13	汽车吊驾驶员	1	
7	机械工程师	1					

6 材料与设备

所需材料与设备见表2。

材料与设备

表2

序号	机械(设备名称)	型号规格	数量	用途
1	跨墩龙门	100t	2台	钢构件运输
2	汽车吊	50t	1台	吊振动打桩锤
3	浮船	200t	1台	用于汽车吊打桩
4	电焊机	—	4台	钢材焊接
5	气割设备	—	2套	钢材切割
6	全站仪	TCA2003	1套	构件定位
7	水准仪	DS3	1台	测量高程
8	振动打桩锤	DZ90A	1台	振冲钢管桩
9	振动打桩锤	DZ60A	1台	振冲钢管桩
10	手拉葫芦	—	4个	调节构件

7 质量控制

7.1 应执行的标准规范

(1)《公路桥涵施工技术规范》(JTG/T F50—2011)。

(2)《钢结构工程质量验收规范》(GB 50205—2001)。

(3)《港口工程桩基规范》(JTJ 254—1998)。

(4)《城市桥梁工程施工与质量验收规范》(CJJ 2—2008)。

7.2 质量保证措施

(1)建立健全质量体系,操作人员需培训考核合格后上岗,严格进行技术交底,增强员工质量意识。

(2)每道工序严格按监控指令进行,确保符合设计要求及施工安全。

(3)吊装设备机具定期养护,校订。

(4)利用 midas/Civil 软件建立空间模型,进行施工过程仿真计算、结构安全验算。

(5)针对拱肋节段会产生预压缩量,进行支座预偏。

(6)监控单位对应力及线形进行动态监控。

7.3 工艺质量标准

钢梁安装质量标准见表3。焊缝外观质量标准见表4。

钢梁安装质量标准 表3

<table>
<tr><th>项 次</th><th colspan="2">检 查 项 目</th><th>规定值或允许偏差</th><th>检查方法和频率</th></tr>
<tr><td rowspan="2">1</td><td rowspan="2">轴线偏差(mm)</td><td>钢梁中心线</td><td>10</td><td rowspan="2">经纬仪:测量2点</td></tr>
<tr><td>两孔相邻横梁中线相对偏差</td><td>5</td></tr>
<tr><td rowspan="2">2</td><td rowspan="2">梁底高程(mm)</td><td>墩台处梁底</td><td>±10</td><td rowspan="2">水准仪4点</td></tr>
<tr><td>两孔相邻横梁相对高差</td><td>5</td></tr>
<tr><td rowspan="3">3</td><td rowspan="3">连接</td><td>焊缝尺寸</td><td rowspan="2">符合设计要求</td><td>检查全部合格</td></tr>
<tr><td>焊缝探伤</td><td>超声:检查全部;射线:按设计规定</td></tr>
<tr><td>高强螺栓扭矩</td><td>±10%</td><td>测力扳手:抽查5%,且不少于2个</td></tr>
</table>

焊缝外观质量标准 表4

<table>
<tr><th>项 目</th><th>焊 缝 种 类</th><th>质量标准(mm)</th></tr>
<tr><td rowspan="3">气孔</td><td>横向对接焊缝</td><td>不允许</td></tr>
<tr><td>纵向对接焊缝、主要角焊缝</td><td>直径小于1.0,每米不多于2个,间距不小于20</td></tr>
<tr><td>其他焊缝</td><td>直径小于1.5,每米不多于3个,间距不小于20</td></tr>
<tr><td rowspan="4">咬边</td><td>受拉杆件横向对接焊缝及竖向加劲角焊缝(腹板侧受拉区)</td><td>不允许</td></tr>
<tr><td>受压杆件横向对接焊缝及竖向加劲角焊缝(腹板侧受拉区)</td><td>≤0.3</td></tr>
<tr><td>纵向对接缝及主要角焊缝</td><td>≤0.5</td></tr>
<tr><td>其他焊缝</td><td>≤0.1</td></tr>
<tr><td rowspan="2">焊脚余高</td><td>主要角焊接</td><td>+2.0 0</td></tr>
<tr><td>其他角焊缝</td><td>+2.0 −1.0</td></tr>
<tr><td>焊波</td><td>角焊缝</td><td>≤2.0(任意25mm范围内高低差)</td></tr>
<tr><td rowspan="3">余高</td><td rowspan="3">对接焊缝</td><td>≤0.3(焊缝宽 b≤12时)</td></tr>
<tr><td>≤4.0(12<b≤12时)</td></tr>
<tr><td>≤4b/25(b>25时)</td></tr>
<tr><td rowspan="3">余高铲磨后表面</td><td rowspan="3">横向对接焊缝</td><td>不高于母材0.5</td></tr>
<tr><td>不低于母材0.3</td></tr>
<tr><td>粗糙度Ra50</td></tr>
</table>

8 安全措施

(1)进入施工现场,必须戴安全帽,禁止穿拖鞋或光脚。高空作业施工必须系安全带。上下交叉作业有危险的出入口要有防护栅或其他隔离设施。距地面(平台)2m以上作业要有防护栏杆、挡板或安全网。安全帽、安全带、安全网要定期检查,不符合要求的,严禁使用。

(2)水上作业,必须穿救生衣、戴安全帽,高空作业人员必须系安全带。同河道管理部门建立协作关系,及时获取潮水和台风预报,提前做好安全防护措施,以确保施工的安全,涨潮时受潮水影响的施工工序均停止作业。

(3)经常检查贝雷片销子、螺栓等构件的连接情况,若发现松动要及时拧紧。经常检查焊缝,若发现焊缝开裂或脱落要及时进行加强补焊。

9 环保措施

(1)加强施工污染物的排放控制,注意防止事故对河流的污染影响。制订水上施工作业防污染及安全应急措施,严禁向江里排放油污、丢弃垃圾,含油污水垃圾要用专门的容器盛装,并按有关规定进行回收。

(2)注意选用高效低噪声的施工机械,并加强机械设备的日常维护,保证施工机械设备在良好的状态下运行。

(3)施工船舶生产、机械保养产生的固体废弃物及生活垃圾,不得随意倒入海域,应统一收集,转移至经许可的统一地点集中处理。

10 效益分析

采用少支架法与其他方法施工时的对比分析见表5。

采用少支架法与其他方法对比分析 表5

序号	方案名称	主要优点	主要缺点	备注
1	缆索吊装法施工	1. 减少水上支架、栈桥等辅助设施搭设。 2. 对河道通航影响较小	1. 缆索吊跨度大(300m),塔架高度超过70m,安全风险高。 2. 缆索吊设计跨度300m,起吊质量100t(L梁段现场焊接),现有技术水平实施困难。 3. 桥面整体宽度36.5m,分左右幅,间距1m,缆索吊塔架跨度大;桥梁共4道拱肋,需要设4套缆吊系统、锚固系统、行走系统等,相当于两座常规桥梁的使用投入。 4. 塔架安全性要求高,塔架搭设、锚固系统、缆索、行走系统、起吊系统等造价高。 5. 缆索吊施工效率较低,且对拱肋吊装线形控制难度大,工况计算、模拟困难,对桥梁结构存在一定的安全风险。 6. 安装桥梁节段时扣索连接位置难以设置。 7. 江滨北互通场地狭窄,受匝道等影响,锚固系统等设置困难,交叉干扰大	
2	顶推法施工	1. 顶推施工顶推力通常比梁体自重小,不需大型吊运机具,保养与运输方便。 2. 对桥下地基和净空无要求,拼装场地可设在岸上,搭建拆除简单,钢构件运输方便。 3. 场地固定集中,便于安全施工,受环境干扰小。 4. 工作条件相对较好,所需劳动力比较少,劳动强度相对不高	1. 滑移轨道和顶推点复杂的局部构造势必造成经济上的浪费。 2. 拼装场地需要搭设大型龙门吊,且能满足L梁段(质量约100t)的施工需要,拼装龙门需要4台100t(跨度19m)或2台100t(跨度38m)。 3. 桥梁为梁拱桥,过渡墩支座横梁与主墩支座高程相差较大,顶推法施工存在工序转换繁琐。 4. 桥梁单个节段拼装不能自稳,必须至少两个或以上相邻节段(质量达336t)才能实现顶推。 5. 桥梁拱肋呈曲线线形,需要搭设安装固结支架(与拱肋),节段连同支架一并顶推,整体高度达15m,安全风险高。 6. 拱面部分梁段须全部顶推完成后,方可从主墩向两侧焊接成形,桥梁线形难于控制。 7. 桥梁跨中部分无拱肋(与钢主梁成一体),梁式结构部分支架较高,对临时墩、滑移轨道及拼装支架的结构强度、稳定性要求高	

续上表

序号	方案名称	主要优点	主要缺点	备注
3	跨墩龙门及少支架法	1. 龙门吊拼装、操作熟练,使用方便。 2. 龙门吊跨度大,行走方便,可以同时解决大构件水上吊装和小构件陆上吊装问题,施工效率高。 3. 现场使用两台大型龙门吊可满足拱面部分和过渡墩范围的结构安装,投入费用相对较小	1. 轨道需要较多的钢轨和枕梁,基础要求高。 2. 水上运输船需要斜向或横向移动进入起吊位置,操作空间小,抛锚空间受到一定的限制。 3. 提升栈桥对河道通航有一定的限制,现场需要良好的组织和管理	

通过上述分析可以得出,采用跨墩龙门吊少支架法的机械设备、材料及人员投入方面均有明显优势,可减少直接成本投入。田安大桥主桥合龙比计划工期提前43d,节省了大量间接成本,社会及经济效益显著。

11 应用实例

11.1 工程实例一:泉州市田安大桥工程

1)工程概况

泉州市田安大桥,比邻泉州大桥,跨越晋江,2010 年开工,2012 年竣工。主桥长 260m,其中主跨跨径为 160m,桥宽 36.5m,设计为双幅分离、双向六车道,两侧设人行道。田安大桥主桥为拱梁组合桥,结构新颖,施工工艺复杂,采用栓焊结合的连接方式,定位精度要求高,技术难度大,全桥共 250 个钢构件拼装节段。

2)施工情况

2010 年 11 月吊装第一节拱脚,2012 年 9 月份实现全桥合龙(图 19)。采用本工法,施工过程安全可靠,保证了构件安装速度和安装质量,实现了不采用提升栈桥等特殊装置,既保证了能在河中吊梁且确保河道通航的目的,又节约了大量成本。

图 19 泉州田安大桥合龙

3)工程评价

整个工程比计划提前近 43d 完成,节约人工费及机械设备费共 81 万元,线型顺直美观,焊接合格率 100%,为工程创优打下坚实基础,是海西建设发展的一条重要通道,社会效益及经济效益显著。

11.2 工程实例二:天津大沽桥

1)工程概况

天津大沽桥为敞开式系杆拱钢结构桥梁,桥梁全长 154m,主跨 106m、两侧边跨为 24m,上部结构为正交异性板结构钢箱梁,大小拱肋采用造型美观的封闭式倒梯形钢箱。大拱拱高 39m、外倾角度 1:3;

小拱拱高19m、外倾角度1:2.5。该桥钢箱拱的结构特殊,受力情况复杂,倾斜角度大,最高点距桥面达39m,安装时的难度较大。施工中采用少支架法,节省了工期,安装质量得到保证,取得了显著的社会及经济效益。

2)施工情况

工程主要分为主跨车行道钢箱梁安装、两侧观景平台钢箱梁安装、边跨钢箱梁安装、中墩及边墩钢箱梁安装,钢箱梁安装采用分块定位、组拼、焊接的安装方式,用少支架法(图20)顺利完成全桥69块钢构件的安装,质量符合行业标准,得到业主的认可。

3)工程评价

全桥钢箱梁安装精度良好地控制在允许误差范围内,桥梁的线形及结构应力均满足设计要求。安装工艺的优化不仅节约了近150万元的大型机械费用,也提高了施工技术水平。

11.3 工程实例三:武汉轻轨槽形梁拱组合桥

1)工程概况

武汉市轨道交通一号线的多箱室槽形梁拱组合桥(图21),上跨江岸货场既有铁路线,下穿长江二桥,桥跨组合49.9m+104.983m+49.9m,主跨位于S形反向曲线上,为三向预应力混凝土槽形梁与钢管拱肋组合。

图20 天津大沽桥少支架法施工

图21 武汉轻轨槽形梁拱组合

2)施工情况

钢管拱肋安装采用龙门吊少支架法,在先梁后拱的梁上用立柱搭设拱架,将钢管拱肋分成11段,第一阶段在腹板墙上搭设立柱式拱架,进场的单节拱肋在桥面上合样,两节合一节;第二阶段用起吊机安装第二节第三节、第九节第十节合样整体吊装焊接;第三阶段用起吊机安装第四节第五节、第七节第八节合样整体吊装焊接;最后吊第六节合龙节,安装焊接横撑。施工质量满足行业相关要求,施工安全、速度快,有效节约成本。

3)工程评价

槽形梁拱组合桥自2008年11月开工至2010年8月全部竣验交,施工中多次受到建设、监理、设计单位的表扬,取得了较好的经济效益和社会效益。

钢—混叠合梁斜拉桥定时合龙施工工法

GGG(中企)C3122—2013

谢泽福 吴小海 王荣勇 宋本良 熊 辉
(中交一公局厦门工程有限公司)

1 前言

斜拉桥合龙段是整座桥施工过程中最为关键的部位。在斜拉桥的合龙段施工时,上部结构具有最大的悬臂长度,此时的桥面荷载和环境温度变化对结构的变形也最为敏感,既要保证成桥后的线形与索力,又要保证成桥后的结构内力合理,因此合龙段施工的结果关系到全桥的线形平顺和结构的永存内力状态。

钢—混叠合梁斜拉桥定时合龙施工工法是钢—混叠合梁斜拉桥中跨合龙段施工的指导方法,能较好地做到结构受力合理与线形平顺美观。

2 工法特点

(1)施工质量容易控制。HL梁段采用轻便型椭圆孔工具拼接板,便于HL段就位拼装与栓接,再根据合龙后的工具拼接板螺栓孔位置尺寸,对永久拼接板进行厂内打孔制作并进行现场替换施工,保证了结构受力合理与线形平顺美观,施工质量有保证。

(2)施工安全可靠。轻便型椭圆孔工具拼接板自重小,高空安装方便灵活,合龙后采用永久拼接板替换工具拼接板施工工艺,能保证合龙施工安全可靠,确保合龙成功。

(3)有利于控制工期。HL梁段主纵梁精下料和工具拼接板制作可提前两个梁段完成;合龙时工具拼接板椭圆孔栓接富余量达20~30mm,对合龙口的净宽要求大大降低,很大程度上不受时间与环境温度限制,只要在降温过程中,合龙口净距满足栓接要求时,即可实现定时合龙施工。

(4)增强了合龙工序组织的有序性和确定性,既不需要大型顶推设备,又可最大程度地保证合龙段的设计无应力长度。

3 适用范围

本工法适用于钢—混叠合梁斜拉桥中跨合龙段施工。

4 工艺原理

采用配切椭圆孔轻便型工具拼接板施工工艺,在正常降温过程中,待合龙口净宽满足吊装、栓接要求时,即可进行合龙段施工。具体施工中通过合龙口的连续观测数据,确定合龙段钢主梁精下料长度,以及轻便型工具拼接板椭圆孔开孔尺寸。在合龙口悬臂端施加配重调整好合龙口状态的前提下,起吊HL梁段钢主梁,完成合龙口匹配端永久拼接板安装和高强螺栓施拧后,在自然降温过程中,待合龙口配切端净宽满足工具拼接板椭圆孔栓接要求时,即可完成HL梁段配切端高强螺栓永久栓接。完成塔梁结构体系转换施工后,即可进行永久拼接板替换工具拼接板施工,实现中跨定时合龙。

5 施工工艺流程及操作要点

5.1 施工工艺流程

施工工艺流程见图1。

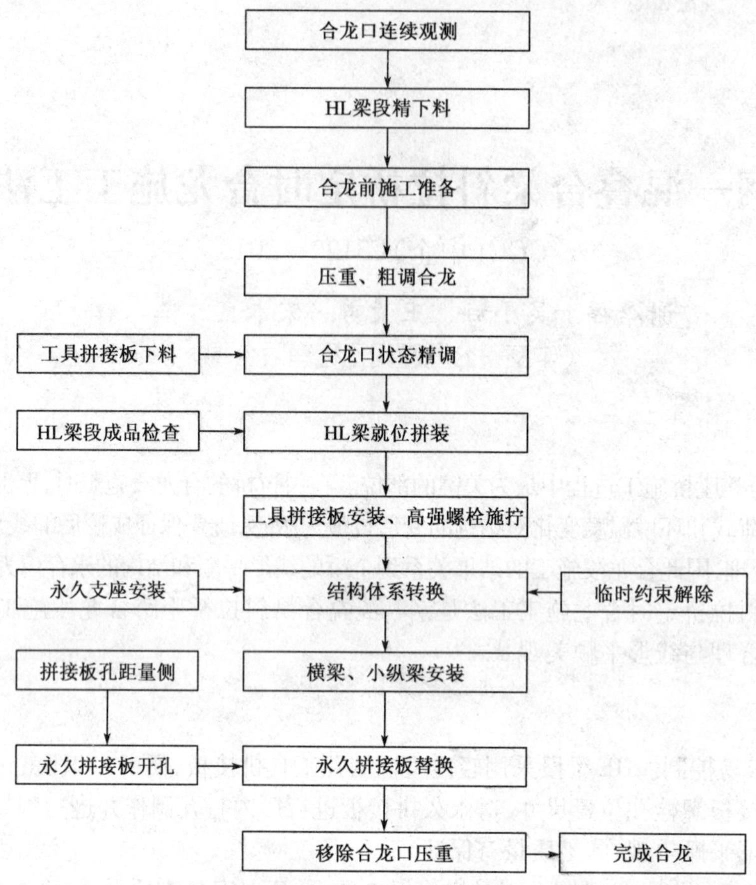

图1 钢—混叠合梁斜拉桥中跨合龙段施工工艺框图

5.2 操作要点

1)合龙口连续观测(图2)

图2 合龙前连续观测图片

(1)为掌握合龙口24h温度与合龙端口间距的变化规律,确定HL梁段精下料尺寸、中跨合龙时间和合龙温度,提前两个梁段在桥面湿接缝养护期间进行合龙口24h温度—合龙口净距连续观测。

(2)连续观测内容包括悬臂端高程、合龙口间距、轴偏、大气温度、钢主梁温度、桥面板温度、斜拉索温度及塔柱温度。观测频率:6:00～18:00为2h/次,19:00～次日6:00为1h/次。

(3)连续观测尽量选在湿接缝混凝土养护期间,需保证斜拉桥安装的无线数据采集仪24h连续供电,且桥面上禁止大型机械施工作业,不得有较大的荷载移动,以免影响观测精度。

(4)每个时间段的连续观测数据测量完毕后,及时进行数据处理与校对,避免人为出错造成返工而延误工期。

2)HL段精下料与工具拼接板制作

(1)根据连续观测得出的温度—合龙口净距等曲线数据,依据降温过程中的结构温度对应值进行HL梁段下料长度设定。为了便于HL梁段钢主梁进入合龙口拼接位置,需将配切端拼接缝适当加宽15～20mm,根据设定温度下的合龙口观测净距减去相应的拼接缝宽度即可得出精确的HL段下料长度。

(2)轻便型工具拼接板下料与开孔需提前完成。为了便于配切端拼接板搬运安装以及螺栓施拧,32块工具拼接板需减小结构尺寸,采用分小块制作,以减轻自重,一侧采用椭圆孔开孔工艺,如图3和表1所示。

图3 HL梁段永久拼接板与工具拼接板现场施工比较图片

HL梁段永久拼接板与工具拼接板参数对照表 表1

拼接板种类	自重(kg)	尺寸(长×宽×厚)	圆孔数目(个)	椭圆孔数目(个)
永久拼接板	174	1 728mm×400mm×32mm	56	0
工具拼接板	88	880mm×40mm×32mm	16	8

(3)为了确保工期,HL梁段主纵梁精下料与制作需提前两个梁段进行,应有一定的时间储备。

3)合龙前施工准备

(1)做好吊装吊笼、拼接板及临时锁定连接件、手拉葫芦等辅助构件的准备与应用演练,以及压重材料与压重水箱的准备。

(2)充分做好竖向临时支座垫块凿除、纵向约束钢牛腿割除、竖向临时拉杆拆除、永久支座安装的准备工作及安全防护、夜间照明工作。

(3)做好合龙口临时施工便道、安全护栏及夜间照明等准备工作。

4)合龙口状态粗调(图4)

(1)在中跨合龙口悬臂端两侧布置压重,确保合龙口两侧高程、转角、倾角大体一致,可通过监控单位验证计算得到其压重位置与具体荷载,计算时需考虑HL梁段起吊后的荷载影响。合龙口转角还可通过最前端的斜拉索索力进行调整。

(2)合龙口悬臂端轴偏粗调采用反力架、手拉葫芦、钢丝绳对角线法施加拉力完成,应使手拉构件具有一定的富余拉力储备。

(3)合龙口状态调整应在温度稳定、无日照且钢主梁顶底板温差不大于2℃的情况下进行,调整完毕后应尽量避免大型荷载移动。

5)合龙口状态精调

HL梁段钢主梁起吊后,根据合龙口状态粗调结果,这时的合龙口两侧悬臂端的高程、倾角、轴偏应一致,当需微调时,采用相对高差法通过压重水箱进行调整。

6)HL段就位拼装

(1)HL梁段进场后,及时进行成品进场验收并签字确认,确保其细部尺寸满足设计要求。

(2)先将主纵梁起吊至合龙口底部(图5),因HL梁段两侧拼接缝已有加宽设置,在环境温度升至最高温度前有足够的富余空间将主纵梁吊入合龙口(图6),并开始安装吊笼等施工辅助平台和拼接板(包括匹配端永久拼接板和配切端工具拼接板)(图7)。

图4　合龙口状态粗调后图片

图5　HL梁段主纵梁提前起吊图片

图6　HL梁段主纵梁吊入合龙口图片

图7　HL梁段钢主梁就位后图片

(3)待合龙口状态精调到位后,随着温度的降低,当合龙口间距满足拼装要求后,采用特制撑角进行HL梁段的临时锁定(图8),施打冲钉。临时锁定构件需具备足够的数量、强度和刚度,同时需有回程限位措施。当合龙口净距为1 977mm(HL梁段)+8mm(匹配端拼接缝)+19mm(配切端拼接缝)±20mm(调整幅度40mm)时,即可实现定时合龙。按照合龙口连续观测得出的温度—合龙口净距关系曲线数据,可得出合龙当天19:30~22:30时间段为定时合龙锁定最佳时间。

(4)因HL梁段配切端工具拼接板采用椭圆开孔,其螺栓孔栓接富余量达20~30mm,与永久拼接板栓接富余量2mm比起来,对合龙口的净宽要求大大降低。

(5)可提前进行工具拼接板安装与高强螺栓安装工作,但高强螺栓不能施拧,不能参与受力。

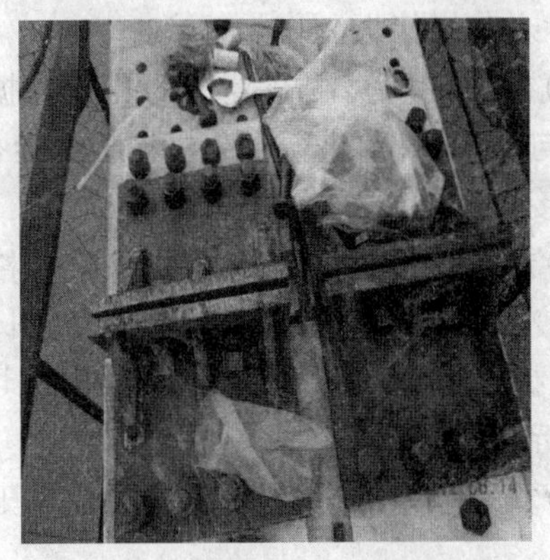

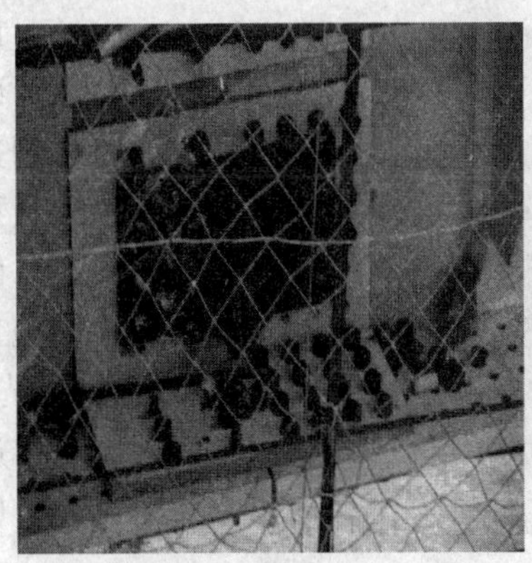

图 8 HL 梁段临时锁定施工图片

7）拼接板安装与高强螺栓施拧（图 9）

（1）待 HL 梁段临时锁定后，即可进行剩余的拼接板安装与高强螺栓施拧工作，施拧顺序为先匹配端，后配切端；先腹板，后顶底板，做到上、下游对称施拧。

（2）施拧高强度螺栓应按一定顺序，从板束刚度大、缝隙大之处开始，对大面积拼接板应由中央向外拧紧，按操作规程进行初拧、复拧和终拧，并应在当天终拧完毕。施拧时，不得采用冲击拧紧和间断拧紧。

（3）在工具拼接板高强螺栓初拧完成后，即可开始进行结构体系转换施工。

（4）在塔梁临时固结完全解除之前，完成工具拼接板高强螺栓的终拧。

8）结构体系转换

（1）工具拼接板高强螺栓初拧完成后，即可开始进行结构体系转换，必须在日出升温前完成塔梁固结处临时约束的解除（图 10）和塔柱下横梁处永久支座安装工作。

图 9 拼接板安装与高强螺栓施拧现场图片

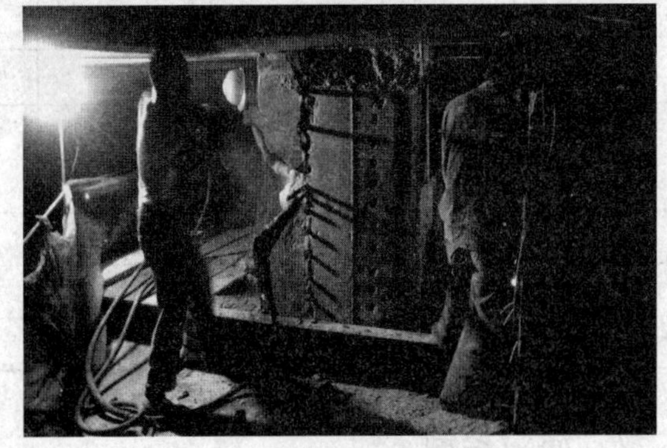

图 10 临时固结拆除图片

（2）因结构体系转换工作量大，时间短，应充分做好竖向临时垫块凿除、纵向约束钢牛腿割除、竖向临时拉杆拆除、永久支座安装的准备工作，搭建好临时施工平台，做好夜间照明与安全防护工作。

（3）塔梁临时固结解除顺序为：先解除纵向约束，再解除竖向拉杆，最后凿除临时支座混凝土垫块。

9）横梁、小纵梁安装

（1）HL 梁段主纵梁配切端高强螺栓完成终拧后，桥面吊机方可松钩，进行下道横梁安装工序。为了提高 HL 梁段的整体稳定性，确保施工安全，应及时安装横梁。

（2）及时安装 HL 梁段的小纵梁和中间的桥面板。

10）拼接板孔距量测

工具拼接板高强螺栓终拧后，桥面板安装前，需精确测定 HL 梁段配切端工具拼接板螺栓孔位置，根据测量结果，进行永久拼接板钻孔施工，即现场量测 HL 段配切端工具拼接板与钢主梁螺栓孔的孔距及相对位置，各方复核确认后，书面通知钢结构制造与加工单位进行钻孔制作。

图11 永久拼接板替换工具拼接板施工图片

11)永久拼接板制作与替换

(1)根据现场实测并复核的孔距数据,书面通知钢结构制造与加工单位,进行永久拼接板螺栓孔钻孔施工,完成永久拼接板的制作。

(2)永久拼接板运至现场并验收合格后,方可进行替换施工。永久拼接板替换工具拼接板(图11)时,替换顺序为:先腹板,后顶底板,并保持HL梁段配切端上、下游施工对称进行。

(3)安装剩余的桥面板,移除合龙口压重。

6 材料与设备

6.1 材料

1)原材料

HL梁段、拼接板、高强螺栓等直接由第三方,即钢结构制造与加工单位负责制作与运输进场,并已在厂家做好防腐涂装、试拼装工作。

2)施工辅助材料

冲钉、压重材料、临时连接板、钢板等。

6.2 所需设备

所需设备如表2所示。

机械设备投入表　　表2

序　号	机械名称	数量(台)	备　注
1	桥面吊机	1	HL段钢主梁、横梁吊装
2	运梁平车	2	小纵梁、桥面板运输
3	汽车吊	2	吊笼就位、拼接板安装
4	升降电梯	2	施工人员上、下桥面
5	手拉葫芦	10	微调就位
6	撑角及螺杆	12	临时锁定
7	吊笼	4	临时施工平台

7 质量控制

(1)所有原材料进场后必须进行检查,进场材料均有成品验收交接单,并由现场技术员检查签字。

(2)施工前由专人编写施工技术与安全方案,并对项目部以及施工队相关人员进行详细的施工技术、安全交底,明确施工中需要注意的质量控制点、设计要求、施工标准、施工方法与安全注意事项。

(3)钢梁悬臂拼装精度要求如表3所示。

钢梁悬臂拼装精度要求　　表3

施工部位	项次	检查项目	规定值或允许偏差	检查方法和频率
钢梁悬臂拼装	1	轴线偏位	±10mm	全站仪:每段检查2点
	2	索力	满足设计与施工要求	测力仪:测量每索
	3	合龙后梁顶高程	±20mm	水准仪:测量每个梁段梁端中点
	4	相邻节段匹配高差	±2mm	尺量:每段
	5	高强螺栓扭矩	±10%	测力扳手:抽查5%

(4)HL 梁段不同阶段的吊装要分别采用相应的吊具,避免吊装变形与碰撞,并保持构件表面涂层不受损失。

(5)为减少日照温差、施工荷载等对放样定位点的影响,钢梁悬臂拼装施工测量选择在无日照影响、风力较小和温差较小的时间段内进行,并报监理工程师批准后进行,高程测量均采用往返闭合路线。

(6)必须按照国家标准及规范要求对高强螺栓施拧质量进行检查,每栓群以高强度螺栓连接副总数的5%进行终拧扭矩抽检,但不得少于2套。检查终拧扭矩用的扭矩扳手必须标定,其扭矩误差不得大于使用扭矩的±3%,用前应进行扭矩抽查。

(7)测量人员要采用多种手段对钢梁的高程、里程、轴偏、倾角等进行测量和校核,确保桥面的线形符合设计要求。

(8)做好成品钢梁进场保护工作,成品钢梁严禁电焊、气割等损伤。

8　安全措施

1)施工安全措施

(1)施工前做好安全技术交底,场地内设置灭火器、防坠落防火安全网,明显位置要张贴安全文明施工标语标牌。

(2)施工现场必须佩带安全帽,高空作业必须佩带安全带,并强制执行。如不按要求佩带的施工人员必须给予一定的经济处罚。

(3)避免雷雨、大风天气高空作业,规范施工现场用电制度,切实做好防漏电措施。

(4)严格按照操作规程进行各种大型机械作业,海上大风天气严禁进行钢梁悬臂拼装、吊机起重作业。

(5)配备足够的夜间照明设施和防坠落设施,施工工作面设立安全防护栏杆,确保夜间作业安全。

2)特殊安全管理措施

(1)焊工、电工、机械操作工等国家规定的特种作业人员,全部须经安全作业培训,取得特种作业操作资格证书后,安排上岗作业。

(2)施工现场临时用电工程采用 TN－S 接零保护系统。

(3)电箱一律采用标准电箱,并有严密的防雨措施,均设漏电保护器,安装位置合适,进出线整齐。

(4)施工现场机械设备安装、维修时应断开电源,且悬挂“禁止合闸”标志牌。

(5)现场的大、中型机具设备必须有专人负责,起重吊装作业必须由专职人员指挥,专职人员必须持证上岗。

(6)对桥面吊机、汽车吊、施工升降机等现场拼装或安装的大型起重机械在自检合格以后,须经行业检测部门的检测试吊认可后,还必须经安全监理工程师验收确认后,方可投入使用。机械设备在使用过程中,应定期维修保养,不准带病作业,凡已维修保养的设备,均应在设备台账中如实记载。

9　环保措施

(1)定期进行场地清洁和桥面上零碎物件清理,禁止将垃圾杂物随手丢入海中,统一放入指定回收箱中。

(2)施工废弃物、零碎钢筋头及垃圾统一运至指定的位置弃放,不得随意堆放。

10　资源节约

通过合理的安排各道施工工序与调配资源,提前进行 HL 梁段精确下料及工具拼接板精确打孔制作,及时组织钢梁进场验收,应用钢—混叠合梁斜拉桥定时合龙施工工法,加快了中跨合龙段施工进度,有效地控制了施工质量,确保了施工安全。

11 效益分析

1)经济效益

通过合理的安排各道施工工序,采用钢—混叠合梁斜拉桥定时合龙施工工法,及时在厂内精确配切HL梁段主纵梁长度和轻便型椭圆孔工具拼接板,并使用永久拼接板替换工具拼接板施工工艺,使大桥比计划提前15d完成合龙,并且合龙效果良好,有效地控制了施工质量,从而间接节约了资源。

2)社会效益

通过运用钢—混叠合梁斜拉桥定时合龙施工工法,有效地保证了成桥后的结构受力合理与线形平顺美观,达到了我部打造“争先创优”的目标,得到了业主、监理的肯定和赞誉,提高了我单位的信誉度和知名度,为以后同类型桥梁中跨合龙段施工提供了可借鉴的经验。

12 应用实例

福建厦漳跨海大桥起于厦门海沧岸厦漳分界线青兴路附近的海沧枢纽立交,穿越海门岛,止于漳州龙海市后宅处。路线全长9.335km,其中桥梁长度8.631km。该项目开工日期为2009年8月1日,竣工日期为2012年7月31日,合同总工期36个月。

南汉主桥为135m+300m+135m双塔双索面钢—混叠合梁斜拉桥,索塔为H形C50海工混凝土结构,总高为137m,主桥采用半漂浮结构支承体系。南汉主桥主梁采用双工字形钢主梁与混凝土桥面板共同受力的组合梁,两者之间通过剪力钉实现共同受力。钢梁结构由工字形钢主梁、横梁、小纵梁等组成,双工字形钢主梁横向中心距为34.0m,混凝土桥面板厚均为28cm。主梁全宽40m(含检修道、导流板)。

中跨合龙梁段HL段长度为4m,由2根主纵梁、1根横梁及3根小纵梁组成,钢结构总质量约42t。钢梁上面为8块预制桥面板及现浇湿接缝混凝土。合龙梁段采用厦门侧桥面桁架吊机单构件上、下游对称起吊主纵梁,先进行主纵梁合龙,而后采用桥面吊机吊装横梁、小纵梁、桥面板等梁段构件。

中跨合龙采用钢—混叠合梁斜拉桥定时合龙施工工法,及时在厂内精确配切主纵梁长度和轻便型椭圆孔工具拼接板,并采用永久拼接板替换工具拼接板施工工艺,使大桥比计划提前15d完成合龙,并且合龙效果良好。

自行式移动模架水上顶推拼装施工工法

GGG(中企)C3123—2013

鞠加元　刘大成　罗　浩　薛　杰
(中交一公局第二工程有限公司)

1　前言

移动模架是一种桥梁原位现浇施工设备,该设备利用两组钢箱梁支承模板,通过模板开合,模架纵移、横移等过程,实现对混凝土箱梁原位现浇、逐孔成桥,具有操作简单、占用施工场地少、节约架梁设备投资等特点,尤其适用于特殊地形环境,如江河、湖泊滩涂、深山峡谷、跨越路线等处桥梁的架设。

移动模架在水上施工现场拼装存在较多的影响因素,如潮水、吊机停靠位置、高空作业、临边作业等。为了安全、快速、经济、优质地将模架拼装完成,采用钢管桩平台作为支撑结构,利用原位分节段纵推方法完成移动模架的水上拼装工作,经过现场拼装实践,总结经验,形成了一套行之有效的移动模架水上拼装施工方法,经过加工、提炼形成本工法。

2　工法特点

(1)利用桩基施工所搭设钢管桩平台分节段(纵推)拼装移动模架主梁及鼻梁,只需在两桥墩之间搭设一个钢管桩平台,节省搭设平台所需材料及费用。

(2)模架拼装过程中梁体始终保持两个断面四个支撑点(小车或临时支座)支撑,使平台及型钢支座结构受力明确。

(3)主梁接头连接在后墩与施工平台之间搭设的操作平台上进行,能保证主梁接头连接质量。

(4)在施工平台上设置千斤顶,对节段安装的主梁进行微调,既能保证双边主梁安装工作同时进行,又能保证安装后单边主梁的纵、横向线形。

(5)主梁连接均在固定人工操作平台上进行,施工人员安全能得到有效保证。

3　适用范围

本工法适用于水上作业拼装自行式移动模架,其他情况可参照。

4　工艺原理

在临时支撑平台搭设完成,两对牛腿托架安装到位后,通过移动模架梁体临时支点的转换来实现主梁及鼻梁顺利落于前、后墩推进小车上的工作,利用固定的人工操作平台及模架自身的纵移系统来完成全部主梁、鼻梁的拼装及纵移就位工作,然后进行模架系统其他部分(如横梁、模板及液压系统等)的拼装及调试工作。

5　施工工艺流程及操作要点

5.1　施工工艺流程

施工工艺流程为:施工准备→平台搭设→牛腿安装→前鼻梁及主梁安装→横梁安装→模板系统安

装→液压系统安装调试→空行试验。

主梁及鼻梁结构示意图参见图1。

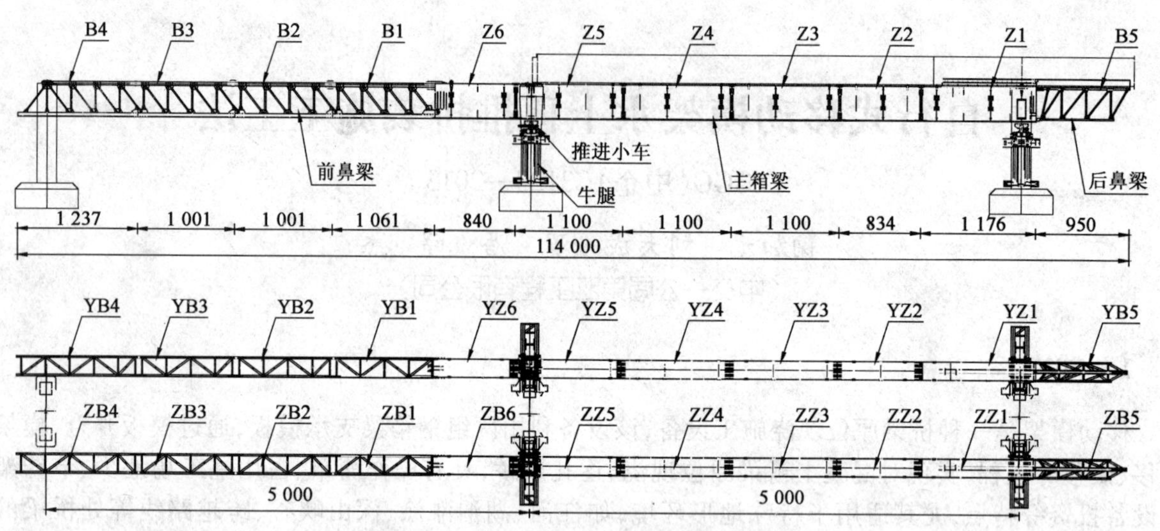

图1　主梁及鼻梁结构示意图(尺寸单位:cm)

5.2　操作要点

1)施工准备

施工前,根据施工计划做好材料、设备的采购、进场及质量检查工作。做到不出现因材料供应不足或出现质量问题而影响模架拼装工作,导致误工及机械闲置现象发生。

2)平台搭设

后墩处支撑平台,支撑平台设置在后墩处与移动模架施工方向相反的方向,支撑平台的尺寸、结构形式由单节主梁梁长、梁重及采用何种起重设备吊装等因素确定,并与栈桥相连接。

两桥墩之间支撑平台的结构形式由梁长、梁重、桥梁设计高程、临时支座形式及桥区地质、水文条件等因素确定。

中间支撑平台上临时支座尚需与平台连为一整体,以便将梁体纵移时的水平推力分散到整个平台上。

平台施工工艺流程见图2,平台结构示意见图3。

平台施工的具体要求如下:

施工准备 → 安装导向架 → 钢管桩插打(测量放样) → 钢管桩平联牛腿施工 → 桩顶纵、横梁架设(测量放样) → 贝雷梁上部结构安装(测量放样) → 桥面钢板铺设

图2　平台施工工艺流程图

(1)严格控制平台钢管桩成桩竖直度、平面偏位、桩顶高程、入土深度及锤击贯入度,确保其承载力与设计相符。

(2)按设计图纸安装平联、剪刀撑,并控制平联、剪刀撑焊接质量,保证贝雷梁与下横梁、上横梁与贝雷梁的限位安装到位并连接稳固,使平台各构件形成一整体。

(3)按设计要求将横向两临时支座通过斜向剪刀撑连接,以增大临时支座横向稳定性。

(4)保证临时支座与上横梁及支座加劲板的焊接质量,保证支座在梁体纵移时始终处于安全稳固状态。

(5)临时支座-2上按要求安装MGE塑料滑板,塑料滑板与支座用沉头内六角螺栓连接,并保证滑板处于润滑状态。

(6)必须保证平台、各支座顶高程与设计相符,以避免因鼻梁挠度大,在千斤顶置于临时支座-2处顶升并收回行程后,鼻梁还压着千斤顶的情况出现。

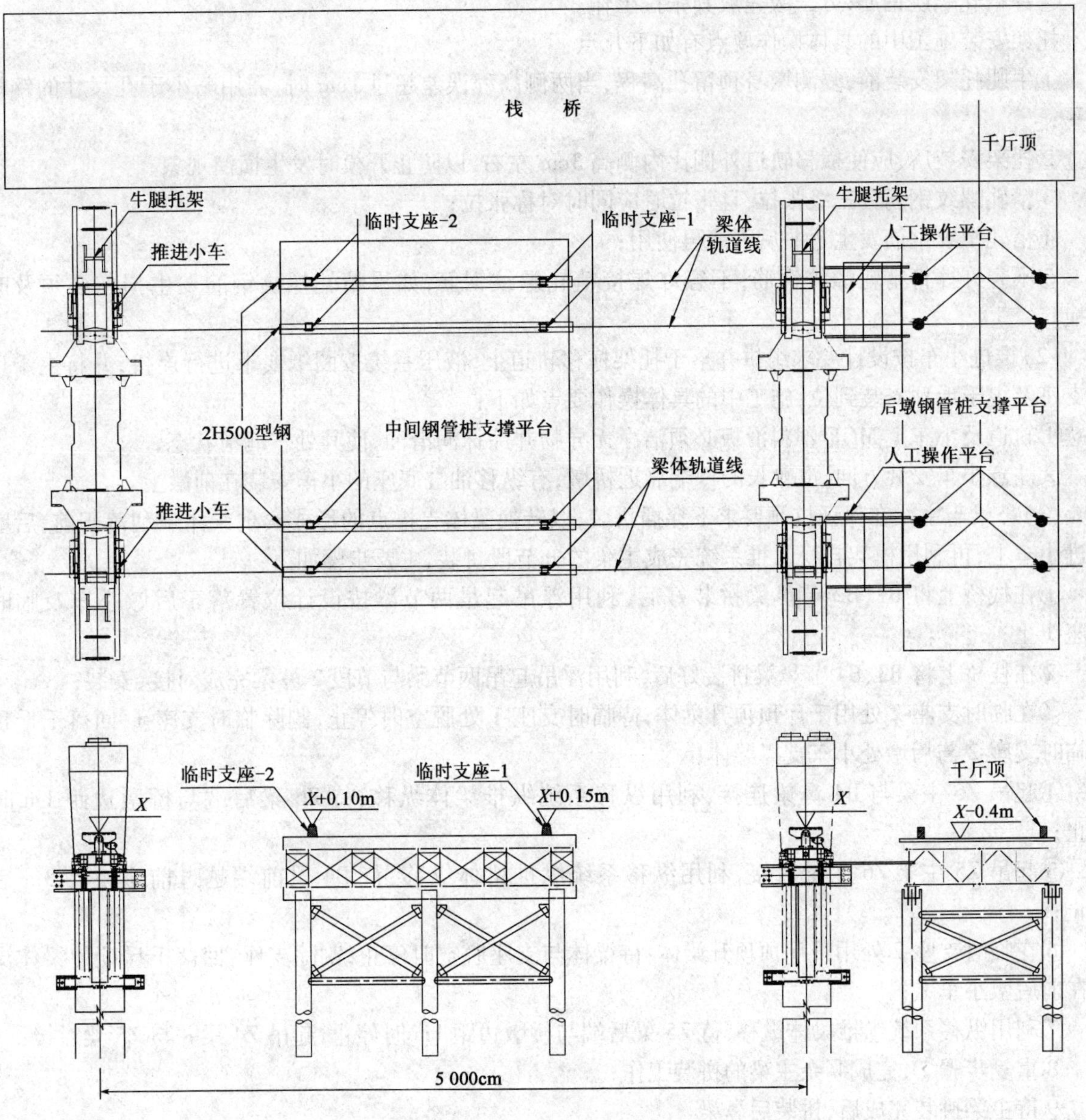

图3　平台结构布置示意图

3)模架拼装

移动模架拼装施工工艺流程参见图4(由于中吊架、后吊架在首孔箱梁预应力系统施工完毕,移动模架系统纵移过孔前拼装到位,故在施工工艺流程图中未涉及)。

(1)牛腿托架为三角式结构,由上下两层组成,通过支腿支撑在墩身预留孔上,左右两侧通过12根精轧螺纹钢筋连接,将主梁传递到托架上的荷载转移至桥墩上。

①在平台上先将下部安放好后,利用两台吊机抬吊上部并与下部精准对位,完成上下层的连接工作;

②利用大型起重设备(履带吊或浮吊)起吊安装靠近栈桥侧托架,待顺利就位后利用汽车吊在栈桥上临时起吊(吊点在牛腿背离桥墩的外侧)保证其平衡;

③重复步骤②完成背离栈桥侧托架就位;

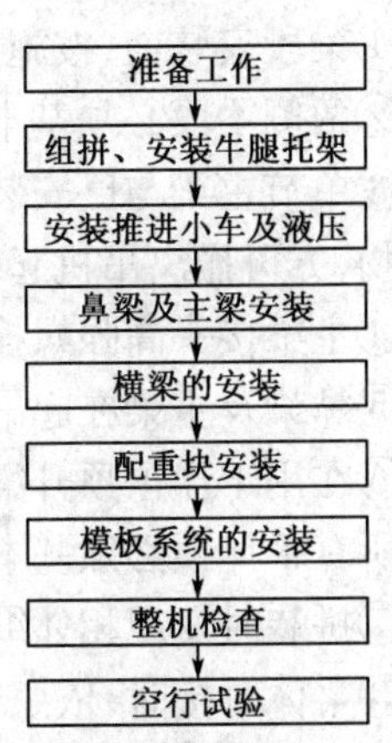

图4　移动模架拼装施工工艺流程图

④穿精轧螺纹钢筋,分三级完成其张拉工作。

托架安装施工中的具体操作要点有如下几点:

①牛腿托架安装前,复测墩身预留孔高程,当两侧高程误差超过1cm时,需用略小于孔尺寸的钢板找平;

②托架安装后,应使横移轨道外侧比内侧高3cm左右,以防止开模时发生横溜现象;

③精轧螺纹钢筋分三级张拉,且张拉时应同时对称张拉;

④精轧螺纹钢筋发生弯曲后不能再使用;

⑤不容许摔打精轧螺纹钢筋,不容许焊接精轧螺纹钢筋,如果精轧螺纹钢筋发生损伤必须及时更换。

(2)推进小车按设计要求组拼并落于托架横移轨道上,液压系统按图纸要求进行连接,并将主千斤顶支座及主千斤顶安装到位,施工中的具体操作要点如下:

①轨道及小车上MGE塑料滑板必须洁净无异物并涂抹润滑油,使其处于润滑状态;

②注意小车安装方向,滑靴长的一端靠近桥墩,有纵移油缸底座的小车安装在前墩上。

(3)鼻梁与主梁在保证抗倾要求下穿插拼装,以转换梁体支撑点的形式实现梁体顺利落于前、后墩推进小车上,再利用模架自身纵推系统完成主梁的分节段拼装,主要步骤如下:

①在栈桥上将B1、B2节鼻梁拼装好后,利用浮吊起吊两节梁按设计位置落于后墩小车及临时支座-1上;

②在栈桥上将B3、B4节鼻梁拼装好后,利用浮吊起吊两节梁与节段2鼻梁完成对接、安装;

③在临时支座-2处用千斤顶顶升梁体,待临时支座-1处脱空时停止,割除临时支座-1,回落千斤顶使临时支座-2与后墩处小车支撑梁体;

④起吊Z6主梁与B4鼻梁连接,利用纵移系统纵推梁体纵移,待Z6梁后端与桥墩边距1m时停止;

⑤起吊Z5主梁Z6主梁对接,利用纵移系统纵推梁体纵移,待B4梁前端越过前墩桥轴3m后停止;

⑥在临时支座-2处用千斤顶顶升梁体,待梁体与支座脱空时停止,割除支座,回落千斤顶使梁体支承在前后墩小车上;

⑦利用纵移系统纵推梁体纵移,待Z5梁后端与桥墩边距1m时停止,起吊Z4梁并与Z5梁对接;

⑧重复步骤⑦,完成剩余主梁的拼装工作;

⑨待主梁拼装完成后,拼装后鼻梁。

主梁及鼻梁拼装施工工艺示意参见图5。

主梁、鼻梁安装施工中的具体操作要点如下:

①梁段安装前,按施工图调整小车位置,在前、后墩小车上拉线定位,以保证梁端整体顺直度;

②两侧梁段必须基本对称安装,以避免偏心对桥墩产生破坏;

③单节主梁与已安装主梁基本对接、线形调整好后,利用后墩平台上千斤顶支撑主梁,并加垫稳固支撑物,方可撤离吊机起吊另一侧梁段;

④主梁接头高强螺栓施工必须按《钢结构高强度螺栓连接技术规程》(JGJ 82—2011)执行;

⑤鼻梁及主梁在起吊后及时在纵移轨道上涂抹润滑油防止其锈蚀增大与塑料滑板的摩擦系数;

⑥在用千斤顶顶升梁段时,支点一定要在主梁、鼻梁纵移轨道下,顶升后轨道下及时加垫,顶升及回落时所有千斤顶必须基本同步;

⑦拼装时发现相邻纵移轨道有错台时必须用角磨机将错台消除;

⑧梁体对接时,依照现场潮水的涨落情况,及时指挥浮吊微调使梁体位置不发生变化。

(4)靠近栈桥侧配重块用汽车吊安装,背离栈桥侧配重块用浮吊安装,安装时注意所有紧固件的紧固。

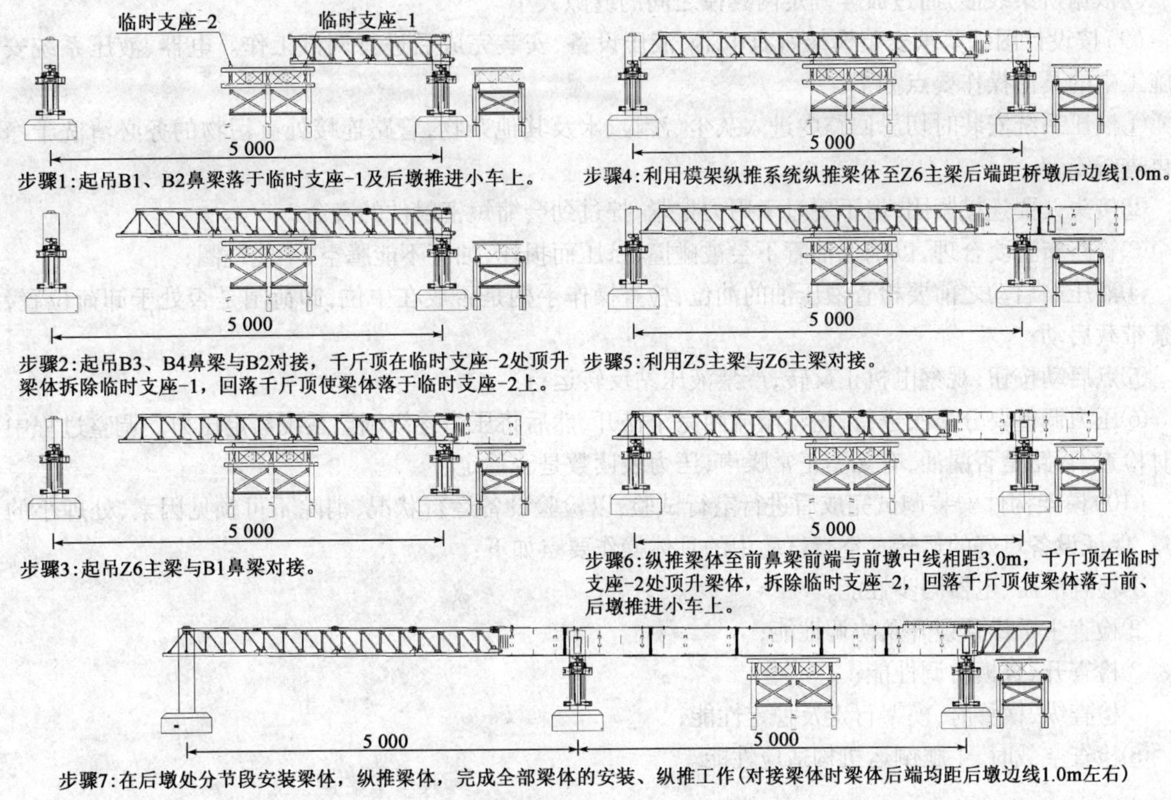

图5　主梁、鼻梁拼装工艺示意图（尺寸单位：cm）

(5)按编号将与左右侧主梁相连接的横梁安装就位，横移模架合龙横梁，通过在横梁与主梁连接处添加垫板使横梁精准对接，消除横梁对接处的错台现象。横梁安装施工中的具体操作要点有如下几点：

①注意横梁编号，避免混用；

②安装时必须保持横梁顶面的水平及整体的竖直度；

③横梁与主梁连接螺栓在安装时只需初拧，合龙调整完成后按《钢结构高强度螺栓连接技术规程》(JGJ 82—2011)规定施拧。

(6)底模安装之前按模架系统高度及箱梁预拱度初调底模丝顶高度并安装到位，横移打开模架系统，依据设计安装顺序安装底模。底模安装完成后合模，调整模板间的节段错台及大面平整度。底模安装施工中的具体操作要点如下：

①注意底模编号及拼装前后顺序，避免模板混用；

②底模安装后单侧底模边线必须顺直，以保证合模精度；

③50m 跨内单侧底模安装时，后一块安装好后必须与前一块拉开 5mm 间隙。可采用在横向两角处插入 5mm 钢板并与其中一块底模焊接，保证 5mm 缝隙。

(7)侧模立于底模之上，底模安装完成后按设计要求调整模架平面位置，依据桥梁线形在底模上放出侧模边线，按设计安装顺序依次安装侧模。底模安装施工中的具体操作要点如下：

①注意侧模编号及拼装前后顺序，避免模板混用；

②侧模安装时，注意将两块侧模连接处拉开 3mm 的间隙；

③侧模安装时，用角度尺控制侧模与底模的相对角度。

(8)翼模与侧模为螺栓销接，按设计安装顺序安装翼模及人行走道。翼模安装施工中的具体操作要点如下：

①翼模编号及拼装前后顺序，避免模板混用；

②人行道编号与翼模相对应，避免混用；

③依据桥梁线形,通过放样确定两翼模之间的缝隙大小。

(9)按设计图纸要求安装模架所有电器、液压设备,安装完成后进行调试工作。电器、液压系统安装施工中的具体操作要点如下:

①液压系统安装时切忌回路内进入灰尘、沙粒、水及其他杂物,管路连接处有污物的务必清洗干净后再进行安装;

②接头处要连接紧固,但不要过于用力拧紧,拧过劲会缩短密封件的寿命;

③管路布置要合理,以确保油管不会被碰撞、挤压而损坏,油管不能腾空,不能绕圈;

④液压站启动之前要检查液压油的油位,检查操作手柄是否放在中位,卸荷闸是否处于卸荷位置,严禁带载启动;

⑤点启动按钮,观察电机正反转,严禁液压站反转运行;

⑥压力调整要分多次进行,先将溢流闸完全松开,然后将压力逐级调至系统额定压力。调整过程中随时检查,管路是否漏油,有无不正常噪声,压力表读数是否稳定。

(10)模架构件安装调试完成后进行空行试验,以检验设备运行状况,消除不可预见因素,处理小的故障,保证设备更好的运转。空行试验中的具体操作要点如下:

①检查液压、电器同步性能;

②检查主千斤顶顶升及协调性能;

③检查开、合模协调性能;

④检查纵、横移时,模架行走及稳定性能;

⑤检查空载时,牛腿倒运机构适应性能。

6 材料与设备

本工法需要特别说明的材料为:两桥墩之间平台上支撑梁体的四个临时前支点上采用材质为MGE的硬质塑料板,该材料在润滑状态下摩擦系数约为0.07,能减小纵推时梁体对平台产生的水平推力。机具及设备无特别说明,采用的机具设备见表1。

机具设备表

表1

序号	设备名称	设备型号	单位	数量	用途
1	浮吊	100	台	1	大构件(托架、主梁等)吊装
2	汽车吊	25t	台	2	小构件(横梁、模板等)吊装
3	电动扳手	PID-LP-1500J	套	1	螺栓施拧
4	扭力扳手	AC300-1000	把	2	螺栓扭力检测
5	扭力扳手	AC600-2000	把	2	螺栓扭力检测
6	套筒	41号	个	2	配套AC300-1000扳手
7	套筒	46号	个	2	配套AC600-2000扳手
8	卸扣	25t	个	6	主梁及鼻梁起吊
9	卸扣	12t	个	4	牛腿起吊
10	卸扣	3t	个	6	其余小件起吊
11	电焊机	BX-300	台	2	平台及模架安装施工
12	氧割设备		套	1	平台及模架安装施工
13	角向磨光机		套	2	模架安装施工
14	钢丝绳	ϕ32.5mm,6×37	根	6	主梁吊装
15	钢丝绳	ϕ20mm,6×37	根	6	主梁吊装
16	麻绳	ϕ19mm,30m	根	4	主梁、牛腿吊装缆风绳

续上表

序　号	设备名称	设备型号	单　位	数　量	用　途
17	麻绳	φ10mm,15m	根	4	模板、横梁吊装缆风绳
18	定位销	φ30mm	个	10	安装横梁螺栓用
19	定位销	φ26mm	个	30	安装主梁螺栓用
20	机械千斤顶	32t	台	8	主梁安装
21	大锤	4P	把	8	插打定位销
22	梅花扳手	36 号	把	10	安装模板螺栓
23	梅花扳手	41 号	把	20	安装主梁螺栓
24	梅花扳手	46 号	把	5	安装横梁螺栓

7　质量控制

7.1　工程质量控制标准

(1)钢管桩的材料规格、外形尺寸应符合设计和施工规范的要求。桩的接头严格按照规范要求,确保质量。平台钢管桩沉桩质量允许偏差按表 2 执行。

钢管桩允许偏差表　表 2

序　号	项　目	允许偏差(mm)	检查频率	检验方法
		直桩		
1	桩尖高程	不小于设计规定	每次插打检查	用全站仪,取大值
2	轴线偏位	50mm 以内		用全站仪检查
3	垂直度	1%		查沉桩记录
4	贯入度	小雨设计规定		查沉桩记录

(2)牛腿托架安装质量执行模架制造厂家的《下行式自推进移动模架系统操作手册》。牛腿托架安装允许偏差按表 3 执行。

托架安装允许偏差表　表 3

序　号	项　目	允许偏差(mm)	检查频率	检验方法
1	牛腿底部到墩顶距离	±15	每次安装检查	用水准仪
2	外侧与内侧高差	+(20~30)		用水平仪
3	牛腿中心线与桥墩中心线角度差	±0.15°		用全站仪

(3)主梁安装质量执行模架制造厂家的《下行式自推进移动模架系统操作手册》。主梁安装允许偏差按表 4 执行。

主梁安装允许偏差表　表 4

序　号	项　目	允许偏差(mm)	检查频率	检验方法
1	节段错台	±3	每节段安装检查	用尺量
2	轴线顺直	±5		拉线用尺量

(4)横梁安装质量执行模架制造厂家的《下行式自推进移动模架系统操作手册》。单片横梁安装允许偏差按表 5 执行。

横梁安装允许偏差表　　表5

序　号	项　目	允许偏差(mm)	检查频率	检验方法
1	节段错台	±5	每节段安装检查	用尺量
2	垂直度	1%		拉线用尺量

(5)模板系统安装质量执行《公路桥涵施工技术规范》(JTG/T F50—2011),安装允许偏差按表6执行。

模板系统安装允许偏差表　　表6

序　号	项　目	允许偏差(mm)	检查频率	检验方法
1	模板高程	±10	安装完成后统一检查	水准仪
2	模板尺寸	+5,0		尺量
3	轴线偏位	10		全站仪配合尺量
4	相邻两板表面高低差	2		尺量
5	预埋件中心位置	3		全站仪
6	预留孔动中心线位置	10		全站仪配合尺量
7	预留孔洞截面内部尺寸	+10,0		尺量

7.2　质量保证措施

(1)平台及临时支座必须按照设计要求做好构件的焊接及贝雷梁的限位。

(2)平台搭设完毕后由技术员进行一次全面检查,发现质量问题及时组织人员进行补强或其他可靠的纠正措施。

(3)在维护期间,专门成立平台维护小组,确保平台正常运作。每天派专人对平台的上、下部结构进行检查,发现问题及时修补,并对墩位处进行河床高程的复测,一旦发现河床冲刷较大,应立即采取纠正措施,如回填沙袋、在平台外侧插打加强钢管等。

(4)临时支座上的 MGE 滑板必须保证处于润滑状态。

(5)安装牛腿高强度精轧螺纹钢筋时,在牛腿左右两侧放两个张拉千斤顶同时进行张拉,并严格分级进行。

(6)模架系统所有纵、横移轨道及滑板必须保证洁净无异物并一直处于润滑状态。

(7)所有 8.8 级及 10.9 级高强螺栓必须按规范分三级施拧,施拧完成后技术员进行 100% 检查并做好书面记录,检查合格后方可进行下一工序。

(8)分节段(纵推)安装过程中,时刻观察各支撑点的情况。

(9)主梁、横梁及模板系统安装过程中,严格控制其安装质量,如线形、节段错台、左右高低差、竖直度及大面平整度等。

(10)模板系统安装过程中,严格控制各支撑杆件的竖直度,保证各杆件均未出现偏心受压情况。

(11)模架系统所有销轴均需按要求安装开口销。

(12)液压系统各元件连接方式均按图纸要求连接,紧固件均紧固到位。

8　安全措施

(1)认真贯彻"安全第一,预防为主"的方针,根据国家有关规定、条例,结合施工单位实际情况和工程的具体特点,组成专职安全员和班组兼职安全员以及工地安全用电负责人参加的安全生产管理网络,执行安全生产责任制,明确各级人员的职责,抓好工程的安全生产。

(2)施工现场按符合防火、防风、防雷、防洪、防触电等安全规定及安全施工要求进行布置,并完善布置各种安全标识。

(3)根据《危险性较大的分部分项工程安全管理办法》,编制移动模架拼装安全专项施工方案,经专家评审通过后严格按照方案实施。

(4)方案实施之前,根据现场实际情况编制《移动模架吊装方案》,模架拼装过程中所有吊装严格按照方案执行。

(5)各类房屋、库房、料场等的消防安全距离必须符合公安部门的规定,室内不堆放易燃品;严格做到不在木工加工场、料库等处吸烟;随时清除现场的易燃杂物;不在有火种的场所或其近旁堆放生产物资。

(6)氧气瓶与乙炔瓶隔离存放,严格保证氧气瓶不沾染油脂、乙炔发生器有防止回火的安全装置。

(7)高空、临边作业频繁,施工作业人员安全防护用品必须穿戴到位。

(8)施工现场的临时用电严格按照《施工现场临时用电安全技术规范》的有关规范规定执行。

(9)电缆线路应采用"三相五线"接线方式,电气设备和电气线路必须绝缘良好,模架系统上安装的电力线路其悬挂高度和线间距按安全规定执行。

(10)施工现场使用的手持照明灯使用≤36V 的安全电压。

(11)配电柜、配电箱前要有绝缘垫,并安装漏电保护装置。

(12)模架拼装过程中,每完成一工序后必须经过现场专职安全员与技术员的检查合格后方可进行下一工序施工,并留下书面检查资料,以备后期查阅。

(13)建立完善的施工安全保证体系,加强施工作业中的安全检查,确保作业标准化、规范化。

9　环保措施

(1)成立对应的施工环境卫生管理机构,在工程施工过程中严格遵守国家和地方政府下发的有关环境保护的法律、法规和规章,加强对施工燃油、工程材料、设备、废水、生产生活垃圾、弃渣的控制和治理,遵守有防火及废弃物处理的规章制度,做好交通及水上环境疏导,充分满足便民要求,认真接受城市交通、水上交通管理,随时接受相关单位的监督检查。

(2)将施工场地和作业限制在工程建设允许的范围内,合理布置、规范围挡,做到标牌清楚、齐全,各种标识醒目,施工场地整洁文明。

(3)对施工中可能影响到的各种公共设施制订可靠的防止损坏和移位的实施措施,加强实施中的监测、应对和验证。同时,将相关方案和要求向全体施工人员详细交底。

(4)设立专用排污管道、积污坑,对废水、生活及生产垃圾进行集中处理,认真做好无害化处理,从根本上防止施工及生活废弃物污染环境。

(5)优先选用先进的环保机械。采取设立隔音墙、隔音罩等消音措施使施工噪声降低到允许值以下,同时尽可能避免夜间施工。

(6)对施工场地道路进行硬化,并在晴天经常对施工通行道路进行洒水,防止尘土飞扬,污染周围环境。

10　效益分析

(1)本工法利用模架自身的纵移系统完成主要(主梁、鼻梁及配重)构件在固定位置的吊装工作,减少了平台搭设工程量。通过支撑点转换实现梁体落于前、后墩小车上,降低了单次起重量,从而降低了对起重能力的需要。主梁、鼻梁拼装过程,始终保持两个断面(单个断面 2 点)支撑梁体,结构受力明确,易于控制。后墩上设置千斤顶微调支撑系统,实现了两侧梁段的同时拼装,主梁(12 节)、鼻梁(10 节)仅用 5d 就完成拼装,大大地减少了起重机械台班数量。主梁接头连接均在后墩处固定的人工操作平台上进行,降低了安全作业风险,保障了操作人员作业安全。移动模架水上分节段纵移拼装的成功实现,为以后水上移动模架在类型情况下的拼装工作提供了可靠的决策依据和技术指标,新颖的拼装工法将丰富移动模架拼装技术,社会效益和经济效益明显。

(2)本工法与同类水上移动模架拼装施工工法相比,由于平台搭设量小、结构受力明确、现场易于布置、栈桥交通阻碍小、干扰因素少、拼装进度快、文明施工易于保证、最大程度利用工料机,能保证模架拼装过程安全、质量及进度在可控状态内,并节约了吊机、平台搭设及人工费用。模架系统在21d拼装完成,为公司产生了可观的经济效益、树立了良好的社会形象。

11 应用实例

下面以诸永高速公路温州段延伸工程第二合同段北引桥9~13联右幅50mMSS移动模架水上拼装施工为例进行说明。本合同段全长3.584 205km,主线按高速公路标准建设,设计速度80km/h。主要由北引桥、南引桥、主桥、三江互通及江滨路互通组成。北引桥第9~13联为双幅50m跨移动模架现浇施工,且该5联现浇箱梁全部位于瓯江中,瓯江为感潮河段。考虑在正常施工时牛腿托架的安装、拆卸等方面的问题,采用下承式牛腿自行移动模架系统。移动模架主要结构立面图见图6,截面图见图7。

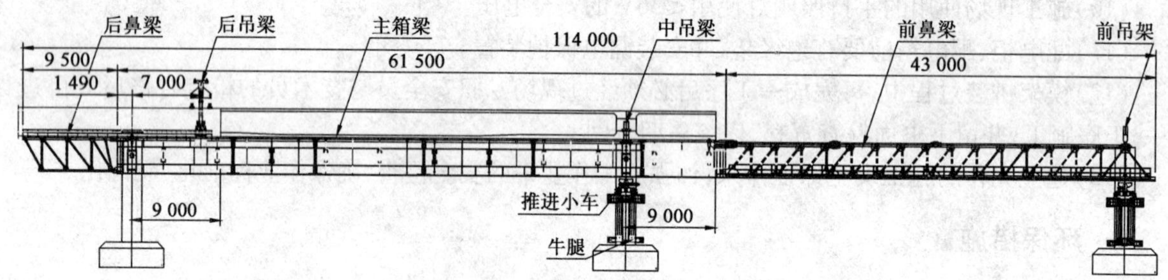

图6 模架主要结构立面图(尺寸单位:mm)

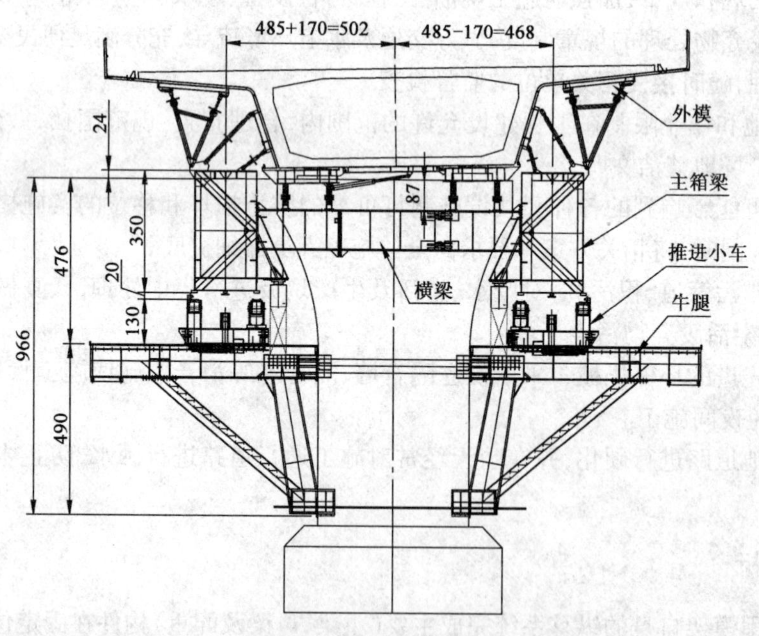

图7 模架主要结构截面图(尺寸单位:cm)

在左幅箱梁施工两节段后,右幅模架开始在第9联第一节段(68号、69号墩)处原位拼装。桥区地层分布较稳定,覆盖层上部多为厚35~48m的软弱地层,下部主要为厚度大、分布连续的卵石土层。河床高程-1.0m,,平均高潮位2.52m,平均低潮位-1.39m,承台顶高程+1.5m,68号、69号墩顶高程分别为11.43m、11.706m。利用下部及箱梁施工时,在68号墩后及右幅桥墩中部搭设有钢管桩平台(高程与栈桥一致,为+7.5m)作为梁段拼装主要平台,完成对右幅模架主梁、鼻梁的拼装工作。模架拼装现场平面布置见图8。

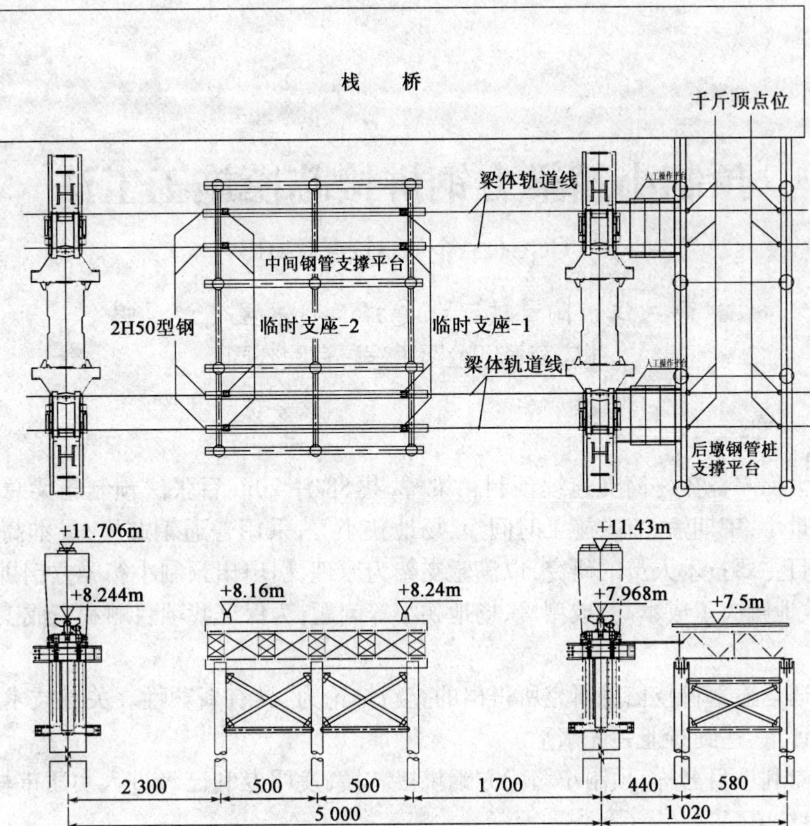

图8　模架拼装现场平面布置图(尺寸单位:cm)

预制小箱梁方钢拼接芯模施工工法

GGG(中企)C3124—2013

薛　江　陶善波　张德祥　赵永昱　谭　鸣
(中交第四公路工程局有限公司)

1 前言

本工法依托大保一标3座简支连续预制箱梁桥,共88片20m后张法预制箱梁总结而成。工程特点主要是预制总量小,工期短,有效施工时间短,场地狭小等,采用普通钢芯模,成本高,成型慢,周转次数少。经过我项目主要技术人员的研究,以满堂支架为原理,引申出预制小箱梁方钢拼接芯模技术。该技术的引用,有效地解决了成本高,成型慢,场地狭小等问题,为保证我项目顺利完成工期目标奠定了坚实的基础。

本工法经交通运输部科技信息研究所得出的查新结论为:具有新颖性。关键技术经中交第四公路工程局组织专家评审,达到行业领先水平。

本工法申请专利项目名称:预制小箱梁方钢拼接芯模,发明专利已经进入实质审核阶段,申请专利号为:201310085932.6。

2 工法特点

(1)可控性非常强,发现变形处可及时更改,或是在易发生变形段增加骨架,可以极大限度地控制芯模的变形,节约因变形而浪费的混凝土。

(2)芯模不再存在死角,脱模时,只需要将芯模骨架放倒,将方钢逐根拆下即可;且拆卸后便于移动组装,吊装整体质量大大降低,减小了起重作业的危险性。

(3)方钢可进行周转,在预制箱梁完工后还可以被回收重复利用。

(4)拓大了箱室内部操作空间,平滑的操作环境避免了常规模板中可能发生的工人磕碰的情况,便于实际施工。

(5)方钢拼接芯模不存在加工周期,可根据项目工期情况随时增减。

(6)内模安拆过程完全由人工或借助小型辅助工具来完成,无需采用小龙门吊等重型机械,简化了安装程序,降低了难度。

3 适用范围

与传统预制箱梁芯模相比,方钢拼接芯模具有制作简单,便于安装、拆卸、搬运,降低了安装难度,易于操作等特点。本工法一般适用于20m、30m等预制小箱梁,也适用于箱室较小的现浇箱梁等桥梁工程。

4 工艺原理

传统预制箱梁的内模一般采用钢模整体模板,具有足够的承载能力,可承受由混凝土产生的恒载以及由小型机具与施工人员产生的活载。此种改进后的方钢拼接芯模自然要保持芯模的特性,在保证图纸设计基础上,具有足够的承载力,其原理在于:内部支撑用的钢筋骨架作为主承重;表层由成品方钢拼接而成;然后用窄铁皮按一定间距箍紧方钢固定;最后用塑料膜包裹成型,之后整体吊装,再按正常预制小箱梁施工工序绑扎钢筋,浇筑混凝土。方钢拼接芯模效果图如图1所示。

图1　方钢拼接芯模效果图

5　施工工艺流程及操作要点

5.1　方钢拼接芯模的施工工艺流程

第一步：根据箱梁的设计图纸尺寸，制作基础底座（图2）。

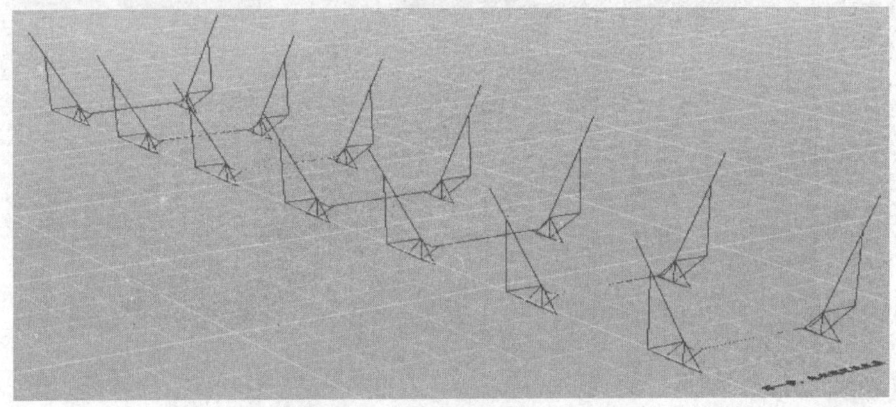

图2　制作基础底座

第二步：按设计所需尺寸焊接拼接方钢内部骨架片。焊接内部骨架一定要注意计算几何尺寸。计算方钢所占空间，需要将设计尺寸刨除方钢所占尺寸才得到内部骨架的确切尺寸。

第三步：在事先选定好的场地上均布开底座，先拼接底板方钢（图3），再安装骨架片，然后环绕着骨架（图4），继续铺设剩余方钢，直至将整个骨架严密地铺满。

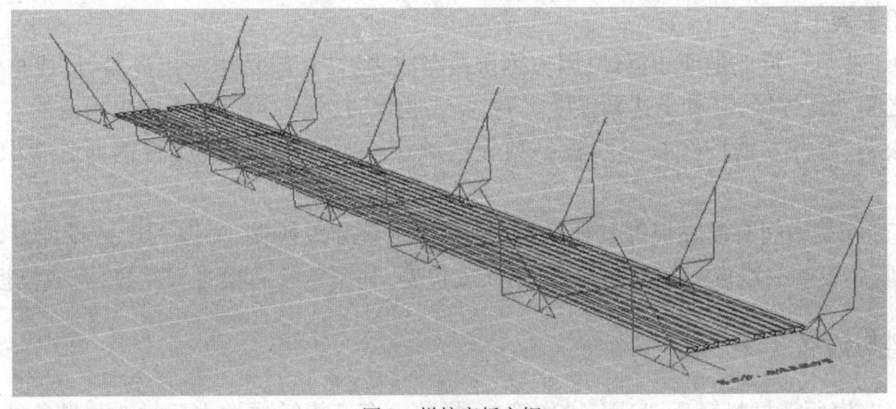

图3　拼接底板方钢

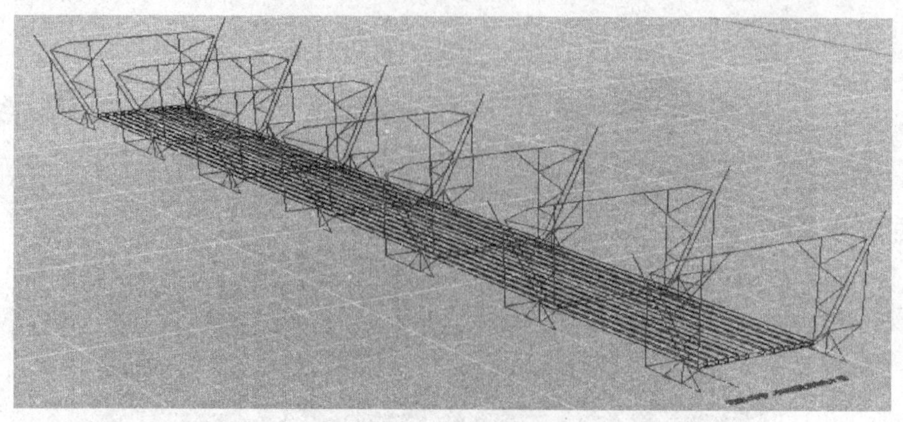

图4　安装钢筋骨架

第四步:方钢铺设完成后(图5),将带状的白铁皮使用小型卷扬机将方钢收紧固定在芯模内部骨架上。收紧芯模后,将塑料膜整个包裹在芯模上。

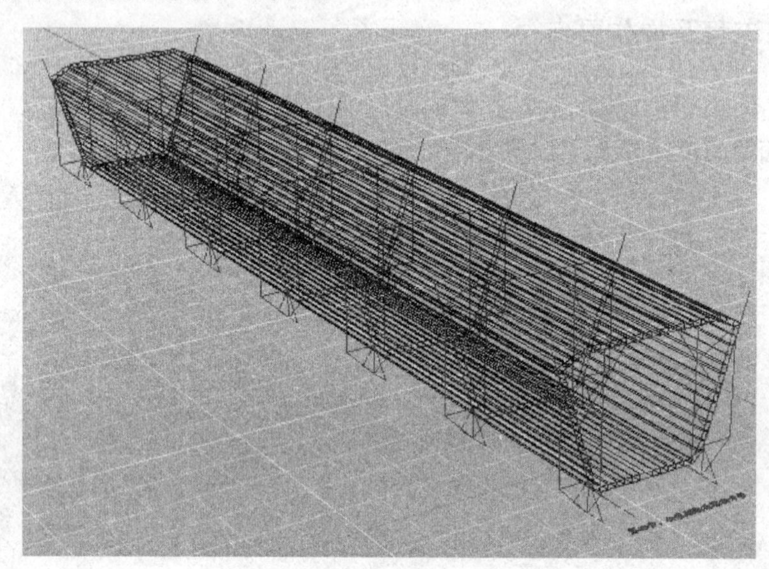

图5　拼接剩余方钢

5.2　操作要点

(1)合理布置骨架片间距,避免方钢变形造成混凝土超方,影响结构安全及稳定性。

(2)在预制箱梁底板中央,预留两节方钢不安装,用于插入振捣棒及观察混凝土是否振捣密实,而且在此处需用木楔子打紧。

(3)此种工法另一特点是便于拆卸,因方钢拼接完成之后,外层是用铁皮裹紧,形成整体,方钢与芯模钢筋骨架之间无需焊接,混凝土达到强度之后,需要脱模时,先将箱梁底板中央预留的木楔子敲出,方钢之间自然松动,再将方钢按底板→腹板→顶板的顺序一根根取出,最后将钢筋骨架取出即可完成拆卸。

(4)当遇到箱梁中间有横隔板等其他结构时,可将芯模分段拼接,每段长度按设计要求设计,隔断处用木模隔断,芯模端头增设一道钢筋骨架,用铁皮包裹,利用钢筋芯模骨架支撑,完成模板。

6　材料与设备

方钢拼接芯模所需材料轻巧、实用,操作简单,拼装一套芯模需要的主要材料和设备见表1。

一套方钢拼接芯模需要的主要材料和设备 表1

序号	材料和设备	数 量	作 用	序号	材料和设备	数 量	作 用
1	方钢	1.2t	代替钢面板	4	卷扬机	2台	紧固铁皮
2	圆钢	1.2t	承重结构骨架片	5	塑料薄膜	4卷	防渗漏,便于脱模
3	螺纹钢	0.7t	固定用底座	6	窄铁皮	2卷	固定方钢

7 质量控制

(1)拼装前,所有进场原材料必须经检验合格后方可用于加工。所需钢筋、方钢均严格按设计尺寸下料,确保拼装后尺寸符合设计要求。

(2)拼装中主要注意模板的平整度、稳定性符合设计及规范要求,保证不漏浆,线条流畅。

(3)拼装中重点控制钢筋骨架和方钢的焊接质量及拼接角度,严格按设计图纸施工,确保芯模受力的完整性和模板的可靠性。

(4)加工完毕后,对各部件尺寸按设计要求进行检查,符合规范及相关标准(表2)要求后方能投入使用。

模板、支架及拱架安装时的允许偏差 表2

项 目			允许偏差(mm)
1	模板高程	(1)基础	±15
		(2)柱、墙和梁	±10
		(3)墩台	±10
2	模板内部尺寸	(1)上部构造的所有构件	+5,0
		(2)基础	±30
		(3)墩台	±20
3	轴线偏位	(1)基础	±15
		(2)柱或墙	±8
		(3)梁	±10
		(4)墩台	±10
4	装配式构件支承面的高程		+2,-5
5	模板相邻两板表面高低差		2
	模板表面平整度		5
6	预埋件中心线位置		3
	预留孔洞中心线位置		10
	预留孔洞截面内部尺寸		+10,0
7	支架及拱架	(1)纵轴的平面位置	跨度的1/1 000或30
		(2)曲线形拱架的高程(包括建筑拱度在内)	+20,-10

8 安全措施

(1)认真贯彻“安全生产检查制度”,在施工中发现问题要及时解决。认真执行“安全生产技术交底制度”,必须严格按照实际加工尺寸加工。

(2)加工制作过程中所需的机具设备如手持卷扬机,要严格按操作说明进行,操作者严格遵守操作规定,操作前要对设备进行检查,机械设备严禁带故障运行。

(3)进入施工现场的人员需按规定佩戴劳保用品,与施工无关人员不得进入施工现场。

(4)使用龙门吊吊装成型芯模前,必须严格检查芯模方钢之间是否紧固牢靠,是否严格按设计尺寸和间距定位加工,合格后指派专人进行指挥。吊装过程中,芯模下方严禁站人。吊装前检查锁扣是否扣死,钢丝绳是否完好,确保吊装安全。

(5)作业中传递工具、材料必须轻拿轻放,稳妥传递,严禁抛扔。

9 环保措施

(1)加工过程中易损耗的钢带、塑料膜等应集中堆放,可回收处理,不得随意丢弃,防止污染周边环境,及对动植物造成损害。

(2)施工场地和运输道路经常洒水养护,尽可能防止灰尘对生产人员和其他人员造成危害及污染农作物。

(3)对于易松散和易飞扬的储备材料用彩条布覆盖严密。

(4)采取一切合理措施,保护现场内外的环境,以避免因施工而引起的污染、噪声或其他原因对公众或公众财产造成伤害或公害。

10 资源节约

方钢拼接芯模所用材料均为钢材,对于相同结构尺寸预制箱梁可进行重复利用,在预制箱梁完工后还可以折旧回收,大大节约了施工成本。

11 效益分析

本工法已应用在大保一标,获得了良好的经济效益,现分析如下。

(1)每片20m 箱梁节约 C50 混凝土 0.6m^3,88 片。

C50 混凝土费用合计:88 ×0.6 ×1100.75 =58 119.6(元)。

(2)与传统钢模相比材料用量较少,每套芯模可减少质量约 1.5t。

合计可节约(时价加工费 6 200 元/t)约 9 300 元/套,两套芯模合计节约 =6 200 ×1.5 ×2 =18 600(元)。

(3)施工进度快,缩短了工期,每片梁可加快 5h,88 片箱梁共计节约工期约 18d,则箱梁预制厂(按总人数 50 人计,单价 200 元/d)可节约管理费 =50 ×200 ×18≈18(万元)。梁板越多,所体现出的经济效益越高。

综上所述,完成 88 片的预制箱梁,共计节约成本 256 719.6 元。

本工法在省道 304 线大保一标实行并成功浇筑了 88 片 20m 预制小箱梁,获得了很好的社会效益,箱梁质量满足规范及业主要求,得到了市质检站及业主的高度赞扬,并一再提及要将此工艺在本工程段进行全线推广,同时对我局及公司的创新精神给予了高度认可和赞扬,为我局及公司在内蒙古市场的拓展起到了积极作用。

12 应用实例

中交四公局第一工程有限公司承建的省道 304 线大保一标为省道 304 线通辽市大林至保康公路路基第一合同段,全线长 18km,起点位于乌兰敖道,终点位于大林镇,全线包含 5 座桥梁,其中 3 座为预制小箱梁桥,共 88 片预制小箱梁。在 2012 年 8 月左右完成本工法,并迅速运用于实践,收获了良好的效果。仅仅用了 3 个月的时间,在仅 1 000m^2 左右的预制梁场内成功完成 88 片 20m 预制箱梁的预制任务,为项目顺利完成本工程奠定了坚实的基础。

2009 年 5 月 ~2010 年 7 月,承建的山西高陵高速 LJ3 合同段 120 片 30m 预制箱梁施工中采用该方法施工,优质高效地完成了施工任务,质监站及业主在莅临检查过程中不断称赞,取得了良好的社会效益和经济效益。

2009 年 5 月 ~2011 年 9 月,承建的绥满高速公路齐齐哈尔至甘南(黑蒙界)段第 A9 合同段,采用预制箱梁方钢内模施工工艺,通过现场实践和技术攻关,顺利完成了桩基施工任务,取得业主和监理单位的一致好评。

大跨钢箱拱桥缆索吊装施工工法

GGG(中企)C3125—2013

陈 鸣 彭 强 刘小勇 彭成明 李 宁
(中交第二航务工程局有限公司 中交二航局第二工程有限公司)

1 前言

大跨径桥梁是国民经济和社会发展的重要基础设施,也是交通行业新技术集中应用与创新的综合体现。大跨钢箱拱桥作为大跨径桥梁的重要形式之一,发展势头迅猛,其架设技术也在不断进步,从早期的有支架施工法、转体施工法,到悬臂拼装施工法,再到整体提升施工法、缆索吊装施工法等。

缆索吊装施工法是大跨径拱桥实现自架设施工的主要方法之一。在峡谷或水深流急的河段上,或在需要满足船只顺利通行的通航河段上,缆索吊装施工法由于具有跨越能力大,水平和垂直运输机动灵活,对通航影响较小,施工稳妥方便等优点,在拱桥施工中被广泛采用。缆索吊装施工是在20世纪60年代应用于双曲拱桥施工的基础上发展起来的。在广泛的工程实践过程中,这种方法得到了很大的发展并积累了丰富的施工经验。

宁波明州大桥是宁波东外环路跨甬江的重要过江桥梁工程。主桥设计为中承式双肢钢箱提篮系杆拱桥,跨径布置为100m+450m+100m,桥宽45.8m。该桥在同类桥梁中规模居世界前列。考虑到明州大桥独特的双肢拱肋结构,受桥位地质及施工条件的限制,缆索吊装施工法成为综合考虑经济、技术、安全等诸多因素的最佳选择。

明州大桥是世界跨径第一的双肢钢箱提篮系杆拱桥,结构体系复杂。因桥位地质条件差,需采用"吊扣合一"缆索吊装施工工法。由于航空限高、航道狭窄、台风影响频繁等条件制约,加之工期紧张,如何在保证安全的前提下,实现结构合理的成桥状态,保质按时完成项目实施,对大型"吊扣合一"缆索吊装系统施工技术进行系统研究是非常必要的。施工单位中交二航局开展了科技创新,在传统缆索吊结构上进行了大量优化,形成了大型缆索吊装系统一体化设计技术,解决了双肢拱肋同步安装,实现了拱肋快速、精确定位,在台风期前顺利完成上下肢及主跨拱肋合龙,并达到了设计目标。同时,多项技术获得国家专利:"缆索起重机主索反置方法及其结构"(201110130671.6)、"自平衡弧形索鞍"(201010271620.0)、"构件吊索长度及空中横向姿态自由调整装置"(201120145749.7)、"缆索起重机多点自平衡吊具"(201120147064.6)、"缆索起重机多级起升装置"(201120147062.7)、"缆索起重机钢绞线缆风张拉调节及锚固装置"(201120147061.2)。

相关成果获得2011年度"中交股份科学技术进步奖二等奖"和2011年度"中国公路学会科学技术进步奖二等奖",对类似工程有很好的参考价值,对大跨钢箱拱桥缆索吊装施工建设中的应用和推广具有重要的理论意义和实用价值。

2 工法特点

(1)在传统缆索吊机的基础上,考虑整个缆索吊装系统中所有构件的相互影响,进行整体优化,使整个缆索吊装系统协调运营,结构合理、轻巧,包括:新型反置主索系统,少支索器独立走绳系统,自平衡弧形索鞍,轻型跑车和配重式桩基混凝土锚碇结构。

(2)采用滑轮式吊索具系统,即利用手拉葫芦调整吊索沿滑轮绕动实现吊索长度调整,结构简单、操作便捷、经济实用,且具有很高的安全性和可靠性。

(3)采用快速调位连接系统,即通过设置双向导向及限位牛腿,可实现待安装拱肋与已安拱肋快速对位连接。同时,采用连接件承受拱肋自重,可解放缆索吊进行其他构件安装,施工进度得到大幅提高。

(4)采用柔性扣挂连接工艺,实现了上下肢拱肋同步、快速拼装,并能保证双肢钢箱拱肋结构的成桥内力及相对线形。

(5)采用双肢提篮拱"吊扣合一"缆索吊装施工控制技术,通过实施制造—拼装全过程控制,并实现以局部测量(受制约因素少)控制拱肋拼装线形,规避了吊扣系统的相互影响,减小了不利环境因素对拱肋拼装测控的制约,实现了拱肋快速、精确定位。

3 适用范围

本工法适用于大跨钢箱拱桥的拱肋及加劲梁安装。

4 工艺原理

缆索吊装系统是以柔性钢索作为大跨径架空支承构件(称为承重索或主索,索的两端由地面上的支架支撑,构成索道系统),供悬吊重物的载重小车在索上往返运行,兼有垂直运输和远距离水平运输功能,可用来在较大空间范围内,对重物进行起重、运输和装卸作业。

"吊扣合一"缆索吊装系统指用于吊装构件的吊装系统(缆索吊机)和用于固定构件的扣挂系统"合二为一"的新型缆索吊装系统,具体则是指吊装系统的塔架(以下简称"缆塔")和扣挂系统的塔架(以下简称"扣塔")合建。缆塔铰接于扣塔之上,扣塔底部铰接,吊装构件时缆塔可在扣塔上部自由摆动,构件吊装到位匹配后随即由绳索固定于扣塔上,然后转入下一节段吊装及扣挂。"吊扣合一"缆索吊装系统充分利用了场地及材料,集悬索桥、斜拉桥和拱桥的施工方法于一身,是极具优势的一种桥梁施工系统。

"吊扣合一"缆索吊装系统由吊装系统和扣挂系统组成。典型的"吊扣合一"缆索吊装系统如图1所示,主要组件有:主索(承重索)、牵引索、起重索、扣塔、缆塔、风缆、跑车、锚碇、卷扬机和扣锚索。其他未示出的重要组件还有:扣锚梁、索鞍、滑轮、铰座(缆塔和扣塔间的铰接装置)、塔顶绳索转向装置等。

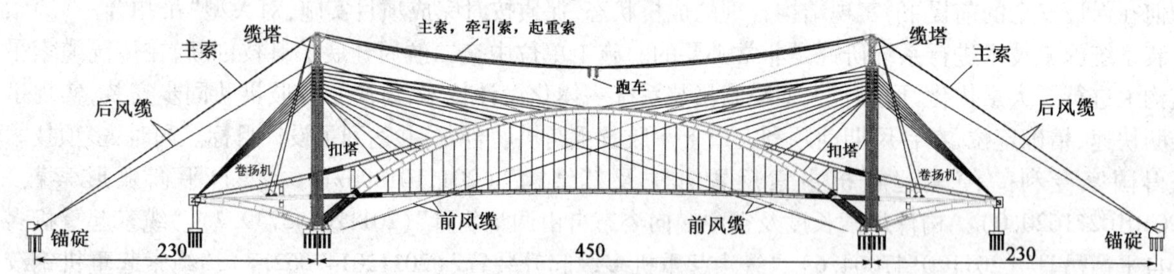

图1 "吊扣合一"缆索吊装系统构造图(尺寸单位:m)

5 施工工艺流程及操作要点

5.1 施工工艺流程

施工工艺流程为:施工准备→缆索吊装系统架设→调试试吊→拱肋吊装→调位匹配→拱肋临时连接→拱肋焊接→循环安装拱肋→拱肋合龙→吊装吊索→吊装加劲梁→循环安装吊索和加劲梁→线形调整→加劲梁焊接→主桥合龙。

5.2 操作要点

1)缆索吊装系统架设

(1)扣、缆塔支架系统

①扣、缆塔支架系统结构

扣、缆塔位于主墩拱座内侧,横向布置间距4m+18m+4m,纵向布置间距2.9m×3。扣、缆塔总高度150m,塔顶高程+152m,其中扣塔高度130.434m,缆塔高度19.566m。扣、缆塔支架系统结构如图2所示。

扣塔所有管柱从底至上对接底部管柱平面为8根ϕ800mm的钢管。底部弯矩较大的斜腿区节段由壁厚20mm材质Q345c的钢管组成;其余全部由8根ϕ800mm、壁厚16mm材质Q235b的钢管组成(每根管柱外围贴4根角钢加强),直至扣塔顶部。两侧立柱之间设有5道横向连接系。

缆塔利用扣塔塔架做基础,塔底铰接支撑于扣塔塔顶。两岸缆塔塔顶高程相同,塔底各设2组铰座。缆索吊机塔架钢管立柱为4根ϕ800mm、壁厚16mm的钢管(Q235c),钢管平面间距为4m×4m。缆塔横梁分为两层,顶层为钢箱梁主梁结构以及强大的水平连接系。缆塔横联为万能杆件形式的连接系。

②扣、缆塔支架系统架设

在拱座施工完毕后即可进行安装,每个索塔采用两台250t·m塔吊进行安装,塔吊在索塔上每隔约30m设置一道附着。索塔采用钢管桁架拼装,钢管桁架设计为标准节段,按照节段进行吊装。上、下分配梁和钢管主桁及平联斜撑使用250t·m塔吊吊装,上下游连接系使用两台250t·m塔吊抬吊安装。索塔安装接高时,每隔约30m设一道临时风缆,后一道临时风缆安装后,方可拆除前一道临时风缆。整个索塔在安装完毕前,应保证索塔腰部有1~2道临时风缆,确保施工安全。索塔的临时风缆可以考虑在已安装的三角区钢箱梁上设置。在索塔安装过程中,应定期对塔架的偏位、垂直度进行观测,以便及时调整,确保塔架安装质量。索塔安装完毕后,应在索塔顶安装临时航空障碍灯和避雷针。

(2)塔架稳定系统安装

①塔架稳定系统结构

塔架稳定系统由扣塔前后风缆索、缆塔前后风缆索组成,均采用落地结构形式。缆塔稳定系统施工完成前,扣缆塔铰接处必须临时固结,待缆塔稳定系统施工完成后方可拆除临时固结。

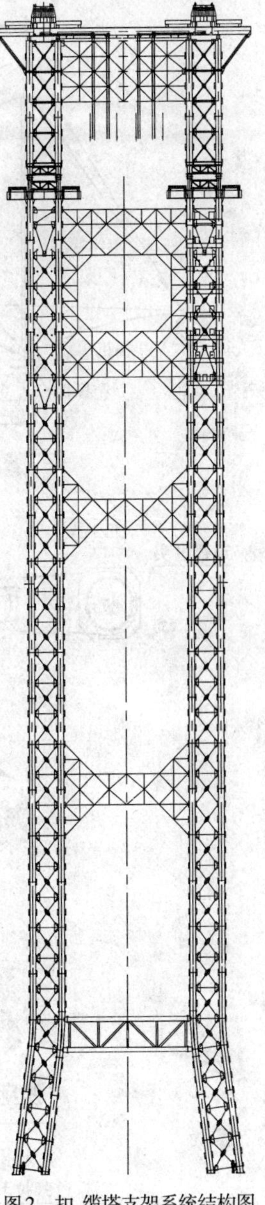

图2　扣、缆塔支架系统结构图

②风缆承重索、牵引索安装

风缆承重索采用ϕ26mm钢丝绳,长度大于1 300m,上下游各布置1道。风缆承重索由两岸卷扬机分别放绳,先后经扣塔底三角区桥面、塔缆塔顶门架处、江边机驳船,到达对岸之后收紧钢丝绳,张拉并保证承重索垂度为50m。

风缆牵引索采用ϕ26mm钢丝绳,长度大于1 300m,采用落地结构形式。南北岸、上下游各一道,合计4道。风缆牵引索安装方法与风缆承重索安装方法相同。

③扣塔前、后风缆

扣塔前风缆采用2~6根ϕ39mm钢丝绳,单根风缆钢丝绳长度约928m,钢丝绳在扣塔塔顶分配梁滑轮处对折、转向,端头锚固于对岸主墩承台顶地锚混凝土桩头。扣塔前风缆经边跨桥面由塔吊提升至扣塔顶转向滑轮附近,采用绳夹将风缆钢丝绳与牵引索连接,同时绕过承重索下方的承重滑轮(承担部分风缆自重),经风缆牵引索牵引至对岸承台前端并锚固。扣塔前风缆牵引示意见图3。扣塔前风缆地锚连接布置见图4。

扣塔后风缆采用2~18根ϕ^j15.24mm钢绞线。两端采用P锚形式,3根为一束,单塔靠内侧布置2束,靠外侧布置4束。后风缆一端锚固于扣塔塔顶分配梁,另一端采用连接器,精轧螺纹钢筋,千斤绳与锚碇下锚梁连接,如图5所示。

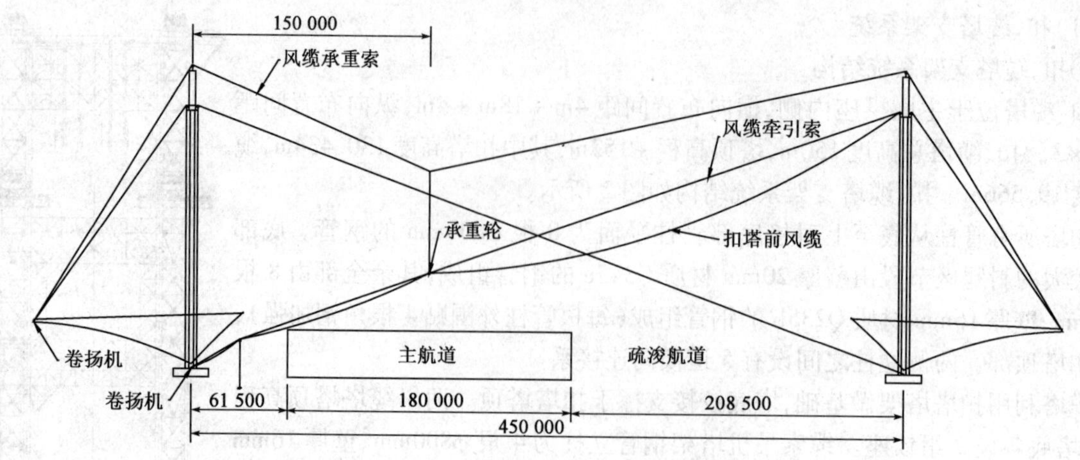

图3 扣塔前风缆牵引示意图(尺寸单位:mm)

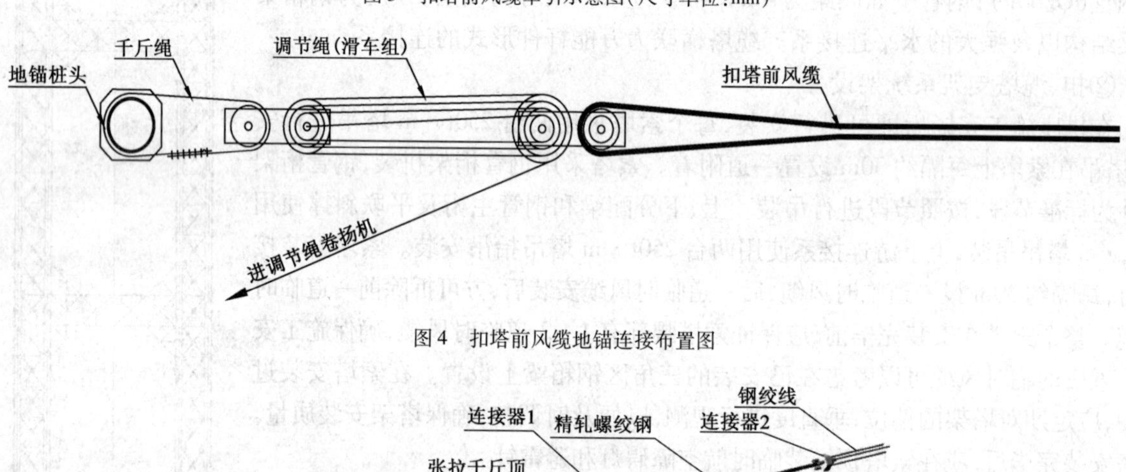

图4 扣塔前风缆地锚连接布置图

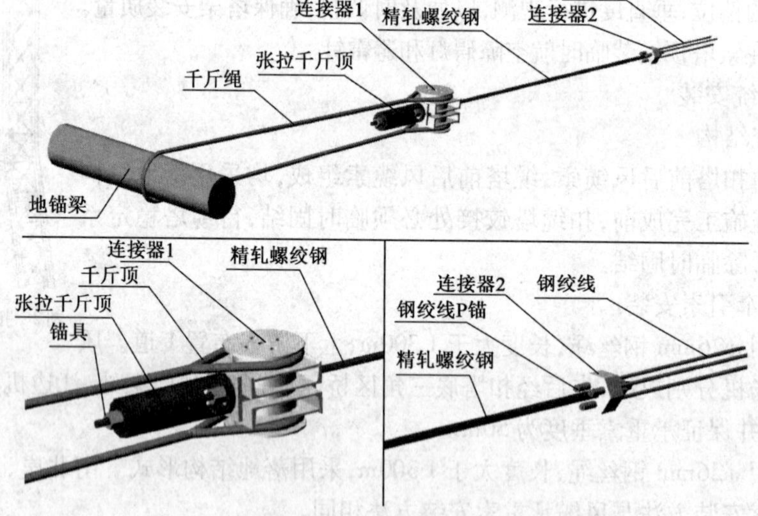

图5 扣塔后风缆地锚连接示意图

钢绞线按顺序穿入扁形锚板,并挤压P锚,250t·m塔吊提升扁锚至扣塔塔顶分配梁,安装至锚板。张拉端千斤绳与锚碇下锚梁缠绕后,与连接器1连接。精轧螺纹钢筋一端穿入连接器1,螺帽旋紧。将连接器2用卷扬机牵引至锚碇锚箱前端,穿精轧螺纹钢筋,锚固。装上张拉千斤顶,张拉精扎螺纹钢进行后缆风索钢绞线束初步调整。

④缆塔前、后风缆

缆塔前风缆采用2~3根ϕ39mm钢丝绳,缆塔前风缆锚固及安装方法与扣塔前风缆相同。

扣塔后风缆采用4~12根ϕ^j15.24mm钢绞线,3根为一束,单塔靠内、外侧各布置4束。缆塔后风缆锚固及安装方法与扣塔后风缆相同。

⑤风缆张拉

扣塔、缆塔风缆安装完成后，依次进行张拉。江侧风缆采用卷扬机+滑车组张拉，岸侧风缆采用精轧螺纹钢筋+千斤顶张拉。扣缆塔风缆均一次张拉到位，前后风缆张拉采用同步、分级，上下游对称张拉。张拉过程中，同步进行扣、缆塔偏位监测，保证塔偏位小于3cm。

(3)绳索系统安装

①绳索系统结构

缆索吊绳索系统包括：a. 主索，2～12根ϕ62mm钢丝绳(8×36WS+IWR)；b. 起重索，2根ϕ32.5mm钢丝绳(6×37WS+FC)，走10布置；c. 牵引索，2根ϕ34.5mm钢丝绳(6×37WS+FC)，走4布置。少支索器独立走绳系统布置见图6。

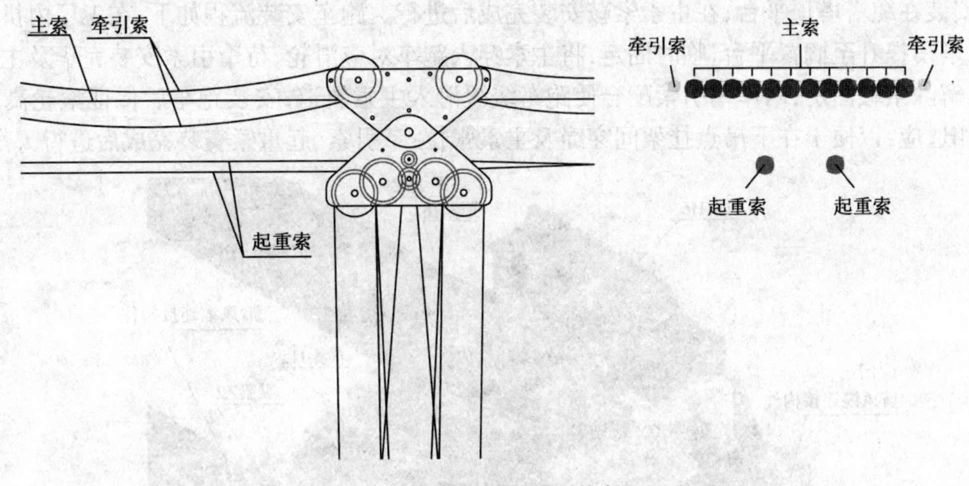

图6 少支索器独立走绳系统布置

②主索安装

为减小主索中边跨不平衡水平力，控制塔架系统偏位，本项目创新采用了"新型主索反置系统"，反置主索即将主索在对岸锚碇转向轮处反向拉往塔顶锚固，兼做缆塔风缆用，如图7所示。主索安装按如下流程进行：主索过江→主索安装控制→主索调整→垂度及索力测量。

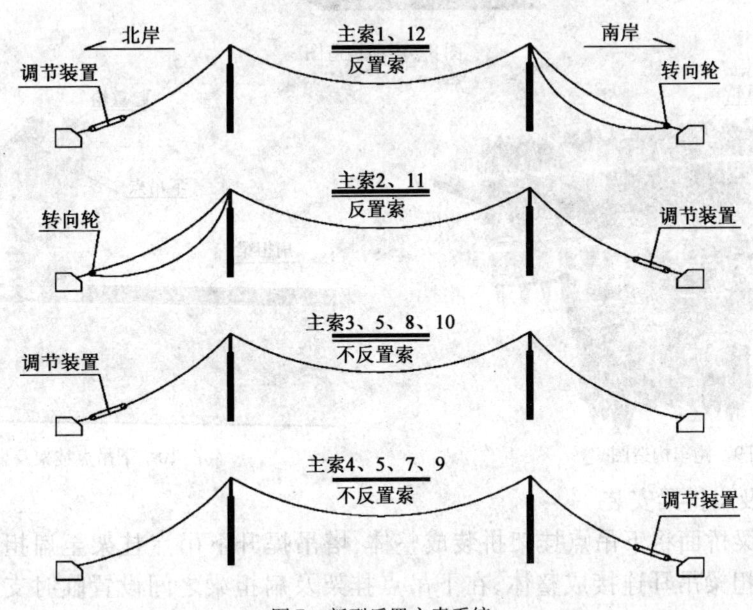

图7 新型反置主索系统

主索安装过程中控制每根主索初始安装垂度在60m，在主索全部过江完成后，解除缆塔铰座临时支座，此时缆塔向岸侧偏位约140mm，若实际偏位不符，可通过调整缆塔后风缆张拉力使缆塔向岸侧偏位

140mm。主索采用分级张拉,反置主索控制垂度15.8m,未反置主索控制垂度17.1m。

(4)自平衡索鞍安装

索鞍由横梁(含索鞍轮)、支座、支腿、纵梁、反置索连接件等组成,如图8所示。索鞍安装流程如下:安装纵梁→将反置索连接构件装入纵梁→安装横梁及横梁支腿→拧紧索鞍纵梁、支腿及横梁间螺栓→焊接纵梁、横梁间支腿板→焊接纵梁与塔顶主梁及加劲板。

(5)吊点系统安装

①吊点系统构造

吊点系统分为:跑车、挂架、扁担梁三部分,如图9、图10所示。

②跑车安装

跑车安装在缆塔塔顶平台,在主索索鞍安装完成后进行。跑车安装流程如下:在工厂内拼装成整体运至现场,塔吊提升至搁置平台,临时固定;将主索穿入跑车对应滑轮,待牵引索安装完毕及主索垂度调整完毕后,解除索鞍固定,两岸牵引索配合使跑车缓缓滑入主索轨道;安装跑车后保证滚轮高度与主索空载垂度相适应,以便于在下吊点挂架间穿绳及主索张拉;牵引索、起重索安装完成后进行天车连接。

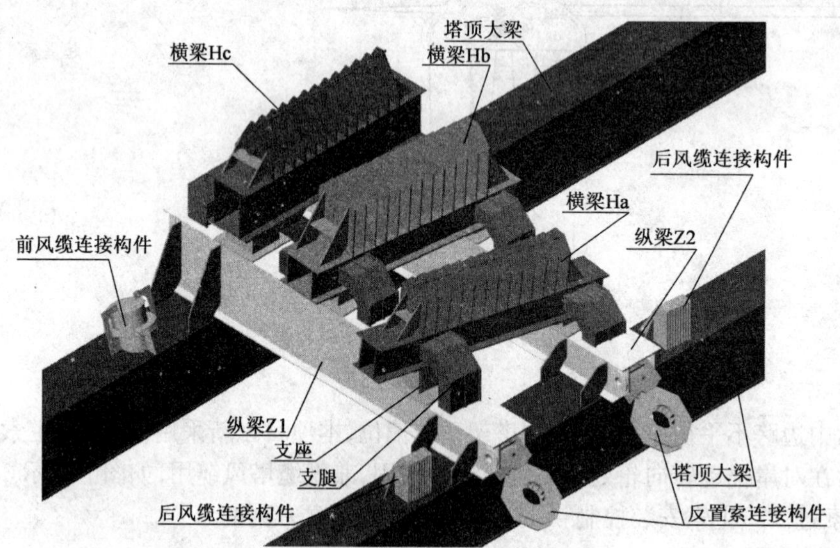

图8 索鞍构造图

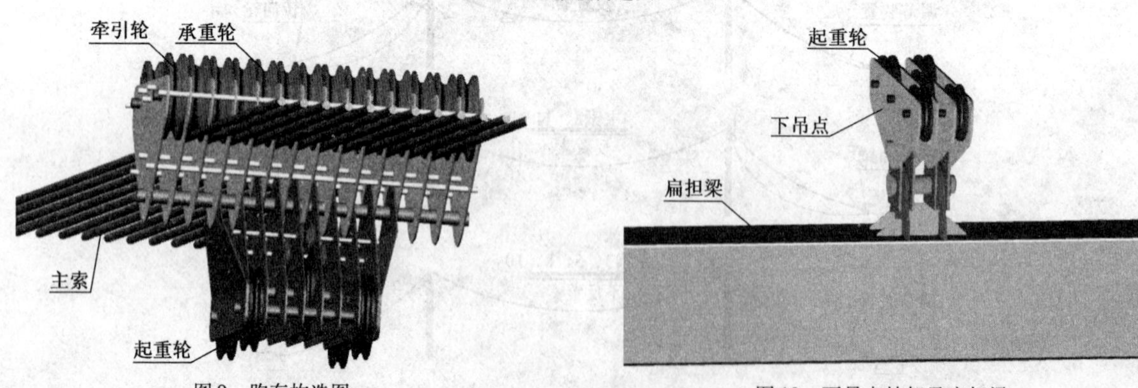

图9 跑车构造图

图10 下吊点挂架及扁担梁

③下吊点挂架及扁担梁安装

在三角区加劲梁桥面将下吊点挂架拼装成整体,塔吊提升下吊点挂架至扁担梁吊耳,通过销轴将下吊点挂架与扁担梁吊耳连接成整体,在下吊点挂架及扁担梁之间设置临时支撑,防止下吊点挂架绕销轴转动。

2)拱肋安装

施工中上下游侧构件同步向跨中施工,拱肋施工流程如图11所示。

(1)拱肋运输

拱肋构件、风撑节段均采用1 500 ~ 2 000t甲板驳运输至南岸疏浚航道起吊区域,并乘潮位进入起吊区域抛锚定位,构件在运输过程中采用平躺的运输方式,按照安装顺序摆放于船舱。

(2)安装滑轮式可调吊索具

针对液压可调式吊索具,创新提出一种滑轮式可调吊索具(图12),由定长钢丝绳、定滑轮及手拉葫芦组成。在三角挂架吊点处安装1个定滑轮,单根钢丝绳穿过定滑轮对折使用。定滑轮直径D=600mm,钢丝绳直径ϕ65mm,长度12m。在拱肋内外侧吊点正上方安装两套手拉葫芦调整装置,以调整拱肋横向角度。

滑轮式可调吊索具钢箱拱肋起吊施工工艺为:

①在吊装下一节段前,横向调整可移动三角挂架吊点,满足拱肋横向间距要求。

②吊索具与拱肋吊耳连接。

③构件在起吊过程中,控制边、中跨天车提升时机,同步调整构件的纵向角度,消除不平衡力。

④构件完全悬空后,空中姿态为拱肋纵向角度调整到位,横向为水平角度。

⑤通过收紧外侧手拉葫芦,放松内侧手拉葫芦,实现横向倾角调整。

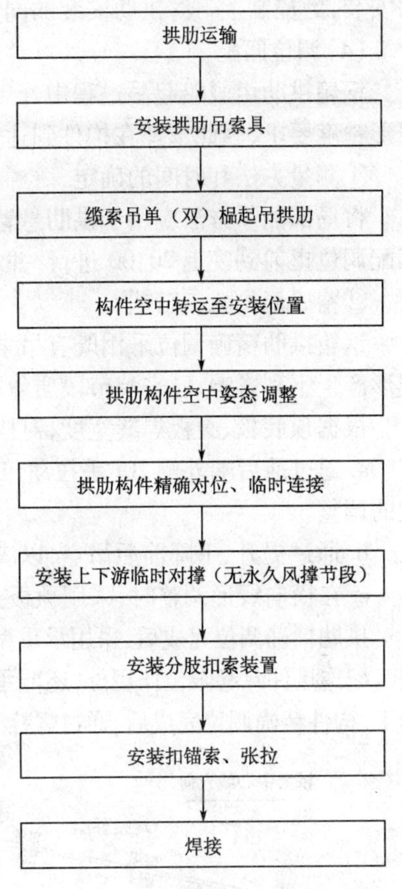

图11 拱肋施工流程图

(3)拱肋吊装

拱肋吊装之前应严格进行空载试验、静载试验及动载试验。空载试验,分别对空缆状态和跑车在跨中状态进行,主要目的是检验缆索吊装系统安装的误差及作为后续试验的参考;静载试验分部分荷载、额定荷载及超载试验几种不同等级分别进行,主要目的是检验锚碇、扣缆塔塔架、跑车、索鞍、卷扬机及缆索的承载能力;动载试验分部分荷载、额定荷载及超载试验几种不同等级分别进行,主要目的是检验缆索吊系统各机构和制动器的工作性能。

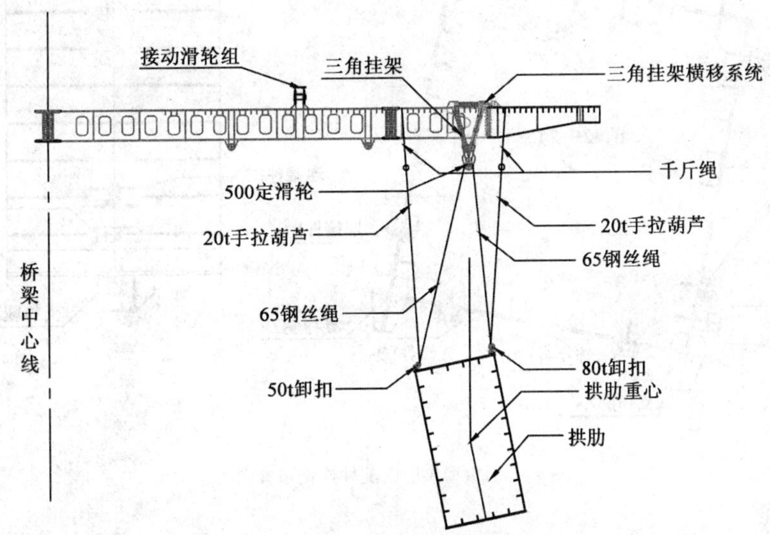

图12 滑轮式可调吊索具

Z3 ~ Z7,U8 ~ U12采用专用吊具,单片拱肋吊装的形式进行起吊安装,Z8采用临时风撑将上下游拱肋连成一个整体进行起吊安装;Z9 ~ Z20拱肋采用专用吊具,将上下游拱肋连成一个整体单元后进行起吊安装,为控制上下游拱肋安装的同步性、整体性,在拱肋之间设置了临时风撑。

(4)调位匹配

钢箱拱肋由驳船起吊过程中,已对拱肋纵、横向角度进行了一次调整,但此时构件姿态达不到安装线形精度要求,因此选择在构件到达安装位置附近进行二次姿态精确调整。

①测量方法和时间的确定

将局部测量方法应用于拱肋悬臂调位、匹配过程,通过局部线形控制拱肋拼装。这样,可以将拱肋匹配调位提前到晚上 20:00 进行,并可减小风、折光和雨雾天气对测量精度的影响。

②精确调位施工工艺

钢箱拱肋精确调位采用既有吊索具系统结合小型机具辅助调位。构件调位过程中,为避免对悬臂线形产生不利影响,已安装节段质量不应转移至已安装节段。

根据顶底板、腹板焊缝宽度,对构件进行精确调整。具体为:

a. 通过前后端外侧 20t 手拉葫芦的松紧,使得吊装钢丝绳在滑轮槽中滑动,以满足构件空中横向角度的调整。

b. 通过提升、下降前后吊点,以满足构件空中纵向角度的调整。

c. 在横向线形调整时,采用顶板上布置的交叉葫芦,以及连接件螺栓松紧来调整横向线形。

拱肋精确调位完成后,采用承重型匹配连接件(图 13)将待安装拱肋与已安装拱肋连接成整体。承重型匹配连接件除起限位作用外,还能承受结构自重。具体施工工艺为:在工厂内,匹配件随主体结构一并加工,构件精确调位完成后,通过螺栓连接成整体,缆索吊卸载松钩后,构件质量由匹配连接件承担。

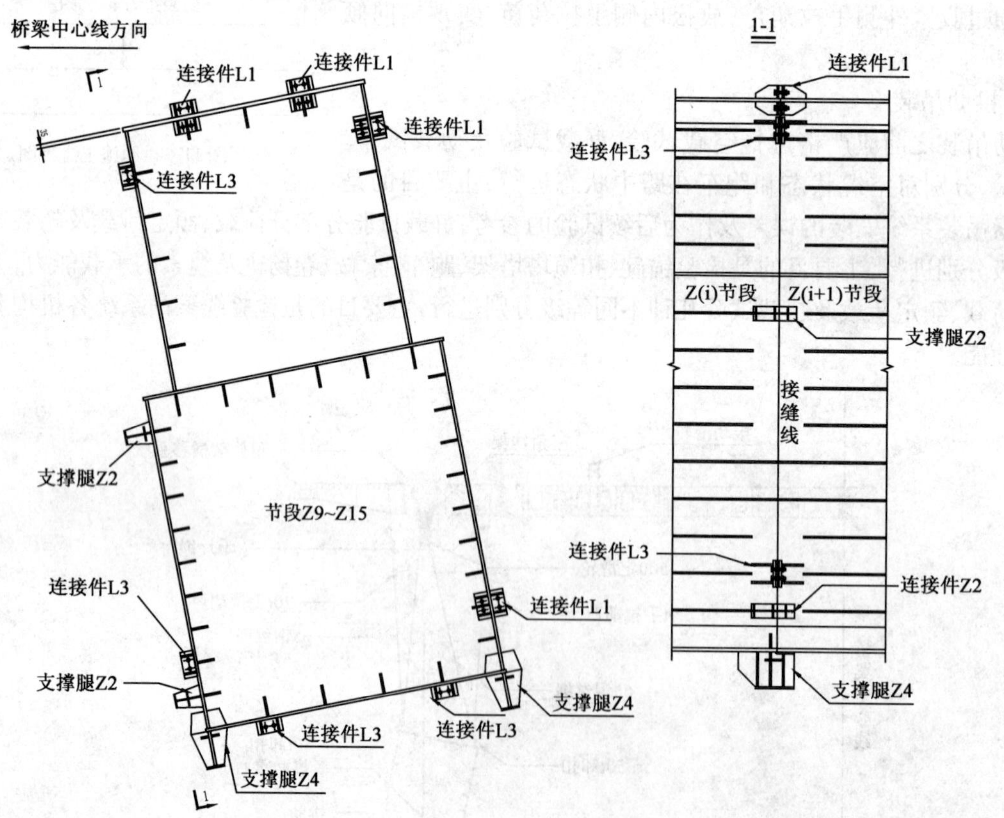

图 13　承重型拱肋匹配件连接布置图

③双榀调位顺序

对于双榀起吊,若左、右幅同时精确调位,势必将互相影响。在实际调位的过程中,为加快调位进度,对同时调位方式进行了试验,发现不能满足要求,因此采用了同步粗调,再独立精调的作业顺序。

值得注意的是:一侧精调完成后,必须拧紧连接件螺栓方可进行另一侧精调。

(5)安装上下游临时横撑

拱肋安装期间为悬臂结构,除设置永久风撑以增加侧向整体刚度外,还引入刚性临时横撑结构,兼做线形调整和增加侧向刚度之用。每道临时横撑由标准段、固定段、调节段和支座组成。上下游临时横撑见图14~图16。

临时横撑施工工艺如下:

①依次拼装横撑固定段、标准段和调节段。各节段采用凸缘盘对接,每个连接断面有4个凸缘盘,凸缘盘间采用螺栓连接。

②工作吊起吊临时横撑至安装节段,固定段位于上游侧,调节段位于下游侧。

③调节临时横撑相对位置,固定段与调节段凸缘盘分别与上下游拱肋支座凸缘盘螺栓连接。

④利用调节段上布置的反力座,安装机械式千斤顶。调节临时横撑4根弦杆的长度,以满足拱肋的相对空间位置。

⑤将调节段钢管采用钢板现场焊接成整体。

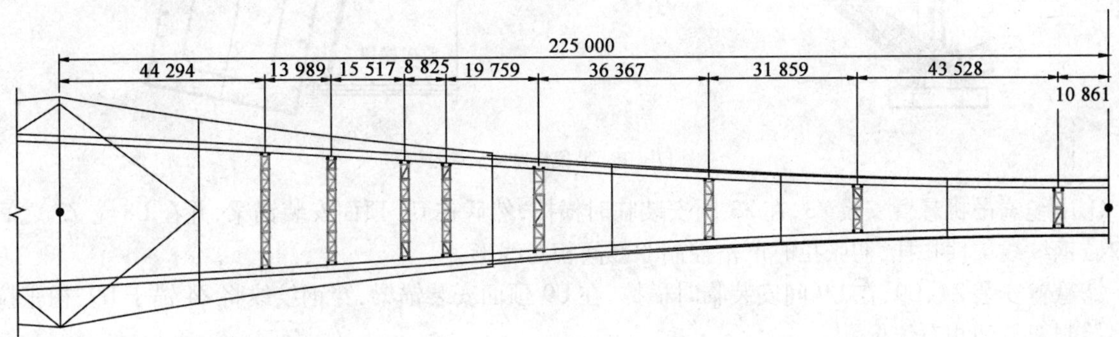

图14 上下游临时横撑示意图(尺寸单位:mm)

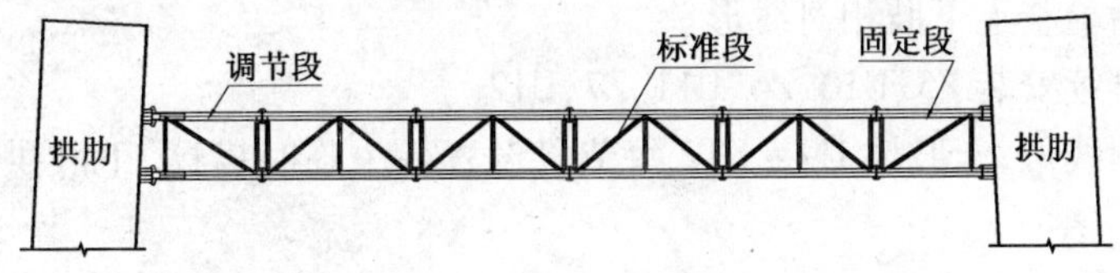

图15 临时横撑结构图

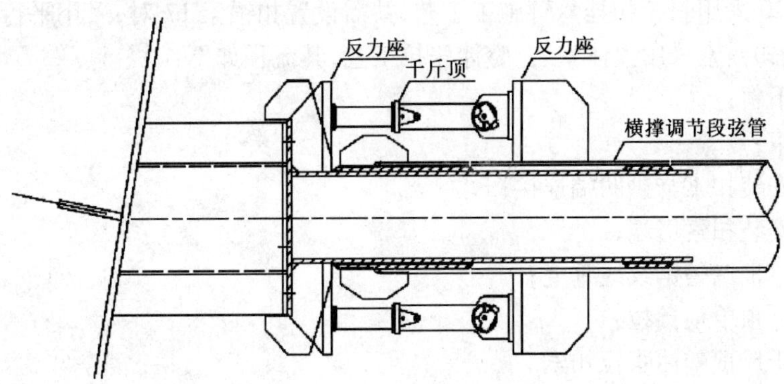

图16 临时横撑调整装置构造

(6)安装上下肢临时柔性扣挂

双肢拱桥的上肢拱肋受力对全桥结构受力状态合理性至关重要,为达到设计状态,须实现上下肢拱肋同步安装施工,在跨中单肢拱肋部分施工前通过上下肢合龙使其协同受力。柔性扣挂即扣索锚固于上肢拱肋,通过上肢拱肋"双向铰"扣点的锚梁超宽设计,利用外伸锚梁上设置锚箱,供钢绞线与下肢拱肋吊耳上的锚箱连接。张拉千斤顶布置在上肢拱肋,通过张拉钢绞线实现下肢拱肋线形调整(图17)。

双肢拱肋采用柔性扣挂的施工工艺为:

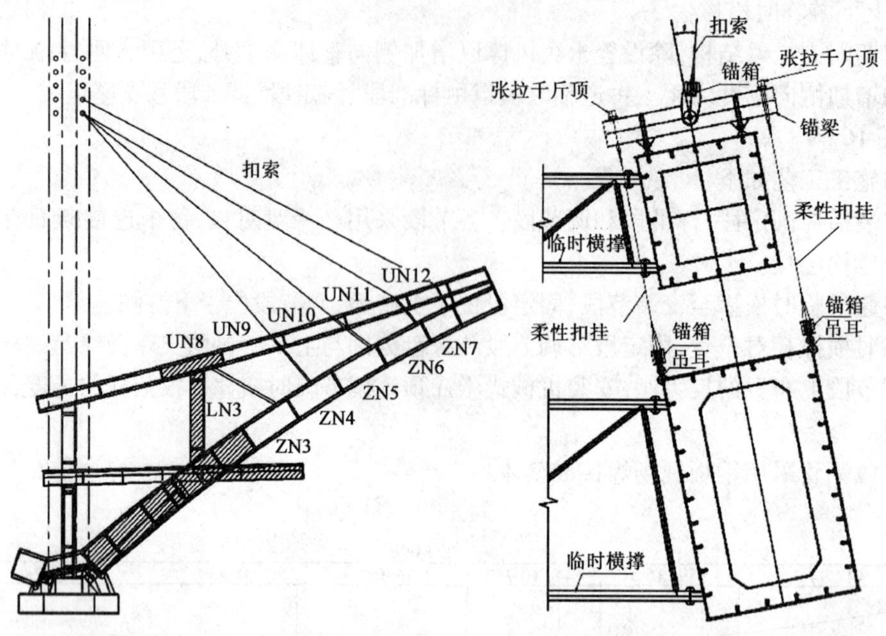

图17　上下肢柔性连接示意图

①由缆索吊机悬臂安装Z3,在Z3间安装临时横撑,然后在U8顶面安装锚梁,并在U8与Z3之间安装双肢钢绞线柔性扣挂,初张拉时严格控制双肢间相对线形。

②悬臂安装Z4、U9,在U9间安装临时横撑,在U9顶面安装锚梁,穿钢绞线将Z4锚于U9,初张拉时严格控制双肢间相对线形。

③在U9与扣塔之间安装扣索并张拉。上肢的线形通过扣索调整,下肢Z4的线形通过柔性扣挂钢绞线调整。扣索张拉后检查上下肢相对线形。

④按照上述方法继续安装Z5、U10、Z6、U11,Z7、U12。

⑤为保证拱肋横向线形,上肢拱U9~U12每节段设置一个临时横撑,下肢拱在Z3、Z5处各设置一个临时横撑。

(7)扣锚索整体安装

中跨拱肋Z3~20采用斜拉扣挂悬臂施工工艺,共需设置扣锚索17对,采用平行钢绞线拉索。为加快进度,考虑钢绞线扣锚索采用整体安装、整体张拉工艺,其流程如下:

①钢绞线单根下料;

②在桥面上编束;

③采用工作吊安装扣索与拱肋端连接;

④采用卷扬机安装扣索塔端;

⑤采用卷扬机单根调整钢绞线垂度;

⑥采用单孔千斤顶单根预拉;

⑦采用大吨位千斤顶整体张拉扣索。

钢绞线扣锚索施工过程中容易产生扭转、打绞,出现索力不均,加上风振效应显著,会引发钢绞线松弛、滑束等锚固安全问题,必须采取可靠措施予以解决。

防打绞措施　借鉴预应力钢绞线穿束工艺,在桥面上下料编束过程中,采用分丝板梳理钢绞线扣索,梳理由拱肋端向塔端进行,梳理完成后,将分丝板设置在塔端附近,保证同索中多根钢绞线不相互打绞。

防扭转措施　梳理完成后,在桥面上用与平行钢丝斜拉索安装类似的索夹固定钢绞线束塔端,并标记好扣索拱肋端锚箱方向。在安装扣索过程中,始终保持塔端和拱肋端锚箱方向向上,从而防止钢绞线整体扭转。

保证索力均匀性措施　在保证钢绞线不打绞和扭转的基础上，在用卷扬机调整单根钢绞线垂度时，通过按从上向下顺序进行调整。调整时，主要以单根钢绞线间垂度一致进行控制，这样可以保证扣索索力基本均匀。

防松弛、滑束措施　为保证结构安全，扣锚索在施工阶段的安全系数要大于2.5。因此，扣锚索在正常状态下，长期处于低应力夹持状态。加上工作长度较长，夹片需反复夹持，采用普通锚具及夹片可能产生松弛和滑束。

通过锚具供应商试验研究，提出了适应扣锚索低应力、反复夹持的专用带防松压板锚具及夹片，防止钢绞线松弛及滑束。

防风振措施　借鉴斜拉桥平行钢丝索减振措施，在拱肋端和塔端扣锚索上安装抱箍，用小直径钢丝绳将抱箍与拱肋和扣塔连接，以起到减振效果。

3）加劲梁安装

由于主缆宽22m，而拱肋间宽7.5～27.2m不等，两者相互交错，部分加劲梁无法采用天车直接起吊安装。因此，利用吊具设置多级起升装置（图18），吊装加劲梁至设计高程。

加劲梁采用专用自平衡吊具进行起吊（图19），可保证4个吊点均匀受力，吊具下端采用销子与加劲梁吊耳连接，上端采用销子与吊索进行连接。加劲梁采用缆索吊机起吊至安装高度后，平移至安装位置，通过设置在加劲梁顶板、底板以及腹板的临时连接支座进行连接，并及时安装吊杆，松开吊点，进行下一节段加劲梁安装。

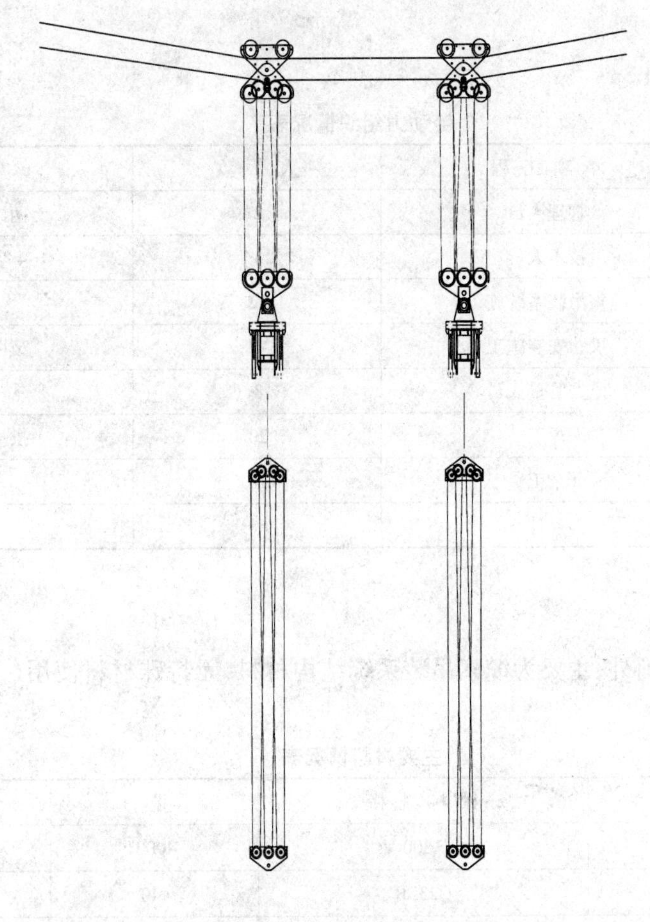

a)

图18

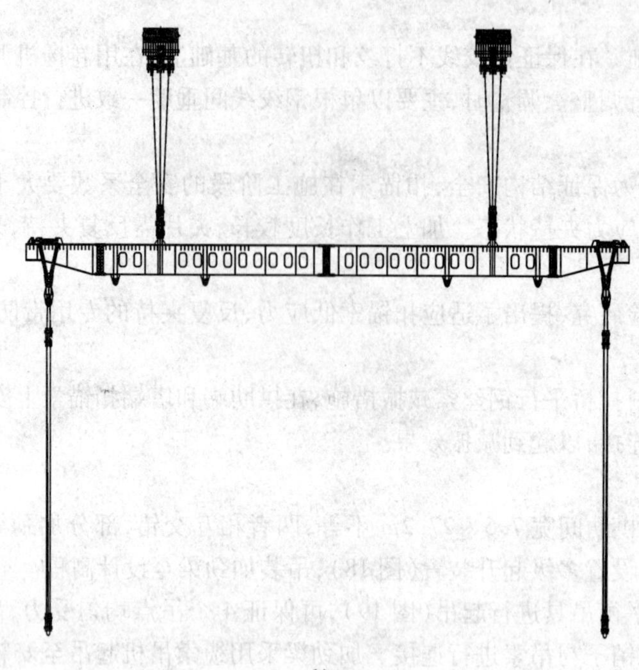

b)

图18　缆索起重机多级起升装置示意图

a)侧面;b)正面

5.3　劳动力组织

劳动力组织情况见表1。

劳动力组织情况表

表1

序　　号	单项工程	人　数	备　注
1	管理人员	2	两岸各一名负责人
2	技术人员	4	4个工作面各1人
3	缆索吊装系统施工	12	
4	拱肋安装施工	12	
5	监控测量人员	8	
6	焊工	20	拱桥现场安装焊接
7	杂工	10	
	合计	68	

6　材料与设备

本工法除主体结构材料外,主要为缆索吊装系统结构材料,无特殊材料使用(表2),采用的主要机械设备见表3。

主要材料情况表

表2

序　　号	主要材料名称	材料规格	数　量　(t)	备　注
1	钢管	ϕ800	4000	扣塔及缆塔
2	角钢	Q235B	440	钢管件连接系
3	扣锚梁	Q345B	505	扣锚索锚固梁
4	钢丝绳	2-12ϕ62,钢芯	418	主索(承重索)

续上表

序 号	主要材料名称	材料规格	数 量 (t)	备 注
5	钢丝绳	2-2ϕ32.5,纤维芯	34	牵引索
6	钢丝绳	2-2ϕ34.5,纤维芯	53	起重索
7	钢丝绳	2-3ϕ39,钢芯	60	缆塔前风缆
8	钢绞线	4-12ϕ^j15.24	65	缆塔后风缆
9	钢丝绳	2-6ϕ39,钢芯	30	扣塔前风缆
10	钢绞线	2-18ϕ^j15.24	35	扣塔后风缆

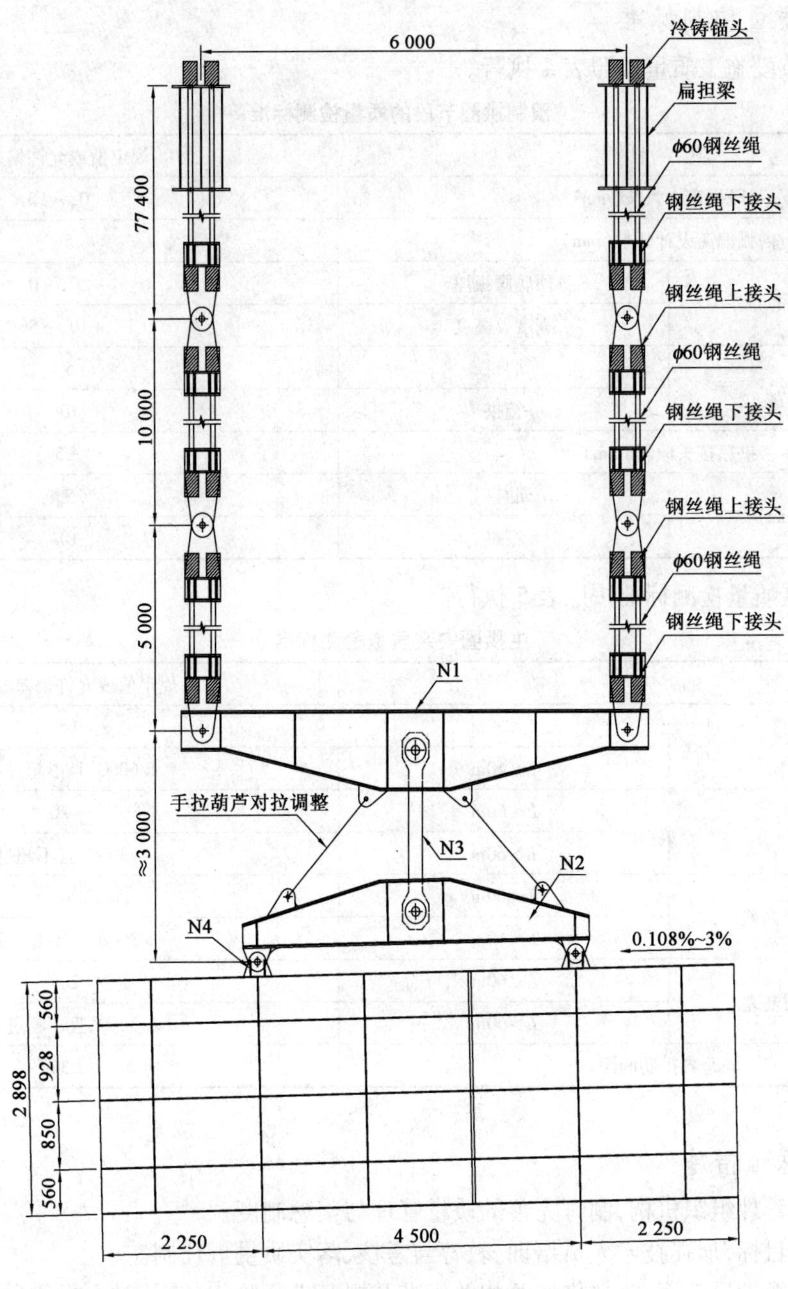

图 19 加劲梁自平衡吊具示意图(尺寸单位:mm)

主要设备情况表 表3

序号	设备名称	设备型号	单位	数量	用途
1	塔吊	250t. m	台	4	辅助提升
2	卷扬机	15t	台	8	牵引
3	卷扬机	20t	台	8	起重
4	跑车	80t	台	4	纵向运输
5	焊机		台	20	拱桥焊接
6	三项千斤顶	80t	台	8	钢拱桥安装调位

7 质量控制

7.1 工程质量控制标准

1)预制拱圈节段施工质量按照表4执行。

预制拱圈节段的质量检测标准 表4

项目		规定值或允许偏差
每段拱箱内弧长(mm)		+0,-10
内弧偏离设计弧长(mm)		5
断面尺寸(mm)	顶底腹板厚	+10,-0
	宽度及高度	+10,-5
轴线偏位(mm)	肋拱	5
	箱拱	10
拱箱接头倾斜(mm)		±5
预埋件位置(mm)	肋拱	5
	箱拱	10

2)主拱圈安装质量检测标准按照表5执行。

主拱圈安装质量检测标准 表5

项目		规定值或允许偏差(mm)
轴线偏位	$L \leqslant 60m$	10
	$L > 60m$	$L/6000$,且不超过40
拱圈高程	$L \leqslant 60m$	±20
	$L > 60m$	$\pm L/3000$,且不超过50
两对称接头相对高差	$L \leqslant 60m$	20
	$L > 60m$	$L/3000$,且不超过40
同跨各拱肋相对高差	$L \leqslant 60m$	20
	$L > 60m$	$L/3000$,且不超过30
同跨各拱肋间距		±30

注:L为跨径。

7.2 质量保证措施

(1)建立质量管理组织机构,制订完善的质量管理与奖惩制度。

(2)制订质量目标,加强技术人员培训、教育与考核,落实质量责任制。

(3)合理设计缆索吊装系统,严格按照相关标准及规范进行验收,并及时上报质量管理组织机构。

(4)采用计算分析与试验相结合方法验证质量情况,达到预控质量目标。

(5)施工过程严格按照监控程序及指令进行,施工流程尤其是吊装加劲梁和拆除扣锚索交叉的施工过程一旦制订即须严格执行。

(6)缆索吊装系统架设过程须控制绳索垂度及塔架偏位,保证结构安全。

(7)拱肋安装过程须监测主墩不平衡水平力、边墩竖向反力和锚碇基础水平变位。

(8)严格控制钢箱拱肋制造线形,所有构件须在制造厂进行预拼装,确保安装线形满足要求。

8 安全措施

(1)认真贯彻"安全第一,预防为主"的方针,根据国家有关规定、条例,结合施工单位实际情况和工程具体特点,组成专职安全员和班组兼职安全员以及工地安全用电负责人参加的安全生产管理网络,执行安全生产责任制,明确各级人员的职责,抓好工程的安全生产。

(2)根据规定要求,结合企业习惯与工程特点,建立和完善可行性的施工安全保障体系,组成工程第一负责人为组长的安全管理机构,贯彻国家有关安全规定与条例,制订和落实工程有针对性的安全管理制度,加强安全作业中安全检查,确保安全作业标准化、规范化。

(3)编制安全施工方案和应急救援预案,对有重大安全源的分项工程编制专项安全方案,并组织评审。做好施工现场各项安全保护措施,对操作人员定时发放安全防护用品。

(4)对作业人员进行三级安全教育和安全培训,每道工序前对作业人员进行安全交底。

(5)施工现场临时用电严格按照《施工现场临时用电安全技术规范》的有关规定执行。电缆线路采用"三相五线"接线方式,电气设备和电气线路绝缘良好,手持照明电源使用36V以下安全电压。

(6)施工现场按照符合防火、防风、防雷、防洪、防触电等安全规定及安全施工要求进行合理布置,并完善各种安全标识。

(7)对起重、吊车、张拉及顶推特殊作业人员必须经过有关部门培训考核通过后,方能持证上岗,非本工种人员不得操作,制订特殊作业操作规程和安全操作奖惩制度,落实安全责任制。

(8)严格年龄较大或有高空恐惧的人员登高作业,遵循高空作业有关规定,严禁高空丢物和吊物,并系挂好安全保护绳。

(9)氧气瓶与乙炔瓶隔离存放,严格保证氧气瓶不沾染油脂,乙炔瓶有防止回火的安全装置。

(10)缆索吊装操作由专人负责,其他人员不得违规操作,并严格按照操作规程和安全作业规定执行,作业人员通信必须畅通,指挥统一,没有指令不得操作任何设备。

9 环保措施

(1)成立以项目经理为组长的施工环境卫生管理机构,在工程施工过程中严格遵守国家及地方政府下发的有关环境保护的法律、法规和规章,加强对施工燃油、工程材料、设备、废水、生活垃圾、废油等的控制和治理,遵守有防火及废弃物处理的规章制度,做好交通环境疏导,充分满足便民要求,随时接受相关单位的监督检查。

(2)按照文明标准化工地要求规划和建设好临时设施,布置合理,规范围挡,做到标牌清楚、齐全,各种标识醒目,施工场地整洁文明。

(3)对施工中可能影响到的各种公共设施,制订可靠的防止损坏和移位的实施措施,加强实施中的检测、应对和验证。同时,将相关方案和要求向全体施工员详细交底。

(4)制订废油等废旧材料的处理方案,不得随意倒入沟渠或河流。生活垃圾不得乱扔乱倒,要集中收集处理。

(5)对驻地和施工现场要定期进行清扫,材料按规格型号堆码整齐。

(6)采用高效率低噪声的施工设备,加强设备维护保养,工地实现遮挡,晚上避免噪声施工。

(7)顶推设备防止漏油,对接头位置需用面纱和沙土进行处理,防止对结构或土壤的污染。

(8)按照企业现场考评内容及考评标准,定期对现场进行考评,对每次考评结果予以公布,并对未能达到考评标准的部门,发出整改通知,予以通报。

(9)现场生活区要求整洁干净,认真制订生活和环境卫生管理制度,搞好职工宿舍和食堂饮食卫生,加强污水的排放管理及垃圾处理工作。做好施工现场管理,周围居民和闲杂人员不得进入施工区域内,未经业主同意批准,外部任何单位和个人不得进入工地。

10 资源节约

本工法在产品及工艺设计上满足国家或地方(行业)节能标准要求;而且与拱上吊机施工工法相比,更节省资源和工期。

(1)缆索吊装系统兼具水平运输和竖向吊装的功能,可以用于拱肋、加劲梁和吊杆的安装,节省了多种功能施工设备的投入。

(2)与拱上吊机施工工法相比,本工法安全可靠,效率更好,节省工期约1个月,为工法在工程中的推广应用打下坚实的基础。

11 效益分析

11.1 社会效益

本工法为宁波明州大桥缆索吊装系统施工提供了技术保障,采用本项目研发关键技术节省了临时结构投入,推动了缆索吊装工艺在桥梁施工领域的发展,为钢箱拱桥的施工控制打开了新的思路,具有重要价值和积极作用。同时,成果在减小施工对桥位处航道、军用机场和民用设施的影响方面也有较大贡献。

11.2 经济效益

通过对缆索吊装系统的整体改进及优化,不仅实现了设计技术上的大胆创新,操作上更为便捷,而且体系设计成本直接降低500余万,拥有6项自主知识产权,后期经济效益也很可观。成果不仅实现了大型“吊扣合一”缆索吊装系统正常运营8个月,顺利完成中跨主拱和加劲梁的吊装及结构体系转换工作,而且使工期提前1个月。

1)方案节约费用:

(1)采用新型反置主索系统,减少风缆投入30万;

(2)采用少支索器独立走绳系统,减少支索器投入40万;

(3)采用自平衡弧形索鞍,减少结构钢材投入60万;

(4)采用轻型跑车,减少结构钢材投入70万;

(5)采用配重式桩基混凝土锚碇结构,减少结构钢材及混凝土投入300万。

以上合计人民币约500万元。

2)缩短工期1个月节省船机和人工费用:

水上拱肋安装大型浮吊80万元/月,拖轮费用1.6万元/月,驳船费用1.8万元/月,人工费用30万元/月,共计(90+1.6+1.8+30)×1=123.4(万元)。

3)总计节约费用:500+123.4=623.4(万元)。

12 应用实例

1) 工程概况

依托工程宁波明州大桥是宁波东外环路跨甬江的重要过江桥梁工程。主桥设计为中承式双肢钢箱提篮系杆拱桥,跨径布置为100m+450m+100m,桥宽45.8m。主桥总体布置见图20、图21。该桥在同类桥梁中规模居世界前列。明州大桥独特的双肢拱肋结构,桥位地质及施工条件的限制,使得缆索吊装施工法成为综合考虑经济、技术、安全等诸多因素的最佳选择。宁波明州大桥采用"吊扣合一"的跨径450m、吊重400t的缆索吊装系统进行拱肋和加劲梁的安装，该系统无论从单跨跨度还是设计吊重，都为国内外工程罕见。

2）施工情况

明州大桥作为国内跨径最大的双肢钢箱提篮系杆拱桥，又采用国内罕见的大型缆索吊装系统（跨径450m，吊重400t）进行主跨拱肋和加劲梁的施工，其施工方案确定、安装控制技术作为施工的重要环节对确保明州大桥建设的质量、进度、安全均起到举足轻重的作用。

以明州大桥为背景，采用设计、工艺和控制研究相结合的方法，对大跨钢箱拱桥缆索吊装施工工艺及控制技术进行了全面研究，形成了缆索吊装系统一体化设计技术，解决了双肢拱肋同步安装，实现了拱肋精确定位，顺利完成上下肢及主跨拱肋合龙，并达到了设计目标，带来显著的社会、经济效益。

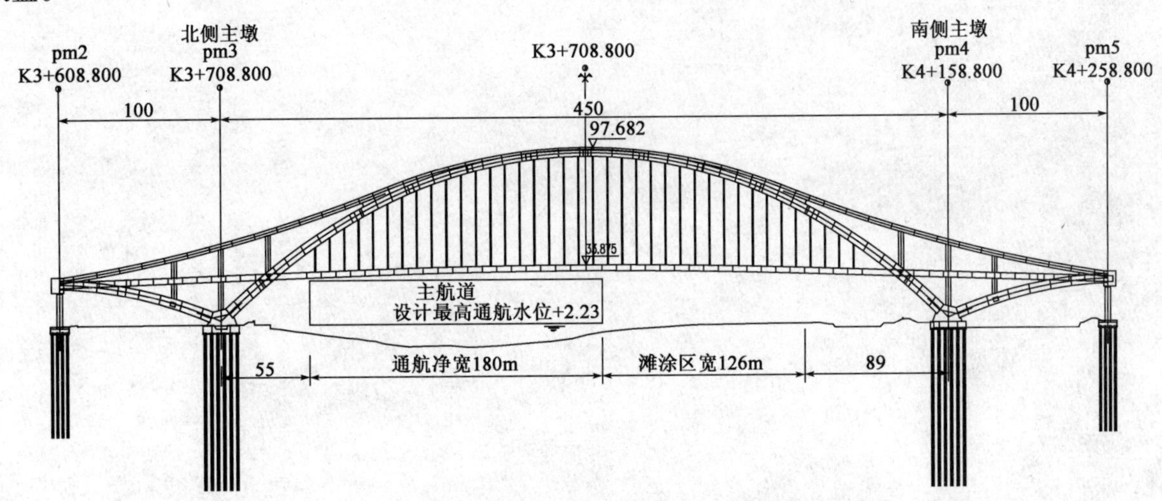

图20　主桥总体布置立面图（尺寸单位：mm）

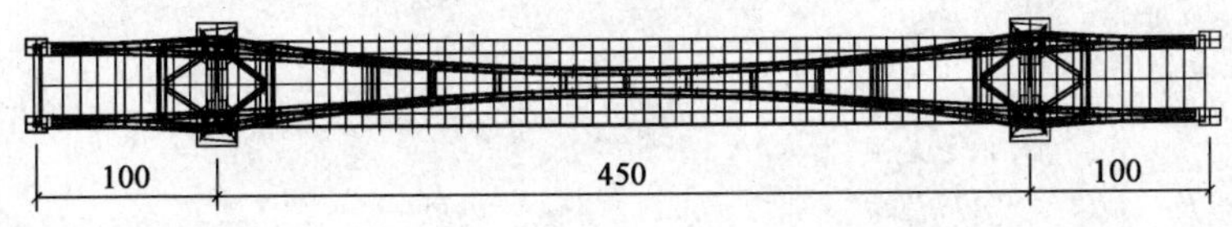

图21　主桥总体布置平面图

400t缆索吊24根主索，牵引主索施工工期20d，上下游同时施工，工效为1.2根/d。主索调整施工工期4d，上下游同时施工，功效为6根/d。主索安装及张拉调试共计24d，实现了安全、快速的目标。

钢箱拱肋总共108节段，施工工期115d，合计起吊次数54次，施工工效每节段2.2d，南、北岸属流水作业，因此实际施工工效达到每节段4.4d。

本工程于2008年2月开工，2011年5月竣工。缆索吊装系统安装开始于2009年9月，拱肋吊装开始于2010年3月，加劲梁吊装开始于2010年12月。

3）工程监测与结果评价

在传统缆索吊装系统的基础上，本工法采用了多项创新技术，如"新型反置主索系统""自平衡弧形索鞍""双肢柔性扣挂连接"等，解决了双肢拱肋同步安装，实现了拱肋快速、精确定位，在台风期前顺利完成上下肢及主跨拱肋合龙，并达到了设计目标。

成果不仅实现了大型"吊扣合一"缆索吊装系统正常运营8个月，顺利完成中跨主拱和加劲梁的吊装及结构体系转换工作，而且使工期提前1个月。既保障了施工过程安全，施工期无一起重大安全事故,又使成桥线形和内力较好的满足了设计要求:拱肋合龙时两侧大悬臂轴线完全吻合,合龙口顶、底板高程偏差小于1mm,焊缝宽度最大偏差小于2mm,取得了国内外同类桥梁施工的领先成绩。

成果于2011年经湖北省科学技术厅鉴定为“国际先进水平”,并获得2011年度“中交股份科学技术进步奖二等奖”和2011年度“中国公路学会科学技术进步奖二等奖”,对类似工程有很好的参考价值,对大跨钢箱拱桥缆索吊装施工建设中的应用和推广具有重要的理论意义和实用价值。

整跨(大节段)钢箱梁吊装施工工法

GGG(中企)C3126—2013

宋祥云 吴圣兵 高纪兵 周伯明 夏鹏飞
(中交第二航务工程局有限公司 中交二航局第二工程有限公司)

1 前言

19世纪中期,国外就开始了连续钢箱梁桥的建造工作。由于经济、技术和材料等原因,直到20世纪末国内仅修建了少量的跨径100m以内的连续钢箱梁桥,大跨径连续钢箱梁桥的建设尚未开始。自21世纪初,我国在缆索支承的扁平钢箱梁的设计、制造、架设、施工控制和抗风减振等方面取得了令人瞩目的成就,形成了具有一定特色的技术体系。连续钢箱梁桥与缆索支承桥梁的扁平钢箱梁在结构受力、抗风、制造工艺、装船及运输、架设方案等方面均存在显著区别,大跨连续钢箱梁桥的建设面临着新的挑战。

连续钢箱梁桥诞生于19世纪中期。1850年建成通车的布列坦尼亚桥(BritanniaBridge)是世界上用熟铁板铆接而成的第一座铁路箱形梁桥。1974年巴西建成里约—尼特罗伊桥(Rio-NiteróiBridge)为目前世界跨度最大的连续钢箱梁桥,跨径布置为200m+300m+200m。我国现代连续钢箱梁桥的发展起源于20世纪60年代。1968年9月,国内制造了一孔跨径为32m的整孔焊接箱形梁,采用16Mnq钢,质量约37t,架设在南同蒲线与陇海线的联络线潼河桥。由此可以看出20世纪我国连续钢箱梁桥的建造技术与国外存在较大差距。

随着我国钢箱梁加工制造水平的提高和大型工程设备的发展,国内开始修建大跨连续钢箱梁桥,其代表为2009年开工建设的崇启大桥。该桥是江苏与上海直接对接的首座特大型长江大桥,主桥采用双幅变截面的六跨连续钢箱梁桥(102m+4×185m+102m=944m),跨径和联长均居国内同类桥型首位。崇启大桥主桥采用"整跨工厂无应力制造、整孔整体无合龙段架设、全过程实时监控"的建造理念,该桥185m大节段钢箱梁吊装质量达到2 700t(含吊索具等临时结构)。崇启大桥CQ-A2标主桥上部结构建造由中交第二航务工程局承建,为此中交第二航务工程局紧密围绕大节段吊装及相关成套技术的关键内容开展了整跨钢箱梁吊装施工工法的研究工作,并在崇启大桥建设中得到了成功应用。为了促进该施工方法在我国类似桥梁工程项目中的推广使用,根据崇启大桥建设经验与实践,系统全面地编制了该工法。该工法的关键技术"大跨变截面连续钢箱梁整跨架设及控制技术研究"于2011年12月27日经湖北省科学技术厅鉴定,鉴定委员会一致认定该成果总体达到国际先进水平,部分成果达到国际领先水平;同时在该工法研究与实践过程中,考虑实施过程的可行、高效、经济等因素,将取得的科技成果有效转化为具有实用性的专利产品,分别为"带可组合式吊架的自调整拉索装置"(专利号ZL201020516207.1)、"多组重型挂钩定位装置"(专利号ZL201120162757.2)和"起重船刚性连接装置"(申请号201220129136.9)。整跨(大节段)钢箱梁吊装施工开创了我国大跨度变截面钢箱梁桥建设的先河,提升了我国连续钢箱梁桥的建设水平,促进了我国桥梁建设的"大型化、工厂化、装配化、标准化",代表了我国大跨变截面连续钢箱梁桥建设的最新水平。

2 工法特点

2.1 工艺特点

1)两艘起重船抬吊、整跨吊装

根据国内现有起重船的起重能力及钢箱梁制造运输能力,185m大节段钢箱梁由两艘起重船抬吊至墩顶,此项施工工艺系国内桥梁施工中首次采用。

2)起重船同步前移

为满足运梁船进挡作业,故起重船在桥区上游200m处起吊,在将钢箱梁起吊后,运梁船再完成退挡,最后两艘起重船需同步前移200m至墩顶。为保证起重船的同步性,在两艘起重船间增设垫挡船,确保起重船前移一致。此项工艺系国内桥梁施工中首次采用。

2.2 工艺创新

1)自平衡吊索具系统

大节段钢箱梁抬吊时,吊钩存在不同步性,容易导致吊点受力不均衡,影响吊装安全。为了消除安全隐患,在吊架与吊耳连接的吊索间设置滑车组,通过吊索的自动滑移,保证各吊点均衡受力,根据吊装的需要也可进行少量的纵倾角度的调整(调整值不得大于200mm)。自平衡吊索具系统主要包括:吊索、吊架、滑车及拉板等,自平衡吊装布置见图1。

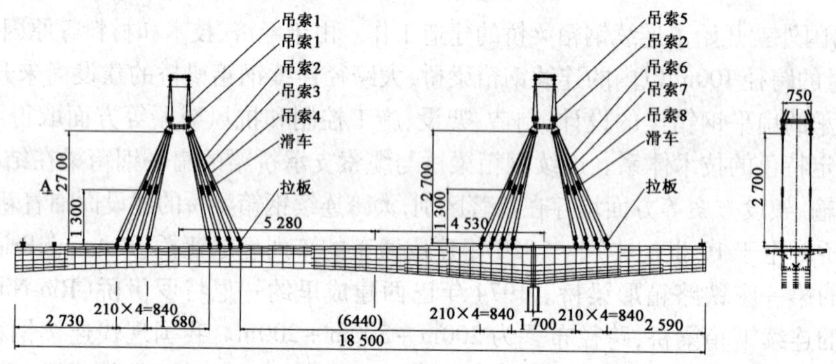

图1 自平衡吊装布置图(尺寸单位:cm)

为了保证吊耳的孔径满足吊装要求及吊索弯曲折减要求,在吊耳与吊索间设拉板构件,拉板结构见图2。

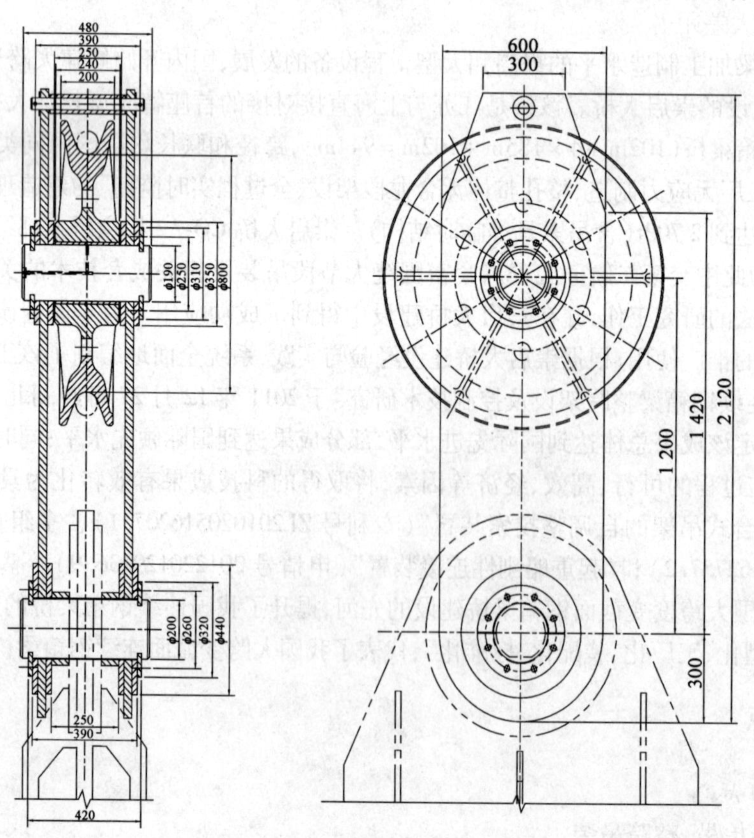

图2 拉板结构图(尺寸单位:mm)

为了限制吊装时吊耳横向水平受力，设压杆式吊架，1 600t 起重船配备吊架 1，2 200t 起重船配备吊架 2，吊架结构见图 3。自平衡滑车结构见图 4。

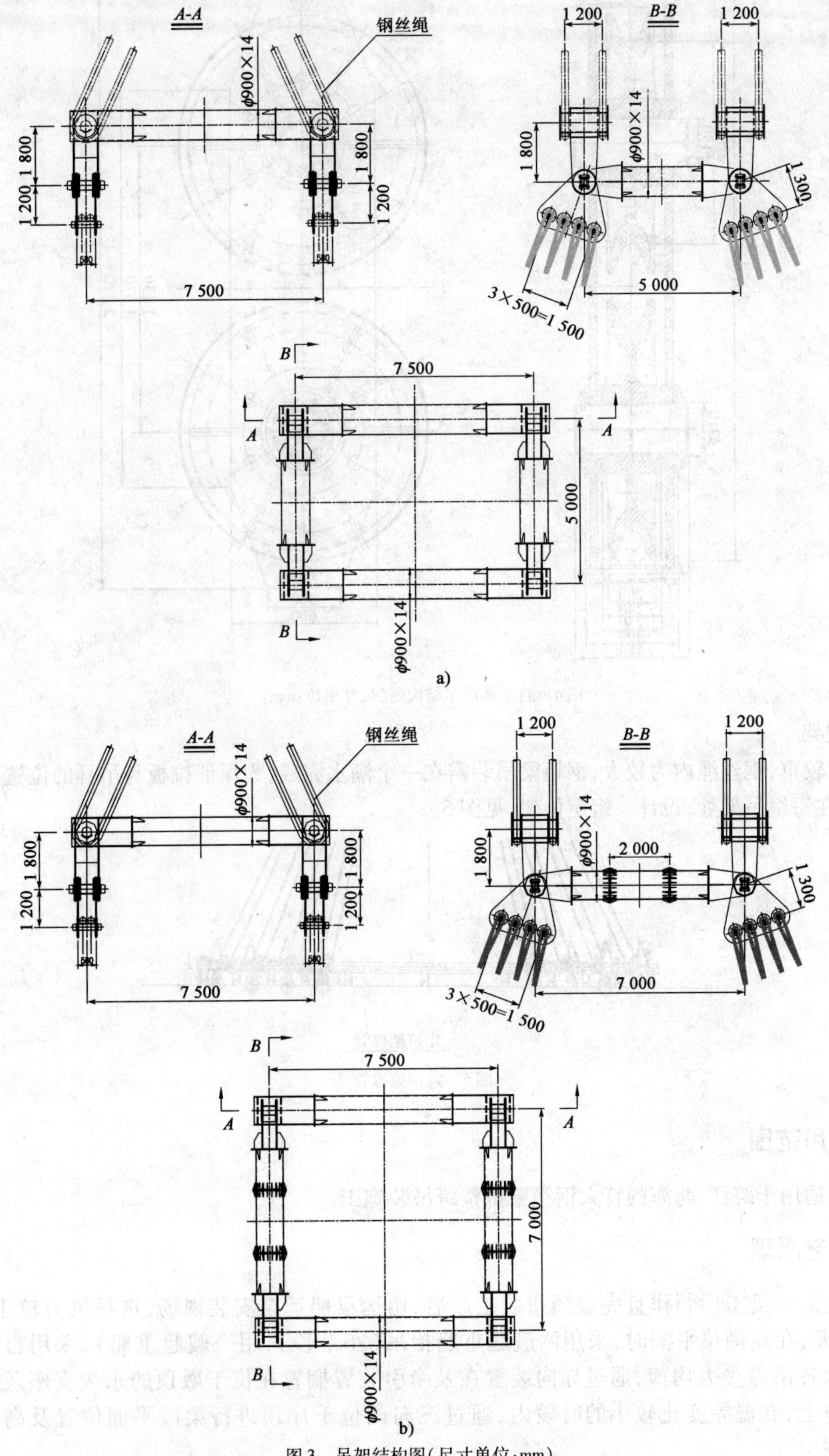

图 3 吊架结构图（尺寸单位：mm）

a）吊架 1（应用于 1 600t 起重船）；b）吊架 2（应用于 2 200t 起重船）

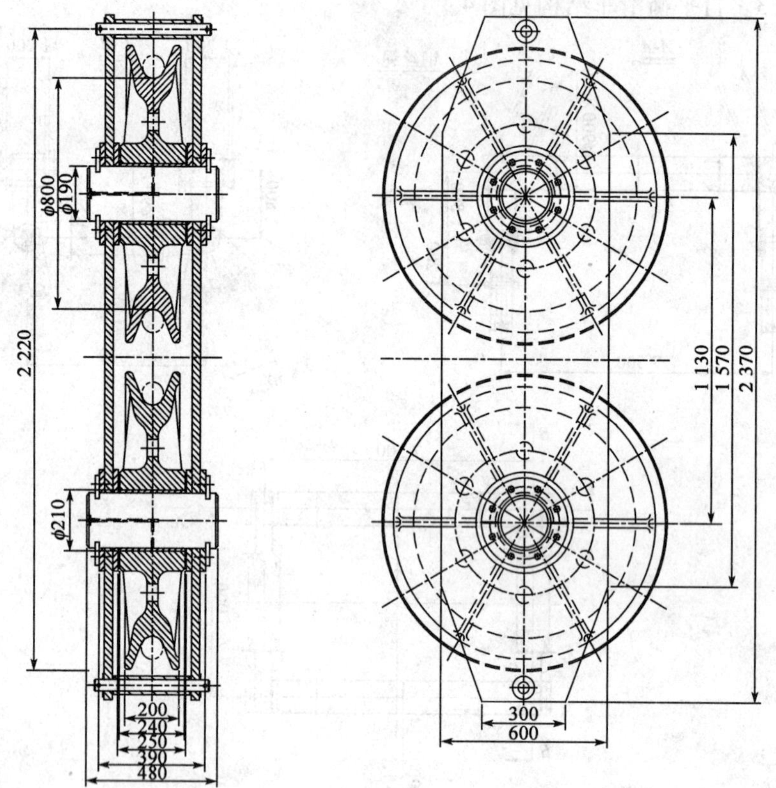

图4　自平衡滑车结构图(尺寸单位:mm)

2)定位架

因拉板较重,钢丝绳内力较大,钢箱梁吊装需在一个潮水完成,为保证拉板与吊耳的位置准确,及连接方便,故在每组吊架处,设计一组定位架,见图5。

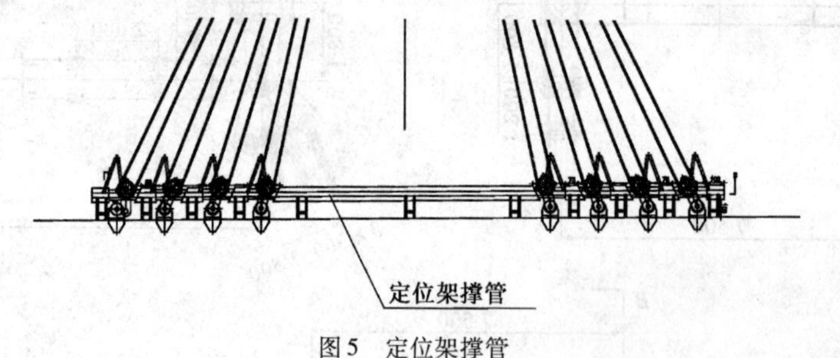

图5　定位架撑管

3　适用范围

本工法适用于跨江、跨海的特大钢箱梁桥整跨吊装施工。

4　工艺原理

大节段钢箱梁工厂制作且完成预拼装工序后,由运梁船运至安装现场,选择风力较小(不超过6级)的白天,在高潮位平潮时,采用两艘起重船抬吊(小节段只用一艘起重船),采用自平衡吊索具系统确保各吊点受力均衡,通过导向装置在及牵引装置搁置在位于墩顶的永久支座及已装梁段的临时支座上,在温差变化较小的时段内,通过三向调位千斤顶进行梁段平面位置及高程的精确调整和监测。

当全部梁段间接缝栓焊完成后,卸载临时支座以实现支撑体系转换到永久支座。

5 施工工艺流程及操作要点

5.1 工艺流程

1)起重船吊装整跨钢箱梁工艺流程(图6)

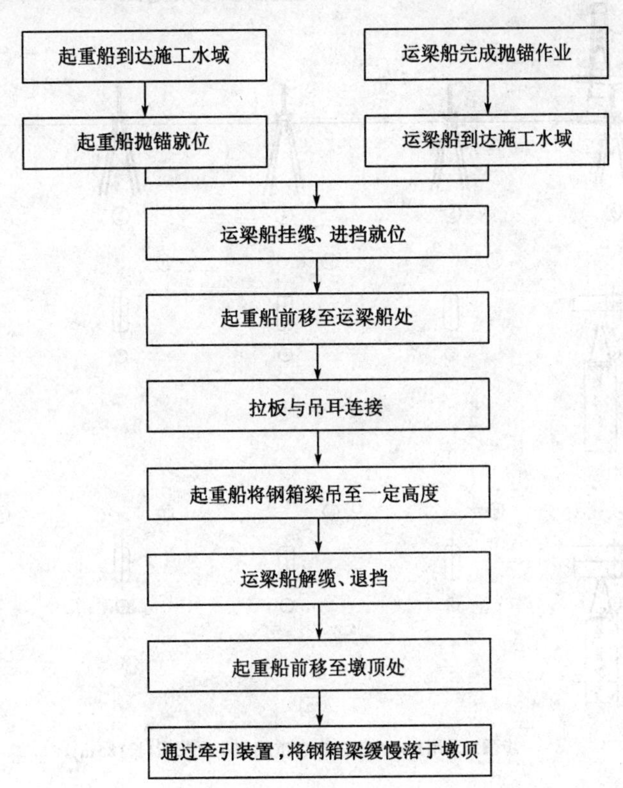

图6 钢箱梁吊装工艺流程

2)钢箱梁调位(图7)

3)全桥钢箱梁施工流程(图8)

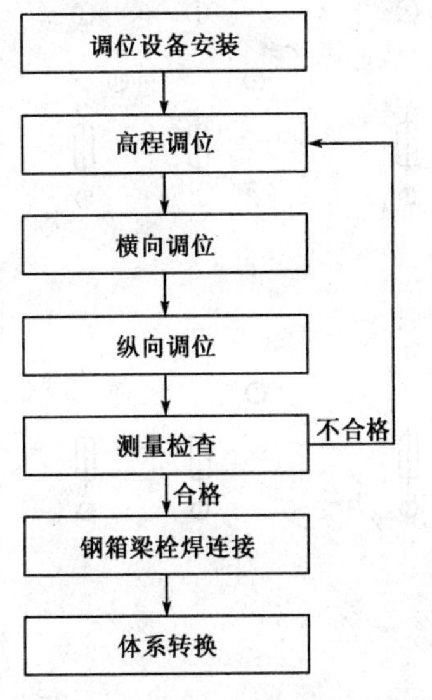

图7 单榀钢箱梁调位工艺流程

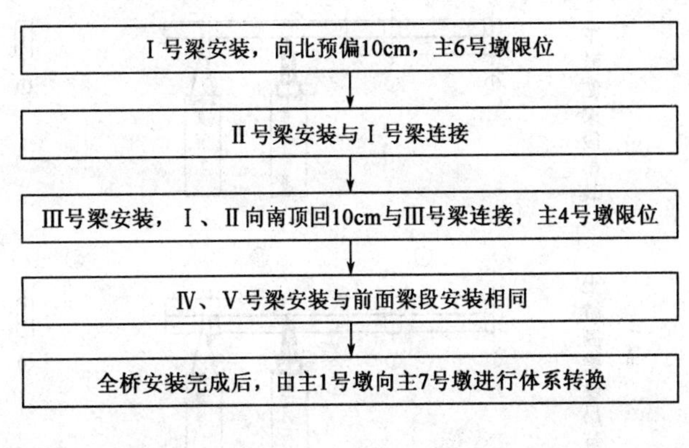

图8 全桥钢箱梁调位施工工艺流程

4)全桥钢箱梁安装工艺流程

起重船与运梁船均停在上游,先吊装下游幅后吊装上游幅,由北岸向南岸逐段吊装。其吊装顺序见图9。由于最后一跨梁段吊装完成后,上游航道不能保证起重船顺利退场所以吊装最后一跨梁段时,起重船应在下游抛锚定位,其方式与上游抛锚定位相似。

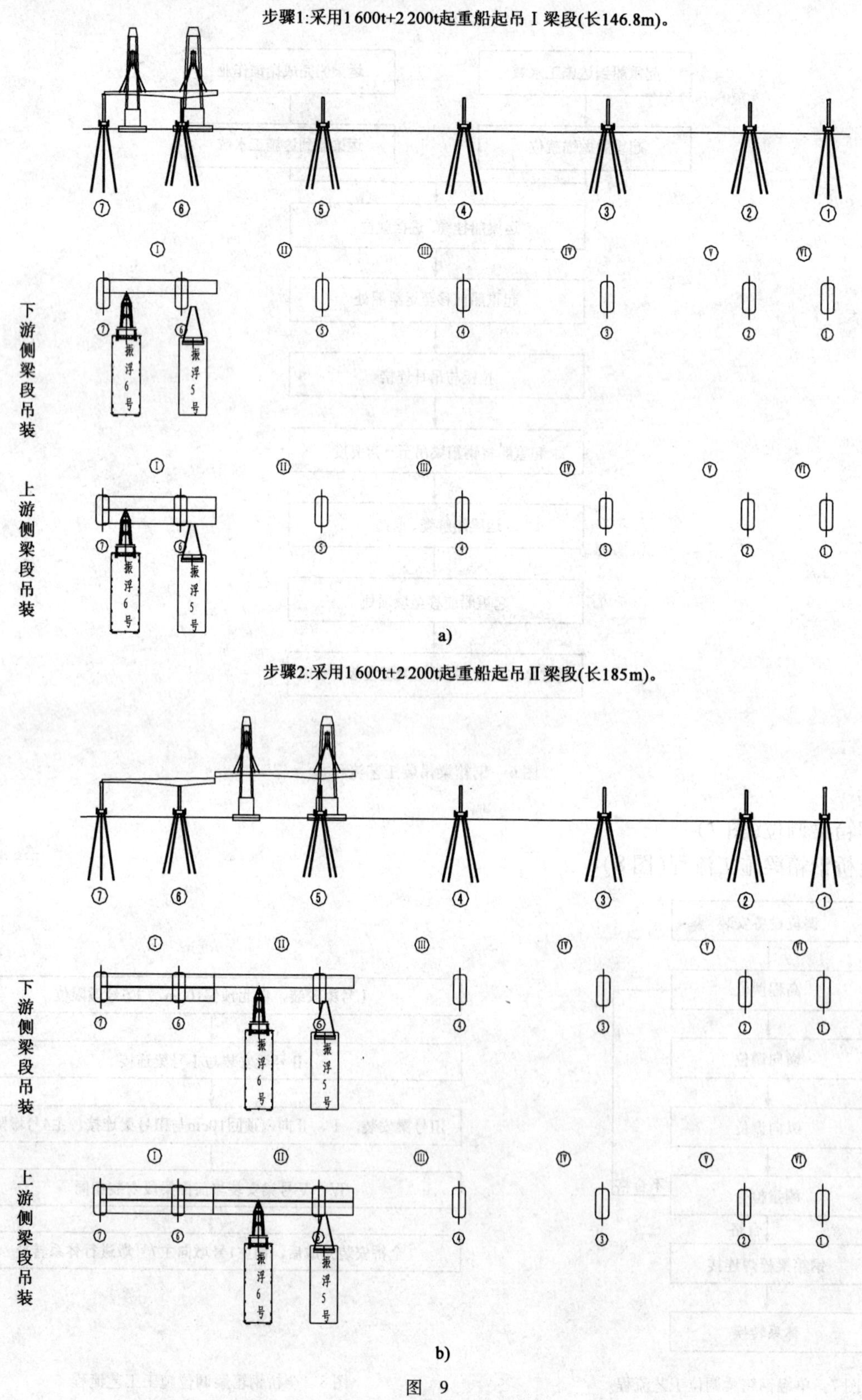

图 9

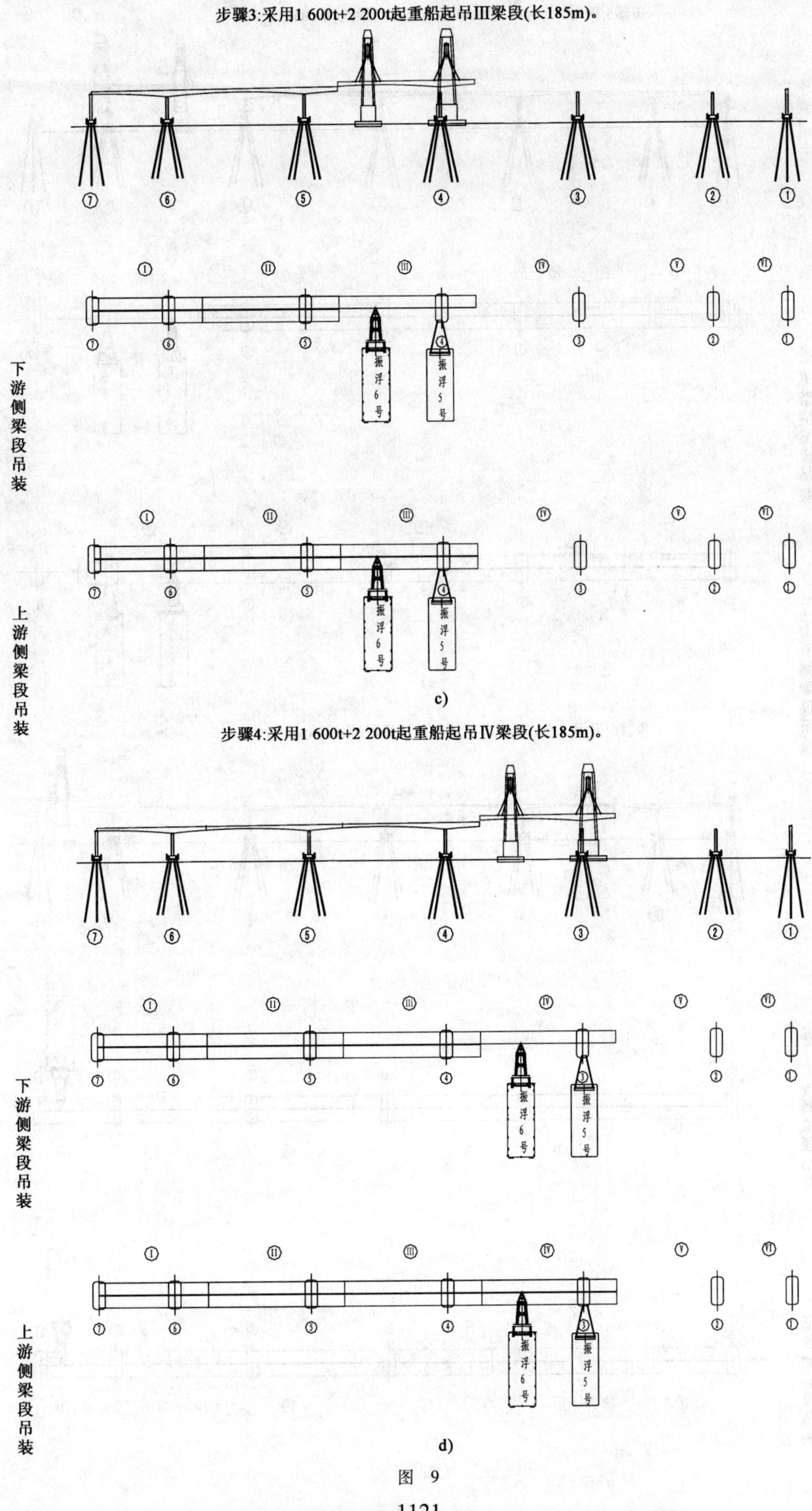

步骤3:采用1 600t+2 200t起重船起吊Ⅲ梁段(长185m)。
下游侧梁段吊装
上游侧梁段吊装
振浮6号
振浮5号
c)
步骤4:采用1 600t+2 200t起重船起吊Ⅳ梁段(长185m)。
下游侧梁段吊装
上游侧梁段吊装
振浮6号
振浮5号
d)

图 9

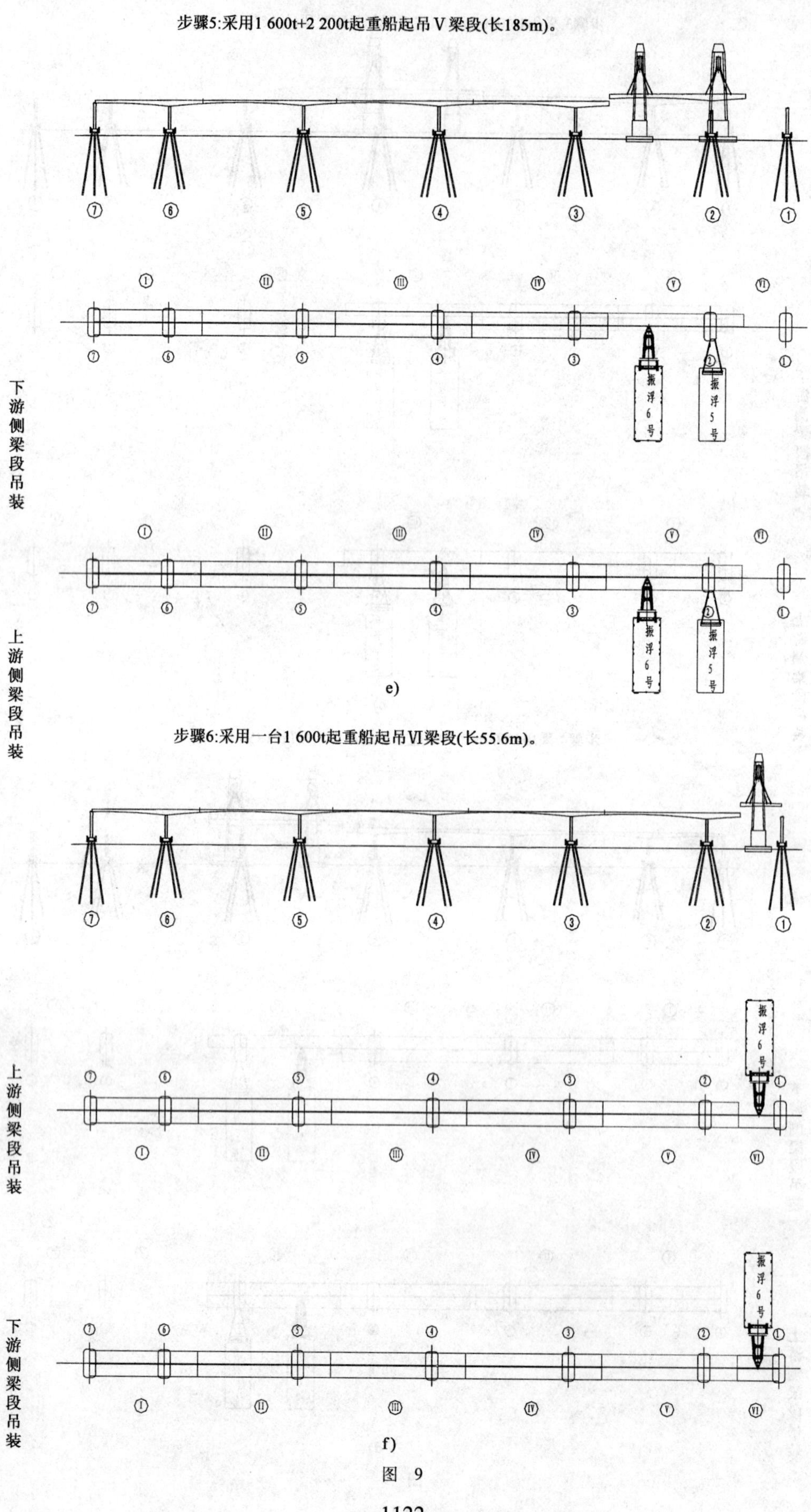

步骤5:采用1 600t+2 200t起重船起吊Ⅴ梁段(长185m)。
⑦ ⑥ ⑤ ④ ③ ② ①
Ⅰ Ⅱ Ⅲ Ⅳ Ⅴ Ⅵ
振浮6号
振浮5号
下游侧梁段吊装
上游侧梁段吊装
e)
步骤6:采用一台1 600t起重船起吊Ⅵ梁段(长55.6m)。
⑦ ⑥ ⑤ ④ ③ ② ①
振浮6号
上游侧梁段吊装
下游侧梁段吊装
Ⅰ Ⅱ Ⅲ Ⅳ Ⅴ Ⅵ
f)

图 9

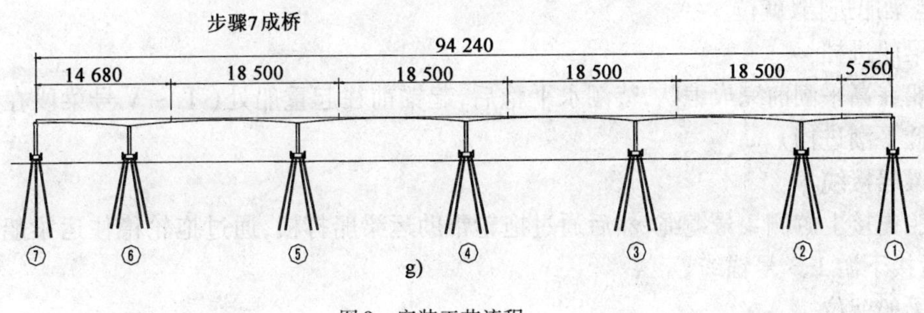

图9 安装工艺流程

5.2 施工要点

1)钢箱梁吊装施工要点

(1)起重船抛锚定位

①起重船抛锚

起重船到达桥区后,在下游完成编队,由两艘抛锚艇配合完成起重船抛锚作业,抛锚时,采用 GPS 定位。

②起重船与垫档船绑扎

起重船与垫挡船绑扎应牢固,前后四个角绑扎完成后,应严格检查。

③起重船调位

通过 GPS 测量起重船四个角点坐标,通过锚缆调整起重船船位,见图 10。

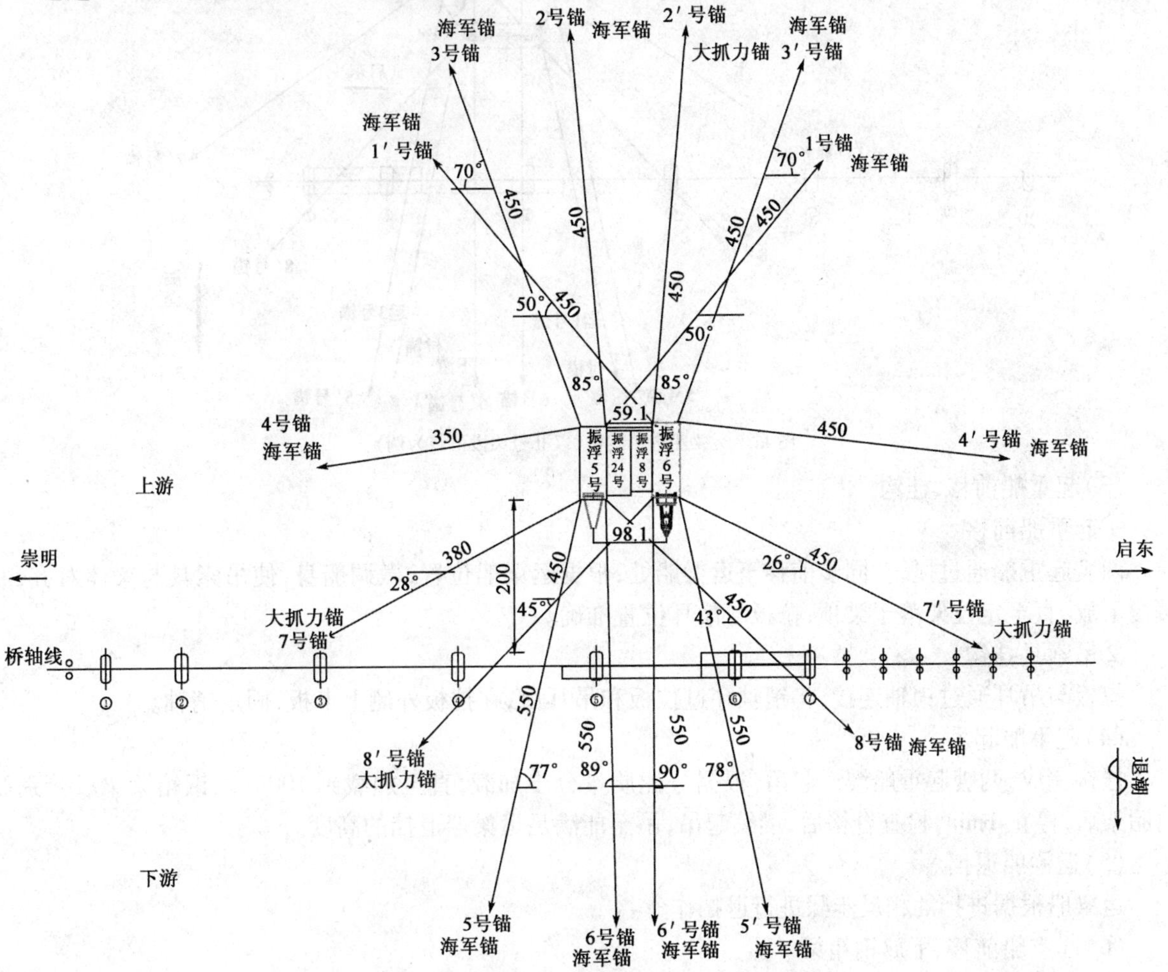

图10 起重船锚位图(以Ⅱ号梁段吊装为例)(尺寸单位:m)

(2)运梁船进挡、就位

①运梁船进挡

运梁船在高平潮前完成编队,待潮水平稳后,起锚前往起重船处(Ⅰ~Ⅴ号梁段在高平潮进挡,Ⅵ号梁段在低平潮进挡)。

②运梁船接缆

运梁船先接上游侧2号缆绳,然后通过拖轮帮助运梁船打横,通过拖轮稳住运梁船,接上游侧4号缆绳,最后接下游1、3号锚缆。

③运梁船就位

待所有锚缆连接完成,微调船身,使船身平行于起重船,同时收紧四边缆绳,见图11。

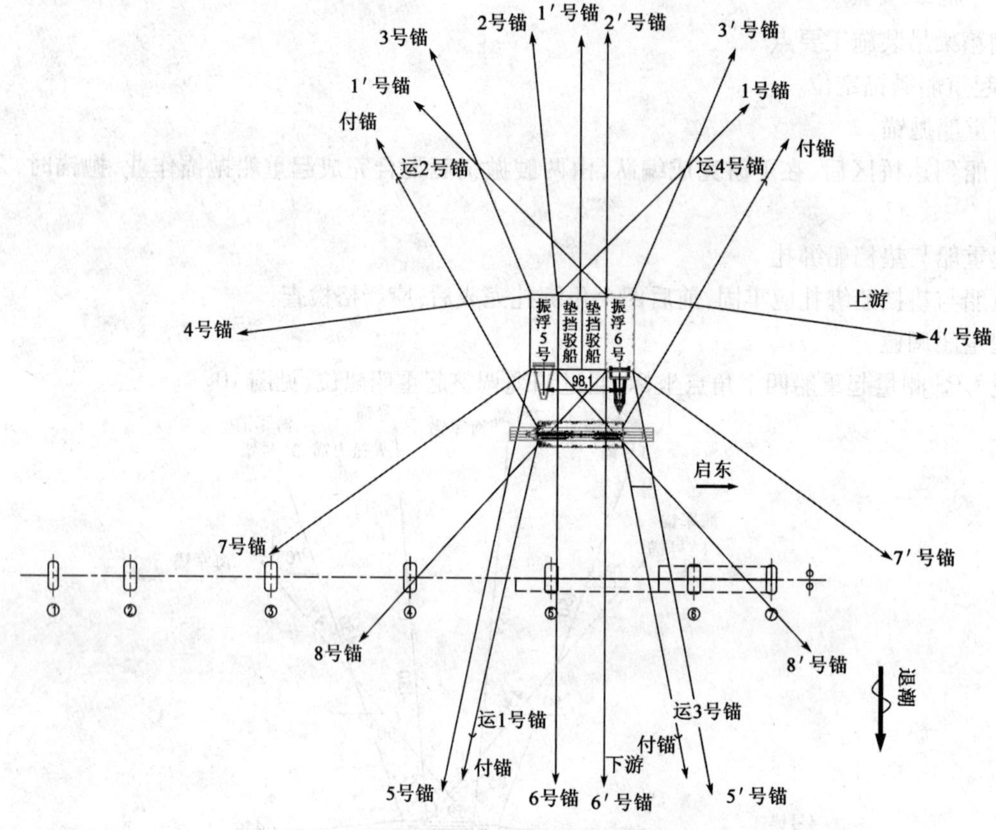

图11　运梁船进挡就位(以Ⅱ号梁段吊装为例)

(3)起重船前移、挂钩

①起重船前移

两艘起重船通过搅缆,同步前移至运梁船处,根据运梁船位置,微调船身,使吊索具与梁体对齐,并缓慢下放,直至定位架落于梁顶,拉板与吊耳位置准确。

②吊索具挂钩

拉板与吊耳通过销轴连接,将销轴穿过拉板和吊耳后,在拉板外侧上卡板,固定销轴。

(4)起重船起吊

挂钩完成,两艘起重船缓慢起吊,根据分配质量分步加载,直至加载到100%。钢箱梁梁段分别脱离胎架后,停止1min,检查合格后,继续起吊,吊至能满足运梁船退挡的高度。

(5)运梁船退挡

运梁船根据进挡的相反步骤进行退挡作业。

(6)起重船前移、下放钢箱梁

①起重船前移

运梁船退挡完成后，两艘起重船先同步前移150m，在离墩50m处停止，然后提升钢箱梁高于墩顶1m处，再同步前移至墩顶。

②钢箱梁下放

起重船移至墩顶处，待安梁体离已安梁体50cm处，由南侧向北侧缓慢进入，见图12。

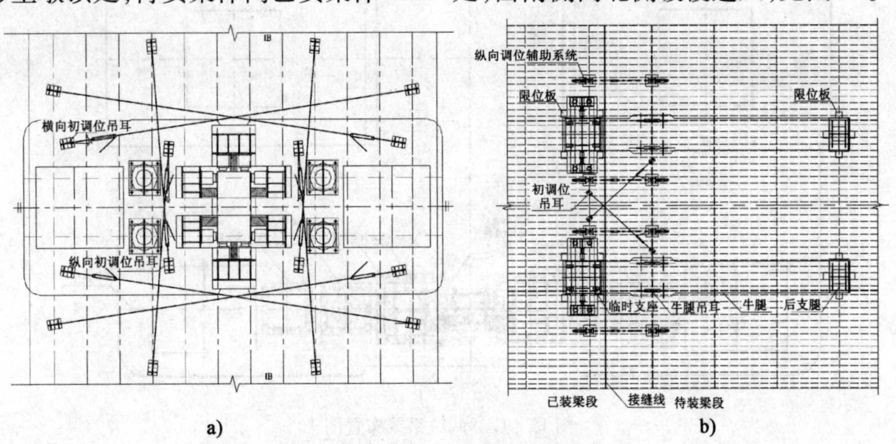

图12 墩顶和梁顶牵引装置

a)墩顶牵引装置；b)梁顶牵引装置

a. 梁体移至墩顶后，通过墩顶10t手拉葫芦和墩顶引导装置，将钢箱梁落于永久支座上。

b. 梁体移至梁顶后，通过梁顶10t手拉葫芦，将钢箱梁落于临时支座上。

2)钢箱梁调位施工工艺

(1)调位系统的布置

根据钢箱梁调位需要，分别在墩顶及梁顶分别布置了调位系统。

①A类调位系统为主7号墩墩顶调位系统，见图13。

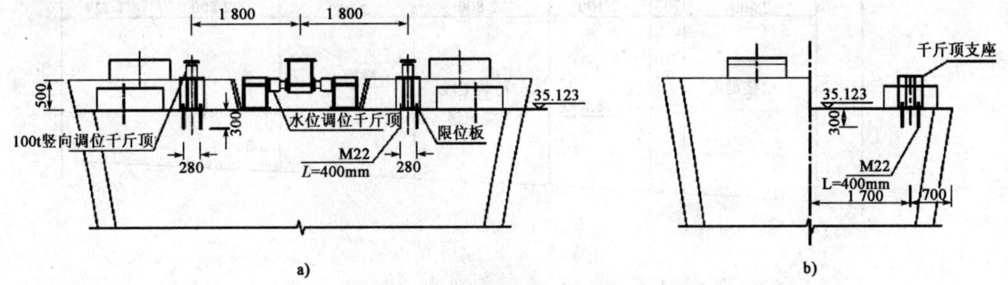

图13 A类调位系统布置图(尺寸单位:cm,高程单位:m)

a)横桥向布置图；b)顺桥向布置图

②B类调位系统为主2～主6号墩墩顶调位系统，见图14。

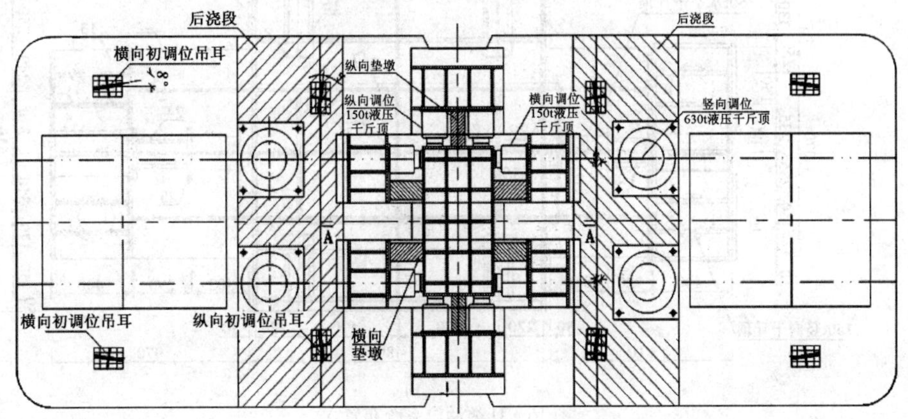

图14 B类调位系统布置图

③C 类调位系统为主 1 号墩墩顶调位系统,见图 15。

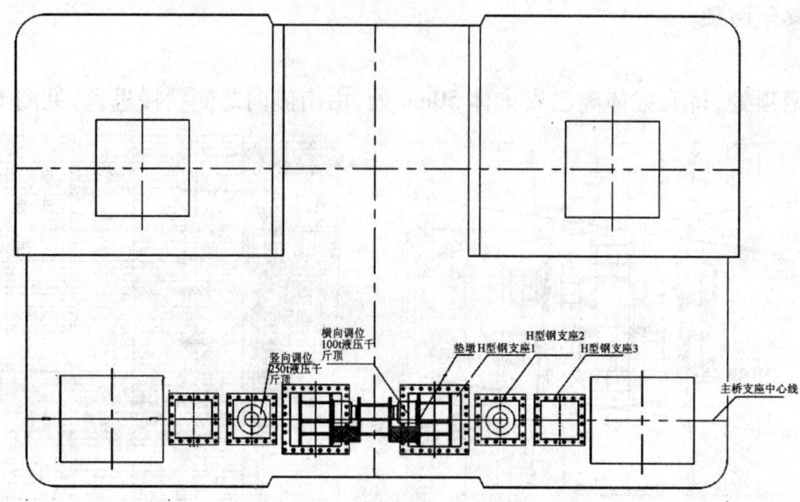

图 15　C 类调位系统布置图

④D 类调位系统为梁顶 1 ~ 6 号匹配口调位系统,见图 16。

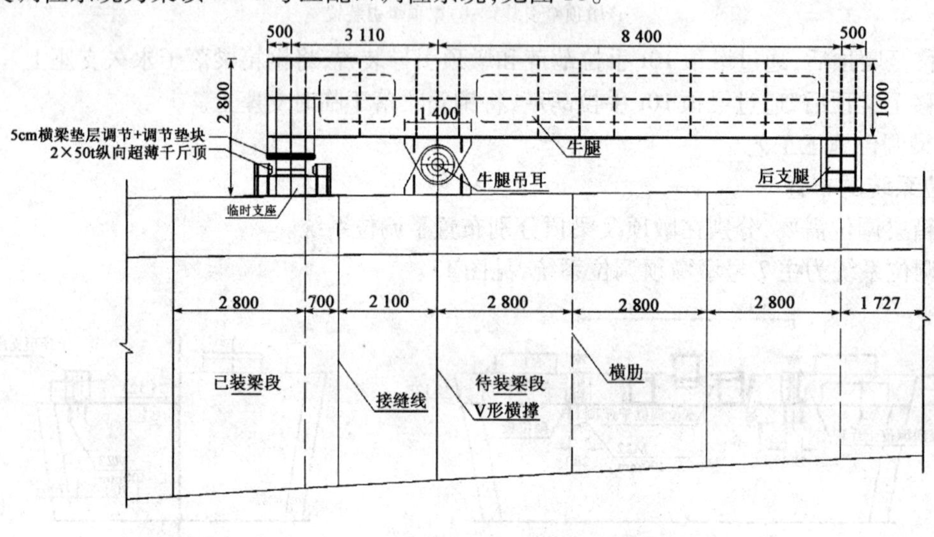

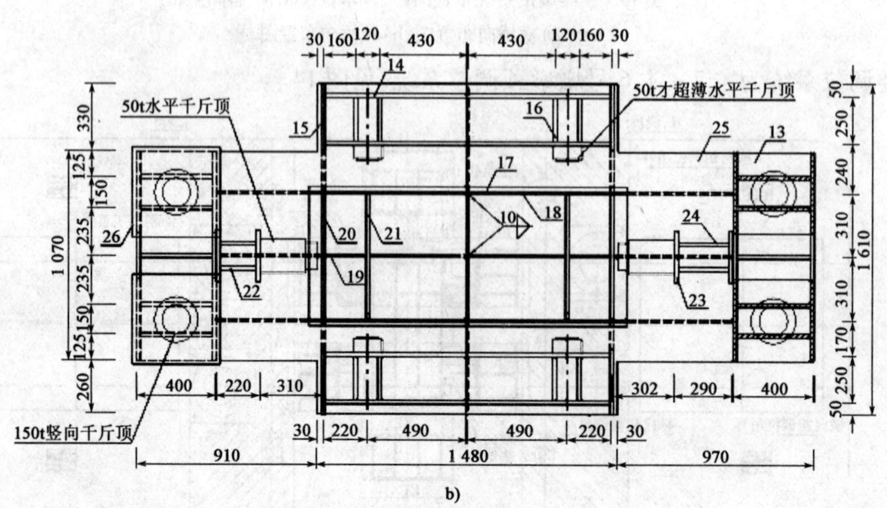

图 16　D 类调位系统布置

a)接缝处调位系统布置;b)调位支座布置

(2)调位顺序

①高程调位

a. 实测墩顶高程,根据实际值与理论值的差值进行调整。

b. 先将两端匹配口调平,再进行实测,根据实际值与理论值的差值进行调整。

②横向调位

a. 实测墩顶横向偏位,通过墩顶横向调位千斤对梁体进行调位。

b. 通过墩顶横向千斤顶将待安梁段调至与已安梁段齐平。

③纵向调位

通过墩顶纵向调位千斤顶,将待安梁段向已安梁段顶推,直至匹配口纵向吻合。

(3)调位要求

①如钢箱梁调位未能调到位,应根据现场实际情况,再次进行调位,直至匹配口完全吻合。

②调位时,千斤顶及油泵车的操作应安排专人进行,操作时,应满足操作规范要求。

③调位时,如发生异常响动,应立即停止调位,认真检查无误后,再继续进行。

④箱梁调位时,4 台千斤顶由同一泵站并联,同步控制,确保各顶受力顶升同步,千斤顶及液压泵站系统见图 17。

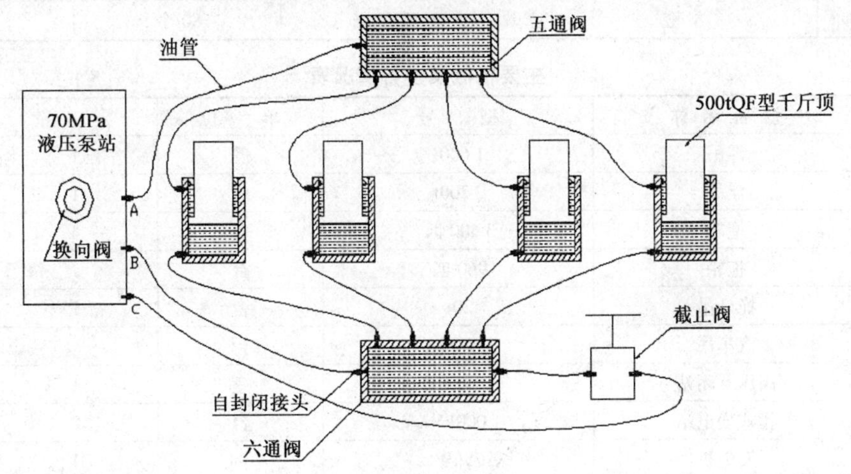

图 17　调位千斤顶控制系统

(4)栓焊连接

①高强螺栓连接

钢箱梁调位完成后,匹配口进行栓焊连接。其钢箱梁底板和腹板之间的连接用高强螺栓,扭剪型高强度螺栓连接副的拧紧分初拧、复拧和终拧,分别用专用扳手进行。初拧采用定扭矩扳手,终拧用专用扳手进行。初拧和复拧完成后,用专用扳手进行拧紧,直至拧掉螺栓尾部梅花头,完成高强螺栓终拧。对于个别不能用专用扳手进行终拧的扭剪型高强度螺栓,按扭矩法进行施拧。

高强螺栓的拧紧顺序是先底板、再腹板、最后 U 肋,从螺栓群中间向外侧进行施拧,并在当天全部终拧完毕。施拧时,不能采用冲击拧紧和间断拧紧,拧紧顺序见图 18。

②顶板焊接

栓接完成后,顶板定位焊采用手工焊或 CO_2 气体保护焊。顶板对接焊缝采用 CO_2 气体保护焊打底,埋弧自动焊填充、盖面。顶板环焊缝从桥中轴线向两侧对称施焊。顶板安排 6 个焊工焊接,做到对称同步打底焊(图 19)。顶板打底焊焊完后,用两台埋弧自动焊机(4 个焊工)对称焊接顶板盖面焊缝。

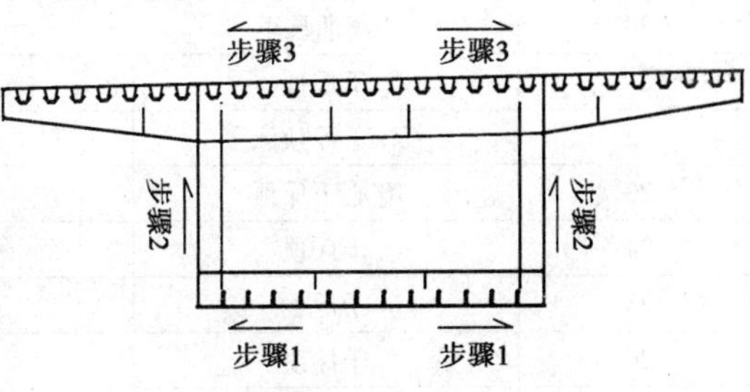

图 18　高强螺栓拧紧顺序示意图

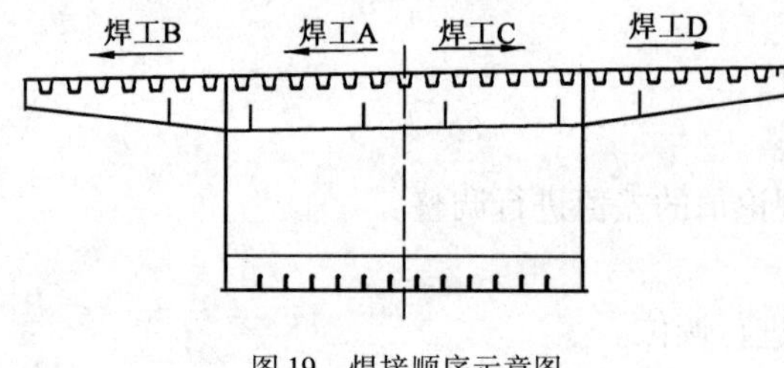

图19　焊接顺序示意图

(5)体系转换

Ⅴ~Ⅵ号大节段全部栓焊完成后，进行支撑体系转换。

支撑体系转换从Ⅵ号梁段开始，即在①、②墩顶用千斤顶顶起梁段约10mm，抽出永久支座上的MGE滑板，清理永久支座上表面及钢箱梁接触面的残留物及污渍后安装上支座板螺栓即完成一个梁段的支撑体系转换。用同样的方法进行相邻梁段的支撑体系转换，直到全部支撑转到永久支座上为止。

6　材料与设备

本工法除主体结构外，主要材料为吊具及加固材料，主要材料使用见表1，主要机械设备见表2。

主要材料情况表　　表1

序　号	主要材料名称	材料规格	数　量	备　注
1	钢材	Q345	389t	吊具及加固材料
2	钢丝绳	—	2 000m	吊具
3	滑轮	Q345B	80个	吊具

主要机械及设备情况表　　表2

序　号	设备名称	型　号	单　位	数　量	备　注
1	浮吊	1 600t	艘	1	
2	浮吊	2 200t	艘	1	
3	拖轮	3 600匹	艘	4	
4	拖轮	960匹	台	2	
5	桅杆吊	20t	台	1	
6	汽车吊	QY-25A	台		
7	高压开闭站	10 000V	座	1	
8	箱式变电站	1 000kVA	台	2	
9	发电机	75kW	台	1	
10	运输船	3 000kN	艘	1	
11	载重车	CQ1262T	辆	1	
12	电焊机	BX1-500-2	台	3	
13	气割设备		套	5	
14	GPS全球定位系统	莱卡SR530	套	1	
15	全站仪		台	1	
16	电子水准仪	$LeicaNA_2$	台	1	
17	测深仪	SDH-13D	台	1	
18	流速仪	LS-25	台	1	
19	交通船	600kN	艘	1	
20	4阀油泵车	70L	台	4	
21	千斤顶	800t	台	4	
22	千斤顶	250t	台	2	
23	穿心千斤顶	150t	台	8	
24	千斤顶	150t	台	16	
25	千斤顶	100t	台	2	
26	千斤顶	50t	台	4	
27	超薄千斤顶	50t	台	8	

7 质量控制

整跨(大节段)钢箱梁吊装施工符合以下规范要求:

(1)《公路桥涵施工技术规范》(JTJ 041—2000)。

(2)《公路工程质量检验评定标准》(JTG F80—2004)。

(3)《公路工程施工安全技术规程》(JTJ 076—1995)。

(4)《公路全球定位系统(GPS)测量规范》(JTJ/T 066—1998)。

(5)《工程测量规范》(GB 50026—2007)。

(6)《重要用途钢丝绳》(GB 8918—2006)。

(7)《起重机械安全规程》(GB 6067—1985)。

(8)《起重机设计规范》(GB/T 3811—2008)。

(9)《起重滑车安全要求》(GB 13308—1998)。

(10)《中华人民共和国水上航行警告和航行通告管理规定》。

8 安全措施

自始至终坚持“安全第一,预防为主,科学管理,狠抓落实”的安全工作方针,加强人员安全教育,加强设备检查,认真做好施工水域船舶管理,做好各项预防措施。具体如下。

8.1 施工船舶安全

(1)定期进行船舶设备检查、保养。并落实相关人员,做好检查记录。

(2)对船舶施工作业人员应长期培训,做好安全教育工作。

(3)水上施工船舶严格执行项目经理部的各项安全制度,执行当地航政、港监部门的规定和交通部规定的船舶管理制度。

(4)施工过程中所有船舶接受统一管理,统一指令。

(5)施工前对作业人员进行技术交底。

(6)起重船及运梁船所用锚缆,应严格检查,发现问题应立即更换。

(7)施工中,如发现走锚等现象,应立即处理。

8.2 起重安全

(1)吊索具严格按相关规范要求取用安全系数,保证其使用安全。

(2)定期对吊索具进行检查。

(3)在起吊中应严格执行安全操作规程,指挥起吊时,信号必须统一。

(4)起吊钢箱梁前对拉板与吊耳连接处进行认真的检查,做到安全可靠,万无一失。

(5)起吊时,钢箱梁底部严禁有人。

(6)每次吊装前,应安排专人收集气象、水温资料,如遇 7 级风,则立即停止一切施工作业。

(7)钢箱梁下放时,应缓慢进行,注意人员安全,待安梁段不得碰撞已安梁段。

8.3 调位安全

(1)对调位操作人员进行岗前培训,并做好技术交底。

(2)调位设备派专人进行管理、操作,并做好定期保养。

(3)作业人员不得违规操作。

(4)顶升时,非作业人员不得靠近千斤顶。

(5)顶升时,注意观察千斤顶是否与顶升面平行,过程中,如发生异响,应立即停止顶升,进行检查。

8.4 航道安全

(1)为确保钢箱梁施工期间航道的正常通行,在桥区上、下游各1000m处分别设置一艘警戒船。

(2)钢箱梁吊装期间,海事派2艘海巡艇进行航道维护。

(3)在吊装Ⅲ号梁段时,需进行临时封航。

(4)每次吊装前,发布航行公告。

(5)因钢箱梁施工,需航道更替,在更替前后发布通告,并在航道处设置警示标志。

(6)在施工水域设置警示灯,防止过往船舶撞击桥墩。

9 环保措施

(1)成立以项目经理为组长的施工环境卫生管理机构,在工程施工过程中严格遵守国家及地方政府下发的有关环境保护的法律、法规和规章,加强对施工燃油、工程材料、设备、废水、生活垃圾、废油等的控制和治理,遵守有关防火及废弃物处理的规章制度,做好交通环境疏导,充分满足便民要求,随时接受相关单位的监督检查。

(2)按照文明标准化工地要求规划和建设好临时设施,布置合理,规范围挡,做到标牌清楚、齐全,各种标识醒目,施工场地整洁文明。

(3)对施工中可能影响到的各种公共设施,制订可靠的防止损坏和移位的实施措施,加强实施中的检测、应对和验证。同时,将相关方案和要求向全体施工人员详细交底。

(4)制订废油等废旧材料的处理方案,不得随意倒入沟渠或河流。生活垃圾不得乱扔乱倒,要集中收集处理。

(5)对驻地和施工现场要定期进行清扫,材料按规格型号堆码整齐。

(6)使用高效率低噪声的施工设备,加强设备维护保养,工地实现遮挡,晚上避免噪声扰民。

(7)顶推设备防止漏油,对接头位置需用面纱和沙土进行处理,防止对结构或土壤的污染。

(8)按照企业现场考评内容及考评标准,定期对现场进行考评,对每次考评结果予以公布,并对未能达到考评标准的部门,发出整改通知,予以通报。

(9)现场生活区要求整洁干净,认真制订生活和环境卫生管理制度,搞好职工宿舍和食堂饮食卫生,加强污水的排放管理及垃圾处理工作。做好施工现场管理,周围居民和闲杂人员不得进入施工区域内,未经业主同意批准,外部任何单位和个人不得进入工地。

10 资源节约

本工法在产品及工艺设计上满足国家或地方(行业)节能标准要求;而且与常规施工工法相比,更节省工期和资源。

(1)工法中设计研发的带可组合式吊架的自调整拉索装置,有效节省起吊的时间和施工机械的台班并确保安全。

(2)与传统的挂篮现浇和小节段拼装施工方法相比,本工法施工设备先进,计算机集中控制自动化高,安全可靠,大大提高了效率,节省了资源,节省工期约10个月,为工法在工程中的推广应用打下坚实的基础。在以下资源方面得到节约:

1 600t 浮吊:	300 台班
2 200t 浮吊:	300 台班
拖轮:	1 800 台班
顶推设备及泵站:	8 台套
钢管等周转钢材:	5 000t
人工 40 人:	12 000 工日

11　效益分析

11.1　社会效益

大跨度钢箱梁桥架设采用大型起重船舶，整跨架设，作业效率高、设备数量需求相对较少，施工组织容易，安装顺序可根据下部结构施工进展自由安排，架梁作业周期短，应变能力强，可靠性高。采用整跨架设的施工方法可避免海上大风、大雾引起的工期延误，施工速度快。该工法在国内尚未见报道和应用，处于技术领先水平。同时研发了自平衡吊索具系统，成功地解决了各吊点力不均衡问题。

整跨(大节段)钢箱梁吊装施工工法可以广泛应用于跨江、跨海特大型桥梁施工中，大大减少水上或海上的施工作业内容，将部分现场施工转为厂内加工，大大提高施工质量和施工速度、降低了施工风险；同时，下部结构与上部结构可同步平行作业，缩短了工期；整跨钢箱梁预制吊装无论在施工质量还是在施工速度方面都有很大的优势，这给桥梁工程大节段建造技术带来了广阔的前景，推动了我国桥梁建设事业的进一步发展。

11.2　经济效益

与传统的挂篮现浇和小节段拼装施工方法相比，节约工期10个月，箱梁施工期间浮吊、运输船、搅拌船等大型设备的月租金及人员为200万元，设备及人力资源可节约可达到2 000万元，经济效益显著。

12　应用实例

1)工程概况

“整跨(大节段)钢箱梁吊装施工工法”在国内最大跨径的连续钢梁桥——崇明至启东长江公路通道工程(江苏段)中应用，该桥主桥为双幅102m + 4 × 185m + 102m的六跨连续钢箱梁桥，主跨跨径为185m，无论联长还是单跨跨径均为国内第一，桥梁结构示意见图20。主梁采用双幅变截面直腹板钢连续箱梁，全桥梁宽33.2m。钢箱梁边跨端部梁高3.5m，中跨跨中梁高4.8m，主墩处根部梁高9.0m，根部梁高与中跨跨径比值为1/20.6。钢箱梁单幅梁宽16.1m，箱体宽度7.5m，梁底曲线采用二次抛物线。两幅主梁间设置1m的间隙。根据主桥跨度、钢箱梁结构设计(不改变小节段划分)、起重船起吊性能参数等因素，全桥钢箱梁分为6 × 2 = 12个大节段钢箱梁，146.8m有2个节段，185m有8个节段，55.6m有2个节段。分别在厂内组装，然后整体运输至现场采用浮吊整跨安装。本工程于2010年10月开始吊装，2011年3月顺利吊装完成。

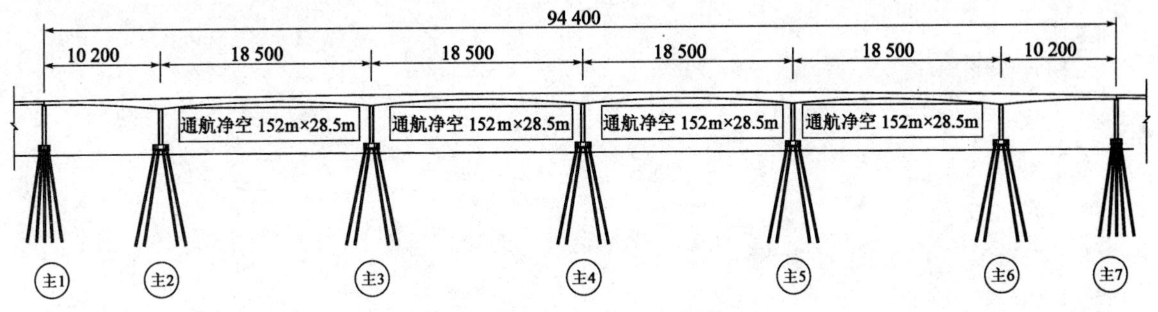

图20　桥梁结构示意图(尺寸单位：cm)

2)应用效果及评价

“整跨(大节段)钢箱梁吊装施工工法”为崇启大桥主桥优质、安全、高效、精准地实施钢箱梁的架设提供完备的整套技术，其中两艘起重船联合吊装185m大节段钢箱梁、自平衡吊装系统、三向调位系统及与之配套的调位与匹配技术等的研发和应用为国内首创。该工法取得了显著的经济效益和社会效益，对我国桥梁建设向“大型化、工厂化、装配化”迈进起到重要的示范作用，具有很强的推广和应用价值。其应用效果与先进性如下：

(1)基于结构受力要求和国内现有制造安装水平,首次系统提出了变截面连续钢箱梁桥制造及架设精度标准;基于几何控制法理论,建立了适于整跨架设的设计→制造→运输→架设全过程控制方法和控制系统,实现了主梁高程误差≤$L/9\,250$高精度的控制效果。

(2)首创了大跨变截面连续钢箱梁无合龙段的整孔逐跨架设技术,避免了复杂的合龙段施工工序,提高了架设精度;在国内首次研发了两艘起重船联合吊装整跨钢箱梁技术,解决了超长、超重梁段的吊装难题,并获得了两项国家级实用新型专利。

(3)针对整跨钢箱梁的高空、高精度调位与拼接难题,研发了集钢箱梁临时连接与调位于一体的牛腿构造及接缝口连接技术,保证了高强螺栓100%通过率,精度在2mm以内,并获得了一项国家级实用新型专利。

本工程新技术、新工法的应用受到了社会各界的高度关注和好评,提高企业施工水平和形象,给桥梁工程大节段建造技术带来了广阔的前景,推动了我国桥梁建设事业的进一步发展。

组合拱桥陆上整体拼装施工工法

GGG(中企)C3127—2013

周光强 舒大勇 姚 平 杨绍斌 詹光善
(中交第二航务工程局有限公司 中交二航局第二工程有限公司)

1 前言

随着改革开放的不断深入,我国桥梁建设取得了突飞猛进的发展,公路桥梁向着美观、大跨、轻型的方向发展,因此公路桥梁具有使用和美观两大功能,既要满足交通使用的要求又要满足人们观赏、改变环境景观的要求。杭州九堡大桥就是顺应这种潮流而设计的,结构新颖美观,但同时拼装施工相当困难,特别是拱肋副拱为空间扭曲线形,更是增加了整体拼装难度。

大型拱桥整体拼装多见于水上或峡谷,采用缆索吊、拱上吊机或转体施工等常规方式进行梁段的拼装施工。陆上拱桥安装绝大多数是在岸上直接搭设满堂拱架进行节段拼装或节段混凝土浇筑而成型。杭州九堡大桥是钱塘江上三跨连续组合拱桥,桥位受航道、水面宽度1.7km、强涌潮水文条件等影响,采用支架法或缆索吊等常规方法无法满足现场施工要求。如果在钱塘江上架设支架安装外倾拱肋和主梁,施工困难也不经济,因此选择合适的施工工艺就尤为重要。施工单位中交二航局开展科技创新活动,提出采用三跨拱梁陆上整体安装然后顶推至江中就位安装这一先进施工工艺,转江上不利条件为陆上施工,利用大型龙门吊作为主要的吊装设备配合临时少支架完成陆上整体拼装的施工任务。陆上拱桥一般规模较小,如此3×210m跨径的组合拱桥在陆上整体安装还没有成功经验借鉴,采用龙门吊配合少支架安装这一先进工法填补了陆上桥梁施工领域的空白,而且在国内桥梁工程施工中采用如此超高大型龙门吊安装拱桥尚属首次。这一工法相比在桥位区采用缆索吊安装或桥位区支架配合大型浮吊吊装法更安全、合理、可靠,促进了拱桥施工中整体拼装技术的发展,取得了良好的社会效益和经济效益,值得推广应用。

2 工法特点

(1)变水上施工为陆上施工条件,施工作业区集中、固定,有利于质量和安全的有效控制,便于组织工厂化生产模式。

(2)三跨拱梁的拼装只需设置一跨拱梁拼装平台及一台大型龙门吊,相比缆索吊装或浮吊安装法,安装设备及支架材料更省。

(3)大型龙门吊整体吊装在陆上施工,安全、平稳;采用大节段安装法,有效保证了质量,实现了快速化施工。

(4)吊装调位采用龙门吊配合手压泵式三坐标组合横移镐,可以进行低高度、短距离的垂直方向(Y)、横向(X)和纵向(Z)的精确位移,其工作效率高、劳动强度低、操作方便。

(5)工厂化生产,有利于组织管理,工作效率高,设备利用率高,劳动强度低,节约设备投入和劳动力投入。

3 适用范围

本工法适用于一跨或多跨大跨径桥梁陆上整体安装施工。

4 工艺原理

利用大型起重设备龙门吊配合少支架法实现大节段吊装,并采用手压泵式三坐标组合横移镐配合测量和监控达到精确定位的目的。施工前,通过建立三维模型进行施工仿真分析,计算各支架的平面位置以及高程,并计算出各节段监控点的理论坐标值,而且需完成异形拱肋等的临时支座设计。主梁和拱肋均采用从两边向中间合龙的方式进行,合龙段采用温度配切合龙方案,即调整合龙口两侧梁段,通过对现场合龙口的监测,确定合龙时机和合龙梁段的长度,对合龙梁段进行配切(改变梁段长度)。

5 施工工艺流程及操作要点

5.1 施工工艺流程

施工工艺流程见图1。

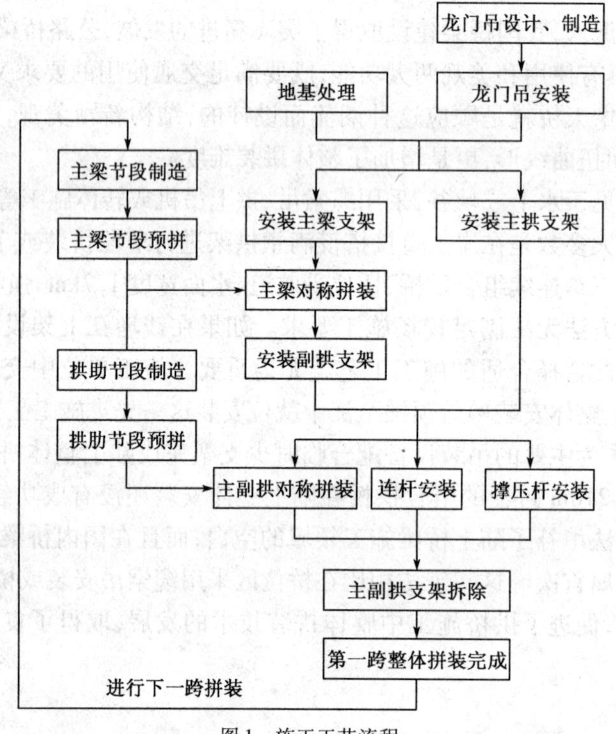

图1 施工工艺流程

5.2 操作要点

1)龙门吊安装施工

本工法采用75m高、61.5m宽、起重能力120t的DCS120/30-60×75型超高大型龙门吊作为主要起重设备,该龙门吊为双主梁、双刚性支腿、单小车、全桁架结构,最大安装高度(自大车轨面起)为86.5m。主要组成部分为主梁、支腿、起重小车、大车走行机构、爬梯、施工升降机等。连接方式除主梁为销接外,其余全部为栓接。整机总质量为651t。

龙门吊安装通常采用门架提升安装和整体吊装两种,经方案比选采用大型履带吊分节段整体吊装,可连续作业,提高功效。综合考虑现有场地和吊车性能,将龙门吊支腿分为上下两节,吊装下支腿与拼装在地面上的行走机构对位,连接固定后系好临时缆风;吊装上支腿,利用下支腿走道板把上、下支腿用突缘连接,最后拉好缆风绳临时固定;两根大梁分别吊装到两支刚性支腿上(图2),连接固定,最后把维修吊和上小车吊装到大梁上形成一个整体。升降机按常规方法由汽车吊配合安装。

2)拱梁支架安装施工

对于大跨径拱梁整体拼装施工,本工法采用先梁后拱配合少支架法架设安装成型(拱桥少支架法示意图见图3)。拱梁支架共分为三种类型:主梁支架、主拱支架和副拱支架,单个支架均在地面卧拼成型,然后利用常规起重设备或龙门吊整体吊装支立完成。

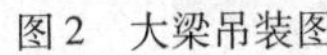
图2 大梁吊装图

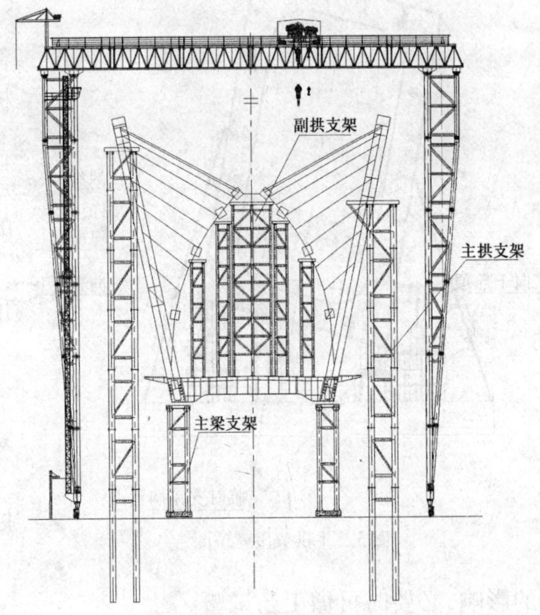

图3 拱桥少支架法示意图

施工中具体要求如下:

(1)本工法涉及的支架个数较多,因此,通过CAD三维放样的支架平面位置以及高程等必须计算准确并在施工中严格控制。

(2)支架是拼装过程中拱肋及梁的主要承力结构,必须严格计算并复核确定结构受力情况。

(3)各支架的受力较大,高度较高,必须确保其稳定性和沉降量均满足要求。

(4)拱肋支架较高,必须严格控制其垂直度。

(5)各支架为格构式缀板柱结构,均采用焊接装配,其焊缝质量必须满足设计要求。

(6)支架设计时必须兼顾支架拆除时的可操作性和方便性。

3)节段吊装施工

结合现场实际情况,钢结构制造前需要进行吊装节段划分,主要划分原则是在满足设计要求的前提下节段数量尽量少,尽可能减少高空工作量。吊点及钢丝绳长应在满足受力的前提下尽可能保证起吊后的姿态即为安装姿态(主拱吊装图见图4)。

施工要点如下:

(1)在满足设计要求的前提下结合现场施工工艺,包括起重能力、运输条件、节段数量最少等,制订出最优的节段划分方案。

(2)利用三维建模进行吊装工艺设计,准确计算出吊点位置、吊耳角度、吊装钢丝绳长等。

(3)节段共设置四个吊点,根据吊点受力大小需配备手拉葫芦(或调节杆),以便节段就位时通过调整手拉葫芦来改变节段姿态,从而能够顺利就位。

(4)手拉葫芦吊点位置需配备足够安全系数的保险绳。

(5)每个吊装节段需配备四根缆风绳,防止吊装过程中的大幅度摆动。

(6)吊装就位时应保证四个支撑点同时平稳受力。

图4 主拱吊装图

(7)吊装就位后应拉好临时缆风(主拱节段就位见图5)。

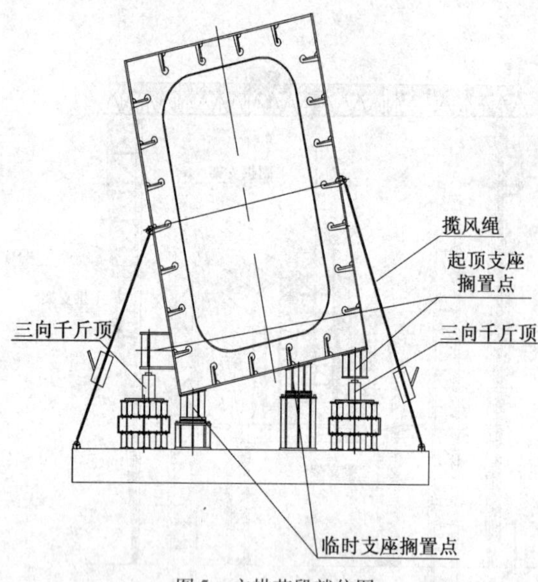

图5 主拱节段就位图

4)节段调位

节段吊装后支撑在拼装支架上,需要进行高程、里程(纵向)及横向精确调位,调位主要采用手压泵式三坐标组合横移镐(横移镐调位图见图6)。

施工要点如下:

(1)调位是一个循序渐进的过程,需在测量及监控的配合下反复调整,直至各点数据均符合要求。

(2)调位需由专人统一指挥,同步调整,确保各千斤顶的顶升速度及受力基本一致。

(3)调位时节段顶升高度不宜超过2cm。

(4)调位时随时保持临时缆风即5t手拉葫芦为持紧受力状态。

(5)调位过程中时刻监测支架沉降量≤3mm,严格控制安装精度。

(6)各监控点数据应充分考虑温度变化和焊接工艺等的影响,必要时可做工艺试验。

(7)调位完成后需即时用马板固定(主纵梁顶板马板见图7)。

(8)各节段需进行匹配制造及预拼装,确保安装精度。

图6 横移镐调位图

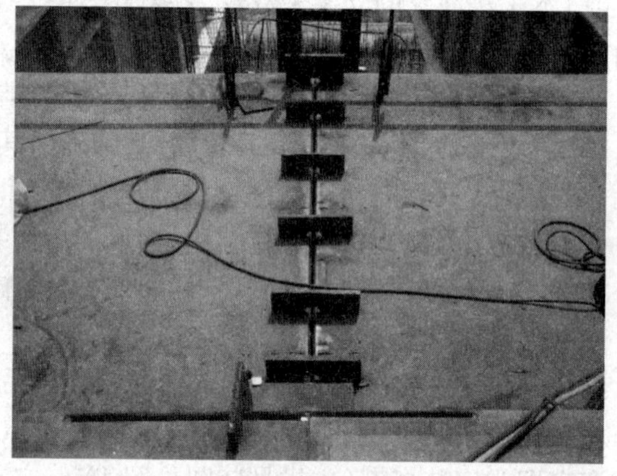

图7 主纵梁顶板马板图

5)合龙段施工

合龙段采用温度配切合龙方案,具有经济、方便、快捷等特点,其施工要点在于:调整合龙口两侧梁段,通过对现场合龙口的监测,确定合龙时机和合龙梁段的长度,对合龙梁段进行配切(改变梁段长度),用龙门吊起吊,手拉葫芦配合吊入合龙口。

合龙口监测需选择合适的气象条件(温度稳定、无日照),每间隔2h测量一次合龙口间距及相邻箱梁的高程以及安装偏差,同时测量大气温度、箱梁内表温度,连续观测36h,掌握相关参数的变化规律及合龙口的正确性。根据监测结果,下达合龙段余量切割指令。

6)安装线形测量与监控

根据实际情况和拼装工艺,原大桥控制网点无法满足拼装过程的测量监控,根据拼装场地地形和精度控制要求设置强制对中加密点,在拼装之前对该施工控制网采用GPS卫星定位静态测量方法,按相关规范和技术要求等同大桥控制网进行联测。主要测量仪器为全站仪两台和水准仪两台。每个节段设置两个线形控制面,分别距离自由边40cm,每个控制面设置三个监控点,其中两个线形控制点,一个线形校核点。

施工要点如下：

(1)节段实行厂内分段预拼，确保制造精度。

(2)反复计算，确保监控点理论数据的准确，并充分考虑温度、日照等对钢结构的影响。

(3)监控点样冲眼标记位置准确、清楚，用薄钢板点焊遮盖保护防止涂装等的破坏。

(4)测量全过程实行三固定：固定仪器，固定观测人员和固定测站。

(5)节段调位时需反复调整，确保各监控点数据均在误差允许范围之内。

(6)精确调位时必须在阴天或夜晚无日照温度稳定时段内进行。

(7)梁段安装时回测2个梁段的安装误差，通过前两个梁段的实测安装数据确定下一个梁段的安装数据，消除误差累积，保证拼装线形的精确。

(8)制订合理的焊接工艺，严格控制焊接顺序、焊接方向和焊接规范，尽量减小焊接变形。

5.3 劳动力组织

劳动力组织情况见表1。

劳动力组织情况表 表1

序 号	项目部人员	人员数量	备注	序 号	项目部人员	人员数量	备注
1	管理人员	5		6	试验员	6	
2	起重工	4		7	质检员	2	
3	电焊工	30		8	专职安全员	2	
4	电工	2		9	普通工人	50	
5	测量员	6		合 计		107	

6 材料与设备

本工法除主体结构材料外，主要为主梁与拱肋支架等临时结构材料(表2)，采用的主要机械设备见表3。

主要材料情况表 表2

序 号	主要材料名称	材 料 规 格	数量(t)	备 注
1	钢管	ϕ273mm ~ ϕ1400mm	2700	
2	型钢	I56、HN700、HN800	320	

主要设备情况表 表3

序 号	名 称	单 位	数 量	备 注
1	DCS120/30 - 60 × 75 龙门吊	台	1	
2	小120t龙门吊	台	1	
3	80t履带吊	辆	1	
4	50t汽车吊	辆	1	
5	25t汽车吊	辆	1	
6	运输小车	辆	2	
7	电焊机	台	60	
8	平板车	辆	3	
9	三向千斤顶	台	8	
10	对讲机	部	20	
11	5t单链手拉葫芦	台	20	
12	50t手拉葫芦	台	3	
13	90型振动锤	台	1	

7 质量控制

7.1 工程质量控制标准组合拱桥安装质量允许偏差(表4)

组合拱桥安装质量允许偏差

表4

检查项目		允许偏差(mm)	检查频率	检验方法
梁段吊装	梁段端面偏位	±2	每件或每个安装段检查2处	用全站仪测量
	梁段中轴线偏位	5	每件或每个安装段检查2处	用经纬仪测量
	梁段高程偏位	±5	每件或每个安装段检查4处	用水准仪测量
成桥	桥梁总长度	±15	检查2个端面	用全站仪(或钢尺)测量
	桥梁总宽度	±10	检查2~3个断面,每端面2个点	用全站仪(或钢尺)测量
	桥梁轴线	10	检查2个点	用经纬仪测量

7.2 质量保证措施

(1)建立质量管理组织机构,制订完善的质量管理体系与保证措施。

(2)制订质量目标,加强人员技术质量素质培训与教育,落实质量责任制,明确奖罚制度。

(3)现场焊工须持证上岗,不得超越合格证规定的范围进行焊接作业。

(4)质检人员应定期及不定期检查焊接工艺指导书的贯彻执行情况。如现场条件和规定条件不符时应及时反映、解决。

(5)焊接设备应处于完好状态,并应抽验焊接时的实际电流、电压与设备上的指示是否一致,否则应督促检查、更换。

(6)锚拉板等构件焊接过程中按图纸要求采取可靠工艺措施,消除焊接残余应力,保证锚拉板的焊接质量。

(7)对拼装支架重要部位进行超声波探伤,对产生的夹渣、气孔、未熔透、裂缝等缺陷得以及时发现并返修,并经复查通过。

(8)对支架验算应力集中的地方实施应变监控。

(9)严格执行焊接工艺和报检程序,确保焊接质量。

(10)节段实行匹配制造和预拼装,确保安装线形。

8 安全措施

(1)贯彻"安全第一,预防为主"的方针。项目经理对安全工作负第一责任,执行"谁管生产,谁管安全"的原则。

(2)建立健全各项安全管理制度,建立完善安全保障体系,执行项目经理负责的各级安全责任制。成立以劳动安全部门为主的安全职能管理机构,设置专职安全检查人员1名,负责现场施工安全检查及安全措施的落实。各个班组设置兼职安全员负责工序施工的安全作业,保证施工生产的安全运行。严格执行各项安全操作规程和设备管理办法,严禁违章指挥,违章作业,对特殊工种实行持证上岗,严禁无证操作。

(3)编制安全专项施工方案和应急预案,并作技术交底。

(4)加强机械设备管理,对机械设备的使用和维修人员进行岗位培训,熟悉机械设备性能,掌握机械设备的作用和维护性能,杜绝重大机损、机械伤人事故的发生。

(5)对事故易发部位进行重点控制,防患于未然。

(6)吊装时注意吊索、吊具的使用要安全可靠。

(7)各机用电必须分闸,严禁一闸多用,高空作业须系好安全带。

(8)定期检查各传动、升降、钢丝绳的安全性,发现问题及时维修、调换、调整,不允许设备带病或超负荷运转。

(9)乙炔氧气瓶等易燃物与明火的安全距离符合安全规定要求,禁止在工地生火取暖。

(10)机械设备应由机修人员修理,杜绝机械事故隐患。

(11)做好现场的保卫、防火工作,配置必要的消防器材。

(12)高空作业严禁抛物坠物,废旧材料等必须用起重设备吊离高空到指定位置。

(13)加强吊索具日常检查和维护保养,尤其防止在施工过程中电焊作业损伤钢丝绳。

(14)严格执行各工种的《安全技术操作规程》,定期对职工进行考核。

9 环保措施

(1)成立由项目经理为组长的环保小组,全面负责环保工作检查、指导及环保措施的制订落实,使环保工作处于受控状态。

(2)施工现场机械设备更换的零、配件应及时回收;废油、废水等进行回收处理,不得随意排放。

(3)控制进入施工场地的各种车辆的粉尘;经常对进场道路进行洒水。回收处理冲洗废水、废油;控制施工噪声,尽量不干扰周围群众。

(4)现场钢结构涂装在指定区域进行,涂装材料不得随意丢弃,应统一堆放、统一处理。

(5)涂装过程中采取有效措施防止大气污染和噪声污染。

(6)加强职工环保教育,落实劳动保护措施。加强职工生活、办公室环境卫生保护;生活垃圾处理;生活废水污水处理排放。

10 资源节约

(1)为了推进全社会节约能源,提高我公司、项目部的能源利用率和经济效益,保护环境,保障国民经济和社会的发展,深入贯彻落实《中华人民共和国节约能源法》及配套法规,开展《节约能源法》学习活动。通过学习,提高职工的节能意识和职工素质;真正懂得节能管理方法、如何合理使用能源、节能技术进步的发展方向以及浪费能源将受到法律处罚等项内容。

(2)禁止使用国家明令淘汰的落后技术、材料、设备。通过对缆索吊、移动式塔吊、龙门吊等进行方案比选,充分考虑节能功效,最终确定采用专门研制的大型龙门吊拼装方案。

(3)加强燃油、水电的节能管理工作。每月定期检查机械设备、照明设施等能耗情况,对超耗油料或漏油的设备及时进行分析原因,研究解决措施,及时进行处理。

11 效益分析

本工法与常规工法方法相比,具有占地少、安全风险低、质量有保证、施工速度快、成本节约等优点。工厂化生产模式,有利于组织管理,工作效率高,设备利用率高,劳动强度低。其先进的施工工艺,随着国内外建桥事业的高速发展,本工法将有更大的发展和推广空间,促进了大跨度桥梁整体拼装技术的发展,取得了良好的社会效益和经济效益。

12 应用实例

杭州九堡大桥全长1 855m,主桥长630m,桥面总宽37.7m。主桥上部结构采用跨径布置为3×210m的新型结合梁—钢拱组合结构体系。拱肋系由主拱肋、副拱肋、主副拱肋之间的横向连杆以及拱顶横撑等构件组成。主拱肋外倾12°,立面矢高43.784m。副拱肋轴线为空间曲线,立面矢高33m。主拱采用矩形截面,宽2.2m,高3.2m;副拱采用方形截面,边长1.5m,主副拱肋之间的横向连杆采用圆钢管,间距8.5m。拱桥主梁为等截面钢—混凝土结合梁结构。全高4.5m,全宽37.7m。主桥结构示意见图8。

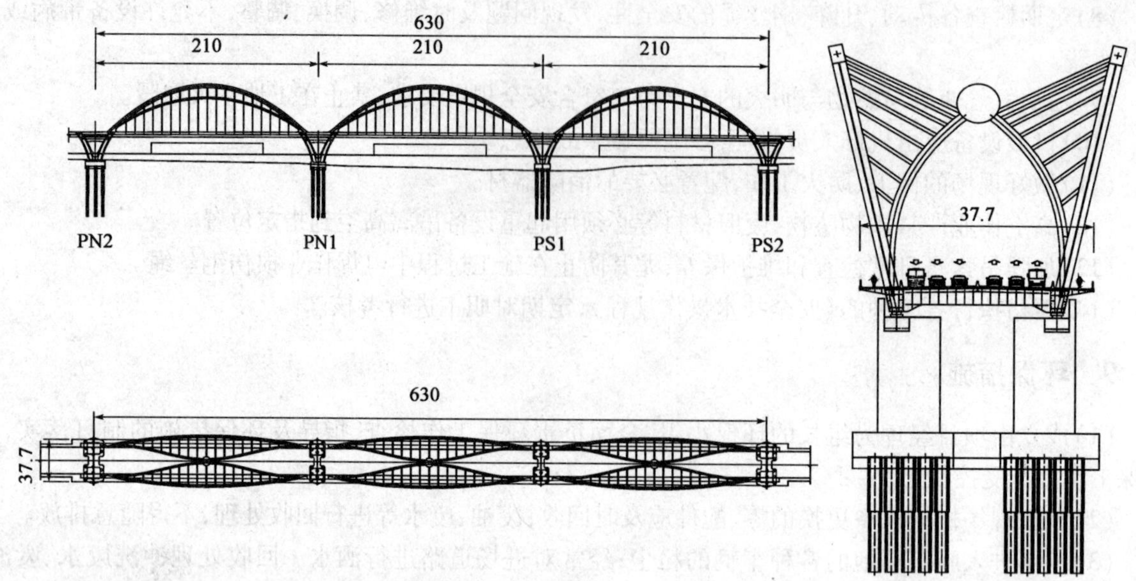

图8　主桥结构示意图(尺寸单位:m)

本桥三跨主纵梁和主副拱肋等大型节段吊装共151件,中横梁、小纵梁以及连杆等小型节段吊装共565件,项目部高标准、严要求,科学组织,精心施工,从2009年12月开始拼装,2010年9月顺利完成三跨整体拼装施工,其安装精度、拱肋线形等误差≤10mm,工程质量得到了监理、业主以及社会各界的广泛赞誉。

桥面吊机安装支架区钢箱梁施工工法

GGG(中企)C3128—2013

唐 衡 何承海 彭琳琳 王 力 谢德宽

(中交第二航务工程局有限公司 中交二航局第四工程有限公司)

1 前言

随着桥梁技术的不断发展,桥梁跨径也不断增大。钢箱梁由于其质量轻、受力性能好而作为大跨径桥梁首选。对于索塔支架区及边跨支架区的钢箱梁,常规施工工艺采用大型起重设备如起重船安装到位。即钢箱梁通过船舶运输至桥位,大型起重船舶驻位完成后将钢箱梁起吊。通过起重船舶自身的旋转,将钢箱梁放置在安装支架上。目前,国内大型斜拉桥支架区钢箱梁通常选用此工艺。例如:杭州湾跨海大桥支架区钢箱梁安装、金塘大桥主通航孔桥支架区钢箱梁安装等。

嘉绍跨江大桥南岸主桥由中交二航局承建。桥位水域处水流流速、流向,水深和潮位等水文条件复杂,大型起重船舶由于受吃水深度等影响无法驻位,即无法采用大型起重船舶吊装支架区钢箱梁。需要寻找一种新的支架区钢箱梁安装方法。在目前国内不采用大型起重船进行支架区钢箱梁安装的案例有两例,一例为广州珠江黄埔桥,一例为湖北荆岳长江公路大桥。

广州珠江黄埔大桥采用桥面吊机驻位在横梁上方。在进行支架区钢箱梁吊装前,桥面吊机前支腿安装在索塔横梁上。钢箱梁滑移施工时,须拆除吊机前支腿并临时锚固在索塔预埋件上,预留出滑移通道。钢箱梁安装完成后,吊机前支腿再拆除并固定在已安装的钢箱梁上,再进行后续钢箱梁吊装。在索塔支架区钢箱梁安装过程中,桥面吊机需多次定位,前支腿多次拆除和重安装。荆岳长江公路大桥采用桅杆吊机起吊安装索塔支架区钢箱梁,而边跨支架区无法采用该方法进行施工。因此,上述两工程中支架区钢箱梁安装均有一定程度局限。

目前,国内关于支架区钢箱梁不采用起重船安装的研究和方法较少。采用桥面吊机安装支架区钢箱梁这一施工方法可同时适用于索塔支架区和边跨支架区钢箱梁未有先例。中交二航局通过积极开展科研攻关,寻找了采用桥面吊机安装支架区钢箱梁的施工方法。即采用桥面吊机一次驻位骑跨桥梁纵轴线的方式即可完成单个支架区全部钢箱梁安装,减小桥面吊机移位和拼装次数。该方法不仅适用于索塔塔周支架区钢箱梁安装施工,而且适用于边跨支架区钢箱梁安装施工。具体安装方法未采用桥面吊机驻位在桥梁中轴线预先搭设的支架平台上,通过桥面吊机自身的变幅功能,将钢箱梁起吊后放置于预先搭设的搁置平台上,进而将钢箱梁通过横移和纵移两次滑移就位。经科技查新,该施工方法具有独创性,在国内桥梁钢箱梁安装施工中取得突破。

通过该施工方法,不仅克服了桥位于大型起重船舶无法驻位的困难。对于施工费用而言,由于未采用大型起重船舶安装的方法,大大节约了船舶设备费用。虽然采用了桥面吊机进行钢箱梁安装,但由于支架区钢箱梁安装完成后,桥面吊机可就地周转至后续钢箱梁悬臂安装阶段,并未增加支架区钢箱梁桥面吊机的成本,大大节约了工程施工费用。

该方法不仅节省工程造价,更适宜在无法采用大型起重设备的特殊施工条件条件下使用。为了推广采用桥面吊机进行支架区钢箱梁安装的成功经验,经总结和提炼,制订了“桥面吊机安装支架区钢箱梁施工工法”,为今后类似结构施工提供参考或借鉴。

桥面吊机安装支架区钢箱梁施工工法,在嘉绍大桥支架区钢箱梁安装施工中发挥了至关重要的作用,安全、高效、高质量地完成了标段42片支架区钢箱梁的安装施工,钢箱梁成品保护到位,安装精度满足监控方提出的主梁安装期间的强制性指标:平面定位误差不大于±2mm,高程整体误差不大于±2mm,前后控制点高程差不大于1mm,上下游高程差不大于3mm,梁段精匹配时 $H_n - H_{n-1}$ 不大于±2mm要求。

本工法形成过程中申请了发明专利两项,同时“桥面吊机安装支架区钢箱梁施工工法”已经获得安徽省科学技术研究成果鉴定证书及2011年度中交第二航务工程局有限公司企业工法。

2 工法特点

(1)克服了无法采用大型起重船舶安装钢箱梁的困难。

(2)该施工方法不仅可安装塔周支架区钢箱梁,也可用于安装边跨支架区钢箱梁。

(3)桥面吊机采用骑跨桥轴线一次驻位的方式即可完成支架区全部钢箱梁安装,减小桥面吊机移位和拼装次数,降低了施工风险。

(4)桥面吊机可通过散件“立拼”的方式在桥位现场拼装,无须采用大型起重设备实现安装桥面吊机整机。

(5)钢箱梁通过预设的滑移轨道按照先横移后纵移的总体顺序牵拉滑移就位,施工方便。

(6)桥面吊机采用变幅式桥面吊机,通过自身变幅即可实现钢箱梁从运输船舶起吊至钢箱梁搁置支架的安装全过程。

(7)通过研发的“一种用于钢箱梁吊装的快速组合接头装备”实用新型专利(专利号:ZL201220379738.X),有效解决了梁段运输船舶驻位时间短的问题。

(8)该工法未采用大型起重船舶安装的方法,大大节约了船舶设备费用。且支架区钢箱梁安装完成后,桥面吊机可就地周转至后续钢箱梁悬臂安装阶段,并未增加支架区钢箱梁桥面吊机的成本,大大节约了工程施工费用。

3 适用范围

适用于水文条件恶劣,大型起重船舶无法驻位的施工区域。对于其他不适宜采用大型起重设备进行支架区钢箱梁安装施工的工程也具有很强的指导意义。

4 工艺原理

4.1 变幅式桥面吊机

变幅式桥面吊机是支架区钢箱梁安装重要的起吊设备。桥面吊机根据钢箱梁施工要求,通过变幅机构,可带载实现起重大臂与水平夹角46°~76°的变幅,吊臂最大幅度22m,最小幅度8.6m。通过大臂变幅,可以从运输船舶上起吊钢箱梁,然后收回变幅至支架搁置平台上,从而将钢箱梁放置于搁置平台上。依靠桥面吊机自身起重大臂的变幅,实现了钢箱梁从起吊至安放到位的全过程。吊臂配备完善的力矩限制器系统,保障吊机安全使用。

变幅式桥面吊机固定于预先搭设的支架平台上,吊机安装方式灵活。且桥面吊机驻位于桥梁的纵轴线上,一次驻位即可完成单个支架区全部钢箱梁安装,减小桥面吊机移位和拼装次数,降低了施工风险。

4.2 钢箱梁支架及滑移就位

钢箱梁支架需预先进行设计和施工。钢箱梁支架顶端布置钢箱梁滑移轨道。由于桥面吊机骑跨在桥梁中心线位置,每一片梁均需先横移后纵移才能就位。每片钢箱梁通过2根滑移轨道4个支点进行滑移。滑移过程中,通过千斤顶同步反顶牵拉的方式牵拉滑移。

钢箱梁滑移轨道布置不锈钢板,钢箱梁支点采用带四氟滑块的橡胶垫块。滑移时,通过不锈钢板与四氟滑块滑动进行滑移就位。两者之间经润滑后,摩擦力较小,可轻松实现滑移。

5 施工工艺流程及操作要点

5.1 支架区钢箱梁采用桥面吊机安装总体工艺

变幅式桥面吊机固定于预先搭设的支架平台上。且桥面吊机骑跨在桥梁的纵轴线上,一次驻位即可完成单个支架区全部钢箱梁安装。桥面吊机通过变幅机构,带载实现起重大臂与水平夹角46°~76°的变幅。通过大臂变幅,可以从运输船舶上起吊钢箱梁,然后收回变幅至支架搁置平台上,从而将钢箱梁放置于搁置平台上。单片吊装完成后,依次横移后再纵移就位。

主墩0号块梁段安装总体流程如图1所示,边跨梁段吊装流程如图2所示,主墩0号块梁段吊装流程如图3所示。

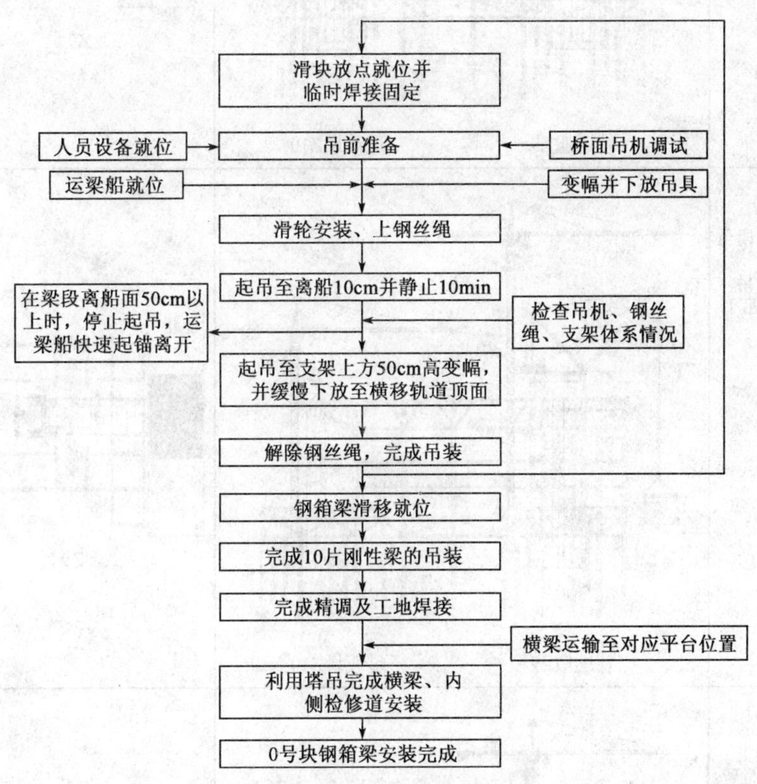

图1 主墩0号块梁段安装总体流程图

5.2 操作要点

1)钢箱梁支架的设计与搭设

钢箱梁支架根据钢箱梁布置和质量进行设计与施工。钢箱梁支架设计时,除考虑钢箱梁的整体承载受力外,重点考虑钢箱梁滑移施工需要。支架区梁段包括边跨支架区梁段和索塔支架区梁段两部分。钢箱梁通过一侧布置一台变幅式桥面吊机完成起吊和安装工作。钢箱梁起吊后,安放于桥梁中轴线上,再通过横移支架及纵移支架实现钢箱梁滑移就位。故在进行支架设计和施工时,重点考虑横移支架和纵移支架的布置。边跨梁面总平面布置见图4。主墩梁段总平面布置见图5。

因钢箱梁需要横移和纵移多次滑移,为防止滑移过程中,桥面吊机和钢箱梁在高度上影响,桥面吊机应安装在钢箱梁设计高度之上。支架设计如图6所示。

2)变幅式桥面吊机拼装

桥面吊机现场采用立拼的方式组拼。立拼较卧拼方式减少了桥面吊机"卧倒"所需的拼装平台。立拼组拼完成后的吊机示意如图7所示。

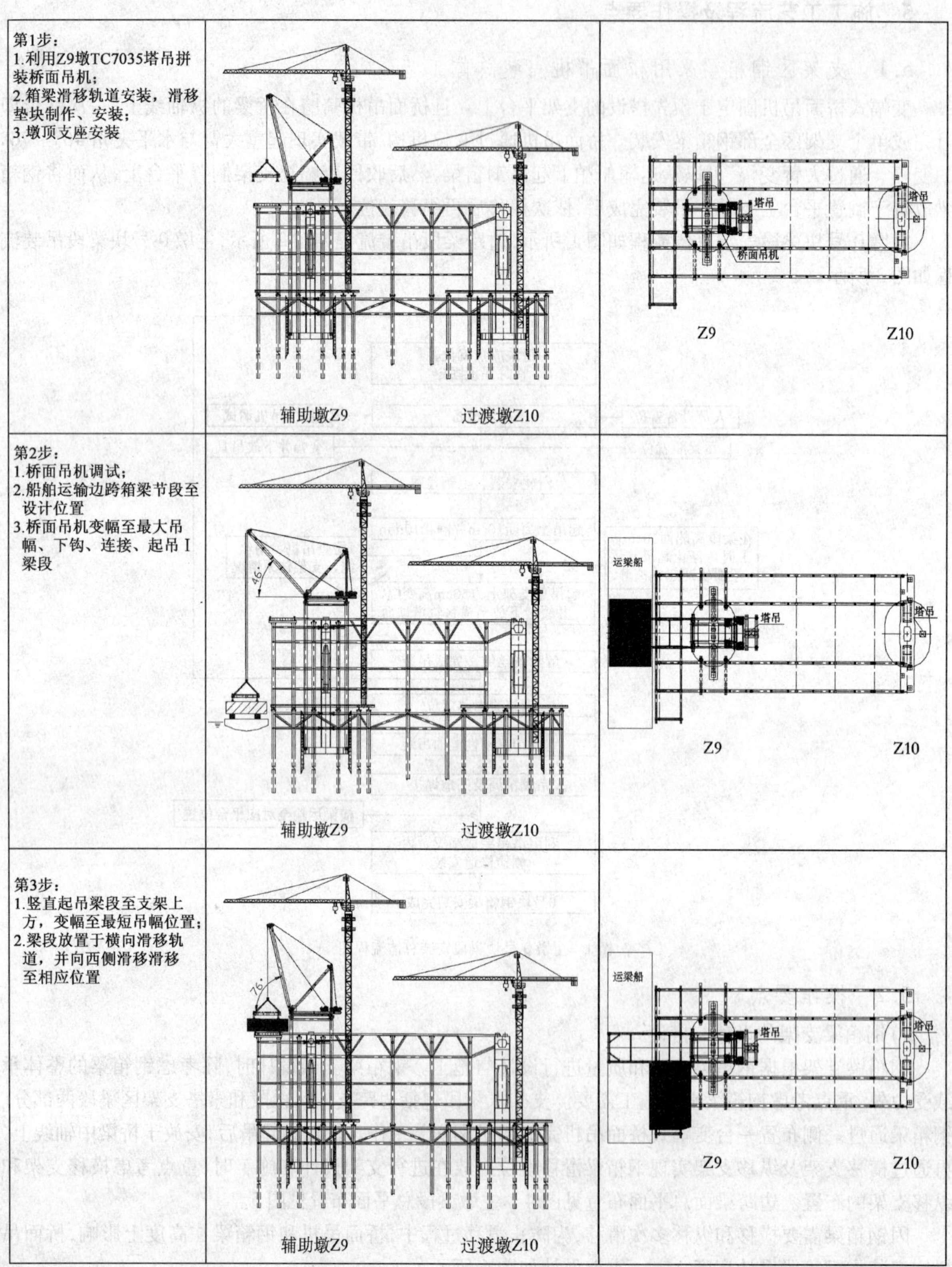
第1步：
1.利用Z9墩TC7035塔吊拼装桥面吊机；
2.箱梁滑移轨道安装，滑移垫块制作、安装；
3.墩顶支座安装
辅助墩Z9
过渡墩Z10
塔吊
桥面吊机
塔吊
Z9
Z10
第2步：
1.桥面吊机调试；
2.船舶运输边跨箱梁节段至设计位置
3.桥面吊机变幅至最大吊幅、下钩、连接、起吊Ⅰ梁段
46°
辅助墩Z9
过渡墩Z10
运梁船
塔吊
塔吊
Z9
Z10
第3步：
1.竖直起吊梁段至支架上方，变幅至最短吊幅位置；
2.梁段放置于横向滑移轨道，并向西侧滑移滑移至相应位置
76°
辅助墩Z9
过渡墩Z10
运梁船
塔吊
塔吊
Z9
Z10

图 2

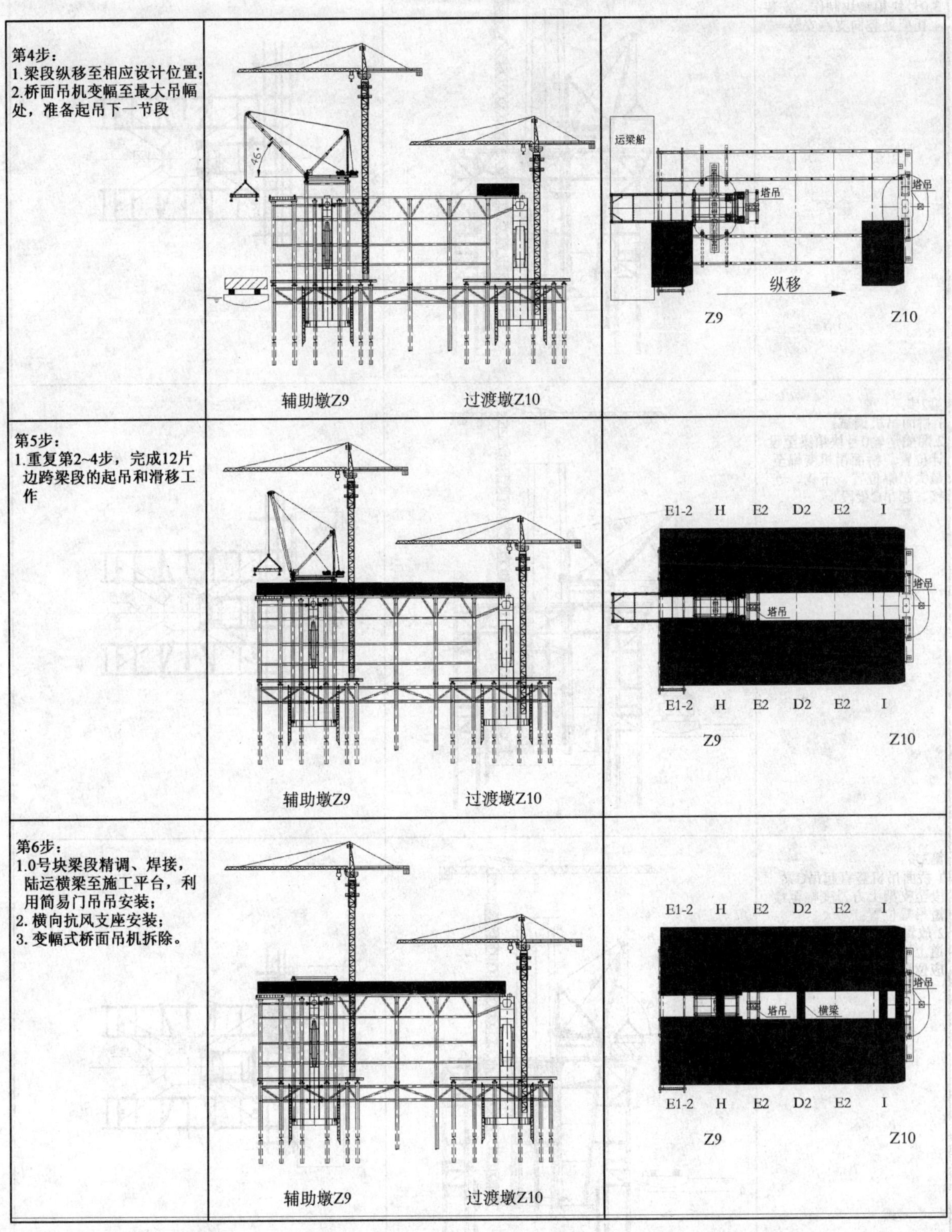
第4步：
1.梁段纵移至相应设计位置；
2.桥面吊机变幅至最大吊幅处，准备起吊下一节段
46°
运梁船
塔吊
塔吊
纵移
Z9
Z10
辅助墩Z9
过渡墩Z10
第5步：
1.重复第2~4步，完成12片边跨梁段的起吊和滑移工作
E1-2 H E2 D2 E2 I
塔吊
塔吊
E1-2 H E2 D2 E2 I
Z9
Z10
辅助墩Z9
过渡墩Z10
第6步：
1.0号块梁段精调、焊接，陆运横梁至施工平台，利用简易门吊吊安装；
2. 横向抗风支座安装；
3. 变幅式桥面吊机拆除。
E1-2 H E2 D2 E2 I
塔吊
塔吊
横梁
E1-2 H E2 D2 E2 I
Z9
Z10
辅助墩Z9
过渡墩Z10

图2 边跨梁段吊装流程

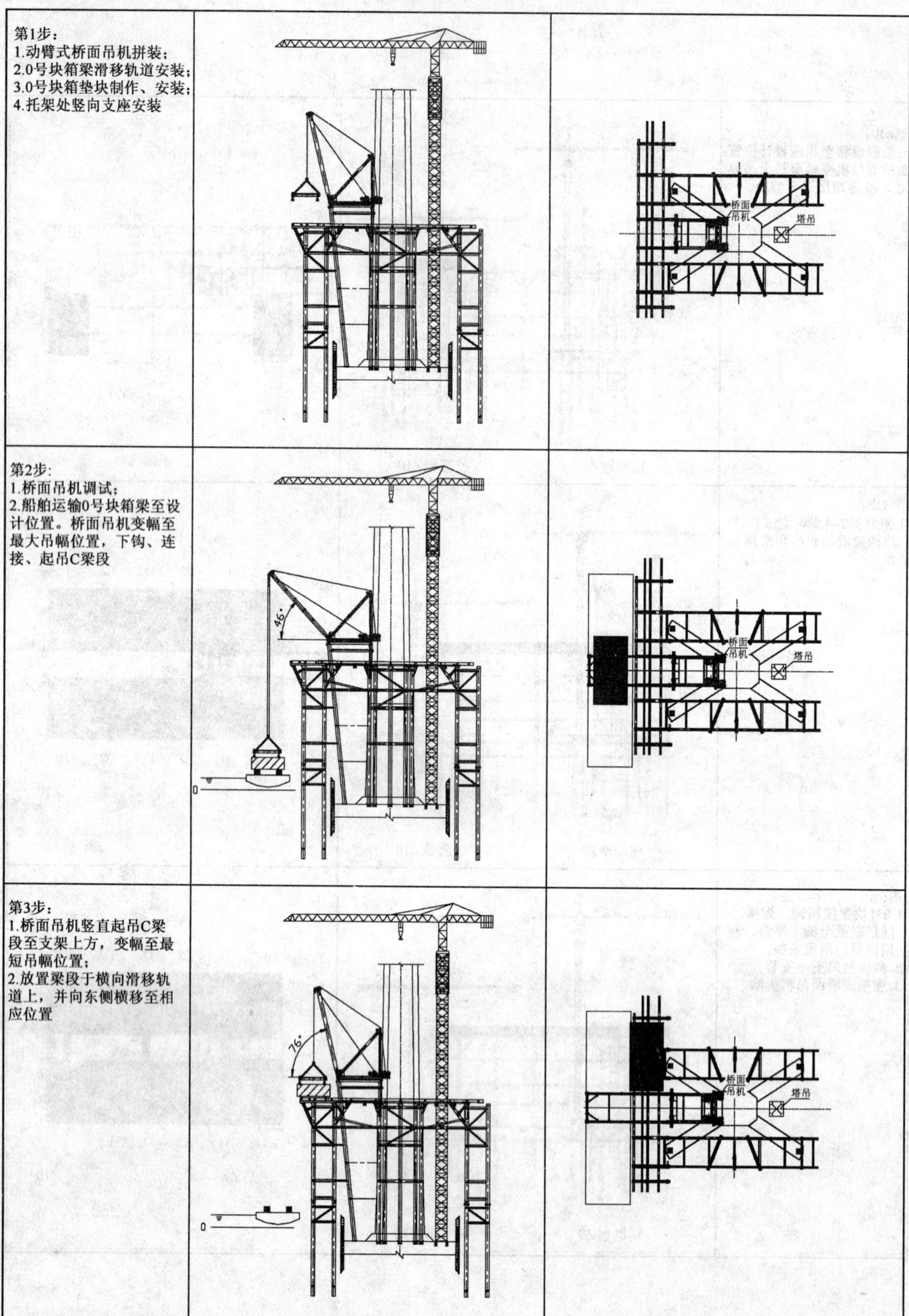

第1步:
1.动臂式桥面吊机拼装;
2.0号块箱梁滑移轨道安装;
3.0号块箱垫块制作、安装;
4.托架处竖向支座安装

第2步:
1.桥面吊机调试;
2.船舶运输0号块箱梁至设计位置。桥面吊机变幅至最大吊幅位置,下钩、连接、起吊C梁段

第3步:
1.桥面吊机竖直起吊C梁段至支架上方,变幅至最短吊幅位置;
2.放置梁段于横向滑移轨道上,并向东侧横移至相应位置

图 3

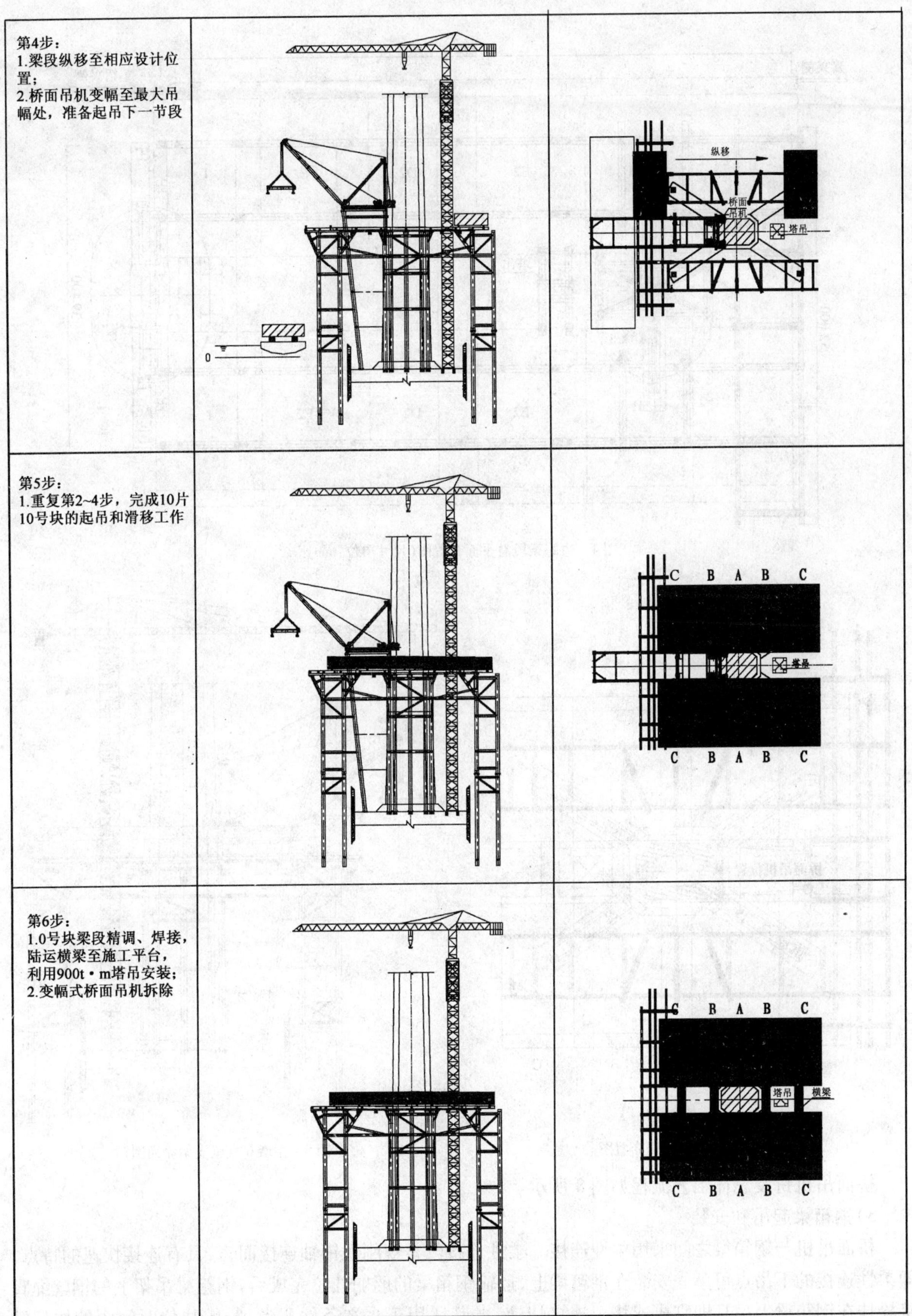

图3　主墩0号块梁段吊装流程

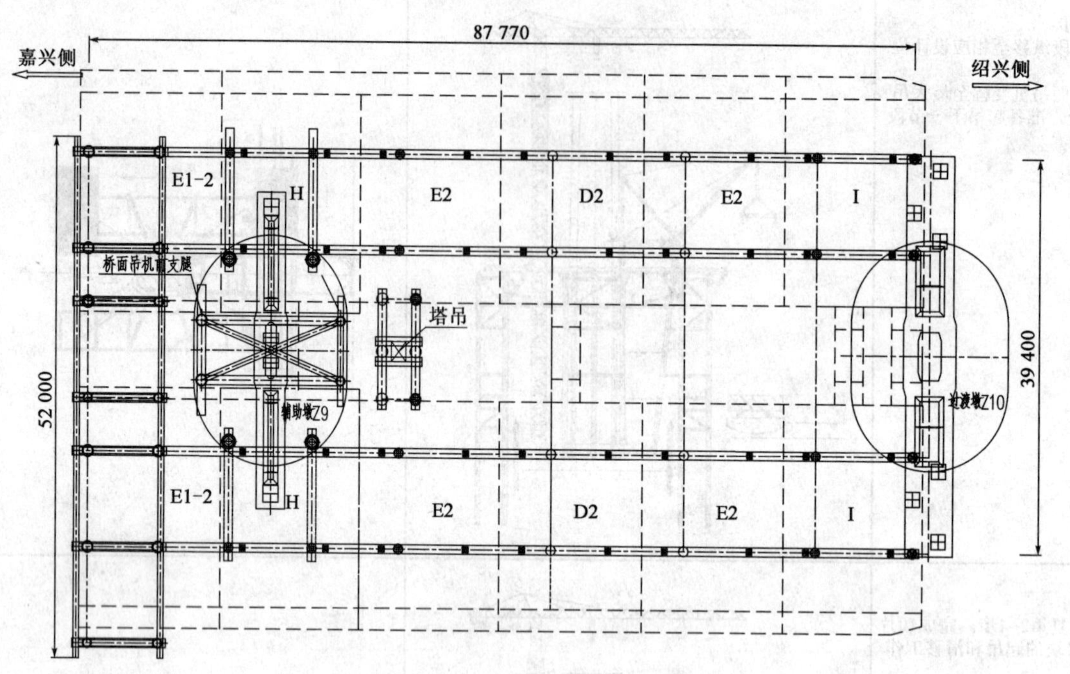

图4 边跨梁段总平面布置图(尺寸单位:mm)

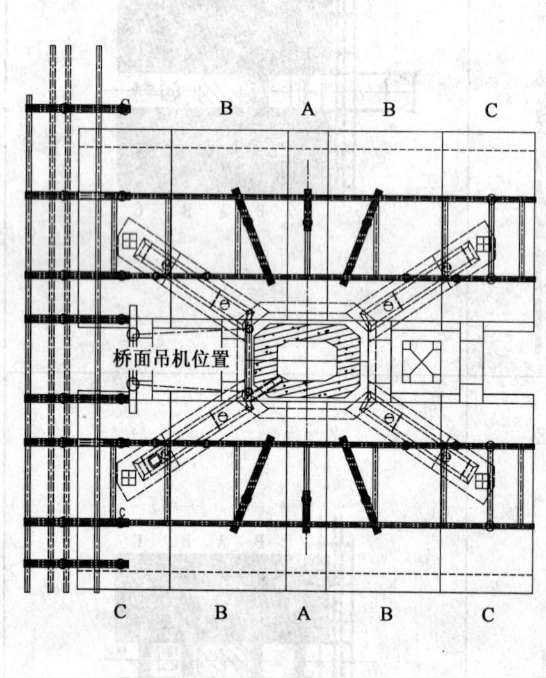

图5 主墩梁段总平面布置图

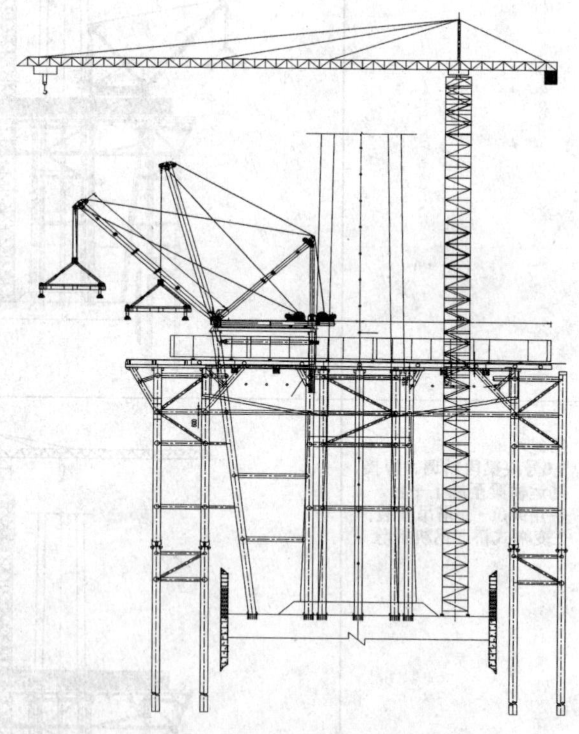

图6 主墩0号梁支架立面图

桥面吊机拼装总体工艺流程如图8所示。

3)钢箱梁起吊和安装

桥面吊机与钢箱梁之间采用柔性连接。柔性连接较常规刚性销轴连接而言,具有连接快速的特点。即柔性连接的下吊点可事先安装在钢箱梁上,运输钢箱梁的船舶驻位完成后,钢箱梁吊架上的钢丝绳直接栓挂在钢箱梁上吊耳即完成连接。连接快速,尤其适用于水文条件恶劣,船舶驻位时间短的桥位区域。柔性连接示意如图9、图10所示。

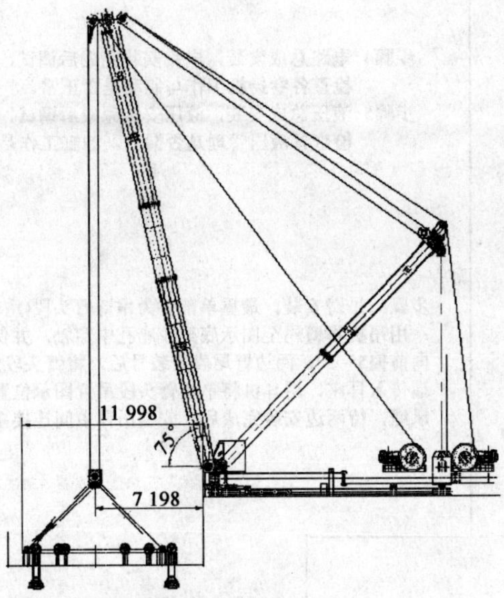

图7　变幅式桥面吊机总体结构图(尺寸单位:mm)

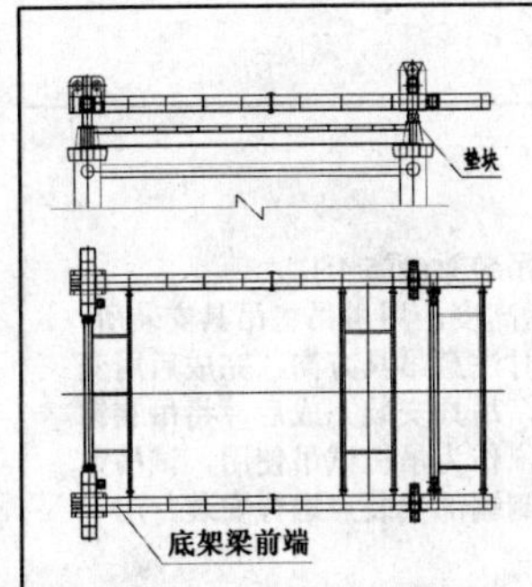	**步骤1:**底架安装，最重单部件为底架梁前端(重7t)。 将四件高340mm的垫块按照图示位置放置，将底架前后段分别吊装到拼装平台，调位连接，临时锚固，再安装中间各联系杆件，最终锚固
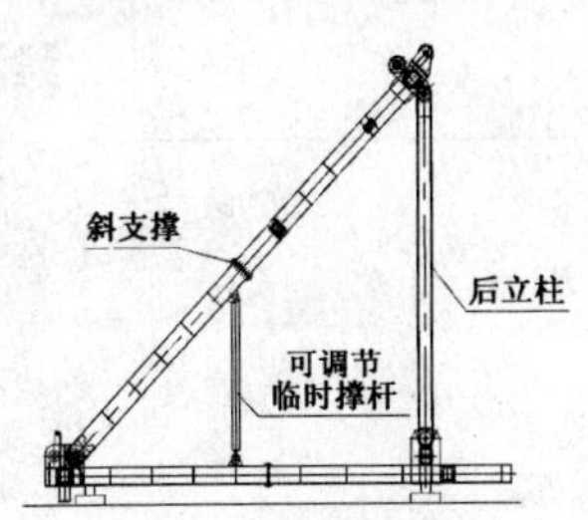	**步骤2:**斜支撑与后立柱的安装，最重单部件为单边支撑重(重9.8t)。 将单边斜支撑(重9.8t)按序号安装，用吊机按图示位置吊置底架上，对准底架孔位后穿轴定位，装上可调节临时支撑杆并穿好拉紧用的揽风绳，用吊机提起斜支撑臂头段，当提起至一定高度时，临时支撑摆到垂直位置时与底架固定，用10t葫芦拉紧揽风，用吊机将单位后立柱(重4.4t)吊至图示位置，下端与底架孔穿轴定位，上端对准斜支撑臂头轴孔后穿轴。另一边用同样方式安装，完成后安装中间各连接架并拧紧各部位螺栓
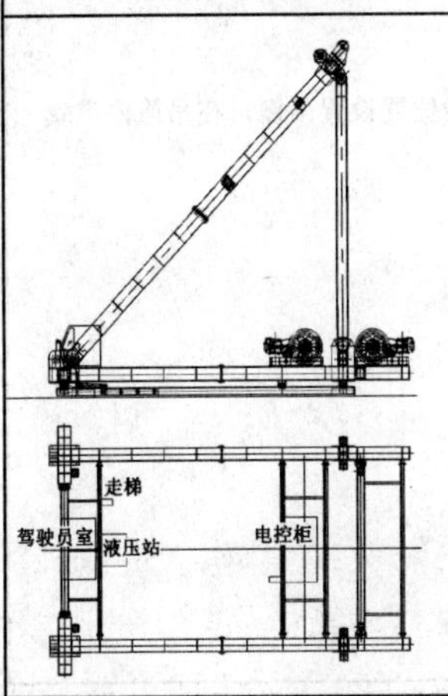	**步骤3:**卷扬机与其余部件安装，最重单部件为16t卷扬机(重8.6t)。 将16t卷扬机与其余部件(如驾驶员室、电控柜、液压站与平台、走梯、角度指示牌及盘式制动器用的液压站等)用吊机吊至图示位置，用螺栓固定拧紧，检查所有见样机各需油部位的油位是否符合要求

图　8

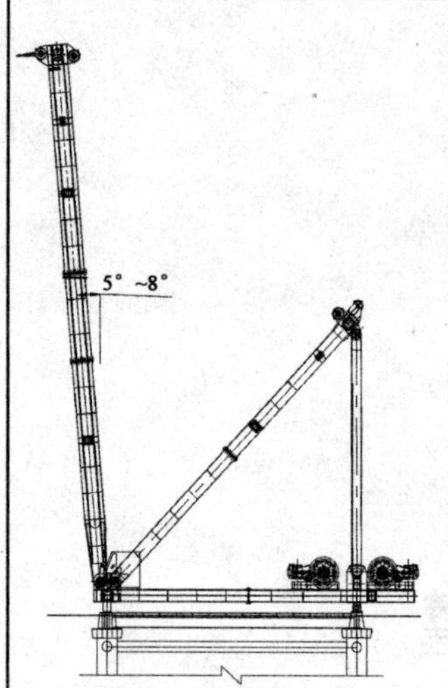

步骤4:电路总成安装，电路安装完成后调试，分别启动各卷扬机，检查各卷扬机工作与制动是否正常。

步骤5:液压总成安装，液压安装完成后调试，分别启动各油缸，检查各液压管理是否漏油，油缸工作是否正常

步骤6:吊臂安装，最重单部件为吊臂臂头段(重10.7t)。

用吊机将臂尾至图示底架铰座孔中穿轴，并保证臂尾段中心校相对垂直中心线向前偏5°~8°，两边臂尾段安装号后，将臂头段焊上揽风绳用拉耳，顺将揽风绳一端传入耳座，用耳机将单边臂头段吊置图示位置与拆除段用螺栓连接，拉紧下端揽风绳，待两边安装完成后，安装吊臂中间连接系

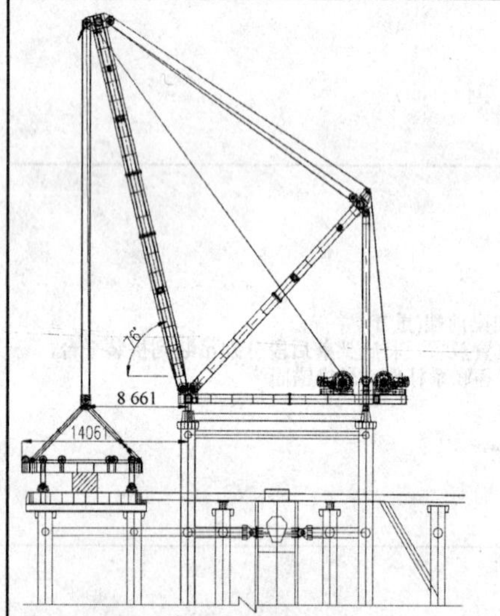

步骤7:缠绕变幅卷烟机钢丝绳，最重单部件为变幅钢丝绳(重3.2t)。

步骤8:缠绕起升卷烟机钢丝绳，最重单部件为变幅钢丝绳(重3.4t)。

步骤9:吊具安装，最重单部件为吊装梁(重5.4t)。

用变幅卷扬机将吊臂起升至图示高度，用塔吊将吊具安装所需部件吊至位置安装即可，安装时注意吊具方向，完成后用变幅卷扬机将吊臂起升至所需位置，吊具安装完成后，将吊装钢丝绳及相梁吊点安装与图示位置，作为吊机试吊使用，试吊完成后，将北侧吊装钢丝绳移至北侧端部安装点进行安装，用于钢箱梁起吊

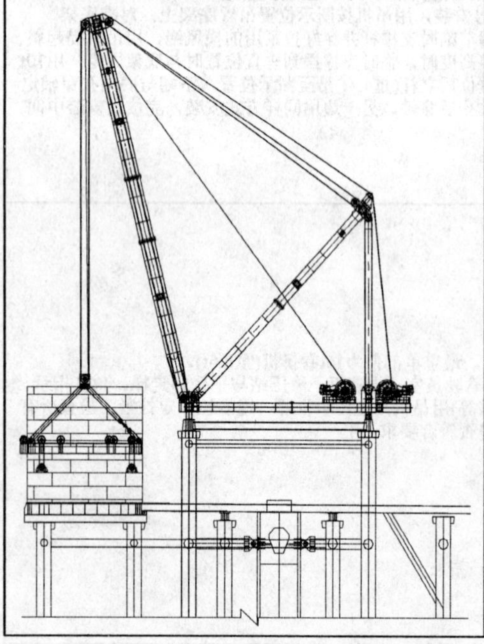

步骤10:吊机试吊。

在箱梁横移支架上方桥梁中心线位置设置吊篮，在吊篮内堆载作为试吊荷载来实现吊机试吊

图8 变幅式桥面吊机拼装流程图(尺寸单位:mm)

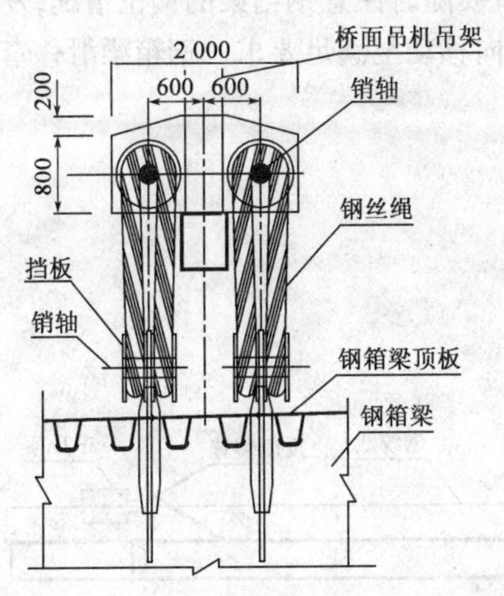

图9 梁段吊装软连接示意图(尺寸单位:mm)

图10 梁段软连接现场实景图

桥面吊机就位调试后,运梁船趁高平潮进挡靠泊在主墩平台(布置桥面吊机)一侧,调大吊幅下放桥面吊机吊架,通过锚缆适当调整运梁船上梁段姿态,完成吊架连接吊索与钢箱梁吊耳的软连接,开始正式起吊。起吊应缓慢进行(首吊要求试吊一定时间,需与运梁单位协商),当梁段吊离运梁船10cm后,停止起吊,静止15min,进行设备、吊物、环境检查,无异常情况后,缓缓起吊。当梁底超过运梁船甲板高度50cm后,停止起吊,起锚快速移走运梁船。继续起吊梁段,当梁段起吊至高于托架顶支座50cm左右时,控制减小吊幅至梁段可完全落放在托架顶后,缓慢落梁,卸除桥面吊机吊架即完成一节梁段的吊装。钢箱梁吊装现场如图11所示。

4)钢箱梁滑移就位

由于桥面吊机骑跨在桥梁纵轴线上,单幅梁段首次就位只能在桥跨中心线上。根据支架设计思路和钢箱梁平面位置,通过桥面吊机安装的钢箱梁所有梁段均需要通过两次牵引完成就位。即向横桥向一侧横移一定距离至与单幅梁段理论边纵外廓线重合,然后沿该幅梁纵轴线纵向移动至该梁段理论位置,完成一片梁的初步拖移就位。

钢箱梁滑移牵引系统主要由油泵车、千斤顶、钢丝绳、滑道及滑块等组成。滑道采用[40槽钢平铺,槽钢上布置不锈钢板,在放置四氟滑块,如图12所示。

图11 钢箱梁吊装现场图

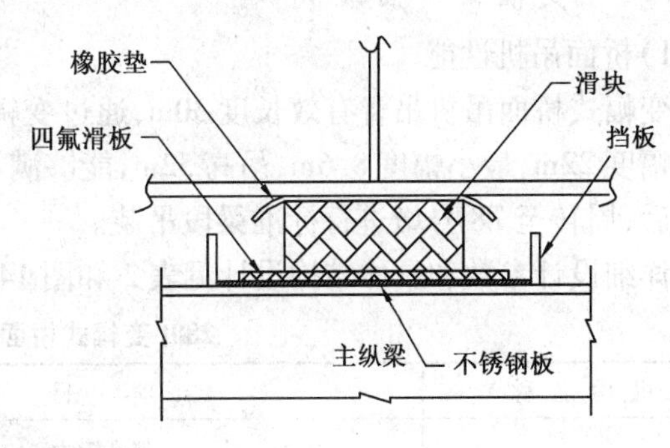

图12 钢箱梁滑道布置示意图

根据类似工程经验,钢板和四氟滑板之间的摩擦系数小于0.1,一般取0.03~0.05。单片梁段质量约为220t,动摩擦力约为100kN。采用一台油泵车,带动两只10t千斤顶沿梁段中线对称牵引梁段,即可满足梁段滑移需要。牵引过程中保持两只千斤顶的同步,且要随时注意钢箱梁的偏位情况,发现偏位及时进行纠正,纠正方法为用千斤顶将梁段顶起,向相反的方向移动至满足要求。钢箱梁滑移牵引结构示意如图13所示。

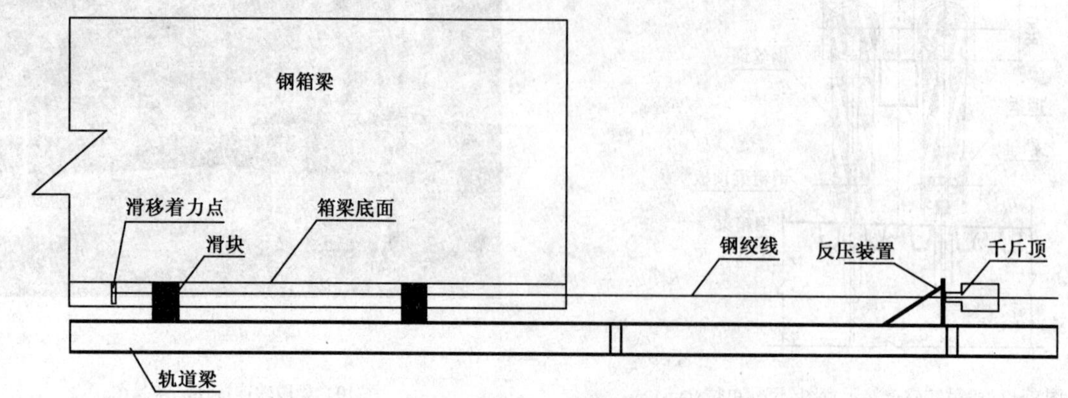

图13 钢箱梁滑移牵引结构示意图

5.3 劳动力组织

单个支架区梁段吊装时,所需的劳动力数量见表1。

劳动力需求数量表

表1

项目	工 种	人数	备注	项目	工 种	人数	备注
1	工程技术人员	2		7	电工	1	
2	工长	1		8	驾驶员	2	
3	质检员	1		9	电焊工	8	
4	安全员	1		10	设备操作人员	2	
5	测量技术人员	2		11	桥面吊机拼装人员	10	
6	起重工	2			合计	32	

6 材料和设备

6.1 变幅式桥面吊机

1)桥面吊机性能

变幅式桥面吊机吊臂有效长度30m,通过变幅机构,可带载实现与水平夹角46°~76°的变幅,吊臂最大幅度22m,最小幅度8.6m,吊高52m,能够满足所有边跨支架区梁段吊装的需要,待边跨梁段吊装完成后,周转至Z8号墩进行标准梁段吊装。

详细设计参数和具体结构设计见表2和图14。

280t变幅式桥面吊机性能参数一览表

表2

机构名称	项 目	参 数
起升机构	起升能力	280t(不含吊具)
	起升速度	1.2m/min
	起升高度	52m
	起升滑轮倍率	10×2
	起升卷扬机能力	(16t,12m/min,45kW)×2

续上表

机 构 名 称	项　目	参　数
带载变幅	变幅范围	22 ~ 8.6m
	平均变幅速度	1.2m/min
	平均变幅时间	12min
	变幅滑轮倍率	12 × 2
	变幅卷扬机能力	（16t,12m/min,45kW）× 2
走行机构	走行速度	1.2m/min
	一次步进最大距离	2.7m
	走行倾覆安全系数	2.2
工作条件	工作时吊臂仰角	46° ~ 76°
	前支点最大支反力	420t × 2
	后点最大拉力	190t × 2
	适应横坡	2%
横移机构	横移范围	160mm
	横移速度	1.9m/min
整机	最大外形尺寸	12.5m × 24.4m × 45.5m
	整机工作级别	A3
	机构工作级别	M4
	动力条件	200kW,380V,4AC

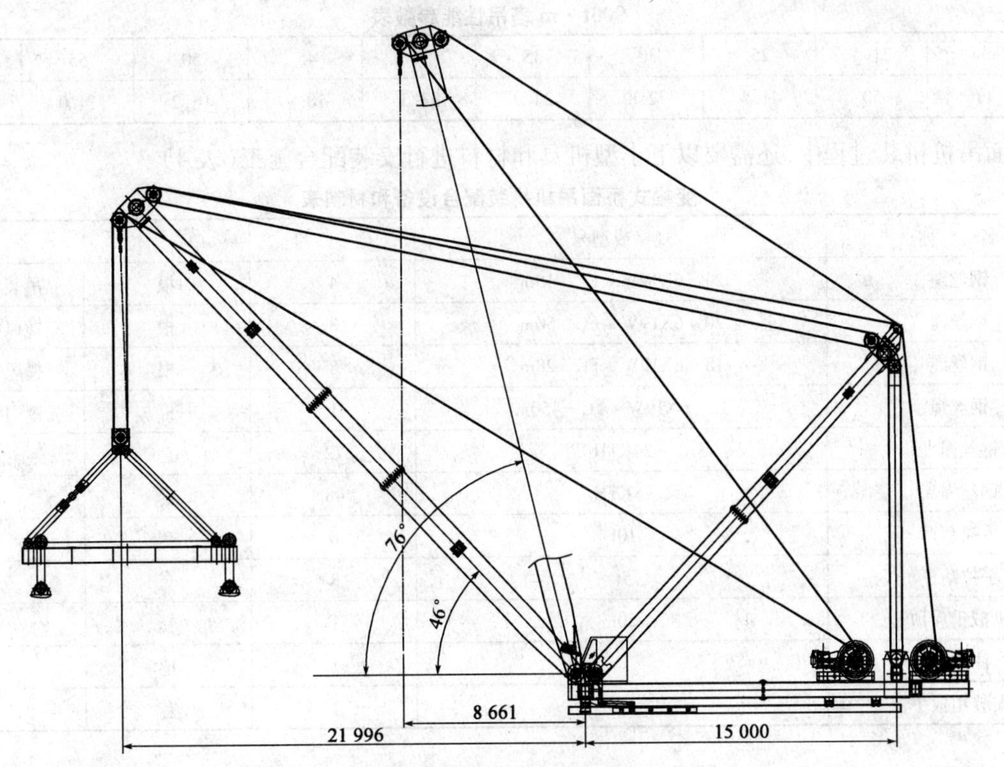

图 14　280t 变幅式桥面吊机（尺寸单位：mm）

2）变幅式吊机的“立拼”

桥面吊机制作完成后，按散件运抵施工现场后采用布置在承台上的 900t · m 塔吊在支架上进行组拼。具体安装顺序如下：

(1)桥面吊机前、后支点应与钢管立柱之间对位准确。

(2)安装底架底梁,两平行底梁中心线距离为9 600mm。

(3)为了调平吊机,在吊机底梁连接座下安装有高度不等的钢垫块。

(4)安装底架前、后分配梁及支锚机构时,应调平底架,利用桥面支锚点,使底架固定不动。

(5)在拼装平台上拼装机架立柱、斜支撑和吊臂。吊臂在设计阶段已考虑分成3个节段,最大节段质量按不超过10t控制,确保在900t·m塔吊最前端60m吊幅时能完成起吊。

(6)安装立柱、斜支撑和吊臂。

(7)卷扬机安装:对于起升卷扬机,应使卷筒中心对准吊臂内侧第一片起升定滑轮中心,并且旋转1.5°,使其中心连线垂直于卷筒,注意卷扬机朝向,参照吊机设计总图安装;对于变幅卷扬机,使卷筒中心对准变幅游轮中心即可。

(8)组装定滑轮组、动滑轮组及吊具,穿入钢丝绳时,注意各个入绳位置,参照吊机钢绳缠绕示意图穿绳,卷扬机卷筒由上面出绳。

(9)完成电气接线和液压管连接。

吊机在支架上安装应在设计人员及加工厂家技术人员的指导下进行。

桥面吊机拼装完成后,按照搭设反序拆除吊机的拼装平台,割除拼装平台悬挑有碍吊装的三角支撑,做桥面吊机的试吊准备。

6.2 配合施工设备

在支架搭设和变幅式桥面吊机拼装过程中,需采用塔吊进行配合施工。索塔支架区所有吊装作业均由索塔施工时布置的900t·m塔吊完成。塔吊60m吊臂前端吊重12.3t,见表3。满足支架搭设和桥面吊机拼装的需要。其他工程可根据工程实际,选择适宜的起重设备。

900t·m塔吊性能参数表

表3

吊幅(m)	21.5	25	30	35	40	45	50	55	60
吊重(t)	50	41.4	32.8	24.9	22.3	18.9	16.2	14.0	12.3

桥面吊机拼装过程中,还需要以下小型机具和材料进行安装配合施工(表4)。

变幅式桥面吊机拼装配合设备和材料表

表4

名　称	规格或型号	数　量	单　位	备　注
钢丝绳	24　6X19W + FC　15m	4	根	吊装钢丝绳
钢丝绳	20　6X19W + FC　50m	8	根	揽风钢丝绳
钢丝绳	18　6X19W + FC　28m	8	根	揽风钢丝绳
钢丝绳	12　6X19W + FC　450m	1	根	牵引钢丝绳
钢丝绳夹	24KTH	72	套	
钢丝绳夹	18KTH	48	套	
手拉葫芦	10t	8	套	
手拉葫芦	5t	8	套	
机械千斤顶	20t	1	套	
注油枪		1	把	
安装用扳手		1	套	

7 质量控制

7.1 支架安装质量控制

钢箱梁支架承载支架区所有钢箱梁重力,搭设支架过程中,须保证支架整体施工质量,满足设计及规范要求，以确保支架整体受力。

施工工程中，严格控制支架与扶墙埋件的连接质量，支架对接焊缝的施工质量。焊缝标准按照Ⅱ级焊缝进行施工和验收。

7.2 变幅式桥面吊机整机质量控制

变幅式桥面吊机整机拼装完成后，严格进行整机质量检查，主要有以下质量检查和控制措施：

(1)桥面吊机前、后支点应与支架体系锚固点对位准确。

(2)安装下滑道及底架底梁时，应进行严格的测量放样定位，两平行滑道中心线距离严格控制为9 600mm，且平行于桥纵轴线。

(3)通过在吊机底梁连接座下安装有高度不等的钢垫块以调平吊机。

(4)安装底架前、后分配梁及支锚机构时，应调平底架，利用平台支锚点，使底架固定不动。

(5)吊机安装时，应做到全程检查所有部位的螺栓、销等连接件，确保连接牢固与可靠。

(6)分别启动卷扬机，检查卷扬机制动是否灵敏可靠。

(7)检查大、小液压站油位是否位于正常工作油位。

(8)试吊前需将整机所有动作操作几遍，检查整机是否有异常现象。

(9)桥面吊机拼装完成检查合格后，必须进行荷载试验，并根据要求办理试验合格证、特种设备使用登记证后方能正式投入使用。

7.3 支架区钢箱梁安装质量控制

(1)支架区钢箱梁安装质量控制标准为《嘉绍大桥专项工程质量检验评定标准》(2010－5－28)，并最终以监控方《主梁及斜拉索安装控制手册》(2010－12)进行安装阶段现场控制。

(2)具体安装技术要求及控制指标如下。

①梁段精确调位应在夜间或阴天进行，梁段定位精度：平面定位误差不大于±2mm，高程整体误差不大于±2mm，前后控制点高程差不大于1mm，上下游高程差不大于3mm，梁段精匹配时$H_n - H_{n-1}$不大于±2mm。

②所有梁段内几何控制测点的三维坐标进行测量，高程测量必须采用水准仪。

③主墩塔周10片梁段全部吊装到位后，根据计算的拼接缝宽、梁段高程、横向位置，开始精确定位和固定，钢箱梁精确定位以中间的A类梁段为基准梁段，先调A梁段，再从A梁段往两边的B1、C类梁段进行定位调整；首先进行纵向调整，再进行横向调整，通过采用手压泵式三坐标液压移动镐进行调整精确后进行临时固定。

8 安全措施

安全责任重于泰山，在施工过程中，自始至终坚持“安全第一，预防为主，科学管理，狠抓落实”的安全工作方针，并从技术上、制度上、思想上、组织上加强安全管理，制订并落实好安全预控措施，防患于未然。

由于水文条件恶劣，桥位区域潮强水流急、河床宽且浅的特点，赶潮水施工时间较短，钢箱梁吊装施工协调组织较为困难，桥面吊机拼装难度较大、安全风向高，将安全施工控制列为重点。

8.1 吊机高空拼装安全措施

(1)安装作业之前，组织学习安装安全技术方案，对班组作业人员进行技术交底，对分项工作内容、技术要求、安全措施以及注意事项等进行详细交底。

(2)驾驶员、吊装指挥、电工及检验人员等要持证上岗；进入作业现场必须戴安全帽，高空作业时要系好安全带，着防滑鞋，雨天注意采取防滑措施。

(3)作业人员必须遵守高空作业规则，严禁酒后上岗及高空抛物等一些不安全行为，遇六级风以上时应禁止作业。

(4)吊臂、底架梁、斜支撑梁与卷扬机等大件吊装作业时,必须由专业起重人员进行指挥,每次起吊离地面20mm左右时必须停机,检查安全平稳性,确认安全可靠后方能继续起吊。

(5)对长大物件吊挂点应准确,保证被吊物件平衡,起吊前应先用稳固绳把两端栓牢,防止重物旋转、摆动和碰撞。

(6)安装作业区5~10m范围外应设安全警戒线,派专人把守,非有关人员不得进入警戒线,专职安全员应随时检查各岗人员的安全情况,夜间作业,应有良好的照明。

(7)安装人员要工作岗位明确,作业职责明确,既要坚守岗位,又要互相配合,自觉遵守安全操作规程及起重机安全技术措施规定,集中精力,全神贯注的工作。

(8)起重机安装完后,未经"安装质量检测试验"合格,不得使用。

(9)起重机交付使用前,由吊机生产厂家做"起重机技术性能,保养和维修"及"安全技术规程"等交底。

8.2 钢箱梁吊装安全注意事项

(1)全体人员严格遵守施工现场各项安全规章制度。

(2)施工人员均穿戴好安全用具,高空作业尤其要注意,安全带要系牢于身体上部牢固构件上。

(3)高空作业不得上下抛物件,各类安全用具及配件均应用工具袋或吊篮起吊,并放置于安全的地方。

(4)施工现场设红色警戒线,并有专人监督。

(5)吊索具应有6倍以上安全系数,捆绑用钢丝绳应有10倍以上安全系数。

(6)各类器具使用前均应严格检查,以防不测。

(7)在顶升过程中应有专人指挥,指挥信号明确,远距离指挥应使用对讲机。

(8)液压操作人员应集中精神,小心操作。

(9)起重人员应明确构件重量后方可起吊。

9 环保措施

本工程施工过程中,环保施工和控制也是本工程的一项重要内容。由于本工程中,环境污染点较少。主要环保控制点为桥面吊机拼装过程油污的控制。故在施工中,应把环境保护作为工程施工的一项重要组成部分,为了减少或避免施工对环境的破坏,通过对本工程周围地理环境,加上我们同类工程施工的环保经验,对于环境保护主要从以下几方面,加强管理和采取具体环境保护措施。

(1)正式工开前,根据本工程的特点,对所有施工人员进行一次环境保护措施书面交底。

(2)投入性能良好的施工机械,提高工作效率,来减少尾气的排放、杜绝废油外流噪声,降低噪声。

(3)对进出施工现场的道路,不乱挖乱弃,降低粉尘对环境的污染。为保证场地整洁,要求现场经常洒水,降低粉尘对环境的污染。

(4)工地上生活垃圾集中堆放在垃圾筒内,由专人收集后,运输到环保部门指定地点,创造良好的生活环境。

(5)在施工期间始终保持工地良好的排水状态,根据实际地形特点修建一些必要的排水渠道,并与永久性排水设施相接,并且不得引起淤积和冲刷。

(6)施工中的临时排水要求能最大限度地减少水土流失及对水文状态的改变。

(7)加强施工现场的管理,由其是桥面吊机安装和拆除过程中油污的控制。严格按照说明书标准填加液压油,润滑部位按要求添加润滑油,不得超量添加。防止过量添加外溢造成水体和钢箱梁桥面污染。对环境有污染的废弃物,需排放时,必须经过监理工程师及有关部门同意达到指定地点进行处理。

10 资源节约

本工法采用桥面吊机进行支架区钢箱梁安装,克服了桥位区不能采用大型浮吊驻位安装的困难。

支架区钢箱梁安装完成后，桥面吊机可就地周转至后续钢箱梁悬臂安装阶段，并未增加支架区钢箱梁桥面吊机的成本。大大节约大型起重船及配套船舶等设备、材料和人力资源。

11 效益分析

11.1 经济效益

在进行钢箱梁安装施工中，南侧主桥共有3个索塔支架区和1个边跨支架区采用了桥面吊机进行安装施工。施工中，单墩分别采用一台桥面吊机进行安装施工，共采用了4台桥面吊机进行施工，安装完成了支架区全部42片钢箱梁。

在支架区采用桥面吊机进行施工时，由于桥面吊机可直接用于后续悬臂段钢箱梁安装，节约了设备投入资金。

采用桥面吊机进行支架区钢箱梁安装，不仅克服了桥位区不能采用大型浮吊进行驻位安装的困难，而且节约了大型起重船及配套船舶的使用费用。仅根据节约的船舶施工费用进行计算如下。

按本工程钢箱梁总质量，需采用300t全旋转浮吊进行安装。大型浮吊进行施工时，必须配备起锚艇和拖轮配合施工。按目前市场租赁价格，300t全旋转浮吊80万元/月，配套的起锚艇8万元/月，拖轮25万元/月。3个索塔和1个边跨支架区钢箱梁安装各需1个月。

单个墩位节约船机设备费用：80 + 8 + 25 = 113（万元）。

3个索塔和1个边跨共计节约费用：113 × 4 = 452（万元）。

而支架区桥面吊机可直接就地用于后续悬臂段钢箱梁安装，采购桥面吊机设备自身并未增加投入。由此可见仅节约的船机设备使用费是巨大的。

因此，通过采用桥面吊机安装支架区钢箱梁，仅船舶设备使用节省费用：452万元。

11.2 社会效益

目前，对于索塔塔周支架区及边跨支架区的钢箱梁，常规施工工艺采用大型起重设备如起重船安装到位。即钢箱梁通过船舶运输至桥位，大型起重船舶驻位完成后将钢箱梁起吊。通过起重船舶自身的旋转，将钢箱梁放置在安装支架上。但在一些特殊的施工桥位，由于受水流流速、流向、水深和潮位的影响，大型起重船舶由于受吃水深度等影响无法驻位，即无法采用大型起重船舶吊装支架区钢箱梁。

采用桥面吊机安装支架区钢箱梁，即采用桥面吊机驻位桥梁中轴线的支架平台上，通过桥面吊机自身的变幅功能，将钢箱梁起吊后放置于预先搭设的搁置平台上，进而将钢箱梁滑移就位。

通过该施工方法，不仅克服了桥位于大型起重船舶无法驻位的困难。而且，由于未使用大型起重船舶，大大节约了船舶设备费用。虽然采用了桥面吊机进行钢箱梁安装，但由于支架区钢箱梁安装完成后，桥面吊机可就地周转至后续钢箱梁悬臂安装阶段，并未增加支架区钢箱梁采购桥面吊机的成本，大大节约了工程施工费用。

桥面吊机驻位桥梁中轴线的支架平台上，一次驻位即可实现单个塔周支架区全部钢箱梁安装，该施工方法属首创，填补了国内特大型桥施工技术空白，推进了特大型桥梁施工技术研究的发展。工程实施过程中，国内多家相关勘察设计单位、行业协会等相继到现场进行参观学习和业务考察，均给予高度评价，带来了良好的社会效益。

12 应用实例

1）工程概况

嘉绍跨江大桥是嘉兴至绍兴高速公路跨越天然屏障钱塘江河口段的一座特大型桥梁。嘉绍跨江大桥东距杭州湾跨海大桥约50km，西距杭州下沙大桥约60km，处于杭州湾经济带的中部，全长10.137km，采用双向8车道高速公路标准，桥梁宽度为40.5m。桥区水域涨落潮流路分歧，河床底质颗粒较细，起动流速低，易冲易淤，加上上游来水丰、枯变化，河床变化剧烈。

2)施工情况

嘉绍跨江大桥主航道桥为六塔独柱四索面分幅钢箱梁连续斜拉桥,南侧主桥由中交二航局承建。大桥塔周支架区设计有10片分幅式钢箱梁、边跨支架区设计有12片分幅式钢箱梁。工程桥位处于钱塘江涌潮河段和台风影响地域,设计结构比较复杂,施工条件比较恶劣困难。由于钱塘江水文条件的特殊性,大型船舶驻位困难。

中交二航局积极开展相关技术研究,采用了桥面吊机安装支架区钢箱梁施工工法。成功安装完成了Z6、Z7、Z8三个索塔支架区和一个边跨支架区4个墩位共计42片钢箱梁。因Z6~Z8三个主塔及边跨支架区钢箱梁为独立的施工工段,其中Z8号墩10片支架区钢箱梁于2012年6月10日开始吊装,2012年6月26日就已完成最后一片钢箱梁吊装施工,吊装周期仅为16d,吊装效率达0.625片/d,并于2012年7月18日完成所有钢箱梁精确调位,在2mm高精度的强制性调位指标要求下,调位效率达0.455片/d,安装效率高,施工过程始终处于安全、稳定、快速、优质的可控状态。工程质量优良、无安全生产事故。嘉绍大桥支架区钢箱梁安装现场如图15所示。

图15　嘉绍大桥支架区钢箱梁安装现场图

中交二航局桥面吊机一次驻位安装支架区全部钢箱梁的施工方法,技术先进、工艺成熟、可行性强,填补了国内跨江(海)大桥施工技术空白,推进了特大型桥梁设计和施工研究的发展。施工期间,相关设计单位、科研院所纷纷到现场进行观摩学习,得到各方的好评。

斜拉桥结合梁钢梁整节段吊装施工工法

GGG(中企)C3129—2013

陈超华　李　鉴　孙晓伟　华　勇　叶　青
(中交第二航务工程局有限公司　中交第二航务工程局有限公司第五工程分局)

1　前言

近年来,结合梁作为一种新型主梁结构,凭借其优良的结构受力性能、使用性能及经济性能在桥梁建设中得到了广泛推广应用,与混凝土主梁相比,自重轻、施工快、施工方便、维护方便,与钢箱梁相比,节省钢材、与沥青路面结合性能好。

组成结合梁的钢梁的架设方法主要有两种:散拼安装和整节段安装。主要安装设备为:桥面吊机和大型起重船。中交第二航务工程局有限公司深入研究了钢梁整节段吊装施工技术,为高强螺栓连接钢梁技术提供了新的架设工艺,即在施工平台上将工字钢梁拼装成整体,采用大型起重船进行吊装,并形成工法。2011 年 12 月,以该技术为关键的"大跨度三塔结合梁斜拉桥施工关键技术研究"成果通过专家鉴定,总体达到国际先进水平。以该技术为关键的"大跨度三塔结合梁斜拉桥施工关键技术研究"已获得 2012 年度企业级科技进步一等奖、2012 年度中国公路学会科技进步三等奖。本工法 2011 年评选为企业级工法, 2012 年评选为湖北省优秀工程建设工法。

2　工法特点

(1)梁段整体预先拼装,减少高强螺栓空中安装施工,使高强螺栓施拧质量更易保障。

(2)梁段拼装在施工平台或陆上进行,施工防护方便,降低了钢梁施工对天气的依赖性。

(3)采用大型起重船进行梁段整体吊装,减少梁段匹配工序,且梁段起吊平稳、对接便捷、施工速度快,大大缩短了施工周期。

(4)减少大量空中工作量,大大降低施工风险。

3　适用范围

本工法适用于采用拼装形式的组合梁钢梁的吊装施工,同时,采用拼装形式的钢桁梁也可借鉴其中大部分施工方法。施工前需搭设钢梁构件拼装施工平台,施工水域需满足大型起重船施工条件。

4　工艺原理

采用小型起重设备,在施工平台上将钢梁构件拼装成整体节段,然后采用大型起重船将钢梁节段起吊,起重船移船初定位后进行精确匹配对接,实现钢梁节段吊装施工。

5　施工工艺流程及操作要点

5.1　施工工艺流程

施工工艺流程见图 1。

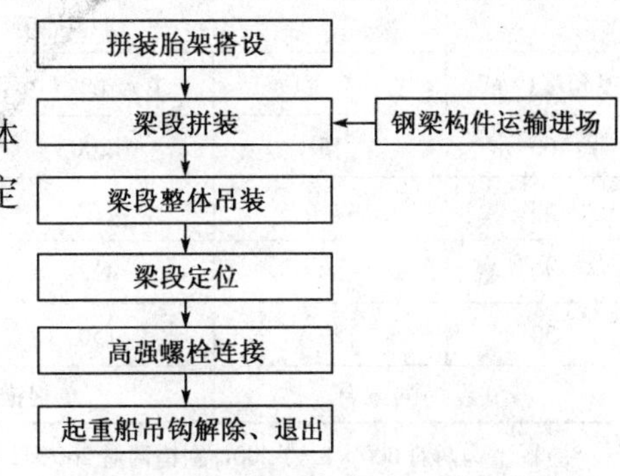

图 1　钢梁整节段吊装施工工艺流程图

5.2 操作要点

1)拼装胎架搭设

根据钢梁尺寸、主梁间距等测量放样,采用型钢构件在施工平台上搭设胎架,测量找平并进行加固,形成钢梁拼装胎架。拼装胎架结构布置见图2。

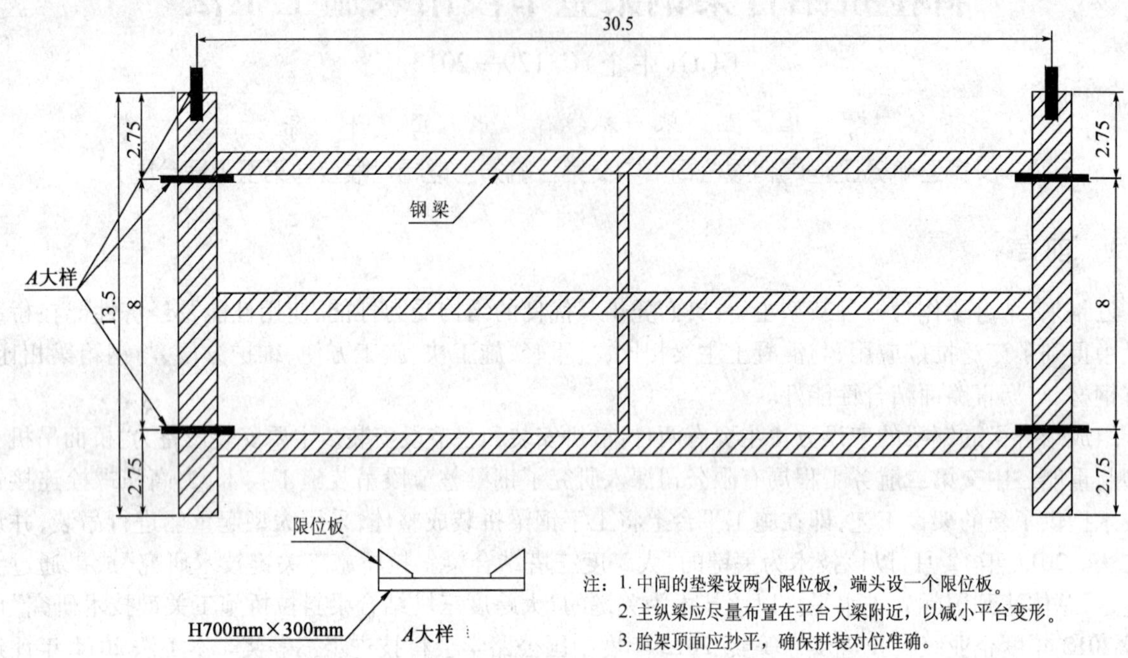

图2 钢梁节段拼装胎架结构布置图(尺寸单位:m)

2)梁段拼装

结合梁构件通过驳船运至施工现场,停靠在施工平台旁。采用小型起重船进行梁段拼装,首先起吊、放置两根主纵梁,根据测量放样位置调整准确后,进行加固;然后继续起吊、安装横梁,并安装高强螺栓;然后安装小纵梁,并安装高强螺栓,一个节段钢梁拼装完成。

一榀钢梁拼装完成后,用大型起重船吊离;小型起重船在拼装平台继续进行下一榀梁拼装。

3)钢梁整体吊装

(1)起重船选型

根据钢梁节段质量、外形尺寸、吊高及吊幅要求,同时考虑起重船在施工水域的稳定性,钢梁整节段吊装采用1 200t 起重船进行施工。1 200t 起重船性能参数见表1。

1 200t 起重船性能参数表 表1

	主钩参数			副钩参数		
角度(°)	主钩高度(m)	主钩吊重(t)	主钩跨度(m)	副钩高度(m)	副钩吊重(t)	副钩跨度(m)
60	55	1200	26.7	61.0	400	31.2
50	47.6	722	36.0	53.0	300	41.2
40	39	422	44.0	43.7	150	49.2
30	29	150	51.0	33	80	56.2
25t 卷扬机:6 台		单根锚绳:1 000m		霍尔锚:10t/2 只、8t/2 只、7t/1 只		

注:1.主钩两对 600×2=1 200t,副钩两对 200×2=400t,扒杆底 1.2m,吊 1 200t 时干舷 3m,船型 86m×28m×6.3m,主钩钩头长 4.1m,副钩钩头长 3.3m,主钩间距 3.8m,副钩间距 4.5m。

2.表中起吊高度为钩头以下至甲板的距离。

起重能力富余量：

吊高最大节段梁段 ZL34 前端顶面高程为 +58.84m，单悬臂最大质量 140t。起重船起吊能力富余量检算水位为 +17.5m，起吊高度 $h=58.84-17.5+0.5=41.85$m。

当起重船吊臂倾斜角度为60°时，主钩吊重为 2×600t，副钩吊重为 2×200t，起吊高度（水面以上）：(55+3)=58m>41.85m；当钢梁吊离至梁顶距离水面 41.85m 高度时，钢梁边缘至浮吊扒杆边缘的富余宽度为 $b=7.85$m，起重船满足施工要求。

起重船吊装整节段梁段施工示意见图 3。

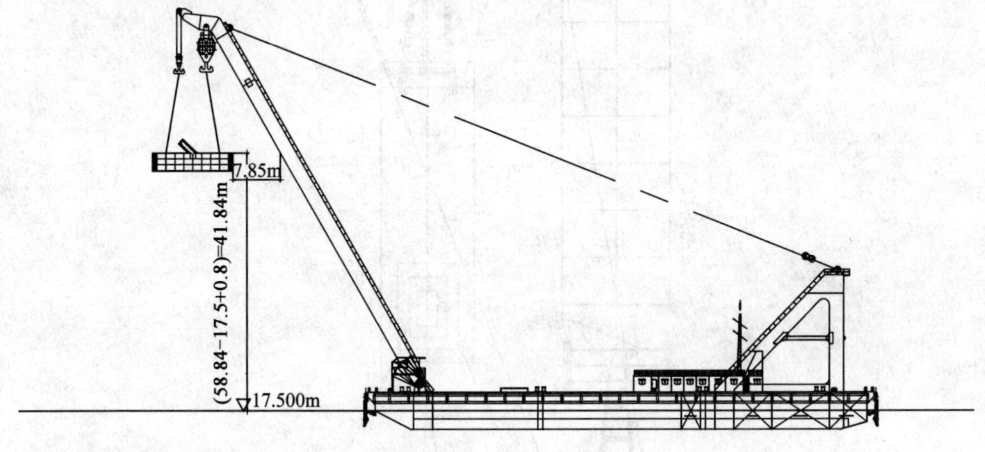

图 3 梁段整体吊装示意图

(2)钢梁起吊

根据拼装平台位置及钢梁摆放方向，进行 1 200t 起重船就位。

根据钢梁结构形式，采用 4 点起吊的方式。起重船 2 个副钩、2 个主钩共 4 根吊绳，钢梁吊点设置在前后两根横梁上。4 个吊点可单独升降，便于钢梁高程、倾角的调节。钢梁吊点须经受力计算进行确定，本工程钢梁吊点布置见图 4。

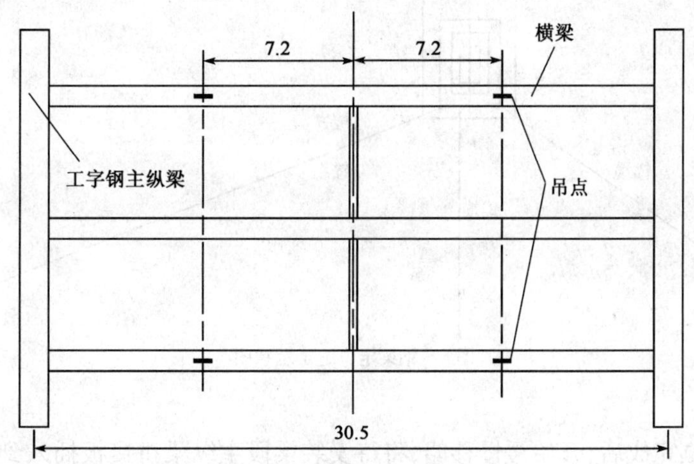

图 4 钢梁吊点布置图(尺寸单位：m)

吊点全部连接好并检查完毕后，缓慢起钩，吊起钢梁节段。

4)梁段定位(图 5)

(1)初定位

通过收放起重船缆绳，使起重船吊着钢梁节段移至待装节段位置，缓慢调节起重船位置，使待装钢梁节段与已装梁段进行初步匹配。

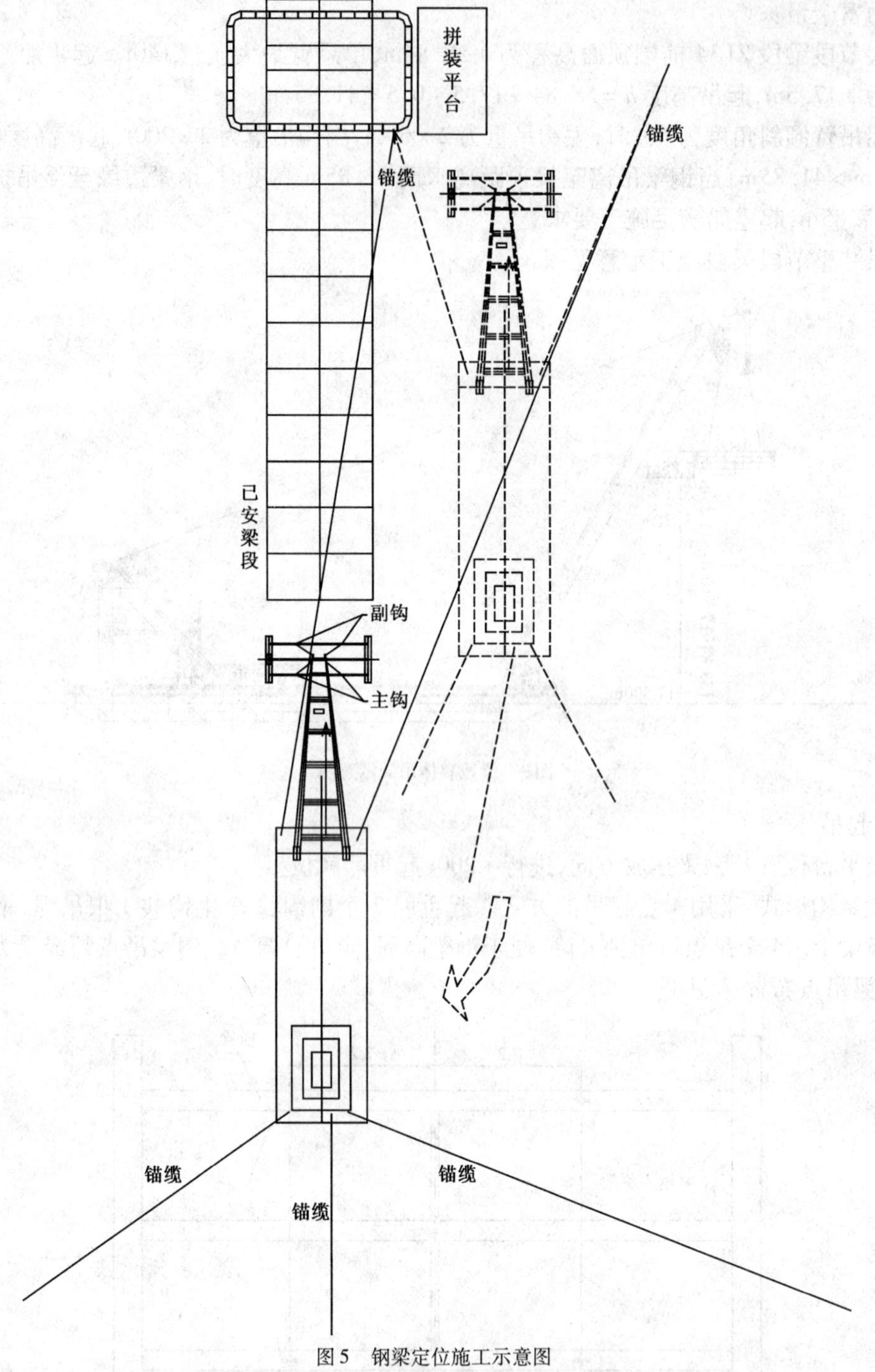

图5 钢梁定位施工示意图

(2)精确定位

待安装梁段初定位完成后,开始缓慢移船,将待安装梁段主纵梁拼接板插入到已安梁段,并用5t倒链进行微调。当主纵梁端头到位后,通过4个吊钩升降来调整梁段横向以及纵向坡度,并用顶部倒链收紧,待坡度调整基本到位时,用小一号冲钉临时将主纵梁固定。

5)高强螺栓连接

待孔位基本到位后,将小冲钉及时替换为精确定位冲钉,冲钉施打50%后(均匀分布,尤其是边角区域),开始进行高强螺栓施工,高强螺栓终拧完成后开始松钩退船,做下一梁段吊装准备。

6)施工注意事项

(1)在主纵梁高强螺栓施拧前,对钢梁前端轴线进行观测,若有偏差,须先调节合格后再施拧高强螺栓。

(2)吊装过程中,若待安装钢梁腹板与已安装梁段腹板难以精确对位,可采用临时高强螺栓进行施拧连接,调整偏差。

(3)在吊装节段钢梁前,主纵梁的节点板临时固定在吊装梁段,可起到上下、左右限位作用,但在对位时应确保浮吊移动缓慢,不得因船舶上下摆动或移动过猛而造成节点板损伤。

(4)对于大风天气,若起重船以及节段钢梁难以稳定,应禁止起吊,避免钢梁受损。

6　材料与设备

6.1　材料

主要施工材料见表2。

主要施工材料表　　表2

序　号	材料名称	规格型号	备　注
1	冲钉	按照规范	螺栓孔对位
2	螺栓	高强、普通	钢梁临时固定
3	钢丝绳		吊绳、拉链绳

6.2　设备

主要施工设备、机具、仪器见表3。

主要施工设备、机具、仪器　　表3

序号	设备名称	型号/主要性能	备　注
1	起重船	1 200t	主梁吊装
2	起重船	80t	主梁拼装
3	倒链	1t/3t/5t	主梁横向调位
4	测量仪器	全站仪、水准仪	梁段测量

7　质量控制

7.1　应执行的标准规范

(1)《公路桥涵设计基本规范》(JTG D60—2004)。

(2)《公路桥涵钢结构及木结构设计规范》(JTJ 025—86)。

(3)《公路桥梁抗震设计细则》(JTG/T B02-01—2008)。

(4)《铁路桥梁钢结构设计规范》(TB 10002.2—2005)。

(5)《铁路钢桥制造规范》(TB 100212—2009)。

(6)《桥梁用结构钢》(GB/T 714—2008)。

(7)《铁路钢桥高强度螺栓连接施工规定》(TBJ 214—92)。

在钢梁拼装时,以钢梁外形尺寸为施工控制标准;在钢梁节段吊装时,以桥梁设计线形、主梁施工应力要求为施工控制标准。

7.2　质量控制措施

(1)每个节段拼装前,均须对拼装胎架进行测量、调整、加固,以确保钢梁节段拼装质量。

(2)钢梁节段对接、匹配需缓慢进行,不得使钢梁间相互碰撞、节点板弯折等。

(3)加强高强螺栓存放、施拧等施工过程控制,保证高强螺栓施工质量。

8　安全措施

(1)认真贯彻“安全第一,预防为主”的方针,根据国家有关规定、条例,结合施工单位实际情况和工程的具体特点,组成专职安全员和班组兼职安全员以及工地安全用电负责人参加的安全生产管理网络,执行安全生产责任制,明确各级人员的职责,抓好工程的安全生产。成立专门的安全管理机构,指派专职安全员负责施工现场的日常安全管理工作。

(2)加强施工过程的安全技术交底,使操作者熟悉、理解施工过程中的危险因素和安全操作规程,提高操作者的安全应变技能。

(3)施工前全面检查吊点、吊索等,加强起重船保养、维护工作,保证其正常运行。

(4)主梁安装施工属高空、临水、临边作业,应做好相应安全交底、安全防护工作。

(5)主梁安装施工属高空作业,所用工具、材料均需妥善安放,避免掉落。

(6)与海事和航道部门及时加强联系,由相关部门做出水上施工公告,在施工水域设航行警示灯、警示船等,保障航行安全。

9 环保措施

(1)成立对应的施工环境卫生管理机构,在工程施工过程中,严格遵守国家和地方政府下发的有关环境保护的法律、法规和规章,加强对施工用油、工程材料、设备、生产生活垃圾、弃渣的控制和治理,遵守有防火及废弃物处理的规章制度。

(2)严格对施工设备进行管理,尤其是对施工设备油料、废弃设备;对油料加强管理,定期进行回收、处理,防止油料泄漏,产生污染。

(3)高强螺栓包装盒集中收纳进行处理,不得随意抛向江中。

10 资源节约

本工法形成过程中,贯彻国家节能工程的相关要求,采用钢平台,减少一次性材料使用,工程结束后直接拆除、重复利用。

11 效益分析

11.1 工期效益

相对于钢梁构件空中散拼的施工方法,本工法施工安全性高、质量易保证、速度快、受天气等外界因素影响小。以武汉二七长江大桥主桥(图6和图7)施工为例,主梁单悬臂吊装施工阶段,采用整体吊装工艺,平均每段安装时间为7.5h,其中,梁段ZL26安装仅用时6h。与空中散拼工艺相比,整体拼装平均每节段节省43.6h,9个施工节段,直接节省工期392.4h,约17d。

11.2 经济效益

根据与传统散拼工艺比较,采用此工法工程总体节约工期17d,节约直接经济成本291 000元,计算如下:

桥面吊机租赁费用:2台×12 000元/(台·d)×17d=408 000(元);

劳务人员施工费用:240人×100元/(人·d)×17d=408 000(元);

其余配套船机、设备费用:45000元/d×17d=765 000(元);

管理人员工资:150人×200元/(人·d)×17d=510 000(元);

节约费用总计:2 091 000元;

大型起重船租赁费用:1 800 000元;

直接经济成本节约为:2 091 000-1 800 000=291 000(元)。

11.3 其他效益

由于梁段拼装施工在施工平台或陆上进行,剩余材料不会不慎掉入江中并便于回收,具有一定的节能、环保效益。本工法在武汉二七长江大桥直接节省工期392.4h,约17d,为全桥顺利合龙奠定了坚实

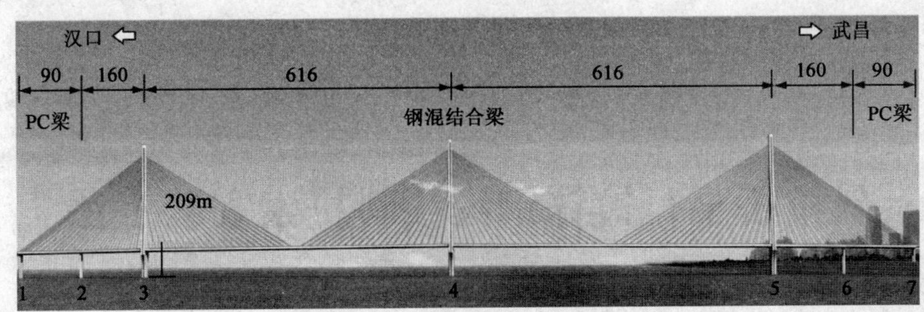

图6 武汉二七长江大桥桥型布置图(尺寸单位:m)

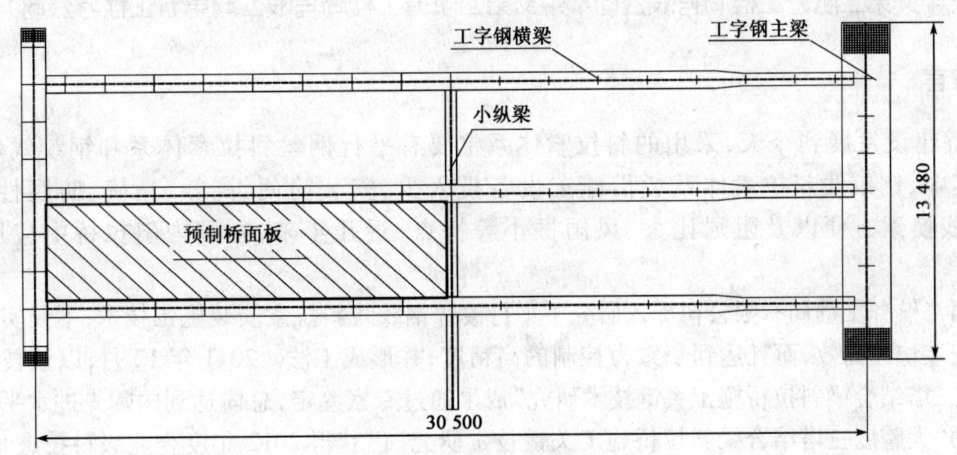

图7 钢混结合梁结构图(尺寸单位:mm)

基础,得到建设部门、监理、传媒等社会各界的一致好评。

12 应用实例

武汉二七长江大桥是武汉市二环线控制工程之一,主桥采用三塔斜拉桥,主跨616m,是世界最大跨径的三塔斜拉桥;主跨上部结构采用"工"钢组合梁与混凝土预制板相结合的主梁结构,是世界最大跨度的结合梁桥。工程开工时间为2008年10月1日,大桥通车时间为2011年12月31日。

本工程汉口侧主桥边跨合龙后,主跨主梁单悬臂施工阶段采用整节段吊装工艺,施工9个节段,平均每节段施工时间为7.5h,较空中散拼工艺直接节约工期约17d,取得了良好的施工效果。

斜拉桥平行镀锌钢绞线斜拉索安装工法

GGG(中企)C3130—2013

李　鉴　孙晓伟　华　勇　陈　亮　叶　青
(中交第二航务工程局有限公司　中交第二航务工程局有限公司第五工程分公司)

1　前言

斜拉桥建设发展到今天,采用的斜拉索体系主要有平行钢丝斜拉索体系和钢绞线斜拉索体系两种,其中,钢绞线斜拉索体系凭借施工设备投入少、安装简便、高效、精确、防腐性能优良、单根钢绞线换索方便以及阻尼比大、风雨振小等特点,近几年来,在国内斜拉桥中应用越来越广泛。

中交第二航务工程局有限公司深入研究了平行镀锌钢绞线斜拉索安装施工技术,不仅实现了钢绞线斜拉索安装快速高效,而且达到了索力控制的高精度,并形成工法。2011 年 12 月,以该技术为关键的"大跨度三塔结合梁斜拉桥施工关键技术研究"成果通过专家鉴定,总体达到国际先进水平。以该技术为关键的"大跨度三塔结合梁斜拉桥施工关键技术研究"已获得 2012 年度企业级科技进步一等奖、2012 年度中国公路学会科技进步三等奖。本工法 2011 年评选为企业级工法, 2012 年评选为湖北省优秀工程建设工法。

2　工法特点

(1)施工设备简单、轻便,不需要大型吊装设备。

(2)牵引系统操作简单,单根钢绞线安装方便。

(3)索力控制精确度高:挂索过程中控制单根钢绞线初张力,后续张拉可按钢绞线延伸量进行索力控制,该控制方法简单,且可进行其他工序同步作业。

3　适用范围

本工法适用于斜拉桥平行镀锌钢绞线斜拉索安装施工。

4　工艺原理

(1)采用卷扬机单线往复式牵引系统进行钢绞线逐根牵引,单根钢绞线进行初张拉锚固,循环安装钢绞线斜拉索。

(2)根据塔梁的不同刚度影响,计算出每根钢绞线安装的初张拉力,安装完成初张拉后检查,保证所有钢绞线张力偏差在设计允许范围内。

(3)后期整体张拉调索,通过钢绞线拔出量来控制索力。

5　施工工艺流程及操作要点

5.1　施工工艺流程

施工工艺流程见图 1。

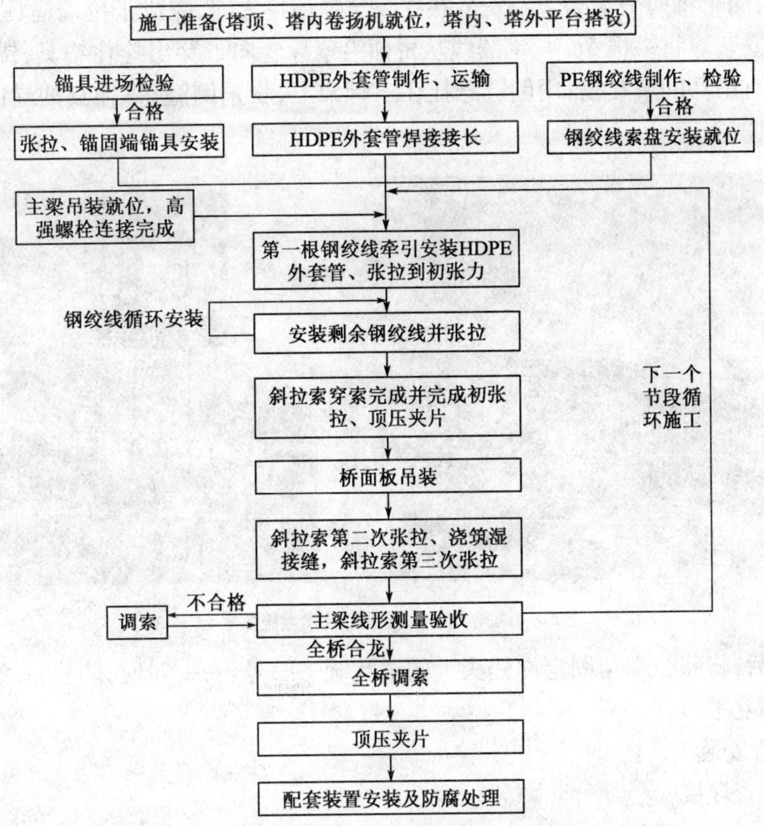

图1 平行钢绞线斜拉索安装施工工艺流程图

5.2 操作要点

1)施工准备

(1)原材料检验

HDPE外套管、锚具、镀锌钢绞线物理及力学性能指标均须满足规范及设计标准要求。

钢绞线首次采用江阴华新生产的强度为1 860MPa级别的镀锌钢绞线。镀锌钢绞线表面应光滑、平顺、锌层厚度均匀,无疤点、毛刺、机械损伤、锈斑等不良现象。外包装无损坏,无弯折,每盘应有明显标示或标牌,并做好记录。

(2)索导管处理

斜拉索挂设前应对塔、梁端的索导管进行全面的检查,对索导管内的焊渣、毛刺等进行打平磨光,以免在挂索时损伤HDPE护套或镀锌钢绞线外套。

(3)施工平台

①塔内施工平台。在施工的斜拉索锚固齿块上搭设塔内施工平台,采用型钢框架铺设钢板及木板的结构。

每个塔肢内布置一台1.5t快速卷扬机,用于单根钢绞线挂索牵引。在主塔施工完成28节段后,在穿束斜拉索锚固齿块上方10~15m高度搭设牵引卷扬机搁置平台,通过控制线在操作平台上控制卷扬机,进行钢绞线牵引穿束施工。

②塔外施工平台。主塔封顶后,采用专业厂家生产的自动升降平台完成斜拉索张挂塔外作业。

③梁上施工平台。现场制作钢结构施工平台及双层操作平台,通过桥面吊机安装在待穿索梁段上,为穿钢绞线斜拉索提供操作平台及安全通道,见图2。

(4)锚具安装

①张拉端锚具安装。安装张拉端锚具时,用塔顶1.5t高速专用卷扬机的钢丝绳吊住锚具,将导向

管插入到索导管内,同时将两个半圆垫圈安装在锚头与锚垫板之间,完成张拉端锚具的安装。

②固定端锚具安装。将一根5m长钢绞线从桥面沿索导管向下穿出拴住锚具,锚具处用夹片锚固,另一端连接一个焊有吊环的单孔锚,用倒链悬挂在三脚架上,收紧倒链,将锚具的导向管插入到索导管内,完成固定端锚具的安装。

图2 斜拉索塔外张挂平台及梁上施工平台

锚具安装好之后,将张拉端与固定端锚头上的锚孔统一编号,一一对应,防止钢绞线穿错孔位,造成打搅,确保钢绞线相互平行。

2)HDPE 护套管安装

(1)HDPE 护套管焊接

根据锚点坐标计算出HDPE外套管长度,利用专用焊接机,将分段的外套管焊成所需的长度。操作步骤为:在桥面上安放焊接机,并使之水平→将HDPE外套管放入焊接机,并固定→刨平HDPE外套管焊接面→热熔对焊。施工示意见图3。

a) b) c) d)

图3 HDPE护套管焊接施工图

a)引线对中;b)配切断面;c)断面加热挤压;d)外套管接长保护

(2)HDPE 护套管安装

HDPE 护套管焊接完成后，将斜拉索第一根钢绞线穿入护套管内，牵引第一根钢绞线将外套管吊装。

①1～5 号索 HDPE 护套管安装。在施工 1～5 号斜拉索时，桥面长度不能满足 HDPE 外套管焊接接长的需要，所以 1～5 号斜拉索 HDPE 外套管在施工栈桥上进行焊接接长，用特制的吊装夹具夹住外套管的上端，用塔吊直接吊装。

②其余斜拉索 HDPE 外套管吊装。除前 5 对斜拉索的 HDPE 外套管外，其余斜拉索 HDPE 外套管在桥面上焊接，也采用塔吊吊装。塔吊提升外套管至塔端索导管口，用钢丝绳扣将其挂在上面一根斜拉索的索导管处，固定端套管在桥面上部分利用人工拖拽至索导管口附近(随着斜拉索斜率减小，采用托车进行拖拽)，张拉第一根钢绞线，拉直外套管。

HDPE 护套管安装施工示意见图 4。

a)

b)

图 4　HDPE 护套管安装施工图

a)塔端固定；b)塔端固定后梁段固定

3)斜拉索穿束

(1)钢绞线准备

通过放索盘放出钢绞线，将张拉端钢绞线端头剥掉一定长度防护套，剥掉防护套长度应严格控制，以保证已剥掉防护套的钢绞线完全在防腐区范围内。在把钢绞线插入锚具前，应用棉布将钢绞线表面的油脂擦干净，并用丙酮洗干净。

钢绞线的张拉端作为牵引端，剪掉一定长度(约 15cm)的外圈钢丝，仅留中心的一根钢丝，并用镦头器进行镦头，与专用牵引绳连接。

(2)钢绞线穿束(图 5)

①首先在塔顶设置 1.5t 高速卷扬机。

②将牵引钢丝绳从相应的锚孔穿出，经过 HDPE 外套管自由放出至桥面处。

③将张拉端镦好头的钢绞线中心丝与牵引钢丝绳连接器相连。

④操作塔顶的高速卷扬机将钢绞线拉至张拉端索导管口。

⑤慢速度将钢绞线拉入锚具。

⑥牵引钢绞线露出锚头至千斤顶允许的工作长度(钢绞线 PE 外套需进入锚具密封圈)。

⑦桥面按计算长度割断钢绞线后，按规定长度在端部剥皮并插入桥面索导管锚具至露出固定端锚

头约100mm。

⑧安装固定端锚头的夹片。

⑨塔内安装张拉端锚头的夹片。

⑩把钢绞线同连接器分开,并把牵引钢丝绳及连接器穿入下一个锚孔。

⑪把单孔千斤顶装到刚安装好的钢绞线上,并按修正后的初张力张拉。

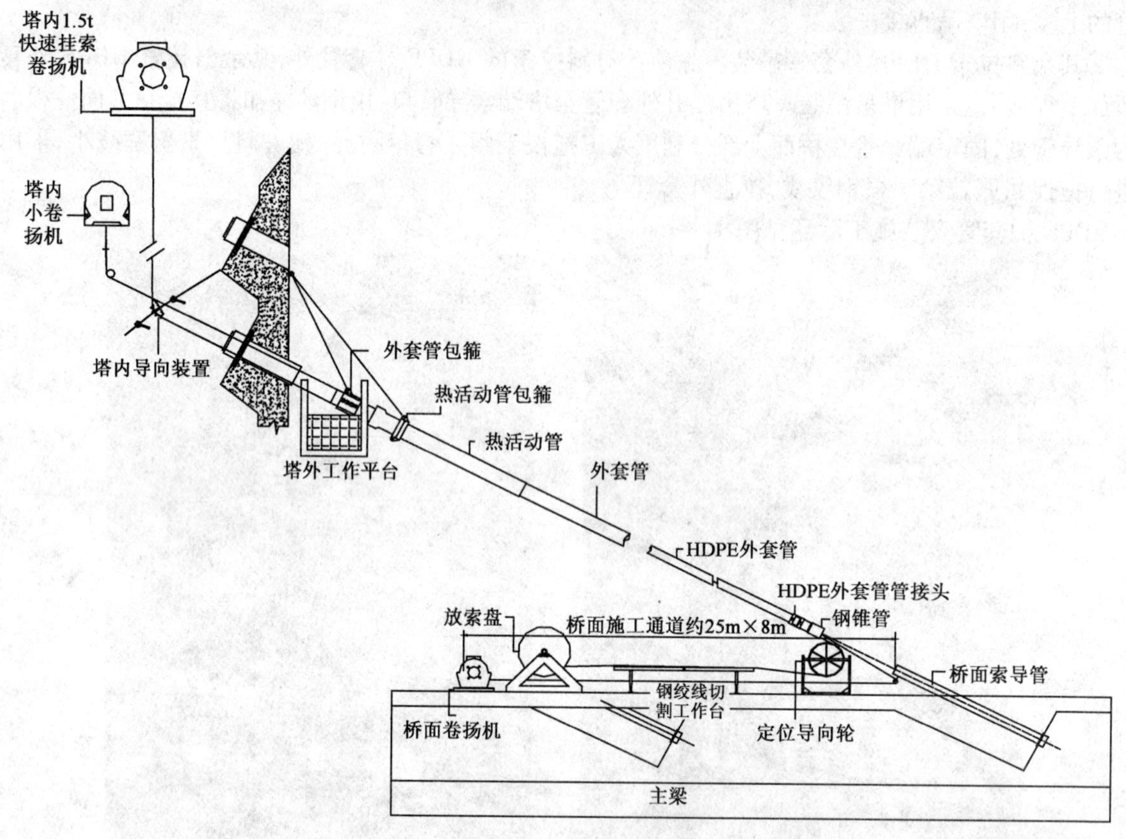

图5　单根钢绞线挂索示意图

为避免钢绞线之间互相打绞,每安装一根钢绞线即张拉一根,重复安装第一根钢绞线的步骤直至安装完毕此根索内全部的钢绞线(图6)。

在每根索的第一根钢绞线的锚固端要安装振弦式压力传感器,以便校核索力;因挂索或者是调整过程中,由于后张钢绞线会使之前张拉的钢绞线产生压缩变形,而降低已张拉钢绞线的拉力,因此,需要对每根钢绞线张拉力进行修正,从而达到索内所有钢绞线张拉完成后受力接近的目标,每根钢绞线之间误差应控制在±1%以内。

(3)注意事项

①两端锚板的锚孔要对应,不得错位。

②锚具中心与锚板中心保持一致,不得错位。

③严格控制钢绞线下料长度。

④不得损伤钢绞线的PE护套。

4)斜拉索张拉

根据本工程实际情况,斜拉索采取两种张拉形式:单根张拉和整体张拉。

(1)单根张拉

主桥合龙前斜拉索张拉,含挂索阶段的低应力初张拉、桥面板吊装完的二次张拉以及接缝混凝土达到强度后的三次张拉,此阶段采用单根张拉的形式进行张拉,即用单孔千斤顶对每根钢绞线进行张拉。

单根张拉需要注意的是控制单根钢绞线间的索力均匀,为后期整体张拉做好准备。由于张拉过程

图6　斜拉索穿索施工图

a)钢绞线放索盘;b)精确测量拔皮长度;c)端头拔皮;d)牵引端接头镦粗等处理;e)牵引绳与钢绞线相连,开始拉索;f)钢绞线牵引出张拉端锚具;g)钢单根张拉锚固,进行下一根穿索

中结构变形锚点位移的变化,已安装的钢绞线索力会逐步减小,因此,张拉时要进行每根钢绞线张拉力修正,以保证最终索力达到监控部门给定的初张拉力。

(2)整体张拉

主桥合龙后全桥线形调整时的斜拉索张拉,采用整体张拉或放张,以确保整股钢绞线受力保持均匀。

图7　夹片顶紧施工图

不同于安装初张拉时用索力进行控制,此时的调索张拉是以伸长量作为主要的控制标准,整体张拉采用群锚式千斤顶。

(3)夹片顶压

夹片顶压分两次进行,第一次为斜拉索初张拉完毕后,由于钢绞线索力偏低(低于钢绞线极限抗拉强度的35%力值),为防止夹片滑动,须将锚固端夹片顶紧;第二次是全桥调索完毕后,将张拉端、锚固端所有夹片进行顶紧。

夹片顶紧(图7)采用专用的顶压设备,即在锚具上安装一个反力座,单顶放在反力座内顶紧夹片,顶压力一般为120kN。

5)配套装置

在全桥的斜拉索安装且调索完成后,对斜拉索进行最后防护体系组装。

(1)安装定位器。

张拉端和锚固端的定位器均安装在锚具出口处,主要起两个作用:第一,把钢绞线固定在锚具中心;第二,保护锚具不受由可变荷载和动荷载(风荷载)作用在钢绞线上而产生的弯曲应力影响。

(2)安装热胀延伸管(张拉端)及钢锥管(固定端)。

(3)按要求从张拉、锚固端锚具灌浆孔采用专用设备加压灌注油脂。

(4)在张拉端和固定端锚头安装防护罩。

6　材料与设备

6.1　材料

用于平行钢绞线斜拉索安装施工的主要施工材料见表1。

主要施工材料表　　表1

序号	材料名称	规格型号	备注	序号	材料名称	规格型号	备注
1	钢丝绳	$\phi=6$mm	牵引绳	3	绳索		钢绞线牵引、拉拽
2	快速接头		连接用	4	型钢等钢材		制作平台、吊篮等

6.2　设备

主要施工设备、机具、仪器等见表2。

主要施工设备、机具、仪器　　表2

序号	设备名称	型号/主要性能	备注
1	塔吊		施工设备、材料调运
2	卷扬机	1.5t	钢绞线牵引
3	卷扬机	0.8t	钢绞线牵引
4	千斤顶	单孔式 ZPE15	钢绞线单根张拉
5	千斤顶	群锚式	钢绞线整体张拉
6	油泵	VZB4	配备数显油表
7	自动升降平台		塔外操作平台
8	放索机		
9	导向架		
10	叉车		钢绞线转运、换盘
11	相关刀具、钳具		
12	振弦检测仪		

7　质量控制

7.1　应执行的规范标准

(1)《公路桥涵设计通用规范》(JTG D60—2004)。

(2)《公路工程技术标准》(JTG B01—2003)。

(3)《公路斜拉桥设计细则》(JTG/T D65-01—2007)。

(4)《公路桥梁抗震设计细则》(JTG/T B02-01—2008)。

(5)《公路钢结构桥涵设计规范》(JTJ 025—86)。

(6)《公路桥梁抗风设计规范》(JTG/T D60-01—2004)。

(7)《公路桥涵施工技术规范》(JTG/T F50—2011)。

(8)《公路工程质量检验评定标准》(JTG F80/1—2004)。

索力控制要求:镀锌钢绞线不均匀度应控制在 ±1% 以内;股斜拉索与设计相比应控制在 ±2% 以内。

7.2　质量控制措施

斜拉索施工主要控制指标为索力,本工程采用无应力状态法进行控制,即钢绞线初张拉时,采取索力控制,将索力值与结构变形进行分析,修正索力值;二张、三张以及调索阶段采用伸长量控制,与中间单根张拉引起的结构变形无关,从而实现了多工序同步作业,简化了钢绞线斜拉索的挂索及调索过程。

索力检测采用千斤顶与传感器双控,以塔端采用单孔千斤顶张拉钢绞线测力为主,梁端(锚固端)压力传感器测试进行校核,确保索力准确。

8　安全措施

(1)认真贯彻“安全第一,预防为主”的方针,根据国家有关规定、条例,结合施工单位实际情况和工程的具体特点,组成专职安全员和班组兼职安全员以及工地安全用电负责人参加的安全生产管理网络,执行安全生产责任制,明确各级人员的职责,抓好工程的安全生产。成立专门的安全管理机构,指派专职安全员负责施工现场的日常安全管理工作。

(2)加强施工过程的安全技术交底,使操作者熟悉、理解施工过程中的危险因素和安全操作规程,提高操作者的安全应变技能。

(3)施工前全面检查卷扬机、千斤顶、油泵等施工设备,发现问题及时解决,检查后进行试运转,严禁带病作业。加强机械维护保养,保证各设备正常使用。

(4)施工属高空、临水、临边作业,应做好相应安全交底、安全防护工作。

(5)施工属高空作业,所用工具、材料均需妥善安放,避免掉落。

(6)在塔内、梁端施工平台配备足够数量的灭火器,做好防火工作。

(7)与海事和航道部门及时加强联系,由相关部门做出水上施工公告,在施工水域设航行警示灯、警示船等,保障航行安全。

(8)施工现场的临时用电严格执行《施工现场临时用电安全技术规范》(JGJ 46—2005)的有关规定。

9　环保措施

(1)成立对应的施工环境卫生管理机构,在工程施工过程中,严格遵守国家和地方政府下发的有关环境保护的法律、法规和规章,加强对施工用油、工程材料、设备、生产生活垃圾、弃渣的控制和治理,遵守有防火及废弃物处理的规章制度。

(2)严格对施工设备进行管理,尤其是对施工设备油料、废弃设备;对油料加强管理,定期进行回收、处理,防止油料泄漏,产生污染。

(3)钢绞线包装袋、包装皮以及钢绞线剥落的PE层等废弃材料应集中收纳进行处理,不得随意抛向江中。

10 资源节约

采用本工法,无大型施工设备投入,节约能源使用。

11 效益分析

11.1 工期效益

该施工方法施工速度快,每个斜拉索施工循环中,包含斜拉索安装、初张、二张及三张等环节,必要时 还需增加调索次数,平均每根斜拉索安装、调索需用时2d,施工效率比较稳定。

结合梁主梁施工过程中调索次数多且频繁,主桥合龙前,斜拉索张拉采用单孔千斤顶进行,转移十分方便,节省时间,与采用群锚式千斤顶整体张拉相比,工期效益明显。采用本工法,为武汉二七大桥建设节约工期11d。

11.2 经济效益

通过工期节约,节约直接经济成本1 353 000元,计算如下:

桥面吊机租赁费用:2台×12 000元/(台·d)×11d=264 000(元);

劳务人员施工费用:240人×100元/(人·d)×11d=264 000(元);

其余配套船机、设备、机具费用:45 000元/d×11d=495 000(元);

工程管理费用(工资):150人×200元/(人·d)×11d=330 000(元)。

合计:135.3万元。

11.3 社会效益

本工法在武汉二七长江大桥平行镀锌钢绞线斜拉索施工中成功应用,通过严密的施工组织和有效的控制手段,高效地完成了斜拉索安装施工。既满足了施工质量和施工进度要求,也节约了大型起重设备、节约了施工成本,得到了业主、监理及同行单位一致认可和好评,为类似工程设计施工提供了宝贵经验,对推进平行钢绞线斜拉索的应用起到了重要作用。

12 应用实例

武汉市二七长江大桥是武汉市二环线控制工程之一,采用主跨为616m的三塔结合梁斜拉桥结构形式,是目前世界跨度最大的钢混结合梁斜拉桥,同时也是世界上最大跨度的三塔斜拉桥,总体布置见图8。该工程于2008年10月1日开动,于2011年12月31日建成通车。

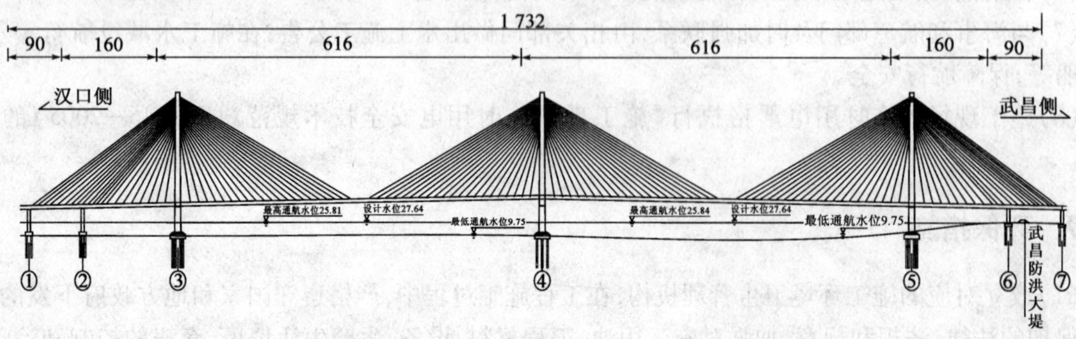

图8 武汉二七长江大桥总体布置图(尺寸单位:m)

本桥索体采用多股无黏结高强度 1 860 级平行镀锌钢绞线，标准索距 13.5m，外层装有 HDPE（高密度聚乙烯）护套管。全桥共计 264 根斜拉索，斜拉索规格有 7 种类型：37ϕ15.2、43ϕ15.2、48ϕ15.2、55ϕ15.2、61ϕ15.2、73ϕ15.2、79ϕ15.2。其中，最长斜拉索 338.9m，质量为 35.1t。斜拉索总装配图见图 9。

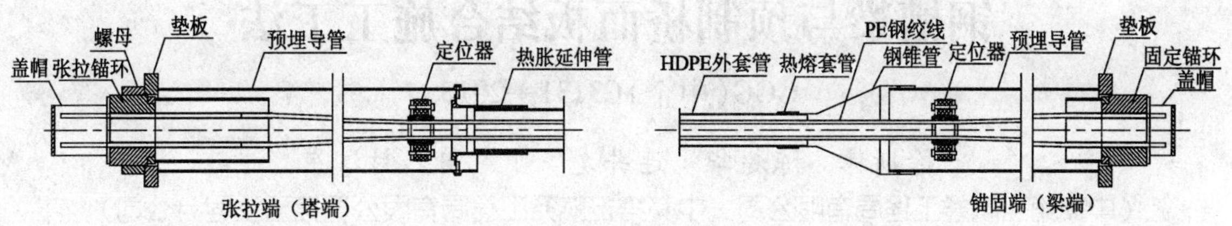

图 9　平行钢绞线斜拉索总装配图

所有斜拉索均采用本工法进行施工，斜拉索索力控制精度得到设计、业主、监理一致认可，同时缩短工期 11d。

钢槽梁与预制桥面板结合施工工法

GGG(中企)C3131—2013

徐斯林　陈超华　连井龙　丁　勇　封江东

(中交第二航务工程局有限公司　中交第二航务工程局有限公司第五工程分公司)

1　前言

桥梁上构采用钢箱梁时,由于沥青与钢板结合差,桥面质量问题频现;采用混凝土主梁时,又因梁体自重大、施工速度慢等原因,较难在大跨度桥梁中应用。钢混结合梁较好地综合了两者的优势,充分发挥钢材的抗拉、抗弯性能以及混凝土的抗压性能,沥青与混凝土桥面板结合好,保证了桥面系质量。钢混结合梁还具有抗震性能优良、自重小、施工快等特点,应用日趋广泛。

结合梁结构受力性能直接取决于钢主梁和预制桥面板的结合质量,中交第二航务工程局有限公司深入研究了钢槽梁与预制桥面板结合施工技术,形成一系列创新工艺,成桥线形、结构受力状态达到了设计目标,具有较高的推广价值,并形成工法。以该技术为关键的"多变竖曲线钢槽梁顶推及结合梁起顶结合施工技术"成果通过专家鉴定,总体达到国内先进水平,以该技术为关键的"多变竖曲线钢槽梁顶推及结合梁起顶结合施工技术"已获得2011年度企业级科技进步一等奖,该工法被评选为2011年度企业级工法。

2　工法特点

(1)国内首次采用精轧螺纹钢作为起顶结合的反向拉杆,解决以往需要大量材料堆载、转运问题。

(2)采用吊架模板系统,成功解决了墩顶现浇板混凝土的浇筑难题。

(3)采用后灌浆技术处理预制桥面板与钢槽梁顶承板之间的搁置缝,以解决预制板搁置处钢梁的防腐和耐久性问题。

3　适用范围

本工法适用于采用钢混结合梁的钢梁和桥面板的结合施工。

4　工艺原理

在钢槽梁、桥面板安装完成后,采取措施将连续梁一个支点的相邻支点处主梁锁定,将该支点处未结合的主梁起顶一定高度,使其预拱,然后浇筑接缝混凝土,混凝土达到强度及一定的养护龄期后,再下落主梁到支点上,使得桥面板储备了压应力,在结合梁承受外界荷载之前钢主梁与桥面板主动结合在一起共同受力。主动结合更加充分地发挥了钢材的抗弯、抗拉性能以及混凝土的抗压性能,并通过对桥面板的压应力储备使结合梁桥面板的拉应力有效减小或抵消,减少桥面开裂,延长桥梁使用寿命。

5　施工工艺流程及操作要点

5.1　施工流程

施工工艺流程图见图1。

以6×90m钢混结合连续梁为例,首先进行结构墩墩顶区桥面板与钢槽梁结合,如图2所示,使其获得较大压应力储备,然后进行跨中区(临时墩顶)桥面板与钢槽梁结合。结合施工从 N3 号墩开始,两侧对称进行。结合顺序依次为 N3→N2、N4→N1、N5→L1、L6→L2、L5→L3→L4,直至完成所有梁板结合施工,进行落梁及受力体系转换,将结合梁回落至永久墩支座上,完成结合梁主体结构施工。

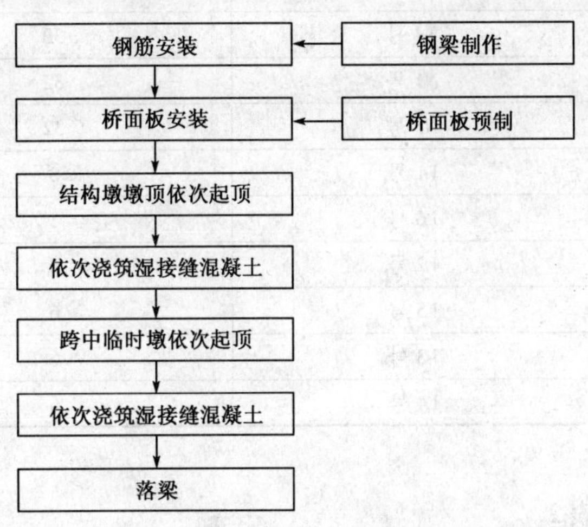

图1　施工工艺流程图

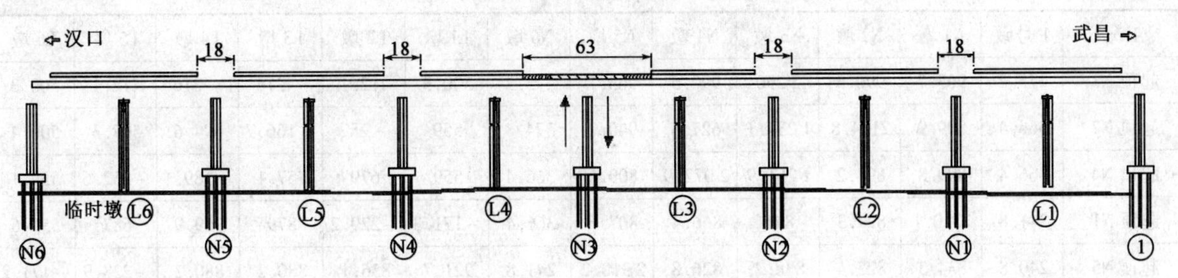

图2　梁板结合示意图(尺寸单位:m)

5.2　操作要点

1)起顶工况理论计算

(1)整体建模计算

采用结构计算软件 Midas 进行模拟计算,钢槽梁采用梁单元建立,结合梁采用施工阶段联合截面建立,共划分 1 713 个节点,1 712 个梁单元。建模时所采用的坐标系为直角坐标系,x 轴为桥的横向、z 轴为桥的竖向、y 轴为桥的纵向。模型如图 3 所示。

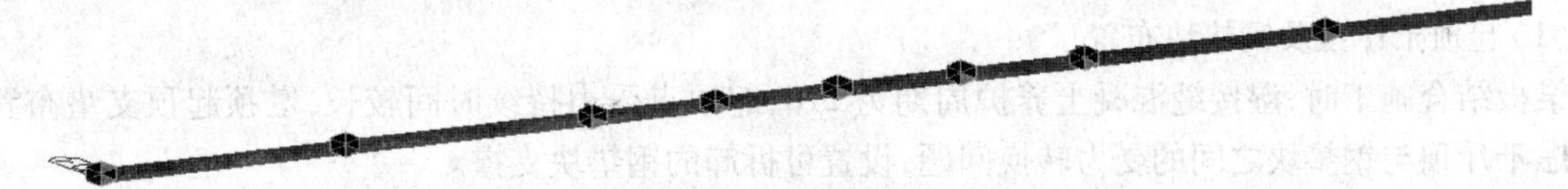

图3　结合梁计算模型图

有限元模型在各施工阶段,起顶墩的起顶量采用强迫位移模拟,起顶墩相邻两侧的主墩约束 *DZ*、*DX*、*RZ*;其余各墩约束 *DZ*,同时施加相应“*DX*、*DY*”、“*RX*、*RY*、*RZ*”约束使结构保持静定。其中“*DX*、*DY*、*DZ*”分别表示节点平动自动度,“*RX*、*RY*、*RZ*”分别表示节点转动自由度。

所施加荷载包括钢槽梁自重、横隔板重力、桥面板重力以及剪力钉重力等。

通过不同工况计算,得到使钢梁获得目标应力的预变形(起顶量)及所需的顶升力。

(2)起顶量计算

各墩起顶量见表 1。

桥面板结合起顶量计算结果表　　表1

结合顺序号	结合部位墩号	顶升量(cm)	备注
1	N3 号	30	主墩
2	N2 号	30	
3	N4 号	30	
4	N1 号	32	
5	N5 号	32	
6	L1 号	3	临时墩
7	L6 号	3	
8	L2 号	6	
9	L5 号	6	
10	L3 号	6	
11	L4 号	6	

(3)起顶力计算

各墩起顶锚固力汇总见表2。

各工况起顶力、锚固力表(单位:t)　　表2

工况	1 号墩	N1 墩	N2 墩	N3 墩	N4 墩	N5 墩	N6 墩	L1 墩	L2 墩	L3 墩	L4 墩	L5 墩	L6 墩
起顶 N3	375.2	963.7	990.5	2 290	990.5	963.7	375.2	500.3	412.1	-216	-216	412.1	500.3
起顶 N2	366.4	809.9	2134.8	1 234.1	627.5	940.2	374.3	559	-252	-166.7	694.6	507.3	506.4
起顶 N4	366.4	809.8	894.2	1 261.9	2 072.9	809.6	366.4	559	679	757.1	-189.1	-252.6	559.1
起顶 N1	241.8	2310.1	827.3	841	866.4	807.6	366.4	-171.3	-229.2	879	869.9	687	559.6
起顶 N5	240.8	834.3	825.4	838.2	826.8	2 310.2	241.8	921.7	856.1	880.2	880.2	-228.9	-171.2
起顶 L1	65.1	-301.4	695.8	803.2	690.8	0	105.4	1 736	1 431.9	929.9	931.6	1 442.3	1 464.6
起顶 L6	105.4	0	690.8	803.2	695.8	-321.4	65.1	1 464.6	1 442.3	931.6	929.9	1431.9	1 736
起顶 L2	137	-258	-144	929.9	595.8	0	135.3	1 489.9	2 110	875.2	975.6	1 438.2	1 489.7
起顶 L5	135.3	0	595.8	916.3	-144	-278	137	1 489.7	1 438.2	975.6	875.2	2110	1 489.9
起顶 L3	128.5	0	-274.2	420.5	679.1	0	105.5	1 389.9	1 770.7	2 060.8	982	1 444.8	1 464.3
起顶 L4	128.2	0	790.8	270	-242.4	0	128.3	1391	1 766.8	931.7	2 035.8	1 767.1	1 390.8

2)结合梁起顶结合施工

(1)起顶千斤顶及钢垫块布置

梁板结合施工时,湿接缝混凝土养护周期为21d,起顶点受力持续时间较长,墩顶起顶支垫布置时要考虑千斤顶与钢垫块之间的受力转换问题,设置可拆卸的钢垫块支撑。

根据计算,单侧支垫需承受1 100t 的压力,每个受力点设置三个钢支墩、2 台 800t 千斤顶。千斤顶及钢垫块布置见图4。

(2)反拉锚点布置

墩顶起顶时以应力控制为主。为使钢槽梁获得预期应力的同时尽量减少起顶量,需在相邻两个墩顶对钢槽梁进行反拉锚固。根据建模计算,在施工过程中锚固力最大约6000kN。在结构墩及临时墩墩顶布置精轧螺纹钢锚固装置来提供锚固力,并在每根精轧螺纹钢上面安装压力传感装置,实测受力情况,确保结构安全(图5)。

(3)结合梁起顶结合

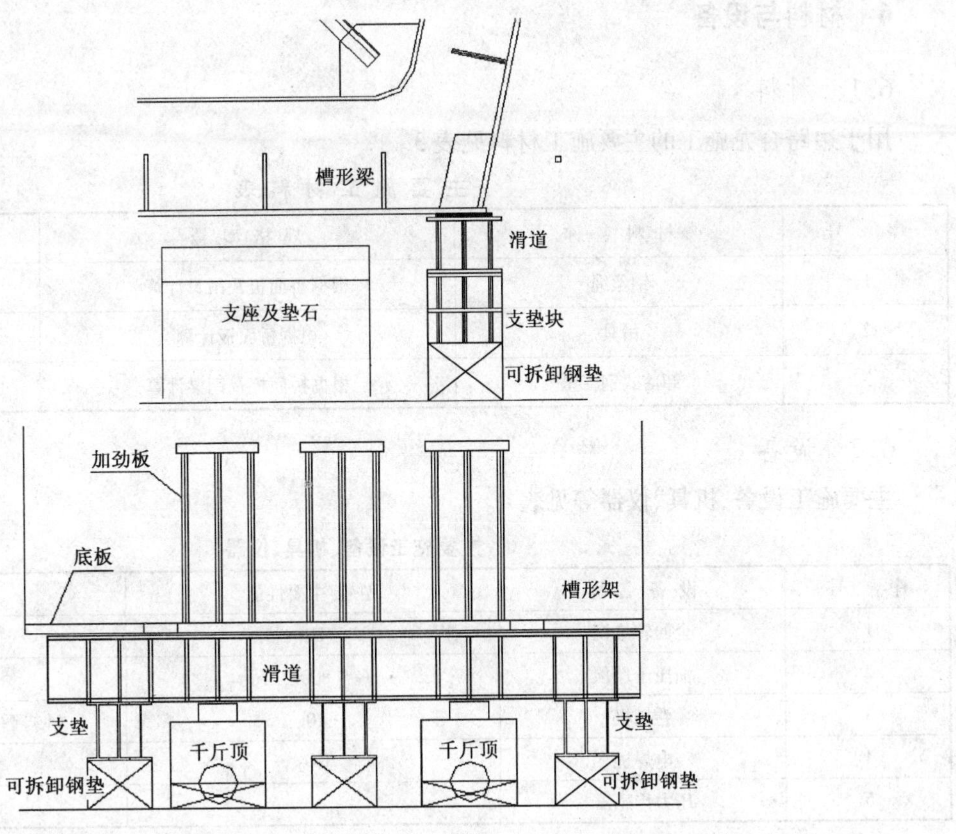

图4 千斤顶及钢垫块布置图

图5 反拉杆及压力传感器布置图

首先通过千斤顶将 N3 墩处钢槽梁顶起 30cm(相邻墩顶精轧螺纹钢分批次锚固),监测钢槽梁顶、底板应力,若与计算值相符则将钢槽梁搁置在钢垫块上,浇筑接缝混凝土,结合 N3 墩顶区桥面板。待现浇混凝土达到设计强度 90% 后,张拉桥面板二期横向预应力钢束,然后将 N3 墩处钢槽梁回落。按顺序进行后续梁板结合施工。

3)后压浆施工

完成所有梁板结合施工后,将结合梁回落至永久墩支座上。

将桥面板与钢槽梁顶板间压满水泥浆,实现钢槽梁顶板裸露部分封闭防腐。

6　材料与设备

6.1　材料

用于边跨合龙施工的主要施工材料见表3。

主要施工材料表　　表3

序号	材料名称	规格型号	备注
1	钢丝绳	根据桥面板及吊具计算	吊装桥面板
2	吊具	根据桥面板计算	吊装桥面板
3	卸落式钢支垫	根据桥面板及钢梁计算	临时支座

6.2　设备

主要施工设备、机具、仪器等见表4。

主要施工设备、机具、仪器　　表4

序号	设备名称	型号/主要性能	备注
1	全回转吊机	70t	桥面板吊装
2	油压千斤顶	800t	起顶落梁
3	卷扬机	10t	拼装平台牵引单片梁及面板
4	电焊机	CO_2	施工结构焊接
5	压力传感器		

7　质量控制

7.1　应执行的标准规范

(1)《公路桥涵施工技术规范》(JTJ 041—2000)。

(2)《城市桥梁工程施工与质量验收规范》(CJJ 2—2008)。

(3)梁板安装允许偏差见表5。

安装允许偏差表　　表5

项目		允许偏差(mm)
平面位置	顺桥纵轴线方向	10
	垂直桥纵轴线方向	5

7.2　质量控制措施

建立项目总工程师及各级技术员的技术责任制,实行技术质量的统一领导和分级管理,明确各级技术人员的职责和权限。建立健全各种行之有效的技术管理制度,使技术组织管理工作制度化和标准化。加强机械设备的管理,强化机械保养和维修制,提高机械设备的完好率和利用率。

8　安全措施

(1)认真贯彻"安全第一,预防为主"的方针,根据国家有关规定、条例,结合施工单位实际情况和工程的具体特点,组成专职安全员和班组兼职安全员以及工地安全用电负责人参加安全生产管理网络,执行安全生产责任制,明确各级人员的职责,抓好工程的安全生产。成立专门的安全管理机构,指派专职安全员负责施工现场的日常安全管理工作。

(2)加强施工过程的安全技术交底,使操作者熟悉、理解施工过程中的危险因素和安全操作规程,提高操作者的安全应变技能。

(3)施工前全面检查吊点、吊索等,加强起重船保养、维护工作,保证其正常运行。

(4)主梁安装施工属高空、临水、临边作业,应做好相应安全交底、安全防护工作。

(5)主梁安装施工属高空作业,所用工具、材料均需妥善安放,避免掉落。

(6)与海事和航道部门及时加强联系,由相关部门做出水上施工公告,在施工水域设航行警示灯、警示船等,保障航行安全。

9 环保措施

(1)成立对应的施工环境卫生管理机构,在工程施工过程中严格遵守国家和地方政府下发的有关环境保护的法律、法规和规章,加强对施工用油、工程材料、设备、生产生活垃圾、弃渣的控制和治理,遵守有防火及废弃物处理的规章制度。

(2)严格对施工设备进行管理,尤其是施工设备油料、废弃设备;对油料加强管理,定期进行回收、处理,防止油料泄漏,产生污染。

(3)施工废料应集中进行处理,不得随意抛向江中。

10 资源节约

采用本工法,无大型施工设备投入,节约能源使用;以反拉锚杆代替传统配重压载,节约压载材料使用,节约资源投入。

11 效益分析

国内首次采用精轧螺纹钢作为起顶结合的反向拉杆,解决了传统工艺需要大量材料堆载、转运问题。采用本工法,节约工期13d,节约直接经济成本955 500元,计算如下:

堆载措施费用(钢水箱):112t×7 500元/t = 840 000(元);

劳务人员施工费用:80人×100元/(人·d)×13d = 104 000(元);

其余配套船机、设备、机具费用:15 000元/d×13d = 195 000(元);

工程管理费用(工资):50人×200元/(人·d)×13d = 130 000(元);

采用反向拉杆,精轧螺纹钢筋及配套锚、垫块费用:22×1.5t×9 500元/t = 313 500(元)。

合计:(840 000 + 104 000 + 195 000 + 130 000 − 313 500) = 95.55(万元)。

12 应用实例

12.1 工程概况

武汉二七长江大桥是武汉市二环线控制工程之一,主桥采用三塔斜拉桥,主跨616m,上部结构采用结合梁,是世界最大跨度的三塔斜拉桥和世界最大跨度的结合梁桥。于2008年10月1日开工,2011年12月31日建成通车。

汉口侧非通航孔深水区采用6×90m钢混结合连续梁,对应墩号从汉口侧至武昌侧依次为N6~N1墩、1墩,见图6。

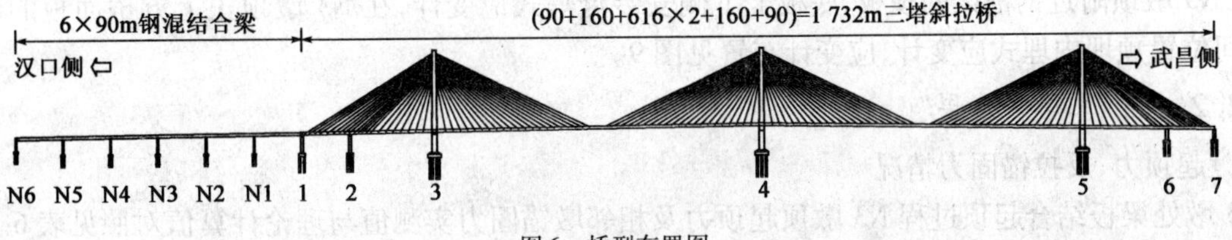

图6 桥型布置图

主梁上、下游分幅布置,为单箱室钢—混结合梁结构(图7),结合梁由下部钢槽梁和上部混凝土面板通过剪力钉结合而成。钢槽梁高3.55m,采用顶推法架设,每跨中间设置一个临时墩;桥面板厚28~45cm,桥面板与钢槽梁顶板接触面铺垫橡胶条、预埋压浆管(图8)。

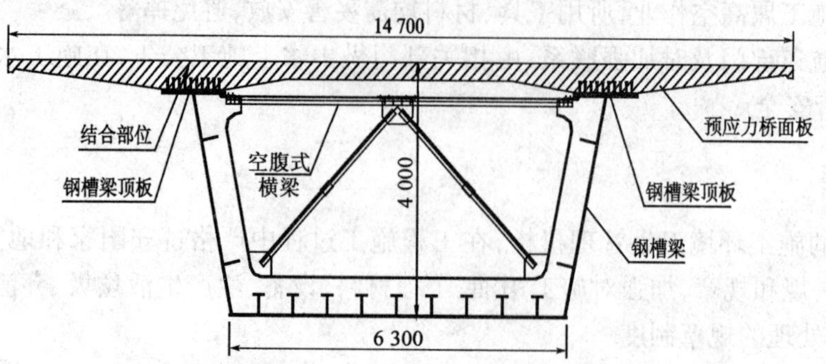

图7　钢混结合梁横断面图(跨中)(尺寸单位:mm)

橡胶条断面尺寸为20mm×20mm,抗压强度≥1MPa时压缩量≤1mm,使桥面板不与钢槽梁直接接触。压浆管采用外径18mm无缝钢管,通过灌浆对该部位钢槽梁顶板进行了防腐封闭。

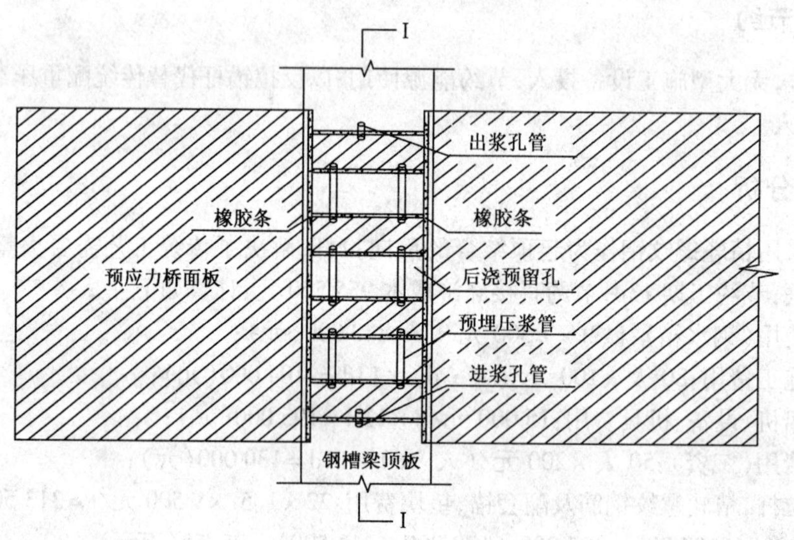

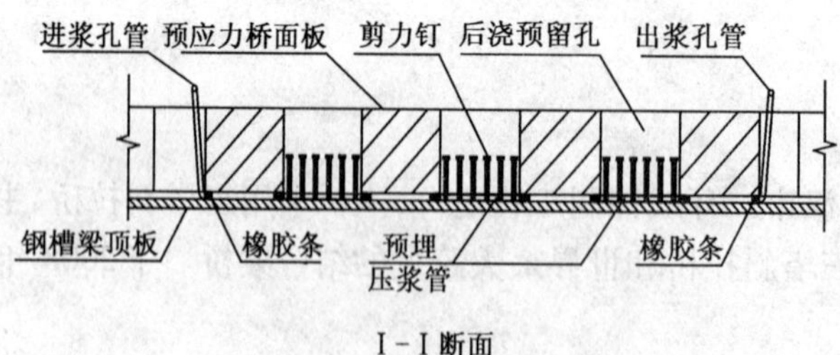

图8　桥面板与钢槽梁结合部位详图

在N3墩顶附近钢槽梁的顶板、底板上下侧安装点焊式应变计,在N3墩顶正上方桥面板的两侧翼缘、中间位置预埋内埋式应变计,应变计布置见图9。

12.2　工程实施效果

(1)起顶力、反拉锚固力情况

N3墩处梁板结合起顶过程N3墩顶起顶力及相邻墩锚固力实测值与理论计算值对照见表6。

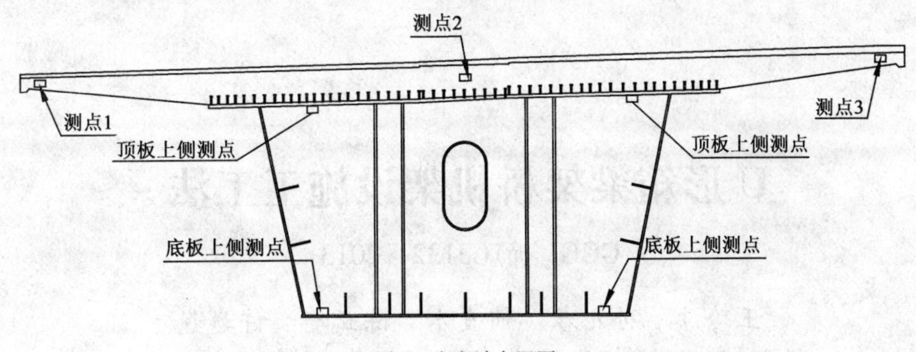

图9　应变计布置图

钢槽梁底板应力对照表(单位:t)　　表6

N3 墩起顶高度(cm)	N3 墩起顶力		L3 墩锚固力		L4 墩锚固力	
	理论值	实测值	理论值	实测值	理论值	实测值
10	1 385	1 312	0	0	0	0
20	1 866	1 749	33.2	32.3	33.2	35.2
30	2 290	2 178	216	213	216	220

通过对表6数据分析,N3墩起顶过程中起顶力、锚固力与理论计算数据基本吻合。最大差值出现在起顶至20cm时的顶升力,最大偏差值为117t,为理论计算值的6.27%。

(2)钢槽梁应力情况

N3墩处梁板结合起顶过程施工应力监测数据与理论计算值对照见表7、表8。

钢槽梁底板应力对照表(单位:MPa)　　表7

N3 墩起顶高度(cm)	底板上侧理论应力	底板上侧实测应力	底板下侧理论应力	底板下侧实测应力
10	−52	−49.56	−52	−45.49
20	−102	−92.67	−102	−95.13
30	−157.1	−137.9	−157.1	−142.8

各工况钢槽梁顶板应力增量表(单位:MPa)　　表8

N3 墩起顶高度(cm)	顶板上侧理论应力	顶板上侧实测应力	顶板下侧理论应力	顶板下侧实测应力
10	58.4	63.42	58.4	59.01
20	115.4	108.58	115.4	115.08
30	176.5	161.25	176.5	153.98

通过对表7、表8数据分析,N3墩起顶过程中钢槽梁顶板、底板的理论与实测应力基本吻合。最大差值出现在起顶至30cm时钢槽梁顶板下侧,最大偏差值为22.5MPa,为理论计算值的12.7%。

(3)桥面板应力情况

N3墩处梁板结合完成落梁后,桥面板三个测点顺桥向压应力为14MPa、16MPa、13.6MPa,与理论计算桥面板14~18.5MPa的压应力储备值吻合。

通过对梁板结合施工过程进行理论计算和实测,结果表明:顶升力与锚固力均未超过设计范围,锚固装置受力满足施工要求;顶升过程中钢槽梁受力良好,理论与实测应力偏差较小;结合梁结合后,负弯矩区桥面板顺桥向压应力的理论与实测值基本吻合,压应力储备为14~18.5MPa。

U 形箱梁架桥机架设施工工法

GGG(浙)C3132—2013

王玲才　孙九春　何友水　陈正委　许巍巍
(腾达建设集团股份有限公司　友力建设集团有限公司)

1　前言

(1)随着经济的日益发展和建筑施工技术的不断进步,世界各国特别是发展中国家越来越重视轨道交通路网的建设和完善。特别是在市郊线路中,高架桥梁仍然是轨道交通建设采用的主要结构。选择外形美观、结构经济、施工方便、环境和谐的桥梁结构是经济建设的需要,也是设计、施工技术发展的需要。U 形梁作为一种下承式的结构断面,具有降噪效果好、建筑高度低、断面空间利用率高等优点,在国内外的多个工程中得到应用。U 形梁一般采用工厂化预制运至现场安装的方法施工,由于 U 形梁为开口截面,其抗扭刚度低,传统的架桥机架梁方式无法直接应用于 U 形梁的架设中,因此目前 U 形梁的安装均采用吊机吊装。但是吊机安装需要修建运梁便道,由于 U 形梁抗扭刚度较低,为防止其运输过程中破坏,对运梁便道的等级要求非常高,当运梁便道较长时,吊机安装的造价将非常高昂,特别是当线路需要跨越大量河道、湖泊时,吊机安装的额外费用将更高,同时吊机的安全性较差。如何低成本、高质量地实现 U 形梁的长距离安全施工是一项关键技术和重难点工程。

(2)本工法于 2009 ~ 2010 年成功应用于上海轨道交通 11 号线南段土建工程 11.3.1 标、11.3.2 标及上海轨道交通 11 号线北段一期 11.1.2 标的高架区间施工。这三个工程均采用 U 形箱梁架桥机架设施工工艺,通过使用本工法,桥梁作业安全性得到有效保证,受环境影响小,大大降低了工程成本。

(3)工法中采用的关键技术"轮轨式运梁车"、"U 形梁吊运装置"、"架桥机二号支腿"、"架桥机三号支腿"、"U 形混凝土梁吊挂施工平台"及"一种桥面临轨道固定机构"均已于 2012 年 7 月 4 日获得中华人民共和国国家知识产权局实用新型专利。

2　工法特点

(1)采用轨道式运梁车跨梁运输 U 形梁,解决了 U 形梁开口截面梁上运梁的难题,运梁车采用多轮设计以尽可能地分布荷载、确保结构的安全。

(2)架桥机支腿根据 U 形梁特点设计,采用天车横移落梁而无需架桥机横移,实现了开口截面结构的架桥机架设。

(3)建立了 U 形梁纵向、横向和竖向的高精度落梁技术,开发了集临时千斤顶落梁、支座灌浆、解除架桥机吊杆和盖梁预应力施工四位一体的可移动操作平台,形成了成套化的辅助施工技术。

(4)只需设置几个喂梁点,无需设置长距离的运梁便道,作业安全性好,受环境影响小,工艺简洁、操作方便,同时减少耕地占用,实现绿色施工,大大节约成本。

3　适用范围

本工法适用于批量化、工厂化预制、受地址和环境影响大、不能或不适宜采用吊车安装等施工技术的 U 形梁架设,特别适用于无长距离运梁便道、河道湖泊较多、周边环境较复杂、吊机安装难度大的标准间距 U 形梁安装。

4 工艺原理

4.1 运梁车运梁

本工法的核心之一是解决了U形梁梁上运梁的问题,考虑到U形梁的承载能力和横向抗弯性能,创造性地提出了运梁车横跨两榀U形梁运梁的思路,将一榀U形梁的重力横向分散到两榀U形梁上,同时在纵桥向上增加运梁车的车轮数以分散车轮荷载,实现U形梁在纵桥向和横桥向上均能满足要求。

(1)结构设计

DYP120轮轨式运梁车分为前车和后车两部分,二者结构基本相同。运梁车由托梁、球铰、上下均衡梁、走行轮箱、电气系统等组成,见图1。前车(后车)包含16个走行车轮,8个主动,8个从动,由摆线针轮减速机(含动力电机)及开式齿轮传动走行。走行轨道采用铁路P43钢轨。

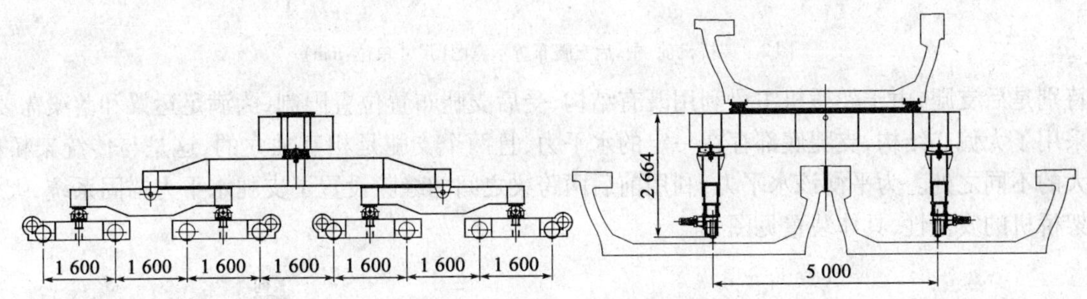

图1 120t轮轨运梁车(尺寸单位:mm)

为保证U形梁运输时的静定状态,使U形梁在运输过程中不受扭,其中的一台运梁车的两个驮梁支点设均衡梁,保证两个支点反力均衡,从而实现对U形梁的三点静定支承。

(2)工作原理

运梁车采用传统的电机驱动、减速机传动、车轮走行原理,辅以变频器变频调速,结构简单,再利用率高。

(3)部件概述

托梁采用箱形结构,是混凝土梁运输及架桥机过孔时的支点。球铰结构连接托梁及均衡梁,可以在任意方向转动一定角度,满足坡度工况使用要求。均衡梁分为上、下均衡梁,亦为箱形结构,可以将荷载平均分配给走行轮箱,以满足走行轮轮压基本相同。每组走行轮箱包含箱体、走行轮、齿轮及摆线针轮减速机等零部件,轮箱为钢板焊接而成,走行轮材料采用铸钢,踏面直径为350mm,齿轮材料采用40Cr,并经热处理以满足使用要求。

4.2 架桥机架梁

1)架桥机设计原则

架桥机采用“前天车拖梁、后天车提梁、两台天车同步走行然后同步落梁”的工艺流程,操作简单,安全平稳;过孔采用运梁车配合,可有效分散过孔时架桥机支反力,减小施工荷载对U形梁的影响。中支腿设吊挂机构,可灵活变换位置,特别适应变跨频繁的桥梁架设施工。

2)架桥机支腿布置

U形梁架桥机与一般的公路架桥机有相类似之处,如主梁一般可采用三角桁架结构,不同之处在于支腿的设计和布置方法。轨道交通U形梁为开口截面,架桥机的支腿布置既要满足结构的安全性要求,又要满足U形梁构造要求,还要与运梁车相协调,因此架桥机支腿的选择余地较小,具体布置见图2。

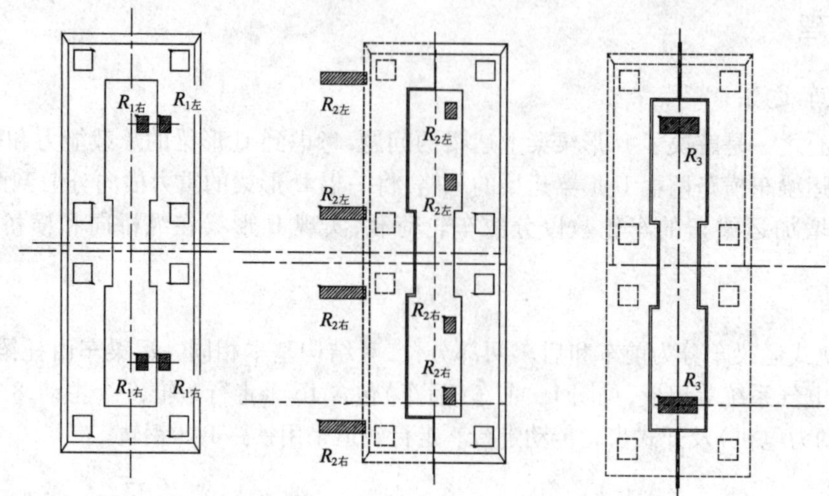

图2　架桥机前、中、后支腿布置示意图(尺寸单位:mm)

特别是后支腿,由于架桥机主梁利用既有结构,受后支腿布置位置限制,为满足运梁和落梁需要,后支腿采用了大偏心结构,支腿底部存在一定的水平力,且两个支腿是相互独立的,这是与传统架桥机支腿最大的不同之处。为平衡该水平力,利用前后两跨梁之间的缝隙设置了支腿水平力锚固系统,大大提高了架桥机的安全性,具体装置见图3。

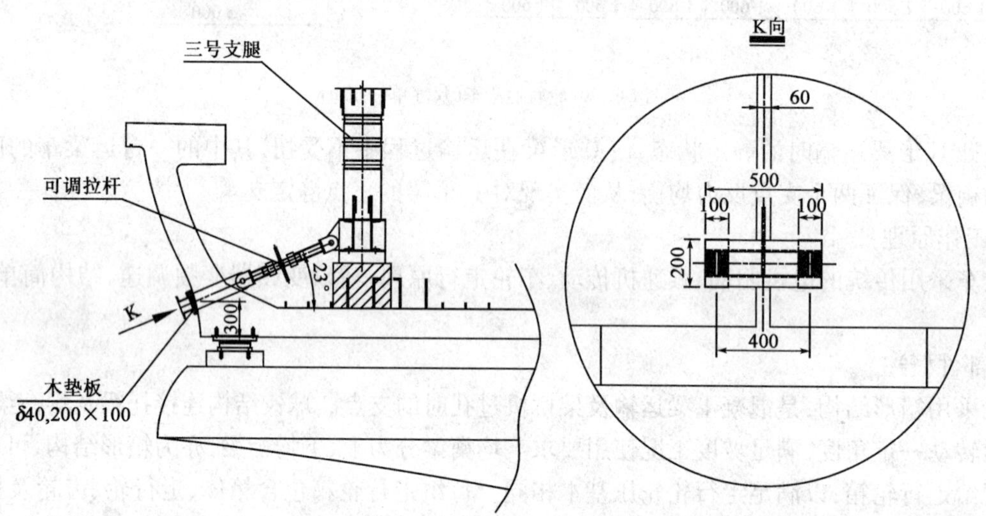

图3　架桥机后支腿水平锚固装置示意图(尺寸单位:mm)

3)DF50/200Ⅲ型架桥机主要构成

DF50/200Ⅲ型架桥机主要包含以下部件:①主梁;②1 号支腿;③2 号支腿;④3 号支腿;⑤起重天车;⑥液压系统;⑦电控及动力系统。架桥机具体见图4。

(1)主梁

DF50/200Ⅲ型架桥机主梁为双三角桁架梁结构,两根主梁横向中心距为9m。主梁总长为70.2m,每节之间用销轴连接。主梁顶面铺设供起重天车走行的轨道。主梁全高2.8m,梁宽1.47m。主梁前端设有桁架连接梁,尾端设有门式连接架。主梁总质量约117t,单节最大尺寸为10m(长)×1.47m(宽)×2.8m(高),单节最大质量约6.5t。

(2)1 号支腿

架桥机架梁时的前支腿,为刚架结构,上部采用横梁与主梁连接,支腿立柱可伸缩调节,下节伸缩柱下端设箱形梁结构,以适应末跨架设及坡道施工。

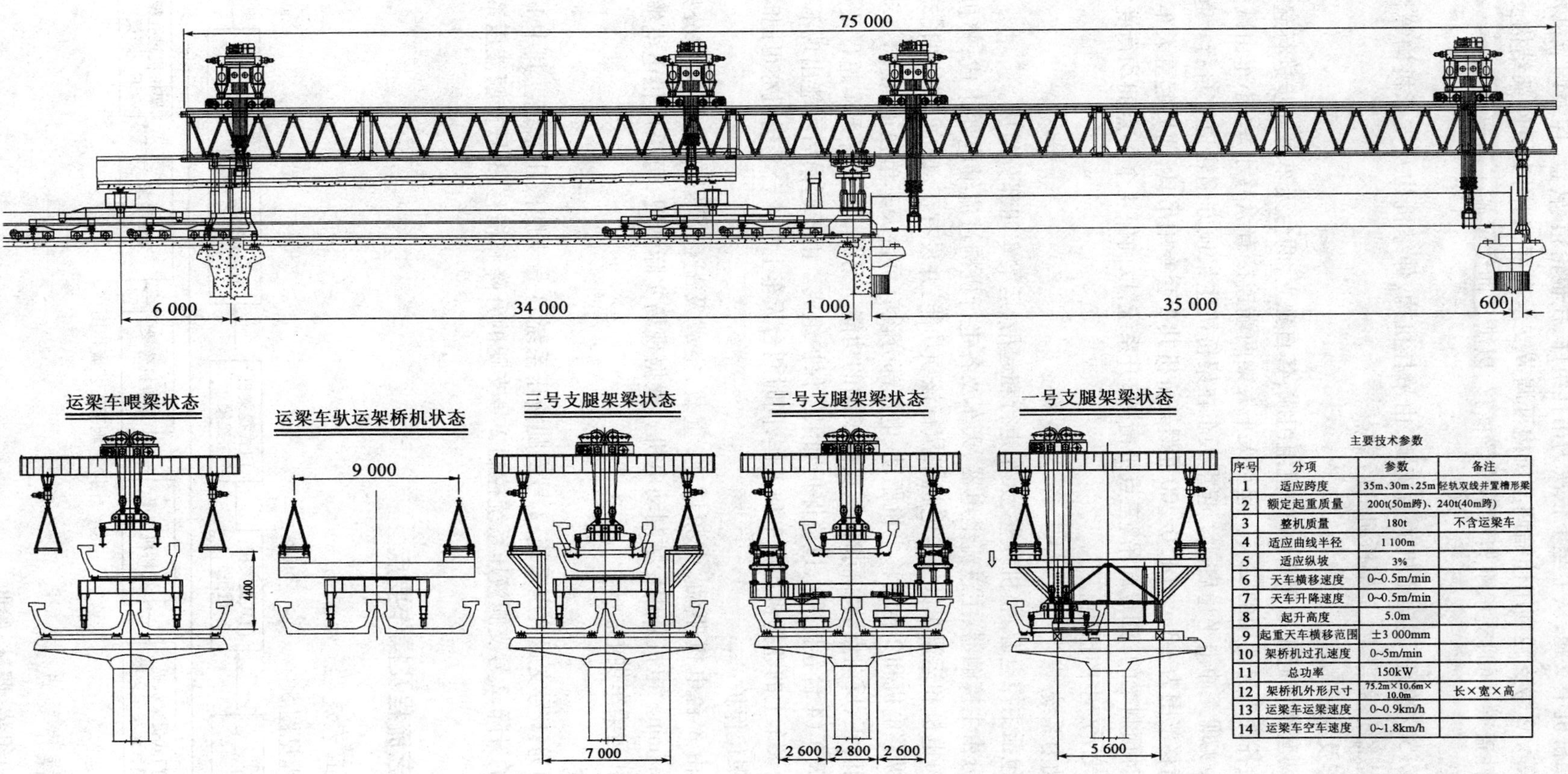

主要技术参数

序号	分项	参数	备注
1	适应跨度	35m、30m、25m	轻轨双线并置槽形梁
2	额定起重质量	200t(50m跨)、240t(40m跨)	
3	整机质量	180t	不含运梁车
4	适应曲线半径	1 100m	
5	适应纵坡	3%	
6	天车横移速度	0~0.5m/min	
7	天车升降速度	0~0.5m/min	
8	起升高度	5.0m	
9	起重天车横移范围	±3 000mm	
10	架桥机过孔速度	0~5m/min	
11	总功率	150kW	
12	架桥机外形尺寸	75.2m×10.6m×10.0m	长×宽×高
13	运梁车运梁速度	0~0.9km/h	
14	运梁车空车速度	0~1.8km/h	

图4 架桥机总图(尺寸单位：mm)

(3)2 号支腿

2 号支腿为架桥机中支腿,从上至下依次为吊挂组件、托辊轮箱、转盘、伸缩调节机构、横梁、支承刚架及其横移机构等。2 号支腿利用伸缩调节机构可调节支承高度;利用支承刚架结构支承在 U 形梁底板部位及墩顶隐性盖梁,同时支承刚架可沿横梁横移,以满足曲线梁施工需要。

(4)3 号支腿

3 号支腿是 DF50/200Ⅲ型架桥机的后支腿,由吊挂机构、伸缩机构及支承机构等构成。架梁时 3 号支腿支承在桥墩隐形盖梁上,是架桥机的后支点。

(5)起重天车及专用吊具

起重天车由两套额定起重质量 100t 的机组组成,各自独立,两台天车可同步进行起吊或走行,也可单台工作,以满足各种工况使用的要求。起重天车大梁两端连接有纵移小车,小车由减速机驱动,减速机电机变频启动,实现无冲击平稳启动。起重天车在架桥机主梁顶方钢轨道上自行。起重天车大梁顶面设横移小车,横移范围为 ±3m。DF50/200Ⅲ型架桥机共 2 套专用吊具,前后起重天车各 1 套,通过吊具均衡机构实现对预制梁的"四点起吊、三点平衡"起升系统,以确保 4 个吊点间均衡受力,使预制梁不受任何不平衡荷载所产生的扭矩。

(6)电控及动力系统

本架桥机共包括主控电源、整机纵移、天车走行和起吊、运梁车四部分组成。

主控电源部分由主接触器、主过流继电器、天车及各走行机构过流继电器组成;整机纵移部分由中支腿上两组(4 台)电机和运梁车(8 台)电机来执行该项功能,并设有正、反向点动和长动;天车共 2 台,每台天车由 2 台纵移电机和 2 台横移电机驱动,电控部分设有每台天车单独正、反向点动,单独正、反向长动,两台天车同时正、反向点动和同时正、反向长动的功能。另外,还设有天车超程及过流保护装置;起吊部分由两台天车(4 台卷扬机)、过流保护和限位保护组成。由于起吊后可能出现不平衡现象,需单独调整,因此每台天车上的卷扬机均可单独工作,同时两台天车上的 4 台卷扬机亦可同时工作。此外还设有过流保护和限位保护。

每台运梁车由 8 台电机驱动,变频调速,重载、空载及配合运梁车过孔速度分别为 20m/min、60m/min及 4.25m/min。电机采用变频制动电机。根据现场实际情况,可采用供电电缆或采用柴油发电机组给架桥机和运梁车供电。

(7)液压系统

共三套,分别为:1 号支腿液压系统、2 号支腿液压系统、3 号支腿液压系统。其中 1 号支腿液压系统负责 1 号支腿的升降,2 号支腿液压系统控制 2 号支腿的升降和横移,3 号支腿液压系统控制 3 号支腿的升降。

5 施工工艺流程及操作要点

5.1 施工工艺流程

施工工艺流程见图 5。

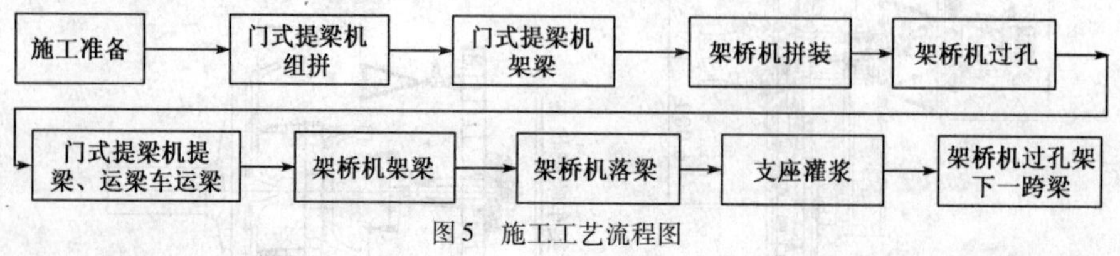

图 5 施工工艺流程图

5.2 施工操作要点

1)门式提梁机组装、调试、验收

提梁机组装应在 U 形梁装卸区作好的基础上进行,检查基础是否已符合轮压要求,拼装前应认真阅读《MG 系列门式起重机使用说明书》及各部件使用说明书、《MG 系列门式起重机拼装规程》总装图和电气原理图，对提梁机部件逐一清点，核对尺寸，正确无误后方可进行提梁机的拼装。

(1)拼装顺序及施工组织

开箱检查→组装各主要部件→吊装支腿并拉设缆风→吊装主梁→吊装天车及吊具→安装驾驶室及电气控制系统→调试、试吊、验收。

(2)安装后整体检查

全面检查清理安装场地及门吊各平台、走台是否有遗漏的物品或杂物，以免造成安全隐患。

(3)提梁机试运行检验

提梁机拼装结束后必须进行空载试运行和吊重运行检验，大车纵向运行和小车横向运行检查时，要特别注意行走箱轮在轨道上运行情况及其制动情况。试吊重力动载按额定起重力的 1.1 倍进行；静载按小车在跨中起吊额定起重力的 1.25 倍进行。试吊时测量横梁挠度等数据，检查提梁机各部件受力情况和小车吊重升降作业及制动情况等，正常后经专门验收方可投入使用。

2)门式提梁机架梁

为了给架桥机拼装创造出足够的作业面，需采用门式提梁机预先架设若干跨 U 形梁，预架梁的总长度需满足架桥机长度与其他设备作业。

(1)准备工作

①对盖梁顶部影响架梁的杂物进行清理。复核隐性盖梁的位置是否影响落梁，如影响，需及时进行修整。在盖梁上放测出线路中心十字线、支座的横向中心线。

②在支座垫石上按照支座外形尺寸，安装好支座灌浆用的侧模板，并对模板接缝及底部采用橡胶泥进行封闭处理，防止漏浆；预先摆放好临时千斤顶，为确保千斤顶的受力均衡，可在千斤顶的底部垫设一块 20mm 厚钢板，同时在千斤顶的顶部摆设一块相同的钢板，并根据落梁的高程测放出顶部钢板的高程。

③投入使用前应空机试行走，起吊天车应试验起重索的升降是否顺畅，天车行走有无障碍。

(2)梁体试吊

先采用龙门吊将 U 形梁吊离运梁车，并在梁底脱开运梁车 20 ~ 50cm 时静止 3min，派专人观测起吊过程中龙门吊车的稳定性及吊索与吊具等(特别注意：因 U 形梁为偏心结构，因此两台天车起吊应相互配合，以免梁体发生较大的扭曲)。

(3)支座安装

支座安装前，必须按照设计图纸核对型号，无误后解除支座三个侧面的防尘板，严禁解除支座四角的临时固定螺栓；支座安装时，支座型号与方向必须与图纸一致，上支座板预留孔对准梁底预埋板上的预留孔，穿上螺栓，套上螺母，并采用扳手拧紧。为加快支座安装进度，扳手宜选用套筒扳手。

(4)梁体吊装

正式吊装时，两台天车要同步向上缠绕钢丝绳，使得 U 形梁平稳上升至超出盖梁上的支座垫石约 50cm。此时，天车即可开始横移，横移要同步、缓慢地进行，在大风天气作业更要减缓速度。如同一跨内已架设了一片 U 形梁，则第二片 U 形梁横移至贴近上一片 U 形梁位置时必须由专人插入橡胶垫板，防止 U 形梁相互碰撞损坏。U 形梁横移到位，需待 U 形梁摆动稳定后，方可缓慢同步下放 U 形梁至临时千斤顶上，确认千斤顶已完全受力后，方可松开天车起重索，拆除吊具。

3)DF50/200Ⅲ型架桥机拼装

(1)架桥机组拼安装

组拼程序：测量定位→铺设桥面轨道，安装运梁车→桥面安装中支腿→地面拼装左右两侧主梁→两侧主梁整体吊装，安装在前运梁车和中支腿上，安装尾部连接门架→安装前端联结梁→拼装后支腿→吊装天车→安装液压系统→安装电气系统→初步运行检查调试。

(2)液压系统安装与调试

整套液压系统出厂时，都已安装调试完毕，并经带负荷试运。现场安装步骤如下：

①将液压泵站及千斤顶分别安装就位;

②将高压软管两端堵帽去掉,用煤油清洗内腔并用压缩空气吹扫;

③检查软管接头处密封圈是否完备,应有一个白色挡圈(在内)和一个黑色O形密封圈(在外);

④将软管两端分别与泵站和液压缸接通,并用U形卡固定。

4)架桥机过孔

(1)步骤1:U形梁架设完毕,解除天车吊具,天车吊运驮运横梁到前运梁车上方,与架桥机及运梁车连接,见图6。

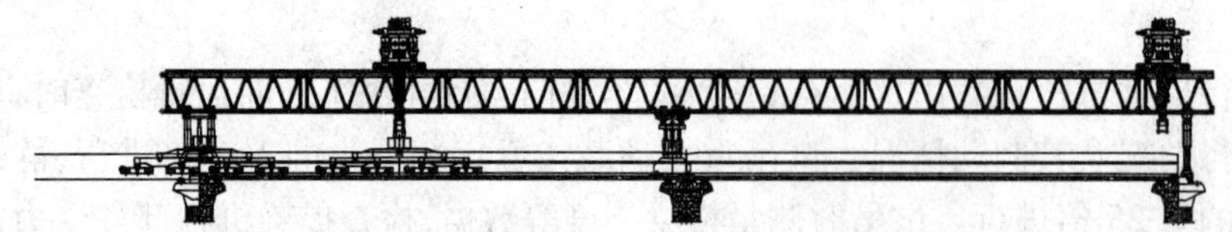

图6 架桥机过孔示意图一

(2)步骤2:两天车行至前运梁车附近;2号支腿油缸收回悬空,解除2号支腿与主梁间连接,转换为吊挂状态,见图7。

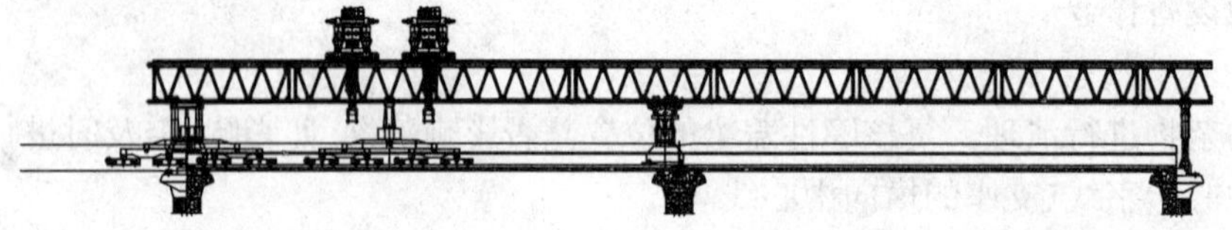

图7 架桥机过孔示意图二

(3)步骤3:2号支腿吊挂至前墩指定位置,油缸伸出顶紧桥墩及U形梁,1号、3号支腿油缸收回使其脱空,见图8。

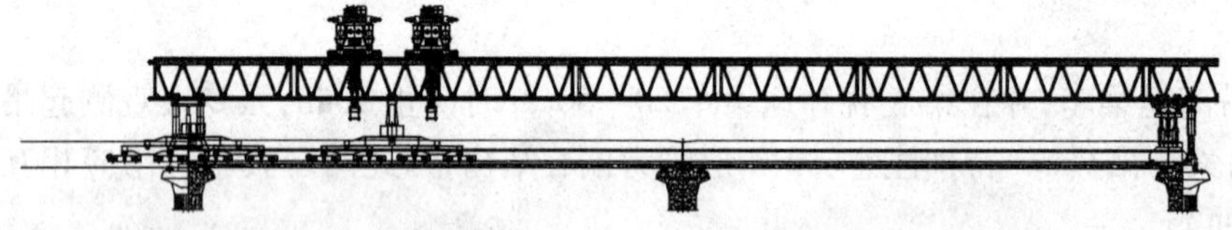

图8 架桥机过孔示意图三

(4)步骤4:整机由运梁车驱动前移到位,1号支腿油缸伸出顶紧桥墩,用U形螺栓将2号支腿与主梁锁定,见图9。

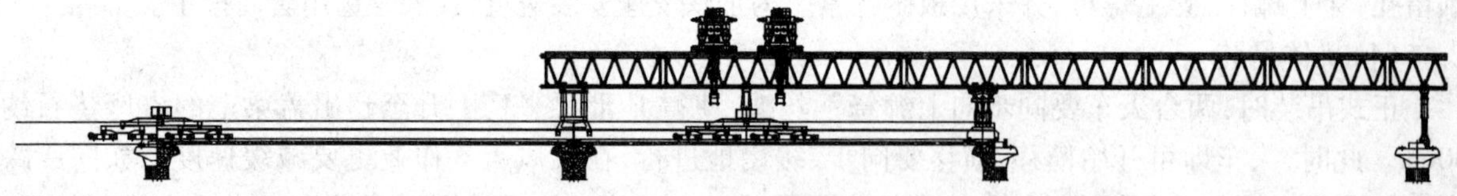

图9 架桥机过孔示意图四

(5)步骤5:3号支腿油缸伸出与U形梁顶紧,驮运支架由天车吊至指定位置并固定,架桥机恢复至架梁状态,运梁车返回取梁,此时对2号支腿部位桥墩盖梁02和02′预应力束进行50%的初张拉,见图10。

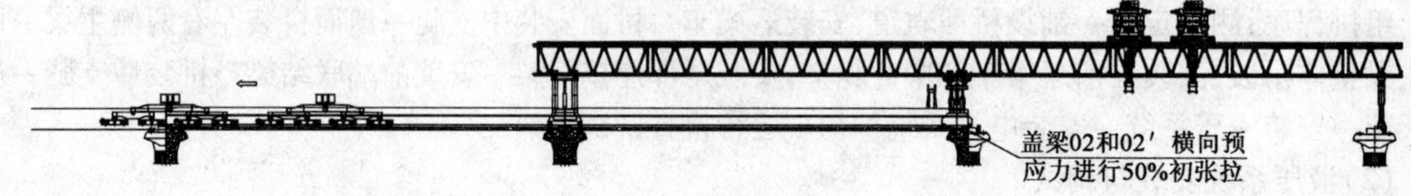

图10 架桥机过孔示意图五

5)门式提梁机提梁、运梁车运梁

每台架桥机设置一套提梁设备,梁体运到工地后,由提梁机直接把梁从运梁平板车上吊起,将支座顶部4只螺栓与U形梁连接在一起并均匀拧紧,安装好支座后运到专用运梁小车上,由运梁小车运至架桥点,见图11。运梁车设计为三点支撑体系,确保运输过程中梁体不受扭。

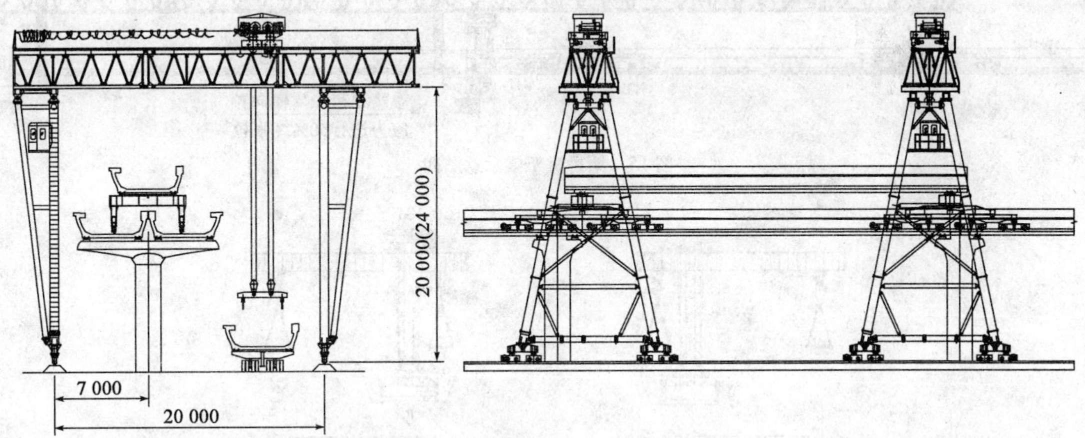

图11 门式提梁机提梁示意图(尺寸单位:mm)

6)架桥机架梁

(1)步骤1:运梁车前行至架桥机2号支腿处喂梁,见图12。

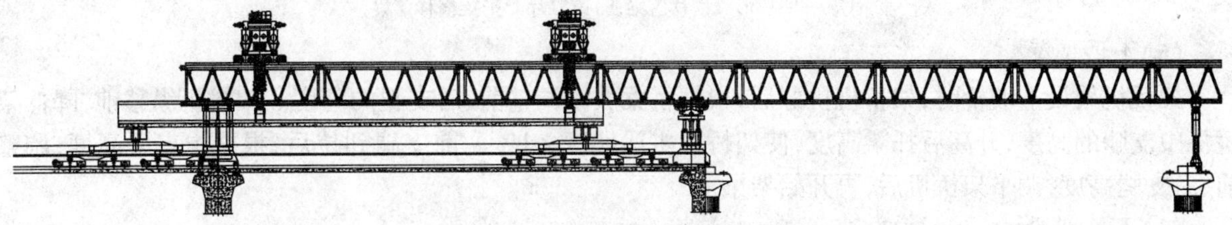

图12 架桥机架梁示意图一

(2)步骤2:前天车提梁,与后运梁车同步走行,见图13。

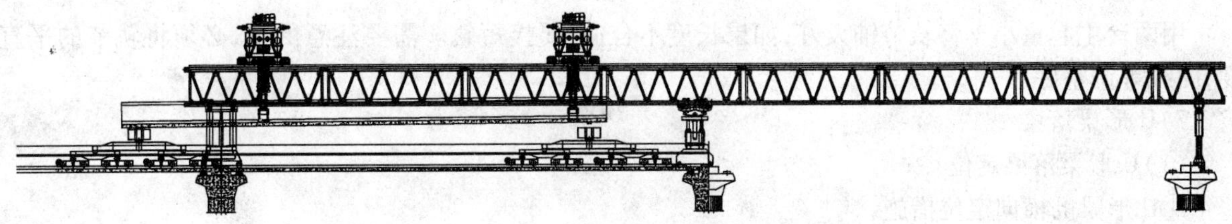

图13 架桥机架梁示意图二

(3)步骤3:后天车提梁,前后天车同步提梁走行,见图14。

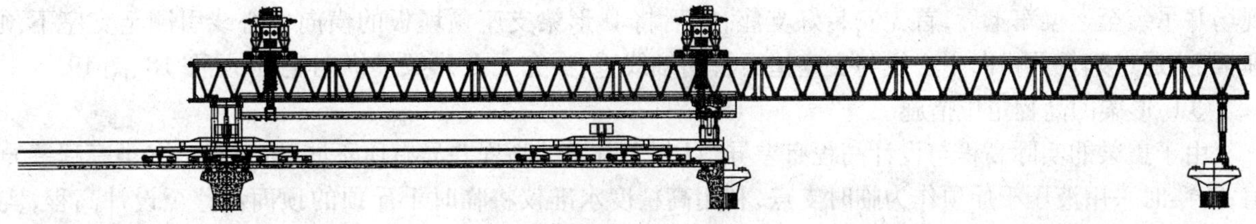

图14 架桥机架梁示意图三

(4)步骤4:天车走行到位,横移落梁。U形梁安装完毕后,进行二号支腿部位桥墩盖梁02和02′横向预应力束100%终张拉,见图15、图16。

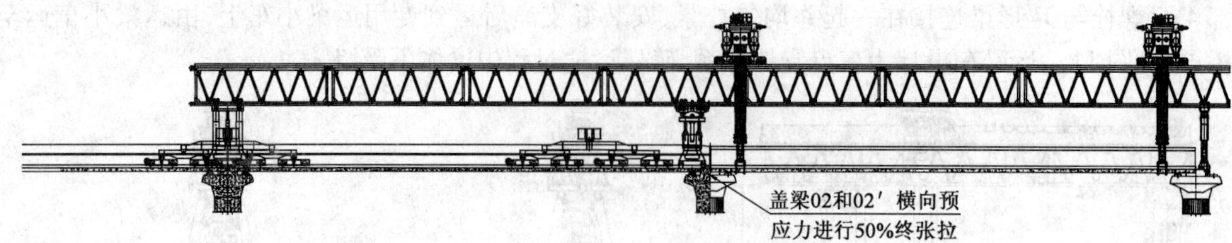

图15 架桥机架梁示意图四

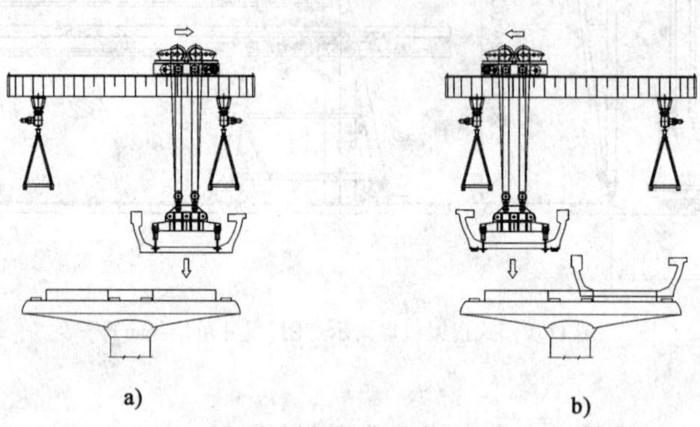

图16 架桥机架梁示意图

a)第一片U形梁横移落梁;b)第二片U形梁横移落梁

(5)上坡架梁。

架桥机架设上坡桥时,架桥机拼好后,根据桥梁坡度调整前、后支腿的高度。架桥机纵移前,降低架桥机中支腿的高度,升高后托梁高度,使架桥机主梁坡度<1%。前支腿到位后,根据中支腿高度,调整前、后支腿高度,调平架桥机后,再开始架梁。

(6)下坡架梁。

架桥机架设下坡桥时,和架设上坡桥相同,架桥机纵移前,升高中支腿的高度,使架桥机主梁坡度<1%。前支腿到位后,根据中支腿高度,调整前、后支腿高度,调平架桥机后,再开始架梁。

(7)铺轨。

用两台主起重小车将轨节铺设好,如果长度不合适,要接短轨。需要注意的是,必须将轨节的平直度,曲线等调整好。

7)U形梁落梁

(1)U形梁落梁定位

①U形梁的横向定位措施

U形梁架设前,提前测放出U形梁的线路中心线,并将中心线投放在隐性盖梁上。U形梁吊装落位时,确保预制U形梁上的线路中心线与隐性盖梁上的线路中心线对齐,完成U形梁的横向定位,见图17。

②U形梁的纵向定位措施

U形梁架设前,提前测放出支座垫石顶面的十字线,并将横向轴线投放至盖梁顶面。U形梁运输至现场并吊装至运梁车上后,首先安装好支座,然后将U形梁支座预埋板的横向中心线引测至支座下预埋板上,通过确保此横向中心线与支座垫石横向轴线重合,完成U形梁的纵向定位,见图18、图19。

③U形梁的高程定位措施

由于盖梁的实际高程与设计高程有差异,且各个盖梁的高程差异有所不同,为了调节各类高程差异值,落梁时采用液压千斤顶作为临时支点,利用高精度水准仪将临时千斤顶的顶面调整至设计高程,实现U形梁高程的准确定位。即架梁前首先通过调节千斤顶来确定出U形梁底的设计高程,当U形梁落梁后再对其高程进行测量,根据测量结果利用千斤顶对其高程进行修正,满足要求后再灌浆。

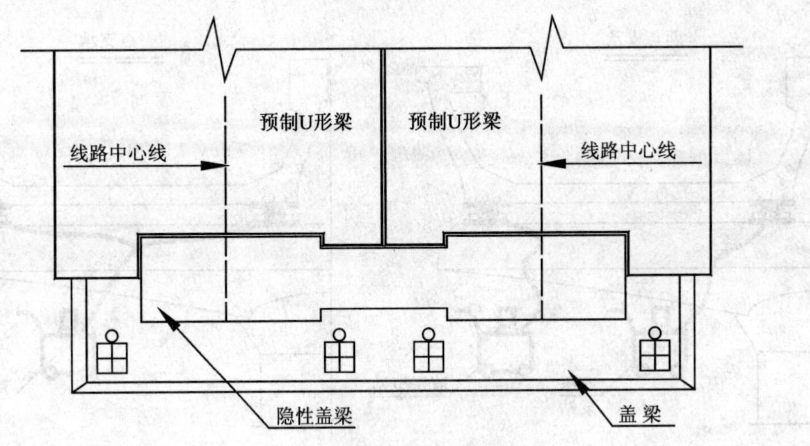

图 17 U 形梁架设时横向定位示意图

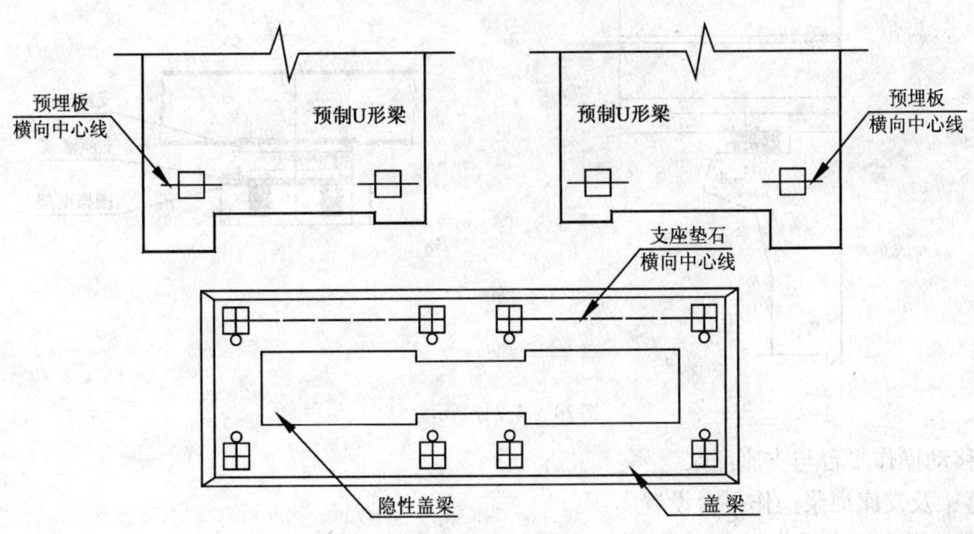

图 18 U 形梁架设前画线示意图

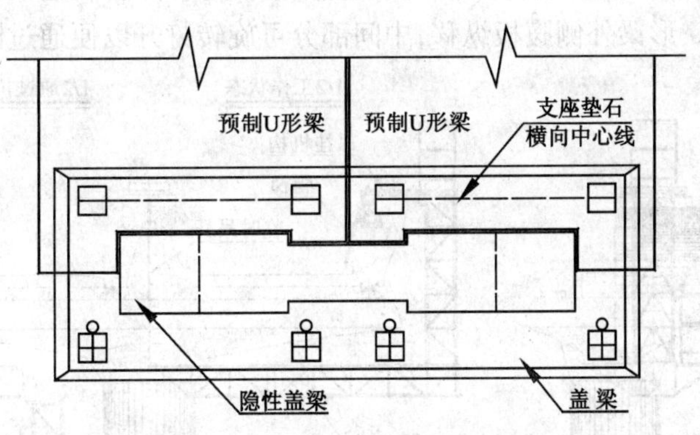

图 19 U 形梁架设时纵向定位示意图

(2)U 形梁落梁

U 形梁首先支承在四个临时支点上,其中一端的两个液压千斤顶采用一台泵站控制,由一根主管路通过三通阀连通起来,形成理论上的一点支承布置,另一端的两个液压千斤顶分别由两台液压泵站控制,形成两点支承,从而实现 U 形梁整体的四点支承三点平衡。采用快硬早强自流平灌浆材料在支撑垫石与支座底面之间填实,当灌浆材料强度增长到一定程度,达到设计允许的强度后,临时支座千斤顶卸荷,U 形梁自重转换至正式支座上,架桥机即可向前纵移过孔,见图 20。

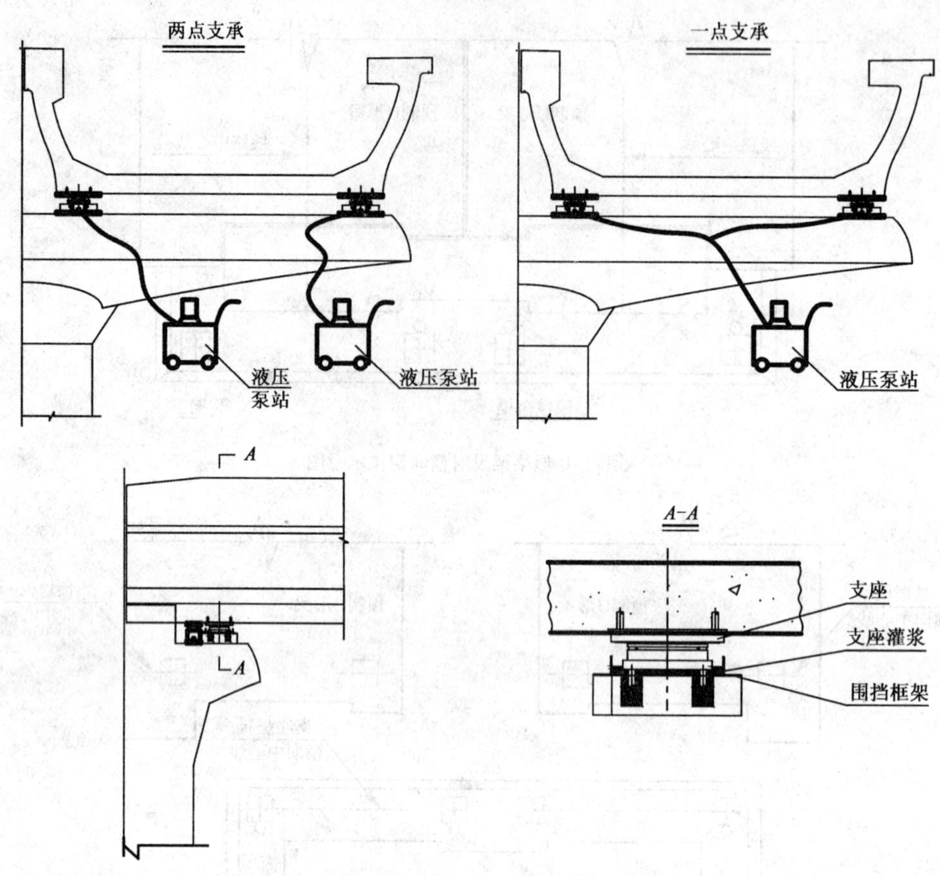

图20　落梁控制示意图

8)可移动操作平台与支座灌浆

(1)落梁及支座灌浆操作平台设置

U形梁桥墩上没有操作平台,在架桥机2号支腿部位操作人员也无法从桥面下到桥墩盖梁处进行调梁及灌浆作业,U形梁吊具也无法拆除,因此设置临时吊挂平台以满足以上作业需要,平台结构见图21。该吊挂平台可沿U形梁外侧腹板纵移,中间部分可旋转打开以便通过圆柱形桥墩。

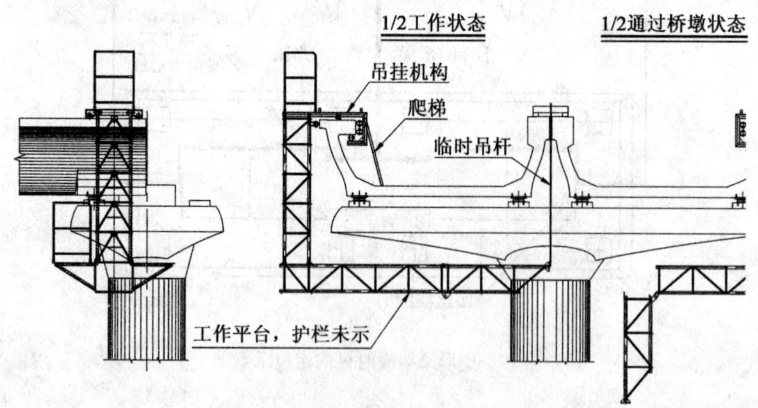

图21　支座灌浆操作平台示意图

(2)灌浆方法

落梁就位后,开始搅拌灌浆料,搅拌时搅拌机搅拌叶片转速要达到40~80rad/min,根据灌浆料使用说明提供的配合比,先加料,再用称量好的洁净水边加边搅拌,连续搅拌3min以上,直至浆体均匀方可灌浆,一次搅拌量以一个支座需用量为宜。打开搅拌机出料口,通过漏斗软管伸入模板灌浆,直至浆体已从支座底板四周流出，将导管拔出，浆体上表面要紧贴或略高于支座下表面。连续灌浆不能间断并尽可能缩短灌浆时间，灌注要记录各种工作时间，以便合理控制浆体的搅拌、灌注、拆模、抗压试验、撤除落梁千斤顶时间。灌浆材料包装打开后，应尽快使用完。

6　材料与设备

6.1　机具设备

拟投入 MG130/20m 门式提梁机 2 对、DYP120 型轮轨运梁车 3 对、DF50/200Ⅲ型架桥机 1 台，钢轨、枕木若干，扁平千斤顶 8 个，可移动操作平台 2 对，灌浆料搅拌机 1 台。

6.2　劳动力

每套设备设置一个作业队，作业队人员配置如下：

作业队长：　　　　　1 人

架桥机正副驾驶员：　各 1 人

运梁车正副驾驶员：　各 1 人

门式提梁机驾驶员：　2 人

全职安全员：　　　　1 人

起重工：　　　　　　6 人

机电工：　　　　　　2 人

辅助工：　　　　　　10 人

每作业队共计 26 人，以上驾驶员、司索、安全员及机电工均持证上岗。

7　质量控制

7.1　组织措施

(1)职责分工：建立各级技术人员的岗位责任制，逐级签订技术包保责任状，做到分工明确，责任到人，严格遵守基建施工程序，坚决执行施工规范。

(2)技术交底：在施工前，组织有关人员认真学习新技术、新工艺、新材料、新设备、新测试方法的技术要点，并认真进行技术交底，确保在施工中正确应用，提高工程质量。

(3)质量检测：设专职质检工程师，在施工过程中自下而上，按照“跟踪检测”“复检”“抽检”三个等级分别实施质量检测职能，重点是对吊孔及支座附近混凝土表面缺陷、裂纹及裂纹扩展情况进行跟踪监测。

7.2　技术措施

(1)架梁精度：架梁前必须复核检查桥墩里程、支座垫石高程、支座中心线及预埋件等竣工资料，检查待架箱梁梁型及支座与设计一致。架梁时应严格控制箱梁的中线偏差和梁边对齐，支座安装精度必须符合设计要求。

(2)为确保架桥质量，每孔梁就位后，应有专人(技术人员、领工员或检查组专职人员)，对架梁质量和误差尺寸进行精确测量和检查，质量检查的内容包括：

①支座十字线与墩台十字线间纵向、横向实际错动量(支座中线与线路中心间的距离)。

②支座安装质量及固定端位置。

③桥梁端缝及纵向梁缝尺寸。

④梁边错位情况等。

上述资料及每片梁的出厂编号、架梁时间等都要进行详细记载，并认真填写“桥梁检查证”，作为考核架梁质量的依据之一，并为竣工提供原始资料。

(3)U 形梁安装标准

①《城市轨道交通工程测量规范》(GB 50308—2008)。

②《城市桥梁工程施工与质量验收规范》(CJJ 2—2008)。

③安装允许偏差按表1执行。

安装允许偏差表　　表1

<table>
<tr><th rowspan="2">序　号</th><th rowspan="2" colspan="2">项　目</th><th rowspan="2">允许偏差(mm)</th><th colspan="2">检验频率</th><th rowspan="2">检 验 方 法</th></tr>
<tr><th>范围</th><th>点数</th></tr>
<tr><td rowspan="2">1</td><td rowspan="2">平面位置</td><td>顺桥纵轴线方向</td><td>5</td><td rowspan="7">每孔抽查25%</td><td rowspan="2">1</td><td rowspan="2">用经纬仪测量</td></tr>
<tr><td>垂直桥纵轴线方向</td><td></td></tr>
<tr><td rowspan="2">2</td><td colspan="2">相邻两构件支点处高差</td><td rowspan="2">10</td><td rowspan="2">2</td><td rowspan="2">用尺量</td></tr>
<tr><td colspan="2">相邻构件接缝宽度</td></tr>
<tr><td rowspan="3">3</td><td rowspan="3">支座板</td><td>每块位置</td><td>5</td><td rowspan="3">2</td><td rowspan="3">用尺量,纵、横各计1点</td></tr>
<tr><td>每块边缘高差</td><td>1</td></tr>
<tr><td>每根梁同端两支座板高差</td><td>2</td></tr>
</table>

8　安全措施

(1)架梁前,架梁单位应根据要架桥梁的桥型、梁型、进行认真分析,完成临时工程,并完成架梁施工组织设计,使架梁工作处于有序状态。

(2)架梁单位在编制施工组织设计、施工计划时,应同时编制安全技术措施计划,并与生产计划一并实施;架梁所属各项施工辅助设施,事先应有设计,完工后经检查验收签证,确认合格后方可使用。

(3)桥梁架设前应按桥梁图纸核对架桥机的临时工程情况,架梁使用的材料、工具、脚手板、梯子、安全带、安全帽和安全网等应配齐、配足。

(4)参与架梁的工作人员在上岗前均应经过安全技术培训和考核,特殊工种取得合格证后,方可上岗工作。

(5)架梁工作人员如吊装工、铆工、电工等均应按照规定进行体格检查,合格者方可工作;患有心脏病、高血压、癫痫病及贫血症等患者及年老体弱者,不得从事高处作业;工作前严禁喝酒,并应有足够的睡眠。

(6)架桥机应制订定期保养和检定制度,保持良好状态,具有安全系数,并应按规定进行试吊、试运和检查以及制动试验,合格后方可使用。

(7)架梁工地跨越水域时,应具备防洪设备和措施,并应根据情况设置救生圈、救生衣和救生船只,专人日夜值班,以策安全。

(8)架梁期间,有关防火、防爆、防雷击、防洪和防暑等措施,均应符合国家现行规定章程的规定。

(9)架桥机拼装完毕后,检查每一个连接是否牢固;保证所有螺栓紧固;检查电气系统是否正常,接线是否正确,电机转向是否一致;检查液压系统,油泵运转是否正常,阀体动作是否灵活,是否有漏油现象。

(10)架桥机工作前,应再次检查绳夹螺栓是否拧紧。架桥机前移时,起吊小车必须走到架桥机后部作配重,并与主梁锚固。

(11)架桥机安装作业时,要经常注意安全检查,每安装一孔必须进行一次全面安全检查,发现问题要停止工作并及时处理后才能继续作业。不允许机械及电气带故障工作。

9　环保措施

(1)发动机与安装基座之间安装减振垫块、排气管安装合格的消声器,以有效降低发动机的噪声和振动。

(2)严格按照使用要求检修和保养发动机,使用合格的燃料油和润滑油,以提高发动机的燃烧和工作质量,减少发动机废气对环境的污染。

(3)经常检查各种油液管路和接头,发现泄漏、渗漏及时更换或维修。

(4)对擦洗机械后的油液和更换下来的废润滑油、废液压油分类回收,视情况用于涂刷模型或筒装密封后送交当地环保部门处理,以防止废油液对桥梁及水、土的污染。

(5)对报废的轮胎、机件等物品,送当地具备合格资质的环保部门回收处理。

(6)对液压油泵、吊装机械、车辆等安装防漏油设施,防止油料跑、冒、滴、漏,避免油料污染。

10 资源节约

采用本工法省去了双机抬吊或龙门吊施工时需沿线修筑的运梁便道,减少了废弃工程,施工过程更环保,减少耕地占用,同时,架桥机采用清洁能源——电,符合国家节能减排,资源节约要求。

11 效益分析

本工法与采用其他可行的施工方法(如双机抬吊法等)相比较,在以下方面具有显著的优势,并取得了较好的社会和经济效益。

(1)采用本工法,受工程所在区域的外部环境影响较小,安全性也大大提高。

(2)采用本工法省去了双机抬吊或龙门吊施工时需沿线修筑的运梁便道,减少了废弃工程,施工过程更为环保,减少耕地占用,实现绿色施工,社会效益显著。

(3)对于那些沿线无现状道路、安装高度较高的U形梁架设,采用本工法较之双机抬吊或龙门吊施工方法更节约成本,经济效益更显著。

12 应用实例

12.1 工程实例一

本工法于2010年9月26日~2010年12月20日成功应用于上海轨道交通11号线南段土建工程11.3.1标段周浦东站~航头站高架区间。

1)工程概况

本工程为轨道交通11号线南段土建工程11.3.1标段,工程范围为周浦东站~航头站(含)。施工内容包括:"一站一区间"的结构土建工程。其中,周浦东站~航头站高架区间段长约1.8km,区间于2010年9月25日~2010年12月20日成功应用U形箱梁架桥机架设施工工法。

区间主要下部结构为单柱T形整体桥墩,预应力结构盖梁;上部结构为两片单线U形梁,线间距5.0m。U形梁跨度以30m为主,兼有少量35m、部分25m以及其他30m以下,22.45m以上多种跨度,变跨频繁。标准断面详见图22。

2)效益分析

本工法与采用其他可行的施工方法(如双机抬吊法等)相比较,具有受工程所在区域的外部环境影响较少的优点,安全性也大大提高;省去了双机抬吊施工时需沿线修筑的运梁便道,减少了废弃工程,施工过程更为环保,取得了显著的社会效益;对于那些沿线无现状道路、安装高度较高的U形箱梁架设,采用本工法较之双机抬吊施工方法更省钱,取得了显著的经济效益。

12.2 工程实例二

本工法于2010年10月25日~2010年12月25日成功应用于上海轨道交通11号线南段土建工程11.3.2标段航头站~新场站高架区间。

本工程为轨道交通11号线土建11.3标段,工程范围为航头站~新场站高架区间。其中,航头站~新场站高架段长约1.5km,2010年10月25日~2010年12月25日成功应用U形箱梁架桥机架设施工工法,取得了显著的经济效益和社会效益。

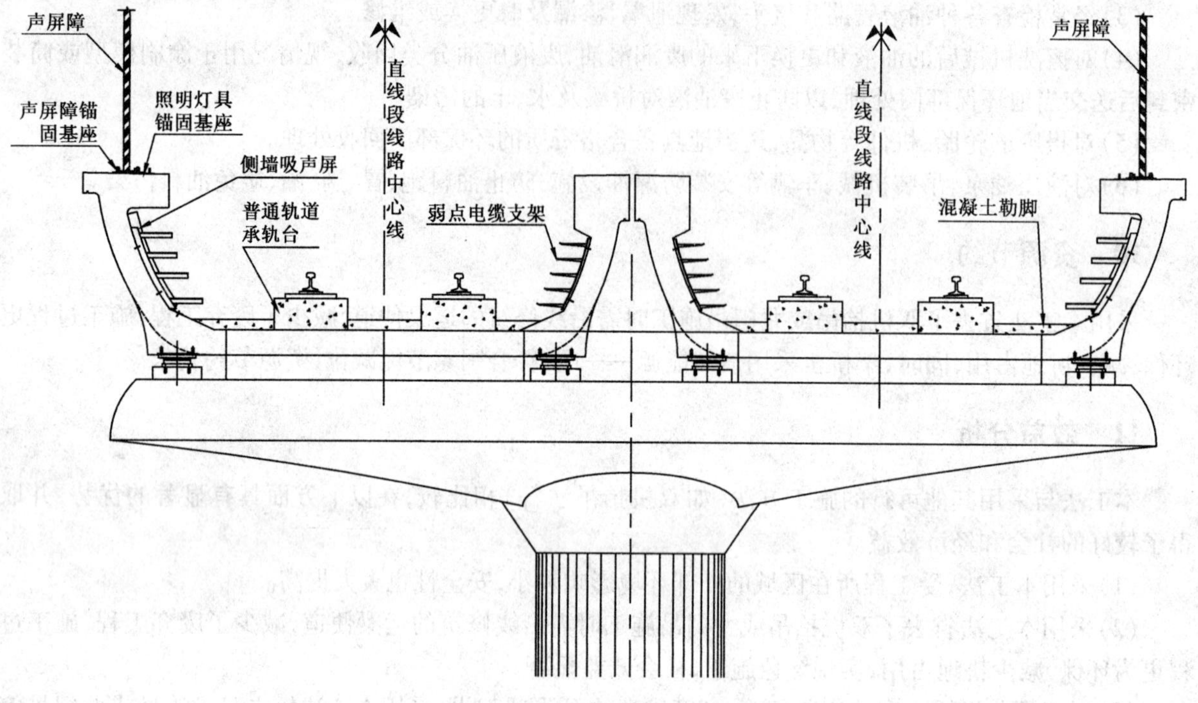

图22 高架区间线路标准断面图

12.3 工程实例三

本工法于2009年8月11日~2009年12月28日成功应用于上海轨道交通11号线北段一期11.1.2标段白银路站~嘉定新城站高架区间。

本工程为轨道交通11号线北段一期11.1.2标段,工程范围为白银路站~嘉定新城站高架段长约1.742km,2009年8月11日~2009年12月28日成功应用U形箱梁架桥机架设施工工法,取得了显著的经济效益和社会效益。

无推力拱肋自平衡竖转提升安装施工工法

GGG(浙)C3133—2013

孙九春 王玲才 何友水 奚雄飞 王启昆
(腾达建设集团股份有限公司 友力建设集团有限公司)

1 前言

(1)随着交通基础设施的发展,大跨度系杆拱桥日益增加,但拱肋的安装经常受到周边构筑物的限制,只能采用"传统转体法"或"机械吊装法"。传统竖转方法水平力较大,并且塔架一般采用万能杆件等拼装以便于安装,塔架体系的设计理念为塔架主要承担竖向力作用,后锚索用于平衡竖转过程中的水平力,通过后锚索的不断放张来平衡塔架变化的水平力,从而确保塔架的稳定。但是万能杆件组拼较为复杂,使用构件数量较多,平原地区的储备和市场应用较少,同时为平衡这些水平力又要修建锚锭或其他平衡构造措施,施工较复杂且不够经济;如采用机械吊装法,陆地上吊装受到吊机机械能力与费用经济的限制,内河水中吊装则受到既有浮吊吊装能力的限制。考虑到近年来大直径钢管、槽钢、H型钢得到了广泛的应用,成为众多施工企业的常备式构件,根据定型钢材各自的特点,采用科学的设计方法把它们组合起来,可形成具有自平衡功能的塔架体系。桥梁拱肋自平衡竖转提升施工工法,具有施工风险小、施工难度低、经济节约等特点,比较适合平原地区拱肋的安装。

(2)本工法于2002~2010年成功应用于上海浦东大道九号桥、赵家沟航道整治8标的管线桥主桥、申江路(巨峰路~五洲大道)新建工程2标主桥的钢拱肋安装。这三个工程均采用"先梁后拱"施工工艺,两片钢拱肋划分为两个对称半拱进行提升,每个半拱均通过一座安装有液压连续提升器的提升塔架将其提升至设计位置,最后通过特殊的合拢装置进行无应力合拢,完成拱肋的整体安装。

(3)工法中采用的关键技术"桥梁拱肋自平衡施工安装结构"、"桥梁拱肋竖转偏位测量装置"、"塔架与箱梁之间的锚固结构"、"桥梁拱肋合拢结构"、"埋入式拱肋竖向转动机构"及"一种方便转铰同心度控制的转铰下铰接座及转铰安装同心度控制机构"均已于2010~2012年期间获得中华人民共和国国家和知识产权局实用新型专利。

2 工法特点

(1)根据建筑市场施工材料的最新发展,充分利用既有的定型钢材,设计方便,施工简易,经济节约,可操作性强。

(2)自平衡塔架的荷载传递路径简单、明确,通过优化各构件的布置以及塔架位置和上锚点位置,塔架无需设置后锚索即可实现自身的稳定与平衡。

(3)竖转提升采用的液压提升器为常见设备,同步提升技术成熟,具有严格操作工艺和大量经过专业培训的操作人员,使用成本较经济。

(4)拱肋合拢装置设置简单,易于操作,合拢后的拱肋线形、应力均能满足设计要求,确保了拱肋的安装质量。

(5)工法所形成的成套施工技术可在众多拱桥施工中成熟应用,大大降低了施工成本,提高了施工的安全性。

3 适用范围

本工法主要适用于平原地区、跨度在300m以内拱肋的安装。

4 工艺原理

(1)自平衡竖转提升的关键技术是通过优化塔架的位置使得竖转过程中的水平力尽可能小,通过优化塔架各定型钢材的布置使得塔架依靠自身能力即可实现稳定与平衡,荷载的传递路径简单明确,不需要设置后锚索,大大提高了体系的安全性。对于先拱后梁法施工的拱桥,本工法与传统的竖转体系相比较产生的水平力很小,较小的代价即可平衡。对于先梁后拱法的施工体系,塔、梁、拱三者组成内部自平衡体系,水平力是体系的内力,无需设置额外的平衡措施,典型的自平衡竖转提升体系设计见图1。

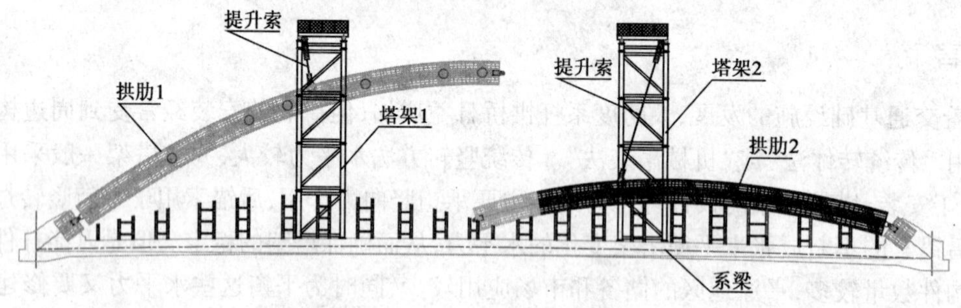

图1 典型自平衡竖转提升体系

(2)塔架前移形成的竖转提升体系具有如下的力学特点:水平力小,且方向单一,扣索索力可分解为水平力、竖向力以及对塔架中心的弯矩三部分。塔架的力学特点与定型钢材的力学特点相结合,提出了自平衡塔架的设计理念:在构造方面,采用大直径定型钢管作为竖向塔柱以充分发挥其抗压能力强的优势;采用H型钢拼装成提升纵横梁以利用H型钢抗弯能力强、拼接方便的特点;采用槽钢作为塔柱间的连接系以便于构件间的连接和传力。在结构设计方面,合理设置上锚点的位置,尽可能降低塔架的弯矩;通过增大塔柱间距来增大塔架的整体抗弯刚度,从而控制塔架的水平位移;根据规范对构件长细比的要求,塔柱间的连接系采用"Z"字形布置,且使得长杆(斜杆)受拉、短杆(横杆)受压,达到既要提高塔架的抗弯能力、又要通过合理的设计节约材料的目的。

(3)单扣索竖转提升过程中拱肋类似于单悬臂的梁,其力学状态以受弯为主,而合拢后拱肋力学状态以轴向受压为主,二者在应力状态与位移状态上有明显的区别,跨度越大这种差别也就越大,即施工状态与目标状态不一致。无应力状态法是解决类似问题的有效途径,根据无应力状态法,只要最终的成桥结构构件单元的无应力长度、无应力曲率、外荷载和支承条件一定,则最终成桥结构的内力状态和位移状态与结构形成无关。由于三铰拱与无铰拱在力学状态上最为接近,因此当以三铰拱的力学状态作为目标状态时,对于中小跨度的拱肋其无应力曲率的变化量对结构力学状态的影响较小,可忽略不计,这样无应力状态的变化量只有一个:无应力长度,通过控制无应力长度来控制结构的状态。虽然忽略了拱肋无应力曲率的变化对结构力学状态的影响,从理论上讲这是一种近似的控制方法,但由于减少了控制的变化量而在实践当中大大简化了拱肋施工控制的难度,提高了拱肋的施工效率。

5 施工工艺流程及操作要点

5.1 施工工艺流程(图2)

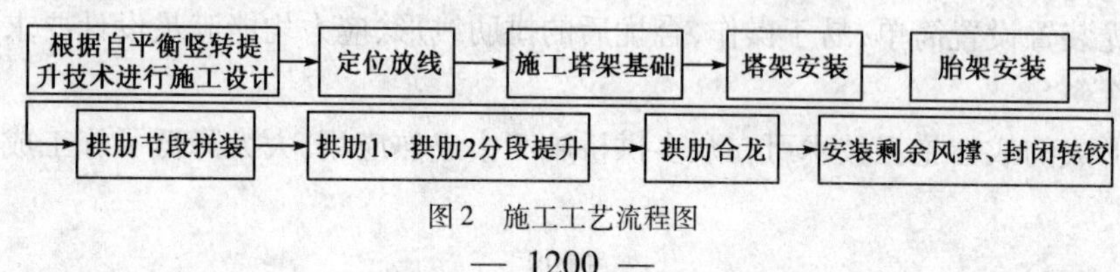

图2 施工工艺流程图

5.2 施工操作要点

1)自平衡竖转提升塔架施工设计

(1)扣索索力及上锚点设计

对于跨度在100~300m之间的拱桥,其竖转可采用单根扣索,结构可简化为静定体系、采用理论分析的方法对竖转过程进行计算。对于一个确定的转动体系,不论转动状态如何,转动基点 R、转动上锚点P均是明确的、已知的,结构重心 G、转动下锚点 T 的状态决定了整个转动体系的力学状态,见图3。

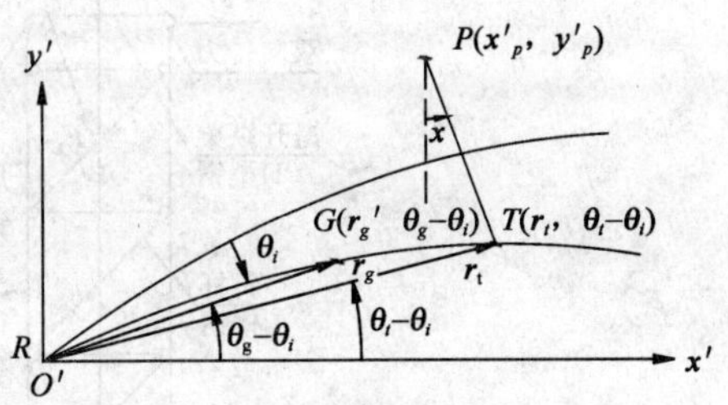

图3 在 $R-x'y'$ 极坐标中的表达形式

其中,$r_g=\sqrt{x_g{'}^2+y_g{'}^2}$,$\theta_g=\arctan\dfrac{y'_g}{x'_g}$;$r_t=\sqrt{x_t{'}^2+y_t{'}^2}$,$\theta_t=\arctan\dfrac{y'_t}{x'_t}$。

对于一个给定的 θ_i,可唯一确定出 G、T 点的位置,由于 G、T 两点在拱轴线上的初始坐标确定是已知的,只要 θ_i 确定,整个竖转体系的状态即可确定,相应的力学状态可根据力矩平衡原理确定,F_g、F_{txi}、F_{tyi}对 R 点取矩:

$$F_{tyi}=\frac{F_g\times x'_{gi}}{\tan\alpha_i\times y'_{ti}+x'_{ti}} \tag{1}$$

$$F_{txi}=\frac{F_g\times x'_{gi}}{\tan\alpha_i\times y'_{ti}+x'_{ti}}\times\tan\alpha_i \tag{2}$$

$$F_{ti}=\sqrt{F_{txi}^2+F_{tyi}^2} \tag{3}$$

$$\alpha_i=\arctan\frac{x'_{ti}-x'_p}{y'_p-y'_{ti}} \tag{4}$$

其中,$x'_{gi}=r_g\cos(\theta_g-\theta_i)$,$y'_{gi}=r_g\sin(\theta_g-\theta_i)$,$x'_{ti}=r_t\cos(\theta_t-\theta_i)$,$y'_{ti}=r_t\sin(\theta_t-\theta_i)$。

由此可见,通过一个给定的 x_t 值即可确定一个竖转提升的力学分析体系,给定一个 θ_i,即可确定该力学体系在转动过程中的一个状态,利用Excel程序可实现快速分析。通过多工况分析比选,并综合考虑各个因素即可确定塔架的具体位置和竖转过程中各构件的力学状态,从而为后续计算提供了依据。由于 P 点和 T 点的横向相对位置与竖转过程中水平力的大小密切相关,从竖转过程最优受力的角度出发,P 点、T 点和 G 点的相对位置关系一般需要满足以下关系:$x_t\geqslant x_g$;$x_t=x_p$。

(2)自平衡塔架计算

①自平衡竖转提升塔架的设计模型

根据自平衡塔架的设计理念,塔架的设计模型见图4。

②自平衡竖转提升塔架的设计步骤

a.上锚点 P 的确定

从力学角度讲塔架整体弯矩为0时上锚点 P 的位置为最优位置,即扣索水平分力对塔架底部弯矩的作用与竖向分力对塔架底部的弯矩作用矢量和为零,据此可确定上锚点的纵向位置。一般情况下初始位置时的水平力最大,其产生的弯矩也最大,可根据塔架初始拼装位置时的工况确定上锚点的位置。

b.塔柱设计

塔柱的具体构造设计是根据强度与横桥向的稳定性要求来确定,一般采用大直径的钢管,钢管间可通过焊接或高强螺栓法兰连接。

如上所述,为取消后锚索,塔架的纵向抗弯刚度需设置的比较大,以平衡水平力引起的弯矩。而提高塔架纵向抗弯刚度的最佳办法是扩大前后塔柱的间距。如果已知塔柱的抗弯刚度为 I_0,面积为 A_0,则塔架的抗弯刚度为:$I=2\times I_0+A_0\times L_0{}^2/2$,因此可通过增大塔柱间距 L_0 来增大塔架的整体弯矩 I,从而控制塔架的水平位移,这是塔架设计的核心思想。

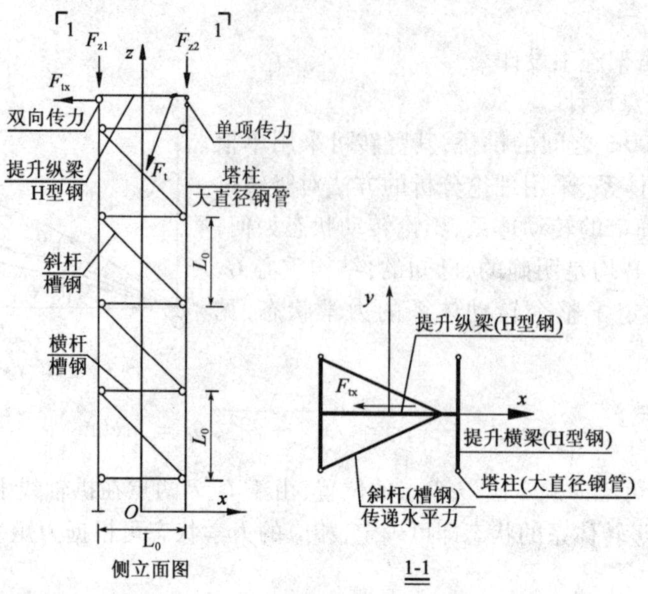

图4 自平衡塔架设计理念模型图

c.连接系的设计

但塔柱间距增大后又面临钢结构横向连接系的稳定性问题。根据钢结构设计规范,钢结构构件需要满足长细比的要求,即

$$\lambda = \frac{l}{i} \leqslant [\lambda] = \begin{Bmatrix} 150 & 受压 \\ 250 & 受拉 \end{Bmatrix}$$

因此长细比往往是控制结构尺寸的主要参数,而受拉构件的容许长细比较之受压构件的容许长细比大很多,为充分利用材料性能,构件在荷载作用下宜设置为受拉状态。因此塔柱间的横向连接系采用形式最简单、受力最明确的"Z"字形布置,斜杆一般与水平45°,其长度一般是横杆的1.4倍。如果连接系均采用相同截面的构件,那么当斜杆受拉、横杆受压时,受压构件与受拉构件的长细比均能满足规范要求,这比斜杆受压、横杆受拉的状态大大提高了材料的利用率,避免了不必要的浪费,特别是当水平力较大、塔架较高时,这种设计更具有现实意义。

d.顶部平台的设计

顶部平台主要作用是把提升荷载传递到塔架上,从最短传力路径出发,竖向荷载通过纵横梁传递到塔柱上,水平荷载则通过斜杆直接传递到塔柱上,避免了纵横梁双向受弯作用。因此提升纵横梁可根据荷载大小采用H型钢拼装而成,斜杆则采用双拼槽钢等构件。顶部平台构件间以及顶部平台与塔柱间采用各类挡块连接,便于力的传递和安装拆卸。

(3)塔架构造设计

提升塔架主要由塔架与顶部提升操作平台构成,由于塔架采用了自平衡设计,因此无需再设置平衡竖转提升所产生水平力的构造措施。

① 塔架主体结构:采用4根ϕ609mm×12mm的钢管,钢管间采用30号轻型槽钢连接成整体;同时,两排塔柱间设置刚性较大的横梁,以加强稳定性,具体见图5、图6。塔柱根据现场需要采用多节段组成,节段之间通过高强螺栓连接,便于安装,当然也可以一次拼装成型、安装到位,横向连接槽钢根据需要设置。

②顶部提升操作平台:顶部提升操作平台主要由提升横梁、提升纵梁、提升器、操作平台以及护栏等组成,具体见图7、图8。顶部平台构件间以及顶部平台与塔柱间采用各类挡块连接,便于力的传递和安装拆卸,因此在各相关构件上设置了相应的挡块,提高了施工的方便性。

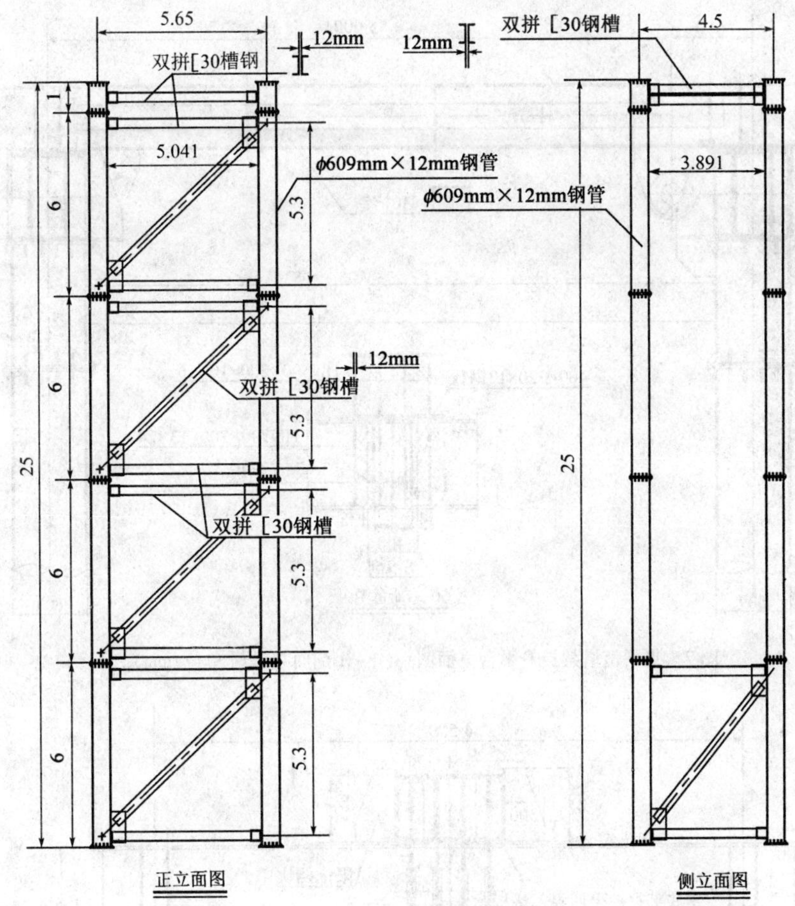

图5　自平衡塔架立面图(尺寸单位:m)

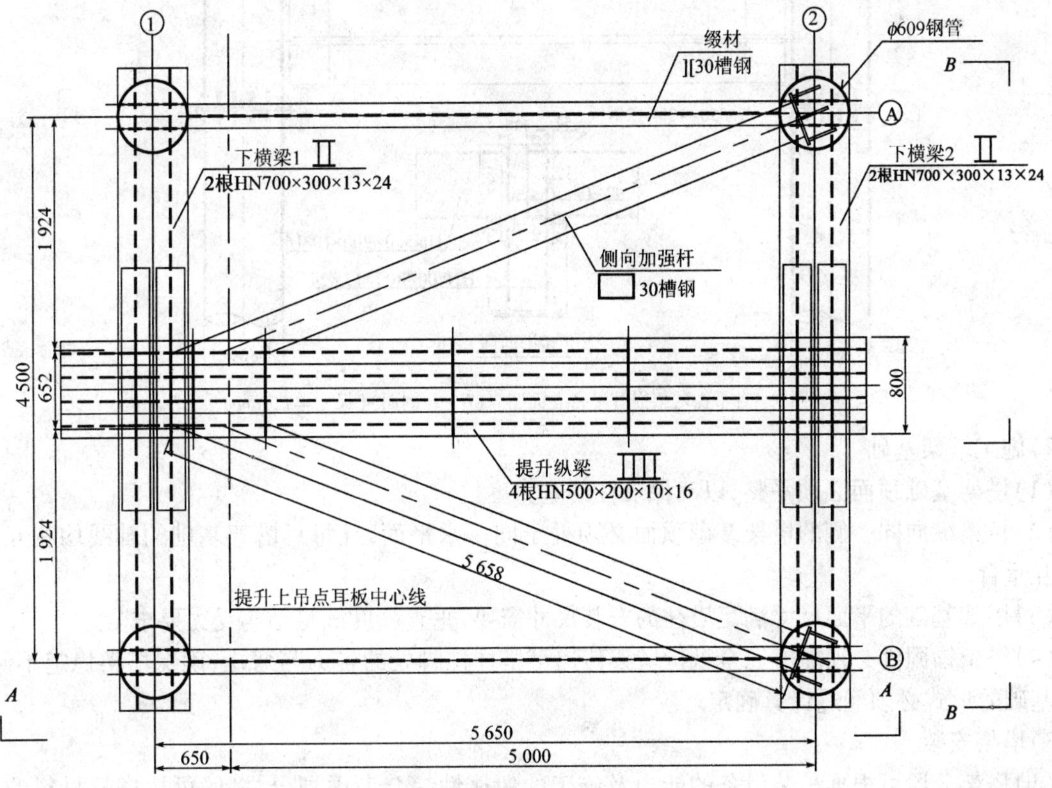

图6　自平衡塔架提升平台平面图(尺寸单位:mm)

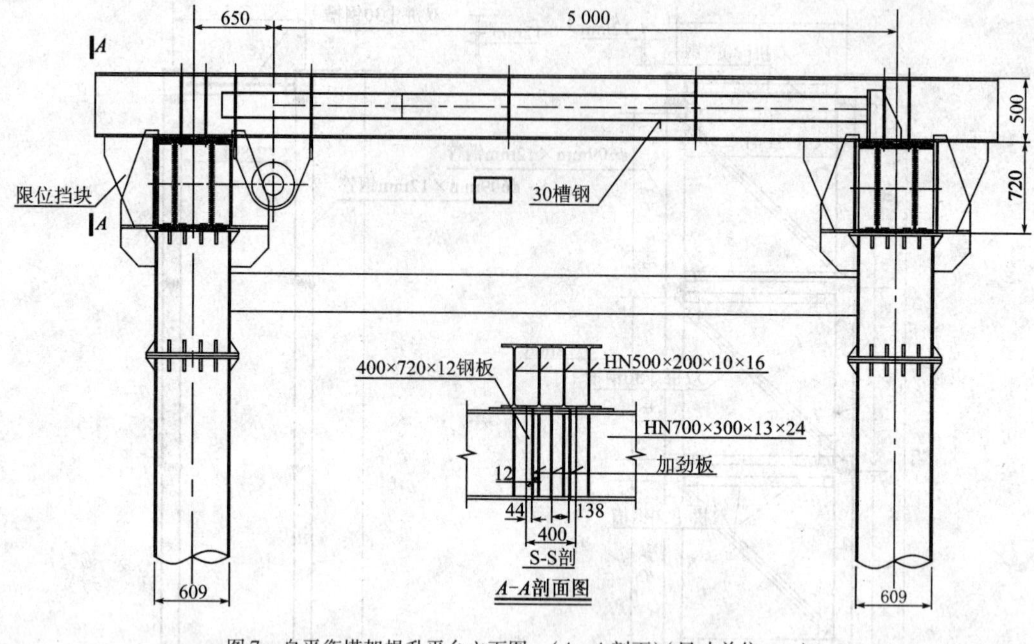

图7　自平衡塔架提升平台立面图一(A－A剖面)(尺寸单位:mm)

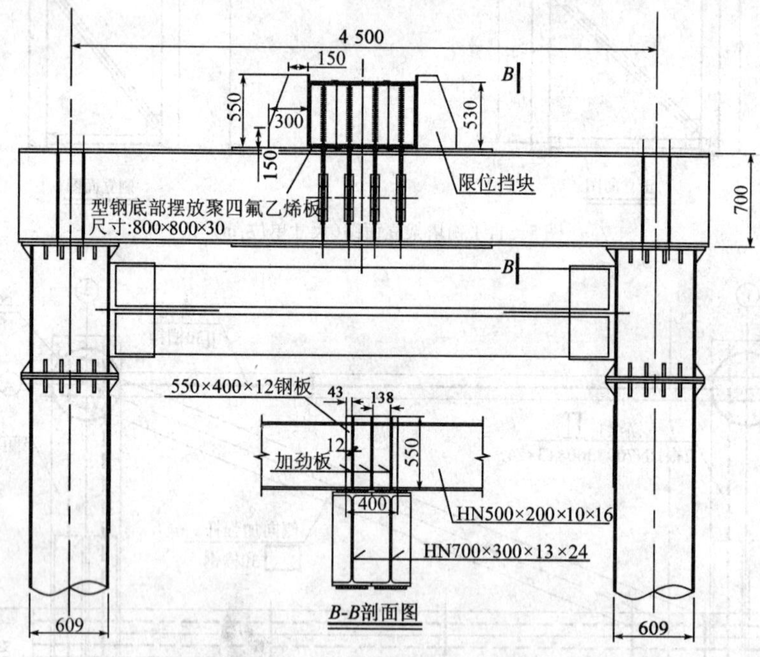

图8　自平衡塔架提升平台立面图二(B－B剖面)(尺寸单位:mm)

2)施工塔架基础

(1)塔架基础顶面必须平整,以确保塔柱的垂直度。

(2)桥梁纵向同一侧的塔架基础顶面必须处于同一水平面,且每只塔架基础的轴线均相互平行或者相互重合。

(3)塔架基础的平面尺寸满足塔柱的安装尺寸需要,垂直高度满足结构受力要求。

(4)塔架锚固件必须能够完全抵抗塔架传递至塔柱柱脚处的各力与弯矩,确保塔架稳定不倾覆,其锚入基础的形式必须经过计算确定。

3)塔架安装

(1)塔架分段可根据吊装设备的能力及施工的便捷性综合考虑划分,一般可按塔柱材料的自然长度划分。

(2)塔架分段安装可采用履带式起重机或者轮胎式起重机配合安装。

(3)最底部塔架安装前,应在塔架基础上画好每只塔柱的限位线,确保安装时各塔柱准确到位;待塔架分段安装到位后且测量无误后,及时将塔柱与基础上的预埋件锚固。

(4)位于塔架最顶部的分段,除了需将塔柱、斜撑、横撑及设置的上下攀爬装置一并焊装到位外,还需安装提升纵梁、提升横梁、提升操作平台、液压连续提升器、纵梁与横梁的限位装置等钢构件,以避免过多的空中作业,加快施工进度。

4)胎架安装

(1)在主弦杆部件的轴向、径向定位位置以及吊杆孔位置做上标记,然后安装胎架以及定位模板,胎架及定位模板精度是保证单元节点组装精度的基础,要求下料、安装定位必须准确。

(2)钢拱肋分段拼装采用的胎架高度,必须确保拱肋分段底部的铰与拱脚预埋段上的铰座顺利楔合。胎架搭设时,其顶面线型必须符合钢拱肋设计轴线,并且牢固无变形。

(3)现场胎架放置于已完成桥面上。在桥面放置胎架搁凳及搁凳顶靠山,校对搁凳顶高程,做好风撑及靠山位置拱肋两侧面中心点的地面投影点。

(4)在预拼基础上制作稳固的刚性胎架。按施工大样尺寸并预留工作调节空间,用钢板(厚10~16mm)、型钢(H150~300、L80~160)焊拼成预拼构件的水平支承杆、垂直定位立杆和稳定限位斜撑。用经纬仪和水准仪控制胎架的水平与垂直精度。钢管拱预拼台座及胎架见图9。

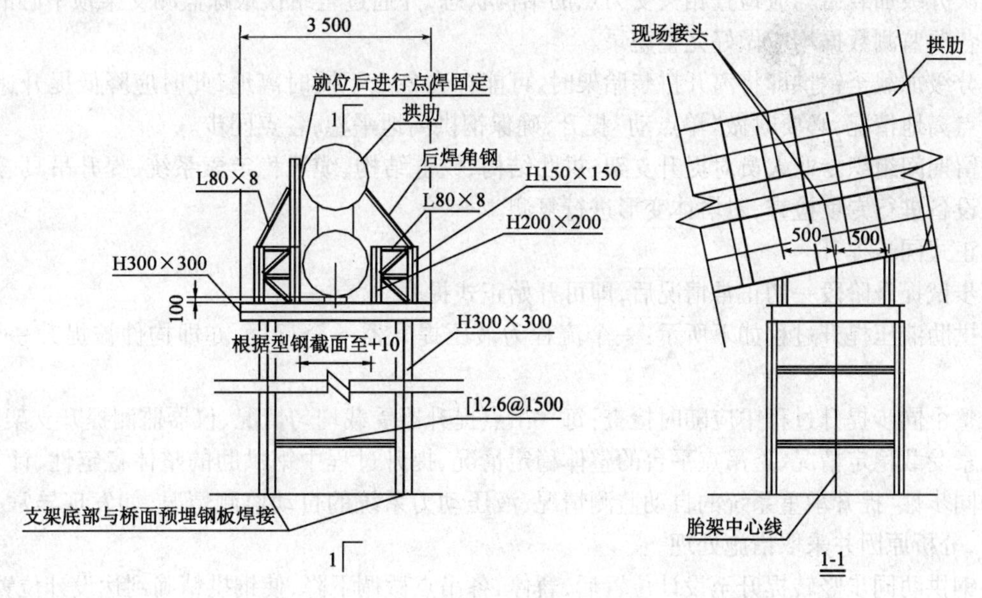

图9 钢管拱预拼台座及胎架示意图(尺寸单位:mm)

5)拱肋节段拼装

(1)拼接顺序。

现场先拼接大分段拱肋,单个大分段拱肋拼装后再拼装风撑。

(2)拼接过程。

采用经纬仪按换算坐标在台座上放出主拱管的对接口投影线。采用汽车吊将主拱管分片吊入胎架。在主拱管两端放出对接口环缝样线,通过调整定位,使2个分片的管轴线水平间距为设计坐标值,单个分片上下主管中心线所在平面与胎架水平底线垂直,对接口环缝样线与台座上的对接口投影线重合。精确定位后用限位撑杆焊接固定在胎架上,再用仪器复查一遍。当几何尺寸精度控制合格后,然后采用固定螺栓将两片拱紧密的连接。

(3)最后校对拼接好后的大分段整体弦长、拼缝处矢高及风撑位置是否和车间一致。

(4)焊接大分段。

(5)拱肋的拼装,严格按照工厂内的无应力状态下的试拼装要求进行。

(6)拱肋拼装完成后,按照提升塔架的设计工况要求,在拱肋上合适位置安装吊点耳板与提升连接器,并且在拱肋上搭设后期施工用脚手架,脚手架必须牢固于拱肋上。

(7)为方便观测提升期间拱肋的偏位情况,还需在拱肋底面适当区域划出观测中线。

6)拱肋1、拱肋2分段提升

(1)提升前的准备工作

正式提升前,应对液压提升系统与电器同步控制系统及上、下吊点进行全面检查及调试工作,同时清除提升区域内障碍物,并对提升系统进行预加载,使每台提升器内每根钢绞线基本处于相同的张紧状态。提升前,应针对提升过程中可能出现的提升系统故障、电器同步控制系统故障、电力中断等突发紧急情况,制订相应的应急预案,做好充分的物资储备工作。

(2)同步试提升

①为检测提升过程的钢拱肋结构、提升设施、提升设备系统等是否符合模拟工况计算和设计条件,按20%、40%、60%、80%的加载级数对各提升吊点处的提升设备进行加载,在分级加载过程中,始终监测塔架顶位移是否超出设计位移,观察塔架各部件是否有异常,如各部分无异常时,继续加载到90%,100%,直至钢拱肋完全离开临时支架约20cm后,停留4~24h,全面检查各设备运行及构件的正常情况。

②每次分级加载后均应检查相关受力点的结构状态,并通过全站仪跟踪监测支架顶中心的偏移,加载过程中各项监测数据均应做好完整记录。

③当分级加载至钢拱即将离开拼装胎架时,可能存在各点不同时离地,此时应降低提升速度,并密切观察各点离地情况,必要时做“单点动”提升,确保钢拱离地平稳,各点同步。

④停留期间组织专业人员对提升支架、拱肋结构、铰链结构、缆风稳定索系统、提升吊具、连接部件及各提升设备进行专项检查,对塔体变形进行复测。

(3) 正式同步提升

①同步试提升阶段一切正常情况后,即可开始正式提升。

②钢拱肋液压提升过程如下所示:一个流程为液压提升器一个行程,亦即构件被提升一个行程的高度。

③在整个同步提升过程中应随时检查:每一吊点提升器受载均匀情况、仪器监测提升支架垂直度及缆风稳定索受载稳定情况、上吊点平台的整体稳定情况、提升过程中钢拱肋的整体稳定性、计算机控制各吊点的同步性、提升承重系统的自动监测情况、液压动力系统的自动监测情况,如发现异常必须立刻停止提升,分析原因并采取措施处理。

④将钢拱肋同步竖转提升至设计位置后,暂停,各吊点微调下降,使钢拱精确到达设计位置,提升设备暂停、锁定,保持钢拱空中姿态稳定不变。

7)拱肋合拢

(1)拱肋合拢设计

根据结构无应力长度不变这一特点,拱肋在出厂前首先进行无应力状态下的试拼装,根据试拼装结果,确定出合拢端口中销轴的具体位置并进行标记,从而从理论上确定了拱肋的无应力长度,见图10。

(2)合拢施工

①拱肋出厂前,必须进行无应力状态下的试拼装,确定出合拢端口中轴销的具体位置并进行标记。

②两半拱合拢时,通过不断调整两侧提升塔架的扣索,调整钢拱肋的空中姿态,直至合拢轴销位置与工厂内预拼装时的轴销位置重合,保持此位置后采用塞入轴销固定。

③封闭合拢段,完成拱肋无应力合拢作业。

铰孔构造见图11。

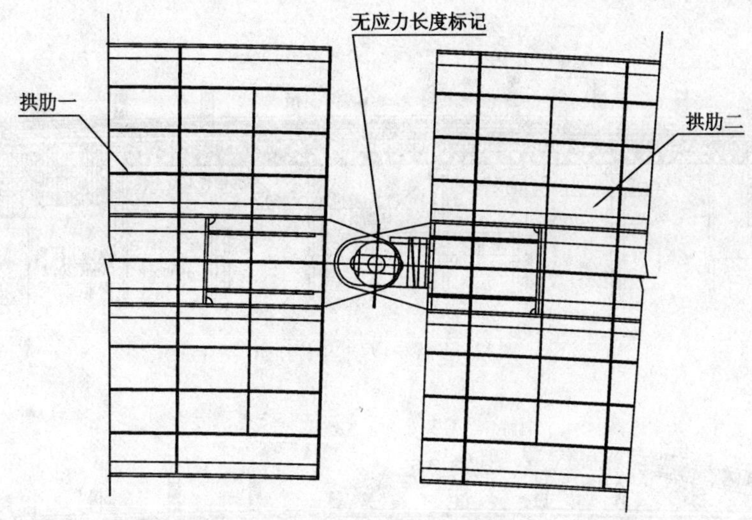

图10　拱肋无应力状态合拢法

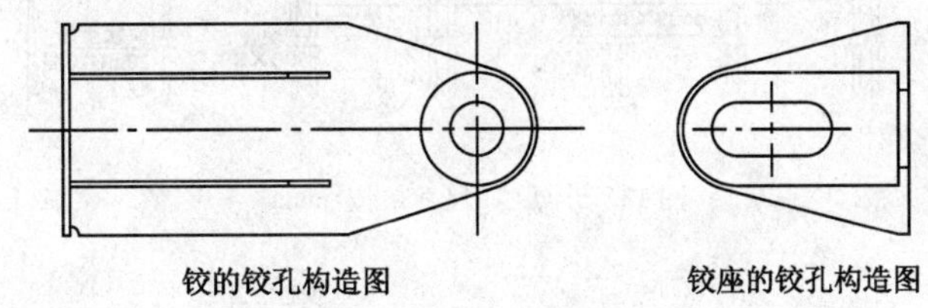

图11　铰孔示意图

8)安装剩余风撑,封闭转铰

(1)采用汽车吊将剩余的风撑安装到位。

(2)用加工成型的钢板采用单面焊接双面成型工艺将拱顶、拱脚转铰封闭安装到位。

9)施工监测

(1)拱肋线形监测:主要对竖转过程中拱肋的纵向、横向位置进行监测,确保两根拱肋的同步性满足要求。

(2)提升塔架的线形监测:主要对塔架顶部的横桥向及纵桥向位移监测,确保塔架处于安全范围内。

(3)位移监测点的设置位置与数量,应根据结构的外形与构造特点确定,但必须能够全面反映出结构的变形。

(4)位移的监测一般可采用全站仪或者经纬仪等设备进行。

10)拱肋自平衡竖转施工流程(先梁后拱法)

对于先梁后拱法施工的拱桥,钢管拱的现场拼装与提升工作根据构件的相关几何关系和现场布置交叉进行,其总体施工流程如下。

(1)步骤一:系梁、横梁、桥面板浇筑完成,在桥面上拼装胎架,见图12。

(2)步骤二:拼装拱肋1,见图13。

(3)步骤三:拼装拱肋2,见图14。

(4)步骤四:安装四个塔架、提升吊笼及提升器、钢绞线及拱肋1风撑,见图15。

(5)步骤五:全面检查拱肋1的提升系统和承重系统,一切正常后,提升器分级加载20%、40%、60%、80%,直至100%,使拱肋离地约20mm,被提升构件离开悬挂4~24h后,再次全面检查提升系统和承重结构,确保正常后正式提升作业,当拱肋1提升高度超出安装高程约1.0m时,停止提升作业,提

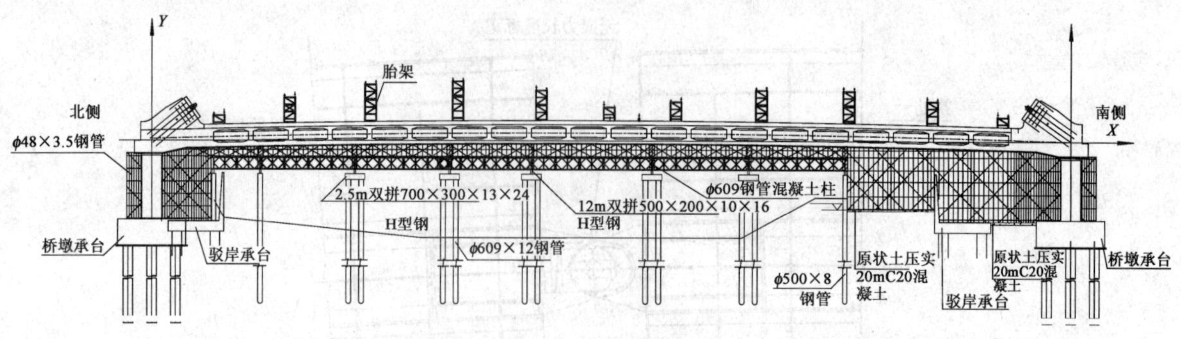

图 12 步骤一(尺寸单位:mm)

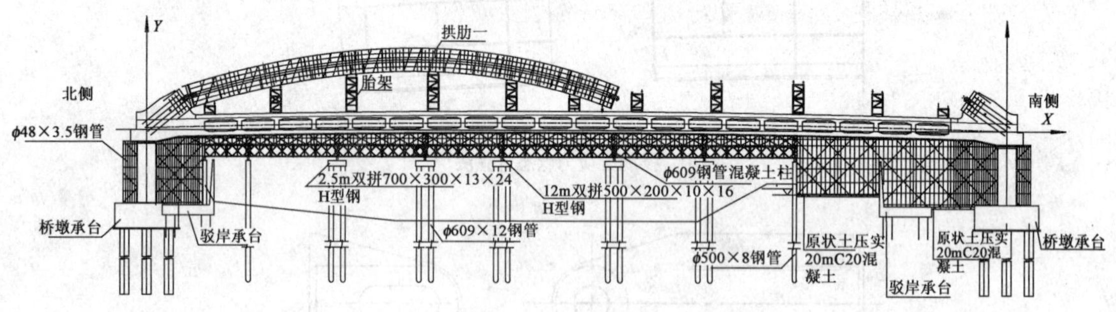

图 13 步骤二(尺寸单位:mm)

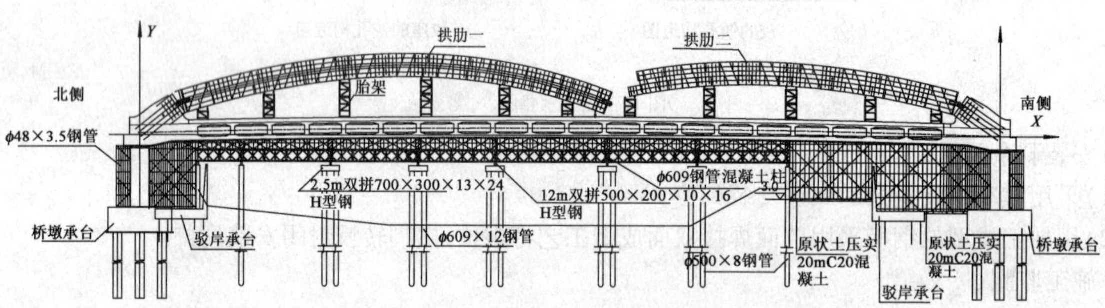

图 14 步骤三(尺寸单位:mm)

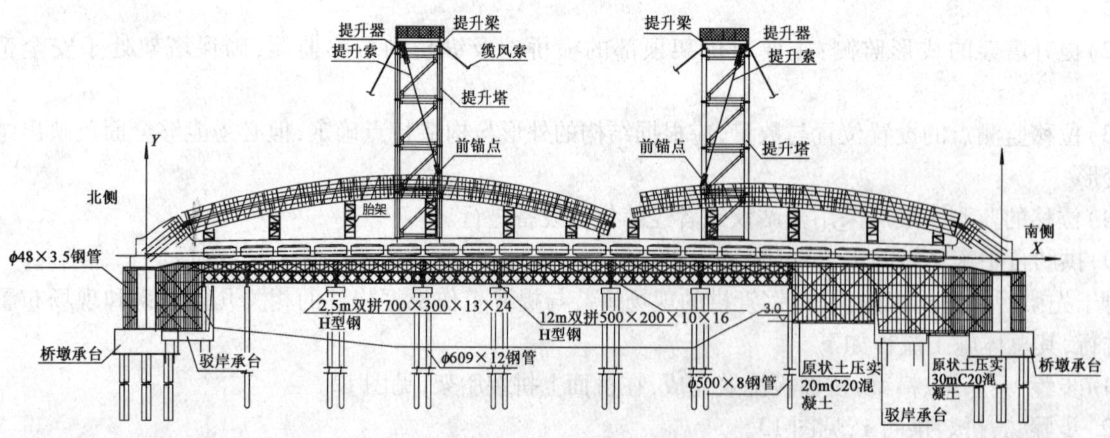

图 15 步骤四(尺寸单位:mm)

升器机械锁紧,见图 16。

(6)步骤六:拼装拱肋 2 的剩余部分和风撑,见图 17。

(7)步骤七:全面检查拱肋 2 的提升系统和承重系统,一切正常后,提升器分级加载 20%、40%、

60%、80%，直至100%，使拱肋离地约20mm，被提升构件离开悬挂4～24h后，再次全面检查提升系统和承重结构，确保正常后正式提升作业，当拱肋2提升到安装高程后，停止提升作业，提升器机械锁紧，见图18。

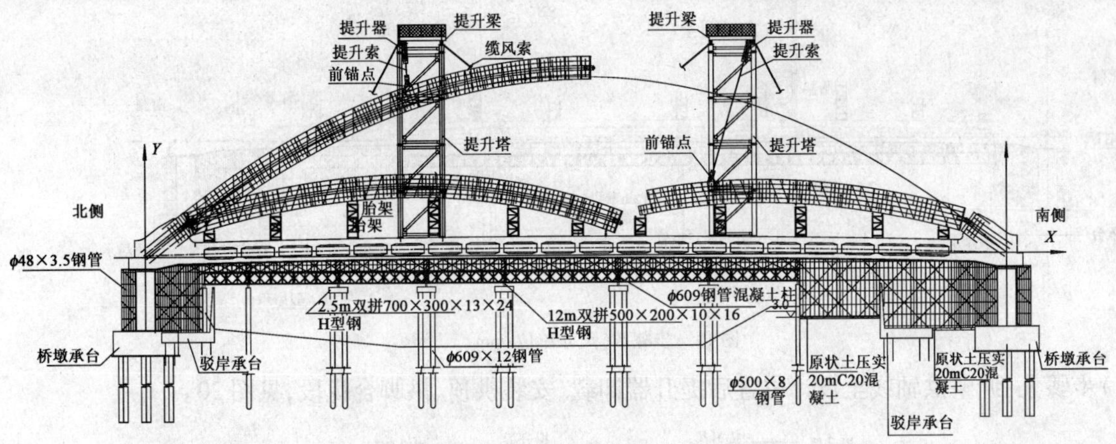

图16 步骤五(尺寸单位:mm)

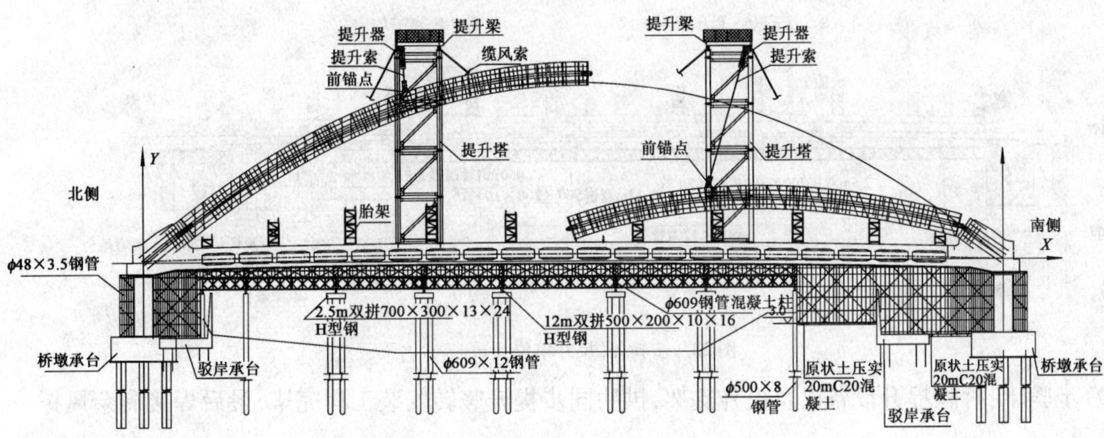

图17 步骤六(尺寸单位:mm)

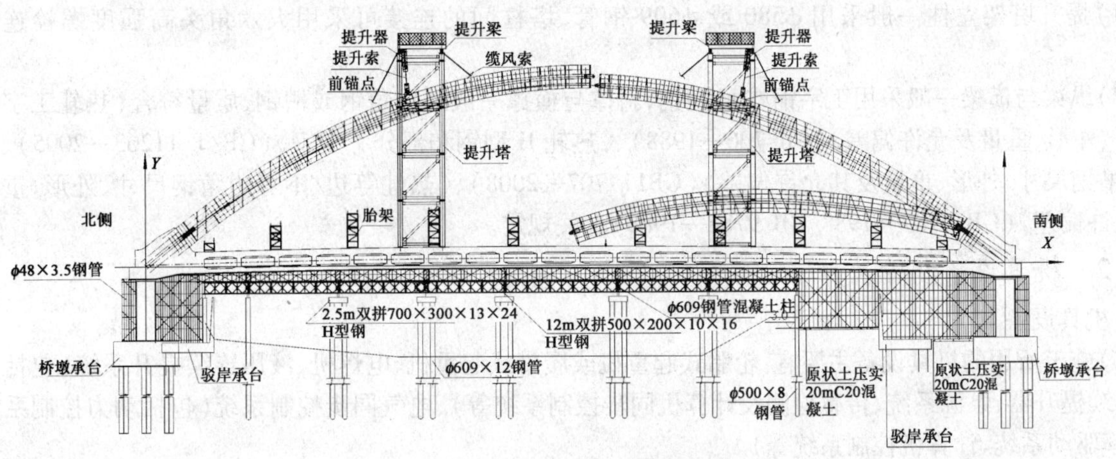

图18 步骤七(尺寸单位:mm)

(8)步骤八:启动提升器,下降拱肋1与拱肋2精确对位后,安装销轴和楔块,临时锁定拱肋,见图19。

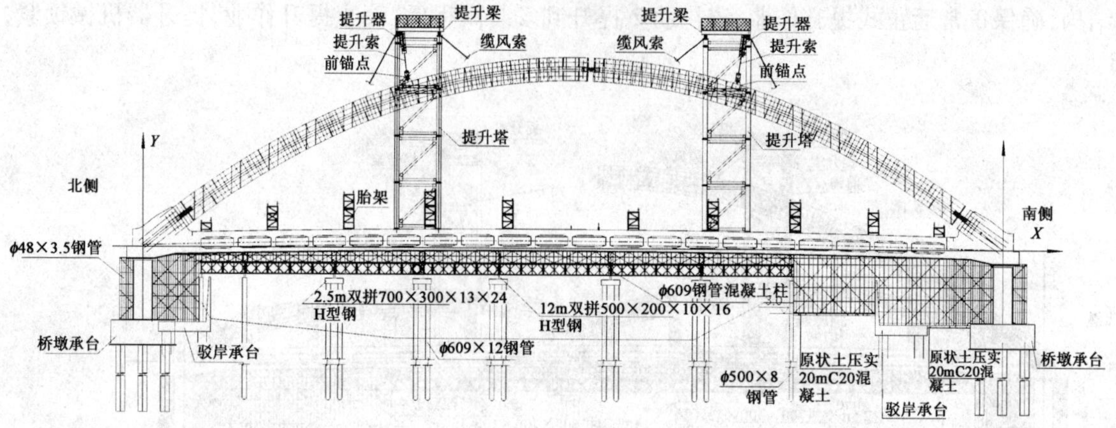

图19　步骤八(尺寸单位:mm)

(9)步骤九:调整拱轴线至设计位置后提升器卸载、安装拱顶、拱脚合拢段,见图20。

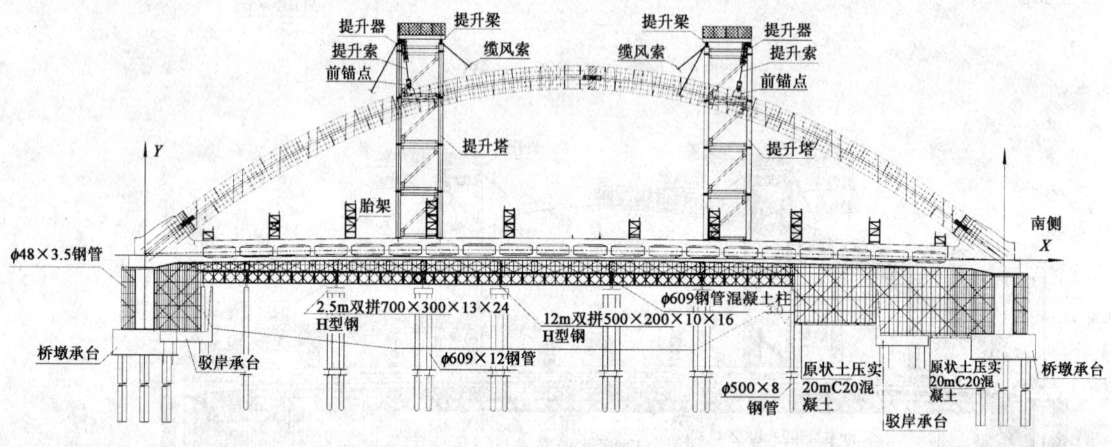

图20　步骤九(尺寸单位:mm)

(10)步骤十:拆除提升设备以及提升支架,拱肋同步提升竖转安装工程完毕,最后焊接剩余风撑。

6　材料与设备

6.1　材料

(1)提升塔架立柱一般采用ϕ580或ϕ609钢管,塔柱间的连接可采用大六角头高强度螺栓连接副。

(2)纵梁与横梁一般采用工字钢或H型钢,斜撑与横撑一般采用角钢或槽钢,质量符合《热轧工字钢尺寸、外形、重量及允许偏差》(GB 706—1988)、《热轧H型钢和部分T型钢》(GB/T 11263—2005)、《热轧槽钢尺寸、外形、重量及其允许偏差》(GB17 707—2008)、《热轧等边/不等边角钢尺寸、外形、重量及允许偏差》(GB 9787—1988/GB 9788—1988)有关规定。

6.2　机具设备和劳动力

1)机具设备

(1)施工所用的机具设备主要有:轮胎式起重机或履带式起重机、电焊机、液压连续提升系统(包括液压连续提升器、泵源系统、传感检测及计算机同步控制系统等)、电气同步控制系统(包括动力控制系统、功率驱动系统、计算机控制系统等)。

(2)检测所用的仪器有:水准仪、经纬仪、全站仪、扭矩扳手、混凝土应力监测设备、钢结构应力监测设备。

2)劳动力

施工所需操作人手主要有:架子工、电焊工、电工、机操工、普工、吊装工、吊机驾驶员、测量员、应力监测员、液压连续提升系统与电气同步控制系统操作及配合人员等,所有特殊工种必须持证上岗。

7 质量控制

7.1 应执行的标准规范

(1)《钢结构工程施工质量验收规范》(GB 50205—2001)。

(2)《钢结构高强度螺栓连接的设计、施工及验收规程》(JGJ 82—91)。

(3)《公路桥涵施工技术规范》(JTJ 041—2000)。

7.2 施工质量控制

1)塔架安装质量

(1)每只塔架分段,必须认真按照设计方案要求进行各构件的焊接,严格控制分段塔柱的倾斜度,轴线、高程。

(2)最底节塔架分段安装前,采用水平尺对柱脚基础的水平度进行检查,不平之处必须修整。

(3)塔架按照由上至上的顺序进行安装,允许偏差见表1。

塔架安装允许偏差表 表1

序号	项目	允许偏差(mm)
1	柱脚底座中心线对定位轴线的偏移	5.0
2	柱基准点高程	+3.0 ~ -5.0
3	弯曲矢高	H/1200,且不应大于15.0
4	单节柱轴线垂直度	H/1000,且不应大于10.0
5	多节柱轴线垂直度	35.0

2)高强度螺栓连接质量

(1)塔柱节段一般采用高强度螺栓连接。在安装塔架分段前,提前对连接处摩擦面采用细钢丝刷除去浮锈。

(2)高强度螺栓连接安装时,在每个节点上穿入的临时螺栓数量,应满足:不得少于安装总数的1/3,且不得少于两个临时螺栓,不得用高强度螺栓兼作临时螺栓。

(3)高强度螺栓的安装应在结构构件中心位置调整后进行,其穿入方向以施工方便为准,并力求一致。对于大六角头高强度螺栓连接副组装时,螺栓头下垫圈有倒角的一侧应朝向螺栓头。

(4)安装高强度螺栓时,严禁强行穿入螺栓(如用锤敲打)。

(5)安装高强度螺栓时,构件的摩擦面应保持干燥,不得在雨中作业。

(6)大六角头高强度螺栓施工所用的扭矩扳手,使用前必须校正,其扭矩误差不得大于±5%,合格后方准使用。校正用的扭矩扳手,误差不得大于±3%。

(7)大六角头高强度螺栓的拧紧分为初拧、终拧。初拧扭矩为施工扭矩的50%左右,终拧为施工扭矩的100%。拧紧时,只准在螺母上施加扭矩。

3)拱肋施工质量

(1)拱肋安装严格按照行业标准和设计文件要求进行。

(2)自平衡竖转提升体系的合理设计和合拢装置时保证拱肋安装质量的关键。

(3)所有受力结构要认真进行计算、复核,在技术上确保结构的安全。

8 安全措施

(1)施工前,必须对操作人员进行详细的技术安全交底,特种作业人员必须持证上岗。

(2)提升塔架操作平台四周要设立好防护栏,设置踢脚板,挂设安全网。操作平台上严禁作业人员随意向下扔、抛物件,防止高空坠物伤人。

(3)提升过程的控制及监测有利于观测提升过程中的结构变形及结构受力情况,通过监测手段以确定提升过程中的各项指标,并确保提升过程中的整体同步性。在提升过程中全程检控塔架的垂直度,严格按照塔架1/1 000垂直度要求进行控制。为了更好的使桁架在提升过程中保持同步,因此使用经纬仪,实地测量支撑架各主要测控点的数据,根据此数据判定支撑塔架的垂直度。

(4)提升前应对提升搭架、液压提升器与提升锚点、计算机同步控制系统、电力供应情况等进行认真复查,同时制订断电、刮风、下雨、设备故障等突发事件的应对措施与应急预案。

(5)正式提升前,先进行分级加载试提升,通过试提升过程中对钢拱肋结构、提升设施、提升设备系统的观察和监测,确认符合模拟工况计算和设计条件,保证提升过程的安全。

(6)提升过程中,对提升塔架、钢拱肋、及提升设备等进行实时监控。

(7)成立以项目经理为首,由资深专家及经验丰富的技术人员组成的应急领导小组,建立在竖转提升期间昼夜值班,在紧急情况下可以随时启动的应急程序。

9 环保措施

(1)对液压油泵、吊装机械、车辆等安装防漏油设施,防止油料跑、冒、滴、漏,避免油料污染。

(2)钢拱肋提升主要采用液压千斤顶,避免使用大型吊机或者浮吊,有效地减少了施工过程的二氧化碳排放量。

(3)靠近居民区及其他敏感单位施工时,要合理安排施工工序及作业时间,采取相应措施,最大限度地降低和消除噪声与光照污染。

(4)施工人员的生活污水、生活垃圾应集中处理,不得直接排入附近的水体造成污染。在施工临时设施生活区配设三级沉淀池,生活废水经过处理后,再排到场外。

(5)施工临时设施生活区与办公区设置若干活动垃圾箱,按垃圾类别分箱存放,派专人管理和清理。生活区垃圾集中统一处理,禁止在工地焚烧残留的废物。

(6)施工现场不准乱堆垃圾及余物,应在适当地点设置临时堆放点,专人管理,做到日集日清,集中堆放,定期外运。

10 资源节约

采用本工法利用千斤顶提升能力大、能源消耗少的特点结合塔架竖向承载力强的优势,摆脱拱肋安装对大型浮吊和起重机械的依赖,符合节能减排,资源节约要求。

11 效益分析

本工法与采用锚锭或其他构造措施平衡施工水平力的竖转提升工法相比较,经济效益和社会效益更显著,主要体现在以下方面:

(1)可充分利用千斤顶提升能力强的特点与塔架竖向承载能力大的优势,施工期间不需要很大的吊装设备,从而使得平原地区拱桥的安装不再受吊装设备的限制,可大大拓展平原地区拱桥的施工方法。

(2)对于先梁后拱的施工体系而言,水平力是体系的内力,不需设置额外的平衡措施,同时拱肋的拼装均在桥面上进行,避免了大量的高空作业,因而更能确保施工质量,降低施工难度。

(3)自平衡竖转提升工法可减少传统竖转技术复杂的后锚索放张程序,有利于工序交叉作业,施工更安全。自平衡塔架不仅力学性能好,而且组装方便,便于安装,塔架自身的施工难度较低,具有良好的可操作性。

(4)省去了水平力平衡装置和超大型吊车的使用,从而大大降低了造价。

(5)由于竖转提升技术较其他技术在施工过程中产生的二氧化碳少很多,因此属于低碳交通建设技术,在低碳经济快速发展的今天更值得提倡。

12 应用实例

12.1 工程实例一

本工法于2009年10月16日~2010年12月30日成功应用于上海浦东大道九号桥工程的钢拱肋安装。

1)工程概况

(1)浦东大道九号桥为一孔跨越河道的下承式钢管系杆拱桥,采用“先梁后拱”工艺施工。拱桥计算跨径为115m,矢高$f=23$m,矢跨比为1/5。拱肋采用哑铃形钢管截面,高3m,拱肋中充填C50微膨胀混凝土;拱肋间设置4道K形风撑、3道一形风撑。

(2)受现场环境条件与安装费用所限,钢拱肋只能采用竖转提升工艺。由于施工场地狭小且受限,无法设置竖转提升所产生水平力的平衡构造,因此采用了“自平衡竖转提升塔架”。施工时,先在桥面临时支架上拼装钢拱肋分段,使单片钢拱肋形成两个对称半拱,将同一侧的两只半拱同时同步提升至设计位置,最后通过特殊的合拢装置进行无应力合拢,完成拱肋的整体安装。

2)效益分析

(1)由于本工法所使用的材料均为常用材料,并且工程的钢拱肋安装无需使用大型的履带吊、汽车吊或浮吊,因此大大降低了工程的施工成本,取得了显著的经济效益。

(2)对本工程而言,由于拱肋的拼装均在桥面上进行,避免了大量的高空作业,因而更能确保施工质量,降低施工难度。

(3)通过采用本工法,钢拱肋合拢精度高,安装后的线形基本与设计线形一致,误差仅2~3mm,并且拱肋内无残余安装应力,极大地保证了工程的质量,确保了工程结构的安全,取得了显著的社会效益。

12.2 工程实例二

本工法于2009年2月21日~2010年3月26日成功应用于赵家沟航道整治8标的管线桥钢拱肋安装。

赵家沟航道整治8标的管线桥为一孔跨越河道的下承式钢管系杆拱桥。拱桥计算跨径为115m,矢跨1/5,拱肋采用哑铃型钢管截面,高3m。拱肋中填充C50微胀混凝土;拱肋间设置4道大型风撑,3道一形风撑。

通过采用本工法,桥梁施工外形美观,钢拱肋合拢精度高,安装后的线型与设计线形一致,拱肋内无残余安装应力,达到了设计要求,保证了工程的施工质量,施工中未发生任何安全事故,取得了显著的经济效益和社会效益。

12.3 工程实例三

本工法于2002年9月25日~2003年9月20日成功应用于申江路(巨峰路~五洲大道)新建工程2标主桥的钢拱肋安装。

申江路新建工程2标主桥为一孔跨越河道的下承式钢管系杆拱桥,主桥拱肋采用钢管混凝土桁架,上下弦内灌注混凝土,腹杆为空钢管。中拱肋高2m,宽1.6m,边拱肋高2m,宽1.4m,拱肋上下弦分别采用方形截面。上下拱圈间采用厚$\delta=16$mm、边长1.4m的方形钢管每隔一定间距相连接形成桁架腹杆。

通过采用本工法,钢拱肋合拢精度高,拱肋合拢后的线性和应力均满足设计要求,确保了工程的施工质量,大大降低了施工成本,增加了施工安全系数,取得了显著的经济效益和社会效益。

钢混叠合梁悬臂段施工工法

GGG(浙)C3134—2013

张水根　蒋国平　王祥真　徐　锋
(浙江鼎盛交通建设有限公司)

1　前言

钢混叠合梁作为一种新型的大跨径结构,能够充分发挥钢材的抗拉性能和混凝土的抗压性能,具有承载力高、刚度大、抗震性能好和建筑高度小的特点,在跨越构筑物中得到了广泛应用。但在实际施工过程中,钢混叠合梁悬臂段的施工工艺复杂,安全性低,成本高,质量难控制,在经济效益和社会影响方面给参建单位带来了沉重的负担。如何在确保质量和进度的前提下降低成本、确保安全,一直是亟待解决的难题。

嘉兴至绍兴的跨江公路通道南岸接线第5合同段有3座匝道桥采用钢混叠合梁形式,设计钢混叠合梁的主梁采用钢箱梁,两侧为现浇1.75m的混凝土悬臂,图1。所跨越的杭甬高速公路是浙江高速路网中的重要组成部分,随着长三角经济的快速发展,高速公路车流量也在日益增加,现车流量约为45 000辆/d,封道对杭甬高速交通影响非常大,杭甬高速管理部门要求不能封道施工,这对施工工艺提出了很高的要求。

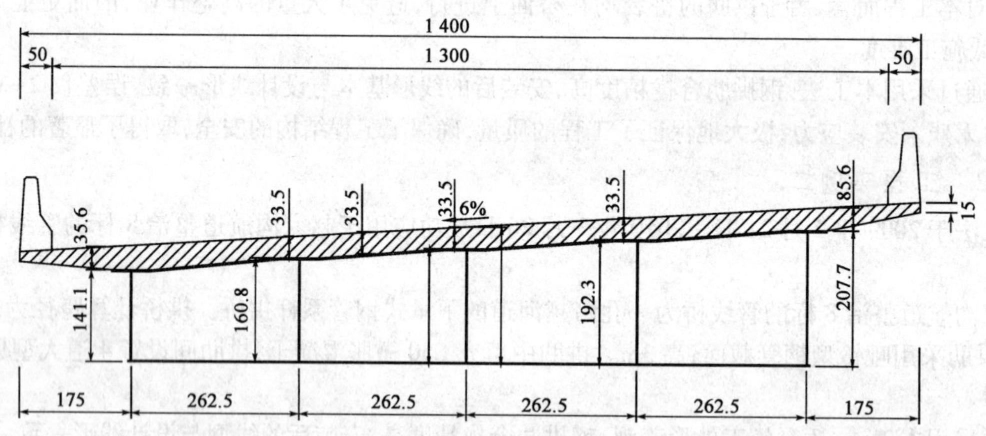

图1　钢混叠合梁横断面布置(尺寸单位:cm)

针对上述难题,进行了技术攻关,结合钢混叠合梁实际情况提出了三种施工方案,并从施工工艺,质量、安全、成本进行了论证。

(1)方案一:槽钢三角托架方案

传统的施工方法多采用槽钢三角托架,托架纵向间距1.5m一道,需要在钢箱梁侧面钻孔,设置27mm的螺栓固定,设计方案如图2所示。

该方案有如下缺点:螺栓孔洞减少了钢箱梁侧面的强度;支架拆除后孔洞需要焊药填补恢复到原结构,焊补后需要再次打磨涂装处理,增加了施工难度;安装、拆除支架很不方便,危险性大;关键问题是施工时必须封道。

(2)方案二:钢箱梁上密铺槽钢方案

支架采用悬吊体系,在钢箱梁顶面设置双拼[20槽钢横梁,纵向间距2.0m,横桥向布置。横梁支撑在钢箱梁的腹板处。设计方案如图3所示。

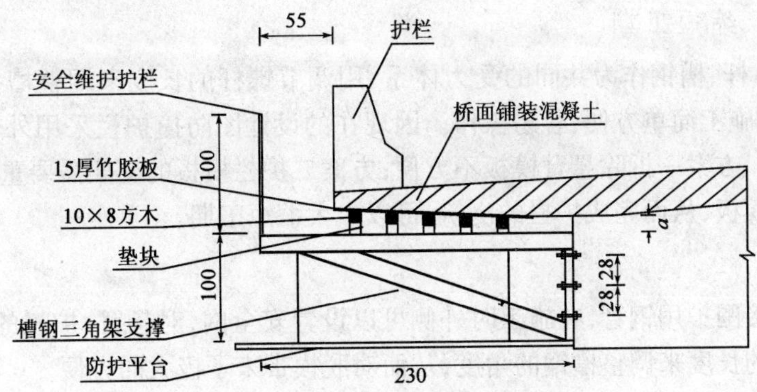

图2 支架布置(尺寸单位:cm)

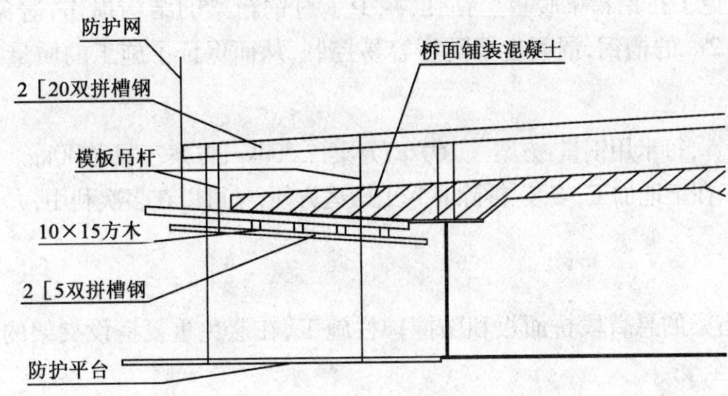

图3 支架布置(尺寸单位:cm)

该方案有如下缺点:槽钢投入量大,浇筑混凝土时,受槽钢影响混凝土表面平整度难以控制。悬臂浇筑后,槽钢及外侧的一道吊杆需要拆除,防撞护栏浇筑时的安全围护还需要重新设置。支架安装、拆除施工强度大,很不方便;关键问题是施工时也必须封道。

(3)方案三:用钢管做支撑加吊杆、槽钢方案

利用加劲板固定槽钢一端,钢管立杆做支撑,吊杆固定槽钢另一端,共为受力体系。设计方案如图4所示。

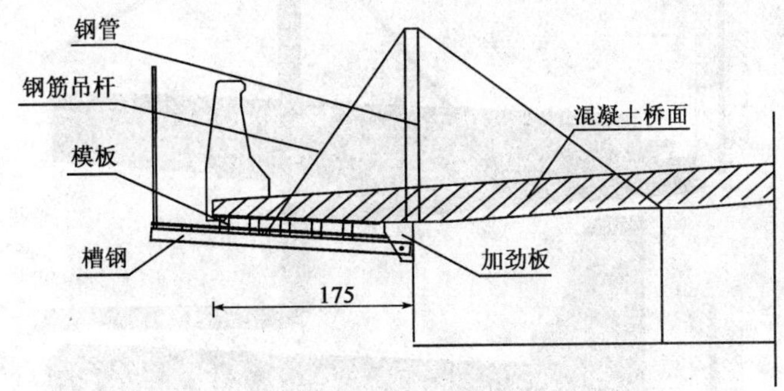

图4 支架布置(尺寸单位:cm)

以上3个方案经过多方论证比较,最后采取了“钢管作支撑加吊杆、槽钢杆件的技术”。经过施工实践,该工艺安全性高,施工全程不封道,经济效益和社会效益显著,获得了公司2012年度先进施工工艺奖。在此基础上形成了钢混叠合梁悬臂段施工工法。

2 工法特点

2.1 操作简便、缩短工期

利用钢管、吊(螺)杆、槽钢作为共同的受力体系,用调节螺杆的长度来调整槽钢的角度,从而达到控制悬臂外侧的高程,施工简单方便,容易操作。因现在的设计图防撞护栏采用外包,只有在悬臂模板拆除后才能浇筑护栏。方案一拆除悬臂模板不方便;方案二护栏模板的支架需要重新搭设;方案三通过调整槽钢的角度来拆模板,从而完成护栏的浇筑,可以大大缩短工期。

2.2 安全性好

先在槽钢外侧焊接围护用钢管,在施工时外侧可以设置安全网,对悬臂、护栏的浇筑有了很大的安全保障。用调节螺杆的长度来调整槽钢的角度,从而对脱模带来了极大的方便。

2.3 质量保证

同方案一相比,避免了在钢箱梁腹板上钻孔,减少了对钢箱梁的结构损伤,避免了涂装。同方案二相比,桥面顶少了间隔 2m 的槽钢,混凝土平整度容易控制,从而保证了施工的质量。

2.4 节省成本

按三次周转摊销计算,每米用钢量:方案一 160kg,方案二 300kg,方案三只需 40kg。方案三的钢管、螺杆、槽钢等杆件构件小,可以在工地加工,安装、拆除时人工搬运方便,又可以在多次利用,大大节省了成本。

3 适用范围

本工法适用于钢箱梁的悬臂段桥面板和防撞护栏施工,在避免重复搭设支架的同时,高空作业安全维护到位,确保施工安全。

4 工艺原理

用槽钢作为悬臂模板的依托,在加劲板上钻孔来固定槽钢的一端,同时在槽钢的中部用吊杆固定槽钢,再利用钢管立杆来承担吊杆的受力,来平衡吊杆,从而达到了整个悬臂的受力平衡。施工完悬臂后,通过调整吊杆转动槽钢,来腾出作业面拆除模板,施工防撞护栏。支架模板体系安装、拆除简单无需封道,如图 5 所示。

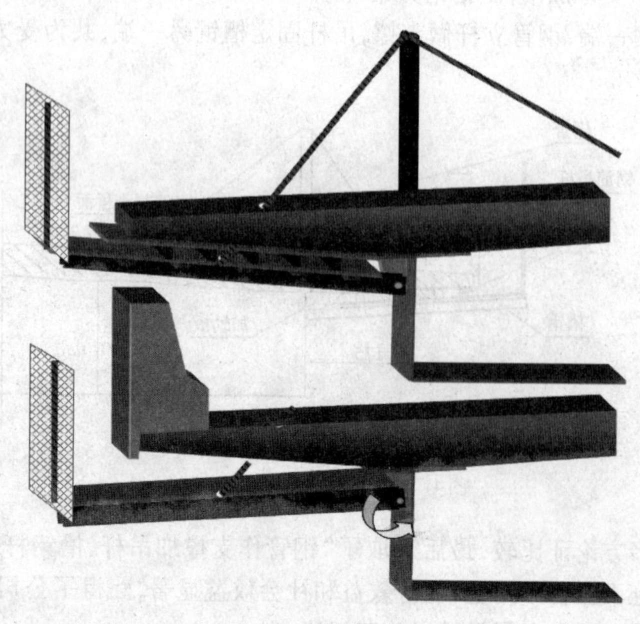

图5 支架转动示意

5 施工工艺流程及操作要点

5.1 施工工艺流程(图6)

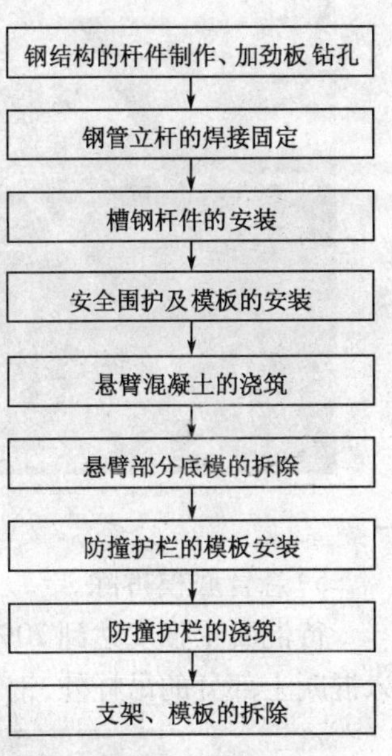

图6 施工工艺流程

5.2 操作要点

1)构件制备

根据支架设计图纸,按尺寸、规格要求制作槽钢杆件、螺杆、螺丝、钢管,并设置加劲板,加劲板上钻孔,如图7所示。

2)钢管的焊接

在安装后的钢箱梁上按设计间距焊接钢管,底部在钢箱梁上焊接固定,焊接时接触面必须清理干净,焊缝必须饱满,焊接时外侧设置挡板确保焊渣不坠落。

3)槽钢杆件的固定

先用临时杆件吊住槽钢杆件,然后将一端固定在加劲板上,待加劲板上固定后,将另一端用吊杆固定在钢管立杆上,套上塑料管,使吊杆在后续施工时能够随意调节长度。调节好悬臂角度后,再设置内吊杆,如图8所示。

图7 构件准备、加劲板打孔

图8 槽钢杆件的固定

4)模板铺设

在槽钢上依次铺设4cm×2cm方木、第一道防护设施模板、8cm×4cm方木、第二道悬臂混凝土的底模板,在竹胶板上留好吊杆孔,如图9所示。

图9 模板铺设

5)悬臂底模拆除

待混凝土强度达到70%后,通过吊杆放松转动槽钢,腾出拆除第二道悬臂混凝土的底模板。除埋入混凝土部分的吊杆外,钢管立杆、部分吊杆割除。注意预留部分吊杆需要多留20cm,便于槽钢杆件放松能沿加劲板的螺栓转动,使模板在转动时能顺利脱模,如图10所示。

图10 悬臂底模拆除

6)防撞护栏施工、支架模板拆除

按照常规方式施工防撞护栏,设计专门小车拆除支架模板。拆除剩余模板、支架前,先对模板上的建筑垃圾清理干净,经项目部安全员验收后,才能进入拆除工作。拆除第一道防护模板、方木,最后拆除槽钢杆件。本阶段,安全注意事项较多,所以桥面上及拆除工作的人员需要密切配合。小车需要多次往返移动,拆除人员要求能时刻注意安全,确保最后阶段工程的顺利完成,如图11所示。

图11 防撞护栏施工、支架模板拆除

6 材料与设备

本工法所使用设备都为工地常用材料与设备,施工操作简单。主要材料设备如下:

(1)[12.6mm槽钢、ϕ89mm钢管、ϕ20mm吊(螺)杆、厚12mm的钢板等钢材,材质选用Q235钢。

(2)电焊机1台。

(3)R-332NXM型全站仪1台。

(4)S3E型水准仪1台。

(5)电源、配电箱。

7　质量控制

(1)对现场施工人员必须进行认真的技术、安全交底,熟悉方案意图,施工步骤后,方能开始作业。

(2)所使用的材料和设备,在使用之前,必须进行验收,检测,合格后方准进入现场。

(3)焊前焊接区域必须先清理干净,验收合格后才能开始焊接。

(4)所有焊缝不得有裂纹、未熔合、夹渣、焊瘤和未填满弧坑等缺陷。焊缝外形平滑过渡,焊缝表面不得有凹凸不平,严禁周围有飞溅痕迹。

(5)在施工时,加劲板同槽钢的螺栓固定,吊杆的接头,吊杆同栓钉的连接,钢管立杆同钢箱梁的焊接等,都必须严格控制施工质量,由工地试验室进行取样检测,来确保施工的质量。

8　安全措施

(1)施工前编制安全施工细则,建立完善的高速施工安全保证体系,现场悬挂醒目的安全警示牌。必须加强安全教育,特别是高速安全施工要点,施工前要对操作人员进行详细的安全技术交底。

(2)支架搭设和拆除是本工艺安全控制关键点,必须明确搭设和拆除步骤及注意事项,各步骤要责任到人,各物件和人必须设置安全带,待安装牢固后拆除,避免高空坠落事故发生,支架安装施工人员必须进行专业培训,禁止随意调换。

(3)施工现场做好安全防护设施,主要包括安全网、安全带、防护栏、防护板等。

(4)焊工必须经过上岗培训,并持证上岗,作业现场必须戴安全帽,穿防滑鞋及其他防护用品。雨天不得露天电焊,在潮湿地带作业时,操作人员应做好绝缘保护措施。当消除焊缝焊渣时,应戴防护眼镜,头部应避开敲击焊渣气溅方向。焊接工作结束,必须认真检查现场是否有火苗。在确保无火苗,且加热的构件完全冷却后,才能离开现场。

(5)安装、拆除支架时必须落实指挥人员,现场随时掌握工程进度,保证材料供应的及时和施工的安全。

(6)悬臂施工部分材料、小型工具等,必须实行每天检查,特别是完工后及时清点、撤离,以防吹落到高速公路上,造成安全事故。

(7)在六级以上大风、大雾和大雨天气下不得进行现场施工。

(8)必须白天作业。施工时间从上午6:00开始,到下午17:00结束。

9　环保措施

(1)施工前组织相关作业人员认真学习环境保护法,严格执行当地环保部门的有关规定。

(2)科学组织,合理调节作息时间,尽量减少夜间施工作业,不影响现场周围居民的正常休息。

(3)施工现场要做好对材料及时堆放整齐,完工后及时清理。

10　资源节约

与传统的方案相比,本工法施工期间高速全程不封道,不影响高速公路通车。施工方便快捷,不仅节约了大量的钢材和劳动力,而且提高了施工进度,缩短了工期,并有效提高了钢箱梁悬臂段的施工质量。

11　效益分析

(1)采用方案三,避免杭甬高速公路的封道。

(2)材料设备在三个方案中投入最少,材料还可以多次利用。

(3)所用杆件轻,减少了劳动者的作业强度,保证了施工安全。

(4)因槽钢杆件放松时可以沿加劲板的螺栓转动,使模板在转动时能顺利脱模,施工十分方便。

(5)三个方案的投入比较如表1所示。

三个方案的投入比较表

表1

方案	每米钢材(kg/m)	实际(预估)工期(d)	是否封道
方案一	160	(80)	封道
方案二	300	70(60)	封道
方案三	40	45(50)	可以不封道

12 应用实例

12.1 工程实例一

嘉兴至绍兴的跨江公路通道南岸接线第5合同段的H匝道4号桥桥宽10m,2跨30m的钢混叠合梁。梁宽10m,梁高1.8m。工程从2012年9月15日开始,到2012年10月30日完成。

12.2 工程实例二

嘉兴至绍兴的跨江公路通道南岸接线第5合同段的F匝道1号桥,桥宽10m,为2跨40m的钢混叠合梁;梁高2.3m。工程从2012年10月1日开始,到2012年11月30日完成。

通过以上两座桥的施工实践,证明了方案三是切实可行的,能满足不封道施工。工程质量优良率达98%以上,无安全生产事故发生,得到了各方的好评。

非金属材料预应力筋张拉施工工法

GGG(粤)C3135—2013

黄知元 李明根 林春安 吴仉华 金文成

(广东长宏公路工程有限公司 江西赣东路桥建设集团有限公司 华中科技大学)

1 前言

目前,在预应力混凝土结构的配筋材料中,主要采用的是钢材加工的钢筋、钢丝和预应力钢绞线,这个应用已经相当成熟和普遍了。随着不断的应用,这种配筋结构的缺点和不足也日益暴露出来了。首先,钢筋作为配筋材料的致命弱点就是锈蚀,钢材的锈蚀导致钢材化学成分的改变和物理力学性能的丧失,从而导致以钢筋作为配筋方式的钢筋混凝土和预应力混凝土构件及结构因使用性能和承载能力的丧失而破,钢筋锈蚀问题严重影响了混凝土结构的耐久性;其次,随着经济和科学的发展,人们对建筑材料的要求更高,主要是强度方面,而超高强度钢筋(钢丝)难以实现;再次,钢材基本上是一种消耗性材料,属于不可再生资源,从人类长远的发展看,寻找新的材料替代钢材作为建筑用材料是必然趋势。因此,国内外许多学者开始研究对策,经过40多年的分析研究,发现用非金属材料来代替钢材是行之有效的,不仅可以从根本解决锈蚀问题,而且还有一系列其他优点。如有些非金属材料具有更高的强度、更好的抗疲劳性能,非磁性、重量轻,用于斜拉索中垂度效应很小、可回收再利用。

可以预见,随着钢筋混凝土结构的耐久性问题日益突出,而非金属材料的技术日益成熟,用非金属材料代替钢材是必然的趋势,有着很大的应用前景。对于预应力混凝土结构用非金属材料预应力筋代替普通钢绞线、钢丝也是预应力混凝土结构发展的重要方向。

非金属采用预应力筋张拉施工工法是根据广东省交通运输厅2009年度科技计划项目“非金属材料预应力筋张拉工艺技术研究”研究总结而形成的,该项目编号:2009-02-018。

课题组对FRP片材的锚固张拉工艺技术进行了深入研究,经过大量试验和理论计算分析,已成功将此项锚具系统技术及施工工法在“宜都市清江一桥”加固工程中应用。该工法在湖北宜昌秭归县松树坳大桥中也得到有效应用,取得了预期效果。荷载试验结果表明,效果良好,达到预期设计要求。

2 工法特点

将常规钢绞线预应力筋用非金属材料预应力筋束替代,在归纳总结国外、国内研究成果的工程实践的基础上,根据目前国内外非金属材料锚固系统的研究和发展动态,以实际应用为目标,以理论与实践相结合,用完全非金属锚固系统及非金属材料预应力筋专用张拉工具来施工的张拉施工工艺。

3 适用范围

本工法可用于预应力混凝土结构物非金属材料预应力筋张拉施工。

4 工艺原理

本工法在研究非金属预应力锚固系统的基础上,着眼于非金属预应力锚具的张拉施工工艺,具体研究:①非金属锚具的特点,研究非金属锚具的材料组成、基本形式和结构构成;②非金属锚具的设计理论和计算方法,对锚具进行仿真分析及参数化设计;③研究开发非金属锚具,在试验室制作试验产品。针对设计的锚具,研究设计有效适用的张拉系统;④结合张拉工艺,测试分析非金属锚具力学性能,进行进一步的分析和改进,使产品既满足工程使用要求而又构造简单、实用性强。⑤设计制作非金属预应力筋张拉专用工具,采用课题研究的锚固系统及专用张拉工艺进行施工,确保该工法的实用性和可操作性。

5 施工工艺流程及操作要点

本工法施工工艺流程与其他普通钢绞线预应力筋施工工艺基本相同,主要的区别是预应力筋材制作(非金属材料预应力筋目前只能在工厂内下料、编束及端部处理)、编束(含端部处理)、张拉工具(采用专用支架)、过程控制等。

5.1 施工工艺流程(图1)

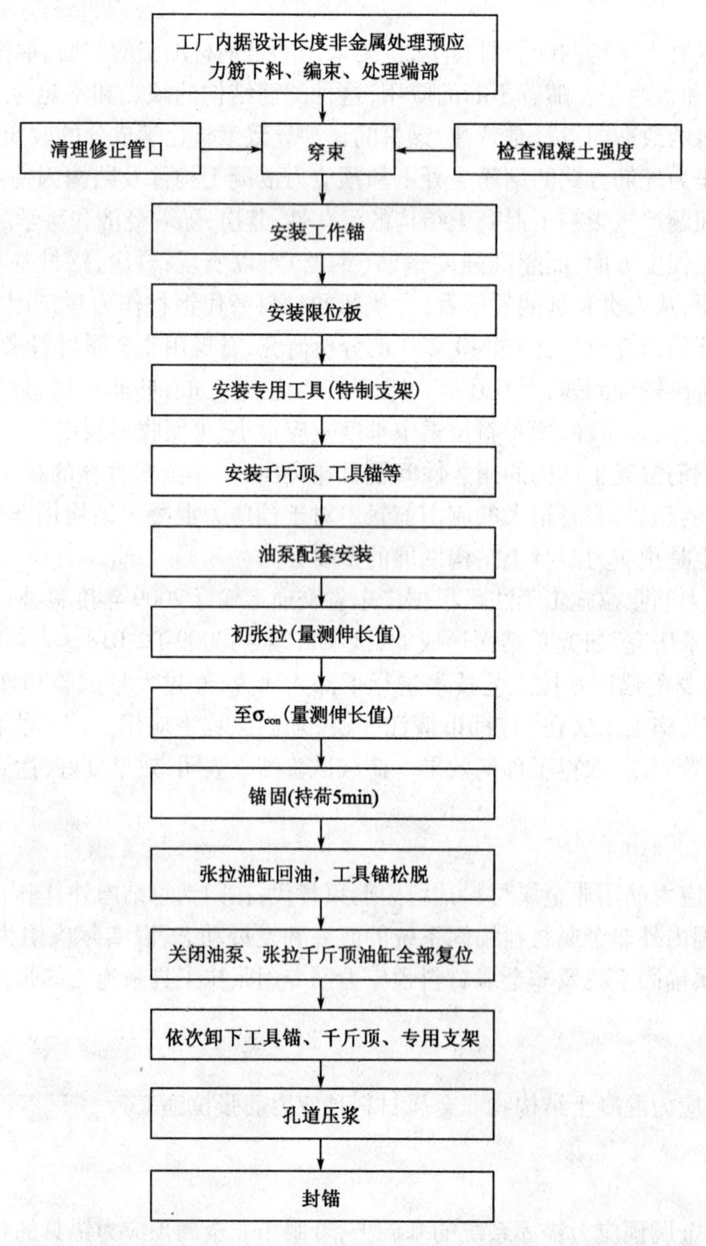

图1 非金属材料预应力筋张拉工艺流程

5.2 施工准备

1)水泥

宜采用硅酸盐水泥和普通硅酸盐水泥,且应符合现行国家标准《通用硅酸盐水泥》(GB 175)的规定。

2)化学外加剂

减水剂宜选用聚羧酸系高效减水剂,聚羧酸系减水剂应符合《聚羧酸系高性能减水剂》(JG/T 223)要求。

减水剂与水泥具有适应性,其饱和点用量不仅与水泥品种有关,还与其中是否掺入掺和料有关,配制混凝土前应先进行减水剂与水泥二者的相容性试验,确定饱和点,达到技术上满足混凝土性能要求,经济上合理。

3)拌和水

拌和用水应符合《混凝土拌合用水标准》(JGJ 63)的要求。

4)非金属预应力筋材

预应力筋材进场时应有出厂合格证和检验报告,每盘标牌齐全,包装完好。进场后按供货批号分组堆放在预制场旁边下,堆放时搁置在枕木支垫上,离地高度不小于200mm,上面覆盖防雨布。

非金属材料预应力筋可采用 CFRP 筋或 GFRP 筋,但从表 1 中参数可以看出,CFRP 筋更具有优势。本工法依托工程预应力筋材采用的是 CFRP 筋, 该桥 CFRP 预应力筋由 19 根直径 6mm 的 CFRP 筋平行编束而成,锚固段、张拉段及工作段经环氧树脂固化成外径为35mm 的螺纹状,其他部位用塑料拴扣紧。具体参数见表 1。

FRP 筋力学指标表 表 1

项 目	GFRP 筋	CFRP 筋
抗拉强度标准值(MPa)	700	2 700
抗拉强度设计值(MPa)	357	1 753
抗压强度设计值(MPa)	100	
弹性模量(MPa)	45 000	160 000
热膨胀系数	0.000 011	0.000 011

5)非金属锚具、夹片

根据课题研究设计的方案委托有资质的厂家制作非金属锚具系统,进场后按相关规范及设计要求进行验收。

(1)外观检查

从每批中抽取 10% 但不少于 10 套锚具检查其外观和尺寸,如有一套表面有裂纹或超过产品规定尺寸的允许偏差,则应另取双倍数量的锚具重新进行检查;如仍有一套不符合要求,则不得使用或逐套检查,合格者方可使用。

(2)硬度检查

从每批中抽取 5% 但不少于 5 套锚具,对其中有硬度要求的零件做硬度试验(多孔夹片式锚具的夹片,每套至少抽取 5 片)。每个零件测试三点,其硬度应在设计要求的范围内。如有一个零件不合格,则不得使用或逐个检查,合格者方可使用。

(3)静载锚固性能试验

经过上述两项检验合格后,应从同批中抽取锚具和夹片,组成 3 个预应力筋锚具组装件进行静载锚固性能试验。如有一个试件不符合要求,则应另取双倍数量的锚具和夹具重做试验,如仍有一个试件不符合要求,则该批锚具和夹片为不合格品。

6)千斤顶标定

进场使用前千斤顶与油压表配套送到有相应资质的检测单位标定,根据标定得到的线性方程计算控制油表读数。

5.3 预应力体系安装

1)波纹管及锚垫板安装

本设计所有波纹管均采用塑料波纹管。混凝土浇筑前根据设计钢束坐标位置安装波纹管,安装时严格保证弯曲坐标及弯曲角度,管道定位用“U”字形定位架精确定位,直线段定位架间距为1m,曲线段间距为0.5m。

锚下垫板必须与预应力束垂直放置,垫板中心应对准管道中心。

2)预应力筋下料及编束

由于非金属材料预应力筋束端部必须采用环氧树脂进行特殊处理,所以目前非金属材料预应力筋束需要在专业工厂内根据每束设计长度再加上施工工具长度进行下料、编束、端部处理等,下料时要对筋材做好保护措施,使制作场无积水、脏物,以免污染预应力筋材,有被污染的要将污染物清理干净后才能使用。

预应力筋根据设计长度并预留足够工作长度下料,下料时采用砂轮锯切割,严禁用氧气或电焊切割。CFRP预应力筋由19根直径6mm的CFRP筋平行编束而成,锚固段、张拉段及工具段经环氧树脂固化成外径为35mm螺纹状,与设计锚具配合锚固,中间段每1m用塑料拴扣紧。

单端张拉下料长度按下式计算,并通过试用后进行修正:

$$L = L_1 + (L_2 + L_3 + L_4 + L_5)$$

式中:L——预应力筋下料长度(mm);

L_1——管道长度(mm);

L_2——锚板厚度(mm);

L_3——千斤顶工作长度(油顶高度+限位板的有效高度);

L_4——张拉空心支架长度,取800mm(根据实际选择);

L_5——长度富余量,取500mm。

按每束规定根数和长度,CFRP预应力筋由19根直径6mm的CFRP筋平行编束而成,锚固段、张拉段及工作段经环氧树脂固化成外径为35mm的螺纹状,其余部位每1m采用塑料拴扣紧,使编扎成束顺直不扭转。成束后,将筋材人工卷成圆盘抬移至堆放地点,按梁跨分类存放于垫木上。在运送筋束与穿孔过程中不允许与地面直接接触,以免污染筋材。

由于是成卷供应的,且盘重大,盘卷小,弹力大,为了防止在下料过程中紊乱并弹出伤人,应先用槽钢焊成一个简易的铁架子,下料时将装在铁架内,用砂轮机割断包装的钢带,再从盘卷中央逐步抽出。

在堆场旁边下料。地面必须整平并铺上帆布、彩条布或方木,不得直接接触土地以免生锈,也不得在混凝土地面上生拉硬拽,以免磨伤。在离出口2m的地方固定砂轮机,再从砂轮片处往前量出下料的长度并做出标记,并且预留工作长度。下料时通过砂轮机拉到标记处用砂轮机切断,并在每端离切口30~50mm处用塑料拴扣扎,不得使用电弧割断。下料的长度误差应控制在-10~+100mm以内。

3)预应力筋穿束

穿束前将锚垫板孔口及喇叭管内的混凝土浆渣清除干净。中长束可人工传束,长束穿索时采用5t卷扬机进行穿束作业。将卷扬机钢丝绳套在预应力筋束前端,人工将筋材端头抬高并放入管道口内,开动卷扬机,使筋材缓缓进入孔道内,避免筋材扭曲,如发生个别筋材顶弯,将其更换后再穿束。筋束顺直,不得有死弯,不得沾有油渍。

4)安装锚具及夹片

锚具安装前先进行清孔、吹孔,使孔内清洁无杂物,并且量一下两端头悬出的筋束长度是否一样长,坚决避免出现一头长一头短和同束筋材长短差别过大的情况。然后再安装锚杯,锚杯一定要安装在锚板的限位槽内，并用套筒将夹片打紧，使锚杯不脱离限位槽为原则。

5.4　千斤顶的定位

由于非金属预应力体系的特殊性，根据实际需要设计了专门的传力支架。采用三角支架或特制的吊装支架配合手拉葫芦吊装千斤顶，人工定位。千斤顶定位时，要使千斤顶轴线、锚杯轴线、传力筒以及预留孔道四轴线同心，张拉开始后当千斤顶开始受力后将吊千斤顶的吊链放松。然后检查千斤顶活塞顶部是否全部套进锚垫板定位凹槽内，必须确保千斤顶顶部全部套在锚垫板凹槽内。

5.5　预应力张拉

1）张拉方式

根据桥梁预制梁的设计分别采用单端或两端分次张拉。预应力张拉采用双控措施，两端张拉过程应保持两端的伸长量基本一致。

预应力张拉应按预张拉、初张拉和终张拉三个阶段进行。预制梁张拉时，内模应松开，不应对梁体压缩造成阻碍。终张拉应在梁体混凝土强度及弹性模量达到设计值后、龄期不少于10d时进行。

2）千斤顶

根据设计筋束设计控制应力选择合适的千斤顶，一般额定吨位大于设计控制应力的两倍以上。

3）张拉控制应力

根据《纤维增强复合材料建设工程应用技术规范》（GB 50608—2010）第6.1.4条规定，CFRP预应力筋的张拉控制应力下限值为$0.4f_{fk}$，张拉控制应力上限值为$0.65f_{fk}$；本设计使用材料抗拉强度标准值取$f_{fk}=2\ 700$MPa，则张拉控制应力下限值为：$0.4\times2\ 700=1\ 080$MPa，张拉控制应力上限值为：$0.65\times2\ 700=1\ 755$MPa。

4）张拉过程控制

（1）施加预应力应采用张拉力与引伸量双控。当预应力束张拉达到设计张拉力时，实际引伸量值与理论引伸量值的误差应控制在6%以内。保证张拉力达到设计要求，具体张拉控制过程如表2所示。

依托工程CFRP筋束张拉过程控制数据　表2

百分比（%）	张拉力（kN）	液压表读数（MPa）	筋材应力（MPa）	伸长量（mm）	持荷时间（min）
20	134.00	5.6	266.9	33.4	2
40	268.00	10.3	533.9	66.7	2
60	402.00	15.0	800.8	100.1	3
80	536.00	19.6	1067.7	133.5	2
100	670.00	24.3	1334.7	166.8	5

（2）梁体纵向预应力筋束张拉程序

预张拉：0→初应力$0.1\sigma_k$（作伸长值标记）→张拉至预张拉设计要求的控制应力（测伸长值）→回油、锚固（测量总回缩量）。

初张拉：0→预张拉控制应力（作伸长值标记）→张拉至初张拉设计要求的控制应力（测伸长值）→回油、锚固（测量总回缩量）。

终张拉：0→初张拉控制应力（作伸长值标记）→$1.0\sigma_k$（测伸长值、持荷5min）→回油、锚固（持荷5分钟，测量总回缩量、测夹片外露量）。

当预应力筋没有经过预张拉而直接进行初张拉时的张拉程序：

初张拉：0→初应力$0.1\sigma_k$（作伸长值标记）→张拉至初张拉设计要求的控制应力（测伸长值）→回油、锚固（持荷5min，测量总回缩量）。

（3）梁体纵向预应力筋束张拉操作工艺

张拉前先按照施工规范计算出每束预应力筋锚下总的伸长量和工作长度部分的伸长量，以锚下伸长量和工作长度部分的伸长量之和作为理论伸长量，用理论伸长量来复核实际伸长量是否满足规范要求。

张拉到设计吨位并按规定时间持荷后千斤顶回油，测预应力筋总回缩量和测夹片外露量有无超标。否则，查明原因后重新张拉。

量伸长量时不应直接量千斤顶油缸的长度，而是在工具夹片后面的预应力筋上做一个固定标记，用钢尺量梁端面上一点到固定标记的长度，在同一束的张拉过程中，用于量伸长量的梁端面上的点和预应力筋上的固定标记应为同一个点。

复核60%张拉力时的伸长量，主要是为能及早发现张拉中出现的问题，查明原因并处理，保证张拉到100%时伸长率能满足规范要求。

在整个张拉过程中，要认真检查有无滑丝、断丝现象。滑丝、断丝现象如果发生在锚固前，立即停止张拉，处理后再重拉。

终张拉完成后，在锚圈口处的钢束做上记号，24h 后检查确认无滑丝、断丝现象方可割束，切断处距夹片尾 5~8cm。筋束切割采用砂轮角磨机作业，严禁使用氧焰切割。

张拉完毕，填写张拉记录，有关人员签字，原始记录不得任意涂改，并及时将记录交技术部门。

(4)预应力张拉质量要求

每片梁断丝及滑丝数量不得超过预应力筋总丝数的1%，并不得位于梁体的同一侧，且一束内断丝不得超过一丝。否则，放松换束或更换锚具。

锚固后夹片外露量不小于3cm，且平齐，夹片不得错牙。并在夹片与锚圈、夹片与预应力筋束啮合处划线标记，24h 后检查有无夹片跟进或筋束内缩。

5.6 孔道压浆

(1)非金属材料预应力筋在预应力筋张拉后应尽早进行孔道压浆，且在 12h 内完成，压浆采用真空辅助压浆工艺。

(2)水泥浆要求：

①流动度要求：搅拌后的初始流动度为 10~17s。

②水胶比：0.26~0.28。

③泌水性：拌和后 24h 水泥浆的自由泌水为 0。

④初凝时间：5h。

⑤强度：水泥浆要求强度不低于梁体强度，7d 强度不小于 40MPa。

⑥每一工作班应留取不少于 3 组 4cm×7cm×16cm 立方体试件，标准养护 28d，作为评定依据。

(3)压浆操作：

①波纹管孔道压浆必须在预应力张拉完后 12h 内完成。

②清洗孔道，用吹风机孔道吹干。

③将锚头端部用水泥浆密封，强度满足压浆要求后方可进行压浆。

④在压浆孔上安装阀门、压浆嘴，检查排气孔、压浆孔。

⑤检查设备连接及电源、水管路、材料准备到位情况，施工平台等措施，检查封锚及孔道密封工作，高压水洗孔并用高压风将孔内积水吹干。

⑥每压浆二至三孔作为一组，每一组在灌浆之前先用水灰比 0.45 的稀浆压入孔道少许润滑孔道，以减小孔道对浆液的阻力。

⑦两端抽真空管及灌浆管安装完毕后，关闭进浆管球阀，开启真空泵。真空泵工作一分钟后压力稳定在 -0.006~-0.10MPa，继续稳压 1min 后，开启进浆管球阀并同时压浆。

⑧压浆：

a.启动压浆机压出泵内的残留的水、杂物或空气，并检查所排除的水泥浆的稠度是否达到设计要求，达到要求后关闭压浆机，立即将压浆管通过连接阀门将其连接在锚垫板上的压浆孔上。

b. 保持真空泵和压浆机连续运转的情况下，开启压浆端的阀门并将已拌制好的浆液压注到预应力管道。

c. 待水泥浆经过负压器时，检查到负压容器的浆液的稠度，直到稠度达到设计要求，且流动顺畅后，关闭真空抽浆泵和抽气阀门，暂停压浆机。

d. 打开排气阀门，继续压浆直到稠度达到设计要求，且流动顺畅后，关闭排气阀门。同时启动压浆机保持压力于0.5~0.7MPa，持压3min，关闭压浆机和压浆阀门，即完成压浆。

⑨转入下一孔道压浆。

⑩每次压浆完毕后应立即对机具、阀门进行冲洗。

⑪压浆过程中及压浆后48h内，梁体混凝土温度不得低于5℃，否则应采取保温措施。当气温高35℃时应掺入适量缓凝剂或在夜间施工。

⑫在压浆过程中及时填写施工记录。

6 材料与设备

6.1 主要材料(表3)

主 要 材 料　　表3

序　号	名　称	单　位	数　量	备　注
1	CFRP 筋材(6mm)	m	14 500	数量与规格根据不同桥梁而定
2	环氧树脂	kg	300	
3	固化剂	kg	100	
4	工具夹片	套	6	
5	非金属锚具	套	32	
6	非金属夹片	套	32	
7	42.5R 水泥	t	100	
8	外加剂(聚羧酸)	t	5	

6.2 主要设备(表4)

主 要 设 备　　表4

序　号	机械设备名称	规 格 型 号	单　位	数　量
1	千斤顶	YCW140B	台	2
2	千斤顶	YCW250B	台	2
3	油泵	ZB4/500	台	4
4	挤压机	GYJB	台	1
5	砂轮切割机	5.5kW	台	1
6	汽车吊	25T	辆	1
7	压浆机	D144;15kW	台	1
8	灰浆搅拌机	NJ60	台	1
9	全站仪	索佳	台	1
10	水准仪	DS3	台	1
11	抽水机	5kW	台	1
12	卷扬机	5t	台	2
13	张拉用空心支架	自制	套	2

7 质量控制

质量控制要求执行国内相关行业规范标准,主要包括现行《公路桥涵施工技术规范》(JTG/T F50—2011)及《纤维增强复合材料建设工程应用技术规范》(GB 50608—2010)相关规程。

每片梁断丝及滑丝数量不得超过预应力筋总丝数的1%,并不得位于梁体的同一侧,且一束内断丝不得超过一丝。否则,放松换束。

8 安全措施

(1)CFRP预应力筋张拉施工前,应做好下列工作:

①张拉作业区,应设置明显的警告标志,无关人员,严禁入内。

②检查张拉设备工具(如千斤顶、油泵、压力表、油管、顶楔器及液控顶压阀、专用空心支架等)是否符合施工安全的要求;压力表应按规定周期进行检定。

③锚环、夹片、锚垫板、专用空心支架使用前应认真仔细检查及试验,经检验合格后,方可使用。

④高压油泵与千斤顶之间的连接点各接口必须完好无损,螺母应拧紧。油泵操作人员要戴防护眼镜。

⑤油泵开动时,进、回油速度与压力表指针升降保持一致,并做到平稳、均匀。安全阀应保持灵敏可靠。

⑥作业前必须在锚固端和张拉端设置防护钢板或者堆置沙袋墙。

⑦张拉前,操作人员要确定联络信号。两端应设便捷的通信设备。

(2)参加张拉的人员,上岗前必须进行培训和技术交底,且在张拉作业中要分工明确,固定岗位,服从统一指挥,穿戴好劳动保护用品。

(3)千斤顶、油泵、油管及其他带有压力油的设备均不得在带压下做任何操作。

(4)张拉时,千斤顶的对面及后面严禁站人,作业人员应站在千斤顶的两侧,以防锚具及夹片弹出伤人。

(5)后张法张拉时,应检查混凝土强度,必须达到设计要求强度后,方可进行张拉。

(6)CFRP筋束张拉应严格按规定程序进行。在事先穿好CFRP筋,并经检查确认合格后,方可张拉。

(7)锚具安装的具体要求:

①锚具安装时,夹片的选择应保证与筋束螺纹是同一规格。

②由于筋束固化段外螺纹有两条平行压模缝,夹片安装时应使两条压模缝在两夹片的安装缝隙之间。

③锚具安装必须保证两夹片内侧平面平行,且安装好之后夹片端头应保持平齐不发生错位,必要时可采用环氧树脂锚固剂固化。

④锚具安装时不可用力强击。

⑤安装完之后应仔细检查,确定安装无误后方可进行下一步工作。

(8)张拉操作中,若出现异常现象(如油表振动剧烈,发生漏油,电机声音异常,发生断丝、滑丝等),应立即停机进行检查。

(9)张拉CFRP筋完毕,退锚时,应采取安全防护措施,防止夹片弹出伤人。卸工作锚时,不得强击。

(10)张拉时和张拉完毕后,对张拉施锚两侧均应妥善保护,不得压重物。严禁撞击锚具及CFRP筋。不得在梁端附近作业或休息。

(11)张拉完成后应按技术交底规定及时压浆、封锚。

(12)孔道灌浆作业,喷嘴插入孔道后,喷嘴后面的胶皮垫圈必须紧压在孔口上,胶皮管与灰浆泵必须连接牢固。

(13)管道压浆时,应严格按照规定压力进行。施压前应调整好安全阀,经检验确认无误后,方可作业。管道压浆时,操作人员戴防护眼镜和其他防护用品。关闭阀门时,作业人员应站在侧面,以确保安全。

(14)高压油泵停止作业时,应先断开电源,再将回油阀缓慢松开,待压力表退回至零位时,方可卸开通往千斤顶的油管接头,使千斤顶全部卸荷,并将拉伸设备放在指定地点,进行保养。

(15)严格按照设计图纸所规定的张拉部位、张拉程序进行预应力张力施工,杜绝违章作业、保证结构安全。

9 环保措施

(1)应贯彻落实国家关于环境保护的专项法律法规,有针对性地制订专项环保方案,同时加强环保宣传教育,并在施工中切实执行环保措施。

(2)建立健全针对性的环境保护保证体系,落实责任制,配备专人负责管理。

(3)预制厂、现场施工便道采用水泥混凝土硬化,并安排专人清扫、洒水。

(4)制订固体废弃物控制措施。定期清运弃渣及其他工程材料运输过程中的散落物与沿途污染物,弃渣及其他工程废弃物按指定的地点和方案进行合理堆放和处理。严格控制压浆用水泥浆污染情况,及时用高压水清洗泄漏的浆液,设置污水处理池、沉淀池处理。

(5)制订施工噪声控制措施。选用先进环保的施工机械,采取有效措施降低施工噪声到允许值以下,在居民聚居区避免夜间施工。

(6)施工机械防止严重漏油,禁止机械在运转或维修时产生的油污废水直接排放。

10 资源节约

钢材基本上是一种消耗性材料,属于不可再生资源,从人类长远的发展看,寻找新的材料替代钢材作为建筑用材料是必然趋势。用非金属材料来代替钢材,是行之有效的,不仅可以从根本解决锈蚀问题,有些非金属材料具有更高的强度、更好的抗疲劳性能,非磁性、质量轻,用于斜拉索中垂度效应很小、可回收再利用。可以预见,随着钢筋混凝土结构的耐久性问题日益突出,而非金属材料的技术日益成熟,用非金属材料代替钢材是必然的趋势,有着很大的应用前景。非金属预应力体系应用增强了预应力混凝土结构耐久性,更明显的是在运营阶段节省了大量的养护费用。

11 效益分析

11.1 社会效益

本工法从非金属材料预应力筋锚具出发,形成一套完全非金属锚具完整的计算理论、工艺技术,解决非金属锚具应用中所面临的一些问题,使其从研究走向实际工程应用的关键。依据目前对非金属材料预应力筋性能及现有非金属锚具研究的掌握情况、现有的试验条件和水平、计算分析手段以及工艺技术,完全有能力解决以上内容,为非金属材料预应力筋的推广应用铺平道路。在理论上,该项研究成果为非金属材料预应力筋在桥梁结构中应用提供理论和设计方法;在实际应用上,提供相应的器具和工艺技术,有很强的可操作性。

此项研究成果的应用,使非金属预应力应用于预应力桥梁结构的施工工艺得以实现,促进非金属预应力的应用,将大大改善配筋混凝土的性能,提高桥梁结构耐久性和可靠度,促进桥梁结构的发展,具有明显的社会效益。

11.2 经济效益

非金属材料代替钢材,是行之有效的,可以从根本解决锈蚀问题,有些非金属材料还具有更高的强度、更好的抗疲劳性能,非磁性、质量小,用于斜拉索中垂度效应很小、可回收再利用。可以预见,随着钢筋混凝土结构的耐久性问题日益突出,而非金属材料的技术日益成熟,用非金属材料代替钢材是必然的趋势,有着很大的应用前景。该工法应用提高了其耐久性和使用安全性,减少后期运营养护费用,部分材料还可以回收,具有较高的经济效益和较强的环保价值。

12 应用实例

课题组对 FRP 片材的锚固张拉工艺技术进行了深入研究,经过大量试验和理论计算分析,已成功将此项锚具系统技术及施工工法在“宜都市清江一桥”加固工程中应用。

湖北宜昌秭归县境内松树坳大桥是一座五跨单跨 20m 的预应力混凝土空心板桥,其中第一跨为后张法预应力 FRP 筋混凝土空心板,设计跨径 $L=19.96\text{m}$,板宽 1.24m,板高 1.05m。空心板配筋材料采用 FRP 复合筋,普通 FRP 复合筋采用高性能玻璃纤维,其极限抗拉强度标准值≥700MPa,弹性模量≥45GPa;预应力 CFRP 筋,其极限抗拉强度标准值 2 700MPa,弹性模量 160GPa, CFRP 预应力筋由 19 根直径 6mm 的 CFRP 筋平行编束而成,锚固段、张拉段及工作段经环氧树脂固化成外径为 35mm 的螺纹状,与设计锚具配合锚固。梁体混凝土为 C40,试验梁设计荷载为公路-Ⅱ级。

第一跨梁内距梁端 910mm 处箍筋、梁底部分 ϕ20FRP 筋,梁顶部分 ϕ10FRP 筋顶及预应力 FRP 束内设分布式光纤。对一片完全非金属空心板梁进行了碳纤维预应力束张拉试验,同时按照试验参数对第一跨八片梁采用了等效钢绞线做同样参数的预应力张拉。在实际尺度上验证了完全非金属预应力混凝土空心板桥梁的可行性,达到了令人满意的效果。

大跨度连续刚构桥0号段施工工法

GGG(中企)C3136—2013

甘廷华　瞿智超　赵　杰

(中铁二局第一工程有限公司)

1　前言

由中铁二局一公司承建的思剑二标的乌江特大桥为116m+220m+116m预应力连续刚构桥;主桥主墩墩身采用双肢等截面矩形空心墩,高120m,肢间净距8.4m,单肢截面尺寸8.5m×3.8m;主墩0号段长18m、高14m、桥面宽11.625m、梁底宽6.5m,0号段混凝土855m^3;施工过程中,为提高挂篮使用率,大量利用挂篮既有材料完成0号段施工,降低施工难度和成本,缩短工期,提高施工的安全性,经设计院同意,在0号段底板增设纵向预应力束,使得0号段第一层混凝土能够承受上层施工荷载,实现将挂篮综合运用于主墩0号段和悬臂现浇段的施工中。该技术成功应用在中铁二局思剑高速公路第二合同段乌江特大桥0号段的施工中,经总结形成此工法。

2　工法特点

本工法充分利用悬臂现浇连续箱梁挂篮的材料,通过对0号段施工方案的优化及连续刚构桥悬灌段施工用挂篮与0号段施工平台材料的综合考虑设计实现了仅仅利用挂篮即可完成0号段、悬臂现浇段的施工,其具有以下特点:

(1)节约成本。利用挂篮既有资源完成0号段施工,提高了挂篮的使用率,大幅减少了施工平台的材料用量,有效地降低了施工成本。

(2)降低施工难度。通过在0号段底板施加预应力,简化0号段施工平台结构,降低施工平台所需承受的施工荷载,减少了平台安装的工作量,降低了施工难度,缩短了工期。

(3)提高施工安全。通过对施工平台的优化,减少了高空作业量,提高了施工的安全。

3　适用范围

本工法适用于悬臂现浇连续刚构桥梁大型0号段的施工。

4　工艺原理

悬臂现浇连续刚构桥梁大型0号段混凝土总体施工方案为搭设施工平台分层浇筑、施工。

其中施工平台设计时与悬灌段挂篮结构设计综合考虑,使其能够通用,以优化平台结构,减少施工平台的材料用量,降低施工成本和难度。

在0号段底板第一层钢筋混凝土内设置纵向预应力束,在上层混凝土施工时充分利用第一层钢筋混凝土结构参与受力,承受上层剩余部分的施工荷载,简化0号段施工平台结构,降低施工平台所需承受的施工荷载,使其施工各项要求得以降低,实现利用挂篮既有底模系统等资源即可满足结构受力需求。

剩余部分施工采用钢管脚手架支撑,钢模或竹胶板拼装内模,与其他0号段施工方法无异。

整个0号段施工过程从挂篮与施工平台设计的综合考虑及0号段第一层增设底板纵向预应力束等

几个方面优化实现利用挂篮既有资源完成0号段施工,已达到提高挂篮使用率,降低施工难度和成本,缩短工期,提高施工安全性的目的。

5 施工工艺流程及操作要点

5.1 施工工艺流程(图1)

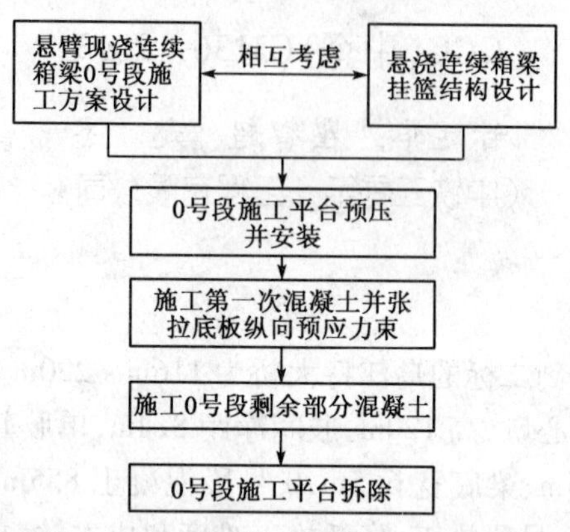

图1 利用挂篮施工0号段施工工艺流程

5.2 操作要点

1)悬臂现浇连续箱梁0号段施工方案设计操作要点

悬臂现浇连续箱梁在0号段底板设置纵向预应力束,在0号段施工时可利用第一层钢筋混凝土结构参与受力,简化0号段施工平台结构,实现利用挂篮既有底模系统等资源即可满足结构受力需求。在0号段第一层施工完成后张拉底板纵向预应力束,使0号段下部第一层与两肢墩柱构成一个类似小刚构桥的结构,使其能够承受上部梁体施工的荷载,从而减轻0号段施工平台所需承受的荷载,达到简化平台的目的,为其与挂篮材料能够通用创造条件。

连续刚构桥0号段施工平台依托墩柱搭设,传统的施工方法一般需要安装斜撑牛腿以减小刚构桥两肢墩柱间的跨距。

在0号段施工平台设计时,通过在底板增设了纵向预应力束减小了对0号段施工平台的受力要求,不需设置斜撑牛腿。平台由预埋在墩柱内的牛腿提供支撑力,其余横梁及纵梁均使用挂篮的材料,底模纵梁采用挂篮的底模纵梁,横梁采用挂篮的主桁、底模的横梁及内、外滑梁。进行结构受力计算时由0号段和挂篮悬灌施工中最不利的荷载决定材料的型号,因刚构桥主墩墩柱两肢间跨距较大,设计时采取增设平联钢板等措施加强各纵梁间的连接,以确保其稳定性。

2)悬臂现浇连续箱梁挂篮结构综合设计操作要点

通过从悬臂现浇箱梁结构设计和挂篮综合设计两方面优化组合,在设计挂篮时,为综合利用资源,通过对各节段的挂篮综合运用方案设计,实现利用挂篮既有资源完成0号段、悬臂现浇段的施工,不增加额外资源投入,降低施工难度和施工成本。在利用挂篮施工0号段挂篮的设计要点为:

(1)挂篮各构件不设计为成型的桁架结构,为0号段施工提供通用性,重点结构部位包含底模纵梁、底模前后横梁、前后上横梁、内外滑梁等。

(2)挂篮底模长度根据悬臂现浇段节段最大长度、0号段双肢墩身之间的净距离决定,将底模纵梁长度适当加长,确保底模纵梁长度刚好能满足0号段施工钢平台纵向的结构长度。

3)悬臂现浇连续箱梁0号段利用挂篮施工0号段操作要点

(1)总体施工方案

乌江特大桥0号段长18m,高14m,为保证安全和施工方便,充分利用通用综合设计的挂篮既有材料施工0号段,0号段拟采用分3次浇筑混凝土方式施工。分别利用挂篮的底模系统和上下横梁搭设0号段底模平台，因0号段施工荷载极大，从安全考虑在地面进行模拟预压，0号段外模和内模利用挂篮外模和内模系统施工，除内模支架和墩身预埋牛腿外，不增加任何额外资源，降低大量资源投入成本。

(2)施工平台预压及安装的操作要点

①平台预压操作要点：牛腿在墩顶利用型钢及精轧螺纹筋、千斤顶加载反拉，模拟实际施工时受力情况。其余横梁、纵梁预压时平台牛腿部分用C40混凝土块代替，混凝土块的宽度及其布置位置和牛腿一致，再按实际施工布置平台横梁、纵梁，最后进行逐级堆载，堆载材料为钢绞线和钢筋等。为确保堆载安全在预压平台两侧用型钢做成三角支撑架支撑，并确保钢筋不会滑落。预压过程中，在钢平台纵梁上设置观测点，观测平台的变形，分别在加载或卸载到0、20%、40%、60%、80%、100%、120%时进行测量，最终以预压力和预压挠度对钢平台进行检验和评价。

②平台安装操作要点

吊装平台构件时应严格按照施工图逐层逐个吊装，每层构件之间应加垫薄钢板垫实，防止上下层构件间有空隙，进行混凝土施工时候构件受力变形，且吊装过程中也应确保构件不与墩柱等其他结构物发生碰撞使构件变形影响后续挂篮施工时挂篮的拼装及使用。

(3)0号段第一层施工的操作要点(图2)

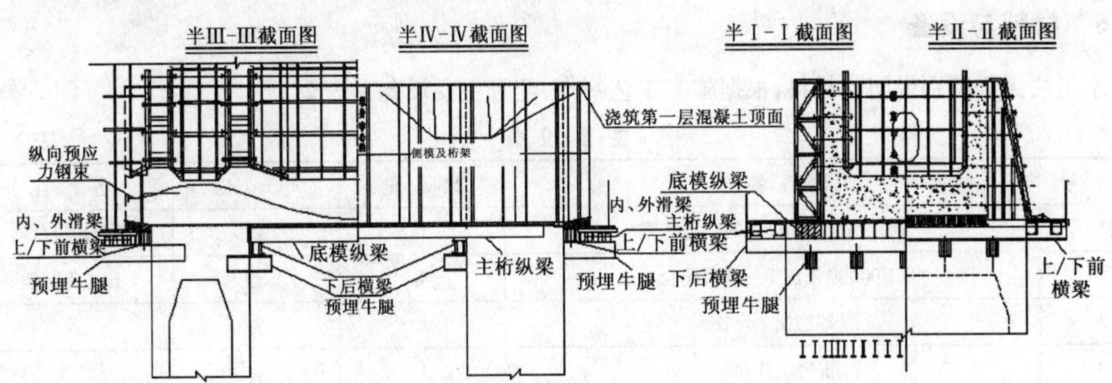

图2 利用挂篮施工0号段第一层混凝土方案

0号段采用分层施工工艺，在0号段底板根据结构荷载情况和施工工况荷载情况设置底板纵横向预应力束，在0号段第一层混凝土施工完成，待混凝土强度和弹模达到设计的90%后进行张拉，实现在浇筑第二层及第三层时，第一层混凝土参与结构受力，降低底模钢平台的强度、刚度和稳定度要求，以便于利用挂篮底模平台及部分横梁既有材料即可完成0号段施工平台的搭设和受力要求，0号段外模和内模均利用挂篮既有外模和内模材料拼装，箱室内搭设钢管脚手架支撑，钢筋、混凝土等其他方面和常规施工工艺相同。

(4)0号段剩余部分施工的操作要点

0号段第一层混凝土施工完成，并张拉完成底板纵向预应力束后可依次施工浇筑第二层及第三层，此时第一层混凝土参与结构受力，降低底模钢平台的强度、刚度和稳定度要求，以便于利用挂篮底模平台及部分横梁既有材料即可完成0号段施工平台的搭设和受力要求，0号段外模和内模均利用挂篮既有外模和内模材料拼装，箱室内搭设钢管脚手架支撑，钢筋、混凝土等其他方面和常规施工工艺相同。

(5)施工平台拆除的操作要点

拆除按照“先木方及底模，后型钢；先非承重结构，后承重结构；先小构件，后大构件；先外部悬空构件，后其他构件”的原则即安装的反程序进行。拆除前先将支垫构件拆除，以创造底模及分配方木与分配型钢的拆除空间，拆除注意用辅助工作筐将其装好，以防高空坠入江中。各构件拆除过程中必须做好防落措施，可事先用钢缆绳套住拆除。吊移时，用卷扬机配合慢速吊放，同时，塔吊配合二次吊移，并注意不要撞碰成品混凝土构件表面和其他结构物或设备,防止构件碰撞后发生变形影响悬灌段挂篮施工时使用。

5.3 劳动力组织

根据本工法施工工艺,单个0号段施工劳动力组织见表1。

劳动力组织情况表

表1

序号	工种	人数(人)	备注
1	技术人员	2	
2	钢筋工	16	
3	机修工	1	
5	移挂篮、模型及混凝土工	12	
6	张拉工	8	
7	起重工	2	
8	普工	4	
合计		45	

6 材料与设备

本工法无需特别说明的材料;根据施工工艺特点,配置主要设备见表2。

主要设备

表2

序号	设备名称	数量	单位	备注
1	通用综合运用设计的三角挂篮	1	套	平台搭设材料
2	YDD5000型液压千斤顶及配套油泵	4	套	预应力张拉
3	钢筋加工设备	1	套	
4	混凝土拌和站	1	套	
5	混凝土浇筑设备	1	套	
6	混凝土运输车	6	台	

7 质量控制

7.1 应执行的标准规范

(1)《公路桥涵设计通用规范》(JTG D60—2004)。

(2)《公路钢筋混凝土及预应力混凝土桥涵设计规范》(JTG D62—2004)。

(3)《公路桥涵施工技术规范》(JTG/T F50—2011)。

(4)《钢结构设计规范》(GB 50017—2003)。

(5)《钢结构工程施工质量验收规范》(GB 50205—2001)。

7.2 质量控制措施

(1)挂篮设计时应结合0号段结构尺寸及受力情况等综合考虑,使得两者通用,受力按较大者计算,挂篮各型钢构件的变形量必须控制在允许的范围内,设计计算时应采用MIDAS等结构软件模拟计算其变形量,在现场施工时应特别注意支垫均匀,避免受力集中导致构件变形过大甚至损坏。

(2)0号段第一层设置纵向预应力束,使其能够承受上层部分的施工荷载,但是预应力束的设计应根据实际受力情况利用不少于两种结构受力软件进行计算,并与设计沟通取得其同意。

(3)0 号段施工平台的安装及拆除应制订专项方案,防止构件安装和拆除过程中损坏,影响后续悬灌段挂篮施工使用。

8 环保措施

(1)施工垃圾集中堆放,施工现场生产废水经收集、沉淀经处理后再排放,避免对乌江水源造成污染。

(2)张拉作业及模板清理等注意防止油污污染梁体及施工现场周围环境。

(3)施工场地和运输道路经常洒水,尽可能减少尘土对人员及环境造成危害。

(4)混凝土施工过程中应特别注意防止其漏入河中,污染水源。

9 安全措施

(1)挂篮的设计均需严格进行结构力学检算,确保结构安全,同时考虑挂篮操作安全行和方便性,加强过程运行安全控制。

(2)0 号段施工属高空作业,整个施工过程操作工人仍应按规定要求配戴安全设施。

(3)夜间进行作业时,必须有足够的照明,在楼梯、通道、空洞等处应设明显的标志。

(4)在已浇梁段的桥面上两侧翼缘板端利用梁体顶板既有钢筋和支架钢管焊接,制作安全护栏并挂设安全防护网。在进行横向预应力张拉、压浆施工和防撞墙施工时,操作工人必须佩戴安全绳。

(5)遇有六级以上(含六级)强风、浓雾等恶劣气候,不得进行露天攀登与悬空高处作业。

暴风雪及台风暴雨后,应对高处作业安全设施逐一加以检查,发现有松动、变形、损坏或脱落等现象,应立即修理完善。

(6)双层作业时,上层作业人员栓系安全带、挂安全网,下层人员戴安全帽。上层施工机具设备应安设稳固。

(7)装、拆模板时,作业人员要站立在安全地点进行操作,防止上下在同一垂直面工作;操作人员要主动避让吊物,增强自我保护和相互保护的安全意识。

(8)模板和支架拆除按照后支先拆、先支后拆的顺序进行,总的原则是对称、少量、多次、逐渐完成,使结构物逐步承受载荷。拆卸时应设专人观察。

(9)吊装和拆卸支撑钢平台横纵梁等大型支撑架、模板等必须严格执行起重作业“十不吊”准则。

(10)张拉作业中,两端危险区内不许有人,并立牌警示。

(11)启动油泵前,检查油管有无损伤。千斤顶在有油压情况下,不得拆卸油管接头,以防高压油射出伤人。

10 资源节约

通过在 0 号段底板设置纵向预应力束,在 0 号段施工时可利用第一层钢筋混凝土结构参与受力,简化 0 号段施工平台结构,实现利用挂篮既有底模系统等资源即可满足结构受力需求并完成刚构桥 0 号段的施工,避免了钢平台的搭设额外增加钢材,节约了钢材使用量,取得了较好的经济效益。

11 效益分析

11.1 经济效益分析

本工法通过对悬臂现浇连续箱梁挂篮进行通用设计,使挂篮综合运用到 0 号段、墩身中系梁等结构部位的施工,极大地提高了既有挂篮资源的利用率,同时也降低了 0 号段的施工难度。在乌江特大桥悬臂现浇连续箱梁 0 号段施工中,节约施工成本费用共计 35.7 万元,节约成本费用计算见表 3。在清渡河大桥悬臂现浇连续箱梁 0 号段施工中,节约施工成本费用共计 24 万元。

效益分析(乌江特大桥) 表3

名　　称	单位	数量(原设计方案)	单价	成本费用(元)	按60%摊销成本	备注
乌江特大桥悬臂现浇箱梁0号段、托架钢平台资源投入材料	t	87.5	6 800	595 000	357 000	
节约成本合计357 000元					357 000	节约成本

11.2　社会效益分析

本工法通过解决了悬臂现浇连续箱梁挂篮通用设计与综合运用的工法难题,顺利将挂篮使用点从原设计的悬臂现浇段增加到0号段等其他结构部位的施工,极大地提高了既有挂篮资源的利用率,节约了大量施工成本,同时也降低了0号段的施工难度,其受到了公司、业主、监理、设计院及兄弟单位的高度赞誉,同时这种施工设计模式也得到了广泛的推广,取得了良好的社会效益。

12　应用实例

思南至剑河高速公路乌江特大桥主桥是116m + 220m + 116m预应力连续刚构箱梁。主桥主墩墩身采用双肢等截面矩形空心墩,肢间净距8.4m,单肢截面尺寸8.5m × 3.8m,其中部有一个系梁;主桥上部构造箱梁根部梁高14m,跨中梁高4m,箱梁高度按1.8次抛物线变化。箱梁顶板横向宽11.25m,箱梁底板宽6.5m,翼缘悬臂长2.375m,箱梁0号节段长18m(包括墩两侧各外伸1m),每个悬臂现浇"T"纵向对称划分为28个节段,梁段数及梁段长从根部至跨中分别为12 × 3m、6 × 3.5m、10 × 4.3m,节段悬浇总长100m,悬臂节段最大控制重力2 750kN,挂篮设计自重1 200kN。主桥上部构造按全预应力混凝土设计,采用三向预应力体系,塑料波纹管成孔,真空辅助压浆工艺压浆。

通过对乌江特大桥悬臂现浇连续箱梁挂篮进行通用设计,实现了挂篮的综合运用,使挂篮综合运用到0号段、墩身中系梁等结构部位的施工,大大节约了施工成本。目前,采用该工法成功地完成了乌江特大桥右幅8号、9号墩0号段,左幅12号、13号墩0号段的施;同时,利用该施工技术,成功完成了清渡河大桥左右幅9、10号墩0号段施工。

2012年,该工法总结形成的关键施工技术向国家知识产权局申请专利1项,专利名称为"一种大型连续刚构桥0号段施工方法",申请受理号:201310014941.6。

循环托举式多点同步连续顶推施工工法

GGG(中企)C3137—2013

杨卫平　余运良　肖向荣　唐红敏　刘轶群
(中交路桥建设有限公司)

1　前言

随着桥梁建设事业的飞速发展,桥梁结构不断推陈出新,建桥技术也在不断开发新方法,顶推施工技术就是其中一种:当桥梁跨越峡谷、不可间断的运输线(河道、公路、铁路等)、难以拆迁的建筑物等时或有特殊要求而其他施工方法不能满足施工要求时,采用顶推法施工从空中完成跨越,无疑是一种很好的方法。顶推法施工还具有节约工期、质量可控、安全可靠等优点。

目前顶推施工中普遍采用的是拖拉式顶推施工工艺,通过张拉设置在各临时墩上的连续千斤顶牵拉钢绞线,拖动梁段在临时支墩顶设置的滑道上滑移,牵引梁体安装就位。

杭州市九堡大桥南引桥为一种新型钢—混凝土组合结构连续箱梁,具有单位面积用钢量低、钢结构(槽形钢梁,亦称钢槽梁)刚度小、受荷局限性大等特点,且桥梁位于具有强涌潮的钱塘江流域,钢槽梁宜采用顶推法施工,但拖拉式顶推施工工艺不能满足钢槽梁受荷局限性要求。以杭州市九堡大桥为依托,在国内首创了长联大跨度无临时墩循环托举式多点同步连续顶推施工工艺,并在此基础上总结提炼,研发出"循环托举式多点同步连续顶推施工工法"。该工法能有效解决具有特殊受力要求桥梁、多段竖曲线或平曲线桥梁的顶推,具有适用范围广、顶推施工精确同步、施工进度快、综合成本低、安全环保等优点,该工法的研发必将使我国的顶推施工技术进一步提升到国际先进、国内领先的水平。

2　工法特点

(1)本工法适用范围广,不仅可代替拖拉式顶推工艺适用于普通线形钢箱梁顶推,而且能满足具有复杂竖曲线或平曲线钢箱梁的顶推,甚至对于具有特殊受力要求的钢槽梁,能在不降低其技术经济性指标的前提下顺利实施顶推。

(2)本工法相对拖拉式顶推施工工艺,可以避免梁体拖拉滑移过程中底板与滑道梁可能出现的应力集中现象,不用对钢梁底板加强,且对于自重较轻、跨越能力较大的桥梁可实现大跨度无临时墩顶推,材料用量省,综合成本低。

(3)本工法所采用的专用顶推设备中,设置有多种高精度传感器,通过液压系统和电控系统的精密控制,顶推施工精度高,安全可靠。

(4)本工法采用专用的集成顶推设备,所有顶推设备通过网络系统集中统一控制,机械化程度高,施工速度快。

(5)本工法所采用的专用顶推设备可重复周转使用,减少材料浪费,更符合节能低碳环保的要求。

3　适用范围

本工法适用于钢梁的顶推施工,特别适用于具有特殊受力要求的钢梁(如钢槽梁)、具有复杂竖曲线或平曲线的钢梁顶推施工。

4 工艺原理

循环托举式多点同步连续顶推施工工法的工艺核心主要包括两部分:循环托举式顶推设备及多点同步控制系统。

4.1 循环托举式顶推设备

1)顶推设备介绍

顶推设备根据钢梁的技术参数(如梁体重力)和结构特点(如结构受力要求)等综合确定。以杭州市九堡大桥南引桥钢槽梁为例:顶推施工时单个顶推设备应满足最大竖向承载力5 000kN的要求,顶推设备与钢槽梁接触的顺桥向长度不小于1.6m,同时应具有竖向支反力调节能力和水平调节能力。按以上要求,顶推设备设计如下。

(1)结构尺寸

顶推设备分为上滑移块和下支撑架,之间设置滑移面。根据受力计算及构造要求,上滑移块顺桥向长度2.15m,横桥向宽度50cm;下支撑架顺桥向长度2.95m,横桥向宽度1.56m;顶推设备总高度1.07m,以满足体系转换时支座安装的要求。

(2)具体构造

竖向顶升油缸(承载能力设计值160t,行程30cm,共4个)安装于下支撑架内,油缸的底脚为球铰形式,支撑在桥墩顶面,下支撑架和上滑移块之间通过安装的滑板和不锈钢板进行滑动,顶推力由安装在上滑移块内的顶推油缸(承载能力设计值70t,行程35cm)提供,滑动时顶升油缸和下部结构相对于桥墩不动。水平调节则通过4个横向调节油缸(单个承载能力设计值35t,行程5cm)实现,顶推设备构造图如图1所示。

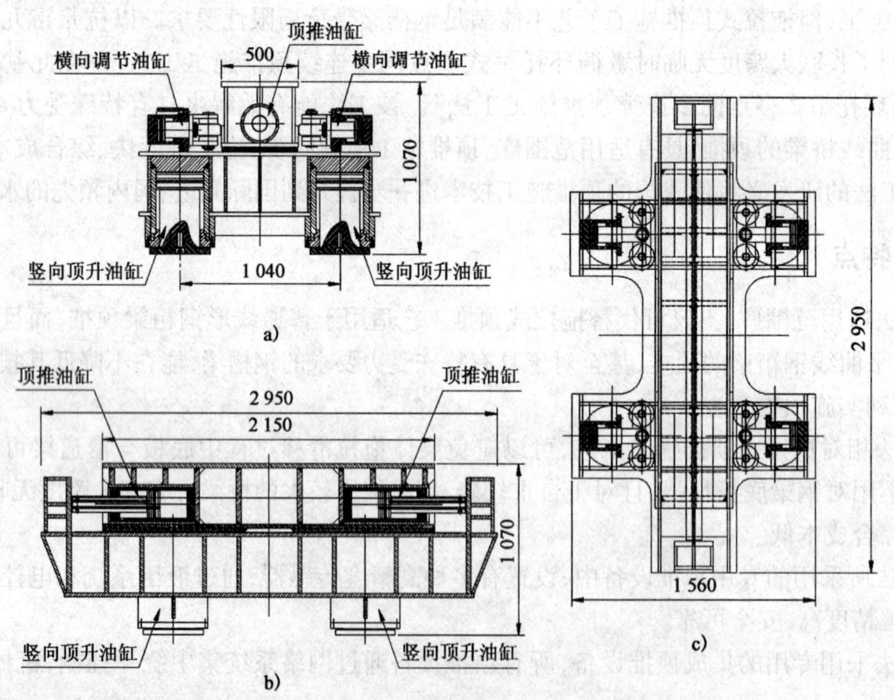

图1 顶推设备构造图(尺寸单位:mm)

a)立面图;b)侧面图;c)平面图

钢槽梁结构特点要求顶推设备必须能保证其竖向荷载传递到钢槽梁腹板,为满足该要求,采取在上滑移块顶面设置过渡垫块的方法,实际施工中采用长2.0m、宽15cm的板式橡胶支座,既能保证使钢槽梁腹板受力,又能保证钢槽梁梁底受力均匀,如图2所示。

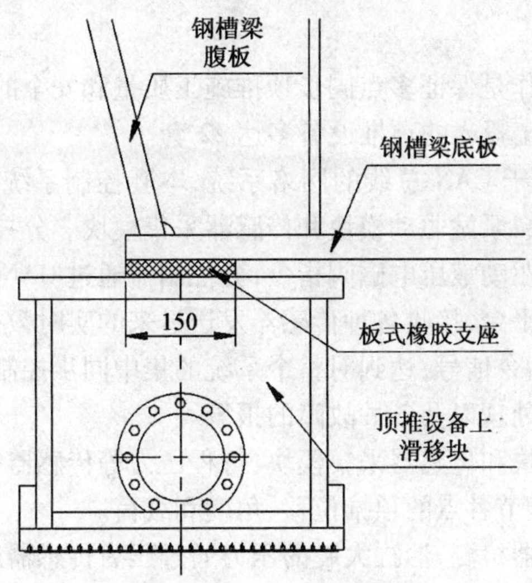

图2　过渡垫块布置示意图(尺寸单位:mm)

2)顶推设备工作原理

该顶推设备利用“顶”、“推”两个步骤交替进行,先将钢槽梁托起;再向前托送;然后顶升油缸回油,将钢槽梁搁置于临时支撑上;最后顶推油缸回油,继续实现下一个循环。通过顶推步骤的循环,最终将钢槽梁顶推到预定的位置,该施工工艺我们形象地称之为“循环托举式多点同步连续顶推施工工艺”,其工作原理如图3所示。

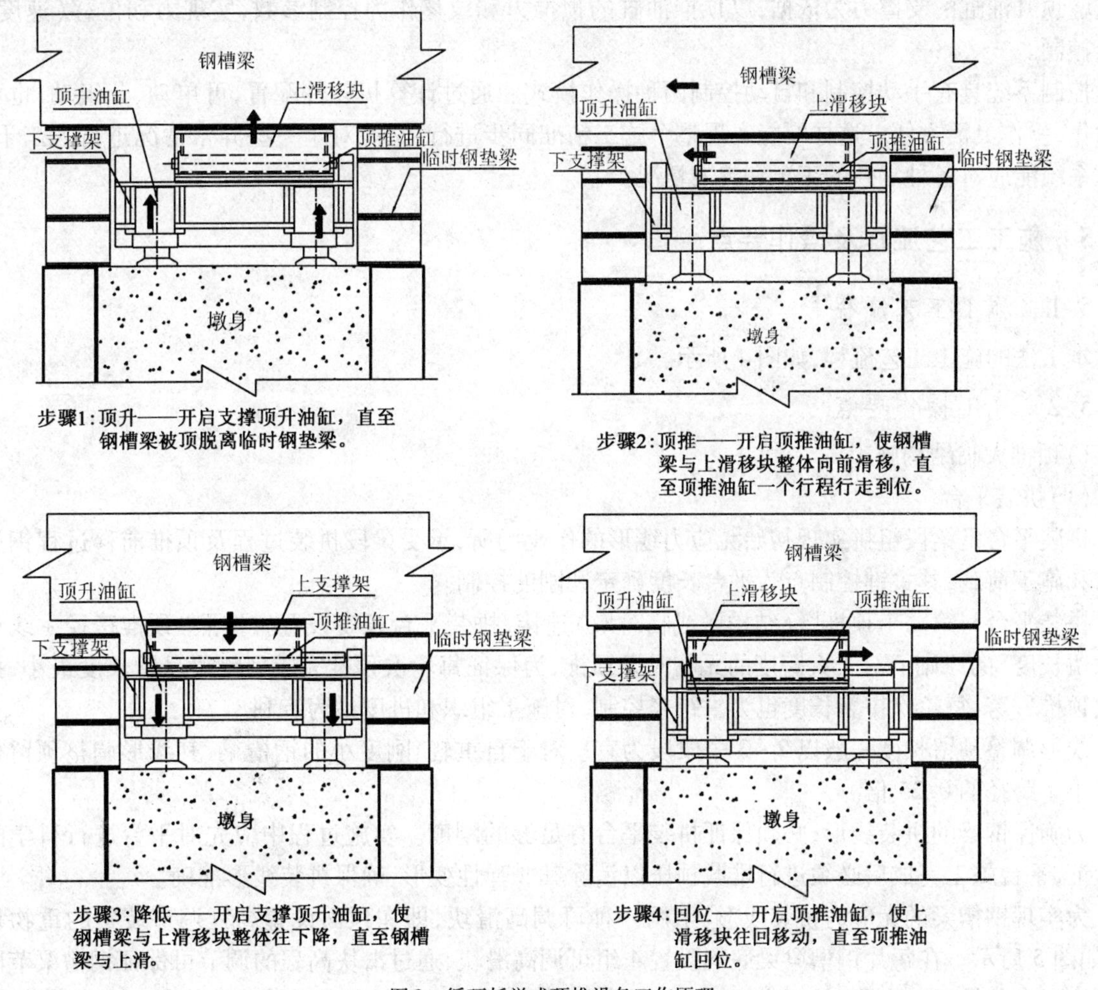

图3　循环托举式顶推设备工作原理

4.2 同步控制系统

确保所有顶推设备同步工作是保证多点同步顶推施工质量和安全的关键。九堡大桥南引桥钢槽梁顶推行进距离达920m,顶推施工投入的顶推设备多达22套。

本桥液压顶推控制采用基于CAN总线的网络系统,本套控制系统在每个桥墩上设有一个分控制器,分控制器主要包括两个模块:泵站驱动模块和传感器采集模块。分控制器主要的作用是采集传感器的反馈数据和接收主控制器的驱动液压电磁阀指令,分控制器通过CAN总线与主控制器连接。主控制器是一个标准的嵌入式工控机平台,接收各种传感器发送过来的实时数据信号,经过相应的控制算法处理,输出处理后的控制数据和指令信号,达到对整个系统的集中同步控制目标,包括顶升、顶推装置的控制,压力数据、位移数据的计算处理以及各种故障的报警。

控制系统通过泵站驱动模块和传感器采集模块、行程压力等传感器等以及分控制器、主控制器组成了一个闭环的反馈系统,实时调节各点的顶推位移、角度和载荷。

油缸的位移通过位移传感器检测,油缸大腔的压力通过压力传感器反馈,所有的传感器信号通过总线传送给主控计算机进行分析和处理,然后根据控制算法输出泵站驱动信号,调节油缸的动作和速度,从而实现各个桥墩上面的顶推系统同步上升、同步下降、同步顶推及轴线偏位调整等操作。

在现有的液压系统中,专门设计了液压锁、安全阀等措施,实现对每台油缸的载荷保护,使整体提升和下降更加可靠安全。

在实际工程中,由于顶推结构特点各不相同,施工工况复杂多变,必须采取合适的控制策略,通过计算机软件灵活的配置功能来实施。针对九堡大桥工程,制订了“位移同步,载荷跟踪”的控制策略,以各个支墩顶升油缸的支撑力为依据,以顶推油缸的顶推力和位移作为控制参数,实现力和位移(速度)的综合控制。

控制系统具有手动控制和自动控制两种操作模式。通过计算机软件配置,可单动、分组动,也可群组动作,操作灵活方便。这样既能实现整个施工精准同步进行,又能对于一些异常情况进行人工干预,保证系统能应对各种复杂的工况和突发情况。

5 施工工艺流程及操作要点

5.1 施工工艺流程

本工法的施工工艺流程,如图4所示。

5.2 施工操作要点

1)顶推大临结构施工

(1)拼装平台

拼装平台是梁段组拼实现初始无应力线形的作业场所,承受梁段拼装过程及顶推前移过程钢梁的自重和施工荷载,其关键控制点为平台长度确定和刚度控制。

拼装平台与第一个顶推墩(结构墩或临时墩)连接,拼装平台长度设置宜按照“顶推跨径+线形调整预留长度”的原则。对于大跨度的无临时墩顶推,为保证每轮次顶推完成后钢梁悬臂长度最小,按每轮次顶推一跨、每轮次拼装长度也为一跨来控制,对施工组织和进度最为有利。

线形调整预留长度一般以2~3个梁段为宜。对于自重轻、刚度小的钢槽梁,其线形调整预留长度不宜小于跨径的0.25倍。

为确保钢梁的拼装线形,必须保证拼装平台有足够的刚度。实施过程中应先对平台进行科学的计算验证,平台施工完成后必须进行堆载预压以消除其非弹性变形,确保拼装线形准确。

为实现钢槽梁的无应力拼装线形,采用一种可调高滑块,即在顶面设置高程调节装置的重物移位器,如图5所示。在每片钢槽梁梁底均设置4组可调高滑块,通过滑块高程的调节可保证钢槽梁节段达到理论要求的轴线和高程,从而实现无应力拼装线形。顶推阶段可调高滑块可随钢槽梁在拼装平台顶

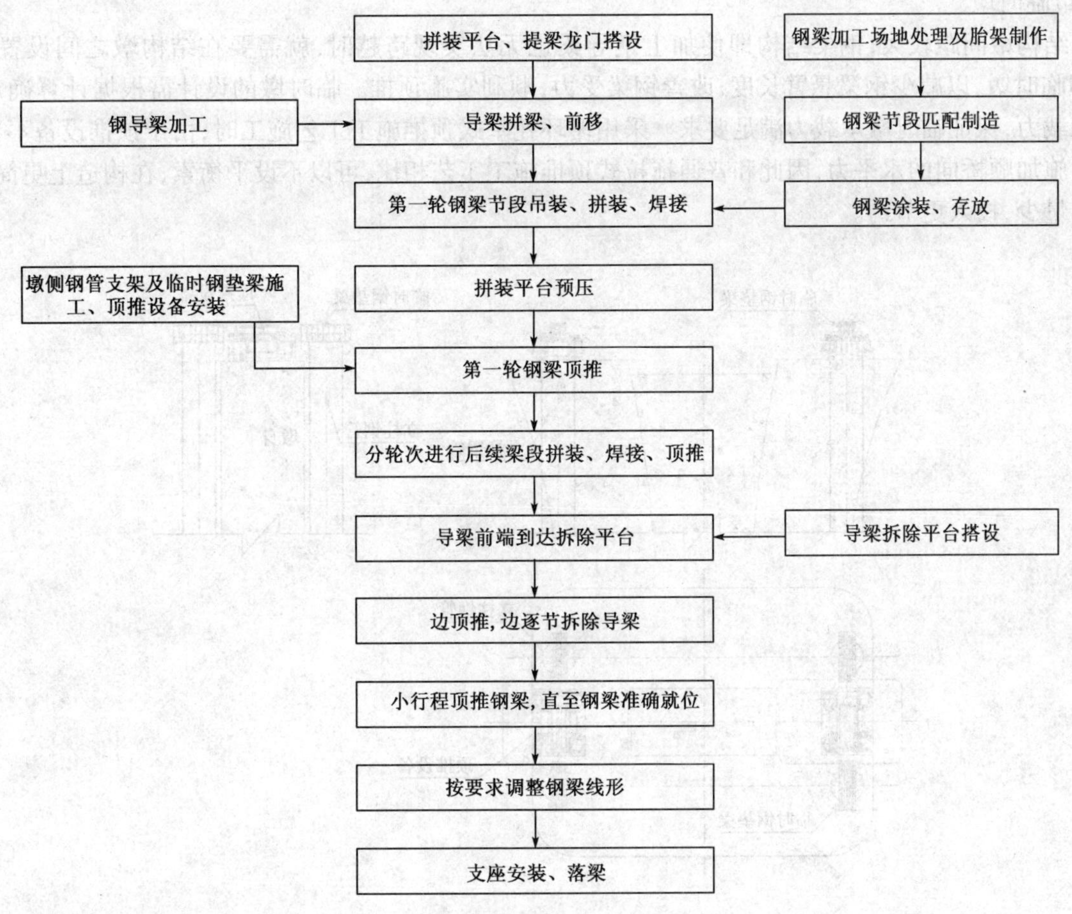

图4 施工工艺流程图

面的滑道内前移,滑块两侧的导向定位轮还可保证钢槽梁在拼装平台上的轴线顺直。

(2)顶推钢导梁

为减少梁体悬臂长度,改善梁体受力,便于梁体顺利上墩,顶推施工中应设置钢导梁。导梁长度一般为顶推跨径的0.6~0.8倍。

钢导梁设计应注意确定合适的长度,并达到减轻自重、增大刚度的目标。

对于自重轻、刚度小的钢槽梁,导梁长度可取跨径的下限值,其自重应尽可能减小,对施工操作最为有利。

(3)顶推设备及临时钢垫梁

顶推设备每个墩设置2台,上、下游侧各1台。根据顶推设备工作原理可知,要实现循环托举式顶推施工,必须要设置临时钢垫梁作为顶推设备降低及回位过程中钢梁的支撑。临时钢垫梁与顶推设备可顺桥向或横桥向布置,在顶推设备的前后或左右各设置一组临时钢垫梁。

图5 移位器式可调高滑块

对于九堡大桥南引桥,由于顶推设备、临时钢垫梁中心线必须对应钢槽梁腹板,而墩身顺桥向长度仅3m,顶推设备顺桥向长度2.95m,因此需在墩身两侧相应位置设置支架,再在支架顶面设置临时钢垫梁。临时钢导梁顶高程应满足落梁的施工要求。临时钢垫梁顶面根据钢槽梁受力要求设板式橡胶支座,具体布置如图6所示。

(4)临时墩

当结构墩间距较大,钢梁结构即使加上钢导梁也无法实现跨越时,就需要在结构墩之间设置"支点",即临时墩,以减少钢梁悬臂长度,改善钢梁受力,顺利实施顶推。临时墩的设计需根据计算确定其最大承载力,保证临时墩承载力满足要求。采用循环托举式顶推施工工艺施工时,由于顶推设备不会给临时墩施加顺桥向的水平力,因此和普通拖拉式顶推施工工艺相比,可以不设平衡索,在构造上更简单,材料用量少,投入更节约。

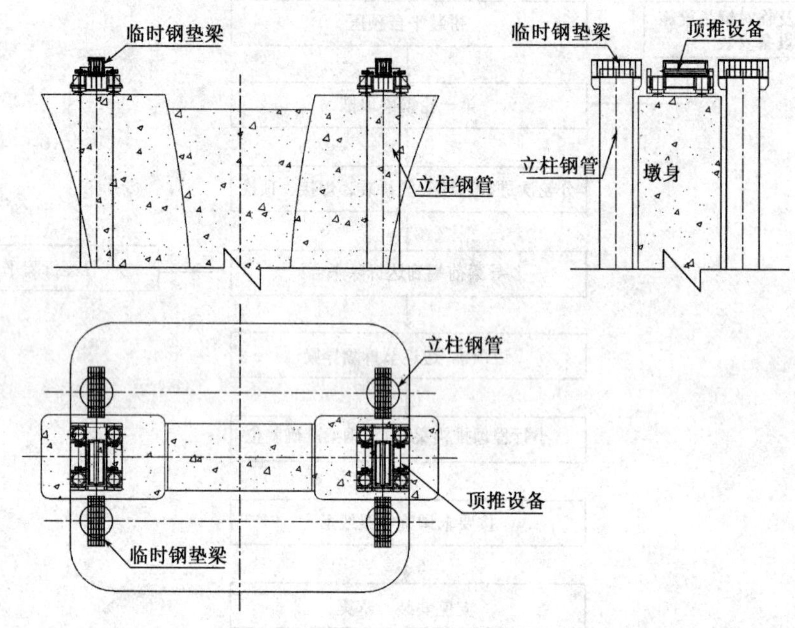

图6 顶推设备及临时钢垫梁布置示意图

杭州市九堡大桥南引桥采用的是一种新型槽形连续钢梁,其自重轻、整体性好、跨越能力强,可以实现85m无临时墩顶推,不仅大大节约了材料用量,而且工期更快(不用搭设临时墩),并避免了临时墩施工过程中的安全风险。

(5)导梁拆除平台

钢梁顶推至最后一跨时,需要根据现场实际情况,确定是否需要设置导梁拆除平台。若结构墩墩顶空间足够,则可利用结构墩作为导梁拆除平台;若结构墩墩顶空间相对狭小,则需要根据结构受力情况和操作空间要求搭设导梁拆除平台。

2)连续顶推施工

(1)按预拼线形在拼装平台上分轮次拼装焊接梁段,环缝焊接完成且焊缝检测合格之后,启动相应墩位泵站,通过总控室统一程控各墩位顶推设备,同步顶推梁体向前滑移,直至一轮顶推完成。

(2)第一轮钢梁顶推施工时,只有紧挨拼装平台的结构墩上的顶推设备(2台)参与工作,随着顶推轮次的进行,钢梁到达下一个墩位时,布置于该墩的顶推设备开始工作,逐渐形成多点同步连续顶推。

(3)一轮顶推完成之后,复测尾端梁段(一般测2~3跨)的轴线、高程等参数,根据测量结果计算下一轮次的预拼线形,拼装下一轮次的钢梁并顶推,按此循环直至全部钢梁顶推到位。

(4)钢梁最后一轮顶推施工过程中,要适时拆除钢导梁。钢导梁拆除需根据其结构特点及现场的场地情况、起吊设备情况等综合确定拆除方法。

3)顶推线形控制

对于长联钢梁长距离顶推施工,应密切观测,加强线形控制。当发现钢梁某个顶推墩的轴线偏位超出预定值时，需及时调整，可利用顶推设备中的4台横向调节千斤顶进行轴线横向调整，及时便捷地纠正顶推过程中出现的偏差，避免长联钢梁顶推过程中出现"蛇形前进"现象。

竖向线形控制主要通过顶推设备中的竖向顶升千斤顶完成：4台竖向顶升千斤顶通过液压系统和电气控制系统的综合控制，可保证4个点均匀受力，自动适应和实现梁底竖向线形。

6 材料与设备

本工法涉及的主要材料和设备，如表1所示。

主要材料与设备 表1

序 号	名 称	规 格	单 位	数 量
1	顶推设备加工件	—	套	22
2	竖向顶升油缸	160t/30cm	台	88
3	水平顶推油缸	7t/35cm	台	44
4	横向调节油缸	35t/5cm	台	88
5	液压泵站	40型	台	22
6	压力传感器	—	个	44
7	行程传感器	—	套	44
8	角度传感器	—	套	44
9	计算机控制柜	—	套	1
10	高压油管	—	米	若干
11	通信电缆	—	米	若干
12	行走式提梁龙门	150t	座	1
13	导梁	100t/51m	套	1
14	履带吊	50t	台	3
15	汽车吊	25t	台	3
16	运梁平板车	DCY150t	辆	1
17	板式橡胶支座	2m×15cm×3cm	个	22
18	重物移位器	100t	台	60
19	机械千斤顶	15t	台	12
20	拖挂车	15t	台	3
21	电焊机	—	台	30
22	测量设备	徕卡	套	2
23	手拉葫芦	5~10t	个	20

注：表中顶推设备加工件、油缸、泵站、传感器等的数量是根据九堡大桥南引桥的实际情况确定的（九堡大桥南引桥共11个顶推墩，共需顶推设备22套），类似工程施工时可根据具体情况调整数量。

7 质量控制

7.1 应执行的标准规范

(1)《公路桥涵施工技术规范》(JTJ 041—2000)。

(2)《市政桥梁工程质量检验评定标准》(CJJ 2—2008)。

(3)《铁路桥涵施工及验收规范》(TB 10203—2002)。

(4)《钢结构工程施工质量验收规范》(GB 50205—2001)。

7.2 质量控制技术措施及管理措施

1)技术措施

(1)顶推前,应和设计、监控等单位沟通,按照施工步骤进行全顶推过程的模拟仿真计算分析,确定好顶推过程中各点的竖向力、水平顶推力等理论数据,设定好每个点的受力、位移允许偏差范围,输入到中央控制器数据库中,作为控制参数。

(2)顶推系统使用前,应进行整体调试和演练,确保顶推过程中所有油缸、油路、控制系统的正常运行。

(3)顶推过程中,应掌握各工况下竖向顶升力和水平顶推力,并及时与监控提供的数据对比分析。若发现顶推力骤升,应及时停止顶推并检查原因,特别是检查顶推设备上滑移块及滑移面。

(4)顶推过程中应加强对梁体关键部位、顶推墩、顶推设备等的受力监控,与计算分析结果对比,发现异常立即停止顶推,问题解决后方可继续施工。

(5)导梁在顶推施工过程中正、负弯矩反复出现,要经常检查导梁连接螺栓和连接位置的焊缝情况。

(6)位移观测:位移观测主要是梁体的横向轴线偏移和竖向高程线形,在顶推过程需用顶推设备及时调整。对于钢槽梁这类具有特殊受力要求的桥梁,更应注意严格控制梁体轴线偏位,一般不允许偏位超过 2cm。

(7)每轮次顶推完成之后,梁段拼装、焊接、环缝涂装等所需时间较长,对于长联钢桥顶推,当拼接的梁长较长时,温度变化对梁长的影响较大,应在顶推墩墩顶设置滑移装置以适应温度变化导致的梁段伸缩。

(8)顶推到最后梁段时要特别注意梁段是否到达设计位置,须按照监控指令,在温度稳定的时段顶推到最终位置,并根据温度仔细计算测定梁长。

2)管理措施

(1)施工前应编制科学合理的专项施工技术方案并经专家评审通过,再编制详细的施工组织设计和施工作业指导书,并按要求组织三级技术交底。

(2)建立健全专项质量控制体系,编制详细的工序质量检验控制点,施工中严格执行工序“三检”制度,加强过程控制。

(3)通过 QC 小组活动等质量控制手段,积极推动技术进步,改进完善施工工艺,解决施工过程中碰到的问题。

8 安全措施

(1)钢梁顶推施工的技术含量高、涉及面广,因技术问题造成的安全事故通常又很大,因此,需编制钢梁顶推施工专项安全方案,经专家论证后按要求实施。

(2)顶推施工大临结构受力复杂,关系到顶推的整体安全,应仔细分析顶推施工全过程工况,根据最不利工况的受力情况进行设计,并需要请设计、监理、监控复核验算确认。

(3)严格控制大临结构施工质量,确保施工质量满足结构设计要求,对于单项大临结构应实行完工检验制度,验收通过后方允许投入使用,如拼装平台需经过预压、提梁龙门需经过试吊等。

(4)顶推墩、拼装平台等大临结构应做好临边防护,按要求设置护栏、安全网;施工现场的脚手架、梯子等设施,应设置安全标志和警告牌,不得擅自拆动。

(5)顶推设备及其同步控制系统的专业性强,参与顶推施工控制的人员必须经过专业培训,骨干人员必须有丰富的顶推施工经验。

(6)正式顶推前,应组织相关人员进行“演练”。

(7)进入施工现场必须按要求佩戴安全防护用品,如安全帽、救生衣等,在无可靠防护的 2m 以上高处作业必须系好安全带。

(8)现场施工用电必须严格执行《施工现场临时用电安全技术规范》(JGJ 46—2005)。

(9)应定期对顶推设备、大型起吊设备等进行保养,保证设备正常运行。

(10)应密切注意天气预报,六级风以上天气要停止顶推,在十级风来临前,要用风缆将导梁和钢梁固定在顶推墩和拼装平台上。

(11)钢梁顶推前移不宜在夜间进行。

(12)顶推设备拆除、大临结构拆除等应注意对既有工程实体(如钢梁、墩身、承台等)的成品保护。

(13)针对桥位处特定的施工环境,合理组织安排施工。如九堡大桥位于钱塘江,整个施工安排应避开钱塘江大潮期间,以确保临时结构及顶推施工安全。

(14)若顶推施工跨越既有道路,应采取可靠措施(如改道等)防止过往车辆对梁体造成碰撞等损害,同时也防止施工中的坠落物体对车辆、行人等造成打击伤害。

(15)遵守其他常规安全施工要求。

9 环保措施

(1)加强对水环境的保护,生活污水、生产废水按要求处理,不得直排入江。

(2)顶推设备为全液压结构,施工中经常检查油封,并在顶推墩顶面设置防止漏油的措施,以免设备漏油造成水体污染。

(3)安排专人清扫施工场地和便道,并经常洒水,防止扬尘对人的危害和大气环境的污染。

(4)严格控制人为噪声、施工机械噪声,采取合理措施防止噪声对周围居民生活的影响。

10 资源节约

(1)本工法中涉及的顶推设备、同步控制系统、高程调节装置等均可重复周转使用,避免资源浪费。

(2)本工法所适用的新型组合结构桥梁,具有很大的技术经济性优势,且顶推施工不设临时墩,体现了"绿色"、"环保"、"可持续发展"的施工理念,节约了大量的永久性和临时性资源投入。

11 效益分析

11.1 经济效益

采用该工法无需对钢梁底板加强,可减少钢梁结构本身的用钢量(杭州市九堡大桥引桥单位面积用钢量仅约295kg/m^2);该工法可实现大跨径无临时墩顶推,大临结构用钢量相对明显减少;该工法施工速度快,顶推速度可达28.3m/d,整体施工速度可达5.67m/d;该工法顶推设备可周转重复使用,机械化程度高,相对可节约大量人力、物力及机械投入。在九堡大桥首创并成功应用循环托举式多点同步顶推施工工法,与传统拖拉式顶推施工工法相比,主体结构可节约用钢量约500t,节约投入约750万元,节约施工辅助费用约1 000万元。

11.2 社会效益

该工法的研发,丰富了我国的桥梁施工理论和方法,使我国的顶推施工技术提升到国际先进、国内领先水平;且先进的施工技术促进了设计的创新,将推动和促进一批技术经济性更好的新型桥梁(如连续组合箱梁)的广泛应用,对我国桥梁建设事业的健康发展具有重大意义和深远影响。

12 应用实例

九堡大桥南引桥钢槽梁顶推施工自2009年12月25日正式开始,2010年8月23日全部顶推到位,历时241d,安全、优质、高效地完成了920m钢槽梁顶推施工任务。

由于钢槽梁长联大跨度无临时墩循环托举式多点同步连续顶推施工属于一种全新的施工工艺,前期探索、完善施工工艺耽误了一点时间,且施工过程中受到钢槽梁加工进度等的影响,所以九堡大桥南引桥的整体施工进度相对偏慢。根据施工过程中的统计,每轮次钢槽梁(85m)纯粹顶推时间最快仅3d,顶推速度达28.3m/d,整个轮次钢槽梁顶推施工(包含尾端梁段调节、钢槽梁节段拼装、环缝焊接检测、环缝涂装、顶推)时间可控制在15d,以此计算施工速度可达5.67m/d。

由于顶推设备可实现顺桥向、横桥向、梁高方向的三向无级调节,因此钢槽梁顶推到位的轴线偏位、里程、高程等理论上可达到“零误差”。实际施工过程中,根据业主、监理和施工单位的联测数据,钢槽梁顶推到位后其轴线偏位、里程、高程误差均在5mm以内。

大跨径钢筋混凝土拱桥超高现浇组合拱架施工工法

GGG(中企)C3138—2013

刘永福　杜佐龙　夏扬帆　王仕峰　张世华
(中国建筑土木建设有限公司路桥分公司)

1　前言

钢筋混凝土拱桥采用支架现浇方法施工比较常见。对于跨度大,矢跨比高的拱式桥梁,其施工支架具有很大的风险,当其支架高度超过50m时,支架的风险则更为突出。选用合理的支架形式、进行可靠的安全设计、精细准确的施工,不仅关系到施工的成败,而且直接关系到拱桥施工的经济效益。

长白山国际旅游度假区北区2号桥(图1)为上承式钢筋混凝土箱形拱桥,主跨120m,桥梁跨越黄泥河,拱箱离地(水)面最大高度56m。2011年,中国建筑第八工程局立项"东北高寒山区大跨度刚构—连续梁组合桥与拱桥施工关键技术研究",其中大跨径钢筋混凝土拱桥超高现浇组合拱架施工技术在2012年完成,项目获得两项专利,并于2013年被鉴定为国内领先水平。

图1　长白国际旅游度假区北区2号桥型布置

满堂脚手架与钢管+贝雷梁组合超高拱架现浇施工技术的成功实施,丰富了现有支架施工大跨径钢筋混凝土拱桥的技术和经验。我们将该施工技术以及经验进行总结、整理形成本工法,并在长白山国际旅游度假区南区雪道大桥项目中推广应用,工法于2012年被评为企业工法。

2　工法特点

(1)施工拱架采用混凝土条形基础(或钢管桩)、贝雷梁、工字钢、满堂碗扣脚手架等组合而成,所有构件均为常用构件,均可多次周转使用。

(2)拱架中部下层采用钢管柱、贝雷梁结构,可适用各种河流、路面等需跨越的地形,且具有较强的抗洪水能力。中部上层和两侧拱架均采用满堂碗扣脚手架,其可调托撑可随时调整拱架高程,方便支架落架施工,且操作非常简便。

(3)高度较大的拱架采用组合拱架形式,可提高施工速度,具用较好的安全性和经济性。

3　适用范围

本工法适用于各类可采用支架法施工的大跨拱形结构。特别适用于地基较为软弱或位于水中、支架下需要大型通车空间或支架高度较高(超过20m)的满堂支架现浇拱形梁体施工。

4 工艺原理

(1)采用碗扣脚手架、钢管支墩贝雷梁及贝雷梁上方碗扣脚手架形成组合拱架,根据工程荷载计算确保结构满足施工受力要求。

(2)根据地形,一般按支架高20m以上选择采用钢管支墩贝雷梁形式、20m以下采用碗扣脚手架形式,利用剪刀撑将组合支架联系形成整体。

(3)在处理好的地基上施工钢筋混凝土地基梁并预埋钢板或在软弱地基上施打钢管桩,在预埋钢板上安装钢管柱,在钢管柱上安装工字钢横梁和确保结构稳定的纵横向连接钢构件,在横梁上安装组拼好的贝雷梁并将贝雷梁用支撑件连接成整体,用钢筋将贝雷梁与横梁连接成整体。在地基和贝雷梁上铺设加强木板或型钢,搭设碗扣脚手架,在支架顶托上设置纵横梁、横向分配梁,在分配梁上安装拱圈底模,形成组合支架体系。

5 施工工艺流程及操作要点

5.1 施工工艺流程(图2)

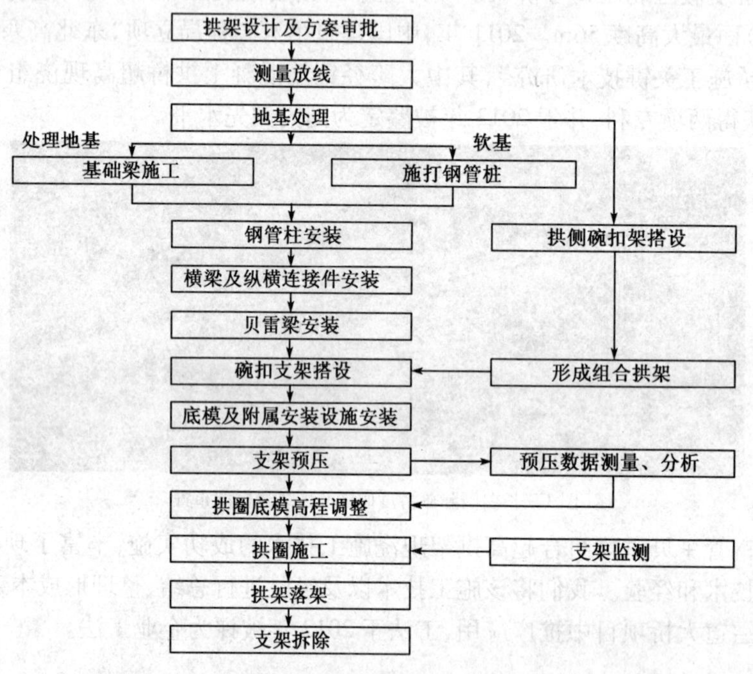

图2 超高现浇组合拱架施工工艺流程

5.2 操作要点

1)超高组合拱架设计

(1)受力计算

采用MIDAS软件进行拱架受力计算。首先,建立长白山2号桥整个支架的实体模型;其次,按照不同工况施加荷载,将箱梁自重、支模自重、施工荷载、混凝土倾倒荷载等加于相应贝雷梁顶部节点上,风荷载转化为梁单元荷载施加于相应钢管桩和贝雷梁上,底部钢管柱在出露混凝土底板处均施加固定约束;然后,读取实体模型分析结果。最后,参照各类相关规范,对计算结果进行分析,判断支架设计是否安全、可靠、可行,并做出结论。钢管贝雷梁整体模型加载,如图3所示。

计算结果汇总及分析见表1。

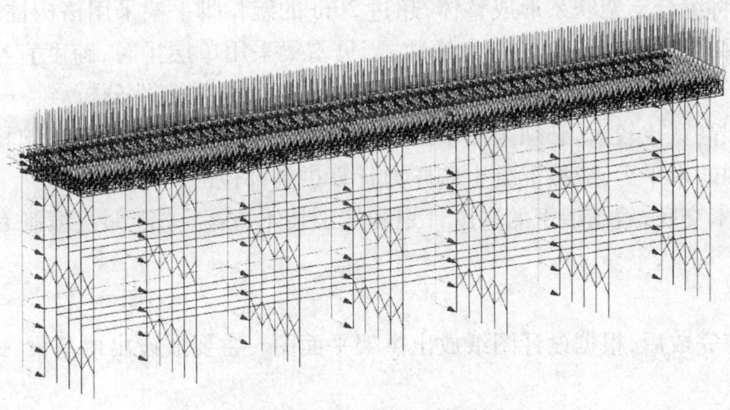

图3　钢管贝雷梁整体模型加载示意图

支架各构件内力变形表(最大值)　　表1

杆　件	杆件型号(mm)	组合应力(MPa)	组合变形(mm)	标 准 值
钢管柱	ϕ630×7	89.4	9.2	钢材轴向容许应力[σ]=210MPa; 结构容许变形值:L/400=30mm;(L为钢管柱跨度,取12m)
钢管柱横联、平联	[80×40×4	148	8.85	
柱顶工字钢	I50a 焊钢板	139.7	10.47	
贝雷梁上下弦杆	][10	197.2(轴向)	24.07	
贝雷梁腹杆	I10	82.08(轴向)		
贝雷梁横联	L40×4	60.6(轴向)		

综合上面的分析,设计荷载作用下,该桥支架各个杆件(钢管柱、柱的横联、平联以及柱顶工字钢)最大组合应力、贝雷梁各个桁架杆件最大轴向应力及整个支架体系的最大变形值满足规范要求。

根据计算,单根钢管桩承载力为1 130.8kN,考虑21m(12m+9m,焊接而成)钢管柱ϕ630mm×10mm(考虑钢管为旧钢管,计算厚度取为δ=7mm)在顺桥向约束比较薄弱,采用经典力学对其稳定性进行校核,其稳定性满足要求。根据计算,最大地基附加压力为238.2kPa,地基分层沉降值为19mm,均满足要求。

(2)拱架设计(图4)

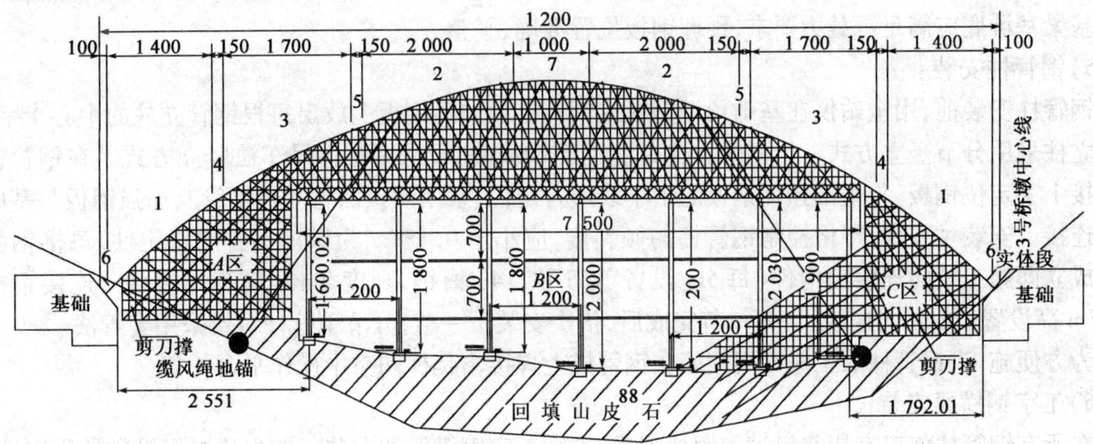

图4　支架总体布置(尺寸单位:cm)

组合超高拱架设计应注意以下几个方面:

①支架地其承载力要求:碗扣脚手架宜超过250kPa,条形基础宜达到350kPa,回填土承载力应按规范要求折减。

②组合拱架一般按支架高度选择,20m以上选择采用钢管支墩贝雷梁形式、20m以下采用碗扣脚手

架形式,利用剪刀撑将组合支架联系形成整体,超过20m的碗扣脚手架采用格构柱形式给予加强。

③钢管支墩贝雷梁支墩跨径宜以3m为模数,当贝雷梁采用单层排时,跨度宜小于9m;采用上下加强弦杆时跨度宜小于15m。当贝雷梁跨度超过9m时应进行横向稳定性分析。

④超高现浇拱架高宽比较大,必须采用横向缆风绳等必要措施保主证支架的稳定性。为确保拱架承受主拱浇筑过程中的水平力,应按混凝土侧压力计算拱脚部位的斜撑设置。

⑤做好安全、技术交底,编制缜密的进度计划和施工技术方案,关键部位编制专项方案及其他常规施工技术准备工作。

2)测量放线

在桥梁两侧拱座完成后,根据设计图纸放出拱架平面图。主要放设出地基梁、钢管桩的位置和碗扣脚手架纵横位置等。

3)地基处理

(1)地基处理

对河道采取筑岛施工。筑岛时水下部分采用斜倾填筑,采用片石或山皮石填筑。水上部分采用山皮石或宕渣分层填筑,分层厚度30cm,按施工最大水位确定填筑高度,采用16t以上振动压路机碾压无轮迹。

对于其他地基采用机械整平碾压,其上采用砂砾或宕渣厚30cm回填。对软弱地基采取换填措施,材料一般采用灰土或砂砾,分层回填。地基均采用16t以上振动压路机碾压无轮迹。

碗扣架地基上采用10cm厚C20混凝土满铺浇筑,以利地基防排水。

(2)排水系统

为保证支架基础受力,必须保证地基排水。在地基两侧外50cm设置排水沟,混凝土表面设置2%横坡,排水沟每30m设一出水口,做到雨停场干。

(3)承载力试验

对于没有把握的地基应进行承载力试验。地基承载力一般可采用预压法检测:在地基上选取7.2m×1.8m的地块,按施工荷载的1.2倍加载,按地基预压要求进行观测,连续3次观测24h沉降小于1mm即可认定地基合格。

4)基础施工

当地基承载力良好时,基础结构采用地基梁。按施工荷载设计地基梁,对基础进行放线、施工。注意地基梁基坑底应满足承载力要求,预埋钢板位置准确、平整。

5)钢管柱安装

钢管柱安装前,用全站仪在基础预埋钢板或钢管桩顶加强钢板上放出每根钢管立柱的中心十字线,钢管立柱采用分节竖立方式。当钢管立柱高度小于22m时,可采用整体吊车法竖立方式。在钢管柱底部焊接十字定位钢板,与基础预埋钢板的十字线重合定位,采用焊接法将立柱钢管及加强钢板与基础预埋件连接。安装过程中,严格控制钢管柱的倾斜度,应小于0.1%。为保证钢管的稳定性,每排钢管一节完成立即施工横向连接钢构件(每5m设置剪刀形[14a槽钢,高度2m),隔跨焊接纵向连接钢构件(每7m高设置[18纵向连接)。第一节完成后,依次安装下一节,分节钢管柱对接采用套管法。

为方便施工,钢管柱加工时可用钢筋在钢管桩上焊接出爬梯和空中操作平台托架。

6)工字钢横梁安装

在所有钢管柱施工完毕并经过加固处理后,进行工字钢横梁的安装。首先检查钢管桩的稳定性,确保无误后,在钢管柱顶加强钢板上画出工字钢的布置位置;采用吊车将工字钢横梁(根据受力计算其型号,一般可采用I50a),将横梁准确定位并与钢管柱顶顶钢板焊接。钢管柱及横梁施工见图5。

7)贝雷梁吊装

(1)贝雷梁结构

贝雷梁组合拱架采用整体式贝雷梁结构,如图6、图7所示。贝雷梁采用国产“321”公路钢桥桁架标准构件。贝雷梁间距根据支撑架的规格尺寸确定，一般为45cm或90cm。考虑到碗扣脚手架的模数，一般优先选取90cm间距。各贝雷梁间采用支撑架连接，在设计时应优先考虑其剪力和挠度。

(2)贝雷梁安装

钢管柱验收合格后，进行贝雷梁吊装工作。

贝雷梁采用分块整体安装，每块在现场由两片组拼形成整体，拼装长度按跨长确定。然后采用50t吊车安装就位。吊装贝雷梁时使用两根绳扣，绳扣间夹角应控制在70°以下；在贝雷梁的两端头分别系上1根ϕ16mm白棕绳，绳子的另一端拽在位于搁置钢管桩支墩上的安装人员手中，以便及时调整贝雷梁的方向，便于就位。

图5 钢管柱及横梁施工

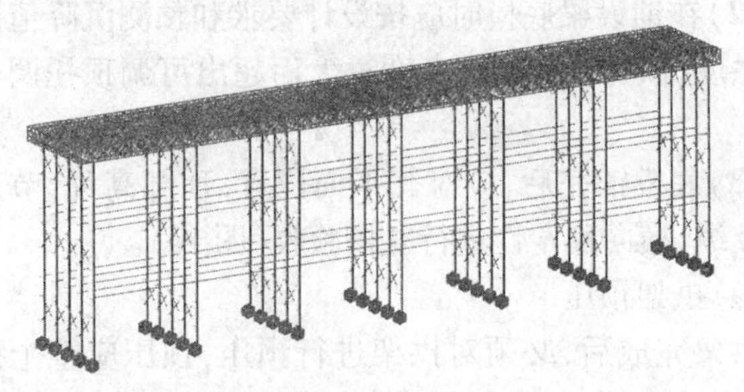

图6 钢管支墩贝雷梁结构

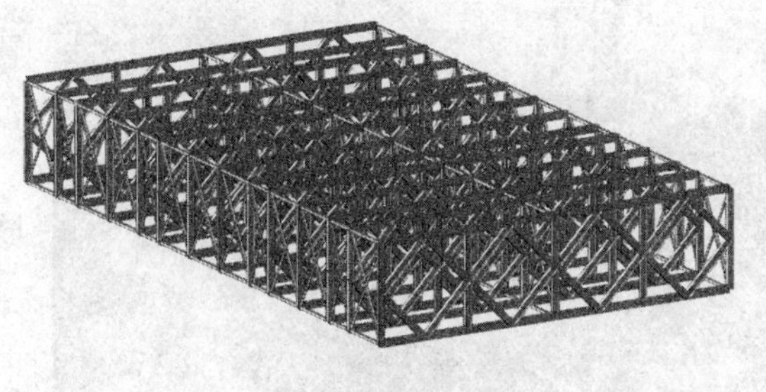

图7 单跨贝雷梁整体组合示意图

贝雷梁安装时应准确就位，且沿中间向两端放置。贝雷梁吊装完毕并检查搁置位置、长度正确无误后，立即按设计用支撑架将各组贝雷梁连接成整体。贝雷片安装完成后，在其上铺设I14型钢或木板，形成碗扣架搭设平台。

8)支架搭设

(1)混凝土主拱圈拱架采用ϕ48mm×3.5mm碗扣脚手架，剪刀撑、扫地杆等采用ϕ48mm×3.5mm钢管，整体构架竖直方向通过可调顶托、底托调节所需的施工高程。

(2)支架搭设的顺序为：按排距放线→铺设支座垫板→摆扫地杆→竖立杆→依次安装纵横管→校正立管→逐层搭设至指定高程→搭设斜撑、剪刀撑→检查→预压→验收。

(3)碗扣脚手架搭时，除按相关规范设置结构措施外，还设应注意以下几点：

①考虑到主拱箱近拱脚部位倾角较大，为保证支架承受水平力的能力，在拱脚至1/4跨范围内增设斜撑，斜撑逐层逐排由底到顶设置，斜撑与相临的立杆用旋转扣件连接。

②为保证拱架的横向稳定性，在拱架3/8L、3/8L(L为跨径)设置横向缆风绳。缆风绳选用应根据风荷计算确定，一般可采用20mm6×37.5+FC钢丝绳。缆风绳捆绑点采用2根钢管加固，且上下游对称交叉。

③考虑到组合拱架的整体稳定性，边跨碗扣支架和中部组合拱架连接的碗扣架必须每排设置纵向剪刀撑，各伸入两侧脚手架超过4排。贝雷梁顶部按两层一排增设一排水平剪刀撑。

④顶托伸出高度应充分考虑拱架落架的要求。

⑤支架顶支撑U形顶托应与横、纵木方很好地吻合，两侧空余部分应用木楔楔紧，且保证横梁在U形支撑中心。

⑥在两侧碗扣脚手架和组合支架相连接的一排碗扣架中横向每4步由下到上设置一个加强格构柱，以保证支架连接处的刚度。格构柱具体形式见图8、图9。

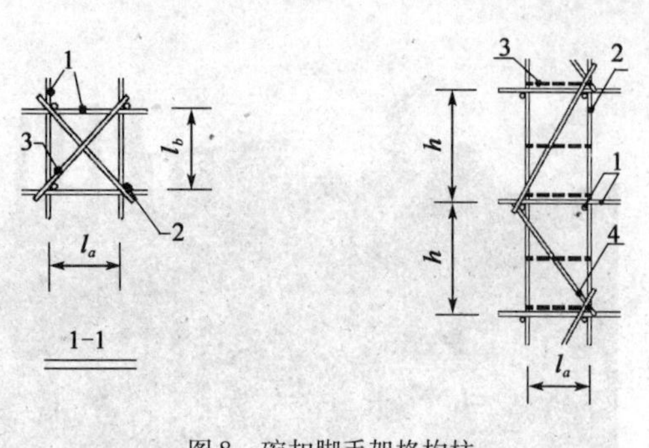

图8 碗扣脚手架格构柱

1-水平杆;2-立杆;3-水平剪刀撑;4-之字斜撑

图9 整体拱架完成

9)模板系统安装

(1)拱架采用15cm×20cm的方木作为横向分配梁,采用10cm×8cm方木形成拱架弧形木,底模采用$\delta = 18$mm的复合竹胶模板。主拱侧模板采用钢模。

图10 拱架底模板施工

(2)在铺设梁底模时应按设计要求和预测沉降值设置预拱度,以防拱架调节高度过大而超出可调顶托调节范围。

(3)底模铺完后,应对其平面位置,顶部高程,节点联系及纵、横向稳定性进行复核验收(图10)。

10)拱架预压

拱架完成后,必须对拱架进行预压,预压应整个拱架同时进行。考虑到主拱圈的为拱形,预压以砂袋法为宜。支架预压荷载按施工荷载的1.2倍,分三组加载:即50%、80%、100%预压荷载。按要求进行连续观测3d以上,当沉降量在24h小于1mm时判定支架已达到稳定。

支架预压时,为防止降雨减阻或坡度较大时支架上砂袋向下滑移,应设置拱砂袋抗滑系统。抗滑系统由方木、钢管、槽钢支架和钢丝绳组成,沿主拱底模板设置。以防止堆载物滑移,保证预压荷载分布与设计一致。降雨时,应设置防雨措施(图11、图12)。

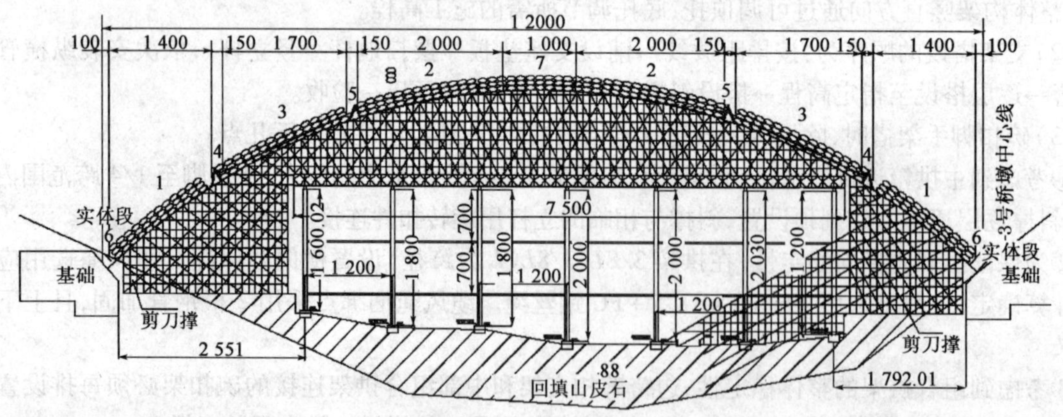

图11 拱架预压及抗浮滑系统示意图(尺寸单位:cm)

11) 支架监测

(1)支架预压监测

桥跨堆载预压前,在桥跨底板上布置沉降观测点,按满堂架每10m测设1个横断面,组合支架每跨设跨中、支点3个断面,每横断面3点。沉降观测采用线锤法测量。在堆载预压前测设断面底模高程和

图12 拱架预压施工

支架底部高程,等载预压的第一天进行两次观测,以后每天观测一次,直至日沉降小于1mm为止,测定地基沉降和支架、模板变形,同时确定地基卸载后的回弹量。根据数据调整底模高程及支架高度。

(2)浇注过程中的监测

在主拱圈浇注前预压后,在浇注段底板处安装线锤悬挂至地面,地面上设置木桩,记录线锤至木桩上刻度线(浇注前原始数据和预测沉降位置)距离,在浇注过程安排专人负责进行量测并作好记录。如果发现支架沉降超过5mm,应停止浇注,待对支架检查完毕并处理后再继续浇注。

12)落架及支架拆除

主拱圈合拢后达到设计强度要求时方可进行落架作业。落架采用下调顶托方式完成。落架应从中间向两侧逐排进行,分级进行落架,开始10级落架每次落架高度1cm,由跨中向两侧逐排推进。拱架落架完成后,可进行拆除业,拆除时遵守先支的后拆,后支的先拆原则。

6 材料与设备

由于组合拱架结构钢管柱、贝雷梁吊装时质量较大,吊装高度高,本工法需大吨位吊车进行吊装,采用的机具设备见表2。

主要机械设备及材料表 表2

序号	机具名称	规格型号	数量	使用部位及用途
1	汽车吊	50t	1台	钢管桩施工、贝雷梁、钢管柱安装
2	塔吊	TQZ6310	2台	主拱支架、预压等结构施工
3	振动锤	TDZ90(90kW)	1台	钢管桩施工
4	电焊机	DX600G	3台	钢结构施工
5	钢管及型钢	按需要	计划	组合支架
6	贝雷梁	国产321型	计划	组合支架
7	碗扣脚手架	ϕ48mm×3.5mm	计划	支架结构
8	方木、模板	按需要	计划	模板体系
9	全站仪	TC2003	1台	施工放样及测量监控
10	电子水准仪	DNA03	2台	施工放样及测量监控

7 质量控制

7.1 应执行的标准规范

(1)质量标准执行国内相关行业规范,主要包括现行《公路桥涵施工技术规范》(JTG/T F50)和《公路工程质量检验评定标准》(JTG F80)。

(2)质量标准应满足设计图纸及合同文件要求。

7.2 质量控制要点

(1)材料必须检验。目前国内租赁的周转材料质量保证率不高,进场使用前必须进行验收,使各种拱架材料满足要求。

(2)坚持过程"三检"制度;对每个工序实行"首件"和验收制度,确保工序质量合格。

(3)严格进行技术交底,加强方案落实。50m 上的拱架体系施工风险极大,必须将拱架设计的细节详细交底,认真实施。

(4)组合支架中的钢管柱施工时所有焊接材料和紧固件必须符合设计和技术规范要求,施焊人员具有相应的焊接资质。使用的贝雷梁必须有产品合格证,当分配梁必须落于贝雷梁跨中时,应对贝雷梁进行加固。

(5)支架和主拱圈加载过程中要随时对结构的应力和变形进行监测,保证结构安全并获得理想的线形。

8 安全措施

(1)在支架搭设及拱圈浇注过程中,落实专人全过程检查。检查的重点在焊接及材料质量及支架结构形式、轴线、节点连接等处的变形或开裂。

(2)监测施工过程中支架及拱圈各控制截面的应力及主要部位的变形,及时进行预控分析。

(3)支架搭设人员必须经过考核合格的专业架子工。上岗人员须定期检查,合格者方可持证上岗。

(4)搭设支架人员必须戴安全帽、系安全带、穿防滑鞋,同时安全帽、安全带必须具备有检验部门批量检验证和出厂合格证。

(5)支架搭设完毕必须经检查验收合格后才能进入下一道工序施工。

(6)搭设、拆除模板及支架时,地面设置围栏和警戒标志,并派专人看守,严禁非操作人员入内,同时必须严格按施工方案进行。

(7)脚手架的外侧按规定设置密目网(安全网必须符合要求),安全网设置在外排立杆的里面。密目网必须用符合要求的系绳将网周边每隔 45cm(每个环间隔)系牢在脚手管上。

9 环保措施

(1)遵守国家、当地有关环卫、市容、文明施工的规定,确保工地现场满足当地文明施工管理标准。

(2)建筑垃圾实行袋装化,封闭管理,使现场无直接外露建筑垃圾。

(3)所有施工人员应保持现场卫生,生活垃圾均装入封闭垃圾箱,及时清运,不得随处抛散。

(4)施工完成后,按计划撤除所有临建、机械及剩余建筑材料,清理建筑垃圾。

(5)在支架上高空作业时严禁向外向下抛物污染河流。

10 资源节约

本工法采用超高组合拱架,高度大于 20m 的部位均采用钢管 + 贝雷梁组合支架体系。相对于满堂脚手架拱架可节约碗扣脚手架 212t,同时节省人工费约 41 万元。

本工法在应用过程中对环境无任何污染,所用材料均可周转使用。

11 效益分析

(1)本工法利用的超高现浇组合拱架,在国内拱桥施工中应用的较少,该方法可有效减少满堂支脚的材料使用数量、缩短施工周期,且所使用的材料均可多次周转利用,具有很大的推广应用价值,社会效益显著。

(2)由于超高支架部分采用钢管柱、贝雷梁替代,不但大大提高超满堂支架拱架的安全性能,而且其跨距长,地基基础适应能力强,可以适用各种施工条件,不受洪水影响,安全风险大大降低。

(3)根据已完工的长白山国际旅游度假区北区 2 号桥工程(主拱跨径 120m),与同类型同跨径整体拱架相比,可节约用材 1/2,节省人力 1/3。实际共节省费用 152 万元,并提前工期 60d,具有明显的经济效益。

12 应用实例

12.1 工程实例一

本工法已在长白山国际旅游度假区北区2号桥工程中成功应用。长白山国际旅游度假区北区2号桥位于度假区甲二路上,横跨黄泥河,是连接东西两岸度假区的重要纽带,该工程2010年9月开工,2011年10月1日完工验收,工程质量优良。

该桥主桥为等截面上承式钢筋混凝土拱桥,拱圈截面高度为2.2m,截面宽度为8.6m,计算跨径120m,计算矢高24m,矢跨比为1/5。桥梁最大净空高度56m。该桥原方案采用无支架劲性钢骨架竖向转体施工方案,由于工期要求,改为山皮石回填做施工围堰堤坝、混凝土条形基础及钢管柱贝雷承重梁组合拱架施工方案,工程施工过程中安全通过了洪水,顺利完成。工程实际共节省费用152万元,在东北施工期极短的情况下提前工期60d,赢得了业主、监理的高度赞誉。

12.2 工程实例二

长白山国际旅游度假区南区雪道大桥位于吉林林抚松县境内,位于度假区南区乙二路上,跃跨V形深谷,紧临滑雪场。该工程2011年4月开工,2012年9月30日完工验收,工程质量优良。

该桥全长103.04m,桥宽8m,主跨为单跨75m的上承式钢筋混凝土箱型拱桥,左右两边引桥各为跨径8m的单跨简支空心桥,桥面至谷底距离约37m。工程采用了满堂脚手架与钢管+贝雷梁组合超高拱架现浇施工技术,工程顺利实施,节省费用76万元。

基于充盈度的预应力孔道压浆施工工法

GGG(浙)C3139—2013

单光炎　葛黎明　徐向前　李秋章　程永明
(浙江省交通工程建设集团有限公司)

1　前言

后张预应力孔道压浆目的,主要是防止预应力筋锈蚀,并通过凝结后的浆体将预应力传递至混凝土结构中,保证预应力结构永存内力的稳定性和耐久性。由于传统的压浆方法存在制浆原材料质量、浆液配比设计与质量检验、施工设备等缺陷和不足,导致浆体泌水与孔道内凝结浆体不充盈,严重影响预应力桥梁结构耐久性与安全性。我公司和相关合作单位开展了"公路桥梁预应力孔道压浆技术"的专题研究,对制浆材料、室内试验方法、制浆压浆工艺、检验方法进行了系统的研究,研发了自动称量、高速制浆、自动恒压、流量监测、压浆控制和程序控制一体化的施工设备,并将成果直接应用于杭州至长兴高速公路杭州至安城段第一合同段、钱江通道及连接线工程南接线段第11合同段等公司承建的多个项目中,有效地解决了预应力孔道压浆体不充盈问题,经浙江省交通运输厅组成的专家委员委对该成果的评审,其关键技术成果填补了孔道压浆充盈度方面的国内空白。现总结形成《基于充盈度的预应力孔道压浆施工工法》,该工法的核心技术已获"一种预应力压浆竖向膨胀率测定仪"和"一种预应力压浆浆液稳定性的检测工具"两项实用新型专利,专利号分别为ZL201120372916.1和ZL201120372917.6。该工法通过配套《浙江省公路桥梁预应力孔道压浆技术指南》(后简称《指南》)在全省交通系统范围内推广应用。

2　工法特点

(1)质量得以提高和保证。一是本工法通过采用三阶段配合比设计法,优化制浆原材料技术指标,压浆材料生产商解决水泥与压浆剂的相容性,设计结果经试浇筑工艺验证合格后投入生产,试验设计能够有效地与施工实践结合。二是自动称量、高速制浆、自动恒压、流量监测、压浆控制和程序控制一体化的施工设备,利用可靠的设备来提升浆液的施工工作性能,使压浆后浆体无泌水。并用内窥镜进行及时检查,实施质量全过程监控。

(2)劳动强度低、施工操作安全简单。本工法采用的一体化施工设备,机械化程度高,人工劳动强度低,施工操作安全简单。

(3)社会效益显著。一是本工法采用沉积率、压力充盈度、竖向膨胀率试验检测浆液等技术指标和操作方法,简单易行。二是采用本工法可以显著提高孔道压浆工作质量,使预应力结构的耐久性得到保证,延长了结构物使用年限,减少了资源消耗,社会效益十分显著。

3　适用范围

本工法适用于公路桥梁后张预应力孔道压浆,以及其他类似孔道压浆工作。

4　工艺原理

首先采用三阶段设计法设计压浆液,使其更符合压浆施工实际;其次通过研发了能够反映浆液施工性能的沉积率试验、竖向膨胀率试验、压力充盈度试验仪器和操作方法以及相应的评判标准,来检验浆液质量,从而保证压浆浆液的工作性能;第三采用自动称量供料、大于 1 000r/min 高速制浆和压浆的程序控制系统(宏途牌预应力孔道压浆 HTZJ 一体机,图 1)生产稳定性良好的浆液、使用自动恒压、流量监测的压浆设备保证孔道压浆密实度,采用在易出现压浆不密实的孔道位置预留检测通道,浆液硬化后用内窥镜及时进行质量检查,弥补施工缺陷,改进施工工艺,实施有效的质量监督以保证压浆施工质量。

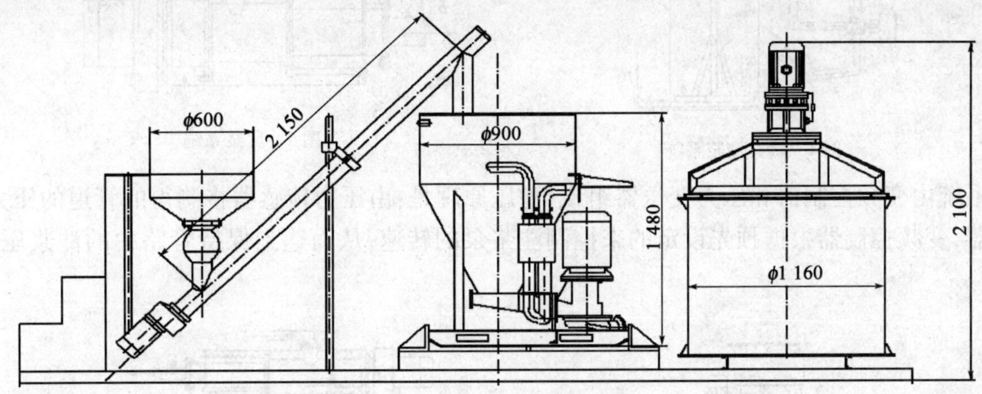

图 1 宏途牌预应力孔道压浆 HTZJ 一体机(尺寸单位:mm)

工艺主要通过宏途牌预应力孔道压浆 HTZJ 一体机(以下简称 HTZJ 一体机)实现,其原理如下:

HTZJ 一体机由上料系统、制浆系统、输浆储浆系统、压浆系统、称量系统、稳压系统和电气控制系统组成。

上料系统主要由料斗和螺旋输送器组成,制浆料被放入料斗后,通过螺旋输送器将材料输送到制浆机里。搅拌用水是用水泵,经设置的管路泵入制浆机中,如图 2 所示。

制浆系统主要由制浆桶、制浆电动机、防结块搅拌系统组成。本高速制浆系统不是传统的机械搅拌模式,而是通过动力使物料形成高速旋转的涡流,在不断的循环过程中,使各种物料混合均匀。同时,为了防止在循环过程中形成“水包灰”的现象,在制浆桶中设置了防结块搅拌系统,避免“水包灰”现象的形成,如图 3 所示。

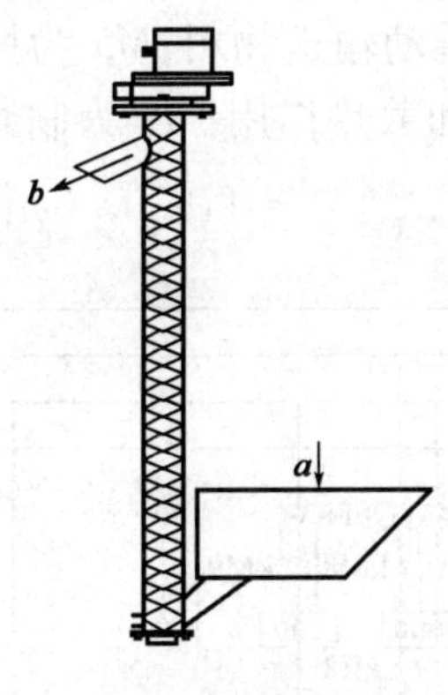

图 2 上料系统

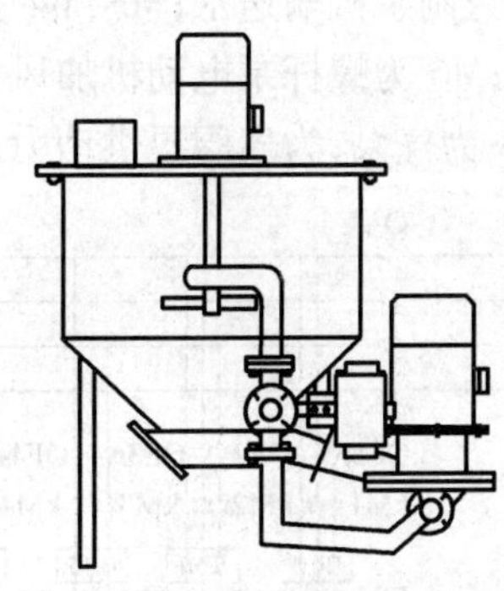
图 3 制浆系统

输浆储浆系统主要由储浆桶、搅拌系统、气动三通阀门及相应的管道组成。气动三通阀的作用是改变浆料的流动方向,即制浆(图 4 中方向为 $b \rightarrow a$)与放浆(图中方向为 $b \rightarrow c$)的转换。储浆桶中的搅拌系统是为了不让浆料沉淀离析,如 4 所示。

压浆系统主要由注浆泵、压力控制系统、流量计量系统、注浆连接管路组成,如图 5 所示。

称量系统主要由称重传感器和称重控制器组成,称重传感器是电阻应变式传感器;称重控制器是以称重传感器为信号源,采用新型转换技术和大规模集成电路组成的高精度、高可靠性、多功能智能型称重配料控制器,如图 6 所示。

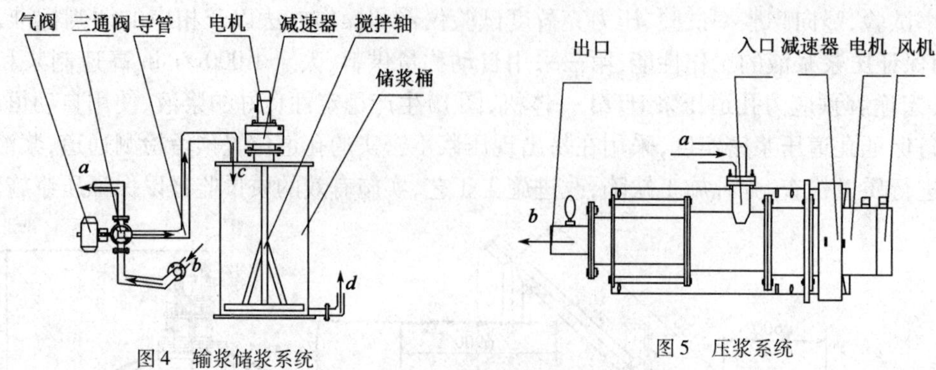

图4　输浆储浆系统　　　　图5　压浆系统

稳压系统由变频控制器和压力变送器组成,稳压原理是:由压力传感器将测得的管道的压力传递给变频控制器,变频控制器根据预先设定的来控制注浆泵的转速,从而达到保持管路中的注浆压力,如图7所示。

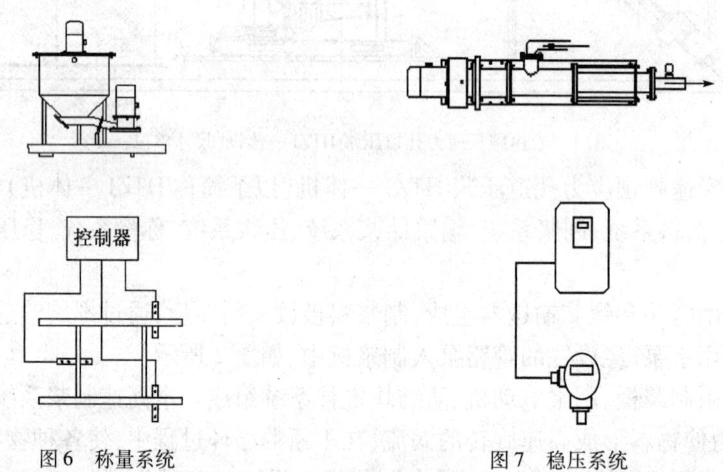

图6　称量系统　　　　图7　稳压系统

电气控制系统(图8)主要由主线路、控制线路、变频控制器及压力变送器电路组成。主线路有6台电动机,一个电磁阀,一个气泵,一个水泵。M1为制浆机电动机,它在工作中带动制浆机叶轮高速旋转;M2为水泵,为制浆机输送水;M3、M4为螺旋电动机,它使螺旋转动输送物料;M5为搅拌桶上的电机,转动搅拌轴;M6为螺杆泵电动机加风机,它为螺杆泵提供动力和散热作用;M7为制浆机上的辅助搅拌电动机;M8为气泵,为气阀提供动力;M9为电磁阀。

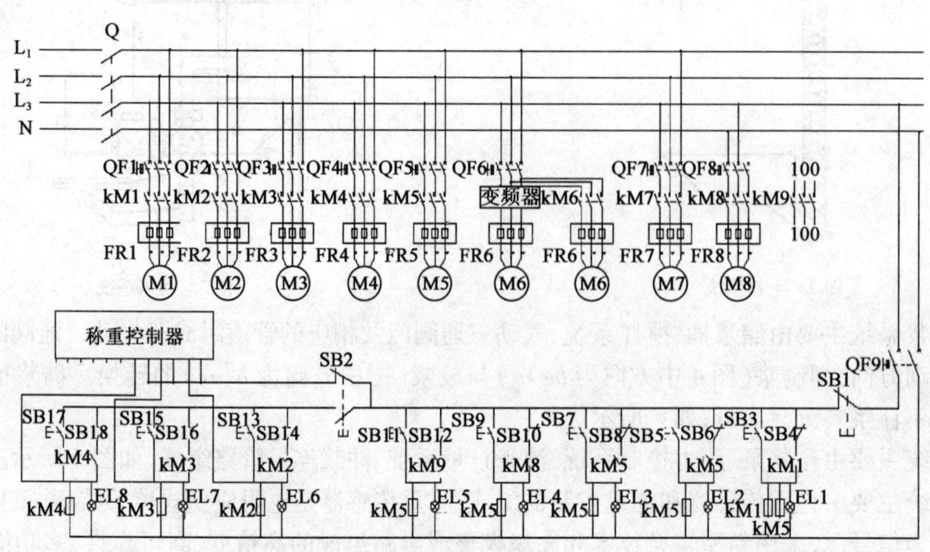

图8　电器控制系统

控制电路对 M1 到 M9 有过载保护和欠压保护能力，由热继电器 FR1 到 FR8 完成保护。变频控制器、压力变送器主要作用是显示压力与控制压力，以达到保压的要求。

5 施工工艺流程和操作要点

5.1 工艺流程

工艺流程见图 9。

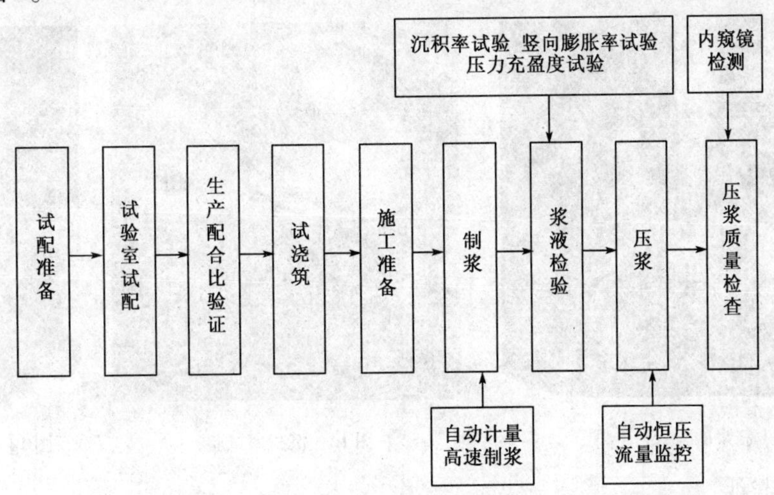

图 9 孔道压浆施工工艺流程

5.2 操作要点

1)试配准备

(1)应掌握实际施工工艺、浆液的设计强度等技术资料。

(2)压浆剂(应根据项目实际所用水泥配制)，压浆料制造商提供初步配方、原材料样品，出厂检验合格证书。

(3)环境条件：试验室的温度和湿度，应符合计划施工季节的要求。

(4)仪器设备：试验设备、仪器、仪表等计量器具均应经计量检定合格，符合精度要求，主要仪器设备见图 10。

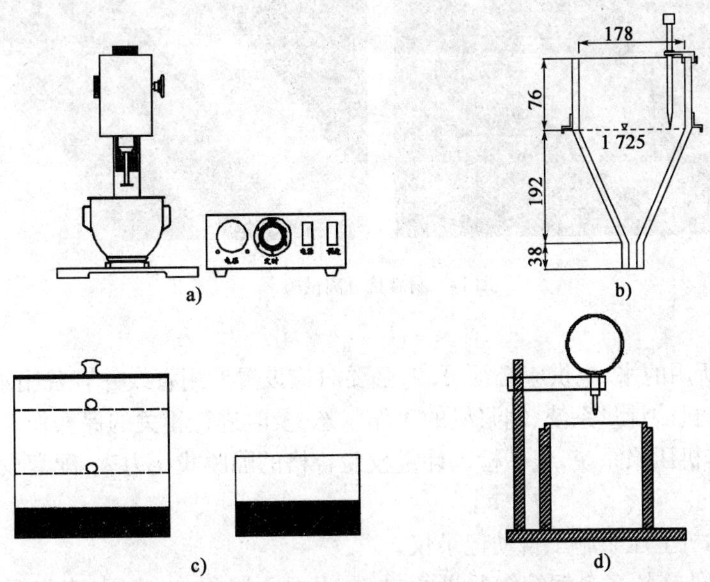

图 10 主要仪器设备图(尺寸单位：mm)

a)高速制浆试验机；b)流动度测定仪；c)沉积率仪；d)竖向膨胀测定仪

(5)试拌条件:用于实际施工设计的,试拌应使用高速制浆试验机。水泥、压浆剂或压浆料、水的温度应与施工期间的实际温度相同。

2)试验室试配(图11~图13)

根据压浆剂,压浆料生产商提供的样品,根据初步配方在工地试验室进行试配,根据实际浆液性能变化可适当调整,浆体的凝结时间、流动度、自由泌水率、自由膨胀率、竖向膨胀率、沉积率、压力充盈度等指标应符合表4的要求,28d强度应满足设计值的1.15倍,方可确定合格供货方。

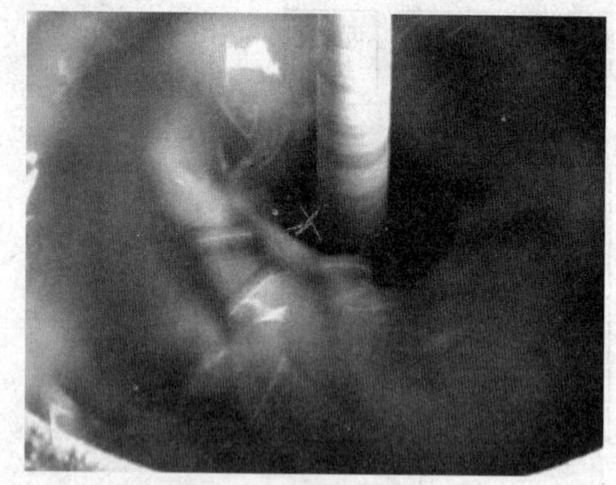

图11 制浆试验

图12 沉积率试验

图13 竖向膨胀率试验

3)生产配合比验证

制浆原材料进场后,根据试验室配合比试配结果,使用进场制浆原材料,利用试验室的制浆设备进行浆液性能验证,指标应符合表4的要求,方可确定产品满足设计要求。

4)试浇筑

在施工正式开工前,应使用进场制浆原材料及现场制浆设备进行试浇筑进行工艺性试验,如材料抗分离试验(图14),评估浆液配合比,制造方法,浆液在钢绞线和压力共同作用下泌水性能等。以确认实际施工工艺生产的浆液性能,是否符合表4的要求。

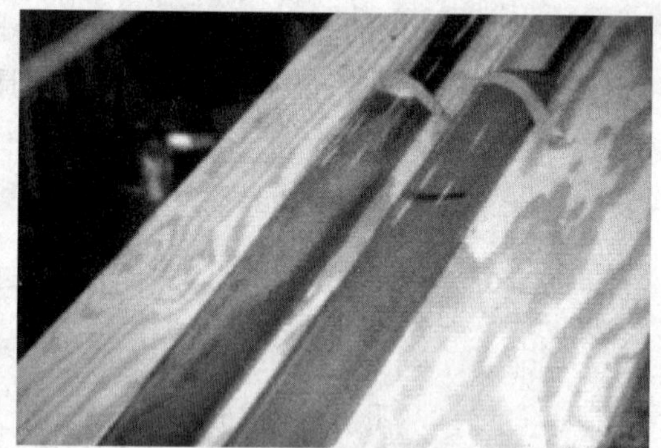

图14 材料抗分离试验

5)施工准备

(1)孔道压浆施工所用的水、电供应必须可靠,必要时应设置专用管线并有备用水源和电源。

(2)检查HTZJ一体机的计量系统、制浆机的工作状态,及时进行相关的保养作业。

(3)检查HTZJ一体机压浆系统,包括检查计量校验合格的隔膜式压力表、配套设备、输浆管和阀门的可靠性(图15、图16)。

(4)检查HTZJ一体机上压浆施工自动记录仪。

(5)压浆前,应切除外露的多余钢绞线并进行封锚,设置压浆阀,出浆阀、出气阀,出浆阀应设置在孔道最上方。

图15　自动称量称重传感器

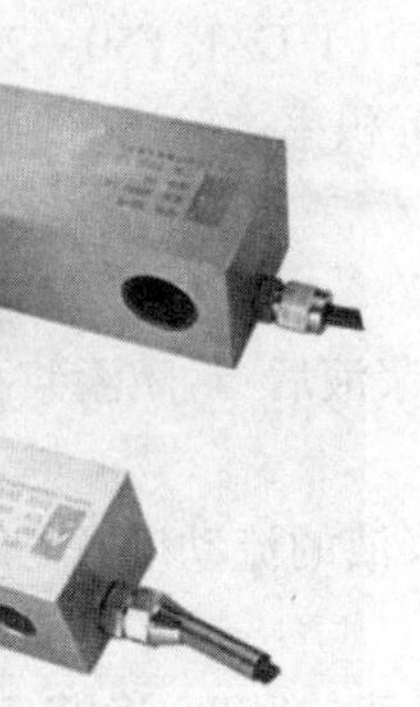

图16　隔膜式压力表与结构图

(6)在可能出现压浆不饱满的地方设置检测孔，用于内窥镜检查压浆饱满情况，作为检查工艺可靠性的手段和质量监督的手段(图17)。

(7)压浆口、出浆口、排气口应使用ϕ20mm 以上的耐压管，出浆口和排气口管的自由长度在1.0m 以上，压浆前和压浆后都必须保持其垂直状况。压浆管道应采取定位措施，预应力筋的形状为“W”形时，在向下弯曲开始位置(最高处)以及0.5m 左右的前面设置中间排气口。压浆管必须确保孔道里的气密性(图18)。压浆前，压浆管应保持垂直和封闭。

图17　内窥镜检查孔

图18　密封罩

6)制浆工艺(图19)

浆液搅拌的投料顺序：搅拌机中先加入全部拌和用水量→开动搅拌机→均匀加入全部压浆剂(料)→均匀加入全部水泥→再搅拌2min。

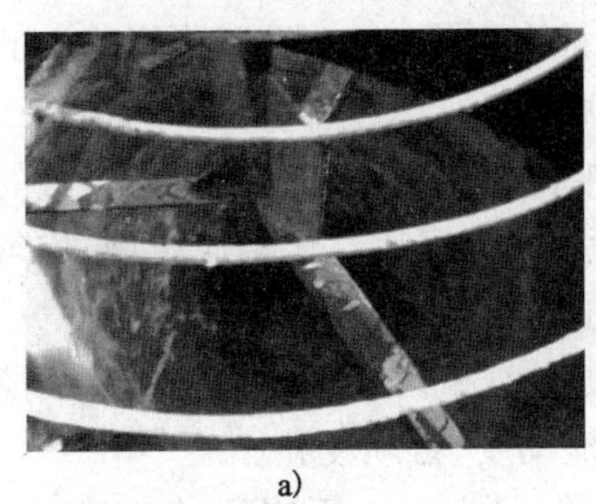

a)

b)

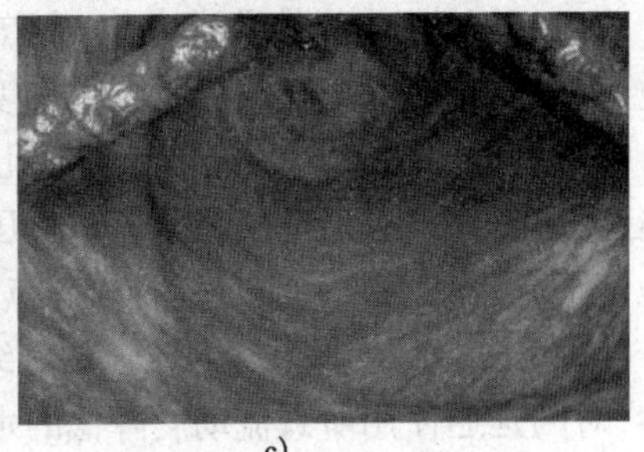

c)

图19　现场制浆流程

a)加水；b)加压浆材料；c)制浆

7)浆液检验

(1)搅拌均匀后，现场进行表4 的日常检验工作，每天或每工作班进行一次检测，浆液技术指标在表4 规定的范围内，即可通过过滤网进入储料罐。浆液在储料罐中应继续低速搅拌，以保持浆液的流动性。

(2)浆液检验方法常规试验可按《公路桥梁施工技术规范》(JTG/T F50—2011)关于孔道压浆的附录进行试验,此工法还补充了《公路桥梁施工技术规范》外的沉积率试验、竖向膨胀率试验、压力充盈度试验。

(3)沉积率试验

①将制好的浆液灌满5L容量筒,待限位溢浆孔排除多余浆液后,封闭溢浆孔。静置1h后。开启筒中部的流出孔阀门,分离出上部1/2的浆液。

②流动度比测定:用流动度仪分别测定上部浆液与下部浆液的流动度,净浆流动度值以秒(s)为单位,测量结果精确至0.5s。

③密度比测定:用2L容量筒分别检测上部浆液与下部浆液的密度,净浆密度值以 kg/m^3 单位,测量结果精确至 $1kg/m^3$。

④试验结果

$$浆液沉积流动比 = 流动度上部/流动度下部 \times 100\%$$

$$浆液沉积密度比 = 密度上部/密度下部 \times 100\%$$

(4)竖向膨胀率试验

①将新拌浆液灌入圆柱体试模中并溢出,并用玻璃板覆盖试模表面后压平,检查玻璃板下是否有残留空气,除去多余浆液。

②调整数显百分表的位置,使之垂直接触玻璃板并居中,百分表读数调整到0点以上,记录初读数 L_0。

③记录24h终读数 L_1。

④试验结果:

$$竖向膨胀率 = (L_1 - L_0)/100mm \times 100\%。$$

(5)压力充盈度试验

①压浆:压浆的压力控制在0.5~0.7MPa,压浆的充盈度达到孔道另一端饱满且排气孔排出与规定流动度相同的水泥浆为止,关闭出浆口后,保持一个不小于0.5MPa的稳压期。该稳压期的保持时间宜为3~5min。

②测量:分别在3h和24h用肉眼查看透明波纹管两端是否存在压浆缺陷,用游标卡尺检测空缺的尺寸,精确至0.1mm。

③试验结果:如发现泌水、充盈度缺陷,应分析原因,重新试验。

8)压浆工艺

(1)浆液压入梁体孔道之前,应首先开启压浆泵,使浆液从压浆嘴排出少许,以排除压浆管路中的空气、水和稀浆。当排出的浆液流动度和搅拌罐中的流动度一致时,方可开始压入梁体孔道。

(2)压浆时,对曲线孔道和竖向孔道应从最低点的压浆孔进入;对结构或构件中以上下分层设置的孔道,应按先下层后上层的顺序进行压浆。同一孔道的压浆应连续进行,一次完成。压浆应缓慢、均匀地进行,不得中断,并应将所有最高点的排气孔依次打开和关闭,使孔道内排气通畅。

(3)浆液自拌制至压入孔道的延续时间不应超过40min。浆液在使用前和在压注过程中应连续搅拌,对因延迟使用所致流动度降低的水泥浆,不得通过额外加水增加其流动度,必须废弃。

(4)对水平或曲线孔道,压浆的压力宜为0.5~0.7MPa;对超长孔道,最大压力不应超过1.0MPa;对竖向孔道,压浆的压力宜为0.3~0.4MPa。压浆的充盈度应达到孔道另一端饱满且排气孔排出与规定流动度相同的水泥浆为止,关闭出浆口后,应保持一个不小于0.5MPa的稳压期,该稳压期的保持时间宜为3~5min(图20、图21)。

(5)采用连接器连接的多跨连续预应力筋的孔道压浆,应在连接器分段的预应力筋张拉后随即进行,不得在各分段全部张拉完毕后一次连续压浆。

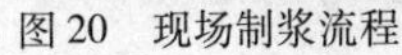

图20 现场制浆流程

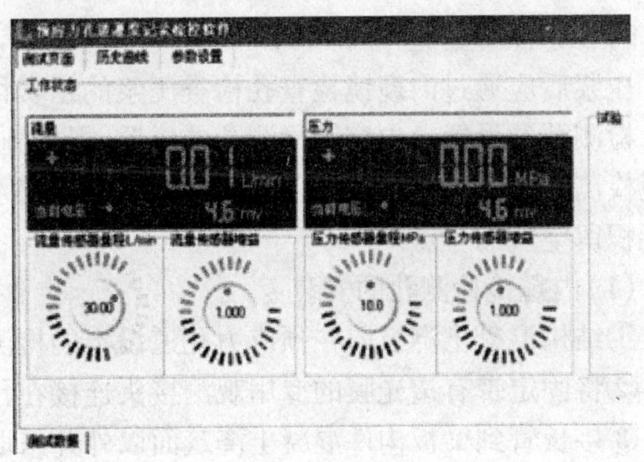

图21 压浆记录仪

(6)竖向孔道压浆应自下而上进行，并应设置阀门，阻止水泥浆回流。

(7)真空辅助压浆(图22)。孔道压浆时，在压浆端先将压浆阀、排气阀全部关闭。在排浆端启动真空泵，使孔道真空度达到 -0.06 ~ -0.08MPa 并保持稳定。然后启动压浆泵开始压浆。在压浆过程中，真空泵应保持连续工作，待抽真空端有浆液经过时关闭通向真空泵的阀门，同时打开位于排浆端上方的排浆阀门，排出少许浆液后关闭。压浆工作继续按常规方法完成。

图22 抽真空作业

(8)压浆后应通过检查孔检查压浆的密实情况，如有不实，应及时进行补压浆处理。压浆过程中，每一工作班组应制作留取不少于3组尺寸为40mm×40mm×160mm的试件，标准养护28d，进行抗压强度和抗折强度试验，作为评定水泥浆质量的依据。

(9)压浆施工过程中应对施工具体情况进行记录，同时宜采用孔道压浆施工记录仪对施工参数进行监测和记录，施工记录内容如《指南》附录F14所示。

(10)压浆后，应在浆液强度达到规定值后方可移运和吊装。

(11)压浆完成后，应及时对锚固端按设计要求进行封闭保护或防腐处理，需要封锚的锚具，应在压浆完成后对梁端混凝土凿毛并将其周围冲洗干净，设置钢筋网浇注封锚混凝土；封锚应采用与结构或构件同强度的混凝土并应严格控制封锚后的梁体长度。长期外露的锚具，应采取防锈措施(图23、图24)。

图23 封锚处理

图24 锚固端封闭

9)压浆质量检查

压浆后应通过内窥镜检查孔检查压浆的密实情况,如有不实,应及时进行补压浆处理。

检测孔的设置。内窥镜检测孔的位置,根据施工设计图纸结合梁板预应力孔道的具体形状设置内窥镜检测孔,一般应放置在可能出现排气量大、泌水集中的部位,主要包括:锚垫板附近,负弯矩顶面处,可能积留空气的弯点。

(1)内窥镜检测孔的安装

①结构混凝土浇筑前在预应力孔道设定的检测部位设置直径约20mm的孔。

②将固定带有透光膜的专用观测接头连接在预应力波纹管的钻孔上。

③接长管到梁板构件混凝土浇筑面以外并采取固定措施,安装过程应做好专用观测接头与波纹管间的密封,混凝土浇筑过程中做好内窥镜检测孔的防护。

(2)检测操作

①电子内窥镜按操作使用说明书正确连接系统,各连接点接口的安装必须准确、可靠、牢固,检查无误后,通电进行各项功能的检查、调试,应符合要求。

②探头进入检测孔道,用显示器来引导探头的方向,安全到达检测位置,不得强行插入、拉出,注意保持探头清洁。

(3)判定规则

①光束以一定角度照射时,与周围边界连续,离光源近的部分(前半部分)有阴影。

②在光束照射下,观察到与周围浆体色泽不同的光滑无凹陷时,判定为浆体不均匀或孔道杂物清理不到位。

(4)试验结果

①如发现孔道内压浆不密实、有凹坑,可破坏透光膜后进行补压浆,修复缺陷。

②如检测发现孔道压浆不饱满,以及浆体不均匀或孔道杂物清理不到位的缺陷,均应分析缺陷形成的原因,检查整改相关施工工艺。

5.3 劳动力组织

现场施工可根据施工工作面大小及施工工期要求分若干作业组进行,工种包括试验检测员、机械操作手、普工等,劳动力组织情况见表1。

劳动力组织情况 表1

序号	工种	人数	序号	工种	人数
1	试验检测员	1	3	普工	1
2	机械操作手	1	4	合计	3

6 材料与设备

6.1 工程材料

1)本工法主要工程材料有:压浆料、水泥、压浆剂、水、封锚材料。

(1)水泥应采用性能稳定,强度等级不低于42.5级低碱硅酸盐水泥或低碱普通硅酸盐水泥,水泥的性能要求应符合《公路桥涵施工技术规范》(JTG/T F50—2011)第6.15.4条的规定。

(2)压浆剂、压浆料应采用性能稳定的产品,通过拌和后,具备不离析、不泌水、微膨胀、高流动性的技术性能,压浆料、压浆剂等材料应有制造商提供的出厂检验合格证书,并应按有关检验项目、批次规定,严格实施进场检验(具体指标见表4),压浆材料中不应含有高碱(总碱量不应超过0.75%)膨胀剂或以铝粉为膨胀源的膨胀剂。不应掺入含氯盐类、亚硝酸盐类或其他对预应力筋有腐蚀作用的外加剂。压浆料或压浆剂中氯离子含量不应超过胶凝材料总量的0.06%。

(3)水不应含有对预应力筋或水泥有害的成分,每升水中不得含有350mg以上的氯化物离子或任何一种其他有机物,宜采用符合国家卫生标准的清洁用水。

6.2 机具设备

本工法主要机具设备分为试验检测仪器及现场施工设备,具体设备见表2、表3。

主要试验与检测仪器设备 表2

序 号		名 称	规 格	单位	数量	用 途
1	试验与检测设备	高速制浆试验机		台	1	试验室制浆
2		流动度测定仪		台	1	测定浆液流动度
3		自由泌水率和膨胀率试验仪		台	1	
4		沉积率测定仪		台	1	测定浆液稳定性
5		竖向膨胀率测定仪		台	3	测定浆液补偿收缩性能
6		钢丝间泌水试验仪		台	1	
7		压力泌水仪		台	1	测定浆液的压力泌水率
8		充盈度管		台	3	测定浆液的充盈程度
9		压力充盈度试验仪		台	1	测定浆液在压力下的充盈度
10		凝结时间测定仪		台	1	测定浆液凝结时间
11		压力试验机		台	1	测定浆液抗折抗压强度
12		斜管压浆试验装置		台	2	浆液在钢绞线和压力共同作用下泌水性能
13		内窥镜		台	1	压浆充盈度检查

主要机具设备汇总 表3

设 备 名 称	设备技术指标	
宏途牌 HTZJ 一体机	制浆转速:1 400r/min 水胶比:0.25~0.28 计量精度:0.1% 注浆能力:$3m^3/h$ 外形尺寸:2.7m×1.4m×2.0m	浆液流动度:10~17s 灌浆压力:≤1.0MPa 制浆能力:$4m^3/h$ 整机功率:16kW

7 质量控制

7.1 质量控制要求

预应力孔道压浆施工,应进行施工全过程的质量控制与检查,技术指标见表4,并做好压浆施工记录,见《指南》附录F14。

孔道压浆料、压浆剂、浆液检验项目与质量要求 表4

序号	检 验 项 目		指 标	进场检验或试验室试配	生产配合比验证	工艺验证	日常检验	试验方法与标准
1	水胶比(%)		0.26~0.28	√	√	√	√	JTG/T F50—2011
2	凝结时间(h)	初凝	≥5	√				GB/T 1346—2001
3		终凝	≤24	√				
4	抗压强度(MPa)	3d	≥20	√				GB/T 17671—1999
5		7d	≥40	√	√		√	
6		28d	≥50	√			√	

续上表

序号	检验项目		指标	进场检验或试验室试配	生产配合比验证	工艺验证	日常检验	试验方法与标准
7	抗折强度(MPa)	3d	≥5	√				
8		7d	≥6	√	√		√	
9		28d	≥10	√			√	
10	流动度(25℃)(s)	出机流动度	10~17	√	√	√	√	
11		30min 流动度	10~20	√	√	√	√	
12		60min 流动度	10~25	√	√	√	√	
13	自由泌水率(%)	24h 自由泌水率	0	√			√	JTG/T F50—2011
14		3h 钢丝间泌水率	0	√			√	
15	自由膨胀率(%)	3h	0~2	√			√	
16		24h	0~3	√	√	√	√	
17	竖向膨胀率(%)(24h)		0<x<3	√	√	√	√	附录 F5
18	现场沉积率(%)	沉积流动度比	≥95	√	√	√	√	附录 F4
19		沉积密度比	≥95	√	√	√	√	
20	压力泌水率(%)(孔道垂直高度)	≤1.8m,试验压力 0.22MPa	≤2.0	√	√		√	JTG/T F50—2011
21		>1.8m,试验压力 0.36MPa		√	√		√	
22	充盈度试验		合格	√				
23	压力充盈度试验		合格	√	√	√		附录 F9
24	材料抗分离试验		合格	/		√		附录 F10
25	氯离子含量(胶凝材料总量)(%)		≤0.06	√		/	/	GB 176—2008

注:1. 上述相关检验报告内容应包括:①压浆料与水的配合比;②压浆剂与水泥(水泥品种)、水的配合比。

2. 有抗冻性要求时,宜在压浆材料中掺用适量的引气剂,且含气量宜为1%~3%。

3. 有抗渗要求时,抗氯离子渗透的28d 电量指标宜小于或等于1 500C。

7.2 质量控制措施

本工法的关键是做好浆液性能的控制,因此孔道压浆施工用的压浆材料性能指标必须满足规范要求。

在制浆阶段主要控制其浆液的流动性及沉积率,流动性不满足时应重新制浆。

在压浆阶段主要控制压浆时的压力及浆体的数量,对实际施工中使用的浆液数量进行统计。与预算时的数量相比较,分析其出入原因。

在成品检测阶段主要控制硬化后的竖向膨胀率及充盈度,在易出现压浆不密实的孔道位置预留检测通道,用内窥镜进行及时检查(图25),弥补施工缺陷,改进施工工艺,实施质量监督,解决了孔道压浆质量无法检验的难题。

8 安全措施

(1)正确安装压浆设备,压浆设备应放置平坦稳固地基上。

(2)施工现场有健全电气安全管理责任制度和严格的安全规程。电力线路需按国家标准限定安全载流量,所在电气设备的金属外壳做到具备良好的接地或接零保护,所有的临时电源和移动电具安装有效的漏电保护装置,做到经常对现场的电气线路、设备进行安全检查,对电气绝缘、接电零电阻和漏电保护器是否完好，指定专人定期测试。

(3)施工现场应设置安全警告牌，进入施工现场须戴好安全帽及安全防护用品。

(4)压浆时，孔道后面不准站人，压浆时发现设备运转异常，应立即停机检查维修；避免制浆时发生安全事故及意外事故。

(5)加强同气象部门的联系，注意气象预报，及时掌握气候变化情况，搞好预防措施，避免下雨、低温影响孔道压浆施工质量。

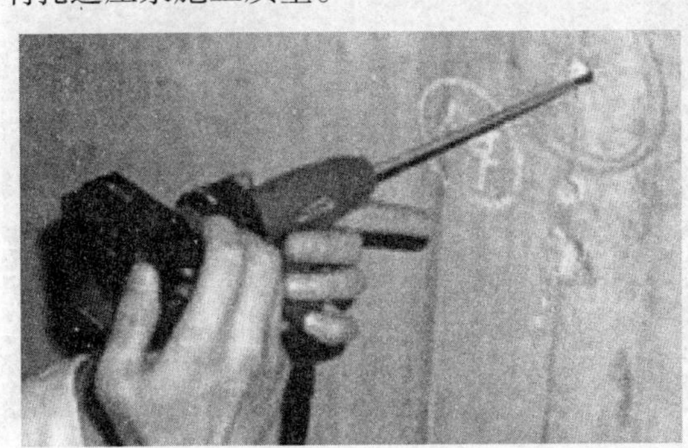
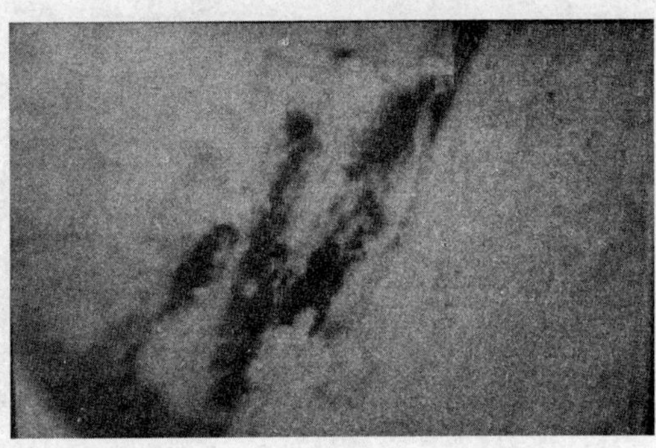

图25 内窥镜试验检测

9 环保措施

(1)应根据工程量，计算实际需要的浆液数量，减少多余浆液的数量。

(2)将废弃浆液于指定地点排放，并采取防护措施，避免其流入水体。施工物料如水泥、压浆剂等严格堆放管理，防止在雨季或暴雨时将物料随雨水径流排入地表及附近水域造成污染。

(3)使用机械设备的工艺操作，要尽量减少噪声、粉尘等的污染。

(4)加强施工机械的维修保养，防止漏油，机械在运转或维修中产生的油污水经处理后才能排放。

10 资源节约

(1)使用本工法的压浆一体机，节约劳动力，降低劳动强度，提高劳动生产率，减少了浪费。

(2)使用本工法的压浆一体机，保证了工程质量和施工进度，从长远看节约了社会资源。

11 效益分析

(1)采用本工法，能够保证孔道压浆质量的密实度，减少二次注浆的工作量，防范了质量不合格而产生的返工，停工等经济损失与对企业形象的影响，间接经济效益显著。

(2)采用本工法，可以使浆液硬化后的7d内，达到设计强度，比原来需要14d缩短了一半的时间，明显减小了施工周期，提高了梁板的生产速度。

(3)采用本工法，可以明显延长桥梁的使用寿命，提高后张预应力桥梁耐久性，经济与社会效益显著。

12 应用实例

12.1 工程实例一

钱江通道及连接线某项目工程，桥梁工程主要采取了基础钻孔灌注桩，下部构造为桩柱式桥墩、肋片桥台，上部结构采用预应力混凝土现浇连续箱梁、预制预应力混凝土小箱梁和空心板。本工程预制小箱梁和空心板的预应力孔道压浆采用该工法压浆施工工艺，提高了压浆施工质量，效果良好，社会效益显著，得到业主的好评。

12.2 工程实例二

杭州至长兴高速公路杭州至安城段第一、二合同段。全长3.76km+1.686km,新建特大桥基础采用钻孔灌注桩,下部构造采用桩柱式桥墩、肋式桥台,上部结构采用预应力混凝土现浇连续箱梁、现浇变截面预应力混凝土连续箱梁、钢筋混凝土连续箱梁、预制预应力混凝土小箱梁。本工程箱梁预应力孔道压浆采用该工法压浆施工工艺,提高了压浆施工质量,效果良好(图26)。

图26 施工图

桥梁单柱单支座改双柱双支座施工工法

GGG(浙)C4140—2013

王信棠　顾智勇　欧代军　李　刚
(浙江天宇交通建设集团有限公司　浙江鼎盛交通建设有限公司)

1　前言

在公路的互通区桥梁中,采用单柱单支座的结构比较普遍,尤其是公路匝道桥梁上,采用的弯道半径较小,随着交通流量的不断增加,近年一些运输企业为了追求运输利益的最大化,超重超限运输的车辆越来越多,虽然交通部门加大了治超的力度,但超重超限运输的车辆在一定范围内存在。因公路匝道桥梁上,采用的弯道半径较小,采用单柱单个支座,在超重车辆及偏荷载的作用下,桥梁上部梁板抗倾覆能力减小,存在一定的安全隐患。为提高上部现浇箱梁的稳定性,需对部分单柱单支座的立柱改为双柱双支座立柱。

2　工法特点

(1)能有效增强公路桥梁的抗倾覆稳定性,消除安全隐患。

(2)对已建成通车的公路桥梁改造可以不中断交通的情况下施工,只需在更换支座时短时控制性中断交通。

(3)施工方法简单易行,不需大型机械设备,对施工场地要求不高。

3　适用范围

本工法适用现浇箱梁下部单柱单支座立柱改造。

4　工艺原理

先在原来的承台上植筋,现浇箱梁底宽的单柱两侧浇筑两个立柱浇筑到梁底一定高程内,用更换支座的千斤顶将整联梁顶升到一定高度,在新立柱上各设置一个支座,去掉原立柱上的支座,将梁架设在新立柱支座上,然后将中间的立柱凿除与承台面齐平,现浇箱梁由一个支点转变为两点支承,大大提高了桥梁的稳定性。

5　施工工艺流程及操作要点

5.1　工艺流程(图1)

5.2　操作要点

1)施工前准备

施工前准备包括架设临时用电线,整修及新做施工便道、便桥、平整施工场地,根据设计图纸要求对所需支座的订货、楔形钢板的加工、施工用料的检测、对顶升设备的标定及相关机具设备的准备,组织施工人员,搭设施工支架等。

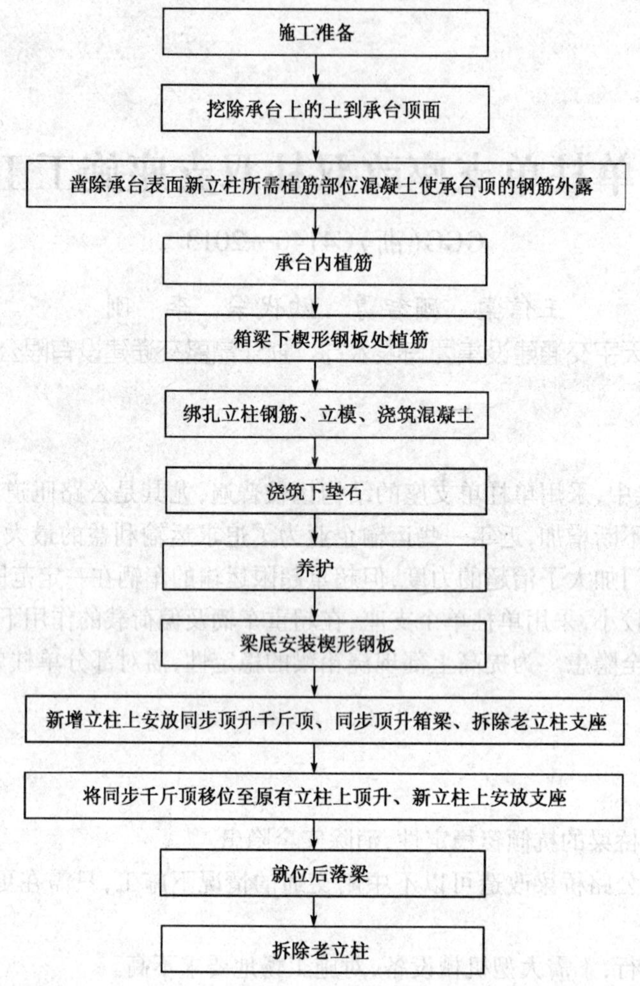

图1　单柱单支座改双柱双支座施工工艺流程

2)挖除承台上的土到承台顶面

挖除需处理段范围内的原有承台上的土到承台顶面的填筑,露出承台顶面,做好集水坑及排水渠道,以便抽水,保持承台顶面干燥清洁和足够宽的工作面。

3)凿除承台表面新立柱所需植筋部位混凝土

凿除承台表面新立柱所需植筋部位混凝土,使承台顶的钢筋外露,并保持表面粗糙。

4)承台内植筋(图2)

(1)在需新建立柱区域,已凿除承台混凝土的表面,根据设计图纸钢筋的间距定好植筋的位置,采用专用锚杆钻机打钻植筋孔,若碰到承台钢筋可适当挪动立柱植筋孔的位置,用硬毛刷清理,再用高压气泵吹去孔内的灰尘、碎片和积水,保持植筋孔内清洁干燥。

(2)先将植筋胶液灌注止孔深度的2/3左右,以插入植筋后胶水不满出孔口为宜,插入加工好的下端尖的钢筋,胶水应充满整个孔洞,如胶未满应添加满为止,如胶溢出,应将胶液清除。在胶液未凝固前避免扰动锚筋,在孔位附近不得有明水,以免影响植筋的位置和强度。在施工前应先在体外做抗拔强度试验,符合设计抗拔强度后方可全面施工。

5)楔形钢板加工及箱梁下植筋

(1)楔形钢板的加工

因箱梁底板纵横向有一定的坡度,钢板加工前先要对箱梁下口根据钢板的尺寸放样定好位置,并用水准仪观察四角位置的平面高程确定钢板的四边厚度,并及时做好记录。然后根据图纸规格尺寸及测量好四边厚度的尺寸，由专业加工单位加工，并根据图纸尺寸打好孔并做好防腐处理。

(2)梁底钻孔、植筋(图3)

楔形钢板预留孔内进行梁底钻孔时，操作人员应紧握电锤，先将钻头顶住工作面并轻微加压，然后再按开关施钻。钻孔过程中保持姿势，保证电锤钻杆垂直度，每钻孔2cm检查孔的直径及垂直度，如发现孔道偏位应及时调整电锤钻杆。施钻前在钻杆上做设计深度画线标记，防止超钻。钻完后必须清孔，清完孔后用植筋胶将钻孔孔眼填塞饱满，再将锚栓插入孔眼，植筋胶应保证插入钢筋后周边有少许胶料溢出。锚栓插入后检查孔道内植筋胶是否饱满，如发现有部分不饱满，可采用注胶法将空隙部位填塞饱满。在植筋胶固化前要保护锚栓位置的固定，不得扰动锚栓，若有较大扰动宜重新植筋。待锚栓强度达到设计要求后，可将楔形钢板用螺栓固定。

图2　承台植筋

图3　梁底楔形钢板处植筋

6)绑扎立柱钢筋、立模、浇筑混凝土

(1)根据设计及规范抽检要求，对已施工完成的植筋做拉拔强度检测，拉拔试验合格后方可绑扎立柱钢筋，不符合的须补钻重植。立柱钢筋连接采用机械连接或绑扎，钢筋统一在钢筋加工场下料加工，然后运至现场，由于受高度的限制不能用机械吊装，可能用人工进行安装制作成型立柱配筋。

(2)立柱模板选用专业生产厂家生产的定型组合钢模板，模板必须有足够的强度和刚度，能够承受施工时的侧压力及施工荷载，并确保在运输、拼装、拆模及周转过程中不变形、不损坏。因受空间高度的限制每节模板的高度不能过高，可根据立柱的高度来设置分段高度，又要利于人工立模，便于浇筑和振捣混凝土。模板弧度圆滑平顺、结合紧密、接缝处不得漏浆，保证柱体外露密实光洁、色泽一致。立柱模板安装后，应对平面位置、竖直度、顶部高程、接缝及底部密实性(防止漏浆)、螺栓拧紧程度等进行仔细检查和调整。

(3)浇筑混凝土。

混凝土浇筑前，再次对模板、钢筋、保护层垫块、预留钢筋、预埋件等进行自检，自检合格后报监理抽检，抽检合格后方可浇筑混凝土。混凝土搅拌运输车运到工地后，用人力手拉车放入升降台专用料斗中，慢慢升起料斗，并人工将混凝土放入模板内，当料斗底面与浇筑的混凝土顶面高差大于2m时，浇筑时必须采用串筒，以防止在浇筑过程中混凝土发生离析，并分层振捣密实，振动棒振捣时要求先四周后中间，快插慢拔，尽量避免碰撞钢筋和模板。振捣要充分不留死角，避免蜂窝、麻面现象，保证立柱外观的一致性。当混凝土浇筑后，要及时拆除模板，模板拆除过程中不得强行拉撬模板，以免损坏混凝土表面方形棱角。模板拆卸时还应注意轻拿轻放，防止模板变形，以便循环使用。

7)养护

立柱拆模后经监理工程师确认无工程缺陷后，立即用不褪颜色的土工布或塑料薄膜对立柱进行包裹。立柱养护时间不少于7昼夜。

8)浇筑下垫石

立柱浇筑到高程后待强度达到设计强度70%，在立柱顶面用人工将其凿毛，保证支座垫石与立柱混凝土的良好连接。在混凝土浇筑前将预埋螺栓与垫石钢筋焊接定位牢固，预埋螺栓前应检查螺栓预埋位置是否正确。垫石施工完毕达到强度后，进行平整度及高程检查，如垫石高程过高或平整度不符合要求，应用环氧砂浆找平，然后安放钢板(钢板打孔的位置与预埋螺栓埋设位置相同)，预埋螺栓安放在已打孔的钢板内并筋焊，切除高出预埋部分的螺栓后，应对钢板进行打磨和防腐处理。

9)安装楔形钢板(图4)

安装前先用将钢板沾胶面清理干净,凿毛安装部位梁底混凝土,以利楔形钢板与梁底的黏合。将楔形钢板经人工用手拉葫芦拉升到支架平台,用特制小轮车拉至安装位置,精确调整钢板位置(人工用撬棍等工具等进行调整)后在梁底及钢板上均匀涂上胶黏剂,涂抹时应保证均匀,调平钢板涂抹黏结剂时应控制厚度并调整好位置后,然后在钢板四角用4个10t千斤顶同步顶升至梁底,尽量做到一次性顶升到位,如发现顶升后调平钢板偏位,可选择千斤顶回油重新调整钢板位置,或采用撬棍适当调整钢板位置,然后用千斤顶顶紧钢板,将楔形钢板用螺栓固定,拆除临时支撑。

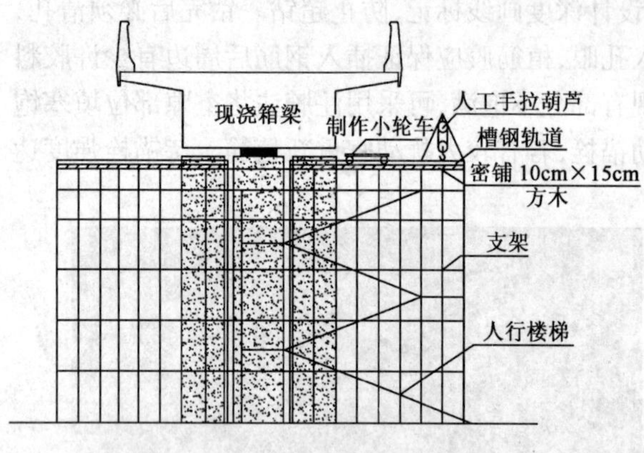

图4 安装楔形钢板立面示意图

10)新增立柱上安放同步顶升千斤顶、同步顶升箱梁、拆除老立柱支座

(1)新增立柱上安放同步顶升千斤顶

①将顶升所用已标定好的超薄型双作用同步液压千斤顶,稳定放置于梁底新立柱顶的支座垫石上,并保证各千斤顶头部距混凝土边缘大于10cm,以防止顶裂保护层。安装位移传感器,控制各墩顶千斤顶的顶升量。按整体顶升(双作用、分组、整体同步)控制图连接高压油管和电路到计算机系统分组同步控制的油泵。例如图5为千斤顶布设五跨一联的位置示意图,千斤顶的大小根据顶升梁重计算确定。

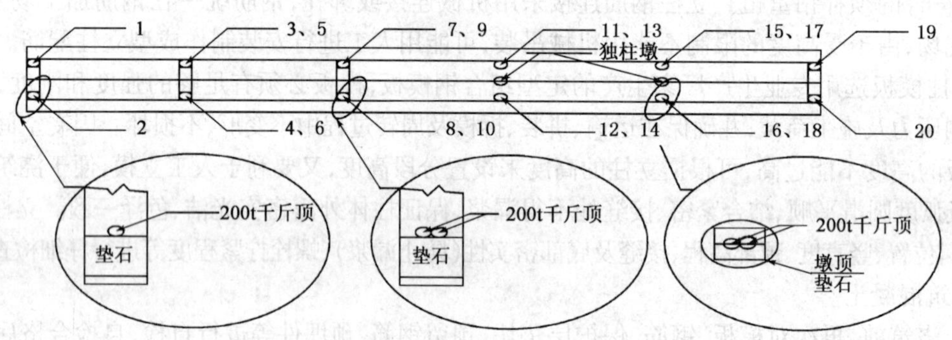

图5 第一阶段千斤顶安装平面布置

②千斤顶安装完成以后,顶升前仔细检查顶升段两端伸缩缝内是否有妨碍顶升的杂物,尤其是混凝土,以免顶升时对梁体造成破坏。如果伸缩缝里有混凝土,顶升前必须予以凿除。

③横桥向限位装置的安装。

为防止在顶升过程顶中梁产生水平位移,利用抗震挡块做横桥向限位装置,顶升前在两侧梁板与抗震挡块间的空隙内塞入一定厚度的钢板木板,留3mm的空隙,如图6所示。

(2)同步顶升箱梁

①试顶升前的检查。

a.千斤顶安装是否垂直牢固;影响顶升的设施是否全部拆除;顶升部分结构与其他结构的连接是否已全部去除;顶升系统启动后现场各组人员各就各位,密切观察桥梁是否有异常出现,设备、仪表是否正常工作,显示读数是否合理范围内。

b.控制顶升速度不超过1mm/min,最大顶升高度不超过5mm。顶升就位后,持荷30min,观察梁体及设备状况,如有异常情况,应立即回油、落梁,问题解决后再进行试顶,直到梁体受力及设备运行正常。

c.顶升就位后,根据控制系统显示的顶升重力复核支座型号及各支座承受的压力,如有异常,则应考虑调整支座型号。试顶正常后，应平稳落梁。试顶升结束后，提供整体姿态、结构位移等情况，为正式顶升提供依据。

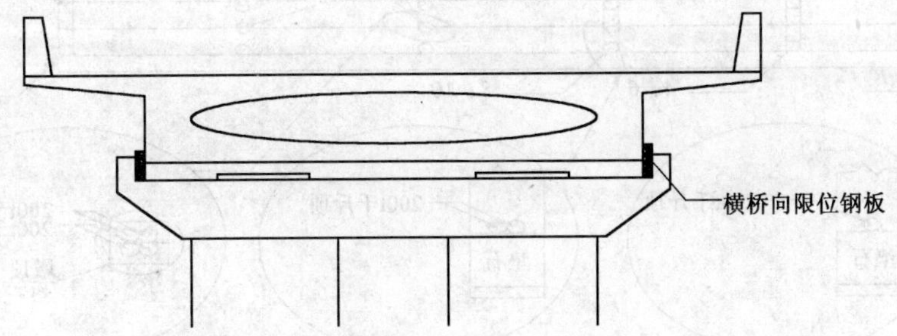

图6　利用抗震挡块设置横向限位装置示意图

②正式顶升。

a. 顶升过程中以每顶升3mm为一步，分级顶升，各顶升高差严格控制在2mm范围内，全程采用传杆器监测梁体顶升位移情况，实时监测整个千斤顶间位移传杆器升量高差，如高差超过控制值时，必须进行适时调整后才能进入下一个顶升周期，达到同步顶升目的。

b. 顶升中每顶升一级，各个测量点应认真做好测量并记录，及时将测量数据反馈到控制室，指导操作人员操作。

c. 顶升时梁每升高5～6mm，临时支座加垫一块钢板。同步顶升高度为可拆除既有支座和安装新支座所需的工作空间。

③顶升注意事项。

a. 每次顶升的高度应稍高于垫块厚度，能满足垫块安装的要求即可，不宜超出垫块厚度较多，以避免负载下降的风险。

b. 顶升关系到主体结构的安全，各方要密切配合。

c. 顶升过程中，应加强巡视工作，应指定专人观察整个系统的工作情况。若有异常，直接通知指挥控制中心。

d. 结构顶升空间内不得有障碍物。

e. 顶升过程中，未经许可非作业人员不得擅自进入施工现场，通车的公路在顶升作业时，应对顶升梁上进行交通管制。

(3)拆除老立柱支座

检查安放新立柱上临时支座，无误后拆除老立柱支座落梁，为了保证落梁时的梁体平衡，要保证千斤顶的单次回落量，直到落实位置。落梁后要认真检查各支座的支承情况，否则，须重新起顶，直到符合要求。支座更换完成以后，待荷载全部转换至临时支座上以后，便可将顶升设备移到原立柱上，进入下道工序施工。

11)将同步千斤顶移位至原有立柱上顶升、新立柱上安放支座(图7)

(1)将同步千斤顶移位至原有立柱上顶升

重复上述顶升步骤，拆除临时支座，更换新支座。

(2)新立柱上安放支座

检查安放新立柱上支座，无误后落梁，为了保证落梁时的梁体平衡，要保证千斤顶的单次回落量，直到落实位置。落梁后要认真检查各支座的支承情况，应尽量保证支座上下面全部密贴，如支座出现偏心受压、不均匀支承或脱空现象，则应重新顶升梁体，用环氧砂浆找平，在下支座用与支座尺寸相同的钢板垫平，直到支座上下全部密贴高程正确后方可落顶。由于更换支座上下连接无法采用螺丝连接，故采用焊接方法。为确保支座不受高温的影响，焊接时采用间歇性焊接。支座更换完成以后，待荷载全部转换至新支座上以后，便可拆除顶升设备，拆除液压系统的管路及其他附件，拆卸千斤顶并移走；拆除限位钢板。

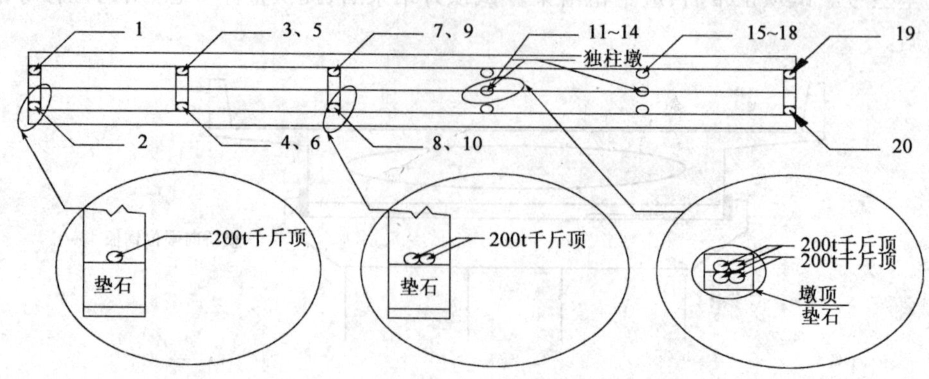

图7 第二阶段千斤顶平面布置图

12)拆除老立柱

因拆除的空间较小,原立柱拆除难度大,可采用链条锯对立柱进行分级割除,分级的大小应以移动、吊装能力、支架承受力的大小相对应,割除前搭设能支承立柱荷载的施工平台及施工脚手架。切割时按照顺桥方向割入,在割至立柱一半直径时停止操作,取出链条锯,将事先准备好的钢垫块垫入割缝,在这另一侧进行切割施工,当切割至立柱剩余10cm宽度时采用同样方法垫入钢垫块,以保证链条锯可以顺利取出。割除混凝土块的去除可采用手拉葫芦及人工配合将其移至施工平台上,然后再移至升降台上落地,用风镐将其破碎外运。施工平台及支架需搭设牢固,应满足施工所承受荷载要求。

6 材料与设备

6.1 材料

主要材料有钢材、水泥、砂石材料和橡胶支座等。

6.2 主要设备(表1)

主要设备 表1

序号	设备名称	型号规格	单位	数量	备注
1	移动式升降机	3t	只	1~2	
2	电锤	直角平面	台	6	4台普通
3	空压器	$10m^2$	台	2	
4	风镐		台	8	
5	手拉葫芦	2t	只	4	
6	链条锯		把	2	
7	计算机PTC控制系统	BAIER	套	1	
8	同步液压泵站	BAIER	套	1	
9	超薄200t双作用千斤顶	行程25mm	台	24	
10	位移传感器	BAIER	套	12	
11	高压油管	BAIER	m	2 200	
12	百分表		个	20	
13	交通车		辆	2	

7 质量控制

(1)植筋成孔:采用专用锚杆钻机,锚孔直径为30mm,锚孔垂直度偏差小于1%,成孔深度大于锚固长度相同。成孔直径宜比锚筋大2~4mm,孔位应避让构造钢筋,孔道应顺直。操作人员必须佩戴手套、安全帽及防尘眼镜。钻孔时,操作人员紧握电锤,先将钻头顶住工作面并轻微加压,然后再按开关施钻。钻孔过程中保持姿势,保证电锤钻杆垂直度,每钻孔2cm检查孔的直径及垂直度,如发现孔道偏位及时调整电锤钻杆。施钻前在钻杆上做设计深度画线标记,防止超钻。

(2)在施工前应先在体外做试验,符合设计抗拔强度要求后方可全面施工。根据设计及规范抽检要求,对已施工的植筋做拉拔强度检测后方可绑扎立柱钢筋。植筋锚固用胶要符合设计要求后方可使用(表2、表3)。

锚固用胶黏剂的安全性指标 表2

性能项目			性能要求
			A级胶
胶体性能	劈裂抗拉强度(MPa)		≥8.5
	抗压强度(MPa)		≥60
	抗弯强度(MPa)		≥50
黏结能力	钢—钢(钢套筒)拉伸抗剪强度标准值(MPa)		≥16
	约束拉拔条件下带肋钢筋与混凝土的黏结强度(MPa)	C30 ϕ25mm $L=150$mm	≥11
		C60 ϕ25mm $L=125$mm	≥17
不挥发物含量(固体含量)(%)			≥99

粘贴钢板或型钢用胶黏剂的安全技术指标 表3

性能项目		性能要求
		A级胶
胶体性能	抗拉强度(MPa)	≥30
	抗拉弹性模量(MPa)	≥3 500(3 0000)
	抗弯强度(MPa)	≥45且不得呈脆性破坏
	抗压强度(MPa)	≥65
	伸长率(%)	≥1.3
黏结能力	钢—钢拉伸抗剪强度标准值(MPa)	≥15
	钢—钢不均匀扯离强度(kN/m)	≥16
	钢—钢黏结抗拉强度(MPa)	≥23
	与混凝土的正拉黏结强度(MPa)	≥2.5且为混凝土内聚破坏
不挥发物含量(固体含量)(%)		≥99

(3)混凝土浇筑前,做好混凝土配合比试验,并对再次对模板、钢筋、保护层垫块、预留钢筋、预埋件等进行自检,自检合格后报监理抽检,抽检合格后方可浇筑混凝土。混凝土搅拌运输车运到工地后,用人力手拉车放入升降台专用料斗中,当料斗底面与浇筑的混凝土顶面高差大于2m时,浇筑时必须采用串筒,以防止在浇筑过程中混凝土发生离析,并分层振捣密实应分层进行,振动棒振捣时要求先四周后中间,快插慢拔,尽量避碰撞钢筋和模板。振捣要充分不留死角,避免蜂窝、麻面现象。在混凝土浇筑中随时检查模板位移并随时调整,确保立柱垂直度和外观质量。

(4)顶升中的质量控制。对顶升设备进行检查和标定,对顶升系统元件的可靠性调试检验,将以100%的顶升力在现场保压5h,再次确认密封的可靠性。系统的可靠性,保证系统顶升的安全性与同步性。顶升过程中以每顶升3mm为一步,分级顶升,各顶升高差严格控制在2mm范围内,全程采用传杆器监测梁体顶升位移情况,实时监测整个千斤顶间位移传杆器升量高差,如高差超过控制值时,必须进行适时调整后才能进入下一个顶升周期,达到同步顶升目的。

8 安全措施

(1)安全工作、坚持“安全第一、预防为主”的方针,工程开工前施工技术负责人、安全负责人组织施工人员,进行安全技术交底,由专职安全员检查督促安全生产的工作落实。

(2)做好现场的施工交通组织设计工作,施工现场的临时设施布置合理,施工方案合理,结合交通管制,做好现场交通管理工作,现场操作人员穿着警示服装,夜间施工参与人员须穿反光的服装,夜间施工要设置明显的灯光警示标志,围栏要有反光标志,做到施工路段标志清楚醒目。

(3)机械设备进出施工现场要有专人指挥交通,确保机械设备和过往车辆的安全。并做好防贪防盗工作和机械设备的维修保养工作。坚持持证上岗制度,特殊工种均进行了岗位培训,做到持证上岗,无证无岗。

(4)该项作业部分属高空作业,必须视具体情况配置安全网、栏杆等安全设施,物料应堆放平稳,不可堆放在临边附近,也不可妨碍通行,传递物料时不能抛掷,以防止工人、工具或物体、材料坠落。高空作业人员的衣着应灵便精干,腰间系安全带,脚下应穿软底防滑鞋,不能穿拖鞋、硬底鞋和带钉易滑的鞋。

(5)如作业下方为河道或通道路时,应确保水中作业安全管理措施河道或通道上过往船只、行人车辆的安全,并设置必需的安全设施。

(6)做好防火安全工作。

9 环保措施

施工现场根据实际情况采取一定的技术措施,做好环保工作。

(1)对水泥、砂石料等易散落飞扬等物资在运输过程中必须覆盖篷布,不得沿线洒落及扬尘。

(2)施工现场通车路段,配备洒水设备,指定专人负责现场洒水降尘和及时清理浮土。

(3)对于施工后的废料不能乱堆乱放,应统一堆放统一处理,施工期间不得影响附近群众的生活。

10 资源节约

对于已通运行的公路,在桥下施工期间,施工路段仍可通行,减少车辆绕行费用,节约运输费用,减少车辆机械损耗和燃油,从而达到节约资源。

11 效益分析

(1)本工法的社会效益显著,对于已通车的公路效益明显,减少施工期间的交通管理成本,在桥下施工期间,施工路段仍可通行,只需控制通行速度,在桥梁顶升更换支座过程中短期中断交通,也可选择在交通流量小时顶升作业,效益更佳。

(2)对支座反力异常、超载车辆多的路段,经过改造以后可以大大提高结构的安全性,从而降低车辆的运营成本。

12 应用实例

12.1 工程实例一

宁波绕城高速公路东段4A合同段为互通立交,位于东钱湖北侧,主线长1.384 6km,所有匝道桥均为预应力现浇箱梁，分别对独柱墩结构形式 A 匝道 2 号桥第二联 4、6 号桥墩，第三联 8、10 号桥墩增加墩柱、C 匝道桥第一联至二联、E 匝道桥第一联至第三联进行抗倾覆处理，设计孔跨分别为 3×30m、28+2×31m+28、4×25m、4×25m，该工程由 2011 年 7 月改造完成，工程已通过交工验收并投入运营。

12.2　工程实例二

104 国道与杨绍线交叉的大帝山立交桥 A、C、D 匝道桥各 2、3、4 号共计 9 个墩单支座改双支座也由该方法施工。立交桥于 2002 年 1 月建成通车，在桥梁检查检测中发现支座反力异常因而进行改造，改造工程 2012 年 6 月实施完成，取得了很好的经济和社会效益。

超长桩拉—锚法荷载试验施工工法

GGG(中企)C4141—2013

李红金　王春堂　李锦峰　魏赵国　尹晓光
(中铁二十三局集团有限公司)

1　前言

基桩承载力的测试方法主要有四大类:静载试验法、高应变法(CASE 法)、自平衡法、静—动试桩法。其中静载试验法又分为堆载法、锚桩—堆载法。当前,在大直径、超长桩试桩中,荷载可很大,由于受加载条件限制,一般不采用堆载法,主要采用锚桩法、自平衡试验法。但自平衡试验法还有很多理论与实际效果不一致,其应用还有很多局限,因此,最准确的试验方法还是锚桩法。

中铁二十三局负责施工的东明黄河大桥,桩基设计长度为105m,桩径为1.8m,单桩桩顶设计承载力为28 000kN,极限承载力达45 000kN。本工程根据锚桩法试验原理,改进了此类试验装置,采取了一种新的试验方法——拉—锚法,并对试验过程进行了总结,形成了本工法。

实践证明,本工法具有简单高效,技术先进,适用性强,具有明显的社会和经济效益。

2　工法特点

本工法主要利用钢绞线的拉力,充分发挥材料性能,减少了大量钢结构和压载重物的投入,具有简便,高效的特点。

本工法可以利用工程桩进行试验,减少了额外桩基。试验完成后,对试验桩进行桩底压浆,可减少桩基上拔造成的摩擦力损失。

反向荷载通过钢绞线提供,可通过调整钢绞线的数量来调整荷载。因此,此工法可应用于较广的荷载范围,具有较强的应用拓展性。

3　适用范围

本工法适用于大直径、超长桩基的大荷载桩基试验。可通过调整钢绞线数量以及锚桩数量来适应试验荷载要求,适用范围更广。

4　工艺原理

本工法利用锚桩法原理,充分利用工程桩组成群锚体系。锚桩围绕中心试桩成几何对称分布,试验桩柱顶安装由钢板焊接的承载层,呈对称的两根锚桩之间连接横穿承载层的钢绞线,试验桩柱顶设置千斤顶,千斤顶在顶升承载层的过程中,将钢绞线的拉力转化为千斤顶的反向荷载,并传递到试验桩。通过分布在桩基钢筋笼的钢筋计以及桩顶的测试仪器得到测试数据,并通过对数据分析得到相关桩基参数。

5　施工工艺流程及操作要点

根据地质勘查报告及设计单桩极限承载力选定最大破坏荷载,并通过设计单位确认。根据确定的最大破坏荷载进行锚桩数量、承载层和钢绞线数量等系列桩基静载试验设计。

5.1 桩基础施工

桩基施工采用传统工艺施工,其施工工艺流程为:施工场地平整→测量放样→护筒打设→钻机就位安装调试→泥浆制备→钻孔施工→成孔→清孔→安装钢筋笼→安装导管→二次清孔→水下混凝土灌注→桩基完整性检测。

施工工程中注意事项:①钢筋笼加工及安装过程中确保试桩检测设施的(钢筋计及导线)准确定位;②确保桩基施工质量,采取措施防止桩基完整性检测设施(声测管)以及注浆管堵塞。

5.2 加载设施施工

由于锚桩—水平反力梁系统能够提供的最大反力有限,本工法采用能够提供较大反力的斜拉法(图1、图2)。桩头加固并接高,通过桩顶上部油压千斤顶对试桩施加反力,反力通过千斤顶上部的承载层传递到对称方向的钢绞线上,钢绞线通过固定锚具,将反力传递到锚桩及锚桩的水平反力柱上,锚桩承受竖向的上拔力,而锚索传递下来的水平力完全由水平传力柱传递到环梁上。

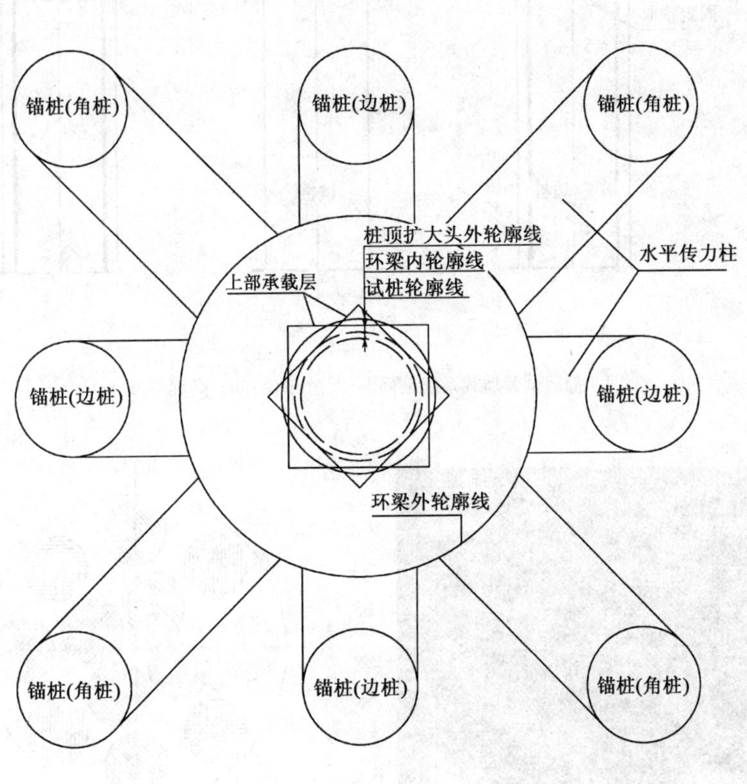

图1 静载试验加载系统平面图

锚桩施工完成后,凿除桩头,安装由钢板焊接而成的环形锚垫板,环形锚垫板与锚桩桩头钢筋焊结,焊缝数量、长度应符合试验桩基静载试验设计要求(根据锚桩提供反力1.2倍考虑),安装锚固段预应力钢绞线,采用定型支架对钢绞线角度、方位进行准确定位,同步进行环梁及传力柱钢筋绑扎、立模,经验收合格后进行混凝土浇筑施工,浇筑施工见图3。

试桩桩头扩大加固并接高,为斜拉法提供必要的高度和传力结构所需的工作面。为承受上部千斤顶的局部压力,在桩顶适当布置钢筋网片。

根据达到最大静载破坏荷载需要提供的反力,选择千斤顶的型号、数量,对称布置在桩顶面(图4),采用的千斤顶的型号、规格应相同,千斤顶的合力中心应与桩轴线重合并采用1台油泵通过分油器供

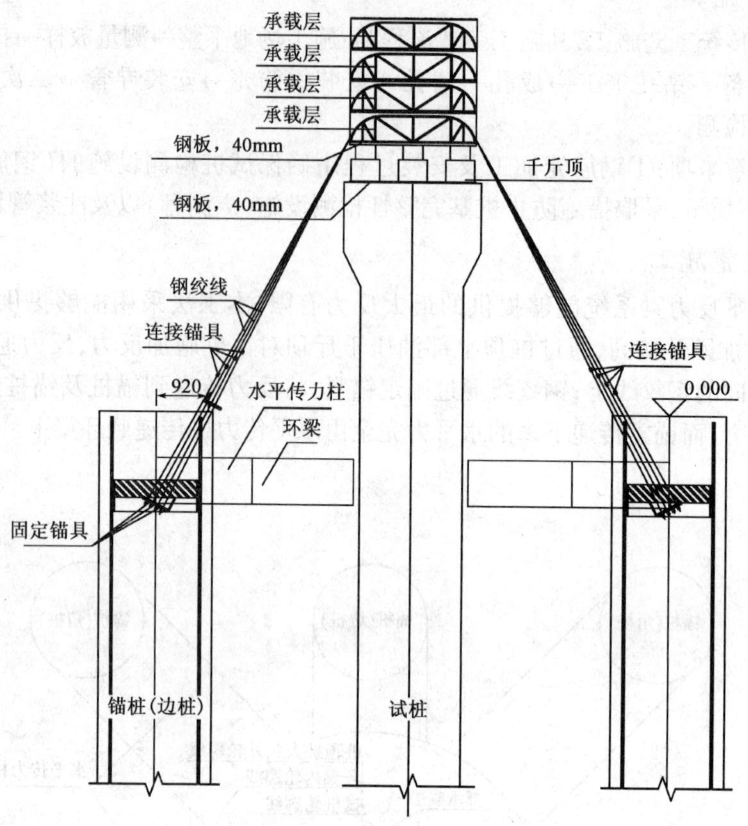

图2　静载试验加载系统剖面图(尺寸单位:mm;高程单位:m)

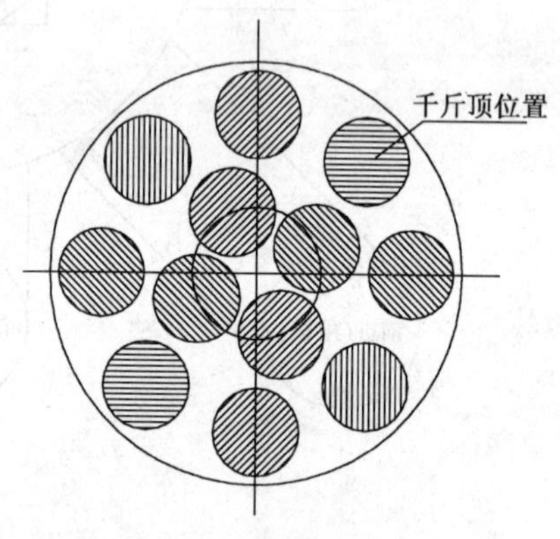

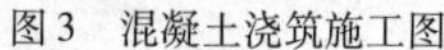

图3　混凝土浇筑施工图

图4　桩顶千斤顶布置图

油,以达到加载时并联同步工作的目的。

千斤顶上部布置钢板,然后在钢板上部安放承载层,以将千斤顶的反力传递到钢绞线上。承载层由钢板焊接成格构的体系组成(图5),承载层根据锚桩相对于试桩的方位、角度进行逐层旋转对正,并逐层点焊焊接,防止水平力引起承载层横向滑移。

钢绞线通过连接器与锚桩预埋钢绞线连接锚固(图6)。钢绞线为分段连接,整体受力,因此同排钢绞线之间受力要均衡,误差在一定范围内,不能出现局部受力超限的情况。由于钢绞线两端已经预先固定在锚桩上,因此中间部分的钢绞线长度控制尤为重要,通过索力计测试每根钢绞线的索力,调整钢绞线长度达到调节同排索力一致的目的,经过反复调试,直到满足要求为止。

图5 承载板安装图

图6 钢绞线连接

桩基静载试验设计及施工应注意:①为了减小锚桩(边桩)试验过程中上拔裂缝宽度,需对锚桩(边桩)进行配筋验算;②传递到锚桩上部的水平荷载通过水平立柱,传递到环梁上。但环梁不能与试验桩有接触,以免影响试验效果。环梁应具有足够的刚度,地基承载力要满足要求。

5.3 测试系统安装

1)荷载量测

荷载量测采用荷载传感器数控计量为主,油泵及配套油表控制为辅。

2)沉降量测

对试桩的沉降变形量的量测采用电测位移计和百分表,布置在桩顶设计高程处,桩身对称布置4个电测位移计和2个百分表。基准梁采用型钢,根据施工现场情况选定,应具有一定刚度,基准梁一端固定在试验场地范围外离锚桩中心≥4D(D为桩径)且>2.0m的基准桩上,另一端简支在试验场地范围外离锚桩中心≥4D且>2.0m的基准桩上。固定和支撑百分表的夹具及基准梁应避免气温、振动及其他外界因素的影响。

静载试验过程中,由于锚桩承受竖向上拔力,对锚桩的上拔量进行量测。在锚桩顶安装百分表(图7),观测桩顶位移,以判断锚桩的上拔量。

3)桩身轴力量测

桩身轴力采用振弦式钢筋计量测,在土层分界处的桩身混凝土中对称预埋4个钢筋计,在桩端持力层上部1.5m处多布置一道钢筋应变计,钢筋应变计由计量部门提供标定记录。钢筋计的具体位置及数量由详细地质报告确定。

图7 百分表

轴力测量系统施工要求:

(1)钢筋笼加工过程中,采用帮条焊方式将钢筋计拉筋焊接在钢筋笼的主筋上;导线用绑扎带捆绑于主筋上,钢筋笼安放入孔前进行钢筋计试读取,对读取不合格的钢筋计(主要为加工过程中导线破坏、焊接不牢引起)及时更换,确保成活率。

(2)钢筋计需进行室内标定、试压,满足规范及设计要求。

(3)为防止导线受损,在钢筋笼制作、成桩时及测试前派专人对导线进行保护。

5.4 荷载加载试验

静载试验在试桩混凝土达到能承受设计要求荷载后进行,并不应少于28d。

1)加载分级

结合《建筑桩基检测技术规范》(JGJ 106—2003)要求,加载宜采用慢速维持单循环法一次逐级加载,至最大值后分级卸载。分级荷载宜为最大加载量或预估极限承载力的1/10,其中第一级可取分级荷载的2倍。卸载应分级进行,每级卸载量取加载时分级荷载的2倍,逐级等量卸载。加、卸载时应使荷载传递均匀、连续、无冲击,每级荷载在维持过程中的变化幅度不得超过该级增减量的10%。

2)测读桩顶沉降量的间隔时间

每级加载后在第1h内每隔15min测读一次,以后每隔30min测读一次。电子位移传感器连接到计算机,直接由计算机读数。

3)沉降相对稳定标准

每级荷载作用下,桩顶沉降量在两次测读之差小于0.1mm,并连续出现两次,且每级荷载维持时间不少于1.5h,即视为稳定,可加下一级荷载。

4)卸载分级

每级卸载值为加载值的2倍,每次荷载卸载后,应观测桩顶回弹量,观测办法与观测沉降时相同,直到回弹稳定后,再卸下一级荷载,回弹稳定标准与下沉稳定标准相同。

卸载到零后,至少在2h内每30min观测一次,第1h内,每15min观测一次。

5)终止加载条件

满足下述条件之一,即可终止加载:

(1)总位移量大于或等于40mm,本级荷载的下沉量大于或等于前一级荷载的下沉量的5倍时,加载即可终止。取此终止时荷载小一级的荷载为极限荷载。

(2)总位移量大于或等于40mm,本级荷载加上后24h未达稳定,加载即可终止。取此终止时荷载小一级的荷载为极限荷载。

(3)总下沉量小于40mm,但荷载已大于或等于设计荷载×设计规定的安全系数,加载即可终止。取此时的荷载为极限荷载。

6)锚桩上拔量标准

如试验的锚桩将作为工程桩使用,其桩—土体系的承载力特征等因素不得破坏,要严格控制锚桩上拔量。

7)现场试验记录

静载试验现场填写相关的试验记录表,包括试桩概况、加载情况、各量测仪器的读数、气温等,以确保试验数据真实反映,有据可依。

5.5 数据整理及分析

试桩静载试验报告包含以下内容:

(1)工程及试桩概况。工程名称、试验地点、试验时间、工程概况、桩型、桩径、桩长、桩身材料、持力层、施工记录、设计要求、设计、勘察及施工单位,成桩和试验过程中出现的异常情况等。

(2)试验结果汇总表及Q-s曲线。将现场试验记录表结果整理成汇总表形式,绘制竖向荷载—沉降(Q-s)曲线。

(3)单桩竖向极限承载力判定。

(4)不同土层的分层侧摩阻力和端阻力值,以及数值变化规律。

5.6 拆除试验装置及桩底压浆

试验完成后,可将环梁、试验梁桩帽混凝土结构拆除,采用混凝土破碎锤。

为消除锚桩桩上拔后摩擦力损失,对桩基进行孔底压浆,其压浆途径为已预埋的4根声测管,声测管底部安装带孔的钢管,在桩基灌注完成后用高压水冲开灌浆孔及周边水泥浆。压浆的设备采用高压浆泵,压浆时压力可达6~12MPa,水泥浆采用水泥、缓凝剂、粉煤灰掺配。经过压浆,大部分桩基有1~3mm的上浮量。

6 材料与设备

本工法所需的材料与设备除桩基和混凝土的施工设备外,其主要量测设备和仪器见表1。

量测设备和仪器　　表1

序 号	设 备 名 称	设备数量	试 验 用 途	备 注
1	桩基静载测试仪	1台	桩基静载	
2	电动油泵	2台	控制加载	
3	电子位移计	4个	测量试桩沉降量	
4	百分表	6个	测量试桩沉降量,测量锚桩上拔量	
5	XP99 频率仪	2台	轴向应力测试	
6	振弦式钢筋应力计		轴向应力测试	每个地层或每5m设4个
7	混凝土应变计		轴向应力测试	
8	笔记本计算机	3部	测试数据整理	
9	测试车	1辆	交通、测试	
10	索力计	1台	钢绞线调试	
11	钢绞线		提供反力荷载	
12	500t 千斤顶	12台	提供试验荷载	
13	承载板	4台	固定钢绞线	
14	基准梁	2套	提供测试条件	

7　质量控制

为了保证检测试验质量,确保试验结果科学、公正、准确,采取技术措施如下:

(1)严格执行相应检测标准、检测技术规范和规程。

(2)检测人员必须持证上岗。

(3)工程中使用所有仪器、仪表,均经过国家认定的计量部门进行检定或校准,并在有效期内使用。以确保仪器、仪表性能良好。

(4)现场试验数据应即时认真如实记录,不得随意涂改试验数据。以确保试验数据真实、可靠。

(5)检测工作程序按检测流程进行检测,确保检测工作质量。

8　安全措施

为了确保试验工作能安全、顺利进行,严格执行国家有关安全生产的各项规定,采取切实措施,防范于未然。

(1)进场前做好现场试验人员的安全教育工作。

(2)加载构件及混凝土结构严格按照设计规定进行施工,所用材料要采用合格产品,混凝土必须达到设计强度后方可进行试验,尤其是钢绞线及连接器要进行破坏试验。

(3)安装试验装置时,按照设计图纸要求操作,必须确保平稳安全。

(4)现场试验人员必须严格遵守操作规程。

(5)试验时必须注意用电安全,严格遵守用电规范。

(6)现场配备3名安全人员值班负责安全防护,避免非施工人员进入。

(7)在试验装置四周设置安全挡板及安全警戒线。

为保证整个试验工作的顺利进行,针对现场试验可能出现的问题设立如下应急措施:

(1)测试过程中出现停电导致试验中断时,测试单位要关闭测试设备,关闭电动油泵,保持现有荷载级数不变,随时观测百分表,记录试桩、锚桩位移变化,建设单位联系有关部门抓紧抢修电路,来电后继续进行试验。

(2)为防止气候变化对现场测试工作的影响,由施工单位预先搭盖雨棚,遮盖观测仪表与基准梁、基准点。

(3)为防止测试过程中设备出现故障影响测试,易损部件均携带备用部件。

9　环保措施

本工法产生的环保因素为:在桩基施工阶段产生泥浆,在拆除阶段需要破碎锤,会产生噪声。在其他环节不产生污染物,占用场地很小,没有大型设施和设备投入,对环境影响及附近居民影响很小。为减少环境影响,应采取如下有效措施:

(1)桩基施工泥浆应在施工时开挖泥浆池,征地界处设挡土梗,防止泥浆外流,多余的泥浆应使用封闭车辆将泥浆运输至指定存放点。

(2)在拆除阶段,应在白天进行施工,严禁夜间施工,在四周设挡板,减少噪声外溢。拆除垃圾应运至弃土场内。

10　效益分析

(1)节约材料,施工简便

拉锚试验装置主要材料为混凝土环梁、桩帽、钢索鞍、钢绞线(含连接器)、型钢等,所用材料均可利用工地材料,由于能充分利用桩基抗拔和钢绞线抗拉性能,大量减少了加载材料,不再使用大量专门器材,也没有大量压载物,大大降低了施工费用,因此具有良好的经济价值。

(2)效率高,具有高仿真性

该装置不用设置传统工法中的平衡梁,直接采用钢绞线作为反力装置,充分利用钢绞线的拉力,具有更高的效率。如有要求,也可进行反复加载。桩基受向下的荷载而下沉,与自平衡法相比,更能反应工程实际效果,由于采用钢筋计进行分段测试,能得到与实际工程效应相接近的各土层的实际摩阻力,可为设计优化提供详细的数据。

(3)适应性广,社会效益良好

该装置可调节钢绞线数量达到不同荷载,能适用于多种桩基试验要求,具有良好的适应性。由于不需要专门的器材,结构简单,操作方便,因此具有良好的推广价值。

11　应用实例

山东省东明黄河公路大桥项目东接山东省日照至东明高速公路,西接河南省在建的济源至东明高速公路。本项目正线方案路线长度为23.86km,其中黄河大桥全长15.2km,全桥共67联,跨越黄河的主桥上部结构为现浇预应力混凝土钢结构—连续梁体系,主桥跨径布置为(67m + 7 × 120m + 67m) + (67m + 6 × 120m + 67m) + (67m + 6 × 120m + 67m) + (67m + 6 × 120m + 67m)。下部采用柱式墩及薄壁墩,主桥采用群桩基础,每个主墩布置21根直径为1 800mm的钻孔灌注桩,桩长105m,单桩桩顶设计承载力为12 500kN。

设计荷载等级为公路—Ⅰ级;桥面净宽为2 × 净13.25m。

为了验证初步设计,收集地层数据,确保结构安全,我们进行了桩基静载试验。在分析了设计图纸,并结合国内外试验方法的基础上,经过反复讨论,排除了堆载法、自平衡法,利用锚桩法原理,将平衡梁及堆载物改为钢绞线,利用钢绞线拉力转化为向下的反力来加载(选用8锚1,四层承载层的拉锚体系),取得了良好的技术和经济效果。

1)准备阶段

为保证整个试验工作的顺利进行,试验桩及试验场地(图8、图9)应具备如下条件:

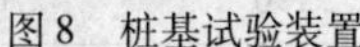
图8 桩基试验装置

图9 试验装置全景图

(1)试桩、锚桩的设计与施工应严格按照《公路桥涵施工技术规范》(JTG/T F50—2011)附录B(试桩试验办法)进行。

(2)为防止预埋的钢筋应力计和导线受损,在钢筋笼制作和成桩过程中,施工单位应注意加强保护,并在测试开始前保护好导线不受损坏。

(3)试桩成孔后,应严格清孔,测量沉淀层厚度,以作为本项目钻孔桩施工时沉淀层控制的重要依据。

(4)在桩头、桩帽及混凝土反力大梁施工之前,应首先进行桩身结构完整性超声波检测工作。

(5)测试之前,施工单位应向检测单位提供详尽的试桩场地工程地质情况、试桩灌注记录、预留混凝土试块的28d抗压强度、抗压弹性模量等项资料。

(6)试验场地要求平整、通畅,水电设施齐全,应保证车辆及试验检测设备的正常、安全进出。

2)试验阶段

为了调节受拉钢绞线的拉力分布,试验开始前进行了预加载,最大加载量为6 000kN,测得的最大沉降量为3.82mm,卸载后的沉降量为1.95mm,回弹量为1.87mm。

正式试验加载阶段于2012年3月17日16时开始,于2012年3月20日11时结束。

试验按照加载分级进行逐级加载,记录每级加载的试桩桩顶沉降变形量、锚桩桩顶上拔量以及桩身轴力计的读数。每级荷载在满足稳定标准时进行下级加载,满足终止加载条件后停止加载并开始逐级卸载到0。加载、卸载过程中,由仪器设备自动记录试桩桩顶沉降变形量、锚桩桩顶上拔量以及桩身钢筋计数值变化。试验完成后及时对数据进行整理、存储,以便试桩试验结果的整理。

试验卸载完毕后,对仪器设备有条理地进行了拆除,并妥善安置保存。

3)单桩竖向静载试验结果汇总

经过对数据进行分析,得出试验数据,单柱竖向静载试验结果见表2和图10,柱侧摩阻力及柱端阻力试验结果见表3和图11。

126号墩单桩静载试验结果汇总

测试日期:2012.3.17~2012.3.20 桩长:105m 桩径:1.80m 表2

加(卸)载等级(kN)	稳定荷载(kN)	t(min)		s(mm)	
		本 级	累 计	本 级	累 计
0	0	0	0	0	0
6 000	5 975	120	120	1	1
9 000	8 930	120	240	0.92	1.92
12 000	11 700	180	420	1.19	3.11
15 000	14 881	210	630	1.58	4.69
18 000	18 046	150	780	1.7	6.39
21 000	21 161	150	930	1.65	8.04
24 000	23 841	330	1 260	1.74	9.78

续上表

加(卸)载等级(kN)	稳定荷载(kN)	t(min)		s(mm)	
		本　级	累　计	本　级	累　计
27 000	26 612	120	1 380	1.81	11.59
30 000	30 278	240	1 620	1.94	13.53
33 000	32 753	270	1 890	1.86	15.39
36 000	35 967	150	2 040	2.03	17.42
39 000	38 841	150	2 190	2.02	19.44
42 000	41 817	210	2 400	2.15	21.59
45 000	44 843	270	2 670	2.26	23.85
36 000	35 761	90	2 760	-0.73	23.12
27 000	27 286	60	2 820	-2.62	20.5
18 000	18 170	60	2 880	-2.77	17.73
9 000	9 385	60	2 940	-3.04	14.69
0	0	150	3 090	-3.04	11.65
最大沉降量:23.85mm,最大回弹量:12.20mm,回弹率:51.2%					

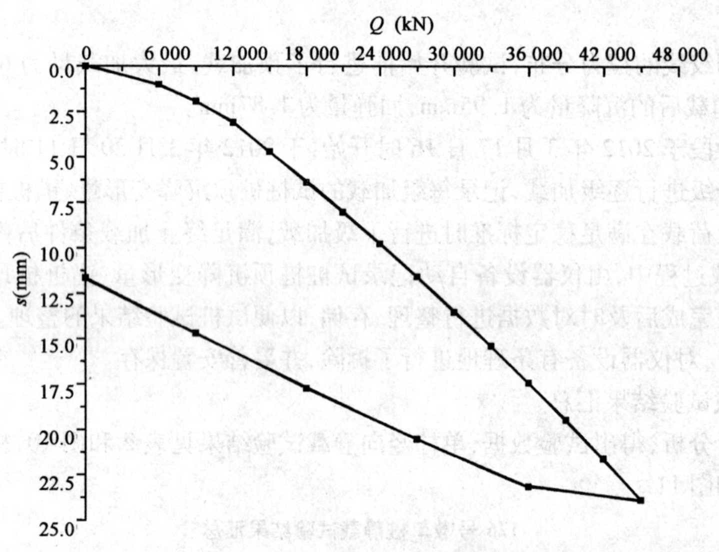

图10　126 号单桩竖向静载试验结果 Q-s 曲线图

桩侧摩阻力及桩端阻力统计值

表3

层　号	土　层	层底高程(m)	土层厚度(m)	勘察建议值(kPa)	单桩静载试验实测极限值(kPa)
0	地表	62.35			
1	素填土	61.85	0.5		
2	粉土	58.15	3.7	35	
3	粉砂	43.55	14.6	35	39
4	粉质黏土	38.55	5	45	57
5-2	粉质黏土	29.85	8.7	60	
5	细砂	22.35	7.5	50	51

续上表

层　号	土　层	层底高程(m)	土层厚度(m)	勘察建议值(kPa)	单桩静载试验实测极限值(kPa)
6	粉土	16.75	5.6	60	53
6-2	细砂	13.85	2.9	60	62
6-1	粉质黏土	9.85	4	60	63
7	粉质黏土	2.95	6.9	65	41
7-2	细砂	0.25	2.7	60	95
7	粉质黏土	-2.95	3.2	65	84
8	细砂	-16.15	13.2	60	71
9-1	粉土	-21.15	5	65	64
9	粉质黏土	-32.95	11.8	70	106
10-2	粉土	-42.25	9.3	70	89
11-2	细砂	-49.65	7.4	60	65

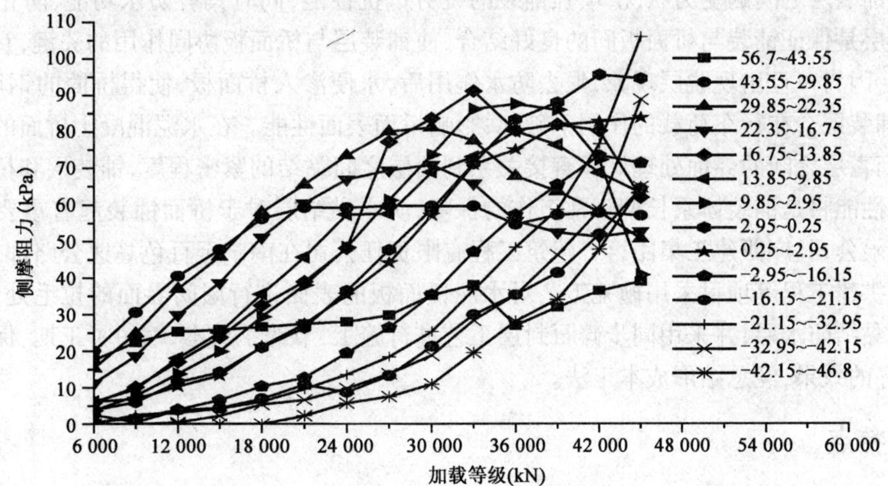

图11　各层土桩侧摩阻力的变化图

桥面抛丸拉毛同步碎石防水层施工工法

GGG(桂)C4142—2013

莫志凡　曹剑锋　李英魁　刘淮勋　凌荣超
(广西路桥建设有限公司　广西建工集团第二建筑工程有限责任公司)

1　前言

桥面铺装与一般路面的主要不同在于铺装与桥面板之间的黏合较其他道面困难。防水黏结层是桥面铺装的重要组成部分,它将铺装层与桥面板黏结成一个整体,充分发挥铺装层与桥面板的复合作用,改善桥面板与铺装层之间的受力状况,增强铺装的疲劳抵抗性能,同时具有防水功能,防止水分下渗腐蚀钢筋。黏结层是保证铺装与桥面板间的良好结合,使铺装层与桥面板协同作用的关键,它直接影响到铺装的耐久性,因为一旦出现脱层现象,失去防水作用后,水便渗入桥面板,使得桥面的钢筋发生锈蚀。此外,脱层的铺装层会在行车荷载的作用下破坏,影响桥面表面性能。在水泥混凝土桥面的沥青铺装层中,水泥层与沥青层之间的界面处理好坏直接关系到两层之间黏结的紧密程度,铺装层和桥面板之间牢固耐久的黏结性能将是铺装体系长期正常工作的保障,防水黏结层对于桥面铺装起着重要的作用。广西路桥建设有限公司、广西建工集团第二建筑工程有限责任公司在南宁至百色高速公路部分桥面、南宁市龟背桥改造扩建工程等项目采用抛丸工艺对水泥桥面板的表面进行层间界面的拉毛处理,采用SBS改性沥青作为黏结防水层,并采用同步碎石封层工艺进行施工,节约了成本,缩短了工期,保证了工程质量,取得了较好的效果,经总结形成本工法。

2　工法特点

(1)桥面界面处理及黏结层铺筑可以采用机械化施工,施工速度快,工作效率高,质量易控制。

(2)施工过程在干燥环境中进行,不需施工用水。

(3)在有较多钢筋头外露的桥面也能进行正常施工。

(4)方便进行施工组织,交通封闭时间短,工程造价较传统方法有效降低。

3　适用范围

本工法适用于水泥混凝土桥面黏结防水层铺装施工。

4　工艺原理

施工中先用抛丸机对水泥混凝土桥面板进行界面拉毛处理,使桥面板作为下卧层达到平整、粗糙、整洁的要求,然后采用同步碎石封层车进行防水层洒布铺筑施工。工艺原理如下:

1)抛丸界面处理

钢丸在抛丸机中受一个高速旋转的抛射转轮的击打,如图1所示,受离心力的作用,按预先设定好的工作模式和方向,以很高的速度(大约70m/s)和一定的角度抛射到工作表面上,钢丸高速撞击工作表面,使得工作表面上的杂质、附着物以及其他需要清理的物质得以清除。打击过表面的钢丸在配套吸尘设备产生的负压和本身撞击的反弹作用下,钢丸和杂质一起回到机器自身的分离系统,只有很少的钢丸被击为粉碎而无法再利用,大部分钢丸在分离系统中与杂质相分离,返回回收料斗而可以重新循环利用,杂质则通过吸尘系统加以排出。

2)沥青同步碎石施工

沥青同步碎石封层技术,是在同一台设备上(同步碎石封层车),同时洒下黏结料和石料,两者在不到1s的时间内结合在一起,实现喷洒到路面上的高温黏结材料在不降温的条件下及时与碎石结合的效果,不存在等待集料结合的问题。当沥青结合料仍处于很好的流动性时,可以保证沥青结合料和集料之间最大的表面接触程度,毛吸引力可以使沥青结合料产生一个凹面,该凹面与集料间好似镶嵌珠宝,因此不会有集料流失,从而确保黏结料和碎石的牢固结合。沥青同步碎石施工示意图见图2。

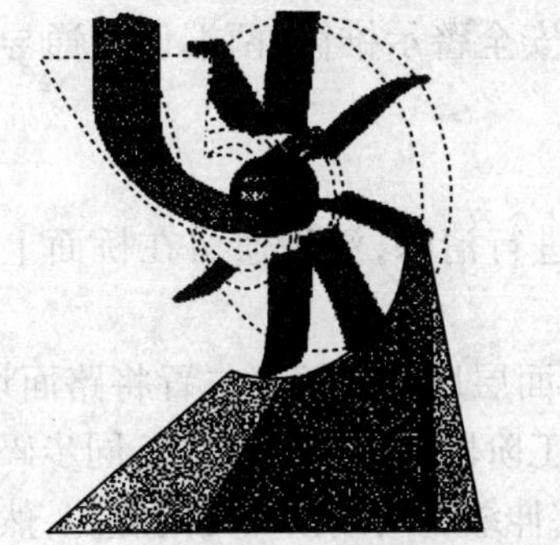

图1 抛丸原理图

图2 沥青同步碎石施工示意图

5 施工工艺流程及操作要点

5.1 施工工艺流程(图3)

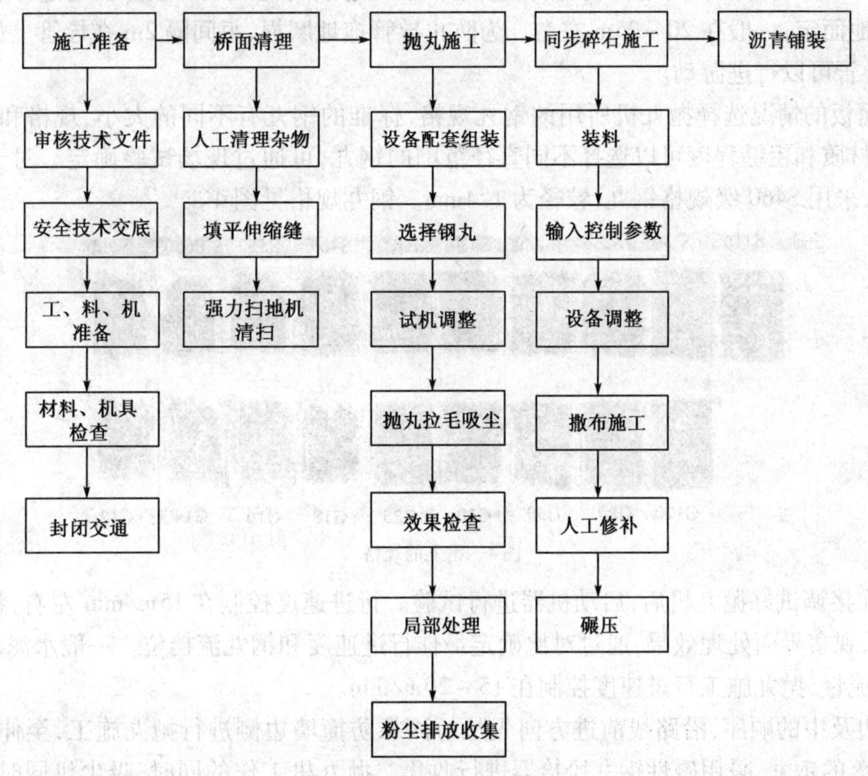

图3 施工工艺流程图

5.2 工艺操作

1)施工准备

(1)施工前要认真学习技术文件,做好技术交底,对所需的人工、材料、机具设备进行检查和准备。

(2)硬化备料场地,采备黏结层所需的碎石。场地平整压实后,先铺15cm厚的水泥稳定层,然后铺10cm厚的C15水泥混凝土进行硬化,防止在装料时将泥土铲入。

(3)机具设备要配备齐全,对沥青储备、抽取和加温系统进行检查。

(4)对施工人员做好安全、技术、环保交底,签认交底书,对施工中所用材料、施工工序、机械设备操作方法应熟悉掌握。

(5)对所施工路段做好封闭交通的交通疏导工作,间距3m放置安全警示锥筒,两端设交通导向标志,防止非施工车辆驶入,确保作业路段交通安全。

2)桥面清理

(1)安排人工对桥面铺装、防撞墙等施工后遗留的砂、石、废料进行清除,清理遗留在桥面上的钢筋、模板等妨碍施工的物品,凿除遗漏在桥面上结块的砂浆。

(2)为保证桥面的平整度,桥梁伸缩缝一般是在铺完沥青混凝土面层后在伸缩缝位置将路面切开,挖出已铺筑的沥青混凝土,然后再进行伸缩缝施工,在桥面防水层施工阶段,为确保抛丸机、同步碎石车的正常行进作业,要安排人工将桥梁伸缩缝位置填平。先用条木填塞伸缩缝两端接头处的缝隙,然后垫一层土工布,用碎石将预留的伸缩缝填满、夯实,使车辆能平稳通过。

(3)用强力清刷扫地机进行桥面清刷、清扫,扫地机行进速度控制在3~5km/h,局部位置要反复清刷,直至清除桥面的水泥浮浆,泥土结块浮尘等杂物。

3)抛丸拉毛施工

(1)桥面拉毛施工抛丸设备采用BLASTRAC1-15DSUPER手扶自行式抛丸机和6-54型吸尘器,配备60kW发电机。将设备调运到施工现场后,连接好电源线路,将抛丸机和吸尘器通过导管连接。导管长度视施工场地而定,一般在20~25m左右。为防止导管拖地磨损,每间隔2m在导管上加装一滑轮平板小车,以使导管可以行进游动。

(2)视桥面板的情况选择抛丸机所用的钢丸规格,标准的钢丸有不同的大小、规格和形状,按照需要处理的表面材质和粗糙程度可以选择不同直径范围的钢丸,可通过现场试验确定。对于一般的水泥混凝土桥面板,采用S460级规格钢丸,粒径为1.4mm。钢丸规格见图4。

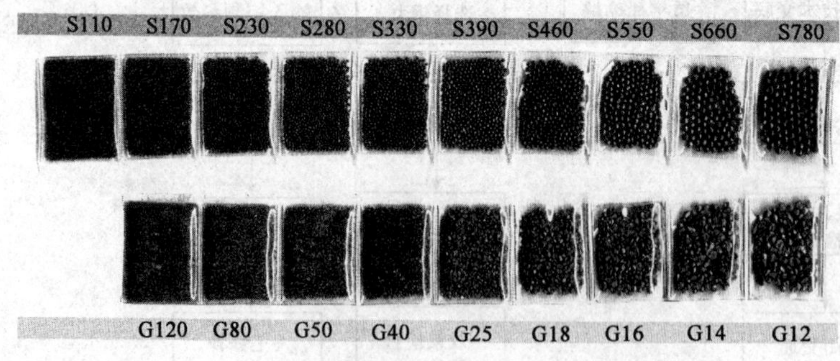

图4 钢丸的规格

(3)安装连接调试好抛丸机后,启动机器进行试验。行进速度控制在15m/min左右,将丸流量由低至高进行调整,观察界面处理效果,通过对比确定最佳行进速度和钢丸流挡位。一般水泥混凝土桥面板采用中挡钢丸流量,抛丸施工行进速度控制在15~20m/min。

(4)按由边及中的顺序,沿路线前进方向先从桥面靠防撞墙边侧进行抛丸施工,至伸缩缝处折返。抛丸过程中散落的钢丸,采用磁性钢丸捡拾器进行收集。抛丸机工作的同时,吸尘机同时开启,对钢丸撞击桥面所产生的粉尘进行收集。

(5)抛丸机行进至距离伸缩缝端头处约1m处,预留因折返及机器占用空间。待沿路线方向上完成两伸缩缝之间的桥面抛丸处理后，在伸缩缝位置将抛丸机方向进行调整，平行于伸缩缝位置进行局部抛丸处理，不留死角。

(6)桥面抛丸拉毛处理后，做好封闭工作，禁止人员、车辆进入，以避免造成桥面污染。

4)同步碎石施工

(1)施工前24h，启动导热油加温系统，将存储在沥青罐中的SBS改性沥青进行加温，温度控制在160~180℃。

(2)在备料场将撒布用碎石用装载机装上同步碎石封层车，用沥青泵将储备在沥青罐中的SBS改性沥青抽送至封层车油罐，启动车上加温系统，保持沥青温度不低于160℃。

(3)将装好料的同步碎石封层车开至施工起点，操作手调整好各个系统的工作参数；然后指挥驾驶员沿预先设置的控制线起步，行驶速度应控制在5km/h左右。打开各料门控制开关，使沥青喷出，同时均匀撒布碎石。SBS改性沥青洒布量为1.8~2.0kg/m^2，碎石材料为4.75~9.5mm的单粒径(必须过筛)石灰岩碎石，撒布量为满铺的50%~60%，一般取6~8kg/m^2。各个沥青喷嘴单独自动控制，同步碎石封层车中石料按拌和输送方式送料，保证碎石撒布的均匀性。

(4)根据第一幅喷洒的情况，调整沥青喷嘴高度，使喷嘴之间沥青洒布覆盖均匀，两幅防水层衔接处要重叠一个喷嘴的半个扇形喷射角的面积，以防止出现贫油而使纵缝处出现松散。

(5)改性沥青与碎石洒布后，应立即进行人工修补或补撒，修补的重点是起点、终点、纵向接缝、过厚、过薄或不平处。

(6)派专人手拿竹扫帚紧跟同步碎石封层车后边，及时把弹出摊铺宽度(即沥青洒布宽度)外的碎石扫到摊铺宽度内，或用加工挡板防止碎石弹出摊铺宽度。

(7)当同步碎石封层车上任何一种料用完时，应立即关闭所有材料输送的控制开关。核对材料剩余量，校核洒布准确性。

(8)要掌握好胶轮压路机开始进行碾压的时间，过早则会出现黏轮现象，过晚则影响碎石嵌入效果，根据碎石撒布量的不同，一般在温度降至100~120℃内开始碾压为宜，采用胶轮压路机碾压1个来回，压路机在碾压时不要急停或急启。控制行驶速度在4~6km/h，使碎石压入改性沥青之中且黏结牢固。

(9)防水层施工完后即可通车，但在初期应限制车速，不得掉头和紧急制动，待2h后可完全开放通车，但为防止污染，最好封闭交通，尽快进行沥青混凝土桥面铺装施工。

6 材料与设备

1)所用材料的技术指标(表1~表3)

改性沥青性能要求

表1

技术指标		技术要求	技术指标		技术要求
针入度(25℃,100g,5s)(0.1mm)		40~60	储存稳定性 离析,48h软化点差(℃)	不大于	2.5
针入度指数PI	不小于	0.2	弹性恢复25℃(%)	不小于	85
延度5℃,5cm/min(cm)	不小于	25	TFOT(或RTFOT)后残留物		
软化点$T_{R\&B}$(℃)	不小于	70	质量变化(%)	不大于	±1.0
运动黏度135℃(Pa·s)	不大于	3	针入度比25℃(%)	不小于	65
闪点(℃)	不小于	230	延度5℃(cm)	不小于	15
溶解度(%)		99	SHRP沥青结合料性能等级		PG76-16

碎石通过率指标 表2

规格名称	通过下列筛孔(mm)的质量百分率(%)				
	13.2	9.5	4.75	2.36	0.6
4.75~9.5mm	100	90~100	0~15	0~5	

碎石技术指标 表3

技术指标	单位	技术要求	技术指标	单位	技术要求
石料压碎值,不大于	%	26	坚固性,不大于	%	12
洛杉矶磨耗损失,不大于	%	28	针片状颗粒含量,不大于	%	18
表观相对密度,不小于	%	2.60	水洗法<0.075mm颗粒含量,不大于	%	1
吸水率,不大于	%	2.0	软石含量,不大于	%	3

2)施工机具设备(表4)

机具设备一览表 表4

序号	名称	型号	单位	数量	备注
1	佰锐泰克手扶自行式抛丸机	BLASTRAC 1-15DSUPER	台	1	设计生产能力为176m²/h,抛丸喷口宽度为38cm,行进速度为0~26m/min
2	佰锐泰克吸尘机	BLASTRAC 6-54	台	1	
3	发电机		台	1	>60kW
4	装载机	柳工50	台	1	
5	强力清刷机	高远圣工 GYQS1500	台	1	刷盘转速:300r/min
6	30t以上沥青储罐		个	1	带加温系统
7	同步碎石封层车	高远圣工 GYKT0510Z	台	1	带加温系统,沥青洒布量在0.2~2kg/m² 可调,最大碎石撒布量不小于10kg/m²
8	14~20t胶轮压路机	徐工 XP261	台	1	

7 质量控制

7.1 质量要求

(1)执行规范:

《公路沥青路面施工技术规范》(JTG F40—2004)。

《公路工程质量检验评定标准》(JTG F80/1—2004)。

(2)严格控制洒(撒)布量,误差控制在±8%以内。

(3)抛丸处理后的桥面板,必须符合平整、粗糙、整洁的要求。

(4)SBS改性沥青洒布应均匀,无漏洒和油层过厚现象,碎石撒布应均匀,不重不漏,表面平整、密实,无松散、无轮迹。

7.2 质量控制

(1)桥面板抛丸拉毛施工时要控制好抛丸机的行进速度,不宜超过20m/min,对各班操作人员要做好技术交底。

(2)洒布设备的喷嘴调节要与沥青稠度相适应,确保能成雾状,与洒油管成15°~20°的夹角,洒油管的高度使同一地点接受2~3个喷油嘴喷洒的沥青。

(3)洒布SBS改性沥青封层的施工气温不应低于10℃,同步碎石黏结防水层施工前必须确保混凝土完全干燥，大风、浓雾或下雨天不得施工。

(4)撒布集料后应及时扫匀，局部有缺料时适当找补，积料过多的将多余集料扫出。

(5)整个铺筑过程做好交通封闭工作，严禁包括行人在内的一切交通通行。

7.3 洒(撒)布量检验

1)洒(撒)布总量检测

对沥青和碎石过磅称重，根据洒(撒)布路段的长度和宽度计算洒布面积，然后计算施工桥面的总体洒(撒)布量。

2)洒(撒)布量单点检测

剪一块1m×1m的硬纸板，称好质量，质量准确至1g，在洒布路段随机选择测点，同步碎石封层车按正常施工速度和洒(撒)布方法施工。将已经接受样品的纸板取走，及时对空白处补洒(撒)沥青和碎石，称取纸板和沥青、碎石的质量，准确至1g。用镊子等工具取出碎石，用三氯乙烯浸泡溶解沥青，干燥碎石并称重，计算碎石和沥青的质量，计算出单位面积洒(撒)布量。

8 安全措施

(1)对所施工的桥面分幅封闭，禁止车辆通行，两端要设立交通禁行标志，改道引导指示牌，排放好安全锥筒，防止发生交通事故。

(2)从沥青储罐向同步碎石车泵送SBS改性沥青的管路不得采用胶管，采用铁管，防止因高温出现断管，沥青飞溅灼伤人员。

(3)抛丸施工时操作人员要戴护目镜，防止个别溢出钢丸撞击板面反弹后伤人。

(4)沥青洒布施工时安全员在现场指挥，人工进行修补时要避开施工车辆。

9 环保措施

(1)执行《中华人民共和国公路法》、《交通建设项目环境保护管理办法》等相关法规、办法。

(2)桥面板抛丸施工时吸尘机抽吸的粉尘不能直接向四周排放，以免污染，吸尘布袋粉尘装满后，将粉尘排放到路外指定地点，掩埋处理，以避免扬尘。

(3)在指定地点清理同步碎石沥青喷嘴、管路系统，废水不得随处排放，应采取过滤、沉淀等净化措施以防污染农田、耕地、江、河、溪、渠、湖泊、池塘等水源，避免沥青对周边环境造成污染。

(4)沥青储罐设在居民区主要风向的下风处，远离居民区的地方。各种施工机具设备要经常清洗、检修，以保证完好率和正常地运转，尽量减少噪声、废气的排放。

10 效益分析

(1)用于本工法的桥面板界面处理的抛丸机调运方便，与铣刨机相比，施工组织难度小，适应性强。调运抛丸机只需1台中型卡车即可，调运铣刨机则需用大型拖车。采用抛丸机处理桥面板施工界面一般费用在7元/m^2，采用铣刨机进行处理，费用是抛丸机的两倍。

(2)SBS改性沥青同步碎石桥面黏结防水层具有良好的路用性能，其施工过程简单、迅速、高效，施工干扰少，便于展开机械化施工，可快速完成桥面防水层的施工，一般机械设备费用在3元/m^2左右，相对于传统的以人工作业为主的FYT桥面防水层施工，有效地降低了作业劳动强度和作业成本。

(3)采用本工法抛丸拉毛同步碎石桥面防水层的施工方式，工程质量得到有效保证，成本显著下降，造价每平方米可控制在20元以内，较其他方式降低30%以上。

(4)能耗低，工效高，有利于节能减排，对环境影响小，社会效益明显。

(5)施工速度快，交通封闭时间短，不安全因素影响小。

11　应用实例

(1)2007 年我公司承接南宁(坛洛)至百色高速公路 No. 18 合同段工程建设,采用本工法对那坡 2 号高架桥、百峰右江大桥、江坝右江特大桥的桥面防水层进行施工(表 5),桥梁为双幅,单幅宽 12.5m,施工时间为 11 月 14 日至 27 日。施工效果良好。

完成工程一览表　　表 5

序　号	桥　名	桩　号	长度(m)	防水层面积(m^2)
1	那坡 2 号高架桥	K160 + 017	308.5	7 712
2	百峰右江大桥	K169 + 062	565	14 125
3	江坝右江特大桥	K181 + 918	497	10 934

(2)百色至隆林高速公路 No. D、No. E 合同段采用抛丸拉毛同步碎石桥面防水层施工工法,对两邑水库大桥、乐里河大桥、邦屯高架桥、塘兴水库大桥等桥面防水层进行施工,有效保证了工程质量,显著降低了工程成本,有效地降低了作业劳动强度和作业成本,取得了较好的效果。采用此工法进行施工的桥面防水层各项技术指标都达到规范要求,质量达到优良标准。

施工实践表明,本工法对防水层施工机械化程度高,施工速度快,质量易控制,施工组织难度低,有效地降低了作业劳动强度和作业成本,取得了较好的效果。

(3)南宁市龟背桥改造扩建工程采用抛丸拉毛同步碎石桥面防水层施工工法进行施工,有效保证了工程质量,桥面防水层各项技术指标都优于规范要求,且显著降低了成本及作业劳动强度,综合效果良好。

复合浇注式沥青混凝土钢桥面铺装施工工法

GGG(鲁)C4143—2013

陈常杰　周　凯　左洪利　王洪敢　许洪刚
(山东省路桥集团有限公司)

1　前言

钢桥面铺装是大跨径钢箱梁桥梁建设的关键技术之一,一直受到国内外学术界和工程界的高度重视和关注,目前国际上较为流行的钢桥面铺装从结构组合来分主要有单层铺装体系与双层铺装体系(包括双层同质和双层异质)两种类型。但大部分钢桥面铺装趋向于使用双层铺装体系。主要有德国和日本的浇注式方案、美国的浇注式树脂方案以及日本改性沥青 SMA 方案。

目前国内常用的钢桥面铺装结构主要有双层浇注式沥青混凝土、单层浇注式沥青混凝土、SMA 改性沥青混凝土及单层浇注 + SMA 改性沥青混凝土等方案,但任何桥面铺装方案都有一定的适用性,应该综合考虑当地的气候条件、施工条件、荷载条件等因素。双层浇注式沥青混凝土铺装在国内多座大型斜拉桥已有成功案例,但是在大跨径悬索桥上尚未有完全成功案例。针对大跨径悬索桥这种飘浮结构,需要综合考虑铺装的性能,保证铺装使用的耐久性,而复合式浇注沥青混凝土由于其良好的变形追从能力和密水性以及相对经济性,越来越受到国内外重视。

国内复合浇注式沥青混凝土钢桥面铺装是在南京长江第四大桥主桥(以下简称“南京四桥”)钢桥面铺装项目上首次实施,南京四桥是国内首座三跨吊悬索桥,钢桥面全长 2 191.6m,总铺装面积约 70 144m^2。本工程是在日本长大公司和日本日沥公司两家咨询单位提供技术支持的前提下,由山东省路桥集团有限公司和南京林业大学组成桥面铺装课题组,由我公司自行组织实施的。课题组在结合国内外大跨径钢桥面沥青铺装施工技术与经验基础上,立足于公司自身多年以来在大跨径钢桥面特种沥青混凝土铺装施工方面积累的丰富经验和技术力量,进行复合式浇注沥青混凝土铺装施工工法的研究。

南京四桥钢桥面铺装经过了麒麟互通 G、H 匝道两座试验桥、南引桥两次试验段施工,最终实施跨江大桥主桥桥面铺装,通过这五个阶段的施工,复合浇注式沥青混凝土桥面铺装工艺得到逐渐完善,施工关键技术得到了实践验证,逐渐形成了一套适应国内施工环境条件的施工方法。该施工方法以科学管理、严密组织、技术创新来最大限度地提高复合浇注式沥青混凝土铺装的内在质量,最终实现提高悬索桥钢桥面沥青混凝土的使用寿命。

2　工法特点

本工法以南京四桥钢桥面铺装工程为依托,参照日本复合浇注式沥青钢桥面铺装技术设计,并结合自已的工程实践不断进行技术革新,形成了成熟的工法,其特点主要有:

(1)拌和机干式除尘设备耐高温改造。浇注式沥青混合料的拌和温度较高(180 ~ 240℃),并且混合料中矿粉比例较大(27% 左右),要提高集料的加热温度(约 220 ~ 260℃,实际集料加热温度的上限可以达到 300℃),并单独对矿粉进行加热。经耐高温改造后的拌和机,其滚筒型干燥机高温集料生产能力约为 200t/h,可自动调节油门控温;同时对负压脉冲干式除尘集尘器,进行了耐高温改造。

(2)专用沥青脱桶。基质沥青、高弹改性沥青,为装桶后进口,日本产专用沥青黏稠度非常大,所以必须采取有效的措施对桶装沥青脱桶,其脱桶难度也比美国化学公司生产的环氧沥青高。为此研发浇注式沥青专用脱桶设备,型号为 LB-5000,容积为 $17m^3$,脱桶能力为 5t/h(25 桶/h)。

(3)高弹改性沥青专用搅拌设备。上层高弹改性沥青中含有部分改性剂,这部分改性剂在沥青存放达到一定时间后会发生部分离析,从而影响到沥青的材料性能,自日沥公司高弹改性沥青的生产、桶装、出口、入关一直到脱桶、拌和的时间跨度可能在半年以上,因此设计方案中要求在沥青脱桶进入储存罐,一直到进入拌和机拌和之前,需要在100℃以上的温度储存,并不断循环搅拌以防止沥青发生离析。因此研发了专用沥青搅拌罐,具有加热、搅拌和循环及自动控温功能,单体储存容积约 $40m^3$。

(4)钢桥面铺装所特有的前场测温区。该方式便于测定库卡车中升温搅拌的沥青混合料的温度以及高弹改性沥青混合料温度,从而精确指导工程施工。

(5)EB50/75S 浇注沥青摊铺机改造。该摊铺机原机带有同步碎石撒布装置,撒布碎石的最大粒径是 15 ㎜,但南京四桥设计方案要求的浇注沥青混凝土表面压入碎石为单一粒径为 13.2 ~ 19mm 的预拌沥青碎石,原机设备同步撒布器无法完成,通过改造 EB50/75S 浇注沥青摊铺机的同步碎石撒布器,实现了预裹沥青碎石机械撒布,撒布的均匀程度,碎石的自然下沉都得到大幅提高。

(6)Sa3.0 级钢桥面板除锈。针对设计要求钢桥面板打砂除锈要达到97%以上的光洁度,通过对不同型号抛丸设备,不同类型砂、丸比例和不同行走速度的大量工艺对比试验,最终得出了实现这一目标的现场控制方法。

(7)热压式矿粉加热机的研发应用。由于下层浇注式沥青混合料出料温度要求在200℃左右,加热温度比国内普通沥青混凝土高的多,并且矿粉掺加的比例较高,达27%,所以要对矿粉进行提前加热,需要研制矿粉加热装置。研发成功的热压式矿粉加热机,加热燃烧器为燃油喷射型,可自动调节油门控温,矿粉加热温度可达80℃以上,每小时加热矿粉 35t。

(8)创新的模板固定方式。浇注式沥青混凝土本身流动性强,类似于水泥混凝土,因此在浇注施工前需要安置边模板。麒麟互通第一阶段试验桥试用了五种方案:一是用强力胶带固定横向支撑方式,二是磁石固定方式,三是吸盘固定方式,四是磁性表座固定方式,五是在钢路缘侧用横向木条顶在钢路缘与模板间进行限位。通过对比发现磁性表座固定方式效果比较理想。第二阶段施工时,增加了日本产透明强力胶带固定方式。通过对上述六种模板固定方式进行比选,主桥施工时采用磁性表座固定外侧模板方式,其使用效果良好。

(9)浇注式沥青表面沥青预裹碎石碾压工艺。根据设计方案要求,浇注式沥青表面撒布的碎石需要及时进行碾压,碾压时浇注沥青混合料铺装层温度不宜低于180℃,其最佳效果是表面基本没有外露的碎石。前期使用宝马 BW138AD 小型压路机,从现场效果来看,部分碎石碾压后没有完全进入浇注沥青表面以下,后引进了德国 BW131AD-3 小型振动压路机,其碾压吨位达到 4t,应用于主桥施工,沥青预拌碎石碾压达到了理想效果。浇注式沥青混合料表面沥青预裹碎石碾压施工工艺为国内首创。

3 适用范围

复合浇注式沥青混合料通过下层浇注混合料层达到铺装层的抗塑性变形开裂、防水、抗老化效果,通过上层高弹改性混合料层达到抗松散、抗裂、抗滑、耐久、抗永久变形(抗车辙)的能力,这种结构类型对下层和上层的沥青混合料取长补短,具有优良的高温稳定性、低温抗裂性、抗腐蚀性和对钢板的追从性,本工法适用于大跨径钢桥的桥面铺装,特别是对于大径悬索桥钢桥面铺装具有很大优势。

4 工艺原理

复合浇注式沥青混凝土核心原理主要是下层浇注式沥青混凝土铺装,其合格混合料温度必须在240℃以上,且流动度满足≤40s 的指标要求,方可进行摊铺作业,若混合料在库卡车内升温搅拌时间超过 5h 以上,其温度或者流动性指压仍然无法同时满足要求,则必须将混合料废弃,不得使用。浇注式沥青混合料在运输和等待过程中是一个不断升温的过程,因此浇注式沥青混合料拌和至混合料浇注作业必须严密控制、关注混合料的温度变化,同时在达到 240℃时及时进行流动性试验。本工法除普通的沥青面层作业的拌和、摊铺、碾压施工工序外，对浇注式沥青混合料、高弹改性沥青混合料的温度控制、流动性控制和防污染控制等工作是其他沥青面层作业无法比拟的。

下面以南京四桥钢桥面铺装所用"送料单"为例阐述本施工工法的关键技术应用：

(1)在浇注式沥青混合料拌和过程中通过测温小滑车，对每一盘料进行测温并记录在"送料单"上，符合温度范围的混合料才可装车，否则予以废弃。

(2)每3台库卡车为一组，循环装料。卸料前升温搅拌运输车，点火喷嘴调至强火，旋转叶片。每盘混合料为2t，分3次卸入升温搅拌运输车中，以确保搅拌车所受荷载均匀、缓慢，卸料过程中搅拌车内叶片缓慢转动，每辆搅拌车装入1盘混合料后，换下一辆车接料，每车质量控制在12t以内，直至装满这个循环所有车辆。

(3)送料单(图1)上应清晰记录车号、料车编号、总盘数，同时记录起、止装料时间以及每盘混合料的出料温度，算出平均值。填写完成后交由料车驾驶员随车送至施工现场，并交料车调度员控制。

承包人：____________________ 合同号：____________________

监理单位：____________________ 工程编号：____________________

料车编号：______________ 车牌号：______________ 日期：20 年____月____日

每盘料质量：______________t 共：________盘

装料起始时间 T_1：________时________分 结束时间 T_2：________时________分

混合料总质量：______________t

盘数	1	2	3	4	5	6
温度(℃)						
平均温度(℃)						

温度计类型：______________

记录：______________ 复核：______________ 监理：______________

混合料运至现场后的车内混合料温度

项目	到场	测点1	测点2	测点3	…	卸料
时间						
温度(℃)						

记录：______________ 复核：______________ 监理：______________

实际卸料时间 T_3：________ 卸料口温度：________℃ 流动度：________s

记录：________ 复核：________ 监理：________

注：1. 在摊铺卸料前做刘埃尔流动性试验，确保混合料的品质。

2. 该单由拌和场填单人交于升温搅拌运输车驾驶员，运至现场后，由驾驶员交于调度员，最后由工段长汇总并交于工程部存档。

图1 浇筑式沥青混合料送料单

(4)料车到达摊铺现场应继续进行升温搅拌,一般情况下混合料在库卡车内的升温搅拌时间要在2.5h以上混合料温度才可以达到240℃。每次温度检测时将数据填写到送料单上。当前场测温员所测定的混合料温度达到240℃时,料车调度员通知试验员进行流动度现场检测,并及时通过摊铺机调度员做好摊铺准备。每台库卡车的流动性检测可能需要进行多次,每次检测结果均需要填写在专用试验记录表上,并将摊铺前最后一次检测结果填写到送料单上。前场调度员根据情况安排库卡车进入摊铺区域的顺序及时间。

(5)由于浇注式沥青混凝土的空隙率基本为零,铺装层表面一旦有水分存在会使完工的铺装层形成特有的"鼓包"现象,因此沥青混合料摊铺碾压完毕后,必须派人24h不间断地进行巡视检查进行"消泡"处理。

5 施工工艺流程及操作要点

5.1 典型结构图

复合浇注式沥青钢桥面铺装典型结构图,如图2所示。

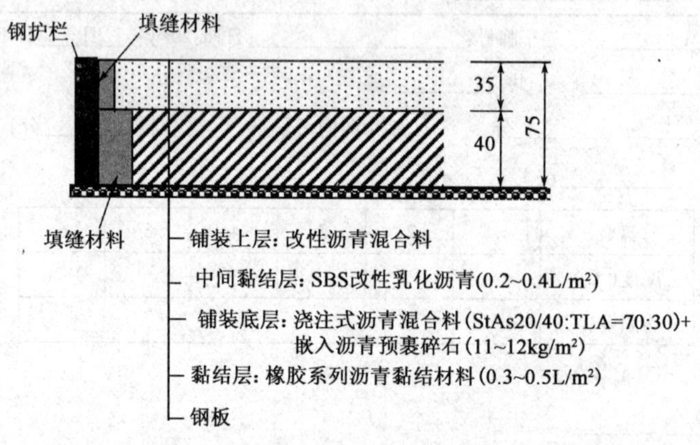

图2 复合式浇注沥青典型铺装结构图(尺寸单位:mm)

5.2 施工工艺流程

本工法的施工工艺流程如图3所示,图中加黑字体为施工要点。

5.3 工艺流程及控制要点

1)钢桥面板抛砂除锈施工

(1)施工前对照图4对产生露水的可能进行判定,对有可能产生露水的状况,应采取停止施工或加热钢桥面板等措施。

(2)质量标准:钢桥面抛丸处理应保证97%以上的面积呈金属光泽状态,依据ASTMD610钢桥面板除锈标准对照图谱,对钢桥面板除锈清洁度进行检查验收,确保锈蚀痕迹在3%以下,并将桥面的尘埃、杂物、油污清理干净,保持表面干燥。

(3)检查方法:抛丸除锈后要及时进行检查,在规定的范围内,用6~10倍放大镜仔细观察,对照标准图谱判定,同时拍照留底(拍照面积为20cm×30cm),检测频率暂按每1 000m^2 随机抽查10处。

2)防水黏结层施工

(1)准备工作:经检查合格,随后清扫抛丸除锈后的钢桥面,清扫采取吸尘机、扫地机、鼓风机结合人工的方式进行,要求清扫后钢桥面板无钢丸、无灰尘。

(2)防水黏结层施工温度:应在气温10℃以上,钢板温度50℃以下施工。50℃以上涂抹施工必须采取可靠措施,并报监理批准,方可放宽至70℃以下;第二层涂抹施工桥面板温度不得大于50℃。

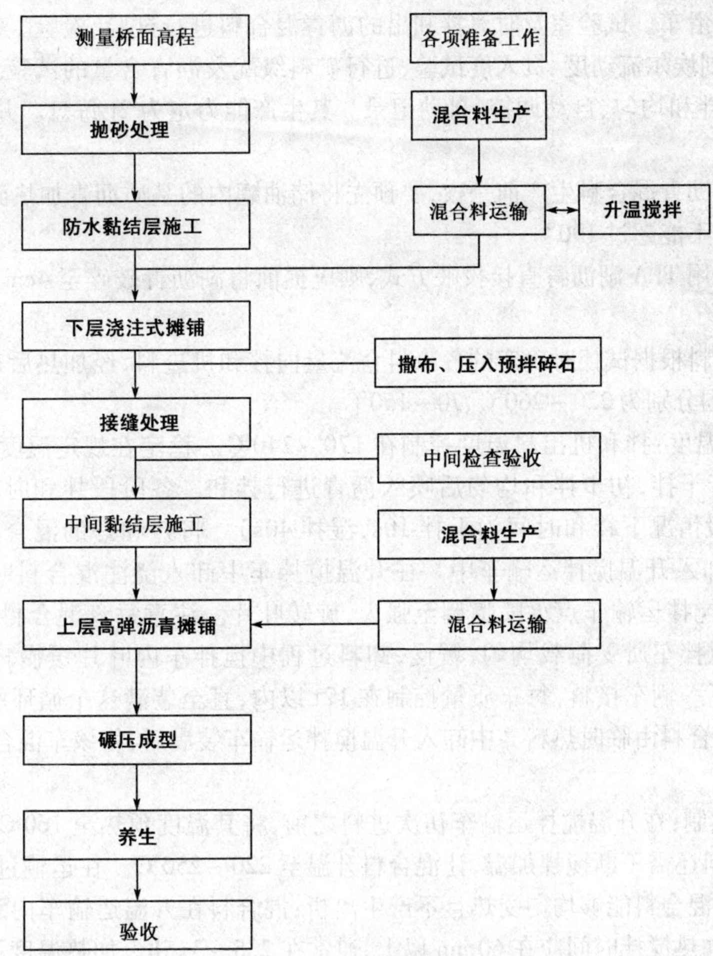

图3 施工流程图及施工要点

(3)施工要求:黏结层施工在除锈清洁后4h之内进行,避免产生新的锈斑。涂抹黏结下层时,若钢桥面板潮湿或有水迹,则应提前1h烘干钢桥面板;黏结材料分两层涂抹,第一层涂抹后需要3h以上的养生,第二层涂抹方向与第一层的涂抹方向垂直。每次涂抹量为0.15~0.2L/m²。总的涂抹量标准为0.3~0.4L/m²,严禁过多涂抹。第二层施工后,至少要养护12h方可进行下道工序。保持黏结层的良好状态,浇注式沥青混凝土铺筑之前,任何车辆和个人均不得进入已涂抹好的沥青黏结层的区域。

(4)桥面水分处理:若需要使用燃烧器对桥面进行烘干,应注意火焰高度不会直接接触到黏结层,应当从适当远处提供热风,小心地左右移动以将水分烘干。注意加热表面的温度不得超过60℃,以40℃为目标,直到自然干燥。

3)下层浇注式沥青混凝土施工

(1)测量放样与模板铺设:根据分幅宽度进行施工放样和施工模板的放置。模板为木模板,提前用柴油涂抹并晾干。每天施工前根据分幅宽度进行施工模板的铺设,确保模板的顺直、平整和固定牢固。固定方式采用强力胶带等方式,强力胶带用来固定垂直于模板的横向支撑。

(2)沥青混合料拌和:混合料根据设计配合比进行各档料的配合和拌制。沥青混合料用间歇式

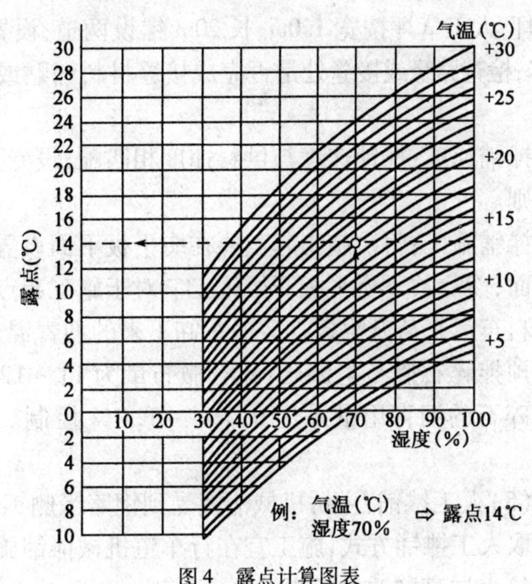

图4 露点计算图表

拌和机拌制,设有接料滑车。试验室及时对拌和出的沥青混合料进行试验、检验。每天正式生产时,取拌和好的混合料进行刘埃尔流动度、贯入度试验,进行矿料级配及沥青含量的试验。拌和机要求分口、分级上料、计量准确、拌和均匀、自动调控、自动记录。其生产能力定为2t每盘。并装有温度检测系统及二级除尘设备。

温度控制:在浇注沥青混合料生产前一夜,要预先将储油罐内的基质沥青加热到165~175℃,并始终保持这一温度,注意不能超过190℃。

TLA沥青添加:采用TLA湖沥青直接投喂方式,则应提前将湖沥青破碎至4cm以下,装入PE材料的塑料袋内,过磅称量。

矿料加热温度:集料根据试拌时确定的各冷料仓流量向拌和机进料,经加热后进入热料仓。集料、矿粉加热控制温度范围分别为220~260℃、70~150℃。

控制混合料出料温度:拌和机出料温度控制在170~240℃。稳定在规定温度范围内的矿料放入拌缸后,加入矿粉进行干拌,初步拌和均匀后喷入沥青进行拌和。各阶段拌和时间根据试拌时确定的时间进行操作(一般情况下拌和时间为干拌10s,湿拌40s)。将拌和好的混合料卸入临时热料斗(接料滑车)中,随后卸入升温搅拌运输车中。往升温搅拌车中卸入浇注混合料时,每3车为一组循环装料。卸料前升温搅拌运输车点火喷嘴调至强火,旋转叶片。注意每盘混合料分3次卸入升温搅拌运输车中,以确保搅拌车所受荷载均匀、缓慢,卸料过程中搅拌车内叶片缓慢转动,每辆搅拌车装入1盘混合料后,换下一辆车接料,每车质量控制在12t以内,直至装满这个循环所有车辆。

填写送料单:将混合料由临时热料斗中卸入升温搅拌运输车装满后,将该车混合料的相关信息记录在送料单上。

(3)运输及高温熬制:在升温搅拌运输车初次进料之前,将其温度预热至160℃左右。从拌和楼出来的浇注式沥青混合料还需不断搅拌加温,让混合料升温至220~250℃。在运输过程中保证加热搅拌系统的正常运转,确保混合料能够均匀受热且不产生离析;混合料在升温运输车内滞留足够的时间,在升温搅拌运输车中的加热搅拌时间应在60min以上,通常在2.5~3.5h。加热温度不能太高,特别注意必须控制局部温度。出料温度控制在220~250℃,保证混合料的流动性。

在从升温搅拌运输车中出料时应对加热温度进行调节,以避免混合料硬结,同时还须减慢搅拌速度,不让空气进入浇注式沥青中,以减少结合料的氧化。在保温运输车搅拌、升温充分后(即搅拌达到规定时间,混合料温度达到要求),在摊铺前取样进行刘埃尔流动度和贯入量试验。

(4)浇注式沥青混合料摊铺:摊铺前应做好检查摊铺、碾压机械是否正常运转等准备工作;把钢桥面板上的水分和油污等清扫干净并充分进行干燥;升温搅拌运输车驶入桥面前要对轮胎进行清理,并铺设人工草坪,人工草坪按宽1.0m、长20m铺设两道;设置摊铺用模板,采用木模板;进行熨平板预热至不低于100℃;检查路缘或接缝处是否完成接缝材料铺贴或黏结材料涂抹;准备好人工修整施工缝的全部人员和设备。

摊铺速度:摊铺速度与供料速度相匹配,设专人计算并控制摊铺速度,根据供料能力尽量匀速摊铺为原则。

摊铺施工:每次施工起点要在熨平板下面设置控制施工厚度的标尺,并把控制厚度的木板垫在熨平板下面,然后放下熨平板开始施工。对于施工起点的人工施工部分,在摊铺机开始工作后,要立即用手推运料车运来从升温搅拌运输车卸下来的沥青混合料,用木抹进行摊铺。

预拌碎石撒布与碾压:碎石撒布量为11~12kg/m^2(尽量靠近高限,碎石粒径为13.2~19mm)。预拌碎石的沥青用量采用0.7%~1.0%控制。沥青采用SBS改性沥青,预拌后冷却的碎石不能结团。

(5)人工摊铺:主桥机械铺装受到钢路缘侧钢护栏和泄水口的影响,靠近边侧1.0m范围的位置往往采取人工摊铺方式,施工宜在行车道机械摊铺施工完毕后,对人工处理的部分一次性施工完成。

4)上层高弹改性沥青混凝土施工

(1)沥青混合料拌和:沥青混合料用日本产日工3 000型间歇式拌和机拌制;拌和机能分口、分级上料、计量准确、拌和均匀、自动调控自动记录。沥青采用导热油加热,改性沥青加热温度控制在170～185℃范围内,改性沥青混合料矿料加热温度控制在180～200℃,改性沥青混合料出料温度控制在170～190℃。拌和时间为干拌10s,湿拌45s,总拌和时间为55s。

(2)改性沥青上面层温度控制条件(表1)。

改性沥青上面层温度控制目标 表1

拌和控制温度(℃)		施工控制温度(℃)	
集料加热温度	180～200	摊铺温度	≥165
沥青加热温度	170～185	初压温度	≥155
出料温度	170～190	复压温度	≥110

(3)沥青混合料运输:沥青混合料运输用15t以上自卸汽车,运输车的数量根据拌和站生产能力、实际运输车速、运距等情况综合考虑。运输车装料前必须清洗干净,保持车辆干燥无泥土和漏油现象。自卸车前后移动装料,以免造成粗集料的离析现象,运输过程中应加盖防雨篷布,以保温和避免污染,每车均需检测沥青混合料的出厂温度和运至现场温度。

在摊铺过程中,运料车在摊铺机前10～30cm处停住,不得撞击摊铺机。卸料过程中运料车应挂空挡,靠摊铺机推动前进。采用数字显示插入式热电耦温度计检测沥青混合料的出厂温度和运到现场温度。插入深度要大于150mm,运料车侧面中部设专用检测孔,孔距车厢底面约300mm。

所有车辆均在南引桥掉头,然后进入主桥作业区域,严禁发生在主桥区域内掉头、紧急制动、长时间停留等待等现象。

(4)沥青混合料摊铺:沥青混合料摊铺宜采用两台ABG摊铺机摊铺,摊铺机应具有可加热的振动熨平板及振动夯等初步压实、熨平装置。摊铺前应先加热熨平板使其温度不低于100℃。

摊铺机摊铺过程中以一定的速度稳定匀速前进,不得随意中途变速或停顿。拌和能力、运输能力同摊铺机摊铺能力密切配合,螺旋布料器的料位以略高于螺旋布料器2/3为宜,避免摊铺层出现离析。机械摊铺过程中,不用人工反复修整,但当出现以下问题时,如断面不符合要求、局部缺料、局部混合料明显离析、表面明显不平整等,应在施工技术人员专门指导下进行认真调整、局部换料,仔细修补,同已铺混合料接顺,不得留明显印迹和差异。改性沥青拌和、摊铺速度对照表见表2。

采用非接触式平衡梁来控制松铺厚度与平整度,应根据前期试验桥或试验段成果,确定正桥施工用的松铺系数。

改性沥青拌和、摊铺速度对照 表2

拌和站产量(t/h)	摊铺宽度(m)	摊铺速度(m/min)	拌和站产量(t/h)	摊铺宽度(m)	摊铺速度(m/min)
100	15.0	1.2	140	15.0	1.7
120	15.0	1.5	160	15.0	2.0

(5)沥青混合料碾压:沥青混合料的碾压采用配套的碾压机具,按照试铺段确定的碾压组合进行施工。碾压紧跟摊铺机进行。碾压过程按初压、复压、终压3个阶段进行。初压、复压、终压的碾压遍数和碾压速度按表3设定进行,碾压遵循紧跟、慢压的原则进行,严格控制碾压遍数、碾压速度和碾压温度。

改性沥青混凝土碾压组合 表3

碾 压 段 落	压路机型号	碾 压 遍 数	碾 压 速 度(km/h)
初压	BW203AD-2	静压1遍、振压2遍	2～3
复压	XP261	碾压3遍	3～4
终压	DD110	静压至无轮迹	3～5

碾压时压路机驱动轮面向摊铺机,由低到高,呈阶梯形依次连续均匀碾压,相邻碾压带重叠1/3～1/2轮宽,不允许压路机在沥青混合料上急转弯、掉头,压路机起动、停止必须减速缓行,禁止紧急制动。

对初压、复压、终压段落设置明显标志(标志标牌),便于压路机操作员辨认。对松铺厚度、碾压顺序、压路机组合、碾压遍数、碾压速度及碾压温度应设专岗管理和检查,坚决杜绝漏压。

对于压路机压实不到的局部沥青路面,采用小型手扶振动压路机等小型机具,将压路机不便压实的地方振捣密实。

(6)养生:上层铺装完毕后进行封闭养生,期间禁止任何车辆通行,直至铺装层温度降至50℃以下后方可开放交通。严禁掉落硬质杂物,确保桥面铺装不被砸伤,以免造成损坏,上层铺装一旦损坏,将难以修补。禁止各类油污染,油料对沥青有严重腐蚀作用,将造成铺装层松散。禁止重车停留时间超过30min,如遇铺装层温度大于50℃则禁止重车在铺装层上停留。所有上桥作业车辆严禁超载、紧急制动、钢桥面掉头、原地拧转、长时间停滞在一个位置,需要长时间停滞的车辆须在车轮下垫好硬质防护物。

6 材料与设备

6.1 材料

1)集料和矿粉

(1)粗集料:指2.36mm筛孔筛分后残留的集料。粗集料应清洁、坚硬而又耐久,不含有淤泥、垃圾和有害物质。对于4.75mm筛孔筛分后的部分材料中组成的针片状石片含量不得超过10%。粗集料必须符合表4所规定的质量规格指标。

粗集料的技术指标 表4

项 目		单 位	技术要求
密度		g/cm^3	2.50以上
吸水率		%	2.0以下
磨耗量		%	25以下
有害物质成分含有量(全部试验材料的质量百分率)	黏土、黏土块	%	0.25以下
	软石含量①	%	5.0以下
	扁平颗粒含量②	%	10.0以下
耐久性	损失量③	%	12以下

注:试验用材料的级配范围采用13.2~4.75mm。

①包括集料的立方体的尺寸比率大于3的石片。

②不适用于小于4.75mm粒径的石料。

③试验方法按照铺装JISA1122的硫酸钠进行5次反复试验。

(2)细集料:细集料指可以通过2.5mm筛分器,但残留于0.075mm筛孔的集料。细集料为天然砂、人工砂或者两者的合成混合砂。细集料具有清洁、坚硬和耐久性,不可含有淤泥,垃圾以及其他有害物质成分。

(3)填料:填料主要以矿粉为主,必须符合表5中规定的指标。

矿粉的质量规格指标 表5

指 标	技术要求		试验方法
	筛孔(mm)	通过筛孔质量百分率(%)	
级配	0.6	100	T 0351—2000
	0.15	90~100	
	0.075	70~100	
水分		1.0%以下	T 0103—2000
外观		无团粒现象	目测

续上表

指 标	技术要求	试验方法
流动度试验值	35%以下	T-NSQ—102
流动曲线斜率	1.0%以上	T-NSQ—102
亲水系数	<1	T 0353—2000
塑性指数	<4	T 0354—2000
加热安定性	实测记录	T 0355—2000
表观密度(t/m^3)	≥2.5	T 0352—2000

填料采用石灰岩矿粉。矿粉应参照《南京四桥钢桥面铺装专项试验规程》中"矿粉流动性试验"得出矿粉的流动值变化斜率和流动值,流动值斜率要求在1.0以上,流动值要求在35%以下。浇注式沥青钢桥面铺装使用的集料采用干净、坚硬、耐磨的非酸性玄武岩矿料,表面为100%的破碎面,共分6种规格,分别为:13.2~9.5mm,9.5~4.75mm,4.75~2.36mm,2.36~0.6mm,0.6~0mm和矿粉,外加石灰岩矿粉。

2)沥青材料

浇注式沥青混合料中所使用的基质沥青和湖沥青材料技术要求如表6、表7所示。

硬性沥青材料的技术要求　　表6

项 目	单 位	技术要求	试验方法
针入度(25℃)	0.1mm	20以上40以下	T-NSQ—201/A041
软化点	℃	55.0~65.0	T-NSQ—02/A042
延伸度(25℃)	cm	50以上	T-NSQ—203/A043
蒸发质量变化率	%	0.3以下	T-NSQ—206/A046
甲苯可溶度	%	99.0以上	A00607—1993
闪点	℃	260以上	T-NSQ—205/A045
密度(25℃)	g/cm^3	1.00以上	T-NSQ—207/A049

湖沥青技术要求　　表7

试验项目	单 位	技术要求	试验方法
软化点	℃	93~98	T-NSQ—202/A042
针入度(25℃)	0.1mm	1~4	T-NSQ—201/A041
甲苯可溶性	%	52.5~55.5	A00607—1993
闪点	℃	≥240	T-NSQ—205/A045
密度(15℃)	g/cm^3	1.38~1.42	T-NSQ—207/A049

浇注式沥青混合料采用的是TLA和基质沥青(20~40)的混合料沥青材料,其中TLA掺量为30%,混合后的沥青技术指标如表8所示。

混合后沥青技术指标　　表8

试验项目	单 位	技术要求	试验方法
软化点	℃	58~68	T-NSQ—202/A042
针入度(25℃)	0.1mm	15~30	T-NSQ—201/A041
延度(25℃)	cm	≥10	T-NSQ—203/A043
闪点	℃	≥240	T-NSQ—205/A045
密度(15℃)	g/cm^3	1.07~1.13	T-NSQ—207/A049
薄膜加热	%	≤0.5	T-NSQ—206/A046

上层混合料中所使用的高弹改性沥青质量规格指标如表9所示。

高弹改性沥青技术指标

表9

项目	单位	技术要求	试验方法
针入度(25℃)	0.1mm	60~100	T-NSQ—201/A041
软化点	℃	70以上	T-NSQ—202/A042
延伸度(10℃)	cm	50以上	T-NSQ—203/A043
延伸度(15℃)	cm	50以上	T-NSQ—203/A043
黏韧性(25℃)	N·m	16以上	T-NSQ—209/A057
韧性(25℃)	N·m	10以上	T-NSQ—209/A057
60℃黏度	Pa·s	20 000以上	T-NSQ—208/A0625—2000
闪点	℃	260以上	T-NSQ—205/A045
灰分	%	≤1.0	T 0614—1993
弯曲模量(-20℃)	kPa	500以上	T-NSQ—217
弯曲变形(-20℃)	$\times 10^{-3}$mm/mm	80以上	T-NSQ—217
薄膜加热质量损失	%	0.6以下	T-NSQ—206/A046
薄膜加热针入度残留率	%	65以上	T-NSQ—201/A041
薄膜加热软化点比	%	80以上	T-NSQ—202/A042
粗集料的剥离面积率	%	5以下	T-NSQ—103
弗拉斯脆点试验	℃	-12以上	T 0614—1993

3)黏结材料

铺装下层与钢板的黏结采用橡胶沥青黏结材料,铺装上层与下层的黏结采用SBS改性乳化沥青。橡胶沥青黏结材料的技术要求如表10所示,SBS改性乳化沥青的技术要求,如表11所示。

溶剂型防水黏结材料的技术要求

表10

项目	单位	技术要求	试验方法
不挥发成分	%	50以上	T-NSQ—219/JIS K 6833
黏度(25℃)	MPa·s	500以下	T-NSQ—219/JIS K 6833
手触干燥时间(25℃)	min	90以下	T-NSQ—219/JIS K 5600-1-1
低温弯曲试验	(-10℃,3mm)	合格	T-NSQ—219/JIS K 5600-5-1
网格试验	点	10以上	T-NSQ—219/JIS H 4001
抗湿试验后的网格试验	点	8以上	T-NSQ—219/JIS K 5600-7-1
盐水喷雾试验后的网格试验	点	8以上	T-NSQ—219/JIS K 6839
拉拔试验(20℃)	1.4以上	专用试验设备	

SBS改性乳化沥青技术指标

表11

试验项目	单位	技术要求	试验方法
破乳速度		慢裂	T 0658
粒子电荷		阳离子(+)	T 0653
道路标准黏度计(25℃)	s	10~25	T 0621
恩格拉黏度计(25℃)	s	1~10	T 0622
筛上剩余量(1.18mm筛)	%	<0.1	T 0652

续上表

试验项目		单 位	技术要求	试验方法
与集料黏附性			>2/3	T 0654
蒸发残留物(163℃)	残留物含量	%	>50	T 0651
	针入度(25℃)	0.1mm	80～130	T 0604
	软化点	℃	≥50	T 0606
	延度(5℃,5cm/min)	cm	≥30	T 0605
	弹性恢复(25℃,1h)	%	≥60	T 0662
	动力黏度	Pa·s	≥500	T 0620
储存稳定性	1d	%	<1	T 0655
	5d		<5	T 0655

4)接缝材料

在铺装和路缘石之间为防止雨水下渗而设置了接缝材料。设置接缝材料是为了防止雨水从铺装与结构物之间的接触部位等处浸入,从而保护铺装和钢桥面板。下层使用浇注式沥青混合料时,伴随着温度的下降使得收缩变大,与结构物之间的接触部位就容易产生间隙。在质量上要求接缝材料具备能够随着铺装的膨胀收缩产生变形,以及作为材料自身所具有的耐久性(含耐水性)。接缝材料技术指标,如表12所示。

接缝材料的质量规格 表12

项 目	Ⅰ 型	Ⅱ 型	试验方法
针入度(圆锥针)(mm)	9以下	6以下	T-NSQ—218
弹性(球形针)	初期贯入量:0.5～1.5mm 复原率:60%以上	—	
流值(0.1mm)	30以下	50以下	
拉伸量(mm)	10以上	3以上	

5)混合料

(1)浇注式沥青混合料。

下层浇注式沥青混合料所采用的级配应满足表13中相关技术要求。

GA-13浇注式沥青级配范围 表13

筛孔(mm)	16	13.2	4.75	2.36	0.6	0.3	0.15	0.075
通过率(%)	100	95～100	65～85	45～62	35～50	28～42	25～34	20～27

浇注式沥青混合料技术要求如表14所示。

浇注式沥青混合料的标准值 表14

项 目	单 位	技术指标	试验方法
流动性试验,刘埃尔流动性(240℃)	s	40以下*	T-NSQ—306
贯入量试验,贯入量(40℃,52.5kgf/5cm^2,30min)	mm	1～4	T-NSQ—305
车辙试验,动稳定度(60℃,0.63MPa)	次/mm	350以上	T-NSQ—301
弯曲试验,极限应变(-10℃,50mm/min)		≥8000	T-NSQ—303

注:* 流动度指标是评价浇注式沥青混合料施工性能的指标,根据所采用的摊铺机性能情况综合考虑制订该技术指标。

(2)改性沥青混合料。

铺装上层所用的高弹改性沥青混合料的级配应满足表15的要求。表16为改性沥青混合料的技术要求。

高弹性改性沥青混合料　表15

项　目		级配范围(%)
筛孔(mm)	19.0	100
	13.2	95~100
	4.75	55~70
	2.36	35~50
	0.60	18~30
	0.30	10~21
	0.15	6~16
	0.075	4~8

改性沥青混合料的技术要求　表16

项　目		技术要求	试验方法
马歇尔试验	空隙率(%)	3~5	JTG E20—2011
	饱和度(%)	75~85	
	稳定度(kN)	10以上	
	流值(0.1mm)	20~40	
	浸水残留稳定度(%)	80以上	
	车辙试验,动稳定度(60℃)(次/mm)	1 500以上	
	弯曲试验,破坏应变(-10℃,50mm/min)	6.0×10^{-3}以上	

6.2　设备

根据复合浇注式沥青混凝土钢桥面铺装工程特点,所需要的施工机械设备、小型专用机具和测量、质检试验仪器分别见表17~表19。

复合浇注式沥青混凝土施工主要设备　表17

序号	机械设备名称	进场数量	规格
1	拌和设备	1座	日工3 000型
2	升温搅拌运输车	11台	13t
3	摊铺设备	1台	EB50/75S摊铺机
		2台	ABG423沥青混凝土摊铺机
4	洒布设备	1台	智能沥青洒布车
5	小型振动压路机	1台	BW138AD
		1台	BW131AD-3(4t级)
6	运输设备	20辆	自卸汽车
7	碾压设备	2台	BM 203AD-4M振荡式夯实机
		1台	DD-110双钢轮振动压路机
		2台	XCGXP261轮胎压路机
8	沥青脱桶设备	2套	$17m^3$,脱桶能力为5t/h
9	矿粉加热设备	1套	加热能力≥80℃
10	风力灭火机	2套	6MF-30
11	吸尘器	1套	3kW
12	其他设备	洒水车3台,油罐车1台,40t平板运输车1台,施工人员休息车2台	

浇注式沥青铺装专用小工具 表18

序 号	名 称	数 量	序 号	名 称	数 量
1	加热喷灯车	1辆	9	人工夯	5个
2	加热车	1辆	10	消泡针	5个
3	木抹	30个	11	黏结层磙子	足量购买
4	木抹(短)	5个	12	铁刮子	5个
5	木抹(中)	5个	13	小铁锹	10个
6	木抹(长)	4个	14	木屐	5双
7	铁抹	4个	15	手推运料车	4辆
8	铁耙	5个			

铺装工程主要测量、质检试验仪器 表19

序 号	设 备 名 称	序 号	设 备 名 称
1	电热鼓风干燥箱	22	电子称
2	电热鼓风干燥箱	23	沥青延度仪
3	沥青混合料搅拌机	24	沥青针入度仪
4	马歇尔电动击实仪	25	沥青软化点仪
5	循环式恒温水浴箱	26	低温恒温水浴
6	沥青混合料连续式抽提仪	27	乳化沥青储存稳定性试验器
7	沥青马歇尔稳定度仪	28	恩格拉黏度仪
8	沥青混合料理论最大相对密度仪	29	乳化沥青粒子电荷试验仪
9	自动车辙试验仪	30	克利夫兰开口杯式闪点仪
10	沥青混合料碾压成型机	31	动力黏度试验器
11	高温调速浇注式沥青混合料搅拌机	32	沥青薄膜烘箱
12	浇注式沥青混合料贯入度仪	33	混凝土钻孔取芯机
13	浇注式沥青混合料刘埃尔流动性试验仪	34	渗水试验仪
14	压力机	35	摆式摩擦仪
15	细集料流动时间试验仪	36	连续式平整度仪
16	集料间隙率仪	37	三联试模
17	电动砂当量仪	38	新方孔标准筛
18	水泥胶砂流动度测定仪	39	游标卡尺
19	数显式液塑限联合测定仪	40	构造深度仪
20	电子天平	41	压碎值仪
21	电子静水天平	42	拉拔试验仪

7 质量控制

7.1 基本质量控制要求

(1)《公路沥青路面施工技术规范》(JTG F40—2004)。

(2)《公路工程质量检验评定标准》(JTG F80/1—2004)。

(3)施工图设计及招投标文件要求。

7.2 现场质量控制措施

1)技术交底

根据本工法的特点,对工人进行有针对性的指导,明确本工法的工艺流程、操作要点和相应的工艺标准,使全体人员在彻底明确了施工对象下投入施工。

2)材料检测

建立严格的原材料、成品、半成品进场的验收制度。其内容包括:一是进场材料的品种、规格、数量是否符合采购计划;二是厂家的合格证或检验报告是否齐全;三是产品现场质量检查,并填写检查验收记录;四是取样进行试验,并出具试验报告单。经验收不合格的材料不准进场,如已进场,则马上清理出场,不允许在场内存放。对于国外进口的湖沥青、基质沥青、高弹改性沥青、黏结剂、防水材料、塑料排水管等专用原材料,要严格按照专门的材料管理制度进行检验、存放、使用,同时对于黏结剂这种易燃品,还要按危险品管理制度做好相关的防火、防爆等工作。

3)施工过程控制

(1)防水黏结层施工控制要点。

控制原材料的性能、施工条件(温度与基面状况)、涂布量(满布度)及均匀性、涂刷工艺和黏结强度是要点。检测:按照涂抹施工面积,对照专用容器内已使用的黏结材料量,计算单位面积的涂布量。

(2)施工缝处理施工控制要点。

在桥面系构造物处形成的施工接缝,浇注式沥青与钢路缘结合部采用 CELLOSEAL SS TAPEⅠ型接缝材料,上层高弹改性沥青与钢路缘结合部采用 CELLOSEAL SS TAPEⅡ型接缝材料。接缝材料粘贴前,钢路缘立面与铺装层接触部分,进行了人工打砂除锈,达到 97% 以上清洁度要求后,涂抹防水黏结层。

施工纵横缝设置应根据相关试验分析结果合理避让铺装层表面纵、横向拉应力最大的位置,同时避开车辆轮迹带处。因每日施工工作量而需要设置横向施工缝时,在施工缝位置采用木模板事先固定,摊铺机提前 50cm 左右抬起,并驶离作业范围,由人工摊铺剩余部分的浇注式沥青混合料,摊铺整片后按要求撒布预拌沥青碎石,并及时碾压,必要时采用火焰喷枪进行加热。

因施工需要而设置的纵、横向施工缝在拆除模板后均提前采用溶剂型橡胶类防水黏结层进行人工涂抹,保证接缝位置密实、不透水。

(3)鼓包的处理要点。

因浇注式沥青混合料施工大量使用人工作业,不可避免的会将水分等带入摊铺作业范围,而引起摊铺后的铺装层出现鼓包。鼓包是由于残留铺装层内的水分等在浇注式沥青混合料的高温作用下,产生汽化,而在混合料表面形成隆起的现象。

鼓包必须及时处理,否则会严重影响混合料试验性能。根据鼓包发生的时间,采取不同的处理方式。

对于摊铺刚刚完成就立刻出现的鼓包,采用直径约 2mm 的钢钎刺入鼓包内,鼓包隆起部分的混合料会依靠自重排除鼓包内气体,从而达到密实。对于直径超过 20cm 的大型鼓包,应该采取挖除该范围内的混合料,查明情况后重新采用新混合料回填并整平。下面层浇注式沥青混凝土铺装施工完成后,应放置一周左右,在高气温条件下派专人不断地检查是否有后期鼓包发生。一旦出现鼓包,则应切割鼓包处的铺装层,清理后重新涂抹 0.2L/m^2 黏结层,再用新的浇注式沥青混合料回补,找平。

(4)拆模时间与方式。

在浇注式沥青摊铺完成后,当铺装层温度未完全降低到常温时用橡皮锤轻轻敲打模板,使其松动后,待沥青铺装层冷却后再取下,注意不要损坏到铺装层。

(5)铺装施工期间的管理措施。

①不得将水源带进作业区;

②不得在作业区内喝水;

③不带擦汗毛巾的不得进入作业区，严格控制人体汗水滴入作业区；

④严禁在作业区内吐痰、吸烟；

⑤桥面施工完毕后，桥梁两端设置障碍进行全封闭，并设置专门人员进行看护，禁止任何车辆从桥面通行。

7.3 质量检查

1）钢桥面板防水黏结层

基本要求：①防水黏结材料的质量要求和技术性能应符合设计和有关技术规范的要求；②在钢箱梁架设完毕后，应对桥面锈蚀部分进行处理，将现场焊缝及其相邻部分进行防护，并对桥面所有防护层表面进行清洗，去除灰尘、油污和其他污物，报监理工程师验收批准后，方可进行防腐喷涂或防水黏结层的施工；③钢桥面抛砂除锈施工，应严格控制铁砂的质量和抛砂设备的行走速度，确保抛砂除锈的质量稳定可控；④当桥面潮湿或环境温度低于露点时，严禁洒布黏结层。当桥面板温度高于50℃时，应避免洒布第二层黏结层。

钢桥面板上防水黏结层实测项目见表20。

钢桥面板上防水黏结层实测项目 表20

项 次	检 查 项 目	规定值或允许偏差	检查方法和频率	权 值
1	钢桥面板清洁度	达到97%以上呈金属光泽状态	比照板目测：全部	2
2	防水层涂布量（L/m²）	0.3～0.4	每洒布段总量校核检查1次	2
3	黏结层与钢板底漆间结合力（MPa）	≥1.40	拉拔仪：每1 000m² 检查6点	3

注：项次3为在设计基准温度20℃下所测值之限值，实测时应经换算。

2）下层浇注式沥青混凝土铺装

基本要求：①沥青混合料的矿料质量及矿料级配应符合设计要求和施工规范的规定；②严格控制各种矿料和沥青用量及各种材料和沥青混合料的加热温度，碾压温度应符合要求；③拌和后的沥青混合料应均匀一致，无粗细料分离和结团成块现象；④压入碎石应均匀，不陷入铺装体内；⑤接缝材料粘贴应密实、平顺，桥面泄水孔进水口的布置应有利于桥面和渗入水的排除。

钢桥面浇注式沥青混凝土铺装实测项目见表21。

钢桥面浇注式沥青混凝土铺装实测项目 表21

项 次	实 测 项 目	规定值或允许偏差	检查方法和频率	权值
1	流动度（s）	40	每车测量1次	1
2	贯入度试验（mm）	1～4	1次/d	2
3	平均厚度（mm）	+0，-5	按沥青混凝土实际用量推算或现场测量	3
4	压入碎石数量（kg）（%）	11～12	1次/d	2
5	动稳定度（次）	符合设计要求	车辙试验：每天混合料取一组（每块不应同一辆车，220℃）	3
6	横坡（%）	±0.3	水准仪：每200m测4个断面	1

3）上层改性沥青混凝土铺装

基本要求：①沥青混合料的矿料质量及矿料级配应符合设计要求和施工规范的规定；②沥青材料及混合料的各项指标应符合设计和施工规范的要求，对每日生产的沥青混合料应做抽提试验（包括马歇尔稳定度试验）；③严格控制各种矿料和沥青用量及各种材料和沥青混合料的加热温度，碾压温度应符合要求；④拌和后的沥青混合料应均匀一致，无花白、粗细料分离和结团成块现象；⑤接缝材料粘贴应密实、平顺，桥面泄水孔进水口的布置应有利于桥面和渗入水的排除，出水口不得使水直接冲刷桥体。

改性沥青混凝土钢板桥面铺装实测项目见表22。

改性沥青混凝土钢桥面铺装实测项目 表22

项次	实测项目		规定值或允许偏差	检查方法和频率	权值
1	压实度		符合设计要求	按碾压吨位与遍数检查	3
2	平整度	IRI(m/km)	2.5	平整度仪:全桥每车道连续检测,每100m计算IRI或σ	2
		σ(mm)	1.5		
3	平均厚度(mm)		+5,-5	按沥青混凝土实际用量推算	3
4	渗水系数(mL/min)		300	渗水试验仪:每200m测一处	1
5	摩擦因数		BPN≥45 或SFC≥54	摆式仪:每200m测一处或横向力系数测定车连续	1
6	横坡(%)		±0.3	水准仪:每200m测4个断面	1

8 安全措施

1)一般规定

建立可靠的技术管理措施,对进入施工现场、地面及跨江大桥主塔下方作业的防护、高处及立体交叉作业的防护、施工用电安全、机械设备的安全使用、新工艺、新材料、新技术和新结构、自然灾害、防火防爆等,制订有针对性的、行之有效的专门安全技术措施。

2)沥青拌和场重点控制措施

(1)沥青拌和场地严禁烟火,并备有防火设施和警示牌。

(2)沥青在脱桶和熬制过程中,温度不应超过180℃,宜采用文火熬制,严防沥青溢锅与明火接触发生火灾。

(3)燃料油罐存放库及加油站,应远离沥青场地不小于200m。

(4)主桥钢桥面粘结材料CATICOATS(20L/罐)属于危险品(引火性液体),该材料引火点在30℃以下,不能开封保管。保管温度控制在60℃以下,要在通风良好的室内保管,避免接近火源、高温源。

3)施工机械安全控制措施

(1)各种机械操作人员和车辆驾驶员,均已取得操作合格证,不准操作与所持证件不相符的机械,不准将机械设备交给无本机操作证的人员操作,对机械操作人员建立档案,专人管理。

(2)驾驶室或操作室保持整洁,严禁存放易燃、易爆物品。严禁酒后操作机械,严禁机械带病运转或超负荷运转。

(3)严禁对运转的机械设备进行维修、保养、调整等作业。

(4)指挥施工机械作业的人员,应站在可让人瞭望的安全地点,并明确规定指挥联络信号。

(5)定期组织机电设备、车辆安全大检查,对检查中查出的安全问题,按照"三不放过"的原则进行调查处理,制订防范措施,防止机械事故的发生。

4)建立安全保证制度

(1)制订安全生产目标,实行单位连续安全生产天数累进奖励制和事故当事人与领导责任追究制,采用行政和经济相结合的奖罚办法定期兑现。积极参与江苏省交通运输厅组织的平安工地建设,在指挥部领导下开展各项涉及安全生产的工作内容。

(2)建立安全工作"日查月审"制度,安全工作要做到时时讲、处处讲,将"质量第一,安全第一"的口号叫响,使安全意识深入人心,不允许有半点侥幸的思想存在,安全员必须每日检查安全生产情况,发现并报告不安全因素和事故苗头,及时采取有效措施,杜绝不安全因素产生。

(3)各专业作业班组都已结合工程特点,补充制订完善的安全施工规章制度,上报项目经理批准并贯彻执行。协作施工的人员必须遵守呼唤应答制和联络信号,确认安全后方可操作。

(4)各种机械设备均由经考核合格的专职人员操作,严格执行操作规程,未经培训考核的无证人员严禁擅自操作。实行单机包机制,安全责任到人。加强运输管理,遵守交通规则,礼貌行车,服从当地交警部门的管理，防止交通事故发生。

5)加强安全教育和安全措施的设置

(1)所有工种操作人员都应按要求加强岗前培训，系统掌握有关安全知识，并通过考核合格后，持证上岗。

(2)利用一切机会开展普遍的安全知识教育，提高职工对自然灾害知识的认识和在险情下的应对能力。

(3)路面施工过程中加强对路基的观察，确保施工人员、机械的安全。

(4)项目部及施工处驻地设立保安人员，加强与当地公安部门的联系，共同维护好施工区域的治安管理。

(5)在施工作业现场及运输道路上，设置醒目的警示标志及各类操作规程和安全规则。

(6)实行安全生产交接制，安全措施不落实或不安全、隐患不排除前，不得进入场地。

(7)夏季延长中午休息时间，避免紫外线的强烈照射；当气温达到35℃高温时，在驻地周围洒水，保持地面湿润防止中暑。施工现场认真做好防暑降温工作。

6)加强安全工作的物质保障

(1)特殊环境下作业人员均已配发有关的劳动保护用品，如安全帽、安全带、防滑劳动鞋等。

(2)仓库及油库配备灭火器、消防沙等消防用具。

(3)定期对施工人员进行体检，不适宜从事高空、井下、陡坡等特殊条件下工作的人员应及时撤换，对从事特殊条件下作业的人员要给予营养补助。

9 环保措施

9.1 执行的法规

(1)《中华人民共和国固体废物污染环境防治法》。

(2)《中华人民共和国环境噪声污染防治法》。

(3)《中华人民共和国大气污染防治法》。

(4)《危险废物储存污染控制标准》。

9.2 措施

1)保护自然生态环境

(1)施工过程中，禁止侵占非施工用地。

(2)设营、材料堆放、便道、机械车辆存放等场地设置合理。

(3)保护公路用地范围之外的现有绿色植被，对永久工程施工区和临时工程施工区，地表清除必须特别注意，尽最大可能保护清理区域范围外的天然植被。因修建临时工程损坏了现有的绿色植被，在拆除临时工程时予以恢复。

2)防止施工过程中运输的污染

在运输车辆斗部周边加焊钢板，避免运输中洒落，防止造成道路与农田污染。

3)严防有害物质污染

施工中严格加强对环境有害物质使用的管理，严防任何有害物质(如燃料、油料、沥青、化学品、污水、废料和垃圾以及土方等)污染水源、河流、水库、土地。机械设备加强保养，防止漏油造成污染；水上作业的钻机等机械设备，加设毡布隔离油污，防止污染。

10 资源节约

本费用仅按照南京四桥的工程计算的防污染费用，随着工程规模的增大，施工长度的增加，防污染和模板布置的材料费用也将随之增加。

(1)采用本施工工法进行桥面防污染控制可节省资源：桥长2 190m，防污染用纤维板(1.2m ×

2.4m)需铺设4道,以15%的损耗计算,共需纤维板4 198张,单价为12元/张,共计50 370元。

(2)采用本施工工法进行模板布设、固定和拆除可节约资源:浇注式施工用边模板木板尺寸为宽0.09m、长2.7m,由规格厚0.038m,,为木条制作而成的木模,按照每天施工500m,双侧设模板,按2套计算,20%的损耗,共需木板2 400m,单价为元20元/m,共计48 000元。

11 效益分析

1)目前国内外使用的钢桥面铺装结构类型

目前用作正交异性钢桥面铺装的材料包括环氧式沥青混合料、改性SMA混合料和浇注式沥青混合料三种结构类型。铺装结构有单层铺装和双层铺装两种类型。另外值得一提的是,近年来我国的学者们提出了一种ERS铺装结构,由环氧沥青材料和SMA混凝土共同组成。

环氧沥青混凝土用于斜拉桥钢箱梁桥面铺装基本良好,用于悬索桥钢箱梁桥面铺装只有几年历史,但悬索桥上使用状况却不容乐观,近些年出现了较为严重的病害。

2)技术经济分析

以按照本铺装工法施工的4.0cm+3.5cm厚下层浇注+上层高弹改性沥青铺装与5cm厚浇注式沥青混凝土铺装、2.5cm+3.0cm厚双层环氧沥青混凝土铺装和SMA10铺装为例子进行比较分析。

四种铺装结构新建工程综合单价见表23。

铺装单价对比表 表23

铺装结构类型	铺装单价(元/m^2)	备　注
复合浇注式沥青	820	含钢桥面防水黏结层及中间黏结层
单层浇注式沥青	650	含一层黏结层
双层环氧沥青	1 370	含两层黏结层
改性沥青SMA10	230	含两层黏结层

通过表23可知,双层环氧沥青铺装初期投资较另外两种高,根据目前国内交通状况、环境条件及钢桥面铺装使用的效果看,环氧沥青桥面铺装在悬索桥钢桥面铺装中的应用情况不理想,部分桥梁出现了早期破坏,甚至全面大修情况;复合浇注式铺装结构造价位于其次,为国内首次引进,铺装质量目标是10年内无大修。另外两种铺装根据目前的使用效果看不是很理想,一般使用2~3年需全面大修。

(1)直接投资。

根据到设计年限末桥面铺装总投资计算四种结构类型的直接投资,对比结果见表24(按照铺装面积30 000m^2计算,不含小型维护费用,限悬索桥铺装)。

通过表24可知,将设计年限末的总投资折算到初始投资复合浇注式沥青铺装单价为820元/m^2,双层环氧沥青铺装单价为:2 840元/m^2,浇注式沥青混凝土铺装单价为:3 650元/m^2,改性沥青SMA10铺装单价为1 814元/m^2。

(2)间接损失。

作为大桥管理运营单位,因桥面大修影响过路过桥费收入。按照到设计年限末每次大修平均车流量减少5 000辆/d,维修期30d,每车通行费35元计算,到设计年限末过路过桥费收入减少见表25。

直接投资对比表 表24

结构类型	工程数量(m^2)	单价(元/m^2)	桥面处理单价(元/m^2)	到设计年限末大修次数	累计投资(万元)
复合浇注式沥青	30 000	820	80	0	2 460
双层环氧沥青	30 000	1 370	100	1	8 520
单层浇注式沥青	30 000	650	100	4	10 950
改性沥青SMA10	30 000	230	100	4.8	5 442

过路过桥费收入减少 表25

结构类型	车流量减少（辆/d）	通行费（元/辆）	每次维修天数（d）	到设计年限末大修次数	累计减少通行费（万元）
复合浇注式沥青	5 000	35	30	0	0
双层环氧沥青	5 000	35	30	1	525
单层浇注式沥青	5 000	35	30	4	2 100
改性沥青 SMA10	5 000	35	30	4.8	2 520

通过表24、表25对比可知,复合浇注式沥青钢桥面铺装具有最高性价比,具有很高的技术经济效果。

3)社会效益分析

本工法节能环保,我公司施工大型钢桥铺装工程13座,至今无大修,减少了大修造成的铣刨料5万t,玄武岩石料4.6万t、进口沥青4 000t、燃油500t,共节约3 405万元。通过补充完善钢桥面铺装成套应用技术,对建立资源节约型、环境友好型社会意义重大。南京四桥由于创新铺装技术的使用,不仅提高了施工质量,还可使工期缩短1个月。可按提前20天通车,日交通量以2 0000辆计算,平均通行费以35元/辆计算,可创造间接效益1 400万元,同时显著提高了社会效益。

12 应用实例

南京四桥,位于江苏省南京市境内,合同段主线起讫桩号为K16+796～K30+976,全长14.2km,主桥钢桥面铺装总长度为2 189.60m,铺装宽度为32.00m,钢桥面铺装结构采用"4.0cm厚下层浇注式沥青混合料+3.5cm厚改性Ⅰ型沥青混合料",总铺装面积为70 067.20m^2。主桥钢桥面铺装于2012年6月8日正式开始施工,至8月24日结束,经检测,铺装层各项技术指标均达到设计和规范要求。南京四桥于2012年11月通车,目前使用状况良好。实践证明,采用本工法既能提高工程质量,又能缩短工期、降低工程成本。

水泥混凝土桥面全幅浇筑摊铺施工工法

GGG(中企)C4144—2013

李志刚　徐振海　丁小平　郭占明　谢海花
夏孝畲　汪志敏　霍建刚　吴　涛　王　卫
张庆华　郭　英　高　华　彭　飞　田晋伟
(河北路桥集团有限公司　安通建设有限公司　中铁十二局集团有限公司)

1　前言

随着国家公路交通建设的不断深入,桥梁作为一种必备的结构,在公路交通中发挥着重要作用。桥面铺装是桥梁结构的关键组成部分,其施工质量的好坏直接决定着桥梁结构的使用荷载及使用耐久性,因此对桥面铺装的施工质量要求越来越严格,传统的施工方法已不能满足社会发展对桥面铺装的施工要求。桥梁工程水泥混凝土桥面铺装半幅等宽摊铺施工应满足施工标准化要求、完善施工工艺、提高工程质量、贴合设计理念。传统的分幅桥面铺装的施工,由于纵向施工缝,对于桥面铺装的质量通病有一定的影响。单幅全宽一次浇筑桥面铺装,有效的避免了由于施工缝带来的质量通病的问题。采用与桥面半幅等宽的三辊轴进行施工,可以有效的避免由于纵向施工缝带来的质量通病。单幅全宽整联浇筑桥面铺装,能够连续浇筑施工,比传统施工方法节省了一半的工时,节省了轨道钢筋,节省了纵向施工缝的混凝土清理工序,大大降低了成本。

2　工法特点

(1)本工法采用风枪式凿毛机或多头地面凿毛机对梁面进行凿毛,速度快、凿毛效果好,节省人工,能够使桥面铺装混凝土和预制梁混凝土有效结合。

(2)本工法采用人工配合悬吊式自动整平机进行桥面铺装层混凝土摊铺、整平、振捣,初步整平铺装层混凝土,依靠滚轴振动保证混凝土的密实度,大大加快了摊铺进度,节省了大量人工。

(3)单幅全宽浇筑:采用与单幅桥面等宽的三辊轴进行混凝土的摊铺整平,避免了纵向施工缝,有利于保证桥面铺装的整体质量,提高耐久性,延长使用寿命。

(4)整联进行浇筑施工:在施工过程中,整联进行桥面铺装的浇筑施工,施工连续进行,提高了工作效率,降低了施工成本。

(5)双磨盘磨光机整平抹光:在混凝土初凝前,对混凝土面进行整平,对于局部不平整的进行整平,保证了铺装面的平整度。在混凝土终凝前,对混凝土面进行抹光整平。

(6)加强了桥面铺装的整体性和连续性,保证了桥面铺装施工质量,提高了桥面铺装的工作效率,降低了桥面铺装的施工成本。

3　适用范围

本工法适用于公路工程桥面铺装层及市政、机场、码头、水利等场所混凝土地坪铺装层施工。

4　工艺原理

(1)使用风枪式凿毛机或多头地面凿毛机,依靠高压风力对预制梁顶面的浮浆、污染物等进行凿毛,凿毛合格后人工清理凿下的浮尘,高压水清洗梁面,露出新鲜混凝土面。

(2)人工铺设冷轧钢筋焊网,采用铺、撬、调、焊、密程序化方式铺设钢筋网,精确固定钢筋网的平面位置和高程。

(3)施工作业前,对于桥面铺装的宽度和厚度进行精确的放样。根据设计要求,桥面铺装保护层的厚度,三辊轴的钢筋支架顶部的高度与铺装钢筋网高度一致,即轨道采用的钢管外径与铺装保护层的厚度一致。

(4)桥面铺装的整联进行绑扎之后,施工中采用与桥面等宽的三辊轴进行混凝土的摊铺及整平,三辊轴下用钢筋支架和钢管或者槽钢设置可移动的轨道,采用双磨盘磨光整平机进行收浆整平。

(5)混凝土摊铺采用悬吊式整平机时,需要依靠固定好的轨道从待浇筑的桥面铺装一端缓慢行驶到另一端,轨道一般采用[10 槽钢固定于已安装的防撞墙钢筋顶面或已浇筑混凝土的防撞墙顶面。

5 施工工艺流程及操作要点

5.1 施工工艺流程

桥面凿毛、清理→精确放样→绑扎钢筋网→轨道铺设→安装模板→调整钢筋→安装泄水孔→浇筑混凝土→混凝土养生,具体如图1所示。

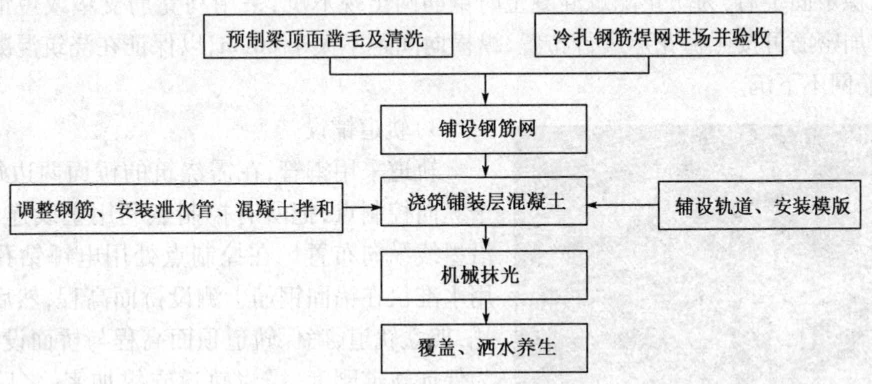

图1 自动整平机配合抹光机桥面铺装施工工艺流程图

5.2 操作特点

1)桥面凿毛、清理

对梁顶面进行全面凿除浮渣、浮浆,清除其他杂物,对于梁顶面、湿接缝及湿接头的浮渣、浮浆进行清理。风枪式凿毛机可用钢筋制作支架悬吊起风枪,风枪机头安装专用凿毛头,支架含有手柄及轮子,在高压风的作用下,风枪带动凿毛头高速旋转,人力手扶支架手柄使高速旋转的凿毛头与梁面混凝土接触,通过凿毛头与梁面混凝土的撞击作用可以实现高速、移动凿毛。凿毛施工示意见图2,多头地面凿毛机可在市场购买,凿毛原理与操作方法基本与风枪式凿毛机相同。凿毛完成后,人工清扫凿毛机凿下的梁面浮浆、污染物、垃圾等杂物,用高压水枪清洗梁面,直至梁面杂物彻底清理干净,梁板顶面露出新鲜混凝土面为止,见图3。

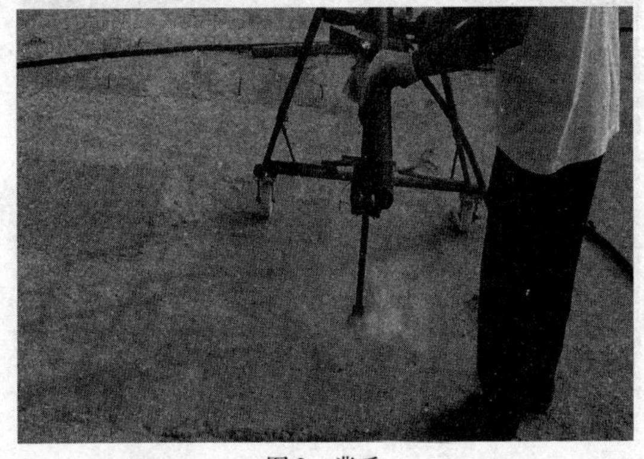

图2 凿毛

图3 凿毛后桥面

2)绑扎钢筋网

钢筋网片在符合要求的钢筋网片生产厂家定作,接头处现场焊接,并严格按照规范进行。调整剪力筋,绑扎钢筋网时须先在梁顶面进行画线,然后铺设绑扎钢筋网,钢筋网片绑扎做到横平竖直,钢筋网片交叉点采用扎丝绑扎结实,保证搭接长度,钢筋接头应注意错位。在桥面钢筋网片安装施工中,应采取有效措施(如加密支撑钢筋或高强砂浆垫块),确保钢筋网的竖向位置在任何情况下均不允许出现整体或局部下挠。

铺,人工铺设冷轧带肋钢筋焊网,一般钢筋网长 9~12m、幅宽 2.25m,铺设时 6 人一组,钢筋网两侧各 3 人手抬铺设,钢筋网的长宽可根据现场情况进行调整,以便于运输、降低搭接数量为选择依据。

撬,将梁板顶面预埋的剪力筋用钢钎全部撬起、调直,剪力筋是保证桥面铺装层与预制梁有效固结的关键构件,作用重大,必须全部撬起、调直,局部若有缺失,需进行植筋补齐。

调,剪力筋撬起、调直后,人工调整钢筋网的顶面高程、平面位置和网的平整度。

焊,钢筋网高程、位置固定后,使用电弧焊将剪力筋与钢筋网牢固焊接在一起,每一根梁顶预埋剪力筋均需要与钢筋网电弧焊接,保证浇筑混凝土时钢筋网不上浮,从而保证钢筋网的保护层厚度和钢筋网不产生纵横向位移。

密,钢筋网稳定固定后,为防止浇筑混凝土时钢筋网出现下沉,采用马凳筋支垫或短钢筋头焊接加密支撑钢筋网,加密筋可按照梅花形进行布置,纵横向间距不大于 80cm,以保证在浇筑混凝土时施工荷载的作用下钢筋网不下沉。

图4 铺设轨道

3)轨道铺设

轨道采用钢管,在需浇筑的桥面两边每 5m 放样一个纵向控制点,把所有控制点利用墨线连成一线,轨道沿墨线纵向布置。在控制点处用电锤钻孔,打入钢筋。用水准仪在锚固钢筋上测设桥面高程,然后焊接钢筋顶托,架立轨道,确保轨道顶面高程与桥面设计高程一致。为保证轨道刚度,需将轨道支撑加密,之后用水平尺检验轨道表面平整度。轨道的平整度、高程、纵坡、横坡的坡度等都应符合桥面铺装设计要求,如图 4 所示。

4)安装模板

模板(图 5)采用梁厂台座钢板加工制作,按照钢筋网的网眼尺寸,对模板进行加工。采用脱模剂对模板进行刷油,方便模板的拆除。高度与桥面铺装厚度相同。顶面与混凝土板顶面齐平,并应与设计高程一致,底面应与找平层密贴。模板安装完毕后(图 6),应检查模板相接处高差和模板内侧是否有错位或不平整。

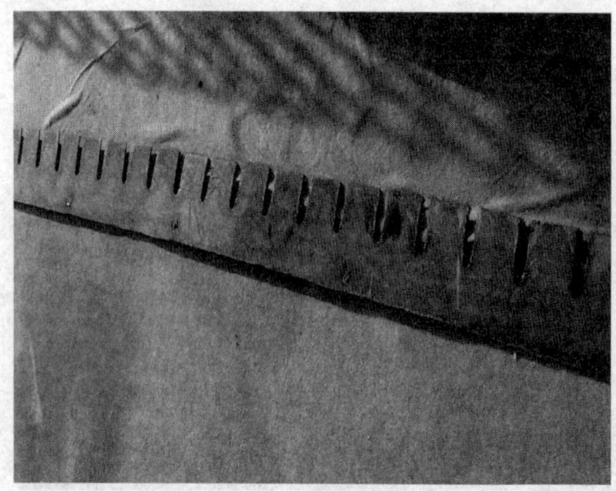

图5 模板

图6 模板安装

5）调整钢筋网

采用短节钢筋对已绑扎好的钢筋网片进行支垫，利用两边已安装好的轨道拉线控制钢筋网片顶面高程，确保整幅钢筋网片保护层厚度均为3cm，支垫钢筋呈梅花形布置，为保证钢筋网片表面刚度，支垫钢筋宜适当加密。

6）浇筑混凝土

（1）混凝土浇筑前，先用空压机和高压水枪将桥面杂物再次清除干净（图7、图8），再对梁表面进行充分湿润，但不得有积水。浇筑前再次检查钢筋模板的安装情况，发现有杂物及时清理，对跑位、松动、保护层不够的地方及时进行调整。

图7　清除杂物

图8　桥面清洗

（2）混凝土利用混凝土搅拌运输车车运至现场，人工配合混凝土泵车进行摊铺作业。摊铺时的混凝土面比槽钢顶面略高，浇筑一段距离后，开动双滚轴整平机进行振动，前滚轴带振动高于桥面设计高度5～8mm，以使铺装层混凝土整平、振捣密实，后滚轴与桥面铺装设计高度一致对混凝土进行收平、提浆，滚动时，对于混凝土面较低的部位则由人工铲料补平。整平机以往复循环3次为最好，少于3次表面不平整，多于3次由于滚轴的抖动会使铺装混凝土中心部位低于设计高程3～5mm，如此反复直至完成整联桥面铺装的施工。对于滚轴作用不到边的部分，用平板振动器先行振捣，以保证边角部分混凝土的密实度，如图9所示。

（3）铺装混凝土面的整平及抹光。桥面铺装混凝土在初凝前，采用驾驶式抹光机对桥面铺装混凝土进行收浆整平。桥面铺装混凝土在终初凝前，采用驾驶式抹光机对桥面铺装混凝土进行抹光整平，如图10所示。

图9　混凝土浇筑

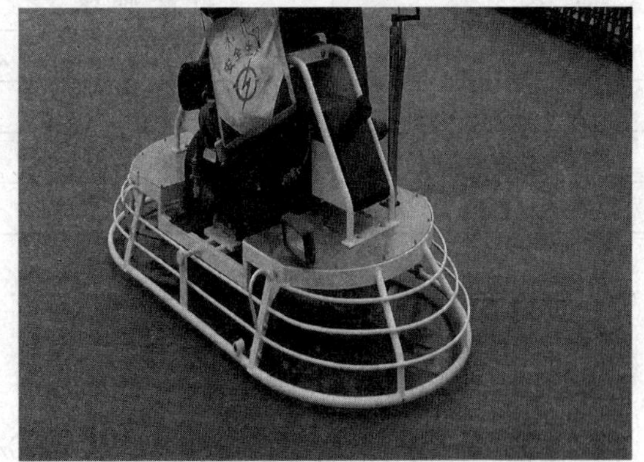

图10　桥面混凝土抹光

（4）采用悬吊式整平机（图11）进行混凝土的摊铺整平（图12）。悬吊式整平机由桁架、轮毂与支撑架、吊杆、滚轴系统及动力系统组成，整套设备可从工厂购买，工地安装。悬吊式整平机的轨道一般采用[10槽钢固定于已安装的防撞墙钢筋顶面或已浇筑混凝土的防撞墙顶面。滚轴通过桁架和吊杆固定于槽钢之上，高程通过计算调节吊杆长度确定，使前滚轴面高于设计铺装顶面5～8mm，后滚轴面与铺装层顶面重合,达到控制铺装层高程的目的。混凝土桥面铺装摊铺完成后,采用悬挂式收光架进行修整、拉毛作业。

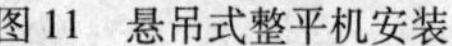

图11　悬吊式整平机安装

图12　悬吊式整平机摊铺混凝土

7)混凝土养生

桥面铺装混凝土浇筑完后采用渗水土工布覆盖保湿养生,养生时间不得少于7d,待强度达到100%后方可通行。

6　材料与设备

6.1　材料

本工法的材料及规格型号见表1。

材　料　　表1

材料名称	规格型号	材料名称	规格型号
冷轧带肋钢筋	CEB335	外加剂	
水泥	P·042.5		

6.2　设备

本工法的设备及规格型号见表2。

设　备　　表2

设备名称	规格型号	单　位	数　量
桁架式三辊轴机组	选型	套	1
驾驶式抹光机	选型	台	2
混凝土搅拌运输车	选型	辆	5
混凝土拌和站	选型	套	1

7　质量控制

7.1　执行的标准规范

本工法应执行《公路桥涵施工技术规范》(JTG/T F50—2011)等相关的桥梁施工技术规范。

7.2　确保梁板顶面与水泥混凝土桥面铺装之间的联(黏)结质量

(1)梁板顶面必须凿毛、清洗、清理干净。

(2)在预制梁板顶面或箱梁顶面预埋水泥混凝土桥面铺装的剪力筋,并将桥面铺装钢筋网与其绑扎牢固。

(3)铺装施工水泥混凝土桥面前,桥面先用水湿润,若桥面有残渣,则用高压水冲洗干净。

7.3 控制水泥混凝土桥面铺装的钢筋网安装质量

(1)筋网可直接支撑在梁顶的锚固抗剪钢筋上,或者焊接竖向短钢筋进行支撑。严格控制钢筋网的高度,确保桥面铺装混凝土的保护层厚度在合格的范围之内。

(2)根据测量放样的桥面宽度和高程,确保钢筋网的尺寸满足设计要求。

(3)严格按照测量放样的尺寸设置轨道钢筋,轨道的间距以及钢管的壁厚都要满足施工强度和刚度的要求。

7.4 认真设计和验证水泥混凝土桥面铺装配合比

严格进场砂石料的检验,确保混凝土原材的合格。对于水泥和外加剂,实行每车必检,检测合格后方可卸料。对拌和楼的剂量设备,应定期进行标定。

7.5 混凝土的养生

混凝土终凝后脚站在上面没有脚印时,就开始洒水养护,洒水喷头不能对着混凝土面直喷,以防把混凝土面层冲坏。

7.6 做好防雨、防高温、防冻的应急措施

(1)施工前应收听收看天气预报,重视天气情况。

(2)在炎热的夏天,应在早上或下午气温较低时进行混凝土的浇筑。

7.7 质量检验标准

严格按照《公路工程质量检验评定标准》(JTG F80/1—2004)执行,详细的验收标准如表3和表4所示。

钢筋网实测项目 表3

项 次	检 查 项 目	规定值或允许偏差	检查方法和频率	权 值
1	网的长、宽(mm)	±10	尺量;全部	1
2	网眼尺寸(mm)	+10	尺量:抽查3个网眼	1
3	对角线差(mm)	15	尺量:抽查3个网眼对角线	1

复合桥面水泥混凝土铺装实测项目 表4

项 次	检 查 项 目	规定值或允许偏差	检查方法和频率	权 值
1△	混凝土强度(MPa)	在合格标准内	按JTG F80/1—2004附录D检查	3
2△	厚度(mm)	+10,-5	对比桥面浇筑前后高程检查:每100m查5处	2
3△	平整度(mm)	5	连续式平整度仪	2
4	横坡	±0.15%	水准仪:每100m检查3个断面	1

7.8 质量保证措施

首先抓好施工准备过程的质量管理,重视材料供应过程中的质量管理并加强施工过程的质量控制。具体措施如下:

(1)严格按质量标准订货、采购、运输、保管和供应。材料进场前必须附有真实的出厂合格证和质量保证书,按规定取样进行试验,外委检验合格后才能采购进场。

(2)进行技术交底,充分了解设计意图和关键部位的质量要求,清除图纸差错。

(3)提高施工组织设计和施工方案的质量。从技术、组织、管理、经济等方面进行全面分析对比,确保施工方案在技术上可行,质量上可靠,且经济合理。

(4)实行传递单制度:做到道道工序有人把关,道道项目有人验收,上一道工序验收合格后才能进行下道工序,不合格的项目一定要返工重做直至合格。

(5)做好各工序之间的交接衔接工作,对暂时不能进入下道工序的工程采取保护措施,避免损坏。

8 安全措施

(1)采用《公路工程施工安全技术规程》(JTJ 076—95)等相关的要求和规定。

(2)项目经理部成立以项目经理为组长,生产副经理、总工程师、安保部长为副组长,各部门负责人、工段生产负责人、专职安全员为成员的工地安全工作领导小组。负责整个工地安全生产,安全检查及监督工作。项目经理及专职安全员均通过安全员培训考试,保证持证上岗。在施工过程中,对于施工关键环节加强人员巡视,及时发现安全隐患,将安全事故消除在萌芽之中。在交通导改阶段增加人员指挥交通,保证车辆及人员安全。对于施工收尾阶段沥青混凝土摊铺完成后,应派专职看守路口人员,加强成品保护工作,防止社会车辆及人员进出。

(3)在编制工程实施性施工组织设计时,把安全生产列为主要内容之一。对保证安全生产所采取的施工技术措施列出专门章节,并详细地说明技术措施和实施细则;对特殊工种制定详细的专项的安全操作规程。

①工程实施前,对参与本工程施工的全体职工进行安全生产教育,组织职工学习国务院、市、局、公司颁发的关于安全生产的规定条例和安全生产操作规程等,并要求职工在施工中严格遵守。

②工程实施前,专门对施工现场的安全生产进行仔细分析,并进行专门的安全技术交底,做到人人讲安全,人人监督安全。

(4)施工机械安全:其他机械按操作规程使用,加强对机械设备的管理,做到常检、常修、常保养,保持良好的工作状态。

(5)防风、防雨、防雷措施:必须有避雷措施。防雷接地可与工程的避雷预埋件临时焊接连通,接地电阻达到规定要求。发现问题及时改正。设专人掌握气象信息,根据大风、大雨预报,及时采取相应技术措施,防止发生事故。禁止在台风、暴雨等恶劣的气候条件下施工。

(6)安全标志和安全防护。

①安全标志:划分安全区域,充分和正确使用安全标志,布置适当的安全标语。

②安全防护:在人员通道、现场搅拌站上方应采用钢管搭设安全防护棚。高压电线线路侧面和上方采用竹竿和模板搭设隔离墙和防护棚。

(7)夜间施工:夜间操作要有足够的照明设备。

(8)施工现场所有用电设备必须按规定设置漏电保护装置,做到一机、一闸、一漏电保护开关,并定期检查,发现问题及时处理解决。

(9)配电房、配电箱内不准堆放杂物,应留点够消防通道,配相应灭火设备。

9 环保措施

(1)为确保文明施工,促进施工顺利进行,把环境工作为施工现场组织管理的重要组成部分,并认真贯彻执行施工的全过程。

(2)加强环保教育,组织职工学习环保知识,加强环保意识,使大家认识到环境保护的重要性和必要性。

(3)认真贯彻各级政府的有关水土保护、环境保护方针、政策和法令,结合设计文件和工程特点,及时申报安全环境保护设计,切实按批准的文件组织实施。

(4)强化环保管理,定期进行环境检查,及时处理违章事宜,主动联系环保机构,请示汇报环保工作,做到文明施工。

(5)美化施工场地,场地废料处理,应按设计要求按工程师指定地点处理,防止水土流失。保持排水通道畅通,工地干净卫生。施工中还尽量减少对周围绿化环境的影响和破坏。

(6)消除施工污染,施工废水、生活污水源、耕地、农田、灌溉渠道,要采用渗井或其他措施处理。工地垃圾及时运往指定地点深埋，清洗拌和料机具操作水，采用过滤的方法或沉淀池处理，使生态环境受损减到最低程度。

10　资源节约

1）时间资源的节约

本工法与传统的分幅桥面铺装相比，减少了施工工序，节省了一半的工时，节约了一半的人力资源消耗。本工法节省了分幅浇筑桥面铺装时的混凝土接触面的清理工作，节省了一道轨道加工的用工量。本工法加快了项目的施工进度，缩短了工期。

2）材料资源的节约

与传统的分幅桥面铺装相比，本工法施工节省了混凝土的用量，节省了一道轨道的钢筋用量。

3）悬吊式自动整平机施工

吊架式整平机行走轨道及收面吊架可重复周转使用，减少了周转材料的使用量，节约了一定数量的钢材。

11　效益分析

1）经济效益

本工法节约人力，降低成本。与传统的三辊轴分幅桥面铺装工作相比，减少了施工工序，加快了施工进度，降低了施工成本。传统的三辊轴桥面铺装施工，由于分幅浇筑，施工缝的处理，增加了施工作业人数，延长了施工作业时间。水泥混凝土桥面全幅浇筑摊铺施工，混凝土浇筑连续施工，减少了纵向施工缝的施工工序，传统施工所有工时的一半。邯郸至大名（冀鲁界）高速公路S9合同卫河特大桥桥面铺装面积为10 8387m^2，节省人工费为每平方米12元，节省的人工费总计为1 300 644元，节省材料费160 000元，总工节省金额为1 460 644元。

2）质量方面

水泥混凝土桥面全幅浇筑摊铺施工施工方便、成本低、效益低。为保证桥面铺装的保护层厚度，采用钢筋支架和钢管作为轨道。采用与桥面全宽的三辊轴进行混凝土的铺筑，保证了已经绑扎好的钢筋网片不受到破坏。钢管定高程与桥面铺装顶高程一致，钢筋支架的间距控制在25cm一道，钢管外径与桥面铺装保护层厚度一致，钢管壁厚4mm，保证了轨道的支撑强度和刚度，能保真振动横梁和三辊轴机组的受力。单幅全宽一次浇筑混难题桥面铺装，全宽整幅成型，避免了纵向施工缝，有效的减少了桥面铺装的质量通病。

3）安全方面

和传统的水泥混凝土桥面铺装工艺相比，水泥混凝土桥面全幅浇筑摊铺施工方法，减少了施工操作人员的参与，缩短了施工浇筑的时间，加快施工进度。施工过程中的安全控制也大大降低了难度，提高了施工作业的安全性。

12　应用实例

12.1　工程实例一

河北路桥集团有限公司邯郸至大名（冀鲁界）高速公路S9合同桥，桥面铺装面积为10.84万m^2，全部采用了水泥混凝土桥面全幅浇筑摊铺施工（图13）。

12.2　工程实例二

中铁十二局集团有限公司承建的阳泉至左权高速公路ZB5标段，该标段是山西省高速公路规划网“三纵十一横十一环”东纵天黎高速公路的重要组成部分，共有桥梁13座，桥面铺装239跨94 600m^2。采用本工法施工，经检查铺装层平整度控制良好，均在3mm范围以内；横坡控制较好，均在±0.15%以内;94 600m^{2}铺装层施工可以节约施工费用52.02万元,经济、社会效益明显。

12.3 工程实例三

安通建设有限公司承建的安徽省黄祁高速公路路基工程01标共有桥梁工程6座,累计长度1 680m,另外,陕西安康至陕川届高速公路路基工程13标采用了此工法,取得了较好效果。

图13 邯郸至大名(冀鲁界)高速公路S9合同桥

胶粒半刚性混凝土施工工法

GGG(中企)C4145—2013

汪君睿　胡立峰　周玉兵　高雷州　仲维玲
(中铁二十局集团第四工程有限公司)

1. 前言

随着现代建筑业的兴起，混凝土这种工程材料大量的应用于不同类别的工程建设中，由于混凝土材料最大的特点是具有强大的抗压强度而抗拉伸强度很低，故混凝土材料主要用于承重结构，但随着建筑业的发展，混凝土这种强度大、变形小的刚性材料突显现出它的局限性，人们特别渴求能够出现一种介于刚性和柔性之间的半刚性混凝土材料，这种混凝土材料具有较韧性和较大变形能力，而且这种在相对范围内的变形带有一定的可恢复性，例如，建筑物基础部位如果具有一定的韧性就可以减少地震波对结构物的破坏并降低吸收地震产生的能量，减少因地震和地基变形引起的混凝土开裂隙、结构破坏使整个建筑物失去使用功能；地下工程的游泳池、污水处理池、核电站废品处理池等结构物的混凝土等在接受地震和强大的外力的作用发生一定的变形但不开裂，变形在外力消失后能够恢复到原来的状态而不破坏、不渗漏，再例，如大型刚性斜拉索桥箱形梁体内填充混凝土和其路面混凝土往往由于混凝土的弹性模量大、刚性和脆性强，不能长期承受车辆巨大的冲击，使混凝土过早出现裂缝或断裂，如果能够开发一种介于刚性和柔性之间的半刚性凝土材料，将能大大降低混凝土工程的巨大配筋和钢绞线的用量，降低混凝土工程对钢筋和钢绞线的依赖性，降低因渗漏而发生的巨大防渗漏处理费用。所以开展对胶粒半刚性混凝土材料的开发、研究和推广应用是一项突出而又迫切的研究任务。本工法是在“胶粒半刚性混凝土及应用研究”基础上通过现场应用和不断地总结、完善、整理形成的，于2012年6月20日，经青岛市科学技术信息研究所查新，查新结论“目前国内尚无与胶粒半刚性混凝土密切相关的文献报道”。本工法获2012年获中国铁道建筑总公司优秀工法奖。本工法的技术成果获2012年度中国铁道建筑总公司科学技术三等奖。2012年9月19日在中国铁建股份有限公司科技评审会上经专家鉴定达到国内领先水平。

2010年3月~2010年12月，该工法成功应用于中铁二十局集团杭瑞高速公路工程质量优良，未出现任何安全和质量问题，多次受到业主的好评。2010年3月~2010年6月、2012年4月~2012年6月，该工法分别成功应用于山东省青岛市凯伦花园生活区篮球场的场地铺设和丽攀高速公路C4标桥面铺装施工。篮球场铺设过程简便、成本低廉，铺设后的路面弹性和平整性好，适合于居民生活区居民的娱乐要求，丽攀高速公路C4标桥面铺装施工完毕，经检测各项指标均满足设计要求。

2　工法特点

半刚性混凝土是一种界于刚性混凝土与柔性有机材料之间的半刚性混凝土建筑材料，这种材料可以弥补现有混凝土变形小、易脆断、抗渗漏能力差的很多缺点，本工法的形成和成工应用将在建设工程中填补这方面的空白，极大地拓展了混凝土材料的应用范围，具有以下特点：

(1)本工法虽然增加新的混凝土柔性组分，但基本没有增加新的混凝土搅拌设备，不需要对现有设备进行大的改造，减少了成本投入，加快了工程进度，降低了成本，施工便捷、质量可靠。

(2)采用用物理和化学的方法处理胶粒材料颗粒,形成胶粒的刚性过渡段,强化了胶粒材料的受力能力同时具有较好的变形能力。

(3)柔性干粉材料的开发应用:解决了胶粒材料团聚性强、不易分散、流动度差的缺点,使胶粒材料易于储存、运输、计量。

(4)配合比设计坚持“等体积取代、保持砂率不变、总体积不变”的三大原则,解决了配合比设计的理论难题。

(5)应用均匀试验方案和借助SPSS均匀分析软件,进行半刚性混凝土力学性能可靠性分析和设计强度推算,是本工法的一大突破和亮点。

3 适用范围

(1)适用于需要变形能力比现有混凝土大、韧性好的工程结构,例如,混凝土路面、各类桥面混凝土、隧道仰拱混凝土工程、高速铁路道床板混凝土工程。

(2)在极限破坏后不产生裂隙,强度能够全部或部分恢复的工程结构:例如,废水处理及核废液处理池的池壁;各类要求变形较大的筏板、条形基础等工程结构,应用范围十分广泛。

4 工艺原理

半刚性混凝土材料是一种界于刚性混凝土与柔性有机材料之间的半刚性混凝土建筑材料,根据混凝土工程结构物受力特点,一般情况下,其弹性模量应控制在现有混凝土弹性模量的1~1/10之内(即弹性模量界于刚性混凝土和沥青混凝土弹性模量之间,这主要是基于半刚性混凝土的用途而规定的),应变控制在100%~150%,在满足设计强度的前提下(注:这类工程结构一般情况下对混凝土的强度要求并不很高,而对混凝土的变形和柔韧度要求较大),弹模在这个范围内的混凝土工程材料是一种具有较强的韧性和变形能力的混凝土材料,可以弥补变形小、脆性大、防渗抗冻能力差等诸多现有混凝土材料的缺点,故称这种材料为半刚性混凝土材料。

本工法的主要原理:在不改变原有混凝土材料基本无机材料结构组分的基础上,引入部分柔性材料成分或取得代部细集料,使混凝土的原有受力骨架结构发生变化,改变混凝土的相学结构组分和水泥砂浆界面特征,使混凝土的部分力学性能、物理性能、变形特征在接近极限破坏状态时,从刚性向塑性变形方向的发展,在混凝土达到破坏荷载之前产生较大的弹塑性变形,这种变形大部分具有恢复性,本工法就是利用这一性能制备半刚性混凝土的。

5 施工工艺流程及操作要点

5.1 施工工艺流程

施工工艺澈流程见图1。

5.2 施工工艺及操作要点

1)设计参数的确定

首先根据工程结构特点确定该工程结构半刚性混凝土的设计参数,例如,弹性模量、应力作用下的应变、混凝土强度等级、半刚性混凝土的耐久性设计参数等。

2)柔性胶粒材料的生产和胶粒半刚性化的处理(图2)

柔性胶粒材料的生产和制备直接在工厂化的胶粉生产车间就可以完成,用碱除去胶粒中的硬脂酸锌和用硅烷浸渍胶粒的过程可以委托胶粒生产厂家一并处理,以简化施工工序和材料制备困难。

3)柔性干粉材料的制备(图3)

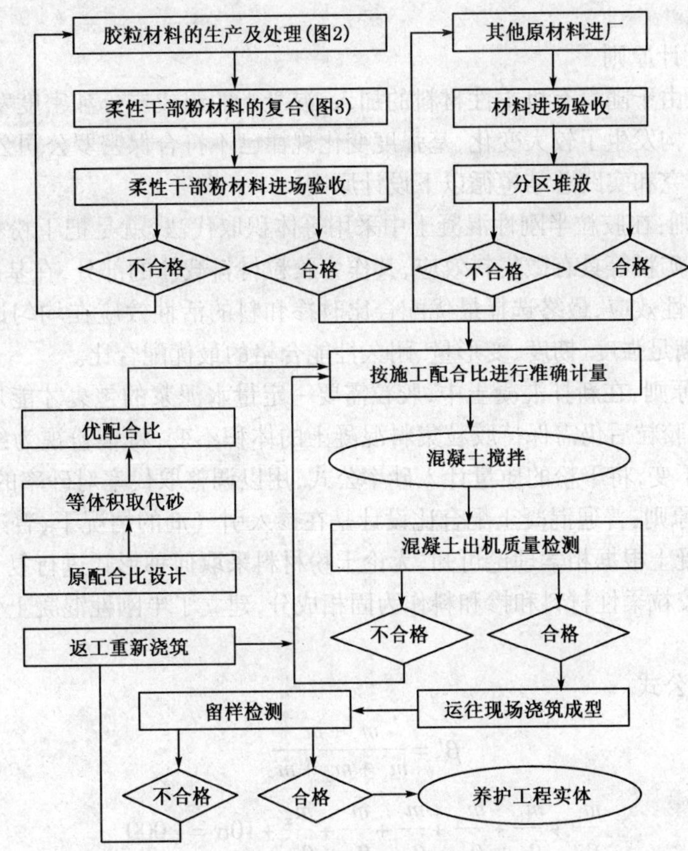

图1 胶粒半刚性混凝土施工工艺流程图

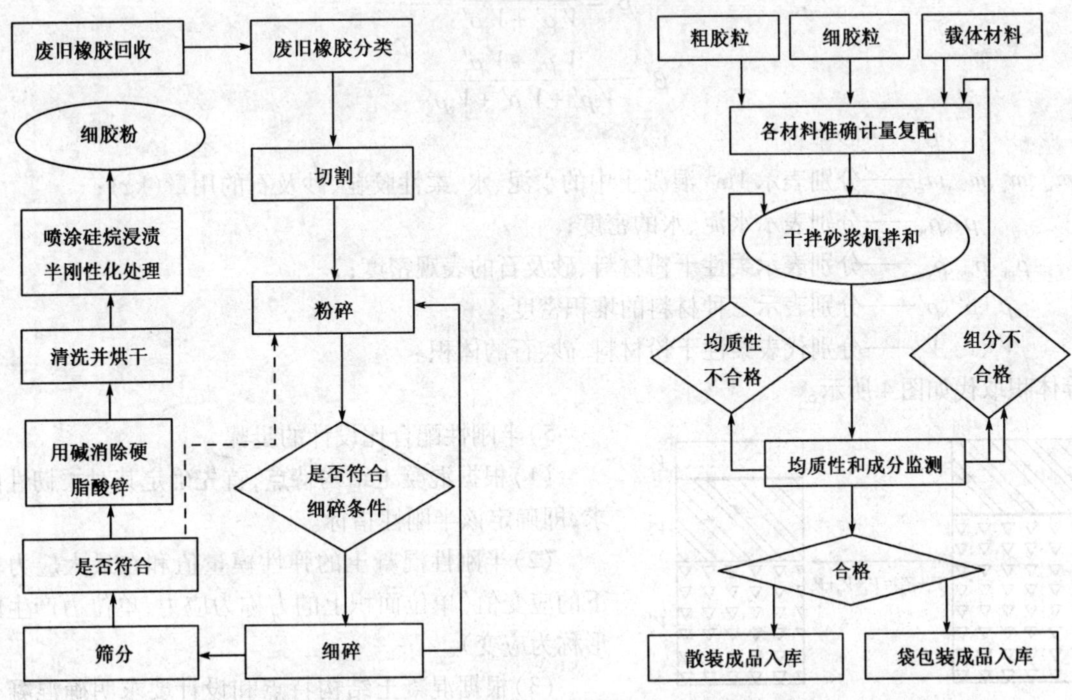

图2 柔性胶粒生产及浸渍工艺流程

图3 干粉材料生产工艺流程

干粉材料的复合采用干拌砂浆设备即可以完成(注干拌砂浆技术已较成熟,例如高速铁路工程使用的CA砂浆干粉成分就是经这种砂浆机拌制而成的),制备后的干粉材料可以通过水泥罐车等粉体材料运输车直接运输到混凝土拌和站储存到掺和料储料罐内使用,也可以在干拌砂浆厂内安装袋包装设备打包后发往使用工地。

4)混凝土配合比设计原则

胶粒半刚性混凝土由于随着有机柔性材料的加入,混凝土的组成成分和密度发生重大变化,也就是说混凝土的受力框架结构发生了较大变化,基强度变化规律已不符合保密罗公司公式所得到的结论,混凝土的设计和试配经研究和实践总结遵循以下设计原则。

(1)等体积取代原则:在胶粒半刚性混凝土中采用等体积取代法,就是把干粉材料看作是级配良好的细集料,由于粉煤灰、矿料等具有微集料效应,其作为胶粒材料载体的部分,在基准配合比计中只考其填充效应而不考虑其活性效应,最终选择最优配合比时掺和料的活性效应在均匀试验方案中作为独立因素参与分析,选择出满足强度、韧度、变形量、耐久性能合格的最优配合比。

(2)保持砂率不变原则:在新拌混凝土中,胶粒需要一定量水泥浆的包裹才能形成可靠黏结并发挥增韧作用。考虑到掺加胶粒后仍需保持胶粒集料混凝土的体积不变,将干粉视为细集料等体积取代部分砂子,同时保持砂率不变,将干粉的质量计入砂率公式,用以调整取代率对砂率的影响。

(3)基于绝对体积原则:普通混凝土配合比设计是在掺入引气剂的情况下,普遍采用绝对体积法进行理论设计,半刚性混凝土根据相学理论可知,无论干粉材料采取何种形式进行复合及采用何种胶粒材料的载体,都没有改变胶粒柔性材料和掺和料作为固相成分,建立了半刚性混凝土受力框架的力学结构形式。

配合比等体积设计公式:

$$\beta' = \frac{m_s + m_r}{m_s + m_g + m_r} \tag{1}$$

$$\frac{m_c}{\rho_c} + \frac{m_h}{\rho_h} + \frac{m_w}{\rho_w} + \frac{m_r}{\rho_{or}} + \frac{m_s}{\rho_{os}} + \frac{m_g}{\rho_{og}} + 10\alpha = 1\,000 \tag{2}$$

$$\beta' = \frac{V_s\rho'_s}{V_s\rho'_s + V_g\rho'_g} \tag{3}$$

$$\beta' = \frac{V_s\rho'_s + V_r\rho'_r}{V_r\rho'_r + V_s\rho'_s + V_g\rho'_g} \tag{4}$$

式中: β'——砂率;

m_c、m_w、m_r、m_s、m_g——分别表示 $1m^3$ 混凝土中的水泥、水、柔性胶粒、砂及石的用量(kg);

ρ_c、ρ_w——分别表示水泥、水的密度;

ρ_{or}、ρ_{os}、ρ_{og}——分别表示柔性干粉材料、砂及石的表观密度;

ρ'_r、ρ'_s、ρ'_g——分别表示三种材料的堆积密度;

V_r、V_s、V_g——分别代表柔性干粉材料、砂、石的体积。

等体积取代如图4所示。

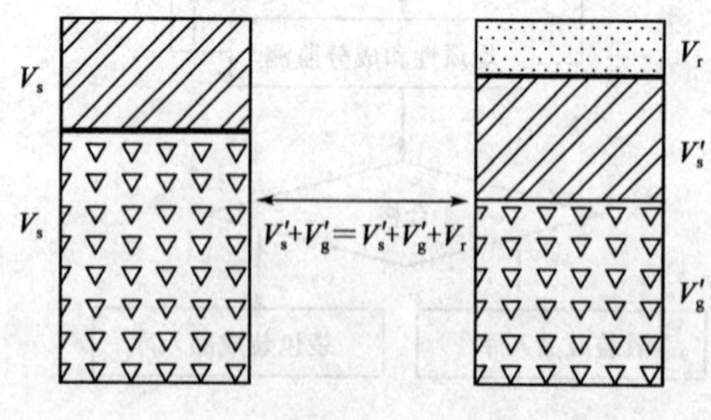

图4 等体积取代图

5)半刚性配合比设计的步骤

(1)根据混凝土结构特点,首先确定其对柔韧性的要求,即确定该半刚性指标。

(2)半刚性混凝土的弹性模量值和在最大应力作用下的应变值(单位面积上的力称为应力,单位力产生的变形称为应变)。

(3)根据混凝土结构特点和设计要求明确混凝土的抗压强度和抗拉伸强度。

(4)确定基准配合比及胶凝材料用量。

(5)通过合理试验确定干粉材料的内部组分、最大粒径和取代量。

(6)通过半刚性混凝土设计的三大原则,在保持砂率不变、水泥用量不变的情况下,通过等体积取代细集料的方法，计算出柔性干粉材料的用量，配合比调整后的砂、石用量，确定初步配合比。

(7)通过新拌混凝土性能试验和重度试验，校准和调整配合比。

(8)采用均匀方法，以该基准配合比为基础设计该配合比的均匀试验方案，通过大量均匀性试验对该配合比的力学性能、耐久性进行可靠性分析。

(9)利用均匀试验结果，借助 SPSS 软件进行分析，通过试验明确影响半刚性混凝土施工性能、力学性能和耐久性能的各因素主次关系，建立强度回归方程。考查和评价半刚性混凝土强度发展规律，验证配合比的可行性和可靠性，为半刚性配合比设计和工程应用提供依据。

5.3 半刚性混凝土的检测和质量控制

1)新拌半刚性混凝土的物理性能

《普通混凝土拌和物性能试验方法标准》(GB/T 50080—2002)。

2)半刚性混凝土的力学性能

《普通混凝土力学性能试验方法标准》(GB/T 50081—2002)。

3)半刚性混凝土的耐久性

(1)《普通混凝土长期性能和耐久性能试验方法标准》(GB/T 50082—2009)。

(2)《铁路混凝土工程预防碱—骨料反应技术条件》(TB/T 3054—2002)。

(3)《客运专线高性能混凝土暂行技术条件》(科技基[2005]101 号)。

4)干粉材料的检测及质量控制应执行下列标准

(1)《高强高性能混凝土用矿物外加剂》(GB/T 18736—2002)。

(2)《用于水泥和混凝土中的粉煤灰》(GB/T 1596—2005)。

(3)《用于水泥和混凝土中的粒化高炉矿渣粉》(GB/T 18046—2008)。

6 材料与设备

(1)本工法采用的主要机具设备和材料见表 1。

主要机具设备和材料 表 1

序号	设备名称	单位	需用数量	备注
1	胶粒生产设备	套	2	
2	干拌砂浆混料机	套	2	
3	强制式混凝土搅拌站	套	2	搅拌站至少带 3 个粉料储料罐，并具备自动计量功能
4	混凝土运输罐车	台	4~10	
5	水泥类粉体材料运输车	台	2~4	
6	打包机	台	2	在干粉材料能够散装运输时可不配备
7	混凝土振动器或振动棒	根	4~10	
8	混凝土泵车	台	1	
9	混凝土收面设备	台	2	
10	混凝土养护用塑料布	把	2	
11	混凝土洒水设备	套	2	
12	柔性干粉材料及常规混凝土拌和物	t		
13	对讲机	台	10	
14	照明设备	套	10	

(2)检测及防护用仪器见表 2。

检测及防护用仪器　表2

序号	名称	规格	单位	数量
1	万能材料试验机	100t	台	1
2	万能材料试验机	30t	台	1
3	混凝土抗折夹具	150×450	套	1
4	混凝土抗劈裂夹具		套	4
5	混凝土搅拌机	60L	套	
6	混凝土振实台	80×80	台	1
7	混凝土含气量测定仪		台	1
8	混凝土弹性模量测定仪		套	1
9	混凝土养护箱		台	1
10	水泥物理性能试验设备		套	1
11	漏电保护器		套	若干
12	防水、防漏电雨鞋		双	若干
13	混凝土现场检测设备		台	若干
14	安全帽		顶	若干

7　质量控制

(1)严禁使用过期和受潮的水泥、矿粉、粉煤灰等原材料。

(2)采用精度较高的全自动电子计量设备对原材料进行计量,严禁采用体积比。

①干粉材料的计量精度为:±1%。

②水泥材料的计量精度为:±1%。

③砂、石的计量精度为:±2%。

④水的计量精度为:±1%。

⑤外加剂的计量精度为:±0.5%。

(3)延长搅拌时间15~30s,提高拌和物和易性,以保证干粉材料能够充分分散和发挥应有的作用(具体延长时间可根据工艺性试验确定)。

(4)拆模后应加强对混凝土的覆盖等保湿养护措施,使其强度达到85%以上后方可转为自然养护,以免混凝土由于早期失水产生裂纹。

(5)半刚性混凝土的相关检验和抽样检测应按:《普通混凝土拌和物性能试验方法标准》(GB/T 50080—2002)、《普通混凝土力学性能试验方法标准》(GB/T 50081—2002)、《普通混凝土长期性能和耐久性能试验方法标准进行》(GB/T 50082—2009)。

8　安全措施

除严格遵守国家制定的各种安全技术规程外,还应注意以下事项:

(1)建立现场施工安全组织,对施工人员作好安全技术交底,建立安全责任制。设备专职安全员,监督各项安全规程和制度的执行情况。

(2)施工机具、砂浆搅拌机、混凝土搅拌机、运输车辆等机械设备要勤检查,非操作人员不得操作各类机械设备。

(3)高空作业时,脚手架、平台支撑应牢固,作业前应检查其可靠性。

(4)混凝土施工作业面所有照明线与动力线应注意架空、绝缘并安装漏电保护器。任何人未经允许,不得接触电源开关,发生故障由电工处理。

(5)按劳保防护要求,佩戴安全帽等必要的防护用品。

9 环保措施

(1)建立完善的环境保护体系,建立健全环境保护措施及制度。

(2)成立与本工程对应的施工环境卫生管理机构,在施工过程中严格遵守国家和地方政府下发的有关环境保护的法律、法规和规章,加强对施工机械燃料、工程材料、废水、生活垃圾、化学试液的控制和治理,设置专用排放渠道和集中处理场地。

(3)优先选用先进的环保机械,降低施工噪声和环境污染。

(4)废旧橡胶等有机柔性材料的无害化处理和在混凝土工程中的应用也是发展绿色混凝土的一个重要发展方向,应严格遵守国家及当地政府及主管理部门相关的环保政策、规章制度。建立完善的环保体系,建立健全环境保护措施及制度。

(5)防止大气污染。水泥和胶粒等其他易飞扬的细颗粒散体材料,要在库房内存放或严密遮盖,运输时,车辆要封闭并尽量采用散装粉粒罐车进行运输,以防止遗撒、飞扬。

(6)防止噪声污染。对于产生较大噪声的胶粒生产车间、砂浆搅拌车间和混凝土搅拌机等地方可采取全封闭,以降低噪声。另外,在施工现场将严格遵照《中华人民共和国建筑施工场界噪声限制》来控制噪声,最大限度地降低噪声扰民。

(7)由于胶粒处理过程会产生废液,废液经中和处理后专门排放。

(8)所有施工现场确保工完料净,生活或施工临时设施及时清理。

10 资源节约

本工法主要应用材料为工业废弃橡胶等材料,不仅能够解决橡胶类材料对环境的污染,同时也开创了半刚性材料应用的新天地,是混凝土材料领域研究的一项重大新突破,具有广阔的推广应用前景。

11 效益分析

11.1 经济效益

1)凯伦花园情况

(1)塑胶篮球场由聚氨酯预聚体、混合聚醚等材料铺设地板成本为:

300 元/m^2 ×540m^2 =162 000 元(不含人工费)

(2)采用半刚性混凝土铺设成本为:

60 元/m^2 ×540m^2 =32 400 元(含人工费)

(3)采用塑胶篮球场由聚氨酯预聚体铺设的场地使用寿命为 5 ~6 年。

(4)采用半刚性混凝土场地的使用寿命最少为 30 年。

通过以上比较分析可以看出:

采用半刚性混凝土的成本只有塑胶聚氨酯预聚体成本的 20% 。

采用半刚性混凝土的使用寿命比塑胶聚氨酯预聚体大 5 倍以上。

由此可见,经济效益十分显著。

2)杭瑞高速公路项目

应用本项目研究的半刚性材料取代部分混凝土材料和防水材料,经过可靠性计算:相对于沥青混凝土的成本和工艺流程分析,应用于路面混凝土工程可节约成本 8 ~10 元/m^3,应用于防水性结构混凝土可节约成本 10 ~20 元/m^2,经济效益十分显著。

11.2 社会效益

我国每年工程建设中受混凝土脆性影响而使用性能受到限制的混凝土大约在 20 亿 m^3 以上,该技术成果能够成功推广应用,所有这类工业废弃品有望得到彻底解决,不仅能够解决橡胶类材料对环境的污染,同时也开创了半刚性材料应用的新天地,是混凝土材料领域内材料研究的一种重大新突破,半刚性干粉体材料可作为绿色环保再生型混凝土的新组分而得到广泛应用,经济价值、社会价值非常可观。

12 应用实例

12.1 工程实例一

中铁二十局集团第四工程有限公司杭瑞高速公路工程项目起点 K99 +900.042,位于通山县通羊镇寨下村,接杭瑞高速公路 12 合同段终点。路线呈东西走向,沿大磨山山脚西行,经新塘下、宋家桥等 7 座村庄,至本合同段终点 K110 +000,路线全长 10.099km。本合同段共设大桥 651.16m/2 座、中桥 198.74m/3座;分离式立体交 164.1m/1 座。本工法主要是集中在大桥的桥面防水混凝土工程中应用。

杭瑞项目现已运行了近一年的时间,通过现场试验和实际应用桥面混凝土明显表现出了柔性,桥头跳车现象明显减弱,接缝处的热膨冷缩现象较小,结构物的抗冻性、抗渗性明显改善,大大弥补了混凝土高弹模,低变形带来的开裂,渗漏、冻膨缺陷。

12.2 工程实例二

凯伦花园位于山东省青岛市东海路与海口路的交汇处,是一个集居住和办公为一体的花园式小区,2010 年,为满小区居民休闲和身体锻炼的需求,拟建立一个篮球场,考虑到纯混凝土路面过于坚硬,一直想采用塑胶篮球场,但塑胶篮球场由聚氨酯预聚体、混合聚醚、废轮胎橡胶、EPDM 橡胶粒或 PU 颗粒、颜料、助剂、填料组成。施工过程工艺复杂,成本高适合于全天候室内外专业运动场地坪,与居民社区类的公共活动场所不匹配,最后决定采用本工法进行场地硬化,共硬化了 $18 \times 30m^2$ 运动地坪,混凝土的铺装厚度为 10cm,共计使用混凝土 $54m^3$,通过该工法的成功应用,避免了普通混凝土刚度大,使用过程弹性小、人员容易摔伤的缺点,同时又节约了成本,收到了很好的效果。

12.3 工程实例三

丽攀高速公路 C4 标位于四川省攀枝花市,2012 年 4 月 ~2012 年 6 月,该项目桥梁的桥面铺装采用该工法,施工完毕后经检测各项指标均符合设计要求。

公路钢桥陶质衬垫 CO_2 气体保护焊施工工法

GGG(浙)C4146—2013

欧代军 王祥真 蒋国平 徐 锋 张来兴
(浙江鼎盛交通建设有限公司 浙江天宇交通建设集团有限公司)

1 前言

随着新型钢结构产品、新型制造工艺的不断采用,工程质量要求的不断提高,对焊接工艺和焊缝质量要求越来越高,钢结构的连接逐渐由以前的栓焊连接向全焊接形式发展,而且要求焊缝熔透率达到100%,并进行无损探伤检验。为保证焊缝熔透,工件不仅需要开坡口,而且背面焊缝焊前根部还要通长清根,既加大了焊工的劳动强度,又影响了工程的施工进度。

近年来,随着衬垫焊接材料的发展,焊接技术的不断提高,陶质衬垫焊技术以其优良的成型性能、工艺适应性、生产效益高、成本低等优点,被广泛应用在大跨度公路钢桥的不清根熔透焊缝上,尤其是陶质衬垫 CO_2 气体保护焊的应用,非常广泛。

104 国道绍兴高桥立交桥 4 座钢箱梁结构桥,上跨萧甬铁路、104 国道及浙东古运河;嘉兴至绍兴跨江公路通道南岸接线沽渚枢纽 3 座钢箱梁结构桥,均上跨正在通车的杭甬高速公路和上三高速公路。此类桥钢箱梁焊缝多,施工期间,均要保证孔下正常的营运条件,不能封道及封航施工,这给钢箱梁焊接施工的质量、安全和工期提出了很高的要求。于是我们组织了科技人员进行科技攻关和科学创新,通过不断地探索和实践,总结出了陶质衬垫 CO_2 气体保护焊施工工艺和技术,制订了切实可行的焊接工艺,指导了上述工程钢梁的焊接生产并获得了成功。在此基础上,形成了公路钢桥陶质衬垫 CO_2 气体保护焊施工工法。

2 工法特点

(1)效率高。传统的熔透焊一般采用正面打底焊,然后工件翻身,焊缝背面清根,打磨后再进行焊接。如果由于设备和场地的限制,工件无法翻身(如钢箱梁安装时节段的拼接),则必须进行仰焊操作。采用陶质衬垫 CO_2 气体保护焊,单面焊接双面成型,避免了清根、打磨、仰焊和工件翻身作业,焊接效率大大提高。

(2)质量好。清根打磨不仅效率低,而且稍有不慎,清根不净或打磨不光,就会引起夹渣、未融合等焊接缺陷,同时仰焊对焊接材料和操作技能要求很高,受人为因素影响很大,难以保证焊接质量。采用陶质衬垫 CO_2 气体保护焊,单面焊接双面成型,变仰焊为平焊,极大地降低了操作难度,焊接质量得以保证。

(3)成本低。工件翻身,清根打磨,不仅需要设备场地,工作量大,而且消耗电力、碳极材料和基本金属,增加了焊缝填充量。采用陶质衬垫 CO_2 气体保护焊,节省了材料、电力、工作量和场地等,使生产成本大大降低。

(4)安全性好。电弧焊时会产生大量的焊渣飞溅,将影响作业面周边人的安全,影响孔下的道路运营安全。另外,在钢箱梁拼装焊接时,操作工在箱体内侧作业,避免了仰焊或腹板外侧焊时操作工的安全隐患。

(5)减轻劳动强度和环境污染。清根会产生大量焊接烟尘和焊渣飞溅现象,打磨噪声大,仰焊时焊工体力消耗大,劳动条件恶劣。采用陶质衬垫 CO_2 气体保护焊,可有效降低劳动强度和环境污染。

(6)对坡口及工件组对间隙要求不苛刻。采用陶质衬垫 CO_2 气体保护焊,比较容易获得良好的背面成型,即使组对间隙很大,通过适当的摆动操作,也能得到良好的焊缝成型,坡口的制作可以采用火焰切割,大大提高了生产效率。

3 适用范围

本工法适用于公路钢箱梁桥、铁路钢桥及建筑钢结构的焊接工艺,也可用于电站锅炉的钢结构焊接。

4 工艺原理

(1)陶质衬垫在接缝背面,利用衬垫的耐高温性作背面焊缝成型的依托,实现一种单面焊双面成型的焊接工艺。

(2)CO_2 气体保护焊采用可熔化的焊丝与焊件之间的电弧作为热源来熔化焊丝与母材金属,同时,向焊接区域内连续输送 CO_2 气体,以保护焊接电弧、焊丝熔滴、焊接熔池及熔池周围的热影响区免受周围空气的侵蚀。在焊接过程中,焊丝连续不断地送入、熔化并过渡到熔池内,与熔化的母材金属融合形成焊缝,从而使焊件达到连接,如图1所示。

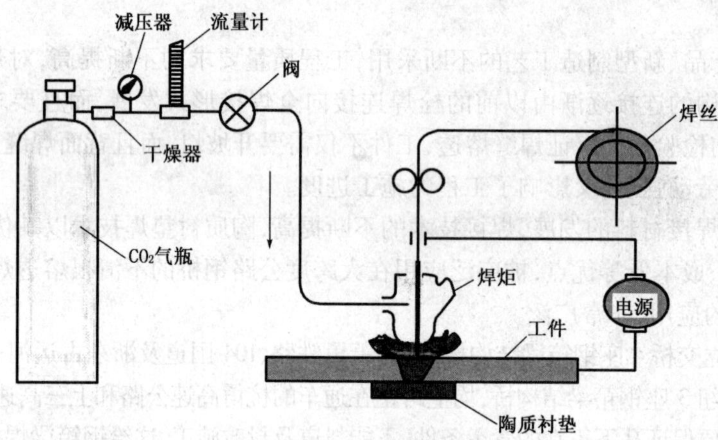

图1 陶质衬垫 CO_2 单面焊原理示意图

5 施工工艺流程及操作要点

5.1 施工工艺流程(图2)

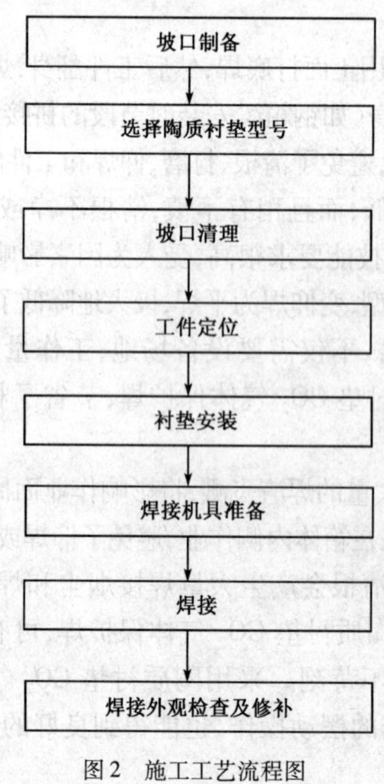

图2 施工工艺流程图

5.2 施工工艺操作要点

1)坡口制备

V形坡口采用火焰切割,焊接坡口面及其边缘两侧各30mm范围内应无油污、铁锈、氧化皮、水分等杂质,焊接坡口形式及焊接接头装备如(表1)所示。

2)陶质衬垫型号

陶质衬垫主要由衬垫块和铝箔胶带组成,如图3所示。

焊接坡口形式及焊接接头装备 表1

坡口形式及接头装备	焊接位置	符号		标准值	允许范围
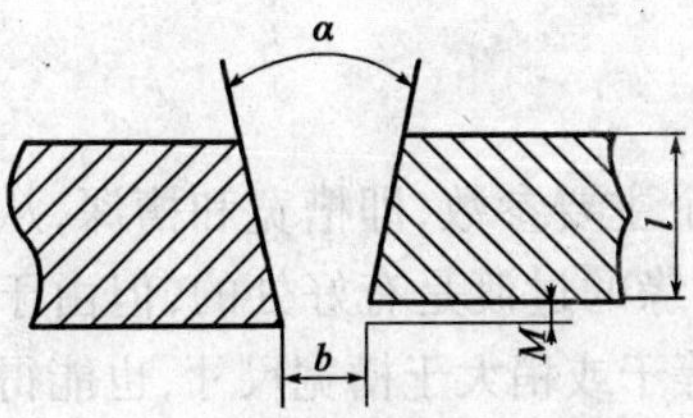	平焊、立焊	坡口角度 α	°	40	40~55
		错边 M	mm	0	0~2
		根部间隙 b		6	4~8
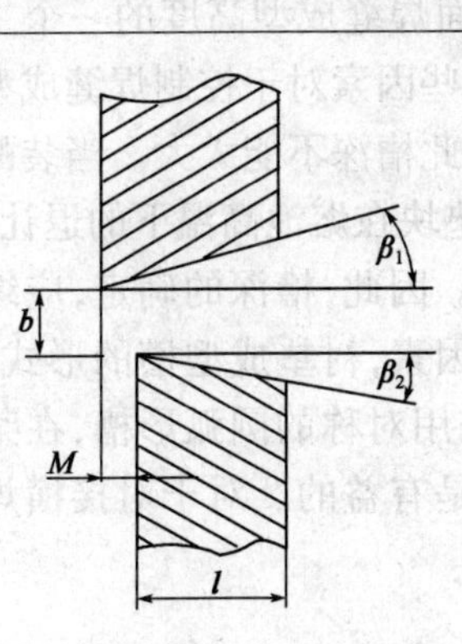	横焊	坡口面角度 β_1	°	25	25~35
		坡口面角度 β_2		15	15~20
		错边 M	mm	0	0~2
		根部间隙 b		6	4~8
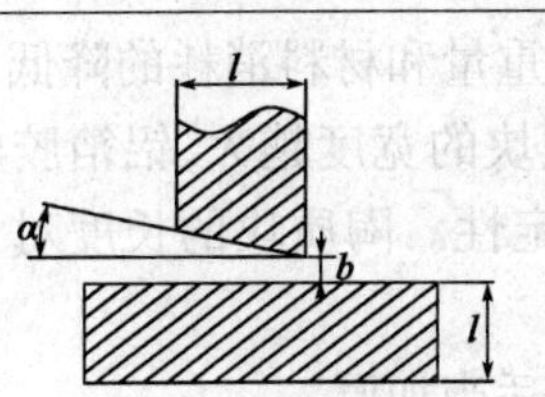	角焊	坡口角度 α	°	40	0~50
		根部间隙 b	mm	6	4~8

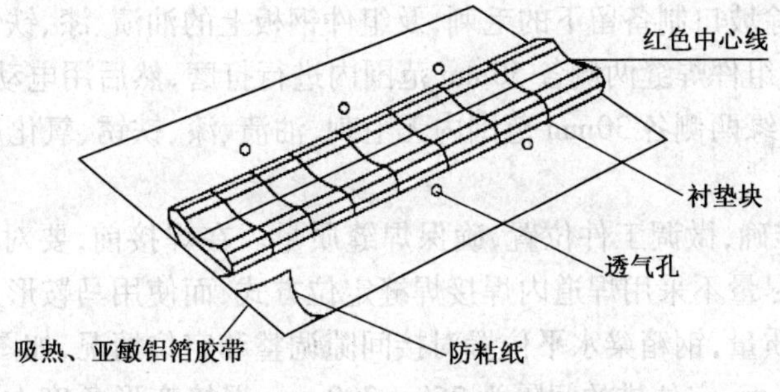

图3 陶质衬垫组成

其中衬垫块是影响陶质衬垫焊接性能的关键。要根据焊接方法、坡口角度、间隙大小,选择相应的陶质衬垫,不同的坡口衬垫安装如图4所示。

陶质块的形状主要考虑焊缝成形槽的形状及尺寸,其次还有其外形。

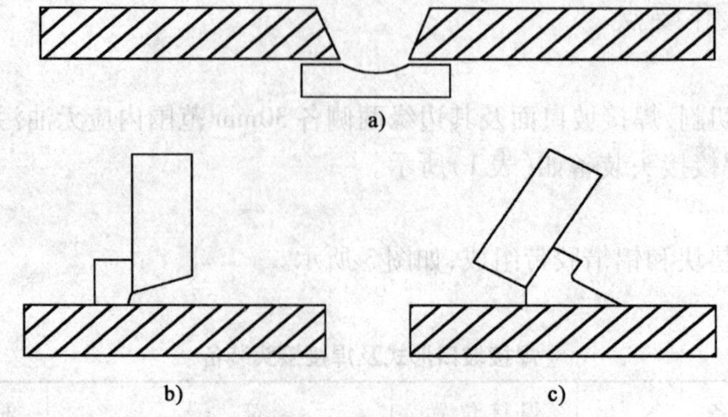

图4　不同的坡口衬垫安装图

a)平面焊接;b)直角焊接;c)斜角焊接

(1)衬垫块成型槽。

成型槽是影响焊缝背面成型尺寸及质量的重要因素,成型槽有两个主要参数,即槽宽和槽深,从理论上讲,槽宽大于装配间隙时,对焊缝成型尤其是焊根的焊透及焊缝边缘的过渡是有好处的,但由于衬垫块在焊接熔池的高温下有一定的退让性,实际焊接中即使装配间隙等于或稍大于槽宽尺寸,也能得到好的成型。一般来说装配间隙增大,槽宽也应相应增加。槽深是影响背面焊缝成型高度的一个主要因素,还有其他因素如焊接电流、焊接速度、操作办法、衬垫块耐火度等。这些因素对于控制焊缝成型高度方面,在一定程度上具有互补性,通常情况下,都不希望焊缝余高过大,因此槽深不能太大。当装配间隙较小时,应适当增加,这对于根部熔透及焊缝边缘过渡是有利的,由于衬垫块在熔池高温下的退让性,也能得到一定余高的焊缝,但很容易出现焊缝边缘熔合不良或咬边等缺陷。因此,槽深的确定,应综合考虑焊接电流、衬垫块的耐火度、装配间隙,操作方式及焊缝余高的要求等因素,衬垫成型槽的形式,在一定程度上也会影响焊缝成型,对于对接平焊和立焊,目前比较流行的是采用对称的圆弧形槽,在某些情况下也可采用方形槽。方形槽对于防止咬边、根部结合不良及控制余高是有益的。对于对接横焊及某些角焊缝等情况,可采用不对称的成型槽。

(2)衬垫块外形。

外形主要考虑宽度、长度和厚度,同时考虑铝箔胶带装贴的方便性及重量和材料消耗的降低。

衬垫块宽度应随装配间隙的增大而增大,对于一定的装配间隙,陶质块的宽度越大,铝箔胶的粘贴部位离焊缝越远,温度也越低,铝箔胶就不会脱落,可保证焊接过程的稳定性。陶质块的长度对于直缝来说,没有关联,一般等同于焊缝长度。

陶质块的厚度应能保证不被烧穿,此外还需考虑一定的保护厚度,应适当加厚。

3)坡口清理

坡口清理的目的是清除坡口制备留下的毛刺,及组件钢板上的油渍、漆、铁锈、氧化皮及水分等。

利用手提式砂轮机,对组件焊缝两侧各50mm范围内进行打磨,然后用电动抛光机和干棉布进行磨光和擦拭,使坡口面及其边缘两侧各30mm范围内无毛刺、油渍、漆、铁锈、氧化皮和水分等杂质。

4)工件定位

(1)为保证工件定位准确,微调工件位置,确保焊缝质量。在焊接前,要对待焊工件进行微调和定位固定,两节对接定位时,尽量不采用焊道内焊接焊缝定位方式,而使用马鞍形连接板来固定,避免定位焊缝出现缺陷而影响焊接质量,钢箱梁水平位置对接间隙调整和定位情况,如图5所示。

(2)定位排焊在坡口正面,定位排的间隔为250~300mm,焊接变形角度大于5°或10°;T形接头部位,定位排间隔距离应减少为150~200mm,定位排尺寸应不小于图6所示数值。

5)衬垫安装

(1)在贴陶质衬垫时,粘贴处应清理干净,衬垫与钢板粘贴绝对紧密,衬垫与衬垫之间衔接处,不应留有间隙。

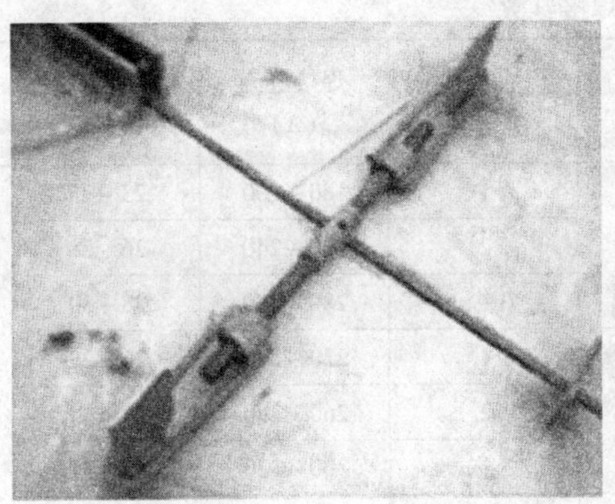

图5 钢箱梁水平对接间隙调整和定位实景

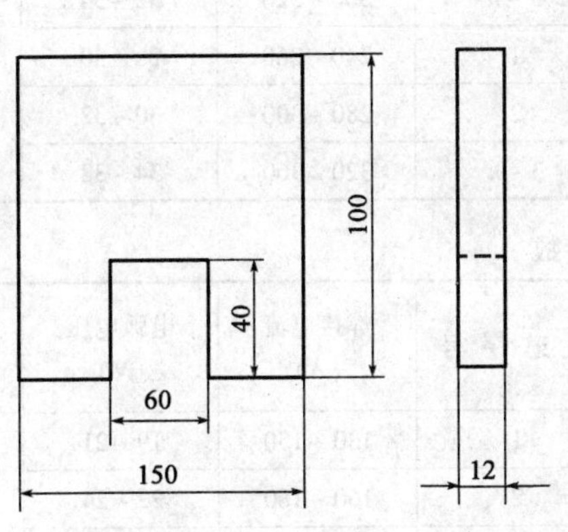

图6 定位排(尺寸单位:mm)

(2)两根焊接衬垫的接头搭口要对准,以防止反面成型宽,填不均匀,根部造成假焊以及在衬垫连接处焊缝外表面有类似竹节凸起等现象。

(3)陶质衬垫圆弧形凹槽中心线,应与坡口根部间隙中心线对齐。

(4)衬垫安装后,在定位排处用木楔或橡皮锤敲紧,以防止衬垫在焊缝处变热而松动。

6)焊接

(1)焊接前,钢板表面要经过预处理除锈,打磨待焊区,露出金属本色。

(2)工地焊接环境条件:风力≤2级,温度≥5℃,湿度≤80%。当风力>2级,湿度>80%时,应采取措施配置合适的防风、防潮设备,且焊接采用烘枪去潮。当温度<5℃或钢板厚度>30mm时,焊前应进行预热处理,预热采用烘枪均匀加热,预热的范围为焊接坡口两侧,距待焊区100~200mm,预热温度为90~100℃。

(3)平对接陶质衬垫CO_2单面焊的焊接参数如表2所示。

(4)立对接陶质衬垫CO_2单面焊的焊接参数如表3所示。

(5)横对接陶质衬垫CO_2单面焊的焊接参数如表4所示。

(6)焊道次序及焊道布置如图7、图8所示,焊边根据板厚调整。

焊接顺序如下:

①焊接第一个焊道(即打底焊)时,应采用左焊法施焊,当根部间隙大于6mm时,宜采用右焊法。

②打底焊时,电弧应做摆动,并在坡口边缘处停顿,以使根部熔透及焊缝成型符合质量要求。

③打底焊的焊接过渡应控制在18cm/min以下。

④施焊之前应在焊件两端焊接300mm长的焊缝,根据钢板厚度、焊接第2~第3层,每层间隔50mm,呈阶梯状,如图9所示。

平对接焊接参数 表2

焊接顺序	焊接方法	焊丝直径(mm)	焊道序号	焊接电流(A)	电弧电压(V)	气体流量(L/min)
	CO_2 实芯焊丝气体保护焊	1.2	1	180~200	23~25	15~25
			2	220~240	26~28	
			3~n	280~300	28~30	
		1.4	1	220~240	26~28	
			2	260~280	28~30	
			3~n	300~320	32~34	
	CO_2 药芯焊丝气体保护焊	1.2	1	200~220	24~26	
			2	240~260	28~30	
			3~n	300~320	32~34	
		1.4	1	240~260	28~30	
			2	280~300	30~32	
			3~n	320~360	34~38	

立对接焊接参数 表3

焊接顺序	焊接方法	焊丝直径(mm)	焊道序号	焊接电流(A)	电弧电压(V)	气体流量(L/min)
	CO_2 实芯焊丝气体保护焊	1.2	1	130~150	19~21	15~25
			2	160~180	22~24	
			3~n	180~200	24~26	
		1.4	1	180~200	21~23	
			2	200~220	23~25	
			3~n	220~240	25~27	
	CO_2 药芯焊丝气体保护焊	1.2	1	140~160	20~22	
			2	180~200	23~25	
			3~n	200~220	24~27	
		1.4	1	200~220	22~24	
			2	220~240	24~26	
			3~n	240~260	25~27	

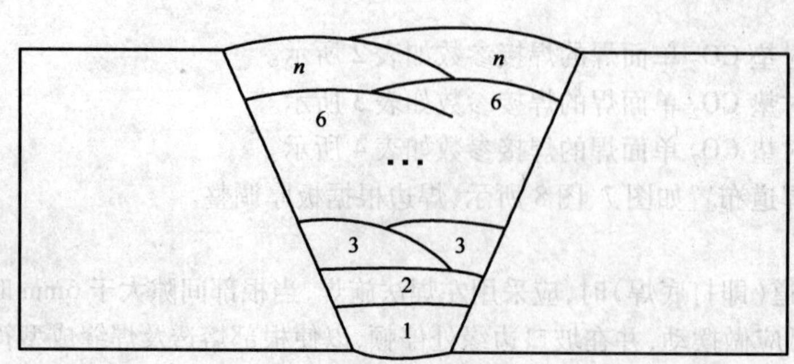

图7 平、立搭焊焊道次序及焊道布置图

横对接陶质衬垫 CO_2 单面焊的焊接参数 表4

焊接顺序	焊接方法	焊丝直径(mm)	焊道序号	焊接电流(A)	电弧电压	气体流量(L/min)
1, 2, 3, n, m, n+1	CO_2 实芯焊丝气体保护焊	1.2	1	180~200	21~23	15~25
			2~n	200~240	23~26	
			n+1~m	200~220	23~25	
		1.4	1	200~220	22~24	
			2~n	220~260	24~27	
			n+1~m	220~240	24~26	
	CO_2 药芯焊丝气体保护焊	1.2	1	200~220	23~25	
			2	220~260	25~28	
			n+1~m	220~240	25~27	
		1.4	1	220~240	24~26	
			2~n	240~280	26~29	
			n+1~m	240~260	26~28	

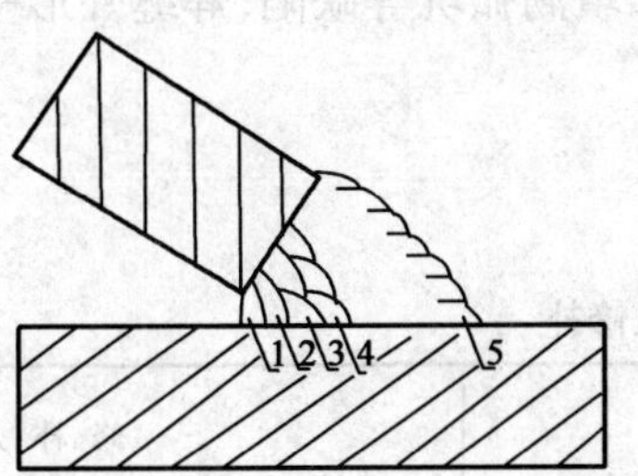

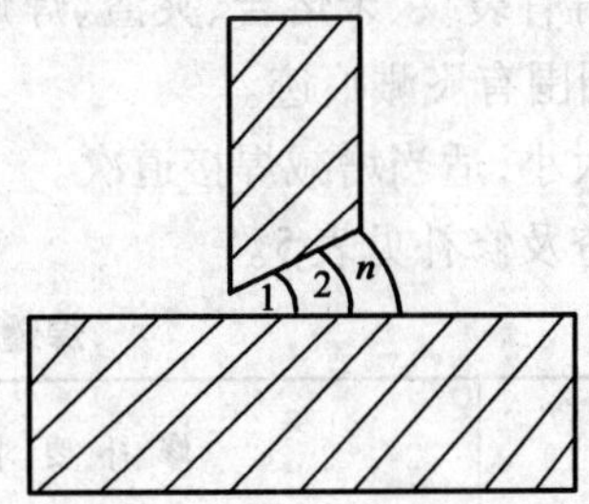

图8 角焊焊道次序及焊道布置图

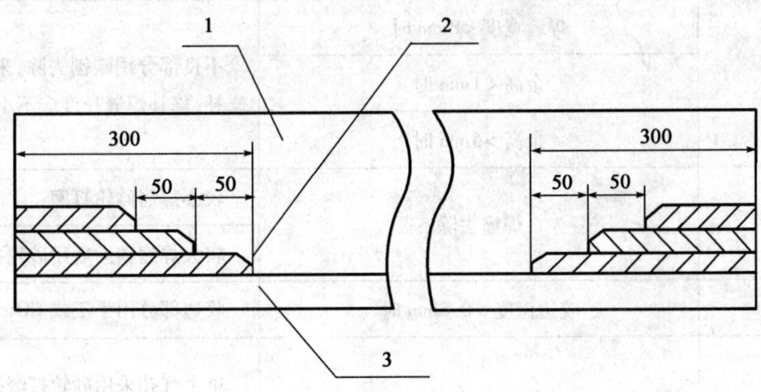

图9 阶梯状焊层(尺寸单位:mm)

1-母材;2-焊缝,阶梯状;3-衬垫

⑤装好衬垫后的接头打底焊应连续完成,其余适宜连续焊接。

⑥打底焊缝衔接处的弧坑,应进行打磨处理。

⑦焊接接头处于倾斜位置时,应采用上坡焊。

6 材料与设备

(1)焊丝:焊丝直径应为 $\phi1.2$mm 或 $\phi1.4$mm,并符合《碳钢药芯焊丝》(GB/T 10045)的要求,焊丝表面应无油污、铁锈、水分等杂质,并有规则地缠绕在焊丝盘上。

(2)CO_2 气体:使用的 CO_2 气体质量应符合《工业液体二氧化碳》(GB/T 6052)中Ⅰ类或Ⅱ类一级的要求。

(3)CO_2 焊机:焊机应定期进行检测维修。

(4)CO_2 气体流量计和压力表:气体流量计和压力表应鉴定合格。

(5)砂轮磨光机。

(6)气焊设备1台。

(7)定位时用的大扳手2只。

(8)陶质衬垫:应符合《陶质焊接衬垫》(GB/T 3715)的要求。

(9)电源、配电箱。

7 质量控制

(1)所使用的材料和设备,在进场之前,必须进行检测和标定,合格后方准进入现场。

(2)严禁在母材上随意打火、起弧。

(3)焊前焊接区域必须清理干净,层间要清理彻底。

(4)所有焊缝不得有裂纹、未熔合、夹渣、焊瘤和未填满弧坑等缺陷,焊缝外形平滑过渡,焊缝表面不得凹凸不平,严禁周围有飞溅痕迹。

(5)根据板厚的大小,适当增减焊接道次。

(6)反面焊缝检查及修补见表5。

焊缝检查及修补　　表5

缺陷种类	修补要求	修补方法
焊缝成型不良	未成型部分	未成型部分应清根,然后采用手工或 CO_2 半自动焊修补
	焊缝宽度 <8mm 时	不良部分用碳刨去除,采用手工或 CO_2 半自动焊修补,修补焊缝长度应不小于50mm
	余高 <1mm 时	
	余高 >5mm 时	
焊瘤	焊瘤去除	较小焊瘤砂轮打磨
		较大焊瘤碳刨后用砂轮打磨
咬边	咬边深度 >0.5mm 时	咬边部分用手工或 CO_2 半自动焊修补
表面气孔	孔径 >0.5mm 的单个气孔、密集型气孔	单个气孔采用砂轮打磨并修补
		密集气孔采用碳刨去除,砂轮打磨碳刨区并采用手工或 CO_2 半自动焊修补
裂纹	裂纹去除	采用砂轮或碳刨去除裂纹,并采取着色探伤,确定裂纹去除后进行修补

(7)正面焊缝外形检查及修补见表6。

正面焊缝外观质量标准 表6

缺陷类型	修补要求	修补办法
焊缝成型不良	焊缝宽 $b>12$mm,余高 >3mm 时	未成型部分应清根,然后采用手工或 CO_2 半自动焊修补
	焊缝宽 $b\leq12$mm,余高 >2mm 时	不良部分用碳刨去除,采用手工或 CO_2 半自动焊修补,修补焊缝长度应≥50mm。
	任意 25mm 范围内,焊波高低差 >3mm	
	余高铲磨后表面不高于母材 0.5mm	
焊瘤	焊留去除	较小焊瘤砂轮打磨
		较大焊瘤碳刨后用砂轮打磨
咬边	受拉工件横向对接焊缝及竖加劲肋角焊缝(腹板侧手拉区)出现咬边; 受压工件横向对接焊缝及竖加劲肋角焊缝(腹板侧受压区)$\Delta>0.3$mm; 纵向对接及主要角焊缝 $\Delta>0.5$mm; 其他焊缝 $\Delta>1.0$mm	咬边部分用手工或 CO_2 半自动焊修补
表面气孔	横向对接焊缝不允许出现	单个气孔采用砂轮打磨并修补 密集气孔采用碳刨去除,砂轮打磨碳刨区并采用手工或 CO_2 半自动焊修补
	纵向对接焊缝、主要角焊缝 >1.0mm; 其他焊缝 >1.5mm(每米多于 3 个,间距 <20mm,焊缝端部 10mm 之内出现气孔)	

(8)焊缝混凝土外观检查合格后,方可进行无损检测,无损检测应在所有焊缝焊接完毕、冷却 24h 后,100% 进行超声波(UT)探伤检测,以确保焊缝质量达到设计要求。

(9)焊缝的无损检测的质量分级、检验方法、检验部位和等级如表 7 所示。

焊缝的无损检测 表7

焊缝名称		质量等级	探伤方法	检查等级	探伤比例	探伤部位
横向对接焊缝(顶板、底板、腹板、横隔板等)		Ⅰ级	超声波探伤(UT)	B(单面双侧)	100%	焊缝全长
纵向对接焊缝(顶板、底板、腹板等)						端部 1m 范围内为Ⅰ级,其余部位为Ⅱ级
T 形接头和角接接头熔透角焊缝				B		焊缝全长
横隔板纵向对接焊缝				B		焊缝全长
部分熔透角焊缝		Ⅱ级		B	100%	焊缝两端各 1m
焊脚尺寸≥12mm 的角焊缝				A		焊缝两端各 1m
纵向对接焊缝	顶板	Ⅰ级	射线探伤(RT)	AB	10%	中间 250~300mm
	底板、腹板					焊缝两端各 250~300mm
横隔板横向对接焊缝					5%	下部 250~300mm
横向对接焊缝(顶板、底板、腹板等)					10%	两端各 250~300mm,长度大于 1 200mm 中间加探 250~300mm
梁段间对接焊缝	顶板十字交叉焊缝				100%	纵、横向各 250~300mm
	底板十字交叉焊缝				30%	
	腹板				100%	焊缝两端各 250~300mm

续上表

焊缝名称	质量等级	探伤方法	检查等级	探伤比例	探伤部位
连接锚箱或吊耳板的熔透角焊缝	Ⅱ级	磁粉探伤(MT)	—	100%	焊缝全长
U形肋对接焊缝					焊缝全长
横隔板与腹板角焊缝					焊缝两端各500mm
U形肋与顶(底)板角焊缝					每条焊缝两端各1 000mm,其中行车道范围的顶板角焊缝为两端各2 000mm
横隔板与顶(底)板角焊缝					行车道范围总长的20%
腹板与底板角焊缝					焊缝两端各1000mm,中间每隔2000mm探1000mm
临时连接(含马板)					拆除临时连接的部位

8 安全措施

(1)加强安全教育,施工前要对操作人员进行详细的安全、技术交底。

(2)焊工必须经过上岗培训,并持证上岗,作业现场必须戴安全帽,穿防滑鞋及使用其他防护用品。

(3)作业前 CO_2 气体应预热15min。预热器端的电压不得大于36V,作业后应切断电源。开气时,操作人员必须站在瓶嘴的侧面。

(4)作业前应检查并确认焊丝的进给机构、电线的连接部分、CO_2 气体的供应系统及冷却水循环系统符合要求,焊枪冷却水系统不得漏水。

(5)CO_2 气体瓶宜放在阴凉处,禁止 CO_2 气体瓶在阳光下暴晒,其最高温度不得超过40℃,并应放置牢靠,不得靠近热源。现场使用的焊机,应设有防雨、防潮、防晒的机棚,并应装设相应的消防器材。

(6)雨天不得露天电焊,在潮湿地带作业时,操作人员应做好绝缘保护措施。

(7)当消除焊缝焊渣时,应戴防护眼睛,头部应避开敲击焊渣气溅方向。

(8)焊接工作结束,必须认真检查现场是否有火苗。在确保无火苗,且加热的构件完全冷却后,才能离开现场。

(9)随时注意 CO_2 气瓶中 CO_2 气体存量,剩余压力不得小于1MPa。

(10)电焊时不得观看焊嘴孔,不得将焊枪前端部靠近脸部、眼睛及其他身体部位,不得将手指、头发、衣服等靠近送丝轮等回转部位。

(11)在焊接过程中,如发现焊机冒烟等故障现象,必须停机检查,不得使用。

(12)CO_2 气体保护焊主要部位的维修、保养规程如表8所示。

维修保养规程 表8

保养部位	保养内容	技术要求	班时
气瓶	检查、清洁	清洁、无损伤、无漏气	每班(8h)
气压表	检查、清洁	清洁、灵敏、准确、无损伤	每班(8h)
焊接嘴	清洁	焊接嘴内清洁无杂物	每班(8h)
焊机	清洁焊机表面	清洁、无污物	每班(8h)
送丝软管	清理软管内杂物	管内无杂物	每周(60h)
焊机	检查、清洁、润滑	送丝机清洁、运转均匀,润滑点润滑良好	每周(60h)
焊接外壳	检查、紧固	外壳平整,螺钉紧固无松动	每周(60h)

9 环保措施

(1)施工前组织相关作业人员认真学习环境保护法,严格执行当地环保部门的有关规定。

(2)科学组织,合理调节作息时间,尽量减少夜间施工作业,不影响现场周围居民的正常休息。

(3)由于气体保护焊时会产生CO和金属烟雾,操作工必须穿戴好劳动保护用品,操作空间必须保证空气流通。

(4)粘贴陶质衬垫后的防粘纸及焊后清除的陶质衬垫要及时回收,杜绝四处乱丢乱放。

10 资源节约

采用陶质衬垫 CO_2 气体保护焊,单面焊接双面成型,避免了工件翻身,仰焊操作,使工作效率大大提高,同时相对于电弧焊,节省了焊接材料、电力、人工和工作场地,提高了工程施工进度和钢构件的焊接质量。

11 效益分析

(1)采用陶质衬垫 CO_2 气体保护焊,避免了仰焊,不需封孔下道路,保证了孔下车辆的正常通行。

(2)采用陶质衬垫 CO_2 气体保护焊,单面焊接双面成型,减少了工件翻身、打磨、清根及仰焊和换焊条等作业,节约了工作场地。

(3)由于 CO_2 气体保护焊具有较高的熔化速度和熔化系数,相对于焊条电弧焊,CO_2 气体保护焊热量集中,熔化系数比焊条焊大1~3倍,减少了人工费、工时费。

(4)大幅度节约焊材,由于焊缝坡口一般为40°~45°,钝边较大,间隙较小,相对于普通电弧焊,焊缝面积可减少36%~54%,即节约了36%~54%的填充金属、减少了焊条和焊条头的浪费。

(5)由于焊接速度快、效率高,可节约大量电能,与硅整流焊机相比,可节约电量37%,与交流电焊机相比,可节约电量60%以上。

(6)由于实行单面焊接工艺,较普通手工电弧焊,可节约人工费20%左右。

(7)焊接质量高,减少了修补及返工损失,相对节约了能源。

(8)减少了清根、打磨工序,大大节约了砂轮片和辅助人工。

(9)变形量小,节约了矫正费用。

综上所述,采用陶质衬垫 CO_2 气体保护焊,相对于普通交流电弧焊,可节约成本40%~70%,平均降低59%,极大地提高了经济效益。

12 应用实例

12.1 工程实例一

104国道绍兴高桥立交桥工程。

W主线桥桥长为:4×25m+4×16m+4×14.75m+(30.2+40.5+24.8)m+3×19.1m+7×25m,其中(30.2+40.5+24.8)m为三跨一联连续钢箱梁结构,梁宽13.5m,梁高1.5m。

E主线桥桥长为7×25m+4×17.5m+(30.2+40.5+17.1)m+15m+3×17.2m+8×25m,其中(30.2+40.5+17.1)m为三跨一联连续钢箱梁结构,梁宽13.5m,梁高1.5m。

C匝道为45m+9×25m,D匝道为45m+8×25m,其中45m为钢箱梁结构,C匝道梁宽8m,D匝道梁宽10m,梁高均为2.05m。

钢箱梁结构均跨越萧甬铁路、104国道及浙东古运河。该工程于2009年4月开工,2010年12月完工,钢箱梁的工厂制作及现场焊接,均采用陶质衬垫 CO_2 气体保护焊。

12.2 工程实例二

嘉绍高速南接线第五合同段。

F匝道1号桥为5×18.7m+4×18.7m+(34.63+45.37)m+3×20m+4×20m+3×25m+4×20m,其中(34.63+45.37)m为二跨一联连续钢箱梁结构,梁宽10m,梁高2.3m。

G匝道2号桥为5×(4×18)m+(2×33+27)m+(20+4×18)m+4×18m+5×18m,其中(2×33+27)m为三跨一联连续钢箱梁结构,梁宽14m,梁高2.1m。

H匝道4号桥为2×(5×18.7)m+4×18.7m+2×30m+4×18.7m+5×18.7m,其中2×30m为二跨一联连续钢箱梁结构,梁宽10m,梁高1.8m。

钢箱梁结构均上跨杭甬高速公路,为不影响高速公路的正常运营,钢箱梁的工厂制作和现场的拼装焊接,均采用陶质衬垫 CO_2 气体保护焊,该工程于2011年3月开工,2012年5月完工。

外挂预制板钢护栏混凝土基座施工工法

GGG(中企)C4147—2013

张海燕 赵鹍鹏 门华建 潘胜平 卢小明
（中铁大桥局集团有限公司）

1 前言

城市桥梁防撞护栏造价仅占整个工程造价的很小部分,但却是桥梁使用的安全卫士和直接示之于人的“脸面”,现多采用钢混结构,即“混凝土基座 + 钢护栏”的形式。在其实施过程中,混凝土基座施工质量是护栏整体质量最为关键的部分。

混凝土基座施工采用传统的全断面现场浇筑,很难满足社会对该“脸面”的要求,且滴水檐处常出现蜂窝麻面的质量通病,势必或多或少产生不良社会影响。中铁大桥局集团有限公司在福建厦漳跨海大桥护栏基座施工中,基座侧面外露部分采用预制装饰板,内部混凝土以装饰板为外模,以现场浇筑的方法施工,通过对工艺技术的研究,并结合工程实践形成本工法。

2 工法特点

(1)采用工厂内预制装饰板作为基座永久外露面,可大大提高护栏基座的外观质量,减少装饰装修工作,以及高空作业安全风险。

(2)工厂内预制装饰板作为外膜,不必另外投入模板,解决了外模拆除困难的问题。

(3)工厂内设有制作台、振动台、临时存放台等,预制板在工厂内批量预制,便于标准化施工,质量易于保证。

(4)预制模具采用塑料制品,仅需肥皂水清洗,不需另涂脱模剂,其购入成本及使用成本均较低,且预制构件表面光洁美观,具有镜面效果。

(5)预制装饰板内埋设钢筋,可有效与梁体上预埋钢筋进行焊接定位和锚固,确保质量。

3 适用范围

基于预制板作模板的钢护栏混凝土基座施工工法,适用桥梁钢护栏的混凝土基座施工。

4 工艺原理

(1)将钢护栏混凝土基座断面进行分割,根据不同部位特点施工,即外侧滴水檐范围内(厚 7cm)采用预制混凝土装饰板,现场安装定位;其他部位以装饰板为外模,现场浇筑施工。

(2)装饰板采用塑料模具、多次试验确定的脱模剂、专门配置的细石混凝土和经过一定频率的振动台振动特定时间,制作而成;装饰板及护栏预埋件安装以“精定线、多复核、固定牢”为指导方针。

(3)钢护栏混凝土基座顶面采用拉线辅助收浆,完成首次收浆后,马上采用自制的顶面刮抹器刮测,如发现不平顺,及时处理,确保顶面平整,内侧倒角圆顺。

5 施工工艺流程及操作要点

5.1 施工工艺流程

护栏基座横断面布置,如图1所示,考虑常规施工方法,滴水檐施工质量难以保证,且模板拆除困难,另外,箱梁施工时护栏立柱预埋件安装定位,可变因素较多,风险大。故对护栏基座横断面进行分割,如图2所示,根据各部分特点采用合适的施工工艺。

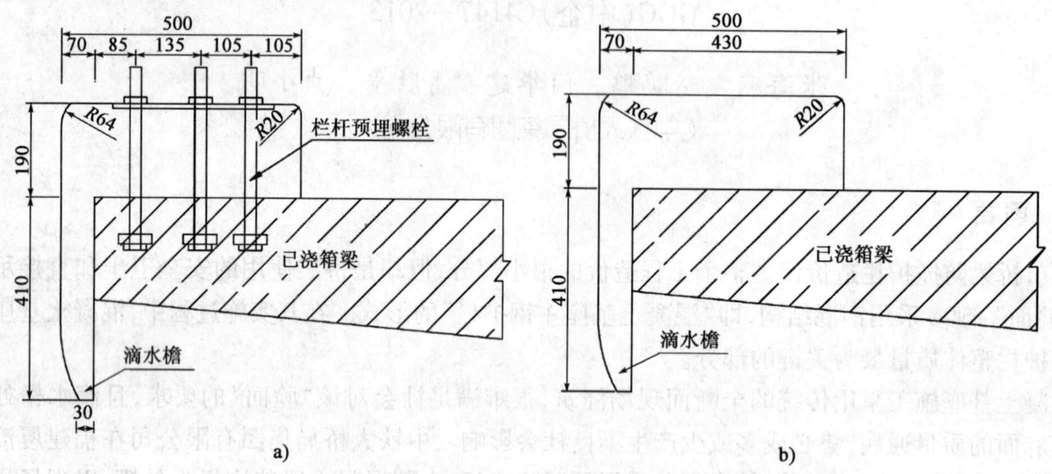

图1 护栏基座横断面布置图(尺寸单位:mm)

a)立柱处护栏底座断面;b)无立柱处护栏底座施工

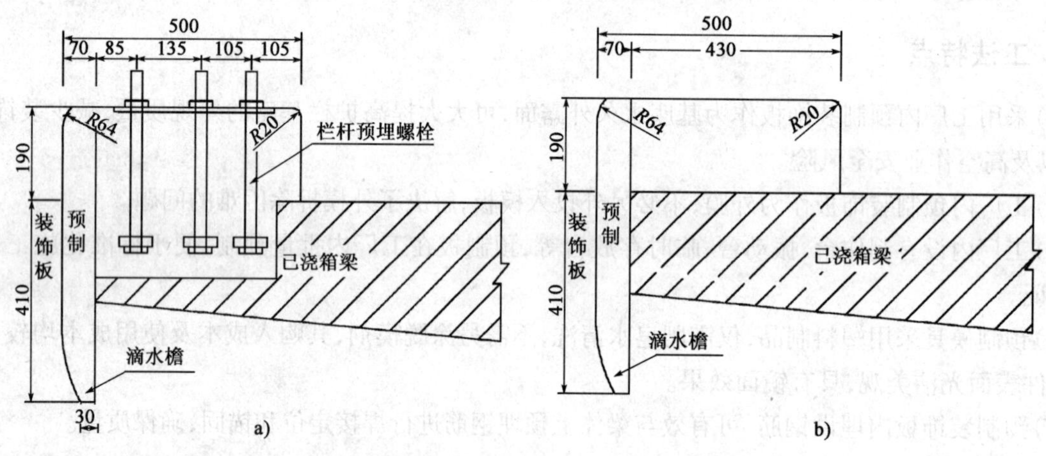

图2 护栏基座施工横断面分割图(尺寸单位:mm)

a)立柱处护栏底座断面;b)无立柱处护栏底座施工

钢护栏混凝土基座施工工艺流程见图3。

5.2 钢护栏混凝土基座施工步骤

(1)振动台座上摆放装饰板专用模具(经处理),安装装饰板钢筋,浇筑专用细石混凝土,启动振动台,振动特定时间。

(2)经运送小车运送至存放台上,混凝土达到强度后拆除模具,将其摆放在成品存放区内。

(3)借助吊机及平板车将装饰板成品运至施工点。

(4)在箱梁上预埋的护栏基座钢筋上焊接纵向钢筋,通过测量定位。装饰板安装时,上层预留钢筋按预设位置挂在纵向钢筋上,局部调整,另挂线检查,确保装饰板安装位置准确,线形流畅、顺直。

(5)安装混凝土基座钢筋及预埋件。

(6)安装混凝土基座内侧模板。

(7)浇筑混凝土,采用顶面刮抹器修整顶面平整度及圆弧。

(8)洒水养护,清理预埋件,拆除内侧模板。

5.3 施工关键技术与操作要点

1)装饰板预制施工

装饰板高60cm,厚7cm,标准节段长120cm,在桥下简易预制场内进行预制。预制场内设振动台、运送小车、养护期存放台座和成品存放区。装饰板预制技术施工要点如下:

(1)模具。

①装饰板预制模具采用工厂内定做的塑料制品,经验收合格后方可投入使用。模具面板要求平整、光滑、无纹路、无斑点。

②模具正面如有水泥污点,用木块在模具底部轻敲,用砂纸擦拭,严禁重击或使用尖锐器物以免损伤模具。

③采用浓度较大的肥皂水浸泡后清洗,模具正面用干抹布擦干,不需另涂脱模剂。

④将模具平放在振动台正中,用卡箍固定四角,限制模具与振动台的相对位移。

预制装饰板 → 装饰板拆模及存放 → 装饰板运输 → 安装装饰板 → 安装基座钢筋及预埋件 → 安装基座内侧模板 → 浇筑基座混凝土 →

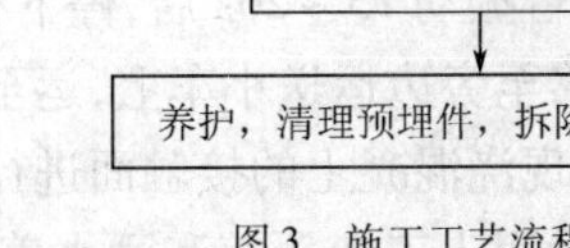

图3 施工工艺流程图

(2)装饰板钢筋安装。

①装饰板钢筋由ϕ8mm钢筋网和ϕ12mm锚固钢筋组成,如图4所示。其中钢筋网位于装饰板中间位置,两侧保护层设计值均为2.7cm,且受网片弯曲角度控制,故加工精度要求较高。

②用角钢∠63×4焊制钢筋网片绑扎胎具,胎具的钢筋槽口打磨圆顺,通过槽口底的相对高差控制网片的弯曲度,如图5所示。

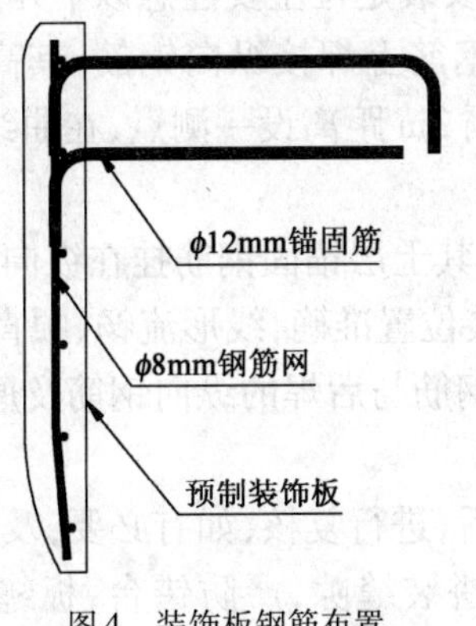

图4 装饰板钢筋布置

图5 装饰板钢筋骨架胎具

③钢筋按设计长度下料后,通过尺量,做好记号,以确定每根钢筋与胎具槽口间的相对位置。根据记号排放钢筋,用扎丝满扎,捆绑牢固,适当按压,使每根钢筋均接触胎具槽口底。

④ϕ12mm锚固钢筋按要求加工后,参考胎具确定位置,与钢筋网焊牢,形成钢筋骨架。

⑤将钢筋骨架安放在振动台上固定好的模具内,下方抄垫保护层垫块,垫块与钢筋网用扎丝绑扎固定。

⑥通过振动台台面上用角钢焊制的可拆卸小"门"架,固定钢筋骨架位置,防止混凝土浇筑过程中移位或上浮。

(3)装饰板混凝土浇筑。

①装饰板采用C30碎石混凝土,混凝土配合比通过设计和试验配制确定,需充分考虑施工条件与试验条件的差别,以保证配制的混凝土满足施工所需的和易性、流动性和可靠性,混凝土强度达到设计等级,满足耐久性等技术要求。混凝土配制时,水泥原材料选定以所配制的混凝土强度达到要求、收缩小、

和易性好和节约水泥为原则;细集料采用中粗河砂,要求级配良好、质地坚硬、颗粒洁净;粗集料采用坚硬的碎石,粒径选用5~10mm;外加剂选用原则是:使混凝土缓凝早强,减少水和水泥用量,提高混凝土强度及对钢筋无锈蚀。最终确定配合比见表1,其坍落度为(160±20)mm。

装饰板混凝土配合比 表1

材 料	水	水泥	砂	碎石	外加剂	掺和料Ⅰ	掺和料Ⅱ
种类	淡水	闽福P·O525	Ⅱ区中砂	5~10mm	Point-S 高效减水剂	Ⅰ级粉煤灰	S95矿粉
用量(kg/m^3)	155	254	758	1 047	4.92	82	74

②混凝土严格按照经换算的施工配合比配制,充分拌和后,搅拌车运至施工点,经现场检测合格后,方可使用。

③待装饰板钢筋固定后,浇筑混凝土。混凝土采用铁锹入模,注意不要直接冲撞钢筋骨架,装满模具后,开启振动台振动15~20s后,停下补充混凝土,重新开启振动约10s。

④人工推移至旁边运送小车上,运至存放台座,对顶面进行两次收浆抹面,以保证混凝土顶面平整度,然后对基座现浇混凝土的接触面进行拉毛。

⑤初凝后采用土工布覆盖和洒水养护,保持混凝土表面处于湿润状态,2~3d后,利用木棍轻敲模具顶侧边完成脱模,人工抬运至成品存放区,并及时清理模具,尤其是使用面,并将其放入肥皂水中浸泡,以便下次使用。

2)装饰板安装施工(图6)

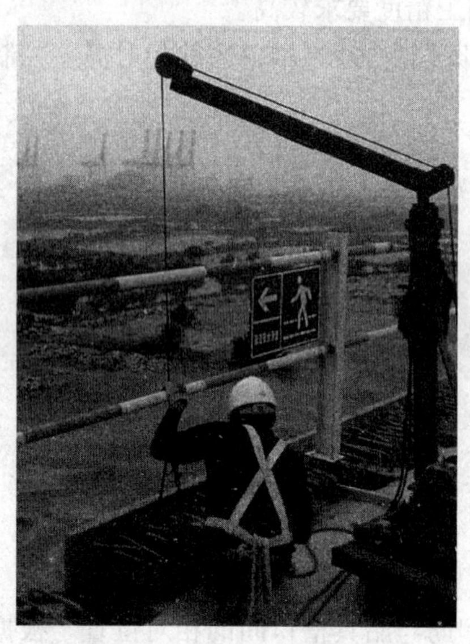

图6 装饰板安装施工图

装饰板采用平板车及汽车吊机运送至安装施工点。用自制的炮车在桥面上吊运装饰板,并辅助定位,为满足精定位要求,炮车设置三向微调装置。其安装定位主要注意以下几点:

(1)在护栏底座预埋钢筋上焊接纵向钢筋,其高程及平面位置通过测量精定位,每间隔2m距离设一测点,在曲线半径较小处加密测点。

(2)装饰板安装时,将其上层锚固钢筋挂在纵向钢筋上,调整局部高程,保证装饰板安装位置准确,线形流畅、顺直。

(3)装饰板上层预留钢筋与后焊的纵向钢筋及原基座预埋焊接牢固,严防移位。

(4)装饰板安装完成后,进行复核,如有必要,及时调整。

(5)处理装饰板间的拼装缝隙,严防错台,板缝控制在1mm以下,用砂浆勾缝。

(6)为了减少装饰板安装过程中的累计误差,在伸缩缝附近的装饰板可根据实际情况调整节段长度,伸缩缝附近装饰板的间隙与梁间隙相同。

3)钢护栏混凝土基座现浇部分施工

钢护栏混凝土基座现浇部分采用预制装饰板作为外侧模,内侧模板采用[20型钢,如图7所示。

基座施工过程中应注意以下几点:

(1)模板:基座外侧利用装饰板作外模板,内侧模由[20型钢与4mm钢板加工成的半径20mm的圆弧倒角焊制而成,长度有9m、6m、3m等各种规格,直线段尽量使用单长9m的。利用面经反复打磨,要求面板平整、线条流畅、无锈迹、无斑点。脱模剂采用食用色拉油。

(2)凿毛:在钢筋绑扎前对基座范围内的箱梁混凝土面进行凿毛处理,凿毛要彻底保证梁体表面为新鲜混凝土面,并冲洗干净。

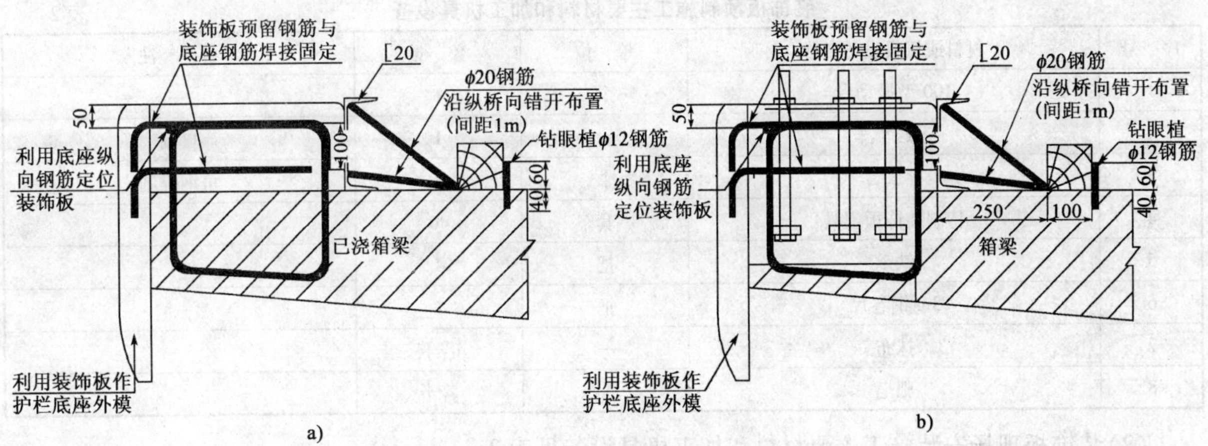

图7　钢护栏混凝土基座现浇模板布置图(尺寸单位:mm)

a)无立柱处护栏底座施工;b)有立柱处护栏底座施工

(3)钢筋制作与安装:钢筋要按照设计图纸在钢筋车间制作,施工时再运至现场安装。安装前首先调直调正预埋钢筋(不要扰动装饰板),然后再安装其他钢筋,钢筋绑扎要符合规范要求,纵向钢筋采用绑扎搭接,搭接长度为35d(d为钢筋直径),每个接头的钢筋采用扎丝绑扎四个点,其他钢筋的绑扎采用梅花形绑扎法施工。由于基座每隔25m设置了一条断缝,故纵向钢筋也要在断缝处切断。

(4)预埋件制作与安装:预埋件主要是监控设备、标志牌、栏杆等预埋铁件及地脚螺栓。预埋件要按照设计图纸在车间按图制作,运至现场安装。安装时,确保铁件与基座顶面平齐,地脚螺栓与基座顶面垂直,并经测量检查合格后,预埋铁件、地脚螺栓与基座钢筋相互焊接牢固,避免在浇筑混凝土过程中地脚螺栓发生偏移或倾斜。

(5)找平:基座边线放样,每3m一个点,并控制各点高程,用墨斗弹出基座边线,沿边线用与基座同强度等级的砂浆进行找平;找平砂浆厚度根据内侧模板高度而定,使模板安装后顶面高程(圆弧顶)与基座顶设计高程一致,若箱梁顶面部分点过高,应稍加凿除。

(6)内侧模板安装:钢模安装前必须用磨光机彻底清除表面脏物,再用干纱布擦干净,无锈无垢后均匀涂油(涂油宜薄)。然后在找平砂浆顶面弹出模板边线,根据模板边线安装钢模,为了保证模板的稳定性,在桥面每隔2m用冲击钻在桥面上打眼,插入ϕ20mm钢筋,然后用钢筋及紧力器配合固定模板。用砂浆填堵外侧装饰板及内侧模板与桥面间的缝隙。基座伸缩缝按设计图纸要求设置,采用纸浆压缩板形成断缝,宽度为5mm,用钢筋与基座预埋钢筋焊接加固,避免其在浇筑混凝土过程中移位或变形。测量检查预埋件及模板位置,确保预埋准确,模板线形满足要求。

(7)混凝土浇筑:按照基座混凝土(C50)施工配合比拌和混凝土,搅拌车运至施工点,现场检测合格后,用吊机通过料斗入模。混凝土振捣采用B30型插入式振捣棒,严格按混凝土振捣密实标准操作,确保混凝土外观质量。基座顶面进行二次抹面收浆,并用顶面刮抹器进行修正,确保顶面平顺光滑,做到棱角分明。混凝土浇筑完后,用湿土工布洒水覆盖养护。

(8)内侧模板拆除:人工拆除支撑钢筋和紧力器,用木方轻敲模板外侧(槽钢翼板处),至模板松动,人工抬放至下一施工段附近,及时清除模板表面脏物,必要时进行打磨,均匀涂油后摆放整齐,以备使用。如基座混凝土表面存有缺陷,及时进行修整,保证已成型的人行道平整、光滑,线条流畅、顺直,棱角分明。

6　材料与设备

(1)装饰板预制施工主要材料和加工机具设备见表2。

装饰板预制施工主要材料和加工机具设备

表2

序号	材料或机具设备名称	单位	数量	备注
1	100型振动台	个	1	—
2	运送小车	台	1	自制
3	存放台	个	40	角钢焊制
4	特制装饰板模具	套	40	—
5	铁锹	把	4	—
6	3m钢卷尺	把	1	—
7	抹布	—	若干	—
8	肥皂	—	若干	—

(2)装饰板现场安装施工主要材料和加工机具设备见表3。

装饰板现场安装施工主要材料和加工机具设备

表3

序号	材料或机具设备名称	单位	数量	备注
1	移动提升站	个	1	自制
2	自制炮车吊篮	台	2	自制
3	电焊机	台	1	—
4	全站仪	台	1	—
5	水准仪	台	1	—
6	水平尺	把	2	—
7	钢卷尺	把	1	—
8	手电钻	把	2	—
9	1t导链	台	3	—
10	细线绳	—	若干	—
11	花篮螺栓	—	若干	—

(3)混凝土基座现场浇筑部分施工主要材料和加工机具设备见表4。

混凝土基座现场浇筑部分施工主要材料和加工机具设备

表4

序号	材料或机具设备名称	单位	数量	备注
1	电焊机	台	1	—
2	全站仪	台	1	—
3	水准仪	台	1	—
4	水平尺	把	2	—
5	钢卷尺	把	1	—
6	锤子	把	2	—
7	铁锹	把	4	—
8	B30型振动棒	台	3	—
9	手电钻	把	2	—
10	刮抹器	个	2	自制
11	泥工抹具	套	2	—
12	内侧模板	套	2	—
13	细线绳	—	若干	—
14	水泥、河砂	—	若干	—

7 质量控制

7.1 工程质量控制标准

钢筋工程和混凝土工程质量控制按《混凝土结构工程施工质量验收规范》(GB 50204—2002)的要求执行。

7.2 质量控制措施

(1)预制装饰板钢筋定位准确牢固,外观色泽一致,棱角分明。

(2)装饰板现场安装完成后,上下口均挂线检查,确保其线形顺畅,垂直度及顶口高程均与设计高度吻合。

(3)测量人员全程配合预埋件安装定位,采用水平尺、钢尺等复核,然后与箱梁预埋钢筋焊接固定。预埋件安装完成后,严禁后续作业对其扰动。

(4)混凝土浇筑,初次收浆完成后,借助顶面刮抹器,使顶面平整,倒角圆弧圆顺,并用直尺检查,如有局部缺陷,按规范及时处理。

8 安全措施

(1)严格按照设计图纸进行操作。

(2)工人在进行装饰板安装及混凝土浇筑时,必须系安全带,安全带挂在箱梁预埋钢筋上。

(3)工人必须戴安全帽,穿防滑鞋,发现有违规者,应及时制止。

(4)装饰板吊运应有专人指挥。

(5)装饰板安装的吊篮必须符合安全要求,吊篮后配重必须满足要求并有效固定,后端设置后锚点。必须按设计及相关规范要求制作和使用吊篮,发现有不符合要求时,应立即整改直至满足要求为止,否则不准使用。

(6)设置防坠落安全网。

(7)四周设置安全区域,做好围栏,防止坠物伤人。

(8)模板拆除要等混凝土强度达到 2.5MPa 后才能进行。

(9)装饰板安装、基座现场浇筑等高空或邻边作业必须在白天进行。

(10)当遇到雷雨、风力达到 6 级以上时,不得进行现场作业。

(11)高空或邻边作业时,下方严禁通行,严防高空坠落。

(12)做好班前安全技术交底。

9 环保措施

(1)依据《环境管理体系　要求及使用指南》(GB/T 24001—2004)、ISO 014001:2004 环境管理体系认证标准和环保部门的有关规定、法规、标准,配备相应的资源。遵守法规、预防污染、节能减废,美化施工现场。选择功能型、环保型、节能型建筑材料,确保本工程达到环保标准。

(2)建立健全针对性的环保工作体系,落实责任制,配备专人进行管理。

(3)执行公司的"职业健康安全和环境保护体系"。

(4)防止对大气污染的措施:

①施工现场的垃圾必须采用封闭式专用垃圾筒或封闭式容器吊运,严禁凌空抛洒,施工现场设置密闭式垃圾站,施工垃圾、生活垃圾分类存放,施工垃圾清运时提前适量洒水,并按规定及时清运。

②施工现场严禁焚烧任何废弃物和会产生有毒气体、烟尘、臭气的物质。

(5)防止噪声污染的措施:

①施工现场采取降噪措施,施工过程中向周围和生活环境排放的噪声符合国家规定的环境噪声施

工现场排放标准。

②施工现场在使用电刨、电锯等强噪场机具时,在使用前应采取隔声、吸声材料进行降噪封闭,混凝土振捣采用低噪场振捣棒。

(6)防止光污染管理措施:

①施工现场照明设备尽量选择既能满足照明要求,又不刺眼的新型灯具,灯具安装时只能照射施工工作面,不得照射场外及影响到周围社区居民。

②施工现场夜间用焊接机具时,应对光源进行遮挡,尽量不影响社区环境。

10　资源节约

(1)一般钢护栏混凝土基座外模多为曲面,各项目之间不能重复利用,项目结束以后,便作为废旧钢材处理,资源浪费大。本工法采用工厂内预制装饰板作为外膜,不必另外投入模板,符合我国所倡导的“工程建设节约环保、减污降耗”的要求。

(2)本工法的应用在减少投入的情况下,仍有效地缩短了施工工期,从而节约了工程施工中各种人力、能源、材料的消耗。

11　效益分析

(1)钢护栏混凝土基座采用外露侧面为预制装饰板,其余部分现场浇筑的方法,结合其他有效措施,使混凝土基座线性美观、棱角分明、色泽光亮,获得了监理及业主一致好评,取得了可观的社会效益。

(2)预制装饰板模具 75 元/片,共购入 90 片,共投入 6 750 元,如基座采用钢模现场整体浇筑,对应钢模板需要约 1 150 元/片,共需投入 103 500 元,考虑预制场地建设,费用节约 7.5 万元;减少人工、其他材料、安全防护等方面的投入 25 万元;另外,施工工期缩短了 1 个多月,减少投入赶工费 40 余万元。

(3)施工工艺上,增加了装饰板的预制及运送作业,但减少了拆除模板及外侧装修的高空或临边作业,减少了安全风险,解决了常规施工法滴水檐处蜂窝麻面的质量通病问题。

12　应用实例

厦漳跨海大桥北汊北引桥长 1.3km,分六联设置,孔跨布置为 4×(4×50m)+2×(5×50m),桥梁标准宽度为 33m,分为上下行分离的两幅桥。两幅桥外侧防撞护栏采用金属梁柱式护栏,包括立柱、横梁及混凝土基座,长 2 592m。该工法在本项目中的成功运用为实现厦漳跨海大桥工期目标提供了有利保障,同时漂亮的外观得到了业界一致好评。紧随厦漳跨海大桥之后,该工法便被推广应用到总投资数十亿的厦门青礁枢纽互通工程中,同样获得了成功。

下穿多股道铁路长箱体框架桥对顶施工工法

GGG(中企)C4148—2013

杨基好 踪高峰 陈亚丽 吴 强 房瑞泉
（中铁十局集团有限公司）

1 前言

安徽省芜湖市天门山东路立交桥改建工程，是在既有天门山立交桥(5m + 12.5m + 5m)南侧新增一处框架桥(12.5m + 5m)，其中一孔12.5m作为机动车道，一孔5m作为非机动车道和人行道，横穿芜湖东站Ⅴ场15股道，新增框架桥采取两端顶进中间现浇施工方案，东侧顶进框架长33.8m，西侧顶进框架长47.2m，现浇段长2.5m，框架桥主体全长83.5m。

针对芜湖市天门山东路长箱体、下穿多股道铁路框架桥对顶施工，为进行技术创新，采取了线路两侧深基坑内分别预制箱体后，两端对向顶进的施工技术，自主研发了“异形钢支墩”、“便梁纵移导向滑行器”新设备和“人工纵移便梁施工方法”(已申请专利)，其结构新颖，操作简便，生产效率高。

通过对长箱体、下穿多股道铁路框架桥对顶综合施工工艺的研发，形成了一整套较完善的施工工艺和核心技术，经总结形成了本工法。

2 工法特点

(1)线路加固便梁支点部分落在既有框架桥悬臂板上，针对悬臂板配筋少、混凝土悬臂板底面板为斜角，混凝土板薄、承受力小等特点，我们研发了“异形钢支墩”便梁支点，在列车通过悬臂板支点位置时降低对悬臂板的损害，保证了便梁支墩的绝对稳定，确保了既有线的行车安全。

(2)本工程线路加固便梁需要纵移便梁的次数高达44次，要想在最短时间既正点又安全的进行移梁施工，根据本工程特点，我们自主研发了一种“梁身纵移导向滑行器”，避免了纵梁在纵移过程中触碰横梁造成方向偏移及点内无法完成任务的现象发生，保证了既有线的行车安全，该滑行器大大缩短了便梁的纵移时间，经济实用，确保了施工工期和安全目标的实现。

(3)本顶进框架桥长箱体诱导缝的设计和施工，是在绑扎边墙钢筋同时进行诱导缝预埋件安装，确保诱导缝内钢套管、GRE7型橡胶止水带、聚乙烯低发泡填缝板的具体位置不发生移动和变形。诱导缝的设置确保了长箱体的施工质量。

(4)在长箱体、下穿多股道铁路框架桥对顶施工过程中，我们采取全过程的线形监控技术，确保了长箱体、下穿多股道铁路框架桥对顶的线形和精度满足要求。

3 适用范围

长箱体、下穿多股道铁路框架桥对顶施工工法，结合了框架桥单端顶进施工工艺的特点，对顶进方向、高程要求精度更高，施工难度更大，顶进时间更长。本工法适用于铁路下穿铁路、公路下穿多股铁路线路工程的顶进施工。

4 工艺原理

长箱体、下穿多股道铁路框架桥对顶施工工艺，针对城市或城郊既有铁路单侧施工场地有限、箱体长度较大、下穿既有铁路股道多等特点,采取分别在铁路东、西两侧整节预制箱体,在预制的箱体中设置诱导缝,在D24m低高度施工便梁加固线路后两端对顶,最后浇筑中间现浇段的施工方法。

5 施工工艺流程及操作要点

5.1 施工工艺流程

本工法施工工艺流程图见图1。

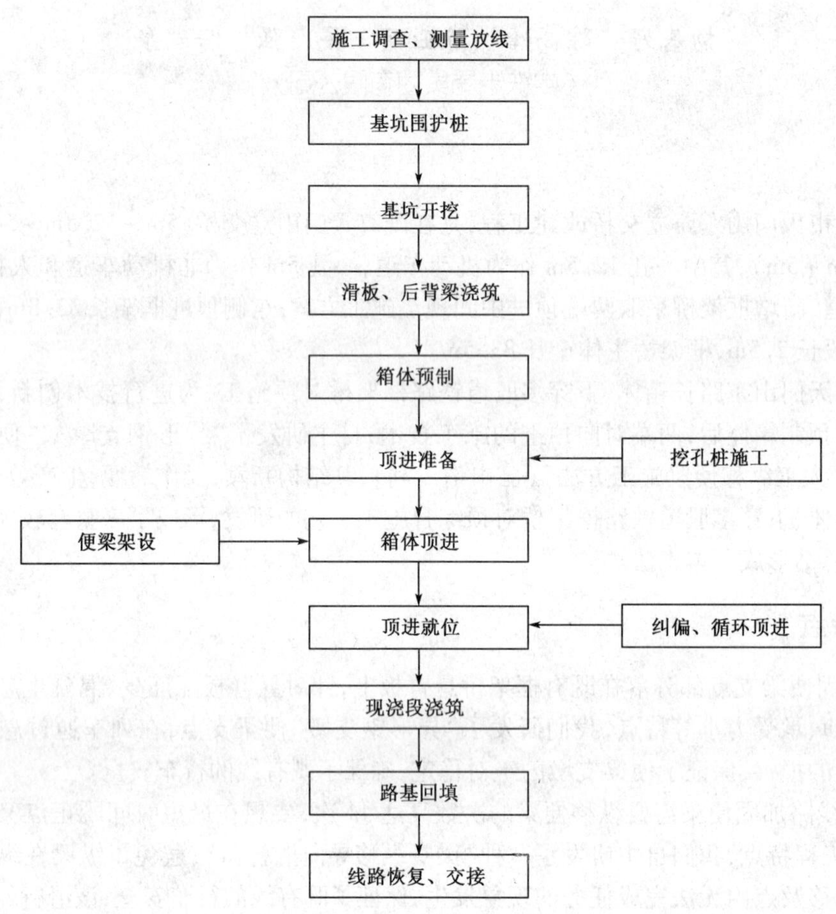

图1 长箱体、下穿多股道铁路框架桥对顶施工工艺流程图

5.2 长箱体、下穿多股道铁路框架桥对顶综合施工工艺

1)现场调查、测量放线

箱体预制前,需测量既有铁路横向实际宽度、既有铁路与箱体的交角及每股道的实际位置,以确定诱导缝的设置位置(设置在线间)及箱体总长度;钢支墩制作前,测量既有桥悬臂板斜面的斜度,确定钢支墩顶面斜度,使其与既有悬臂板面密贴性更好。

2)基坑围护桩施工

工作坑设在既有线路东西两侧,东侧由东向西顶进施工,西侧由西向东顶进施工。工作坑靠近线路侧采用ϕ0.6m高压旋喷桩作为支挡防护,旋喷桩桩径ϕ60cm,固化剂采用42.5级普通硅酸盐水泥,水泥用量不低于175kg/m^3。基坑南侧采用钻孔桩支挡防护,后背侧支挡采用钻孔桩支挡,钻孔桩直径为1.0m,桩长18m,现场配备1台循环钻和1台旋挖钻进行施工,钻孔时,采取“跳四钻一”的方法。两相邻钻孔桩施工,要在前一根桩混凝土达到一定强度后,才能开孔施钻。靠近既有1-5.0m涵侧采用浆砌片石防护,基坑降水采用工作坑四周设600mm×600mm排水沟汇入集水井,坑内抽水排入水塘。

3)工作坑开挖

根据现场条件,框架桥工作坑设在铁路东、西两侧。

工作坑采用机械明挖施工。靠近铁路侧工作坑顺路基方向 1∶1.5 放坡(在距路肩 3.0m 高处设 2m 宽防护平台),坡面设一层 M10 水泥砂浆防护。工作坑南侧 1∶1 放坡,钻孔桩支挡防护,紧靠既有 1-5m 框架涵侧浆砌片石护坡。

工作坑支护、路基边坡加固完成后再进行工作坑的开挖,工作坑开挖深度约 8.0m,工作坑内土方开挖应分层、分区进行,严禁一次挖到底或者超挖,挖到设计高程时,应及时铺设碎石垫层和混凝土垫层,严禁长时间暴露(图 2)。

图 2 工作坑布置

4)滑板、后背施工

施工程序:降水—素土夯实—钢筋模板安装—浇筑混凝土。

预制滑板前,设置排水沟和集水井,保证地下水位高程低于滑板底 1m。

做好以上各项措施后,方可进行滑板施工。滑板浇筑时预留 2~3cm 下沉值,做 1‰的上坡,利于箱身顶进。为了保证顶进时框架能顺利起动,工作坑底面设混凝土垫层、滑板、锚梁及涂机油、滑石粉润滑层和塑料薄膜隔离层,同时混凝土滑板表面平整度要好,2m 范围内任意两点高差不大于 5mm,为防止框架顶进时滑板随之向前滑动,滑板下每 3m 设锚梁 1 道,锚梁尺寸 0.4m(深)×0.3m(宽)×22.35m(长)。后背梁钢筋与滑板钢筋连成整体。

底板构造:C15 混凝土垫层(10cm 厚)+钢筋混凝土滑板(30cm 厚)+润滑层+隔离层。

5)框架预制

全桥箱体总长 83.5m,共分两侧的预制段和中间现浇段三节,东侧箱体长 33.8m,设诱导缝 2 道,西侧箱体长 47.4m,设诱导缝 2 道,现浇段长 2.3m。

框架桥预制的顺序为:先预制铁路东侧 1-5.0m 框架 1 号节、1-12.5m 框架 4 号节箱体,再预制铁路西侧 1-5.0m 框架 3 号节、1-12.5m 框架 6 号节箱体。

箱体预制严格按图纸施工,预制前首先做好测量定位工作,使箱体中心线、工作坑底板中心线和顶进就位中心线均在同一直线上,箱体预制采用 C40 混凝土分两次浇筑。第一次浇筑箱体底板和边墙(高度超出底板顶面 60cm),第二次浇筑边墙及顶板。

箱体工作缝之间应设置防水构造,在接茬处安装定型模板,使浇筑完成的混凝土边墙顶面呈“凸”字形。

根据本箱体长度,箱体诱导缝设计位置分别位于 2、4 股两线间,16、18 股线路两线间,在绑扎边墙钢筋的同时进行诱导缝预埋件安装,确保诱导缝内钢套管、GRE7 型橡胶止水带、聚乙烯低发泡填缝板的具体位置不发生移动变形。

施工程序:绑扎底板钢筋,挂站墙筋—立底板模—浇筑底板混凝土—养护—绑扎边墙钢筋(钢刃角、诱导缝预埋件)—安装边墙模板—浇筑边墙混凝土—养护—搭设满堂脚手立顶板模板—绑扎顶板钢筋(栏杆、挡渣渣槽钢筋预埋)—浇筑顶板混凝土—养护—拆模—做箱体防水层。

6)线路加固

采用架设D24m低高度施工便梁线路加固既有线路,架设钢筋混凝土条形基础支墩,组成线路加固体系。

1-5.0m框架在顶进施工前,在涵洞端头四角处采用挖孔桩防护既有路基边坡,呈"八"字形,防止1-5m框架在顶进就位后挡墙不能及时进行施工造成路基边坡坍塌;铁路东侧(5+12.5m)框架顶进就位后,铁路西侧框架因征地拆迁影响迟迟不能施工,铁路东侧1-5.0m框架1号节、1-12.5m框架4号节在顶进就位前端8道、10道两线中间(线间距6.5m)应提前设置1排直径1.25m、桩长14m、桩间距2.0m的挖孔桩进行路基防护,防止路基坍塌。铁路东侧1-5.0m框架1号节、1-12.5m框架4号节在顶进就位后采用浆砌片石挡墙形式将挖孔桩桩间隙进行封堵,确保路基不至坍塌。

线路左侧(东侧)框架桥顶进期间共使用D24m便梁7孔。架设便梁期间,列车限速45km/h。便梁架设、安拆及挪移必须严格执行相关文件规定,在封锁点内施工,不得利用列车间隙进行。D24m便梁汽车运至芜湖东站Ⅴ场货场,在封锁点内(天窗点内)通过轨道车(吊)运至工地现场,轨道车(吊)卸梁;便梁的安拆挪移严格按上海铁路局A类要点计划要求时间(每月6号之前上报下个月的A类要点计划)上报A类要点计划;在施工中严格按上海铁路局审批的A类要点计划进行要点施工。铁路繁忙干线封锁点时间一般不超过2h,由于时间紧任务重,本工程纵移便梁次数高达44次,要想在最短时间内既正点又安全的进行移梁施工,根据本工程特点,并经过不断改进,我们自主研发自制了一个切实可行的工具:梁身纵移导向滑行器,该工具采用8号槽钢弯制焊接而成,两端、中间均设有卡口,配用3个螺栓将梁身纵移导向滑行器固定在纵梁梁肋上并且高度位于横梁中部位置,避免了纵梁在纵移过程中触碰横梁造成方向偏移及点内无法完成任务的现象发生。线路加固便梁纵移梁身导向滑行器见图3。

图3　线路加固便梁纵移梁身导向滑行器

7)框架桥顶进施工

顶进顺序:东侧1-5.0m箱体→东侧1-12.5m箱体→西侧1-5.0m箱体→西侧1-12.5m箱体箱体。

(1)顶进设备选配及便梁(钢支墩)支点应用

铁路东侧边孔箱体重1 363t,顶进最大顶力为1 636t,单个边孔箱体顶进时,需300t千斤顶8台(备用2台),由1个液压控制台控制;中孔箱体重3 116t,顶进最大顶力为3 739t,单个中孔箱体顶进时,需300t千斤顶15台(备用2台),由1个液压控制台控制;铁路西侧边孔箱体3号节重1 782t,顶进最大顶力为2 138t,3号节箱体顶进时,需300t千斤顶10台(备用2台),由1个液压控制台控制;箱体6号节重3 905t,顶进最大顶力为4 686t,6号节箱体顶进时,需300t千斤顶18台(备用2台),由1个液压控制台控制。

1-12.5m框架4号、6号节顶进框架内便梁支墩的设置:

在顶进1-12.5m框架4号、6号节时,便梁支点分别位于新顶进就位后的1-5.0m框架顶部和既有

1-5.0m 框架顶部,便梁支点位于新顶进就位后 1-5.0m 框架顶部时,框架内支墩采用钢支墩进行加固处理,钢支墩下部采用枕木进行调整即可(图4)。

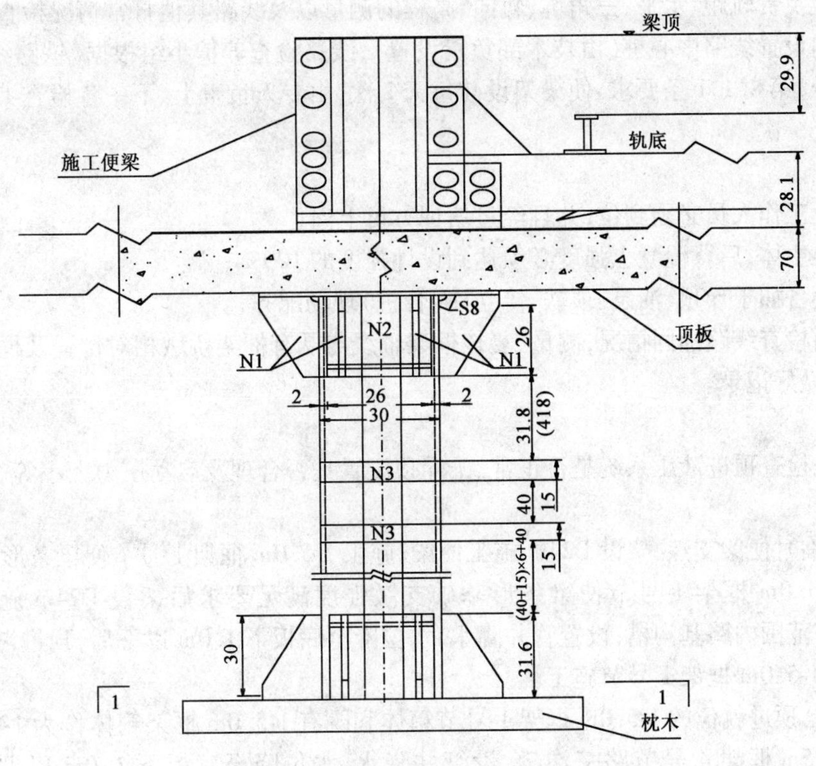

图4　内支撑及施工便梁示意图(尺寸单位:cm)

便梁支点位于既有 1-5.0m 框架顶部时,由于既有框架位于既有线路下部分为整体框构,既有两线间框架实体为悬臂板,恰好便梁支点位于悬臂板上部,因框架间悬臂板正处在框架最薄弱环节,悬臂板下必须采用支墩加固处理,支墩采用钢支墩加固,钢支墩下部采用钢筋混凝土基础(尺寸 1.2m × 1.2m × 1m),基础内钢支墩四角处设预埋螺栓进行调节,紧固钢支墩与悬臂板间的密封性(图5),钢支墩顶部必须加工成与悬臂板同等角度,两者间密封性问题方可得到解决。

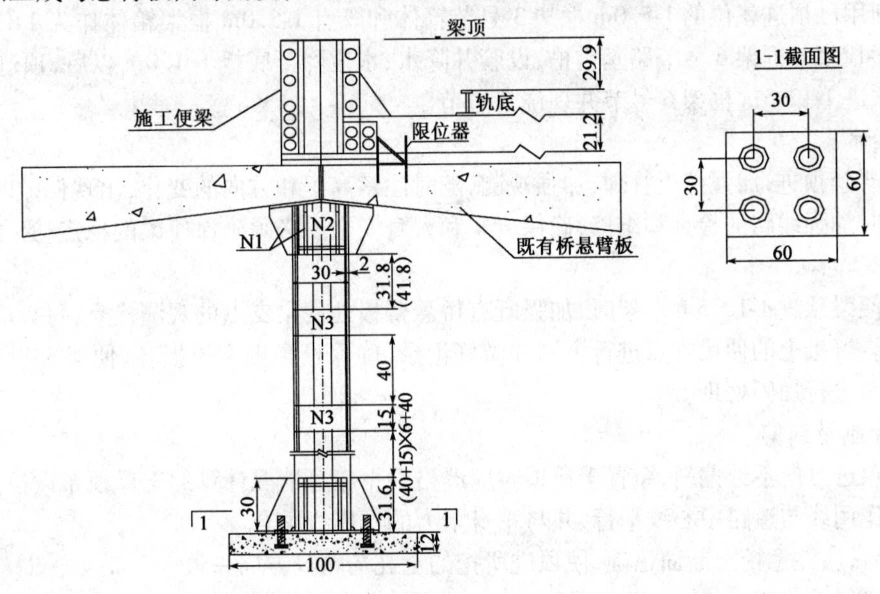

图5　内支撑及施工便梁示意图(尺寸单位:cm)

框架桥顶进期间,线路限速45km/h,顶进期间为了保证线路和作业人员安全,项目部成立线路加固、养护作业组和施工防护小组。现场设防护员8人,负责框架桥施工所有人员、机具防护。设驻站联络员4人,负责施工地点和相邻车站的联络。

检查养护小组负责轨距、水平、三角坑、轨向、高程的测量以及线路其他日常情况检查。

在施工范围内设置线路中心桩(由技术部负责设置),线路检查养护小组根据《铁路线路维修规则》(铁运[296]146号)第8.1.1条要求,便梁架设前每天2次,由专人负责上、下午各检查1次。便梁架设后每过车一趟检查一次。

(2)顶进准备

①顶进各专业工作人员必须到位,并且经过培训方可上岗;

②顶进前框架主体、后背混凝土强度必须达到设计强度的100%;

③各种顶进设备如千斤顶、油泵、顶铁、传立柱(管桩)现场配齐;

④顶进前全面检查线路加固情况,测量、复核框架轴线与既有框架桥墩相对位置及框架桥顶高程与轨顶相对高差,并做好记录。

(3)试顶

试顶的目的是检查顶进液压系统是否正常、千斤顶配置是否合理及启动压力大小等。

(4)顶进

第一步:施工临时便梁支点,架设D24m施工便梁,施工1-5.0m框架1号节便梁条形基础支墩。

第二步:待1-5.0m框架1号节便梁条形基础支墩强度满足要求后架设D24m施工便梁,开挖1-5.0m框架1号节范围内路基沟槽,设置管井降水,水位降至底板下1.0m以下后,顶进滑板施工。

第三步:顶进1-5.0m框架1号节施工。

第四步:利用已顶进就位的1-5.0m框架1号节箱体和既有1-5.0m框架箱体作为1-12.5m框架便梁支点,开挖1-12.5m框架4号节路基沟槽,设管井降水,水位降至底板下1.0m以下后,顶进滑板施工。

第五步:顶进1-12.5m框架4号节。

第六步:施工临时便梁支点,架设D24m施工便梁,施工1-5.0m框架3号节便梁条形基础支墩。

第七步:待1-5.0m框架3号节便梁条形基础支墩强度满足要求后架设D24m施工便梁,开挖1-5.0m框架3号节范围内路基沟槽,设置管井降水,水位降至底板下1.0m以后,顶进滑板施工。

第八步:顶进1-5.0m框架3号节施工并现浇2号节。

第九步:利用已顶进就位的1-5.0m框架3号节箱体和既有1-5.0m框架箱体作为1-12.5m框架便梁支点,开挖1-12.5m框架6号节路基沟槽,设管井降水,水位降至底板下1.0m以后,顶进滑板施工。

第十步:顶进1-12.5m框架6号节并现浇5号节。

注意事项:

①有车时严禁顶进;加强挖土管理,加强观测,随时注意高程和方向的变化,出现偏差时停止顶进并及时纠正。同时加强线路的检查和维修,确保行车和人身安全。必须确保便梁的稳定,必须确保铁路运行安全。

②在架设便梁顶进1-12.5m框架时,加强既有桥悬臂板处便梁支点的观测检查,每天应不少于3次对位于既有桥悬臂板上的便梁支点进行观测并做好记录,确保悬臂板不受损坏、便梁支点稳定,如有异常及时对钢支墩进行加固处理。

(5)施工控制及纠偏

要使箱身顶进方向不致偏斜,布置千斤顶时应严格根据箱身情况计算的千斤顶布设位置进行布设,使千斤顶合力作用线与道路中心线平行,并与箱身阻力的作用线重合。

箱身入土后,应注意挖土断面正确,使顶进所挖的土孔与箱身方向一致。

①箱身方向纠偏方法。

a. 增减一侧千斤顶的顶力：即开或关一侧千斤顶阀门，增加或减少千斤顶顶力数。如向左偏，则关闭减少右侧千斤顶，向右偏则反之操作。

b. 开动两边高压油泵调整；如向左偏就开左侧高压油泵，向右偏则开右侧高压油泵。

c. 后背顶铁（柱）调整；在加换顶铁时，可根据偏差的大小，将一侧顶铁楔紧，另一侧顶铁楔松或预留间隙。如箱身前端向右偏，则将左侧顶铁预留间隙，开泵后，则右侧先受力顶进，左侧不动. 调整时应摸索掌握规律性，并注意箱身受力不均时产生的变化状况。

d. 可在前端一侧超挖，另一侧少挖土或不挖以调整方向。如箱身前端向右偏，则在右侧箱身前超挖 20 ~ 50cm。

e. 在箱身前端加横向支撑来调整，一端支撑在箱身边墙上，另一端支在开挖面上，顶进时迫使其向被顶一侧调整。

②纠正箱身“抬头”、“扎头”的方法。

在既有滑板前端预留接茬钢筋，在箱体顶进前端中间部位接长钢筋混凝土滑板，滑板宽度为箱体跨径 1/2，采用速凝混凝土接长滑板施工，确保箱体顶进过程中不至“抬头”、“扎头”现象的发生。

8）线路加固拆除、线路恢复

箱体顶进就位后，为了尽快恢复线路，框架两侧均回填 C20 素混凝土，待混凝土强度达到设计要求后拆除便梁，按照上海铁路局营业线施工相关文件及时对线路进行恢复常速。

5.3 劳动力组织（表 1）

劳动力组织情况（纵移一孔便梁人数） 表 1

序 号	工 种	人 数	职 责
1	总负责（总指挥）	1	负责施工的统一协调指挥
2	起重工	3	听从指挥指令，负责起梁、落梁、移梁过程中的施工
3	电工	1	负责设备电气方面的维护和维修
4	机械操作、维修工	1	负责卷扬机设备机械方面的使用维护和维修
5	领工员	1	根据指挥安排负责劳力安排、生产协调和安全监控
6	安全质量员	1	负责便梁纵移施工质量和施工全过程的安全监控
7	技术人员	1	负责便梁纵移施工过程中的测量及技术监控
8	线路工	8	负责就位后的线路养护工作
9	防护员	3	负责施工现场的防护工作
10	驻站联络员	1	负责列车接近施工地点的预报工作
合计		21	

6 材料与设备

6.1 材料

（1）梁身纵移导向滑行器，采用宽度 8cm 槽钢弯制焊接而成，两端、中间均设有卡口，配用 3 个螺栓将梁身纵移导向滑行器固定在纵梁梁肋上并且高度位于横梁中部位置，避免了纵梁在纵移过程中触碰横梁造成方向偏移及点内无法完成任务的现象发生。槽钢应有供应商提供的出厂检验合格证书，并应按有关检验项目、批次规定，严格实施进场检验。

（2）钢支墩采用 40b 型槽钢及 16mm 厚钢板加工而成，槽钢、钢板应有供应商提供的出厂检验合格证书,并应按有关检验项目、批次规定,严格实施进场检验。

6.2 主要机具设备(表2)

主要机具设备 表2

序号	设备名称	规格型号	单位	数量	用途
1	液压顶镐	—	套	2	负责起梁、落梁施工
2	卷扬机	—	台	1	拖拉便梁
3	梁身导向滑行器	自造	个	2	便梁纵移过程中防止纵梁偏位
4	电焊机	—	台	2	—
5	手拉葫芦	—	个	4	吊装钢支墩
6	液压千斤顶	20t	个	2	顶钢支墩
7	钢支墩	40b 槽钢、1.6mm 厚钢板	个	44	加固既有悬臂板处的便梁支点

7 质量控制

7.1 本工法所执行的规范

(1)《铁路桥涵设计基本规范》(TB 10002.1—2005)。

(2)《铁路桥涵钢筋混凝土和预应力混凝土结构设计规范》(TB 10002.3—2005)。

(3)《铁路桥涵地基和基础设计规范》(TB 10002.5—2005)。

(4)《铁路路基支挡结构设计规范》(TB 10025—2006)。

(5)《铁路特殊路基设计规范》(TB 10035—2006)。

(6)《建筑地基基础工程施工质量验收规范》(GB 50202—2002)。

7.2 质量保证措施

(1)钢支墩设计时应对钢支墩的刚度进行检算,以确保钢支墩的刚度及稳定性。

(2)钢支墩顶托加工倾斜角必须精确,并应与悬臂板斜角保持一致,确保钢支墩与悬臂板紧密密贴。

(3)钢支墩加工过程中应严格保证各部分焊缝的质量,必须经过“三检”后方可使用。

(4)钢支墩制作、安装必须经过准确定位测量后方可进行,必须采取“三检”复核制度。

(5)梁身导向滑行器弯制角度必须满足要求,焊接质量必须满足要求。

(6)梁身导向滑行器安装部位必须在横梁高度范围内使用方可有效。

8 安全措施

(1)建立健全安全管理机构,设立专(兼)职安全员,根据国家有关法律法规制定安全生产制度并实施。

(2)根据工程特点,制订有针对性的安全管理制度:各种机械的安全作业制度;安全用电制度;施工现场安全作业制度;起重作业安全制度;各种安全标志的设置及维护措施等。

(3)做好安全生产教育与培训工作。开工前,对所有施工人员进行岗前安全教育。主要内容包括:安全生产思想教育、安全生产法律法规教育、安全生产技术培训、事故案例分析等。对于从事电气、起重、高空作业、焊接等特殊工种人员,经过专业培训,获得安全操作合格证后,方准持证上岗。

(4)特种作业人员在上岗前均应经过安全技术的培训和考核,合格后方可上岗作业。

(5)搞好安全生产检查,其中包括开工前、定期、日常、专业性、季节性、节假日的检查,确保人员、设备安全可控。

9 环保措施

(1)优先采用节能工艺装备,对水、电、油等资源进行能耗指标管理。

(2)机械废油回收利用。

(3)施工垃圾集中存放,及时清运。

10 资源节约

(1)认真贯彻国家节能工程的有关要求。

(2)研发专利设备和施工工艺替代原始施工方法,节约材料、提高工序。

11 效益分析

1)经济效益

通过科技攻关,工艺改进、优化及“四新”技术的研发,节约成本共计110万元。

(1)施工采取了箱体在两侧预制、对顶的方案,如箱体全部在铁路一侧进行箱体预制、顶进施工需要重新单独征地4亩,按照市内土地临时征地30 000元/亩计算,可节省费用12万元,如果临时征地工期大大延长,征地拆迁将更容易造成百姓与政府的矛盾激化。

(2)如果箱体在一侧预制顶进施工,公司仍需外租便梁4孔,按750元/(孔·天)计算,工期按半年计算,共计投入54万元。

(3)纵移便梁施工如不能保证人工纵移过程中点内完成纵移任务,必须采用轨道吊装,按轨道吊吊装费用1万/(孔·次)计算,纵移便梁44次,共计44万元。

2)社会效益

芜湖市天门山东路长箱体、下穿多股道铁路框架桥对顶施工避免了在单侧无施工场地、一次性投入便梁孔数过多、单端顶程过长等难题,更是方便了施工、提高了工效、缩短了工期、确保了施工安全。

12 应用实例

12.1 工程实例一

安徽省芜湖市天门山东路立交桥改建工程。

为提高天门山东路交通能力,芜湖市政府决定,在既有天门山立交桥(5m+12.5m+5m)南侧新增一处(12.5m+5m)框架桥,其中一孔12.5m作为机动车道,一孔5m作为非机动车道和人行道,原既有桥南侧5m框架用于过管线,立交桥改建完成后,使天门山东路立交满足机动车道为双向六车道,南北侧各5m非机动车道及人行道的立交条件。本新增框架桥在既有宁芜线K108+633.5处下穿宁芜铁路、淮南铁路,斜交角度为28°23′54″,横穿芜湖东站Ⅴ场15股道,新增框架桥采取两端顶进中间现浇施工方案,东侧顶进框架长33.8m,西侧顶进框架长47.2m,现浇段长度2.5m;框架桥主体全长83.5m。

芜湖市天门山东路长箱体、下穿多股道铁路框架桥对顶施工采取线路两侧深基坑内分别预制箱体后两端对向顶进的方案;顶进施工前必须对既有铁路线路进行便梁加固措施,其中部分便梁支点位于既有老桥悬臂板处,悬臂板下方必须设异形钢支墩作为便梁下部支撑点;便梁在纵移过程中采用梁身导向滑行器确保了便梁纵移的正点时间,箱体在顶进前,顶进前方底板为C40钢筋速凝混凝土滑板,确保了箱体顶进高程的控制。

经过科学管理,合理组织,精心施工,结合类似项目顶进施工的实践,积极借鉴外部先进技术经验,研发新设备,针对芜湖市天门山东路长箱体、下穿多股道铁路框架桥对顶施工,通过成功采用本工法,本工程安全、优质、高效、按期地顺利完成,取得了上海路局及南京地铁公司的认可。

“长箱体、下穿多股道铁路框架桥对顶工法”对于我国铁路下穿框架桥顶进施工有着很好的借鉴和指导意义,该成果具有广泛的推广应用前景。

12.2 工程实例二

浙江省绍兴市迪荡新城梅龙湖立交工程。

绍兴迪荡新城位于绍兴市越城区东北角,紧邻绍兴古城,北接袍江工业区,南连城东经济开发区。绍兴迪荡新城区梅龙湖立交工程位于既有萧甬铁路 K41 + 428 ~ K41 + 488,约 60m 范围内,框架桥中心线与萧甬铁路上行线切线交角 75°。

“长箱体、下穿多股道铁路框架桥对顶工法”通过在浙江省绍兴市迪荡新城梅龙湖立交工程的成功应用,取得了较好的效果,在本次施工中,采用此工法,节约了工期,提高了工效,共节约了投资 81.3 万元。该项目于 2012 年 12 月顺利竣工,施工质量及速度,得到了建设方的充分肯定和高度评价。该施工工法对于我国铁路、公路、市政等框架桥施工有着很好的借鉴和指导意义,具有广泛的推广应用前景。

高水位粉砂土地质下穿多股线路框架桥顶进施工工法

GGG(中企)C4149—2013

杨基好 武尊杨 房瑞泉 陈亚丽 何 磊
（中铁十局集团有限公司）

1 前言

安徽省阜阳市颍东路下穿京九铁路立交桥顶进工程位于高水位、粉砂土地质段，且框架长、重量大，顶进质量要求精度高、距既有桥墩近、下穿8股铁路线路、新旧框架伸缩缝防水对接难度大。通过采用"便梁+条基+支护桩+高压旋喷桩"的施工方案，并进行技术创新，研发了止水、降水体系，线路加固体系，框架顶进体系，新旧框架防水体系，形成了一套高水位粉砂土地质下穿多股线路框架桥顶进施工技术，该技术不但减少了条基施工的工程量、高压旋喷桩数量，而且减少了便梁加固线路的架设次数与线路加固的股数，特别是对既有线的影响大大地减少，确保了营业线的施工安全，保证了工程施工质量、工期。在成功应用于工程施工的基础上，经总结形成了本工法。

2 工法特点

(1)采用高水位粉砂土地质下穿多股线路框架桥顶进施工工艺，对高水位、粉砂土或地质条件复杂的多股线路框架顶进施工，取消了常规多股铁路线路全部架设便梁、对铁路影响较大的顶进加固方式，结合本地地下水位较高的特点，采用支护桩结合高压旋喷桩的线路加固方式，旋喷桩作止水帷幕，利用降水井降地下水，保证线路稳定，减少了线路加固架设便梁的次数，大大地减少了对既有线的影响，提高了工效，确保了营业线的施工安全。

(2)止水、降水体系由高压旋喷桩+大口井组成，解决了本区域高水位、粉砂土地质条件下，框架桥顶进施工的难题。

(3)线路加固体系是由条形基础+高压旋喷桩+便梁、路基支护桩+土体加固桩组成，解决了粉砂土地质条件下、框架下穿多股线路的难题。

(4)框架顶进体系是由既有桥墩支护+既有桥墩卸载、滑板接长+顶进挖土+限位装置、顶进动态观测+纠偏措施+预防措施组成，成功地解决了框架长且重量大、距既有桥墩近的难题、顶进质量要求精度高等难题。

(5)新旧框架防水体系组成是由新旧框架伸缩缝底板防水+新旧框架伸缩缝边墙防水+新旧框架伸缩缝顶板防水组成，解决了新旧框架伸缩缝防水的难题。

(6)高水位粉砂土地质下穿多股线路框架桥顶进施工工艺，综合了框架顶进施工工艺的优点，有着非常强的适用性和优越性。

3 适用范围

本工法适用于铁路下穿铁路、公路下穿铁路工程的各种粉砂土地质顶进和类似的结构工程施工，特别是对水位高、地质复杂框架顶进施工有较强的适用性和优越性。

4 工艺原理

高水位粉砂土地质下穿多股线路框架桥顶进施工工艺，针对高水位、粉砂土地质、框架长且重量大、顶进质量要求精度高、距既有桥墩近、下穿多股线路框架桥顶进、新旧框架伸缩缝防水难度大等特点,为保证框架顶进质量及安全,首先对止水、降水体系进行施工,利用高压旋喷桩+大口井解决本区域高水位、粉砂土地质的难题;再次对线路加固体系进行施工,利用条形基础+高压旋喷桩、便梁、路基支护桩+土体加固桩解决本区域粉砂土地质及框架下穿股数多的难题;待止水、降水体系,线路加固体系施工完毕后进行检查,达到要求后方可进行框架顶进体系施工,框架顶进体系施工利用既有桥墩支护+既有桥墩卸载、滑板接长+顶进挖土+限位装置、顶进动态观测+纠偏措施+预防措施,解决了框架长且重量大、顶进质量要求精度高、距既有桥墩近的难题;新旧框架防水体系利用新旧框架伸缩缝底板防水+新旧框架伸缩缝边墙防水+新旧框架伸缩缝顶板防水解决了新旧框架伸缩缝防水的难题。

5 施工工艺流程及操作要点

5.1 施工工艺流程(图1)

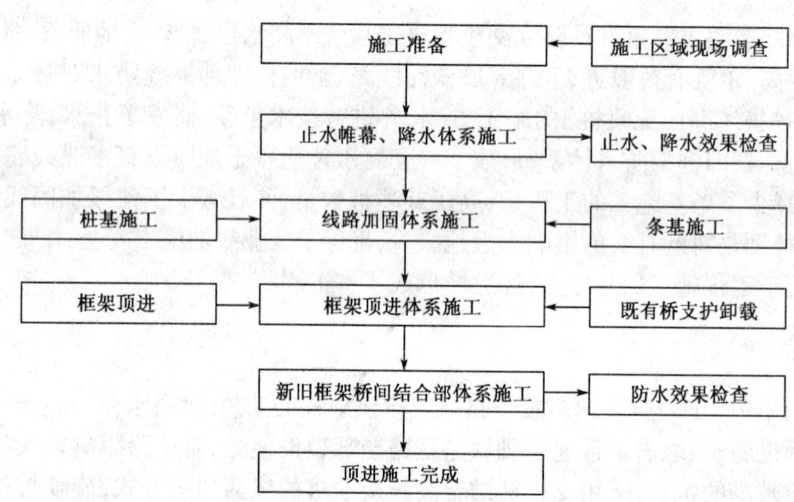

图1 高水位粉砂土地质下穿多股线路框架桥顶进施工工艺流程图

5.2 操作要点

1)施工准备

对现场的自然条件进行调查、复核;对设计图纸进行复核,进行施工组织编写,安排材料、机械进场,对劳务人员进行技术交底、安全教育,办理开工报告。

2)止水、降水体系的施工

止水帷幕、降水井体系的施工是高水位粉砂土地质下穿多股线路框架桥顶进施工的关键步骤之一,此为本工艺的创新点一。因本地区地下水位较高、桥址处地质较为复杂,在既有桥施工时框架间与承台周围回填了大量的建筑垃圾,针对这一问题采用以下两种方法解决。

(1)止水帷幕施工。

紧靠既有框架东、西端顺线路方向各施工一排双头高压旋喷桩(桩径0.6m,咬合0.2m,桩长20m),与原来的止水帷幕咬合,从而形成两个止水闭合圈,即外贸专用线东侧止水闭合圈在U形槽施工时起到止水作用,框架预制基坑前端至既有框架西端,止水帷幕在框架顶进时起到止水作用。

(2)降水井施工。

在阜阳上行联络线和阜淮货车上行线间顺线路方向设置了三排降水井,排距约8m,行距6m,大口井直径50cm,井深25m,确保在框架预制、框架顶进、新旧框架对接时和U形槽与既有框架对接时,地下水位在地板以下1m。

3)线路加固体系的施工

因本地区粉砂土层距离地表平均深度约为7m,粉砂土层厚度为11.18m,框架结构位于粉砂土层,地质条件复杂，新建铁路框架桥下穿漯阜线、京九上行线、阜阳上行联络线三条线路，既有铁路框架下穿阜淮货车上行线、京九下行线、阜淮货车下行线、外贸专用线四条线路。确保线路加固体系稳定，是施工高水位粉砂土地质下穿多股线路框架桥顶进施工的关键步骤之一，此为本工艺的创新点二。针对本地区地质条件复杂、线路股道多等问题，采取以下方法解决。

(1)既有线支墩施工。

①临时支墩施工：临时支墩采用钢筋混凝土基础。几何尺寸为1.5m(宽)×1.4m(长)×0.6m(深)，在浇筑混凝土时预留孔洞，插入钢轨头作为便梁限位装置。

②条基基坑开挖施工：便梁架设完成，在便梁下条基按1:0.8放坡开挖路基，开挖高度为3m、底口宽6.6m、上口宽11.4m。

③基底加固、条基施工：路基开挖完成后沟槽两侧边坡挂网并用5cm厚M10水泥砂浆抹面保护，然后再进行高压旋喷桩基础施工，绑扎条基钢筋、立模板、浇筑混凝土，当混凝土达到设计强度80%后回填沟槽并夯实，在回填至距便梁1m无法人工夯实时，回填碎石并浇筑C15混凝土，最后撤除便梁。

(2)便梁施工。

加固漯阜线、京九上行线和阜阳上行联络线，D24型施工便梁采用纵梁甲式高位布置。

(3)路基支护桩施工。

支护桩采用直径ϕ1.0m钻孔桩，钻孔桩间距1.2m，桩长22m，钻孔桩上端为1m(高)×1.3m(宽)钢筋混凝土冠梁，为确保在框架顶进或U形槽开挖时支护桩的稳定，在冠梁的一侧预留钢筋环，使用钢丝绳将冠梁固定在锚桩上或将冠梁对拉，既有框架南北端的支护桩采用钢丝绳与锚桩连接，既有框架中间的支护桩采用钢丝绳对拉。

(4)路基土体加固桩施工。

支护桩靠近线路侧增设ϕ60cm高压旋喷桩对土体进行加固，高压旋喷桩间距60cm，桩长20m。

4)框架顶进体系施工

(1)既有桥墩防护桩+桥墩处卸载施工。

①既有桥墩防护桩施工。由于在既有桥墩周围施工高压旋喷桩时对既有桥墩承台、桩基周围土体扰动，改变了桥墩承台、桩基的承载力，可能造成既有桥墩基础受高压旋喷桩施工影响发生不均匀沉降或平面位移，因此取消56号桥墩周围的止水帷幕和55号桥墩南侧止水帷幕，保留其北侧止水帷幕，取消57号桥墩南侧止水帷幕，保留其北侧增加止水帷幕，以上增加止水帷幕均为双头高压旋喷桩，桩径60cm，咬合20cm。

②既有桥墩处卸载(图2~图5)。

当1号框架顶进至55号墩时，框架与55号墩之间的土体全部挖除，防止框架在顶进过程中箱体与墩台间存有土体，导致墩台受箱体顶力发生位移变化，在55号墩与墩台防护桩之间的土方，挖除至承台顶，防止当框架与墩台之间土方挖除后，墩台一侧受土压力，影响既有桥墩稳定。3号框架顶进至56号墩，顶进挖土方式同1号框架。

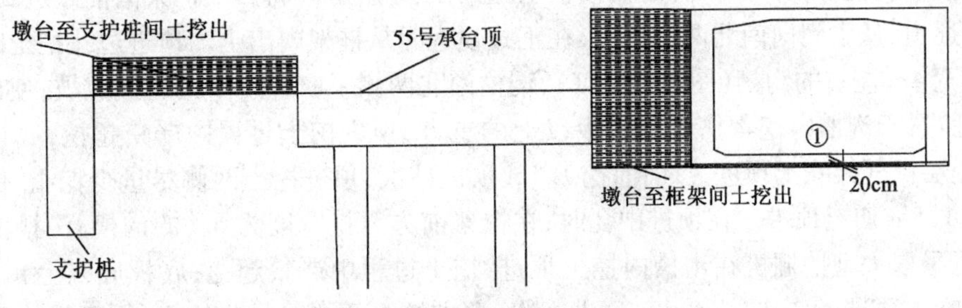

图2　既有桥墩55号处卸载侧面图

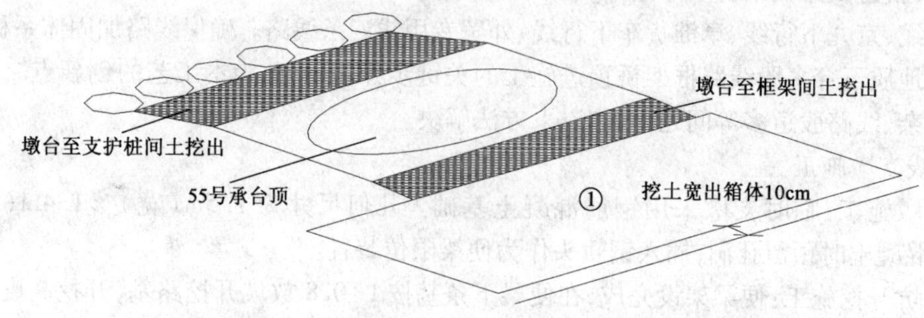

图3　既有桥墩55号处卸载平面图

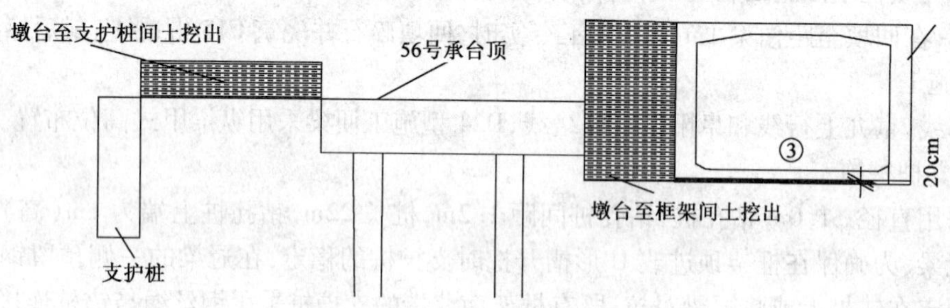

图4　既有桥墩56号处卸载侧面图

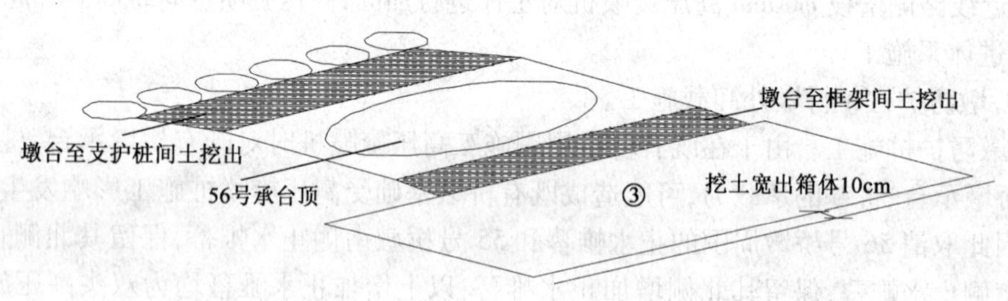

图5　既有桥墩56号处卸载平面图

(2)顶进作业施工。

①架设便梁:D24型施工便梁采用纵梁甲式高位布置。

②滑板接长:框架基坑前端向前延伸9m,同时滑板接长至框架顶进就位后端。

③顶进挖土。

框架基坑前端向前延伸9m,同时滑板接长至框架顶进就位后,将四个框架向前跟进6m。以中间绿化带作为出土通道,从中间向南北两侧挖土,在正式顶进时从框架内出土。顶进边孔挖土时在框架前方开挖一高5m、宽4m左右的沟槽(图6~图11),沟槽南北两侧采取1:0.5的比例放坡,使用一小型挖掘机(120挖掘机)置于沟槽内挖沟槽底至底板以上的土方,顶进挖土过程中严禁超挖,底板底以上预留20cm左右的土层供框架吃土顶进,每向前挖1.5m顶进一次,顶进挖土两侧尽量少挖土,保证箱体两侧自底板底以上1.5m切土顶进。在顶进中孔时,在框架前方开挖宽度为6m的沟槽,沟槽南北两侧采取1:0.5放坡,可采取大型挖掘机在沟槽内挖土顶进,挖土过程中严禁超挖,底板底以上预留20cm左右的土层供框架吃土顶进,每向前挖1.5m顶进一次,顶进挖土两侧尽量少挖土,保证箱体两侧自底板底以上1.5m处切土顶进。开挖时采用人工配合机械开挖。

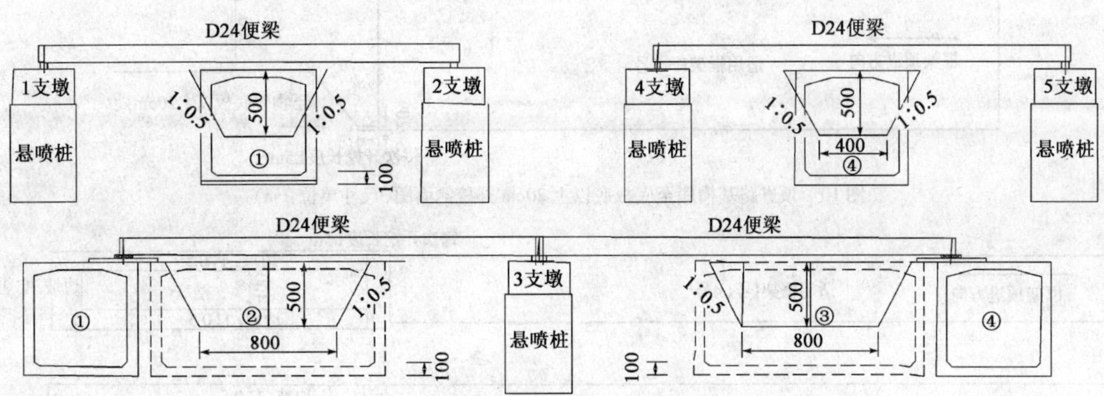

图6 顶进路基开槽正面图(尺寸单位:cm)

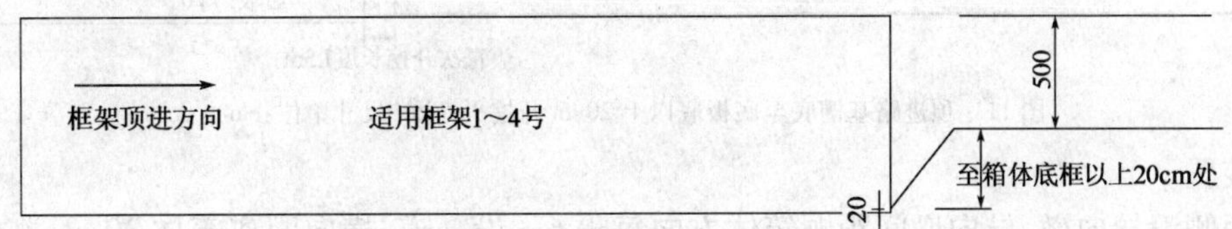

图7 顶进路基开槽侧面图(尺寸单位:cm)

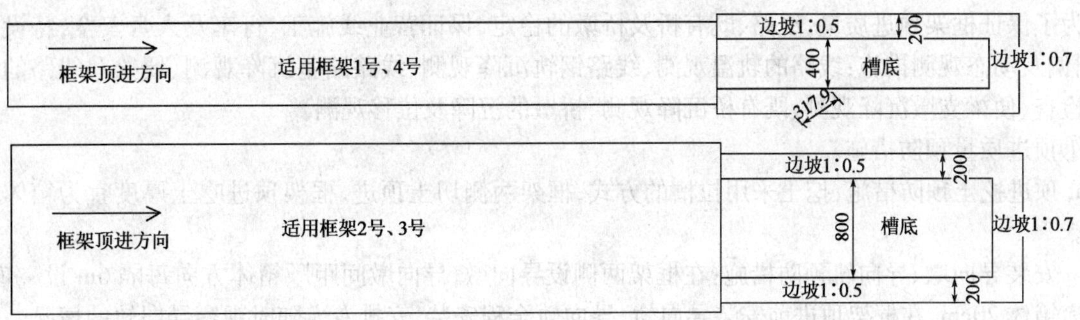

图8 顶进路基开槽平面图(尺寸单位:cm)

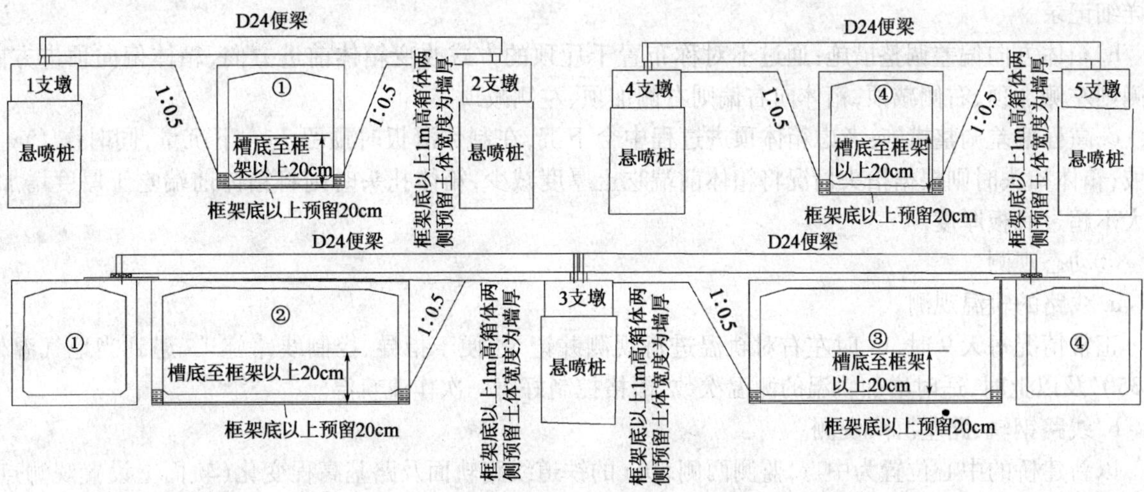

图9 顶进路基槽底至底板底以上20cm开挖正面图

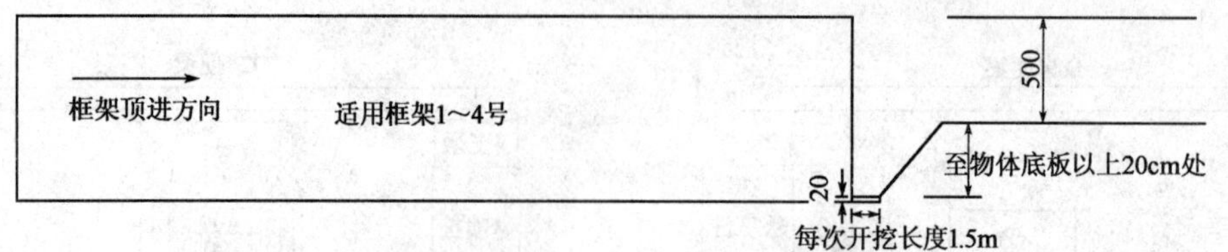

图 10　顶进路基槽底至底板底以上 20cm 开挖侧面图(尺寸单位:cm)

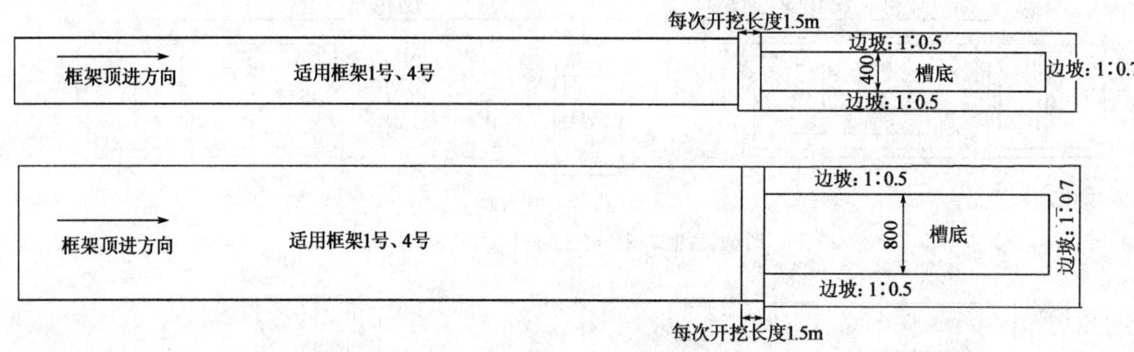

图 11　顶进路基槽底至底板底以上 20cm 开挖平面图(尺寸单位:cm)

④限位装置。

在框架两侧设导向墩,导向墩间距顺箱体方向每隔 6m 设一道,横向距离箱体 20cm,在框架顶进前安装导向轨。

(3)顶进质量预防、纠偏措施及动态观测。

为了保证框架顶进质量,线路、既有桥及桥墩的稳定,保证营业线施工、行车及人身安全,特设立预防、纠偏及动态观测措施:线路的轨温观测、线路钢轨沉降观测、线路路基沉降观测、便梁及线路的几何状态检查、便梁支墩沉降观测、既有桥沉降观测、桥墩的沉降及位移观测。

①顶进质量预防措施。

a. 顶进挖土预防措施:挖土采用拉槽的方式,框架两侧切土顶进,框架顶进吃土厚度宜为箱体底板厚度。

b. 安装导向墩、导向轨预防措施:在框架两侧设导向墩,导向墩间距顺箱体方向每隔 6m 设一道,横向距离箱体 20cm,在框架顶进前安装导向轨,导向轨全程安装,安排专人随时观察导向轨的情况。

②顶进质量纠偏措施。

a. 顶进观测措施:顶进前在箱体前后端设观测点,每次顶进都要对箱体的中线、高程进行观测,并做好详细记录。

b. 箱体方向偏差调整措施:通过不对称布置千斤顶的方式改变箱体前进方向,箱体偏向顶进方向左侧则左侧加顶、右侧减顶,箱体向右偏则右侧加顶、左侧减顶。

c. 高程偏差调整措施:考虑箱体顶进过程中会下沉,在制作滑板时预留 3cm 下沉量,同时作 1‰上仰坡;箱体抬头时则根据抬头情况将箱体前端吃土厚度减少,箱体扎头时则将箱体前端吃土厚度增加,最大不超过底板厚度。

③动态观测。

a. 线路的轨温观测。

正常情况每天 9 时、14 时左右对轨温进行观测并记录,便于指导、控制线路施工,遇到当地气温处于 35℃及以上时,适时增加轨温的测温次数,严格控制好每一次作业轨温。

b. 线路钢轨、路基沉降观测。

以新建桥的中心位置为中点,监测两侧 50m 的铁道线路轨面及路基高程变化(轨面上设置观测点、路基上设置观测点,间距均为 10m),防止基坑开挖引起的沉降导致线路、路基发生几何状态的变化。每 2h 观测一次,高低水平、方向变化超过 6mm 时现场立即对线路进行整修。日常 24h 派专职监护人员执行轮班检查制(包括线路高低水平、方向等)并记录。

c.既有桥墩位移、沉降观测。

在既有桥墩上设置观测点测量位移与沉降,每日2h左右测量一次,发现日位移大于3mm或累计位移大于10mm时,需停止施工,如位移继续发展则需采取回填处理措施。桥墩位移观测建立1号观测基准点并由1号点对桥墩上的观测点进行距离观测,从而达到对桥墩的位移观测。

d.便梁及线路的几何状态的日常检查及养护措施。

施工便梁的日常检测:便梁及两端各50m线路的日常检测,指派专职监护人员执行全日轮班检查制(包括便梁的扣件、绝缘及线路高低水平、方向等),慢行期间每2h检查1次,并记录。遇到非正常情况出现时,随即增加检测次数。

e.便梁支墩、既有桥沉降观测。

在便梁支墩四角及既有桥四角设置沉降观测点,每2h测量一次,防止顶进过程中引起的沉降导致便梁支墩、既有桥发生变化。

f.框架桥顶进观测。

顶进前在箱体前后端设观测点,每次顶进前都要对箱体的中线、高程进行观测,顶进过程中每0.5m观测一次。

5)新旧框架间结合部体系施工

由于框架桥深8.89m,地下水位平均埋深为3.26m,水位随季节变化,冬春季节水位低,夏秋季节水位高,变化幅度在地面下0.5~4m,该场区近3~5年最高水位埋深约0.5m,针对本地区地下水位较高、新老箱体结合部防水处理难等问题,采取以下方法解决。

(1)凿除既有框架混凝土。

在新框架未顶之前开始凿除既有框架端头的混凝土,高度35cm、宽度25cm,沿既有框架的底板顶、侧墙内壁凿出"L"形槽,"L"形槽平行于框架轴线的平面宽度25cm,垂直于框架轴线的平面宽度35cm,在凿除既有框架混凝土时保留其纵向钢筋。

(2)砂浆找平既有框架凿除的平面部分。

在凿出"L"形槽后,在"L"形槽平行于框架轴线的平面上,按30cm间距设置好膨胀螺丝,然后用砂浆将该平面抹平,垂直于框架轴线的平面仍保持毛面。

(3)铺设中埋式止水带。

待抹平的砂浆达到设计强度后涂抹双组分聚硫密封膏,随即铺设中埋式止水带,止水带要平、直、顺,铺好一段止水带后用钢板将其压住,使用螺栓将钢板压紧,逐段铺设中埋式止水带。

(4)立模板、浇筑混凝土。

中埋式止水带铺设完成后将既有框架纵向钢筋调直,开始立模板、浇筑混凝土,在浇筑侧墙上的"L"形槽内的混凝土时采取从下向上逐段立模,逐段浇筑混凝土的办法,防止混凝土振捣不密实。

(5)安装中埋式止水带。

边孔、中孔新框架顶进就位后立即开始清理新框架前端"L"形槽的平面,用清水将表面的污泥冲洗干净,在"L"形槽平行于框架轴线的平面上按30cm间距设置好膨胀螺丝,然后用砂浆将该平面抹平,垂直于框架轴线的平面仍保持毛面,砂浆达到设计强度后在表面涂抹双组分聚硫密封膏,然后用钢板将剩余一半的中埋式止水带压住,并用螺栓将钢板压紧。

(6)浇筑"L"形槽混凝土。

中埋式止水带铺设完成后将既有框架纵向钢筋调直,开始立模板、浇筑混凝土,在浇筑侧墙上的"L"形槽内的混凝土时采取从下向上逐段立模,逐段浇筑混凝土的办法,防止混凝土振捣不密实。

(7)清理伸缩缝内杂物,塞入止水材料,可卸式止水带施工方法同U形槽与框架间的止水带。

(8)铺设顶板外包防水卷材。

框架内止水带施工完毕后,施工框架顶外包防水。

5.3 劳动力组织(表1)

劳动力组织情况 表1

序号	工种	人数	职责
1	施工负责人	1	全面负责现场的施工生产组织、技术组织、安全生产工作
2	吊车司机	1	听从指挥指令,负责吊车操作
3	电工	1	负责设备电气方面的维护和维修
4	机械维修工	1	负责设备机械方面的维护和维修
5	起重工	4	根据指挥安排配合吊装工作
6	电焊工	12	负责围堰施工过程中的所有焊接工作
7	领工员	1	根据指挥安排负责劳力安排、生产协调和安全监控
8	安全质量员	2	负责围堰施工质量和施工全过程的安全监控
9	技术人员	2	负责围堰施工过程中的测量及技术监控
10	油泵操作	2	负责顶进设备操作
11	线路防护	12	负责线路防护安全
12	挖机司机	4	负责土方施工
合计		43	

6 材料与设备

(1)高水位粉砂土地质下穿多股线路框架桥顶进施工用的各种原材料及半成品,应有供应商提供的出厂检验合格证书,并应按有关检验项目、批次规定,严格实施进场检验。

(2)主要机具设备表见2。

主要机具设备 表2

序号	设备名称	规格型号	单位	数量	用途
1	旋喷桩机	XP-20	台	4	止水帷幕及条基加固施工
2	吊车	QY25	台	1	吊装钢筋笼
3	挖掘机	卡特320C	台	2	框架顶进挖土
4	自卸汽车	斯太尔	辆	4	外运土方
5	发电机	200kW	台	1	备用发电
6	千斤顶	400t	个	25	顶进用
7	管桩	8m	根	142	作传立柱用
8	钻孔桩机	—	台	2	支护桩使用
9	地泵	—	台	1	灌注桩基使用

7 质量控制

7.1 本工法所执行的规范

(1)《铁路桥涵设计基本规范》(TB 10002.1—2005)。

(2)《铁路桥涵钢筋混凝土和预应力混凝土结构设计规范》(TB 10002.3—2005)。

(3)《铁路桥涵地基和基础设计规范》(TB 10002.5—2005)。

(4)《铁路路基支挡结构设计规范》(TB 10025—2006)。

(5)《铁路特殊路基设计规范》(TB 10035—2006)。

(6)《建筑地基基础工程施工质量验收规范》(GB 50202—2002)。

7.2 质量保证措施

(1)深基坑、线路加固、框架顶进施工均采用"闭环止水帷幕 + 管井降水"的方式,减少地下水和粉砂层对施工的影响,保持连续降水,防止粉砂层液化。

(2)加强止水桩质量控制。

在深层搅拌桩和高压旋喷桩施工的过程中严格控制桩间距、水灰比、桩长、垂直度等,加强管理,确保止水桩质量。

(3)加强降水井施工质量控制。

在止水帷幕形成闭环7d后,开始使用大口径降闭环内的地下水,为防止临近线路管井在降水过程中出现流沙、陷穴等情况影响路基安全,应采取如下措施:

①在管井施工过程中严格控制各关节之间的对接,防止出现错台等情况,以防流沙从孔洞中流出;

②滤水管采用空隙稍小的型号,防止流沙进入管井内;

③管井底填入2m厚的级配碎石,防止流沙上涌;

④在临近营业线的管井、线路间的管井降水时设置观察井,保证地下水位降至基坑底1m左右,不可过量降水;

⑤在降水的过程中加强对管井的出水情况进行检查,发现出水浑浊时立即检查原因,如果是井壁有漏洞或关节结合不齐,采取麻布堵漏等措施;

⑥降水过程中管井完好但出水含沙量较大时,则停止该井的降水。

(4)做好动态观测。

①线路和线路路基沉降观测。

以新建桥的中心位置为中点,监测两侧50m的铁道线路轨面高程及路基变化(轨面上设置观测点),防止基坑开挖引起的沉降导致线路几何状态的变化。每2h观测一次,日常24h派专职监护人员执行轮班检查制(包括线路高低水平、方向等)并记录。

②支墩位移与沉降观测。

在支墩上设置三维变形观测点测量位移与沉降,每日2h左右测量一次,发现日位移大于3mm或累计位移大于10mm时,须停止施工,如位移继续发展则须采用回填处理。

③既有桥沉降观测。

以既有桥四角设置观测点,防止顶进过程中沉降导致既有桥几何状态变化引起线路发生变化。每2h观测一次。

(5)建立、健全质量保证制度,制订相应的技术措施,加强对管理人员的教育,加强对劳务人员的管理。

7.3 高水位粉砂土地质下穿多股线路框架桥顶进的注意事项

(1)箱体顶进在滑板接长混凝土达到预计强度后进行,并实行24h连续作业,保持箱体不断前进,挖土时留好安全边坡,防止路基塌方,顶面坡度控制在1∶1.0,两侧带土顶进坡度控制在1∶0.5~1∶0.75。

(2)顶进前在箱体前后端设观测点,每次顶进都要对箱体的中线、高程进行观测,并做好详细记录,防止顶偏或箱体抬头、扎头,如有偏差,立即采取措施纠偏。

箱体方向偏差调整措施:通过不对称布置千斤顶的方式改变箱体前进方向,箱体偏向顶进方向左侧则左侧加顶、右侧减顶,箱体向右偏则右侧加顶、左侧减顶。

高程偏差调整措施:考虑箱体顶进过程中下沉,在制作滑板时预留3cm下沉量,同时做1‰上仰坡;箱体抬头时则根据抬头情况将滑板高程适当降低,箱体扎头时则适当提高滑板高程。

(3)为防止雨水浸泡后桥后路基坍塌,在桥后路基超挖和扰动范围内夯填夹砂碎石;顶进施工前,须将地下水降至底板以下1.0m以下方可顶进施工。

(4)顶进过程中,当列车通过或机械设备故障时应停止顶进,并随时对线路和框架的中线及水平进行测量,防止线路变形影响行车安全和框架就位不准。

(5)各有关部位及观测点有人负责随时检查变化情况。开泵后每油压升高 5 ~ 10MPa 时,停泵观察,发现情况及时处理,当千斤顶活塞开始伸出,顶铁压紧后应立即停顶,经检查各部位无异常现象时,可再开油泵,直至桥身启动。

(6)根据框架的顶进顺序,在顶进 1 号、4 号框架时,加强对既有路基的沉降和位移观测;顶进 2 号、3 号框架时不仅需对既有路基的沉降进行观测,还需对既有桥墩进行位移的观测。

8 安全措施

(1)建立健全安全管理机构,设立专职安全员,根据国家有关法律法规制定安全生产制度并实施。

(2)根据工程特点,制定有针对性的安全管理制度:各种机械的安全作业制度、班前安全预想制度、安全检查制度、安全防护制度、严格执行安徽地铁公司"三项制度";严格执行上海铁路局月度施工计划、临近营业线施工安全监督计划制度、电气化区段施工安全制度、供电、信号设备保护制度、行车安全制度、管线迁移和保护制度、大型机械防护措施动态观测制度、线路、便梁检查养护制度、安全用电制度、施工现场安全作业制度、起重作业安全制度、各种安全标志的设置及维护措施等。

(3)做好安全生产教育与培训工作。开工前,对所有施工人员进行岗前安全教育。主要内容包括安全生产思想教育、安全生产法律法规教育、安全生产技术培训、事故案例分析等。对于从事电气、起重、高空作业、焊接等特殊工种人员,经过专业培训,获得安全操作合格证后,方准持证上岗。

(4)特种作业人员在上岗前均应经过安全技术的培训和考核,合格后方可上岗作业。

9 环保措施

(1)优先采用节能工艺装备,对水、电、油等资源进行能耗指标管理。

(2)控制排污,机械废油回收利用。

(3)施工垃圾集中存放、及时清运。

(4)降低施工噪声、减少振动。

10 资源节约

(1)认真贯彻国家节能工程的有关要求。

(2)研发专利设备和施工工艺替代了原始施工方法,节约材料、提高工序。

11 效益分析

1)经济效益

节约成本共计:180.3 万元。

(1)将 6 号、7 号条形基础取消节省混凝土 300m^3,C30 混凝土按照 600 元/m^3 计算,可节省 18 万元。

(2)阜阳市颍东路下穿京九铁路立交桥节省架梁 40 孔,每孔梁按 16 000 元计算,共节省 64 万元,避免此环节对阜淮货车上行线、京九下行线、阜淮货车下行线、外贸专用线正常运营的影响,意义重大。

(3)节省高压旋喷桩共计 8 000 延米,按每立方米 370 元计算,共节省 83.88 万元。

(4)工期提前 15 天,80 人每人每天按 120 元计算,共节省 14.4 万元。

2)社会效益

阜阳市颍东路下穿京九铁路框架桥高水位粉砂土地质下穿多股线路框架桥顶进施工技术,减少了线路加固工作量及顶进便梁架设次数,减少了条形基础及高压旋喷桩工程量,克服了地下水位高、地质条件差、下穿铁路股道多等诸多难题,提高了工效、缩短了工期、方便了施工,确保了营业线施工安全。

12 应用实例

12.1 工程实例一

安徽省阜阳市颍东路下穿京九铁路框架桥。

阜阳市颍东路下穿京九铁路立交工程起点位于阜阳市规划向阳北路平交口，道路起点 ZK0 +000（YK0 +000），向东分左右幅道路下穿铁路后，终点与既有阜蚌路顺接，道路设计终点 ZK0 +711.173（YK0 +718.968），路线全长 711.173m（右幅 718.968m）。道路下穿既有漯阜线、京九上行线、阜阳上行联络线、阜阳下行联络线、阜淮货车上行线、京九下行线、阜淮货车下行联络线、外贸专用线，共计 8 条铁路，位于阜阳站和阜阳北站区间，其中阜阳下行联络线、京九下行线、阜淮货车上行线、阜淮货车下行联络线运营最大速度 <120km/h，京九上行线最大速度≤160km/h，阜阳上行联络线≤100km/h，外贸专用线 <40km/h，钢轨为 60kg/m，电气化无缝线路，轨枕为钢筋混凝土枕，路基填土高度为 1 ~2m。框架桥处于粉砂层，地下水位高、下穿股道多，对框架顶进施工带来很大困难，根据施工现场现状，经过多种方案比选，最终确定采用“便梁 + 条基 + 支护桩 + 高压旋喷桩”的施工方案，不但减少了条基施工的工程量、高压旋喷桩数量，而且减少了便梁加固线路的架设次数与线路加固的股数（阜阳下行联络线、阜淮货车上行线、京九下行线、阜淮货车下行联络线、外贸专用线），特别是对既有线的影响大大减小，保证了工程施工质量、工期，确保了营业线施工安全。

经过科学管理、合理组织、精心施工，结合类似项目顶进施工的经验，积极借鉴外部先进技术经验，研究新方案，针对阜阳市颍东路下穿京九铁路框架桥工程施工，总结经验，整理出一套技术含量高、可行性强的高水位粉砂土地质下穿多股线路框架顶进工法，阜阳应东路下穿京九铁路框架桥工程安全、优质、高效、按期地顺利完成，得到了上海铁路局、安徽上铁和当地政府部门的一致好评。

“高水位粉砂土地质下穿多股线路框架桥顶进工法”对于我国铁路、公路、市政等高水位、粉砂土地质和类似的结构工程施工，有着很好的借鉴和指导意义，该成果具有广泛的推广应用前景。

12.2 工程实例二

江苏省连云港市郁洲路下穿陇海铁路立交工程。

郁洲路位于连云港市滨河新城，东起郁洲北路，西至 G204，全长约 7.97km，道路与陇海铁路相交处里程为陇海线 K32 +872，道路中心与陇海铁路法线交角为 5.75°。

立交桥位于陇海线铁路盐坨与连云港区间，箱身结构采用 4 孔（8m +12m +12m +8m）分离式钢筋混凝土框架结构，道路中心线与陇海线相交处里程为陇海线 K32 +872，地下水位高且属粉砂土地质。

“高水位粉砂土地质下穿多股线路框架桥顶进工法”在连云港郁洲路下穿陇海铁路立交工程中的成功应用，取得了较好的效果，采用此工法，节约了工期，提高了工效，共节约投资 73.72 万元。“高水位粉砂土地质下穿多股线路框架桥顶进工法”的成功应用确保了本工程建设的工期，树立了中铁十局良好的施工信誉和形象，取得了成功的经验和可观的成果，对加快本桥建设速度、建设一流的桥梁工程发挥了重要作用。该工法对于我国铁路、公路、市政等高水位粉砂土地质和类似的结构工程施工有着很好的借鉴和指导意义，该成果具有广泛的推广应用前景。

山区高速公路预制装配式涵洞施工工法

GGG(贵)C4150—2013

周大庆　徐贵荣　尤　诏　陈　源　袁　立
(贵州省公路工程集团有限公司)

1　前言

在目前的混凝土涵洞施工中一般均采用现浇施工。我国《公路工程技术标准》(JTG B01—2003)规定:"填埋式混凝土涵洞施工完工后,必须要待强度达到设计强度的75%后,方可进行路堤填筑施工。"这在很大程度上限制了其后续土方工程的施工,影响了路堤填筑施工的进度。另外,在路堤填筑过程中,机械碾压或填土夯实会对未完全形成结构强度的混凝土涵洞结构造成不良影响。为了解决和避免以上两个问题,贵州省公路工程集团有限公司依据预制构件施工工艺,以贵州惠兴高速公路涵洞工程为依托,将涵洞结构构件在专门预制场地进行集中预制,而后运输至施工现场进行吊装施工。该工艺技术也是贵州省交通运输厅立项科研项目"预制装配式涵洞受力特性与结构优化研究"的主要研究成果。通过研究项目的研究及在贵州省惠兴高速公路第七合同段的施工中进行总结,形成了本工法。

采用本工法由于在预制场对涵洞结构构件进行集中预制,构件质量易于保证,可以有效缩短涵洞工程的建设周期,减少人工劳动,降低了施工成本,节约了资源。

2　工法特点

(1)本工法将传统的分散浇筑施工变成工厂化统一预制,运输至现场吊装,保证了工程质量。

(2)涵台的吊装施工与路基填筑可以同步进行,省去了现浇混凝土的凝结时间,加快了施工进度。

(3)涵洞混凝土的现场浇筑需要大量的支架及模板,施工周转慢,使用频率低,施工成本高。

(4)本工法的施工的机械化程度高,工厂化施工不受气候条件的限制,预制及养护条件很好,容易保证混凝土的质量,且减少了大量劳动力,有利于保证工程的均衡施工及降低施工成本,具有很好的经济效益和社会效益。

3　适用范围

本工法适用于高速公路、市政道路及有运输条件的其他公路混凝土涵洞的施工。

4　工艺原理

(1)传统的涵洞施工方法是在涵洞对应里程进行现场支模,现场浇筑基础,而后浇筑涵墙,混凝土工程主体是在现场完成。

(2)本工法将涵墙、台帽、拱圈和盖板在预制场集中预制,并在预制构件中设置吊装孔。然后在预制场采用龙门吊进行预制构件的场内起吊、存放。采用载重或平板拖车进行运输。在现场通过龙门吊进行起吊安装。在构件搭接处采用高强度砂浆和自密实混凝土进行灌缝连接。

5　施工工艺流程及操作要点

5.1　施工工艺流程图

预制装配式盖板涵和拱涵施工工艺流程图如图1、图2所示。

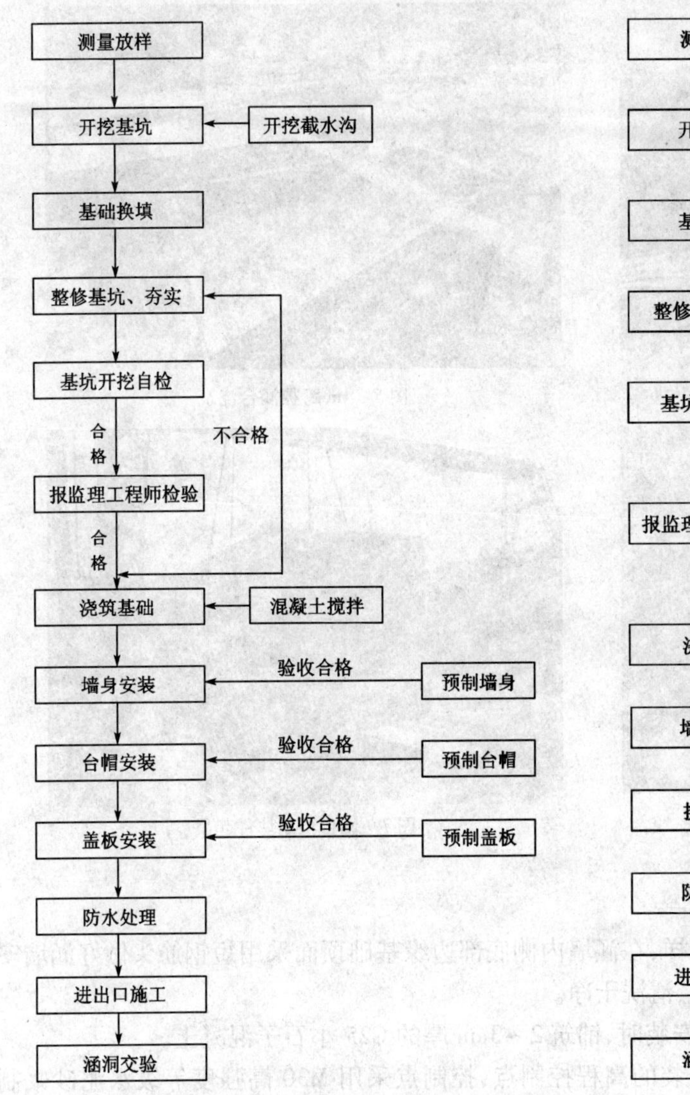

图1　钢筋混凝土盖板涵施工工艺流程图

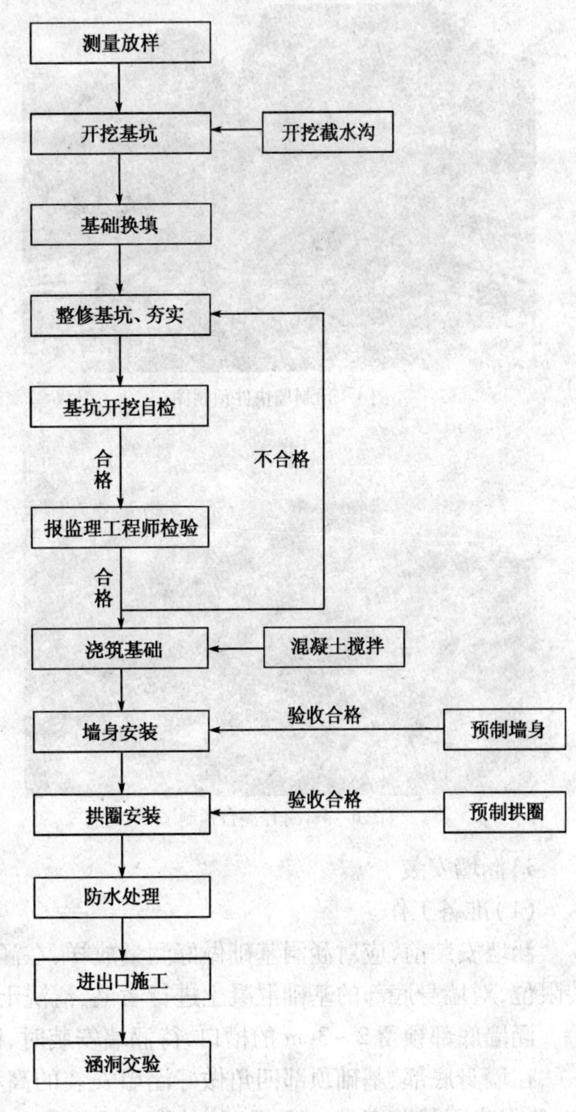

图2　拱涵施工工艺流程图

5.2　操作要点

1)涵洞基坑及基础施工

基坑及基础的施工与常规的施工相同。

2)涵洞预制构件预制施工

预制构件的预制施工与常规的梁体预制相同,但由于本工法中的预制块件重量较大,起吊吊孔的设置应按下述控制。

涵洞涵墙均为等截面的梯形体(图3),梯形重心的计算式如下:

$$Y_c = H(2a+b)/3(a+b) \tag{1}$$

式中:Y_c——从底面向上的垂直高度(m);

H——涵墙垂直高度(m);

a——上底宽度(m);

b——下底宽度(m)。

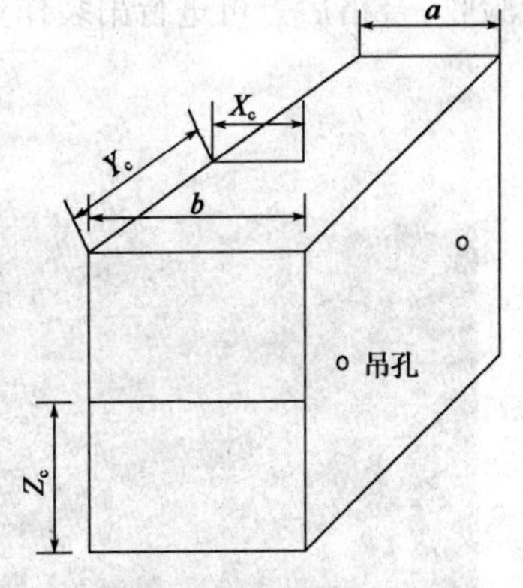

图3　梯形涵墙重心图

根据计算公式在涵洞墙身设置两个吊桩孔,吊装孔布置在距涵墙顶和涵墙底80cm、距墙端面100cm处,每段涵墙预埋内径为ϕ80mm的PUC管。预制快件的预制、起吊及存放,如图4~图8所示。

图4　预制场快件预制图

图5　4m 跨径涵台浇筑

图6　4m 跨径涵台预制

图7　涵台预制块件起吊

3)涵墙安装

(1)准备工作。

涵墙安装前,应对涵洞基础做好测量放样,在涵墙内侧底部边缘基础顶面采用短钢筋头做好涵墙安装限位,对墙身底部的基础混凝土进行凿毛、清洗干净。

涵墙底部预留 2~3cm 的槽口,待涵墙安装时,铺筑 2~3cm 厚的 C25 小石子混凝土。

在墙身底部、基础顶部四角做好涵墙安装的高程控制点,控制点采用 M30 高强度等级水泥砂浆制作,确保高程偏差满足 ±10mm,待其强度达到 75% 后方可进行安装。

沿涵洞基础两侧做好龙门吊基础的填筑、压实,填筑、压实按涵背填筑要求进行,确保其压实度不小于 95%,然后进行龙门吊轨道的铺设、龙门吊的安装,如图 9 所示,门吊安装完毕后报当地安监部门进行验收,合格后方可进行吊装作业。

图8　构件存放区

图9　涵台预制块安装图

(2)墙身安装。

涵墙安装前应对其平面位置、四角高程控制点进行复核,复核无误后,铺筑 2~3cm 厚的 C25 小石子混凝土，小石子混凝土高出墙底设计高程约5mm，并找平处理。

2m跨盖板涵涵墙在预制时预埋两个内径为ϕ80mm的PUC管孔，穿两根ϕ70mm钢棒，用ϕ25mm钢丝绳作为起重绳，龙门吊起吊后进行安装；4m跨盖板涵、拱涵涵墙在预制时预埋两个内径为ϕ80mm的PUC管孔，穿两根ϕ70mm钢棒，采用吊架，龙门吊起吊进行方位转换后进行安装。

涵墙安装就位后，应对其轴线偏位、顶面高程、竖直度、相邻涵台间错位及间距进行检查，如不能满足规范要求，应吊起重新安装。涵台安装按表1进行检查评定。

涵台安装实测项目 表1

项 次	检 查 项 目	规定值或允许偏差	检查方法和频率	权 值
1	轴线偏位(mm)	10	全站仪：纵横各测量2点	3
2	顶面高程(mm)	±10	水准仪：检查4～8处	2
3	竖直度或斜度	0.3%台高	吊垂线：检查4～8处	2
4	相邻涵台间距(mm)	±10	尺量：检查3处	1
5	台间错台(mm)	3	尺量：每节检查2～4处	1

每段涵墙（两沉降缝间）安装完毕后，对分段块件间的竖缝进行处理，先用M30水泥砂浆进行灌缝，灌缝完毕后对外露部分进行勾平缝处理，如图10所示。

图10 2m跨径涵洞构件安装

4）台帽、盖板安装

（1）台帽安装。

台帽在预制时预埋两个内径为ϕ80mm的PUC管孔，穿两根ϕ70mm的钢棒，用ϕ25mm的钢丝绳作为起重绳，龙门吊起吊后进行安装。

台帽安装墙应对墙身顶高程进行检查，合格后进行凿毛、清洗干净。

在涵身顶部铺筑1～2cm厚的M30水泥砂浆，并采用铝合金尺方进行刮平处理，然后起吊台帽进行安装，安装完毕后应对其轴线偏位、顶面高程、竖直度、相邻台帽间错位及间距进行检查，如不能满足规范要求应进行调整。涵墙安装按表2进行检查评定。

台帽安装实测项目 表2

项 次	检 查 项 目	规定值或允许偏差	检查方法和频率	权 值
1	轴线偏位(mm)	10	全站仪：纵横各测量2点	3
2	顶面高程(mm)	±10	水准仪：检查4～8处	2
3	竖直度	0.3%台高	吊垂线：检查4～8处	2
4	相邻台帽间距(mm)	±10	尺量：检查3处	1
5	台帽间错台(mm)	3	尺量：每节检查2～4处	1

(2)盖板安装。

盖板在预制时在其构件四角上设置4个吊环,吊环采用Q235钢筋设置,钢筋的具体大小应根据具体盖板的重量而定。

按照《桥梁施工计算手册》得:在构件自重标准值作用下,吊环拉应力不应大于50MPa。

$$\delta = 9800G/n \cdot A \tag{2}$$

由上式可以推出:

$$A_g = 9800G/\delta \cdot 6 \tag{3}$$

经计算盖板所用吊环配置见表3。

吊环配置 表3

名称	规格型号(长×宽×高,m)	重量(kN)	Q235钢筋吊环直径(mm)	每块吊环数量
盖板	2.36×0.99×(0.34+0.38)/2	21.0	10	4
	4.46×0.99×(0.64+0.68)/2	72.9	20	4

预制盖板的混凝土强度达到设计强度的70%后,方可进行盖板的调运及安装。

盖板安装前,应对台帽顶高程、平整度进行检查,满足设计要求后,将台帽顶清扫干净,铺设两层油毛毡,然后进行盖板的安装。当台帽顶平整度不满足要求时,用干水泥灰,采用铝合金尺进行刮平处理,确保板与支承面密合,否则应重新安装。

盖板安装时其宽度不得跨越沉降缝,安装与涵台正交。盖板安装就位后,对其顶部、接缝进行清理干净,并用水冲洗湿润后,用M15水泥砂浆填塞密实板间缝;板端与台帽间隙先用小石子嵌紧,再用M15水泥砂浆填塞、插捣密实。盖板安装完成后,对涵洞进行防水处理,如图11所示。

盖板安装应符合表4的规定。

盖板安装实测项目 表4

项次	检查项目	规定值或允许偏差	检查方法和频率	权值
1	支承面中心位置(mm)	10	尺量:每孔抽查4~6个	2
2	相邻板最大高差(mm)	10	尺量:抽查20%	1

5)拱圈安装

按照预制拱圈的尺寸及控制缝宽度在涵台上用线画出每一块的安装位置,采用载重汽车将拱圈预制块件运输至涵洞处,采用现场安装龙门吊将拱圈块件吊装到涵台上,安装时应确保拱圈平稳。如暂时不吊装下一快件,应对最边上的块件进行临时加固。

拱圈安装完成一段后,应及时将块件间的缝隙填塞,同时及时施工附拱,确保路基填筑进度。拱圈安装如图12所示。

图11　涵洞构件安装完成后进行防水处理

图12　涵洞拱圈安装图

6 材料与设备

本工法的主要材料与设备见表5。

材料设备配置 表5

序 号	材料设备名称	单 位	数 量	使 用 部 位	备 注
1	龙门吊	套	2	预制场及现场吊装	
2	JS750 混凝土拌和设备	套	1	预制场	
3	运输汽车或平板车	台	4	预制构件的运输	数量根据实际情况确定

7 质量控制

7.1 执行标准

(1)《贵州省惠(水)至兴(仁)高速公路设计文件》。

(2)《公路桥涵施工技术规范》(JTG/T F50—2011)。

(3)《公路工程质量检验评定标准》(JTG F80/1—2004)。

(4)《公路工程施工安全技术规程》(JTJ 076—95)。

(5)项目涉及的相关规范、规程及标准。

7.2 一般要求

(1)建立、健全质量管理体系及质量管理机构。

(2)配备足够的检测和试验仪器、仪表,并应及时检校确保精度。严格原材料检验程序,杜绝不合格材料。

7.3 施工工序过程控制

(1)对预制构件模板进行校准、加固,浇筑预制构件混凝土,并做好养护。

(2)加强构件运输管理,避免构件碰撞破坏边角。

(3)调平控制好预制块安装底座的高程及尺寸,检查吊装设备的可靠性。

(4)吊装预制构件时,控制好构件间的施工缝,调整好整体几何尺寸,并处理好缝隙。

8 安全措施

(1)预制场及施工现场必须设置配电箱,所有机械和用电设备采用"一机一闸",且进出电缆线要有套管,电线进出不混乱。严禁使用花线或塑料胶质线。

(2)现场机械设备严格按安全技术操作规程作业,杜绝违章作业,严禁酒后操作机械设备。

(3)构件运输及吊装时应派专人管理。

(4)预制块件没有安装、加固完成之前,不得在涵洞里边填筑施工。

(5)加强现场安全防护工作,施工现场的布置符合防火、防雷电等安全规定的要求。

(6)现场设置的照明灯具、护栏、围栏、警告标识应经常维修,保持其正常使用功能,并在有危险地点悬挂规定的安全警示标牌。

9 环保措施

(1)预制场施工废水应设置沉淀池,沉淀净化后的水体可以用于临时道路的洒水降尘,沉淀后达不到排放标准的水体,不得排入自然水系中,以免造成自然水体的污染。

(2)对预制场应进行防尘、降尘处理,减少空气的颗粒含量,避免对空气造成污染。

(3)固体废料应运到指定的地方进行挖坑填埋,避免水流冲刷对自然植被及水体造成破坏。

(4)应控制好施工机具的噪声,噪声大的施工机具不能在居民区附近施工,或采取降噪处理。

10 资源节约

本工法将涵洞结构混凝土由分散现浇改成集中预制施工,然后结构块件运输至现场安装,减少了分散浇筑消耗大量的支架及模板、减少了大量的人力资源消耗。

11 效益分析

1)经济效益

在贵州惠水至兴仁高速公路第七合同段,8 000 多立方米的涵洞混凝土结构,使用该研究成果技术后,取很大的经济效益。下面以涵洞采用预制安装与传统现浇进行成本比较,见表6。

综合成本对比分析 表6

细目名称	分项名称	工料机费用		
		名称	单位	单位摊销单价(元/m^3)
现浇混凝土涵洞	模板安拆	人工	元	80
	浇筑混凝土	人工	元	18
	混凝土组成	32.5 级水泥	元	95.14
		粉煤灰	元	18.04
		外加剂	元	24.73
		碎石	元	56.29
		砂	元	46.57
		水	元	1.04
		地材运输	元	32.5
	混凝土拌和、运输		元	36.00
	成本单价合计		元	408.31
装配式混凝土涵洞	模板安拆	人工	元	50
	浇筑混凝土	人工	元	10
	C20 泵送粉煤灰自密实片石混凝土	32.5 级水泥	元	95.14
		粉煤灰	元	18.04
		外加剂	元	24.73
		碎石	元	56.29
		砂	元	46.57
		水	元	1.04
	预制构件运输		元	40
	预制构件安装		元	26
	混凝土拌和、运输		元	22
	成本单价合计		元	389.81
节约成本	平均 1m^3 混凝土节约成本		元	18.50

通过分析比较,综合 1m^3 混凝土造价节约直接成本 18.5 元,贵州惠水至兴仁高速公路第七合同段涵台混凝土为 8 069m^3,使用本工法后,节约直接成本 8 069 ×18.5 =14.93(万元)。使用该工法后,大大的加快了施工进度,涵洞建设工期缩短 50%,减少设备的使用费用及项目管理费,节约间接费 120 万元,共计产生经济效益近 135 万元。

2)社会效益

涵洞使用本工法后,将分散拌和、浇筑变为集中预制,减小了分散拌和、浇筑对周围环境的影响,具有一定的社会效益。

12 应用实例

12.1 工程实例一

贵州惠水至兴仁高速公路第七合同段(K64+768.180~K79+960.000),全长15.12km。项目位于贵州省紫云县境内,地形起伏较大,全段涵洞较多,涵台均采用现浇混凝土,如果采用传统的现场立模浇筑,将大大增加劳动力及模板的投入,增加施工成本,同时施工周期较长。采用本工法将涵台统一集中预制,运输到现场吊装,混凝土的浇筑不受气候的限制,保证了工程质量,降低了施工成本,加快了施工进度。

12.2 工程实例二

贵州毕节至威宁高速公路是《贵州省高速公路网规划》中的“二横”的重要组成部分。全长126km,全线采用双向四车道高速公路标准建设,路基宽度21.5m。在毕威项目第八合同段施工中,采用本工法减少了混凝土的拌和点及运输,使涵台施工与基础可以同步进行,加快了施工进度,减少了分散施工带来环境影响。

12.3 工程实例三

松桃至从江高速公路松桃至铜仁段是贵州省高速公路“678网”中的第一纵的首段,路线全长50.179km,全线采用双向四车道高速公路标准建设,设计速度为80km/h,路基宽24.5m。在松铜项目第二合同段施工中使用本工法,减少了混凝土的拌和点及运输,使涵台的施工与基础可以同步进行,加快了施工进度,减少了混凝土拌和及运输对环境的影响,具有安全、高效、节能、环保的特点。工程质量符合设计及有关标准要求,施工安全可靠,使用过程中没有发生过质量事故及安全事故。

桥梁墙式防撞护栏施工工法

GGG(冀)C4151—2003

李志刚　徐振海　丁小平　郭占明　谢海花
(河北路桥集团有限公司)

1　前言

随着国家高速公路的建设,施工工艺技术有了很大进步,近年来,对高速公路施工提倡精细化施工。桥梁工程为高速公路的重要组成部分,而墙式防撞护栏为桥梁的重要组成部分。当前,人们越来越重视桥梁的艺术性,对桥梁美学有了更高的要求。墙式防撞护栏作为桥梁附属设施的重要组成部分,它既是确保行车安全的安全防护结构,更是直接向人们展示桥梁结构外型和姿态的窗口。防撞护栏作为桥梁建成后行车过程中能够被直接看到的桥梁附属构造物,其施工质量及外观尺寸直接影响着工程的整体形象。优化护栏施工的工艺,加强护栏施工质量控制,提高护栏施工的整体质量,也是目前高速公路桥梁建设的需要。

2　工法特点

(1)护栏施工时,外侧模板下包到梁体翼板,梁顶面和护栏墙形成斜面。

(2)护栏模板断缝处采用抽拉钢板的形式,有效地防止混凝土棱角的破坏,保证了混凝土的外观质量。

(3)护栏模板拼接缝处采用T形条作为假缝的设置,有效地减少护栏表面的拼接缝印记。

(4)严格护栏模板的支设控制,混凝土的浇筑控制,提高了护栏施工的整体质量。

3　适用范围

本工法适用于桥梁施工中钢筋混凝土墙式防撞护栏施工。

4　工艺原理

4.1　模板的制作

(1)护栏模板真缝采用三块钢板,改变了以往的模板制作方式,保证了真缝的几何尺寸,不产生变形。

(2)假缝的设置为T形钢条,镶嵌到护栏模板拼接缝处,减少了模板接缝在混凝土上面形成的印记。

(3)护栏模板面板采用2.5m长的冷轧钢板,保证了混凝土面的光洁度。

4.2　混凝土的浇筑

按照施工技术交底,控制好混凝土浇筑的各个环节。施工中,从混凝土的拌和、运输、浇筑各个环节,严格执行质量保证措施。

5 施工工艺流程及操作要点

5.1 施工工艺流程

施工准备、模板制作→测量放样→预埋筋调整→护栏钢筋制作安装→护栏模板安装→浇筑护栏混凝土→拆模→养生。

5.2 操作特点

1)施工准备

在护栏施工开工前,做好施工人员、材料及机械的各项准备工作,编制专项施工技术方案,专项安全技术方案,并做好施工交底和培训。

2)模板制作

根据图纸设计和已批复的施工方案,在模板满足强度和刚度的条件下,对模板进行优化设计。

(1)外侧模板外包梁板翼板。

护栏外侧模板下包至梁体翼板外缘,梁板顶面和护栏侧面做成斜面作为过渡面。对于12cm厚的桥面铺装,外侧护栏模板设计如图1~图3所示。

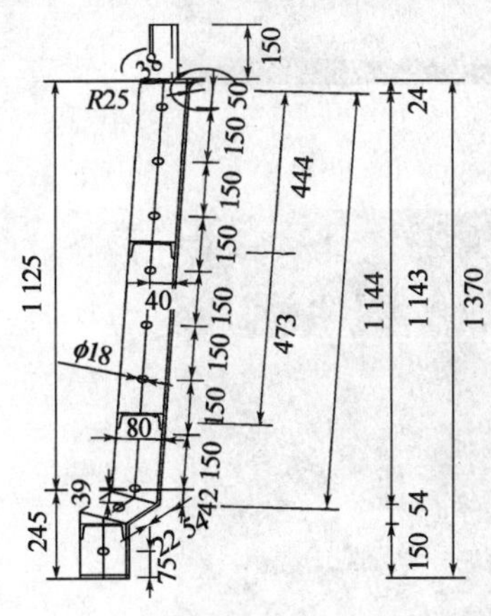

图1 外侧护栏模板设计(尺寸单位:mm)

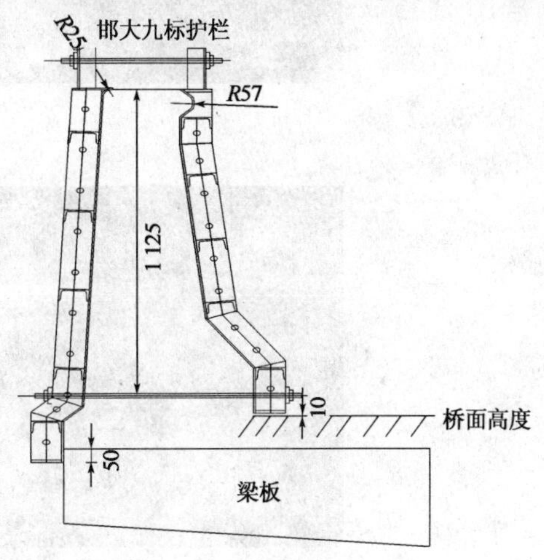

图2 护栏模板下包到翼板设计(尺寸单位:mm)

图3 外侧护栏模板下包至翼板

(2)断缝设计。

护栏在断缝处采用三块钢板的设计,两侧与模板固定的钢板采用5mm厚的钢板,中间的钢板厚为6mm。三块钢板之间涂抹黄油,以便拆除模板时,将钢板取出。两侧钢板与护栏连接固定,中间钢板上部预留提孔,方便模板拆除。在拆除模板时,有效地避免了断缝处护栏棱角的破坏,保证了护栏断缝处的混凝土的外观质量,同时也提高拆除模板的施工效率,如图4~图6所示。

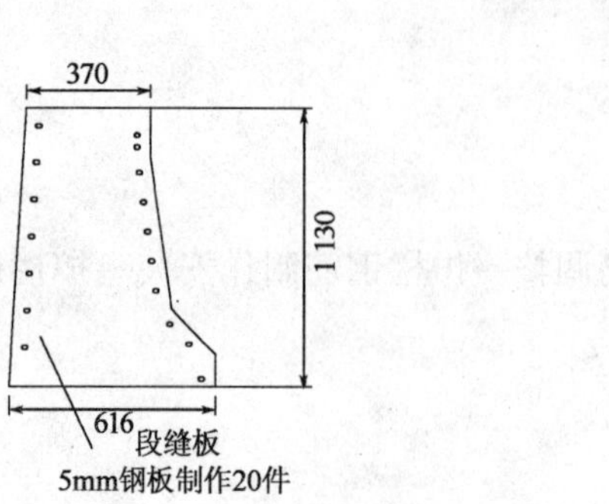

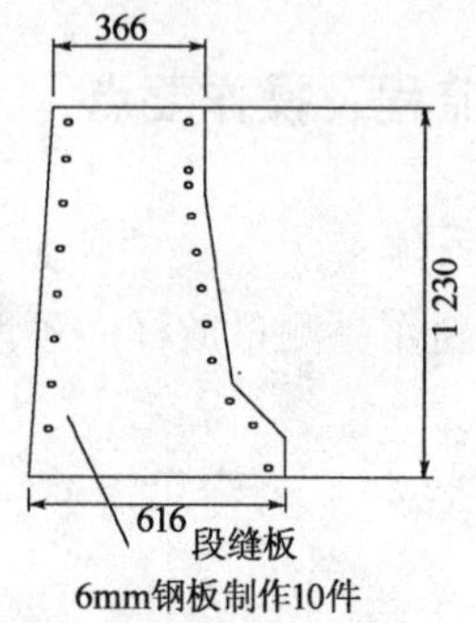

图4　抽拉钢板设计(尺寸单位:mm)

图5　端部钢板

图6　断缝

(3)假缝设计。

护栏模板接缝处设置T形条,外露5mm,与另外一块模板相接。T形条设置在模板拼接缝处,避免了模板拼接缝在混凝土外表面印记,大大改变了混凝土的外观质量,提高了混凝土面的美观,如图7~图9所示。

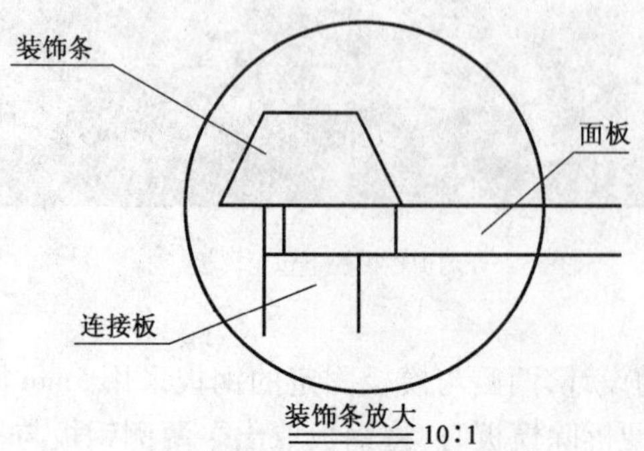

图7　T形条示意图

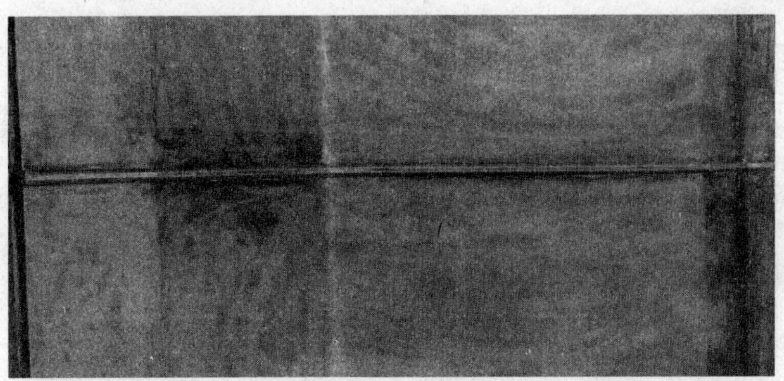

图8　模板接缝处的T形条

图9　假缝

(4)模板面板采用冷轧钢板。

面板采用冷轧钢板每块长度为2.5m,专门厂家定制冷轧钢板,提高了模板表面的平整度,增加了施工操作的简单性,从根本上保证混凝土的表面质量,如图10所示。

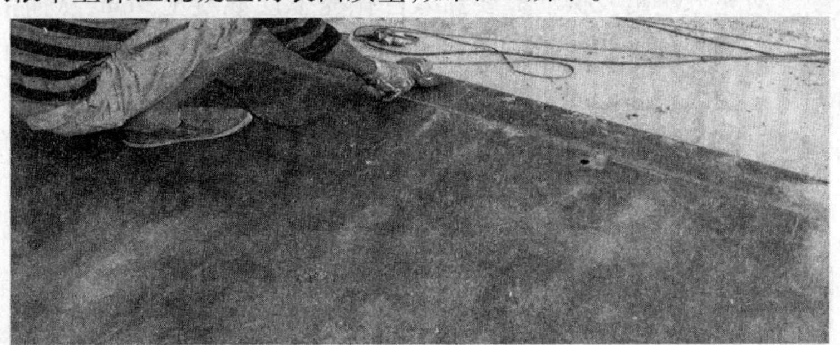

图10　清理模板

(5)模板上沿铣刨。

模板上沿经过静铣刨过程,使的模板上沿在一条直线上,保证护栏混凝土顶面的顺直度,做到了精细化施工,实现了护栏线性的美观,如图11、图12所示。

3)钢筋绑扎、焊接

钢筋定位后,根据防撞墙的构造线和设计高程绑扎防撞墙钢筋。绑扎防撞墙钢筋时要保证钢筋搭接长度和钢筋间距符合施工设计图和行业规范要求,同一截面内钢筋连接接头数控制在50%以内,钢筋表面的油渍、漆污、浮皮、铁锈等采用人工除净。对于锈蚀严重损伤的钢筋,应降级使用。

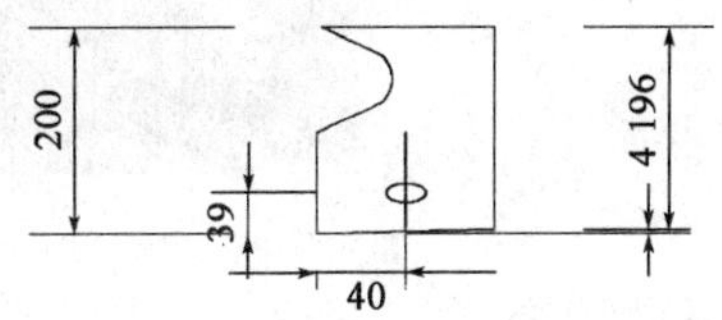

图11　模板上沿(尺寸单位:mm)

按照图纸的设计,注意各种预埋件的预埋。

4)护栏模板支设

测量放样工作对于防撞墙施工是控制的关键因素,应根据施工设计图纸,将防撞护栏构造线放样到箱梁或铺装层上。在曲线段应根据半径大小采用适当的放样点间距,尽量缩小放样点间距以尽可能接近曲线,一般每2m布置一个定位点。

图12 护栏上沿

防撞墙控制线及高程测放后,应认真校核箱梁主体结构偏差,确认该偏差对防撞墙的施工无影响;对偏差不满足施工要求处视偏差轻重程度应事先进行处理。

考虑到箱梁主体结构高程存在的偏差,防撞墙内模板在制作时考虑了1cm的可调节余地,即如果1 200mm高的防撞墙内模,加工时将内模板下口减了1cm,实际高度只有1 190mm高,因此,在防撞墙控制线及高程测放后,应根据控制线及高程先用砂浆将防撞墙内模下口找平,保证内模下口的严密性,以免混凝土浇筑时出现漏浆影响混凝土外观。

5)混凝土浇筑

混凝土应经试验取得外观最佳的配合比用于护栏施工。浇筑过程中,应严格控制混凝土每层浇筑厚度不超过30cm,以便于振捣,确保上、下层接缝外观质量;振捣要均匀,防止漏振、过振。浇筑时振动棒要快插慢拔,以便使气泡充分逸出。振动棒要插入已振完下层混凝土5cm,从而消除分层接缝;插点要均匀排列,顺序进行,并掌握好振捣时间,一般每插点为30s左右,以混凝土表面平坦泛浆、不出现气泡为准。严禁过振,避免混凝土表面出现鱼鳞纹或流沙,泌水现象而影响外观。另外振捣时应严禁碰撞模板,以免模板损伤,影响外观质量。浇筑至顶面时,应派专人进行顶面抹面修整,确保护栏成型后,顶面光洁,线形顺畅。护栏模板底砂浆找平层严禁侵入护栏混凝土,护栏施工完毕后予以清除,如图13所示。

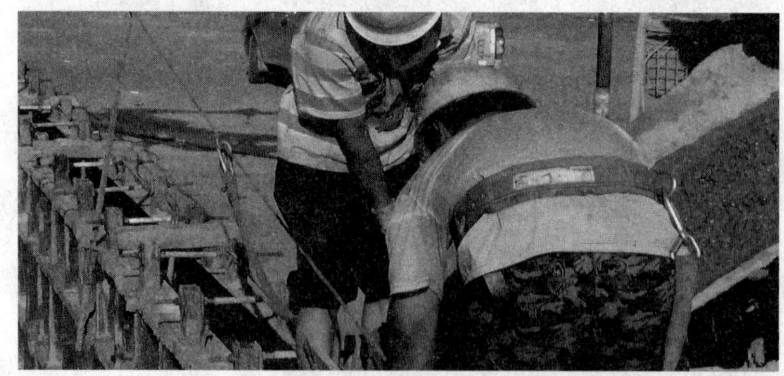

图13 护栏混凝土浇筑

6)模板拆除

待混凝土达到一定强度后,及时拆除防撞墙模板,拆模不宜过早,以拆除过程中不损坏防撞墙的棱角为准。

7)混凝土养生

采用干净的无纺土工布覆盖自动滴水养生,并用土工布进行覆盖,用U形钢筋对土工布进行固定,如图14所示。

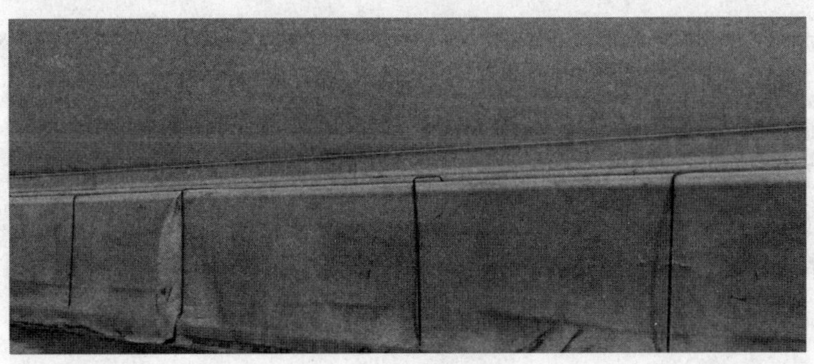

图14　护栏混凝土养生

6　材料与设备

(1)本工法的主要材料见表1。

主 要 材 料　　表1

材 料 名 称	规 格 型 号
热轧带肋钢筋	HRB335
水泥	P·O42.5
外加剂	

本工法的主要机械设备见表2。

机 械 设 备　　表2

设 备 名 称	规 格 型 号	单　位	数　量
混凝土搅拌运输车	选型	辆	5
混凝土拌和站	选型	套	1
模板	钢模板	m	根据施工安排确定

7　质量控制

(1)本工法执行《公路桥涵施工技术规范》(JTG/T F50—2011)等相关的桥梁施工技术规范。

(2)建立、健全的质量管理机构,确保质量管理机构体系的正常运作。各管理部门做到责任明确,各司其职,各负其责。认真执行技术规范,程序文件和作业文件的要求,一切工作均应符合技术规范、质量文件要求。

(3)对于工程材料的采购必须是经过对供应商的评审,评审通过后,上报监理工程师审批后方可采购及采用。材料进场检验合格后,按要求合理堆放,并做好标识工作,防止混用及调乱。保证材料管理井井有条,促进质量管理。

(4)在预制梁板顶面或箱梁顶面预埋水泥混凝土桥面铺装的剪力筋,并将桥面铺装钢筋网与其绑扎牢固。

(5)做好施工全过程的检验、试验及测量工作。

对于所有用于本工法的试验、检验和测量仪器必须进行定期由质检部门检测,合格后方能使用,并且有专人负责。对于工程结构材料必须检验及实验合格后才能使用,对施工过程和产品的检验和试验必须配合施工生产过程进行,并应及时得到监理工程师的认可。

对于施工测设测量水准点必须经过有效复核程序及工程师认可后方能采用,测设施工必须严格按照相关规范进行,测设精度必须满足相关规范和技术标准的要求,并应得到专业监理工程师的认可。

(6)施工过程中一定要将施工图设计或业主要求的预埋件,穿线管道要连接紧密,防止混凝土浆堵塞管道。

(7)进行技术交底,充分了解设计意图和关键部位的质量要求,清除图纸差错。

(8)提高施工组织设计和施工方案的质量。从技术、组织、管理、经济等方面进行全面分析对比,确保施工方案在技术上可行,质量上可靠,且经济合理。

(9)做好各工序之间的交接衔接工作,对暂时不能进入下道工序的工程采取保护措施,避免损坏。

8 安全措施

(1)本工法执行《公路工程施工安全技术规程》(JTJ 076—95)等相关规范的要求和规定。

(2)项目经理部成立以项目经理为组长,生产副经理、总工程师、安保部长为副组长,各部门负责人、工段生产负责人、专职安全员为成员的工地安全工作领导小组,负责整个工地安全生产,安全检查及监督工作。项目经理及专职安全员均通过安全员培训考试,保证持证上岗。在施工过程中,对于施工关键环节加强巡视,及时发现安全隐患,将安全事故消除在萌芽之中。在交通导改阶段增加人员指挥交通,保证车辆及人员安全。对于施工收尾阶段沥青混凝土摊铺完成后,应派专职看守路口人员,加强成品保护工作,防止社会车辆及人员进出。

(3)工程实施前,对参与工程施工的全体职工进行安全生产教育,组织职工学习关于安全生产的规定、条例和安全生产操作规程等,并要求职工在施工中严格遵守。

(4)工程实施前,专门对施工现场的安全生产进行仔细分析,并进行专门的安全技术交底,做到人人讲安全,人人监督安全。

(5)从事高处作业的人员必须持证上岗,并认真遵守安全施工规定,禁止穿硬底和带钉易滑的鞋。

(6)作业人员佩戴安全带;作业面下方严禁站人。

(7)施工机械安全:其他机械按操作规程使用,加强对机械设备的管理,做到常检、常修、常保养,使机械保持良好的工作状态。

(8)防风、防雨、防雷措施:必须有避雷措施。防雷接地可与工程的避雷预埋件临时焊接连通,接地电阻达到规定要求。若发现问题应及时改正。设专人掌握气象信息,根据大风、大雨预报,及时采取相应技术措施,防止发生事故。禁止在台风、暴雨等恶劣的气候条件下进行施工。

(9)安全标志和安全防护。

①安全标志:划分安全区域,充分和正确使用安全标志,布置适当的安全标语。

②安全防护:在人员通道、现场搅拌站上方应采用钢管搭设安全防护棚。高压电线线路侧面和上方采用竹竿和模板搭设隔离墙和防护棚。

(10)夜间施工:夜间操作要有足够的照明设备。

(11)施工现场所有用电设备必须按规定设置漏电保护装置,做到“一机、一闸、一漏电保护开关”,并定期检查,发现问题及时处理解决。

(12)配电房、配电箱内不得堆放杂物,应留设消防通道,配相应灭火设备。

9 环保措施

(1)为确保文明施工,促进施工顺利进行,把环境工作为施工现场组织管理的重要组成部分,并认真贯彻执行施工的全过程。

(2)采取相应的隔离措施,减少施工机械的噪声,施工时应避开居民的休息时间。

(3)施工用废料不能随意丢弃,现场设置消防器材和灭火设施。在工序完成后要及时收起,并妥善保管。

10 资源节约

本工法与传统的护栏相比，减少了施工工序，节省了工时，节约了一半的人力资源消耗。本工法节省了防撞护栏的切割工作，节省了工量。本工法加快了项目的施工进度，缩短了工期。

11 效益分析

1）社会效益

本工法保证了施工的整体外观质量和墙式护栏的整体线性。墙式防撞护栏作为体现大桥整体质量形象的构造物，大桥墙式防撞护栏整体施工质量和外观质量体现了大桥的整体质量，使人们对桥梁的总体形象产生良好的印象。

2）质量方面

T形条假缝的设置，解决了混凝土应变裂缝扩散，集中在混凝土的T形槽出断裂，减少了混凝土因应变引起的不规则裂缝。由于T形条设置在模板拼接缝处，避免了模板拼接缝在混凝土外表面印记，大大改变了混凝土的外观质量，提高了混凝土面的美观。真缝处采用三块钢板，保证了真缝的几何尺寸，不产生变形，使得混凝土的棱角比较明显。

3）安全方面

在护栏模板顶部固定钢丝绳，将钢丝绳用钢筋固定在护栏模板上面。施工操作人员将安全带固定在钢丝绳上面作为安全保护设施，节省了安全投入，保证了安全施工，如图15、图16所示。

图15 施工用钢丝绳

图16 施工安全防护

12 应用实例

河北路桥集团有限公司邯郸至大名(冀鲁界)高速公路S9合同段,卫河特大桥钢筋混凝土防撞护栏为13 060m,护栏高1.2m,采用本工法进行施工。防撞护栏线形、外观质量等各项技术质量指标均位于邯大高速公路各标段之首,获得了各方的高度评价,如图17所示。

图17 卫河特大桥

基于精铣刨技术的桥面混凝土超强黏结防水层施工工法

GGG(滇)C4152—2013

李国锋 蒋 鹤 李昌洲 郁彩霞 李文辉
(云南云岭高速公路养护绿化工程有限公司)

1 前言

水泥混凝土桥面耐久性是公路工程领域内亟待解决的问题之一。特别是近十年来,随着交通量和重型车辆的增加,桥面铺装因桥面防水层黏结和防水问题所引起的早期破坏现象日益严重。目前,沥青混凝土铺装前桥面板传统处理方式存在油污与浮浆层清除不彻底、表面清洁度和粗糙度无法达到施工要求等问题。同时,一些业主和施工单位对防水层的认识不够,往往强调防水层的防水性能,而忽视防水层的黏结性能,或者将黏结强度指标定得过低,并且很少考虑高温时的黏结和剪切性能,这些因素会对桥面铺装的耐久性产生质量隐患。因此,桥面混凝土面板的处理和防水层的黏结性能对桥面的铺装层耐久性起到至关重要的作用。

相对于普通铣刨,精铣刨技术是在普通铣刨机上更换精铣刨鼓,利用精铣刨鼓刀距更小(小于或等于8mm,普通铣刨鼓刀距为15mm)的特点,对路面实施更细密铣刨,铣刨深度更小。精铣刨后的混凝土桥面和渗透性强的溶剂型防水黏结层组合而成的超强黏结防水体系,可提高桥面铺装层的质量和耐久性。精铣刨处理后的桥面棱角清晰、刻槽深度适中且分布均匀,一方面有利于溶剂型防水材料与桥面板的有效黏结,使得桥面板与沥青混凝土互相嵌挤,增强整个铺装层的抗剪性能。另一方面,利用溶剂型防水材料的强渗透性以及二次固化性能,能够增强防水层与水泥混凝土桥面之间的黏结力以及防水层与沥青混凝土之间的黏结强度,两种效果的综合作用下所形成的超强黏结防水体系,能够为防止桥面铺装的推移、脱层等病害提供了技术保障。此外,精铣刨能够提高桥面平整度,从而可提高整个铺装层的平整度。

通过元磨高速公路、大保高速公路等多个项目采用基于精铣刨技术的桥面混凝土超强黏结防水层施工实践,不断总结成功经验、优化施工工艺的基础上形成本工法。

2 工法特点

(1)铣刨速度快,施工成本较低,精铣刨后水泥混凝土桥面棱角清晰,在宏观上形成刻槽,增强了沥青混合料与桥面板之间的黏结,界面的嵌挤摩擦作用明显,增加了层间抗剪强度。

(2)精铣刨能够改善桥面平整度,从而提高桥面铺装层的平整度。

(3)溶剂型防水材料黏度低、渗透性强,可有效渗入水泥混凝土微孔中形成致密结构,从而实现了超强防水黏结作用。防水层常温状态下的黏结强度达到1.5MPa以上,远远大于规范和设计要求。

(4)超强黏结防水层涂膜强度高,不仅与水泥混凝土保持较高的黏结强度,而且能够保持沥青混凝土铺装层组合结构的层间抗剪性能及黏结性能处于优良水平。

(5)适用性强,适合大规模推广。

3 适用范围

(1)普通水泥混凝土桥面板与沥青混凝土之间的层间防水和黏结。

(2)隧道水泥混凝土路面与沥青混凝土铺装层之间的防水和黏结。

(3)水泥混凝土路基与沥青混凝土铺装层之间的防水和黏结。

4 工艺原理

精铣刨处理后的桥面棱角清晰,刻槽深度均匀,同时改善了桥面平整度,从而能够增加沥青混凝土与桥面之间的抗剪强度和提高桥面铺装层平整度。当低黏度的溶剂型防水黏结材料喷涂(涂布)到铣刨处理后的水泥混凝土桥面时,会迅速渗透到水泥混凝土表层2~5mm深度范围内的微孔中(铣刨后桥面混凝土微裂缝充分暴露,会增加渗透深度)并完成固化,形成了与水泥混凝土相互贯穿的致密结构,从而实现了溶剂型防水黏结材料与水泥混凝土基层之间的有效黏结,同时延长了防水层的使用寿命;又由于溶剂型防水黏结材料属高分子热塑性材料,与同为高分子材料的道路沥青有着较好的相似相容性。当施工沥青混凝土时,在热拌沥青混合料的热作用和碾压作用下,防水层膜部分熔化与热拌混合料融为一体,随着温度逐渐降低,溶剂型防水材料与沥青混凝土一道发生了第二次固化,从而实现了防水层与沥青铺装层之间的有效黏结。

5 施工工艺流程及操作要点

5.1 施工工艺流程

本工法的施工工艺流程如图1所示。

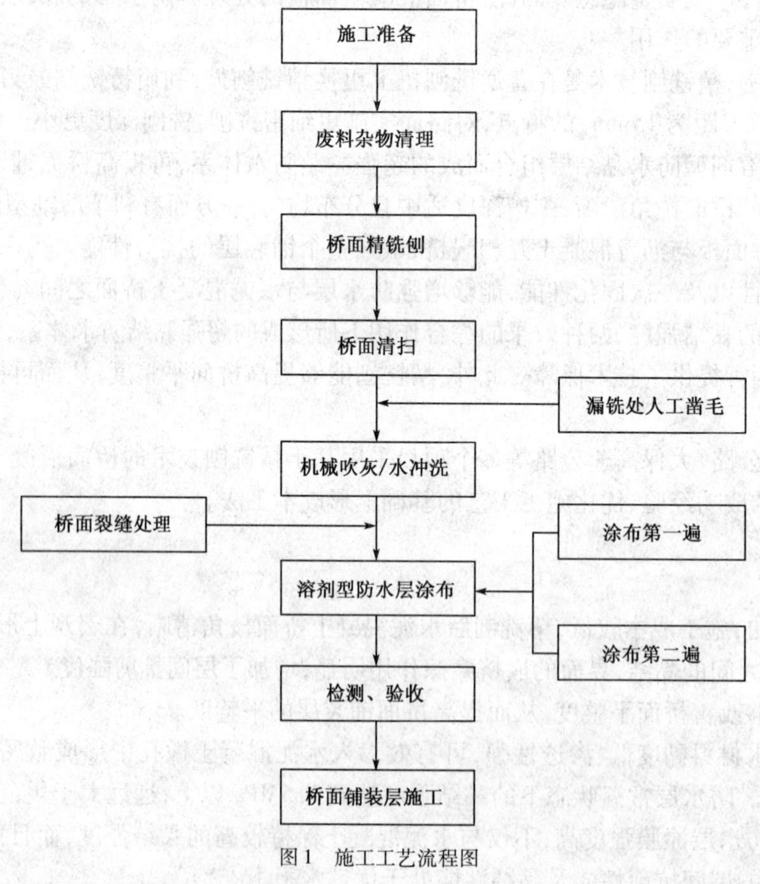

图1 施工工艺流程图

5.2 防水层施工操作要点

1)施工准备

(1)桥面清理:在对混凝土桥面板精铣刨处理前,应将作业区域内桥面上堆放的小型机具和其他杂物清理干净,清理桥面堆积物,保持桥面无杂物和其他设备、辅料堆放。

(2)天气条件:环境温度5~40℃,空气相对湿度应小于或等于90%,且桥面需保持干燥状态,遇下雨、结露等气候时,严禁进行桥面铣刨作业。

(3)岗前培训:主要包括施工技术培训和安全培训。

(4)进行技术交底:现场施工前由工地主管现场召开班组会议,分配所有工地人员具体工作、布置当天施工任务及施工技术要点,由现场技术员告知工人工地当天施工安全注意事项,文明施工注意事项等。

2)铣刨、清理

采用专业铣刨机对桥面进行精铣刨,铣刨深度为5~10mm,要求表面无浮浆、平整、干净,铣刨出来的浮浆等杂质运送到指定的场所倾倒,不得倾倒于桥下,以免污染环境(图2)。对于铣刨机无法铣刨的区域,采用凿毛机或以人工的方式进行清理;对于有油污的地方,必须用有机溶剂进行擦洗;对较厚的浮浆和部分凸起,应先将浮浆、凸起部位进行凿除,再进行清扫。

图2 桥面铣刨

3)机械吹灰/水冲洗

机械吹灰:用高压吹风机或森林灭火机对桥面进行吹灰,以保证桥面彻底干净。吹灰时桥面必须干燥,无油污、水迹,吹灰后桥面效果图见图3。

图3 吹灰后的桥面

水冲洗:采用水冲洗时,先利用高压水车冲洗桥面的细砂和碎石,待桥面彻底干燥后,再利用高压吹风机或森林灭火机对桥面进行吹灰。

4)超强黏结防水层施工

由于溶剂型桥面防水涂料一般为单组分黏度较低的液态物质,施工方式可选择人工滚涂和机器喷涂两种,可结合应用。首先将溶剂型桥面防水涂料倒入适当大小的容器中,轻微搅拌1~2min,再通过喷涂或滚涂于干净的水泥混凝土桥面上即可。为了使溶剂得到较充分的挥发,施工工序分两步:第一道喷涂量(滚涂量)应控制在300~350g/m^2,以保证能渗入混凝土基面细孔,使其形成较强的黏结强度和防水效果。待第一道基本固化后,第二道涂布才能进行,用量应控制在200~250g/m²,见图4、图5。为保证单位面积的喷涂量(滚涂量),在每次涂刷完后,应通过使用的原材料桶数和涂刷的面积,计算出每平方米的用量,检验是否满足要求。施工完成后的防水层效果见图6。

图4　机械涂布

图5　人工涂布

图6　防水层效果

5)成品保护

在沥青层铺装前应严格进行保护,对桥面要进行封闭处理,禁止行人及车辆行走,严防铁钉、钢筋、车辆、行人等人为破坏防水层。要求溶剂型防水材料涂布完毕后,一定要在防水材料固化干燥后再进行沥青混凝土中面层摊铺,一般在24h后方可进行。如果桥面防水层固化干燥不彻底,可能影响沥青混凝土与水泥混凝土桥面的黏结力,桥面沥青混凝土易出现拥包和推移现象。溶剂性黏结剂的干燥和固化时间,如表1所示。

不同温度下的干燥和固化时间　表1

气温(℃)	5	15	25	35	45
干燥时间(h)	8	2	2	2	1
固化时间(h)	72	48	36	24	18

6)施工后防水层检测

防水层施工并固化后,按设计文件及规范要求进行相关的检测,主要包括外观、黏结强度、抗剪强度等,若达不到设计或规范要求,应及时采用补救措施或进行返工处理,见图7。

图7　现场拉拔试验

6　材料与设备

6.1　溶剂型防水材料

溶剂型防水材料技术指标见表2。

溶剂型防水材料技术指标要求　表2

项　目		指　标	试 验 方 法
外观		黑色或褐色液态	JC/T 975—2005
固含量(%)		≥45	GB/T 16777—2008
延伸性(mm)		≥6	GB/T 16777—2008
柔韧性(%)		≥80	GB/T 16777—2008
低温柔韧性,-25℃ ±2℃		无裂纹、断裂	GB/T 16777—2008
耐热性		160℃ ±2℃,无流淌和滑动	JC/T 975—2005
黏结性(MPa)	25℃	≥1	参照GB/T 16777—2008,拉拔力试验仪,拉伸速率0.1MPa/s
	40℃	≥0.4	
抗剪性(MPa)	25℃	≥0.8	参照GB/T 16777—2008,夹角45℃,温度25℃
	40℃	≥0.4	
干燥性(25℃)(h)	表干	≤4	GB/T 16777—2008
	实干	≤12	GB/T 16777—2008
不透水性		0.3MPa,30min 不透水	GB/T 16777—2008
抗冻性,-20℃		20次不开裂	JC/T 408—2005
抗刺破及渗水		暴露轮碾试验(0.7MPa,100次)后,0.3MPa水压下渗水	GB/T 12952—2011

以上材料性能指标分别基于现行规范《道桥用防水涂料》(JC/T 975—2005)、《城市桥梁桥面防水工程技术规程》(CJJ 139—2010)、《路桥用材料标准九项》(JT/T 553～538、589—2004)提出,并在相关重要指标上有所提升。

6.2 超强防水黏结层施工设备

本工法为溶剂型防水黏结层施工,根据桥面宽度及施工面积,按开一个工作面考虑,建议采用的配套设备见表3。

施工机械设备配置 表3

名　称	规格型号	数　量	单　位	备　注
水泥混凝土桥面铣刨机	专业	1	套	性能良好
清扫车	专业	1	辆	良好
运渣车	专业	2	辆	良好
多用风力灭火机	6kW 以上	6	套	性能良好
发电机	50kW	1	台	良好
固瑞克喷涂机(机械喷涂时使用)	GH200	2	台	良好
防水涂料运输车	专业	1	辆	性能良好
滚筒刷	专业	20	把	性能良好

7　质量控制

7.1　相关技术标准

(1)《道桥用防水涂料》(JC/T 975—2005)。

(2)《路桥用材料标准九项》(JT/T 553～538、589—2004)。

(3)《城市桥梁桥面防水工程技术规程》(CJJ 139—2010)。

(4)《公路工程质量检验评定标准》(JTG F80/1—2004)。

7.2　质量检测指标

根据质量要求,对施工完成后的溶剂型防水层应检测相应的指标,参照《公路工程质量检验评定标准》(JTG F80/1—2004)的有关规定,施工现场检测内容见表4。

防水层施工过程中质量检测指标 表4

项　目	检查项目	规定值或允许偏差	检查方法和频率	权　值
1	防水涂膜厚度(mm)	符合设计规定,设计未规定时 ±0.1	测厚仪:每 $200m^2$ 测 4 点或按材料用量推算	1
2	黏结强度(MPa)	不小于设计要求,且≥0.3(常温),≥0.2(气温≥35℃)	拉拔仪:每 $200m^2$ 测 4 点(拉拔速度:10mm/min)	1
3	抗剪强度(MPa)	不小于设计要求,且≥0.4(常温),≥0.3(气温≥35℃)	剪切仪:1 组 3 个(剪切速度:10mm/min)	1

7.3　施工质量管理

1)桥面铣刨

(1)对混凝土桥面精铣刨时,应采用专业水泥混凝土桥面铣刨机。

(2)铣刨深度控制在 5～10mm。对于少部分钢筋网露出的应对钢筋进行切割和涂刷防锈漆,并用环氧砂浆进行回填。

(3)对部分桥面平整度太差,导致铣刨机漏铣,对漏铣区域应采用人工凿毛或采用凿毛机进行局部处理。

(4)一台铣刨机必须配 1～2 台运渣车辆,以保证铣刨机能够连续工作。

(5)铣刨时用水量控制原则:如采用人工清渣、吹风机吹风除尘,此时用来保护铣头的用水量应达到渣料潮而不湿、铣刨后地面无水迹为原则,保证铣渣清扫和吹尘极易完成。

2)桥面清扫

对于铣刨处理后的桥面,应采用清扫车或人工进行清扫铣刨残渣。

(1)采用人工清扫时,每台铣刨机后配置16人左右较合理,第一清扫梯队为粗扫,紧随铣刨机前进,清扫用8人(8把竹扫)、铁锹除渣用2人,第二清扫梯队为精扫,用6人左右,用5把竹扫、一把铁锹,清扫两人一组,多组进行;清渣过程中应配置拉运渣料车一台,当另一侧尚未铣刨时可将铣刨渣料人工用锹倒到另一侧。

(2)清扫车清扫时,应配置2人,对清扫车无法扫到的地方用扫帚和铁锹锹倒到道路中央,清扫车应配置拉运渣料车一台。

(3)无论是人工清扫还是清扫车清扫,应在桥面处于干燥状态下进行清扫,严禁在潮湿或有水迹的状态下清扫。

3)表面缺陷修复

在铣刨机铣刨结束并且桥面清理干净后,水泥混凝土桥面所暴露出来的病害,如混凝土在浇筑及硬化过程中产生的收缩裂纹、孔洞及凹凸不平等缺陷,以及可能影响桥面板质量的缺陷,应采用灌注、压注、找平等方法进行修复处理,以消除隐患。修复材料根据缺陷的实际情况,可选用专用的混凝土修复材料。对于出现的局部裂缝采用环氧砂浆灌浆处理,如果出现大面积裂缝,应由相应的土建施工单位进行处理,处理完成后,有相应检测部门检测合格后方可进行下一道工序。

4)机械吹灰

用高压森林灭火机对桥面进行吹灰,人前进的方向与风向保持一致,以保证桥面彻底干净。在对桥面进行吹灰时应尽量避免吹风机油箱漏油,导致桥面污染。

5)人工/机械涂布

涂布时,先应将溶剂型黏结剂倒入适量大小的容器中,轻微搅拌3~5min。涂布工艺分两次,使其无遗漏和死角。待第一道基本固化后,才能进行第二道的涂布。

6)试验段铺筑

在超强黏结防水层正式铺筑前,必须针对当地的气候、交通特点和材料情况,铺筑试验段,以确定桥面防水层的平均用量和单位涂膜厚度,检验桥面防水层的黏结强度和抗剪强度。铺筑试验路的主要目的有以下几个方面:

(1)确认超强黏结防水层的施工工艺。

(2)锻炼施工队伍,使施工人员熟悉和适应防水材料的施工条件、施工工艺等要求。

(3)进一步了解和熟悉设备性能特征。

(4)掌握单位平均用量与涂布速度之间的关系。

(5)确定设备的人员配置情况。

(6)检验桥面防水层实际效果。通过试验路进行验证,检验能否满足设计要求;在进行性能试验及施工效果检测基础上,评价防水层实际涂布效果。

(7)铺筑试验段后,应该提出试验段总结报告,确定桥面防水层的单位平均用量,经主管部门批准、下达开工令后,才能进行桥面防水层材料的涂布。

8 安全措施

(1)按照国家和地方相关的安全法律法规,根据现场施工实际特点和设备情况,制定现场施工安全管理办法和设备安全操作规范,严格按照《安全生产法》、《道路交通安全法》及国家颁发的有关安全技术规程和安全操作规程进行施工;严格按施工组织设计、施工工艺、施工操作规程中的安全施工条款进行施工。

(2)遵照现行《公路交通安全设施施工技术规范》(JTG F71—2006)、《公路工程施工安全技术规程》(JTJ 076—95)的要求。并应遵照国家、行业和当地颁发的有关安全技术规程和安全操作规程。

(3)铣刨机必须由专人操作,操作人员必须经过严格的上岗前的技术培训,熟悉铣刨机各系统、装置的结构、工作原理、性能及操作规程,以免发生机械设备故障和人员设备安全事故。铣刨机在使用前,必须对各系统、装置以至整机进行空载试运转,在确认正常后方可进入正常作业。

(4)铣刨机作业前的技术准备

①了解施工现场的路面及交通情况,技术要求等;

②检查转向系和制动系是否灵活、可靠;

③检查液压系统有无渗漏,液压油是否充足;

④检查铣刨鼓刀头是否齐全、完好、安装牢固,铣刨鼓安全罩应装置良好、完整有效;

⑤做好准备工作,发动机启动前,应与铣刨机前接受石渣的运渣车驾驶员进行沟通,确保车辆间的紧密配合。随后启动发动机让发动机怠速暖车运转,此时应检查各仪表的显示值及发动机运转情况。待发动机冷却水温度达到60℃时,铣刨机便可起步,驶入作业现场。

(5)建立、健全施工环境下的施工安全规章制度,专职安全员必须参加交警、路政等组织的安全技术培训,项目做好职工上岗前的施工安全培训工作,特殊工种必须持安全考核合格证上岗,严禁无证操作、违章作业。

(6)施工工地要有鲜明的安全标识和完善的安全措施,所有施工人员上路施工必须穿反光服,所有施工车辆必须标明“施工车辆”字样,职工进入铣刨、涂布现场要戴安全帽、穿工作服、工作鞋。夏季高温季节施工时,应采取防暑降温措施。

(7)封闭道路出入口要有明显标志,所有施工车辆进出封闭路段必须服从专职安全员的指挥,严禁施工车辆在封闭路段违章行驶、违章掉头、违章停放等。

(8)夜间施工时,必须配备照明设备,并在危险处设置明显标志或设置隔离栅、防护网等,确保施工人员和机械设备的安全。

(9)规范使用设备施工作业,熟悉安全操作规程。

(10)安全用电,杜绝火源并配备好相应的消防用品。

(11)在人工进行溶剂型防水黏结剂进行涂布过程中需穿工作服,佩戴目镜、手套、防毒面具等劳保用品并保证施工环境通风良好。

9 环保措施

(1)应遵照现行《中华人民共和国环境保护法》的要求。

(2)建立环境保护机构和相应的规章制度,专人专项负责检查和定期组织大检查。

(3)溶剂型防水黏结剂和设备的堆料场及进场道路均要进行“硬化”,防止灰尘飞扬,污染集料。

(4)设备和发电机等设备的噪声,应符合当地环保部门的要求,不符合者应采取有效措施。

(5)没有通风除尘装置或通风除尘装置已损坏时禁止工作。

10 资源节约

使用基于精铣刨技术的桥面混凝土超强黏结防水层施工工法施工,相对于传统桥面喷砂抛丸施工工艺,本工法能够节约施工成本,同时,能够延长桥面铺装层的使用寿命,增加桥面混凝土的耐久性,减少维修次数,节约养护资源。

11 效益分析

(1)水泥混凝土桥面精铣刨是一种全新的工艺,能够使得桥面棱角清晰,刻槽深度适中且分布均匀,增加沥青混凝土与桥面之间的嵌挤摩擦作用,从而增加桥面铺装层的抗剪能力和耐久性。本工艺在桥梁与隧道混凝土基面处理中已经得到了广泛的应用。

(2)由于铣刨机铣刨速度相对于其他设备速度快、效率高、质量较好,桥面混凝土铣刨价格在 2～3 元/m^2,而桥面喷砂抛丸价格 4～5 元/m^2。因此节约了施工成本。

(3)由于溶剂型防水材料的强渗透性,使得溶剂型黏结剂能够渗入混凝土桥面的微孔和微裂缝中,防水材料固化后能够形成与水泥混凝土相互贯穿的致密结构,从而实现了溶剂型防水黏结材料与水泥混凝土基层之间的超强黏结,同时起到了良好的防水作用;在桥面铺装过程中,沥青混凝土的高温使得防水层的融化,冷却后的二次固化增加了铺装层与桥面之间的黏结性能,从而有效地增强了桥面铺装层的使用寿命。超强防水黏结层(不包含铣刨费用,包含防水层施工费用)造价约在 22 元/m^2。

12 应用实例

12.1 工程实例一

2010 年 2～6 月,在云南元(江)磨(黑)高速公路 K243 +000～K305 +000 养护段,对部分桥梁桥面进行重新铺装,桥隧防水层共 5.6 万 m^2,混凝土桥面采用精铣刨处理,防水层材料采用 BWPD 超强溶剂型黏结剂,通过本工法的应用,高效、安全、环保、可靠地实现混凝土桥面处理技术。施工完成后,防水层常温状态下的黏结强度达到 1.5MPa 以上,远远大于规范和设计要求,从而确保桥面铺装层质量和耐久性,通车至今,桥面质量完好。

12.2 工程实例二

2013 年 1～4 月,在云南大(理)保(山)高速公路 K14 +000～K103 +000 养护段,对部分桥梁桥面进行重新铺装,桥隧铺装总面积为桥隧防水层 3.5 万 m^2,混凝土桥面采用精铣刨处理,防水层材料采用 BWPD 超强溶剂型防水黏结材料。施工完成后,防水层常温状态下的黏结强度达到 1.5MPa 以上,远远大于规范和设计要求,由于施工效果良好,得到了施工单位和监理单位的好评。

沿海桥梁混凝土表面滚涂防腐施工工法

GGG(浙)C4153—2013

叶仁亦　许子彦　黄湖锋　嵇晓晔　娄　科
(浙江交工路桥建设有限公司)

1　前言

沿海桥梁混凝土结构所处环境主要为海洋大气、海水侵蚀破坏及冻融循环。混凝土外表面受到各种腐蚀因子通过混凝土表层气泡、微小裂纹的渗透作用,引起混凝土的 pH 值降低发生碳化,导致混凝土内部处于钝态的钢筋发生锈蚀,钢筋的锈蚀引起混凝土结构的开裂和剥落,最终引起混凝土结构发生裂缝、剥落和强度降低。桥梁混凝土表面防腐主要作用为增强混凝土表面抗渗透能力和提高钢筋混凝土结构耐久性的补充措施,同时可提高桥梁外观质量。目前,较为常用的喷涂防腐工法存在污染严重、材料损耗大等缺点。

沿海桥梁混凝土表面滚涂防腐工法经过两个工程的应用,工艺较成熟,获得了较好的效果,工程质量和施工安全可靠,施工对环境适应性强,具有较好的经济、节能、环保和社会效益。

2　工法特点

(1)本工法操作简单,易掌握。所需机械单一,无需大型设备。

(2)降低成本。无需喷涂设备和电力投入,同时可减少材料损耗。

(3)安全性好。采用滚涂防腐可降低对施工人员的伤害。

(4)可以提高工程质量。涂装厚度、黏结力合格率明显提高,从而提高结构耐久性,延长桥梁使用寿命。

(5)环保性能好,适应性强。减少了对周边环境的污染,保护环境。在各种复杂环境下,例如沿海居民区、风力影响均可施工,无需全封闭保护措施。

3　适用范围

本工法适用于沿海陆地区、海上滩涂区或深水区的桥梁混凝土表面防腐涂装施工。

4　工艺原理

由于沿海地区常年风大,滚涂施工能较好的克服风的影响,保证涂装的均匀性,在混凝土表面形成一层阻隔层,以阻止氯离子、二氧化碳等侵入混凝土造成腐蚀,提高混凝土抗渗能力和结构耐久性,从而延长桥梁的使用寿命;同时在施工的过程中对混凝土表面的缺陷(包括微裂缝、气泡、砂线、施工缝等)进行修复或封闭,可以提高混凝土内在和外观质量。

5　施工工艺流程及操作要点

5.1　施工工艺流程

本工法施工工艺流程见图1。

5.2 操作要点

1)施工准备

施工前熟悉设计图纸,根据设计要求,配备相应的涂装材料,了解相关的参数及技术指标,并安排合理的施工顺序。

2)混凝土表面清理及打磨

对混凝土表面进行清理,清除苔藓等黏附物。采用电动砂轮或钢铲刀清除混凝土结构表面松动砂浆、碎屑及表面附着物;用水泥砂浆或涂层涂料相容的填充料修补蜂窝、露石等明显缺陷;如混凝土表面有油污,应用适当的溶剂抹除油污;最后用清洁淡水冲洗混凝土表面,以使处理后的混凝土表面无露石、蜂窝、碎屑、油污、灰尘及不牢附着物等(图2、图3)。

3)滚涂底漆

经过表面处理后的混凝土构件表面,应保持整洁干燥,并及时进行底漆(封闭漆)涂装。涂料配制按涂料产品说明书进行,配料均匀后,过熟化时间后方可进行涂刷。为减少对环境的污染,采用滚涂法进行涂装,待底漆表干后,检查厚度及外观,合格后方可进入下一道工序(图4、图5)。

4)环氧腻子修补

底漆完成后,采用环氧腻子对混凝土表面的缺陷(如错台、施工缝、小气泡等)进行修补,所用的环氧腻子为环氧树脂中间漆与滑石粉调配而成,在腻子施工之前,先对腻子的配比进行试验,一经确定,整个工程的腻子配比须保持不变,以保证整个涂装体系性能的一致性(图6、图7)。

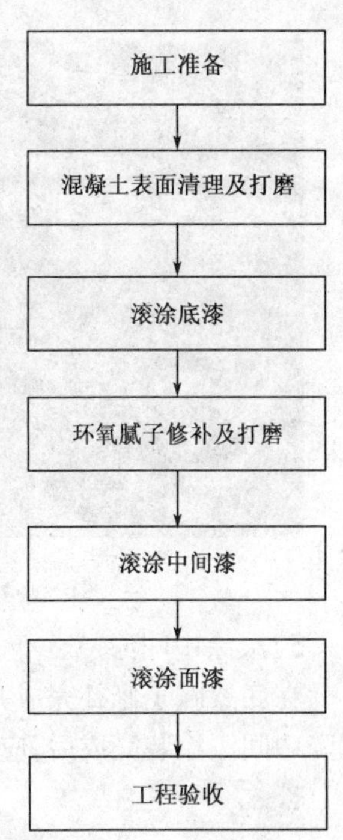

图1 工艺流程图

图2 清除表面苔藓

图3 混凝土表面打磨

图4 滚涂底漆

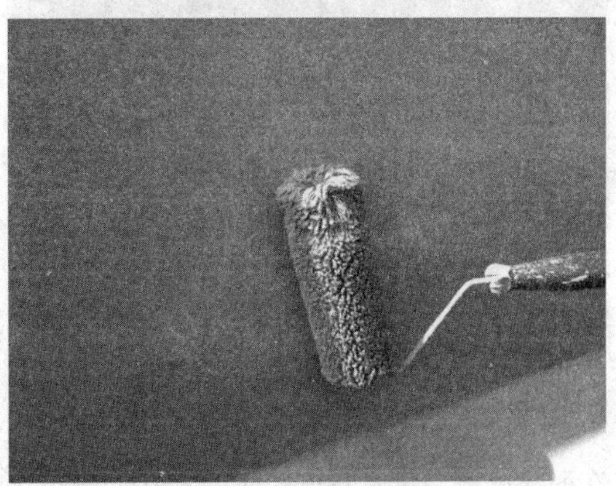

图5 滚涂底漆完成

图6 环氧腻子修补

图7 环氧腻子修补后打磨

5)滚涂中间漆

在底漆腻子修补完成并对表面打磨后,进行验收,检查有无麻面、砂眼,验收合格后进行中间漆滚涂。中间漆涂装完成后,应检查厚度、外观、附着力,经检测合格后方可进入下一道工序(图8、图9)。

图8 中间漆涂装

图9 中间漆涂装完成

6)滚涂面漆

在中间漆完成后进行验收,验收合格后进行面漆滚涂。中间漆、面漆涂装间隔时间应按产品性表中规定进行,以24h为宜。面漆要求保证平整、光泽度好,颜色均匀并符合设计要求(图10、图11)。

图10 面漆涂装

图11 面漆涂装完成

7)工程验收

在面漆完成后进行整体验收,检测涂装测层厚度及附着力等,并对整体外观进行验收并应达到设计要求(图12、图13)。

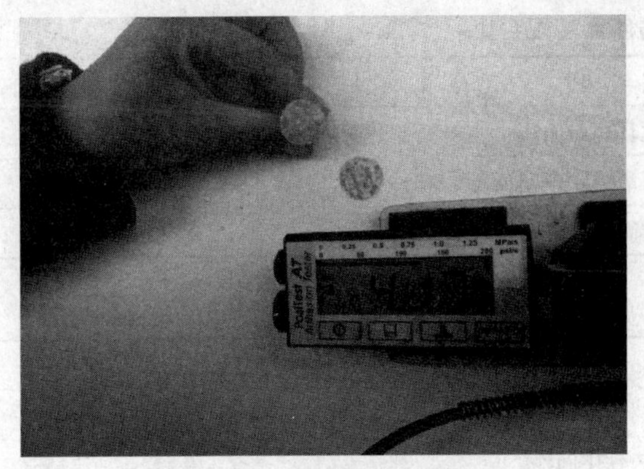

图 12　面漆涂装附着力检测

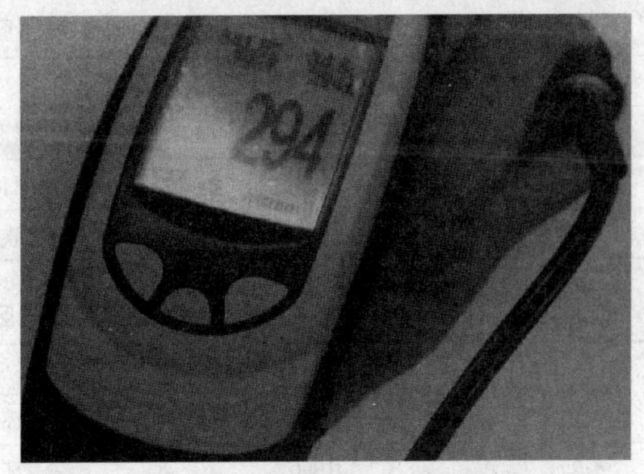

图 13　涂装层厚度检测仪

5.3　劳动力组织

本工法的劳动力组织见表 1。

施工劳动力组织　　表 1

序　号	工　种	人　数	职　责
1	现场负责人	1	负责对作业者的技术指导和施工协调
2	质检员	1	现场旁站、质检、验收
3	试验员	1	原材料抽检和油漆性能指标的试验检测
4	安全员	1	施工现场安全旁站、安全检查
5	油漆工	15	负责油漆的涂刷
6	架子工	8	负责在浅水及陆地区搭设支架
7	电工及机修工	2	负责设备和电力保养、维护
8	普工	5	协助完成相关工作
9	后勤人员	3	负责物资供应，满足施工需要

6　材料与设备

6.1　工程材料

混凝土表面防腐材料组合方式灵活，下面以某沿海高架为例，其混凝土表面防腐涂装材料见表 2。

沿海高架混凝土表面防腐涂装材料　　表 2

项　目	涂装体系		厚度(μm)
混凝土结构	大气区	①环氧树脂封闭漆	渗透型,30
		②环氧腻子	—
		③环氧云铁中间漆	100
		④丙烯酸聚氨酯面漆	80
	浪溅区和水位变化区	①环氧树脂封闭漆	渗透型,30
		②环氧腻子	—
		③环氧云铁中间漆	180
		④丙烯酸聚氨酯面漆	80

表湿区及表干区涂料的配比见表 3、表 4。

沿海高架表湿区防腐涂装配合比 表3

序号	油漆层次	名称	甲乙组分配合比(质量比)
1	底漆	湿固化环氧封闭漆	4.4:1
2	中间漆	湿固化环氧云铁中间漆	10:1
3	面漆	脂肪族丙烯酸聚氨酯面漆	9:1

沿海高架表干区防腐涂装配合比 表4

序号	油漆层次	名称	甲乙组分配合比(质量比)
1	底漆	环氧树脂封闭漆	3:1
2	中间漆	环氧云铁中间漆	10:1
3	面漆	丙烯酸聚氨酯面漆	10:1

6.2 机具设备

沿海高架混凝土表面防腐涂装施工的主要机械设备表见表5。

施工主要机械设备 表5

序号	名称	功率/型号	单位	数量	备注
1	柴油空压机	$3m^3$/min	台	2	
2	发电机组	I4105 - ZD	台	1	
3	涂料搅拌机	回 Z1J - 13	台	5	
4	磨光机	28108	台	5	
5	施工吊篮	DQD2	台	2	或搭设支架法
6	附着力测试仪	Positest	台	1	
7	无损混凝土表面涂层测厚仪	Positector	台	1	
8	湿膜测厚仪	25 ~ 3 000μm	台	1	
9	滚筒及相应设备		套	1	

7 质量控制

7.1 质量验收标准

按《建筑工程质量检验评定标准》(GB 50300—2001)相关要求执行。

7.2 质量控制措施

(1)滚涂工作要求在气温5~38℃,相对湿度85%以下。

(2)涂刷时,先将漆料用毛刷均匀点布在被涂物面上,再用刷子展开,一般可先立面后平面、由上而下,连续滚涂时,每条滚涂带与前一条须有1/3重叠。

(3)刷子浸漆不宜超过毛长的1/3,做到蘸次多,蘸油少,用力均匀,垂直面最后一次由上向下涂刷,水平面最后一次沿光线照射方向涂刷。

(4)滚涂施工用的工具应保持干净,每天清洁漆桶、漆刷,用涂料供应商指定溶剂清洗、浸泡。

(5)施工过程中,应对每一道工序包括混凝土表面处理、各道涂层施工等进行认真检查并通过验收。

(6)严格按设计要求的涂装道数和涂膜厚度进行施工,随时用湿膜厚度检查涂层湿膜厚度,以控制涂层的最终厚度及其均匀性。

(7)滚涂过程中,随时注意涂层湿膜的表面状况;当发现漏涂、流挂、变色、针孔、裂纹等情况时,应及时进行修复处理。

(8)表湿区涂层应在无流水、水珠、水迹的状态下进行施工,及时清理,清洁因潮水涨落、浪溅而受污染的混凝土表面。

(9)根据涂料固化时间、潮水涨落时间合理安排施工,确保涂装后的涂层在被潮水淹没前有一定程度的固化,以抵抗水流的冲刷、浪击。

8 安全措施

(1)施工人员应配备防护用品,避免长期吸入溶剂或漆雾,皮肤、眼睛不得接触本品,施工中应保持空气流通,涂装现场严禁明火作业。

(2)高空作业时施工人员必须将安全带系在稳固的地方,戴好安全帽。

(3)项目要制订水上作业各分项工程安全实施方案和细则,对参加水上施工作业人员必须进行水上作业的安全知识教育和专项技术培训,具备熟悉水性、会游泳的基本条件,并做好安全交底工作。

(4)凡进行水上施工作业必须配备必要的救生船和救生器材,并组织专人负责救援工作。水上作业人员必须穿戴救生衣。

(5)水上作业中的安全标识、工具、仪表、电气设施和各种设备,必须在施工前加以检查,确认其完好,方能投入使用。

(6)采用支架或挂篮作业前,应对支架或挂篮设计进行验算,并采取相应邻边安全防护措施。

9 环保措施

(1)严格遵守国家有关环境保护方面的法律、法规及有关环境保护的管理规定。

(2)落实环境保洁责任制,所有施工现场以外的公用场地禁止堆放材料、工具、垃圾等杂物。

(3)采用传统的滚涂法进行涂装,避免喷涂法施工的油漆颗粒对周边环境造成破坏。

(4)施工完成后及时对多余的材料进行处理,严禁倾倒入海。

10 资源节约

本工法采用的均为中小型设备,操作简便、快捷传统,减少了涂装设备投入和材料损耗,无需用电,既提高了施工效率,又节约了资源,符合国家节能要求。

11 效益分析

1)经济效益分析

下面以某滩涂区高架桥承台为例,将混凝土表面喷涂与滚涂进行经济效益分析,见表6。

经济效益分析　　表6

施工工法	耗材（$kg/100m^2$）	机械及辅材	人工	耗电	小计
喷涂	底漆:25×24 元/kg=600 元 中间漆:70×16.5 元/kg=1 155 元 面漆:41×35 元/kg=1 435 元 稀料:14×14 元/kg=196 元 小计:3 386 元	机械 80 元, 辅材 780 元	5 道漆 10 个工×180 元/工 =1 800 元	约 115kW·h ×1.2 元/kW·h =138 元	3 386+860+ 1 800+138 =6 184 元
滚涂	底漆:19.6×24 元/kg=470.4 元 中间漆:58×16.5 元/kg=957 元 面漆:35×35 元/kg=1 225 元 稀料:11×14 元/kg=154 元 价格:2 806 元	辅材 760 元	5 道漆 9 个工×180 元/工 =1 620 元		2 806+760+ 1 620=5 186 元
差额	每 $100m^2$ 滚涂比喷涂节约成本:6 184－5 186=998(元)				

由表6可知,从施工成本方面来看,滚涂施工工艺优于喷涂。该项目有防腐涂装面积共8万m^2,采用滚涂法节约了70余万元费用,取得了巨大的经济效益。

2)环保效益分析

采用喷涂工艺,尽管采取了防污染措施,但施工现场不可能做到全封闭,对周围建筑物和空气环境有一定污染,如作业区位于沿海城市区,常年风较大,对居民工作和生活带来严重不便,同时影响施工作业人员健康。而采用滚涂工法,彻底消除了上述不利因素,环保效益十分明显。

3)质量效益分析

将混凝土表面喷涂法与滚涂法的质量情况比较见表7。

质量对比分析

表7

施工工法	试验段100m^2厚度检测(单位:μm,设计210μm)	合格率	试验段100m^2附着力检测(单位:MPa,设计≥1.5MPa)	合格率
喷涂	278、265、210、199、260、233、221、236、263、197、218、210、220、217、209、217、218、209、224、213	80%	1.81、1.76、2.14、1.99、1.73、1.95、2.27、2.13、2.15、1.47、1.72、2.88、2.14、2.30、1.94、1.73、1.84、2.26、2.48、1.49	90%
滚涂	235、245、211、219、211、236、228、213、207、216、218、230、224、218、223、217、213、19、234、229	95%	3.91、2.98、2.22、3.78、3.45、2.77、3.55、3.11、2.65、2.11、2.78、2.58、3.01、3.21、3.02、2.77、2.48、2.37、2.54、3.03	100%

由表7可见,滚涂法施工在保证厚度及附着力方面均优于喷涂法,且滚涂的厚度更均匀,附着力更强。

12 应用实例

12.1 工程实例一

梅山大桥位于宁波梅山保税区,桥长1488m,其中海中桥梁约1km。全合同混凝土表面防腐涂装总面积约8万m^2,其中表干区约5.2万m^2,表湿区约2.8万m^2。项目组于2009年6月~2010年4月对混凝土表面进行了防腐涂装,在保护混凝土结构的同时提高外观质量,取得了较好的社会效益和经济效益。

12.2 工程实例二

舟山市普陀区滨港路西段沿海高架(一期)工程主线起点为滨港路与船厂路交叉口,路线沿海岸向西布线,与海岸间距约15~25m,在K0+396处下穿鲁家峙大桥,后跨越一系列码头,终点与墩头路(连接线)、滨港路相接。沿线全长1.937km,其中主线长1.676km,连接线长261m。

该项目混凝土表面防腐涂装总面积约8万m^2,其中表干区约6万m^2,表湿区约2万m^2。项目组于2012年6月~2013年5月对混凝土表面进行了防腐涂装,在保护混凝土结构的同时提高外观质量,获得了业主及外界的一致好评,取得了较好的社会效益和经济效益。

既有线下多孔大跨度框构桥现浇施工工法

GGG(中企)C4154—2013

唐永强 邬苏凡 杨 军 张永强 黄 平
(中国中铁股份有限公司)

1 前言

随着城市向四周迅速扩展,城市道路建设中穿跨越既有线施工越来越普遍,框构桥施工被广泛应用,顶进框构桥施工技术得到了很好的发展、推广和应用,施工技术和工艺已比较成熟。因此,目前国内的线下框构桥多以顶进法施工,采用现浇法施工的较少。沈阳四环穿越西部工业走廊铁路 K16 + 065 框构桥存在跨度大、四孔连体、斜交角度较大、桥底板埋设约 2.5m 深、水位高、地质差等特点,若采用顶进施工存在成本高、施工难度大和施工质量不好控制等缺点,而采用线下原位现浇施工很好地规避了这些问题。

中国中铁股份有限公司通过开展科技攻关,根据现场的实际情况,在工期紧、任务重的情况下,采用吊轨梁、工字钢横抬梁和钢筋混凝土纵梁加固架空线路后,线下原位现浇法施工,在节省工程造价的同时更好地保证了施工安全和工程质量,取得了良好的经济效益和社会效益。

2 工法特点

(1)采用填筑平台进行防护桩施工,解决了路基临时存料场问题,施工不受地下水位和季节影响,也避免了人工挖孔的不安全因素,施工质量、安全、工期可控。

(2)对大跨度框构桥,采用支撑防护桩、冠梁纵梁、吊轨梁及工字钢横抬梁对既有线加固,人工配合机械开挖路基并架空线路,原位就地浇筑框构桥,很好地解决了框构桥四孔连体跨度大、需超长范围加固并架空线路的难题,也能确保路基土开挖、原位现浇及既有线行车安全。

(3)土方和基坑开挖选在地下水位最低季节,采用快速开挖、人工清底和及时封底的方法进行,采用1∶1 优化边坡,既安全又经济。

(4)通过对支架进行强度、刚度、稳定性检算分析,调整支架结构参数与布置形式,使支架结构合理、施工简便,并充分利用了现有材料。

(5)成功利用既有线行车规律为施工服务,采取顶板防水和线路恢复同步交叉施工,简化了施工程序、加快了进度、节约了能源、减少对既有线营运的影响。

3 适用范围

本工法适用于公路工程多孔大跨度现浇框构桥下穿既有铁路的施工,可推广应用于市政工程、铁路工程下穿既有铁路的桥涵的施工。

4 工艺原理

本工法采用填筑平台钻孔法施工既有线路基坡顶防护桩,并在桩顶施工钢筋混凝土冠梁作为纵梁。加固完成后挖除桥位处线下路基土方架空线路,从而实现在既有线下采用满堂支架法原位现浇框构桥主体,待框构及框构侧面和顶板防水层达到要求后,回填框构两侧路基及顶板道砟,拆除线路加固系统恢复线路,最后拆除冠梁和防护桩并施作附属结构,完成整座既有线下现浇框构桥的施工。

合理的线路加固方案是确保行车安全和框构施工的重要保障。针对沈阳四环穿越西部工业走廊K15+065框构桥存在跨度大、四孔连体、斜交角度较大、桥底板埋设约2.5m深、水位高、单线预留二线及线下原位现浇等特点,采用3-5-3吊轨梁、I56c工字钢横抬梁、钢筋混凝土纵冠梁和支承桩结合的方案对既有线路进行加固,具有加固速度快、操作简便快捷、线路加固安全系数高等优点。

5 施工工艺流程及操作要点

5.1 施工工艺流程

现浇框构桥施工工艺流程见图1。

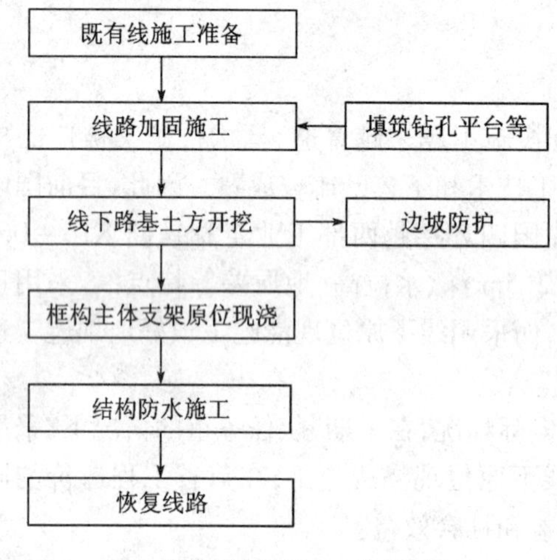

图1 框构桥现浇施工工艺流程图

5.2 操作要点

1)既有线施工准备

施工前,应与铁路相关管理部门办理好手续并签订安全施工协议,向铁路相关部门申报线路架空方案及慢行计划,并做好如下准备工作:

(1)以框构桥中心里程为减速地点,在减速地点两端各75m处,距钢轨外侧不少于2m的地方按要求设置减速地点标。

(2)施工期间列车限速30km/h,减速信号牌设于施工点两端各800m处的两侧路肩上,距钢轨外侧不少于2m。每个减速信号牌处设立一个24h制防护联络岗,并设专人值岗,有列车进入施工施工区域时;立即通知施工现场。

(3)提前加工和备好各种吊梁螺栓、扣件、机具、轨距杆等线路加固架空用材料,以便待用;决不能出现施工材料不到位而贻误施工要点,确保行车安全。

(4)配合好铁路设施、电力和通信等产权部门的改移、排迁及防护工作。

2)线路加固施工

(1)防护支承桩施工。

线路加固防护桩、支承桩位于既有线坡顶,框构桥及防护桩的结构及布置情况如图2~图4所示。因无机械作业面,一般采用人工挖孔法施工,本桥桩体埋深大、地下水位高、地质差人工挖孔施工困难,故采用在既有线两侧加宽填筑施工平台进行钻孔桩法施工。其施工流程为:填筑钻机工作平台→放样并下护筒→施工钻进→成孔检测→清孔→下放钢筋笼及导管→水下混凝土浇筑→桩位开挖及破除桩头→桩基检测。

①钻机平台填筑。

施工前,在既有线路基两侧各填筑加宽约10m的钻孔桩施工平台。平台从路基侧便道端头处开始填筑石渣等透水性材料,对边坡进行加宽,并进行分层碾压。场地必须坚固稳定,能承受施工作业时所有静、活荷载,同时保证钻孔桩施工设备所需空间及施工设备能安全进、出场,如图5所示。

②钻孔法施工防护桩。

为防止钻孔的泥浆和浮渣污染周边环境,施工前在铁路两侧各设置一处泥浆池及相应的沉淀池、污水排放设施。

钻孔桩施工前,在线路两侧按设计坐标精确测设桩位,钻机就位并埋设护筒,复核桩位无误后钻进,钻孔前在适当位置布置泥浆池并提前造浆,钻进过程中利用泥浆泵将泥浆抽至孔位,采用泥浆进行护壁,钢筋在钢筋场进行加工制作,用炮车运至现场后用25t吊车下钢筋笼,采用导管进行水下混凝土灌注,灌注过程中采用泥浆泵将泥浆抽至沉淀池,防止泥浆外溢、影响操作平台稳定及行车安全。

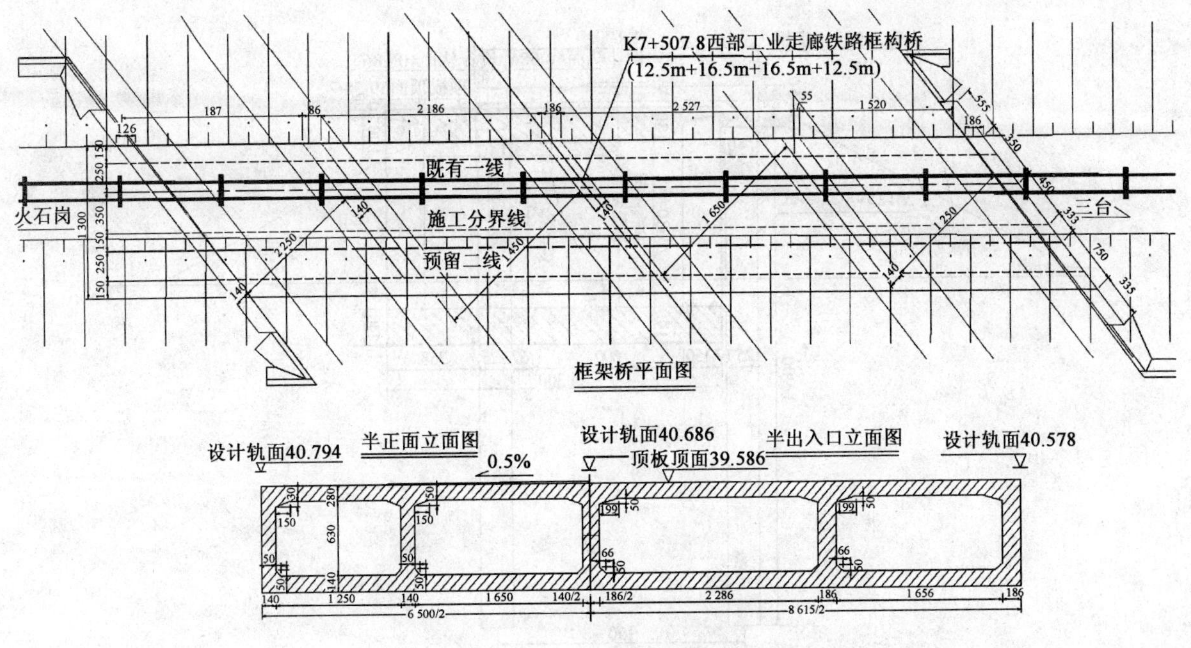

图2 框构桥平面及纵断面构造图(尺寸单位:cm)

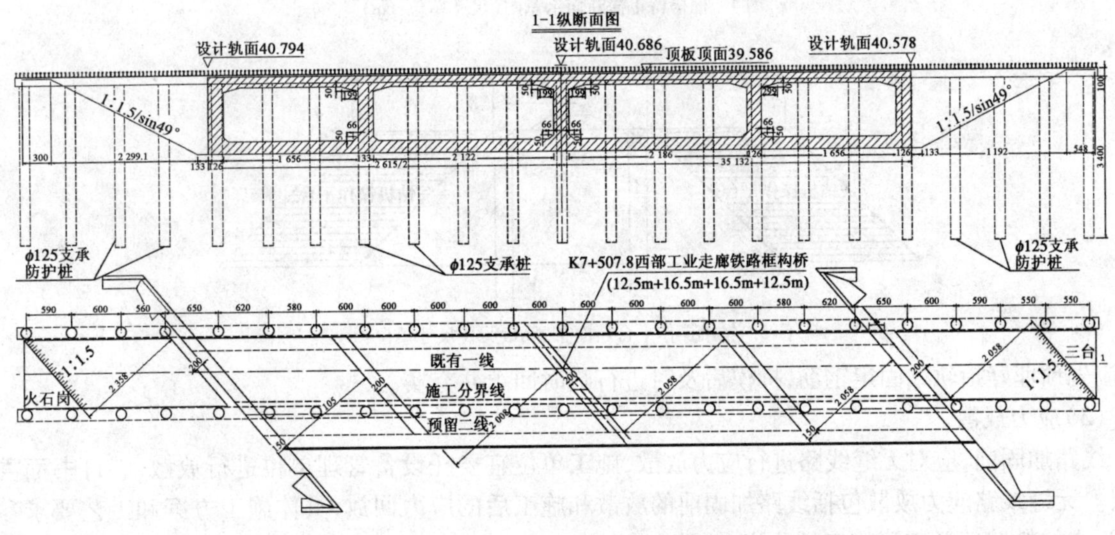

图3 框构桥支承防护桩及冠梁布置图

新填平台和原路基多为透水性材料填筑,旋挖钻成孔时容易塌孔和漏浆。施工可采用加长护筒和采用桩位处用黏土回填进行处理,并适当加大泥浆相对密度和黏度。为保证清孔质量并加快清孔进度,可采用气举反循环进行清孔。

(2)纵梁冠梁施工。

采用吊轨梁加纵横梁法加固线路时,纵梁多采用大工字钢或型钢。对大跨度原位现浇框构桥,因加固范围长且需全部开挖架空线路,采用在桩顶施工钢筋混凝土冠梁作为纵梁则有更好的整体稳定性,能更好地确保线路和施工安全。

冠梁采用方形断面,采用小型挖机开挖基础、人工修槽。为了确保对铁路线影响最小,根据冠梁长度进行分段快速施工,冠梁分段施工缝宜设置在桩顶处,同时开挖、防护、钢筋、模板及浇筑混凝土等各道工序紧随上道工序形成流水作业。靠近铁路线侧采用垂直开挖,必要时即挖即支模浇筑10cm厚的混凝土墙护壁,防止坍塌而破坏道床。及时凿除桩头后,利用基槽做模型(必要时采用支立侧模),在槽内安装钢筋,利用罐车直接浇筑冠梁混凝土,人工收浆抹面,养生棉覆盖土工布洒水养生7d。浇筑冠梁

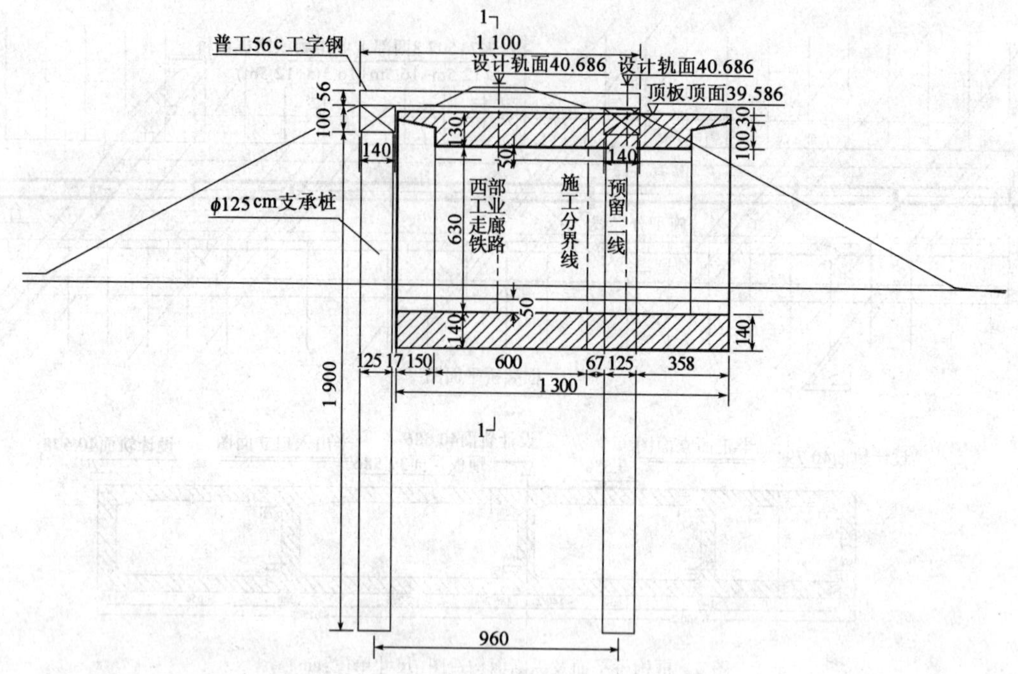

图4　框构桥正横断面示意图(尺寸单位:cm)

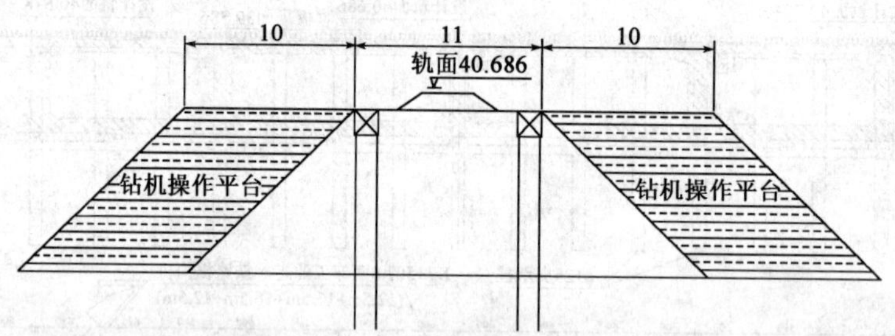

图5　钻机操作平台断面布置示意图(尺寸单位:m)

前,应先预埋好抬轨梁固定钢筋,拆模后及时进行临时回填并夯实。

(3)应力放散。

线路加固前,应对无缝线路进行应力放散,施工单位宜委托设备管理单位进行放散,签订书面委托协议。无缝线路应力放散包括线路加固前的放散和施工后的应力回放,具体施工方案和工艺要求参见《客运专线铁路轨道工程施工技术指南》第8章。

(4)既有线路加固。

本桥采用3-5-3吊轨梁、工字钢横抬梁、钢筋混凝土纵冠梁和支承桩进行线路加固,如图6所示。施工前需封锁线路,并用换铺法铺设长钢轨无缝线路,施工期间行车限速30km/h。

①抽换枕木。加固前,先将加固范围内线路混凝土枕抽换成250cm×16cm×20cm新Ⅰ类木枕,木枕长度不小于2.75m,以满足轨道电路绝缘需要,抽换采用"隔六抽一"法进行,抽换范围要满足加固长度要求,换好木枕将道砟振捣密实后,再抽换相邻的钢筋混凝土枕,抽换后对线路进行全面检查,必须符合轨道施工的有关要求。

②铺设横抬梁。横抬梁采用I56c工字钢,间距为0.5m,设置于钢轨的木枕下,两端分别固定在两侧冠梁上。施工时要和铁路部门联系申请,在封闭时间内将工字钢布设完毕,事先把道砟全部清除干净,工字钢在钢轨下垂直于线路穿过担在冠梁上面,并用预埋的U形螺栓将工字钢牢固固定在冠梁上,防止横抬梁窜动引起线路变形。工字钢和轨枕用吊车提升到路肩,人工安装就位。工字钢接头应有足够的强度和刚度,工字钢接头应错开布置,相错间距不宜小于3m。

③铺设吊轨梁。吊轨梁钢轨采用比主轨小一号钢轨,采用3-5-3组合形式,即沿线路方向在线路两

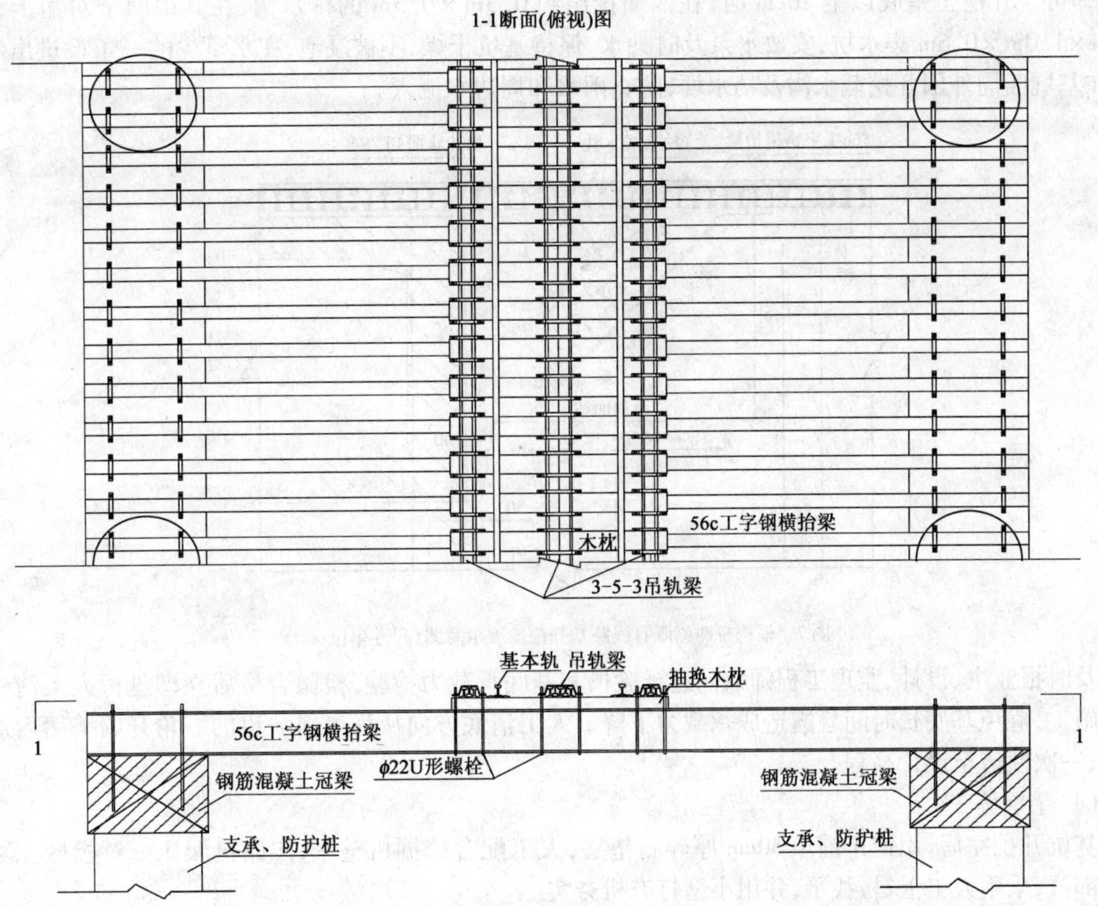

图6　吊轨梁、工字钢横抬梁等加固线路示意图

侧纵向设3根为一组的2组吊轨梁，线路中间设5根一组的1组吊轨梁。两端伸出框构边墙以外不小于10m，且伸出路基稳定边坡外不小于5m。吊轨与其下的枕木、横梁工字钢用ϕ22mmU形螺栓连接在一起，纵梁工字钢应尽量减少拼接接头数量，接头错开1m以上，避免在轨下拼接，端部设置梭头。

3）线下路基土开挖与防护

（1）线下旧路基土开挖。

线路加固完成后，开始按设计尺寸挖除操作平台及旧路基土方。挖方采用水平分层自上而下开挖，分层厚度按不大于2.0m控制，严禁从路基底部掏洞式开挖。吊轨梁附近需采用人工配合小型挖机开挖，其余部位采用PC220挖掘机开挖装车，自卸汽车运至就近路基上利用，在挖掘过程中所有机械严禁碰挂桩基和纵横梁等。

开挖框构两侧路基边坡时，可根据边坡实际情况进行边坡稳定性分析，一般按不小于1∶1控制，刷坡前放好开挖线，确保一次刷坡到位，防止超挖后进行回填的情况出现，边坡防护应紧跟施工，刷完一侧及时挂网浇混凝土防护。刷坡及防护详见图7，以确保线路路基的稳定。开挖前、开挖过程中，要加强施工监控量测工作，确保线路变形、沉降或位移可控，保证线路行车安全。

（2）框构两侧既有线边坡防护。

为了减少线路架空期间，列车通过对线路的纵向的动荷载冲击，以确保既有线路基的稳定，边坡可采用挂网浇筑混凝土进行防护。

（3）框构底板基坑开挖。

施工尽量选择在枯水或无雨天进行，可在底板四角和中间位置进行试挖，据此确定是否需设置止水帷幕或围护结构，并确定坑壁放坡坡度。如果挖深浅、地质较好，可按四周底宽加宽0.6m，1∶0.75左右放坡即可。开挖至基底以上 20cm 时，在四周挖出约 0.3m ×0.3m 的排水沟，在其中两个对角上设置 1.0m ×1.0m ×0.6m 集水坑，安放水泵及时抽水，保持基坑干燥，不被浸泡，在水量少的一角设进出斜坡道，在基坑四周外围开挖截水沟及挡水埂，防止雨水和周边水流入。

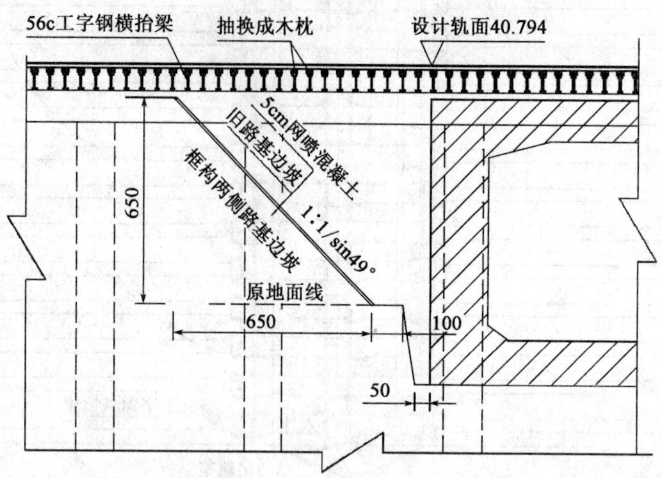

图 7　框构桥两侧既有线路基开挖放坡示意图(尺寸单位:cm)

及时报业主、设计、监理工程师共同进行验槽和基底承载力检验，检验合格后立即进行人工清底和垫层施工，避免基底长时间暴露造成承载力下降。人工清底方向从远离斜坡道的一角开始采用后退式进行，一次性清至设计高程。

(4)垫层施工。

基坑开挖完后，用铲车铺填 30cm 厚碎石垫层，人工配合挖掘机整平，压路机碾压。对机械无法施工的部位，采用人工上料、找平，并用小型打夯机夯实。

碎石垫层施工完成后，及时对整个基坑底部用 10cm 厚的 C15 混凝土进行封底处理。封底混凝土从一端至另一端进行浇筑，不留横向施工缝。浇筑至四周排水沟及集水坑时，直接用混凝土分层浇筑到位。采用平板振动器振捣，平板重叠宽度不小于 1/3 板宽。

4)框构主体现浇施工

(1)支架搭设布置形式。

框构主体现浇选用 18mm 厚木模板，采用 ϕ48mm ×3.5mm 碗扣支架作为承载主体。立杆沿竖向、大横杆沿横向、小横杆沿纵向布置，按不低于规范要求设置剪刀撑。顶板模板底采用两层木枋，底层木枋正对立杆轴心安放于顶托上。中墙和侧墙内楞采用枋木竖向布置，外楞采用双钢管横向布置，对拉螺杆进行加固。

支架体系的材料规格及搭设参数按规范和手册要求选择并检算，以能确保施工安全也不浪费为原则。模板支架搭设详见图 8。

(2)框构主体现浇工艺。

①施工步骤。

框构范围原路基土方开挖到位后，即可进行框构主体施工。框构主体一般分两次浇筑完成，即先施工底板，再施工边墙和顶板。

②钢筋加工。

钢筋加工和安装按图纸和施工规范要求执行。钢筋焊接由持证且有经验的人员操作，钢筋绑扎完毕后先自检，再报监理工程师检验，合格后方可进入下道工序施工。

③支架及模板施工。

按照规范要求进行模板安装，边墙模板采用钢管作内撑、管内穿拉杆的撑拉结合的方式固定模板。浇筑混凝土前仔细检查预埋件是否齐全，位置是否正确，满堂支架是否满足安全稳定的要求，如有偏差

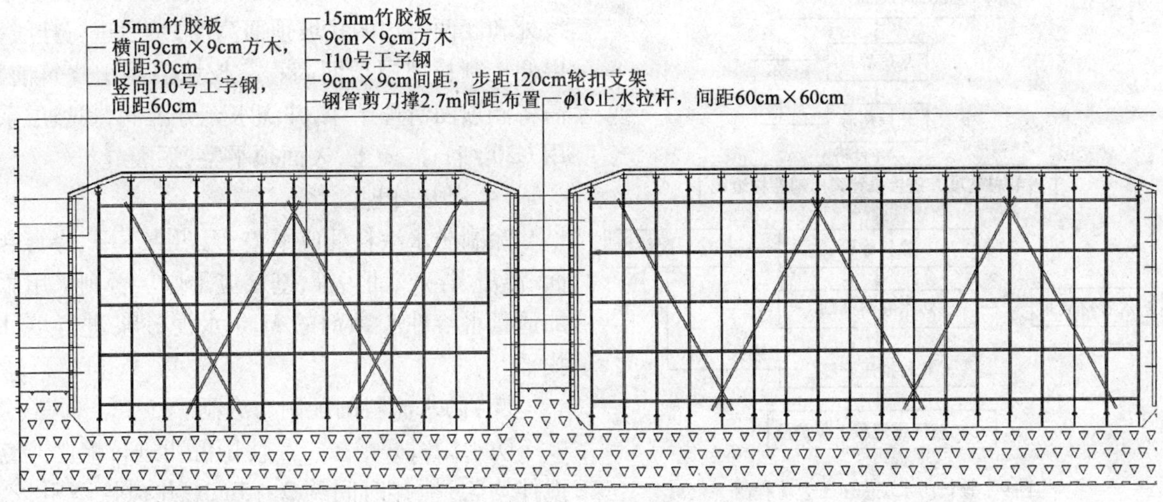

图8 框构桥主体现浇满堂红支架布置断面图

应在浇筑混凝土前及时校正。

④混凝土施工。

底板混凝土施工：从一端开始分层台阶式全断面推进浇筑，采用插入式振捣棒进行振捣，严防漏振或过振。侧墙浇筑至腋角以上约200mm处。底板混凝土达到设计强度的40%时，可绑扎边墙钢筋并支立模板，达到设计强度的80%后，方可在其上搭设支架。

边墙、顶板施工：浇筑前，将接茬处的混凝土浮浆清除、表面凿毛，用水冲洗干净，铺约15mm水灰比略小的灰浆后灌注。墙体混凝土灌注采用左右对称、水平分层、连续灌注的方法，混凝土自由落体高度不应超过2m，顶板混凝土浇筑完毕后抹平压光，以利于防水涂料的涂刷和防水层的铺设。

顶板、底板不宜留施工缝，墙体水平施工缝不留在剪力与弯矩最大处或底板与侧墙的交接处，应留在高出底板表面不小于200mm的墙体上。

混凝土养护与拆模：混凝土浇筑完毕后，应及时进行养护。墙身混凝土待同条件试件达到75%设计强度、顶板混凝土达到100%设计强度后，方可进行拆模。

5）结构防水施工

（1）防水施工方案。

框构桥顶板采用TQF-I型铁路混凝土桥面防水层防水。该防水层由氯化聚乙烯防水卷材和聚氨酯防水涂料组成。先涂防水涂料，再铺设防水卷材，形成双防水结构。

对现浇框构桥顶板顶线路加固体系底一般间距都较小，难以进行防水层施工。此时可采用“隔一抽一法”拆除工字钢横抬梁，再人工进去施工。本桥既有线车量少且可申请到较长的中断行车时间时，采用间断行车后防水和线路恢复同步交叉快速施工的方案，待线路恢复完成后再恢复行车。此方案具体做法如下：

施工前与铁路部门联系，申请封路施工时间段进行线路封锁，待铁路部门做好行车调度并通知我方后。即刻快速从框构的一端向另一端拆除线路加固体系，同时找坡层、防水层和保护层按流水梯次紧跟拆除横抬梁和吊轨梁的顺序进行施工，找坡层初凝后立即铺设防水层，铺设过程监理全程旁站，边铺设边验收，保护层紧随防水层向前推进，待保护层初凝后立即再上细砂等保护层，最后紧跟着铺道砟，安装轨枕、基本轨和护轮轨，恢复线路。

（2）顶板防水层施工工艺流程。

顶板防水层施工工艺流程详见图9。

（3）细石混凝土找坡层。

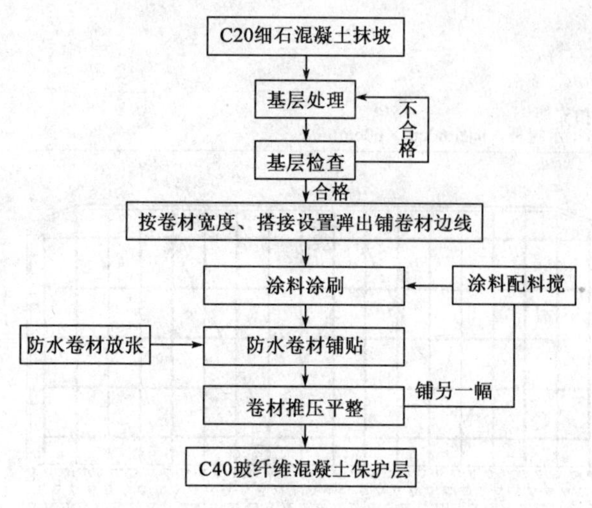

图9　顶板防水层施工工艺流程图

找坡前先放出线路中线,并测定标出涵顶中线处和涵两侧边的找坡顶面高度,然后进行挂线,以便控制找坡层顶面高程。找坡混凝土浇筑前,需将涵顶面清理干净,并浇水充分湿润,找坡层采用C20细石混凝土,表面须平整,无裂缝。

(4)基层处理。

涂刷防水涂料处应平整、无凹凸不平、蜂窝麻面、浮渣、浮灰、油污等,基层应干燥。否则采用添加适量水溶性胶黏剂的M10水泥砂浆进行填补找平。

(5)防水涂料的配制与涂刷。

防水涂料必须按产品使用说明进行配比。应搅拌均匀,搅拌时间约3~5min,并搅拌至甲、乙两组分的混合液体发出黑亮,并注意温度要求。

涂刷从构件一端倒出防水涂料,用刮板按90cm宽往另一端涂刷。涂料开始至涂刷完不宜超过20min。涂刷厚度为1.5mm,前后两次的涂层应接好茬。

(6)防水卷材的铺贴、搭接及封边。

铺贴防水卷材紧跟涂刷防水涂料进行,防水卷材搭接宽度不小于8cm。搭接宽度及防水卷材周边往里8cm应涂刷防水涂料进行封边,涂刷厚度均不得小于1.5mm。

(7)保护层施工。

①施工用具、材料必须轻吊轻放,严禁碰伤或破坏已铺设好的防水层。

②涵顶纵向每隔4m做一宽约10mm、深约保护层厚度的断缝。当保护层初凝后,用聚氨酯防水涂料将断缝填实、填满,保护层应表面平整,流水畅通。

(8)线路恢复。

由于本桥采用线路恢复与防水同步交叉快速施工的方案,因此应在保护层初凝后,及时铺设一层约10cm厚细砂保护层,并在封闭时间内配合工务段完成铺设道砟、轨枕和钢轨等线上工作。线上施工结束,应根据道床沉降情况,随时补充道砟,加强养护,确认线路稳定后,拆除冠梁和钻孔桩桩柱,恢复线路。

6　材料与设备

6.1　材料

本工法的主要材料见表1。

主要周转材料　　表1

序　号	材料名称	单　位	材料数量	备　注
1	I56c工字钢横抬梁	m	2 915	单根长11m
2	U形螺栓及扣件	套	3 000	线路加固固定用
3	吊轨梁钢轨(P50)	m	1 452	3-5-3吊轨梁
4	250cm×16cm×20cm Ⅰ类木枕	根	265	线路加固抽换枕木
5	新混凝土桥枕	根	205	线路恢复时更换路枕
6	P50护轮轨	m	204	路基变成桥后增设

6.2　设备

本工法的主要施工机具设备见表2。

主要施工机具设备 表2

序号	名 称	规格型号	单 位	数 量	备 注
1	挖掘机	PC200	台	2	
2	装载机	ZL50	台	2	
3	自卸汽车	20t	台	20	
4	压路机	20T	台	2	填平台时碾压用
5	旋挖钻	SR220	台	2	
6	起重吊车	QY25	辆	2	
7	插入式振捣棒	ZX－50	套	5	
8	发电机	120kW	台	1	
9	电焊机	B1400A	台	2	
10	钢筋切割机	G40	台	2	
11	钢筋弯曲机	DW50	台	1	
12	混凝土运输车	$8m^3$	台	4	
13	混凝土泵车	36m	辆	1	

7 质量控制

7.1 执行标准、规范

(1)《铁路桥涵工程施工质量验收标准》(TB 10415—2003)。

(2)《公路工程技术标准》(JTG B01—2003)。

(3)《公路桥涵设计通用规范》(JTG D60—2004)。

(4)《铁路技术管理规程》(铁道部令第29号)。

7.2 质量控制措施

(1)建立健全质量保证体系,成立以项目经理为组长、总工程师为副组长、各部门负责人参加的质量管理领导小组;建立严密的质量检查组织机构,充分发挥质检机构和专职质量人员的作用。

(2)严把材料质量关。对原材料、半成品和成品要严格按质量标准进行订货、采购、运输、保管和供应,从源头上确保产品质量。

(3)加强计量、检测工具,在施工中严格按混凝土配合比、试验单进行控制,并对混凝土的上料、搅拌、运输、灌注、捣固及养生全过程按标准化作业施工。

(4)严格执行隐蔽检查、签证制度。自检合格后,按要求填写隐蔽工程检查证,及时通知监理工程师到现场进行检查,在检查证上签字后,方可继续施工。

8 安全措施

(1)成立安全管理领导小组,设置专职安全员,责任到人。制订安全施工保证措施,制订应急救援预案并演练,专人全过程监控、不留死角。

(2)按规定办理《路外建设项目施工许可证》、签订《施工安全协议书》、提报列车慢行要点计划等既有线施工报批手续,且按规定设好防护后,方可进行线路加固。

(3)在线路加固的自始至终都要设线路工,对股道的水平、方向、轨距进行检查并校正,尤其每通过一次列车要进行一次整修,直到顶进完毕、线路加固拆除。同时设线路防护员对加固施工人员的人身安全进行防护。

(4)线路防护人员必须由经过培训、持有合格证的人员担任;施工防护人员所用的信号标志,显示明确,防护位置要正确,佩戴用具要齐全,并有交接班制度和记录。

(5)线路加固开始,全体防护人员和安全质量人员要全部进入工作状态。穿抬梁挖道砟要及时清除,要防止将道砟及其他杂物掉落在线下,发生人身伤害事故。

(6)线路加固完毕后,要严格检查线路的方向、水平、轨距及加固螺栓扣件是否松动,其他料具严禁侵限,做到每过一次列车检查一遍。

(7)线路恢复抽抬梁必须按步骤进行,不得以任何理由简化施工程序。拆除的抬梁等材料要及时运出股道外,不得侵入限界,确保行车安全。

9 环保措施

(1)成立施工环境管理组织机构,在施工过程中应严格执行国家和地方政府下发的环境保护的法律和规章。

(2)严格禁止将施工废水、生活污水直接排入河流,靠近生活水源的施工,采用沟壕或堤坝隔离,避免造成污染。

(3)施工废油应采用隔油池等有效措施加以处理,不得超标排放。

(4)当有粉尘、烟尘和有害气体的环境中作业时,除采取相应的措施外,作业人员尚应佩戴必需的劳动防护用品。

(5)驻地生产区和生活区的施工垃圾和生活垃圾,应集中堆放,在征得当地环保部门同意后,运到指定地点进行处理。

10 资源节约

(1)提倡使用节能灯,下班后安排电工关掉现场不用的电源。节约用水,充分利用有限水源,循环使用。有专人负责物资,每天领取所需材料,杜绝浪费。

(2)本工法使用了已有组合装备式桁架结构,节省了材料,降低了成本,减少了工期,保证了安全。

11 效益分析

11.1 经济效益

采用填筑平台法施工防护支承桩、吊轨梁+工字钢横抬架空线路后开挖现浇框构、调整两侧路基开挖坡度和一次性进行顶板防水和线路恢复施工的方法及施工工艺,与工艺改进前的施工费用比较,有更明显经济效益:

(1)复杂地质条件下大跨度现浇框构桥施工综合技术的实施,共节约资金40万元。以上节约费用包括了人工费、材料费、机械使用费,不包含工期提前产生的效益。

(2)本工程采用了更合理的工艺、方案,节约工期4~6个月,挽回了前期因既有线施工手续办理耽误的工期,顺利实现了按期完工。

11.2 社会效益

本工法采用的线路加固架空、防护桩施工、顶板防水及线路恢复同步施工等施工工艺创意新颖,施工速度得到了明显提高,既保证了工期,又节约了资金,得到了业主和地方政府的好评,为既有线下大跨度现浇框构桥的施工提供了一种新思路。

12 应用实例

沈阳四环穿越西部工业走廊铁路K15+065框构桥,既有线为单线铁路、无缝线路。交叉处铁路线为直线,路基填方高度6.5m,铁路两侧地势较平坦,两侧为水田。

框构桥采用12.5m+16.5m+16.5m+12.5m,垂直截面全宽65.0m,轴长10.6m,桥高9.0m。顶板厚1.3m,底板及侧墙厚1.4m,顶板梗肋长1.5m、高0.5m,底板梗肋长高均为0.5m。

本桥因跨度大、四孔连体、斜交角度较大、桥底板埋设约2.5m深,且地下水位高、地质差,若采用顶进施工存在成本高、施工难度大和施工质量不好控制等缺点,采用线下原位现浇施工很好的规避了这些问题。施工中线路加固采用3-5-3吊轨梁加I56c工字钢横抬梁抬轨,加固范围内线路全部更换为250cm×16cm×20cm新Ⅰ类木枕。横抬梁支放在冠梁顶面,各加固件间均采用U形钢扣件固定,线路加固期间列车限速30km/h。该方案存在加固速度快、跨度大,操作简便快捷,线路加固安全系数高等优点。

线路加固支承桩、防护桩位于既有线坡顶,采用填筑平台机械钻孔施工的方案,加快了进度,解决了地下水丰富、地质差不利于采用人工挖孔施工和人工挖孔施工速度慢等问题,为线路加固支承桩、防护桩施工提供了新思路。

线下土方采用水平分层自上而下开挖,从一侧向另一侧逐步开挖架空线路,线路加固采用人工配合小型挖机开挖。框构两侧边坡采用1:1进行放坡,既经济又安全地完成框构施工。

通过对支架全面受力分析并进行强度、刚度、稳定性检算,选择合理的参数与布置形式,设计出结构合理、施工简便的满堂红支架方案,充分利用了现有材料,特别通过在预留二线侧搭设临时上料平台进行顶板钢筋施工的方案,解决了顶板顶至工字钢横抬梁间距小、顶板钢筋很难施工的难题,为今后类似工程提供一些参考。

该桥顶板顶至横抬梁底只有0~25cm的空间,顶板防水成了施工难题,组织专家会同业主、设计院、铁路局和监理等进行多种方案论证,并最终确定了临时中断行车采用顶板防水和线路恢复同步交叉快速施工的方案,解决了顶板防水无法施工的难题,成功地将顶板防水施工和线路恢复两道单独工序有机结合成了一道工序,极大地节省了施工时间,同时该方案施工简便,操作简单,节约了施工成本。

在沈阳四环穿越西部工业走廊K15+065框构桥施工实践中,多孔大跨度框构桥现浇施工获得圆满成功,创造了良好的经济效益和社会效益。

PLC 液压控制桥梁整体同步顶升施工工法

GGG(鲁)C4155—2013

李君强　辛崇升　王　磊　赵　毅　刘志民

(济南金曰公路工程有限公司)

1　前言

随着交通行业不断发展,大力发展立体互通立交已成为社会共识,为缓解交通压力,促进经济发展,高架桥和立体式互通立交改造迫在眉睫,为避免旧桥拆除而新建造成资源浪费,新建桥梁与原有旧桥梁的对接如何进行,尤其是对刚投入使用不久的桥梁改造,应从经济、环保、交通、使用价值安全等多方面考虑。根据桥梁结构分析和养护技术相结合,桥梁整体可靠程度将直接影响桥梁结构的安全度和耐久性,由此,作者研究开发出了一套对既有交通运营影响少,并能够有效解决桥梁上部结构在顶升、降落过程中同步位移难题的高科技集约化专用设备,即形成本工法。

本工法由高压液压千斤顶通过称重的方法,精确地按照桥梁的实际荷重,平稳地顶举桥梁,使顶升过程中桥梁受到的附加内应力下降至最低;同时液压千斤顶根据分布位置分成组,与桥梁两侧的位移传感器组成位置闭路,以便控制桥梁顶升的位移,同步精度达到±2.0mm,已达到国际先进水平。因此,本工法完成了桥梁上部结构在顶升、降落过程中由于各支点竖向位移差的存在,使得桥梁上部结构在桥梁纵、横方向出现附加二次内力,有效地消除了桥梁上部结构实际内力的变化,保证了桥梁上部结构的结构安全。

本工法已在济南金曰公路工程有限公司承建的济南市二环东路高架桥(燕山互通立交)和济广高速连接线二环西路高架桥(腊山互通立交)工程中得以实际应用,并取得了良好的效果,得到了当地政府和业主的肯定。

2　工法特点

(1)开发了采用 PLC 可以编制程序的存储器,在其内部存储执行运算、计时和计数等操作指令的液压控制桥梁整体同步顶升技术。液压系统具有功率密度高、易于实现直线运动和获得大推力、大力矩、可实现无级变速、速度刚性大、防止过载等优点,同时各种标准的不断制定和完善及各类元件的标准化、系列化和通用化,使得液压系统得到广泛应用。

(2)能够提供足够的承载能力,具有协调多点运动关系的整体控制能力,又能采用各种先进的控制算法分别对各点处的执行机构进行控制,可以自行解决在工程实际中遇到的各种不确定因素,避免对建筑物造成损害,达到施工要求的智能型自动控制设备。

(3)利于大跨径、多桥孔连续箱梁桥等大吨位桥梁支座的更换。方便大跨径连续箱梁及其他类型桥梁结构由于桥下净空提升所引起的上部结构整体抬升。

3　适用范围

本工法适用于所有大跨径、多桥孔连续箱梁桥等大吨位桥梁支座的更换和桥梁上部结构为带有横向联系构造的各类梁式桥的支座更换和维修,以及因桥下净空或桥头接顺需要而进行的桥梁上部结构整体抬升;也适用于由施工工艺需要带来的大型结构物整体竖向落架工作的工程项目;同时还适用于大型现浇混凝土结构的浇筑支撑结构进行基础沉降竖向位移补偿，以及其他需要同等精确度的同步位移作业工程项目。

4　工艺原理

（1）计算机PLC液压控制桥梁整体多点位移同步顶升系统原理是，将先进的数字监控传输、液压传动控制、计算机数字信号处理技术进行整合，将机械设备系统与传统的桥梁结构分析相结合，在PLC液压控制桥梁位移同步顶升系统中，系统对计算机采集到的位移传感信号进行判别处理，通过专门编写的计算机处理程序模块控制桥梁顶升过程和步骤。控制数据经中央计算机系统处理后，将数字控制信号由输出模块传递到电磁阀组以控制液压油路的流量，以达到液压单元控制和同步的目的。

（2）根据系统功能要求，液压系统控制阀组由精密节流阀、溢流阀、电磁截止阀、液控单向阀等组成，使用高压油泵提供压力，通过高压油管顶升单元与油泵相连，终端使用精密油压千斤顶作为液压作业单元完成系统的顶升作业。

5　施工工艺流程及操作要点

5.1　施工工艺流程（图1）

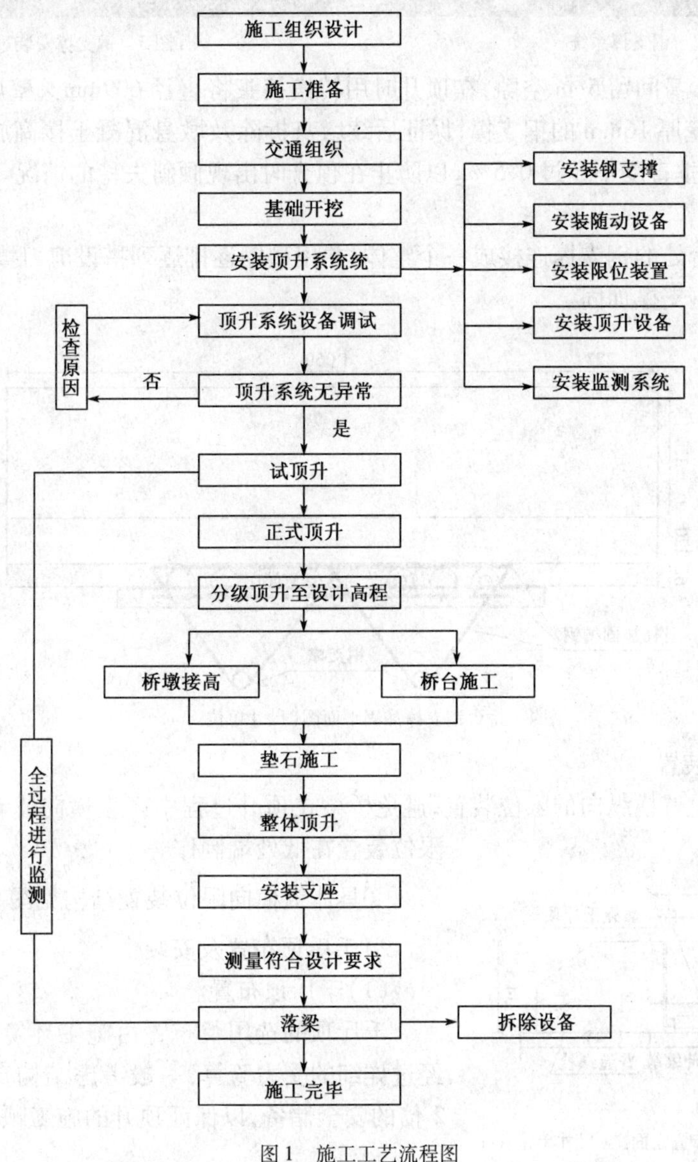

图1　施工工艺流程图

5.2 操作要点

1)顶升体系安装

(1)安装钢支撑。

①支撑系统采用直径609mm×壁厚16mm的钢管支撑;安装过程中采用机械配合人工进行安装(图2、图3)。

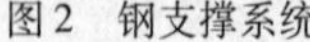

图2 钢支撑系统

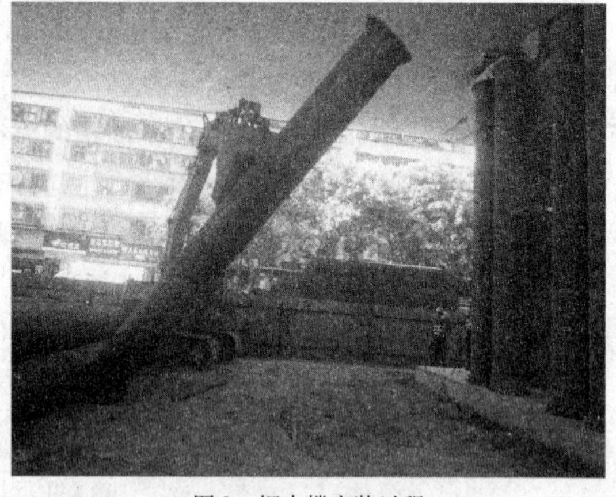

图3 钢支撑安装过程

②钢管支撑与原墩身间留5cm空隙,在顶升时用转换接头将直径609mm×壁厚16mm的钢管支撑转换为直径500mm×壁厚16mm的钢支撑,保证后续墩身拆除及墩身混凝土接高施工方便。在安装钢支撑时,要严格控制其垂直度不超过0.5%,以防止在顶升时出现倾斜失稳的情况。

(2)钢支撑加固。

用槽钢焊接与桥台处的钢支撑连接成一个整体,并用型钢逐排逐列搭设剪刀撑,支撑体系连结成一个整体。图4为桥台钢支撑加固。

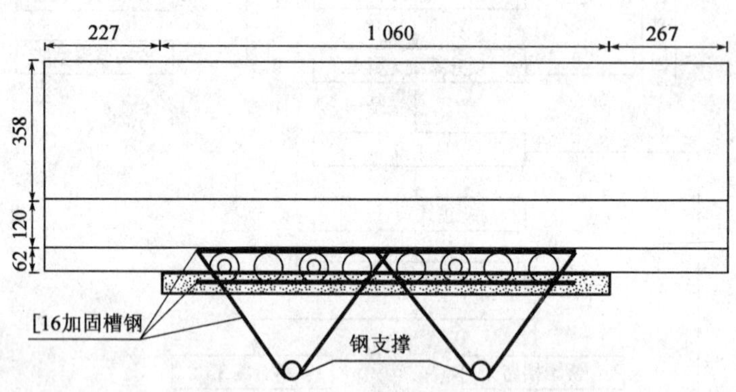

图4 桥台钢支撑加固平面图(尺寸单位:cm)

(3)纵、横向限位装置。

①在桥梁的两头设置横纵向的限位装置,避免桥梁在顶升过程中产生横向或者纵向的偏移。横向限位装置在低处端制作。

②具体纵横向限位装置结构见图5~图8。

2)千斤顶布置及安装

(1)千斤顶布置。

千斤顶的选用及布置由施工环境及设计图纸决定,并经过详细的受力验算,一般考虑结构自重偏差系数1.1及2倍的安全储备,以保证顶升的施工顺利进行。

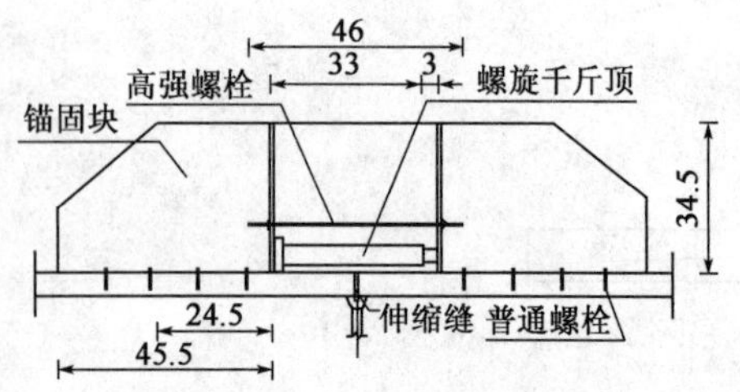

图5 桥梁纵向限位装置布置立面图(尺寸单位:cm)

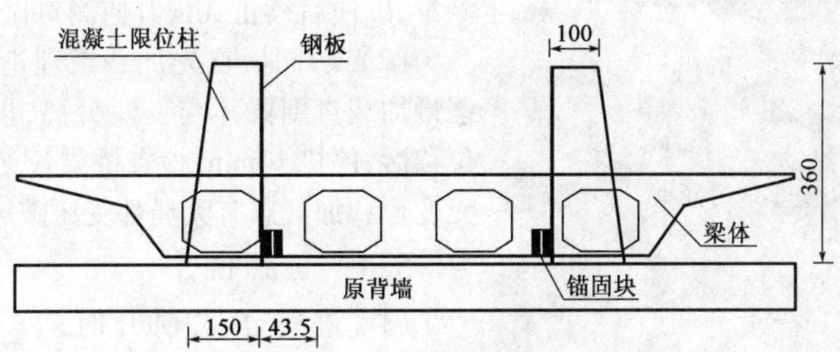

图6 桥梁横向限位装置布置立面图(尺寸单位:cm)

图7 横向限位

图8 纵向限位

(2)千斤顶安装。

①千斤顶上设置钢板以分散集中力,在钢板上按照吊顶钢板四周槽口的位置焊接螺栓,利用螺栓将吊顶钢板固定在分散集中力钢板上。在分散集中力钢板与吊顶钢板之间,按照需要调整的坡度填塞楔形钢板,使吊顶钢板保持水平(图9)。

②在安装分散集中力钢板和分配梁时,因梁底可能有凹凸不平处,致使分散集中力钢板和分配梁无法和梁体完全紧贴接触。出现上述情况时,若缝隙小于5mm则采用楔形钢板填充塞实,若大于5mm则采用灌浆料或水泥浆填充补实。在安装分散集中力钢板时,由监理单位对梁底进行检测,如若出现空洞等情况,应按要求用环氧修补砂浆对梁底空洞处进行修补。

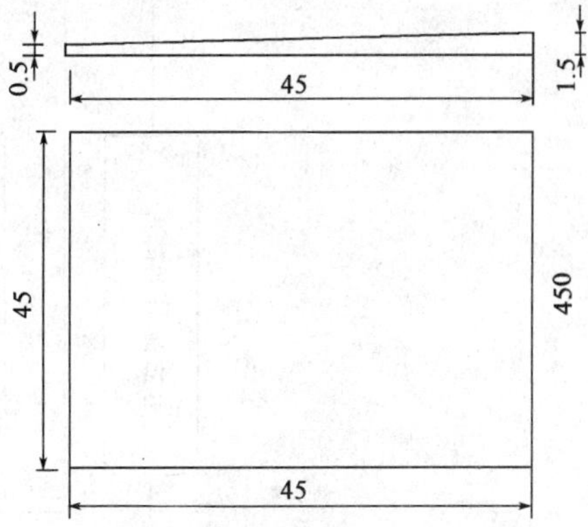

图9 楔形钢板示意图(尺寸单位:cm)

3)顶升控制区域划分及液压系统布置

(1)每个桥墩的单个墩柱上的千斤顶作为一组进行控制,每组千斤顶中心位置与梁底板间设置一个监控点。

(2)每个监控点均设一台拉线传感器,精度为0.01mm。控制区域设置拉线传感器以控制位移的同步性,根据桥梁的结构,位移同步精度控制在2mm(图10)。

(3)拉线传感器上侧固定在梁体上,下侧固定在原墩台上,通过信号线将位移量传递到控制计算机上。拉线传感器量程为1 000mm。

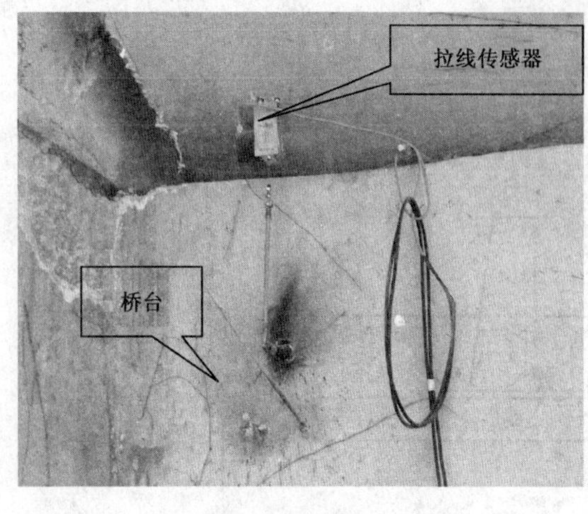

图10　拉线传感器安装

5.3　顶升试验

(1)在正式顶升之前,应进行试顶升,试顶升高度为7mm。在试顶升前,应对原桥梁结构现状线形进行全面测量,以便后续正式顶升监测对比参照。

(2)顶升时,首先加载至理论顶升力的80%,之后缓慢加载直到梁体与支座分离,再顶升达到5mm垂直位移后,停机10min,检查桥梁各支顶部位和顶升支架有无变形和加载点有无局部受压破坏。

5.4　正式顶升

(1)进行正式顶升时,每一顶升标准行程为100mm,最大顶升速度5mm/min。

(2)箱梁顶升每个步阶(一个循环)有5个关键的工艺环节。第一环节,千斤顶顶升撑起梁体;第二环节,随动装置随千斤顶的升高而升高,防止顶升千斤顶出现特殊情况导致梁体回落;第三环节,千斤顶顶升100mm+3mm后停止动作,由千斤顶受力,将随动装置回油并加高随动装置处钢支撑;第四环节,千斤顶缓慢回油下降,梁体荷载转换至随动装置上;第五环节,千斤顶活塞回缸到底,加高千斤顶位置钢支撑。为确保整个顶升过程中操作人员和临时支墩的安全,顶升时千斤顶和临时支墩的压力不允许超过设计压力的10%。

(3)顶升总流程见图11。

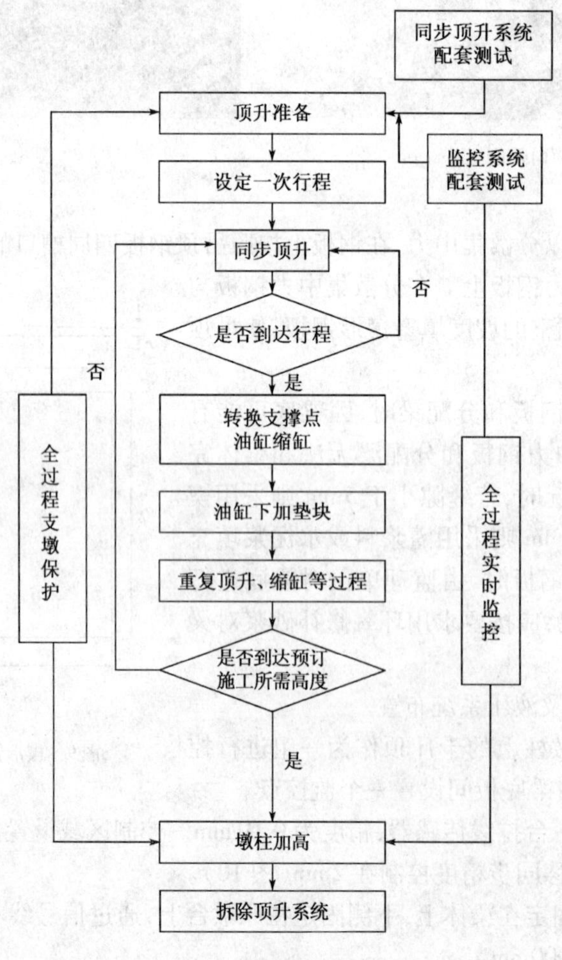

图11　顶升总流程

5.5 顶升控制事项

1)正式顶升环节要点

(1)操作:按预设荷载进行加载和顶升。

(2)观察:各个观察点应及时反映测量情况。

(3)测量:各个测量点应认真做好测量工作,及时反馈测量数据。

(4)校核:数据报送至现场领导组,比较实测数据与理论数据的差异。

(5)分析:若有数据偏差,有关各方应认真分析并及时进行调整。

(6)决策:认可当前工作状态,并决策下一步操作。

2)顶升注意事项

(1)每次顶升的高度应稍高于钢垫块厚度(100mm),能满足垫块安装的要求即可,不宜超出钢垫块厚度较多,以避免负载下降的风险。

(2)顶升关系到主体结构的安全,各方要密切配合。

(3)顶升过程中,应加强巡视工作,应指定专人观察整个系统的工作情况。若有异常,应直接通知指挥控制中心。

(4)结构顶升空间内不得有障碍物。

(5)顶升过程中,未经许可非作业人员不得擅自进入施工现场。

3)顶升过程控制

(1)整个顶升过程应保持拉线传感器的位置同步误差小于2mm,一旦位置误差大于2mm或任何一缸的压力误差大于5%,控制系统应立即关闭液控单向阀,以确保梁体安全。

(2)顶升过程中要实时观测基础沉降、顶升系统垂直度、加固焊接点等。

(3)每一轮顶升完成后,对计算机显示的各油缸的位移和千斤顶的压力情况,随时整理分析,如有异常,及时处理。主梁顶升并固定完成后,测量各高程观测点的高程值,计算各观测点的顶升高度。

(4)顶升过程中可能出现的故障及应急处理办法见表1。

故障及应急处理办法 表1

序 号	故 障	应急处理办法
1	油管漏油	①更换油管或密封垫片;②更换快速接头
2	泵站电磁阀等工作不正常	更换新的
3	传感器损坏	更换新的
4	千斤顶损坏(较少出现)	①千斤顶卸载,荷载转移到跟随装置上;②更换千斤顶或密封圈
5	位移显示器损坏或失效	更换新的
6	通信电缆折断	修复或更换

6 材料与设备

根据项目具体要求准备机具。其主要材料、机具为:各种类型的千斤顶、同步智能控制系统、监测系统、钢支撑、高压油泵、高压油管等。进行施工时,可根据现场情况进行调整。PLC液压控制桥梁同步顶升所需机具设备如表2、表3所示。

机具设备 表2

<table>
<tr><th>设备名称</th><th>设备型号</th><th>数 量</th><th>单 位</th></tr>
<tr><td>千斤顶</td><td>大吨位油缸</td><td>若干</td><td>个</td></tr>
<tr><td>高压油管</td><td colspan="2">视实际情况而定</td><td>台</td></tr>
<tr><td>高压油泵</td><td>2-80</td><td>20</td><td>台</td></tr>
</table>

续上表

设备名称	设备型号	数量	单位
百分表	视实际情况而定		台
各型钢垫板	—	若干	台
控制系统	—	1	套
监控系统	—	1	套
拉线传感器	—	20	台
钢支撑	609×16/500×16	若干	个

小型机具设备 表3

序号	设备名称	设备型号	单位	数量	用途
1	异型钻机	—	台	3	灌注桩施工
2	手拉葫芦	st	台	1	钢筋笼吊放
3	正铲装载机	ZL50	台	1	运土
4	卷扬机	3t	台	1	拉直钢筋
5	钢筋弯曲机	GW40	台	1	钢筋加工
6	电焊机	BX-300	台	4	钢筋加工
7	钢筋切割机	GJ40	台	1	钢筋加工
8	搅浆筒	—	台	2	制备泥浆
9	混凝土喷射机	PZ-5B	台	2	喷射混凝土
10	注浆泵	KBY-50/70	台	1	回填注浆
11	混凝土输送泵	HB-30D	台	2	灌注混凝土
12	漏斗及导管	ϕ200	套	1	灌注混凝土

7 质量控制

7.1 执行的规范及标准

结构施工质量执行《公路工程质量检验评定标准》(JTG F80/1—2004)、《公路桥涵施工技术规范》(JTG/T F50—2011),钢支撑等焊接满足《钢结构工程施工质量验收规范》(GB 50205—2001),其他等参照国家现行技术规范、标准执行。

7.2 元件的可靠性检验

元件的质量是系统质量的基础,为确保元件可靠,本系统选用的元件均为 Enerpac 的优质产品或国际品牌产品。在正式实施顶升前,以70%~90%的顶升力在现场保压5h,再次确认密封的可靠性。

7.3 系统的可靠性检验

液压系统在运抵现场前进行63MPa满荷载试验24h,进行0~63MPa循环试验,确保系统无故障、无泄漏。

7.4 液压油的清洁度检验

液压油的清洁度是系统可靠的保证,本系统的设计和装配工艺,除严格按照污染控制的设计准则和工艺要求进行外,连接软管再进行严格冲洗,封口后移至现场,现场安装完毕应进行空载运行,以排除现场装配过程中可能意外混入的污垢。系统的清洁度应达到NAS9级。

7.5 力闭环的稳定性检验

所谓力闭环,就是当系统设定好一定的力后,力的误差在5%内。当力超过此范围后,系统自动调整到设定值的范围。力闭环是本系统的基础，力闭环的调试利用死点加压，逐台进行。

7.6 位置闭环的稳定性检验

当系统给拉线传感器设定顶升高度后，顶升高度超过此高度系统自动降至此高度，当顶升高度低于此高度系统自动升至此高度，保证系统顶升的安全性与同步性。

7.7 顶升系统结构检查内容(表4～表6)

整体结构检查 表4

序 号	检查内容	序 号	检查内容
1	千斤顶安装是否垂直牢固	4	影响顶升的设施是否已全部拆除
2	顶升支架安装是否牢固	5	主体结构与其他结构的连接是否已全部去除
3	限位结构安装是否牢固，限位值设值大小是否符合要求		

油泵系统检查 表5

序 号	检查内容	序 号	检查内容
1	油缸安装牢固正确	4	备用2桶液压油，加油必须经过滤油机
2	泵站与油缸之间的油管连接必须正确、可靠	5	液压系统运行是否正常，油路有无堵塞或泄漏
3	油箱液面，应达到规定高度	6	液压油是否需要通过空载运行过滤清洁

控制系统检查 表6

序 号	检查内容	序 号	检查内容
1	系统安装就位并已调试完毕	7	系统能否升降自如
2	各路电源，其接线、容量和安全性都应符合规定	8	拉线传感器的工作情况
3	控制装置接线、安装必须正确无误	9	各种阀门的工作状况是否正常，是否需要更换
4	应保证数据通信线路正确无误	10	监测系统检查
5	控制系统运行是否正常，液压系统对控制指令反应是否灵敏	11	信号传输无误
6	各传感器系统，保证信号正确传输		

8 安全措施

(1)认真贯彻“安全第一，预防为主”的方针，根据国家有关规定、条例，结合施工单位实际情况和工程的具体特点，组成专职安全员和班组兼职安全员以及工地安全用电负责人参加的安全生产管理网络，执行安全生产责任制，明确各级人员的职责，抓好工程的安全生产。

(2)施工现场按符合防火、防风、防雷、防洪、防触电等安全规定及安全施工要求进行布置，并完善布置各种安全标志。

(3)各类房屋、库房、料场等的消防安全距离做到符合公安部门的规定，室内不堆放易燃品；严格做到不在木工加工场、料库等处吸烟；随时清除现场的易燃杂物；不在有火种的场所或其近旁堆放生产物资。

(4)氧气瓶与乙炔瓶隔离存放，严格保证氧气瓶不沾染油脂、乙炔发生器有防止回火的安全装置。

(5)施工现场的临时用电严格按照现行《施工现场临时用电安全技术规范》的有关规定执行。

(6)电缆线路应采用“三相五线”接线方式，电气设备和电气线路必须绝缘良好，场内架设的电力线路其悬挂高度和线间距除按安全规定要求进行外，将其布置在专用电杆上。

(7)施工现场使用的手持照明灯使用36V的安全电压。

(8)室内配电柜、配电箱前要有绝缘垫，并安装漏电保护装置。

(9)对于将要较长时间停工的开挖作业面,不论地层好坏均应施作网喷混凝土封闭。

(10)建立完善的施工安全保证体系,加强施工作业中的安全检查,确保作业标准化、规范化。

9 环保措施

(1)严格遵照执行《中华人民共和国环境保护法》等各级有关部门颁发的环境保护方面的法律法规,把环境保护当作关系民生的大事。

(2)把环境保护相关内容列入施工组织设计范围内,在编制施工组织设计的同时,要充分考虑环保内容,做到环境保护有组织管理,有检查落实。

(3)对施工中可能影响到的各种公共设施制订可靠的防止损坏和移位的实施措施,加强实施中的监测、应对和验证。同时,将相关方案和要求向全体施工人员详细交底。

(4)设立专用排浆沟、集浆坑,对废浆、污水进行集中,认真做好无害化处理,从根本上防止施工废浆乱流。

(5)着力提高"人本化水平",在施工过程中,及时清理回收施工过程中产生的废弃料,对每道工序科学安排,使工程切实达到生态环保、安全有序、文明施工。

(6)优先选用先进的环保机械。采取设立隔声墙、隔声罩等消声措施降低施工噪声到允许值以下,同时尽可能避免夜间施工。

(7)对施工场地道路进行硬化,并在晴天经常对施工通行道路进行洒水,防止尘土飞扬,污染周围环境。

10 资源节约

PLC液压控制桥梁同步顶升与旧桥梁拆除后新建相比较,可节省大量用于桥梁新建的原材料,包括钢筋、水泥、砂子、石子、钢绞线等,可节省大量的人工及工程机械使用的水电、汽油、柴油及桥梁拆除产生的建筑垃圾等,并大量减少由此产生的大气污染、噪声污染,符合文明施工的要求。

11 效益分析

11.1 经济效益

(1)PLC液压控制桥梁同步顶升技术比常规拆除新建节省拆除新建费用。以济广高速连接线二环西路高架桥腊山(段店)立交顶升工程X第一联、Y匝道第十联为例,直接经济效益节省400余万余元。

(2)以燕山立交桥利用PLC液压控制桥梁同步顶升工程为例,与新建工程相比,可以节约600万左右的投资成本。

11.2 社会效益

(1)在施工中大大缩短了工期。以腊山(段店)立交桥顶升工程为例,与桥梁的新建工程相比,可以缩短至少6个月的工期。

(2)节约资源,减少建筑垃圾。同步顶升工程可以减少数千吨的建筑垃圾,且水电使用量远小于新建工程。

(3)可以减少施工扰民和环境污染。由于顶升工程施工工期的大幅缩短,可以有效减少施工产生的噪声污染及因施工带来的交通压力;且由于建筑垃圾的减少,直接减少了由施工带来的环境污染。

12 应用实例

12.1 工程实例一

济南市二环东路高架桥燕山立交桥顶升工程。本工程位于济南市燕山立交桥北侧,共计3联170m,由于顶升范围的桥梁位于燕山立交变宽段上,桥梁宽度由26~47m不等,桥梁上部结构自重大,顶升难度也较大,在顶升时,可对左右两幅桥梁单独进行顶升,以减轻顶升重量,降低施工难度。第一联,每幅共三跨,每跨20m,共60m,重约2 060t,每排用3个千斤顶,共4×6=24个120t液压千斤顶,总顶升力120×24=2 880t;第二联,每幅共三跨,每跨20m,共60m,重约2 730t,宽端每排用6个千斤顶,窄端每排用4个千斤顶,共6×5+4=34个120t液压千斤顶,总顶升力120×34=4 080t;第三联,每幅共两跨,每跨25m,共50m,约2 680t,每排用6个千斤顶,共18个120t液压千斤顶,顶升量为0的一端用扁形千斤顶。总顶升力120×24=2 880t。

左右两幅顶升完成后,再对中间部分的悬臂进行结构恢复施工,保证旧桥基本功能的发挥。设计速度60km/h;设计荷载:公路—Ⅰ级。开工日期:2008年11月21日,竣工日期:2009年3月19日。

本工法的成功应用,不仅保证了桥梁结构质量,避免拆除新建等资源浪费而且降低了施工成本,还能环保,创造了国内桥梁顶升的单体最大重量6 020t和顶升最大高度4.139m两项记录。该工法的关键技术及施工工艺具有国际领先水平,技术先进,操作方便,易于推广,非常值得在其他工程中推广应用。

12.2 工程实例二

济广高速济南连接线工程。

1)腊山(段店)立交X匝道工程概况

本工程位于济南市段店立交X匝道第一联,原箱梁结构为17.56m+3×20m+17.56m钢筋混凝土连续箱梁,该联位于变宽段内,南端接X匝道第二联和C匝道,桥梁全宽从16.25m渐变到25.37m,下部结构根据桥梁宽度不同分别采用双柱或三柱式桥墩。5号墩为共用墩,1~4号墩为连续墩,0号台为桩基U形台,基础为承台加灌注桩基础。设计速度60km/h;设计荷载:公路—Ⅰ级。开工日期:2012年9月29日,竣工日期:2012年12月5日。

2)腊山(段店)立交Y匝道工程概况

本工程位于济南市段店立交Y匝道第十联,原箱梁结构为17.1m+3×20m+17.1m钢筋混凝土连续箱梁,该联位于等宽段内,桥梁全宽16.25m,下部结构采用双柱式桥墩,31号墩为共用墩,32~35号墩为连续墩,36号台为桩基U形台,基础为承台加灌注桩基础。设计速度60km/h;设计荷载:公路—Ⅰ级。开工日期:2012年12月21日,竣工日期:2013年1月31日。

3)施工重点及难点

(1)施工过程中桥下封闭交通,施工中必须采取措施确保行车安全和施工安全。

(2)顶升施工必须保证原桥结构的整体性、安全性、可靠性。顶升过程中极易发生的水平偏位、扭曲、振动、冲击必须克服,确保新结构安全可靠不低于原结构,因此,顶升位移的同步性和受力均衡是施工控制的关键。

(3)随着桥梁的整体顶升,桥梁的轴线偏差、桥墩倾斜度、伸缩缝间隙以及基础沉降都会发生变化,施工过程必须严密监测,随时收集整理数据以便指导正常施工。

(4)桥梁顶升后墩台接高施工不同于常规施工。作业空间狭小、钢筋连接质量、新老混凝土结合密实性等均为施工难点。

(5)本过程中处于桥面变宽段、曲线段,对顶升同步性要求较高。

预应力数控张拉施工工法

GGG(鲁)C4156—2013

辛崇升　彭红涛　王　鹏　孙进伟　夏培斋
(济南金曰公路工程有限公司)

1　前言

预应力混凝土是人为地在混凝土中引入内部应力,通过对混凝土内部的钢筋施加拉(压)应力,使之建立一种人为的应力状态,以便抵消使用荷载作用下产生的拉应力,从而达到混凝土构件在使用荷载作用下不致开裂的目的。

预应力筋张拉涉及预应力筋的伸长值、预应力的锚固损失、孔道摩擦损失、应力松弛损失、混凝土弹性压缩损失、混凝土收缩徐变损失以及温度影响,是一个复杂的非线性的力的传递、分配过程。预应力筋张拉力的大小,直接影响到预应力的效果;张拉力越高,建立的预应力值越大,构件的抗裂性也越好。

预应力数字化张拉技术是指利用数字化张拉设备直接进行预应力张拉的施工工艺。这一概念属于结构工程和机电一体化相交叉的范畴,是计算机技术在土木工程建造技术方面的具体应用,利用数字化张拉设备直接进行预应力张拉的施工工艺。

本工法解决预应力施工过程中由于人为或者非人为产生的质量通病,如应力值不够、两端张拉不同步、应力施加不同步等,有效延长了预应力的使用寿命,经山东省科学技术情报所查新,在国内数据库检索范围内,未见有与本项目研究的预应力数控张拉施工工艺相同的公开文献报道。经在济广连接线高架桥工程中实践证明,本工法可以精确张拉预应力,实现同步张拉,具有质量管理和远程监控功能,施工质量高,经济效益显著,值得大力推广。

2　工法特点

(1)精确施加张拉力。

智能张拉系统能精确控制千斤顶所施加的预应力力值,将误差范围控制到 ±1%。

(2)准确测量及时复核延伸量。

系统传感器实时采集钢绞线延伸量数据,反馈到计算机,自动计算延伸量,及时校核延伸量是否在 ±6% 范围内,实现真正“双控”。

(3)对称同步张拉。

一台计算机控制两台或多台千斤顶同时、同步对称张拉,实现“多顶同步张拉”。消除了对称张拉不同步对结构造成的扭曲等危害,实现了张拉过程控制自动化、精细化、标准化,有利于保障人民生命财产安全和降低桥梁全寿命周期成本。

(4)规范张拉过程。

实现了张拉过程智能控制,不受人为、环境因素影响;控制停顿点、加载速率、持荷时间等张拉过程要素完全符合桥梁施工技术规范要求。通过规范张拉过程,大幅度减小了张拉过程中预应力的损失,保证了有效预应力符合设计要求。

(5)实现“远程监控功能、质量管理功能”。

实现“实时跟踪、智能控制、及时纠错、远程监控”功能。实现远程监控功能,方便质量管理,提高管理效率。

3 适用范围

本工法适用于大跨径、多桥孔连续现浇箱梁桥等大吨位桥梁的张拉、各种类型的预制箱梁的张拉、预制T梁及湿接头的张拉、预制梁板的张拉及其他需要进行预应力张拉的结构物。

4 工艺原理

智能张拉系统可分为5个部分:液压泵站、无线数据采集控制系统、液压分流装置、智能化千斤顶与计算机操作系统。智能张拉系统操作简单,界面人性化,适应各种施工场地环境。借助智能张拉系统,可以自动读取梁板参数,智能计算张拉过程的压力值,无线控制油泵的进退油,实时无线采集油压与位移信息,自动生成预应力张拉记录表等功能。全程无需人工干预,且具有错误纠正、数据同步、张拉审核等张拉过程控制,核心是在预应力张拉控制和施工技术总结的基础上,通过计算机来控制张拉施工过程,完全改变了传统的通过人工来操纵油泵进行张拉操作,真正地实现了张拉的同步性控制,如图1所示。

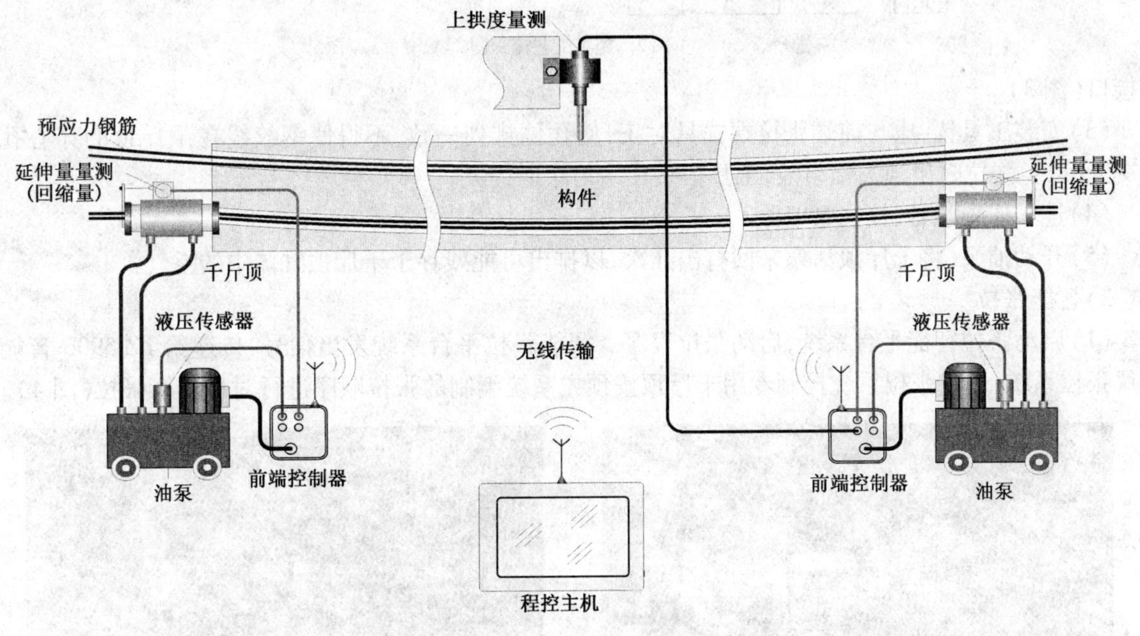

图1 预应力智能张拉系统

5 施工工艺流程及操作要点

5.1 施工工艺流程

本工法的施工工艺流程如图2所示。

5.2 操作要点

1)张拉设备安装

在张拉作业之前,相关技术人员和监理人员应对梁体进行检验,其检验结果符合质量标准要求后方可进行张拉。监理单位审核批准后,张拉控制系统才能启动。根据此设备的使用说明及要求,现场施工作业人员开始安装千斤顶(工作锚及夹片),具体安装程序如下:

(1)安装限位板,限位板有止口与锚板定位,工作锚环必须在限位槽内。

(2)安装专用千斤顶,千斤顶止口应对准限位板。千斤顶必须采用钢丝绳起吊,起吊之后,连接位移传感器数据线,位移传感器数据线一端连接千斤顶上的位移传感器,另一端连接张拉仪上的位移传感

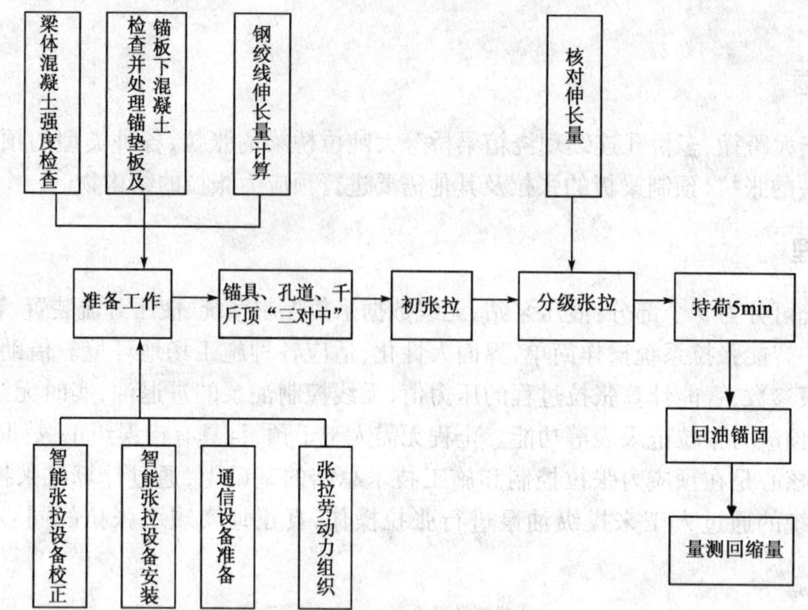

图2　施工工艺流程图

器接口(图3)。

(3)安装工具锚,应与前端张拉端锚具对正,使孔位排列一致,不得使钢绞线在千斤顶的穿心孔发生交叉,以免张拉时出现失锚事故,工具锚夹片均匀涂退锚灵。

(4)连千斤顶油管,接油泵电源。

(5)开动油泵,将千斤顶活塞来回打出几次,以排出可能残存于千斤顶缸体中的空气。

2)智能张拉

(1)启动张拉智能平台系统,启动张拉程序。智能张拉平台系统发出信号,传递给 LZ-5906 智能张拉仪张拉系统,通过张拉系统控制专用千斤顶按预先系统编制的张拉顺序进行对称均衡张拉(图4)。

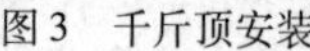
图3　千斤顶安装

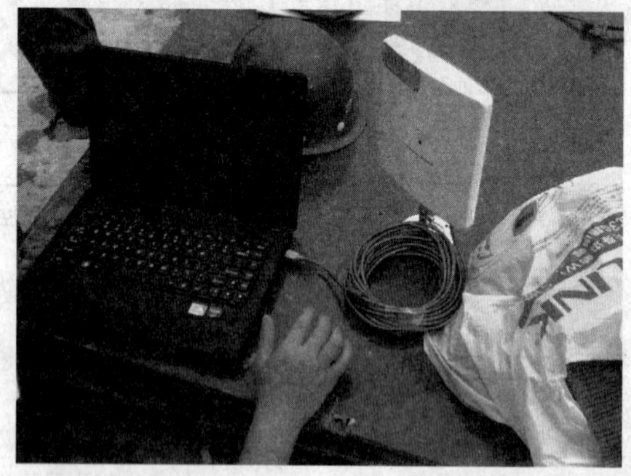

图4　智能张拉系统及无线信号控制器

(2)油泵供油给千斤顶张拉油缸。按锚下控制应力的 10%(初应力即计算伸长值的起点)、20%、100%进行张拉。

(3)张拉过程中,智能张拉平台系统对每一级进行测量和记录,测量每一级张拉后的活塞伸长值的读数,并随时检查伸长值与计算值的偏差。

(4)张拉时,通过智能张拉系统平台和 LZ-5901 智能张拉系统控制好专用千斤顶加载速度,确保给油平稳,持荷稳定(图5)。

(5)张拉过程中,系统将自动校核测量数据,当实际伸长值与理论伸长值相差大于 ±6% 时,系统将自动报警,并停止张拉。待查明原因,排除问题后,方可进行下一步工作。

3)智能张拉精细化施工控制

(1)张拉顺序遵循均匀对称、偏心荷载小的原则,以确保结构及构件受力均匀,张拉过程中不产生扭转、侧弯,防止混凝土产生超应力、过大的附加应力与变形。此外,安排张拉顺序还应考虑到尽量减少张拉设备来回移动次数。

(2)施工中按要求对每根钢绞线进行编号,安装锚具时每根钢绞线两端在锚板中的位置一致,防止钢绞线相互缠绕。

(3)限位板应将写有对应使用规格数字的面对准工作锚板安装,安装后保证工作锚板在锚垫板止口内。

(4)保证限位板、千斤顶、工具锚板同轴。

(5)张拉控制力达到稳定后方可锚固,夹片相互间错位不宜大于2mm,露出锚具外高度不应大于4mm。

图5 张拉过程油泵供油控制

6 材料与设备

本工法的机具设备见表1。

机具设备表 表1

机械名称	规格型号	数量(台)	状况
智能千斤顶	4 000kN	2	良好
液压泵站	联智-5906	2	良好
计算机	联想 G470	2	良好
吊车	25t	1	良好
发电机组	120kW	1	良好
手拉葫芦	5t	2	良好
手持式切割机		2	良好

7 质量控制

(1)采用本工法施工的预应力桥梁等质量应符合《公路工程质量检验评定标准》(JTG F80/1—2004)的要求。

(2)采用本工法施工的桥梁质量应符合现行《公路桥涵施工技术规范》(JTG/T F50—2011)的要求。

(3)本工法的质量控制重点如下:

①实际伸长值两端之和不超过理论计算值的±6%。

②每件后张预制梁张拉完成24h之后,检测回缩及断丝、滑丝情况,断丝,滑丝总数不得超过预应力钢丝总数的0.5%,且一束内断丝不得超过一丝,也不得在同一侧。

③两端伸长量保持基本一致,不同步率控制在10%以内。

④张拉后测量和计算,一端钢绞线回缩量不大于6mm,夹片外露量2~3mm,夹片错牙量1~2mm。

⑤因处理滑、断丝而引起钢绞线束重复张拉时,同一束钢绞线张拉次数不得超过3次。若钢绞线与锚具因滑丝而留有明显刻痕时,必须更换夹片、钢绞线。

⑥箱梁终张拉对称进行,最大不平衡束不超过1束。

(4)张拉过程中出现以下情况之一者,需更换锚具或换钢绞线来重新张拉:

①后期张拉时发现早期张拉的锚具中夹片断裂者。

②锚具内夹片错牙在 2mm 以上者。

③锚环裂纹损坏者。

④切割钢绞线或压浆时又发生滑丝者。

8 安全措施

(1)安全阀调整至规定值后,方可开始张拉作业。

(2)张拉时千斤顶送油或回油速度要缓慢均匀。两端张拉力要求同步,严禁突然加压或卸压。

(3)测量伸长值必须两端同时进行。

(4)预应力钢绞线的锚固在控制张拉应力处于稳定状态下进行。张拉时钢绞线束应力不得小于规定张拉控制应力 σ_{conk}。

(5)张拉过程中,千斤顶后方严禁站人,测量伸长值或处理断、滑丝时,操作人员要站在千斤顶侧面。

(6)张拉加力时,不得敲击及碰撞张拉设备。油压表要妥善保护避免受振。

(7)未压浆或水泥浆未凝固结硬时,不得敲击锚具或脚踏手攀。

(8)更换锚具时两端都要装上千斤顶。

(9)所有进场操作的人员都必须经过三级安全教育,并签订安全保证书。

(10)施工前必须对所有施工人员进行安全技术交底,并做好记录,被交底人必须签字。

(11)坚持"安全生产,以预防为主"的方针,对操作人员进行上岗前的业务培训和安全操作规程的学习,经考试合格后方可上岗操作。

9 环保措施

(1)实施依据如下:

①《中华人民共和国大气污染防治法》;

②《中华人民共和国水污染防治法》;

③《中华人民共和国噪声污染防治法》;

④《中华人民共和国固体废弃物污染防治法》;

⑤交通部 2002 年第 5 号令《交通建设项目环境保护管理办法》。

(2)施工现场人员要规范管理,文明施工。

(3)定期进行环保检查,使达到环保法律、法规要求。

(4)严格按国家和地方政府有关规定及设计要求做好环保、水保工作,坚持"三同时"(同时设计、同时施工、同时竣工),防止水土流失和空气污染,控制施工噪声。

(5)环境责任事故:0 案次。

(6)施工噪声排放达标,社区居民无投诉。

(7)控制施工扬尘,废物排放,确保排污符合规定标准。

10 资源节约

(1)工作效率得到充分提高,节省了大量劳动力,数控张拉设备可重复使用,周转率高,非常适合各种预应力施工场合,制作安装方便简捷,可靠性强,采用机械化、精确化标准施工,加快了施工进度,大大缩短了工期。

(2)施工中加强对施工燃油、临时用电、工程材料、设备、废水、生产生活垃圾、气渣的控制和治理,遵守有关防火及废弃物处理的规章制度,尽量做到废物利用。

11　效益分析

1)社会效益

推广使用该系统和设备有利于保障结构安全,节约桥梁建设、养护资金投入和社会资源,保护环境,直接服务于资源节约型、环境友好型社会建设,实现张拉过程控制自动化、精细化、标准化,让预应力施工质量符合设计与使用要求,保证桥梁结构安全和耐久性,有利于保障人民生命财产安全和降低桥梁全寿命周期成本,社会效益巨大。

2)经济效益

以在建高速公路桥梁长度约800km,投资900亿元来估算,若消除预应力张拉导致的桥梁病害,延长使用寿命10%来估算,可节约后期桥梁养护和加固资金投入约90亿元,全国交通行业若推广使用,发挥的经济效益将有数千亿元之巨,如果推广至高铁、市政等其他行业,经济效益难以估量。

12　应用实例

12.1　工程实例一

济广高速连接线济南市二环西路高架张庄路匝道桥预应力张拉。

张庄路出口匝道桥,中心里程桩号为K8+276.41,跨径组合为5×30m,交角为90°,桥梁全长为153.18m。上部结构为预应力混凝土连续梁。预应力钢束采用低松弛高强度预应力钢绞线,单根钢绞线直径为$\phi^{s}15.2$mm,钢绞线面积为139mm^2,钢绞线标准强度为$f_{pk}=1\,860$MPa,实测弹性模量为$E_P=1.99\times10^5$MPa。预应力钢束锚具采用预应力钢绞线群锚锚具及配套设备,管道成孔采用塑料波纹管。开始时间:2012年8月27日,结束时间:2012年8月27日。

12.2　工程实例二

济广高速连接线济南市二环西路高架桥第57联现浇箱梁预应力张拉。

该主线桥57联,跨度为3×30m,为单室三箱断面,中间梁高为2.3m,箱梁顶宽为24.8m,底板宽为15.5m,悬臂长3.65m,端部厚度为20cm,顶板厚度为25cm,底板厚度为23cm,箱梁顶部设置1.5%的双向横坡。

主线桥57联预应力钢束采用低松弛高强度预应力钢绞线,单根钢绞线直径为$\phi^{s}15.2$mm,钢绞线面积为139mm^2,钢绞线标准强度为$f_{pk}=1\,860$MPa,实测弹性模量为$E_P=1.99\times10^5$MPa。预应力钢束锚具采用预应力钢绞线群锚锚具及配套设备,管道成孔采用塑料波纹管。开始时间:2012年12月16日,结束时间:2012年12月23日。

12.3　工程实例三

济广高速连接线济南市二环西路高架桥第63联现浇箱梁预应力张拉。

该主线桥63联,跨度为4×30.5m,为单室三箱断面,中间梁高为2.3m,箱梁顶宽为24.8m,底板宽为15.5m,悬臂长3.65m,端部厚度为20cm,顶板厚度为25cm,底板厚度为23cm,箱梁顶部设置1.5%的双向横坡。

主线桥63联预应力钢束采用低松弛高强度预应力钢绞线,单根钢绞线直径为$\phi^{s}15.2$mm,钢绞线面积为139mm^2,钢绞线标准强度为$f_{pk}=1\,860$MPa,实测弹性模量为$E_P=1.99\times10^5$MPa。预应力钢束锚具采用预应力钢绞线群锚锚具及配套设备,管道成孔采用塑料波纹管。开始时间:2012年12月2日,结束时间:2012年12月17日。

在济广高速连接线中应用本工艺得到了当地项目办领导的肯定,通过了质检机构的检测,全面体现了降低劳动强度机械化、人本化施工理念。

Gonglu Gongcheng Gongfa Huibian

公路工程工法汇编

（2013）

下册（隧道、交通工程、养护篇）

中国公路建设行业协会　编

人民交通出版社

内容提要

为提高公路施工水平和工程质量，完善公路工程标准规范体系，中国公路建设行业协会组织编写了《公路工程工法汇编(2013)》。本书收录了208项有关公路路基、路面、桥梁、隧道、交通工程和公路养护的最新施工工艺和施工技术。汇编的工法符合国家公路工程建设的方针、政策和标准，具有先进性、科学性和实用性，对公路工程施工技术人员和管理人员有很好的借鉴指导意义。

本书主要供公路工程施工与管理人员参考。

图书在版编目(CIP)数据

公路工程工法汇编. 2013 / 中国公路建设行业协会编. — 北京 : 人民交通出版社, 2014.3

ISBN 978-7-114-11194-5

Ⅰ. ①公… Ⅱ. ①中… Ⅲ. ①道路工程—工程施工—规范—汇编—中国—2013 Ⅳ. ①U415.6-65

中国版本图书馆CIP数据核字(2014)第030081号

书　　名:公路工程工法汇编(2013)(下册)(隧道、交通工程、养护篇)
著 作 者:中国公路建设行业协会
责任编辑:孙　玺　郑蕉林
出版发行:人民交通出版社
地　　址:(100011)北京市朝阳区安定门外外馆斜街3号
网　　址:http://www.ccpress.com.cn
销售电话:(010)59757973
总 经 销:人民交通出版社发行部
经　　销:各地新华书店
印　　刷:北京市密东印刷有限公司
开　　本:880×1230　1/16
印　　张:27.75
字　　数:837千
版　　次:2014年3月　第1版
印　　次:2014年3月　第1次印刷
书　　号:ISBN 978-7-114-11194-5
定　　价:360.00元(上、中、下册)
(有印刷、装订质量问题的图书由本社负责调换)

中国公路建设行业协会文件

中路建协[2013]115号

关于公布2013年度公路工程工法的通知

各有关单位：

根据《公路工程工法管理办法》的相关规定，我会组织专家对2013年度公路工程工法申报材料进行了评审，经报交通运输部公路局核备，并在交通运输部及协会网站公示后，审定208项为2013年度公路工程工法，现予以公布。

希望各单位以科学发展观为指导，加强公路工程工法管理工作，以科技创新驱动企业发展，提高企业的自主创新能力与核心竞争力，推动公路行业技术标准体系建设，促进公路工程新技术、新工艺、新材料和新设备的推广和应用，不断提高公路工程施工质量和建设水平。

附件：2013年度公路工程工法名单（略）

中国公路建设行业协会

2013年12月27日

抄送：交通运输部总工办、科技司、质监局，各省、自治区、直辖市、新疆生产建设兵团交通运输厅（局、委），上海市、天津市交通运输和港口管理局，天津市市政公路管理局。

前　言

受交通运输部委托，中国公路建设行业协会组织完成了2013年度公路工程工法管理工作。2013年共审定208项公路工程工法，其中：路基工程31项，路面工程22项，桥涵工程103项，隧道工程35项，交通工程11项，工程养护6项。

公路工程工法是我国公路建设从业单位科技创新成果的具体体现，是广大工程技术人员对先进、创新施工工艺和方法的科学总结。公路工程工法也是公路建设行业技术标准体系的组成部分，是对现有标准规范的延伸和补充，是指导公路工程施工管理的操作细则，对促进公路行业技术标准体系建设有重要作用。加强公路工程新技术、新工艺、新材料和新设备的推广和应用，能够使广大公路工程技术人员及时学习和掌握行业先进技术，并在公路工程建设实践中用新工法、新技术，实现工程技术的再创新和再实践，进而促进企业不断提高施工技术和项目管理水平，增强企业的科技研发能力与核心竞争力，从而推动公路建设行业技术进步和科学发展。为此，我们将评审通过的工法汇编成书，把近些年公路建设中先进的科技创新成果展现给读者，以此激励从业单位和工程技术人员继续坚持科技创新，促进资源节约型和环境友好型交通运输行业健康发展。

本工法汇编，凝结了工法完成单位和工程技术人员的辛勤劳动和汗水，体现了公路建设行业有关专家的集体智慧。周纪昌、单长刚、袁秋红、刘鹏、程树本、葛钢锁、王中文、曹瑞、吴全立、徐国庆和人民交通出版社的同志为本书的汇编和校稿作了大量的工作，在此我们一并表示诚挚的谢意！在汇编过程中，尽管我们做了很大的努力，但由于时间紧迫，水平有限，加之又是一本专业性比较强的书籍，难免会出现一些疏漏或错误之处，敬请广大读者批评指正。

本工法汇编，施工技术含量高、应用广泛、内容翔实、图文并茂，文字表达准确，能指导公路建设工程的施工与管理，是公路建设从业单位工程技术人员必备工具书；同时也可供科研、设计、教学等单位从事土木建筑专业的技术人员学习与参考。

中国公路建设行业协会

二○一四年三月三日

目　录

上　册

路　基　篇

三向土工格栅处理新旧路基搭接施工工法 …………………………… 赵利利　王　辉　武建军　等(3)
中导管注浆处治路基变形施工工法 ………………………………… 陆宏新　李明俊　杨守平　等(10)
复杂环境微差减振智能爆破施工工法 ……………………………… 谢　铭　谢广言　王荣全　等(16)
深孔预裂与硐室控制爆破一次成型施工工法 ……………………… 罗桂军　刘　君　易石其　等(25)
土质路基柔性桥头搭板施工工法 …………………………………… 杨金堤　曾作良　黄正帅　等(31)
灰土挤密桩处治湿陷性黄土地区路基施工工法 …………………… 武良缮　任　斌　马东静　等(37)
码头后方堆场珊瑚回填料振动碾压施工工法 ……………………… 袁求武　吴　浩　吴文峰　等(45)
井下墩柱法治理采空区施工工法 …………………………………… 丁国盛　张建国　吴敦彬　等(55)
高速公路低湿水田软基区路基直填施工工法 ……………………… 陈常友　王海峰　白　杨　等(59)
高填路堤涵洞减荷技术施工工法 …………………………………… 孙忠海　王　乔　陈青艳　等(69)
石膏碱渣与废橡胶粉双掺固化轻质土路基施工工法 ……………… 周新国　李　勇　缪克棋　等(75)
Z形悬臂支架定位导向贝雷栈桥桩基施工工法 …………………… 李　寒　李永明　陈轩区　等(85)
湿陷性黄土振动沉管碎石挤密桩施工工法 ………………………… 宋大成　王　栋　王吉强　等(93)
软基路堤薄层轮加填筑施工工法 …………………………………… 王盛源　徐小庆　刘吉福　等(99)
限高路段砂井接管施工工法 ………………………………………… 刘吉福　魏贤华　谭祥韶　等(107)
软土路基电磁式机械强夯施工工法 ………………………………… 肖　剑　刘　锋　梁彦伟　等(115)
公路路基膨胀土 PAS 改性层施工工法 ……………………………… 陈宙翔　陈　建　李志清　等(121)
公路桥梁台背回填泡沫轻质土过渡段施工工法 …………………… 刘元炜　孙贵欣　谢仕良　等(133)
大粒径土石混填路基施工工法 ……………………………………… 沈建成　武良缮　陈　欣　等(139)
多元劲芯桩复合地基加固软基施工工法 …………………………… 周建亮　方潇潇　祝健民　等(147)
软土地质条件下的平行顶管施工工法 ……………………………… 刘永福　朱长亮　宋乃伟　等(156)
公路深基坑复合微钢管止水加固与自进式锚杆土钉墙支护施工工法
……………………………………………………………………… 李昌文　范金虎　王广田　等(167)
膨胀土与冻胀土地区石笼网柔性挡土墙施工工法 ………………… 陈　彬　周广东　朱天明　等(178)

泡沫轻质土加固边坡施工工法 …………………………… 杨朝辉 何建明 宋伟程 等(182)
生态袋边坡防护施工工法 ………………………………… 袁继敏 王传高 汤 泉 等(189)
拉压分散型锚索岩质边坡防护施工工法 ………………… 李柏森 毛根明 吴慧莉 等(198)
混凝土劈离M型砌块复合型挡土墙施工工法 …………… 沈建浩 陈建平 廖志浩 等(207)
水泥土桩内设置微型钢管桩基坑支护施工工法 ………… 朱伟人 彭海敏 杨富民 等(216)
改扩建工程高填方旧路边坡上的桥梁施工工法 ………… 师建博 郝秋生 张良周 等(223)
灌乔木护坡快速施工工法 ………………………………… 何寿海 程 翔 刘汉龙 等(232)
泥水平衡式大直径顶管施工工法 ………………………… 崔占奎 李 文 靳志强 等(241)

路 面 篇

旧路无机结合料基层全深式就地冷再生施工工法 ………… 纪 续 韩作新 林占胜 等(253)
水泥稳定碎石厂拌再生施工工法 ………………………… 陈 建 陈金彪 郑 涛 等(265)
水泥混凝土路面碎石化及再生利用施工工法 …………… 朱伟杰 梁夫喜 戚乐方 等(273)
抗滑露石水泥混凝土路面施工工法 ……………………… 严 军 钱 岚 蔡 斌 等(283)
低噪声多孔水泥混凝土路面施工工法 …………………… 顾永成 何学进 翟金军 等(290)
水泥混凝土路面上加铺沥青层反射裂缝防治施工工法 … 陆宏新 唐双美 莫志凡 等(296)
沥青路面摊铺碾压免直切施工工法 ……………………… 张志建 陈 刚 熊保恒 等(302)
交织化改性沥青混凝土面层施工工法 …………………… 蔡献东 郝培文 孟兵宇 等(306)
高寒地区公路大修水泥混凝土路面冲击破碎压实施工工法 …… 刘忠刚 李立歆 彭继光 等(318)
高等级公路沥青混凝土面层铺设高强防裂钢筋网片施工工法 … 崔 剑 孙雪峰 王 刚 等(323)
高寒地区高等级公路基层防反射裂缝抗裂贴施工工法 ………… 宋君威 孙雪峰 王 刚 等(328)
高速公路大宽度抗车辙改性沥青混凝土施工工法 ………… 李金杰 罗云峰 庞秀春 等(332)
彩色陶瓷颗粒防滑路面施工工法 ………………………… 王继东 刘松涛 褚英文 等(338)
耐寒抗高温添加剂改性热拌沥青混合料路面施工工法 ……… 王成鑫 吕振国 范永忠 等(343)
SBS改性沥青混凝土路面施工工法 ……………………… 李 文 王志刚 连佳机 等(354)
树脂沥青组合体系钢桥面铺装施工工法 ………………… 单光炎 陈正发 张 瑜 等(364)
阻热降温式沥青路面施工工法 …………………………… 朱伟人 彭海敏 杨富民 等(378)
高模量沥青混凝土桥面铺装施工工法 …………………… 董光坤 王 林 刘士林 等(386)
沥青路面红外光谱法测定改性沥青中SBS含量施工工法 ……… 王涛利 熊分清 裘秋波 等(399)
混凝土桥面防水卷材连续自动铺设施工工法 …………… 王晓乾 刘士林 王咏梅 等(406)
多断面中央分隔带与路缘石滑模施工工法 ……………… 高敏峰 张 丽 张永胜 等(418)
缝隙式路面集水沟施工工法 ……………………………… 陈宙翔 张 亮 陈 建 等(425)

中册

桥梁篇

桥梁预应力高强混凝土管桩基础施工工法 …………………………… 陈明洋 戴安健 时修彬 等(437)
并排双主(箍)筋钢筋笼滚焊机械化制作施工工法 ………………… 雒建奎 王生辉 陆登柱 等(446)
大直径钻孔灌注桩双钢护筒施工工法 …………………………………… 胡 跃 贾明浩 吴 冬 等(454)
基于"活动"钢护筒冲击钻孔桩施工工法 ………………………… 申屠德进 叶水标 郑竞友 等(458)
深水砂卵石层河床双层轴销式钢护筒钻孔灌注桩成孔施工工法
…………………………………………………………………………………… 陈林涛 施全华 陈冠汴 等(467)
嵌入超厚砂层的海上超深嵌岩钻孔灌注桩施工工法 ……………… 周拥军 刘宇峰 叶其奎 等(473)
钢板桩围堰施工无焊接可拼装支撑系统施工工法 ………………… 任钰芳 李元博 张 雷 等(486)
旋挖机组合气举反循环钻机钻孔桩施工工法 ………………………… 郑维武 王 炜 杨小刚 等(493)
深水大型钢吊箱围堰计算机控制同步下放施工工法 ……………… 徐秋红 丁以伟 韦理仁 等(500)
水中承台沉井围堰施工工法 ……………………………………………… 田绍义 刘世安 刘玉霖 等(509)
水上桥梁裸岩区"环切法"植入钢管桩施工工法 ………………… 寇海军 王国群 李旭东 等(516)
邻近既有建筑物溶洞桩基旋挖钻施工工法 …………………………… 刘吉福 许永青 李伟根 等(527)
陆上超大沉井全过程施工工法 …………………………………………… 杨志德 王德怀 汪成龙 等(541)
有底钢套箱吸泥下沉施工工法 …………………………………………… 陈超华 孙 琦 穆清君 等(559)
山区深水河流陡峭坚硬裸岩钻孔桩施工工法 ……………………… 陈理平 刘学明 文 献 等(565)
软塑淤泥质土层钻孔桩钢筋骨架砂浆护筒施工工法 ……………… 马召军 刘习生 白 静 等(576)
大直径岩层桩基分级旋挖成孔施工工法 …………………………………… 朱长亮 李晓雪 等(582)
强潮水域埋置式承台双壁钢围堰下沉施工工法 …………………… 罗超云 谭立心 李嘉明 等(591)
浅水区大型无底钢围堰施工工法 ………………………………………… 蔡建军 程建新 盖国晖 等(604)
应用于桩基工程中的自平衡法施工工法 ……………………………… 夏孝畲 汪 华 陈国胜 等(614)
薄壁空心高墩模架法钢筋安装施工工法 ……………………………… 郑竞友 蔡小明 叶水标 等(620)
宽幅桥梁墩台盖梁分段续接施工工法 ………………………………… 张国森 曹巧芹 熊 军 等(628)
悬索桥软岩地层重力式锚碇施工工法 ………………………………… 王宝善 李小利 李鸿盛 等(636)
悬索桥大直径索塔钢管现场制造与拼接直焊缝施工工法 ………… 黄振燕 阳华国 李鸿盛 等(644)
移动式施工平台辅助墩身施工工法 …………………………………… 李宗平 方成武 郭迎苟 等(653)
跨海大桥混凝土墩柱透水模板布和表面涂装联合防护施工工法
…………………………………………………………………………………… 王胜年 邵新鹏 岑文杰 等(665)
墩柱钢筋整体安装及模架一体化施工工法 …………………………… 张雅平 刘跃生 李其洪 等(674)
超高钢筋混凝土索塔环缝切割与梯度养护施工工法 ……………… 殷永高 王德怀 杨 敏 等(685)

拱形钢筋混凝土塔柱变曲率模板施工工法 …………………… 殷永高　吕奖国　王嗣江　等(695)
复杂外形钢壳混凝土索塔施工工法 ………………………… 陈　明　翟洪志　程方宏　等(706)
附着式自爬升钢管桥塔安装施工工法 ……………………… 刘　晟　黄振燕　光　明　等(718)
稀索斜拉桥索塔新型锚固体系施工工法 ………………… 邵新鹏　欧阳瑰琳　郭保林　等(726)
大型钢箱梁跨越障碍物连续滚装装船施工工法 ……………… 邵新鹏　周汉平　郭保林　等(735)
悬索桥索股双缠包带与新型拽拉器防扭转法架设施工工法 … 殷永高　章　征　欧阳祖亮　等(743)
桥梁高墩柱吊具辅助钢筋对接施工工法 …………………… 叶锦华　田云涛　高　峰　等(753)
新型桥梁三角钢塔架空中拼接施工工法 …………………… 郭冬春　叶锦华　叶春琳　等(760)
真空辅助法灌注拱肋钢管混凝土施工工法 ………………… 韩　玉　冯　智　秦大燕　等(771)
提升式摇臂抱杆安装塔架施工工法 ………………………… 秦大燕　冯　智　韩　玉　等(780)
采用预应力反张拉加载预压的施工工法 …………………… 陈荣凯　王蜀元　沈炳军　等(786)
城市景观桥梁干挂石材施工工法 …………………………… 刘晓东　崔晓东　毕建伟　等(792)
预制预应力30mT梁封锚端施工工法………………………… 李东华　潘广学　李广柱　等(797)
悬索桥加劲梁轨索滑移法架设施工工法 …………………… 张念来　苏巧江　盛　希　等(802)
钢桁腹预应力组合箱梁桥施工工法 ………………………… 管鹤楼　赵秀娟　邵伯贤　等(814)
大节段钢箱梁海上吊装施工工法 …………………………… 邵新鹏　程建新　郭保林　等(824)
大节段钢箱梁精确调位施工工法 …………………………… 季　辉　程建新　郭保林　等(833)
高墩大跨径钢混叠合梁悬臂混凝土工程施工工法 ………… 张君瑞　吴旭初　朱培良　等(842)
高墩钢构连续钢箱梁制作安装施工工法 …………………… 吴旭初　朱培良　张君瑞　等(849)
用环氧砂浆快速精确定位盆式支座施工工法 ……………… 申屠德进　胡兵良　叶水标　等(864)
混凝土防撞墙内置式夹板制缝施工工法 …………………… 韩小华　徐建国　陈叶刚　等(871)
连续体系斜拉桁架桥上部结构搭支架现浇施工工法 ……… 谢　铭　谢广言　金群纲　等(881)
下承式系杆拱桥节段预制拼装施工工法 …………………… 潘茂贵　闻爱祥　程华斌　等(891)
跨既有线双幅T构同步平衡转体施工工法 ………………… 邬苏凡　杨　军　黄　平　等(899)
悬索桥超宽加劲钢箱梁分块拼装支架滑移架设施工工法 ……… 程方宏　翟洪志　毛家序　等(911)
中承式系杆拱桥两跨端锚整束挤压式柔性系杆施工工法 ……… 田　丰　贾志强　李军锋　等(927)
V形峡谷大吨位悬索吊装施工工法 ………………………… 师建军　李玉碧　石　敏　等(933)
曲线形全焊接钢塔制作工法 ………………………………… 常彦虎　王岁利　李栓林　等(948)
预应力混凝土曲线箱梁两点限位顶推施工工法 …………… 徐升桥　刘永锋　焦亚萌　等(966)
大跨度斜拉桥斜拉索套筒式照明灯具安装及检查维修施工工法
……………………………………………………………… 徐升桥　刘永锋　焦亚萌　等(975)
独柱柔性墩超宽连续刚构节段预制拼装施工工法 ………… 杨　晖　刘防震　陈剑波　等(983)
悬臂梁无走行轨三角挂篮走行施工工法 …………………… 刘延坤　周宪东　谢　东　等(1001)
PC梁预应力管道三维一体精确定位施工工法 ……………… 郭　英　张庆华　彭　飞　等(1011)
中承式系杆钢箱拱原位拼装施工工法 ……………………… 田　丰　贾志强　李军锋　等(1020)
PC梁智能测控及反馈施工工法 ……………………………… 张庆华　郭　英　高　华　等(1027)
曲线桥梁混凝土防撞护栏砂浆标高带施工工法 …………… 汪　华　和郁富　和建华　等(1035)

钢结构制梁台座预制梁施工工法 …………………………… 彭文志　张建国　李新波　等(1040)
钢箱梁邻孔梁上拼接喂梁架设施工工法 ……………………… 熊　宇　何威特　王　稳　等(1046)
预制梁跨内提梁架设施工工法 ……………………………… 何威特　熊　宇　王　稳　等(1053)
拱桥钢构件跨墩龙门及少支架法吊装施工工法 ……………… 张　力　李志双　林　江　等(1060)
钢—混叠合梁斜拉桥定时合龙施工工法 ……………………… 谢泽福　吴小海　王荣勇　等(1073)
自行式移动模架水上顶推拼装施工工法 ……………………… 鞠加元　刘大成　罗　浩　等(1081)
预制小箱梁方钢拼接芯模施工工法 ………………………… 薛　江　陶善波　张德祥　等(1092)
大跨钢箱拱桥缆索吊装施工工法 …………………………… 陈　鸣　彭　强　刘小勇　等(1097)
整跨(大节段)钢箱梁吊装施工工法 ………………………… 宋祥云　吴圣兵　高纪兵　等(1115)
组合拱桥陆上整体接装施工工法 …………………………… 周光强　舒大勇　姚　平　等(1133)
桥面吊机安装支架区钢箱梁施工工法 ……………………… 唐　衡　何承海　彭琳琳　等(1141)
斜拉桥结合梁钢梁整节段吊装施工工法 ……………………… 陈超华　李　鉴　孙晓伟　等(1159)
斜拉桥平行镀锌钢绞线斜拉索安装工法 ……………………… 李　鉴　孙晓伟　华　勇　等(1166)
钢槽梁与预制桥面板结合施工工法 ………………………… 徐斯林　陈超华　连井龙　等(1176)
U 形箱梁架桥机架设施工工法 ……………………………… 王玲才　孙九春　何友水　等(1184)
无推力拱肋自平衡竖转提升安装施工工法 …………………… 孙九春　王玲才　何友水　等(1199)
钢混叠合梁悬臂段施工工法 ………………………………… 张水根　蒋国平　王祥真　等(1214)
非金属材料预应力筋张拉施工工法 ………………………… 黄知元　李明根　林春安　等(1221)
大跨度连续刚构桥 0 号段施工工法 ………………………… 甘廷华　瞿智超　赵　杰　等(1231)
循环托举式多点同步连续顶推施工工法 ……………………… 杨卫平　余运良　肖向荣　等(1237)
大跨径钢筋混凝土拱桥超高现浇组合拱架施工工法 …………… 刘永福　杜佐龙　夏扬帆　等(1247)
基于充盈度的预应力孔道压浆施工工法 ……………………… 单光炎　葛黎明　徐向前　等(1256)
桥梁单柱单支座改双柱双支座施工工法 ……………………… 王信棠　顾智勇　欧代军　等(1269)
超长桩拉—锚法荷载试验施工工法 ………………………… 李红金　王春堂　李锦峰　等(1278)
桥面抛丸拉毛同步碎石防水层施工工法 ……………………… 莫志凡　曹剑锋　李英魁　等(1288)
复合浇注式沥青混凝土钢桥面铺装施工工法 ………………… 陈常杰　周　凯　左洪利　等(1295)
水泥混凝土桥面全幅浇筑摊铺施工工法 ……………………… 李志刚　徐振海　丁小平　等(1314)
胶粒半刚性混凝土施工工法 ………………………………… 汪君睿　胡立峰　周玉兵　等(1323)
公路钢桥陶质衬垫 CO_2 气体保护焊施工工法 ………………… 欧代军　王祥真　蒋国平　等(1331)
外挂预制板钢护栏混凝土基座施工工法 ……………………… 张海燕　赵鹍鹏　门华建　等(1343)
下穿多股道铁路长箱体框架桥对顶施工工法 ………………… 杨基好　踪高峰　陈亚丽　等(1351)
高水位粉砂土地质下穿多股线路框架桥顶进施工工法 ………… 杨基好　武尊杨　房瑞泉　等(1361)
山区高速公路预制装配式涵洞施工工法 ……………………… 周大庆　徐贵荣　尤　诏　等(1372)
桥梁墙式防撞护栏施工工法 ………………………………… 李志刚　徐振海　丁小平　等(1380)
基于精铣刨技术的桥面混凝土超强黏结防水层施工工法 ……… 李国锋　蒋　鹤　李昌洲　等(1389)
沿海桥梁混凝土表面滚涂防腐施工工法 ……………………… 叶仁亦　许子彦　黄湖锋　等(1398)
既有线下多孔大跨度框构桥现浇施工工法 …………………… 唐永强　邬苏凡　杨　军　等(1405)

PLC 液压控制桥梁整体同步顶升施工工法 …………………… 李君强　辛崇升　王　磊　等(1416)
预应力数控张拉施工工法 ………………………………………… 辛崇升　彭红涛　王　鹏　等(1426)

下　册

隧　道　篇

大断面软弱围岩隧道三台阶七步开挖施工工法 ……………………… 李俊均　罗含友　杨东来　等(1435)
公路隧道初期支护湿喷混凝土施工工法 ……………………………… 张国军　宋建军　刘永超　等(1441)
煤系地层大断面公路隧道铣挖与爆破联合施工工法 ………………… 许中彦　胡　涛　张学民　等(1456)
隧道初期支护换拱施工工法 ………………………………………… 刘云付　董亚奎　傅立新　等(1463)
邻近建筑物爆破振动控制施工工法 ………………………………… 孙　杰　李伟祯　陈金文　等(1471)
地铁隧道开挖地段顶注结合加固桥基施工工法 ……………………… 金　宝　王钰博　孙　杰　等(1481)
抗落石冲击明、棚洞洞顶垫层施工工法 …………………………… 邹善荣　陈祥义　王志义　等(1491)
大跨度浅埋双连拱隧道Ⅴ级围岩三导坑开挖施工工法 ……………… 竺　辉　冯鸿登　罗炎波　等(1499)
偏压、浅埋隧道斜交正做套拱进洞施工工法 ………………………… 钟　祺　黄振燕　光　明　等(1508)
露天深孔蓄势聚能装置爆破施工工法 ………………………………… 白　著　张良荣　程玉泉　等(1521)
流变地层大型地铁车站盖挖法立体平行施工工法 …………………… 徐会斌　陈勇书　刘宝许　等(1527)
隧道爆破振动监测与施工工法 ……………………………………… 邓家胜　荣劲松　陈光宇　等(1536)
隧道全长黏结型特长锚杆施工工法 ………………………………… 杨家松　刘士恩　沙宗天　等(1549)
锚筋桩控制隧道软岩大变形施工工法 ……………………………… 杨家松　刘士恩　沙宗天　等(1555)
小断面大坡度隧道快速掘进施工工法 ……………………………… 李　江　徐国洪　雷安民　　(1561)
穿越滑坡群地段隧道施工工法 ……………………………………… 张志军　畅建伟　李彩莲　等(1567)
隧道沉砂池施工工法 ……………………………………………… 王学军　赵香萍　田晓峰　　(1578)
破碎围岩隧道快速支护施工工法 …………………………………… 张庆华　胡晓军　郭　英　等(1585)
公路隧道通风道垂直挑顶施工工法 ………………………………… 吴红军　宋全贵　杨　鑫　等(1594)
浅埋大跨度黄土公路隧道偏心 CD 法施工工法 ……………………… 余　斌　于　涛　乔红彦　等(1600)
复杂地质大跨度双连拱隧道三导洞并行施工工法 …………………… 刘华荣　余　斌　王元清　等(1607)
软岩地层特大断面隧道“中柱岩墙联合支护”施工工法 ……………… 李　文　王国喜　靳志强　等(1619)
利用膨润土浆液控制盾构施工土压施工工法 ………………………… 赖荣辉　薛永利　林　春　等(1628)
超大直径盾构隧道聚丙烯钢筋混凝土管片预制工法 ………………… 姚占虎　夏鹏举　张　宇　等(1634)
隧道圆形水沟充气芯模浇筑施工工法 ……………………………… 徐登票　周红星　肖　剑　等(1643)
浅埋湖底隧道变形缝防水施工工法 ………………………………… 冯科军　代贵铸　刘　平　等(1649)
隧道施工排出废水循环再利用快速处理施工工法 …………………… 刘录刚　何智钢　林大干　等(1655)

单斜井双正洞隧道通风施工工法 …………………………… 李永生　杨立新　罗占夫　等(1661)
公路隧道聚合物改性水泥混凝土路面施工工法 ……………………………… 梁胜国　王　磊(1669)
地铁屏蔽绝缘层施工工法 ……………………………………… 周建云　徐书剑　官承波　等(1676)
公路电缆防盗报警系统设备安装施工工法 ………………………… 陈　建　张星江　董瑞常　等(1681)
隧道全工序平行流水施工工法 ………………………………… 许志忠　李关次　刘　建　等(1689)
复杂环境下地铁深基坑施工工法 ………………………………… 刘文兵　马海贤　匡建国　等(1695)
控制爆破拆除城市深基坑围护支撑结构施工工法 ………………… 李检平　谭志明　姜银归　等(1709)
大坡度斜井有轨运输施工工法 ……………………………………………… 李有兵　白国峰(1718)

交通工程篇

填石路基导孔法护栏立柱施工工法 ……………………………… 储根法　张玉清　王恒福　等(1727)
公路防撞折叠活动护栏施工工法 ……………………………… 杨　晶　马德军　潘　宇　等(1736)
旧波形梁护栏纳米喷塑施工工法 ……………………………… 潘　宇　张明伟　赵　军　等(1740)
钢管桩基混凝土防撞护栏施工工法 …………………………… 王剑波　陈宏伟　金　尧　等(1744)
AWP 水溶性雨夜反光标线施工工法 …………………………… 江志红　贺海伟　俞良君　等(1752)
公路视错觉立体防滑减速带施工工法 ………………………… 李　旭　吕海东　王根华　等(1757)
预应力防撞活动护栏施工工法 ………………………………… 于群智　魏建国　李华胜　等(1764)
高速公路动态计重系统安装施工工法 ………………………… 马孟黎　周景新　刘中华　等(1769)
公路弯道旋转式弹性柱组复合护栏施工工法 …………………… 李　霞　徐国峰　朱　伟　等(1777)
贵州地区石灰岩质块片石自密实混凝土施工工法 ………………… 母进伟　周大庆　任达成　等(1785)
浮置板预制短板拼装与轨排二次浇筑施工工法 ………………… 谭仕波　盖青山　程万祥　等(1792)

养护篇

路瑞达水泥混凝土路面预防性养护施工工法 …………………… 过晓良　孙忠海　王　乔　等(1807)
隧道路面橡胶颗粒微表处施工工法 …………………………… 朱小侠　毕智渊　胡　波　等(1814)
纤维同步碎石封层施工工法 …………………………………… 侯曙光　岳学军　李忠玉　等(1821)
碳纤维筋和碳纤维布联合加固 T 梁施工工法 ………………… 孙建华　边瑞明　胡俊华　等(1834)
大跨径悬索桥缆索系统养护巡检工法 ………………………… 张晓锋　张继东　汤　焕　等(1840)
同步施工沥青混凝土磨耗层施工工法 ………………………… 侯　芸　田丽萍　李秀芳　等(1847)

隧　道　篇

大断面软弱围岩隧道三台阶七步开挖施工工法

GGG(粤)D1157—2013

李俊均　罗含友　杨东来　刘奕辉　谢书良
(广东省长大公路工程有限公司)

1　前言

目前在公路隧道工程施工实践中,根据不同的工程条件,形成了众多不同的开挖方法,各种开挖方法的适用性、工效、成本等有显著差异。当隧道通过软弱围岩地段时,由于围岩的整体性差,自稳能力低,开挖轮廓外岩体难于形成稳定的承载拱,围岩变形过大而易出现失稳坍塌。同时采用现有成熟的施工方法难于在工效上取得突破,且不利于节约资源和降低建设成本。在工程地质条件差、工期紧张的情况下,要实现安全、快速掘进是施工亟待解决的技术问题。

广东省长大公路工程有限公司以广东省江肇高速公路大王顶隧道工程为依托,开展了"长大隧道软质围岩施工力学行为及结构稳定与变形控制技术"科研课题研究,研究成果经鉴定,总体达到国际先进水平。在产研过程中,对隧道软弱围岩地段不同开挖方法的施工力学行为分析,提出了有利于控制软弱围岩变形和结构稳定的开挖方法并形成关键技术,很好地实现了科研与实践结合,并在后续施工的多个项目进行了推广应用,取得良好的技术经济社会效益,形成了一套快速、高效、安全的大断面软弱围岩隧道开挖施工工法。

2　工法特点

(1)适应不同跨度和断面形式隧道,方便机械化施工,便于灵活及时地调整施工方法。
(2)工序简单,各工作面平行流水作业,提高生产效率,节约工期。
(3)减少对围岩扰动,缩短仰拱封闭时间,确保施工安全。
(4)无需拆除的临时支护,降低工程成本。

3　适用范围

本工法适用于非浅埋、非偏压、岩体非流塑状的分离式隧道Ⅳ、Ⅴ级围岩段施工。

4　工艺原理

本工法以岩土力学理论和软弱围岩分部开挖过程渐进破坏机理为基础,对于大断面软弱围岩隧道开挖,在超前支护条件下,将隧道开挖断面按上、中、下三台阶分割并分别预留核心土,上台阶弧形导坑开挖,中、下台阶左右侧马口跳槽开挖,利用多工作面平行流水作业来减少开挖邻空面与时间,加快初期支护及二次衬砌闭合成环。工艺原理是通过预留核心土对掌子面稳定提供支撑反力和约束变形,并利用初期支护的空间支撑作用和超前辅助措施对围岩的承载力以及其耦合形成承载拱效应,同时减少围岩扰动,采用多工作面来加快初期支护封闭,增强开挖段时空效应,控制围岩的变形。

5 施工工艺流程及操作要点

5.1 施工工艺流程(图1)

5.2 操作要点

1)超前地质预报

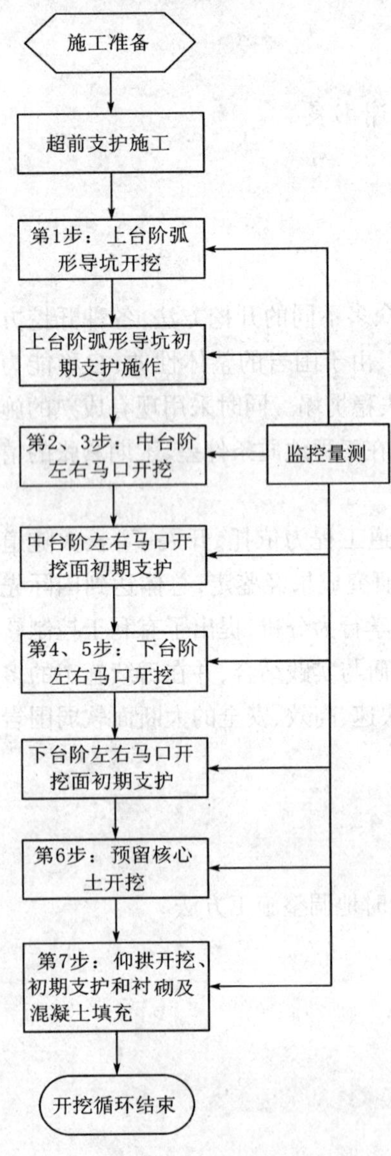

图1 施工工艺流程图

隧道开挖前,做好超前地质预报,根据对开挖面前方地质情况预测,预判是否适合采用三台阶开挖方法和选择合适的分部台阶长度。

2)三台阶开挖设计控制参数

(1)对于Ⅳ、Ⅴ级围岩,上、中、下台阶设计高度一般按成洞开挖高度的25%~30%、35%、35%~40%划分。

(2)上台阶预留核心土宽度视岩体稳定情况,一般不小于上台阶开挖跨度的1/3。

(3)上台阶长度一般按微台阶控制,长度为3~5m。中、下台阶视岩体稳定情况,一般采用短台阶或微台阶长度控制,当采用短台阶时长度控制在5~10m为宜;采取左、右马口错开开挖方法,其马口开挖长度宜控制在3~5m。仰拱至下台阶距离15~20m,二次衬砌至仰拱端头不大于50m。

3)辅助措施施工

采用三台阶开挖前,需采用超前预支护辅助施工方法对掌子面前方围岩进行预加固。超前预支护可采用常规的单层或双层超前注浆小导管,并结合设计和围岩情况,为利于上覆荷载向前后方和两侧传递,可适当加大超前支护环向范围和加长超前支护纵向长度或减少超前小导管间距。同时结合地下水情况,选择采用具有止水加固岩体作用的注浆液,如地下水富集地层,还需辅助采用超前钻孔排水等措施。

4)施工操作步骤

测量放样出开挖轮廓线,人工配合挖掘机开挖为主,弱爆破为辅。各分部开挖循环进尺长度需结合地质条件和衬砌设计情况确定,Ⅳ级围岩一般控制在1.5m左右,Ⅴ级围岩一般控制在1.0m左右。各分部开挖后,修整轮廓面,初喷,然后及时进行拱架、钢筋网安装,打设锚杆,复喷混凝土至设计厚度。各分部开挖流程如图2所示。

5)施工控制要点

(1)做好洞外地表水和洞内水疏排。

(2)做好工序紧凑衔接,减少围岩暴露时间。

(3)灵活调整分部台阶长度和循环进尺,开挖后及时进行初喷封闭围岩面。

(4)局部需爆破开挖时,尽量采用浅孔、密眼、小药量进行弱爆破,减少对围岩扰动。

(5)拱架落底处预留30cm人工开挖,严禁超挖造成拱架悬空。

(6)加强分部钢拱架锁脚锚杆(管),上、中、下台阶的每榀钢拱架在拱脚处需增设两根锁脚锚杆(管)。

(7)尽量减少仰拱与分部开挖面距离,尽快施作仰拱,使初期支护及时封闭成环。

(8)仰拱采用全断面或左右分幅或马口跳槽开挖方法,开挖长度控制在2~4m,并及时完成初期支护和回填进行封闭。采用全断面开挖时,用栈桥予以配合施工。

(9)二次衬砌至仰拱间距以满足2~3倍衬砌循环作业长度为宜,但应不大于50m。

(10)加强监控量测及信息反馈。监控量测反馈结果异常时,停止分部开挖,加快仰拱封闭和衬砌施工。

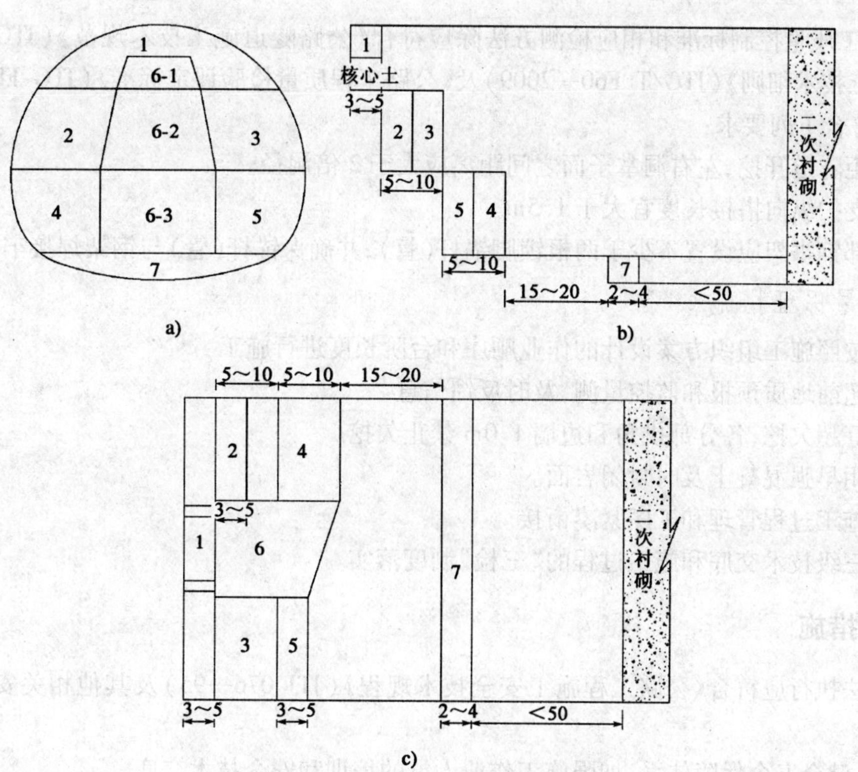

图2 分部开挖施工流程示意图(尺寸单位:m)

a)立面示意图;b)剖面示意图;c)平面示意图

6 材料与设备

本工法所用材料主要为钢管、钢筋、混凝土、工字钢、锚杆、炸药、雷管、导爆索、炮泥、钻杆、钻头等。采用的主要设备见表1。

主要配套施工设备

表1

序号	设备名称	规格型号	单位	数量	用途
1	移动式变压器	(根据隧道掘进深度选择)	台	1	供电
2	备用发电机	300kW	台	1	供电
3	空压机	$20m^3/min$	台	2	供风
4	多功能开挖工作架	(按开挖断面,型钢加工制作)	台	1	测量放样、装药等
5	挖掘机	$\geqslant 1.00m^3$	台	1	清理、平整场地、排险
6	装载机	(可选择)	台	1	出渣
7	凿岩机	(可选择)	台	15	开挖
8	冷弯机	(可选择)	台	1	钢拱架加工
9	混凝土喷射机	(可选择)	台	2	
10	全站仪	(可选择)	台	1	测量放样、轴线控制
11	水准仪	(可选择)	台	1	断面高程测量、监控量测
12	收敛仪	(可选择)	台	1	监控量测
13	激光断面仪	(可选择)	台	1	断面复核

7 质量控制

7.1 工程质量控制标准

本工法施工质量控制标准和相应检测方法除应符合《公路隧道施工技术规范》(JTG F60—2009)、《公路隧道施工技术细则》(JTG/T F60—2009)及《公路工程质量检验评定标准》(JTG F80/1—2004)的规定外,还应符合下列要求:

(1)小间距隧道开挖,左右洞掌子面之间距离应大于2倍洞径。

(2)超前支护纵向搭接长度宜大于1.5m。

(3)各分部钢拱架应设置不少于两根锁脚锚杆(管),并确保锚杆(管)与钢架焊接牢固。

7.2 质量保证措施

(1)严格按照施工组织方案设计的作业顺序和台阶长度进行施工。

(2)做好超前地质预报和监控量测,及时反馈信息。

(3)控制好超欠挖,各分部拱角和边墙1.0m禁止欠挖。

(4)宜采用早强混凝土及时封闭岩面。

(5)加强施工过程管理和工序紧凑衔接。

(6)做好三级技术交底和施工过程的"三检"制度落实。

8 安全措施

(1)本工法执行应符合《公路工程施工安全技术规程》(JTJ 076—95)及其他相关安全法规的规定要求。

(2)建立、健全安全保障体系,加强施工作业人员的培训和安全技术交底。

(3)加强洞内防排水体系管理,避免拱脚浸泡。

(4)洞内施工用电必须严格按经审批的临时用电施工组织设计进行安装、使用、维护。施工设备动力用电必须采用三相五线制输送线路,实施"一机一闸一漏"措施。

(5)采用三台阶开挖具体施作过程必须严格控制如下几点关键问题:

①三台阶开挖要严格控制上、中、下台阶开挖高度且每循环开挖进尺以及保留核心土宽度;

②中台阶、下台阶开挖分左右两侧进行,马口错开长度3~5m左右;

③上、中、下台阶每榀钢拱架拱脚处设锁脚锚杆(管),控制钢拱架下沉;

④采用预裂爆破,控制爆破中的震动效应;

⑤拱部适当加强超前支护;

⑥采取合适的仰拱开挖方法和控制单次开挖长度;

⑦加强监控量测,特别关注地表及拱顶下沉。

(6)洞内作业范围应有足够的灯光照明。

(7)各分部开挖需备批牢固的作业平台。

(8)进入掌子面前需观察开挖面或支护面有无异常情况,如围岩掉块、掌子面围岩异动等情况。

(9)作业人员需佩戴安全帽、防滑鞋。

(10)采取爆破作业时,凿打炮眼时严禁在残眼上打孔,装药与钻孔不得平行作业,作业人员严禁穿着化纤衣物,装药前电灯及电线应撤离开挖面,严禁烟火和明火照明,装药前应对炮眼进行验收和清理。

(11)装渣过程需有专人指挥,出渣车与装载机相互配合,装渣机与运渣车之间不得有人,岩堆上禁止站人。

(12)注浆作业人必须按要求佩戴防护眼镜、口罩、手套。

(13)做好安全应急预案,储备应急医疗器械、药品和钢管、拱架等应急物资。

9 环保措施

(1)严格遵守国家有关环境保护的法律法规、标准规范、技术规程和地方有关环保的规定。

(2)建立环境保护保证体系,成立环境保护工作小组,明确职责。

(3)制订培训计划,建立培训、考核程序,定期对参与环境管理的人员进行专业知识培训。

(4)与当地水土保持部门共同协商确定,选择适宜的弃土场。

(5)洞口设置施工污水处理池,经过沉淀、过滤后方可排入自然水系,禁止散排造成环境污染。

(6)洞内必须设置完善的洒水防尘系统,并加强通风,减少粉尘排入大气中。

(7)洞外施工场地、道路硬化,设专人维护,加强洒水,避免扬尘污染环境。

10 资源节约

(1)本工法执行《公路工程节能管理规定》要求,隧道施工应用过程中,与双侧壁导坑开挖法、CRD开挖法、CD开挖法等相比,节省临时支护的工、料、机等资源消耗,同时避免临时支护拆除后废弃带来的环境污染。

(2)采用本工法进行隧道施工,能有效提高工效,缩短工程工期,节省社会资源消耗。

11 效益分析

采用三台阶开挖施工工法,突出体现在于提高工效,缩短工期,减少临时支护投资成本,安全性好,具有良好经济效益、社会效益和环保效益。

1)经济效益

(1)本工法与双侧壁导坑等开挖方法相比,平均每天开挖进尺提高约3m,有效缩短工程工期。

(2)采用三台阶开挖,与双侧壁导坑等开挖方法相比,节省大量临时支护投入,有效降低建设成本。

(3)采用三台阶开挖,减少对围岩的二次扰动,基于超前地质预报和监控量测手段辅助,能实现安全、快速掘进成洞,减少超欠挖和安全措施费用投入。

2)社会效益

本工法围绕隧道施工安全、节能、高效、环保理念,降低了能源消耗,缩短施工工期,丰富了大断面软质围岩隧道开挖快速施工方法,提高了行业施工技术水平,对广东省以及国内其他地区类似工程的修建具有重要的类比参考价值,也为丰富和完善公路隧道行业的规范、标准提供技术支持。

3)环保效益

采用本工法,避免拆除临时支护等废弃物污染环境,适合当今工程建设绿色环保要求。

12 应用实例

江肇高速公路大王顶隧道左、右线分离,按双向六车道设计,左线长2 200m、右线长2 159m。围岩为强~弱风化砂岩夹泥岩,受地质构造影响较严重,岩体呈压碎结构,节理裂隙较发育,充填泥质物形成软弱夹层,爆破时亦掉块,有渗水现象,围岩自稳能力较差。原设计Ⅴ级(Ⅳ级)围岩采用双(单)侧壁导坑法开挖。项目于2008年12月开工,2010年12月完工,施工中Ⅳ、Ⅴ级围岩段采用三台阶法开挖,实现快速开挖、少扰动围岩、早封闭、保质量、保安全,取得了良好的效果。

开工初期,该隧道左洞出口端按原设计采用超前支护30mϕ108mm长管棚及双侧壁导坑法开挖进洞。从2008年12月30日至2009年1月7日,共开挖进尺4.8m,平均每天进尺0.53m。经过计算,采用双侧壁导坑法开挖无法按合同工期完成施工任务。经过方法调整,将双(单)侧壁导坑法改变为三台阶法施工,实现平均每月进尺160m。使隧道左右线分别于2010年5月11日和8月8日顺利贯通。节省工期近5个月,节省大量管理费用成本投入,同时,改变施工方法后,取消大量临时支护,节省约1 400

万元的建设成本投入,同时避免临时支护拆除废弃而导致环境污染。

本工法在大王顶隧道成功运用,并在后续的博深高速公路石鼓隧道,广乐高速公路梯子岭、椅岭岗、连江口隧道,梅大高速公路杨公坑隧道等工程实体中进行推广,本工法克服了双(单)侧壁导坑法等施工工序复杂烦琐、相互间干扰大、出渣、施作系统锚杆困难、施工进度缓慢等问题,施工中能维护和利用围岩的自承能力、自稳能力,符合新奥法原理,施工工序简单、紧扣、高效,节省了临时支护,避免了大量拆除临时支护工作,节省了施工成本,达到少扰动围岩、早封闭、快速施工、降低工程造价和施工成本,具有良好的推广运用价值。

公路隧道初期支护湿喷混凝土施工工法

GGG(甘)D1158—2013

张国军　宋建军　刘永超　杨艳春　宋长银
（甘肃路桥建设集团有限公司　甘肃路桥第五公路工程有限责任公司）

1　前言

公路隧道复合式衬砌中的初期支护是承受围岩荷载的主要结构。一般由锚杆、喷射混凝土、钢架、钢筋网等组成,它是现代隧道工程中最常用的支护形式。隧道开挖后对围岩喷射混凝土可以起到填平补强围岩、封闭围岩表面,降低围岩风化、阻止围岩松动、支撑围岩“卸载”和分配外力的作用。

目前,我国大部分公路隧道新奥法施工的初期支护均采用普通的干式喷射混凝土施工工艺,施工工艺简单,设备简陋,粉尘污染严重,混凝土强度低,回弹量大,施工安全性差的喷射混凝土作为隧道初期支护,隧道施工中喷射混凝土长期以来采用干喷工艺进行施工,而对湿喷工艺来讲,因其使用液体速凝剂价格较高和设备一次性投入成本高,以及传统施工工艺使用习惯的束缚,对此一直存在着消极观望的态度。事实上,湿喷技术在西方发达国家从20世纪60年代就开始推广应用,设备与工艺的配合日臻完善。在我国随着喷射混凝土设计基准强度的提高,加之对环保要求越来越高,作业人员的自我保护意识也越来越强。所以,具有回弹量低、质量易管理、性能稳定、混凝土早期强度高、劳动强度低、机械化程度高、作业面安全隐患小等优点的湿喷工艺将会逐步取代干喷工艺。

甘肃路桥建设集团有限公司联合甘肃路桥第五公路工程有限责任公司,针对公路隧道传统的初期支护采用干喷混凝土工艺存在质量控制难、混凝土强度很难达到设计要求、洞内作业环境差,喷射混凝土回弹料大等技术难题,积极开展了“公路隧道初期支护湿喷混凝土施工技术”攻关项目。应用集自动化、机械化于一身的湿喷机组替代人工干喷工艺,不仅缩短洞内喷射混凝土施工时间,在喷射施工过程中,还可以解决干喷工艺存在的粉尘大、回弹高、品质不易控制、作业面安全环境差、难以应用混凝土技术发展成果等技术难题。

通过兰州至永靖一级公路建设项目段恐龙湾隧道左线洞内初期支护湿喷混凝土的施工实践,总结出了本工法。

2　工法特点

(1)隧道初期支护采用湿喷工艺,实现了集中搅拌与自动计量、机械化运输与上料,液体速凝剂智能控制,湿喷机组机械化流水作业线。

(2)采用湿喷混凝土施工时,与相对于传统的干喷或湿喷工艺,喷射操作手在距掌子面较远的地方通过无线遥控器操作机械,提高了施工安全性。

(3)采用湿喷混凝土施工时,与相对于传统的干喷或湿喷工艺,洞内粉尘浓度降低为7~10mg/m^3,改善了隧道内的作业环境,保护了施工人员的身心健康。

(4)公路隧道采用湿喷工艺后比传统的干喷工艺喷射混凝土回弹量减低了15%左右,减少单位工程喷射混凝土总量,节约了成本。

3　适用范围

本工法适用于隧道初期支护及高边坡防护喷射混凝土施工。

4 工艺原理

公路隧道初期支护湿喷混凝土技术是以质量控制、改善作业环境为核心的一种新的喷射混凝土技术体系,其原理就是将集料、胶凝材料和水按设计配合比集中拌和均匀后,由混凝土罐车运输至施工现场,采用 CIFACSS-3 湿喷机进行喷射施工,湿喷机组用压缩空气将管体内成品混凝土压缩呈悬浮状态,随后压送至喷枪,再在喷头处通过自动计量系统添加液体速凝剂,经过喷嘴喷射到岩壁表面上,并迅速凝固结成一层支护结构,从而对围岩起到支护作用。

5 施工工艺流程及操作要点

5.1 施工工艺流程(图1)

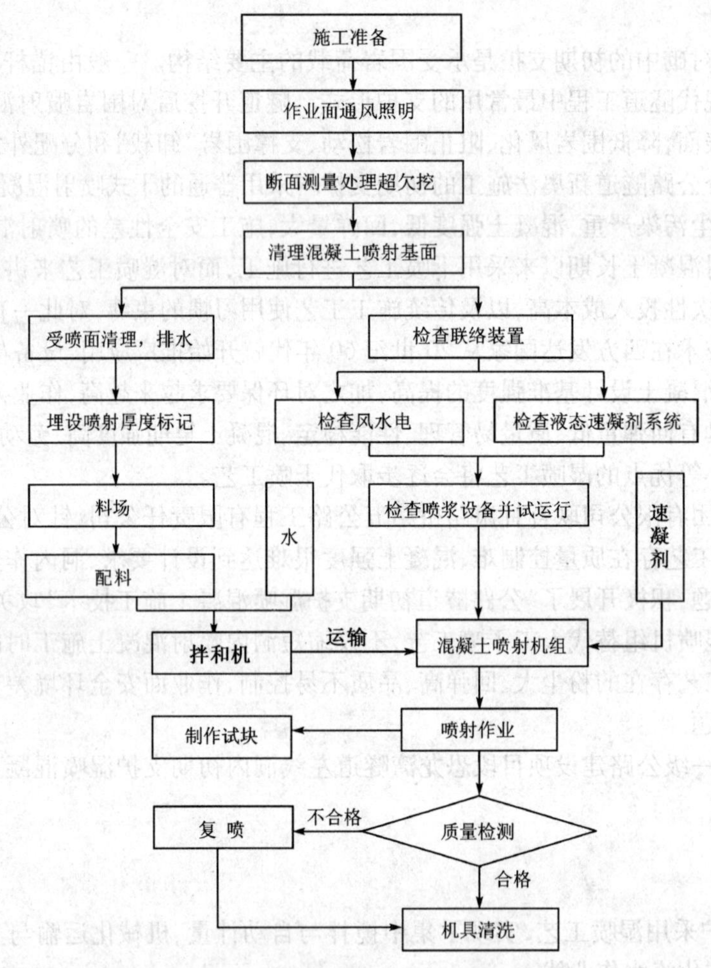

图1 湿喷混凝土施工工艺流程图

5.2 操作要点

1)设备选型与施工

在恐龙湾隧道右线施工过程中,发现采用小型湿喷机施工存在环境污染指数高、外加剂掺量不准、存在施工盲区、施工进度缓慢等问题,无法满足隧道施工的要求。随后在恐龙湾隧道左线施工中根据公路隧道开挖方式和断面尺寸及施工步距,引进 CIFACSS－3 喷射机组,该机组最高喷射混凝土速度能达到 30m^3/h,施工灵活、快速、方便、施工前准备时间短、经济性显著、安全有保障,主要设有由混凝土泵、喷射臂、液压系统、空气—水—添加剂系统、空压机、高压清洗水泵、电缆盘和底盘等。

(1)主要优点。

①全球首创的双转台系统,一次定位喷射面积更广,侧向作业更简单,能更好捕捉隧道拱形轮廓,极大提高了工作适应性。

②全球独有的移动式臂座设计,可实现臂座沿底盘轴线3.7m滑移。

③独有的全钢板机身和封闭式驾驶室设计,环保、安全。

④独特的防偏磨技术,使切割环与眼镜板使用寿命提高2~3倍。

⑤全球唯一使用电能或柴油驱动的双驱动底盘,工况适应性好。

⑥设备有大臂俯仰、小臂摆动、枪杆转动、喷枪姿态调整、喷枪自身旋转、整机行走6个自由度,在作业范围、喷枪移动、喷射能力方面较以往湿喷设备有重大突破。

⑦采用该机械手进行湿喷,由于运料、上料、喷浆均采用大型机械施工,特别是由于喷头采用机械手进行操作,风压大,出料风压高、速度快。形成能力高、速度快、稳定均衡、机械化程度高的湿喷混凝土施工技术。

(2)技术参数(表1)。

技术参数 表1

型号			CIFA CSS-3
项目		单位	数值
喷射单元	喷射高度	m	15.7
	喷射深度	m	5.5
	喷射半径	m	16
	最大理论输出量	m^3/h	30
	最大理论输出压力	bar	65
	最小打开高度	m	3.3
底盘	型号		Shotruck 2
	功率	kW/(r/min)	72/2 300
	转弯半径	m	5.2
	行驶速度	km/h	27
空气压缩机	功率	kW	75
	输出量	m^3/min	11.5
	输出压力	bar	7
工作性能			
理论输出(m^3/h)	5/30	最大输出压力(bar)	65
摆缸最大回转次数/min	16	混凝土缸(直径×行程)(mm)	200×1 000
料斗容积(L)	300	装机功率(kW)	55~61/1 900
臂架参数			
转塔垂直旋转角度(°)	±180	转塔水平旋转角度(°)	±180
第一节提升角度(°)	±90~-5	第二节提升角度(°)	180
第三节提升角度(°)	270	第一节长度(m)	4.2
第二节长度(m)	2.5	第三节长度(m)	3.5
第三节伸缩臂延伸(m)	1.8	纵向喷嘴旋转(°)	180
横向喷嘴旋转(°)	±90	臂架纵向滑动行程(m)	3.7
装机功率(kW)	72/2 300		
载重底盘			
转弯半径(m)	5.2	轴距(m)	3.7
接近角(°)	16.5	离去角(°)	18.5
最大容量(kg)	16 000		

2)湿喷混凝土原材料的选择

(1)水泥。

根据混凝土强度要求和配合比设计,采用通过与液体速凝剂相容试验、强度等级不低于32.5R的硅酸盐水泥或普通硅酸盐水泥。

(2)液体速凝剂。

液体速凝剂需保证喷射混凝土能在短时间内凝结。一般选用LGN-8A碱性液体速凝剂,密度为$1.45kg/dm^3$,试验最佳掺量为水泥用量的3%~5%,3min初凝,10min终凝。实际施工中可根据现场初凝情况灵活调整。

(3)砂子。

砂子宜选用连续级配河砂或山砂,或使用级配较好的机制砂。细度模数为2.6~2.9,含泥量<3%,其他技术指标应符合《建筑用砂》(GB/T 14684—2001)的规定。

(4)粗集料。

最大粒径小于15mm,连续级配。集料粒径过大会造成回弹增大,过小则混凝土强度低,故应进行筛分。

(5)粉煤灰。

检验指标应符合一级粉煤灰要求。

3)湿喷混凝土配合比设计

(1)确定混凝土的试配强度。

湿喷混凝土的试配强度可以按下式计算求得:

$$f_{cu.o}=f_{cu.k}+1.645\sigma \tag{1}$$

式中:$f_{cu.o}$——施工配制强度(MPa);

$f_{cu.k}$——设计强度标准值(MPa);

σ——混凝土标准差(MPa),取$\sigma=4.0$。

(2)确定粗集料的最大粒径及级配。

根据混凝土喷射机的输送管直径及施工经验,确定粗集料的最大粒径为15mm,连续级配。

(3)确定砂率。

喷射混凝土的砂率比一般混凝土高,这是由喷射混凝土的施工特点决定的,适当提高砂率可以提高喷射混凝土的密实度,减少回弹,改善喷射混凝土质量;但砂率过大,又会造成混凝土的收缩开裂,并且加大水灰比。施工时,应根据现场的实际情况,确定合理的砂率,一般取55%~60%。

(4)水胶比设计。

为了优化配合比,减低施工成本,同时为了湿喷机械组泵送的需求,通过采取添加粉煤灰来增加混凝土的和易性,达到湿喷机组顺利泵送的要求。水胶比应根据混凝土的强度设计等级、施工机械、喷射机软管的直径、输送长度等因素综合考虑确定。若水胶比过小,会造成输送管堵塞,同时还会增加回弹和粉尘;若水胶比过大,则会造成混凝土的离析和喷射后的溜坍。根据以往湿喷混凝土的施工经验,水胶比一般控制在0.45~0.60之间。

适当的坍落度,是混凝土喷射质量的重要保证。特别是湿喷混凝土,坍落度过小,混凝土的流动性差,容易堵管,将不利于施工;而坍落度过大,又会导致集料离析,影响混凝土的质量。CIFACSS-3喷射机的湿喷混凝土适宜的坍落度为100~120mm。

(5)配合比的确定。

①配合比选择调整。

恐龙湾隧道根据现场实际情况,进行了几组模型进行现场试验,见表2。

喷施混凝土配合比设计选型汇总 表2

序号	水泥用量（kg）	粉煤灰（kg）	水灰比	速凝剂用量（%）	砂率（%）	坍落度（cm）	初凝时间（min）	终凝时间（min）	28d强度（MPa）
1	457	0	0.46	5	50	10.0	3.1	9.1	35.2
2	457	0	0.47	4	63	11.5	3.2	9.6	32.1
3	457	0	0.46	5	54	10.0	3.2	9.3	33.4
4	420	40	0.5	3	60	11.0	3.2	9.2	31.4
5	420	40	0.5	4	65	10.0	3.0	9.0	30.1

分析得出，影响混凝土强度的主要因素为水胶比，影响凝结时间的主要因素为外加剂的掺量。实际分析考虑，在满足质量要求的情况下尽量节约成本，配合比（采用4号），胶凝材料（水泥+粉煤灰）：砂：碎石：水：速凝剂=1：2.1：1.4：0.5：0.03。

②根据上述要求，最后确定实际施工时的喷射混凝土配合比，C20喷射混凝土推荐配合比见表3。

C20喷射混凝土推荐配合比 表3

设计等级	水灰比	每立方米混凝土材料用量（kg）					速凝剂（%）	坍落度（mm）
		水泥	砂子	碎石	粉煤灰	水		
C20	0.5	420	966	644	40	230	3	100～120

4）喷射前施工准备

（1）受喷岩面处理。

①认真对开挖面的尺寸进行检查。清除受喷面上的各种浮石或爆破松动的岩块；挖除洞室中超过规定的欠挖部分（对于欠挖量大且岩石坚固部位，采取爆破处理；欠挖量小且岩石软弱部位，采用风镐清除）。

②清理受喷面上的岩粉、岩渣和其他杂物，并处理严重污染的岩面，达到规范要求。

③超挖处理：隧道洞室超挖部分必须采用喷混凝土回填，禁止用浆砌片石回填。

④对于坚硬、不软化的岩面采用高压水冲洗、用高压风吹净。

⑤对有涌水、渗水的岩面，根据股水情况，顺股水出露点打孔、压注速凝浆液进行堵水。

（2）设置控制喷射混凝土厚度的标志。

①围岩安设锚杆时，利用锚杆外露部分作为测钉。外露部分已露出钢拱架下边缘2cm为宜。

②围岩不设锚杆时，在岩面上用电钻打眼，锚固ϕ8mm钢筋头，其外露长度露出钢拱架下边缘2cm为宜。

③锚杆每平方米约设1～2根，呈梅花形布置，喷射混凝土后无钢筋头外露即可。

（3）喷射混凝土作业准备。

①检查空压机工作风压和耗风量是否满足要求；压风进入喷射机组前必须将臂架展开。

②湿喷机组：密封性能良好，湿喷机安装调试后，在料斗上安装振动筛（筛孔尺寸为20mm）。

③检查速凝剂的泵送及计量装置性能是否完好。

④检查管道及接头是否良好，确定风管不漏风，水管不漏水，沿外接风、水管路每隔50m装一个阀门接头。

⑤检查作业区内是否具有良好通风和照明条件，确保喷射面的可见性及作业面空气清新，以便能及时观察作业面的质量及厚度。

⑥在已有混凝土面上进行喷射时，清除剥离部分，以保证新老混凝土之间具有良好的黏结强度。既有喷射混凝土层首先达到初凝后，再使用高压风、水冲或其他方式除去所有松散物、尘土或其他有害物。

⑦现场准备，湿喷前现场必须按照施工工序完成“开挖—出渣—拱架安装—锚杆施作—超前导管”等施工步骤。各个工序完成后，再用装载机将开挖台车拖移到离掌子面30m左右处，并且用装载机将

掌子面前的地面整平。这样可以留出场地来停放湿喷机组和混凝土罐车放料。

5)湿喷机组辅助设备

湿喷施工除选择良好的湿喷机组外,辅助设备的配套也极其重要,配套合理将为湿喷作业提供强有力的保障。湿喷机组外接电源必须满足其额定电压380V,额定功率150kW。当需要外接风时,风压必须达到最小风压0.5MPa。在喷射混凝土作业面设置专门的湿喷机组用电的配电箱,同时做到"一机一闸一漏",以便湿喷机组到达掌子面后能迅速连接配电,湿喷机组随机携带的电缆线长为100m,随着掌子面掘进,配电箱也应逐步先前移动,一般考虑施工步距掌子面每掘进50m左右配电箱移动一次。

6)混凝土拌和及运输

按施工配合比进行喷射混凝土拌和,混凝土拌和采用全自动计量配料强制式搅拌机集中拌制,并定期对拌和搅拌机进行计量检定。拌制过程如下:先投入碎石、砂子和水泥及粉煤灰,然后加入适量水(砂石含水率不大于8%)搅拌均匀,搅拌时间不低于2min,并根据拌和场到隧道作业面的距离,配置相应数量的混凝土运输罐车,保证湿喷混凝土作业时混凝土连续不间断供应。喷射混凝土随用随拌,混凝土拌制好后尽量控制在30min以内喷射完成效果较好。

7)湿喷机组操作

(1)湿喷机组固定就位。

自动稳定装置由两部分构成:一部分是位于驾驶座内操作盒内,其装备有一个转换开关,具有停止的功能;另一部分是一个发光二极管,它可以指示机器的稳定性,二极管可以控制使稳定装置圆筒下降的电磁线圈,具有自动找平功能。开启转换开关即可激活其自动找平功能。从被激活使用至操作结束,必须遵照安全规则,指示灯亮即表示成功稳定。

(2)遥控器调整。

接通电源,在控制面板上打开连接电源,接收器的显示屏上应该显示"004"。在主控台上选择远程控制命令(调节至遥控挡)。检查转换器上的紧急停止按键是否复位。确保遥控器上所有控制命令,操纵杆或者转换手柄都复位。在操作遥控器前,先按鸣笛按钮。如果鸣笛成功,则说明遥控器和接受器连接成功,接受成功是显示屏上应该显示"001"。此时无线电远程控制及机器都就绪,可以开始运行。

(3)臂架的打开。

湿喷机组内臂架打开只能通过无线电遥控来实现。

通过遥控器按钮发射信号给接收器、接收器将信号收集再传送到电控柜,电控柜将接受到的信号传送到臂架上方的转接盒,转接盒把收集的信号传送给多路阀,多路阀根据收集的信号来完成各种动作,从而控制臂架的转动和伸缩。根据拱圈轮廓线,臂架的打开从一个静止的位置向上提起第一节臂架约5°,然后臂架整体向前滑移、同时打开第二节臂架约75°、接着打开第三节臂架约83°,然后继续打开第二、第三节臂架直到到达工作的最佳位置。

(4)混凝土的泵送。

湿喷机组的泵送系统是由泵送油缸、摆缸、换向阀、逻辑阀、溢流阀组成。混凝土罐车将料自动倒入料仓中,操作人员通过遥控器上的泵送按钮来启动泵送。泵送时,泵送油缸内的活塞运动,将混凝土抽入缸体内,然后通过摆缸摆动将混凝土摆送到混凝土输送管内,接着换向阀通过换向进行下一轮的抽吸,将混凝土循环抽吸到混凝土输送管内用压力将输送管内的混凝土推送至喷头,然后再在喷头处与液体速凝剂和高压风混合,高压风将混凝土和速凝剂的混合料喷射至喷射面上。

(5)混凝土和速凝剂配比控制。

喷射前将速凝剂的密度、混凝土中的水泥含量(单位:kg)、速凝剂的百分比(速凝剂/水泥)输入到速凝剂控制面板。泵送时泵送S阀上的接近开关通过泵送传感器来检测出混凝土的用方量,将混凝土的排量输出变化传送给控制器,控制器通过控制面板上设定的混凝土与速凝剂的百分比,计算出速凝剂的输出量,再将传送给速凝剂排量阀来控制速凝剂的输出。

(6)风压、风量调整。

风压调整应根据空气压缩消耗曲线来计算,根据工作面距离,合理选用湿 CIFACSS-3 喷射机的输送管直径,确保得到合适的混凝土出口速度。有关风压、风量供应,应满足表4的要求。

风压、风量供应　　表4

喷射量(m^3/h)	8	11	13	15	18以上
输入风压(bar)	5.2~6.8	5.4~7	5.5~7	5.6~7	5.8~7
输送风压(bar)	4.2	4.4	4.6	4.8	5.1
风量(m^3/min)	14	15	16	17	19

输入风压指空压机提供的风压,须在表4要求范围才能满足 CIFACSS-3 喷射机正常工作,输送风压指输送混凝土的风压,可用上进风阀和下进风阀进行调整,使上进风阀的风压稍大于下进风阀的风压。实际施工中可根据混凝土和易性、风压稳定性影响进行调整,以保证喷射混凝土在喷射口形成连续喷射稀薄流、喷射口无流淌、喷射物成曲线飞行伞状喷向受喷面。

(7)喷枪喷头控制。

喷枪喷头的运动包括伸缩、垂直方向摆动、水平方向摆动和喷头刷动。操作人员通过遥控器上的按钮来输入喷头移动的信号,接收器接受信号后将信号传送至电控柜。电控柜将信号传送给齿轮泵来控制电磁换向阀和电动机,电磁换向阀通过电磁控制来实现喷头的动作。

(8)喷射操作。

喷射台车在喷射湿喷混凝土时,由台车空压机(也可用外部空压机)提供压缩空气,压缩气体通过一个特殊设计的混合室进入喷嘴底部,外加剂通过计量泵经由输送管道进入混合室,使空气、混凝土、外加剂充分混合,形成喷射混凝土连续流体,并通过喷嘴喷射出去。获得较高加速度的喷射混凝土,在喷射至岩面时产生一股强大的冲力,使混凝土喷射入界面的各种孔隙及裂缝并加以渗透密实(图2)。

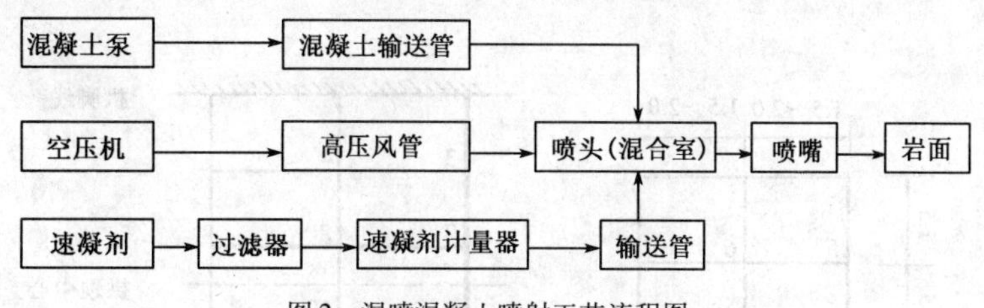

图2　湿喷混凝土喷射工艺流程图

喷射台车操作的基本原则是:先粗喷、后找平,先点喷、后面喷,多层喷涂,循环喷射,底层混凝土采用大排量粗喷,外层混凝土采取小排量细喷,直至喷射面光滑平整,达到最大限度地将混凝土拌和料以最小的回弹量喷附于岩面形成一个压紧、致密、固化的黏结层。混凝土喷射作业时,喷射距离、角度、喷射顺序、喷头移动等对喷射混凝土质量、回弹都有很大影响。

①喷射顺序:喷射应先墙后拱,从下至上、料束呈螺旋旋转轨迹运动,一圈压半圈,纵向按蛇形喷射,每次蛇形喷射长度为3~4m,见图3。隧道从两侧边墙底部开始喷射,喷射到拱顶中心线位置闭合,完成一环喷射混凝土的一次试喷。尽量采用多层薄层喷射,而不是由一次性全厚度喷射;在隧洞拱顶部位,初喷层厚度不应超50mm,以防止喷层过厚发生坠落影响喷射混凝土黏结效果。

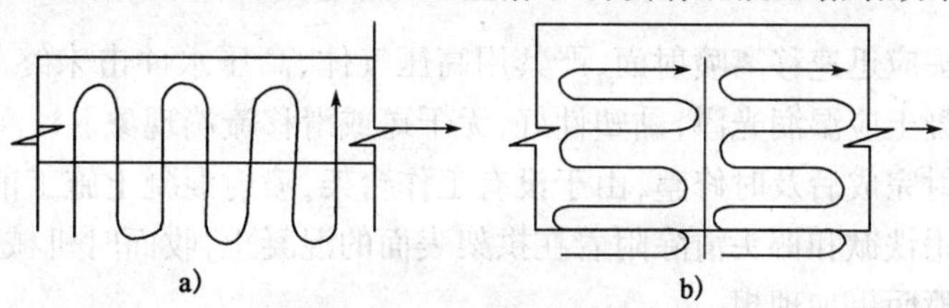

图3　喷射混凝土顺序图
a)拱圈喷头活动顺序;b)边墙喷头活动顺序

挂网钢筋岩石面的混凝土喷射:喷射挂网钢筋岩面时,钢筋网必须牢固地固定在岩石基底上,如果钢筋网松动不牢固,强大的混凝土喷射流体会造成钢筋网片松动或振动,从而加大混凝土的回弹量,造成浪费并影响喷射混凝土黏结强度。

硬岩和软弱岩石面混凝土喷射:硬岩基底黏结能力不如软弱围岩,在喷射硬岩部位时底层厚度一定要薄,大面积硬岩部位先用喷射混凝土扫底,然后再逐渐增加喷层厚度;软弱岩石部位喷射时,底层喷射可适当增加初喷厚度。

②喷射角度:喷射混凝土时,喷头应保持与受喷面垂直。喷射角度过小将增加混凝土的回弹率,降低喷射密实度;垂直于岩面喷射时,连续的混凝土"稀薄流"对反弹物有二次嵌入作用,可以降低回弹率,增加一次喷射厚度。

③喷射距离:由于湿喷要求的风压较大,如果喷头距受喷面太近,高压风会将刚"附着"在受喷面上的混凝土吹掉,使混凝土的回弹量增大。距离太远,喷射的混凝土压力过小,从而影响混凝土的密实度降低。因此,喷射机组湿喷作业时,喷头距岩面的距离宜为1.2~1.5m,较干、潮喷射距离宜适当加大。

④喷头移动:喷射混凝土回弹在开始喷射时最大,当岩面喷厚达到2~3cm后,回弹最小,且稳定。当喷射到附着在岩面的混凝土滑落、流淌时,一次喷厚达到最大,此时不能再继续喷射,应待喷射混凝土初凝后方能进行复喷。喷射时首先伸展机械手大臂调整喷头在边墙底部施喷位置,使用机械手小臂自动平行功能调整小臂与地面水平,与隧道边墙平行。调整喷头距离、角度,完成上述工作后即可开始喷射。喷射中尽量不要再调整喷头距离、角度及动机械手大臂,仅需使用自动伸缩功能控制喷头在小臂上自动伸缩,即从一端缓慢运行到另一端来回2~3次可完成一遍喷射;然后伸展大臂30cm左右,在拱部根据隧道轮廓小臂做适当翻转,大臂做垂直、水平移动,确保喷头与岩面的角度和距离。按上述顺序喷射下一部位,如此循环完成需喷混凝土的喷面。

⑤喷射区段划分:分段长度不超过6m,在段位内按先下后上的顺序进行分块(图4),分块大小不超过2m×2m。

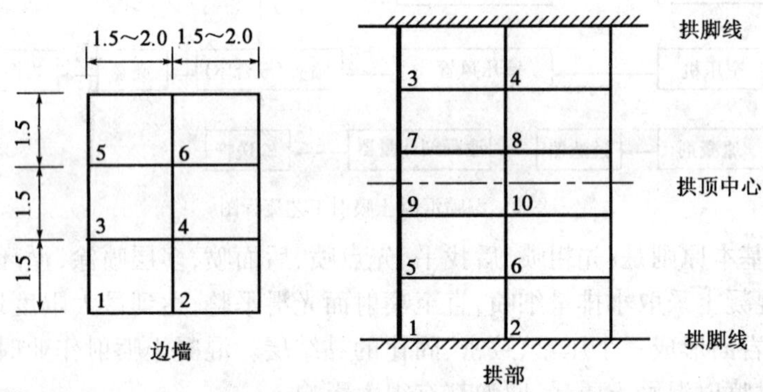

图4 喷射区段划分图(尺寸单位:m)

⑥堵管处理:喷射施工中极少发生堵管,若发生时应立即关闭喷射机组及计量泵,关掉输送风,拍打软管,并倒掉管内存留混凝土。堵管处理完成后,应先加水喷射洗管,确保管路畅通无误后,才能再次进行喷射施工。

⑦突然断料时,喷头应迅速移离喷射面,严禁用高压气体、高压水冲击未终凝的混凝土。严格控制水胶比,喷到岩面上混凝土应湿润光泽,黏塑性好,无干斑或滑移流淌现象。

⑧喷射面修正:喷射完成后及时修整,由于没有工作台架,喷射混凝土施工前,应在钢拱架下边缘涂刷脱模剂,复喷前人工用铁锨和榔头清除附着在拱架表面的混凝土,收面时机械操作手以拱架表面为基准面进行复喷收面,使喷面更加理想。

⑨回弹量的控制:影响喷射混凝土回弹量的因素主要有供风量、喷嘴与喷射岩面的角度、速凝剂的掺量、喷嘴至喷射岩面的距离、喷射部位等。

a. 风量的调整:风量调整可直接控制喷射混凝土流速,CIFACSS-3 湿喷射机组在正常使用时气压表指针在4.5 ~5bar。为了达到比较平整的喷射面,并尽量减少回弹,在正常风压下,根据喷射混凝土坍落度的变化、混凝土喷射距离的远近和围岩的类型,通过风量旋扭改变供风量大小。坍落度大时风量减小,反之则加大风量;喷射距离远时加大风量,反之减小风量;喷射硬岩时减小风量,反之加大风量。

b. 喷射角度的调整:喷嘴与喷射岩面的喷射角度是影响喷射质量最重要的因素,应经常保持喷嘴与喷射岩面成90°。当喷射裂隙、挂网钢筋和超、欠挖等不规则岩面部位时,要随时调整喷射角度,以保证喷射混凝土更加密实地填充到岩面的隐蔽部位。

c. 喷射距离的调整:正常的混凝土喷射距离为1.2 ~1.5m。如果喷射距离太小,将无法形成层状,因为喷射混凝土一触击到岩面就被后续的强大冲击力所吹走;如果喷射距离太远,则因冲击力不足而无法满足喷射混凝土的黏结和密实要求。喷射距离失当将造成回弹量的急剧上升,致使能够喷附至岩面的混凝土很少。相反,如果根据喷嘴处混凝土的流速来调节喷嘴距岩面的合理距离,则回弹量可控制到最小范围,所以如何准确地掌握喷嘴距离是非常重要的。另外,在混凝土坍落度变化情况下,喷射距离也需要适当调整。坍落度较小时,喷射距离取小值;坍落度较大时,喷射距离取大值。较小坍落度混凝土的喷射距离为1 ~1.2m,较大坍落度时的喷射距离可达1.5 ~2m;同时,在粗喷或毛喷时,喷射距离也要尽可能小,面层找平时喷射距离尽可能大,最后喷射层找平时的喷射距离可放大到2 ~2.5m。

d. 外加剂的调整:为了使喷射至岩面的混凝土在短时间内达到锚固、密实的效果,在喷射混凝土时可掺入速凝剂,速凝剂的掺入量显示在速凝剂指示表上。在调整外加剂时,第一,应根据喷射部位及时调整速凝剂掺入量;第二,应根据喷射混凝土坍落度调整速凝剂掺入量,坍落度小则速凝剂掺入量调小,坍落度大时,速凝剂掺入量调大。应注意的是:速凝剂掺入量过高或过低都会造成喷射混凝土回弹量的增加,速凝剂掺入过少时,混凝土凝结时间过长,强度增长不足,其后的喷射混凝土会吹掉之前还没有凝结的混凝土而造成回弹;反之当速凝剂过多(如8% ~10%以上)时,喷射混凝土急剧凝结成坚硬的表面,从而导致更多的集料回弹。

e. 喷射混凝土的界面和部位不同也是造成混凝土回弹量大的一个因素,如在隧道施工中硬岩面喷射混凝土的回弹量要比软岩面高50%;拱顶部位喷射混凝土的回弹量要比边墙部位的回弹量高一倍多。

8)检测结果

经检测,初期支护喷射混凝土强度、厚度合格率达100%。

6 材料与设备

6.1 材料

(1)水泥:应优先选用普通硅酸盐水泥,其次是矿渣硅酸盐水泥和火山灰质硅酸盐水泥。

(2)粗集料:粗集料采用坚硬耐久的碎石和卵石。喷射混凝土的石子粒径不宜大于15mm,喷射微纤维混凝土中的石子粒径不宜大于10mm,集料级配宜采用连续级配。

(3)细集料:细集料应采用坚硬耐久的中砂和粗砂,细度模数宜大于2.5,含水率宜控制在5% ~7%,若超过7%,喷射时易造成堵管。

(4)外加剂:主要为速凝剂,添加速凝剂的目的是使混凝土速凝,以减少回弹量及早强。使用前应做与水泥的相溶性试验及水泥净浆速凝效果试验,要求初凝不应大于3min,终凝不应大于10min。应根据水泥的品种、水灰比等,通过不同掺量的混凝土试验选择最佳掺入量,一般为水泥质量的2% ~4%。

(5)水:水质应符合工程用水的有关标准,水中不应含有影响水泥正常凝结与硬化的有害杂质。

(6)粉煤灰:I级,细度<12%。

6.2 设备

根据一个隧道洞口一台喷射机组两个工作面考虑,可参照表5配备相应机械设备。

喷射混凝土设备 表5

序号	机具名称	规格	单位	数量	备注
1	湿喷机组(带行走)	CIFACSS-3	台	1	理论生产能力30m³/h
2	混凝土运输车	9 m³	台	2	
3	空压机	24m³/h	台	2	供风能力为0.6MPa
4	发电机	500kW	台	1	
5	混凝土拌和站	HZS90	座	1	
6	多功能台架	长度5m	台	1	自制
7	装载机		台	1	平台高度合适
8	挖掘机		套	1	
9	供水设备		套	1	保证水压为0.15~0.2MPa
10	机组易损件				备用

在距作业面较近处设置专用的湿喷机组停放场,CIFACSS-3湿喷机组行走较慢,为节约工序时间,距离较近好。

本工法主要试验、测量、质检仪器见表6。

主要材料试验、测量、质检仪器设备 表6

序号	名称	规格型号	单位	数量
(一)	砂、石料			
1	新标准砂筛	φ300	套	1
2	新标准石子筛	φ300	套	1
3	摇筛机	XSB-70A	台	1
4	针片装试验规准仪		个	1
5	压碎值测定仪		套	1
6	容量瓶		个	4
7	广口瓶		个	4
(二)	水泥、混凝土、钢材			
1	万能材料试验机	WE-600B,600kN	台	1
2	压力机	TYA-2 000,2 000kN	台	1
3	水泥胶砂搅拌机	NRJ-160B	台	1
4	水泥胶砂振实台	GZ-85	台	1
5	抗压夹具	40mm×40mm	套	1
6	负压筛析仪	FSY-150	台	1
7	沸煮箱	RAF-150	台	1
8	电动抗析机	DKI-5000A,5 000N	台	1
9	混凝土振动台	GE-85,F=50H2-3H2	台	1
10	强制式混凝土搅拌机	50L	台	1
11	净浆搅拌机	NRJ-160B	台	1
12	压力机	TYA-2000,2 000kN	台	1
13	冷弯冲头	标准型	套	1
14	雷式夹测定仪	LD50	台	1
15	雷式夹	17.5	个	12
16	水泥净浆稠度仪	No153	台	1

续上表

序　号	名　　称	规格型号	单　位	数　量
17	水泥胶砂试模		套	12
18	李式比重瓶		个	4
19	坍落度测定仪		套	3
20	钢筋保护层测定仪器	GBH-1	台	1
21	磅秤	100kg	台	5
22	标准养护箱	HWXLAB	台	1
23	泥浆测定仪		套	2
24	混凝土取芯机	QZ－160	台	1
（三）	测试仪器			
1	回弹仪	HT225	台	2
（四）	测量、检测仪器			
1	电子全站仪	GPT-7002	台	1
2	水准仪	AP－128	台	1
3	铝合金水准尺	5m	把	2
4	钢尺	50m	把	2
5	钢尺	5m	把	2

7　质量控制

7.1　质量标准标准

(1)《公路隧道施工技术规范》(JTG F60—2009)。
(2)《公路工程施工安全技术规程》(JTJ 076—95)。
(3)《公路土工合成材料应用技术规范》(JTG/T D32—2012)。
(4)《公路工程质量检验评定标准》(JTG /F80/1—2004)。
(5)《公路工程集料试验规程》(JTG E42—2005)。
(6)《公路工程土工合成材料试验规程》(JTG E50—2006)。
(7)《公路工程混凝土结构防腐蚀技术规程》(JTG/T B07-01—2006)。
(8)《公路建设环境影响评价规范》(JTG B03—2006)。
(9)《公路土工试验规程》(JTG E40—2007)。
(10)《公路工程无机结合料稳定材料试验规程》(JTG E51—2009)。
(11)《公路隧道施工技术细则》(JTG/T F60—2009)。
(12)《公路工程水泥及水泥混凝土试验规程》(JTG E30—2005)。
(13)《公路工程岩石试验规程》(JTG E41—2005)。
(14)《公路工程水质分析操作规程》(JTJ 056—84)。
(15)《通用硅酸盐水泥》(GB 175—2007)。
(16)《锚杆喷射混凝土支护技术规范》(GB 50086—2001)。
(17)《钢筋焊接及验收规范》(JTG 18—2003)。
(18)《公路隧道设计规范》(JTG D70—2004)。
(19)《公路勘测规范》(JTG C10—2007)。
(20)《铁路隧道监控量测技术规程》(TB 10121—2007、J721—2007)。
(21)《铁路隧道超前地质预报技术指南》(铁建设〔2008〕105 号)。

7.2 检测项目、检验方法和标准

(1)开挖、支护检测项目和标准见表8、表9。

开挖检测项目和标准　　表8

项　次	检 测 项 目	规定值或允许偏差
1	车行道(mm)	±10
2	净总宽	不小于设计
3	隧道净高	不小于设计
4	隧道偏位(mm)	20
5	路线中心线与隧道中心线的衔接(mm)	20
6	边坡、仰坡	不大于设计

支护检测项目和标准　　表9

项　次	检 测 项 目	规定值或允许偏差	检验方法和频率
1	喷射混凝土强度	在合格标准内	按 JTG F80/1—2004 附录 E 检查
2	喷射厚度	平均厚度≥设计厚度;检查点的90%≥设计厚度;最小厚度≥0.5倍设计厚度,且≥50mm	凿孔法活雷达检测仪:每10m检查一个断面,每个断面从拱顶中线起每3m检查1点
3	空洞检测	无空洞、无杂物	凿孔活雷达检测仪:每10m检查一个断面,每个断面从拱顶中线起每3m检查1点

(2)拱架支护实测项目和标准见表10。

拱架支护实测项目和标准　　表10

项　次	检 测 项 目		规定值或允许偏差	检验方法和频率
1	安装间距(mm)		50	尺量:每榀检查
2	保护层厚度(mm)		≥20	凿孔检查:每榀自拱顶每3m检查一点
3	倾斜度(°)		±2	测量仪器检查每榀倾斜度
4	安装偏差(mm)	横向	±50	尺量:每榀检查
		竖向	不低于设计高程	
5	拼装偏差(mm)		±3	尺量:每榀检查

(3)锚杆支护施工质量标准见表11。

锚杆支护施工质量标准　　表11

检 查 项 目	质量标准或允许偏差	检 查 项 目	质量标准或允许偏差
锚杆数量	不少于设计规定值	钻孔深度(mm)	±50
锚拔力	拔力平均值≥设计值,最小拔力≥90%设计值	钻孔直径	满足设计要求
孔位(mm)	±50	锚杆长度	满足设计要求

(4)钢筋网支护施工质量标准见表12。

钢筋网支护施工质量标准 表12

检 查 项 目	质量标准或允许偏差	检 查 项 目	质量标准或允许偏差
网格尺寸(mm)	±10	与受锚岩面的间隙(mm)	≤30
钢筋保护层厚度	满足设计要求	网的长、宽(mm)	±10

7.3 关键工序的质量控制

(1)喷射混凝土厚度应按照设计要求进行施工,同时应根据围岩状态判定围岩类别及时提出变更设计。根据变更文件,调整混凝土喷射厚度。确保安全,经济施工。

(2)尽量采用多层薄层喷射,而不是由一次性全厚度喷射;在隧道拱顶部位,初喷层厚度不应超过50mm,以防止喷层过厚发生坠落影响喷射混凝土黏结效果。

(3)喷射挂网钢筋岩面时,钢筋网必须牢固地固定在岩石基底上,如果钢筋网松动不牢固,强大的混凝土喷射流体会造成钢筋网片松动或振动,从而加大混凝土的回弹量,造成浪费并影响喷射混凝土黏结强度。

(4)施工时,应根据现场实际情况调整喷射混凝土配合比和操作方法,减少混凝土的回弹量,节约成本。影响喷射混凝土回弹量的因素主要有以下几个方面:供风量、喷嘴与喷射岩面的角度、速凝剂的掺量、喷嘴至喷射岩面的距离、喷射部位等。

(5)试验部门对原材料进行抽检,不合格材料一律不得进场。

(6)制定质量保证体系,抓好每一环节、每一步骤的监控,并责任到人,狠抓落实。

(7)喷射混凝土砂石含水率检查:每次进行喷射混凝土拌制前,测定砂、石的含水率,并根据测试结果和理论配合比调整材料用量。

(8)喷射混凝土配合比检查:喷射时,应加强混凝土坍落度的检测力度,确保混凝土符合设计配合比要求,拌和物的坍落度试验每工作班不少于一次。

(9)混凝土养护:

①在喷射混凝土终凝后2h即开始洒水养护。养护时间和洒水次数,取决于水泥品种和空气湿度,在任何情况下,养护时间不小于14d。

②喷水次数以能保持混凝土具有足够的湿润状态为度。

③当围岩条件不允许喷水养护时,以采用喷雾养护,防止喷水过多软化下部土层。

④气温低于+5℃时不得喷水养护,并形成混凝土养护记录表。

7.4 质量要求

(1)喷射表面不得有松动、开裂、下坠、滑移、漏喷、离鼓、裂缝、钢筋网外露等现象。

(2)喷层厚度检查标准:

①喷射混凝土平均厚度不应小于设计厚度。

②喷射混凝土厚度检查点数的80%及以上大于设计厚度。

③喷射混凝土最小厚度不小于设计厚度的2/3,必须大于5cm。

(3)平整度:用2m靠尺检查,表面平整度允许偏差:侧壁5cm、拱部7cm。达不到要求的,可用喷混凝土或抹砂浆对基面进行找平处理。

(4)制作喷体试件进行力学试验,压力必须满足试验要求。

8 安全措施

(1)开工前作业人员必须进行岗位培训,进行较详细的生产安全技术交底,提高安全意识,并进行安全技术应知应会考核。

(2)所有进入隧道工地的人员,必须按规定配戴安全防护用品,遵章守纪,听从指挥。喷射作业人员应佩戴防尘口罩,操作喷枪头的人员,应佩戴护眼罩、长筒乳胶手套等劳保用品。

(3)对喷锚地段危石应及时妥善处理。应加强施工区的照明、通风和防尘措施。

(4)喷射机械定机、定人、定岗,认真执行安全操作规程,坚持交接班检查制度,做好记录。

(5)高压作业机械均应安设压力表、安全阀。使用前应进行耐压试验,合格后方可使用。

(6)喷射作业时,如压力表指针突然上升,并出现往复摆动时,说明堵管,此时必须先关闭主机,然后才能进行处理。疏通管路时,喷射手应将遥控器关闭,以免按到操作按钮发生意外。

(7)施工期间,现场负责人会同有关人员对各部位喷射支护定期检查。在不良地段,每班指定专人检查,当发现支护变形或损坏时,应立即修整加固。

(8)对于开挖后自稳程度很差的围岩,喷射混凝土尚未达到一定强度、喷锚后变形量超过设计允许值以及发生突变的围岩,应采取及时加强临时支护措施。

(9)对洞内拱顶和地表布置的测点定期观测,发现洞内和地表位移值等于或大于允许位移值,以及地面或洞内出现裂缝时,必须立即通知作业人员撤离现场,待制订处理措施后再施工。

9 环保措施

(1)对粉尘发生源采取措施。

保持湿喷机组和高压风管密封良好,防止跑风漏气;采用超前水环(长喷嘴)加水,控制好工作风压,维持好水压,控制砂中粒径小于0.2mm的颗粒含量。

(2)对已发生粉尘的处理:①主要靠加强通风、喷雾洒水来降低粉尘浓度;②在喷锚时,通风机必须启动,掘进长度大于2km后,在距喷锚作业面30m处加一台抽出式通风机,以加强通风排尘。

(3)应尽可能防止施工场地和运输道路产生的扬尘对生产人员和其他人造成危害,需经常洒水防止尘土飞扬。

(4)施工废水,经过过滤、沉淀或其他方法处理后才允许排放;施工机械的废油废水,应采取有效措施加以处理,不得超标排放,造成河流污染。

(5)采用防尘眼镜、防尘面罩、防护网、手套、雨衣、长筒靴等加强对人体的防护。

(6)严格执行施工人员的健康体检制度,在工作期间定期进行健康检查,连续记录职业史、职业危害接触史和个人资料,在调离岗位时进行健康检查,并记录职业健康监护档案。

10 效益分析

公路隧道初期支护采用湿喷机组喷射混凝土。通过对恐龙湾隧道左线设计喷射总量6 336m^3混凝土回弹量的收集以及单循环作业时间的对比计算,发现湿喷混凝土工艺相比传统干喷和潮喷工艺,喷射混凝土用量减低了15%左右,即节约喷射混凝土约950.4m^3;节约成本91.5万元。恐龙湾隧道左线长1 177m,每循环进尺按2m控制,每天施工两个循环,通过湿喷混凝土工艺,提前工期36d,节约人工费及机械费共计172.8万元。

隧道初期支护采取湿喷混凝土施工,采用湿喷混凝土工法,降低了粉尘污染,改善了洞内作业环境,减少了施工人员因干喷或潮喷施工作业粉尘大而造成的职业健康安全危害,保护了作业工人的身体健康。

综上,本工法环保效益、经济效益和社会效益显著。

11 应用实例

11.1 工程实例一

兰州至永靖一级公路建设项目恐龙湾隧道左线,起讫桩号为ZK24+745~ZK25+922,长1 177m,其中明洞长34m,Ⅴ级围岩长204m、Ⅳ级围岩长939m。最大埋深为126.70m,属中等深埋隧道。隧道进口坡体岩性上部为黄土,结构松散,含有圆砾、砾石等,具有湿陷性;隧道基岩上部主要为冲积黄土和卵石层；隧址区顶部大面积被风积黄土覆盖，厚度约为10～80m，土质较均一，干燥，疏松，冲孔发育，具有湿陷性；隧道进口两侧及出口坡体，岩体强风化，强度低，易软化，易崩解，具有弱中膨胀性，围岩稳定性较差，未见地下水。恐龙湾隧道围岩主要以Ⅳ、Ⅴ级为主。初期支护以喷、锚、网为主要支护手段，喷射混凝土采用湿喷工艺。

11.2 工程实例二

腊子口隧道起讫桩号K23+430～K27+120，全长3 690m，腊子口隧道进口长1 845m，桩号为K23+430～K25+275。腊子口隧道断层带Ⅴ级围岩总长320m。Ⅳ级围岩总长1 525m。腊子口隧道隧址区地处青藏高原东缘，西秦岭地区；构造体系位于秦岭东西复杂构造带的南秦岭褶皱带。覆盖层以第四系坡积碎石土、洪积碎石土，下伏基岩为三叠系砂质板岩，岩性相对较软。隧洞主要穿行三叠系地层中，据岩石坚硬程度、岩体完整程度，结合水文地质条件，将隧道围岩分别划分为两个围岩级别。隧道进口段、冲沟段、断层破碎带围岩为Ⅴ级，洞身段为Ⅳ级。初期支护以喷、锚、网为主要支护手段，喷射混凝土采用湿喷工艺。

隧道初期支护湿喷混凝土施工工法通过兰永高速公路恐龙湾隧道、迭宕项目二级公路的成功应用实践，一次定位喷射可达距离16m，最大喷射高度15.7m，最大喷射宽度14.5m，喷头座轴可以360°旋转，有效消除了混凝土喷射盲区；保证了湿喷混凝土强度和厚度和施工的安全性。与传统的干喷或潮喷工艺相比，混凝土回弹量减低了15%左右，减少了单位工程喷射混凝土总量，节约了成本；洞内粉尘浓度降低为7～10mg/m^3，改善了隧道内的作业环境，保护了施工人员的身心健康。

煤系地层大断面公路隧道铣挖与爆破联合施工工法

GGG(贵)D1159—2013

许中彦　胡　涛　张学民　汤　怀　孔　矗

(贵州省公路工程集团有限公司)

1　前言

贵州是我国典型的卡斯特岩溶地区,地质结构复杂,软弱地层交错存在。随着西部高速公路建设的快速发展,大量公路隧道将不可避免地穿越软弱破碎地层。施工面临大变形、塌方及冒顶等难题,施工风险高、难度大。

软弱围岩隧道施工,机械铣挖法具有对围岩扰动小、便于控制超欠挖,实现隧道轮廓的精确成型、作业环境及施工安全性好、有利于保护岩体原有的自承能力等优点。但由于高速公路断面大,全断面铣挖不但进度慢,且围岩得不到及时支护,容易引起掉块及围岩变形大等安全问题。而钻爆法施工进度快,但在软弱破碎围岩隧道中施工,因爆破扰动大,容易引起坍塌及冒顶,围岩变形大等不利安全因素。能否将钻爆法与铣挖法联合施工,取其各自的优点,以达到安全、快速施工的目的。为此我公司组织开展科学技术攻关,以贵州毕威高速公路水塘隧道为依托工程,经过反复试验和总结,集成机械铣挖法和钻爆法各自的优点,将机械沿隧道轮廓进行铣挖,及时进行初期支护,中间核心部分进行常规的爆破作业,该组合方法具有工作效率高、施工安全等特点。经过总结,形成了本工法,于 2013 年 4 月 19 日经贵州省交通运输厅组织鉴定,该工法的关键技术总体成果达到国内先进水平。

2　工法特点

(1)充分发挥了机械铣挖法和钻爆法的优势,有效降低了施工风险。及时进行初期支护,有效控制围岩应力的重分布,提高岩体自身承载能力,避免了围岩变形大及塌方等事故。

(2)提高了隧道施工的机械化程度,铣挖设备操作简单,可控性高。

(3)取消了Ⅳ、Ⅴ、Ⅵ级围岩隧道轮廓线周边的钻孔作业,工人的劳动强度大为降低,作业环境及施工安全性好。

(4)节能降耗、有利于节约成本。

3　适用范围

本工法适用于节理发育的Ⅳ、Ⅴ、Ⅵ级中硬强度围岩体大断面公路隧道、穿越软弱破碎地层的公路隧道、铁路隧道及邻近建筑物而对减震要求较高的市政等地下隧道工程。

4　工艺原理

公路隧道铣挖与爆破联合施工工法,由机械切削法和正台阶钻爆法衍变而来。本工法充分发挥了机械铣挖法对围岩扰动小与钻爆法工效高、适用性强的优势。采用铣挖机沿着上台阶隧道轮廓线自下而上进行分部预切槽,并确保开挖轮廓线圆顺,保证钢拱架与围岩密贴,改善围岩与支护体系的受力状态。切槽完成后,施作初喷混凝土、架立钢支撑、锚网施工、复喷混凝土作业。完成上台阶初期支护作业后,按上述工序进行下台阶周边机械切槽作业,并施作边墙两侧初期支护。完成初期支护施作后,分别进行上下台阶核心土钻孔、装药、起爆作业,通风后出渣。

5 施工工艺流程及操作要点

5.1 施工工艺流程

本工法的施工工艺流程见图1。

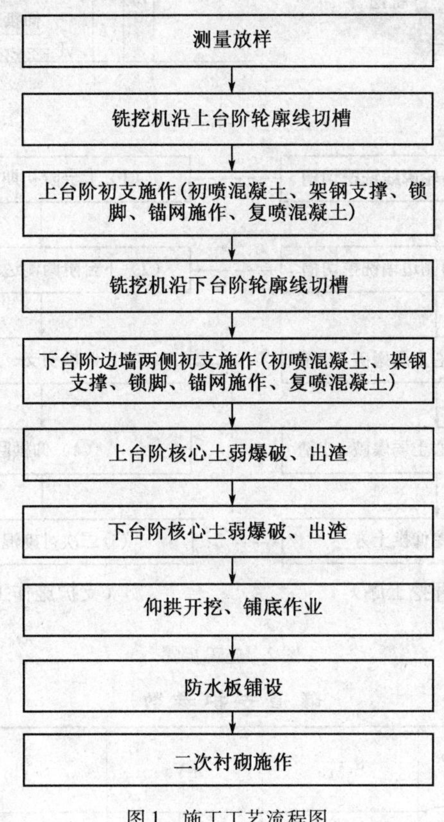

图1 施工工艺流程图

5.2 操作要点

1)施工顺序

机械铣挖与爆破联合施工工法施工步骤见图2。

2)测量放样

按设计轮廓线,放出铣挖区域,并确保隧道轮廓线的精准度。定位超前锚杆的位置。

3)超前支护

(1)根据具体围岩级别,有选择性地采用超前锚杆、超前导管注浆、超前管棚等措施固结破碎岩体。首先喷射混凝土封闭开挖轮廓面和掌子面,后钻孔并安设超前锚杆、超前小导管。钻孔直径大于钢管直径20mm以上,超前小导管按环向间距Ⅵ级围岩35cm每排45根、Ⅴ级围岩40cm每排37根,Ⅳ级围岩35cm每排27根,辐射角为10°~15°,导管用直径42mm、壁厚4mm的钢管制作,每根长4m,纵向排距为2m钢管前端加工成锥形,尾部焊接加劲箍,钢管周壁钻纵向间距为15cm,孔径为ϕ6mm压浆孔。超前锚杆或小导管全部焊接于型钢支撑上。具体支护参数见表1。

(2)注浆采用水泥浆,其水灰比为1:1,水泥为42.5级。注浆压力为0.5~1MPa。为防压裂工作面,同时还需控制注入量,当每根导管的注浆达到设计量时即可停止。当孔口压力达到规定但注入量不足时也应停止。

(3)检查注浆效果。注浆结束后,钻孔检查注浆效果,如未达到要求时补孔注浆。

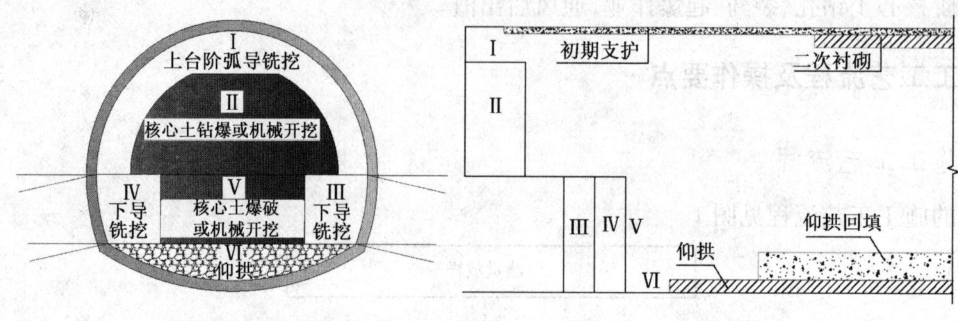

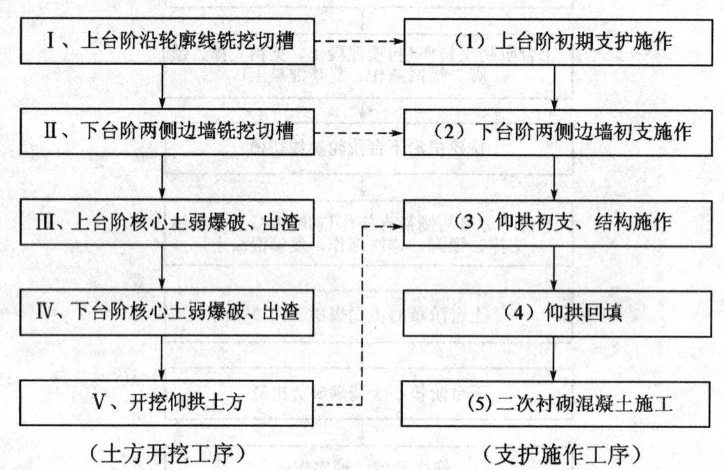

图2 施工步骤

隧道支护参数 表1

衬砌类型＼支护参数			S-Ⅵa	S-Ⅴa	S-Ⅴb	S-Ⅴc	S-Ⅳ
初期支护	C20 喷混凝土(cm)		28	26	24	24	20
	环向锚杆	长度(m)	(ϕ42×4 钢花管) L=4	(ϕ25 中空注浆锚杆) L=3.5	(ϕ25 中空注浆锚杆) L=3.5	(ϕ25 中空注浆锚杆) L=3.5	(ϕ25 中空注浆锚杆) L=3
		间距(cm)	50×120	50×120	60×120	80×120	100×120
	超前支护	小导管型号	ϕ42×4 L=4.0m	ϕ42×4 L=4.0m	ϕ42×4 L=4.0m	ϕ42×4 L=4.0m	ϕ42×4 L=4.0m
		间距(cm)	200×35	240×40	240×40	240×40	200×40
	ϕ6.5mm 钢筋网(cm)		20×20	20×20	20×20	20×20	25×25
	钢架	型号	I20b	I20b	I18	I18	I14
		间距(cm)	50	60	60	80	100
	预留变形量(cm)		15	12	10	10	8
二次衬砌	拱顶(cm)		55	50	50	45	40
	边墙(cm)		55	50	50	45	40
	仰拱(cm)		55	50	50	45	40

4)上台阶弧导铣挖切槽

根据隧道围岩级别,完成超前支护施作后,采用ER100型艾卡特铣挖机(图3)或类似铣挖机械,自上台阶两侧拱脚部位开始,沿着轮廓线向拱顶逐步实施预切槽,确保切槽轮廓圆顺。切槽宽度距两边开挖轮廓各1.5m,拱部1.8m,根据施工作业需要,局部可适当修整加宽。根据不同围岩级别每一铣挖循环进尺0.5~1.0m(1~2榀拱架)。开挖断面中间留核心土,核心土长为2~3m,考虑铣挖机作业,上台阶开挖高度宜为3~4m左右。

5)上台阶初期支护施作

上台阶每进尺循环切槽完成后,及时进行喷、锚、网系统支护,架设工字钢架,具体支护参数见表1,以保证钢拱架与围岩密贴,并复喷至设计厚度,形成较稳定的承载拱。当拱脚承载力不足时,要特别加强每一分部锁脚锚杆或锚管的施作,锁脚锚杆宜采用水平或小于10°的小角度向下打设,按2根1组打设焊接在工字钢上,必要时采取扩大拱脚局部增加喷射混凝土厚度,工字钢下纵向垫25mm槽钢,以加大初期支护整体刚度。

图3 铣挖机

6)下台阶两侧边墙铣挖切槽

为了加快施工进度,在上台阶施作初期支护时,可同步进行下台阶两侧边墙部位的铣挖切槽。铣挖切槽沿两侧交错进行,型钢拱架及时接腿、及时封闭,悬空长度不超过2榀拱架。施工中,使同一断面处暴露开挖面仅限于一侧,连续铣挖作业时,保持左右错开2~3榀。待一侧施作完成初喷混凝土、架立钢支撑、锚网施作、复喷混凝土等作业后,再进行另一侧边墙铣挖切槽并施作初期支护。

7)上、下台阶核心岩体开挖

完成初期支护施作后,分别进行上下台阶核心土钻孔、装药、起爆作业,通风后出渣。按上述工序进行下一循环。

分别施作上台阶和下台阶铣挖切槽并完成初期支护后,根据围岩级别选择机械开挖或弱爆破开挖上、下台阶核心岩土体。

8)仰拱施作与回填

核心土出渣完成后及时开挖仰拱,施工仰拱混凝土,尽早封闭成环,使结构受力更加合理。为尽快封闭成环3~5m开挖一次,仰拱铺底采用人工配合短臂挖掘机捡底,捡底处配有过轨梁、浮放道岔等设备,以减少施工干扰。开挖完成后安装初期支护的钢支撑和同时绑扎仰拱钢筋,浇筑混凝土,待混凝土凝固1d后回填,再往前推进施工。

9)监控量测

在隧道施工全过程作好量测工作,量测项目主要以拱顶下沉和水平收敛,以及开挖面的地质与支护状况观察为主。及时量测,及时分析反馈,施工支护的调整及施工二次初砌时间必须依据量测资料的回归分析判定,防治超限或塌方。变形管理等级详见表2。

变形管理等级 表2

管理等级	管理位移	施工状态
Ⅲ	$U_o < U_n/3$	可正常施工
Ⅱ	$U_n/3 < U_o < 2U_n/3$	应加强支护
Ⅰ	$U_o > 2U_n/3$	应采取特殊措施

注:U_o——实测变形值;U_n——允许变形值。

10)二次衬砌施作

根据围岩量测结果及时进行二次衬砌的施工。采用可调式衬砌模板台车,混凝土在洞外生产,利用混凝土运输车运至洞内,通过导管压灌到已定位的衬砌台车模型中进行全断面衬砌。二次衬砌的施作时间,应满足下列条件:

(1)各测试项目所显示的位移率明显减缓并已基本稳定。

(2)各项收敛速度小于0.2mm/d,或拱顶位移速度小于0.15mm/d。

(3)已产生的各项位移,已达预计位移总量的80%~90%。

(4)初期支护表面没有再发展的明显裂缝。

6 材料与设备

(1)材料:本工法使用的主要材料与传统的新奥法基本相同,不再详述。

(2)设备:本工法使用的主要设备,除了铣挖机以外,其他设备与新奥法施工基本相同。单洞一端的开挖机械配备详见表3。

开挖机具设备 表3

序号	机械名称	规格型号	单位	数量
1	铣挖机	ER100	台	1
2	侧卸式装载机	ZL50	台	1
3	电动空压机	$20m^3$	台	3
4	潜孔钻机	700	台	2
5	短臂挖掘机	小松 PC200-7	台	1
6	风动凿岩机	YT320	台	4
7	凿岩台车	YT-27	台	1
8	风镐	G10	台	3
9	混凝土拌和机	S750	台	2
10	混凝土湿喷机	TK-961	台	3
11	运渣车	红岩金刚 $15m^3$	台	3
12	通风机	咸阳风机 $\phi1.5m$	台	2
13	潜水泵		台	2

7 质量控制

(1)严格控制各工序的作业间距,推行标准化作业。隧道施工遵循:"三严、四及时、一做到":"三严"即严格工艺,严格管理,严肃纪律,"四及时"即及时支护,及时封闭,及时量测,及时反馈,"一做到"即短进尺,快循环。

(2)加强施工技术管理,严格执行以总工程师为首的技术责任制,及时进行技术交底,发现问题及时解决。建立质量奖罚制度,明确奖罚标准,做到奖罚分明,杜绝质量事故发生。

(3)严格执行工程监理制度,施工队自检、经理部复检,合格后及时通知监理工程师检查签认,隐蔽工程必须监理工程师签认后方能隐蔽。经理部、工程队设专职质检工程师、班组设兼职质检员,保证施工作业始终在质检人员的严格监督下进行。质检工程师有质量否决权,发现违背施工程序、不按设计图、规则、规范及技术交底施工,使用材料半成品及设备不符合质量要求者,有权制止,必要时下停工令,限期整改并有权进行处罚。

(4)严格施工纪律,把好工序质量关,上道工序不合格不能进行下道工序的施工,否则质量问题由下道工序的班组负责。对工艺流程的每一部工作内容认真进行检查,使施工作业化。

(5)坚持三级测量复核制,各测量桩点要认真保护,施工中可能损毁的重要桩点要设好护桩,施工测量放线要反复校核。认真进行交接班,确保中线、水平及结构物尺寸位置正确。各种测量桩点要认真保护,施工中可能损毁的重要桩点应做好护桩,做好施工测量工作,施工放样必须反复校核,确保结构位置,断面几何尺寸准确。

(6)鉴于型钢钢架背后不易与岩面和初喷密贴,尽量使用矩形格栅钢架。但在需要及时受力的特殊地段仍采用型钢钢架，使型钢背与地层间喷混凝土填实，使地层与钢架密贴。喷、锚、网、钢架紧密结合成整体，对含水量较大地段，应使用双层钢筋网。

(7)把好各工序中间过程的质量检验关，对加工的半成品，按要求认真检查验收并报驻地监理工程师检查。配齐试验、检验设备以满足施工试验的要求，认真做好原材料的检查、试验和对混凝土、喷混凝土的质量检查工作，使其始终处于可控状态。

8 安全控制

(1)为防治初期支护产生掉拱现象，应加强超前支护和辅助施工措施。特别是锁脚锚杆及系统锚杆必须严格按设计施工，严格控制一次开挖进尺，最多允许两榀钢架单侧悬空。

(2)各工序施工质量必须满足设计及规范的有关要求，喷射混凝土的背后严禁存在空洞现象。

(3)因掌子面存在个别工序间的交叉作业，人员、机械在一个作业面施工，人员进出必须按规定的线路进行。

(4)铣挖作业过程中应主要观察岩体有无异常变化，避免铣挖过程中产生安全事故。钻爆施工作业台车移动过程中，开挖作业台车周边10m范围严禁站人。台车行走路面尽量平顺，以防台车在移动过程中倾覆。

(5)电工、电焊工、爆破工必须经有关部门培训，取得相应资格证书方能进行作业。

(6)台架作业平台周边应焊接安全防护网。

(7)作业台架照明采用36V安全电压。

(8)作业人员不得穿化纤工作服进入作业面，应穿着棉质服装外套反光背心。

(9)爆破15min后，检查人员方能进入掌子面检查；经检查确认安全后机械进场，有专人指挥找顶，清除松动石块。

(10)喷射混凝土所有作业人员必须佩戴口罩，喷射手还应佩戴脸部防护罩，进行喷射作业时，距离喷射点5m范围内不得站人，防止回弹小石子伤人。

9 环保措施

(1)爆破后必须确保通风15min以后才能进行检查，各项指标达到要求后方能进入施工作业。必要时，设置移动水幕洒水防尘。

(2)从隧道流出的污水和拌和站污水均要经过多级沉淀达标后排放，定期进行沉渣清理。

(3)在铣挖作业中，应对铣挖作业面喷水降尘，确保洞内施工环境。

(4)隧道内必要时应洒水降尘，防止尘土飞扬，影响施工安全及施工人员的身体健康。

(5)隧道内的积水要及时排除，保持干燥的施工作业环境。

(6)隧道除渣撒落的渣土应及时清理，确保行车安全及防止污染隧道的其他构筑物。

(7)对于施工中废弃的零碎配件应收集统一回收。各种材料的包装袋、包装箱等及时收集清理并做好现场卫生，以保护自然环境不受破坏。

10 资源节约

本工法采用铣挖机沿隧道轮廓先进行铣挖切槽，避免了常规钻爆法施工造成的超挖，节约了超挖混凝土回填工程了，减少了水泥的使用，节约了生产水泥的资源消耗，具有明显的资源节约效应。

11 效益分析

采用本工法的经济效益主要表现在减少欠挖的修整、超挖回填混凝土、减少劳动力数量、加快进度、防止坍塌及掉块保障安全。以贵州省毕节至威宁高速公路水塘隧道为例进行计算，主要与传统的全断面爆破法施工做对比分析。

经济效益计算如下：

(1)在Ⅳ、Ⅴ、Ⅵ级围岩隧道钻爆施工中,根据统计传统的施工方法欠挖量达到 $1.0m^3/m$,欠挖的修整换算成单价达到60元/m^3,则欠挖增加成本为:1.0×60×3 650 = 219 000(元)=21.9万元。

(2)隧道减少超挖工程量喷射混凝土回填工程量按 $1.5m^3/m$ 计算为:1.5×720×3 650m = 394(万元)。

(3)铣挖机购买及改装成本66×4台=264(万元),设备作一次摊销。

(4)使用该工法后,大大的加快了施工进度,建设工期缩短90d,减少设备的使用费用及项目管理费,工人工资费,节约成本约300万元。

(5)减少劳动力5个工日/m×80×3 650=146(万元)

(6)防止坍塌及掉块产生的效益不可估计,不计入本次效益分析。

共计产生经济效益21.9+394-264+300+146=597.9(万元)。

社会效益:由于采用铣挖机铣挖切槽后,减少了爆破工程量,同时减少了爆破产生的污染气体及粉尘,对环境及职业健康具有一定保护作用。

12 应用实例

12.1 工程实例一

贵州省毕节至威宁高速公路第6合同段水塘隧道,是毕威高速公路的控制性工程,水塘隧道为分幅隧道,左幅起讫桩号ZK107+070~ZK108+950,全长1 880m,最大埋深387m;右幅起讫桩号YK107+100~YK108+950段,全长1 850m,最大埋深381m。隧道穿越煤层煤厚150cm,瓦斯含量为8.09~10.07m^3/t,瓦斯压力为0.4~0.41MPa,煤的坚固性系数为0.73~0.21,隧道为高瓦斯隧道。由于围岩的等级较低,施工困难,采用本工法施工后,解决了隧道围岩变形大、超欠挖严重、施工进度慢的难题,解决了安全、技术及经济上的诸多困难,使隧道的施工顺利进行。

12.2 工程实例二

松桃至从江高速公路松桃至铜仁段是贵州省高速公路"678网"中的第一纵的首段,路线全长50.179km,全线采用双向四车道高速公路标准建设,设计时速80km/h,路基宽24.5m。凉亭坳隧道穿越煤系地层,围岩软弱破碎,稳定性较差。施工使用了本工法,采用铣挖机沿隧道轮廓进行切槽铣挖,然后对核心岩体进行钻爆施工,最大限度地保护了围岩的稳定,减少了劳动力的投入,机械化程度较高,施工进度快。

隧道初期支护换拱施工工法

GGG(湘)D1160—2013

刘云付 董亚奎 傅立新 任 会 鲁军纪
(湖南路桥建设集团公司 湖南省交通规划勘察设计院)

1 前言

近年来,随着交通流量的日益增长和国家西部大开发战略的需要,各种公路或铁路隧道工程的数量也呈逐年增长趋势,其中相当数量的隧道围岩等级较高,施工过程中虽然采取超前预支护与刚性支撑相结合的初期支护方案安全通过,但在监控量测过程中却发现,在围岩内应力的作用下,刚性初期支护体系整体位移和收敛均较大,有的甚至超出预留变形预期,导致钢拱架初支体系整体侵入二次衬砌空间,如不及时进行有效处治,极易导致严重工程质量隐患或事故。

本工法总结了湖南路桥建设集团公司在湖南省长湘高速公路狮子垄隧道初支换拱施工过程中的技术创新和成功经验,在确保安全的前提下,拆除原有已侵入二次衬砌空间的初支拱架,代之以新的符合设计要求的拱架,从而为二次衬砌施工预留足够厚度空间,保证了工程质量,确保了隧道运营安全,对类似工程提供了良好的借鉴和参考范本。

2013 年 4 月,由湖南省住房和城乡建设厅组织技术鉴定,认为其关键技术成熟可靠,达到了国内领先水平,具有一定的适应性和创新性,经济和社会效益明显,有较好的推广应用前景。本工法关键技术已申请发明专利并已取得实用型专利 1 项。

2 工法特点

(1)I22 工字钢临时支撑的架设,减小了拱架拆除过程中应力集中释放的风险,为维持围岩和初支体系稳定提供了保障,是安全施工的外部保障。

(2)小导管沿隧道环向注浆固结松散围岩,浆液填充岩间空隙,共同形成圈结构持力层,进一步减小了应力突然释放风险,是安全施工的内部保障。

(3)施工过程中不间断的拱顶下沉、周边收敛以及拱架内力监控量测,是安全施工的技术保障。

(4)在充分的安全保障下,逐榀拆除换拱 20m 比预期工期提前两个月,节约了工程造价,质量也达到满意的效果,充分体现了本工法在质量、安全、工期、造价等方面的先进性和新颖性。

3 适用范围

本工法适用于软弱围岩隧道,初支体系施工后,由于围岩内应力缓慢释放导致初支体系过大变形,根据监控量测数据显示,其水平收敛值大,日拱顶下沉量大,初期支护侵入二次衬砌范围,最大侵入量已完全没有二次衬砌空间等情况。

4 工艺原理

(1)遵循新奥法施工原理,通过注浆固结围岩,形成自身有效的圈结构持力层,最大限度发挥围岩的自承能力,达到结构稳定的效果;同时引入传统矿山法施工理论,适当辅以外部刚性支撑,限制初支体系拆除过程中的集中变形。内固外顶,双管齐下,确保换拱施工过程安全、可靠。

(2)充分发挥监控量测的作用,以监测数据指导施工全过程。特别是下沉、收敛速度数据和拱架内力数据的采集与分析,以此检验注浆和临时支撑效果,适时确定换拱时机。

5 施工工艺流程及操作要点

5.1 施工工艺流程

本工法的施工工艺流程见图1。

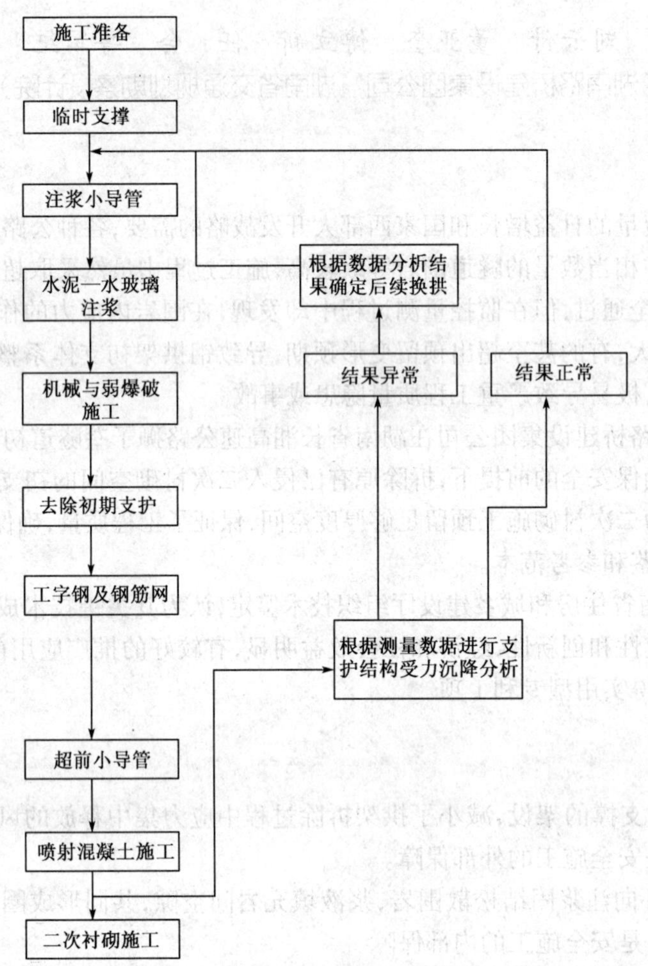

图1 施工工艺流程图

5.2 操作要点

1)临时支撑施工

(1)架设底梁横向临时支撑:横梁采用I22工字钢水平铺设,长17m,两端加焊δ10mm钢板,以增大接触面,保证横撑和初期支护工字钢密贴,使初期支护和加固工字钢整体受力。

(2)架立竖向临时支撑:在横向水平I20工字钢上垂直架立立柱3根,立柱采用I18工字钢,在两端立柱边各增加I18工字钢斜撑,保证立柱和斜支撑均与初期支护工字钢紧贴,使初期支护和加固工字钢整体受力。

(3)在每架临时支撑完成后,在发生开裂的初期支护面上标示观测点,每天观测沉降量及水平收敛值,以指导施工,确保安全。

(4)临时支撑应在主体结构的初期支护施工完毕并稳定后拆除,拆除前后应加强拱顶下沉量及周边变形量的观测。

2)超前注浆小导管施工

采用 ϕ42×3.5mm 热轧无缝钢管作为灌浆管,单根长 6m、3m,长短管交错布置,纵向间距为 1.0m,环向间距为 2.0m;钢管前端呈尖锥状,管壁四周钻 8mm 梅花形溢浆孔,尾部 1m 不设溢浆孔;灌浆采用先下后上、先侧墙后拱顶的方式,浆液为水泥—水玻璃双液浆,通过注浆固结初期支护背面的松散围岩,形成固结圈。

浆液水灰比为 1:1,水玻璃浓度 为 35°Bé,模数为 2.4,注浆压力控制在 0.5~1.0MPa。

3)换拱施工

(1)待环向灌浆固结后,对已施工的临时支撑进行加固,然后施工 ϕ42mm 超前小导管,小导管长为 3.5m,环向间距为 30cm,纵向每隔三榀拱架施工一环,注入水泥—水玻璃浆液加固拱周软弱岩体,保证拆除及施工安全。

(2)环向灌浆固结 7d 后,开始逐榀逐节拆除原初期支护 I20b、护拱 I18 工字钢拱架,先凿除左下台阶原初期支护及护拱初期支护,重新架设 I22a 工字钢拱架,并采用锁脚锚杆固定;再凿除左中台阶原初期支护及护拱初期支护,重新架设 I22a 工字钢拱架,并采用锁脚锚杆固定;第三步凿除上台阶原初期支护及护拱初期支护,重新架设 I22a 工字钢拱架,并采用锁脚锚杆固定;第四步凿除右中台阶原初期支护及护拱初期支护,重新架设 I22a 工字钢拱架,并采用锁脚锚杆固定;最后凿除右下台阶原初期支护及护拱初期支护,重新架设 I22a 工字钢拱架,并采用锁脚锚杆固定。上台阶拱脚部位纵向铺垫[40a 槽钢作托梁,防止拱架下沉。随着施工过程中工法技术的熟练程度及使用效果,可一次性凿除全断面原初期支护及护拱初期支护,重新架设 I22a 工字钢拱架,并采用锁脚锚杆固定。

(3)架设 I22a 工字钢拱架后,铺挂双层 ϕ8mm 钢筋网(间距 20cm×20cm),喷射 C20 混凝土至设计厚度。

(4)喷射混凝土施工至少 5h 后,逐榀拆除临时支撑,进入下一循环换拱施工。

(5)上台阶换拱完成后,要及时开挖中、下台阶及仰拱,安装中、下台阶及仰拱工字钢拱架,进行锚网喷施工,及时将初期支护落底,并封闭成环。

(6)待换拱长度有安放二次衬砌台车及防水板台车距离后,立即进行防排水材料铺挂及衬砌钢筋的安装,尽快浇筑二次衬砌混凝土。

4)钢筋网安设

挂钢筋网在系统锚杆施作后安设,钢筋类型及网格间距按设计要求确定。钢筋网根据岩面的实际起伏铺设,在初喷后进行施工,与岩面间隙约 3cm,钢筋网连接处、与锚杆连接用细铁丝绑扎或点焊,使钢筋网在喷射时不晃动。钢筋网安设时应注意:制作前进行校直、除锈及油污等,确保施工质量。

5)喷射混凝土的施工

在完成纵向连接钢筋、钢筋网片,并对其相互连接的部件进行焊接连接,使其各构件连成整体;再进行喷射混凝土的施工,施工时按分层逐层向上的原则进行施工。

6)炮机配合小型爆破施工

在施工安全保证的前提下,为加快施工进度,在拆除已变形初期支护拱架时,可采用人工持风钻在两榀拱架间打炮眼,采用弱爆破,炮眼纵向间距为 0.8m,环向间距为 0.6m,呈梅花形布置,眼深 50cm。爆破完成以后,炮机配合拆除拱架周边喷射混凝土。经过爆破试验得出此换拱段炮孔布置及爆破方案,如图 2 所示。

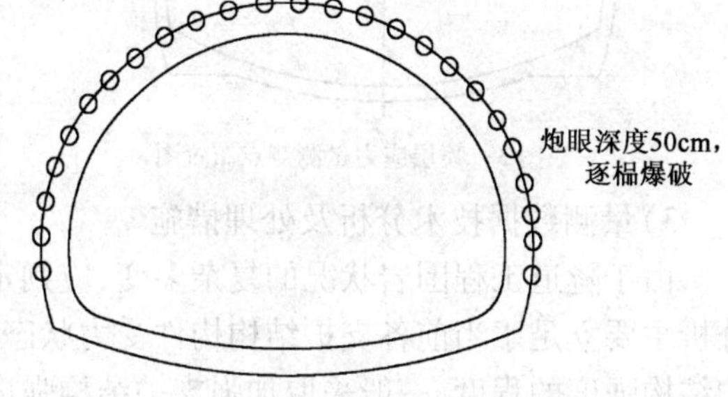

图 2 炮眼布置图

5.3 监控量测与技术分析

换拱施工时,为验证设计及施工方法的合理性,施工应用中应反馈施工时围岩的实际应力应变状态,在施工中应进行层间接触应力、喷射混凝土应变、钢支撑内应力、水平收敛及拱顶下沉等项目量测,并对量测数据进行综合分析,以了解隧道换拱围岩压力变化规律、支护结构的稳定性。

主要施工监控量测项目见表1。

监控量测项目 表1

方法及工具	布置	量测时间		
各种类型的收敛计	每榀一处	爆破后24h内进行		
		拱顶	拱腰	拱脚
		1~2次/d	1次/d	1次/2d
各类电测锚杆 锚杆测力计	每10m选一环, 每环3~5根	锚杆施作后进行,量测频率同围岩内部位移量测		
应变片及 支柱压力计	每10~12榀选一榀, 每榀的各段均测	钢拱架施作后进行,量测频率同围岩内部位移量测		
表面应力解除法	每10m选一环,每环3~5个测点	二次衬砌施作前进行,量测频率同围岩内部位移量测		

1)喷射混凝土层应力量测

喷射混凝土在新奥法中起着举足轻重的作用,它与围岩共同组成主要承载结构,是新奥法修筑隧道的承载主体。进行此项内容量测,目的是了解喷层的变形特性以及喷层的应力状态,掌握喷层所受应力的大小,判断喷射混凝土层的稳定状况。其应力量测主要是将量测元件(GPL-2型喷层应力计)直接埋入喷射混凝土层中,待喷层混凝土达到一定强度时,即可用接收仪器(GPC-2型接受仪)进行量测。喷混凝土层应力量测应力计的布置如图3所示。

2)钢支撑内力量测

根据钢支撑内力量测方法,对钢支撑的受力状态进行量测,目的是为判断隧道支护结构稳定性提供可靠的信息,了解钢支撑的工作状态,评价钢支撑与喷层对围岩的组合支护效果,判明初期支护的安全性和可靠性;了解钢支撑受力的大小,为钢支撑选型设计提供依据。具体方法是:钢拱架安设定位后,将ZX-210T表面型钢筋应变计定位在工字钢的上下翼缘,量测时采用ZX-210T表面型钢筋应变计,进行间接测试钢支撑上下翼缘的应变,再由虎克定律计算出测点处的应力,然后假定钢支撑截面应力按线性分布,根据截面应力分布换算出钢支撑的实际内力。钢筋应变计的布置如图4所示。

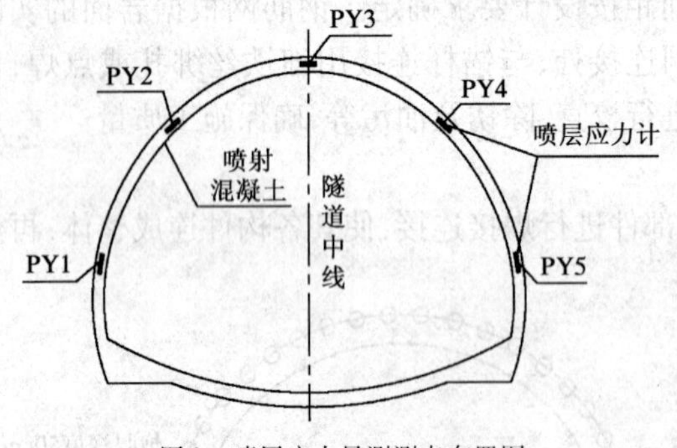

图3 喷层应力量测测点布置图

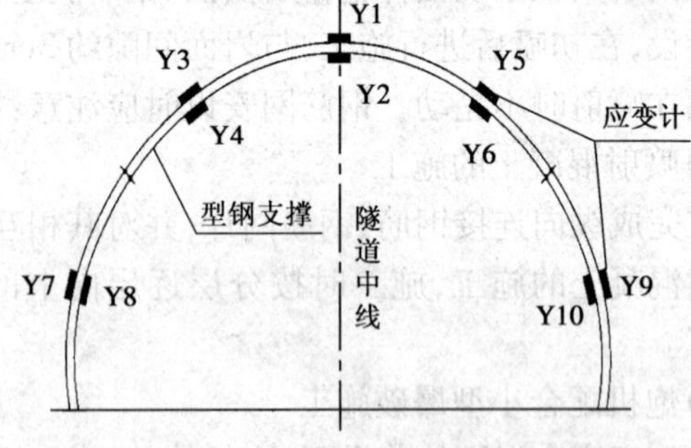

图4 工字钢应力量测测点布置图

3)量测数据技术分析及处理措施

由于隧道工程围岩状况的复杂多变,应判定结构稳定性理论的多样及不确定性,当前监控量测数据分析主要立足于当前各支护结构构件受力状态理论值的基础上进行。根据监控量测数据分析,判定支护结构强度的程度,一般采取加强支护结构强度的方法如下:

如钢支撑受力超出其安全性和可靠性范围,则说明现有设计参数达不到支护结构强度要求,同时结合围岩内部位移及喷射混凝土受力量测数据,制订下一段的支护参数及对该段的加固措施。提高参数的方法一般有改变钢支撑材料或型号,即由格栅钢拱改为工字钢拱架、提高工字钢截面尺寸或加密工字钢间距等。此类方法一般应用于围岩等级变化较大、出现断层破碎带或出现的地下水对围岩产生较大影响的情况。

增大锚杆布设密度或锚杆长度，主要应用于层状结构明显的围岩段落，充分发挥锚杆产生的串效应作用。

增加喷射混凝土厚度及钢筋网层数，主要应用于单个结构体受力较大的段落，其目的是加强支护结构的联结，提高支护结构的整体强度。

6 材料与设备

1）主要材料（表2）

主要材料表 表2

材料名称	规格型号	主要技术指标
中空注浆锚杆	ϕ25	极限抗拉力不小于145kN
防水混凝土喷射混凝土	C25、C20	除抗压强度外，能较好地防水抗渗
水玻璃	35°Bé	模数2.4、浆液快速凝固
型钢	I22a、[40a	抗压、抗压强度高
注浆小导管	ϕ42 无缝钢管	管壁厚4mm、外插角10°~14°
防水板	EVA防水板	厚度1.2mm、撕裂强度≥60kN/m

2）机具设备（表3）

设备机具表 表3

序号	机械名称	型号	数量	序号	机械名称	型号	数量
1	通风机	DKJ№-10	1台	7	液压潜孔钻	KQ150	2台
2	电动空压机	3L20/8	2台	8	双液注浆机	MZ-1	2台
3	风动凿岩机	TP28	10台	9	混凝土喷射机	TK961	2台
4	型钢冷弯机		1台	10	喷层应力计	GPL-2	若干
5	锚杆钻机	MK-3	4台	11	锚杆拉拔仪		1台
6	换拱台车	自制	1台	12	坑道收敛计		1台

7 质量控制

7.1 执行的质量标准

（1）《公路隧道施工技术规范》（JTG F60—2009）。

（2）《公路工程质量检验评定标准》（JTJ F80/1—2004）。

（3）《锚杆喷射混凝土支护技术规范》（GB 50086—2001）。

7.2 质量控制措施

（1）施工人员经过专门培训，并对工人进行技术交底，实行岗位责任制，保证施工质量。施工员、安全员、技术员全程旁站监督施工。

（2）对所有施工人员定员定岗，制订交接班和轮班管理制度。

（3）保证施工进度，逐榀更换钢拱架，每循环控制在8h范围内，可1~2榀喷射一次混凝土。

（4）更换拱架时打设锁脚钢管并注浆，保证更换后的钢拱架牢固可靠。

（5）在施工过程中做好监控量测工作，在施工过程中时时监控，保证换拱完成后初期支护断面的净空符合要求。

7.3 质量控制要点

（1）质量控制必须从源头做起，原材料质量应严格把关，试验人员要做好每一批次的进场材料检验,材料合格方能使用;同时,派专人控制钢构件的半成品质量,如注浆管、工字钢架等的加工必须严格按照设计图纸进行加工,每一个加工件经质检员验收合格后才能使用。

(2)试验员严格控制各强度等级混凝土质量,全程旁站混凝土拌和和浇筑过程。

(3)临时支撑在按设计施工的前提下,还应根据实际情况,进行加支,确保足够的支撑力,防止注浆过程中的应力再次释放。

(4)注浆时,控制好水玻璃用量,防止堵管,应从自下而上,前后错开进行注浆,当注浆压力达到设计后,若注浆管没注满,应暂停先注其他孔,1h 后再返回注浆。

(5)换拱施工时,锁脚锚杆一定要到位,必要时用锁脚锚管代替锚杆,保证锁脚质量。

(6)喷射混凝土时,喷头应垂直施工面,距离控制在 0.6 ~ 1m,以保证拱架后充填密实。

8 安全措施

8.1 安全标准

(1)《建筑机械使用安全技术规程》(JGJ 33—2012)。

(2)《建筑安装工人安全技术操作规程》。

(3)《建筑施工安全检查标准》(JGJ 59—2011)。

(4)《施工现场临时用电安全技术规范》(JGJ 46—2005)。

8.2 安全施工控制措施

严格遵守国家颁布的职业健康法律法规,努力消除安全事故隐患,积极营造安全、健康的工作环境,减少职业病的发生;确保不发生特大安全责任事故,安全事故伤亡率为零,重大机损率为零,重大交通事故为零,重大火灾次数为零,并不断改进。

施工各班组直至所有参建员工,将安全生产意识落实在施工过程中每一道工序、工艺及每一个施工环节中,把安全生产做到天天讲、时时讲、念念不忘,始终围绕着以“安全第一,预防为主”为指导思想,完成本工程的施工生产任务。

(1)除常规安全措施外,所有上换拱台车的人员必须佩戴安全带,穿防电雨鞋,每班作业配一名专职安全员负责观察围岩情况。

(2)拆除临时支撑时,用挖掘机、装载机配合人工进行,保证洞内通风和照明充足的情况下,由专人指挥快速施工,拆卸下来的构件及时清理并运至洞外指定地点。

(3)拱架安装、系统锚杆及喷射混凝土等初期支护施工,一榀一榀地进行,且单榀必须控制在 8h 内全部完成。

(4)在初支变形换拱段布置逃生管道,直接连通换拱前后二次衬砌区间,并对工人进行技术交底和逃生预演练。在施工过程中,严禁使用明火作业,严格按照规范要求提前做好相关灭火准备工作。

9 环保措施

(1)环境保护应遵守的法律法规如下:

①《中华人民共和国环境保护法》。

②《中华人民共和国水污染防治法》。

③《中华人民共和国固体废物污染环境防治法》。

④《中华人民共和国环境噪声污染防治法》。

(2)降低噪声措施。

施工的噪声主要来自施工机械、运输车辆和拌和设备。为了保护施工人员身体健康及正常生活,应采取以下措施:

对使用的工程机械和运输车辆安装消声器并加强维修保养,降低噪声。机械、车辆途经居住场所时减速慢行,不鸣喇叭。合理安排施工作业时间,尽量降低夜间车辆出入频率,减少夜间施工对附近居民区的噪声干扰。除中途不能停止的工序外,其他工序尽量安排白天施工,避免夜间施工,以防影响附近居民的休息。混凝土拌和站及钢筋加工棚应安排选在空旷地带,减少噪声对居民的影响。

(3)生产、生活垃圾的管理:施工营地和施工现场的生活垃圾,集中堆放。报废材料立即运出现场,并进行掩埋等处理。对于施工中废弃的零碎配件、边角料、水泥袋、包装箱等,及时清理并搞好现场卫生以保护自然环境景观不受破坏。弃土不得随意堆放,须运至指定弃土场。

(4)在洞口设置三级沉淀池,对于洞内流出的污水,特别是由于注浆加固而产生的污水应进行过滤沉淀消毒后再排除。

(5)每个进洞作业人员须配备个人防护用品,定期对施工人员进行身体检查,预防职业病。

(6)每个班组下班后,对于当班的作业面进行场地清理和整理,保持作业面的环境卫生,真正做到文明生产。

10 资源节约

(1)施工过程中临时支撑重复利用,大大节约了钢材的使用,降低了能耗的使用。

(2)采用机械拆除的方式代替原有的爆破拆除,节约了火工产品的利用。

(3)拆除原有的废旧钢架及时回收。

11 效益分析

(1)本工法已在湖南省长沙至湘潭高速公路(复线)第十一合同段狮子垄隧道右洞 K150 + 791 ~ K150 + 801 段初期支护侵限处置工程和湖南省汝城(赣湘界)至郴州高速公路第二十三合同段亭子坝隧道汝城端换拱处治工程中成功运用。本工法解决了由于隧道围岩地质条件差,围岩变形大而导致初期支护侵入二次衬砌空间,隧道施工及永久营运安全存在隐患的问题,有利于安全快速通过隧道围岩差的施工地段,便于安全优质如期完成建设任务。

(2)通过采用本工法处治的长湘高速公路狮子垄隧道工程和汝郴高速公路亭子坝隧道施工全过程处于安全、快速、优质的可控状态,安全高效地恢复和提高了变形段初期支护的承载能力,保证了施工质量和安全,同时也保证了工程的如期进行。本工法的应用,通过采取“设置临时支撑→围岩径向固结灌浆→设置超前小导管作为预加固措施→逐榀拆除侵限初期支护→逐榀重新施作初期支护并及时封闭成环”这一工艺流程,科学合理地明确了各工序的前后顺序和安保措施,减少了工程塌方的风险,节约了工期和施工成本。

以长湘高速公路狮子垄隧道为例,在 10m 隧道长度范围内该工法,较传统的大范围换拱工法可节约工期 1 个月,节约的工程费用为:机械费 5 万元/(月 · 台) ×3 台 ×1 月 = 15 万元,人工费 30 工人 × 150 元/(人 · 3d) ×30d = 13.5 万元,管理费 20 人 ×6 000 元/(月 · d) ×1 月 = 12 万元,共计节约成本 40.5 万元。

12 应用实例

12.1 工程实例一

长湘高速公路狮子垄隧道应用。

1)工程概况

湖南省第一条双向六车道高速公路隧道,长沙至湘潭高速公路(复线)第十一合同段狮子垄隧道,为小净距隧道。隧道位于长沙市岳麓区莲花镇,距镇中心仅 2km。其中右洞长 1 107m,左洞长 1 057m,隧道口位于山坡坡脚,洞轴线与等高线交角约 60°,左侧有偏压,山坡自然坡度 30° ~45°。围岩揭露基本为泥盆系锡矿山组炭质页岩和泥岩,岩质软弱,构造运动强烈,不利于隧道施工。为保证施工安全与质量,隧道施工采用三台阶七步开挖法,上台阶施工采用留核心土环形掏槽法。

隧道为双向六车道隧道,设计速度为120km/h,宽度为100cm+75cm+3×375cm+125cm+100cm,建筑限界$H=500$cm,断面为三心圆形式,有仰拱段净空面积133.55m^2,周长43.12m。

本隧道以新奥法原理为指导,洞身支护结构采用复合式衬砌。V级围岩初期支护由钢筋网、中空注浆锚杆、工字钢拱架、喷射混凝土组成,喷射混凝土厚度28cm,强度等级为C20,二次衬砌采用C25钢筋混凝土衬砌,厚度为60cm。

狮子垄隧道是湖南省高速公路第一条双向六车道隧道,隧道断面大,隧道结构断面采用马蹄形,开挖跨度18m,开挖高度12m,拱部矢跨比为0.55,施工难度大。

2)应用效果

隧道初期支护换拱工法的应用,第一,恢复和提高了隧道变形段初期支护的承载能力,为工程施工提供了质量和安全保证,有效防止了隧道塌方及由此带来的严重后果;第二,解决了大断面隧道初期支护因变形大处置的难题,由于工法科学合理地明确了各工序的前后顺序和安保措施,减少了工程塌方的风险,节约了工期和施工成本,从而节约了投资,取得良好的经济效益和社会效益。

12.2 工程实例二

汝郴高速公路亭子坝隧道应用。

1)工程概况

厦门至成都国家高速公路湖南省汝城(湘赣界)至郴州公路第二十三合同段亭子坝隧道位于郴州市苏仙区良田镇短脚岭村东北面,短脚岭村与桥脑上村交界地段,汝城端处距短脚岭村通村机耕路约600m,郴州端处距桥脑上村金水电站机耕路约800m,交通条件很差。

本项目是一座四车道高速公路隧道,衬砌采用三心圆内轮廓断面形式,拱高为709cm,拱部圆半径为545cm,边墙圆弧半径为795cm三心圆曲边墙结构。

据地质调查以及勘探成果,隧道区出露的地层有第四系种植土、卵石夹粉质黏土、漂石夹粉质黏土、含砾粉质黏土和泥盆系中统棋子桥组灰岩等。

隧道由汝城端向郴州端掘进,采用上、中、下三台阶法施工。

亭子坝隧道是湖南省汝郴高速公路上的一座中隧道,隧道地质情况复杂,围岩地下水位高,开挖后隧道自稳能力很差。2009年10月在隧道施工过程中,右洞初期支护产生较大变形,最大值达到52cm;隧道左洞受偏压影响,明洞段出现裂缝,暗洞初期支护开裂。为保证隧道结构安全,需对汝城端隧道洞口段侵入二次衬砌达15cm以上的初期支护予以拆换。经过比较,最终采用本工法进行施工,并取得了成功。

2)应用效果

2009年10月至2010年4月期间,承包人采用普通换拱方式施工,换拱操作难度很大,人员安全得不到保障,换拱成本也很高,实施效果也不理想。2010年5月,项目部采用隧道初期支护换拱工法进行换拱后,切实保证了初期支护承载结构的承载能力和人员安全,减少了窝工和停工现象,现场实施效果良好。

邻近建筑物爆破振动控制施工工法

GGG(鲁)D1161—2013

孙 杰 李伟祯 陈金文 李宪平 张良库
(济南城建集团有限公司)

1 前言

随着我国城市、城镇建设的发展,在人口密集、建筑物林立的城市闹市区进行爆破施工也将越来越多,爆破安全控制一直是岩土爆破工程领域内研究的重点,它涉及爆破地震对建筑结构的影响、对边坡稳定性的影响、对周围岩体的扰动以及爆破飞石的影响等内容。

近几年来,济南城建集团有限公司在采石场、土石方、管沟、地下爆破工程施工中,组织科学技术攻关,经过不断总结与提高,形成了一套在邻近建筑物减振爆破开挖的施工技术,成功地应用于济南市应急指挥平台、市反恐指挥中心、市公安指挥中心工程土石方工程、济南市奥体文博片区 220kV 架空线电缆化改造石方爆破工程及济南高新区 34 号路东延、35 号路南段施工 BT 项目雨污管沟石方爆破施工,取得了明显的经济效益和社会效益。经总结,形成本工法。

2 工法特点

(1)适用范围广,用于邻近建(构)筑物爆破施工。

(2)低噪声,消除居民的恐惧心理和不适感。

(3)采用爆破筒不耦合连续装药,起爆稳定性高,减振效果好。

(4)控制最大单响药量,将爆破振动控制在符合《爆破安全规程》(GB 6722—2003)要求的范围之内,确保周围建筑物的安全。

3 适用范围

(1)城市闹市区中浅埋隧道爆破开挖,车站基坑开挖。

(2)重点文物、古建筑附近的地上、地下工程爆破。

(3)在邻近繁华街市、建筑物路基石方、土石方施工。

4 工艺原理

(1)采用缓冲爆破筒快速装药工艺,使爆破振动控制在安全范围内(图1)。

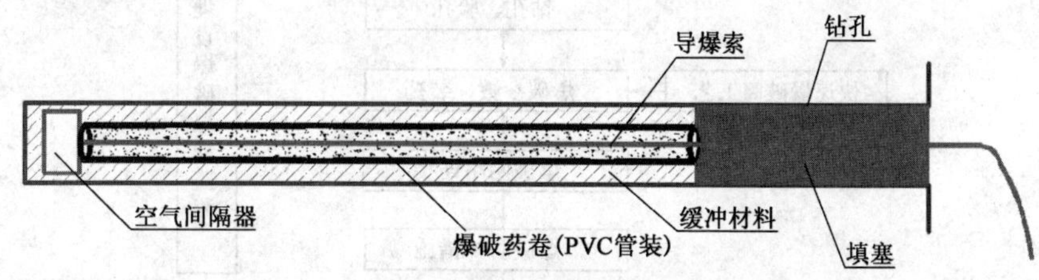

图1 缓冲爆破筒装药结构

(2)爆破振动与最大段起爆药量、最小抵抗线的方向、爆破区域的环境等因素有关。采用分层台阶爆破并控制最大段起爆药量及选择合理的延时时差起爆,使台阶爆破振动控制在安全范围之内。

(3)爆破振动监测如图2所示。

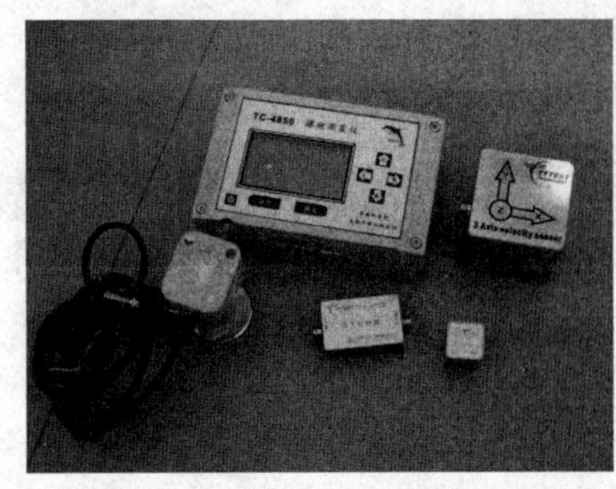
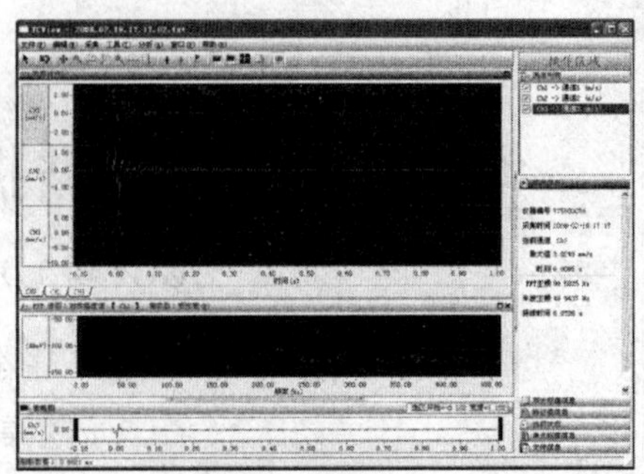

图2 爆破振动监测

根据萨道夫斯基公式:

$$v = K\left(\frac{Q^{1/3}}{R}\right)^{\alpha} \tag{1}$$

式中:v——地振动质点最大速度(cm/s);

Q——起爆药量(kg);

R——爆心距(m);

K、α——与爆破点至保护对象间的地形、地质条件有关的系数和衰减指数。

对上式两边取对数,则得:

$$\log v = \log K + \alpha \log\left(\frac{Q^{1/3}}{R}\right)$$

引入变量:$y = \log v, k = \log K, x = \log\left(\frac{Q^{1/3}}{R}\right)$,则得:

$$y = k + \alpha x$$

根据最小二乘法,将各监测点的质点振动速度值及起爆药量 Q、爆心距分别代入式(1),进行回归分析计算,得到该地质与地形条件下的 K 和 α 值。

5 施工工艺流程及操作要点

5.1 施工工艺流程(图3)

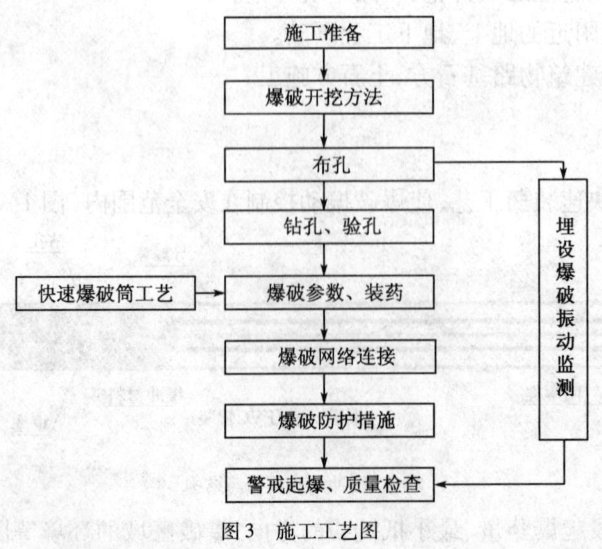

图3 施工工艺图

5.2 操作要点

1)爆破开挖方法

本工法以爆源中心距邻近建筑物的最短距离为爆破振动半径,采用浅孔松动控制爆破方法,降低振动。采用浅孔密集孔,为使装药量微量化、分散化,采用快速爆破筒装药工艺,以达到爆破振动控制的效果。

(1)钻孔。

邻近建筑物采用浅孔松动爆破,钻孔参数见表1,钻孔示意图见图4。

(2)爆破参数、装药。

钻 孔 参 数 表1

参数名称	孔深(m)			
钻孔深度(m)	0.5	1	1.5	2
孔径(mm)	38~40	38~40	38~40	38~40
间距 a(m)	0.5	0.8	1.0	1.2
排拒 b(m)	0.43	0.69	0.86	1.0

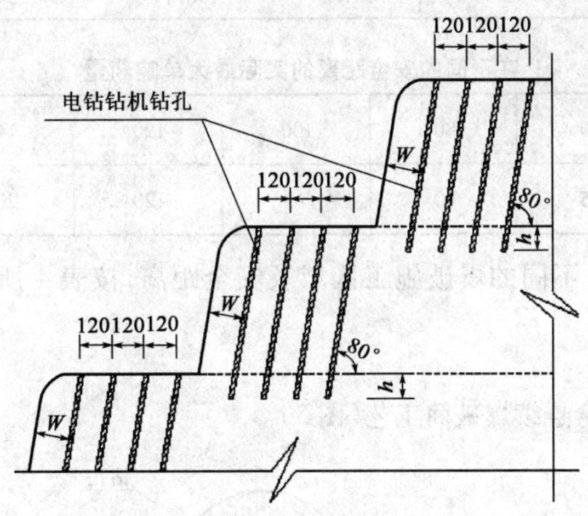

图4 钻孔布置示意图(尺寸单位:cm)

①爆破参数见表2。

爆 破 参 数 表2

参数 \ 高度 H(m)	0.5	1.0	1.5	2.0
炮孔直径 D(mm)	38	38	38	38
最小抵抗线 W(m)	0.4	0.8	1.0	1.2
每炮负担面积 $S(m^2)$	0.11	0.28	0.43	0.6
炮孔间距 $a=(S/0.86)^{1/2}$(m)	0.5	0.8	1.0	1.2
炮孔排距 $b=0.86a$(m)	0.43	0.69	0.86	1.0
每炮负担体积 $V(m^3)$	0.05	0.28	0.65	1.32
炮孔超深 h(m)	0.2	0.2	0.3	0.3
炮孔深度 l(m)	0.7	1.2	1.8	2.3
装药密度 $\Delta(g/cm^3)$	1.0	1.0	1.0	1.0
每米炮孔装药量 q_1(g/m)	1 134	1 134	1 134	1 134
装药长度(m)	0.26			
填塞长度(m)				
炸药单耗 $q(g/m^2)$	300	300	400	400
药量计算公式	$Q=qabH$			
单孔装药量 Q(g)	33	84	195	396

②根据《爆破安全规程》(GB 6722—2003)8.2 条规定,以邻近建筑物振动速度安全允许标准,计算最大一次起爆药量。

$$Q = [(V/K)^{1/\alpha}]^{1/m} \times R^{1/m} \quad (2)$$

式中:Q——最大一段装药量(kg);

R——邻近建筑物距离(50m);

V——爆破地震安全速度(cm/s),根据《爆破安全规程》(GB 6722—2003)规定,由于爆破附近砖房、非抗震的大型砌块建筑物,所以 V 取 1.5cm/s;

K、α——与地形、地质条件有关的系数和衰减系数,查《爆破安全规程》(GB 6722—2003)表 5,K 取 250,$\alpha = 1.8$;

m——药量系数:查《爆破安全规程》(GB 6722—2003),m 取 1/3。

最大允许单响药量、在不同的安全距离的实际最大单响药量见表 3、表 4。

理论最大允许单响药量 表 3

距离 R(m)	50	60	80	100	120	140	160
单响药量 Q(kg)	24.76	42.79	101.44	198.11	342.34	543.62	811.48

在不同的安全距离的实际最大单响药量 表 4

距保护对象的距离 R(m)	60	80	100	120	140	160	200
实际的最大单响药量 Q(kg)	15	40	70	120	200	300	300

在实际施工过程中,针对不同的爆破施工区域及安全距离,按表 4 所示单段最大药量进行实际控制。

(3)缓冲爆破筒工艺。

在装药结构上采用不耦合连续爆破筒工艺(图 5)。

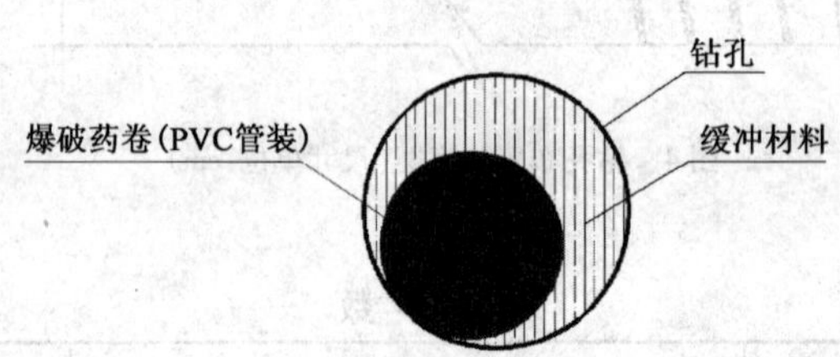

图 5 爆破筒平面图

①制作。根据最小抵抗线、炮孔等参数计算所需要的硝铵炸药量 Q,PVC 管的小直径 d,PVC 管的长度 $L = 4Q/\pi d^2$。

②安装(图 6)。钻孔验收合格后,在孔底预留一定的空气间隔器空间,然后将制作好的爆破筒放入钻孔中,附近无建筑物,尽量放居中,若附近有建筑物,尽量远离建筑物一侧放置,在钻孔与 PVC 爆破筒之间的间隙内填入爆破缓冲材料,其中与顶端齐平。

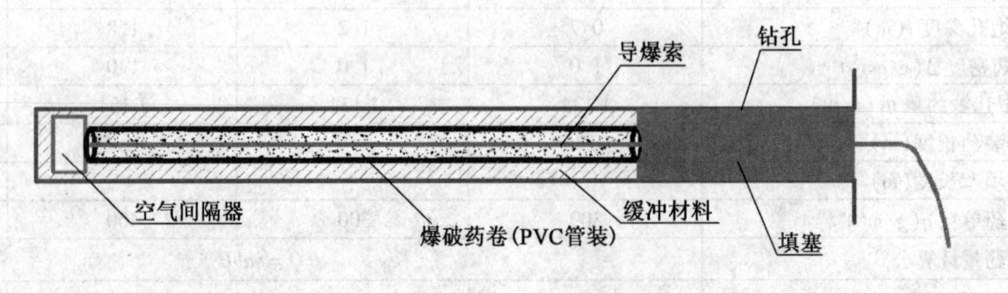

图 6 爆破筒安装示意图

2)爆破网络连接

爆破网络采用非电毫秒微差起爆网络,连接方式采用并联、串联、簇连混合方式。

爆破网路连接平面、剖面图以及起爆顺序见图7~图9。

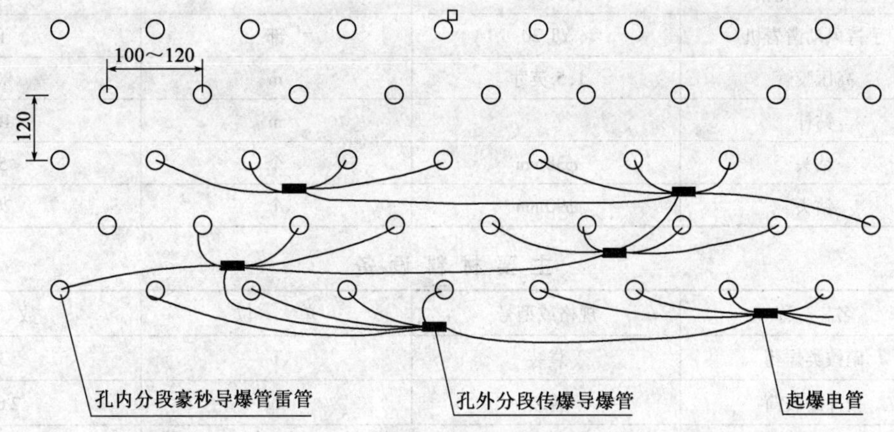

图7 爆破网路连接平面图(尺寸单位:cm)

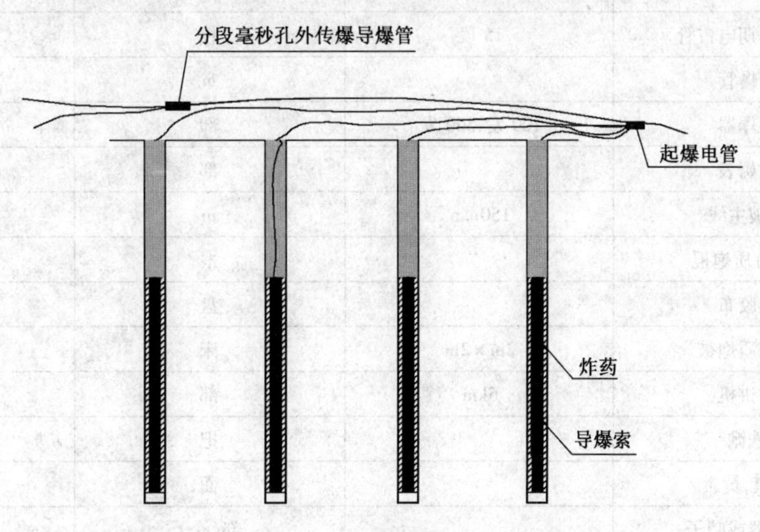

图8 爆破网络剖面图

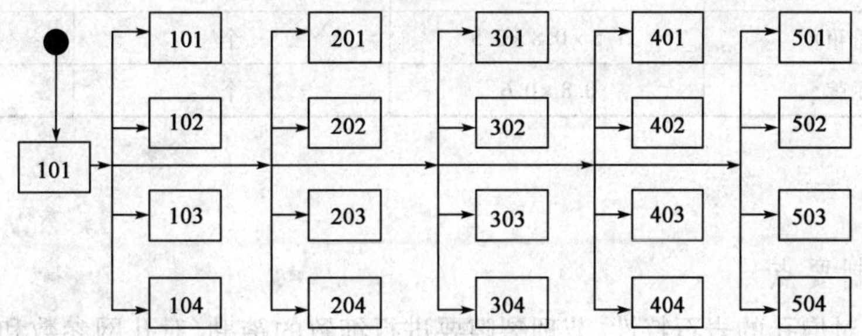

图9 爆破网络起爆顺序图

6 材料与设备

本工法只有缓冲爆破筒是特制的,其他材料和设备都是施工和试验中必备的材料和设备,见表5、表6。

主要机械设备 表5

序号	名称	规格或型号	单位	数量
1	柴移式空压机	$10m^3/min$	台	3
2	履带式潜孔钻	ϕ90mm	部	3
3	手持风动凿岩机	YT-20	部	10
4	高压胶管	1.5英寸	m	800
5	钻杆		m	100
6	钻头	ϕ38mm	个	50
	钻头	ϕ90mm	个	200

主要材料设备 表6

序号	名称	规格或型号	单位	数量
1	硝铵类炸药	袋装	t	35
2	缓冲爆破筒	管装	kg	2 000
3	非电毫秒雷管	4段和7段	枚	5 000
4	瞬发电雷管	8号镍铬桥丝	枚	2 000
5	毫秒延期电雷管	15段	枚	10 000
6	导爆管		m	10 000
7	起爆器	100发,500发	部	各两部
8	欧姆表		部	2
9	爆破主线	150mm	m	2 100
10	木、竹质炮棍		根	20
11	黑胶布		盘	150
12	橡胶质炮被	2m×2m	床	20
13	对讲机	6km	部	6
14	铁锹		把	6
15	红旗,黄旗		面	100,200
16	警报器或哨子		部(个)	2(20)
17	炸药箱	2×1.5×1	个	1
18	雷管箱	1.5×0.8×0.5	个	1
19	警示牌	0.8×0.6	个	6

7 质量控制

7.1 质量控制要点

(1)每次爆破时对炮孔的岩石特性、节理裂隙要进行细致的踏勘,对孔网参数和每孔的装药量及单耗都要进行认真计算和调整。

(2)填塞长度一般取(20~40)倍炮孔直径,并保证其长度≥1.1W(W为最小抵抗线),以确保爆破时最小抵抗线为爆破的抛掷方向,控制冲炮。

(3)采用非电雷管毫秒延时爆破技术,合理安排炮孔的起爆顺序,创造新的临空面改变爆破抛掷方向。

(4)在填塞好和连接好的起爆网路上每个炮孔孔口上进行一定的覆盖保护措施。

7.2 质量控制标准

根据《爆破安全规程》(GB 6722—2003)的规定,爆破振动安全允许标准见表7。

爆破振动安全允许标准 表7

序号	保护对象类别	安全允许振速(cm/s)		
		<10Hz	10~50Hz	50~100Hz
1	土窑洞、土坯房、毛石房屋	0.5~1.0	0.7~1.2	1.1~1.5
2	一般砖房、非抗震的大型砌块建筑物	2.0~2.5	2.3~2.8	2.7~3.0
3	钢筋混凝土结构房屋	3.0~4.0	3.5~4.5	4.2~5.0
4	一般古建筑与古迹	0.1~0.3	0.2~0.4	0.3~0.5
5	水工隧道	7~15		
6	交通隧道	10~20		
7	矿山巷道	15~30		
8	水电站及发电厂中心控制室设备	0.5		
9	新浇大体积混凝土 龄期:初凝~3d 龄期:3~7d 龄期:7~28d	2.0~3.0 3.0~7.0 7.0~12		

注:1. 表列频率为主拓频率,系数最大振幅所对应波的频率。
2. 频率范围可根据类似工程或现场实测小型选取。选取频率时亦可参考下列数据:洞室爆破小于20Hz;深孔爆破10~60Hz;浅孔爆破40~100Hz。
3. 选取建筑物安全允许振速时,应综合考虑建筑物的重要性、建筑质量、新旧程度、自振频率、地基条件等因素。
4. 省级以上(含省级)重点保护古建筑与古迹的安全允许振速,应经专家论证选取,并报相应文物管理部门批准。

爆破开挖区附近的房屋性质按保守估计,可以划归一般非抗震的大型砌块建筑物一类内。根据爆破振动的频谱分析,其主振频率$f>20$Hz,因此一般砖混结构房屋爆破振动安全允许标准为2.3~2.8cm/s,其他设备和设施按照相关要求执行。

7.3 质量控制措施

(1)爆破开挖每个循环都要进行施工测量,控制开挖断面,在工作面上用红油漆画出开挖轮廓线及炮眼位置,误差不超过5cm。

(2)钻眼必须按设计指定的位置进行。

(3)装药前由专业技术人员制作药卷,确保下一步按装药结构设计方案进行装药。

(4)装药前炮眼用高压风吹干净,检查炮眼数量。装药前由专人设置雷管延期,装药时,按爆破设计顺序装药,装药作业分组分片进行,定人定位,确保装药作业有序进行,防止雷管序号混乱,影响爆破效果。

(5)装药后炮孔堵塞长度、材料和质量确保按设计进行。

8 安全措施

(1)严格执行《爆破安全规程》(GB 6722—2003),合理设计孔网参数,并根据岩性实时调整。

(2)所有专职和兼职爆破人员必须经过爆破培训,并持有当地公安部门核发的爆破证,严禁违章作业。

(3)爆破前,警戒区内确实无人后进行爆破,炮响15min后方可撤除警戒。

(4)爆破作业时,非爆破作业人员撤到安全警戒线以外;爆破作业人员在爆破时也必须进入避炮室。

(5)正确确定最小抵抗线方向和大小,并严格控制炮孔装药量,减小爆破飞石距离。

(6)填塞高度必须大于设计要求。

(7)盲孔要及时处理。

(8)科学设计每一次爆破作业,并按规范组织实施。

(9)针对矿山实际情况制定爆破安全操作规程。

(10)加强爆破工的安全技术知识的培训。

(11)爆破工作开始前,明确危险区的边界并设置明显的标志,且有专人警戒。

(12)露天爆破作业应事先了解天气情况,做好安排。在黄昏、夜间、雷雨、大雾天气时禁止爆破。

9 环保措施

(1)做好现场的环境保护工作,减少对周围环境的影响。

(2)作业前,组织对作业人员进行环境保护方面的宣传教育,统一思想,提高全体作业人员的环境保护意识。

(3)明确职责分工,认真贯彻执行环境保护方面的各项规章制度。

(4)扬尘、固体废弃物控制措施。

①设专人对施工现场围挡和施工区域内进行清扫保洁,保持现场及周边整洁卫生。

②施工出入口专人负责清扫施工车辆,防止带泥沙出现场。

③现场材料集中存放,采取苫盖或固化措施,以避免尘土飞扬。

④施工垃圾及时清运,并采用密闭式运输车辆,防止沿途遗漏污染路面。

⑤设专人收听天气预报,随时掌握天气变化,遇四级风以上天气停止垃圾清运作业。

10 资源节约

采用小台阶式浅孔松动爆破,利用毫秒延期雷管的延时起爆及缓冲爆破筒装药结构,控制最大一次起爆装药量,及时为下一段爆破区域创造临空面,使爆破能量全部转移到岩石的破碎上,节约了大量的爆破器材,同时石方的成块率在要求范围内不需要进行第二次破碎,节约了生产成本。

11 效益分析

本工法的效益分析见表8。

效益分析 表8

类别	邻近建筑物爆破振动控制	传统石方、静态爆破工艺
经济效益	①可有效将爆破产生的振动控制在安全范围内; ②爆破石块大小满足机械挖运标准,不需要机械油锤进行第二次破碎,节省机械台班20个,约6~10万元; ③采用缓冲爆破筒快速装药结构加快施工进度,与传统爆破工艺相比每天可节约时间2~4h,对于整个工程人工费节约约15~20万元; ④爆破振动对已完成工程的养护不造成影响	①机械破碎速度慢、机械噪声高、施工成本高; ②需要机械油锤配合施工破碎岩石; ③传统石方爆破振动对邻近建筑物或者管线容易造成不同程度的破坏,增加额外成本的基础上延长了工期; ④爆破振动对已完成工程容易造成损坏,需要增加一定的防护措施
社会效益	利用毫秒延期雷管的延期间隔控制最大一次起爆装药量及缓冲爆破筒快速装药结构降低爆破振动,大大降低了因爆破振动对周边建筑物产生破性影响和对周边居民的不良影响,从而降低了爆破振动扰民以及由此导致的民扰影响施工事件的发生,利于促进社会和谐同和企业社会形象的树立	爆破振动容易对附近居民造成扰民,引起民众意见及投诉事件;爆破振动对邻近建筑物或者地下管线等造成一定的损坏,引起一定的经济损失;另外对公司形象的树立起到反面效果,在以后的投标及施工中造成一定的影响
环境效益	①采用爆破破碎在成本降低、加快施工进度、保护环境降低施工噪声方面等具有明显优势; ②在施工中采取爆破覆盖的方式,上方加盖洒水袋的工艺,保护环境	①静态破碎速度慢、易导致环境、地下水体污染; ②石方爆破过程中容易产生尘土飞扬,爆破烟尘对环境造成污染

12　应用实例

12.1　工程实例一

2010 年 12 月 22 日 ~2011 年 3 月 30 日我公司在济南市应急指挥平台、市反恐指挥中心、市公安指挥中心工程土石方工程使用本工法。

1)工程概况

济南市应急指挥平台、市反恐指挥中心、市公安指挥中心工程土石方工程位于济南奥体中心核心区,旅游路以北,龙奥大厦南北轴线东侧。该工程占地面积 117 681m^2,主要为土方开挖、外运,石方破碎及外运。总工程量 22 万 m^3,其中石方破碎、外运 12 万 m^3,土方开挖、外运 10 万 m^3。本项目是济南市公安局应急指挥平台、市反恐指挥中心、市公安指挥中心大楼建设项目前期土方施工项目。本工程工期紧,爆破工作量大,施工任务艰巨。

2)爆破施工环境情况介绍

石方爆破现场西侧小于 30m 为奥体东路,南侧距旅游路约 50m,距汉峪隧约 200m,距旅游路南海尔绿城全运村和北侧海别墅社区小于 20m,西北约 500m 为龙奥大厦。爆破作业环境十分复杂,现场对爆破振动控制要求非常严格。

3)采取的措施

(1)采用有台阶开采,将爆破台阶高度控制在 10m 以内,降低钻孔深度和单孔装药量。

(2)选择合理的毫秒起爆时差,避免爆破地震波叠加,以此实现错相减振。

(3)根据石方爆破施工现场具体情况,调整起爆方向和顺序,使爆破地震波向东或向西传播,以此减少对北侧和南侧距离较近的建筑物的影响。

(4)收到的效果:

①石方爆破施工期间未发生爆破飞石导致伤人、财物损失的事件,也未发生爆破振动导致附近建筑受损的案例。

②通过采取上述减振措施,在石方爆破施工中未造成爆区周边建筑物破坏,同时因爆破减振措施得当,爆破施工期间未发生因爆破振动扰民而投诉 12345 热线和 12319 热线的情况。

③因在爆破中选择合理的非电雷管分段段次,利用分段起爆大大改善了石方破碎效果,大块率从原来的 18% ~20%,降低至 13% 以下,大大减少了石方二次机械破碎施工发生的油锤台班数量,施工成本明显降低。

12.2　工程实例二

2012 年 6 月 10 日 ~2012 年 12 月 20 日,我公司在济南市奥体文博片区 220kV 架空线电缆化改造石方爆破工程使用该工法,济南市奥体文博片区 220kV 架空线电缆化改造工程起点为姚家变电站,终点为高新区舜华路电缆隧道西头,全场 2.4km,主要为实现该区域 220kV 高压架空线落地,美化该区域天空环境,6 集约化利用该区域土地资源。该工程分明挖沟槽和暗挖隧道,总计石方爆破17 000m^3,其中明挖沟槽石方爆破 9 000m^3,隧道石方爆破 8 000m^3。明挖沟槽石方爆破施工现场位于紧靠经十路以北的绿化带内,爆破现场距城市主干道经十东路、机关单位距离非常近。

本项目隧道埋深 9 ~15m,在隧道 7m 以上埋有给水、燃气、光缆等各种需保护管线,在隧道光面爆破施工中采用该工法,施工进度明显加快,质量得到了很好的保证,对爆破振动控制进行检测,在安全范围内,并未对管线造成损失。较好地控制了施工安全,大大降低了成本,有利于快速施工和文明施工。

12.3　工程实例三

2012 年 5 月 30 日 ~2012 年 9 月 30 日我公司在济南高新区新区 34 号路东延、35 号路南段施工 BT 项目雨污管沟石方爆破施工项目使用本工法。

1)工程概况

济南高新区新区34号路东延、35号路南段施工BT项目是济南市高新区重点市政道路工程建设项目,该工程石方爆破主要集中在雨、污管道沟槽石方爆破,爆破现场距村庄、工厂(青啤高新区分厂)、大正路最近不足100m,且附近村庄民房多为平房,抵抗振动破坏能力差,现场对爆破振动要求十分严格。主要工程量:污水管沟石方爆破8 000m^3,雨水管沟石方爆破7 000m^3,总计石方爆破15 000m^3。

2)采取措施

措施一:雨、污管道沟槽石方爆破采用小炮孔降低单孔装药量,分层爆破施工,降低钻孔深度,从而降低单孔装药量。

措施二:起爆网络采用非电分段导爆管雷管,在爆破设计时选择合理的分段延时时差,避免爆破地震波叠加,实现错相减振。

3)实施效果

(1)通过采取上述减振措施,在石方爆破施工中未造成爆区周边地下管线、建筑物破坏,同时因爆破减振措施得当,爆破施工期间未发生因爆破振动扰民而投诉12345热线和12319热线的情况。

(2)因在爆破中选择合理的非电雷管分段段次,通过合理分配延时时差,避免爆破地震波叠加,降低爆破振动的同时,也大大改善了石方破碎效果,大块率从原来的20%~25%,降低至15%以下,大大减少了机械二次破碎施工发生的油锤台班数量,仅此一项累计节约投入4万余元。

地铁隧道开挖地段顶注结合加固桥基施工工法

GGG(鲁)D1162—2013

金　宝　王钰博　孙　杰　郭　建　丁　群
(济南城建集团有限公司)

1 前言

城市隧道施工一般采用暗挖,在经过高架桥桥基的时候,因施工扰动和土层应力变化,导致了邻近桥基的不均匀沉降,对高架桥结构产生危害。桥基加固顶注结合是新型的桥基保护工法,对桥梁上部结构采用顶升,保持桥面的平稳,隧道洞内对受扰动的岩土注浆加固,控制桥基沉降。济南城建集团有限公司在广州地铁五号线西村站等项目遇到桥基不均匀沉降,采用了顶注结合的加固技术,选用超薄千斤顶顶升梁部,袖阀管注浆加固隧道围岩,技术工艺成熟可靠,取得了较好的成果,社会和经济效益十分显著,经总结形成了本工法。

2 工法特点

(1)直接在桥墩顶用超薄千斤顶对梁部顶升,用加塞钢板或更换支座的方式抵消桥基沉降值,保证桥梁的线性稳定。

(2)根据设计验算,对梁部预顶升一定高度,隧道后续开挖逐渐沉降到稳定值。

(3)隧道洞内对掌子面打设全断面注浆管,受扰动的桥基打设侧向注浆管,进行重复式注浆,固结土体,增加桥基周边的摩阻力,减小沉降。

(4)注浆采用可重复式袖阀管注浆,动态控制注浆量。

(5)利用洞外顶升与洞内加固有效结合,双向控制,在保证高架安全的同时推进隧道施工。

3 适用范围

本工法适用于隧道暗挖掘进,经过高架桥基地段时的桥基加固施工。

4 工艺原理

4.1 洞外顶升工艺原理

在隧道洞外,直接在高架墩顶采用超薄千斤顶对桥梁进行顶升,用加塞钢板或更换支座的方式抵消桥基沉降值,以调整相邻桥基沉降差值,满足桥梁的线性稳定。并在允许范围内预顶升一定高度,在后续开挖过程中沉降到稳定值。

4.2 洞内加固工艺原理

高架梁部顶升后,在隧道洞内对掌子面及受扰动的桥基周边土体打设注浆管,进行重复式注浆,固结土体,将隧道开挖过程形成的地层疏松区及时充填,形成类似阀板的持力层,有效增加桥基周边的摩阻力,减小因隧道开挖扰动引起的桥基沉降。

注浆管采用袖阀管,实施后退式分段注浆,多次反复施工,有效抑制隧道下穿建筑物期间的沉降量,以减小差异沉降,并且能通过实时监测,动态控制,重复注浆。

5 施工工艺流程及操作要点

5.1 工艺流程(图1)

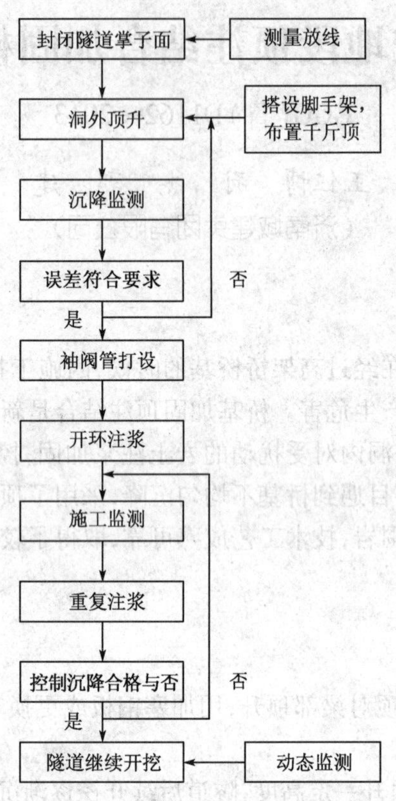

图1 施工工艺流程图

5.2 沉降段隧道掌子面封闭

对发生沉降的地段,通过监测分析,测量定位出需要封闭的掌子面范围,通过喷射混凝土封闭,暂停隧道施工。

5.3 洞外顶升

1)脚手架工作平台搭设

在需要顶升的桥墩四周,搭设双排脚手架,并联成整体。

2)千斤顶布置

顶升时,根据墩顶至梁部空间实际情况,可采用320t千斤顶和180t超薄千斤顶。顶升时千斤顶顶面、底面均应加钢垫板,钢垫板尺寸不小于40cm×120cm,厚度不小于2cm,顶、底面与梁紧密接触。

3)梁部顶升

(1)顶升分级分步进行,不能一次性顶升完成。

(2)起始顶升力为顶升力控制值的50%,随后按5%分级加载,每级加载后稳定观察10min,再升级加载。不可一次加载到最大值,每级顶升的上抬量不能大于3mm,大于此值应立即停止加载。

(3)桥墩分级顶升力采用油泵压力表控制,根据千斤顶与压力表校验的线性回归方程,计算分级压力对应的压力表读数,采用1个油泵,计算2个分级顶升力限制每个压力表读数,根据实际选用压力表读数进行控制各级顶升力。

(4)顶升时严格控制千斤顶的顶升力和顶升量,不断进行设计参数调整。

(5)待墩顶梁体顶升到位,拆除支座下摆螺栓,填塞钢板,恢复支座,最后缓慢卸载。

4）施工监测

绝对顶升量的观测方法是在腹板底部桥墩上面四角各设置一个固定点安装百分表，将表架用钢镦固定，利用百分表准确观测顶升高度，腹板底面直接与百分表探头接触，直接在百分表中读数。每次读数时，应排除周围施工振动影响，确保读数的准确。

5）顶升时注意事项

（1）在墩顶严格按设计位置安放千斤顶，且严格控制千斤顶顶升力、顶升量。

（2）不可一次加载到最大值，每级顶升的上抬量不能大于3mm，大于此值应立即停止加载。

（3）预顶时严格控制千斤顶的顶升力和梁两端的位移，每级顶升情况及时反馈设计。严禁杜绝顶升量、顶升力任何一项超过控制值。

（4）顶升前详细调查支座、垫石情况，根据实际情况备用相同规格、数量支座，更换现有支座。

（5）顶升前对顶升设备千斤顶及配套油泵进行校验标定，并在施工过程中观察设备运转情况，未标定的设备禁止使用。

5.4　沉降监测

（1）顶升时以绝对高程为准，防止桥墩沉降而使顶升高度受到影响。

（2）监测基准点尽量远离顶升桥墩，以减少基准点受地面沉降的影响。

（3）顶升时要采用路灯车，派专人现场观测相邻墩间梁部情况，保证梁板安全。

（4）顶升施工时，加强对顶升支座监测的同时，加强相邻桥墩的监测，顶升后24h内对相临桥墩进行监测，比较桥墩顶升前后监测值的变化情况。及时反馈给监理及设计单位。

（5）在整个施工过程中，应对梁部沉降情况加强监测，若发现有沉降发生，应立即停止施工，及时通报各相关单位进行处理。

5.5　袖阀管注浆加固

1）钻孔

（1）成孔设备和钻进方法的选择：采用潜孔钻；根据孔径选用钻头。

（2）测量放样，布置钻孔。

（3）钻机安装。底座水平，机身稳固可靠。调整钻机高度，立轴对正孔位，将钻具放入孔口管内，使孔口管、立轴和钻杆在一条直线上，用罗盘、水平尺和辅助线检测立轴方向和倾斜角度。

（4）钻孔护壁。采用优质稀泥浆护壁。如遇砂层较厚、孔内塌孔时，用ϕ108mm套管护孔，待孔内注入套壳料并下入袖阀管后，才将ϕ108mm套管提出孔外。如需要钻吹砂孔，则适当增大套管的直径。

（5）钻孔深度。钻进深度应达到注浆固结段高度，在钻孔过程中要做好记录，以供注浆作业参考。

（6）注意事项：

①钻孔布置要精确，注意不要破坏桥基。

②钻机必须保证安放水平、牢固。

③确保钻孔深度满足要求。

2）安装袖阀管、浇筑套壳料及固管止浆

（1）钻孔至设计深度后，在注浆段范围内要浇筑套壳料（黏土水泥浆），用来防止袖阀注浆管在注浆过程中变形、变位或损坏，并能保证水泥浆通过。要求套壳料收缩性小，脆性较高，早期强度高。套壳料的耗损、扩散系数取1.3。将套壳料通过钻杆泵送至孔底，自下而上灌注套壳料至孔口溢出符合浓度要求的原浆液为止或直至注浆段高度以上0.2m处为止。

（2）依次下入按注浆段配备的袖阀花管和芯管，根据注浆要求，在注浆部位下B型注浆管，非注浆部位下A型注浆管。

①注浆花管采用ϕ22mm的焊接钢管加工，一般长0.6～1m，其四周均匀地布设12～18个ϕ8mm的泄浆孔。花管两端各加上3～4个止浆橡胶皮碗，以形成阻浆塞，起到止浆作用。

②注浆心管采用 ϕ22mm 焊接钢管加工,每节长 2m。主要起输送浆液作用,与注浆花管采取丝扣连接。

③注浆花管采用 ϕ22mm 的焊接钢管加工,一般长 0.6~1m,其四周均匀地布设 12~18 个 ϕ8mm 的泄浆孔。花管两端各加上 3~4 个止浆橡胶皮碗,以形成阻浆塞,起到止浆作用。

④注浆心管采用 ϕ22mm 焊接钢管加工,每节长 2m。主要起输送浆液作用,与注浆花管采取丝扣连接。

(3)固管止浆:在袖阀管外花管与孔壁之间的环状间隙处下入注浆管至套壳料顶面待加固地质体顶界位置,在孔口上部 2m 孔段压入止浆固管料,直至孔口返止浓浆为止,孔口浆面下沉后应多次回灌,保证固管止浆效果。止浆固管料采用速凝水泥浆,水:水泥 =1:1.5。可采用水玻璃或氯化钙作速凝剂。

3)待凝

待孔口段止浆料凝固后才能注浆。待凝时间控制在 1~3d,可适当添加速凝剂加速凝结速度。

4)开环注浆

(1)开环:注浆的前期阶段,使用稀浆(或清水)加压开环。在加压过程中,一旦出现压力突降,进浆量剧增,表示已经"开环"。开环后即按设计配比开始正式注浆。

(2)注浆:采用双栓塞心管进行注浆。根据各组注浆参数表要求,从孔底自下而上进行注浆,每排孔眼作为一个注浆段,其段长为 100cm。

(3)注浆液采用 32.5(R)普通硅酸盐水泥,水灰比为 0.5~1,水玻璃浓度为 35°Bé,模数 2.6;浆液中适当添加减水剂和速凝剂。

(4)注浆次序:对桥基注浆,隔孔交替注浆且严禁同时多孔注浆。根据钻孔平面布置,自外向内"分序"注浆,以防止发生串浆现象。如图 2 所示,一序注浆孔之间相隔 3 个注浆孔,二序注浆孔为一序孔中间加密的孔,三序注浆孔为一、二序孔中间加密的孔。待套壳料具有一定强度后,将带双塞的注浆钢管从袖阀管中下到注浆段位置,自下而上分段注浆。对隧道全断面注浆,先隧道周边后中间,隔孔交替注浆。如图 3 所示。

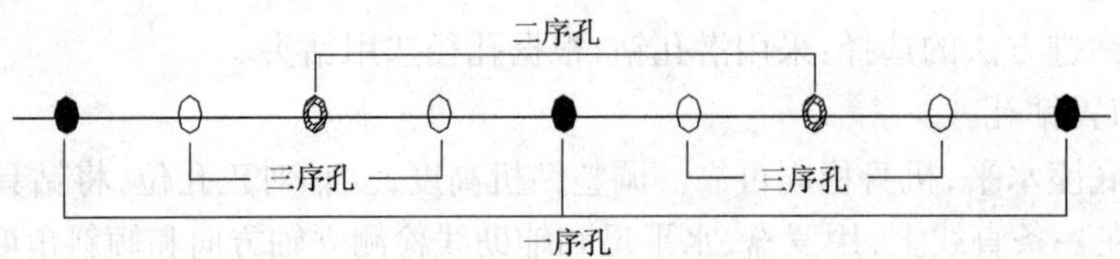

图 2 桥基直墙段分序袖阀注浆示意图

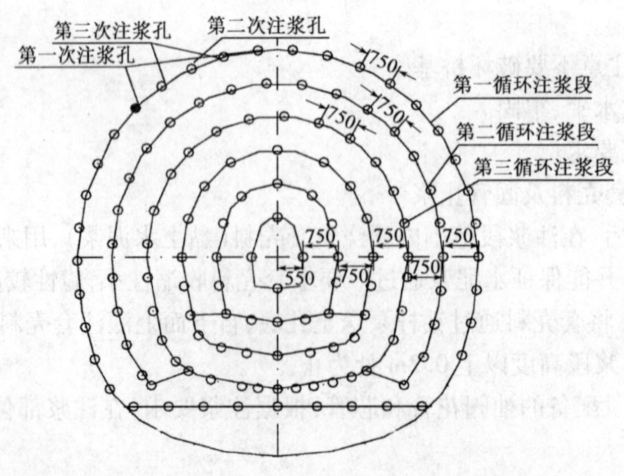

图 3 隧道全断面分序袖阀注浆示意图(尺寸单位:mm)

(5)间歇注浆:全孔段注浆完成后,间歇一段时间再进行第二次注浆,间歇时间控制在10～30min之内。

5)终灌标准

(1)当地层中注入了理论注浆量时,立即停止注浆。

(2)当注浆压力达到设计值稳压30min时,立即停止注浆。

(3)发现被加固建筑物有上抬的趋势时,立即停止注浆。

(4)发生串浆或浆液漏失严重时,立即停止注浆。

6)后备注浆措施

每孔注完浆后,用ϕ20水管插入袖阀管内,泵入清水把袖阀管内残留水泥浆冲洗干净,以备复注。

7)特殊情况处理

(1)注浆工作必须连续进行,若因故中断,可按照下述原则进行处理:

应及早恢复注浆。否则应立即冲洗袖阀管,而后恢复注浆。恢复注浆时,应使用开灌比级的水泥浆进行灌注。如注入率与中断前的相近,即可改用中断前比级的水泥浆继续灌注;如注入率较中断前的减少较多,则浆液应逐级加浓继续灌注。恢复注浆后,如注入率较中断前的减少很多,且在短时间内停止吸浆,应采取补救措施。

(2)注浆段注入量大,压力达不到要求,注浆难于结束时,可选用下列措施处理:

①低压、浓浆、限流、限量、间歇注浆。

②浆液中掺加速凝剂,或采取双液注浆。

③灌注稳定浆液或混合浆液。

(3)注浆过程中如回浆变浓,宜换用相同水灰比的新浆进行灌注,若效果不明显,延续灌注30min,即可停止灌注。

(4)注浆过程中,发现冒浆、漏浆,应根据具体情况采用嵌缝、表面封堵、低压、浓浆、限流、限量、间歇注浆等方法进行处理。如果发生大面积漏浆,要立即停止注浆,进行挂ϕ6双层钢筋网片,打设ϕ22、长3m的锚杆进行锚固,锚杆间距为1m×1m,呈梅花形布置。喷射混凝土C25,厚度为25mm,要加大速凝剂含量,快速封堵表面。

(5)钻进过程中,如遇断层破碎带或软弱夹层等塌孔现象,造成钻进困难,宜采用灌浆处理后再行钻进。

(6)灌浆过程中发生串浆时,如串浆孔具备灌浆条件,可以同时进行灌浆,应一泵灌一孔。否则,应将串浆孔用塞塞住,待灌浆孔灌浆结束后,串浆孔再行扫孔,而后继续钻进和灌浆。

(7)浆液的配合比与水灰比的确定要根据工程的实际情况,不断加以调节,以期达到最优的效果。对吸浆量较大的孔,可适当改变其水灰比,加大稠度,降低流动性。

如果发生大面积漏浆,要立即停止注浆,进行挂网喷射混凝土,要加大速凝剂含量,快速表面封堵。

5.6 施工监测

(1)注浆施工过程中,因注浆压力影响,可能出现地面上抬,使混凝土路面或建筑物及隧道初支、衬砌表面发生变形、开裂等危害现象,因此施工期间应进行监测,以指导施工的安全进行。

(2)监控测量的目的在于固结注浆过程中随时掌握和了解的混凝土路面或建筑物及隧道初支、衬砌表面的变形和位移情况,并进行数据分析,将信息反馈给设计、施工单位,优化设计参数及施工方法,以确保既有建筑物的安全。

(3)监控测点布置在路面或建筑物及隧道初支、衬砌表面的变形和位移情况表面,在处理孔周边地面每隔2m布置监测点,布置范围为1倍处理深度。监测点采用钢筋,要求插入原状土下。建筑物表面贴反射片,通过全站仪进行监测。在每次固结注浆前、注浆后及注浆过程中,采用水准仪及全站仪,对影响范围内的测点进行一次监测。

(4)注浆时要加强洞内、洞外的检测,加强对高架桥及隧道内沉降及收敛检测。在开挖时要加强对高架桥的检测,采用双控指标:当沉降累计达 2mm/2d 时;达到根据设计方提供的桥基允许最大累计沉降值时要及时对袖阀管进行跟踪补偿注浆。

(5)监测频率,每天两次。加强监测,信息指导施工。

(6)加强地面监测,同第三方监测单位协商,在地面及桥基的监测点,在注浆前取得原始监测数据,并根据注浆效果监测地面及桥基检测情况的变化。

6 材料与设备

6.1 主要材料

1)袖阀管

采用 $\phi50$ 的聚氯乙烯塑料管,袖阀注浆管为每节长 333mm,它是由钙塑聚丙烯制造而成。注浆管分 A、B 两种,A 种注浆管上未开设溢浆孔,B 种注浆管上开有 8mm 的溢浆孔 6 个,注浆管构造如图 4、图 5 所示。

2)套壳料

套壳料采用黏土和水泥配制,配比范围为水泥∶黏土∶水 = 1∶1.5∶1.88(质量比),浆液相对密度约为 1.5,漏斗黏度为 24 ~ 26s。

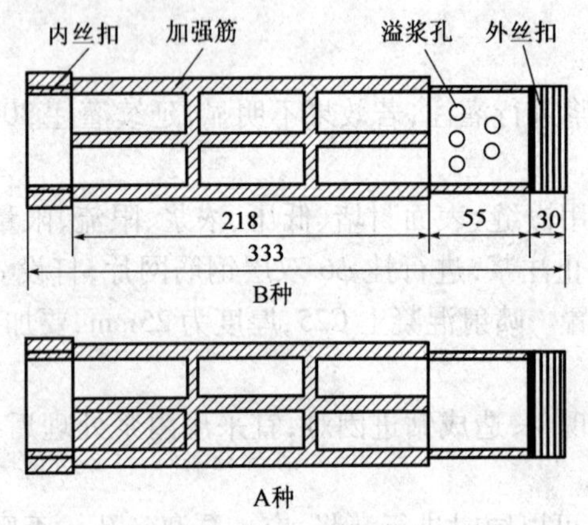

图 4 注浆管结构剖面示意图(尺寸单位:mm)

φ50聚氯乙烯塑料管
孔眼φ6
橡皮箍,长10cm,厚1~2mm
30~50
导向环
孔壁

图 5 袖阀管表观示意图(尺寸单位:mm)

3)水泥

一般采用 32.5 级普通硅酸盐水泥或矿渣硅酸盐水泥,水泥进场应有产品合格证和出厂检验报告。

4)水玻璃

常用的水玻璃分为钠水玻璃和钾水玻璃两类,俗称泡花碱。钠水玻璃为硅酸钠水溶液,分子式为 $Na_2O \cdot mSiO_2$。钾水玻璃为硅酸钾水溶液,分子式为 $K_2O \cdot mSiO_2$。土木工程中主要使用钠水玻璃。当工程技术要求较高时也可采用钾水玻璃。优质纯净的水玻璃为无色透明的黏稠液体,溶于水。当含有杂质时呈淡黄色或青灰色。

5)水

宜采用饮用水。当采用其他水源时,其水质应符合家现行标准《混凝土用水标准》(JGJ 63—2006)的规定。

6.2 设备

根据本次注浆工程量及工期要求,计划投入的机械设备如表 1 所示。

主要施工机械、设备配置 表1

序号	设备名称	数量(台/套)	规格 型号	主要工作 性能指标
一	钻孔设备			
1	潜孔电动钻机	2	LF100	
二	注浆设备			
1	双液注浆机	1	FBY-80/45	
2	注浆泵	4	BW-150	
3	搅浆机	4	500L	4.5kW
三	监测设备			
1	全站仪	1	DTM-550	1″/1+2ppm
2	索佳20水准仪	1	B20	0.8mm
3	测微仪	1	SET	0.01mm
4	塔尺	2	5m/5节	5m
5	2m铟瓦尺	2	N3	10mm
四	顶升设备			
1	千斤顶	6	320t	2台备用
2	超薄千斤顶	8	150t	
3	高压泵	2		
五	其他设备			
1	砂浆泵	3	TU-50/3	
2	电焊机	1		
3	切断机	1		
4	潜水泵	4		
5	磅秤	1		
6	流量计	1	GKLD	DN25,4MPa

7 质量控制

7.1 洞外桥梁顶升质量控制

(1)千斤顶顶升设备送校验单位进行校验标定,其他设备进场向监理报验,进场人员进行安全教育,并提交申请开工报告。

(2)在千斤顶顶升时,现场准备1mm、2mm、3mm厚度不等的薄钢板和2个以上备用千斤顶,薄钢板用于垫塞墩帽于梁体间隙,千斤顶用于防止工作中的千斤顶出现漏油失效等以外情况,千斤顶使用前须在质量检测部门进行标定。顶升到设计高度后,抽出薄钢板,安装支座后千斤顶回油卸载。

(3)在顶升过程中出现偏差时应立即停止作业,查明出现偏差的原因,及时纠正,必要时通知业主、设计单位以及有关部门,请求技术援助。

(4)在本工序整个施工过程中,监测工作全程跟踪,同时与第三方监测单位密切联系和协调,以第三方监测结果为主并与我部监测结果进行比较分析,得出正确结论。

(5)顶升过程中记录逐级顶升应力值和位移值,若发现顶升应力与顶升位移变化与设计不符时,应停止作业,通知设计人员调整设计参数。

(6)在顶升时,同幅桥梁的千斤顶应根据顶升应力的分级同步进行顶升,不得彼此有时间滞后或超前间隔。顶升应力和顶升量严格按设计拟定量进行,顶升过程中对顶升力和顶升位移进行双控并记录,任何一项超限而另一项未达到设计参数,应停止顶升,同时上报设计修改参数。

(7)顶升时严格按照设计规定的位置设置千斤顶,防止桥梁上部结构变形或损坏。

7.2 洞内注浆加固质量控制

(1)注浆施工前,进一步核实地质情况,注浆施工必须坚持先试后做的原则,以便调整选择最佳注浆参数。参照设计并结合现场注浆试验取得如下注浆参数,见表2。

袖阀注浆工艺参数 表2

分　类	项　目	25、34 号桥基斜通道洞内全断面土体加固
成孔	孔距×排距	注浆孔孔底间距按设计布置
	孔径	60～108mm
	孔斜	按设计角度
	孔深	根据图纸设计长度
套壳料	配合比	水泥:黏土:水=1:1.50:1.88(质量比)
袖阀管	花管长度	按图纸在需要注浆加固的地段采用花管,其他地段采用实管
	孔径	ϕ50 的聚氯乙烯塑料管
固管止浆	配合比	水:水泥=0.5:1(质量比)
	浇筑量	套壳料以上至孔口
注浆	浆液配合比	水灰比:0.5～1,水玻璃浓度:35°Bé,模数2.6
	开始压力	0.3～1.0MPa
	注浆压力	注浆压力1.0～2.0MPa
	注浆速度	20～30L/min
注浆机	厂家	焦作市申龙机械厂
	性能	公称压力:0.5～4.5MPa,流量:80L/min

(2)由于注浆过程中会扰动土体,对高架桥基的承载力可能会受到影响,因此对桥基桩周注浆,必须先做实验,实验过程中密切关注桥基的沉降情况。如有异常沉降,立即停止注浆,通知各方确定是否再对高架桥基桩周进行注浆处理。

(3)施工前要做好各项工作记录表,使公众必须认真填写。表的内容必须包括每个注浆孔的注浆和压水情况(每1min记录一次压力和流量)、注浆孔的注浆工作情况及注浆工序作业时间。注浆过程中随时分析和改进注浆作业,施工完成后将上述记录资料整理并纳入竣工文件。

(4)注浆过程中随时观察注浆量及注浆泵排浆量的变化,分析注浆情况,防止注浆中产生堵管、串浆和漏浆。

(5)施工中应认真记录实际孔位、孔深、孔内地下物等,当与工程地质报告不相符时,应采取相应的补救措施并及时调整注浆参数。

(6)对桥基每次注浆后必须清孔,以保证二、三次等后续跟踪注浆。当隧道开挖过程中桥基沉降到2mm/2d时,须立即停止隧道掘进并对桥基进行补注浆。

(7)施工中应加强施工监测工作,确保高架桥基、洞内及地面无异常变形。施工前,应有应急处理预案,以便发生异常、情况危急时做出及时处理。

(8)其他施工注意事项按有关技术规范、规定办理。

8 安全措施

(1)严格按照技术交底要求进行施工,遵循各种规章制度,加强管理,项目部领导实行24h分班值班制度。

(2)上场前对工人进行岗前安全教育、培训。

(3)架子工作业时,必须戴安全帽,系安全带,穿软底鞋。脚手材料应堆放平稳,工具应放入工具袋内,上下传递物件不得抛掷。

(4)加强监测:

①在项目部成立确保环境安全和施工安全的监控量测领导小组,确保环境安全和施工安全,使监测工作有组织、有计划、有人管、有人干。

②根据注浆工程的实际,制订切实可行的监控量测方案,并确定安全警戒线和监测数据变化极限值,以便在监测时有据可依。

③及时对监测的数据归纳整理,并认真分析,结合工程施工的具体情况,查找原因,总结规律。做好信息反馈工作,发现异常及时通知各相关单位,进行商讨采取必要的措施。

(5)顶升施工安全事项:

①顶升时若发现有偏位现象,应立即查明偏位原因,采取对称千斤顶卸载或升级顶升予以调整。

②施工平台支架搭设必须牢固,并防止在施工过程中机械碰撞,紧急情况时,采用钢管支架加强。

③顶升施工前,再次复核千斤顶与支座的位置,防止顶升偏差而造成既有桥梁上部结构的破坏。

④在顶升时,同一托换轴的千斤顶应根据顶升应力的分级同步进行顶升,不得彼此有时间滞后或超前间隔。顶升应力和顶升量严格按设计规定进行,不得有任何增减。顶升过程中对顶升力和顶升位移进行双控并记录,任何一项超限而另一项未达到设计参数时,应停止顶升,同时上报设计修改参数。

(6)加强现场用电管理,确保用电安全。

①配电系统实行分线配电,设总、分配电箱,动力、照明配电箱,不同用途的电箱加注相应的文字标识,箱体外观完整、牢固、防雨防尘。

②各施工人员应掌握安全用电的基本常识和所用设备性能,用电人员各自保护好设备的负荷线、地线和开关,发现问题及时找电工解决,严禁非专业电气操作人员乱动电器设备。

③所有用电设备,按规定设置漏电保护装置,金属外壳设置可靠的接零及接地保护,定期检查,发现问题及时解决。

④加强对使用电焊、电热设备、电动工具的安全管理,维修保管由专人负责。

(7)防火安全措施:

①贯彻"预防为主、防消结合"的消防方针,施工中认真执行《中华人民共和国消防法》和省市有关消防防火管理规定。

②落实"谁主管、谁负责"的原则,成立消防领导小组,明确任命工程各部门防责任人,各司其职。实行逐级消防责任制并检查执行,处理隐患、奖罚分明。

③施工现场和生活区临时设施按消防要求搭建,水源配置合理,配备齐全的消防器材。

(8)施工场地安全防护:

①施工现场有安全员定期巡视,重点是人行、车辆进出通道、排水基坑两侧等位置。定期检查施工围蔽状态。

②施工现场设立明显指示牌和警示牌。

9 环保措施

(1)执行《建筑施工现场环境与卫生标准》(JGJ 146—2004)。

(2)在洞内施工作业时,现场搅拌水泥浆应设置排水沟和废水沉淀池,注浆过程中溢流浆液要集中处置。经过3级沉淀池沉淀过滤后在排入市政污水管道。

(3)施工垃圾应及时清运至指定地点处理。严禁随处抛洒建筑垃圾。

10 资源节约

洞外顶升洞内加固保护桥基施工工法与传统施工工艺相比能有效解决占用地面交通道路,减少地面施工环境污染,有施工简易、建设成本低、施工周期短、快捷高效、动态控制等特点。

直接在墩顶采用千斤顶对桥梁进行顶升,用加塞钢板或更换支座的方式抵消因桥基沉降值,避免了桩基不均匀沉降带来的施工误差,实现动态、及时的控制;对掌子面进行全段注浆,同时对桥基周边在开挖影响范围内的土体进行重复式注浆,确保在桥基最容易受到扰动范围内的土体,进行注浆加固,固结土体,缩小了注浆范围和施工强度。

11 效益分析

不完全恢复沉降量的顶升方案合理、可行,既确保了桥梁结构在正常使用极限状态和承载能力极限状态下能满足相应规范的要求,又增加了顶升施工过程的安全系数,确保了顶升方案的顺利实施。整个顶升过程中,梁体基本未出现肉眼可见裂缝,且通过监控数据分析,桥梁结构仍处于弹性工作状态。顶升后的桥梁荷载试验结果表明:桥梁各项指标均满足相关规范要求,可正常使用,社会效益显著。

桩基后注浆工艺在优化工艺参数后可大幅提高单桩承载力,对于细粒土一般为30%~70%,对于粗粒土可达60%~120%,桩底桩侧复式注浆高于桩底单注浆。在注浆压力作用下,桩底土体提前完成部分压缩变形,减少使用阶段的桩基竖向沉降约30%,有利于控制建筑物的不均匀沉降。工程选址在岩溶地基或其他复杂场地时,桩基后注浆可降低施工难度,确保基础工程质量,加快施工进度。采用桩基后注浆工艺有利于桩端持力层的灵活选择,提高桩端持力层后,可缩短桩长并大幅降低基础工程造价。

洞外顶升洞内加固保护桥基施工工法与传统施工工艺相比能有效解决占用地面交通道路,减少地面施工环境污染,有施工简易、建设成本低、施工周期短等特点。经过多年的工程实践证明,洞外顶升洞内加固保护桥基施工工法与传统施工工艺施工相比,能解决隧道开挖过桥基地段时,因隧道开挖对相邻桥基周边土体扰动,而引起的桥基下沉,每根桥基加固可节约施工质量管理成本(预防成本、鉴定成本、不合格成本、内部故障成本、外部故障成本)10万元,经济效益是相当显著的。

12 应用实例

广州市轨道交通五号线西村站土建工程位于环市西路与西湾路交叉路口,西接西场站,东接广州火车站。施工隧道距25、34号桥基分别为2.2m和1.8m,为摩擦桩。在2007年7月开始在沉降量较大的34号墩顶直接进行桥梁顶升,累计沉降约76mm,其中34号桥基根据高架桥基加固设计图进行过两次顶升,共计顶升50mm;25号桥基沉降约23mm,一次顶升结束(表3)。2007年10月开始对25号和34号线桥基处前后5m范围内进行全断面袖阀管预注浆加固,维持2个月,期间重复注浆3次,通过监测控制注浆周期。注浆完成后,在二次衬砌背后进行注浆防水,二次衬砌左用补偿性混凝土进行塞孔修补。

桩基沉降的验算 表3

桥 基	理论计算值(mm)	实际沉降值(mm)	误差(%)	结 果
25号桩	28.1	27.74	1.28	符合要求
34号桩	80.2	80.16	0.05	符合要求

经过后续的监测数据分析,洞外顶升洞内注浆加固的结合应用,在保证减小整体沉降变化的同时,也缩小相邻桥面的沉降差,不会产生扭曲,出现裂缝、剪切破坏等现象。确保了桥梁结构在正常使用极限状态和承载能力极限状态下能满足相应规范的要求,又增加了顶升施工过程的安全系数,确保了顶升方案的顺利实施。该加固工法取得了较好的社会效益和经济效益,得到了建设单位的好评。

抗落石冲击明、棚洞洞顶垫层施工工法

GGG(浙)D1163—2013

邹善荣　陈祥义　王志义　叶四桥　王志斌
(浙江大地交通工程有限公司)

1　前言

落石灾害是隧道进出口洞门区域常见的灾害类型,相关规范推荐施作不小于1.5m的洞顶缓冲土层以抵御落石冲击,但效果欠佳。在国家自然科学基金(51108488)、重庆市自然科学基金(CSTC2010BB4265)等多个国家及省部级研究项目的支持下,通过校企合作开发了抗落石冲击明洞洞顶垫层技术并形成了本工法,应用表明本工法施作的缓冲垫层同等厚度的回填土垫层相比,垫层自重减小20%~40%,抗冲击能力提高两倍以上,表现出了良好的经济、减灾和环境效益。

本工法于2011年7月通过企业鉴定;2011年12月获评为浙江省公路工程工法(ZJGSGF2011D10);并于2011年11月分别申请了国家发明专利和实用新型专利,并获得授权,即实用新型专利"抗落石冲击明洞、棚洞洞顶垫层结构"(CN201120468555.0),发明专利"抗落石冲击明洞、棚洞洞顶垫层结构及其施工方法"(CN201110374801.0)。

2　工法特点

(1)抗落石冲击明、棚洞洞顶垫层施工工法最关键的技术特点为在回填土层中加设数层的抗冲击材料,形成一种回填土、抗冲击材料组成的类似于"三明治"的结构。

(2)与传统回填土垫层相比,其主要特点表现在:

①土层中铺设的抗冲击材料密度仅为15~30kg/m^3,成型后垫层自重较同厚度素填土垫层减少20%~40%,垫层自重的减小为抵抗落石冲击留出了受载空间。

②该抗冲击材料为一种多孔、弹塑性介质,在冲击荷载作用下,可通过弹性、塑性变形吸收冲击动能,延长整个冲击过程的历时,可提高垫层抗冲击能力两倍以上。

③该材料为工厂化生产、订做的板材,可于土层填筑过程中直接铺设;运输、铺设无需大型机械设备,同等厚度回填土垫层相比,由于无需碾压、夯实,工期还略有缩短。

④尽管增设了缓冲材料,但考虑土方工程量以及抗冲击能力增强导致的明洞结构工程量的节约,综合造价可降低5%~15%。

3　适用范围

本工法适用于崩塌落石灾害威胁地区的隧道进出口施工,应用部位为隧洞进出口明洞、棚洞结构顶部的缓冲垫层。

4　工艺原理

(1)落石冲击棚洞结构是一种脉冲碰撞过程,依据冲量定理,我国《公路隧道设计规范》(JTG D70—2004)和《铁路隧道设计规范》(TB 10003—2005)以及《铁路工程设计技术手册·隧道(修订版)》,计算冲击过程冲击力,其计算式为:

$$p = \frac{Qv_0}{gt} \tag{1}$$

式中：p——落石冲击力(kN)；

Q——落石重量(kN)；

g——重力加速度(9.81m/s^2)；

v_0——落石冲击速度(m/s)；

t——冲击持续时间(s)。

由式(1)及冲量定理可知，在其他条件不变的情况下，结构越柔，冲击历时越长，则相应冲击力越小，在落石威胁地区棚洞和明洞结构中可以充分利用此原理。本工法的选择在明、棚洞一般素填土垫层中增设抗冲击板材夹层，形成类似“三明治”结构，以增强整个结构的消能、缓冲能力，通过结构垫层的柔性和缓冲来显著增大冲击历时，从而起到有效减小冲击过程冲击力，最终保护明洞、棚洞结构安全的目的。

(2)抗落石冲击明、棚洞洞顶垫层的抗冲击性能在开发过程中通过理论分析、数值模拟和模型试验进行了系统验证(图1～图3)，从不同侧面证实了垫层结构优异的抗冲击性能，并基于工程应用和检验，最终开发出本垫层结构及工法。

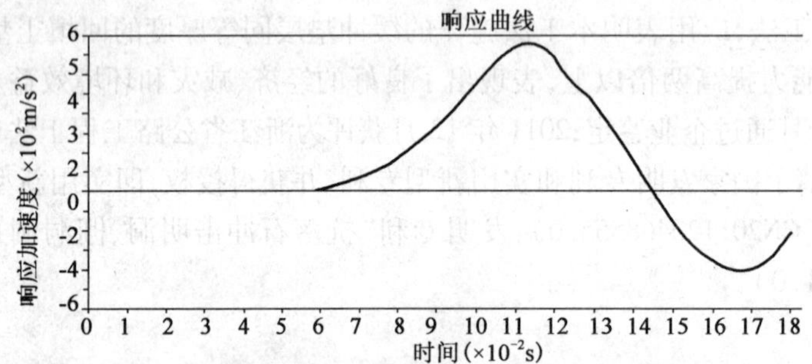

图1　设置垫层后落石冲击过程Z方向加速度变化曲线

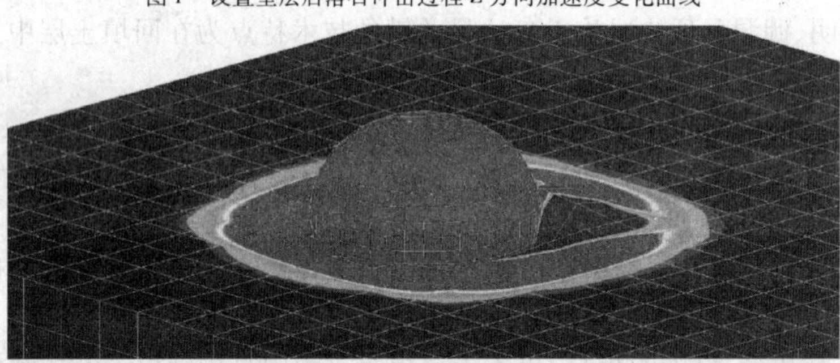

图2　设置垫层后冲击过程加速度云图

图3　垫层抗冲击性能模型试验

(3)采用本工法施作抗冲击垫层后，抗冲击材料的存在能够有效吸收落石冲击过程的冲击动能，同我国《公路隧道设计规范》(JTG D70—2004)和《铁路隧道设计规范》(TB 10003—2005)推荐的普通回填土垫层相比可增大冲击历时两倍以上,从而使作用在明、棚洞结构顶部的冲击力急剧减小,进而提高了结构抗落石冲击能力。如图 4 所示,本工法垫层在遭受落石冲击时 $t_2 \gg t_1$,相应 $P_2 \ll P_1$。

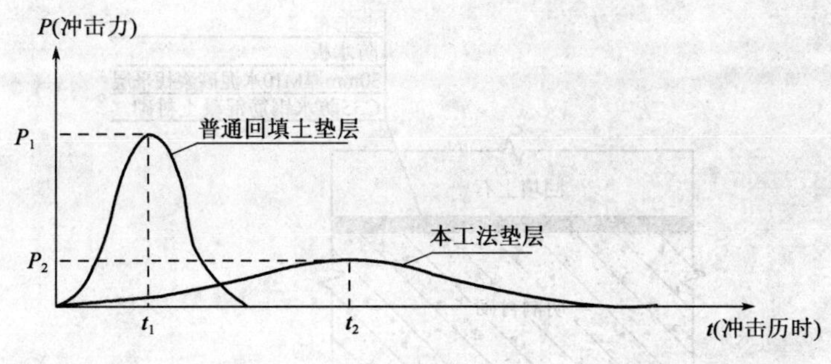

图 4　本工法垫层与普通回填土垫层抗冲击原理比较图

5　施工工艺流程及操作要点

5.1　施工工艺流程

本工法的关键在于抗冲击板材的选择、加工和铺设,其他工艺要求同一般洞顶缓冲土层施工类似,详细工艺流程见图 5。

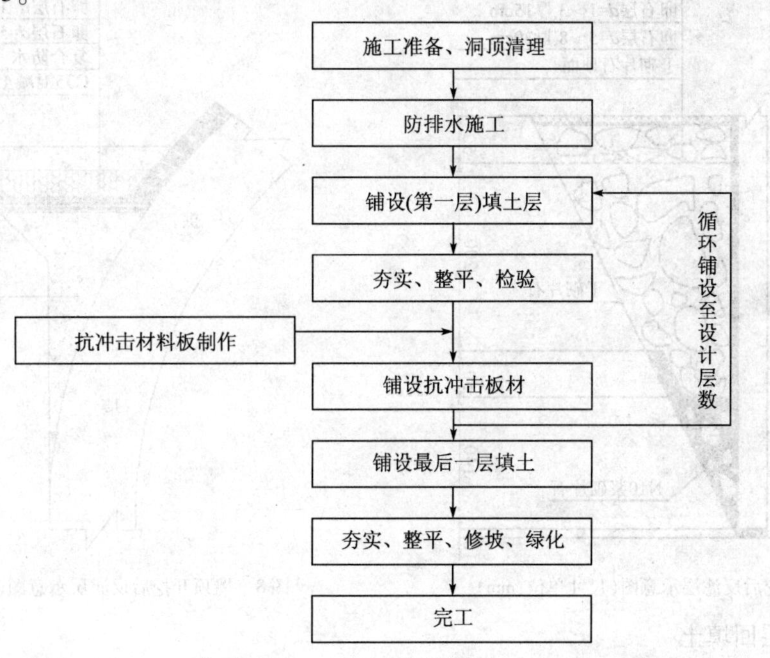

图 5　本工法工艺流程图

5.2　操作要点

1)施工准备、洞顶清理

(1)隧道明洞结构浇筑完成,隧道洞顶、洞口截水沟、排水沟及其他排水措施应基本成型并具备初步使用条件,边仰坡支护施工等完成后,人、料、机就位。

(2)按图纸要求进行测量定位放线,应做好高程控制标志用以控制回填高度。

(3)拱圈浇筑混凝土达到设计强度 75% 以上才允许进行洞顶清理和后续作业。

(4)铺设防水层及垫层以前,先将混凝土表面的外露杂物清理干净,混凝土表面上凹凸不平处修凿平整。

(5)将用于固定外模的钢筋切除,并做打磨处理,以防止损伤防水板。

(6)用水泥砂浆将明洞衬砌外表涂抹平顺,便于洞顶防水施工。

2)洞顶区域防水层设置

(1)为防止洞内渗漏水,在衬砌背后铺设防水板加土工布,做法可参见图6。

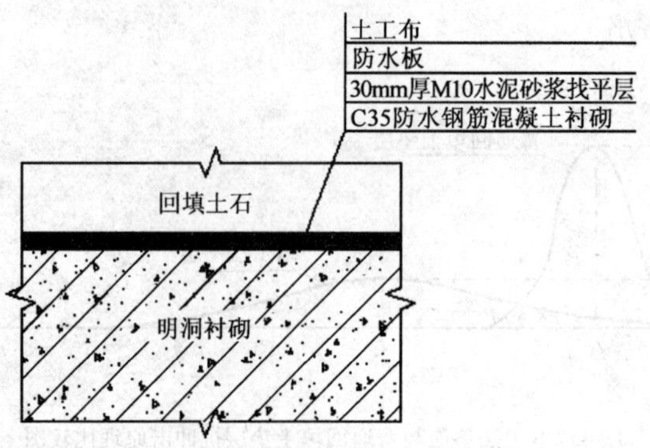

图6 洞顶防水层施作示意图

(2)为防止衬砌背后积水,在明洞衬砌拱脚背后(或边墙脚背后)设置纵向坡度不小于2‰的纵向打孔波纹管,边墙衬砌背后每隔5~10m设置竖向打孔波纹管,墙底设泄水管,衬砌外汇水通过竖向盲沟和与之相接的纵向盲沟,由泄水管引入洞内侧沟。结合墙脚、墙身开挖后的反滤层一并设置,做法可参见图7、图8。

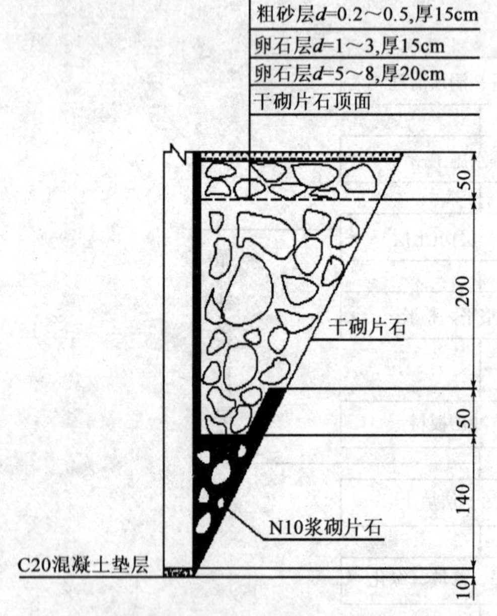

图7 墙脚开挖后反滤层示意图(尺寸单位:mm)

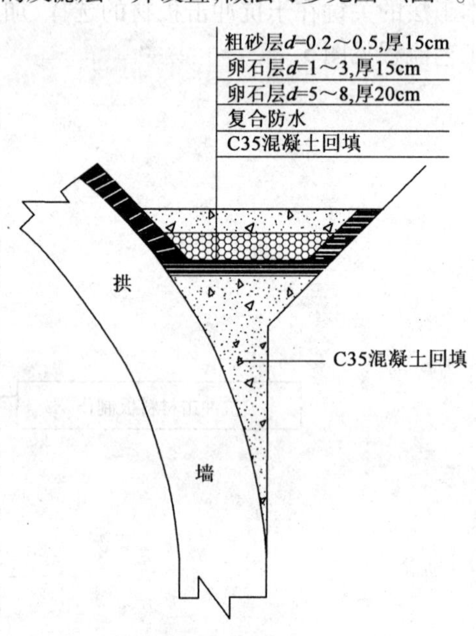

图8 墙顶开挖后反滤层示意图(尺寸单位:mm)

3)铺设第一层回填土

(1)在防水、排水施作完成,明、棚洞结构混凝土达到设计强度后,即可开始第一层回填土施工。

(2)应优先利用就地开挖的原土,并清除掺入的有机杂质和过大的颗粒。

(3)回填土的含水率应严格控制,防止形成橡皮土。如土质过干,应洒水湿润再夯实。回填土的最佳含水率、最大干密度,应按设计要求经试验确定。如设计无要求时,可参考表1的规定。

各种土的最佳含水率和最大干密度的参考数值 表1

土的种类	变动范围	
	最佳含水率(质量,%)	最大干密度(g/cm^3)
砂土	8~10	1.80~1.88
粉土	9~15	1.85~2.08
粉质黏土	12~15	1.85~1.95
黏土	19~23	1.58~1.70

(4)对于第一层填土而言,由于拱顶区域可能高低不平,回填作业应从低处开始,如前述边墙、墙身反滤层以上区域。

(5)分层填筑并进行夯实,每层填筑厚度不超过30cm为宜。洞身左右两侧同步回填,高差不得大于50cm。

(6)洞顶以上1m厚度范围内采用人工夯填,虚铺厚度不超过200mm,每层压实遍数3~4次,压实度不得小于90%。

(7)如必须分段夯填时,交接处应夯填成阶梯形斜坡,分层交接处应错开。

(8)第一层填土填筑至拱顶厚度30cm,然后压实整平,准备铺设抗冲击板材。

4)抗冲击板材的铺设及后续填土作业

(1)抗冲击板材选择密度为15~30kg/m^{3}的聚苯乙烯土工泡沫板材,要求其抗压强度不小于100kPa,板材厚度为10~15cm。

(2)铺设前应依据明洞顶部宽度、明洞长度的特点分割制作成长约5m,宽2~3m的板材备用。

(3)抗冲击板材可直接采用人工满铺,纵向、横向接头同一断面不超过50%为宜,接头间可用短钢筋做水平向连接处理,每延米设1处连接即可,仅起板材铺设、后续填土作业时的临时固定作用,非传力构件。

(4)抗冲击板材平面铺设范围应能覆盖整个拱顶、拱腰等可能遭受落石冲击范围,且边缘应位于填土范围内不小于30cm。

(5)第一层抗冲击板材设置完成后,随即进行后续填土作业,每层填筑厚度以30cm为宜,填土土质、施工方法、控制标准同第一层填土要求。

(6)当施工至拱顶以上1m以上区间时,为提高施工速度,可采用机械摊铺和小型打夯机械进行填土层作业。

(7)交替进行抗冲击板材和填土层的铺筑作业,直至最上一层填土层施作。随后各层施作示意图见图9。

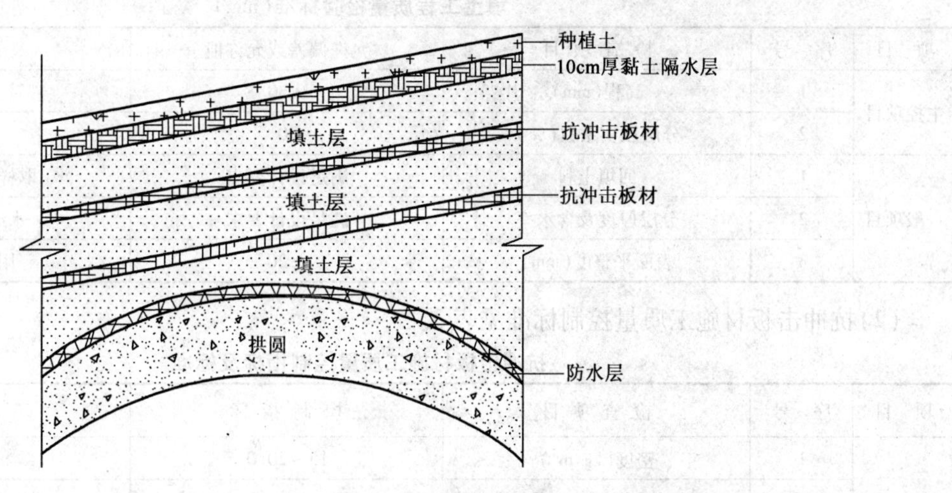

图9 抗冲击落石冲击垫层的结构图

(8)填土层和抗冲击板材铺设时均应避免上下层形成通缝,上下两层施工交接处应间隔1m以上。

5)最上一层填土作业

(1)最上一层填土可设置为一般填土、黏土隔水层、种植土层的复合结构。

(2)一般填土层施工同前述各层填土层要求,控制顶高程为设计高程,范围应覆盖抗冲击板材,且包边宽度不小于30cm。

(3)一般填土层上设置不小于10cm的黏土隔水层,黏土隔水层可按前述压实度标准控制。与四周

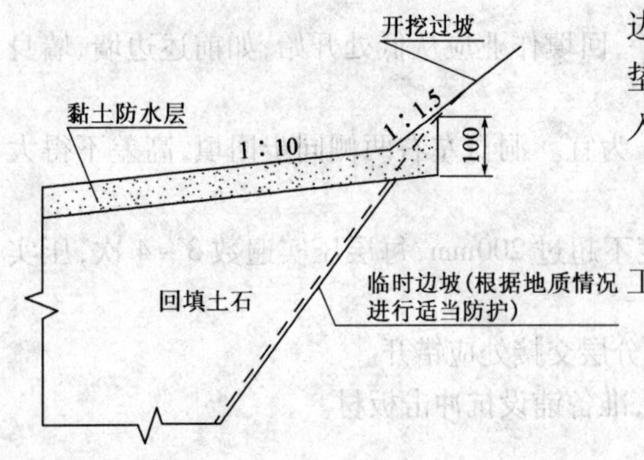

图10　顶面黏土隔水层的设置示意图(尺寸单位：mm)

边坡、填挖方交界处的搭接均应良好，以防止周边水体入渗垫层区域。黏土防水层纵坡可设为1：10，以快速排除地表入渗水体(图10)。

(4)种植土层可松铺，简单整平、密实后复绿处理。

(5)以上作业完成后即可完善排水设施，清理现场，施工完成。

6　材料与设备

6.1　主要材料及技术指标

(1)防水层用土工布采用大于或等于350g/m^2 的无纺土工布。

(2)防水层用防水板采用1.5mm的ECB防水板。

(3)抗冲击板材主要技术指标：表观密度为15～20.0kg/m^3；板材厚度10～15cm；压缩强度≥100kPa；尺寸稳定性≤3%；吸水率(VV)≤4%。

(4)填方所用土料的类别及其颗粒级配、含水率等指标，应符合设计要求。

6.2　施工机具、器具

(1)机具：翻斗车(人力或机动)、打夯机、电锯、水泵等。

(2)工具：尖镐、尖锹、平锹、大锤、钢钎、钢撬棍、白线、木夯、筛子、喷壶、木梯等。

(3)量具：水准仪、经纬仪、钢卷尺等。

7　质量控制

(1)填土质量控制标准见表2。

填土工程质量检验标准(mm)　　表2

项　目	序　号	检 查 项 目	允许偏差或允许值	检 查 方 法
主控项目	1	高程(mm)	±30	水准仪
	2	分层压实系数(%)	90	按规定方法
一般项目	1	回填土料	满足设计要求	取样检查或直观鉴别
	2	分层厚度及含水率	满足设计要求	水准仪及抽样检查
	3	表面平整度(mm)	±20	用靠尺或水准仪

(2)抗冲击板材施工质量控制标准见表3。

抗冲击板材施工质量控制指标及标准　　表3

项　目	序　号	检 查 项 目	控 制 指 标	检 查 方 法
主控项目	1	密度(kg/m^3)	15～20.0	取样测定
	2	抗压强度(kPa)	≥100	按规定方法取样检查
	3	尺寸	满足设计要求	钢尺
	4	吸水率(%)	≤3	按规定方法取样检查
	5	纵、横接缝	同一断面不超过50%	外观、钢尺测量
	6	铺设平整度(mm)	±20	水准仪及抽样检查
一般项目	外观	应无变形或异物		目测
		表观颜色均匀		目测

(3)防水板施工质量控制标准见表4。

防水板施工质量控制项目及标准 表4

项 目	序 号	检 查 项 目	控 制 指 标	检 查 方 法
主控项目	1	材料性能	满足设计要求	现行国家标准
	2	基面平整度(mm)	±3	抽样检查
	3	搭接宽度(cm)	10	钢尺
	4	焊缝质量	气压0.25MPa, 15min内下降小于20%	检漏器充气检测
一般项目	外观	平整,无凹凸		目测
		无破损、无翘边、空鼓		目测

8 安全措施

8.1 一般规定

(1)本工法主要危险源来自于洞口边坡垮塌、落石滚落、高处作业、临时用电、机械伤害等方面。

(2)施工前应依据施工区域的水文、地质情况及设计文件,并制订相应的技术方案和安全方案。

(3)严格落实责任制度,项目部到作业班组层层签订责任书,并严格执行安全技术交底制度。

(4)做好全员安全培训工作,做到持证上岗,培训上岗。

8.2 安全技术要求

(1)人员进入现场前,应按规定穿戴好劳保用品。

(2)脚手架、工作平台应搭设牢固,并应设有扶手、栏杆。脚手架不得妨碍车辆通行。

(3)起拱线以上的短墙施工时应设安全网,防止人员、工具和材料坠落。

(4)起吊作业时机下严禁车辆和行人通行。

(5)非机电人员不得擅自动用机电设备,夜间施工必须具有足够的照明。所有机电设备均应设漏电保护器。

(6)拱顶以上,边坡上等高处作业人员上下应用梯子或人工坡道。

(7)做好洞口区域的监控量测工作,每天应检查洞口边坡、仰坡变形状况,雨天及有变形加速迹象时应加密观测。

(8)严格控制地下水和地表水,避免水体入渗。

(9)在填土夯实过程中,要随时注意洞口结构、边坡的变化,并应考虑夯实振动的影响。

(10)使用电动打夯机时,要两人操作,其中一人负责移动橡套电缆。操作夯机人员,必须戴胶皮手套,以防触电。下班时应断电源,并用防雨材料将电闸刀和夯机盖好。

8.3 应急预案与措施

(1)应编制紧急情况下的应急预案并进行演练。对作业人员进行避难、急救方面的教育、培训及演练,使作业人员掌握基本的紧急避难和急救措施。

(2)如洞口边仰坡出现裂缝、滑动、流沙、浸水等危险迹象时,应立即采取下列措施:

①暂停施工。必要时,所有人员和机械撤至安全地点。

②通知有关单位,提出处理措施。

③根据滑动迹象设置观测点,观测坡体平面位移和沉降变化,并做好记录。

8.4 发生事故后应采取的避难和急救措施

(1)一旦发生塌方事故应立即撤离坑、洞内作业人员,并组织人力对埋入土中的人员紧急抢救。伤员及时就近送医院抢救。

(2)发生触电事故,应立即切断电源,伤员及时就近送医院抢救。

(3)在组织现场人员抢救的同时,应立即向上级报告事故情况并保护好现场。同时采取防止事故扩大或蔓延的紧急措施。

9 环保措施

(1)多余土方,要按要求运至指定地点,严禁未经允许随意倾倒残土。

(2)进出施工现场的运输车辆,离开现场进入或经过生产厂区及城区道路前,应对黏到车轮上的泥土认真清理,防止将泥土带入生产区或城区。

(3)运输土方的车辆不得超载,防止多余的土方滑落到道路上。必要时,应在车上采取覆盖措施。

(4)施工区域的污水应排入业主指定的地点。严禁随意排放。

(5)现场施工道路应设专人及时清扫,保持现场及道路清洁、干净。

(6)花、草、树木等植被,在工程完成后,应及时进行恢复,经有关方面验收合格后,方可撤出现场。

10 资源节约

本工法在开发和形成的过程中,始终将资源节约放在突出位置,采用抗冲击垫层后,由于抗冲击能力的提升,明洞结构、垫层厚度均有所节约,从而节约了材料用量。施工过程无需大型机械,相应能源消耗较小。综合而言起到了较好的资源节约效果。

11 效益分析

(1)从经济效益来讲,考虑明洞结构尺寸减小、垫层厚度减小的综合效益,可节约投资5% ~15%。

(2)从减灾效益来讲,抗冲击垫层的设置可以大大提高明洞结构的抗落石冲击能力,避免出现工程中落石一击即毁的现状,从而保护了交通运营和人民生命财产的安全。

(3)从环保、节能效益来讲,本施工工法节约了材料用量,能源消耗小,从而体现出了一定的环保和节能效益。

(4)从社会效益来讲,采用抗冲击明洞垫层结构后,交通运营的安全水平得到有效提升,从而保证了交通、经济、社会的有序运营,在应用区域起到良好的社会效益。

12 应用实例

12.1 工程实例一

该工法已在二广国家高速公路湖南省常德至安化段第二合同段康家坳隧道得到应用。该隧道受落石灾害威胁明洞段长63m,在明洞顶部回填施工中采用了抗落石冲击明、棚洞洞顶垫层施工工法,同传统素填土垫层相比,该工法由于铺设了轻质抗冲击材料夹层,垫层的抗落石冲击能力得到了大幅度提升,与此同时,节约工程造价约22万元,垫层部分施工工期缩短26d。综合而言,该工法能够确保落石灾害威胁下的明洞结构安全、施工质量好、速度快、造价低,具有良好经济效益和社会效益。在隧道进出口受落石灾害威胁地区有着广泛的应用前景。

12.2 工程实例二

该工法已在二广国家高速公路湖南省常德至安化段第三合同段先锋隧道得到应用。该隧道受落石灾害威胁明洞段长54m,在明洞顶部回填施工中采用了抗落石冲击明、棚洞洞顶垫层施工工法,同传统素填土垫层相比,该工法由于铺设了轻质抗冲击材料夹层,垫层的抗落石冲击能力得到了大幅度提升,与此同时,节约工程造价约18万元,垫层部分施工工期缩短23d。综合而言,该工法能够确保落石灾害威胁下的明洞结构安全、施工质量好、速度快、造价低,具有良好经济效益和社会效益。在隧道进出口受落石灾害威胁地区有着广泛的应用前景。

大跨度浅埋双连拱隧道Ⅴ级围岩三导坑开挖施工工法

GGG(浙)D1164—2013

竺 辉 冯鸿登 罗炎波 曹超云 岳 峰
（宁波交通建设集团有限公司）

1 前言

目前,我国对连拱隧道的施工设计多数集中于双连拱隧道,但缺乏对大跨度连拱隧道的设计经验,大多采用工程类比方法来设计,但兴建的同时暴露出越来越多问题。对于大跨度浅埋连拱隧道,由于宽度加大,而建筑限界高度基本不变,因此,其单洞扁平率将大幅下降,即呈现出大断面扁平拱形结构的特征。与双连拱隧道断面相比,由于跨度显著增大,大跨度连拱隧道拱顶稳定性将进一步下降、隧道上方将产生较大的松弛地压、施工时难度很大,稍有不慎,就会造成塌方,不但使工程造价增大,而且严重影响工程进度,使隧道修建工期大大增加,制约了大跨度连拱隧道的兴建。

为此,宁波交通建设集团有限公司组织公司技术力量,与同济大学共同进行了"大跨度连拱隧道施工关键技术研究",借助正处于兴建的隧道工程,针对破碎围岩的特殊地质条件,进行大跨度破碎围岩地带连拱隧道施工的研究,并于2012年7月27日通过了技术鉴定:"项目研究成果具有创新性,并有接直接的工程指导意义,推广应用前景良好。项目研究成果总体达到国际先进水平。"通过对宁波穿山至好思房公路工程第2合同段的大涂岭隧道的施工方法进行总结,形成工法,以规范和指导今后类似的施工。实用新型专利名称:一种隧道二次衬砌混凝土结构承载能力试验装置,专利号:ZL201120397709.1。

2 工法特点

(1)科学先进性。依托"大跨度连拱隧道施工关键技术研究"科研项目,建立了连拱隧道的合理荷载分布模式,分析了隧道结构及中导洞中墙的受力转换特点及与围岩互相影响,给出了中墙的优化厚度,以指导科学合理施工。

(2)施工安全性高。根据大跨度浅埋双连拱隧道Ⅴ级围岩的特点,采用中导洞先行的三导坑法开挖法,结合超前管棚、超前注浆小导管、超前锚杆等辅助措施,按"弱爆破、短进尺、少扰动、强支护、勤量测、紧封闭"的原则组织施工,以监控量测为指导,动态优化施工方案,施工安全有保障。

(3)经济环保。安全、快速的完成Ⅴ级围岩的施工任务,缩短工期,合理控制成本,节约资源;在隧道开挖过程中,采用小汽车配合装载机出渣,运至指定弃土区,定时对场地洒水降尘,环保效益好。

3 适用范围

本工法适用于围岩级别为Ⅴ级的公路大跨度双连拱浅埋隧道。

4 工艺原理

根据"大跨度连拱隧道施工关键技术研究"科研项目建立的连拱隧道的合理荷载分布模式和隧道结构及中导洞中墙的受力转换特点及与围岩互相影响的理论分析,提出了中墙的优化厚度,以指导科学合理施工。主要施工关键技术要点为:采用中导洞先行的三导坑法开挖法,结合超前管棚、超前注浆小导管、超前锚杆等辅助措施,按"弱爆破、短进尺、少扰动、强支护、勤量测、紧封闭"的原则组织施工,以监控量测为指导,动态优化施工方案,保障施工安全。

5 施工工艺流程及操作要点

5.1 V级围岩段隧道三导坑法

连拱隧道三导坑法施工见图1。

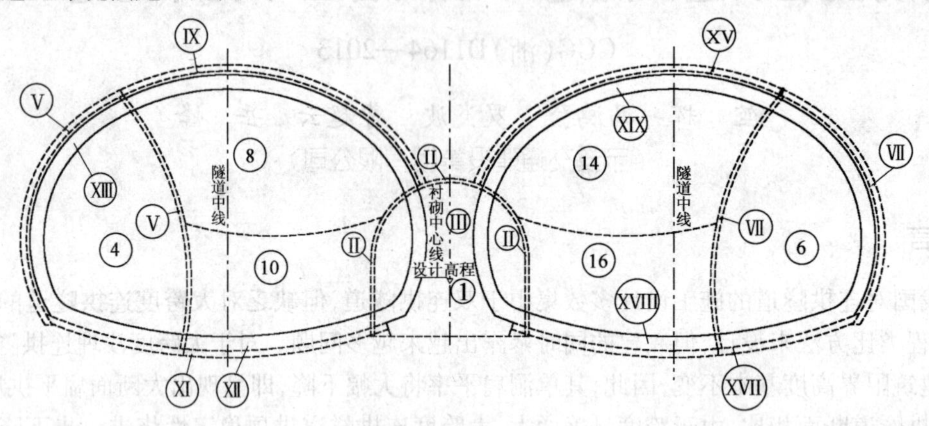

图1 连拱隧道三导坑法施工示意图

5.2 施工工艺流程

施工工艺流程见图2。

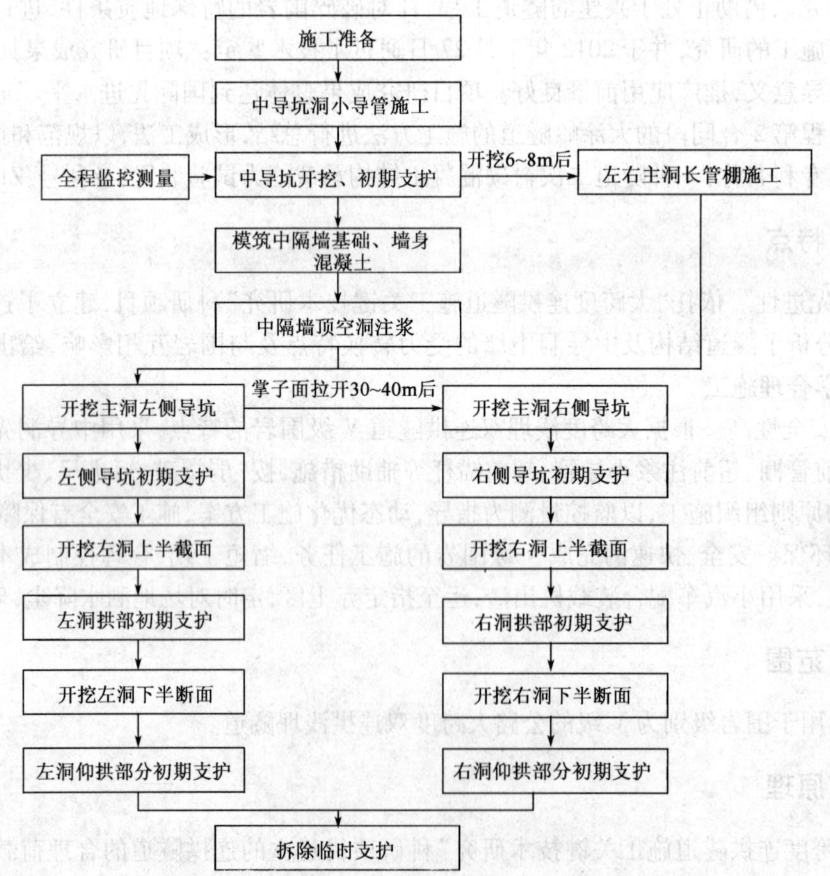

图2 大跨度浅埋连拱隧道三导坑法施工工艺流程图

5.3 操作要点

1)洞口工程施工准备

根据施工图纸测设出左右线洞口段的明暗交接面,如果覆盖层厚度明显与“早进晚出”原则不相符,则应通过变更等程序加以调整。开挖明洞段并预留施工通道和平台,施作超前长管棚混凝土套拱,并对边仰坡进行喷锚支护,做好洞顶排水系统。

2)Ⅴ级围岩开挖爆破参数控制

爆破参数应根据围岩情况、设备状况、人员素质、现场施工要求等现场实际情况,根据爆破安全规程的相关要求确定,并经公安机关审批通过。每次爆破作业前均须制订本次的开挖爆破方案,确定合理的单孔爆破药量是关键。

(1)爆破方案简介。

①中导坑沿连拱轴线方向进行中导坑开挖,采用光面爆破的方法进行。中导坑设计为6m高,考虑到中隔墙的混凝土与模板的施工方便,宽度设计为7m。本工程由于进口端不具备施工条件,爆破方向由出口端K3+800向进口端K3+592单向掘进。端口采用铁栅栏封闭,防止无关人员进入。爆破出渣采用小型机械和小型卡车运输。

②在中隔墙混凝土浇筑完毕,强度达到80%后,开始主隧道爆破施工。Ⅴ级围岩爆破施工,采用三导洞的方式进行。导坑外轮廓线(与主隧道轮廓线重合位置)全部采用光面爆破方式进行,最后爆破中间的残余岩石。并按照设计要求,同时爆破出中间及两侧排水沟渠。左右两洞的开挖面前后错开30~40m。

③Ⅴ围岩段爆破初期支护:按照设计要求,采用超前注浆小导管超前注浆,以固化周边围岩。并采用工字钢架、系统锚杆和钢筋网构成初期支护。通风:视进洞的距离而定,采用强制软管送风或做抽风设计等。排水:开挖时设置临时排水沟。

(2)光面爆破参数。

①隧道开挖采用光面爆破技术,开挖前根据围岩性质及类别,合理选择周边眼间距及最小抵抗线,准确计算装药量和有序起爆时间,周边眼采用不耦合系数要求的小直径炸药卷。施工时根据围岩实际情况,针对性处理并调整设计参数,不断完善光面爆破设计,力求达到最佳的爆破效果,见表1。

光 面 爆 破 参 数 表1

岩石种类 \ 参数	饱和单轴抗压极限强(MPa)	装药不耦合系数 D	周边眼间距 E(cm)	周边眼最小抵抗 W(cm)	相对距离 E/W	周边眼装药集中度 q(kg/m)
硬岩	>60	1.25~1.5	55~70	70~85	0.8~1.0	0.3~0.35
中硬岩	30~60	1.5~2.0	45~60	60~75	0.8~1.0	0.2~0.3
软岩	≤30	2.0~2.5	30~50	40~60	0.5~0.8	0.07~0.15

注:软岩隧道光面爆破的相对距宜取小值。

②钻孔直径:$d=40\text{mm}$。

③耦合系数:$\delta=40/25=1.6$。

④最小抵抗线:$W=(10\sim20)d=0.4\sim0.8\text{m}$,取0.5m。

⑤孔距:$a=(0.6\sim0.8)W=0.3\sim0.4\text{m}$,取0.4m。

⑥光爆孔(周边孔)装药结构图见表2。

光爆孔装药结构图 表2

结构形式	示意图	说明
间隔不耦合装药	毫秒微差导爆管雷管 导爆索 炮泥 φ25mm小药卷 φ导爆索	1.此图为光爆眼装药结构图; 2.孔外雷管延时; 3.导爆索起爆

(3)中导坑参数。

①中导洞断面参数。

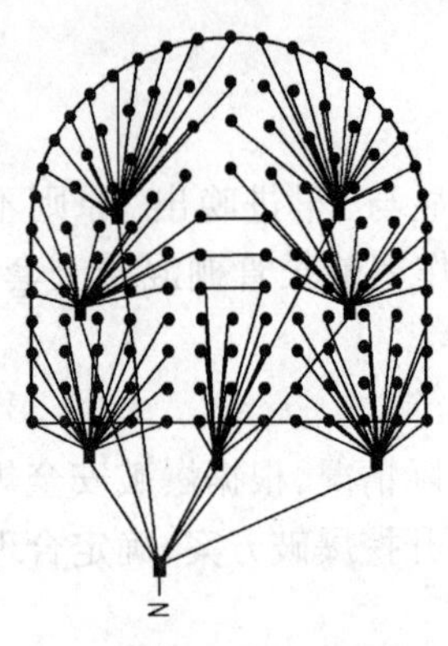

图3　中导坑开挖钻孔布置与网络连接示意图

断面面积:39.20m²,循环进尺:2.5m,孔深:2.5m。通常以循环进尺作为确定炮孔深度的依据,取为2.5m,掏槽孔孔深取为2.8m。

②中导坑开挖钻孔布置与网络连接示意见图3,中导坑施工爆破参数见表3。

(4)Ⅴ级围岩连拱隧道侧导坑开挖参数。

①侧导坑断面几何参数:左侧导坑面积59.88m²、循环进尺1.0m、孔深1.5m。

②侧导坑断面爆破参数见表4。

(5)Ⅴ级围岩连拱隧道上半断面开挖参数。

①上半断面几何参数:上半断面面积65.19m²、循环进尺1.0m、孔深1.5m。

②上半断面爆破参数见表5。

连拱隧道中导坑施工爆破参数　　表3

起爆顺序	雷管段别	炮孔名称	炮孔数(个)	炮孔深度(m)	装药			备　注
					装药系数(%)	单孔装药(klg)	装药量(kg)	
1	1	掏槽孔	1	2.8	60	2.11	2.11	预计进尺2.5m
2	3	掏槽孔	3	2.8	60	2.11	6.33	
3	5	掏槽孔	5	2.8	60	2.11	10.55	
4	7	内圈孔	48	2.5	50	1.57	75.36	
5	15	周边孔	32	2.6	15	0.49	15.68	
6	15	底板孔	12	2.6	30	0.98	11.76	
合计			101				121.79	

Ⅴ级围岩连拱隧道侧导坑断面爆破参数　　表4

起爆顺序	雷管段别	炮孔名称	炮孔数(个)	炮孔深度(m)	装药			备　注
					装药系数(%)	单孔装药(kg)	装药量(kg)	
1	1	掏槽孔	11	1.8	55	1.12	12.32	预计进尺1.0m
2	5	内圈孔	38	1.5	45	0.76	28.88	
3	7	周边孔	58	1.5	45	0.76	44.08	
4	9	底板孔	14	1.5	55	0.93	13.02	
合计			121				98.30	

Ⅴ级围岩连拱隧道上半断面爆破参数　　表5

起爆顺序	雷管段别	炮孔名称	炮孔数(个)	炮孔深度(m)	装药			备　注
					装药系数(%)	单孔装药(kg)	装药量(kg)	
1	1	掏槽孔	12	1.8	55	1.12	13.44	预计进尺1.0m
2	5	内圈孔	39	1.5	45	0.76	29.64	
3	7	周边孔	38	1.5	45	0.76	28.88	
4	9	底板孔	22	1.5	55	0.93	20.46	
合计			111				92.42	

(6)Ⅴ级围岩连拱隧道下半断面开挖参数。

①下半断面尺寸:下断面面积:39.42m^2、循环进尺:1.0m、孔深:1.5m。

②下半断面爆破参数见表6。

Ⅴ级围岩连拱隧道下半断面爆破参数 表6

起爆顺序	雷管段别	炮孔名称	炮孔数(个)	炮孔深度(m)	装药			备注
					装药系数(%)	单孔装药(kg)	装药量(kg)	
1	1	内圈孔	31	1.5	45	0.76	23.56	预计进尺1.0m
2	7	底板孔	20	1.5	55	0.93	18.60	
合计			51				42.16	

3)超前支护

超前支护采用超前小导管超前支护形式,以确保Ⅴ级围岩开挖施工时的安全。

4)中导坑施工

(1)中导坑开挖。

Ⅴ级围岩段根据岩层条件及洞室断面尺寸较小的实际情况,遵循"弱爆破、短进尺、少扰动、强支护、勤量测、紧封闭"的原则,采用全断面法开挖,利用简易台架进行开挖支护作业。当围岩为土质或松散岩层时,直接采用挖掘机开挖,人工修整周边轮廓,必要时采用弱爆破。出渣时采用装载机与小型运输车配合出渣。临时支护紧跟掌子面。

(2)中隔墙的防护。

在主洞开挖前,在中墙的两侧采用回填土石及千斤顶(钢管)支撑中墙,且用竹排或砂(土)袋覆盖中隔墙表面,防止主洞的开挖破坏中墙混凝土。

5)侧导洞开挖

侧导洞采用上下台阶法施工,施工方法同中导洞。因断面较小,侧导洞的出渣用装运机械倒运至洞外。偏压浅埋或围岩较差的侧导洞先行,并要滞后中导洞至少10m,另一侧导洞滞后先行侧导洞至少10m。当围岩情况比较好时,可以先只开挖上部,下部与正洞仰拱一起开挖。

中导洞与侧导洞开挖中的地质情况应记录详尽,可作为正洞开挖的地质预报。

6)主洞开挖

(1)完成长管棚施工及中隔墙浇筑后,在管棚支护的保护下按设计的方法开挖各部。

Ⅴ级围岩正洞采用侧壁导坑法开挖,先开挖线路右侧侧壁导坑,循环进尺1.0m,开挖后及时进行初期支护。通过超前管棚,锚(网)喷洞壁支护系统和中壁、横联连接,使断面支护及早闭合,控制围岩的变形,并使之趋于稳定。Ⅴ级围岩三导坑法开挖施工工序见图1。

(2)施工顺序如下。

开挖④部:按照预定的尺寸和侧壁弧度开挖侧壁弧形导坑,掘进1.0m后支护一次;利用前一循环立好的钢架施作超前小导管,在超前支护系统的保护下,使用风镐或钻爆法进行开挖,如此循环掘进。

开挖⑧部的工作内容包括:风镐或钻爆法进行开挖、初喷4cm厚混凝土,接长周边钢架;拱部挂网,周边打径向锚杆;周边拱部复喷混凝土。

开挖⑩部的工作内容包括:风镐或钻爆法进行开挖、拆除侧壁和中导洞临时支护,仰拱初喷4cm厚混凝土,接长仰拱钢架;复喷混凝土至设计厚度。

⑥部开挖与支护同④部,⑭部的开挖与支护同⑧部,⑯部的开挖与支护同⑩部。

(3)左右洞宜同时开挖,但不能齐头并进,错开8~10m较合适,一方面相互影响小,另一方面对中隔墙产生的水平推力小。

7)初期支护

隧道初期支护施工包括素喷、网喷、Ⅴ级围岩采用 $D25$ 中空注浆锚杆、工字钢钢架支撑等形式。初期支护紧随开挖面及时施作,以减少围岩暴露时间,控制围岩变形,防止围岩在短期内松弛或围岩应力集中而失稳。

各工序施工工艺属于较为成熟工艺,在此不一一详细展开了。有锚杆、钢拱架、挂网、喷射混凝土及全程监控量测。

6 材料与设备

6.1 主要材料

隧道施工中使用的材料有大管棚钢管、注浆小导管、砂浆锚杆、中空锚杆、工字钢、钢筋网片、喷射和二次衬砌混凝土等。

6.2 主要施工机具配备

主要施工机具配备见表7。

主要施工机具配备表　　表7

序号	设备名称	规格型号	数量	技术状况	备注
1	气腿式凿机	YT-28	40	良好	开挖
2	风镐	G10	20	良好	
3	空气压缩机	C8 - 20	4	良好	
4	轴流式通风机	DKJ-N096	2	良好	
5	自制作业台车		2	良好	
6	挖掘机	HL-500	2	良好	出渣、装运
7	侧翻式装载机	8LC-50	2	良好	
8	小型反铲	大宇-55	2	良好	
9	自卸汽车	东风-140	8	良好	
10	轻型农用汽车	农马牌	4	良好	
11	混凝土拌和站	800L	1	良好	支护
12	湿喷机	TK-961	2	良好	
13	注浆机	KBY50/70	2	良好	
14	管棚钻机	XY-300	2	良好	
15	型钢冷弯机	LW300	1	良好	钢筋加工

7 质量控制

7.1 质量控制依据

(1)《公路隧道施工技术规范》(JTG F60—2009)。

(2)《公路工程质量检验评定标准》(JTG F80/1—2004)。

(3)《爆破安全规程》(GB 6722—2003)。

7.2 开挖关键工序的质量要求

(1)不良地段应做好预加固、预支护。

(2)当前方地质出现变化迹象或接近围岩分界线时,必须用地质雷达、超前小导坑、超前探孔等方法先探明隧道的工程地质和水文地质情况,方可进行开挖。

(3)严格控制欠挖。当石质坚硬完整且岩石抗压强度大于30MPa并确认不影响衬砌结构稳定和强度时,允许岩石个别凸出部分(每平方米不大于 0.1m^2)凸入衬砌断面,锚喷支护时凸入不大于 30mm,衬砌时不大于 50mm,拱脚、墙脚以上 1m 以内严禁欠挖。

(4)开挖轮廓要预留支撑沉落量及变形量,并利用量测反馈信息及时调整。

(5)隧道采用光面爆破,开挖时各项目参数严格按照爆破方案控制,要严格控制爆破振动。

(6)洞身开挖在清除浮石后应及时进行初喷支护。

7.3 相应的技术措施和管理办法

(1)大管棚必须在洞身开挖前完成。洞口开挖时应预留管棚施工台阶,搭设管棚施工工作室,钻机脚手架平台应支撑在稳固的地基上。在软弱围岩地段,立柱底应加设垫板或垫梁。在施作大管棚预支护的过程中,应设置必要的监测项目,并做好每个钻孔施工及地质记录,以便掌握围岩分部状态,指导以后施工。

(2)采用 YT-28 钻机钻孔,划定每台钻机作业区域,规定作业时间,规定周边眼、底眼、掏槽眼开孔偏角及插入角,钻孔时严格按规定作业,力求钻孔方向、位置满足设计要求,准确控制周边眼的外插角。钻孔标准:达到准、平、直、齐。

(3)根据实际情况,选择合理的钻爆参数:采用一炮一分析制度,每次钻爆循环后,根据爆破振动速度、炮痕保存率、装药量、残眼深度及数量、抛渣距离、堆渣高度等多方面的测量和数据对比分析,选择合理的钻爆参数,不断优化钻爆设计;控制隧道超欠挖;初期支护紧贴围岩,防止初期支护背后出现空洞,超挖部位应回填密实。

(4)锚杆打设采取图上环向布点,现场逐一核对,由质检员、施工员负责打设一根核准一根,包括长型号、长度、注浆饱满度、间距等。

(5)仰拱采用分左右幅开挖,基底清理干净,不满足承载力要求时换填片石混凝土。

8 安全措施

(1)安全控制依据:

①《中华人民共和国安全生产法》。

②《建筑工程安全生产管理条例》。

③《公路工程施工安全技术规程》(JTJ 076—95)。

④《生产安全事故报告和调查处理条例》。

⑤《建筑施工安全安全检查标准》(JGJ 59—2011)。

⑥《建筑机械使用安全技术规程》(JGJ 33—2012)。

⑦《施工现场临时用电安全技术规范》(JGJ 46—2005)。

⑧《爆破安全规程》(GB 6722—2003)。

(2)大跨连拱隧道断面大埋深浅,围岩情况复杂,坚持短进尺、早封闭,保证安全。

(3)洞口是隧道安全的关键,必须制订周密稳妥的进洞方案。

(4)左右洞加强调度协调,爆破时另一洞人员暂时撤离。

(5)下部开挖后仰拱及填充紧跟,尽快施作二次衬砌。

(6)坚持文明施工,注意洞内排水顺畅,避免水对拱脚、仰拱的浸泡。

(7)派专人负责监控量测,及时发现问题及时反馈信息,随时响应应急对策。

9 环保措施

(1)控制噪声的措施。合理选用施工设备,噪声超标的设备尽量不用,有些噪声较高的机械设消声设施,并置入隔声效果较好的房间内;如不可避免要产生较大的噪声,应事先与周边居民进行沟通,以免造成不必要的心理恐慌。

(2)控制水污染的措施。

①为保护环境和水源、河流不受污染,在生活区设污水处理系统,采用生化处理设施对废水和废油进行处理。达到符合国家规定标准再排放。

②严格对施工物料如水泥、油料、化学品等堆放的管理,防止在雨季或暴雨将物料随雨水径流排入地表附近水域造成污染。

③靠近生活水源的施工场地用堤坝与之隔开,避免水源污染。

④防止施工机械漏油,禁止机械运转过程中产生的油污水未经处理直接排放,或维修施工机械时油污水直接排放。

(3)控制粉尘的措施。

①在洞外施工现场和运输便道等易产生粉尘的地段定时进行洒水降尘。

②加强对易散物资的管理,对易燃有味的油料和材料要妥善保存。

(4)钻孔弃渣的措施。

开挖弃渣,不可随意弃放,应弃方至指定的弃土场。

(5)保证环境卫生的措施。

①现场配兼职管理人员和保洁人员,落实责任制。

②在场地内分片区布置垃圾箱,收集和排放来自食堂、办公区、仓库、盥洗室和施工区的生活垃圾,定期外运一次,以保证现场卫生清洁。

(6)保护植被的措施。合理布置施工场地,生产、生活设施尽量布置在规定范围以内,施工尽量不破坏地表原有植被,保护自然环境。

10 资源节约

本工法优化中墙厚度,严格控制爆破参数,对Ⅴ级围岩开挖超欠挖及轮廓线的有效控制,节约了人工和机械台班费用。而且未出现塌方、混凝土开裂等安全、质量事故,减少大量的经济损失,缩短工期,节约资源。

11 效益分析

施工进度加快,未出现坍方、混凝土开裂等安全、质量事故。大跨浅埋隧道日趋增多,本工法对Ⅴ级围岩开挖超欠挖及轮廓线的有效控制,对今后大跨度连拱隧道的设计施工具有指导作用,具有较好的经济效益和社会效益。

12 实用实例

12.1 工程实例一

大涂岭隧道位于宁波市北仑区白峰镇门浦村与大岭下村交界处,隧道最大埋深约47m,设计为双洞六车道连拱隧道,起讫桩号为K3+592~K3+800,全长208m,单洞最大跨度为17.59m,开挖总跨度达37.08m,属大跨度大断面隧道。大涂岭隧道进出口端均采用削竹式洞门,洞身Ⅴ级围岩46m。

大涂岭隧道出口处覆盖了厚达8m的粉质黏土,结构松散,稳定性差,易产生大规模坍塌及侧壁失稳,洞口地下水发育,雨季洞内出现淋水现象。隧道整体埋深较浅,属浅埋隧道,围岩岩体较破碎,呈镶嵌碎裂结构,稳定性差。

2010年12月,宁波交通建设集团有限公司开始承接该隧道施工。因施工组织合理,方案得当,施工速度遥遥领先于其他标段隧道,并且无一例安全质量事故,多次受到业主(宁波市高等级公路建设指挥部)、省市领导的好评,为我单位赢得了经济效益、社会效益的双丰收。

12.2 工程实例二

宁波穿山至好思房公路工程第4合同段照山岗隧道为大跨度连拱隧道,照山岗隧道位于宁波北仑区霞浦镇上付村附近,隧道全长316m,总体呈北西走向。隧道拱顶最大埋深约48m,设计为双洞六车道连拱隧道,起讫桩号为K15+486~K15+802,全长316m。隧道进、出口均采用削竹式洞门。该隧道距离329国道约2km,有一条水泥路与其相连,进场交通条件较好。

在该隧道建设过程中,借鉴并应用了由宁波交通建设集团有限公司、同济大学联合共同开展的"大跨度连拱隧道施工关键技术研究"的大跨度破碎围岩连拱隧道结构在不同施工步骤中的关键不利部位、爆破振动分析等方面的研究成果,结合了《大跨度浅埋双连拱隧道Ⅴ级围岩三导坑开挖施工工法》,针对现场围岩发育特征,改进了施工参数;对大跨连拱隧道的施工安全关键环节进行控制,为实现该隧道的安全施工、信息化施工提供了有效的保证;结合对隧道掌子面信息的采集、围岩变形和内力的检测等数据,多次准确预报了隧道塌方的发生,减少了大量的经济损失以及人员伤亡,实现了隧道的安全贯通。

"大跨度连拱隧道施工关键技术研究"的研究成果较好地指导了宁波穿山至好思房公路第四合同段照山岗隧道的建设,有效节约工程造价120万元。

偏压、浅埋隧道斜交正做套拱进洞施工工法

GGG(中企)D1165—2013

钟　祺　黄振燕　光　明　李　红

(中交一公局第一工程有限公司)

1　前言

隧道工程分为进洞施工、洞内施工、出洞施工三个环节。众所周知,在三个环节的施工中,进洞施工是最为重要和最为关键的,尤其是对于工期紧张的项目,其进洞施工的合理安排和优化则尤为重要。合理的进洞施工工序安排和施工组织设计能大幅提高隧道整体工程的进度。一般情况下,隧道洞口的位置是隧道穿过山体埋深最小的地段,地质条件较差,隧道围岩偏压严重且存在一定的破碎性;而因隧道进洞施工破坏了原有植被对于山体岩体的保护,同时受地表水冲刷等原因影响,极易造成山体失稳,产生滑动和坍塌。

中交一公局第一工程有限公司承建的武罐高速公路十七合同段的峯岩隧道工程和武罐高速公路十八合同段的枫乡 1 号隧道工程,属于偏压、浅埋、软弱围岩隧道。中交一公局一公司联合兰州交勘院对斜交正做进洞施工技术进行课题立项。课题组在克服了隧道洞口偏压、浅埋且洞口不具备施工作业平台的困难下,积极努力实现技术创新,突破常规,对原设计的洞口段的常规套拱和管棚采取了依据地形调整角度和长度,采取斜交正做套拱的施工方法,确保了该类型隧道的顺利进洞并直至二次衬砌浇筑完毕,通过对围岩的稳定性分析和对洞口段的监控量测,确定了采取此种施工方法有利于围岩的稳定和进洞施工的安全,由此形成了偏压、浅埋、软弱围岩隧道的一套全新的进洞施工工法,并取得了显著的社会效益和经济效益。该项施工方法通过交通运输部科研所的技术查新确定为在国内有新颖性,该项技术成果申报了科技成果鉴定。对该项施工方法总结形成的技术论文《山区浅埋偏压隧道的进洞方案的比选》发表在《中外公路》2012 年第四期上。

2　工法特点

(1)通过变更将原设计的正交套拱构造替换成斜交正做的套拱构造,营造山体斜坡处比按照原设计施工更宽阔的施工平台。同时在对洞门段围岩初步平台爆破前对洞门边仰坡进行喷射混凝土和锚杆钢筋网的锚固施工,确保爆破时边仰坡的基本稳定。

(2)对洞门段的套拱及其进洞 10m 内的钢拱架位置进行调整,采取左右错位架设的方式将原设计两端平行设立的拱架改为不对称设立,按照原始地形的斜交角度布置,以保证斜交套拱的受力稳定。

(3)采用不对称长度的管棚施工技术,即管棚长度按照自山体侧向靠河侧逐渐加长的方式,同时利用超前管棚与洞内小导管注浆联合施工工艺,补偿了单一管棚施工在破碎软弱围岩构造中的缺陷,起到了加固围岩、增强稳定、提高安全的作用。

(4)采用斜交正做套拱进洞施工方法,解决了同类地形下常规进洞方法中洞口段因不具备施工平台需要开挖洞口段大量山体石方的问题,加快了施工进度。

(5)采用斜交正做套拱进洞施工方法,对比同类地形下常规进洞方法,减少了对洞口段周边围岩的扰动,不等长管棚的加设更是增强了围岩的整体稳定性,增加了进洞施工的安全性。

(6)采用斜交正做套拱进洞施工方法,对比同类地形下常规进洞方法,套拱的拱架间距虽然参照地

形调整了角度,但是间距没有发生大的改变,且拱架紧贴原地形的山体架设使得套拱与山体的连接更为牢固,且管棚采取的斜交不等长施工使得管棚的作用发挥得更为有效。

(7)采用斜交正做套拱进洞施工方法,对比同类地形下常规进洞方法加快了工期,减小了对洞口处山体的开挖方量,同时斜交管棚的设计也节省了管棚的长度。

3 适用范围

本工法适用于山区或重丘区的软弱围岩构造、隧道洞口存在严重偏压、洞口段落的施工地点狭窄,且该隧道所在地区在一定的季节地表水较多的地段的隧道进洞施工,尤其适宜于工期较为紧凑且当地环保单位对水土保持要求较严格的地区的偏压隧道进洞施工。

4 工艺原理

偏压浅埋软弱围岩的隧道进洞施工,控制偏压是关键,自早期的平台爆破施工就应注意其围岩偏压可能带来的山体崩塌和滑坡现象,因此在套拱拱架施工时就应先依托原地面的偏压情况和山势走向确定好套拱的斜交角度,拱架按照确定的角度斜交架设,确保外侧的拱架间距不小于原设计的常规套拱拱架间距。拱架与山体紧密贴合支模浇筑,待混凝土套拱浇筑完毕后,再按照靠近山体侧管棚短,靠近外侧管棚长(斜交不等长)的方式施工管棚并完成注浆。最后按照套拱斜切进入的方向准备开始进洞施工。此时应开始套拱外侧的偏压墙基础及其部分墙身的施工。以保证斜交套拱钢拱架背离山体侧的落脚能稳固。正洞进洞可采取新奥法的施工原理逐步短进尺地开始进洞施工。

5 施工工艺流程及操作要点

5.1 施工工艺流程

本工法的施工工艺流程见图1。

5.2 操作要点

1)洞口边、仰坡开挖防护

(1)洞口开挖前应认真实施洞口稳定的加固措施,不得采用大面积开挖,应先清除洞口仰坡上方松散的岩体,确保主被动防护网的施工面积和位置,应尽量避开雨季洞口施工。

(2)边坡防护应于洞口开挖扰动岩层前进行,按锚喷工序施工洞口边仰坡的注浆小导管、钢筋网、喷射混凝土,并对坡面及时封闭。

(3)在洞口及边坡 2 ~ 5m 以外布设地表截水沟疏导地表径流,确保洞口施工安全。

2)斜交套拱的施工

(1)针对施工场地外侧(背离山体侧)窄内侧(靠近山体侧)宽的特点,将套拱做成与隧道中心线斜交45°(角度可遵照山体于隧道纵向斜切的角度定),按照如图2所示的方式架设钢拱架,钢拱架以保证靠近外侧间距为50cm为准。共布设3榀Ⅰ20工字钢,并配以108根ϕ108导向钢管固定于拱架周围(图3),拱架采用锁脚锚杆固定,并在纵向靠近山体侧采用ϕ25砂浆锚杆做临时固定。

(2)采用模筑混凝土浇筑套拱混凝土,首先搭设临时钢管支架,以90cm×90cm间距搭设临时支架,并将套拱模板逐层安装。安装时按照套拱钢拱架的架设方向斜向安装,即以隧道行车轴线为中心斜向45°角安装。为保证混凝土的外观质量,模板安装全部采用定型钢模板,并采用拉杆对拉固定,浇筑混凝土注意分层浇筑,左右对称浇筑;浇筑完成后注意混凝土的养生。

3)管棚施工

管棚是利用钢拱架上原布置的导向管,沿着开挖轮廓线,以较小的外插角向开挖面前方打入ϕ89钢管构成的,形成对开挖面前方围岩的支护。为了应对斜交套拱的受力布置,将管棚的钢管长度按照不等长来布设,即靠山体侧超前大管棚由10m逐渐渐变成15m,再由15m渐变成20m,随覆盖层厚度渐变调整,接头处采用丝扣连接,为使相邻钢管的接头不在同一截面上,编号为奇数孔的最后一节和编号为偶数孔的第一节采用6m,其余采用4m。钢管加工前端呈锥形,管壁四周钻设ϕ16mm的注浆孔,孔间距20cm,呈梅花形布置,尾部预留不小于1m的不钻孔止浆段。

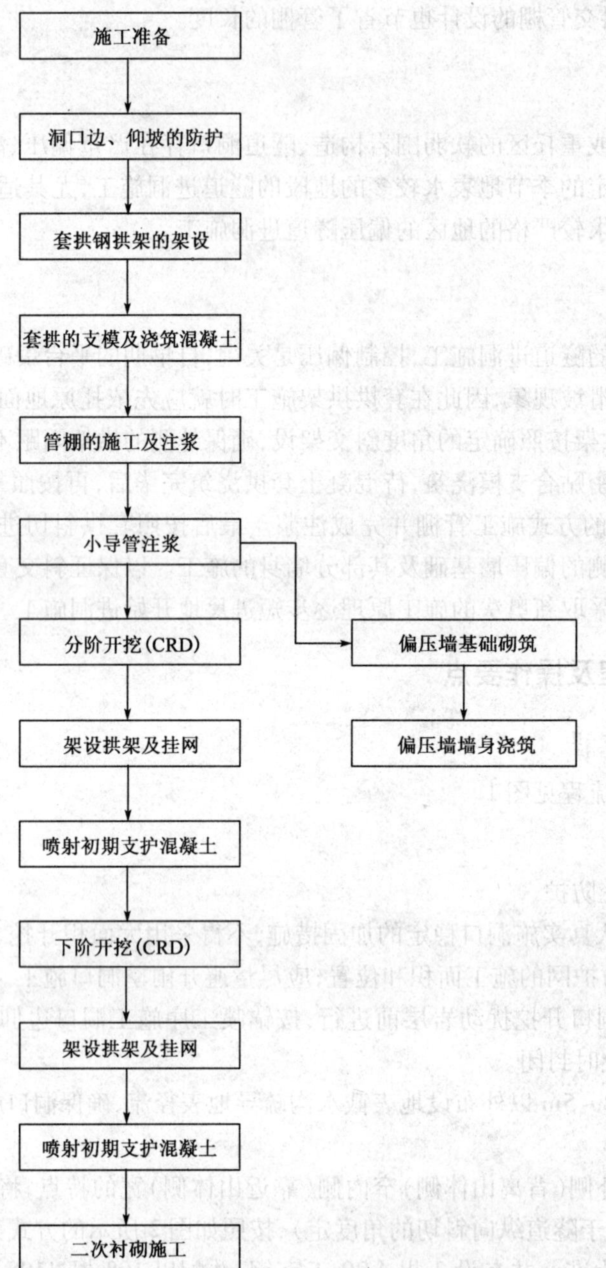

图1 施工工艺流程图

管棚不等长设置见图4。

管棚施工主要工序为:施作护拱→钻机就位→钻孔→清孔→验孔→安装管棚钢管→注浆。

管棚施工工艺流程见图5。

4)注浆小导管施工

对于缓坡浅埋隧道而言,在开挖时围岩松弛容易反射到地表,管棚施工虽然可以形成拱圈构造,但在软弱围岩隧道管棚施工的偏差与注浆质量难以达到理想效果。局部软弱围岩由于施工扰动会失去自稳能力,极易发生地表塌陷甚至塌方冒顶现象。为此,采用小导管注浆工艺来加固局部围岩(管棚界面以上),可以起到提高围岩抗剪切能力,改善围岩C、φ指标,同时可避免洞口偏压地段出现牵引式的破坏。

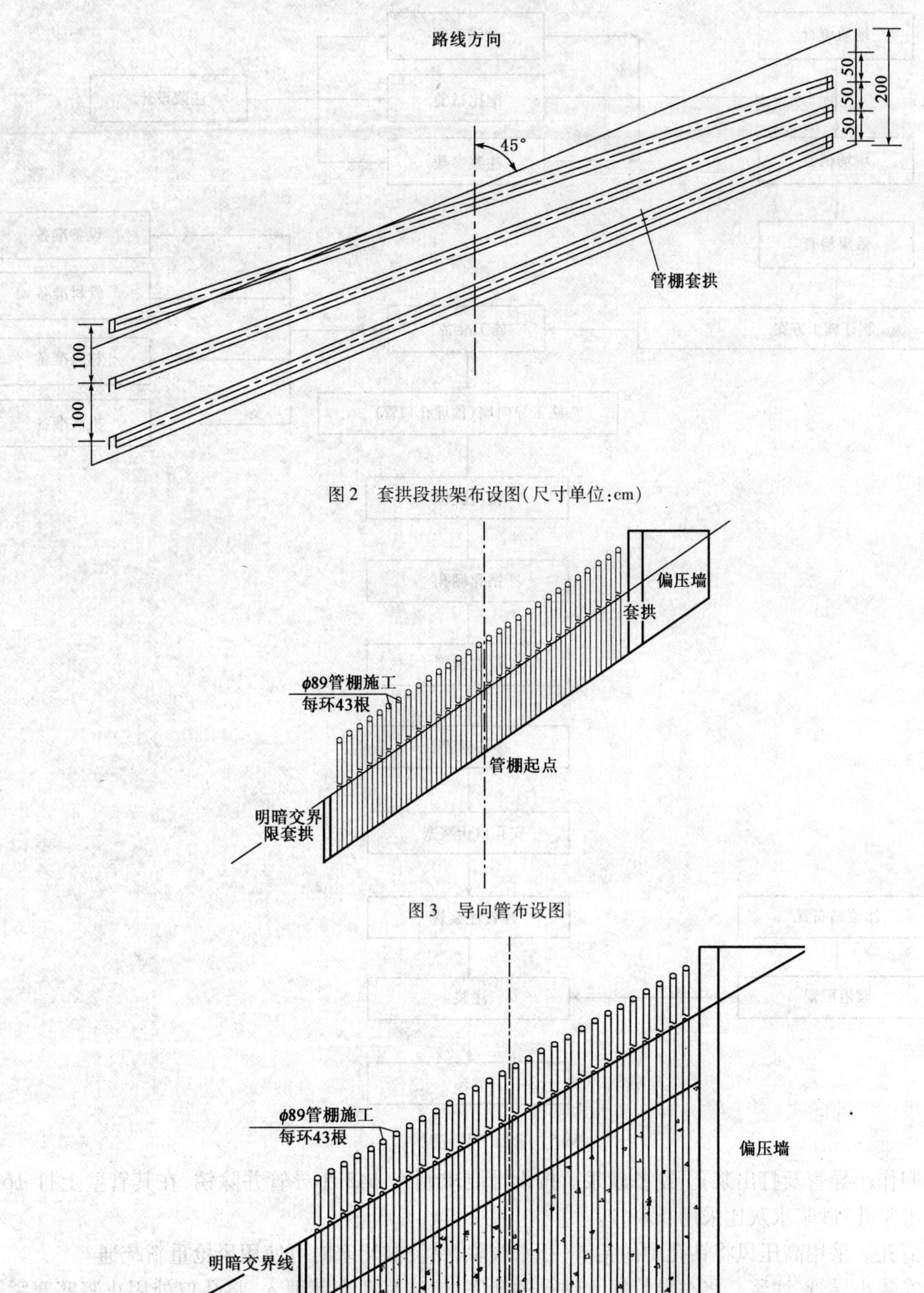

图2 套拱段拱架布设图(尺寸单位:cm)

图3 导向管布设图

图4 不等长管棚施工示意图

小导管采用 $\phi 42 \times 4$mm,长度为4m和6m,具体视覆盖层厚度而定。

施工步骤如下:

(1)根据现场的实际情况对小导管进行测量定位。

(2)选取 $\phi 52$mm 钻头进行钻孔。钻孔要圆而直,钻孔方向宜尽量与主要结构面垂直。

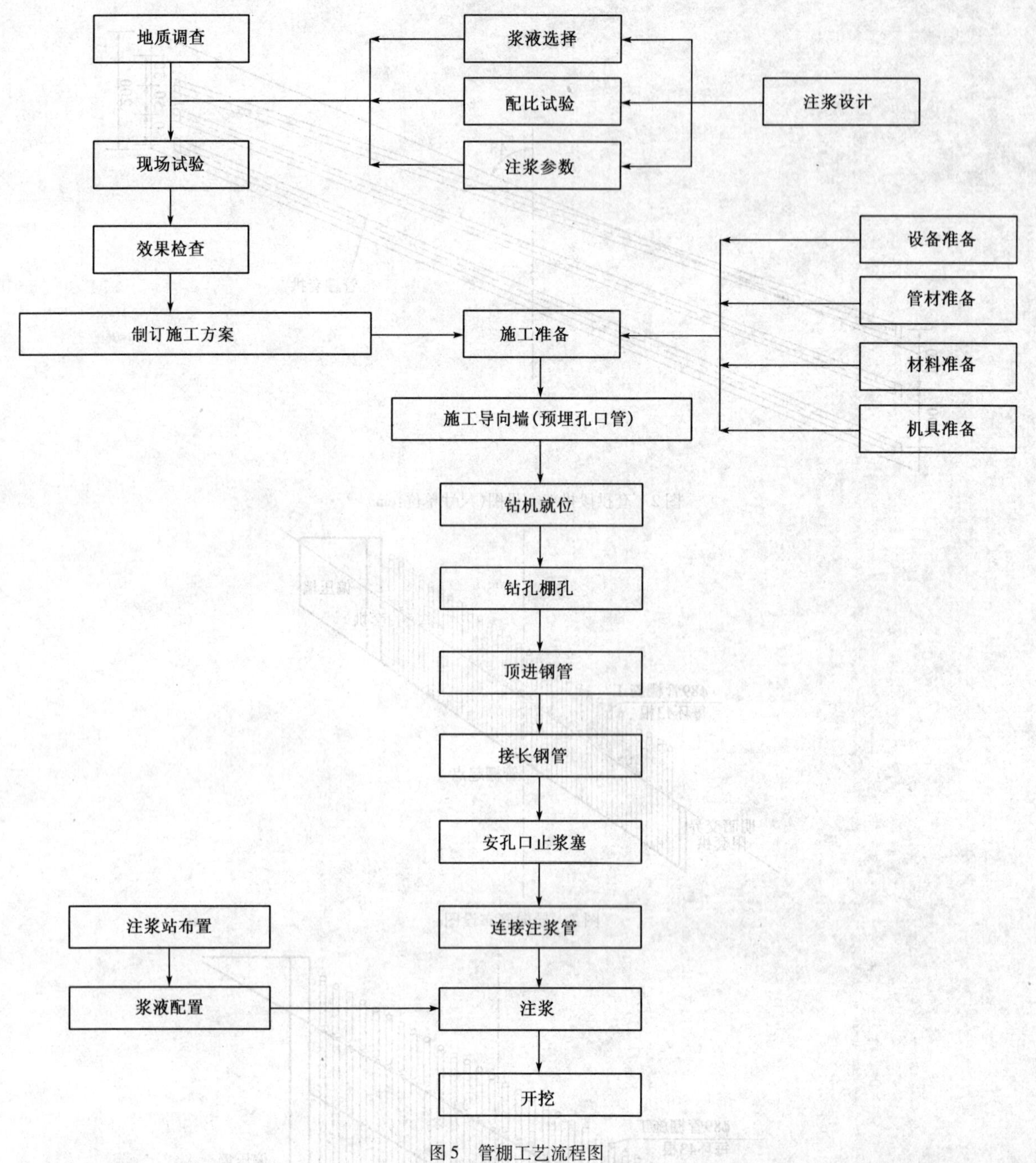

图5　管棚工艺流程图

(3)制作小导管及打出浆孔、制备砂浆。按设计要求制作 $\phi42$ 小导管并除锈,在其管壁上打 $\phi6$ 间距 15cm 出浆孔;砂浆水灰比采用 0.8∶1。

(4)清孔。采用高压风将钻孔中的钻渣、积水吹除,钻孔被堵塞时可使用风枪重新疏通。

(5)安装小导管、注浆。将小导管插入钻孔的孔底,使注浆孔全部埋入,将孔口处用止浆塞塞紧;将注浆管套在小导管上,使之密封,并开始注浆。当浆液注满后,等待 5～10s,再补注 2～3s,使之饱满密实。注浆压力初压为 0.5～1.0MPa,终压维持在 2.0～2.5MPa。

5)隧道开挖与支护

(1)开挖:开挖施工过程中严格按照管超前、严注浆、短进尺、弱爆破、强支护、勤量测、早成环的原则。在软弱围岩的地质条件下,采用 CRD 法施工,CRD 法是应用在软弱围岩大跨度隧道中,先开挖隧道一侧的一或两部分,施作部分中隔壁和临时横撑,再开挖隧道另一侧的一或两部分,完成断面开挖的施工方法,主要应用于Ⅳ级围岩软质岩、浅埋、偏压地段以及Ⅳ级围岩浅埋地段的施工方法(图6)。本着“短进尺,及时封闭”的原则,尽量减少对原状围岩的施工扰动,严格按照弱爆破施工工艺,采用浅眼爆破,以便控制一次爆破的总装药量。

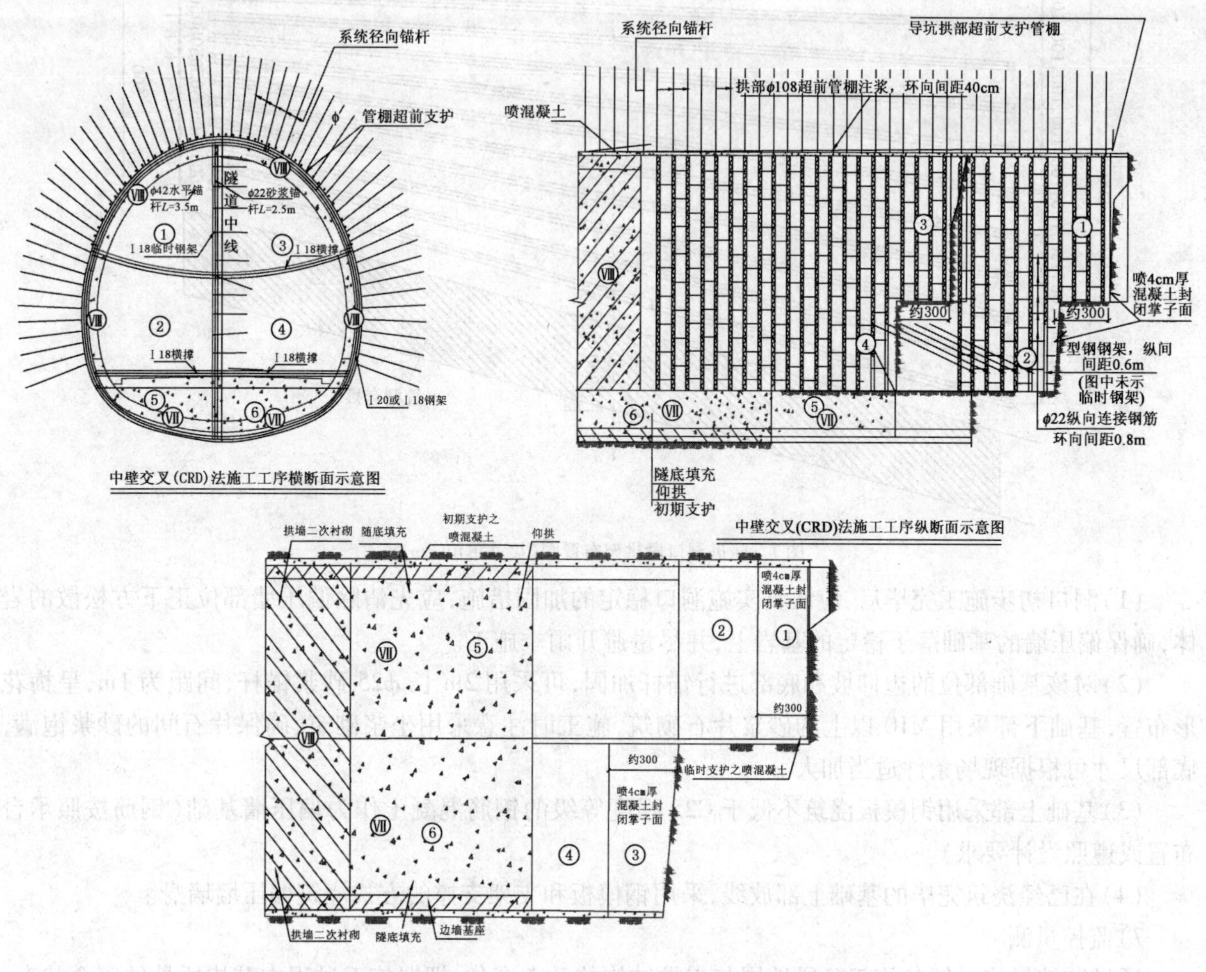

图6　中壁交叉(CRD)法施工工序示意图(尺寸单位:mm)

(2)初期支护:初期支护由锚喷挂网加型钢拱架构成,对钢架连接处施作2根下插角为20°的$\phi42$锁脚锚管并注浆加固,以克服周边围岩对边墙初期支护径向压力的水平分力,降低上部岩体对边墙的压力。拱部系统锚杆采用$\phi25$中空锚杆注浆加固,边墙采用$\phi22$砂浆锚杆,长度4.5m,间距0.75m×1.0m(环×纵),及时施作锚杆,可以减少围岩的松弛度,也可减少锚固力的损失和初期支护的被动作用力。开挖后应立即封闭掌子面和周边围岩,构成第一层柔性支护层,限制松弛带的发展,使围岩自承能力尽快形成。钢拱架的架设遵循循环微调的方法渐渐由斜交调整为正交,严格控制微调的尺寸,如图7所示。

(3)在超前大管棚的支护下,弱爆破开挖上导坑左侧部分,及时施作周边初期支护和临时支护,即初喷混凝土,架立钢架(设锁脚锚管)、铺设钢筋网,并钻径向锚杆;在滞后上导坑左部一段距离后,弱爆破开挖下导坑左侧部分并及时施作周边初期支护和临时支护;其次,弱爆破施工上导坑右侧部分,及时施作周边初期支护和临时支护;最后弱爆破施工下导坑右侧部分,及时施作周边初期支护和临时支护。根据监控量测结果,待初期支护变形稳定后,拆除侧壁临时钢架下半部分,灌注仰拱混凝土,待仰拱混凝土初凝后施作仰拱,填充至设计高度。最后根据围岩监控量测数据分析,确定二次衬砌施作时机,拆除临时横撑,施作拱墙衬砌。

6)偏压墙基础砌筑及墙身浇筑

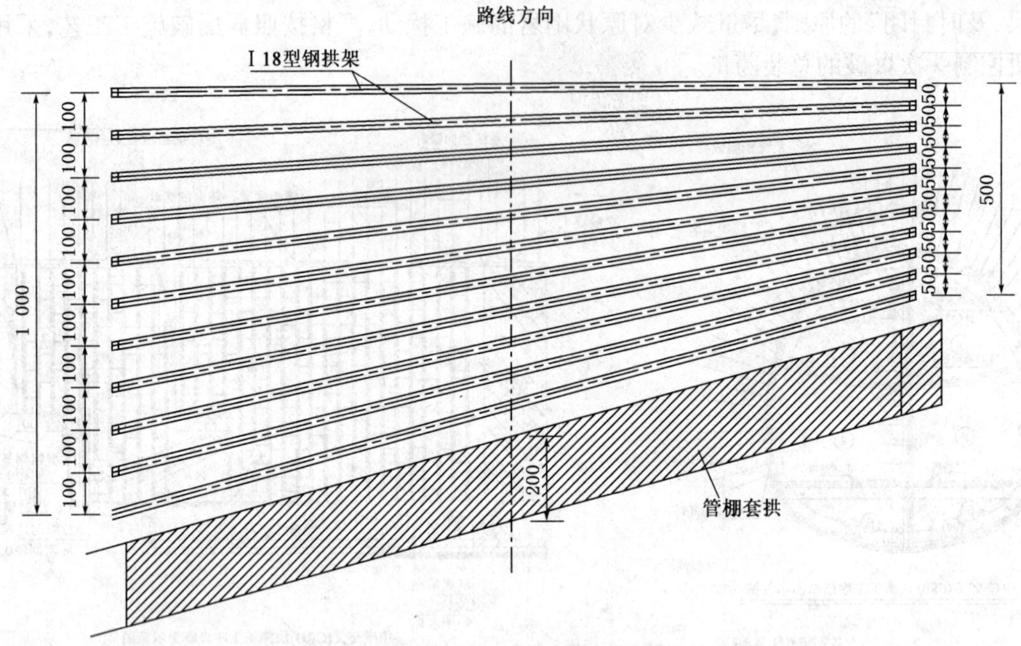

图7 暗进洞口段拱架布置图(尺寸单位:cm)

(1)洞口初步施工完毕后,应认真实施洞口稳定的加固措施,应先清除偏压墙部位正下方松散的岩体,确保偏压墙的基础落于稳定的基岩上,并尽量避开雨季施工。

(2)对该基础部位的边仰坡和底部进行锚杆加固,可采用2m长ϕ25砂浆锚杆,间距为1m,呈梅花形布置,基础下部采用M10以上的砂浆片石砌筑,施工时注意采用坐浆砌筑,确保片石间的砂浆饱满,底部尺寸可根据现场条件适当加大。

(3)基础上部采用钢模板浇筑不低于C25强度等级的钢筋混凝土作为偏压墙基础(钢筋按照承台布置或遵照设计要求)。

(4)在已经浇筑完毕的基础上部放线,采用钢模板和支架支撑的方式浇筑偏压墙墙身。

7)监控量测

通过监控量测了解各施工阶段地层与支护结构的动态变化,把握施工过程中结构所处的安全状态,判断围岩稳定性以及支护的可靠性。如遇到监控量测参数变化较大或超限时,立即分析原因采取补强措施,改变施工方法或设计参数,增强初期支护,防止出现大的质量、安全事故。

为了确保隧洞进洞安全,按照规范和图纸的要求,除了对隧道内目测观察、周边位移等必测项目作认真地量测外,还要对地表下沉予以高度的重视。如果地表下沉量大或出现增加的趋势,则应加强支护和调整施工措施,如适当加喷混凝土、增设锚杆、加钢筋网、加钢支撑、超前支护等,或缩短开挖循环进尺、提前封闭仰拱,甚至预注浆加固围岩等。

5.3 劳动力组织

本工法的劳动力组织见表1。

劳动力组织情况 表1

序 号	工程项目	所需人数
1	管理人员	8
2	管棚及锚杆施工	15
3	开挖	18
4	喷混凝土	12

续上表

序号	工程项目	所需人数
5	架钢拱及挂网	8
6	出渣	6
7	管棚、锚杆、钢拱制作	4
8	混凝土衬砌	16
9	杂工	10
合计		97

6 材料与设备

本工法无特别说明的材料，所用的机具设备见表2。

机具设备　　表2

序号	设备名称	设备型号	单位	数量	用途
1	挖掘机	PC-200	台	1	清理、刷坡、出渣
2	装载机	ZL50	台	1	出渣
3	钢筋弯曲机	GW40	台	1	钢筋加工
4	电焊机	BX-300	台	5	钢筋加工
5	手持风钻	WES-12A	台	8	钻孔
6	混凝土喷射机	PZ-5B	台	2	喷射混凝土
7	混凝土搅拌机	JS-750型	台	1	混凝土拌和
8	注浆机	KBY-50/70	台	1	管棚、锚杆、小导管注浆施工
9	空压机	$10m^3$	台	1	送风
10	混凝土输送泵	HB-30D	台	1	浇注混凝土
11	水泵	BW850/50	台	2	抽水
12	变压器	500kW	台	1	供电

7 质量控制

7.1 本工法执行的标准和规范

(1)《公路工程质量检验评定标准　第一册　土建工程》(JTG F80/1—2004)。

(2)《公路隧道设计规范》(JTG D70—2004)。

(3)《公路隧道施工技术规范》(JTG F60—2009)。

(4)《公路隧道设计细则》(JTG/T D70—2010)。

(5)《公路隧道施工技术细则》(JTG/T F60—2009)。

(6)《锚杆喷射混凝土支护技术规范》(GB 50086—2001)。

7.2 工程质量控制标准

1)施工测量的质量标准

(1)洞外控制测量的精度应以中误差衡量。

(2)导线点要布设在洞口附近，单个洞口必须有3个以上的导线点。

(3)水准测量应符合四等水准测量标准，每个洞口需有两个以上的水准点。

(4)洞外控制测量一般采用导线测量，应该满足表3所示的精度要求：

精度标准 表3

测量方法	两开挖洞口间距离(km)		测角中误差(″)	导线边最小长度(m)		两开挖洞口间距离(km)	
	直线隧道	曲线隧道		直线隧道	曲线隧道	直线隧道	曲线隧道
导线测量	4~6	2.5~4	2	500	150	1/5 000	1/15 000
	3~4	1.5~2.5	2.5	400	150	1/3 500	1/10 000
	2~3	1.0~1.5	4.0	300	150	1/3 500	1/10 000
	<2	<1.0	10.0	200	150	1/2 500	1/10 000

2)喷射混凝土支护质量标准

根据现行《公路隧道施工技术规范》执行,在施工前应对原材料进行检查,并有合格签证记录。对施工程序、工艺流程、检测手段进行检查(表4)。

喷射混凝土支护允许偏差标准 表4

项次	检查项目	规定值或允许偏差值	检验方法和频率
1	喷射混凝土强度(MPa)	在合格标准内	按附录E检查
2	喷层厚度(mm)	平均厚度≥设计厚度;检查点的60%≥设计厚度;最小厚度≥0.5,且≥50	凿孔法或雷达检测仪:每10m检查一个断面,每个断面从拱顶中线起每3m检查1点
3	空洞检测	无空洞,无杂物	凿孔法或雷达检测仪:每10m检查一个断面,每个断面从拱顶中线起每3m检查1点

7.3 质量保证措施

(1)严格控制套拱的施工角度和管棚的施工长度,并保证注浆压力。

(2)开挖及初期支护每循环进尺0.5m,施工严格遵循“管超前、严注浆、弱爆破、短进尺、勤量测、常封闭”的原则,合理安排工序,使之衔接紧密。

(3)通过打设拱脚锚杆来加固拱脚,对于套拱处和洞口段的钢拱架布置要循序渐进地调整方向,并加强纵向连接,使初期支护与围岩形成完整体系。

(4)初期支护紧跟掌子面,并尽快施作仰拱及填充层,使支护结构早闭合。根据实际情况必要时对掌子面进行局部注浆加固。开挖过程中根据量测情况,必要时设置横向临时支撑和扇形支撑。

(5)开挖应严格按规范做好监控量测工作,随时掌握围岩及支护的变形情况,以便修正支护参数,改变施工方法;同时,应有较准确的超前地质预报。

(6)开挖时的排水工作要认真做好,在保证排水畅通的同时,重点要对两侧临时排水沟铺砌抹面,防止钢支撑基底软化。

(7)喷射混凝土施工时,用压缩空气或压力水将所有待喷面吹净,吹除待喷面上的松散杂质和灰尘。

(8)按设计焊连定位筋及纵向连接筋,段间连接安设垫片拧紧螺栓,确保安装质量。

(9)注重仰拱施工的关键环节,仰拱开挖后必须及时封闭浇筑,增大支护刚度,防止隧道整体性下沉。

(10)具备二次衬砌条件时,需要尽快施作,利于发挥二次衬砌的承载能力。

8 安全措施

(1)首先需要做好洞顶、洞口的防排水系统,防止水侵蚀洞内土体,造成塌方等事故。

(2)隧道开挖、支护人员到达工作地点时,应首先检查工作面是否处于安全状态,并检查支护是否牢固,顶板和两侧是否稳定,如有松动的石、土或裂缝,应先予以清除或支护。

(3)风钻钻眼时,应先检查机身、螺栓、卡套、弹簧和支架是否正常,管子接头是否牢固,有无漏风;钻杆有无不直、带伤以及钻孔堵塞现象,不符合要求者应予以修理或更换。

(4)喷射机作业地段应加强照明和通风,严格掌握好风压、水压,注意风嘴不准对人,以免射伤人。

(5)施工现场按照防火、防尘、防触电等相关安全施工规范进行布置,安全标志齐全、有效。

(6)施工现场使用的手持照明灯按规定使用36V安全电压;

(7)施工中如发现不安全因素时,应暂停开挖,并加强临时支护,采取进一步措施;

(8)所有进入隧道工地的人员,必须按规定佩戴安全防护用品,遵章守纪,听从指挥;

(9)建立完善的施工安全保证体系,加强施工中的过程检查,力求作业标准化、规范化。

9 环保措施

(1)成立环境保护管理小组,学习国家与当地关于环保方面的法律、法规,对工程起到实际的监督作用,并建立检查机制,遇到问题及早解决。

(2)对施工便道进行场地硬化处理,防止扬尘,对周边环境造成污染。

(3)对施工现场进行详细认真的调查,提前做好预案,避免因施工污染水源或者河流。

(4)对施工弃渣场等用地进行合理规划,周边按规定砌筑围墙,设立醒目标识,车辆通行做到文明施工,避免长时间鸣笛形成噪声污染。

(5)经常对施工用机具,如挖掘机、空压机等进行检查,防止漏油,对土地造成污染。

(6)施工现场喷射混凝土操作人员要佩戴必要的防护用品。

(7)尽量避开夜间施工,以防影响周边居民休息。

10 资源节约

(1)本工法针对山区偏压、浅埋隧道在地形条件恶劣,不具备施工平台的情况下,就如何开展进洞施工进行了积极探索。通过采取斜交正做套拱进洞施工,加快了施工进度,确保了安全进洞,同时也尽量地减少了山体洞口端的开挖,将山体水系治理与保护当地水源、河流综合考虑,既维护了隧道本身边、仰坡的稳定,山体植被保存好,减少了征地范围,还保证了施工不扰民、少污染,具有明显的社会效益和环境效益。

(2)本工法在实施过程中因为减小了对山体开挖量,使得各项机械设备在使用过程中节省了人力和材料资源的消耗,同时因为采取的方法减少了部分实体工程量也减少了施工用材的用量。

11 效益分析

(1)本工法在隧道进洞作业方面,按照原地面地形的结构特点,在洞口套拱段落及进洞一定范围内,错位架设拱架及不等长施工管棚,节约了成本,取得了良好的经济效益。该隧道如按照原设计的正交套拱施工,洞口段的石方爆破量为3 000m^3,按照斜交正做套拱的方法施工只是在原地面的地貌基础上稍加修整,减小对山体的爆破开挖2 500m^3,按照陡峻山体爆破的单价40元/m^3计算,节约开挖成本100 000元。同时采用的管棚由原设计的20m修改为不等长管棚施工,平均长度在15m左右,按照管棚施工的单价折合,该项节省费用为:210元/m×46根×5m=48 300元。共计节约成本14.83万元。减少了山体开挖,也对环境和当地生态的保护起到了积极的作用,节约了防护和恢复植被的环保费用6万元。另外,采用斜交正做套拱施工工艺可以缩短工期,陡峻山体爆破石方2 500m^3的施工工期为20d,采用此种施工工艺可直接节约工期20d,从而节约管理费20d×2万元/d=40万元。节约成本合计50.83万元。

(2)利用原地面的山体形状调整套拱方向,避免大量爆破山体来修筑进洞施工平台。采用将拱架错位架设的方式和将管棚调整成不等长施工的方法进洞,能减少对山体的扰动,确保进洞安全,在后续施工二次衬砌时再砌筑偏压墙能保证偏压山体的稳定。

使用本工法，加快了隧道进洞施工进度、缩短了工期。

本工法解决了偏压浅埋山体隧道进洞的一大难题，开辟了该施工领域的先河，施工过程中及施工完成后对山体的扰动降低到了最小，减少了对环境的破坏，取得了良好的社会效益。

12 应用实例

12.1 工程实例一

1)工程概况

武罐高速公路第十七合同段项目所承建的峯岩隧道工程(出口端)。

峯岩隧道进出口位于洛塘河右岸，植被发育，山势陡峻。轴线距离26~29m左右，由于地形条件的限制，桥隧衔接选择桥台伸入隧道的连接方式，以改善连接条件，减小边仰坡开挖高度。隧道段平曲线半径右线 $R=800$m，左线 $R=620$m；隧道右线起止桩号为YK104+216.5~YK104+624.5，全长408m(进口明洞长17.5m，出口长12.5m)纵坡为-1.6%，-0.4%；隧道左线起止桩号为ZK104+208.5~ZK104+516.5，全长308m(明洞进口长15.5m，出口长20.5m)纵坡为-1.6%。洞身段最大埋深149m(图8)。开工日期为2010年10月，竣工日期为2012年4月。

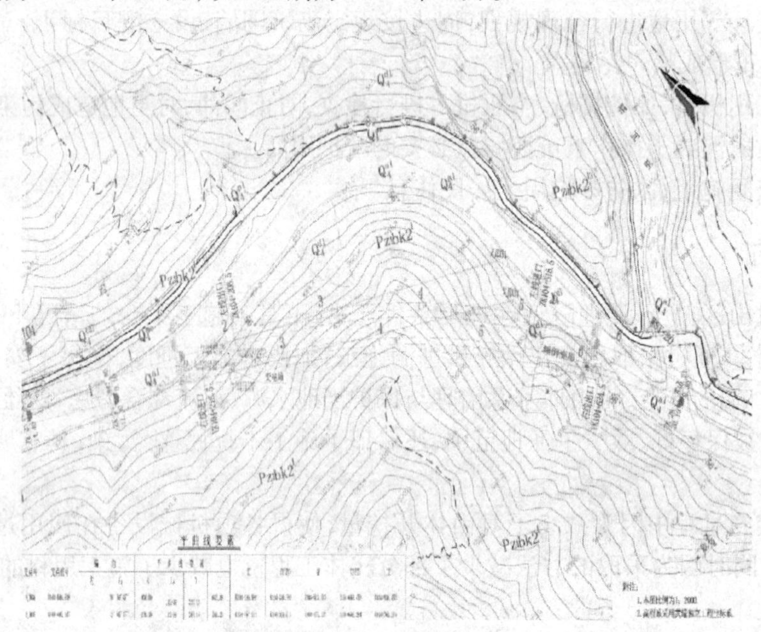

图8 路线平面图

图9 洞口原地面图

左右线出口的两个洞口都位于山体较陡峻的坡面上，且方向为斜切，导致靠近河道侧的山体存在埋深浅而靠近山体侧存在严重偏压，不仅如此，洞口的进洞位置异常狭隘，不具备操作平台的施工也成为进洞施工前所急需解决的问题。原地面如图9所示。

2)施工情况

为了确保进洞的安全性，通过与设计单位沟通，对于右洞的出口端进洞方案，项目部针对其现场不具备施工平台的难点，决定采取将套拱调整为斜交正做的方式来施工。具体方法如下：先针对施工场地外侧(靠近河道侧)窄内侧(靠近山体侧)宽的特点，将套拱做成与隧道中心线斜交45°，管棚依照左洞进洞的洞门方式，采用斜交不等长的管棚施作，套拱和管棚完成后，通过搭设支架代替原有的开挖台车完成洞口初期的开挖工作，严格控制每个开挖循环不超过1m，同时将初期支护（钢拱架和初喷混凝土）紧跟其后施工。利用初期开挖的出渣将洞口前面的陡坡加高垫设成足够拼装开挖台车和二衬台车的平台，之后考虑到进洞前期20m的范围内靠河道侧山体存在严重的偏压浅埋，所以再将钢拱架的间距由原设计的75cm/道改为50cm/道，最终得以成功完成进洞及洞口段施工（图10～图14）。

图10 洞口段的偏压墙砌筑

图11 斜交套拱的钢拱架安装

图12 斜交套拱模板施工

图13 洞口段的护拱墙浇筑

图14 斜交套拱正做施工完毕

12.2 工程实例二

武罐高速公路第十八合同段项目所承建的枫相1号隧道工程右洞（进口端）。

枫相1号隧道位于枫相乡洛塘河左岸，轴线距离30～50m左右，平曲线右线$R=1\ 500$m，左线$R=2\ 600$m，隧道右线起讫桩号为YK107+450～YK108+337，隧道全长882.05m（进口明洞长12m，出口长 19m)纵坡为 -2.0%,隧道左线起讫桩号为 ZK107 +442.75 ~ ZK108 +329,全长 889.33m。隧道洞顶最大埋深右线 320.5m,左线 324m。隧址区属于侵蚀构造中山地貌单元,主要由变质砂岩、砂质板岩、片岩等组成,海拔为 829.8 ~ 1 016.67m,高差小于 200m。山峦重叠,山峰高耸,河谷狭窄,自然坡度多大于 40°,悬崖峭壁随处可见,沟谷深切呈"V"字形,山体较完整,山脉为石质山地,基岩裸露,表层覆盖薄层第四系坡积物,多为岩石风化残积物。隧道右洞进口与上述峯岩隧道的地形类似,属于偏压浅埋隧道的进洞施工,也相应采取了斜交正做套拱施工进洞的方法开展的前期施工(图 15)。

图 15　枫相 1 号隧道右洞进口段

露天深孔蓄势聚能装置爆破施工工法

GGG(中企)D1166—2013

白 著 张良荣 程玉泉 黄雄飞
（中交一公局厦门工程有限公司）

1 前言

深孔爆破具有单位钻孔量小和炸药单位耗量低、生产效率高和便于采用综合机械化施工进行爆破、挖装、运输作业等优点，广泛应用于露天和地下开挖工程。但由于部分公路、铁路工程靠近既有建筑物或邻近居民区，对抑制振动、控制粉尘、爆破安全等要求比较高，加大深孔爆破施工的难度。近几年来，中交一公局厦门工程有限公司在承建沪昆客运专线贵州段、福建莆永高速公路等工程过程中，经过一系列的实践探索，根据岩土爆破施工理论，通过改进装药结构，总结出深孔蓄势聚能装置爆破施工工法。该新型装置获国家专利授权，并取得了较好的经济和社会效益。本工法即根据施工实践经整理归纳提炼而成。

2 工法特点

(1)蓄势聚能装置材料易购、制作简单、安装方便，可流水化工厂式制作，工效高。

(2)能有效地控制爆破飞石，有效地降低爆破震动，其雾化降尘作用效果更好，利于环保。

(3)提高爆破质量，可改善石方破碎效果，保护围岩的稳定性，基岩面平整，提高工作效率。

(4)与其他深孔爆破方法相比，可减少单位石方爆破的炸药使用量，节省能源，能达到环境友好、资源节约的目的。

3 适用范围

本工法适用于松石、坚石、次坚石等各种复杂山体公路或铁路路堑、矿山、水电及地下空间工程各种孔径深孔爆破施工、浅孔爆破施工，可以在各种地质条件深孔爆破施工使用，能运用于使用各种炸药的炮孔，特别适用于粉状硝铵炸药、多孔粒状铵油炸药的深孔水压爆破工程施工。

4 工艺原理

(1)根据岩土爆破施工理论，岩土爆破就是将炸药分散到岩土介质当中，因此可以认为，炸药在岩土介质内的分散度越高，越能增加炸药对岩土介质的作用效果。常规的深孔爆破采用耦合式炮孔装药结构的方式，其不足之处为炸药使用量大，通常一个炮孔除堵塞长度外基本全部装满炸药，特别是采用粉状硝铵炸药与多孔粒状铵油炸药时尤为明显，而本工法原理是采用 PVC 管制作蓄势聚能装置间隔填充炮孔进行蓄势聚能爆破。

(2)爆破时能量的传递介质不同，其爆破效果也不一样，本工法采用注水 PVC 管作为媒介，使爆炸能量无损传递。根据深孔爆破钻孔机具的型号及钻孔直径及装配精度要求，在市场上采购外径小于孔径 15 ~ 30mm 的 PVC 排水管，根据蓄势聚能深孔爆破设计方案截成不同长度，用与之同型号堵头或管盖，采用密封胶两头密封，旋开堵头，注满自来水，旋紧封实。

(3)根据爆破施工设计方案，采用特制吊绳将蓄势聚能装置吊入孔炮孔底，脱钩，收起吊绳，装入炸药,雷管,测量装药长度,为使炸药能量合理分布与利用。根据设计需要可在炮孔上部(中部)再设置一个蓄势聚能装置,装入炸药、雷管,测量装药长度,最后再装一个蓄势聚能装置,堵塞,联网,起爆。

5 施工工艺流程及操作要点

5.1 施工工艺流程

本工法施工工艺流程见图1。

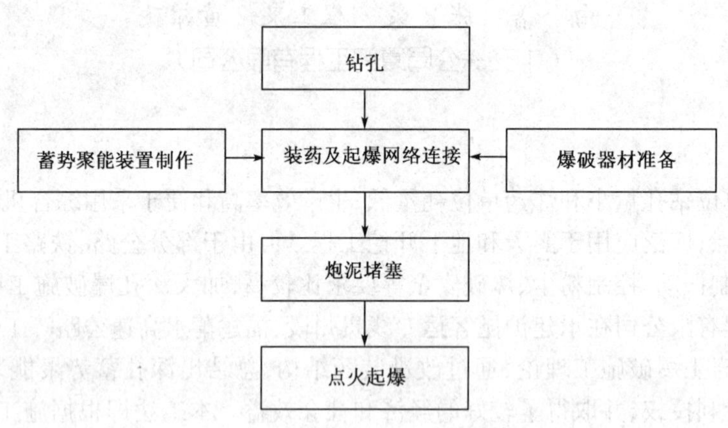

图1 施工工艺流程图

5.2 操作要点

1)钻孔

深孔爆破钻孔形式一般分为垂直钻孔、倾斜钻孔两种,在施工中应根据实际情况进行选择。目前,在公路路基开挖爆破施工中垂直钻孔用的比较广泛。

2)蓄势聚能装置制作(图2、图3)

蓄势聚能装置主要由PVC管制作,并可以提前在厂内集中制作。为了提高制作效率,PVC管宜采用全自动定长裁切管机进行切断。制作步骤如下:

(1)根据爆破设计参数,将PVC水管按设计长度截断成若干定长管节;

(2)采用黏胶和堵头对管节进行一端封闭;

(3)黏胶干后对管节进行注水;

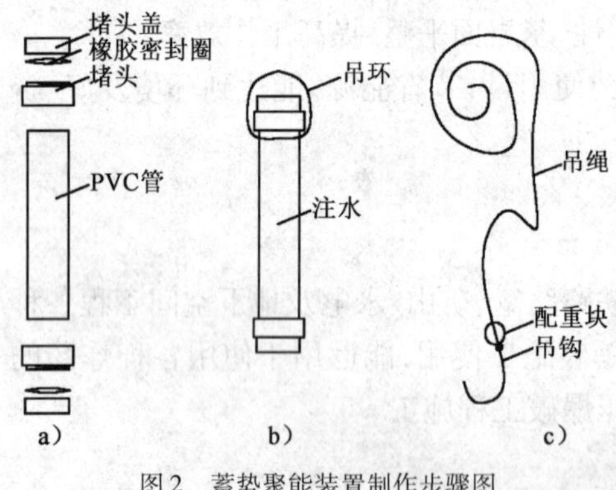

图2 蓄势聚能装置制作步骤图

a)制作注水管节;b)管节注水密封;c)吊绳

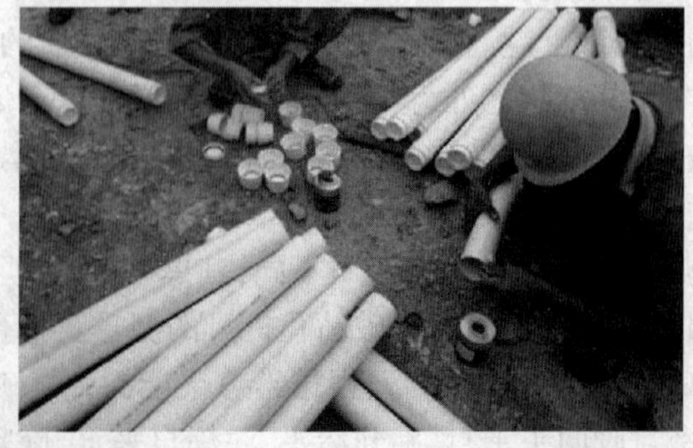

图3 蓄势聚能装置制作

(4)对注满水的管节的另一端进行封闭;

(5)制作将注水管节安装在炮孔内的吊绳。

3)蓄势聚能装置安装(图4)

图4 蓄势聚能装置及炸药安装

钻孔成孔后,按照爆破参数设计安装炸药和蓄势聚能装置,步骤如下:

(1)安装底节装置;

(2)按设计要求进行装药,安装带雷管的起爆体;

(3)安装第二节装置;

(4)重复安装炸药,直至距孔顶高度 L_d 左右,L_d 为堵塞长度,$L_d=(25\sim40)D$,D 为炮孔直径。

4)装药堵塞及起爆网络连接(图5)

(1)孔口段封堵。孔口堵塞材料宜选用稍湿的黏土采用,炮泥含水率一般控制在20%左右,以能捏成团为度,严禁用稀泥、石块堵塞。为了提高效率和堵塞质量,宜采用专用炮泥机加工成筒条形状的炮泥。

(2)起爆网络连接。导爆管网路应严格按设计进行连接,导爆管网路中不应有死结,孔内不应有接头,孔外相邻传爆雷管之间应留有足够的距离。

5)起爆

一般情况下,采用瞬发电雷管击发起爆法。此法起爆时间容易控制,操作简单,成本低,也可用火雷管、击发枪、击发笔等多种形式击发起爆。

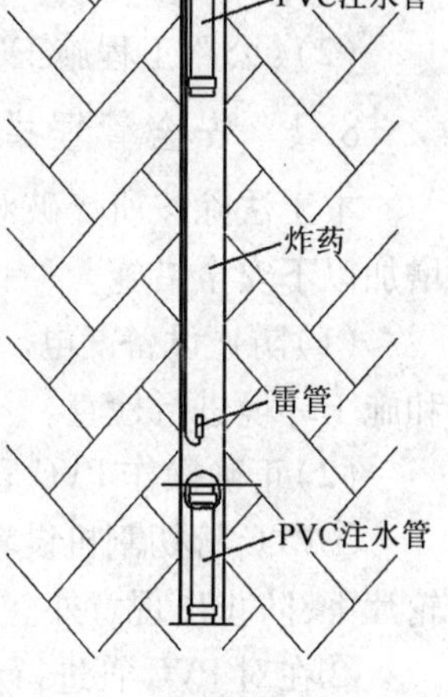

图5 装药结构示意图

6 材料与设备

6.1 材料

本工法所需的材料见表1。

主要材料 表1

序号	名称	备注	序号	名称	备注
1	雷管	非电毫秒雷管	3	蓄势聚能装置	PVC水管制成
2	炸药	粉状硝铵炸药或各种炸药	4	孔口堵塞材料	钻孔岩屑制成

6.2 机具设备

本工法的主要施工机具设备见表2。

主要施工机具设备 表2

序号	设备名称	设备型号	单位	数量
1	全自动定长裁切管机	YS-160	台	1

7 质量控制

7.1 质量控制依据

(1)《土方与爆破工程施工及验收规范》(GB 50201—2012)。

(2)《公路路基施工技术规范》(JTG F10—2006)。

(3)《公路隧道施工技术规范》(JTG F60—2009)。

(4)《公路工程质量检验评定标准》(JTG F80/1—2004)。

(5)《建筑边坡工程技术规范》(GB 50330—2002)。

7.2 质量控制要求

(1)炮孔成孔应用钻头上下清孔,清孔后应用孔塞或高出岩面的 PVC 套管进行保护。

(2)PVC 蓄势聚能装置应注满水,上下封口盖应用胶水黏牢密实,蓄势聚能装置运输、安装时应保护好,不得碰破漏水导致炸药受潮失效。

(3)在装药前 2 ~ 3h 制作好蓄势聚能装置,以避免影响装药工效。

8 安全措施

8.1 执行安全标准、规范

(1)《爆破安全规程》(GB 6722—2011)。

(2)《公路工程施工安全技术规程》(JTJ 076—95)。

8.2 安全管理措施

本工法除按所爆破对象工程安全管理措施外,针对蓄势聚能装置爆破施工特点,为确保安全,需要增加以下安全措施。

(1)防止设备漏电。为防止 PVC 管切割机用电设备出现漏电,在开机及操作前应对设备安全性能和施工环境进行检查。

(2)正确操作 PVC 管切割机和炮泥机。

①PVC 管切割机设置有砂轮片,工作时不得用任何工具或棍棒伸进砂轮片下,更不得将手伸进砂轮片下,防止出现意外。

②在对 PVC 管进行切割时,需谨慎操作,以防伤害操作人员。

③操作切割机操作杆应试触、缓慢操作,切勿将操作杆瞬间压下,尽量让切割机平稳运行,以减小瞬间冲击荷载延长设备使用寿命。

④在维护、检修切割机时,应挂好警示牌,以防他人误操作。

(3)做好孔口堵塞。应严格控制炮孔顶部炮泥堵塞长度。炮泥可增加爆破作用时间,也可抑制飞石飞得过远的作用。为充分发挥这种双重作用,炮泥堵塞长度应为 $L_d = (25 \sim 40)D$ 左右。

(4)加强安全教育和培训。对施工作业人员加强安全教育和技能培训,提高应对和防范安全隐患的意识和能力。

(5)对爆破器材的领取、运输、使用要遵照民用爆炸物品管理条例和爆破安全规程的规定和要求。

(6)装药前仔细检查导爆管、炸药、爆破器材有无质量问题;起爆前认真检查起爆网络连接情况;爆破后详细检查有无残炮、盲炮情况。

9 环保措施

9.1 噪声控制

(1)严格执行《建筑施工场界噪声限值》(GB 12523—2011),控制和降低施工机械和运输车辆造成的噪声污染。

(2)加强教育,提高环保意识,采取措施保护环境和实行文明施工,减少对非开挖面植被的破坏。在居民区附近施工,对噪声较强的施工机械要采取隔声措施,尽可能避免扰民。

(3)钻孔作业是应注意防尘。钻孔操作人员须按规定佩戴防尘面罩或口罩和隔声耳塞等防护用品,防止听觉受损。

(4)出渣开挖时可适当洒水,尽量降低岩石粉尘对大气的污染。

9.2 污染控制

(1)如在通风不良的环境下施工,应采用湿式凿岩方法,并按规定使用防护用品,避免致尘肺病或损害呼吸道功能。

(2)加强教育,严防爆破后石渣运输过程中出现严重撒、漏、扬尘等污染。

(3)施工现场所修筑的便道应采取限速、洒水、除尘等措施,控制扬尘。

(4)井、洞、孔、地下空间、隧道等施工环境中须采用大功率的鼓风机进行送风,并做好污水沉淀净化、消污排放措施。

10 资源节约

蓄势聚能深孔爆破施工方法与常规深孔爆破施工方法相比,具有施工工期短、炸药使用量低、炸药能量利用率高、成本费用低、安全质量有保证、工效高、节能环保、施工投入经济合理等优点,在节能减排方面具有很好的优势。

(1)在深孔爆破中使用蓄势聚能爆破理论研制的装置,根据力学原理,发挥水的不可压缩性的优点,增加爆破有益能,减少爆破能量有害能,合理有效提高炸药爆炸能量利用率。

(2)配置蓄势聚能装置使深孔装药操作简便易行,减少炸药量,提高施工效率。

(3)合理利用工人冗余时间,将工序准备工作前移,减少现场施工工作时间。

11 效益分析

深孔蓄势聚能装置爆破与常规深孔爆破比较,该方法可节约20% ~30%的炸药,按市场炸药销售价格,经测算,100万m^3石方爆破约可节省100万元炸药成本,大大提高了露天深孔爆破的经济效益。

本工法与常规深孔爆破方法爆破效果对比见表3。

爆破效果统计(单孔) 表3

爆破项目	爆破参数						主要考核指标			
	炮眼深度(m)	孔径(mm)	装药长度(m)	间隔长度(m)	装药量(kg)	炸药单耗(kg/m^3)	破碎程度	岩坎根底	振动	粉尘
常规深孔爆破	16.5	115	12	0	125	0.4	大块率高	较多	较大	较大
蓄势聚能爆破	16.5	115	10	2	100	0.3	大块率低	较少	较小	较小

在社会效益方面,蓄势聚能深孔爆破施工方法与常规深孔爆破施工方法相比,具有以下优点:

(1)可以缩短施工工期,在条件具备的情况下可以使工程提前进入运营期,发挥社会效益。

(2)炸药使用量低、炸药能量利用率高,一定程度上达到节能减排的效果。

(3)在爆破时减少对周边建筑物的振动影响和起爆后雾化除尘等方面具有很好的优势,对周边结构物安全和作业人员职业健康都有良好的保护作用。

12 应用实例

12.1 工程实例一

沪昆客运专线贵州段 CKGZTJ－4 标二工区起讫桩号为 DK564＋903～DK578＋420，正线长度 13.5km，区间路基土石方 35.1 万 m^3，凯里站场土石方 321.8 万 m^3，其中凯里站场土石方施工爆破时均采用深孔蓄势聚能装置爆破方法，节省炸药约 320t，缩短工期约 15d，节约施工成本约 266.4 万元。

12.2 工程实例二

福建省莆田至永定高速 A5 合同段起点 K27＋900 位于安溪县剑斗镇东阳村，建鼓旗山隧道穿过鼓旗山，经坂仔、岐阳村，在漳泉肖铁路南侧建车罗山隧道，经路磁溪大桥横跨路磁溪至合同段终点 K35＋000，合同段右线贯通长度为 7.1km，沿线有路基挖方 39.5 万 m^3，填方 45.8 万 m^3。其中对于深挖路堑，挖方高度 $h \geq 20m$ 的深挖路段大约 20 万 m^3，施工爆破时采用深孔蓄势聚能装置爆破，节省炸药约 20t，缩短工期约 10d，节约施工成本约 23.8 万元。

流变地层大型地铁车站盖挖法立体平行施工工法

GGG(中企)D1167—2013

徐会斌 陈勇书 刘宝许 徐福旺 张叶各
(中交隧道工程局有限公司)

1 前言

随着我国城市化进程的加速,大量的城市地铁在沿海软土地区修建,在这些软土地区地层主要有砂质粉土夹黏土、淤泥质粉质黏土、粉质黏土、粉砂土等,地层具有明显的流变特性。上海市轨道交通11号线与18号线在御桥路站换乘,该换乘车站主体结构为地下三层三柱四跨结构,横向长46.9m,纵向长33.5m,平面面积为1 359.2m^2,开挖深度达26m;工程所处区域地层包括有淤泥、粉质黏土、淤泥质黏土、黏土夹粉砂等,并伴有流沙涌水的特征,属典型的流变地层;地面交通流量大,人口居住密度大,周围建筑物、市政管线密集。地质环境复杂、基坑深度大、车站结构复杂,施工难度极大。

针对上述工程技术难点,中交隧道工程局和西南交通大学联合开展了"流变地层大型地铁换乘车站综合施工技术研究"的专项技术研究。在研究过程中,课题组本着对周围环境的保护原则,并根据流变地层的工程特性,在尽量缩短工期的前提下,对传统的盖挖逆作施工法进行了改进和优化,形成了复合式盖挖施工工法,采用该工法安全高效地完成了上海地铁御桥路站的施工。该方法技术新颖、节省工期,社会效益、经济效益和环保效益显著。

2 工法特点

(1)对传统盖挖法进行改良及优化,负一层与负三层的中柱施工能够形成平行作业,加快施工进度,节省工期。

(2)采用环板撑支撑技术,该体系将基坑的水平推力通过环梁转化为中板的均匀受压轴力,整体刚度大,控制变形好;同时可取消部分水平内支撑,扩大作业空间,材料吊运不受限制,实现安排可靠与施工方便相统一。

(3)优化了水平施工缝位置,便于施工,减少了因逆作法施工引起的施工缝质量通病。

(4)综合应用多种手段进行监控量测,严格控制地表和周围建(构)筑物的变形,确保施工安全。

3 适用范围

(1)流变地层地质条件下地面交通不易疏解、工期要求严格的大型复杂地铁车站施工。

(2)周围环境地层沉降要求控制严格的地铁车站。

(3)结构复杂、施工空间较小的地铁车站。

4 工艺原理

(1)环板撑原理。首先地下连续墙与顶板形成地表支撑体系;其次利用土模技术完成负二层底板的施工,形成环板撑体系;然后进行负一层底板的施工,同时形成环板撑体系。此时,已分别形成三道环板撑,该体系将基坑的水平推力通过环梁转化为中板的均匀受压轴力,整体刚度大,控制变形好。

(2)平行作业原理。应用岩土力学理论、结构力学理论对临时格构柱、水平内支撑的数量及设置位置进行优化,结构顶板及负二层底板所产生的荷载主要由临时格构柱承受。此时以负二层底板为施工平台展开了两个工作面同步施工:一是负二层底板上部的结构(负二层结构立柱、侧墙及负一层底板、立柱、侧墙)施工;二是负三层的土方开挖及后续的底板、立柱、侧墙施工。

5 施工工艺流程及操作要点

5.1 施工工艺流程

复合式盖挖施工工艺流程,如图1所示。

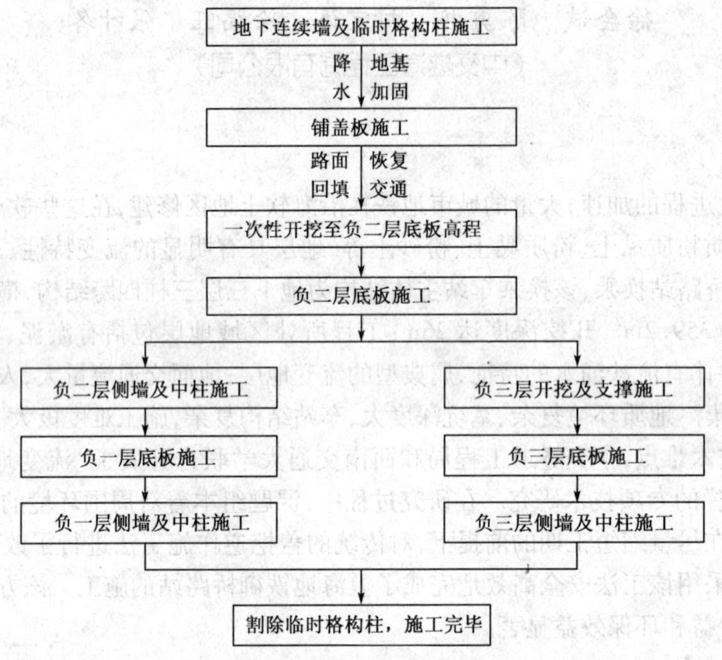

图1 复合式盖挖施工工艺流程图

5.2 操作要点

(1)施作地下连续墙、冠梁、立柱桩、临时格构柱等,进行坑底地基加固,进行基坑降水,如图2所示。

(2)同时开挖换乘段、右侧标准段基坑至第一道支撑中心下0.5m处,架设第一道支撑,如图3所示。

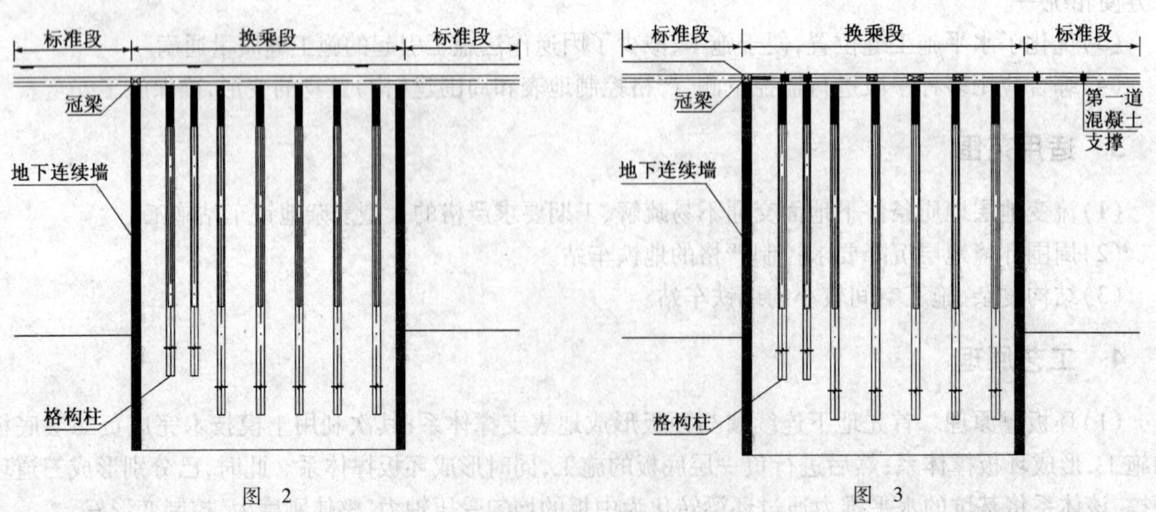

图 2　　　　图 3

(3)开挖换乘段、右侧标准段基坑至换乘段顶板底,施作换乘段顶板及挡土墙,同时架设换乘段明挖区和端头井第二道撑,待结构顶板达到设计强度后,施作顶板防水层及保护层,改移管线至换乘段结构顶板,并覆土恢复路面,拆除第一道支撑,如图4所示。

(4)开挖换乘段、右侧标准段基坑至第三道支撑中心下0.5m处,架设第三道支撑,如图5所示。

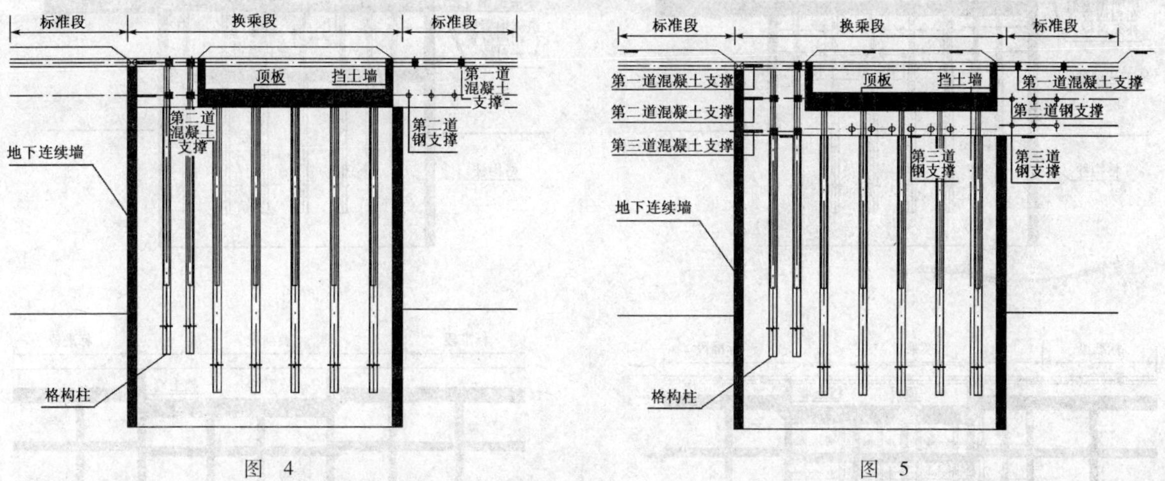

图 4　　　　图 5

(5)开挖换乘段、右侧标准段基坑至第四道支撑中心下0.5m处,架设第四道支撑,如图6所示。

(6)开挖基坑至换乘段、右侧标准段负二层板底,施作负二层底板,待负二层底板强度达到设计值后开始开挖标准段基坑,如图7所示。

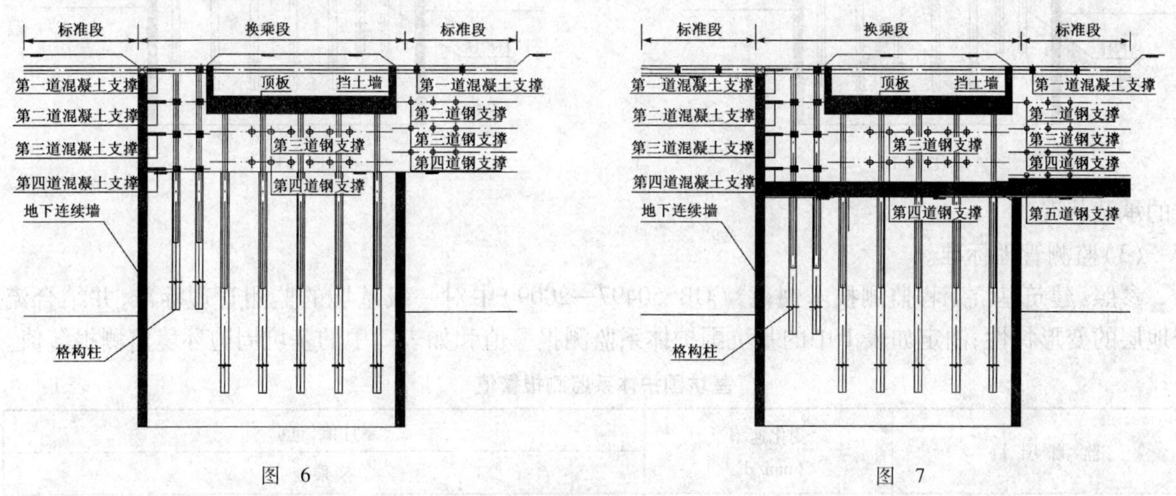

图 6　　　　图 7

(7)负二层侧墙及中柱施工,形成第一道环板撑;同时负三层开挖,设置第五道、第六道支撑,挖至底板高程;左侧标准段开挖,设置第二道、第三道钢支撑;右侧标准段施作内部结构,如图8所示。

(8)负一层底板施工,同时进行负三层底板施工;左侧标准段继续开挖,设置第四道、第五道支撑;完成右侧标准段内部结构,如图9所示。

(9)负一层侧墙及中柱施工,形成第二道环板撑;同时负三层侧墙及中柱施工,形成第三道环板撑;完成左侧标准段内部结构,如图10所示。

(10)割除格构柱并清理相应材料,施工完毕,如图11所示。

5.3 施工监测

(1)在项目开工前,应编制详细的施工监测方案,内容包括:监测方案编制的依据与原则、监测目的及监测内容、监测点的布设与保护、监测技术方案及监测管理等。

(2)在复合式盖挖施工工法中,监测内容除应包括墙体倾斜、墙顶沉降及水平位移、支撑轴力、地表及建筑物沉降、钢构柱隆沉、基坑外地下水位、管线沉降等外,还需监测钢构柱的内力,以及时掌握格构

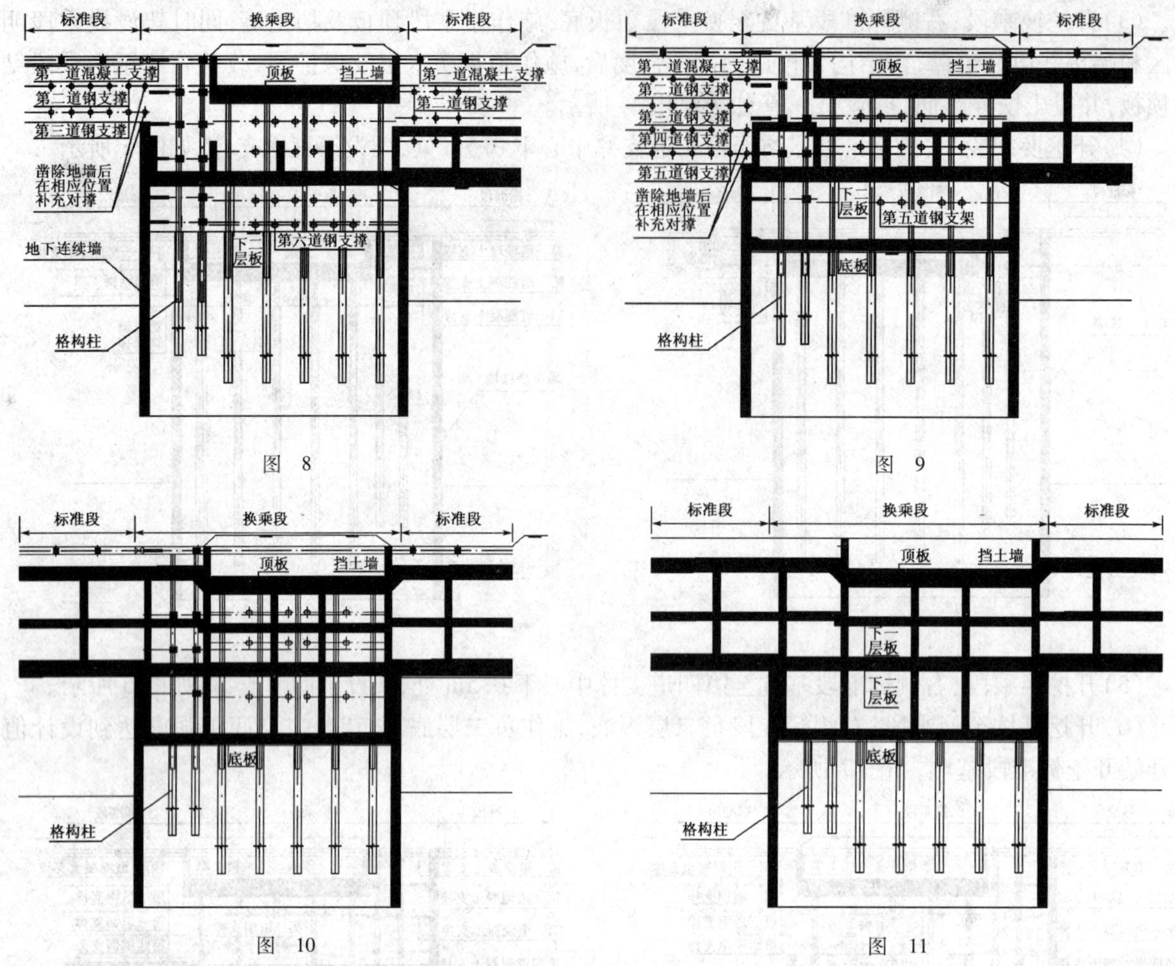

图 8　　图 9　　图 10　　图 11

柱的承载状况。

(3)监测管理标准。

参照《建筑基坑工程监测技术规范》(GB 50497—2009)中对一级基坑的监测管理标准，并结合流变地层的变形特性，制定如表1中的基坑围护体系监测报警值和如表2中的基坑周边环境监测报警值。

基坑围护体系监测报警值　　表1

监测项目	变化速率(mm/d)	累计值(mm)
		换乘处
围护墙顶变形	2	28
墙体测斜	2	47
地面最大沉降	2	39
钢构柱隆沉	2	20
支撑轴力	设计控制值的80%	
钢构柱轴力	设计控制值的80%	

基坑周边环境监测报警值　　表2

控制值 / 监测对象	变化速率(mm/d)	累计值(mm)	备注
煤气、供水管线	2	10	刚性管道
通信管线	5	10	柔性管道
坑外地下水位	300	1 000	
邻近建(构)筑物位移	3	20	

5.4 施工注意事项

(1)流变地层中存有微承压水层及承压水层,在基坑施工过程中,严格按降水设计及施工组织设置疏干井、降压井或观察井,并进行监测实施信息化管理,避免发生基底冲顶、涌水、涌砂等严重事故。

(2)地下连续墙施工时,应严格控制成槽质量与泥浆质量,控制好成槽的垂直度,防止槽壁坍塌,避免墙体偏斜造成侵界;同时处理好槽段间的接头,控制锁口管施工质量,避免槽段接头处发生渗漏水。

(3)结构的水平施工缝是采用复合式盖挖施工工法的关键部位,施工接缝混凝土时,一方面应在混凝土中加入适量微膨胀剂,并充分凿毛接触面;另一方面,应预埋注浆管,后期进行补注环氧树脂,防止结构渗漏水。

(4)主体结构施工时,各种材料、机具吊运困难,需要人工做大量转运工作,在施工过程中,应经常检查,避免错用材料,细部出错;同时,测量人员应精确做好高程传递,放样复核等工作。

(5)换乘段钢构柱数量多,间距小,基坑开挖、内支撑架设及拆除、主体结构施工都受到很大限制,应增加出土口、保证外运车辆数量,确保基坑开挖进度;增加作业机械数量、内支撑作业人员数量,开辟两个或多个工作面进行施工,确保内支撑施工质量与安全。

(6)在主体结构施工前,应规划好模板的尺寸及数量、充分考虑格构柱对钢筋绑扎的影响,确保施工进度;在适当位置,增加临时或固定安全照明灯具。

(7)换乘段施工增加了负一层侧墙(柱)与顶板、负三层侧墙(柱)与负二层板间的水平施工缝。为防止施工缝渗漏水,在混凝土浇筑前,需将接触面凿毛;浇筑最后10~20cm接缝混凝土时,需在混凝土中添加适量微膨胀剂;同时在柱顶或墙顶接缝处预埋注浆管,后期压注环氧树脂,达到防水目的。

(8)因换乘段盖挖法施工限制,板、柱、梁的混凝土浇筑不能采用常规的地面泵送法施工,应该采用地泵浇筑换乘段结构混凝土。

(9)充分认识流变地层中地铁换乘站的施工风险,应针对施工中潜在的风险制订详尽的应急预案,并配备足够的应急物资和应急机械,险情事故一旦发生,应能立即启动应急处理程序。

5.5 劳动力配置

本工法的劳动力配置见表3。

劳动力配置 表3

序号	作业工序	主要作业人员	主要施工机械(机具)	人数
1	管理人员	—	—	4
2	技术人员	—	—	4
3	降水	电工、杂工	水泵、水管、电线	6
4	地墙堵漏	堵漏人员,抢险注浆队	灌浆机、注浆机、抢险注浆设备	4
5	挖土	挖机司机	平头小挖机、长臂挖机、加长臂挖机	10
6	土方外运	土方车驾驶员	土方车	按需
7	钢支撑	吊车司机、指挥工、电焊工、杂工	吊车、千斤顶、电焊机	8
8	凿除	凿除作业人员、电工	空压机及配套设备、脚手架材料	12
9	主体结构	混凝土工、钢筋工、木工、电焊工、架子工、电工、吊车司机、指挥工	吊车、地泵、振捣棒	100
10	施工监测	测量工	监测仪器	6
合计				154

6 材料与设备

6.1 使用材料

与普通工法相比,此复合式盖挖施工工法需要在水平施工缝(墙顶、柱顶)预埋注浆管,后期压注环氧树脂,以处理逆作法形成的水平施工缝渗漏与补强。

6.2 机械设备

与普通工法相对,盖挖法浇筑混凝土需采用地泵浇筑。在施工前,将地面泵车停放在浇筑作业面,搭设脚手架,固定地泵铁管;地泵浇筑混凝土容易发生堵管、漏浆等问题,因此在浇筑前,应充分湿润泵管内壁,并检查泵管的密闭性;泵管在延伸时,应固定牢固,减少弯头数量。采用的机械设备见表4。

施工机械设备 表4

序号	设备名称	规格型号	数量	单位	用途
1	平头挖机	EX70CL	6	台	作业面挖土,配合架设支撑
2	长臂挖机	EX300CL	2	台	负一层、负二层地面取土
3	伸缩臂挖机	EX300	2	台	负二层地面挖土
4	履带吊	50t	1	台	负三层地面吊土
5	履带吊	55t	1	台	钢支撑吊装
6	履带吊	70t	1	台	负三层地面吊土
7	汽车吊	25t	2	台	施工材料、机具吊运
8	空压机	$3m^3$	10	台	混凝土凿除,凿毛
9	天泵	ZBC80-50-200R	2	台	浇筑混凝土
10	地泵	HBT90.13.130RS	2	台	浇筑混凝土

7 质量控制

7.1 工程质量控制标准

1)基坑工程

(1)《地基基础设计规范》(DBJ 08-11—99)。

(2)《地基处理技术规范》(DBJ 08-40—94)。

(3)《基坑工程设计规程》(DGJ 08-61—97)。

2)钢结构

(1)《钢结构设计规范》(GB 50017—2003)。

(2)《钢结构工程施工质量验收规范》(GB 50205—2002)。

3)混凝土工程

(1)《混凝土结构设计规范》(GB 50010—2010)。

(2)《混凝土结构工程施工质量验收规范》(GB 50204—2002)。

4)防水工程

(1)《地下工程防水技术规范》(GB 50108—2001)。

(2)《地下防水工程质量验收规范》(GB 50208—2011)。

5)总体质量控制标准

(1)《城市轨道交通工程测量规范》(GB 50308—2008)。

(2)《建筑工程施工质量验收统一标准》(GB 50300—2001)。

(3)《地下铁道工程施工及验收规范》(GB 50299—1999)。

除此之外,复合式盖挖施工工法涉及的且现行规范未规定的主要为环板撑的支撑作用施工质量控制。为实现环板撑的支撑作用,施工前必须经理论分析,数值计算,确定环板撑形式、位置,可达到支撑作用的范围、强度等。施工过程中,严格按经审批的方案进行施工,落实每道工序验收,确保实际与理论相符。

7.2 质量保证措施

(1)盖挖法施工,首先要确保围护结构施工及顶板施工质量,减少盖挖过程中的围护结构渗漏水、变形,顶板的沉降、变形、开裂等,为后续施工开展提供良好基础条件。

(2)下二层板施工尤为重要,这是结构体系的第二道环板撑,也是结构形成一个半封闭框架稳定结构的转折点。下二层板施工完成后,要同时进行板下的结构施工和板下的土方开挖施工,这需要楼板必须满足相应的承载能力。盖挖法施工的结构,内部格构柱密集,结构复杂,出现格构柱与梁、板相交时,要采取合理措施,对梁、板进行加固,对格构柱进行避让。

(3)开挖最后一层土方后,要及时进行垫层浇筑。开挖深度越深大,微承压水层、承压水层的影响越大,为减少涌水、涌砂等意外事故,施工时,应分区开挖,及时封闭,尽早完成底板施工。

8 安全措施

8.1 工程安全控制标准

执行现行国家、地方、行业安全管理有关规范、规程和标准。

8.2 具体措施

(1)保证安全生产,充分做好安全预防工作。安全部门首先组织编制工程项目的《施工现场安全生产保证体系》,并通过相关审查部门的认证;针对各个风险隐患,分别制订专项安全技术方案,做好应急预案,储备应急队伍、应急物资。

(2)对每位新进入工地和转换工种的作业人员进行相应的安全教育、安全培训。加强日常安全宣传,特殊工种的安全检查,每周、每月定期开展安全教育和安全大检查,将风险源及时消除,对危险作业处悬挂安全标牌。

(3)为预防涌水、涌砂,开挖面安排技术员不间断值班,发现渗漏,及时通知堵漏人员进行引流、注浆封堵。

(4)邻边作业、交叉作业,充分做好邻边防护与洞门封堵。

(5)起重吊装、临时用电等风险,严格要求作业人员持证上岗。施工现场安全员全天巡视,做到有人的地方就有人管安全。

9 环保措施

9.1 管理措施

贯彻执行现行国家有关环境保护的各项法律、法规、规范、标准。

9.2 具体措施

1)植被管理措施

严禁破坏原有植被,保护自然环境;确因建设施工需要临时占用绿地、林地等时,应办理相关手续并经当地主管部门批准后方可实施,施工结束后恢复植被原貌。

2)扬尘管理措施

渣土要及时清运;土方运输车辆整洁;土方装卸时,场地必须保持清洁,预防车轮黏带;安装车辆冲洗装置,对离开现场施工车辆严格冲洗;严格按交通、市容管理部门批准的路线行驶;配备专人及设备对场地内道路进行定期洒水清扫。

3)施工废水管理措施

根据施工现场排放废水的水质情况,采用以明沟、集水池为主的临时三级排放系统。

(1)一级排放系统:生活污水较清洁,可直接排入市政污水管。

(2)二级排放系统:以排放雨水为主,水中含泥量较少,可直接排入市政污水管,但必须在出口端设置集水井,拦截水中垃圾。

(3)三级排放系统:排放含泥量较多的水应流入布置在基坑、施工便道旁的沉淀池内,必须经过二次沉淀处理后排入市政污水管,严禁直接排入市政污水管。

4)施工噪声控制

(1)合理布置机械设备及运输车辆进出口,高噪声设备及车辆进出口应安置在离居民区域相对较远的方位;对于高噪声设备附近加设可移动的简易隔声屏,尽可能减少设备噪声对周围环境的影响,施工人员应佩戴耳塞。

(2)运输车辆遵守禁鸣规定,在非禁鸣路段和时间每次按喇叭不得超过0.5s,连续按鸣不得超过3次,避免因交通堵塞而增加的车辆鸣号。

10 资源节约

采用该工法施工时,可以实现上层结构与下层开挖同步平行施工,既加快了进度,缩短了封路时间,减少繁华地带的交通压力,同时又减少了周转材料的使用周期,资源节约明显。

11 效益分析

1)经济效益

本工法成功实现了流变地层中大型换乘车站的快速施工;与传统的盖挖顺作法、盖挖逆作法相比,节约了工期,减少了管理人员、施工人员的投入,因此,复合式盖挖施工显著降低了施工成本,创造了良好的经济效益。同时,复杂的结构能够尽早形成稳定的框架结构,减少风险隐患,杜绝安全事故的发生。

2)社会效益

流变地层中大型地铁车站复合式盖挖法施工,能显著缩短工期,满足相关节点工期要求,取得企业的良好声誉与影响力;复合式盖挖法施工,对地面交通影响小,可在短期内迅速恢复原有交通,对周边居民出行影响小;加之后续在路面下施工,声、光、尘的污染大大减少,利于环境保护,显著提高文明施工程度。

3)技术效益

流变地层中大型地铁车站复合式盖挖施工标志着精心施工组织、理论分析研究、现场与理论结合带来的科学技术进步,也为同行们解决流变地层、结构复杂、工期紧张等难题的中大型车站施工开拓了思路,提供了借鉴,丰富了地铁车站的施工工法。

4)节能效益

本工法可减少水、电、防护设施等的消耗,缩短模板、脚手架等材料的使用时间,加快设备的周转时间;同时可减少噪声、废水、扬尘等对环境的污染。

12 应用实例

12.1 工程实例一

上海市轨道交通11号线北段二期工程起点为长宁区华山路中间风井,终点为罗山路站,线路长约20.887km,设站13座,全部为地下站。御桥路站位于御桥路御青路路口,东西向布置,位于御桥路下,为11号线与规划18号线的十字换乘车站。车站北侧为地杰国际城规划用地,车站施工前为空地,车站南侧御青路以西是陆家嘴集团既有住宅小区及规划用地,御青路以东是地杰国际城既有住宅小区,具体位置见图12。

御桥路站换乘段设计为地下三层三柱四跨结构,平面构造呈“凸”字形;基坑坑底处为⑤$_{-12}$、⑤$_{-2}$灰色砂质粉土夹黏土,属微承压含水层;车站所处区域交通流量大,人口居住密集,周围建筑物、市政管线密集,地质环境复杂、基坑深度大、车站结构复杂,施工难度大。

御桥路站换乘段提出并采用了流变地层中大型地铁车站复合式盖挖施工工法,根据安全可靠、经济合理、技术先进的原则,成功解决了御桥路站道路交通大、管线繁杂、地层高灵敏度、高压缩性,流变性大,基坑底部微承压水层风险、结构复杂、工程量大、工期紧张等一系列难题,在安全、施工进度、效益、节能减排等方面取得了预期的效果。御桥路站换乘段按原设计方案施工成本约 2 185.6 万元,采用该工法施工后实际施工成本为 2 078.8 万元,节约成本 106.8 万元,并节省工期 2 个月。

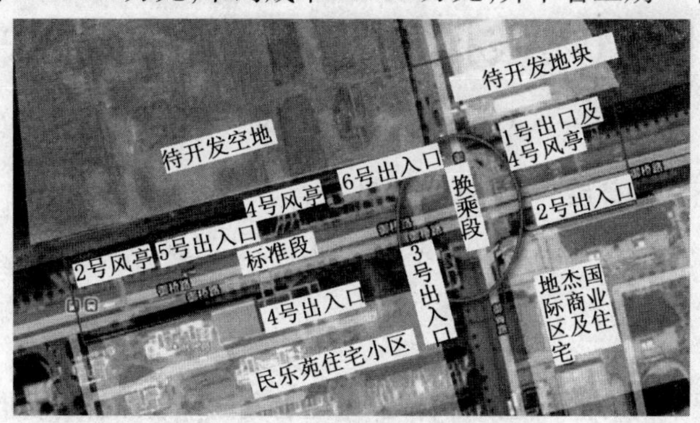

图 12 御桥路站换乘段平面位置示意

实践证明复合式盖挖施工工法适合在流变地层中的大型换乘车站施工中运用,是一项值得推广的施工技术,具有显著的经济效益和社会效益。

12.2 工程实例二

上海轨道交通 11 号线东明路站位于浦东新区三林路与东明路交汇处,车站外包全长 183.56m,车站附属结构包括 4 个出入口及 2 组风井,均为地下一层箱形结构。该站采用了盖挖复合施工工法,减少了占路时间,最大限度地减少了对地面交通的干扰,缩短了施工工期。

该车站施工实践证明:该工法施工方便、施工工期短,造价低,地面干扰少,社会效益和经济效益显著,在今后相同地质条件和类似工况的工程中具有较好的推广应用价值。

12.3 工程实例三

上海轨道交通 11 号线交通大学站是 10 号、11 号两条轨交线的换乘枢纽站,其中 10 号线站部分已建成通车了。由于交大站换乘枢纽工程地处繁华闹市区,周边环境非常复杂。

上海城建集团承建的 11 号线北段二期交大站换乘枢纽工程采用了盖挖复合施工工法,保证了施工工期,降低了施工风险,避免了事故的发生。该车站施工实践证明:该工法技术新颖、节省工期,社会效益和经济效益显著,在今后相同地质条件和类似工况的工程中具有较好的推广应用价值。

隧道爆破振动监测与施工工法

GGG(中企)D1168—2013

邓家胜　荣劲松　陈光宇　陈智　王生林
(中交四航局第一工程有限公司)

1　前言

公路隧道是公路工程结构的重要组成部分之一,随着我国市场经济的发展,公路隧道建筑规模也越来越大,大量既有隧道旁需增设二线或新线隧道,且为充分利用土地,间距相对越来越小,这就存在新建隧道开挖爆破产生的振动有可能引起邻近既有隧道损伤的危险,尤其是在城市进行该类工程爆破施工时,由于人群、构筑物密集,除了要保证工程质量和施工进度外,还必须保证施工区一定范围内的人员与建、构筑物的安全。由中交第四航务工程局有限公司承建的深圳丹平快速路一期工程第五合同段猫公坝隧道,为小净距大跨度三车道隧道,开挖宽度14.885m,开挖高度11.615m,开挖面积159.7m²。其洞口段上跨布吉供水隧道,由于隧道仰拱施工时其开挖轮廓线距离布吉供水隧道顶面最近处仅3.7m,且仰拱的开挖要采用爆破施工。这在隧道施工中非常少见,而且三车道、四车道大断面公路隧道洞口段施工向来是隧道施工中的危险地带,这给我们带来了极大施工难度。

2009年2月中交第四航务工程局有限公司开展科技创新,对隧道爆破振动监测与施工技术进行了研究攻关,成功解决了猫公坝隧道上跨供水隧道段施工技术难题,保证了既有供水隧道的安全,从工期、成本、安全等各方面取得了效益,经认真总结归纳,形成了隧道爆破震动监测与施工工法,并给我们在今后的隧道爆破振动效应灾害的主动控制和降震研究提供了很好的借鉴和参考作用。为《公路隧道施工监测技术规范》的编写,提供有力的实例支撑。

2　工法特点

(1)施工周期短,安全可靠性高,造价低。

(2)通过施工前理论验算分析,控制总药量、单段最大药量及开挖进尺,实现控制爆破振动模拟计算。

(3)通过爆破数据监控及信息反馈,确立后续爆破施工的参数,获得最佳开挖进尺,满足爆速控制与施工进度的结合。

(4)通过爆破监测分析,找出萨道夫斯基经验公式 $V = K(Q^{\frac{1}{3}}/R)\alpha$ 中,系数 K(地形相关系数)、α(地质相关系数)的取值规律,进一步缩小验算时的取值范围,并得出部分围岩下的建议取值。

3　适用范围

本工法适用于上跨下穿相邻隧道爆破施工中对既有隧道结构物安全保护。

4　工艺原理

上跨下穿相邻隧道爆破施工是风险性很大的施工过程,通过萨道夫斯基爆破经验公式 $V = K(Q^{\frac{1}{3}}/R)\alpha$ 的数据回归分析,得出测试条件下的地形系数 K 和地震波衰减指数 α 的值,并由此系数反演得到任意质点振速峰值预测公式和最大(段)允许装药量的控制公式,进而经由后续施工及爆破监测数据加以证明,以便控制施工装药量,保护结构物安全的同时加快施工进度。

5 施工工艺流程及操作要点

5.1 施工工艺流程(图1)

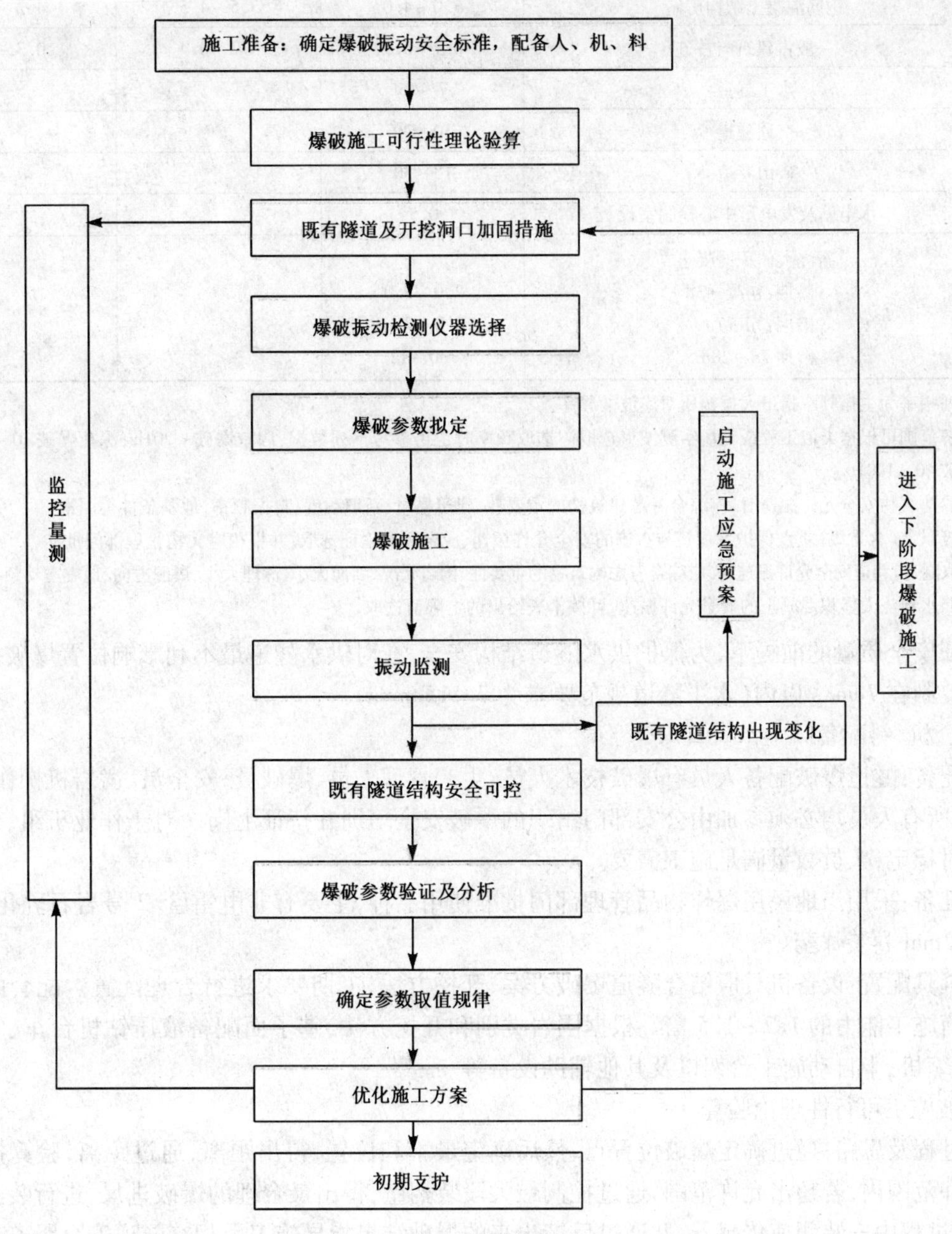

图1 施工工艺流程图

5.2 施工工艺及操作要点

1)施工准备

(1)确定爆破振动施工安全允许标准。

根据《爆破安全规程》(GB 6722—2003)的规定,爆破振动安全允许标准见表1。

爆破振动安全允许标准 表1

序号	保护对象类别	安全允许振动速度(cm/s)		
		<10Hz	10~50Hz	50~100Hz
1	土窑洞、土坯房、毛石房	0.5~1.0	0.7~1.2	1.1~1.5
2	一般砖房、非抗震的大型砌块建筑物①	2.0~2.5	2.3~2.8	2.7~3.0
3	钢筋混凝土结构房屋①	3.0~4.0	3.5~4.5	4.2~5.0
4	一般古建筑与古迹②	0.1~0.3	0.2~0.4	0.3~0.5
5	水工隧道③	7~15		
6	交通隧道③	10~20		
7	矿山巷道③	15~30		
8	水电站及发电厂中心控制室设	0.5		
9	新浇大体积混凝土④ 龄期:初凝~3d 龄期:3d~7d 龄期7d~28d	 2.0~3.0 3.0~7.0 7.0~12		

注:1. 表列频率为主振频率指最大振幅所对应波的频率。

2. 频率范围可根据类似工程或现场实测波形选取。选取频率时也可参考下列数据:洞室爆破<20Hz;深孔爆破10~60Hz;浅孔爆破40~100Hz。

①选取建筑物安全允许振速时,应综合考虑建筑物的重要性、建筑质量、新旧程度、自振频率、地基条件等因素。

②省级以上(含省级)重点保护古建筑与古迹的安全允许振速,应经专家论证选取,并报相应文物管理部门批准。

③选取隧道、巷道安全允许振速时,应综合考虑构筑物的重要性、围岩状况、断面大小、深埋大小、爆源方向、地震震动频率等因素。

④非挡水新浇大体积混凝土的安全允许振速,可按本表给出的上限值选取。

在保证安全质量的前提下,为保护供水隧道结构安全,在对供水隧道最不利影响位置爆破振动速度最好严格控制在7cm/s以内(水工隧道规范要求为7~15cm/s)。

(2)人、机、料配备。

人员配备:隧道爆破配备人员有爆破技术人员、生产管理人员、爆破员、安全员、凿岩机操作手、爆破辅助工等,所有人员均必须参加由公安部门组织的爆破安全培训并持证上岗。对于作业班组、作业人员要保持相对稳定,人员数量满足施工需要。

材料准备:采用当地民用爆炸物品管理部门批准使用品种,主要有非电雷管、2号岩石乳化炸药,炸药采用ϕ32mm卷装炸药。

设备机具配置:设备机具应结合隧道爆破方案、开挖方法、工期要求进行合理配置。配套的生产能力应为均衡施工能力的1.2~1.5倍。根据围岩类别和开挖方法,掌子面配备液压钻机台车、气腿式钻机、空气压缩机、半自动施工台架以及其他辅助设备等。

2)爆破施工可行性理论验算

计算过程及思路:通过确定爆破位置点,然后确定最不利位置,得出距离,通过距离,验算控制爆速是否在允许范围内,若超出允许范围,通过控制最大段装药量,得出最合理的爆破进尺,进行装药爆破施工,在爆破过程中安装测速传感器,并通过反馈出来的爆破结果指导施工。相交隧道安全距离计算简图见图2。

3)既有隧道及开挖洞口加固措施

根据现场观察到的布吉供水隧道洞内情况,此隧道年代较早,衬砌面出现多处裂纹、渗水。为保证该隧道初期支护背后的密实,防止因施工而影响加快裂缝的发展,确保既有隧道的结构、运营和新建隧道施工安全,在隧道爆破施工前完成既有供水隧道加固。加固方法为:在隧道内部加设I20b钢拱架内支撑,加固范围为布吉供水隧洞内距洞门40m范围内(钢拱架间距50cm),钢拱架间设置ϕ22纵向连接筋,连接筋环向间距100cm,喷射一层厚度5cm的C25喷射混凝土。

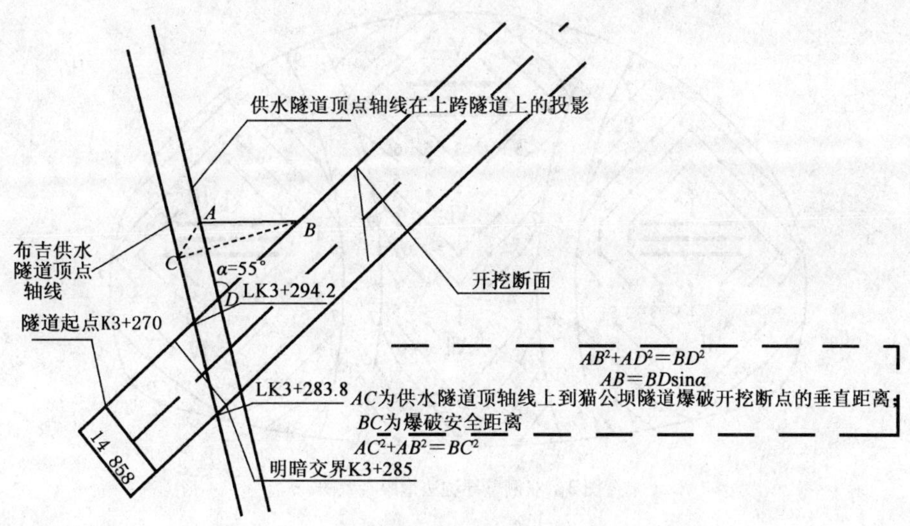

图2 相交隧道安全距离计算简图(尺寸单位:mm)

洞口段因浅埋、偏压等原因,为确保施工安全,同时减少在爆破时对供水隧道的影响,按设计图纸在LK3+286~320段对地表进行砂浆锚杆(ϕ22mm钢筋)加固,锚杆间距120cm×120cm,呈梅花形布置,加固范围为纵向34m,横向自隧道中线两侧各20m。

4)爆破振动监测仪器选择

所选择的仪器必须满足精度要求,在参数上满足监测目的。本项目所要监测的距离较短,所需监测数量较少,经分析采用INV+941B振动监测系统较为经济合理。该仪器读数精度可达到1‰,3通道X、Y、Z三个方向分量并行采集,A/D精度达到16b以上,频响范围包含5~100Hz。

5)爆破参数拟定

地质勘探洞口段围岩为弱~微风化混合花岗岩,受构造影响较轻微,风化及节理裂隙发育,微张~闭合,岩体为大块状砌体结构、碎石状压碎结构或碎块状镶嵌结构。根据洞外试爆结果及围岩偏于硬岩,隧道洞口测点1的K值取150,测点2的K值取100,由于风化及节理裂隙发育,衰减系数α均取1.65~1.8之间。所以,最大用药量介于6.23~5.12kg之间,取5.67kg为宜。

依据《公路隧道施工技术规范》(JTG F60—2009),计算振动速度萨道夫斯基经验公式参数K、α值取值见表2。

爆区不同岩性的K、α值 表2

岩　性	K	α
坚硬岩石	50~150	1.3~1.5
中硬岩石	150~250	1.5~1.8
软岩石	250~350	1.8~2.0

6)爆破施工

通过控制最大段装药量不大于5.67kg,对测点1进行钻爆设计。开挖进尺为1.0m,双侧壁导坑法炮眼布置如图3所示,最大段药量为Q=5.6kg。

控制最大段装药量不大于5.67kg,对测点2进行钻爆设计。上下台阶法炮眼布置如图4所示,开挖进尺1m,最大段装药量掏槽眼约为Q=5.4kg。监测部位点1、2理论振动速度见表3。

监测部位点1、2理论振动速度 表3

爆 破 部 位	最大段药量Q(kg)	测点与爆心距离R(m)(由坐标点算出)	验算理论爆速v(cm/s)
中央处拱顶LK3+285~LK3+286	5.6	13.54	3.87
上台阶LK3+289~LK3+290	5.4	9.72	4.59

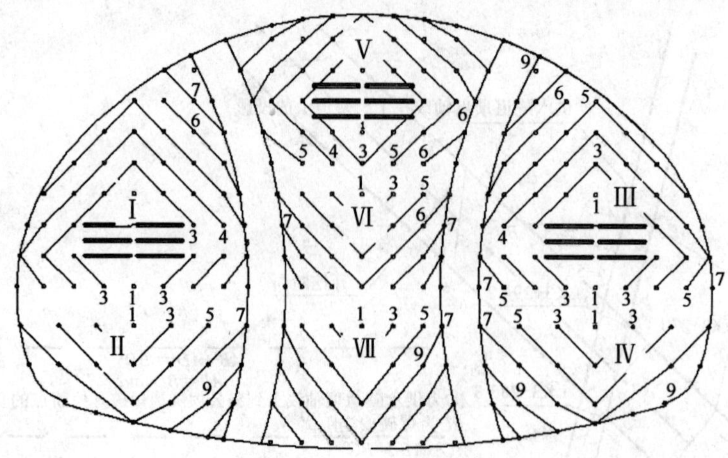

图3　双侧壁导坑法炮眼布置图

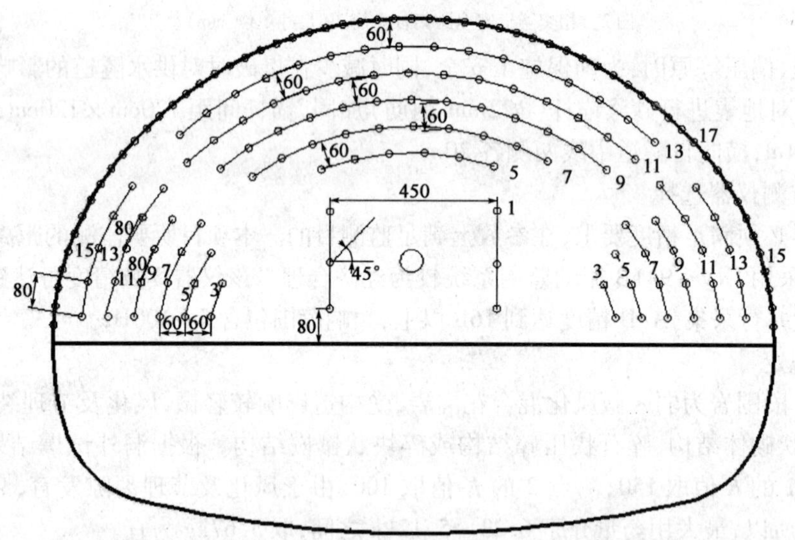

图4　上下台阶法炮眼布置图(尺寸单位:cm)

根据计算,符合爆破振动速度控制标准,可以按照设计方案实施爆破。

7)振动监测

根据安全距离计算简图,确定出每次爆破供水隧道爆破最不利位置,在最不利位置安装测速传感器进行监测。把监测传感器安设在供水隧道拱顶、侧墙、及供水管道上。测点布置如图5所示,各测点时域分析见图6。

8)既有隧道结构出现变化

既有隧道竖向变形控制见表4。当发生既有隧道变形达到预警值时,立即启动紧急处理预案。采取措施如下:

既有隧道竖向变形控制值　　表4

部　　位	预警值(mm)	容许值(mm)
既有隧道竖向位移	8	10

(1)停止开挖施工,封闭所有施工掌子面,加强结构监控量测工作。

(2)组织专家研究造成既有隧道变形过大的原因和相应的控制措施。

(3)根据确定的控制措施重新制订或调整施工工艺和施工组织,进行施工交底,严格落实各项措施,进行开挖施工。

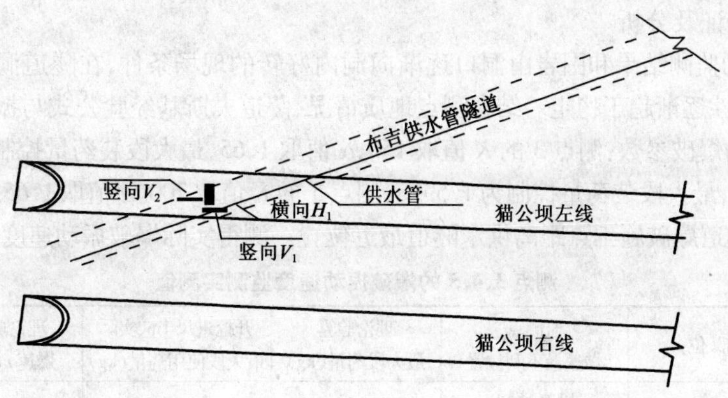

图5 测点布置示意图

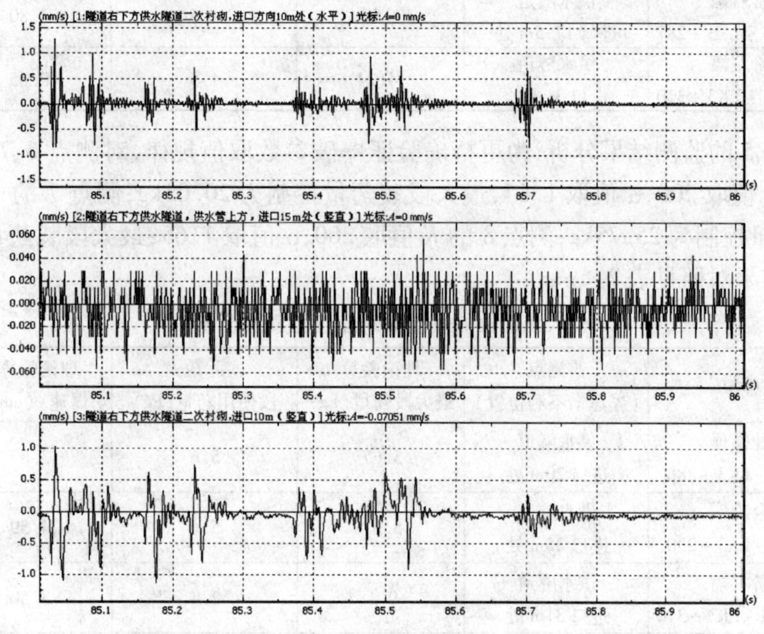

图6 中央处拱顶 LK3 +285 ~ LK3 +286 爆破时各测点时域分析图

(4)既有隧道竖向位移值未得到有效控制,再次重复上述过程直到完全解决既有隧道竖向位移值过大的问题。

9)既有隧道结构安全可控

根据监测结果,测点1、2 爆破振动速度见表5。

测点1、2的爆破振动速度监测实测值 表5

振动速度监测次序	爆破部位	监测点（爆速最不利位置）	理论验算最大段药量(kg)	实际最大段使用药量(kg)	理论验算的爆速 v(cm/s)	监测得到的爆速 v(cm/s)
1	中央处拱顶 LK3 +285 ~ LK3 +286	供水隧道进口20m 处	5.67	5.6	3.87	0.22
2	上台阶 LK3 +289 ~ LK3 +290	供水隧道进口25m 处	5.67	5.4	4.59	0.98

根据两个监测结果,得出如下的结论:

(1)0.22/3.87 =0.06,0.98/4.59 =0.21,可以看出,由于洞口围岩破碎,振动速度在传递过程损失较快,越远越明显。

(2)测点的布置对结果影响比较大,不排除由于测点固结不好,影响了监测结果的准确性,造成监测的结果比理论值差别较大。

10)爆破参数验证及分析

根据测点1、2的监测结果和围岩由洞口逐渐向洞内好转的现场条件,在隧道洞口,围岩成分复杂,较洞内差,洞内围岩特性逐渐趋于稳定。结合测点地质情况、萨道夫斯基经验公式与振动速度控制要求。初步确定测点3、4、5的爆破参数:测点3的K值取150,α值取1.65,最大段装药量控制为9.1kg;测点4的K值取100,α值取1.8,最大段装药量控制为1.59kg;测点5的K值取200,α值取1.65,最大段装药量控制为14.24kg;测点4为隧道爆破施工点距离供水隧道最近位置。测得实际爆破振动速度见表6。

测点3、4、5的爆破振动速度监测实测值 表6

振动速度监测次序	爆破部位	监测点(爆速最不利位置)	理论验算最大段药量(kg)	开挖进尺1m,实际最大段使用药量(kg)	理论验算的爆速v(cm/s)	监测得到的爆速v(cm/s)
3	下台阶右幅 LK3+308.5~LK3+310	供水隧道 进口31m处	9.1	2.4	1.12	1.02
4	下台阶右幅 LK3+285.5~LK3+287	供水隧道 进口17.5m处	1.59	1.5	4.80	6.03
5	下台阶左幅 LK3+308.5~LK3+310	供水隧道 进口31m处	14.24	1.5	0.65	1.52

根据测点3、4、5的监测结果分析,为更精确验证爆破参数取值规律,对测点6、7、8进行验算、监测分析。测点6的K值取200,α值取1.65,最大段装药量控制为20.03kg;测点7的K值取200,α值取1.65,最大段装药量控制为25.75kg;测点8的K值取200,α值取1.65,最大段装药量控制为33.87kg。理论与实际监测结果对照见表7。

八个部位的爆破振动速度监测实测值 表7

振动速度监测次序	爆破部位	监测点(爆速最不利位置)	理论验算最大段药量(kg)	实际最大段使用药量(kg)	理论验算的爆速v(cm/s)	监测得到的爆速v(cm/s)
1	中央处拱顶 LK3+285~LK3+286	供水隧道 进口20m处	5.67	5.6	3.87	0.22
2	上台阶 LK3+289~LK3+290	供水隧道 进口25m处	5.67	5.4	4.59	0.98
3	下台阶右幅 LK3+308.5~LK3+310	供水隧道 进口31m处	9.1	2.4	3.50	1.02
4	下台阶右幅 LK3+285.5~LK3+287	供水隧道 进口17.5m处	1.59	1.5	4.82	6.03
5	下台阶左幅 LK3+308.5~LK3+310	供水隧道 进口31m处	14.24	1.5	1.88	1.52
6	下台阶左幅 LK3+310~LK3+311.5	供水隧道 进口32m处	24.3	2.4	1.55	1.34
7	下台阶左幅 LK3+313~LK3+314.5	供水隧道 进口33m处	25.75	2.4	1.36	1.23
8	下台阶左幅 LK3+316~LK3+317.5	供水隧道 进口35m处	33.86	2.4	1.17	1.21

由表7中可知,爆破监测过程中,理论验算爆破和实际测得爆破越来越接近,且监测过程中最大爆破振速(爆破施工中最不利位置)没有超过规范要求的7~15cm/s。说明验算、爆破参数取值及施工监测方案是正确可行的。

11)确定爆破参数取值规律

《公路隧道施工技术规范》(JTG F60—2009)中,采用萨道夫斯基经验公式计算振动速度,取值系数K(地形相关系数)、α(地质相关系数)范围过大,不同岩性的K、α值会随围岩破碎发育不同而不同,研究发现,围岩岩性越硬,K取偏小的值;围岩节理裂隙越是发育,α值取较大的值;在风化严重、破碎带段,K值取值区域要较高于α值一个区域。在围岩趋于稳定下,结合爆破监测分析,对于岩基本质量指标修正值[BQ]值约为300的弱风化混合花岗岩，建议爆破施工时，K值取200，α值取1.65比较合理。

(1)优化施工方案。根据监测结果确定的取值规律，在爆破施工过程中，将控制爆破与开挖方法结合起来，确定最佳开挖进尺，在实现控制爆破振动的同时，加快施工进度。

(2)初期支护。爆破开挖完成后，采用自卸汽车将石渣运输至洞外，初喷混凝土，架立型钢拱架，钻设锁脚锚杆及径向锚杆后复喷混凝土至设计厚度，及时完成初期支护闭合支护。

(3)监控量测。大断面隧道施工中，尤其在洞口段，监控量测至关重要的，量测项目主要有洞内外观察、衬砌前净空收敛、拱顶下沉、地表沉降。监控量测是监视围岩和支护稳定性的重要手段，可以更精确更迅速地了解围岩的动态变化，判定其稳定性，从而保证施工安全，见表8。

监控量测项目、方法与频率 表8

序 号	量 测 项 目	初 测 时 间	监 测 频 率	量测方法或仪器
1	洞内外观察	掌子面开挖后立即进行	1次/循环	现场观测、 地质罗盘
2	施工结构情况观察	衬砌浇筑后立即进行	随时进行	目测
3	地表沉降	超前工作面20~30m	开挖1周内，2次/d； 1~2周，1次/d； 2~4周，1次/2d； 4周之后，1次/7d	水准测量方法， DSZ2水准仪、水准尺
4	拱顶下沉	距开挖面5~10m	开挖1周内，2次/d； 1~2周，1次/d； 2~4周，1次/2d； 4周之后，1次/7d	DSZ2水准仪、水准尺
5	衬砌前净空收敛	距开挖面5~10m	同拱顶下沉	收敛仪、DSZ2水准仪、水准尺

监测量测结果分析及应用：

(1)量测最大位移值或累计位移值超出规范允许相对位移值时，围岩(衬砌)处于不稳定状态，应立即启动应急预案。

(2)隧道内水平收敛(拱脚附近)速度小于0.2mm/d，拱顶下沉速度小于0.15mm/d，或收敛量已达到总收敛量80%以上时，围岩基本稳定，可以进行二次衬砌施工。

5.3 劳动力组织

根据本工程特点和工程量情况，进场总人数为142人，在施工过程中根据工程需要适时调整，配置劳动力资源见表9。

劳 动 力 组 织 表 表9

序号	单 项 工 程	人数(人)	工 作 内 容
1	技术管理人员	7	负责技术服务、爆破监测
2	开挖班	50	管棚打设、隧道开挖、钻孔、装药、爆破等
3	喷锚班	32	钻孔、锚杆、喷混凝土、挂网、注浆
4	电焊工	8	焊接型钢拱架、钢格栅拱架、连接钢筋、小钢管
5	钢筋加工班	12	型钢、钢管加工
6	运输班	8	运土、石块出洞到弃渣场
7	杂工班	6	扒渣、物料倒运、场区卫生等
8	电工	6	电气设备安装、维修等
9	保卫	6	值班安全保卫
10	后勤	3	负责职工生活
11	机修班	4	机械检查、维修
合计		142	

6 材料与设备

(1)本工法无需特别说明的材料，主要材料及使用部位说明见表10。

主要材料表 表10

工程项目			单位
初期支护	混凝土	C25 喷射混凝土	m^3
	仰拱部模筑混凝土	C30 混凝土	m^3
	网片	ϕ6.5 钢筋网	t
	连接钢筋	ϕ22	t
	锚杆	ϕ25 中空注浆锚杆	t
		ϕ22 砂浆锚杆	
		ϕ25 砂浆锚杆	
	钢架	I20b 型钢钢架	
超前支护	超前锚杆	ϕ22 砂浆锚杆	t
	超前小导管	$\phi42 \times 6$mm	
	洞口长管棚	$\phi108 \times 6$mm	
	水泥砂浆	M30	m^3
	水泥砂浆	M25	
临时支护	喷混凝土	C25	m^3
	砂浆锚杆	M25 水泥砂浆	m^3
		ϕ22	t
	型钢钢架	I14	t
		I22b	
	超前锚杆	ϕ25	t
	纵向连接钢筋	HBR335	t
	钢筋网片	ϕ6.5 钢筋网	t
爆破器材	2 号岩石乳化炸药	$\phi32 \times 200$mm	kg
	非电雷管	5m、7m	m

(2)采用的机具设备见表11。

机具设备 表11

序号	机具名称	型号	数量(台)
1	风动凿岩机	YT28 型	50
2	电动空压机	$20m^3/min$	4
3	多功能组合式凿岩台车	自制	2
4	侧卸式装载机	ZL-50C	1
5	挖掘机	PC300	1
6	变压器	S9-500kV · A	1
7	注浆机	KBY-50/70	2
8	混凝土喷射机	PZ-5A	4
9	钢筋弯曲机	GW40-1	1
10	钢筋调直机	GJ4-14/4	1

续上表

序 号	机具名称	型 号	数量(台)
11	自卸汽车	XC3320	3
12	推土机	TY-220	1
13	振动监测设备	INV +941B	1

7 质量控制

7.1 工程质量控制标准

(1)《公路隧道施工技术规范》(JTG F60—2009)。

(2)《公路工程质量检验评定标准》(JTG F80/1—2004)。

7.2 允许偏差

(1)炮眼布置控制标准见表12。

炮眼布置允许偏差 表12

序 号	项 目	允许偏差(cm)	检查频率	检验方法
1	钻孔深度	±10	每个炮眼	用钢尺
2	掏槽眼位置	5		用钢卷尺
3	辅助眼位置	5		用钢卷尺
4	周边眼位置	5		用钢卷尺

(2)初期支护钢拱架控制标准见表13。

钢拱架允许偏差 表13

序 号	项 目	允许偏差(mm)	检查频率	检验方法
1	中线	20	每榀格栅	用钢尺
2	高程	+20		用水平仪
3	同步	±50		用钢尺
4	环向闭合	±100		用钢尺
5	垂直度	20		锤球、钢卷尺

7.3 质量控制措施

1)爆破施工质量控制

(1)钻爆作业严格按爆破设计图进行钻眼、装药、接线和引爆。

(2)钻眼前按设计爆破图用红油漆标出炮眼位置及开挖轮廓线,经检查符合设计要求后才可钻眼。

(3)钻眼符合下列要求:按照炮眼布置图正确钻孔;掏槽眼眼口间距误差和眼底间距误差不大于5cm;辅助眼深度、角度按设计施工,眼口排距、行距误差均不得大于10cm;钻眼完毕,按炮眼布置图进行检查,并做好记录,有不符合要求的炮眼重钻,经检查合格后,装药起爆。

(4)装药分片分组,按爆破技术参数及炮孔布置规定的单孔装药量、雷管段分别“对号入座”。装药前将炮眼内泥浆、石粉吹洗干净。所有装药的炮眼均堵塞炮泥,仔细连线并检查有无漏连现象。

2)初期支护质量控制措施

(1)钢支撑施工质量控制措施。钢支撑的施工质量包括钢支撑本身的材料质量、加工质量和安装质量。

①所有材料进场,都必须按规定进行进场检查,符合相关要求后方可入场使用,确保材料本身的材质合格。

②严格按照设计图纸进行加工,误差控制在规范要求以内,主要包括型号、规格、加工尺寸、钢支撑的强度和刚度、焊接质量、节段长度等。

③严控安装质量,加工再好,安装不到位,一样起不到承力的作用。施工时,主要控制好安装尺寸,包括高程、间距;安装倾斜度,包括平面和纵面;钢拱架的连接与固定质量,包括钢拱架节段间的连接、钢拱架与锚杆的连接、钢拱架基础的牢固情况及钢拱架与围岩的密贴情况等。

(2)锚喷支护施工质量保证措施。锚喷支护施工质量主要包括锚杆的加工质量、安装质量及喷射混凝土原材料质量和喷射施工质量。

①锚杆的加工质量主要包括规格、型号、抗拉强度、延展性、弹性,以及长度、锚杆车丝、热锻、焊接质量等,要符合设计和规范要求。

②锚杆的安装质量主要包括锚杆间距、排距及钻孔的深度、角度、直径、孔形、冲孔质量、吹孔质量以及锚杆入孔深度、注浆饱满度等。

③喷射混凝土的质量主要包括混凝土的原材料质量是否满足设计要求,配合比是否满足规定的配合比要求。

④混凝土喷射施工质量主要包括喷射面的清洁度、喷射厚度、喷射混凝土表面的平整度、喷射混凝土的养护等。施工过程要严格控制,确保施工质量。

8 安全措施

(1)认真执行《中华人民共和国安全生产法》、《广东省安全生产条例》、《深圳市安全管理条例》等建筑行业有关安全生产的法律法规、规章,制定详细的安全管理体系和制度,确保施工过程的安全。

(2)爆破、量测人员和专职安全员,必须经过专业培训并取得证书,持证上岗。

(3)对施工人员进行进场培训教育,增强自我保护能力;专项工程开工前,对施工人员进行专项施工安全技术交底。定期进行安全演习,提高突发事故处理能力。

(4)危爆火工品严格按《爆破安全规程》(GB 6722—2003)及深圳市公安部门要求,用多少领多少,坚持审批签字手续。洞内爆破时,必须统一指挥,所有人员应撤至不受有害气体、振动及飞石伤害的地点,安全距离大于200m。

(5)爆破后必须经过通风排烟,且至少相距15min以上,才准安全检查人员进入工作面。经过检查和处理确认安全后,其他施工人员才准进入工作面。

(6)瞎炮处理必须设立警戒区,瞎炮必须由原爆破手按规定处理。视情况确定具体处理方法:将引线或电线重新接好,再行起爆,严禁打残眼;在距瞎炮0.6m处打一平行炮眼诱爆,但必须注意岩层节理情况,在打眼地点不得有连通瞎炮的裂缝;安全妥善地取出堵塞物,重装药起爆。

(7)爆破器材加工,在远离洞口100m外的加工房中进行。

(8)加强洞内外三管两线的管理,防止漏电、漏风伤人。实行动态安全管理,安全员巡视工地,及时排除险情。

(9)在施工现场,操作人员应穿工作服,戴防尘口罩、安全帽。

(10)施工现场严格按照当地政府和业主对用电、用火、危险品的使用的安全规定执行,做好防风、防雷、防洪等预防措施。

(11)隧道爆破开挖后及时进行支护施工,围岩量测数据有变或喷混凝土表面开裂、地表出现裂缝时,要视为危险警告信号,必须立即通知施工人员撤离现场,待加固处理后再行施工。

9 环保措施

(1)认真执行《中华人民共和国环境保护法》、《深圳经济特区建设项目环境保护条例》等有关环境保护的法律法规,做好施工过程环境保护。

(2)所有临时设施、场地平整、各种水电、排水管线或沟槽布置及搭设符合要求。开展文明施工,现场合理布置、有序安排，施工机具、材料、设备排放整齐，场地平整，道路、排水畅通。

(3)工地生活垃圾弃置在半封闭的池中，定期掩埋处理；工地设置能冲洗的厕所若干处，派专人清理打扫，并定期对周围喷药消毒，以防蚊蝇滋生，病毒传播。

(4)配置洒水车对施工便道随时进行洒水或其他防尘措施，使不出现明显的扬尘。设置洗车池，出入工地出渣车辆一律经水冲洗后方可上路，避免对外部区域造成泥土及沙尘污染。

(5)含油废水和含砂、石废水分别进行处理，含油废水用隔池去油污，含砂、石废水则由沉淀池将其中固体物料沉淀下来，严禁任意排放。

(6)采取综合治理措施，将噪声大、冲击性强并伴有强烈振动的活动安排在白天进行；车辆途经居住场所时应减速慢行，不鸣汽喇叭；把噪声控制在合理的范围之内。

(7)爆破施工时，应做好以下工作：

①加强工作面的通风，降低有害气体浓度。采用大功率的通风设备，压入式通风，将新鲜空气由软风管送至工作面。

②掌子面放炮后由专人喷洒水雾进行除尘以减少空气中的悬浮颗粒。

③在掌子面50m范围内派专人每2h向洞壁洒水，一方面除尘，一方面降低岩面温度，在洞内空压站处设降温循环水池，并及时用高压水补充，降低空压机产生的热量。

④在满足施工需要的情况下，尽量选择噪声低、振动小的施工机械，对通风机、空压机、凿岩机的操作人员佩戴防声耳塞和耳罩进行个人防护，防止噪声损害施工人员的听觉，以免降低工作效率，影响安全生产。

10 资源节约

(1)建立健全节能减排统计、监测和考核体系、完善相关规章制度和技术政策，使施工中节能减排工作有章可循、有据可依。

(2)根据施工工艺流程，制订合理、有效的节能减耗措施，设置专职小组进行落实、监督。

(3)施工现场分别设定生产、生活、办公和施工设备的用电、用水控制指标，定期进行计量、核算、对比分析，并有预防与纠正措施。

(4)准确计算材料采购数量、供应频率、施工速度等，在施工过程中动态控制。尽量减少二次搬运，钢筋工程尽量采用焊接接头，以节约钢材。加强施工质量的监督和管理，避免出现返工返修。

(5)合理安排施工顺序、工作面，以减少作业区域的机具数量，相邻作业区充分利用共有的机具资源。安排施工工艺时，应优先考虑耗用电能的或其他能耗较少的施工工艺。避免设备额定功率远大于使用功率或超负荷使用设备的现象。

11 效益分析

(1)隧道爆破振动监测与施工技术研究施工工法的应用，不仅保证了隧道洞口段施工的安全，也保证了下部供水隧道的结构安全。与传统的机械开挖相比，在人、机、料投入上都大大降低，不仅提高了施工效率，节约了成本，还大大缩短了整个项目的施工工期。其具体效益分析见表14。

爆破优化施工技术方案与传统人、机开挖施工效益对比 表14

序号	比较项目(开挖洞口至洞内80m)	时间(d)	经济投入(万元)
1	爆破优化施工	约90	约480(造价6万元/m)
2	传统人、机开挖施工	约150	约760(造价9.5万元/m)
效益对比		节约时间约40%	造价降低约36.8%

注：以上比较为同等条件下不同施工方法产生的效益比较。

(2)针对小间距交通隧道爆破安全监测及爆速控制研究，形成一个“施工—监测—计算分析—修正—预告”的循环过程，为今后的隧道爆破振动效应灾害的主动控制和降振研究提供了很好的借鉴和参考作用。

12 应用实例

深圳丹平快速路一期工程第五合同段猫公坝隧道左线南洞口段,上跨布吉供水隧道,开挖宽度14.885m,开挖高度11.615m,开挖面积159.7m^2。隧道仰拱施工时其开挖轮廓线距离布吉供水隧道顶面最近处仅3.7m,开挖时采用爆破施工。施工过程中,采用“隧道爆破振动监测与施工”工法,在建和既有隧道未出现异常情况,支护结构均处于稳定状态,成功解决了猫公坝隧道上跨供水隧道段施工技术难题,保证了既有供水隧道的安全;从工期、成本、安全等各方面取得了效益。左线南洞口段(80m)工程于2009年9月开始施工,12月完工。

隧道全长黏结型特长锚杆施工工法

GGG(中企)D1169—2013

杨家松 刘士恩 沙宗天 杨龙伟 张清泉
(中铁二局股份有限公司)

1 前言

锚杆作为一种重要的支护措施,在隧道及地下工程、边坡工程、煤矿工程等众多领域应用十分广泛,现已发展出多种形式,但就力学性能和耐久性而言,全长黏结型砂浆锚杆在不良地质条件及大型地下工程、边坡工程中仍具有较大的优势,使用也最为广泛。然而对该类锚杆而言,特别是6m及以上的锚杆,在锚杆的上仰角度较大时,如何保证砂浆锚杆的灌浆饱满度和密实度,其施工工艺仍是该类锚杆施工的突出问题。砂浆锚杆施工传统工艺有先插杆后灌浆和先灌浆后插杆两种方式,前者要设置排气管与注浆管,且注浆管容易堵塞,不但砂浆饱满及密实度达不到要求,而且工艺烦琐;而后者在上仰角(拱顶附近)较大的部位施工时,浆液易流失或锚杆插入困难等工艺缺陷,也经常导致锚杆加固效果减弱。中铁二局股份有限公司依托锦屏二级水电站引水隧洞工程的软岩施工技术课题研究,对9m特长砂浆锚杆的施工工艺进行了系统的研究及运用总结,经完善形成了本工法,以便类似工程推广应用。

2 工法特点

(1)灌注稠浆,不易流失,勿需止浆塞,从源头上保障了浆液饱满度和密实度。

(2)人工配合机械顶入杆体,利用机械动力,完成杆体安装,操作方便,安装效率高。

(3)上仰孔(>45°),尤其是拱顶锚杆安装质量得到有效保证。

(4)锚杆无损检测,质量可控。

3 适用范围

本工法适用于大型隧道及地下工程中的全长黏结型特长砂浆锚杆施工,锚杆长度为6~9m。

4 工艺原理

采用先灌浆再插杆工艺。配制低水灰比稠浆保障浆液不从孔内流失;高压砂浆泵灌注浓浆;机械臂提供动力顶入锚杆;最终完成安装。

5 施工工艺流程及操作要点

5.1 施工工艺流程

特长砂浆锚杆安装施工工艺流程如图1所示。

5.2 操作要点

1)施工准备

(1)组建施工班组、进行岗位培训、做好技术交底。

(2)做好材料采购、设备选型与配置等准备工作。

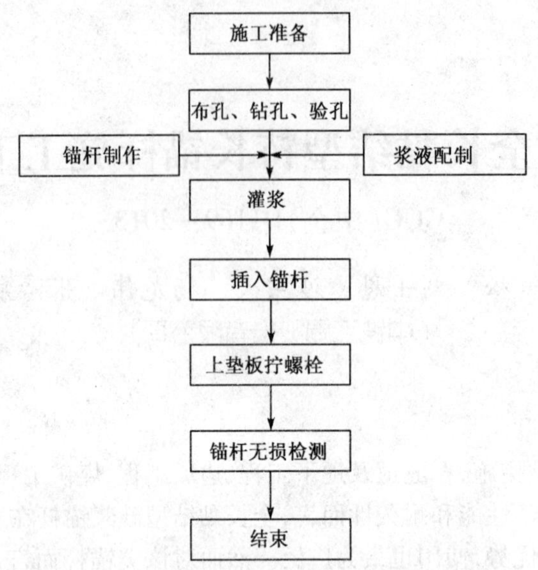

图1　特长砂浆锚杆安装施工工艺流程图

(3)检测洞内通风质量,确保在钻孔过程中,有效排尘。

2)布孔、钻孔、验孔

(1)布孔。严格按设计要求,在设计位置事先用红油漆标注锚杆钻孔位置,布孔偏差满足规范要求,并核对延米锚杆数量是否满足设计要求。若遇到特殊地质,钻孔困难时,适当调整孔位。

(2)钻孔。锚孔定位完成后,采用三臂液压台车或锚杆台车钻设锚杆孔。孔径一般需大于锚杆15mm以上,而通常长锚杆杆体以ϕ28或ϕ32螺纹钢为主,因此可选择ϕ48钻头,若围岩条件较差,容易缩孔时,可适当增加钻头尺寸(ϕ64或ϕ76)。钻孔力求径向,在开孔过程中,设置专人指挥控制锚杆孔的方向。钻孔深度略长于锚杆长度10cm。

在软岩钻孔时,宜放慢钻进速度,减少钻孔冲击,当完成钻孔后,立即安装锚杆,以防止缩孔。断层破碎带同样要放慢钻进速度,减少冲击,当钻至设计孔深后,再次扫孔后,立即安装锚杆,以防卡孔。

锚杆孔成孔后,视围岩情况选择高压水或高压风清孔(软岩),确保孔内清洁干净,避免锚杆安装时被卡住。

(3)验孔。当完成作业范围内的钻孔后,必须事先对钻孔进行逐孔检查,并做好合格孔标识,对不符合要求的钻孔,在钻机未移动前,必须补钻与验收。

验孔包括孔深、方向、是否缩孔与卡孔,以保证钻孔质量与锚杆安装顺利。

3)锚杆制作

(1)杆体制作。采用合格的Ⅱ级螺纹钢加工制作,一般采用ϕ28或ϕ32钢筋。首先对螺纹钢进行除锈、除泥、除油污等处理,然后切割车丝。加工完成后的锚杆应统一存放,做好防锈防污、防腐防损。

(2)垫板及垫块制作。垫板形式可采用蝶形或方形,尺寸≥15cm,厚度≥8cm,一般采用200mm×200mm×10mm。当采用方形垫板时,在岩面与钻孔不垂直时,岩面与垫板、垫板与螺母间难以密贴,因此,可适当扩大垫板中心眼,并在垫板与螺母间安装楔形垫块。

4)浆液制作与灌浆

(1)浆液材料。采用普通水泥砂浆或纯水泥浆,选用材料:42.5级普通硅酸盐水泥;细砂,粒径≤1.0mm,使用前过筛,含泥量及其他杂质含量应符合施工规范要求;符合规范要求的拌和用水。

(2)浆液配合比。浆液配合比设计在满足规范设计要求下,应采用稠浆,以保证灌浆过程中,浆液不从孔口流失。普通水泥砂浆与纯水泥浆水灰比浓度可按0.35~0.4控制,灰砂浓度取1:1~1:1.5,

参考数据为 $W/C=0.35$，水泥：水：砂为 1：0.35：1.28，即可满足 M30 强度要求和拱顶锚杆安装要求。

(3)浆液拌和。采用砂浆搅拌机拌和，拌和时间不得少于 3min，保证砂浆拌和均匀。浆液拌和后 1h 内用完，超过 1h 时不能再用。

拌制纯水泥浆稠度 90～110mm，普通水泥砂浆稠度 70～90mm。

为操作使用方便，搅拌机可放置在平板汽车上面，并设置水泥存放平台。

(4)灌浆作业。采用砂浆泵灌注浆液，灌浆压力应综合考虑浆液提升高度和压浆阻力，全黏结型特长锚杆通常用于大型洞室，考虑台阶法施工，上台阶高度为 9～10m，锚杆长度为 6～9m，因此，注浆压力宜在 0.2～0.4MPa 之间，最大不超过 0.5MPa，注浆管应插至距离孔底 5～10cm 处，并伴随浆液的注入，注浆管缓慢均匀自动退出。利用注浆管后退长度控制孔内注浆长度，该长度要通过计算确定(注浆长度＝注浆体积/钻孔截面；注浆体积＝锚杆孔体积—锚杆体积)，以保证锚杆安装后孔内浆液饱满。

注浆开始或中途停止时间超过 30min 时，注浆机及管路应先用清水冲洗，防治堵管。注浆结束后及时清洗注浆机及管路，以便下次使用。

5)插杆

(1)设备、工具、杆体。

①作业平台。可利用三臂台车的吊篮、高空作业升架台车等设备，但这些设备用于此工序不经济，因此，可将旧吊车进行改装使用。吊车臂前端焊接一固定挂篮，挂篮尺寸需满足 2～3 人的作业空间，尺寸约 1.5m×1.5m×1m(长×宽×高)，挂篮主体骨架由∠125mm×10mm 角钢焊接而成。

②附属工具(顶管)。利用一块 10cm×10cm 的方形钢板(厚 1cm)，将两节分别长 100cm 与 5cm 的 ϕ76 无缝钢管焊接在一起，焊接过程中保证两节钢管轴心对齐，最终形成一根长约 1m 的顶管。其中，5cm 长钢管作为前端，套进锚杆，防止顶进过程中锚杆尾部滑移出顶管。

(2)插杆作业。插杆采用人工配合机械顶进的方式。施工时，由两名作业人员站于挂篮中，首先人工将锚杆插入锚杆孔中，并缓慢推进杆体；当推进困难时，利用顶管前端的钢板顶住锚杆尾部，顶管后端顶住挂篮主体骨架；在保证顶管、锚杆、锚孔成一条直线时，然后再匀速缓慢移动机械臂，利用机械臂动力，带动挂篮将锚杆推入锚孔。

推进过程中应看到锚杆孔口处有少量浆液随杆体的推入缓慢地漏出，若顶进过程中无浆液漏出，则表示灌浆不饱满或不密实，若浆液漏出过快、过急，则表示浆液浓度较低，上述两种情况需考虑重新灌浆，若浆液漏出过多，则表示灌浆量过多，需对灌浆量进行调整或控制。

插杆完成后，采用木楔等材料对拱部附近锚杆孔口进行固定，防治锚杆向孔外滑动。

6)上垫板、拧螺栓

在插杆完成后即可安装垫板，初拧上螺栓，垫板应紧贴岩面或喷层面，可根据垫板密贴情况，在上螺帽前加楔形垫块，保证在终拧锚杆时，锚杆能够轴向受力。螺栓终拧一般分为两种情况，第一种情况，要求及时复喷，则螺栓不能终拧，但由于锚孔溢流浆液、喷混凝土的包裹，仍能很好的发挥垫板的力学作用。第二种情况，不要求及时复喷，则可待砂浆强度满足设计要求后，终拧螺栓。

7)锚杆检测

现场检测一般在锚固 7d 后进行，检测作业平台可利用三臂台车挂篮、高空作业升降台车或改装吊车挂篮等设备。

选择 JL-MG(B)或其他仪器对锚杆进行无损检测，检测后及时回室内处理，并反馈信息。锚杆检测包括长度、密实率。

检测前应清除锚杆的外露端周边浮浆，分离待检锚杆外露端与喷护体的连接。对被测锚杆的外露自由段长度和孔口段锚固情况应进行测量记录。

锚杆做无损检测后，一般不需要做拉拨检测。

5.3 劳动力组织

特长砂浆锚杆施工劳动力组织见表1。

作业人员配置及职责分工　表1

序号	人员	人数(人)	岗位职责
1	现场生产管理人员	1	全面负责施工安排、协调工作
2	技术负责人	1	负责锚杆施工方案制订与技术指导
3	试验工程师	1	负责浆液配合比设计及锚杆检查
4	质检工程师	1	负责锚杆施工质量控制
5	安全员	1	负责安全检查
6	司钻工	2	钻孔、清孔及台车保养
7	灌浆与锚杆安装	3	负责锚杆施工工作及升降设备操作
8	浆液制作与灌浆控制	2	制作浆液与操作灌浆设备
9	电工	1	提供施工用电服务
10	驾驶员	1	水泥、砂、锚杆等运输
	合计	14	

6 材料与设备

6.1 材料

主要材料包括锚杆、水泥、细砂等,见表2。

主要材料　表2

序号	材料名称	规格	单位	数量	备注
1	螺纹钢筋	按设计	根/m	由设计计算	必须车丝
2	锚杆附件	按设计	套	由设计计算	垫板、螺栓与垫块等
3	水泥	P·O42.5	t	配合比计算	宜采用早强硅酸盐水泥
4	砂	细砂	t	配合比计算	宜选择河砂

6.2 主要机械设备配置

主要机械设备配备见表3。

主要机械设备配备　表3

序号	机械名称	型号	单位	数量	备注
1	阿特拉斯凿岩台车	353E	套	1	钻孔设备
2	改装吊车	5~15t	台	1	锚杆安装等工序作业平台
3	华氏砂浆泵	HS-B5	台	1	压力≤4MPa
4	高速制浆机	ZJ-800	台	1	制浆
5	自搅拌储浆桶	自制	个	1	储存水泥浆
6	锚杆质量检测仪	JL-MG(B)	台	1	锚杆质量无损检测
7	锚杆拉拔仪	ZY-50	个	1	锚杆抗拉拔力检测
8	运输平板车	东风	台	2	制浆移动车与材料运输

7 质量控制

7.1 工程质量控制标准

(1)《锚杆喷射混凝土支护技术规范》(GB 50086—2001)。

(2)《喷射混凝土施工技术规程》(YBJ 226—91)。

(3)《锚杆锚固质量无损检测技术规程》(JGJ/T 182—2009)。

7.2 质量控制措施

(1)严格控制原材料进场检查,确保原材料符合相关规定,施工用水水质符合规范要求。

(2)砂浆锚杆的车丝长度不短于15cm、下料长度误差±5cm。

(3)锚杆孔的位置与孔向及深度必须符合设计和施工规范要求,对不符合要求的孔,必须补钻;在软弱围岩中,孔径宜大于64mm,视情况钻完一环或几个孔后,停钻并立即进行安装。

(4)严格按配合比计量并拌制纯水泥稠浆或普通水泥砂浆,保证浆液稠度满足施工要求,严格控制浆液拌和时间、均匀程度,确保浆体强度满足设计或规范要求。

(5)选择砂浆泵进行灌浆作业,控制注浆压力,灌浆时保证注浆管由孔底自动退出,用退管长度控制灌浆长度,原则上保证锚杆最终顶入后,孔口有少量稠浆流出孔口为度。

(6)插杆采用人工配合机械顶进方式,尽量让杆体居中,插杆时以孔口少量稠浆缓慢流出为宜,流速过快或无浆液流出,则视为灌浆效果不理想,需补注浆液或重新灌浆。

(7)上垫板初凝螺栓,待浆体强度达到后再统一终拧;在终拧螺栓前,可根据垫板密贴岩面情况,加楔形垫块。

(8)除常规锚杆抗拔力检测外,必须进行锚杆无损检测,检测工艺满足规范要求,锚杆密实度必须满足规范或设计要求,抽检不合格,应采取加密锚杆予以补强。锚杆规范下料,长度检测都会满足要求,但防止错装锚杆,因此,不得放松对锚杆长度的检测。

(9)加强监控量测,及时反馈信息,以指导施工。

8 安全措施

施工中,严格遵照隧道或地下工程相关规范、规程关于安全方面的规定,确保施工安全。同时,重点应注意以下几点:

(1)出渣后,认真找顶,防止掉块砸坏机械或伤及人员。

(2)Ⅳ、Ⅴ级围岩段必须先初喷、后施工锚杆,初喷厚度≥5cm,及时封闭围岩。

(3)钻孔接长钻杆或拆卸钻杆必须系安全带,并使用专门工具。

(4)灌浆及锚杆安装与检测等高空作业,人员必须系好安全带,并佩戴好安全帽。

(5)顶管与骨架间接触良好,顶进过程中操作人员侧立稳住顶管。

(6)选择螺旋砂浆泵,根据灌浆设备性能,结合浆液要求,试验确定灌浆压力,实际灌注时,严禁超过控制压力,防止爆管伤人。

(7)安设锚杆拉拔仪时,必须固定牢固。拉拔过程中其前方或下方严禁站人。

(8)加强现场用电设施管理,防止线路损伤,处理线路及机械故障时,必须断开停电。

9 环保措施

(1)施工中严格遵守国家和地方政府下发的有关环境卫生的法律、法规和规章制度,加强管理,接受相关单位及部门的监督和检查。

(2)加强临时制浆站管理,及时清理沉淀池水泥废浆。

(3)施工过程中产生的胶管、塑料管等垃圾,及时清理,集中处理。

10 资源节约

(1)采用本工法锚杆施工质量高,避免了常规施工锚杆质量不合格造成的物资消耗及工时浪费,因此,间接减少了能耗,节约了资源。

(2)本工法严控灌浆浆液浓度,能有效减少施工过程中浆液的外流浪费,节约了资源。

(3)本工法工艺简单、施工效率高,较常规施工减少了能耗。

11 效益分析

(1)采用本工法施工,能有效保证 6 ~ 9m 长砂浆锚杆施工质量,符合设计及施工规范要求。

(2)工艺简单,工人劳动强度低,锚固效果好。

(3)较同等长度的中空砂浆锚杆节约成本 10% ~ 15%。

12 应用实例

工程项目名称:锦屏二级电站引水隧洞 C_2 标。

应用时间:2008 年 08 月至 2012 年 04 月。

锦屏二级电站引水隧洞是世界上最长的引水式水工隧洞,由 4 条均长 16.67km 的隧洞组成。工程分为 4 个标,其中,C2 标由1 号、2 号引水洞西端组成,实际承担 1 号洞 5 101m,2 号洞 5 139m。断面开挖直径 13 ~ 14.6m,开挖面积 136.97 ~ 172.32m^2,采用钻爆法,上下台阶施工,上台阶高度 9 ~ 9.5m,下台阶开挖高度 4 ~ 4.85m。隧洞平均埋深 1 500 ~ 2 000m,最大埋深 2 525m,工程区地应力 40 ~ 80MPa,围岩以大理岩、绿泥石片岩、千枚岩等岩性为主,其中,772m 为典型工程软岩(绿片岩及千枚岩)洞段,围岩强度低,软化系数与围岩强度应力比小于 0.5。设计采取动态设计,锚喷支护为主要承载结构,二次衬砌结构仅起安全储备与降低过水糙率的作用。设计支护的系统锚杆长度定为 6 ~ 9m 长短相结合的分布形式,杆体为 ϕ28mm、ϕ32mm Ⅱ级螺纹钢。设计纯水泥浆浆体强度 M3.0,普通水泥砂浆浆体强度 M25。锚杆使用 Atals353E 一臂液压台车钻孔,钻杆长度 5.2m,需要接长钻杆。搅拌系统与泵均设置在车上,并搭设水泥存载平台,灌浆采用华氏 HS-B5 螺旋砂浆泵,该泵设计压力≤4MPa。砂浆锚杆配合比为:1∶0.35∶1.28(水泥∶水∶砂);水灰比 W/C = 0.35。锚杆安装采用 15t 吊车改制升降车,用于灌浆与安装及顶进锚杆。锚杆垫板设计为 20mm × 20mm × 10mm,加楔形垫块(不同规格,以适用拧紧螺帽时锚杆轴向受力)。使用扳手拧紧螺帽。

施工后对锚杆施工质量采用 JL-MG(B)仪器与拉拔力进行了检测,结果如下:

(1)锚杆的浆液密实度在 80% 以上、长度误差 ±5cm。

(2)检测结果表明,本工法施工的锚杆质量高,符合设计及规范要求。

锚筋桩控制隧道软岩大变形施工工法

GGG(中企)D1170—2013

杨家松　刘士恩　沙宗天　杨龙伟　张清泉
(中铁二局集团有限公司)

1 前言

隧道及地下工程遇到软岩地质环境容易产生变形,在高地应力作用下将产生大变形,破坏支护结构,导致水浸入衬砌断面,严重者还将引起塌方。特别是当软岩大断面隧道采取台阶法施工时,在下台阶开挖过程中,可能再次引起上台阶二次变形或上下台阶交界处软岩失稳而诱发塌方。为解决大断面下台阶开挖过程中引起较大的二次大变形和防止上下台阶交界处软岩失稳,中铁二局股份有限公司依托锦屏二级水电站引水隧洞软岩施工技术课题研究,创新引入锚筋桩加固措施理念,利用锚筋桩对边墙到墙角部位围岩进行预加固,并与喷混凝土、预应力锚杆、预应力锚索等组成联合支护体系,控制下台阶开挖时所引起的二次变形,达到了非常好的效果。

2 工法特点

(1)软岩大断面隧道及地下工程,采取台阶法施工时,能够有效降低在下台阶开挖过程中引起上台阶的二次大变形或坍塌风险。

(2)采取常规机械设备,操作工艺简单。

(3)使用常规材料,措施投入费用低,经济合理。

3 适用范围

适用于软岩条件下,存在大变形及塌方风险的大型隧道及地下工程。当采取台阶法开挖时,在下台阶开挖前,对下台阶两侧围岩进行预加固,并与喷混凝土、锚杆等形成联合支护体系。

4 工艺原理

锚筋桩是在岩土内钻孔浇筑的钢筋混凝土桩,用以锚固结构物和加固岩土体,通常用于坝体和边坡工程,其力学特点:第一,作为深入地层的受拉构件,一端与工程构筑物连接,另一端深入地层中,将拉力传递至地层深处,从而控制构筑物变形或位移;第二,借助周围岩土对桩身的嵌制作用以稳定和加固岩土体本身;第三,在外力作用下承受剪力,发挥抗剪及抗滑作用。

本工法的基本原理是充分发挥了锚筋桩的三大作用,即锚筋桩深入到下台阶开挖轮廓线的底部围岩松动圈以外,其顶部与纵向槽钢形成桩梁结构,并与既有支护形成一体。在下台阶开挖过程中,承受侧向压力和传递竖向作用力,以控制边墙侧向变形和上台阶的二次变形,同时桩身与围岩的嵌制作用能有效加固围岩,改善围岩的承载力,确保了上下台阶交界处的围岩稳定。

5 施工工艺流程及操作要点

5.1 施工工艺流程

锚筋桩控制隧道及地下工程大变形施工流程如图1所示。

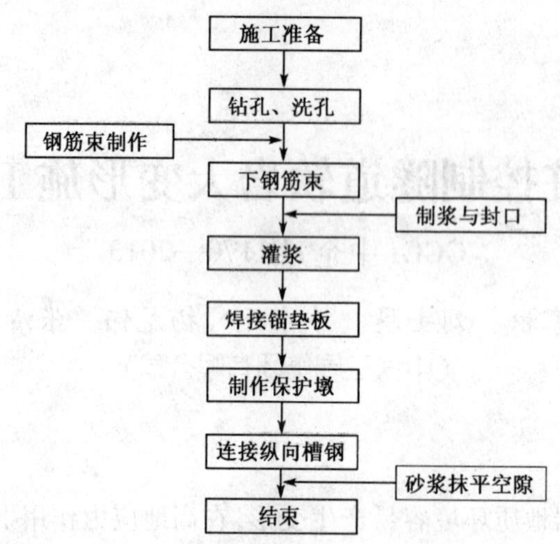

图1 锚筋桩施工工艺流程图

5.2 操作要点

1)施工准备

(1)组建施工班组、进行岗位培训、做好技术交底。

(2)做好材料采购、设备选型与配置等准备工作。

(3)现场按设计图要求,标定桩位,如果开孔位置不在开挖轮廓线外,要处理欠挖。

(4)检测洞内通风质量,确保在钻孔过程中,有效排尘。

2)钻孔、洗孔

(1)钻孔。

钻孔采用地质钻机或潜孔钻进行干钻作业(因软岩软化系数小),钻头直径比设计桩径小两级,即小10mm。孔深按设计长度略加长10cm,钻孔方位满足设计要求,控制在偏差±2°,一般与竖直方向成30°角向外。孔间距按设计布置,一般间距取1m,误差在±10cm。

若成孔顺利,可一次钻到底;当难以一次成孔时,必须加大钻孔并钻至坍孔位置,然后采取灌浆处理,待达到一定强度后再扫孔钻至设计孔深。

(2)洗孔与验孔。

钻孔后采用高压风进行冲洗,冲洗后,应立即验收孔深及角度与方向是否满足设计要求,若误差过大,要求重新补孔。验收符合要求后,宜立即安排进行钢筋束安装及灌浆作业,若因故不能及时进行下一道工序的,应将钻孔孔口进行临时堵塞保护。

3)锚筋桩制作

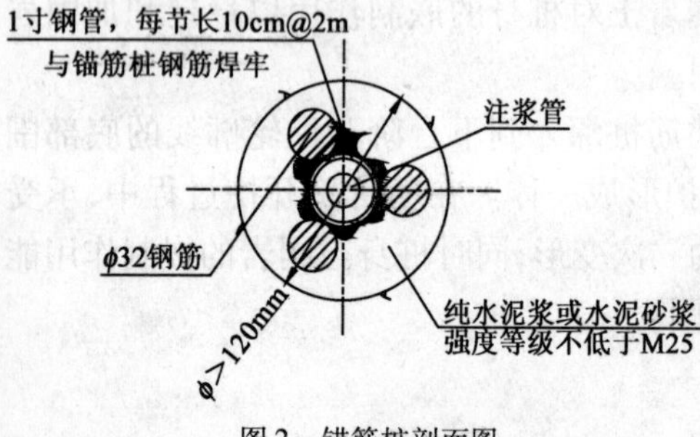

图2 锚筋桩剖面图

锚筋桩一般由3~5根$\phi32$钢筋呈品字形组合,之间用长10cm的1寸($\phi25$mm)钢管隔开,钢管与锚筋桩钢筋焊接牢靠。1寸钢管的布置间距为2.0m,注浆管穿过钢管达孔底。在设置有1寸钢管的位置及两个1寸钢管中间位置用$\phi8$钢筋环对锚筋束进行箍锁。锚筋桩长度需综合考虑隧洞断面尺寸、围岩等级、松动圈范围等因素确定,一般可取9m。钢筋桩剖面图见图2。

4)锚筋桩安装

安装采用吊车吊起钢筋束并辅以人工进行安装,且在送入孔内过程中要缓慢放入,以防止掉碎块卡孔导致安装困难。锚筋束安装好以后,人工用速凝水泥砂浆封口,防止掉入石屑等异物影响成桩质量。

5）灌浆

（1）灌浆设计参数。

灌浆浆液采用普通硅酸盐水泥浆液，强度等级不低于P·O42.5。灌浆水泥水灰比（*W/C*）为0.5∶1，或强度等级不低于M25水泥砂浆。灌浆压力按设计要求取定，一般取0.3～0.5MPa，单纯考虑成桩灌浆，可取小值；若考虑附带对周边围岩一定范围进行灌浆加固，则可取大值。灌浆前要保证注浆管畅通，孔口密封严实。

（2）灌浆控制与结束标准。

灌浆时采用自动记录仪观察、记录灌浆情况。灌浆压力与注入率的协调控制，当岩体吃浆量很大、注入率很高时，采用低压或"无压"灌注；当岩体吃浆量较小、注入率较低时，尽快将压力升到最大值。在最大设计压力下，注入率不大于1L/min后，继续灌注30min，可结束灌浆。

6）焊接锚垫板

灌浆结束后，锚筋桩端部需进行专门处理，焊接锚垫板，锚垫板一般采用250mm×250mm×10mm钢板。为保证焊接质量，可将钢板中心预先开孔，孔口略大于锚筋桩直径，锚筋桩端头钢筋穿过钢板孔，按照"锚垫板平面法线与水平面成15°夹角斜向上，且与设计喷混层外表面相距约5cm"的原则，量好锚筋束预留外露长度，进行焊接，焊接完成后切除多余部分，保证锚垫板基本平整，见图3。

7）制作保护墩

施作砂浆保护墩，具体要求为：用M30砂浆对锚筋桩露出岩壁部分进行封闭保护，封闭厚度约5cm，边缘坡度为1∶1。由于上部平面与锚垫板紧密配合，故上部平面尺寸为250mm×250mm，具体参数可根据现场实际情况进行调整，见图4。

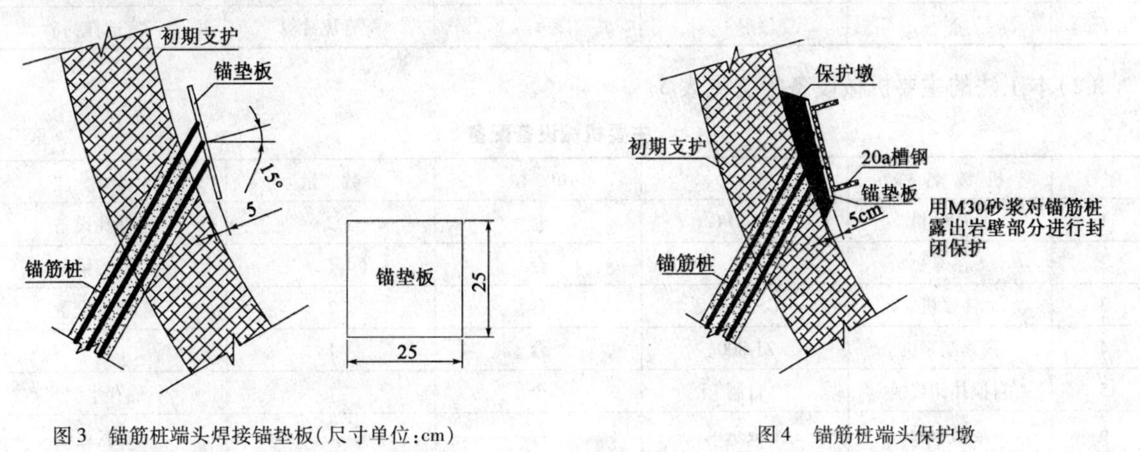

图3 锚筋桩端头焊接锚垫板（尺寸单位：cm）

图4 锚筋桩端头保护墩

8）纵向槽钢连接

待保护墩强度达到70%后，通长布置[20a槽钢，槽钢与锚垫板焊接，$h_f = 8$mm。根据现场实际情况将槽钢切割成一定长度后安装，最后相互焊接在一起，并用砂浆填平槽钢与喷层间的空隙。

9）观测

事先在锚筋桩制作时，安装埋设钢筋应力计。完成灌浆安装后，要及时读取初始读数，并加强在开挖过程中的观测频次。

5.3 劳动力组织

锚筋桩施工劳动力组织见表1。

作业人员配置及职责分工 表1

序号	人　员	人　数	岗位职责
1	管理	1	全面负责施工安排、协调工作
2	技术	1	负责锚筋桩施工方案制订与技术交底及指导

续上表

序号	人　员	人　数	岗位职责
3	试验	1	负责浆液配合比设计及材料检查
4	安全与质检	1	负责锚筋桩施工质量与安全控制
5	司钻工	2	钻孔、清孔及钻机保养
6	技工	5	锚筋桩灌浆与安装
7	电工	1	保障施工用电
9	驾驶员	1	材料运输等
	合计	13	

6　材料与设备

(1)本工法的主要材料见表2。

主要材料　　表2

序号	材料名称	规　格	单　位	数　量	备　注
1	槽钢	按设计	t/m	由设计计算	
2	螺纹钢筋	按设计	根/m	由设计计算	钢筋厂加工成锚筋桩
3	附件	按设计	套	由设计计算	垫板、钢管、内衬钢筋等
4	水泥	P・O425	t	配合比计算	宜早强硅酸盐水泥
5	砂	细砂	t	配合比计算	宜选择河砂

(2)本工法的主要机械设备配备见表3。

主要机械设备配备　　表3

序号	机械名称	型　号	单　位	数　量	备　注
1	地质钻机	XY-2PC	套	2	钻孔设备
2	吊车	5T	台	1	安装锚杆
3	注浆机	GS25EB	台	2	灌浆设备
4	高速制浆机	ZJ-800	台	1	制浆
5	自搅拌储浆桶	自制	个	1	储存水泥浆
6	运输车辆	平板东风	台	1	材料运输
7	交通车辆	小车	台	1	上下班
8	灌浆记录仪	WE/GJ-A	个	1	灌浆记录

7　质量控制

7.1　工程质量控制标准

(1)《水工建筑物水泥灌浆施工技术规范》(SL 62—94)。

(2)《钢筋焊接及验收规程》(JGJ 18—2012)。

(3)《钢筋混凝土用钢　第1部分:热轧光圆钢筋》(GB 1499.1—2008)。

7.2　质量控制措施

(1)严格控制原材料进场检查,确保原材料符合相关规定与要求。

(2)严格控制锚筋的孔位、角度与方向,以保证桩头与槽钢顺利连接,并与喷层接触紧密。

(3)钻孔若难以一次成孔,可用比设计孔径大10mm开孔并钻至塌孔孔段,然后进行灌浆处理,待达到一定强度后再扫孔至设计孔深。

(4)严格按配合比计量并拌制水泥浆,控制浆液拌和时间、均匀程度,以确保灌浆顺利。

(5)严格按设计要求控制注浆压力,以确保灌浆饱满与密实度。

(6)做好锚筋桩端部保护工作,端部锚垫板平整,与槽钢连接牢固、顺直。

(7)下台阶采取弱爆破,以最大限度保护锚筋桩不受扰动。

(8)下台阶开挖时,靠桩头侧要预留保护层,并使用机械方式处理软岩,以保护桩头不受爆破破坏。

8 安全措施

锚筋桩在施工中,除应严格遵照隧道或地下工程相关技术安全规范与规程外,还应重点加强以下几点安全工作:

(1)隧道内操作空间限制,灯光较弱,要求锚筋桩吊运、安装过程中,现场管理人员都必须在现场指导,防止重物掉落伤人等事故发生。

(2)加强现场用电设施管理,防止线路损伤,处理线路及机械故障时,必须断开停电。

(3)软岩钻孔困难,机械容易卡钻,在钻进前必须调整好钻机位置,妥善固定,防止钻机摆放不平稳而导致意外。

(4)高压清洗钻孔,人员要侧向站离,防止孔内石屑冲出伤人。

(5)电焊作业必须选择有经验和有上岗证的焊工操作,焊接过程,要正确佩戴防护眼镜与使用防护工具。

9 环保措施

(1)施工中严格遵守国家和地方政府下发的有关环境卫生的法律、法规和规章制度,加强管理,接受相关单位及部门的监督和检查。

(2)加强临时制浆站管理,及时清理沉淀池水泥废浆。

(3)因软岩软化系数小,常采取干钻成孔,除保证洞内通风外,还要在钻孔附近安置吸尘机,以保证作业人员的健康。

(4)钻孔作业时,要佩戴好防护口罩。

(5)施工过程中产生的胶管、塑料管等垃圾要及时清理,集中处理。

10 资源节约

(1)在软弱围岩大断面隧道施工中,本工法能有效减小下台阶开挖时的二次变形及塌方风险,减小或避免变形或塌方事故处理的工程拖入,因此间接减少了能耗,节约了资源。

(2)本工法能有效提高软弱围岩大断面隧道施工效率,较常规施工减少了能耗。

11 效益分析

(1)在软弱围岩大断面隧道施工中,锚筋桩能发挥控制围岩变形、加固边墙围岩、提高支护整体性等作用,从而有效防止隧道上部支护下沉、拱脚难以收敛等问题发生,减小下台阶开挖时的二次变形及塌方风险。

(2)在超前预加固、超前支护、长锚杆、锚索等多种辅助措施联合作用下,既可控制软岩大变形,而且还可实现软弱围岩隧道大断面台阶法快速施工,较 CD 法、CRD 法、下台阶左右分幅开挖等方法,可提高掘进指标 10~15m/月,其经济效益明显。

12 应用实例

工程项目名称:锦屏二级电站引水隧洞 C2 标

应用时间:2010 年 04 月至 2011 年 05 月

锦屏二级电站引水隧洞是世界上最长的引水式水工隧洞,由4条均长16.67km的隧洞组成。工程分为4个标,其中C2标由1号、2号引水洞西端组成,实际承担1号洞长5 101m、2号洞长5 139m。引水隧洞西端采用钻爆法施工,断面开挖直径13~14.6m,开挖面积136.97~172.32m^2,台阶法施工,上台阶高度9~9.5m,下台阶开挖高度4~4.85m。工程区地应力40~80MPa,围岩以大理岩、绿泥石片岩、千枚岩等岩性为主,其中772m为典型工程软岩(绿片岩及千枚岩)洞段,围岩强度低,软化系数与围岩强度应力比小于0.5。实际施工过程中,在已在支护的条件下,在工程软岩段,上台阶曾发生最大变形120cm,平均变形达到45cm。为防止下台阶开挖再发生二次大变形和引起塌方,设计优化锚筋桩的支护形式,如图5所示。

其中锚筋桩由3ϕ32钢筋呈品字形组合,之间用长10cm的1寸(ϕ25)钢管隔开,钢管与锚筋桩钢筋焊接牢靠。1寸钢管的布置间距为2.0m。锚筋桩长度为9m,孔间距为1.0m,钻孔方位与竖直方向成30°角向外。纵向使用[20a槽钢,桩头与槽钢材间用钢板250mm×250mm×10mm焊接,$h_f=6/8$mm。

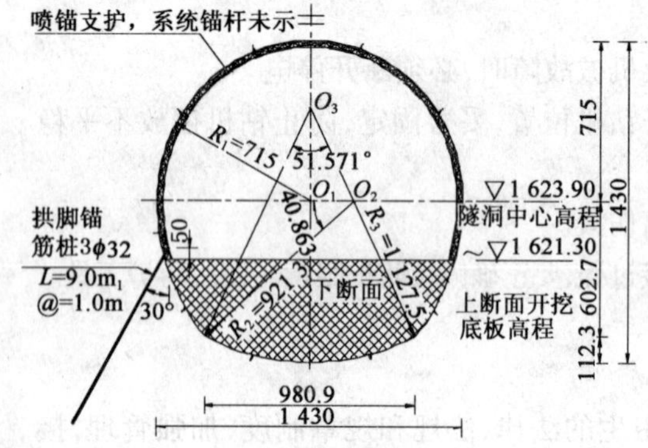

图5 锚筋桩布置示意图(尺寸单位:m)

施工采用XY-2PC地质钻成孔,ϕ110mm钻头,成孔孔径不小于120mm,孔深按设计长度9m加深10cm。灌浆浆液采用P·O42.5普通硅酸盐水泥浆液,水泥水灰比为0.5∶1,强度等级M25水泥砂浆,灌浆压力$P=0.3\sim0.5$MPa。

运用效果:从监测数据和锚筋应力累计曲线可以看出,布置在该洞段岩体深部锚筋应力计累计应力在-147.0~214.2MPa变化,锚筋从安装到下台阶施工阶段总体都呈受拉趋势。受下台阶施工影响,软岩洞段左拱腰部位应力会突降,右拱腰部位应力会突增,说明此时岩体内部应力会向洞段左侧偏移,导致软岩洞段左侧处于受压状态,洞段右侧处于受拉状态,变形一般在半个月结束,然后岩体经过支护处理后,左侧岩体又会呈受拉状态。

设计为300MPa,实测数据表明,锚筋桩发挥了较好的作用。在772m工程软岩的下台阶施工期间,施工不但安全,而且监控量测数据表明,隧道下台阶开挖,仅引起上台阶较小幅度的变化,而且收敛突变经过3~5d后,又很快趋于稳定,并且整个隧道通过断面扫描统计,隧道实测轮廓完全满足设计要求。

小断面大坡度隧道快速掘进施工工法

GGG(中企)D1171—2013

李 江 徐国洪 雷安民

(中铁五局(集团)有限公司)

1 前言

在小断面大纵坡隧道掘进过程中,采取连续循环工作制度,全断面一次爆破的掘进方法施工,超前支护→钻爆→出渣→初期支护顺序作业的方式,扒渣机+特制出渣车配套机械化出渣作业施工,多道工序协调配合,快速完成隧道掘进与支护任务。都匀工区摆坑隧道采用了优化工序后,在大纵坡、地下水丰富、围岩差的情况下,一改施工初期的颓势,平均进尺达到4.6m/d,并在两个月内实现隧道的安全贯通,为隧道的按期交付使用提供了有力保证。

2 工法特点

(1)采用全断面开挖方式,4台风钻同时凿眼,一次爆破成型。

(2)根据隧道断面、进尺合理配置机械装备,最大限度地发挥设备的效率,实现快速施工。

(3)各工序之间紧密衔接,节约时间,从而实现快速施工。

3 适用范围

本工法适用于断面12~18m^3,纵坡为5%~25%,围岩较为稳定且隧道长度小于400m的隧道。

4 工艺原理

采取连续循环工作制度,全断面一次爆破的掘进方法施工,钻爆→出渣→初期支护(含超前支护)顺序作业的方式,扒渣机+特制出渣车配套机械化出渣作业施工,多道工序协调配合,快速完成隧道掘进与支护任务。

5 施工工艺流程及操作要点

5.1 施工工艺流程(图1)

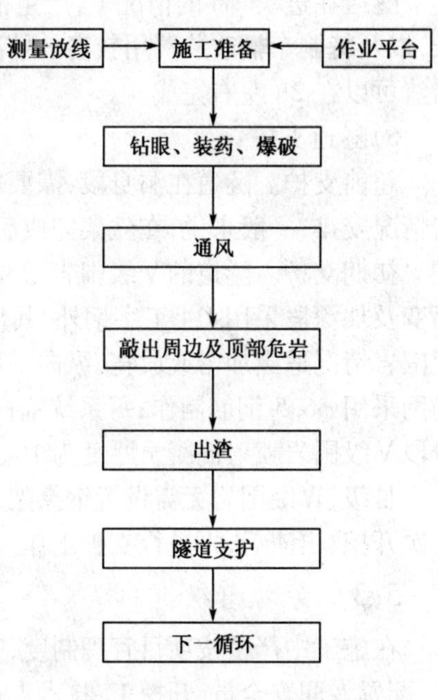

图1 施工工艺流程图

5.2 操作要点

1)钻孔前准备

(1)作业平台。

作业平台只有一层,由钢管立柱、斜撑及钢筋网片组成,上层放置钢筋网片(网片由$\phi 8$钢筋焊接而成,由轮式装载机送到平台)。由于隧道工作面较小,立柱、斜撑等在洞内搭建,并在钻孔及装药完成后,在起爆前拆除。

(2)测量放线。

隧道内安设激光指向仪,由技术员根据激光指向仪投影点,画出断面开挖轮廓线。根据隧道断面特点,只需确定圆心点,就能作出隧道开挖轮廓线。此方法可与搭设工作平台同步进行,方便快捷,需要人力少,工作效率高,精度完全能满足需求。

2)钻眼、装药、爆破

把隧道分成上下两个区间布置多台风钻同时作业,工作台上2把风钻,下3把风钻,实行定人、定钻、定位、定数量的打眼责任制,使有限的空间得到充分利用,提高打眼效率;工作面可专门安排一名领钎工负责风钻的领钎、控制炮眼角度、炮眼间距,指挥钻机有序钻进。

钻眼布置应根据围岩软硬情况、完整性、爆破受力情况等,及时动态调整数量、深度、间距、角度、装药量等有关参数。一般炮眼深度为2.2m,采用楔形掏槽方式。由于小断面隧道空间有限,当围岩较好时,为获得较长的进尺,可以采用套钎的方式来获得较长的炮孔深度。

周边眼采用间隔装药结构,眼底部分适当增加药量并使用小直径药卷和低猛度、低爆速的炸药。采用导爆索串联安装药卷,导爆索插入底药底部后反向接出,利用专用的炮棒控制好传爆距离,严格按照空气间隔装药结构装药,眼底药量适当增加。

起爆采用非电导爆管起爆,起爆时差要合理,相邻两个时差间隔50~100ms为宜;洞内爆破作业必须统一指挥,施工爆破前,必须保证所有人员撤至不受有害气体、振动及飞石伤害的警戒区外,并设置安全警戒线。

3)通风

隧道采用压入式通风,在爆破后至少通风15min以上,才能进入隧道作业。随着隧道进尺的增加,通风的时长应予相应延长,以保证隧道内空气质量。

4)敲除周边及顶部危岩

为防止在出渣过程中发生落石伤害,在出渣前必须视危岩大小、松动情况来确定采用人工还是机械找顶。当危岩较小,容易脱落时,可采用人工找顶,否则应采用风镐或其他机械找顶。

当围岩状况较差时,可在找顶后进行初喷,封闭拱墙及部分掌子面后,再进行出渣作业。

5)隧道出渣

隧道采用台扒渣机+特制翻斗车出渣的方式。由于隧道纵坡较大,一般出渣车在动力、制动系统上都不能满足要求。特制出渣车采用四轮驱动,加强制动系统,装渣容量为$4m^3$。

隧道在进尺2m的情况下,产生的松渣量约$33m^3$左右,根据隧道渣场与掌子面的距离,隧道的全长,以及特制车辆改装费用较高的情况,共配置2台出渣车。根据统计结果,在隧道进尺300m左右时,出渣可以在2h左右完成。

6)隧道支护

超前支护。隧道在洞身段,需要施作超前锚杆,在洞口段,需要施作超前小导管。施作时间根据围岩情况安排,一般来说,在立架完成后、喷射混凝土前施作超前支护,钻孔和填塞砂浆比较容易。

初期支护。隧道的Ⅴ级围岩需要设置钢拱架、锁脚锚杆、钢筋网片、系统锚杆、喷射混凝土。除洞口渐变及加深段采用I14工字钢外,其他Ⅴ级围岩地段均采用三肢格栅钢拱架,纵向设置间距为1.0m,可视围岩情况适当加密或放宽,纵向采用$\phi22$钢筋及槽钢连接;锁脚锚杆采用$\phi25$钢筋制作,$L=2.5$m;钢筋网采用$\phi6.5$钢筋制作;每系统锚杆采用$\phi22$钢筋制作,$L=2.5$m,环向×纵向间距为1.0m×1.0m;洞身段Ⅴ级围岩喷射混凝土厚度为16cm,洞口段为18cm。

Ⅲ级、Ⅳ级围岩无需设置钢拱架。对于围岩整体性相对较好,不设置钢拱架的地段,可视情况完成两次开挖、出渣后,再进行支护工作。

5.3 劳动组织

在施工中严格按项目管理制度,架子队设置生产队长、书记、技术主管,全面负责本队施工管理任务,配置专职安全员、开挖工、技术人员、电工等其他各类人员31人,架子队共配备34人,工班实际计件制,按工序交接班,按循环图表要求控制作业时间,顺序循环作业。

队长、书记负责全队的生产管理、协调各项工作;各工种负责自己的职能工作。在围岩较好、掘进速度较快时,前勤各工班实行轮流加班制,后勤各工班必须做好后勤保障工作,保证前勤工作顺利进行。劳动组织见表1。

劳动组织　　表1

序　号	工　种	人数(人)
1	队长	1
2	书记	1
3	技术主管	1
4	专职安全员	1
5	开挖	9
6	电工	1
7	技术员	1
8	出渣(驾驶员)	4
9	立架、挂网及锚杆	5
10	喷混凝土	3
11	钢筋加工	2
12	拌和站	1
13	材料	1
14	后勤	3
合计		34

6　材料与设备

本工法的主要机械设备配置见表2。

主要机械设备配置　　表2

序　号	设备名称	数　量	单　位	备　注
1	挖机	1	台	
2	空气压缩机	2	台	
3	搅拌机	1	套	
4	轮式装载机	1	台	
5	自卸汽车	2	台	特制改装
6	扒渣机	1	台	
7	混凝土喷射机	2	台	
8	水泵	1	台	
9	压入式通风机	1	台	
10	电焊机	1	台	
11	激光指向仪	1	台	
12	气腿式凿岩机	10	台	
13	风镐	1	台	
14	变压器	1	台	

7 质量控制

7.1 施工中执行的规范和标准

(1)《油气输送管道工程测量规范》(GBT 50539—2009)。

(2)《油气输送管道穿越工程施工规范》(GB 50424—2007)。

(3)《石油天然气建设工程施工质量验收规范　管道穿跨越工程》(SY 4207—2007)。

(4)其他相关国家、行业、地方法律法规等。

7.2 隧道质量要求

(1)隧道开挖不得欠挖,拱部最大超挖不大于250mm,边墙及底板最大超挖不得超过100mm。

(2)钢架及钢筋网制作与安装符合设计要求。

(3)喷射混凝土强度和厚度均不小于设计值。

(4)锚杆安装符合质量要求,拉拔力大于设计值。

(5)二次衬砌后净空范围:边墙 ±10mm,拱部高程 -10mm,+30mm。

(6)二次衬砌后表面平整度≤15mm。

8 安全措施

8.1 安全管理执行标准

(1)《人民共和国安全生产法》。

(2)《爆破安全规程》(GB 6722—2003)。

8.2 安全技术措施

(1)必须贯彻安全第一、预防为主的生产方针;建立由工地主要负责人为首的安全和技术岗位责任制;各工种各工序必须严格遵守架子队制定的各种安全规章制度。

(2)特殊工种必须经培训考试合格后持证上岗,爆破工必须持有国家主管部门颁发的安全作业证。

(3)接班制度和班前会制度,在布置生产任务的同时,应着重交代安全注意事项和防范措施。

(4)隧道掘进过程中,巷道内的浮渣杂物及时清理;水沟保持畅通。

(5)施工人员进洞须正确戴安全帽,施工人员到达工作地点时,应首先检查工作面是否处于安全状态(如支护、顶部、两帮是否牢固),如有松动岩石,应立即加以支护或处理。

(6)炸药库房的选址、建设由当地公安局批示,爆破器材由公安局指定专业公司运抵现场,并由专人看守、发放、回收,严格登记制度,做到每一件器材的可追溯性;从库房到隧道作业面,雷管与炸药分车运输;人工搬运爆破器材时,一人一次运送的起爆器材不得超过10kg,可搬运散装炸药20kg,背运原装炸药1箱,挑运原装炸药2箱。

(7)爆破作业应按规定信号(预告信号、起爆信号、解除警报信号)执行;爆破后应检查爆破效果,如有拒爆药包,应按爆破安全规程有关规定及时处理;解除警戒命令发布前,无关人员不得进入爆破现场。

(8)爆破后,爆破作业人员进入现场应仔细检查有无冒顶、掌子面及周边附近有无危石、支护破坏和盲炮。如发现有上述情况应由当班人员及时处理,未经处理前应在现场设立危险警戒或标志。处理盲炮时,无关人员不准在场,应在危险区边界警戒,危险区内禁止进行其他作业。

(9)严禁酒后上班。

(10)在隧道出口部位设置防撞墙,外侧用砂袋码成2m厚、2m高防撞墙,内侧堆细砂,防止车辆冲出洞外。

(11)现场施工负责人、专职安全员经常性对支护进行检查,在不良地段应责成专人检查,当发现支护变形或损坏时,应立即整修加固处理。

9 环保措施

为改善隧道掘进过程的工作环境,防止施工对人、环境的污染损害,保障人体健康,达到施工过程同当地环境的和谐统一,采取了多项环保措施。

(1)通风措施。根据断隧道内氧气含量标准、二氧化碳含量标准、洞内有害气体允许浓度标准以及粉尘深度的含量标准等,计算洞内允许最小风速要求等条件,计算风量,选择符合每件的风机。根据计算结果,隧道内采用1台直径60cm的压入式风机通风。

(2)排水措施。隧道为上坡方向施工,系顺坡排水。按照施工设计图,在隧道左侧设置排水水沟;底板开挖时,按照左低右高设置横坡;在底板渗水集中处,设置横向截水沟,实现对渗水的集中引排。

(3)洒水除尘措施。为保证隧道内空气质量,配备专用洒水车,对隧道内进行洒水湿润,减少扬尘,并降低隧道内温度,尽力营造一个良好的作业环境。

10 效益分析

本工法实现了快速、优质、高效、安全施工,大大加快了隧道施工进度。

1)直接效益

(1)相比较采用有轨运输,本工法节省直接投资50.1万元,比较如表3、表4所示。

有轨运输方案设备配置计划 表3

序 号	设备名称	单 位	数 量	价格(万元)	备 注
1	提升机	台	1	50.0	
2	钢轨	m	700	7.7	
3	矿车	台	2	1.0	
4	扒渣机	台	1	16.0	
5	抽水机	台	2	0.6	
6	轨道维护工	人	1	1.35	按3个月工期
7	信号工	人	2	2.70	按3个月工期
8	操作工	人	2	2.70	按3个月工期
合计				82.05	

无轨运输方案设备配置计划 表4

序 号	设备名称	单 位	数 量	合价(万元)	备 注
1	出渣车	台	2	16.0	特制,$4m^3$
2	扒渣机	台	1	16.0	
合计				32.0	

(2)隧道快速贯通,加快了机械和人员向下一座隧道的调转,从而实现了机械、人员的高效利用,取得了良好的经济效益。

隧道从2012年3月20日开工,至2012年5月2日,仅能实现日均进尺1.6m的速度;采用本工法后,达到日均进尺4.6m,按当时余下的工程量290m计,实现工期提前118d,亦即提前118d进行设备调转。

2)间接效益

(1)提高了企业的知名度,同时也为本单位积累了类似工程的施工经验,增强了企业竞争能力;获得业主颁发的“环水保管理先进工点”、“安全质量管理先进工点”、“先进单位”称号。

(2)避免了隧道不能及时交付使用,从而被索赔的潜在风险。

11 应用实例

贵州省都匀市摆坑隧道为中缅油气管道工程隧道穿越工程,隧道全长360m,纵坡24.7%,设计断面12.4~13.6m^3。由于地形、征迁方面的原因,无法从高高程端施工,且整个隧道群中只有此一个大纵坡隧道,若采用有轨运输,将造成极大的设备浪费。经过严密的论证后,认为采取严密的安全措施,实行科学、严格的施工管理,从出口低高程端施工、采用无轨运输出渣的方案是可行的。采用此工法施工后,一改施工初期的颓势,平均进尺达到4.6m/d,在两个月内实现了隧道的贯通,为隧道的按期交付使用提供了有力保证。且由于安全管理到位,措施得当,隧道掘进支护进期间未发生一起重伤事故,也未发生一起机械事故,实现了安全生产的目标。

穿越滑坡群地段隧道施工工法

GGG(中企)D1172—2013

张志军 畅建伟 李彩莲 吴 浩 尚 军
(中铁七局集团有限公司)

1 前言

滑坡作为一种主要地质灾害,由于其产生的条件、作用因素、运动机理的多样性、多变性和复杂性,以及预测的困难,治理费用的昂贵,一直是世界各国研究的重要地质和工程问题之一。在传统的设计选线上,隧道、桥梁等结构物大部分采用绕避方案,但是随着公路、铁路等基础交通设施建设的快速发展,受到地形地理条件限制,隧道结构物不可避免要穿越滑坡体等特殊地层。由于滑坡体一般由堆积土层形成,在深、浅层多级滑坡群地带修建隧道,滑坡体蠕动会对隧道结构产生剪切力,如何安全穿越滑坡体,是设计、施工单位面临的新课题。

中铁七局集团有限公司在重庆奉节至巫溪高速公路孙家崖滑坡体隧道施工中,利用全环系统注浆导管固结周边土体,以碗扣式锁脚导管、加长系统锚杆(管)、纵向连接钢带、仰拱群桩加强洞身,极大地改善了滑坡群隧道的受力条件,提高了隧道的承载能力和稳定性。以收敛量测、应力监测等监测为前提,制订综合集成型隧道变形控制方法的技术,通过了中国中铁股份有限公司、河南省科技厅的成果鉴定。该工法丰富了我国隧道穿越滑坡体和软弱围岩的施工技术,取得了较好的社会效益和实用价值。

2 工法特点

(1)采用洞外地表注浆、抗滑桩加固和洞内强支护等措施,达到了联合支护的效果。

(2)隧道洞内施工综合应用了碗扣式锁脚导管、系统锚杆(管)加长、钢拱架、仰拱群桩加固、初期支护快速封闭等"强支护"方式,减少了滑坡体位移对隧道结构的破坏。

(3)采用了型钢拱架和格栅钢架的交错布置,形成组合受力体系,达到了最佳受力效果。钢带连接拱架改变受力接触面积,保持隧道整体刚度,控制变形。

(4)仰拱增设的钢管桩加固抑制滑坡发展,增强隧道的抗剪能力和提高承载能力,改变周边的受力条件,保证隧道安全。

(5)采用收敛量测、应力监测等监测技术,可以准确掌握隧道在滑坡体中的受力状态,保障施工安全,缩短工程建设周期。

(6)隧道、抗滑桩采取的各种加固方法,工艺简单,能够提高隧道施工工效,并且保证了安全质量。

(7)该工法可减少隧道变形带来的次生危害,有较好的经济效果和社会效益。

3 适用范围

本工法适用于滑坡体(群)地段、软弱围岩地段、偏压地段公路、铁路隧道或其他类似地下工程。

4 工艺原理

隧道洞外顶部地表注浆和抗滑桩施工,隧道洞内应用碗扣式锁脚导管、系统锚杆(管)加长、钢拱架、仰拱群桩加固,通过洞内外联合加固的方式,改变隧道受力结构体系,提高隧道的抗剪和抗滑能力,达到控制隧道变形和抑制滑坡蠕动的目的(图1、图2)。

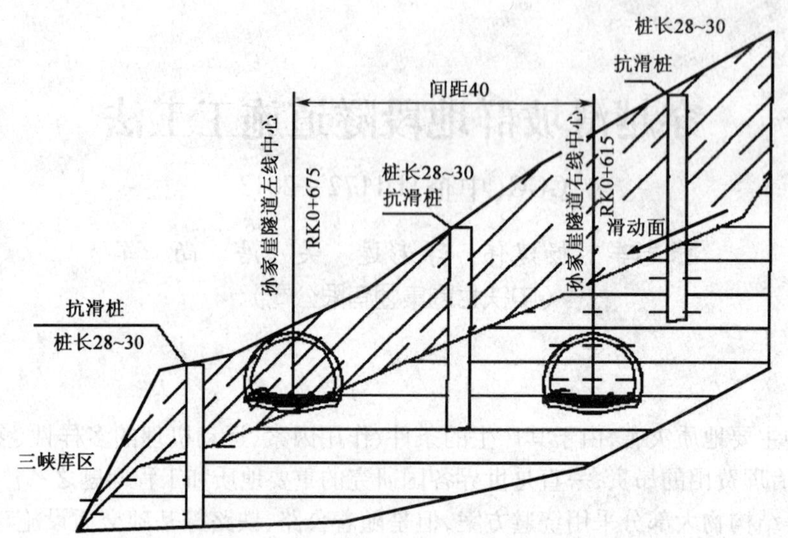

图1 隧道洞外抗滑桩布置示意图(尺寸单位:m)

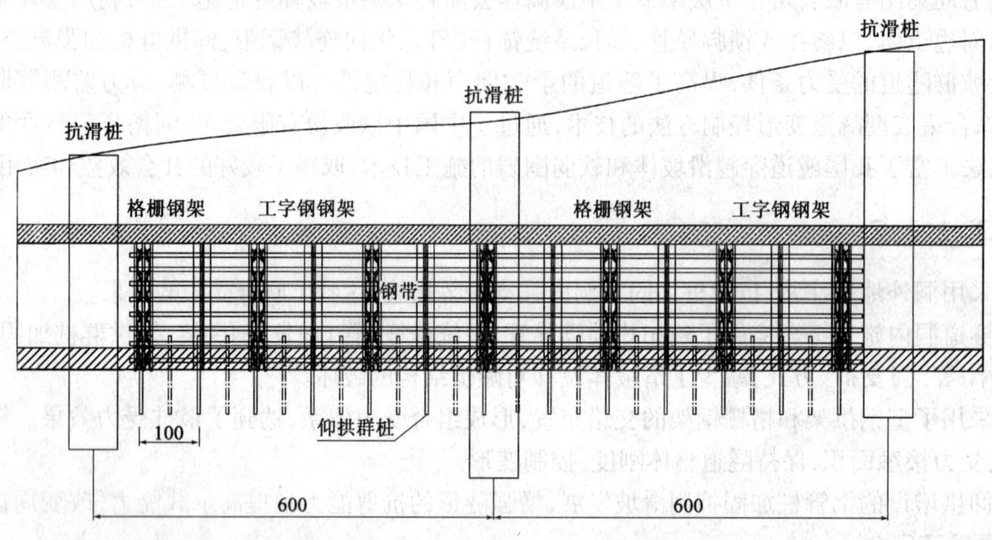

图2 隧道洞洞内联合加固示意图(尺寸单位:cm)

5 施工工艺流程及操作要点

5.1 施工工艺流程

本工法施工工艺及流程见图3。

5.2 操作要点

下面以重庆奉节至巫溪高速公路孙家崖滑坡体隧道施工为例,介绍本工法操作要点。

1)隧道洞外地表注浆

洞顶地表导管注浆,导管采用50mm 钢管,间距为1.5m×1.5m,导管长度根据地形确定,从地表沿隧道周边轮廓设置。采用 MDL-131H1 型锚固钻机钻孔，钻孔直径为 75mm，完成验孔后安装导管。注浆材料为水泥浆，水泥浆水灰比 1∶1(质量比)，注浆压力 1.5～2.0MPa，注浆顺序由低向高进行(图4)。

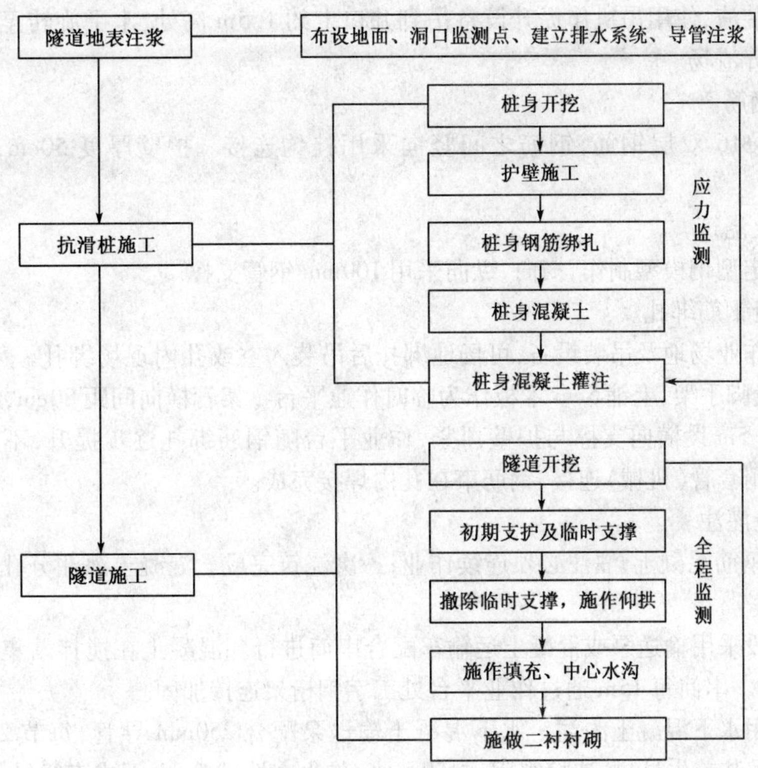

图3 施工流程图

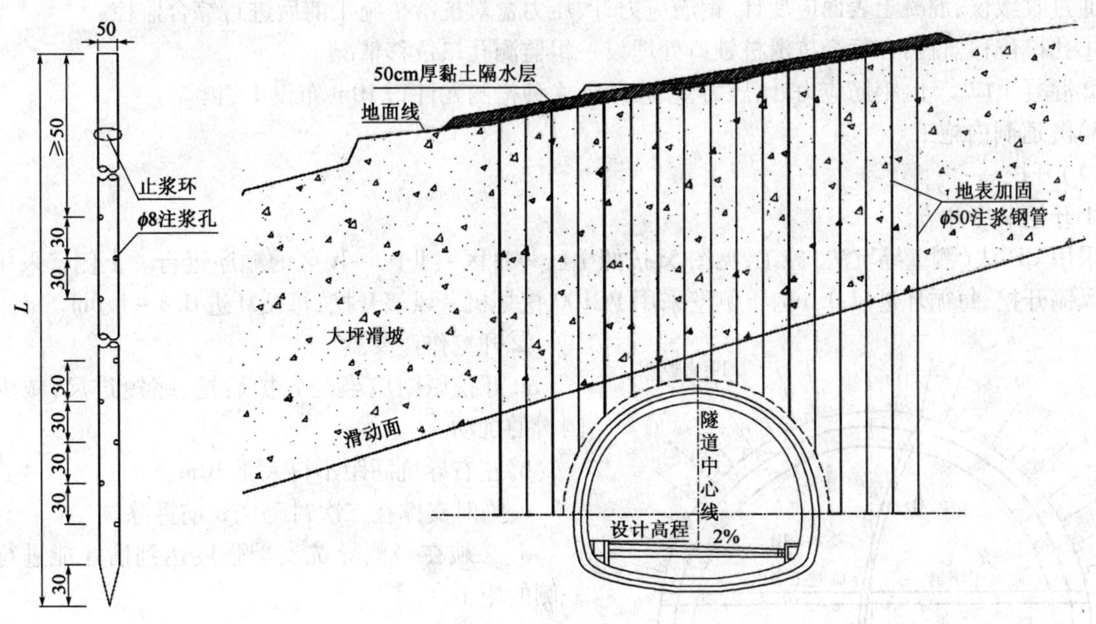

图4 隧道地表加固示意图(尺寸单位:cm)

2)隧道洞外抗滑桩施工

滑坡体抗滑桩根据设计由 2.0m×2.6m、2.2m×3.4m、2.4m×3.6m、3m×4m 共 4 种截面形式组成，桩身开挖深度为 42～71m，分别布置在隧道左、中、右侧，施工时分两批间隔跳槽完成。

(1)抗滑桩开挖。

软弱围岩地段以风镐开挖为主;基岩或坚硬孤石段采用减弱松动爆破。

(2)抗滑桩出渣。

孔内采用人工装渣,使用吊机作提升设备吊到井口上约1.5m高处,水平旋转至孔外,将土卸入土斗车内运至指定的弃渣场。

(3)孔内护壁钢筋。

护壁钢筋采用 $\phi16$ 双层钢筋,钢筋之间竖向采用挂钩连接。护壁厚度50cm,混凝土强度等级为C20。

(4)护壁混凝土浇筑。

护壁模型采用定型钢模型制作,横向、纵向采用100mm钢管支撑。

(5)抗滑桩桩身钢筋绑扎。

根据施工现场作业场地及吊装设备,可场地绑扎后吊装入空或孔内现场绑扎。采用孔内绑扎方式时,用 $\phi40$ 钢管搭设脚手架,上铺5cm木板作为临时作业平台。架管横向间距80cm,纵向间距70cm,脚手架立杆要垂直,每5m设横向支撑与护壁顶紧,作业平台随钢筋绑扎逐步提升,不能影响钢筋绑扎。抗滑桩桩身主筋采用套管(机械)连接,钢筋束在孔内焊接完成。

(6)桩身混凝土灌注。

桩身采用C30钢筋混凝土,灌注必须连续作业,一次浇筑完成。混凝土灌注分孔内无水、有水两种方式进行。

①孔内无水地段采用输送泵或混凝土运输车配合串筒进行。混凝土在搅拌站集中搅拌,输送车运输,泵送至串筒入孔。串筒每15m通过作业平台处工字钢桁架连接加固。

②有水地段采用水下混凝土灌注。水下混凝土输送泵配合250mm导管,每节2~3m,配1~2节1~1.5m的短管。吊装前先试拼,连接牢固、封闭严密、作水密性试验,上下成直线吊装,位于井孔中央。

(7)抗滑桩孔内外监测。

通过收敛仪、混凝土表面应变计、钢筋应力计、压力盒对抗滑桩施工前后进行综合监控。

①孔口位移监控:在每个抗滑桩锁口处埋设一组监测孔口位移情况。

②混凝土应变计、钢筋应力计、压力盒、收敛计4种检测元件每10m布设1组。

3)隧道洞内施工

(1)开挖。

①开挖顺序和方法。

采用CD法(侧壁导坑法)施工,见图5,按照Ⅰ区→Ⅲ区→Ⅱ区→Ⅳ区的顺序进行。上侧壁采用人工+风镐开挖,每循环进尺0.5m;下侧壁采用PC100挖掘机+风镐开挖,每循环进0.8~1.0m。

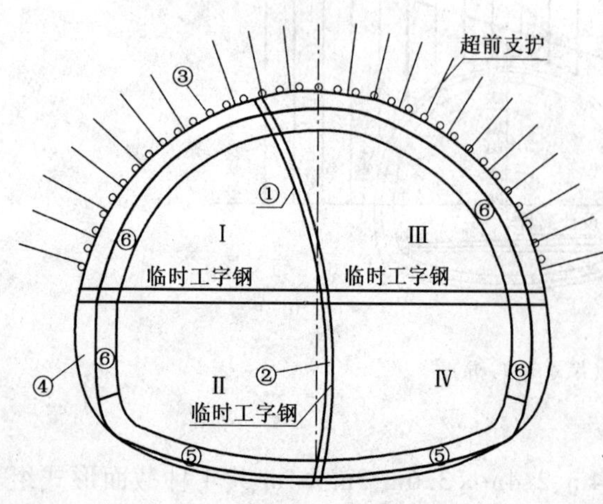

图5 滑坡体隧道开挖顺序示意图

②开挖作业要点。

a. 开挖原则应当是先护后挖、缩短进尺,减少对围岩的扰动。

b. 左右导坑间距不得大于10m。

c. 临时支撑在二次衬砌浇筑前拆除。

d. 必须在一侧导坑支护强度达到后才能进行另一侧的施工。

(2)隧道支护。

①初期支护参数。

支护组合体系:型钢钢架(格栅钢架)+超前导管+径向注浆导管+钢筋网片+喷射混凝土。

钢架:采用25A工字钢与4根主筋格栅间隔设

置，间距50cm。

超前支护：采用ϕ50注浆小导管，长度为3.5m，环向间距为40cm，纵向间距为150cm，即每间隔3榀钢架设置1环，外插角为22°。

径向支护：径向系统锚杆采用ϕ50注浆小导管，长度为4.5m，环向间距为100cm，纵向间距为50cm。

网片：ϕ8钢筋，格距为15cm×15cm，拱墙设置。

喷射混凝土：厚度为31cm，C25早强混凝土。

材料加工及具体施工方法同传统隧道施工相同。

②初期支护施工要点。

a. 钢拱架与格栅间隔布置，取长补短。型钢钢架架设后能立即受力，控制围岩变形，增加结构的刚度，在前期效果明显，不易出现钢架扭曲等现象，但是型钢拱架易与喷混凝土剥离，相互黏结性差。为避免此种弊端，在钢拱架之间间隔布置格栅拱架。格栅拱架与混凝土结合好，钢筋全部被混凝土包裹，在后期受力效果较好。型钢拱架与钢格栅联合使用，确保了前期和后期都能达到良好的受力条件，同时即满足了刚度要求。

b. 下斜式锚管代替传统锁脚锚杆。一般滑坡地质情况多为堆积层，都存在承载力差，塑性应变大等特性，本工法将锁脚锚杆的施作角度由0°改变为15°~30°，如图6所示，使锁脚锚管产生上托作用，提高其承载能力，不仅起到锁定拱架的作用，更能形成一个新的承载平台，改变受力变化，增强抗拉、抗弯及抗剪能力。

c. 碗扣式双锚管锁脚代替单锁脚。ϕ22钢筋弯曲加工成环形钢筋连接件，钢拱架两侧的锁脚锚管与钢筋连接件焊接在一起，将钢筋连接件焊接在钢拱架上。锁脚锚管连接示意见图7。在软弱地层中设置直径较大的锁脚锚管，增大围岩与锁脚锚管侧壁之间的法向压力及摩擦阻力，钢拱架通过特殊的连接件使锁脚锚管与钢拱架之间具有牢固的连接，将钢拱架锚固在围岩深部，限制钢拱架的刚体位移。此措施可减小钢拱架在新的应力场形成过程中产生的下沉和偏移，使钢拱架能够稳定地承载围岩压力。

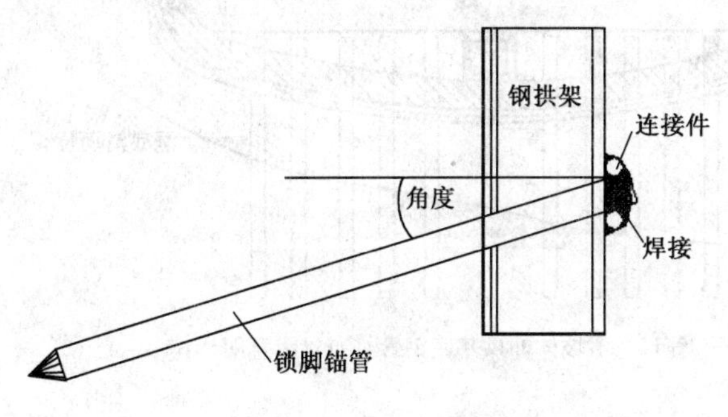

图6 下斜式锁脚锚管示意图

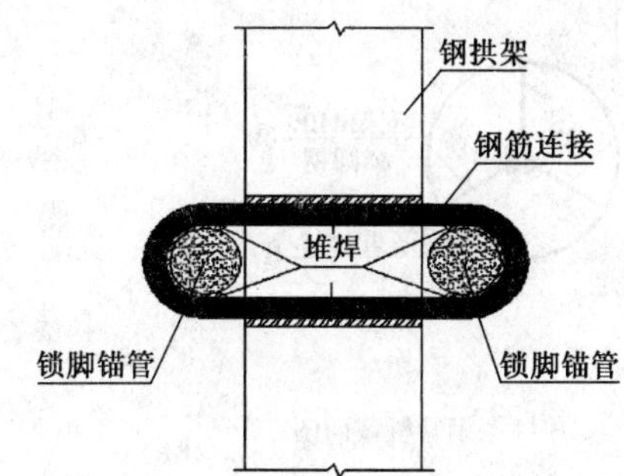

图7 碗扣式双锁脚锚管示意图

d. 加强型工字钢连接。

改变传统的钢架连接采用的钢筋焊接的方式，在钢拱架连接钢筋之间增焊一道宽100mm、厚5mm钢带(图8)，作为加强连接，可以有效地提高初期支护的整体刚度和强度。

(3)仰拱、填充施工方法。

①仰拱施工流程见图9。

仰拱每次开挖长度为3m，采用仰拱栈桥一次成型，形成闭合环。

②仰拱的工艺要点。

a. 仰拱施工前先增加中部横向支撑与下断面初期支护之间的斜向支撑，如图10所示，形成仰拱开挖预加固。完成后拆除下断面侧壁临时支撑，为仰拱施工创造条件，每次拆除长度不得大于5m。

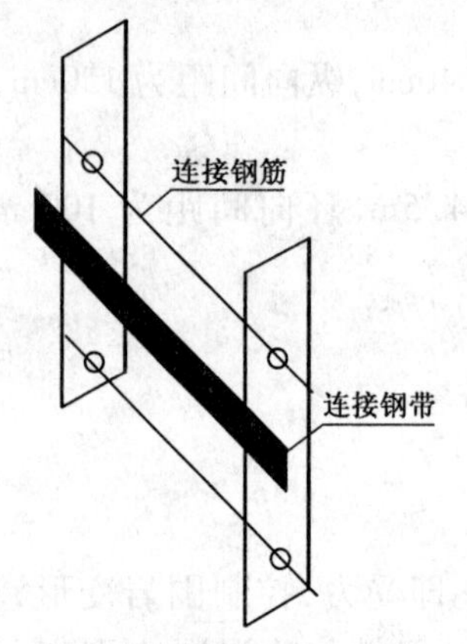

图8 钢拱架连接增焊钢带示意图

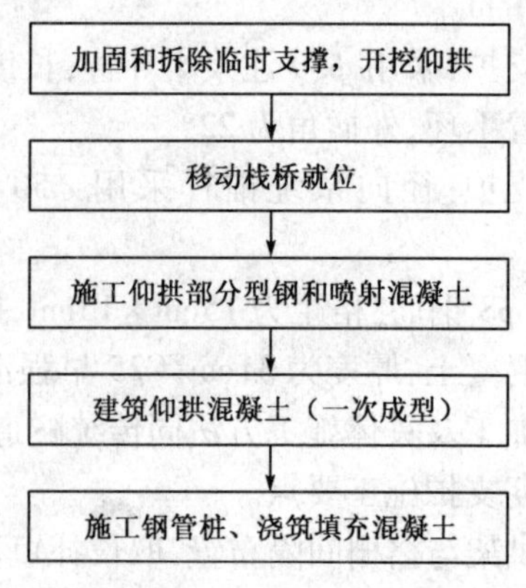

图9 滑坡体隧道仰拱施工工艺流程

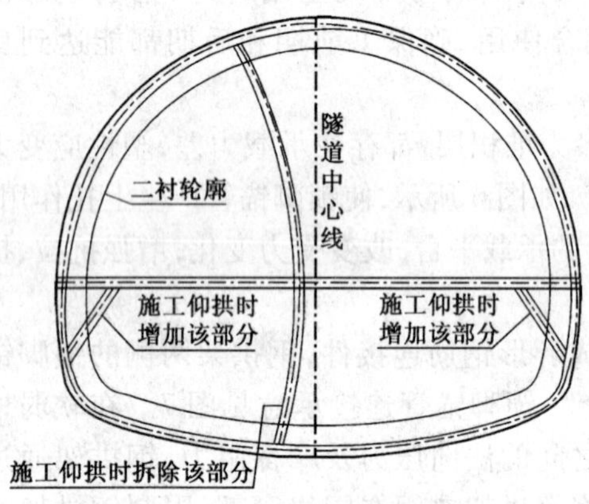

图10 滑坡体仰拱开挖预加固措施

b.仰拱强度达到设计的85%后,在仰拱上方实做钢管桩群,提高隧道的承载力和抗剪力。钢管桩孔径为150mm,内有三根28mm钢筋束,见图11,空隙采用水泥浆注满。钢管群桩桩长为15m,桩间距为1.5m×1.5m,呈梅花形布设,见图12。

(4)中心水沟、路面施工。

因为隧道排水沟设置在隧道中部,将仰拱填充分为两部分,施工时分部进行,见图13。施工仰拱部分①→实施仰拱填充部分②→实施中心水沟部分③→实施路面底基层④填充连接为整体,能起到较好的受力效果。

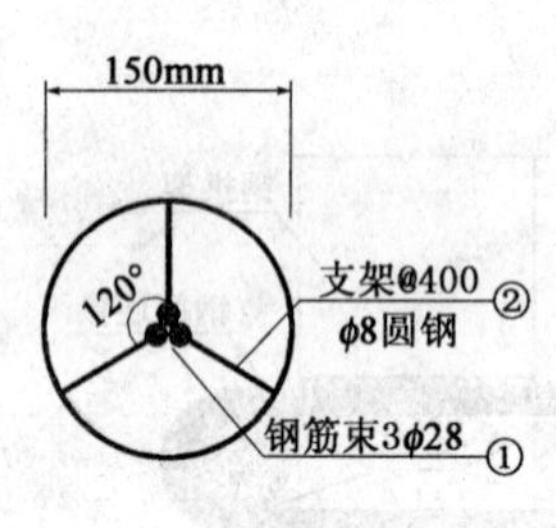

图11 钢管桩截面图

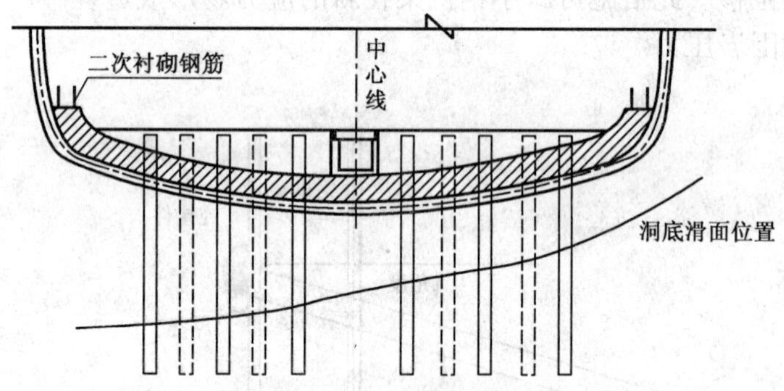

图12 滑坡体仰拱基底钢管桩布置示意图

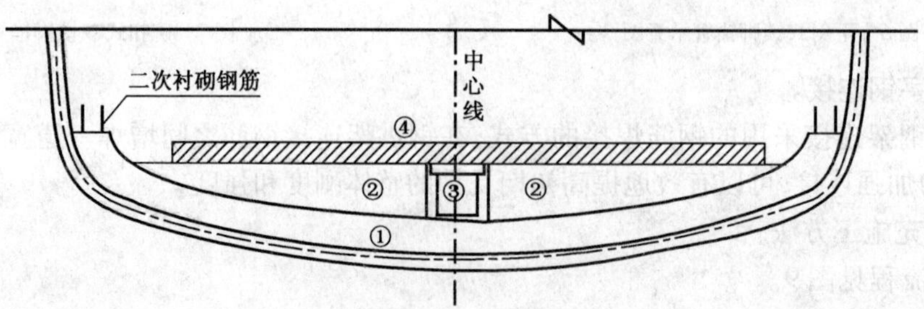

图13 滑坡体隧道仰拱、路面施工方法

(5)二次衬砌施工。

二次衬砌采用C25钢筋混凝土,厚65cm,模板台车整体浇筑。在施工时严格控制二次衬砌与侧壁拱架之间的距离,不超过15m。拆除临时支撑后及时进行二次衬砌补强,混凝土施工方法与常规施工相同。

5.3 监控量测和应力应变监测

1)监测流程

监控程序见图14。

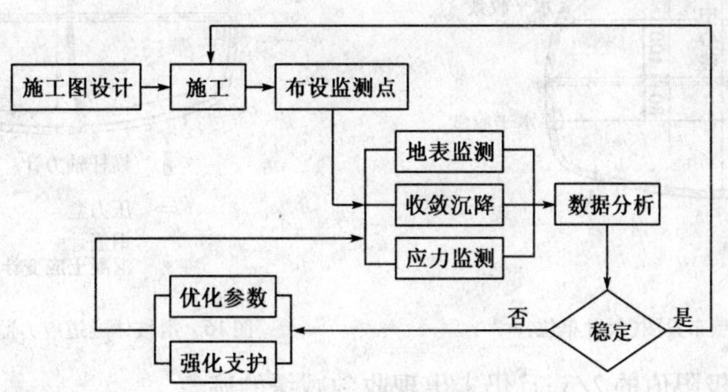

图14 滑坡体隧道监控流程

2)量测及应力监控

在初期支护中埋设压力盒、工字钢应力计、混凝土表面应变计等原件对初期支护及二次衬砌受力情况进行监测,具体监控量测项目、设备及频率见表1。量测布置点及应力监控布置点见图15、图16。

3)隧道变形、失稳的先兆

根据施工过程中积累的实践经验,主要有以下几种情况:

(1)局部块石坍塌或劈裂,喷层大量开裂。

滑坡体隧道监测项目 表1

序号	量测项目	采用设备	布设原则	监测频率
1	洞口及地表下沉	全站仪、水准仪	沿隧道轴线每5~10m布设一个点	施工期间:1~2次/d 隧道通过后:1次/7d
2	地表平面位移	全站仪	沿滑坡轴线每30~50m布设一个点	施工期间:1次/d 隧道通过后:1次/7d
3	隧道水平收敛量测	收敛仪、全站仪	每5m布设一组	根据变形速率确定
4	拱顶下沉量测	水准仪、钢尺	每5m布设一组	根据变形速率确定
5	围岩压力	压力盒	每30m布设一组	施工期间:1次/d 二次衬砌完成后:1次/7d
6	钢架应力	应力计、钢筋计	每30m布设一组	施工期间:1次/d 二次衬砌完成后:1次/7d
7	喷射混凝土应力	混凝土应变计	每30m布设一组	施工期间:1次/d 二次衬砌完成后:1次/7d
8	衬砌应力	混凝土应力计	每30m布设一组	施工期间:1次/d 28d后:1次/7d
9	锚杆轴力	钢筋计	每30m布设一组	1次/7d
10	隧道净空测量	断面仪	每30m布设一组	1次/7d
11	隧道衬砌周边位移	断面仪	每10m测量一断面	1次/7d
12	隧道隆起	水准仪	每10m测量一断面	1次/7d
13	二衬成环后纵向位移	全站仪	每10m测量一断面	1次/7d

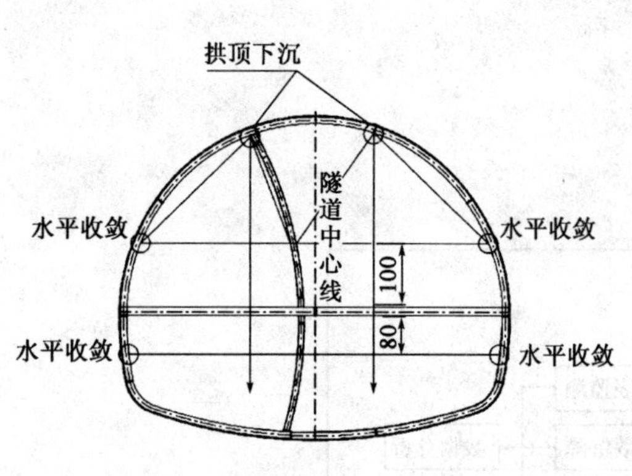

图15 滑坡体隧道量测点布置图(尺寸单位:m)

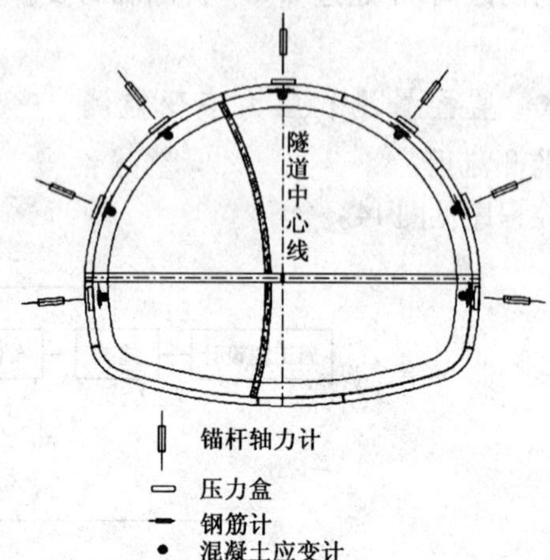

图16 滑坡体隧道应力监控布置点布置图

(2)累计位移量已达极限值的2/3,且仍未出现收敛减缓的迹象。

(3)日位移量超过极限位移的10%。

(4)周边变形有异常加速迹象,即在无任何施工扰动情况下,变形速率加快。

围岩和初期支护基本稳定的条件主要为位移速率有明显减缓的趋势;已产生的位移量占总位移量的80%以上。

4)隧道变形控制基准

隧道变形控制基准以隧道施工规范为依据,根据施工现场监测的隧道周边关键位置的位移与时间变化曲线,并进行回归分析,以及确定的隧道极限位移,制订出三级变形控制基准,见表2。

变形位移基准 表2

变形控制级别	位移值	施工状态
Ⅲ级	$U \leqslant \frac{1}{3}U_0$	加强监测情况下,可正常施工
Ⅱ级	$\frac{1}{3}U_0 < U \leqslant \frac{2}{3}U_0$	采取措施加强支护,闭合仰拱,施作二次衬砌
Ⅰ级	$U > \frac{2}{3}U_0$	立即停工,采取有效措施进行加固处理

注:U为隧道开挖并支护后,隧道周边围岩变形总量;U_0为极限位移量。

监控量测按表3频率和指标指导施工。

监控量测 表3

日位移速率	判定标准	观测频次	备注
0.2~1mm	初期支护基本稳定	每24h观测1次	
1~2mm	初期支护处于持续变化阶段	每12h观测1次	需加强观测
2~5mm	初期支护异常变形阶段	每8h观测1次	需加强观测,并采取必要加固措施
大于5mm,累计变形量达到100mm	初期支护处于异常变形阶段	每4h观测1次	需加强警戒,停止掘进;加强支护,根据收敛结果再确定施工状态

6 材料与设备

本工法的主要机具设备见表4。

机具设备配备 表4

作业项目	机具设备名称	规格型号	数量	单位
隧道开挖	风镐	G10	20	台
	风枪	YT28	10	台
	钢筋切断机	PJ40	2	台
	钢筋折弯机	GJ7-4	2	台
隧道初期支护	电焊机	BX-400	6	台
	拌和机	JZC500	2	台
	喷浆机	HPZ-5	4	台
	混凝土输送泵	KBT60C	2	台
隧道二次衬砌	发电机	200kW	2	台
	液压整体台车	自制	2	台
	插入式振捣器	ϕ60	40	台
隧道通风	通风机	SDF	2	台
隧道测量	全站仪	DTM-A5LG	1	台
	水准仪	DS30	2	台
	收敛仪	TSS30A	1	台
	塔尺		2	台
	锚杆拉力机	ZY	2	台
	锚杆测力机	ML	2	台

7 质量控制

1)抗滑桩施工

(1)在开挖过程对地质情况进行详细编录,遇到地质与设计不符或地下水时,要及时向设计、监理单位报告,以便调整护壁参数。

(2)要严格检查桩孔倾斜及桩顶位移偏差。在施工过程中,应严格按图定位,并有复检制度。开始挖孔前,在桩位外位置定位龙门桩,安装护壁模板必须用桩中心点校正模板位置,每循环应随时用线坠吊放中心线,发现偏差过大立即纠偏,以保证垂直度满足规范要求。

(3)护壁混凝土浇筑前必须对护壁模板进行检查,对护壁厚度、钢筋数量作为重点卡控工序,并严格执行每循环报检制度。

(4)护壁模板不能过早拆除,发现护壁有蜂窝、漏水现象时,应及时补强以防造成事故。

(5)浇筑桩身和护壁浇筑混凝土时,必须通过溜槽;当高度超过3m时,采用串筒,串筒末端离孔底高度不宜大于2m,混凝土宜采用插入式振捣器振实。

(6)钢筋绑扎前先设置定位骨架,防止钢筋笼失稳。

(7)严格控制配合比,经常性检查拌和站计量系统,确保计量准确,搅拌均匀,坍落度满足设计要求。

(8)钢筋密集时,选择适当粒径的石子,保证混凝土配合比的准确和良好的和易性;在构件四周搭设作业人员平台,严禁直接踩踏钢筋。

(9)采用定型钢模,每块模板的面积应大于$1.0m^2$。

2)隧道施工注意事项

(1)隧道施工严格执行《公路工程技术标准》(JTG B01—2003)、《公路隧道施工技术规范》(JTG

F60—2009)和《公路工程质量检验评定标准》(JTG F80/1—2004)要求。

(2)严格控制超挖,杜绝欠挖,合理预留沉降量及变形量,并利用量测反馈信息进行及时调整,必须严格控制进尺,严禁采用大爆破和超范围施工。

(3)坚持“快挖、快支、快封闭”,对开挖断面的四个部分分别成环,控制初期的变形速度。

(4)拱脚采用预制混凝土块支垫,确保基础稳固;拱架纵向连接筋及连接钢带必须焊接饱满。

(5)导管注浆对注浆过程中的异常现象,如跑浆、压力骤增骤减、围岩扰动、变形等及时分析处理,并对注浆质量和效果进行评估。

(6)初期支护质量的好坏直接关系结构的受力效果,必须严格控制混凝土厚度、强度。

(7)格栅钢架、工字钢钢架、钢筋网片、锚管等连接件采用工厂化制作,达不到验标要求,不得用于施工。

(8)监控量测必须满足规范和工法规定的频率,找出受力薄弱点,并及时采取预加固措施,达到指导施工的目的。

(9)一般滑坡体隧道都伴有水害,防水、排水必须严格按规范和工法的要求施工,合理引排,才能确保防水的效果。

8 安全措施

(1)隧道施工必须严格遵循《中华人民共和国安全生产法》、《建设工程安全生产管理条例》、《施工现场临时用电安全技术规范》的要求。

(2)滑坡体隧道属于高风险隧道,现场施工安全管理应该进行提级管理,加强现场控制力度。

(3)要严格遵循《隧道施工安全技术规程》要求,实现全员培训,并对特种作业人员进行专业培训,待取得证书,持证上岗。

(4)严格控制每循环进尺,控制二次衬砌与开挖面距离,初期支护及时形成受力封闭环,仰拱混凝土超前施作,二次衬砌混凝土及时闭合。

(5)严格执行隧道地质超前预报制度,实行短、长距离相结合进行地质情况预测。

(6)及时对每个施工区域进行地质编录,通过Ⅰ区的地质情况,为Ⅱ、Ⅲ、Ⅳ区施工提供参考依据。

(7)仰拱开挖、中心深埋水沟必须坚持“短开挖、早支护”原则,避免长时间暴露扰动滑坡体。

(8)临时措施拆除前必须经过施工负责人同意,同时遵循“先加固、后拆除”的原则。

(9)对隧道实行实施动态安全管理,设置专职安全员对各作业工序进行巡视,发现异常情况时及时采取措施。

(10)建立可靠的应急管理系统,编制应急预案报地方机构备案,经常性组织演练,提高处理突发事故的能力。

9 环保措施

(1)合理布置施工场地,驻地及道路平坦、整洁,施工废料集中堆放。施工尽量不破坏地表原有植被,保护自然环境。

(2)施工期间做好施工区域内排水设施,保持工地内的良好排水,将临时排水系统与永久性排水系统相连接,防止水土流失。

(3)油料、废水、废气设置隔离池,禁止直接排放。

(4)对施工便道定期洒水,降低施工车辆过往时造成的灰尘在空气中飞扬。

(5)施工期间始终保持工地的良好排水状况,修建临时排水设施,并与永久排水设施相结合。

(6)挖孔弃渣和隧道弃渣运至指定地点,不随意堆放。

(7)混凝土拌和站采用封闭管理,采用必要的防尘措施。

(8)建立环保管理体系,并进行定期评价。

10 资源节约

(1)本工法提出的施工工艺和技术使滑坡群地段隧道施工得以顺利施工,攻克了隧道穿越大型滑坡体技术难题,避免了因滑坡灾害带来的救灾投入、二次变形处理和二次重建费用,直接节约投资和成本。

(2)利用向下15°锚杆和仰拱群桩有效的抑制滑坡对已完成二次衬砌的破坏,避免了二次衬砌拆除重建费用。

(3)隧道钢架采用间隔布置工字钢和格栅钢架,代替全部采用工字钢方案,节约了钢材投入,并且达到了受力效果。

(4)本工法在实施过程中临时加固材料均采用钢材,达到了重复利用的目的。

11 效益分析

本工法为隧道穿越滑坡体施工提供了成功的经验,并且缩短了工程建设期,降低了重复投资风险,提高了安全系数,经济效益显著。

(1)工期。孙家崖隧道滑坡影响地段长度为330m,根据业主及设计单位指导性工期预计施工时间为11个月,采用该工法后实际工期为8个月,提前工期3个月。

(2)成本。根据相邻合同段施工对比,在未采用该工法施工,造成隧道变形而增加的二次补强、拆除重建等费用,节约投资约120万元。

(3)社会效益。孙家崖隧道的成功建设,不仅为我国滑坡群地段隧道建设提供了借鉴依据,同时为三峡库区沿线结构物设计提供了可靠参数。该隧道建设得到了重庆市交通建设委员会等相关单位的关注,重庆多家报纸对工程进展情况进行了报道,诸多施工单位和设计勘察单位进行了考察,地方政府也给予了很高评价。2012年10月23日,中国中铁股份有限公司组织专家对《三峡库区滑坡群地段隧道施工变形控制技术研究》项目进行了成果鉴定,该技术达到国际先进水平。

12 应用实例

奉节至巫溪高速公路E1合同段孙家崖隧道位于长江北岸,处于四川盆地东部边缘、大巴山南缘与鄂西山地接壤地带。管段内滑坡滑坡体分为前后两级三个板块组成,整个滑坡长约480m、宽约365m,合计175 200m^2,隧道进口在滑坡体中部穿过。孙家崖隧道最浅埋深5~8m,左右线间距40m。隧道内轮廓面积为62.38m^2,开挖面积为103.87m^2;隧道为两车道,净宽7m,净高5m。左线施工里程LK0+675~LK3+885,全长3 210m,曲线半径R=960m,最大纵坡1.607%,右线施工里程RK0+615~RK3+885,全长3 255m,曲线半径R=1 000m,最大纵坡1.65%。滑坡影响左线隧道333.13m,影响右线隧道406.6m。该工程于2010年3月25日开工,2012年9月30日竣工,滑坡地段工期提前3个月。施工期间无安全质量事故发生,受到监理、设计、业主单位及地方政府的高度评价。

奉节—巫溪高速公路E2合同段谭家湾隧道,施工里程LK6+495~LK6+710,隧道全长215m,在滑坡体下部通过。E5合同段闵家隧道,起讫里程LK16+388.5~LK16+931.5,全长543m。该隧道施工期间由于围岩比较破碎,自稳能力差,隧道出现多次冒顶。其中较大的一次冒顶为2012年8月17日,沿线路桩号为LK16+890~LK16+915,地表形成一个较大的陷坑,面积约175m^2。为确保隧道施工和运营安全,经业主推荐,这两个隧道结合孙家崖隧道施工工法,利用了全环系统注浆导管固结周边土体,以碗扣式锁脚导管、加长系统锚杆(管)、纵向连接钢带、仰拱群桩加固等综合加固技术,保证了节点工期,顺利完成了隧道施工。

隧道沉砂池施工工法

GGG(中企)D1173—2013

王学军　赵香萍　田晓峰
(中铁十二局集团第二工程有限公司)

1　前言

在复杂地质隧道修建过程中,往往会遇到涌泥涌砂突水灾害,国内外地下工程界为此付出过惨痛的代价。为了保证结构稳定和正常运营,经常采用修筑泄水洞的办法,由洞内向洞外低高程处排泄涌泥积水,虽然达到了目的,但明显存在诸多弊端,主要表现在泄水洞长度较长,施工时间较长,往往不能保证隧道按期通车,同时还存在长距离施工困难多、建设成本偏高、环保负面影响大等弊端。

依据"以堵为主、堵排结合、限量排放、综合治理"的涌水涌砂治理原则,规避打设泄水洞用时长、成本高、环保性差等缺点,在综合治理的基础上提出了设置沉砂池的治理方案,经完善总结形成本工法。此工法关键技术"隧道泄水沉砂施工结构"已申报国家发明专利,专利申请号:201210198197.5。

2　工法特点

(1)与传统的泄水洞相比,本工法具有成本低、见效快、施工期短、环保指标高等优点。

(2)沉砂池在富水地段结合附属洞室或加宽段设置,既便于施工又可实现地下水的集中排放,其平行于隧道轴线布置,利用自然高差引排池中积水方便。

(3)充分利用原有横通道及路线纵坡,在两主洞间施作沉砂池,并在岩壁设置径向伞状钻孔,将作用于主洞衬砌外的承压水吸引至沉砂池内,有效解决了岩溶涌泥突水对隧道结构造成的危害。

3　适用范围

本工法适用于发生涌泥涌砂突水隧道且涌水量不大于300m^3/h。

4　工艺原理

本工法是在隧道双正洞左右线之间或在隧道单洞富水一侧纵向设置沉砂池的治理方案,在沉砂池壁面设置径向伞状钻孔,钻孔深度以打到主洞衬砌外的承压水位置为准,将作用于主洞衬砌外的承压水引流至沉砂池内,从而缓解或抵消岩溶涌泥突水对隧道结构造成的危害。

5　施工工艺流程及操作要点

5.1　施工工艺流程

本工法施工工艺流程见图1。

5.2　操作要点

1)根据涌泥涌砂突水情况确定沉砂池位置

(1)隧道发生涌泥涌砂突水现象,经测量涌水量不大于300m^3/h,可以采用此工法。

(2)根据隧道涌泥涌砂突水段落,来确定泄水沉砂池位置。隧道正洞为双洞的,在左右主洞中间沿纵向设置泄水沉砂池;隧道正洞为单洞的,在涌泥突水大的一侧沿纵向设置泄水沉砂池。

(3)应具备应付最大降雨量10h左右的储存级沉淀量。

(4)沉淀池应低于隧道设计高度,以利于水的聚集且不对隧道结构存在负面影响。

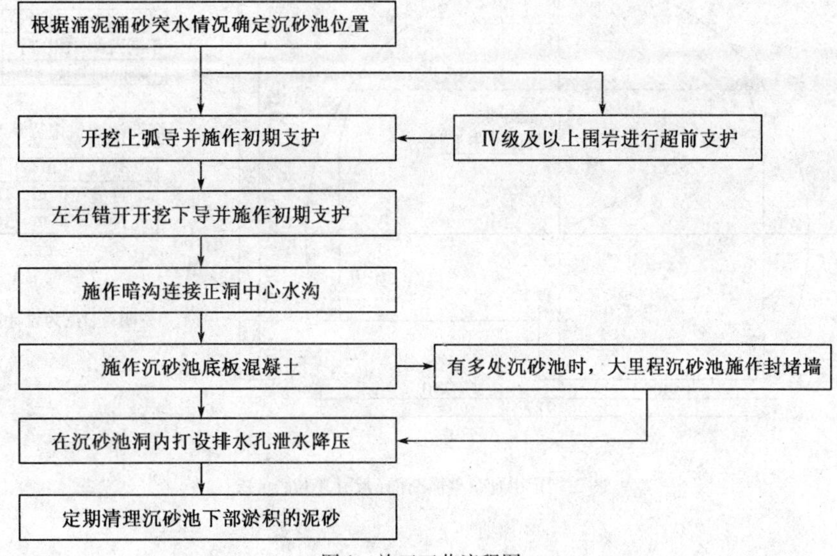

图1 施工工艺流程图

2)施作泄水沉砂池初期支护

包家山隧道沉砂池标准断面单洞当量面积为48.53m^2,池底设计高程低于主线路面高程约10m,池顶高程低于路面高程约4m。沉砂池洞室施工完成后,在喷射混凝土衬砌表面钻泄水孔降压排水,钻孔间距为2m(环向)×4m(纵向),钻孔深度以打到主洞衬砌外的承压水位置为准。泄水孔排水中的泥砂经沉砂池沉淀后,上部积水利用自然坡降流入主洞中心水沟,待上部积水抽干后,用出渣机械清理下部淤积的泥砂。

沉砂池按新奥法施工原理进行洞身结构设计,即以系统锚杆、喷混凝土、钢筋网、钢架组成初期支护,不再进行二次衬砌的施工,对于围岩破碎段进行大管棚施工,保证施工安全和运营安全,对于Ⅳ级围岩地段辅以超前支护(超前小导管或药卷锚杆)配合钢架以确保安全;通过结构分析计算、技术经济比较及工程类比,拟定洞身衬砌支护参数。沉砂池设计参数见图2~图4及表1。

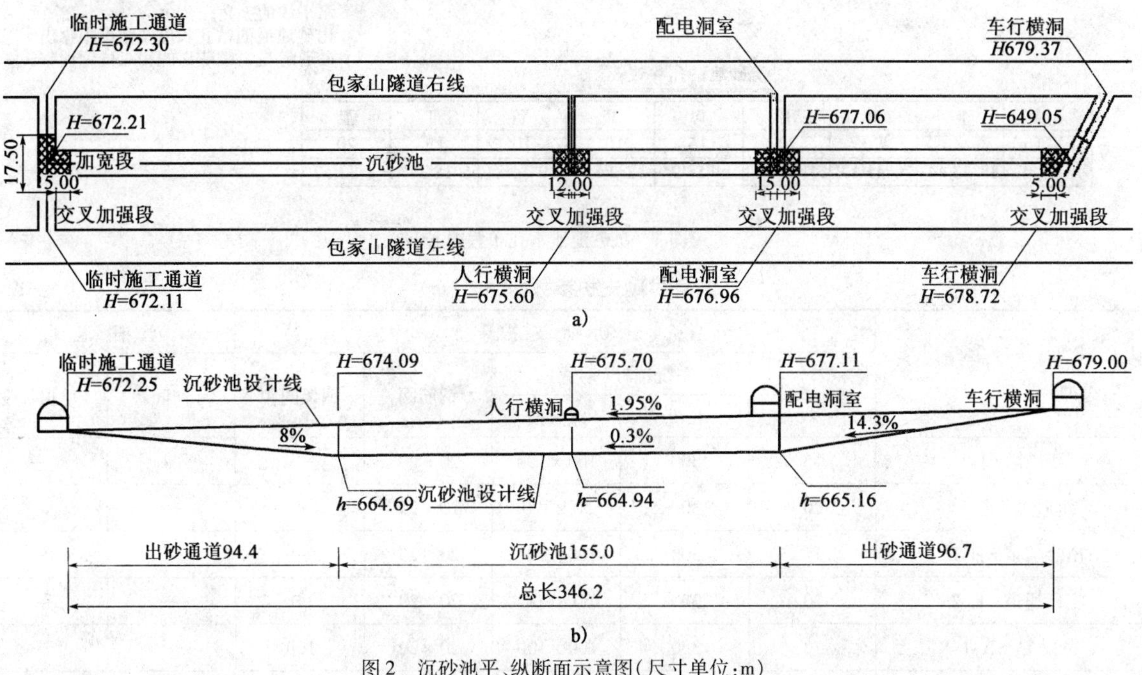

图2 沉砂池平、纵断面示意图(尺寸单位:m)

a)沉砂池平面示意图;b)沉砂池纵断面示意图

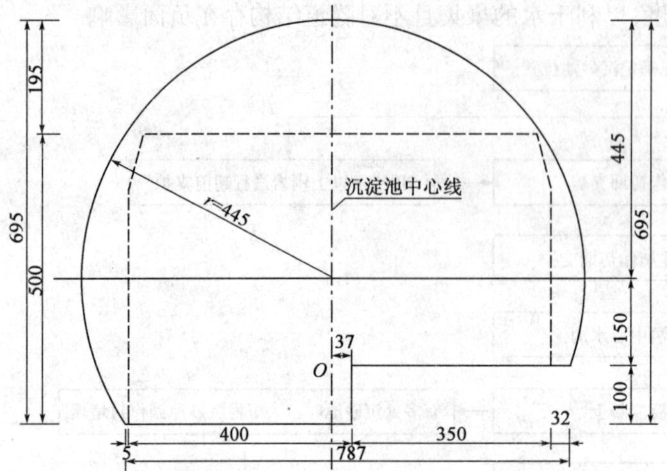

沉淀池内轮廓系数指标

名称	单位	指标
单洞当量面积	m^2	46.53
单洞四周周长	m	27.04

沉淀池建筑限界系数指标

名称	单位	指标
净宽	m	4.00+3.50
净高	m	5.00(4.00)

说明：*O*点为设计高点。

图3　沉砂池净空横断面(尺寸单位:cm)

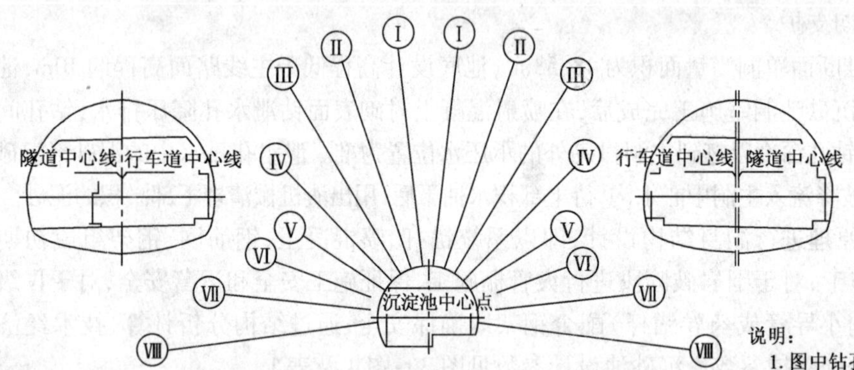

说明：

1. 图中钻孔间距α=2m×2m。
2. 图中钻孔角度为钻孔与过设计原点水平线的夹角。
3. 出砂通道的钻孔长度及角度根据出砂通道与主线隧道的相对位置调整。

沉砂池钻孔参数表

钻孔序号	Ⅰ	Ⅱ	Ⅲ	Ⅳ	Ⅴ	Ⅵ	Ⅶ	Ⅷ
长度(m)	20	20	20	15	10	10	15	20
角度(°)	83°33′44″	70°41′13″	57°48′41″	44°58′9″	32°3′38″	19°11′8″	6°18′34″	-8°33′57″

图4　沉砂池泄水孔布置图

洞身衬砌支护参数(单位:cm)　　表1

类型 \ 衬砌	初期支护					管棚施工	
	喷混凝土	系统锚杆(钢管)		钢筋网	钢架间距	环向间距	单根长度
		长度	纵×横				
沉砂池SⅢ-1	15	300	100×100	20×20	—	—	—
沉砂池SⅢ-2	20	300	50×100	20×20	50	—	—
出砂通道SⅢ-1	15	300	100×100	20×20	—	—	—
出砂通道SⅢ-2	20	300	50×100	20×20	50	—	—
沉砂池SⅣ-1	22	350	100×100	20×20	100	—	—
沉砂池SⅣ-2	22	350	50×100	20×20	50	—	—

续上表

类型 \ 衬砌	初期支护					管棚施工	
	喷混凝土	系统锚杆(钢管)		钢筋网	钢架间距	环向间距	单根长度
		长度	纵×横				
出砂通道 SⅣ-1	22	350	100×100	20×20	100	—	—
出砂通道 SⅣ-2	22	350	50×100	20×20	50	—	—
沉砂池 S 碎	26	500	75×100	20×20	75	40	4 500
沉砂池 S 涌	26	500	75×100	20×20	75		—
出砂通道 S 碎	26	500	75×100	20×20	75	—	—
出砂通道 S 涌	26	500	75×100	20×20	75	40	4 500

(1)沉砂池Ⅲ级围岩地段初期支护。

沉砂池Ⅲ类围岩地段共设置了沉砂池 SⅢ-1、沉砂池 SⅢ-2、出砂通道 SⅢ-1、出砂通道 SⅢ-2 四种衬砌结构形式。

(2)沉砂池Ⅳ级围岩地段初期支护。

沉砂池Ⅳ级围岩地段设置了出砂通道 SⅣ-1、出砂通道 SⅣ-2、沉砂池 SⅣ-1、沉砂池 SⅣ-2、沉砂池 S 碎、出砂通道 S 碎六种衬砌结构形式。

(3)沉砂池涌水段围岩地段初期支护。

沉砂池涌水段围岩地段设置了沉砂池 S 涌、沉砂池 SⅣ-1、沉砂池 SⅣ-2 三种衬砌结构形式。

3)施作暗沟连接正洞中心水沟

在出砂通道口(ZK156 +951.98、ZK157 +265.96、ZK157 +774.06)处设置排水暗沟,以防止泄水沉砂池积水溢流,漫上路面。

4)施作沉砂池底板混凝土

沉砂池及出砂通道底板采用 26cm 厚、C20 现浇混凝土铺设,对于沉砂池养护平台侧壁采用立设模板浇筑的办法完成养护平台边墙的浇筑。

5)施作封堵墙

沉砂池开挖、支护、路面施工完毕后对高程最低的沉砂池(1 号沉砂池 156 +950.98 处)留溢水缺口,其他的沉砂池(2 号沉砂池 K157 +769 ~766 处和 3 号沉砂池 K158 +117 ~120 段)进行封闭墙施工,封闭墙采用 M7.5 浆砌片石浆砌片石,厚 3m,并且用 2cm 厚防水砂浆抹面。1 号沉砂池 157 +261 处和 2 号沉砂池 157 +266 处设贴面式卷闸门,阻止池内水汽湿润主洞路面。

6)在沉砂池洞内打设排水孔泄水降压

(1)孔径为 110mm;

(2)钻孔深度在以打到主洞衬砌外的承压水位置为准,倾斜角度为 90° ~60°;

(3)出砂通道钻孔深度角度根据出砂通道与主线的相对位置调整;

(4)钻孔孔间间距为 2m ×2m;

(5)施工机械采用大型地质钻孔设备,起拱线以下泄水孔施作机械设备可直接置于地面工作台上,起拱线以上泄水孔施作须搭设作业脚手架;

(6)每隔 10m 取一断面,进行水文地质描述记录。

7)定期清理沉砂池下部淤积的泥砂

沉砂池沉淀泄水孔排水中的泥砂,沉砂池上部积水利用自然坡降流入主洞中心水沟,待上部积水抽干后,利用出渣机械清理下部淤积的泥砂,然后通过出渣车运出洞外。

运营期间根据泄水池泥砂淤积情况一般每半年清理一次,现场要准备相应的安全警戒器材及安全应急预案。

6　材料与设备

本工法无需特殊说明的材料，采用的主要施工机具设备见表2。

主要施工机具设备　　表2

序号	作业项目	机具设备名称	规格型号	单位	数量	备注
1	开挖	挖掘机	CAT320D	台	1	开挖、装渣
		自卸车	北方奔驰20t	辆	4	出渣
		装载机	小松WA470	辆	1	装渣
		风动凿岩机	YT-28	台	8	爆破钻眼
		风镐	G10	台	4	开挖修边
		电动压风机	$20m^3/min$	台	2	高压供风
2	初期支护	钢筋切断机	QJ40-1	台	1	加工钢筋
		钢筋弯曲机	40	台	1	加工钢筋
		电焊机	BX1-500	台	3	加工钢架及格栅
		搅拌机	JS750	台	2	拌和混凝土
		湿喷机	YSP6－10S	台	2	喷射混凝土
3	浇筑混凝土	搅拌机	2(JS1000＋PL1600)	台	1	生产混凝土
		混凝土输送泵	中联重科52m汽车泵	台	1	浇筑混凝土
		混凝土运输车	HNJ5290GJB	辆	2	
4	打设泄水孔	地质钻机	RPF-150	台	1	钻设泄水孔
		高压水泵		台	1	钻设泄水孔

7　质量控制

(1)做好涌泥涌砂突水段的地质分析、判断，确定沉砂池位置。

(2)沉砂池顶高程低于正洞路面高程，以利于正洞泄水降压。

(3)沉砂池进行反坡施工，便于沉淀泄水孔排水中的泥砂，沉砂池上部积水利用自然坡降流入主洞中心水沟；施工阶段需配备抽水设备进行抽水。

(4)根据施工工艺确定施工班组，配备相应的管理人员、技术人员和作业人员，明确岗位和职责，以质量责任制保证施工质量。

(5)钻设泄水孔时，要有专门技术人员监控孔口返水颜色、水量等直观变化并做好记录。

(6)施钻时要注意控制钻孔方向和角度，确保泄出正洞方向的水。

(7)遇到塌孔时，采用跟管继续钻探，确保钻探深度满足设计要求。

(8)及时清理沉砂池下部淤积的泥砂，保持排水管道畅通。

8　安全措施

(1)做好所有作业人员的安全教育和安全培训工作，使其明白职责和完成工作时应该注意的安全事项。

(2)加强施工监测及时反馈沉砂池施工期间结构变形情况。

(3)初期支护要及时封闭成环，全断面闭合时间应控制在15d内。

(4)严格施钻前各种管路接头的检查，尤其各种高压管路的接头，如：高压油管、高压进水管路等。

(5)必须安装牢靠孔口管并安设止水装置，防止突发涌水、泥等现象。

(6)钻孔过程中时刻观察前方地层变化，当遇到高压水携带砂石块或冲刷地层时及时关闭孔口管闸阀,并加固工作面防止突水突泥。

(7)注意机械使用、保养、维修,注意用电安全,经常进行检查杜绝漏电,并派专人操作和维修,非机电修理人员不得随意拆卸设备。

(8)运营期间需清理泄水池泥砂,因此现场要准备相应的安全警戒器材及安全应急预案。

9 环保措施

(1)施工前应同地方环保部门联系,确定泥砂放置场地,严格配合环保部门做好工作,清理出洞的泥砂不得乱丢、乱放。

(2)建立专职的环保小组,强化环保管理,广泛宣传教育,提高思想认识,加强环保认识。

(3)地质钻机钻设泄水孔时,内燃机产生的尾气造成环境污染,严重影响作业人员的身体健康,所以施工过程中,作业人员要佩戴专用口罩。

(4)施钻前注意检查设备的油路,避免作业中设备动力系统和推进系统漏油而污染环境。

10 效益分析

1)经济效益

包家山特长隧道自开工以来,由于地表降雨已导致隧道陆续发生过七次特大涌水,先后造成停工近六个月,给隧道修建造成很大困难,直接损失约2 500万元。经过分析论证,在隧道左右线涌水段落之间纵向设置沉砂池,沉砂池共布置三段,总计长度为1.1km,相比采用泄水洞排水,泄水洞长度为6.3km,采用沉砂池比泄水洞长度少施工约5.2km,节约工程投资6 000元/延米×5 200m=3 120万元。

2)社会效益

包家山隧道沉砂池施工长度为1.1km,施工不到一年完成,保证了包家山隧道按期通车的要求。相比采用泄水洞排水,泄水洞长度为6.3km,需要的施工时间远远大于沉砂池施工时间,不能保证隧道按期通车。采用泄水沉砂池具有成本低、见效快、施工期短、环保指标高等优点,沉砂池投入运营以来,地表没有出现沉降,泄水通道也没有堵塞,包家山隧道二次衬砌结构没有发生变形,说明隧道的结构处于稳定,确保了运营通车的安全。

3)环境效益

修建泄水沉砂池的长度要比泄水洞的短得多,从而减少了大量石渣的开挖,也减少了渣场面积,节地效果好。涌出的泥砂在洞内的泄水沉砂池内经过沉淀后,再集中运出洞外,不占用洞外的沉淀场地,环保效果好。

11 应用实例

包家山特长隧道为包茂高速公路小(河)至(安)康段的控制性工程,全长11.2km,穿越了南秦岭山脉的青山和玉皇山两道山峰,全隧共穿越断层37条、大型褶皱带3处、涌水段25处。从地质构造来看,该段隧道地质构造特殊,地形呈凹陷状,处在岩溶蓄水构造中,隧道穿越了六条大断层,围岩裂隙、溶隙发育,与地表水连通性好。经过分析论证,在隧道左右线涌水段落之间纵向设置沉砂池,沉砂池共布置了三段:1号沉砂池全长308.78m,起止桩号为ZK156+951.98~ZK157+260.76,2号沉砂池全长503.6m,起止桩号为ZK157+265.96~ZK157+769.56,3号沉砂池全长346.15m,起止桩号为ZK157+774.06~ZK158+120.21。为了避免池内水体湿润主洞路面,沉砂池施工完毕后在1号沉砂池北口处、2号沉砂池南口处和3号沉砂池南口处设置堵头墙,堵头墙采用3m厚M7.5浆砌片石,墙面采用2cm厚防水砂浆抹面整平。泄水沉砂池于2009年2月开始施工,2010年4月底施工完毕。经过两年的运营观测,隧道结构稳定。

新建铁路张家口至集宁一次复线旧堡隧道是全线最长的隧道和重点控制工程,全长9 585m。在距进口2 652m处设1号斜井,长度999.2m,在距出口4 083m处设2号斜井,长度1 728m。旧堡隧道地处构造交汇区,由于多次构造运动作用,断裂构造发育,导致岩体破碎且富水,隧道围岩自稳能力差,开挖后易发生突涌水、塌方、掉块和支护结构大变形等工程安全及灾害问题。施工中 DK29 + 377 ~ DK29 + 425 段右侧出现涌泥涌砂突水情况,隧道右侧初期支护变形开裂,钢架扭曲甚至挫断。经过分析论证,在 DK29 + 370 ~ DK29 + 430 隧道右侧纵向设置沉砂池,沉砂池全长 60m,泄水沉砂池于 2010 年 6 月开始施工,2010 年 7 月底施工完毕,有效解决了岩溶涌泥突水对隧道结构造成的危害,经观测,隧道在运营期间结构稳定,排水系统良好。

破碎围岩隧道快速支护施工工法

GGG(中企)D1174—2013

张庆华 胡晓军 郭 英 彭 飞 昝世辉
(中铁十二局集团有限公司)

1 前言

近年来,随着国内山区高速公路建设的不断深入,各种地质条件较差的隧道越来越多,尤其是一些破碎围岩的隧道。在Ⅳ、Ⅴ级破碎围岩隧道施工中,为了确保安全要做到快速开挖、快速支护,尤其是减少上台阶拱部围岩的暴露时间,以减少破碎围岩随着拱部暴露时间增加,风化程度加大造成的掉块、坍塌。破碎围岩中Ⅳ、Ⅴ级围岩隧道初期支护多采用I18、I20型钢拱架,上台阶一榀拱架重达半吨左右,传统拱架安装时存在如下弊端:

(1)上台阶拱架安装作业空间狭小,使得拼装、安装拱架过程漫长而且危险。

(2)由于调整拱脚位置、法线方向、拱顶高度,要对拱架进行撬动或者搬动,一般情况下单凭人工的力量无法对拱架进行精确调整。

(3)一个立架工班在上台阶立架所消耗的时间最长,所耗用的人工也是最多的。

(4)在特殊地质情况下需要及时有效地对拱架进行临时支撑,往往耗费时间较长,同时也耗费相当多的钢材。

本工法采用的拱架快速安装主要是利用倒链和支架组成的支撑系统进行工作,钢管、钢板加工成立体支撑系统,人工拽拉倒链起吊、提升拱架并调整到位,达到安装拱架的目的。传统拱架安装方法采用人工肩扛手推,劳动量大,工人作业条件比较恶劣。传统方法单榀拱架安装时间长,一般安装一榀拱架所需时间在30~45min,费时费力;本工法所述安装方法不论多大型钢拱架安装一榀拱架所需时间均在10~15min,加快了循环速度,平均每循环节约时间在0.5h以上,在一定程度上节约了开挖支护的循环时间。

由中铁十二局集团第三工程有限公司承建的山西省阳泉—左权高速公路ZB5标段蔡家庄1号隧道、蔡家庄2号隧道所处的围岩大部分段落均为Ⅳ、Ⅴ级破碎灰岩,占隧道总长度的85%。隧道开挖支护通过优化三台阶七步流水作业法,采用穿越破碎围岩快速支护方法,在大段落穿越破碎围岩开挖支护施工中开挖支护进度快、安全风险控制好,取得了良好的经济效益与社会效益,得到了质监部门、业主和监理的好评,经总结形成本工法。

2 工法特点

(1)快:采用本工法安装拱架比普通方法快15~25min,大大地提高了工作效率,极大地加快了施工速度。

(2)省:采用本工法安装拱架减少立架工人5名,并且在安装过程中省力省工,在施工过程中工人只需要做拧紧螺栓、扶住拱架等简单工作。

(3)易:本工法使用的快速支撑系统简单明了,一般工人只需简易地讲解就能很快上手,在施工中能最大效能地发挥作用。

(4)宜:本工法使用的快速支撑系统的支撑行程最小情况下为2.45m,这么大的行程是一般机械行程所不能达到的。而且快速支撑系统两个支撑组件的间隙有 14mm,隧道内的碎石和杂土一般不会对使用制造困难,非常适宜在隧道内使用。

(5)准:本工法使用的快速支撑系统能准确地定位拱架的净空尺寸、拱顶高程、拱架的垂直度。与传统人工安装相比快速支撑系统能输出 3t 的力量,更加有效地调整拱架尺寸。

3 适用范围

本工法适用于隧道各种围岩,尤其是破碎、需要快速支护围岩段落的拱架安装施工,对于软弱围岩中的临时支护具有更好的效果。

4 工艺原理

本工法主要是利用倒链和支架组合进行工作。具体工作原理是:开挖完成后,将主架放置于开挖面拱架安装位置下方,将快速支撑系统(图 1)调整大致水平。把即将安装的拱架安设于快速支撑的托架上,顺时针拽动倒链上的手动链条,通过倒链内齿轮组作用将起重链条带动,起重链条将副架提升,从而平稳地将托架上的拱架提升至设计拱顶高程,由于倒链在有荷载情况下能自行制动锁死,所以拱架被提至设计拱顶高程后不会向下滑落。拱架提升至设计高程后,对拱架的几何尺寸、垂直度、轴线方向、法线方向进行精调整(调整时快速支撑可将拱架一侧或两侧拱脚全部提离地面,人工此时可以方便地调整拱架)。拱架定位完成后,立即焊接连接钢筋,将已安装拱架与前一榀拱架焊接牢固保证拱架在后续作业时不变形位移。连接钢筋焊接完成后打设钢架锁脚锚杆,每榀钢架拱脚两侧位置各打设两根锁脚锚杆,锁脚锚杆采用“L”形钢筋与拱架焊接牢固,保证拱架不下沉不变形。锚杆施工完成后挂设钢筋网片,钢筋网片与系统锚杆、钢架焊接牢固,保证在喷射混凝土时不晃动、不变形。以上工作验收合格后复喷混凝土。初支完成后及时布置围岩量测点,根据围岩量测收敛情况对初支参数进行调整并对后续二次衬砌施工进行指导。

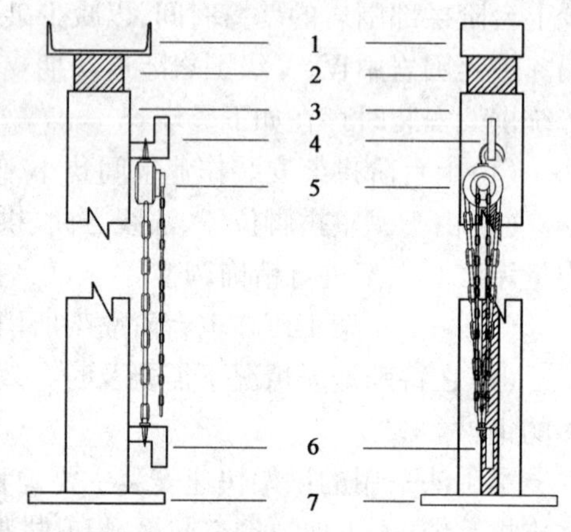

图 1 快速支撑系统

1-托架;2-副架;3-主架;4-主钩;5-倒链;6-副钩;7-底座

5 施工工艺流程及操作要点

5.1 施工工艺流程

快速支撑系统施工工艺见图 2。

5.2 操作要点

1)快速支撑系统设计及制作

(1)支撑组件。

支撑组件分为两部分,其中副架采用 ϕ80mm 的无缝钢管加工而成,在副架管身下方 10cm 处焊接副钩。主架采用 ϕ108mm 的无缝钢管加工而成,在主架管身处开 30mm 宽的开口,并在开口上方 10cm 处焊主钩。主架和副架的选材、尺寸,可以根据隧道断面及拱架型号灵活调整。各部位详细尺寸见图 3。

(2)动力部分。

快速支撑的动力来源为 5t 或 3t 的“倒链”,一般情况下 3t 的倒链即可,对于将快速支撑用作临时支护中的临时支撑时可选用 5t 及 5t 以上的“倒链”,“倒链”起重链条一般长度宜为 3m。由于支撑拱架时对于主钩及副钩的要求十分苛刻,对于安装的主钩及副钩宜采用 1.6cm 的钢板自行进行加工。

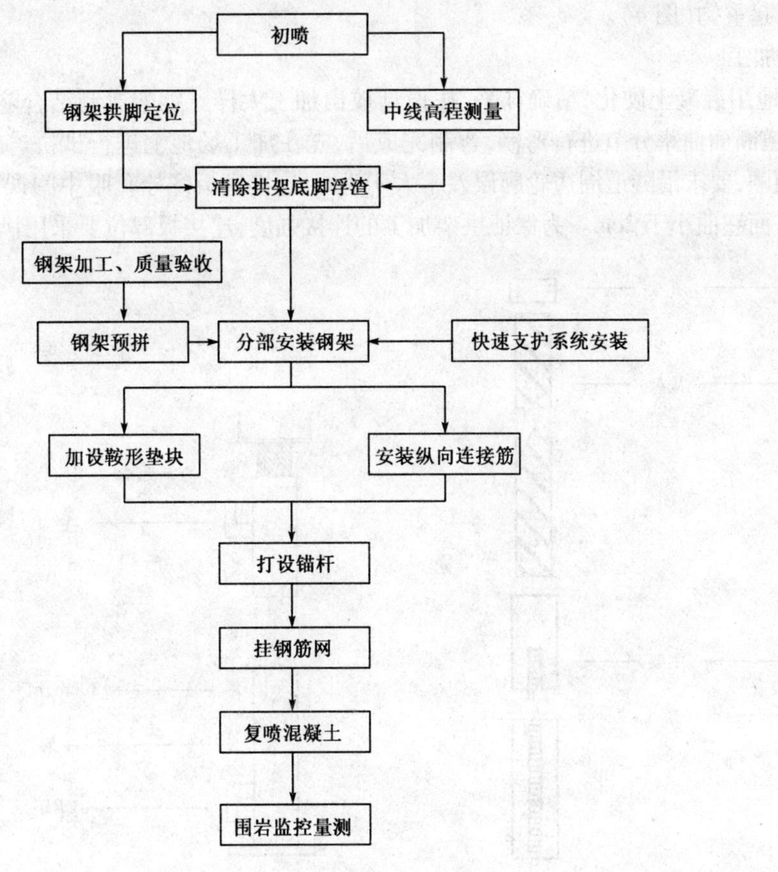

图2 快速支护系统施工工艺流程图

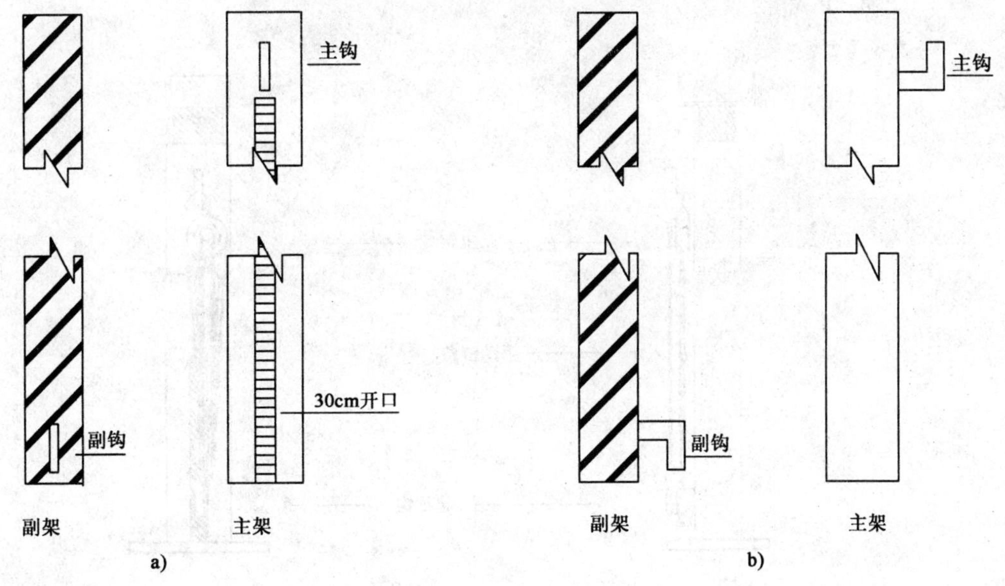

图3 支撑组件(尺寸单位:cm)

a)正视图;b)侧视图

(3)配合使用部分及组装。

首先在主架下焊接一块20cm×20cm的底座用以减轻压力稳固快速支撑系统,同时在副架上段安装托架;然后将副架穿入主架内,这时在主架的3cm开口内焊接副架上的副钩,同时将主架上的主钩焊接牢固(注意副钩向下焊接,主钩向上焊接);最后在主架的主钩上挂设“倒链”的主钩,在副架副钩上安装“倒链”的起重钩(图4)。

2)拱架加工

加工场地用混凝土硬化,精确抹平,按设计放出加工大样。钢架弯制结合隧道开挖方法采用型钢弯制机按照隧道断面曲率分节进行弯制,弯制完成后,先在加工场地上进行试拼。各节钢架拼装,要求尺寸准确,弧形圆顺,要求沿隧道周边轮廓误差不大于3cm,连接底板螺栓孔眼中间误差不超过±5mm;型钢钢架平放时,平面翘曲小于2cm。为保证拱架加工的连接强度,连接板部位要采用满焊并且采用角钢补强。

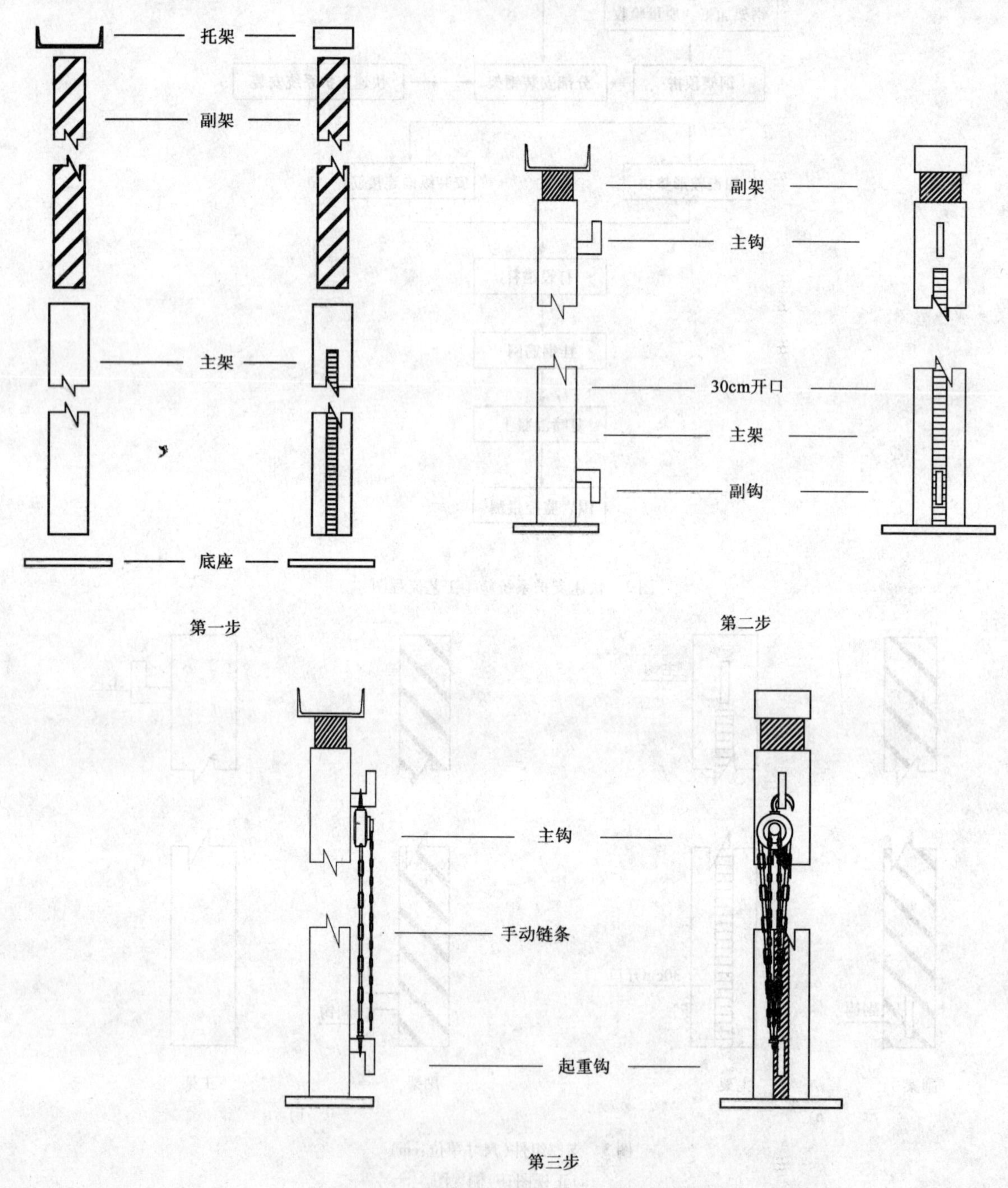

图4 快速支撑系统配合使用部分组装步骤示意图

3)施工准备

拱架加工完成后为了保证拱架安装质量,首先进行拱架拼装检查,检查拱架各部分尺寸、拱架连接板、翘曲度、平整度。拱架试拼完后将上台阶拱脚位置人工整平至设计拱脚高程,Ⅴ级围岩需要在拱部钢架基脚处设槽钢以增加基底承载力，为拱架安装奠定基础。在拱顶用全站仪放出隧道中心线及拱顶高程，并放出隧道左右法线方向，以便在拱架安装施工中校对净空尺寸时使用。

4)快速支撑系统安设

当采用三台阶施工时，根据开挖断面尺寸上台阶预留高度为3m，主架、副架制作材料不变，将主架、副架长度均加工成1.6m，支撑系统的行程为3.2m，满足上台阶安装钢架高度的需求。在施工时只需要一人操作"倒链"即可。采用预留核心土时，快速支撑系统直接安设在核心土上，由两人操作快速支撑系统，一人操作"倒链"，一人扶住快速支撑系统。

当采用两台阶施工时，根据开挖断面尺寸上台阶预留高度为6m，主架、副架制作材料不变，将主架副架长度均加工成3.1m，支撑系统的行程就能有6.2m，满足上台阶安装钢架高度的需求。只加大快速支撑系统底座(一般加大尺寸为人工方便使用为宜)，在施工时只需要一人操作"倒链"即可。

快速支撑系统安设要注意：

(1)支起位置大致水平；

(2)支起位置大致位于中心线；

(3)支起位置应便于人工操作；

(4)支起位置要坚硬、可靠。

5)拱架安装及检查

拱架检验合格后进行拱架的安装，拱架安装之前先将上台阶拱脚平整至设计高程。然后按照如下顺序进行拱架安装(按照三台阶施工，上台阶一榀拱架三节)：

(1)先将上台阶两节拱架用两颗螺钉简单连接在一起，放在快速支护系统上。

(2)再顺时针拽动手动链条，通过副架的拉升将两节简单连接的拱架升至拱架设计高程下20cm处，此时将前两节拱架螺钉上齐。

(3)当前两节拱架螺钉上齐后，这时将第三节拱架连接上，也只连接两颗螺钉，使用快速支撑系统将拱架升至设计高程。

(4)对拱脚进行处理，调整两个拱脚的水平高度、拱顶中线、上台阶尺寸。拱架拼装完毕后，从一边进行连接钢筋的安装，并同对拱架间距进行调整。

(5)拱架安装完后对拱架尺寸进行检查，首先用钢尺检查拱架的几何尺寸；用水平管检查拱架连接板的水平度；用铅锤仪校正拱架的垂直度。施工中严格控制轴线偏位在规范允许范围以内，如果有不合格的情况，及时采用快速支护系统进行调整。当以上检测内容合格后将螺钉全部上齐拧紧，并将螺钉点焊牢固。

6)拱架拱顶高程的控制

因拱架是分榀按循环进尺安装，控制好每循环拱架拱顶高程可以保证相邻两榀拱架顺接，从而保证喷射混凝土的外观美观。当拱架升至设计高程左右时，采用水平尺从拱顶放样点引至以安装完毕拱架上，调整拱顶高程时要注意拱架法线方向高程在同一水平线上。

5.3 打设锚杆

(1)布孔：由测量人员用红油漆按设计在初喷混凝土面上标定锚杆位置。

(2)钻孔及安设锚杆：开挖初喷后，尽快利用人工手持式凿岩机进行钻孔作业，钻孔直径为42～44mm，锚杆的钻孔应圆直，孔口岩面应平整，钻孔应与岩面垂直，钻孔完成后，需进行检查，发现不合格的孔应补钻。当钻孔结束后，开始安装锚杆，杆体插入锚杆孔时，保持位置居中，锚杆杆体露出初喷混凝土面长度不大于复喷层混凝土厚度。锚杆必须与岩体主结构面成较大角度布置，当主结构面不明显时，与隧道周边轮廓垂直呈梅花形布置。有水地段先引出孔内的水或在附近另行钻孔再安装锚杆。

(3)注浆：用注浆机向锚杆孔内注浆，砂浆及水泥浆液要饱满密实，根据施工配合比添加适量的微膨胀剂，锚杆垫板与孔口混凝土密贴，随时检查锚杆头的变形情况，紧固垫板螺母。

5.4 挂钢筋网

(1)钢筋网片运至现场后,人工现场安装,安装位置必须符合设计要求,并与锚杆或固定装置连接牢固。

(2)钢筋网的网格间距必须符合施工图要求,钢筋网间搭接长度为1~2个网孔(即20~25cm)。

(3)钢筋网随受喷面的起伏铺设,与受喷面的间隙不大于3cm,且与锚杆或钢架连接牢固。

(4)喷射中如有脱落的石块或混凝土块被钢筋网卡住时,应及时清除后再喷射混凝土。

5.5 复喷混凝土

(1)喷射混凝土作业应采用分段、分片、分层依次进行,喷射顺序应自下而上,分段长度不宜大于6m。喷射时先将低洼处大致喷平,再自下而上顺序分层、往复喷射。

①喷射混凝土分段施工时,上次喷混凝土应预留斜面,斜面宽度为200~300mm,斜面上需用压力水冲洗润湿后再行喷射混凝土。

②分片喷射要自下而上进行,并先喷钢架与壁面间混凝土,再喷两钢架之间混凝土。边墙喷混凝土应从墙脚开始向上喷射,使回弹不致裹入最后喷层。

③分层喷射时,后一层喷射应在前一层混凝土终凝后进行,若终凝1h后再进行喷射时,应先用风、水清洗喷层表面。一次喷混凝土的厚度以喷混凝土不滑移、不坠落为度,既不能因厚度太大而影响喷混凝土的黏结力和凝聚力,也不能太薄而增加回弹量。边墙一次喷射混凝土厚度控制在7~10cm,拱部控制在5~6cm,并保持喷层厚度均匀。顶部喷射混凝土时,为避免产生堕落现象,两次间隔时间宜为2~4h。

(2)喷射速度要适当,以利于混凝土的压实。风压过大,喷射速度增大,回弹增加;风压过小,喷射速度过小,压实力小,影响喷混凝土强度。因此在开机后要注意观察风压,起始风压达到0.5MPa后,才能开始操作,并据喷嘴出料情况调整风压。一般工作风压:边墙0.3~0.5MPa,拱部0.4~0.65MPa。

(3)喷射时使喷嘴与受喷面间保持适当距离,喷射角度尽可能接近90°,以使获得最大压实和最小回弹。喷嘴与受喷面间距宜为1.5~2.0m;喷嘴应连续、缓慢作横向环行移动,一圈压半圈,喷射手所画的环行圈,横向40~60cm,高15~20cm;若受喷面被钢架、钢筋网覆盖时,可将喷嘴稍加偏斜,但不宜小于70°。如果喷嘴与受喷面的角度太小,会形成混凝土物料在受喷面上的滚动,产生出凹凸不平的波形喷面,增加回弹量,影响喷混凝土的质量。

6 材料与设备

6.1 主要材料(表1)

主要材料配备 表1

序号	材料名称	数量	备注
1	快速支撑系统	1套	自行加工
2	钢架		按照开挖进尺
3	槽钢		增加基底承载力
4	连接钢筋		

6.2 主要设备(表2)

主要设备配备 表2

序号	设备名称	数量	备注
1	电焊机	2台	
2	钢筋切割机	1台	
3	拱架弯曲机	1台	

续上表

序　号	设备名称	数　量	备　注
4	氧气焊	2台	
5	风动凿岩机	10把	
6	湿喷机	3台	

7　质量控制

7.1　工程质量控制标准

拱架安装按现行《公路隧道施工技术规范》(JTG F60—2009)进行质量控制,见表3。

钢支撑支护实测项目　　表3

检查项目		规定值或允许偏差	备　注
安装间距(mm)		±50	
保护层厚度(mm)		≥20	
倾斜度(°)		±2	
安装偏差(mm)	横向	±50	
	竖向	不低于设计高程	
拼装偏差(mm)		±30	

7.2　质量保证措施

(1)钢架应按设计位置安设,钢架之间必须用钢筋纵向连接,并要保证焊接质量。拱架安设过程中,当钢架与围岩之间有较大的空隙时,沿钢架外缘每隔2m采用混凝土预制块楔紧。

(2)钢架应尽可能多地与锚杆露头及钢筋网焊接,以增强其联合支护的效应。

(3)拱架的拱脚应采用纵向锁脚锚杆等措施加强承载力。

(4)型钢钢架应采用冷弯成型,钢架加工的焊接不得有假焊,焊缝表面不得有裂纹、焊瘤等缺陷。

(5)每榀钢架加工完成后应放在水泥地面上试拼,周边拼装允许误差为±30mm,平面翘曲应小于20mm。

(6)钢架应在初喷混凝土后及时架设,各节钢架间以螺栓连接,连接板必须密贴。

(7)钢架安装前应清除底脚下的虚渣及杂物,钢架底脚应置于牢固的基础上,必要时拱部钢架基脚处加设槽钢增加基底承载力。

(8)喷射混凝土时要将拱架与岩面之间的间隙喷射饱和达到密实。

8　安全措施

8.1　现场安全措施

(1)项目经理部设立以项目经理为首的安全领导小组,配备专职安全员,全面负责公司的安全工作,并做到有计划、有组织、有措施。

(2)认真组织施工人员学习有关安全工作的法规、制度及其他有关文件,树立并提高施工人员的安全意识,根据工程的特点,编制详细的各工序的安全操作规程及安全措施,施工生产严格按照操作规程标准化、正规化施工。

(3)对新工人或变更工种的工人都要进行上岗前培训,考试合格后发给合格证,必须持证上岗。

(4)在进行技术交底的同时,要进行安全工作交底,并做好技术交底和交接班记录。

(5)设置标准的配电箱和移动电箱,实行三级保护,电缆应架空铺设,夜间各施工场所应有足够的照明,非电工人员不得动用电器设备。非专业人员不得私自违章操作,加强对机械车辆的管理,坚持定机、定员、定责。

(6)做好工地的防火、防电,防食物中毒事故的发生。

8.2 拱架安装安全措施

(1)施工期间,应对支护的工作状态进行定期和不定期检查。在不良地质地段,应由专人每班检查。当发现支护变形或损坏时,应立即修整加固,当险情危急时,应将人员撤出危险区。

(2)构件支撑的立柱不得置于虚渣上,立柱底面应加设垫板或垫梁。

(3)制订安全检查目标奖罚制度,针对工程情况,每天进行自检,项目部不定期检查,并对检查出的问题,限期整改,并与奖罚挂钩。

(4)钢架的安装作业时,作业人员之间应协调动作,在本排钢架未安装完毕,并与相邻的钢架和锚杆连接稳妥之前,不得擅自取消临时支撑。

9 环保措施

(1)对职工进行环保知识教育,使人人心中都明确环境保护工作的重大意义,积极主动地参与环保工作,自觉地遵守环保的各项规章制度。

(2)施工中应在洞内设置两道排水沟,排至污水处理池内。

(3)出渣车辆要进行覆盖,保持清洁上路,不得抛洒,并有专人负责保持清洁。

(4)前一道工序施工完成后做到工完料清,为下一道工序创造良好的施工环境。

(5)机动车在工地上行驶通过限速等措施,避免产生灰尘,便道经常洒水减少灰尘的污染,现场易生粉尘的细料存放及运输要加以遮盖。

(6)现场设备、污水、生活区垃圾集中统一处理,禁止在工地焚烧残留的废物,造成空气污染。

(7)对施工现场产生的废弃物要及时妥善地收集,并运至指定的地点收集处理。

10 资源节约

采用本工法安装拱架具有高效、快速等特点,积极响应了国家提出的建设节约型社会的要求,切实保护和合理利用各种资源,提高资源利用率,采用本工法施工资源节约体现在以下方面:

1)节约人力及设备

采用本工法施工,一次安装两榀拱架,普通情况下上台阶要使用10人左右安装,且在施工中工人全部在掌子面撑住拱架,这时拱顶围岩的掉块往往容易造成人员伤害。采用本工法上台阶只需要5人既可安装完成拱架,且工人只需上紧拱架连接螺钉,如遇掉块严重地段工人撤离掌子面方便,不必担心拱架倾覆造成的人员伤害。采用本工法大大地降低了工人的劳动强度,对于加快施工进度起到了决定性作用,较大程度地节约了人力。

2)节约临时支撑材料

采用本工法施工,遇到围岩较差地段需要临时支撑,快速支撑系统可以方便有效地进行支撑,不需要担心临时支撑拼装误差,当临时支撑拆除后快速支撑系统可以方便地利用更多次。

3)适应隧道严酷环境

快速支撑系统两个支撑组件的间隙有14mm,隧道内的碎石和杂土一般不会对安装时的使用制造困难,且"倒链"保养维修简单,平时只需偶尔加油润滑机械齿轮。

11 效益分析

(1)施工速度快,传统方法安装一榀拱架所需时间在30~45min,如果在特殊地段采用I20以上拱架所需时间更长。采用本工法施工,不论拱架为多大型钢拱架安装一榀拱架,所需时间均在10~15min,加快了循环速度,平均每循环节约时间在0.5h以上。

(2)蔡家庄隧道采用本工法进行施工,投入两套支撑系统,经检查所支护拱架各项指标均满足规范允许的误差要求。在隧道初支检测时,总监办多次组织业主及其他标段隧道队伍到工地观摩学习,在山西省交通运输厅重点办组织的检查中也得到好评,采用此工法进行隧道拱架安装施工,综合施工进度快、质量控制好、隧道净空尺寸易得到保证,社会效益明显。

(3)采用本工法单工序花费单价为150元/m,比较传统花费单价降低了200元/m。蔡家庄1号隧道左线全长756m、蔡家庄1号隧道右线全长669m,蔡家庄2号隧道右线全长781m、蔡家庄2号隧道左线全长811m,合计节约费用共60.3万,取得了一定的经济效益。

(4)采用本工法进行隧道拱架安装施工,综合施工进度快、质量控制好、隧道净空尺寸易得到保证;采用纯机械设备,无污染、无粉尘、无废气;支护速度加快,拱部围岩掉块现象得到控制,短时间内对围岩进行封闭,减小了超挖节约大量喷射混凝土;由于速度快、拱架定位精确,拱架安装中节约了一定数量的耗材,环保节能效益突出。

12　应用实例

12.1　工程实例一

本工法在阳泉—左权高速公路ZB5标段蔡家庄1号隧道施工中成功应用,其中蔡家庄1号隧道左线全长669m、右线全长756m。隧道围岩全部Ⅳ、Ⅴ级破碎灰岩,所施工支护为全断面立架。采用普通方法施工时一个月掘进支护为60m,采用本工法施工后一月掘进支护最快为107m,所产生的经济、社会效益明显。

12.2　工程实例二

本工法在和榆高速公路康家楼隧道左线、右线施工中成功应用,康家楼隧道(山西段)全长6 769m,为和榆高速公路控制性工程。隧道设计揭示围岩级别主要为破碎灰岩、泥页岩、夹泥,围岩整体稳定性较差,施工中采用拱架支护。采用普通方法施工时一个月掘进支护为60m,采用本工法施工后一个月掘进支护最快为95m,所产生的经济、社会效益明显。

公路隧道通风道垂直挑顶施工工法

GGG(中企)D1175—2013

吴红军　宋全贵　杨　鑫　董安家　解师尚
(中铁十二局集团第三工程有限公司)

1　前言

随着我国隧道技术的快速发展,特长山岭公路隧道越来越多,为解决特长山岭公路隧道的通风难题,常在正洞隧道中设计永久性通风斜井,出现了通风斜井进入正洞隧道交叉的情况。而由于斜井进入主洞交叉口处多存在开挖断面大、断面变化频繁的特点,在大断面、高挑顶隧道交叉口施工过程中,由于隧道自身无结构承载,同时易对辅助坑道造成相当大的侧压力,造成施工时间长,安全风险大,如何解决大断面隧道交叉口的施工方案成为了关键。

和榆高速公路康家楼隧道2号斜井为康家楼隧道左线的永久性通风斜井,与康家楼隧道右线交叉上跨进入左线,2号斜井与右线的交叉口存在开挖断面大(186.42m^2),跨度大(17m)、断面变化频繁等特点(图1)。为解决大断面隧道交叉口施工难题,中铁十二局集团第三工程有限公司通过采取矩形小断面垂直挑顶和弧形导坑短台阶法相结合,顺利完成了大断面隧道交叉口段的施工,该方法能有效防止隧道的坍塌,安全、质量受控,具有显著的经济效益和社会效益,经总结形成本工法。本工法于2012年12月8日通过了山西省住房与城乡建设厅组织的专家鉴定,达到国内领先水平。

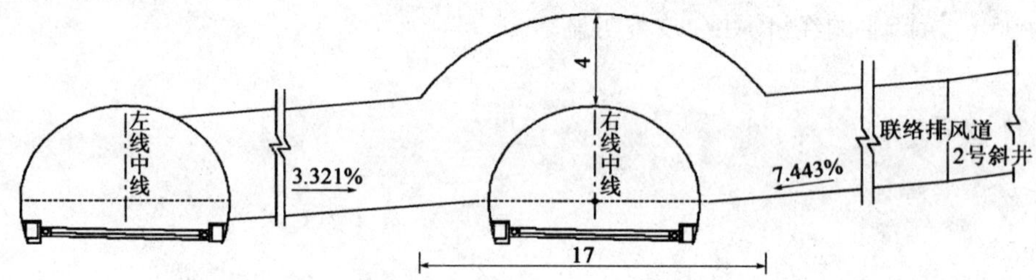

图1　斜井联络风道上跨正洞隧道示意图(尺寸单位:m)

2　工法特点

(1)利用矩形断面辅助坑道的自身稳定结构作支撑结构,减少了临时支护钢支撑和喷射混凝土的安装及拆除,节约成本,减少工序时间。

(2)采用弧形导坑短台阶法开挖挑顶,减少对围岩的扰动。

(3)一次性快速完成斜井与主洞交叉口施工,避免二次施工,节约工期,降低成本。

3　适用范围

本工法适用于大跨度、大断面的交叉口隧道施工,尤其适用于硬质岩隧道辅助坑道进入正洞交叉口的施工。

4　工艺原理

采用矩形小断面垂直挑顶替代原有大断面开挖,利用矩形断面的结构自稳性,减少临时支撑安装及拆除,采用弧形导坑台阶法开挖,减少围岩扰动,安全、快速进入正洞施工。

5 施工工艺流程及操作要点

5.1 施工工艺流程

公路隧道通风道垂直挑顶施工工艺流程图见图2。

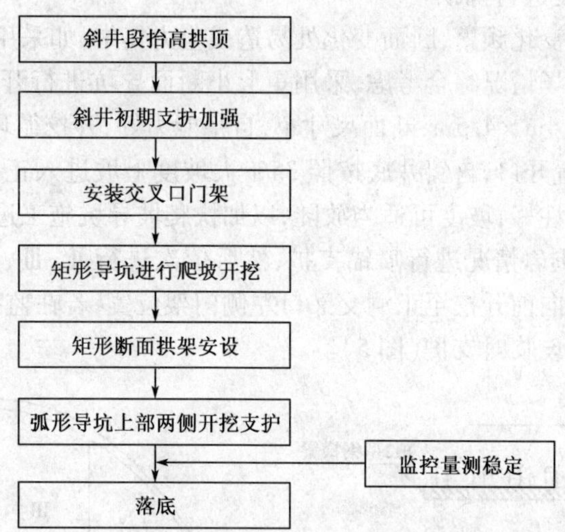

图2 公路隧道通风道垂直挑顶施工工艺流程图

5.2 操作要点

1）斜井与主洞交叉口抬高拱顶

斜井联络风道掘进距正洞相交里程3m时，逐渐抬高斜井拱顶高程，接长钢架，以便下一步I32a横向托梁的安设施工。

由斜井进入正洞开挖前，必须先完成斜井段落初期支护进行加强。

2）斜井初期支护加强

斜井与主洞交叉口处于多维受力状态，对交叉口段斜井初期支护采用工字钢架进行加强，交叉口处钢架同时承受该区域正洞拱部钢架传递荷载。加强长度3m，采用I16工字钢架，纵向间距1m（图3）。由于斜井和正洞均为曲墙断面，最后一榀钢架轴线应为三维曲线，考虑钢架便于加工及受力合理需要，钢架轴线置于平面上。

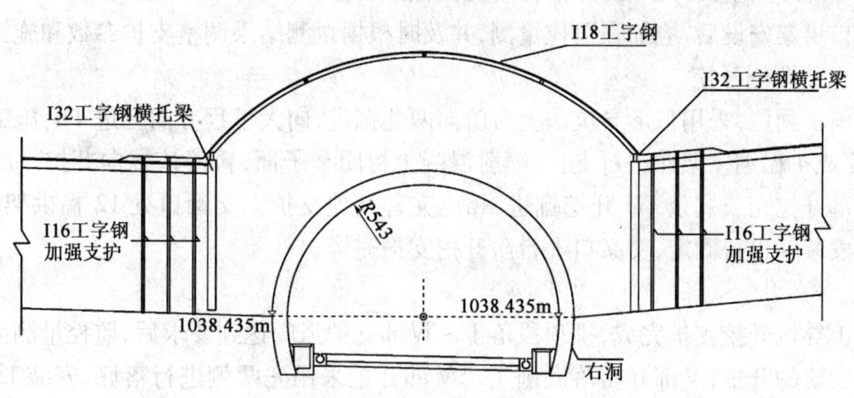

图3 斜井进正洞平面与立面示意图

3）交叉口门架安装

斜井施工至与交叉口交接处向两侧开挖主洞洞身右侧门架及钢横梁位置。由于交叉口顶部12榀拱架重量及围岩压力将全部传递至门架，门架及钢横梁采用I32a工字钢，门架深度80cm，高度6m，同时采用加大连接钢板以加大受力面，连接钢板尺寸50cm×50cm，同时基础坐落在坚硬岩石上，门架基础严禁扰动。钢架连接采用栓焊共同连接，并保证满焊。门架与岩面间采用砂浆锚杆固定牢靠，砂浆锚杆长度4m/根，间距1m，采用50cm厚的C25喷射混凝土喷射密实(图4)。

4)矩形断面导坑大坡度进行挑顶

交叉口多面凌空，断面变化频繁，断面变化处易造成应力集中，如采用常规大断面进行开挖，开挖宽度大，安全风险大。根据现场情况综合考虑，采用矩形小断面导坑进行开挖，断面尺寸考虑挖机扒渣及现场开挖方便，开挖尺寸为4m×4.5m，断面尺寸小，自稳能力好，开挖循环时间快。

从斜井隧道中心线位置开口，自斜井底按照35%大坡度上坡进入正洞(爬坡道的坡度可以根据围岩情况进行调整，围岩整体性好，坡度可适当放陡，以加快爬坡导坑施工进度，减少不稳定因素的暴露时间)，Ⅰ部爆破开挖后根据围岩情况进行喷锚支护，然后依次进行Ⅱ、Ⅲ、Ⅳ部洞室的开挖，导坑斜向上爬坡至正洞拱顶后，以平坡向前开挖至正洞交叉口左侧门架位置，若在监控量测中发现在开挖过程中对围岩有较大变化，要及时加设临时支护(图5)。

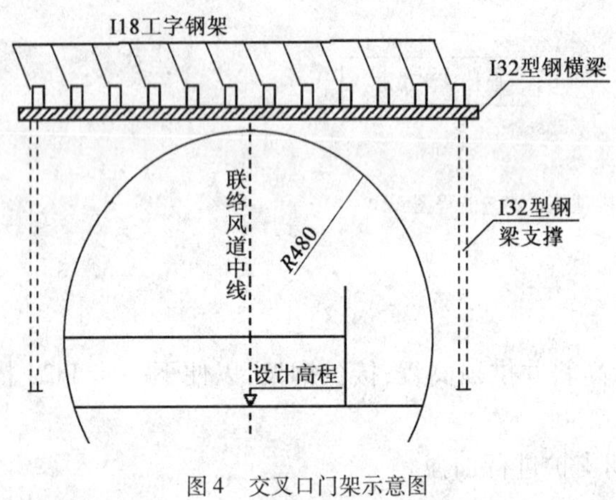

图4　交叉口门架示意图

图5　矩形断面进行爬坡挑顶

5)矩形断面拱架安设

正洞交叉口段钢支撑设计为I18工字钢，长度为18.58m，为施工操作方便，将拱架划分为四个单元进行安设，加密设置交叉口拱架初期支护锁脚锚杆，每榀钢架单侧不少于4根锁脚锚杆，锚杆长4.0m，注水泥砂浆，锁脚锚杆与钢架牢固焊接，防止拱架下沉。钢架之间采用螺纹钢进行纵向连接，连接筋环向间距1m，挂网喷混凝土至设计厚度，严格初期支护施工质量。

在主洞交叉口拱架安设后，应加强监控量测，并及时根据量测结果调整支护参数和施工工序。

6)弧形导坑上部两侧开挖

矩形小断面施工到位，采用弧形导坑法上台阶向两侧掘进，向大里程方向掘进4m，施工至交叉口大里程终点，安装完成4榀钢拱架并进行支护，喷射混凝土封闭掌子面，暂停该方向开挖。反向向小里程按照弧形导坑上部开挖完成剩余4m开挖掘进，相应完善其他支护。交叉口处12榀拱架完成后，进行交叉口左侧托梁安装并进行固定，交叉口上台阶开挖支护完毕。

7)落底

交叉口段落上导坑开挖支护完成，挑顶段落Ⅰ~Ⅳ部支护强度达到要求后，监控量测数据无明显变化后进行Ⅴ部下台阶的开挖，Ⅴ部开始落底施工。Ⅴ部开挖采用先两侧进行落底，安装I32门架支撑，与交叉口右侧门架相同支护喷锚封闭，为交叉口段拱架提供稳定支撑。然后进行中间位置落底并进行支护，正洞交叉口挑顶施工完成。

正洞交叉口段开挖后应及时进行正洞仰拱施工，以便初期支护与仰拱尽早成环，确保斜井与正洞交叉段安全。

6 材料与设备

6.1 主要材料

本工法施工所需要的主要材料见表1。

主 要 材 料 表1

序 号	材料、设备名称	单 位	数 量	规 格 型 号
1	钢拱架	榀	12	I18 工字钢
2	钢拱架	榀	6	I16 工字钢
3	门架	m	48	I32a 工字钢
4	网片	kg	720.1	$\phi8$ 钢筋
4	$\phi25$ 砂浆锚杆	根	300	$L=4$m
5	C25 喷射混凝土	cm	24	湿喷

6.2 主要机具设备

本工法施工所需要的主要机具设备见表2。

主 要 机 具 设 备 表2

序 号	材料、设备名称	单 位	数 量	规 格 型 号	主要工作性能指标
1	湿喷机	台	4	TK-961	$5m^3/h$
2	空压机	台	4	SA-5150W	$20m^3/min$
3	风动凿岩机	台	12	TY-28	$3.2m^3/min$
4	电焊机	台	6	BX500	
5	发电机	台	2		200kW

7 质量控制

7.1 工程质量控制标准

(1)《公路隧道施工技术规范》(JTG F60—2009)。

(2)《公路工程质量检验评定标准》(JTG F80/1—2004)。

7.2 质量保证措施

(1)交叉口处衬砌加强段严格按设计要求施工,并在端头端面布设监控点,进行监控预报。

(2)做好超前钻孔及日常钻孔,并做好记录,即时反馈。

(3)超前小导管、锚杆的支护现场有质检员定岗检查,记录。

(4)交叉口段落加固措施严格按照工法执行,并有技术负责人24h施工指导。

(5)严格控制支护钢架间距,同时保证各洞室的步长关系不超标。

8 安全措施

(1)开挖爆破加强火工品管理,严格按有关规定执行。开挖爆破严格控制单孔装药量,在装药前首先检查炮眼深度、方向,对于不符合要求的炮眼进行重新补钻,每次装药现场施工员跟班作业,记录齐全,每次未使用完的炸药、雷管必须及时返库,洞内严禁私自存放炸药。

(2)使用各种雷管严禁抛掷,轻取轻放,火工品使用规定范围内严禁烟火,爆破施工设定专人防护,有专人指挥,确认人员和设备以及照明线路等撤离到安全范围内以后,才允许爆破。

(3)施工时必须有安全员在岗监护。

(4)挑顶施工,作业面狭窄,以人工辅助机械配合,及时更换替补班次,增加循环频次。

(5)加强洞内的通风及照明措施等设备。

(6)加强监控量测,斜井支护上的横撑、正洞拱顶、斜井衬砌拱顶及底板的稳定对施工安全至关重要,必须对其严格把关控制。同时预留逃生通道,因地制宜调整施工方法和施工参数。

(7)要保障临时支护及应急抢险物资的储备,如应急照明灯、圆木、方木、木板、木楔、铁线、脚手架、油锯或手电锯,等等。

9 环保措施

(1)施工废水按有关要求处理,修旧污水沉淀池,不得直接排入河流。

(2)施工废油,采取隔油池等有效措施加以处理,不得超标排放。

(3)对机械定期进行维修保养,减少尾气污染。

(4)对人工进行环保教育,保持工地文明整洁。

(5)对于施工中废弃的零碎配件,边角料、水泥袋、包装箱等及时收集清理,以保护自然与景观不受破坏。

(6)隧道弃渣必须严格倾倒于指定的弃渣场,严禁乱弃,毁坏农作物等。

10 资源节约

本工法利用硬质岩矩形断面结构的自稳性,积极响应了国家提出的建设节约型社会的要求,切实保护和合理利用各种资源,提高资源利用率,采用本工法施工资源节约体现在以下两方面。

1)节约临时支撑材料

采用本工法施工,利用矩形断面的自稳性,相比采用大断面开挖,有效地减少了大断面开挖的临时钢拱架支撑,避免了临时支撑安装及拆除所造成的材料浪费,有效节约了材料。

2)节约时间,减少人工投入

相比较大断面挑顶开挖,本工法利用弧形导坑和矩形断面相结合,快速完成交叉口段施工,并转入主洞正常施工阶段,加快了施工进度,在较大程度上节约了人力。

11 效益分析

(1)采用本工法有效地减少了大断面开挖的临时支撑,避免了临时支撑安装及拆除所造成的材料浪费,减少临时支撑工字钢及钢筋15.3t,喷射混凝土63m^3,节约安装拆除费用3.4万元,合计节约费用16万元,经济效益明显。

(2)有效节约时间。相比较大断面挑顶开挖,节约工期约10d,现场开挖、支护及喷锚人员合计52人,则节约费用:150元/d×60人/d×10d=9万元,节约挖掘机、装载机各一台,则节约机械台班费用:(2 200+1 700)×10=3.9万元,节约电费2 300元/d×10d=2.3万元,合计节约费用15.2万元。

(3)形成了成熟的技术。为公司积累了类似工程的施工经验,提高了公司在大跨度、大断面高挑顶交叉口快速施工的技术水平,增强了公司的技术储备。

(4)面对大型交叉口进行挑顶施工并安全快捷完成,受到监理、业主的高度好评,社会效益显著。

12 应用实例

1)工程概况

康家楼隧道(山西段)全长6 769m,为和榆高速公路控制性高程,隧道设计揭示围岩级别主要为含铁质长石石英砂岩、泥页岩、铁质砂岩相夹杂,石英砂岩为微风化,泥页岩、铁质砂岩为强~弱风化,水平层状发育,整体性较好。其中2号斜井排风道与主洞右线交叉口处纵向长度12m,开挖宽度17m,开挖高度12m,开挖断面达到186.42m^2,主洞交叉口处拱顶高出斜井拱顶4m,大断面,高挑顶,施工难度高,施工时间长,安全风险大。

2)施工情况

2012 年 9 月 20 日正式开始斜井排风道与主洞交叉口施工,中铁十二局集团第三工程有限公司结合隧道施工现场实际情况,采用“公路隧道通风道垂直挑顶施工工法”重点实施了斜井段拱顶抬高、斜井终点段初期支护加强、交叉口门架安装、矩形断面小导坑进行爬坡挑顶、弧形导坑上部两侧开挖、落底等关键技术,康家楼隧道 2 号斜井排风道于 2012 年 10 月 3 日顺利完成挑顶施工,进入正洞施工。

3)结果评价

在康家楼隧道 2 号斜井排风道挑顶施工期间,在施工中运用了本工法,仅仅用时 13d,即合理、安全、经济、高效地完成了康家楼隧道 2 号斜井排风道进入正洞的高挑顶大断面施工,转入正洞施工阶段,为单位争取了较好的信誉。

浅埋大跨度黄土公路隧道偏心 CD 法施工工法

GGG(中企)D1176—2013

余 斌 于 涛 乔红彦 邓仁清 杜 松
(中铁十一局集团第五工程有限公司)

1 前言

在西北黄土高原地区,已修建了为数众多的铁路隧道、公路隧道、仓库和各种用途的洞室,但超浅埋大跨度湿陷性黄土隧道(洞室)并不多见。随着科学技术和经济建设的发展,在幅员辽阔的黄土地区将会修建更多、更大跨度的铁路、公路隧道及其他地下工程。黄土地质条件复杂、遇水易发生湿陷的特性,大大增加了超浅埋大跨度黄土隧道(洞室)开挖及支护技术的难度。

中铁十一局集团第五工程有限公司在施工平阳高速公路阳曲 1 号隧道的过程中,联合西安科技大学共同对"浅埋大跨度黄土公路隧道施工过程控制的关键技术"积极进行探索、科研公关。通过对高含水率黄土成因、地质结构特征及主要物理力学性质参数;冻融环境下高含水率黄土的力学性质;高含水率大跨度黄土隧道围岩的变形规律及其稳定性评价方法;高含水率大跨度黄土公路隧道灾变演化规律及控灾措施进行反复研究、实践。成功研发了浅埋大跨度黄土公路隧道偏心 CD 环形开挖施工技术。偏心 CD 环形开挖施工技术在平阳高速公路阳曲 1 号隧道的成功运用,具有较好的社会效益与经济效益。

2 工法特点

(1)与普通土质隧道开挖相比,由于受到地层埋深及结构物跨度的影响,以及大断面的限制,本工法采用分部开挖可以划分围岩断面,促使围岩应力重新分布,先掘进小导坑可以提前释放围岩应力,降低围岩冒顶、塌方的发生概率。采用本工法掘进过程中,根据西安科技大学对掌子面黄土的特性研究反馈信息,结合掌子面地质情况,严格控制衬砌安全距离,保证初支体系的稳定。

(2)超浅埋大跨度黄土隧道采用偏心 CD 环形开挖施工,较双侧壁导坑施工,工序简洁,便于施工组织管理,可加快施工进度,缩短工期。

(3)隧道采用偏心 CD 工法施工过程中,应认真贯彻"提前加固,及时衬砌,连续监测"的施工原则,通过开挖前超前导管预加固地层,开挖过程中采取快支护、强支护,全过程勤测量等措施,有效地控制地表沉降和拱顶下沉,确保工程质量和施工安全。采用监控量测信息技术指导施工,使施工处于受控状态。

3 适用范围

本工法适用于大跨度超浅埋自稳性较好黄土隧道施工。

4 工艺原理

浅埋地层大跨度黄土隧道采用偏心 CD 环形开挖法施工是根据"预加固、短进尺、强支护、早封闭、勤测量"的原理,通过监测隧道拱顶沉降及周边收敛等数值,不断优化开挖方案,采用分部开挖形式、合理选择开挖进尺、缩短各工序衔接时间、严格控制衬砌安全距离等方法,避免因开挖方法不当和仰拱、二次衬砌滞后导致隧道拱顶下沉、掌子面崩塌等病害的发生，以保证黄土隧道在浅埋地段的施工安全。

根据隧道拱顶沉降监测和周边收敛数据，确定合理的分部开挖形式和衬砌安全距离，偏心 CD 环形开挖施工采用偏心导坑 + 环形开挖法分部前后错开开挖，开挖过程中，左侧小导坑超前开挖支护，降低隧道相对围岩级别，提前释放围岩应力，右导坑结合拱部环形同步跟进施工，快速闭合支护结构，减少对围岩的扰动，分部支护，形成支护整体；缩短作业循环时间，逐步向纵深推进，形成开挖及施作初期支护，混凝土仰拱紧跟掌子面及时施作构成稳固的支护体系。

5 施工工艺流程及操作要点

5.1 施工工艺流程

施工工艺流程详见图 1、图 2。

5.2 施工重点及注意事项

1）施工准备

做好场地的“三通一平”工作，隧道洞门因处于退耕还林区，植被及杂草相对较茂密，本着“早进晚出”的原则，尽量少破坏植被，减少洞口刷方工程和护坡工程量。边仰坡开挖后，及时进行“喷、锚、网、喷”支护，及时封闭土体，并做好边坡防排水施工。

2）超前支护

开挖前，对土体拱部和临时支护外侧拱腰以上部位采用 $\phi42$，$L=4.5\text{m}$，环向间距 40cm，1∶1 水泥砂浆进行围岩预加固处理，确保开挖时洞顶和侧墙土体稳定。

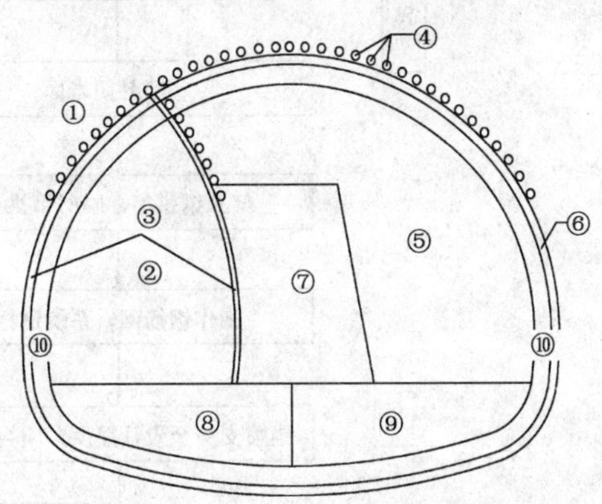

图 1 浅埋黄土段偏心 CD 环形开挖施工方法示意图

说明：①左小导坑拱部及侧壁墙拱部超前支护施工；②左小导坑开挖；③左小导坑、侧壁墙初期支护；④环形导坑超前支护；⑤环形导坑预留核心土开挖；⑥环形导坑初期支护；⑦预留核心土加固处理；⑧左幅仰拱开挖、初期支护及二次衬砌；⑨右幅仰拱开挖、初期支护及二次衬砌；⑩整体浇筑二次衬砌

3）洞身开挖及初支

（1）由于隧道开挖跨度大，为确保施工安全，开挖进尺每循环控制进尺为 50cm，采用左小导坑先行、预留核心土环形导坑紧随两个工作面施工（图 3），洞身开挖采用人工风镐修边配合挖掘机掘进，利于控制隧道超欠挖。

（2）第二步施工：左小导坑超前施工后 3 ~5m 后，同时开挖环形导坑，预留核心土，按照上述方法进行支护。不良地质段应避免左右侧两个工作面同时施工。

（3）预留核心土处理：环形导坑开挖结束后，及时封闭预留核心土，采用 C25 喷射混凝土，厚 10cm 喷射封闭，防止核心土裸露时间较长失稳而崩塌。

人工风镐配合挖掘机沿开挖轮廓线自下而上开挖左小导坑，开挖后及时喷射 4cm 混凝土，封闭作业面，边墙初支和临时初支作业及时跟上，避免侧墙向导坑内崩塌。

工字钢采用 I22b 钢架，拱架间距为 50cm，侧壁墙采用 I18 钢架。左小导坑初支拱架分两节安装，环向为法兰盘连接，纵向采用 $\phi22$ 连接筋连接，间距为 1.0m。安装完毕后即施作 $\phi42$ 锁脚小导管及拱部超前导管，长度为 3.0m，间距为 40cm；边墙采用 3.5m$\phi25$ 药包锚杆，间距为 80cm；拱部 3.5m$\phi25$ 胀壳式锚杆，侧墙 2.0m$\phi22$ 药包锚杆，间距均为 1.0m；挂设双层钢筋网，喷射 29cm 厚的 C25 混凝土支护。

4）仰拱施工

黄土隧道在开挖后受各种地质和施工因素的影响，在施工前期围岩变化较大，支护体系应快速封闭成环，根据掌子面的空间效应，掌子面距仰拱最大距离以不超过 25m 为宜，仰拱采用半幅施工，开挖长度以 3 ~4m 最为安全，防止边墙拱脚处收敛，造成喷射混凝土开裂和拱架下沉。仰拱开挖后，应及时施作仰拱钢架及喷混凝土支护。

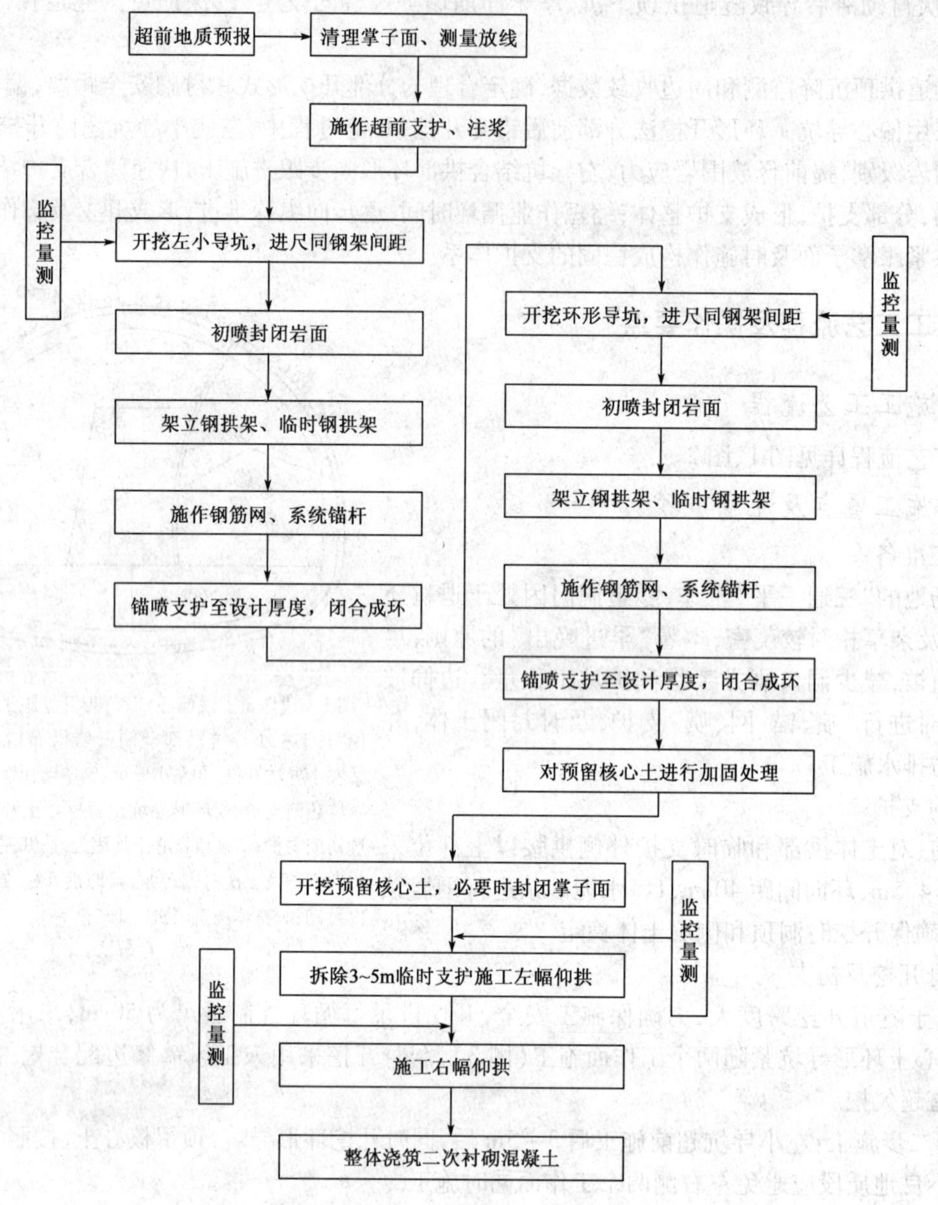

图2 偏心CD环形开挖施工工艺流程图

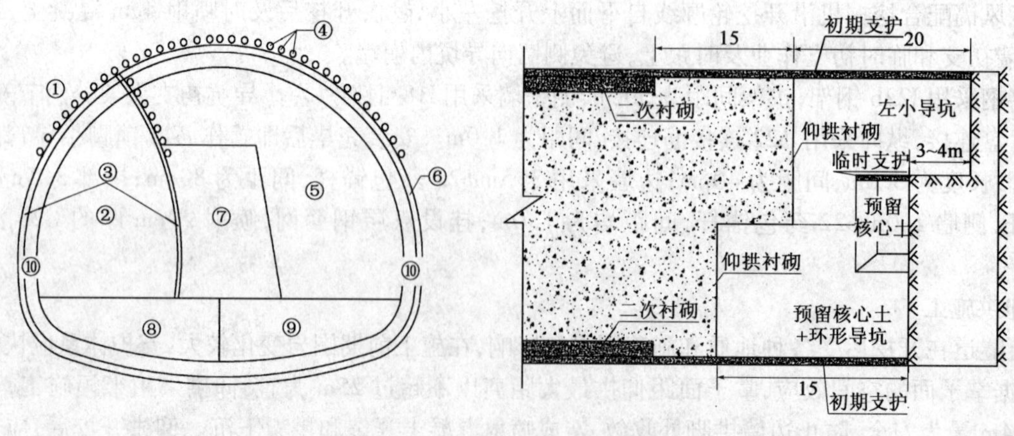

图3 浅埋黄土段偏心CD环形开挖施工方法平面示意图(尺寸单位:m)

5)防排水施工

(1)施工防排水

黄土遇水软化,施工中选用煤电钻和矿用电动岩石钻机施作锚杆和小导管,尽量减少开挖面的施工用水量,加快对开挖掌子面的封闭处理,缩短土体裸露时间。另外,对于开挖后出现的渗漏水,宜引不宜堵,采用集水坑形式集中处理,对于土体含水率超过 20% 的地段,仰拱开挖后,及时初喷 5cm 混凝土予以封闭处理。

(2)结构防排水

防排水的施工原则是以排水为主,防排结合,综合治理,形成完整的防排水体系,使隧道防水可靠,排水畅通。复合式衬砌采用 ϕ50 双壁打孔波纹管、LDPE 防水板和土工布进行环向防水;采用 ϕ116 双壁打孔波纹管、中心排水沟及排水边沟进行横向、纵向排水。

为保证隧道排水畅通,在隧道两侧边墙处每 50m 设一对边沟检查井,以便对纵向排水管进行疏通和清理。隧道洞身防水层设计为防水板与土工布两部分,采用无钉铺设工艺。施工时在土工布上贴上衬垫,然后采用射钉枪钉上水泥钉,随后铺设防水板。用热合机焊接形成双焊缝,每天焊缝宽 25mm,防水板搭接宽度不小于 10cm。防水板采用专用熔接器热熔在衬垫上,不能将防水板绷得太紧,以免拉裂。

6)衬砌

边墙、拱部采用 9m 可调式全自动液压台车,混凝土采用洞外自动计量拌和站拌制,混凝土罐车运输至洞内,经输送泵泵送入模。

7)监控量测技术

监控量测是地下工程尤其是软弱段围岩施工中的重要内容,是监视围岩和支护稳定性的重要手段,它能知道施工、预报险情、确保安全。需进行监控量测的项目详见表 1。

监 控 量 测 项 目 表 1

监 测 项 目	方法及仪器设备	监测布设原则	监 测 频 率	备 注
地质及支护状况观察	岩性、结构面产状及支护裂缝观察和描述、地质罗盘仪等	掌子面及初期支护后的地段进行观察	每次开挖及初期支护后	
周边位移	收敛仪	每 10 ~ 50m 一个断面,每个断面 2 ~ 3 对测点	1 ~ 15d,1 ~ 2 次/d;16 ~ 30d,1 次/2d;1 ~ 3 月,1 ~ 2 次/周;3 月以上,2 次/月	开挖后及时埋设测点
拱顶下沉	水平仪、水准尺或测杆	每 10 ~ 50m 一个断面,每个断面 2 ~ 3 对测点	1 ~ 15d,1 ~ 2 次/d;16 ~ 30d,1 次/2d;1 ~ 3 月,1 ~ 2 次/周;3 月以上,2 次/月	开挖后及时埋设测点
超前地质预报	TSP202	间隔 50 ~ 100m 一个断面		
地表沉降	精密水准仪、钢尺	浅埋段沿隧道中线,每隔 5 ~ 10m 布设一组测点	开挖初期 1 ~ 2 次/d;开挖后期 1 次/2 ~ 3d	开挖前提前埋设测点

根据测量结果,绘制位移—时间曲线,进行回归分析,判断围岩及支护稳定情况,及时反馈,以指导施工。

8)注意事项

(1)大跨度黄土隧道施工应严格遵循"管超前、短开挖、勤测量、强支护、快封闭、早成环、稳中求快"的原则。

(2)黄土遇水,力学效应发生显著变化,施工中应加强对水的管理,可采取集中排水的办法。

(3)仰拱应及时紧跟导坑开挖,即可以保护地基,防止翻浆冒泥,也有利于车辆行驶及文明施工的加强。

(4)左右侧两个工作面前后距离不宜过大,开挖过程中应注意将核心土保留完好,导坑开挖后根据围岩情况喷射混凝土封闭开挖面和侧壁墙。

(5)超前小导管支护较一般设计应加密,可每循环施作超前管棚支护,消除掉块及小型冒顶等拱顶脱空病害。

(6)初支钢架拱脚处加垫混凝土预制块或钢板,拱架背后喷填密实,锁脚钢管及边墙锚杆视围岩情况适当加密布设,拱部锚杆可适当减少。

(7)通过监控量测及时取得实测数据分析反馈用以修正设计参数和调整施工作业方法。

(8)及时闭合初支结构并施作仰拱衬砌,严格控制二次衬砌与掌子面距离。

6 材料与设备

(1)本工法的主要材料见表2。

主要施工材料 表2

序号	项目名称	材料名称	规格型号	序号	项目名称	材料名称	规格型号
1	超前小导管	无缝钢管	ϕ42	5	钢筋网片	光圆钢筋	ϕ8
2	超前锚杆	螺纹钢	ϕ25	6	喷射混凝土	水泥	P·O42.5
3	早强砂浆锚杆	螺纹钢	ϕ22	7	型钢拱架	工字钢	I18、I20
4	中空注浆锚杆	钢质	RD25	8	锚杆	涨壳式锚杆	ϕ25

(2)本工法的主要施工机械设备见表3。

主要施工机械配置 表3

序号	机械名称	规格型号	数量	单位	序号	机械名称	规格型号	数量	单位
1	挖掘机	PC200-6	2	台	10	装载机	ZLC50C	1	台
2	风镐	G10	20	把	11	装载机	ZLC50D	4	台
3	湿喷机	PZ-5-1	5	台	12	空压机	L-22/7	4	台
4	煤电钻	K3Y-2.5-380	28	台	13	渣车	15m^3	8	辆
5	钻机	KHYD75A	8	台	14	通风机	SDFN10	2	台
6	拌和机	JS500	2	台	15	输送泵	HBT60	2	台
7	拌和机	JS750	2	台	16	罐车	HJT-3A	3	辆
8	注浆机	KBY-50/70	2	台	17	台车	9m	2	台
9	装载机	ZI40B	1	台					

(3)本工法的主要作业工序劳动力配备见表4。

主要作业工序劳动力配备 表4

工序	工作内容	人数×班次	备注
开挖	开挖、出渣	13×2=26	开挖班
初期支护	初喷、挂网、立钢支撑、锚杆、复喷	25×2=50	初期支护班
二次衬砌	仰拱开挖、立模、浇筑混凝土	6×2=12	二次衬砌班
	铺设防水板、防水管道安设	4×2=8	
	台车定位、预埋件安设、浇筑混凝土、脱模、养生	9×2=18	

注:以上是同一作业面两个洞直接施工人员的配置情况。

7 质量控制

7.1 质量标准

本工法执行施工设计图纸、《公路隧道施工技术规范》(JTG F60—2009)、《公路工程质量检验评定标准》(JTG F80/1—2004)。

7.2 质量措施

(1)洞身开挖过程中,应预留10~20cm采用人工手持风镐进行修整,避免超欠挖。

(2)钢支撑的锁脚锚杆应向下以40°~45°角度斜插,以起到承载拱扩大拱脚的作用。

(3)钢架安设精度应从间距、垂直度等方面严格控制,避免侵入二次衬砌,喷射混凝土时应先喷钢拱架两侧,包裹钢拱架,喷射时应注意钢架背后不能产生空洞。

(4)仰拱分开施作,分开不在1/2处断开,仰拱的钢筋应错开搭接,避免接头在同一个断面上。

(5)衬砌防水板的铺设应防止防水板与土工布连接部位破损(破损后应补焊),影响防水效果。

(6)预留、预埋件的安设应注意位置的准确性,避免倾斜现象出现。

(7)加强二次衬砌混凝土的振捣,防止出现蜂窝、麻面现象。

8 安全措施

(1)洞口段施工,首先要做好边仰坡的防护,以及截、排水沟的施作。

(2)根据土体类别、土体含水率、埋深等情况,确定开挖进尺,避免冒进坍塌。仰拱宜采用半幅施工,避免全幅施工造成钢拱架悬空。

(3)开挖后,应及时施作初期支护,尽快封闭土体,使土体与支护共同受力。

(4)施工中应加强对水的疏导与处理,避免软化围岩。

(5)严格控制初期支护、仰拱支护及二次衬砌的安全距离,力争各工序合理作业。

9 环保措施

(1)黄土隧道开挖采用机械配合人工开挖,避免炸药爆炸产生的有害气体和粉尘含量,减少了对空气的污染,节约了炸药等能源的消耗。

(2)通过对大断面黄土隧道采用分部开挖,充分利用人力和小型机具,减少了大型设备数量,从而减少了油料的消耗,达到节能和环保的要求。

(3)对于黄土隧道中加强施工用水的管理,防止水土流失。隧道施工中采用防水板和止水带等综合防排水措施,减少了黄土中水的流失,达到环保和节约水资源的要求。

(4)优化了大断面黄土隧道的设计支护参数,节约了锚杆和混凝土的数量,从而节约建筑材料,起到了节约能源的目的。

(5)大断面黄土隧道洞口和弃土场等及时修建挡护和排水系统,做到先挡后弃,防止水土流失,对环境造成影响。

(6)加强洞内电力、通风、给排水管线的管理,防止漏电、漏风伤人。经常性对隧道内道路洒水防尘。

10 资源节约

山西平阳高速公路阳曲1号隧道进口工程位于凌井小盆地的地表黄土冲刷沟壑浅埋地段中,隧道进口端黄土地质段全长1 213m,洞口浅埋Ⅴ级围岩地段设计埋深在13~38m之间,局部冲沟段埋深仅2.92m;建成隧道为双向六车道路面,隧道断面大,主洞开挖跨度17.23m,开挖断面面积160m^2,加宽带跨度19.87m,开挖面积202.3m^2;该隧道围岩含水率为23%左右,有时甚至达到27%以上,含水率较高,土体强度大大减弱,土体自稳性降低,容易造成开挖掌子面、洞顶土体失稳。

本项目的实施,将大大提高隧道的设计水平,确保高含水率大跨度黄土隧道的快速、安全施工,节约建设投资,减少公路设计和施工中的盲目性,减轻养护部门的压力,环保、节能效益显著。

11 效益分析

(1)本工法是建立在科学理论分析和具体实践检验的基础之上,是传统工法的优化创新。通过不断地总结创新,采用科学合理的开挖方法,积极探索、大胆尝试改进施工工艺,开挖方法由开始的双侧壁导坑四部开挖法优化为偏心 CD 环形开挖两部开挖法,循环进尺由 0.5m 提升至 1.0m,工效提高了近 2 倍。同时,较双侧壁导坑工艺施工,采用该工法节约了一侧的临时支护,既节约了材料,又缩短了工期。

(2)通过监测,隧道拱顶沉降和周边收敛可控,各项指标均满足要求。本工法的成功应用,不仅保证了阳曲 1 号隧道的工程质量和安全,保护了地表自然生态环境,而且节约了大量的人力、物力,缩短了工期。采用该工艺施工阳曲 1 号隧道约 1 000m,直接降低成本 1 700 万元。

(3)根据安全、质量评定标准,采用该工法施工阳曲 1 号隧道期间,从未出现过安全、质量事故,且在平阳高速公路 3 条特长隧道中率先贯通,赢得了较好的社会效益。

12 应用实例

12.1 工程实例一

阳曲 1 号隧道位于山西省太原市阳曲县,穿越凌井小盆地,阳曲小盆地和太原盆地 3 大地质构造单元。隧道为分离式双洞单向三车道高速公路特长隧道,隧道左线长 4 685m,右线长 4 711m。隧道建筑限界净宽 14.5m,净高 5.0m,为平定至阳曲高速公路的重点控制性工程。隧道进口端黄土地质段全长 1 213m,土质围岩分界里程 K93 + 857 ~ K95 + 070,区段内隧道最大埋深为 50.244m,普遍埋深为 14 ~ 23m,覆盖层厚较薄,K94 + 039 ~ K94 + 126 冲沟段埋深仅为 2.92m。隧道断面大,主洞开挖跨度为 17.23m,开挖断面面积为 162.08m^2,加宽带跨度为 19.87m,开挖面积为 202.3m^2。该隧道所处地理位置特殊,地质条件复杂,施工难度和安全风险极大,被业主单位确定为高风险隧道,其施工方法国内尚无先例可循。浅埋大跨度黄土隧道采用偏心 CD 环形开挖施工工法的成功应用,总结出一整套超浅埋、大跨度,高风险隧道施工工艺,在类似工程施工中具有很好的指导和参考价值。

12.2 工程实例二

阳曲 2 号隧道位于山西省太原市阳曲县,隧道围岩系中统下马家沟子上段地层,以中厚层状灰岩,含泥质条带灰岩、白云质灰岩为主。隧道为分离式双洞单向三车道高速公路特长隧道,隧道左线长 1 234m,右线长 1 238m。隧道建筑限界净宽 14.5m,净高 5.0m。由中铁十六局集团有限公司承建,由于该隧道与阳曲 2 号隧道断面和围岩基本类似,通过对浅埋大跨度黄土隧道采用偏心 CD 环形开挖施工工法的成功应用,减少双侧导坑的临时支护,同时加快了进度,更为项目部节约了成本,给社会节约了资源。施工中对黄土做了土工试验,对地表沉降、拱顶下沉、钢拱变形、隧道收敛、锚杆拉拔力等进行量测分析,并采用弹塑性有限元分析法对支护结构的受力变形情况进行了分析,各项指标均符合设计和规范要求。阳曲 2 号大跨度黄土隧道采用本工法施工获得成功,保证了施工工期和质量,取得了较好的社会效益与经济效益。

复杂地质大跨度双连拱隧道三导洞并行施工工法

GGG(中企)D1177—2013

刘华荣　余　斌　王元清　张光武　汪洪加
(中铁十一局集团第五工程有限公司)

1　前言

双连拱隧道是在高速公路通过山势不高、长度较短、上下行线在此分离不开的地段设置双跨连拱隧道,具有易于选线、节约用地、有利环保等优点。特别是在山区面积所占比例大、地形条件复杂的山岭重丘地区(如我国的中西部)将出现越来越多的六车道大跨双联拱隧道。中铁十一局集团在施工灯草塘隧道施工中,根据该六车道双连拱隧道穿越煤层采空区、地裂缝、地面塌陷、煤矸石堆积体、老窑涌水、瓦斯等复杂地质情况,跨度大、施工工序复杂、施工技术难度大、工期紧的特点,通过科学的施工组织,采用三导洞并行施工方法,结合采空区钢花管注浆处理等辅助措施,以超前地质预报和监控量测为指导,不断优化施工方案进行动态管理,安全快速地通过了洞口煤层采空区和强风化细砂岩层夹薄层泥岩段,成功解决了中隔墙下沉开裂、中隔墙渗漏水的质量通病。最后本隧道在未发生一次安全、质量事故的情况下,按期通车。为此,通过对在复杂地质条件下大跨度双连拱隧道施工中的工艺,以及进洞方案、开挖方法、衬砌施工、特殊问题的处理等方面进行总结,形成了本工法,为今后类似工程提供依据。该项技术2012年10月31日通过省部级鉴定,鉴定认为该项技术水平为国内领先水平。

2　工法特点

(1)中导洞、左右侧导洞并行施工组织安排,实现隧道安全快速施工。

(2)中导洞贯通后,对中隔墙底进行物探,发现地质问题,及时对中隔墙基础进行加固处理,有利于中隔墙持力层的加强。中隔墙基础由中间往洞口施工,墙身由洞口往隧道中间施工,有利于正洞提前、安全进洞施工。

(3)按“管超前、短进尺、弱爆破、强支护、早封闭、勤量测”方针组织施工,特别注重超前地质预报和钢支撑及锁脚锚杆的作用,确保隧道施工安全。

(4)无钉热熔铺设防水板技术结合“夹心式”中隔墙衬砌结构的成功运用,科学解决了中隔墙防水层施作问题,做到隧道不渗、不漏。

3　适用范围

本工法适用于开挖横跨度≥34m,高度≤12.25m,围岩级别为Ⅴ、Ⅵ级的公路双向六车道双连拱隧道。

4　工艺原理

本工法以二维计算机数值模拟分析为主体,同时采用三维分析,考虑隧道的空间效应和时间效应,并对施工爆破影响进行动力分析。该工法主要采用有限差分法(FLAC)和有限元法(FEM)对施工开挖模式、支护结构体系、围岩稳定性、加固效果以及爆破影响等进行了数值模拟分析。由于三导洞相互之间间距较大和围岩较软弱,通过对三导洞开挖前后剪切应变率和塑性区开展情况分析,左右侧导洞与中导洞一起开挖时,三导洞相互影响非常小。所以灯草塘隧道在未浇筑中隔墙时就进行了侧导洞的开挖,实现了三导洞并行施工技术。通过实践和理论分析证明这种工序布置是可行的,它可以使正洞施工提前,从而缩短施工工期,加快施工进度,减少人力物力的投入,节约施工成本。

5 施工工艺流程及操作要点

下面以贵清高速公路灯草塘隧道为例,介绍本工法的施工工艺流程及操作要点。

5.1 施工工艺流程(图1~图3)

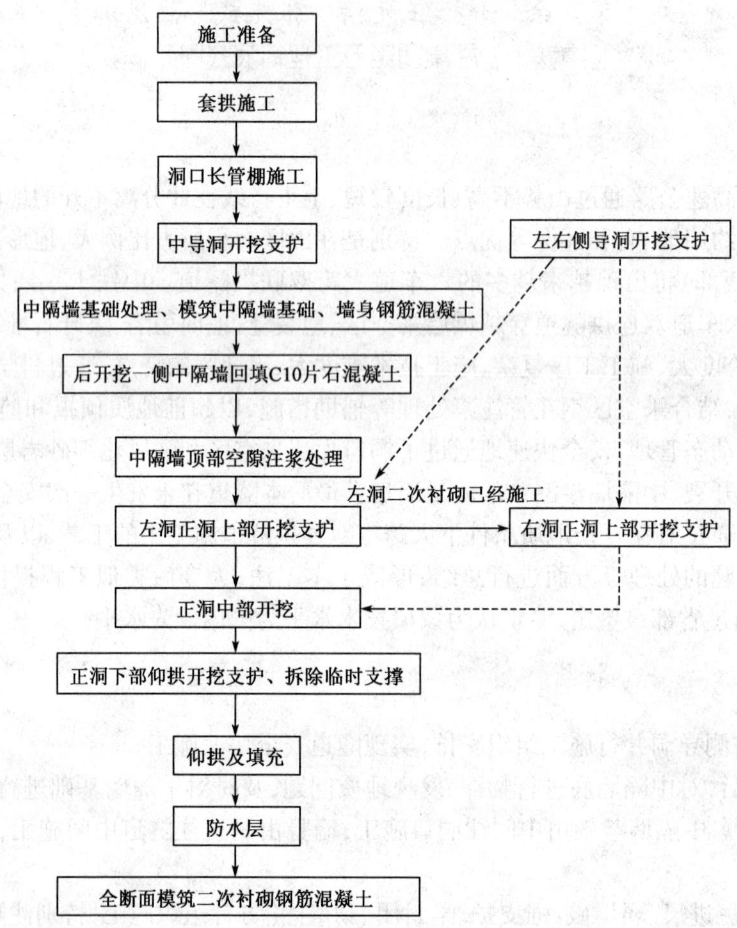

图1 复杂地质条件下双连拱隧道三导洞并行施工工艺流程图

5.2 操作要点

1)洞口工程施工准备

对洞口边仰坡进行土石方开挖,同时进行锚索、锚杆框架梁及锚喷防护施工,并做好洞顶防排水系统,直到开挖出洞口管棚施工平台。

2)套拱施工

先安装内层I20b工字钢架,后安装外层I20b工字钢架,钢架外表面的连线坡度与管棚的外插角一致(隧道纵坡增加1°~2°)。经环向各点量测满足设计要求后,固定内层型钢。在型钢上标注ϕ133×4mm导向钢管的位置,逐根焊接于钢架上固定。经环向各点量测满足设计要求后,固定外层型钢。在型钢上标注ϕ133×4mm导向钢管的位置,逐根焊接于钢架上固定。

三导洞并行施工工序衔接说明如下:

首先同时进行中导洞和左右侧导洞掌子面围岩开挖和支护施工,当中导洞开挖支护施工了20m后

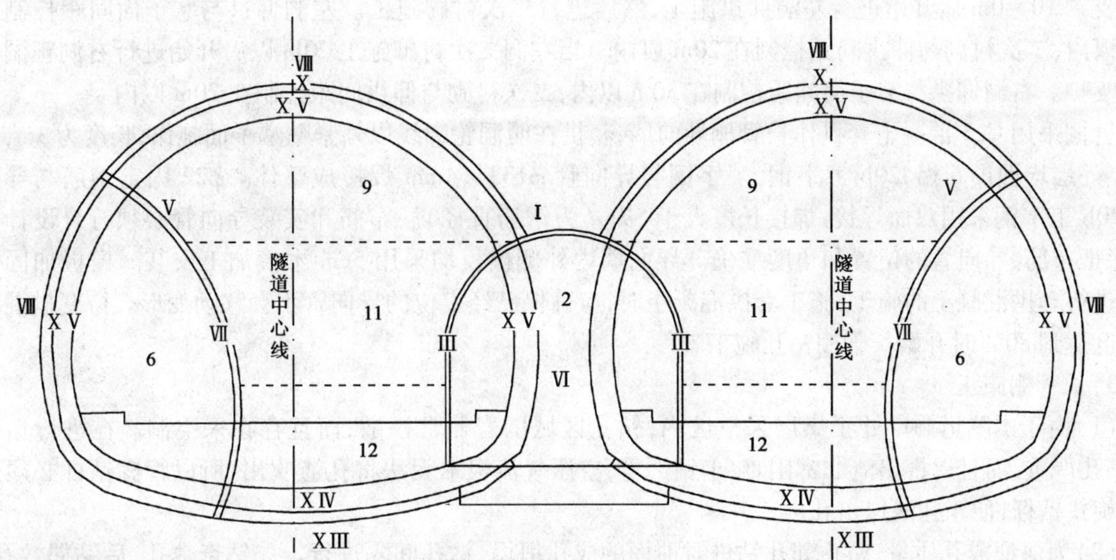

开挖支护顺序：

1. 中导洞超前小导管注浆预支护→2. 中导洞开挖→Ⅲ. 中导洞初期支护（安装钢拱架、挂钢筋网、安装锚杆、喷混凝土）→Ⅳ. 浇筑中墙→Ⅴ. 左(右)侧导洞超前小导管注浆支护→6.左(右)侧导洞开挖→Ⅶ. 左(右)侧导洞初期支护(安装钢拱架、挂钢筋网、安装锚杆、喷混凝土→Ⅷ. 左(右)主洞超前管棚(小导管)注浆支护→9. 左(右)主洞上部开挖→Ⅹ. 左(右)主洞拱部初期支护(安装钢拱架、挂钢筋网、安装锚杆、喷混凝土)→11.左(右)主洞中部开挖→12.左(右)主洞下部开挖→ⅩⅢ左(右)主洞仰拱初期支护(安装钢格栅、喷混凝土)→ⅩⅣ. 浇筑左(右)主洞仰拱衬砌→ⅩⅤ. 全断面模筑左(右)主洞二次衬砌。

说明：

1. Ⅴ、Ⅵ级围岩开挖采用三导洞法；主洞采用台阶法开挖，在施工中需根据量测反馈结果调整开挖方式、施工步序与支护参数，确保施工安全。

2. 图中阿拉伯数字代表开挖步序，罗马数字代表支护施工顺序，左右洞相同数字的施工步序在纵向上应相隔一定距离。

图2 洞内主要工序作业顺序图

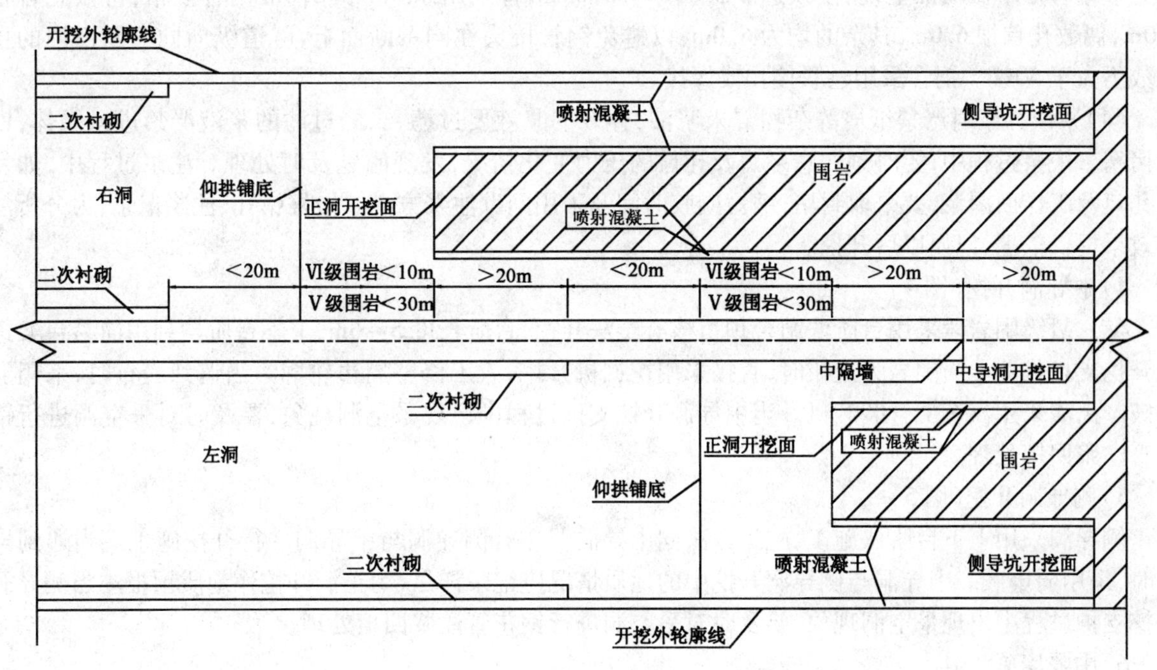

图3 洞内主要作业面布局图

开始进行中隔墙基础钢筋混凝土施工，回填中隔墙基础两侧空隙，为中隔墙上部混凝土施工提供轨道基础和运输中隔墙掌子面土石方提供通道。中导洞开挖断面宽 6.5m，支护后 6.1m，中隔墙厚 1.1m，中隔墙一侧空间 2.5m，采用双轨道电动小型运输车出渣，出渣轨道与中隔墙模板轨道共用。中导洞出渣时，将中隔墙台车退出正洞掌子面处即可。中隔墙施工 20m 后开始进行左洞正洞开挖及支护。左洞正洞开挖支护 10 ~0m 后开始进行左洞仰拱施工,然后进行二次衬砌施工。左洞仰拱与掌子面间距控制在 30m 以内,二次衬砌与仰拱间距控制在 20m 以内。当左洞二次衬砌施工 20m 以后开始进行右洞正洞开挖及支护。右洞仰拱与掌子面间距控制在 30m 以内,二次衬砌与仰拱间距控制在 20m 以内。

管棚采用 C25 混凝土套拱作长管棚导向墙,套拱在明洞轮廓线以外紧贴掌子面施作,长度为 3m,套拱内、外层均埋设 6 榀 I20b 工字钢,工字钢与导向管 $\phi133\times4$mm 焊接成整体。$\phi22$ 固定钢筋与导向管、I20b 工字钢采用双面焊接,焊接长度大于 $5d$(d 为钢筋直径)。布筋和安装导向管必须符合设计要求,保证布筋、导向管的位置和角度准确。导向墙内外侧模板均采用 5cm 木模加工安装。模板加固完成后进行套拱混凝土的施工,施工套拱混凝土时,应确保已经定位的导向管不会移动变形。待套拱混凝土强度达到 80% 时开始长管棚钻孔施工。

3)长管棚施工

(1)由于本隧道洞口处于煤层采空区内,钻孔区域围岩非常松散,而且存在采空洞。在进行钻孔时,塌孔严重,而且退杆出渣非常困难,卡钻严重,空压气流根本无法将孔渣吹出,所以管棚钻杆必须采用螺旋式钻杆,便于孔渣退出孔内。

(2)为保证成孔质量,防止邻孔钻进时前面的成孔坍塌,钻孔间隔进行。先钻奇数孔,后钻偶数孔,成孔直径为 $\phi133$mm,以便顺利安装 $\phi108\times4.5$mm 钢花管。即采用大引导孔施工,最大程度上克服了在顶管施工作业中送管难的情况发生。同时一个孔清空完成后应立即进行顶管施工,这样可以防止塌孔后,再次清孔。施钻时,潜孔钻大臂必须顶紧在掌子面上,以防止过大颤动影响施钻精度。钻机开孔前和钻进过程中应采用测斜仪器测量钻孔偏斜度,若偏斜度超过设计要求应及时进行纠偏。

(3)施作长管棚时($\phi108\times4.5$mm),打孔仰角为 1°~2°(不包含线路纵坡),环向间距 40cm,内层每根长 40m,外层每根长 20m,施作时每段应交错搭接 3m,钢管上按间距 15cm 梅花形钻 10mm 的小孔。第一节钢管顶端做成锥型,以便顶进。$\phi108\times4.5$mm 钢管采用 3.0m 和 6.0m 两种规格,奇数孔首根 3.0m,偶数孔首根 6.0m,其余的均为 6.0m,以避免钢管接头在同一断面上,隧道纵向同一断面内的接头数不大于 50%。钢管采用丝联接扣或焊接。

(4)浆液拌浆时严禁纸屑等杂物混入浆液,拌好的浆液要过滤,未经过滤的浆液严禁进入泵体,以防堵塞。注浆过程中,要时刻注意泵口及孔口的压力变化情况,发现问题及时处理。注浆过程中,如发现孔口及工作面漏浆,要采取封堵,缩短凝胶时间及采用间歇注浆方式。做好钻孔、注浆记录,为分析注浆效果提供依据,以便以后开挖。

4)中导洞开挖(图 4)

Ⅴ~Ⅵ级围岩段采用台阶法结合预留核心土法开挖,台阶长度 5~6m,上下台阶均利用简易台架进行开挖支护作业。当围岩为土质时,直接采用挖掘机开挖,人工修整周边轮廓。当遇到岩石时,采用弱爆破。出渣采用汽车配合装载机。当中导洞开挖支护过程中出现采空洞现象,要及时对采空洞进行钢花管注浆回填处理。

5)侧导洞开挖(图 5)

侧导洞采用上下台阶法施工,施工方法同中导洞。左右侧导洞与中导洞并行开挖施工。当遇到岩石时,采用弱爆破。中导洞与侧导洞开挖中的地质情况应记录详尽,为正洞开挖作地质预报。当侧导洞开挖支护过程中出现采空洞现象,要及时对采空洞进行钢花管注浆回填处理。

6)中隔墙施工

(1)中隔墙基础处理。

首先通过地质雷达检测中隔墙基础下方 30m 深范围内地质情况,结果发现几处采空洞和溶洞。采用注浆钢花管穿过采空洞和溶洞进行注浆处理。其余段落采用 4m 注浆钢花管处理即可,溶洞和采空洞注浆必须密实。在隧道洞口采空区段落基础换填 0.8m 厚 C25 混凝土。为了便于中隔墙钢筋绑扎,在清理中导洞底部浮渣后,需要施工 10cm 厚 C30 混凝土垫层。垫层要放线,通过垫层调整中隔墙基础纵坡。

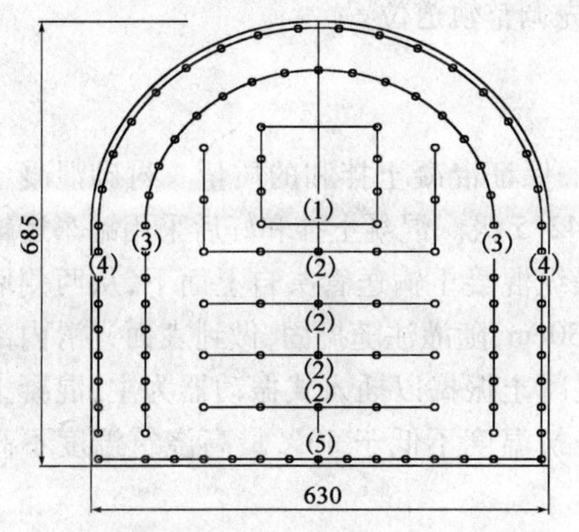

图 4　中导洞开挖炮眼布置图(尺寸单位:cm)

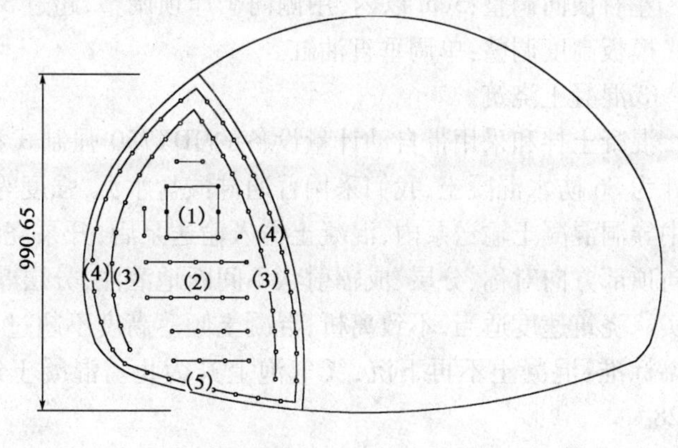

图 5　侧导洞开挖炮眼布置图(尺寸单位:cm)

(2)中隔墙基础、墙身模筑钢筋混凝土。

①钢筋安装(图 6)。

在完成基础处理后,绑扎中隔墙钢筋。中隔墙所用的钢筋其加工制作应严格按照设计图纸和施工规范要求施工。钢筋采用在加工场弯制,在支架上进行绑扎。钢筋直径、根数、间距、绑扎点密度、保护层垫块厚度、支垫密度、钢筋网片间距、必须符合设计、在规定的偏差范围以内。注意钢筋保护层最小厚度必须保证大于新规范强制性条文要求,并按设计准确定位,不允许有负误差。保护层垫块的强度应不低于构件本体混凝土强度,支垫密度至少 4 块/m^2。

②模板安装。

要求模板尺寸准确,板面平整光洁,平整度误差在 1.5mm 以下,符合构件线形,安装位置准确,模板固定牢实,接缝严密,能保证在混凝土浇筑过程中强烈振动下不变形、不漏浆,模板挠度在允许范围。

a. 台车就位、立模。

中隔墙上部采用可移动式有轨台车施工,中隔墙左右各一个(图 7)。将台车平移至立模位置,测量放线确定左右台车固定位置,台车位置偏差小于 3cm。台车就位后,锁定卡轨器,使边墙模板立于设计要求位置。

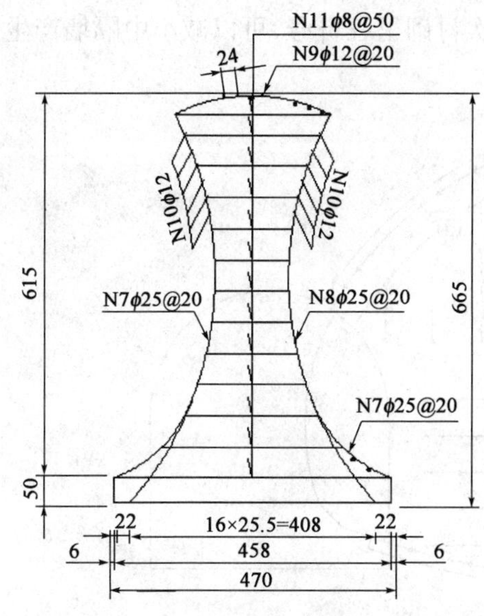

图 6　中隔墙钢筋图(尺寸单位:cm)

图 7　中隔墙移动台车实景图

b. 就位调整。

前后调整:通过台车走行机构来完成。

左右横向调整:3cm 以内,用侧向千斤顶调整,超过 3cm 需先调整轨道位置。

模板高度调整:单调垂直油缸。

③混凝土浇筑。

混凝土拌和采用带自动计量设备的 JDY750 强制式拌和机,保证混凝土拌和的质量。衬砌混凝土设计为 S6 防水混凝土,我们采用普通硅酸盐水泥,强度等级为 42.5 级。混凝土拌和好后采用罐车运输至中导洞混凝土输送泵内,混凝土输入输送泵后,开泵浇筑。操纵混凝土输送管头自上而下,从两侧墙脚向顶部方向对称、分层、成辐射状不间断地灌注,分层厚度为 30cm,随灌注随捣固,做到表面光滑内部密实。浇筑速度适当,不致离析;混凝土倾落高度不超过 2m;混凝土振捣以插入式振动器为主,混凝土振捣标准:混凝土不再下沉,无气泡上升为止。混凝土最低浇筑温度不低于 5℃,最高浇筑温度不高于 28℃。

④脱模养护。

混凝土强度达到设计强度的 20% 以后方可拆模,拆模时先拆堵头板,再拆连接件及钢模,清除模板表面黏结的混凝土,喷涂脱模剂,拆模后混凝土连续养护不小于 7d。

7)中隔墙防偏压措施

根据隧道地质情况安排,左线隧道正洞先施工,为平衡隧道左洞初期支护对中隔墙的偏压。对中隔墙后开挖一侧回填 C10 片石混凝土处理。由于此 C10 片石混凝土是作为临时支护用,在开挖右洞正洞时要将其拆除,在施工时需用泡沫将回填混凝土与中隔墙分开,方便以后拆除 C10 回填片石混凝土。

8)中隔墙顶部空隙回填

在施工中隔墙混凝土前,必须在中隔墙顶部每隔 5m 预埋一个注浆管,中隔墙拆模后对中隔墙顶部空隙进行注浆施工,采用多次注浆法,注浆到中隔墙有大量浆液流出为止。注浆中止压力不得小于 1MPa,浆液采用 M30 以上纯水泥浆。中隔墙顶部空隙一直是双连拱隧道存在的质量和安全通病,施工中必须严格按照设计及规范施工,将中隔墙顶部空隙回填密实。

9)正洞开挖(图 8)

待中隔墙混凝土达到设计强度的 80% 后,可进行正洞上部开挖施工。正洞分上中下三部开挖,上部采用环形预留核心土开挖,中部预留核心土,遇岩石时,采用光面弱爆破,汽车配合装载机出渣。严格控制每循环进尺,洞口采空区Ⅵ级围岩段 0.5m,Ⅴ级围岩段 1m,支护紧跟掌子面。灯草塘隧道左洞先开挖,右洞后开挖,右洞开挖掌子面不得超过左洞已施工二次衬砌里程桩号,可以减小中隔墙产生的水平推力,避免右洞开挖时由于侧向压力过大中隔墙开裂。

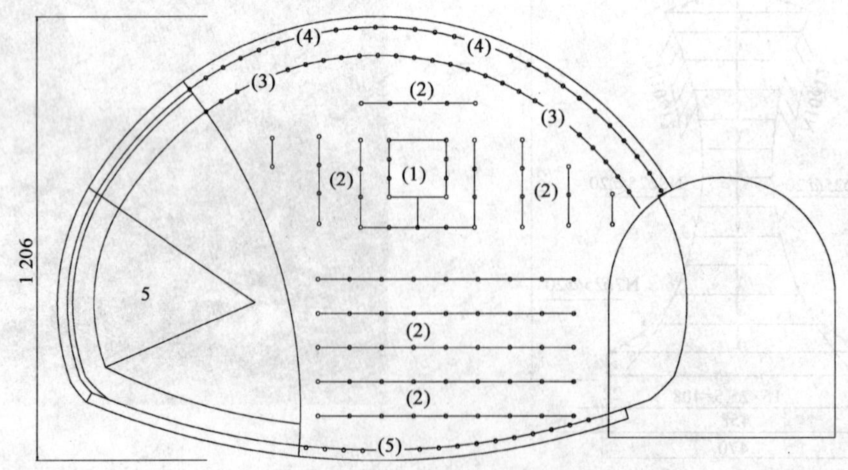

图 8　正洞开挖炮眼布置图(尺寸单位:cm)

10)支护体系施工

(1)施工超前小导管时采用风动凿岩机钻孔插管,注浆前对开挖面及 5.0m 范围内坑道喷射厚 5 ~

10cm 混凝土封闭,采用水泥砂浆注浆,注浆由两侧对称向中间进行,自下而上逐孔注浆,出现串浆或跑浆时,采用间隔注浆,注浆后孔口设止浆塞。

(2)砂浆锚杆杆体由 ϕ22mm 螺纹钢筋制作,采用风动凿岩机钻孔,用高压风吹净孔内岩屑,再采用注浆机将早强水泥砂浆注入锚孔。注浆管插入向下的锚杆孔底,边注浆、边向外拔,向上的锚杆采用排气注浆法施工。

(3)中空注浆锚杆采用风动凿岩机配合锚杆台车钻孔,用高压风吹净孔内岩屑,杆体安装后用注浆机将早强水泥砂浆注入锚孔。

(4)型钢拱架在钢筋加工场分段制作。锚杆完成并挂网后喷一层混凝土后,用高强螺栓通过节点板牢固连接安装,并与锚杆焊接成整体。

(5)钢筋网清污除锈后现场预点焊成网片,在围岩表面喷射一层混凝土后,随受喷面起伏铺设,钢筋网与锚杆连接牢固,喷射混凝土时不产生晃动。

(6)隧道开挖后,及时进行锚喷支护,锚喷支护紧跟掌子面,采用 TK-961 型湿式喷射机喷射混凝土,工作风压大于 0.5MPa,水压比风压大 0.1MPa,喷头与受喷面的距离为 1.5 ~ 2.0m,喷头与受喷面保持垂直,喷射路线自下而上,呈小螺旋绕圈运动,绕圈直径为 30cm 左右。

11)防排水体系

施工缝采用橡胶止水条和膨胀止水带防水,施工时在先浇端的施工缝处的结构混凝土中部预埋塑料条,拆除模板后去掉塑料条,安装止水条,并用锚钉固定牢固。

沉降缝处采用橡胶止水带防水,在先浇端的主筋上焊接悬臂筋固定挡头板和外侧止水带,止水带置于挡头板中间,挡头板用方木和钢筋固定且位于垂直于轴线方向的同一平面上。在主筋上焊止水带钢筋夹,用铁丝和钢筋将止水带与钢筋夹固定。

灯草塘隧道防水层设计与以往双连拱隧道防水层设计有所不同,本隧道防水层直接贯穿整个隧道横断面,左右洞二次衬砌将中隔墙夹在中间。此设计防水层和二次衬砌与分离式隧道防水层设计一样,不存在大的防水漏洞。解决了以往双连拱隧道中隔墙防水难的问题。

防水板先在洞外拼接,接缝采用热熔焊接法进行连接,并在连接后充气检查焊接质量。防水板间搭接宽度不小于 10cm,焊缝宽度不小于 25mm。

环向 ϕ50mm 弹簧排水半管在隧道开挖、初喷混凝土后进行挂设,有渗水地段的铺设间距适当减小。纵向、横向、环向排水管通过三通与隧道拱脚纵向排水管连通,拱脚纵向排水管通过三通与隧底横向引水管连通,由横向引水管和隧道中央排水沟相连。

12)仰拱及填充和二次衬砌施工

(1)仰拱紧跟正洞下部,仰拱初期支护一次性对接成环,并及时进行仰拱及填充施工。仰拱填充整体浇筑施工,洞内车辆从简易便桥上通过。

(2)二次衬砌混凝土采用整体式模板台车。

①使用色拉油或新鲜柴机油作脱模剂。

②二次衬砌是隧道永久性支护的主要受力结构,同初期支护一起共同承受围岩压力,为主体工程最后的工序,必须保证混凝土内实外美。钢筋在加工场加工、洞内绑扎。采用 9m 整体式液压钢模衬砌台车立模,混凝土集中拌制,混凝土运输车运输,混凝土输送泵泵送入模,捣固棒配合附着式振动器捣固混凝土,混凝土对称分层浇筑,边墙从墙脚往上压筑,拱部从拱脚处压筑,最后从拱顶低端处压筑,杜绝混凝土自由跌落,防止产生空洞。

③拱顶设 ϕ25mm 钢管排气孔,并作为拱顶空洞注浆孔。

13)超前地质预报

超前地质预报在新奥法支护中非常重要,必不可少,超前地质预报对于隧道施工就像人的眼睛一样重要。通过超前地质预报可以提前了解该隧道施工前方地质情况,并根据隧道已开挖地段地质的具体分析,对各种物探探测方法取得资料的综合分析,以地质推断法预测开挖工作面前方一定长度范围内围岩的工程地质(软弱围岩、煤层及瓦斯地段、岩溶地段、采空区等)和水文地质条件。本隧道主要采用的手段为:地质素描方法、超前地质钻孔、TSP-203 地质探测仪、地质雷达、红外线探水仪等。

14)监控量测

由于围岩地质条件复杂多变,导致理论数值分析计算在力学参数的选用上有很大的不确定性,使得隧道设计和施工仍处于半理论、半经验状态,特别是连拱隧道,开挖断面大,围岩自稳、成拱能力较差,结构的荷载变化敏感。因此,施工时进行严密的监控量测是调整支护参数,判定围岩稳定性,保证施工安全的主要手段。

(1)监控量测程序见图 9。

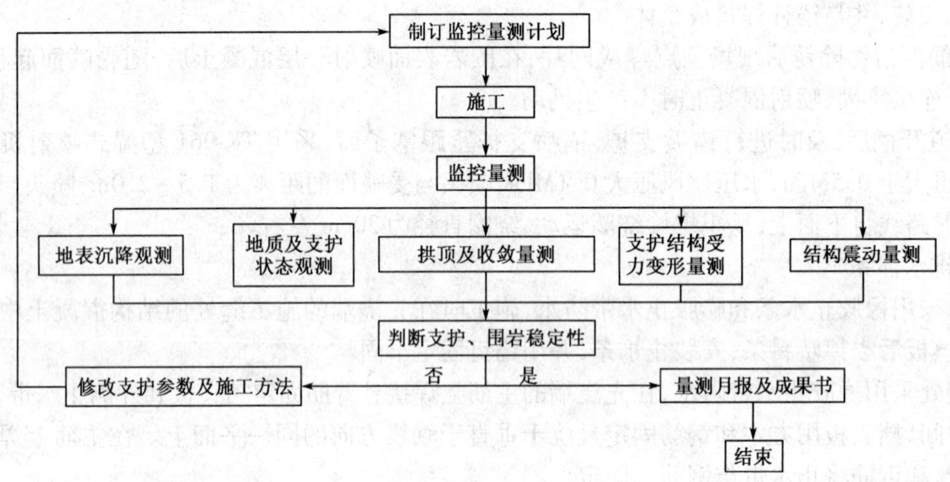

图 9 监控量测程序

(2)监控量测项目见表 1。

监 控 量 测 项 目 表 1

项 目 名 称	方法及工具	布 置	量测间隔时间			
			1~15d	16d~1 个月	1~3 个月	3 个月以后
地质和初期支护观察	岩性、结构面产状及支护裂隙观察	开挖后或初期支护后进行	每次爆破后进行			
水平净空收敛量测	收敛计	Ⅵ级围岩每 10m、Ⅴ级每 15m 一个断面	1~2 次/d	1~2 次/d	1~2 次/周	1~3 次/月
拱顶下沉及仰拱隆起量测	水平仪、铟钢尺或测杆	Ⅵ级围岩每 10m、Ⅴ级每 15m 一个断面	1~2 次/d	1~2 次/d	1~2 次/周	1~3 次/月
锚杆轴力量测	各类电测锚杆测力计	每 10~50m 一个断面,每个断面至少 8 根锚杆	1~2 次/周		1~2 次/月	
围岩内位移量测(洞内设点)	洞内钻孔中安设单点或多点式位移计	每 30~100m 一个断面,每个断面 2~12 个测点	1~2 次/d	1~2 次/d	1~2 次/周	1~3 次/月
支护、衬砌内应力、表面应力量测	混凝土内应变计、应力计及压力盒	代表性地段量测,每断面宜为 24 个测点	1 次/d	1 次/2d	1~2 次/周	1~3 次/月
钢支撑内力及外力量测	支柱压力计或其他测力计	每 20~30 榀钢支撑中选一榀,每段钢支撑均测	1 次/d	1 次/2d	1~2 次/周	1~3 次/月

(3)测线和测点的布置见图 10、图 11。

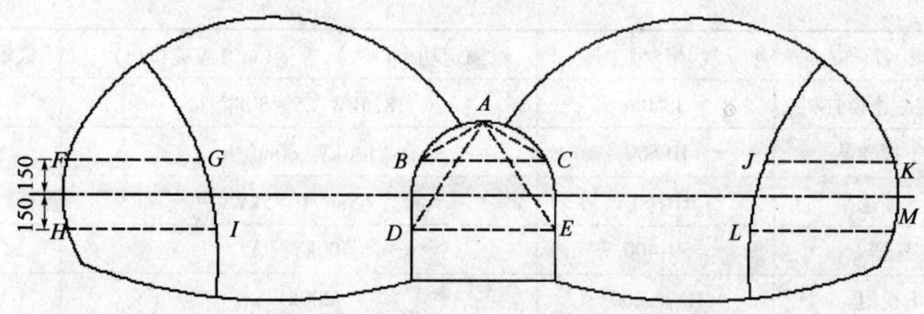

图 10　中导洞、侧导洞测点、测线布置图(尺寸单位:cm)

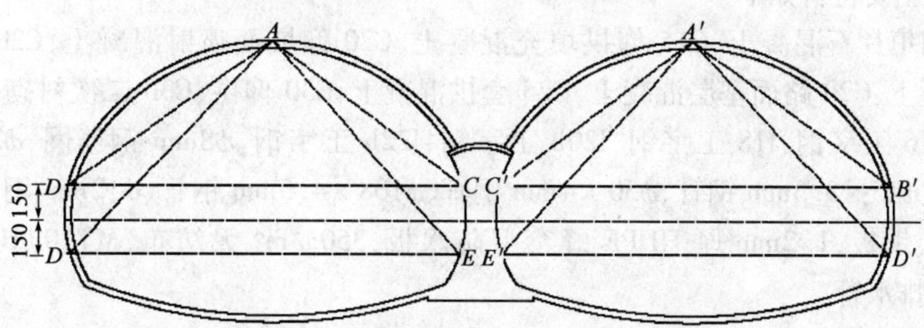

图 11　左右正洞测点、测线布置图(尺寸单位:cm)

(4)监控量测注意事项如下:必须成立一个由 2 ~3 人组成的量测小组,专门负责。量测点在初期支护施作时安设,在下一循环开挖前完成,并测取初读数。测点应安设在距开挖工作面 2m 范围内,且不大于一个循环进尺,并应细心保护,不受下一循环施工的破坏。各项位移的测点,一般布置在同一断面内,测点统一在一起,测设结果能互相印证,共同分析和应用。特别注意中导洞及测导洞的开挖施工地质记录,对正洞来说是最好的、最准确的超前地质预报方法,对其围岩情况应进行详细、准确的记录,指导正洞施工。

6　材料与设备

(1)本工法的主要施工机具配备(按一座单口开挖隧道计)见表 2。

主要施工机具设备　　表 2

序 号	机 械 名 称	规 格 型 号	额定功率(kW)、容量(m^3)或吨位(t)	数量(台)	备 注
1	电动压风机	L-22/8	$22m^3$/min、116kW	4	
2	气腿式凿岩机	YT28	24kg、耗气≤81L/s、42mm、5m	20	
3	风镐	G10	10.6kg、耗气 1.2m^3/min、49.2J、1 100 次/min	20	
4	轴流式通风机	SFDⅢ№10	2×37kW、1 500m^3/min、3 500Pa	2	
5	挖掘机	PC200	114kW、1.0m^3	2	
6	侧卸式装载机	ZLC-50B	155kW、3.0m^3	3	
7	自卸汽车	CQ3356BL306	20t	4	
8	自卸汽车	2629	20t、210kW	2	
9	液压地质钻机	XU-100	30kW、50 ~150mm	4	
10	混凝土喷射机	TK-500	7.5kW、5m^3/h	4	
11	注浆机	YZG-30	44kW	2	
12	注浆泵	DBGB-80/80	30kW	2	
13	液压钢模衬砌台车	非标件	9m	4	
14	单级离心泵	IS200-150-250	37kW	2	
15	全液压地质钻机	ZYG-150	30kW×2	2	

续上表

序 号	机 械 名 称	规 格 型 号	额定功率(kW)、容量(m^3)或吨位(t)	数量(台)	备 注
16	强制式混凝土搅拌机	JS500	18.5kW、25~30m^3/h	1	
17	混凝土搅拌站	HLS60	136kW、60m^3/h	1	
18	混凝土输送泵	HBT60A	65m^3/h、75kW	2	
19	变压器	S9-400	400kV·A	2	
20	发电机组	HYJS-200	200kW	3	

(2)本工法的主要材料如下：

C10 中导坑回填片石混凝土、C15 仰拱填充混凝土、C20 仰坡面喷射混凝土、C20 洞门墙混凝土、C20 底部封闭混凝土、C20 路面基层混凝土、C25 套拱混凝土、C30 仰拱、C30 二次衬砌、C30 中隔墙混凝土、M35 水泥浆、I16 工字钢、I18 工字钢、I20b 工字钢、I22b 工字钢、ϕ8mm 钢筋网、ϕ22mm 药卷锚杆、ϕ25mm 中空锚杆、ϕ45×3.5mm 钢管、ϕ50×4mm 钢管、ϕ108×4.5mm 钢管、ϕ12mm 钢筋、ϕ22mm 钢筋、ϕ25mm 钢筋、连接钢板、1.2mm 厚 HDPE 蜂窝型防水板、350g/m^2 无纺布、MY10ϕ100mm 塑料盲沟、ϕ100mmΩ 形弹簧排水管。

7 质量控制

严格执行《公路隧道施工技术规范》(JTG F60—2009)及《公路工程质量检验评定标准 JTG F80/1—2004》,并在施工中注意以下事项：

(1)控制隧道超欠挖,初期支护紧贴围岩,防止初期支护背后出现空洞,超挖部位应回填密实。

(2)拱架安装时,控制好中线及高程,保持与中线垂直,避免钢拱架侵入二次衬砌,拱架之间联结牢靠,螺钉拧紧,且松紧均匀,必要时将连接钢板焊接牢固,拱脚要落在稳定基岩上,避免出现悬空,且必须设置锁脚锚杆。

(3)仰拱采用分左右幅开挖,基底清理干净,中隔墙基础和仰拱不满足承载力要求时换填片石混凝土。

(4)保证防水板无破损,保证排水管道的畅通。

(5)模板台车加工刚度、尺寸、板缝、表面平整度等满足要求,减少错台,确保外观质量。

(6)中隔墙和二次衬砌混凝土强度作为隧道控制要点,中隔墙和二次衬砌顶部空隙是隧道施工质量通病,必须注浆处理。

交工、竣工验收质量检测结果如下：

①初期支护。检测锚杆支护拉拔力 40 点,合格 39 点,合格率 97.5%;检测喷射混凝土强度 56 点,合格 56 点,合格率 100%;检测喷射混凝土厚度 200 点,合格 194 点,合格率 97%。检测工字钢间距 44 点,合格 44 点,合格率 100%。

②二次衬砌。检测混凝土强度 32 点,合格 32 点,合格率 100%;检测二次衬砌混凝土厚度 56 点,合格 56 点,合格率 100%。检测二次衬砌缺陷及空洞 56 点,合格 56 点,合格率 100%。检测隧道净空断面 10 点,合格 10 点,合格率 100%。检测隧道防排水 30 点,合格 29 点,合格率 96.7%。

8 安全措施

(1)大跨连拱隧道断面大,围岩情况复杂,坚持短进尺、早封闭,保证安全。

(2)洞口是隧道安全的关键,必须制订周密稳妥的进洞方案。

(3)左右洞加强调度协调,爆破时另一洞人员暂时撤离。

(4)下部开挖后仰拱及填充紧跟,尽快施作二次衬砌。

(5)派专人负责监控量测,及时发现问题及时反馈信息,随时响应应急对策。

(6)施工过程中临时支护拆除需采用“先加强支护、后拆除”的原则进行。

(7)遇地质条件变差或有塌方迹象时,要加强初期支护及对应的加固措施。

(8)做好隧道瓦斯检测和记录,发现瓦斯浓度超标,及时通知人员撤离。

9 环保措施

(1)贯彻落实 ISO14001 环境管理体系标准。

(2)施工前对全体员工进行环境保护法规教育和学习。

(3)合理布置施工场地,尽量少生产、生活设施占农田,尽量不破坏原有植被,不损坏用地范围外的耕地、树木、果林、堰塘、水渠,保护自然环境。

(4)隧道进、出口设两沉淀池,洞内排水经二级沉淀池沉淀后,再按指定地点排放。凡需进行混凝土、砂浆等搅拌作业的现场,必须设置沉淀池,使清洗机械和运输车的废水经沉淀后,再排入指定地点。现场存放油料的库房,必须进行防渗处理。储存和使用都要采取措施,防止跑、冒、滴、漏,污染水源。施工现场临时食堂,应设置简易有效的隔油池,定期除油,防止污染。施工现场临时食堂,需设置简易有效的隔油池,定期掏油,防止污染。

(5)施工现场设置足够的临时卫生设施,做好施工现场的卫生管理工作,生活垃圾应堆放在指定地点,按规定及时清理或处理。

(6)合理安排施工时间减少对居民的干扰。为保护施工人员的健康,合理安排工作人员轮流操作筑路机械,减少接触高噪声的时间,或穿插安排高噪声的工作。

10 资源节约

中铁十一局集团承建的沪昆高速公路(贵州境内)贵阳至清镇段灯草塘隧道位于贵阳市金阳新区金华镇境内,隧道为双向六车道连拱隧道,全长 280m,起讫里程 K4 + 150 ~ K4 + 430,开挖横跨度为 37.17m,高 12.25m,最大埋深 79m。隧道下面线形位于 $R = 2\ 100$m 的圆曲线上,隧道进口段为上坡,纵坡坡度为 +0.891%,出口段为下坡,纵坡坡度为 -2.2%。隧道围岩整体稳定性差,穿越的不良地质有煤矿采空区、地裂缝、地面塌陷、煤矸石堆积体、老窑涌水、瓦斯、溶槽等。属于典型的不良地质条件下大跨度连拱隧道。隧道围岩设计判别Ⅴ级、Ⅵ级,是贵清高速公路 3 项重难点工程之一。

该项目采用不良地质条件下大跨度双连拱隧道施工技术,通过在隧道开挖及支护过程中开展隧道的洞周位移、深部位移、锚杆轴力、接触压力、钢拱架支撑内力、初期支护及二次衬砌混凝土应力及裂隙、中隔墙表面应力等试验项目的研究,及时提出恰当的支护参数和措施,合理安排施工,减少了大量人力、机械设备的投入,同时避免了该隧道取消改成拉槽路基施工,节约了用地,降低了油耗,减少了废气排放。环保、节能效益显著。

11 效益分析

(1)施工进度加快:灯草塘隧道 288m 长的六车道大跨隧道,仅用时 13 个月便完成隧道主体工程施工,施工进度超预期。

(2)中隔墙采用整体式可移动台车,与传统组合模板相比循环时间短,使正洞施工提前,整体工期缩短。

(3)未出现塌方、混凝土开裂等安全、质量事故,在全线树立了良好形象。在业主进行的综合评比中,灯草塘隧道获得全线唯一的隧道专项奖。隧道提前贯通,业主单独召开表彰会议,隧道获得 10 万元贯通奖。灯草塘隧道作为贵州省第一条设计时速 120km/h 六车道高速公路隧道,多次得到高度评价。本隧道的按期通车,确保了第九届民运会在贵州省顺利召开时能够使用本高速公路,赢得了较好的社会效益。

(4)煤层采空区六车道大跨度高速公路隧道目前还不是很多,但发展迅速。本工法克服了连拱隧道施工中隔墙开裂下沉、防渗漏水难题,做到隧道无一处漏水现象,实现了安全、经济快速修建大跨连拱隧道,对今后复杂地质条件下大跨度连拱隧道的设计施工具有指导作用。

(5)在洞口煤层采空区采用双层超前大管棚施工工艺结合洞口钢花管注浆加固技术,可实现隧道的顺利通过煤层采空区和其他松散围岩,对以后在复杂地质条件下修建连拱隧道提供实践依据。

(6)本隧道洞内未出现大的变更情况,比投资预计节约至少500万元。

12 应用实例

贵清高速公路是贵州省规划的“三纵三横八联八支”骨架公路网的组成部分,同时也是上海至昆明国家高速公路和厦门至成都国家高速公路在贵州省内的共用路段。该项目在区域和地区路网中占有极其重要的地位,解决了贵州西进、北上的瓶颈问题。灯草塘隧道是贵州省第一条设计速度为120km/h六车道高速公路隧道,它是全线的重难点工程和控制性工程。

中铁十一局集团有限公司负责施工的灯草塘隧道长288m,其中明洞长25m,Ⅴ级围岩长113m,Ⅵ级围岩长150m。设计为双向六车道,设计行车速度为120km/h,开挖跨度为37.17m,高12.25m,隧道最大埋深79m。隧道围岩整体稳定性差,穿越的不良地质有煤矿采空区、地裂缝、地面塌陷、煤矸石堆积体、老窑涌水、瓦斯、溶洞、溶槽。隧道开挖时,如受震动或处理不当会出现坍塌现象。因施工组织合理,方案得当,于2010年6月1日开始中导洞施工,到2011年7月1二次衬砌施工完工,用时13个月便完成了主体工程施工,确保了该隧道在2011年9月5日的通车目标。本隧道施工中无一例安全质量事故更是难能可贵,多次受到业主和监理的表彰,赢得了经济效益、社会效益的双丰收。

软岩地层特大断面隧道“中柱岩墙联合支护”施工工法

GGG(中企)D1178—2013

李 文 王国喜 靳志强 陈胜亮 王瑞祥

(中交第一公路工程局有限公司 中交一公局第三工程有限公司)

1 前言

随着我国城市轨道交通建设的迅猛发展,多条轨道线交叉的立体换乘车站越来越多,车站设计断面也越来越大。对于特大断面隧道暗挖施工,常规方法有:台阶临时仰拱法、中隔壁法(CD 法)、交叉中隔壁法(CRD 法)、中洞法、双侧壁导坑法、洞桩法等。重庆轨道六号线二期五路口站和天生站特大断面施工原设计采用双侧壁导坑法施工,虽然开挖安全能够得到保证,但是存在施工工序多、相互干扰大、施工速度慢等缺点,由此为了满足工期,结合设计,利用地层特性,借鉴中柱法,将 CD 法与中柱法相结合,利用岩柱支撑与中柱共同受力,达到开挖支护的同步并进,减少中柱开挖施工所占用的时间,开展关键技术研究与联合攻关,形成了“中柱岩墙联合支护施工工法”,该方法是在双侧壁导坑法的基础上,经受力体系的简化和转换,将上半断面中心弧形核心土替换为中心竖向钢混凝土柱墙临时支撑体系,临时仰拱变为临时横向水平支撑,形成封闭结构,各分块以台阶法方式开挖的一种施工方法。上述两个特大断面暗挖车站在施工中均采用该工法取代双侧壁导坑法,克服了它工序多、干扰大等问题,在保证了安全和质量的情况下,进度加快明显,大大提前了工期。

2 工法特点

本工法相对于双侧壁导坑法,施工作业空间增大,隧道上下断面可分别进行开挖支护,人工机械易操作,相对独立,可减少相互干扰,工效提高,成本降低。

3 适用范围

本工法适用于较复杂、Ⅳ ~ Ⅴ级、软岩地层,开挖断面在 250 ~ 350m^2 范围的暗挖隧道。

4 工艺原理

中柱岩墙联合支护法是基于新奥法原理,将特大断面隧道划分上下断面施工。上断面利用支通道采用台阶法进行开挖、支护,并新增加中心竖向钢混凝土柱墙临时支撑体系和水平钢支撑;下半断面利用主通道进行开挖、支护,并预留中柱及岩墙;在岩墙施工对拉锚杆,以保证完整及稳定性。整个断面结构在开挖过程中,竖向钢混凝土立柱和水平钢支撑与初支拱架形成封闭结构,受力简单、明确,有效控制围岩的变形。

5 施工工艺流程及操作要点

5.1 工艺流程

按照上下两个断面分别进行施工。工艺步序断面见图 1。

工艺流程:上断面左上台阶的开挖、支护和水平钢支撑施工→上断面右上台阶的开挖、支护和水平钢支撑施工→中心竖向钢混凝土柱墙临时支撑体系施工→下断面左中台阶的开挖、支护→核心土上部施加对拉锚杆→下断面左下台阶的开挖、支护→下断面右中台阶的开挖、支护→下断面右下台阶的开挖、支护→左右下台阶底部仰拱、回填施工→竖向钢混凝土立柱、上部水平钢支撑的拆除→核心土中、下部开挖→隧道中部仰拱、回填施工→二次衬砌钢筋混凝土浇筑。

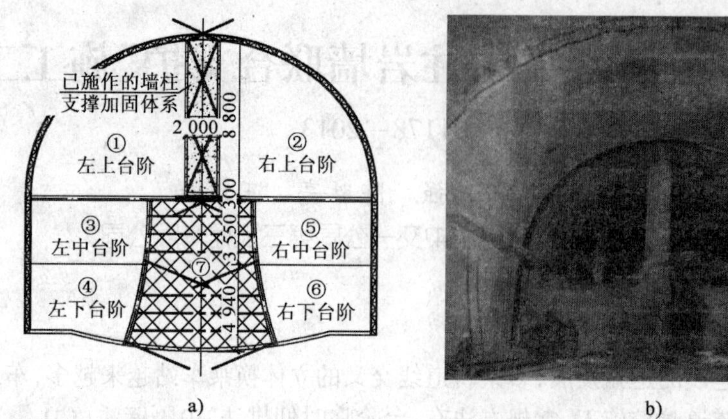

图1　工艺步序横断面与施工图

a)横断面;b)现场图

5.2　操作要点

第一步:上断面左上台阶的开挖、支护和水平钢支撑施工。开挖前先施作超前支护,开挖宽度控制在1/2洞宽(约10m左右),开挖高度控制在8m左右,开挖后立即进行初期支护、锁脚锚杆、临时支护和水平钢支撑的施工,循环进尺控制在1.0m以内,其中临时支护、水平钢支撑采用I22b的工字钢。开挖断面形式见图2、图3。

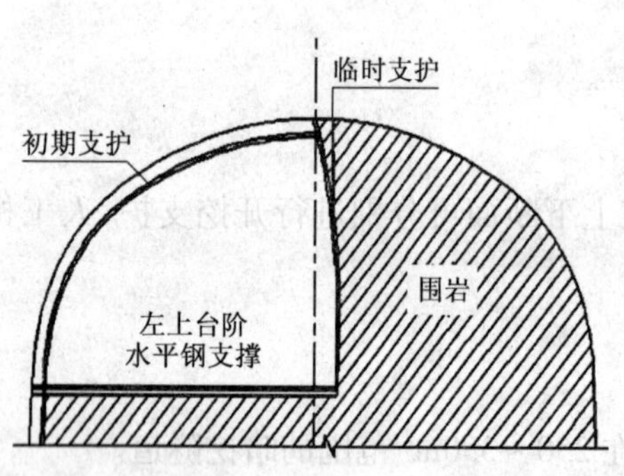

图2　上半断面左上台阶施工

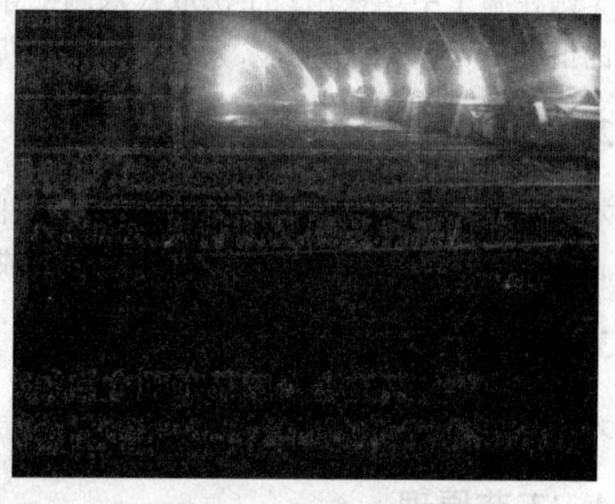

图3　临时支护与初支拱架的连接

第二步:上断面右上台阶的开挖、支护和水平钢支撑施工。左右台阶掌子面距离控制在10~15m。开挖的高度、进尺长度等参数与左台阶一致,开挖后及时进行初期支护,使左右上台阶的初期支护封闭成环,见图4。

第三步:中心竖向钢混凝土柱墙临时支撑体系施工。上断面左右上台阶施工完毕后,进行竖向型钢混凝土柱墙临时支撑体系的施工见图5,具体操作步骤如下:

(1)人工配合机械拆除临时支护;

(2)在距中心线左右各2.0m宽内浇筑50cm厚的C30混凝土基础;

(3)在基础内预埋型钢法兰盘,与竖向钢支撑、水平钢支撑进行连接;

(4)施作竖向3排I22b钢支撑,型钢纵横向间距均为1.0m,总宽2.0m,纵向为隧道全长;

(5)施作I16横向连接及剪刀撑(由下至上);

(6)施作L125×10mm角钢纵向连接及剪刀撑(由下至上);

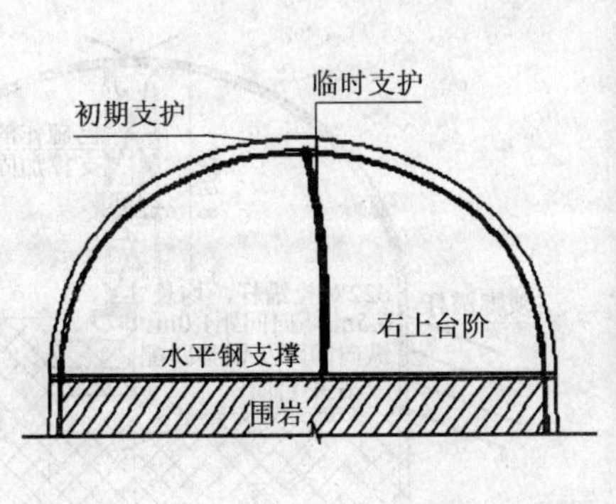

图4 上半断面右上台阶施工及支护

(7)每间隔4~8m立模浇筑C30混凝土,型钢混凝土柱尺寸为2.0m×2.0m,也可根据实际围岩地质情况加宽至4.0m×4.0m;

(8)柱之间钢架采用喷射混凝土封闭成为墙体,应急时可在墙内浇筑混凝土。

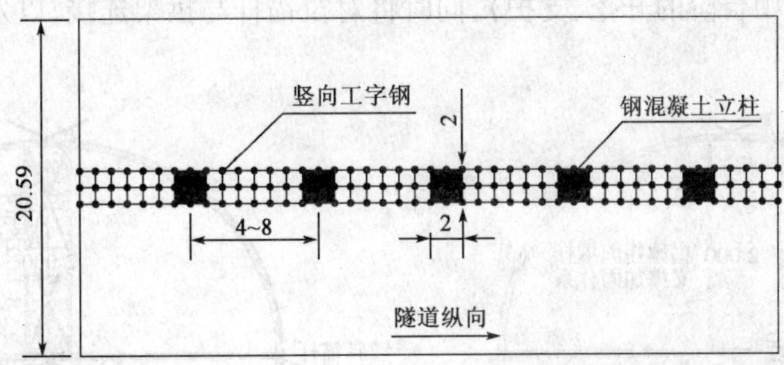

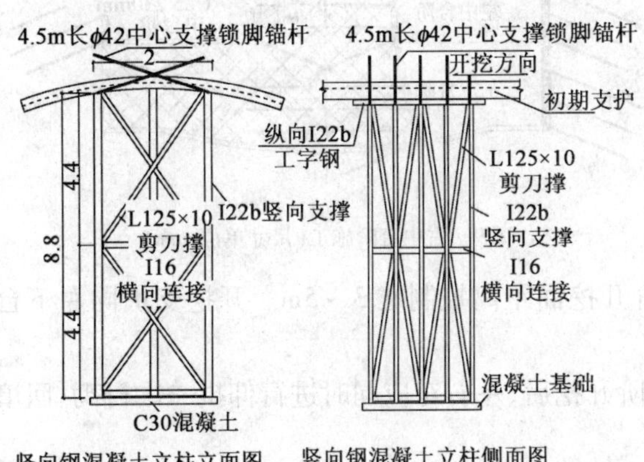

图5 中心竖向钢混凝土柱墙临时支撑体系(尺寸单位:m)

第四步:下断面左中台阶的开挖、支护。开挖高度在4m左右,开挖面应控制距竖向钢混凝土立柱的距离不少于2m,循环进尺控制在3m,施工GM51锁脚锚杆长度为6m,锚杆施工时应控制向下偏角30°,见图6。

第五步:核心土上部施加对拉锚杆。上部核心土临时支护完成后,进行对拉锚杆施工。对拉锚杆采用ϕ22砂浆锚杆,均长6.5m,环向间距1m,纵向间距与拱架匹配,见图7。

第六步:下断面左下台阶的开挖、支护。中下台阶开挖面距离控制在3~5m。开挖高度约4m,循环进尺控制在3m。边墙施工GM51锁脚锚杆长度为6m,下部核心土采用长度为2.5m的ϕ22砂浆锚杆,锚杆施工时均应控制向下偏角30°。核心土对拉锚杆采用ϕ22砂浆锚杆,均长6.5m,竖向间距1m,纵向间距与拱架匹配,见图8。

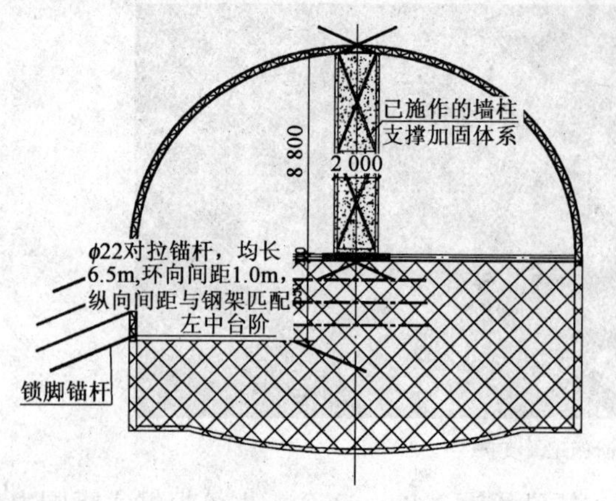

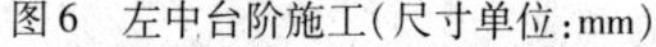

图6　左中台阶施工(尺寸单位:mm)

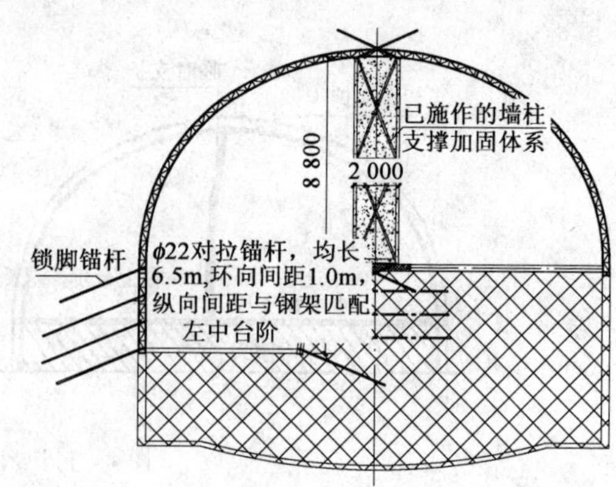

图7　核心土上部对拉锚杆(尺寸单位:mm)

第七步:下断面右中台阶的开挖、支护。与左下开挖面距离控制在6~10m,开始右中台阶的开挖及支护(具体实施步骤同左中台阶的开挖、支护),同时将对拉锚杆与拱架连接,以发挥对拉锚杆的作用,见图9。

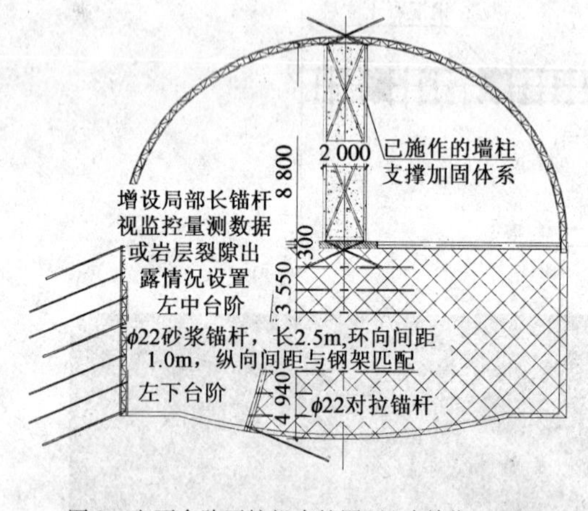

图8　左下台阶开挖机支护图(尺寸单位:mm)

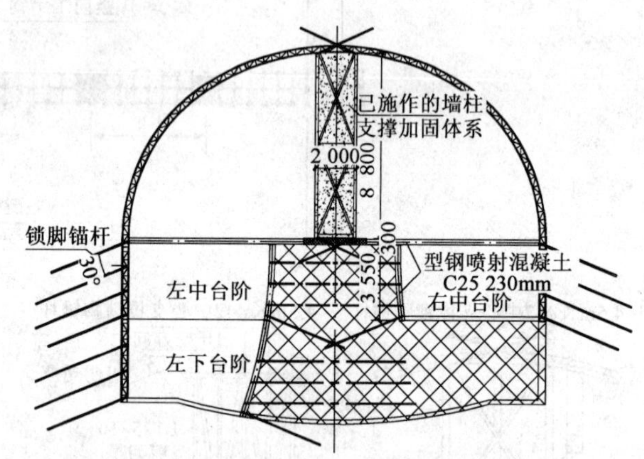

图9　右中台阶施工(尺寸单位:mm)

第八步:下断面右下台阶的开挖、支护。中下台阶开挖面距离控制在3~5m。开挖支护同左下台阶,同时将对拉锚杆与拱架连接,见图10。

第九步:左右下台阶底部仰拱、回填施工。右下台阶开挖后,左右对应同时进行仰拱二次衬砌、回填施工,应注意防水板、钢筋的预留,见图11。

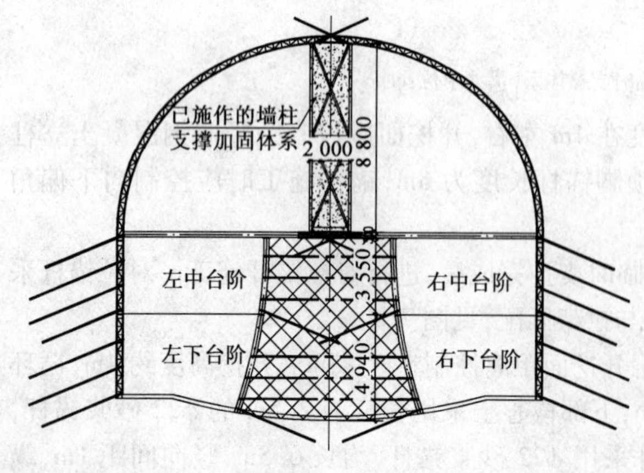

图10　右下台阶施工示意图(尺寸单位:mm)

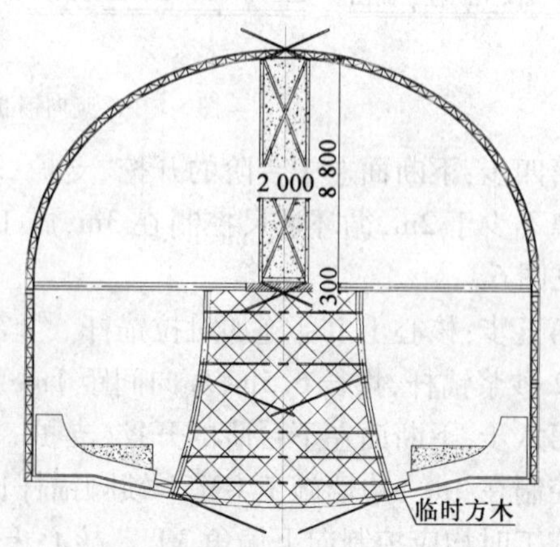

图11　下台阶两侧仰拱、回填施工示意图(尺寸单位:mm)

第十步：中心竖向钢混凝土柱墙临时支撑体系拆除、上部水平钢支撑的拆除。拆除前应将临时方木(35cm×35cm)支顶到位，保证底部成环受力。拆除采用人工配合机械拆除的方法，拆除长度与二次衬砌浇筑长度相同，见图12。

第十一步：核心土中、下部开挖。待临时立柱钢支撑拆除超过5m后，采用机械进行核心土开挖，并及时进行仰拱、回填浇筑，步距与拆除临时立柱钢支撑相同，见图13。

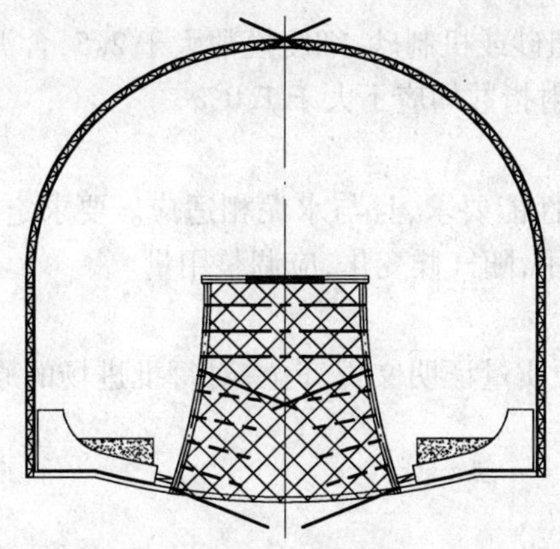
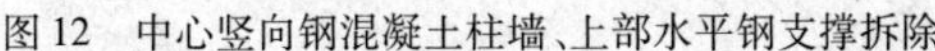

图12　中心竖向钢混凝土柱墙、上部水平钢支撑拆除

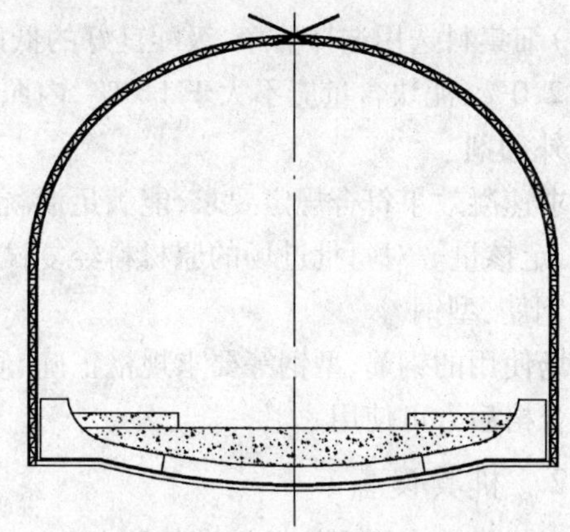

图13　中心核心土开挖及仰拱、回填施工

第十二步：二次衬砌钢筋混凝土浇筑。待仰拱回填混凝土强度达到75%时，进行二次衬砌混凝土浇筑，见图14。

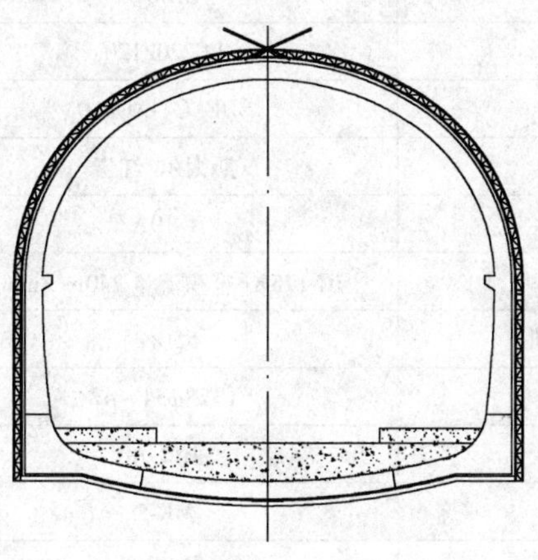

图14　二次衬砌钢筋混凝土浇筑

6　材料与设备

6.1　材料要求

1)火工品

应根据所施工隧道的地质情况、水文条件及围岩特性选择合适的炸药和起爆雷管。

2)水泥

选用的水泥应质量稳定，含碱量低，C_3A 含量小，强度富余系数大，活性好，标准稠度用水量小，水泥原材料色泽均匀。强度等级不宜低于42.5级，应优先选用普通硅酸盐水泥。

3)集料

(1)粗集料颗粒级配≤15mm的坚硬耐久的碎石。要求强度高，连续级配好，含泥量应小于1%，大于5mm的泥块含量应小于0.5%，针、片状颗粒含量应不大于8%，压碎指标值应不大于10%，内照射指数与外照射指数均应不大于1.0%。对每一次进场材料均进行检测，确保粗集料级配控制在表1所示范围内。

粗集料通过各筛径的累计质量百分比(单位:%)　　表1

项目 \ 集料粒径(mm)	0.15	0.30	0.60	1.20	2.50	5.00	10.00	15.00
优	5~7	10~15	17~22	23~31	34~43	50~60	78~82	100
良	4~8	5~22	13~21	18~41	26~54	40~70	62~90	100

(2)细集料选用选择洁净、级配良好的低碱活性天然中粗砂或机制砂,细度模数大于2.5,含泥量应不大于2.0%,泥块含量应不大于1.0%,内照射指数与外照射指数均应不大于1.0%。

4)外加剂

要求速凝效果符合规定要求,能满足混凝土的各项工作性能要求,且与水泥相适应。要求定厂商、定品牌、定掺量。对每批进场的原材料经复试合格后方可使用,随气候变化,应调整用量。

5)钢筋、型钢

进场使用的钢筋、型钢等要求规格正确、质量合格及各项质量证明文件齐全,对每批进场的原材料经复试合格后方可使用。

6.2 机具设备

本工法施工中用到的机具设备见表2。

机具设备表　　表2

序号	机具设备名称	型号规格	单位	数量
1	装载机	ZL50G	台	4
2	挖掘机	PC220/120	台	3
3	通风机	SDF(C)-NO6.0	台	2
4	自卸汽车	斯太尔/红岩	台	20
5	机动翻斗车	F-10A	台	3
6	螺杆式空压机	JG-175A(容积流量240m^3/min)	台	6
7	轴流式静音通风机	55×2	台	4
8	风动凿岩机	YT28ϕ34~42	台	40
9	风镐	C11-A	把	10
10	锚杆钻机	MK-5	台	2
11	混凝土湿喷机	TK-961	台	8
12	双液注浆泵	KBY-50/70	台	2
13	砂浆搅拌机	LG-300	台	2
14	砂浆泵	UB-3	台	2
15	多功能钻爆台架		台	4
16	电钻	PR-38E	把	5
17	交流电焊机	BX3-500	台	6
18	砂轮切割机	J2G-400	台	2
19	直螺纹滚丝机	JBG-40	台	4
20	型钢冷弯机	LW-25	台	2
21	钢筋弯曲机	GJBT-40	台	2
22	钢筋切断机	GJQD-40	台	2
23	钢筋调直机	GT4/10	台	2

续上表

序 号	机具设备名称	型号规格	单 位	数 量
24	气割设备	氧-乙炔	台	4
25	木工台床	MB-504B	台	1
26	潜水泵	200QJ10-40/3	台	8
27	挖掘机破碎机头	PC-120/hr100A	台	2
28	收敛计	精度高、方便	个	根据实际确定
29	爆破震动测试仪	灵敏、方便、可靠	台	同上
30	全站仪	精度高、方便	个	同上
31	压力盒	低磁、抗干扰	个	同上
32	钢筋计	可靠、精度高、方便	个	同上
33	应变计	可靠、精度高、方便	个	同上
34	锚杆轴力计	可靠、精度高、方便	个	同上

7 质量控制

7.1 质量标准

执行《地下铁道工程施工及验收规范》(GB 50299—1999)(2003 版)的有关规定。

(1)炮眼深度应控制在 1 ~ 1.5m,采用非电毫秒雷管分段起爆。

(2)爆破眼的眼痕率:硬岩应大于 80%,中硬岩应大于 70%,软岩应大于 50%,并在轮廓面上均匀分布。单位用药量控制在 0.8kg/m^3 以内。

(3)上半断面左右台阶开挖高度以 8m 为宜,上下台阶之间相距 3 ~ 5m,左右平行台阶之间相距 6 ~ 10m。

(4)初期支护喷射混凝土强度达到设计 70% 以上,方可进行下台阶开挖支护,喷射混凝土厚度边墙为 70 ~ 100mm,拱顶为 50 ~ 60mm。

(5)中下台阶边墙拱架采用单侧或双侧交错开挖,不得使上部结构同时悬空。

(6)初支拱架安装基面应坚实并清理干净,必要时进行预加固。高强应螺栓采用正反安装。

(7)下半断面开挖后要及时进行仰拱回填封闭。

7.2 质量技术措施

(1)隧道开挖采用光面爆破与预裂爆破,优化爆破参数并提高爆破质量(提高炮痕残留率)。若爆破振动较难控制,可采取台阶分区分次弱爆破。要严格控制爆破振速和超欠挖。

(2)施工采用短进尺,强支护,及时封闭掌子面,避免因长时间暴露而加剧围岩风化。

(3)主车站交叉口施工时,交叉部位初期支护要采用小导管注浆加固。

(4)中心竖向钢混凝土柱墙临时支撑体系的拆除长度,应根据监控量测数据与地质情况结合确定,一般为 1 ~ 2 倍台车的工作长度为宜,本项目为 1 倍台车工作长度。

(5)二次衬砌混凝土强度达到 75% 以上,才可进入下循环的爆破开挖。如有裂缝等异常情况时,待查明原因后,采取相应整改措施进行下一步工序。

(6)拱顶沉降、收敛和位移等监测点布设,须同时锚固到初支和围岩内部,并增设中柱与岩墙的监测项目,如围岩压力、钢筋应力、位移等。

8 安全措施

(1)爆破过程中,装药与钻孔不得平行作业。刚打好的炮眼热度过高,不得立即装药。炮眼内的泥浆,石粉应吹洗干净。掌子面距钢支柱较近的区域须采取弱爆破,避免因爆破引起工字钢支柱失稳造成事故。

(2)吊装钢构件时,提升或下降应平稳,避免紧急制动或冲击。应由专人指挥,信号清楚、响亮、明确,严禁违章操作。构件安装后必须检查质量,确保安全可靠后方可卸扣。

(3)钢拱架安装时,超挖部分应用钢垫板或微膨胀混凝土将其稳固。

(4)施工人员进洞后应戴好安全帽,高空作业如临时钢支撑施工时,应系好安全带。

(5)施工中应定期观测地表下沉、拱顶下沉和隧道周边收敛的监控。发现洞内和地表位移值等于或大于允许位移值,以及地面或洞内出现裂缝时,必须立即组织作业人员撤离现场,待制订处理措施后再继续施工。

9 环保措施

(1)扬尘控制:爆破前对掌子面、洞内进行洒水喷淋,使围岩保持潮湿状,减少烟尘的产生和传播。爆破前后对洞内进行洒水喷淋,保持洞内潮湿状态,消减爆破烟尘的传播。装渣前对渣体进行喷淋,对渣车进行覆盖,防止装渣时扬尘,通道路面及时清理。

(2)噪声控制:科学合适装药量在源头控制噪声。控制炮泥填塞和填塞质量。在洞口设置阻隔帘吸收部分噪声。

(3)施工污水的处理和排放:设置沉淀池,沉淀处理后再排入污水井和污水管道中。

10 资源节约

本工法在形成过程中按照《建筑节能工程施工验收规范》(GB 50411—2007)的要求来进行实施,做到节约资源,减少污染,保护环境,注重材料重复使用,多次利用。

中柱钢支撑和岩墙的对拉锚杆在拆除时要采取保护措施,加大材料的回收与重复利用。

11 效益分析

1)经济效益

重庆市轨道交通六号线二期五路口车站,采用本工法施工由12步序减少到7步,进度由原设计双侧壁导坑法0.5~1.0m/d提高到1.0~1.5m/d,工期提前约105d,天生站缩短工期65d;初步考虑到项目投资利息、项目管理费和部分机械租赁费,按177万元/月计算,五路口站节余成本约620万元,天生站节约成本383.5万元。总体缩短工期大约170d,节约成本大约1 003.5万元,取得了明显的经济效益。

2)社会效益

地铁车站特大断面隧道“中柱岩墙联合支护法”施工工法,地处繁华街市未出现安全和质量问题。地表及建筑均处可控状态。进一步为大断面施工提供宝贵经验,同时也为企业赢得了良好的信誉度,获得了良好的社会效益。

12 应用实例

重庆市轨道交通六号线二期BT三标段位于重庆市北碚区,天生站是中交第一公路工程局有限公司承建的施工项目,工程于2009年10月建设开工。车站位于重庆市北碚区闹市街区,位于天生路下大致呈南北向布置,人流、车流密集。沿街为大量8层居住楼。沿道路主要有通信光缆、电力、给排水管线等。车站共长190.85m。洞室以砂岩为主综合判定围岩级别为Ⅲ级,部分为Ⅳ级。洞顶最大埋深为16m,其中岩层最薄处不足3m。

五路口站,是中交第一公路工程局有限公司承建的施工项目,工程于2009年10月建设开工。车站位于重庆市北碚区闹市街区,车站位于中山路上,上方为北碚区老城的步行街。周边环境较为复杂,沿街为大量20世纪80年代初期建设的8层居住楼。沿道路主要有通信光缆、电力、给排水管线等。车站共长206m。洞室围岩以砂质泥岩为主综合判定为Ⅳ级，其中53m为Ⅴ级围岩。地质条件较差，洞顶最大埋深为14m，其中岩层最薄处不足4m。

天生站和五路口车站是其中的关键工程。两车站开挖断面尺寸为20.59m×18.09m，车站埋深为14~16m，围岩级别以Ⅳ~Ⅴ级砂质泥岩和砂岩为主，属于特大断面浅埋暗挖隧道。

经过两个车站的实践证明，中柱岩墙联合支护法替代了双侧壁导坑法，是可行、有效的，有积极的推广意义。

利用膨润土浆液控制盾构施工土压施工工法

GGG(浙)D1179—2013

赖荣辉　薛永利　林　春　卢先荣　陶然位
(浙江省交通工程建设集团有限公司)

1　前言

土压平衡盾构机利用土仓内的土压力平衡刀盘前方土压力从而控制刀盘前方的地表沉降,确保周边建(构)筑物的安全,但在地质条件较复杂的情况下,盾构机处于拼装状态时,土仓内的土压力下降,无法平衡刀盘前方土压力,地表沉降容易超限。

杭州地铁2号线SG2-5标盾构区间位于萧山最主要道路下方,道路交通量较大,必须对地铁隧道施工引起的地表沉降进行严格控制,防止地表沉降超出设计标准,发生过量变形,影响周边建筑安全。浙江省交通工程建设集团在此隧道修建过程中,通过咨询查阅文献并结合工程现场施工工艺与监控测量数据,通过总结形成该工法。本工法在杭州地铁2号线东南段施工过程中得到应用。由于该工法通过控制掌子面土压从而控制地表沉降的效果明显,技术先进,故有较高质量效益、安全效益、社会效益和经济效益。

2　工法特点

(1)本工法所需的膨润土浆液在地面按比例搅拌膨化后使用,无需额外占用工序时间,对施工进度无影响。

(2)膨润土浆液的加注主要利用盾构机加泥加水管路完成,盾构机刀盘旋转来完成膨润土浆液和土体搅拌均匀,工艺流程自动化程度较高,操作方便。

(3)通过控制掌子面土压能有效控制地表沉降,从而确保施工安全和周边建构筑物安全,同时利用掌子面保护层的低渗透性和可以随时加压以解决停工时间较长时的掌子面土压平衡问题,安全可靠。

3　适用范围

软土地区、富水条件下(尤其对地表沉降控制有严格要求)的土压平衡盾构法隧道施工。

4　工艺原理

利用盾构机加泥加水系统,在盾构机刀盘加水箱体内注入按照比例预先配制好膨润土浆液,利用刀盘的旋转将切削下来的土体和预先注入的膨润土浆液搅拌成具有较强可塑性的均匀浆液,由于在刀盘厚度的整个掌子面范围内形成的该浆液区域,其渗透性较原土体小,土体性质均匀,使掌子面前方形成一个保护层。通过在盾构机保持推进的同时,不断加注膨润土浆液,而螺旋机不出土,使得该保护层具有一定的压力,该保护层保证了土仓内的土压力满足推进时设定的土压力,从而确保盾构施工安全和周边建(构)筑物安全。

5　施工工艺流程及操作要点

5.1　施工工艺流程(图1)

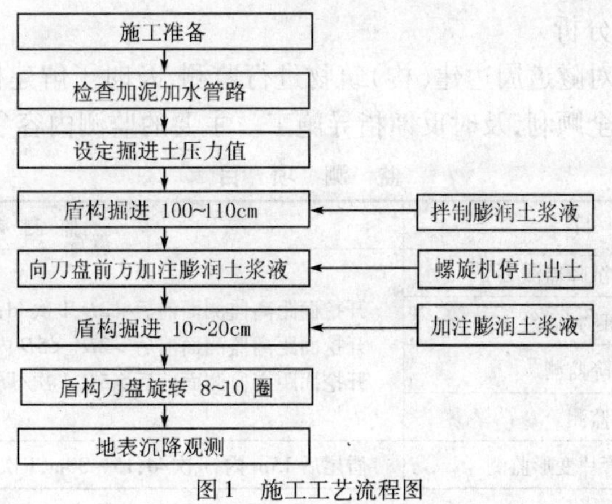

图1 施工工艺流程图

5.2 操作要点

1)施工准备

购置满足施工要求的膨润土,并检验合格后使用。

2)检查加泥加水管路

通过流量观测,确认管路是否畅通,若管路有堵塞应及时疏通。

3)设定土压力值

根据刀盘前方地表沉降观测结果,确定土体侧向土压力系数和盾构机中心埋深,确定掘进过程设定的土压力值。

4)膨润土浆液拌制

膨润土浆液与刀盘切削下来的土体搅拌均匀后,在改善土体渗透性,形成掌子面的保护膜过程中起到至关重要作用,因此膨润土浆液的质量必须得到保证,配比(质量比)为(钠基膨润土: 水)1:12(浆液通常为3.6m^3 水箱放置300kg 钠基膨润土搅拌),膨润土主要技术参数见表1。

钠基膨润土技术参数 表1

75μm 筛余(%)	水分(%)	膨胀指数(mL/2g)
10~15	≤12	≥10

(1)严格按照施工比例配制膨润土浆液。

(2)膨润土浆液配制时,必须搅拌均匀,充分膨化,防止因搅拌不均匀产生堵塞注浆管,影响施工进度。

(3)严格控制开始加注膨润土浆液的时间、流量、加注方式。

(4)防止放置时间过长膨润土浆液沉淀堵塞管路。

5)盾构掘进

按照预先设定的土压力值进行不间断掘进100~110cm,掘进速度设置为3~5cm/min,掘进过程不加注膨润土浆液。

6)加注膨润土浆液

将预先拌制好的膨润土浆液加注至刀盘前方的土体内,利用刀盘旋转将膨润土浆液和切削下来的土体搅拌均匀,主要注意加注的时机和加注的浆液量。

7)螺旋机停止出土,掘进至120cm 停止掘进

掘进至100~110cm 后,关闭螺旋出土闸门,停止皮带传输,进行推进,推进过程中刀盘保持正常转速进行掘进,推进过程中注意观察土仓土压力。

8)继续旋转刀盘

掘进至120cm 后,停止掘进,盾构刀盘保持正常转速,旋转8~10 圈。

9)地表沉降监测技术与分析

盾构掘进过程中要严格对隧道周边建(构)筑物进行监测,及时了解建构筑物的沉降和差异沉降以和动态沉降确保工程建设安全顺利,及时反馈指导施工。主要的监测内容参见表2。

监 测 项 目 表2

<table>
<tr><th>序号</th><th>监 测 项 目</th><th>监 测 频 率</th></tr>
<tr><td>1</td><td>隧道上方地表沉降监测</td><td rowspan="4">开挖面距离监测面前后 $<2D$,1 次/d;
开挖面距离监测面前后 $>2D$、$<5D$ 内,1 次/2d;
开挖面距离监测面前后 $>5D$,1 次/周;</td></tr>
<tr><td>2</td><td>隧道周边建筑物沉降</td></tr>
<tr><td>3</td><td>地下管线沉降监测</td></tr>
<tr><td>4</td><td>穿越桥梁监测</td></tr>
<tr><td>5</td><td>管片沉降监测和管片变形监测</td><td>盾尾后 15m 内,1 次/d;15 ~ 30m,1 次/2d; $>$30m,1 次/周</td></tr>
</table>

注:D 为隧道开挖直径,取6.3m。以上监测频率可视监测点变化情况及施工工况作适当调整。

5.3 劳动力组织(表3)。

劳动力组织情况表(按照一个班) 表3

序 号	工 作 岗 位	所 需 人 数
1	管理人员	2
2	技术人员	2
3	膨润土浆液拌制	3
4	盾构司机	1
5	掘进班组	8
6	同步浆液拌制	4
7	防水材料粘贴	2
8	门吊司机	1
9	电瓶车司机	2
合 计		23 人

6 材料与设备

本工法无需特别说明的材料,采用的主要机具设备见表4。

机 具 设 备 表 表4

序号	机械或设备名称	规 格 型 号	数量	额 定 功 率	生 产 能 力	用 途
1	盾构机	TM634PSX	1	1 050kV · A	ϕ6 340mm	区间施工
2	门吊	45t	1	211kW		垂直提升设备
3	电机车	XK35-9/540-JC	2	220kW	35t	隧道水平运输
4	机车蓄电池	D-620	12	620Ah		隧道水平运输
5	渣土车	ZT15-9	6			隧道渣土运输
6	渣土箱		6		15m^3	隧道渣土运输
7	砂浆车	SJ6-9	2		6m^3	隧道砂浆运输
8	管片车	GP15-9	2		15t	隧道管片运输
9	充电机	KCA-100/380	6	27kW		蓄电池充电
10	风机	SDF-NO10	1	37 × 2kW		
11	砂浆机	SJ6-9	1	26kW	10m^3/h	砂浆运输拌制
12	搅拌机		1	20kW		砂浆拌制

续上表

序号	机械或设备名称	规格型号	数量	额定功率	生产能力	用途
13	双液变量注浆泵	SYB-60/5	1	15kW	50L/min	隧道二次注浆
14	砂浆稠度测定仪	XC-145	1			测定砂浆
15	精密水准仪	DSZ2	1			地面沉降
16	精密水准仪	WILD-N3 ±1.0	1			地面沉降
17	水准仪	NA2	1			地面沉降
18	全站仪	PTS-602	1			线路测量
19	全自动测量系统	ROBOTEC	1			施工同步测量

7 质量控制

7.1 工程质量控制标准

地表沉降施工质量执行《建筑变形测量规范》(JGJ 8—2007)和《建筑地基基础设计规范》(GB 5007—2002)。结合设计文件要求,地表和周边建(构)筑物允许沉降和警戒值见表5。

沉降控制标准和警戒值(单位:mm) 表5

类别	序号	监测项目	日报警值	控制标准	警戒值
洞内隧道	1	拱顶下沉	±3	±50	
	2	水平收敛	±2	0.005B(B为隧道跨度)	
周边建(构)筑物	3	建筑物沉降	±3	+10 ~ −30	+10 ~ −15
	4	建筑物倾斜		≤0.002	
	5	构筑物沉降	±3	+10 ~ −30	+8 ~ −8
	6	构筑物倾斜		≤0.001	
周边环境	7	地表沉降(或隆陷)	±3	+10 ~ −30	+8 ~ −25
	8	地下管线沉降(刚性)	±2	+10 ~ −30	+8 ~ −20
		地下管线沉降(柔性)	±2	+10 ~ −30	+8 ~ −25

7.2 质量保证措施

(1)盾构姿态必须保证正常,严禁在掘进过程中超挖。

(2)严格按照设定的加注膨润土浆液的开始时间和流量执行。

(3)对掘进过程中的地表沉降进行监测,并将测量数据及时反馈分析。

(4)掘进时地层变化及时调整加注膨润土浆液的流量和数量。

(5)掘进结束后设定土压力值判断是否要进行加注膨润土浆液,以控制地表沉降。

(6)按照设计图纸,及时了解周边建(构)筑物对沉降的敏感性,设定土压力数值,并对建(构)筑物的动态沉降及时了解,以指导施工。

(7)做好二次注浆的施工准备工作。

8 安全措施

(1)在进行拌制膨润土浆液时,往水箱内添加膨润土,必须停止水箱内的搅拌装置,严禁在搅拌状态下添加膨润土。

(2)膨润土搅拌时,水箱必须加盖密封,水箱上方严禁站人。

(3)为保证隧道内的良好作业环境,添加膨润土时应避免扬尘。

(4)严禁在掘进的情况下进行任何修理,注浆泵及管路内压力未降至零时,不准拆除管路或松开管路接头,以免浆液喷出伤人。

(5)维修人员在拆管路时戴防护眼镜,以防浆液溅入眼睛,保持机械及隧道内整洁,工作结束后必须对设备清洗保养,并清理周围环境。

9 环保措施

(1)废弃的膨润土浆液应经过处理达标后再排放,避免直接排入河流。

(2)加强施工过程中地表沉降的监测,对周围道路和建(构)筑物等设施制订可靠的防止损坏的实施措施。同时,将相关方案和要求向全体施工人员详细交底。

(3)对施工的废水、污水采用三级沉淀池进行处理后加以利用。

(4)运输渣土时,做好运输过程中的防散落与沿途污染措施,并按当地环保要求在指定的地点进行合理堆放和处置。

(5)晴天经常对施工通行道路进行洒水,防止尘土飞扬,污染周围环境。

(6)粉煤灰罐和水泥罐必须具有防扬尘装置,避免装卸时产生扬尘。

10 资源节约

采用本工法减少了因地表沉降控制不力而采取的二次注浆的材料和人工等费用,同时节约了工期,保证了地表周边建(构)筑物的沉降在合理范围内,实现社会效益和经济效益最大化。

11 效益分析

(1)本工法解决了盾构机在拼装状态和长期停止掘进时的土仓压力下降过大的问题,较好地控制了地表沉降引起的系列问题,最大程度上保证了周边建(构)筑和管线的正常使用,减少了对建(构)筑物的扰动,为今后类似问题的解决提供了工程经验,促进地下工程技术进步,社会效益和环境效益明显。

(2)本工法成本较低,沉降控制能严格按照设计要求,操作方便,无需额外增加施工人员,不影响施工进度,质量可靠,保证了周边建构筑物的安全,减少了二次注浆的费用,不影响道路交通的使用功能,节约工期,形成良好的经济效益。

12 应用实例

12.1 工程实例一

杭州地铁2号线SG2-5标(建设三路站—振宁路站)盾构区间。

(建设三路站—振宁路站盾构区间)线路自建设三路站开始,沿市心北路向北延伸至振宁路站,区间下穿的市心北路宽58.0m,交通量较大,路两侧建筑物较多,区间上方管线较多,主要铺设在市心路两侧,主要为供水管、雨污水管、电力管线、通信管线等,管线直径为ϕ400mm、ϕ600mm、ϕ800mm等几种管径,管线最大埋深约3.0~4.0m,管线基本上与隧道轴线平行。区间长度上下行线分别为:1 180.98m和1 171.581m,最小平曲线半径为500m,最大纵坡为21.788‰,埋深为9.2~16.4m,设联络通道一座。工程采用日本小松加泥式土压平衡盾构施工,由于穿越地层主要为粉土,土仓压力较难保证,刀盘前方地表沉降控制效果不佳,同时地下水含量丰富,局部地段水流从螺旋机喷射而出,盾构姿态无法控制,局部地质较复杂。

为按设计要求,控制好地表沉降,采用本工法进行地表沉降控制。土压记录显示,采用本工法前,土仓压力在盾构掘进结束时为0.19~0.22MPa,拼装结束后,土仓内土压力为0.07~0.08MPa。

采用本工法后,土仓压力在盾构掘进结束时为0.19~0.22MPa,拼装结束后,土仓内土压力为0.17~0.20MPa。

地表沉降监测结果显示,采用本工法前,刀盘前方土体沉降单次为3.14mm,采用本工法后,土压力得到有效控制,相同位置(与刀盘的相对位置相同)刀盘前方土体沉降单次为0.92mm。

该项目段于 2011 年 2 月 25 日开工,2011 年 10 月 17 日竣工。

采用本工法后,施工全过程处于安全、稳定、快速的可控状态,地表沉降累计值和沉降速率满足设计要求,周边建(构)筑物的沉降和差异沉降均在设计允许范围内。工程质量优良率达 95% 以上,无安全生产事故发生,得到了各方的好评。

12.2 工程实例二

杭州地铁 2 号线 SG2-5 标(振宁路站—外环路站)盾构区间。

(振宁路站—外环路站盾构区间)线路自振宁站开始,沿市心北路向北延伸,下穿机场路市心路立交桥、高压线塔,最后到达外环路站。区间长度上下行线分别为:1 442.348m 和 1 430.496m,最小平曲线半径为 700m,最大纵坡为 22‰,埋深为 9.7 ~17.6m,设联络通道两座。工程采用日本小松加泥式土压平衡盾构施工,由于穿越地层主要为粉土,土仓压力较难保证,刀盘前方地表沉降控制效果不佳,同时地下水含量丰富,局部地段水流从螺旋机喷射而出,盾构姿态无法控制,局部地质较复杂。

为按设计要求,控制好地表沉降,采用本工法进行地表沉降控制。土压记录显示,采用本工法前,土仓压力在盾构掘进结束时为 0.20 ~0.24MPa,拼装结束后,土仓内土压力为 0.08 ~0.10MPa。

采用本工法后,土仓压力在盾构掘进结束时为 0.20 ~ 0.24MPa,拼装结束后,土仓内土压力为 0.18 ~0.20MPa。

地表沉降监测结果显示,采用本工法前,刀盘前方土体沉降单次为 3.10mm,采用本工法后,土压力得到有效控制,相同位置(与刀盘的相对位置相同)刀盘前方土体沉降单次为 0.82mm。

该项目段于 2012 年 1 月 25 日开工,2012 年 9 月 28 日竣工。

采用本工法后,施工全过程处于安全、稳定、快速的可控状态,地表沉降累计值和沉降速率满足设计要求,周边建(构)筑物的沉降和差异沉降均在设计允许范围内。工程质量优良率达 95% 以上,无安全生产事故发生,得到了各方的好评。

超大直径盾构隧道聚丙烯钢筋混凝土管片预制施工工法

GGG(中企)D2180—2013

姚占虎　夏鹏举　张　宇　赵小鹏　李英梁

(中交隧道工程局有限公司)

1　前言

近年来,盾构法隧道施工在我国飞速发展,其应用范围不仅局限于城市地铁建设,还包括地下管道工程、过江公路隧道工程等,向着应用多元化,直径超大化发展。相比于传统的隧道施工方法,盾构法施工具有掘进速度快,机械化程度高,安全系数高,环保等优势。而管片作为盾构隧道的主要衬砌结构,不仅要满足盾构掘进的需求,还须保证其强度、尺寸、抗渗等诸多质量要求,管片的质量很大程度上影响着隧道的质量。中交隧道工程局有限公司自2010年开始对超大直径盾构隧道钢筋混凝土管片预制技术进行研究,攻克了精度控制以及裂缝关键技术,项目成果通过中国公路建设行业协会鉴定,总体达到国内先进水平,通过应用并完善,取得了一定的经济和社会效益,本工法即通过实际施工经验整理总结而成。

2　工法特点

(1)混凝土掺有改性聚丙烯纤维,使得混凝土具有抗渗能力强、抗裂性能高及耐久性好的特点。

(2)预制过程中定期使用激光跟踪三维测量系统对模具精度进行监测,从而保证管片预制精度。

(3)采用人工插入振捣辅以气动附着式振捣,振捣均匀,密实,能有效避免漏振;

(4)使用蒸汽养护技术加快生产节奏,水池养护提高混凝土养护质量;

(5)机械化程度高,对环境影响小,环保。

3　适用范围

本工法适用于10m以上直径盾构隧道高精度、高抗渗等级、高强度混凝土管片的预制。

4　工艺原理

混凝土配比设计中掺有改性聚丙烯纤维,它和水泥混凝土的基料有极强的结合力,能极有效地控制混凝土及水泥砂浆早期的塑性收缩和沉降裂纹,从而大大提高混凝土的抗渗、抗裂、抗冲击性能,增强混凝土韧性和耐磨性,提升管片耐久性。通过定期使用激光跟踪三维测量系统对模具精度进行监测,通过软件分析控制模具尺寸,从而达到管片尺寸高精度的要求。

5　施工工艺流程及操作要点

5.1　施工工艺流程

管片施工工艺流程图见图1。

5.2　操作要点

1)钢筋原材料加工

原材料加工包括调直、断料、弯弧及弯曲，采用人工配合钢筋加工机械完成，尺寸要求精准，加工前应确定钢材是否检查合格，表面不得有油污、锈迹等，并根据图纸及模具实际情况进行翻样试生产，待尺寸确定后方能批量加工。

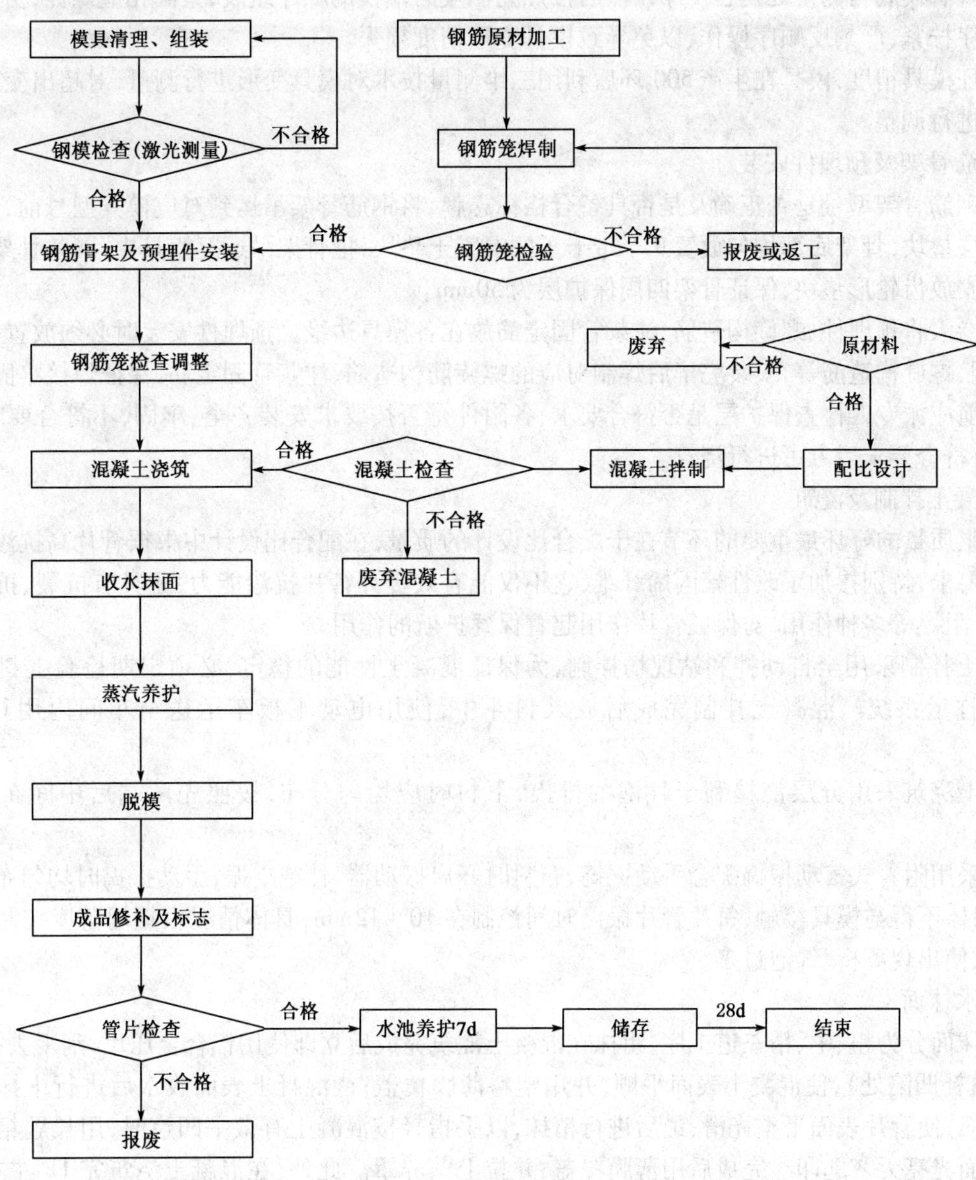

图1　管片生产工艺流程图

2）钢筋笼焊制

钢筋笼焊制在特制的钢筋胎膜上采用二氧化碳气体保护焊点焊，焊接前应进行试焊以确定电流、电压、气体流速等参数。焊制完毕后，需对钢筋笼进行检查，不应有缺口、焊瘤、烧伤等，焊点应饱满、焊缝长度应满足要求，钢筋直径、数量、尺寸符合要求。

钢筋笼焊制应牢固，抽检合格后应吊运至存放区整齐码放，并做好标识，吊运过程中不得出现磕碰、钢筋脱落等情况。在钢筋笼入模前应及时将其吊上平板车运送至浇筑车间骨架存放区。

3）模具清理及脱模剂涂抹

模具清理遵循先内后外，先侧板、端板再底板，先中间后四周的顺序，首先使用钢丝球、小铲刀清理残积混凝土及污垢，然后用干净抹布擦拭内模板，最后用压缩空气吹净杂物，特别需要注意的是关键部位如底部密封条、定位机构、侧端板连接部、侧端板下口、灌浆孔座眼、定位杆座、螺栓四周。

4)模具组装

组模前应检查模具各部件、部位是否洁净,脱模剂喷涂是否均匀,不足的地方要清抹、补涂,在钢模合拢前应查看模底与侧模处是否干净。然后按照先侧模后端模的顺序组装,紧固相应螺栓,由中间位置向两端顺序拧紧,严禁反顺序操作,以免导致模具变形精度损失。

为保证模具精度,模具在生产500环后利用三维测量技术对模具变形进行测量,对超出变形允许标准的模具进行调整。

5)钢筋骨架及预埋件安装

检查钢筋骨架型号是否正确及是否具备合格标志牌,将钢筋骨架吊运到对应模具型号前,安排专人安装保护层垫块,骨架底部均匀放置9个带卡子的混凝土垫块,把骨架吊运至模具中,调整骨架位置,在骨架四周安放齿轮形垫块,保证骨架四周保护层为50mm。

安排专人将预埋件、螺旋构造筋、注浆管固定筋放在各模具边缘。预埋件安装时必须放置对应的垫圈、止回阀、螺旋构造筋等,安装完毕后焊制对应的螺旋筋构造筋、注浆管固定筋,保证焊接牢固,位置准确。浇筑前应派专人检查保护层是否符合要求,各附件是否按要求安装齐全、牢固,不符合要求必须进行修正,待符合要求后方可进行浇筑。

6)混凝土拌制及浇筑

混凝土质量的好坏最重要的环节在于配合比设计的质量,在配合比设计中根据管片高抗渗、抗裂及耐久性的要求,特别掺加了改性聚丙烯纤维,它不仅能有效提高管片抗渗能力、还具有抗裂、抗冻融、抗冲击、防火阻燃等多种作用,对保证管片作用起着保驾护航的作用。

混凝土拌制采用全自动拌和站现场拌制,为保证混凝土性能的稳定,必须定期检验上料系统,并定期校准称量系统。混凝土拌制完成后放入料斗中,使用电动平板车运送至车间内用行车吊运浇筑。

混凝土浇筑采用分层浇捣利于气泡的排出,下料时应均匀分布,按照先两端后中间布置,每层约20cm。

振捣采用附着式气动振捣配合手动振捣,布料时开启振动器,杜绝空振,手动振捣时均匀布点,快插慢提,振捣棒不得与模具接触,每片管片振捣时间控制在10~12min,具体情况根据坍落度控制,不得过振、欠振致使出现离析、气泡过多。

7)收水抹面

收水抹面分为粗、中、精三道工序,粗抹在混凝土浇筑完成后立即使用铝合金压尺,刮平去掉多余混凝土(或填补凹陷处),使混凝土表面平顺,并用塑料薄膜覆盖;待混凝土表面收水后进行中抹,使用灰匙进行光面,使管片表面平整光滑;最后进行精抹,以手指轻按混凝土有微平凹痕时,用长匙精工抹平,力求使表面光亮无灰匙印。完成后用薄膜覆盖,并拉上蒸养罩。此外,在混凝土浇筑完1h左右拔出直螺栓杆并及时清理干净。

8)蒸汽养护

蒸汽养护主要目的是加快混凝土凝结,提升早期强度,缩短生产周期,加快进度,其分为4个阶段,即静停、升温、恒温、降温。

管片升温速度每小时不得超过15℃,最高温度≯50℃。恒温≤2.5~4h(根据不同季节确定),在恒温时相对湿度不小于90%,降温速度每小时不超过20℃,在整个蒸养过程中应有专人负责检查,并做好记录。由于冬、夏季起始温度不同,所以在蒸养时间上要进行调整,尤其在冬季要特别控制好降温速率,不能由于降温过慢而使管片与室外环境温度相差过大。

9)脱模

将与管片同条件养护的混凝土试块送试验室进行试压,强度达到设计强度的40%以上(当采用真空吸盘时起吊强度≥20MPa)时,根据试验室通知后开始脱模、起吊。

脱模时先打开模具端板,然后打开侧板,起吊前检查模具是否打开完全,然后把真空吸盘放置于管片外弧面中心起吊,过程应平稳,不得磕碰。

管片吊至翻身架上进行90°翻转,再换专用垂直吊具将侧立的管片吊至临时堆放区,脱模过程中严禁锤打、敲击等野蛮操作。

10)成品修补、标识及养护

管片出模后表面温度较高,应在室内进行静停降温,直至管片表面温度与养护水池温度温差不大于20℃方可进入养护池养护,进池前应在静停区对管片进行外观尺寸检测,检查合格后对每块管片型号、埋深、生产日期及特殊性进行标识,标识应防水且清晰易辨识。管片脱模后检查其外观质量,若存有气泡、漏浆、缺边、掉角等缺陷,必须进行修补。

当管片外表面温度与水池温度温差不大于20℃使用平板车运送至水养池养护,池水应投放明矾或漂白粉保持碱性,pH值控制在9~11,养护周期根据季节变换控制在7~14d。

11)管片成品存放

待管片水池养护完成后,吊运至翻身架翻身用电动平板车运送至各堆场存放,堆场应坚实平整,存放按照"元宝"状平放,共放置4层。底层用20cm×20cm条形方木支垫,层间使用4块20cm×20cm的方块垫置,方块均匀垂直在一条直线上,支垫应稳固可靠。管片堆放应按照型号分别整齐码放,堆垛间留有足够操作空间以防止磕碰。

6 材料与设备

6.1 材料

管片预制使用材料主要有水泥、砂、碎石、粉煤灰、级矿粉、改性聚丙烯纤维、减水剂、防水涂料、脱模剂、钢筋、焊丝、预埋件等。主要材料相关指标特性见表1。

主要材料相关指标特性 表1

序号	名称	相关指标
1	水泥	水泥比表面积≥300m²/kg;初凝时间不早于45min,终凝时间不得迟于6.5h;抗折强度3d不得低于4.0MPa,28d不得低于7.0MPa;抗压强度3d不得低于23.0MPa,28d不得低于52.5MPa
2	减水剂	减水率不小于18%、泌水率不大于70%;含气量不大于6%、凝结时间差-90~+120/min;28d收缩率比不大于120%;抗压强度比不小于:1d150%、3d140%、7d130%、28d120%
3	粉煤灰	Ⅰ级粉煤灰,细度≤12%、需水量比≤95、烧失量≤5.0%;三氧化硫:灼烧前≤3.0%、灼烧后≤3.0%
4	矿粉	矿粉等级要求为S95,密度≥2.8g/cm²、比表面积≥400m²/kg;活性指数:7d≥75%、28d≥95%、烧失量≤3.0%

改性聚丙烯纤维主要技术参数见表2。

改性聚丙烯纤维技术参数 表2

项目	性能指标	项目	性能指标
直径	50~60μm	燃点	160~170℃
长度	15~20mm	抗拉强度	≥250MPa
密度	0.91g/cm³		

6.2 设备

主要施工设备见表3。

主要施工设备 表3

名称			规格	数量	单位	备注
管片模具			外径14.5m 宽度2.0m 厚度0.6m	2	套	工期紧时可再采购1套
搅拌站	1号生产线	搅拌机	$2m^3$	1	台	管片使用
		自动配料系统	$120m^3/h$	1	套	
		筒仓	100t	4	只	
		无塔供水	GQ5.5-1	1	个	生产使用
起重设备	钢筋车间	LH(桥式)双梁	23.275m/10t	1	台	卸料、加工成型
	浇捣车间	LH(桥式)双梁	23.275m/10t	1	台	吊料斗、骨架入模
		LH(桥式)双梁	23.275m/20t	1	台	垂直吊具/翻身
		QD(桥式)双梁	23.275m/20t	1	台	吊真空吸盘
热力	蒸养群控仪		—	1	台	管片蒸汽养护
	燃气锅炉		WNS2.0(Q)	1	台	
风力	空气压缩机		90kW	1	台	管片模具使用
测量仪器	激光跟踪三维测量系统、内径千分尺、2m游标卡尺、深度游标卡尺、塞尺卷尺等			1	套	管片使用
管片专用设备	翻身架			2	台	管片使用
	抗渗检验台			1	台	
	真空吸盘机			2	台	
	水平/垂直吊具			2/3	台	
	三环试拼台		自制	1	台	

7 质量控制

7.1 质量控制依据

质量控制必须符合国家、地方相关规范,符合设计图纸要求。

7.2 质量控制标准(表4~表7)

钢筋加工误差 表4

项目	允许误差(mm)	项目	允许误差(mm)
受力钢筋长度	±10	箍筋的部位长度	5
弯起钢筋的弯折位置	±10	分布钢筋长度	±10

钢筋笼制作允许误差 表5

项目	允许误差(mm)	项目	允许误差(mm)
主筋间距	±5	主筋保护层	+5 -3
箍筋间距	±10	骨架长、宽、高	+5、-10
分布筋间距	±5		

模具精度允许误差值 表6

序号	项目	允许误差(mm)	检测方法	检测频率
1	宽度	±0.3	内径千分尺	每片测3点
2	弧弦长	±0.4	样规、钢卷尺	每片测3点
3	对角线	±0.4	钢卷尺	
4	内腔高度	±1.0	游标卡尺	每片测3点
5	边模夹角	±0.2	角尺、塞尺	

单块管片制作允许误差值　　表7

序号	内容	允许误差(mm)	序号	内容	允许误差(mm)
1	宽度	±0.4	5	外半径	+3~0
2	弧、弦长	±1.0	6	内半径	±2.0
3	四周沿边管片厚度	+3~-1	7	螺栓孔直径与孔位	±1.0
4	弹性密封垫槽轴线半径	±1.0			

7.3 管片试验

1)三环试拼试验

管片试生产阶段制作完6环管片及后续生产每生产200环管片后随机抽取3环进行三环拼装试验,对其环纵缝、内外径、螺栓穿孔情况进行检测(表8),当各项指标超差点均未超过20%则判定三环拼装合格。

三环试拼允许误差　　表8

序号	项目	检测要求	检测方法	允许误差(mm)
1	环缝间隙	每环测6点	插片	≤0.8
2	纵缝间隙	每条缝测4点	插片	-0,+2
3	成环后内径	测4条(不放衬垫)	用钢卷尺	±2
4	成环后外径	测4条(不放衬垫)	用钢卷尺	-0,+4
5	螺栓孔不同轴度	螺栓能顺利穿进	安装螺栓	<1.0

2)抗渗检漏试验

抗渗检漏试验是检验混凝土管片在设计水压力作用下是否发生渗漏现象,以判断混凝土管片抗渗性能是否满足设计要求。

检漏试验的管片须达到28d龄期后方可进行检验,管片每生产100环应抽查1块管片进行检漏测试,连续3次达到检测标准,则改为每生产200环抽查1块管片,再连续3次达到检测标准,按最终检测频率为400环抽查1块管片进行检漏测试。如出现一次不达标,则恢复每100环抽查1块管片的最初检测频率,再按上述要求进行抽检。当检漏频率为每100环抽查1块管片时,如出现不达标,则双倍复检,如再出现不达标,必须逐块检测。

7.4 质量控制措施

1)选择高质量钢模

在开工生产前,对钢模的各项指标严格进行反复测量,确保管片尺寸符合设计要求,并检查钢模的结构形式和钢板材质,尤其要检验内腔面是否光滑,不得有凹槽,凸面等,以确保管片外观光滑,平整。为了检验钢模所生产出来的管片外型,还必须进行三环水平拼装试验来作为对模具的验收,取得验收通过后方可进行生产,所有钢模存在的问题都必须在正式生产前解决。此外,在钢模验收时也可采用激光跟踪三维测量系统对模具进行测量,拟合模型同设计数据比较,验收其误差是否符合要求。

2)严格控制原材料

(1)选用优质的砂、石原材料,材料中含泥量应符合规范要求;

(2)降低水泥用量,降低水化热,选用高效高质量的混凝土外加剂;

(3)入矿物掺和料,改善混凝土的工作性能和降低混凝土成本;

3)严格控制混凝土配合比及坍落度

采用掺有改性聚丙烯纤维的配合比,在搅拌过程中纤维能均匀分散并形成密布的三维网络结构,则可承受由基材收缩引起的内应力,降低混凝土内部微裂缝的扩展。由于单位体积砂浆中含有较多数量的纤维,且与水泥有着良好的黏结力,形成具有一定支撑作用的微骨架,产生一种有效的二级加强效果,因而能有效地阻止细集料的沉降、混凝土表面析水和集料的离析现象。此外,纤维在混凝土内部起到一定的应力传递作用,可减少收缩应力的集中现象。同时,纤维可以挤压砂浆内部的毛细孔或堵塞部分毛细孔,减少砂浆表面失水面积或水分迁移,从而降低毛细孔失水收缩所产生的毛细管张力,增加砂浆抵抗收缩变形和开裂的能力。综上所述,改性聚丙烯纤维能够有效提升混凝土自身抗裂、抗渗及耐久的性能,为保证管片质量起到良好的效果。此外,试验人员应深入管片施工现场,了解施工工艺和现场操作水平,合理选择好混凝土的设计坍落度,针对现场的砂、石原材料质量情况及时调整配合比,协助现场做好管片的养护工作。选定配合比见表9。

管片混凝土配合比　　表9

水泥 (kg/m^3)	砂 (kg/m^3)	碎石 (kg/m^3)	水 (kg/m^3)	粉煤灰 (kg/m^3)	矿粉 (kg/m^3)	外加剂 (kg/m^3)	纤维 (kg/m^3)	抗压强度(MPa)		
								7d	28d	56d
343	623	1209	150	65	89	5.5	1.5	56.4	65.2	72.1

4)严格控制蒸汽养护制度

严格控制管片的升、降温速率,恒温阶段的最高温度不得超过50℃。具体温度控制见表10。

管片蒸汽养护温度控制　　表10

项　目	参　数	项　目	参　数
管片静停时间	2h	恒温时间	2.5~4h(根据不同季节确定)
升温梯度	10~15℃/h	降温梯度	≯20℃/h
蒸养最高温度	≯50℃		

5)加强气泡、裂缝等缺陷处理

对管片外观上存在的气泡和裂缝,应采取一定修补措施,管片修补按工序分为2个步骤,一是在入水前的及时修补,二是在出厂前的修补,要求修补部位的强度发展快,黏结强度高,另外还要注意修补的色差,掺入一定量的白水泥能显著改善色差问题。

8　安全措施

(1)建立安全生产管理网络,落实安全生产责任制,完善安全管理体系。设专职安全负责人及兼职安全员,做到分工明确,责任到人。

(2)对进场人员进行安全三级教育及技术交底,让进场人员了解施工中的安全注意事项及应对措施。并定期组织作业人员进行安全质量规范标准的学习、培训。

(3)机械设备必须具备合格证,并加强对设备的日常维修保养,发现问题及时整改。

(4)特种设备及特种作业操作人员必须具备相关证件方能上岗。

(5)严格执行安全检查、安全警示制度,加强检查,督促作业人员佩戴好安全帽等劳动防护用品,并在检查过程中及时纠正不安全行为。

(6)现场电路配置严格按照一机一闸执行,施工现场供电必须采用TN-S或TT的三相五线的保护接零系统,把工作零线和保护零线区分开,通过保护接零作为防止间接触电的安全技术措施。

(7)起重作业必须严格按照司索工要求操作,严格执行十不吊,作业完毕及时锁好操作室及夹轨器。

(8)钢筋笼及管片成品不得堆放过高,码放时应平整,稳固,防止倾倒滑动。

9　环保措施

(1)组织成立环保小组,加强环保知识学习,培养环保意识。

(2)厂区内设置良好畅通的排水系统,根据施工用水排放量按标准设置总排水口,排水口前设置相应的沉淀池,施工污水经沉淀之后再排出。沉淀池应定期清理,每月测量一次,经沉淀处理后,污水无明显的悬浮物。

(3)混凝土搅拌站、洗车槽、现场排水出水口设置沉淀池和砂井,现场洗车槽冲洗车辆和现场冲洗搅拌机的污水,带有大量的泥砂和砂浆,经沉淀之后方可排到总排水口,再经沉淀后才排出。

(4)厂内道路必须进行硬化,并定期安排人员对厂区道路及各施工区域进行洒水清扫,防止扬尘。

(5)合理调整、错开易产生噪声的生产工序,避免噪声同时段产生,造成噪声污染。

10 资源节约

采用该工法施工时,减少模具投入1台套,人工投入减少每延米1个人工,大幅度减少了养护用水,资源节约明显。

11 效益分析

(1)与传统隧道施工衬砌相比,管片衬砌属于工厂化作业,管理全面可控,质量更加有保证。

(2)管片预制施工机械化程度高,提高了生产效率,同时可减少劳动力,节约成本。根据测算,每环管片可减少劳动力2人,按每人150元的日薪标准,则可节约150×2×2 070/10 000=62.1万元的人工成本。

(3)管片精度高、强度等级高、抗渗要求高,在混凝土制品中属于难度较大的产品,可相应提高其他混凝土产品施工水平。

(4)管片预制对环境污染小,文明化施工程度高,产品外表美观,成功生产可提高企业知名度。

(5)我国目前正大力发展盾构隧道,未来盾构隧道必将成为隧道施工的主流导向,管片作为其主要衬砌结构有着广阔的发展前景,可以此为契机抢占市场。

(6)本工法采用蒸汽养护可缩短生产周期,减少模具、场地投入,大大节约成本。超大直径管片预制周期受气温影响较大,不同季节生产周期不同,但通过施工总结发现,常规生产(即不蒸养)1套模具1年内平均每天仅能生产1环,而通过蒸汽养护工艺可提高到1.5环。因此,在模具数量≥2套时,采用本工法即可在少1套模具的情况下达到甚至超过原施工工艺的生产效率。1套模具投入约280万,使用周期约1 500环,蒸养设备投入约40万,每环消耗约400元,因此,按1 500环计算,可节约:280万-40万-400元×1 500环=180万。

12 应用实例

12.1 工程实例一

由中交隧道工程局有限公司承担的南京市纬三路过江通道S工程从浦口区顶山镇穿越长江,经梅子洲到定淮门大街,采用盾构法施工,单管隧道设计为双层双向四车道,管片外径为14.5m,内径为13.3m,采用C60P12通用环钢筋混凝土管片,每环管片分为10块,其中封顶块1块、邻接块2块、标准块7块。每片管片弧长约5m。管片宽度2 000mm,楔形量为48mm,厚度600mm,管片共2 079环。纬三路S线管片场位于安徽滁州来安县汊河经济开发区,设置有钢筋加工车间、混凝土浇筑车间、混凝土搅拌站、水养池、管片存放区、配套附属设施等。管片生产按2套钢模,夏季日产量4环,春秋季日产量3环,冬季日产量2环,平均日产量3环设定。

本工程从2011年开工至今,从设计配合比开始层层把关,严格控制原材料及拌和混凝土,采用人工插入振捣辅以气动附着式振捣浇筑,按照设定蒸汽养护制度施行,保证水池养护质量,生产出的产品外光内实,强度、尺寸、外观、抗渗等各项指标均符合设计要求,三环试拼及现场施工情况良好,得到了业主、质监部门的一致好评。

12.2 工程实例二

由中交第二航务局有限公司承担的南京市纬三路过江通道N线工程从浦口区横穿长江,到江南同扬子江大道顺接,单管隧道设计为双层双向四车道,采用盾构法施工。管片外径为14.5m,内径为13.3m,厚度600mm,采用通用楔形衬砌环,双面楔形形式,楔形量为48mm。每环管片分为封顶块1块、邻接块2块、标准块7块,共10块,衬砌环纵缝均采用斜螺栓连接,其中每道环缝采用58根M30斜螺栓连接,每道纵缝采用3根M36斜螺栓连接,每环管片共设置30根M36环向连接斜螺栓。N线隧道管片共1 875环。N线管片生产基地位于芜湖市鸠江区裕溪口,该管片生产基地总占地面积约200亩[❶],其中管片预制场地占地约90亩。管片基地设有管理办公区、钢筋加工车间、管片生产车间、管片养护区、管片堆存区、管片试拼区以及长江出运码头等,各个区域根据施工流程排列,形成一条管片制作流水线。

该工程使用本工法进行管片预制,管片无缺边掉角,螺栓孔通畅,裂缝、气泡较少,钢筋保护层及尺寸满足设计要求,抗渗要求达到P12要求,得到了业主、质监站的表扬。

❶ 1亩 = $1/15\text{hm}^2$,后同。

隧道圆形水沟充气芯模浇筑施工工法

GGG(浙)D3181—2013

徐登票 周红星 肖 剑 陈忠欣
（温州交通建设集团有限公司）

1 前言

隧道边沟施工目前常采用预制安装形式,但预制边沟由于施工工作面狭小,安装十分困难,与周边路面以及路基的联系不是最紧密的,并且这样的预制边沟有一定长度限制,预制段之间的连接也是一个很大的施工难题。也就是说施工中对预制边沟的施工质量要求很高,不然水等液体会从沟边渗入路基,从而会对路基有一定的破坏。另外在运输、施工时间以及施工效率上,这种预制方法都有一定的缺陷,亟待改善。

为了解决这个难题,我公司在工程中联合工程建设指挥部等单位组成研究小组,进行联合科技攻关,提出了用气囊现浇的边沟施工方法,利用充气气囊作为内模板直接浇筑隧道边沟,并就实际施工的操作性与难点问题进行了总结,形成本工法。本工法有效地提高了施工质量与效率,从而取得良好的质量控制效果,具有推广价值。

2 工法特点

(1)气囊操作简单、省工、省时、省材,且可以重复使用,使用效率高,节约资源。

(2)本工法施工的隧道边沟质量高,与路面的联系比较紧密,强度高。

(3)边沟整体性好,抵抗水的渗透对路基的破坏,有更长的使用时间。

(4)减少运输的成本与难度,更易于施工。

3 适用范围

本工法适用于各种公路隧道圆形路缘排水沟施工。

4 工艺原理

气囊是利用橡胶的高分子特性与高强度纤维布硫化而成的一种可膨胀、收缩的不同形状的模,具有很高的抗压强度、弹性和气密性,两端配有进气口和出气口,并配有压力表。气囊不仅表面光滑无接缝,而且可以承担足够的混凝土热量及压力。隧道边沟常用的断面形式,如图1所示,是具有圆形空心的缝隙式边沟,圆柱形充气气囊正好可作为内模板进行边沟现浇施工,即在隧道边沟的施工中,先进行边沟底部混凝土找平,安装钢筋骨架并固定后,将空气囊放入边沟预留槽中,并充入压缩空气,气囊伸展膨胀达到其边沟截面尺寸时保持气压,然后直接浇筑混凝土,待混凝土初凝之后将气囊放空,便可将气囊抽出。气囊模具操作简单容易、安装轻便、拆卸方便、周转灵活,具有良好的耐老化性能,适用范围广,可反复使用多次,在节约资源、降低成本和加快施工进度方面也显示出其优点和长处。

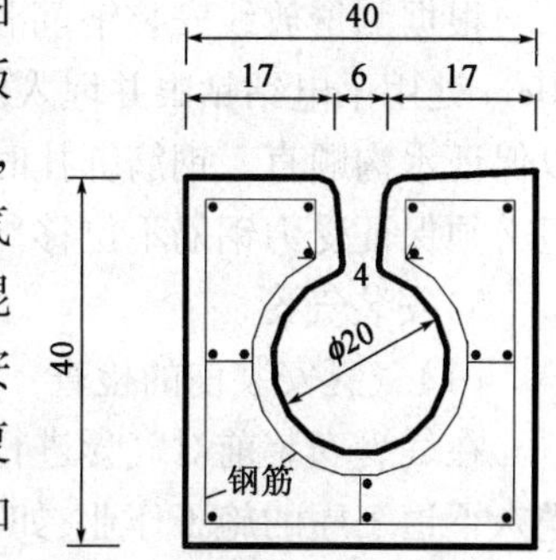

图1 缝隙式边沟(尺寸单位:cm)

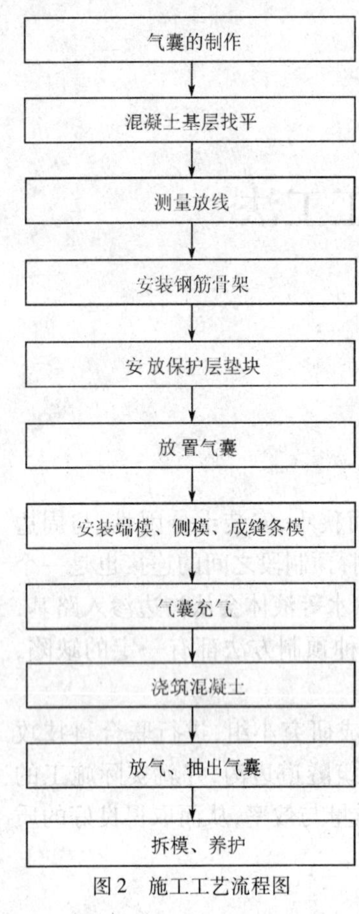

图2 施工工艺流程图

5 施工工艺流程及操作要点

5.1 施工工艺流程

隧道现浇边沟的施工一般在电缆沟铺底、混凝土路面基层、路缘石浇筑完成后进行。施工节段长度根据气囊长度而定,一般为25m。施工工艺流程如图2所示。

5.2 施工操作要点

1)气囊制作

气囊根据边沟形式要求在厂家订制。制作时规定充气变形值。保证制作误差不大于设计规定的误差要求。在设计无规定时,应满足《公路隧道施工技术规范》(JTG F60—2009)对构造尺寸的要求,宽度允许误差0~10mm,高度允许误差±5mm。气囊制作质量要达到表2所列的要求。在出厂前必须经过充气压力测试,充气压力规定见表3。

2)混凝土基层找平

隧道边沟施工前需进行场地检查、清理。对边沟浇筑的区域进行尖锐物的清理,对破损严重的区域要进行处理,简单平整。然后浇筑35mm厚的混凝土找平层,倒入水泥砂浆,振捣抹平,用平直木板或铁板在浇注面上进行刮平、补缺凹凸部分。

3)测量放线

由测量人员进行放线,按设计要求放出边沟边线及沟底高程,边沟的线形要与隧道路基保持一致,在曲线处放线时,沟底纵坡应与曲线前后沟底纵坡平顺衔接。

气囊制作质量要求 表1

项 目	指 标	项 目	指 标
厚度(mm)	可根据要求制作	胶与布黏着强度(N/25mm)	≥12
厚度公差(mm)	2.5	适用温度(℃)	-10~90
外观	表面光洁无露布		

气囊直径与使用压力 表2

直径(mm)	使用压力(MPa)	直径(mm)	使用压力(MPa)
150	0.08	400	0.04
200	0.07	500	0.035
250	0.05	600	0.03

4)安装钢筋骨架

根据测量放线安装钢筋骨架并固定。钢筋根据设计图纸进行加工,在临近边水沟侧电缆槽沟壁40cm处用手电钻钻眼并埋入定位钢筋,定位钢筋埋入混凝土5cm左右,外漏布距宽高为40cm×40cm,以保证水沟顺直。钢筋绑扎时四周两行钢筋交叉点应每点绑扎牢。中间部分交叉点可相隔交错扎牢,但必须保证受力钢筋不位移。安放保护层垫块使纵向受力钢筋的混凝土保护层厚度不应小于35mm。

5)安装气囊

(1)气囊安装前的检查

在气囊安装前对气囊进行试充气,试充气完毕后,5min内观察气压表情况,如无气压下降情况方可进入下道工序的施工作业;如有气压下降情况,应通过在气囊外表面洒水等方法查找漏气点,利用速凝胶及时修补。为保证安装顺利进行,在安装前应理顺气囊。

(2)气囊的安放

检查完气囊后,将气囊放入边沟预留槽中,将气囊未安装充气阀门一端折叠后通过边沟内部的钢丝绳与另一端预先设置的卷扬机相连。利用卷扬机进行安装。在安装时,设专人检查钢丝头,保证钢丝头应弯向内侧,以免划破气囊。

6)安装端模、侧模和成缝条模

侧模和成缝条模的安装如图3所示,安装侧模时,将侧模紧靠混凝土基层,侧模应垂直,外侧用支撑固定,成缝条模固定在隧道边沟的正上方,模板表面应清理干净,防止混凝土夹渣等缺陷。图3中气囊上方的成缝条模及气囊四周的垫块应与气囊密切接触,以防气囊上浮、移位。模板与模板之间的缝隙必须控制在2mm以内,基底不平整部位应用砂浆封堵,以免浇筑混凝土时漏浆。为防止浇筑混凝土时模板上浮和跑模,沿模板底在基底纵向每2m打设$\phi22$的固定钢筋,用铁丝加固,模板安装应确保一定的保护层厚度。

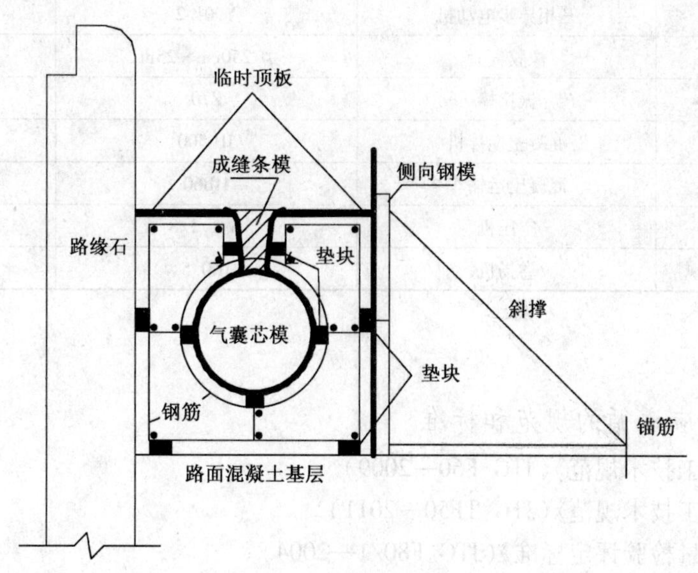

图3 隧道边沟施工图

7)气囊的充气

利用空压机对气囊进行充气。充气同时设专人对气囊进行定位,避免因气囊在牵引就位过程中发生扭曲而造成充气完毕后气囊形状不满足边沟内部结构尺寸的不良情况发生。充气过程中参照表2控制好充气气压,气压跟气温有很大关系,可由现场技术员通过现场试验确定,以保证气囊充气成型后满足设计内部结构尺寸,同时保证在混凝土浇注过程中气囊变形控制在设计或规范允许误差范围内。气囊充气后,使用定位环箍钢筋进行定位,间距为50cm,该定位钢筋与路缘水沟钢筋连接牢固。

8)混凝土浇筑

待上述工作完成后,在气囊表面预先涂上滑石粉,以使气囊与混凝土容易分离,然后将混凝土分层入仓,混凝土严格按通过监理审批的配比配置。控制混凝土坍落度。坍落度过大容易造成上浮现象,坍落度过小影响混凝土振捣,坍落度控制在60~70mm为宜。施工时先进行气囊底部的混凝土浇筑,待底部混凝土全部摊平振捣后,然后继续浇筑气囊两侧混凝土,在振捣气囊两侧的混凝土时应同时用2把或4把振捣器插振,以防止气囊移位,依此往上浇筑;振捣时注意振捣器不能触及气囊。混凝土浇注过程中设专人检查气囊的使用情况。

9)养护与气囊拆除

气囊在混凝土强度达到2.5MPa后方可放气拆除,有经验的工人一般用手指按压混凝土顶板指纹稍有模糊时为宜,一般在浇筑施工3~4h后,待混凝土初凝结再将气囊放空抽出保护好,气囊拆除以不伤到混凝土轮廓为宜,拆后将气囊清理干净,以便下次使用;最后采用刨花、麻袋或其他物体覆盖在边沟上进行全湿养护。

6 材料与设备

6.1 主要材料

主要材料包括气囊、脱模剂、钢筋、水泥(32.5)、中砂、水、碎石(最大粒径31.5mm)、木板等。其中气囊的主要技术参数见表1和表2。

6.2 主要设备

本工法主要仪器设备,如表3所示。

设备使用 表3

序号	名称	型号	数量
1	三相异步电动机	Y90L-2	1
2	橡胶气囊	¤ 250cm × 25m	4
3	振捣棒	Z70	4
4	混凝土搅拌机	JD-500	1
5	混凝土运输车	HB60	1
6	空压机	W-1.2/8	1
7	卷扬机	JK0.5	1

7 质量控制

7.1 质量控制应遵循的规范和标准

(1)《公路隧道施工技术规范》(JTG F60—2009)。

(2)《公路桥涵施工技术规范》(JTG TF50—2011)。

(3)《公路工程质量检验评定标准》(JTG F80/1—2004)。

(4)《混凝土结构工程施工质量验收规范》(GB 50204—2002)。

7.2 质量保证措施

1)技术措施

(1)气囊的质量保证措施。

①应选用合适的气囊,气囊尺寸要符合要求,由于橡胶有一定的弹性,气囊在充气后,直径将加大。需要经过橡胶弹性及气囊充气压力试验,并考虑混凝土的压力,最后确定加工气囊直径。

②现场入模、脱模要特别注意不要让钉子、铁皮、钢筋头等尖锐的硬物扎破气囊,对气囊应加强保护。

③气囊如果有漏气、封口胶皮脱落时,应及时修补,否则会影响使用以及影响边沟现浇质量。修补方法是在修补处用砂轮或木锉打毛,涂刷胶水后覆盖胶片修补。纤维撕裂处可以用胶布覆盖修补。

④气囊的外表面直接同混凝土接触,如果拆模太晚,会造成气囊同混凝土黏结在一起,抽出气囊时会造成气囊撕裂损坏。一般要在气囊表面涂抹脱模剂。刚性骨架装配式木模板施工时在木板表面垫一层塑料薄膜,并将塑料薄膜紧紧固定在木板上,既保证了气囊光滑平整又保证了拆模方便。塑料薄膜同混凝土表面隔离,即使混凝土达到较高的强度,也不用担心拆模困难。

⑤每次脱模后,气囊应立即用刷子(尼龙刷最好)和自来水清洗,除去表面的混凝土以保持气囊表面清洁,对少量混凝土应小心清除,同一般的橡胶产品相同,气囊的储存应放置在通风干燥的库房内,避免阳光直接照射以及潮湿的环境而加速橡胶的老化,影响下次使用。保存期间不能接触脱模剂或其他有机溶剂。

(2)气囊充气完毕,从开始浇筑混凝土到气囊放气时止,应安排专人观测气压表,保证气压的稳定。

气压跟气温有很大关系,可由现场技术员通过现场试验确定。

(3)气囊安装、充气、定位时间应严格控制,保证所用时间小于90min,避免在腹板根部造成施工缝。

(4)施工过程中对坍落度重点控制,避免因坍落度过大,在振捣过程中产生气囊上浮现象,坍落度过小又影响混凝土振捣,坍落度控制在60~70mm为宜。

(5)严格控制边沟各层混凝土浇筑的高度,以符合设计要求。

(6)施工完成后,应严格按照混凝土养护的规定进行养护。

(7)施工过程中要保证结合面的清洁处理质量,各道工序严格把关,控制施工温度,保证工程质量。

2)管理措施

(1)建立健全质量自检体系。项目部配备专职质检工程师,负责工地的质量检查、监督、管理工作;各专业施工队及班组配备质检员,负责每道工序的质量检查工作。建立岗位质量责任制度及技术交底制度。

(2)严格执行"三检制",工序交接必须有班组间的交接检查,上道工序不合格不能进行下道工序的施工。

(3)服从业主及监理工程师的有关指示,尊重其对各项工程提出的有关意见。对提出的问题进行认真整改,对计划外的工程先由工程师提出报告单,报请监理工程师检查批示。对材料自检的有关资料,分期分批向监理工程师提出报告,请求初验及复验,对业主及监理工程师和有关人员将给予工作上的方便,提供良好的工作条件。

7.3 隧道边沟质量检测项目

隧道边沟质量检测项目,如表4所示。

隧道边沟质量检测项目 表4

序 号	检 测 项 目	允 许 值	检测方法及频率
1	顺直度(mm)	15	20m拉线,每220m检测4处
2	相邻两块高差(mm)	3	水平尺,每220m检测4处
3	顶面高程(mm)	±10	水准仪,每220m检测4处
4	相邻两块板缝宽(mm)	3	尺量,每220m检测4处
5	外观及工艺要求	平面平顺,整齐,接缝平顺、整齐	

8 安全措施

(1)隧道内作业空间较小,应做好通风、排烟、降温等工作,必要时应设置排风扇等。

(2)隧道洞口设专职电工,非专职电工不得操作用电设备,洞内电线严禁乱扯乱挂或与钢制品搭接。36V以上电器设备必须有保护接地措施,并由每班职能人员进行检查。

(3)班前班后进行机械检查、维修、保养,确保机械状况良好。洞内出渣时,严禁人员在工作面附近逗留,防止机械事故的发生。

(4)施工便道、便桥应设立警示和交通标志,必要时应设专人维护、指挥交通。施工车辆必须遵守道路交通法。夜间施工时,现场应设有保证施工安全要求的照明设施。

(5)施工现场禁止非施工人员进入,施工现场人员必须佩戴安全帽,配制浆液时,操作工人戴胶手套、护目镜、防护帽,穿长筒胶鞋,不允许工人穿短袖、短裤上班。

9 环保措施

(1)隧道内施工机械排出的废气应及时排出到隧道外,防止隧道内空气污染。

(2)施工废水、生活污水按有关要求进行处理,不得直接排放。

(3)施工机械应防止严重漏油,禁止机械在运转过程中产生的油污水未经处理就直接排放。

(4)注意机械保养,使机械保持最低声级水平;合理安排施工作业时间,降低施工噪声,减少夜间施工对周围居民的干扰。

(5)施工中废弃的零碎配件、边角料、水泥袋、包装箱等及时收集清理并搞好现场卫生,以保护自然环境与景观不受破坏。

(6)堆料场、混凝土拌和站等应设在空旷地区,200m 范围内无集中居民区、学校等。

(7)材料运输时要加以遮盖,防止材料洒落;在现场出入口处设置汽车冲洗台及污水沉淀池,对进出车辆进行冲洗。

10 资源节约

采用气囊现浇隧道边沟施工技术,不需要复杂的吊装设备,而且气囊可以重复循环使用,施工效率高,综合成本低,经济效益较为显著,符合国家节能减排、资源节约要求。

11 效益分析

11.1 经济效益

采用充气芯模施工可以明显提高施工工效,充气芯模只需 2 个人就可以操作,即充气和放气。相对传统的模板施工可以大大降低劳动强度,充气芯模可以重复利用,而且使用时间也相对很短,重复使用效率也很高,较传统模板成本也低,各种模板的对比,如表 5 所示。

各种模板成本对比 表 5

名　称	充气芯模	木　模	钢　模
价格	3 元/m	8.5 元/m	13.5 元/m
20m 价格	60 元	170 元	270 元

11.2 社会效益

采用气囊现浇施工的隧道边沟可有效地提高隧道边沟的整体性能和使用寿命,减少病害,减少因道路维修造成的堵车,提高了服务水平,社会效益大。

12 应用实例

12.1 工程实例一

温州市龙湾区灵昆大道接线隧道工程南起高新大道,北接机场大道。起讫桩号 K2 + 624.99 ~ K4 + 278.84,路线全长 1.654km。本工程有灵昆隧道一座,采用气囊现浇技术进行隧道边沟的施工,边沟与路面的联系比较紧密,有效地解决了预制混凝土边沟整体性不好、预制段之间的接缝处理困难等难题,同时气囊可以重复使用,节约成本,施工效率高,具有较好的经济效益和社会效益,值得大力推广。

12.2 工程实例二

浏阳(赣湘界)至花垣(湘渝界)高速公路 D17 合同段起于永顺县 K72 + 040,接本项目 D16 合同段终点,有科洞 1 号隧道和科洞 2 号隧道,隧道边沟采用气囊现浇施工工法进行施工,可有效地提高隧道边沟的整体性能和使用寿命,减少病害,减少了道路维修造成的堵车,提高了服务水平,且施工速度快,工程质量优良。

浅埋湖底隧道变形缝防水施工工法

GGG(中企)D3182—2013

冯科军　代贵铸　刘　平　王　竺　简伟才
(中建五局土木工程有限公司)

1　前言

南宁市青山路南湖连接线工程位于南宁盆地邕江Ⅱ级阶地,场区内的岩土层主要为填土、第四系冲积相的黏性土、砂土、碎石土及第三系泥岩系列。工程全线长1.25km,其中主线隧道长879m;立交匝道道路长1 938m,匝道隧道长474m。隧道主线S12节~S21节位于南湖湖底,湖面常水位至隧道底板底高度10~11.6m不等。全隧道共有变形缝24道,其中位于水下的变形缝有9道。变形缝是指在设计时根据建筑物的结构特点将建筑物划分成若干个独立部分,使各部分能够自有变化的垂直预留缝。它的设置是为了避免建筑物因温度变化、基础不均匀沉降及地震的作用而产生裂缝或破坏。由于本隧道部分节段位于南湖湖底以下,因此在进行变形缝施工的同时,还要做好变形缝的防水施工。

为了保证行车安全及结构的耐久性,结合本工程的实际特点,决定采用外贴式止水带、中埋式钢边止水带,同时在变形缝内嵌入丁腈软木橡胶垫板、密封膏及在变形缝内侧安装止水盒的方法进行变形缝防水施工。

2　工法特点

(1)外贴式橡胶止水带具有高弹性和压缩变形性的特点,在各种载荷下产生弹性变形,从而起到有效紧固密封,防止建筑结构的漏水、渗水及减震缓冲作用。

(2)中埋式钢边止水带中间的橡胶体在结构变形时被压缩、拉伸、变形,而起到密封止水作用;镀锌钢带与混凝土有着良好的黏附性,不易脱落和松动,使止水带能承受较大的拉力和扭力;止水效果较好,且费用较为经济。

(3)丁腈软木橡胶垫板具有较高的压缩及回弹性能,能起到较好的密封效果,同时在变形缝结构内侧设置20mm×20mm的密封膏,以增强耐久性。

(4)上述几种高分子材料相结合,可起到有效的止水效果,且施工较方便,费用经济合理。

3　适用范围

本工法适用于公路工程、市政工程及房建工程等混凝土结构物的变形缝防水施工。

4　工艺原理

在变形缝结构迎水面设置一道宽度35cm的外贴式橡胶止水带(有齿槽的一面中部带孔),接头采用现场热硫化对接(图1),接头的设置应避免水体直接冲击;在变形缝结构断面中部设置中埋式钢边止水带,形成一道密封的防线,止水带成环,接头采用厂家定制或现场热硫化对接;在整个变形缝结构内嵌丁腈软木橡胶垫板,同时在变形缝结构内侧设置20mm×20mm的密封膏嵌缝,变形缝的构造,如图2所示。

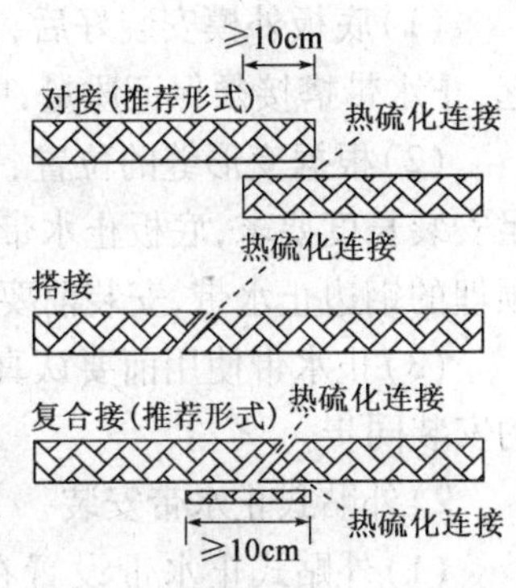

图1　止水带接头形式

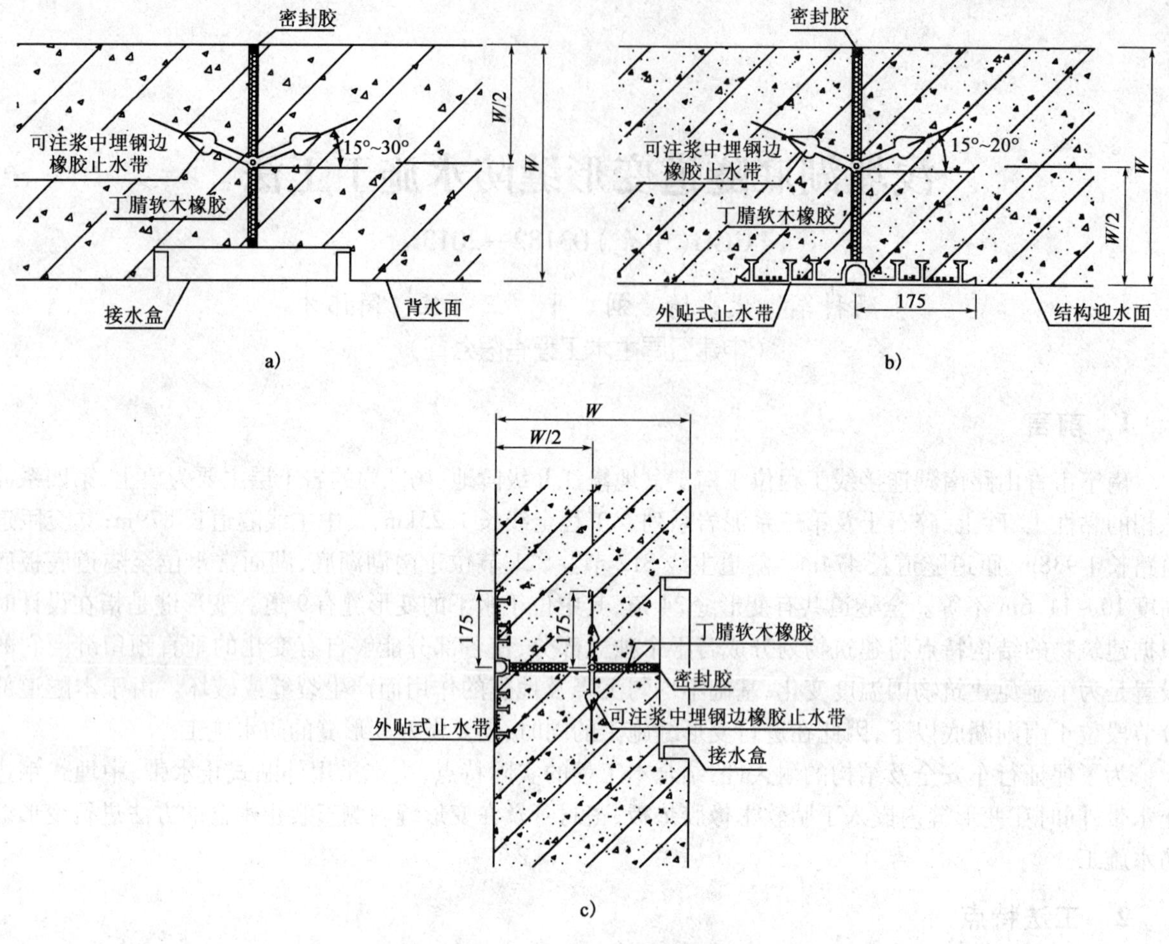

图2　变形缝的构造(尺寸单位:mm)

a)隧道顶板防水构造;b)隧道底板防水构造;c)隧道侧墙防水构造

5　施工工艺流程及操作要点

5.1　施工工艺流程

变形缝模板安装→外贴式止水带安装→中埋式钢边止水带安装→丁腈软木橡胶垫板安装→结构混凝土浇筑→变形缝清理→嵌入密封膏→安装接水盒。

5.2　操作要点

1)变形缝模板安装

(1)底板外模安装好后,在隧道底板及两侧安装外贴式橡胶止水带,用钢筋与基础钢筋固定在一起,止水带搭接须保证质量,中间用沥青嵌缝,两边侧墙须预留足够的长度,以便下一步上部施工。

(2)根据变形缝的位置、平面尺寸、竖向尺寸,确定中埋式钢边止水带的加工长度,止水带加工要满足安装长度要求,底板止水带与竖向伸缩缝止水带部分须一次安装到位,现场粘接只用于水平方向,对预埋的钢边止水带,安装前要采取可靠的封闭保护措施。

(3)止水带使用前要认真检查其质量,安装时中心应对正伸缩缝中心,端头模板的安装应与止水带的安装同步。

2)外贴式止水带安装

(1)外贴式止水带设置在其他防水层表面时,可采用胶黏法固定,不得采用水泥钉穿过防水层固定。

(2)外贴式止水带的纵向中心线应与接缝对齐,止水带安装完毕后,不得出现翘边、过大的空鼓现象,以免浇筑混凝土时止水带出现过大的扭曲和移位。

(3)转角部位的止水带齿条容易出现倒伏,施工时应使用专门的转角预制件或其他措施防止齿条倒伏。

(4)为起到良好的防水效果,止水带齿条须与结构现浇混凝土咬合密实;浇筑混凝土前,应将止水带表面清理干净,不得有泥污或杂物等。

(5)橡胶止水带主要采用结构钢筋固定,若需用钢钉固定时只能在止水带的允许部位上穿孔打洞,不得损坏止水带本体部分;固定止水带时,应防止止水带偏移,以免单侧长度变短,影响止水效果。

3)中埋式钢边止水带安装

(1)钢边止水带安设位置要准,其中间空心圆环与变形缝中心线重合,并设到结构混凝土厚度的1/2处,做到平、顺、直。

(2)钢边止水带搭接:钢板要用焊接法,橡胶的搭接应采用热硫化连接,连接缝要严密牢固。

(3)钢边止水带采用铁丝固定在结构钢筋上,止水带上的钢板两侧设预留孔,预留孔两侧错开布置,孔间距300mm,用铁丝穿孔固定在钢筋上并用扁钢固定,转角处做成圆弧形,半径不小于100mm。

(4)水平设置的止水带采用盆式安装,盆式开孔向上,以保证浇筑混凝土时混凝土产生的气泡顺利排出。

(5)钢边止水带除对接外,其他接头部位(T形、十字形)接头均采用工厂接头,不得在现场进行接头处理。对接应采用现场热硫化连接。

(6)浇筑混凝土时,应注意防止损坏止水带;止水带周围的混凝土应充分振捣密实,使止水带和混凝土结合紧密,不得产生空隙。

(7)浇筑混凝土时钢边橡胶止水带另一端须采用10mm厚的遇水膨胀腻子块包裹,腻子块须超出钢边橡胶止水带端部5mm。

4)丁腈软木橡胶垫板安装

(1)在施工相邻节段结构物前,先将已浇筑完成的变形缝处的混凝土表面清理干净。

(2)根据结构物截面尺寸、外贴式止水带与中埋式止水带之间的距离(或中埋式止水带与结构物边缘的距离)及变形缝的宽度,将丁腈软木橡胶垫板加工成型。

(3)使用胶水将丁腈软木橡胶垫板粘贴在变形缝一侧的混凝土表面,并用木锤敲打,以排除空气,使橡胶垫板粘贴密实。

5)结构混凝土浇筑

(1)混凝土浇筑采用跳仓法施工,分层浇筑厚度控制在300mm以内,混凝土施工须连续、均衡,上下层混凝土须在混凝土初凝前浇筑完毕,不得出现施工冷缝。

(2)混凝土入模坍落度须控制在130～160mm,严禁在现场往混凝土中掺水,浇筑振捣须均匀、密实、充分,要采取切实有效措施,防止出现漏振现象。

(3)混凝土施工须采用有效措施,控制入模温度不低于5℃,不高于28℃,混凝土内部最高温度不高于70℃,内外温差须不大于25℃。

(4)混凝土墙身水平施工缝间隔浇筑时间须不超过14d,混凝土降温速度须每天不超过3℃,必要时须采取保温或降温措施。

(5)混凝土浇筑和养护期间,须采取有效防风措施,对于隧道口须采用挡板防止“穿堂风”影响,混凝土结构须严密覆盖,墙面须挂麻布袋洒水养生14d以上。

(6)混凝土浇筑施工时,底板和顶板在混凝土终凝前表面须进行多次收光抹面,必须采用保温保湿养护,须严格禁止出现干湿交替现象。

6)变形缝清理

清除变形缝处表面杂物、油污、砂子、凸出表面的石子、砂浆疙瘩等,并修补平整混凝土基面,要求变形缝处混凝土须坚实、平整、清洁。

7)嵌入密封膏缝

(1)嵌缝前,将变形缝内一定深度的丁腈橡胶清除掉,并将缝内混凝土表面用钢丝刷和高压空气清理干净,确保缝内混凝土表面干净、干燥、坚实,无油污、灰尘、起皮、沙粒等杂物;丁腈橡胶表面无堆积杂物。

(2)变形缝内丁腈软木橡胶垫板表面应设置隔离膜,隔离膜采用0.2~0.3mm厚的PE薄膜,隔离膜应定位准确,避免覆盖变形缝两侧混凝土基面。

(3)注胶应连续、饱满、均匀、密实;与变形缝两侧混凝土面密实粘贴,任何部位均不得出现空鼓、气泡、与混凝土基面脱离现象。

(4)顶板迎水面嵌缝密封膏必须与侧墙外贴式止水带密贴粘结牢固。

8)安装接水盒

(1)按照设计图纸要求的尺寸进行接水盒的加工,接水盒材料厚度及各部分尺寸应符合设计要求。

(2)安装前应将接水盒范围的混凝土基面清理干净,并用高压水冲洗。

(3)接水盒使用螺钉固定在混凝土表面,螺钉间距30cm,安装完成后,使用密封胶将接水盒与混凝土基面之间的空隙充填严密。

6 材料与设备

本工法无需特别说明的材料,使用的主要材料及设备如表1所示(每个变形缝):

主要材料与设备 表1

序 号	材料或设备名称	材料规格或设备型号	数 量	用 途
1	外贴式止水带	300mm×4mm	78m	防水
2	中埋式钢边止水带	350mm×10mm	68m	防水
3	丁腈软木橡胶垫板		106.3m^2	密封
4	密封膏		0.076m^3	嵌缝
5	接水盒		46m	集水

7 质量控制

7.1 工程质量控制标准

变形缝防水施工质量执行《地下工程防水技术规范》(GB 50208—2011)、《高分子防水材料 第二部分 止水带》(GB 18173.2—2000)、《公路工程质量检验评定标准》(JTG F 80/1—2004)及设计文件的有关要求。

7.2 质量保证措施

(1)材料进场须有产品合格证,或材质检验报告。

(2)材料在运输时,应避免阳光直射,不得与热源、油剂及有害溶剂相接触,成品不得重压。

(3)施工人员应严格检查材料规格,外观有无缺陷,不合格止水带,应清理出远离施工现场,存于废弃处或返厂,禁止误用或使用。

(4)止水带熔接位置应100%检查,方能装设。

(5)在定位止水带时,一定要使其保持平展,不能让其翻转、扭结,如发现有不展现象,应及时调整。

(6)止水带的粘贴必须位置准确、牢固,两条平行的止水带的接茬应错开3m以上。

(7)止水带上浇筑混凝土必须振捣密实,使其与混凝土结合良好,严禁振动棒直接触碰止水带。

(8)浇筑混凝土前应将止水带槽内杂物清理干净,并用净水冲洗,确保止水带槽内无附着物;混凝土浇筑完成应及时清理另一半止水带上的水泥浆,并用水清理干净。

(9)外贴式止水带及中埋式止水带应固定牢固,严格控制止水带的外露长度及平整度;混凝土浇筑中,应派专人看护止水带,防止止水带移位或变形;严禁出泵管混凝土直接向止水带表面倾倒;混凝土浇筑完在初凝前,设专人进行混凝土收面,以止水带中部圆环为水平线,控制止水带外露长度;混凝土收面过程中,止水带两侧超高部分的混凝土应清除,如高度不足处用手提小桶混凝土人工找平,采用木抹子将止水带两侧混凝土抹压平整密实。

8 安全措施

(1)在施工中必须贯彻"安全第一,预防为主、综合治理"的方针,严格贯彻执行各项安全组织措施和技术措施,切实做到管生产的同时管安全,保障职工的安全和施工机械设备不受损害,全面有效地实行安全生产。

(2)参加施工的各工种人员,进入施工现场必须戴好安全帽及安全保护用品,施工前进行安全技术教育,强化职工安全意识,熟练掌握本工种的安全技术操作规程。在操作中要坚守岗位,严禁酒后操作。

(3)施工现场设机械交通管理员维护交通安全。

(4)吊装作业派专人统一指挥,起重工要掌握作业操作安全规程,作业中遇有特殊情况,将重物落至地面,不得停在空中。

(5)电工、焊工、起重工和各种机动车驾驶员,必须经过专门训练,持证上岗。

(6)正确使用个人防护用品和落实安全保护措施,进入现场要戴好安全帽,服装整洁。

(7)施工现场的防护设施,安全标志和警告牌,不得擅自拆动。

(8)夜间施工作业地,必须有足够的照明条件。

(9)施工现场严禁焚烧垃圾,严禁明火作业,电气焊等作业区域内,不得有易燃易爆物品,电气线路的敷设要符合有关规定。

(10)止水带及接水盒在安装过程中,施工平台应牢固稳定,平台上应满铺竹跳板,周围设置栏杆,平台上的人、料不得超过平台承载能力。

9 环保措施

(1)安排专人负责环保工作,拟成立专门的安全环保机构,积极与当地政府、环保等部门协作,共同作好环保工作。

(2)严格遵守国家的环保政策,执行当地环保法规。随时接受监理工程师,业主及环保人员和有关政府环保机构工作人员的检查和指导。

(3)在环保机构的组织运作下,进行教育宣传和在具体的施工中进行环境保护的监督检查工作。

(4)建立环保工作的一些规章制度,定期限进行环保工作的专项检查工作,评比工作,建立奖惩制度,对经评比,在环保方面做得好的集体和个人给予奖励,反之则进行处罚。

(5)废弃物:对施工及生活中垃圾要统一及时处理,堆放在指定地点,严禁乱扔乱弃,避免阻塞河流和污染水源。

10 资源节约

湖底隧道可实现土地的多重利用,提高土地利用效率,实现节地的要求。但由于隧道浅埋于湖底,防水工程是重点工程,施工中一方面要采取措施控制结构混凝土裂缝的发展,增加混凝土的抗渗能力,确保结构自防水达到设计要求;另一方面以变形缝、施工缝等接缝防水为重点,确保整个防水体系达到二级标准。

11 效益分析

(1)本工法经济效益、社会效益显著。与传统的变形缝防水施工方法相比,本工法充分发挥了不同高分子防水材料的不同特点,通过有效组合,起到了较好的防水效果。

(2)本工法操作简便,防水耐久性好,防水质量有保证。

12 应用实例

12.1 工程实例一

南宁市青山路南湖连接线工程位于南宁盆地邕江Ⅱ级阶地,场区内的岩土层主要为填土、第四系冲积相的黏性土、砂土、碎石土及第三系泥岩系列。本工程全线长1.25km,其中主线隧道长879m;立交匝道道路长1 938m,匝道隧道长474m。隧道主线S12节~S21节位于南湖湖底,湖面常水位至隧道底板底高度由10~11.6m不等。全隧道共有变形缝24道,其中位于水下的变形缝有9道。均采用本工法进行施工。采用本工法工人劳动强度降低,施工进度加快,防水耐久性好,质量有保证,减少了后期变形缝渗水的发生概率,节省了维修成本。

12.2 工程实例二

富士康南宁科技园一期B厂区隧道工程分为南北两条隧道,北隧道总宽21.45m,采用双孔箱型结构,净空5m,隧道暗埋段长度110m,引道长377.8m。南侧隧道为双向两车道并单侧布置2m宽人行道,总宽12.15m,采用单孔箱型结构,净空5m,隧道暗埋段长度110m,引道长375.56m。南北两隧道共有变形缝44道。变形缝均采用本工法进行施工,工人劳动强度降低,施工进度加快,防水效果较好。同时节省了后期变形缝渗水的处理费用。

隧道施工排出废水循环再利用快速处理施工工法

GGG(浙)D4183—2013

刘录刚　何智钢　林大千　范荣桂　王会川

(浙江省交通工程建设集团有限公司)

1　前言

改革开放以来,随着交通工程的大发展,我国已成为世界上最大的隧道使用国和隧道在建国。大量隧道项目,特别是山岭隧道项目的上马,隧道在钻眼爆破、水幕降尘、出渣,喷锚支护、混凝土衬砌及注水泥浆等施工过程中,产生的粉尘、油污及 Fe^{3+}、Zn^{2+}、NO_3^-、K^+、Na^+、Ca^{2+}、SO_4^{2-}、SiO_3^{2-} 等各种离子同洞内裂隙水混合,形成大量有害废水。通常情况下,这些有害废水不经处理就直接排放掉了,既浪费了资源,也污染了环境。而解决好保护环境、节约用水问题是我们建筑施工企业义不容辞的责任。

我公司承建的闲祝公路改建工程万丈山隧道项目位于杭州西溪湿地小流域边缘、杭州市在建备用水源闲林水库上游。为了实现节约用水、保护环境目标,我公司在施工过程中与辽宁工程技术大学资源与环境工程学院合作,探讨了一套行之有效的隧道施工洞内排出废水循环再利用快速处理技术,收到了良好的施工效果。通过工程实践总结提炼,形成本工法。

2　工法特点

(1)本工法工艺简单,对场地要求低,可操作性强。

(2)用工少,设备简单,节省成本,节约资源。

(3)废水处理速度快,效果好,安全可靠,完全满足排放和施工用水质量标准。

3　适用范围

本工法适用于库区或湿地地区爆破开挖混凝土衬砌施工、洞内有废水排出的隧道工程。

4　工艺原理(图1)

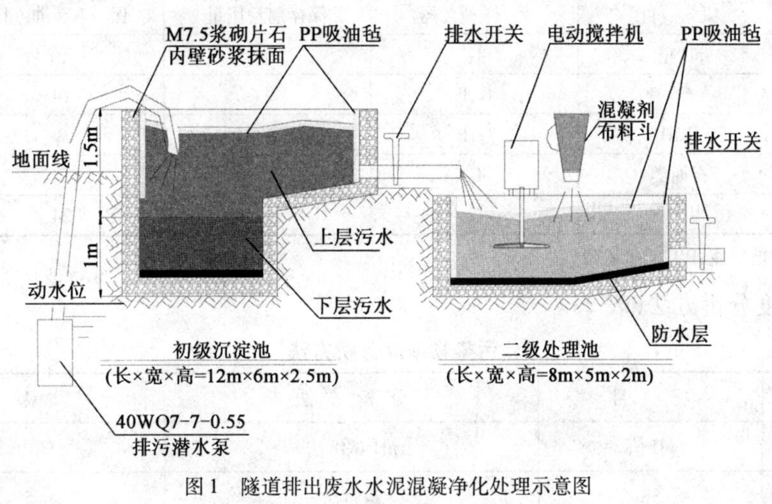

图1　隧道排出废水水泥混凝净化处理示意图

根据隧道日排出水量,在隧道洞口外砌筑与日流量相匹配的一级沉淀池和二级处理池,废水通过洞内排水系统汇集后用WQ型排污泵抽入一级沉淀池,经初步沉淀和吸油毡油污吸附后排入二级处理池。在二级处理池内进行水泥混凝净化沉淀处理并测定pH值,经掺入适量pH为4的H_2CO_3调节酸碱度(pH值为6~9)后泵入储水箱作为施工用水重复利用,多余水量排入地方既有河道。

水泥混凝原理是通过在处理池内边撒布水泥边进行适当的搅拌,水泥在水化和硬化过程中,会产生大量带电荷的离子、高分子、氢氧化物沉淀及化学键络合物,对已趋于稳定的胶体溶液中的胶粒起到压缩双电层(破坏胶粒间的静电斥力与范德华引力的平衡)、电性中和、吸附架桥、捕网卷带等作用,使胶粒发生积聚、絮凝,进而形成大颗粒物沉淀分离。大颗粒物从废水中析出的过程,也是COD、石油类和NH_3-N等污染物从废水中部分析出的过程。

PP型油类吸油毡是一种由惰性化学聚丙烯经熔喷工艺制作而成,能有效吸附油类液体并将之留住的无纺布。吸附产品都是包裹在以线缝制的经表面活化处理剂处理的聚丙烯纤维或无纺布中,外层布极其坚韧耐用,具有强大的毛细管吸收力带来的极强的吸附性。

5 施工工艺流程及操作要点

5.1 施工工艺流程(图2)

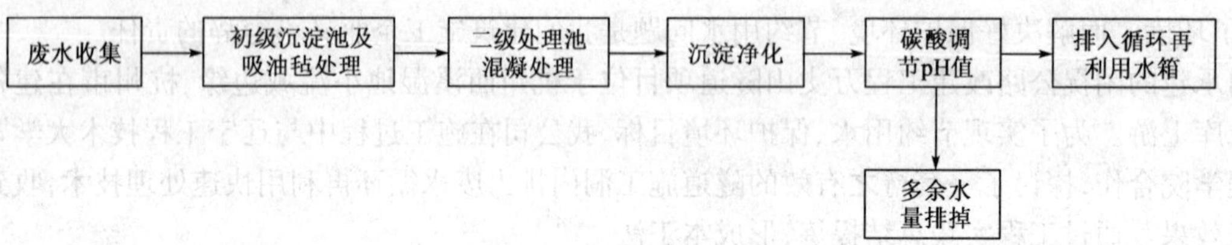

图2 施工工艺流程

5.2 操作要点

1)废水取样及污染物浓度分析

由于隧道施工各工序之间存在间隔性特点,洞内施工废水在不同阶段或不同时间段内其污染物含量指标会发生明显波动,为了较为准确地测定废水各项污染指标值、确定最佳混凝剂用量、搅拌机转速、搅拌时间及静置时间,取样放在初级沉淀池出水口,这样可以保证隧道排出的废水在沉淀池内充分混合,其污染物指标会相对稳定。

(1)取样方法(表1)

取样方法 表1

序号	项目	采样容器	保存剂及用量	保存期(d)	采样量(mL)
1	pH值	G			
2	SS	G、P		14	500
3	COD	G、P	H_2SO_4,pH≤2	2	500
4	石油类	G	HCl,pH≤2	7	250
5	NH_3-N	G	H_2SO_4,pH≤2	24	250

注:表中G代表硬质玻璃瓶;P代表聚乙烯瓶。

(2)污染物浓度分析方法(表2)

污染物浓度分析方法 表2

序号	项目	分析方法	检出限
1	pH值	pH试纸法	1~14
2	SS	重量法	5~100mg/L

续上表

序号	项目	分析方法	检出限
3	COD	重铬酸钾标准法	5~700mg/L
4	石油类	红外分光光度法	>0.1mg/L
5	NH_3-N	纳氏试剂光度法	0.025~2mg/L

2)室内模拟试验确定现场水泥剂量范围(图3)

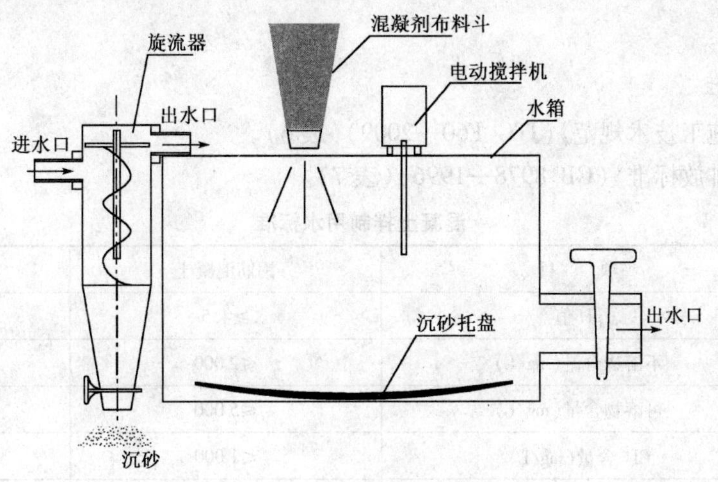

图3　试验室模拟试验示意图

在试验室内模拟现场环境进行不同剂量的水泥(32.5级普通硅酸盐水泥)混凝剂处理试验,以获得废水达标排放和循环利用时的污染物指标与混凝剂掺量、搅拌机转速、搅拌时间及静置时间匹配参数,从而指导现场废水快速处理,实现废水安全达标利用和排放要求。

经试验室不同剂量水泥多次试验测定,本隧道洞内排出的废水水泥混凝处理32.5级普通硅酸盐水泥用量范围控制在1~3g/L。

3)现场废水净化处理

(1)沉淀池和处理池砌筑牢固,确保有足够的承载力,内壁铺设防水板做防渗漏处理。

(2)P型吸油毡根据实际使用效果及时间情况进行重复利用或更换。

(3)沉淀池和处理池要高出原地面50cm以上,防止降雨地表水流入。

(4)处理池废水静置时间宜不少于2h。

4)劳动力组织

施工现场采用昼夜两班倒的作业方式,人员配备(表3)。

作业人员　　表3

序号	时间	作业人员(名)	序号	时间	作业人员(名)
1	昼	2	2	夜	2

6　材料与设备

6.1　施工主要材料(表4)

主要材料　　表4

序号	项目名称	序号	项目名称
1	32.5级普通硅酸盐水泥	2	pH值为4的碳酸溶液

6.2 主要设备(表5)

主 要 设 备　　表5

序　号	项 目 名 称	数　量	序　号	项 目 名 称	数　量
1	40WQ7-7-0.55 型潜水泵	6	3	pH 试纸	若干
2	2kW 电动搅拌机	2			

7　质量控制

7.1　质量标准

(1)《公路隧道施工技术规范》(JTG F60—2009)(表6)。

(2)《污水综合排放标准》(GB 8978—1996)(表7)。

混凝土拌制用水标准　　表6

序　　号	项　　目	钢筋混凝土	素 混 凝 土
1	pH 值	≥4.5	≥4.5
2	不溶物含量(mg/L)	≤2 000	≤5 000
3	可溶物含量(mg/L)	≤5 000	≤10 000
4	Cl^- 含量(mg/L)	≤1 000	≤3 500
5	SO_4^{2-} 含量(mg/L)	≤2 000	≤2 700
6	碱含量(mg/L)	≤1 500	≤1 500

《污水综合排放标准》(GB 8978—1996)摘录　　表7

序　　号	项　　目	排 放 标 准	单　　位	最高允许排放浓度
1	pH 值	一级	mg/L	6～9
2	悬浮物(SS)	一级	mg/L	70
3	化学需氧量(COD)	一级	mg/L	100
4	石油类	一级	mg/L	5
5	氨氮(NH_3-N)	一级	mg/L	15

7.2　质量控制措施

(1)处理池内废水经水泥混凝沉淀处理后,沉淀净化时间 >2h 后测定 pH 值,当其大于 9 时用 pH 值等于 4 的碳酸中和,pH 值降到 6～9 时排放。

(2)现场试验检测人员至少每月一次对循环再利用水箱内水样进行检测,发现问题及时处理。

(3)认真填写每天的排放记录表并签认,做好交接班及交底,且双方签字确认(表8)。

排 放 记 录　　表8

年　月　日	排 放 时 间	排放流量(立方)	pH 值	交接班时间	注 意 事 项	记　录　人

8　安全措施

(1)现场安排专人负责初级沉淀池和二级处理池废水收集、处理及排放工作,水池四周设牢固的围栏和警示牌,防止溺水事故。

(2)现场用电严格按“一机一闸、一箱一漏”原则施工,并具有防雨功能,防止触电事故。

(3)处理池撒布水泥时要正确佩戴手套和口罩。

(4)现场做好施工记录及检查记录。

9 环保措施

(1)沉淀池和处理池沉渣情况应及时清理并经适当风干后填埋,确保无二次污染环境现象。

(2)洞内废水通过污水泵排入初级沉淀池,沉淀池和二级处理池容量应适中,废水处理过程中无溢流现象,燃油设备下垫PP型吸油毡(图4),滴漏油料及时清理,确保出洞废水无污染洞外地表现象。

(3)废水抽、排应由专人负责,切实落实好管理责任。

图4 PP型吸油毡

10 资源节约

隧道传统施工方法通常是将洞内施工废水直接排掉,既浪费资源,又污染环境,而本工法实施后,将洞内排出废水经达标处理后进入循环再利用系统,基本满足了隧道日常施工用水,可大大节约因施工抽取的地下水资源。

11 效益分析

11.1 经济效益

本工法处理一吨废水约需水泥费用0.3~1.0元,而废水处理后再循环利用,每吨水节省资金约1.2元,两者价差约0.2~0.9元。两座隧道实际用水节约资金约6.5万元,经济效益良好。

11.2 社会效益

洞内废水多余部分经处理达标排放,保护了当地湿地和库区环境,保证了当地群众的饮用水源安全,融洽了路地关系,利国利民,具有明显的社会效益。

12 应用实例

12.1 工程实例一

1)工程概况

我公司承建的杭州余杭区闲林埠至富阳祝家村公路改建工程第二合同段万丈山隧道左洞长1 892m,隧道出口端位于杭州市在建备用水源闲林水库上游约800m处,设计为带人行辅道的单向双车道隧道,合同工期22个月,开工时间2011年2月,竣工时间2012年6月。隧道穿越4条断层,洞内基岩裂隙水较发育,施工期间日排水量约72m^3。隧道掘进采用人工打眼爆破开挖形式进行,炸药采用AE-HLC型岩石乳化炸药,这是一种环保型的无梯防水工业炸药,爆破后不会产生硝基苯类有毒物质。

2)应用效果

隧道施工期间,通过在现场修建沉淀池和处理池,采用水泥混凝和吸油毡辅助工法对隧道排出的废水进行快速处理,实现了废水再循环利用和达标排放目标,节约了施工用水资金约3万元;同时处理后多余的水量安全排入库区小流域,对库区群众生产生活水源无任何影响,实现了路地双赢效果(图5)。

12.2 工程实例二

1)工程概况

我公司承建的杭州余杭区闲林埠至富阳祝家村公路改建工程第二合同段万丈山隧道右洞长

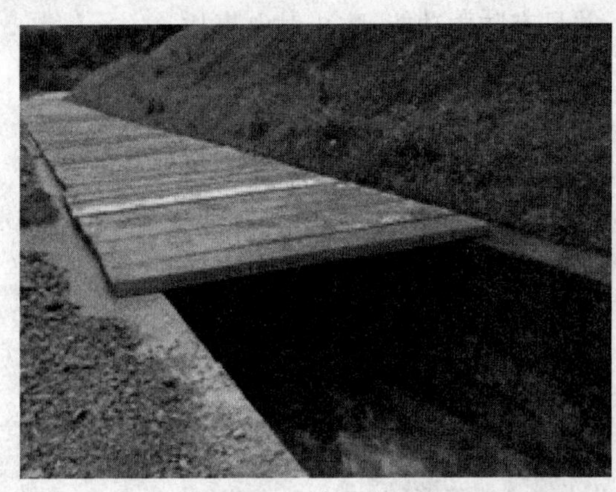

图5　处理后的废水排入长子坞村水渠

1 865m,隧道出口端位于杭州市在建备用水源闲林水库上游约800m处,设计为带人行辅道的单向双车道隧道,合同工期22个月,开工时间2010年12月,竣工时间2012年5月。隧道穿越4条断层,洞内基岩裂隙水较发育,施工期间日排水量约$84m^3$。隧道掘进形式及火工品同左洞。

2)应用效果

隧道施工期间,通过在现场修建沉淀池和处理池,采用本工法对隧道排出的废水进行快速处理,实现了废水再循环利用和达标排放目标。一方面节约施工用水资金约2.5万元,另一方面处理后多余的水量安全排入库区小流域,对库区群众生产生活水源无任何污染,赢得了当地政府好评。

单斜井双正洞隧道通风施工工法

GGG(中企)D4184—2013

李永生　杨立新　罗占夫　赵军喜　刘石磊
(中铁隧道集团有限公司)

1　前言

随着我国铁路、公路和引水工程建设的快速发展,特长和长大隧道越来越多,为了增设开挖面,实现快速施工,多采用设置斜井等辅助坑道的施工方式,而且经常出现单斜井双正洞多工作面平行施工的情况。斜井施工完成进入正洞后,多工作面平行施工导致洞内投入的机械设备增多,洞内施工环境污染严重,随着隧道掘进长度的不断增加,施工环境还会进一步恶化,施工通风成为影响此类隧道工程施工的关键因素之一。在单斜井双正洞施工条件下,斜井是联系隧道内外的唯一通道,进风和排风均通过斜井来完成,基于此类工程的这一突出特点,对单斜井双正洞多工作面的施工通风方案进行了深入研究,首次提出了单斜井双正洞隧道施工射流通风技术,结合实际工程进行总结整理形成了本工法。同时其关键技术《多断层、富水岩溶地区特长公路隧道修建关键技术及防灾救援方案研究与应用》2012 年 6 月顺利通过交通运输部科技司鉴定,根据工法特点研究完成的《一种长大隧道多作业面通风结构》实用新型专利已被国家专利局受理,工法相关设计计算配套软件《单斜井双正洞射流通风系统软件 V1.0》已获得国家软件著作权(登记号:2012SR070899)。

2　工法特点

(1)将一般隧道施工射流通风技术应用于单斜井双正洞施工条件的隧道中,满足其多工作面大风量的通风要求,为单斜井双正洞多工作面平行施工提供良好的作业环境。

(2)采用施工射流通风技术,缩短了通风管送风距离,能够在保证良好通风效果的前提下,实现正洞长距离送风。

(3)较通常采用的风管独头压入式通风节约了大量的风管,降低了施工通风材料投入,同时也减少了通风管维护作业工作量,节约了劳动力成本。

(4)在送风距离较长的条件下,比风管独头压入式通风投入的设备总功率要小,并且工作效率高,即在降低能源消耗的同时,送到开挖面的新鲜风量较多,总体经济效益明显。

3　适用范围

该工法适用于单斜井双正洞长大隧道多工作面平行施工,尤其是通过斜井施工正洞距离较长时,采用本工法效益和效果均比较明显。

4　工艺原理

4.1　施工射流通风原理

施工射流通风技术是借鉴运营通风中射流通风原理,将射流通风理论引入隧道的施工通风当中。当平行掘进的两条隧道通过横通道连接时,就形成了 U 形风道,如图 1 所示,其 *A-B-C-D* 四点连接即为 U 形风道,利用射流风机在隧道内的升压和风流诱导作用,促使 U 形风道内的空气单向流动,则新鲜风由一边隧道沿着U形风道引入,通过风机和风管被送到工作面后再统一回流到另一边隧道,沿着U形风道经另一边隧道排出洞外,以此来实现工作面和隧道内的通风换气。在两座平行隧道之间,每隔一段距离就有横通道贯通,在两个独头掘进的工作面采用风机和风管进行压入式通风。压入式风机必须安装在引进新鲜风的隧道内,为避免污风循环和新风短路,有些横通道必须用风墙封堵,如图1中的1通和2通。随着隧道开挖距离的延长和横通道的不断贯通,为工作面送风的风机可以随着前移,以此来不断缩短风管送风距离,压入式风机后面的横通道必须及时封堵。

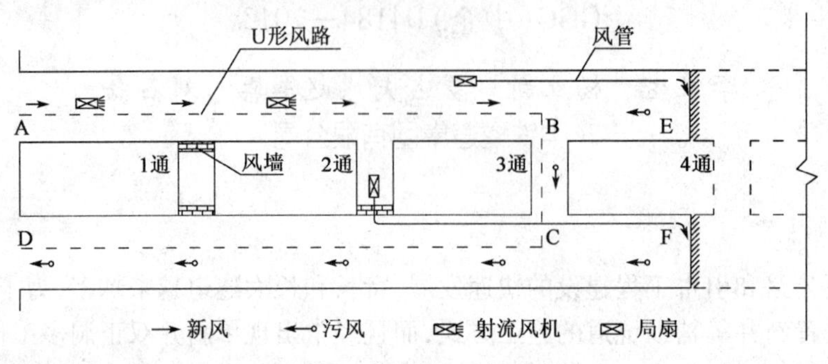

图1　射流通风示意图

4.2　本工法应用原理

在国内,施工射流通风技术一般应用于平行双洞的巷道式通风中,在单斜井双正洞施工条件应用射流通风技术并无先例,因为单斜井双正洞隧道的整体平面构造无法形成理想状态下的U形风道,但是双正洞内局部具备了U形风道条件,所以这里采用的原理为双正洞内局部应用施工射流通风技术。首先利用小功率大风量主扇风机和大直径风管,通过斜井对隧道进行送风(或者将隧道内污风排出),同时斜井相应排出污风(或者引入新鲜风),新鲜风引入到斜井底部作为施工射流通风中U形风道的新鲜风源,这一新鲜风源被斜井两侧的两个U形风道二次分配利用,这样就在斜井两侧形成了两个施工射流通风系统,各工作面分别通过局扇风机和风管压送新鲜风,使施工射流通风技术合理融入单斜井双正洞中。在实际应用中,按照斜井采用有轨和无轨运输条件又分为两种布置方式,有轨运输斜井利用风管排出污风,无轨运输斜井利用风管压入新风。

5　施工工艺流程及操作要点

5.1　施工工艺流程图

施工工艺流程参见图2。

5.2　操作要点

1)布置方式

其布置方式按照斜井采用运输方式的不同分为两种:斜井风管排风式和斜井风管送风式,或者称作斜井有轨运输通风方式和斜井无轨运输通风方式。

(1)斜井风管排风式(斜井有轨运输通风方式)

此方式应用于斜井采用有轨运输的施工条件,其布置图见图3。新鲜风由斜井井身引入正洞内,在与斜井直接相交的正洞内作为新鲜风源被左右两个施工射流通风系统二次分配,这一新鲜风区域不准内燃机械设备频繁通过或设置其中,新鲜风分配是通过射流风机诱导引射风流来完成的,新鲜风流先被引射到各自的局扇风机处,再由局扇风机通过风管分别压送到开挖面,由开挖面回流的污风全部被引流到另一个正洞内,最后汇流到井底主扇风机处,被主扇风机通过风管统一排出洞外,设置主扇风机的横通道必须利用风墙封堵,防止污风循环。斜井两侧的两个施工射流通风系统与工艺原理中介绍的操作方式相同,随着隧道开挖距离的延长和横通道的不断贯通前移局扇风机,延长正洞送风距离,缩短风管送风距离,实现长距离施工通风。

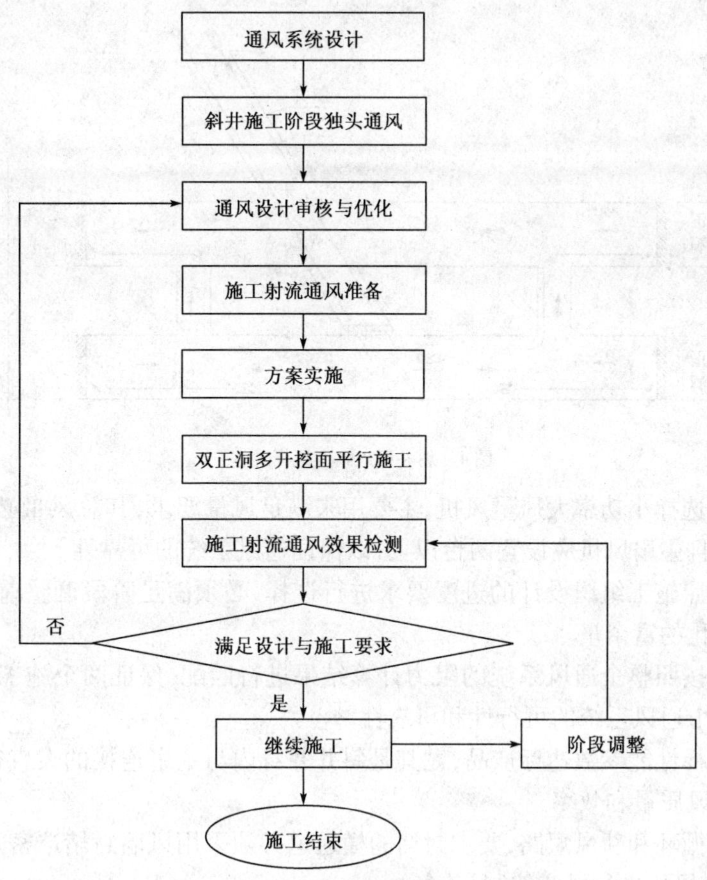

图2 单斜井双正洞施工射流通风流程图

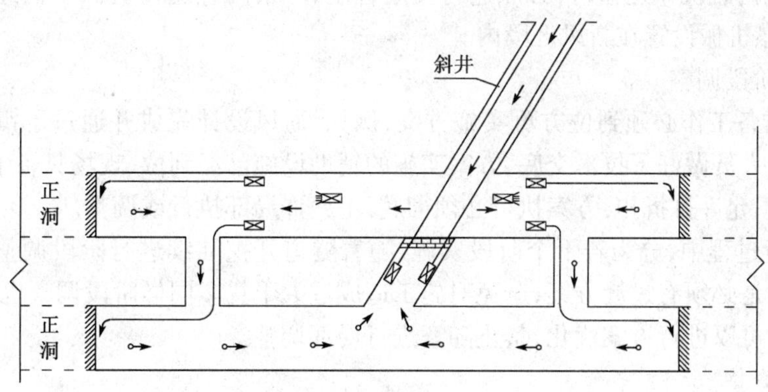

图3 斜井抽出式通风模式

(2)斜井风管送风式(斜井无轨运输通风方式)

此方式应用于斜井采用无轨运输的施工条件,其布置图见图4。因为斜井内无轨运输车辆排放大量尾气,严重污染了斜井井身内的空气,所以新鲜风不能从斜井井身引入,只能由井口主扇风机通过风管压送到正洞内。

在斜井风管送风式中,主扇风机设置在斜井井口,通过大直径风管将新鲜风压送到不与斜井直接相交的正洞内,然后被斜井左右两侧的施工射流通风系统二次分配,接下来与斜井风管排风式布置基本相同,只是进风和排风与其相反。

2)通风系统设计与要求

施工射流通风系统设计与常用隧道施工通风设计相同,但是在主扇风机、局扇风机和射流风机的选择与匹配上,以及风管选择和交通运输管制等方面需要特别注意以下几个问题:

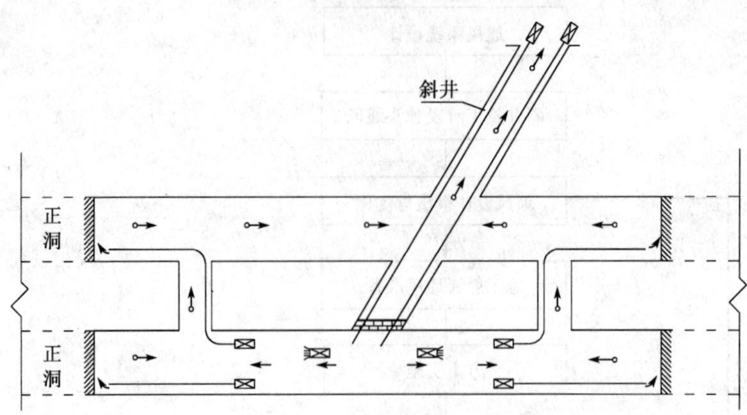

图4　斜井压入式通风模式

(1)主扇风机必须选择小功率大风量风机,主要用来满足风量要求,其总风量必须大于四台局扇风机的最大风量之和,并且主扇风机应设置两台以上,以保证通风系统的可靠性。

(2)局扇风机应按照施工组织设计的进度要求进行选择,必须满足阶段调整前的最长送风距离要求,而且应考虑施工变化的富余量。

(3)射流风机必须按照整个通风系统的阻力计算结果进行匹配,保证两个施工射流通风系统能够协调工作,从而保证整个通风系统的可行性和可靠性。

(4)通风管必须选择性能参数达标产品,尤其是斜井井身内与主扇连接的大直径风管,必须选择漏风率较低的,以保证通风质量和效率。

(5)为了避免污风循环和新风短路,要求封堵的横通道必须采用风墙封堵严密,需要留作运输通道的可采用风门或者射流风机进行风流控制。

(6)正洞内采用内燃机械运输时,必须进行交通管制,严禁内燃运输机械车辆经常进入新风区段,禁止将空压机等内燃机械设置在新风区段内。

3)施工准备与阶段调整

(1)施工通风准备工作必须到位方可实施方案,例如:通风设计完成并通过了审查、通风设备和材料已经到位、对现场人员做好了技术交底、方案实施的辅助设施已经到位、现场具备了方案实施条件等。所有施工准备工作不允许打折扣,方案执行必须彻底,不允许局部执行或调整。

(2)在方案执行过程中,分为若干个阶段实施,随着隧道开挖陆续进行阶段调整,阶段调整前必须做好准备工作,尤其是必须有过渡方案,避免对施工造成过大干扰。同样阶段调整也必须将方案执行彻底,阶段调整的同时可以进行方案优化,禁止随意进行局部调整。

4)通风效果检查

定期进行通风效果检测,检测对象主要是风速、风量、温湿度、粉尘含量、各种有害气体含量(CO、NO_X、瓦斯)等,根据检测结果分析评价通风效果,及时发现问题并采取优化调整措施。

5)劳动力组织(表1)

劳动力组织配备　　表1

工　种	人　数	职　责
技术人员	2	全面技术管理,根据通风效果及时修正通风设计
工班长	3	协助技术人员工作,负责劳动力安排
通风工	10~12	安装风管,各种设备材料的管理和检修
风机司机	3	通风机的操作和记录
监测工	2	负责通风效果检测
电工	2	通风系统电器部分的按拆、维修

6 材料与设备

本工法不涉及需特别说明的材料,只是实施时需要一些辅助材料和设备。所需的机械设备除风机和风管外,还需要一些通风检测仪器设备。具体材料与设备情况参见表2。

通风材料与设备 表2

<table>
<tr><th>项　目</th><th>材料设备名称</th><th>型号参数要求</th><th>备　注</th></tr>
<tr><td rowspan="3">通风设备</td><td>轴流风机</td><td rowspan="2">选择低噪声
节能型产品</td><td rowspan="2">型号、数量根据设计计算确定</td></tr>
<tr><td>射流风机</td></tr>
<tr><td>通风管</td><td>PVC 拉链式风管</td><td>直径、数量根据设计计算确定</td></tr>
<tr><td>辅助材料与设备</td><td colspan="3">铁丝,膨胀螺栓,冲击钻,紧线器,钢丝钳,长梯,风管焊接工具等</td></tr>
<tr><td>通风检测仪器设备</td><td colspan="3">风速仪,毕托管,干湿球温度计,卷尺,便携式 CO 测试仪,便携式 NO_2 测试仪,粉尘仪等</td></tr>
</table>

7 质量控制

(1)风机的规格型号按照通风设计方案选用,并按照设计方案分阶段布置。风机安设位置应平整开阔,应定期检修和保养。

(2)风管的规格型号按照通风设计方案选用,挂设应做到平、直、顺,接头处应连接完好,有破损、爆裂、弯曲、拉链脱开时应及时修补或更换。

(3)洞内实施爆破前应对通风系统采取保护措施,爆破前对掌子面送风的风管停风,以减弱冲击波对风管的冲击和飞石划破风管。

(4)设置风门和风墙的横通道,应做好密封措施,确保无漏风。

(5)定期检测风压、风量、风速,做好记录;对洞内有害气体及粉尘要按设计要求及时检测,发现超标及时反应和处理。

(6)按照实际施工组织进度情况及时进行施工通风阶段调整,并按阶段检测和审查通风方案设计,及时发现问题,及时采取优化措施。

8 安全措施

(1)严格遵守国家和地方颁布的各项安全法律法规条令,推行安全责任制,明确各级人员的职责,抓好安全生产。

(2)进入施工现场人员必须正确穿戴劳动防护用品,要熟悉隧道内施工环境、作业工序、通风设备性能,岗前经专职培训合格后方能允许进行通风作业,并且施工过程中必须对人员加强安全技术交底。

(3)通风机的基础和支架应平稳牢固。

(4)斜井风管挂设时,应把梯子放稳后再进行作业,高空作业必须系好安全带,并有专人看守来往车辆。使用紧线器、冲击钻时一定要注意力度,以免伤人;电线移动或接长时,必须找专职电工。

(5)风机司机要遵守操作规范,防止发生机械事故,做好防火防触电工作;风机不运转时,务必切断电源;发现通风机有异常、振动、火花等故障时,应立即通知相关人员做出处理;通风工应加强与风机司机的联系,风机司机在没有接到通风工的通知时,不得随意开关风机。

(6)不允许把重物加在通风管上,风管周围不得堆放尖锐物件,在安装风管时,风管线路下方的锚杆、钢筋应割掉,防止扎烂风管及扎伤作业人员。

(7)通风管不得与动力线和照明线安装在同侧。

9 环保措施

(1)选择通风设备时,选用低噪节能的风机,降低噪声污染,节约能源。

(2)对拆下的风管清洗、修补,妥善保存,重复利用,节约资源。

(3)控制隧道内空气中有害气体及粉尘浓度达到排放标准,减少对周边环境污染。

10 效益分析

10.1 社会效益

单斜井双正洞隧道施工通风工法的成功开发,使该工况下的施工通风方法得到了完善,并成功解决了单斜井双正洞多开挖面平行作业施工通风难题,使长大隧道单斜井双正洞施工长度能够继续延长,为隧道施工提供了一个良好的工作环境,对劳动保护和安全施工十分有利,提高了作业舒适性,从而提高了劳动效率,其潜在的社会效益比较显著。

10.2 经济效益

采用本工法与其他方法投入的设备总功率基本相当,但是通风效果较好、工作效率较高,所以相对经济效益也就较好。另外,采用本工法缩短了风管送风距离,节约了大量风管,也降低了风管维护工作量,减少了劳动用工,整体经济效益比较明显。

10.3 技术效益

通过本工法的研究开发,促进了隧道施工通风技术的发展,使隧道施工通风技术得到了完善,为类似工程的施工通风方案设计提供了参考和技术储备,技术效益较好。

11 应用实例

该工法成功应用于包茂高速公路小河至安康段的包家山隧道。

11.1 工程概况

包家山特长隧道全长11.2km,地处小康高速的“咽喉”部位,是包茂高速公路小河至安康段的关键控制性工程。包家山隧道为上下行线双洞隧道,设有3座斜井和1座竖井辅助施工,本工法在3号斜井进行了试验性应用。

11.2 包家山隧道施工通风设计与设备选型

1)通风设计计算

(1)需风量计算

开挖面所需风量按洞内同时工作的最多人数、洞内允许最小风速、一次性爆破所需要排除的炮烟量和内燃机械设备总功率分别计算,取其中最大值作为控制风量。计算结果为:掌子面需风量为1 043m^3/min,隧道内所需总风量为4 401m^3/min。

(2)供风量计算

主扇风量:当送风距离 $L=600$m 时,通风阻力 $H=1.37Q_{f_2}$,供风量为5 400m^3/min,两台风机,两道管路的风管出口风量为4 882m^3/min >4 401m^3/min。

局扇风量:当送风距离 $L=1\,000$m 时,通风阻力 $H=2.11Q_{f_2}$,供风量为2 490m^3/min,分成两路后风管出口风量为1 017m^3/min >1 043m^3/min。

(3)射流增压计算

经计算需要两台30kW的射流风机作为增压引流作用。

2)设备选型

根据计算结果选择的主要通风设备见表3。

包家山隧道主要通风设备参数表 表3

<table>
<tr><th rowspan="2">名称</th><th rowspan="2">型号</th><th colspan="4">技术参数</th><th rowspan="2">数量</th></tr>
<tr><th>速度(r/min)</th><th>风压(Pa)</th><th>风量(m^3/min)</th><th>功率(kW)</th></tr>
<tr><td rowspan="3">轴流风机</td><td rowspan="3">$SDF_{(C)}$-No12.5</td><td>高速</td><td>1 378 ~ 5 355</td><td>1 550 ~ 2 912</td><td>110 × 2</td><td rowspan="3">4 台</td></tr>
<tr><td>中速</td><td>629 ~ 2 445</td><td>1 052 ~ 1 968</td><td>34 × 2</td></tr>
<tr><td>低速</td><td>355 ~ 1 375</td><td>840 ~ 1 475</td><td>16 × 2</td></tr>
<tr><td>射流风机</td><td>SSF-No10</td><td colspan="3">出口风速 33.8m/s</td><td>30</td><td>2 台</td></tr>
<tr><td>拉链式软风管</td><td>PVCϕ1 500mm 和 ϕ1 800mm</td><td colspan="4">平均百米漏风率 0.02,摩阻系数 0.02,每节长度 20m/节或 10m/节(20m/节占 75% 以上)</td><td>不少于 6 000m</td></tr>
</table>

11.3 包家山隧道施工通风阶段布置

因为3号斜井工区斜井井身采用有轨运输方式,所以通风布置采用的是斜井风管排风式。

第一阶段:在进入正洞施工前期,在右线布置两台 $SDF_{(C)}$-No12.5 型风机作为主扇,在斜井内布置两道直径 ϕ1 800mm 风管向洞外排出污风;新鲜风从斜井井身进入,在左线布置两台 SDF(C)-No12.5 型风机作为局扇,分别通过直径 ϕ1 500mm 风管向工作面送风,局扇风管在横通道处进行分风,每台局扇为两个工作面送风;利用两台 30kW 射流风机进行增压引流,以保证左线为新鲜风,污风从横通道进入右线。通风布置详细情况,如图5所示。

第二阶段:在施工后期,随着横通道的不断开设,可将局扇向开挖面移动,控制风管通风长度在 1 000m以内,以保证掌子面的需风量,其他模式和第一阶段保持不变,通风布置详细情况如图6所示。

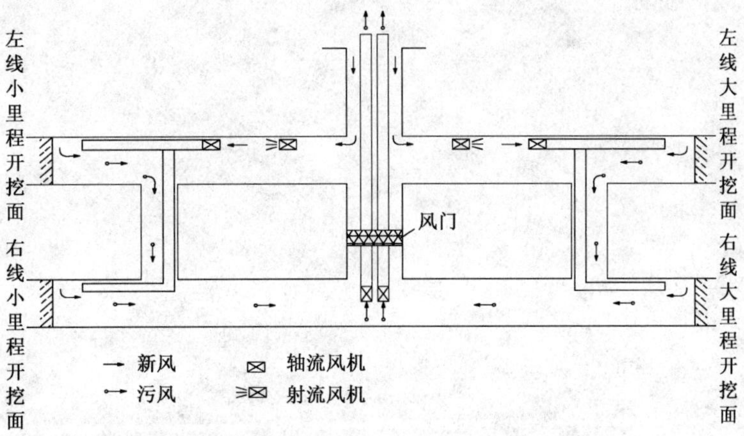

图5 包家山隧道单斜井双正洞射流通风技术第一阶段布置图

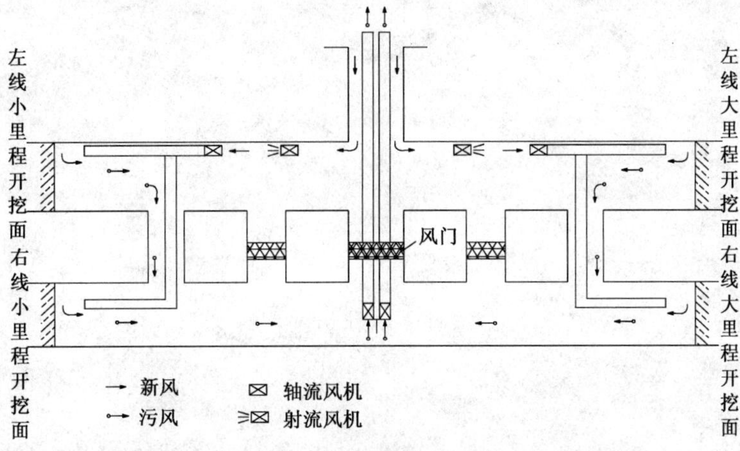

图6 包家山隧道单斜井双正洞射流通风技术第二阶段布置图

11.4 通风效果监测与分析

按照设计方案对施工通风效果进行了检测,具体数据见表4。

包家山隧道3号斜井施工通风检测数据 表4

时间(min)	风速(m/s)	CO(mg/m^3)	NO_2(10^{-6})	断面积(m^2)	通风量(m^3/min)
15	0.3	192	1.6	67	1 206
20	0.3	135	1.5	67	1 206
25	0.3	75	1.4	67	1 206
30	0.3	35	0.7	67	1 206
35	0.3	29	0.5	67	1 206
40	0.3	27	0.5	67	1 206
50	0.3	26	0.4	67	1 206
60	0.3	25	0.3	67	1 206

从表中可以看出,在爆破后30min时,CO浓度值由192mg/m^3下降至35mg/m^3,在25min后,CO浓度值达到进人工作标准(100mg/m^3);在爆破后30min时,NO_2浓度由1.6×10^{-6}下降至0.7×10^{-6},60min后趋于平缓,满足隧道内作业安全标准(2.3×10^{-6})。通过采用本工法,明显改善了洞内作业环境,提高了施工安全系数,为隧道快速施工提供了有力的保障。

公路隧道聚合物改性水泥混凝土路面施工工法

GGG(中企)D5185—2013

梁胜国 王 磊
(中铁十二局集团有限公司)

1 前言

当前世界各国公路隧道大多采用沥青混凝土路面,其原因是由于它具有诸多良好性能。但同时沥青路面的缺点是:养护费用成本较高,使用期限短,耐久性差,施工过程中产生的有害气体多。由于建设施工期间选料、施工工艺控制不当,将会加剧沥青路面的破坏。

聚合物改性水泥混凝土路面是一种新型路面结构,其施工工艺简单,采用冷拌、摊铺、自振实工艺一次成型,省掉了传统碾压工艺。聚合物改性水泥混凝土路面施工机械和传统沥青混凝土路面基本相同,而材料成本更加低廉,节约了施工成本;其功能性表面处理层使路面经久耐磨,延长了路面使用期限;聚合物改性水泥混凝土采用冷拌工艺,降低了隧道路面施工中有害气体对施工人员的伤害,优化了施工环境,提高了施工效率。

聚合物改性水泥混凝土路面在忻阜高速公路凤凰岭隧道和火焰山隧道中得到了良好的应用,对聚合物改性水泥混凝土路面施工工序和应用情况进行总结,以利于聚合物改性水泥混凝土路面的推广应用并完善其施工工艺。

"忻阜高速公路凤凰岭隧道施工关键技术研究"课题于 2012 年 9 月通过山西省科学技术厅鉴定,成果达到国内领先水平。

2 工法特点

(1)采用高强度、高变形、高韧性的聚合物水泥,突破了路面材料设计的传统思路。

(2)路面"莎琪玛"式的骨架空隙面层结构,实现了资源节约型薄层铺装,赋予路面透水、降噪等生态、环保功能。

(3)功能性表面处理层为路面增光添彩,赋予路面亮丽清爽的彩色景观和经久耐磨的表面性能。

(4)路面施工简单,平整舒适。

3 适用范围

适用于各类公路隧道道面铺装的施工。

4 工艺原理

聚合物改性水泥混凝土路面是一种既不同于普通水泥混凝土路面,也不同于沥青混凝土路面的新型路面。它既具有水泥混凝土路面的高强度,又具有沥青路面的高柔性,既具有无机材料的稳定性,又具有有机材料的黏结能力。

聚合物改性水泥混凝土的生产采用混凝土的冷拌工艺,聚合物改性水泥混凝土是以碎石为集料、改性聚合物和水泥为胶结料形成的高弹性混凝土。拌和可采用普通水泥混凝土搅拌站,也可采用水泥稳定碎石基层搅拌站来生产聚合物改性水泥混凝土。搅拌前应该根据设计配合比,结合现场情况(温度、运距、集料的含水率等)进行试拌,确定最终配合比。聚合物改性水泥混凝土采用自卸汽车运输,自卸汽车在搅拌站自装料起到前场摊铺前,所用总时间原则上不超过90min。如遇搅拌站故障或其他原因,需较长时间停止拌和时,应立即将拌好的料运至前场。如果施工前场出现摊铺故障,也应及时通知搅拌站让其暂停搅拌混合料,等摊铺恢复正常,再让搅拌站正常出料。界面黏结防水层由聚合物乳液、水和水泥兑拌成的聚合物水泥浆形成。其作用是增强界面的黏结,以保证面层与基层共同受力和变形协调,同时也起到防水的作用。摊铺采用自振实功能良好且非自由伸缩式的沥青摊铺机进行摊铺。利用摊铺机自身的夯实功能对面层进行压实,无需碾压。聚合物混凝土面层的平面分板与基面分板相同,即沿原纵缝、横缝处分割,且聚合物混凝土面层应对应原缝处全厚度完全分割。表面处理采用专门的设备喷涂特制的聚合物改性水泥浆,作用在于防止路面的表面松散、与底层黏结失效等病害。

5 施工工艺流程及操作要点

5.1 施工工艺流程

聚合物改性水泥混凝土路面施工工艺流程见图1。

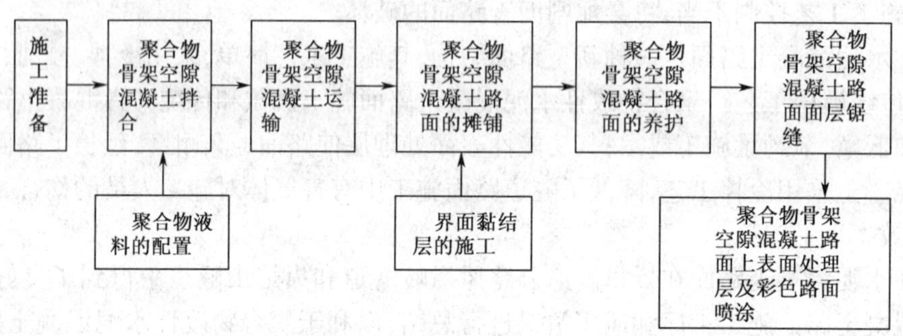

图1 聚合物改性水泥混凝土路面施工工艺流程

5.2 操作要点

1)准备工作

(1)备料:选购试验合格的水泥、石子和聚合物原材料;对各种原材料进行复合性检验,使其符合有关技术要求。

(2)做好配合比设计:保证聚合物改性水泥混凝土的强度、稳定性及面层的孔隙率等。

(3)施工前基层处理:先进行锯缝,横缝间距5m,锯缝深10cm,并记下横缝和纵缝的确切位置,以便面层锯缝与其完全对齐。并对基层进行凿毛(或压痕)、冲洗等。

(4)在满足要求的基层上确定平面和高程控制线。

(5)拌和、摊铺设备准备、试验仪器和人员配备

主要施工机具:1条混凝土生产线,聚合物乳液配料池(可现场并排砌筑,配制能力应满足混凝土拌和需要),摊铺机(自振良好),自卸汽车,锯缝机,洒水车,制浆机,喷浆机等。

2)聚合物改性水泥混凝土的拌和

(1)聚合物乳液的配置

聚合物乳液由多种聚合物原材料配置而成,其中几种主要原材料(用量较大)可放在拌和站附近的储备场地,其他若干种辅助剂用量小,可在混凝土拌和前一天运至搅拌站保存。

运输车将几种主要材料运至搅拌站,倒入配料池内兑拌,同时加入其他助剂和水,注意各种助剂的先后顺序,一次配料6~10t,其中水的用量应根据石子的干湿程度予以适当增减。

将配料池中兑好的乳液搅拌均匀之后,开动搅拌机的同时,用水泵通过搅拌机加水的通道将配料池中的乳液抽至搅拌机内开始聚合物改性水泥混凝土的生产,乳液计量准确度由搅拌机上计算机计量装

置控制。

(2)聚合物改性水泥混凝土的搅拌

根据设计配合比,结合现场情况(温度、运距、集料的含水率等)进行试拌,确定最终配合比,拌和出来的混合料应满足摊铺所要求的施工性。

采用强制式混凝土搅拌机,冷拌均匀,搅拌时间控制在20~40s左右。不同搅拌机械功率不同,其控制时间需根据现场拌料情况进行调节。

拌和时应严格控制混凝土的配比准确,防止拌出的聚合物改性水泥混凝土质量出现波动。生产出的混合料必须均匀一致,无花白料,无离析和结块现象,不符合要求时应及时废弃。

搅拌过程中专人负责观察混合料状况(主要是干湿状况和施工性),及时与前场施工人员沟通。

3)聚合物改性水泥混凝土的运输

聚合物改性水泥混凝土采用自卸汽车运输。根据搅拌站的产量、运距,合理安排运输车辆的单车运量和车辆数量。

当运距超过2km时,用彩条布或帆布等遮盖聚合物改性水泥混凝土,避免聚合物改性水泥混凝土中的水分挥发,影响材料性能和施工质量。

自卸汽车在每次装料前,应将车内废弃物冲洗干净(含未卸净的聚合物改性水泥混凝土),并保持车厢内湿润且无积水。

自卸汽车在搅拌站自装料起到前场摊铺前,所用总时间原则上不超过60min,如遇搅拌站故障或其他原因,需较长时间停止拌和时,应立即将拌好的料运至前场。

聚合物改性水泥混凝土运送至前场,遇前场机械故障时,应及时通知拌和站暂停或减缓聚合物改性水泥混凝土的生产,并对前场不能立即施工的聚合物改性水泥混凝土进行覆盖,防止水分散失。若恢复施工时,车厢内未倒出或已倒出而未经摊铺成型的聚合物改性水泥混凝土已出现初凝,应立即倒掉或清除。

4)界面黏结防水层施工(图2)

a)

b)

图2 界面黏结防水层的施工

a)聚合物界面结合料的拌制;b)聚合物界面结合料的涂刷

界面黏结防水层位于上基层和聚合物改性水泥混凝土面层之间,其作用是增强界面的黏结,以保证面层与基层共同受力和变形协调,同时也起到防水的作用。

界面黏结防水层由特制的聚合物乳液、水泥和水兑拌成聚合物水泥浆均匀涂刷后形成。

聚合物水泥浆用制浆机兑拌均匀后,在摊铺机前适当距离内,用喷浆机将聚合物水泥浆均匀涂刷在基层上,涂刷不均匀位置由人工协助摊匀。

摊铺机就位前,将摊铺机履带位置先涂刷,其他位置在聚合物改性水泥混凝土运至前场摊铺之前进行涂刷,确保摊铺时黏结防水层材料仍处于潮湿状态,并保证不影响面层摊铺的进度。

5)聚合物改性水泥混凝土面层的摊铺(图3)

摊铺采用自振实功能良好且非自由伸缩式的沥青摊铺机进行摊铺。

摊铺前,应检查摊铺机的振动功能,确保其处于正常状态;检查熨平板,保证其干净平整,若发现粘有杂物,应及时清除;检查摊铺机的高程(厚度)调整功能,确保按照设计标高和厚度摊铺面层。

a)

b)

图3 聚合物改性水泥混凝土面层的摊铺与养护

a)聚合物改性混凝土摊铺;b)聚合物改性混凝土养护

聚合物改性水泥混凝土面层摊铺过程中,利用摊铺机自身的振动功能对面层进行压实,无需碾压。

摊铺方法和沥青混凝土的摊铺类似,一次成型,摊铺过程中要保证平整度,高程误差不超过沥青路面规定要求。摊铺机要匀速行驶,行走速度和搅拌站产量相匹配,一般2m/min为宜,尽量避免中途停顿,以确保所摊铺路面均匀不间断。要随时检查摊铺质量,出现离析、边脚缺料等现象,人工及时补撒料、换补料,同时也要检查高程及摊铺厚度,并通知操作手。

摊铺过程中的施工缝处理方法:首先用3m直尺检查端部平整度,如不符合要求时,直尺要垂直于路中线切齐清除,清理干净后在端部涂刷聚合物水泥浆接着摊铺。施工缝在摊铺层施工结束后再用3m直尺检查平整度,如不符合要求,立即用人工处理。

根据试验及施工经验,为保证路面最佳性能,达到最佳的施工质量,从聚合物改性水泥混凝土搅拌完毕至摊铺完毕未出现初凝现象,最好控制在1.5h以内。

摊铺后10h内,路面上不能行人及车辆。

6)聚合物改性水泥混凝土路面的养护

路面摊铺成型后,立即用薄膜覆盖养生1~3d。覆盖养生时,薄膜的边缘固定,保证封闭严实,避免局部水分丧失引发质量问题。薄膜的搭接要有一定的长度,约50cm左右,避免水从接缝处流入路面。

7)聚合物改性水泥混凝土路面的面层锯缝

当聚合物改性水泥混凝土面层摊铺结束3~5d后,如根据路面设计需要进行分板,则应在养护期内对面层锯缝处理。割缝工艺与普通水泥混凝土割缝基本相同,只是面层锯缝位置应与其下的混凝土路面的锯缝对齐,平面误差不超过2cm,且锯缝应将面层锯透,使面层在锯缝处彻底断开。割缝结束后立即冲洗掉锯缝产生的粉尘。

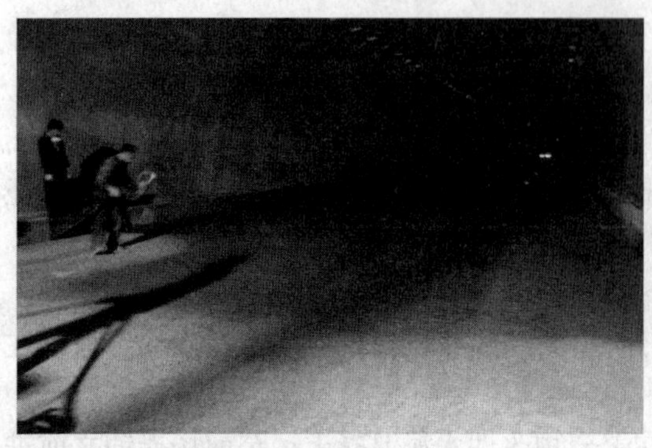

图4 功能性表面处理层施工

8)聚合物改性水泥混凝土路面的功能性表面处理层(图4)

表面处理采用专门的设备喷涂特制的聚合物增韧水泥浆,厚度为1mm左右,防止路面的表面松散、与底层黏结失效等病害。如需把路面处置成彩色,只需把特制的聚合物增韧水泥浆中加入彩色颜料即可。

功能性表面处理层施工完成后,封闭交通,直到面层和表面处理层的力学指标满足设计要求后,即可开放交通。如果工期紧张,可在开放交通后分车道进行表面处理或彩色路面施工。

6 材料与设备

6.1 主要材料(表1)

聚合物改性水泥混凝土路面所需材料 表1

序 号	设备名称	材料规格	数 量	单 位	用 途
1	水泥	P.O 42.5	1 831	t	混凝土配料
2	碎石	5~10mm	8 761	t	混凝土配料
3	聚合物乳液		504	t	混凝土配料

6.2 主要设备(表2)

聚合物改性水泥混凝土路面所需设备 表2

序 号	设备名称	设备型号	数 量	单 位	用 途
1	混凝土搅拌站		1	套	聚合物混凝土拌和
2	聚合物乳液配料池		1	个	聚合物乳液拌制
3	摊铺机	海德	1	台	路面摊铺
4	自卸汽车	东风	5	台	聚合物混凝土运输
5	锯缝机	DCQG500	1	台	切缝
6	洒水车	东风	1	台	路面冲洗
7	制浆机		1	台	黏结防水层拌制
8	喷浆机		1	台	表面处理层施工
9	3m 直尺	3m	3	把	检查平整度
10	全站仪	莱卡	1	台	测量
11	水平仪	莱卡	1	台	测量

7 质量控制

7.1 工程质量控制标准

(1)《公路工程质量检验评定标准》(JTG F80/1—2004)。

(2)《设置隔离封层的水泥混凝土路面应用技术指南》。

(3)《水泥混凝土路面隔离封层应用技术规范》(CQJT G/T D41—2010)。

(4)《公路水泥混凝土路面施工技术规范》(JTG F30—2003)。

7.2 质量保证措施

(1)严格按照“三标一体化”的标准与要求建立质量管理体系。

(2)认真编写了聚合物改性水泥混凝土路面铺装施工方案和作业指导书,严格按照方案、作业指导书、相关标准规范做,使每一个施工环节都有章可循。

(3)在检定周期内的仪器设备,检测者要按相应规程每天自检、自校,确保其准确可靠。

(4)施工中所有用到的材料都要进行相关的检测,合格后方可使用。

8 安全措施

(1)进行安全生产教育:全体施工人员岗前必须接受安全教育培训,提高安全意识,掌握安全基本知识和技能,并进行安全知识考核。

(2)施工区域设置警示标志,进入施工区域的施工人员必须遵守施工区域的各项安全制度,非施工人员严禁进入。

(3)施工人员应是经过培训、考试合格的人员。

(4)重要区域应进行隔离或明显的警示。

9 环保措施

(1)施工现场环境保护作为文明施工的重要内容,健全环保组织。

(2)对施工场地进行统一规划布置,机械设备停放整齐。

(3)对施工现场环境保护工作要定期进行检查,对存在的问题及时处理。

(4)对施工人员进行环保法规和知识培训。

(5)施工现场的建筑垃圾应集中堆放,运至指定地点,集中处理。

(6)合理安排施工作业时间,尽量减少夜间车辆出入频率,在夜间施工不得安排噪声很大的机械。

10 资源节约

采用本工法铺筑隧道路面具有高效、环保、快速等特点,积极响应了国家提出的建设节约型社会的要求,切实保护和合理利用各种资源,提高资源利用率,采用本工法施工资源节约体现在以下几方面:

10.1 节约人力及设备

采用本工法施工,路面铺装一次成型无需碾压,并且聚合物混凝土拌和采用普通混凝土拌和设备即可,无需进行额外投资。采用本工法大大降低了工人的劳动强度,并且降低了设备投资,对于加快施工进度起到了决定性作用,在较大程度上节约了人力物力。

10.2 节约混凝土材料

采用本工法施工,路面铺筑厚度仅4cm,较沥青混凝土路面10cm厚度能够节约大量的施工材料。

10.3 改善了隧道路面施工环境

隧道内通风不畅,采用传统的沥青混凝土路面施工方法产生的有害气体不易排出隧道,对施工人员的人身健康造成了极大的伤害。聚合物改性水泥混凝土采用冷拌工艺,降低了隧道路面施工中有害气体对施工人员的伤害,优化了施工环境,提高了施工效率。

11 效益分析

(1)忻阜高速公路总承包S合同段凤凰岭隧道左线全长5 896.9m,右线全长5 773.5m。火焰山隧道左线全长2 137m,右线全长2 158m。隧道正常段路面宽8.75m,加宽带路面宽11.5m。隧道路面除进出口300m外全部采用聚合物改性混凝土铺筑,厚度4cm。

(2)采用聚合物改性混凝土较沥青混凝土路面主要节约了施工材料。

①沥青混凝土铺筑(10cm)材料费:(47 117.9 + 46 038.1 + 13 668.8 + 13 852.5)m^2 × 41.74 元/m^2(4cm上面层) + (47 117.9 + 13 668.8)m^2 × 51.38 元/m^2(左线6cm下面层) + (46 038.1 + 13 852.5) × 71.47 元/m^2(右线6cm下面层) = 1 244.067 2 万元。

②聚合物混凝土铺筑(4cm)材料费:(47 117.9 + 46 038.1 + 13 668.8 + 13 852.5)m^2 × 88.5 元/m^2 = 1 067.994 1 万元。

材料差价:1 067.994 1 万元 − 1 244.067 2 万元 = −176.073 1 万元,节省费用176.073 1 万元。

12 应用实例

12.1 工程实例一

忻阜高速公路凤凰岭隧道是全线重难点及工期控制性工程，左线全长 5 896.9m，右线全长 5 773.5m。正常段路面宽 8.75m，加宽带路面宽 11.5m。聚合物路面铺筑厚度 4cm，相对于 10cm 沥青混凝土路面每千米可节约资金 129 440 元，具有良好的经济效益。

11.2 工程实例二

忻阜高速公路火焰山隧道左线全长 2 137m，右线全长 2 158m。正常段路面宽 8.75m，加宽带路面宽 11.5m。聚合物路面铺筑厚度 4cm，相对于 10cm 沥青混凝土路面每千米可节约资金 131 000 元，具有良好的经济效益。

地铁屏蔽绝缘层施工工法

GGG(中企)D6186—2013

周建云　徐书剑　官承波　黄　丹　刘　卫
(中铁五局集团建筑工程有限责任公司)

1　前言

随着我国科学技术和城市化的发展,选择轨道交通来改善交通条件已成为当前城市建设的重要特征和发展趋势。未来30年我国城市轨道交通的发展前景必定十分可观,地铁的开通除了让市民生活更便捷外,还改变了城市商业布局和人们固有的消费习惯,更是创造了城市的立体经济脉络。

屏蔽门作为轨道交通的重要组成部分,同时也是乘客上下车的主要通道设施,其安全性尤为重要,地铁屏蔽门绝缘层安装的主要目的有2个:一是保护人身安全,当乘客或其他人员接触屏蔽门金属构件时不会发生触电等伤害。二是尽量隔断杂散电流的通路。绝缘层既能保证人身安全的需要,也能满足杂散电流防护的需要。《地铁设计规范》(GB 50157—2003)中要求"屏蔽门应有良好的绝缘和接地,保证乘客安全",目前在国内开通和在建的地铁项目中,通常要求屏蔽门绝缘电阻不小于0.5MΩ。但在很多地铁站,很多屏蔽门绝缘电阻均未达到不小于0.5MΩ的预期目标。地铁站台是人员流动较大的公共场所,列车正常运行时屏蔽门、列车、轨道间是等电位,在屏蔽门前2 000mm范围内设计绝缘层,其施工质量直接影响其绝缘性能好坏,因此,绝缘层的施工方法尤为重要。地铁建设施工的特点是土建施工周期长,安装装修工程施工周期短,如何在有限的时间内确保绝缘层施工达到较高的绝缘电阻值,绝缘层上铺设的装修材料与非绝缘区装修风格统一,不出现空鼓,起到美观、防火、环保的效果,显得尤为重要。

中铁五局集团建筑工程有限责任公司在深圳地铁5号线太安站、布心站成功运用了绝缘卷膜绝缘层施工技术,施工完毕后对整个站台分段进行绝缘效果测试,远远高于设计最低值0.5MΩ,通过工程实际,获得了较好的社会经济效益,经过总结提炼形成本工法。

2　工法特点

(1)根据各站地面平面布置装修图,结合屏蔽门单元,将聚碳酸酯支撑架固定于每个绝缘单元的周边,刷绝缘底漆。

(2)根据现场单元,铺设安装折边两层三聚绝缘卷材模块,形成独立单元段。增加5mm厚石英砂,保护绝缘卷材不被破坏,绝缘层效果好。

(3)保护层采用30mm厚1:2半干性水泥砂浆保护,保护层施工24h后,马上组织地面花岗石铺贴,施工速度快,施工效果好。

3　适用范围

本工法适用于地铁站台屏蔽门绝缘层工程施工。

4　工艺原理

通过图纸放样,结合屏蔽门单元,加工固定聚碳酸酯支撑架,实现绝缘层单元化铺设,通过采用从下而上的0.2mm绝缘底漆、4mm三聚绝缘卷材、5mm石英砂、30mm砂浆保护层、20mm花岗岩这些特殊的绝缘层处理工艺，保证绝缘层效果。

5 工艺流程及施工要点

5.1 工艺流程

施工工艺流程见图1。

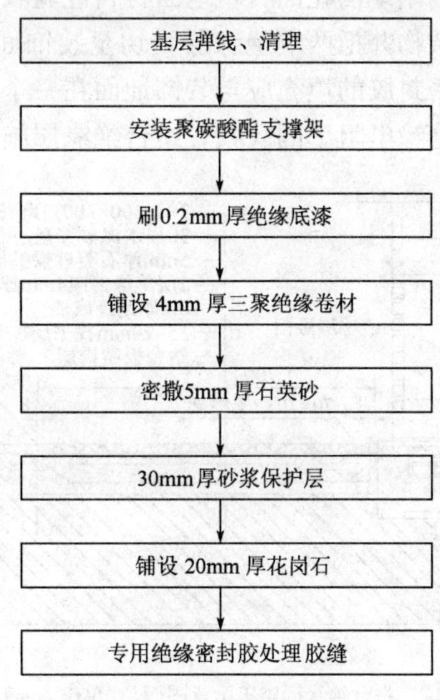

图1 施工工艺流程图

5.2 操作要点

(1)原土建结构层基层清理

绝缘层的施工，首先必须在屏蔽门、吊顶及非绝缘区地面装修层完成，并做好周围保护措施后方能进行，对绝缘层施工面原土建结构层必须先凿除突出物，再进行水泥砂浆找平压光处理，并养护3～4d。

(2)安装聚碳酸酯支撑架

在施工面完全干燥后，先在单元隔缝(按地面材料伸缩缝延伸至屏蔽门边处)弹好线，然后在结构层板上打ϕ6mm×60@60mm孔后塞上塑料涨管，用3×50mm的镀锌自动螺钉把聚碳酸酯支撑件固定于每个绝缘单元的周边，然后均匀涂刷0.2厚绝缘底漆。

(3)铺设4mm厚三聚绝缘卷材

待底油完全干燥后(约20～30min)，将三聚绝缘层膜整卷摊开到每个单元及一边的支撑架上，且需预留能翻至交出装饰地面50mm的长度；量好长度，再从两端回卷至中心处后，一边撕下离型纸，一边赶压让其紧贴于施工面至支撑架上，层膜的搭接宽度为200mm，并用瓦斯喷灯在搭接处烘烤后压紧(使用瓦斯喷灯应做好各项安全保护措施)。

做好每单元第一层绝缘层膜后(从站台中心单元处往两端展开施工)，进行绝缘电阻率的测试(测试的方法由施工单位在施工组织设计中提出并经业主、监理及设计单位认可后方可实施)，并达到≥1 015Ω·cm的要求。

做好第一次验收合格后，再在第一层膜上进行底油涂刷施工(涂刷时要求均匀，不能漏涂)。

待底油干燥后(20～30min)，进行第二次三聚绝缘层膜施工，也是整卷先摊平，搭接缝注意与第一层膜的搭接缝错开或交叉铺贴，长度应盖过第一层膜的面积；对屏蔽门边缝应先填好绝缘棒。做好第二层绝缘层膜后，同第一层测试一样进行测试验收并达到合格后，方能进行下一步的施工。

(4)铺设5mm厚石英砂

密撒石英砂(粒径介于0.3~0.7mm),干硬后石英砂牢固地附着在基面,基面变得非常粗糙,可有效保护绝缘卷材,防止尖物刮伤,影响最终绝缘效果。

(5)花岗石铺设

保护层施工后,至少保证24h的凝固时间,才允许人员在上面行走,但不允许车辆,如斗车、液压叉车在上面行驶,以免压坏。

保护层施工24h后,马上组织铺贴地面花岗石。地面材料经验收合格后,进行绝缘缝的绝缘密封胶灌填处理,填缝前应先清理缝中的杂物并把两端绝缘层膜切至装饰面下5mm处,使密封胶与两边的绝缘层膜紧密连接,达到绝缘效果。密封胶的填充应与装饰地面在一个平面上。

完成密封胶的施工后,再进行绝缘电阻率的验收。站台绝缘层施工示意图见图2。

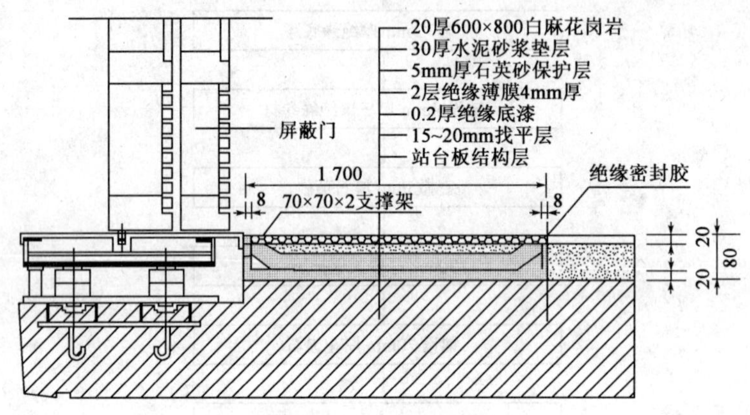

图2 站台绝缘层施工示意图(尺寸单位:mm)

(6)成品保护

完成密封胶的施工后,对整个施工现场清理,进行成品保护,以免对施工完成面污染,影响最终交验。

6 材料与设备

主要设备见表1。

主要设备　　表1

序号	名称	规格	单位	数量
1	聚碳酸酯支撑架	70×70×2	m	1 900
2	三聚绝缘卷材	1m×50m	m^2	2 400
3	石英砂	粒径介于0.3~0.7mm	kg	300
4	绝缘底漆	18kg	kg	200
5	密封绝缘胶	330mL	支	500
6	花岗石	800mm×600mm×20mm	m^2	1 200
7	镀锌自动螺丝带胀管	3m×50mm	颗	1 200
8	冲击电锤		把	2
9	瓦斯喷灯		个	4
10	红外线投线仪		台	2
11	GM-100T兆欧表		台	1

7 质量控制

质量要求符合《建筑装饰装修工程质量验收规范》(GB 50210—2001)和《地铁设计规范》(GB 50175—2003)的规定。具体要求见表2。

绝缘层施工程序及控制　　表2

序号	使用材料	厚度	要求	说明
1	1:2水泥砂浆	15~20mm	找平压光	必须在以下工序施工的26d前完成
2	聚碳酸酯支撑架	77mm×70mm×2mm	安装牢固	用胀管螺丝固定
3	绝缘底漆	0.2mm	涂刷均匀	2遍
4	第一层绝缘卷材	1.6~2.0mm	贴紧结构层,搭接宽度为200mm	在底油干燥后铺设
5	第一次绝缘检测		绝缘电阻率≥1 000MΩ	按测试规范进行
6	第二层绝缘卷材	1.6~2.0mm	搭接宽度为200mm	接缝与底层膜错开搭接
7	第二次绝缘检测		绝缘电阻率≥500MΩ	按测试规范进行
8	1:3水泥砂浆	30~40mm	压平	做好绝缘层膜的保护
9	铺设石英砂	0.3~0.7mm	铺撒均匀	
10	铺色石材	20mm	平整	符合装修施工规范
11	清理绝缘缝			清理侵入砂浆及杂物灰尘
12	密封胶	8mm	平整	注意填实
13	第一次绝缘检测		绝缘电阻率≥0.5MΩ	按测试规范进行
14	成品保护			铺设保护膜,确保石材面不被污染

8 安全措施

严格按各项安全法规、安全技术规程的各项规定组织施工。

(1)现场临时水电设专人管理。

(2)工人操作地点和周围必须清洁整齐,做到“活完脚下清,工完场地清”,制定严格的成品保护措施。

(3)中小型机具必须经检验合格,履行验收手续后方可使用。同时应由专门人员使用操作并负责维修保养。必须建立中小型机具的安全操作制度,并将安全操作制度牌挂在机具旁明显处。

(4)施工过程中注意消防安全,由于施工时需使用瓦斯喷灯,高温的火焰易产生火灾,因此,施工部位的全部易燃物品都要转移,并且需在现场每个喷灯配套放置灭火器两个。

(5)中小型机具的安全防护装置必须保持齐全、完好、灵敏有效。

(6)绝缘层在施工过程中,要求相邻区域无油漆、打洞钻孔的施工,防止油漆污染油剂,及绝缘膜粘接后因楼地面振动而粘接不牢。

9 环保措施

(1)加强对现场人员的培训与教育,提高现场人员的环保意识。

(2)加强施工现场的噪声监测,要及时对施工现场噪声超标的有关因素进行调整,达到施工噪声不扰民的目的。

(3)装修材料施工后产生的垃圾清运过程应遵循国家有关的环境保护要求。

10 资源节约

(1)科学组织施工、合理安排各道工序,加快施工进度,最大限度地节约企业和社会资源。

(2)本工法施工的绝缘层绝缘效果好,施工质量达标,避免了不必要的返工,节省了大量的人力物力。

11 效益分析

(1)采用CAD软件进行电子版图放样,并现场预排,提高了施工质量、施工精确度及施工效率。

(2)在施工中严格按照各种施工工序施工,整个站台分段检测确保三次的绝缘检测数据达到绝缘要求,避免不必要的多次返工。按此法施工质量得以保证,施工效率提高,综合经济性能高,每平方米比传统的绝缘层施工工艺节约成本近120元,太安站、布心站两站台绝缘层节约资金183 000元。

12 应用实例

深圳地铁五号线太安站为地下三层岛式车站,为地铁五号线与地铁七号线平行换乘站,是深圳目前最大的地铁站,规模为标准地铁站的3倍,位于太安路与太白路之间的东晓路上,横跨布心路,呈南北走向布置。车站采用上5下7的双岛垂直换乘方式,总建筑面积40 100m^2。

布心站:位于罗湖区东晓路和东湖路交叉口南侧,沿东晓路布置。车站为地下两层8m岛式站台车站,总建筑面积10 500m^2。是地铁五号线27个站中仅有的2个采用弧形欧式拱顶无柱式站厅,屏蔽绝缘层作为地铁装修工程施工的关键技术难题,中铁五局建筑公司成立了专门QC小组,精心施工,确保绝缘测试数据符合有关要求,一次性通过整体验收,施工质量优良,得到了深圳市轨道办、住建局、地铁公司等各级领导一致好评。

公路电缆防盗报警系统设备安装施工工法

GGG(滇)D6187—2013

陈 建 张星江 董瑞常 吕 波 孙宏贤
（云南云岭高速公路桥梁工程有限公司 云南云岭高速公路交通科技有限公司）

1 前言

由于近年来原材料铜的价格一直居高不下，电缆被盗现象一直十分严重。特别在我国高速公路工程中，隧道大量修建，电缆敷设量极大，不少隧道修建在荒无人烟的地方使得隧道与隧道管理所距离较远，设施看护困难，电缆防盗已成为目前高速公路建设及管理单位面临的一个十分严峻的问题。

鉴于此，云南云岭高速公路交通科技有限公司组织研究人员，紧密结合公路隧道电缆的应用特点，通过技术创新，研究开发了“公路电缆防盗报警系统”。

云南云岭高速公路桥梁工程有限公司在云南省罗家村至富宁高速公路养护过程中实施了该系统，并在其后的隧道施工实践中，针对施工现场特点及设备安装特点，总结完善了施工的工艺流程、施工步骤、控制要点、机具设备等，形成本工法。

2 工法特点

针对在建或已建公路(隧道)电缆防盗报警系统设备的安装与实施。

通过对施工工序的合理化安排、施工场地的规范化管理，注重沟通协调，达到缩短工期，提高施工质量，保障施工安全的目的。解决了在狭小空间、狭小场地下设备安装问题，并保障了施工过程不影响公路隧道现有设施设备的正常运行。

3 适用范围

本工法适用于公路电缆防盗报警系统设备安装工程，尤其是高速公路隧道区域、立交互通区域的电缆防盗报警系统。

4 工艺原理

本工艺包括报警主机、监控主机和终端设备三部分的施工。

在待监测电缆的末端连接终端设备，终端设备直接安放固定于配电箱内；在变电所或箱式变电室内安装监控主机，每个远端设备与监控主机配合完成一根电缆状态的检测。在有人值守的监控(管理)中心安装报警主机，电缆异常时进行声光报警。

5 施工工艺流程及操作要点

5.1 施工工艺流程

电缆防盗报警系统总体施工流程见图1。

竣工图纸是制订施工方案的重要依据和基础。对于隧道区域，竣工图纸应包括隧道供配电竣工图、隧道照明竣工图、隧道监控竣工图；对于立交、大桥等区域，竣工图纸应包括路段监控竣工图、路段供配电竣工图、路段照明竣工图等。

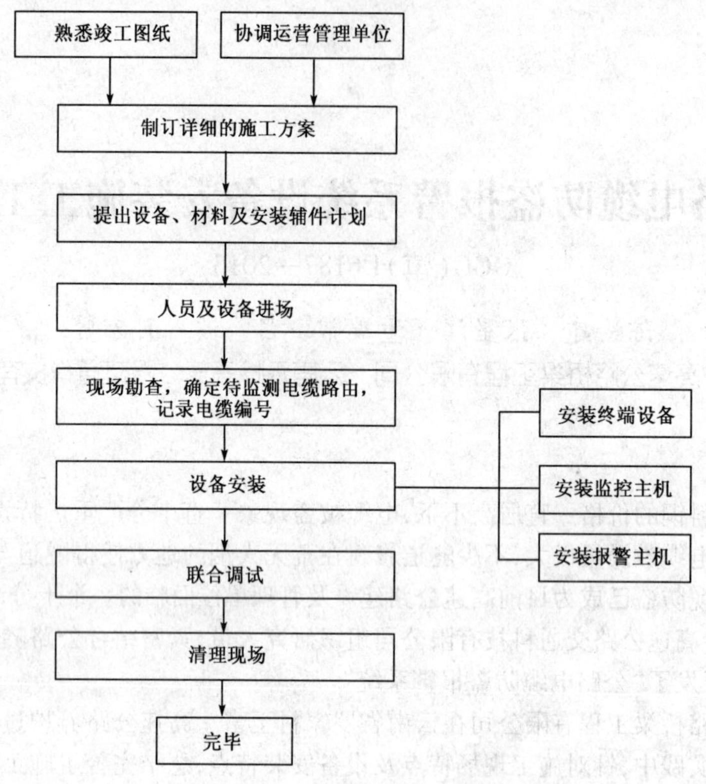

图1 电缆防盗报警系统总体施工流程图

1)终端设备安装工艺流程

终端设备安装于待监测电缆的末端,每一根待监测的电缆需安装一个终端设备。对于已通车的隧道,因其操作空间狭小,在设备安装前要求人员、设备、辅材、安全设施等准备工作应充分。配电箱内进行接线工作之前,务必使用测电笔判断该电缆是否断电,只有在断电情况下方可进行接线工作。终端设备安装工艺流程见图2。

远端设备在配电箱内的安装方式,如图3所示。

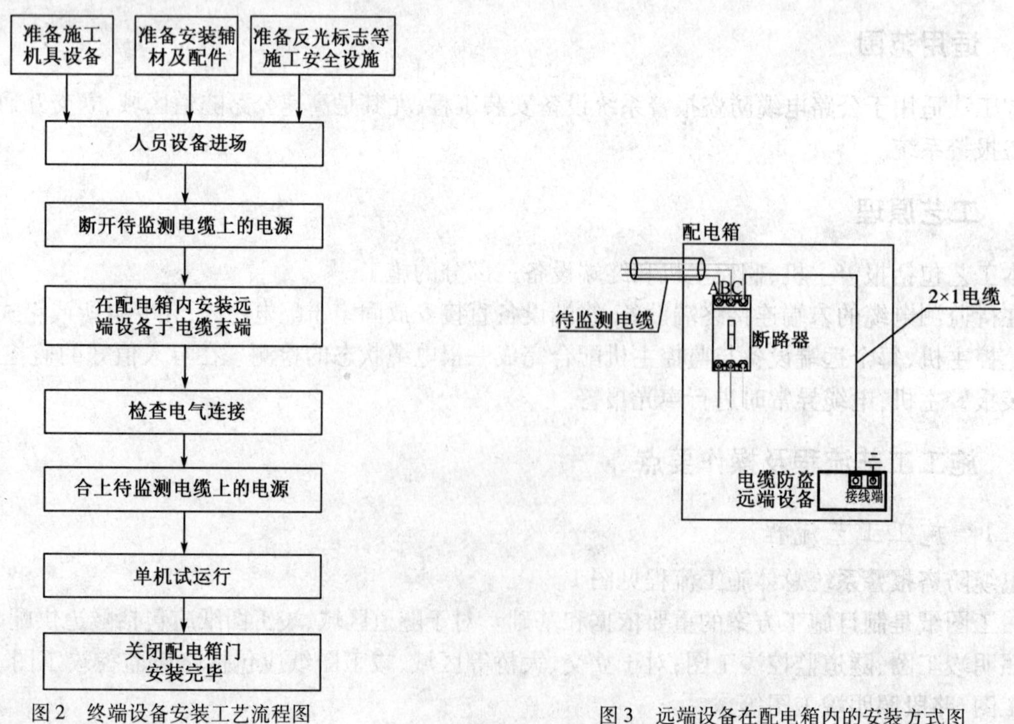

图2 终端设备安装工艺流程图

图3 远端设备在配电箱内的安装方式图

2)监控主机安装工艺流程

监控主机安装于隧道变电所低压馈电室内或箱式变电室内。在隧道变电所内,根据低压馈电室内空间,确定安装位置,一般安装于低压馈电柜旁,以不影响馈电柜操作、监控主机与待监测电缆间接线距离最短为原则。监控主机安装工艺流程见图4。

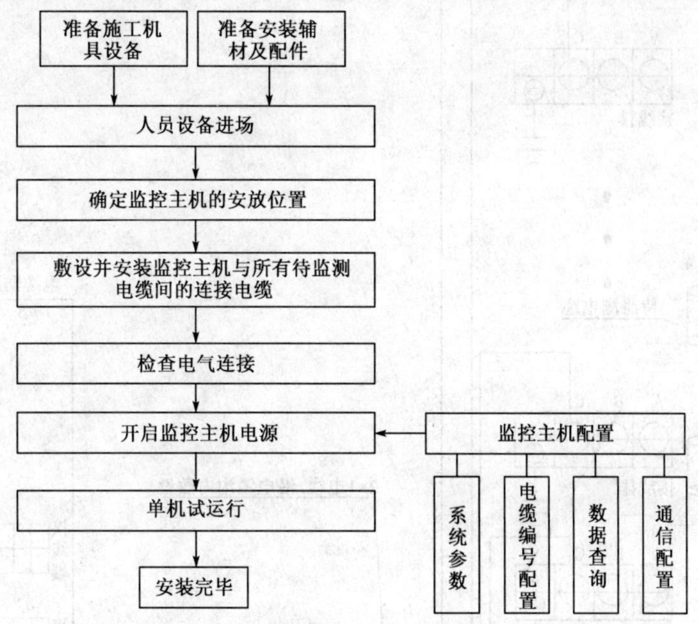

图4 监控主机安装工艺流程图

监控主机在隧道变电所内的安装方式,如图5所示。

监控主机安装于隧道变电所低压配电室或EPS配电室空余位置,每一根需要监测的电缆从其低压馈电柜的输出接线端安装一根连接电缆至监控主机,连接电缆宜选用RVV系列 $1mm^2$ 线径规格型号,沿配电室内电缆沟敷设。

监控主机安装于箱式变电室内部时,具体安放位置根据现场情况确定,每一根需要监测的电缆从箱式变电室内低压馈电柜的输出接线端安装一根连接电缆至监控主机,连接电缆宜选用RVV系列 $1mm^2$ 线径规格型号,连接电缆采用PVC管或塑料软管保护。

3)报警主机安装工艺流程

报警主机安装于有人值守的监控中心、管理中心等。一个监控或管理中心需安装一套报警主机。报警主机由PC机及基于win32(适应于windows xp/NT操作系统)的报警软件组成,其中PC机可利用监控(管理)中心现有的监控计算机,在PC机上安装报警软件,并外接报警音箱,可实现异常情况的声光报警。

4)联合调试工艺流程

终端设备、监控主机及报警主机(软件)安装工艺结束后,进入联合调试阶段,联合调试工艺流程见图6。

5.2 操作要点

1)终端设备安装操作要点

(1)安装前应在施工区域附近设置反光锥标,施工人员身穿反光衣。

(2)配电箱内进行接线工作之前,务必使用测电笔判断该电缆是否断电,只有在断电情况下方可进行接线工作。

(3)接线工作完成后,将终端设备绑扎固定于配电箱内适当位置。

(4)连接电缆在配电箱内整体布置,并用扎带固定。

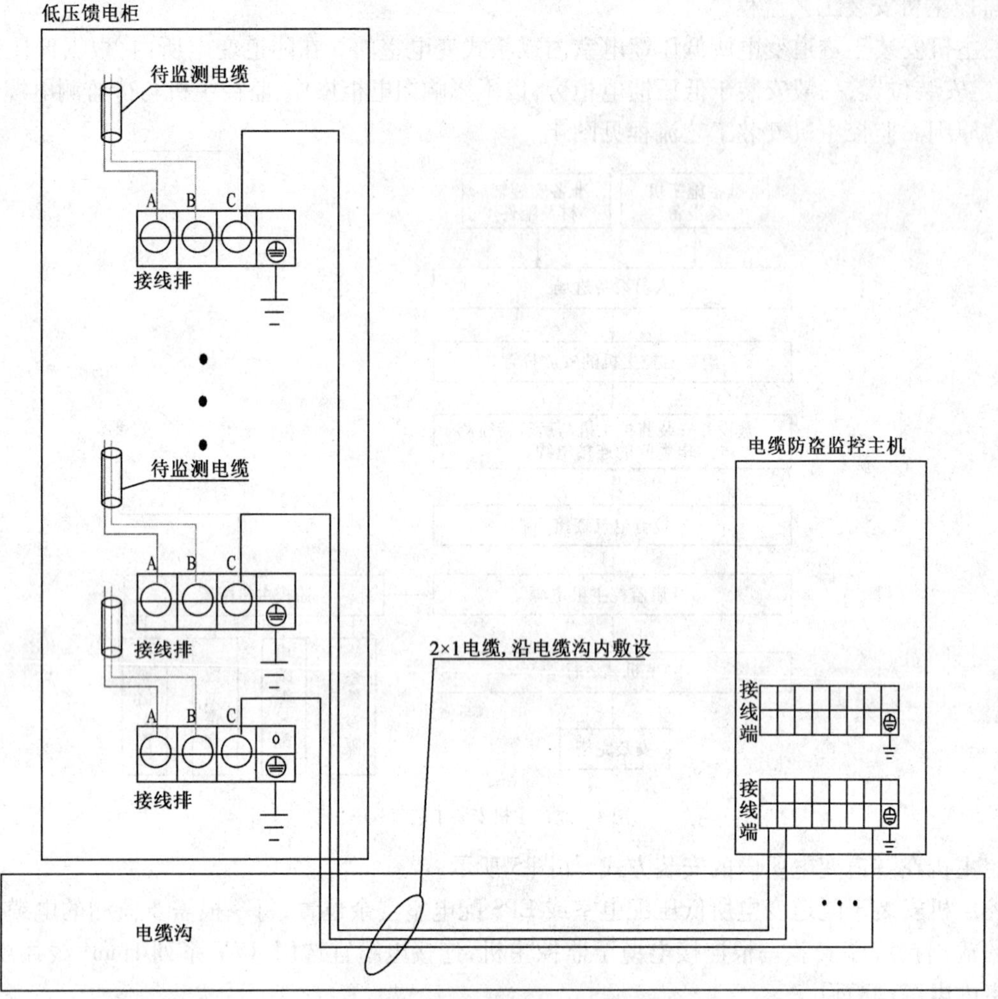

图5　监控主机在隧道变电所内的安装方式图

(5)安装完成后,清理配电箱内施工留下的线皮、线芯等残渣。

2)监控主机安装操作要点

(1)安装前应根据变电所或箱式变电室内箱柜的布置情况,并与运营管理单位人员协调沟通后,确定监控主机的安装位置。

(2)安装监控主机与低压馈电柜间的连接电缆时,应断开待测电缆上的电源。使用测电笔判断该电缆是否断电,只有在断电情况下方可进行接线工作。

(3)连接电缆用扎带绑扎并整齐布置。

(4)接线工作完成后,在开启监控主机电源之前应仔细检查电气联系。

(5)开机后,应在"电缆管理"菜单中配置所有电缆编号、属性。

(6)安装完成后,清理施工留下的线皮、线芯等残渣。

3)报警主机安装操作要点

(1)报警主机可采用监控管理中心现有的监控计算机,也可专门配置,主机应满足不间断连续运行条件。

(2)若使用现有监控计算机,务必确保报警软件与监控软件之间无任何冲突。

(3)外接报警音箱应连接可靠,避免音频线路受外力影响脱落。

4)联合调试操作要点

联合调试主要包括三个内容:①报警的及时性;②报警的准确性;③是否对公路隧道机电系统无任何影响。

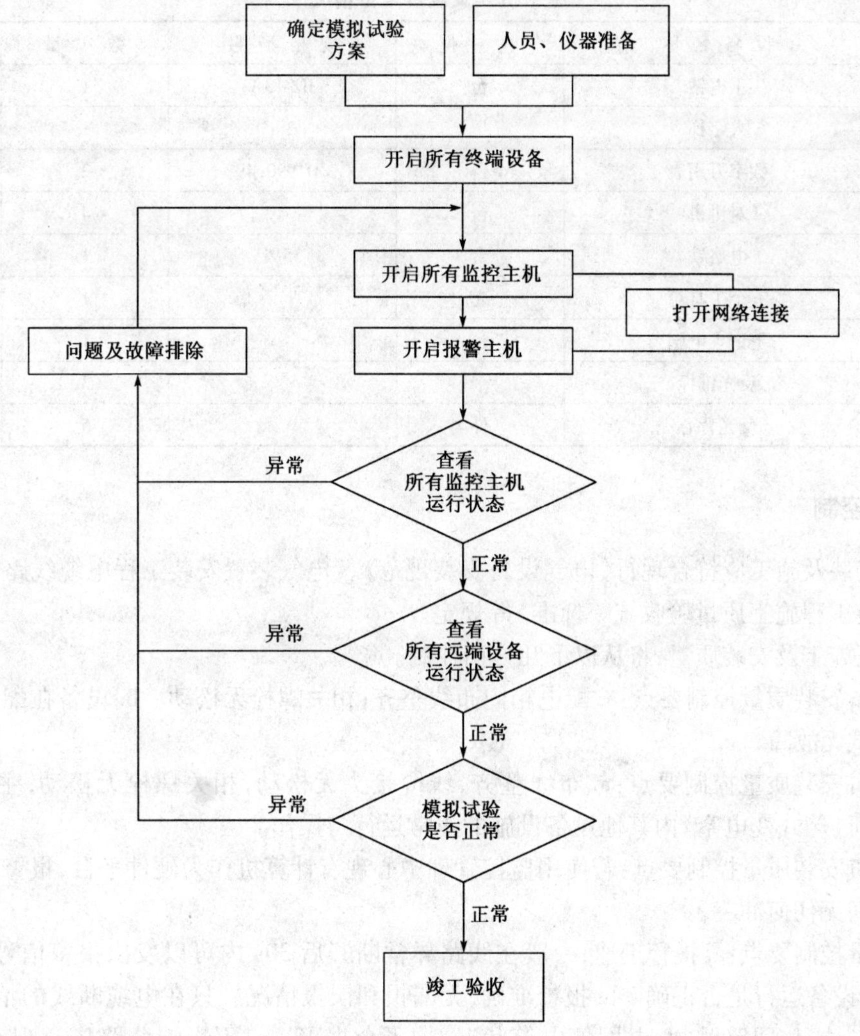

图6 联合调试工艺流程图

详细测试内容及方法：

测试一 在电缆末端的配电箱内接线排处，拧松螺丝，抽出待检测电缆，模拟电缆被切断现象，观察变电所（或箱式变电室）内的主机是否在30s内发出报警，同时观察监控管理中心内的报警计算机是否及时输出报警。

测试二 在变电所（或箱式变电室）低压馈电柜处，切换电源开关"开启"和"停止"按钮，让系统工作在线路带电与不带电两种状态，观察监控主机是否报警，对不同位置及不同负载的电缆均作同样的测试。

测试三 观察监控管理中心与变电所（箱式变电室）是否为同步报警。

测试四 现场观察是否对公路隧道机电系统无任何影响。

6 材料与设备

6.1 材料

由于本安装工程均是成套产品，施工所需辅材很少。采用较多的辅材为连接电缆，一般采用RVV系列1mm^{2}线径规格型号，连接电缆较多时可采用PVC管或塑料软管保护。

6.2 机具

施工过程中，主要使用的机具及设备见表1。

施工机具及设备配备情况　　表1

序号	设备名称	单位	规格型号	数量	备注
1	手电钻	台	JIZ-13A	1	备用
2	人字梯	把	3m	1	
3	数字万用表	台	DT990.4	2	
4	对讲机	台		4	
5	电烙铁	台	35W	1	
6	五金工具箱	套		1	
7	笔记本电脑	台		1	调试备用
8	反光锥标	个		3	
9	反光背心	件		5	

7 质量控制

(1)设备安装及施工应符合现行《电气设备安装规范》、《电气装置安装工程电缆线路施工及验收规范》、《工业安装工程施工质量验收统一标准》等规定。

(2)为保证施工及安装质量,将从以下几方面控制。

①远端设备安装质量控制要点:a.配电箱内布线整齐;相关螺栓无松动。b.设备在配电箱内固定稳靠。c.单机调试无故障。

②监控主机安装质量控制要点:a.布线整齐,线缆接头无松动,相关螺栓无松动,主机安装平正。b.不影响变电所(箱式变电室)内其他设备设施的正常运行与操作。

③报警主机安装质量控制要点:若使用监控管理中心现有计算机作为硬件平台,报警软件与计算机内其他软件之间无任何冲突。

④总体质量控制要点:a.报警迅速,一般在线路异常断开后30s内可以发出报警信号;否则应检查通信线路、远端设备运行是否正确。b.报警准确,无漏报和误报情况。只在电缆断线的情况才报警,在有电压没电流的情况、回路跳闸、电网停电等状况,均不会报警。c.不影响公路隧道现有设施的正常运行。

8 安全措施

(1)施工过程中,严格遵守《施工企业安全生产评价标准》、《施工现场临时用电安全技术规范》、《建筑施工现场环境与卫生标准》等现行标准规范。

(2)保证安全施工,将从以下一些具体工作着手。

①加强安全生产教育,所有现场施工人员都严格遵守国家及地方颁发的有关安全法规。

②易燃易爆物品严格按规定存放,妥善保管。

③所有施工机具及设备质量完好。

④临时电源配电箱及电缆完好,不得有破损、漏电现象,临时电源配电箱有漏电保护装置。

⑤施工临时用电由专业电气施工人员进行操作,杜绝无证上岗,乱拉乱接。

⑥进入施工现场严格执行戴安全帽,严禁赤脚,严禁穿高跟鞋、拖鞋、喇叭裤、裙子等进入施工现场的规定。在确有必要的施工现场和时段,提供照明、警卫、护栏、警告标志等安全防护设施。

⑦杜绝乱扔乱抛工具材料,野蛮装卸,野蛮施工。

⑧单机试运行时,相关专业人员必须到位,在设备、电气、仪表、管路各系统检查无误后,按规定程序进行通电,保证设备、人员安全。

⑨施工现场根据实际情况制作安全警示牌或安全标志。

⑩施工中对电缆的连接及各项通电试验做到一丝不苟。严格按照施工方案、施工规范施工,按产品操作说明书的规定进行操作,确保产品的安装和运行安全。

9 环保措施

本工程的施工,将严格执行当地政策法规,实行文明施工,维护施工现场良好的环境卫生和施工秩序。

(1)所有材料堆放整齐,现场设置一定的安全防护设施和安全标志。

(2)临时设施布置合理,室内整洁统一,环境优美。

(3)设备、材料、机具分区存放,整齐有序。

(4)人员统一着装,配置统一形状的安全帽,并以安全帽颜色区分管理人员与操作职工。

(5)开展文明施工教育,做好文明施工宣传工作,提高职工的文明施工意识。

(6)保持场内道路畅通,场地平坦整洁,施工现场条理有序、整洁卫生。

10 效益分析

(1)通过对施工工序的合理化安排、施工场地的规范化管理,注重沟通协调,达到了缩短工期,提高施工质量,保障施工安全、减少施工成本的目的。解决了在已通车公路隧道环境下设备安装的各种问题,保障了施工过程不影响公路隧道现有设施设备的正常运行。

(2)工法内容有利于推进公路隧道运营管理过程中,配套设备的集成化和规模化实施,具有良好的社会效益和经济效益。

①社会效益。使公路电缆被盗的风险降到了极低,有利于使机电系统维持在正常的工作状态,保证了公路机电系统安全保障水平及应急处理能力,从而在很大程度上避免了道路交通事故发生,保障道路使用者的生命财产安全,具有重要社会效益。

②经济效益。主要体现在公路电缆防止毁损的安全性提高,而节约的维护成本(材料成本、人力成本和管理成本等)。通过统计对比,能节约维护成本 90%,具有可观的经济效益。

11 应用实例

11.1 工程实例一

1)工程概况

罗富高速公路,起于云南与广西交界的罗村口,止于文山壮族苗族自治州富宁县城。线路全长 79.3km,全线有连拱隧道 4 座(全幅),分离式隧道 12 座(单幅)。具体实施地点为罗富高速公路六益隧道,位于云南与广西交界处的云南省文山州境内,全长 2 510m,在云南端和广西端各设有一个隧道变电所。

2)应用效果

罗富高速公路为已通车跨省高速公路,交通流量大,运营电缆路由复杂。2011 年 8 月 10 日开始施工,2011 年 9 月 26 日完工。为确保施工质量,对施工工艺进行了周密安排,并在施工中加强管理,取得了令人满意的效果,同时也得到了业主的好评。

11.2 工程实例二

1)工程概况

昆石高速公路小团山隧道为一座左、右幅分离式隧道,其右幅隧道起止桩号为 K17 + 033 ~ K18 + 217,全长 1 184m,左幅隧道起止桩号为 K18 + 153 ~ K19 + 266.84,全长 1 119.84m,设有一个隧道变电所。

2)应用效果

昆石高速公路交通流量大,运营电缆路由复杂。2012 年 5 月 19 日开始施工,2012 年 6 月 13 日完工。为确保施工质量,对施工工艺进行了周密安排,并在施工中加强管理,取得了令人满意的效果,同时也得到了业主的好评。

11.3 工程实例三

1)工程概况

水麻高速公路箭竹塘隧道为一座左、右幅分离式隧道,其右幅隧道起止桩号为 K76 + 357 ~ K77 + 577,全长 1 220m,左幅隧道起止桩号为 K76 + 367 ~ K77 + 657,全长 1 290m,设有一个隧道变电所。由于隧道修建在荒无人烟的地方,设施看护困难,电缆被盗现象一直十分严重。

2)应用效果

水麻高速公路交通流量大,运营电缆路由复杂。2012 年 10 月 15 日开始施工,2012 年 11 月 20 日完工。为确保施工质量,对施工工艺进行了周密安排,并在施工中加强管理,取得了令人满意的效果,同时也得到了业主的好评。

隧道全工序平行流水施工工法

GGG(中企)D6188—2013

许志忠　李关次　刘　建　张　松

(中铁一局集团有限公司)

1　前言

在传统的公路隧道施工过程中,隧道各工序施工次序为:先施工主要工序——爆破开挖、支护、仰拱混凝土(整平层混凝土)、防水层、二次衬砌混凝土。待隧道开挖贯通后再施工后续工序——排水沟电缆槽(含盖板)、路面,最后喷防火涂料,贴瓷砖。对于工期紧、任务重的隧道,按照传统工序施工方法施工,很难保证工期,即便采取抢工的措施勉强交工,其安全质量也存在很大隐患。

中铁一局施工的映秀至汶川段高速公路位于"5·12"汶川特大地震极度重灾区,是汶川县灾后恢复重建的生命通道。山体、道路受地震及次生灾害破坏尤为突出,成为抢险救灾的"硬骨头"段,也是世人关注的焦点,受党中央、国务院的高度重视。映汶高速公路映秀隧道左线长2 700m,施工里程为ZK5 + 900 ~ ZK3 + 200;隧道右线长2 675m,施工里程为K5 + 875 ~ K3 + 200。洞口295m为"1933年松潘大地震"和"5·12汶川特大地震"地震堆积体,隧道内Ⅱ、Ⅲ级围岩占63.9%,岩石坚硬强度达194MPa,埋深3.9 ~ 732m,岩爆强烈。合同工期为30个月,工期紧、任务重,隧道快速贯通对汶川的灾后重建意义非常巨大。

随着基础设施建设的不断发展,各种隧道及地下工程越来越常见,规模也越来越大,长度越来越长。同时随着科技的进步,隧道管理经验也越来越成熟,机械化程度越来越高,这样也就要求工期越短,所以工期任务就越重。其实,隧道施工管理也就是各工序间的管理。只要合理协调各工序,就能尽快完成施工任务。为确保灾后生命通道的快速贯通(2008年"5·12"汶川特大地震灾害恢复重建的快速通道),中铁一局集团在映汶路A2合同段映秀隧道出口施工过程中,仔细研究了隧道各施工工序,通过对施工过程的总结,形成了隧道全工序平行流水施工工法,提高了隧道施工安全系数、确保了施工质量、缩短了施工工期、降低了施工成本,可以对类似工程起指导作用。

2　工法特点

(1)本工法工艺简便,将后期施工工序提前,各工序平行流水作业,可缩短施工总工期、降低施工成本,实施方便。

(2)采用本工法,隧道各工序均衡有序进行,合理安排调节人员、机械设备,避免窝工,提高了工效。

(3)保证各工序间安全距离、及时封闭成环、提高隧道安全系数、确保施工质量(合理安排各工序施工,避免抢工),避免安全、质量事故发生。

3　适用范围

本工法适用于所有公路隧道工程施工,其他地下工程施工也可参考本工法进行施工控制。

4　工艺原理

4.1　隧道工程施工工序划分

主要工序:爆破开挖、支护、仰拱混凝土(整平层混凝土)、防水层、二次衬砌混凝土。

后续工序:排水沟及电缆槽(含盖板)、隧道路面、隧道装饰(贴瓷砖和防火涂料)。

辅助工序:机电安装。

4.2 全工序平行流水施工原理

隧道全工序平行流水施工法就是主要工序(爆破开挖、支护、仰拱混凝土(整平层混凝土)、防水层、二次衬砌混凝土)在正常施工的同时,后续工序(排水沟及电缆槽(含盖板)、隧道路面混凝土、隧道喷防火涂料、贴瓷砖等)施工同步跟进,主要工序和后续工序平行流水作业。在主要工序完工后较短的时间内,后续工序能迅速完工,为整体工期的提前创造条件。

在施工过程中,根据设计文件和施工规范结合施工情况和工序衔接要求,合理定出开挖掌子面~仰拱混凝土(整平层混凝土)~防水层~二次衬砌混凝土~水沟电缆槽混凝土(含盖板)之间的施工距离,在确保安全和各工序相互不影响施工作业时,仰拱混凝土(整平层混凝土)、防水层、二次衬砌混凝土、水沟电缆槽混凝土工序尽量紧跟,使隧道尽快封闭成环。施工示意图及不同围岩级别施工参数分别见图1和表1。排水沟、电缆槽盖板在施工现场预制,现场预制、现场安设,不需专门的盖板预制场。路面混凝土、防火涂料及贴瓷砖等工序在达到施工条件后及时展开施工。

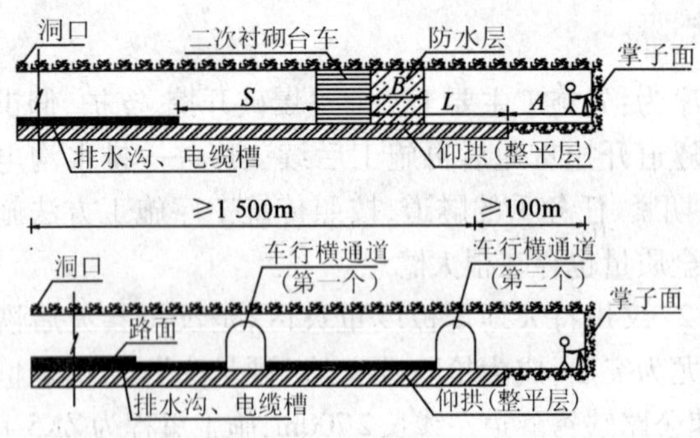

图1 全工序平行流水作业施工示意图

对于不同的围岩级别,各工序间的距离要严格控制并调整,以确保隧道施工安全。当围岩较差,风险隐患较大时,应尽量缩短开挖掌子面、仰拱混凝土(整平层混凝土)、防水层、二次衬砌混凝土各工序间的施工距离。

全工序平行流水作业施工不同围岩级别施工参数　　表1

序号	围岩级别	S	L	A	B
1	Ⅴ	≤100m	≤50m	≤40m	1×13m
2	Ⅳ	≤100m	≤40m	≤50m	1×13m
3	Ⅲ	≤150m	≤30m	≤90m	1~2×13m
4	Ⅱ	≤150m	≤80m	≤120m	1~3×13m

5 施工工艺流程及操作要点

5.1 工艺流程(图2)

5.2 操作要点

(1)隧道内整齐、规范布设三管二线:高压供风管、水管、风筒、动力线、照明线。

(2)按规范要求进行掌子面开挖、超前支护、初期支护施工,根据不同围岩级别,控制掌子面~仰拱混凝土(或整平层混凝土)~二次衬砌混凝土之间的距离(可按表1全工序同步平行施工不同围岩级别施工参数要求控制),确保施工安全。当围岩变差时,应加快仰拱混凝土(或整平层混凝土)、防水层和二次衬砌混凝土施工速度,在避免开挖爆破时将仰拱混凝土、防水层或二次衬砌混凝土砸坏的情况下,尽可能缩短仰拱混凝土(或整平层混凝土)、防水层和二次衬砌混凝土与掌子之间的距离。

(3)仰拱混凝土(或整平层混凝土)、防水层与掌子面之间的距离,要根据不同的围岩级别调整控制。既要满足仰拱混凝土(或整平层混凝土)和防水层不被掌子面开挖爆破砸坏,又要满足二次衬砌混凝土跟进的进度要求。当围岩较差时(如Ⅳ、Ⅴ级围岩),掌子面开挖掘进循环速度较慢,仰拱混凝土(或整平层混凝土)、防水层和二次衬砌混凝土的跟进速度能满足要求;当围岩较好时(如Ⅱ、Ⅲ级围岩),掌子面开挖掘进循环速度较快,此时应增加仰拱混凝土(或整平层混凝土)、防水层和二次衬砌混凝土施工作业人员(两班作业),必要时可调整仰拱混凝土(或整平层混凝土)配合比(适当添加早强减水剂),提高仰拱混凝土(或整平层混凝土)和二次衬砌混凝土早期强度,便于二次衬砌混凝土跟进。

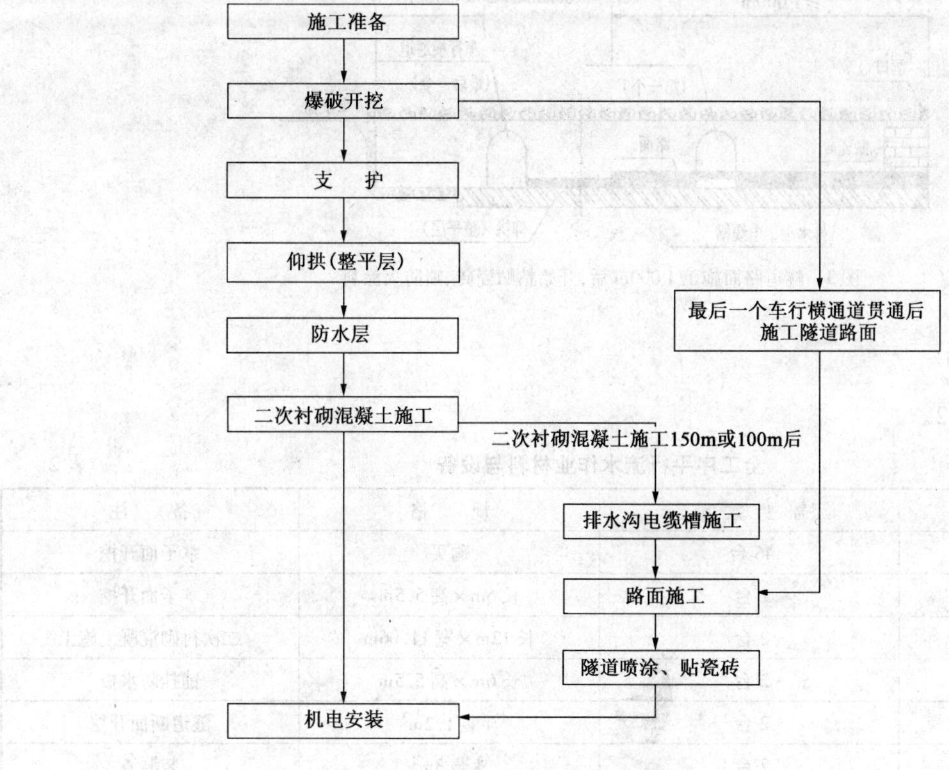

图2 施工工艺流程

(4)为解决仰拱混凝土(或整平层混凝土)养护等待强度恢复与掌子面出渣之间的矛盾,每个掌子面可制作2个长20m的出渣行车栈桥,确保掌子面开挖掘进循环速度。

(5)二次衬砌混凝土按规范和设计要求施工100~150m后,进行施工排水沟和电缆槽,在不影响其他工序施工时,排水沟和电缆槽施工尽量紧跟二次衬砌混凝土。制作排水沟电缆槽盖板混凝土预制模型,排水沟电缆槽盖板现场预制,现场安放,不需要专门的预制场地,实行工厂化作业。

(6)排水沟电缆槽盖板现场预制,统一安排在隧道左侧或右侧,紧靠排水沟,不占用行车道,盖板现场预制场前后设置警示牌,便于进出车辆行走,确保作业安全。

(7)排水沟沟壁混凝土施工时,要严格控制其顶面高程和线形,顶面高程可按低于路面高程10cm控制,并保证其顺直度,为路面混凝土施工创造条件。

(8)当最后一个车行横通道贯通后(软弱围岩:Ⅳ、Ⅴ围岩剩余200~300m,或较好围岩:Ⅱ、Ⅲ级围岩剩余300~400m时),可开始施工隧道路面混凝土,从隧道洞口往隧道里施工。在路面施工期间,合理调整进出车辆行走路线,不影响掌子面正常施工和路面混凝土施工。

(9)待路面混凝土施工1 000m后,可开始粘贴瓷砖、喷防火涂料(图3)。

(10)隧道路面混凝土施工后,应覆盖塑料薄膜、不间断洒水养护,强度恢复至规范要求时方可允许车辆行驶。隧道混凝土路面要清扫干净,出渣车辆从路面混凝土行驶时,严禁掉渣,避免将路面混凝土砸坏。

(11)隧道贯通,二次衬砌混凝土、路面混凝土施工完毕后(此时隧道贴瓷砖、喷防火涂料已施工完毕),负责机电工程的施工单位可进场安设电缆、安装照明灯和消防管道等。

(12)各施工工序之间的距离可根据实际围岩情况调整,但掌子面~仰拱混凝土(或整平层混凝土)~防水层~二次衬砌混凝土之间的距离只可缩短,不可增长。

(13)隧道内各全工序流水施工,工序增加,且交叉作业,技术管理和现场管理的管控力量应加强和提升,提前做好技术方案,协调各工序共同流水作业,充分利用时间和空间资源。

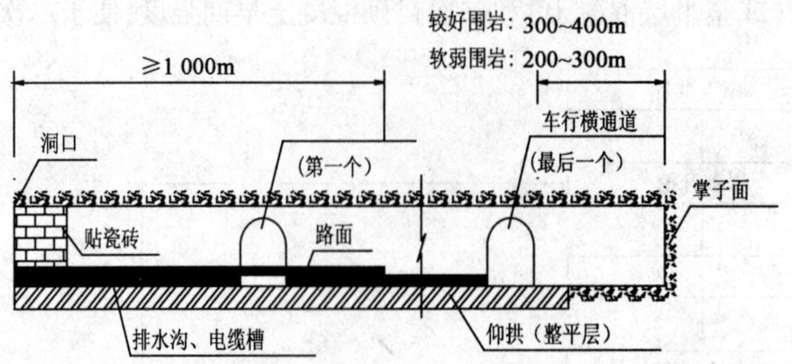

图3 隧道路面施工1 000m后,开始粘贴瓷砖、喷防火涂料

6 材料与设备

材料与设备见表2。

全工序平行流水作业材料与设备 表2

设备名称	需要数量	规格	备注
YT28 气腿式凿岩机	46台	购买	掌子面开挖
开挖台车	2台	长6m×高5.5m	掌子面开挖
二次衬砌混凝土台车	2台	长12m×宽11.06m	二次衬砌混凝土施工
防水板台车	2台	长6m×高5.5m	铺挂防水板
小松240挖掘机	2台	斗装1.2m^3	隧道断面开挖
卡特966G装载机	2台	斗装3m^3	装洞渣
L-20/8-1 电空压机	7台	20m^3	提供高压风
自卸汽车	9台	15t	运输洞渣
TK961 湿喷机	4台	20kW	喷射初期支护混凝土
KYB50/70 注浆泵	2台	11kW	锚杆和小导管压浆
HB-30 混凝土输送泵	2台	45kW	二次衬砌混凝土施工
通风机	4台	2 000m^3/min	隧道通风
HT120B 混凝土摊铺机	1台	125kW	路面混凝土施工
刻纹机	2台		路面混凝土施工
HZQ18 切割机	2台	7.57kW	路面混凝土施工
混凝土模板	700m^2	定型模板	仰拱、排水沟电缆槽施工

7 质量控制

施工中严格按施工规范和设计文件要求控制各道工序的施工质量,特别是施工中混凝土的质量控制。重点应注意以下几个方面:

(1)严格控制开挖、仰拱混凝土(或整平层混凝土)、二次衬砌混凝土、排水沟电缆槽各工序之间的间距,不能因为抢工或工序安排不当等原因而加大各工序之间的间距,留下安全隐患。

(2)通过采用全工序平行流水作业施工法,可合理调节安排施工作业人员和机械设备,避免抢工或窝工现象发生,各道工序有序进行,杜绝了质量隐患,确保了施工质量,降低了施工成本,可保证隧道整洁清爽。

(3)路面两侧排水沟沟壁用作路面混凝土施工机械设备跑道,施工时应严格控制其顶面高程,线形应顺直,必须保证跑道混凝土顶面的平整度。

(4)路面混凝土强度未恢复到规范规定的强度时,严禁车辆行驶。

(5)在路面混凝土已施工段,路面保持干净无杂物,避免车辆行驶碾压使路面混凝土表面坑洼不平;严禁出渣运输车超载,避免洞渣掉落,将路面混凝土砸坏。

(6)排水沟施工并安放盖板后,为避免排水沟被杂物堵塞,在排水沟端头(排水沟盖板端头)安放杂物拦截网,网格大小为4cm×4cm。

8 安全措施

(1)严格控制开挖、仰拱混凝土(或整平层混凝土)、防水层、二次衬砌混凝土、排水沟电缆槽各工序之间的间距,当围岩变差时可进一步缩短工序之间的间距;

(2)掌子面开挖后及时进行初期支护和浇筑二次衬砌混凝土,封闭成环,提高安全系数。

(3)隧道通风、照明设施齐全到位,保证隧道内空气清新,满足人员、机械设备、爆破所需新鲜空气,亮度满足人员视觉要求。

(4)隧道仰拱面(整平层面)不间断洒水,保证路面湿润,不扬尘,视线良好。

(5)在隧道内关键部位、重点部位、危险部位做好标识标牌,提醒施工人员。

(6)待路面混凝土施工1 000m,即开挖施工1 900m时,粘贴瓷砖、喷防火涂料队伍进场后,多家队伍同在隧道内作业,合理协调各施工队伍,避免出现安全事故。

(7)隧道内所有施工作业人员必须穿反光马夹,进出车辆行驶速度不得超过15km/h,排水沟电缆槽盖板现场预制统一紧靠隧道一侧,预制场前后设置警示牌。

9 环保措施

(1)杜绝了工人将清理的仰拱面淤泥、杂物往排水沟内扫,堵塞排水沟。同时可保证洞内清爽干净,确保文明施工;

(2)不需要专门的水沟、电缆槽盖板预制场地,节约盖板预制场地0.5亩[1],避免盖板多次倒运损坏,现场预制现场安放;

(3)派专人负责洞内卫生,不间断洒水,确保隧道路面或仰拱面干净湿润,为隧道掌子面提供新鲜清洁的空气。

10 资源节约

10.1 节地

映秀隧道通过采用全工序平行流水作业施工法,不需要专门的盖板预制场地,现场预制,现场安设,节约临时用地0.5亩。

10.2 节能

映秀隧道作为映汶项目的控制性工程,直接影响项目的整体工期。通过采用全工序平行流水作业施工法,映秀隧道施工工期提前3个月,映汶项目施工工期提前2.5个月,节约生活、办公用电8.7万度。

10.3 节材

映秀隧道通过采用全工序平行流水作业施工法,部分电缆槽、排水沟盖板采用二次衬砌施工后剩余混凝土,共计节约C25混凝土387m^3,节约水泥127.7t,中粗砂179.2m^3,碎石291.9m^3。

[1] 1亩=1/15公顷,后同。

11 效益分析

11.1 经济效益

映秀隧道通过采用全工序平行流水作业施工工法,施工工期缩短了3个月,节约施工管理成本202.3万元(A2合同段每月管理费用为41.9万元,机械设备租赁费用52.2万元,共计每月成本支出为94.1万元。为加快施工进度,加大对作业班组的奖励力度,给各施工队奖励金额预计为80万元)。排水沟、电缆槽盖板,现场预制现场安设,节约预制场临时用地0.5亩、避免盖板倒运损坏、减少二次搬运、节约电能、材料费用8万元,共计节约施工成本210.3万元。

11.2 社会效益

映秀隧道全工序平行流水作业施工工法,科学合理,结合实际,施工速度快、质量好,多次受到业主表扬及奖励。本工法已获得四川高速公路有限公司(川高)、都江堰至汶川高速公路有限公司(建设单位)的认可和好评,并在映秀~汶川高速公路全线推广。2010年5月27日,由都江堰至汶川高速公路有限公司(业主)在映汶项目召开映秀隧道全工序平行流水作业施工工法现场会。与其他工法相比,本工法的施工进度快,施工效果好,降低了成本,社会效益显著。为公路隧道施工总结了经验,同时培养了一批隧道施工的技术管理人才。

12 应用实例

12.1 工程实例一

隧道出口施工过程中,通过采用全工序平行流水施工工法,控制掌子面~仰拱混凝土(或整平层混凝土)~防水层~二次衬砌混凝土~水沟电缆槽混凝土(含盖板)间的距离,将排水沟、电缆槽、路面混凝土等施工工序提前施工。各工序有条不紊地推进,及时封闭成环,提升了隧道施工安全系数,合理调节施工人员和机械设备,避免窝工和抢工。映秀隧道出口施工工期缩短3个月,节省排水沟、电缆槽盖板预制场地0.5亩,降低施工成本210.3万元。

该项目在质监站、业主检查中,多次获得好评。在2010年、2011年全线信誉评比中均获得第一名,2009年、2010年均获四川省交通厅施工企业信誉评价“A”级企业单位,2011年获四川省交通厅施工企业信誉评价“AA”级企业单位。2010年获中国中铁股份公司年度“安全标准工地”和“十佳节能减排标准化工地”称号。2011年映汶项目顺利通过了SGS国际管理体系认证审核。2012年工程交工验收被业主评为全线“安全、质量、工期、文明施工”第一名。

12.2 工程实例二

通过分析、总结全工序平行流水施工工法的优点,该施工工法已在映秀~汶川高速公路的所有隧道(映秀隧道进口、银杏隧道、福堂隧道、桃关1、2号隧道、单坎梁子隧道、板桥山隧道、七盘山隧道)、陕西桃园~四川巴中高速公路的八庙隧道全面推广,部分已完工隧道基本达到该施工工法的预期效果。

2012年9月,《创造精品　铸辉煌》四川高速公路系统高速公路建设项目标准施工精细管理成果册中录入了中铁一局映汶高速公路映秀隧道全工序平行流水施工工法。

复杂环境下地铁深基坑施工工法

GGG(中企)D6189—2013

刘文兵　马海贤　匡建国　袁　何　王希勇
(中铁四局集团有限公司)

1　前言

当前我国城市地下交通正处于快速发展阶段,超深基坑施工越来越多,而周边环境要求越来越严格。当基坑遇到较为软弱的岩层时,非爆破开挖技术是可供选择的合理方案,在超深基坑的非爆破开挖实施方案中机械的配置是保证安全、工期、效益的重要因素。中铁四局集团有限公司在南京地铁机场线5号井深度达36.5m超深基坑施工过程中,在基坑下部遇到了较厚的强风化粉细砂岩层,采用了非爆破开挖技术,选择了合适的挖掘机和破碎锤开挖,配合轨行式龙门吊垂直运输,技术安排合理,取得了较好的社会和经济效益,经总结形成了本工法。

2　工法特点

(1)在复杂环境深基坑施工中,采用了非爆破开挖方法——用破碎锤为主的破岩方式施工,有效地保护了周边环境。

(2)由于地面环境限制,采用了轨行式龙门吊垂直运输施工方式,避免了履带吊对附近建筑物的干扰,提高了出渣效率。

(3)根据时空效应原理,在确保施工安全的条件下,上部混凝土支撑采用分层紧跟支护方式,下部两层锚索支撑采用周边先挖,及早安设锚索预加应力达到基底高程后分区封底,及时封闭,保证了基坑安全。

3　适用范围

本工法适用与复杂环境较软弱岩层超深基坑开挖施工。

4　工艺原理

基坑超深,采用轨行式龙门吊出土,解决了复杂环境中空间受限难题,使施工机械组合作业发挥最大效益;对岩石采用非爆破方式进行开挖,避免了爆破对基坑周边建筑物的扰动;各个工序和环节进行精心的安排,在施工过程中进行监控量测,实行信息化指导施工。

5　施工工艺流程及操作要点

5.1　施工工艺流程(图1)

5.2　操作要点

1)围护桩施工

钻孔桩采用“跳二钻一”循环进行。防护桩之间采用旋喷桩止水,深入强风化岩1m。

2)冠梁及挡墙施工

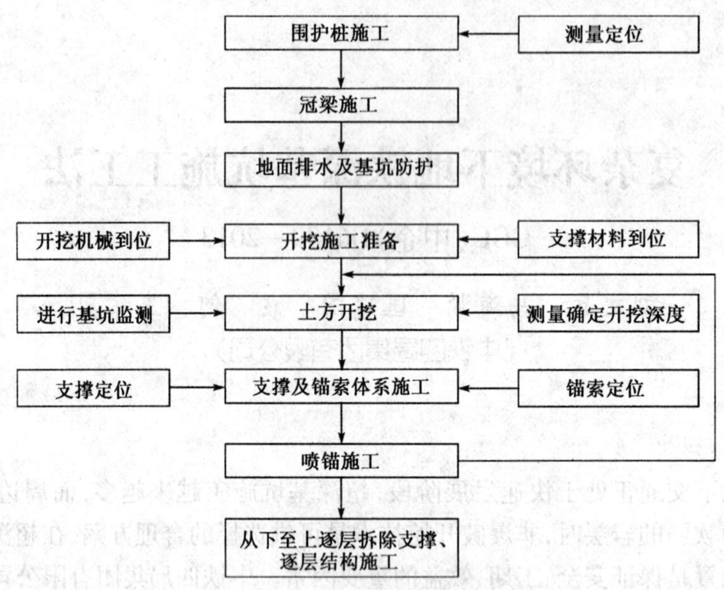

图1 超深基坑施工工艺流程图

桩身混凝土达到设计强度后进行冠梁施工,基础开挖时坑底预留30cm人工清底,人工破除桩头,挡墙施工时预埋基坑监测元件。

3)地面排水及基坑防护

在冠梁四周8.0m范围采用15cm厚C20混凝土对地表进行硬化,硬化面做成向外侧4%的排水坡,然后四周设置0.8m宽×0.3m深的水沟。

基坑四周在挡墙侧面预埋螺栓,螺栓与角钢连接,角钢上铺设钢板作为人行道,立杆高1.2m,纵向间距2m,每30cm设一道横杆,底部距地面20cm一道扫地杆,并挂醒目的安全警示标志。基坑入口设电子门槛,刷卡进入。

4)开挖施工准备

(1)根据现场实际情况,布置施工场地,落实土方运输车辆的停车场地,清除施工范围内障碍物。

(2)对所有进入现场的设备进行检修,保证施工期间机械正常运转。

(3)备齐合格的支撑设备、排水设备,保证基坑不浸水,在基坑开挖前完善地面截排水系统。

(4)落实出土运输道路和弃、存土场地,办理有关渣土外运证件。保证基坑开挖中连续高效出土,加快开挖速度。

(5)根据文明施工管理办法,成立保洁班,做好场内外文明施工。

(6)按工程监测的要求布置好各测点,并测得各测点的初始数据。

5)土方开挖

(1)土方开挖原则

根据“时空效应”理论严格遵守“开槽支撑、先撑后挖、分层开挖、严禁超挖”的施工原则。

在“时空效应”理论分析指导下,有计划地进行现场工程监测,将监测数据与预测值相比较,以判断施工工艺和施工参数是否符合预期要求,以确定和优化下一步的施工参数。

(2)土方开挖机械选型

根据基坑形式确定开挖分层的层数:每层开挖深度5~6m,开挖层数为6层,选用龙门吊吊装。

①起吊设备的选型

采用轨行式龙门吊起吊,龙门吊参数见表1。

龙 门 吊 参 数 表1

<table>
<tr><td colspan="6">主要参数和用途</td></tr>
<tr><td>额定起重量</td><td>Oct/50</td><td>跨度</td><td colspan="3">23.15m</td></tr>
<tr><td>整机工作级别</td><td>A6</td><td>起升高度</td><td colspan="3">46m</td></tr>
<tr><td>大车基距</td><td>7.7m</td><td>小车轨距</td><td colspan="3">7m</td></tr>
<tr><td colspan="6">工作机构主要特性</td></tr>
<tr><td>钢丝绳型号</td><td>6×19-26　6×19-13.5</td><td>大/小车轮直径</td><td colspan="3">φ400/φ500</td></tr>
<tr><td>速度</td><td>27.5m/min</td><td>功率</td><td colspan="3">5.5kW</td></tr>
<tr><td>大车车轮</td><td>φ500</td><td>轨道</td><td colspan="3">P43</td></tr>
<tr><td colspan="6">工作环境</td></tr>
<tr><td rowspan="2">电源</td><td>电压</td><td>380V</td><td rowspan="2">风压</td><td>非工作风压</td><td>/Pa</td></tr>
<tr><td>频率</td><td>50Hz</td><td>工作风压</td><td>/Pa</td></tr>
</table>

经过比较，在半径21m的吊装范围选用50t龙门吊横向出土吊装效率较高，安全性较好。龙门吊每小时吊装约80m^3。

②非爆破开挖机械选型

根据支撑形式及层高限制，石方采用破碎锤进行破碎。

第一～三层为淤泥土层，采用4台卡特225挖掘机进行开挖。

第四层石方开挖由于层高小于5.0m，平面尺寸小于6.0m，轨排井段选用4台卡特225机型，每个支撑之间布设一台，另配一台卡特200挖掘机出土，盾构段选用一台卡特300破碎锤和一台卡特150挖掘机配合出土，暗挖段选用1台卡特150破碎锤破碎。

第五～六层轨排井段为锚索支撑体系，层高和平面尺寸不受限制，石方开挖采用3台卡特370破碎锤进行破碎，配一台卡特200挖掘机进行出土。图2为所施工基坑的平面布置图。

(3)土方开挖顺序及支撑体系

①相同支撑时的开挖顺序

土方开挖和基坑支护分三个区段进行，开挖顺序如下：

盾构井段、暗挖井段开挖→盾构井段、暗挖井段施工混凝土支撑及等强→轨排井段开挖→轨排井段混凝土支撑及等强→盾构井段、暗挖井段开挖。

先施工盾构井、暗挖井段，开挖时先挖中间部分，再挖两侧部分，开挖到支撑高程后，按"时空效应"理论，及时施做支撑，盾构井、暗挖井在混凝土支撑等强同时，开挖轨排井段，开挖到底后，开始施做支撑，同时盾构井、暗挖井段支撑混凝土强度达到设计要求即继续开挖；如此循环，有效地减小基坑长边的暴露时间，从而有效地控制了长边的变形和受力，保证了基坑的安全。

②采用不同支撑时的开挖顺序

a.轨排井段为混凝土支撑时

先开挖中间部分，然后开挖两侧部分，开挖至坑底时，开始做支撑，见图3。

b.轨排井段为锚索支撑时

先开挖两侧，及时施做锚索支撑，然后开挖中间，见图4。

③支撑体系施工

支撑体系施工质量是基坑稳定、安全的关键，施工严格按照设计要求和有关规定进行施工(图5)。

a.混凝土支撑体系

ⓐ挖到支撑高程后，进行放线，确定轴线和高程。

ⓑ在钻孔桩上植筋(图6)，锚固后进行抗拔试验。

ⓒ钢筋连接采用焊接，钢筋接头布置在端头1/4处，避免钢筋布置在弯矩最大处，并错开接头。

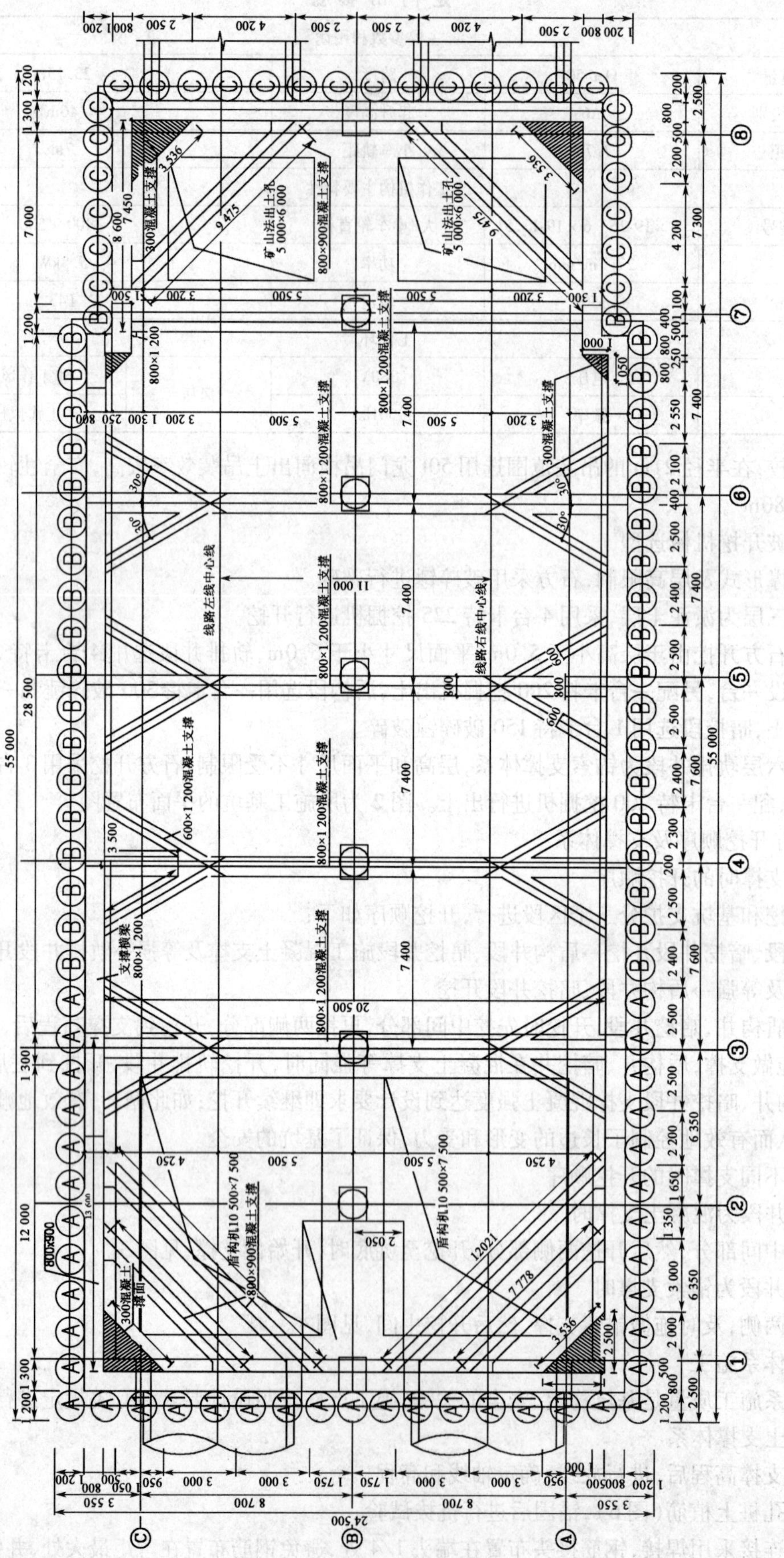

图2 平面布置图(尺寸单位:mm)

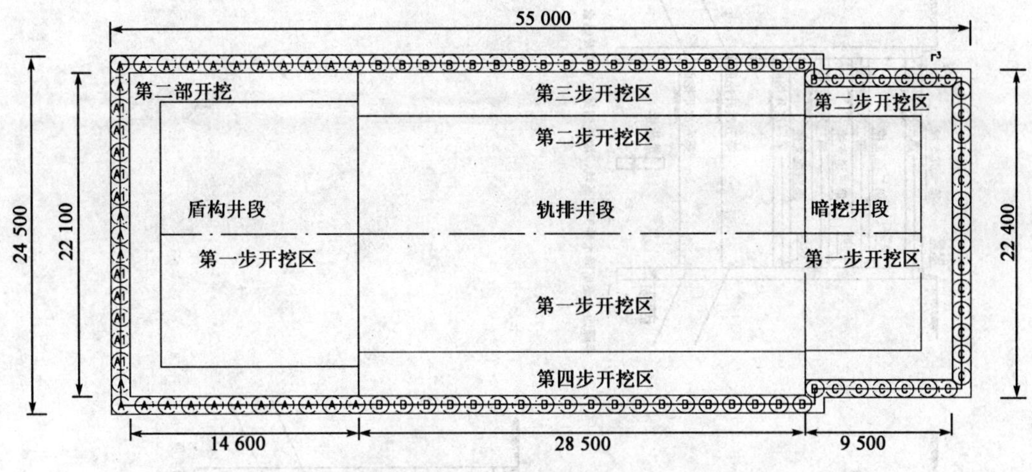

图3 混凝土支撑1-5层开挖顺序图(尺寸单位:mm)

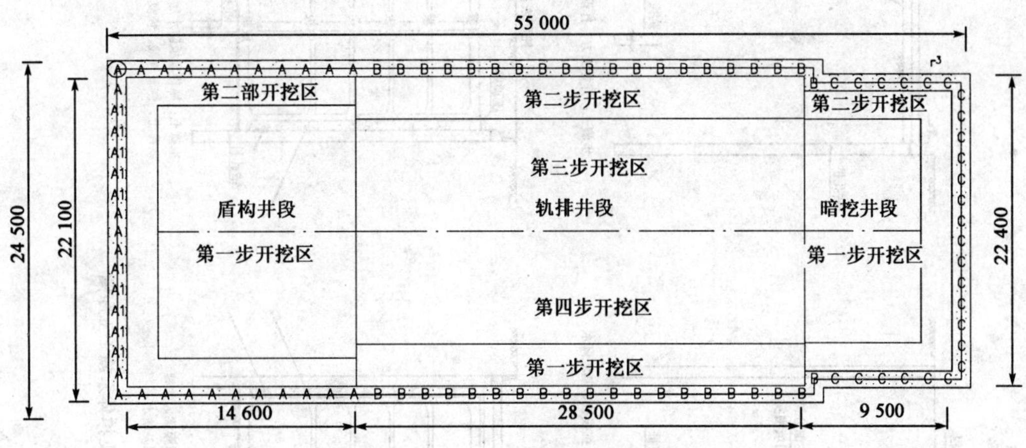

图4 锚索支撑5-6层开挖顺序图(尺寸单位:mm)

ⓓ混凝土浇筑采用泵车入模。

ⓔ混凝土养护采用土工布覆盖浇水保湿养生,拆模时不要碰撞到棱角,防止撞坏。支撑梁强度达到设计强度时,方可开挖。

b. 锚索支撑体系

锚索在每层土方开挖到相应锚索位置下50cm后,进行锚索施工。锚索采用ϕ15.2钢绞线,每孔锚索钢绞线根数3根,锚索与水平面的夹角为25°。

锚索采用二次注浆工艺,以提高锚索的锚固力。锚索布置见图7、图8。

具体施工工艺如下。

ⓐ造孔:造孔速度的快慢直接影响锚索工程的施工进度,采用干钻成孔。锚索钻孔允许偏差:孔位高程为±20mm;水平间距为±20mm;孔深为+200mm。

ⓑ使用高压空气(风压0.2~0.4MPa)将孔内岩粉及水体全部清除出孔外,以免降低水泥砂浆与孔壁岩土体的黏结强度。除坚硬完整岩体外,不得采用高压水冲洗,检验孔采用钻头平顺推进。

ⓒ锚索的制作与安放:首先将各钢束切断至要求长度(设计的锚索长度+张拉时的千斤顶工作长度0.7m)。为使各钢束保持平行,沿锚索长度每1.5m安装可靠的隔离环。锚索下料及锚索制作应在硬化地面进行,确保锚索不受污染。

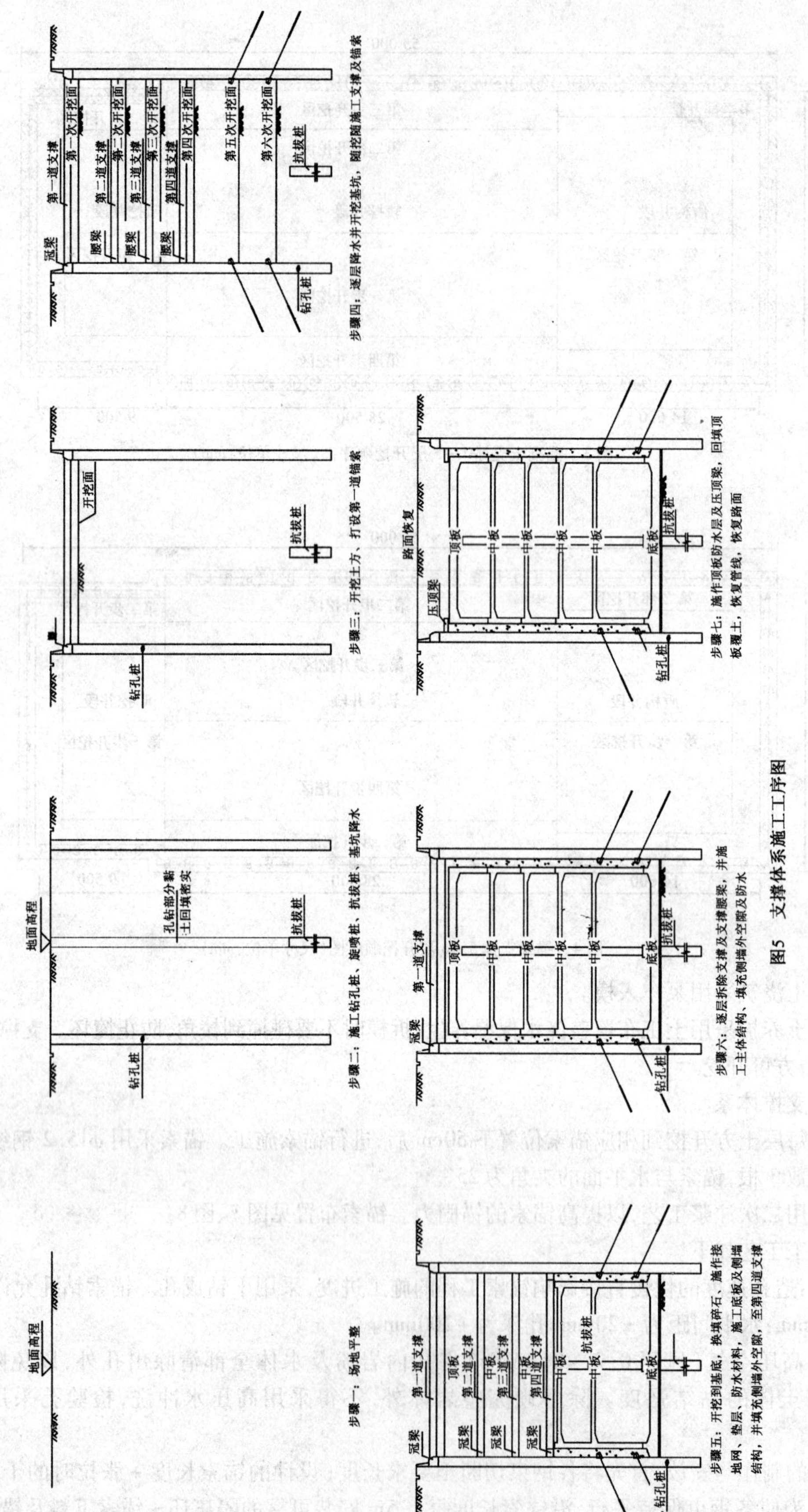

图5　支撑体系施工工序图

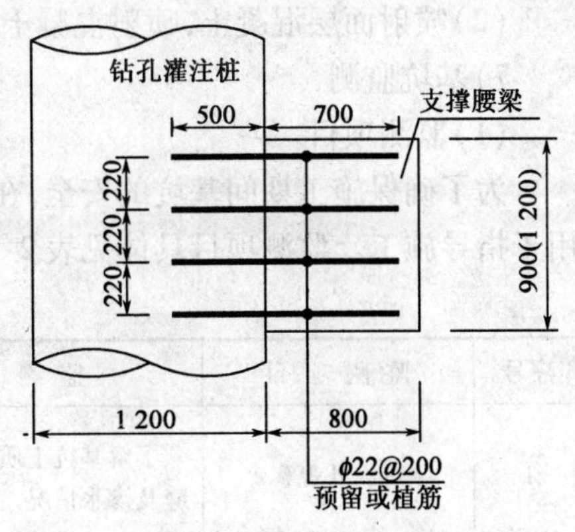

图6 钻孔桩植筋图(尺寸单位:mm)

ⓓ注浆:采用二次注浆法,浆液采用 M35 水泥浆,水泥浆搅拌用高速灰浆搅拌机,采用水灰比0.45~0.5 的纯水泥浆。锚索放入孔内后立即进行一次常压注浆,注浆压力为 0.2~0.4MPa,浆液从孔底往上返,至孔口返水泥浆液时停止一次注浆。待一次注浆完成 24~48h 后再进行二次高压注浆,压注纯水泥浆,二次高压注浆压力为2.5~5.0MPa。

ⓔ腰梁施工:在桩面上立模浇筑混凝土。

ⓕ张拉锁定:锚孔注浆体强度和腰梁混凝土强度达到设计强度时,采用千斤顶进行分级张拉,超张拉值采用设计值的1.0~1.1倍。

6)桩间挂网喷射混凝土施工

(1)基坑开挖一层后,将桩间浮土人工清除,挂设钢筋网片,钢筋网与桩基钢筋连接采用焊接。

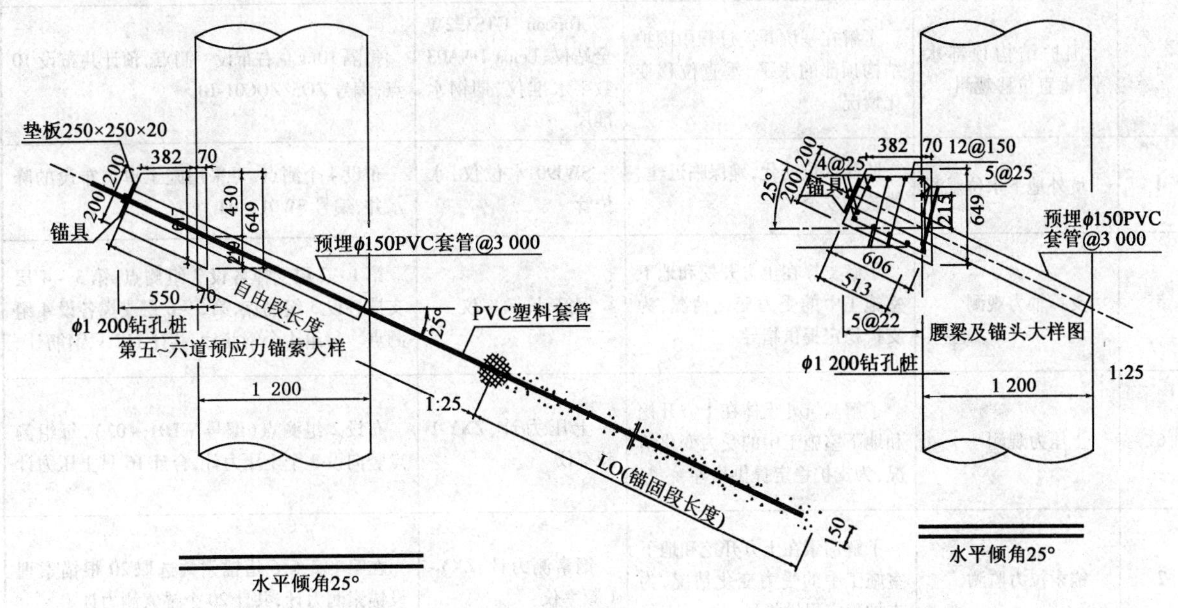

图7 锚索定位图(尺寸单位:mm)

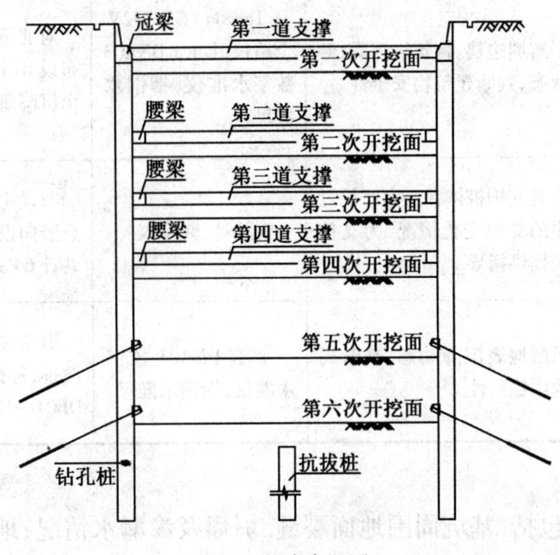

图8 锚索布置图

(2)喷射面层混凝土,喷射混凝土选用混凝土喷射机进行。

7)基坑监测

(1)监测项目

为了确保施工期间基坑的安全,在施工期间对基坑进行监控量测,对监控量测数据及时进行分析,用于指导施工。监测项目具体见表2。

监 测 项 目 表2

序号	监 测 项 目	监 测 目 的	所用仪器设备	测点布置与数量
1	基坑内外观察	了解基坑土质和围护结构裂缝及渗水情况	目测、读数显微镜	按实际
2	桩体、土体深层水平位移观测	了解在基坑开挖过程中围护结构及外侧土体在不同深度水平位移情况	CX03-E 型伺服式测斜仪、测斜管	土体深层位移:布设6个测孔,孔深均为42m,编号TS01~06;桩体深层位移:布设6个测孔,孔深40~41m,编号ZQT01~06
3	围护结构顶部水平、垂直位移观测	了解在基坑开挖过程中围护结构顶部的水平、垂直位移变化情况	Topcon GTS332W全站仪、Leica DNA03数字水准仪、铟钢水准尺	每隔10m左右布设一测点,预计共布设10点,编号ZQS/ZQC01-10
4	坑外地下水位观测	监测水位变化,确保临近建、构筑物安全	SWJ90 水位仪、水位管	布设4个测点,可采用施工单位布设的降水井,编号SW01~04
5	支撑轴力观测	了解支撑在土方开挖和地下室施工中的受力变化情况,为支护稳定提供指导	钢筋计、频率仪	第1~2层支撑各设7组测点,第3~4层支撑各设3组测点,第5~6层支撑各设4组测点。每组4个钢筋计,共计112只钢筋计
6	土压力观测	了解基坑外土体在土方开挖和地下室施工中的受力变化情况,为支护稳定提供指导	土压力计、ZXY-1频率仪	布设2组测点(编号WL01~02),每组测点竖向设8个土压力计,合计16只土压力计
7	锚索拉力监测	了解锚索在土方开挖和地下室施工中的受力变化情况,为支护稳定提供指导	钢索测力计、ZXY-1频率仪	在第1、2、5、6道锚索共选取20根锚索埋设锚索测力计,共计20个锚索测力计
8	建筑物沉降、倾斜观测	了解周边建、构筑物沉降、倾斜状态,判断建筑物安全性	Topcon GTS332W全站仪、Leica DNA03数字水准仪、铟钢水准尺	对北测2栋建筑物进行沉降、倾斜观测,共布设8个倾斜观测点(编号QX01~08)、16个沉降观测点(编号JCJ01~16)
9	桩体应力监测	了解支护桩体在土方开挖过程中的受力变化情况,为支护稳定提供指导	钢筋计、频率仪	布设4组测点(编号ZQL01~04),每组测点竖向设8个断面,每个断面设2只钢筋计,共计64只钢筋计
10	周边地表沉降观测	了解地表沉降动态,判断周围地层稳定性	莱卡 DNA03 数字水准仪、铟钢水准尺	沿基坑外每隔15m左右布设一测点,布设两排,每排布设6个观测点,共12点,编号DB01~12

(2)监测方法

基坑内外情况观察主要包括:基坑周围地面裂缝、坍塌及渗漏水情况;地面超载及基坑隆起、管涌情况;基坑开挖的地质及其变化情况;支护结构状态情况;周边建筑物变形情况。

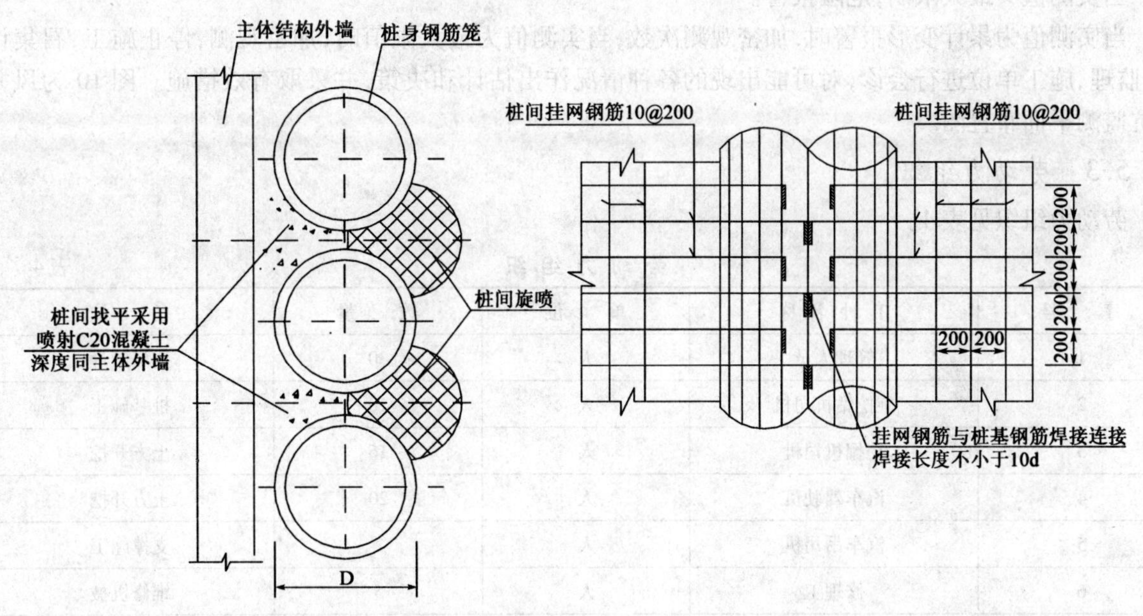

图9 桩面喷锚和钢筋网钢筋连接图(尺寸单位:mm)

(3)控制指标(表3)

控 制 指 标 表3

监 测 项 目	最大限值(*H*为基坑深度)	变形速率报警值	累计变形报警值
桩顶水平位移	0.2H%,且≤30mm	3mm/d	40mm
桩顶垂直位移	25mm	1mm/d	20mm
土体深层水平位移	40mm	3mm/d	32mm
桩体深层水平位移	40mm	3mm/d	32mm
土压力			60%~70%*f*
锚索拉力	第五层:142kN		第五层:113.6kN
	第六层:131kN		第六层:104.8kN
支撑轴力	第一层:1 525kN		第一层:1 220kN
	第二层:5 607kN		第二层:4 485.6kN
	第三层:5 895kN		第三层:4 716kN
	第四层:3 194kN		第四层:2 555.2kN
	第五层:500kN		第五层:400kN
	第六层:500kN		第六层:400kN
地下水位		500mm/d	1m
建筑物沉降、倾斜		2mm/d	30mm
地表沉降		2mm/d	30mm
桩体应力		60%~70%*f*	60%~70%*f*

(4)施工安全性判别

根据监测内容,其安全性判别标准为:

当实测值<累计变形报警值,安全;

当实测值=累计变形报警值,注意;

当实测值>累计变形报警值,危险报警;

当实测值 > 最大限制,危险报警。

当实测值为累计变形报警时,加密观测次数;当实测值为最大限值时,加密观测,停止施工,召集设计、监理、施工单位进行会诊,对可能出现的各种情况作出估计和决策,并采取有效措施。图10为风井基坑监测平面布置图。

5.3 劳动力组织

劳动力组织见表4。

劳动力组织　　表4

序号	工种名称	单位	数量	备注
1	管理人员	人	30	现场管理
2	旋挖钻机司机	人	10	桩基施工
3	挖掘机司机	人	16	土方开挖
4	汽车驾驶员	人	20	土方开挖
5	汽车吊司机	人	2	支撑施工
6	修理工	人	5	维修机械
7	电焊工	人	20	钢筋等焊接
8	电工	人	5	电力维修检查
9	普工	人	60	其他工作
10	测量人员	人	10	基坑监测
	合计	人	172	

6 材料与设备

6.1 材料

材料配置见表5。

材料配置　　表5

序号	材料名称	单位	数量	备注
1	钢筋	吨	150	
2	混凝土	m^3	1 000	
3	钢绞线	t	10	
4	锚具	套	60	

6.2 机械设备

机械设备配置见表6。

施工机械设备　　表6

序号	机械名称	规格型号	单位	数量	备注
1	旋挖钻机	SR280R	台	4	桩基施工
2	旋喷桩机	PH-7	台	2	桩基施工
3	高压泵	GZB-40B	台	1	桩基施工
4	空气压缩机	BW200/150	台	1	桩基施工
5	强制搅拌机	QJ-40	台	1	桩基施工

续上表

序号	机械名称	规格型号	单位	数量	备注
6	轮胎吊车	徐工 25t	台	3	桩基施工
7	履带吊车	QUY50A	台	1	桩基施工
8	挖掘机	卡特 150	台	1	土方开挖
9	挖掘机	卡特 200	台	3	土方开挖
10	挖掘破碎机	卡特 225	台	4	土方开挖
11	挖掘破碎机	卡特 300	台	1	土方开挖
12	挖掘破碎机	卡特 370	台	1	土方开挖
13	自卸汽车	15t	台	20	土方外运
14	抽水泵	AS30-20B	台	4	施工排水
15	汽车吊		台	4	支撑施工

7 质量控制

7.1 质量标准

施工质量执行《地下铁道工程施工及验收规范》(GB 50299—1999)、《锚杆喷射混凝土支护技术规范》(GB 50086—2001)。

1)锚索施工质量(表7)

锚索施工质量 表7

序号	项目	允许偏差(mm)	施工单位	检验方法
			检验数量	
1	位置	±100	1处	经纬仪测量、尺量
2	孔径	+10,0	2处	尺量
3	斜角	1%	1处	导杆法量
4	深度	+10,0	1处	尺量钻杆

2)钻孔桩成孔质量允许偏差(表8)

钻孔桩成孔质量允许偏差 表8

序号	项目	允许偏差	检验方法
1	平面位置	群桩≤100mm,单排桩≤50mm	经纬仪测量、尺量
2	钻孔直径	不小于设计桩的直径	尺量
3	倾斜率	不大于1/300	尺量
4	深度	不小于设计桩长	尺量

7.2 质量控制措施

(1)对混凝土的集料、含泥量及外加剂严把质量关,配置好配合比,严格按照配合比施工;

(2)钢筋混凝土支撑位置严格按工程技术人员放样位置进行施工,在钢筋连接,混凝土灌注等关键工序全程有技术人员进行旁站和记录;

(3)土方开挖过程中,安排专业技术人员盯班作业,基底土方预留20cm采用人工清理,对于超挖土方采用C15混凝土回填;

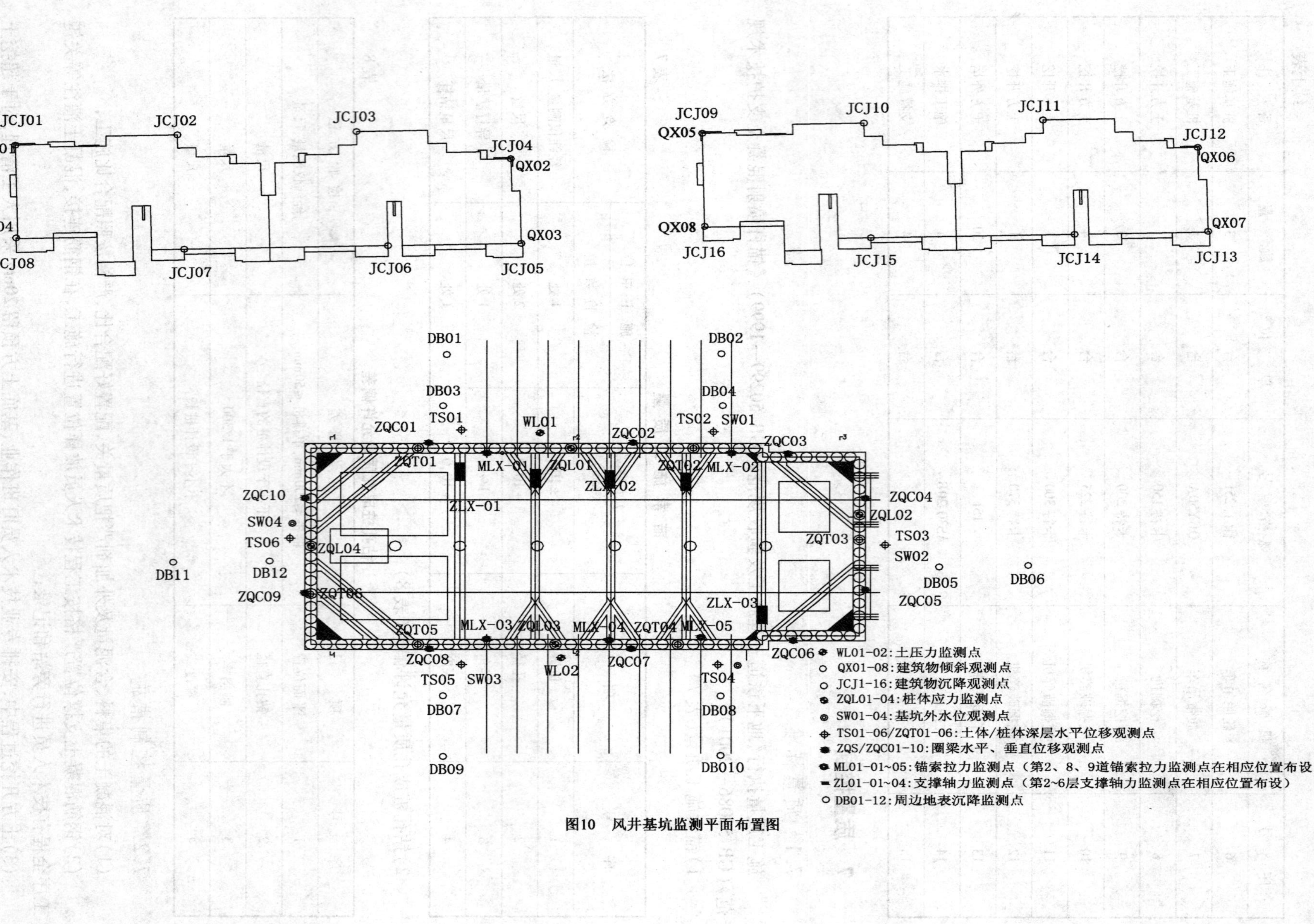

图10 风井基坑监测平面布置图

(4)土方开挖完成,挂设侧墙网片之前先清理完成桩间及表面浮土。网片固定按设计图纸间距打入锚杆;

(5)喷射混凝土有大于0.5mm的贯通裂缝及大面积(≤$400cm^2$)的空鼓现象时,需凿除重喷或采用背后注浆补强。

8 安全措施

(1)建立安全领导小组,执行岗位责任制,将责任层层分解;坚持每天班前安全讲话,在作业现场进行标准化、规范化作业以确保施工和行车安全;

(2)土方开挖时,大臂半径内严禁站人;

(3)土方开挖时,当混凝土支撑达到设计强度后方可开挖下一层;

(4)龙门吊吊装土石方出基坑时,吊装范围内不准有人。并经常检查龙门吊的钢丝绳和卡扣,机械性能情况;

(5)施工过程中,对基坑变形进行监控量测(见图10),根据量测结果及反馈信息,指导施工和确保施工安全;

(6)所有大型机械运作时,设有专人指挥。联络使用对讲机,指挥信号采用哨音和红绿旗相结合。

9 环保措施

(1)桩基施工中产生的部分泥浆,采用封闭式专用泥浆罐车运至指定位置;

(2)桩基施工过程中产生出的泥土及时外运,不能及时外运的堆放在施工场地内的临时存土场并做好覆盖;

(3)运土车辆按规定时段作业,离开施工场地前冲洗轮胎。泥土要密封覆盖,沿途不得撒落;

(4)施工过程中产生的污水经过现场的三级沉淀池方可排入市政排污管内;

(5)合理设置工地照明设备,在满足施工条件下尽量少设置照明装置,以减少光污染;

(6)所有的材料堆场、机械的布设均按施工总体平面图要求布置,对于施工过程中产生的废弃物,应集中堆放统一外运;

(7)现场施工作业采取夜间不施工,白天集中施工的办法,避免夜间施工噪声影响附近居民。

10 资源节约

通过优化设备配置,根据不同的地层,选用合适的挖掘机和破碎锤进行开挖,使用轨行式龙门吊垂直运输,提高了深基坑出土效率。该项目吊装采用龙门吊比履带吊节约41万元,石方开挖使用无爆破开挖技术节约23.1万元,合计节约64.4万元,节约工期约10d。

11 效益分析

经济效益分析见表9。

经 济 效 益 分 析 表9

项　　目	采取工法效果(万元)		效益(万元)
	前　　种	后　　种	
破碎锤与爆破比较	79.2	102.3	23.1
龙门吊与履带吊费用	81	122	41
合计			64.4

5号井吊装采用龙门吊比履带吊节约41万元,石方开挖使用无爆破开挖技术节约23.1万元,合计节约64.4万元,节约工期约10d。通过以上的措施取得了较好的经济效益。

12　应用实例

南京地铁5号井超深基坑施工从2011年12月初开始施工围护结构,从2012年5月初开始开挖基坑,至7月中旬开挖结束,采用了在复杂环境下非爆破的开挖方式,根据不同的地层选用合适的挖掘机和破碎锤进行开挖,使用轨行式龙门吊垂直运输,提高了超深基坑出土效率。利用本工法,在两个半月时间内,完成了复杂环境下36.5m超深基坑开挖施工。取得了较好的社会效益和经济效益,得到了地铁建设单位的好评。本工法对以后超深基坑开挖和支护施工具有一定的指导意义。

控制爆破拆除城市深基坑围护支撑结构施工工法

GGG(中企)D6190—2013

李检平　谭志明　姜银归　易任军　邹宗山

(中铁五局集团建筑工程有限责任公司　北京理工北阳爆破工程技术有限责任公司)

1　前言

随着城市建设结构向地下发展,基坑围护体系的钢筋混凝土支撑结构应用愈加广泛。由于爆破拆除具有快速、高效的特点,符合市区施工工期紧张的特点,因此,对钢筋混凝土临时支撑结构一般进行爆破拆除。在城市施工环境中采用爆破技术拆除钢筋混凝土临时支撑结构必须解决爆破引起的振动、飞石和环境污染等问题。

针对钢筋混凝土临时支撑结构安全高效拆除爆破技术问题,中铁五局集团建筑工程有限责任公司联合北京理工北阳爆破公司,开展技术攻关,采用"非电导爆管雷管孔内半秒与孔外毫秒相结合的双闭合复式起爆网络"等关键技术,解决了钢筋混凝土支撑结构爆破网络的安全性和可靠性难题;采用"胶帘立体防护体系"防护措施,有效地控制了爆破飞石、爆破噪声、爆破灰尘等有害效应。

相关科研成果于2012年8月,由中国工程爆破协会组织的鉴定,该研究成果整体达到了国际先进水平。该成果获得中国工程爆破协会2012年科技进步二等奖。

2　工法特点

(1)爆破拆除技术是快速、高效拆除钢筋混凝土临时支撑结构的施工方法,作为爆破施工最耗时的钻孔工序,可以在混凝土浇筑时就预埋,节省钻孔工时间;在混凝土养护期间,爆前准备工作都可以同时进行。爆破拆除与机械拆除相比可节约工期15d,节约施工成本40%。

(2)通过爆破试验,设计装药结构及位置,调整最小抵抗线以改变飞散物的方向,使爆破飞散物只向两侧及下方飞散。对爆破结构进行高速摄影,观察多排孔爆破时,相邻孔爆破时相互的影响,包括飞散物的方向等。

(3)非电导爆管雷管孔内半秒延时与孔外毫秒延时相结合的双闭合复式起爆网络,具有很高的可靠性及良好的稳定性,传爆干线不会因为个别导爆管雷管的拒爆而导致传爆中断,保证了工程爆破质量和安全性。

(4)非电导爆管雷管孔内半秒延时与孔外毫秒延时相结合的双闭合复式起爆技术,不仅解决了爆破网络的可靠性和安全性问题,还达到了减振的爆破效果,通过现场地震监测,采用HHT法对爆破地震信号进行分析,结果表明,采用优化的爆破网络后,振动速度较低(振动速度最大值为0.91cm/s,对应的主振频率约30.1Hz),振动能量主要集中在20~40Hz频带内,由于建(构)筑物自振频率较低,故该频率有利于建(构)筑物的安全。

(5)胶帘防护技术有效地控制了爆破飞石、爆破噪声及爆破烟尘等有害效应。爆破时,适当加大炸药量以便充分破碎混凝土,因此支架和防护材料构成的立体防护体系是采用该工法必不可少的条件。立体防护体系将爆破飞石控制在基坑范围内;爆破时,响声低沉,只持续了4s,与机械拆除工期相比,噪声扰民时间要短得多;爆破后,爆破烟尘都被立体防护体系密封在基坑内,逸出的爆破烟尘在10min内完全消散,爆破烟尘对周边环境及居民的影响时间比机械拆除短得多。

3 适用范围

本工法适用于基坑维护体系的钢筋混凝土支撑系统灌注桩(连续墙、SMW 工法等)、围檩(压顶梁)、支撑梁、混凝土栈桥(板)等结构拆除工程。也适用于其他需要控制爆破有害效应(如爆破振动、飞散物、空气冲击波、噪声和粉尘等)的临时钢筋混凝土结构爆破拆除工程。

4 工艺原理

拆除爆破技术就是根据工程要求、周围环境和拆除对象等具体条件,采用爆破与防护技术措施,严格地控制炸药爆炸能量释放和介质破碎过程,达到预期的爆破效果,将破坏范围以及爆破危害(地震波、飞石、空气冲击波和噪声等)严格控制在规定的限度以内的一种控制爆破技术。

5 施工工艺流程及操作要点

5.1 施工工艺流程(图1)

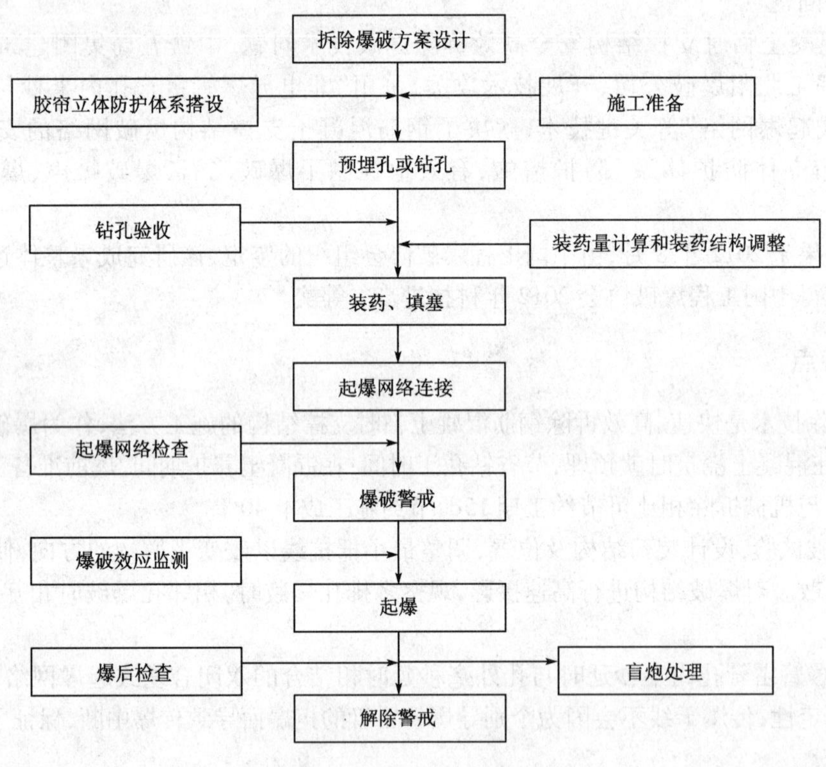

图1 施工工艺流程

5.2 操作要点

1)拆除爆破方案设计

(1)拆除爆破方案设计应由具备相应爆破资质的单位和设计人员编制;

(2)拆除爆破方案设计完成后,应组织专家组对拆除爆破方案设计进行评审;

(3)拆除爆破方案设计,应经有关部门审批,未经审批不准开工;

(4)拆除爆破方案设计具体内容包括:工程概况及周边环境、爆破方案设计、爆破参数设计、爆破网络设计、爆破安全及防护设计、爆破警戒方案设计等。

2)爆破施工

(1)胶帘立体防护体系搭设

胶帘立体防护体系由支架和防护材料(橡胶运输皮带)构成(图2)。支架可按脚手架搭设相关规定和方法进行搭设,防护材料(橡胶运输皮带)之间用ϕ1.016mm直径的11号铁丝连接(图3),并用11号铁丝将其固定在支架上。

图2　胶帘立体防护体系

(2)施工准备

①施工组织:成立爆破指挥部,全面指挥和统筹安排爆破工程的各项工作。指挥部设置:设计施工组、爆破组、安全保卫与警戒组、安全监测组、物资设备供应组、后勤组等。指挥部和各职能组的每个成员,分工明确、职责清楚、各尽其责。

②施工现场清理与准备:根据要求和场地条件,对施工场地进行规划,并根据场地规划要求开展施工现场清理与准备工作。施工现场清理与准备内容涉及:爆破施工区域或作业面划分及其程序编排、有碍爆破作业的障碍物或废旧建(构)筑物的拆除与处理、施工机械设备配置、进出场主通道及其各作业面临时通道布置、施工用电、水供给系统、施工用爆破器材现场临时保管及其临时存放场所安排、安全警戒布置等。

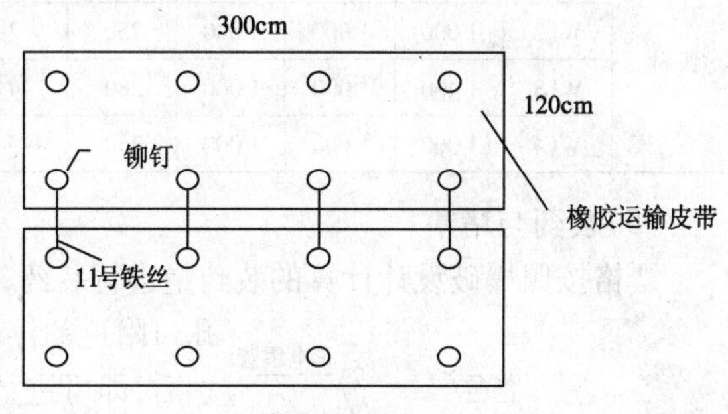

图3　橡胶运输皮带连接示意图

③施工通告:爆破前1~3d发布爆破通知,内容包括爆破地点、爆破时间、安全警戒范围等。爆破通知除以书面形式通知当地有关部门、周围单位和居民,还应以布告形式进行张贴。

(3)预埋孔或钻孔

①作为爆破施工最耗时的钻孔工序,可以在混凝土浇筑时就预埋以节省钻孔工时间。

②需要钻孔,孔位经技术人员布置、校核后,钻孔人员应严格按标识与交底的参数钻孔,不准乱打孔、随便挪移孔位,如因特殊情况需对钻孔参数进行调整,必须征得施工人员和技术人员的同意后方可实施。

③钻孔完成后爆破作业前,应对钻孔依照设计要求进行验收,对不合格钻孔要进行清孔、补孔处理。

(4)装药量计算和装药结构调整

①围檩因为钢筋多、密,临空面比支撑少,因此药量集中,爆破单耗取值为1 300g/m^3。

②支撑临空面较多,爆破单耗取值为1 000g/m^3。

③爆破参数

详细参数取值见表1。

爆破参数 表1

类别	编号	截面尺寸		孔距 (mm)	排距 (mm)	排数	孔深 (mm)	抵抗线 (mm)	炸药单耗 (g/m^3)	单孔装药量(g)		装药长度 (mm)	堵塞长度 (mm)
		宽(mm)	高(mm)							理论	实际		
支撑	ZC1	800	800	900	267	2	560	267	1 000	288	250	250	310
	ZC2	800	800	900	267	2	560	267	1 000	288	250	250	310
	ZC3	1 000	1 000	1 100	250	3	750	250	1 000	367	350	350	400
	ZC4	1 000	1 000	1 100	250	3	750	250	1 000	367	350	350	400
	ZC5	1 000	1 000	1 100	250	3	750	250	1 000	367	350	350	400
	ZC6	1 000	1 000	1 100	250	3	750	250	1 000	367	350	350	400
	ZC7	800	800	1 100	250	3	750	250	1 000	367	350	350	400
	ZC8	800	800	900	267	2	560	267	1 000	288	250	250	310
	ZC9	800	800	900	267	2	560	267	1 000	288	250	250	310
	XG2	800	800	900	267	2	560	267	1 000	288	250	250	310
	XG4	800	800	900	267	2	560	267	1 000	288	250	250	310
	XG6	800	800	900	267	2	560	267	1 000	288	250	250	310
	XG1	600	600	600	300	1	400	300	1 000	216	200	200	200
	XG3	600	600	600	300	1	400	300	1 000	216	200	200	200
	XG5	600	600	600	300	1	400	300	1 000	216	200	200	200
围檩	WL1	1 200	1 000	1 000	240	4	750	240	1 300	390	400	400	350
	WL2	1 000	1 000	1 000	250	3	750	250	1 300	433	400	400	350
	WL3	1 400	1 000	1 000	280	4	750	280	1 300	455	450	450	300
	WL4	1 000	1 000	1 000	250	3	750	250	1 300	433	400	400	350

(5)装药与堵塞

严格按照爆破设计计算的装药量进行装药,装药开始前先核对孔深,核对每孔的装药量,然后清理孔口附近的浮渣、石块。打开孔口做好装药准备后,再次核对雷管段别后,即可进行装药。堵塞工作在完成装药工作后进行,堵塞时不得将雷管的脚线、导爆管拉得过紧,以防被堵塞材料损坏。堵塞过程中不断检查起爆线路,防止因堵塞损坏起爆线路而产生盲炮。

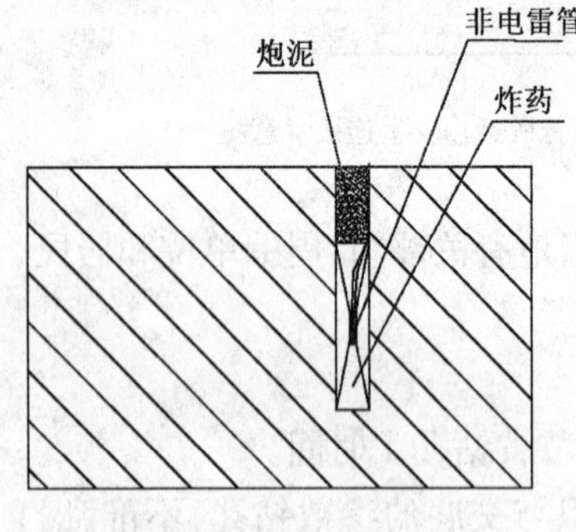

图4 装药结构图

本工法炸药选用 $\phi32$ 乳化炸药,采用孔底集中装药结构。每个炮孔内安放1发导爆管雷管,装药结构如图4所示。

(6)起爆网络连接

①爆破网路连接是一个关键工序,一般应由工程技术人员或有丰富爆破施工经验的工人来操作,其他无关人员应撤离现场;

②要求网路连接人员必须了解整个爆破工程的设计意图、具体的起爆顺序和能够识别不同段别的起爆器材;

③网络连接后要有专人警戒,专业技术人员应对网络进行检查,防止错连、漏连的情况发生。

本工法爆破网络采用"非电导爆管雷管孔内半秒延时与孔外毫秒延时相结合的双闭合复式起爆网络技术"。按照爆破施工区域或作业面的划分,将爆区施工区域划分成若干个小爆区,在各个小爆区孔内分别装入半秒导爆管雷管,实现各小爆区逐区起爆;另外,在各个小爆区内又用毫秒导爆管雷管进行孔外绑扎成簇,实现各个小爆区内逐簇起爆。从而,对整个爆区实现孔内半秒延时与孔外毫秒延时相结合,避免了先爆药包对传爆网络的影响。孔外毫秒导爆管雷管采用"导爆管雷管反射四通捆串联双闭合复式网络",该网络有多条传爆路径,如果某一传爆结点(四通)的传爆雷管发生拒爆,后续传爆结点雷管不会全部拒爆，从而保证了爆破网络的可靠性和安全性。图5所示为爆破网络连接示意图。

(7)爆破警戒

①装药警戒范围由爆破工作领导人确定，警戒区边界设置明显标志并派出岗哨，不准闲杂人进入爆破作业现场；

②爆破警戒范围由设计确定，警戒人员要在公安人员、交通警察的指导下，严守通往爆破危险区的各个路口，临时阻断交通，直至爆破完毕，经专业技术人员检查并确认安全后，方可恢复正常通行；

③警戒人员按指令到达指定地点并坚守岗位，保持通讯畅通，随时向指挥部汇报警戒情况。

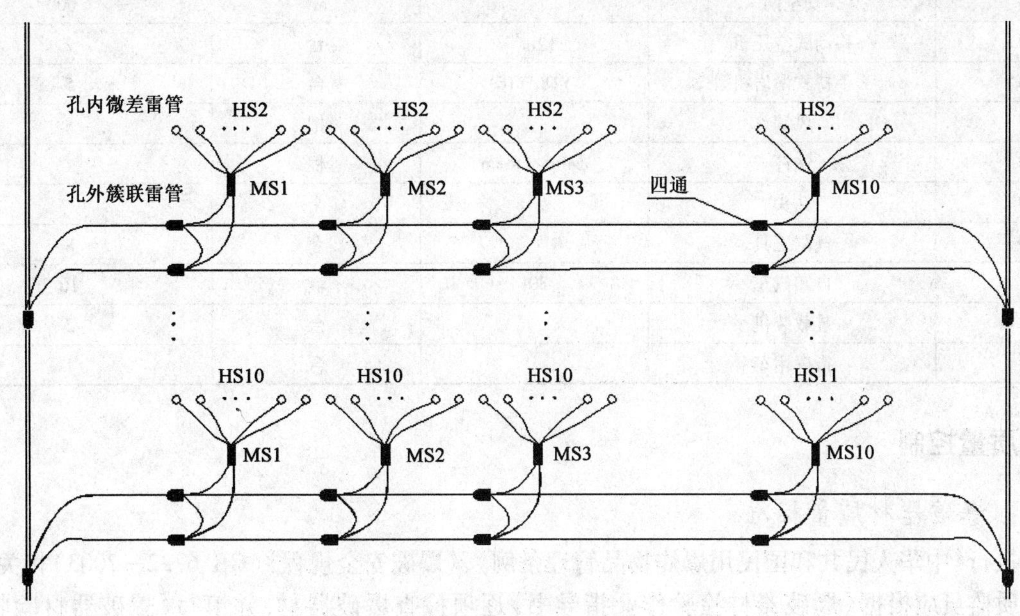

图5 爆破网络连接示意图

(8)起爆

①起爆指令由总指挥下达，起爆工作由指定的爆破员担当，该爆破员应事先了解周边环境，明白起爆指令，并对起爆器、起爆网络进行检测；

②起爆后10min技术人员进入爆区检查，确认无安全隐患后报告指挥部，待指挥部下达解除警戒指令后其他人员方可进入爆区；

③如发现问题应立即报告指挥部，并尽快研究处理办法，经批准后立即执行。

6 材料与设备

本工法采用的主要材料及设备见表2。

主要材料及设备 表2

序 号	设备名称	型号、规格	单 位	数 量
1	ϕ32乳化炸药		kg	设计
2	半秒延时非电导爆管雷管	HS	发	设计
3	毫秒延时非电导爆管雷管	MS	发	设计
4	导爆管		M	500
5	四通		个	
6	击发笔		个	1
7	起爆器		台	2
8	对讲机		部	10

续上表

序　　号	设备名称	型号、规格	单　　位	数　量
9	接线工具		套	4
10	电工胶布		卷	100
11	全站仪		台	1
12	脚手架钢管	6 000m^2 ×4m	项	
13	橡胶运输皮带	300cm ×120cm	块	2 000
14	安全网		m^2	6 000
15	移动式空压机	12m^3	台	2
16	手持式凿岩机	Y18/Y16	台	5
17	风镐		把	8
18	钻杆	ϕ40mm ×1m	根	
19	钻头		个	
20	气割工具		套	8
21	自卸汽车	30t	辆	10
22	装载装机		台	2
23	指挥用车		台	1

7　质量控制

7.1　爆破器材质量标准

(1)执行《中华人民共和国民用爆炸物品管理条例》、《爆破安全规程》(GB 6722—2003)相关规定。

(2)质监员应根据《爆破器材检验作业指导书》逐项检查爆破器材,并填写《爆破器材验收记录表》。

7.2　装药、堵塞及起爆网络质量控制

执行《爆破安全规程》(GB 6722—2003)相关规定。

7.3　钻孔质量允许偏差和检验方法(表3)

钻孔质量允许偏差和检验方法　表3

项　　次	名　　称	允许偏差(mm)	检验方法
1	孔距	±50	测尺
2	排距	±50	测尺
3	孔深	±50	炮棍

孔位经技术人员布置、校核后,钻孔人员应严格按标识与交底的参数钻孔,不准乱打孔、不得随便挪移孔位,如因特殊情况需对钻孔参数进行调整,必须征得施工人员和技术人员的同意后方可实施。

7.4　爆破振动安全允许标准

地面建筑物的爆破振动判据,采用保护对象所在地质点峰值振动速度和主振频率。《爆破安全规程》(GB 6722—2003)对主要类型建筑地面质点安全地震速度规定见表4。

爆破振动安全允许标准　表4

序号	保护对象类别	安全地震速度(cm/s)		
		<10Hz	10~50Hz	50~100Hz
1	土窑洞、土坯房、毛石房屋	0.5~1.0	0.7~1.2	1.1~1.5
2	一般砖房、非抗震的大型砌块建筑物	2.0~2.5	2.3~2.8	2.7~3.0

续上表

序号	保护对象类别	安全地震速度(cm/s)		
		<10Hz	10~50Hz	50~100Hz
3	钢筋混凝土结构房屋	3.0~4.0	3.5~4.5	4.2~5.0
4	一般建筑与古迹	0.1~0.3	0.2~0.4	0.3~0.5
5	水工隧道	7~15		
6	交通隧道	10~20		
7	矿山隧道	15~30		
8	水电站及发电厂中心控制室设备	0.5		
9	新浇大体积混凝土: 初凝~3d 3~7d 7~28d	 2.0~3.0 3.0~7.0 7.0~12		

8 安全措施

8.1 拆除爆破安全距离计算

1)爆破振动安全距离计算

拆除爆破实践证明振动造成建(构)筑物受损程度与其所在地的地面质点峰值振动速度和主振频率有关。

爆破质点振速 v,主要与爆破单响药量以及爆破地震波传播距离及地质条件等因素有关:

$$v = k\left(\frac{\sqrt[3]{Q}}{R}\right)^{\alpha} \tag{1}$$

式中:Q——齐发爆破总药量或毫秒毫秒延时爆破中单段起爆的最大药量(kg);

R——爆区中心离建(构)筑物最近的距离(m);

α——与地形有关的地震波衰减指数;

k——减振系数,主要反映了炸药性质,装药结构和药包布置的空间分布影响。

2)爆破冲击波安全距离计算

城市拆除爆破大都采用的是浅孔、小药量分散装药、分段毫秒延时起爆,空气冲击波危害不是非常明显。但如果必须采用裸露药包破大块时,则必须用下列公式校核空气冲击波对人员的安全允许距离:

$$R_k = 25\sqrt[3]{Q} \tag{2}$$

式中:R_k——空气冲击波对人员的最小安全距离(m);

Q——一次爆破炸药量(kg)。

3)爆破飞石安全距离计算

拆除爆破个别飞石距离的计算比较困难,可根据实测飞石速度采用下式进行估算:

$$R = v^2/2g \tag{3}$$

式中:R——飞石距离(m);

v——飞石速度(m/s);

g——重力加速度(m/s^2)。

8.2 爆破飞散物安全措施

本次基坑支撑结构拆除爆破中控制爆破飞石主要采取以下措施:

(1)精心设计,合理计算孔网参数,使最小抵抗线方向,即飞石飞散的主要方向向下;

(2)严格控制药量,有效的利用炸药能量,使其主要用于破碎介质,减少飞石;

(3)加强堵塞,保证堵塞量,派专人检查堵塞质量;

(4)搭设防护棚,采用胶帘立体防护体系,确保爆破飞散物不飞出防护棚外。

9 环保措施

为保护施工现场周边生活环境,防止污染和其他公害,“以人为本”,保障人体健康,根据《中华人民共和国环境保护法》及国家和地方相关的法律规定,制度施工现场环保措施。

9.1 水污染防治环保措施

(1)本工法废水主要有以下几种:基坑降水抽排的地下水、生活废水、搅拌及各种设备车辆清洗废水等。

(2)基坑降水抽排的地下水经三级沉淀后用于项目部绿化植物的灌溉用水。

(3)工程开工前完成工地排水和废水处理设施在施工过程中的有效性,做到现场无积水、排水不外溢、不堵塞、水质达标。

9.2 大气污染防治环保措施

(1)本工法大气污染源主要有:凿岩机钻孔、爆破灰尘、运输、开挖、燃油机械等。

(2)使用凿岩机、风镐施工时,应实施湿试钻孔,防止产生大量的粉尘。

(3)爆破时,利用胶帘立体防护体系将爆破灰尘阻挡封闭在基坑内,待爆破警戒解除后,对基坑进行洒水降尘。

(4)对易产生粉尘、扬尘的开挖、运输过程,制定操作规程和洒水,保持湿度,在4级以上风力条件下不进行产生扬尘的施工作业。

(5)合理组织施工、优化工地布局,使产生扬尘的作业尽量避开敏感地点和敏感时间。

(6)严禁施工现场焚烧任何废物和会产生有毒有害气体、烟尘、臭气的物质。

9.3 噪声污染防治环保措施

(1)本工法噪声源主要有施工机械、施工活动、运输车辆等几种。

(2)采取降噪措施,施工过程中向周围环境排放的噪声符合国家和本市规定的环境噪声施工现场排放标准。

(3)作业时间严格按照当地基本建设文明施工规定要求,按照不同施工阶段施工作业噪声的限制,安排作业时间。

10 资源节约

(1)建筑施工中我们使用标准化临时施工设施,如安全通道、防护栏杆等,方便组装和拆卸,提高设施周转使用率,节约了大量的人力物力。

(2)作为爆破施工最耗时的钻孔工序,可以在混凝土浇筑时就预埋以节省钻孔工时;同时可使后期钻孔量减少,减少水泥砂浆的浪费和钻孔后残渣对环境的危害。

11 效益分析

11.1 效益分析(一)

1)工程概况

天津市地下铁路一期工程2号线红旗路站4号出入口基坑围护结构分三层,每层建筑面积约2 600m^2,在基坑开挖过程中及完毕后需对其钢筋混凝土临时支撑结构进行拆除,拆除方量约2 300m^3。

2)效益分析

(1)经济效益:与机械拆除相比,爆破拆除安全、高效、成本低,爆破拆除的总成本约537万元,而机械拆除成本约860万元,爆破拆除可节约成本达40%。

(2)社会效益:缩短工期45d,节约工程投资费用326.3万元。利用爆破拆除钢筋混凝土临时支撑结构,爆破时,响声低沉,只持续了4s,与机械拆除工期(16d、15台破碎锤)相比,噪声扰民时间短得多;并且爆破时,由于采用"胶帘立体防护体系"防护措施,爆破灰尘都被阻挡封闭在基坑内,逸出的爆破灰尘在10min内完全消散,对周边环境、居民的影响也比机械拆除小。应用表明,该项技术成果在加快现代化城市建设、加强企业技术改造等方面能够发挥重要作用,该项技术将会得到更广泛的发展和应用。

(3)技术效益:通过采用"非电导爆管雷管孔内半秒延时与外孔毫秒相结合的双闭合复式起爆网路技术",一次成功起爆炮孔数量超过3 000个孔,保证了工程爆破质量和安全性。通过采用"胶帘立体防护体系"防护措施,有效地控制了爆破飞石、爆破噪声、爆破灰尘等有害效应,为拆除爆破在城市中的应用提供了技术支持。

11.2 效益分析(二)

1)工程概况

中冶天工承建塘沽西部新城起步区一期还迁房E地块工程项目基坑建筑面积约40 237m^2,基坑围护结构共1层,钢筋混凝土总量约1 850m^3,在基坑开挖过程中及完毕后需对其钢筋混凝土临时支撑结构进行拆除。

2)效益分析

(1)经济效益:工程总造价383万元,而实际合同额为85万元,节约工程投资298万元。

(2)社会效益:缩短工期15d。

12 应用实例

应用实例见表5。

应用实例 表5

工　　程	地点	结构形式	工法应用时间	实物工程量(m^3)	效果
天津市地下铁路一期2号线红旗路4号出入口围护结构爆破拆除工程	天津	钢筋混凝土	2011/9/16~11/29	2300	良好
塘沽西部新城起步区一期还迁房E地块项目基坑围护结构爆破拆除工程	天津	钢筋混凝土	2011/9/1~12/30	1 850	良好

大坡度斜井有轨运输施工工法

GGG(中企)D6191—2013

李有兵　白国峰
(中铁十二局集团第二工程有限公司)

1　前言

随着我国长大隧道建设的不断增多,一般都通过设置竖井或斜井来解决隧道通风问题。国内土建行业对有轨运输斜井辅助正洞施工经验较少,相关技术、规范尚不完善,传统施工方法、机械配置无法满足日趋紧迫的施工工期要求。我公司通过综合技术攻关,对大坡度斜井有轨运输施工技术进行技术创新,达到安全、高效、快速运输正洞石渣的目的,突显有轨运输在安全、技术、经济、环保等方面的优越性,取得了良好的经济效益和社会效益。其关键技术通过了山西省科学技术厅组织的专家评审,达到国际领先水平。

2　工法特点

(1)有轨运输系统采用矿用提升机牵引侧翻式矿车运输,使用安全,卸料速度快。

(2)矿用提升机有轨运输出渣作业流程安排经济合理。

(3)有轨运输系统的设备选型、布置和安装,运输轨道、卸渣栈桥的修筑等经济、科学、合理。

(4)应用了安全、高效的可编程逻辑控制器 PLC 技术,保证了提升安全、提高了运输效率。

3　适用范围

本工法适用于引水、铁路和公路隧道的大坡度斜井有轨运输施工,也适合于煤矿和铁矿等矿山的大坡度斜井有轨运输施工。

4　工艺原理

大坡度斜井有轨运输施工技术工艺,通过矿用提升机的选型技术、布置和安装技术,有轨运输卸渣栈桥的布置和修筑技术,轨道布置技术,道床的修筑技术,信号和视频的安全监控技术等一系列的技术创新,实现出渣程序的流程化管理,采用挖掘机掌子面扒渣,给侧翻式矿车装渣,矿用提升机采用 PLC 电控自动化控制系统,上下行采用信号及视频监控系统进行协调指挥,经矿用提升机牵引至洞外卸渣场卸渣。

5　工艺流程及操作要点

5.1　工艺流程

大坡度斜井有轨运输工艺流程见图 1。

5.2　操作要点

在斜井完成开挖支护 50m 后,采用无轨运输已较为困难,由于坡度太陡,只能采用有轨运输。在此之前,首先要完成洞口外轨道铺设及栈桥修筑,洞内轨道要随着掌子面的向前掘进,及时跟进铺设。轨

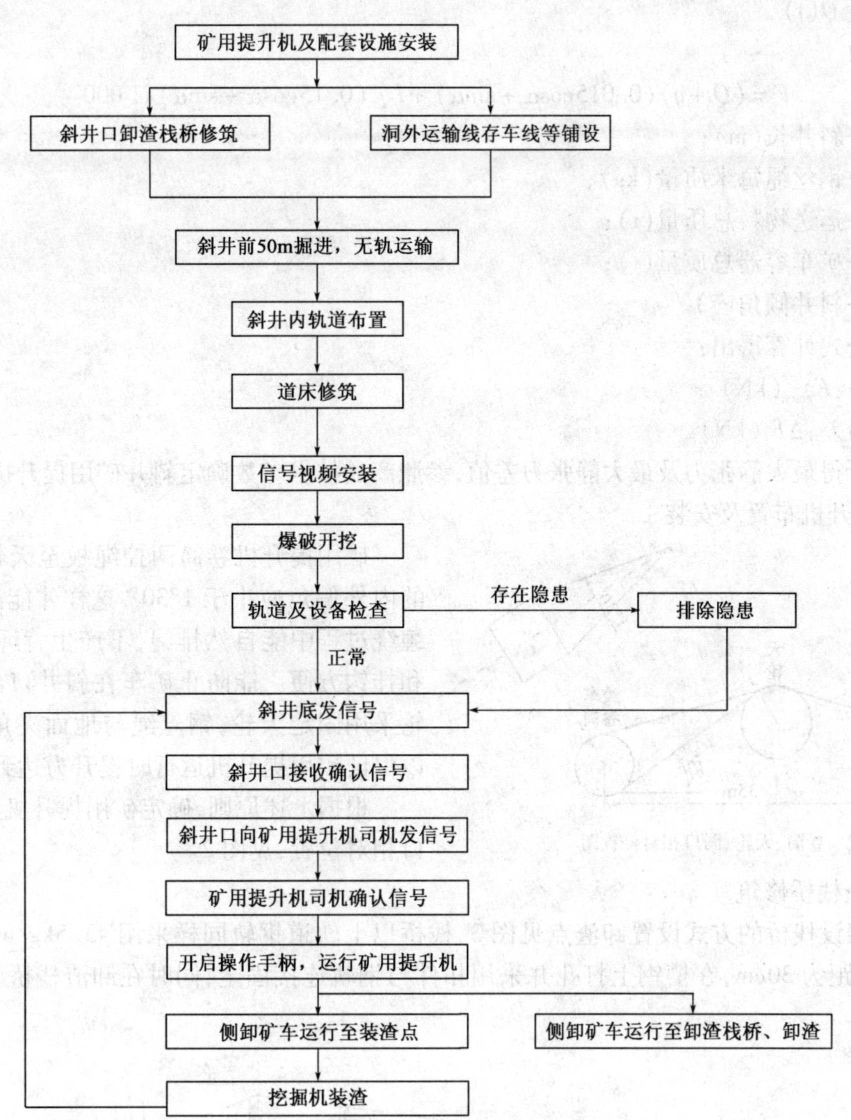

图1 大坡度斜井有轨运输工艺流程图

道铺设均采用人工并辅以机械配合完成。

根据矿用提升机及矿车规格选型及相关技术参数要求，在洞口段需进行轨道坡度转换，轨道过渡转换段近似于双曲线，并与两侧轨道平顺连接，曲线段采用异形曲轨，由厂家加工制作成型。

1）矿用提升机及配套设施安装

（1）矿用提升机选型

按施工高峰期满负荷考虑，每天出实方量 Q_1m^3 来计算，实方密度 2.5t/m^3。

基本参数：斜井倾角 α，斜井长 L，每天出实方量 Q_1m^3。

工作制按每天三班，每班净提升出渣时间 6h；每班出实方量 $Q_1/3$m^3。每班其余 2h 为运送物料辅助提升时间。

选择提升速度：vm/s。

提升方式：双钩提升；提升容器：侧卸矿车；提升钢绳：$d=36$mm，$q_1=4.58$kg/m

一个提升循环用时：$T=L/V+t_1$（辅助时间），一般取 $t_1=133$s

每小时提升次数：$n=60/T$ 次

每班提升次数：$N=6n$ 次

每次提升量 Q(t)

最大静张力

$$F=(Q+q)(0.015\cos\alpha+\sin\alpha)+Lq_1(0.15\cos\alpha+\sin\alpha)/1\,000 \tag{1}$$

式中:L——斜井长(m);

q_1——钢丝绳每米质量(kg);

Q——运送物料总质量(t);

q——矿车容器总质量(t);

α——斜井倾角(°)

根据以上公式计算得出:

最大静张力:F_{jmax}(kN)

最大静张力差:ΔF_j(kN)

根据计算所得最大静张力及最大静张力差值,参照产品技术参数确定斜井矿用提升机的型号。

(2)矿用提升机布置及安装

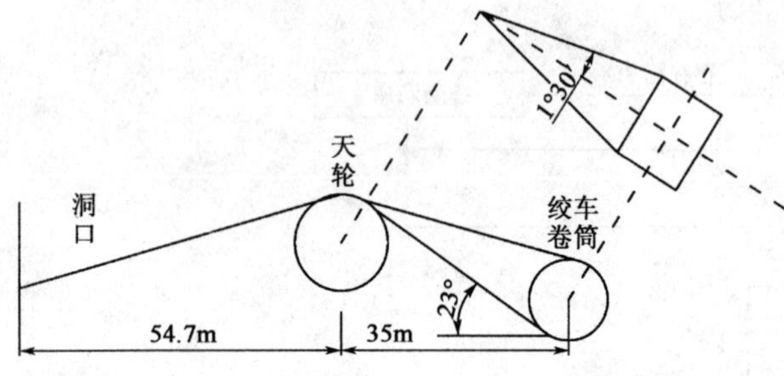

图2 卷筒、天轮、洞口相对位置图

矿用提升机卷筒两控绳板至天轮之间钢丝绳的内外偏角应小于1°30′,这样才能满足钢丝绳在缠绕过程中能自然排绳,不产生背绳和咬绳,摘钩和挂钩方便。能防止矿车在斜井口出轨掉道。天轮采用固定天轮,钢丝绳与地面夹角不小于15°,以保证矿用提升机运行时提升力达到最佳效果。

根据上述原则,确定矿用提升机卷筒、天轮、洞口相对位置,见图2。

2)洞外卸渣栈桥修筑

洞外采用架设栈桥的方式设置卸渣点见图3,栈桥以上轨道钢轨同样采用43.5kg/m钢轨,[20槽钢作为轨枕,间距为30cm,在槽钢上打孔并采用扣件与钢轨连接固定,同时在卸渣栈桥上安装护轨和曲轨。

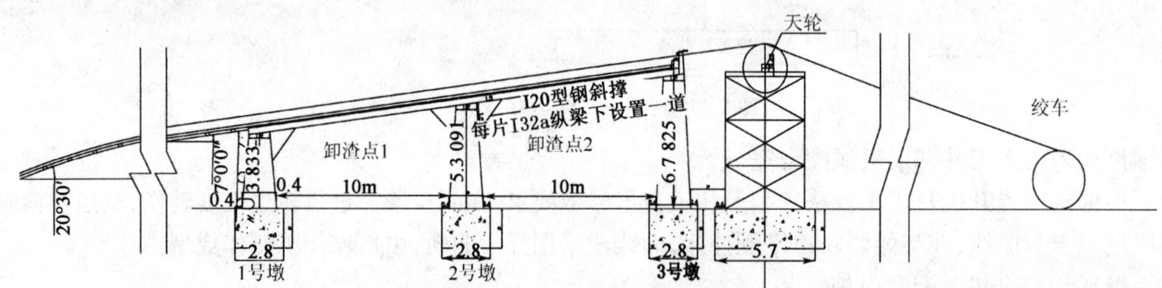

图3 栈桥卸渣断面图(尺寸单位:m)

栈桥采用钢筋混凝土墩支撑,净跨距为10m,桥墩基础为钢筋混凝土结构,基础宽2.8m,长度分别为7.3m、4.65m,埋深2.0m,基础内配置ϕ22钢筋,纵横布设,间距为30cm,上下双排,两排主筋间设ϕ8箍筋,栈桥高度根据矿用提升机钢丝绳与天轮角度确定。

栈桥上架设I32型钢纵梁,在每道钢轨和曲轨下各布设一道,纵梁两端支座处与墩顶预埋钢板焊接固定,为保证纵梁安全稳定,在每道纵梁下两侧桥墩处设置I20型钢斜撑进行支承加固,斜撑与纵梁间及墩侧壁预埋钢板间均采用焊接固定。

为防止矿车提升时制动失控掉道,需在卸渣栈桥靠近天轮一端设置防撞挡墙,挡墙采用钢筋混凝土结构,高度至提升中线以下20cm,挡墙内配置ϕ22主筋,间距30cm,主筋间设ϕ8箍筋。

3)洞外材料运输线、存车线

洞内喷锚料、钢构件采用料车、矿用提升机提升运送,计划在洞口外铺设临时渡线,分别与斜井轨道连接,同时铺设一条渡线至搅拌站,再铺设一条临时存车线,用于存放料车及人车。在洞口处分别安装1台11.5kW小型绞车,料车及人车通过导向轮、小型绞车引至洞内及搅拌站,洞内下料时将料车牵引至斜井轨道上,并与矿车挂接,矿用提升机牵引至洞内,洞外临时渡线、存车线、洞内运输线间通过道岔连接,共需铺设4付道岔。喷锚料、钢构件等材料采用料车经矿用提升机运输至井下,并在洞外布置运料线一条。

4)轨道布置

在斜井中布设三条有轨运输线,洞外安装双筒矿用提升机1台,侧卸式曲轨矿车2台,使用两条轨道。单筒矿用提升机使用一条轨道。斜井断面布置如图4所示。

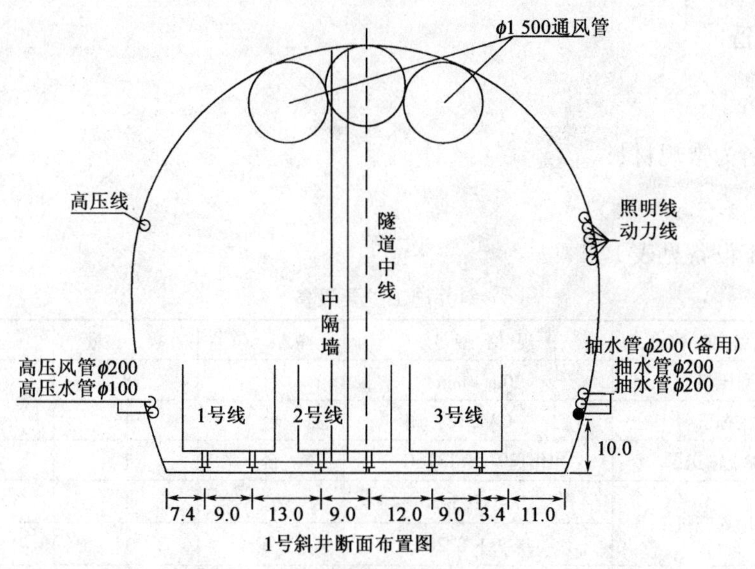

图4 斜井断面布置图(尺寸单位:m)

根据矿车规格选型,轨道轨距为90cm,采用43.5kg/m钢轨,每根长度12.5m,钢筋混凝土轨枕,每根长度1.48m,轨枕间距为80cm,钢轨与轨枕间采用扣件连接固定,钢轨间采用鱼尾板连接,同时在钢轨间设置轨距杆、防爬器、挡车器等安全装置。

5)道床修筑

由于全部采用无砟轨道,道床用混凝土浇筑。

洞内道床高程为设计仰拱回填面以下16cm,开挖抄平后,将混凝土轨枕按设计要求间距摆放好,为防止轨枕溜滑,在轨枕两侧各打设2根$\phi20$锚固筋固定,轨枕间采用混凝土浇筑至轨底面。

洞外道床两侧采用砌筑片石挡墙,挡墙内回填浇筑片石混凝土,至混凝土轨枕底面,混凝土终凝后,再铺设轨枕,打设锚固筋,轨枕间二次浇筑混凝土至轨底面,为防止矿用提升机牵引钢丝绳拖地磨损,在混凝土道床内设置钢制地滚加以防护,地滚间距为15~20m,洞口变坡曲线段采用$\phi320$mm的地滚,洞内采用$\phi200$mm的地滚。

6)信号及视频监控

在斜井洞口及井内配置信号及视频监控系统,矿用提升机采用电控自动化控制系统,上下行驶采用信号及视频监控系统进行协调指挥。斜井口和洞外卸渣台等区域安装带夜视功能的一体化圆球式摄像机,斜井底与斜井口之间、斜井口与提升机房司机操作台之间,装设信号箱和直通电话。

7)斜井有轨运输出渣

在斜井掌子面,爆破初期支护后,采用挖掘机扒渣,给侧翻式矿车装渣,斜井底信号工在检查轨道无安全隐患后,给斜井口信号工发开车信号,斜井口信号工检查轨道无安全隐患后,给矿用提升机司机发开车信号,矿用提升机司机根据所发信号选择对应的档位进行开车,经矿用提升机提升至洞外卸渣点。

停车时,根据信号工发出的信号进行停车。

矿用提升机出渣时,设专职信号员加强斜井口、斜井底与矿用提升机房的联系,在斜井口设阻车器,由专人管理,阻车器经常处于正位关闭状态,放车时方可打开;车身设断绳脱钩保险器,以备发生断绳脱钩时,抓钩自动落下,钩住轨枕,不使矿车下滑;采用不摘钩方式,将钢丝绳与矿车固定连接,避免脱钩的可能。

在洞外卸渣点,采用装载机配合自卸车将渣运至指定的弃渣场。

8)合理选择停车最佳减速距离

根据停车减速距离的选择原则,矿用提升机选择运行速度为 vm/s,结合司机快速反应最短时间和速度减为零时所用的时间为15s(根据以往同类斜井,矿车运行时间测定结果为15s),因此矿用提升机停车减速至翻渣台的最佳运行距离为15vm。

6 材料与设备

6.1 材料

本工法所用材料为常规材料。

6.2 设备

本工法主要施工设备见表1。

斜井施工主要设备 表1

序号	设备名称	规格型号	单位	数量	任务量/用途
1	空压机	20m³/min	台	8	
2	挖掘机	CAT312	台	1	短臂/斜井段施工
3	混凝土输送泵	HBT80.18.132SC	台	1	地面向下输送混凝土
4	矿用提升机	2JK-3x1.5/20	套	1	400 000m³ 渣土运输
5		JK-2x1.8/20	套	1	运送人员
6	侧卸矿车	12m³	台	3	主要用于出碴
7	侧卸矿车	5m³	台	1	辅助出渣土/下料
8	混凝土输送车	4m³	台	2	地面使用,轨行式
9	人车		台	1	
10	挖掘机	CAT320	台	2	正洞400 000m³ 渣量
11	装载机	ZL856	台	2	
12	出渣车	北方奔驰	台	10	
13	混凝土搅拌机	JS1000 + PL1200	台	2	50 000m³ 二次衬砌混凝土
14	混凝土搅拌机	JS750 + PL1200	台	2	
15	混凝土输送泵	HBT60	台	2	正洞内衬砌用
16	混凝土输送车	8m³	台	6	正洞运输混凝土
17	发电机	500kW	台	2	
18	通风机	110kW×2	台	2	送风距离3 000m

7 质量控制

(1)施工中执行标准。严格按照现行《公路隧道施工技术规范》施工。

(2)采用安全、高效的可编程逻辑控制器PLC技术的运用。PLC具有较强的信号分析与处理能力,并且可在不改变硬件的情况下,通过改写程序,达到实现不同用途的目的,可靠性高,通用性强。

(3)提升或制动钢丝绳直径减少到10%时,必须更换。

(4)钢丝绳的钢丝有变黑、锈皮、点蚀麻坑等损坏时,不得用于升降人员。

8 安全措施

8.1 安全管理措施

严格执行国家安全法和地方安全管理条列,并加强围岩量测,实施信息化施工。

8.2 有轨运输安全控制

由于斜井坡度大,距离长,运输繁忙,矿车和提升绞车的安全使用是项目设备管理的重点。

(1)安排具有丰富煤矿矿用绞车操作经验的技师负责操作和带徒,所有操作人员到矿务局培训中心进行专业培训,经过考试合格后持证上岗。

(2)在硬件上进行安全投入,每台绞车配备可视系统、信号系统,实行 PLC 互锁;在轨道上设置防溜车保护装置。这些措施有效地降低了安全风险,保证了施工生产的顺利进行。

8.3 其他安全技术措施

(1)防止过卷装置,当提升容器超过正常卸载位置(或出车平台)50cm 时,必须能自动断电,并能使保险闸发生作用。

(2)防止超速装置,当提升速度超过最大速度的 15% 时,必须能自动断电,并能使保险闸发生作用。

(3)超负荷或失压保护装置。

(4)防止闸瓦过度磨损时的警铃和自动断电的保护装置。

9 环保措施

9.1 环境保护规程

严格执行国家及行业有关环境保护规程。

9.2 环境保护措施

(1)矿用提升机出渣后,确保渣弃入指定渣场。

(2)有轨斜井采用的是电力牵引,对周边环境的影响很小。

(3)施工完成后,及时清理建筑垃圾,减少污染。

10 效益分析

10.1 工期效益

利用有轨运输施工技术,比无轨运输提前 6 个月工期。

10.2 经济效益

(1)比采用皮带机运输节约成本 800 万元。

(2)比采用无轨运输节约掘进成本 2 000 万元。

10.3 社会效益

斜井的提前贯通,为缩短正洞的施工赢得了时间,早投运早收益。

采用有轨运输比无轨运输的斜井少建设 1 000 多米,少产生近 7 万 m^3 的弃渣,少占土地 100 余亩。

10.4 环境节能效益

采用矿用提升机有轨运输既节能又环保,符合当前低碳清洁施工的要求。

11 应用实例

11.1 工程概况

太古高速公路西山特长隧道为目前全国在建第一长大公路隧道,属全线重点、难点、控制性工程。

隧道为两座,双线单洞,左线全长 13 654m,右线全长 13 570m,设计时速 80km/h,工期 34 个月。隧道地质条件复杂,施工区要穿过十几条断裂带,同时还要穿越岩溶区、膨胀岩、高瓦斯煤层和采空区等不良地质,极易造成坍塌,突水、突泥和瓦斯爆炸,施工安全风险极高。西山隧道 1 号斜井长 763m,坡度 42.26%,倾角 25°,属全国少有的长大陡坡隧道,隧道排水和出渣相当困难,工期紧、任务重。

11.2 施工运用情况

有轨运输系统在小半径、长曲线斜井中的使用,占用空间小,投资少,快速形成生产能力,其运输安全性能高、施工速度快、成本低。主要表现在有轨运输坡度陡,缩短了斜井井身长度,减小了开挖断面,减小了挖掘斜井工程量,同时隧道正洞及斜井内均不需要挖掘大量的错车洞室,减少了开挖及支护工作量,同时有利于后续施工,成本也相对较低,另一方面,有轨运输施工过程污染较轻,无需配置大功率的通风设备,降低了工程造价。

斜井出渣程序实行流程化管理,采用 2JK-3 ×1.5/20 型矿用提升机提升系统出渣到洞口卸渣栈桥,然后再通过洞外装载机与运输车将渣倒运至弃渣场,不但解决了长大陡坡运输难的问题,而且提高了工作效率。安全是整个施工过程中控制的重点,施工前建立健全的矿用提升机管理制度,保障了作业安全,保证施工的顺利进行。

11.3 推广情况

采用大坡度斜井有轨运输施工技术,在太古高速西山隧道 1 号斜井取得成功后,推广运用到长平高速公路虹梯关隧道,在左线左侧设置 3、4 号通风斜井,3 号斜井长 708.56m,坡度 37.4%,倾角 20°30′,4 号斜井长 679.73m,坡度 38.4%,倾角 21°。实现了大坡度斜井有轨运输的安全快速掘进。目前,长大隧道的建设,使大坡度斜井的施工增多,推广前景好。

交通工程篇

填石路基导孔法护栏立柱施工工法

GGG(皖)E1193—2013

储根法　张玉清　王恒福　舒　凯　陈光龙
（安徽省交通建设有限责任公司）

1　前言

防撞护栏是高速公路和其他公路必不可少的安全设施之一，其主要作用是防止行驶的车辆冲出公路行车道或冲进对向行车道，防撞护栏施工安装最关键的一道工序为立柱的打入，因为立柱本身的强度、打入时的垂直度、打入路基的深度及与路基保持的整体性在很大程度上决定了防撞护栏的防撞能力；同时立柱打入的垂直度、立柱中距、立柱高度和位置的一致性在很大程度上决定了防撞护栏的顺直度和美观。

在护栏立柱的施工中，常会遇到填石路基和强度较高难以打入的路面结构层或障碍物，此时立柱打入会非常困难，即使勉强打入也会造成立柱受损，位置偏移，垂直度无法达到要求，造成防撞护栏的防撞能力和美观都受到较大的影响。

对于此类问题传统的解决方法主要有两种，一种是挖埋法，另一种是混凝土埋置法（图1、图2）。

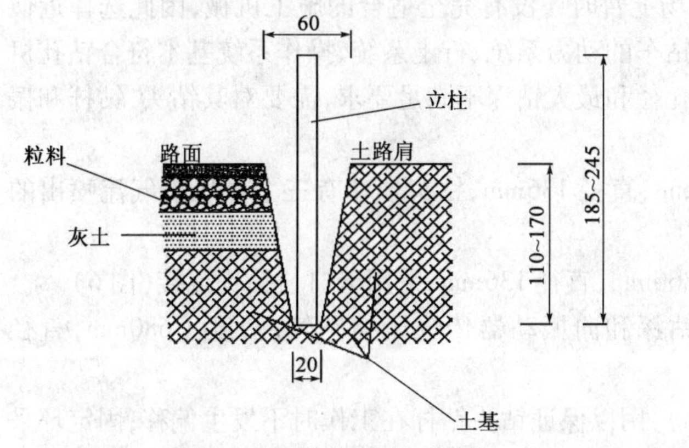

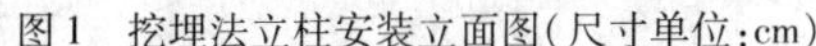

图1　挖埋法立柱安装立面图（尺寸单位：cm）

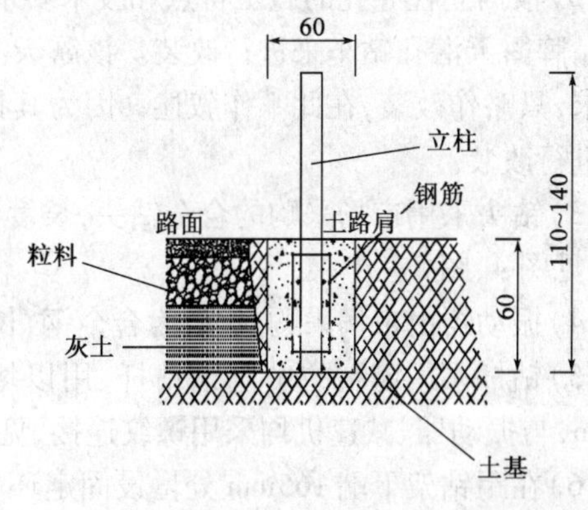

图2　混凝土埋置法立柱安装立面图（尺寸单位：cm）

挖埋法施工的主要方法是将立柱打入位置的路基挖除，在将基底整平夯实后放置立柱并调整至设计位置，再用路基原断面材料回填夯实。这种施工方法主要缺点是：①降低了立柱和路基之间的摩擦系数和整体性而导致防撞能力下降；②挖除路基较深对路基破坏较大，回填后压实度难以达到要求；③施工过程中难以保证立柱垂直度和位置的准确性；④费工费时。因此这种施工方法采用较少。在传统施工方法中常用的是混凝土埋置法，即在立柱打入位置挖除部分路基，再用钢筋混凝土埋置截短后的立柱。这样做可以解决换填式施工方法中挖除路基太深的问题，但其缺点也十分明显，一是立柱埋置深度不足，混凝土与路基结合的整体性不强而造成防撞能力降低；二是立柱损坏后的维修更换需破除钢筋混凝土，维修难度大；三是施工工艺较为复杂，成本较高。

针对传统施工方法的不足，我们在实践中摸索出导孔法施工方法，并在2007年合六高速公路（合肥北环段）防撞护栏Ⅰ、Ⅱ标和2009年六武高速交通安全设施02标中加以应用，效果较好。

2 工法特点

相对传统的施工方法,本工法的主要优点为既保证了防撞护栏的防撞能力和美观,也提高了施工进度,对路基和周边破坏较小,施工工艺简单,降低了施工成本。

(1)采用矿山露天潜孔钻车改装成钻孔机,用钻孔机钻出导孔,再从导孔中打入立柱,避免对路基的开挖,确保路基和立柱结合的整体性,提高防撞能力和施工工效。

(2)钻出的导孔直径为136mm,而打入立柱直径140mm,导孔直径比立柱直径略小,保证了立柱和路基的摩擦系数和整体性。

(3)在钻架下部加装固定环保证长钻杆钻孔的垂直度,提高了施工质量。

(4)钻孔过程中利用空气压缩气流和钻头的震动使孔壁更加密实,确保成孔质量。

3 适用范围

本工法主要适用于填石路基和强度较高难以打入的路面结构层或障碍物的护栏立柱安装。

4 工艺原理

采用矿山露天潜孔钻车改装成钻孔机,运用钻孔机钻出导孔,再用打桩机从导孔中打入立柱,有效解决了护栏立柱常规打入法施工受阻的问题。

5 工艺流程及操作要点

(1)施工工艺流程(图3)。

(2)根据立柱导孔的施工特点和技术要求,市场上暂时还没有完全适合的施工机械,因此选择近似的某品牌露天潜孔钻车来进行改装。该露天潜孔钻车的动力系统、行走系统、操作系统基本符合钻孔机的要求,只略作改装,在此不作叙述。因为其钻孔孔径和最大钻深不满足要求,需要对其钻头、钻杆和振动器进行改装。

(3)钻头采用市场采购的合金钻头,长度285mm,直径136mm,钻头顶端有三个供压缩气流喷出的气孔,见图4、图5。

(4)振动器由市场采购,材质为合金钢,长度860mm,直径136mm,采用卡口与钻头连接(图6)。

(5)钻杆采用定制的中空钢钻杆,用以增加钻深和向振动器传输压缩空气,长度1 680mm,直径126mm,与振动器、减速机均采用螺纹连接,见图7。

(6)在距钻架下端165mm处增设固定环(图8),用以保证钻头钻杆在工作时不发生偏移;固定环采用螺丝与钻架连接,见图9。

(7)以上改装针对的是直径140mm立柱导孔,直径140mm立柱也是目前护栏最常用的规格,使用率在90%以上,如遇其他规格,可以另行采购或定制钻头、钻杆和振动器,如图10所示。

(8)改装完成后经检测合格即可投入钻孔施工,如图10所示。

(9)根据图纸要求进行立柱打入位置放样和钻深放样并用20cm长的竹签做柱位标识(图11)。

(10)移动钻孔机就位并保持稳定,放下钻头钻杆进行初步定位于柱位。

(11)初步调整钻架姿态,其步骤是首先调整左右螺纹伸缩杆的伸缩,使钻架左右平衡(图12),观测方法是将水平尺放在钻架侧面观测是否垂直;其次操作控制台上控制钻架俯仰的液压油缸手柄,使钻架前后平衡(图13),观测方法是将水平尺放在钻架正面观测是否垂直(图14)。

(12)对钻头钻杆精确定位,其步骤是:第一步用钻孔机的低速行走使钻头和柱位处于同一垂直于路线的轴线上;第二步操作控制台上控制钻架前进后退的液压油缸手柄,使钻头准确定位于柱位;第三步用水平尺观测钻架各个侧面是否垂直平衡,如不垂直平衡则进行微调,直至完全垂直平衡。

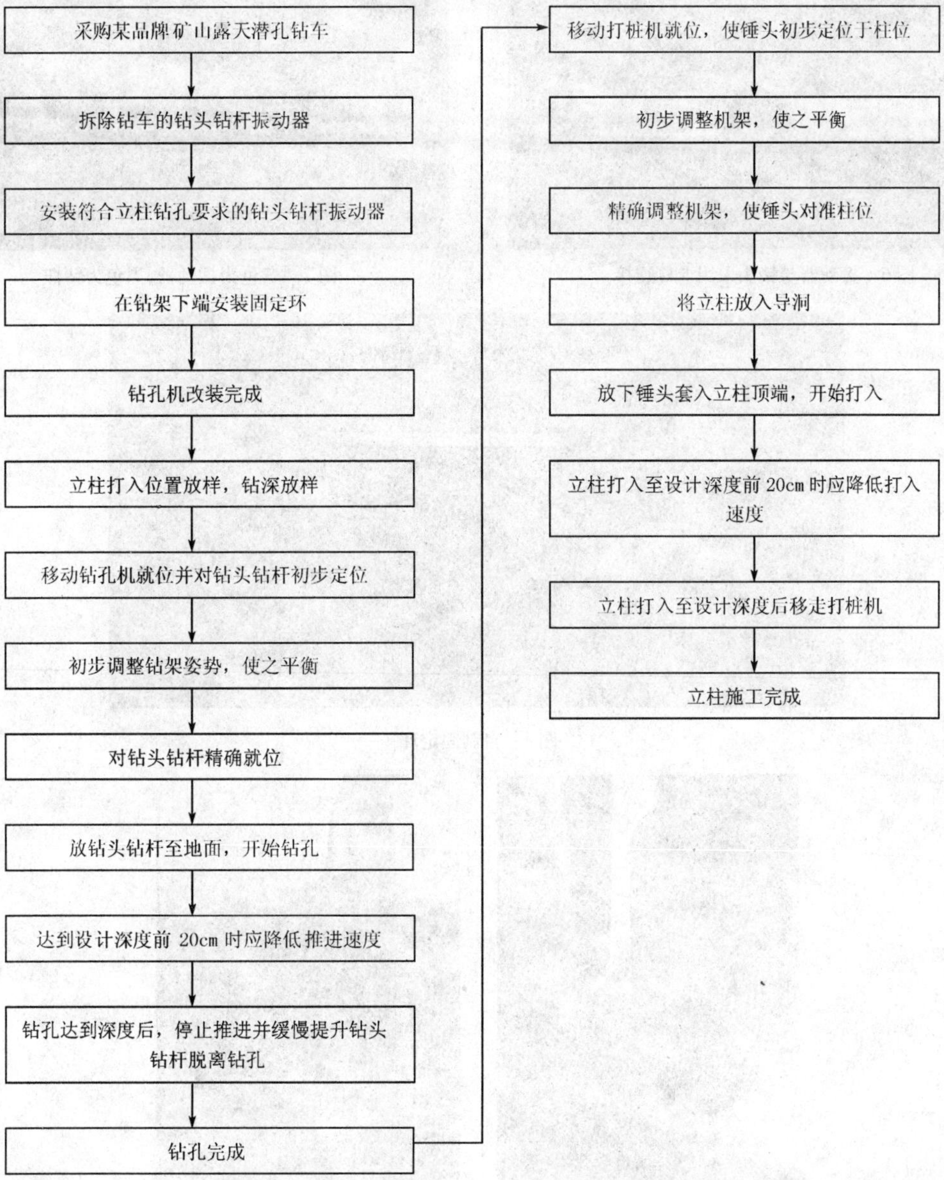

采购某品牌矿山露天潜孔钻车
↓
拆除钻车的钻头钻杆振动器
↓
安装符合立柱钻孔要求的钻头钻杆振动器
↓
在钻架下端安装固定环
↓
钻孔机改装完成
↓
立柱打入位置放样，钻深放样
↓
移动钻孔机就位并对钻头钻杆初步定位
↓
初步调整钻架姿势，使之平衡
↓
对钻头钻杆精确就位
↓
放钻头钻杆至地面，开始钻孔
↓
达到设计深度前 20cm 时应降低推进速度
↓
钻孔达到深度后，停止推进并缓慢提升钻头钻杆脱离钻孔
↓
钻孔完成
↓
移动打桩机就位，使锤头初步定位于柱位
↓
初步调整机架，使之平衡
↓
精确调整机架，使锤头对准柱位
↓
将立柱放入导洞
↓
放下锤头套入立柱顶端，开始打入
↓
立柱打入至设计深度前 20cm 时应降低打入速度
↓
立柱打入至设计深度后移走打桩机
↓
立柱施工完成

图 3　施工工艺流程

图 4　钻头侧面

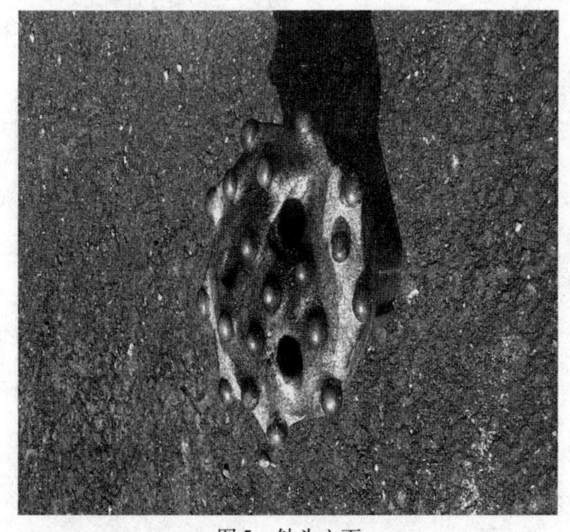

图 5　钻头立面

图6 振动器与钻头采用卡口连接

图7 黄色为振动器,黑色为钻杆

图8 自制固定环

图9 振动器穿过固定环

图10 改装完成后的钻孔机

图11 钻孔机初步就位

图12 调整螺纹伸缩杆使钻架左右平衡

(13)放下钻头钻杆至地面,开始钻孔。

(14)在钻孔过程中注意观察刻在钻架上的钻深标尺,在达到设计钻深前20cm时,应降低推进速度,直至达到设计钻深。

图13 操作油缸手柄使钻架前后平衡

图14 观测平衡

(15)钻孔达到深度后,应停止振动器的工作,降低钻杆的旋转速度,缓慢提升钻杆脱离钻孔(图15),移走钻孔机,钻孔完成(图16)。

图15 提升钻杆脱离钻孔

图16 钻孔完成

(16)钻孔深度应根据图纸等资料确定,以穿透填石路基或硬质障碍物为宜,但应不深于立柱打入深度。

(17)导孔施工和立柱打入分别为独立的工序,导孔施工完成后,立柱打入可随后施工,也可间隔一段时间,但间隔时间不宜过长,一般不超过2d,否则导孔会因雨水或其他原因造成崩塌,或有其他坚硬物体进入孔中而影响立柱施工质量。

(18)移动打桩机就位并保持稳定,锤头初步定位于柱位。

(19)初步调整机架姿态,使机架前后左右平衡,其操作和观测方法和钻孔机相同。

(20)精确调整机架位置,使锤头对准柱位,其操作和观测方法和钻孔机相同。

(21)将立柱放入导孔(图17),注意应保持立柱与导孔的顺直,不得倾斜、移位,并用水平尺观测和校正(图18)。

(22)放下锤头套入立柱顶端,开始打入;刚开始应用低速并观察立柱是否有倾斜、移位,如有应立即停止锤打并校正或拔起重打。

(23)立柱打入至设计深度前20cm时应降低打入速度,以免打入过深。

(24)在立柱打入至设计深度时应立即停止锤打,提升锤头脱离立柱并移走打桩机,立柱打入完成。

(25)如打入过深,应将立柱拔出后用土回填夯实并更换位置重新打入,不得在原位重打;更换后位置与原位置的距离应大于60cm小于120cm,对此立柱位置应作记录,以便于护栏板安装时对护栏板尺寸作相应调整。

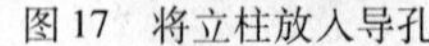

图17 将立柱放入导孔

图18 打入过程中对立柱的观测

6 材料与设备

(1)材料。

本工法所使用的材料为护栏立柱,直径140mm,长度1 850~2 450mm钢制立柱,与普通的土基护栏立柱完全一致。

(2)设备(表1)。

主要机械设备配备 表1

序号	机械名称	主要技术参数			
1	钻孔机	最大钻深2 000mm	钻孔直径80~160mm	柴油机功率20kW	发电机功率8kW
2	拖行式空气压缩机	最大容积流量10.0m³/min	工作气压0.2~0.8MPa	柴油机功率33kW	
3	自行式液压打桩机	锤头质量230kg	液压锤工作高度700~2 700mm	柴油机功率18kW	

(3)拖行式空气压缩机是钻孔机的配套设备,向钻孔机提供压缩空气,施工时由钻孔机带动行走;自行式液压打桩机是立柱打入机械,可自行驱动行走。以上两种机械均为沿用多年的成品机械设备,可直接从市场上采购。

(4)钻孔机由露天潜孔钻车改装而成,其工作原理为:利用钻头及其连接的部件自身重力、钻头在电动机减速器带动下产生旋转和在压缩空气的驱动下振动器带动钻头产生振动冲击的共同作用下,钻透岩石等较坚硬物体;同时压缩空气在驱动振动器工作后从钻头底孔中喷出,将钻出的碎屑沿钻头四周喷出地面。

(5)改装后的钻孔机与原露天潜孔钻车的工作能力参数对比见表2。

改装后的钻孔机与原露天潜孔钻车的工作能力参数对比 表2

序号	对比项目	露天潜孔钻车	钻孔机	导洞技术要求
1	钻岩硬度	$f=6\sim20$	$f=6\sim20$	$f=2\sim10$
2	钻孔孔径	60~80mm	80~160mm	136mm
3	最大钻深	1 000mm	2 000mm	1 800mm
4	最大推进速度	15mm/s	15mm/s	

从表2可以看出,改装完成后的钻孔机在钻孔孔径和最大钻深上均满足立柱导孔钻孔要求。

7 质量控制

(1)以下所叙述的是钻孔施工质量控制要点,打桩机打入立柱施工质量控制遵照交通运输行业标准《公路交通安全设施施工技术规范》(JTG F71—2006)执行。

(2)钻孔施工过程质量控制应符合表3规定(按规范中立柱检查项目推导而来)。

钻孔施工过程检测项目 表3

项次	检查项目	允许偏差	检查方法
1	钻孔外边缘距路肩边线距离	±20mm	直尺:抽检10%
2	钻孔中距	±5mm	直尺:抽检10%
3	钻孔垂直度	±5mm	垂线、直尺:抽检10%
4	钻孔深度	-10mm/+0mm	直尺:抽检10%

(3)钻孔机钻头直径136mm,正负公差不大于0.5mm。

(4)钻孔深度不得大于立柱打入深度,也不得小于立柱打入深度10mm以上。如出现钻孔过深,应用钻出料回填,并用自制的长柄木锤捣实,捣实底面后的钻孔深度应符合设计要求。

(5)当出现不合格钻孔时应另选相近的合适位置重新钻孔,更换后位置与原位置的距离应大于60cm小于120cm;禁止在原钻孔位置进行重钻或修补;废弃钻孔应用钻出料或与钻出料相近的材料回填夯实。

(6)钻孔位置的路基大都经过压实,钻孔过程中空气压缩气流和钻头的振动会使孔壁更加密实,基本不会出现塌孔的情形,如出现则另选相近的合适位置重新钻孔。

8 安全措施

(1)严格执行国家和地方各项安全生产法律法规和操作规程,建立安全生产现任制,落实各级管理人员和操作人员的安全职责,做到纵向到底,横向到边,各自作好本岗位的安全工作。

(2)项目开工前,由项目经理部编制实施性立柱施工安全技术措施,经领导小组同意后实施。

(3)建立健全各施工环境下的施工安全规章制度,做好上岗前职工安全施工培训工作,特殊工种必须持安全考核证上岗,严禁无证操作、违章作业。

(4)严格执行立柱施工安全技术交底制度和安全检查制度。

(5)现场施工临时用电必须按照施工方案设计布置,并根据《施工现场临时用电安全技术规范》(JGJ 46—2005)要求检查合格后方可投入使用。机械的操作必须符合《建筑机械使用安全技术规程》(JGJ 33—2012)规定。

(6)施工人员在施工现场时必须头戴安全帽,身穿安全背心。

(7)施工现场应设置安全警告牌,施工现场的坑、洞等危险处,设置防护设施和明显的警示标志,不得任意移动。

(8)施工现场内的机动车辆和施工机械在施工区域内行驶和移动时必须有专人指挥和管理,减速行驶。

(9)立柱为钢制材料,质量较大,装卸和堆放时应小心谨慎并设置安全区域,防止安全事故的发生。

(10)需夜间施工时,施工现场设有足够的照明,消除黑暗死角。

9 环保措施

(1)施工现场应符合建筑安全管理规定及GB/T 24001—2004和ISO 14001—1996的有关规定。

(2)成立对应的施工环境卫生管理机构,在施工过程中严格遵守国家和地方政府下发的有关环境保护的法律、法规和规章,加强对施工燃油、工程材料、废水、噪声等的控制与治理。

(3)如果钻孔机钻出物比较干燥,应适当洒水,防止扬尘。

(4)在钻孔机和打桩机下面加装防漏油设施,防止油污染。

(5)在居民区附近施工时,应避免夜间作业,防止噪声污染。

(6)施工现场做完一段,清理一段,保持场地整洁干净。

10 资源节约

本工法主要是通过加快施工进度减少施工成本实现人材物资源的节约。

11 效益分析

1)直接经济效益分析(以下材料、机械、人工市场价格均参照2012年元月合肥建设工程市场价格信息)

(1)传统的钢筋混凝土埋置法(C25混凝土60cm×60cm×60cm),单个立柱施工成本为:

①路基挖除:0.24m^3×20元/m^3=4.8元;

②C25混凝土浇筑:0.216m^3×420元/m^3=90.72元;

③钢筋:9.6kg×5.2元/kg=49.92元;

④截短立柱材料及安装:(ϕ140×4.5×1 350mm)20.30kg×6.2元/kg=125.86元。

合计:271.30元

(2)导孔法单个立柱施工成本为:

①钻孔机及空气压缩机机械台班费:合28元/根;

②钻孔人工费:合4元/根;

③立柱材料费:(ϕ140×4.5×2 000mm)30.08kg×6.00元/kg=180.48元;

④打桩机机械台班:合6元/根;

⑤打桩人工费:合4元/根。

合计:222.48元

通过上述计算每根立柱可节约成本48.82元,从2007年初开始到2011年底我公司完成导洞法立柱45 000根,节约成本约220万元,平均每年节约成本约44万元。

2)提高施工进度带来的经济效益

(1)钻孔机工作效率(钻孔直径ϕ140mm):钻深1.5~2.0m时约4分钟/孔,钻深1.0~1.5m时约3min/孔,钻深1.0mm以下时约2分钟/孔。

(2)在有导孔情况下打桩机工作效率(打入ϕ140mm立柱):导孔深度1.5~2.0m时约2min/根,导孔深度1.0~1.5m时约1.5min/根,导孔深度1.0m以下时约1min/根。

(3)因为钻孔和立柱打入可以平行施工,所以用导孔法打入一根立柱一个班组的施工时间约为1~2min,而混凝土埋置法一根立柱一个班组的施工时间约为10~12min,导孔法有效地提高了工程进度,平均每年节约成本约24万元。

3)社会效益

(1)导孔法施工保证了施工质量,加快了施工进度,使公司的品牌影响力和美誉度有较大的提高。

(2)导孔法施工对原有路基、路面及周边破坏较小,减少了对周围环境的污染。

12 应用实例

12.1 工程实例一

2007年3月至2007年11月在合六高速(合肥北环段)防撞护栏Ⅰ、Ⅱ标中运用本工法施工的立柱约 16 500 根,节约经济成本约 80 万元,并提高了工效,提前完成施工任务,受到监理、业主及各级主管部门的好评。

12.2 工程实例二

2009 年 5 月至 2009 年 12 月在六武高速安徽段交通安全设施 02 标中运用本工法施工的立柱约 11 700根,节约直接经济成本约 57 万元,在提前完成施工任务的同时,受到业界的一致好评。

公路防撞折叠活动护栏施工工法

GGG(黑)E1193—2013

杨 晶 马德军 潘 宇 张宏武 王金发
(黑龙江省北龙交通工程有限公司)

1 前言

高速公路安装活动护栏的目的就是为方便特种车辆(如交通事故处理车辆、急救车辆)在紧急情况下通行和一侧道路施工封闭时,临时开启放行的活动设施。在绥北高速公路和前嫩高速公路上采用了防撞折叠活动护栏。为了保证其外形与高速公路中央分隔带护栏配合协调,美观、实用。黑龙江省北龙交通工程有限公司在施工中提出了采用全站仪定点测量和采用JG-230钻孔机钻孔技术。该技术经过在绥北高速公路J2、J5、J6合同段和前嫩高速公路E2、E4合同段的应用,应用效果良好。经过这几年的施工总结出了一套针对性和实用性强的施工工法,实现了施工质量优质化、压缩工期有效化的目标,特别是在工期紧、任务急等情况下更加显示出极大的优越性。在节约工期,减少成本,压缩造价,优化质量等方面具有突出优势,收到了良好社会效益与经济效益。

2 工法特点

(1)本工法采用JG-230型钻孔机具设备配以全站仪定位测量施工,具有操作简单,安全可靠。与传统的钢尺测量距离和目测定位相比较,大大减少了由于测量不准确对地面的破坏和返工现象,从而节省了大量的人力和物力,降低工程造价。

(2)在防撞护栏横梁上粘贴反光膜(3M)保证夜间行车安全,大大降低交通事故的发生。反光膜的颜色可以根据波形梁护栏的颜色进行调整,保证防撞护栏上的反光膜与波形梁护栏相协调。

3 适用范围

本工法适用于新建和改扩建高速公路中央分隔带开口处、收费站变道、道路维修临时封道。

4 工艺原理

在高速公路开口带和收费站广场上,采用全站仪进行定点、定位测量,利用JG-230钻孔机进行钻孔,既能保证钻孔的竖直度又能准确地控制钻孔的深度。从而使安装后的护栏能够满足相关规范要求。

5 施工工艺流程及操作要点

5.1 施工工艺流程

施工工艺流程见图1。

5.2 操作要点

1)准备工作和安全工作

(1)组织技术人员对现场进行复核,对安装护栏的开口带和收费广场,要进行实际测量保证实际预留长度和安装长度相符。

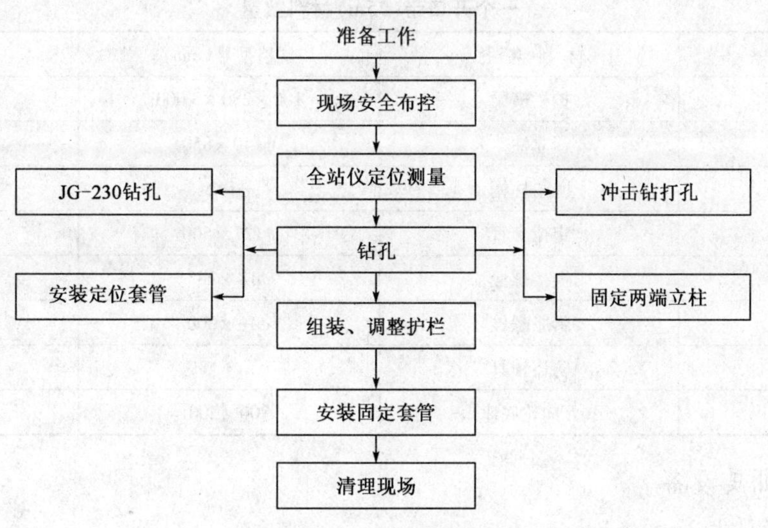

图1 施工工艺流程

(2)开口带和收费广场施工位置,要摆放施工标识和安全锥,现场施工人员的安全服装要穿戴整齐。

(3)清理施工现场的杂物,保证护栏安装的有序进行。

2)测量放样

采用全站仪定位和钢尺丈量测量长度,对孔位进行施工放样。选择路面原有护栏为高度控制点放样,确定钻孔深度。

3)钻孔和固定

利用水钻机对活动护栏的中间立柱需要下定位套管进行钻孔,及时用高压水枪清洗路面,保证路面的清洁,同时组织人员利用冲击钻打孔固定两端定位立柱。

4)安装定位套管

钻孔完成后要清理孔洞,保证钻孔深度和孔洞内没有任何杂物后,下定位套管,安装后的套管不能高出路面。

5)护栏的组装

(1)护栏运到现场后,要采用小型机具进行卸车。

(2)每节护栏间用一根长杆连接螺栓连接两节护栏,拼装好后拧紧螺栓。

(3)护栏两端立柱用膨胀螺栓连接,位置调整好后拧紧。

(4)中间护栏和两端立柱连接后,安装调节套管,扣紧柱帽。

6)调整护栏的整体线形

使护栏与中央分隔带上的波形梁钢护栏线形相协调。

7)安装暗置锁具

为了防止活动护栏的丢失,在护栏的一侧设置了暗置锁具,整条公路的锁具使用统一的钥匙,确保有紧急情况下及时开启。

8)清理现场

把现场内护栏的包装以及钻孔取出的钻芯清理干净,待施工人员撤离现场后,安排专门人员把现场施工的安全设施撤出现场。

6 材料与设备

6.1 材料

材料数量见表1。

一个开口带(25m)材料数量　　表1

序　号	材料名称	规格型号(mm)	数量(个)
1	护栏横梁	180×280×3 000	8
2	立柱	ϕ140×850	9
3	防雨柱帽	ϕ142	9
4	定位套管	ϕ127×500	7
5	链接螺栓	ϕ18×285	7
6	膨胀螺栓	ϕ16×200	8
7	防盗锁具		1
8	万向轮底座	200×200	7

6.2　主要机具设备

主要机具设备见表2。

主要机具设备　　表2

序号	设备名称	规格型号	数量	备注
1	钻孔机	KCY4050B	1	取芯
2	冲击钻	GSB20-2RB	1	安装膨胀螺丝
3	发电机	STC-15	1	供电
4	水车	2T	1	清理泥浆
5	钢尺	50m	1	丈量
6	水平尺	60cm	1	测量
7	运输车	5t	1	运输材料
8	吊车	QY8	1	吊装护栏
9	全站仪	NA730	1	测量高度
10	涂层测厚仪	JG-077	1	检测涂层
11	电子数显卡尺	JT-318	1	检测厚度

7　质量控制

7.1　引用标准

施工中严格执行《公路交通安全设施设计规范》(JTG/T D81—2006)和《公路工程质量检验评定标准》(JTJ F80/1—2004)中的各项指标要求。

7.2　质量控制措施

(1)施工放样采用双校核制,严防放样中出现错误,保证放样精度。

(2)钻孔时要保证钻机底座的水平,从而保证孔的竖直度,控制钻孔深度,保证定位套管不高出路面。

(3)根据路面的实际情况,严格控制钻孔的机的速度。

(4)认真清理孔位和孔内杂物,保证定位套管安装竖直度。

(5)吊装构件时必须由专人指挥,轻起轻放,严禁碰撞造成构件的局部变形。

8　安全控制

(1)施工过程严格执行现行《公路工程施工安全操作规程》中的各项规定。

(2)认真贯彻执行国家安全法律法规,建立安全保障体系,明确岗位责任制,落实安全生产责任制,设立专职或兼职安全员,对安全生产活动进行监督。

(3)认真做好技术交底工作,严格执行操作规程,机械操作人员必须持证上岗。

(4)吊装护栏时必须有专人指挥。

(5)施工人员必须穿着反光衣,安排专职人员指挥交通,并在施工现场设置指示标志、安全锥等警示标志,避免发生交通安全事故。

9 环境保护

(1)认真贯彻执行国家环境法律法规,重视环境保护工作,加强环境教育,组织职工学习环保知识,增强环保意识,使施工人员意识到环境保护的重要性。

(2)在施工中,尽量降低噪声。

(3)在施工中,及时清理钻孔流出的污水和杜绝将钻孔取出的芯,随意丢弃在边沟和河流中。

(4)及时检查机械设备,防止各种油料的渗漏。如果发生渗漏,及时清理。

(5)施工完毕及时清理施工现场的废弃物品,做到工完料净。

10 资源节约

(1)利用 JG-230 钻孔机进行钻孔大大的节省了合金钻头,减少资源浪费。

(2)护栏每节之间采用铰接,可分节更换,减少维修费用。

(3)道路维修时可以用做临时便道,节约成本。

(4)合理安排工序衔接,减少各道工序的待工时间,节约能源。

11 效益分析

11.1 经济效益

在绥北高速公路和前嫩高速公路的施工中,使用折叠式活动护栏有效地缩短了安装时间,跟以往的护栏相比具有安装方便、使用寿命长、防撞性能高、平时免维护、外观能和自然景观相协调,既保证了施工质量,又减少了维护的费用。

11.2 社会效益

采用本工法的绥北高速公路、前嫩高速公路的实际使用情况来看,因其施工快,安装方便,具有防撞缓冲和防撬的特点,极大地降低了交通事故的发生,保证了高速公路的安全运营,极大地缓解了因违章掉头等给道路造成的危害,社会效益显著。

12 应用实例

12.1 工程实例一

前嫩高速公路北安至伊春段交通安全设施 E2 合同段和 E4 合同段,施工地点位于北安至伊春段,该段公路全长 163km,路面为沥青混凝土路面,中央分隔带采用波形梁钢护栏,每隔 2km 设置一处开口为 25m 的防撞折叠护栏。交通安全设施于 2012 年 4 月开工,竣工日期为 2012 年 9 月。本工程为新建高速公路项目,活动护栏数量为 1 622m。在本项目施工中采用了防撞折叠式活动护栏施工技术,仅用一个月即顺利地完成活动护栏施工,取得了良好的社会效益和经济效益。

12.2 工程实例二

绥北高速公路北安至绥化段 J2、J5、J6 合同段,交通安全设施开工日期为 2011 年 4 月,竣工日期为 2011 年 9 月。施工合同段内的活动护栏的总长度为 850m,施工中采用防撞折叠活动护栏施工工法,保证了施工质量,节约了工期,降低了管理成本,经济效益和社会效益显著。

旧波形梁护栏纳米喷塑施工工法

GGG(黑)E1194—2013

潘　宇　张明伟　赵　军　杨　晶　王金发
(黑龙江省北龙交通工程有限公司)

1　前言

目前,国内前期建设的公路波形梁护栏的表面处理主要为热浸镀锌的单涂层处理,容易导致环境污染,我们可以看到在海边和某些重工业区的高速公路上,或者在流量较大的高速公路上,护栏板表面镀锌层受腐蚀比较严重。为了减少投资成本,对原旧波形梁钢护栏进行回收再利用,提出使用旧波形梁纳米喷塑施工的技术,经过反复地试验研究,我们先后在绥满高速公路大庆(黄牛场)至齐齐哈尔(宛屯)段扩建项目和绥满高速公路牡丹江至哈尔滨段大修工程建设项目施工中进行了应用,达到了防腐性能好,表面美观等效果,取得了较好的经济效益和社会效益,经总结形成了旧波形梁护栏喷塑施工工法。目前,该技术处于国内领先水平。

2　工法特点

(1)采用纳米喷塑技术,波形梁护栏防腐性能好,表面美观。

(2)纳米材料喷涂的波形梁护栏具有自洁能力,表面光洁,不易污染,经雨水冲刷后表面整洁如新,节约人工清洗费。

(3)施工方法简便宜操作,保证了波形梁护栏的质量。

(4)节约资金投入,减少物资浪费。

3　适用范围

(1)本工法适用于所有扩建、改建、大修公路波形梁护栏板施工。

(2)本工法工艺更改后也可用于新建公路波形梁护栏。

4　工艺原理

旧波形梁钢护栏回收再利用,首先,对旧波形梁护栏进行外形校正维修,达到要求后,对波形梁护栏再进行微酸处理,去除旧板表面的腐蚀物,经晾干后进行静电喷塑然后进行加热固定处理,经加热处理后的波形梁护栏需冷却、修整毛边后安装成形。

5　施工工艺流程及操作要点

5.1　工艺流程(图1)

5.2　操作要点

1)准备工作。

(1)准备放置旧波形梁护栏场地和垫块,以备旧板的堆放。

(2)按配比要求准备微酸溶液。

(3)准备喷涂粉末。

2)拆除旧板。将原有公路上旧波形梁护栏用专用扳手拆卸,装车运入喷涂场地

3)外形修整。对拆卸回来的旧波形梁护栏用整形机进行外形整理,达到质量要求标准。

4)微酸处理。

(1)对旧波形梁护栏进行除油、除锈;

(2)冲洗波形梁护栏清,除表面存留化学溶液;

(3)将旧波形梁护栏浸入调好的磷化化学溶液进行磷化;

(4)冲洗波形梁护栏,清除表面存留化学溶液;

(5)将旧波形梁护栏浸入调好的钝化化学溶液进行钝化;

(6)冲洗波形梁护栏,清除表面存留化学溶液。

5)静电喷涂。调整喷房电阻率、喷粉量、粉末和空气混合物的速度和梯度、喷涂距离,将处理好的波形梁护栏挂上生产线,开动机器,使其缓慢进入喷房,对波形梁护栏进行喷涂,注意控制喷涂时间和速度。

6)高温固化。开启生产线,使喷涂完的波形梁护栏缓慢进入高温固化房,调整固化房温度并保持一定时间,使之熔化、流平、固化,从而得到我们想要的工件表面效果。

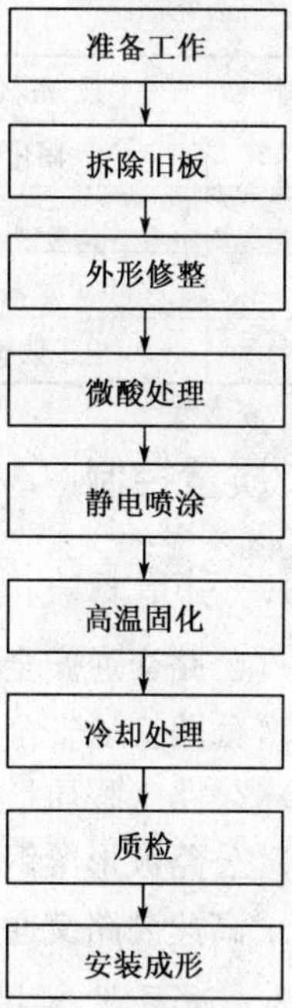

准备工作 → 拆除旧板 → 外形修整 → 微酸处理 → 静电喷涂 → 高温固化 → 冷却处理 → 质检 → 安装成形

图1　工艺流程图

7)冷却清理。涂层固化后,取下保护物,修平毛刺。

8)质检。固化后的工件,主要检查外观(是否平整光亮、有无颗粒、缩孔等缺陷)和厚度。对被检出的有漏喷、针孔、碰伤、气泡等缺陷的工件,进行返修或重喷。

9)安装成形。

(1)经质检合格的波形梁护栏在场地码放整齐,统一运送到施工现场。

(2)按《公路交通安全设施施工规范》(JTG F71—2006)要求安装并调整线形。

6　材料与设备

6.1　材料

材料见表1。

材　料　　　表1

序　号	材料名称	用　途	序　号	材料名称	用　途
1	钢材	基底材料	5	酸性除油剂	除油除污除锈
2	硫酸	除油除污除锈	6	磷化液	磷化
3	盐酸	除油除污除锈	7	钝化液	钝化
4	纯碱	除油除污除锈	8	纯聚酯粉末	喷涂

6.2　主要机具设备

主要机具设备见表2。

主要机具设备　　　表2

序　号	设备名称	型号或技术指标	单　位	数　量	备　注
1	前处理槽		个	2	处理旧板
2	静电喷塑机	MA3300D	台	4	
3	喷房	HD608	台	1	
4	空气压缩机	1.0MPa	台	4	

续上表

序 号	设备名称	型号或技术指标	单 位	数 量	备 注
5	固化炉				
6	运输车	10t	台	2	运输材料
7	电子涂层测厚仪	JG-077	台	2	检测质量
8	电子数显卡尺	JT-318	台	2	检测质量

7 质量控制

7.1 引用标准

(1)《公路交通安全设施设计规范》(JTG/T D81—2006)。

(2)《公路交通安全设施施工技术规范》(JTG F71—2006)。

(3)《公路工程质量检验评定标准》(JTJ F80/1—2004)。

(4)《公路波形梁钢护栏》(JT/T 281—2007)。

(5)《高速公路交通工程钢构件防腐技术条件》(GB/T 8226—2000)。

7.2 质量控制措施

(1)微酸溶液严格按配比要求调试,保证浓度合格。

(2)旧波形梁护栏用扳手拆除,保证不损坏螺栓孔。

(3)旧波形梁护栏外形修整时"W"形放置位置正确

(4)微酸处理严格控制浸入时间,确保能除去表面腐蚀物,但不能破坏原有镀锌层。

(5)严格控制粉末的电阻率(1 010 ~ 1 016Ω/cm)、喷粉量(按厚度要求,控制在50g/min到1 000g/min)、粉末和空气混合物的速度和梯度、喷涂距离(一般控制在距工件10 ~ 25cm)、喷涂时间等指标,保证成品的附着性、均匀性和厚度。

(6)吊装构件时必须由专人指挥,轻起轻放,严禁碰撞造成构件的局部变形。

(7)固化温度(一般控制在180 ~ 200℃)和时间(一般控制在15 ~ 20min以内)的控制在标准范围内。

(8)冷却处理时要注意波形梁护栏的距离,避免成品粘连,造成表面损坏。修整毛边时用专用工具。

(9)外观不允许有色差、划伤、气孔、夹渣、裂纹、变形。

(10)成品码放时,板与板之间必须用小木块隔离。

(11)成品运输装卸时要轻拿轻放,避免造成二次伤害。

8 安全措施

(1)施工过程严格执行现行《公路工程施工安全操作规程》中的各项规定。

(2)班前必须召开安全会议,对当班的工作进行安全交底,布置好施工中的安全注意事项和必要的安全措施。

(3)操作工人必须配齐安全劳保用品和用具。如手套、口罩和专用鞋、眼镜等。

(4)试剂要有专人管理,出入库严格执行手续。

(5)吊装构件时必须设专人指挥。

(6)机械操作人员必须持证上岗。

(7)喷房工作时严禁人员接触构件。

(8)高温房检查时严禁单人作业,必要时挂检修牌。

(9)定期进行安全检查,发现施工中存在的隐患及时纠正。

(10)室内保持通风通畅。

9 环保措施

(1)认真贯彻执行国家环境法律法规,重视环境保护工作,加强环境保护教育,组织职工学习环保知识,增强环保意识,使施工人员意识到环境保护的重要性

(2)施工现场操作人员要加强机器的维修保养工作,尽量降低施工机械的噪声。

(3)及时检查机械设备,防止各种油料的渗漏。如果发生渗漏,及时清理。

(4)废弃微酸溶液按要求处理,禁止随处倾倒。

(5)喷房要密封,不能造成粉尘污染。

(7)施工完毕及时清理施工现场的废弃物品。

10 资源节约

(1)利用旧路原有波形梁护栏翻新,减少重新制作所需的钢材资源和资金成本。

(2)原有旧螺栓及垫圈等小件也可翻新喷塑,减少资源浪费。

(3)合理安排工序衔接,减少各道工序的待工时间,节约能源。

11 效益分析

11.1 经济效益

旧波形梁护栏纳米喷塑的施工工法有效地节省了资源,跟新增波形梁护栏相比具有色泽鲜艳、美观漂亮、防锈、防尘、耐高温、耐严寒、抗腐蚀、寿命长、不褪色、不脱落等特点,而且平时免维护、外观能与自然景观相协调,既保证了施工质量又减少了维护费用。

在改扩建及大修工程中,如果全部更换波形梁护栏板,基本费用需要 210 元/延长米,但如果利用旧波形梁护栏板,仅仅是翻新喷塑,那成本为 50 元/延长米,这样每米节约成本 160 元。按每个项目波形梁护栏 200 000 延长米计,那一个项目仅波形梁护栏节约成本为 3 200 万元。

11.2 社会效益

采用了该项技术及大的节约了资金成本和物资成本,由于喷塑是采用纯聚酯粉末,能耗低、无污染,而且施工速度快,提高公路使用者的舒适性,具有良好的社会效益。

12 应用实例

12.1 工程实例一

黑龙江省北龙交通工程有限公司承建的绥满高速公路大庆(黄牛场)至齐齐哈尔(宛屯)段扩建项目 G4 标,该公路为双向四车道,护栏形式为波形梁护栏。本标段共有波形梁护栏 90km,开工日期 2009 年 4 月,竣工日期 2010 年 10 月。施工中波形梁护栏改造采用了旧波形梁护栏纳米喷塑施工工法,经该工法施工的波形梁护栏,外表美观,大大降低了施工成本。经过两年的使用凸显防腐性能好、维护费用低等优势,节约了维护成本,经济效益和社会效益显著。

12.2 工程实例二

黑龙江省北龙交通工程有限公司承建的绥满高速公路牡丹江至哈尔滨段大修工程建设项目 C1 标,本项目为双向四车道,防护栏形式主要是波形梁护栏,本标段共有波形梁护栏 780km,开工日期 2012 年 5 月,竣工日期 2012 年 10 月。施工中采用波形梁护栏改造采用了旧波形梁护栏纳米喷塑施工工法,经过使用该种处理方式的波形梁护栏防腐性能好,外表美观,维护费用低,并且在施工过程中施工成本少。

钢管桩基混凝土防撞护栏施工工法

GGG(浙)E1195—2013

王剑波　陈宏伟　金　尧　杨吉春　赵骏马
(杭州萧山路桥工程处)

1　前言

防撞护栏是一种广泛应用于公路和桥梁的道路交通安全设施,它通常分为刚性的钢筋混凝土防撞护栏和柔性的波形防撞护栏。刚性防撞护栏一般由钢筋混凝土材料制作,它主要应用在桥梁上,护栏面板底部与桥面固结,强度和刚度很大,车辆撞击刚性防撞护栏时,防撞护栏不会发生位移而使车辆产生缓冲,故车辆一般都不会坠落到桥面以下,但会导致车辆受损严重。柔性防撞护栏一般由钢管桩和波形板组成,主要应用在路基上,强度和刚度一般不大,小型车辆撞击时,防撞护栏会发生位移而使车辆产生缓冲,故能减少车辆受损程度;但大重型车辆撞击时,柔性防撞护栏将严重损坏,很难防止车辆在发生事故时坠落到路面或桥面以下,将造成严重损失。为了将钢筋混凝土防撞护栏的刚性特征和波形防撞护栏的柔性特征有机结合起来,取长补短,采用具有刚性和柔性结合特征的钢筋混凝土防撞护栏,既提高了防撞护栏的安全性能,又降低了车辆撞击的损失程度。本公司在杭甬、杭长新建铁路上跨03省道东复线高铁桥墩现有东复线道路两侧,为了防止车辆撞击高铁桥墩,设置了一种刚柔性混凝土防撞护栏——钢管桩基混凝土防撞护栏(图1),编制了施工工法,同时在萧山塘新线东伸工程中再次应用。本工法的关键技术《刚柔性混凝土防撞护栏》实用新型专利已由国家知识产权局授权,专利号为:ZL201320332095.8。

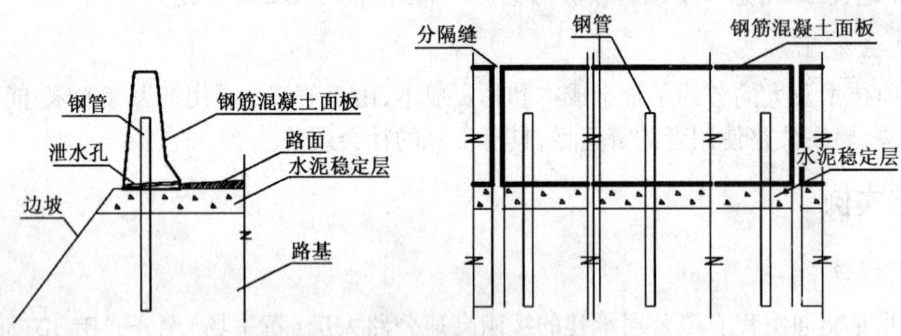

图1　钢管桩基混凝土防撞护栏

2　工法特点

(1)钢管桩基混凝土防撞护栏,钢管下端打入路基和水泥稳定基层内,上端与钢筋混凝土面板浇筑成一体,由于钢管桩的摩阻力作用,提高了混凝土防撞护栏的垂直承载力,特别适用于软土地基上建造混凝土防撞护栏。

(2)钢筋混凝土面板沿道路方向分段,每段钢筋混凝土面板均具有独立防撞功能,每相邻两段钢筋混凝土面板之间预留分隔缝,缝内均填充沥青等易变形的弹黏性材料,以减少每段钢筋混凝土面板之间的摩阻力、利于温度引起的伸缩变形和受力。当受车辆撞击时,钢筋混凝土面板分段后减少整体刚度,增加柔性,但具有独立防撞功能;减少温差应力,确保了钢筋混凝土面板的质量;避免路基不均匀沉降带来钢筋混凝土面板的沉降裂缝。

(3)钢管桩基与钢筋混凝土面板浇筑有机结合了钢筋混凝土防撞护栏的刚性特征和波形防撞护栏的柔性特征,取长补短,刚柔相济,既提高了防撞护栏的安全性能,又降低了车辆撞击的损失程度,也是一种实用、安全、经济的混凝土防撞护栏,有效保障公路安全运营,减少交通事故损失。

3 适用范围

适用于路基防撞护栏,特别适合于软土地基上路基防撞护栏。

4 工艺原理

混凝土防撞护栏结合了钢筋混凝土面板的刚性功能和钢管的柔性功能,取长补短,刚柔相济。当车辆撞击钢筋混凝土面板时,钢筋混凝土面板不像波形板那样容易变形损坏;同时,由于钢管的柔性作用,使得受撞击后的钢管桩产生弹性变形,并允许每段钢筋混凝土面板可发生水平位移,从而使得事故车辆产生缓冲作用,以减少车辆和车内人员的损伤;当撤去撞击车辆,如钢管桩变形在弹性范围之内,钢筋混凝土面板又会立即恢复到原来的顺直状态。

5 施工工艺流程及操作要点

5.1 施工工艺流程(图2)

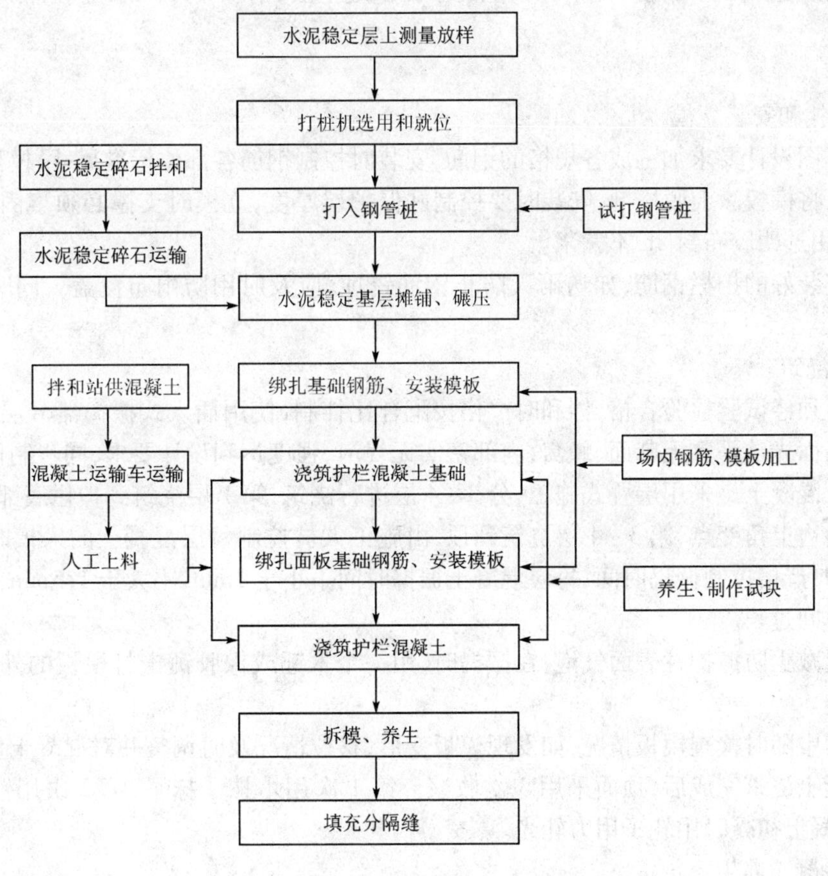

图2 施工工艺流程图

5.2 操作要点

1)水泥稳定层上测量放样

按照设计图纸,在已经完成的路基上进行高程、平面测量,准确定位水泥稳定层上钢管桩和钢筋混凝土护栏面板的平面位置和高程。

2)施打钢管桩基础

(1)打桩机的选用和就位

宜选用多功能打拔桩机,其原理是将液压能转化为冲击能,击锤速度持续均匀,不容易把钢管桩端口打毛,其最大的特点是机动性大,效率高,按钢管桩的位置准确就位打桩机。

(2)试打钢管桩

根据设计确定的钢管桩承载力要求,采用打入桩的动力公式计算钢管桩的承载力,由试打过程的贯入度调整设计桩长,确定实际施工钢管桩的总长度。

(3)施打过程

每台打桩机配四人,钢管桩定位以后开始打入时,最初几锤要重,然后停下来用水平尺测其立柱是否垂直,如不垂直,应调整打桩机,调整后可用重锤继续打;快到位时停下来,再用水平尺测垂直度,再用轻锤击打,最后几锤要特别小心,防止立柱打入过深,钢管桩过深或不垂直,会影响护栏线形和稳定性。

3)护栏基础

(1)按照设计图纸和测量数据,安装护栏基础模板,要求模板顺直、准确。

(2)采用水泥稳定运输车运输拌和厂的水泥稳定碎石至现场,在地基上浇筑水泥稳定基层,碾压成型。

(3)场内制作完成的护栏基础钢筋,进行绑扎。

(4)在浇筑防撞护栏基础前应先清除松散的水泥稳定基层,清扫干净用水湿润,然后立模浇筑护栏基础混凝土。

4)护栏面板

(1)钢筋绑扎和安装立模

①按照施工图设计要求加工成各规格的钢筋,安装时控制钢筋各部位标准尺寸,模板采用定型钢模每块长度1.5m,将模板涂上脱模剂,安装时要控制好保护层厚度,立模时支撑必须牢固、钢模板之间拼缝平整密贴,并用透明胶布封闭,不漏浆。

②对已经安装好的护栏钢筋,如遇雨天防止钢筋锈蚀,应及时用防雨布覆盖。同时合理安排浇筑时间。

(2)混凝土浇筑

各档原材料须经试验检验合格,拌和时严格按配合比拌制,使用插入式振捣器分层分段振捣,保证浇筑时混凝土表面光洁平整无麻面、蜂窝,内部密实无气泡、强度达到设计要求,同步制作试块。

①分层浇筑混凝土。采用层叠式施工,分3~4层进行浇筑,第1层浇筑到护栏底部斜边下角变点,第2层浇筑到斜边上角变点,第3~4层浇筑到顶,由施工人员控制每层混凝土的入模时间及方量。混凝土布料要均匀,严格控制振捣时间,每层混凝土振捣时间不小于1min,不大于1.5min,防止漏振、振捣不充分或振捣时间过长。

②为了尽量减少防撞护栏表面气泡,在振捣时,用一个木锤或橡胶锤击打模板的外壁,以减少防撞护栏表面的气泡。

③浇筑过程中随时检查模板情况,如发现模板变形、移位情况及时调整并对混凝土重新振捣。

④护栏混凝土浇筑完成后,顶面采用3次收浆。第1次用木抹子抹平,第2次用铁抹子抹平初压光,第3次待混凝土初凝时用轧子用力轧光。

5)拆模和混凝土养生

对浇筑好的护栏混凝土应及时进行养护,保持湿润,养护用水采用清洁的自来水。

6)护栏分隔缝

浇筑混凝土护栏时每4m左右设置一道分隔伸缩缝,设置时上下必须贯通、垂直,缝宽1~2cm,缝内填充沥青等弹黏性材料。

填充弹黏性材料时，在分隔缝处护栏面板两侧用挡板挡住，以免填充料外漏，污染面板。

6 材料与设备

6.1 主要施工材料

水泥、砂、石子、沥青、钢管和钢筋。

6.2 主要施工设备

主要施工设备见表1。

主要施工机械设备 表1

项 次	设备名称	数 量	单 位	设备说明
1	混凝土搅拌机	1	台	JZ350 型搅拌混凝土
2	水泥碎石拌和站	1	套	产量 50 ~ 100t/h
3	混凝土送输车	2	台	小型翻斗车，混凝土送输卸料车
4	插入式振捣器	5	台	型号均为 ZN70 型(1.5kW)，用于混凝土的振捣，其中1台备用
5	多功能打拔桩机	1	台	T70 - 2/YL 型多功能打拔桩机
6	钢筋切割机	1	台	型号 J3GQ - 400 制作钢筋用
7	电焊机	1	台	型号 BX1 - 500 钢筋焊接
8	整体式钢模板	60	m	自制钢模 1.5m，浇筑护栏混凝土
9	压路机	1	2台	YL20 轮胎压路机、16J 振动压路机各一台
10	吊车	1	台	起吊模板和钢筋使用

7 质量控制

7.1 质量控制标准

(1)严格执行《公路路面基层施工技术规范》(JTJ 034—2000)、《公路波形梁钢护栏》(JTT 281—2007)、《公路桥涵施工技术规范》(JTG/T F50/—2011)和《公路工程质量检验评定标准》(JTG F80/1—2004)等标准规范。

(2)水泥、砂、石子、沥青、钢管和钢筋等原材料符合国家和部颁标准，砂、石子级配符合标准。

7.2 质量控制措施

为了保证钢管桩基混凝土防撞护栏的施工质量，项目部在施工工序上严格进行质量控制，技术质量由项目总工负责，全面加强质量控制。

1)水泥稳定层上测量放样

(1)准确定位放线路缘石的铺设位置，在纵向(顺路方向)上平顺，在横向(垂直于路方向)没有错位。

(2)根据施工图纸，由路缘石来确定防撞护栏钢管桩位置。

2)钢管桩质量控制

打桩时控制好钢管桩的质量，检查其钢管桩的规格尺寸是否符合设计图纸要求，同时技术人员检测桩柱长度、垂直度、深度、预留高度，成桩时误差应控制在允许范围内。严格控制钢管桩打入过程中的深浅度，当钢管桩打入过深或过浅时，不得将钢管桩拔出矫正，重复再打。

为了钢管桩具有足够稳固性，在打入时应严格控制3个指标：钢管桩打入路基中的深度、钢管桩的垂直度、钢管桩顶预留的长度。

(1)首先按设计确定钢管桩的间距。钢管桩纵向位置的确定：先在路缘石上用红粉笔根据钢管桩间距划出横线，再用线绳和钉子顺路方向上放出一条线，反复调整线形，然后用红粉笔在这条线上划出与横线垂直的纵线，形成十字线，在打入钢管桩时，严格按钢管桩十字线中心距离打入，这样就保证了钢管桩在纵向上的顺直度。

(2)钢管桩的预留高度和深度的控制:为抗击车辆对护栏的碰撞,按照施工图纸,预留钢管桩的高度,顶面须一致、平顺。钢管桩预留长度是影响防撞护对车辆抗击力的一个重要因素,试桩完成后,打入第1根钢管桩时,在打桩机导杆上记录下钢管桩锤的位置,以后每打1根钢管桩,按此桩锤位置控制钢管桩的预留高度和打入深度。

(3)加强钢桩与路基之间的稳定作用。为防撞护栏的耐久性,稳固性、安全性,根据基底地质、桩位所处的土质情况,结合设计图纸分析与确定土质对防撞护栏钢管桩所起的稳固作用,确保钢管桩打入软弱土层深度和钢管桩外路基的足够宽度,压实水泥稳定层,以保证钢管桩的侧向稳定,增强防撞性能。

3)其他质量控制措施

(1)对防撞护栏使用的钢管桩和钢筋混凝土等原材料质量严格把关,确保所采购材料满足设计及规范规定要求,不使用不合格物资,劣质、不合格的材料不得用于该防撞护栏中。

(2)钢管桩的长度、管径、厚度等质量指标须经检验,必须符合有关国标和设计图纸要求。

(3)打桩前对打桩机的机械性能做好检查,保证打桩机性能合格,参加的技术人员和桩机操作工人及时到位,能保证施工正常。

(4)防撞护栏的钢筋制作须严格按照施工图中要求,控制好规格尺寸、钢筋间距、焊接质量等,防止锈蚀。

(5)模板采用整体定型钢模,立模时将拼缝用密封材料进行处理,保证接缝密贴,浇筑时不漏浆。

(6)安排有经验的人员进行混凝土振捣,严格控制捣固时间,振捣时充分均匀振捣,杜绝漏振,务必将混凝土中的浮浆、气泡排放出来,使气泡不要附着模板表面,以免拆模时混凝土护栏表面出现麻面。

(7)护栏顶面的收面,要边施工边检查,表面水泥浆有不均匀现象时及时处理,以减少表面裂缝的产生,保证护栏的光洁和平整度。

(8)立模时严格控制钢筋保护层厚度,钢筋保护层厚度按设计图纸要求,立模浇筑时严格控制。

(9)确保每段分隔缝顺直、等宽,填充料填充有效。

(10)试块按标准尺寸制作,进行同条件和标准条件两种情况养护,按标准时间试压。

4)检查项目

检查项目见表2。

钢管桩基混凝土防撞护栏的检查项目　　表2

项次	检查项目	规定值或允许偏差	检查方法和频率	备注
1△	水泥稳定碎石强度(MPa)	符合设计要求	按JTG F80/1—2004附录G检查	执行《公路工程质量检验评定标准》(JTG F80/1—2004)
2△	混凝土强度(MPa)	在合格标准内	按JTG F80/1—2004附录D检查	
3△	钢管桩	强度在合格标准内		
		总长度(m)±5(mm)	尺量:抽检10%	
		钢管桩壁厚(mm)4.5 +0.5,-0.25	测厚仪、千分尺:抽检5%	
		镀(涂)层厚度(um)符合设计	测厚仪:抽检10%	
		钢管桩埋入深度和预留高度(m)±5(mm)	符合设计规定　过程检查,尺量:抽检10%	
		钢管桩外边缘距路肩边线距离(mm)±20	尺量:抽检10%	
		钢管桩中距(mm)±50	钢卷尺:抽检10%	
		钢管桩竖直度(mm/m)±10	垂线、尺量:抽检	
4	面板平面偏位(mm)	4	经纬仪、钢尺拉线检查:每100m检查3处	
5△	面板断面尺寸(mm)	±5	尺量:每100m每侧检查3处	
6	面板竖直度(mm)	4	吊垂线:每100m每侧检查3处	
7	预埋件位置(mm)	5	尺量:每件	

注:△为主要检查项目。

8 安全措施

8.1 工地施工安全措施

(1)项目部能加强施工现场的安全生产管理,建立健全安全生产管理体系,落实安全生产的措施,指派专职安全管理员现场管理。

(2)施工时能认真执行交通部《公路工程安全技术规程》(JTJ 076—95)和《公路筑养路机械操作规程》的有关规定,施工路段及道路出入口布置好各类警示标志、标牌、重要路段及时做好安全设施的设置围护工作。

(3)进入现场的施工人员,应严格按照安全管理条例和安全操作规程的要求,穿戴相应的防护用品。

(4)合理安排施工时间,尽量做到交叉施工,同时保持与其他项目施工之间信息畅通,紧密联系。

(5)避免高空坠物事件的发生,特殊部位应设置安全网,禁止从高空抛掷任何物品,以保证现场及下方人员、机械、车辆的安全。

(6)护栏施工时应准确掌握各种设施的资料,做好现场调查,特别是要清楚埋设于路基中各种管道的准确位置,在施工过程中不允许对地下设施造成任何破坏。如遇地下通信管线、自来水管、排(污)水管或涵顶填土深度不足时,应调整钢管桩位置,或改变钢管桩的固定方式。

(7)加强对工人的安全教育,做好施工前、施工中的安全生产技术交底,使施工人员熟悉掌握有关安全技术操作规程和技能,进一步提高安全生产责任意识。

(8)在进行起重操作、混凝土施工时,除了常规注意事项外,尤其应注意空中电缆、高铁桥墩与上部结构物距离,避免发生碰撞事故。

8.2 用电安全措施

(1)进场前首先要对铁路用电情况作详细调查,包括场区用电线路的布设,明线与暗线的具体位置,电压、数量、配电箱等,正确绘制线路平面位置图。

(2)现场用电线路布置应由专职电工负责,电工应持证上岗。

(3)现有高铁施工用电的线路、配电箱注意保护、不得损坏。严格禁止任何乱搭乱接。

(4)严格按照用电安全的要求设置接地保护和空气开关及漏电保护器。注意用电设备和接线设备的防水防雨,按要求设置。

8.3 设备使用安全措施

(1)现场大型设备操作人员和车辆驾驶员均应持证上岗,设备在使用时均应按相应的操作规程进行操作,注意操作时的安全距离。

(2)严禁大型设备的操作人员和车辆驾驶员酒后操作和疲劳操作。

(3)完工后将主要设备集中停放在安全场所,落实专人进行设备管理。

8.4 办公及临时设施安全

(1)建立安全保卫制度,加强人员值班及日常安全巡查。

(2)在办公场所、仓库等临时设施内均应做好消防安全工作,配备好消防器材。

(3)建立健全项目部安全管理台账,及时做好安全检查记录。

9 环保措施

为防止施工对周边环境的污染,在施工的过程中,坚持"施工必须保护环境,施工不得污染环境"的原则,正确处理施工与环境污染的问题,从源头上采取控制措施。

(1)清表时的表土、生活垃圾、建筑垃圾的清理,这些生活及建筑垃圾不随意堆放,按要求运至指定地点进行处理,优良表土可作为绿化带内的种植土利用,减少外运,既节约了机械、人工等消耗,又体现环保。

(2)施工前对其地下埋设的各种管线进行详细调查,主要管线有污水管、自来水管、通信管线等,为避免因开挖不当对这些原有管道、管线造成破坏,开挖时应对原有管线做好标记,划定限界,并派安全管理员现场跟班看管,避免污染和破坏事件发生。

(3)护栏施工引起的污染源主要为灰土扬尘,为防治扬尘污染,应安排洒水车,对现有修筑的施工现场及道路出入口进行洒水净化。施工材料不得随意堆放,水泥、钢材存放在工地仓库内,拌和场地按要求进行硬化处理,保持清洁、适时净化,减少对空气的污染。

(4)噪声污染主要来自运输车辆、各类施工机械,为减轻噪声对周围生活的影响,在噪声敏感区域内、居民生活区、周围工厂企业、街道、商店等附近,合理安排施工,夜间停止各类施工作业,特殊情况须经有关部门同意方可作业,并必须公告附近居民。

10 资源节约

(1)钢筋混凝土防撞护栏的刚性特征和波形防撞护栏的柔性特征有机结合起来,取长补短,采用具有刚性和柔性结合特征的钢筋混凝土防撞护栏,既提高了防撞护栏的安全性能,又降低了车辆撞击的损失程度。

(2)可以利用老路改造的波形护栏钢管桩,节约资源,降低费用。

11 效益分析

11.1 经济效益

(1)高铁桥墩旁如设置波形护栏,车辆撞击时可能危及高铁的安全;如设置刚性混凝土护栏,软土地基上的沥青路面需采取特殊措施,造价较高。采用刚柔性混凝土护栏既节约了工程造价,又较好地保护高铁桥墩的安全,经济效益十分显著。

(2)两个工程实例采用钢管桩混凝土防撞护栏工程数量约 1 160m,其中利用原 03 省道东复线拓宽段拆除的波型护栏钢立柱约 800m,除锈、矫直后再次利用,长度不足时焊接接长,节约了工程成本。

11.2 技术效益

刚柔性混凝土防撞护栏在设计理念方面是一个新的尝试,为软土地基上沥青路面提供了一种新的混凝土防撞护栏的形式。

11.3 综合效益

钢管桩基与钢筋混凝土面板浇筑有机结合了钢筋混凝土防撞护栏的刚性特征和波形防撞护栏的柔性特征,取长补短,刚柔相济,既提高了防撞护栏的安全性能,又降低了车辆撞击的损失程度,实用、安全、经济、美观,有效地保障公路安全营运,减少交通事故损失,具有较大的社会经济效益。

12 应用实例

12.1 工程实例一

03 省道萧山东复线涉杭甬、杭长高铁段拓宽改建工程采用《公路工程技术标准》(JTG B01—2003)规定一级公路标准进行设计,兼顾城市道路功能,设计速度 80km/h,桥梁设计荷载为公路Ⅰ级,主线采用双向六车道,主车道两侧分别设计辅车道和人行道,标准断面图为:2m 中央分隔带 +2×0.5m 路缘带 +2×7.5m 行车道 +2×0.5m 路缘带 +2×绿化带 +2×7.5m 辅车道 +2×3.0m 人行道。路基边缘与高铁桥墩之间水平距离少于 2m,地质为砂质粉土、粉砂、淤泥质黏土、粉质黏土、砾砂及圆砾等,软土层厚 6m。如采用波形护栏,车辆撞击时可能危及高铁桥墩的安全;如采用刚性混凝土护栏,需将软土地基上的沥青路面改为水泥混凝土路面,不仅全线路面结构难以协调,还需采取特殊措施,造价昂贵。为了有效地保护高铁桥墩,设计采用钢管桩基混凝土防撞护栏进行防护,每段长 4m,每段钢管桩设 3 根,入土长度 3.5m，工程量约 860m，应用本方法施工，进度快、效益高，同时能有效地保护高铁桥墩的安全。本工程钢管桩混凝土防撞护栏于 2013 年 6 月施工完成。

12.2 工程实例二

萧山塘新线东伸工程主线起点为新湾街道塘新线二期与梅林大道交叉口，向东依次下穿钱江通道，上跨梅林湾和部队分界河，沿部队分界河南侧向东延伸，终点接临江新城规划的经四路与纬十路交叉口，包括梅林湾桥、部队分界河大桥、九工段直河桥，有 21 道涵洞，道路全长 3.673km，软土地基，沥青混凝土路面。设计时速为 60km/h，桥梁设计荷载为公路 —Ⅰ级。项目采用双向四车道，路基宽度采用 26m。该项目 300m 一段路基一侧为河沟，水深 2m，属于临水路段，地质为为砂质粉土、粉砂、淤泥质黏土、粉质黏土、砾砂及圆砾等，软土层厚 5m。2013 年 5 月，该项目 300m 一段临水路段采用了钢管桩基混凝土防撞护栏，每段长 4m，钢管桩每段设 3 根，入土长度 3.3m，使用效果良好，经济和社会效益显著。

AWP水溶性雨夜反光标线施工工法

GGG(浙)E1196—2013

江志红　贺海伟　俞良君　邬平君　俞亚雪
(宁波力健交通设施工程有限公司)

1 前言

AWP反光标线是一种新型的标线,不仅可以在晴天反光,即使在雨夜也能很好地反光,故又被称为全天候反光雨线。AWP水溶性反光标线集雨夜反光、环保、耐磨等优点于一身,正在得到越来越多的应用。本工法所采用的AWP反光标线主要有两个不同于传统标线的要素:一是标线材料为水溶性材料,环保性好;二是采用大直径反光陶瓷微珠,不仅耐磨性好,且具有双重反光系统,能做到水下反光。这两个革新使得AWP水溶性反光标线的施工工艺和方法较传统标线有所区别,若不能掌控其施工的细节,质量优异的材料也未必能达到理想的效果。故亟需一套科学细致的施工工法,指导AWP反光标线的施工。我公司近两年已施工了近十个AWP水溶性反光标线的项目,从中总结出一套适应我国不同路面情况和交通情况的AWP水溶性雨夜反光标线施工工法,对于推广AWP水溶性反光标线的应用,提高AWP水溶性反光标线的施工效果有较好的作用。

2 工法特点

(1)工法科学严谨,工程质量高:标线线形清晰、流畅、饱满、均匀;陶瓷微珠埋置深度恰当,雨夜反光性能得到充分发挥;雨夜颜色分明,反光距离远,反光性能不易衰减。

(2)有效组织各道工序,充分利用水溶性涂料的快干特性(表面干燥时间为10min左右),施工效率高,对交通影响小。

(3)工艺细致、工序合理,工法易于掌握,可操作性强。

(4)工法适应性强,适合我国复杂的路面情况和交通情况。

(5)选用水溶性涂料不仅成本低,而且环保性能好,选用无毒无害的原料,对人和环境没有伤害和污染。

3 适用范围

本工法适用于对雨夜标线反光要求较高的路段,包括各种沥青混凝土、水泥混凝土路面的AWP反光标线施工。尤其适用于交通繁忙、交织较多的不宜使用突起较高的振荡标线的路段,对施工效率要求较高的边通车边施工的路段也有较好的适应性。

4 工艺原理

AWP反光标线是一种全新概念的反光材料,其水下反光原理是运用了双重反光系统,不仅水上的陶瓷微珠表面反光,且具有水下反光单元,可根据当地的气候条件,配比不同的水下反光元素。路面标线在干燥、潮湿、水膜覆盖情况下,均能将车灯光线以一定角度把光反射回来。反光原理如图1所示。

传统的反光标线在雨夜条件下,玻璃珠一旦被水膜覆盖,大量的入射光未到达玻璃珠表面就会以一定的角度分散出去,不能如晴天般使光线穿透玻璃珠,经一定的角度折射回去。没有有效的折射光,视觉上就是一条不反光的黑线。AWP 反光标线采用大直径反光陶瓷微珠，若施工得当，陶瓷微珠将有大约 50% 面积暴露在表面，不仅解决了标线阻水问题，还能使标线达到最佳的反光效果（如果埋入太深，或全部暴露在表面，其入射光将以不同的角度反射，进入驾驶人员视线的只有部分光线，从而给人的感觉标线很暗）。

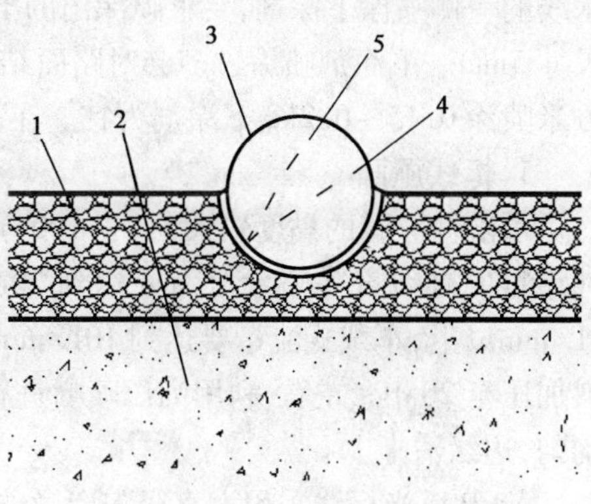

图 1　AWP 反光原理

1-水溶性涂料膜层；2-路面；3-陶瓷微珠；4-入射光；5-反射光

因为 AWP 反光标线的反光陶珠反射光并不是靠路面标线涂料表面涂膜来折射光源的，而是根据自身结构，单颗雨夜反光珠就能达到逆反射的效果，而传统标线的玻璃珠则做不到这一点。

AWP 水溶性反光标线采用的水溶性涂料，以丙烯酸复合胶乳为主。一方面涂料的有机溶剂含量不超过 150g/L（溶剂含量在 250g/L 以下，即为环保涂料），对人和环境没有伤害和污染，环保性能好；另一方面，涂料对路面和陶瓷微珠具有较好的黏合力，构成与陶瓷微珠相互支撑的体系，具有较好的反光性、耐磨性和耐候性。

5　施工工艺流程及操作要点

5.1　施工工艺流程

施工工艺流程见图 2。

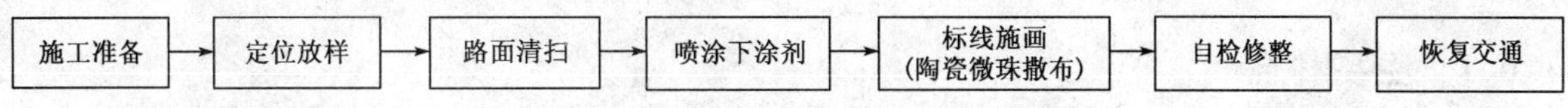

图 2　AWP 水溶性雨夜反光标线施工流程

5.2　施工操作要点

1）施工准备

建立健全组织机构，明确责任目标，确定施工人员数量，做好技术交底、安全交底。在施工现场根据路面宽度、交通量等因素，按照安全作业规程配备专职安全员，合理布控反光标志、路锥、黄闪灯等安全设施，做好交通管制措施，防止交通事故和施工安全事故发生。

2）定位放样

首先根据复测贯通的线路轴线和图纸计算确定所放基准线的尺寸，然后采用经纬仪每间隔 10～20m 间断打点，以保证基准点的准确性。在基准点测放确定后，放线人员据此放出一条基准线，而车载放线设备再据此基准线连续放出其他基准线。对于道路中心线和边缘线可用钢钉拉绳索或标线放样车放样，而对于道路横向标线使用绳索弹灰线的方式即可完成水线放样。基准线放出后，专职质量检测人员要上路对所放基准线的尺寸作出测量和记录，查看车道尺寸的误差情况如何、虚线间距准确与否，然后在施工记录表格栏中据实填写。

3）路面清扫

路面清扫是标线施工的基础，涂料与路面结合的牢固状况在很大程度上依靠它们之间接触面的干净程度，因此必须彻底清除道路表面上的所有灰尘污物，松散石块及其他废弃杂物，确保画线作业时，路面清洁干燥，下涂剂能直接、均匀地覆盖于要作业的路面上。

4）喷涂下涂剂

下涂剂的作用是提高路面与涂料的黏结力，能使二者紧密黏结在一起，因此施工时要保证均匀度，应采用喷涂机进行施工。下涂剂要根据不同种类的路面材质选用不同的类型。施工时用高压喷涂机在水线的一侧喷涂下涂剂,要求喷涂出的下涂剂漆膜均匀,宽度一致,且宽度和长度应大于设计标线相应尺寸5mm。下涂剂喷涂过多会对路面结构造成破坏,过少则会降低路面与标线间的黏结力,一般每平方米喷涂0.15~0.2kg下涂剂为宜。在下涂剂干燥后应及时进行标线涂料的涂敷。

5)标线施画

水溶性涂料的黏度较大(大于100s),选择画线设备的喷涂压力和流量要满足一定要求:喷涂水溶性涂料的画线设备喷涂压力要达到20MPa左右,流量与喷涂速度应相匹配,一般手推式流量要达到5L/min以上,车载式流量要达到10L/min以上。高压无气喷涂机将涂料与空气隔绝,通过高压泵将涂料加压至20MPa左右,利用高压喷嘴进行充分雾化的过程,在施工过程中涂料无飞溅,并且漆膜饱满、均匀,边缘清晰。

AWP反光标线采用大直径陶瓷微珠,施工时要根据涂料膜层的厚度和干燥速度来控制喷射陶瓷微珠时间和压力。喷涂水溶性涂料的画线设备还应具有能够控制喷射陶瓷微珠时间和压力的性能,严格控制速度、压力以及膜厚,画出的标线才能达到以陶瓷微珠为支撑,涂料、陶瓷微珠和路面具有较好黏合力的效果。

6)自检修整,恢复交通

标线施画结束后,应对标线质量进行自检,及时对溢出和不整齐的涂膜进行修整。检查涂膜厚度、尺寸,陶瓷微珠的撒布情况及标线线形等,确保线形清晰、流畅、饱满、均匀,陶瓷微珠埋置深度恰当,以使其雨夜反光性能得到充分发挥。自检符合要求后进行现场清理,清扫洒落的陶瓷微珠和涂料,验收完毕以逆序收回安全标志后方可恢复交通。

6 材料与设备

6.1 主要材料

施工材料主要包括下涂剂、水溶性涂料、陶瓷微珠以及牛皮纸胶带等。

6.2 设备

主要施工机具设备见表1。

主要施工机具设备 表1

序号	机械名称	规格型号	额定功率(kW)	数量(台)
1	柴油发电机	12匹	8.8	1
2	路面吹风机	CF-1	2	1
3	路面清扫机	QS-1	1.4	1
4	高压无气喷涂画线设备	12匹	8.8	1
5	自动加压底油车	DYC-1	0.8	1
6	手持式电动搅拌器	SDFX-04	0.5	1
7	钢卷尺	30m	—	3
8	户外柴油照明灯	—	—	2

7 质量控制

7.1 本工法执行的技术规范

(1)《道路交通标志和标线》(GB 5768—2009)。

(2)《道路交通标线质量要求和检测方法》(GB/T 16311—2009)。

(3)《公路工程质量检验评定标准》(JTG F80/1—2004)。

(4)《公路交通安全设施施工技术规范》(JTG F71—2006)。

(5)《新画路面标线初始逆反射亮度系数及测试方法》(GB/T 21383—2008)。

7.2 质量控制措施

(1)严格按设计图纸的要求进行材料采购,严把质量关。采购时要求材料供应商提供符合国家标准和行业标准的材料,核对材料生产批号,材料质保书,并按规定要求送工程质量检测部门检验。

(2)陶瓷微珠应随着涂料的喷涂迅速喷射于标线的表层,使之能充分地被涂料包裹,否则一旦标线表层结膜,将无法附着于其中。

(3)施工时温度要在10℃以上,相对湿度低于80%。下雨或路面潮湿不能施工;画线结束后2h内有雨也不能施工。

(4)在作业之前,应按实际的施工速度,估算用量后,再将涂料倒入涂料箱或密封罐中,应注意不能随意中断施工,以确保设备的正常运行。

(5)施工过程中,还应准备充足的水、扫把、吸水布等,以防标线画错时,能够得到及时的清洗。

(6)工程施工中,施工设备与路面采取隔离措施,避免泄露油污污染路面而引起的施工质量问题。

8 安全措施

(1)所有上路的施工人员,必须熟悉安全施工操作内容,严格按照安全施工操作规程施工。必须穿戴好安全工作服、安全帽。

(2)施工路段应摆放安全锥及封路指示牌,必要时应设专人负责交通,防止车辆闯入施工路段,造成伤亡事故。

(3)汽车放线时要注意来往车辆及行人,以防架子伤人等事故发生。

(4)下涂剂属于易燃易爆物品,应杜绝在施工时点火或抽烟,以防发生火灾。

(5)手推车前打扫的人员,应离手推车2m以外,以防指针将脚扎伤。

(6)工程结束后,收拾完工具、设备,最后应逆行收安全锥和封路指示牌,安全离开施工现场。

(7)尽量避免夜晚施工,如因特殊情况需晚上施工时,应加强安全封路标志并增添安全疏导人员。

9 环保措施

1)防止施工废物的污染

标线涂料包装材料以塑料制品较多,对施工中出现的工程垃圾处理,能回收的尽量进行回收,不能回收的要妥善处理,可进行深埋或运送至指定的垃圾场所,不得随意丢弃。不得让工程废物进入鱼塘、生活用水源。

2)防止施工周边污染

施工要注意对周边工程所造成的污染,包括对路面、绿化工程及其他各项设施的污染,减少对附近居民的噪声污染。工程完工后,按要求及时清除临时设施,并将工地及周围环境清理整洁,做到工完、料清、场地净。

10 资源节约

本工法采用水溶性涂料,环保性能优越,对自然资源及生活环境有较好的保护作用。同时,本工法基于国产涂料施工,相较于以往采用进口涂料的施工性价比得到了很大提高,节约了生产成本。

11 效益分析

1)质量效益

本工法施工的标线雨夜颜色分明,反光距离远,反光性能不易衰减,雨夜反光性能得到充分发挥,有较好的质量效益。

2)经济效益

比较 AWP 水溶性发光标线与目前常用的热熔性振荡标线的价格,AWP 水溶性发光标线的价格要低得多,仅为热熔性振荡标线价格的一半左右。

以国产涂料为例,水溶性涂料单价约为 20.00 元/kg,用量约为 0.8kg/m^2;热熔性涂料单价约为 6.00 元/kg,用量约为 5.0kg/m^2,故每平方米的涂料单价水溶性约为 16.00 元/m^2,热熔性约为 30.00 元/m^2,故水溶性涂料能大幅降低涂料成本,有较好的经济效益。

3)环保效益

水溶性涂料选用无毒无害的原料,有机溶剂含量不超过 150g/L(溶剂含量在 250g/L 以下,即为环保涂料),对人和环境没有伤害和污染,有较好的环保效益。

12 应用实例

12.1 工程实例一

黄山至衢州高速公路浙江段交通安全设施工程 BJT1 标段,2010 年 4 月开工,2010 年 12 月竣工。工程中铺设 AWP 水溶性雨夜反光标线 3 350m^2,施工工艺可靠,色彩鲜明,雨夜反光距离远,反光效果好;采用水溶性涂料,不仅对人和环境没有伤害和污染,而且耐磨性较好,有较好的社会效益。

12.2 工程实例二

2011 年宁波市国省道标志标线增设与维护工程,2012 年 6 月施工,地点分别位于宁波市江北、镇海、北仑段等路段。工程中铺设 AWP 水溶性雨夜反光标线 2 680m^2。该工程为边通车边施工的路段,不仅施工质量高,达到雨夜反光的要求,并且施工效率高,对交通影响小,有较好的社会效益。

公路视错觉立体防滑减速带施工工法

GGG(浙)E1197—2013

李 旭 吕海东 王根华 王 凌 许云峰

(嘉兴市中垒建设工程有限公司 嘉兴市通明交通工程有限公司)

1 前言

减速带是设置于公路危险路段和城市道路特殊路段的用于促使车辆减速慢行的交通安全设施。应用实践证明:减速带(标线)可以有效预防交通事故发生。目前,橡胶减速带获得广泛应用,然而存在以下缺陷:①车辆经过时,产生颠簸和摇晃,降低了行车舒适性;②发出“咚咚”声,形成了噪声污染;③自身抗滑性能较差,构成了安全隐患。

摒弃传统的采用实物(例如橡胶垄)减速的理念,视错觉立体减速带是利用人的视错觉和心理特点,主动诱导驾驶人控制、降低车速的新型减速标志、标线。该减速带极具技术创新性,具有警示性强、噪声小、造价低廉和行车舒适性好等优点,尤其适合于舒适性要求高和噪声污染敏感区域。除此之外,彩色防滑减速标线具有抗滑性能良好,色彩鲜艳、丰富、持久,警示作用好等突出优点,因而获得了持续的推广与应用。上述减速带都存在各自固有缺陷,然而可以融合不同产品的优点,形成一种新型减速带,从而获得更好的防滑减速效果。

本公司以德清县杨树湾至禹越公路改建工程和2012年桐乡市公路安保工程交通安全设施工程为背景,有效融合防滑(标线)和立体减速带的优点,从减速带的结构优化和视错觉形状设计以及材料选用与施工工艺流程等多角度进行研发,克服了常用减速带的各项缺陷,形成了适用于各级公路危险路段和城市道路特殊路段的视错觉立体防滑减速带新技术新工艺,经总结形成了本工法。

2 工法特点

(1)设置新颖、效果良好。采用视错觉三维图案,视觉冲击效果强,对驾驶员警示作用较强,还能根据道路实际状况调整图形形状和标线间距,尤其对大型车辆的车速控制效果良好。

(2)理念先进、优势明显。与橡胶减速带相比,具有厚(坡)度小、着地面宽,车辆通过噪声较小,兼具防滑功能等诸多优点,尤其对大型车辆效果明显,对道路周边环境及附近居民影响较小。

(3)质量可靠、安全耐久。采用刮涂法施工防滑层,而用热熔法施工视错觉立体标线,保证抗滑颗粒的牢固黏结和立体标线的均匀平整,可防开裂、脱落发生,整个标线的耐磨性和耐久性较高。

(4)施工快捷、效益显著。工艺简单,易于操作,可实现系统化和程序化施工;由于施工周期短,施工效率高,且少有后期维护,产生了显著经济效益。

3 适用范围

本工法适用各级公路危险路段和城市道路特殊路段各类路面减速带施工,尤其适用于多弯路段、爬坡路段和事故多发地段施工。

4 工艺原理

视错觉立体防滑减速带(标线)施工包括减速防滑层施工和视错觉标线施工两个部分。

减速防滑层由黏结涂料和耐磨碎石组成。首先,在减速带设计位置喷涂改性树脂类涂料;然后,在涂料表面撒布单一粒径的耐磨碎石层。采用废陶瓷再生集料替代常用碎石材料,防滑层摩擦系数可增加至71(≥45),而表面构造深度增加至2.54mm(≥0.55mm),由此可达良好抗滑效果。

视错觉减速标线利用人对色彩的感知差异,产生视错觉立体效果(即:使得驾驶员错误认为路面有障碍物突起),从而产生心理压力,达到促使驾驶员主动制动、减速慢行而以求安全的目的。相关施工工艺分为:①彩色高性能胶布粘贴施工;②彩色涂料热熔法喷涂施工。第①种工艺简单但耐久性相对差,而第②种牢固耐久但工艺相对复杂。

视错觉立体防滑减速带(标线)极具技术创新性,融合了上述两者优点的立体防滑减速带,则可实现防滑、控速双重目的,有效提高道路交通安全。

5 施工工艺流程及操作要点

5.1 施工工艺流程

公路视错觉立体防滑减速带施工工艺流程见图1。

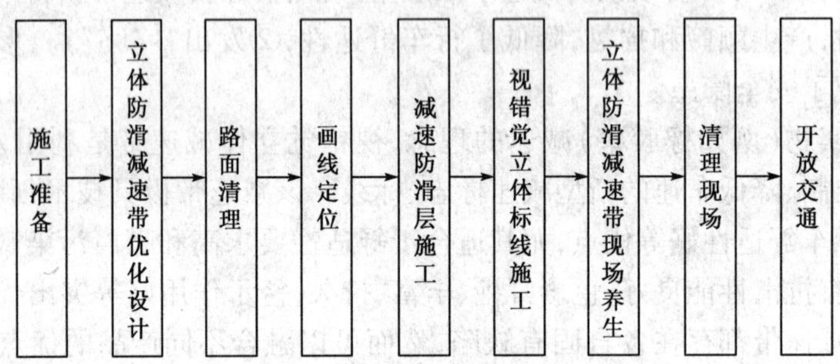

图1 公路视错觉立体防滑减速带施工工艺流程

5.2 操作要点

1)施工准备

(1)材料、机械准备

调配好施工所需原材料,包括各类涂料、底漆(胶)、固化剂和陶瓷集料等。施工前对所用机具检查、调试1遍。发电机等机械设备备足汽油、机油等,尤其要配备好足够数量的警示锥、标志牌和防撞桶等安全设施。

(2)安全准备工作

在正式施工前,设置安全作业区,做好安全防范工作。对于已通车的道路需要进行交通管制。充分运用标志牌、警示锥或防撞桶等安全设施,将其有序排布,以有效分离施工作业段和车辆通行段。同时配备专职安全员现场指挥调度。

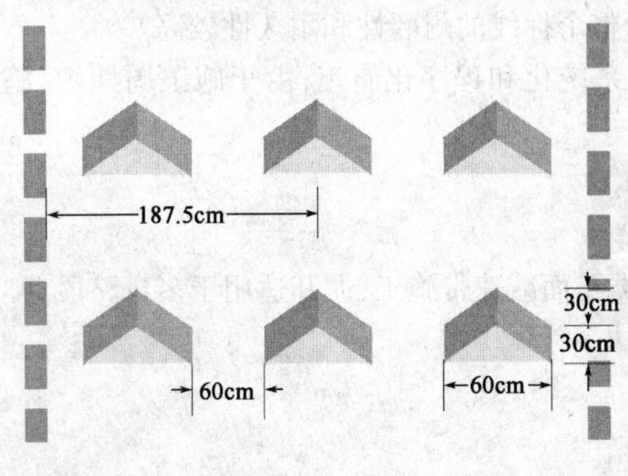

图2 三色视错觉立体减速标线优化示意图

2)立体防滑减速带优化设计

(1)防滑层材料优选:陶瓷具有耐磨、耐久、色浅和反光等诸多优点。目前,废弃陶瓷存量较大、料源充足。采用破碎、筛分工艺,可生产出单一粒径陶瓷颗粒。以其作为减速带防滑层集料,则可实现标线抗滑和废物利用双重功效。

(2)图形、色彩优化:依据人体明暗、空间知觉和心理学规律优化设计。如图2所示,立体标线由多个视错觉三色标志沿道路横断面间断排列组成,相邻标志图案的邻边间距约60cm;每个标志图案横宽约60cm,长约60cm;正对行车方向采用一块黄色正三角形,而其两侧对称分布一块棱形,分别采用蓝色和白色。如此拼接而成立体减速带,还可依据道路实际状况,调整三色标志图案尺寸,以期达到最佳减速效果。

(3)间距优化:在公路多弯或急弯路段,依照间距递减原则沿着道路纵向设置多组立体防滑减速带,利用距离与宽度的视错觉,给驾驶员造成车道变窄和物体迫近的视觉效果,从而增强多弯(急弯)等危险路段减速、控速效果。

3)路面清理

在正式施工前,必须清理路面。

路面清扫:去除垃圾、砂尘和附着物等。

路表整治:①凸起。用打磨机研磨,或用凿石锤整平。②凹陷。用同强度等级水泥浆填充。对于裂缝,建议先凿成V形,清除杂物后用水泥浆填充。③浮浆、松散、剥落等。用钢刷、冼刨机或喷砂法清除。④油污。用苏打水分解清除或者使用氧炔焰枪烧。

路面干燥:采用热压缩空气机再次清除作业路面粉尘,并使路面保持干燥状态。路面清理后,应保持平整、干净、干燥,无松散颗粒、粉尘、油污或其他有害物质。

4)画线定位

按照设计图纸要求,采用经纬仪或全站仪进行测量、定位和放样。量出画线位置后,用不易褪色水性涂料沿放样线施画水线,为正式施画标线提供基准。

施画的水线要求线形顺畅、美观,端线与边线垂直,误差不大于±5°。

为了保护施工周边区域不受涂料污染,用牛皮胶纸或胶带封贴施工范围,界定施工区域。同时,依据画定区域测算施工面积,以便计算各类原材料的施工用量。

5)减速防滑层施工

(1)底漆调配:根据计算用量,在容器中按照4:1的比例将基料(黏结剂)和固化剂混合,立即用电动搅拌机低速搅拌均匀,搅拌时间约1~2min。底漆的混合比率、混合使用期及干燥时间随温度发生变化,温度低时适量增加固化剂,温度高时适量减少固化剂。相关参考数据,如表1所示。

底漆配比及干燥时间 表1

基　材	固化剂	气温(℃)	基材和固化剂比例(质量比)	混合使用期(min)	干燥时间(min)
CD450	CD300	10	99:2.0	18	60
		20	99:1.5	10	50
		30	99:1.0	8	45
		40	99:0.7	6	40

(2)底漆涂敷:底漆搅拌均匀后立即在施工路面进行耙涂施工。否则,超过混合使用期后,油漆逐渐固化、增稠而不能施工。耙涂过程中,采用锯齿状的刮耙或刮板将底漆摊开、刮平,力求摊铺均匀。涂布率应达到2.4kg/m^2(构造深度大于1.2mm)。

(3)防滑骨料撒布:如图3所示,防滑骨料采用单一粒径的废弃陶瓷再生颗粒,以保证减速带防滑层的耐久性、耐磨性和长久不失色。如图4所示,耙涂平整后,立即面撒防滑骨料。陶瓷骨料应均匀撒布,完全覆盖底漆,撒布量为5~8kg/m^2。完成后的防滑层应均匀、平整,平均厚度3~5mm。

(4)骨料清扫:待底漆完全固化后,清扫收集未黏结的防滑骨砂;扫除后,至少有5kg/m^{2}的防滑陶瓷骨料保持在树脂层中。骨料回收后,用筛网筛分处理,剔出黏结大块,以便骨料重新利用。

6)立体减速带(标线)施工

视错觉立体减速带(标线)施工工艺分为2种:①彩色高性能胶布粘贴施工;②彩色涂料热熔法喷涂施工。而第②种牢固耐久但工艺相对复杂。

当采用第①种工艺时,必须在防滑骨料撒布之前进行施工。首先,依据标线设计方案,规划好现场粘贴标识图案基准线;其次,依据图案设计尺寸,裁剪好各色高性能胶布(图5);最后,如图6所示,利用

图3　防滑骨料撒布

图4　固化完后清扫表面

图5　视错觉高性能胶布(黄色)

图6　三色视错觉减速带粘贴

已敷设底漆作为黏结材料,按照设计方案将三色高性能胶布粘贴于指定位置。

第①种工艺较为简单,操作简便,施工快捷,易于揭除。然而,由于胶布防腐、抗渗和耐久性较差,在环境因素(降雨、高温)和车辆碾压作用下容易产生开裂、破败和脱落等现象,从而失去减速示警作用。

为防开裂、脱落发生,并提高减速带(标线)的耐磨性和耐久性,建议采用第②种彩色涂料热熔法喷涂工艺施工。相关施工环节具体描述如下:

(1)熔融涂料。先在热熔釜中投入约1/4~1/3容积的涂料。点火后用中火加热至涂料基本熔化后启动搅拌;同时打开强火,投入涂料,至3/4容量为止。随时观察釜中的涂料温度,待升温到190~210℃后,开启放料门出料。

(2)喷撒涂料。用斗槽式涂布机,对正已画好的基准线涂抹路面画出图案,同时撒布玻璃珠。画线车的行驶速度要控制在3~4km/h之间;玻璃微珠用量根据涂层厚度在0.2~0.4kg/m^{2}之间调整,1.0mm厚时推荐用量为0.25kg/m^2。

(3)为提高施工效率,按照三色标志色彩组成和变化规律,组织3台热熔标线机进行错位画线施工。在施工中,根据弯道半径、坡道坡度和相互间距等实际情况,调整视错觉标志的形状和间距,以便满足不同限速要求并实现不同减速效果。

7)现场养生

为保证涂料充分硬化,需要进行适当养护。当底漆不粘车胎,不黏附灰尘、砂土,骨料用硬毛扫帚清扫不脱落时,养护完成。养护时间基于涂料干燥时间,受到气温、湿度、风速以及涂料本身组成和路面吸收特性等的影响。

8)清理现场

在施工过程中,要边施画边清理,做到无抛、洒、滴、漏,无污染物,机械设备无漏油漏水现象。施画完成立即检查,有错画的立即进行修整。

9)开放交通

待减速带(标线)底漆或涂料完全干燥后,对施工现场的杂物进行彻底清理,撤除作业区标志,以及圈定施工范围的胶纸或胶带,然后开放交通。

6 材料与设备

6.1 材料

施工材料包括:①抗滑层施工所需的基料(CD450)、固化剂(CD300)、废弃陶瓷再生骨料;②立体标线施工所需的合成树脂(具有加速涂料干燥和固化特性)、添加剂(抗沉降、抗污染和抗变色特性)、着色颜料、涂料充填料、玻璃微珠(为无色、透明小球,对光线具有折射、聚焦和定向反射功能,提高夜间识别性)。

6.2 主要机具设备

主要机具设备如表2所示。

主要机具设备 表2

序号	设备名称	规格型号	单位	数量	备注
1	发电机组	STC-15	台	1	施工供电
2	路面清扫机	QS-1	台	1	路面清扫
3	路面吹风机	CF-1	台	1	清除灰尘
4	破碎机	PEC200	台	1	废陶瓷破碎
5	全站仪	拓普康332N	套	1	定位画线
6	标线机		台	1	立体标线施画
7	手持式电动搅拌器	SDFX-04	台	1	底漆搅拌
8	钢卷尺	10m	把	2	尺寸控制
9	水平尺	3m	把	2	尺寸控制
10	运输汽车	3t	辆	1	运输材料

7 质量控制

7.1 质量标准

(1)《道路交通标志和标线》(GB 5768.2—2009)。

(2)《道路交通标线质量要求和检测方法》(GB/T 16311—2009)。

(3)《公路交通安全设施施工技术规范》(JTG F71—2006)。

(4)《公路交通安全设施设计规范》(JTG D81—2006)。

7.2 质量控制

1)施工条件

(1)施工温度:10~40℃,地面温度不低于5℃。

(2)铺装路面必须清洁干燥,含水率≤4%。无松散层、油污和其他污染物。雨后48h才能施工。

2)减速抗滑层质量控制

(1)底漆涂层厚度不小于3mm,以保证涂层耐磨性和集料嵌入涂层深度。

(2)底漆覆盖率以2/3防滑集料被包裹为宜,过薄易导致集料脱落,而过厚会浪费材料、增加成本。

(3)防滑骨料采用高强度陶瓷基料。要求:莫氏硬度不小于7,磨光值不小于65,磨耗值低于5,粒径分布中大于3.35mm的不多于5%,小于1.18mmBS的不多于5%。防滑骨料应干燥,无杂质。

(4)控制表面平整度不超过5mm/m²。

(5)调配底漆的基料和固化剂密封存放,废陶瓷再生骨料通风保存。底漆使用时间参照表1执行,如若超时则弃置不用。

3)立体减速带质量控制

(1)涂料熔融。在热融釜中加热涂料时,为免涂料材质劣化,要避免高温、长时间的高温加热。当施工尚需等待时,可由其自然降温,进行涂布时再将温度升上来。

(2)画线或涂敷。涂敷时熔融斗和画线斗必须保持恒温。当涂料流动性差时,要调节加热量,否则涂膜不光滑,与地面黏合不好。通常涂敷温度为180~190℃。

(3)玻璃微珠。面撒玻璃珠要适量。玻璃珠撒布量常为涂料的20%左右,此时减速带(标线)的反射性能最好。玻璃珠的位置要适当,以半嵌入、半露出为最好。玻璃珠浮在涂料上,不仅易脱落,而且会透光;玻璃珠沉在涂料内则无反射光。

8 安全措施

严格遵守《中华人民共和国安全生产法》,施工安全参照《公路工程施工安全技术规程》(JTJ 076—95)有关规定执行,并注意如下几点安全事项:

(1)设立安全领导机构,制定严格的安全操作规程。加强施工人员安全教育,责任与分工明确,落实到人。

(2)注意化学物品的存放和使用,防止发生接触性伤害。

(3)带电机具施工前必须认真检查,并维修完好,防止电线、电路的破损、漏电,以致造成不良后果。

(4)在通车路段施工时,施工人员须着反光衣,指派专人负责交通诱导,并在施工现场设置指示牌、交通锥等警示标志,避免交通安全事故。

(5)在减速带施工之前,必须首先设置好警示标志,将施工作业区或路段圈隔出来,约留一半或至少供一车通过的宽度作为临时通道。

(6)所有安全设施应让驾驶员和行人清楚识别,尽量方便车辆通行,确保操作人员和通行车辆的安全。

(7)完成一个区域或路段的施工后,要在路面剩余材料和工具等清理、清洗完毕后,才能撤去警示标志和指示标牌。

9 环保措施

(1)对物理和化学性原材料实行分区存放,严格按照规定对各类型化学物品密封保存,防止直接或间接接触而引发伤害,防止各类原材料对生态环境造成污染或破坏。

(2)尽量回收施工中产生的工程垃圾,如此既不有碍环境,也可实现资源节约、再生与利用。不能回收的应予妥善处理,可深埋或清运至指定场所,不得任意弃置。

(3)在居民集中区,尽量借用居民电源供电,减少因发电引起的噪声和烟雾污染。

(4)施工过程中注重保护周边绿化带,绿化带禁止堆放材料、工具及杂物等,防止各类废弃物随水流进入周边水源,而造成水环境污染。

(5)现场设置应急性排水沟渠,以便合理地排放暴雨等径流冲刷底漆或涂料而形成的污水或泥浆等有害物质。

10 资源节约

该工法采用铺涂3D视觉图案代替实物型(橡胶或水泥)减速带,以及采用废弃陶瓷骨料替代天然防滑骨料,减少了天然建材的用量。此外,该工法工艺简单,易于操作,可实现系统化和程序化施工,缩短了施工周期,节省了大量人力资源。

11 效益分析

(1)该工法的工艺简单,施工速度快,可实现系统化和程序化施工,降低了人工费、机械费等施工成本。

(2)采用铺涂3D视觉图案代替实物型(橡胶或水泥)减速带(标线),以及采用废弃陶瓷骨料替代天然防滑骨料,减少了天然建材用量,大大降低了工程造价或成本,产生了显著的经济效益。

(3)与橡胶减速带(标线)相比,立体防滑减速带具有质量可靠、经久耐用、减速防滑效果良好等优势,后期养护频次低、费用少。

(4)有效克服了传统减速带(标线)的主要缺陷,增加了弯道车辆行车安全,有效减小了交通事故发生的频率,而且车辆通过噪声小,减少了道路周边环境影响,具有显著的社会效益。

12 应用实例

12.1 工程实例一

该工程中K3 + 650 ~ K4 + 130路段长大坡道路段,邻近道路两侧居民区较为密集。为提高该标段防滑降噪效果,并警示过往车辆减速慢行,建设单位决定采用视错觉立体防滑减速带进行施工。工程于2012年8月12日开工,于2012年10月20日完工。工法实践证明:该工法延长了弧形护栏使用寿命,增加了弯道行车安全性,减小了后期养护维修费用,同时解决了临崖窄路肩弯道护栏安装施工难题,对特殊路段交通安全设施施工具有较好应用价值和参考价值。

12.2 工程实例二

该工程中K1 + 520 ~ K2 + 750为多弯路段,而且邻近道路两侧村镇民居较多。为减少对居民区的噪声影响,并警示过往车辆减速慢行,建设单位决定采用视错觉立体防滑减速带进行施工。工程于2012年2月25日开工,于2012年6月15日完工。施工实践表明:该工法通过材料、结构优化设计,克服了弯道处采用直道护栏的固有缺陷,降低了车辆冲出护栏概率,少有后期维护。该工法施工要求较低(可人工或半机械化),现场拼接安装简便快捷,适用于弯道特殊路段护栏施工,值得推广应用。

预应力防撞活动护栏施工工法

GGG(浙)E1198—2013

于群智　魏建国　李华胜　潘　禹　黄丹丹
(台州市路马交通安全设施有限公司)

1　前言

为了便于紧急救援和施工临时借道通行,按照《公路交通安全设施设计规范》(JTG D81—2006)要求,高速公路中央分隔带每3千米应设置一处活动护栏。我国高速公路上目前设置的中央分隔带活动护栏主要有充填式、插拔式、伸缩式、推拉式、升降式等形式,但均存在不同程度的防撞缺陷,不能达到Am防撞等级,存在安全隐患。2012年问世了一种预应力防撞活动护栏,若能保证施工质量,其防撞等级能达到Am以上。我公司经过一年多的施工实践,在预应力防撞活动护栏安装施工的套筒埋设、立柱安装、桁架装配、钢绞线布设等施工工艺上总结了较多经验,总结出预应力防撞活动护栏施工工法,将对预应力防撞活动护栏的安装施工有较好的规范和指导作用。

2　工法特点

(1)工程质量好,防撞等级高

本工法施工工艺先进,合理连接钢管和立柱作为预应力支撑构件,横梁钢管内布设预应力钢绞线,主体结构防撞性能强、导向性能好,防撞等级能达到标准要求的Am等级,实现与中分带护栏相同防撞等级。

(2)启闭方便,线形顺畅

每组护栏底部装配万向轮,用于移动、旋转时的转向。开启或关闭活动护栏仅需简单四个步骤,数分钟之内可完成;万向轮能调节高低,可适应因路面不平等原因造成的活动护栏高低起伏,保证线形顺畅。

(3)工序合理,施工效率高

按照本工法的工序,各部件连接可在路外独立完成,与基础打孔、套筒埋设可同步进行,施工效率高,对交通影响小。

3　适用范围

本工法适用于各类新建高速公路的中央分隔带活动护栏的施工,亦适用于旧路改造或原活动护栏替换的边通车边施工的活动护栏施工。

4　工艺原理

预应力防撞活动护栏的防撞原理主要是创新的护栏形式和严格的施工工艺。护栏采用数节钢管桁架及两个桁架端头组成活动护栏的主体结构,前后钢管桁架间采用框架横撑和肋板连接支撑,纵向横梁钢管中穿有施加有预应力钢绞线。每组桁架上设置有两个钢管立柱,并通过钢管立柱与预埋套管连接。桁架结构、预应力钢绞线、立柱套管,三重保障大幅增强了活动护栏的防撞能力,防护能量达到160kJ以上,满足Am级防撞等级的要求。预应力防撞活动护栏总体结构,如图1所示,单元连接构件如图2所示。

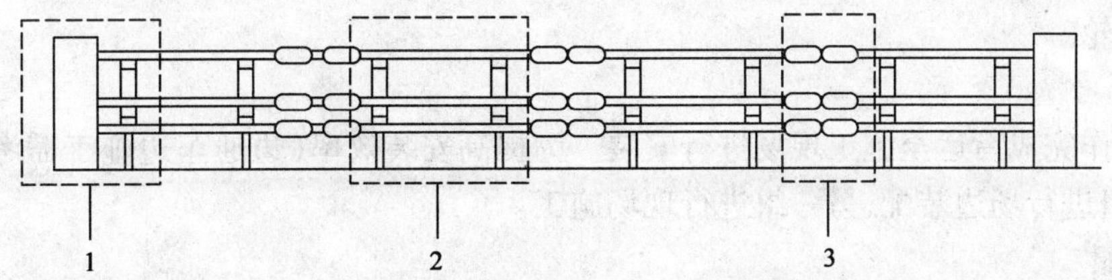

图1　预应力防撞活动护栏总体结构

1-端部结构;2-钢管预应力索单元框架结构;3-单元连接构件

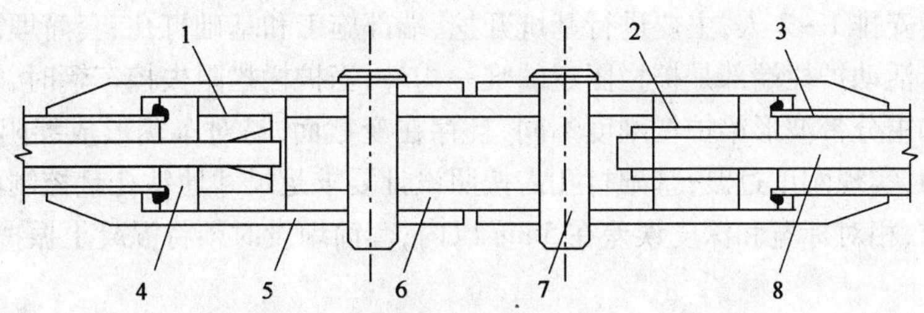

图2　预应力防撞活动护栏单元连接构件

1-夹片锚具;2-挤压锚具;3-钢管;4-锚垫板;5-外套管;6-内套管;7-连接销;8-钢绞线

5　施工工艺流程及操作要点

5.1　施工工艺流程(图3)

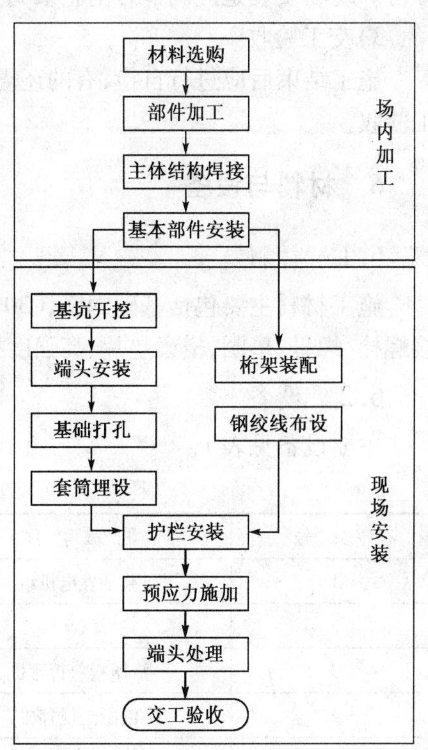

图3　预应力防撞活动护栏施工流程

5.2　施工操作要点

1)场内加工

(1)材料选购

加工前应按照设计图选购材料。钢材主要用于主横梁、肋板、横撑钢管和立柱的加工制作,选用的无缝钢管应符合《碳素结构钢规范》(GB/T 700—2006)的Q235牌号规定。还应选购钢绞线、连接销、挤压锚具、夹片锚具、万向轮、连接螺栓、螺母、垫圈、横梁垫片、高强度拼接螺栓等预制构件。

(2)部件加工

部件加工主要包括单元框架结构、单元连接构件和端头三种主要部件。单元框架结构需要加工的部件有主横梁、肋板、横撑钢管和立柱;单元连接构件主要有套管、连接销、挤压锚具、夹片锚具,其中套管需要自行加工;端头需要加工的部件有端部桁架和导向板。

(3)主体结构焊接

部件加工完成后需要分别将单元框架结构和端头桁架进行焊接,焊接时单元框架结构由主横梁、肋板、横撑钢管、立柱和万向轮组成。主横梁分三层分布,上、中、下层各包括2根,前后共6根主横梁通过横向肋板和横撑钢管连接成一整体。焊接时需满焊,焊接完成后要镀锌或者涂塑进行防腐处理。

(4)基本部件安装

主体结构焊接完成后,可将单元框架结构和单元连接构件以及单元连接构件和端头之间分别进行组装。单元连接构件由锚垫板、外套管、内套管和连接销组成。组装时将锚垫板和钢管焊接,外套管卡

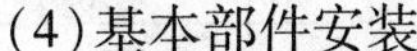

在锚垫板上,内套管通过连接销将相邻单元框架的外套管连接,从而将单元框架连接成护栏主体。单元框架下装配万向轮。

2)现场安装

活动护栏制作完成后运至施工现场进行安装。为提高安装效率(边通车边施工需考虑),安装可分为两组进行,一组进行场边装配,另一组进行现场施工。

(1)场边装配

场边装配一般可安排2~3人,主要进行钢绞线布设。因为主横梁为钢管预应力索结构,由钢管和预应力钢索匹配构成,钢绞线需通过挤压锚具和单孔夹片锚具固定在钢管两端。

(2)现场施工

现场施工一般可安排1~2人,主要进行基坑开挖、端部施工和基础打孔、套筒埋设。开挖基坑是为安装活动护栏端部。活动护栏端部是护栏固定的唯一构件,当护栏拦阻失控车辆时,需要端部抵抗拉力和扭矩。活动护栏和中分带波形梁护栏刚度不同,且存在变截面,易对车辆形成绊阻,可通过设置导向板提高端部导向能力,实现刚度过渡;基础打孔需按照设计要求足尺寸地钻孔且控制两个预埋套筒之间的距离符合设计要求,相对标宽和深度误差在5mm以内;套筒埋设时须将混凝土振捣密实。

(3)现场安装

现场安装可包括护栏安装、预应力施加和端头处理三道工序。待混凝土强度达到设计强度的70%以上时即可进行现场桁架安装、锚固等工作,因所有连部件接都在路外完成,现场只需要进行对接安装即可。现场安装是应调节万向轮来调整桁架的相对高程,保证各桁架线形顺畅以达到较好的外观效果。

3)交工验收

施工结束后应进行自检,有的还需在活动护栏上安装防眩板。施工结束后应回收所有施工标志,交工验收。

6 材料与设备

6.1 材料

施工材料主要包括基础钢筋、C30基础混凝土、彩布,以及连接销、挤压锚具、夹片锚具、万向轮、连接螺栓、螺母、垫圈、横梁垫片、高强度拼接螺栓等预制构件。

6.2 设备

主要设备见表1。

主要施工机具设备 表1

序号	机械名称	规格型号	额定功率(kW)	数量
1	柴油发电机组	DY115C	—	2台
2	汽车	10t	—	3台
3	液压板料折弯机	W67Y-80	12	2台
4	混凝土搅拌机	350L	—	1台
5	混凝土振捣棒	ZDN100A	—	2台
6	电钻	YS7124T	0.55	1台
7	全站仪	拓普康332N	—	1台
8	水准仪	ZH7854	—	1台
9	磨光机	SV13YA	0.5	1台
10	平板摆式砂光机	FSV10SA	0.5	1台
11	钢管切割机	400	—	1台

续上表

序　号	机械名称	规格型号	额定功率(kW)	数　量
12	钢板切割机	PY160A	—	1台
13	气割机	CG1-30	1	1台
14	氩弧焊保护设备	WS300	1.5	1台
15	MIG焊机	JTS-2700	2	1台
16	升降机	HYCJ041JGK	—	1台
17	冲击夯	BS60-4	—	2台
18	钢卷尺	5m	—	4把

7　质量控制

7.1　本工法执行的技术规范

(1)《高速公路护栏安全性评价标准》(JTGT F83-01—2004)。

(2)《公路交通安全设施施工技术规范》(JTG F71—2006)。

(3)《公路交通安全设施设计技术细则》(JTG TD81—2006)。

(4)《公路波形梁钢护栏》(JTT 281—2007)。

(5)《碳素结构钢规范》(GB/T 700—2006)。

(6)《建筑钢结构焊接技术规程》(JGJ 81—2002)。

7.2　质量控制措施

(1)建立质量保证体系,完善质量监察制度,设质检部,配备质量巡查小组。

(2)施工前对原材料进行检查,防腐镀层表面均匀、光滑、颜色一致,无流挂、滴瘤、疤斑和擦痕等缺陷。验收合格后签收入库保存。

(3)防腐涂装应该严格按照施工工艺流程进行,不得为减少工期而忽略某一步骤。涂装完成后的涂层需经7d以上常温自然干燥的成熟反应才能达到使用要求。

(4)如遇开口尺寸与设计尺寸有所变化应在活动护栏加工时体现出来,通过增减调节段的尺寸来调节活动开口的大小,以适应现场实际需要。

8　安全保证措施

(1)设立专职安全员,制定现场安全规则,安全员负责督促检查安全执行情况,施工现场配备必要的安全设备。

(2)施工时所有工人要按操作规程进行机械设备的操作。

(3)施工现场的电焊工、钳工等操作人员均必须持证上岗,电焊机设置单独的开关箱。施焊完毕,拉闸上锁。遇到雨雪天应停止作业。

(4)施焊时,场地应通风良好,点火时焊枪不得对人,正在燃烧的焊枪不得随意乱放。施焊完毕,将氧气、乙炔阀门关好,拧紧安全罩。

(5)加强施工车辆、施工机械管理,统一指挥、合理调配,杜绝各类交通事故发生。

(6)若施工路段处于通车状态,施工人员须着反光衣,指派专人负责交通诱导,并在施工现场设置指示牌、交通锥等警示标志,避免发生交通安全事故。

(7)带电机具施工前必须认真检查维修完好,防止电路的破漏造成不良后果。

9　环保措施

(1)涂塑应搭设涂装车间,防止喷涂时油漆飞溅,避免环境污染。

(2)施工中废弃的零碎配件、边角料、包装箱等及时收集清理并搞好现场卫生,严禁随意凌空抛撒或丢入河道,以保护自然环境与景观不受破坏。

(3)合理安排施工作业时间,减少夜间施工对周围居民的干扰。

10 资源节约

(1)预应力防撞活动护栏增强了护栏的防撞能力和控制横向位移的能力,端部和中央分隔带的连接处设有导向板,可防护导向,且与中央分隔带护栏紧密连接,消除了事故隐患。

(2)预应力防撞活动护栏还具有高性价比,可回收利用和维护简单等特点。

(3)响应国家的节能降耗政策,利用现有资源,减少浪费。

(4)充分发挥机械设备的作用,有效利用资源。

11 效益分析

(1)预应力防撞活动护栏防撞等级为Am,增加了车辆行车安全,起到保护驾乘人员的作用,有效降低事故损伤,经济、社会效益较为显著。

(2)延长了活动护栏的使用寿命,可节约材料和人力资源;受损后更换、维修简便,后期养护成本低。

(3)预制和安装工艺简单,施工进度快,人工费、机械费等施工成本低。

(4)由于销轴的顶部端面采用三角形等非标准形状,并且嵌入铰套内,实现了防盗功能,有较好的经济效益。

12 应用实例

12.1 工程实例一

龙丽温(泰)高速公路云和至景宁段交通安全设施工程,2012年12月5日开工,2013年3月5日竣工。工程中央分隔带安装预应力防撞活动护栏。

该施工工艺可靠,在套筒埋设、立柱安装、桁架装配、钢绞线布设等工序实现了较好的施工工艺,能保障线形顺畅,启闭方便,主体结构防撞性能强、导向性能好,防撞等级达到Am等级。

12.2 工程实例二

台金高速公路东延段工程,2011年3月开工,2011年8月竣工,工期5个月。工程中央分隔带安装预应力防撞活动护栏。

该工程施工满足相应规范要求,全数达到优良标准,防撞性能强、导向性能好,增加了车辆行车安全,起到保护驾乘人员的作用,防撞等级达到Am等级,有效降低了事故损伤。

高速公路动态计重系统安装施工工法

GGG(黑)E4199—2013

马孟黎　周景新　刘中华　王金发　张春秋

（黑龙江省北龙交通工程有限公司）

1　前言

随着我国公路建设的快速发展和公路运输的日益繁荣，运输市场的竞争不断加剧，运输成本不断提高，部分运输企业和车主为了追求更高利润，擅自改装车辆，“大吨小标”上路运营的现象普遍存在，违法上路超限运输，成为公路交通运输领域影响公路安全畅通的首要问题；不仅严重威胁了人民生命财产安全，而且对公路、桥梁等交通设施造成了严重破坏和巨大隐患，因受到车辆识别和执法依据的制约，给公路管理部门的打击治理也造成了很大难度，可以说超载现象屡禁不止。为了有效地实现在规定范围内的多受益多支付的标准，给执法部门提供可靠的依据，提高道路运营能力和运营周期，高速公路计重收费已经是不可缺少的收费设施，并在高速公路运营中发挥着越来越重要的作用。因此，黑龙江省北龙交通工程有限公司在多条高速公路机电项目联合设计上，优化提出了在高速公路收费系统中安装动态计重系统方案，该方案先后在绥满高速公路齐齐哈尔至甘南(黑蒙界)段工程项目 H2 标段、建三江至虎林高速公路建设项目机电工程 JD2 合同段和黑龙江省伊春至绥化公路建设项目 JD3 标段安装施工中应用，减少了施工工期，降低了施工成本，保证了施工质量，效果良好，取得了较好的经济效益和社会效益，经总结形成了本工法。本工法的关键技术成熟可靠，经黑龙江省交通运输厅科技成果鉴定处于国内领先水平，该工法经查新未见相同报道。

2　工法特点

(1)采用高速公路动态计重解决了货车超限超载而逃费的难题。

(2)保证了公路动态计重系统准确性、稳定性和可靠性。

(3)确保排水畅通并便于清理，减少了对动态计重系统的腐蚀，延长了其使用寿命。

3　适用范围

(1)适用于通过高速公路收费站的载货类机动车。

(2)可扩展为通过其他等级公路或市政的收费系统。

4　工艺原理

(1)动态计重系统是由一组安装好的传感器和含软件的电子装置组成的独立系统，提供计算轴数、轴重、整车质量以及其他诸如速度、轴距、轮数等数据，按照既定收费标准进行车辆通行费征收的一种收费方式。高速公路动态计重系统结构图见图1。

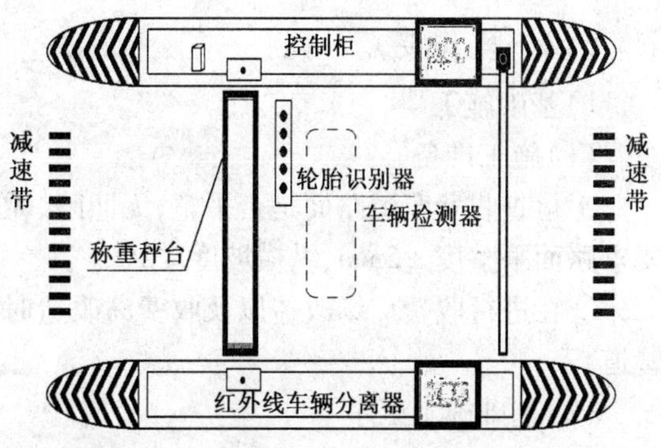

图1　高速公路动态计重系统结构图

(2)通过在基础施工时交叉作业，保证开挖基坑纵轴线、动态衡纵轴线与车道纵轴线的一致;设备基础设置排水管及排水槽,排水槽保证倾斜角度2%确保排水畅通;安装秤体预埋框架,要求注意水平度;控制柜基础做成预埋件,基座的第一隔间可以通过旋松螺栓打开;铺路面时将各种线管预埋进去,注意管线通向及控制柜的位置等工艺实施,计重设备的线缆敷设、功能调试跟其安装同时进行,加快了施工进度,提高了安装精度,保证动态计重系统的各项技术指标满足有关规范要求。

5 施工工艺流程及操作要点

5.1 施工工艺流程

高速公路动态计重系统的工艺流程图见图2。

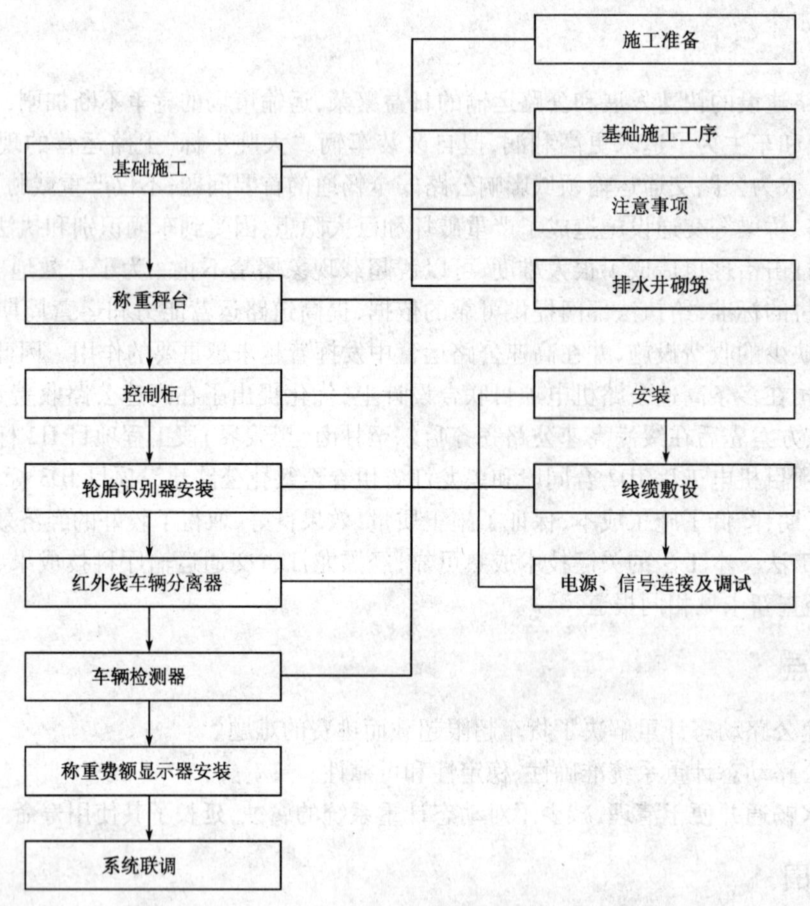

图2 动态计重系统安装的工艺流程图

5.2 操作要点

1)基础施工

(1)施工准备

①检查收费车道路面是否平整,无凹陷、无破损、无突起、无明显裂纹。修补路面应与原路面接平。要求路面平整度±5mm、纵横坡度≤2%。

②在进行收费广场改造以及收费岛改造时,要预留5m的板块作为称重平台的基础,同时预留走线管道。

(2)基础施工工序

①标出称重秤台、控制柜、红外线车辆分离器及轮胎识别器的实际安装点,以及排水管、排水槽和电

缆管的安装位置。

②用切割机进行切割，切出基础槽，注意不能横穿过拐角，以防止出现断裂，并且切缝要顺直。

③开挖支架沟槽并清理干净。

④用水平校准机构校准支架。

⑤用量尺检查深度。

⑥将支架放进沟槽，标出电缆管和地脚钩引出口位置。

⑦拿出支架，钻地脚孔，清理干净现场。

⑧安装排水管、电缆管及设置排水槽，排水槽倾斜角度为2%，确保排水畅通及便于清理。

⑨按图纸要求浇筑称重秤台框架。

⑩摆放并调整支架，预备好电气接地。

⑪称重秤台框架、红外线车辆分离器底座、轮胎识别器框架、控制柜底座在相应基础里预埋。

⑫基坑及浇筑路面保养，固化。

(3)设备基础施工中的注意事项

①注意称重秤台基坑纵轴线、动态衡纵轴线与车道纵轴线的一致。

②用人工将称重平台底部基坑尺寸清理到设计高程，注意施工时尽量减少对相邻路面面层、基层的扰动。

③称重秤台框架浇筑与路面接平，平整度误差≤±2mm。

④称重秤台基础施工时纵向与横向钢筋需点焊连接，基础若采用两次浇筑施工，应在底板施工完2d及框架就位后进行，浇筑前应将相关部位凿毛。

⑤红外线车辆分离器、轮胎识别器及控制柜基础垫板要预埋在相应的基础里。红外线车辆分离器基础垫板水平度误差不大于±2mm；轮胎识别器基础垫板上沿与路面接平，误差±2mm；控制柜基础垫板水平度误差不大于±2mm。

⑥各设备混凝土浇筑时，混凝土要用振捣棒振实后抹平。

⑦各种线缆管预埋时，注意管线通向。

⑧线缆管预埋时要避免出现拐角特别是直角，以利于线缆穿孔。

⑨各管线的穿线管口要进行打磨，并在管内预留钢丝，为穿线做准备。

(4)排水井砌筑

①挖排水井基坑，支模，用砖砌筑。

②排水井四壁及底面用细砂浆抹平。

③排水井中排水管道管口做防鼠网处理，防止管道堵塞。

④若超宽车道边侧无排水井可直接通入边沟，可将排水沟逐个连接起来至边沟。若无边沟，可现场修砌深水井或引致附近排水设施，以保证系统排水畅通。

2)称重称台

(1)称重称台安装

①安装前验收上一工序的施工质量，检查穿线管道是否畅通，检查接地系统、电源系统是否符合要求、检查基坑排水通道是否畅通，清扫基坑内垃圾、杂物。

②将称重秤台吊入基础中浇筑好的框架内放稳，用斜度仪检查台面倾斜度，通过调整称重感应器承压座高度，使倾斜度达到要求，就位后，检查称重平台与框架的间隙，调整好限位螺钉，穿好信号线，安装接地线和护罩。

③秤台平台中心线距收费亭中心线应不小于20m，称重平台应埋设于混凝土路面的一个整板块中心位置，不得设置在混凝土接缝处，板块在预埋件后浇筑，胎面宽应等于车道宽，台面与车道处于一个水平面，高低差在±2mm内，中心线与车道中心线一致，偏差≤20mm，称重台安装平整度与框架接平，水平度误差不大于±2mm。

④在施工过程中,首先,要对限位装置进行精确定位,保证限位装置垂直于称重设备,使其受力合理,不至于承受额外力的作用;其次,在浇筑混凝土之前,应对限位装置进行加固,并固定牢固,防止浇筑时移位;最后,浇筑混凝土时,应采用较高强度等级的混凝土,并在浇筑时振捣充分,使限位板处有足够的集料与砂浆,保证限位板与混凝土粘接牢固。经过特殊加固的限位装置,能承受较大冲击力,能有效起到限位、保证称重精确的作用。

(2)电缆敷设

所有线缆均穿管,尽量减少弯曲;在钢管内穿线时在钢管头要设置塑料护圈,避免穿线时割伤电线;隐蔽处不得有接头。外露管口必须弯转朝下,以防进水;所有外露管口封闭,以防鼠患。

(3)信号连接及功能调试

①称重秤台信号传输电缆引出接入控制柜。

②测试时车辆的轴重尽可能覆盖被检轴重衡的范围,接近最小称量、最大称量和常用称量;试验荷载应尽可能分布在参考车辆的各轴上;让车辆在称重区之外开始启动,后行驶进入称量区;每辆车的速度在每个称量测试期间应保持匀速;检测车速为10km/h以内,每次速度的变化范围建议控制在±1km/h,记录控制仪表上显示的车辆轴重、总重,计算动态称量误差检查车辆以各种速度通过时,有无信号输出,还要测试相对误差和重复性误差。

3)控制柜

(1)控制柜安装

①安装前验收上一工序的施工质量,检查穿线管道是否畅通,检查接地系统、电源系统是否符合要求,检查基坑排水通道是否畅通,清扫基坑内垃圾、杂物。

②控制柜位于轮轴识别器侧面,可直接安装在路面或岛上,在底座的安装孔处,用膨胀螺栓固定。控制柜底部要敷设电缆穿线管,用于信号传输以及称重平台、红外线车辆分离器、轮胎识别器之间的信号传递。

③从控制机柜到最远的地感线圈的电缆至少预留1.5m。

④机柜安装在一个不易积水并安全的地方,以不致引起损坏。

⑤控制柜基础做成预埋件,基座的第一隔间可以通过旋松螺栓打开。

(2)线缆敷设

线缆敷设同上。

(3)电源及信号连接

引入收费站的电源,安装连接数据采集处理器。

4)红外线车辆分离器

(1)红外线车辆分离器安装

①检查穿线管道是否畅通,检查接地系统、电源系统是否符合要求、检查基坑排水通道是否畅通,清扫基坑内垃圾、杂物。

②红外线车辆分离器成对安装在称重平台的左右侧,背板尽可能靠近收费岛中心线,以防刮损。

③红外线车辆分离器安装垂直度不大于2°。

④红外线车辆分离器罩用螺母固定在基础的预埋板上,红外线车辆分离器固定在安装架上,可以上下调节,红外线车辆分离器最上部离地高度为1 400mm,红外线车辆分离器最下部离地高度为400mm。

(2)线缆敷设

线缆敷设同上。

(3)信号连接及功能调试

将红外线车辆分离器信号传输电缆引出接入控制柜,正确连上控制器,接通电源进行调试。如果显示灯显示非正常状态,此时需要调整,红外线车辆分离器可以上下移动、旋转,红外线车辆分离器罩可以利用底部的螺栓处加减垫片调水平,直至显示灯显示正常状态。合上罩门后再次确认无误后,方可固定所有的螺母。

5)轮胎识别器

(1)轮胎识别器安装

①检查穿线管道是否畅通。

②清扫基坑内垃圾、杂物。

③将安装地板放入基础的预埋件中,用螺栓紧固,然后将轮胎识别器依次放入底板做好引线编号。

④轮胎识别器中轴线与称重台横向面的平整度不大于±3mm。

(2)线缆敷设

线缆敷设同上。

(3)信号连接及功能调试

①引出轮胎识别器信号传输电缆接入控制柜,检测信号。

②轮轴识别器要进行精度测试,检查每个识别器检测单元在一定外力作用范围内的工作响应;检查胎型检测系统在不同工况下能否正常工作,在进行各种计重试验时,观察胎型检测系统对胎型的识别是否正确,在试运行阶段,观察胎型检测系统的长度及传感器数量是否满足通过的各类车辆;检查判别率的获取是否正确,在进行计重试验时为保证数据的可信度,至少采集通过1 000辆车的数据。如车道车流量较少,测试时间一般不超过2d,记录每辆车通过时系统检测出的胎型(单/双轮型),与实际过车的胎型比较,得出判别的正确率。

6)车辆检测器

(1)车辆检测器安装

①安装前检查环形线圈的外观无破损。

②线圈埋设部分放入前清除槽内的杂质并干燥(若很湿可用空压机吹出缝中水)后画线定位,保证线圈与收费岛的垂直于水平度。

③环形线圈要顺时针放入切缝。

④线圈务必离钢筋等金属至少5 cm,槽内不得有其他导体,且离可移动的金属1.4m以上,引入导线每米缠绕至少15圈。

(2)线缆敷设、信号连接及功能调试

线圈盘设后的多余线缆要盘留。引出信号传输电缆接入控制柜,检测信号。

7)称重费额显示器安装

称重费额显示器安装在收费站的入口处,与高速公路收费管理系统连接。

8)接地及防雷

(1)控制柜的接地导体与底座焊接接地。

(2)在秤体附近上空设置避雷针。在秤台周围(包括基础)构建防雷接地网。

9)联合调试

(1)软件调试要进行计重设备的通电自检以及进车试验。

(2)硬件调试要进行计重系统和收费系统的联调,通过串口线将称重数据传输给收费计算机记性两个系统的联调,检查系统根据指令是否做出相应的数据处理。

6 材料与设备

6.1 主要材料构件

主要材料构件见表1。

6.2 主要安装设备、机具

主要安装设备、机具见表2。

主 要 材 料 构 件 表1

序　号	材料名称	规　格	单　位	数　量	备　注
1	称重秤台				承载重量
2	控制柜		个	1	
3	红外线车辆分离器		套	1	显示车辆通行情况
4	轮胎识别器		套	1	
5	计重费额显示器		台	1	显示超重及金额
6	信号电缆		套	若干	
7	供电电缆		套	若干	
8	车辆检测器		个	1	显示车辆通行情况
9	数据采集器		个	1	安装控制柜内
10	混凝土	C40	t		基础
11	钢筋	Ⅰ、Ⅱ级	t		
12	钢材	Q235-BF	t		
13	焊条	E43			钢筋网焊接

主要安装设备、机具 表2

序　号	设备名称	型　号	数　量	单　位	备　注
1	吊车	QY-16C	1	台	吊装大型材料构件
2	风镐 ·		5	台	用于基础的挖掘
3	混凝土切割机	HQL-12	1	台	用于车道开槽
4	电焊机	BX1-160	5	台	用于钢筋焊接
5	发电机	KT4000	1	套	动力
6	接地电阻测试仪	DY30-1	1	个	测量防雷及接地电阻
7	斜度仪		1	个	检查台面倾斜度
8	经纬仪	DJD2-C	1	个	用于放线及定位
9	直尺、铅垂		各1	个	用于测量竖直度
10	扳手、液压钳等		5	套	用于螺栓连接
11	万用表	TES2201	1	个	测量电压电流电阻
12	空压机	V1.0/1.2	2	台	
13	振捣棒		3	台	用于混凝土捣实

称重平台基础、承重路面及收费岛延伸带均采用C40混凝土。钢筋采用Ⅰ级和Ⅱ级,钢材均采用Q235-BF,焊条采用E43。

7 质量控制

7.1 依据标准

(1)《公路工程质量检验评定标准(第二册)机电工程》(JTG F80/1—2004)。

(2)《通信管道工程施工及验收技术规范》(GB 50374—2006)。

(3)《公路工程水泥及水泥混凝土试验规程》(JTG E30—2005)。

(4)《公路交通安全设施设计及施工技术规范》(JTG F71—2006)。

(5)《RS232串行接口标准》(EIA-232—E)。

(6)《电气装置安装工程施工及验收规范》(GB 50254—1996)。

(7)《电气装置安装工程接地装置施工及验收规范》(GB 50168—92)。

(8)《电气装置安装工程电缆线路施工及验收规范》(GB 50168—2006)。

7.2 质量控制要点

(1)施工过程中严格遵守国家的法律法规。

(2)对现场车道尺寸进行实地测量,确保动态计重设备与车道尺寸相符。

(3)相应管线的穿线口管需把管口打磨光滑,避免穿线时割伤电缆。

(4)进行排水管敷设时,检查设置的坡度以及管内是否有堵塞物,以利于排水畅通。

(5)检查各种管道是否都固定牢固,灌注时是否有移位。

(6)检查混凝土强度是否满足设计强度要求,浇筑时是否振捣密实,有无气孔,各管线管口是否密封,防止进浆封堵。

(7)施工放样采用双校核制,严防放样中出现错误,保证放样精度。

(8)吊装材料构件时必须由专人指挥,轻起轻放,严禁碰撞造成材料构件的局部变形。

8 安全措施

(1)施工过程严格执行交通运输部颁发的《公路工程施工安全操作规程》中的各项规定。

(2)安全控制措施。

①班前必须召开安全会议,对当班的工作进行安全交底,布置好施工中的安全注意事项和必要的安全措施。

②吊装材料构件时必须设专人指挥,吊装设备、机具班前必须进行技术性能检查和安全检查,确定无异常后方可开始吊装。

③施工现场设立警示标志,施工人员必须穿交通警示服,同时有专职的安全员,管理好行人与交通,防止事故的发生。

④设备接线及调试时要戴绝缘手套,注意用电安全。

⑤电气设备杜绝在雨季室外施工。

⑥严禁非电工拆、装施工用电设施。

⑦固定式电动工具要重复接地。

9 环保措施

(1)制订施工方案的同时制订环境保护措施,并且在施工过程中落到实处。

(2)在施工过程中,施工机械定期进行维护保养,确保正常运转,降低噪声和废气的排放。

(3)在基础施工过程中,基坑挖出的弃土及时清运到规定的地点;其他施工过程中产生的垃圾及时清运,集中处理。杜绝随便丢弃垃圾或随意将垃圾抛入河中。

(4)及时检查机械设备,防止各种油料的渗漏。如果发生渗漏,及时清理。杜绝机械漏油对路面的污染

(5)浇筑混凝土基础所用的水泥用储存罐储存,使用时防止水泥飞扬,污染环境。

(6)施工及生活废水不随意排向水源,耕地等农田水利区域,应进行无害化处理。

(7)工程完工后,按要求及时清除临时设施和地面硬化层,并将工地及周围环境清理整洁,做到工完、料清、场地净。

(8)管线槽和基础挖掘时注意保护绿化带,回填后必须复原。

10 资源节约

(1)临时支架和临时基础材料回收,以节省资源。

(2)合理安排工序衔接,减少各道工序的待工时间,节约能源。

(3)系统各功能的调试,紧跟设备安装进行,缩短了施工时间,节省了人力资源。

(4)控制柜基础做成预埋件,以便于安装,同时控制柜基座的第一间隔用螺栓连接,可以随时打开,这样人容易进入到电缆管,可以方便电缆的拉拽,节约了人力资源。

11 效益分析

11.1 经济效益

在绥满高速公路齐齐哈尔至甘南(黑蒙界)段工程项目H2标段、建三江至虎林高速公路建设项目机电工程JD2合同段等标段的施工中由于采用了动态计重系统安装施工工法,节约了周转材料、人工和机械设备,缩短了施工工期,取得了较好的经济效益。

11.2 社会效益

(1)动态计重系统给高速公路收费系统提供了准确的车辆质量和超限数据,对超限车辆可以及时现场取证,从而使治理超限运输有了更科学有效的手段。

(2)可以从源头上解决货车大吨小标的问题,并通过运用经济杠杆,对国家鼓励发展的推荐车型给予适当的通行费优惠,用政策引导货运车辆发展,优化货运车辆结构。

(3)按车货总重收费,有效地保护守法运输户的利益,遏制运输市场的恶性竞争,促进公路运输业的健康发展。

(4)可以有效保护公路桥梁,使公路桥梁免遭超限运输车辆的损坏,同时也提高了车辆行驶的安全性。

(5)可以更全面、具体、准确地了解公路交通流量及其构成,为公路养护维修和道路监控提供重要依据,这对提高公路技术管理水平,改善管理手段具有重要意义。

(6)可以控制货车的载货质量,减少车辆尾气的排放,减少环境污染。

(7)可以通过控制载货量减少车辆的大修,节约能源。

12 应用实例

12.1 工程实例一

绥满高速公路齐齐哈尔至甘南(黑蒙界)段工程项目H2标段,于2010年6月10日开工,2011年9月28日竣工。该标段在长山、甘南和黑蒙界设置了三个收费站,这三个收费站都引入了动态计重系统,在施工中采用了“高速公路动态计重系统安装施工工法”,缩短了施工工期,大大降低了工程的管理成本,具有显著的经济效益和社会效益。

12.2 工程实例二

建三江至虎林高速公路建设项目机电工程JD2合同段,于2010年11月15日开工,2011年10月20日竣工。该段在东风岭和八三五两处收费站设置了动态计重系统,在施工中采用了“高速公路动态计重系统安装施工工法”,保证了施工质量,节约了工期,降低了工程造价。

12.3 工程实例三

黑龙江省伊春至绥化公路建设项目JD3标段,于2011年1月6日开工,2011年10月25日竣工。在双丰和庆丰两个收费站安装了动态计重系统,在施工中采用了“高速公路动态计重系统安装施工工法”,提高了工作效率,缩短了施工工期,保证了施工质量,节约了成本,经济和社会效益显著。

公路弯道旋转式弹性柱组复合护栏施工工法

GGG(浙)E4200—2013

李　霞　徐国峰　朱　伟　钟时英　李　旭
(嘉兴市通明交通工程有限公司　嘉兴市中垒建设工程有限公司)

1　前言

公路路侧护栏对于防止交通事故尤其是特、重大交通事故具有重要意义。目前,常用的波形梁护栏是半刚性护栏的主要形式,这种路侧护栏采用波纹状钢护栏板相互拼接,并由立柱支撑而组成连续结构,可利用结构整体变形吸收车辆冲撞能量,迫使失控车辆改变方向以防冲出护栏,从而减少事故损失。

近年来,公路多弯(急弯)路段交通事故频发,行车安全问题日益突出。这些交通事故表明,在弯道使用波形梁护栏,常因其吸能、减速能力有限,而使护栏产生冲撞失稳、断裂破坏,从而不能较好起到拦截车辆越出路外的作用。这给公路路侧护栏设计、安装与施工带来不少挑战。因此,亟待有一种弯道路侧护栏新技术来有效避免和减少人员伤亡和经济损失。

嘉兴市通明交通工程有限公司以奉新至铜鼓高速公路交安设施 JTB5 标段与嘉兴至绍兴跨江公路北岸接线交安设施 JA2 标段 2 项安保工程为背景,依据公路弯道地形特点和防撞要求,从旋转弹性柱组优化设计、弯道曲线线形控制技术和防撞复合护栏结构及施工工艺流程等多角度进行研发,克服了弯道使用波形梁护栏而产生的各项缺陷,形成了适用于公路多弯(急弯)路段的旋转式弹性柱组防撞复合护栏新技术新工艺,经总结形成了本工法。

2　工法特点

(1)结构合理。采用旋转式强力弹性柱组强化护栏防撞功能,同时采用可抽提(换)式立柱优化护栏结构,使梁柱式钢护栏适用于弯道几何线形及其安全防护。

(2)质量可靠。护栏材质好、结构强度高,曲线圆顺,与道路线形匹配良好,可长期使用并承受车辆冲撞作用,有效防止车辆冲出路外,减少车辆及人员损伤。

(3)施工快捷。各个构件可工厂批量生产,成品化高;施工要求较低(可人工或半机械化),现场拼接安装简便快捷,损坏后易于拆换,后期养护、维修简便。

(4)效益显著。护栏安全耐久、维修简便、防撞效果好,可有效降低车辆冲出护栏损失,减少后期养护费用,产生良好效益。大规模施工时成本降低优势明显。

3　适用范围

本工法适用公路路侧防撞护栏施工,尤其适用于公路多弯(急弯)和长大坡道等事故多发路段路侧护栏施工。

4　工艺原理

如图 1a)所示,弯道防撞复合护栏包括护栏支架(立柱和横梁),在支架上、下横梁上连接有竖向支承轴,在竖向支承轴上串接有旋转式橡胶弹性柱组。

如图 1b)所示,用支承轴从芯轴套穿过的方式,串联数个旋转式弹性柱形成弹性柱组,支承轴上、下两端分别与上、下梁板及立柱连接;数组旋转弹性柱组并排布置,形成旋转弹性柱组滑动护栏装置。

当失控车辆冲向护栏时,首先挤压弹性柱组使之发生变形,弹性柱组吸收部分冲击能量,从而起到缓冲作用,大大减少汽车及乘客的伤害;同时,弹性柱组可绕竖向支柱旋转,使汽车能沿柱组转动方向滑移,进一步降低了汽车冲撞力和伤害程度。

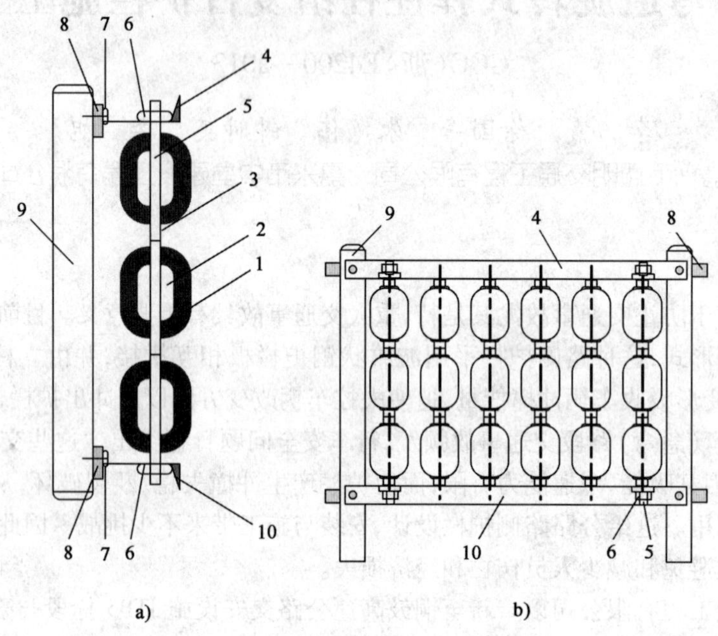

图1 旋转式弹性柱组防撞复合护栏构造图

a)侧面图;b)正面图

1-高强防撞层;2-柔性缓冲层;3-芯轴套;4-上横梁;5-支承轴;6-防盗螺母;7-高强螺栓;8-固定板;9-钢管立柱;10-下横梁

5 施工工艺流程及操作要点

5.1 施工工艺流程

弯道旋转式弹性柱组防撞复合护栏施工工艺流程,如图2所示。

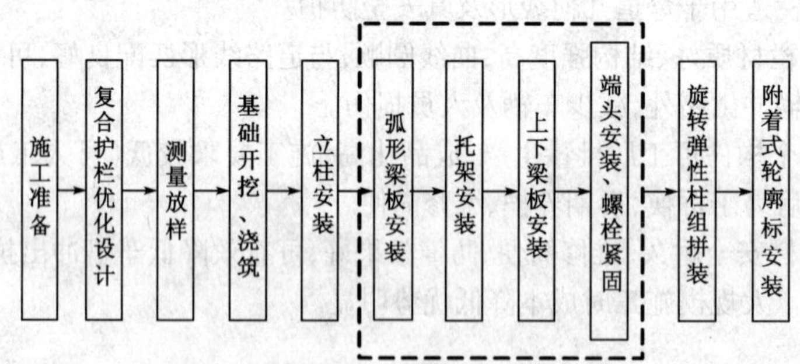

图2 公路弯道旋转式弹性柱组防撞复合护栏施工工艺流程

5.2 操作要点

1)施工准备

建立健全组织机构,明确项目部的各项责任目标,并根据工程项目的规模、工期和生产率确定路侧护栏施工队伍及其组成。

组织相关技术人员会审图纸,进场前对施工人员进行技术交底、安全交底,并进行质量、安全和文明施工等方面的教育培训。

严格控制原材料和构件加工等的质量，按照进度规划进行材料购置和构件加工，确保护栏施工的质量和进度要求得到满足。

2）防撞复合护栏优化设计

（1）材料优化：采用塑性韧性好的优质碳素钢加工梁板，以便梁板能够冷弯形成弧型结构。每个弹性柱由外围高强防撞层和内部柔性缓冲层构成。采用线性低密度PE塑料制作外围高强防撞层，而采用聚丙烯泡沫塑料制作柔性缓冲层。由此增强旋转式弹性柱组复合护栏的冲撞防护能力。

（2）立柱优化：如图3所示，采用可抽提（换）式立柱，柱顶加工条形连接螺孔，以适应路面加铺后调高和后期破损后更换的需要。①为防止车辆冲出护栏，护栏立柱地面以上部分加长约10cm，达到90cm及以上；②为提高护栏结构稳定性，立柱插入基座深度增加约15cm，达到140cm及以上。③立柱下料完成后，按设计尺寸于立柱顶端加工4个条形连接螺孔，螺孔旁附设标尺以便计量。

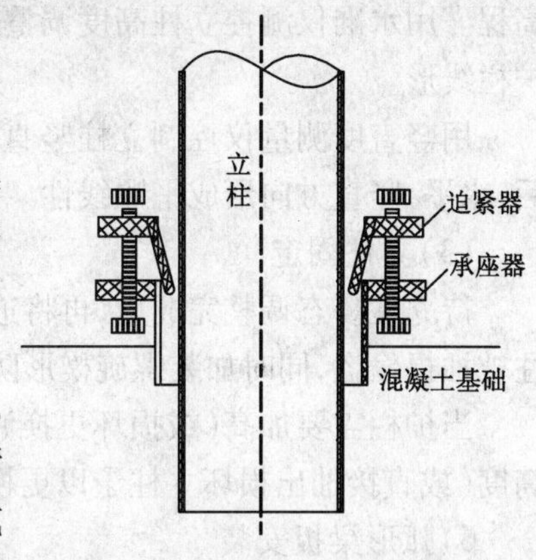

图3　可抽换（提）式立柱构造图

（3）弹性柱组优化：采用类算盘式结构设计形成复合护栏主体。每个弹性柱由外围高强度防撞层和内部柔性缓冲层构成。采用钢管支承轴穿过数个弹性柱芯套，由此串联数个弹性柱形成1个旋转式弹性柱组，数个旋转式弹性柱组并排布置，形成类算盘式旋转弹性柱组滑动护栏装置。

（4）优化复合护栏弧线，并与弯道线形匹配，改进形成弯道弧形防撞护栏。

3）测量（定位）放样

首先，选择桥梁、隧道、涵洞等为控制点，用全站仪或经纬仪等进行测距定位。在确定的立柱控制点上用油漆画“十”字，即可确定立柱的间距。

立柱放样时可利用调整段调整间距，利用分配方法处理间距零头数。

其次，用油漆标记每个施工立柱的埋置深度，这样既可保证立柱顶面高度平顺，又可使立柱顶距路缘石顶高度误差最小。

最后，根据设计尺寸确定基础开挖深度及开挖边线，并洒布白灰线进行标志。

4）基础开挖、浇注

对于路肩宽度相对较大公路，基础开挖等工序可照常规工艺操作完成。而对于路肩较窄（甚或无路肩）公路，由于可用空间狭小，基础开挖等工序施工存在困难，建议采用“侧向开孔嵌固法”操作完成。该方法的特点为：采用紧贴道路外缘开挖基础，浇筑混凝土基座、预埋紧固件和法兰盘，由此嵌固立柱达到增强基础稳定性的效果。

“侧向开孔嵌固法”具体操作要点如下：

（1）开挖

紧贴道路外缘采用钻孔机械开挖小型基础。钻孔直径略大于钢管立柱直径（约160mm），钻孔深度＝立柱埋深（约1 400mm）＋垫层厚度（约100mm）。用小型夯实机对基底进行夯实。基底处理完毕后，由测量队恢复控制点，测量基底高程。

（2）浇筑

首先，于基底上浇筑100mm厚度的CA砂浆作垫层；其次，按照设计几何形状，在基础中放入柱状模具，其内径等于立柱直径（约140mm）；再次，人工配合溜槽在模具中浇筑混凝土，用插入式振捣器插捣密实；最后，找平收光并洒水养生。

（3）预埋构件

按照设计要求，承座器固定于混凝土基座，同时用PVC硬塑管预留立柱孔穴。

5）立柱安装

(1)构件安放

首先,将立柱插入混凝土基座预留孔穴,底部立放于硬化CA砂浆垫层上。其次,迫紧器各个螺孔插入膨胀螺杆,微调螺栓以便接触受力,并使柱体保持稳定。

(2)立柱调姿

主要控制参数包括立柱竖直度、中心距和高度。

用水准仪测量每个立柱中心十字线,同时计算出路段坡度;根据路段坡度和设计高度确定立柱施工高程。用水准仪测控立柱高度调整过程直至施工高程。依据该坡度控制法,可获得与路线基本一致的护栏线形。

用竖直度测量仪控制立柱竖直度,调整柱体姿态使之在纵/横方向都垂直于地面。立柱安装就位后,水平/竖直方向形成平顺线性。护栏渐变段及端部的立柱,须按图纸规定的坐标进行安装。

(3)立柱固定

待立柱姿态调整完成后,再将迫紧器上所有膨胀螺栓拧紧,护栏钢管立柱即可被锁固稳定。为防立柱被抽提偷盗,同时加装螺旋楔形防松防盗螺母。

当护栏需要加高(或损坏更换)时,可卸下连接螺栓,按照立柱上所附设标尺抽拔立柱调节至所需高度(或直接抽出损坏立柱予以更换),然后再次紧固条形螺栓。

6)弧形梁板安装

首先,将各型构件运至施工现场;其次,对于弯道路段施工,采用可调模具冷弯梁板;再次,按行车方向将弧形梁板摆放到位,并配放螺栓、螺母、托架和防阻块等部件;最后,按照相关工艺流程进行现场拼装施工。

对于弯道防撞复合护栏,具体施工操作要点如下:

(1)托架安装:严格按照设计文件规定的托架编号和组合正确安装。应通过连接螺栓固定于护栏板和立柱之间,在拧紧连接螺栓前调整防阻块、托架,使其准确就位。

(2)上、下梁板安装:采用分段施工方法处理。采用拼接螺栓将弧形梁板分段固定于防阻块和托架上,然后通过拼接螺栓相互连接,形成上、下部纵向横梁。在施工过程中,上、下梁板应与道路线形相切,并与立柱垂直,拼接方向与行车方向一致。

(3)端头安装:护栏端头通过拼接螺栓与护栏上、下梁板牢固连接。

(4)其他:所有拼接(连接)螺栓必须采用高强螺栓,连接(拼接)螺栓不宜过早拧紧,以便在安装过程中进行整体调节。当整体姿态调节完毕,以及护栏线形与弯道线形匹配之后,即可最后紧固所有螺栓,并加装螺旋楔形防松防盗螺母。

7)旋转弹性柱组拼装

(1)在弹性柱轴线部位,采用钢管支承轴穿过轴线芯套,由此串联数个弹性柱,形成旋转式弹性柱组。

(2)通过高强连接螺栓,将支承轴上、下两端分别与上、下梁板连接,以及上、下梁板与固定板连接,然后再将固定板与立柱拼接在一起。

(3)数个旋转式弹性柱组并排布置,用上述相同方法与上、下梁板连接,最终拼接形成类算盘式旋转式弹性柱组可滑动复合护栏上部结构。

8)附着式轮廓标安装

附着式轮廓标采用黑色PE塑料和反光材料。黑色PE塑料经高温高压贴压于塑膜之上,而反光材料为晶格立方体技术PET反光膜,并贴压于黑色PE塑料表面。

根据弯道复合护栏特点,选择合适的支架和紧固件,每隔100m间距将上述附着式轮廓标固定于护栏立柱2/3高度位置。

轮廓标安装角度应尽可能使反射器与驾驶员视线垂直,安装高度宜尽量统一。

6 材料与设备

6.1 材料

(1)普通钢材:连接螺栓、螺母、垫圈、横梁垫片等部件采用普通碳素结构钢加工,应符合《碳素结构钢》(GB/T 700—2006)的要求。

(2)特殊钢材:高强度拼接螺栓、护栏横梁和立柱钢管等采用优质碳素结构钢加工,应符合《优质碳素结构钢》(GB/T 699—1999)的要求。

(3)LLDPE 塑料:即为线性低密度 LLDPE 聚乙烯塑料,具有弹性好,强度高,性能强等特点,适合于制作弹性柱的外围防撞层。

(4)聚丙烯泡沫塑料:具有机械强度较高,抗拉强度优良、柔韧性和弹性摩擦系数大等特点,适合于制作弹性柱的内部缓冲层。

(5)水泥混凝土:选用 C30 混凝土浇筑基础,控制质量、标准和检测方法,施工时采用相同厂家相同品牌水泥用料。

6.2 主要机具设备

主要机具设备如表 1 所示。

主要机具设备 表 1

序　号	设备名称	规格型号	数　量	备　注
1	冲击夯	BS60-4	2 台	路肩地基处理
2	发电机组	15kW	1 台	施工供电
3	切割机	PY160A	1 台	切割板材
4	电钻	J12-SD03-6A	2 台	钻孔
5	电锤	C1BH24	2 台	钻孔
6	全站仪	拓普康 332N	1 套	测量放样
7	水准仪	ZH7854	1 套	高程控制
8	混凝土搅拌机	350L	1 台	搅拌
9	混凝土振捣棒	ZDN100A	1 台	捣实
10	钢卷尺	5m	4 把	尺寸控制
11	线坠	金属线坠	2 个	竖直度控制
12	水平尺	60cm	4 把	尺寸控制
13	运输汽车	3T	2 辆	运输材料

7 质量控制

7.1 质量标准

(1)《公路交通安全设施施工技术规范》(JTG/F 71—2006)。

(2)《公路交通安全设施设计规范》(JTG/D 81—2006)。

(3)《公路波形梁钢护栏》(JT/T 281—2007)。

(4)《公路防撞护栏技术要求》(北京地方标准—征求意见稿)。

(5)《高速公路护栏安全性能评价标准》(JTG/T F83-01—2004)。

7.2 质量控制

(1)施工前检查原材料质量。钢材镀层应均匀、光滑且颜色一致,无流挂、滴瘤、疤斑和擦痕等缺陷。材料验收合格后签收入库保存。

(2)各类构件运往工地之前,向监理提供护栏的部件样品,以及出厂检验合格证供审查批准,所有构件的质量均应符合相关技术标准。

(3)成品保护:在踩装、运输和堆放过程中,注重保护立柱和护栏梁、板等构件;尤其运输过程中应固定好梁、板等尺寸较大构件,防止因颠簸碰撞而损坏涂层,或使构件发生变形、损坏。

(4)立柱基础的尺寸应与设计图纸相符;预留的柱体凹穴尺寸应与立柱直径相符;底面高程的允许偏差为0 ~ ±5mm。

(5)按照坡度控制法严格控制立柱高程,准确定位(中心位置)以及确定基础埋深。路侧护栏线形与公路线形协调一致,要求无局部凹凸不平。

(6)当立柱间距不规则时,可调节梁、板的高度使护栏线形流畅,不得采用现场切割护栏梁、板的方法进行调节。

(7)弧形梁板拼接方向与行车方向一致。梁板横梁应平行于路面并与立柱垂直。当安装存在困难时,不能敲击防阻块或改变螺孔形状来完成安装。

(8)所有螺栓不宜过早拧紧,当整体姿态调节完毕后,并检测认定护栏的线形与弯道的线形基本协调时,即可最后拧紧所有螺栓,并加装螺旋楔形防松防盗螺母。

(9)防撞复合护栏质量必须满足表2要求。

护栏实测项目允许偏差标准 表2

项次	检查项目	规定值或允许偏差	检查方法和频率
1	立柱外边缘距路肩边线距离(mm)	±20	直尺:抽检10%
2	立柱中距(mm)	±5	直尺:抽检10%
3	立柱竖直度(mm)	±5	垂线、直尺:抽检10%
4	护栏顺直度(mm)	±5	拉线、塞尺:抽检10%
5	横梁中心高度(mm)	±20	直尺:抽检10%

8 安全措施

严格遵守《中华人民共和国安全生产法》,施工安全参照《公路工程施工安全技术规程》(JTJ 076—95)有关规定执行,并注意如下几点安全事项:

(1)设立安全领导机构,制定严格的安全操作规程。加强施工人员安全教育,责任分工明确、落实到人。

(2)搞好现场安全标准化作业。施工现场设置安全标志,周围配备、架立安全警示牌。材料仓库、施工现场做好防火、防盗工作,灭火器具齐全,用电符合安全规定。

(3)开工前对施工机械进行检查,确保机械正常运转,当天工作任务完成后,对机械进行检查保养,机械操作手交接班做好交接记录。

(4)加强施工车辆、机械的管理,统一指挥、合理调配,杜绝各类交通事故发生。

(5)若施工路段处于通车状态,施工人员须着反光衣,指派专人负责交通诱导,并在施工现场设置指示牌、交通锥等警示标志,避免交通安全事故。

(6)加强夜间施工安全措施,作业现场的道路和作业面布设足够照明工具。

(7)临水临崖路段施工,作业人员必须绑系安全带(绳)、佩戴安全帽;驾驶员需特别留意,谨防发生翻车等事故。

9 环保措施

(1)合理安排施工用地,少占或不占农田或绿化带,减少自然环境破坏。如施工中确需占用农田时,完工后必须恢复原貌,以利当地居民尽快恢复生产。

(2)设置临时排水沟渠,以便合理排放雨季或暴雨时雨水径流冲刷形成的污水或泥浆等物质。

(3)对施工过程产生的生产或生活废弃物,集中堆放或及时清运至当地环保部门指定的地点堆放,不得倒入附近江、河、湖、塘等水体中,避免水质污染以及淤塞排水管网。

(4)对运输便道控制灰尘污染。在久晴时应采取洒水措施,以防行车扬起的灰尘影响附近村民的正常生活。

(5)合理安排生产、运输时间,减少噪声。临近居民区施工时,除非要求不间断施工,否则晚上10时以后停止施工。

(6)浇筑混凝土底座需用水泥,如采用散装水泥,以储罐储存,使用时应防止水泥飞扬,污染环境。

(7)工程完工后,按要求及时清除临时设施和地面硬化层,并将工地及周围环境清理整洁,做到工完、料清、场地净。

10 资源节约

防撞复合护栏结构整体稳定,防撞减速效果大为改善,延长了公路路侧护栏的使用寿命,大大增加了弯道(尤其是急弯、多弯、长大坡道)等危险路段的行车安全性。

与其他传统路侧护栏相比,在同等撞击作用下,防撞复合护栏损害程度较低;较之波形梁护栏,后期维修频率少、难度小;较之混凝土护栏,维修材料少、工作量小。

总体而言,该工法可有效减小建设单位和管理单位对路侧护栏(尤其弯道等危险路段)的后期养护维修费用,从而大大节约施工和维护中的材料与人力资源。

11 效益分析

与传统路侧护栏(如波形梁和混凝土护栏)相比,旋转式弹性柱组复合护栏在公路弯道等危险路段行车防护方面具有较大的技术优势,产生了显著的经济、社会效益。

(1)防撞复合护栏各类构件的预制和安装工艺简单,施工简便快捷,所需劳动力成本和机械费用等施工成本较低。

(2)采用该工法施工,可延长路侧护栏的使用寿命,从而减少维护所需材料和人力资源;此外,该类护栏受损后更换、维修简便,从而进一步降低了后期养护成本。

(3)该工法解决了公路弯道(尤其是急弯、多弯、长大坡道)等路段行车防护问题,采用"侧向开孔嵌固法"还解决了(无)窄路肩或临水、临崖等特殊路段弯道护栏安装施工难题,具有较好的工程应用前景和参考价值。

(4)防撞复合护栏增加了弯道行车安全,有效减小了交通事故发生频率及其损失,进一步保障了特殊路段的交通安全和车辆通行,经济、社会效益较为显著。

12 应用实例

12.1 工程实例一

江西省奉新至铜鼓高速公路JTB5标段地形复杂、起伏较大,路线多处存在急弯、陡坡,传统护栏施工工艺难于满足技术要求。施工单位决定采用旋转式弹性柱组复合护栏新工艺进行施工。工程于2012年2月25日开工,于2012年7月24日完工。施工实践表明:该工法通过护栏的材料和结构的优化设计,克服了公路事故多发地段和多弯、急弯处采用传统护栏(如波形梁或混凝土护栏)的固有缺陷,降低了车辆冲击损伤及冲出护栏概率。而且该护栏现场拼装简便、快捷,少有后期维修养护,施工方法值得推广应用。

12.2 工程实例二

嘉兴至绍兴跨江公路通道北岸接线多处依山傍水。其中JA2标段路线全长约12km,该路段部分位置临水、临崖,事故多发,弯道和陡坡较多,常规护栏难以满足该路段行车防护的施工技术要求。建设单位决定采用旋转式弹性柱组复合护栏新技术新工艺进行施工。工程于2012年7月8日开工,于2012年12月31日完工。工法实践证明:该工法增加了陡坡、多弯路段和事故多发地段的行车安全;同时,有效延长了复合护栏使用寿命,减小了后期养护、维修费用,还解决了临水、临崖等特殊路段防撞护栏安装难题,对特殊路段护栏施工具有较好的参考价值。

贵州地区石灰岩质块片石自密实混凝土施工工法

GGG(贵)E6201—2013

母进伟　周大庆　任达成　郑　文　刘天贵
（贵州省公路工程集团有限公司）

1　前言

块片石自密实混凝土是在自密实混凝土的基础上发展起来的一种革命性的新型混凝土，是利用贵州地区石灰岩质作为混凝土集料制备的一种特种大体积自密实混凝土。该法是直接采用初步破碎和筛分得到的块片石作为混凝土的粗集料，直接入仓，形成具有一定自然空隙的块片石体，然后浇筑超流态机制砂自密实混凝土，利用其高流动性能，使得超流态机制砂自密实混凝土依靠自身重力填充到块片石体的空隙中，从而形成完整密实的混凝土结构，其混凝土强度等级可满足不同设计要求。通过课题的研究及在工程实体中的应用，总结块片石自密实混凝土的施工方法，经整理形成本工法。

2　工法特点

(1)该法施工无需振捣，消除了人为的干扰影响，施工质量和稳定性好。施工安全性高。

(2)该法施工工艺简单，能有效提高施工效率，缩短工期。

(3)块片石自密实混凝土具有优良的体积稳定性，体积收缩小，且强度高、耐久性好。

(4)水泥用量少，水化温升较低，温度容易控制。块片石取材方便，造价低，经济效益好。

3　适用范围

(1)适用领域：本工法适用于贵州地区公路、铁路、水利、市政、建筑等工程。

(2)适用部位：挡墙工程、基础、涵洞墙身、桥梁桥台以及大坝混凝土等工程。大体积混凝土使用该工法，技术、质量及经济效益更显著。

4　工法原理

本工法立足于超流态机制砂自密实混凝土的超流态和自密实性能，首先将满足一定粒径要求的大块石/片石直接放入施工仓，形成有一定自然空隙的块片石体，然后在块片石体表面浇筑超流态机制砂自密实混凝土，依靠其自重，完全填充块片石体空隙，超流态机制砂自密实混凝土硬化后与块片石形成完整、密实、低水化热的混凝土结构。

5　施工工艺流程及操作要点

5.1　施工工艺流程图

施工工艺流程图见图1。

5.2　操作要点

1)块片石清洗与入仓

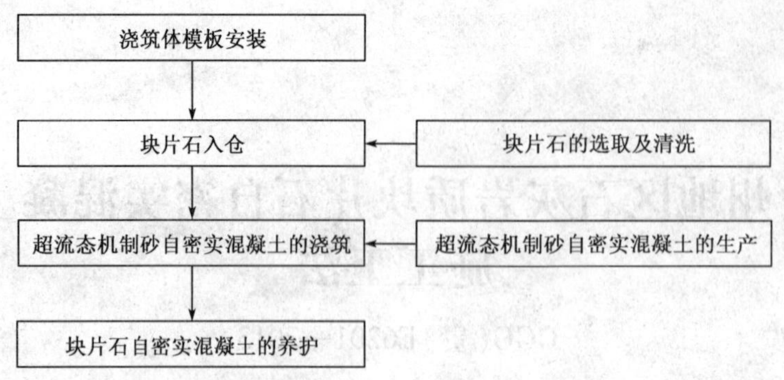

图1　工艺流程图

(1)严格选取满足要求的块片石,以保证施工质量。

(2)块片石的运输宜采用自卸车直接入仓的方式。为避免车轮带入泥土,应在入仓道路上设置冲洗台,对车轮进行冲洗;当没有合适的入仓道路时,块片石也可以采用吊车、缆车、人工等其他方式入仓。如图2所示。

图2　机制砂自密实片石混凝土片石入仓

(3)在块片石入仓过程中,小于300mm的块片石含量不得超过5%。

(4)每层块片石入仓厚度不超过1.5m。

2)模板安装

(1)模板及其支护部件应根据工程结构形式、荷载大小、地基土类别、施工程序、施工机具和材料供应等条件进行选择。

(2)若采用砌石墙或预制混凝土块作为模板,则砌石厚度根据不同浇筑体积或几何断面尺寸确定,一般不应小于50cm。

(3)成型的模板应构造紧密、不漏浆,不影响自密实块片石混凝土均匀性及强度发展,并能保证结构(成型几何尺寸)的形状正确、规整。

(4)模板及其支护应具有足够的承载能力、刚度和稳定性,能承受浇筑超流态机制砂自密实混凝土的侧压力及施工过程中产生的荷载,如图3所示。

(5)模板的支撑立柱应置于坚实的地(基)面上,并应具有足够的刚度、强度和稳定性,间距适度,防止支撑沉陷,引起模板变形。上下层模板的支撑立柱应对准。

3)超流态机制砂自密实混凝土的生产

(1)各种固体原材料的计量均应按质(重)量计,水和液体外加剂的计量可按体积计。

(2)与生产普通混凝土相比应适当延长搅拌时间(延长10~20s)。

(3)生产过程中应测定集料的含水率,每一个工作班应不少于2次。当含水率有显著变化时,应增

图3　机制砂自密实块片石混凝土模板安装

加测定次数，并依据检测结果及时调整用水量及集料用量，不得随意改变配合比。

(4)超流态机制砂自密实混凝土的工作性能可采用坍落扩展度试验、V 漏斗试验、倒流度用坍落度筒检测。

(5)超流态机制砂自密实混凝土生产前，必须严格按照超流态机制砂自密实混凝土生产配料单的要求计算出施工配合比，并严格计量。

4)超流态机制砂自密实混凝土的浇筑

(1)超流态机制砂自密实混凝土浇筑之前必须检查模板及支架、预埋件等的位置、尺寸，确认正确无误后，方可进行浇筑。为防止浇筑不均匀及表面气泡，可在模板外侧辅助敲击。

(2)对现场浇筑的混凝土要进行监控，运抵现场的混凝土坍落扩展度低于设计扩展度下限值不得施工，可采取经试验确认的可靠方法调整坍落扩展度。

(3)严禁在中雨条件下施工，有抗冲耐磨和有抹面要求的机制砂自密实块片石混凝土不得在雨天施工。

(4)浇筑时的最大自由落下高度宜在 2m 以下，大于 2m 以上应采取串筒或其他辅助措施，防止混凝土入模落差过大。

(5)在浇筑过程中，当浇筑点混凝土溢满后方可移动，浇筑点应单向从低高程向高程移动，移动距离不宜超过 3m，应避免在浇筑点的反复浇筑，如图 4 所示。

图4　机制砂自密实混凝土浇筑

(6)浇筑时要防止模板、定位装置等的移动和变形。

(7)当分层浇筑连续混凝土时，为使上、下层混凝土一体化，应在下一层混凝土初凝前将上一层混凝土浇筑完毕。

(8)机制砂自密实块片石混凝土收仓时，除达到结构物设计顶面高程以外，超流态机制砂自密实混凝土浇筑应以大量块石高出浇筑面200~300mm为宜,以加强层面结合,如图5所示。

图5　机制砂自密实混凝土浇筑层

(9)机制砂自密实块片石混凝土抗压强度达到2.5MPa以前,不得进行下一仓面的准备工作。

(10)对有防渗要求的机制砂自密实块片石混凝土,施工水平缝宜采用25~50MPa高压水冲毛机;也可采用低压水、风砂枪、刷毛机或人工凿毛等方法对浇筑完毕的超流态机制砂自密实混凝土表面进行处理。

5)块片石自密实混凝土的养护

(1)养护是防止机制砂自密实块片石混凝土产生裂缝的重要措施,应充分重视,并制订养护方案,派专人负责养护,养护龄期不少于14d。

(2)混凝土浇筑完毕,应及时进行养护,对有特殊要求的部位宜适当延长养护时间。

(3)浇筑后的机制砂自密实块片石混凝土可采取覆盖、洒水、喷雾或用薄膜保湿、喷养护剂(液)等养护措施。

(4)机制砂自密实块片石混凝土浇筑完毕,混凝土抗压强度达到2.5MPa后,必要时可松动模板,离缝约3~5mm,在顶部架设淋水管,喷淋养护。拆除模板后,应在表面覆挂麻袋或草帘等覆盖物,避免阳光直照表面,连续喷水养护时间应根据工程环境条件确定。

(5)冬期施工时不能向裸露部位的机制砂自密实块片石混凝土直接浇水养护,应用保温材料和塑料薄膜进行保温、保湿养护。保温材料的厚度应经热工计算确定。

6　材料与设备

(1)材料:本工法使用的主要材料是机制砂、粗集料、块片石、水泥、掺和料、水、外加剂等,均为普通建筑材料。

①机制砂应符合《建筑用砂》(GB/T 14684)、《公路桥涵施工技术规范》(JTJ 041—2011)等标准的要求。机制砂宜选用级配合格的中砂,砂的含泥量宜小于0.5%。机制砂应质地坚硬、清洁、级配良好,细度模数宜在2.2~3.2范围内。机制砂的含水率应保持稳定,不宜超过5%,必要时应采取加速脱水措施。机制砂的石粉含量不应小于5%,宜大于10%,不大于20%。机制砂应采用水洗碎石破碎机制砂工艺制备机制砂,以严格控制机制砂中含泥率。

②粗集料应符合《建筑用卵石、碎石》(GB/T 14685)等标准的要求。粗集料宜采用连续级配的卵石、碎石或碎卵石,最大粒径应不大于10mm;针片状颗粒含量宜小于10%,空隙率宜小于40%。

③块片石应是新鲜、完整、质地坚硬、不得有剥落层和裂纹。块片石饱和水抗压强度至少应为机制砂块片石自密实混凝土设计强度等级的2倍。块片石应符合《公路工程岩石试验规程》(JTG E41—2005),其他性能指标应符合《公路桥涵施工技术规范》(JTJ 041—2011)要求。块片石单边最小尺寸应不小于300mm,最大不超过1 500mm。

④水泥宜采用硅酸盐水泥和普通硅酸盐水泥,强度等级宜不小于42.5。依据《公路工程水泥及水泥混凝土试验规程》(JTG E30—2005),经检测各项技术指标符合《通用硅酸盐水泥》(GB 175—2007)标准。

⑤矿物掺和料应符合《高强高性能混凝土矿物外加剂》(GB/T 18736—2002)、《粉煤灰混凝土应用技术规范》(GBJ 146—90)、《粉煤灰在混凝土和砂浆中应用技术规程》(JGJ 146—86)标准的要求。如有必要也可采用惰性矿物掺和料。粉煤灰宜选用一级灰,若无一级粉煤灰,也可选用二级粉煤灰,但二级粉煤灰的需水量、细度、烧失量三项技术指标中应只有一项达不到一级指标要求。

⑥拌和水应符合《混凝土拌和用水标准》(JCJ 63—89)的要求。

⑦外加剂根据贵州地区原材料的特点及超流态机制砂自密实混凝土工作性的要求，宜选用聚羧酸高性能减水剂，其28d收缩率比宜不大于100%，其他性能应符合《混凝土外加剂》(GB 8075—87)的要求，同时还应符合《混凝土外加剂应用技术规范》(GB 50119—2003)中的有关规定。

(2)设备：该工法使用的主要设备有吊车、混凝土搅拌设备和运输设备、自密实混凝土自密实性能相关检测设备、混凝土输送泵。这些设备在实际施工中不一定都用上，根据施工场地及环境选用。

7 质量控制

7.1 一般要求

建立健全质量管理制度，设置专职质量管理人员。加强对现场施工人员的质量教育，强化质量意识，加强质量监控，完善检验手段，配备足够检测和试验仪器、仪表，并应及时检校确保精度。

7.2 原材料质量控制

原材料的质量要求必须符合相关的技术标准、技术规程及试验规程等。对入仓的块片石料，应无风化，质地坚硬，不得有剥落层，饱和水抗压强度不小于30MPa；粒径不小于30cm，小于20cm的块片石块数量不得超过5%；表面无裹附泥层，含泥率和泥块含量不得大于0.5%，若超标则必须对石块进行清洗。

7.3 混凝土质量控制

(1)应严格检测混凝土的出机性能及入仓质量，入仓混凝土应满足无离析无泌水，坍落度(270±20)mm，扩展度不小于650mm，倒坍落度筒流出时间不大于6s，抗压强度满足要求。

(2)要严格控制混凝土施工质量，表面平整度小于5mm，无麻面、无缺萎掉角；注意自密实混凝土的浇筑，确保自密实混凝土填充满块片石缝隙，严格按要求养护。

8 安全措施

8.1 一般要求

(1)严格执行国家、贵州省有关安全技术规范、规程。

(2)施工现场的安全设施、施工人员的安全培训和现场安全技术交底均应遵守《建筑安装工程安全技术规程》。

(3)建立完善的施工安全保证体系，加强施工过程中的安全检查和控制，确保安全生产。

(4)拌和设备、泵送设备、运输设备在使用前均应检查其性能是否可靠，确保设备运行安全。

(5)施工现场内的一切电源、电线路的安装与拆除，必须由专职持证电工作业，电器严格接地、接零和使用漏电保护开关。

(6)拌和设备、泵送设备、运输设备、起重设备的操作人员必须经过培训考核，持证上岗。

8.2 施工过程控制

(1)确保模板的安装牢固，在块片石入仓及混凝土浇注过程中，对模板及临时支架进行巡检，对有异常的地方采取措施处理后再进行施工。

(2)块片石仓采用起吊设备施工时，无关人员应在起吊设备的回转半径之外，以防止块片石坠落造成安全事故。吊装设备操作除了遵守相关的操作规程外，在起吊的块片石接近浇筑仓时放慢速度。块片石的堆砌应确保稳当，防止滑落伤人或造成模板的损伤。

(3)机制砂自密实混凝土的拌和运输安全注意事项同一般的混凝土施工。

9 环保措施

(1)块片石的清洗应在固定的地方进行，对清洗场进行规划布置，并设置专用的沉淀池，清洗废水沉淀后重复利用,减少水资源的浪费,节约成本。

(2)块片石入仓应轻放堆砌,避免石料撞击模板,形成噪声。

(3)机制砂自密实混凝土在运输过程中应避免溢漏污染道路及周边环境。

(4)施工用废水应沉淀净化后再排放,注意施工用水污染饮用及农田水体。

(5)施工中的固体废料应按照要求处理,不能乱堆乱放。

10 资源节约

传统的片石混凝土,是在混凝土浇筑中掺入不超过20的片石,形成片石混凝土,而本工法是将块片石直接入仓,形成具有一定孔隙率的堆积体,然后浇筑自密实混凝土,自然填充密实,形成片石混凝土体,片石的掺量可以达到60%,相同片石混凝土结构体积减少了混凝土的用量,从而减少了水泥用量,节约了生产水泥的各种资源。

11 效益分析

11.1 经济效益

以贵州惠水至兴仁高速公路第七合同段,使用该工法的综合效益进行分析。综合平均单方造价与同类混凝土造价进行成本分析比较,如表1所示。

通过分析比较,综合单方造价节约成本60.58元,经济效益达到22.3%。贵州惠水至兴仁高速公路第七合同段有17 471m^{3}片石混凝土,使用该工法,共节约成本17 471×60.58=105.84万元。如果将该工法推广到全省工程建设领域,经济效益是相当巨大的。

综合成本对比分析　　表1

细目名称	分项名称	工料机费用		
		名　称	单　位	单位摊销单价(元/m^3)
C20片石混凝土	模板安拆	人工	元	18.00
	掺加片石	人工	元	12.00
		16t吊车	元	20.00
	浇筑混凝土	人工	元	20.00
	C20泵送粉煤灰片石混凝土	32.5级水泥	元	60.89
		粉煤灰	元	11.55
		外加剂	元	15.83
		碎石	元	36.03
		砂	元	29.62
		水	元	0.66
		片石	元	11.38
	混凝土拌和、运输		元	36.00
	成本单价合计(元)			271.95
C20机制砂自密实块片石混凝土	模板安拆	人工	元	18.00
	掺加片石	人工	元	11.25
		16t吊车	元	45.00
	浇筑混凝土	人工	元	15.00
	C20泵送粉煤灰自密实片石混凝土	42.5级水泥	元	18.11
		粉煤灰	元	16.91
		外加剂	元	19.41

续上表

细目名称	分项名称	工料机费用		
		名称	单位	单位摊销单价(元/m^3)
C20 机制砂自密实块片石混凝土	C20 泵送粉煤灰自密实片石混凝土	碎石	元	10.02
		砂	元	11.15
		水	元	0.26
		片石	元	21.51
	混凝土拌和、运输		元	24.75
	成本单价合计(元)	合计		211.37
节约成本				60.58

11.2 社会效益

片石混凝土使用该工法后，节约大量的水泥用量，减少了生产水泥的能源消耗及大气污染，具有一定的社会效益。

12 应用实例

(1)贵州惠水至兴仁高速公路第七合同段(K64 +768.180 ~ K79 +960.000)，全长 15.12km。项目位于贵州省紫云县境内，地形起伏较大，路基挡土墙、涵洞基础设计均为片石混凝土，共计有17 471m^3，工程量大。若采用常规的片石混凝土施工方法，投入的人力资源较大，施工辅助设施较多，现场施工组织复杂，工程进度难以满足路基土石方的填筑。使用该工法施工后，保证了路基土石方的填筑需要，同时节约大量的施工成本，使用后的工程质量很好，安全性很高，说明该工法具有先进性及实用性，具有很高的推广价值。

(2)贵州毕节至威宁高速公路是《贵州省高速公路网规划》中的“二横”的重要组成部分。全长 126 千米。全线采用双向四车道高速公路标准建设，路基宽度 21.5m。在毕威项目第八合同段混凝土挡土墙施工中使用本工法，减少了混凝土的使用量，从而减少了水泥用量，而且本工法的机械化程度较高，节约了大量的人力资源，节约成本，加快了施工进度。

(3)松桃至从江高速公路松桃至铜仁段是贵州省高速公路“678 网”中的第一纵的首段，路线全长 50.179km。全线采用双向四车道高速公路标准建设，设计时速 80km/h，路基宽 24.5m。在松铜项目第一合同段挡土墙片石混凝土施工中使用本工法，加快了施工进度，减少了水泥用量，减少了生产水泥的能耗和污染，证明该工法具有安全、高效、节能、环保的特点。工程质量符合相关标准要求，施工安全可靠，使用过程中没有发生过质量事故及安全事故。

浮置板预制短板拼装与轨排二次浇筑施工工法

GGG(中企)E6202—2013

谭仕波　盖青山　程万祥　唐小军　王庆恒
(中铁十三局集团第四工程有限公司)

1　前言

浮置板整体道床是近年来在国内地铁领域中广泛采用的一种新型道床形式,它包含基础垫层、减振系统、浮置板、道床顶升等工程内容,钢筋绑扎及混凝土灌注工作量大,工序复杂、施工难度大、技术要求高、施工周期长。目前浮置板轨道的施工主要采用现场浇筑法,其施工速度慢、作业效率低。由于浮置板长度在25m左右,结构体量大,配筋复杂,且受圆形盾构隧道内现场条件的限制,一般在现场利用小型机具配合,直接人工散铺现浇作业,施工精度不高。

采用"钢筋笼轨排法"施工现浇浮置板整体道床,施工过程中发现以下问题:①随着铺轨工程的往前推进,钢筋笼轨排运输时间越来越长,铺轨工期难以保证;②采用扣件模板替代法,混凝土浇筑完成后需拆除钢轨,更换扣件垫板,造成钢轨二次换铺,浪费大量劳力和时间;③浮置板顶升需在混凝土强度达到28d龄期后方可进行施工,延长了铺轨工期;④在盾构偏移较大的情况下,钢筋笼随着盾构偏移而偏移,弹簧隔振器可能会随之偏移到钢轨底部,给后期顶升施工和以后弹簧隔振器的检修维护带来不便;⑤不采用短轨枕,扣件直接锚固在道床混凝土内,混凝土施工时控制不到位,很容易出现扣件附近混凝土不密实的现象,混凝土的质量很难控制。

中铁十三局集团第四工程有限公司承建的天津地铁3号线第1合同段轨道工程,采用钢筋笼轨排法现浇施工浮置板整体道床3.6km,为解决浮置板现浇施工过程中存在的问题,通过对国内外浮置板整体道床轨道的各种施工方法进行研究、比较、总结,最终优化创新了"浮置板预制短板拼装与轨排二次浇筑"施工技术。通过设计变更,将25m长的浮置板整体道床变更为长3.6m的预制短板,采用工厂化生产、现场拼装的施工方法来完成浮置板整体道床的施工。和平路站—解放桥站区间(设计里程DK13+200~DK13+800)600m浮置板整体道床采用预制短板拼装施工。

2　工法特点

"预制短板拼装和轨排二次浇筑法"施工,就是在工厂生产预制短板,运输至施工现场,采用机械配合人力吊装就位,然后将短轨枕轨排放入承轨槽内,调整线路几何形位,最后浇筑承轨槽内混凝土。与现场浇筑法相比,预制短板具有明显的优势:

(1)"建筑工业化"模式组织施工:与国内外传统轨道施工相比,采用"预制装配"结构,按照"建筑工业化"的模式组织施工,构件设计标准化、生产工厂化、施工机械化和管理科学化。

(2)缩短工程建设工期:浮置板采用"工厂标准化预制、现场机械装配"相结合的施工工艺,浮置板轨道实现"工厂预制、预制板运输、现场铺设安装"的三阶段平行流水作业,可提高劳动生产率,缩短轨道施工工期,加快工程建设进度。控制浮置板施工进度的现场环节,转移到了工厂预制和运输。

(3)降低现场劳动强度:"预制装配"浮置板轨道大大减少了繁重、复杂的手工作业和现场混凝土的浇筑工作量,降低了劳动者的现场作业强度,改善了现场一线施工人员作业环境。

(4)提高浮置板轨道质量:浮置板生产采用工厂标准化、专业化预制,现场机械配合拼装,减少了现场施工中人的因素、技术因素、环境因素对工程质量的影响,有效地提高了浮置板轨道的施工质量。

(5)预制短板拼装施工,不需拆轨二次换铺、不需顶升施工,为后续施工赢得宝贵的时间。

(6)预制短板结构尺寸小,可根据实际工程情况灵活选择最合适的下料口,洞内运输的路线选择灵活性大。

3 适用范围

本工法适用于城市轨道交通对减振降噪有特殊要求地段,包括小半径曲线地段、长线路地段、跳跃式分步地段等困难地段浮置板整体道床轨道的施工。

4 工艺原理

浮置板预制短板拼装与轨排二次浇筑施工技术是基于浮置板现浇施工中出现的若干问题,在探寻解决这类问题的处理方法的过程中,通过多次研讨而总结创新的新施工技术。其施工原理为:在场外预制短板,短板预留承轨槽,首先施工浮置板基础,根据线路中心线位置在基础上拼装预制短板,然后将短轨枕、扣件、钢轨组成的轨排放入承轨槽内,调整线路几何形位后,最后浇筑道床混凝土。

浮置板预制短板结构图见图1、图2。

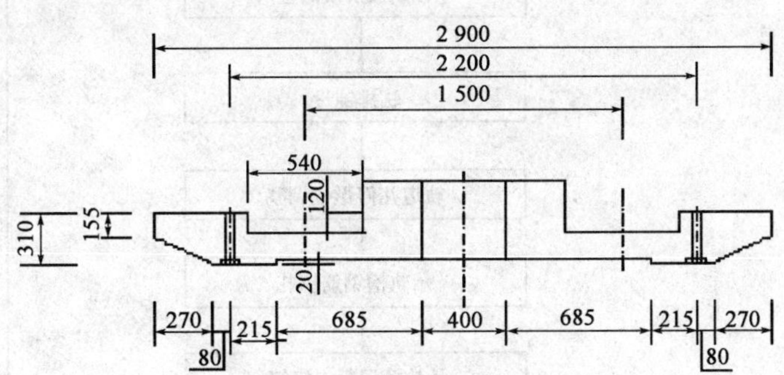

图1 浮置板预制短板断面图(尺寸单位:mm)

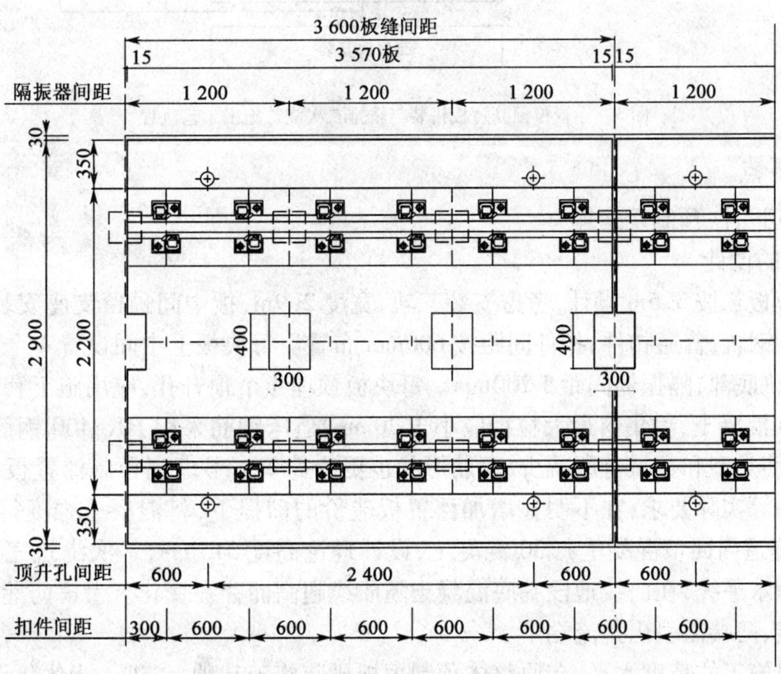

图2 浮置板预制短板平面布置图(尺寸单位:mm)

5 施工工艺流程及操作要点

5.1 工艺流程

浮置板预制短板拼装与轨排二次浇筑施工工艺流程,如图3所示。

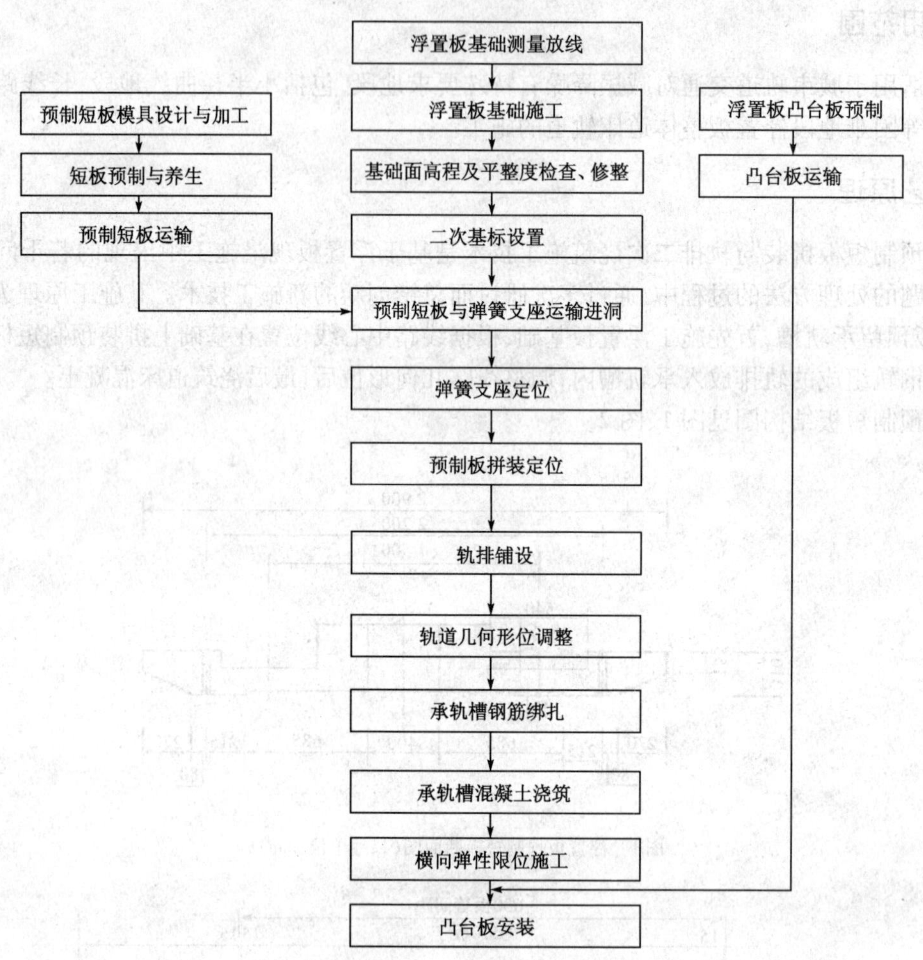

图3 浮置板预制短板拼装与轨排二次浇筑施工工艺流程

5.2 操作要点

1)预制短板的设计、预制及运输

(1)预制短板的设计

浮置板预制短板长按3.6m设计,考虑安装三轨,宽度2.9m,板中间预留支座安装孔。单块板重约7.5t,采用60kg/m钢轨,普通扣件,扣件间距按600mm布置。每块板上中间设置4个隔振器,板端4个隔振器,设置于钢轨底部,隔振器间距1 200mm。每块板预埋4个顶升孔,应用施工和检修浮置板顶升。预制短板采用C50混凝土,粗集料最大粒径应小于20mm,道床钢筋采用HRB400钢筋。与普通现浇浮置板相比,钢筋配筋类型和数量有所减少,钢筋形状也更为简单。考虑到预制浮置板的施工质量、制作简便以及装卸运输等实际要求,在不明显增加浮置板造价的前提下,将混凝土强度等级由C40提高至C50。基底采用(隧道内回填混凝土)C30混凝土,设计理论高度315mm,一次浇筑完成。在直线地段,浮置板基础断面为水平线,在曲线地段基底混凝土随曲线超高而存在变化。考虑防迷流的需要,进行钢筋防杂散电流焊接、两端需引出排流端子。

为了提高轨道施工的精度水平,在原整体预制短板拼装施工基础上,进一步优化设计施工方案:

①采用下置、侧置隔振器

在整体预制短板方案中在板中采用内置式隔振器，在两相邻板端侧置共享隔振器的方案。该方案在隧道施工误差较大时，预制短板的铺设有一定困难，全部采用板式隔振器施工的适应性强，浮置板的受力状态好，便于维护。

②采用短枕二次浇筑工艺

短枕轨排吊装在铺轨中属于成熟技术，轨道几何形位调整方便，精度高，速度快，施工质量好，无需特殊设备。短枕高出浮置板(20 ±5)mm，便于今后轨道维护。

③预制短板两侧与短板之间采用弹性约束

预制短板两侧采用弹性约束，既解决了浮置板横向稳定，也解决了浮置板的密封。预制短板端头采用弹性连接，可以降低浮置板的高频振动以及隧道内噪声。

浮置板预制短板轨道模型图，如图4所示。

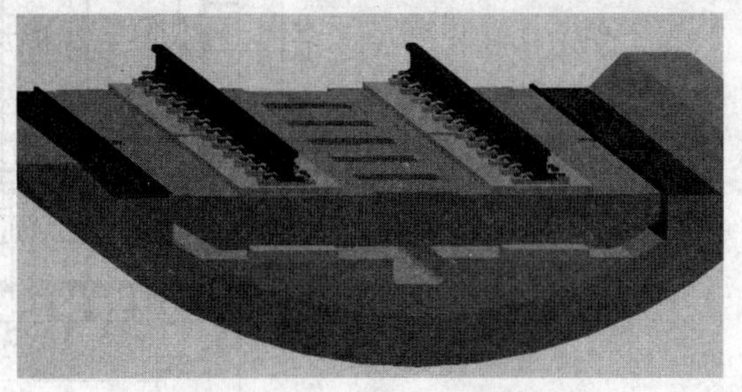

图4　浮置板预制短板轨道模型图

(2)浮置板短板预制工艺

预制短板的预制工艺流程为：预制板模板设计及加工→振捣施工设计→钢筋笼绑扎→预埋件埋设→混凝土浇筑→预制短板蒸养→脱模养护→下一块预制短板生产。

①模板设计方案

预制短板模板设计时遵循以下原则：

a. 模板的设计原则

ⓐ模板的结构要有足够的强度、刚度和稳定性，并能保证模型在设计规定周转期内不变形。

ⓑ模板必须具备足够精度，设计过程中必须从材料选择、加工方式、变形处理等多方面综合考虑。

ⓒ模板既要能控制浮置板形状和尺寸的准确性，又要便于安装拆卸、预埋件的安装及混凝土的灌注。

ⓓ模板的接缝务必严实，以保证混凝土在强烈的振动下不漏浆。

ⓔ模板系统必须配置足够的振动设备，保证不出现振捣盲区。

b. 模板主要组成部分及功能

模具总体结构形式：以底模为基础，采用四块侧向模板包底，围成一个框架结构，内部形成容腔，尺寸为3 576mm ×2 900mm ×480mm。

ⓐ侧向模板：侧向模板由4块连接组成，分别包括长短侧模，模板之间用销子连接，螺栓紧固，底部卡到基座条上。横向模板采用夹心式设计，有一定的脱模角度，便于脱模。

ⓑ底模：模板底部采用反模预制，底模为预制短板顶面形状，在四周侧置式支座位置设附属模板，以保证这一关键部位的施工质量。

模板底部卡有一条橡胶管，保证模板与下部结构紧密贴合，以免浇筑混凝土时混凝土或水产生渗漏。模板背板底部设置混凝土施工设备行走的U形导向槽，便于施工设备自由通过，同时也保证了纵向模板的稳定。模板背部覆盖一层导向板，既起到了导向的作用，同时也提高了模板的整体稳定性。在模板的端面设安装定位孔，用锥形定位销插入进行轴向定位，通过螺栓连接紧固，确保模板连接处的装配精度，并且也提高了装配的速度，从而提高了施工效率。

ⓒ其他：模具除底模及长、短侧模外还有支架、减震系统、滚动滑出系统，预埋件定位系统，端/侧模快速合模定位、压紧结构，端侧模快速脱模系统，预制短板起吊装置等部分。在模具侧面布置相应的震动泵，并在底模下部预设相应底振以确保整体模具的震动效果，保证振动范围达到全覆盖。

预制短板的模板设计，如图5所示。

②模具的制造

a. 重点对模具的底模、长、短侧模的结构进行优化，并采用加强型钢和优质碳素结构钢板合理布置。

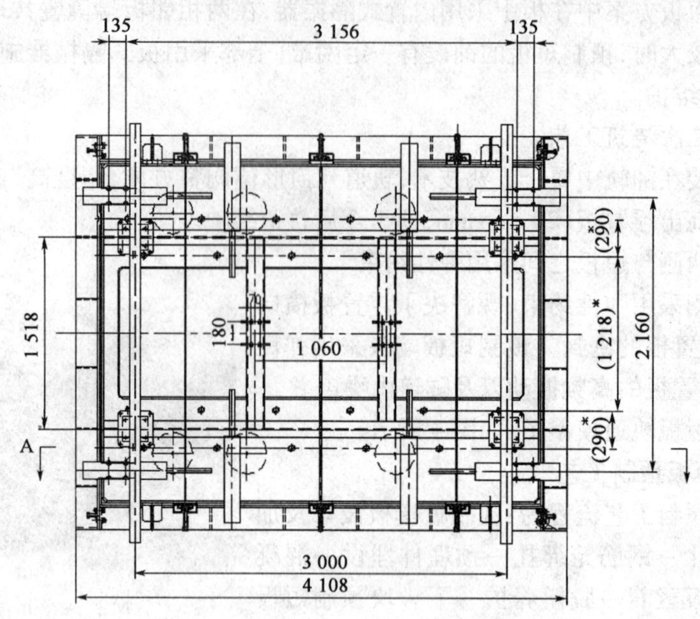

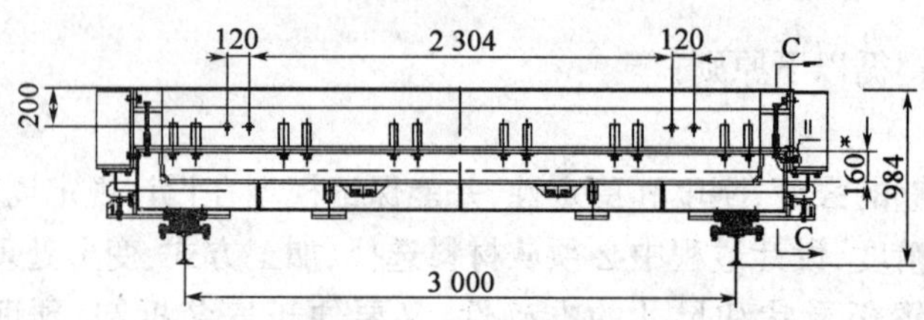

图5　浮置板预制短板模板设计图(尺寸单位:mm)

内侧加强筋板,形成多框型结构,使用有限元软件对不利工况下的模板受力进行模拟,验算模具的强度和刚度。采用钢支腿支撑。

b. 底模,长短侧模采用优质 Q235B 或 Q345B 结构钢,采用大型拼装胎具成形,重点部位采用 CO_2 气体满焊,内隔筋板采用长间断焊,减少焊接变形。焊后,对构件进行喷丸和去应力退火处理,最后由数控机床加工预制短板面和对预埋孔部位进行精加工。

c. 模具上的定位孔采用 3×8m 龙门数控加工,平面与孔一次性加工成型,螺套轴与孔配合,确保位置精度和垂直度。

侧模与底模,长侧模与短侧模的合模定位均采用斜锥度定位销与孔定位,确保合模的正确性与重复定位精度。

图6　加工成型的浮置板预制短板模板

d. 采用了快速、轻松的滚动滑出装置和快速合模、夹紧及脱模装置,提高了生产效率,确保模具的稳固性。

e. 考虑在预制短板内套管,通过套管将预制短板制品从模具中吊出。

f. 在预制短板模具上设计顶出平台,在脱模时可安装机械或油压千斤顶顶出制品。

g. 考虑在底模和长、短侧模具结合处设置密封条,起到防漏作用。

加工成型的预制板模具,如图6所示。

③预制短板的生产

场外绑扎预制短板钢筋形成钢筋笼,并按设计要求预埋过轨管、排流端子等预埋件,然后将钢筋笼吊入模具内,调整钢筋笼位置,最后进行预制短板混凝土浇筑。混凝土采用 C50 商品混凝土,预制板浇筑完成后马上进行蒸气养生,脱模后进行正常养护,以保障预制短板的生产进度及质量。

④预制短板运输

预制短板混凝土养生达到要求的强度后,采用汽车批量运输至施工现场指定地方存放。

2)浮置板基础施工

(1)测量放线

浮置板基础施工时,主要放出基础面混凝土与盾构管片的衔接线,以控制基础混凝土的浇筑高程。首先按 5m 间距测量出线路中线左、右各 1m 位置点,采用钢筋桩固定牢固,并测量出各钢筋桩的顶面高程;然后根据各钢筋桩位置基础混凝土面与钢筋桩顶面的高差,采用线绳引出相应里程基础混凝土面与盾构管片的衔接点;最后将各衔接点用墨斗依次弹出墨线,并沿墨线安装 20mm 扁钢做为浇筑混凝土的控制边线。

(2)基础钢筋笼绑扎

浮置板基础钢筋笼采用在铺轨基地绑扎。基底钢筋笼由箍筋与受力钢筋组成,将箍筋在平台上绑扎成单个箍筋组,然后将各箍筋组与纵向受力钢筋绑扎形成钢筋笼。基底钢筋笼绑扎完成后,通过轨道平板车与铺轨门吊运输至洞内施工作业面就位。线路中线左、右各 1m 位置钢筋桩连线中点即为基础钢筋笼中心位置,根据钢筋桩调整基础钢筋笼位置达到符合设计要求。

(3)模板支立

在浮置板基础中心设纵向排水沟,水沟宽 300mm、深度 100mm。基础施工时采用 P1015 组合钢模板做为水沟模板,模板尺寸为 1 500mm × 100mm。

模板施工时,先依据钢筋桩拉线确定水沟中心位置,水沟中心左、右 150mm 位置即为模板外边缘位置;然后焊接短钢筋支架作为水沟模板的支架,支架间距 1.2m,保证单块模板立在两个支承架之上;最后调整模板平顺度、高程,加固模板,并垫保护层垫块,以控制基础钢筋笼的保护层大小。

(4)基础混凝土浇筑

在盾构区间内,基础混凝土采用"料斗法"进行浇筑,即通过各车站在线路上方预留的混凝土下料口,采用架设串筒或搭设滑槽将混凝土由地面罐车放至线路上轨道平板车的料斗上,由轨道平板车将混凝土顶推至待浇筑段前达到允许上车强度要求的已施工完成的混凝土道床上,再通过铺轨门吊吊起混凝土料斗,沿临时走行轨吊运至待浇筑段入仓完成混凝土的浇筑。

在施工条件允许地段,如车站或距离车站不远的盾构区间,可采用地泵法进行基础混凝土浇筑。因车载泵由地面向地下泵送混凝土,必须严格控制泵管连接质量和泵送距离,以免因泵管连接不严密或泵送距离过远而造成堵管现象。

基础混凝土的浇筑高程和基础面平整度的控制至关重要,直接影响浮置板的质量和轨道几何状态调整。浇筑混凝土时,采用在盾构管片上安装两条通长的 20mm 扁钢作为基础混凝土面的控制边线,并在整个浇注过程中,采用铝合金方尺沿着两控制边线滑移来控制基础混凝土面的高程和平整度。

3)预制短板拼装法施工技术

(1)测量放线及基础处理

根据预制短板预留水沟检查孔位置计算加密基标的里程位置,根据所计算的里程位置测设加密基标。加密基标设置在线路中心水沟检查孔位置,曲线地段间距 4.8m,直线地段间距 6m。

依据加密基标的里程位置,测量出预制短板两端伸缩缝的中心位置,在基础面上用墨斗弹线,并将线路中心点做重点标记;测量出每块预制短板的隔振器位置,用"十"字线标记。

测量"十"字线标记的每处隔振器位置基础面的高程,对偏差超过允许范围的地方进行找平处理。

(2)隔振器安装定位

沿"十"字线标记摆放浮置板隔振器,注意区分开端部隔振器和中间隔振器,以端部隔振器为基准,

采用铝合金方尺测量每块板的8个隔振器的平面度,确保8个隔振器在同一平面上。若有偏差,采用以下方法进行处理:

①若中间隔振器高于端部隔振器,对中间隔振器底部基底进行打磨处理。

②若中间隔振器低于端部隔振器,对中间隔振器增加调高垫进行调高处理。

③若在8个隔振器中,有个别高出或者低出,则对该隔振器进行处理。

(3)预制短板运输

预制短板结构尺寸小,可灵活选择洞内运输方式,可采用以下两种运输方法:

①轨道车运输配合铺轨门吊运输

在铺轨基地或预制短板存放地,用龙门吊或吊车将预制短板吊往轨道平板车上,轨道平板车拉运至预制短板铺设地段,由铺轨门吊吊起运至指定地点就位安装。

②叉车配合铺轨门吊运输

在临近浮置板整体道床的车站预留下料口,用吊车经下料口将叉车放入隧道内,然后将预制短板吊起下放,至合适位置时叉车托住预制短板,沿浮置板基础面行驶将预制短板运至浮置板整体道床的另一端,最后由铺轨门吊吊装就位。

③两种运输方法的选择

以上两种运输方式视现场实际情况而选择。若浮置板施工地段距离车站较远或者相邻车站没有预留下料口,只能采取轨道平板车运输的方式;若浮置板施工地段靠近车站且车站预留有下料口,则采取叉车运输的方式。采用叉车运输,快速方便,叉车运输示意图,如图7所示。

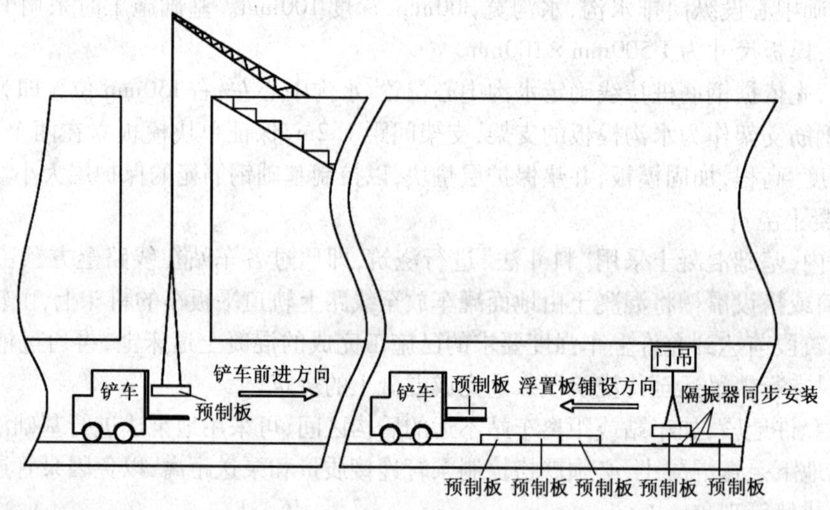

图7 预制短板叉车运输示意图

(4)预制短板定位安装

预制短板由端头板开始向另一端顺序安装,其中端头板的定位至关重要。预制短板定位和安装方法如下:

①端头板定位安装

端头板所用弹簧分端头弹簧、中间弹簧和接头弹簧三种,首先按照弹线位置将弹簧摆放到位,然后操作铺轨门吊吊起预制短板放至弹簧上方约10cm处,调整预制短板位置在两条伸缩缝弹线之内且短板中心与标记的线路中心重合,最后将短板缓缓放在弹簧之上,同时调整接头弹簧的中间挡板与预制短板端头间隙在2mm以内。

②中间预制板定位安装

相邻两块预制短板共用一个接头弹簧,短板中间设四个中间弹簧。首先按照弹线将中间弹簧和另一端接头弹簧摆放到位,龙门吊吊起中间预制短板,使其一侧紧贴安装完的接头弹簧中间挡板,另一侧按照上述方法调整位置并定位安装。依次将预制短板按顺序定位安装。

(5)纵向限位板安装

预制短板拼装完成后,在两板之间的两侧位置安装限位板或浇筑限位混凝土结构物,限位物与两板相弹性密贴,起变形协调作用。

4)轨排二次浇筑法施工技术

轨排二次浇筑采用轨排架轨法铺设浮置板短轨枕轨排,即在铺轨基地组装好浮置板轨排,通过轨道平板车运输至施工作业面,由铺轨门吊吊装至指定位置铺设。

(1)浮置板轨排组装

浮置板采用特殊短轨枕,短轨枕尺寸根据预制短板上预留承轨槽尺寸而定。浮置板整体道床采用多块预制短板拼装而成,在小曲线半径地段,因预制短板拼装精度和曲线内股缩短轨配置的累积误差,很容易造成预制短板承轨槽及预留钢筋与轨排轨枕相冲突,因此,采用现场组装的方式组装浮置板轨排。首先将橡胶垫板、铁垫板、螺旋道钉和短轨枕组成一体,按每块预制短板上12套摆放在承轨槽内,将扣件、轨枕与预制短板同时运输至施工作业面。然后,待预制短板铺设调整完成后,按设计图纸调整短轨枕间距。最后,用轨道平板车运输25m钢轨进入施工现场,由铺轨门吊配合将钢轨放置在扣件上承轨位置,安装轨距垫和弹条,组成轨排。

(2)浮置板轨排铺设

用铺轨门吊吊起待铺轨排约300mm高度,其下按2.5m间摆放钢轨支撑架。钢轨支撑架可与现浇施工所用的浮置板轨排支撑架共用,不使用轨距拉杆,将钢轨支撑架加密布置以替代轨距拉杆。调整钢轨支撑架位置,将丝杠穿过预制短板上的预留顶升孔支撑在浮置板基础上,旋转丝杠将轨排架起。

根据加密基标,使用L尺和轨距尺调整轨道几何形位,先粗调,后精调。此时弹簧已经起到减振作用,无需再次顶升,钢轨顶面高程按设计高程控制。

(3)承轨槽钢筋绑扎

轨道精调完成后,按设计图纸绑扎承轨槽钢筋。

(4)承轨槽混凝土浇筑

轨排放入承轨槽后,短轨枕与承轨槽之间间隙过小,采用自流平混凝土浇筑施工确保轨枕下部密实度。混凝土采用“料斗法”浇筑,混凝土浇筑高度与预留承轨槽顶面平齐为准,使用C40自流平混凝土进行浇筑并用振捣棒进行常规振捣,以确保混凝土的浇筑质量。

浇筑混凝土时,做好钢轨、扣件的防护措施,避免混凝土污染钢轨、扣件及预制短板。

(5)钢轨支撑架拆除

承轨槽混凝土浇筑完成且强度达到设计要求后,拆除钢轨支撑架,将道床面清理干净。

(6)横向弹性约束板施工

在预制板两侧位置,按照设计要求安装两块通长的弹性约束板,在约束板和盾构壁间放入预制好的钢筋笼,然后浇筑边侧混凝土。弹性约束板与边侧混凝土一起构成浮置板横向弹性约束系统。

(7)凸台安装

凸台混凝土作为浮置板配重,采用预制安装的工艺施工,用铺轨门吊逐块吊装就位安装。若浮置板地段设置有信号标志预留沟槽,在相应位置不安装凸台,以供相关专业安装信号标志。

5)连续作业施工技术

(1)轨道车运输预制短板连续作业

采用交替递推施工,使基础施工、预制板运输和浮置板轨排铺设三大工序平行作业,快速完成预制短板拼装和轨排二次浇筑施工,适用于远离车站区域或浮置板线路长的施工地段。

①基础施工,创造浮置板施工的作业面。优先运输200m基底钢筋笼,吊装、摆放并调整就位,浇筑200m浮置板基础混凝土,形成第一个浮置板施工的作业面。

②交替运输基础钢筋笼、预制短板和浮置板轨排,基础混凝土与预制板承轨槽混凝土交替浇筑,形

成流水作业面向前递推施工。

③承轨槽混凝土浇筑完成后,且混凝土强度达到设计要求的强度后,方可上轨道车,此时,根据现场施工情况,拆除一部分龙门吊走形轨,运往前方安装。

(2)叉车运输预制短板连续作业

适用于临近车站区域、车站预留下料口且浮置板线路段的施工地段,先将基础混凝土一次性浇筑完成,然后依次倒退进行预制短板运输和拼装,最后顺序铺设轨排、调轨、浇筑混凝土,完成浮置板整体道床浇筑施工。

①采用叉车运输预制短板,叉车在基础面上行驶,浮置板基础采用地泵法一次性浇筑完成。

②叉车运输预制短板,需由远向近倒退施工。

③铺轨门吊就位安装预制短板与叉车运输预制短板同步进行,由远向近倒退施工。

④预制短板安装完成后,顺序铺设轨排。因承轨槽内混凝土方量小,混凝土采取200m成段浇筑。

⑤叉车运输预制短板施工,解决了轨道车运输线路长和铺轨门吊吊运距离远的问题,减少了基础施工、预制短板运输、轨排铺设三大工序平行作业所需投入的大量劳力资源,不需多班组交叉作业,施工简单、快捷。

6 材料与设备

6.1 主要材料

预制浮置板整体道床轨道结构主要包括:浮置板基础、平板阻尼器、横向弹性约束、钢筋混凝土预制板、钢轨及其扣件。

(1)浮置板基础

采用C40钢筋混凝土,为解决排水,需设置基础中间排水沟。

(2)平板阻尼器

主要由弹簧、阻尼液、平板及锁紧系统组成。

(3)横向弹性约束板

由弹性橡胶板拼装而成,安装在预制短板两侧,在预制短板与盾构壁之间浇筑钢筋混凝土形成横向弹性约束板。

(4)钢筋混凝土预制板

具有一定质量和刚度的钢筋混凝土结构,通过平板阻尼器与基础整体隔离,达到减振降噪的目的。

(5)钢轨及其扣件

钢轨为列车走行的基础,用扣件将钢轨与混凝土道床板连接。

6.2 主要设备

该技术投入的机械设备主要有运输及吊装设备、工器具、钢筋加工及焊接设备、混凝土施工设备和测量设备等(表1)。

投入主要机械设备 表1

序号	分　类	名　称	规　格	数量	单位	备　注
1	运输及吊装设备	桁架式龙门吊	10t	2	台	铺轨基地吊装设备
2		地铁专用轨道车	JY-290	1	台	
3		轨道平板车	PD25	2	辆	
4		铲车	10t	1	辆	
5		专用铺轨门吊	DP-10	2	辆	
6		临时走行轨	24kg/m	600	m	

续上表

序号	分　类	名　称	规　格	数量	单位	备　注
7	工器具	钢轨支承架		150	套	自制
8		钢筋笼轨排夹具		200	套	自制
9		基础水沟模板	P1015	300	m	
10		铝合金方尺	30×50mm	4	把	
11	钢筋加工及焊接设备	钢筋弯曲机	GWB-40	2	台	
12		钢筋调直机	GT-8	1	台	
13		钢筋切断机	GQ-40	1	台	
14		电焊机	350A	4	台	
15	混凝土施工设备	插入式振动器		4	台	
16		混凝土自卸料斗	2.8m×1.2m×1.2m	4	个	
17		铁锹		10	把	
18		串筒	直径300mm	20	m	
19	测量设备	水准仪	DS3级	1	台	
20		全站仪	2″级	1	台	
21		轨距尺		2	把	
22		方尺		2	把	
23		L尺		2	把	
24		弦线		50	m	

6.3　设备和工器具简图

1)铺轨门吊

铺轨门吊轮距4m,起重量10t,采用24kg/m钢轨作为临时走行轨,临时轨架设在钢支墩之上。铺轨门吊及走行轨布置图见图8。

2)钢轨支承架

采用上承式钢轨支承架架立轨排,钢轨支承架采用80×60×5mm方钢加工制作,支承架支腿为36mm丝杠,通过调整丝杠高度和螺栓长度来调整轨道几何状态尺寸。上承式钢轨支承架构造图见图9。

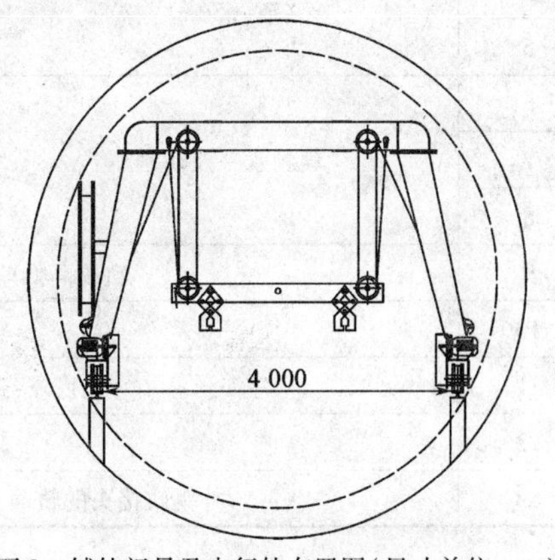

图8　铺轨门吊及走行轨布置图(尺寸单位:mm)

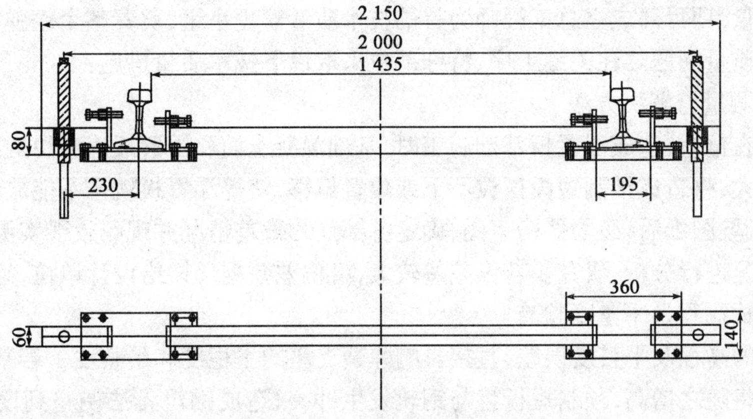

图9　上承式钢轨支承架构造图(尺寸单位:mm)

7 质量控制

质量标准参照《铁路轨道施工规范》、《铁路轨道工程质量评定验收标准》、《地下铁道工程施工及验收规范》(2003 年版)等标准,并根据地铁钢弹簧浮置板整体道床设计,制定施工质量标准。

7.1 允许偏差

允许偏差分别见表2、表3。

隔振器外套筒、剪力铰安装位置和浮置板的各部尺寸允许偏差　　表2

<table>
<tr><th rowspan="2">序号</th><th rowspan="2">检验项目</th><th rowspan="2">允许偏差(mm)</th><th colspan="2">检验频率</th><th rowspan="2">检验方法</th></tr>
<tr><th>范围</th><th>点数</th></tr>
<tr><td>1</td><td>隔振器外套筒位置</td><td>±3</td><td colspan="2">全数检查</td><td>经纬仪或尺量</td></tr>
<tr><td>2</td><td>剪力铰安装位置</td><td>±5</td><td>每处</td><td>2</td><td>尺量</td></tr>
<tr><td>3</td><td>浮置板的长度</td><td>±12</td><td rowspan="3">每块</td><td>2</td><td>尺量</td></tr>
<tr><td>4</td><td>浮置板的宽度</td><td>±5</td><td>4</td><td>尺量</td></tr>
<tr><td>5</td><td>浮置板的高度</td><td>±5</td><td>4</td><td>尺量</td></tr>
</table>

无缝线路轨道调整允许偏差　　表3

<table>
<tr><th>序号</th><th colspan="2">检验项目</th><th>允许偏差</th><th>备注</th></tr>
<tr><td>1</td><td colspan="2">轨道中心线距基标中心线</td><td>±2mm</td><td></td></tr>
<tr><td>2</td><td colspan="2">直线轨道方向:10m 弦量</td><td>2mm</td><td></td></tr>
<tr><td>3</td><td rowspan="3">曲线轨道方向:用 20m 弦量
($R>650$m)</td><td>缓和曲线实测正矢与计划正矢差</td><td>3mm</td><td></td></tr>
<tr><td>4</td><td>圆曲线正矢连续差</td><td>4mm</td><td></td></tr>
<tr><td>5</td><td>圆曲线正矢最大最小值差</td><td>6mm</td><td></td></tr>
<tr><td>6</td><td rowspan="3">轨顶水平及高程</td><td>轨顶高程</td><td>±2mm</td><td></td></tr>
<tr><td>7</td><td>左右股钢轨顶面水平差</td><td>≤2mm</td><td></td></tr>
<tr><td>8</td><td>在延长 18m 的距离范围内的三角坑</td><td>≤1mm</td><td></td></tr>
<tr><td>9</td><td colspan="2">轨顶高低差:用 10m 弦量</td><td>≤1mm</td><td></td></tr>
<tr><td>10</td><td colspan="2">轨距</td><td>+2mm,-1mm</td><td>变化率≤1‰</td></tr>
<tr><td>11</td><td colspan="2">轨底坡:按 1/40 设置</td><td></td><td></td></tr>
<tr><td>12</td><td colspan="2">轨缝</td><td>+2mm,-2mm</td><td></td></tr>
<tr><td>13</td><td colspan="2">钢轨接头的轨面、轨头内侧平(直)顺</td><td>0.5mm</td><td></td></tr>
</table>

7.2 技术质量管理

为保证工程质量,项目部成立总工程师为首的技术质量管理小组,负责整个钢弹簧浮置板整体道床施工工程中的技术质量问题。在关键工序、特殊部位采取以下技术质量措施:

1)盾构偏差的测量与解决方法

因盾构施工存在偏差,造成浮置板基础施工时,基础混凝土面和浮置板道床块的尺寸也随之出现偏差。若盾构偏差过大,将造成预制短板摆放不下或位置偏移,使得浮置板轨排不能放入承轨槽之内。所以,拿到线路调线调坡图纸后,必须严格审图,确定各部位的偏差情况并现场放线实测实量,将基础混凝土面尺寸及偏差情况进行分析、研究。若偏差量较大,将偏差数据反馈给设计单位,确定解决方案。

2)基础混凝土面高程及平整度检查

基础混凝土面的高程及平整度误差,直接影响弹簧支座的平稳度和平整度。若基础面浇筑过高,预制短板的顶面高程将随之增高,预制短板将与钢轨发生冲突,造成钢轨无法调整到设计高程。所以,对基础混凝土面高程和平整度的检查是非常关键的一步,混凝土面高程超出设计误差范围以内的地方,必须打磨处理。

3)基标设置

因浮置板预制短板宽度过宽,基标无法按常规方法布置在隧道壁上,加密基标不能做成一次性基标。根据现场实际,将加密基标设置在水沟检查孔内,可满足施工时调整轨道几何尺寸需要。

8 安全措施

浮置板整体道床施工危险源在于轨道车运行安全、吊装安全和临时用电安全等方面。在施工过程中,要制订专项安全措施。

(1)施工中遵守现行有关安全生产规定,根据各施工工序注意事项,制订具体的专项安全技术措施。

(2)加强岗前安全教育及培训,做好安全警示标志的设置,并对危险源进行辨识和公告,提高全体操作人员安全意识。

(3)实施动态安全管理,设置专职安全员对各作业工序进行巡视,发现险情及时排除。

(4)严格执行进出洞人员翻牌登记制度,确保施工人员与登记人员完全对应。

(5)严格遵守建设单位制订的《轨行区安全管理制度》,执行洞内施工要点制度和轨行区巡道制度,将轨道车行车安全隐患降至最小。

(6)制订《龙门吊安全作业手册》,配属专职安全员,坚持"十不吊"原则。

(7)制订《临时用电管理制度》,规划管理施工临时用电。

9 环保措施

(1)隧道内因机车运行、电焊施工等制造刺激性气体,恶化施工环境。采取用2kW轴流风机从车站向盾构区间里面吹风,将刺激性气体从另一车站排出,使隧道内空气流通,改善施工环境。

(2)各车站预留混凝土下料口多在路边,浇筑混凝土时会造成少量水泥浆污染路面,必须做到对遗漏水泥浆随时冲洗、清理,做到工完场清。

10 资源节约

(1)加强宣传力度,提高职工节约意识。材料严格执行限额领料,达到无长明灯、常流水。加强输水管道、供电设备的维修保养,降低资源消耗。

(2)施工中采用节能型工艺和设备,对水、电、煤、油等资源进行能耗指标管理。

11 效益分析

11.1 经济效益

(1)浮置板预制短板可采用标准化设计,形成浮置板标准地段图纸,大大缩短设计周期,节约设计进度成本。

(2)采用浮置板预制短板设计,钢弹簧隔振器用量减少,取消隔离膜、水沟盖板、剪力铰和水平定位装置,节约工程成本每千米约65.4万元。

(3)采取预制短板方案组织施工,每天的进度指标达到50~60m,则每千米施工的时间约为20d,仅此一项为铺轨工程工期节约了105工天/千米。施工进度时间成本节约每千米约3个月,减少各种费用开支约180万。

(4)对其他几项施工技术的科技攻关,也起到了最大限度的优化施工工序,降低施工成本,提高经济效益的作用。

综合计算,此工法在天津地铁3号线第1合同段轨道工程的施工中所创造的经济效益达600多万元。

11.2 社会效益

(1)随着人们生活水平的提高,对生活质量的要求越来越高,轨道交通工程贯彻“以人为本”的方针,采用浮置板隔振技术,将轨道交通振动和噪声减少到最低水平,为大众提供交通便捷、舒适、优美、社会和谐的生态环境。

(2)预制短板浮置板轨道实现设计模块化、标准化、生产工厂化、施工机械化,大大节约劳动力和劳动环境,随着我国老龄化社会到来,劳动力短缺,符合今后我国社会发展需求。

(3)预制短板施工的实施破解了地铁浮置板施工瓶颈难题,为确保轨道交通建设进度提供保障,产生了巨大的社会效益。

(4)预制短板拼装方案加速浮置板施工速度,减少了施工期间对周围环境的振动和噪声干扰。

(5)预制短板浮置板地段不再受施工进度等客观因素的限制,有利于轨道交通减振措施的合理选择,确保沿线敏感点振动噪声控制要求能够得到贯彻落实。解决了一直以来浮置板地段施工进度瓶颈问题,为全线的工程筹划创造了灵活条件,有助于整个工程合理有序地组织实施,为天津轨道交通建设提供了技术保障。

12 应用实例

天津地铁3号线第1合同段单线4.8km的钢弹簧浮置板整体道床,和平路站—解放桥站区间(里程DK13+200~DK13+800)600m浮置板整体道床采用“预制短板拼装与轨排二次浇筑法”进行施工,综合施工工期达到50米/天·面,浮置板整体道床质量和轨道几何状态尺寸均符合设计要求,工程质量良好,受到建设单位、监理单位等相关部门的高度评价。

天津地铁3号线浮置板整体道床预制短板拼装与轨排二次浇筑施工技术在国内首次使用,此技术将浮置板整体道床施工中繁杂的钢筋工程和庞大的混凝土工程转化为工厂化标准生产、机械化快速施工,节约大量的劳动力,节省宝贵的施工时间,实现了整体道床轨道快速施工,确保了工程质量和进度。其成套的施工技术和施工工艺填补了国内同类工程施工的空白,并积累了宝贵的经验,对今后类似工程的施工具有重要的借鉴作用和推广价值。

养 护 篇

路瑞达水泥混凝土路面预防性养护施工工法

GGG(苏)F2203—2013

过晓良 孙忠海 王 乔 方忠胜 陈 祎
(无锡大诚建设有限公司)

1 前言

水泥混凝土路面在使用期间,不仅承受着数以万计的轮载作用,还经受着环境中温度、湿度等周期性变化的影响,最终导致各种损坏的出现。近年来,随着国民经济的迅速发展,交通荷载逐步向重型化发展,不仅交通量大幅增长,而且超载、超限现象日益严重,导致路面加速破坏,混凝土路面的养护任务日益艰巨。水泥混凝土路面的早期病害主要为表层剥落、麻面、接缝材料破损、路面磨光、坑槽等,如果不及时养护维修,其路面使用性能将迅速下降,进而导致唧泥、错台甚至沉陷、断板等严重病害,因此,在水泥混凝土路面使用早期进行预防性养护显得尤为重要。

目前,针对沥青路面的预防性养护技术发展和应用较为迅速,并且取得了良好的效果,但是针对水泥混凝土路面的预防性养护技术还处于起步阶段。路瑞达水泥混凝土路面预防性养护技术是由美国进口的路瑞达材料(纳米合成高分子聚合单体)、水泥、砂、水按照一定比例搅拌成型混合料并铺筑在水泥路面表面用于修复路面病害的一种新技术。该技术不但能够修复破损路面,延长路面使用寿命,还能够改善路面的使用性能,提高行车舒适性和安全性,是一种理想的水泥混凝土路面预防性养护新技术。

无锡大诚建设有限公司在锡宅路工程和钱姚路工程养护中,组织成立了"路瑞达水泥混凝土路面预防性养护施工技术"课题组展开研究,总结形成了路瑞达水泥混凝土路面预防性养护施工工法,取得了良好的应用效果。

2 工法特点

(1)通过渗透填满水泥混凝土的毛细孔,在混凝土表面形成封闭层,有效阻止其碳化、粉化,有效提高了水泥混凝土路面的强度和耐久性,达到延长使用寿命的效果。

(2)能够有效包裹和黏结集料,通过提高路面的微观构造深度,达到摩擦系数大,强度高,防滑性能好的效果,尤其在雨天路面湿滑的条件下,能够保障车辆安全行驶。

(3)相比其他水泥混凝土路面养护方法,对环境的适用性高,抗融雪剂、酸碱、油污等化学物质的性能强,提高了路面的耐久性。

(4)施工方便、效率高。适用于各种面积大小的水泥混凝土路面,修补方便,采用机械清理原路面,人工摊铺,机动灵活,占道少。养护时间短,路面修复后10多个小时即可开放交通,最大限度上减少了交通中断。

3 适用范围

采用厚度6~10mm的路瑞达微表处对水泥混凝土进行修补、罩面,适用于各等级公路的水泥混凝土路面、隧道水泥混凝土路面、城市道路以及机场道面的预防性养护;还可用于处理并铺筑彩色路面,以实现区分车道等不同功能要求。

4 工艺原理

路瑞达微表处技术能够在水泥混凝土路面上快速凝结成一层带有柔性的膜,纳米技术合成的高分子聚合单体会在膜的内部形成一种复杂的强有力网状结构,不但能够很好地黏结在原路面上,还能包裹集料,并形成一个整体。膜和集料以及特有的纹理形成一种新型路面。不同于传统的依靠增加构造深度和集料粒径方式增加路表摩擦的路面,路瑞达微表处的宏观构造深度较低,使用的集料粒径偏小,主要通过微观构造深度的提高,做到高强度、高摩擦和低噪声。

另一方面,宏观构造深度的降低不仅有利于路面排水,降低路面积水,减少事故发生,而且还会有效减少车轮行驶中所产生的动水压力对路面的破坏,从而延长路面使用寿命,降低路面全寿命周期内的养护成本。工程实践表明,路瑞达水泥混凝土路面微表处的大部分表面功能指标已经接近或超过普通的沥青混凝土路面。

5 工艺流程及操作要点

5.1 工艺流程

施工工艺流程见图1。

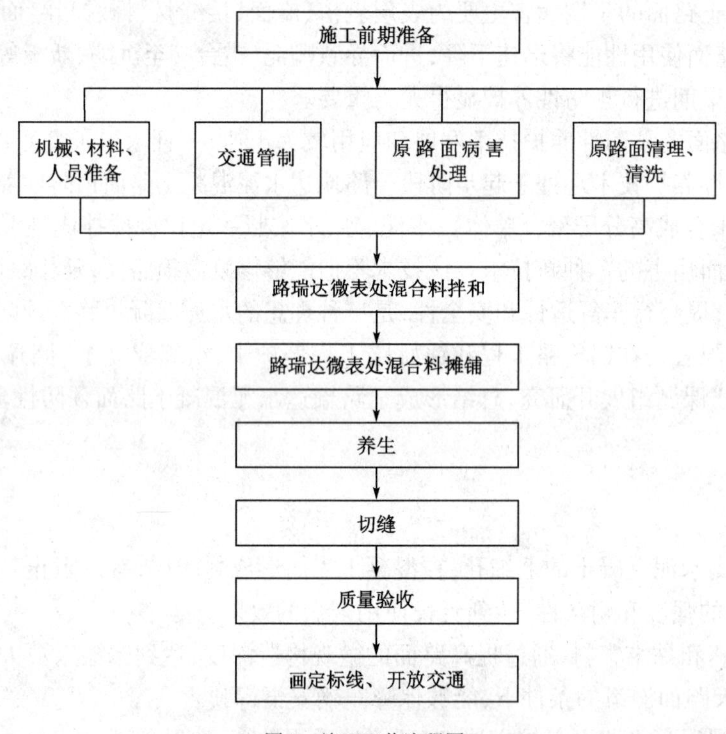

图1 施工工艺流程图

5.2 操作要点

1)施工前期准备

(1)机械、材料、人员准备

①机械准备工作。为保证工程按期完成既定目标,需要配齐工程所需的施工机械、计量器具。对进场的机具、设备在进场前必须进行认真全面的检查、维修,以保证完好且处于检验合格期内。

②材料准备工作。编制材料使用计划,制订出进场计划。做好充足货源准备,按照工程进度,适时进场,禁止使用过期产品。做好调查,根据现有规范的要求选择符合标准的材料。在选购时要严格把关,保证质量。

③人员准备工作。根据整体施工安排,对参与工程的施工人员进行详细安排。施工人员在计划开

工日期前1d全部调配到位，以确保工程施工的顺利进行。

(2)交通管制

在进行路瑞达微表处施工前，在施工现场规定距离两端设立明显醒目的警告、禁行标志。

(3)原路面病害处理

施工前，需对路面出现的裂缝进行清理和处理，首先清除裂缝中的杂物及灰尘，然后利用黏结材料灌缝。对于严重裂缝，可用高含量乳化沥青与细砂拌制的砂浆灌缝，乳化沥青使用高强度等级的沥青或渗透性较强的沥青制备，使填充料具备适应缩胀的能力，不致从原裂缝外剥离。有深洞时，应分层填补并压实。

(4)原路面清理、清洗

用打磨机将路面灰土和油污打磨干净，然后再用小型吹风机和清洗机进行清理，使路面干净无污物。人工清扫、机械清扫、空气吹扫或水冲等，都是有效的清理方法。当原路面孔隙率过大或透水性太高时，应避免用水冲洗，可采用高压气吹的方法清理。

2)路瑞达微表处混合料拌和

按达到最佳路用性能的配合比称取路瑞达、水泥、砂，量取水，倒入干净的搅拌桶里，加入次序依次为水、水泥、路瑞达、砂，搅拌桶上面固定搅拌器，利用搅拌轴的转动达到均匀搅拌的目的，搅拌时间为30min。由于加入路瑞达后混合料变得黏稠，因此必须搅拌均匀，并且路瑞达微表处混合料与普通道路水泥混凝土拌和物相比，其凝结时间较短，搅拌均匀后应尽快均匀摊铺在路面上。

3)路瑞达微表处摊铺

把搅拌器中搅拌均匀的混合料分别倒入料桶中，施工人员把料桶中的混合料尽量均匀地倒在待施工的路面上，并人工摊铺混合料。

4)养生

严禁踩踏刚刚施工过的区域，禁止一切车辆驶入，设立专人负责看护。严格按照规定养生时间进行养生，在路瑞达微表处完全收干、成型后方可开放交通。

5)切缝

路瑞达微表处摊铺、养生结束后，根据老路状况，在旧路有纵横缝的分块位置，需要重新恢复纵横缝，以避免上下层温缩位置不一而造成路面隆起或拉裂。

根据前期准备工作所做标记，找出纵横缝位置，并用切割机进行切缝，锯缝应将微表处层锯透，使之在锯缝处彻底断开。

6)质量验收

路瑞达微表处施工、养生、切缝完毕，即进行质量检测与验收。

7)画定标线、开放交通

对覆盖的标线进行重新画定，确保各项施工完成满足达到开放交通的要求，做到施工车辆有序逐步撤离，撤除封道标志，开放和恢复交通。

5.3 劳动力组织

劳动力组织见表1。

劳动力组织情况 表1

类　别	原路面处理组	材料搅拌组	摊 铺 组	安 全 小 组	现场指挥
人数(人)	9	3	6	2	2

全体人员的使用和工人的劳动保护由项目经理部负责进行有效合理调配。安排好工人的作息时间，积极为工人创造良好的条件，使得员工能够在施工时保持充足的精力。同时以此来保证在施工现场范围内，每个人的活动都在控制区域内，避免出现安全隐患。

6 材料与设备

6.1 材料性能

加强原材料质量控制,严格实行原材料准入制度,各种原材料的技术指标均应满足规范与标准的相关要求。

(1)路瑞达

路瑞达的主要技术参数见表2。

路瑞达主要技术参数　表2

序号	检测项目		检测结果	试验方法
1	凝结时间(min)	初凝	295	GB/T 1346—2001
		终凝	385	
2	抗渗压力(MPa)	7d	0.9	GBJ 82—85
		28d	0.8	
3	抗压强度(28d,MPa)		51.6	GB/T 17671—1999
4	抗折强度(28d,MPa)		10.0	
5	压折比(%)		0.08	—
6	收缩率(28d,%)		0.08	—
7	抗冻性(25次)		无开裂,无剥落	GBJ 82—85
8	耐热性(100℃水,5h)		无开裂,无剥落	—
9	耐碱性(饱和 $Ca(OH)_2$ 溶液,168h)		无开裂,无剥落	—

(2)水泥

应使用适合于道路工程使用的水泥,主要包括:硅酸盐水泥、普通硅酸盐水泥、道路硅酸盐水泥等。其质量必须符合《道路硅酸盐水泥》(GB 13693—2005)、《公路水泥混凝土路面施工技术规范》(JTG F30—2003)的要求。

(3)细集料

细集料应采用质地坚硬、耐久、洁净的天然砂、机制砂或混合砂,砂的细度模数不宜小于2.5,其硅质砂或石英砂的含量不宜低于25%。

6.2 机械设备

机械设备见表3。

主要机械设备　表3

序号	机械或设备名称	产地	单位	数量	用途
1	打磨机	中国	台	10	原路面处理
2	高压水枪	德国	辆	2	原路面清理
3	吹风机	中国	台	1	原路面清理
4	大型高压水设备	合资	台	1	原路面清理
5	施工车	中国	辆	5	
6	专用摊铺涂刷工具	美国	套	4	摊铺、涂刷
7	专用材料搅拌器	美国	台	4	拌和
8	计量台秤	中国	台	1	称量
9	空桶	中国	个	若干	

7 质量控制

7.1 质量标准

本工法依照《微表处和稀浆封层技术指南》、《公路工程质量检验评定标准》(JTG F80/1—2004)、《公路技术状况评定标准》(JTG H20—2007)进行质量检测,具体质量控制标准见表4。

路瑞达微表处质量控制标准 表4

评价指标	路面横向力系数 SFC	路面抗滑性能指数 SRI
技术要求	≥50	≥91.5

7.2 质量控制措施

(1)工程质量严格按业主制订和认可的施工技术规范、标准及其他与工程有关的要求或规定进行控制。

(2)建立健全的质量管理制度和质量管理责任制。

(3)按照 ISO9001 质量体系的标准,规范各个施工环节和施工岗位,达到参加施工的各部门、各岗位工作运转的和谐统一,获得最佳管理循序和管理效果。

(4)实施质量目标管理,使质量目标分解落实到岗位和个人,建立质量目标奖罚制度,以保证总体目标的最终实现。

(5)施工过程中,建立和完善工程质量数据库,利用计算机对工程质量情况实行动态管理,保证对工程质量总体状况的把握,以利于工程质量的进一步改进和提高。

(6)在拌和混合料的过程中,要确保搅拌桶的清洁,进料顺序按水、路瑞达、水泥、砂,并控制搅拌器的搅拌速率和搅拌时间,带搅拌均匀后方可铺筑于路面。

(7)铺筑过程中,由于路瑞达微表处混合料比普通水泥拌和物黏稠,其硬化时间比普通水泥混合料短,因此要严格控制混合料的铺筑时间。

(8)加强工序,特别是关键工序的管理和控制,从提高工序能力和质量检验水平入手,确保工序质量。

8 安全措施

(1)安全技术措施

①项目部内要设置严密的安全监督体系,并经常对参与施工人员进行安全教育,提高安全意识。

②施工技术交底单中必须要有安全交底内容,保证施工人员安全操作。

③专职安全员要认真做好安全监督工作,建立安全台账,对进入施工现场的机械及参加施工人员进行安全教育。

(2)机械安全措施

①施工机械定期检测,并做好安全使用检测、自检记录,检测不合格的机械严禁进场。

②和各组的专业施工人员签订安全协议书,加强对驾驶员的安全教育。

③工程设备施工前进行性能检测,合格后才准使用,专人操作。

(3)治安消防保卫措施

①实行消防保卫负责制,建立消防保卫领导小组,派专人负责。

②以现场施工未围挡道路为消防通道,确保消防通道的畅通。

③现场安全员加强巡视检查,严禁非工作人员进入施工作业现场。

④工地内易燃、易爆物分类隔离存放,并设置防火器材重点保护。

⑤施工队进场前,必须做好上岗前的治安、消防教育,成立相应的治安、消防小组。

⑥从事设备安装及焊接作业人员必须持证上岗,作业前进行安全交底,并进行记录。

⑦使用电器设备必须符合技术规范及操作规程,严格防火措施。

(4)现场管理

①项目成立施工现场管理小组,分工明确,责任到人。施工现场设专职安全员,进行安全教育、检查及监督。所有人员进入施工现场,必须服从指挥。

②施工现场的材料必须设专人看护。

③施工现场的机械、消防、安全、卫生、环保等都要指定专人负责,并定期检查做好记录。

(5)交通导改方案及确保交通安全畅通的措施

根据工程的特点和工程附近的交通状况,确定施工时间。

9 环保措施

(1)严格按照施工组织设计进行施工部署,经常检查现场,实际施工与交通导改矛盾时,及时调整施工组织设计,报批后实施。

(2)施工区域及人员职责严格划分,设立责任区,责任到人。

(3)施工作业时严格按照交通导改方案进行围挡,做到不擅自加大围挡区及围挡物间距,确保过往车辆安全畅通。

(4)严格控制施工作业时间,确保安全施工。

(5)在施工中,设置宣传标语,争取社会的理解和支持,并对施工人员进行教育,以文明语言、文明行为面对社会。

(6)工程所需材料运输尽量避开交通高峰期,以利于社会交通畅通。同时要求施工车辆、施工机械在施工现场内行车,与社会车辆避开,减少对社会车辆的干扰。

10 资源节约

路瑞达水泥混凝土预防性养护相比较其他预防性养护措施具有较大的技术优势,能够提高道路的使用性能,延长使用寿命,在水泥混凝土路面的全寿命周期内降低养护成本,起到节约资源的目的。

11 效益分析

水泥混凝土路面具有强度高、板块整体性强、耐久性好等特点,在我国各等级公路,尤其是机场道面、停车场、收费站等路段仍然占有很大的使用比例。

(1)路瑞达微表处作为水泥混凝土路面的预防性养护技术,能够修复路面早期破损和病害,恢复路面表面功能,提高路面的使用性能,延长路面使用寿命。尤其对于设计使用寿命达20~30年的水泥混凝土路面而言,早期的预防性养护虽然增加了部分成本,但是依照全寿命周期平均养护成本进行计算,路瑞达微表处技术能够降低养护成本,更为经济实用。

(2)采用路瑞达微表处技术对水泥混凝土路面进行预防性养护,一方面具有较强的抗融雪剂、酸碱等化学物质侵蚀的能力,提高了水泥混凝土路面的耐久性,另一方面具有摩擦系数大,强度高,防滑性能好的特点,改善了路面的抗滑能力,保障行车安全。

(3)路瑞达微表处不仅施工方便快捷,而且施工完成后养护的时间短,施工结束后隔一天即可通车。对修复路段的正常运营影响很小,最大限度上避免了交通中断,因此,具有较大的间接经济效益和社会效益。

12 应用实例

(1)钱姚路起点位于西环线以西姚胡路,向东沿舜柯山麓,经过北侧的藕塘职教园,直至钱荣路口,长度约7.455km。

(2)锡宅路位于无锡新区硕放街道,自机场路至环太湖高速公路段,全长4 545m。

上述路段原路面为水泥混凝土路面,通车之后,在行车荷载作用下,原路面出现了路面磨光、麻面等早期病害,如果不及时养护,将影响行车质量以及路面的使用寿命。无锡大诚建设有限公司课题组利用美国进口的纳米合成高分子聚合物材料,通过室内试验、理论研究和实体工程相结合的方式,提出和应用了路瑞达水泥混凝土路面预防性养护施工技术,并形成了相关的施工工法。经检测,上述工程项目预防性养护施工完成至今,路面抗滑性能出色,行车噪声低,路用性能良好,因此,值得推广和应用。

隧道路面橡胶颗粒微表处施工工法

GGG(浙)F2204—2013

朱小侠　毕智渊　胡　波　刘　军　弋小锋
(浙江八达隧道工程有限公司)

1　前言

隧道作为高等级公路的重要组成部分,随着交通量的增加,与一般公路路面一样,隧道路面在车辆轮胎碾压和自然因素作用下,道路表面的构造深度和抗滑能力将会衰减,平整度将会降低。如不及时对这些路面的表面功能损害进行预防性的养护,将大大地减少路面的整体使用寿命。由于隧道通行净空的严格限制使隧道路面不能采用常规沥青混凝土罩面方法,可以采用微表处技术对路面表面功能进行恢复,但由传统材料铺筑的微表处具有较大的行车噪声,不适合用于隧道路面。

在普通微表处中加入橡胶颗粒,能够改善微表处混合料的物理力学特性,进而改变微表处路面与车辆间的振动情况,起到减振降噪的作用。本工法对原有的隧道水泥混凝土路面采用橡胶颗粒微表处修复技术进行预防性养护,可以将水泥混凝土路面和微表处两者的优点结合,有效地、经济地解决我国隧道路面材料和结构存在的问题,在延长路面使用寿命的同时,提高行车安全性,降低事故率,还能降低隧道内的行车噪声,改善行车舒适性。

浙江八达隧道工程有限公司在龙(游)丽(水)高速公路遂昌段工程和57省道平阳县水头至萧江段复线工程中,组织成立了“隧道路面橡胶颗粒低噪声微表处施工技术”课题组,对原隧道水泥混凝土路面进行了预防性养护,总结形成了隧道路面橡胶颗粒微表处施工工法,目前上述工程中的隧道路面使用性能良好,达到了延长使用寿命的目的。

2　工法特点

(1)本工法采用微表处摊铺机一次摊铺成型,显著提高了施工效率,缩短了施工工期,减少了隧道交通的中断时间。

(2)相比传统的微表处修复技术,本工法在微表处混合料中加入了橡胶颗粒,并进行了配合比设计和性能验证,在保证微表处使用性能的基础上,大大降低了隧道路面的行车噪声,经济环保。

(3)针对隧道路面的施工环境,本工法合理地确定施工工序,劳动力组织合理,整个过程流畅。另外,整个工艺流畅清晰,容易掌握,便于操作实施。

3　适用范围

本工法适用于高速公路、一级公路的隧道水泥混凝土路面、水泥混凝土桥面、水泥混凝土路面以及水泥混凝土机场道面的微表处修复罩面。可用于新建道路表面磨耗层,也可以用于旧路面的预防性养护。

4　工艺原理

(1)橡胶颗粒为高分子聚合物,在受到外力时,曲折状分子链会产生拉伸、扭曲等变形,分子之间的链段又会产生相对滑移及错位。在外力去除后,变形的分子链大部分恢复原位,分子之间的相对运动也会部分复原,释放外力所做的功,不能完全复原的永久变形部分则以热能的形式耗散掉。将橡胶颗粒掺入到微表处混合料中,当路面受到来自轮胎的振动冲击时,橡胶颗粒的存在会使路面发生更大的变形,在变形的过程中,将振动的能量部分储存在橡胶分子链中,部分则消耗于路面在变形过程中沥青分子的内摩擦损耗,从而削弱了轮胎的振动。当轮胎作用力消失后,路面发生回弹,将储存的能量予以释放和消耗。因此,在普通微表处混合料中加入橡胶颗粒可以增大路面隔振层的阻尼,从而降低行驶车辆的振动及其随之产生的噪声水平。

(2)通过洒布与微表处所用一致的改性乳化沥青黏层,提高原水泥混凝土路面与橡胶颗粒微表处层的黏结效果;聚合物改性沥青与橡胶颗粒的联合使用,增强了混合料的强度,提高了微表处结构层的耐久性,保证了微表处层的路用性能和使用寿命。

5 工艺流程及操作要点

5.1 工艺流程

施工工艺流程见图1。

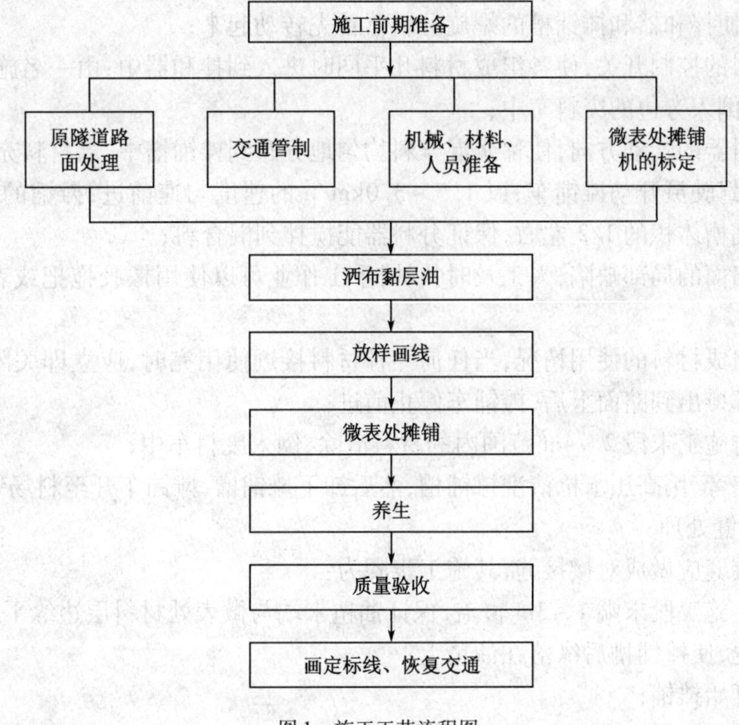

图1 施工工艺流程图

5.2 操作要点

1)施工前期准备

(1)原隧道路面的处理

为了保证隧道路面修复用微表处层与原路面的良好黏结,施工前应对原路面进行调查,对裂缝进行灌缝处理,水泥板块的伸缩缝用抗裂帖压缝带进行粘贴,破碎板块进行相应更换,结构强度不足处进行补强处理,为微表处提供稳定的平台,提高微表处层的耐久性。如果原路面上的松散材料、泥土、杂草、油污和其他杂物不处理好会影响微表处与原路面的黏结,造成脱皮。

本工法采用水洗法清洁路面。此外,微表处施工前还应用宽胶布带或其他适当方法将路面上的检查井、阀门箱及其他公用设施遮住,避免微表处材料污染公用设施。

(2)交通管制

为了保证施工人员和机具安全,防止车辆驶入未成型的微表处层,影响路表美观,在施工时应封闭交通。

(3)微表处摊铺机的标定

在施工前,微表处摊铺机要进行标定,确保在施工中各种材料的配比符合设计要求,橡胶颗粒应使用独立的料仓单独添加,以保证添加量的精确控制,避免出现偏差。

2)洒布黏层油

黏层油与微表处所用的乳化沥青应一致,乳化沥青洒布量以0.3~0.4kg/m^2 为宜。黏层的喷洒宜在施工放样前进行,以免盖住已放好的样线,并且在微表处施工前黏层必须完全凝固。

3)放样画线

为了保证微表处沿路线方向摊铺,应根据路幅宽度、摊铺槽宽度在保证摊铺次数为整数的条件下沿摊铺方向画出控制线。施工时也可直接以车道线、路缘石等为参照。

4)橡胶颗粒微表处摊铺

(1)施工准备工作完成后,便可进行微表处混合料摊铺,基本步骤如下:

①将摊铺车开至施工起点处,调整好摊铺槽的宽度、摊铺厚度和拱度;

②再次确认各材料的设定准确无误;

③开动发动机,使拌和器和摊铺槽的螺旋分料器首先转动起来;

④打开各个材料的控制开关,使各组成材料几乎同时进入到拌和器中;由一名施工人员用铁锹将最初排出的材料接走,倒入旁边的废料车中;

⑤调节螺旋分料器的转动方向,使稀浆混合料均匀地分布到摊铺槽中,当材料充满摊铺槽1/2左右深度时,操作手示意驾驶员开动摊铺车,以1.5~3.0km/h的速度匀速前进;摊铺的速度应保证摊铺槽内混合料体积占摊铺槽体积的1/2左右,保证分料器能搅拌到混合料;

⑥对于摊铺后路面的局部缺陷,人工及时找补,手工作业可以使用橡胶拖把或者铁锹等工具,但不得使用扫帚;

⑦时刻注意各组成材料的使用情况,当任何一种材料接近使用完时,应立即关闭各材料的输出,待摊铺槽的混合料全部摊出到路面上后,摊铺车停止前进;

⑧施工人员应将施工末段2~4m范围内的材料清除,倒入废料车中;

⑨摊铺车开到路旁,用高压水枪清洗摊铺槽,然后卸下摊铺槽,摊铺车开至料场装料。

(2)微表处的接缝处理

微表处的横向接缝应做成对接接缝,其施工步骤为:

①用油毡将前一施工段末端1~3m覆盖,保证油毡末端与微表处材料层边缘平齐;

②将摊铺车后退,使摊铺槽后缘落在油毡上;

③启动摊铺车开始摊铺;

④将油毡连同上面的微表处混合料取走,倒入废料车中;清洗油毡,以备下次使用。

微表处的纵向接缝应做成搭接接缝,为了保证接缝的平整,搭接宽度不宜过大,接缝搭接宽度宜为80mm。

(3)微表处摊铺车的走线

微表处摊铺过程中的走线十分重要,直接影响纵向接缝是否顺直,从而影响到摊铺层的美观。为了保证走线的顺直,一般采用以下两种方法:①事先铺设导线;②以路缘石或车道线为参照线走线。其中第二种方法最常用,特别是在高速公路上施工时,可以保证摊铺车走线准确,当施工路段没有这种参照物时,为了保证走线准确,宜事先铺设导线。

(4)路面温度或气温低于10℃且仍在降温时,不得进行微表处施工,但路面温度或气温高于10℃且仍在升温时可以施工;当材料在固化后24h内可能出现冰冻时不得施工。

5)养生

微表处施工后,封层有一个破乳成型过程,在此时间段内仍应封闭交通,禁止一切车辆、行人通行。

养护时间的长短,视微表处混合料中水分的排除及黏结力的大小而变化,一般情况下,当黏结力达到1.2N·m时,稀浆混合料已初凝,当黏结力达到2.0N·m时,微表处混合料已凝固到可以开放交通的状态。

6)质量检测

在开放交通前,应进行质量检测,检测合格后再开放交通。

7)画定标线、恢复交通

对覆盖的标线进行重新划定,决定开放交通之后,应撤除交通管制标志,不留任何障碍,保证交通顺畅。

6 材料与设备

6.1 材料性能

加强原材料质量控制,严格实行原材料准入制度,各种原材料的技术指标均应满足《公路沥青路面施工技术规范》(JTG F40—2004)相关要求。

(1)改性乳化沥青

橡胶颗粒微表处混合料宜采用改性乳化沥青BCR,相关技术指标应满足《公路沥青路面施工技术规范》(JTG F40—2004)中表4.7.1-2的技术要求。

(2)集料

集料是微表处成功与否的关键,微表处应选择坚硬、粗糙、耐磨、洁净的集料。各项性能应符合《公路沥青路面施工技术规范》(JTG F40—2004)中表4.8.2和表4.9.2的要求。其中通过4.75mm筛孔的合成矿料的砂当量不得低于65%,细集料宜采用机制砂。机制砂应洁净、干燥、无风化、无杂质。机制砂采用10~20mm的石灰岩碎石现场加工,加工时,采用大型除尘设备,严禁水洗,严禁用石屑、含泥量大的碎石制砂。

(3)橡胶颗粒

选择采用胎面胶生产的橡胶颗粒,粒径为0~3mm,在配合比设计中采用内掺法,即微表处混合料=改性乳化沥青+矿料(集料+橡胶颗粒+矿粉)+水+填料。

(4)矿粉

橡胶颗粒微表处所用矿粉亲水系数要求不大于0.8%,严禁使用回收粉。

(5)消石灰

消石灰质量应满足表1要求。

微表处用消石灰质量技术要求 表1

指 标		质量技术要求	指 标		质量技术要求
表观密度(t/m^3)	大于	2.5	细度(%)(下列筛孔通过率)	<0.6mm	100
氢氧化钙(%)	大于	95		<0.15mm	90~100
有效氢氧化钙(%)	大于	92		<0.075mm	90~100
未消解氧化钙	小于	1%	外观		无团粒结块
CaO+MgO	大于	66%	加热安定性		合格
含水率(%)	不大于	1			

6.2 机械设备

本工法主要的机械设备见表2。

施工机械及设备 表2

机械或设备名称	产　地	数量(台、套)	用　途
微表处摊铺机	德国	1	施工摊铺
油罐	—	2	存放乳液
水罐	—	1	存放施工用水
$18m^3$ 泵	河南	2	输送乳液
吹风机	河南	2	清扫吹风
手推式铣刨机	河南	1	局部打毛
标线机	上海	1	划定标线
磅秤	上海	1	标定
封道设施	自产	2	封道
辅助设备	若干		

7　质量控制

7.1　质量标准

本工法执行《公路沥青路面施工技术规范》(JTG F40—2004)相关标准。

(1)外观质量

微表处作为路面最表面的一层,其外观质量不仅关系到路面的美观与否,而且也直接反映微表处内在质量的好坏。具体外观质量要求见表3。

微表处表观质量要求 表3

项　目	检验频率	质量要求	方　法
表观效果	全线连续	表面平整、密实,均匀,无松散,无花白料,无轮迹,无划痕	目测
横向接缝	每条	对接,平顺	目测
纵向接缝	全线连续	宽度 <80mm 不平整 <6mm	目测或用尺量 目测或3m直尺
边线	全线连续	任一30m长度范围内的水平波动不得超过 ±50mm	目测或用尺量

(2)抗滑性能

微表处直接与车辆轮胎接触,其抗滑性能直接决定行车的安全性,因此,其抗滑性能须满足以下要求(表4)。

微表处抗滑性能要求 表4

公路等级	要求值		检查频率
	摆值BPN	构造深度(mm)	
高速公路、一级公路、城市快速路隧道路面	不小于50	不小于0.60	5个点/km
其他道路隧道路面	不小于45	不小于0.55	

(3)平整度与厚度质量要求(表5)

微表处平整度与厚度质量要求 表5

项　目	要求值	检查频率	方　法
平整度改善效果(微表处后的平整度—原路面平整度)	不小于3mm 不小于1.5mm	10处/km,各连续10尺 全线连续	3m直尺 平整度仪
微表处层厚度	不小于设计值允许 ±10%	5个点/km	钻孔或目测法

注:原路面平整度小于5mm(3m直尺)或2.5mm(平整度仪)的不作要求。

7.2 质量控制措施

为了保证施工质量,施工中应对微表处混合料进行抽样检测,抽检项目、频率、允许误差及检测方法见表6。

微表处施工过程质量要求

表6

项　目	要　求	检 验 频 率	检 测 方 法
稠度	适中	1次/100m	经验法
油石比	施工配合比的油石比 ±0.2%	1次/d	三控检验法
矿料级配	满足施工配合比的矿料级配要求	1次/d	摊铺过程中从矿料输送带端接出集料进行筛分
外观	表面平整、均匀、无高析、无划痕	全线连续	目测
摊铺厚度	−10%	5个断面/km	钢尺测或其他,每隔中间及两侧各1点,取平均值作为检测结果
浸水1h湿轮磨耗	不大于540g/m^2	1次/7个工作日	—

注:矿料级配符合设计要求,是指实际级配不超出相应级配类型要求的各筛孔通过率的上下限,且以矿料设计级配为基准,实际级配中各筛孔通过率不得超过表规定的允许波动范围。

8　安全措施

(1)本工法严格遵守并执行《中华人民共和国安全生产法》、《公路工程施工安全技术规程》(JTJ 076—95)以及地方、业主、企业现行的有关隧道路面施工安全的有关规定。

(2)把安全生产摆在第一位。对进入现场的人员实行安全教育,强化安全意识,培养安全生产的主动性和积极性,熟悉本工种的安全操作规程。

(3)建立健全安全生产管理体系,确定专项的安全管理方案,实行安全生产责任制,从组织、制度、措施上着手,保证项目的安全生产。

(4)设立专职安全员,负责现场施工、机械运行安全。发现问题立即整改;发现危急情况立即停工,并及时采取措施排除险情。

(5)严格按有关规范规定设置标志、标牌。

(6)施工前必须对所有施工人员进行安全技术交底,并做好记录,被交底人必须签字确认。

9　环保措施

(1)本工法严格执行并遵守《中华人民共和国环境保护法》、《公路环境保护设计规范》(JTG B04—2010)及地方、业主、企业有关环境保护的相关规范和规定,依此防止施工对环境可能造成的污染,同时制订防治扬尘、噪声、固体废物和废水等污染的有效措施。

(2)选择项目部生产驻地时,应该远离居民区或村庄。场地布置应遵照设计图纸执行,设备、材料等合理布局和堆放整齐。

(3)设立环境保护组织机构,责任到人。定期组织对员工的环保知识培训,普及环保知识的同时提高环保意识,切实将环保措施落到实处。

(4)施工废水、生活污水等不能直接排入农田或河道,应采取技术措施处理后,再进行排放。

(5)施工区域内应经常洒水或采取其他除尘措施,防止粉尘扩散。

(6)工程机械运转施工时,应注意控制产生噪声污染,做到不扰民。

10　资源节约

采用微表处修复技术对隧道水泥混凝土路面进行预防性养护,提高了施工质量,延长了路面的使用寿命。聚合物改性沥青以及橡胶颗粒的使用,增强了混合料的强度,提高了路面的耐久性,减少了路面的养护次数,起到了节约资源的目的。

11 效益分析

11.1 经济效益

结合工程实例对隧道路面微表处施工技术经济效益进行分析评价。对于交通荷载较大的隧道路面,采用微表处比热沥青薄层罩面具有更好的效果,两者的价格也相差较多,造价分析结果,如表7所示。

工程造价分析　　表7

处置方案	10mm 橡胶颗粒微表处	10mm 沥青混凝土	处置方案	10mm 橡胶颗粒微表处	10mm 沥青混凝土
使用年限/年	5~6	5~6	辅助项目综合单价/元	5(补坑槽、灌缝)	3(刨铣等)
每平方米造价/元	21	48	每 m^2 总价/元	26	52

由表7可以看出,用微表处进行维修养护约为热沥青薄层罩面造价的46%。另外,微表处技术采用常温施工,还能减少对环境的污染。因此,用微表处技术对隧道路面进行养护维修具有显著的经济效益。

11.2 社会效益

采用橡胶颗粒微表处修复技术不仅能够改善和恢复原有隧道水泥混凝土路面的表面功能,大幅度提高其抗滑性能,在提高行车舒适性的同时,保证行车安全性,还能够延长路面使用寿命,作为预防性养护的有效措施,具有巨大的社会效益。

11.3 环境效益

采用微表处修复技术能够提高隧道路面的表面构造深度。另外,橡胶颗粒微表处能够有效地降低隧道行车噪声,显著提高行车舒适性,减少噪声污染。

12 应用实例

12.1 工程实例一

57省道平阳县水头至萧江段复线工程起点位于平阳县水头镇,终点接于104国道K1973+700附近,主线全长18.257km,其中隧道长度406m,原隧道路面采用水泥混凝土路面。

12.2 工程实例二

龙(游)丽(水)高速公路遂昌段工程起点位于遂昌县北界镇,与龙游改建段终点渡船头相接。路线往东南沿溪的右岸走,经金沟里、北界、兰头铺、新路湾、小马、青云岭、株树窟、渡船头、高路、庄山至遂昌与松阳两县交界,路线全长28.987km,其中大小隧道6座,原隧道路面采用水泥混凝土路面。

通车至今,路面的构造深度、平整度、摩擦系数等指标下降明显,为提高行车舒适性和安全性,同时延长路面使用寿命,浙江八达隧道工程有限公司课题组提出和研究应用橡胶颗粒微表处对原隧道路面进行预防性养护,并形成了隧道路面橡胶颗粒微表处施工工法。经检测,上述工程项目预防性养护施工完成至今,路用性能良好,而且行车噪声低,抗滑能力突出,值得推广。

纤维同步碎石封层施工工法

GGG(豫)F2205—2013

侯曙光　岳学军　李忠玉　刘玉恒　龚　睿
(河南省高远公路养护技术有限公司)

1　前言

随着我国经济的快速发展,公路里程逐年增加,对道路建养技术的要求也不断提高,碎石封层工艺作为一种经济、有效的道路建养技术,在道路养护中已经得到了广泛的应用。碎石封层可以改善路面抗滑性能,还可以作为路面磨耗层增加路面摩阻力,作为应力吸收中间层时,可以起到抑制反射裂缝、防水损的作用。另一方面,在碎石封层的使用过程中发现不少缺点,例如飞石、抗裂性能提高不太明显、不能有效减少路面反射裂缝、高温稳定性差,分布于碎石间的沥青中的油分在高温时容易产生流动,从而导致高温泛油现象的发生等。

基于上述问题,河南省高远公路养护技术有限公司提出了纤维同步碎石封层技术。纤维同步碎石封层是指采用加纤同步碎石封层车同时洒布沥青黏结料和纤维,然后在上面撒布碎石,经碾压后形成新的磨耗层,或者应力吸收中间层的一种新型道路建设施工和养护技术。纤维同步碎石封层通过改善碎石封层的集料粒径及沥青用量,并在其中加入一定量纤维使之与沥青、碎石形成网格缠绕的结构,从而极大地提高其抗拉和抗裂能力,并有效地稳固集料,以提高碎石封层作为应力吸收层时的抗裂缝能力和作为表面磨耗层时的抗磨耗能力。而且通过纤维的加入能够吸附封层空隙间的沥青,减少自由沥青,并对沥青的流淌起到一定的阻滞作用,因此能够防止高温泛油现象的出现。

该工法也在国内多条国省干线上得到了应用,取得了明显的社会效益和经济效益,受到相关单位的一致好评。此外,该工法还在俄罗斯 M55 号公路莫斯科指弗拉吉沃斯托夫国道干线上完成了 36 万平方米的纤维同步碎石封层层施工,得到了俄罗斯联邦交通部远东地区公路局高度评价。

2　工法特点

(1)良好的应力吸收和分散能力

能够吸收结构层中的应力或车辆荷载产生的局部集中应力,通过纤维同步碎石封层的分散减少覆层所承受的张力并有效抑制了裂缝的产生;能够吸收和分散旧沥青路面裂缝产生的应力集中,有效延缓反射裂缝出现。

(2)高耐磨性

由于沥青、纤维和碎石同步撒布,撒布后的碎石进入由纤维与沥青结合料形成的网状结构中,压实成型后碎石被结合料网状结构紧紧裹缚,形成了一个复合的力学嵌锁体系,能有效抑制集料的滑移,脱落。

(3)高防水性

由于纤维同步碎石封层具有高弹性模量值,延伸力强,其抗拉强度远远大于温度变化带来的收缩应力,降低了面层的低温脆裂性,能够有效抑制沥青路面低温收缩裂缝的产生,有效防止水损害。

(4)高稳定性

纤维同步碎石封层致密的网络缠绕结构以及起到加筋和桥接作用的纤维对前后两层沥青结合料油

分的吸附,增加了沥青的黏度和黏附力,能有效阻止沥青的流动,起到高温稳定、增韧阻裂的作用。

(5)施工快捷性

由于沥青、纤维及碎石撒布一车完成,施工速度快,缩短开放交通时间,降低对交通的影响。

3 适用范围

本工艺适用于沥青路面面层、旧沥青路面罩面层、应力吸收中间层,旧水泥路加铺层的应力吸收层等。

4 工艺原理

纤维同步碎石封层技术是指采用加纤同步碎石封层设备同时洒(撒)布沥青黏结料和纤维,然后在上面撒布碎石,经碾压后形成新的磨耗层,或者应力吸收中间层的一种新型道路建养技术(图1)。

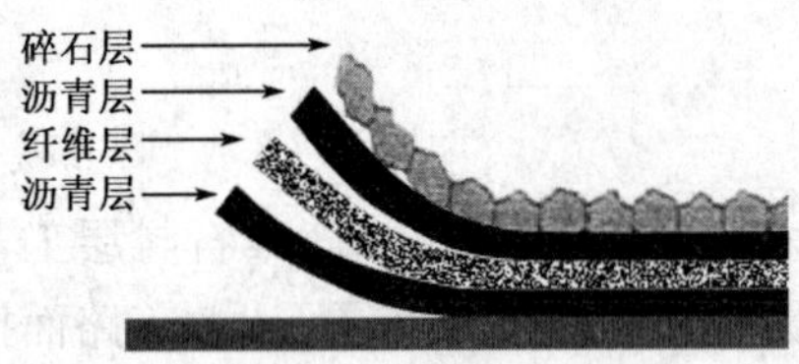

图1 纤维同步碎石封层工艺原理

纤维同步碎石封层具有独特的网络缠绕结构,由于纤维本身高抗拉伸强度和高弹性模量值的特性,有效地提高了封层的抗拉、抗剪、抗压和抗冲击强度。纤维同步碎石封层的独特结构具有较高的张力与弹力,对应力具有较强的吸收和分散功能,能够有效地抑制反射裂缝出现,从而提高道路的使用寿命。

5 施工工艺流程及操作要点

5.1 工艺流程

具体的工艺流程图见图2。

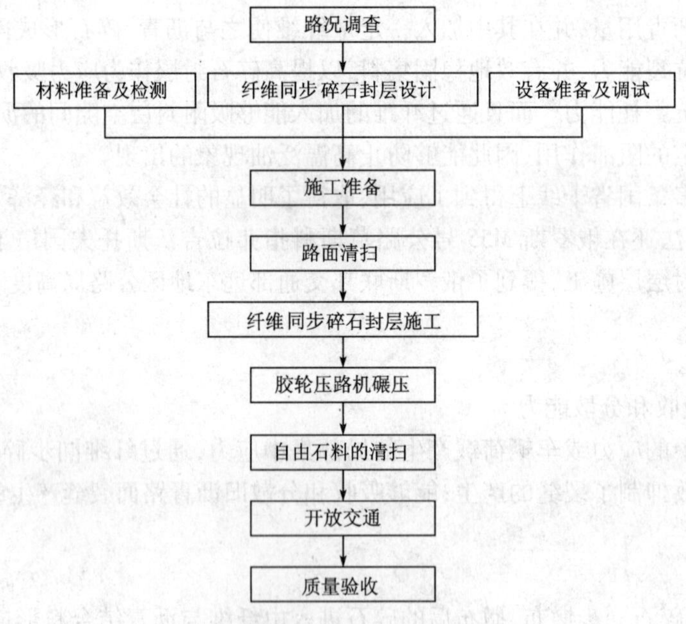

图2 纤维同步碎石封层施工工艺流程图

5.2 操作要点

1)准备工作

(1)路况调查及处理

①施工前对路况进行调查,调查方法根据《公路技术状况评定标准》(JTG H20—2007)的要求进行。

②根据原路面的状况,有针对性地采取相应的措施进行处理,对于裂缝和坑槽的修补按照《裂缝修

补工法》和《坑槽修补工法》进行。

(2)纤维同步碎石封层的设计

纤维同步碎石封层各材料撒(洒)布量的设计流程图,如图3所示。

①沥青洒布量的确定。

纤维同步碎石封层所用沥青黏结料为改性乳化沥青,纤维同步碎石封层设计过程中应将改性乳化沥青的质量按其蒸发残留物含量换算成沥青的质量,以沥青洒布量计。沥青洒布量的设计一般要考虑交通特性、表面构造、集料吸附性、表面刚度、气候、纤维同步碎石封层的类型等情况后,在对基本沥青洒布量调整的条件下进行。比如,为了适应大交通量以及碾压结束后集料继续嵌入的要求,沥青洒布量要适当减少;而在麻面、多孔、老化的路面,需要适当增加沥青用量;有泛油迹象的路面上要适当降低沥青用量。纤维同步碎石封层的沥青的用量,可参照《公路沥青路面施工技术规范》(JTG F40—2004)表6.2.1"沥青表面处置材料规格和用量"的有关规定执行。

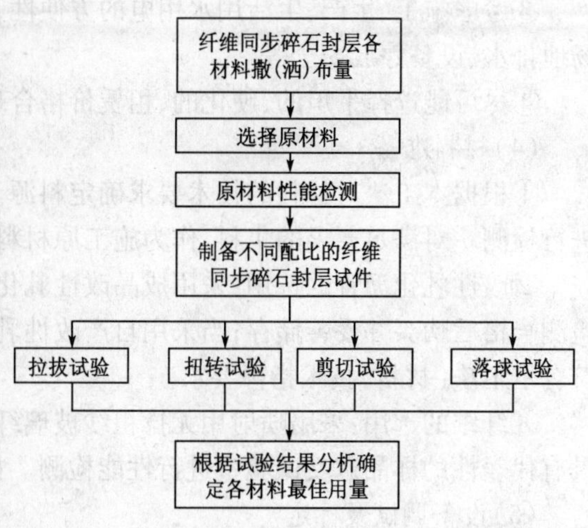

图3 纤维同步碎石封层各材料撒(洒)布量的设计流程图

a. 依据集料形状调整沥青用量。

属于同一档的扁平集料和多棱角集料,由于集料总是以最扁平的面着地,扁平集料之间填充沥青层的厚度如果满足70%间隙的要求,所需沥青量更少一些,在施工过程中同样更难控制沥青的洒布量。而对于多棱角型集料,洒布的沥青(破乳后的残余沥青)满足70%的间隙被填充,则所需沥青多一些。

b. 依据不同表面构造深度调整沥青洒布量。

借鉴美国、澳大利亚、加拿大等国家的使用经验,针对中国的沥青路面泛油、光滑、透水、老化等不同发展程度,提出表1中修正因子。

修 正 因 子 表1

表观构造	沥青洒布量修正量(L/m^2)	表观构造	沥青洒布量修正量(L/m^2)
泛油	-0.04 ~ -0.27	麻面、透水、老化	+0.14 ~ +0.27
光滑	-0.14 ~ -0.00	严重麻面、透水、老化	+0.27 ~ +0.40
轻微透水、老化	0 ~ +0.14		

②纤维的选择及用量的确定。

纤维同步碎石封层所采用喷射用无捻粗纱玻璃纤维,具有良好的切割性,原丝易解绕,线密度均匀,且对切割装置、喷枪和纤维运送装置要求较低,剪切后玻璃纤维一般长度为30~120mm。

纤维用量与沥青用量、碎石粒径、纤维直径、气候条件、原路面状况、纤维与沥青的吸附能力等因素相关,可通过拉拔试验、剪切试验、扭转试验和落球试验综合确定。根据经验值确定一个基准用量,以此基准量上下浮动取4个值,对成型试件进行试验,对结果进行极值分析后确定最佳的纤维用量。纤维同步碎石封层的玻璃纤维用量一般为40~100g/m^2。

③碎石选择及撒布量的确定。

碎石的尺寸决定于纤维同步碎石封层的厚度,大多数采用5~10mm。随着公称粒径的增加,表面构造逐渐变粗,碎石粒径需根据原路面状况、公路等级和交通量等因素确定。所用碎石必须为清洁、干燥、无风化、无杂质,具有足够强度和耐磨性的石料。

(3)施工后场的准备

根据工程所在地交通、周边建筑及用地等情况确定施工后场的位置。

①料场的大小,应根据工程规模而定,应考虑改性乳化沥青生产及储存、集料的筛分等因素。总之,应当从材料的存放、生产、设备的摆放、车辆的进出、调头、装料、停放等方面考虑。

②在可选择的情况下,应考虑料场距石料场及距施工现场的距离。

③考虑施工、生产、生活用水用电的方便性,施工车辆、材料运输车辆进出道路的承载能力,并考虑场地排水、设备停放安全等。

④尽可能选择平坦的、硬化的、租赁价格合理的场地。

(4)材料准备

①根据本工法对材料的技术要求确定料源。在初步确定料源后,在石料场料堆上取样送交试验室进行检测。对满足要求的集料,作为施工原材料的来源。

②改性乳化沥青的选用:采用成品改性乳化沥青时,应取代表性的样品送交试验室进行性能检测,检测合格后购买并妥善储存;当采用自产改性乳化沥青时,若经检测不合格,调整配方后重新生产,直至符合本工法(材料)技术指标要求。

③纤维的选用:采用喷射用无捻粗纱玻璃纤维,应对选用的全部纤维圆筒的外观进行检查,并选取具有代表性的样品送交试验室进行性能检测。如不满足要求,需更换不同批次或不同厂家的产品。

(5)设备调试及标定

①集料撒布器的标定(图4)。

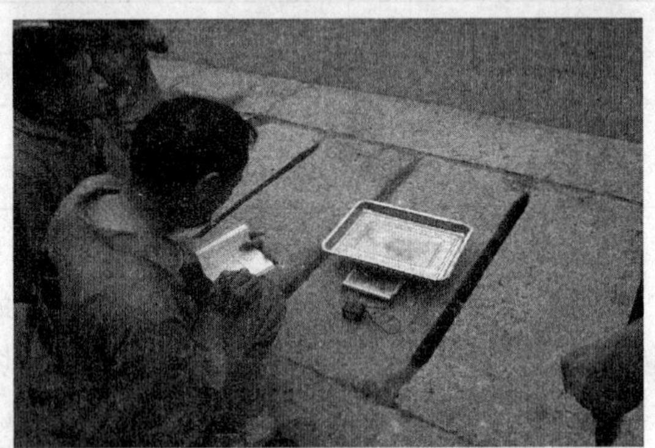

图4 加纤同步碎石封层车集料撒布器标定

在撒布结合料之前,为了保证正确的使用,需要遵循以下程序:

a. 确定撒布器的速度和泵的速度。

b. 描述撒布器的界限。

c. 建立纸上的结合点。

d. 保证适当的洒布器横向调整。

e. 确保结合料的温度在规范限定的范围内。

②沥青洒布器的标定

a. 洒布杆高度。

b. 喷嘴角度。

c. 洒布杆压力。

d. 温度计。

e. 橡皮杆。

③纤维切割、撒布装置的标定

a. 切割长度。

b. 纤维出料量。

c. 纤维分散均匀性。

2）施工路段的封闭、清扫和画线

（1）纤维同步碎石封层施工前应进行交通管制。为保证安全、顺利的施工，首先要与当地的交警及路政等交通执法部门协商，确定交通管制方案、交通封闭形式、封闭时间等。

（2）对于整幅摊铺，热塑性路面标志等需要进行铣刨，对于分车道摊铺时应注意标线的保护。清理所有工作面上的泥浆、油污等杂物（图5），必要时使用高压水或风机进行清理。

图5 清扫

（3）根据路幅宽度调整撒布宽度，沿摊铺方向画出控制线。也可以直接以车道线、路缘石等为参照，保证走线顺直，美观。纵向接缝尽量设计在标线或者靠近标线的地方。

3）纤维同步碎石封层施工（图6）

图6 纤维同步碎石封层摊铺

（1）路面温度低于10℃不得进行施工，雨天及路表湿润的情况下不得进行施工，有四级及以上风速天气不得进行施工。

(2)根据制订的清扫路面方案对原路面进行清扫后,在原路面保证干燥的条件下进行改性乳化沥青纤维同步碎石封层施工。

(3)加纤同步碎石封层车应保证对沥青喷洒均匀、形成等厚度的沥青薄膜,必须保持改性乳化沥青温度在50℃左右,且喷洒高度适宜。碎石撒布应均匀一致,局部采用人工辅助方法不使碎石上下重叠。纤维应呈乱象均匀分布,无结团,无露底。

(4)在施工的起点和终点要铺设油毡以保证起点和终点整齐美观,避免污染施工区外的路面。

(5)加纤同步碎石封层车施工过程中要保持车速稳定,行驶速度为3.0~4.5km/h,走线顺直。

(6)两幅搭接处10~15cm宽的沥青上不撒布纤维和集料,等下一幅施工时沿预留沥青边缘撒布纤维和集料。

4)碾压(图7)

图7 碾压

(1)改性乳化沥青破乳后采用胶轮压路机进行碾压,碾压时压路机以6km/h的速度碾压3~4次,以后速度可逐渐加快。

(2)一般使用1~2台胶轮压路机,但数量和型号取决于需要碾压区域的宽度和集料的粒径,由试验段确定。

(3)轮胎压路机的吨位应以没有集料被压碎的情况下达到最适宜的材料嵌入深度为标准。

5)余料回收(图8)

图8 余料回收

禁止紧跟压路机立即清扫,一般在24h以后待乳化沥青完全破乳成型后,用专用余料回收车回收路面的多余碎石。

6)开放交通

(1)待养生成型后(图9),即可开放交通,但是车速应限制在40km/h以下。

(2)根据通车之后自由碎石的情况,再次进行清扫。

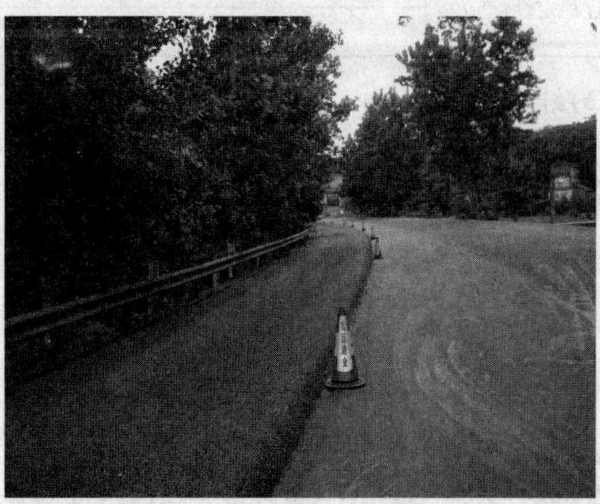

图9 养生

7)施工接缝的处理

(1)在每一个洒布起步和结束的地方必须注意横向施工接缝。可以通过在接缝处铺设油毡纸而达到无缝合线。洒布杆在每一个洒布末端的油毡纸处需要停下来以确保横断接缝平直。

(2)撒布的宽度可以与车道线相一致,尽量减少纵缝数量,一般纵向宜设在车道线处,一般设置为对接。

(3)纵向接缝不宜留在道路中间,否则将会影响外观并且会导致不牢固。

8)施工注意事项

(1)尽量减少横接缝,纵接缝,接缝要对接合理。

(2)胶轮压路机应在改性乳化沥青破乳前及时碾压。

(3)雨天或雨后路面潮湿时不得进行施工。

(4)洒布过程中应防止因温度过低,导致黏度过高造成喷嘴堵塞。

6 材料与设备

6.1 材料

1)改性乳化沥青(表2)

改性乳化沥青技术要求 表2

试验项目		单位	指标要求	试验方法
破乳速度			中裂	T 0658
筛上剩余量(1.18mm筛)		%	≤0.1	T 0652
电荷性质			阳离子正电(+)	T 0653
恩格拉黏度(25℃),E			1~10	T 0622
标准黏度$C_{25,3}$		s	8~25	T 0621
蒸发残留物含量		%	≥50	T 0651
与集料的黏附性			≥2/3	T 0654
蒸发残留物性质	针入度(100g,25℃,5s)	0.1mm	40~120	T 0604
	软化点(℃)	℃	≥50	T 0606
	延度(cm,5℃)	cm	≥20	T 0605
	溶解度(三氯乙烯)	%	≥97.5	T 0607

续上表

试验项目		单　位	指标要求	试验方法
储存稳定性(%)	1d	%	≤1	T 0655
	5d	%	≤5	T 0655

2)纤维

纤维同步碎石封层所用的纤维材料为无碱玻璃纤维,其材质应满足以下要求:

(1)外观:玻璃纤维无捻粗纱,不得有影响使用的污渍,其颜色应均匀,纱筒应紧密,规则地卷绕成圆筒状,以保证退绕方便。

(2)碱金属氧化物含量:玻璃纤维无捻粗纱应不大于0.8%。

(3)线密度:玻璃纤维无捻粗纱常用的线密度为150~9 600tex。

(4)断裂强度:玻璃纤维无捻粗纱的断裂强度应不小于0.25N/tex。

(5)含水率:玻璃纤维的含水率应不大于0.2%。

(6)浸润剂:玻璃纤维无捻粗纱应使用含偶联剂的浸润剂,制造商应标明适用树脂。

(7)悬垂度:玻璃纤维无捻粗纱的悬垂度不大于50mm。

以上指标的检测方法以《玻璃纤维无捻粗纱》(GB/T 18369—2001)的规定为准。

3)集料

纤维同步碎石封层的石料建议采用辉绿岩、玄武岩,在当地缺乏以上石料的情况下可选择安山岩、闪长岩、片麻岩、石灰岩、花岗岩等,但石料的技术指标都必须满足要求。其最大粒径应与处置层的厚度相同,石料应经过水洗并风干,且不含杂质,针片状含量不大于15%。对纤维同步碎石封层用集料的技术要求见表3。

纤维同步碎石封层用集料技术要求　　表3

指　标		单　位	技术要求	试验方法
集料的压碎值	不大于	%	26	T 0316
洛杉矶磨耗损失	不大于	%	28	T 0317
坚固性	不大于	%	12	T 0314
针片状颗粒含量	不大于	%	15	T 0312
破碎面			4个破碎面以上	
水洗法小于0.075mm颗粒的含量	不大于	%	1	T 0310
软石含量	不大于	%	3	T 0320

6.2 施工机械及质量检测仪器

施工机械详见表4及图10~图15。

纤维同步碎石封层施工机械　　表4

设备名称	型号、规格(功率)	数　量	备　注
加纤同步碎石封层车	$10m^3$ 以上	1台	
乳化沥青生产车间	5t/h以上	1套	
矿料筛选机	$8m^3$ 以上	1套	配备相应尺寸的筛网
强力清刷机		1台	
强力鼓风机		3台	根据实际情况数量进行调整
胶轮压路机	9t、16t	2台	
装载机	30t以上	1台	

具备以下要求：

1. 具备精准计量系统；

2. 撒布量符合工法要求。

图 10　加纤同步碎石封层车

具备以下要求：

1. 能够精确控制乳化沥青的沥青含量；

2. 胶体磨的研磨性能良好。

图 11　乳化沥青生产车间

具备以下要求：

1. 筛孔尺寸符合要求；

2. 有较高的安全系数。

图 12　矿料筛选机

具备以下要求：

1. 毛刷要有足够的长度；

2. 毛刷可上下调节避免压力过大；

3. 准备吹风装置除去路面浮尘。

图 13　强力清刷机、强力鼓风机

具备以下要求：

额定质量符合工程需求。

图 14　轮胎压路机

具备以下要求：

1. 额定装载质量满足施工需求；

2. 最大卸载距离满足撒布车的要求。

图15　装载机

7　质量控制

7.1　施工前的质量控制

纤维同步碎石封层的质量控制，首先应执行《公路沥青路面施工技术规范》(JTG F40—2004)“施工质量管理与检查”一章中对“施工前的材料与设备检查”，“铺筑试验段”，以及“交工验收阶段的工程质量检查与验收”等的有关规定。

纤维同步碎石封层的施工质量检测主要是检验沥青的洒布量、纤维撒布量和石料的撒布量，见表5。

质量验收标准　　表5

路面类型	项　目	检查频度及单点检验评价方法	质量要求或允许偏差	试验方法
碎石封层	外观	随时	集料嵌挤密实，沥青撒布均匀，无花白料，接头无油包，纤维呈乱象分布、分散均匀	目测
	集料、纤维及沥青用量	每日1次逐日评定	±10%	每日施工长度的实际用量与计划用量比较，T 0982
	纤维长度	随时	±20%	直尺测量
	沥青洒布温度	每车1次评定	符合规定	温度计测量
	厚度(路中及路侧各一点)	不少于每2 000m² 一点，逐点评定	-5mm	T 0912
	平整度(最大间隙)	随时，以连续10尺的平均值评定	10mm	T 0931
	宽度	检测每个断面逐个评定	±30mm	T 0911

7.2　常见问题及解决方法

(1)当集料嵌入沥青深度达粒径的80%以上时，应降低沥青用量。

(2)当集料嵌入深度小于粒径的50%时，应提高沥青用量。

(3)当石料上裹覆的沥青量偏少时，应降低石料的撒布量。

(4)当沥青洒布成泼溅状时应调小沥青洒布压力。

(5)当沥青出现条纹状洒布时，有以下5种情况：

①沥青温度太低：开始加温。

②沥青黏度太大：适当稀释。

③所有的喷嘴不在同一角度：调整喷嘴角度。

④喷洒棒太高：调低。

⑤喷洒棒太低:调高。

⑥喷嘴堵塞:及时疏通。

(6)当纤维分散不均时,有以下4种情况:

①纤维切割装置故障:及时修复。

②纤维质量不合格:更换不同厂家或不同批次的纤维。

③纤维撒布装置故障:及时修复。

④施工时有风:选择合适的天气进行施工。

(7)当石料撒布过多时应检查撒料口是否出现故障或者料仓堆料过多。

(8)当石料撒布不均匀时,应重新标定石料撒布器。

(9)当石料剥落时,有以下3种情况:

①沥青用量太小,应适当调大。

②石料的洁净程度不足,应通过水洗。

③行车速度或者施工车辆速度太快,应降低速度。

(10)当出现泛油时,是由于沥青使用量太大,应降低沥青用量。

8 安全措施

本工法严格遵守《中华人民共和国安全生产法》、《公路养护安全作业规程》(JTG H30—2004)及现行高速公路养护施工安全有关规定。在施工前到路政、交警等相关部门办理《施工许可证》、《施工车辆通行证》,并配置相应的安全装置、设备与保护器及采取其他有效措施,合理摆放、维护、看管标志和标牌设施。

8.1 交通标志牌的设置、维护

(1)按照《公路养护安全作业规程》规定的规格、尺寸制作清晰醒目并具有反光功能的标志、标牌。

(2)在进行交通控制前,事先将预封闭区段起讫桩号、方位上报路政、交警部门。

(3)严格按照《公路养护安全作业规程》(JTG H30—2004)及有关规定规范设置各种标志、标牌。放置标志牌时,标志牌设置车辆在紧急停车带上慢行,顺着车流方向进行摆放。

(4)在施工作业期间由专人对设置的安全标志牌等做巡回检查,发现标志牌有倒伏、缺损现象,进行及时的扶正、更换、增添。

8.2 施工现场安全防范措施

(1)现场施工人员着装统一的安全标志服,在施工作业区域内进行作业,严禁施工车辆及人员跨越或超出安全施工区域规定的范围,并不得在车辆通行的车道上停留。

(2)在施工现场的所有施工人员必须服从公路路政、交警等相关部门的施工安全监督和安全管理。

(3)车辆及设备离开施工作业区时,派一人以上安全员进行警戒和瞭望,在确保安全的情况下,“一等、二看、三通过”。

(4)现场施工人员和施工车辆不得在高速公路范围内有抛、撒、滴、漏杂物及废料现象。

(5)为确保高速公路行车安全,施工作业完工后必须将施工现场打扫干净,方可撤离施工现场。

(6)在施工作业过程中,如遇有特殊情况,应及时与公路路政及公路管理部门联系。

(7)在施工期间,派专职安全员并身佩明显安全员袖章距施工现场后100m左右手持红旗进行指挥行驶车辆,以便提醒驾驶员行车安全,确保现场技术人员及操作技术人员于安全工作状态。

(8)施工现场集料运输车必须要有明显的施工作业标志,在进入施工作业安全区前,首先应打开方向灯、双跳灯及警示灯,按照指定的行驶路线进入施工安全区。

(9)加纤同步碎石封层车、压路机等施工车辆必须有专业的操作技术人员进行操作,且各机械必须挂有醒目的安全操作规程。

(10)施工结束后,各类施工机械在施工负责人的安排及专职安全员的统一调度下安全撤离现场,以消除安全隐患的存在。

(11)在养生期间由专人看护现场标志标牌,防止行驶车辆驶入工作封闭区域内。在夜间设有安全反光标志牌及太阳能指示灯,以提醒夜间驾驶员安全行驶,防止安全隐患的发生。

8.3 交通畅通保证措施

(1)由现场安全负责人与高速公路交管、路政部门密切配合,精心调配人员,同时在施工现场摆放安全标志,保障车辆正常通行,全力保证施工路段不发生责任事故。

(2)在紧急情况下对过往车辆进行交通疏导,保证道路畅通和过往车辆的行车安全。

(3)如果施工路段内车辆发生故障时,安全管理员将车辆引导至安全地段,保证车辆通行,并立即通知清障队清障。

(4)禁止在雨雪天、雾天、昏暗等不利因素的条件下进行施工。

9 环保措施

9.1 文明施工措施

(1)现场布置。根据场地实际情况合理地进行布置,设施设备按现场布置图规定设置堆放,并随施工不同阶段进行场地布置和调整。

(2)施工现场场地清理。各施工作业班组必须做好操作后场地清理,随作随清,物尽其用。在施工作业中,设有防止尘土飞扬、车辆沾带泥土运行等措施。

(3)材料堆放。各类材料堆放整齐并设有标志。

(4)周转设备存放。施工机具、器材等集中堆放整齐。

9.2 环境保护措施

(1)重视环境工作。编写施工组织设计时,把环境工作作为施工组织设计要求的组成部分,并认真贯彻执行于施工的全过程。

(2)加强环保教育。组织职工学习环保知识,增强环保意识,使大家认识到环境保护的重要性和必要性。

(3)贯彻环保法规。认真贯彻各级政府的有关水土保护、环境保护方针、政策和法令,结合本工法特点,制订相应施工项目的环保要求和措施。

(4)强化环保管理。定期进行环境检查,及时处理违章事宜,主动联系环保机构,请示汇报环保工作,做到文明施工。

(5)美化施工场地。施工中的废料,应按设计要求并按工程师指定地点处理,防止水土流失。保持工地干净卫生。施工中还尽量减少对周围绿化环境的影响和破坏。

(6)消除施工污染。对施工废水、生活污水源要采取妥善措施处理。将工地垃圾及时运往指定地点深埋,清洗集料机具或含有沉淀油污的操作水,采用过滤的方法或沉淀池处理,使生态环境受损减到最低程度。

(7)对材料的运输、堆放应注意避免扬尘等污染。

10 效益分析

由于碎石与沥青纤维组成的网络结构的可靠黏结,纤维同步碎石封层可以做得很薄,其单层施工厚度等于所用碎石的最大粒径,可以做得比热摊铺,稀浆封层和微表处更薄。纤维同步碎石封层作为应力吸收层比玻纤格栅、土工材料等施工简便,施工效果良好,纤维同步碎石封层可进行常温施工,可以把有害气体排放、粉尘排放等环境污染控制在前所未有的最低限度,节约大量能源,保护生态环境,体现社会与生态的可持续性发展战略。

纤维同步碎石封层技术对延长路面养护周期和使用寿命起到了积极的作用。将应力吸收层施工工艺推广到新建路基基层与面层之间，或用于旧沥青路面与新摊铺面层之间黏结应力层的施工，可以吸收和分散应力，抑制裂缝的产生以及反射裂缝的出现。同时纤维同步碎石封层工艺还可以应用于桥梁防水层的施工、旧水泥路面改造、各等级公路下封层施工以及山区公路路面防滑的施工。因此纤维同步碎石封层技术可以提高道路服务水平，延长道路的使用寿命，节约养护资金。

纤维同步碎石封层施工工艺简单，仅一辆加纤同步碎石封层车便可完成主要施工作业，而且施工速度快，封层经胶轮碾压机碾压后即可恢复交通。

11 应用实例

连霍高速西临段纤维同步碎石封层。

11.1 工程概况

连霍高速西临段，西起西安市十里铺，东至临潼区新丰镇苗家村。路线全长20.1km。是西安通往闻名中外的秦兵马俑、唐华清池等名胜的重要国际旅游路线，是陕西省修建的第一条高速公路。西临高速公路设计速度120km/h，双向四车道设计，路基宽度分段采用24.5m和26m。该高速公路于1990年年底通车。

由于该条高速地处中西部通道位置，车流量大，重载货车比例大。局部路面存在沉陷、唧浆、横缝、纵缝、桥头沉陷及修补等路面病害，严重影响了道路的使用性能，使道路的服务水平降低。对路面病害进行处置后，在西临高速K1017+500~K1031+000、K0+000~K4+110段路基状况较好路段进行了纤维同步碎石封层施工，使其作为应力吸收中间层。

11.2 纤维同步碎石封层处置效果分析

施工后通过对纤维同步碎石封层路段进行现场拉拔、剪切试验，通过试验数据与普通路面进行对比发现：纤维同步碎石封层具有更好的抗拉、抗剪能力，试验结果见表6。

纤维同步碎石封层路面与普通路面对比 表6

项 目	拉拔试验(MPa)	剪切试验(MPa)
普通路面	0.51	0.62
纤维同步碎石封层路面	0.68	0.8

纤维碎石封层作为应力吸收中间层时因其特殊的网格缠绕型结构能够很好地吸收和分散应力，有效地抑制了反射裂缝的产生，从而防止了水损害对道路带来的破坏；同时，纤维同步碎石封层作为表面磨耗层时也会表现出良好的抗磨耗能力。采用同步设备进行施工不仅可以节省设备台班费用，也可以节省大量人工费、管理费等。纤维同步碎石封层采用改性乳化沥青作为黏结料，在生产和施工的过程中比热沥青能够节约大量的能源，不会排放有害气体，所以该工艺是一种具有良好经济效益和社会环境效益的道路建养技术。从各个方面来看纤维同步碎石封层都有良好的处置效果。

碳纤维筋和碳纤维布联合加固 T 梁施工工法

GGG(浙)F7206—2013

孙建华　边瑞明　胡俊华　王　毅　陈光军
(浙江德伟建设有限公司　长兴县公路工程有限责任公司)

1　前言

中国桥梁工程的发展已具有相当规模,由于经济发展、人流量增大、行车密度及载质量越来越大等多种原因,部分既有桥梁出现了病害,然如此庞大数量的桥梁拆除重建基本不可能,所以病害桥梁、危桥等急需维修加固以恢复和提高桥梁的承载能力及通行能力,延长桥梁的使用寿命。

与常见的几种桥梁加固方法:粘贴钢板加固、现浇(外包)混凝土加固、锚喷混凝土加固、转换受力结构体系加固和体外预应力加固等加固方法相比,碳纤维材料加固桥梁技术具有明显的优势,主要体现在以下几个方面:高效高强、具有良好的耐久和耐腐蚀性、适用面广、施工便捷、加固费用低等。碳纤维筋和碳纤维布联合加固是一种新型的结构加固技术,它是先封闭梁体裂缝,开凿植入碳纤维筋的 U 形槽再预加载梁体外预应力,而后在梁底植入碳纤维筋并固化处理混凝土表面后,最后将树脂类黏结材料将碳纤维布粘贴于混凝土表面,以达到对结构及构件加固补强的目的。碳纤维筋和碳纤维布联合加固 T 梁对桥梁抗弯承载能力的提高大于抗剪承载能力的提高,其正截面抗弯承载能力较加固前提高约 28%。公司结合国内外碳纤维筋和碳纤维布联合加固 T 梁的成功经验,依据国家现行规范,总结了一套行之有效的施工工法。

2　工法特点

(1)高效高强

由于碳纤维材料优异的力学性能,在加固混凝土结构时可以充分利用其高强度、高弹性模量的特点来提高混凝土结构或构建的承载力和延性,改善其受力性能,达到高效高强加固的目的。

(2)具有良好的耐久和耐腐蚀性

由于碳纤维的化学特性,决定了碳纤维加固的混凝土结构具有良好耐久性和耐腐蚀性,可以抗拒结构经常遇到的各种酸、碱、盐等物质的腐蚀。

(3)施工便捷、适用面广

施工工效高,没有湿作业,不需要大型施工器具,无需要现场固定设施,施工场地少。同时碳纤维布加固技术可广泛应用于各种结构类型、形状、部位的加固,不改变结构形状,不影响结构的外观。

(4)施工质量容易保证

由于碳纤维材料是柔性的,所以在 T 梁底植入碳纤维筋做表面防护处理时,即便加固的结构表面不平整时也基本可以保证 100% 的有效粘贴率。

(5)加固费用低

用碳纤维布代替钢板加固混凝土梁可节约资金 25% 左右,且应用碳纤维加固技术对结构进行处理后,不仅不需要如粘钢法所需要的定期防腐维护,从而节省了大笔的维修费用。

3　适用范围

本工法适用于有裂缝或者承载能力不足的大跨度混凝土梁的加固补强以及提高其抗弯承载能力、

提高梁的刚度、强度等。

4 工艺原理

封闭梁腹板裂缝,植碳纤维筋的槽口凿刻好后,先施加体外预应力,再在腹板底缘植入碳纤维筋,然后用环氧砂浆封闭槽口、梁底横向贴碳纤维布一层;待碳纤维筋与碳纤维布与混凝土黏接牢固后,卸除T梁两侧体外预应力。

将抗拉强度极高的碳纤维用环氧树脂预浸成为复合增强材料,用环氧树脂黏结剂沿受拉方向或垂直于裂缝方向粘贴在要补强的结构上和植入碳纤维筋的表面上做防护处理,使其形成一个新的复合体,使增强粘贴材料与植入的碳纤维钢筋共同受力增大结构的抗裂或抗剪能力,提高结构的强度、刚度、抗裂性和延伸性。

5 施工工艺流程及操作要点

5.1 施工工艺流程

具体施工流程,如图1所示。

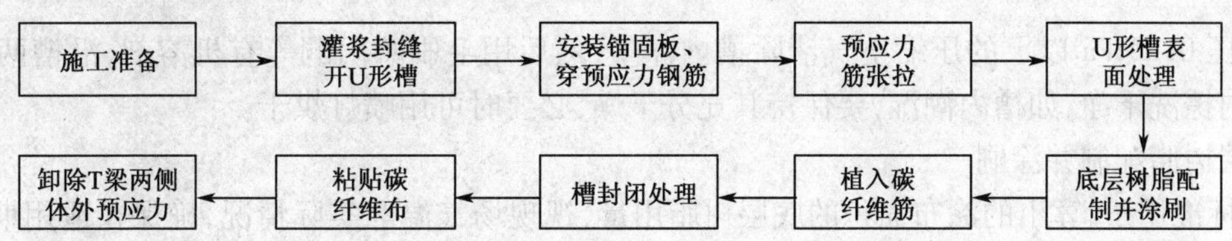

图1 碳纤维筋和碳纤维布联合加固法施工工艺流程图

5.2 操作要点

(1) 施工准备

施工准备主要包括:①仔细阅读和切实理解本工程的加固设计理念和相关规范及标准的要求,对加固设计部位放线定位。②根据施工现场实际情况和加固构件的补强荷载要求,制订相应施工方案和施工计划。③在张拉预应力筋前,应事先在实验机上标定油压表与拉力的关系,以便准确控制张拉力。

(2)灌浆封缝、开U形槽

对T梁腹板两侧裂缝进行封缝。先采用符合本工程技术要求的砂浆灌浆封缝,待养护达到技术指标时将其表面打磨光滑再利用碳纤维布粘贴封缝。对混凝土构件上植碳纤维筋方向,用切割机在构件表面开出2cm×2cm的U形槽,用0.2MPa以上压缩空气清除槽内浮尘。

(3)安装锚固板、穿预应力钢筋

按照图纸设计的要求,在腹板上锚固板,锚固钢板与T梁腹板接触面采用粘钢工艺粘贴牢固,M25锚固螺栓采用植筋胶与混凝土锚固牢固。按照设计图纸的要求在每块T梁每侧施加1束预应力筋,采用1Φ_s15.2钢绞线。

(4)预应力筋张拉

①张拉前检查预应力钢筋是否有支挡或其他障碍物,螺母和垫板是否垂直,如不符合要求必须进行调整。

②预应力钢筋张拉采用"双控",每束控制力为150kN,应对称交替进行。桩基预应力钢筋张拉采用YC-60t千斤顶,张拉吨拉为500kN。

③张拉采用"双控",即油压表控制,伸长量校核。每一级荷载张拉完均应实测钢束的伸长量,并和理论伸长量进行比较,误差应该在规范范围之内,否则应查明原因后再张拉。

④张拉顺序一般为:0→初应力→105%σ_K(持荷2min)→σ_K(锚固)初应力→(0.1σ_K)。这是为把松弛的预应力钢束拉紧,此时应将千斤顶准确定位,充分固定,使预应力钢束处于孔道中心,钢束拉紧后

应在钢束两端精确地标以记号,预应力钢束的延伸量或回缩量即从该记号起量。张拉力和延伸量的读数应在张拉过程中分阶段读出,预应力钢束的实际伸长量 ΔL 由两部分组成,一部分是初应力至张拉控制应力之间,实测的钢束伸长量 ΔL_1,另一部分是初应力时钢束的推算伸长量 ΔL_2(可采用相邻级的伸长度),即 $\Delta L = \Delta L_1 + \Delta L_2$。钢束实测伸长量与计算伸长量之差在 -5% 和 +6% 以内,否则应按照监理工程师的要求,采取技术规范中规定的步骤和措施进行处理。

⑤在张拉过程中,锚具与千斤顶必须配套使用,并保持千斤顶的张拉力作用线与预应力钢束的轴线重合一致;同时在确定千斤顶的拉力时,应该考虑锚圈口预应力损失,其损失量可以通过现场测验而确定,一般对钢绞线为3%的控制张拉力。锚具在使用前应作外观质量检查,并按照规范要求进行硬度检测,千斤顶和油压表使用前送有关检测部门或者业主指定的检测单位进行标定校验。

⑥张拉结束后,钢束进行锚固并用砂轮切割机切除多余长度的钢绞线,不允许用焰切割;保护好锚头和钢束,严禁撞击。

⑦在张拉完24h内对横隔板范围内的孔道灌浆,并及时用环氧水泥进行封锚处理。

(5)U形槽表面处理

①用钢丝刷等工具沿U形槽走向清除U形槽表面的灰尘、白灰、浮渣及松散等污物,使混凝土表面保持清洁。

②用气压0.2MPa以上的压缩空气清除槽内浮尘,然后用毛刷蘸丙酮等有机溶剂,沿槽两侧20~30mm范围内擦洗干净,如槽内潮湿,要保持其充分干燥,必要时可用喷灯烘干。

(6)底层树脂配制并涂刷

①根据标准用量,算出的涂布面积的底层树脂用量,视现场气温等实际情况,确保在适用期内一次用完,做到少和多用,按底层树脂规定的比例混合搅拌均匀。

②用漆刷均匀、无遗漏地将底层树脂涂在开好U形槽混凝土表面,底层树脂涂面边界应不小于U形槽大小,但涂刷底层树脂厚度不得超过1mm。

(7)植入碳纤维筋

①按设计要求的尺寸裁剪碳纤维筋,碳纤维筋不能重叠衔接,应按确补强范围大小切割所需的长度。

②将碳纤维筋表面打磨清理处理,将切割好的碳纤维筋排列放置在垫布上,用砂轮打磨使表面粗糙,用丙酮擦布在碳纤维筋表面仔细擦拭,去除油污。

③擦拭干净的碳纤维筋应立即涂刷黏结树脂,胶层应呈突起伏,平均厚度不小于2mm。

④将涂有黏结树脂的碳纤维筋用手轻压贴于需粘贴的位置。用专用工具顺纤维方向均匀平稳压实,使树脂从两边溢出,保证密实无空洞。

(8)槽封闭处理

在经丙酮擦洗干净的槽两侧20~30mm范围内混凝土表面上,涂抹一层薄薄的环氧树脂基液,待其初凝后,用环氧树脂胶进行槽封闭处理,再用橡皮刮板将表面刮抹平整,防止产生小孔和气泡。密封完成后,让环氧树脂胶自然固化,注意固化过程中防止其接触水;固化时间:12h(气温20℃时)、6h(气温30℃时)。

(9)粘贴碳纤维布

利用专用环氧树脂将抗剪强度极高的碳纤维布粘贴于混凝土结构表面,并与之形成整体,共同工作。其加固施工工序,如图2所示。

图2 粘贴碳纤维布流程图

①混凝土基底处理:a. 裂缝处理——宽度小于0.2mm 的裂缝,用环氧树脂进行表面涂抹封闭;大于0.2mm 的裂缝用环氧树脂灌缝。b. 将混凝土构件表面的残缺、破损部分清除干净,达到结构密实部位,使其表面平整。c. 检查外露钢筋是否锈蚀,如有锈蚀,需进行必要处理。d. 对经剔凿、清除和露筋的构件残缺部分,用环氧砂浆进行修补、复原,达到表面平整。

②涂底层涂料:a. 把底层涂料的主剂和固化剂按规定比例称量准确后放入容器内,用搅拌器搅拌均匀;一次调和量应在可使用时间内用完。b. 用滚筒刷均匀地将底层涂料涂刷于混凝土表面,指触干燥后(一般养护3~24h)才能进行下一道工序的施工。c. 底层涂料指触干燥或固化后,表面上的凸起部分(一般类似结露的露珠一样)要用砂布或角磨机磨平。

③粘贴碳纤维布:a. 树脂的主剂和固化剂应按规定的比例称量准确,装入容器用搅拌器均匀搅拌。一次调和量应在可使用时间内用完。b. 纤维顺长方向的接头必须搭接10cm 以上。该部位应多涂树脂,脱泡、树脂操作按正常进行。在宽度方向不需要搭接。c. 贴布前用滚筒刷均匀地涂抹粘贴用环氧树脂,称为下涂。贴布时,在纤维布和树脂之间尽量不要有空气。可用罗拉(专用工具)沿着纤维方向在碳纤维布上滚压多次,使树脂渗浸进纤维中。d. 纤维布施工30min 后,用滚筒刷均匀涂抹粘贴用环氧树脂,称为上涂。如需多层粘贴则重复上述步骤,并保证底层粘贴的碳纤维片上涂已指触干燥,才能粘贴下一层。最后一层碳纤维的上涂应涂刷均匀、周边整齐。

④养护:碳纤维片施工后,应进行养护,保证养护期间的温度不低于环氧树脂的允许使用温度。养护期一般在1~2周内。对于有风吹、雨淋或有可能人为扰动的地方应进行遮挡封闭养护。

⑤表面涂装:对于有外观装饰要求的结构或构件,可在粘贴后的碳纤维表面涂刷基于环氧基底的涂料或喷砂抹灰后涂刷常规涂料。

(10)卸除T梁两侧体外预应力

在碳纤维筋与碳纤维布与混凝土黏接牢固后,卸除T梁两侧体外预应力。使梁体内的碳纤维筋参与受力,从而提高T梁的抗弯承载能力。

6 材料与设备

6.1 材料

碳纤维片材(碳纤维筋和碳纤维布)、配套树脂类黏结材料、表面防护材料、预应力筋、预应力锚固体系(锚具和连接器)、孔道成型材料(波纹管)等。

6.2 主要设备(表1)

主要机械设备 表1

序号	设备名称	型号与规格	数量	序号	设备名称	型号与规格	数量
1	角向砂轮机	ϕ100~150mm	2	4	台钻	ϕ13mm	2
2	千斤顶	YC-60t	8	5	注浆机		2
3	砂轮切割机	ϕ400mm	2	6	凿毛机	FS-3C	2

7 质量控制

(1)施工宜在5℃以上环境温度条件下进行,并应符合配套树脂的施工使用温度。当环境温度低于5℃时,应使用适用于低温的配套树脂或采用升温处理措施。

(2)所用碳纤维筋直径为10mm,纵向拉伸强度≥2 000MPa,纵向拉伸模量≥1.1×10^5MPa,纵向抗弯强度≥1 430MPa,纵向抗弯模量≥0.95×10^5MPa。并提供相应的产品质量保证书、检测报告等证明材料。

(3)碳纤维布互相衔接(接长)的部位采取重叠结构,重叠部分长度为不小于100mm。对于柱的抗震加固时,搭接长度不应小于150mm,各条带搭接位置应相互错开。

(4)碳纤维片材的实际粘贴面积不应少于设计面积,位置偏差不应大于10mm。且在选取碳纤维片材时应选取均匀性能较好的材料,且注意不要折弯。

(5)碳纤维片材与混凝土之间的粘贴质量,可用小锤轻轻敲击或手压碳纤维片材表面的方法检查,总有效粘贴面积不应低于95%。当碳纤维的空鼓面积不大于10 000时,可采用针管注胶的方法进行修补;当空鼓面积大于10 000,宜将空鼓部位的碳纤维片材切除,重新搭接贴上等量的碳纤维片材,搭接长度不应小于100mm。

8 安全措施

(1)工长要每天进行班前安全教育和随时安全检查,充分确认材料的使用方法、保管及管理方式后才可施工。

(2)安排整理好通道、施工架等现场作业条件,施工人员必备的口罩、护目镜、橡皮手套、安全帽、安全带等必须严格穿戴。

(3)碳纤维筋为导电材料,施工时碳纤维筋和其他碳纤维复合材料时应远离电气设备和电源,或采取可靠的防护措施,并配备有灭火器以便救护。

(4)在张拉体外预应力筋施工前,必须有完善的张拉施工方案,必须具备各种设备、材料的检验或检测合格结果,上报监理工程师后,批准以后才能进入施工工作,并做好现场施工记录。

(5)在张拉体外预应力筋时,千斤顶后面不得站人,以防预应力钢筋拉断或锚具弹出伤人。在张拉过程中,注意安全,并做好防护措施。

9 环保措施

(1)碳纤维片材配套树脂的原料应密封储存,远离火源,避免阳光直接照射。

(2)废弃的碳纤维片材及其配套的粘贴材料,应遵循相关的规定执行。

10 资源节约

碳纤维筋和碳纤维布联合加固工艺施工简便,无需任何模板和支撑,机械台班费和人工费又大大降低,较其他常见桥梁加固方法相比可直接节省成本约25%。同时与常见的桥梁加固方法不同,采用碳纤维筋维修加固可以大大减少灰尘、噪声、降低对环境的污染。

11 效益分析

虽然碳纤维为新兴复合材料,其本身的价格高于其他材料,但施工总费用较其他材料有优势。同时,碳纤维筋和碳纤维布联合加固补强有非常良好的抗腐蚀性能和耐久性,不需作任何防腐处理,而粘钢加固则需做定期防锈、防腐处理。因此,本施工工法具有明显的经济效益。同时碳纤维片材修复补强的施工简便、施工周期短、占用空间小,粉尘少、噪声小,对周围环境和居民生活影响小,符合现代桥梁工程绿色、可持续发展设计和发展理念,因此有一定的社会效益。

12 应用实例

12.1 工程实例一

二虎头桥位于104国道长兴电厂处,该桥由三幅桥拼宽而成,桥宽28.5m,中幅老桥16T梁腹板底均有裂缝,缝宽接近规范限制,间距20cm左右,部分裂缝已发展至腹板1/3h,T梁横隔板接头处出现不同程度破损。边梁病害较中梁严重。采用碳纤维加固法结合T梁两侧张拉体外预应力筋加固法加固抢修该桥,加固后的桥梁为汽车荷载等级:公路—I级。该项维修加固工程工期为两个月,投入资金200余万元。在该桥加固过程中产生噪声、粉尘较少有利于环保,符合绿色桥梁工程理念。该施工工法施工简单,易于控制工程质量,工期短,所需机具设备、人力资源少,大大节约成本,社会效益大,值得推广。

12.2 工程实例二

舍墩桥位于浙江省湖州市德清县。为30m混凝土预应力简支T梁桥，梁全长32.8m，桥面宽13m。T梁腹板均有15～20条竖向、斜向裂缝，其斜向裂缝位置在1/4及3/4L处；较多盖梁存在蜂窝，麻面和露筋现象，部分墩盖梁出现裂缝；混凝土桥面铺装表面龟裂，桥面伸缩缝局部破损。采用碳纤维加固法，较好地控制了施工质量，工期短，加固效果显著，造价低，经济效益和社会效益显著。

大跨径悬索桥缆索系统养护巡检工法

GGG(浙)F7207—2013

张晓锋　张继东　汤　焕　徐春林　陈国瑞
(浙江交工高等级公路养护有限公司)

1　前言

大跨径悬索桥建设在我国已具有较高的规模和水平,但在桥梁使用阶段,我国尚缺乏悬索桥养护巡检经验,没有建立起完善的养护巡检体系,且目前国内桥涵养护规范主要针对中小桥梁定制,对于大跨径悬索桥尚无相应规范可依。缆索系统是悬索桥的"生命线",其质量和防护更是直接关系到悬索桥的使用寿命,也是悬索桥运营阶段养护巡检的重点。西堠门大桥主跨1 650m,仅次于日本明石海峡大桥(主跨1 991m),是世界第二大悬索桥,大桥主缆长更是达到2 882m,其中主缆索股水平成圈工艺在世界上还属首创。我公司自西堠门大桥通车以来,一直承担西堠门大桥养护巡检任务,并结合西堠门大桥巡检养护手册、公路桥涵养护规范,摸索大跨径悬索桥养护巡检方法,研发出一套大跨径悬索桥缆索系统的养护巡检技术,现总结编制成工法。该工法关键技术自2010年起在舟山西堠门大桥日常巡检、定期巡检中多次应用并不断完善,取得了良好的效果,得到了社会各界的认可与好评。

2　工法特点

(1)巡检流程操作强。该工法巡检流程简单明了,指导性强,便于巡检人员操作。

(2)提高巡检效率。该工法对缆索系统进行单元划分,并考虑比例效应制订巡检计划,提高易磨损或老化的构件的巡检频率,突出重点,提高了巡检效率。

(3)病害识别率高。该工法损伤识别采用专家打分,避免了检测人员在评分时主观性太强等问题,损伤评分的结果更加具有客观性,权威性,提高了病害识别率。

3　适用范围

适用于大跨径悬索桥缆索系统日常巡检、定期巡检。

4　工艺原理

对悬索桥缆索系统组成部分进行单元划分,根据巡检级别开展日常巡检、定期巡检,明确主缆、吊索、索夹不同巡检级别的巡检内容、巡检对象并制订相应的巡检方法,对缆索巡检中检查到的损伤进行专家打分,确定缆索系统整体技术状况,并为其维修养护提供决策依据。

5　施工工艺流程及操作要点

5.1　施工工艺流程

施工工艺流程,如图1所示。

5.2　操作要点

1)巡检单元划分

悬索桥缆索系统主要包括主缆、索股连接器、吊索、吊索索夹、吊索锚头(图2)。缆索系统单元划分遵循以下原则:环境一致、材料一致、结构形式一致。缆索系统单元划分如下(表1):

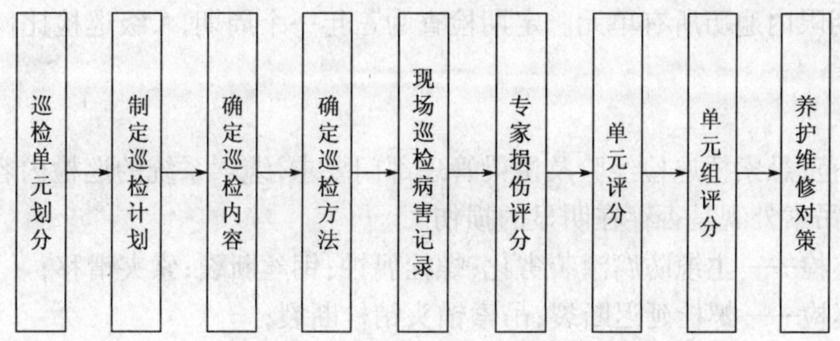

图1 施工工艺流程图

单 元 划 分 表1

缆 索 系 统		
单元划分	1	主缆
	2	吊索
	3	索夹

a) b) c) d)

图2 缆索系统组成

a)主缆、吊索;b)索夹;c)主缆(索股);d)吊索(锚固端)

2)制订巡检计划

日常巡检每月一次,主要检查缆索外观是否存在明显的损伤,为日常小修保养提供依据;

定期巡检分为3个级别(A级巡检:每半年一次;B级巡检:每年一次;C级巡检:每三年一次全部单元的巡检;),是在风险评估基础上制订的周期性巡检,旨在评定缆索系统使用功能,为养护管理计划提供基本数据。定期巡检制订巡检计划时考虑比例效应,即对于结构类似的单元,按照一定的比例进行抽检,每次巡检抽取的单元应该有一定的覆盖率,即在上次巡检的单元中抽取少量单元,同时抽取新的单元,确保在一定巡检期限内遍历所有单元。定期检查为三年一个周期,A 级巡检比例应大于 1/5,B 级巡检比例应大于 1/2。

3)确定巡检内容

结合桥涵养护规范、悬索桥巡检经验及桥梁管理部门要求,缆索系统的巡检内容主要包括:

日常巡检:主缆、吊索外观是否存在明显的损伤。

定期巡检:A 级巡检——主缆防腐涂装劣化;螺栓腐蚀;钢丝断裂;索夹滑移;

B 级巡检——螺栓延迟断裂;吊索锚头销栓断裂;

C 级巡检——包含 A、B 级巡检内容。

4)确定巡检方法

缆索系统养护巡检难度大,安全风险高,应事先策划好不同单元的巡检方法,以便安全、高效地完成缆索巡检工作(图 3)。

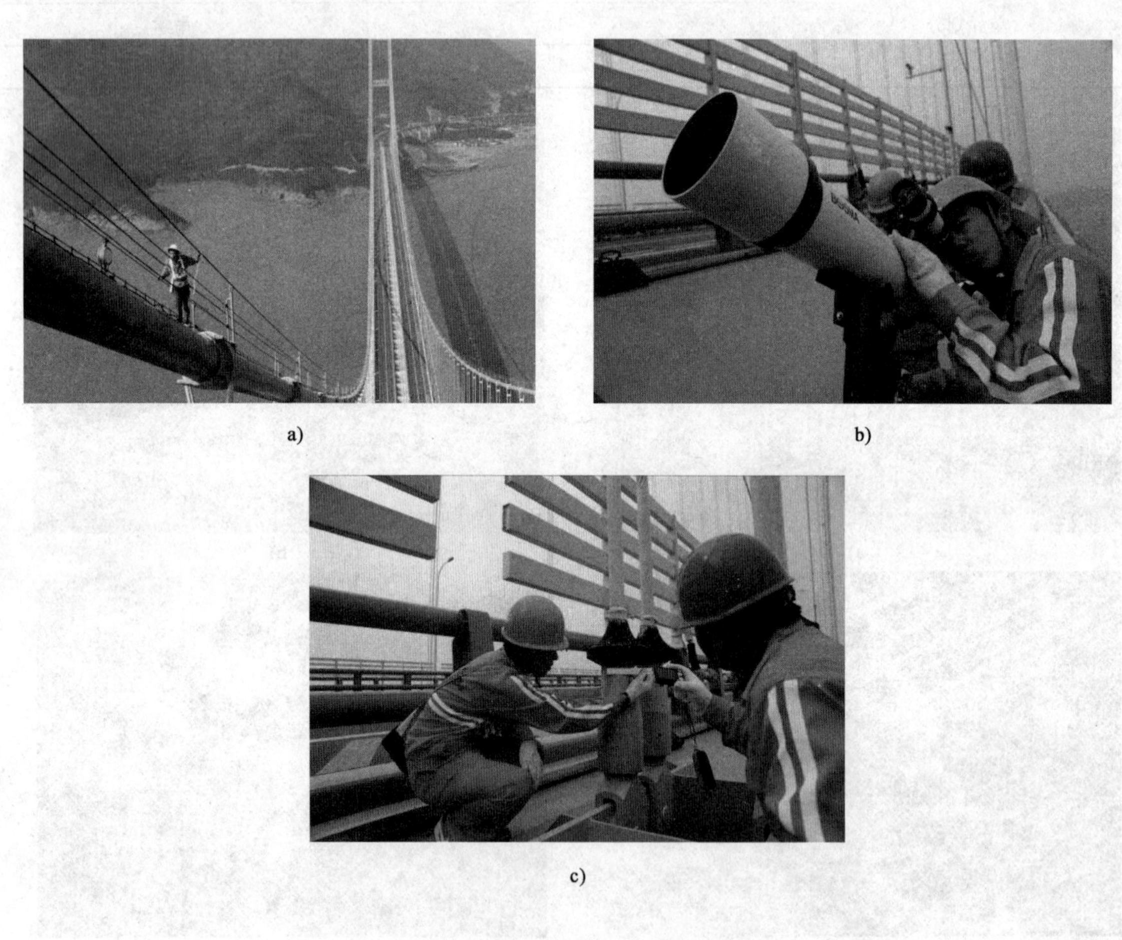

a)　　b)

c)

图 3　缆索系统巡检方法

a)主缆、索夹人工巡检;b)长吊索望远镜巡检;c)吊索锚固端检查

主缆:人工通过主缆检修通道直接巡检,以目视巡检为主,检查索股腐蚀情况。

吊索:吊索下锚头和较短吊索,可以人工直接巡检,长吊索建议采用爬索机器人 + 摄像头的方式进行巡检,没有爬索机器人也可在气象条件好的情况下采用高倍望远镜进行巡检。

索夹:人工通过主缆检修通道直接巡检;在主缆与索夹上分别做出相对明显的标记,测量标记之间的相对位移。

5）现场巡检信息记录

根据不同巡检对象的巡检内容，检测人员带好检测所需仪器设备及巡检表格，对检查中发现的病害做好现场巡检信息记录、影像资料收集、巡检数据录入并及时进行电子化归档。

其中巡检数据录入是将现场巡检信息直接录入至电子化人工巡检系统中，主要步骤如下：

选择巡检单元→生成巡检任务→巡检数据录入。

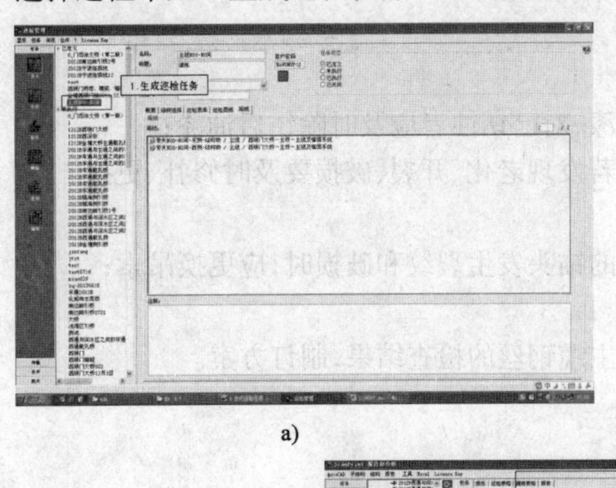

a）

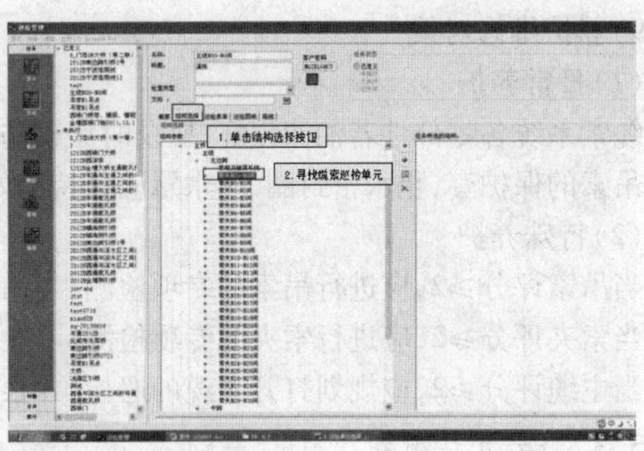

b）

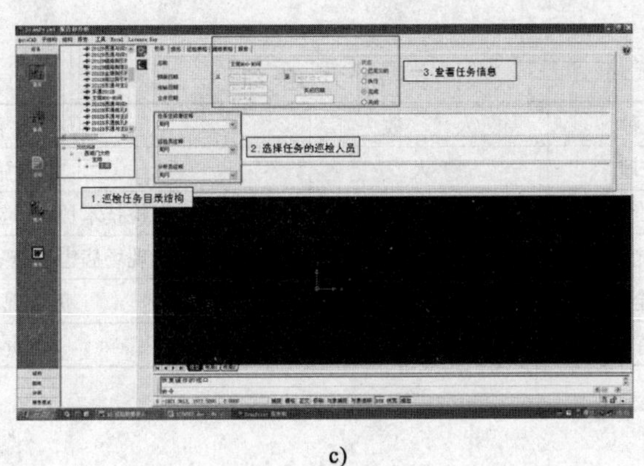

c）

图4　巡检数据录入

a）选择巡检单元；b）生成巡检任务；c）巡检数据录入

6）专家损伤评分

建立一支30～40人，拥有丰富桥梁养护、建设、检测经验的专家团队，针对不同巡检等级选取10人，定期对大桥的损伤状况进行专家打分，避免检测人员在评分时的主观性太强，提高了病害识别率。

损伤评分采用双指标体系，即通过损伤严重度和损伤两个指标对损伤进行评定。

$$C(\text{损伤评分}) = S(\text{严重度指标}) + A(\text{演变指标})$$

其中，S严重度指标描述损伤对结构安全的影响范围和危害程度，分为4个等级：

等级1：损伤对单元影响较小或无影响，分值1。

等级2：损伤对单元产生局部影响，但不会影响到单元功能，分值2。

等级3：损伤对单元产生全局影响，会影响到单元功能，分值3。

等级4：损伤对桥梁结构整体产生影响，分值4。

A演变指标描述损伤的发展，分为3个等级：

等级1：趋向稳定或者不发展，分值－1。

等级2：发展缓慢，单元功能可能在远期丧失（若干年），分值0。

等级3：发展较快，单元功能可能在近期内丧失（几个月），分值1。

C损伤评分为严重度与指标之和。

7）单元评分

单元评分按照单元最严重的损伤进行评分。最严重损伤体现了桥梁运营服务水平，可以为养护管理者提供养护标准和采取紧急措施必要性的信息,以便使桥梁状况达到可以接收的标准。养护管理的目的就是要将最大值控制在预先设定的范围内。

8)单元组评分

根据单元组内损伤最大的单元进行评分。为保证桥梁良好的服务水平,单元组的评分规则重点关注桥梁实际状况及运行性能。

9)养护维修对策

(1)日常养护

缆索系统各零部件若油漆损坏,应及时涂刷防锈漆,对已锈蚀者应及时除锈后油漆;

吊索的保护套,止水密封圈、防水罩应保持完好,若发现老化、开裂、破损要及时修补、更换。

(2)特殊养护

当吊索评分≥2,应进行吊索的专项检测;当吊索的锚头发生裂纹和破损时,应更换吊索;

当索夹评分≥2,应进行索夹的专项检测;

当主缆评分≥2,应规划打开主缆的巡检,并根据主缆钢丝的检查结果,制订方案。

5.3 劳动力组织

劳动力组织见表2。

劳动力组织　　表2

序号	工种	人数	责任范围
1	项目经理	1人	巡检施工总负责
2	技术负责人	1人	巡检技术负责、巡检对象技术状况评估
3	专职检测员	4人	负责现场病害检查、记录、数据整理、录入等
4	专职安全员	1人	负责现场安全管理
5	专家库	10人	负责损伤打分

6 材料与设备

材料与设备见表3。

缆索系统养护巡检主要仪器设备　　表3

设备名称	单位	型号	数量
便携式计算机	台	Thinkpad	1
台式计算机	台	Dell	1
数码相机	台	Canon	1
天文望远镜	台	—	1
激光测距仪	台	Leica	1
游标卡尺	把	—	1
放大镜	个	固安捷	1
30cm 直尺	把	—	1
记号笔	支	晨光	3
电池	节	双鹿	6
记录纸	张	A4	20

7 质量控制

7.1 质量控制要求

(1)《公路桥涵养护规范》(JTG H11—2004)。

(2)《公路桥梁技术状况评定标准》(JTG/T H21—2011)。

(3)《舟山连岛工程西堠门大桥巡检养护手册》。

7.2 质量控制措施

(1)仪器设备检查与标定

缆索系统巡检开始前,必须做好激光测距仪、游标卡尺等仪器设备的检查与标定工作,确保仪器本身的准确性和人工巡检系统的稳定性。

(2)巡检人员上岗要求

参与缆索系统巡检的人员应掌握悬索桥构件组成,并了解悬索桥主要受力特点,且必须通过国家公路工程试验检测员考试。

(3)单元划分与构件编号

为确保全面系统地对缆索进行巡检,不发生漏检项目,需对巡检对象进行单元划分,对巡检进行编号,同时应遵循有利识别、方便记录的原则。

(4)损伤评分

缆索系统巡检过程中发现的损伤(病害)应严格按照主缆、吊索、索夹劣化判定标准进行损伤评分,参与损伤评分的专家团队应具有丰富的现场一线经验,应从桥梁检测、建设、养护等多方面进行选择、组建。

8 安全措施

(1)控制人的因素,减少巡检人员的不安全行为

缆索巡检人员必须具有高空作业证,定期对巡检人员进行健康检查,一旦发现有不安全行为,应及时进行心理疏导,消除心理压力,或调离岗位。禁止患有高血压、心脏病等疾病的巡检人员从事缆索巡检。巡检人员应挂好安全带,并使用工具袋,以防止仪器设备从高空坠落发生事故。巡检人员必须穿防滑鞋进行作业,禁止酒后作业,同时应注意身体重心,注意用力方法,防止身体重心超出支承面而发生事故。

(2)控制物的因素、减少物的不安全状态

安全三宝必须三证齐全,安全带在使用前应进行检查,安全带的挂钩或绳子应挂在缆索巡检通道两边的钢丝绳上。

(3)控制操作方法因素,防止违章行为

巡检工作必须在晴朗天气、风速小于4级时才可进行,绝不允许雨水、大风天气进行巡检作业。

9 环保措施

(1)巡检过程中用废的电池、记号笔、记录纸等不得随意丢弃。

(2)巡检过程中应注意防止油漆污染缆索系统。

10 资源节约

采用本工法不但保证了巡检质量,而且减少现场巡检人员的投入。本工法关键技术自2010年起已在西堠门大桥缆索养护巡检多次应用并完善,为今后类似悬索桥缆索巡检项目提供参考依据,减少了从头摸索的费用。

11 效益分析

传统缆索巡检"点多面广",需投入大量精力检查、描述病害位置类型,本工法巡检流程简单明了,易于操作,可显著提高巡检效率。增加专家对损伤进行评分,提高了缆索巡检质量,具有较好的长期效益。经济效益分析对比见表4。

经济效益分析对比　表4

项　目	传　统	本 工 法	效 益 对 比	
巡检人员	8人	4人	节约4 800元	巡检人员投入减少
评分专家	0人	10人	增加5 000元	评分专家人员增加
巡检车辆	6台班	3台班	节约3 000元左右	车辆台班投入减少
进度	采用本工法,巡检时间由原来的6d提前至3d。			

采用本工法检查的损伤评分采用专家评分,准确性好,识别率高。各项检查内容均满足规范要求,工程质量效益显著。

该工法可为今后类似巡检项目提供参考依据,既节约资源,也减少从头摸索的费用。同时,也给国内大跨径悬索桥缆索系统巡检提供了成功实例以及桥梁选型的设计依据,进一步推动了同类型桥梁巡检技术进步和应用。因此,该工法具有良好的社会效益。

12　应用实例

12.1　工程实例一

浙江省舟山西堠门大桥自通车以来,由浙江交工高等级公路养护有限公司负责养护巡检工作。全桥主缆由五跨组成,跨径组成为30.311 + 578 + 1 650 + 485 + 24.428(m),两根主缆中心距为31.4m。吊索设置于北边跨和中跨,桥塔侧吊索距桥塔中心线水平距离为24m,其余吊索水平间距为18m。索夹为骑跨式,每侧吊点设2根吊索,每个有吊索索夹设两道承索槽。索夹均采用左右对合的结构形式,左、右两半索夹用螺杆相连并夹紧于主缆上,接缝处嵌填橡胶防水条防水。

2010年采用该缆索巡检养护工法,对西堠门大桥右幅缆索系统(宁波方向)进行了B级巡检,得到了舟山跨海大桥业主的好评。

12.2　工程实例二

浙江省舟山西堠门大桥自通车以来,由浙江交工高等级公路养护有限公司负责养护巡检工作。全桥主缆由五跨组成,跨径组成为30.311 + 578 + 1 650 + 485 + 24.428(m),两根主缆中心距为31.4m。吊索设置于北边跨和中跨,桥塔侧吊索距桥塔中心线水平距离为24m,其余吊索水平间距为18m。索夹为骑跨式,每侧吊点设2根吊索,每个有吊索索夹设两道承索槽。索夹均采用左右对合的结构形式,左、右两半索夹用螺杆相连并夹紧于主缆上,接缝处嵌填橡胶防水条防水。

2012年采用该缆索巡检养护工法,对西堠门大桥左幅缆索系统(舟山方向)进行了B级巡检,得到了舟山跨海大桥业主的好评。

同步施工沥青混凝土磨耗层施工工法

GGG(中企)F8208—2013

侯 芸 田丽萍 李秀芳 齐 辉 戴建华

(中咨公路养护检测技术有限公司)

1 前言

为了方便人们的出行,更好地为经济建设服务,目前对高速公路的畅通提出了更高的要求。这种情况的出现对路面的养护工作提出了新的要求,即要求养护工作应及时、快速、安全、可靠,尽量缩短封闭车道的时间。因此,快速养护成为高等级路面养护施工发展的必然选择。其基本内涵为:针对沥青路面的破损情况,选用先进的养护机械组合(或专用设备),使用性能可靠的材料,通过合理的施工工艺,快速完成沥青路面的养护作业。

快速养护技术的核心在于创新的路面解决方案。采用传统的技术和思路已经无法满足当前养护的需求。目前,制约快速养护技术发展的主要瓶颈为三个方面:一是优质的材料;二是成套的施工技术;三是先进的设备。

所谓"同步施工技术"包含两层含义,首先,该技术必须是"同步"的施工工艺;其次,"施工技术"是指由高品质黏结料、特殊的设计体系、专用设备、良好的施工性能和使用品质等部分构成的体系。

同步施工沥青混凝土磨耗层技术是由中国公路工程咨询集团有限公司负责完成的交通部西部交通建设科技项目。项目自2006年10月开始进行研究,2011年7月通过专家鉴定,建议结果认为该技术达到了国际领先水平。同步施工沥青混凝土磨耗层技术将两道工序合二为一,具有"快速、安全"的特点。"快速"是指该同步施工技术具有施工速度快,开放交通快的特点;近几年高速公路的交通量迅速增加,给路面施工的组织管理带来了更大的难度,低效率的施工使路面维修费用增长明显。同步施工的技术是解决这些问题的最佳选择。"安全"是指同步施工技术具有安全可靠,操作简单的特点。两道工序的施工牵涉到更多的人员和机械设备,使得养护过程受到人员素质、技术水平、时间、空间及气候等一系列因素的制约,不仅影响了养护施工的速度及质量,而且难以保证公路养护施工的安全性。同步施工养护技术施工时间短,可显著减少车道占用时间,有利于提高公路养护施工的安全性。

该技术成果已在国内核心期刊发表论文7篇;并申请国家发明专利1项,实用新型专利3项;并被中国公路学会评为2012年度科技进步一等奖。

2 工法特点

1)施工速度快

专用摊铺机具有喷洒乳化沥青和铺设热拌沥青混合料几乎同时进行的能力,一次成型,因而乳化沥青膜不会被摊铺机或者运料车损坏,也不会被污染。

专用摊铺机的摊铺宽度可在2.5~5.0m的范围内自由调整。专用摊铺机的铺筑速度为常规摊铺机的5~10倍。换言之,在高速摊铺的情况下,每天可单车道铺筑8~10km。

2)压实容易,开放交通速度快

同步施工沥青混凝土磨耗层压实比较容易。一般情况下,在混合料温度降至90℃之前,用双钢轮(DD110、D130或类似设备)在静力模式下至少碾压一遍即可,压实的原则为"高温、紧跟、快压"。

混合料采用的级配为断级配,厚度薄,散热快,并在促使乳化沥青中水分气化的过程中迅速降低温度,摊铺后约20min后混合料表面温度降低到50℃以下,此时即可开放交通。

3)抵抗水损害能力强

同步施工沥青混凝土磨耗层一个很重要的要求是沥青含量高,因此较常规混合料具有更厚的油膜厚度,独特的设计确保了混合料具有更好的抵抗水损害的能力。

4)排水能力强,减少水雾

路面迅速排水,减少雨天行车水雾与密级配磨耗层雨天形成的水雾对比,同步施工沥青混凝土磨耗层的表面几乎没有形成水雾。

5)抗滑性能好

同步施工沥青混凝土磨耗层具有良好的抗滑能力,可减少道路交通事故,特别是雨雪天气交通事故。国内外的研究表明,同步施工沥青混凝土磨耗层可长期保持出色的抗滑性能。

6)改善平整度

同步施工沥青混凝土磨耗层较薄,但仍可显著改善原路面平整度。

7)减少路面噪声

同步施工沥青混凝土磨耗层的上部空隙率和构造深度比较大,表面上大大小小的孔隙具有吸声作用,从而起到降低噪声的效果。

8)对原有路面影响小

同步施工沥青混凝土磨耗层的设计厚度仅为15~25mm,对原路面的影响较小。一般情况下,不会影响原有路面的排水系统,也不需要对路缘石进行抬高。对于高等级公路而言,可不抬高原有的护栏,并可不铺筑紧急停车带,这种技术上的优势可节约大量的建设养护资金。此外,对于净空或自重受限的路面或桥面而言,同步施工沥青混凝土磨耗层具有独到的优势。

3 适用范围

(1)主要适用于高速公路路面的预防性养护。

(2)要求旧路具有良好的基层状况和路面状况,可适用的损坏类型和程度包括:

①轻微或中等程度的纵向裂缝、横向裂缝、块裂;

②轻微或中等程度的松散、表面磨耗、氧化、老化、泛油、磨光;

③抗滑损失;

④表面不平整;

⑤少量或中等数量但状态良好的补丁;

⑥路面渗水。宽度大于5mm的裂缝需要预填封。

(3)施工时,温度要求在15℃以上,且无水、冰、霜和雪。

4 工艺原理

同步施工沥青混凝土磨耗层技术是指改性乳化沥青的喷洒和热沥青混合料的摊铺由一台专用摊铺机同步完成,随后通过钢轮压路机的适当碾压形成的热沥青混凝土磨耗层。改性乳化沥青独特的配方设计会使其在与热混合料接触的瞬间破乳并向上气化填充混合料的下部空隙,确保磨耗层与原有路面的黏结,封闭原有路面的轻微裂缝并防止水浸入,如图1、图2所示。

5 施工工艺流程及操作要点

5.1 施工工艺流程图(图3)

5.2 施工操作要点

1)准备工作

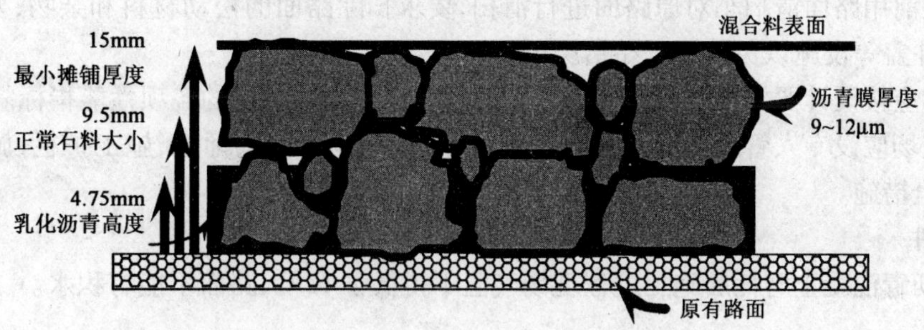

图1　同步施工沥青混凝土磨耗层成型示意

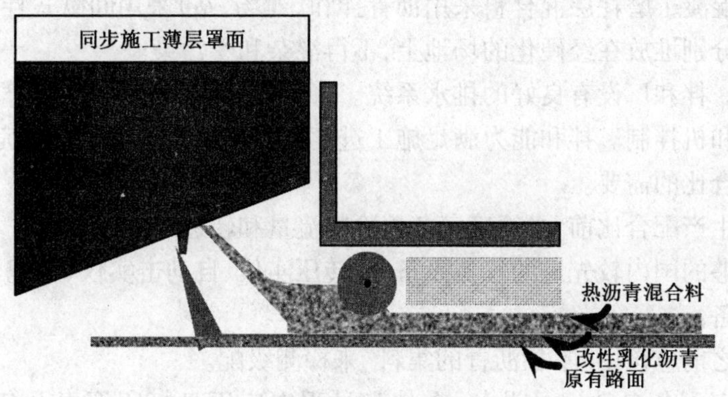

图2　模拟施工效果图

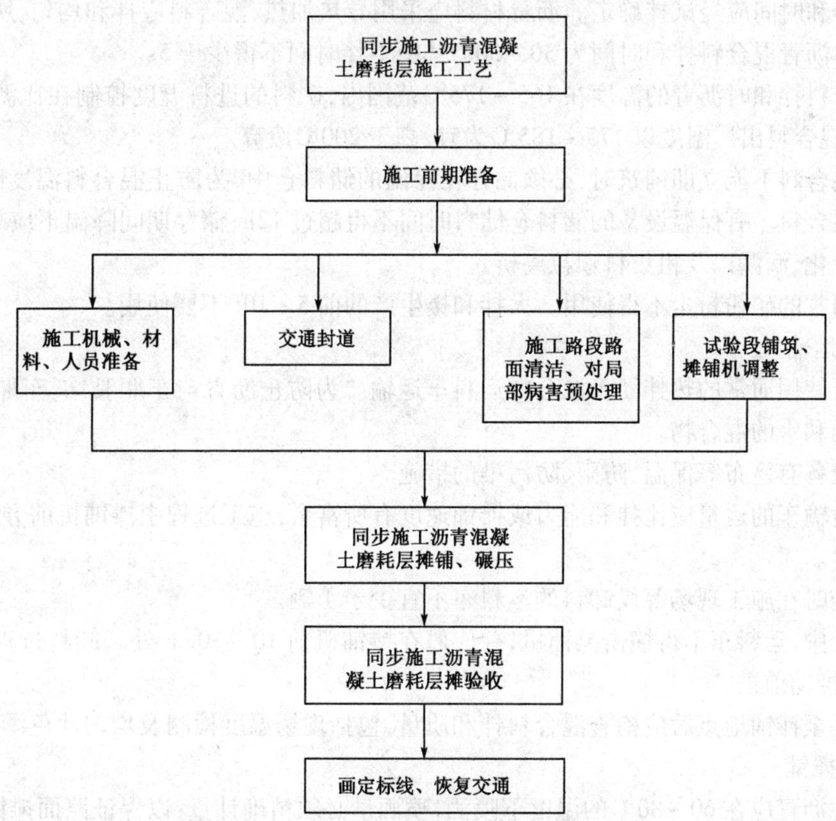

图3　同步施工沥青混凝土磨耗层施工工艺流程图

(1)对原路面较宽的裂缝、较深的坑槽和车辙等进行预处理,保持路面的平整。

(2)施工之前用路面清扫车对原路面进行清扫,要求扫除路面的松动材料和杂物,要预先遮盖检修孔、闸门阀、窨井盖等设施以免被沥青黏结层覆盖。

(3)施工前应按设计要求准备好沥青、碎石等材料,并检测原材料的各项性能指标。

(4)施工现场应设专人管理交通,交通控制的内容包括设置施工标志、施工护栏、施工旗帜及其他一些必要的安全措施。

2)天气条件

同步施工沥青混凝土磨耗层施工过程现场气温不得低于10℃,路面不能有积水。

3)施工阶段

(1)混合料拌和

①同步施工沥青混凝土磨耗层混合料采用沥青拌和厂(场、站)采用间歇式拌和设备进行拌制。

②矿料应按规格分别堆放在经硬化的场地上,不得混杂和受污染。

③矿粉不得受潮。拌和厂设有良好的排水系统。

④采用间歇式拌和机拌制。拌和能力满足施工进度要求。拌和机除尘设备完好,能达到环保要求。冷料仓的数量满足配合比的需要。

⑤在混合料进行生产配合比前,必须确定各档冷料流量和转速之间的关系:

⑥试验室配备足够的国内较先进的仪器设备:旋转压实仪、自动击实仪、自记马歇尔试验机、测定沥青含量装置等主要设备。

⑦在生产混合料之前应该用"不加沥青的集料"来检测级配。

⑧间歇式拌和机宜配备自动记录设备,在拌和过程中应逐盘打印沥青及各种矿料的用量、拌和温度。

⑨混合料拌和时间应经试拌确定。沥青材料应采用导热加热,混合料应拌和均匀,所有矿料颗粒应全部裹覆沥青。沥青混合料拌和时间为30~50s,其中干拌时间不得少于5s。

⑩沥青混合料拌和时沥青的温度在165~175℃范围内,矿料的进料温度控制在比沥青加热温度高10~20℃,沥青混合料出厂温度以175~185℃为宜,高于200℃废弃。

⑪拌和的混合料不能立即铺筑时,必须储存在保温的储料仓中,为防止混合料温度降得过低,应该避免长期储存混合料。有保温设备的储料仓储料时间不得超过12h,储存期间降温不应超过10℃,且不得发生结合料老化、滴漏以及粗集料颗粒离析。

⑫拌和机回收的矿粉粉尘不得使用。大拌和楼生产的前5~10t不要使用。

(2)混合料运输

①混合料可使用通常的热拌沥青混合料运料车运输。为防止沥青与车厢黏结,车厢侧板和底板可涂一薄层植物油和水的混合物。

②运料车应备有篷布等保温、防雨、防污染的措施。

③混合料运输车的运量应比拌和能力或摊铺速度有所富余,施工过程中摊铺机前方应有2~3辆运输车在等候卸料。

④开始摊铺时在施工现场等候卸料的运料车不宜少于4辆。

⑤摊铺过程中,运料车不得撞击摊铺机,并应停在摊铺机前10~30cm处。卸料过程中运料车应挂空挡,靠摊铺机推动前进。

⑥混合料运至摊铺地点后应检查混合料拌和质量,包括现场温度检测及均匀性色泽等外观质量。

(3)混合料摊铺

①乳化改性沥青应在60~80℃的温度下喷洒,喷洒量必须精确计量,以保证路面摊铺均匀。

②对于STC-13型混合料,理想喷洒量约为1.10L/m^2;STC-10型混合料,理想的摊铺量约为0.9L/m^2。针对具体项目,由专业实验室设计喷洒量,并在现场由工程师根据具体路面情况进行调整。

③热沥青混合料摊铺温度约为150~170℃,在喷洒后摊铺,热沥青混合料摊铺在所有喷洒表面上,并由电加热的振动熨平板进行熨平。

④同步施工沥青混凝土磨耗层摊铺必须提前确定摊铺宽度及厚度,以便于工程量统计。

(4)混合料碾压

①同步施工沥青混凝土磨耗层碾压必须在路面温度降至90℃之前进行。

②碾压严禁使用轮胎式压路机。

③用9~12t的双钢轮压路机碾压三次。压路机不能静止停留在刚刚摊铺好热沥青混合料表面上,碾压过程中不需振动。

④必须在摊铺后立刻进行压实,碾压速度不得超过5km/h。

⑤压路机必须维护良好,具备可靠操作稳定性,装备有皂液水添加系统和刮板,从而防止新摊铺热沥青混合料粘在碾压辊上。

⑥同步施工沥青混凝土磨耗层碾压过程中应有专人负责指挥、调度。要防止路面过度碾压使石料被压碎,造成质量缺陷。

⑦一台压路机的折回处都不得发生在同一横断面上,在摊铺机连续摊铺的过程中,压路机不得随意停顿。

⑧碾压通常以静态方式进行。工程师确定碾压操作宽度,新的路面在碾压完成、路面温度冷却到50℃之前不能开放交通。

⑨在当天施工结束后,不允许将压路机或其他车辆停放在已经施工的磨耗层上。压路机加水等需要短时间停放的,停放在终压完成的段落。

(5)接缝处理

①同步施工沥青混凝土磨耗层施工时应保证接缝紧密、连接平顺,不得产生明显的接缝离析。

②在同步施工沥青混凝土磨耗层施工过程中,必须最大限度地保证摊铺机连续施工。对于施工过程中新旧作业面引起的横向接缝,应采用垂直的平接缝。

③每天施工即将完时,在2m范围内铺砂,待碾压完后,用3m直尺检查平整度,将大于1.5mm的部分,用切割机切割后挖除,使工作缝成直角连接。

④第二天摊铺前将摊铺机熨平板置于原路面接缝处先预热45min左右,使连续面的温度升到70℃以上便于连接。

⑤铺筑新混合料后,压路机先进行横向碾压,再纵向碾压成为一体,充分压实,连接平顺。

6 材料与设备

6.1 材料

1)一般规定

(1)采购材料时应向材料供应商提出材料规格、质量、技术要求、供货时间要求等,并签订相关合同。

(2)所购材料应有质量检验单、材质单、使用说明书等文字材料,材料到场后进行进场检验和试验,不合要求的不得使用。

(3)石料的粒径以方孔筛为准,不同料源、品种、规格的集料不得混杂堆放。

(4)当采用乳化沥青或改性乳化沥青时,应防止乳液流失。

(5)沥青的用量应根据施工气温、沥青标号等情况,在规定范围内选用。在施工气温较低、沥青针入度较小、原路面渗透性大时,沥青用量宜采用上限。

(6)材料到场后,应按规定进行储存和管理。

2)粗集料

(1)所选粗集料应为典型高等级公路路面使用集料,满足我国关于抗滑表层的使用质量要求标准或在高等级路面表面层有成功应用的先例。

(2)应选用三级以上的石料扎制而成的碎石,必须坚韧、粗糙、有棱角,必须严格限制粗集料的扁平细长颗粒含量,质量应符合表1的规定。

粗集料的技术指标要求 表1

指标		单位	技术指标	试验方法
石料压碎值	不大于	%	20	T 0316
洛杉矶磨耗损失	不大于	%	26	T 0317
微型狄法尔磨耗损失	不大于	%	18	ASTMTP58-00
粗集料的磨光值 PSV	不小于	%	42	T 0321
表观相对密度	不小于	t/m^3	2.60①	T 0304
吸水率	不大于	%	2.0	T 0304
与沥青黏附性	不小于	级	5	T 0616
坚固性	不大于	%	12	T 0314
单个破碎面	不小于	%	100	T 0361
两个或多个破碎面	不小于	%	90	T 0361
针片状颗粒(3:1)含量(混合料)	不大于	%	15②	
其中粒径大于9.5mm	不大于	%	12	T 0312
其中粒径小于9.5mm	不大于	%	18	
水洗法 <0.075mm 颗粒含量	不大于	%	1	T 0310
软石含量	不大于	%	3	T 0320

注:①对于多孔玄武岩及视密度大于$3.0t/m^3$的玄武岩,应慎用;对于两种掺配集料,如视密度差值大于$0.2t/m^3$不宜混合使用。

②针片状颗粒含量最好小于10%,绝对不能超过15%。

(3)粗集料应该洁净、干燥、表面粗糙,当单一规格集料的质量指标达不到表中要求,而按照集料配比计算的质量指标符合要求时,工程上允许使用。

3)细集料

(1)细集料必须是机制砂(100%破碎加工而成),应该洁净、干燥、无风化、无杂质。

(2)细集料应与沥青有良好的黏结能力。并有适当的颗粒级配,其质量应符合表2的规定。

细集料的技术指标要求 表2

项目		单位	技术要求	试验方法
表观相对密度	不小于	t/m^3	2.50	T 0328
坚固性(>0.3mm 部分)	不小于	%	12	T 0340
含泥量(小于0.075mm 的含量)	不大于	%	3	T 0333
砂当量	不小于	%	65	T 0334
亚甲蓝值	不大于	g/kg	25	T 0349
未压实空隙率	不小于	%	40	T 0344

4)填料

沥青混合料的填料宜采用石灰岩等憎水性石料经磨细得到的矿粉,矿粉要求干燥、洁净,其质量满足表3的要求。

填料的技术指标要求 表3

项 目	技术要求	试验方法	项 目	技术要求	试验方法
表观相对密度(t/m^3)	2.50min	T 0352	外观	无团粒结块	
含水率(%)	1max	T 0103 烘干法	亲水系数	<1	T 0353
粒度范围<0.6mm(%)	100		塑性指数	<4	T 0354
<0.15mm(%)	90~100	T 0351	加热安定性	实测记录	T 0355
<0.075mm(%)	75~100				

注:表1、表2、表3所列各项指标是集料选择的目标值,但不应被认为是选择集料的唯一依据。

5)改性沥青

(1)改性沥青的性能必须满足同步施工沥青混凝土磨耗层系统整体设计要求,以实现系统的路用性能。

(2)如工程已经确定,可根据项目所在地的气候、交通量条件,按照 Superpave 规定的方法,计算改性沥青应该达到的 PG 等级。推荐使用的沥青等级为 PG70-22、PG70-28、PG76-22、PG76-28 的四种。

(3)建议采用 SBS 改性剂,不推荐使用橡胶、PE 等改性沥青。其质量应满足表4的要求。

改性沥青的主要技术指标 表4

指 标		单 位	要 求	试验方法
针入度(25℃,100g,5s)	不小于	dmm	50	T 0604
延度(5℃,5cm/min)	不小于	cm	30	T 0605
软化点 $T_{R\&B}$	不小于	℃	80	T 0606
运动黏度(135℃)		Pa·s	1.0~3.0	T 0625 T 0619
闪点	不小于	℃	230	T 0611
溶解度	不小于	%	99	T 0607
弹性恢复(25℃)	不小于	%	80	T 0662
测力延度比(4℃,5cm/min)	不小于	%	0.3	
储存稳定性				
离析(48h 软化点差)	不大于	℃	2.5	T 0661
TFOT(或 RTFOT)后残留物				
质量变化	不大于	%	1.0	T 0610 或 T 0609
针入度比(25℃)	不小于	%	70	T 0604
延度(5℃)	不小于	cm	20	T 0605
SHRP 性能指标				
原样沥青				
动态剪切(76℃)$G^*/\sin\delta$	最小	kPa	1.0	AASHTO TP5
RTFOT 试验后				
动态剪切(76℃)$G^*/\sin\delta$	最小	kPa	2.2	AASHTO TP5
压力老化后				
动态剪切(28℃)$G*\sin\delta$	最大		5 000	AASHTO TP5
蠕变劲度(-18℃)	最大	MPa	300	AASHTO TP1
m 值	最小		0.3	AASHTO TP1

6)聚合物改性乳化沥青

(1)聚合物改性乳化沥青的性能必须满足同步施工沥青混凝土磨耗层系统整体设计要求,以实现系统的路用性能。

(2)推荐使用快裂SBS聚合物改性乳化沥青。其性能必须满足表5要求。

聚合物改性乳化沥青性能指标 表5

试验项目			单位	要求	试验方法
破乳速度				快裂	T 0658
粒子电荷				阳离子(+)	T 0653
筛上剩余量(1.18mm)		不大于	%	0.05	T 0652
黏度	赛波特黏度试验50℃		s	20~100	T 0623
蒸馏残留物性能试验	含量	不小于	%	62.0	T 0651
	针入度(100g,25℃,5s)		dmm	50~150	T 0604
	软化点	不小于	℃	55	T 0606
	延度(10℃)	不小于	cm	40	T 0605
	溶解度(三氯乙烯)	不小于	%	97.5	T 0607
	弹性恢复%,10℃		%	60	T 0662
储存稳定性	1d	不大于	%	1	T 0655

注:改性乳化沥青进行蒸馏试验时,必须达到最高温度(204±5)℃并保持15min。

6.2 生产设备要求

1)拌和厂

(1)拌和厂应设置在空旷、干燥、运输条件良好的地方,拌和厂应有可靠的原材料的控制。

(2)原材料堆放场地应进行硬化处理,原材料应分别堆放,明确标志用途及数量,料与料之间必须采取必要的隔离措施,以防止集料的混杂,影响使用。

(3)拌和厂必须设试验室,试验室应配备能作沥青及沥青混合料配合比设计与有关检测的试验仪器与设备。

(4)热拌沥青混凝土拌和机及设备要求:生产率不低于240t/h,最少有4冷料仓;各系统配备齐全,性能先进,工作可靠。

(5)拌和机的质量计量系统必须进行标定,并检查、修正动态计量误差,保证配比精度;对温度计量系统进行标定,并检查动态控制误差;干燥筒具有全自动温控系统,控制误差≤±5℃。

(6)热料仓设置全程料位计或高低料位计,砂仓有热电耦式或热电阻式温度传感器;振动筛有较高的筛分效率(大于90%)其规格与混合料类型相匹配;必须配备两个粉料仓,矿粉单独存放粉仓中,回收矿粉不得使用。

(7)控制系统必须配置计算机控制系统,在拌和过程中可逐盘采集、打印并存储材料用量,配比、温度、拌和时间、产量等参数;必须配备良好保温性能的成品料仓。

2)摊铺机

(1)同步施工沥青混凝土磨耗层必须采用专用摊铺设备进行施工。

(2)摊铺机必须包含受料斗、传送带、乳化沥青储罐、喷洒和计量系统、宽度可调节的振动熨平板等部分。

(3)摊铺机能够一次性完成喷洒、热沥青混合料摊铺及熨平。可在喷洒后5s内进行热沥青混合料摊铺。

(4)在热沥青混合料摊铺之前,履带或其他部位不能接触喷洒在路面上的黏结材料。摊铺宽度可调,从而达到理想的路面效果。

3)压路机

(1)同步施工沥青混凝土磨耗层摊铺后必须及时进行压实。

(2)碾压采用双钢轮压路机,严禁采用轮胎式压路机。

(3)双钢轮压路机吨位为9～12t,装备有皂液水添加系统和刮板,防止粘轮。

7 质量控制

7.1 质量控制依据

主要技术标准和技术规范为《公路养护技术规范》(JTG H10—2009)、《公路桥梁技术状况评定标准》(JTG H21—2011)等国家和行业有关技术标准。

7.2 质量保证体系及措施

(1)严格控制各工序质量,确保数据科学、严谨。建立完善的质量管理网络,成立质量管理领导小组。

(2)要求参与同步施工磨耗层施工的技术人员明确施工全过程中的质量监控环节和质量监控要点。

7.3 质量控制标准

(1)沥青路面铺筑过程中必须随时对铺筑质量进行评定,质量检查的内容、频度、允许差应符合表6的规定。

路面施工过程中混合料质量控制标准 表6

项目		允许误差(%)	
		STC-10	STC-13
通过指定筛孔百分率	16mm	—	—
	13.2 mm	—	±5
	9.5 mm	±5	—
	4.75 mm	±4	±4
	2.36 mm	±4	±4
	1.18 mm	—	—
	0.075mm	±1.0	±1.0
沥青粘结料含量(%)		±0.3	±0.3
厚度控制(mm)		±3	±5

(2)需要随时对新铺路面外观进行目测,表面必须平整密实,不得有轮迹、裂缝、推挤、油斑、油包、离析等现象。

(3)接缝必须紧密平顺,无跳车。沥青混合料的拌和、摊铺、碾压、开放交通温度均符合本指导要求。

7.4 质量控制措施

1)施工准备阶段

(1)施工前必须对所有技术人员进行技术交底,使其掌握施工工艺和注意事项。设计技术交底:由负责人、各组人员参加。施工技术交底:分二级进行,第一级交底由负责人向各组组长交底;第二级交底由各组组长向各参与人员交底。

(2)所有进场施工材料附有合格证书,并经质量控制检查。

(3)设备进场后,对设备的适用性和安全性进行鉴定。严格按操作规程操作和使用设备。

(4)对施工路段路面进行路况调查,对裂缝、坑槽、泛油、车辙等病害,根据严重程度,采取适当的方法加以处理。

(5)封道后,对路面进行最后一次清扫,去除所有杂物,确保施工路段在施工时保持整洁、干燥。

2)施工阶段

(1)施工过程中应严格控制原材料的比例和沥青用量。

(2)对每一批次的沥青混合料进行抽提试验,测量沥青含量和级配筛分检验。

7.5 验收质量标准

工程自检合格后,由建设单位组织保养管理单位、施工单位、监理单位等有关人员按照工程竣工验收标准,进行验收。

考虑到路面损坏的复杂性,因此验收时不宜使用某一固定指标,使用施工前后的检测值的差值与原路面检测值的比较值来作为验收标准更为合适。

具体检测项目、频率、要求及方法见表7所示。

工程验收质量标准 表7

项目	规范允许误差		规范	
	高速公路、一级公路	一般公路	每千米测点数	合格评定方法
厚度	±3mm	±5mm	5	代表值满足
宽度	±2cm	±3cm	20	单点测值
沥青用量	±0.3%	±0.5%	1	单个测值
矿料级配	设计级配范围内	设计级配范围内	1	单个测值
构造深度	≥1.0mm	≥0.8mm	1	
摩擦系数 BPN	≥45	≥45	1	
平整度	较原路面有提高		10	代表值满足

注:由于专用摊铺机采用特殊的施工工艺,不需要检测压实度指标。建议通过无破损密度检测设备,测试已经成型的路面。

8 安全措施

按照《公路养护安全作业规程》(JTG H30—2004)等国家和地方安全施工的相关规定,贯彻"安全第一、预防为主、综合治理"的方针,建立安全管理网络,实行安全领导小组、安全管理组、施工班组三级安全管理体系。

8.1 施工过程安全措施

(1)对参与施工人员进行安全教育,通过安全作业规程、安全作业方案、安全隐患和案例分析等多方面的安全知识教育,切实提高施工人员的安全意识。施工人员上路作业按规定穿戴标志服,施工车辆按规定路线行驶。

(2)机动车辆机驾人员持有效证件上岗。在施工作业前,机驾人员应对机动车辆进行安全检查,保持良好安全性能,制动不灵敏,发现机器或电路故障或燃料泄漏的机动车辆立即停止使用;机驾人员要服从指挥,在向后倒车时,机驾人员谨慎,不违章作业。

8.2 交通封道安全措施

(1)严格按照《高速公路交通安全设施设计规范》(JTJ 074—94)和《公路养护作业安全规程》(JTG H30—2004)等相关要求在施工现场两端设立明显醒目的警告、禁令标志,停放示警车辆。施工全程每隔8~10m设置警示皮桩,施工区域适当加密。设立交通管理员在施工时段进行看管。在施工封道区配备相关示警车辆、机动车进行交通引导和管理。

(2)由于施工现场封闭的需要,车辆需要改车道行驶,在改道口用防撞水马隔离封闭区域;改道口设置防撞桶;导向标志牌采用电子导向牌,以引起驾驶人员注意行驶路线;为防止车辆误入施工区域,在封闭区域适当加密锥形路标,并设禁止驶入标志,安排专门看守人员,在封闭区域前端看守和警示。

(3)交管人员在管制中,每一小时检查皮桩及道路情况,发现问题及时解决,且不得随意离岗,在遇上堵车(堵车超过两百米的情况下及时通知交警及监控中心并尽可能的维持交通次序),紧急任务或发生车祸的情况下在20min内打开应急通道,由示警车在硬路肩进行领路及引导。保证施工路段车辆正常通行及行车安全。

(4)发生封道区域附近内交通堵塞,做到及时、迅速、有效地控制交通堵塞的扩展,启动相应的应急预案,应急准备与响应指挥小组应立即采取措施组织配合交警部门,开放应急车道,引导车辆安全通行,应做好现场秩序维护,加强防范措施。防止因交通堵塞而引发交通事故,最大限度地减少发生事故损失和影响,保障财产和人员的安全。

9 环保措施

(1)遵守《中华人民共和国环境保护法》、《建设项目环境保护管理条例》、《交通建设项目环境保护管理办法》和《声环境质量标准》(GB 3096—2008)等国家、部门和地方的相关法律、法规。

(2)环保措施及注意事项:

①加强设备的维护和保养,减少运行噪声。

②施工时注意观察黏层油的喷嘴阀门,严防泄漏。使用剩余的混合料材料集中处理,不得污染土地和河流。

③对摊铺过程中多余的混合料应及时清扫回收,集中处理。

10 资源节约

同步施工磨耗层相对于其他路面预防性养护措施具有较大的优越性,提高道路的通行质量,延长使用寿命,可节约大量的沥青路面养护材料、机械设备和人力。

11 效益分析

同步施工磨耗层的核心在于创新的路面解决方案。该技术可有效减缓路面使用性能的率减进程,延长路面使用寿命,提高路面的服务效能,节约养护维修资金。该技术的成功推广,具有巨大的经济效益、环境效益和社会效益。

11.1 经济效益

1)性价比高

SMA 即 stone mastic asphalt 的缩写,中文译名为沥青玛蹄脂碎石混合料。20 世纪 60 年代中期在德国首次应用。该技术在 1992 年引入中国,经过十多年的应用发展,于 2002 年发布了《公路沥青玛蹄脂碎石路面技术指南》(SHC F40-01—2002),2005 年实施的《公路沥青路面施工技术规范》(JTG F40—2004)将该技术进行了补充完善。这标志着 SMA 技术在中国的应用已日趋成熟。SMA 技术有如下的特点:

(1)抗滑性能好;

(2)平整度好;

(3)有一定限度地减小噪声;

(5)表面耐久性好;

(5)能见度高。

同步施工沥青混凝土磨耗层使用专用设备施工。特种改性乳化沥青黏结层喷洒与改性热沥青混合料摊铺同时进行,经压路机压实以后一次成型。其技术特点如下:

(1)超薄,只有 1.5 ~2.5cm;

(2)构造深度大,抗滑性能良好;

(3)与原有路面黏结能力强;

(4)降低噪声;

(5)减少水雾,能见度高;

(6)开放交通快;

(7)使用寿命长。

同步施工沥青混凝土磨耗层与 SMA 综合对比情况见表 8。

SMA 和 STC 综合对比 表 8

		SMA	STC
性能比较	高温性能	依靠粗集料的嵌挤作用,高温稳定性好	断级配,粗集料形成嵌锁结构,独特配方的结合料,其高温稳定性完全达到并超过 SMA 的高温性能
	低温性能	沥青含量高,沥青玛蹄脂填充空隙,与集料有较好的黏附性,所以低温抗裂性良好	沥青用量大,油膜厚度更高,可以与集料更好地黏结,因此具有很好的低温抗裂性
	抗疲劳性能	SMA 抗疲劳性主要来自于玛蹄脂,基本上都是受沥青结合料与集料界面的拉伸开裂所控制	STC 由于其结合料与集料很好地黏结在一起,具有很好的拉伸能力,因此有较强的抗疲劳性
	层间黏结	仅依靠黏层油黏结,用量 0.3 ~ 0.5L/m², 固含量 50%,存在污染问题,层间黏结一般	同步施工,没有运料车等污染,特殊的 SBS 改性乳化沥青,用量 0.8 ~ 1.0L/m²,层间黏结良好
	防水	取决于施工时压实度控制,易从离析部位下渗	SBS 乳化沥青在层间形成约 2mm 厚防水膜,此外破乳后的乳化沥青填补沥青混合料下部空隙,防水能力优良
表面功能	磨耗	表面耐久性好	构造深度大,持久的耐磨耗能力
	抗滑	抗滑性能好	抗滑性能良好,优于 SMA
	排水	横向排水能力差	横向排水能力强
	降噪	一定程度地降噪	可显著减少路面噪声
	平整度	平整度好	平整度好
	能见度	能见度高	减少水雾,能见度非常高
施工性能	拌和	添加纤维,矿粉用量大,沥青用量大,拌和困难	不添加纤维,矿粉用量适中
	摊铺	常规摊铺机械,速度 3 ~ 5m/min,效率低	STC 同步薄层罩面由一台专用施工设备一次性完成改性乳化沥青黏结层的喷洒和热沥青混合料摊铺。施工速度快,为常规摊铺机的 5 ~ 10 倍
	碾压	需要多台钢轮压路机组合碾压,对压实机械要求高	压实的目的仅仅为了使集料就位,一台钢轮压路机即可满足要求
	开放交通	不能及时开放交通,需要沥青混合料表面温度降低到 50℃以下	开放交通速度快,摊铺后约 20min 即可恢复交通
性价比	厚度	4.0 ~ 5.0cm	1.5 ~ 2.5cm
	使用寿命	3 ~ 10 年	3 ~ 10 年
	单价	50 ~ 80 元	30 ~ 50 元
	费用周期成本	高	低
其他方面	夜间施工	不宜夜间施工	可以
	路缘石	需调整	不需要调整
	护栏	需拔高护栏	不需要调整
	净空	不易保证	容易满足

注:1L = 0.001m³。

2)服务期长

采用同步施工沥青混凝土磨耗层技术可使路面保持良好的使用性能,延长路面的使用寿命(周期),减少道路生命周期费用和节约养护维修资金。

11.2 环境效益

同步施工快速养护技术是一种环保节能的技术,可节省大量的能源消耗,减少废气排放,随着高性能乳化沥青材料在同步施工磨耗层中的应用,该技术环保节能的功能将更加明显。

11.3 社会效益

同步施工快速养护技术,有效缩短养护时间,减少车道占用时间,促进高速公路养护作业安全性的提高。此外,同步施工技术施工速度快的特点,有利于高速公路通行能力和营运效率的提高,可有效缓解高速公路的拥挤度,减少用户延误。

12 应用实例

12.1 工程实例一

2007 年 9 月在宣大高速公路选择示范工程项目,示范工程路段选择在宣大高速公路 K206 +000 ~ K248 +604 段,总长 39.604km,轻车道路段采用 2.0cm 同步施工沥青混凝土磨耗层,为对比分析,对重车道(宣化方向)K228 +024 ~ K235 +084 采用 2.5cm 同步施工沥青混凝土磨耗层。

2007 年 10 月示范工程铺筑完成,从工程实际效果可以看出,同步处置施工方法简易、快速、安全,开放交通快,对交通影响小,对环境的影响小。通车后,对该示范工程使用性能定期观测结果显示,使用同步快速处置技术可大大降低路面的养护费用,有效地延长路面的使用寿命,其有巨大的经济效益和社会效益。进行横向比较后,同步施工沥青混凝土磨耗层可以降低 30% ~50% 的路面养护费用,开发交通时间快速,节约大量的社会成本;同时,同步施工沥青路面磨耗层施工方便,节约了大量的施工时间,并且开放交通快,提高了运输的安全和效率,从而带来了可观的社会效益。此外,同步施工技术也节约了大量的能源消耗,减少了大量的废气,不但减少对现场工作人员的身体伤害,同时也减少了对大气的污染,真正的做到了事半功倍。

12.2 工程实例二

2012 年 7 月,黑龙江省高速公路管理局在哈双高速公路、哈同高速公路、哈伊高速公路、大齐高速公路预防性养护中采用同步快速处置技术,相关桩号为:大齐高速公路 K659 +500 ~ K665 +100(大庆方向),哈伊高速公路 K382 +986 ~ K388 +930(绥化方向),哈同高速公路 K69 +620 ~ K70 +220、K147 +770 ~ K150 +224、K213 +236 ~ K214 +652(哈尔滨方向),哈双高速公路 K1174 +600 ~ K1179 +500(哈尔滨方向)。

2012 年 7 月开始施工,2012 年 11 月养护工程铺筑完成,从工程实际效果可以看出,同步处置施工方法简易、快速、安全,开放交通快,对交通影响小,对环境的影响小。通车后,恢复了养护路段表面纹理,增加了路面抗滑能力,提高了道路安全性能,恢复了路面的轻微裂缝、泛油等病害,而且特殊的混合料设计使轮胎噪声大大降低;同时,特殊的级配设计使同步施工沥青混凝土磨耗层具有较强的横向排水能力,还能有效减少车辆行驶噪声,在使用中,雨天能显著减少水雾,能显著提高安全性能。